PANTHÉON LITTÉRAIRE.

LITTÉRATURE FRANÇAISE.

HISTOIRE.

CHOIX

DE

CHRONIQUES ET MÉMOIRES

SUR

L'HISTOIRE DE FRANCE.

XVE SIÈCLE.

IMPRIMERIE DE GRÉGOIRE, RUE DU CROISSANT, 16

CHOIX

DE

CHRONIQUES ET MEMOIRES

SUR

L'HISTOIRE DE FRANCE

AVEC NOTICES BIOGRAPHIQUES

PAR J. A. C. BUCHON.

PHILIPPE DE COMMINES. — MÉMOIRES SUR LES RÈGNES DE LOUIS XI ET CHARLES VIII.
GUILLAUME DE VILLENEUVE. — MÉMOIRE SUR L'EXPÉDITION DE NAPLES.
OLIVIER DE LA MARCHE. — MÉMOIRE SUR LA MAISON DE BOURGOGNE.
GEORGES CHASTELAIN. — CHRONIQUE DE J. DE LA LAIN.
J. BOUCHET. — CHRONIQUE DE LA TRÉMOUILLE.

PARIS

A. DESREZ, LIBRAIRE-ÉDITEUR,

RUE SAINT-GEORGES, 11.

M DCCC XXXVI.

A MONSIEUR DE BARANTE,

AUTEUR DE L'HISTOIRE DES DUCS DE BOURGOGNE,

QUI A SU TOUJOURS
PLAIRE EN INSTRUISANT
ET DONT
LE STYLE ANIMÉ,
LES RÉCITS DRAMATIQUES
NOUS RENDENT CONTEMPORAINS
ET DES HOMMES ET DES TEMPS
QU'IL RAPPELLE A LA VIE,

PAR SON TOUT DÉVOUÉ SERVITEUR ET AMI,

J. A. C. BUCHON.

NOTICES BIOGRAPHIQUES.

SIRE PHILIPPE DE COMMINES.

NÉ AU CHATEAU DE COMMINES, EN 1445. — MORT AU CHATEAU D'ARGENTON, EN 1509.

« Voici, dit Montaigne, ce que j'ai écrit en mon Philippe de Commines : vous y trouverez le langage doulx et agréable, d'une naïve simplicité; la narration pure, et en laquelle la bonne foi de l'auteur reluit évidemment, exempte de vanité parlant de soi, et d'affection et d'envie parlant d'aultruy; ses discours et exhortements, accompaignés plus de bon zèle et de vérité que d'aulcune esquise suffisance, et, tout partout, de l'auctorité et gravité représentant son homme de bon lieu et eslevé aux grands affaires. »

Le jugement prononcé ici par Montaigne, d'une manière si précise et si élégante, a été confirmé par tous les critiques qui l'ont suivi. Un nombre infini d'éditions et des traductions dans toutes les langues attestent l'approbation des hommes de tous les temps comme de tous les lieux.

Né en 1445 au château de Commines sur la Lys, à deux lieues de Menin, d'une famille distinguée, le jeune Commines fut élevé avec beaucoup de négligence, et regretta toujours de n'avoir pas su le latin. A l'âge de dix-neuf ans, en 1464, il entra au service de Charles comte de Charolois, devenu duc de Bourgogne en 1467, et il en reçut une pension de 6,000 francs. Il demeura huit ans attaché à sa personne, et le servit d'une manière active à l'intérieur et surtout dans les négociations étrangères. Il était auprès de lui en 1468, lorsque Louis XI se confia si imprudemment dans les murs de Péronne à la foi de son adversaire, et il contribua beaucoup à calmer l'irritation de Charles et à sauver le roi, par de bons conseils donnés à l'un et à l'autre, et par l'éphémère traité de Péronne, qui fut le résultat de cette négociation. Louis XI se connaissait en hommes et ne négligeait rien quand il s'agissait de se faire des amis et d'enlever des partisans à ses ennemis. Il témoigna la plus grande considération à Commines, dont l'esprit prévoyant mesurait tous les maux dont les violences toujours croissantes de Charles-le-Téméraire menaçaient son pays. Dès 1472, Commines quitta le service du duc de Bourgogne pour passer au service de Louis XI.

Charles, furieux, ordonna la confiscation de ses biens, mais Louis XI l'en dédommagea promptement, en lui donnant, dès le 21 février 1472, les terres de Bran et Brandon en Poitou; au mois d'octobre, la principauté de Talmont et les seigneuries de Curzon, Aulonne, Chasteau-Gontier et les Chaulmes dans le même pays; et en 1474, la seigneurie de Chaillot près de Paris, et celle de la Chèvre en Poitou. Dès l'année précédente, Commines s'était marié avec Hélène de Chambres, riche héritière, de laquelle il reçut la seigneurie d'Argenton et plusieurs autres, et dont il eut une fille nommé Jeanne.

Le 24 novembre 1786, il fut créé sénéchal de Poitou, et en 1477, on le trouve capitaine de la ville et du château de Chinon.

Tant que Louis XI vécut, Commines fut toujours, non pas de son intimité, mais de sa familiarité. Il reçut plusieurs fois le roi dans son château, et ils eurent souvent lit commun. Le dernier emploi que lui confia Louis XI fut celui d'ambassadeur à Florence, qu'il occupa pendant un an, à la grande satisfaction de Laurent de Médicis.

Il fut moins bien traité par Charles VIII, dont la légèreté formait un tel contraste avec la sombre austérité de Louis XI. Il fut cependant envoyé, le premier janvier 1483, en ambassade près du duc de Bretagne et confirmé, le 16 septembre 1484, dans la charge de sénéchal de Poitou; mais les désordres continuels des minorités amenèrent les intrigues des princes : il fut accusé d'y avoir pris part, fut renvoyé de la cour, se retira à Moulins, et, le 24 mars 1488, un arrêt du parlement de

NOTICE SUR PHILIPPE DE COMMINES.

Paris confisqua le quart de ses biens et l'exila de Paris pour avoir favorisé Louis duc d'Orléans, depuis Louis XII. Conduit à Loches, il y demeura huit mois dans une cage de fer : « Plusieurs les ont maudictes, dit-il dans ses Mémoires, et moi aussi qui en ai tâté sous le roi d'à présent. » De Loches, il fut transféré au Châtelet, où il resta 18 mois.

Lorsque Charles VIII entreprit, en 1493, son expédition d'Italie, il pensa qu'un homme tel que Commines, employé déjà dans d'importantes négociations dans ce pays, et personnellement connu et estimé des personnages les plus importans, pouvait lui rendre de grands services, et il l'emmena avec lui. Mais la maturité du vieux conseiller de Louis XI ne pouvait guère convaincre un jeune prince étourdi, livré à des favoris. Le courage sauva l'honneur, qu'avait compromis une conduite si légère. Commines combattit auprès de Charles VIII, à la bataille de Fornoue, et il a rendu justice à son intrépidité.

Les négociations en Italie paraissent avoir été les dernières confiées à Commines, et on ne voit pas que Louis XII, pour lequel il s'était compromis quand il était duc d'Orléans, ait rien fait pour le dédommager lorsqu'il fut parvenu à la couronne en 1498. Il était d'ailleurs placé dans une haute situation, qui devait être relevée encore par une illustre alliance. Le 13 août 1504, sa fille unique Jeanne épousa René de Bretagne, comte de Penthièvre ; et ainsi Philippe de Commines se trouve, par elle, l'ancêtre des familles royales de France, d'Espagne, de Naples, de Portugal et de Sardaigne.

Il mourut à Argenton, le 17 octobre 1509, âgé de 64 ans, et fut enterré dans l'église des Grands-Augustins, dans une chapelle qui portait son nom. Ce tombeau en marbre et orné de deux statues qu'on croit représenter lui et sa femme, a été transporté de là au musée des Petits-Augustins, où il se trouvait lorsque le duc d'Angoulême détruisit cet utile établissement. Depuis, il a dû être transporté à Versailles, où le roi actuel ne peut manquer de restaurer soigneusement son tombeau comme celui d'un illustre parent. Les idées justes ont repris plus d'ascendant, et si Commines a su se féliciter de cette union de sa fille avec une famille alliée des rois, la famille de ces rois peut se faire à son tour un titre d'honneur de remonter par elle jusqu'à lui. Voici l'épitaphe qu'on lui avait faite :

> Gallorum et nostræ laus una et gloria gentis
> Ille, Comine jaces, si modo forte jaces;
> Historiæ vitam potuisti reddere vivus,
> Extincto vitam reddidit historia.

Sa fille, la comtesse de Penthièvre, morte en 1514, avait été enterrée auprès de son père et de sa mère, avec cette épitaphe :

> Quingentis annis bis septem et mille peractis (1514)
> In lucem quartam post idus Martius ibat (12 mars).
> Octavamque parens Phœbus properabat ad horam;
> Comminia occubuit generosa à prole Joanna,
> Pantibricæ comitis, Britanni sponsa Renati
> Atque Argentonii domino prognata Philippo,
> Chamberà que Helenâ. Mens huic in pace quiescat.

Commines a laissé des mémoires qui sont plutôt une véritable histoire politique de Louis XI, car il parle assez rarement et toujours sobrement de lui-même ; aussi, dans les manuscrits que j'ai consultés ses ouvrages portent-ils toujours le nom d'Histoire ou de Chronique. Il en existe trois à la bibliothèque du roi.

Supplément in-folio, n° 1055, manuscrit sur papier, écriture du xvi° siècle. Cet exemplaire a appartenu à Henry III, il ne contient que le règne de Louis XI, c'est-à-dire les six premiers livres.

9685, in-4°, manuscrit sur peau de vélin, écriture de la fin du xv° siècle, ayant pour titre : *Histoire du roi Louis XI, par Philippe de Commines*. Il ne contient également que les six premiers livres.

Sorbonne, 392, manuscrit sur vélin, du commencement du xvi° siècle. C'est le meilleur de ceux que possède la bibliothèque du roi. J'ai collationné mon édition sur ce manuscrit et en ai retiré quelques meilleures leçons. Il porte sur la première page le titre suivant : *Cronicque et Histoire, faicte et composée par feu messire Phelippes de Commynes, chevalier, seigneur d'Argenton, contenant les choses advenues durant le règne du roi Louis onziesme, tant en France, Bourgongne, Flandres, Arthois, Angleterre que Espaigne et lieux circonvoisins, nouvellement reveue et corrigée, avec la table des chapitres contenus dans la dicte Cronicque*. Le septième et le huitième livres ne se trouvent pas non plus dans ce manuscrit.

La première édition des Mémoires de Commines, qui fut publiée en 1523, à Paris, par le président de Selve, 14 ans après la mort de l'auteur, ne contenait aussi que les six premiers livres. Les deux éditions suivantes de 1525 par J. G, sans nom de ville, et 1526 Lyon chez Claude Nourri, ne contenaient également que ces premiers livres. Les deux derniers livres parurent pour la première fois en 1528, et furent republiés, d'après cette édition, en 1546, à Paris, par Estienne Mesvière, et en 1549, dans la même ville par Guillaume Thibaut. Denys Sauvage, historiographe d'Henry II, auquel nous devons plusieurs éditions de nos anciens chroniqueurs, fut le premier qui changea l'ancien titre de Chronique donné jusque là aux ouvrages de Commines pour y substituer celui de Mémoires qu'on retrouve, en effet, dans plusieurs endroits du texte; il se servit pour cette édition d'un vieil exemplaire *copié sur le vray original de l'auteur*, mais ne contenant que la partie relative à Louis XI; il tira la partie relative à Charles VIII, des deux éditions précédentes et fit imprimer le tout à Lyon, chez J. de Tournes, en 1559, en un volume in-folio. M. de Montaran possède de cette édition un fort bel exemplaire, avec notes marginales manuscrites, qu'il a bien voulu me confier; j'en ai tiré plusieurs notes historiques que l'on trouvera dans cette édition.

Depuis cette époque il serait difficile d'énumérer les éditions de tout format, faites dans tous les pays et dans toutes les langues, de ce grand historien. Celles qui sont restées comme les plus estimées sont celles d'Elzeviers 1648, in-18, et l'édition avec commentaires, pièces à l'appui et portraits, donnée par Lenglet-Dufresnoy, en 1747, à Londres en 4 volumes in-4°, d'après un manuscrit de l'abbaye Saint-Germain-des-Prés.

J'ai suivi dans cette édition le texte de Lenglet-Dufresnoy, en la collationnant avec le manuscrit Sorbonne 392, qui m'a fourni, pour la partie relative à Louis XI, quelques excellentes leçons que j'ai substituées à son texte, parfois peu exact et par conséquent peu clair; car souvent, dans Froissart comme dans Commines, quand une phrase paraît inintelligible ou obscure, c'est que le copiste a reproduit inexactement l'original; en recourant aux sources on éclaircit souvent plus aisément le sens que par les commentaires les plus laborieux.

« Parmi les historiens modernes, dit M. de Barante, aucun peut-être n'a été estimé aussi haut que Commines aux charmes d'un langage naturel et flexible, qui reçoit toute l'empreinte des pensées et les laisse voir dans leur vraie nuance, à l'intérêt, au récit vivant et naïf d'un témoin oculaire, Commines joint un profonde connaissance des hommes et des affaires. Ce n'est pas en philosophie et en moraliste qu'il juge; ce n'est pas non plus en écrivain politique qu'il a médité sur les révolutions et les gouvernemens; mais ses discours, ainsi que le dit Montaigne, « représentent partout avec autorité et gravité l'homme de bon lieu élevé aux grands affaires. » Tout en lui respire la froide observation, le jugement droit et sain. Nouri au milieu du mouvement des empires, des intrigues des princes, de la corruption de leurs courtisans, dans un temps où l'enthousiasme de la chevalerie et de la religion avait déjà fini, où l'empire du monde appartenait aux plus prudens et aux plus habiles, Commines s'acoutuma à estimer avant tout la sagesse de la conduite et du caractère. On ne trouve pas en lui un amour noble et élevé de la vertu, de la loyauté; mais, comme la justice, la bonne foi, le respect de la morale sont les fondemens de tout ordre durable, grâce à la rectitude de son jugement et à la gravité de son caractère, il les a en grande recommandation; il voit les hommes comme les instrumens de la Providence, ne sait point les haïr, ni les aimer. Il se rend si bien compte de leur caractère, lit si bien au fond de leur ame, que leurs actions lui paraissent résulter, par une irrévocable nécessité, de leurs circonstances intérieures et extérieures. En fait d'habileté même, il plaint les imprudents, plutôt qu'il ne les blâme. Il lui convenait sans doute de s'appliquer à lui-même cette espèce de fatalité, et d'attribuer au sort, plutôt qu'à sa libre volonté, l'abandon du duc de Bourgogne et les intrigues contre la régente. L'on croit entrevoir que si Commines eût été irréprochable, il eût répété moins souvent cet adage qui se retrouve dans tous ses chapitres : *au demeurant, la Providence le voulait ainsi*; mais du moins il se résigne à ses malheurs aussi froidement qu'à ses fautes. Il dit, en parlant de Charles VIII : « Je crois que j'ai été » l'homme du monde à qui il a fait le plus de ru- » desse; mais connaissant que c'estoit en sa jeu- » nesse, et qu'il ne venoit pas de lui, ne lui en sçus », jamais mauvais gré. » Les bienfaits de Louis XI ne troublent pas davantage son impartialité. C'est bien le héros de ses Mémoires et le plus sage homme qu'il ait connu; mais il ne dissimule ni ses fautes ni ses petitesses. Il blâme son peu de respect pour les lois et les mœurs de la France, les nouvelles charges qu'il impose au peuple, ses cruautés et ses méfiances. L'on voit dans Commines, mieux que partout ailleurs, ce qu'étaient alors et les droits des rois et les priviléges des peuples. Il témoigne pour les Anglais, qui déjà savaient mieux que toute autre nation maintenir leurs libertés, une grande considération; de même qu'il fait cas du roi de France, qui a su conserver et exercer son pouvoir. Le caractère des divers peuples de l'Europe est souvent peint d'une manière qui n'a pas cessé d'être vraie. Enfin, il n'existe pas un livre de politique plus applicable et plus pratique; il est plein d'une science positive, fruit de l'expérience, sur laquelle n'ont influé ni opinions ni systèmes. »

GUILLAUME DE VILLENEUVE.

NÉ DANS LA DERNIÈRE MOITIÉ DU XVe SIÈCLE. — MORT DANS LA PREMIÈRE MOITIÉ DU XVIe.

On ne sait sur la personne et la vie de Guillaume de Villeneuve que le petit nombre de faits racontés par lui. Ses Mémoires ne contiennent que trois années, de 1494 à 1497, et ne renferment qu'un épisode historique de la conquête de Naples par Charles VIII. Au retour du roi en France, Guillaume de Villeneuve resta chargé du commandement de Trani, ville importante de la province de Bari. Lorsque toutes les villes de la nouvelle conquête se furent soustraites à l'autorité française, Villeneuve tint bon dans sa forteresse. Abandonné par ses soldats d'artillerie, de la lâcheté desquels il se venge en citant leurs noms, il fit mettre un canon dans sa chambre, et ne fut fait prisonnier que quand la fatigue eut complètement abattu ses forces. Le prince Frédéric, oncle du nouveau roi de Naples, le fit mettre à bord d'un galère qui, pendant quatre mois suivit toutes ses opérations. Villeneuve a raconté ces diverses expéditions et les mauvais traitemens dont il fut victime, jusqu'au jour où il fut délivré et arriva à Marseille. A son retour en France, il rédigea cet intéressant épisode de sa vie. De Martenne l'a publié pour la première fois dans le 3e volume de son *Thesaurus novus Anecdotorum*. Suivant l'habitude du temps, Villeneuve francise tous les noms de lieux, et cette transformation est rendue plus méconnaissable encore par les fautes des éditeurs subséquents. La connaissance des langues et des pays étrangers est encore trop peu répandue en France : j'ai rectifié de mon mieux ces noms défigurés, et j'en donne ici le dictionnaire qui aidera à la lecture de l'Odyssée de Villeneuve.

DICTIONNAIRE RECTIFIÉ

DES NOMS PROPRES CITÉS DANS LES MÉMOIRES DE VILLENEUVE.

Agrobbe.	*Agropoli.*	Grotailles.	*Grottaglie.*	Pié de Grote.	*Pie-di-Grotta.*
Amantie.	*Amantea.*	Guamerode.	*Camarota.*	Plage romaine.	*Spiaggia romana.*
Argentel.	*Argentaro.*	Haultemore.	*Altamura.*	Ponce.	*Ponza.*
Baye.	*Baia.*	Lachatelle	*Castella.*	Poueille.	*Puglia.*
Belveder.	*Belvedere.*	Larochelle.	*Roccella.*	Prochide.	*Procida.*
Berlette.	*Barletta.*	Leche.	*Lecce.*	Puisel.	*Pizzo.*
Capre.	*Capri.*	Lusante.	*L'Ugento.*	Pusol.	*Pozzoli.*
Castel de l'Ove.	*Castel dell' Ovo.*	Malfe.	*Amalfi.*	R ge.	*Reggio.*
Castel-la-Mer.	*Castellamare.*	Manfredonne.	*Manfredonia.*	Sainct - André - dans-Isole.	*Sant' Andrea nell' Isola.*
Cescaude.	*Guardia.*	Marsilles.	*Sciglio.*	Sainte-Fumée.	*Santa-Eufemia.*
Chastel de l'Abbat.	*Castellabbate.*	Massafre.	*Massafra.*	Sainte-Lucile.	*San Lucido.*
Chesre.	*Cesare.*	Masse.	*Massa.*	Sallerne.	*Salerne.*
Coporse.	*Capocorso.*	Menople.	*Monopoli.*	Sarrezane.	*Sarzana.*
Cotron.	*Cotrone.*	Messaigne.	*Mesagno.*	Secille.	*Sicilia.*
Esquillage.	*Squillace.*	Messinne.	*Messina.*	Senoys.	*Sanesg.*
Estaliere.	*Girella.*	Mon gue.	*Monaco.*	Souffrière.	*Solfatara.*
Exellente.	*Cilento.*	Nochetraro.	*Cetraro.*	Strangoul.	*Stromboli.*
Foges.	*Foggia.*	Nouchères.	*Nocera.*	Trane.	*Trani.*
Fonescault.	*Fuscaldo.*	Nysse.	*Nizza.*	Tripaude.	*Atripolda.*
Franqueville.	*Francavilla.*	Palenode.	*Palinuro.*	Turpie.	*Tropeia.*
Fumée-Frède.	*Fiumefreddo.*	Partevente.	*Spartivento.*	Ville-Franche.	*Villa-Franca.*
Gayette.	*Gaëtta.*	Paule.	*Paola.*	Vintemille.	*Ventimiglia.*
Gelippe.	*Gallipoli.*	Pescaire.	*Pescara.*	Ypre.	*Lipari.*
Genne.	*Genova.*	Petresante.	*Pietrasanta.*	Ysche.	*Ischia.*
Gourgolle.	*Gorgona.*	Pichote.	*Pisciotta.*		

OLIVIER DE LA MARCHE.

NÉ DANS LE DUCHÉ DE BOURGOGNE, VERS 1426. — MORT A BRUXELLES, LE 1ᵉʳ FÉVRIER 1502.

« En l'an de Nostre-Seigneur 1434, dit Olivier de La Marche [*], se meult une guerre et une question entre aucuns seigneurs d'Alemaigne et le seigneur de Sainct-Georges pour la terre et seigneurie de Jou, que tenoit et possessoit le dict seigneur; et, pour ceste cause, fut envoyé Philippe de La Marche, mon père, au dict chastel de Jou, de par le dict seigneur de Sainct-Georges..... Et, pour ce qu'il pensoit que la guerre et sa commission fut chose de longue durée, il mena tout son ménage celle part. Et, quant à moi, je fus mis à l'escole en une petite bonne ville, à une lieue du dict Jou, laquelle ville se nomme Pontarlier [**], et fus mis en la maison d'un gentilhomme nommé Pierre de Sainct-Morris, qui avoit plusieurs enfants et neveux qui pareillement alloient à l'escole... Je pouvois pour lors avoir l'âge de huict à neuf ans. »

« Depuis l'an 1437 que mon père mourut, dit-il ailleurs [***], messire Guillaume de Surin, seigneur de La Queuille, et dame Anne de La Chambre, sa femme, me nourrirent en leur hostel jusques à l'an 39.

» Au dict an, le duc Philippe de Bourgogne estant en la cité de Chaslon-sur-Sosne, environ la Pentecoste, le seigneur de La Queuille m'amena à la cour..... Lors messire Anthoine, seigneur de Crouy, premier chambellan de mon dict seigneur le duc, requit à mon dict seigneur le duc qu'il luy pleust, de sa grâce, en faveur des services faits par mes prédécesseurs, me retenir en son hostel, ce que le bon duc, de sa grâce, accorda. Et pouvois avoir treize ans d'âge. Et ordonna mon dict seigneur que je fusse son page avec plusieurs autres nobles jeunes hommes de divers pays; et fus mis ès mains et sous le gouvernement de Guillaume de Sercy, premier escuyer d'escuyrie. »

Olivier de La Marche resta attaché à la maison du duc en qualité de page jusqu'à l'âge de vingt-et un ans, en 1447. A cette époque, le duc Philippe le créa son écuyer pannetier, à l'occasion du mariage d'une de ses filles naturelles.

A l'âge de vingt-six ans, en 1452, il accompagna le comte de Charolois dans la guerre contre les Gantois, et y mérita l'affection du jeune comte qui, quatre ans après, le nomma son premier pannetier. Olivier le servit dans toutes ses expéditions militaires et dans toutes ses négociations, comme aussi dans toutes ses intrigues. On le trouve à côté de lui à la bataille de Montlhéry, au siège de Nuys, et jusqu'à la bataille de Nancy, qui fut si funeste à la maison de Bourgogne; on le trouve encore dans les querelles au sujet de l'affaire du bâtard de Rubempré, dans les conférences de Péronne et dans les négociations du mariage de Marie, fille de Charles-le-Téméraire, avec Maximilien d'Autriche.

Ce fut à l'âge de trente-cinq ans, en l'année 1471, qu'il conçut l'idée d'écrire l'histoire de ce qu'il avait vu et entendu.

« Me trouvant, dit-il [*], tanné et ennuyé de la compaignie de mes vices, et désireux de réveiller vertus lentes et endormies, ay entrepris le faix et labeur de faire et compiler aucuns volumes, par manière de Mémoires, où sera contenu tout ce que j'ay veu de mon temps digne d'être escript et ramenté. Et n'entens pas d'escrire ou toucher de nulles matières par ouir dire ou par rapport d'autruy, mais seulement toucheray de ce que j'ay veu, sceu et expérimenté; sauf toutevoyes pour mieux donner à entendre aux lisans et oyans mon escript, je pourray à la fois toucher pourquoy et par quelle manière les choses advinrent et sont advenues, et par quelles voyes elles sont venues à ma congnoissance, afin qu'en éclaircissant le paravant advenu, l'on puist mieux entendre et congnoistre la vérité de mon escript.

---

[*] Liv. I, ch. II, p. 348 de cette édition.
[**] Les habitans de cette ville et ceux du Berry Berruyers, jouissaient par exclusion en France du droit de franklins, et portaient, comme les hommes de la conquête, le titre de barones et principes, n'ayant jamais été conquis par les Francs, mais adjoints aux conquérans, avec les mêmes priviléges. On retrouve jusqu'au XVᵉ siècle des actes où ils sont qualifiés ainsi. La noblesse achetée fit oublier celle-ci.
[***] P. 368.

[*] P. 347.

» Mais je n'entens pas que ce mien petit et mal-accoustré labeur se doyve appeler ou mettre du nombre de croniques, histoires ou escriptures faictes et composées par tant de nobles esprits qui aujourd'huy et en cestuy temps de ma vie ont si solennellement labouré, enquis et mis par escript (comme principalement ce très-vertueux escuyer George Chastelain, mon père en doctrine, mon maistre en science, et mon singulier amy, lequel seul je puis à ce jour nommer et escrire la perle et l'estoile de tous les historiografes qui de mon temps, ny de pieça, ayent mis plume, encre ne papier en labeur ou en œuvre) ; ains seulement est mon entendement, pour ce que costumièrement je vois et chemine en divers lieux et en maintes places, et qu'il est occupé en songneux labeur et estude, et qu'au secret de sa chambre il amasse et assemble divers raports, opinions, advis et ramentevances à luy raportées, dictes et envoyées de toutes pars ; et dont de tout, et de toutes parties, il fait si notablement le profit de sa matière, qu'il n'en fait pas seulement à louer, mais à glorifier, priser et aimer de tous les nobles cuers du monde ; à ceste fin, et pour faire mon devoir, et moy acquitter de la vérité des choses advenues devant mes yeux, me suis délibéré de mettre par Mémoire ce que j'ay vu et retenu au passé temps de ma vie, tendant à fin que s'il y a chose dont ledict George ou autre, en leurs hautes œuvres, se puissent ayder ou servir, ils prennent et tirent (s'ils me survivent) hors des ronces et espines de mes rudes et vains labeurs, pour le coucher au noble lict paré et embasmé de leurs nobles et riches termes, inventions et fruits, dont le goust et l'entendement ne peut jamais empirer ne mourir.

« Je doncques Olivier, seigneur de La Marche, chevalier, conseiller, maistre-d'hostel, et capitaine de la garde de très haut, vertueux et victorieux prince Charles, premier de ce nom, par la grâce de Dieu duc de Bourgongne, de Lotrich, de Brabant, de Lembourg, de Luxembourg et de Gueldres, comte de Flandres, d'Artois et de Bourgongne, palatin de Hainaut, de Holande, de Zélande et de Namur, marquis du Sainct-Empire, seigneur de Frise, de Salins et de Malines, leur ayderay à mon pouvoir, louant et graciant mon rédempteur Jésus-Christ, fils de la glorieuse Vierge, en ce qu'il lui a plu me donner et impartir grâce, et espéciale miséricorde, d'estre venu jusques au milieu de la voye et du chemin, terminé par le tour de nature, selon le cours de la vie présente : car, à l'heure que j'ai ceste matière encommencée, j'aproche quarante-cinq ans, et ressemble le cerf ou le noble chevreuil, lequel, ayant tout le jour brouté et pasturé diverses feuilles, herbes et herbettes, les unes cueillies et prises sur les hauts arbres, entre les fleurs et près des fruits, et les aultres tirées et cueillies bas, à la terre, parmi les orties et les ronses aguës, ainsi que l'appétit le désiroit et l'adventure le donnoit, après qu'iceluy se trouve refectionné, se couche sur l'herbe fresche, et là ronge et rumine, à goust et à saveur, toute sa cueillette : et ainsi, sur ce my-chemin ou plus avant de mon âge, je me repose et rassouage sous l'arbre de congnois-ance, et ronge et assaveure la pasture de mon temps passé, où je trouve le goust si divers et la viande si amère, que je prens plus de plaisir à parachever le chemin non congnu par moy, sous l'espoir et fiance de Dieu tout-puissant, que je ne feroye (et fust-il possible) de retourner le premier chemin et la voye dont j'ay desjà achevé le voyage. Et toutesfois, entre mes amers gousts, je trouve un assouagement et une sustance à merveilles grande en une herbe appelée mémoire, qui est celle seule qui me fait oublier peines, travaux, misères et afflictions, et prendre plume, et employer encre, papier et temps, tant pour moy désennuyer, comme pour accomplir et achever (si Dieu plaist) mon emprise, espérant que les lisans et oyans suppléront mes fautes, agréront mon bon vouloir, et prendront plaisir et délectation d'ouyr et sçavoir plusieurs belles, nobles et solennelles choses advenues de mon temps, et dont je parle par veoir, non pas par ouyr dire. »

Ces Mémoires ou Chroniques divisés en deux livres s'étendent de l'année 1434 à l'an 1488. C'est du moins là que se terminent les manuscrits reproduits dans cette édition. Il est probable qu'Olivier de La Marche aura continué cette narration, du moins pour quelques années de plus ; car, quatre ans après, en 1492, on le retrouve s'occupant d'écrire l'introduction publiée ici en tête de ses Mémoires.

« Après ceste humble adoration de Dieu, dit-il [*] et affectueuse recongnoissance de vous, monseigneur [**] et noble prince, je Olivier, seigneur de La Marche, natif de Bourgongne, grand et premier maistre d'hostel de vostre maison, plein de jours, chargé et fourni de diverses enfermetés, et persécuté de débile vieillesse, et néantmoins par la grâce céleste plein de plusieurs et diverses souvenances, voyant et congnoissant mon cas, et qu'à cause de mon vieil âge ne vous puis faire service personnellement selon mon désir, tant en armes et ambassades, qu'en autres travaux (car à l'heure que je

[*] P. 295. — [**] Maximilien d'Autriche, qui avait épousé Marie, fille unique de Charles-le-Téméraire.

commence à dicter ce présent escrit, je suis en la soixante-sixième année de ma vie, pour louer mon créateur du passé, luy recommander le surplus, et le submettre à son bon plaisir et grâce) ; estant comme honteux, par ces défautes à moy advenues, d'estre personne inutile en si noble service que le vostre, et considérant aussi que vous estes à l'heure présente sous dix ans, en si jeune âge que longuement nos jours ne peuvent voyager ensemble, pour l'acquit de ma loyauté, par l'amour que j'ay à vous, et afin que le service que je vous doys soit et demeure plus longuement en vostre vertueux souvenir, me suis résolu, appelant Dieu à mon ayde et support, de revoir et recongnoistre quelques escripts autres fois par moy recueillis des livres anciens, pour mieux vous introduire à la lecture de certains mémoires de choses que j'ay vues moy-même advenir de mon temps, espérant que vous y pourrez lire et veoir plusieurs poincts qui seront à la hauteur de vostre seigneurie exemplaire, miroir et doctrine, utiles et profitables pour le temps à venir. »

Outre ses Mémoires, Olivier de La Marche a écrit un *Traité sur les gages de bataille*, le *Triomphe des dames d'honneur* et le *Chevalier délibéré*, qui a souvent été atrribué à Georges Chastelain. On lui attribue aussi un traité resté manuscrit et ayant pour titre : *De la puissance de nature et comment les corps célestiaux gouvernent naturellement le monde*. Il a aussi rédigé une *Instruction* fort curieuse, destinée surtout par lui à éclairer ses collègues et subdélégués du service ducal dans l'exercice de leurs devoirs, mais qui nous offre aujourd'hui un tableau curieux de l'état de la cour de Philippe-le-Bon. Ce petit traité fort court me semble devoir jeter un plus grand jour sur l'état de cette cour opulente, et je le donne à la suite de cette notice.

Olivier de La Marche mourut à Bruxelles, âgé de soixante-quatorze ans, le 1er février 1502.

La bibliothèque royale de Paris possède plusieurs manuscrits de ses mémoires.

Le plus précieux est le numéro 8419, grand in-folio, écriture du XVe siècle, à deux colonnes. Ce volume ne contient que l'introduction. Il est orné de treize grandes miniatures qui couvrent toute la moitié de la page ; elles sont aussi riches que bien exécutées. Les quatre du milieu surtout indiquent pour la composition et l'exécution le pinceau des maîtres les plus habiles.

Les Mémoires de La Marche ont été publiés pour la première fois, en 1562, à Lyon, à la suite de la Chronique de Flandres. Il y a eu depuis cinq à six autres éditions.

S'ENSUYT L'ESTAT DE LA MAISON
DU DUC CHARLES DE BOURGOGNE, DIT LE HARDY.

PREMIÈREMENT DE LA CHAPPELLE.

En sa chappelle a quarante hommes, à comprendre un évesque pour son confesseur, et trois autres jacopins et prebstres confesseurs, autres chappellains et officiers, organiste et sommellier. Lesquels chappellains, chantres et officiers, sont gouvernés par le premier chappellain ; et tous les jours, où qu'ils soyent, chantent les heures du jour, et la grande messe solempnelle. Auquel service, et à toutes heures, le prince est présent quand ils sont devers luy, et principalement à la messe et aux vespres. Et n'est pas à oublier que l'évesque dessusdit et les frères jacopins sont grands clercs, docteurs et prescheurs, et preschent souvent.

Et d'avantage à le duc un aumosnier et un soubs-aumosnier, gens de telle auctorité et de tel crédit qu'ils font les aumosnes pour le prince par distribution et en conscience, qui sont grandes jusques à passer vingt mille livres par an : et pour approuver qu'il soit ainsi, quand le duc doibt partir d'une ville, son aumosnier luy apporte par escrit ce dont il peut enquerir et sçavoir où bienfaicts et aumosnes sont bien employés en icelle ville, si comme de gens anciens, gens pauvres, prisonniers, femmes gisantes, orphelins, pauvres filles à marier, gens bruslés de feu, marchands destruits par fortune, et toutes autres choses nécessaires ; et à un chascun le duc à sa dévotion départit ses aumosnes, et signe le papier et les sommes, et sont payées avant que l'aumosnier parte de la ville. Aussi l'aumosnier distribue et départit l'argent de l'offrande du prince, qui tous les jours se font, et où que soit faicte offrande en la messe ; et luy est icelle offrande présentée par le plus grand prince de son hostel, et qui là soit : et doibt ledit aumosnier dire *Benedicite* à la table du prince, et les *Graces*, et à celles *Graces* doibt estre le maistre d'hostel au-dessus : et doibt l'aumosnier lever la nef où est l'aumosne devant le prince, et puis oster la nappe de la table, et doit commencer au haut bout, qui est le contraire au servir viandes.

DU CONSEIL ET DE LA JUSTICE.

En ensuyvant la chappelle, nous parlerons de l'estat du conseil et de la justice, pource qu'après le service faict de Dieu en l'église, la justice est le second service dont Dieu est servy. Et pour le conseil, tant de ses grans affaires que pour ladicte justice, le duc a un chancellier en chef, un évesque chef de conseil en son absence, quatre chevaliers notables, huict maistres des requestes, quinze secrétaires, huyssiers, fourriers, et autres officiers à ce servants. Et quand le duc n'est point en la guerre, la chambre du conseil se tient près de celle du duc, et se trouve souvent le duc à cedit conseil, et principalement à déduire et déterminer grandes sentences et affaires, et prend la paine d'ouyr toutes les opinions. Et ne peuvent en icelluy conseil autres que les ordonnés, les chevaliers de la Toyson d'or, et les maistres d'hostels, sans y estre par le duc ou par son chancellier menés ou mandés. Et me passe de deviser de l'autorité et prééminence du chancellier, pour ce que l'on sçait bien partout qu'un chancellier préside ; et mesmes en la personne du prince il demande les opinions, et a le grand séel en ses mains, et est le premier homme nommé, et le premier officier.

Et devant tout en toutes choses, audit hostel y a autre différence qu'en France : le connestable va devant, et encore va par-dessus un lieutenant-général ; nota que ledit chancellier est de plus grand proufit que celuy de France ; car il congnoit des finances, et autres choses que ne faict celuy de France.

En ensuyvant le faict de la justice, le duc estant en ses pays tient audience publique pour ouyr et despescher toutes requestes qui luy sont apportées, et principalement des pauvres et des petits qui pourroient faire plaincte des riches et des grans, et ne pourroient approcher ny avoir lieu devant lui ; et pour ce tient il audience publique en sa personne deux fois la sepmaine ; et nous arresterons aux cérémonies et pompes de celle audience, afin que du tout sois adverty en temps et ordre.

L'audience se tient le lundy et le vendredy, et le duc au départir de son disner va en la salle où l'audience est préparée, et est accompagné de la noblesse de son hostel, asçavoir princes, chancelier, escuyers et autres, et n'y oseroit nul homme faillir. Le duc se sied en sa chaire, richement couverte de palle de drap d'or, et le marchepied, qui est large et de trois pas de montée, est tout couvert de tapisserie richement ; et à ses pieds a un petit banc auquel sont appuyés deux maistres des requestes et l'audiencier, qui lisent les requestes devant le duc, et aussi un secrétaire pour registrer les appointemens ; et sont iceux quatre à genoux, et derrière ledit secrétaire a un clerc qui enfile lesdites requestes en un cordon, selon que luy baille ledit secrétaire ; et sont les bancs chascun ordonné par ordre, à l'encontre du passet, pour seoir les princes du sang, les ambassadeurs, les chevaliers de l'ordre et les grands pensionnaires par ordre ; et sçait chascun où il doibt aller. Et derrière la chaire et le dos du duc sont en pieds les escuyers du duc, c'est asçavoir ceux de la chambre, qu'en France on dit enfans d'honneur, qui aucunefois servent à l'estat d'eschanson, pannetier, et escuyer trenchant, quand le prince est en chambre à sa privauté ; et point d'escuyer d'escuyrie, pour ce que cestuy estat se sert publiquement. Et incontinent la forme de l'audience passée, la salle est close d'un grand parquet tout baillié, et clos de bancs et bailles, et tout couvert de tapisseries aux armes du duc ; et sont au costé senestre escuyers trenchans, escuyers d'escuyrie debout à pied aux bailles ; et au costé dextre les pannetiers, eschansons et escuyers du duc. Et devant icelles bailles sont bancs à l'entour du parquet, où séent les chevaliers chambellains et estrangiers qui surviennent, et aussi les maistres d'hostel. Et au bout d'iceluy parquet, devant la face du prince, sont les escuyers hommes-d'armes de la garde, chascun un baston au poing, ayans bailles comme dessus ; et n'y vont ce jour que les quinze qui doibvent faire le guet devant luy à l'entour ; et allencontre d'iceluy parquet, à la porte sont huyssiers d'armes, et devant le pied du passet sont deux sergeans d'armes à pied, et chascun la mace au col, aux armes du prince. Et se conduit icelle cérémonie par les maistres d'hostel ; et l'assiette faicte, sont deux portes ouvertes aux deux bouts de ladite sale, et entrent par l'une ceux qui apportent les requestes et présentent au duc, et s'en revont par l'autre porte ; et sont mises icelles requestes sur le banc, devant ceux qui les doibvent lire, et lisent tour à tour ; et le duc appoincte les requestes à son plaisir, et selon que le cas requiert, et toutes les despesches avant qu'il parte de la place. Et pendant ce temps chascun se tait, et tient ordre ; et le tout achevé, le duc s'en retourne en sa chambre, et chascun à ses affaires.

Continuant le faict de la justice, le duc a un prévost des mareschaux, fort accompagné de compagnons de guerre ; et sert iceluy prévost en temps de paix à faire les exécutions criminelles, et par tous les pays du duc à juridiction et pouvoir, et par toutes villes, excepté en l'hostel du duc, qui est à la juridiction des maistres d'hostel ; et sert iceluy prévost pour les divers pays et diverses seigneuries qui sont en la main du duc ; car d'un cas criminel, meurtre ou autre faict en Brabant, le criminel ne pourroit être poursuivy en Flandres ny en Haynaut, pour ce que les justices ne sortissent point l'une à l'autre ; et pareillement de pays en pays se sauveroient les malfaicteurs. Pourquoy a esté ordonné le prévost des mareschaux pour aller partout, et a pouvoir du prince pour aller par toute la contrée ; et certes, il a moult prouffité depuis le règne du duc Charles, et a déchassé plusieurs vicieux malfaiteurs, et a puny plusieurs cas mauvais, et dont raison vouloit punition. Et au temps de la guerre, le prévost des mareschaux, soubs l'autorité du duc et soubs l'autorité des mareschaux, conduict les marchans, et mect les vivres à prix ; tient la justice parmy l'ost, tant criminelle comme civile, et peut ouyr de toutes matières, excepté de faict de guerre ; juge et exécute criminellement, appointe et jugé les causes civiles, sans appeler à autre personne, s'il ne luy plaist.

DE LA GUERRE.

Or avons devisé de l'ordre de justice : si faut deviser de la guerre et de son estat, qui est l'appuy et le baston, et aussi le soustenal de la seigneurie et de la chose publique ; car sans seigneur et sans seigneurie de seigneur ne pouvons nous vivre, et sans soustenir le droict et l'autorité du seigneur et de la seigneurie du pays; et faut aucunefois le soustenir par assaut, et aucunefois par deffence; et pour ce est nommée la guerre en l'arbre des batailles, au nombre des branches de justice, et se nomme justice à main forte. Pourquoy en ensuyvant mon commencement, qui a esté du service de Dieu, en descendant de l'église à la justice, je perséverray par la tierce, qui est de la guerre, et par laquelle Dieu peut et doibt estre servy, entreprenant et faisant guerre justement, et en l'exécutant par forme deue.

Le duc a quatre chevaliers ordonnés, devant lesquels se mettent les matières de guerres, pour en faire le rapport au duc, et se rassemblent iceux quatre chevaliers en la chambre du premier chambellain, où se tiennent à conseil, et n'y entrent nuls que le premier chambellain, le chancelier, le grand-maistre, les quatre chevaliers, les maistres d'hostel, et mareschaux de l'ost et du logis, et le maistre de l'artillerie, le roy d'armes de la Toison-d'Or, et deux secrétaires du nombre dessusdict, qui escrivent et mettent en forme les choses conclues, ordonnées et exposées; et sont iceux secrétaires nommés et ordonnés pour la matière de la guerre, et des choses advisées et exposées; les quatre chevaliers en font rapport au duc, pour en faire son bon plaisir.

Et pour ce que grande chose, grand estat et grans affaires ne se peuvent conduire sans grans deniers et sans grandes finances, je continueray la matière de servir Dieu par la quarte voye, et monstreray comment le duc voyt et congnoist l'estat de ses finances, et comment le service de Dieu y peut estre employé; car un prince, par despendre sans sçavoir où les deniers se prendent et treuvent, apprend à ses secrétaires de prendre le sien sans desserte, et retenir à ceux qui l'ont desservy, et à ordonner et distribuer les biens à leur plaisir et singulier prouffit, et sans discrétion; dont le peuple porte grand faix, grands cris et grandes plaintes devant Dieu : parquoy il appert que le prince qui a le regard et l'œil aux choses dessusdices sert Dieu, et luy-mesme en prouffite, et en conscience.

DES FINANCES.

Le duc a en son hostel la chambre des finances, en laquelle se rapportent tous les deniers de ses pays ordinaires et extraordinaires. Là viennent tous les deniers et les receptes, et de là sont distribués les appointemens aux officiers, selon ce qu'ils ont de charge. Là sont ordonnés deux protonotaires d'Eglise grands seigneurs, et deux notables chevaliers; et à ce bureau séent iceux quatre, en chef le maistre de la chambre aux deniers; et celuy reçoit les appointemens pour la despence ordinaire, tant de bouche comme de gages, qui montent bien par an à plus de quatre cens mille livres. Là sied le trésorier des guerres, qui reçoit en sa main tous les appointemens de tous les gens-d'armes de pied et de cheval, ordinaires et extraordinaires; et monte par an l'ordinaire de huict cens mille livres, et extraordinaires communément à huict vingts mille livres; et départ iceux deniers aux clercs et commis dessoubs luy, pour en faire sa distribution. Là sied l'argentier, auquel sont baillés les appointemens pour payer les dons des ambassades et voyages, le faict des habillemens et garderobbe, et autres choses extraordinaires, et n'est pas chose que l'on pu'st mectre en reigle et en nombre; mais je suis acertené que le duc Charles a despendu pour celuy estat seulement, chascun an, l'un portant l'autre, plus de deux cens mille livres. Là sied le receveur général, qui rend compte de toutes les receptes, et qui toutes viennent en sa main, et à qui les receptes particulières, toutes en général, viennent en compte. Là est l'audiencier qui signe toutes matières des finances, et non autres; et ne séent à iceluy bureau sinon les dessus-nommés. Là vient le duc bien souvent, et ne se cloent nuls comptes sans luy ou sans son sceu. Il signe de sa main tous appointemens de tous dons; il signe tous comptes et tous rolles; il sçait bien ce qu'il a vaillant et ce qu'il despend; tout chet en sa main, et tout en vuyde, et luy-mesme sied au bout du bureau, jecte et calcule comme les autres; et n'y a différence en eux en iceluy exercice, sinon que le duc jecte en jects d'or, et les autres de jects d'argent. En icelle chambre y a une petite table à part, où sied le greffier et les clercs; et est fermée de portiers et autres officiers, comme il appartient.

L'ESTAT DE LA MAISON.

Or ay-je devisé des quatre chambres ordinaires de l'hostel du duc; si est nécessité et besoing de réciter le nombre des grans pensionnaires qui sont en la maison, où il y a six ducs, et douze autres grands personnages, princes, comtes et marquis; et se paient iceux par les mains de l'argentier, comme il est escript cy dessus

Et au regard de l'estat des dames et de leur pension, je n'en fay pas grande mention, combien que ce soit en frais pour le prince par an plus de quarante mille escus.

Il est besoing que j'entre à deviser l'estat ordinaire et comptes par les escroues de l'hostel du duc. Et certifie qu'il a en sa maison, outre et pardessus les dessusnommés, quarante-quatre personnages, tant princes, comts, marquis et grands barons, qui sont journellement comptés par les escroues. *Item* vingt chevaliers comptés par demy an, les uns contre les autres. *Item* trente chevaliers, comptés par quatre mois, qui est à entendre tousjours dix d'iceux trente. *Item* quarante autres chevaliers, qui sont comptés par trois mois, à entendre tousjours dix d'iceux quarante.

Item, outre et pardessus iceux chevaliers comptés par termes, le duc a quarante autres chevaliers, qui sont tousjours comptés aux gages et pensions, et ont tel estat qu'ils ont chascun un homme d'armes avec eux. Ainsi sont quatre-vingts hommes d'armes en icelle compaignie, et sont iceux chevaliers et leurs hommes gouvernés et conduits par quatre autres notables chevaliers, comtes, marquis et barons, lesquels sont chefs chascun de dix chevaliers, et leurs hommes d'armes, et chevauchent par chambrées en armes et soubs la cornette de leur chef.

Le duc a un premier chambellain, comme des-jà il est escript cy dessus, soubs lequel sont et respondent tous les chambellains chevaliers dont cy dessus est escript, et peuvent en toutes causes du bureau avoir leur renvoy devant ledit chambellain. Il a la clef de la chambre du prince; il a le sceau du secret en garde devant tous autres; son droict est de porter la bannière en bataille des fiefs et hommages des nobles faicts au prince; il doibt prendre le serment; il a la première chambre après le prince, et a plat et service comme luy-mesme, et doibt estre obéy en ses commandemens comme le lieutenant du prince.

Le duc a un grand maistre d'hostel qui peut en tous consaux, tant de la justice comme de la guerre; et se doibvent adresser à luy recoiptes et cœullotes de princes et d'ambassades; il peut servir aux quatre natulx de l'an, et quand le prince tient estat solemnel. Et doibt aller devant la viande du prince, le baston levé en contremont; mais il ne doibt point faire les essays en la cuy ine, mais les doibt faire le premier maistre d'hostel, ou l'un des autres maistres d'hostel en son absence. Et la viande assise devant le prince, le grand maistre d'hostel a toutes les couvertures de tous les mets dont le prince est servy, tant de la première fois comme de la seconde, et de tout le service qui est à icelui disner. Et pour donner mieulx à entendre, ces choses ne sont le droit d'un grand maistre d'hostel en Bourgongne; mais je ne veulx pas juger qu'il eust celle authorité ès pays et seigneuries que tient le duc, si ce n'estoit que sa retenue fust générale, donnée par le prince en droicts et prééminence, tels qu'il les peult avoir en Bourgongne.

Le duc a un premier maistre d'hostel, qui a chambre et plat en l'hostel du prince, comme le premier chambellain : et au surplus a quatre autres maistres d'hostel, lesquels avec le premier ont le regard à la police de la maison du prince, à l'union des nobles hommes et autres seigneurs domesticques. Ils conduisent les cérémonies et ordre de l'hostel, ils ont le regard à la despence du prince, ils tiennent le bureau une fois le jour, pour compter la despence du jour précédent, et pour faire justice à chascun; deux huissiers de salle sont les sergens du bureau, qui adjournent les parties aux requestes d'autres parties; et dedans trois jours faict-on justice à chascun par justice sommière, et du bureau nul ne peut plus appeller. A ce bureau seyent les maistres d'hostel, le maistre de la chambre aux deniers, le controlleur et deux clercs d'office, et nuls aultres, quels qui soyent Le maistre de la chambre aux deniers voit la despence dont il fault qu'il face payement, et par jour monte plus de huit cens livres, comprins gaiges et despens de bouche, qui se payent seullement par ses mains. Le controlleur voit si la despence est bien employée, et en advertist les maistres d'hostel, et void si les clercs d'office ont bien recueilli la despence du jour précédent. Les clercs d'office rapportent au bureau les parties despensées en chascun office, et les escrivent par parties et par office, en un rolle de parchemin, pour chascun jour; et les maistres d'hostel, le maistre de la chambre aux deniers, le controlleur jectent et calculent icelles parties, et sur ce sont mises les sommes; et pour ce faict on tous les ans pour un chascun d'eux pour un marcq de jets d'argent aux armes et devises du prince; et pareillement font tous les jours un rolle de tous les noms et surnoms de ceux qui sont comptés par les esrouës, grans et petits, de quelque estat qu'ils soyent. Et à la fin des noms d'un chascun est escripte la somme de combien en sont comptés par jour, et de ce comptent et royent les maistres d'hostel à leur discrétion, et selon les ordonnans du prince. Et lesdites sommes de despence et de gaiges calculées et jectées se mettent tout en une somme du jour, et sont toutes les parties particulières d'office en office, ensemble les sommes des gaiges, et puis les deux parties ensemble par une somme du jour mises et escriptes en un feuillet pour chascun jour au papier du controlleur; et faict-on tous les ans pour chascune année un controlle, où il y a autant de fueillets qu'il y a de jours en l'an, et non plus; et ne peult-on escrire en icelui controlle que en la présence des maistres d'hostel; et à la fin de l'an se porte à la chambre des comptes, et sert pour veoir si les rolles journellement au maistre de la chambre aux deniers se rapportent à icelui controlle. Les clercqs d'office escrivent toutes les autres lettres et appointemens faicts au bureau, et tous les jours vont en chascune office recueillir les parties de leur despence, pour en rendre compte comme il est escript cy dessus.

Le duc a quatre sommelliers pour sa chambre, dont le premier sommellier a court, chambre et plat, comme les maistres d'hostel, et mengent les aultres sommelliers avec luy. Et ont iceux sommelliers les clefs de sa chambre, et peuvent à toutes heures devers le prince.

Item, a le duc pour sa chambre seize escuyers, qui sont gens de grande maison, et servent iceux escuyers d'accompaigner le prince où qu'il voyt, à pied ou à cheval, ou d'avoir regard sur sa personne et sur ses habillemens. Ils couchent près de sa chambre, pour une manière de seureté pour sa personne. Et quand le duc a tout le jour labouré sur ses affaires et donné audience à un chascun, et se retrait en sa chambre, iceux escuyers vont avec luy, pour luy faire compaignie. Les uns chantent, les autres lisent romans et nouvelletés, les autres se devisent d'armes et d'amours, et font au prince passer le temps en gratieuses nouvelles. Lesdits escuyers peuvent à toutes heures en la chambre du prince, s'il n'y a conseil; ils ont chambre à court, plat et viande, comme les maistres d'hostel du prince.

Et pour ce que j'ay commencé à parler de la chambre du prince, je continueray sans avoir regard aux estats, mais pour faire mieux par ordre.

Le duc a six docteurs médecins, et servent iceux à visiter la personne et l'estat de la santé du prince. Et quand le duc est à table, iceux médecins sont derrière le banc, et voyent de quoy et de quels mets et viandes l'on sert le prince, et leur conseillent, à leur advis, lesquelles viandes luy sont plus proufitables: ils peuvent à toutes les heures en la chambre du prince, et sont gens si notables, si bons, et si grands clercs, qu'ils peuvent estre à beaucoup de conseil, et ont plat à court, comme le premier sommellier ; mais ils n'ont point de chambre ordinaire.

Le duc a quatre chirurgiens : ces quatre servent pour la personne du duc, et pour ceux de son hostel et autres ; et certes ce ne sont point ceux qui ont le moins affaire en la maison : car le duc est prince chevalereux ; et de tel exercice de guerre, que par blessure de coup à main, de trait de pouldre ou aultrement, il a bien souvent tant de gens blessés en sa maison et en ses ordonnances, que aultre part en divers lieux blessés, que cincquante chirurgiens diligens auroyent assez à besoigner, à faire leur devoir des cures qui surviennent. Et pour ceste cause a ordonné le duc en chascune compaignie de cent lances un chirurgien. Lesdits quatre chirurgiens du duc ne prendent rien des povres, ne des compaignons estrangiers qui sont au service du prince, et s'attendent à luy de la satisfaction de leurs onguements et drogheries, et peuvent à la chambre à toutes heures, comme les médecins.

Le duc a un garde de joyaux, et son aide ; et est iceluy garde des joyaux fort privé du prince ; car il a en ses mains un million d'or vaillant ; et sert à garder les deniers de l'espargne du prince, tous ses joyaux d'or et pierries, dont le duc est riche, et lequel en a les plus belles qu'on sache. Il a en sa main toute la vasselle d'or et d'argent, et tous les ornemens de sa chapelle ; et je cuide qu'il a en vasselle d'argent, que blanche que dorée, cinquante mille marcs en ses mains.

Le duc a bien quarante vallets de chambre, dont la plus grand part servent tousjours, et les autres sont comptés par terme, et servent iceux en la chambre en diverses manières, les barbiers en leur estat, les chausseteurs, tailleurs, cousturiers, fourreurs et cordonniers, chascun en leur estat. Les painctres font les cottes d'armes, banières et estandarts ; les aultres vallets de chambre servent de faire le lict, et à mettre à point la chambre ; et doibt le fourrier battre et escourre le lict, et mettre à point la chambre, c'est à sçavoir la coustelle et le coussin où le prince doit gésir ; et pour ce seullement le fourrier est nommé vallet de chambre ; et doibvent les principaux estendre les linceux et la couverture. Et doibt le sommelier tenir une torche en ses mains pour veoir faire le lict, et après refermer les gourdines. Et doibt l'un des quatre sommeliers garder le lict, jusques à tant que le prince soit couché.

Le duc a deux espiciers et deux aides, et sont iceux espiciers si privés du prince, qu'ils lui baillent, sans nuls autres appeller, tout ce que le prince demande touchant médecine. L'espicier apporte le drageoir du prince jusques à sa personne, à quelque grand feste ou estat que ce soit ; et le premier chambellain prend le drageoir et baille l'assay à l'espicier, et puis baille le drageoir au plus grand de l'hostel du duc qui là soit ; et sert iceluy du drageoir le prince, et puis le rend au premier chambellain, et le premier chambellain à l'espicier. Ledit espicier délivre toutes drageries et confitures ; il faict et délivre l'ypocras ; et a pris ordinaire en la livre d'espice de chambre et en la quarte d'ypocras, et se compte par les escroues, soubs l'estat de la fourrière.

DU PREMIER ESTAT.

Or ay-je devisé de l'estat de la chambre et de divers offices y appartenans. Si faut que j'entre-suyve la matière ; et entreray à deviser de quatre estats qui servent le corps et la bouche du prince.

Et premièrement commencerons à deviser l'estat des panetiers, et pourquoy ne en quel temps iceluy estat doibt estre premier nommé : car l'estat des panetiers, de l'eschanson, de l'escuyer trenchant, et de l'escuyer d'escuyrie, sont aussi nobles les uns que les autres, et les gages aussi des uns que des autres ; et pour ce que c'est tout un, quant à la noblesse et estat, toutesfois faut-il en toutes choses ordre et raison. Si deviseray, selon ce que j'ay peu comprendre et concevoir, comment iceux estats doivent aller, et estre conduits.

Le duc a un premier panetier, et cinquante escuyers panetiers ; et sont conduits à la guerre et à la paix soubs le premier panetier, et sont gouvernés par cinq chefs de chambre ordonnés par le prince, dont chascun a neuf panetiers soubs luy, et chevauchent tous soubs la cornette du premier panetier en une esquadre. Et ay nommé le premier estat des panetiers ; et ensuyvant la reigle des escroues et des ordonnances faictes en la maison de Bourgongne, de plus de cent ans passés, doibt estre le panetier le premier nommé, pour l'honneur du sainct sacrement de l'autel, dont le pain est la saincte chose dont le précieux corps de Nostre Seigneur est consacré.

Le premier panetier faict la despence de la paneterie, et se compte toute celle despence par les escroues ; il sert en l'absence des maistres d'hostel, si tous estoyent dehors. Et est la cause pourquoy aucuns veulent dire que le premier panetier a droit d'estre pourveu d'estat de maistre d'hostel avant tous les autres. Mais quant à ce qu'il y a droit, il n'en a point ; et le peut faire le prince de qui qu'il luy plaist, sans faire tort audit premier panetier. Bien est vraysemblable que le premier panetier, qui a faict despence journellement, et a des-jà servy en l'absence des maistres d'hostel, à compté au bureau, et a cognu l'estat de la despence de la maison du prince par praticque, il est bien vraysemblable, dis-je, qu'il doibt mieux entendre et cognoistre par raison ce qu'un maistre d'hostel a à faire, que ne font ceux qui n'ont praticqué ladicte despence. Et en ce cas certes, pour les raisons dessus-dictes, ledit panetier doibt estre premier nommé, et doibt aller devant, sinon en certain temps, ainsi que j'adviseray les ordres et mutations en temps et en lieu.

Et continuant l'estat des panetiers, je deviseray comment le panetier se doibt conduire à servir la bouche du prince. Quand le prince va disner et qu'il est couvert, l'huyssier de la salle va quérir le panetier qui doibt servir pour ce jour, et le meine en la paneterie. Et là le sommelier de la paneterie baille une serviette audit panetier, et la baise, en faisant credance ; et le panetier la met sur son espaule senestre, les deux bouts pendant devant et derrière, et puis le sommelier luy baille la sallière couverte, laquelle ledit panetier doibt porter entre ses doigts tenant entre le pied et le ventre de la sallière, en différence du gobellet, qui se doibt porter par le pied; et va le panetier après l'huyssier de la salle, la teste nue; et après luy va le sommelier, qui porte en ses bras la nef d'argent qui sert aux aumosnes : et dedans icelle nef d'argent sont les tranchoirs d'argent et la petite sallière, et une autre petite nef; ensemble le baston d'argent et licorne dont on faict l'espreuve en la viande du prince. Et eulx venus en la salle et devant la table, le sommelier doibt assoeir la nef où le panetier luy monstre, et doibt estre le bas bout; et le panetier ouvre la sallière, et du couvercle doibt prendre du sel, et le baille audit sommelier, qui en faict l'assay en présence dudit panetier; et lors assiet iceluy panetier sa sallière et ses trenchoirs, la petite sallière, la petite nef et l'espreuve, et puis met sa serviette pendre à la nef. Et quand le prince veult laver, le panetier baille la serviette au premier maistre d'hostel qui doibt servir pour ceste fois. Le maistre d'hostel le doibt bailler au premier chambellain, et le premier chambellain le baille à sa discrétion au plus grand de luy, si plus grand il y a, et rend au maistre d'hostel icelle serviette. Après que le prince a essué ses mains, le maistre d'hostel la rend au panetier, qui la reploye et la remet sur son espaule, et puis s'en va après le maistre d'hostel en la cuisine ; et à lever les mets, le panetier ouvre les couvertures, et le maistre d'hostel faict les assays desdits mets; et ce faict, ledit panetier recouvre le plat, et baille les plats couverts par celle manière les uns après les autres aux gentilshommes des quatre estats, qui ont suyvy pour apporter la viande du prince, et sont nues testes; et la viande chargée, le saussier présente au panetier verjus, et le panetier prend un assay pour en faire la creance; et doibt le panetier porter lesdits sausses, et est la cause pourquoy le panetier baille l'assay au saussier, et non pas le maistre d'hostel, et si ne baille qu'un assay, et le maistre d'hostel deux, et c'est pour ce que le panetier rend compte seul de ce qu'il livre; et le maistre d'hostel ni le keux ne rendent plus de compte, mais mectent la viande en la charge dudit panetier et de l'escuyer qui la porte; et pour ce baille le maistre d'hostel deux assays pour chascun mets; et ainsi la viande chargée, l'huyssier se met devant le maistre d'hostel et après luy le panetier, et les mets vont après. L'escuyer de cuisine doibt venir après la viande, et devant le prince s'agenouille l'huyssier en faisant place et voye, et puis le maistre d'hostel se met au bout de la table, où il doit demourer jusques à tant que la viande soit assise et assays faits, et doibt avoir tousjours l'œil sur ce. Et le panetier assit la viande sur la table, et puis prend son assay, et le baille aux autres l'un après l'autre. Et se remet le panetier au bout de la table devant la nef; et sert le duc à deux fois, et à chascune fois de douze à treize mets; et le soupper se sert à une fois; et doibt prendre le panetier un des couteaux, et mettre le sel de la grande sallière en la petite, et faire son assay, et le mettre devant le prince. Le panetier prend au buffet les oublies; et s'il y a assemblée au banquet, il peut assoeir les oublies devant tous ceux qui sont assis à la table du prince, et non autres; et puis le sommelier de la paneterie apporte au panetier une blanche serviette courte ployée, et la

baise, et le panetier l'enveloppe en une serviette qu'il a sur ses espaules auprès de sa poictrine : et c'est la cause pourquoy le panetier met les deux bouts de la serviette en sa ceinture, afin qu'il puist mieux tenir et garder la serviette qui luy doibt estre baillée. Et après avoir receu ladicte serviette, le panetier rend au sommelier les trenchoirs, et la petite nef, et les sallières. Et au regard de la grand nef, l'aumosnier le doibt lever comme cy dessus est déclairé; et la nappe ostée, le panetier desveloppe la serviette et la baise, et puis la desploye devant le prince; et quand le prince a ses mains essuées, ledit panetier doibt reprendre la serviette, et la rend au sommelier avec la première. Et en deffault du maistre d'hostel et du panetier, le panetier servant doibt tenir le lieu du maistre d'hostel aux graces, et doibt faire les assays en la cuisine en l'absence d'iceux. Le premier panetier doibt servir aux quatre nataulx de l'an en sa personne, et les autres jours il doibt ordonner au bureau qui servira, et faire royer les défaillans, en les accusant audit bureau. Et pour les affaires du prince, soit à la paix ou à la guerre, il ordonne aux chiefs de chambre, à ceux qui sont soubs eux, et tient le regard à faire et accomplir ce que le prince désire.

Et pour entre-suivre l'ordre de la paneterie, je deviseray ce qu'il en despend, et commenceray aux vallets servans qui font le pain. Et combien que ce soit estat de nobles hommes, ils sont apellés vallets servans, pour ce que c'est commencement d'estat. Et communément le prince met ses pages varlets servans, et montent à estat d'escuyers pour la bouche : et de là viennent à acroissance selon leurs vertus et la maison dont ils sont venus. Le duc a huict servans varlets comptés par terme; et doibt le vallet servant aller à la paneterie de bonne heure, et demander le pain, les cousteaux et les serviettes : le sommelier luy baille le pain et le garde-linge luy baille les cousteaux et trois serviettes; le vallet servant en doibt prendre l'une, et envelopper la main dont il tient le pain de bouche, et doibt chapeller iceluy pain, et donner et bailler l'assay au sommelier, et pareillement des pains bis, dont il doibt faire des trençoirs et les assais pour le prince. Et quand le vallet servant a le pain chappelle, il doibt prendre l'une des serviettes et mettre le pain dedans, et puis prendre la serviette seconde toute ployée, et mettre sur le pain tant qu'il spit tout couvert, et puis la nouer dessus. Et doit le vallet servant faire les trençoirs de pain bis, et en doibt faire huict pilles de quatre trençoirs, et les doibt lier de la tierce serviette, et doibt nettoyer les cousteaux dequoy l'on doibt trencher devant le prince. Et quand le panetier porte la sallière, le varlet servant doibt avoir à son bras senestre les cousteaux pendans en la gayne, et en icelle main porter les trençoirs de pain, et en la main dextre doibt porter le pain pour le prince: et quand le panetier et le sommelier a tout assis, le vallet servant doibt mectre son pain et les trençoirs sur la table, et puis doibt tirer les cousteaux, et doibt assoeir les deux grands cousteaux, en baisant les manches, devant le lieu où le prince doibt estre assis, et doibt mettre les poinctes devers le prince, en couvrant icelles pointes de la nappe qui est redoublée ; et puis doibt mectre le petit cousteau au milieu des deux grans, et doibt aussi mettre le manche vers le prince : et les causes sont que les grans cousteaux se doibvent retirer par l'escuyer trenchant, et pource sont les manches devers luy, et le petit cousteau est tourné au contraire, pource que le prince s'en doibt ayder. Et les trenchoirs et les cousteaux assis, le vallet servant doibt mettre le pain sur les deux cousteaux, et les trenchoirs demeurent auprès de la petite nef. Et quant le prince est venu et assis, et la viande venue, le vallet servant doit desnouer la serviette où sont iceux trenchoirs, et les mettre en ordre et par pilles devant la nef, et puis doit prendre le plus grand cousteau, et faire de l'une des pilles des assays, et les bailler au panetier, pour faire les assays de la viande. Il doit attacher la gayne des couteaux au traicteau de la table, à l'endroit de la nef, et la couverte de la nappe ; et doit le vallet servant prendre la petite nef où est la licorne, et la porter au sommellier qui est au buffet, et le sommellier doit mettre de l'eaue fresche sur la licorne et en la petite nef, et doit bailler l'assay au sommellier, vuydant de la petite nef en une tasse, et la doit apporter en sa place, et faire son assay devant le prince, vuydant l'eaue de la nef en sa main ; et le varlet servant soy tenir derrière l'escuyer trenchant, et recevoir tous les plats qui se lèvent par luy de devant le prince, et doibt bailler iceux plats aux commis de la saulscerie, qui doivent estre prests pour les recevoir : et quand l'escuyer trenchant rend les cousteaux, le varlet servant les doit apporter en sa main dextre, et la gayne en la main senestre, comme il est escrit cy devant ; et ainsi a son service achevé. Mais il faut sçavoir maintenant pourquoy et à quelle raison le varlet servant ne rend compte qu'il a apportée, et aussi pourquoy il est plustost mis en l'estat des panetiers, et ne rapporte plustost les cousteaux à l'escuyer trenchant qu'en la paneterie (mais au regard des serviettes, elles sont mises en la main de l'escuyer trenchant, et pour ce en rend-on compte par ses mains, comme il est escrit cy devant) ; et quant à ce que les varlets servans ont le plus affaire à l'office de la paneterie, et aussi des cousteaux : car l'escuyer trenchant n'a point de logis pour l'office, n'autre entremise que de trencher ; et pource doibt tenir place le varlet servant avec les panetiers, et en l'office de la paneterie.

En ensuyvant iceluy office, le duc a deux huyssiers de sale comptés à termes ; et doit l'huyssier, quand on doibt apprester pour le menger du prince, aller à la paneterie prendre une verge longue et déliée, qui doibt estre de quatre pieds de long, et lui doibt bailler le sommellier une serviette blanche, laquelle il doit mettre autour de son bras dextre, et prés de la main dont il tient la verge ; et sert icelle serviette en telle manière, que quand l'huyssier vient à la viande en la cuisine pour le prince, il doit bailler au queux icelle serviette, et le queux luy rend celle qu'il avoit paravant, laquelle l'huyssier doit porter en son bras comme la première, jusques qu'il l'ayt rendue au garde-linge : l'huyssier doit prendre en la paneterie le tapis pour seoir le prince, et le coussin sur quoy il doit seoir, et doit porter iceux sur son bras senestre, et la verge en la main dextre : et le garde-linge doit livrer les nappes au sommelier en faisant créance, et doit le sommelier suyvre l'huyssier, et doivent trouver le banc dressé, et le buffet par les fourriers ; et doit l'huyssier estendre son tapis sur le banc au lieu où doit seoir le prince, et pardessus mettre le coussin ; et quand le prince en a faict, il le doit rapporter en la paneterie, et en rendre compte et est la cause pourquoy ne se meslent ceux de la tapisserie du banquier et du coussin : et toutesfois c'est leur office ; et faut renouveller lesdits coussins en la tapisserie, car iceluy banquier doit estre le bureau surquoy on tient les comptes devant les maistres d'hostel ; et le doivent communément ceux de Gand des draps royés dont il vestent ceux de la loy de la ville : et est ledit bureau à l'huyssier de la sale, quand il le faut renouveller ; et s'il le failloit acheter, il le faudroit compter au bureau, et payer par le maistre de la chambre aux deniers, et pour ce n'a que faire à la tapisserie, et aussi on le mect en la paneterie, pour estre plus prest pour le service du prince.

L'huyssier de la sale doit aller par les offices faire abréger le service, et est le sergeant du bureau et des maistres-d'hostel, comme il est escript cy dessus.

Le sommelier doibt couvrir la table de deux nappes, et redoubler la nappe devant le prince comme un doublier ; il doit livrer le pain, la moustarde, le fromage, le bure frais et la cresme douce, tant au prince comme aux autres, c'est à sçavoir aux estats.

Le garde-linge doit garder le linge, et le livrer pour le prince et pour les estats ; le porte-nappe, ès grandes assemblées, doit porter une nappe nouée à son col plaine de pain, et le doit asseoir sur les tables par le commun, et doibt recevoir le pain par compte de la main du boulengier, pour servir les estats ; mais le pain de bouche se doibt recevoir par sommelier de la paneterie, et non par autres.

L'oublieur doibt prendre le fléau de ses oublies d'achapt, et prendre en la cuisine le sucre, le bois et charbon : il doit avoir un estuy d'argent pour mettre les oublies du prince, et se doibt pourvoir à chascune fois ès mains du saussier de vaisselle d'argent, pour servir le prince, si mestier est ; et peut asseoir son estuy sur le buffet de l'eschanssonnerie, jusques à ce que le prince soit servy ; et se doibt servir le prince comme il est cy dessus escript.

La lavandier doibt laver et nettoyer les linges, et pour ce est-il de la paneterie.

DU SECOND ESTAT.

Or avons nous devisé de l'ordre et l'estat des panetiers, et de l'office de la paneterie : si faut-il parler du second estat, qui sont les eschansons, qui est le second estat selon l'ancien ordre, que je treuve par escript ; et la raison pourquoy, c'est pour ce que l'eschanson sert du vin dont se consacre le précieux sang et corps de Nostre-Seigneur ; comme nous avons dit du pain et du vin, qui sont privilegiés devant toutes choses. Mais d'une chose je m'esmerveille et fays en moy-même grande question pour l'eschanson et pour l'eschansoncrie, qui a nom particulier, sans le tenir du vin ou de la vigne, comme le panetier ou l'escuyer trenchant; dont l'un tient du pain son nom, et l'autre le tient de son office, qui est de trencher. Et certes je ne l'ay point treuvé par escript, ne le puis comprendre ne sçavoir, mais à deviner; et y treuve deux raisons, et non plus. La première, il y a en France et en plusieurs autres grandes seigneuries boutilliers héritiers, et qui sont rentés soubs ce nom ; et combien que le boutillier soit cause pour le vin, si ne treuve-je point qu'il ayt quelque droit ou prééminence sur l'eschans son ni l'eschansonnerie, mais tant seullement sur les celliers où se mettent les vins de la cour du prince, et non pas de provisions; et pour ceste cause fut trouvé différence de nommer aultrement celuy qui a la charge du service domesticque, qui sert le prince, à celuy des celliers : et c'est ce que je puis entendre quant à la mutation du nom. Et pour la seconde raison, pour ce que le prince mange publiquement et qu'il est regardé de tous, et qu'il doit estre miroir de toutes vertus et honnesteté, et que le vin porte en soy-mesme nom de plus grande gourmandise que nulle autre viande, et ne seroit pas bien séant de crier souvent au vin pour le prince : pource fut ordonné par les anciens sages un autre nom pour servir à celuy service. Et n'y puis entendre que ces deux raisons. Or nous faut encore entendre un tiers poinct, pourquoy et pour quelle cause fut donné en cest estat nom d'eschanson et non autrement. Je croy que ce fut un nom joyeux donné par délibération, qui tient du nom de chanter, pour ce que les anciens convives, les grandes chères et resjouissemens sont resveillés et resjouys par vins, et la joye se monstre par chanter : pourquoy le nom d'eschanson est prins sur la chanterie. Et autre chose n'y puis entendre ; et qui mieux l'entend le m'apprenne, et me fera un grand plaisir.

Le duc a un premier escuyer eschanson, et a dessoubs luy cinquante escuyers eschansons toujours comptés, qui sont conduits et gouvernés par chambres et chefs de chambres, et chevauchent dessoubs la cornette de l'eschanson en une esquadre ; et a l'eschanson telle autorité et semblable sur eux, comme il est escript cy dessus du panetier. Le premier eschanson faict la dépence de ce qui se despend à l'hostel du prince, et se compte l'ypocras par l'eschansonnerie ; et se compte au bureau d'icelle despence, soubs luy, et a regard au faict de la cave et de l'eschansonnerie, et des serviteurs servans en icelle ; et a le regard des celliers et des provisions. Et est son estat à l'hostel du duc de grande despence ; car il ne se passe nulle année que le duc de Bourgongne ne despende en son hostel plus de mille queues de vin, et telle année mille encore pardessus, selon les assemblées et les festoyemens. Le premier eschanson sert aux quatre nataux de l'an en personne ; et quand le maistre d'hostel tient estat après le disner du prince, il doit estre assis au banc entre l'eschanson et le panetier ; et doit estre assis l'eschanson au dessoubs du maistre-d'hostel, pour telle raison que, és grans festes et és grans jours, le prince après son disner demande le pain et les espices, et faut que l'eschanson se lève ; et pour ce sied-il au dessoubs, pour estre plus prest. Et pour deviser icelle cérémonie, l'escuyer trenchant doit seoir devant le queux qui a servy le prince, sa serviette sur son col dequoy il a servy ; et à icelle table ne doivent autres seoir. Or, je demande pourquoy sied le queux, et non pas l'escuyer de cuisine, qui toutesfois est chef en la cuisine ? A ce je respons que deux raisons y a. La première, que selon les estatuts royaulx l'on crie au queux, et non à l'escuyer de cuisine; et y a en grandes seigneuries grans queux héritiers, qui est office de grande magnificence. Et l'autre raison si est pour ce que l'escuyer de cuisine qui a charge du service doit faire servir le premier maistre d'hostel à icelle table. Et m'est forcé d'entremesler les estats pour réciter les droicts d'un chascun ; et parlerons maintenant comment les eschansons sont ordonnés chascun pour le jour quand la table est couverte. Le panetier venu, et son faict assis, l'huyssier de la salle va quérir l'eschanson qui doit servir pour le jour, et le meine en l'eschansonnerie, et le garde-linge baille le gobellet couvert, que l'eschanson prend par le pied en sa main dextre, et en la main senestre tient une tasse, ensemble l'estat pour le prince de bacins, de pots, d'esguières, à l'ayde du sommelier, qui les lave et nettoye, et puis met icelui estat és mains du sommelier ; et le sommelier baille le gobellet à l'eschanson, et se met après l'huissier de la salle qui doit porter les bacins pendans en la main senestre. Et après l'eschanson va le sommelier de l'eschansonerie, qui doit porter en sa main dextre deux pots d'argent, où est le vin du prince en l'un, et en l'autre de l'eauë ; et doit estre le pot du prince congnu à une pièce de licorne pendant à une chaisne à icelui pot. Le sommelier doit porter en sa main senestre une tasse et non plus, et dedans icelle doit estre couchée l'esquière pour servir de l'eauë. Il sert la tasse que porte le sommelier à faire l'assay que l'eschansson lui baille après. Le sommelier va à l'ayde, qui doit porter les pots et les tasses pour le buffet du prince. Voylà quant à l'estat du commun, selon que on se règle journellement quand le prince disne ou souppe ; et s'appelle servir le prince à simple estat. Ainsi va l'eschanson en la salle, et assiet son gobellet au haut bout de la table, et du costé de l'assiette du prince ; et la tasse qu'il a apportée, il l'assict à l'autre bord de l'assiette du gobellet ; et doit demourer sans s'eslongner, pour garder ce qu'il a apporté; et l'huyssier de la ville va au buffet, et met ses bacins dessus, et le sommelier assiet sa vaisselle et doit garder le buffet à l'un des bouts, et l'ayde à l'autre ; et le barillier doit aller et venir pour aller quérir de l'autre vin pour les suittes, si besoing est : mais s'il en falloit pour la bouche du prince, il n'appartient à homme d'y aller ne d'y mettre la main que au sommelier ou à son ayde.

Or deviserons comment doit faire l'eschanson, et pourquoy on le met au haut bout au dessus du panetier, et toutesfois le panetier est le premier venu et le premier nommé ; la cause si est que de la paneterie viennent les nappes à couvrir la table, et dont il faut qu'elle soit couverte premier qu'autre chose s'y assise, et pource faut entre-suyvre icelui office, et ce qui en despend. Secondement on le faict pour gaigner le

NOTICE SUR OLIVIER DE LA MARCHE.

temps, et pour avoir faict quand le prince viendra; car souvent advient que, par les grands affaires du prince, il ne vient point aux heures communes; et en cas c'on auroit apporté le gobbelet, le vin ne seroit point frais, pour avoir esté deux heures peut-estre sur le buffet, et ainsi l'on abrége le service, où rien ne peut empirer. Et la cause pourquoy l'eschanson a le haut bout, c'est pour l'honnesteté du service, pource qu'en iceluy costé n'a que le gobbelet et la tasse. Et viennent communément les hauts princes et ambassadeurs au haut bout veoir le prince à la table, et le gobbelet ne les empesche de rien; ce que feroit la nef, qui est haute, petite nef sallière et trenchoirs, qui se mectent de l'autre costé. Et pour entre-suyvre et de tout deviser, quand on parle du haut bout en commune parolle l'on dict que c'est à dextre main, et bien est vray le plus souvent; mais à prendre le haut bout en toutes assiettes et en tous lieux, on doit avoir regard aux veues et aux entrées de la sale, et doit estre le haut bout à la plus belle veue et du costé des fenestres, soit à dextre ou à senestre. Le prince estant venu et l'assiette baillée, comme il est escript cy-dessus en l'estat des panetiers, le maistre d'hostel appelle l'eschanson, et abandonne la table, et va au buffet, et treuve les bacins couverts que le sommellier a apportés et apprestés; il les prend, et baille l'assay de l'eaue au sommellier, et s'agenouille devant le prince, et lève le bacin qu'il tient de la main senestre, et verse de l'eaue de l'autre bacin sur le bord d'iceluy, et en faict créance et assay, et donne à laver de l'un des bacins, et reçoit l'eaue en l'autre bacin; et sans recouvrir lesdits bacins les rend au sommellier. Ce fait, l'eschanson se met devant le gobbelet, et regarde le prince, et y doibt avoir si grand regard que le prince ne doibt demander le vin que par signe. Si prend après le signe le gobbelet en sa main et la tasse, et doit porter son gobbelet hault, affin que son alaine n'y attende point; et l'huyssier de la salle luy faict voye, et quand le sommellier le voit venir, il emplist son esguierre d'eaue fresche, et rafreschit le gobelet en la main de l'eschanson dehors et dedans, puis prend une tasse en sa main senestre, et le pot de la bouche en la main dextre, et verse premier en la tasse qu'il tient, et puis au gobellet, et puis prend l'esguierre et verse en la tasse, et atempre le vin en son gobellet, selon qu'il sçait et cognoist le goust du prince et sa complexion. Et certes quant au duc Charles, il a tousjours faict attemprer son vin, que je ne croy pas qu'il soit prince que si peu de vin boive, et qui plus en despend. Le vin attempré, l'eschanson verse de son vin en la tasse qu'il tient, et recouvre le gobellet, et doit tenir le couvercle entre ses deux petits doigts de la main de quoy il tient la tasse, jusques à ce qu'il ayt recouvert ledit gobellet, et baillé ce qu'il a versé dedans sa tasse au sommellier; et mect dedans la sienne, et doit le sommellier faire l'assay devant luy. Ainsi porte l'eschanson son gobellet au prince, et puis descouvre le gobellet, et met du vin en sa tasse, et puis le recouvre et faict son assay. Et quand le prince tend la main, l'eschanson luy baille le gobellet descouvert, et met la tasse soubs le gobellet, jusques à tant que le prince ayt beu, pour garder l'honnesteté du prince, de ses habits. Et pour une magnificence que l'on doibt au prince plus que à autres, et quand le prince a beu, il rend le gobellet à l'eschanson, qui le doibt recepvoir en grande révérence; et ledit eschanson le rescouvre et le remet sur la table, comme il estoit au paravant. Quand le panetier va aux oublies, l'huyssier appelle l'eschanson, lequel aporte son gobellet, et prend le vin ou l'ypocras du sommellier en la manière devant dicte. Et quand l'oublieur a assis ses oublies devant le prince, l'eschanson, après l'assay fait, mect la tasse sur la table devant luy, et puis assiet le gobellet devant le prince, et descouvre le gobellet, et doibt mettre le couvercle devant la tasse, jusques à ce que le prince ayt fait son bon plaisir; et doibt rapporter son gobellet couvert au buffet, et rendre au sommellier; et la table et la nappe levée, il doibt reprendre les bacins, et porter à laver au duc pour la seconde fois: Et se doibvent faire assay et cérémonies par la manière dessusdicte, et se doit mettre devant le prince entre l'escuyer trenchant et le panetier, qui tiennent les deux bouts de la serviette, comme il est escript cy dessus, et doit asseoir le bacin qu'il couvre sur la table devant le prince, et de l'autre donner l'eaue. Et puis raporte ses bacins, et les rend au sommellier, et reprend le gobellet et la tasse, et puis s'en revont en l'eschansonnerie comme ils sont venus. Le premier eschanson, ou autre eschanson en son absenee, apporte le gobellet à tous estats, et à toutes assemblées d'estat et d'honneur. Et combien qu'un prince ou qu'un grand seigneur serve du drageoir, toutesfois l'eschanson doit servir du gobellet; et fait-on tort à un gentil-homme de luy oster le gobellet qu'il a apporté pour le mettre en un autre main, et nul ne le doit par droit faire, quelque grand qu'il soit, si ce n'estoit le fils du prince qu'il voulut servir son père. Mais bien est vray que en la chambre où le vin est apporté par les vallets de chambre, et où l'eschanson n'est point appellé, en ce cas le plus grand prince ou le plus grand seigneur doit servir; car en la chambre du prince, le plus grand pensionaire ou le chambellain doit servir à mettre le couvre-chef de nuit; et le plus grand honneur est de servir le prince ès choses plus secrettes. Le premier eschanson a tel droit que quand l'on présente au prince vin en vasselle d'argent, le présent est à l'eschanson, et en vasselle d'estain au sommellier, et en vasselle de bois ou de pierre est au garde-linge.

En ensuyvant iceluy estat d'eschansonerie, nous parlerons de ce qui en despend. Le duc a deux sommeliers en l'eschansonnerie, dont l'un est tousjours qui rend compte de la despense faicte par chascun jour; et par nuits et par sextiers se mesurent à la gange françoise. Et touchant les provisions de vins qui sont de plusieurs prix et de plusieurs pays, tout se mect en nombre de muids, et dont le controlleur a le nombre en son conterolle, et se dispensent iceux muicts par quatre données, et délivrées aux estats selon que chascun a d'ordonnance; et se met la despence du jour ès mains du clercq d'office, comme il est escript cy dessus. Touttes wyddinghes de fusts sont siennes; et quand le prince va aux champs, soit à la chasse, ou à cheminer de ville en ville, le sommellier de l'eschansonerie doit porter en sa personne une tasse, et dedans icelle tasse un pain ; et doivent estre enveloppés en une serviette dont le sommellier doit estre ceinct, et à son archon doit porter le gobellet du prince, et deux bouteilles, l'une de vin et l'autre d'eaue, et doit chevaucher après les chevaux du prince ; et si a deux aides de sommelliers qui servent en leur absence.

Le duc a deux gardes-huches servans à termes comme dessus, dont celuy qui sert garde l'eschansonerie, et a en ses mains toute la vasselle d'or et d'argent dont on sert communément le prince et les estats de sa maison, touchant vasselle de buffet ; et les délivre ès mains des communs desdits estats ; et luy est icelle vasselle aportée à chacune fois, soit au disner ou au souper ; et s'il y a crue de festoyement où il faille crue de vasselle, le garde-linge va au garde des joyaux, qui luy délivre ce qu'il luy faut.

Le duc a deux barilliers, lesquels doivent livrer l'eau au sommellier pour la bouche du prince, et avoir le soing des barils que l'on porte en la salle pour la grande despence ; et aussi doivent-ils mettre en escript les quartes de vin qui se donnent par jour et despensent, noter ceux lesquels sont hors d'ordonnance, les crues qui se font, à quoy, qui et comment, et aussi combien, pour les bailler au sommellier, affin d'en rendre compte au bureau ; et dessoubs eux a deux porte-barils, qui doivent porter les barils du commun de l'eschansonerie en la salle. Et en la cave doit avoir un portier, afin que nul homme n'entre où est le vin du prince, sans estre cognu, ou par congé.

DU TIERS ESTAT.

Pour le tiers estat, je parleray de l'escuyer trenchant, et pourquoy il doit estre le tiers nommé devant l'escuyer d'escuyrie, et des droits qu'il a. L'escuyer trenchant doit estre le tiers nommé, pource qu'il ensuyt le service de la bouche du prince ; et doit estre nommé devant l'escuyer d'escuyrie, pource qu'en bataille le penon des armes du prince est ordonné ès mains de l'escuyer trenchant ; et y doit estre tout le jour à son pouvoir, où que le prince voye ou vienne auprès du prince, derrière luy, le penon au poing desployé, pour donner enseigne et congnoissance à chascun où est la personne du prince, et de là en avant tant que l'armée dure ; et doit l'escuyer trenchant avoir plat comme les maistres d'hostel. Et pour ce que le penon est armoyé des armes du prince ainsi comme la banière, il doit aller devant l'escuyer d'escuyrie, lequel seroit nommé devant les deux dessusdits, ne fussent les causes que dessus. Et si a l'escuyer trenchant tel droit et telle auctorité, que si tous les chambellains estoient hors de l'hostel du duc par aucune adventure, le premier escuyer trenchant doit tenir le lieu du premier chambellain. Ce que je veux dire et maintenir pour deux raisons : la première si est, car le chambellain est personne fort privée et secrette du prince, et appartient qu'en son lieu soit mise personne de grande privauté ; et est nécessaire au prince d'avoir privauté plus grand à son escuyer trenchant qu'à nuls autres, car s'il vouloit estre en sa chambre secrettement, il se passeroit mieux à prendre son repas des autres trois estats que de l'escuyer trenchant, car l'escuyer trenchant peut bien servir d'eschanson et panetier, et alors ne faut au prince chevaux ny harnas ; mais au contraire les autres ne sont communément addressés à trencher, et ne sçavent ou cognoissent le goust du prince ; ce que l'escuyer trenchant doit sçavoir. Parquoy il appert par nécessité que le prince a plus grande privauté à l'estat de l'escuyer trenchant qu'à autre. Et la seconde cause, et la plus vraye, est pource que l'escuyer trenchant porte le penon et les armes du prince comme dit est, qui aproche l'estat de la banière mise ès mains du chambellain ; et pour ce je conclus qu'il doit servir de chambellain avant tous les autres. Mais pourquoy est-ce que l'escuyer trenchant à le penon devant tous autres, et que ne l'a aussi bien le panetier, qui est le premier nommé, ou l'eschanson (car au regard de l'escuyer d'escuyrie j'en parleray cy après) ? A ce je respons qu'il a esté anciennement ordonné pour départir à un chacun estat, embesongnement et prérogative. Quant à l'embesongnement, les autres trois estats rendent compte de despence, et l'escuyer trenchant n'en a nulle charge ; et quant aux prérogatives d'honneur, le panetier sert en absence de maistre-d'hostel. L'eschanson sert du gobellet publiquement avec un duc ou un comte qui sert du drageoir, et sied en sale d'honneur au dessus du maistre-d'hostel ; l'escuyer d'escuyrie a l'estandart du prince et l'enseigne. Si convenoit que l'escuyer trenchant fust pourveu d'aucun bénéfice ; et certes l'escuyer trenchant se doit premier nommer comme dict est, et doit marcher en armes et son estandart, puis que le pennon est desployé devant les autres escuyers, quels qu'ils soyent ; et doit marcher à toutes entrées seigneurieuses, le pennon auprès de la bannière au dessoubs, et plus derrière de la moictié de son cheval. Voilà ce que je puis sçavoir des prérogatives et droits de l'escuyer trenchant.

Doncques le duc a un premier escuyer trenchant, lequel a cinquante escuyers trenchans soubs luy ; et sont gouvernés et conduits à la paix et à la guerre par cinq chefs de chambre, et le tout soubs le premier escuyer trenchant, en la forme et manière des autres cy dessus nommés. Le premier escuyer trenchant doit servir aux quatre nataux de l'an : il doibt à ses despens faire entretenir nets les cousteaux ; et à ceste cause l'escuyer qui sert a toute la viande qu'on lève de devant le prince ; mais les cousteaux se payent par l'argentier, soubs la certification de l'escuyer trenchant.

Or est besoin que je déclare comment l'escuyer trenchant sert, ne en quelle manière. Quand les estats sont appointés et la table parée, l'escuyer trenchant qui doit servir doit mettre son chapperon ou chappeau sur le buffet, ès mains du sommelier ; et en doit le sommelier prendre garde, et doit bailler à l'escuyer à laver, qui essue ses mains à la nappe du buffet ; et ces choses ne doit-on souffrir ne laisser faire à autre que à l'escuyer trenchant. Et le prince assis, l'escuyer trenchant va devant luy, puis desveloppe le pain, et baise la petite serviette qu'il trouve enveloppée, et le met entre les mains du prince, et puis prend celle où estoit le pain enveloppé ; il l'escout et la mect sur son col, et y met les deux bouts d'icelle devant luy : et la cause est telle, car l'escuyer trenchant doit tousjours veoir toutes les choses qui doivent toucher au pain, à la viande et aux couteaux dont il doit trencher, et doit toucher à ses mains et à sa bouche. Puis il prend le pain et le met en la main senestre, qui doit estre couverte de la serviette ; et du plus grand couteau le doit partir en deux, et en doit prendre l'une, et la bailler au vallet servant pour faire son assay ; puis prend l'espreuve de la licorne en la petite nef, et touche le pain tout à l'entour, et puis trenche devant le prince ; et quand il a servy de pain, il le remet sur la table entre luy et le panetier, et puis prend le petit cousteau et baise le manche, et puis le mect devant le prince ; et tous les mects et toute la viande qui sont sur la table, il les doibt descouvrir l'un après l'autre, et mettre devant le prince, soit fruict ou autrement ; et quand le prince a mangé de l'un, il luy baille de l'autre, selon son appétit ; et doit avoir discrétion de présenter au prince les mets comme ils doivent aller, c'est à sçavoir les potages premiers que le plat, et les œufs avant que le poisson ; et quand il a mis chascun plat devant le prince, il le doibt descouvrir, et puis faire espreuve de la licorne, et après faire son assay avant que le prince en mange ; et si c'est viande qu'il faille trencher, il doit prendre un trenchoir d'argent, et mectre dessus quatre tranchoirs de pain, et les mettre devant le prince ; et devant soy doit mettre quatre tranchoirs de pain, et sur iceux un autre, qui font le cinquiesme trenchoir de la crouste, pour soustenir le faix du trenchoir et du cousteau ; et doit l'escuyer prendre la chair sur son cousteau, et le mettre devant le prince ; et s'il est bon compaignon, il doit très bien manger, et son droit est de manger ce que luy demeure en la main en trenchant ; et certes s'il mange bien, le prince luy en sçait bon gré ; car en ce faisant il luy monstre seureté et appétit ; il peut aller boire au buffet, et ne luy peut-on refuser le vin de bouche ; toute la viande qui est devant le prince est sienne, pour en faire son plaisir, pourveu que le prince mange publiquement ; car si le prince mangeoit en sa chambre à privé, en ce cas la viande est à ceux de la chambre, et n'en auroit l'escuyer trenchant que par portion. Aux quatre nataux de l'an, le plat du prince est au prescheur qui presche ; le jour sainct Eloy, le plat est au mareschal du prince qui ferre ses chevaux ; et le jour de sainct George, pour l'armoyeur qui nettoye les harnas ; et ne leur doit-on point refuser. L'escuyer trenchant doit nettoyer les cousteaux de la serviette en quoy estoyent les trenchoirs enveloppés, et les doit tenir nets sur toute chose, et doit mettre en la nef pièces de boullis et de rostis, affin que les vallets d'aulmosne n'en facent leur prouffits, mais le donnent aux pauvres comme il appartient ; et l'escuyer trenchant doit donner en chascune pièce deux ou trois coups de cousteau. Et quand le prince est servy d'oublies, l'escuyer trenchant doit rassambler les cousteaux et les envelopper, et couvrir l'allumelle de la serviette dont il les a nettoyés, et tenir la pointe en haut, et les rendre au vallet servant, qui les doit recevoir moult humblement en sa main dextre ; et en la senestre doit avoir la gayne desdits cousteaux, et les rapporter en la paneterie ; et l'escuyer reprend la serviette qui est devant le prince, et la rend au sommellier de la paneterie ; et quand la table est levée, l'escuyer trenchant doit estre prest pour aller au prince, et de la serviette qu'il a au col luy nettoyer les myes de pain, ou d'autres choses qui luy peuvent estre cheuës dessus ; et puis va rendre sa serviette au sommellier de la paneterie ou au garde-linge illec attendant ; et par ainsi il achève son service.

Or nous avons devisé du faict de l'escuyer trenchant : fault maintenant que devisions de ce qui en despend, et premier de la cuysine. L'escuyer trenchant n'a nulle auctorité en la cuisine, fors seulement qu'il peut parler en la cuisine de la viande mal appointée, et le doit dire au maistre d'hostel, et le maistre d'hostel en advertist le queux : toutesfois c'est bien raison d'escrire et réciter touchant l'estat de la cuisine, après avoir parlé de l'escuyer trenchant. Et au regard dudit estat de la cuisine, il est gouverné et conduit par deux escuyers de cuisine, qui sont comptés par termes l'un après l'autre, et tiennent en reigle ceux de la cuisine, et doibvent sçavoir la viande, et comment elle est dispensée, et la despence qui se fait ; et se délivre la boucherie par marchans, par marché fait au bureau, et se renouvelle iceluy marché tous les ans ensamble : le marché de boulengiers au mois de mars en plain bureau, et est le marché ès mains des controlleurs et chefs d'office. Et au regard du poisson, il se fait tous les jours par achapt, auquel achapt doit estre le controlleur, l'escuyer de cuisine et le clerc de la chambre aux deniers pour le payer ; et doit toute la viande, soit chair ou poisson, estre apportée devant le queux, qui choisit ce qu'il luy semble bon pour la bouche du prince, et la départ et met ès mains de ceux de la cuisine, chascun à ce servant ; et le surplus de la viande est délivrée aux compaignons de la cuisine à ce ordonnés, qui en une autre cuisine appointent la viande pour ceux qui doibvent avoir viande et plat à l'hostel du prince. L'escuyer de cuisine a droit sur les bestes grosses que l'on donne au prince ; car il a le cuyr, et le queux le sien ; et quand on sert le prince, il va après la viande, comme j'ay escript cy dessus, et doit avoir tous les jours une petite torche qui luy doit estre délivrée en la fruiterie ; et quand le prince souppe, l'escuyer de cuisine doit avoir la torche allumée au poing pour esclairer le dernier de la viande ; et l'huyssier de la chambre en doit aussi avoir une pour esclairer le devant. Le duc a trois queux pour sa bouche, chascun compté par quatre mois ; et doit le queux en sa cuisine commander, ordonner, et estre obéy, et doit avoir une chaiere entre le buffet et la cheminée, pour seoir et soy reposer si besoing est ; et doit estre assise icelle chaiere en tel lieu qu'il puist veoir et congnoistre tout ce que l'on faict en ladite cuisine, et doit avoir en sa main une grande louche de bois, qui luy sert à deux fins : l'une pour assayer potaige et brouet, et l'autre pour chasser les enfans hors de la cuisine, pour faire leur devoir, et férir si besoing est. Le queux a en sa garde les espices de garnison, et en rend compte à conscience et à discrétion, et luy sont baillées icelles espices, comme sucre et autres choses, par le controlleur, qui en a le double; et quand il est adverti que le prince veut aller à table, il doit faire couvrir son buffet par le saussier, qui doit apporter la nappe et la vasselle; et doit le queux se vestir et parer d'un honneste habit, et avoir la serviette pendante à son espaule dextre, et doit recevoir la viande de ceux à qui il l'a mis en main, et leur bailler à tous leur assay; et puis recuevre les plats, et reçoit l'assay que luy baille le maistre d'hostel, comme est cy devant dit; et peut le queux aporter un mets devant le prince, et faire son assay luy mesmes, et aller boire au buffet; et luy doibt on bailler du vin de la bouche, comme à l'escuyer trenchant; mais il ne se faict pas souvent, et le peut faire quand il a appointé nouvelle viande, comme de trutes et de herrencs frais pour la première fois en l'année; il doibt avoir touche ordinaire, comme l'escuyer de cuisine, tant pour visiter son rost que pour allumer au buffet, pour lever la viande. Et feray icy une question touchant le faict du queux, et premièrement comment se doibt faire le queux, et qui donne l'estat, et aussi qui doit servir de queux en son absence. A ce je respons que, quand il faut un queux à l'hostel du prince, les maistres d'hostel doivent mander les escuyers de cuisine, et tous ceux de la cuisine l'un après l'autre; et par élection souveraine, après avoir receu le serment de chascun, se doit créer le queux; car ce n'est pas estat ou office commun, c'est mestier subtil et sumptueux, et qui toute seureté serve, et est le proufit nécessaire du prince, et dont on ne se peut passer; et le prince, par le rapport des maistres d'hostel, et de l'élection sur ce faicte, doibt donner le don au queux. Et au regard de celuy qui servira en son absence, le hasteur est le premier en la cuisine après le queux, quand les queux seront dehors ou malades; et sembleroit à ceste cause qu'il debvroit servir devant tous autres, et pareillement le potagier, qui est moult aprins du goust du prince, et de la sauce que le queux ordonne à l'appétit d'iceluy. Mais je respons que l'un ny l'autre n'y a point de droit, sinon par élection comme le queux; et le peuvent les maistres d'hostel ordonner, sans parler au prince.

Le duc a en sa cuisine vingt cinq hommes, chascun servant en son mestier et son office, et aussi plusieurs enfans de cuisine, qui sont sans gages, qui y sont mis pour apprendre le mestier. Le hasteur tient le compte du rost avec son ayde : le potagier rend compte des potages et son ayde, et livre le potagier toutes les potageries, comme de febves, pois, bleds, et laicts, à faire fourmenter le persin, et aussi le sel qui se despense en la cuisine; et ce par un marché faict au bureau une fois l'an comme les autres marchans; et se compte tous les jours par la cuisine, à tel prix et somme que l'on doit payer par jour. Et s'il faut espices en iceux potaiges, le queux en faict la délivrance. Les enfans de cuisine ordinaires plument et nettoyent les poissons, et les livrent à ceux qui les doivent appointer. Les souffleurs font bouillir la chaudière, et rendent compte. Les portiers gardent la porte, et doivent prendre garde, quand on va aux champs, aux chariots qui portent les vaisseaux de la cuisine, comme chaudières, paelles, grils, hastiers et autres choses. Les bouchiers doivent livrer le bois et le charbon pour la cuisine, et ce pour le prix, et par le marché du bois qui se délivre en la fourrière, et se compte par cent de bois, et par mandelles de charbon, soubs la despence de la cuisine. En suyvant ce que le bussier se mesle de l'estat de fourrière : le bussier doit loger et prendre logis pour la cuisine; les gardes-manger doivent garder toutes les viandes crues dont l'on faict provision, soit sallée ou autrement : les portiers doivent nettoyer tous les vaisseaux et les habillemens de cuisine, et doivent tirer toute l'eaue qui y sert. Les happe-lopins, et les enfans nourris sans gaige en la cuisine, doivent tourner les rosts, et faire tous les autres services menus qui appartiennent en ladicte cuisine.

En continuant l'estat de la cuisine, nous reviendrons à la saussserie. Le duc a deux saussiers, comptés par termes; et doit le saussier garder et rendre compte de toute la vaisselle d'argent en quoy l'on sert le prince pour le faict de la cuisine, et aussi de toute la vaisselle, soit d'argent ou autrement, dequoy on sert les estats pour icelle cause. Et quand le prince veut aller à la table, le saussier doit aller couvrir le buffet devant le queux d'une blanche nappe, et puis doit mettre la vasselle du prince par pilles de plats et par pilles d'escuelles devant le queux. Le saussier doit livrer les sausses de verdure, et le buage des nappes pour le buffet, et des napperons pour nettoyer la vasselle : et ce par un marché faict qui se compte tous les jours soubs la despence de la cuisine; et aussi le verjus de grain, le verjus de vin aigre semblablement : et de ce on fait provision es mains du saussier, dont le controlleur a le double, et se dispense par nombre de lots en la cuisine, et en l'office de la saussserie. Soubs iceux saussiers sont les aides, et les vallets de la chaudière nettoyent la vaisselle, et la lavent; et quand la viande du prince est levée pour servir à table, le saussier doit présenter ces sausses au panetier toutes couvertes, et le panetier luy doit bailler son assay, comme cy dessus est escript. Le saussier doit estre en la salle où le prince mange, et recevoir toute la vaisselle par les mains du vallet servant, pour sçavoir qu'elle devient : car s'il y a perte, ce seroit sur luy. Et au regard de la vaisselle pour la viande des estats, il la délivre au commis des estats, comme faict le garde-huche la vaisselle du buffet, et se rend à chascune fois audit saussier. Le saussier doit livrer le sel qui se despend par les estats, et doit avoir le pain en chascun estat, sur quoy on met le sel pour faire la sallière.

Et combien que le faict de la fruiterie ne touche en rien le faict de la cuisine, toutesfois j'entre-suivray continuant iceluy estat, pour ce qu'il sert à la bouche. Le duc a deux fruitiers comptés par termes, et a le fruitier telle auctorité, qu'il apporte le fruit devant le prince, et faict son assay. Il livre toutes manières de fruits, comme poires, pommes, cerises et roisins, et se compte tous les jours soubs luy et soubs son office, selon ce qu'il en a despensé, l'une fois plus que l'autre par jour. Il livre prunnes seiches, cappres, figues, dates, roisins, nois et noisettes : et ce s'achapte par provision et se despend par quantité, et pareillement il livre la cire qui se despend à l'hostel du prince, tant en flambeaux, torches, comme en deffroy d'obsèques de princes; et s'achapte la cire par provision de milliers et par cens, et se despendent par livres et par onces soubs iceluy office; et à la fin du mois l'on compte au fruitier bastons-luminons, pour les torches et flambeaux qu'il a despendu en iceluy mois : et ce selon la quantité de sa dépense. Il a en garde les chandeliers d'argent à mettre les flambeaux, et doit asseoir lesdits flambeaux à la table du prince; et au buffet il a en garde la vasselle d'argent pour servir le fruit, et doit estre icelle vasselle trouvée en trois lieux, pour plus habilement laver son fruit; et l'on nomme en la maison de Bourgongne les flambeaux qui s'allument autour des *Mestiers :* et se prent nom, parce que le fruitier doit estre homme de mestier, et doit faire luy-mesmes les torches et les flambeaux. Mais pourquoy se met le mestier de la cire és mains du fruitier, et non pas sur la cire, qui toutesfois est plus grande despence? c'est en effect pour ce que la cire est tirée par la mouche és fleurs, dont viennent les fruits ; pourquoy a bien esté ordonné à ceste cause. Et quand le prince veut servir à l'église, comme à la feste Dieu devant le *Corpus Domini*, ou le jour du bon vendredy, le fruitier apporte la torche du prince et la baise, et puis la baille au premier chambellan, et délivre les autres torches aux princes, comtes et barons, aux chevaliers et aux seigneurs, par trois ou quatre douzaines. Et le jour de la Chandeleur, pour aller à la procession, le fruitier baille pareillement le cierge du prince, qui est armoyé de ses armes et de sa devise, et pareillement de tous les princes et princesses, et prochains du sang ; et à tous les autres sont délivrés cierges selon leur estat, et jusques au moindre valet de l'hostel, comptés par les escroues; et ne se comptent pas par nombre de cent ou de quatrons, mais par milliers; et tous suyvent le duc à la procession, le cierge allumé, par estat et par ordre, qui est moult grande chose à veoir. Le fruitier livre torches, flambeaux, files, mortiers de cire et de chandelles de suif par tous les estats, selon qu'ordonné luy est. En la fruiterie y a deux sommelliers qui délivrent lesdits choses, et y a six vallets de torches qui doivent tenir leurs torches à toutes heures, soit en chambre ou en salle : excepté que quand on tient conseil, les sécretaires tiennent les torches en la chambre dudit conseil; et quand le prince va dehors de son hostel, et qu'il convient avoir plus largement de torches, comme par douzaines, pour allumer, le fruitier peut prendre gens aux despens du prince pour porter icelles torches, et luy est compté par les escroues soubs son office. Le fruitier livre torches et cire en la chappelle, et sont les grandes torches marquées par le controlleur, et se rapportent les coupons des grandes torches au bureau, auquel lieu elles sont marquées ; et rend ledit fruitier son compte par livres et par onces, et se compte quatorze onces pour la livre. Et au regard de la chandeille de suif, le sommellier de la fruiterie la délivre à l'argent, et sçait combien il doit avoir de la livre, et est compté par les escroues par iceluy office. Et au regard des marchans, tant boulengiers comme bouchiers, ils doivent livrer le pain en la paneterie, et la chair et les pastés en la cuisine ; et pour ceste cause ont certaines bouches comptées par les escroues, pour chascune trois sols par jour; et se compte à la fin du mois les boulengiers en la paneterie, et les bouchiers en la cuisine.

Item, les petites torches dont l'escuyer de cuisine et les autres queux esclairent la viande sont marquées en queue, et en rendant les bouts ainsi marquées en ont d'autres.

DU QUATRIESME ESTAT.

Or ay-je devisé la manière de servir la bouche du prince : faut que j'entre au quatriesme estat, qui est de l'escuyrie. Et prend iceluy estat et office à la labeur des autres, car les autres prennent leur nom et leur office par la manière que j'ay escript cy dessus, car le nom de l'escuyrie se prend sur le nom de l'escuyer; pour ce que l'escuyer gouverne l'office, et n'y a estat en la maison qui se puisse nommer escuyer sans queue, sinon l'escuyer d'escuyrie; et quand on dit « J'ay veu l'escuyer, » c'est à dire l'escuyer d'escuyrie, et ne desplaise à ceux qui disent « J'ay veu ou parlé à » monsieur l'escuyer d'escuyrie; » car certes c'est mal usé de la manière de parler selon la coustume ancienne de la maison de Bourgongne, car l'on doit dire l'escuyer seulement, et en France l'on dit le grand escuyer, et non autrement. Mais je croys bien que nous avons aprins ceste manière de parler aux autres maisons de princes voisins. Et ne peut-on trop honorer le nom et l'estat, car il le vaut, et est de grande magnificence.

Le duc a un escuyer d'escuyrie, lequel a soubs sa charge cinquante escuyers d'escuyrie, et a pouvoir et auctorité sur eux, et sont gouvernés par chambrées et par esquadres, comme il est escript és trois estats dessusnommés; et soubs luy se rend compté par les escroues, et soubs sa certification, de toute la despence faicte pour les chevaux, de rembourrure, de médecine, et autres choses nécessaires à la despence commune. Et c'est à la charge du maistre de la chambre aux deniers. Et au regard de pompeux habillemens des chevaux et des pages, des painctures pour bannières et estandarts de harnas, ces choses aussi se payent soubs certification par la main de l'argentier.

L'escuyer d'escuyrie doit avoir trois propriétés, qui ne sont pas trop légères à rencontrer ensemble. Il doit estre puissant de corps, sage, juste, vaillant et hardy. Premièrement je diray pourquoy il doit estre vaillant ; car force de courage est le principal point de vaillance, et la principale des quatre vertus cardinales. Il doit estre vaillant et hardy, pource que en armes il doit avoir l'estandart du prince en gouvernement, qui est l'enseigne qui toujours est portée et veue, et que chascun suit, et où chascun tient règle, et où l'on se rallie : et convient que celuy qui le meine et conduit soit hardy pour emprendre, et vaillant pour soustenir ; et doit estre telle sa renommée, pour donner à chascun courage de valoir, et honte de faire le contraire. Il doit estre puissant de corps, pource que luy mesme en personne porte à la bataille l'estandart du prince, qui est un puissant faix à porter : car l'estandart du prince doit estre grand et eslevé par dessus les autres, et se doivent toutes autres enseignes ployer et amendrir là où est l'estandart du prince ; et toutesfois pour desployer la bannière du prince où sont ses propres armes, les bannières de ses subjects ne se reployent point, ains se desployent : et la raison est que les enseignes doivent révérence à l'estandart, comme font les petits batteaux en la mer devant une carracque ou une grande nef. Et pour l'autre enseigne, qui est la bannière, on doit aussi hommage et service ; et pour ce desploye chascun banneret la bannière de ses armes, pour monstrer qu'il sert en personne, et qu'il veut tenir sa foy et loyauté, comme il doit mourir et vivre avec son prince.

L'estandart doit estre painct des couleurs et devise du prince, afin d'estre recongnu, et doit avoir un fer de lance au bout de l'estandart en haut ; car l'escuyer (au besoing) peut coucher son estandart, si la bannière est à celle heure desployée ; et pareillement doit avoir fer la lance du pennon, pource que l'escuyer du prince est si près du prince ordonné en la bataille, qu'au besoing il le doit deffendre, et faire lance de son pennon. Et ne sceus oncques, par escrit ou autrement, où le pennon fut desployé sans la banière, ne la banière sansle pennon;mais j'ay bien sceu et veu de bien grandes choses sous l'estandart du prince seulement.

Et pour le tiers point, l'escuyer doit estre juste ; car il se mesle de toutes les pompes et parures qui se font pour le prince, d'armer et atinter le prince, soit pour la guerre, ou pour tournoy ou pour joustes ; et pource faut qu'il soit sage et juste, comme j'ay dit. L'escuyer doit avoir en la guerre la première chambre après le prince, et en paix la dernière ; et la raison est : pour ce qu'en la guerre à toute heure il doit estre prest pour armer le prince. Et toutes les fois que le prince chevauche en armes à estandart desployé doit avoir plat comme le sommellier de corps ; son estandart doit chevaucher en armes le premier de tous escuyers, excepté quand le pennon est desployé,comme j'ay dit dessus : car chascune esquadre doit accompaigner son enseigne. Or je demande, si le prince chevauchoit en armes par esquadre, et ne portassent que les curnets des esquadres, et que l'estandart n'y fut point, s'il venoit un effroy, à laquelle des quatre cornettes se viendroient rallier les escuyers ? Je responds que ce seroit à l'escuyer d'escuyrie, et ce pour deux raisons : la première, pour ce que l'on est plus accoustumé que tous soient soubs la gouvernance de l'estandart et soubs la sienne, que des autres ; et l'autre raison, pour ce qu'il est plus accoustumé de tenir enseigne que nuls des autres ; et je cuyde bien juger de bailler l'autorité à l'escuyer quant à ce point.

Nota qu'il y a guidon à l'estandart comme pennon à la banière, que jamais à la guerre on ne ploye ; car c'est à quoy et soubs qui les archers se conduisent et rallient; et le gouverne le capitaine des archers du prince.

L'escuyer a jurisdiction sur ceux de son escuyrie, et peuvent demander leur renvoy au bureau de toutes matières qui touchent partie à partie. Et pource que deux personnes de l'escuyrie seroient ensoignés par plusieurs journées, et ne pourroient estre d'emprés leurs chevaux, parquoy pourroit advenir que par maladie desroy y fust, ou qu'aucuns chevaux se perdroient, pource sont-ils renvoyés devant l'escuyer. Mais si un homme de l'escuyrie estoit adjourné pour autre cause, et contre un autre que de l'escuyrie, il seroit tenu de respondre, et n'auroit point de renvoy ; et toutesfois s'il avoit deservi d'estre mis en prison pour quelque cas, on le rendroit à l'escuyer chargé de ses fais, s'il le vouloit avoir, et si la matière ne touchoit à l'encontre du prince. L'escuyer doit porter l'espée du parlement devant le prince à toutes entrées honorables, soit à pied ou à cheval, et la doit tenir en sa main dextre entre la croix et le pommeau ; et doit porter icelle espée couchée sur l'espaule, la pointe dessus, et doit estre l'escuyer avec l'espée seul, et la première personne devant le prince. Soubs l'escuyer sont trompettes, ménestriers, et tous joueurs d'instrumens, messagiers et chevaucheurs portans les armes du prince ; et leur donne le prince la retenue, et l'escuyer leur meet leur boyte armoyée. Il a en garde la cotte d'armes et l'estandart, mais les paintres qui les font sont valets de chambre, et n'ont que faire à luy que pour leur mestier. Les armuriers sont pareillement vallets de chambres, et respondent à l'escuyer seulement, et non à autre : pages et vallets de pied sont soubs luy, et tous autres de l'escuyrie : et quand le prince jouste ou tournoye, il doit avoir les parures du prince et de son cheval, en quoy il a jousté et tournoyé pour chascune fois, quelque riche qu'elle soit, réservé l'or pur et la pierrie ; car ce revient au prouffit du prince.

Les escuyers d'escuyrie doivent mettre l'estrier au pied du prince, et l'ayder à monter et à descendre, et tenir la bride de son cheval ; et le vallet lacquay doit tenir l'estrier hors du montoir, et doivent estre soigneux que le cheval soit prest à l'heure qu'il le demande. Les escuyers d'escuyrie doivent estre bons chevaucheurs, et deux ou trois fois le mois ils doivent aller aux champs selon le temps, si l'escuyer ordonne de chevaucher les chevaux du prince.

Or est temps que nous devisons du nombre de ceux qui sont en l'escuyrie, et quels gens. Le duc a douze pages, enfans de bonne maison, lesquels sont en la subjection et gouvernement de l'escuyer, comme dict est, et doivent chevaucher après le prince, ainsi que leur ordonne le palfrenier ; et n'ont que faire iceux pages autour des chevaux, sinon de brider chascun son cheval, et les mener boire après le palfrenier, et par ordre de chevaucher après le prince, comme dit est ; et doivent aller à la viande, et l'escuyer se sert d'iceux pour les endoctriner. Ils ont vallets aux despens du prince, qui les pansent et nettoyent ; et se doivent iceux vallets tenir hors de la cuisine, pour garder les chevaux des pages quand ils vont à la viande du prince. Le plus grand et le plus puissant des pages doit porter l'estandart après le prince ; et le prince, selon qu'ils viennent grans, les faict ses conseillers, et servent en armes auprès de luy pour faire message, et pour courir là où il les envoie.

Le duc a un palfrenier, qui est le premier en l'escuyrie, et doit estre obéy des autres au faict des chevaux, et doit chevaucher après les pages, et porter le manteau du prince, et non autre. Il a en garde toutes les selles qui appartiennent aux chevaux; il mect les chevaux et les pages en ordre après le prince, comme dit est.

Le duc a quatre lacquais vallets, et doivent amener le cheval du prince au montoir, et le doivent aller quérir à l'escuyrie, et le mener par la bride, et non monter sus, et bien garder que nul homme approche ledit cheval; et depuis que le palfrenier leur a délivré ès mains, nul ne doit attoucher le cheval sellé ou en harnassure, s'il n'est escuyer d'escuyrie; et doivent avoir lesdits vallets de pied chascun un blanc baston en la main, sans fer et sans glaive, et ce pour reculer le peuple qu'il n'approche point du prince: et ne seroit bien séant que le pauvre peuple, qui amoureusement vient après le prince, et se tire près pour le veoir, fust reculé ou féru de glaive ou de trenchant; mais doit estre rebouté par iceluy baston qui n'a point de pointe. Les pages palfreniers ou vallets lacquais doivent estre habillés pareils, et les vallets de pied ou palfreniers font les aumosnes avant les champs, à tous les pauvres que le prince rencontre; et rend compte en conscience celuy qui faict l'aumosne de ce qu'il a donné, et doivent les vallets de pied aller aux sales et entrées de toutes villes, et aller à pied autour de son cheval, comme dit est. En icelle escuyrie y a bien trente hommes à ceste cause, et chascun selon son estat; les vallets de corps nettoyent les chevaux d'estrilles et de flassars, et leur donnent avaine, font les lictières, fientent les chevaux, et tiennent l'escuyrie honneste. Les mareschaux ferrent et médecinent les chevaux, et les bottelleurs livrent le foin, l'avaine et littière; les chevaucheurs font la despence et la pourvance, et les aydes d'iceux chevaucheurs sont fourriers de l'escuyrie, et prendent le logis. Les vallets des sommiers, dont il y a plusieurs, pansent les chevaux des sommiers, et les meinent avec leur sommage; et outre plus, ils sont les chevaucheurs messagiers, et n'en y a que douze ordinaires; et lesdits douze messagiers ont un varlet aux despens du prince, et eux douze n'ont en l'escuyrie que quatre chevaux, qui sont délivrés aux vallets des chevaucheurs chacun jour, et sont mis au prouffit d'iceux où qu'ils soyent; car selon leurs charges et leurs commissions, aucune fois tous y sont, aucune fois néant et peu souvent, l'une fois deux, l'autre fois point; et sont payés de leurs voyages, quand ils vont dehors, par l'argentier. Les officiers d'armes se créent et baptisent à l'hostel du duc; et pour ce fut il ordonné qu'ils auroyent quatre livres par jour, et non plus. Les vallets des chariots pensent de leurs chevaux, et se compte le tout soubs la main du chevaucheur, qui fait la despence par les escroues, et en l'office d'escuyrie; et doivent estre dessoubs l'escuyer tous ceux qui portent esmail du prince ou enseigne armoyé, excepté l'office d'armes.

Et puis que nous avons parlé de l'office d'armes, je deviseray d'iceux. Le duc a en son hostel six roys d'armes, huict héraux et quatre poursuyvans, et leur sont leurs cottes d'armes délivrées et renouvellées par l'escuyrie; mais ils ne sont pas subjects à l'escuyer, et n'ont à respondre qu'au duc et à son premier chambellain; et sont iceux comptés par les escroues, sinon quand ils vont ès voyages, qui sont comptés par l'argentier. Les officiers d'armes se créent et baptisent à l'hostel du duc ès grandes jours et ès bonnes festes. Et à faire un poursuyvant doit avoir deux héraux, qui doivent tesmoigner qu'il est personne honneste, qu'il a discrétion et renommée de vertu et de vérité pour entrer en l'office d'armes, qui jadis furent nommés les voir-disans. Le prince luy donne tel nom qu'il luy plaist en le nommant, le baptise de vin que les héraux luy ont apporté en une tasse, et puis donne la tasse au poursuyvant, et la rachapte communément d'un marc d'argent; et puis les héraux luy vestent la cotte d'armes du long des bras, et non autrement; et le doit ainsi porter tant qu'il soit poursuyvant, en différence des roys d'armes et héraux. Et si le poursuivant se gouverne bien, et qu'il soit trouvé homme de vertu, il parviendra au noble office de héraut, et doit avoir en sa création deux roys d'armes et quatre héraux, qui doivent certiffier de sa première conduite, et qu'il a esté poursuivant sept ans, et qu'il est digne d'estre héraut. Si doit estre baptisé encore une fois, et luy change le prince son nom, et les héraux luy tournent la cotte d'armes selon ce qu'elle doit aller; et pour créer un héraut à estre un roy d'armes, convient que tous les roys d'armes, héraux et poursuivans que l'on peut finer, soyent là, et qu'ils portent tesmoignaige devant le prince des vertus du héraut, et qu'il est stillé au très haut office de roy d'armes, qui est si haut, si noble et si grand, que jamais ne peut avoir plus haut nom en l'office d'armes. Le héraut doit avoir la cotte d'armes vestue, et le prince luy met la couronne en la teste, qui doit estre d'argent doré, et non point d'or, et n'y doit avoir pierres que saphirs: en segnifiant que le roy d'armes ne doit point avoir regard à nulles richesses, fors au ciel seulement, que le saphir figure, et dont il doit tirer vertu et vérité. La couronne doit estre en quatre licux croisettée, et non flouronnée; et luy doit estre baillée nom de province subjecte au prince, où d'anciennetée il y ait eu nom de roy d'armes. Et au regard du roy des royers, il se nomme par le marquis du Sainct Empire, et se crée par l'empereur, et ne luy doit refuser; et est l'un des principaux roy d'armes qui soit en la chrestienté. Et du temps des nobles tournois, ils se combatoyent par deux partis, les uns royers et les autres poyers. Et furent deux roy d'armes faicts pour soustenir iceux deux partis, et pour mettre par ordre les blasons des nobles hommes, en gardant à chascun son estat et degré: c'est à sçavoir le roy d'armes des royers pour toute la noblesse de Germanie, et le roy d'armes des poyers pour toute la noblesse de Gaule; et certes les matières sont de grandes recommandations. Mais je m'en passe pour abréger, et pour entresuivre ma matière. Et qui aura désir de sçavoir de ceste chose à parler cherche un traicté que fit Anthoine de La Salle, et il trouvera matière de grande recommandation. Et au regard de créer le roy d'armes de la Toison, il doit estre fait par élection des chevaliers de l'Ordre. C'est le premier et le principal de l'hostel du duc de Bourgongne, et a l'entremise de la feste de la Toison; et ne doit avoir autre officier d'armes pour conduire les cérémonies que luy seulement, et se doit aider d'iceux poursuyvans, et non plus. Ils doivent tous à toutes choses grandes accompaigner le prince, leurs cottes d'armes vestues; ils ont de grands droits et de grands dons. L'office d'armes doit honorer les nobles, et la noblesse les doit nourrir, soustenir et porter. Les officiers d'armes doivent porter les blasons du prince au costé dextre, selon nostre coustume; mais les officiers d'armes d'Angleterre portent leurs blasons au costé senestre. Et autrefois ay demandé au roy d'armes de leur party pourquoy ils avoyent telle coustume en Angleterre. Sur quoy il me respondit que leur raison estoit plus grande qu'autre. Et si un noble jeune homme qui jamais n'auroit esté armé vouloit sçavoir de quel costé il devroit prendre son escu, il le verroit aux blasons des officiers d'armes, et de quel costé ils le portent. Et pardeçà les officiers d'armes les portent au dextre costé, pour ce que le dextre est le plus noble pour faire honneur au blason; et ainsi chascun a opinion raisonnable. Et la cause pourquoy le prince leur donne la tasse d'argent à les créer est pour faire le blason de ses armes. Et me tais à tant des cérémonies de l'office d'armes, pour entre-suyvre ma matière.

Le duc de Bourgongne a douze trompettes de guerre, les meilleurs qu'il a sceu finer; et sont iceux trompettes gouvernés par un d'eux qui est leur chef. Et le matin que le prince doit partir, ils doivent tous ensamble venir faire une basture devant les fenestres du prince, pour le resveiller à l'heure qui leur est baillée; et puis se partent quatre, et vont sonner à mettre selle par les quatre parties de la ville ou de l'ost, et au retour de chascun ils doivent sonner un mot au rentrer du logis du prince, et se doivent là rallier tous ensamble, et desjeuner aux despens du prince. Et le chef des trompettes se doit tenir prest pour sçavoir quand on sonnera à cheval; et quand le prince le commande, les trompettes se départent, et vont sonner à cheval, et se mettent chascun en armes et en habillemens; et se retire chascun dessoubs son chef et dessoubs sa cornette, et les trompettes se tirent devers le prince comme la première fois; et assez tost après sonnent les trompettes la tierce fois, et viennent les cornettes et esquadres, accompagnés chascun de leurs gens, devant l'hostel du prince; et quand tous sont venus, les trompettes font une basture, et à ceste heure monte le prince, et les trompettes doivent sonner à toutes entrées et saillies, tant que la ville dure ou le camp, où l'on a esté logé. L'escuyer d'escuyrie leur livre bannières de trompettes; ils ont droit aux deniers donnés en largesse, dont l'office d'armes prent la moictié, et les trompettes, menestriers et joueurs d'instrumens l'autre moictié. Le duc a six hauts menestriers qui sont gouvernés par un des menestriers qui est roy d'iceux, et portent les armes du prince, et sont comptés par les escroues comme les trompettes: le duc a quatre joueurs de bas instrumens pareillement comptés, et portent les armes du prince: et m'a esté force d'entre-suyvre les estats, non pas par ordre, par règle. Et combien que ceux dont je parleray cy après soyent plus nobles, toutefois j'ay voulu entre-suyvre l'escuyrie et ce qui en dépend.

Le duc a soixante-deux archers pour son corps, qui sont gouvernés par deux chevaliers qui se nomment capitaines des archers, et sont comptés par les escroues ordinaires; et les peuvent iceux capitaines corriger et punir, et doivent annoncer les deffaillans au bureau et aux maistres d'hostel, pour les royer si besoing est; et on ne leur doit point refuser quand ils le dient. Ils ont tous les ans, ou souvent, palletots d'orfavrerie richement chargés; ils font le guet tour à tour devant le prince; ils le doibvent accompaigner à pied ou à cheval, où qu'il voye: s'ils sont à pied, ils doivent estre autour de son cheval, le gouge ou le baston sur le col; et s'il est à cheval, ils doivent chevaucher après leur enseigne, et doit aller enseigne devant celle des escuyers, et entre suyvre les archers de la garde, comme je déclareray cy après.

Le duc a six vingts et six hommes de sa garde pour la seureté de sa personne, tous nobles hommes, et les faict appeler les escuyers de sa garde, et a chascun un homme-d'armes et un archer à cheval; et sont lesdits hommes-d'armes et archers gouvernés et conduits par un capitaine qui se nomme capitaine de sa garde, et par quatre escuyers chefs d'esquadre, dont chascun a soubs luy trente hommes-d'armes, et trente archers en son esquadre; et est chascune esquadre conduite par quatre chefs de chambre, lesquels en ont dessoubs eux chascun six hommes d'armes, et leurs archers. Ainsi sont en chascune chambre sept hommes-d'armes, qui sont vingt-huit pour les quatre chambrées; et à chascun chef d'esquadre deux lieutenans; l'un pour conduire les hommes-d'armes en son absence, et l'autre pour conduire les archers en chascune esquadre. Le capitaine de la garde a pour sa chambre, outre et pardessus le nombre dessusdit, plusieurs hommes-d'armes, qui ont requis estre de la garde; et pource que ce n'est chose ordinaire, fors que volonté, et que le nombre est aucunefois plus et l'autre moins, je ne m'y veux guère arrester, mais viendray à l'ordinaire seulement. Le capitaine a ordinairement huict archers et deux conseillers, deux trompettes et un chappellain, qui sont comptés aux gages du prince. *Item*, il a deux hommes-d'armes, ses lieutenans, dont l'un conduit l'estandart, en son absence, des hommes-d'armes, et l'autre conduit le guidon des archers de toute la garde; et ont les chefs d'esquadre chascun un archer ordinaire aux despens du prince, et a tels gages que les autres; et d'abondant les chefs d'esquadre et le lieutenant ont chascun un conseillier de crue payé aux gages du prince. Ainsi sont douze conseilliers en la garde, et servent iceux d'aller avec le fourrier de la garde prendre les logis; et les deux conseilliers font le logis pour leur esquadre, et le troisiesme doit revenir au devant de l'esquadre, pour les mener au logis; et chevauchent iceux hommes-d'armes et archers en huict esquadres toujours en armes, soit en temps de paix ou de guerre. Et chevauche le second lieutenant du capitaine le premier, et le guidon des archers après luy; et pour ce se nomme iceluy Capitaine des archers de la garde; et après luy chevauche la première esquadre des archers, qui est conduicte par l'homme-d'armes second lieutenant de la première esquadre; et puis chevauche la seconde esquadre, la tierce et la quarte, et sont conduictes par le second lieutenant, comme dict est. Et après eux chevauchent les archers de corps, à guidon desployé, soubs le gouvernement du premier capitaine; et si c'est en temps de paix, les escuyers des quatre estats du prince chevauchent après luy par ordre, et puis les chevaliers, les grans pensionnaires, et puis ceux du sang, princes et autres; et puis les trompettes et l'office d'armes en ordre. Et au regard des huyssiers d'armes, ils chevauchent deçà et delà, pour tenir la place ouverte; et puis doivent venir chevauchent sergeans d'armes, la mace sur l'espaule, et le dernier escuyer d'escuyrie avec l'espée. Et en tel ordre chevauche le prince, ses pages après luy; et derrière luy vient le capitaine de sa garde à l'estendard desployé, conduit par luy ou par son lieutenant; et après luy vient le premier chef d'esquadre, à cornette desployée, qui conduit la première esquadre des hommes-d'armes qui accompaignent l'enseigne; et puis la seconde, la tierce et la quarte, chascune conduicte par son chef d'esquadre, comme dict est. Mais quand le prince chevauche pour la guerre, ceux de sa maison chevauchent après la personne du prince, les chevaliers les plus près de luy, les escuyers après, et puis la garde; et se ploye l'estandart à demy, pour celuy du prince qui est desployé; et ne chevauchent devant luy, entre les archers et sa personne, sinon les escuyers de sa chambre et ceux de son sang, en la manière devant dicte. Et tous les jours sont tenus ceux de la garde faire le guet devant le prince tour à tour, à chascune fois quinze hommes-d'armes, la première nuict le chef d'esquadre, et la seconde son premier lieutenant, avec le demourant; et doivent ceux du guet tous les jours accompaigner le prince, embastonés et armés si besoing est: et sont ceux de la garde comptés par les escroues, et payés par le maistre de la chambre aux deniers, et font les clercs d'office un rolle tous les jours de leurs noms, et sont mis dedans le controlle par un petit escroue, et sont royés et recomptés par le capitaine de la garde seulement, qui a le regard sur eux. Ils ont mantelines et parures du prince, et les archers palletots d'orfavrerie; et sont comptés à si grans gages et en tel estat, qu'ils ont chascun un coustillier armé, qui font cent vingt-six combattans, outre et pardessus le nombre armé. Tous les hommes d'armes ont par mois argent du prince et à ses despens, pour tenir sommier et amener le bagage: et à tant me tais du faict de la garde.

Et pour conduire ceste grande chose, faut devoir comment il se loge, et la police du logis, selon lequel est nommé en tout temps mareschal, pour servir au faict de la guerre; et doit livrer les quartiers aux fourriers des capitaines des gens-d'armes, et de tous les quartiers. Le second mareschal, qui est mareschal de l'hostel du duc, doit avoir le choix pour loger le prince et son estat. Et ne deviseray guères pour le présent du mareschal du logis, pource que je reviendray en temps et lieu; mais deviseray du mareschal du logis de l'hostel, pour deviser de l'estat de la fouriere, et comment elle se doit conduire. Le mareschal du logis se souloit appeller l'escuyer du logis, et ne se mettoit iceluy estat sus qu'en la guerre seulement; mais pource que le duc va tousjours en armes, et que sa maison est si grandement accompaignée, comme l'on peut veoir, il est ordonné qu'il seroit un mareschal du logis de l'hostel, et est un moult bel office et estat. En l'hostel du duc il y a quatre archers comptés, et une trompette par les escroues, qui accompaignent le mareschal où qu'il voye; et quand il doit partir pour aller faire un logis de ville en ville, il faut sonner sa trompette; et sa trompette revenue, il doit monter à cheval, et les fourriers du prince doivent venir devers luy; et doit avoir le mareschal une cornette pour enseigne, et doit aller par toutes les rues et par tous les logis sa cornette après luy, et le doivent suyvre tous les estats. Le fourrier de la garde, accompaigné de coustilliers ordinaires, doibvent marcher en belle ordonnance jusques au lieu où ils doivent faire le logis; et est bien besoing qu'en temps de paix que ce soit par aucuns jours avant que le prince se parte; et se départ le logis en deux parties, dont la première partie est livrée au fourrier pour le prince, les chambellains, les quatre estats de la chappelle, les archers de corps de la garde, la chambre et les officiers domestiques; et le mareschal loge les princes et grans pensionnaires, chambellans et gens du conseil, ambassadeurs, et autres survenans qui ne sont point domestiques. Et ainsi se départ le logis, et le fourrier et ses aydes font le logis qui leur est ordonné et le gardier de la garde, et aussi délivre au fourrier de ladite garde; et ledit fourrier départ son logis en cinq parties, l'une pour le capitaine et pour ceux de sa chambre, et l'autre partie se départ en quatre pour les quatre chefs et leur quatre esquadres. Et combien que le duc de Bourgongne soit prince des plus belles villes du monde, toutesfois son estat est si grand, que l'on trouve peu de villes où ils puissent tous loger, et faut souvent adjonctions de villes et de villages. Ainsi le duc a un fourrier, comme dict est; et si ce ne fut pour tenir ordre en mon escrit, j'eusse mis l'estat de la fourie tenant à sa chambre, car la fourie est de la chambre. Le fourrier faict la despense de tout le bois qui se despend en l'hostel du prince, réservé de la cuisine, et se compte par les escroues; soubs l'estat de la fourie. Et sur iceluy se comptent les espices de chambre, drageries et autres, qui se livrent par les espiciers. La raison est, pour ce que le fourrier est vallet de chambre, et aussi est l'espicier, et ne se compte aucune despence de la chambre, sinon en fourie, et aussi pource qu'on ne veut point entremeller la despence des officiers. Le fourrier doit porter un baston, lequel doit estre verd, en signifiance du bois, et le doit porter en manière comme s'il vouloit tousjours hurter à un huys pour demander ouverture; sa marque doit estre tenue à tous, sur paine de mort. Le fourrier en sa personne doit battre le lict du prince de son baston, comme je l'ai escrit une fois; et quand le prince vient, le fourrier doit mettre le bancq, les tresteaux et la table; il doit reculer, remettre et oster à icelle table les tresteaux, et à toutes autres dont le prince est servy; il doit faire son banq, chaières, et toutes autres ouvraiges de bois;

il doit livrer les linceux et estrain pour les licts, et pour paillaces de l'hostel du prince ; et livre bois de livrée et bois de despence, et soubs luy se fait une très grande despence. Et en icelny office sont douze personnaiges et aides pour aider le fourrier et servir en son absence. Et y a varlets de fourrier qui portent le bois en la chambre du prince, et besongnent aux feux et aux lumières comme il appartient, et doivent tenir l'hostel du prince net et honneste. Les serviteurs de l'eaue servans doivent porter l'eaue en la chambre du prince, et livrent caches et ramons. Et quand le prince tient un grand estat ou une grande feste, le serf de l'eaue doit donner à laver à tous, excepté aux princes servans et aux ambassadeurs.

Et pour continuer l'estat du duc, nous parlerons de l'estat des portiers. Le duc a deux portiers et deux aides comptés par termes. Le portier doit estre le premier levé et doit estre logé à la porterie du prince ; et ne doit point ouvrir que le chef du guet et ceux qui ont faict le guet devant le prince ne soyent venus ; et puis il ouvre sa porte, et la doit bien soingneusement garder, que nul n'y entre qu'il ne congnoisse bien. Et quand il vient à l'entrée de la nuit, il doit allumer fallots à sa porte, et la doit garder comme dit est, jusques à ce que le prince soit couché, et que les chambellains et ceux qui ont esté à son coucher soient retraits. Et doit le portier visiter la maison, et sçavoir s'il ne trouvera nullny qu'il n'a point accoustumé de veoir, et le peut prendre et mettre en prison. Et chascun retrait, le portier ferme la porte et ne la doit point ouvrir pour personne qui vienne, sans le congé du prince ou du premier maistre d'hostel. Le portier est garde des prisons de l'hostel du duc, et principalement de ceux que les maistres d'hostel font prendre et punir. Et pour entresuivre ma matière, je parleray des sergeans et huyssiers d'armes, et principalement parlerons de ses sergeans d'armes.

Le duc a quatre sergeans d'armes comptés par termes, et tous les deux servent tousjours, et doivent lesdits sergeans d'armes estre devant la porte du prince. Et quand le prince part hors de sa chambre pour aller à la messe ou ailleurs, les sergeans d'armes se doibvent mettre devant luy. Et quand le duc tient estat, au milieu de la sale doit avoir deux basses tables, dont l'une est petite pour quatre personnes seulement, et doit estre tournée devers le prince et devant luy, et au milieu d'icelle doivent seoir deux huyssiers d'armes, et aux deux bouts lesdits deux sergeans d'armes, en couchant chascun les maces sur les bouts de la table, et ayans leurs visages devers le prince. Et derrière eux doit estre la table des officiers d'armes, qui doivent estre le long de la table, et seoir leurs cottes d'armes vestues. Mais je demande pourquoy ne sont les roys d'armes et héraux plus prés du prince que les huyssiers et sergeans d'armes ; et toutesfois ils ont leur cotte d'armes vestues et sont de plus noble estat que les autres. A ce je respons : que c'est pour ce que les huyssiers et sergeans d'armes sont les exécuteurs du prince, et que telles nouvelles pourroyent advenir, ou telle chose pouroit estre faicte, que le prince voudroit mettre la main au plus grand de ses pays ou autres ; et pour ce doivent estre assis iceux sergeans devant sa face, pour promptement exécuter son bon plaisir et commandement. Et au regard des huyssiers d'armes, le duc a bien vingt-quatre servans par termes, dont les uns servent à garder la chambre des chevaliers, autres à garder la chambre des escuyers, et autres à garder la chambre du conseil. Et doivent iceux huyssiers faire place devant le prince quand il va de lieu à autre, et doivent garder la sale où il mange, et aller et venir où il le commande. Ils adjournent gens au conseil, soit devant le chancellier, chambellain ou mareschal, et exécutent toutes choses ordonnées par le conseil. Or feray fin de l'ordre de l'hostel du prince et de son estat, et entrerons à parler de sa guerre, et le nombre de ses gens qu'il tient journellement, et de son ordonnance. Et ne me suis pas arresté à plusieurs choses qui sont journellement en toutes nobles cours. On sçait bien que le confesseur confesse le prince et que luy ou le clercq de la chappelle dict ses heures avec luy, et que le prince offre tous les jours, et cent mille menues choses qui sont en la maison du prince commune à tous. Et aussi n'est pas à entendre que les ordres, les coustumes et les lois soient pardessus les princes, mais les princes pardessus elles, pour en ordonner à son bon plaisir ; et sont communément les statuts des princes conformes à leurs conditions.

Or j'ai devisé de l'estat et de l'ordre de la maison du duc Charles de Bourgongne, et est besoin que je devise de l'estat de sa guerre, du nombre de ses gens-d'armes, et comment ils sont conduits, exercités et gouvernés, et aussi comment les conducteurs et chefs d'esquaquadre sont faicts et créés.

Le duc a deux mille deux cens hommes d'armes en ses ordonnances, compté chascun homme d'armes à tels gages qu'a coustillier armé ; et dessoubs chascun homme-d'armes y a trois archers à cheval ; et d'abondance pour chascun homme-d'armes y a trois hommes de pied armés, arbalestriers, coleyvriniers et piequenaires : ainsi font huict combattans pour une lance ; mais les gens de pied ne sont pas gouvernés par les gens de cheval.

Et pour gouverner icelle compaignie qui monte à dixhuict mille combattans, à prendre les conducteurs, lieutenans et autres archers, qui sont outre nombre, huict combattans pour lance, et sont iceux payés et comptés tous les jours à la souldée du prince par la main du trésorier des guerres, je monstreray, par la conduite de cent lances, comment se gouvernent tous les autres, et semblablement ceux de pied. En chascune cent lances y a un conducteur soubs qui respond icelle compaignie ; et se nomme conducteur, pource que le duc veut estre seul capitaine de ses gens, à en faire et ordonner son bon plaisir. Et pour entresuyvre ce propos, nous parlerons de la forme et manière comment le duc crée les conducteurs, puis après de leur conduite ; et m'en abrégeray le plus que je pourray, pource que le duc Charles, qui a ses ordonnances mis sus à labeur si notablement en sa personne, a faict mettre par escrit les ordonnances de sa guerre si bien et si notablement, et a tous mistères esclarcy en telle forme et manière, que mon escriture ne me sembleroit que temps perdu, et lesquelles ordonnances sont portées en Angleterre, et si besoing est sont recouvrables pardeçà, toutes et quantes fois que besoing sera : parquoy je m'en passe pour abréger, et parferay ce que j'ay dict.

Le duc renouvelle tous les ans les conducteurs de ses ordonnances, comme il est escript en sesdits ordonnances ; et contre le temps que sesdits conducteurs se doivent renouveller, iceux conducteurs viennent ou envoyent devers le duc, selon leurs affaires, et selon la charge qu'ils ont ; et en iceluy temps ceux qui désirent d'avoir charge de conducteur pour l'année advenir se tirent devers les secrétaires qui sont ordonnés pour la guerre, et ils enregistrent et mettent en mémoire ; et en temps ordonné ils apportent icelles mémoires au duc, qui les retient par devers luy par certains jours et à son bon plaisir ; et selon les recommandations des mérites d'un chascun, il poinctie ceux à qui il veut donner la charge de conducteur, et à la fois de ceux qui l'estoyent paravant, et à la fois non, et les fois par noms de compaignie, dont l'une s'appelle la premiére compaignie, l'autre la seconde, et ainsi jusques à la vingt-deuxiesme ; et par ce moyen sçavent les conducteurs en quelle compaignie ils doivent aller quand ils ont le don. Et au jour ordonné, il mande par un huyssier d'armes les conducteurs qu'il a choisi, et les faict venir en une sale en laquelle le duc sied en chayère parée, comme à prince appartient ; et là sont les seigneurs du sang, le conseil et les nobles de la maison ; et sont présens ceux qui paravant ont esté conducteurs. Et le duc par son chambellain faict dire la cause pourquoy il se contente des conducteurs passés ; et si grandes causes survenoient de parler à aucun particuliérement, en soy contenant ou non contenant, le duc feroit dire publiquement, pour rendre à chascun mérite selon sa desserte. Et n'ay point veu que le duc n'ayt deschargé les conducteurs de leurs charges, à leur trés-grand honneur et recommandation. Et après iceux estre deschargés, le duc faict parler à ceux qu'il a choisis pour l'année, et leur faict lire les ordonnances qu'il faut à la conduicte de la guerre : et après la lecture d'icelle, il faict appeller devant luy chascun conducteur particuliérement l'un après l'autre, et publiquement baille à un chascun deux choses : premièrement le livre de ses ordonnances richement faict et escript, et couvert de velours, en moult honneste vollume, sellé du grand seau en cyre verde, et en lacs de soye ; et en luy baillant, parlant le duc par sa bouche, il dict : « Vous tel, » je vous fays conducteur pour l'année de telle compai- » gnie de cent lances de mes gens-d'armes. Et afin que » vous sçachez, entendez et ne puissiez ignorer comme » j'entends le faict de mes gens-d'armes, et de la » guerre estre conduicte et gouverné, je vous baille » les ordonnances que j'ay sur ce faictes et ordonnées, » et vous commande de les estroittement tenir et gar- » der, selon le contenu en icelles. » Et puis prend le duc un baston qu'on appelle baston de capitaine, et est iceluy baston couvert de bleu entortillé de blanche soye, qui sont les couleurs du prince, et baille le baston au conducteur, et luy dict : « Affin que vous soyez obéy, » et plus puissant sur ceux dont vous avez par moy » charge, et que vous puissiez entretenir et faire entre- » tenir mes ordonnances et faire mes commandemens, » je vous baille le baston pour avoir la main forte sur » vos gens, et vous donne en effect de les gouverner et » punir par telle auctorité que moy-mesmes. » Et sur ce reçoit le conducteur le serment de faire et entretenir les ordonnances du prince, et selon le contenu d'icelles ; et ainsi l'un après l'autre crée le duc de Bourgongne ses conducteurs, et sont tenus de renvoyer icelles ordonnances et le baston à la fin de l'année pour les bailler à celuy à qui il plaira au duc d'y ordonner ; et se tire chascun en la compaignie à luy ordonnée.

En chascune compaignie de cent lances y a quatre chefs d'esquadre, dont l'un est ordonné par le duc, et y met communément un des escuyers de son hostel ; et n'ay guères veu que le conducteur ne face d'iceluy son lieutenant, combien qu'il le peut faire d'un autre s'il luy plaist ; et au regard des autres chefs d'esquadre, le conducteur les peut choisir à son bon plaisir. Et soubs chascun chef d'esquadre y a quatre chefs de chambre, lesquels chefs de chambre le chef d'esquadre peut nommer et choisir, sans ceux de son esquadre, à son bon plaisir. Soubs chascun chef de chambre a cincq hommes d'armes, qui sont en chascune des chambres, à prendre le chef de chambre et les hommes d'armes ; soubs luy sont six hommes d'armes. Ainsi sont vingt-quatre hommes d'armes, et le chef d'esquadre ; et ainsi par quatre chefs d'esquadre trouverons cent lances soubs le conducteur : chascun homme d'armes a soubs luy trois archers à cheval, ainsi sont trois cens archers en chascune compaignie ; et chevauchent chascun cent lances en huict esquadres, c'est à sçavoir les archers en quatre esquadres, et en chascune esquadre d'archers septante cinq archers ; et sont conduits iceux archers par un homme d'armes principal en chascune esquadre, au regard et à la devise du chef d'icelle esquadre ; et chevauche le guidon des archers au front devant la première esquadre, et pareillement l'estandart des hommes d'armes au front de la première esquadre des hommes d'armes.

Or nous faut deviser de l'estat des gens de pied, lesquels sont conduits par un chevalier chef de toutes gens de pied, et soubs qui respondent tous les chefs d'iceux gens de pied. Sur chascune compaignie de trois cens piétons a un capitaine, homme d'armes à cheval, et porte-enseigne et guidon ; et sur chascun cent hommes a un centenier homme d'armes à cheval, qui porte autre plus courte enseigne, et respondent iceux centeniers aux capitaines dessus nommés ; et outre plus, en chascun trente et un hommes, l'un est trentenier, à qui respondent tous les autres ; et marchent par compaignies, et par ordre de capitaine de centeniers et de trenteniers, et communément sont gardes de l'artillerie et du charroy. Et pour les raisons devant dites, je me passeray à deviser des ordonnances sur ce faictes ; et combien que j'ay mis en escript le nombre des hommes d'armes, archers à cheval et gens de pied des ordonnances de monsieur de Bourgongne, et que j'aye devisé les gens-d'armes, et qu'ils sont tousjours prests et armés les uns comme les autres, où vous trouvez en nombre plus de vingt mille combattans, toutesfois n'est encores tout le nombre de ses gens d'armes comptés, journellement prests et en point; car de nommer outre et pardessus le nombre dessusdict, il a fourny sa maison de douze esquadres d'archers d'Angleterre, lesquelles douze esquadres sont conduites par douze hommes d'armes anglois, par la manière qui s'ensuit.

Premièrement, le duc a ordonné un escuyer pour conduire quarante archers pour l'esquadre de la chambre; et est à entendre deux archers pour chascun homme de sa chambre, qui sont vingt hommes d'armes, à prendre l'escuyer et les quatre sommelliers, comme dit est. La seconde esquadre est de quatre-vingts hommes, pour les quarante archers toujours compter, et les départir en la manière dessusdite. *Item*, quatre autres esquadres, chascune de cent archers, pour les quatre estats des escuyers; pour chascun estat, qui sont cinquante hommes, deux archers; et pour ce cent archers pour chascune esquadre. *Item*, et pour renforcement de la garde, sont ordonnés quatre esquadres de quarante archers pour chascune esquadre, qui pareillement est à entendre deux archers pour chascun homme d'armes, et sont trente hommes d'armes en chascune esquadre. Et puis que nous avons devisé des gens d'armes ordinaires, il faut deviser de l'artillerie, laquelle est une merveilleuse despense, et grande.

L'artillerie se conduit soubs un chevalier qui se nomme maistre de l'artillerie, lequel a telle auctorité, qu'il doit estre obéy en son estat comme le prince; il a soubs luy le receveur qui paye les officiers, et les pouldres, les canons, les forges et les pionniers, les charetons, et tous les ouvraiges qui se font à cause de l'artillerie; et certes la despence qui passe par ses mains monte par an plus de soixante mille livres; et devez sçavoir que en la pluspart des armes du duc il meine avec luy, pour le fait de l'artillerie seulement, plus de deux mille chariots, les meilleurs et plus puissans que l'on peut trouver en Flandres et en Brabant; et certes le duc peut avoir trois cens bouches de l'artillerie, dont il se peut ayder en bataille, sans les hacquebuttes et coulevrines dont il a un sans nombre. En l'artillerie est le controlleur qui tient par ordre et par escript le conterolle de toute la despence faicte et payée de toute la provision de l'artillerie, comme d'arcs, flesches, arbalestres, de trait, de baston à main, de cordes, et toutes autres choses nécessaires appartenant à iceluy estat; là est le maistre des œuvres, carpentiers, marischaulx, forgeurs, et toutes manières de gens. Et quand le duc est devant une ville, il faut asseoir les bombardes: il convient pour chascune bombarde un gentilhomme de son hostel pour la conduite d'icelle bombarde, et la suyte, qui est ès mains du bombardier. Et est l'artillerie estoffée et garnie de toutes choses: tellement que le duc ne se soussie point à passer rivières de mille pieds en peu de temps, si besoin est; et est puissant et fort pour passer la plus grande bombarde du monde.

Le maistre de l'artillerie a prévost en son artillerie, lequel a jurisdiction et auctorité de justice sur ceux de l'artillerie, et en peut faire justice criminelle ou civile, telle qu'il luy plaist. Et n'est pas à oublier le faict des tentes et pavillons, qui est une somptueuse chose, et se conduit par un gentilhomme qui a la charge d'iceluy estat, et meine aux despens du prince plus de quatre cens chariots puissamment attelés; et se comptent iceux chariots soubs la despence de l'artillerie. Et certainement le duc délivre pour sa compaignie bien mille tentes et mille pavillons, à prendre pour ambassadeurs et estrangiers, pour la maison du duc, pour ses serviteurs et gens-d'armes. Et à chascun voyage, le maistre des tentes a nouvelles tentes et nouveaux pavillons aux despens du prince; et monte icelle despence, à prendre toille et ouvrages seulement, plus de trente mille francs.

Or ne suffit-il d'avoir seulement devisé de ce grand nombre de gens-d'armes à cheval et à pied, et de ce grand nombre de chariots, qui est une chose merveilleuse; car combien que le duc donne à tous argent particulier pour tous sommiers, et merveilleux nombre de chariots et charettes pour leur nécessité, pour ce que le duc faict communément durer la guerre en temps d'hiver aussi bien qu'en temps d'esté, pour ce faut il plus de provisions contre les froidures et autres nécessités. Et ne suffiroit point qui ne deviseroit par quelle manière et par quel ordre se loge iceluy grand ost. Le duc a pour son grand principal officier le mareschal de Bourgongne, lequel a telle prééminence, qu'il prend droit de mareschal sur tous les gens-d'armes, mais non point ès gens-d'armes des ordonnances; et se nomme ledit mareschal de Bourgongne pour un mareschal de France, et prend droit avec, comme les autres, et ce de toute ancienneté; et se conduit le faict de la guerre par sa main avant tous les autres, et doit estre à l'avant-garde du prince comme le principal. Et toutesfois si le prince mettoit en l'avant-garde aucun prince de son sang, le mareschal luy seroit per et compagnon touchant la dite avant-garde; et en l'absence dudit mareschal de Bourgongne se faict un mareschal de l'ost, qui est son lieutenant, lequel conduit les matières de guerre, et prend les droits de mareschal, et ordonne les commissaires comme si luy-mesme y estoit; et sont, soubs ledit mareschal ou son lieutenant, les mareschaulx des logis et de l'hostel, et par ledit mareschal de logis est logée ceste grande armée.

Le mareschal du logis, quand le prince doit prendre logis nouveau, doit faire sonner sa trompette, et doit avoir enseigne desployée; et à luy se doivent assembler le mareschal de l'hostel, et tous les fourriers de toutes les compagnies, soit de pied ou de cheval; et doivent chevaucher en ordre et en bataille soubs la conduite dudit mareschal; et quand ils sont prests à loger, il peut faire arrester les compagnies avec son enseigne, et prendre avec luy le mareschal et ceux qu'il luy plaist, et là adviser le pays et le logis; et départ les quartiers pour l'avant-garde, pour la bataille et pour l'arrière-garde; et ainsi conclud, assiet l'artillerie, et luy baille place.

Par ceste manière ceste grande armée logée, le mareschal de l'ost doit visiter advenues, et mettre en ordre les escoutes et guets; et doit soigner le mareschal ou son lieutenant d'enquérir et sçavoir les passages du pays, et doit avoir des guides avec luy pour guider l'armée; et peut on appeller devant luy du grand conseil et du parlement, ou autre jugement pour matière de guerre, et qui touche le faict de la guerre, dont il peut juger : et de luy l'on ne peut appeller.

Et je certifie que j'ay expérimenté les faits de la noble maison de Bourgongne plus de trente ans, et que j'ay bien calculé et débattu à quelles sommes de denier peut venir et monter la grande despence dont j'ay icy devant fait mention; et certes je treuve que, par an, monte icelle somme de despence bien environ deux millions bien payés et comptés, chascun selon son estat et vacation à quoy il est appellé.

Et affin qu'il appert que je vueil que chascun sache que ce qui est baillé par escript est baillé d'homme qui le peult bien sçavoir, j'ay mis mon nom en escript soubs ceste présente épistre, en moy remandant à vous : laquelle espistre j'ay faict et complétée au siége d'Aisse en Allemaïgne, au mois de novembre l'an 1474.

TANT A SOUFFERT LA MARCHE.

GEORGES CHASTELAIN.

NÉ DANS LE COMTÉ D'ALOST, EN FLANDRES, EN 1404. — MORT LE 20 MARS 1474.

La fortune littéraire de Georges Chastelain, chroniqueur du XVe siècle, a été exposée à de bien étranges revers. Descendu des illustres familles de Gavres et de Mamines, décoré de toutes les distinctions de cour par son souverain et ami le duc Philippe-le-Bon, cité au premier rang des hommes de goût dans la cour la plus polie de cette époque, celle des ducs de Bourgogne, il consacre sa vie tout entière aux lettres ; il devient l'oracle et le modèle de tous les écrivains ; ses ouvrages d'imagination en prose et en vers sont imités aussitôt que publiés ; admis dans l'intimité de tous les hommes politiques, il entreprend d'écrire l'histoire de son temps : cette histoire est partout prônée pour son impartialité, copiée pour la gravité noble de son style ; la persécution lui donne un nouveau relief ; la cour de France s'indigne de ses écrits et veut poursuivre l'écrivain, non pas pour délit de la presse, l'imprimerie ne devait naître que quelques années plus tard, mais pour libelle calomnieux et attentatoire à l'honneur du monarque français et de la noblesse de France ; il meurt dans tout l'éclat de sa gloire ; un tombeau splendide lui est élevé, sur lequel on inscrit son plus beau titre historique, celui d'auteur de la Chronique de Philippe-le-Bon; ses disciples le chantent dans toutes les langues ; pendant toute la fin de ce siècle on n'entend retentir que son nom : c'est une gloire de se dire son disciple ; un petit nombre d'années s'écoule, et ce concert d'éloges meurt dans le silence, sans qu'une seule voix ennemie s'élève pour le critiquer, une voix amie pour le louer ; l'imprimerie naît et multiplie les ouvrages célèbres ; et l'ouvrage que l'on choisit pour le publier sous son nom est précisément un ouvrage qui n'est pas de lui, le *Chevalier délibéré*, dont le véritable auteur est Olivier de La Marche ; et pendant ce temps, ses manuscrits disparaissent, et les hommes qui, dans les siècles suivans, ont pu vouloir l'étudier dans ses écrits, ne trouvent nulle part un seul manuscrit du plus célèbre de tous, la *Chronique de Philippe-le-Bon*, qui conservât encore, ne fût-ce que sur le titre et dans les catalogues, la trace de son nom !

A quoi tient cet oubli précoce ? Est-ce là une juste sentence de la postérité contre une célébrité de cour, sentence prononcée avec connaissance de cause, ou n'est-ce qu'un de ces accidens bizarres qui se jouent de la gloire des hommes ? Il suffit pour justifier aujourd'hui Georges Chastelain de jeter un coup d'œil sur son temps pour se rendre compte de cet oubli littéraire.

Ce fut aux dernières lueurs de cet éclat si vif jeté par la dernière maison de Bourgogne sur les lettres et les arts, qu'écrivit Georges Chastelain. La cour de Bourgogne sous Philippe-le-Bon était le centre de toute élégance, tandis que la France, sortant à peine de plus d'un siècle de guerres violentes, n'avait pas encore conquis l'ascendant que lui donne sa civilisation et qu'avait déjà sa langue. Mais cette splendeur de la cour de Bourgogne n'avait que peu de jours à briller : Charles-le-Téméraire devait entraîner la nationalité française de son pays dans sa propre ruine aux champs de Nancy. Avec lui s'éteignit jusqu'au nom de la Bourgogne, qui passe avec sa fille sous les lois de la maison d'Autriche. Quel intérêt pouvaient prendre des gouvernans autrichiens et espagnols à des renommées littéraires étrangères à leur histoire, à leurs habitudes, à leur langue ? Qu'importait à Maximilien l'histoire des débats entre les membres de la maison de France ou la réputation d'un historien français ? Qu'importait aussi à la France d'alors la justification d'une famille éteinte ? Commines fut à la fois heureux et prudent en passant à propos dans les rangs des Français, parmi lesquels il trouvait en même temps existence nationale et gloire littéraire. Georges Chastelain subit le sort des provinces conquises : son nom périt avec celui de son pays.

Ces divisions politiques sont maintenant oubliées, et les hommes qui sont à la recherche des faits anciens aiment à relever sur les champs de bataille les morts de tous les camps, heureux si quelque corps glorieux conserve encore un reste de vie. En visitant ce champ de ruines, j'ai retrouvé Georges Chastelain.

NOTICE SUR GEORGES CHASTELAIN.

Destin bizarre! Les deux premiers morceaux que je rencontrai de sa Chronique de Bourgogne gisaient sous deux noms différens dans la bibliothèque de la rue Richelieu. L'un des volumes portait le nom de *Mémoires* de Jean Lefebvre de Saint-Remy; l'autre, celui d'*Histoire des ducs de Bretagne;* et ce n'étaient ni les *Mémoires* de Jean Lefebvre de Saint-Remy, ni l'*Histoire des ducs de Bretagne*, mais bien deux fragmens d'un seul et même ouvrage, les *Chroniques de Philippe-le-Bon*, par Georges Chastelain. Je les publiai alors, mais sans pouvoir retrouver les cent quarante-six premiers chapitres dont la table m'était fournie par un des volumes. Ce fragment historique, tout mutilé qu'il était, avait son intérêt, et des juges compétens et, avec eux, l'assentiment public, ont prononcé que le style de Georges Chastelain était tout-à-fait digne de la réputation qu'il avait obtenue pendant sa vie.

Lorsque je me décidai à donner une seconde édition de Georges Chastelain à la suite de Froissart et de Commines, dans cette collection de nos historiens originaux, je voulus tenter de nouveaux efforts pour le compléter, et je pensai que les bibliothèques de l'ancienne Flandre m'offraient de meilleures chances de succès.

Ma première visite fut à la bibliothèque d'Arras. Son voisinage de la célèbre abbaye de Saint-Vaast avait fait naître en moi de vives espérances. Parmi les manuscrits du XVe siècle, je ne tardai pas à rencontrer, en effet, une Chronique de Georges Chastelain. C'est un volume in-folio sur papier, écrit à la fin du XVe siècle. Il est intitulé : *Événemens des guerres de* 1419 *à* 1422. L'auteur s'y nomme, à la treizième feuille, dans son préambule.

« Je, Georges Chastelain, pannetier de très haut, très puissant et très fameux prince, mon très redouté et souverain seigneur, monseigneur le duc Philippe de Bourgogne, fils de Jehan, né en l'impérial comté d'Alost en Flandres, extrait de la maison de Gavres et de Mamines, etc. »

Il y fait en même temps la profession de foi la plus solennelle d'impartialité. Ce volume comprend depuis l'assassinat du duc Jean sur le pont de Montereau, en 1419, jusqu'à la mort d'Henri V, roi d'Angleterre, et de Charles VI, roi de France, dans l'année 1422.

Ce morceau d'histoire de Georges Chastelain m'était jusqu'ici inconnu; mais il ne m'offrait pas encore les moyens de combler la lacune des cent chapitres de ma première édition. Je persévérai dans mes recherches et me mis à parcourir tous les manuscrits français du XVe siècle. Un volume de cette époque attira surtout mon attention. Il portait pour titre : *Histoire de France, par G. Repreuve* ou *Le Preuve*. Il me semblait étrange de n'avoir jamais entendu prononcer ni là ni nulle part le nom de ce G. Le Preuve, indiqué si formellement dans ce manuscrit par le bénédictin rédacteur de l'ancien catalogue, comme auteur de cette histoire du XVe siècle. La lecture d'un petit nombre de pages suffit pour me convaincre que j'avais entre les mains un nouveau fragment de mon ancienne connaissance, Georges Chastelain, toujours diffus dans ses introductions, toujours ferme dans sa narration, et toujours assez malheureux pour ne pouvoir conserver son nom. Je comparai les titres des chapitres de ce manuscrit avec les titres publiés dans mon édition, et je vis qu'en effet, chapitre par chapitre, ce manuscrit correspondait avec les titres de la table que j'avais imprimée pour l'utilité des investigateurs futurs et qui m'était devenue si utile à moi-même.

D'où venait donc ce nom de G. Le Preuve inscrit dès le commencement du XVIe siècle et toujours répété depuis ? Voici la source de l'erreur. L'énoncé du vingt-neuvième chapitre est : *Comment Georges* REPREUVE *avoir fait l'introït de ce sixième volume*, énoncé que j'ai donné exactement dans ma table. Le bénédictin chargé du catalogue avait pris l'*R* de *repreuve* pour un *L*; et, pour que cet énoncé eût quelque sens, il avait lu : *Comment* GEORGES REPREUVE AVOIT *fait l'introït de ce sixième volume*, etc. Le mot REPREUVE est souligné dans le manuscrit, et, en marge, on lit, de la main de l'ancien bibliothécaire bénédictin, et par un renvoi à ce mot : *le nom de l'aucteur*, renseignement qu'il a reporté ensuite en tête du volume et dans son catalogue. Voilà ce qui a induit en erreur tous ceux qui sont venus depuis et n'étaient pas aussi familiarisés que moi avec la marche historique et le style de Georges Chastelain. Il est facile de concevoir tout le plaisir que j'ai dû ressentir en retrouvant enfin mes cent quarante-six chapitres tant regrettés. La ville d'Arras a eu la bonté de me confier ces deux intéressans manuscrits. Je les ai fait copier, et ils seront publiés dans le volume qui suit, en même temps qu'une seconde édition des chapitres mutilés que j'avais déjà retrouvés à Paris. On aura ainsi pour la première fois la célèbre *Chronique de Philippe-le-Bon*, par GEORGES CHASTELAIN, entièrement complète et sans la moindre lacune.

Après une telle bonne fortune littéraire, je m'attendais peu à aucun autre succès dans le reste de mon voyage. Je continuai toutefois mes recherches dans les autres grandes villes de l'ancienne Flandre. Arrivé à Bruxelles, je vis qu'il me restait de longues études à faire dans la bibliothèque des ducs de Bourgogne ; mais la complaisance infatigable du bibliothécaire, M. Maréchal, me facilita beaucoup les travaux tout spéciaux que je m'étais imposés. J'eus à résister à de vives tentations de curiosité en présence de tant de richesses; mais je m'étais arrêté à un seul point, et je tins bon. Je ne voulais examiner que les manuscrits du XVe siècle en prose des écrivains de la cour de Bourgogne. Une autre heureuse rencontre était réservée à ma persévérance. En parcourant un manuscrit qui, après avoir été envoyé à Paris comme prix de nos conquêtes, y avait été orné de la reliure de la bibliothèque impériale et d'un titre, était revenu à Bruxelles et y avait été classé sur la foi de ce titre, je vis qu'il n'existait aucune espèce de rapport entre l'intitulé de cet ouvrage et le contenu. Le titre est : *Roman moral et allégorique*, et c'était une sorte de discussion historique que je lisais. Ma curiosité fut excitée : je le lus tout entier et me convainquis que le titre ne pouvait être qu'une erreur du relieur, car le volume contenait en effet un mémoire justificatif de mon GEORGES CHASTELAIN lui-même sur sa propre conduite et sur celle du duc Philippe-le-Bon, mémoire adressé au roi Charles VII par l'auteur, qui s'y nomme en toutes lettres en plusieurs endroits.

Il paraît qu'à l'occasion de la paix il avait écrit d'assez médiocres vers dans lesquels il faisait sa cour au duc aux dépens du roi. Charles VII en fut blessé; ses courtisans le furent davantage, et Georges Chastelain fut sur le point d'être arrêté. Ce fut dans ces circonstances qu'il écrivit ce Mémoire, pour justifier à la fois et ses vers, et ses intentions, et sa personne, et celle de son souverain. On y trouve plusieurs faits historiques fort curieux, qui font ressortir de la manière la plus vive l'erreur qu'avait faite le roi Jean en détachant le duché de Bourgogne de la couronne de France pour en constituer une demi-souveraineté si puissante et si dangereuse entre les mains d'un membre de sa famille. Une seule citation fera comprendre la fausse position du puissant vassal et du suzerain encore chancelant.

« N'ont de tout temps ceux du parlement et aucuns du hault conseil royal contendu à faire ploier rigoureusement la personne du duc Philippe, de l'asservir et humilier par roideur, de le roigner en sa gloire, de le restreindre en sa seigneurie ? Il vint une fois un huissier du parlement à Gand pour l'adjourner en personne, ensemble son neveu le comte d'Estampes, et une grande part des nobles de Picardie, pour et à cause d'un homme de non grand estime ; et icelui huissier gardant son exploit jusques au jour saint André, le jour principal de la fête de son ordre, que lui, le duc d'Orléans et tous les chevaliers de la Toison-d'Or estoient en leurs manteaux, en la gloire et solemnité de leur estat, en sale non d'un duc par semblant, mais d'un empereur tout prest d'asseoir à table. Et sur le point de prendre l'eau, vint icelui huissier tout délibéré et en intention de dévergonder la compagnie, je ne sais de qui instigué ; et soi ruant à genoux, le mandement en sa main, fit son exploit et son ajournement contre sa noble personne, contre son neveu le comte d'Estampes et contre toute la haute baronie là estant, comme pour donner à entendre : Voici la verge qui vous vient corriger de l'extencion que vous avez prise et vous montrer qui vous estes. A un autre jour, le duc étant en la ville de Lille, un autre huissier vint avec marteau de fèvre pour rompre les prisons de cette ville et en tirer dehors un prisonnier, sans avoir oncques daigné demander ouverture à icelui duc Philippe. Donc esmu duement de l'esclandre et de la clameur du peuple, car c'étoit en plein midi, contraint fut de vuider de sa maison, lui quatrième, pour venir à ce gracieux exploitant qui toujours mailloit et frappoit et avoit desjà rompu les serrures et grosses barres ; mais pris en son outrage, se trouva tout esbahi quand vit le seigneur duc si près de lui. Toutefois, oncques ne se deslia sa parler à lui, bien que près de lui avoit aucuns qui volontiers l'eussent lancé en la rivière qui estoit là, ce que oncques ne voult souffrir, par révérence du roi. »

Dans les premières pages de ce manuscrit, Georges Chastelain donne des détails sur sa personne et indique tous les ouvrages qu'il a composés. Il faut, à la vérité, dégager ces faits de beaucoup de bavardage de rhétorique qui remplit le volume ; car c'est une sorte de dialogue diffus dans lequel il fait parler son ame, la mémoire, l'entendement, l'imagination, l'indignation, qui le justifient et l'accusent tour-à-tour, tandis que lui reprend la parole pour mieux éclaircir sa défense. Mais les quelques faits essentiels que fournit ce manuscrit le recommanderont à ceux qui ne veulent pas s'en tenir à l'écorce de l'histoire. Le directeur de la bibliothèque de Bruxelles a bien voulu m'autoriser à en prendre copie, et il paraîtra dans le volume qui suit celui-ci, à la suite de la Chronique de Philippe-le-Bon.

Ces divers ouvrages inédits de G. Chastelain formeront un très fort volume. Quant à la *Chronique* de Jacques de Lalain publiée dans le présent volume, elle a été souvent imprimée, et j'en ai moi-même, dans ma collection des Chroniques, donné une nouvelle édition révisée sur les manuscrits. Je me contenterai de parler ici de ce dernier ouvrage, et je renvoie au volume inédit ce que j'ai à dire de la personne et des autres ouvrages de Chastelain.

Jacques de Lalain, dit le Bon Chevalier, fut un des chevaliers les plus renommés de l'ordre de la Toison-d'Or. Il n'est pas de jouste où on ne le voie

NOTICE SUR GEORGES CHASTELAIN.

figurer avec avantage depuis l'année 1440, où déjà, à l'âge de 19 ans, il remporta le prix du *mieux faisant*, jusqu'à la bataille de Poucques, en 1453, où il mourut glorieusement, âgé seulement de 32 ans. Sa vie entière est une parfaite image de son temps. Les instructions religieuses et amoureuses à la fois que lui donne son père avant son départ pour la cour de Bourgogne rappellent assez bien les décisions rendues trois cents ans auparavant, à l'époque de la gloire des troubadours, par les casuistes des cours d'amour provençales ; et quant à ses *emprises*, elles ne sont certainement pas indignes des plus illustres chevaliers de la Table Ronde. La *Chronique de Jacques de Lalain* et le *Jouvencel* de Jean de Beuil, amiral de France, me semblent les ouvrages qui nous représentent le plus vivement l'état de la société au XVe siècle. G. Chastellain composa sa chronique de Lalain entre l'année 1468[*] et l'année 1474[**]. Le Jouvencel paraît avoir été écrit à peu près à la même époque, c'est-à-dire entre l'année 1460, où Jean de Beuil, ayant été destitué de sa place d'amiral,

---

[*] Il parle de Philippe comme étant déjà mort : « Au pays de Hainaut, pour le temps qu'en estoit prince et seigneur le très glorieux Philippe, duc de Bourgogne. » (Préface.)
Or Philippe mourut le 15 juin 1465.
Il parle aussi de Lefebvre de Saint-Remy, auquel il succéda dans l'emploi de roi d'armes, comme mort aussi.
« Le duc Philippe de Bourgogne, dit-il (ch. LXI), bailla à messire Jacques de Lalain, pour estre son juge et tenant son lieu, le noble roi d'armes de la Toison-d'Or, que chacun nommoit Toison-d'Or, lequel fut tenu tout son vivant le plus sachant et vertueux et voir-disant que pour son temps estoit, et pour un roi d'armes, le non pareil qui pour lors fust en vie. »
Lefebvre de Saint-Remy mourut l'an 1468.
[**] Georges Chastelain mourut le 20 mars 1474.

s'occupa dans ses loisirs à dicter à ses secrétaires, comme d'autres hommes d'état célèbres le firent depuis, les principaux événemens de sa vie publique, et l'année 1474, où il paraît avoir aussi terminé sa vie, étant alors presque septuagénaire. En même temps que ces deux ouvrages nous offrent de précieuses révélations sur l'état social de cette époque, nous y trouvons encore des renseignemens historiques assez curieux, sur la cour de Bourgogne de 1440 à 1455 dans G. Chatellain, et dans le Jouvencel de Jean de Beuil sur les affaires de France depuis la bataille de Verneuil en 1423, jusqu'à la bataille de Castillon en 1453, intervalle de 30 ans qui offre le tableau le plus affligeant de nos désartres, et presque en même temps l'aspect le plus consolant de nos ressources et de nos succès.

Jules Chifflet publia à Bruxelles chez Velpius, en 1634, la chronique de Jacques de Lalain. J'ai collationné avec soin son édition avec le manuscrit 118 de la bibliothèque du roi, et je l'offre avec confiance au public comme l'ouvrage d'un amusant historien trop long-temps négligé, et comme une peinture animée et intéressante des mœurs du XVe siècle.

Le No 118 est un beau manuscrit sur vélin, d'une écriture gothique allongée, de la fin du XVe siècle et semblable à ceux qui étaient destinés à la bibliothèque des ducs de Bourgogne. Il est orné d'un grand nombre de miniatures et contient la *Chronique du chevalier Jacques de Lalain* telle que je la publie dans ce volume. Je n'ai pu retrouver les deux autres manuscrits indiqués par Jules Chifflet dans l'édition qu'il en a donnée ; mais j'ai lieu de croire qu'il a pris pour guide le même manuscrit que moi, les lacunes de ce manuscrit et celles de l'imprimé étant presque toujours identiques.

JEAN BOUCHET.

NÉ A POITIERS, EN 1476. — MORT VERS 1550 OU 1555.

Jean Bouchet succéda à son père dans la charge de procureur qu'il avait exercée à Poitiers, mais chercha à se délasser des détails arides du greffe par les charmes de la littérature. On a de lui un grand nombre de vers fort médiocres. Ses deux meilleurs ouvrages sont *les Annales d'Acquitaine et Antiquités de Poitou*, imprimées pour la première fois à Poitiers en un vol. in-folio, en 1524; et l'autre est le *Panégyrique de Louis de la Trémouille* que nous reproduisons ici. Ce dernier ouvrage fut imprimé en lettres gothiques à Poitiers in-4° en 1527; on lit à la fin : « Cy finist le Chevalier sans reproche composé par maistre Jehan Bouchet, procureur ès cours royalles de Poictiers. Imprimé par Jacques Bouchet demourant audict Poictiers à la Celle. Et se vendent en la boutique dudict Bouchet et au Pellican près le Palais, et fut achevé le 28ᵉ jour de mars 1527. »

C'est la seule édition complète. Les éditions qui ont paru depuis ne sont qu'une sorte d'extrait. Les éditeurs se sont contentés de la partie purement narrative et ont laissé de côté toutes les phrases de rhétorique, qui sont, en effet, pleines d'une ridicule affectation de pédantisme. Cependant, comme elles représentent fidèlement le style de l'époque, j'ai cru devoir les restituer, et M. Brière a bien voulu me permettre de faire usage de la copie faite par lui de l'ouvrage original ; je n'ai omis que les vers, qui étaient détestables et formaient un véritable hors-d'œuvre.

Paris, 18 avril 1836.

J.-A.-C. BUCHON.

MÉMOIRES

DE

SIRE PHILIPPE DE COMMINES.

PROLOGUE,

A M. L'ARCHEVESQUE DE VIENNE.

Monseigneur l'archevesque de Vienne [1], pour satisfaire à la requeste qu'il vous a plu me faire de vous escrire, et mettre par mémoire ce que j'ay sçu et connu des faits du feu roy Louis onzième, à qui Dieu fasse pardon, nostre maistre et bienfaicteur, et prince digne de très-excellente mémoire, je l'ay fait le plus près de la vérité que j'ay pu et sçu avoir la souvenance.

Du temps de sa jeunesse ne sçauroye parler, sinon pour ce que je luy en aye ouy parler et dire : mais depuis le temps que je vins en son service [2], jusques à l'heure de son trespas, où j'estoye présent, ay fait plus continuelle résidence avec luy, que nul autre de l'estat à quoy je le servoye, qui pour le moins ay tousjours esté des chambellans, ou occupé en ses grandes affaires. En luy et en tous autres princes, que j'ay connu ou servy, ay connu du bien et du mal : car ils sont hommes comme nous. A Dieu seul appartient la perfection. Mais, quand en un prince la vertu et bonnes conditions précèdent [3] les vices, il est digne de grand' mémoire et louange : vu que tels personnages sont plus enclins en choses volontaires qu'autres hommes, tant pour la nourriture et petit chastoy [1] qu'ils ont eu en leur jeunesse, que pour ce que venans en l'âge d'homme, la pluspart des gens taschent à leur complaire, et à leurs complexions et conditions.

Et pour ce que je ne voudroye point mentir, se pourroit faire qu'en quelque endroit de cet escript se pourroit trouver quelque chose qui du tout ne seroit à sa louange ; mais j'ay espérance que ceux qui liront, considéreront les raisons dessusdites. Et tant osay-je bien dire de luy, à son los [2], qu'il ne me semble pas que jamais j'aye connu nul prince, où il y eust moins qu'en luy [3], à regarder le tout. Si ay-je eu autant connoissance des grands princes, et autant de communication avec eux, que nul homme, qui ait esté en France de mon temps, tant de ceux qui ont [4] régné en ce royaume, que en Bretagne, et en ces parties de Flandres, Allemagne, Angleterre, Espagne, Portugal, et Italie, tant seigneurs spirituels que temporels,

---

[1] Cet archevêque était Italien et s'appelait Angelo-Catto. Apres avoir été au service du duc Charles de Bourgogne, il fut médecin et aumônier du roi Louis XI. C'est à la persuasion de cet archevêque que Philippe de Commines écrivit ses mémoires.

[2] Philippe de Commines ne quitta le duc de Bourgogne, pour s'attacher au roi Louis XI, qu'en 1472, au mois de septembre, ou au commencement d'octobre au plus tard.

[3] C'est-à-dire l'emportent sur les vices.

[1] Il y avait *chastiment* en d'autres éditions, mais nous avons suivi les manuscrits. *Chastoy* est le vrai mot pour dire *correction, sévérité dans l'éducation*.

[2] Ou, à sa recommandation et louange ; ainsi que portent les imprimés ordinaires. Mais j'ai suivi les manuscrits, *Los* vient du latin *laus*, c'est-à-dire louange, terme usité dans les vieux auteurs français.

[3] Ce n'est pas de quoi conviennent nos plus habiles historiens.

[4] Ou *vescu*, selon quelques manuscrits.

que de plusieurs autres dont je n'aye eu la vue, mais connoissance par communication de leurs ambassades, par lettres, et par leurs instructions. Parquoy [1] on peut assez avoir d'information de leurs natures et conditions. Toutesfois je ne prétends en rien, en le louant en cet endroit, diminuer l'honneur et bonne renommée des autres; mais vous envoye ce dont promptement m'est souvenu, espérant que vous le demandez pour le mettre en quelque œuvre, que vous avez intention de faire en langue latine, dont vous estes bien usité. Par laquelle œuvre se pourra connoistre la grandeur du prince dont vous parleray, et aussi de votre entendement. Et là où je faudroye, vous trouverez monseigneur du Bouchage [2], et autres, qui mieux vous en sçauroient parler que moy, et le coucher en meilleur langage. Mais pour obligation d'honneur, et grandes privautés et bienfaits, sans jamais entre-rompre, jusques à la mort, que l'un ou l'autre n'y fust, nul n'en devroit avoir meilleure souvenance que moy : et aussi pour les pertes et douleurs que j'ay reçues depuis son trespas [1]; qui est bien pour faire réduire en ma mémoire les graces, que j'ay reçues de luy; combien que c'est chose accoutumée, qu'après le décès de si grands et puissans princes, les mutations sont grandes, et y ont les uns pertes, et les autres gain; car les biens et les honneurs ne se départent point à l'appétit de ceux qui les demandent.

Et pour vous informer du temps, dont ay eu connoissance dudit seigneur, dont faites demande, m'est force de commencer avant le temps que je vins à son service : et puis par ordre je continueray mon propos, jusques à l'heure que je devins son serviteur, et continueray jusques à son trespas.

[1] Ou *par lesquelles choses*, suivant quelques manuscrits.

[2] C'était Imbert de Batarnay, baron du Bouchage et d'Auton, sieur de Montresor, conseiller et chambellan du roi. Il en est encore parlé livre VI, chapitre VII et livre VIII, chapitre XVI.
On prétend qu'il était le premier de son nom et de sa maison, dont la postérité masculine est éteinte par la mort de Claude de Batarnay, comte du Bouchage, tué à la bataille de Saint-Denis le 10 novembre 1667.

Mémoires de Castelnau, tome II, page 663, de l'ancienne édition. M. du Bouchage fut un des plus intimes favoris de Louis XI. On trouve dans les manuscrits de la bibliothèque du roi un grand nombre de lettres et d'instructions secrètes que ce roi lui écrivit. Par une lettre du cardinal de Saint-Pierre-aux-Liens, on voit qu'il était allié à plusieurs grandes familles.

[1] Voyez ce qui est dit de Philippe de Commines dans la préface.

LIVRE PREMIER.

CHAPITRE PREMIER.

De l'occasion des guerres, qui furent entre Louis onziesme et le comte de Charolois, depuis duc de Bourgongne.

Au saillir de mon enfance, et en l'âge [1] de pouvoir monter à cheval, je hantai à Lisle vers le duc Charles de Bourgongne, lors appelé comte de Charolois, lequel me print en son service : et fut l'an mil quatre cens soixante et quatre. Quelques trois jours après arrivèrent audit lieu de Lisle, les ambassadeurs du roy, où estoit le comte d'Eu [2], le chancellier de France [3], appelé Morvillier, et l'archevesque de Narbonne [4], et en la présence du duc Philippe de Bourgongne, et dudit comte de Charolois, et de tout leur conseil, à huis ouverts, furent ouis lesdits ambassadeurs; et parla ledit Morvillier fort arrogamment, disant que ledit comte de Charolois avait fait prendre, lui estant en Holande, un petit navire de guerre, party de Dieppe, auquel estoit un bastard de Rubempré [5], et l'avoit fait emprisonner, lui donnant charge qu'il estoit là venu pour le prendre; et qu'ainsi l'avoit fait publier par tout, et par espécial à Bruges, où hantent toutes nations de gens estranges, par un chevalier de Bourgongne, appellé messire Olivier de la Marche [6]. Pour lesquelles choses le roy, se trouvant chargé de ce cas, contre vérité, comme il disoit, requéroit audit duc Philippe, que ce messire Olivier de la Marche luy fust envoyé prisonnier à Paris, pour en faire la punition telle que le cas requéroit. A ce point, luy répondit le duc Philippe : que messire Olivier de la Marche estoit né de la comté de Bourgongne, et son maistre-d'hostel, et n'estoit en riens subjet à la couronne : toutes fois, que s'il avoit dit chose qui fust contre l'honneur du roy, et qu'ainsi le trouvast par information, qu'il en feroit la punition telle qu'au cas appartiendroit : et qu'au regard du bastard de Rubempré, il est vray qu'il estoit prins pour les signes et contenances qu'avoit ledit bastard et ses gens aux environs de la Haye en Holande, où pour lors estoit son fils de Charolois, et que si ledit comte estoit soupçonneux, il ne le tenoit point de lui, car il ne le fut oncques; mais le tenoit de sa mère, qui avoit esté la plus soupçonneuse dame qu'il eust jamais connue [1], mais, nonobstant que luy, comme dit est, n'eust jamais esté soupçonneux, s'il se fust trouvé au lieu de son fils, à l'heure que ce bastard de Rubempré régnoit [2] ès environs, qu'il l'eust fait prendre, comme il avoit esté : et que si ledit bastard ne se trouvoit chargé d'avoir voulu prendre son fils, comme l'on disoit qu'incontinent le feroit délivrer, et renvoyeroit au roy, comme ses ambassadeurs le requéroyent. Après recommença ledit Morvillier, en donnant grandes et deshonnestes charges au duc de Bretagne, appellé François : disant que ledit duc et le comte de Charolois, là présens, estant ledit comte à Tours devers le roy, là où il l'estoit [3] alloit voir, s'estoient baillés scellés [4] l'un à l'autre, et faits frères d'armes : et s'estoient baillés lesdits scellés par la main de messire Tanneguy du Chastel [5], qui depuis a esté gouverneur de Roussillon, et a eu auctorité en ce royaume, faisant ledit Morvillier

---

[1] Il avait alors 19 ans.
[2] Charles d'Artois, comte d'Eu, prince du sang, qui fut fait prisonnier à Azincourt, resta 23 ans en Angleterre, jusqu'en 1438, et mourut sans enfans en 1472.
[3] Pierre de Morvillier, fils de Philippe de Morvillier, premier président du parlement de Paris.
[4] Antoine du Bec Crespin, auparavant évêque et duc de Laon.
[5] Il était fils naturel d'Antoine II, sieur de Rubempré, en Picardie. Ce bâtard était un mauvais sujet qui fut détenu pendant cinq ans dans les prisons du duc de Bourgogne.
[6] Cet Olivier de la Marche est celui qui a laissé des mémoires très-curieux. Il était sujet du duc de Bourgogne, lequel était souverain, quoique vassal du roi de France, pour la Bourgogne et le comté de Flandres.

[1] Elle se nommait Isabelle de Portugal.
[2] Hantait.
[3] Venu.
[4] C'est-à-dire engagement scellé de leurs armes.
[5] Celui-ci était neveu du fameux Tanneguy du Châtel qui assista, ou plutôt qui aida à l'assassinat du duc de Bourgogne, sur le pont de Montereau-Faut-Yonne.

ce cas si énorme et si envieux que nulle chose qui pust se dire à ce propos, pour faire honte et vitupère à un prince, ne fust qu'il ne dist. A quoi ledit comte de Charolois par plusieurs fois voulut respondre, comme fort passionné de cette injure qui se disoit de son amy et allié ; mais ledit Morvillier lui rompoit tousjours la parole, disant ces mots : « Monseigneur de Charolois, je ne suis pas venu pour parler à vous, mais à monseigneur vostre père. » Ledit comte supplia par plusieurs fois à son père qu'il pust respondre, lequel luy dit : « J'ay respondu pour toy, comme il me semble que père doit respondre pour fils : toutesfois si tu en as si grande envie, penses y aujourd'hui, et demain dis ce que tu voudras. » Encore, disoit ledit Morvillier, qu'il ne pouvoit penser qui pouvoit avoir mu ledit comte de prendre cette alliance avec ledit duc de Bretagne, luy qui n'avoit rien, sinon une pension que le roy luy avoit donnée, avec le gouvernement de Normandie que le roy lui avoit osté.

Le lendemain, en l'assemblée et en la compagnie des dessusdits, le comte de Charolois, le genouil en terre, sus un carreau de velour, parla à son père premier ; et commença de ce bastard de Rubempré, disant les causes estre justes et raisonnables de sa prinse, et que ce se mettroit par procès. Toutesfois je croy qu'il ne s'en trouva jamais riens : mais estoient les suspections grandes : et le vis délivrer d'une prison où il avoit esté cinq ans. Après ce propos commença à décharger le duc de Bretagne, et luy aussi, disant qu'il estoit vray que ledit duc de Bretagne et luy avoient prins alliance et amitié ensemble, et qu'ils s'étoient faits frères d'armes ; mais en rien n'entendoient cette alliance au préjudice du roy, né de son royaume, mais pour le servir et soustenir si besoin en estoit : et que touchant la pension qui luy avoit esté ostée, que jamais n'en avoit eu qu'un quart, montant en neuf mille francs, et que jamais n'avoit requis ladite pension, ne le gouvernement de Normandie ; et que moyennant qu'il eust la grace de son père, il se pourroit bien passer de tous autres bienfaicts. Et croy bien, si n'eust esté la crainte de son dit père, qui là estoit présent et auquel il adressoit sa parole, qu'il eust beaucoup plus asprement parlé. La conclusion dudit duc Philippe fut fort humble et sage, suppliant au roy ne vouloir légèrement croire contre luy ne son fils, et l'avoir tousjours en sa bonne grace. Après fut apporté le vin et les espices : et prindrent les ambassadeurs congé du père et du fils. Et quand ce vint que le comte d'Eu et le chancelier eurent prins congé dudit comte de Charolois, qui estoit assez loin de son père, il dist à l'archevesque de Narbonne qu'il vit le dernier : « Recommandez-moy très humblement à la bonne grace du roy, et luy dites qu'il m'a bien fait laver icy par le chancelier ; mais avant qu'il soit un an il s'en repentira. » Ledit archevesque de Narbonne fit ce message au roy, quand il fut de retour, comme vous entendrez cy-après. Ces paroles engendrèrent grande hayne dudit comte de Charolois au roy, avec ce qu'il n'y avoit guères que le roy avoit racheté les villes de dessus la rivière de Somme : comme Amiens, Abeville, Sainct-Quentin et autres, baillées par le roy Charles septiesme audit duc Philippe de Bourgongne, par le traicté qui fut fait à Arras, pour en jouir par luy et ses hoirs masles, au rachapt de quatre cens mille escus. Je ne sçay bonnement comment cela se mena : toutesfois ledit duc se trouvant en sa vieillesse, furent tellement conduits toutes ses affaires par messeigneurs de Croy et de Chimay [1], frères, et autres de leur maison, qu'il reprint son argent du roy, et restitua lesdites terres, dont ledit comte son fils fut fort troublé ; car c'estoient les frontières et limites de leurs seigneuries, et y perdoient beaucoup de subjets et bonnes gens pour la guerre. Il donna charge de cette matière à cette maison de Croy : et venant son père à l'extrême vieillesse, dont jà estoit près, il chassa hors du palais de son père tous lesdits seigneurs de Croy, et leur osta toutes les places et choses qu'ils tenoient entre leurs mains.

[1] L'aîné s'appelait Antoine de Crouy, comte de Porcéan, de Guines et de Beaumont, chevalier de la toison-d'or et favori de Philippe-le-Bon, duc de Bourgogne. Il fut grand-maître de France en 1461 et mourut en 1475. Le second se nommait Jean ; il était aussi chevalier de la toison-d'or.

CHAPITRE II.

Comment le comte de Charolois, avec plusieurs gros seigneurs de France, dressa une armée contre le roy Louis onziesme, soubs couleur du bien public.

Bien peu de temps après le partement des ambassadeurs dessusdits, vint à Lisle le duc de Bourbon, Jean dernier mort[1], faignant venir voir son oncle le duc Philippe de Bourgongne, lequel, entre toutes les maisons du monde, aimoit cette maison de Bourbon[2]. Ce dit duc de Bourbon estoit fils de la sœur dudit duc Philippe[3], laquelle estoit veufve, longtemps avoit; et estoit là avec ledit duc son frère et plusieurs de ses enfans, comme trois filles et un fils. Toutesfois, l'occasion de la venue dudit duc de Bourbon estoit pour gaigner et conduire ledit duc de Bourgongne de consentir mettre sus une armée en son païs : ce que semblablement feroient tous les princes de France, pour remonstrer au roy le mauvais ordre et injustice qu'il faisoit en son royaume; et vouloient estre forts pour le contraindre, s'il ne se vouloit ranger. Et fut cette guerre depuis appellée le Bien Public, pource qu'elle s'entreprenoit soubs couleur de dire que c'estoit pour le bien public du royaume. Ledit duc Philippe, qui, depuis sa mort, a esté appellé le Bon Duc Philippe, consentit qu'on mit sus des gens : mais le nœud de cette matière ne luy fut jamais descouvert, ny ne s'attendoit point que les choses vinssent jusques à la voye de fait. Incontinent se mirent à mettre sus ses gens : et vint le comte de Sainct-Paul, depuis connestable de France, devers ledit comte de Charolois à Cambray, où pour lors estoit ledit duc Philippe : et luy[4] venu audit lieu, avec[5] le mareschal de Bourgongne, qui estoit de la maison de Neufchastel, ledit comte de Charolois fit une grande assemblée de gens de conseil, et autres des gens de son père, en l'hostel de l'évesque de Cambray[1] : et là déclara tous ceux de la maison de Croy ennemis mortels de son père et de luy, nonobstant que le comte de Sainct-Paul eust baillée[2] sa fille en mariage au fils du seigneur de Croy longtemps avoit, et disoit y avoir dommage. En somme, il fallut que tous s'enfuissent des seigneuries du duc de Bourgongne; et perdirent beaucoup de meubles. De tout ceci desplut bien au duc Philippe : lequel avoit pour premier chambellan un, qui depuis fut appelé[3] monseigneur de Chimay, homme jeune, et très bien conditionné, neveu du seigneur de Croy, lequel s'en alla sans dire adieu à son maistre, pour la crainte de sa personne : autrement il eust esté tué ou prins, car ainsi lui avoit esté déclaré. L'ancien âge du duc Philippe luy fit ce endurer patiemment; et toute cette déclaration, qui se fit contre ses gens, fut à cause de la restitution de ces seigneuries situées sur la rivière de Somme, que ledit duc Philippe avoit rendu audit roy Louis, pour la somme de quatre cens mille escus; et chargeoit le comte de Charolois ces gens de cette maison de Croy, d'avoir fait consentir audit duc Philippe cette restitution.

Ledit comte de Charolois se radouba et rapaisa avec son père, le mieux qu'il put : et incontinent mit ses gens-d'armes aux champs : et en sa compagnie ledit comte de Sainct-Paul estoit principal conducteur de ses affaires et le plus grand chef de son armée : et pouvoit bien avoir trois cens hommes-d'armes et quatre mille archiers soubs sa charge, et avoit beaucoup de bons chevaliers, et escuyers des païs d'Artois, de Hénault et de Flandres, soubs ledit comte, par le commandement dudit comte de Charolois. Semblables bandes et aussi grosses armées, avoient monseigneur de Ravestin[4], frère du duc de Clèves, et

---

[1] Jean II, du nom duc de Bourbon et d'Auvergne, mort le 1er avril 1488, âgé de 62 ans.

[2] Il était fils d'une sœur du duc de Bourgogne qui se nommait Agnès.

[3] Agnès de Bourgogne, mariée, en 1426, à Charles, duc de Bourbon, mort le 4 décembre 1456. Elle mourut le 1er décembre 1476.

[4] Thibaut, seigneur de Neufchâtel, d'Espinal, Chastel-sur-Moselle et de Blamont, chevalier de la toison-d'or. Son nom est mêlé à beaucoup d'événemens importans du règne de Louis XI.

[1] Jean, évêque de Cambray, fils naturel de Jean, duc de Bourgogne, lequel évêque est mort en 1479.

[2] Elle se nommait Jacqueline de Luxembourg. Ce comte de Saint-Paul fut depuis connétable de France. Il fut décapité en 1475.

[3] Philippe de Croy, seigneur de Kievraing, fils aîné de Jean de Croy, créé comte de Chimay en 1473, et de Marie de Lallain, dame de Kievraing.

[4] Adolphe de Clèves, seigneur de Ravestein, fils puiné d'Adolphe de la Marck, premier duc de Clèves, et de Marie, fille de Jean, duc de Bourgogne.

messire Antoine[1], bastard de Bourgongne : lesquels avoient esté ordonnés pour les conduire. D'autres chefs y avoit-il, que je ne nommeray pas pour cette heure, pour briefveté : et entre les autres y avoit deux chevaliers, qui avoient grand crédit avec ledit comte de Charolois : l'un estoit le seigneur de Haultbourdin[2], ancien chevalier, frère bastard dudit comte de Sainct-Paul, nourry és anciennes guerres de France et d'Angleterre, au temps que le roy Henry, cinquiesme roy d'Angleterre de ce nom régnoit en France, et que le duc Philippe estoit joinct avec luy et son allié. L'autre avoit nom le seigneur de Contay[3], qui semblablement estoit du temps de l'autre. Ces deux estoient très-vaillans et sages chevaliers, et avoient la principale charge de l'armée. Des jeunes il y en avoit assez, et entre les autres un fort bien renommé, appelé[4] messire Philippe de Lalain[5], qui estoit d'une race, dont peu s'en est trouvé qui n'ayent esté vaillans et courageux, et presque tous morts en servant leurs seigneurs en la guerre. L'armée pouvoit estre de quatorze cens gens-d'armes[6], mal armés et maladroits, car long-temps avoient esté ces seigneurs en paix, et depuis le traicté d'Arras avoient peu vu de guerre qui eust duré ; et à mon advis ils avoient esté en repos plus de trente ans, sauf quelques petites guerres contre ceux de Gand, qui n'avoient guères duré. Les hommes-d'armes estoient très-fort bien montés et bien accompagnés ; car peu en eussiez-vous vu, qui n'eussent cinq ou six grands chevaux. D'archiers y pouvoit bien avoir huit ou neuf mille : et quand la monstre fut faite, y eut plus à faire à les envoyer qu'à les appeler : et furent choisis tous les meilleurs.

[1] Fils naturel de Philippe-le-Bon, duc de Bourgogne, et de Jeanne de Presle, sa maîtresse.

[2] Jean de Luxembourg, fils bâtard de Waleran de Luxembourg, comte de Saint-Pol, et d'Agnès du Bus, sa maîtresse. Dans ses lettres de légitimation, datées de 1433, il est qualifié chevalier et chambellan du duc Philippe.

[3] Guillaume Le Jeune, seigneur de Contay.

[4] Fils de Guillaume, seigneur de Lallaing, et de Jeanne de Créquy, tué à la bataille de Mont-l'Héry.

[5] Ce Philippe était frère cadet du fameux Jacques Delalain, surnommé le chevalier sans reproche. Voyez sa chronique par Georges Chastelain, dans ma collection.

[6] Hommes.

Pour lors avoient les subjets de cette maison de Bourgongne grandes richesses, à cause de la longue paix qu'ils avoient eue, pour la bonté du prince soubs qui ils vivoient ; lequel peu tailloit[1] ses subjets, et me semble que pour lors, ses terres se pouvoient mieux dire terres de promission que nulles autres seigneuries qui fussent sur la terre. Ils estoient comblés de richesses et en grand repos, ce qu'ils ne furent oncques puis, et y peut bien avoir vingt-et-trois ans que cecy commença : les dépenses et habillemens d'hommes et de femmes, grands et superflus ; les convis et banquets plus grands et plus prodigues qu'en nul autre lieu, dont j'aye eu connoissance ; les baignoiries, et autres festoyemens avec femmes, grands et désordonnés, et à peu de honte. Je parle des femmes de basse condition. En somme ne sembloit pour lors aux gens de cette maison, que nul prince fust suffisant pour eux, au moins qu'ils le sçust confondre, et en ce monde n'en connoy aujourd'huy une si désolée ; et doute que les péchés du temps de la prospérité, leur fassent porter cette adversité, et principalement qu'ils ne connoissent pas bien que toutes ces graces leur procédoient de Dieu, qui les départ là où il luy plaist.

Estant cette armée ainsi preste, qui fut tout à un instant, de toutes choses dont j'ay icy devant parlé, se mit le comte de Charolois en chemin avec toute cette armée : qui estoient tous à cheval, sauf ceux qui conduisoient son artillerie, qui estoit bonne et belle, selon le temps de lors, avec fort grand nombre de charroy, et tant qu'ils cloyoient[2] la pluspart de son ost[3], seulement ce qui estoit sien. Pour le commencement tira son chemin devers Noyon, et assiégea un petit chastel où il y avoit des gens de guerre, appelé Nesle, lequel en peu de jours il print. Le mareschal Joachim[4], mareschal de France, estoit tousjours environ de luy, qui estoit party de Péronne :

[1] La taille est une des plus anciennes impositions que les souverains aient mises sur leurs sujets. Commines veut dire qu'il levait peu de tailles.

[2] Cloyoient, du verbe clore, fermer.

[3] Armée.

[4] Joachim Rouault. Il défendit Paris en 1465 contre le comte de Charolois. Il fut ensuite nommé maréchal de France. Il s'était distingué en Guyenne contre les Anglais et surtout à la bataille de Faucigny en 1450.

mais il ne luy faisoit point de dommage, parce qu'il avoit peu de gens, et se mit dedans Paris quand ledit comte en approcha. Tout au long du chemin ne faisoit ledit comte nulle guerre, ny ne prenoient riens ses genss sans payer. Aussi les villes de la rivière de Somme, et toutes autres, laissoient entrer ses gens en petit nombre, et leur bailloient ce qu'ils vouloient pour leur argent, et sembloit bien qu'ils escoutassent [1] qui seroit le plus fort ou le roy ou les seigneurs. Et chemina tant ledit comte qu'il vint à Sainct-Denis près Paris, où se devoient trouver tous les seigneurs du royaume, comme ils avoient promis; mais ils ne s'y trouvèrent pas. Pour le duc de Bretagne y avoit, avec ledit comte, pour ambassadeur, le vice-chancelier de Bretagne[2], qui avoit des blancs signés de son maistre, et s'en aidoit [3] à faire nouvelles et escripts, comme le cas le requéroit. Il estoit Normand, et très-habile homme, et besoin luy en fut, pour le murmure des gens qui sourdit contre luy. Ledit comte s'alla monstrer devant Paris: et y eut très-grande escarmouche, et jusques aux portes, au désavantage de ceux de dedans. De gens-d'armes il n'y avoit que ledit Joachim, et sa compagnie, et monseigneur de Nantouillet [4], depuis grand-maistre, qui aussi bien servit le roy en cette armée que jamais subject servit roy de France en son besoin : et à la fin en fut mal récompensé, par la poursuite de ses ennemis plus que par le deffaut du roy ; mais les uns ne les autres ne s'en sçauroient de tous points excuser. Il y eut du menu peuple, comme j'ai depuis sçu, fort espouventé ce jour, jusques à crier : « Ils sont dedans! »; ainsi le m'ont conté plusieurs depuis, mais c'estoit sans propos. Toutesfois monseigneur de Haultbourdin (dont j'ai parlé cy-devant, et lequel y avoit esté nourry, lorsqu'elle n'estoit point si forte qu'elle est à présent) eust esté assez d'opinion qu'on l'eust assaillie. Les gens-d'armes l'eussent bien voulu, tous mesprisans le peuple; car jusques à la porte estoient les escarmouches. Toutesfois il est vraysemblable qu'elle n'estoit point prenable. Ledit comte s'en retourna à Sainct-Denis.

Le lendemain au matin se tiht conseil, sçavoir si on iroit au-devant du duc de Berry et du duc de Bretagne, qui estoient près, comme disoit le vice-chancelier de Bretagne qui monstroit lettres d'eux ; mais il les avoit faites sur des blancs [1], et autre chose n'en savoit. La conclusion fut que l'on passeroit la rivière de Seine, combien que plusieurs opinèrent de retourner, puis que les autres avoient failly à leur jour, et qu'avoir passé la rivière de la Somme et de Marne [2], c'estoit assez, et suffisoit bien, sans passer celle de Seine : et y mettoient grandes doutes aucuns, vu qu'à leur dos n'avoient nulles places pour eux retirer, si besoin en avoient. Fort murmurèrent tous ceux de l'ost sur le comte de Sainct-Paul, et sur ce vice-chancelier : toutesfois ledit comte de Charolois alla passer la rivière, et loger au pont Sainct-Clou. Le lendemain, dès ce qu'il fut arrivé, lui vindrent nouvelles d'une dame du royaume, qui luy escrivoit de sa main, comme le roy partoit de Bourbonnois, et à grandes journées alloit pour le trouver.

Or, faut un peu parler comme le roy estoit allé en Bourbonnois. Connoissant que tous les seigneurs du royaume se déclaroient contre luy, au moins contre son gouvernement, se délibéra d'aller premier au duc de Bourbon, qui luy sembloit s'estre plus déclaré que les autres princes : et pource que son païs estoit foible, tantost l'auroit affolé [3]. Il luy print plusieurs places, et eut achevé le demourant, si n'eust esté le secours qui vint de Bourgongne, que menoit le seigneur de Coulches [4], le marquis de Rottelin [5], le seigneur de Monta-

---

[1] Surveillassent, attendissent.
[2] Il se nommait Jean de Romillé, ou Romilly.
[3] S'en servait.
[4] Il se nommait Charles de Melun. Louis XI l'aimait tant qu'il partageait souvent son lit avec lui. Il lui fit trancher la tête en 1468.

[1] C'est-à-dire sur des blancs-seings qu'ils avaient du duc de Bretagne et qu'ils remplissaient à volonté.
[2] Ce doit être la rivière d'Oise.
[3] Vaincu, réduit.
[4] Claude de Montagu, chevalier de la toison-d'or. Il mourut en 1470, et avec lui s'éteignit la postérité masculine des premiers ducs de Bourgogne, sortis du duc Robert, deuxième fils du roi Robert.
[5] Rodolphe de Hochberg, marquis de Hochberg et de Rothelin, comte souverain de Neufchâtel en Suisse, mort en 1487. Son fils Philippe laissa une fille unique nommée Jeanne, qui, par son mariage avec Louis

gu[1], et autres : et y estoit, portant le harnois, le chancelier de France, qui est aujourd'hui homme bien estimé, appelé messire Guillaume de Rochefort. Cette assemblée avoient faite en Bourgongne, le comte de Beaujeu[2], et le cardinal de Bourbon, frère du duc Jean de Bourbon, et mirent les Bourguignons dedans Molins. D'autre part vindrent en l'ayde dudit duc, le duc de Nemours[3], le comte d'Armagnac[4], et le seigneur d'Albret[5], avec grand nombre de gens, où il y avoit aucuns bien bons hommes de leurs païs, qui avoient laissé les ordonnances[6] et s'estoient retirés à eux. Ce grand nombre estoit assez mal en point ; car ils n'avoient point de payement, et falloit qu'ils vescussent sur le peuple. Nonobstant tout ce nombre, le roy leur donnoit beaucoup d'affaires ; et traictèrent aucune forme de paix : et par espécial le duc de Nemours fit serment au roy, luy promettant tenir son party : toutesfois depuis fit le contraire, dont le roy conçut cette longue hayne qu'il avoit contre luy, comme plusieurs fois il m'a dit. Or, voyant le roy que là ne pouvoit sitost avoir fait, et que le comte de Charolois s'approchoit de Paris, doutant que les Parisiens ne fissent ouverture à luy, et à son frère[7], et au duc de Bretagne, qui venoient du costé de Bretagne, à cause que tous se coulouroient sur le bien public du royaume, et que, ce qu'eust fait la ville de Paris, doutoit que toutes les autres villes ne fissent le semblable, se délibéra à grandes journées de se venir mettre dedans Paris, et de garder que ces deux grosses armées ne s'assemblassent ; et ne venoit point en intention de combattre, comme par plusieurs fois il m'a conté, en parlant de ces matières.

CHAPITRE III.

Comment le comte de Charolois vint planter son camp près de Mont-l'Héry : et de la bataille qui fut faite audit lieu, entre le roy de France et luy.

Comme j'ay dit cy-dessus, quand le comte de Charolois sçut le département du roy, qui s'estoit party du païs de Bourbonnois, et qu'il venoit à luy (au moins il le cuidoit) se délibéra aussi de marcher au-devant de luy : et dist alors le contenu de ses lettres, sans nommer[1] le personnage qui les escrivit, et qu'un chacun se délibérast de bien faire, car il déliberoit de tenter la fortune ; et s'en alla loger à un village près Paris, appellé Longjumeau, et le comte de Sainct-Paul, atout[2] son avant-garde, à Mont-l'Héry, qui est trois lieues outre, et envoyèrent espies et chevaucheurs aux champs, pour sçavoir la venue du roy et son chemin. En la présence du comte de Sainct-Paul fut choisi lieu et place pour combattre, audit Longjumeau : et fut arresté entr'eux que ledit comte de Sainct-Paul se retireroit à Longjumeau, au cas que le roy vint, et y estoient le seigneur de Haultbourdin et le seigneur de Contay présens.

Or, faut il entendre que monseigneur du Maine[3] estoit avec sept ou huit cens hommes-d'armes, au-devant des ducs de Berry et de Bretagne, qui avoient en leur compagnie de sages et notables chevaliers, que le roy Louis avoit tous désapointés à l'heure qu'il vint à la couronne, nonobstant qu'ils eussent bien servi son père au recouvrement et pacification du royaume, et maintes fois après s'est assez repenti de les avoir ainsi traictés, en reconnoissant son erreur. Entre les autres y estoit le comte de Dunois[4], fort estimé en

---

d'Orléans duc de Longueville, a fait passer, en 1504, le comté de Neufchâtel dans la maison de Longueville. La souveraineté de Neufchâtel fut adjugée, en 1707, au roi de Prusse, comme héritier le plus proche de la maison de Châlons.

[1] Jean de Neufchâtel, chevalier de la toison-d'or.
[2] Pierre de Bourbon, puis duc de Bourbon, après Jean, son frère.
[3] Jacques d'Armagnac, qui eut la tête tranchée à Paris, en 1477.
[4] Jean d'Armagnac épousa sa propre sœur, fut excommunié par le pape, assiégé par l'armée de Louis XI dans la ville de Loudun, et tué à l'assaut donné à cette ville, en 1478.
[5] Alain d'Albret, bisaïeul de Jeanne d'Albret, reine de Navarre, mère d'Henri IV.
[6] Les rois de France avaient des troupes d'ordonnance soldées pendant toute l'année. Cette institution est due à Charles VII.
[7] Charles de France, duc de Berri, frère de Louis XI.

[1] C'est la dame par laquelle il fut averti au chapitre précédent.
[2] Avec.
[3] Charles d'Anjou, comte du Maine, troisième fils de Louis II, roi de Sicile et duc d'Anjou, et frère de Louis III et de René, rois de Sicile et ducs d'Anjou.
[4] Comte de Dunois. C'est le fameux bâtard d'Orléans, mort en 1470.

toutes choses, le mareschal de Lohéac[1], le comte de Dammartin[2], le seigneur de Bueil[3], et maints autres ; et estoient partis des ordonnances du roy bien cinq cens hommes d'armes, qui tous s'estoient retirés vers le duc de Bretagne, dont tous estoient subjets et nés de son païs, qui estoient de cette armée-là. Le comte du Maine qui alloit au-devant, comme j'ai dit, ne se sentant assez fort pour les combattre, deslogeoit tousjours devant eux, en s'approchant du roy, et cherchoient les ducs de Berry et Bretagne se joindre aux Bourguignons. Aucuns ont voulu dire que ledit comte du Maine avoit intelligence avec eux ; mais je ne le sçus oncques, et ne le croy pas.

Ledit comte de Charolois estant logé à Longjumeau, comme j'ai dit, et son avant-garde à Mont-l'Héry, fut adverty par un prisonnier qu'on luy amena, que le comte du Maine s'estoit joint avec le roy, et y estoient toutes les ordonnances du royaume, qui pouvoient bien estre environ deux mille deux cens hommes-d'armes, et l'arrière-ban du Dauphiné, atout quarante ou cinquante gentils-hommes de Savoye, gens de bien.

Cependant le roy eut conseil avec ledit comte du Maine, et le grand séneschal de Normandie, qui s'appelloit de Brezey[4], l'admiral de France, qui estoit de la maison de Montauban[5], et autres : et en conclusion (quelque chose qui luy fust dite et opinée) il délibéra de ne combattre point ; mais seulement se mettre dedans Paris, sans soy approcher de là où les Bourguignons estoient logés. Et à mon advis que son opinion estoit bonne. Il se soupçonnoit de ce grand séneschal de Normandie : et luy demanda et pria qu'il luy dist s'il avoit baillé son scellé aux princes qui estoient contre luy, ou non. A quoy ledit grand séneschal répondit que ouy, mais qu'il leur demeureroit, et que le corps seroit sien : et le dit en gaudissant, car ainsi estoit-il accoustumé de parler. Le roy s'en contenta : et luy bailla charge de conduire son avant-garde, et aussi les guides, pource qu'il vouloit éviter cette bataille, comme dit est. Ledit grand séneschal, usant de volonté, dit lors à quelqu'un de ses privés : « Je les mettray aujourd'huy si près l'un de l'autre, qu'il sera bien habile qui les pourra desmesler. » Et ainsi le fit-il, et le premier homme, qui y mourut, ce fut luy et ses gens. Et ces paroles m'a contées le roy ; car pour lors j'estoye avec le comte de Charolois.

En effet, au vingt-septiesme jour de juillet, l'an mil quatre cens soixante-et-cinq, cette avant-garde se vint trouver auprès de Mont-l'Héry, où le comte de Sainct-Paul estoit logé. Ledit comte de Sainct-Paul, à toute diligence signifia cette venue au comte de Charolois (qui estoit à deux lieues près, et au lieu qui avoit esté ordonné pour la bataille) luy requérant qu'il vînt secourir à toute diligence ; car ils s'estoient mis à pied hommes-d'armes et archiers et clos de son charroy, et que de se retirer à luy (comme il luy avoit esté ordonné) ne luy estoit possible ; car s'il se mettoit en chemin, ce sembleroit estre fuite, qui seroit grand danger pour toute la compagnie. Ledit comte de Charolois envoya joindre avec luy le bastard de Bourgongne qui se nommoit Antoine, avec grand nombre de gens qu'il avoit sous sa charge, et à grande diligence ; et se débatoit à soi-mesme s'il iroit ou non : mais à la fin, marcha après les autres ; et y arriva environ sept heures du matin ; et desjà y avoit cinq ou six enseignes du roy, qui estoient arrivées, au long d'un grand fossé qui estoit entre les deux bendes.

Encore estoit en l'ost du comte de Charolois, le vice-chancelier de Bretagne, appelé Romillé, et un vieil homme-d'armes appelé Madre, qui avoit baillé le pont Sainct-Maxence, lesquels eurent peur pour le murmure qui estoit contre eux, voyans qu'on estoit à la bataille, et que les gens de quoy ils s'estoient faits forts n'y estoient point joints. Si se mirent les dessusdits à la fuite avant qu'on combatist, par le chemin où ils pensoient trouver les Bretons. Ledit

---

[1] André de Laval, seigneur de Lohéac. Il fut depuis amiral en 1472.

[2] Antoine de Chabanne, comte de Dampmartin, grand-maître de France en 1467. Il mourut à l'âge de 97 ans, en 1498.

[3] Antoine de Bueil, comte de Sancerre. Il épousa une fille naturelle de Louis XI.

[4] Pierre de Brezé.

[5] Jean, sire de Montauban, seigneur de Landal, était de la maison de Rohan. Il fut maréchal de Bretagne, puis amiral de France et grand-maître des eaux et forêts, mort en 1466.

comte de Charolois trouva le comte de Sainct-Paul à pied. Et tous les autres se mettoient à la file comme ils venoient. Et trouvasmes tous les archiers deshousés, chacun un pal [1] planté devant eux ; et y avoit plusieurs pipes de vin deffonsées pour les faire boire ; et, de ce petit que j'ay vu, ne véi jamais gens qui eussent meilleur vouloir de combattre, qui me sembloit un bien bon signe et grand reconfort. De prime-face fut advisé que tout se mettroit à pied, sans nul excepter : et depuis muèrent [2] propos, car presque tous les hommes-d'armes montèrent à cheval. Plusieurs bons chevaliers et escuyers furent ordonnés à demourer à pied, dont monseigneur des Cordes [3] et son frère estoient du nombre. Messire Philippe de Lalain s'estoit mis à pied ; car entre les Bourguignons lors estoient les plus honorés ceux qui descendoient avec les archiers ; et tousjours s'y en mettoit grande quantité de gens de bien, afin que le peuple en fust plus assuré et combatist mieux, et tenoient cela des Anglois [4], avec lesquels le duc Philippe avoit fait la guerre en France, durant sa jeunesse, qui avoit duré trente-deux ans sans trêve ; mais pour ce temps là le principal faix portoient les Anglois qui estoient riches et puissans. Ils avoient aussi pour lors sage roy, le roy Henry, bel et très-vaillant, qui avoit sages hommes et vaillans et de très-grands capitaines, comme le comte de Salbery [5], Talbot et autres dont je me tay, car ce n'est point de mon temps ; combien que j'en aye vu des reliques, car quand Dieu fut las de leur bien faire, ce sage roy mourut au bois de Vincennes : et son fils insensé fut couronné roy de France et d'Angleterre à Paris ; et ainsi muèrent les autres degrés d'Angleterre, et division se mit entre eux, qui a duré jusques aujourd'huy, ou peu s'en faut. Alors usurpèrent ceux de la maison d'Yorch ce royaume. S'ils l'eurent à bon titre : je ne sçai lequel, car de telles choses le partage s'en fait au ciel.

En retournant à ma matière, de ce que les Bourguignons s'estoient mis à pied et puis remontés à cheval, leur porta grand'perte de temps et dommage ; et y mourut ce jeune et vaillant chevalier messire Philippe de Lalain, pour estre mal armé. Les gens du roy venoient à la file de la forest de Tourfou [1] ; et n'estoient point quatre cens hommes-d'armes quand nous les vismes : et qui eust marché incontinent, semble à beaucoup qu'il ne se fust point trouvé de résistance, car ceux de derrière n'y pouvoient venir qu'à la file, comme j'ay dit ; toutesfois tousjours croissoit leur nombre. Voyant cecy, vint ce sage chevalier, monseigneur de Contay, dire à son maistre monseigneur de Charolois, que s'il vouloit gagner cette bataille, il estoit temps qu'il marchast, disant les raisons pourquoy ; et si plus tost l'eust fait, desjà ses ennemis fussent desconfits [2] ; car il les avoit trouvés en petit nombre, lequel croissoit à vue d'œil ; et la vérité estoit telle. Et lors se changea tout l'ordre et tout le conseil, car chacun se mettoit à en dire son advis. Et jà estoit commencée une grosse et forte escarmouche au bout du village de Mont-l'Héry, toute d'archiers d'un costé et d'autre.

Ceux de la part du roy les conduisoit Poncet de Rivière, et estoient tous huissiers d'ordonnance, orfavérisés et bien en point. Ceux du costé des Bourguignons estoient sans ordre et sans commandement, comme volontaires. Si commencèrent les escarmouches ; et estoit à pied avec eux monseigneur Philippe de Lalain, et Jacques du Maes, homme bien renommé, depuis grand-escuyer du duc Charles de Bourgongne. Le nombre des Bourguignons estoit le plus grand. Et gaignèrent une maison, et prindrent deux ou trois huis, et s'en servirent de pavois. Si commencèrent à entrer en la rue et mirent le feu en une maison. Le vent leur servoit, qui poussoit le feu contre ceux du roy, lesquels commencèrent à désemparer et à monter à cheval et à fuir ; et sur ce bruit et cry, commença à marcher et à fuir le comte de Charolois, laissant, comme j'ay dit, tout ordre paravant devisé.

Il avoit esté dit que l'on marcheroit à trois fois, pource que la distance des deux batailles

---

[1] Piquet pointu.
[2] Changèrent d'avis.
[3] Philippe de Crèvecœur, seigneur des Querdes.
[4] En bataille, les Anglais mettaient leurs hommes d'armes avec les gens de pied.
[5] Salisbury.

[1] Torfou était autrefois un village avec une petite forêt, entre Etampes et Chartres.
[2] Défaits.

estoit longue. Ceux du roy estoient devers le chasteau de Mont-l'Héry, et avoient une grande haye et un fossé au devant d'eux. Oustre estoient les champs pleins de bleds et de fèves, et d'autres grains très-forts, car le territoire y estoit bon. Tous les archiers dudit comte marchoient à pied devant luy et en mauvais ordre : combien que mon advis est, que la souveraine chose du monde pour les batailles, sont les archiers, mais qu'ils soient à milliers, car en petit nombre ne valent rien, et que ce soient gens mal montés, à ce qu'ils n'ayent point de regret à perdre leurs chevaux, ou du tout n'en ayent point ; et valent mieux pour un jour, en cet office, ceux qui jamais ne virent rien que les bien exercités. Et aussi telle opinion tiennent les Anglois, qui sont la fleur des archiers du monde. Il avoit esté dit que l'on se reposeroit deux fois en chemin, pour donner halaine aux gens-de-pied, pource que le chemin estoit long, et les fruits de la terre longs et forts qui les empeschoient d'aller : toutesfois tout le contraire se fit, comme si on eust voulu perdre à son escient. Et en cela monstra Dieu que les batailles sont en sa main, et dispose de la victoire à son plaisir. Et ne m'est pas advis que le sens d'un homme sçut porter et donner ordre à un si grand nombre de gens, ne que les choses tinssent aux champs comme elles sont ordonnées en chambre. Et celuy qui s'estimeroit jusques-là, mesprendroit envers Dieu, s'il estoit homme qui eust raison naturelle ; combien qu'un chacun y doit faire ce qu'il peut et ce qu'il doit, et reconnoistre que c'est un des accomplissemens des œuvres que Dieu a commencées aucunes fois par petites mouvetés [1] et occasions, et en donnant la victoire aucunes fois à l'un, et aucunes fois à l'autre : et celui mystère est si grand, que les royaumes et grandes seigneuries en prennent aucunes fois fin et désolations, et les autres accroissement et commencement de régner.

Pour revenir à la déclaration de cet article, ledit comte marcha tout d'une boutée, sans donner halaine à ses archiers et gens-de-pied. Ceux du roy passèrent cette haye par deux bouts, tous hommes-d'armes ; et comme ils furent si près que de jeter les lances en arrest, les hommes-d'armes Bourguignons rompirent leurs propres archiers, et passèrent par dessus, sans leur donner loisir de tirer un coup de flesche, qui estoit la fleur et espérance de leur armée ; car je ne croy pas que douze cens hommes-d'armes ou environ qui y estoient, y en eust cinquante qui eussent sçu coucher une lance en arrest. Il n'y en avoit pas quatre cens armés de cuiraces, et si n'avoit pas un seul serviteur armé ; et tout cecy, à cause de la longue paix, et qu'en cette maison de Bourgongne ne tenoient nulles gens de soulde, pour soulager le peuple des tailles : et oncques puis ce jour-là, ce quartier de Bourgongne n'eut repos jusques à cette heure, qui est pis que jamais. Ainsi rompirent eux-mesmes la fleur de leur armée et espérance : toutesfois Dieu, qui ordonne de tel mystère, voulut que le costé où se trouva ledit comte (qui estoit à main dextre devers le château) vainquist, sans trouver nulle défense. Et me trouvay ce jour toujours avec luy, ayant moins de crainte que je n'eus jamais en lieu où je me trouvasse depuis, pour la jeunesse en quoi j'estoye, et que je n'avoye nulle connaissance de péril ; mais estoye esbahy comme nul s'osoit défendre contre tel prince à qui j'estoye, estimant que ce fust le plus grand de tous les autres. Ainsi sont gens qui n'ont point d'expérience, dont vient qu'ils soustiennent assez d'argus [1] mal fondés et avec peu de raison. Parquoy fait bon user de l'opinion de celuy qui dit que : «l'on ne se répent jamais pour parler peu, mais bien souvent de trop parler.»

A la main senestre [2] estoit le seigneur de Ravestain, et messire Jacques de Sainct-Paul, et plusieurs autres, à qui il sembloit qu'il n'avoient pas assez d'hommes-d'armes pour soustenir ce qu'ils avoient devant eux ; mais dès lors estoient si approchés, qu'il ne faloit plus parler d'ordre nouvelle. En effect ceux-là furent rompus à plate cousture, et chassés jusques au charroy : et la pluspart fuis jusques en la forest, qui estoit près de demie-lieue. Au charroy se rallièrent quelques gens-de-pied Bourguignons. Les principaux de cette chasse

---

[1] Mouvemens.

[1] Argumens, sentimens, opinions.
[2] Gauche.

estoient les nobles du Dauphiné et Savoisiens, et beaucoup de gens-d'armes aussi, et s'attendoient d'avoir gaigné la bataille. Et de ce costé y eut une grande fuite de Bourguignons, et de grands personnages : et fuyoient la pluspart pour gaigner le pont Sainct-Maxence, cuidans qu'ils tint encore pour eux. En la forest y en demeura beaucoup : et entre autres le comte de Sainct-Paul, qui estoit assez bien accompagné, s'y estoit retiré ; car le charroy estoit assez près de ladite forest : et monstra bien depuis qu'il ne tenoit pas encore la chose pour perdue.

CHAPITRE IV.

Du danger auquel fut le comte de Charolois : et comment il fut secouru.

Le comte de Charolois chassa de son costé, demie lieue outre le Mont-l'Héry, et à bien peu de compagnie ; toutesfois nul ne se défendoit : et trouvoit gens à grande quantité : et jà cuidoit avoir la victoire. Un viel gentilhomme de Luxembourg, appellé Antoine le Breton, le vint quérir : et luy dit que les François s'estoient ralliés sur le champ, et que s'il chassoit plus guères, il se perdroit. Il ne s'arresta point pour luy, non obstant qu'il luy dist par deux ou trois fois. Incontinent arriva monseigneur de Contay dont cy-dessus est parlé, qui luy dit semblables paroles, comme avoit fait le vieil gentilhomme de Luxembourg, et si audacieusement qu'il estima sa parole et son sens, et retourna tout court. Et croy, s'il fust passé outre deux traicts d'arc, qu'il eust esté prins, comme aucuns autres qui chassoient devant luy. Et en passant par le village, trouva une flotte de gens à pied qui fuyoient. Il les chassa, et si n'avoit pas cent chevaux en tout. Il ne se retourna qu'un homme à pied, qui luy donna d'un vouge [1] parmi l'estomach : et au soir s'en vit l'enseigne. La pluspart des autres se sauvèrent par les jardins : mais celuy là fut tué. Comme il passoit rasibus du chastel, véismes les archiers de la garde du roy, devant la porte, qui ne bougèrent. Il en fut fort esbahy : car il ne cuidoit point qu'il y eust plus ame de défense. Si tourna à costé pour gagner le champ, où luy vindrent courre sus

quinze ou seize hommes-d'armes ou environ, (une partie des siens s'estoient jà séparés de luy) ; et d'entrée tuèrent son escuyer trenchant, qui s'appelloit Philippe d'Oignies [1], et portoit un guidon de ses armes : et là ledit comte fut en très-grand danger, et eust plusieurs coups : et entre les autres, un en la gorge d'une espée, dont l'enseigne luy est demeurée toute sa vie, par deffaut [2] de sa bavière [3] qui luy estoit chute, et avoit esté mal attachée dès le matin, et luy avoye vu choir. Et luy furent mises les mains dessus, en disant : « Monseigneur, rendez-vous, je vous connoy bien : ne vous faites pas tuer. » Tousjours se défendoit : et sur ce débat le fils d'un médecin de Paris, nommé maistre Jean Cadet [4] qui estoit à luy, gros et lourd et fort, monté sur un gros cheval de cette propre taille, donna au travers et les départit. Tous ceux du roy se retirèrent sur le bord d'un fossé, où ils avoient esté le matin : car ils avoient crainte d'aucuns qu'ils voyoient marcher, qui s'approchoient ; et luy fort sanglant, se retira à eux comme au milieu du champ : et estoit l'enseigne du bastard de Bourgongne toute despecée, tellement qu'elle n'avoit pas un pied de longueur ; et à l'enseigne des archiers du comte, il n'y avoit pas quarante hommes en tout : et nous y joignismes (qui n'estions pas trente) en très-grand doute. Il changea incontinent de cheval, et le luy bailla un qui estoit pour lors son page, nommé Simon de Quingey, qui depuis a esté bien connu. Ledit comte se mit par le champ pour rallier ses gens ; mais je vy telle demie heure que nous, qui estions demourés là, n'avions l'œil qu'à fuir, s'il fust marché cent hommes. Il venoit seulement à nostre secours des troupes de dix ou vingt hommes des nostres, tant de pied que de cheval : les gens-de-pied blessés et lassés, tant de l'outrage que leur avions fait le matin, qu'aussi des ennemis ; et véy l'heure qu'il n'y avoit pas cent hommes, mais peu à peu en venoit. Les bleds estoient grands,

---

[1] Il était seigneur de Brouay et de Chaune. On le trouve quelquefois appelé Gilles.

[2] Faute.

[3] Mentonnière du casque qui se baissait comme la visière se levait.

[4] Olivier de la Marche dans ses Mémoires le nomme Robert de Cottereau, il fut anobli. Sa postérité existait encore en Flandres en 1560.

---

[1] Espèce de lance courte et légère.

et la poudre la plus terrible du monde ; tout le champ semé de morts et de chevaux : et ne se connoissoit nul homme mort, pour la poudre.

Incontinent vismes saillir du bois le comte de Sainct-Paul, qui avoit bien quarante hommes-d'armes avec luy, et son enseigne ; et marchoit droit à nous, et croissoit de gens : mais ils nous sembloient bien loin. On luy envoya trois ou quatre fois prier qu'il se hastast ; mais il ne se mua point, et ne venoit que le pas : et fit prendre à ses gens des lances, qui estoient à terre : et venoit en ordre (qui donna grand reconfort à nos gens); et se joignirent ensemble avec grand nombre, et vindrent là où nous estions ; et nous trouvasmes bien huit cens hommes-d'armes. De gens-de-pied peu ou nuls, ce qui garda bien le comte qu'il n'eust la victoire entière : car il avoit un fossé et une grande haye entre les deux batailles dessusdites.

De la part du roy s'enfuit le comte du Maine et plusieurs autres, et bien huit cens hommes-d'armes. Aucuns ont voulu dire que ledit comte du Maine avoit intelligence avec les Bourguignons : mais à la vérité dire, je croy qu'il n'en fut oncques rien. Jamais plus grande fuite ne fut des deux costés ; mais par espécial demourèrent les deux princes aux champs. Du costé du roy fut un homme d'estat qui s'enfuit jusques à Lusignan, sans repaistre ; et du costé du comte un autre homme de bien jusques au Quesnoy-le-Comte. Ces deux n'avoient garde de se mordre l'un l'autre.

Estans ainsi ces deux batailles rangées l'une devant l'autre, se tirèrent plusieurs coups de canons qui tuèrent des gens d'un costé et d'autre. Nul ne désiroit plus de combattre : et estoit nostre bende plus grosse que celle du roy : toutesfois sa présence estoit grande chose, et la bonne parole qu'il tenoit aux gens-d'armes : et croy véritablement, à ce que j'en ay sçu, que, si n'eust esté luy seul, tout s'en fut fuy. Aucuns de nostre costé désiroient qu'on recommençast : et par espécial monseigneur de Haultbourdin, qui disoit qu'il voyoit une file et flotte de gens qui s'enfuyoient, et qui eust pû trouver archiers en nombre de cent, pour tirer au travers de cette haye, tout fust marché de nostre costé.

Estans sur ce propos et sur ces pensées, et sans nulle escarmouche, survint l'entrée de la nuict : et se retira le roy à Corbeil ; et nous cuidions[1] qu'il se logeast, et passast la nuict au champ. D'avanture se mit le feu en une caque de poudre, là où le roy avoit esté : et se print à aucunes charettes, et tout du long de la grand'haye ; et cuidoient les François que ce fussent leurs feux. Le comte de Sainct-Paul, qui bien sembloit chef de guerre, et monseigneur de Haultbourdin encore plus, commandèrent qu'on amenast le charroy au propre lieu là où nous estions, et qu'on nous cloïst : et ainsi fut fait. Comme nous estions là en bataille et ralliés, revindrent beaucoup des gens du roy, qui avoient chassé, cuidans que tout fust gagné pour eux : et furent contraints de passer parmi nous. Aucuns en eschapèrent, et les plus se perdirent. Des gens de nom de ceux du roy moururent : messire Geoffroy de Sainct-Belin[2], le grand-séneschal de Normandie, et Floquet[3], capitaine. Du party des Bourguignons moururent : messire Philippe de Lalain, et des gens-à-pied et menus gens, plus que de ceux du roy : mais de gens-de-cheval, en mourut plus du party du roy. De prisonniers bons, les gens du roy en eurent des meilleurs de ceux qui fuyoient. Des deux parties il mourut deux mille hommes du moins : et fut la chose bien combatue : et se trouva des deux costés de gens de bien, et bien lasches. Mais ce fut grand'chose, à mon advis, de se rallier sur le champ, et estre trois ou quatre heures en cet estat, l'un devant l'autre : et devoient bien estimer les deux princes ceux qui leur tenoient compagnie si bonne à ce besoin : mais ils en firent comme hommes, et non point comme anges. Tel perdit ses offices et estats pour s'en estre fuy, et furent donnés à d'autres qui avoient fuy dix lieues plus loin. Un de nostre costé perdit auctorité, et fut privé de la présence de son maistre ; mais un mois après eut plus d'auctorité que devant.

Quand nous fusmes clos de ce charroy,

---

[1] Pensions.
[2] Seigneur de Saxefontaine et bailli de Chaumont en Bassigny.
[3] Jacques de Flocques, dit Floquet, capitaine et bailli d'Evreux.

chacun se logea le mieux qu'il pust. Nous avions grand nombre de blessés, et la pluspart fort descouragés et espouventés, craignans que ceux de Paris, avec deux cens hommes-d'armes qu'il y avoit avec eux, et le mareschal Joachim, lieutenant du roy en ladite cité, sortissent, et que l'on eust affaire des deux costés. Comme la nuict fut toute close, on ordonna cinquante lances, pour voir où le roy estoit logé. Il y en alla par adventure vingt. Il y pouvoit avoir trois jects d'arcs de nostre camp jusques où nous cuidions le roy. Cependant monseigneur de Charolois but et mangea un peu, et chacun en son endroit : et luy fut adoubée sa playe qu'il avoit au col. Au lieu où il mangea, falut oster quatre ou cinq hommes morts pour luy faire place : et y mit-on deux boteaux de paille, où il s'assit : et remuant illec, un de ces pauvres gens nuds commença à demander à boire. On lui jeta en la bouche un peu de tisane, de quoy ledit seigneur avoit bu; et estoit un archier du corps dudit seigneur, fort renommé, appellé Savarot, qui fut pensé et guéry.

On eut conseil qu'il estoit de faire. Le premier qui opina, fut le comte de Sainct-Paul, disant que l'on estoit en péril; et conseilloit tirer à l'aube du jour le chemin de Bourgongne, et qu'on bruslast une partie du charroy, et qu'on sauvast seulement l'artillerie, et que nul ne menast charroy [1], s'il n'avoit plus de dix lances, et que de demourer là sans vivres, entre Paris et le roy, n'estoit possible. Après opina monseigneur de Haultbourdin assez en cette substance, sans sçavoir avant que rapporteroient ceux qui estoient dehors. Trois ou quatre autres semblablement opinèrent de mesme. Le dernier qui opina fut monseigneur de Contay, qui dit que : si-tost que ce bruit seroit en l'ost, tout se mettroit en fuite : et qu'ils en seroient prins devant qu'ils eussent fait vingt lieues : et dit plusieurs raisons bonnes : et que son advis estoit que chacun s'aisast au mieux qu'il pourroit cette nuict, et que le matin, à l'aube du jour, on assaillist le roy ; et qu'il falloit là vivre ou mourir : et trouvoit ce chemin plus sûr que de prendre la fuite. A l'opinion dudit de Contay

[1] Bagages.

conclud monseigneur de Charolois; et dist que chacun s'en allast reposer deux heures, et que l'on fust prest quand sa trompette sonneroit : et parla à plusieurs particuliers pour envoyer reconforter ses gens.

Environ minuit revindrent ceux qui avoient esté dehors : et pouvez penser qu'ils n'estoient point allés loin : et rapportèrent que le roy estoit logé à ces feux qu'ils avoient vus. Incontinent on y envoya d'autres, et une heure après se remettoit chacun en estat de combattre; mais la pluspart avoit mieux envie de fuir. Comme vint le jour, ceux qu'on avoit mis hors du champ, rencontrèrent un chartier, qui estoit à nous, et avoit esté prins le matin, qui apportoit une cruche de vin du village; et leur dit que tout s'en estoit allé. Ils envoyèrent dire ces nouvelles en l'ost, et allèrent jusques-là. Ils trouvèrent ce qu'il disoit, et le revindrent dire, dont la compagnie eut grand joye : et y avoit assez de gens qui disoient lors, qu'il falloit aller après, lesquels faisoient bien maigre chère une heure devant. J'avoye un cheval extrèmement las et vieil; il but un seau plein de vin; par aucun cas d'adventure il y mit le museau, je le laissay achever : jamais ne l'avoye trouvé si bon ne si frais.

Quand il fut grand jour, tout monta à cheval ; et les batailles estoient bien éclarcies : toutesfois il revenoit beaucoup de gens, qui avoient esté cachés ès bois. Ledit seigneur de Charolois fit venir un cordelier, ordonné de par luy à dire qu'il venoit de l'ost des Bretons, et que ce jour ils devoient estre là ; ce qui reconforta assez ceux de l'ost. Chacun ne le crut pas ; mais incontinent après, environ dix heures du matin, arriva le vice-chancelier de Bretagne, appellé Romillé, et Madre avec luy, dont ay parlé cy-dessus ; et amenèrent deux archiers de la garde du duc de Bretagne, portans ses hocquetons, ce qui reconforta très-fort la compagnie ; et fut enquis, et loué de sa fuite (considérant le murmure qui estoit contre luy) et plus encore de son retour : et leur fit chacun bonne chère.

Tout ce jour demoura encore monseigneur de Charolois sur le champ, fort joyeux, estimant la gloire estre sienne. Ce qui depuis luy a cousté bien cher : car oncques puis il n'usa de conseil d'homme, mais du sien propre : et au lieu qu'il estoit très-inutile pour la guerre paravant ce jour, et n'aimoit nulle chose qui y appartint, depuis furent muées et changées ses pensées, car il y a continué jusques à sa mort : et par là fut finie sa vie, et sa maison destruite; et si elle ne l'est du tout, si est-elle bien désolée. Trois grands et sages princes, ses prédécesseurs, l'avoient eslevée bien haut; et y avoit bien peu de rois, sauf celuy de France, plus puissans que lui; et pour belles et grosses villes, nul ne l'en passoit. L'on ne doit trop estimer de soy, par espécial, un grand prince, mais doit connoistre que les graces et bonnes fortunes viennent de Dieu. Deux choses plus diray-je de luy : l'une est que je crois que jamais nul homme ne print plus de travail que luy, en tous endroits où il faut exerciter la personne; l'autre qu'à mon advis je ne connus oncques homme plus hardy. Je ne luy ouï oncques dire qu'il fust las, ni ne luy vey jamais faire semblant d'avoir peur; et si ay esté sept années de rang en la guerre avec luy, l'esté pour le moins, et en aucunes l'hyver et l'esté. Ses pensées et conclusions estoient grandes, mais nul homme ne les sçavoit mettre à fin, si Dieu n'y eust adjouté de sa puissance.

CHAPITRE V.

Comment le duc de Berry, frère du roy, et le duc de Bretagne se vindrent joindre avec le comte de Charolois contre iceluy roy.

Le lendemain, qui estoit le tiers jour de la bataille, allasmes coucher au village de Mont-l'Héry, dont le peuple en partie s'en estoit fuy au clocher de l'église, et partie au chasteau. Il les fit revenir; et ne perdirent pas un denier valant, mais payoit chacun son escot, comme s'il eust esté en Flandres. Le chasteau tint et ne fut point assailli. Le tiers jour passé, partit ledit seigneur, par le conseil du seigneur de Contay, pour aller gagner Estampes, qui est bon et grand logis, et en bon païs et fertile, afin d'y estre plus tost que les Bretons, qui prenoient ce chemin, afin aussi de mettre les gens las et blessés à couvert, et les autres aux champs; et fut cause ce bon logis, et le séjour que l'on y fit, de sauver la vie à beaucoup de ses gens. Là arrivèrent : messire Charles de France, lors duc de Berry, seul frère du roy, le duc de Bretagne, monseigneur de Dunois, monseigneur de Bueil, monseigneur de Chaumont, et messire Charles d'Amboise [1] son fils, qui depuis a esté grand homme en ce royaume : tous lesquels dessus nommés le roy avoit désappointés et défaits de leurs estats, quand il vint à la couronne, nonobstant qu'ils eussent bien servi le roy son père et le royaume, ès conquestes de Normandie et en plusieurs autres guerres. Monseigneur de Charolois et tous les plus grands de sa compagnie les recueillirent, et leur allèrent au-devant, et amenèrent leurs personnes loger en la ville d'Estampes, où leur logis estoit fait, et les gens-d'armes demeurèrent aux champs. En leur compagnie avoit huit cens hommes-d'armes, de très-bonne estoffe, dont il y en avoit très-largement de Bretons, qui nouvellement avoient laissé leurs ordonnances, comme icy et ailleurs j'ai dit, qui amendoient bien leur compagnie. D'archiers, et d'autres hommes de guerre, armés de bonnes brigandines, avoit en très-grand nombre, et pouvoient bien estre six mille hommes à cheval, très-bien en point. Et sembloit bien, à voir la compagnie, que le duc de Bretagne fust un très-grand seigneur : car toute cette compagnie vivoit sur ses coffres.

Le roy qui s'estoit retiré à Corbeil, comme j'ay devant dit, ne mettoit point en oubly ce qu'il avoit à faire. Il tira en Normandie, pour assembler ses gens; et de peur qu'il n'y eust quelque mutation au païs; et il mit partie de ses gens-d'armes ès environs de Paris, là où il voyoit qu'il estoit nécessaire.

Le premier soir que furent arrivés tous ces seigneurs dessusdits à Estampes, ils contèrent nouvelles l'un à l'autre. Les Bretons avoient prins quelques prisonniers de ceux qui fuyoient du party du roy : et quand ils eussent esté un peu plus avant, ils eussent prins ou desconfits [2] le tiers de l'armée. Ils avoient bien tenu

---

[1] Pierre d'Amboise. Sa maison fut rasée par ordre de Louis XI, parce qu'il s'était trouvé dans cette guerre et avait pris le parti du duc de Berry dans la guerre dite du bien public. Son fils Charles fut père de Charles d'Amboise qui fut grand-maître, maréchal et amiral de France. Ils étaient seigneurs de Chaumont-sur-Loire.

[2] Mettre en déroute, de l'italien sconfire.

conseil pour envoyer gens dehors, jugeant que les osts estoient près : toutesfois aucuns les destournèrent ; mais nonobstant, messire Charles d'Amboise et quelques autres, se mirent plus avant que leur armée, pour voir s'ils rencontreroient riens : et prindrent plusieurs prisonniers, comme j'ay dit, et de l'artillerie: lesquels prisonniers leur dirent que pour certain le roy estoit mort ; car ainsi le cuidoient-ils, parce qu'ils s'en estoient fuis dès le commencement de la bataille. Les dessusdits rapportèrent les nouvelles à l'ost des Bretons, qui en eurent très-grand'joie, cuidans qu'ainsi fust, et espérans les biens qui leur fussent advenus, si ledit monseigneur Charles eust esté roy ; et tindrent conseil, comme il m'a esté dit depuis par un homme de bien qui estoit présent, à sçavoir comme ils pourroient chasser ces Bourguignons, et eux en dépescher : et estoient quasi tous d'opinion qu'on les desconfist, qui pourroit. Cette joye ne leur dura guères ; mais par cela vous pouvez voir et connoistre quels sont les brouillis ès royaumes aux mutations.

Pour revenir à mon propos de cette armée d'Estampes, comme tous eussent soupé, et qu'il y avoit largement gens qui se promenoient par les rues, monseigneur Charles de France et monseigneur de Charolois estans à une fenestre et parlant eux deux de très-grande affection, en la compagnie des Bretons y avoit un pauvre homme qui prenoit plaisir à jeter en l'air des fusées, qui couroient parmi les gens quand elles estoient tombées, et rendoient un peu de flambe ; et s'appelloit maistre Jean Boutefeu, ou maistre Jean des Serpens ; je ne sçay lequel. Ce folastre, estant caché en quelque maison, afin que les gens ne l'apperçussent, en jeta deux ou trois en l'air, d'un lieu haut où il estoit, tellement qu'une vint donner contre la croisée de la fenestre où ces deux princes dessusdits avoient les testes, si près l'une de l'autre, qu'il n'y avoit pas un pied entre deux. Tous deux se dressèrent et furent esbahis, et se regardoient chacun l'un l'autre. Si eurent suspicion que cela n'eust esté fait expressément pour leur mal faire. Le seigneur de Contay vint parler à monseigneur de Charolois son maistre, et dès qu'il luy eut dit un mot en l'oreille, il descendit en bas, et alla faire armer tous les gens-d'armes de sa maison, et les archiers de son corps et autres. Incontinent le seigneur de Charolois dit au duc de Berry, que semblablement il fist armer les archiers de son corps. Et y eut incontinent deux ou trois cens hommes-d'armes armés devant la porte, à pied, et grand nombre d'archiers : et cherchoit l'on partout, d'où pouvoit venir ce mesfait. Ce pauvre homme qui l'avoit fait, se vint jeter à genoux devant eux, et leur dit que c'avoit esté lui ; et jeta trois ou quatre autres : et en ce faisant, il osta beaucoup de gens hors de suspicion qu'on avoit les uns sur les autres : et s'en print l'on à rire, et s'en alla chacun désarmer et coucher.

Le lendemain au matin fut tenu un très-beau conseil, où se trouvèrent tous les seigneurs et leurs principaux serviteurs, et fut mis en délibération ce qui estoit de faire. Comme ils estoient de plusieurs pièces, et non pas obéissans à un seul seigneur, comme il est bien requis en telles assemblées aussi eurent-ils divers propos. Et entre les autres paroles qui furent bien recueillies et notées, ce furent celles de monseigneur de Berry, qui estoit jeune et n'avoit jamais vu tels exploits ; car il sembla par ces paroles que ja en fust ennuyeux : et allégua la grand'quantité des gens blessés qu'il avoit vus de monseigneur de Charolois : et monstrant par ces paroles en avoir pitié, usoit de ces mots : Qu'il eust mieux aimé que les choses n'eussent jamais esté commencées, que de voir ja tant de maux venir par lui et pour sa cause. Ces choses despleurent à monseigneur de Charolois et à ses gens, comme je diray cy-après. Toutesfois à ce conseil fut conclu qu'on tireroit vers Paris, pour essayer si on pourroit réduire la ville à vouloir entendre au bien public du royaume, pour lequel disoient tous estre assemblés ; et leur sembloit bien, si ceux là leur prestoient l'oreille, que tout le reste des villes de ce royaume feroit le semblable. Comme j'ai dit, les paroles dites par monseigneur Charles duc de Berry en ce conseil, mirent en telle doute monseigneur de Charolois et ses gens qu'ils vindrent à dire : « Avez-vous ouy parler cet homme ? il se trouve esbahy pour sept ou huit cens hommes qu'il voit par la ville allant blessés, qui ne lui sont riens, ne qu'il ne connoist : il s'esbahiroit bientost si le cas luy touchoit de quelque chose, et seroit homme pour appointer bien légièrement et nous laisser en la fange : et pour les anciennes guerres qui ont esté le temps passé entre le roy Charles son père et le duc de Bourgongne mon père, aisément toutes ces deux parties se convertiroient contre nous; parquoy est nécessaire de se pourvoir d'amis. » Et sur cette seule imagination, fut envoyé Guillaume de Clugny, (protonotaire, qui est mort depuis évesque de Poictiers), devers le roy Edouard d'Angleterre, qui pour lors régnoit, auquel monseigneur de Charolois avoit tousjours eu inimitié; et portoit la maison de Lanclastre contre luy, dont il estoit issu de par sa mère. Et par l'instruction dudit de Clugny, luy estoit ordonné d'entrer en pratique du mariage à la sœur du roy d'Angleterre, appelée Marguerite [1]; mais non pas de conclure le marché : ains seulement de l'entretenir. Car connoissant que le roy d'Angleterre l'avoit fort désiré, luy sembloit bien que pour le moins il ne feroit riens contre luy : et s'il en avoit affaire, qu'il le gagneroit des siens. Et combien qu'il n'eust un seul vouloir de conclure ce marché, et que la chose du monde qu'il haïssoit en son cœur, c'estoit la maison d'Yorch, si fut toutesfois tant demenée cette matière, qu'après plusieurs années elle fut concluë[2] : et print davantage l'ordre de la Jartière, et la porta toute sa vie.

Or mainte œuvre se fait en ce monde par imagination, telle que celle que j'ay cy-dessus déclarée, et par espécial entre les grands princes qui sont beaucoup plus suspicionneux qu'autres gens, pour les doutes et advertissemens qu'on leur fait, et très-souvent par flaterie, sans nul besoin qu'il en soit.

CHAPITRE VI.

Comment le comte de Charolois et ses alliés, avec leur armée passèrent la rivière de Seine sur un pont portatif, et comment le duc Jean de Calabre se joignit avec eux; puis se logèrent tous à l'entour de Paris.

Ainsi comme il avoit esté conclu, tous ces seigneurs se partirent d'Estampes, après y

[1] La mémoire de Commines l'a trompé dans cette occasion. Le comte de Charolois n'était pas veuf alors. Isabelle de Bourbon sa femme ne mourut que le 25 septembre, plus de deux mois après la bataille de Mont-l'Héry.

[2] Le traité de ce mariage est du 16 février 1467.

avoir séjourné quelque peu de jours, et tirèrent à Sainct-Maturin de Larchant, et à Moret en Gastinois. Monseigneur Charles et les Bretons demourèrent en ces deux petites villes, et le comte de Charolois s'en alla loger en une grande prairie, sur le bord de la rivière de Seine; et avoit fait crier que chacun portast crochets pour attacher ses chevaux. Il faisoit mener sept ou huit petits bateaux sur charrois, et plusieurs pippes, par pièces, en intention de faire un pont sur la rivière de Seine, pour ce que ces seigneurs n'y avoient point de passage. Monseigneur de Dunois l'accompagna, luy estant en une litière; car pour la goutte qu'il avoit ne pouvoit monter à cheval; et portoit l'on son enseigne après luy. Dès ce qu'ils vindrent à la rivière, ils y firent mettre de ces bateaux qu'ils avoient apportés, et gaignèrent une petite isle qui estoit comme au milieu, et descendirent des archiers, qui s'escarmouchèrent avec quelques gens-de-cheval qui deffendoient le passage de l'autre part : et estoient illec le mareschal Joachim et Sallezard [1]. Le lieu estoit mal avantageux pour eux, parce qu'il estoit fort haut et en païs de vignoble : et du costé des Bourguignons, y avoit largement artillerie, conduite par un canonnier fort renommé, qui avoit nom maistre Girauld, et avoit esté prins en cette bataille de Mont-l'Héry, estant lors du party du roy. Fin de compte, il falut que les dessusdits abandonnassent le passage; et se retirèrent à Paris. Ce soir fut fait un pont jusques en cette isle : et incontinent fit le comte de Charolois tendre un pavillon, et coucha la nuict dedans, et cinquante hommes-d'armes de sa maison. A l'aube du jour furent mis grand nombre de tonneliers en besongne, à faire pippes de mesrain qui avoit esté apporté : et avant qu'il fut midy, le pont fut dressé jusques à l'autre part de la rivière : et incontinent passa ledit seigneur de Charolois de l'autre costé, et y fit tendre ses pavillons, dont il avoit grand nombre; et fit passer tout son ost et toute son artillerie par dessus ledit pont; et se logea en un costeau pendant devers ladite rivière; et y faisoit très-beau

[1] Jean de Salazar, espagnol de la province de Biscaye. Il s'était attaché à Louis XI, à qui il rendit de grands services.

voir son ost, pour ceux qui estoient encore derrière.

Tout ce jour ne purent passer que ses gens. Le lendemain, à l'aube du jour, passèrent les ducs de Berry et de Bretagne et tout leur ost, qui trouvèrent ce pont très-beau et fait en grand'diligence. Si passèrent un peu outre et se logèrent sur le haut pareillement. Incontinent que la nuict fut venue nous commençasmes à appercevoir grand nombre de feux bien loin de nous, autant que la vue pouvoit porter. Aucuns cuidoient que ce fust le roi : toutesfois, avant qu'il fust minuict, on fut adverty que c'estoit le duc Jean de Calabre, seul fils du roy Réné de Cécile, et avec lui bien neuf cens hommes-d'armes de la duché et comté de Bourgongne. Bien fut accompagné de gens-de-cheval, mais de gens-de-pied peu. Pour ce petit de gens qu'avoit ledit duc, je ne vy jamais si belle compagnie, ne qui semblassent mieux exercités au fait de la guerre. Il pouvoit bien avoir quelque six-vingts hommes-d'armes bardés[1], tant Italiens qu'autres, nourris en ces guerres d'Italie, entre lesquels estoit Jacques Galeot[2], le comte de Campobache[3], le seigneur de Baudricourt, pour le présent gouverneur de Bourgongne, et autres; et estoient ses hommes-d'armes bien fort adroicts; et pour dire vérité, presque la fleur de notre ost, au moins tant pour tant. Il avoit quatre cens cranequiniers[4] que luy avoit prestés le comte Palatin, gens fort bien montés, et qui sembloient bien gens-de-guerre; et avoit cinq cens Suisses à pied, qui furent les premiers qu'on vit en ce royaume; et ont esté ceux qui ont donné le bruit à ceux qui sont venus depuis; car ils se gouvernèrent très-vaillamment en tous les lieux où ils se trouvèrent. Cette compagnie, que je vous dy, s'approcha le matin, et passa ce jour par dessus nostre pont. Et ainsi se peut dire que toute la puissance du royaume de France s'estoit vue passer par dessus ce pont, sauf ceux qui estoient avec le roy; et vous assure que c'estoit une grande et belle compagnie, et grand nombre de gens de bien, et bien en poinct. Et devroit-on vouloir que les amis et bien-veillans du royaume l'eussent vue, afin qu'ils en eussent eu l'estimation telle qu'il appartient, et semblablement les ennemis; car jamais il n'eust esté heure qu'il n'en eussent plus craint le roy et le royaume. Le chef des Bourguignons estoit monseigneur de Neufchastel[1], mareschal de Bourgongne, joinct avec luy son frère le seigneur de Montagu, le marquis de Rotelin et grand nombre de chevaliers et escuyers, dont aucuns avoient esté en Bourbonnois, comme j'ay dit au commencement de ce propos. Le tout ensemble s'estoit joinct pour venir plus assurément avec mondit seigneur de Calabre, comme j'ay dit; lequel sembloit aussi bien prince et grand chef de guerre comme nul autre que visse en la compagnie, et s'engendra grande amitié entre luy et le comte de Charolois.

Quand toute ceste compagnie fut passée, que l'on estimoit cent mille chevaux, tant bons que mauvais (ce que je croy) se délibérèrent lesdits seigneurs de partir pour aller devant Paris, et mirent toutes leurs avant-gardes ensemble. Pour les Bourguignons, les conduisoit le comte de Sainct-Paul. Pour les ducs de Berry et de Bretagne, Oudet, depuis comte de Comminges[2], et le mareschal de Loheac, comme il me semble, et ainsi s'acheminèrent. Tous les princes demeurèrent en la bataille. Ledit comte de Charolois et le duc de Calabre prenoient grand'peine de commander à faire tenir ordre à leurs batailles et chevauchèrent bien armés; et sembloit bien qu'ils eussent bon vouloir de faire leurs offices. Les ducs de Berry et de Bretagne chevauchèrent sur petites hacquenées, à leur aise, armés de petites brigandines fort légères pour le plus. Encore disoient aucuns qu'il n'y avoit que petits cloux dorés par dessus le satin, afin de moins leur peser; toutesfois je ne le sçay pas de vray. Ainsi chevauchèrent toutes ces compagnies, jusques au

---

[1] Cuirassés.

[2] Galéot de Génouillac, seigneur d'Acier, il a été grand écuyer, grand-maître de l'artillerie de France.

[3] Nicolas de Montfort l'Amaulry en France, comte de Campo-Basso, italien, dont on verra plus bas l'accusation. Il était Napolitain.

[4] Cranequin est un pied de biche avec lequel on bande une arbalète; d'où on appeloit cranequiniers ceux qui se servaient d'arbalètes sans balles. C'étaient proprement des arbalêtriers à cheval.

---

[1] Thibault de Neufchâtel, chevalier de la toison-d'or. Il avait été fait maréchal de Bourgogne en 1439.

[2] Odet d'Aydie, seigneur de Lescun, créé comte de Comminges par Louis XI, en 1472.

pont de Charenton, près Paris, à deux petites lieues, lequel pont tost fut gaigné sur quelque peu de francs-archiers qu'il y avoit dedans. Et passa toute l'armée par dessus ce pont de Charenton ; et s'alla loger le comte Charolois depuis ce pont de Charenton jusques en sa maison de Conflans, près de là, au long de la rivière ; et ferma ledit comte un grand païs de son charroy et de son artillerie, et mit tout son ost dedans ; et avec luy se logea le duc de Calabre ; et à Sainct-Maur-des-Fossés se logèrent les ducs de Berry et de Bretagne, avec un nombre de leurs gens, et tout le demourant envoyèrent loger à Sainct-Denis, aussi à deux lieues de Paris. Et là fut toute cette compagnie onze semaines, et avindrent les choses que je dirai cy-après.

Le lendemain, commencèrent les escarmouches jusques aux portes de Paris, où estoient dedans monseigneur de Nantoillet, grand-maistre de France (qui bien y servit, comme j'ay dit ailleurs) et le mareschal Joachim. Le peuple se vit espouventé ; et aucuns d'autres estats eussent voulu les Bourguignons et les autres seigneurs estre dedans Paris, jugeans à leur advis, cette entreprise bonne et profitable pour le royaume. Autres y en avoit adhérens ausdits Bourguignons, et se meslans de leurs affaires, espérans que par leurs moyens ils pourroient parvenir à quelques offices ou estats, qui sont plus désirés en cette cité là qu'en nulle autre du monde ; car ceux qui les ont, les font valoir ce qu'ils peuvent et non pas ce qu'ils doivent : et y a offices sans gages, qui se vendent bien huit cens escus : et d'autres où il y a gages bien petits, qui se vendent plus que les gages ne sçauroient valoir en quinze ans. Peu souvent advient que nul ne se désapointe : et soustient la cour de parlement cet article. C'est raison ; mais aussi il touche quasi tous. Entre les conseillers, se trouvent tousjours largement de bons et notables personnages : et aussi il y en a aucuns bien mal conditionnés. Ainsi est-il en tous estats.

CHAPITRE VII.

Digression sur les estats, offices, et ambitions, par l'exemple des Anglois.

Je parle de ces offices et auctorités, parce qu'ils sont à désirer en mutations, et aussi sont cause d'icelles. Ce que l'on a vu, non pas seulement de nostre temps, mais encore dès le temps du roy Charles sixiesme, quand les guerres qui continuèrent jusques à la paix d'Arras [1], commencèrent. Car cependant les Anglois se meslèrent parmi ce royaume si avant, qu'en traictant ladite paix d'Arras, mettoient de la part de leur roy, quatre ou cinq ducs ou comtes, cinq ou six prélats et dix ou douze conseillers de parlement, de la part du duc Philippe, grands personnages à l'advenant, et en beaucoup plus grand nombre : pour le pape, deux cardinaux pour médiateurs ; et de grands personnages pour les Anglois. Pour lors estoit régent de France, pour les Anglois le duc de Bethfort, frère du roy Henry cinquiesme, marié avec la sœur dudit Philippe de Bourgongne : et demouroit iceluy régent à Paris, ayant vingt mille escus par mois, pour le moindre estat qu'il eust jamais en cette office. Ce traicté dura par l'espace de deux mois : et désiroit fort le duc de Bourgongne s'acquiter envers les Anglois avant que soy départir d'avec eux, pour les alliances et promesses qu'ils avoient faites ensemble ; et pour ces raisons fut offert au roy d'Angleterre pour luy et les seigneurs siens, les duchés de Normandie et de Guyenne, pourvu qu'il en fist hommage au roy, comme avoient fait ses prédécesseurs, et qu'il rendist ce qu'il tenoit au royaume, hors lesdites duchés. Ce qu'ils refusèrent, pourtant qu'ils ne voulurent faire ledit hommage. Et mal leur en print après : car abandonnés furent de cette maison de Bourgongne : et ayans perdu leur temps, et les intelligences du royaume, se prindrent à perdre et diminuer. Ils perdirent Paris, et puis petit à petit le demourant du royaume. Après qu'ils furent retournés en Angleterre, nul ne vouloit diminuer son estat ; mais les biens n'estoient au royaume pour satisfaire à tous. Ainsi guerre s'esmut entre eux, pour leurs auctorités, qui a duré par longues an-

[1] Elle se termina en septembre 1435.

nées : et fut mis le roy Henry sixiesme (qui avoit esté couronné roy de France et d'Angleterre à Paris) en prison, au chasteau de Londres, et déclaré traistre et crimineux de lèze-majesté ; et là dedans a usé la pluspart de sa vie ; et à la fin a esté tué. Le duc d'Yorch, père du roy Edouard dernier mort, s'intitula roy [1]. En peu de jours après fut déconfit en bataille et mort : et tous morts eurent les testes tranchées, luy et le comte de Warvic dernier mort, qui tant a eu de crédit en Angleterre. Cestui-là emmena le comte de la Marche (depuis appelé le roy Edouard) par la mer à Calais, avec quelque peu de gens, fuyans de la bataille. Ledit comte de Warvic soustenoit la maison d'Yorch, et le duc de Sombresset [2] la maison de Lanclastre. Tant ont duré ces guerres, que tous ceux de la maison de Warvic et de Sombresset y ont eu les testes tranchées, ou y sont morts en bataille.

Le roy Edouard fit mourir son frère le duc de Clarence en une pipe de Malvoysie : pource qu'il se vouloit faire roy, comme on disoit. Après qu'Edouard fut mort, son frère second, duc de Glocestre, fit mourir les deux fils dudit Edouard, et déclara ses filles bastardes, et se fit couronner roy.

Incontinent après passa en Angleterre le comte de Richemont, de présent roy (qui par longues années avoit esté prisonnier en Bretagne) ; et desconfit, et tua en bataille ce cruel roy Richard, qui peu avant avoit fait mourir ses neveux. Et ainsi de ma souvenance, sont morts, en ces divisions d'Angleterre, bien quatre-vingts hommes de la lignée royale d'Angleterre, dont une partie j'ai connu : des autres m'a esté conté par les Anglois demourans avec le duc de Bourgongne, tandis que j'y estoye.

Ainsi ce n'est pas à Paris ni en France seulement, qu'on s'entrebat pour les biens et honneurs de ce monde ; et doivent bien craindre les princes ou ceux qui règnent aux grandes seigneuries, de laisser engendrer une partialité en leur maison. Car de là ce feu court par la province ; mais mon advis est que cela ne se fait que par disposition divine ; car

[1] La maison d'York déposséda de la couronne d'Angleterre la maison de Lancastre.
[2] Comte de Sommerset.

quand les princes ou royaumes ont esté en longue prospérité ou richesses, et ils ont mesconnoissance dont procède telle grace, Dieu leur dresse un ennemy ou ennemie, dont nul ne se douteroit : comme vous pouvez voir par les roys nommés en la Bible, et par ce que, puis peu d'années, en ce païs d'Angleterre et en cette maison de Bourgongne, et autres lieux, avez vu et voyez tous les jours.

CHAPITRE VIII.

Comment le roy Louis entra dedans Paris, pendant que les seigneurs de France y dressoient leurs pratiques.

J'ay esté long en ce propos, et est temps que je retourne au mien. Dès ce que ces seigneurs furent arrivés devant Paris, ils commencèrent tous à pratiquer léans [1], et promettre offices et biens et ce qui pouvoit servir à leur matière. Au bout de trois jours on fit grand'assemblée en l'hostel de la ville de Paris ; et après grandes et longues paroles, et ouyes les requestes et sommations que les seigneurs leur faisoient en public, et pour le grand bien du royaume (comme ils disoient), fut conclu envoyer devers eux, et entendre à pacification. Ils vindrent en grand nombre de gens-de-bien vers les princes dessusdits, au lieu de Sainct-Mor : et porta la parole maistre Guillaume Chartier [2], lors évesque de Paris, renommé très-grand homme ; et de la part des seigneurs, parloit le comte de Dunois. Le duc de Berry, frère du roy, présidoit, assis en chaire, et tous les autres seigneurs debout. De l'un des costés estoient les ducs de Bretagne et de Calabre, et de l'autre le comte de Charolois, qui estoit armé de toutes pièces, sauf la teste et les gardebras, et une manteline fort riche sur sa cuirace ; car il venoit de Conflans, et le bois de Vincennes tenoit pour le roy, et y avoit beaucoup de gens, parquoy luy estoit besoin d'estre venu bien accompagné. Les requestes et fins des seigneurs estoient, d'entrer dedans Paris, pour avoir conversation et amitié avec eux, sur le faict de la réformation du

[1] Dedans.
[2] Il était de Bayeux. Il était frère ou du moins très-proche parent d'Alain Chartier, secrétaire des rois Charles VI et VII, qui a fait l'histoire de son temps et quelques poésies, et frère de Jean, religieux, et continuateur des grandes chroniques de saint Denis.

royaume, lequel ils disoient estre mal conduict, en donnant plusieurs grandes charges au roy. Les responses estoient fort douces : toutesfois ils prindrent quelque délay avant que répondre : et néantmoins le roy ne fut depuis content dudit évesque, ni de ceux qui estoient avec luy. Ainsi s'en retournèrent, demourans en grand'pratique : car chacun parla à eux en particulier. Et croy bien qu'en secret fut accordé par aucuns, que les seigneurs en leur simple estat y entreroient, et leur gens y pourroient passer outre (si bon leur sembloit) en petit nombre à la fois. Ceste conversation n'eust point esté seulement ville gaignée, mais toute l'entreprise : car aisément tout le peuple se fust tourné de leur part (pour plusieurs raisons) et par conséquent toutes celles du royaume, à l'exemple de ceste-là. Dieu donna sage conseil au roy, et il l'exécuta bien, estant jà adverty de toutes ces choses.

Avant que ceux qui estoient venus vers ces seigneurs eussent fait leur rapport, le roy arriva en la ville de Paris, en l'estat qu'on doit venir pour réconforter [1] un peuple ; car il y vint en très-grand'compagnie, et mit bien deux mille hommes-d'armes en la ville : tous les nobles de Normandie, grand' force de francs-archiers, les gens de sa maison, pensionnaires et autres gens de bien qui se trouvent avec tel roy en semblables affaires. Et ainsi fut ceste pratique rompue, et tout ce peuple bien mué des siens : ni ne se fust trouvé homme, de ceux qui paravant avoient esté devers nous, qui plus eust osé parlé de la marchandise : et à aucuns en prit mal. Toutesfois le roy n'usa de nulle cruauté en ceste matière : mais aucuns perdirent leurs offices ; les autres envoya demourer ailleurs ; ce que je luy répute à louange, n'ayant usé d'autre vengeance. Car si cela, qui avoit esté commencé, fust venu à effect, le meilleur qui luy pouvoit venir, c'estoit fuir hors du royaume. Aussi plusieurs fois m'a-t-il dit que s'il n'eust pu entrer dedans Paris, et qu'il eust trouvé la ville muée, il se fust retiré vers les Suisses, ou devers le duc de Milan Francisque [2], qu'il réputoit son grand amy : et bien luy monstra ledit Francisque, par le secours qu'il luy envoya, qui estoit de cinq cens hommes-d'armes et trois mille hommes-de-pied, soubs la conduite de son fils aisné appelé Galéas, depuis duc : et vindrent jusques en Forest, et firent guerre à monseigneur de Bourbon ; et à cause de la mort dudit duc Francisque, ils s'en retournèrent : et aussi par le conseil qu'il lui donna, en traictant la paix, appelée le traicté de Conflans, où il lui manda qu'il ne refusast nulle chose qu'on lui demandast, pour séparer cette compagnie, mais que seulement ses gens lui demourassent.

A mon advis, nous n'avions point esté plus de trois jours devant Paris, quand le roy entra. Tantost nous commença la guerre très-forte, et par espécial sur nos fourrageurs ; car l'on estoit contrainct d'aller loin en fourrage, et faloit beaucoup de gens à les garder. Et faut bien dire qu'en cette isle de France est bien assise cette ville de Paris, de pouvoir fournir deux si puissants osts ; car jamais nous n'eumes faute de vivres : et dedans Paris à grand'peine s'appercevoient-ils qu'il y eust jamais bien enchéri que le pain, seulement d'un denier sur le pain ; car nous n'occupions point les rivières d'audessus, qui sont trois, c'est à sçavoir Marne, Yonne, et Seine, et plusieurs petites rivières qui entrent en celle-là. A tout prendre, c'est la cité que jamais je visse environnée de meilleur pays et plus plantureux, et est chose presque incrédible que des biens qui y arrivent. J'y ay esté depuis ce temps avec le roy Louis, demy an, sans en bouger, logé ès Tournelles, mangeant et couchant avec luy ordinairement : et depuis son trespas, vingt mois (maugré moy) ay esté tenu prisonnier en son palais, où je voyois de mes fenestres arriver ce qui montoit contre mont la rivière de Seine du costé de Normandie. Du dessus en vient aussi sans comparaison plus que n'eusse jamais cru, si je ne l'eusse vu.

Ainsi donc tous les jours sailloit de Paris force gens : et y estoient les escarmouches grosses : nostre guet estoit de cinquante lan-

---

[1] Rassurer, donner du courage.
[2] Fr. Sforze, duc de Milan, était fils naturel de Sforze, comte de Cottignola. Il avait épousé la fille naturelle de Philippe-Marie Visconti, duc de Milan, auquel il succéda moitié de gré, moitié de force, en 1450.

ees, qui se tenoient vers la Grange-aux-Merciers; et avoient des chevaucheurs le plus près de Paris qu'ils pouvoient, qui très-souvent estoient ramenés jusques à eux ; et bien souvent faloit qu'ils revinssent sur queue jusques à notre charroy, en se retirant le pas, et aucunes fois le trot : et puis on leur renvoyoit des gens, qui très-souvent aussi renvoyoient les autres jusques bien près les portes de Paris. Et ceci estoit à toutes heures : car en la ville y avoit plus de deux mille cinq cens hommes-d'armes, de bonne estoffe, et bien logés, grand'force de nobles de Normandie et de francs-archiers; et puis voyoient les dames tous les jours, qui leur donnoient envie de se monstrer. De nostre costé y avoit un très-grand nombre de gens, mais non point tant de gens-de-cheval ; car il n'y avoit que les Bourguignons (qui estoient environ quelques deux mille lances, que bons que mauvais) qui n'estoient point si bien accoustrés que ceux de dedans Paris, pour la longue paix qu'ils avoient eue, comme j'ay dit autrefois. Encore de ce nombre y en avoit à Lagny bien deux cens hommes-d'armes, et y estoit le duc de Calabre. De gens-à-pied nous en avions grand nombre et de bons. L'armée des Bretons estoit à Sainct-Denis, qui faisoient la guerre là où ils pouvoient ; et les autres seigneurs espars pour les vivres. Sur la fin y vindrent le duc de Nemours, le comte d'Armagnac, et le seigneur d'Albret. Leurs gens demourèrent loin, pource qu'ils n'avoient point de payement, et qu'ils eussent affamé nostre ost, s'ils eussent prins sans payer. Et sçay bien que le comte de Charolois leur donna de l'argent, jusques à cinq ou six mille francs : et fut advisé que leurs gens ne viendroient point plus avant. Ils estoient bien six mille hommes de cheval, qui faisoient merveilleusement de maux.

CHAPITRE X.

Comment l'artillerie du comte de Charolois et celle du roy tirèrent l'une contre l'autre près Charenton, et comment le comte de Charolois fit faire derechef un pont sur bateaux en la rivière de Seine.

En retournant au faict de Paris, il ne faut douter que nul jour sans perte et gaigne se passast, tant d'un costé que d'autre ; mais de choses grosses n'y avoit-il rien. Car le roy ne vouloit point souffrir que ses gens saillissent en grandes bendes, ni ne vouloit rien mettre en hazard de bataille ; et désiroit paix, et sagement départir cette assemblée. Toutesfois un jour bien matin, vindrent loger droit vis à vis de l'hostel de Conflans, au long de la rivière, et sur le fin bord, quatre mille francs-archiers. Les nobles de Normandie, et quelque peu de gens-d'armes d'ordonnance, demourèrent à un quart de lieue de là, en un village ; et depuis leurs gens-de-pied jusques-là, n'y avoit qu'une belle plaine. La rivière de Seine estoit entre nous et eux : et commencèrent ceux du roy une tranchée à l'endroit de Charenton, où ils firent un boulevart de bois et de terre, jusques au bout de nostre ost ; et passoit ledit fossé par devant Conflans, la rivière entre deux, comme dit est, et là assortirent grand nombre d'artillerie, qui d'entrée chassa tous les gens du duc de Calabre hors du village de Charenton, et fallut qu'à grand'haste ils vinssent loger avec nous ; et y eut des gens et des chevaux tués. Et logea le duc Jean en un petit corps d'hostel, tout droit au devant de celuy de monseigneur de Charolois, à l'opposite de la rivière.

Cette artillerie commença premièrement à tirer par nostre ost, et espouventa fort la compagnie ; car elle tua des gens d'entrée, et tira deux coups par la chambre où le seigneur de Charolois estoit logé, comme il disnoit, et vint tuer un trompette, en apportant un plat de viande, sur le degré.

Après le disner, ledit comte de Charolois descendit en l'estage bas, et se délibéra n'en bouger, et là fit tendre au mieux qu'il put. Le matin vindrent les seigneurs tenir conseil, et ne se tenoit point le conseil ailleurs que chez le comte de Charolois, et tousjours après le conseil disnoient tous ensemble ; et se mettoit le duc de Berry et de Bretagne au banc, le comte de Charolois et le duc Jean de Calabre au devant, et portoit ledit comte honneur à tous, les conviant à l'assiette. Aussi le devoit bien faire à aucuns et à tous, puisque c'estoit chez lui. Il fut advisé que toute l'artillerie de l'ost seroit assortie encontre celle du roy. Ledit seigneur de Charolois en avoit très-largement ; le duc de Calabre en avoit de belle, et aussi le duc de Bretagne. L'on fit de grands trous aux murailles, qui sont au long de la rivière derrière ledit hostel de Conflans, et y assortit-on toutes les meilleures pièces, exceptées les bombardes et autres grosses pièces, qui ne tirèrent point, et le demourant, où elles pouvoient servir. Ainsi en y eut du costé des seigneurs beaucoup plus que du costé du roy.

La tranchée, que les gens du roy avoient faite, estoit fort longue, tirant vers Paris; et tousjours la tiroient avant, et jetoient la terre de nostre costé, pour soy taudir [1] de l'artillerie, car tous estoient cachés dedans le fossé, ny nul n'eust osé monstrer la teste. Ils estoient en lieu plain comme la main, et en belle prairie. Je n'ay jamais tant vu tirer pour si peu de jours, car de nostre costé on s'attendoit de les chasser de là à force d'artillerie. Aux autres en venoit de Paris tous les jours, qui faisoient bonne diligence de leur costé, et n'espargnoient point la poudre. Grande quantité de ceux de nostre ost firent des fossés en terre à l'endroit de leurs logis. Encore d'avantage y en avoit beaucoup, pource que c'est lieu où l'on a tiré de la pierre. Ainsi se taudissoit chacun, et se passa trois ou quatre jours. La crainte fut plus grande que la perte des deux costés, car il ne s'y perdit nul homme de nom.

Quand ces seigneurs virent que ceux du roy ne s'esmouvoient point, il leur sembla honte et péril, et que ce seroit donner cœur à ceux de Paris. Car par quelque jour de trèves, il vint tant de peuple, qu'il sembloit que rien ne fust demouré en la ville. Il fut conclu en un conseil, que l'on feroit un fort grand pont sus grands bateaux : et couperoit-on l'estroit du bateau, et ne s'asserroit le bois que sur le large : et au dernier couplet y auroit de grandes ancres pour jeter en terre. Avec cela furent amenés plusieurs grands bateaux de Seine, qui eussent pu aider à passer la rivière et assaillir les gens du roy.

A maistre Girauld, canonnier, fut donnée la charge de cet ouvrage; et lui sembloit que pour les Bourguignous estoit grand avantage de ce que les autres avoient jeté les terres de nostre costé : pource que, quand ils seroient outre la rivière, ceux du roy trouveroient leur tranchée beaucoup au-dessous des assaillans, et qu'ils n'oseroient saillir dudit fossé, pour crainte de l'artillerie. Ces raisons donnèrent grand cœur aux nostres de passer; et fut le pont achevé, amené et dressé, sauf le dernier couplet, qui tournoit de costé, prest à dresser, et tous les bateaux arrivés. Incontinent qu'il fut dressé, vint un officier-d'armes du roy, dire que c'estoit contre la trève, pour ce que ce jour, et le jour précédent, y avoit eu trève, et venoit pour voir que c'estoit. A l'aventure il trouva monsieur de Bueil, et plusieurs autres sur ledit pont, à qui il parla. Ce soir passoit la trève. Il y pouvoit bien passer trois hommes-d'armes, la lance sur la cuisse, de front, et y pouvoit bien avoir six grands bateaux, où eut bien passé mille hommes à la fois, et plusieurs petits ; et fut accoustrée l'artillerie, pour les servir à ce passage. Si furent faites les bendes et les rooles de ceux qui devoient passer : et en estoient chefs le comte de Sainct-Paul et le seigneur de Hautbourdin.

Après que minuict fut passé, commencèrent à s'armer ceux qui en estoient, et avant jour furent armés; et faisoient ce que bons chrestiens font en tel cas. Cette nuict je me trouvay en une grand'tente, qui estoit au milieu de l'ost, où l'on faisoit le guet ; et estoye du guet cette nuict (car nul n'en estoit excusé) et estoit chef de ce guet monseigneur de Chastel-Guyon [1], qui mourut à Granson depuis, et s'attendoit l'heure de voir cet esbat. Soudainement nous ouysmes ceux qui estoient en ces tranchées, qui commencèrent à crier à haute voix : « Adieu voisins, adieu! » et incontinent mirent le feu en leurs logis ; et retirèrent leur artillerie. Le jour commença à venir. Les ordonnés à cette entreprise estoient jà sur la rivière, au moins partie, et virent les autres jà bien loin, lesquels se retiroient à Paris. Ainsi donc chacun s'en alla désarmer, très-joyeux de ce département. Et à la vérité ce que le roy y avoit mis de gens, ce n'estoit que pour battre nostre ost d'artillerie, et non pas en intention

---

[1] Se mettre à couvert, se garantir en se cachant dans quelque souterrain ou quelque trou, d'où nous est resté le substantif *taudis* qui signifie un mauvais petit logement.

[1] Louis de Chalon, fils puîné de Louis de Chalon, prince d'Orange, et d'Eléonore d'Armagnac, sa seconde femme, chevalier de la toison d'or.

de combattre; car il ne vouloit riens mettre en hazard, comme j'ay dit ailleurs, nonobstant que sa puissance fust très-grande pour tous tant qu'il y avoit des princes ensemble. Mais son intention (comme bien le monstra) estoit de traicter paix, et départir la compagnie, sans mettre son estat (qui est si grand et si bon, que d'estre roy de ce grand et obéyssant royaume de France) en péril de chose si incertaine qu'une bataille.

Chacun jour se menoit de petits marchés, pour fortraire gens l'un à l'autre; et y eut plusieurs jours de trève et assemblées d'une part et d'autre, pour traicter paix; et se faisoit ladite assemblée à la Grange-aux-Merciers, assez près de nostre ost. De la part du roy y venoit le comte du Maine, et plusieurs autres; de la part des seigneurs le comte de Sainct-Paul, et plusieurs autres aussi. Assez de tous les seigneurs furent assemblés par beaucoup de fois sans rien faire; et cependant duroit la trève, et s'entrevoyoient beaucoup de gens des deux armées, un grand fossé entre deux, qui est comme mi-chemin, les uns d'un costé, les autres de l'autre : car par la trève nul ne pouvoit passer. Il n'estoit jour qu'à cause de ces vues ne se vint rendre dix ou douze hommes du costé des seigneurs, et aucunes fois plus; un autre jour s'en alloient autant des nostres. Et pour cette cause s'apella ce lieu depuis, le Marché, pource que telles marchandises s'y faisoient. Et pour dire la vérité, telles assemblées et communications sont bien dangereuses en telles façons, et par espécial pour celuy qui est en plus grande apparence de déchoir. Naturellement la pluspart des gens ont l'œil ou à s'accroistre ou à se sauver, ce qui aisément les fait tirer aux plus forts. Autres en y a si bons et si fermes qu'ils n'ont nuls de ces regards; mais peu s'en trouve de tels. Et par espécial est ce danger quand ils ont prince qui cherche à gaigner gens; qui est une grand'grace que Dieu fait au prince qui le sçait faire; et est signe qu'il n'est point entaché de ce fort vice et péché d'orgueil, qui procure hayne envers toutes personnes. Pour quoy, comme j'ay dit, quand on vient à tels marchés que de traicter paix, il se doit faire par les gens et féables serviteurs que les princes ont, et gens d'âge moyen, afin que leur foiblesse ne les conduise à faire quelque marché deshonneste, ni à espouventer leur maistre à leur retour plus que de besoin; et plustost y doivent estre empeschés ceux qui ont reçu quelque grace ou bienfait de luy, que nuls autres, mais sur tout sages gens; car d'un fol ne fit jamais homme son profit; et se doivent plustost conduire ces traictés loin que près. Et, quand lesdits ambassadeurs retournent, les faut ouyr seuls, où à peu de compagnie, afin que si leurs paroles sont pour espouventer les gens, qu'ils leur dient les langages dont ils devront user à ceux qui les enquerront; car chacun désire de sçavoir nouvelles d'iceux, quand ils viennent de tels traictés; et plusieurs dient : « Tel ne me celera rien. » Si feront, s'ils sont tels comme je dis, et qu'ils connoissent qu'ils ayent maistres sages.

CHAPITRE X.

Digression sur quelques vices et vertus du roy Louis onzième.

Je me suis mis en ce propos, parce que j'ay vu beaucoup de tromperies en ce monde, et de beaucoup de serviteurs envers leurs maistres, et plus souvent tromper les princes, et seigneurs orgueilleux, qui peu veulent ouyr parler les gens, que les humbles qui volontiers les escoutent. Et entre tous ceux que j'ay jamais connu, le plus sage pour soy tirer d'un mauvais pas, en temps d'adversité, c'estoit le roy Louis XI, nostre maistre, le plus humble en paroles et en habits, et qui plus travailloit à gaigner un homme qui le pouvoit servir, ou qui luy pouvoit nuire. Et ne s'ennuyoit point d'estre refusé une fois d'un homme qu'il prétendoit gaigner; mais y continuoit, en luy promettant largement, et donnant par effect argent et estats qu'il connoissoit luy plaire. Et quant à ceux qu'il avoit chassés et déboutés [1] en temps de paix et de prospérité, il les rachetoit bien cher, quand il en avoit besoin, et s'en servoit, et ne les avoit en nulle hayne pour les choses passées. Il estoit naturellement amy des gens de moyen estat, et ennemy de tous grands qui se pouvoient passer de luy. Nul homme ne presta jamais tant l'oreille aux gens, ni ne s'enquist de tant de choses,

[1] Renvoyés.

comme il faisoit, ni qui voulust jamais connoistre tant de gens ; car aussi véritablement il connoissoit toutes gens d'auctorité et de valeur qui estoient en Angleterre, en Espagne, en Portugal, en Italie, et ès seigneuries du duc de Bourgongne, et en Bretagne, comme il faisoit ses subjets. Et ces termes et façons qu'il tenoit, dont j'ay parlé cy-dessus, luy ont sauvé la couronne, vu les ennemis qu'il s'estoit luy mesme acquis à son advènement au royaume. Mais surtout luy a servi sa grande largesse [1] : car ainsi comme sagement il conduisoit l'adversité, à l'opposite, dès ce qu'il cuidoit estre à sûr, ou seulement en une trève, se mettoit à mescontenters es gens, par petits moyens qui peu luy servoient, et à grand peine pouvoit endurer paix. Il estoit léger à parler des gens, et aussi tost en leur présence qu'en leur absence, sauf de ceux qu'il craignoit ; qui estoit beaucoup ; car il estoit assez craintif de sa propre nature. Et quand pour parler il avoit reçu quelque dommage, ou en avoit suspicion, et le vouloit réparer, il usoit de cette parole au personnage propre : « Je sçay bien que ma langue » m'a porté grand dommage; aussi m'a-t-elle fait » quelquesfois du plaisir beaucoup ; toutesfois » c'est raison que je répare l'amende. » Et n'usoit point de ses privées paroles, qu'il ne fist quelque bien au personnage à qui il parloit ; et n'en faisoit nuls petits. Encore fait Dieu grand'grace à un prince, quand il sçait le bien et le mal, et par espécial quand le bien précède [2], comme au roy nostre maistre dessusdit. Mais à mon advis, que le travail qu'il eut en sa jeunesse, quand il fut fugitif de son père, et fuit sous le duc Philippe de Bourgongne, où il fut six ans, luy valut beaucoup ; car il fut contraint de complaire à ceux dont il avoit besoin, et ce bien (qui n'est pas petit) luy apprit adversité. Comme il se trouva grand et roy couronné, d'entrée ne pensa qu'aux vengeances ; mais tost luy en vint le dommage, et quand et quand la repentance ; et répara cette folie et cet erreur, en regagnant ceux auxquels il tenoit tort, comme vous entendrez cy-après. Et s'il n'eust eu la nourriture [3] autre que les seigneurs que j'ay vu nourrir en ce royaume, je ne croy pas que jamais se fust ressours ; car ils ne les nourrissent seulement qu'à faire les fols en habillemens et en paroles. De nulles lettres ils n'ont connoissance. Un seul sage homme on ne leur met à l'entour. Ils ont des gouverneurs à qui on parle de leurs affaires, et à eux rien ; et ceux là disposent de leurs dits affaires ; et tels seigneurs y a qui n'ont que treize livres de rente, en argent, qui se glorifient de dire : « Parlez à » mes gens », cuidans par cette parole contrefaire les très-grands seigneurs. Aussi ay-je bien vu souvent leurs serviteurs faire leur profit d'eux, en leur donnant bien à connoistre qu'ils estoient bestes. Et si d'adventure quelqu'un s'en revient, et veut connoistre ce qui luy appartient, c'est si tard qu'il ne sert plus de guères ; car il faut noter que tous les hommes, qui jamais ont esté grands et fait grandes choses, ont commencé fort jeunes. Et cela gist à la nourriture [1], ou vient de la grace de Dieu.

CHAPITRE XI.

Comment les Bourguignons, estans près de Paris, attendans la bataille, cuidèrent, des chardons qu'ils virent, que ce fussent lances debout.

Or ay-je long-temps tenu ce propos ; mais il est tel que n'en sors pas bien quand je veux ; et pour revenir à la guerre : vous avez ouy comme ceux que le roy avoit logés en cette tranchée, au long de cette rivière de Seine, se deslogèrent à l'heure que l'on les devoit assaillir. La trève ne duroit jamais guères qu'un jour ou deux. Aux autres jours se faisoit la guerre tant aspre qu'il estoit possible, et continuoient les escarmouches depuis le matin jusques au soir. Grosses bendes ne sailloient point de Paris ; toutesfois souvent nous remettoient nostre guet, et puis on le renforçoit. Je ne vy jamais une seule journée qu'il n'y eust escarmouche, quelque petite que ce fust ; et croy bien que, si le roy eust voulu, qu'elles y eussent esté bien plus grosses ; mais il estoit en grand soupçon, et de beaucoup, qui estoit sans cause. Il m'a autrefois dit qu'il trouva une nuict la Bastille Sainct-Antoine ouverte, par la porte des champs, de nuict ; ce qui luy donna grand' suspicion de messire Charles de Melun [2], pource que son père

---

[1] Générosité.
[2] Surpasse.
[3] Éducation. Être nourri dans une maison, c'était y être élevé.

[1] Cela vient de l'éducation.
[2] Seigneur de Nantouillet.

ténoit la place. Je ne dis autre chose dudit messire Charles, que ce que j'en ay dit ; mais meilleur serviteur n'eut point le roy pour cette année-là.

Un jour fut entrepris à Paris de nous venir combattre ; et croy que le roy n'en délibéra riens, mais les capitaines, et de nous assaillir de trois costés : les uns de vers Paris, qui devoit estre la grand' compagnie : une autre bende devers le pont de Charenton, et ceux-là n'eussent guères sçu nuire : et deux cens hommes d'armes, qui devoient venir par devers le bois de Vincennes. De cette conclusion fut adverti l'ost, environ la minuict, par un page, qui vint crier de l'autre part de la rivière, car aucuns bons amis des seigneurs les advertissoient de l'entreprise (qui estoit telle qu'avez ouy) ; et en nomma aucuns, et puis incontinent s'en alla. Sur la fine pointe du jour vint messire Poncet de Rivière devant le dit pont de Charenton, et monseigneur du Lau, d'autre part, devers le bois de Vincennes, jusques à nostre artillerie, et tuèrent un canonier. L'alarme fut fort grande, cuidans que ce fust ce dont le page avoit averti la nuict. Tost fut armé monseigneur de Charolois, mais encore plus tost Jean duc de Calabre ; car à tous alarmes c'estoit le premier homme armé, et de toutes pièces, et son cheval tousjours hardé. Il portoit un habillement, que les conducteurs [2] portent en Italie ; et sembloit bien prince et chef de guerre ; et tiroit toujours droit aux barrières de nostre ost, pour garder les gens de saillir ; et y avoit d'obéyssance autant qu'à monseigneur de Charolois ; et luy obéissoit tout l'ost de meilleur cœur ; et à la vérité il estoit digne d'estre honoré. En un moment tout l'ost fut en armes, et à pied, au long des charettes par le dedans, sauf quelques deux cens chevaux, qui estoient dehors au guet, et, excepté ce jour, je ne connus jamais que l'on eust espérance de combattre ; mais à cette fois chacun s'y attendoit. Et sur ce poinct arrivèrent les ducs de Berry et de Bretagne ; lesquels jamais ne vy armés que ce jour. Le duc de Berry estoit armé de toutes pièces. Ils avoient peu de gens ; ainsi ils passèrent par le camp, et se mirent un peu au dehors pour trouver messeigneurs de Charolois et de Calabre ; et là parloient ensemble. Les chevaucheurs, qui estoient renforcés, allèrent plus près de Paris, et virent plusieurs chevaucheurs, qui venoient pour sçavoir ce bruit en l'ost. Nostre artillerie avoit fort tiré, quand ceux de monseigneur du Lau s'en estoient approchés si près. Le roy avoit une bonne artillerie sur la muraille de Paris, laquelle tira plusieurs coups jusques à nostre ost ; qui est grand' chose, car il y a deux lieues ; mais je croy que l'on avoit levé le nez bien haut aux bastons [1]. Ce bruit d'artillerie faisoit croire de tous les deux costés quelque grande entreprise. Le temps estoit fort obscur et trouble, et nos chevaucheurs, qui s'étoient approchés de Paris, voyoient plusieurs chevaucheurs ; et bien loin outre devant eux voyoient grande quantité de lances debout, ce leur sembloit, et jugeoient que c'estoient toutes les batailles du roy, qui estoient aux champs, et tout le peuple de Paris ; et cette imagination leur donnoit l'obscurité du temps. Ils se reculèrent droit devers ces seigneurs, qui estoient hors de nostre camp, et leur signifièrent ces nouvelles, et les assurèrent de la bataille. Les chevaucheurs saillis de Paris s'approchoient tousjours, pource qu'ils voyoient reculer les nostres, qui encore les faisoit mieux croire. Lors vint le duc de Calabre là où estoit l'estendart du comte de Charolois, et la pluspart des gens de bien de sa maison pour l'accompagner, et la banière preste à desployer, et le guidon de ses armes, qui estoit l'usance de cette maison ; et là nous dit à tous ledit duc Jean : « Or ça, nous sommes
» à ce que nous avons tousjours désiré : voilà le
» roy et tout ce peuple sailly de la ville ; et mar-
» chent, comme disent nos chevaucheurs ; et
» pour ce, que chacun ait bon vouloir et cœur !
» Tout ainsi qu'ils saillent de Paris nous les
» aunerons à l'aune de la ville, qui est la
» grande aune [2]. » Ainsi alla réconfortant la com-

---

[1] Antoine de Chateauneuf, grand bouteiller de France, sénéchal de Guyenne, grand-chambellan de Louis XI et son favori.

[2] Condottieri ; c'étaient des chefs de bandes et de troupes qui prenaient la solde des différens princes d'Italie qui étaient en guerre les uns contre les autres.

[1] Le corps du canon s'appelait baton ; les mousquets se nommaient batons à feu.

[2] L'aune de Paris était plus grande que celle de Flandres, de Hollande et d'Angleterre de presque le double.

pagnie. Nos chevaucheurs avoient un petit repris de cœur, voyans que les autres chevaucheurs estoient foibles. Si se rapprochèrent de la ville, et trouvèrent encore ces batailles où ils les avoient laissées, qui leur donna nouveau pensement. Ils s'en approchèrent le plus qu'ils purent; mais estant le jour un peu haussé et esclaircy, ils trouvèrent que c'estoient grands chardons. Ils furent jusques auprès des portes, et ne trouvèrent riens dehors. Incontinent le mandèrent à ces seigneurs, qui s'en allèrent ouyr messe, et disner; et en furent honteux ceux qui avoient dit ces nouvelles; mais le temps les excusa, avec ce que le page avoit dit la nuict de devant.

CHAPITRE XII.

Comment le roy et le comte de Charolois parlèrent ensemble, pour cuider moyenner la paix.

La pratique de paix continuoit tousjours plus estroit entre le roy et le comte de Charolois qu'ailleurs, pource que la force gisoit en eux. Les demandes des seigneurs estoient grandes, par espécial pource que le duc de Berry demandoit Normandie pour son partage, ce que le roy ne vouloit accorder. Le comte de Charolois vouloit avoir les villes assises sur la rivière de Somme, comme Amiens, Abbeville, Sainct-Quentin, Péronne et autres, lesquelles le roy avoit rachetées de quatre cens mille escus du duc Philippe, n'y avoit pas trois mois; et les avoit eues ledit duc par la paix d'Arras, du roy Charles septiesme. Ledit comte de Charolois disoit, que de son vivant le roy ne devoit les racheter, luy ramentevant combien il estoit tenu à sa maison; car durant qu'il estoit fugitif de son père, le roy Charles, il y fut reçu et nourri six ans, ayant deniers de luy pour son vivre, et puis fut amené par eux jusqu'à Reims et à Paris à son sacre. Ainsi avoit prins le comte de Charolois en très-grand despit ce rachapt des terres dessusdites. Tant fut démenée cette pratique de paix, que le roy vint un matin par eau, jusques vis-à-vis de notre ost, ayant largement de chevaux sur le bord de la rivière; mais en son bateau n'estoient que quatre ou cinq personnes, hormis ceux qui le tiroient : et y avoit monseigneur du Lau, monseigneur de Montauban, lors admiral de France, monseigneur de Nantouillet

et autres. Les comtes de Charolois et de Sainct-Paul estoient sur les bords de la rivière de leur costé, attendans ledit seigneur. Le roi demanda à monseigneur de Charolois ces mots : « Mon frère, m'assurez-vous? » Car autresfois ledit comte avoit espousé sa sœur. Ledit comte luy respondit : « Monseigneur, oui, « comme frère [1]. » Le roy descendit à terre, avec les dessusdits, qui estoient venus avec luy. Les comtes dessusdits luy firent grand honneur, comme raison estoit; et luy, qui n'en estoit chiche, commença la parole, disant : « Mon frère, » je connoy que vous estes gentilhomme et de la » maison de France. » Ledit comte luy demanda : « Pourquoy, monseigneur? » — « Pource, » dit-il, que quand j'envoyai mes ambassadeurs » à Lisle naguères, devers mon oncle vostre » père et vous, et que ce fol Morvillier parla » si bien à vous, vous me mandastes par l'arche-» vesque de Narbonne, qui est gentilhomme, et » il le monstra bien, car chacun se contenta de » luy, que je me repentiroye des paroles que » vous avoit dit ledit de Morvillier, avant qu'il » fust le bout de l'an. Vous m'avez tenu pro-» messe, et encore beaucoup plus tost que le » bout de l'an. » Et dist le roy ces paroles en bon visage et riant, connoissant la nature de celuy à qui il parloit estre telle qu'il prendroit plaisir auxdites paroles : et sûrement elles luy plurent. Puis poursuivit ainsi : « Avec » telles gens veux-je avoir à besongner, qui » tiennent ce qu'ils promettent. » Et désavoua ledit Morvillier, disant ne luy avoir point donné de charge d'aucunes paroles qu'il avoit dites. En effet long-temps se pourmena le roy au milieu de ces deux comtes. Du costé dudit comte de Charolois avoit largement [2] gens armés, qui les regardoient assez de près. Là fut demandé la duché de Normandie, et la rivière de Somme, et plusieurs autres demandes pour chacun, et aucunes ouvertures jà pièça faites, pour le bien du royaume; mais c'estoit là le moins de la question, car le bien public estoit converty en bien particulier. De Normandie, le roy n'y vouloit entendre pour nulles choses;

---

[1] Le comte de Charolois avait épousé madame Catherine de France, sœur de Louis XI. Elle était morte en 1446.

[2] Beaucoup.

mais accorda audit comte de Charolois sa demande ; et offrit audit comte de Sainct-Paul l'office de connestable, en faveur dudit comte de Charolois ; et fut leur adieu très-gracieux ; et se remit le roy en son bateau, et retourna à Paris, et les autres à Conflans.

Ainsi se passèrent ces jours : les uns en trèves, les autres en guerre ; mais toutes paroles d'appointement s'estoient rompues ; j'entends où les députés d'un costé et d'autre s'estoient accoustumés d'assembler, qui estoit à la Grange-aux-Merciers. Mais la pratique dessusdite s'entretenoit entre le roy et ledit seigneur de Charolois ; et y alloient envoyans gens de l'un à l'autre, nonobstant qu'il fust guerre ; et y alloit un nommé Guillaume de Bische et un autre appelé Guillot Divoie, estans au comte de Charolois tous deux ; toutesfois avoient autrefois reçu bien du roy ; car le duc Philippe les avoit bannis, et le roy les avoit recueillis, à la requeste dudit seigneur de Charolois. Ces allées ne plaisoient à tous ; et commençoient jà ces seigneurs à se deffier l'un de l'autre et à se lasser : et n'eust esté ce qui survint peu de jours après, ils s'en fussent tous allés honteusement. Je les ay vus tenir trois conseils en une chambre, où ils estoient tous assemblés ; et vy un jour qu'il en desplut bien au comte de Charolois ; car il s'estoit jà fait deux fois en sa présence, et il luy sembloit bien que la plus grand force de cet ost estoit sienne, et parler en conseil en sa chambre et sans l'appeller, ce ne se devoit point faire. Et en parla au seigneur de Contay, bien fort sage homme (comme j'ay dit ailleurs) qui luy dist : qu'il le portast patiemment ; car s'il les courrouçoit, qu'ils trouveroient mieux leur appointement que luy, et que comme il estoit le plus fort, qu'il faloit qu'il fust le plus sage ; et qu'il les gardast de se diviser, et mit peine à les entretenir joincts de tout son pouvoir, et qu'il dissimulast toutes ces choses ; mais qu'à la vérité l'on s'esbahissoit assez, et mesmement chez luy, dequoy si petits personnages, comme les deux dessusnommés, s'empeschoient de si grand matière, et que c'estoit chose dangereuse, encore ayant affaire à roy si libéral comme est cestuy-cy. Ledit de Contay haïssoit ledit Guillaume de Bische ; toutesfois il disoit ce que plusieurs autres disoient comme luy ; et croy

que sa suspicion ne l'en faisoit point parler, mais seulement la nécessité de la matière. Audit seigneur de Charolois plût ce conseil ; et se mit à faire plus de feste et de joye avec ces seigneurs, que paravant, et avec meilleure chère ; et eut plus de communications avec eux et leurs gens, qu'il n'avoit accoustumé ; et à mon advis qui en estoit grand besoin, et danger qu'ils ne se fussent séparés.

Un sage homme sert bien en une telle compagnie, mais [1] qu'on le veuille croire ; et ne se pourroit trop acheter. Mais jamais je n'ay connu prince, qui ait sçu connoistre la différence entre les hommes, jusques à ce qu'il se soit trouvé en nécessité et en affaire, et s'ils le connoissent, si ne leur en chault-il [2] : et départent leur auctorité à ceux qui plus leur sont agréables, et pour l'âge qui leur est plus sortable, et pour estre conformes à leurs opinions ; ou aucunes fois sont maniés par ceux qui sçavent et conduisent leurs petits plaisirs. Mais ceux qui ont entendement s'en reviennent tost, quand il en est besoin. Tel ay-je vu le roy, ledit comte de Charolois, pour le temps de lors, et le roy Edouard d'Angleterre, et autres plusieurs ; et à telle heure j'ay vu ces trois qu'il leur en estoit bon besoin, et qu'ils avoient faute de ceux qu'ils avoient mesprisés. Mais depuis que ledit comte de Charolois eut esté duc de Bourgongne, et que la fortune l'eut mis plus haut que ne fut jamais homme de sa maison, et si grand qu'il ne craignoit nul prince pareil à luy, Dieu le souffrit cheoir en cette gloire, et tant luy diminua du sens, qu'il mesprisoit tout autre conseil du monde sauf le sien seul ; et aussi tost après finit sa vie douloureusement avec grand nombre de gens, et de ses subjets, et désola sa maison, comme vous voyez.

CHAPITRE XIII.

Comment la ville de Rouen fut mise entre les mains du duc de Bourbon, pour le duc de Berry, par quelques menées, et comment le traicté de Conflans fut de tous poincts conclu.

Pource qu'icy dessus j'ay beaucoup parlé des dangers qui sont en ces traictés, et que les

---

[1] Pourvu.
[2] Du verbe chaloir, importer. Il leur importe peu de les connaistre.

princes y doivent estre bien sages, et bien connoistre quelles gens le meinent, et par especial celuy qui n'a pas le plus apparent du jeu, maintenant s'entendra qui m'a mu de tenir si long conte de cette matière. Cependant que ces traictés se menoient par voyes d'assemblées, et que l'on pouvoit communiquer les uns avec les autres, en lieu de traicter paix, se traicta par aucuns, que la duché de Normandie se mettroit entre les mains du duc de Berry, seul frère du roy, et que là il prendroit son partage, et laisseroit Berry au roy; et tellement fut conduite cette marchandise, que madame la grand'seneschale de Normandie, et aucuns à son adveu, comme serviteurs et parens, mirent le duc Jean de Bourbon au chasteau de Rouen; et par là entra en la ville, laquelle tost se consentit à cette mutation, comme trop désirant d'avoir prince qui demeurast au païs de Normandie; et le semblable firent toutes les villes et places de Normandie, ou peu s'en falut. Et a tousjours bien semblé aux Normands, et fait encore, que si grand'duché comme la leur, requiert bien un duc; et à dire la vérité, elle est de grand' estime, et s'y lève de grands deniers. J'en ay vu lever neuf cens cinquante mille francs. Aucuns disent plus.

Après que cette ville fut tournée, tous les habitans firent le serment audit duc de Bourbon, pour ledit duc de Berry, sauf le bailluf[1] (qui avoit esté nourry du roy pour valet de chambre, luy estant en Flandres, et bien privé de luy) et un appelé maistre Guillaume Piquart, depuis général de Normandie; et aussi le grand séneschal de Normandie[2] (qui est aujourd'huy) ne voulut faire le serment; mais retourna vers le roy, contre le vouloir de sa mère, laquelle avoit conduit cette réduction, comme dit est.

Quand cette mutation fut venue à la connoissance du roy, il se délibéra d'avoir paix, voyant ne pouvoir donner remède à ce qui jà estoit advenu. Incontinent donc fit sçavoir à mondit seigneur de Charolois, qui estoit à son ost, qu'il vouloit parler à luy, et luy nomma l'heure qu'il se rendroit aux champs, auprès dudit ost, estant près Conflans : et saillit à l'heure dite, avec environ cent chevaux, dont la pluspart estoit des Ecossois de sa garde[1]; d'autres gens peu. Ledit comte de Charolois ne mena guères de gens, et il alla sans nulle cérémonie; toutesfois il en survint beaucoup, et tant qu'il y en avoit beaucoup plus qu'il n'en estoit sailly avec le roy. Si les fit demourer un petit loin; et se pourmenèrent eux deux une espace de temps; et luy dist le roy que la paix estoit faite, et luy conta ce cas, qui estoit advenu à Rouen (dont ledit comte ne sçavoit encore rien), disant le roy : que de son consentement n'eust jamais baillé tel partage à son frère; mais puisque d'eux-mesmes les Normands en avoient fait cette nouvelleté, il en estoit content; et passeroit le traicté en toutes telles formes comme il avoit esté avisé par plusieurs journées précédentes; et peu d'autres choses y avoit à accorder. Ledit seigneur de Charolois en fut fort joyeux; car son ost estoit en très-grand' nécessité de vivres, et principalement d'argent; et quand cecy ne fust advenu, tout autant qu'il y avoit là de seigneurs s'en fussent tous allés honteusement. Toutesfois audit comte arriva ce jour, ou bien peu de jours après, un renfort que son père le duc Philippe de Bourgongne luy envoyoit, qu'amenoit monseigneur de Saveuses[2], où il y avoit six-vingts hommes d'armes et quinze cens archiers, et six vingt mille escus comptens sur dix sommiers, et grand' quantité d'arcs et de traicts; et cecy pourvut assez bien l'ost des Bourguignons, estans en deffiance que le demourant ne s'accordast sans eux.

Ces paroles d'appointement plaisoient tant au roy et audit comte de Charolois, que je luy ay oüy conter depuis, que si affectueusement parloient d'achever le demourant, qu'ils ne regardoient point où ils alloient, et tirèrent droit devers Paris, et tant allèrent qu'ils entrèrent dedans un grand boulevart de terre et de bois, que le roy avoit fait faire assez loin

---

[1] Nommé Onaste ou Picard, sire d'Estelan, tige des Bassompierre et des Saint-Luc.
[2] Jacques de Brezé, fils de Pierre.

[1] Les Ecossais de la garde du roy sont la plus ancienne garde des rois de France, et la compagnie des gardes écossaises a toujours conservé le premier rang dans l'ancienne monarchie.
[2] Philippe de Saveuses, chambellan du duc de Bourgogne, capitaine-général d'Artois.

hors de la ville, au bout d'une tranchée, et au long de ladite tranchée on entroit dedans la ville. Avec ledit comte estoient quatre ou cinq personnes seulement, et quand ils furent dedans, ils se trouvèrent très-esbahis; toutesfois ledit comte tint la meilleure contenance qu'il put. Il est à croire que nul de ces deux seigneurs ne furent errans de foy depuis ce temps là, vu qu'à l'un ni à l'autre ne prit mal. Comme les nouvelles vindrent à l'ost que ledit seigneur de Charolois estoit entré dedans ledit boulevart, il y eut très-grand murmure ; et se mirent ensemble le comte de Sainct-Paul, le mareschal de Bourgongne, le seigneur de Contay, le seigneur de Haultbourdin, et plusieurs autres, donnant grand' charge audit seigneur de Charolois de cette folie, et autres qui estoient de sa compagnie : et alléguoient l'inconvénient advenu à son grand père, à Montereau-Fault-Yonne, présent le roy Charles septiesme. Incontinent firent retirer dedans l'ost ce qui estoit dehors pourmenant aux champs, et usa le mareschal de Bourgongne, appelé Neufchastel par son surnom, de cette parole : « Si ce jeune prince, fol et enragé, » s'est allé perdre, ne perdons pas sa maison, » ny le faict de son père, ny le nostre : et » pour ce je suis d'avis que chacun se retire en » son logis, et se tienne prest, sans soy esba-» hir de fortune qui advienne : car nous sommes suffisans, nous tenans ensemble, de nous » retirer jusques és marches de Hénault, ou » de Picardie, ou en Bourgongne. »

Après ces paroles monta à cheval avec le comte de Sainct-Paul, se pourmenant hors de l'ost, et regardant s'il venoit rien devers Paris. Après y avoir esté un espace de temps, virent venir quarante ou cinquante chevaux ; et y estoit le comte de Charolois, et autres gens du roy qui le ramenoient, tant archiers qu'autres. Et quand il les vit approcher, il fit retourner ceux qui l'accompagnoient; et adressa sa parole audit mareschal, qu'il craignoit ; car il usoit de très-aspres paroles : et estoit bon et loyal chevalier pour son party, et luy osoit bien dire : « Je ne suis à vous que par emprunt, » tant que votre père vivra. » Les paroles dudit comte furent telles : « Ne me tensez point, » car je connoy bien ma grande folie ; mais je » m'en suis apperçu si tard que j'estoye près » du boulevart. » Puis luy dit le mareschal qu'il avoit fait cela en son absence. Ledit seigneur baissa la teste, sans rien dire ne respondre ; et s'en revint dedans son ost, où tous estoient joyeux de le revoir ; et loua chacun la foy du roy ; toutesfois ne retourna oncques depuis ledit comte en sa puissance.

CHAPITRE XIV.

Du traicté de paix conclu entre le roy et le comte de Charolois, et ses alliés.

Finalement toutes choses furent accordées : et le lendemain fit le comte de Charolois une grande monstre, pour savoir quelles gens il avoit, et ce qu'il pouvoit avoir perdu ; et sans dire gare, y revint le roy, avec trente ou quarante chevaux, et alla voir toutes les compagnies l'une après l'autre, sauf celle de ce mareschal de Bourgongne; lequel ne l'aimoit pas à cause que dès pieça en Lorraine ledit seigneur luy avoit donné Espinal [1], et depuis osté, pour la donner au duc Jean de Calabre ; dont grand dommage en avoit eu ledit mareschal. Peu à peu reconcilioit le roy avec luy les bons et notables chevaliers qui avoient servi le roy son père, lesquels il avoit désapointés à son advénement à la couronne, et qui pour cette cause s'estoient trouvés en cette assemblée, et connoissoit ledit seigneur son erreur. Il fut dit que le lendemain se trouveroit le roy au chasteau de Vincennes, et tous les seigneurs qui avoient à luy faire hommage, et pour sûreté de tous, bailleroit le roy ledit chasteau de Vincennes au comte de Charolois.

Le lendemain s'y trouva le roy et tous les princes, sans en faillir un ; et estoit le portail et la porte bien garnie des gens dudit comte de Charolois en armes. Là fut lu le traicté de la paix. Monseigneur Charles fit hommage de la duché de Normandie au roy, et le comte de Charolois des terres de Picardie, dont il a esté parlé, et autres qui en avoient à faire. Le comte de Sainct-Paul fit le serment de son office de connestable. Il n'y eut jamais de si bonnes nopces qu'il n'y

---

[1] Louis XI avait donné Epinal en Lorraine à Thiébault, maréchal de Bourgogne, et puis le lui avait ôté pour le donner au duc de Calabre, sur la plainte des habitans contre le maréchal.

en eust de mal disnés. Les uns firent ce qu'ils en vouloient : et les autres n'eurent rien. Des moyens et bons personnages tira le roy ; toutesfois la plus grand' part demourèrent avec le duc de Bretagne et le nouveau duc de Normandie, lesquels allèrent à Rouen prendre leur possession. Au partir du chasteau du bois de Vincennes, prindrent tous congé l'un de l'autre, et se retira chacun en son logis ; et furent faites toutes lettres, pardons et toutes autres choses nécessaires, servans au faict de la paix. Tout en un jour partirent le duc de Normandie et le duc de Bretagne, pour eux retirer, premièrement audit païs de Normandie, et le duc de Bretagne puis après en son païs, et le comte de Charolois pour se retirer en Flandres. Et comme ledit comte fut en train, le roy vint à luy, le conduisit jusques à Villiers-le-Bel, qui est un village à quatre lieues de Paris, montrant par effet avoir un grand désir de l'amitié dudit comte ; et tous deux y logèrent ce soir. Le roy avoit peu de gens ; mais il avoit fait venir deux cens hommes-d'armes pour le reconduire ; dont fut adverty le comte de Charolois en se couchant ; et entra en une très-grand' suspicion, et fit armer largement de gens. Ainsi pouvez voir qu'il est presque impossible que deux grands seigneurs se puissent accorder, pour les rapports et suspicions qu'ils ont à chacune heure. Deux grands princes qui se voudroient bien entr'aymer, ne se devroient jamais voir, mais envoyer bonnes gens et sages les uns vers les autres, et ceux-là les entretiendroient en amitié ou amenderoient les fautes.

Le lendemain au matin, les deux seigneurs dessusdits prindrent congé l'un de l'autre, avec bonnes et sages paroles : et retourna le roy à Paris, en la compagnie de ceux qui l'estoient allé quérir, et cela osta la suspicion qu'on pouvoit avoir eue de luy, et de leur venue. Et le dit comte de Charolois prit le chemin de Compiègne et de Noyon ; et par tout luy fut faite ouverture, par le commandement du roy. De là il tira vers Amiens, où il reçut leur hommage, et de ceux de la rivière de Somme, et des terres de Picardie, qui luy estoient restituées par ceste paix, desquelles le roy avoit payé quatre cens mille escus d'or, n'y avoit pas neuf mois, comme j'ay dit ailleurs ; et incontinent passa outre, et tira au païs de Liége, pource qu'ils avoient desjà fait la guerre par l'espace de cinq ou six mois à son père (luy estant dehors) ès païs de Namur et de Brabant, et avoient desjà lesdits Liégeois fait une destrousse contr'eux. Toutesfois à cause de l'hyver, il ne purent pas faire grand chose ; nonobstant y eut grand' quantité de villages bruslés, et de petites destrousses furent faites sur les Liégeois ; et firent une paix ; et s'obligèrent lesdits Liégeois de la tenir, sur peines d'une grande somme de deniers ; et s'en retourna ledit comte en Brabant [1].

CHAPITRE XV.

Comment par la division des ducs de Bretagne et de Normandie, le roy reprint en ses mains ce qu'il avoit baillé à son frère.

En retournant aux ducs de Normandie et de Bretagne, qui estoient allés prendre la possession de la duché de Normandie, incontinent que leur entrée fut faite à Rouen, ils commencèrent à avoir division ensemble, quand ce fut à départir le butin ; car encore estoient avec eux ces chevaliers que j'ay devant nommés, lesquels avoient accoustumé d'avoir de grands honneurs et de grands estats du roy Charles ; et leur sembloit bien advis qu'ils estoient venus à la fin de leur entreprise, et qu'au roy ne se pouvoient fier : et vouloit chacun en avoir du meilleur endroit soy.

D'autre part le duc de Bretagne en vouloit disposer en partie ; car c'estoit celuy qui avoit porté la plus grande mise, et les plus grands frais en toutes choses. Tellement se porta leur discord, qu'il falut que le duc de Bretagne, pour crainte de sa personne, se retirast au mont de Sainte-Catherine, près Rouen : et fut leur question jusques-là, que les gens dudit duc de Normandie, avec ceux de la ville de Rouen, furent prests à aller affaillir ledit duc de Bretagne jusques au lieu dessusdit ; et en effet il falut qu'il s'en retirast le droict chemin vers Bretagne. Et sur cette division, marcha le roy près du pays ; et pouvez penser qu'il entendoit

---

[1] Il arriva à Bruxelles le 31 janvier 1466.

bien et aidoit à conduire cette affaire; car il estoit maistre en cette science. Une partie de ceux qui tenoient les bonnes places, commencèrent à les luy bailler, et en faire leur bon appointement avec luy. Je ne sçay de ces choses que ce qu'il m'en a dit et conté; car je n'estoye point sur les lieux. Il print un parlement avec le duc de Bretagne qui tenoit une partie des places de la Basse-Normandie, espérant luy faire abandonner son frère de tous poincts. Ils furent quelque peu de jours ensemble à Caen; et firent un traicté, par lequel ladite ville de Caen et autres demourèrent ès mains de monseigneur de Lescun, avec quelque nombre de gens payés; mais ce traicté estoit si troublé que je croy que l'un ni l'autre ne l'entendit jamais bien. Ainsi s'en alla le duc de Bretagne en son païs: et le roy s'en retourna tirant le chemin vers son frère.

Voyant ledit duc de Normandie qu'il ne pouvoit résister, et que le roy avoit prins le Pont-de-l'Arche et autres places sur luy, se délibéra prendre la fuite, et de tirer en Flandre. Le comte de Charolois estoit encore à Sainct-Tron, petite ville au pays de Liége, lequel estoit assez empesché; et fut son armée toute rompue et deffaite, et en temps d'hyver, partie empeschée contre les Liégeois; et luy douloit bien de cette division, car la chose du monde qu'il desiroit le plus, c'estoit de voir un duc en Normadie; car par ce moyen il luy sembloit le roy estre affoibli de la tierce partie. Il faisoit amasser gens sur la Picardie, pour mettre dedans Dieppe. Mais avant qu'ils fussent prests, celuy qui tenoit ladite ville en fit son appointement avec le roy. Ainsi retourna au roy toute ladite duché de Normandie, sauf les places qui demourèrent à monseigneur de Lescun, par l'appointement fait à Caen.

CHAPITRE XVI.

Comment le nouveau duc de Normandie se retira en Bretagne, fort pauvre et désolé de ce qu'il estoit frustré de son intention.

Ledit duc de Normandie (comme j'ay dit) s'estoit délibéré un coup de fuir en Flandres, mais sur l'heure se réconcilièrent le duc de Bretagne et luy, connoissans tous deux leurs erreurs, et que par division se perdent toutes les bonnes choses du monde; et si est quasi impossible que beaucoup de grands seigneurs ensemble et de semblable estat se puissent longuement entretenir, sinon qu'il y ait chef par dessus tous; et si seroit besoin que celuy-là fust sage et bien estimé pour avoir l'obéyssance de tous. J'ay vu beaucoup d'exemples de ceste matière à l'œil, et ne parle pas par ouyr dire: et sommes bien subjets à nous diviser ainsi à nostre dommage, sans avoir grand regard à la conséquence qui en advient; et presque ainsi ay vu advenir par tout le monde, ou l'ay ouï dire. Et me semble qu'un sage personnage, qui aura pouvoir de dix mille hommes, et façon de les entretenir, est plus à craindre et estimer que ne seroient dix qui en auroient chacun six mille tous alliés et confédérés ensemble; pour autant qu'ils ont tant de choses à démesler et accorder entr'eux, que la moitié du temps se perd avant qu'il y ait riens conclu ni accordé.

Or ainsi se retira le duc de Normandie en Bretagne, pauvre et deffait, et abandonné de tous ces chevaliers qui avoient esté au roy Charles son père, et avoient fait leur appointement avec le roy, et mieux appointés de luy que jamais n'avoient esté du roy son père. Ces deux ducs dessusdits estoient sages après le coup (comme l'on dit des Bretons), et se tenoient en Bretagne, et ledit seigneur de Lescun principal de tous leurs serviteurs. Et y avoit maintes ambassades allans et venans au roy de par eux, et de par luy à eux deux, et de par eux au comte de Charolois, et de luy à eux; du roy audit duc de Bourgongne, et de luy au roy: les uns pour sçavoir des nouvelles, les autres pour soustraire gens, et pour toutes mauvaises marchandises, sous ombre de bonne foy.

Aucuns y allèrent par bonne intention, pour cuider pacifier les choses; mais c'estoit grand' folie à ceux qui s'estimoient si bons et si sages, que de penser que leur présence pût pacifier si grands princes et si subtils comme estoient ceux-ci, et tant entendus à leurs fins, et vu espécialement que de l'un des costés, ni de l'autre, ne s'offroit nulle raison. Mais il y a de bonnes gens qui ont cette gloire, qu'il leur semble qu'ils conduiroient des choses là où ils n'entendent rien; car aucunes fois leurs maistres ne leur descouvrent point leurs plus secrettes pensées. A la compagnie de tels que je dis, advient que le plus souvent ne vont que pour parer la feste, et souvent à leurs despens, et va tousjours quelque humblet qui a tousjours quelque marché à part. Ainsi au moins l'ay-je vu par toutes ces saisons dont je parle, et de tous les costés. Et aussi bien, comme j'ay dit, les princes doivent estre sages à regarder à quelles gens ils baillent leurs besongnes entre mains; aussi devroient bien penser ceux qui vont dehors pour eux s'entremettre de telles matières; et qui s'en pourroit excuser, et ne s'en empescher point, sinon qu'on vist qu'eux mesmes y entendissent bien et eussent affection à la matière, ce seroit estre bien sage; car j'ay connu beaucoup de gens de bien s'y trouver bien empeschés et troublés. J'ay vu princes de deux natures: les uns si subtils et si très-suspicionneux, que l'on ne sçavoit comment vivre avec eux, et leur sembloit tousjours qu'on les trompoit; les autres se fioient en leurs serviteurs assez; mais ils estoient si lourds et si mal entendans à leurs besongnes, qu'ils ne sçavoient connoistre qui leur faisoit bien ou mal, et ceux-là sont incontinent mués d'amour en hayne, et de hayne en amour. Et combien que de toutes les deux sortes s'en trouve bien peu de bons, ni là où il y ait ni grande fermeté ni grande sûreté: toutesfois j'aimeroye mieux vivre sous les sages que sous les fols; car il y a plus de moyen de s'en pouvoir eschaper, et d'acquerir leur grace; car avec les ignorans ne sait-on trouver nul expédient, pource qu'avec eux ne fait l'on riens; mais avec leurs serviteurs faut avoir affaire, desquels plusieurs leur eschapent souvent. Toutesfois il faut que chacun les serve et obéysse, aux contrées là où ils se trouvent; car on y est tenu, et aussi contraint. Mais tout bien regardé, nostre seule espérance doit estre en Dieu; car en cestuy-là gist toute nostre fermeté, et toute bonté, qui en nulle chose du monde ne se pourroit trouver; mais chacun de nous la connoist tard, et après ce que nous en avons eu besoin: toutesfois vaut encore mieux tard que jamais.

LIVRE SECOND.

CHAPITRE PREMIER.

Des guerres qui furent entre les Bourguignons et les Liégeois, et comme la ville de Dinand fut prise, pillée et rasée.

Depuis le temps que dessus, se passèrent aucunes années, durant lesquelles le duc de Bourgongne avoit chacun an guerre avec les Liégeois ; et lors, quand le roy le voyoit empesché, il essayoit faire quelque nouvelleté contre les Bretons, en faisant quelque peu de confort aux Liégeois ; et aussi tost, le duc de Bourgongne se tournoit contre luy pour secourir ses alliés : ou eux-mesmes faisoient quelque traicté, ou quelque trève. En l'an mil quatre cens soixante et six fut prins Dinand, assise au païs de Liége, ville très-forte de sa grandeur et très-riche, à cause d'une marchandise qu'ils faisoient, de ces ouvrages de cuivre qu'on appelle Dinanderie, qui sont en effet pots et poisles, et choses semblables. Le duc de Bourgongne Philippe (lequel trespassa au mois de juin, l'an mil quatre cens soixante et sept), s'y fit mener en sa grande vieillesse en une litière, tant avoit de hayne contre eux, pour les grandes cruautés dont ils usoient contre ses subjets, en la comté de Namur, et par espécial en une petite ville, nommée Bouvines, assise à un quart de lieue près dudit lieu de Dinand ; et n'y avoit que la rivière de Meuse entre deux. Et n'y avoit guère que lesdits de Dinand y avoient tenu le siége, la rivière entre deux, l'espace de huit mois entiers, et fait plusieurs cruautés ès environs ; et tiroient de deux bombardes, et d'autres pièces de grosse artillerie, continuellement durant ce temps, au travers des maisons de ladite ville de Bouvines, et contraignoient les pauvres gens d'eux cacher en leurs caves et y demourer. Il n'est quasi croyable la hayne qu'avoient ces deux villes l'une contre l'autre ; et si ne faisoient guères de mariages de leurs enfans, sinon les uns avec les autres ; car ils estoient loin de toutes autres bonnes villes.

L'an précédent de la destruction dudit Dinand (qui fut la saison que le comte de Charolois estoit venu devant Paris, où avoit esté avec les seigneurs de France, comme avez ouy), ils avoient fait un appointement et paix avec ledit seigneur, et luy donnèrent certaine somme de deniers ; et s'estoient séparés de la cité de Liége, et fait leur faict à part, qui est le vray signe de la destruction d'un païs, quand ceux qui doivent se tenir ensemble, se séparent et s'abandonnent. Je le dis aussi bien pour les princes et seigneurs alliés ensemble, comme je fay pour les villes et communautés. Mais pource qu'il me semble que chacun peut avoir vu et lu beaucoup de ces exemples, je m'en tay, disant seulement que le roy Louis, nostre maistre, a mieux sçu entendre cet art de séparer les gens, que nul autre prince que j'aye jamais vu ni connu ; et n'espargnoit l'argent, ni ses biens, ni sa peine, non point seulement envers les maistres, mais aussi bien envers les serviteurs. Ainsi ceux de Dinand se commencèrent tost à repentir de cet appointement dessusdit ; et firent cruellement mourir quatre de leurs bourgeois principaux, qui avoient fait ledit traicté, et recommencèrent la guerre en cette comté de Namur, tant que, pour ces raisons et pour la sollicitation que faisoient ceux de Bouvines, le siége y fut mis par le duc Philippe ; mais la conduite de l'armée estoit à son fils, et y vint le comte de Sainct-Paul, connestable de France, à leur secours, partant de sa maison, et non pas par l'auctorité du roy, ny avec ses gens-d'armes ; mais amena de ceux qu'il avoit amassés ès marches de Picardie. Orgueilleusement firent une saillie ceux de dedans, à leur grand dommage. Le huitiesme jour d'après furent pris d'assaut après avoir esté bien batus, et n'avoient leurs amis loisir de penser s'ils leurs ayderoient. Ladite ville fut prise et rasée, et les prisonniers, jusques à huit cens, noyés devant Bouvines, à la grande requeste de ceux dudit Bouvines. Je ne sçay si Dieu l'avoit ainsi permis, pour leur grande mauvaistié ; mais la vengeance fut cruelle sur eux.

Le lendemain que la ville fut prise, arrivèrent les Liégeois en grand' compagnie, pour les secourir, contre leur promesse ; car ils s'estoient séparés d'eux par appointement, comme ceux de Dinand s'estoient séparés de la cité de Liége.

Le duc Philippe se retira, pour son ancien âge; et son fils, et toute son armée se tira au devant des Liégeois. Et les rencontrasmes plus tost que ne pensions; car par cas d'aventure, nostre avant-garde s'égara, par faute de ses guides; et les rencontrasmes avec la bataille, où estoient les principaux chefs de l'armée. Il estoit jà sur le tard; toutesfois on s'apprestoit de les assaillir. Sur celle heure vindrent gens, députés de par eux au comte de Charolois, qui requirent qu'en l'honneur de la vierge Marie (dont il estoit la veille) il voulsist avoir pitié de ce peuple, en excusant leurs fautes au mieux qu'ils purent. Lesdits Liégeois tenoient contenance de gens qui désiroient la bataille, et toute opposite de la parole de leurs ambassadeurs. Toutesfois, après qu'ils furent allés et retournés deux ou trois fois, fut accordé par eux, entretenir la paix de l'an précédent et bailler certaine somme d'argent, et pour sûreté, de tenir cecy mieux que ce qui estoit passé, ils promirent bailler trois cens ostages, nommés en un rolle par l'évesque de Liége, et par autres ses serviteurs, estans en l'armée, et les bailler dedans le lendemain huit heures. Cette nuict estoit l'ost des Bourguignons en grand trouble et doute; car ils n'estoient en rien clos ni fort, et estoient séparés, et en lieu propice pour les Liégeois, qui tous estoient gens-de-pied, et connaissoient le païs mieux que nous. Aucuns d'eux eurent désir de nous assaillir; et mon advis est qu'ils en eussent eu le meilleur. Ceux qui avoient traicté l'accord, rompirent cette entreprise.

Incontinent que le jour apparut, toute nostre ost s'assembla, et les batailles furent bien ordonnées et le nombre grand, comme de trois mille hommes-d'armes, que bons que mauvais, et douze ou quatorze mille archiers, et d'autres gens de pied beaucoup, du païs voisin. On tira droit à eux, pour recevoir les ostages, ou pour les combatre, s'il y avoit faute. Nous les trouvasmes separés; et jà se departoient par bendes et en désordre, comme peuple mal conduict. Il estoit jà près d'heure de midy, et n'avoient point baillé les ostages. Le comte de Charolois demanda au mareschal de Bourgongne, qui estoit là, s'il leur devoit courre sus ou non. Ledit mareschal respondit qu'ouy, et qu'il pouvoit les deffaire sans péril, à quoy ne devoit dissimuler, vu que la faute venoit d'eux. Après on en demanda au seigneur de Contay (que plusieurs fois ay nommé) qui fut de cette opinion, disant que jamais n'auroit si beau party; et les luy montra jà séparés par bendes comme ils s'en alloient, et loua fort de ne tarder plus. Après on en demanda au connestable, comte de Sainct-Paul, qui fut d'opinion contraire, disant qu'il feroit contre son honneur et promesse d'ainsi le faire, et que tant de gens ne peuvent estre si tost accordés en telle matière, comme est de bailler ostages, en si grand nombre; et louoit de renvoyer devers eux sçavoir leur intention. L'argu de ces trois nommés avec ledit comte, fut grand et long sur ce différend. De l'un costé il voyoit ses grands et anciens ennemis deffaits, et les voyoit sans nulle résistance. D'autre costé on l'argueroit de sa promesse. La fin fut qu'on envoya un trompette vers eux, lequel rencontra les ostages qu'on luy amenoit. Ainsi passa la chose, et s'en retourna chacun en son lieu; mais aux gens-d'armes desplut fort le conseil qu'avoit donné ledit connestable; car ils voyoient de beau butin devant leurs yeux. On envoya incontinent une ambassade à Liége pour confirmer cette paix. Le peuple (qui est inconstant) leur disoit à toute heure qu'on ne les avoit osé combatre; et leur tirèrent couleuvrines à la teste, et leur firent plusieurs rudesses. Le comte de Charolois s'en retourna en Flandres. En cette saison mourut son père [1], auquel il fit très-grand et solennel obsèque à Bruges, et signifia la mort dudit seigneur au roy.

CHAPITRE II.

Comment les Liégeois rompirent la paix au duc de Bourgogne, paravant comte de Charolois, et comment il les deffit en bataille.

Cependant et tousjours depuis se traictoient choses secretes et nouvelles entre ces princes. Le roy estoit si irrité contre le duc de Bretagne et le duc de Bourgongne que merveilles; et avoient lesdits ducs grand' peine pour avoir nouvelles les uns des autres; car souvent leurs

---

[1] Le lundi, 16 juin 1467, entre 9 et 10 heures du soir.

messagers avoient empeschement; et en temps de guerre faloit qu'ils vinssent par mer, et pour le moins, faloit que de Bretagne passassent en Angleterre, et puis par terre jusques à Douvres, et passer à Calais; ou s'ils venoient par terre le droit chemin, ils venoient en grand péril.

En toutes ces années de différends, et entre autres subséquentes qui ont duré jusques à vingt, ou plus, les unes en guerre, les autres en trèves et dissimulations, et que chacun des princes comprenoit par la trève ses alliés, Dieu fit ce bien au royaume de France que les guerres et divisions au païs d'Angleterre estoient encore en nature, et si pouvoient estre commencées quinze ans paravant, en grandes et cruelles batailles, où maint homme de bien fut occis. Et tous disoient qu'ils estoient traistres, à cause qu'il y avoit deux maisons qui prétendoient à la couronne d'Angleterre : c'est à sçavoir la maison de Lanclastre, et la maison d'Yorch. Et ne faut pas douter, si les Anglois eussent esté en l'estat qu'ils avoient esté autrefois, que ce royaume de France n'eust eu beaucoup d'affaires. Tousjours taschoit le roy venir à fin de Bretagne plus qu'à autre chose, car il luy sembloit que c'estoit chose plus aisée à conquérir, et de moindre deffence que cette maison de Bourgongne, et aussi que c'estoient ceux qui recueilloient tous ses malveillans, comme son frère et autres, qui avoient intelligence dedans le royaume; et pour cette cause, pratiquoit fort le duc de Bourgongne, pour luy faire consentir, par plusieurs offres et par plusieurs marchés, qu'il les voulsist abandonner, et par ce moyen aussi luy abandonneroit les Liégeois et autres ses malveillans; ce qui ne se put accorder; mais alla ledit duc de Bourgongne de nouveau sur les Liégeois, qui luy avoient rompu la paix, et pris une ville appelée Huy [1], et chassé ses gens dehors, et pillé ladite ville, nonobstant les ostages qu'ils avoient baillés l'an précédent, en peine capitale, au cas qu'ils rompissent le traicté, et aussi sur peine de grand' somme d'argent. Il assembla son armée environ Louvain, qui est au païs de Brabant et sur les marches de Liége. Là arriva devers luy le comte de Sainct-Paul, connestable de France (qui pour lors s'estoit de tous poincts réduit au roy, et se tenoit avec luy) et le cardinal de la Balue [1] et autres; lesquels signifièrent au duc de Bourgongne comme les Liégeois estoient alliés du roy, et compris en sa trève, l'advertissant qu'il les secoureroit, en cas que ledit duc de Bourgongne les assaillist. Toutesfois ils offrirent, s'il vouloit consentir que le roy pust faire la guerre en Bretagne, que le dit seigneur le laisseroit faire avec les Liégeois. Leur audience fut courte et en public, et ne demourèrent qu'un jour. Ledit duc de Bourgongne disoit pour excuse, que lesdits Liégeois l'avoient assailly, et que la rupture de la trève venoit d'eux et non pas de luy, et que pour telles raisons ne devoit abandonner ses alliés. Les dessusdits ambassadeurs furent despeschés, comme il vouloit monter à cheval (qui estoit le lendemain de leur venue, leur disant tout haut qu'il supplioit au roy ne vouloir rien entreprendre sur le païs de Bretagne. Ledit connestable le pressa, en luy disant : « Monseigneur, vous ne choisissez » point; car vous prenez tout, et voulez faire » la guerre à votre plaisir à nos amis, et nous » tenir en repos, sans oser courre sus à nos » ennemis, comme vous faites aux vostres; il » ne se peut faire, ni le roy ne le souffriroit » point. » Ledit duc print congé d'eux, en leur disant : « Les Liégeois sont assemblés; et m'at» tends d'avoir la bataille avant qu'il soit trois » jours. Si je la perds, je croy bien que vous » en ferez à votre guise; mais aussi, si je la » gaigne, vous laisserez en paix les Bretons. » Et après monta à cheval, et lesdits ambassadeurs allèrent en leur logis s'apprester pour eux en aller. Et luy party dudit lieu de Louvain en armes, et très-grosse compagnie, alla mettre le siège devant une ville, appelée Sainct-Tron. Son armée estoit très-grosse; car tout ce qui estoit pu venir de Bourgongne, s'estoit venu joindre avec luy; et ne luy vy jamais tant de gens ensemble, à beaucoup près.

Un peu avant son partement, avoit mis en délibération s'il feroit mourir ses ostages, ou ce qu'il en feroit : aucuns opinèrent qu'il les fist mourir tous; et par espécial le seigneur de Contay (dont plusieurs fois j'ay parlé) tint cet-

---

[1] Petite ville sur la Meuse, entre Liége et Namur.

[1] Jean, cardinal de la Balue, emprisonné par Louis XI qu'il avait trahi.

te opinion, et jamais ne l'ouys parler si mal ni si cruellement que cette fois. Et pour ce est bien nécessaire à un prince d'avoir plusieurs gens à son conseil; car les plus sages errent aucunes fois, et très-souvent ou pour estre passionnés aux matières de quoy l'on parle, ou par amour, ou par hayne, ou pour vouloir dire l'opposite d'un autre, et aucunes fois par l'indisposition des personnes; car on ne doit point tenir pour conseil ce qui se fait après disner. Aucuns pourroient dire que gens faisans aucunes de ces fautes ne devroient être au conseil d'un prince. A quoy faut respondre : que nous sommes tous hommes, et qui les voudroit chercher tels que jamais ne faillissent à parler sagement, ni que jamais ne s'esmussent plus une fois que l'autre, il faudroit les chercher au ciel; car on ne les trouveroit pas entre les hommes. Mais en récompense aussi, il y aura tel au conseil qui parlera très-sagement, et trop mieux qu'il n'aura accoustumé d'ainsi faire souvent; et aussi les uns radressent les autres.

Retournons à nos opinions. Deux ou trois furent de cet advis, estimans la grandeur ou le sens dudit de Contay; car en tel conseil se trouve beaucoup de gens; et y a assez qui ne parlent qu'après les autres, sans guères entendre aux matières; et désirent complaire à quelqu'un qui aura parlé, qui sera homme estimé en auctorité. Après en fut demandé à monseigneur d'Hymbercourt[1], natif d'auprès d'Amiens, un des plus sages chevaliers, et des plus entendus, que je connus jamais; lequel dit : que son opinion estoit, pour mettre Dieu de sa part de tous poincts, et pour donner à connoistre à tout le monde qu'il n'estoit ni cruel ni vindicatif, qu'il délivrast tous les trois cens ostages, vu encore qu'ils s'y estoient mis en bonne intention, et espérans que la paix se tint; mais qu'on leur dit au despartir la grace que ledit duc leur faisoit, leur priant qu'ils taschassent à réduire ce peuple en bonne paix; et au cas qu'il ny voulust entendre, qu'au moins eux, reconnaissans la bonté qu'on leur faisoit, ne se trouveroient en guerre contre luy, ni contre leur évesque, lequel estoit en sa compagnie. Cette opinion fut tenue; et firent les promesses dessusdites lesdits ostages, en les délivrant. Aussi leur fut dit que si aucun d'eux se déclaroit en guerre et fussent pris, qu'il leur cousteroit la teste; et ainsi s'en allèrent.

Il me semble bon de dire qu'après que ledit seigneur de Contay eut donné cette cruelle sentence contre ces pauvres ostages (comme avez ouy) dont une partie d'eux s'estoient mis par vraye bonté, un estant en ce conseil me dit en l'oreille : « Voyez-vous bien cet homme, » combien qu'il soit bien vieil, si est-il de sa » personne bien sain; mais j'oseroye bien met- » tre grand'chose, qu'il ne sera point vif d'huy » en un an; et le dis pour cette terrible opi- » nion qu'il a dite. » Et ainsi en advint; car il ne vesquit guères; mais avant qu'il mourut il servit bien son maistre pour un jour, en une bataille dont je parleray cy-après.

En retournant donc à nostre propos vous avez ouy comme au partir de Louvain ledit duc mit le siège devant Sainct-Tron, et là affusta son artillerie. Dedans la ville estoient quelques trois mille Liégeois, et un très-bon chevalier qui les conduisoit; et estoit celuy qui avoit traicté la paix, quand nous les trouvasmes au devant de nous en bataille, l'an précédent. Le troisiesme jour après que le siége y fut mis, les Liégeois en très-grand nombre de gens, comme de trente mille personnes et plus, tant de bons que de mauvais, tous gens-depied (sauf environ cinq cens chevaux) et grand nombre d'artillerie, vindrent pour lever nostre siége, sur l'heure de dix heures du matin, et se trouvèrent en un village fort, et clos de marais en une partie, lequel s'appeloit Bruestein à demy lieue de nous; et en leur compagnie estoit François Royet, baillif de Lyon, lors ambassadeur pour le roy vers lesdits Liégeois. L'alarme vint tantost en nostre ost; et faut dire vray, qu'il avoit esté donné mauvais ordre, de n'avoir mis des bons chevaucheurs aux champs; car l'on n'en fut adverty que par les fourageurs qui fuyoient. Je ne me trouvay oncques en lieu avec ledit duc de Bourgongne, où je luy visse donner bon ordre de soy, excepté ce jour. Incontinent fit tirer toutes les batailles aux champs, sauf aucuns qu'il ordonna pour demourer au siége. Entre les autres il y laissa cinq cens Anglois.

---

[1] Guy de Brimeu, seigneur d'Humbercourt, chevalier de la toison d'or. Il fut depuis décapité à Gand, comme on le verra au livre V, chapitre XVII.

Il mit sur les deux costés du village, bien douze cens hommes-d'armes, et quant à luy, il demoura vis-à-vis, plus loin dudit village que les autres, avec bien huit cens hommes-d'armes: et y avoit grand nombre de gens de bien à pied avec les archiers, et grand nombre d'hommes-d'armes. Et marcha monseigneur de Ravestein, avec l'avant-garde dudit duc, et tous gens à pied, tant hommes-d'armes qu'archiers, et certaines pièces d'artillerie, jusques sur le bord de leurs fossés, qui estoient grands et profonds et pleins d'eau; et à coups de flèches et de canons furent reculés, et leurs fossés gaignés, et leur artillerie aussi. Quand le traict fut failly aux nostres, le cœur revint auxdits Liégeois, qui avoient leurs piques longues (qui sont bastons avantageux; et chargèrent sur nos archiers et sur ceux qui les conduisoient; et en une troupe tuèrent quatre ou cinq cens hommes en un moment; et branloient toutes nos enseignes, comme gens quasi desconfits. Et sur ce pas fit le duc marcher les archiers de sa bataille, que conduisoit messire Philippe de Crèvecœur, seigneur des Cordes, homme sage, et plusieurs autres gens de bien, qui d'un ardent et grand courage assaillirent lesdits Liégeois, lesquels en un moment furent desconfits. Les gens-de-cheval (dont j'ay parlé) qui estoient sur les deux costés du village, ne pouvoient mal faire aux Liégeois, ni aussi le duc de Bourgongne de là où il estoit, à cause des marais; mais seulement y estoient à l'aventure, afin que si lesdits Liégeois eussent rompu cette avant-garde et passé les fossés jusques au païs plain, les pust rencontrer. Ces Liégeois se mirent à la fuite tout au long de ces marais : et n'estoient chassés que de gens-à-pied. Des gens-de-cheval, qui estoient avec le duc de Bourgongne, il y en envoya une partie pour donner la chasse; mais il faloit qu'ils prissent bien deux lieues de torse voie pour trouver passage, et la nuict les surprit, qui sauva la vie à beaucoup de Liégeois. Autres renvoya devant ladite ville, pource qu'il y ouyt grand bruit, et doutoit leur saillie. A la vérité ils saillirent trois fois; mais tousjours furent reboutés ; et s'y gouvernèrent bien les Liégeois qui y estoient demourés. Lesdits Liégeois, après qu'ils furent rompus, se rallièrent un petit à l'entour de leur charroy, et y tindrent bien peu. Bien mourut quelques six mille hommes, qui semble beaucoup à toutes gens qui ne veulent point mentir ; mais depuis que je suis né, j'ay vu en beaucoup de lieux où l'on disoit pour un homme qu'on en avoit tué cent pour cuider complaire ; et avec telles mensonges s'obusent bien aucunes fois les maistres. Si ce n'eust esté la nuict, il en fust mort plus de quinze mille. Cette besongne achevée, et que jà il estoit fort tard, le duc de Bourgongne se retira en son ost, et toute l'armée, sauf mille ou douze cens chevaux qui estoient allés passer à deux lieues de là pour chasser les fuyans; car autrement ne les eussent pu joindre, à cause d'une petite rivière. Ils ne firent pas grand exploit pour la nuict ; toutesfois aucuns en tuèrent, et prindrent le demourant, et la plus grande compagnie se sauva en la cité. Ce jour ayda bien à donner l'ordre le seigneur de Contay, lequel peu de jours après mourut en la ville de Huy : et eut assez bonne fin ; et avoit esté vaillant et sage; mais il dura peu de jours, après cette cruelle opinion qu'il avoit donnée contre les Liégeois ostagers, dont avez ouy parler cy-dessus. Tantost après, dès que le duc fut désarmé, il appela un sien secrétaire, et escrivit une lettre au connestable, et autres qui estoient partis d'avec luy, et n'y avoit que quatre jours, à Louvain où ils estoient venus ambassadeurs, comme dit est ; et leur signifia cette victoire, priant qu'aux Bretons ne fust rien demandé.

Deux jours après cette bataille changea bien l'orgueil de ce fol peuple, et pour peu de perte; mais à qui que ce soit, est bien à craindre de mettre son estat en hazard d'une bataille, qui s'en peut passer; car pour un petit nombre de gens que l'on y perd, se muent et changent les courages des gens de celuy qui perd, plus qu'il n'est à croire, tant en espouventement de leurs ennemis qu'en mespris de leur maistre et de ses privés serviteurs ; et entrent en murmures et machinations, demandans plus hardiment qu'ils ne souloient, et se courroucent quand on les refuse. Un escu luy servoit plus paravant que ne feroient trois, et si celuy qui a perdu estoit sage, il ne mettroit de cette saison rien en hazard avec ceux qui ont fuy, mais seulement se tiendroit sur ses gardes, et essayeroit de trouver quelque chose de léger à vaincre, où ils pussent estre les maistres, pour leur faire revenir le cœur et oster la crainte. En toutes façons, une bataille perdue a tousjours grande queue et mauvaise pour le perdant. Vray est que les conquérans les doivent chercher, pour abréger leur œuvre, et ceux qui ont les bonnes gens-de-pied, et meilleurs que leurs voisins, comme nous pourrions aujourd'huy dire Anglois ou Suisses. Je ne le dis pas pour despriser les autres nations; mais ceux-là ont eu de grandes victoires, et leurs gens ne sont point pour longuement tenir les champs, sans estre exploités, comme seroient François ou Italiens, qui sont plus sages, ou plus aisés à conduire. Au contraire, celuy qui gaigne devient en réputation et estime de ses gens plus grande que devant; son obéyssance accroist entre tous ses subjets: on luy accorde en cette estime ce qu'il demande. Ses gens en sont plus courageux et plus hardis. Aussi lesdits princes s'en mettent aucunes fois en si grande gloire et en si grand orgueil, qu'il leur en meschet par après. De cecy je parle de vue; et vient telle grace de Dieu seulement.

Voyans ceux qui estoient dedans St-Tron la bataille perdue pour eux, et qu'ils estoient enfermés tout à l'environ, cuidans la desconfiture trop plus grande qu'elle n'avoit esté, rendirent la ville, laissèrent les armes et baillèrent dix hommes à volonté, tels que le duc de Bourgongne voudroit eslire, lesquels il fit décapiter; et y en avoit six de ce nombre, des ostages que peu de jours avant avoit deslivrés, avec les conditions qu'avez entendues cy-dessus. Il leva son ost et tira à Tongres, qui attendirent le siège. Toutesfois la ville ne valoit guères; et aussi, sans se laisser battre, firent semblable composition; et baillèrent dix hommes, entre lesquels se trouva encore cinq ou six desdits ostages. Tous dix moururent comme les autres.

CHAPITRE III.

Comment après qu'aucuns des Liégeois eurent composé de rendre leur ville, et les autres refusé de ce faire, le seigneur d'Hymbercourt trouva moyen d'y entrer pour le duc de Bourgongne.

De là tira ledit duc devant la cité de Liége: en laquelle il estoit en grand murmure. Les uns vouloient tenir et deffendre la cité, disans qu'ils estoient assez de peuple; et par espécial estoit de cet avis un chevalier, appelé messire Rasse de Lintre [1]. D'autres au contraire, qui voyoient brusler et destruire tout le païs, voulurent paix à quelque dommage que ce fust. Ainsi s'approchant ledit duc de la cité, quelque peu d'ouverture de paix y avoit par menues gens, comme prisonniers, et fut conduite ceste matière par aucuns des dessusdits ostages, qui faisoient au contraire des premiers dont j'ay parlé, et reconnurent la grace qu'on leur avait faite. Ils y menèrent trois cens hommes des plus apparens et grands de la ville, en chemise, les jambes nues et la teste; lesquels apportèrent au duc les clefs de la cité, et se rendirent à luy et à son plaisir, sans rien reserver, sauf le feu et le pillage. Et ce jour s'y trouva présent pour ambassadeur monseigneur de Mouy [2], et un secrétaire du roy, appelé maistre Jean Prevost, qui venoient pour faire semblables requestes et demandes qu'avoit fait le connestable peu de jours auparavant. Cedit jour que la composition fut faite, cuidant ledit duc entrer en la cité, y envoya monseigneur d'Hymbercourt, pour entrer le premier, pource qu'il avoit connoissance en la cité, à cause qu'il y avoit eu administration par les années qu'ils avoient esté en paix. Toutesfois l'entrée luy fut refusée pour ce jour; et se logea en une abbaye, qui est auprès d'une des portes, et avoit avec luy environ cinquante hommes-d'armes. En tout pouvoit avoir quelque deux cens combattans, et j'y estoye. Le duc de Bourgongne luy fit sçavoir qu'il ne partist point de là, s'il se sentoit estre sûrement; mais aussi, si ce lieu n'estoit fort, qu'il se retirast devers luy; car le chemin estoit trop mal aisé pour le secourir, pource qu'en ce quartier là sont tous rochers. Ledit d'Hymbercourt se délibéra de n'en partir point, car le lieu estoit très-fort, et retint avec soy cinq ou six hommes de bien de la ville, de ceux qui estoient venus rendre les clefs de la cité, pour s'en ayder, comme vous entendrez. Quand vindrent les neuf heures au

---

[1] Il se nommait Rasse de la Rivière, seigneur de Lintres et de Heers.

[2] Colart, seigneur de Moui, gouverneur de St-Quentin et bailli de Rouen.

soir nous ouïsmes sonner la cloche, au son de laquelle ils s'assemblèrent; et douta ledit d'Hymbercourt que ce fust pour nous venir assaillir ; car il estoit bien informé que messire Rasse de Lintre et plusieurs autres ne vouloient consentir ceste paix ; et sa suspicion estoit bonne et vraye, car en ce propos estoient-ils, et prests à saillir. Ledit seigneur d'Hymbercourt disoit. « Si nous les pouvons » amuser jusques à minuict, nous sommes es- » chappés ; car ils seront las, et leur prendra » envie de dormir, et ceux qui sont mauvais » contre nous, prendront dès lors la fuite, » voyans qu'ils auront failly à leur entreprise. » Et pour parvenir à cet expédient, il despescha deux de ses bourgeois qu'il avoit retenus, comme je vous ay dit, et leur bailla certains articles assez amiables par escript. Il le faisoit seulement pour leur donner occasion de parler ensemble, et de gaigner temps ; car ils avoient de coustume, et ont encore, d'aller tout le peuple ensemble au palais de l'évesque, quand il survenoit matières nouvelles, et y sont appelés au son d'une cloche qui est léans. Ainsi nos deux bourgeois, qui avoient esté des ostagers et des bons vindrent à la porte (car le chemin n'estoit pas long de deux jects d'arc), et trouvèrent largement peuple armé. Les uns vouloient qu'on assaillist, les autres non. Ils dirent au maire de la cité tout haut, qu'ils apportoient aucunes choses bonnes par escript , de par le seigneur d'Hymbercourt, lieutenant du duc de Bourgongne en celle marche, et qu'il seroit bon de les aller voir au palais ; et ainsi le firent ; et incontinent ouïsmes sonner la cloche dudit palais, à quoy nous connusmes bien qu'ils estoient embesongnés.

Nos deux bourgeois ne vindrent point; mais au bout d'une heure, ouïsmes plus grand bruit à la porte que paravant ; et y vint beaucoup plus largement gens, et crioient par dessus es murailles, et nous disoient vilenies. Lors connut ledit seigneur d'Hymbercourt que le péril estoit plus grand pour nous que devant, et despescha arrière ces quatre autres ostagers qu'il avoit, portans par escript, comme lui estant gouverneur de la cité pour le duc de Bourgongne, les avoit amiablement traictés, et que pour rien ne voudroit consentir à leur perdition ; car il n'y avoit gueres encore qu'il avoit esté de leur mestier [1] (qui estoit des mareschaux et des fèvres), et en avoit porté robbe de livrée : parquoy mieux pouvoient adjouster foy à ce qu'il leur disoit. En somme, s'ils vouloient parvenir au bien de paix et sauver leur païs, il faloit qu'ils fissent, après avoir baillé l'ouverture de la ville, comme ils avoient promis, des choses contenues en certain mémoire. Et instruisit bien ces quatre hommes, qui allèrent à la porte comme avoient fait les autres, et la trouvèrent toute ouverte. Les uns les recueilloient avec grosses paroles et menaces, les autres furent contens d'ouyr leur charge, et retournèrent arrière au palais ; et tout incontinent ouysmes sonner la cloche dudit palais, dont nous eusmes très-grand'joye ; et s'estaignit le bruit que nous avions ouy à la porte ; et en effect furent long-temps en ce palais, et jusques à bien deux heures après minuict ; et là conclurent qu'ils tiendroient l'appointement qu'ils avoient fait, et que le matin bailleroient une des portes audit seigneur d'Hymbercourt ; et tout incontinent s'enfuit de la ville ledit messire Rasse de Lintre, et toute sa sequelle.

Je n'eusse pas si long-temps parlé de ce propos (vu que la matière n'est guère grande) si ce n'eust esté pour montrer qu'aucunes fois avec tels expédiens et habilités, qui procèdent de grand sens, on évite de grands périls, dommages et pertes. Le lendemain, au poinct du jour, vindrent plusieurs des ostages dire audit seigneur d'Hymbercourt, qu'ils luy prioient qu'il voulsist venir au palais, où tout le peuple estoit assemblé, et que là il voulsist jurer les deux poincts dont le peuple estoit en doute, qui estoit le feu et le pillage , et qu'après luy bailleroient un portail. Il le manda au duc de Bourgongne, et alla vers eux ; et le serment fait, retourna à la porte, d'où ils firent descendre ceux qui estoient dessus ; et y mit douze hommes-d'armes, et des archiers, et une bannière du duc de Bourgongne sur ladite porte. Et puis alla à une autre porte qui estoit murée, et la bailla entre les mains du bastard de Bourgongne, qui estoit logé en ces quartiers, et une autre au mareschal de Bourgongne, et une autre à des gentils-hommes, qui es-

---

[1] Pour avoir droit de bourgeoisie, il fallait s'associer à quelqu'un des corps de métiers ou des marchands ou des artisans de la ville.

toient encore avec luy. Ainsi furent quatre portaux bien garnis des gens du duc de Bourgongne, et ses bannières dessus.

Or faut-il entendre qu'en ce temps là, Liége estoit une des plus puissantes villes de la contrée (après quatre ou cinq) et des plus peuplées ; et y avoit grand peuple retiré du païs d'environ ; parquoy n'y apparoissoit en riens de la perte de la bataille. Ils n'avoient aucune nécessité de nuls biens : et si estoit en fin cœur d'hyver, et les plus grandes pluyes qu'il est possible de dire, et le païs de soy tant fangeux et mol qu'à merveilles ; et si estions en grand' nécessité de vivres et d'argent ; et l'armée comme toute rompue. Et si n'avoit ledit seigneur duc de Bourgongne nulle volonté de les assiéger, et aussi n'eust-il sçu ; et quand ils eussent attendu deux jours à eux rendre, par cette voye il s'en fust retourné. Et pource je veux conclure que c'est grand'gloire et honneur audit Hymbercourt qu'il reçut en ce voyage ; et luy procéda de la grace de Dieu seulement, contre toute raison humaine, et ne luy eust osé demander le bien qui luy advint. Et au jugement des hommes, recut tous ces honneurs et biens, pour la grace et bonté dont il avoit usé envers les ostages, dont vous avez ouy parler cy-dessus. Et le dy volontiers, pour ce que les princes et autres se plaignent aucunes fois comme par déconfort, quand ils ont fait bien ou plaisir à quelqu'un, disans que cela leur procède de malheur, et que pour le temps à venir ne seront si légers à pardonner ou à faire quelque libéralité ou autre chose de grace ; qui toutes sont choses appartenantes à leurs offices. A mon advis c'est mal parler, et procède de lasche cœur à ceux qui ainsi le font et dient ; car un prince ou un autre homme qui ne fut jamais trompé, ne sauroit estre qu'une beste, ni avoir connoissance du bien et du mal, ni quelle différence il y a. Et davantage les gens ne sont pas tous d'une complexion ; parquoy, par la mauvaistié d'un ou de deux, ne se doit laisser à faire plaisir à plusieurs, quand on en a le temps et opportunité. Bien seroye-je d'advis qu'on eust bon jugement à voir quelles sont les personnes, car tous ne sont pas dignes de semblables mérites. Et à moy est presque estrange de croire, qu'une personne sage sçust estre ingrat d'un grand bénéfice, quand il l'a reçu de quelqu'un ; et là s'égareroient bien les princes ; car l'accointance d'un fol jamais ne profita à la longue. Et me semble que l'un des plus grands sens que puisse montrer un seigneur, c'est de s'accointer, et approcher de luy gens vertueux et honnestes ; car il sera jugé à l'opinion des gens, d'estre de la condition et nature de ceux qu'il tiendra les plus prochains de luy. Et pour conclure cet article, me semble que l'on ne se doit jamais lasser de bien faire ; car un seul et le moindre de tous ceux auxquels l'on peut avoir fait quelque bien, fera à l'aventure un tel service, et aura telle reconnoissance, qu'il récompensera toutes les laschetés et meschancetés qu'avoient fait tous les autres en cet endroit. Et ainsi avez-vous vu de ces ostages, comme il y en eut aucuns bons et reconnoissans, et les autres et la pluspart mauvais et ingrats ; car cinq ou six seulement conduisoient cet œuvre aux fins et intentions du duc de Bourgongne.

CHAPITRE IV.

Comment le duc de Bourgongne fit son entrée en la ville de Liége, et comment ceux de Gand, qui paravant l'avoient mal reçu, s'humilièrent envers luy.

Le lendemain que les portes eurent esté baillées, entra le duc en la cité de Liége, en grand triomphe, et luy fut abattu vingt brassées de mur, et uny le fossé du long de la grande brèche. A l'environ de luy entrèrent à pied bien deux mille hommes-d'armes, armés de toutes pièces, et deux mille archiers : et si demoura largement gens en l'ost. Luy estant à cheval, entra avec les gens de sa maison, et les plus grands de l'ost les mieux parés et mieux accoustrés que pourroient estre, et ainsi alla descendre à la grand' église. Et pour le vous faire court, il séjourna aucuns jours en la cité, et y fit mourir cinq ou six hommes de ceux qui avoient esté ses ostages, et entre les autres, le messager de la ville, lequel il avoit en grand' hayne. Il leur ordonna aucunes loix et coustumes nouvelles. Il imposa grands deniers sur eux : lesquels il disoit luy estre dus, à cause de paix et appointemens rompus les ans précédens. Il emporta toute leur artillerie et armures, et fit raser toutes les tours et murailles de la cité.

Après qu'il eut fait tout cela, il s'en retourna en son païs, où il fut recueilly à grand' gloire et grand' obéyssance, et par espécial de ceux de Gand, qui paravant qu'il entrast au païs du Liége, estoient comme en rebellion avec aucunes des autres villes. Mais à cette heure le recueillirent comme vainqueur ; et furent apportées toutes les bannières, par les plus notables de la ville, au devant de luy, jusques à Brucelles, et ceux qui les apportoient, vindrent à pied. Ce qu'ils firent, à cause qu'à l'heure du trespas de son père, lorsqu'il fit son entrée à Gand, premier qu'en nulle autre ville de son païs, ayant cette opinion que c'estoit la ville de son païs où il estoit le plus aymé, et qu'à l'exemple de celle là se rangeroient les autres (comme il disoit vray en ce cas dernier); le lendemain qu'il y eut fait son entrée, ils se mirent en armes sur le marché, et y portèrent un sainct, qu'ils nomment Sainct-Liévin ; et heurtèrent de la châsse dudit sainct contre une petite maison appelée la maison de la Cueillette, où l'on levoit aucunes gabelles sur le bled, pour payer aucunes debtes de la ville, qu'ils avoient faites pour payer le duc Philippe de Bourgongne, quand ils firent paix de Gand avec luy (car ils avoient esté en guerre deux ans contre ledit duc), et en effect ils dirent que ledit sainct vouloit passer par la maison, sans se tordre, et en un moment l'abbattirent. Quoy voyant ledit duc alla sur le marché, et monta en une maison pour parler à eux ; et lors grande partie des notables hommes, tous armés l'attendirent : et en passant, luy offrirent d'aller avec luy.

Il les fit demourer devant l'hostel de la ville, et qu'ils l'attendissent ; mais peu-à-peu, le menu peuple le contraignit d'aller sur le marché. Le duc estant illec, il leur commanda qu'ils levassent cette châsse, et qu'ils la rapportassent en l'église. Aucuns la levoient pour luy obéyr, et d'autres la remettoient. Ils luy firent des demandes contre aucuns particuliers de la ville, touchant aucuns deniers. Il leur promit faire justice. Et quand il vit qu'il ne les pouvoit despartir, il s'en retourna en son logis, et eux demourèrent sur le marché, par l'espace de huit jours. Le lendemain luy apportèrent articles, par lesquels ils luy demandoient tout ce que le duc Philippe leur avoit osté par cette guerre, et entre autres choses, que chacun mestier pust avoir sa bannière, comme ils avoient accoustumé, qui sont septante et deux. Pour la doute en quoy il se voyoit, il fut contraint de leur accorder toutes leurs demandes et tels priviléges qu'ils vouloient ; et incontinent qu'il eut dit le mot, après plusieurs allées et venues, ils plantèrent sur le marché toutes les bannières, qui jà estoient faites. Par quoy ils monstrèrent bien qu'ils les eussent prinses outre son vouloir, quand il ne les eust accordées. Il avoit bonne opinion de dire que les autres villes prendroient exemple à son entrée, quand il la feroit premier à Gand ; car plusieurs firent rebellion à son exemple, comme de tuer officiers, et autres excès. Et s'il eust cru le proverbe de son peuple (lequel disoit que ceux de Gand aymoient bien le fils de leur prince, mais le prince non jamais), il n'eust point esté déçu. Et à la vérité dire, après le peuple de Liége, il n'en est nul plus inconstant que ceux de Gand. Une chose ont-ils assez honneste, selon leur mauvaistié ; car à la personne de leur prince ne touchèrent jamais, et les bourgeois, et les notables hommes sont très-bonnes gens, et très-déplaisans de la folie du peuple.

Il avoit esté de nécessité que ledit duc eust dissimulé toutes ces désobéyssances, afin de non avoir guerre à ses subjets, et aux Liégeois ensemble ; mais il faisoit bien son compte que, s'il luy prenoit bien au voyage qu'il faisoit, il les ramèneroit bien à la raison ; et ainsi en advint ; car, comme j'ay desjà dit, ils apportèrent au devant de luy toutes les bannières à pied, jusques à Brucelles, et tous les priviléges, et les lettres qu'ils luy avoient fait signer au partir qu'il fit de Gand. Et en une grand' assemblée qu'il fit en la grand' salle de Brucelles (où il y avoit beaucoup d'ambassadeurs) luy présentèrent lesdites bannières, et semblablement tous leurs priviléges, pour en faire à son bon plaisir. Et lors ses officiers d'armes, par son commandement, ostèrent lesdites bannières des lances en quoy elles estoient attachées ; et furent toutes envoyées à Boulongne sur mer, à huit lieues de Calais, et encore là estoient celles qui leur furent ostées durant le temps de son père le duc Philippe, après les guerres qu'il avoit eues avec eux, où il les

[1467]

avoit vaincus et subjuguès; et le chancelier dudit duc[1] prit tous leurs priviléges, et en cassa un qu'ils avoient, qui estoit touchant leur loy. Car en toutes les autres villes de France, le prince renouvelle tous ceux de la loy chacun an, et fait ouyr leurs comptes; mais à Gand, par ce privilége, il ne pouvoit créer que quatre hommes, et ceux-là faisoient le demourant qui sont vingt et deux, car en tout sont vingt et six échevins de la ville. Quand ceux qui sont de la loy des villes, sont bons pour le comte de Flandres, il est cette année là en paix, et luy accordent volontiers ses requestes; et au contraire, quand lesdits de la loy ne luy sont bons, il y survient volontiers des nouvelletés. Outre, ils payèrent trente mille florins au duc, et six mille à ceux qui estoient à l'entour de luy, et bannirent aucuns de leur ville. Tous leurs autres priviléges furent rendus. Toutes les autres villes se pacifièrent pour argent; car ils n'avoient en riens entrepris contre luy. Et à toutes ces choses on pouvez vous voir le bien qui advient d'estre vainqueur, et aussi le dommage d'estre vaincu. Par quoy on doit bien craindre de se mettre en hazard d'une bataille, qui n'y est contraint, et si force est qu'on y vienne, faut mettre avant le coup toutes les doutes dont on se peut adviser. Car volontiers ceux qui font les choses en crainte, y donnent les bonnes provisions, et plus souvent gagnent que ceux qui y procèdent avec grand orgueil; combien que, quand Dieu y veut mettre la main, riens n'y vaut.

Or estoient les Liégeois, desquels avons parlé cy-dessus, excommuniés cinq ans avoit, pour le différend de leur évesque, dont ne faisoient nulle estime, mais continuoient en leur folie et mauvaise opinion, sans qu'ils eussent sçu dire qui les mouvoit, fors trop de bien et grand orgueil; et à ce propos usoit le roy Louis d'un mot à mon gré bien sage, où il disoit que: « quand » orgueil chevauche devant, honte et dommage » le suivent de bien près;» et de ce péché n'estoit-il point entaché.

[1] Il se nommait Guillaume Hugenet; il fut décapité depuis à Gand avec le seigneur d'Humbercourt.

CHAPITRE V.

Comment le roy, voyant ce qui estoit advenu aux Liégeois, fit quelque peu de guerre en Bretagne, contre les alliés du duc de Bourgongne, et comment ils se virent et parlèrent ensemble eux deux à Péronne.

Ces choses ainsi faites, se retira ledit duc à Gand, où il luy fut faite une bien venue de grand' despence; et y entra en armes; et luy fut faite par ceux de la ville une saillie aux champs, pour mettre hors de la ville ou dedans gens à son plaisir. Plusieurs ambassadeurs du roy y vindrent, et de luy allèrent au roy. Semblablement luy en venoit de Bretagne, et aussi y en envoyoit. Ainsi se passa cet hyver; et taschoit tousjours fort le roy de faire consentir ledit duc qu'il pust faire à son plaisir de ce qui estoit en Bretagne, et faire audit duc aucuns partis en récompense. Cela ne se pouvoit accorder, dont il desplaisoit au roy, vu encore ce qui estoit advenu aux Liégeois ses alliés. Et finalement, si tost que l'esté fut venu, ne put le roy avoir plus de patience, et entra en Bretagne, ou ses gens pour luy, et y prit deux petits chasteaux, l'un appelé Chantonceaux et l'autre Ancenis. Incontinent vindrent ces nouvelles au duc de Bourgongne, qui fut fort pressé et sollicité des ducs de Normandie et de Bretagne: tant qu'à toute diligence fit son armée, et escrivit au roy, luy suppliant qu'il se voulsist déporter de cette entreprise, vu qu'ils estoient compris en la trève, et ses alliés; et voyant qu'il n'avoit responce à son plaisir, ledit duc se mit aux champs près de la ville de Péronne, avec grand nombre de gens. Le roy estoit à Compiègne, et son armée tousjours en Bretagne. Comme le duc eut séjourné là trois ou quatre jours, vint de par le roy le cardinal Balue, ambassadeur, qui peu y arresta; et fit aucunes ouvertures, disant audit duc que ceux qui estoient en Bretagne, pourroient bien accorder sans luy. Tousjours estoient les fins du roy de les séparer. Tost fut despesché ledit cardinal, et luy fut fait honneur et bonne chère, et s'en retourna avec telles paroles: c'est que ledit duc ne s'estoit point mis aux champs pour grever le roy, ni faire guerre, mais seulement pour secourir ses alliés. Et n'y avoit que douces paroles d'un costé et d'autre.

Incontinent après le partement dudit cardinal, arriva devers ledit duc un héraut, appelé

Bretagne, et luy apporta lettres des ducs de Normandie et de Bretagne, contenans comme avoient fait paix avec le roy, et renoncé à toutes alliances, et nommément à la sienne, et que pour tous partages, ledit duc de Normandie devoit avoir soixante mille livres de rente, et renoncer au partage de Normandie, qui naguères luy avoit esté baillé. De cecy n'estoit point trop content ledit monseigneur Charles de France; mais il estoit force qu'il dissimulast. Bien fort esbahy fut le duc de Bourgongne de ces nouvelles, vu qu'il ne s'estoit mis aux champs que pour secourir lesdits ducs; et fut en très-grand danger ledit héraut : et cuida ledit duc, pour ce qu'il estoit passé par le roy, qu'il eust contrefait ses lettres ; toutesfois il eut des semblables lettres par ailleurs. Il sembla bien lors au roy qu'il estoit à la fin de son intention, et qu'aisément il gaigneroit ledit duc à semblablement abandonner les ducs dessus nommés. Et commencèrent à aller messagers secrets de l'un à l'autre ; et finalement donna le roy audit duc de Bourgongne six vingts mille escus d'or, dont il en paya la moitié comptant, avant se lever du camp, pour les despens qu'il avoit faits à mettre sus l'armée. Ledit duc envoya audit seigneur un sien valet-de-chambre appelé Jean Vobrisset, homme fort privé de luy. Le roy y prit grand' finance, et eut vouloir de parler audit duc, espérant de le gaigner de tous poincts à sa volonté, vu les mauvais tours que les deux dessusdits luy avoient faits, et vu aussi cette grande somme d'argent qu'il luy avoit donnée. Et en mandoit quelque chose audit duc par ledit Vobrisset ; et envoya avec luy de rechef le cardinal Ballue, et messire Tanneguy du Chastel, gouverneur de Roussillon, montrans par leurs paroles que le roy avoit très-grand désir que cette vue se fist. Ils trouvèrent ledit duc à Péronne; lequel n'en avoit point trop d'envie, pource qu'encore les Liégeois faisoient signe de soy vouloir rebeller, à cause de deux ambassadeurs que le roy leur avoit envoyés (pour les solliciter de ce faire) avant cette trève, qui estoit pr se, pour peu de jours, entre le roy et le duc et tous autres leurs alliés. A quoy respondit ledit Ballue, et autres de sa compagnie : que lesdits Liégeois ne l'oseroient faire, vu que ledit duc de Bourgongne les avoit destruits l'an passé, et abattu leurs murailles ; et quand ils verroient cet appointement, si leur en passeroit le vouloir, si aucuns en avoient eu. Ainsi fut conclu que le roy viendroit à Péronne (car tel estoit son plaisir) ; et luy escrivit ledit duc une lettre de sa main, portant sûreté d'aller et retourner, bien ample. Ainsi partirent lesdits ambassadeurs, et allèrent devers le roy, qui estoit à Noyon.

Ledit duc cuidoit donner ordre au fait de Liége, et envoya l'évesque, pour lequel estoit ce débat, audit païs ; et se retira avec luy le seigneur d'Hymbercourt, lieutenant dudit duc, audit païs, et plusieurs autres compagnies.

Vous avez entendu par quelle manière avoit esté conclu que le roy viendroit à Péronne. Ainsi le fit, et n'amena nulle garde ; mais voulut venir de tous poincts à la garde et sûreté dudit duc ; et voulut que monseigneur des Cordes luy vint au devant avec les archiers dudit duc (à qui il estoit pour lors) pour le conduire. Ainsi fut fait. Peu de gens vindrent avec luy ; toutesfois il y vint de grands personnages, comme le duc de Bourbon[1], son frère le cardinal[2], le comte de Sainct-Paul, connestable de France, qui en riens ne s'estoit meslé de cette vue, mais luy en desplaisoit ; car pour lors le cœur luy estoit cru, et ne se trouvoit point humble envers ledit duc comme autres fois, et pour cette cause n'y avoit nul amour entre les deux. Aussi y vint le cardinal Ballue, le gouverneur de Roussillon et plusieurs autres. Comme le roy approcha de la ville de Péronne, ledit duc luy alla au devant, fort bien accompagné, et le mena en la ville, et le logea chez le receveur (qui avoit belle maison et près du chasteau), car le logis du chasteau ne valoit riens, et y avoit petit logis.

La guerre entre deux grands princes est bien aisée à commencer, mais très-mauvaise à appaiser, pour les choses qui y adviennent et qui en descendent. Car maintes diligences se font de chacun costé pour grever son ennemy, qui en si soudain moment ne se peuvent rappeler, comme il se vid par ces deux princes, qui avoient entrepris cette vue si soudainement, sans advertir leurs gens qui estoient au

---

[1] Jean II, duc de Bourbon, depuis fait connétable en 1483, mort en 1488.
[2] Charles, cardinal de Bourbon, archevêque de Lyon, mort en 1488.

[1468] loin, lesquels de tous les deux costés accomplissoient les charges que leurs maistres leurs avoient baillées. Le duc de Bourgongne avoit mandé l'armée de Bourgongne, où pour ce temps là avoit grand' noblesse ; et avec eux venoient monseigneur de Bresse, l'évesque de Genève, le comte de Romont[1], tous frères et enfans de la maison de Savoye (car Savoysiens et Bourguignons de tous temps s'entr'aymoient très-fort) ; et aussi aucuns Alemans (qui confinent tant en Savoye qu'en la comté de Bourgongne) estoient en cette bende. Et faut entendre que le roy avoit autresfois tenu ledit seigneur de Bresse en prison[2], à cause de deux chevaliers qu'il avoit fait tuer en Savoye ; parquoy n'y avoit pas grand amour entre eux deux.

En cette compagnie estoit encore monseigneur du Lau (que le roy semblablement avoit long-temps tenu prisonnier, après avoir esté très-prochain de sa personne, et puis s'estoit eschappé de la prison et retiré en Bourgongne) et messire Poncet de Rivière, et le seigneur d'Urfé[3], depuis grand-escuyer de France. Et toute cette bende, dont j'ay parlé, arriva auprès de Péronne, comme le roy y entroit ; et entra ledit de Bresse, et les trois dont j'ay parlé, en la ville de Péronne, portans la croix Sainct-André ; et cuidoient venir à temps pour accompagner ledit duc de Bourgongne, quand il iroit au devant du roy ; mais ils vindrent un peu trop tard. Ils vindrent tout droit en la chambre du duc luy faire la révérence ; et porta monseigneur de Bresse la parole, suppliant au duc que les trois dessus nommés vinssent là en sa sûreté, nonobstant la venue du roy, ainsi comme il leur avoit esté accordé en Bourgongne, et promis à l'heure qu'ils y arrivèrent, et aussi qu'ils estoient prests à le servir envers tous et contre tous. Laquelle requeste ledit duc leur octroya de bouche, et les remercia. Le demourant de cette armée, qu'avoit conduite le mareschal de Bourgongne, se logea aux champs,

comme il fut ordonné. Ledit mareschal ne vouloit point moins de mal au roy, que les autres dont j'ay parlé, à cause de la ville d'Espinal, assise en Lorraine, qu'il avoit autresfois donnée audit mareschal, et puis la luy osta, pour la donner au duc Jean de Calabre, duquel assez de fois a esté parlé en ces présens mémoires. Tost fust le roy adverty de l'arrivée de tous ces gens dessus nommés, et des habillemens en quoy estoient arrivés ; si entra en grande peur, et envoya prier au duc de Bourgongne qu'il pust loger au chasteau, et que tous ceux-là qui estoient venus, estoient ses malveillans. Ledit duc en fut très-joyeux, et luy fit faire son logis, et l'assura fort de n'avoir nul doute.

CHAPITRE VI.

Digression sur l'avantage que les bonnes lettres, et principalement les histoires, font aux princes et grands seigneurs.

C'est grand' folie à un prince de soy soumettre à la puissance d'un autre, par espécial quand ils sont en guerre, où ils ont esté en tous endroits, et est grand avantage aux princes d'avoir vu des histoires en leur jeunesse, èsquelles se voyent largement de telles assemblées, et de grandes fraudes, grosses tromperies et parjuremens, qu'aucuns des anciens ont fait les uns vers les autres, et pris et tués ceux qui en telles sûretés s'estoient fiés. Il n'est pas dit que tous en ayent usé ; mais l'exemple d'un est assez pour en faire sages plusieurs, et leur donner vouloir de se garder ; et est, ce me semble (à ce que j'ay vu plusieurs fois par expérience de ce monde, où j'ay esté autour des princes l'espace de dix-huit ans ou plus, ayant claire connoissance des plus grandes et secrettes matières qui se soient traictées en ce royaume de France et seigneuries voisines), l'un des grands moyens de rendre un homme sage, d'avoir lu les histoires anciennes, et apprendre à se conduire et garder, et entreprendre sagement par icelles et par les exemples de nos prédécesseurs. Car notre vie est si briève, qu'elle ne suffit à avoir de tant de choses expérience. Joint aussi que nous sommes diminués d'âge, et que la vie des hommes n'est si longue comme elle souloit, ni les corps si puissans. Semblablement que nous sommes affoiblis de toute foy et loyauté les uns envers les autres, et ne sçauroye dire par quel lieu on se

---

[1] Philippe, François et Jacques de Savoye.
[2] Le roi n'avait retenu ce prince en prison que du consentement du duc de Savoye, son père.
[3] Pierre d'Urfé, baillif des forêts, grand écuyer de France. C'est de ce Pierre d'Urfé que descendait l'auteur du célèbre roman de l'Astrée.
[4] Arrivèrent.

puisse assurer les uns des autres, et par especial des grands princes, qui sont assez enclins à leur volonté sans regarder autre raison, et qui pis vaut, sont le plus souvent environnés de gens qui n'ont l'œil à autre chose qu'à complaire à leurs maistres, et à louer toutes leurs œuvres, soient bonnes ou mauvaises; et si quelqu'un se trouve qui veuille mieux faire, tout se trouvera brouillé.

Encore ne me puis-je tenir de blasmer les seigneurs ignorans. Environ tous seigneurs se trouvent volontiers quelques clercs et gens de robbes longues (comme raison est); et y sont bien séans, quand ils sont bons, et bien dangereux, quand ils sont mauvais. A tous propos ont une loy au bec, ou une histoire; et la meilleure qui se puisse trouver, se tourneroit bien à mauvais sens; mais les sages et qui auroient lu, n'en seroient jamais abusés; ni ne seroient les gens si hardis de leur faire entendre mensonges. Et croyez que Dieu n'a point établi l'office de roy ni d'autre prince, pour estre exercé par les bestes, ni par ceux qui par vaine gloire dient: « Je ne suis pas clerc; je laisse faire à mon con- » seil; je me fie en eux; » et puis, sans assigner autre raison, s'en vont en leurs esbats. S'ils avoient esté bien nourris en la jeunesse, leurs raisons seroient autres, et auroient envie qu'on estimast leurs personnes et leurs vertus. Je ne veux point dire que tous les princes se servent de gens mal conditionnés; mais bien la plus-part de ceux que j'ay connu n'en ont pas toujours esté dégarnis. En temps de nécessité ay-je bien vu que les aucuns sages se sont bien sçu servir des plus apparens, et les chercher sans y rien plaindre. Et entre tous les princes, dont j'ay eu la connoissance, le roy nostre maistre l'a le mieux sçu faire, et plus honorer et estimer les gens de bien et de valeur. Il estoit assez lettré; il aimoit à demander et entendre de toutes choses, et avoit le sens naturel parfaitement bon, lequel précède toutes autres sciences qu'on sçauroit apprendre en ce monde; et tous les livres qui sont faits ne serviroient de rien, si n'estoit pour ramener en mémoire les choses passées; et qu'aussi plus on voit de choses en un seul livre en trois mois, que n'en sçauroient voir à l'œil et entendre par expérience, vingt hommes de rang, vivans l'un après l'autre. Ainsi pour conclure cet article,

me semble que Dieu ne peut envoyer plus grande playe en un païs, que d'un prince peu entendu; car de là procèdent tous autres maux. Premièrement en vient division et guerre; car il met tousjours en main d'autruy son auctorité, qu'il devroit plus vouloir garder que nulle autre chose; et de cette division procède la famine et mortalité, et les autres maux qui dépendent de la guerre. Or regardez donc, si les subjets d'un prince ne se doivent point bien douloir, quand ils voyent ses enfans mal nourris, et entre mains de gens mal conditionnés [1].

CHAPITRE VII.

Comment et pourquoy le roy Louis fut arresté et enfermé dedans le chasteau de Péronne par le duc de Bourgongne.

Or avez-vous ouy de l'arrivée de cette armée de Bourgongne, laquelle fut à Péronne presque aussi tost que le roy; car ledit duc ne les eut sçu contraindre ni contremander à temps: car jà bien avant estoient en campagne, quand la venue du roy se traictoit; et troublèrent assez la feste, avec les suspicions qui advindrent après. Toutesfois ces deux princes commirent de leurs gens à estre ensemble et traicter de leurs affaires le plus amiablement que faire se pourroit. Et comme ils estoient bien avant en besongne, et jà y avoient esté par trois ou quatre jours, survindrent de très-grandes nouvelles et affaires de Liége, lesquelles je vous diray. Le roy, en venant à Péronne, ne s'estoit point advisé qu'il avoit envoyé deux ambassadeurs à Liége, pour les solliciter contre ledit duc; et néantmoins lesdits ambassadeurs avoient si bien diligenté qu'ils avoient jà fait un grand amas: et vindrent d'emblée les Liégeois prendre la ville de Tongres, où estoient l'évesque de Liége et le seigneur d'Hymbercourt bien accompagnés, jusques à deux mille hommes et plus; et prindrent ledit évesque et ledit d'Hymbercourt; mais peu de gens y furent tués; et n'en prindrent nuls que ces deux, et aucuns particuliers de l'évesque. Les autres s'enfuyrent, et laissèrent tout ce qu'ils avoient, comme gens desconfits. Après cela lesdits Liégeois se mirent en chemin vers la cité de Liége assise assez près de la ville de Tongres. En chemin

[1] Il est probable que Commines attaque la conduite de Louis XI, relativement à la mauvaise éducation qu'il avait fait donner à son fils Charles VIII.

composa ledit seigneur d'Hymbercourt avec un chevalier, appelé messire Guillaume de Ville[1], autrement dit en françois, le Sauvage. Cedit chevalier sauva ledit d'Hymbercourt, craignant que ce fol peuple ne le tuast, et retint sa foy, qu'il ne garda guères; car peu près il fut tué luy-mesme. Ce peuple estoit fort joyeux de la prise de leur seigneur évesque de Liége. Ils avoient en hayne plusieurs chanoines, qu'ils avoient pris ce jour: et à la première repue, en tuèrent cinq ou six. Entre les autres en y avoit un, appellé maistre Robert, fort privé dudit évesque, que plusieurs fois j'avoye vu armé de toutes pièces après son maistre; car telle est l'usance des prélats d'Alemagne. Ils tuèrent ledit maistre Robert[2], présent ledit évesque, et en firent plusieurs pièces, qu'ils se jetoient à la teste l'un de l'autre, par grand' dérision. Avant qu'ils eussent fait sept ou huit lieues, qu'ils avoient à faire, ils tuèrent jusques à seize personnes, chanoines ou autres gens de bien, quasi tous serviteurs dudit évesque. Faisans ces œuvres, laschèrent aucuns Bourguignons, car jà sentoient le traicté de paix encommencé: et eussent esté contraints de dire que ce n'estoit que contre leur évesque, lequel ils menèrent prisonnier en leur cité. De ceux qui fuyoient, dont j'ay parlé, s'effraya tout le quartier par où ils passoient, et vindrent tost ces nouvelles au duc. Les uns disoient que tout estoit mort, les autres le contraire. De telles matières ne vient point volontiers un messager seul; mais en vindrent aucuns, qui avoient ainsi vu habiller ces chanoines, qui cuidoient que ledit évesque fust de ce nombre, et ledit seigneur d'Hymbercourt, et que tout le demourant fust mort; et certifioient avoir vu les ambassadeurs du roy en cette compagnie, et les nommoient. Et fut conté tout cecy audit duc, qui soudainement y ajouta foy et entra en une grande colère, disant que le roy estoit venu là pour le tromper: et soudainement envoya fermer les portes de la ville et du chasteau; et fit semer une assez mauvaise raison, c'estoit qu'on le faisoit pour une boëte qui estoit perdue, où il y avoit de bonnes bagues et de l'argent. Le roy qui se vid enfermé en ce chasteau (qui est petit) et force archiers à la porte, n'estoit point sans doute; et se voyoit logé rasibus d'une grosse tour, où un comte de Vermandois fit mourir un sien prédécesseur roy de France[1]. Pour lors estoye encore avec ledit duc, et le servoye de chambellan, et couchoie en sa chambre quand je vouloie; car tel estoit l'usance de cette maison. Ledit duc, quand il vid les portes fermées, fit saillir les gens de sa chambre, et dit à aucuns que nous estions, que le roy estoit venu là pour le trahir, et qu'il avoit dissimulé ladite venue de toute sa puissance, et qu'elle s'estoit faite contre son vouloir; et va conter ses nouvelles de Liége, et comme le roy l'avoit fait conduire par ses ambassadeurs, et comme tous ses gens avoient esté tués; et estoit terriblement esmu contre le roy, et le menaçoit fort; et croy véritablement que, si à cette heure là il eut trouvé ceux à qui il s'addressoit, prests à le conforter ou conseiller de faire au roy une très-mauvaise compagnie, il eut esté ainsi fait; et pour le moins, eut esté mis en cette grosse tour. Avec moy n'y avoit à ces paroles que deux valets-de-chambre, l'un appellé Charles de Visen, natif de Dijon, homme honneste et qui avoit grand crédit avec son maistre. Nous n'aigrismes rien, mais adoucismes à nostre pouvoir. Tost après tint aucunes de ces paroles à plusieurs; et coururent par toute la ville, jusques en la chambre où estoit le roy, lequel fut fort effrayé: et si estoit généralement chacun, voyant grande apparence de mal, et regardant quantes choses y a à considérer pour pacifier un différend, quand il est commencé entre si grands princes, et les erreurs qu'ils firent tous deux de n'advertir leurs serviteurs, qui estoient loin d'eux, empeschés en leurs affaires, et ce qui soudainement en cuida advenir.

[1] C'était Herberg, comte de Vermandois, qui, sous prétexte d'amitié, arrêta par trahison à Péronne, en l'an 922, Charles-le-Simple, roi de France, pendant quatre ans. Ce roi y mourut en 926. Cette tradition s'était conservée, et on répétait souvent à Louis XI, en lui montrant cette tour: « C'est ici qu'est mort un roi de France. »

---

[1]. Il faut lire Vilde ou Vildt, qui, en flamand, veut dire sauvage. Il était prévôt de la ville de Liége et seigneur de Hautepene.

[2] Robert de Moriamez, archidiacre de l'église de Liége.

CHAPITRE VIII.

Digression sur ce que, quand deux grands princes s'entrevoyent pour cuider appaiser differends, telle venue est plus dommageable que profitable.

Grand folie est à deux grands princes, qui sont comme esgaux en puissance, de s'entrevoir, sinon qu'ils fussent en grande jeunesse, qui est le temps qu'ils n'ont autres pensées qu'à leurs plaisirs; mais depuis le temps que l'envie leur est venue d'accroistre les uns sur les autres, encore qu'il n'y eut nul péril de personnes (ce qui est quasi impossible) si accroist leur malveillance et leur envie : parquoy vaudroit mieux qu'ils pacifiassent leurs differends par sages et bons serviteurs, comme j'ay dit ailleurs plus au long en ces mémoires; mais encore en veux-je dire quelques expériences que j'ay vues et sçues de mon temps. Peu d'années après que nostre roy fut couronné, et avant le bien public[1], se fit une vue du roy de France et du roy de Castille, qui sont les plus alliés princes qui soient en la chrestienté; car ils sont alliés de roy à roy, et de royaume à royaume, et d'homme à homme, et obligés sur grandes malédictions de les bien garder. A cette vue vint le roy Henry de Castille, bien accompagné, jusques à Fontarabie; et le roy estoit à Sainct-Jean-de-Luz, qui est à quatre lieues. Chacun estoit aux confins de son royaume. Je n'y estoye pas, mais le roy m'en a conté, et monseigneur du Lau. Aussi m'en a esté dit en Castille par aucuns seigneurs, qui y estoient avec le roy de Castille; et y estoit le grand-maistre de Sainct-Jacques, et l'archevesque de Tolède, les plus grands de Castille pour lors. Aussy estoit le comte de Lodesme[2], son mignon[3], en grand triomphe; et toute sa garde, qui estoient de trois cens chevaux de Maures de Grenade, dont il y en avoit plusieurs négrins. Vray est que le roy Henry valoit peu de sa personne, et donnoit tout son héritage, ou se le laissoit perdre et oster à qui le vouloit ou pouvoit prendre. Nostre roy estoit aussi fort accompagné, comme avez vu qu'il en avoit bien de coustume ; et par espécial sa garde estoit belle. A cette vue se trouva la royne d'Arragon, pour quelque différend qu'elle avoit avec le roy de Castille, pour Estelle et quelques autres places assisses en Navarre. De ce différend fut le roy juge. Pour continuer ce propos que la vue des grands princes n'est point nécessaire, ces deux icy n'avoient jamais eu différend, ni riens à départir, et se virent une fois ou deux seulement, sur le bord de la rivière[1] qui départ les deux royaumes, à l'endroit d'un petit chasteau appelé Heurtebise; et passa le roy de Castille du costé de deçà. Ils n'arrestèrent guères, sinon autant qu'il plaisoit à ce grand-maistre de Sainct-Jacques et à cet archevesque de Tolède. Parquoy le roy chercha leur accointance, et vindrent devers luy à Sainct-Jean-de-Luz, et prit grande intelligence et amitié avec eux, et peu estima leur roy. La pluspart des gens des deux roys estoient logés à Bayonne, qui d'entrée se battirent très-bien, quelque alliance qu'il y eust : aussi sont-ce langues différentes. Le comte de Lodesme passa la rivière en un bateau dont la voile estoit de drap d'or, et avoit des brodequins fort chargés de pierreries, et vint vers le roy ; toutesfois il n'estoit pas vray comte; mais avoit largement biens[2] ; et depuis je le vy duc d'Albourg, et tenir grande terre en Castille. Aussi se dressoient moqueries entre ces deux nations si alliées. Le roy de Castille estoit laid, et ses habillemens déplaisans aux François, qui s'en moquèrent. Nostre roy s'habilloit fort court, et si mal que pis ne pouvoit, et assez mauvais drap portoit aucunes fois, et un mauvais chapeau, différent des autres, et une image de plomb dessus[3]. Les Castillans s'en moquoient, et disoient que c'estoit par chicheté. En effect ainsi se départit cette assemblée pleine de moquerie et de pique ; et oncques puis ces deux roys ne s'entr'aimèrent; et se dressa de grands brouillis entre les serviteurs du roy de Castille, qui ont duré jusques à sa mort, et long-temps après ; et l'ay vu le plus pauvre roy, abandonné de ses serviteurs, que je vy jamais. La royne d'Arragon se dou-

---

[1] C'est-à-dire avant la guerre du bien public.
[2] Lédeoma.
[3] Mignon ne signifie ici que favori. Ce n'est que long-temps après qu'on a donné à ce mot une plus mauvaise acception.

[1] La rivière d'Endaye, ou de Bidassoa, sépare l'Espagne de la France.
[2] De grands biens.
[3] C'était une figure de vierge en plomb.

lut¹ de la sentence que le roy donna au profit du roy de Castille ; elle en eut le roy en grande hayne, et le roy d'Arragon aussi ; combien qu'un peu s'aydèrent de luy contre ceux de Barcelonne en leur nécessité ; mais peu dura cette amitié ; et y eut dure guerre entre le roy et le roy d'Arragon plus de seize ans, et encore dure ce différend.

Il faut parler d'autres. Le duc de Bourgongne Charles s'est depuis vu à sa grande requeste, avec l'empereur Fédéric, qui encore est vivant ; et y fit merveilleuse despence, pour monstrer son triomphe. Ils traictèrent de plusieurs choses à Trèves, où cette vue se fit, et entr'autres choses, du mariage de leurs enfans, qui depuis est advenu. Comme ils eurent esté plusieurs jours ensemble, l'empereur s'en alla s'en dire adieu, à la grand' honte et folie dudit duc : oncques puis ne s'entraymèrent, ni eux, ni leurs gens. Les Alemands mesprisoient la pompe et parole dudit duc, en l'attribuant à orgueil. Les Bourguignons mesprisoient la petite compagnie de l'empereur, et les pauvres habillemens. Tant se démena la question, que la guerre qui fut à Nuz en advint. Je vy aussi ledit duc de Bourgongne se voir, à Sainct-Paul en Artois, avec le duc Edouard d'Angleterre, dont il avoit espousé la sœur, et estoient frères d'ordre. Ils furent deux jours ensemble. Les serviteurs du roy estoient fort bendés². Les deux parties se plaignoient audit duc. Il presta l'oreille aux uns plus qu'aux autres, dont leur hayne s'accrut. Toutesfois il ayda audit roy, à recouvrer son royaume, et luy bailla gens, argent et navires. Car il en estoit chassé par le comte de Warvich. Et nonobstant ce service (dont il recouvra ledit royaume), jamais depuis ils ne s'entr'aymèrent, et ne dirent bien l'un de l'autre. Je vy venir vers ledit duc, le comte Palatin du Rhin, pour le voir. Il fut plusieurs jours à Bruxelles fort festoyé, recueilly, honoré, et logé en chambre richement tendue. Les gens dudit duc disoient que ces Alemands estoient ords³, et qu'ils jetoient leurs houseaux⁴ sur les licts si richement parés, et qu'ils n'estoient point honnestes comme nous ; et l'estimèrent moins qu'avant le connoistre ; et les Alemands, comme envieux, parloient et médisoient de cette grande pompe. En effect oncques puis ne s'aymèrent, ni ne firent service l'un à l'autre. Je vy aussi venir vers ledit duc, le duc Sigismond d'Autriche, qui luy vendit la comté de Ferrette, assise près la comté de Bourgongne, cent mille florins d'or, pource qu'il ne la pouvoit deffendre des Suisses. Ces deux seigneurs ne plurent guères l'un à l'autre ; et depuis se pacifia ce duc Sigismond avec les Suisses, et osta audit duc ladite comté de Ferrette, et retint son argent ; et en advint des maux infinis audit duc de Bourgongne. En ce temps propre y vint le comte de Warvich, qui oncques puis semblablement ne fut amy du duc de Bourgongne, ni ledit duc le sien.

Je me trouvay présent à l'assemblée qui se fit au lieu de Pecquigny (près la ville d'Amiens) entre nostre roy et le roy Edouard d'Angleterre : et en parleray plus au long où il servira. Il se tint bien peu de choses entr'eux qui y furent promises ; ils besongnèrent en dissimulation. Vray est qu'ils n'eurent plus de guerre (aussi la mer estoit entre eux deux) ; mais parfaite amitié n'y eut jamais. Et pour conclusion, me semble que les grands princes ne se doivent jamais voir, s'ils veulent demourer amis, comme je l'ay dit, et voicy les occasions qui font les troubles. Les serviteurs ne se peuvent tenir de parler des choses passées. Les uns ou les autres le prennent en dépit. Il ne peut estre que les gens et le train de l'un ne soit mieux accoustré que celuy de l'autre : dont s'engendrent moqueries, qui sont choses qui déplaisent merveilleusement à ceux qui sont moqués. Et quand ce sont deux nations différentes, leurs langages et habillemens sont différens : et ce qui plaist à l'un, ne plaist pas à l'autre. Des deux princes, il advient souvent que l'un a le personnage plus honneste et plus agréable aux gens que l'autre, dont il a gloire, et prend plaisir qu'on le loue : et ne se fait point cela sans blasmer l'autre. Les premiers jours qu'ils se sont départis, tous ces bons contes se dient en l'oreille et bas ; et après, par inadvertance et continuation, s'en parle en disnant, en souppant, et puis est rapporté des deux costés. Car peu de choses y a secrettes en ce monde, par

---

¹ Se plaignit ; du verbe douloir se plaindre.
² Bandés les uns contre les autres, en différend, en inimitié.
³ Malpropres. D'où vient le mot ordure.
⁴ Espèce de bottines.

espécial de celles qui sont dites. Ici sont parties de mes raisons, que j'ay vues et sçues, touchant ce propos de dessus.

CHAPITRE IX.

Comment le roy renonça à l'alliance des Liégeois pour sortir hors du chasteau de Péronne.

J'ay beaucoup mis, avant que retourner à mon propos de l'arrest en quoy estimoit le roy estre à Péronne, dont j'ay parlé ci-devant, et en suis sailly, pour dire aux princes mon advis de telles assemblées. Ces portes ainsi fermées et gardées par ceux qui y estoient commis, furent ainsi deux ou trois jours : et cependant ledit duc de Bourgongne ne vit point le roy, ni n'entroit des gens du roy au chasteau, que peu, et par le guichet de la porte. Nuls des gens dudit seigneur ne furent ostés d'auprès de luy, mais peu ou nuls de ceux du duc alloient parler à luy, ni en la chambre, au moins de ceux qui avoient auctorité avec luy. Le premier jour ce fut tout effroy et murmure par la ville. Le second jour ledit duc fut un peu refroidy. Il tint conseil la plus part du jour et partie de la nuict. Le roy faisoit parler à tous ceux qu'il pouvoit penser qui luy pourroient ayder, et ne failloit pas à promettre : et ordonna distribuer quinze mille escus ; mais celuy qui en eut la charge en retint une partie, et s'en acquitta mal, comme le roy sçut depuis. Le roy craignoit fort ceux qui autrefois l'avoient servi, lesquels estoient venus avec cette armée de Bourgongne, dont j'ay parlé, qui jà se disoient au duc de Normandie son frère. A ce conseil, dont j'ay parlé, y eut plusieurs opinions : la plus part louèrent et furent d'avis que la sûreté qu'avoit le roy luy fust gardée, vu qu'il accordoit assez la paix en la forme qu'elle avoit été couchée par escript. Autres vouloient sa prise rudement, sans cérémonie. Aucuns autres disoient qu'à la diligence on fit venir monseigneur de Normandie son frère, et qu'on fist une paix bien avantageuse pour tous les princes de France. Et sembloit bien à ceux qui faisoient cette ouverture, que si elle s'accordoit, le roy seroit restrainct; et qu'on luy bailleroit gardes; et qu'un si grand seigneur prins, ne se délivre jamais ou à peine, quand on luy a fait une si grande offence. Et en vy les choses si près, que je vy un homme housé [1] et prest à partir, qui jà avoit plusieurs lettres adressantes à monseigneur de Normandie estant en Bretagne, et n'attendoit que les lettres du duc ; toutesfois cecy fut rompu. Le roy fit faire des ouvertures, et offrit de bailler en ostage ledit duc de Bourbon, et le cardinal son frère, le connestable, et plusieurs autres, et qu'après la paix conclue, il pust retourner jusques à Compiègne : et qu'incontinent il feroit que les Liégeois répareroient tout, ou se déclareroit contr'eux. Ceux que le roy nommoit pour estre ostages, s'offrirent fort, au moins en public. Je ne sçay s'ils disoient ainsi à part, je me doute que non : et à la vérité je croy, qu'il les y eust laissés, et qu'il ne fust pas revenu.

Cette nuict, qui fut la tierce, ledit duc ne se dépouilla oncques. Seulement se coucha par deux ou trois fois sur son lict, et puis se pourmenoit ; car telle estoit sa façon, quand il estoit troublé. Je couchay cette nuict en sa chambre, et me pourmenay avec luy par plusieurs fois. Sur le matin se trouva en plus grande colère que jamais, en usant de menaces, et prest à exécuter grande chose : toutesfois il se réduisit en sorte que, si le roy juroit la paix et vouloit aller avec luy à Liège, pour luy ayder à se venger, et monseigneur du Liège, qui estoit son prochain parent, il se contenteroit ; et soudainement partit pour aller en la chambre du roy, et luy porter ces paroles. Le roy eut quelque amy [2] qui l'en advertit, l'assurant de n'avoir nul mal, s'il accordoit ces deux poincts; mais s'il faisoit le contraire, il se mettroit en si grand péril, que nul plus grand ne luy pourroit advenir.

Comme le duc arriva en sa présence, la voix luy trembloit, tant il estoit esmu, et prest de se courroucer. Il fit humble contenance de corps ; mais sa geste et parole estoit aspre, demandant au roy s'il ne vouloit pas tenir le traicté de paix, qui avoit esté escript et accordé, et si ainsi le vouloit jurer; et le roy lui respondit qu'ouy. A la vérité il n'y avoit rien esté renou-

[1] Botté.
[2] Il est probable que cet ami était Commines lui-même. Il savait les desseins du duc, ayant passé la nuit avec lui. Voyez ce qu'il dit à la fin de ce chapitre, Louis XI, dans ses lettres-patentes pour Philippe de Commines, déclare qu'il lui a obligation de sa liberté, lors de sa détention à Péronne.

velé de ce qui avoit esté fait devant Paris, touchant le duc de Bourgongne, ou peu du moins, et touchant le duc de Normandie, luy estoit beaucoup amandé [1]; car il estoit dit qu'il renonceroit à la duché de Normandie, et auroit Champagne et Brie, et autres places voisines, pour son partage. Après luy demanda ledit duc s'il ne vouloit point venir avec luy à Liége, pour ayder à revancher la trahison que les Liégeois luy avoient faite, à cause de luy et de sa venue; et aussi luy dist la prochaineté du lignage, qui estoit entre le roy et l'évesque de Liége; car il estoit de la maison de Bourbon. A cette parole le roy respondit: qu'après que la paix seroit jurée (ce qu'il désiroit fort), il estoit content d'aller avec luy à Liége, et d'y mener des gens, en si petit ou si grand nombre que bon luy sembleroit. Ces paroles éjouirent fort le duc; et incontinent fut apporté ledit traicté de paix, et fut tirée des coffres du roy la vraye croix, que Sainct-Charlemagne portoit, qui s'appelle la croix de Victoire; et jurèrent la paix; et tantost furent sonnées les cloches par la ville: et tout le monde fut fort éjouy. Autresfois a plu au roy me faire cet honneur de dire, que j'avoye bien servy à cette pacification [2]. Incontinent escrivit ledit duc en Bretagne ces nouvelles: et envoya le double du traicté, par lequel ne se déjoignoit, ni se délioit d'eux; et si avoit ledit monseigneur Charles partage bon, vu le traicté qu'ils avoient fait peu avant en Bretagne, par lequel ne luy demouroit qu'une pension, comme avez ouy.

CHAPITRE X.

Comment le roy accompagna le duc de Bourgongne, faisant la guerre aux Liégeois, paravant ses alliés.

Incontinent que cette paix fut ainsi faite et conclue, le lendemain partirent le roy et le duc et tirèrent vers Cambray, et de là au pays de Liége; et estoit à l'entrée d'hyver, et le temps estoit très-mauvais. Le roy avoit avec luy les Escossois de sa garde, et gens-d'armes peu, mais il fit venir jusques à trois cens hommes-d'armes. L'armée dudit duc estoit en deux parties. L'une menoit monseigneur le mareschal de Bourgongne (dont vous avez ouy parler ci-dessus); et y estoient tous les Bourguignons, et ces seigneurs de Savoye, desquels vous avez ouy parler, et avec eux grand nombre de gens du pays de Hainault, de Luxembourg, de Namur, et de Limbourg. L'autre partie estoit avec ledit duc. Et quand ils approchèrent de la cité de Liége, on tint conseil, présent le duc, où aucuns advisèrent qu'il seroit bon de renvoyer partie de l'armée, vu que cette cité avoit les portes et murailles rasées, dès l'an précédent, et que de nul costé n'avoient espérance de secours, et aussi que le roy estoit là en personne contre eux, lequel ouvroit aucuns partis pour eux, quasi tels qu'on les demandoit. Cette opinion ne plut au duc, dont bien luy en prit; car jamais homme ne fut si près de perdre le tout. Et la suspicion qu'il avait du roy, luy fit choisir ce sage party: et estoit très-mal avisé à ceux qui en parloient, de penser estre trop forts. C'estoit une grande espèce d'orgueil, et de folie: et maintes fois j'ai ouy de telles opinions. Et le font aucunes fois les capitaines pour estre estimés de hardiesse, ou pour n'avoir assez connoissance de ce qu'ils ont à faire; mais quand les princes sont sages, il ne s'y arrêtent point. Cet article entendoit bien le roy nostre maistre à qui Dieu fasse pardon! car il estoit tardif et craintif à entreprendre; mais à ce qu'il entreprenoit, il y pourvoyoit si bien, qu'à grand peine eut-il sçu faillir à estre le plus fort, et que la maistrise ne luy en fust demourée.

Ainsi fut ordonné: que ledit mareschal de Bourgongne et tous ceux dont j'ay parlé, qui estoient en sa compagnie, iroient loger en la cité, et si on la leur refusoit, ils y entreroient par force, s'ils pouvoient; car jà y avoit gens de la cité allans et venans pour appointer. Et vindrent les dessusdits à Namur, et le lendemain le roy et le duc y arrivèrent, et autres en partirent. Approchans de la cité, ce fol peuple saillit au devant d'eux, et aisément fut déconfit, au moins un bon nombre; le demourant se retira; et eschapa leur evesque, lequel vint devers nous. Il y avoit un légat du pape envoyé pour pacifier, et par connoistre du différend de l'évesque et du peuple; car tousjours estoient en sentence d'excommuniment, pour les offences et raisons devant

---

[1] Devenir meilleur.
[2] Cette phrase prouve ce qui est avancé dans la note 2 d'autre part.

dites. Cedit légat, excédant sa puissance [1], et sur espérance de soy faire évesque de la cité, favorisoit ce peuple; et leur commanda prendre les armes, et se deffendre, et d'autres folies assez. Ledit légat voyant le péril où estoit cette cité, saillit pour fuyr. Il fut pris, et tous ses gens, qui estoient bien vingt-cinq, bien montés. Si tost que le duc le sçut, il fit dire à ceux qui l'avoient, qu'ils le transportassent sans luy en rien dire, et qu'ils en fissent leur profit comme d'un marchand, car si publiquement il venoit en sa compagnie, il ne le pourroit retenir, mais le feroit rendre pour l'honneur du siége apostolique. Ils ne le sçurent faire, mais en eurent débat; et publiquement, à l'heure du disner, luy en vindrent parler ceux qui y disoient avoir part : et incontinent l'envoya mettre en sa main, et leur osta, et luy fit rendre toutes choses, et l'honora. Ce grand nombre de gens, qui estoient en cette avant-garde conduits par le mareschal de Bourgongne et le seigneur d'Hymbercourt, tirèrent droit en la cité, estimans y entrer; et mus de grande avarice, aymoient mieux la piller, qu'accepter appointement qui leur fut offert; et leur sembloit n'estre jà besoin d'attendre le roy et le duc de Bourgongne, qui estoient sept ou huit lieues derrière eux. Et s'avancèrent tant qu'ils arrivèrent dans un fauxbourg à l'entrée de la nuict : et entrèrent à l'endroit de la porte qu'ils avoient quelque peu reparée. En quelque parlement, ils ne s'accordèrent point. La nuict bien obscure les surprit. Ils n'avoient point fait de logis et aussi n'avoient point de lieu suffisant, et estoient en grand désordre. Les uns se pourmenoient; les appeloient leurs maistres ou leurs compagnons, et les noms de leurs capitaines. Messire Jean de Vilde, et autres des capitaines de ces Liégois, voyans cette folie et ce mauvais ordre, prindrent cœur. Et leur servit bien leur inconvénient : c'est à sçavoir la ruine de leurs murailles; car ils sailloient où ils vouloient; et saillirent par les brèches de leurs murailles, et vindrent de front aux premiers : mais par des vignes et petites montagnes, couroient sus aux pages et valets, qui estoient aux bout des fauxbourgs par où ils estoient entrés, où ils pourmenoient grand nombre de chevaux,

et en tuèrent très-largement; et grand nombre de gens se mirent en fuite (car la nuict n'a pas de honte); et tant exploitèrent qu'ils tuèrent plus de huit cens hommes, dont y en eut cent hommes-d'armes. Les hommes de bien et vertueux de cette avant-garde se tinrent ensemble: et estoient quasi tous hommes-d'armes, et gens de bonne maison; et tirèrent avec leurs enseignes, droit à la porte, de peur qu'ils ne saillisent par-là. Les boues y estoient grandes, pour la continuelle pluye qu'il faisoit; et y estoient les hommes-d'armes jusques par dessus les chevilles des pieds, et tous à pied. Un coup [1] tout le demourant du peuple cuyda saillir par la porte, avec grands fallots et grande clarté. Les nostres, qui en estoient fort près, avoient quatre bonnes pièces d'artillerie, et tirèrent deux ou trois beaux coups, du long de la grande rue, et en tuèrent beaucoup de gens. Cela les fit retirer de ce fauxbourg, et fermer leurs portes. Toutesfois durant le desbat du long de ce fauxbourg, gaignèrent ceux qui en estoient saillis, aucuns chariots; et s'en taudirent [2] (car ils estoient près de la ville), là où ils reposèrent assez mallement, car ils demourèrent hors la ville depuis deux heures après minuict jusques à six heures du matin. Toutesfois, quand le jour fut clair et qu'on se vit l'un l'autre, ils furent reboutés; et y fut blessé ce messire Jean de Vilde; et mourut deux jours après en la ville, et un ou deux autres de leurs chefs.

CHAPITRE XI.

Comment le roy arriva en personne devant la cité de Liége, avec ledit duc de Bourgongne.

Combien qu'aucunes fois les saillies soient bien nécessaires, si sont-elles bien dangereuses pour ceux de dedans une place; car ce leur est plus de perte de dix hommes qu'à ceux de dehors de cent; car leur nombre n'est point pareil, et si n'en peuvent recouvrer quand ils veulent; et si peuvent perdre un chef ou un conducteur, qui est cause bien souvent que le demourant des compagnons et gens de guerre ne demandent qu'à abandonner les places. Ce très-grand effroy courut jusques au duc, qui estoit logé jusques à quatre ou cinq lieues de la ville; et de prime-face luy fut dit que tout estoit des-

---

[1] Il se nommait Onuphre; il était évêque de Tricaria, au royaume de Naples et nonce à Cologne.

[1] Une fois.
[2] S'en couvrirent.

confit. Toutesfois il monta à cheval, et toute l'armée, et commanda qu'au roy ne fust riens dit. En approchant de la cité, par un autre endroit, luy vindrent nouvelles que tout se portoit bien, et qu'il n'y avoit point tant de morts qu'on avoit pensé ; et n'y estoit mort nul homme de nom qu'un chevalier de Flandres, appelé monseigneur de Sergine ; mais que les gens de bien, qui y estoient, s'y trouvoient en grande nécessité et travail ; car toute la nuict passée avoient esté debout en la fange, rasibus de la porte de leurs ennemis; et avec ce, ceux qui y estoient retournés, (je parle des gens-de-pied) estoient si découragés qu'ils sembloient mal prests à faire grandes armes ; et que pour Dieu ils se hastassent de marcher, afin qu'une partie de ceux de la ville fussent contraincts d'eux retirer à leurs deffenses, chacun en son endroit, et aussi qu'il luy plust leur envoyer des vivres ; car ils n'en avoient point un seul morceau. Le duc à la diligence fit partir deux ou trois cens hommes, tant que les chevaux les pouvoient porter, pour les renforcer et donner cœur, et leur fit mener ce peu de vivre qu'il put finer. Il y avoit presque deux jours et une nuict qu'ils n'avoient mangé, ni bu, sinon ceux qui avoient porté quelque bouteille ; et si avoient le plus mauvais temps du monde ; et de ce costé là ne leur estoit possible d'entrer, si le duc n'empeschoit les ennemis par ailleurs ; ils avoient largement gens blessés, entre les autres le prince d'Orenge (que j'avoye oublié à nommer) qui se monstra homme de vertu; car oncques ne se voulut bouger. Les sieurs du Lau et d'Urfé s'y gouvernèrent bien tous deux. Il s'en estoit fui cette nuict précédente plus de deux mille hommes.

Jà estoit assez près de la nuict, quand ledit duc eut cette nouvelle ; et après avoir despesché les choses dessusdites, il alla là où estoit son enseigne conter le tout au roy : lequel en fut très-joyeux ; car le contraire luy eust pu porter dommage. Incontinent on s'approcha du fauxbourg ; et descendit largement de gens de bien et hommes-d'armes avec les archiers, pour aller gaigner le fauxbourg, et prendre les logis. Le bastard de Bourgongne avoit fort grand' charge sur ledit duc, le seigneur de Ravestin, le comte de Roucy[1], fils du connestable, et plusieurs autres gens de bien. Aisément fut fait le logis en ce fauxbourg, jusques rasibus de la porte, laquelle ils avoient rompue comme l'autre ; et se logea ledit duc au milieu du fauxbourg; et le roy demoura cette nuict en une grande cense ou metayrie, fort grande et bien massonnée, à un quart de lieue de la ville et gens largement[2] logés à l'environ de luy, tant des siens que des nostres.

La situation de la cité sont montagnes et vallées, païs fort fertile; et y passe la rivière de Meuse au travers, et peut bien estre de la grandeur de Rouen : et pour lors c'estoit une cité merveilleusement peuplée. De la porte où nous estions logés, jusques à celle où estoit notre avant-garde, y avoit peu de chemin par dedans la ville ; mais par dehors y avoit trois lieues, tant y a de barricaves[3] et de mauvais chemins, aussi c'estoit au fin cœur d'hyver. Leurs murs estoient tous rasés, et pouvoient saillir par où ils vouloient : et y avoit seulement un peu de douve[4], ni jamais n'y eut fossés ; car le fond est de roc très-aspres et très-dur. Ce premier soir que le duc de Bourgongne fut logé en leur fauxbourg, furent fort soulagés ceux qui estoient de nostre avant-garde ; car la puissance qui estoit dedans, estoit alors jà départie en deux. Il nous vint environ minuict une alarme bien aspre. Incontinent saillit le duc de Bourgongne en la rue, et peu après y arriva le roy et le connestable, qui firent une grande diligence à venir de si loin. Les uns crioyent : « Ils saillent par une telle porte. » D'autres disoient autres paroles effrayées ; et le temps estoit si obscur et mauvais, qu'il aydoit bien à épouventer les gens. Le duc de Bourgongne n'avoit point faute de hardiesse, mais bien aucunes fois faute d'ordre : et à la vérité, il ne tint point, à l'heure que j'ay parlé, si bonne contenance que beaucoup de gens eussent bien voulu, pource que le roy y estoit présent; et prit le roy paroles et auctorité de commander, et dit à monseigneur le connestable : « Tirez avec ce que vous avez de gens » en tel endroit, car s'ils doivent venir, c'est » leur chemin. » Et à ouïr sa parole et voir sa contenance, sembloit bien roy de grande ver-

---

[1] Antoine de Luxembourg, comte de Roucy, troisième fils du connétable.

[1] Beaucoup de gens logés, et non gens logés au large.
[2] Fondrières.
[3] Planches ou palis.

tu et de grand sens, et qu'autresfois se fust trouvé en tels affaires. Toutesfois ce ne fut riens; et retourna le roy en son logis, et le duc de Bourgongne au sien.

Le lendemain au matin le roy vint loger dedans les fauxbourgs, en une petite maisonnette, rasibus de celle où estoit logé le duc de Bourgongne; et avoit avec luy sa garde de cent Escossois, et des gens-d'armes logés assez près de luy en quelque village. Le duc de Bourgongne estoit en grande suspicion, ou que le roy n'entrast dedans la cité, ou qu'il ne s'enfuist avant qu'il eust pris la ville, ou qu'à luy-même ne fist quelque outrage, estant si près. Toutesfois entre les deux maisons y avoit une grande grange, en laquelle il serra trois cens hommes-d'armes; et y estoit toute la fleur de sa maison; et rompirent les parois de ladite grange pour plus sûrement saillir : et ceux-là avoient l'œil sur la maison du roy, qui estoit rasibus. Cette feste dura huit jours, car au huitième jour la ville fut prise, et nul ne se désarma, ni ledit duc, ni autre. Le soir avant la prise, avoit esté délibéré d'assaillir le lendemain au matin (qui estoit un jour de dimanche, trentiesme d'octobre l'an mil quatre cens soixante et huit); et pris et baillé enseigne avec ceux de nostre avantgarde, que, quand ils ouyroient tirer un coup de bombarde et deux grosses serpentines, incontinent après, sans autres coups, ils assailliroient hardiment; car ledit duc assailliroit de son costé; et devoit estre sur les huit heures du matin. La veille, comme cecy avoit esté conclu, le duc de Bourgongne se désarma (ce qu'encore n'avoit fait) et fit désarmer tous ses gens, pour eux rafraîchir, et par espécial tous ceux qui estoient en cette grange. Bien tost après, comme si ceux de la ville en eussent esté advertis, ils délibérèrent faire une saillie de ce costé, aussi bien qu'ils avoient fait de l'autre.

CHAPITRE XII.

Comment les Liégeois firent une merveilleuse saillie sur les gens du duc de Bourgongne, là où luy et le roy furent en grand danger.

Or notez comme un bien grand prince et puissant peut très-soudainement tomber en inconvénient, et par bien peu d'ennemis, parquoy toutes entreprises se doivent bien penser et bien débattre, avant que les mettre en effect. En toute ceste cité il n'y avoit un seul homme de guerre, sinon de leur territoire. Ils n'avoient plus ni chevaliers ni gentils-hommes avec eux; car si petit qu'ils en avoient, auparavant deux ou trois jours, avoient esté tués ou blessés. Ils n'avoient ni portes ni murailles ni fossés, ni une seule pièce d'artillerie, qui rien vausist; et n'y avoit riens que le peuple de la ville, et sept ou huit cens hommes de pied, qui sont d'une petite montagne au derrière de Liége, appellée le païs de Franchemont; et à la vérité, ont tousjours esté très-renommés et très-vaillans ceux de ce quartier. Or se voyans désespérés de secours (vu que le roy estoit là en personne contre eux) se délibérèrent de faire une grosse saillie, et de mettre toutes choses en aventure; car aussi bien ils sçavoient bien qu'ils estoient perdus. Leur conclusion fut, que par les trous de leurs murailles, qui estoient sur le derrière du logis du duc de Bourgongne, ils sailliroient, tous les meilleurs qu'ils eussent, qui estoient six cens hommes du païs de Franchemont : et avoient pour guide l'hoste de la maison où estoit logé le roy, et aussi l'hoste de la maison où estoit logé le duc de Bourgongne; et pouvoient venir par un grand creux d'un rocher, assez près de la maison de ces deux princes, avant qu'on les apperçust, moyennant qu'ils ne fissent point de bruit. Et combien qu'il y eut quelques escoustes [1] au chemin, si leur sembloit-il bien qu'ils les tueroient, ou qu'ils seroient aussi tost au logis comme eux. Et fesoient leur compte que ces deux hostes les mèneroient tout droit en leurs maisons, où ces deux princes estoient logés, et qu'ils ne s'amuseroient point ailleurs, parquoy les surprendroient de si près qui les tueroient, ou prendroient, avant que leurs gens fussent assemblés; et qu'ils n'avoient point loin à se retirer; et qu'au fort, s'il faloit qu'ils mourussent pour exécuter une telle entreprise, qu'ils prendroient la mort bien en gré; car aussi bien ils se voyoient de tous poincts destruits, comme dit est. Ils ordonnèrent outre, que tout le peuple de la ville sailliroit par la porte, laquelle respondoit du long

---

[1] Vedettes, gardes avancées.

de la grande rue de nostre fauxbourg, avec un grand heu[1], espérant desconfire tout ce qui estoit logé en ce dit fauxbourg; et n'estoient point hors d'espérance d'avoir une bien grande victoire, ou à tout le moins, et au pis aller, une bien glorieuse fin. Quand ils eussent eu mille hommes-d'armes avec eux, de bonne estoffe[2], si estoit leur entreprise bien grande ; toutesfois il s'en falut bien peu qu'ils ne vinssent à leur intention. Et comme ils avoient conclu, saillirent ces six cens hommes de Franchemont par les brèches de leurs murailles; et croy qu'il n'estoit point encore dix heures du soir; et attrapèrent la pluspart des escoutes, et les tuèrent : et entre les autres y moururent trois gentils-hommes de la maison du duc de Bourgongne. Et s'ils eussent tiré tout droit, sans eux faire ouyr jusques à ce qu'ils eussent esté là où ils vouloient aller, sans nulle difficulté ils eussent tué ces deux princes, couchés sur leurs licts. Derrière l'hostel du duc de Bourgongne y avoit un pavillon, où estoit logé le duc d'Alençon[3] qui est aujourd'huy, et monseigneur de Craon[4] avec luy ; ils s'y arrestèrent un peu et donnèrent des coups de piques au travers, et y tuèrent quelque valet-de-chambre. Il en sortit bruit en l'armée, qui fut occasion que quelque peu de gens s'armèrent, au moins aucuns se mirent debout. Ils laissèrent ces pavillons, et vindrent tout droit aux deux maisons du roy et du duc de Bourgongne. La grange (dont j'ay parlé) où ledit duc avoit mis trois cens hommes d'armes, estoit rasibus desdites deux maisons, où ils s'amusèrent, et à grands coups de piques donnèrent par ces trous qui avoient esté faits pour saillir. Tous ces gentils-hommes s'estoient désarmés n'avoit pas deux heures (comme j'ay dit) pour eux rafraîchir pour l'assaut du lendemain ; et ainsi les trouvèrent tous, ou peu s'en faloit, désarmés ; toutesfois aucuns avoient jeté leurs cuirasses sur eux, pour le bruit qu'ils avoient ouy au pavillon de monseigneur d'Alençon ; et combatoient iceux à eux par ces trous, et à l'huis, qui fut totalement la sauveté de ces deux grands princes; car ce délay donna espace à plusieurs gens de soy armer, et de saillir en la rue. J'estoye couché en la chambre du duc de Bourgongne (qui estoit bien petite), et deux gentils-hommes qui estoient de sa chambre, et au dessus y avoit douze archiers seulement, qui faisoient le guet; et estoient en habillemens, et jouoient aux dez. Son grand guet estoit loin de luy, et vers la porte de la ville. En effect l'hoste de sa maison attira une bende de ces Liégeois, et vint assaillir sa maison, où ledit duc estoit dedans; et fut cecy tant soudain qu'à grande peine pusmes-nous mettre audit duc sa cuirasse sur luy, et une sallade en la teste, et incontinent descendismes le degré pour cuider saillir en la rue. Nous trouvasmes nos archiers empeschés à deffendre l'huis et les fenestres contre les Liégeois; et y avoit un merveilleux cry en la rue. Les uns : « Vive le » roy ! » les autres : « Vive Bourgongne ! » » et les autres : « Vive le roy, et tuez ! » et fusmes l'espace de plus de deux patenostres avant que ces archiers pussent saillir de la maison, et nous avec eux. Nous ne sçavions en quel estat estoit le roy, ni desquels il estoit[1], qui nous estoit grand doute[2]. Et incontinent que nous fusmes hors de la maison, avec deux ou trois torches en trouvasmes aucunes autres ; et vismes gens qui se combatoient tout à l'environ de nous ; mais peu dura, car il sailloit gens de tous costés venans au logis du duc. Le premier homme des leurs qui fut tué, fut l'hoste du duc, lequel ne mourut pas sitost ; et l'ouys parler : ils furent tous morts, ou bien peu s'en falut.

Aussi bien assaillirent la maison du roy ; et entra son hoste dedans ; et y fut tué par les Escossois, qui se montrèrent bien bonnes gens ; ils ne bougèrent du pied de leur maistre, et tirèrent largement flesches, desquelles ils blessèrent plus de Bourguignons que de Liégeois. Ceux qui estoient ordonnés à saillir par la porte, saillirent ; mais ils trouvèrent largement gens au guet, qui jà s'estoient assemblés, qui tost les reboutèrent, et ne se montrèrent pas si experts que les autres. Inconti-

---

[1] Huée, bruit.
[2] C'est-à-dire de bonne qualité, gens aguerris.
[3] René, duc d'Alençon.
[4] George de la Tremouille.

[1] Le duc de Bourgogne ne se fiait pas au roi et craignait avec quelque raison qu'il ne se fût joint aux Liégeois.
[2] C'est-à-dire ce qui leur donnait grand sujet de crainte.

nent que ces gens furent ainsi reboutés, le roy et ledit duc parlèrent ensemble; et pource qu'on voyoit beaucoup de gens morts, ils eurent doute que ce ne fussent des leurs; toutesfois peu s'y en trouva, mais de blessés beaucoup. Et ne faut point douter que, s'ils ne se fussent amusés en ces deux lieux (dont j'ay parlé) et par espécial à la grange, où ils trouvèrent résistance, et eussent suivi ces deux hostes, qui estoient leurs guides, ils eussent tué le roy et le duc de Bourgongne: et croy qu'ils eussent aussi desconfit le demourant de l'ost. Chacun de ces deux seigneurs se retira en son logis, très-esbahy de cette hardie entreprise; et tost se mirent en leur conseil à sçavoir qu'il seroit à faire le lendemain, touchant cet assaut qui estoit délibéré: et entra le roy en grand doute, et en estoit la cause, qu'il avoit peur que, si ledit duc failloit à prendre cette cité d'assaut, le mal en tomberoit sur luy, et qu'il seroit en danger d'être arresté, ou pris de tous poincts, car le duc auroit peur, s'il partoit, qu'il ne luy fist la guerre d'autre costé. Icy pouvez voir la misérable condition de ces deux princes, qui par nulle voye ne se sçurent assurer l'un de l'autre; ces deux icy avoient fait paix finale, n'y avoit pas quinze jours, et juré si solennellement, de loyaument l'entretenir; toutesfois la fiance ne s'y pouvoit trouver par nulle voye.

CHAPITRE XIII.
Comment la cité de Liége fut assaillie, prise et pillée, et les églises aussi.

Le roy, pour s'oster de ces doutes, une heure après qu'il se fut retiré en son logis, et après cette saillie dont j'ay parlé, manda aucuns des prochains serviteurs dudit duc, et qui s'estoient jà trouvés au conseil, et leur demanda de la conclusion. Ils luy dirent qu'il estoit arresté dès le lendemain assaillir la ville, en la forme et manière qu'il avoit esté conclu. Le roy lui fit de grandes doutes et très-sages, et qui furent très-agréables aux gens dudit duc; car chacun craignoit très-fort cet assaut, pour le grand nombre de peuple qui estoit dedans la ville, et aussi pour la grande hardiesse qu'ils leur avoient vu faire n'y avoit pas deux heures. E eussent esté très-contens attendre encore aucuns jours, ou les recevoir à quelque composition. Et vindrent devers le duc lui faire ce rapport, y estoye présent; et luy dirent toutes les doutes que le roy faisoit, et les leurs; mais tous disoient venir du roy, craignans qu'il ne l'eut pris mal d'eux. A quoy respondit ledit duc: que le roy le faisoit pour les sauver; et le prit en mauvais sens; et que la chose n'iroit pas ainsi, vu qu'on n'y pouvoit faire nulle batterie, et qu'il n'y avoit point de murailles, et que ce qu'ils avoient remparé aux portes, estoit jà abbatu, et qu'il ne faloit jà plus attendre; et qu'il ne délaisseroit point l'assaut du matin, comme il avoit esté conclu, mais que s'il plaisoit au roy aller à Namur, jusques à ce que la ville fust prise, qu'il en estoit bien content; mais qu'il ne partiroit point de là jusqu'à ce qu'on vist l'issue de cette matinée, et ce qui en pourroit advenir. Cette responce ne plut à nul qui fut présent, car chacun avoit eu peur de cette saillie. Au roy fut faite la responce, non point si griève, mais la plus honneste que l'on put. Il l'entendit sagement; et dit qu'il ne vouloit point aller à Namur; mais que le lendemain se trouveroit avec les autres. Mon advis est que, s'il eust voulu s'en aller cette nuict, il l'eut bien fait; car il avoit cent archiers de sa garde, et aucuns gentils-hommes de sa maison, et près de là trois cens hommes-d'armes; mais sans nulle doute, là où il y alloit de l'honneur, il n'eust point voulu estre repris de couardise.

Chacun se reposa quelque peu, en attendant le jour, tous armés, et disposèrent les aucuns de leurs consciences; car l'entreprise estoit bien dangereuse. Quand le jour fut clair, et que l'heure approcha, qui estoit de huit heures du matin, comme j'ay dit, que l'on devoit assaillir, fit ledit duc tirer la bombarbe et les deux coups de serpentine, pour advertir ceux de l'avant-garde, qui estoient à l'autre part bien loin de nous (comme j'ay dit) par dehors; mais par dedans la ville, il n'y avoit point grand chemin. Ils entendirent l'enseigne, et incontinent se disposèrent à l'assaut. Les trompettes du duc commencèrent à donner, et les enseignes d'approcher les murailles, accompagnés de ceux qui les devoient suivre. Le roy estoit emmy la rue bien accompagné;

car tous ces trois cens hommes-d'armes y estoient, et sa garde, et aucuns seigneurs et gentils-hommes de sa maison. Comme l'on vint pour cuider joindre au poinct, on ne trouva une seule deffence ; et n'y avoit que deux ou trois hommes à leur guet ; car tous estoient allés disner, et estimoient, pource qu'il estoit dimanche, qu'on ne les assailliroit point, et en chacune maison trouvasmes la nappe mise. C'est peu de chose que du peuple, s'il n'est conduict par quelque chef qu'ils aient en révérence et en crainte, sauf qu'il est des heures et des temps, qu'en leur fureur sont bien à craindre.

Jà estoient paravant l'assaut ces Liégeois fort las et mats[1], tant pour leurs gens qu'ils avoient perdus à ces deux saillies, où estoient morts tous leurs chefs, qu'aussi pour le grand travail qu'ils avoient porté par huit journées, car il faloit que tout fust au guet, pource que de tous costés ils estoient défermés[2], comme avez ouy ; et à mon advis qu'ils cuidoient avoir ce jour de repos pour la feste du dimanche ; mais le contraire leur advint, et, comme j'ay dit, ne se trouva nul à deffendre la ville de nostre costé, et moins encore du costé des Bourguignons, qui estoient nostre avant-garde, avec les autres que j'ay nommés, et y entrèrent ceux-là premiers que nous. Ils tuèrent peu de gens ; car tout le peuple s'enfuit outre le pont de Meuze, tirant aux Ardennes, et de là aux lieux où ils pensoient estre en sûreté. Je ne vy, par là où nous estions, que trois hommes morts, et une femme ; et croy qu'il n'y mourut point deux cens personnes en tout, que tout le reste ne fuist, ou se cachast aux églises, ou aux maisons. Le roy marchoit à loisir : car il voyoit bien qu'il n'y avoit nul qui resistast ; et toute l'armée entra dedans par deux bouts, et croy qu'il y avoit quarante mille hommes. Ledit duc, estant plus avant en la cité, tourna tout court au-devant du roy, et le conduisit jusques au palais, et incontinent retourna ledit duc à la grande église de Saint-Lambert, où ses gens vouloient entrer par force, pour prendre des prisonniers et des biens. Et combien que jà il eust commis des gens de sa maison pour ladite église, si n'en pouvoit-il avoir la maistrise ; et assailloient les deux portes. Je sçay qu'à son arrivée il tua un homme de sa main, et le vis. Tout se départit, et ne fut point ladite église pillée ; mais bien en la fin, furent pris les hommes qui estoient dedans, et tous leurs biens. Des autres églises qui estoient en grand nombre (car j'ay ouy dire à monseigneur d'Hymbercourt, qui connoissoit bien la cité, qu'il s'y disoit autant de messes par jour, comme il se faisoit à Rome), la pluspart furent pillées, sous ombre et couleur de prendre des prisonniers. Je n'entray en nulle église qu'en la grande ; mais ainsi me fut-il dit, et en vy les enseignes ; et aussi, long-temps après, le pape prononça grandes censures contre tous ceux qui avoient aucunes choses appartenantes aux églises de la cité, s'ils ne les rendoient, et ledit duc députa commissaires pour aller par tout son païs, pour faire exécuter le mandement du pape. Ainsi la cité prise et pillée environ le midi, retourna le duc au palais. Le roy avoit jà disné, lequel monstroit signe de grande joie de cette prise ; et louoit fort le grand courage et hardiesse dudit duc, et entendoit bien qu'il luy seroit rapporté ; et n'avoit en son cœur autre désir, que s'en retourner en son royaume. Après disner ledit duc et luy se virent en grande chère : et si le roy avoit loué fort ses œuvres en derrière, encore le loua-t-il mieux en sa présence, et y prenoit ledit duc plaisir.

Je retourne un peu à parler de ce pauvre peuple qui fuyoit, de la cité pour confirmer quelques paroles que j'ay dites au commencement de ces Mémoires, où j'ay parlé des malheurs que j'ay vu suivre les gens, après une bataille perdue par un roy ou duc, ou autre personne beaucoup moindre.

Ces misérables gens fuyoient par le païs d'Ardenne, avec femmes et enfans. Un chevalier, demourant au païs, qui avoit tenu leur party jusques à ceste heure, en destroussa une bien grande bende ; et pour acquérir la grace du vainqueur, l'escrivit au duc de Bourgongne, faisant encore le nombre des morts et pris plus grand qu'il n'estoit : toutesfois y en avoit largement, et par là fit son appointement. Autres fuyoient à Mézières sur Meuse, qui est au royaume. Deux ou trois de leurs chefs de bendes y furent pris, dont l'un avoit nom Madoulet, et furent amenés et présentés audit duc :

---

[1] Abattus, découragés.
[2] Ouverts.

lesquels il fit mourir. Aucuns de ce peuple moururent de faim, de froid et de sommeil.

CHAPITRE XIV.

Comment le roy Louis s'en retourna en France du consentement du duc de Bourgongne, et comment ce duc acheva de traiter les Liégeois et ceux de Franchemont.

Quatre ou cinq jours après cette prise, commença le roy à embesongner ceux qu'il tenoit pour ses amis, envers ledit duc, pour s'en pouvoir aller; et aussi en parla au duc en sage sorte, disant que, s'il avoit plus à faire de luy, qu'il ne l'espargnast point; mais s'il n'y avoit plus riens à faire, qu'il désiroit aller à Paris faire publier leur appointement en la cour de parlement (pource que c'est la coustume de France d'y publier tous accords, ou autrement ne seroient de nulle valeur; toutesfois les roys y peuvent tousjours beaucoup); et d'avantage prioit audit duc qu'à l'esté prochain ils se pussent entrevoir en Bourgongne, et estre un mois ensemble, faisant bonne chère. Finalement ledit duc s'y accorda, tousjours un petit murmurant; et voulut que le traicté de paix fut relu devant le roy, sçavoir s'il n'y avoit riens dont il se repentist, offrant le mettre à son choix, de faire ou de laisser, et fit quelque peu d'excuse au roy de l'avoir amené là. Outre requit au roy, consentir qu'audit traicté se mist un article en faveur de monseigneur du Lau, d'Urfé, et Poncet de Rivière, et qu'il fust dit que leurs terres et estats leur seroient rendus, comme ils avoient avant la guerre. Cette requeste despleut au roy, car ils n'estoient point de son party, parquoy dussent estre compris en cette paix : et aussi servoient-ils à monseigneur Charles son frère, et non point à luy : et à cette requeste respondit le roy estre content, pourvu qu'il luy en accordast autant pour monseigneur de Nevers[1] et de Croy. Ainsi ledit duc se tut. Et sembla cette response bien sage; car ledit duc avoit tant de hayne aux autres, et les tenoit tant à cœur, que jamais ne s'y fust consenti. A tous les autres poincts respondit le roy ne vouloir rien y diminuer, mais confirmer tout ce qui avoit esté juré à Péronne. Et ainsi fut accordé ce partement; et prit congé le roy dudit duc, lequel le conduisit environ demie lieue ; et au départe-ment d'ensemble luy fit le roy cette demande: « Si d'aventure mon frère qui est en Breta» gne ne se contentoit du partage que je luy » baille pour l'amour de vous, que voudriez » vous que je fisse ? » Ledit duc luy respondit soudainement sans y penser : « S'il ne le veut » prendre, mais que vous fassiez qu'il soit con» tent, je m'en rapporte à vous deux. » De cette demande et response sortit depuis grande chose, comme vous oirez[1] cy-après.

Ainsi s'en alla le roy à son plaisir; et le conduisirent les sieurs des Cordes et d'Aimeries[2], grand-baillif du Hénaut, jusques hors des terres dudit duc. Ledit duc demoura en la cité. Il est vray qu'en tous endroits elle fut cruellement traictée, aussi elle avoit cruellement usé de tous excès contre les subjets dudit duc, et dès le temps de son grand père, sans rien tenir stable de promesse qu'ils fissent, ni de nul appointement qui fut fait entre eux, et estoit jà la cinquiesme année que le duc y estoit venu en personne, et tousjours fait paix, et rompue par eux l'an après : et jà avoient esté excommuniés par longues années, pour les choses cruelles qu'ils avoient commises contre leur évesque : à tous lesquels commandemens de l'église, touchant lesdits différends, ils n'eurent jamais révérence, ni obéyssance. Dès que le roy fut parti, ledit duc, avec peu de gens, se délibéra d'aller à Franchemont, qui est un peu outre le Liège, païs de montagnes très-aspres, pleines de bois, et de là venoient les meilleurs combatans qu'ils eussent, et en estoient partis ceux qui avoient fait les saillies dont j'ay parlé cy-devant. Avant qu'il partist de ladite cité furent noyés en grand nombre les pauvres gens prisonniers qui avoient esté trouvés cachés ès maisons, à l'heure que cette cité fut prise. Outre fut délibéré de faire brusler ladite cité, laquelle en tout temps a esté fort peuplée, et fut dit qu'on la brusleroit à trois fois, et furent ordonnés trois ou quatre mille hommes-de-pied, du païs de Luxembourg (qui estoient leurs voisins, et assez d'un habit et d'un langage) pour faire cette désolation, et pour deffendre les

[1] Jean de Bourgogne, comte de Nevers et de Rethel.

[1] Entendrez.
[2] Antoine Rollin, seigneur d'Aimeries, d'Autune et de Lens, grand-veneur, maréchal et grand bailli de Hainaut.

églises. Premièrement fut abbatu un grand pont, qui estoit au travers de la rivière de Meuse ; et puis fut ordonné grand nombre de gens, pour deffendre les maisons des chanoines à l'environ de la grande église, afin qu'il pust demeurer logis pour faire le divin service. Semblablement en fut ordonné pour garder les autres églises. Et cela fait, partit le duc pour aller audit païs de Franchemont, dont j'ay parlé ; et incontinent qu'il fut dehors la cité, il vit le feu en grand nombre de maisons du costé de la rivière. Il alla loger à quatre lieues, mais nous oyons le bruit comme si nous eussions esté sur le lieu. Je ne sçay ou si le vent y servoit, ou si c'estoit à cause que nous estions logés sur la rivière. Le lendemain le duc partit, et ceux qui estoient demourés en ladite ville continuèrent la désolation, comme il leur avoit esté commandé ; mais toutes les églises furent sauvées, ou peu s'en falut, et plus de trois cens maisons pour loger les gens d'église. Et cela a esté cause que si tost a été repeuplée ; car grand peuple revint demourer avec ces prestres.

A cause des grandes gelées et froidure, fut force que la pluspart des gens dudit duc allassent à pied audit païs de Franchemont, qui ne sont que villages, et n'y a point de villes fermées ; et logea cinq ou six jours en une petite vallée, en un village qui s'appeloit Polleur. Son armée estoit en deux bendes, pour plustost destruire le païs ; et fit brusler toutes les maisons et rompre tous les moulins à fer qui estoient au païs, qui est la plus grande façon de vivre qu'ils ayent, et cherchèrent le peuple parmi les plus grandes forests, où ils estoient cachés avec leurs biens ; et y eut beaucoup de morts et de pris; et y gaignèrent les gens-d'armes de l'argent. J'y vy choses incroyables du froid. Il y eut un gentil-homme qui perdit un pied, dont oncques puis ne s'ayda ; et y eut un page à qui il tomba deux doigts de la main. Je vy une femme morte, et son enfant, dont elle estoit accouchée de nouveau. Par trois jours fut départi le vin, qu'on donnoit chez le duc pour les gens qui en demandoient, à coups de coignée, car il estoit gelé dans les pippes ; et faloit rompre le glaçon qui estoit entier et en faire des pièces que les gens mettoient en un chapeau, ou en un pannier, ainsi qu'ils vouloient. J'en diroye assez d'estranges choses longues à escrire ; mais la faim nous fit fuyr à grande haste, après y avoir séjourné huit jours; et tira ledit duc à Namur et de là en Brabant où il fut bien reçu.

CHAPITRE XV.

Comment le roy fit tant par subtils moyens que monseigneur Charles son frère se contenta de la duché de Guyenne, pour Brie et Champagne, contre l'entente du duc de Bourgongne.

Le roy, après estre départy d'avec ledit duc, à grande joye s'en retira en son royaume, et en riens ne se mut contre ledit duc, à cause des termes qui luy avoient esté tenus à Péronne et à Liége, et sembloit que patiemment le portast. Mais depuis survint grande guerre entre eux : toutesfois non 'pas si tost, et n'en fut point la cause ce dont j'ay parlé cy-devant, combien qu'il y pust bien ayder ; car la paix eust esté quasi telle qu'elle estoit, quand le roy l'eust faite estant à Paris ; mais ledit duc, par conseil de ses officiers, voulut élargir ses limites ; et puis quelques habiletés furent faites pour y remettre la noise, dont je parleray quand il sera temps. Monseigneur Charles de France, seul frère du roy, et naguère duc de Normandie (lequel estoit informé de ce traicté fait à Péronne et du partage que par iceluy devoit avoir), envoya incontinent devers le roy luy supplier qu'il luy plust accomplir ledit traicté et luy bailler ce qu'il avoit promis. Le roy envoya devers luy sur ces matières, et y eut plusieurs allées et venues. Aussi ledit duc de Bourgongne envoya ses ambassadeurs vers ledit monseigneur Charles, luy prier ne vouloir accepter autre partage que celuy de Champagne et Brie, lequel luy estoit accordé par son moyen, luy remonstrant l'amour qu'il luy avoit monstré, là où il l'avoit abandonné : et ledit duc encore n'avoit voulu faire le semblable, comme il avoit vu, et si avoit mis ledit duc de Bretagne en ladite paix, comme son allié. Outre, luy faisoit dire comme l'assiette de Champagne et Brie leur estoit propice à tous deux : et que si le roy davantage le vouloit fouler, du jour au lendemain il pouvoit avoir le secours de Bourgongne ; car les deux païs joignent ensemble ; et si avoit son partage en assez bonne valeur; car il y prenoit tailles et aydes, et n'y avoit le roy riens que son hommage et ressort.

Cestuy monseigneur Charles estoit homme qui peu ou riens faisoit de luy; mais en toutes choses estoit manié et conduict par autrui, combien qu'il fust âgé de vingt ans et plus. Ainsi se passa l'hyver, qui jà estoit avancé quand le roy partit de nous. Il y eut incessamment gens allans et venans sur ce partage; car le roy pour riens ne délibéroit bailler celuy qu'il avoit promis à son frère; car il ne vouloit point son dit frère et le duc de Bourgongne estre si près voisins ; et traictoit le roy avec son dit frère de luy faire prendre Guyenne, avec la Rochelle (qui estoit quasi toute Aquitaine) plustost que celuy de Brie et de Champagne. Ledit monseigneur Charles craignoit déplaire audit duc de Bourgongne, et avoit peur aussi que s'il s'accordoit, et le roy ne luy tinst vérité, il n'eust perdu son amy et son partage, et demourast en mauvais party. Le roy, qui estoit plus sage à conduire tels traictés que nuls autres princes qui ayent esté de son temps, voyant qu'il perdroit temps, s'il ne gaignoit ceux qui avoient le crédit avec son frère, s'addressa à Oudet de Rye[1], seigneur de Lescut et depuis comte de Comminges (lequel estoit né et marié audit païs de Guyenne), luy priant qu'il tint la main que son maistre acceptast ce party (lequel estoit trop plus grand que celuy qu'il demandoit), et qu'ils fussent bons amis et vesquissent comme frères, et que luy et ses serviteurs y auroient profit, et, spécialement luy ; et les assuroit bien le roy qu'il n'y auroit point de faute qu'il ne baillast la possession dudit païs. Et en cette façon monseigneur Charles y fut gaigné, et prit ledit partage de Guyenne, au grand déplaisir du duc de Bourgongne et de ses ambassadeurs qui estoient sur le lieu. Et la cause pourquoy le cardinal Balue, évesque d'Angers, et l'évesque de Verdun[1] furent pris[2], fut pource que ce cardinal écrivoit à monseigneur de Guyenne l'exhortant de ne prendre nul autre partage que celuy que ledit duc de Bourgongne luy avoit procuré par la paix faite à Péronne, laquelle avoit esté promise et jurée entre ses mains, et luy faisoit remonstrances touchant ce cas, qui luy sembloient nécessaires, lesquelles estoient contre le vouloir et intention du roy. Ainsi ledit monseigneur Charles devint duc de Guyenne, l'an mil quatre cent soixante et neuf, et eut bonne possession du païs avec le gouvernement de la Rochelle, et se virent le roy et luy ensemble, et y furent longuement.

---

[1] Ou plutôt Audet, d'Aidie, seigneur de Lescun, ou de Lescut.

[1] Guillaume de Haraucourt.
[2] Mis en prison.

LIVRE TROISIÈME.

CHAPITRE PREMIER.

Comment le roy print nouvelle occasion de faire guerre au duc de Bourgongne, et comment il l'envoya adjourner jusques dedans Gand, par un huissier de parlement.

L'an mil quatre cens septante prit vouloir au roy de se venger du duc de Bourgongne, et luy sembla qu'il en estoit heure; et secrettement traictoit et souffroit traicter, que les villes séans sur la rivière de Somme, comme Amiens, Sainct-Quentin, et Abbeville, se tournassent contre ledit duc, et qu'ils appelassent ses gens-d'armes, et les missent dedans; car tousjours les grands seigneurs, et au moins les sages, veulent chercher quelque bonne couleur, et un peu apparente. Et afin qu'on connoisse les habiletés de quoy on use en France, veux conter comme cecy fut fait et guidé; car le roy et ledit duc y furent deçus tous deux : et en recommença la guerre, qui dura bien treize ou quatorze ans, et qui depuis fut bien dure et aspre. Il est vray que le roy désiroit fort que ces villes fissent nouvelletés; et print ses couleurs, disant que ledit duc de Bourgongne estendoit ses limites plus avant que le traicté ne portoit : et sur cette occasion alloient et venoient ambassadeurs de l'un à l'autre, et passoient et repassoient par ces villes, pratiquans ces marchés, ès quelles n'y avoit nulles garnisons, mais y avoit paix par tout le royaume, tant du costé dudit duc, comme du duc de Bretagne ; et y estoit monseigneur de Guyenne en bonne amitié avec le roy, comme il sembloit. Toutesfois le roy n'eust pas voulu recommencer la guerre, pour prendre une ou deux de ces villes là seulement ; ains taschoit de mettre une grande rebellion par tout le païs du duc de Bourgongne, et espéroit de tous poincts en venir au dessus par ce moyen. Beaucoup de gens, pour luy complaire, se mesloient de ces marchés, et luy rapportoient les choses beaucoup plus avant qu'ils ne trouvoient, et se vantoient l'un d'une ville, et les autres disoient qu'ils en soustrairoient contre luy : et de tout estoit une partie. Mais quand le roy n'eust pensé que ce qui advint, il n'eust pas rompu la paix, ni recommencé la guerre (combien qu'il eust cause de se douloir [1] des termes qui luy avoient esté tenus à Péronne) car il avoit fait publier ladite paix à Paris, trois mois après qu'il fut de retour en son royaume, et recommençoit cette noise un peu à crainte [2] ; mais l'affection qu'il y avoit le fit tirer outre, et voicy les habiletés qui y furent tenues. Le comte de Sainct-Paul, connestable de France, homme très-sage, et autres serviteurs du duc de Guyenne, et aucuns autres désiroient plustost la guerre entre ces deux grands princes que paix, pour deux regards. Le premier, craignoit que ces très-grands estats qu'ils avoient, ne fussent diminués, si la paix continuoit ; car ledit connestable avoit quatre cens hommes-d'armes, ou quatre cens lances, payés à la monstre, et n'avoit point de controlleur, et plus de trente mille francs tous les ans, outre les gages de son office et le profit de plusieurs belles places qu'il tenoit. L'autre, ils vouloient mettre sus au roy, et disoient entr'eux sa condition estre telle, que s'il n'avoit débat pour le dehors et contre les grands, qu'il faloit qu'il l'eust avec ses serviteurs domestiques et officiers ; et que son esprit ne pouvoit estre en repos; et par ces raisons alléguées, taschoient fort de remettre le roy en cette guerre. Et offrit ledit connestable prendre Sainct-Quentin tous les jours qu'on voudroit ; car ses terres estoient à l'environ; et disoit encore avoir très-grande intelligence en Flandres et en Brabant, et qu'il feroit rebeller plusieurs villes contre ce duc.

Le duc de Guyenne qui estoit sur le lieu, et tous ses principaux gouverneurs, offroient fort servir le roy en cette querelle, et d'amener quatre ou cinq cens hommes-d'armes que ledit duc tenoit d'ordonnance ; mais leur fin n'estoit pas telle que le roy entendoit, mais tout à l'opposite comme vous verrez.

Le roy vouloit tousjours procéder en grande solemnité, parquoy fit tenir les trois estats à Tours [3] ès mois de mars et d'avril, mil quatre

---

[1] Se plaindre.
[2] Avec crainte.
[3] Ce fut plutôt une assemblée de notables, puisque le roi n'y appela que des gens nommés par lui et qu'ils ne furent pas élus.

cens septante, ce que jamais n'avoit fait [1], et ne fit depuis; mais il n'y appela que gens nommés, et qu'il pensoit qui ne contrediroient point à son vouloir. Et là fit remonstrer plusieurs choses et entreprises que ledit duc de Bourgongne faisoit contre la couronne, et y fit venir plaintif monseigneur le comte d'Eu, lequel disoit que ledit duc luy empeschoit Sainct-Vallery, et autres terres qu'il tenoit de luy, à cause d'Abbeville et de la comté de Ponthieu, et n'en vouloit faire nulle raison audit comte d'Eu. Et le faisoit ledit duc, pource qu'un petit navire de guerre de la ville d'Eu, avoit pris un autre navire marchand du païs de Flandres, dont ledit comte d'Eu offroit faire la réparation. Outre vouloit ledit duc contraindre ledit comte d'Eu, de luy faire hommage envers tous et contre tous; ce que pour riens ne voudroit faire, car ce seroit contre l'auctorité du roy. A cette assemblée y avoit plusieurs gens de justice, tant de parlement que d'ailleurs, et fut conclu selon l'intention du roy, que ledit duc seroit adjourné à comparoir en personne en parlement à Paris. Bien sçavoit le roy qu'il respondroit orgueilleusement, ou feroit quelque autre chose contre l'arrêt de la cour; parquoy sur occasion de luy faire guerre en seroit tousjours plus grande. Ce duc fut adjourné par un huissier de parlement en la ville de Gand, comme il alloit ouïr messe. Il en fut fort esbahy et mal content; incontinent fit prendre ledit huissier, et fut plusieurs jours gardé, et à la fin on le laissa courre. Or vous voyez les choses qui se dressoient pour courre sus audit duc de Bourgongne, lequel en fut adverty, et mis sus un grand nombre de gens, payés à gages mesnagers, ainsi l'appeloit-on. C'estoit quelque peu de choses qu'ils avoient pour se tenir prests en leur maisons: toutesfois ils faisoient monstre tous les mois sur les lieux, et recevoient argent.

Cecy dura trois ou quatre mois, et s'ennuya de cette mise, et rompit cette assemblée, et s'osta de toute crainte; car souvent le roy envoyoit devers luy. Si s'en alla ledit duc en Hollande. Il n'avoit nulles gens d'ordonnance, qui fussent tousjours prests, ni garnison en ses villes de frontières, dont mal luy en prit, pource qu'on pratiquoit Amiens, Abbeville et Sainct-Quentin, pour les remettre en la main du roy. Luy estant en Hollande fut adverty par le feu duc Jean de Bourbon, que de brief la guerre luy seroit commencée tant en Bourgongne qu'en la Picardie, et que le roy y avoit de grandes intelligences, et aussi en sa maison. Ledit duc qui se trouvoit dépourvu de gens (car il avoit départy cette assemblée, dont j'ay parlé naguères, et renvoyés tous chez eux) fut bien esbahy de ces nouvelles. Parquoy incontinent passa la mer, et tira en Artois et tout droit à Hesdin. Là entra en aucune suspicion, tant des seigneurs que des traictés qu'on menoit en ces villes dont j'ay parlé; et fut un peu long à s'apprester, ne croyant point tout ce qu'on luy disoit; et envoya quérir à Amiens deux des principaux de la ville lesquels il soupçonnoit de ces traictés: ils s'excusèrent si bien, qu'il les laissa aller. Incontinent partirent de sa maison aucuns de ses serviteurs, qui se tournèrent au service du roy, comme le bastard Baudouin [1] et autres, qui lui firent peur qu'il n'y eust plus grande queue. Il fit crier que chacun se mist sus; et peu s'apprestoient; car c'estoit au commencement de l'hyver, et y avoit encore peu de jours qu'il estoit arrivé de Hollande.

CHAPITRE II.

Comment la ville de Sainct-Quentin et celle d'Amiens furent rendues entre les mains du roy, et pour quelles causes le connestable et autres entretenoient la guerre entre le roy et le duc de Bourgongne.

Deux jours après la fuite de ses serviteurs, qui s'en estoient allés, qui estoit au mois de décembre, l'an mil quatre cens septante, entra monseigneur le connestable dedans Sainct-Quentin, et leur fit faire serment pour le roy. Lors connut ledit duc que ses besongnes alloient mal; car il n'avoit ame avec luy, mais avoit envoyé ses serviteurs pour mettre sus les gens de son païs. Toutesfois, avec si peu de gens qu'il put amasser, il tira à Dourlans, avec quatre ou cinq cens chevaux seulement, en intention de garder Amiens de tourner; et là fut cinq ou six jours que ceux d'Amiens

---

[1] Commines se trompe, puisqu'il y avait eu une assemblée des États, en 1467, trois ans avant.

[1] Baudoin, seigneur de Falais, fils naturel de Philippe, duc de Bourgongne, et de Catherine de Thieffries.

marchandoient ; car l'armée du roy estoit auprès, qui se présenta devant la ville ; et un coup la refusèrent, car une partie de la ville tenoit pour ledit duc, lequel y envoya faire son logis : et s'il eust eu gens pour y oser entrer en personne, il ne l'eust jamais perduc ; mais il n'osoit y entrer mal accompagné, combien qu'il en fut requis de plusieurs de la ville. Quand ceux qui estoient contre luy virent sa dissimulation, et qu'il n'estoit pas assez fort, ils exécutèrent leurs entreprises et mirent ceux du roy dedans. Ceux d'Abbeville cuidèrent faire le semblable ; mais monseigneur de Cordes y entra pour le duc, et y pourvut. D'Amiens à Dourlans il n'y a que cinq petites lieues : parquoy fut force audit duc de se retirer, dès ce qu'il fut adverty que les gens du roy estoient entrés à Amiens ; et alla à Arras en grande diligence et grande peur, craignant que beaucoup de choses semblables ne se fissent ; car il se voyoit environné en partie des parens et amis du connestable. D'autre part, à cause du bastard Baudouin, qui s'en estoit allé, il soupçonnoit le grand bastard de Bourgongne [1] son frère : toutes fois gens luy vindrent peu à peu. Or sembloit-il bien au roy estre au dessus de ses affaires, et se fioit en ce que le connestable, et autres, luy disoient de ces intelligences qu'ils avoient ; et quand n'eust esté cette espérance, il eust voulu avoir à commencer.

Or est-il temps que j'achève à déclarer qui mouvoit ledit connestable, le duc de Guyenne, et de ses principaux serviteurs (vu les bons tours, secours, et grandes honestetés que ledit duc de Guyenne avoit reçus dudit duc de Bourgongne), et quel gain ils pouvoient avoir à mettre ces deux grands princes en guerre, qui estoient en repos en leurs seigneuries. Jà en ay dit quelque chose, et que c'estoit pour maintenir plus sûrement leurs estats, et afin que le roy ne brouillast parmy eux, s'il estoit en repos ; mais cela n'estoit point encore la principale occasion ; mais estoit que le duc de Guyenne et eux avoient fort désiré le mariage dudit duc de Guyenne avec la seule fille et héritière du duc de Bourgongne, car il n'avoit point de fils ; et plusieurs fois avoit esté requis ledit duc de Bourgongne de ce mariage, et tousjours s'y estoit accordé ; mais jamais ne voulut conclure ; et en tenoit encore paroles à d'autres. Or regardez quel tour ces gens prenoient, pour cuider parvenir à leur intention, et contraindre ledit duc de bailler sa fille : car incontinent que ces deux villes furent prises, et le duc de Bourgongne retourné à Arras, où il amassoit gens tant qu'il pouvoit, le duc de Guyenne luy envoya un homme secret, lequel luy apporta trois lignes de sa main en un loppin de papier et ployé bien menu, contenant ces mots : « Mettez peine de contenter vos subjets, » et ne vous souciez ; car vous trouverez des » amis. »

Le duc de Bourgongne, qui estoit en crainte très-grande du commencement, envoya un homme devers le connestable, luy prier ne luy vouloir faire le pis qu'il pourroit bien, et ne presser point asprement cette guerre, qui luy estoit encommencée, sans l'avoir deffié ni semons de riens. Ledit connestable fut fort aise de ces paroles ; et luy sembla bien qu'il tenoit ledit duc en la sorte qu'il demandoit, c'est à sçavoir en grand' doute. Si luy manda pour toute responce : qu'il voyoit son faict en bien grand péril, et qu'il n'y connoissoit remède qu'un, pour en eschaper, c'estoit qu'il donnast sa fille en mariage au duc de Guyenne, et qu'en ce faisant, il seroit secouru de grand nombre de gens ; et se déclareroit ledit duc de Guienne pour luy, et plusieurs autres seigneurs ; et que lors luy rendroit Sainct-Quentin, et qu'il se mettroit des leurs ; mais que sans ce mariage, et voir cette déclaration, il ne s'y oseroit mettre, car le roy estoit trop puissant, et avoit son faict bien accoustré, et grandes intelligences ès païs dudit duc, et toutes paroles semblables, de grands espouventemens. Je ne connus oncques bonne issue d'homme qui ait voulu espouventer son maistre, et le tenir en suspicion, ou un grand prince de qui on a affaire comme vous entendrez de ce connestable. Car combien que le roy fust lors son maistre, si avoit-il la pluspart de son vaillant, et ses enfans, sous ledit duc de Bourgongne ; mais tousjours a usé de ces termes de les vouloir tenir en crainte tous deux, et l'un par l'autre : dont mal luy en est pris. Et combien que toute per-

---

[1] Antoine, comte de la Roche, en Ardenne, fils naturel de Philippe, duc de Bourgogne, et de Jeanne de Presle.

sonne cherche à se mettre hors de subjection et crainte, et que chacun haysse ceux qui les tiennent, si n'y en a-t-il nul qui en cet article approche les princes ; car je n'en connus oncques nuls qui de mortelle hayne ne hayssent ceux qui les y ont voulu tenir.

Après que le duc de Bourgongne eut ouy la responce du connestable, il connut bien qu'en luy ne trouveroit nulle amitié, et qu'il estoit principal conducteur de cette guerre, et conçut une très-merveilleuse hayne contre luy, qui jamais depuis ne luy partit du cœur, et principalement que pour telles doutes le vouloit contraindre à marier sa fille. Jà luy estoit revenu un petit le cœur, et avoit recueilly beaucoup de gens. Vous entendez bien maintenant, par ce que manda le duc de Guyenne, et puis le connestable, que cette chose estoit déliberée entr'eux ; car toutes semblables paroles, ou plus espouventables encore, manda le duc de Bretagne après ; et laissa amener à monseigneur de Lescut cent hommes-d'armes bretons, au service du roy. Ainsi concluez que toute cette guerre se faisoit pour contraindre ledit duc à se consentir à ce mariage, et que l'on abusoit le roy quand on luy conseilloit d'entreprendre cette guerre, et que, de toutes ces intelligences qu'on luy disoit avoir au païs dudit duc, n'estoit point vray, mais tout mensonge, ou peu s'en faloit. Toutesfois tout ce voyage fut servi le roy dudit connestable très-bien, et en grande hayne contre ledit duc, connoissant que telle hayne avoit-il conçue contre lui. Semblablement servit le duc de Guyenne en cette guerre fort bien accompagné, et furent les choses fort périlleuses pour le duc de Bourgongne ; mais quand dès le commencement que ce différend commença (dont j'ay parlé) il eust voulu assurer ledit mariage le duc de Guyenne, luy et le connestable et plusieurs autres, et leurs sequelles se fussent tournés des siens contre le roy, et essayés à faire le roy bien foible, s'il leur eust esté possible : mais quelque chose que sçavent déliberer les hommes en telles matières, Dieu en conclud à son plaisir.

CHAPITRE III.

Comment le duc de Bourgongne gaigna Péquigny, et après trouva moyen d'avoir trève au roy pour un an, au grand regret du connestable.

Vous devez avoir entendu au long, d'où mouvoit cette guerre, et que les deux princes au commencement y furent aveuglés, et se faisoient la guerre sans en entendre le motif ni l'un ni l'autre ; qui estoit une merveilleuse habileté à ceux qui connoissoient l'œuvre ; et leur pouvoit-on bien dire, que l'une partie du monde ne sçait point comme l'autre vit et se gouverne. Or toutes ces choses, dont j'ay parlé en tous ces articles précédens, advinrent en bien peu de temps. Car après la prise d'Amiens, en moins de quinze jours, ledit duc se mit aux champs auprès d'Arras (car il ne se retira point plus loing) et puis tira vers la rivière de Somme, et droit à Pecquigny. En chemin luy vint un messager du duc de Bretagne, qui n'estoit qu'un homme à pied ; et dist audit duc, de par son maistre, comme le roy luy avoit fait sçavoir plusieurs choses, et entre autres les intelligences qu'il avoit en plusieurs grosses villes, dont entre les autres nommoit Bruges et Brucelles. Aussi l'advertissoit ledit duc comme le roy estoit délibéré de l'assiéger en quelque ville qu'il le trouvast, et fust-il dedans Gand ; et croy que ledit duc de Bretagne mandoit tout cecy en faveur du duc de Guyenne, et pour mieux le faire joindre à ce mariage ; mais le duc de Bourgogne prit très-mal en gré ces advertissemens que le duc de Bretagne luy faisoit : et respondit au messager incontinent et sur l'heure, que son maistre estoit mal adverty, et que c'estoient aucuns mauvais serviteurs qu'il avoit qui luy vouloient donner ce courroux et ces craintes, afin qu'il ne fist son devoir de le secourir, comme il estoit obligé par ses alliances ; et qu'il estoit mal informé quelles villes estoient Gand, ni les villes où il disoit que le roy l'assiégeroit, et qu'elles estoient trop grandes pour assiéger ; mais qu'il dist à son maistre la compagnie en quoy il le trouvoit, et que les choses estoient autrement : car de luy, il déliberoit de passer la rivière de Somme, et de combattre le roy, s'il le trouvoit en son chemin pour l'en garder, et qu'il vouloit prier audit duc son maistre de par luy, qu'il se voulaist déclarer en sa faveur contre le roy, et luy estre tel comme le duc de Bourgongne luy avoit esté en faisant le traicté de Péronne.

Le lendemain s'approcha le duc de Bourgongne d'un lieu sur la rivière de Somme, qui s'appelle Péquigny, une assiette très-forte ; et là auprès délibéroit de faire un pont dessus la rivière, pour passer Somme ; mais par cas d'aventure y avoit dedans la ville de Péquigny logé quatre ou cinq cens francs-archers, et un peu de nobles. Ceux-là, quand ils virent passer le duc de Bourgongne, saillirent à l'escarmouche, du long d'une chaussée, qui estoit longue, et se mirent si avant hors de leur place, qu'ils donnèrent occasion aux gens du duc de les chasser : et les suivirent de si près qu'ils en tuèrent une partie devant qu'ils sçussent gaigner la ville, et gaignèrent le fauxbourg de cette chaussée, et puis on amena quatre ou cinq pièces d'artillerie, combien que par ce costé la ville fust imprenable, parce qu'il y avoit rivière entre deux : toutesfois ces francs-archers eurent peur (pource qu'on faisoit un pont) qu'on ne les assiégeast de l'autre costé. Ainsi ils désemparèrent la place, et s'enfuirent. Le chasteau tint deux ou trois jours, et puis s'en allèrent tous en pourpoint[1]. Ce petit exploit donna quelque courage au duc de Bourgongne ; et se logea ès environs d'Amiens, et y fit deux ou trois logis, disant qu'il tenoit les champs pour voir si le roy le vouloit venir combattre : et à la fin s'approcha fort près de la ville, et si près que son artillerie tiroit à coup perdu par dessus et dedans la ville ; et là se tint bien six semaines. En la ville y avoient bien quatorze cens hommes-d'armes de par le roy, et quatre mille francs-archers ; et y estoient monseigneur le connestable, et tous les grands chefs de ce royaume, comme grand-maistre, admiral, mareschal, seneschaux, et largement gens de bien. Le roy fut cependant à Beauvais, où il fit une bien grande assemblée, et estoit avec luy le duc de Guyenne son frère, et le duc Nicolas de Calabre fils aisné du duc Jean de Calabre et de Lorraine, et seul héritier de la maison d'Anjou. Avec le roy estoient les nobles du royaume assemblés, par manière d'arrière-ban, et ne faut point douter, à ce que depuis j'ay entendu, que ceux qui estoient avec le roy, n'eussent desjà grande et bonne volonté de connoistre la malice de cette entreprise, et voyoient bien qu'il n'avoit point encore fait, mais estoient en guerre plus que jamais. Ceux qui estoient en la ville d'Amiens, firent une entreprise pour assaillir le duc de Bourgongne en son ost, pourvu que le roy voulsist envoyer joindre avec eux l'armée qu'il avoit avec luy à Beauvais.

Le roy adverty de cette entreprise, la leur envoya defendre, et de tous poincts la rompre : car combien qu'elle semblast advantageuse pour le roy, toutes fois y avoit du hasard, pour ceux qui sailloient de la ville par espécial ; car tous sailloient par deux portes, dont l'une estoit près de l'ost dudit duc de Bourgongne : et s'ils eussent esté contraincts d'eux retourner, vu que leur saillie eust esté à pied, ils eussent esté en danger de se perdre, et de perdre la ville. En ces entrefaites, envoya le duc de Bourgongne un page, nommé Simon de Quingey, qui depuis a esté baillif de Troye : et escrivit au roy six lignes de sa main, s'humiliant envers luy, et se douloit[1] dequoy il luy avoit ainsi couru sus à l'appétit d'autruy, et qu'il croyoit que s'il eust esté bien informé de toutes choses, qu'il ne l'eust pas fait.

Or l'armée que le roy avoit envoyé en Bourgongne, avoit desconfist toute la puissance de Bourgongne, qui estoit sallie aux champs, et pris plusieurs prisonniers. Le nombre des morts n'estoit pas grand ; mais la desconfiture y estoit : et si avoient déja assiégé des places et pris, qui esbahissoit un peu ledit duc ; toutesfois il faisoit semer en son ost tout le contraire, et que les siens avoient eu du meilleur. Quand le roy eust vu ces lettres que ledit duc de Bourgongne luy avoit escrites, il en fut très-joyeux, pour la raison que avez ouye cy-dessus, et aussi que les choses longues luy ennuyoient ; et luy fit response ; et envoya pouvoir à aucuns, qui estoient à Amiens, pour entrer en une trève ; et si en fit deux ou trois de quatre ou cinq jours : et à la fin finale en fit une d'un an, comme il me semble, dont le connestable, comte de Sainct-Paul, monstroit signe de desplaisir ;

---

[1] Habillement qui ne descendait que jusqu'à la ceinture. Il veut dire qu'ils furent pillés.

[1] Plaignait.

car sans nulle doute (quelque chose que les gens ayent pensé, ou sçussent penser au contraire) ledit comte de Sainct-Paul estoit lors ennemy capital du duc de Bourgongne; et eurent plusieurs paroles ; et oncques puis n'y eut amitié de l'un à l'autre, comme avez vu par l'issue ; mais bien ont envoyé les uns vers les autres, pour se pratiquer, et chacun pour s'aider de son compagnon : et de ce que le duc en faisoit, c'estoit tousjours pour cuider r'avoir Sainct-Quentin. Semblablement, quand le connestable avoit peur ou crainte du roy, il la luy promettoit rendre : et y eut des entreprises, où les gens du duc de Bourgongne, par le vouloir dudit connestable, en approchèrent, et les faisoit venir deux ou trois lieues près, pour les mettre dedans : et quand ce venoit au joindre, ledit connestable se repentoit, et les contremandoit ; dont à la fin mal luy en prit. Car il cuidoit, pour la situation où il estoit, et le grand nombre de gens que le roy luy payoit, les tenir tous deux en crainte, par le moyen du discord où ils estoient, auquel il les entretenoit, mais son entreprise estoit très-dangereuse ; car ils estoient trop grands, trop forts, et trop habiles tous deux.

Après ces armées départies, le roy s'en alla en Touraine, et le duc de Guyenne en son païs, et le duc de Bourgongne au sien ; et demourèrent une pièce les choses en cet estat; et tint le duc de Bourgongne grande assemblée d'estats en son païs pour leur remonstrer le dommage qu'il avoit eu, de n'avoir des gens-d'armes prests comme avoit le roy [1] : et que s'il eu le nombre de cinq cens hommes d'armes prests, pour garder les frontières, que jamais le roy n'eust entrepris cette guerre, et fussent demourés en paix ; et leur mettoit au devant les dommages qui estoient prests de leur en advenir, et les pressoit fort qu'ils luy voulissent donner le paiement de huit cens lances. Finalement ils luy donnèrent six vingt mille escus, outre et par dessus ce qu'ils luy donnoient, et en ceci n'estoit pas comprise Bourgongne; mais grand doute faisoient ses subjets, et pour plusieurs raisons, de se mettre en cette subjétion, où ils voyoient le royaume de France, à cause de ses gens-d'armes. Et à la vérité, leur grand doute n'estoit pas sans cause ; car quand il se trouva cinq ou six cens hommes-d'armes, la volonté lui vint d'en avoir plus, et de plus hardiment entreprendre contre tous ses voisins. Et de six vingt mille escus, les fit monter jusques à cinq cens mille : et crut de gens-d'armes en très-grande quantité: et en ont ses subjets bien eu à souffrir. Et croy bien que les gens-d'armes de soulde sont bien employés, sous l'auctorité d'un sage roy ou prince ; mais quand il est autre, ou qu'il laisse enfans petits, l'usage à quoy les employent leurs gouverneurs n'est pas tousjours profitable, ni pour le roy, ni pour les subjets.

La hayne ne diminuoit point entre le roy et le duc de Bourgongne ; mais tousjours continua. Et ledit duc de Guyenne, estant retourné en son païs, renvoyoit souvent vers ledit duc de Bourgongne, pour le mariage de sa fille, et continuoit cette poursuite : et ledit duc l'en entretenoit ; aussi faisoit-il tout homme qui la demandoit. Et croy qu'il n'eust point voulu avoir de fils, ni que jamais il n'eut marié sa fille tant qu'il eust vescu ; mais tousjours l'eust gardée, pour entretenir gens pour s'en servir et ayder; car il taschoit à tant de choses grandes qu'il n'avoit point le temps à vivre pour les mettre à fin, et estoient choses quasi impossibles : car la moitié d'Europe ne l'eut sçu contenter. Il avait assez hardiment [1], pour entreprendre toutes choses. Sa personne pouvoit assez porter le travail, qui luy estoit nécessaire. Il estoit assez puissant de gens et d'argent ; mais il n'avoit pas assez de sens et malice pour conduire ses entreprises. Car avec les autres choses propices à faire conquestes, si le très-grand sens n'y est, tout le demourant n'est rien : et croy qu'il faut que cela vienne de la grace de Dieu. Qui eut pu prendre partie des siennes, on en eut bien fait un prince parfait; car sans nulle doute, le roy en sens le passoit de trop, et la fin l'a montré par ses œuvres.

---

[1] Anciennement la plupart des princes n'avaient pas des troupes annuellement soldées ; c'étaient les vassaux et arrière-vassaux qui étaient obligés de venir servir eur seigneur pendant un temps limité et avec un nombre d'hommes stipulé. Le roi Charles VII fut le premier qui eut des troupes toujours sur pied, en paix comme en guerre.

[1] Assez de hardiesse.

CHAPITRE IV.

Des guerres qui furent entre les princes d'Angleterre pendant les différens du roy Louis et de Charles de Bourgongne.

Je me suis oublié, parlant de ces matières précédentes, de parler du roy Edouard d'Angleterre; car ces trois seigneurs ont vescu d'un temps grands : c'est à sçavoir nostre roy, le roy d'Angleterre, et le duc de Bourgongne. Je ne vous garderay point l'ordre d'escrire, comme font les historiens, ni nommeray les années, ni proprement le temps que les choses sont advenues, ni ne vous allégueray riens des histoires passées pour exemple (car vous en sçavez assez, et seroit parler latin devant les cordeliers), mais seulement vous diray grossement ce que j'ay vu et sçu, et ouy dire aux princes que je vous nomme. Vous estes du temps que toutes ces choses sont advenues, parquoy n'est jà besoin de si très-justement vous dire les heures ni les saisons, comme il me peut sembler.

Ailleurs ay parlé de l'occasion qui mut le duc de Bourgongne d'espouser la sœur du roy Edouard, qui principalement estoit pour se fortifier contre le roy; car autrement ne l'eust jamais fait, pour la grand' amour qu'il portoit à la maison de Lanclastre[1], dont il estoit prochain parent, à cause de sa mère, laquelle estoit fille de Portugal; mais la mère d'elle estoit fille du duc de Lanclastre, et autant qu'il aimoit parfaitement cette dite maison de Lanclastre, il hayssoit celle d'Yorch[2]. Or à l'heure de ce mariage, celle de Lanclastre estoit du tout destruite : et de celle d'Yorch ne se parloit plus, car le roy Edouard estoit roy et duc d'Yorch, et estoit tout pacifique : et durant les guerres de ces deux maisons, y avoit eu en Angleterre sept ou huit grosses batailles, et morts cruellement soixante ou quatre-vingts princes ou seigneurs de la maison royale, comme j'ay ci-devant dit en ces Mémoires; et ce qui n'estoit mort, estoit fugitif en la maison dudit duc de Bourgongne : tous seigneurs jeunes, car leurs pères estoient morts en Angleterre, et les avoit recueillis le duc de Bourgongne en sa maison, comme ses parens de Lanclastre, avant le mariage. Lesquels j'ay vu en si grande pauvreté, avant que ledit duc eust connoissance d'eux, que ceux qui demandent l'aumosne ne sont pas si pauvres. Car j'ay vu un duc estre allé à pied sans chausses, après le train dudit duc, pourchassant sa vie de maison à maison, sans se nommer. C'estoit le plus prochain de la lignée de Lanclastre, et avoit espousé la sœur du roy Edouard. Après fut connu, et eut une petite pension pour s'entretenir. Ceux de Sombresset[1] et autres y estoient. Tous sont morts depuis en ces batailles. Leurs pères et leurs parens avoient pillé et destruit le royaume de France, et possédé la pluspart par maintes années : tous s'entretuèrent. Ceux qui estoient en vie en Angleterre, et leurs enfans, sont finis comme vous voyez. Et puis on dit : « Dieu ne punit plus les gens, comme il souloit du temps des enfans d'Israël, et endure les mauvais princes et mauvaises gens. » Je crois bien qu'il ne parle plus aux gens comme il souloit[2]; car il a laissé assez d'exemples en ce monde, pour estre cru; mais vous pouvez voir, en lisant ces choses, avec ce que vos en sçavez davantage, que de ces mauvais princes, et autres ayans auctorité en ce monde, et qui en usent cruellement et tyranniquement, nuls ou peu en demourent impunis; mais ce n'est pas tousjours à jour nommé, ni à l'heure que ceux qui souffrent, le désirent.

En revenant à ce roy Edouard d'Angleterre : le principal homme d'Angleterre qui eut soustenu la maison d'Yorch, estoit le comte de Warvic[3]; et le duc de Sombresset, au contraire, celle de Lanclastre. Et se pouvoit ledit comte de Warvic quasi dire père du roy Edouard, quant aux services et nourritures; et aussi s'estoit fait fort grand; car outre ce qu'il estoit grand seigneur de soy, il tenoit grandes seigneuries par don du roy, tant de la couronne que de confiscation, et puis estoit capitaine de Calais, et tenoit aussi grosses offices; et ay ouy estimer quatre vingt-mille escus l'an, ce qu'il tenoit en ces choses alléguées, sans son patrimoine. Ce comte de Warvic entra en différend avec son maistre, par aventure, un an avant que le duc de Bourgongne vint devant Amiens; et ayda bien le duc, car il luy desplai-

---
[1] Lancaster.
[2] Yorck.

[1] Sommerset.
[2] Avait coutume, du verbe *souloir*.
[3] Warwick.

soit de cette grande auctorité que le comte de Warvic avoit en Angleterre, et ne s'accordoient point bien; car ledit seigneur de Warvic s'entendoit tousjours avec le roy nostre maistre. En effet j'ay vu en ce temps, ou peu avant, le comte de Warvic si fort, qu'il mit le roy son maistre entre ses mains, et fit mourir le seigneur de Scalles, père de la royne, et deux de ses enfans, et le tiers en grand danger (lesquels personnages le roy Edouard aimoit fort); et fit mourir encore aucuns chevaliers d'Angleterre; et garda le roy son maistre une espace de temps honnestement; et luy mit nouveaux serviteurs à l'entour, pour luy faire oublier les autres, et luy sembloit que son maistre estoit un peu simple. Le duc de Bourgongne eut grand doute de cette aventure, et pratiquoit secrettement que le roy Edouard[1] pust eschapper, et qu'il eust moyen et façon de parler à luy. Et tant allèrent les choses, que ledit roy Edouard eschappa, et assembla gens, et destroussa quelques bendes de ceux dudit comte de Warvic. Il a esté roy bien fortuné en ses batailles; car neuf grosses batailles pour le moins a gaignées, et tout à pied. Ledit comte de Warvic, se trouvant le plus foible, advertit bien ses amis secrets de ce qu'ils avoient à faire, et se mit en la mer à son beau loisir, avec le duc de Clarence, qui avoit espousé sa fille et tenoit son parti; nonobstant qu'il fust frère dudit roy Edouard; et menèrent femmes et enfans, et grand nombre de gens; et se vint trouver devant Calais, et dedans estoit son lieutenant en ladite ville de Calais, appelé monseigneur de Vaucler, et plusieurs de ses serviteurs domestiques, qui, en lieu de le recueillir, luy tirèrent de grands coups de canon, et estant à l'ancre là devant, accoucha la duchesse de Clarence, fille dudit comte de Warvic, d'un fils. A grande peine voulurent-ils consentir, ni le seigneur de Vaucler, qu'on luy portast deux flacons de vin. C'estoit grande rigueur d'un serviteur envers son maistre, car il est à penser qu'il pensoit l'avoir bien pourvu en cette place; qui est le plus grand trésor d'Angleterre, et la plus belle capitainerie du monde, à mon advis, au moins de la chrétienté; ce que je sçay, parce que j'y fus plusieurs fois durant ces différends; et pour certain me fut dit par le temps dont j'ay parlé par le maistre de l'estape des toiles, que de la capitainerie de Calais feroit donner au roy d'Angleterre, quinze mille escus de ferme. Car ce capitaine prenoit tout le profit de ce qu'ils ont deçà la mer, et des sauf-conduits, et met la pluspart de la garnison à sa poesté.

Le roi d'Angleterre fut fort content dudit seigneur de Vaucler de ce refus qu'il avoit fait à son capitaine, et luy envoya lettres pour tenir l'office en chef; car il estoit sage chevalier et ancien, et portoit l'ordre de la Jarretière. Monseigneur de Bourgongne fut fort content de luy aussi, qui pour lors estoit à Sainct-Omer; et m'envoya devers ledit seigneur de Vaucler, et luy donna mille escus de pension, luy priant de vouloir continuer en l'amour qu'il avoit monstrée au roi d'Angleterre. Je le trouvay très-délibéré de ce faire; et fit serment en l'hostel de l'escape à Calais, entre mes mains, audit roy d'Angleterre, de le servir envers et contre tous, et semblablement tous ceux de la garnison et de la ville; et fus l'espace de deux mois, allant et venant vers luy, pour l'entretenir; et presque tousjours me tins en ce temps avec luy; et ledit duc de Bourgongne ne bougeoit de Boulongne, et fit une grosse armée par mer contre le comte de Warvic, qui prit plusieurs navires des subjets dudit duc de Bourgongne au partir qu'il fit de devant Calais; et ayda bien cette prise à nous remettre en guerre; car ses gens en vendirent le butin en Normandie, à l'occasion dequoy le duc de Bourgongne prit tous les marchands françois venus à la foire d'Anvers.

Pource qu'il est besoin d'estre informé aussi bien des tromperies et mauvaistiés de ce monde, comme du bien (non pour en user, mais pour s'en garder) je veux déclarer une tromperie, une habileté (ainsi qu'on la voudra nommer, car elle fut sagement conduite) et aussi veux qu'on entende les tromperies de nos voisins comme les nostres, et que partout il y a du bien et du mal. Quand ce comte de Warvic vint devant Calais, espérant y entrer, comme en son principal refuge, monseigneur de Vaucler, qui estoit très-sage, luy manda que s'il y entroit, il seroit perdu; car il avoit toute l'Angleterre contre luy, et le duc de Bourgongne, et que le peuple de la ville de Calais se-

---

[1] Edouard IV, de la branche d'Yorck.

[1470]

roit contre luy, et plusieurs de la garnison : comme monsieur de Duras[1] qui estoit mareschal pour le roy d'Angleterre, et plusieurs autres, qui tous avoient gens en la ville, et que le meilleur pour luy estoit qu'il se retirast en France, et que de la place de Calais il ne s'en souciast, et qu'il luy en rendroit bon compte, quand il en seroit temps. Il servit très-bien son capitaine, luy donnant ce conseil, mais très-mal son roy; quant audit sieur de Warvic. Jamais homme ne tint plus grande desloyauté que ce Vaucler, vu que le roy d'Angleterre l'avoit fait capitaine en chef, avec ce que le duc de Bourgongne luy donnoit.

CHAPITRE V.

Comment le roy Louis ayda si bien le comte de Warvic, qu'il chassa le roi Edouard hors d'Angleterre, au grand desplaisir du duc de Bourgongne, qui le reçut en ses pays.

A ce conseil se tint le comte de Warvic, et alla descendre en Normandie, où il fut fort bien recueilli du roy; et le fournit d'armes très-largement pour la despense de ses gens; et ordonna le bastard de Bourbon[2], admiral de France, bien accompagné, pour ayder à garder ces Anglois et leurs navires contre l'armée de mer qu'avoit le duc de Bourgongne, qui estoit très-grosse, et telle que nul ne se fust osé trouver en cette mer au devant d'elle; et faisoit la guerre aux subjets du roy, par mer et par terre, et se menaçoient. Tout cecy advint la saison avant que le roy prit Sainct-Quentin et Amiens, comme j'ay dit : et fut ladite prise de ces deux places l'an mil quatre cens septante. L'armée du duc de Bourgongne estoit plus forte par mer que celle du roy et dudit comte ensemble. Car il avoit pris au port de l'Escluse largement grosses navires d'Espagne et de Portugal, deux navires de Gennes, et plusieurs hurques d'Alemagne. Le roy Edouard n'estoit point homme de grand ordre, mais fort beau, plus que nul prince que j'aye jamais vu en ce temps-là, et très-vaillant. Il ne se soucioit point tant de la descente dudit comte de Warvic, comme faisoit le duc de Bourgongne, lequel sentoit des mouvemens par Angleterre en faveur dudit comte de Warvic, et en advertissoit souvent le roy; mais il n'avoit nulle crainte (qui me semble une folie de ne craindre son ennemy, et ne vouloir craindre riens), vu l'appareil qu'il avoit : car le roy arma tout ce qu'il avoit et put finer[1] de navires, et mit largement gens dedans : et fit faire payement aux Anglois. Il avoit fait le mariage du prince de Galles, avec la seconde fille dudit comte de Warvic. Ledit prince estoit seul fils du roy Henry d'Angleterre (lequel estoit encore vif, et prisonnier en la tour de Londres), et tout ce mesnage estoit prest à descendre en Angleterre. C'estoit estrange mariage d'avoir défait et destruit le père dudit prince, et luy faire espouser sa fille, et puis vouloir entretenir le duc de Clarence, frère du roy opposite, qui devoit craindre que cette lignée de Lanclastre ne revint sur ses pieds. Aussi tels ouvrages ne se sçavoient passer sans dissimulation[2].

Or j'estoye à Calais, pour entretenir monseigneur de Vaucler, à l'heure de cet appareil, et jusques lors n'entendy sa dissimulation, qui avoit jà duré trois mois; car je luy requis (vu ces nouvelles qu'il oyoit) qu'il voulsist mettre hors de la ville vingt ou trente des serviteurs domestiques dudit comte de Warvic, et que j'estoye assuré que l'armée dudit roy et dudit comte estoit preste à partir de Normandie, où jà elle estoit; et que si soudainement il prenoit terre en Angleterre, par aventure viendroit mutation à Calais, à cause des serviteurs dudit comte de Warvic, et qu'il n'en seroit à l'aventure point le maistre; et luy priay fort que dès cette heure il les mit dehors. Tousjours le m'avoit accordé jusques à cette heure dont je parle, qu'il me tira à part, et me dit: qu'il demouroit bien le maistre en la ville, mais qu'il me vouloit dire autre chose, pour advertir monseigneur de Bourgongne : c'estoit, qu'il luy conseilloit, s'il vouloit estre amy d'Angleterre, qu'il mit peine de mettre la paix, non

---

[1] C'était un membre de la maison de Duras qui s'était attaché au roi d'Angleterre dans le temps que les Anglais possédaient la Guyenne; il était alors sujet du roi d'Angleterre. Ce fut lui qui porta au duc de Bourgogne l'ordre de la Jarretière.

[2] Louis, fils naturel de Charles I, du nom duc de Bourbon, et de Jeanne de Bournan; il fut comte de Roussillon et de Ligny, lieutenant-général pour le roi en Normandie et amiral de France; il décéda au mois de janvier 1439; il avait épousé Jeanne, fille naturelle du roi Louis XI.

[1] Trouver.
[2] Fourberie.

point la guerre; et le disoit pour cette armée, qui estoit contre monseigneur de Warvic. Me dit davantage qu'il seroit aisé à appointer; car ce jour estoit passée une damoiselle par Calais, qui alloit en France vers madame de Clarence, laquelle portoit ouverture de paix de par le roy Edouard. Il disoit vray: mais comme il abusoit les autres, il fut déçu de cette damoiselle; car elle alloit pour conduire un grand marché, et le mit à fin, au préjudice dudit comte de Warvic et de toute sa sequelle. De ces secrettes habiletés ou tromperies qui se sont faites en ces contrées de deçà, n'entendrez vous plus véritablement de nulle autre personne, au moins de celles qui sont advenues depuis vingt ans.

Le secret que portoit cette femme, estoit, remonstrer à monseigneur de Clarence, qu'il ne voulsist point estre cause de destruire sa lignée, pour ayder à remettre en auctorité celle de Lanclastre, et qu'il considerast leurs anciennes haynes et offenses; et qu'il pouvoit bien penser, puisque ledit comte avoit fait espouser sa fille au prince de Galles, qu'il tascheroit de le faire roy d'Angleterre: et jà luy avoit fait hommage.

Si bien exploita cette femme, qu'elle gaigna le seigneur de Clarence, qui promit se tourner de la part du roy son frère, mais qu'il fust en Angleterre.

Cette femme n'estoit pas folle ni légère de parler. Elle eut loisir d'aller vers sa maîtresse, et pour cette cause, elle y alla plustost qu'un homme; et quelque habile homme que fust monseigneur de Vaucler, cette femme le trompa, et conduisit ce mystère, dont fut deffait à mort le comte de Warvic, et toute sa sequelle. Et pour telles raisons n'est pas honte d'estre suspicionneux[1], et avoir l'œil sur ceux qui vont et viennent; mais c'est grande honte d'estre trompé, et de perdre par sa faute: toutesfois les suspicions se doivent prendre par moyen, car l'estre trop, n'est pas bon.

Je vous ay dit devant comment cette armée de monseigneur de Warvic, et ce que le roy avoit appresté pour le conduire, estoit prest à monter, et celle de monseigneur de Bourgongne preste à combattre, qui estoit au Havre au

devant d'eux. Dieu voulut ainsi disposer des choses, que cette nuict sourdit[1] une grande tourmente[2], et telle qu'il falut que l'armée dudit duc de Bourgongne fuist; et coururent les uns des navires en Escosse, les autres en Hollande, et à peu d'heure après, se trouva le vent bon pour ledit comte, lequel passa sans péril en Angleterre. Ledit duc de Bourgongne avoit bien adverty le roy Edouard du port où ledit comte devoit descendre, et tenoit gens exprès avec luy pour le soliciter de son profit; mais il ne luy en chaloit[3], et ne faisoit que chasser; et n'avoit nulles gens si prochains de luy que l'archevesque d'Yorch et le marquis de Montagu, frères dudit comte de Warvic, qui luy avoient fait un grand et solemnel serment de le servir contre leur frère et tous autres: et il s'y fioit.

Après que le comte de Warvic fut descendu, grand nombre de gens se joignirent à luy, et se trouva le roy Edouard fort esbahy. Incontinent qu'il le sçut, il commença lors à penser à ses besongnes (qui estoit bien tard); et manda au duc de Bourgongne qu'il luy prioit qu'il eust tousjours son navire[4] prest en la mer, afin que le comte ne pust retourner en France, et d'Angleterre il en cheviroit[5] bien. Ces paroles ne plurent guères là où elles furent dites; car il sembloit qu'il eust mieux valu ne luy laisser prendre terre en Angleterre, que d'estre contrainct de venir en une bataille. Cinq ou six jours après la descente du comte de Warvic, il se trouva très-puissant, et logé à trois lieues du roy Edouard, lequel avoit encore plus largement gens, mais qu'ils eussent esté tous bons; et s'attendoit à combattre ledit comte. Il estoit bien logé, en un village fortifié, au moins en un logis où on ne pouvoit entrer que par un pont (comme luy-mesme propre m'a conté), dont bien luy prit. Le demourant de ses gens estoient logés en d'autres villages prochains. Comme il disnoit on luy vint dire soudainement que le marquis de Montagu, frère dudit comte, et quelques autres, estoient montés à cheval, et avoient fait

[1] Soupçonneux.

[1] S'éleva.
[2] Tempête.
[3] Il ne s'en souciait.
[4] Flotte.
[5] Il en viendrait à bout.

crier : Vive le roy Henry! à tous leurs gens. De prime-face ne le crut pas; mais incontinent y envoya plusieurs messagers, et s'arma, et mit des gens aux barrières de son logis pour le deffendre. Il avoit là avec luy un sage chevalier, appellé monseigneur de Hastinges, grand-chambellan d'Angleterre, le plus grand en auctorité d'avec luy. Il avoit pour femme la sœur du comte de Warvic : toutesfois il estoit pour son maistre. Il avoit en cette armée trois mille hommes à cheval, comme luy-mesme m'a conté. Un autre y avoit, appellé monseigneur de Scalles, frère de la femme dudit roy Edouard, et plusieurs bons chevaliers et escuyers, qui tous connurent que la besongne n'alloit pas bien; car les messagers rapportèrent que ce qui avoit esté rapporté et dit au roy estoit véritable, et s'assembloient pour luy venir courir sus.

Dieu voulut tant de bien à ce roy Edouard, qu'il estoit logé près de la mer, et y avoit quelque navire qui le suivoit, menant vivres, et deux hurques de Hollande, navires marchands. Il n'eut autre loisir que de s'en aller fourrer dedans. Son chambellan demoura un peu après, qui dit au chef de ses gens et à plusieurs particuliers de cet ost, qu'ils allassent devers les autres, mais qu'il leur prioit que leur volonté demeurast bonne et loyale envers le roy et luy; et puis s'en alla mettre dedans la navire avec les autres, qui estoient prests à partir. Leur coustume d'Angleterre est que, quand ils sont au-dessus de la bataille, ils ne tuent riens, et par espécial du peuple (car ils connoissent que chacun quiert leur complaire parce qu'ils sont les plus forts) et si ne mettent nuls à finance. Parquoy tous ses gens n'eurent nul mal dès que le roy fut party. Mais encore m'a conté le roy Edouard, qu'en toutes les batailles qu'il avoit gaignées, que dès qu'il venoit au dessus, il montoit à cheval, et crioit qu'on sauvast le peuple, et qu'on tuast les seigneurs; car de ceux n'eschappoit nul, ou bien peu

Ainsi fuit ce roy Edouard, l'an mil quatre cens soixante et dix, avec ses deux hurques, et un petit navire sien, et quelque sept ou huit cens personnes avec luy, qui n'avoient autres habillemens que leurs habillemens de guerre : et si n'avoient ni croix ni pille¹, ni ne savoient à grande peine où ils alloient. Bien estoit estrange à ce pauvre roy (car ainsi se pouvoit-il bien appeller) d'ainsi s'en fuyr, et d'estre persécuté de ses propres serviteurs. Il avoit jà accoustumé ses aises ou ses plaisirs douze ou treize ans, plus que prince qui ait vescu de son temps; car nulle autre chose n'avoit en pensée qu'aux dames, et trop plus que de raison, et aux chasses, et à bien traicter sa personne. Quand il alloit en la saison à ces chasses, il faisoit mener plusieurs pavillons pour les dames; et en effect, il y avoit grande chère; et aussi il avoit le personnage aussi propice à ce faire qu'homme que jamais je visse : car il estoit jeune et beau, autant que nul homme qui ait vescu en son temps ; je dy à l'heure de cette adversité; car depuis s'est fait fort gras. Or voyez icy comment il entre maintenant aux adversités de ce monde. Il fuit le droit chemin vers Hollande. Pour ce temps les Ostrelins estoient ennemis des Anglois, et non sans cause (car ils sont fort bons combattans), et leur avoient porté grand dommage en cette armée là, et pris plusieurs navires. Lesdit Ostrelins apperçurent de loin ces navires où estoient ce roy fuyant, et commencèrent à luy donner la chasse sept ou huit navires qu'ils estoient. Il estoit loin devant eux, et gagna la coste de Hollande, ou encore plus bas : car il arriva en Frize, près d'une petite ville, appelée Alcmaer; et ancrèrent son navire, pource que la mer s'en estoit retirée, et ils ne pouvoient entrer au Havre; et se mirent au plus près de la ville qu'ils purent. Les Ostrelins vindrent semblablement ancrer assez près de luy, en intention de le joindre à la marée prochaine.

Un mal et un péril ne vient jamais seul. La fortune de ce roy estoit bien changée, et ses pensées. Il n'y avoit que quinze jours qu'il eust été bien esbahy, qui luy eust dit : « Le » comte de Warvic vous chassera d'Angleter- » re, et en onze jours en aura la maistrise et » domination ; » car non plus ne mit-il à en avoir l'obéissance. Et avec ce, il se moquoit du duc de Bourgongne, qui dépensoit son argent à vouloir deffendre la mer, disant que jà le voudroit en Angleterre. Et quelle excuse

¹ Ils n'avaient pas d'argent.

eut-il sçu trouver d'avoir fait cette grande perte, et par sa faute? sinon de dire : « Je ne » pensoye pas que telle chose advint. » Bien devroit rougir un prince, s'il avoit âge, de faire telle excuse; car elle n'a point de lieu. Bel exemple est en cestuy-cy, pour les princes qui jamais n'ont doute ni crainte de leurs ennemis, et le tiendroient à honte; et la pluspart de leurs serviteurs soustiennent leurs opinions, pour leur complaire : et leur semble qu'ils en soient prisés et estimés, et qu'on dira qu'ils auront courageusement fait et parlé. Je ne sçay que l'on dira devant eux; mais les sages iendront telles paroles à grande folie, et est grand honneur de craindre ce que l'on doit, et d'y bien pourvoir. C'est grande richesse à un prince d'avoir un sage homme en sa compagnie, et bien sûr pour luy, et le croire, et que cestuy-là aît! oy de luy dire vérité.

D'aventure monseigneur de la Grutuse[1], gouverneur pour lors du duc de Bourgongne en Hollande, estoit lors au lieu où le roy Edouard voulut descendre, lequel incontinent en fut adverty (car ils mirent gens à terre) et aussi du péril en quoy il estoit pour les Ostrelins : lequel envoya incontinent deffendre ausdits Ostrelins de ne luy toucher. Et alla en la nef où ledit roy estoit, et le recueillit au descendre; et descendit en terre, et bien quinze cens hommes avec luy; et y estoit le duc de Glocestre son frère, qui depuis s'est fait appeller le roy Richard. Ledit roy n'avoit ni croix ni pille, et donna une robbe fourrée de belles martres au maistre de la navire, promettant de luy mieux faire le temps advenir. Si pauvre compagnie ne fut jamais; mais ledit seigneur de la Grutuse fit honorablement, car il donna plusieurs robbes et deffraya tout jusques à La Haye en Hollande, où il le mena : et puis advertit monseigneur de Bourgongne de cette aventure, lequel fut merveilleusement effrayé de ces nouvelles, et eut beaucoup mieux aimé sa mort· car il estoit en grand souci du comte de Warvic, qui estoit son ennemy, et avoit la maistrise en Angleterre. Lequel, tost après sa descente, trouva nombre infini de gens pour luy; car cet ost, qu'avoit laissé le roy Edouard, par amour et par crainte se mit tout des siens, et chaque jour luy en venoit. Ainsi s'en alla à Londres. Grand nombre de bons chevaliers et escuyers s'en allèrent, et se mirent ès-franchises qui sont à Londres, qui depuis servirent bien le roy Edouard; et aussi fit la rayne sa femme qui y accoucha d'un fils en grande pauvreté.

CHAPITRE VI.
Comment le comte de Warvic tira hors de prison le roy Henry d'Angleterre.

Quand ledit comte de Warvic fut arrivé en la ville de Londres, il alla en la tour (qui est le chasteau) et en tira le roy Henry, que autresfois (il y avoit bien long-temps) avoit mis luy-mesme là dedans, criant devant luy qu'il estoit traistre et criminel de lèze-majesté, et à cette heure l'appeloit le roy; et le mena en son palais à Westmontier[1] : et le mit en son estat royal, en la présence du duc de Clarence, à qui ce cas ne plaisoit pas. Et incontinent envoya à Calais trois ou quatre cens hommes, qui coururent tout le païs de Boullenois; lesquels furent bien reçus par ledit seigneur de Vaucler, dont j'ay tant parlé; et se put lors connoistre le bon vouloir qu'il avoit toujours envers son maistre le comte de Warvic. Le jour que le duc de Bourgongne eut les nouvelles que le roy Edouard estoit arrivé en Hollande, j'estois arrivé devers luy de Calais, et le trouvay à Boulongne, et ne sçavois encore riens de cecy, ni de la fuite dudit roy Edouard. Le duc de Bourgongne eut le premier nouvelles qu'il estoit mort. De cela ne luy chaloit guères, car il aymoit mieux cette lignée de Lanclastre que celle d'Yorch; et puis il avoit en sa maison les ducs de Glocestre et de Sombresset, et plusieurs autres du party dudit roy Henry; pourquoy luy sembloit bien qu'ils l'appointeroient bien avec cette lignée; mais il craignoit fort le comte de Warvic : et si ne sçavoit comment il pourroit

---

[1] Louis de Bruges, seigneur de la Gruthuse, prince de Stenhuse, chambellan du duc de Bourgogne, gouverneur et lieutenant-général en Hollande, Zélande et Frise, chevalier de la toison-d'or, fait comte de Winchester par le roi d'Angleterre, Edouard IV, en considération des services qu'il lui avait rendus.

[1] Westminster. Montier, qui depuis s'est prononcé moutier, signifiait église, couvent, monastère; minster signifie monastère; Westminster, monastère situé à l'ouest.

traicter celuy qui s'estoit retiré chez luy, à sçavoir le roy Edouard, dont il avoit espousé la sœur, et s'estoient faits frères d'ordre; car il portoit la toison, et portoit ledit duc la Jartière.

Ledit duc me renvoya incontinent à Calais, et un gentilhomme ou deux avec moy, qui estoient de cette partialité nouvelle de Henry; et me commanda ce qu'il vouloit que je fisse avec ce monde nouveau, et encore me pria bien fort d'y aller, disant qu'il avoit besoin d'estre servi en cette matière. Je m'en allay jusques à Tournehem (qui est un chasteau près de Guynes), et n'osay passer outre, pource que je trouvay le peuple fuyant, pour les Anglois qui estoient sur les champs et couroient le païs. J'envoyay incontinent à Calais demander un saufconduit à monseigneur de Vaucler; car j'estois jà accoustumé d'y aller sans congé, et y estois honorablement reçu; car les Anglois sont fort honorables. Tout cecy m'estoit bien nouveau; car jamais je n'avois si avant vu des mutations de ce monde. J'avois encore cette nuict adverty ledit duc de la crainte que j'avois de passer, sans luy mander que j'eusse envoyé quérir sûreté : car je me doutois bien de la response que j'eus. Il m'envoya une verge qu'il portoit au doigt pour enseigne, et me manda que je passasse outre, et me dussent-ils prendre, car il me racheteroit. Il ne craignoit point fort à mettre en péril un sien serviteur, pour s'en ayder quand il en avoit besoin, mais j'y avois bien pourvu par le moyen de cette sûreté que j'eus, avec de très-gracieuses lettres de monseigneur de Vaucler, disant que j'y pouvois aller comme j'avois accoustumé. Je passay à Guynes, et trouvay le capitaine hors du chasteau, qui me présenta à boire, sans m'offrir le chasteau, comme il avoit accoustumé; et fit très-grand honneur et bonne chère à ces gentilshommes qui estoient avec moy, des partisans du roy Henry. J'allay à Calais. Nul ne vint au devant de moy, comme il avoit accoustumé. Tout homme portoit la livrée de monseigneur de Warvic. A la porte de mon logis et de ma chambre, me firent plus de cent croix blanches, et des rimes [1] contenans que le roy de France et le comte de Warvic estoient tout un. Je trouvay tout ceci bien estrange. J'envoyay d'aventure à Gravelines (qui est à cinq lieues de Calais) et manday qu'on arrestast tous marchands et marchandises d'Angleterre, à cause de ce qu'ils avoient ainsi couru ledit païs de Boulonois. Ledit de Vaucler me manda à disner, qui estoit bien accompagné, et avoit le ravestre d'or sur le bonnet, qui estoit la livrée dudit comte, qui estoit un baton noir, et tous les autres semblablement; et qui ne le pouvoit avoir d'or, l'avoit de drap. Et me fut dit à ce disner, qu'incontinent que le messager fut arrivé d'Angleterre, qui leur avoit porté cette nouvelle, qu'en moins d'un quart d'heure chacun portoit ladite livrée, tant fut cette mutation hastive et soudaine. Ce fut la première fois que j'eus jamais connoissance que les choses de ce monde sont peu stables.

Ledit de Vaucler ne me dit que paroles honnestes, et quelque peu d'excuses en la faveur dudit comte son capitaine, et les biens qu'il luy avoit faits; et quant aux autres qui estoient avec luy, jamais ne furent si débordés [1], car ceux que je pensois des meilleurs pour le roy estoient ceux qui plus le menaçoient; et crois bien qu'aucuns le faisoient pour crainte, et d'autres le faisoient à bon escient. Ceux que j'avois voulu mettre hors de la ville le temps passé (qui estoient serviteurs domestiques dudit comte) avoient à cette heure-là bon crédit; toutesfois ils n'avoient jamais rien sçu que j'eusse parlé d'eux audit Vaucler. Je leur respondois à tous propos, que le roy Edouard estoit mort, et que j'en étois bien assuré, nobobstant que je sçavois bien le contraire; et disois aussi que quand il ne le seroit, si estoient les alliances que monseigneur de Bourgongne avoit avec le roy et le royaume d'Angleterre telles qu'elles ne se pouvoient enfreindre pour ce qui estoit advenu, et que celuy qu'ils prendroient pour leur roy, et nous aussi [2]; et que pour les mutations passées, y avoient esté mis ces mots : AVEC LE ROY ET LE ROYAUME ; et nous estoient plèges les quatre principales villes d'Angleterre pour l'entretenement de ces alliances. Les marchands voulurent fort que je fusse arresté, pource

---

[1] Des vers.

[1] Insolens.
[2] Nous le reconnaîtrions aussi pour roi.

qu'on avoit pris plusieurs de leurs biens à Gravelines, et par commandement, comme ils disoient. Tellement fut appointé entr'eux et moy, qu'ils payeroient tout le bestail qu'ils avoient pris, ou qu'ils le rendissent : car ils avoient appointement avec la maison de Bourgongne, de pouvoir courir certains pasturages qui estoient déclarés, et prendre bestail pour la provision de la ville, en payant certain prix, lequel ils payèrent; et n'avoient pris nuls prisonniers. Parquoy fut accordé entre nous, que les alliances demoureroient entières, que nous avions faites avec le royaume d'Angleterre, sauf que nous nommions Henry au lieu d'Edouard.

Cet appointement fut bien agréable au duc de Bourgongne; car le comte de Warvic envoyoit quatre mille Anglois à Calais, pour luy faire la guerre à bon escient, et ne pouvoit l'on trouver façon de l'adoucir. Toutesfois les gros marchands de Londres, dont plusieurs en y avoit à Calais, l'en destournèrent, pource que c'est l'estape de leurs laines; et est chose presque incroyable pour combien d'argent il y en vient deux fois l'an, et sont là attendans que les marchands viennent; et leur principale descharge est en Flandres et en Hollande. Et ainsi ces marchands aydèrent bien à conduire cet appointement, et à faire demourer ces gens que monseigneur de Warvic avoit. Ceci vint bien à propos au duc de Bourgongne, pource que c'estoit proprement à l'heure que le roy avoit pris Amiens et Sainct-Quentin ; et si ledit duc eust eu guerre avec les deux royaumes à une fois, il estoit destruict. Il travailloit d'adoucir monseigneur de Warvic, tant qu'il pouvoit, disant qu'il ne vouloit rien faire contre le roy Henry, et qu'il estoit de cette lignée de Lanclastre, et toutes telles paroles servant à sa matière.

Or pour retourner au roy Edouard ; il vint devers ledit duc de Bourgongne à Sainct-Paul, et le pressa fort de son ayde, pour s'en pouvoir retourner, l'assurant d'avoir grandes intelligences dans le royaume d'Angleterre, et que pour Dieu il ne le voulsist abandonner, vu qu'il avoit espousé sa sœur, et qu'ils estoient frères d'ordre. Les ducs de Somerset et de Glocestre pressoient tout le contraire, et pour le party du roy Henry. Ledit duc ne sçavoit auxquels complaire, et envers les deux parties craignoit à mesprendre, et si avoit la guerre commencé bien asprement à son visage. Finalement il crut pour lors ledit duc de Somerset et les autres dessusdits, prenant certaines promesses d'eux contre le comte de Warvic dont ils estoient anciens ennemis. Voyant ceci le roy Edouard qui estoit sur le lieu, n'estoit pas à son aise ; toutesfois on luy donnoit les meilleures raisons qu'on pouvoit, disant qu'on faisoit ces dissimulations pour n'avoir point la guerre aux deux royaumes à un coup, car si ledit duc estoit destruict, il ne luy pourroit pas bien ayder après si bien à son aise. Toutesfois ledit duc, voyant qu'il ne pouvoit plus retenir le roy Edouard, qu'il ne s'en allast en Angleterre, et pour plusieurs raisons, ne l'osoit de tous poincts couroucer. Il feignit en public de ne luy bailler nul secours, et fit crier que nul n'allast à son ayde, mais soubs main et secrettement il luy fit bailler cinquante mille florins à la croix Sainct-André, et luy fit faire finances de trois ou quatre gros navires, qu'il luy fit accoustrer au port de la Vere en Zélande qui est un port où chacun est reçu ; et luy soudoya secrettement quatorze navires ostrelins, bien armés, qui promettoient le servir jusques à ce qu'il fust passé en Angleterre, et quinze jours après. Ce secours fut très-grand selon le temps.

CHAPITRE VII.

Comment le roy Édouard retourna en Angleterre, où il deffit en bataille le comte de Warvic, et le prince de Galles après.

Le roy Edouard partit l'an mil quatre cens septante et un, ainsi comme le duc de Bourgongne alloit contre le roy à Amiens ; et sembloit bien audit duc que le faict d'Angleterre ne pourroit aller mal pour luy, et qu'il avoit amis aux deux costés. Incontinent que le roy Edouard fut à terre, il tira droit à Londres ; car il avoit plus de deux mille hommes tenans son party dedans les franchises, dont il y avoit trois ou quatre cens chevaliers et escuyers; ce qui luy fut grande faveur, car il ne descendoit pas à grands gens. Tantost après que le comte de Warvic, lequel estoit au north avec grande puissance, sentit ces nouvelles, il se hasta de retourner vers Londres, espérant y arriver le premier ; toutesfois luy sembloit bien que la ville tiendroit pour luy; mais autrement en advint ; car le roy Edouard y fut reçu le jeudy-sainct, à très-grande joie, de toute la ville ce qui estoit contre l'opinion de la pluspart des gens, car chacun le tenoit pour tout perdu; et s'ils luy eussent fermé les portes, en son faict n'y avoit nul remède, vu que le comte de Warvic n'estoit qu'à une journée de lui. A ce qui m'a esté conté, trois choses furent cause que la ville se tourna des siens. La première, les gens qu'il avoit ès franchises, et la royne sa femme qui, avoit eu un fils. La seconde, les grandes debtes qu'il devoit en la ville, pourquoy les marchands, à qui il devoit, tindrent pour luy. La tierce, plusieurs femmes d'estat et riches bourgeoises de la ville, dont autrefois il avoit eu grande privauté et accointance, luy gaignèrent leurs maris et de leurs parens. Il ne séjourna que deux jours dedans la ville ; car il partit la vigile de Pasques, avec ce qu'il put amasser de gens, et tira au devant du comte de Warvic, lequel il rencontra le lendemain au matin, qui fut le jour de Pasques; et comme ils se trouvèrent l'un devant l'autre, se tourna[1] le duc de Clarence, frère dudit Edouard avec luy, avec bien douze mille hommes, qui fut grand esbahissement au comte de Warvic, et grand reconfort audit roy, lequel avoit peu de gens.

Vous avez bien entendu, par cy-devant, comme cette marchandise dudit duc de Clarence avoit esté menée; et nonobstant tout ce, si fut la bataille très-aspre et très-forte. Tout estoit à pied d'un costé et d'autre. L'avantgarde du roy fut fort endommagée, et joignit la bataille du comte de Warvic jusques à la sienne, et de si près que le roy d'Angleterre combatist en sa personne, autant ou plus que nul homme qui fut des deux costés. Ledit comte de Warvic n'estoit jamais accoustumé de descendre à pied ; mais avoit de coustume, quand il avoit mis ses gens en besongne, de monter à cheval; et si la besongne alloit bien pour luy, il se trouvoit à la meslée ; et si elle alloit mal, il se deslogeoit de bonne heure. A cette fois il fut contrainct par son frère le marquis de Montagu, lequel estoit très-vaillant chevalier, de descendre à pied, et d'envoyer les chevaux. Tellement se porta cette journée que ledit comte mourut, et son frère le marquis de Montagu, et grand nombre de gens de bien ; et fut la déconfiture très-grande, car la délibération du roy Edouard estoit, quand il partit de Flandres, qu'il n'useroit plus de cette façon, de crier qu'on sauvast le peuple et qu'on tuast les gens de bien, comme il avoit autrefois fait en ces batailles précédentes ; car il avoit conçu une très-grande hayne contre le peuple d'Angleterre, pour la grande faveur qu'il voyoit que le dit peuple portoit au comte de Warvic, et aussi pour autres raisons, pourquoy à cette fois ils ne furent point épargnés. Du costé du roy Edouard mourut quatre cens hommes, et fut cette bataille fort combatue.

Au jour de ladite bataille estoit le duc de Bourgongne devant Amiens, et eut lettres de la duchesse sa femme, que le roy Edouard n'estoit pas content de luy, et que l'ayde qui luy avoit esté faite, avoit esté faite en mauvaise sorte et à grand regret, et qu'à peu tint qu'il ne l'eust abandonné. Et pour dire la vérité, l'amitié ne fut jamais grande depuis; toutesfois il en fit son profit, et fit fort publier cette nouvelle. J'ai oublié à dire comment le roy Henry fut mené en cette bataille. Le roy Edouard le trouva à Londres. Ledit roy Henry estoit un homme fort ignorant, et quasi insensé; et si je n'en ai ouï mentir, incontinent après cette bataille, le duc de Glocestre, frère dudit roy Edouard, lequel depuis a esté roy nommé Richard, tua de sa main, ou fit tuer en sa présence, en quelque lieu à part, ce bon homme le roy Henry.

Le prince de Galles, dont j'ay parlé à l'heure de cette bataille, estoit jà descendu en Angleterre, et estoient joints avec luy les ducs de Glocestre et Somerset, et plusieurs autres de sa lignée, et des anciens partisans; et y estoient plus de quarante mille personnes, comme m'ont dit ceux qui y estoient. Et quand le comte de Warvic l'eust voulu attendre, il y a grande apparence qu'ils fussent demourés ses seigneurs et maistres ; mais la crainte qu'il avoit dudit de Somerset, dont il avoit fait mourir père et frère, et aussi de la royne Marguerite[1],

---

[1] Ce duc de Clarence avait pris le parti du comte de Warwick et l'abandonna.

[1] Marguerite, veuve de Henri VI, roi d'Angleterre, privée de tous ses enfans, vint en Anjou finir ses jours

mère dudit prince, qu'il craignoit, fut cause de le faire combatre tout à par soy, sans les attendre. Regardez donc combien durent ces anciennes partialités, et combien elles sont à craindre, et les grands dommages qui en adviennent. Incontinent que le roy Edouard eut gaigné cette bataille, il tira au devant dudit prince de Galles, et là y eut une très-grosse bataille, car ledit prince de Galles avoit plus de gens que le roy. Toutesfois ledit roy Edouard en eut la victoire; et fut le prince de Galles tué sur le champ, et plusieurs autres grands seigneurs, et très grand nombre de peuple, et le duc de Somerset pris, lequel eut dès le lendemain la teste tranchée. En onze jours gaigna le comte de Warvic tout le royaume d'Angleterre, au moins le mit à son obéyssance. Le roy Edouard le regagna en vingt jours; mais il y eut deux grosses batailles et aspres. Ainsi voyez quelles sont les mutations d'Angleterre. Ledit roy Edouard fit mourir beaucoup de peuple en plusieurs lieux, par espécial de ceux qui avoient fait les assemblées contre luy. De tous les peuples du monde, celuy d'Angleterre est le plus enclin en ses batailles. Après cette journée est demouré le roy Edouard pacifique en Angleterre, jusques à sa mort; mais non pas sans grand travail d'esprit et grandes pensées. Je me veux cesser de plus vous avertir de ces faicts d'Angleterre, jusques à ce qu'ils servent à propos en quelque autre lieu.

CHAPITRE VIII.

Comment la guerre se renouvella entre le roy Louis et le duc Charles de Bourgongne, à la sollicitation des ducs de Guyenne et de Bretagne.

Le dernier endroit où je me suis tû de nos affaires de par deça, a esté au partement que fit le duc de Bourgogne de devant Amiens, et aussi du roy, qui de son costé se retira en Touraine, et le duc de Guyenne son frère en Guyenne; lequel ne cessoit de continuer la poursuite du mariage, où il prétendoit, avec la fille du duc de Bourgongne, comme j'ay dit cy-devant. Ledit duc de Bourgongne monstroit tousjours y vouloir entendre; mais jamais n'en

et mourut à Dampierre, près de Saumur, chez un gentilhomme nommé François de la Vignolle, qui avait été autrefois serviteur du roi René de Sicile, père de Marguerite.

eut le vouloir, ains en vouloit entretenir un chacun comme j'ay dit; et puis luy souvenoit des termes qu'on luy avoit tenus pour le contraindre à faire ce mariage, et vouloit tousjours le comte de Sainct-Paul, connestable de France estre moyenneur de ce mariage. D'autre costé le duc de Bretagne vouloit que ce fust par le sien. Le roy estoit d'autre part, pour le rompre, très-embesongné; mais il n'en estoit point de besoin, pour deux raisons que j'ay dites ailleurs; ni aussi le duc de Bourgongne n'eust point voulu de si grand gendre, car il vouloit marchander de ce mariage partout, comme j'ay dit; et ainsi le roy se mettoit en peine pour néant; mais il ne pouvoit sçavoir les pensées d'autruy, et n'estoit point de merveilles si le roy en avoit crainte, parce que son frère eust esté bien grand, si ce mariage eust esté fait; car le duc de Bretagne joint avec luy, l'estat du roy et de ses enfans eust esté en péril. Et sur ces propres entrefaites alloient et venoient maints ambassadeurs des uns aux autres, tant secrets que publics.

Ce n'est pas chose trop sûre de tant d'allées et venues d'ambassades, car bien souvent s'y traictent de mauvaises choses; toutesfois il est nécessaire d'en envoyer et d'en recevoir. Et pourroient demander ceux qui liront cet article, les remèdes que je voudrois qu'on y donnast, et que c'est chose impossible d'y pourvoir. Je sçais bien qu'assez en y a, qui mieux en sauroient parler que moy, mais voici ce que je ferois : ceux qui viennent des vrais amis, et où il n'y a point de matière de suspicion, je serois d'advis qu'on leur fist bonne chère, et eussent permission de voir le prince assez souvent, selon la qualité dont seroit sa personne; j'entends qu'il soit sage et honneste, car quand il est au contraire, le moins le monstrer est le meilleur. Et quand il faut le voir, qu'il soit bien vestu, et bien informé de ce qu'il doit dire, et l'en retirer tost; car l'amitié qui est entre les princes ne dure pas tousjours. Si les ambassadeurs secrets ou publics viennent de par princes où la hayne soit telle que je l'ay vue continuelle entre tous seigneurs dont j'ay parlé icy-devant (lesquelles j'ay connus et hantés en mon temps), il n'y a pas grande sûreté selon mon advis. On les doit bien traicter et honorablement recueillir, comme envoyer au devant d'eux et les faire bien loger, et ordonner gens sûrs et sages pour les accompagner, qui est chose sûre et honneste : car par là on sçait ceux qui vont vers eux, et garde-t-on les gens légers et malcontens de leur porter nouvelles, car en nulles maisons tout n'est content. Davantage je les voudrois tost ouïr et despescher, car ce me semble très-mauvaise chose que tenir ses ennemis chez soy. De les faire festoyer, défrayer, faire présens, cela n'est qu'honneste. Encore me semble que, quand la guerre seroit jà commencée, si ne doit l'on rompre nulle pratique ni ouverture qu'on face de paix (car on ne sçait l'heure qu'on en a affaire) mais les entretenir toutes, et ouïr tous messagers faisans les choses dessusdites, et faire faire bon guet quels gens iroient parler à eux, et qui leur seroient envoyés tant de jour que de nuict, mais le plus secrettement que l'on peut. Et pour un message ou ambassadeur qu'ils m'envoyeroient, je leur en envoyerois deux; et encore qu'ils s'en ennuiassent, disans qu'on n'y renvoyast plus, si voudrois-je y renvoyer quand j'en aurois opportunité et le moyen. Car vous ne sçauriez envoyer espie si bonne et si sûre, ni qui eust si bien loy de voir et d'entendre. Et si vos gens sont deux ou trois, il n'est possible qu'on se sçut si bien donner garde, que l'un ou l'autre n'ait quelques paroles, ou secretement ou autrement, à quelqu'un j'entends, tenant termes honnestes, comme on tient à ambassadeurs. Et est de croire qu'un sage prince met tousjours peine d'avoir quelque amy ou amis avec partie adverse, et s'en garde comme il peut; car en telles choses on ne fait point comme l'on veut. On pourra dire que vostre ennemy en sera plus orgueilleux. Il ne m'en chaut[1], car aussi je sçauray plus de ses nouvelles, et à la fin du compte j'en auray le profit et honneur. Et combien que les autres pourroient faire le semblable chez moy, si ne laisserois-je point d'y envoyer. Et à cette fin j'entretiendrois toutes pratiques, sans en rompre nulles, pour tousjours trouver matières. Et puis les uns ne sont point tousjours si habiles que les autres, ni si entendus, ni n'ont tant vu d'expérience de ces matières, ni aussi n'ont tant de besoin. Et en ces cas ici, les plus sages le gaignent tousjours. Je vous en veux montrer exemple clair et manifeste. Jamais ne se mena traicté entre les François et Anglois, que le sens des François et leur habileté ne se montrast pardessus celle des Anglois. Et ont lesdits Anglois un mot commun qu'autresfois m'ont dit, traictant avec eux, c'est qu'aux batailles qu'ils ont eues avec les François, tousjours, ou le plus souvent, ils ont eu le gain ; mais en tous traictés qu'ils ont eu à conduire avec eux, ils y ont eu perte et dommage. Et sûrement, à ce qu'il m'a tousjours semblé, j'ay connu gens en ce royaume aussi dignes de conduire un grand accord, que nuls autres que j'aye connus en ce monde, et par espécial de la nourriture de nostre roy; car en telles choses faut gens complaisans, et qui passent toutes choses et toutes paroles pour venir à la fin de leurs maistre, et tels les vouloit-il, comme j'ay dit. J'ay esté un peu long à parler de ces ambassadeurs, et comme on y doit avoir l'œil, mais ce n'a pas esté sans cause; car j'ay vu et sçu faire tant de tromperies et mauvaistiés sous telles couleurs, que je ne m'en suis pu taire, ni passer à moins.

Tant fut démené le mariage (dont j'ay parlé cy-dessus) dudit duc de Guyenne et de la fille du duc de Bourgongne, qu'il s'en fit quelque promesse de bouche et encore quelques mots de lettres; mais autant en ay-je vu faire avec le duc Nicolas de Calabre et de Lorraine, fils du duc Jean de Calabre, dont a esté parlé cy-devant. Semblablement s'en fit avec le duc de Savoye Philebert, dernier mort, et puis avec le duc Maximilien d'Austriche, roy des Romains aujourd'hui, seul fils de l'empereur Frédéric. C'estuy là eut lettres escrites de la main de la fille, par le commandement du père, et un diamant. Toutes ces promesses se firent en moins de trois ans de distance. Et suis bien sûr qu'avec luy nul ne l'eut accompli tant qu'il eut vescu, au moins de son consentement ; mais le duc Maximilien, puis roy des Romains, s'est aydé de cette promesse, comme je diray cy-après. Et ne conte pas ces choses pour donner charge à celuy ou à ceux dont j'ay parlé, mais seulement pour dire les choses comme je les ay vues advenir. Et aussi je fais mon conte que bestes, ni simples gens ne s'amuseront point à lire ces mémoires;

---

[1] Peu m'importe.

mais princes ou autres gens de cour y trouveront de bons advertissemens, à mon advis. Tousjours en parlant de ce mariage, se parloit d'entreprises nouvelles contre le roy. Et estoient avec le duc de Bourgongne le seigneur d'Urfé, Poncet de Rivière, et plusieurs autres petits personnages, lesquels alloient et venoient pour le duc de Guyenne. Et estoit l'abbé de Begard, depuis évesque de Léon [1], pour le duc de Bretagne; et remonstroit audit duc de Bourgongne que le roy pratiquoit les serviteurs dudit duc de Guyenne, et en vouloit retirer les uns par amour, les autres par force, et qu'il avoit jà fait abbattre une place [2] qui estoit à monseigneur d'Estissac, serviteur du duc de Guyenne [3]; et plusieurs autres voyes de fait estoient jà commencées; et avoit le roy soustrait aucuns serviteurs de sa maison; parquoy concluoient qu'il vouloit recouvrer Guyenne, comme il avoit fait Normandie autresfois, après qu'il l'eut baillée en partage, comme vous avez ouy. Le duc de Bourgongne envoyoit souvent devers le roy pour ces matières. Le roy respondoit que c'estoit le duc de Guyenne son frère qui vouloit eslargir ses limites et qui commençoit toutes ces brigues, et qu'au partage de son frère ne vouloit point toucher. Or, voyez un peu comme les affaires et brouillis de ce royaume sont grands, ainsi qu'ils se peuvent bien apparoir [4], par aucun temps, quand il est en discord, et comme ils sont pesans et mal-aisés à conduire, et loin de fin, quand ils sont commencés; car encore qu'ils ne soient au commencement que deux ou trois princes, ou moindres personnages, avant que cette feste ait duré deux ans, tous les voisins y sont conviés. Toutesfois, quand les choses commencent, chacun en pense voir la fin en peu de temps; mais elles sont bien à craindre, pour les raisons que verrez en continuant ce propos.

---

[1] Il se nommait Vincent de Ker Leau. Il était chancelier de Bretagne; il fut évêque de Léon.

[2] C'était le chateau de Coulonges, situé entre Toulouse et Lectoure.

[3] Jean, baron d'Estissac, au pays d'Aunis, père de Geoffroy d'Estissac, évêque de Maillezais, l'un des patrons du fameux Rabelais.

[4] Paraître.

A l'heure dont je parle, le duc de Guyenne, ou ses gens, et le duc de Bretagne prioient au duc de Bourgongne qu'en riens il ne se voulsist aider des Anglois qui estoient ennemis du royaume; car tout ce qu'ils faisoient estoit pour le bien et soulagement du royaume; et que, quand luy seroit prest, ils estoient assez forts, et qu'ils avoient de très-grandes intelligences avec plusieurs capitaines et autres. Un coup me trouvay présent, que le seigneur d'Urfé disoit ces paroles audit duc, luy priant faire diligence et mettre sus son armée; et ledit duc m'appela à une fenestre et me dist: « Voilà le seigneur d'Ur» fé qui me presse faire mon armée la plus » grosse que je puis, et me dit que nous fe» rons le grand bien du royaume. Vous sem» ble-t-il que si j'y entre avec la compagnie » que j'y mèneray, que j'y face guères de » bien? » Je luy respondis en riant, qu'il me sembloit que non; et il me dist ces mots: « J'ayme mieux le bien du royaume de Fran» ce que monseigneur d'Urfé ne pense, car » pour un roy qu'il y a, j'y en voudrois six. »

En cette saison dont nous parlons, le roy Edouard d'Angleterre qui cuidoit véritablement que ce mariage, dont j'ay parlé, se dust traicter, et en estoit déçu comme le roy, travailloit fort avec ledit duc de Bourgongne pour le rompre, alléguant que le roy n'avoit point de fils, et que, s'il mouroit, ledit duc de Guyenne s'attendoit à la couronne; et, par ainsi, si ce mariage se faisoit, toute Angleterre seroit en grand péril d'estre destruicte, vu tant de seigneuries jointes à la couronne. Et prenoit merveilleusement cette matière à cœur, sans besoin qu'il en fut, et si faisoit tout le conseil d'Angleterre; ni pour excuse qu'en sçust faire le duc de Bourgongne, les Anglois ne l'en vouloient croire. Le duc de Bourgongne vouloit, nonobstant les requestes que faisoient les gens des ducs de Guyenne et de Bretagne, qu'il n'appellast nuls estrangers, que néantmoins le roy d'Angleterre fît la guerre par quelque bout; et il eut fait volontiers semblant de n'en sçavoir riens et de ne s'en empescher point. Jamais les Anglois ne l'eussent fait. Plustost eussent aydé au roy, pour cette heure-là, tant craignoient que cette maison de Bourgongne ne se joignist à la couronne de France par ce mariage. Vous voyez (selon mon propos) tous ces seigneurs icy bien empeschés; et avoient de tous costés tant de sages gens et qui voyoient de si loin, que leur vie n'estoit point suffisante à voir la moitié des choses qu'ils prévoyoient : et bien y parut ; car tous sont finis en ce travail et misère, en bien peu d'espace de temps, les uns après les autres. Chacun a eu grande joye de la mort de son compagnon, quand le cas est advenu, comme chose très-désirée. Et puis leurs maistres sont allés tost après et ont laissé leurs successeurs bien empeschés, sauf notre roy qui règne de présent, lequel a trouvé son royaume en paix avec tous ses voisins et subjets. Et luy avoit le roy son père fait mieux que jamais n'avoit voulu ou sçu faire pour luy; car de mon temps ne le vy jamais sans guerre, sauf bien peu de temps avant son trespas.

En ce temps dont je parle estoit le duc de Guyenne un peu malade. Les uns le disoient en grand danger de mort : les autres disoient que ce n'estoit riens. Ses gens pressoient le duc de Bourgongne de se mettre aux champs; car la saison y estoit propre. Ils disoient que le roy avoit armée aux champs, et estoient ses gens devant Sainct-Jean-d'Angely, ou à Xaintes, ou ès environs. Tant firent que le duc de Bourgongne tira à Arras. Et là s'amassoit l'armée, et puis passoit outre vers Péronne, Roye et Montdidier. Et estoit l'armée très-puissante et plus belle qu'il eut jamais eue; car il y avoit douze cens lances d'ordonnances qui avoient trois archers pour homme-d'armes, et le tout bien en poinct et bien montés. Car il y avoit en chacune compagnie dix hommes-d'armes davantage, sans le lieutenant et ceux qui portoient les enseignes ; les nobles de ses païs très-bien en poinct ; car ils estoient bien payés et conduicts par notables chevaliers et escuyers ; et estoient ces païs fort riches en ce temps.

CHAPITRE IX.

Comment la paix finale, qui se traitoit entre le roy et le duc de Bourgongne, fut rompue, au moyen de la mort du duc de Guyenne : et comment ces deux grands princes taschoient à se tromper l'un l'autre.

En faisant cette armée dont je parle, vindrent deux ou trois fois devers luy le seigneur de Craon, et le chancelier de France, appelé messire Pierre d'Oriole [1], et secrettement se traicta entre eux paix finale qui jamais ne s'estoit pu trouver; pour ce que ledit duc voulut r'avoir Amiens et Sainct-Quentin, dessus nommées, et le roy ne les vouloit pas rendre. Or, maintenant s'y accorda, voyant cet appareil, et espérant venir aux fins que vous entendrez. Les conditions de cette paix estoient : que le roy rendroit audit duc Amiens et Sainct-Quentin, avec ce dont estoit question, et luy abandonneroit les comtes de Nevers et de Sainct-Paul, connestable de France, et toutes leurs terres pour en faire à son plaisir, et les prendre comme siennes, s'il pouvoit [2]. Et ledit duc luy abandonnoit semblablement les ducs de Guyenne et de Bretagne, et leurs seigneuries, pour faire ce qu'il pourroit. Cette paix jura le duc de Bourgongne, et y estoit présent ; et aussi la jurèrent le seigneur de Craon et le chancelier de France pour le roy, lesquels partirent d'avec ledit duc ; et si luy conseillèrent de ne rompre point son armée, mais l'avancer, afin que le roy, leur maistre, fust plus enclin de bailler promptement la possession des deux places dessus nommées; et emmenèrent avec eux Simon de Quingey [3] pour voir jurer le roy et confirmer ce qu'avoient fait ses ambassadeurs. Le roy délaya cette confirmation par aucuns jours ; et cependant survint la mort de son frère le duc de Guyenne. Sur ces entrefaites, et comme ledit duc estoit prest à partir d'Arras, luy survint deux nouvelles. L'une fut que le duc Nicolas de Calabre et de Lorraine, héritier de la maison d'Anjou, fils du duc Jean de Calabre, vint là devers luy, touchant le mariage de cette fille; et le recueillit ledit duc très-bien et luy donna bonne espérance de la conclusion. Le lendemain, qui fut le quinziesme jour de may, mil quatre cens septante deux,

---

[1] Chevalier, seigneur de Loyré en Aunis, trésorier général des finances sous Louis XI. Après la mort de Juvenal des Ursins, il fut créé chancelier de France, le 28 juin 1472, et résigna son office en 1483. Il présida en 1475 au procès fait au connétable de Saint-Paul.

[2] Dans le traité qui en fut fait au Crotoy le 3 octobre 1471, il n'est pas parlé de ces princes, ce qui fait croire qu'il n'y a eu qu'une simple promesse de les abandonner.

[3] Ecuyer et échanson du duc de Bourgogne.

comme il me semble, vindrent lettres dudit Simon de Quingey (lequel estoit devers le roy ambassadeur pour iceluy duc de Bourgongne, contenant que ledit duc de Guyenne estoit trespassé, et que jà le roy avoit pris une grande partie de ses places.

Incontinent en vindrent aussi messagers de divers lieux, : et parloient de cette mort différemment. Peu de temps après s'en retourna mesmement ledit Simon, renvoyé par le roy, avec très-maigres paroles, sans rien vouloir jurer, dont ledit duc se tint fort moqué, et mesprisé, et en eut très-grand despit. Semblablement ses gens, en faisant la guerre, tant pour cette cause que pour autres que pouvez avoir assez entendues, disoient paroles vilaines et incroyables du roy ; et ceux du roy ne s'y feignoient de guères.

Ledit duc estant fort désespéré de cette mort, et luy enhorté par aucuns, dolens pour icelle, escrivit lettres à plusieurs villes à la charge du roy ; à quoy profita peu : car riens ne s'en mut : mais croy bien que si ledit duc de Guyenne ne fust point mort, que le roy eut eu beaucoup d'affaires ; car les Bretons estoient prests, et avoient beaucoup d'intelligences dedans le royaume, et plus que jamais n'avoient eu ; lesquelles failloient toutes à cause de cette mort. Sur ce courroux se mit aux champs ledit duc ; et prit son chemin vers Néfle en Vermandois ; et commença exploit de guerre ord et mauvais, dont il n'avoit jamais usé : c'estoit de faire mettre le feu par tout où il arrivoit.

Son avant-garde alla mettre le siége devant ledit Néfle, qui guères ne valoit, et y avoit un nombre de francs-archers. Ledit duc demoura logé à trois lieues près de là. Ceux de dedans tuèrent un héraut, en les allant sommer. Leur capitaine saillit dehors à sûreté, pour cuider composer. Il ne put accorder ; et comme il rentra dedans la place, qui estoit en trève à cause de sa saillie, et estoient ceux de dedans tous descouverts sur la muraille, sans ce qu'on leur tirast, toutesfois ils tuèrent encore deux hommes. Pour cette cause fut desdite ladite trève ; et manda à madame de Néfle, qui estoit dedans, qu'elle saillist, et ses serviteurs domestiques, avec ses biens. Ainsi le fit, et incontinent fut la place assaillie et prise [1], et la pluspart tués. Ceux qui furent pris vifs, furent pendus, sauf aucuns que les gens-d'armes laissèrent courre par pitié. Un nombre assez grand eurent les poings couppés. Il me desplait à dire cette cruauté ; mais j'estois sur le lieu, et en faut dire quelque chose. Il faut dire que le duc estoit passionné de faire si cruel acte, ou que grande cause le mouvoit ; il en alléguoit deux : l'une, il parloit après autruy estrangement de cette mort du duc de Guyenne : outre avoit un autre desplaisir, que vous avez pu entendre : c'est qu'il avoit un merveilleux despit d'avoir perdu Amiens et Sainct-Quentin, dont avez ouy parler.

Il pourra sembler au temps advenir à ceux qui verront cecy, que en ces deux princes n'y eust pas grande foy, ou que je parle mal d'eux. De l'un ni de l'autre ne voudrois mal parler, et à nostre roy suis tenu, comme chacun sçait ; mais pour continuer ce que vous, Monseigneur l'archevesque de Vienne, m'avez requis, est force que je die partie de ce que je sçay ; en quelque sorte qu'il soit advenu. Mais quand on pensera aux autres princes, on trouvera ceux-cy grands, nobles et notables, et le nostre très-sage, lequel a laissé son royaume accru, et en paix avec tous ses ennemis. Or voyons donc lequel de ces deux seigneurs vouloit tromper son compagnon, afin que, si, pour le temps advenir, cecy tomboit entre les mains de quelque jeune prince, qui eust à conduire semblable affaires, il eust mieux connoissance, pour l'avoir vu, et se garder d'estre trompé. Car combien que les ennemis, ni les princes ne soient point tousjours semblables, encore que les matières le fussent, si fait-il bon d'estre informé des choses passées. Pour en déclarer mon advis, je cuide estre certain que ces deux princes y alloient tous deux en intention de tromper chacun son compagnon, et que leurs fins estoient assez semblables, comme vous oirez. Tous deux avoient leurs armées prestes, et aux champs. Le roy avoit jà pris plusieurs places, et en traictant cette paix, pressoit fort son frère ; jà estoient venus vers le roy le seigneur de Contay, Patus, Foucart, et plu-

---

[1] Le 12 juin 1472.

sieurs autres ; et avoient laissé le duc de Guyenne. L'armée du roy estoit és environs de la Rochelle, et avoit grande intelligence dedans ; et marchandoient fort ceux de la ville, tant pour ce bruit de paix que pour la maladie qu'avoit ce duc. Et cuide l'intention du roy telle que, s'il eust achevé son entreprise auprès de là, et que son frère vînt à mourir, qu'il ne jureroit point cette paix : mais aussi que, s'il trouvoit forte partie, il la jureroit et exécuteroit ses promesses pour s'oster du péril. Et compassa fort bien son temps, et faisoit une merveilleuse diligence ; et avez bien entendu comme il dissimula à ce Simon de Quingey, bien l'espace de huit jours, et que cependant advint cette mort. Or sçavoit-il bien que ledit duc de Bourgongne desiroit tant la possession de ces deux villes, qu'il ne l'oseroit courroucer, et qu'il luy feroit couler doucement quinze ou vingt jours (comme il fit) et que cependant il verroit quel œuvre il feroit.

Puisque nous avons parlé du roy, et des moyens qu'il avoit en pensée pour tromper le duc, faut dire quelle estoit la pensée du duc envers le roy, et ce qu'il luy gardoit, si la mort dessusdite ne fust advenue. Simon de Quingey avoit commission de luy, et à la requeste du roy, d'aller en Bretagne, après qu'il auroit vu jurer la paix, et reçu les lettres de confirmation de ce que les ambassadeurs du roy auroient fait, et signifier audit duc de Bretagne le contenu de la paix, et aussi aux ambassadeurs du duc de Guyenne, qui estoient là, pour en advertir leur maistre, lequel estoit à Bordeaux. Et le vouloit ainsi le roy, pour faire plus grand espouventement aux Bretons, de se voir ainsi abandonnés de celuy où estoit leur principale espérance. En la compagnie dudit Simon de Quingey, y avoit un chevaucheur d'escurie dudit duc, qui avoit nom Henry, natif de Paris, un sage compagnon et bien entendu ; lequel avoit une lettre de créance, addressante audit Simon de Quingey, escrite de la main dudit duc ; mais il avoit commission de ne la bailler point audit Simon, jusques à ce qu'il fust party d'avec le roy, et arrivé à Nantes devers le duc ; et à l'heure luy devoit bailler ladite lettre, et dire sa créance, qui estoit : qu'il dust dire au duc de Bretagne qu'il n'eust nulle doute ni crainte que son maistre abandonnast le duc de Guyenne, ni luy, mais les secoureroit de corps et de biens ; et que ce qu'il avoit fait estoit pour éviter la guerre, et pour recouvrer ces deux villes, Amiens, et Sainct-Quentin, que le roy luy avoit ostées en temps de paix, et contre sa promesse ; et luy devoit dire aussi comme ledit duc son maistre envoyeroit de notables ambassadeurs devers le roy, incontinent qu'il seroit saisi de ce qu'il demandoit. Ce qu'il eust fait sans difficulté, pour luy demander et supplier se vouloir déporter de la guerre et entreprise qu'il auroit faite contre ces deux ducs, et ne se vouloir arrester aux sermens qu'il avoit faits ; car il n'estoit délibéré de les tenir, non plus qu'il luy avoit tenu le traicté qui avoit esté fait devant Paris, qu'on appelle le traicté de Conflans, ni celuy qu'il jura à Péronne, et que long-temps après il avoit confirmé ; et qu'il sçavoit bien qu'il avoit pris ces deux villes contre sa foy, et en temps de paix ; parquoy devoit avoir patience qu'en semblable façon il les eust recouvrées. Et en tant que touchoit les comtes de Sainct-Paul, connestable de France, et de Nevers, que le roy lui avoit abandonnés, il déclaroit que, nonobstant qu'il les haïst, et en eust bien cause, si vouloit-il remettre ces injures, et les laisser en leur entier, suppliant au roy qu'il voulsist faire le semblable de ces deux ducs qu'il luy avoit abandonnés : et qu'il luy plust que chacun vesquist en paix et en sûreté, et en la manière qu'il avoit esté juré et promis à Conflans, où tous estoient assemblés ; en luy déclarant qu'au cas qu'il ne voulsist ainsi le faire, il secoureroit ses alliés ; et devroit desjà estre logé en champs à l'heure qu'il manderoit ces paroles. Or, autrement en advint. Ainsi l'homme propose et Dieu dispose ; car la mort qui départ toutes choses et change toutes conclusions, en fit venir autre ouvrage, comme vous avez entendu et entendrez ; car le roi ne bailla point ces deux villes ; et si eut la duché de Guyenne, par la mort de son frère, comme raison estoit

CHAPITRE X.

Comment le duc de Bourgongne voyant qu'il ne pouvoit se saisir de Beauvais, devant laquelle il avoit planté son camp, s'en alla devant Rouen.

Pour retourner à la guerre, dont cy-devant ay parlé, et comme furent traictés un tas de pauvres francs-archers qui avoient pris dedans Nesle : au partir de là, alla loger le duc devant Roye, où il y avoit quinze cens francs-archers et un nombre d'hommes-d'armes d'arrière-ban. Si belle armée n'eut jamais le duc de Bourgongne que lors. Le lendemain qu'il fut arrivé, commencèrent à avoir peur ces francs-archers, et se jetèrent par les murailles, et se vindrent rendre à luy. Le lendemain, ceux qui estoient encore dedans composèrent, et laissèrent chevaux et harnois, sauf que les hommes-d'armes en emmenèrent chacun un courtaut[1]. Le duc laissa gens en la ville, et voulut faire désemparer Mondidier; mais pour l'affection qu'il vit que le peuple des chastellenies luy portoit, il la fit réparer, et y laissa gens. Partant de là fit son compte de tirer en Normandie; mais passant près de Beauvais, alla courre monseigneur des Cordes devant, lequel menoit son avant-garde. D'entrée ils prirent ce faux-bourg, qui est devant l'évesché; et le prit un Bourguignon très-avaricieux, appelé messire Jacques de Montmartin, qui avoit cent lances et trois cens archers de l'ordonnance dudit duc. Monseigneur des Cordes assaillit d'un autre costé; mais ses eschelles estoient courtes, et n'en avoit guères. Il avoit deux canons qui tirèrent au travers de la porte deux coups seulement, et y firent un grand trou, et s'ils eut eu pierres[2] pour continuer, il y fut entré sans doute, mais il n'estoit point venu fourni pour tel exploit : parquoy estoit mal pourvu. Dedans il n'y avoit que ceux de la ville au commencement, sauf Loyset de Balligny, qui avoit quelque peu de gens d'arrière-ban, lequel estoit capitaine de la ville; toutesfois Dieu voulut qu'elle ne se perdist pas ainsi; et en monstra grandes enseignes; car ceux de monseigneur des Cordes combattoient main à main par le trou qui avoit esté fait en la porte; et sur cela, manda au duc de Bourgongne, par plusieurs messagers, qu'il vinst, et qu'il pouvoit estre sûr que la ville estoit sienne. Ce pendant que ledit duc mist à venir, quelqu'un de ceux de dedans s'avisa, et apporta des fagots allumés pour jeter au visage de ceux qui s'efforçoient à rompre la porte. Tant y en mirent que le feu se prit au portail, et qu'il fallut que les assaillans se retirassent, jusques à ce que le feu fust esteint.

Ledit duc arriva, qui semblablement tenoit la ville prise, pourvu que ce feu fust esteint, qui estoit très-grand; car tout le portail estoit en feu. Et quand ledit duc eut voulu loger une partie de l'armée du costé de Paris, la ville n'eust pu eschapper de ses mains; car nul n'y eust pu entrer; mais Dieu voulut qu'il fist doute là où il n'y en avoit point; car pour un petit ruisseau qui estoit à passer, il fit cette difficulté. Et depuis qu'il y eut largement gens-d'armes dedans, il le voulut faire, ce qui eust esté mettre tout son ost en péril; et à grande peine l'en put-on démouvoir; et fut le vingt-huitiesme jour de juin, l'an mil quatre cens septante-deux. Ce feu dont j'ay parlé dura tout le jour; et y entrèrent devers le soir dix lances d'ordonnance seulement, comme m'a esté conté, car j'estois encore avec le duc de Bourgongne; mais ils ne furent point vus, pource que chacun estoit empesché à se loger, et aussi n'y avoit nul de ce costé : A l'aube du jour commença à approcher l'artillerie dudit duc; et tost après vismes entrer gens largement, au moins environ deux cens hommes-d'armes; et croy que s'ils ne fussent venus, que la ville eust mis peu à composer. Mais en la colère où estoit le duc de Bourgongne, comme avez pu entendre cy-dessus, il désiroit la prendre d'assaut; et sans doute il l'eust bruslée, si ainsi fust advenu, qui eust esté très-grand dommage; et me semble qu'elle fut préservée par vray miracle, et non autrement. Depuis que ces gens y furent entrés, l'artillerie dudit duc tira continuellement l'espace de quinze jours ou environ; et fut la place aussi bien batue que jamais place fut, et jusques en l'estat d'assaillir. Toutesfois aux fossés y avoit de l'eau, et fallut faire un pont de l'un des deux costés de la porte bruslée, et de l'autre costé de ladite porte on pouvoit joindre jusques aux murs sans danger, sauf d'une seule canonière qu'on ne sçut batre, pource qu'elle estoit fort basse.

C'est bien grand péril et grande folie d'assaillir si grandes gens; et encore pardessus tout, y estoient dedans, le connestable (comme je croy) ou logé près de la ville (je ne sçay lequel) le mareschal Joachim, le mareschal de Loheac,

---

[1] Double bidet.
[2] La plupart des premiers boulets étaient de pierres.

monseigneur de Crussol [1], Guillaume de Vallé, Méry de Coué, Sallezard, Thevenot de Vignoles, tous anciens, cent lances pour le moins hommes-d'armes de l'ordonnance, et largement gens-de-pied, et beaucoup de gens de bien qui se trouvèrent avec tous ces capitaines. Toutesfois délibéra ledit duc donner l'assaut; mais ce fut tout seul, car ne se trouva de cette opinion que luy; et le soir, quand il se coucha sur son lict de camp, vestu comme il avoit accoustumé, ou peu s'en faloit, il demanda à aucuns s'il leur sembloit bien que ceux de dedans attendissent l'assaut. Il luy fut respondu que ouy, vu le grand nombre de gens qui y estoient, et qu'ils estoient encore suffisans pour la deffendre comme une haye. Il le prit en moquerie, et dit : « Vous n'y » trouverez demain personne. » A l'aube du jour fut l'assaut très-bien assailly, et très-hardiment, et encore mieux deffendu. Grand nombre de gens passèrent par dessus ce pont, et y fut estouffé monseigneur Despiris, un vieil chevalier de Bourgongne, qui fut le plus homme de bien qui y mourut. De l'autre costé y en eut qui montèrent jusques dessus le mur, mais tous ne revindrent pas; ils combattirent main à main longuement, et fut l'assaut assez long. Autres bandes estoient ordonnées pour assaillir après les premiers, mais voyant qu'ils perdoient leur temps, ledit duc les fit retirer. Ceux de dedans ne saillirent point, aussi ils pouvoient voir largement gens prests à les recueillir s'ils fussent saillis. A cet assaut mourut environ six vingts hommes. Le plus grand fut monseigneur Despiris. Aucuns en cuidoient beaucoup plus. Il y eut bien mille hommes blessés. La nuict d'après, firent ceux de dedans une saillie; mais ils estoient peu de gens, et la pluspart estoient à cheval, qui se mirent par le cordail des pavillons : ils ne firent rien de leur profit, et perdirent deux ou trois gentils-hommes; ils blessèrent un fort homme de bien, nommé messire Jacques d'Orson, maistre de l'artillerie dudit duc, qui peu de jours après mourut de ladite blessure.

Sept ou huit jours après cet assaut, voulut ledit duc aller loger à la porte vers Paris, et départir son ost en deux. Il ne trouva nul de cette opinion, vu les gens qui estoient dedans. C'estoit au commencement qu'il le devoit faire, car à cette heure n'en estoit pas temps. Voyant qu'il n'y avoit autre remède, il se leva, et en bel ordre [1] : il s'attendoit bien que ceux de dedans saillissent asprement, et par ce moyen leur porter quelque dommage; toutesfois ils ne saillirent point. Il prit de là son chemin en Normandie, pource qu'il avoit promis au duc de Bretagne aller jusques devant Rouen, lequel avoit promis de s'y trouver; mais il changea propos, voyant que le duc de Guyenne estoit mort; et ne bougea de son païs. Ledit duc de Bourgongne vint devant Eu, qui luy fut rendue, et Sainct-Vallery : et fit mettre les feux par tout ce quartier jusques aux portes de Dieppe. Il prit le Neuf-Chastel, et le fit brusler, et tout le païs de Caux, où la pluspart, jusques aux portes de Rouen, et tira en personne jusques devant la ville de Rouen. [2] Il perdoit souvent de ses fourrageurs; et endura son ost très-grande faim; puis se retira pour l'hyver qui estoit venu. Dès ce qu'il eust le dos tourné, ceux du roy reprirent Eu et Sainct-Vallery : et eurent pour prisonniers sept ou huit de ceux qui estoient dedans par les compositions.

CHAPITRE XI.

Comment le roy fit appointement avec le duc de Bretagne, et trève avec le duc de Bourgongne, et comment le comte de Sainct-Paul, eschappa pour lors à une machination faite contre luy par ces deux grands princes.

Environ ce temps je vins au service du roy (et fut l'an mil quatre cens septante deux), lequel avoit recueilly des serviteurs de son frère le duc de Guyenne la plus grande part; et estoit au pont de Cé, là où il s'estoit tiré contre le duc de Bourgongne, et luy faisoit guerre, et là vindrent devers luy aucuns ambassadeurs de Bretagne [3] : et aussi y en alloit des siens. Entre les autres y vint Philippe des Essars, serviteur du duc, et Guillaume de Soubs-Plenville, serviteur de monseigneur de l'Escun, lequel seigneur de l'Escun s'estoit retiré en Bretagne, quand il vit son maistre le duc de Guyenne

---

[1] Louis, seigneur de Crussol et de Lévis, chambellan de Louis XI, sénéchal de Poitou, gouverneur du Dauphiné, grand-panetier de France en 1470, mort à Barcelone le 21 août 1473.

[1] Le mercredi 22 juillet 1472.
[2] Il y fut depuis le dimanche 30 août jusqu'au jeudi 3 septembre 1472.
[3] Odet d'Aidie, seigneur de l'Escun.

près de la mort; et partit de Bordeaux, et se mit sur la mer, craignant de tomber entre les mains du roy. Parquoy partit de bonne heure, et emmena quant et luy le confesseur du duc de Guyenne, et un escuyer d'escurie, auxquels on imputoit la mort du duc de Guyenne : lesquels ont esté prisonniers en Bretagne par longues années. Un peu durèrent ces allées et venues de Bretagne; et à la fin se délibéra le roy d'avoir paix de ce costé, et de tant donner audit seigneur de l'Escun, qu'il le retireroit à son service, et luy osteroit l'envie de luy pourchasser mal, pour autant qu'il n'y avoit ni sens ni vertu en Bretagne que de ce qui procédoit de luy; mais un si puissant duc, manié par un tel homme, estoit à craindre; et mais qu'il eust fait avec luy, les Bretons tascheroient à vivre en paix. Et à la vérité, la généralité du païs ne quiert jamais autre chose; car tousjours y en a en ce royaume de bien traictés et honorés; et ils ont bien servi le temps passé. Aussi je trouve ce traicté, que nostre roy fit, très-sage, combien qu'aucuns le blasmoient, qui ne considéroient point si avant que luy. Il eut bon jugement de la personne dudit seigneur de l'Escun, disant qu'il ne viendroit nul péril de luy mettre entre ses mains ce qu'il y mit; et l'estimoit homme d'honneur, et que jamais, durant ces divisions passées, il n'avoit voulu avoir intelligence avec les Anglois, ni consentir que les places de Normandie leur fussent baillées, qui fut cause de tout le bien qu'il eut; car cela ne tint qu'à luy seul. Pour toutes ces raisons il dit audit de Soubs-Plenville qu'il mit par escript tout ce que ledit seigneur de l'Escun, son maistre, demandoit, tant pour le duc que pour luy, ce qu'il fit: et tout luy accorda nostre roy. Et furent ses demandes : quatre-vingts mille francs de pension pour le duc; pour son maistre, six mille francs de pension, le gouvernement de Guyenne, deux séneschaucées, de Vannes et de Bordelois, la capitainerie de l'un des chasteaux de Bordeaux, la capitainerie de Blaye, des deux chasteaux de Bayonne, de Dax et de Sainct-Sever, et vingt et quatre mille escus d'or comptant, avec l'ordre du roy et la comté de Comminges. Tout fut accordé et accompli, sauf que la pension du duc ne se payoit que la moitié, et dura deux ans: davantage donna le roy audit de Soubs-Plenville six mille escus. J'entends cet argent comptant, tant de luy que de son maistre, payé en quatre années. Et ledit de Soubs-Plenville eut douze cens francs de pension, maire de Bayonne, baillif de Montargis, et d'autres petits estats en Guyenne. Le tout dura à son maistre et à luy jusques au trespas du roy. Philippe des Essars fut baillif de Meaux, maistre des eaux et des forests de la France, douze cens francs de pension et quatre mille escus. Depuis ce temps, jusques au trespas du roy nostre maistre, leur ont duré ces estats, et aussi monseigneur de Comminges luy est tousjours demeuré bon et loyal serviteur.

Tantost après que le roy eut appaisé ce duc de Bretagne, il se tira vers la Picardie. Tousjours avoient de coustume le roy et le duc de Bourgongne, incontinent que l'hyver venoit, de faire trève pour six mois, ou pour un an, ou plus. Ainsi en ensuivant leur coustume, en firent une; et la vint faire le chancelier de Bourgongne et autres en sa compagnie. Là fut monstrée la paix finale que le roy avoit faite avec le duc de Bretagne, par laquelle ledit duc renonçoit à l'alliance qu'il avoit faite avec les Anglois et le duc de Bourgongne : pour ce vouloit le roy que les ambassadeurs du duc de Bourgongne ne le nommassent point au nombre de leurs alliés. A quoy ne voulurent entendre; et disoient qu'il seroit à son choix de se déclarer de la partie du roy ou de la leur, dedans le temps accoustumé; et disoient qu'autrefois les avoit ledit duc de Bretagne abandonnés par lettres : mais que partant ne s'estoit point départi de leur amitié. Ils tenoient le duc de Bretagne pour prince manié par autre sens que par le sien; mais qu'il se revenoit tousjours à la fin à ce qui luy estoit plus nécessaire : et fut l'an septante et trois.

En menant ce traicté on murmuroit des deux costés contre le comte de Sainct-Paul, connestable de France; et l'avoit le roy pris en grande hayne, et les plus prochains de luy semblablement. Le duc de Bourgongne le haïssoit encore plus; et en avoit meilleure cause (car je suis informé à la vérité des raisons des deux costés); et n'avoit point oublié ledit duc que le connestable avoit esté occasion de la prise d'Amiens et de Sainct-Quentin; et luy sembloit qu'il estoit cause et vraye nourrice de cette guerre qui estoit entre le roy et luy; car, en temps de trève, luy tenoit les meilleures paroles du monde; mais dès ce que le débat commençoit, il luy estoit ennemy capital; et ledit comte l'avoit voulu contraindre à marier sa fille, comme avez vu cy-devant. Encore y avoit une autre pique; car durant que ledit duc estoit devant Amiens, ledit connestable fit une course en Hainault; et, entre les autres exploits qu'il fit, il brusla un chasteau, nommé Solre, qui estoit à un chevalier, nommé messire Baudouin de Lannoy [1]. Pour le temps de lors on n'avoit point accoustumé de mettre feu, ni d'un costé ni d'autre; et prit le duc son occasion sur cela des feux qu'il mettoit et qu'il avoit en cette saison mis. Ainsi se commença à pratiquer la manière de défaire ledit connestable. Et du costé du roy en furent ouvertes quelques paroles, par gens qui s'adressoient à ceux qui estoient ennemis dudit connestable, estans au service dudit duc, et n'avoient point moins de suspicion sur ledit connestable que ledit duc. Et chacun le disoit occasion de la guerre; et se commencèrent à descouvrir toutes paroles et tous traictés menés par luy, tant d'un costé que d'autre, et mettoient en avant sa destruction.

Quelqu'un pourra demander cy-après, si le roy ne l'eust sçu faire seul. A quoy je responds que non; car il estoit assis justement entre le roy et ledit duc. Il tenoit Sainct-Quentin en Vermandois, grosse ville et forte. Il avoit Ham et Bohain, et autres très-fortes places siennes, toutes près dudit Sainct-Quentin; et y pouvoit mettre gens à toute heure et de tel parti qu'il lui plaisoit. Il avoit du roy quatre cens hommes-d'armes bien payés, dont luy mesmes estoit commissaire et en faisoit la monstre; sur quoy il pouvoit pratiquer grand argent, car il ne tenoit point le nombre. Outre il avoit d'estat ordinaire quarante-cinq mille florins; et si prenoit un escu pour chacune pipe de vin qui passoit parmi ses limites pour aller en Flandre ou en Hainault; et si avoit de très-grandes seigneuries siennes, et grandes intelligences au royaume de France, et aussi au païs dudit duc où il estoit fort apparenté.

[1] Baudouin de Lannoy, dit le Bègue, seigneur de Molembais et de Solre-le-château, chevalier de la toison-d'or, mort en 1474 et enterré dans l'église de Solre, nom de son château.

Toute cette année que dura cette trève, s'entrenoit cette marchandise; et s'adressoient ceux du roy à un chevalier dudit duc, appelé monseigneur d'Hymbercourt (dont ailleurs avez ouy parler en ce livre), lequel de longtemps haïssoit très-fort ledit connestable; et la hayne estoit renouvelée n'y avoit guères; car en une assemblée qui s'estoit tenue à Roye, où ledit connestable et autres estoient pour le roy, le chancelier de Bourgongne, le seigneur d'Hymbercourt et autres, pour ledit duc, en parlant de leurs matières ensemble, le connestable démentit vilainement ledit seigneur d'Hymbercourt. A quoy ne fit aucune responce, sinon que s'il enduroit cette injure il n'attribuast point cet honneur à luy, mais au roy, à la sûreté duquel il estoit venu là pour ambassadeur, et aussi à son maistre, duquel il représentoit la personne, et qu'il luy en feroit rapport. Cette seule vilainie et outrage, bien tost dite, cousta depuis la vie audit connestable, et ses biens perdus, comme vous oyrez cy-après. Et pour ce, ceux qui sont aux grandes auctorités, et les princes, doivent beaucoup craindre à faire ni dire tels ouvrages, et regarder à qui ils les dient; car de tant qu'ils sont plus grands, portent les outrages plus grand déplaisir et deuil; car il semble aux outragés qu'ils en seront plus notés, pour la grandeur et auctorité du personnage qui les outrage; et s'il est leur maistre ou leur seigneur, ils en sont désespérés d'avoir honneur ni bien de luy; et plus de gens servent pour l'espérance des biens advenir, que pour les biens qu'ils ont jà reçus.

Pour revenir à mon propos: on s'adressoit tousjours audit seigneur d'Hymbercourt, et audit chancelier, pour ce qu'il avoit eu quelque part à ces paroles dites à Roye; et aussi il estoit fort amy dudit seigneur d'Hymbercourt. Et tant se demena cette matière qu'on tint une journée à Bouvines, qui est près de Namur, sur ce propos; et y estoient pour le roy le seigneur de Curton [2], gouverneur de Lymosin, et maistre Jean Heberge, depuis évesque d'Evreux; et pour ledit duc de Bourgongne y estoient le chancelier, dont j'ay parlé, et ledit seigneur d'Hymbercourt; et fut en l'an septante et quatre.

[2] Curton, de la maison de Chabannes.

Ledit connestable fut adverti que l'on y marchandoit à ses despens ; et fit grande diligence d'envoyer vers ces deux princes. A chacun donnoit à connoistre qu'il entendoit le tout ; et fit tant, pour cette fois, qu'il mit le roy en suspicion que ledit duc le vouloit tromper, et tirer ledit connestable des siens. Et pour ce, à grande diligence envoya le roy devers ses ambassadeurs, estans à Bouvines, leur mandant ne conclure rien contre ledit connestable, pour les raisons qu'il leur diroit, mais qu'ils allongeassent la trève, selon leur instruction, qui fut d'un an ou six mois, je ne sçay lequel. Comme le messager arriva, il trouva que tout estoit jà conclu, et les scellés baillés dès le soir de devant ; mais les ambassadeurs s'entr'entendoient si bien et estoient si bons amis, qu'ils rendirent lesdits scellés, qui contenoient que ledit connestable estoit, pour les raisons qu'ils disoient, déclaré ennemi et criminel vers tous les deux princes, promettoient et juroient l'un à l'autre, que le premier des deux qui luy pourroit mettre la main dessus, le feroit mourir dedans huit jours après, ou le bailleroit à son compagnon pour en faire à son plaisir ; et à son de trompe il seroit déclaré ennemi des deux princes et parties, et tous ceux qui le serviroient et porteroient faveur ni ayde. Et davantage, promettoit le roy bailler audit duc la ville de Sainct-Quentin, dont assez a esté parlé ; et luy donnoit tout l'argent, et autres meubles dudit connestable, qui se pourroient trouver dedans le royaume, avec toutes seigneuries tenant dudit duc ; et entre les autres, et davantage lui donna Ham et Bohain (qui sont places très-fortes) ; et à un jour nommé, devoient le roy et le duc avoir leurs gens-d'armes devant Ham, et assiéger ledit connestable. Toutefois, pour les raisons que je vous ay dites, fut rompue toute cette conclusion ; et fut entrepris un jour et lieu, où ledit connestable se devoit trouver, pour pouvoir parler au roy en bonne sureté ; car il doutoit de sa personne, comme celui qui sçavoit toute la conclusion qui avoit esté prise à Bouvines. Le lieu fut à trois lieues de Noyon, tirant vers la Fère, sur une petite rivière ; et avoient du costé dudit connestable relevé les gués. Sur une chaussée, qui y estoit, fut faite une forte barrière. Ledit connestable y estoit le premier ; et avoit avec lui tous ses gens-d'armes, ou peu s'en faloit ; car il et avoit trois cens gentils-hommes d'armes passés ; et avoit sa cuirasse soubs une robbe desceinte. Avec le roy y avoit bien six cens hommes-d'armes ; et entre les autres y estoient monseigneur de Dammartin [1], grand maistre d'hostel de France, lequel estoit ennemy capital dudit connestable. Le roy m'envoya devant faire excuse audit connestable dequoy il l'avoit tant fait attendre. Tost après il vint : et parlèrent ensemble ; et estoient cinq ou six présens, de ceux du roy, et des siens aussi. Ledit connestable s'excusa dequoy il estoit venu en armes, disant l'avoir fait pour crainte dudit comte de Dammartin. Il fut dit en effet, que toutes choses passées seroient oubliées, et que jamais ne s'en parleroit. Et passa ledit connestable du costé du roy ; et fut fait l'appointement du comte de Dammartin et de luy ; et vint au giste avec le roy à Noyon ; et puis le lendemain s'en retourna à Sainct-Quentin, bien réconcilié, comme il disoit. Quand le roy eut bien pensé et ouy le murmure des gens, il luy sembla folie d'avoir esté parler à son serviteur, et l'avoir ainsi trouvé une barrière fermée audevant de luy, et accompagné de gens-d'armes, tous ses subjets, et payés à ses despens : et si la hayne y avoit esté paravant grande, elle l'estoit encore plus ; et du costé du connestable, le cœur ne luy estoit point appetissé.

CHAPITRE XII.

Digression, sur la sagesse du roy et du connestable, avec bons advertissemens pour ceux qui sont en auctorité envers leurs princes.

A bien prendre le faict du roy, il luy procédoit de grand sens de faire ce qu'il en fit ; car je croy que ledit connestable eut esté receu dudit duc de Bourgongne, en luy baillant Sainct-Quentin, quelque promesse qu'il y eut eu au contraire ; mais pour un si sage seigneur, comme estoit ce connestable, il prenoit mal son faict, ou Dieu lui ostoit la connoissance de ce qu'il avoit à faire, de se trouver en telle sorte, ainsi desguisé, au devant de son roy et de son maistre, et à qui estoient tous ces gens-d'armes dont il s'accompagnoit. Et aussi il sem-

---

[1] Comte de Dammartin, de la maison de Chabannes.

bloit bien à son visage qu'il en fust estonné et esbahy, quand il se trouva en sa présence, et qu'il n'y avoit qu'une petite barrière entre d'eux ; il ne tarda guères qu'il ne la fit ouvrir, et passa du côté du roy ; il fut ce jour en grand danger.

Je fais mon compte que luy, et aucuns de ses privés, estimoient cette œuvre, et tenoient à louange de quoy le roy le craignoit, et tenoient le roy pour homme craintif ; et estoit vray que par le temps il l'estoit ; mais il faloit bien qu'il y eut cause ; il s'estoit desmeslé de grandes guerres qu'il avoit eues contre les seigneurs de son royaume, par largement donner et encore plus promettre, et il ne vouloit rien ha arder s'il pouvoit trouver autres voies. Il a semblé à beaucoup de gens que peur et crainte luy faisoient faire ces choses ; et s'en sont beaucoup trouvés trompés, ayans cette imagination, qui s'enhardissoient d'entreprendre des folies contre luy, qui estoient foiblement appuyés, comme le comte d'Armagnac, et autres, à qui il en est mal pris ; car il connoissoit bien s'il estoit temps de craindre ou non. Je luy ose bien porter cette louange (et ne sçay si je l'ay dit ailleurs : et quand je l'aurois dit, si vaut-il bien estre dit deux fois) que jamais je ne connus si sage homme en adversité. Pour continuer mon propos de monseigneur le connestable, qui par aventure désiroit que le roy le craignist (au moins je le cuide ; car je ne le voudrois pas charger, et n'en parle sinon pour advertir ceux qui sont au service des grands princes, qui n'entendent pas tous d'une sorte les affaires de ce monde) je conseillerois à un mien amy, si je l'avois, qu'il mit peine que son maistre l'aimast, mais non qu'il le craignist ; car je ne vis oncques homme ayant grande auctorité avec son seigneur par le moyen de le tenir en crainte, à qui il n'en meschut, et du consentement de son maistre mesme. Il s'en est vu assez de nostre temps, ou peu devant, en ce royaume, comme monseigneur de la Tremouille et autres ; au pays d'Angleterre, le comte de Warvic, et toute sa sequelle. J'en nommerois en Espagne, et ailleurs, mais par aventure que ceux qui verront cet article, le sçavent mieux que moy. Et advient très-souvent que cette audace vient d'avoir bien servy, et qu'il semble à ceux qui en usent, que leurs mérites sont tels que l'on doit beaucoup endurer d'eux, et qu'on ne s'en peut passer. Mais les princes au contraire, sont d'opinion qu'on est tenu à les bien servir, et trouvent bien qui leur dit ; et ne désirent qu'à se despescher de ceux qui les rudoient. Encore en ce pas me faut alléguer nostre maistre en deux choses, qui une fois me dit, parlant de ceux qui font grand service (et m'en allégua son auteur, et de qui il le tenoit) : que avoir trop bien servy perd aucunes fois les gens, et que le plus souvent les grands services sont récompensés par grande ingratitude ; mais qu'il peut aussi bien advenir par le deffaut de ceux qui ont fait lesdits services, qui trop arrogamment veulent parler et user de leur bonne fortune, tant envers leurs maistres, que leurs compagnons, comme de la mesconnoissance du prince. Me dit davantage : qu'à son advis, pour avoir biens en cour, c'est plus grand heur à un homme, quand le prince qu'il sert luy a fait quelque grand bien, à peu de desserte, pourquoy il luy demeure fort obligé, que ce ne seroit s'il luy avoit fait un si grand service que ledit prince luy en fust très fort obligé ; et que les princes aiment plus naturellement ceux qui leur sont tenus, qu'ils ne font ceux à qui ils sont tenus. Ainsi en tous estats a bien à faire à vivre en ce monde, et fait Dieu grande grace à ceux à qui il donne bon sens naturel. Cette vue du roy et de monsieur le connestable, fut l'an mil quatre cens septante et quatre.

LIVRE QUATRIÈME.

CHAPITRE PREMIER.

Comment le duc de Bourgongne, s'estant saisi de la duché de Gueldres, eut envie d'entréprendre plus outre sur les Allemagnes, et comment il mit le siége devant la ville de Nuz.

En la saison de cette vue, comme il me semble, le duc de Bourgongne estoit allé prendre le païs de Gueldres, fondé sur une querelle, qui est digne d'être racontée, pour voir les œuvres et la puissance de Dieu. Il y avoit un jeune duc de Gueldres, appellé Adolphe [1] : lequel avoit pour femme une des filles de Bourbon, sœur de monseigneur de Bourbon père, qui règne [2] aujourd'huy : et l'avoit espousée en cette maison de Bourgongne ; et pour cette cause en avoit quelques faveurs. Il avoit commis un cas très-horrible ; car il avoit pris son père prisonnier, à un soir, comme il se vouloit aller coucher, et mené cinq lieues d'Allemagne à pied, sans chausses, par un temps très-froid : et le mit au fond d'une tour, où il n'y avoit nulle clarté, que par une bien petite lucarne, et là le tint près de six mois ; dont fut grande guerre entre le duc de Clèves (dont ledit duc prisonnier avoit espousé la sœur) et ce jeune duc Adolphe. Le duc de Bourgongne plusieurs fois les voulut appointer ; mais il ne put. Le pape et l'empereur, à la fin, y mirent fort la main ; et sur grandes peines, fut commandé audit duc de Bourgongne de tirer ledit duc Arnoul hors de prison. Ainsi le fit, car le jeune duc n'osa denier le lui bailler, pource qu'il voyoit tant de gens de bien qui s'en empeschoient : et si craignoit la force dudit duc. Je les vy tous deux en la chambre du duc de Bourgongne par plusieurs fois, et en grande assemblée de conseil, où ils plaidoient leurs causes : et vy le bon homme vieil présenter le gage de bataille à son fils. Le duc de Bourgongne désiroit fort les appointer ; et favorisoit le jeune, et luy offroit que le titre de verneur ou mainbourg du païs de Gueldres luy demoureroit avec tout le revenu, sauf une petite ville, assise auprès de Brabant (qui a nom Graves) qui devoit demourer au père ; avec le revenue de trois mille florins et autant de pension. Ainsi le tout luy eust valu six mille florins, avec le titre de duc, comme raison estoit. Avec d'autres plus sages je fus commis à porter cette parole à ce jeune duc, lequel fit response : qu'il aimeroit mieux avoir jeté son père la teste devant en un puits, et de s'estre jeté après, que d'avoir fait cet appointement ; et qu'il y avoit quarante-et-quatre ans que son père estoit duc, et qu'il estoit bien temps qu'il le fut ; mais très-volontiers il luy laisseroit trois mille florins par an, par condition qu'il n'entreroit jamais dans la duché : et assez d'autres paroles très-mal sages. Cecy advint justement comme le roy prit Amiens sur le duc de Bourgongne, lequel estoit avec ces deux (dont je parle) à Dourlans, où il se trouvoit très-empesché ; et partit soudainement pour se retirer à Hesdin, et oublia cette matière. Et ce jeune duc prit un habillement de françois, et partit luy deuxiesme seulement, pour se retirer en son païs. En passant un pont, auprès de Namur, il paya un florin pour son passage. Un prestre le vit, qui en prit suspicion, et en parla au passager, et regarda au visage celuy qui avait payé ledit florin, et le connut ; et là fut pris et amené à Namur ; et y est demouré prisonnier, jusques au trespas du duc de Bourgongne, que les Gandois le mirent dehors ; et par force voulurent luy faire espouser celle qui depuis a esté duchesse d'Austriche ; et le menèrent avec eux devant Tournay, où il fut tué meschamment, et mal accompagné, comme si Dieu n'eust pas été saoul de venger cet outrage qu'il avoit fait à son père. Le père estoit mort avant le trespas du duc de Bourgongne, estant encore son fils en prison ; et à son trespas, laissa au duc de Bourgongne sa succession, à cause de l'ingratitude de son fils ; et sur cette querelle conquit le duc de Bourgongne, au temps que je dis, la duché de Gueldres, où il trouva résistance ; mais il

---

[1] Adolphe d'Egmont ; sa femme se nommait Catherine et était fille de Charles I, duc de Bourbon et d'Agnès de Bourgogne, et sœur de Pierre de Bourbon, sire de Beaujeu, depuis duc de Bourbon.
[2] Qui vit.

estoit puissant, et en trève avec le roy, et le posséda jusques à la mort; et encore la possède aujourd'huy ce qui est descendu de luy, et tant qu'il plaira à Dieu. Et comme j'ay dit au commencement, je n'ay conté cecy que pour monstrer que telles cruautés et tels maux ne demourent point impunis.

Le duc de Bourgongne estoit retourné en son païs, et avoit le cœur très-élevé pour cette duché qu'il avoit jointe à sa crosse; et trouva goust en ces choses d'Allemagne, pource que l'empereur [1] estoit de très-petit cœur, et enduroit toutes choses pour ne despendre riens : et aussi de soy, sans l'ayde des autres seigneurs d'Allemagne, ne pouvoit-il pas grand chose. Parquoy ledit duc ralongea sa trève avec le roy; et sembla à aucuns des serviteurs du roy, que ledit seigneur ne devoit point ralonger sa trève, ni laisser venir audit duc si grand bien. Bon sens leur faisoit dire cela; mais par faute d'expérience et d'avoir vu, ils n'entendoient point cette matière. Il y en eut quelques autres, mieux entendans ce cas qu'eux, et qui avoient plus grande connoissance, pour avoir esté sur les lieux, qui dirent au roy : que hardiment prit cette trève, et qu'il souffrit audit duc de s'aller heurter contre les Alemagnes (qui est chose si grande et si puissante qu'il est presque incroyable), disans que, quand ledit duc auroit pris une place, ou mené à fin une querelle, il en entreprendroit une autre, et qu'il n'étoit pas homme pour jamais se saouler d'une entreprise (en quoy il estoit opposite au roy; car plus il estoit embrouillé et plus il s'embrouilloit), et que mieux ne se pourroit venger de luy que de le laisser faire; et avant, luy faire un petit d'ayde, et ne luy donner nulle suspicion de luy rompre cette trève; car à la grandeur d'Allemagne et à la puissance qui y est, n'estoit pas possible que tost ne se consommast, et ne se perdit de tous poincts; car les princes de l'Empire, encore que l'empereur fust homme de peu de vertu, y donneroient ordre; et à la fin finale audit seigneur en advint ainsi.

A la querelle des deux prétendans à l'évesché de Cologne [2], dont l'un estoit frère du lantgrave de Hessen, et l'autre parent du comte Palatin du Rhin, ledit duc de Bourgongne tint le party dudit palatin, et entreprit de le mettre par force en cette dignité, espérant en avoir quelques places; et mit le siège devant Nuz [1], près de Cologne, l'an mil quatre cens septante-et-quatre, y estant ledit lantgrave de Hessen avec quelque nombre de gens de guerre. Ledit duc mit tant de choses en son imagination, et si grandes, qu'il demoura sous le faict; car il vouloit en cette saison propre faire passer le roy Edouard d'Angleterre (lequel avoit grande armée preste), à la poursuite dudit duc et achever cette entreprise d'Alemagne, qui estoit, s'il eut pris Nuz, la garnir bien, et une autre place ou deux, au dessus de Cologne; par quoy ladite cité de Cologne diroit le mot, et que partant il monteroit contremont le Rhin jusques à la comté de Ferrete, qu'il tenoit lors; et ainsi tout le Rhin seroit sien jusques en Hollande, où il fine [2], et où il y a plus de fortes villes et chasteaux qu'en nul royaume de la chrestienté, si ce n'est en France. La trève qu'il avoit avec le roy, avoit esté alongée de six mois, et desjà la pluspart estoient passés. Le roy sollicitoit fort de l'alonger, et qu'il fist à son aise en Allemagne; ce que ledit duc ne voulut faire, pour la promesse qu'il avoit faite aux Anglois.

Je me passerois bien de parler de ce faict de Nuz, pource que ce n'est pas le train de ma matière (car je n'y estois pas), mais je suis forcé d'en parler pour les matières qui en dépendent. Dedans la ville de Nuz, laquelle est très-forte, s'estoit mis le lantgrave de Hessen, et plusieurs de ses parens et amis jusques au nombre de dix-huit cens hommes-de-cheval, comme il m'a esté dit, et très-gens de bien (et aussi ils le monstrèrent) et de gens-de-pied ce qui leur en faisoit besoin. Ledit lantgrave, comme nous avons dit, estoit frère de l'éves-

---

[1] Frédéric III.
[2] La querelle contre l'archevêque de Cologne n'était pas au sujet de la dignité d'archevêque; mais Rupert, comte palatin du Rhin, qui avait succédé paisiblement à cette dignité, en 1462 après la mort de Thierry, comte de Mœurs, et qui avait été sacré en 1463, s'étant brouillé avec son chapitre, en 1472, les chanoines voulurent avoir un administrateur et ils choisirent, en 1473, Herman, frère de Louis, landgrave de Hesse, ce qui donna lieu à la brouillerie. Rupert étant mort, en 1480, Herman lui succéda et tint cet archevêché jusqu'à sa mort arrivée en 1508.

[1] Nuz ou Nuyz, petite ville, importante à cause de son passage sur le Rhin.
[2] Où il se jette à la mer.

que, qui avoit esté eslu, et qui estoit la partie adverse de celuy que soustenoit le duc de Bourgongne. Et ainsi le duc de Bourgongne mit le siége devant Nuz, l'an mil quatre cens septante-quatre.

Il avoit la plus belle armée qu'il eut jamais, et espécialement pour gens-de-cheval ; car pour aucunes fins qu'il prétendoit ès Italies, il avoit retiré quelques mille hommes-d'armes Italiens, que bons que mauvais. Il avoit pour chef d'entr'eux un appelé le comte de Campobache [1], du royaume de Naples, partisan de la maison d'Anjou, homme de très-mauvaise foy et très-périlleux. Il avoit aussi Jacques Galeot, gentil-homme de Naples, très-homme de bien, et plusieurs autres que je passe, pour briefveté. Semblablement avoit bien le nombre de trois mille Anglois, très-gens de bien, et de ses subjets en très-grand nombre, bien montés et bien armés, qui jà long-temps avoient exercé le faict de la guerre, et une très-grande et puissante artillerie. Et tout cecy avoit-il tenu prest, pour se joindre avec les Anglois à leur venue ; lesquels faisoient toute diligence en Angleterre. Mais les choses y sont longues ; car le roy ne peut entreprendre un tel œuvre sans assembler son parlement, qui vaut autant dire comme les trois estats, qui est chose juste et sainte ; et en sont les rois plus forts et mieux servis, quand ainsi le font en semblables matières, car l'issue voluntiers n'en est pas briève. Quand ces estats sont assemblés, il déclare son intention, et demande ayde sur ses subjets ; car il ne se lève nuls aydes [2] en Angleterre, si ce n'est pour passer en France, ou aller en Escosse, ou autres frais semblables ; et très-volontiers, et bien libéralement, ils les octroient et les accordent, et espécialement pour passer en France. Et est bien une pratique que ces roys d'Angleterre font, quand ils veulent amasser argent, que faire semblant d'aller en Escosse ou en France, et faire armées ; et pour lever grand argent, ils font un payement de trois mois, et puis rompent leur armée, et s'en retournent à l'hostel, et ils ont reçu l'argent pour un an. Et estoit ce roy Edouard tout plein de cette pratique, et souvent le fit.

Cette armée d'Angleterre mit bien un an à estre preste ; et le fit sçavoir à monseigneur de Bourgongne, lequel au commencement de l'esté, estoit allé jusques devant Nuz ; et luy sembla qu'en peu de jours il auroit mis son homme en possession, et qu'il l'auroit d'entrée ; et luy pourroient demeurer aucunes places, comme Nuz et autres, pour parvenir aux fins que je vous ay dit. J'estime que cecy vint de Dieu qui regarda en pitié ce royaume ; car ce duc estoit pour faire grand dommage, ayant l'armée telle qu'il avoit, et gens tous accoustumés par plusieurs années à tenir les champs par ce royaume, sans ce que nul luy présentast bataille, ni ne se trouvast aux champs en puissance contre luy si ce n'estoit en gardant les villes. Mais bien est vray que cela procédoit du roy, qui ne vouloit riens mettre au hasard ; et ne le faisoit pas seulement par la crainte du duc de Bourgongne, mais pour doute des désobéyssances, qui pourroient advenir en son royaume, s'il avenoit qu'il perdit une bataille ; car il estimoit n'estre pas bien de tous ses subjets et serviteurs, et par espécial des grands. Et si j'osois tout dire, il m'a maintes fois dit qu'il connoissoit bien ses subjets, qu'il les trouveroit bien si ses besongnes se portoient mal [1]. Et pour ce, quand le duc de Bourgongne entroit, il ne faisoit que fort bien garnir ses places au devant de luy ; et ainsi, en peu de temps, l'armée du duc de Bourgongne se défaisoit d'elle-mesme, sans ce que le roy mit son estat en péril aucun, qui me sembloit procéder par grand sens. Toutesfois ayant le duc la puissance telle que je vous ay'dite, si l'armée du roy d'Angleterre fust venue au fin commencement de la saison, comme elle eut fait, sans nulle doute, n'eust esté l'erreur du duc de Bourgongne de se mettre si obstinément devant Nuz, il ne faut pas douter que ce royaume eut porté de très-grandes affaires ; car jamais roy d'Angleterre ne passa à si puissante armée pour un coup, que fut cette-cy dont je parle, ni si bien disposée pour combattre. Tous les grands seigneurs d'Angleterre y estoient, sans en faillir un ; ils pouvoient bien estre quinze cens hommes-d'armes (qui estoit grande chose pour

---

[1] Campobasso.
[2] Il ne se lève aucun droit.

[1] C'est-à-dire que n'étant point aimé, ses sujets se révolteraient si ses ennemis avaient quelque grand avantage.

Anglois) tous fort bien en poincts. Et bien accompagnés, et quatorze mille archers portans arcs et flesches, et tous à cheval, et assez autres gens à pied servans à leur ost ; et en toute l'armé n'y avoit pas un page[1]. Et en outre devoit le roy d'Angleterre envoyer trois mille hommes descendre en Bretagne, pour se joindre avec l'armée du duc de Bretagne ; et vis deux lettres, escrites de la main monseigneur d'Urfé, grand-escuyer de France (qui pour lors estoit serviteur du duc de Bretagne) : l'une adressante au roy d'Angleterre, et l'autre à monseigneur de Hastingues [2], grand-chambellan d'Angleterre, qui, entre autres paroles, disoient : que le duc de Bretagne feroit plus d'exploit en un mois par intelligence, que l'armée des Anglois et celle du duc de Bourgongne ne feroient en six, quelque force qu'ils eussent ; et crois qu'il disoit vray, si les choses fussent tirées outre ; mais Dieu, qui toujours a aimé ce royaume, conduisit les choses comme je diray cy-après. Et les lettres, dont j'ay parlé, furent achetées d'un secrétaire d'Angleterre, soixante marcs d'argent par le roy, à qui Dieu pardoint [3].

CHAPITRE II.

Comment ceux de la ville de Nuz furent secourus par les Allemands et par l'empereur, contre le duc de Bourgongne, et des autres ennemis que le roy lui suscita.

Ainsi, comme je vous ay dit, estoit le duc de Bourgongne jà bien empesché devant Nuz, et trouva les choses plus dures qu'il ne pensoit. Ceux de Cologne qui estoient quatre lieues plus haut sur le Rhin, frayèrent [4] chacun mois cent mille florins d'or, pour la crainte qu'ils avoient du duc de Bourgongne ; et eux et les autres villes au-dessus d'eux, sur le Rhin, avoient desjà mis quinze ou seize mille hommes de pied sur les champs. Et estoient logés sur le bord de la rivière du Rhin, avec grande artillerie, du costé opposite du duc de Bourgongne ; et taschoient à rompre ses vivres, qui venoient par eau du pays de Gueldres, contremont [5] la rivière, et à rompre les bateaux à coups de canon. L'empereur et les princes électeurs de l'empire s'assemblèrent sur cette matière, et délibérèrent de faire armée. Le roy les avoit jà envoyés solliciter par plusieurs messagers. Aussi renvoyèrent vers luy un chanoine de Cologne, de la maison de Bavière, et un autre ambassadeur avec luy ; et apportèrent au roy par roolle l'armée que l'empereur avoit intention de faire, au cas que le roy de son costé s'y voulsist employer. Ils ne faillirent point à avoir bonne response, et promesse de tout ce qu'ils demandoient ; et d'avantage promettoit le roy par scellés, tant à l'empereur qu'à plusieurs des princes et villes, qu'incontinent que l'empereur seroit à Cologne, et mis aux champs, que le roy envoyeroit joindre avec luy vingt mille hommes, sous la conduite de monsieur de Craon et de Sallezard. Et ainsi cette armée d'Allemagne s'appresta, qui fut merveilleusement grande, et tant qu'il est presque incroyable ; car tous les princes d'Alemagne, tant temporels que spirituels, et les évesques, y eurent gens, et toutes les communautés, et en grand nombre. Il me fut dit que l'évesque de Munster [1], qui n'est point des grands, y mena six mille hommes de pied, quatorze cens hommes de cheval, et douze cens chariots, et tous vétus de verd ; il est vray que son évesché est près de Nuz. L'empereur mit bien sept mois à faire l'armée, et au bout du terme, se vint loger à demie lieue près du duc de Bourgongne. et à ce que m'ont conté plusieurs gens dudit duc, l'armée du roy d'Angleterre, ni celle du duc de Bourgongne ensemble, ne montoient point plus du tiers que celle dont je parle, tant en gens qu'en tentes et pavillons. Outre l'armée de l'empereur, estoit cette armée de l'autre part de la rivière, vis-à-vis du duc de Bourgongne, qui donnoit grand travail à son ost et à ses vivres.

Incontinent que l'empereur fut devant Nuz, et ces princes de l'Empire, ils envoyèrent devers le roy un docteur qui estoit de grande auctorité avec eux, qui s'appeloit le docteur Hesevare [2], qui depuis a esté cardinal ; lequel vint solliciter le roy de tenir sa promesse, et d'envoyer les vingt mille hommes, ainsi qu'il avoit

---

[1] C'est-à-dire un jeune soldat.
[2] Hastings.
[3] Pardonne.
[4] Fournirent les frais.
[5] Contre le courant de la rivière.

[1] Conrad, comte de Rietberge, qui était aussi évêque d'Osnabruck.
[2] Il se nommait George Herler ou Hester, et fut fait cardinal par le pape Sixte IV, en 1477.

promis, ou autrement que les Alemands appointeroient [1].

Le roy luy donna très-bonne espérance, et luy fit donner quatre cens escus; et envoya quand et luy, devers l'empereur, un appelé Jean Tiercelin, seigneur de Brosse; toutesfois ledit docteur ne s'en alla pas content. Et se conduisoient de merveilleux marchés, durant ce siège; car le roy travailloit de faire paix avec le duc de Bourgongne, ou, quoy que ce soit, d'allonger la trève, afin que les Anglois ne vinssent point; le roy d'Angleterre, d'autre costé travailloit de toute sa puissance à faire partir le duc de Bourgongne de devant Nuz, et qu'il luy vint tenir promesse, et ayder à faire la guerre en ce royaume, disant, que la saison se commençoit à perdre; et fut ambassadeur par deux fois de cette matière; le seigneur de Scalles [2], neveu du connestable, un très-gentil chevalier, et plusieurs autres. Le duc de Bourgongne se trouva obstiné; et luy avoit Dieu troublé le sens et l'entendement : car toute sa vie il avoit travaillé pour faire passer les Anglois, et à cette heure qu'ils estoient prests et toutes choses bien disposées pour eux, tant en Bretagne qu'ailleurs, il démouroit obstiné à une chose impossible de prendre. Avec l'empereur il y avoit un légat apostolique, qui chacun jour alloit de l'un ost à l'autre, pour traicter paix; et semblablement y estoit le roy de Danemarck, logé en une petite ville, près des deux armées, qui travailloit pour ladite paix; et ainsi le duc de Bourgongne eust bien pu prendre party honorable pour se retirer vers le roy d'Angleterre. Il ne le sçut faire, et s'excusoit envers les Anglois, sur son honneur qui seroit foulé, s'il se levoit, et autres maigres excuses; car ce n'estoit pas les Anglois qui avoient régné du temps de son père, et aux anciennes guerres de France; mais estoient ceux-ci tous neufs et ignorans, quant aux choses de France, parquoy ledit duc procédoit mal sagement, s'il s'en vouloit ayder pour le temps advenir; car il eust esté besoin

[1] S'accomoderaient avec le duc de Bourgogne.
[2] Antoine de Undeville, fils de Richard et de Jacqueline de Luxembourg, sœur du connétable de Saint-Paul. Il était beau-frère du roi d'Angleterre, Édouard IV, qui avait épousé sa sœur, à cause de sa beauté. Il fut tué à la bataille de St-Aubin du Cormier, en 1488.

qu'il les eut guidés pas à pas, pour la première saison.

Estant le duc de Bourgongne en cette obstination, luy sourdit guerre par deux ou trois bouts. L'une fut que le duc de Lorraine [1], qui estoit en paix avec luy, et encore avoit pris quelques intelligences après la mort du duc Nicolas de Calabre, l'envoya défier devant Nuz, par le moyen de monseigneur de Craon; lequel s'en vouloit ayder pour le service du roy : et ne faillit pas à luy promettre qu'on en feroit un très-grand homme. Et incontinent se mirent aux champs ensemble, et firent grand dommage en la duché de Luxembourg; et rasèrent une place, appelée Pierrefort, assise à deux lieues de Nancy, qui estoit de la duché de Luxembourg. D'avantage fut conduit par le roy, et aucuns de ses serviteurs, qu'il convint qu'une alliance fut faite pour dix ans, entre les Suisses et les villes de dessus le Rhin, comme Basle, Strasbourg, et autres, qui paravant avoient esté en inimitié.

Encore fut faite une paix entre le duc Sigismond d'Austriche et les Suisses, tendant à cette fin : que ledit duc Sigismond voulsist reprendre la comté de Ferrette, laquelle il avoit engagé au duc de Bourgongne pour la somme de cent mille florins du Rhin; et ainsi fut accordé, forsqu'il demoura un différend entre luy et les Suisses, qui vouloient avoir passage par quatre villes de la comté de Ferrete, forts et foibles, quand il leur plairoit. Ce poinct fut soubmis sur le roy, qui le jugea à l'intention desdits Suisses. Et par ce qui est cy-dessus récité, pouvez entendre les querelles que le roy suscitoit secrettement audit duc de Bourgongne.

Tout ainsi comme cecy avoit esté conclu, il fut exécuté : car en une belle nuict, fut pris messire Pierre Archambault [2] gouverneur du païs de Ferrette pour le duc de Bourgongne, avec huit cens hommes de guerre qu'il avoit avec luy; lesquels furent tous délivrés francs et quites, excepté luy, qui fut mené à Basle, où ils luy firent un procès sur certains excès et violences qu'il avoit faits audit païs de Ferette, et en fin de compte luy tranchèrent la teste; et fut mis tout le païs de Ferrete en la main dudit duc Sigismond d'Austriche. Et commencèrent

[1] René, duc de Lorraine.
[2] De Hagenbach.

les Suisses la guerre en Bourgongne ; et prindrent Blasmond, qui estoit au mareschal de Bourgongne, qui estoit de la maison de Neuf-Chastel ; et assiégèrent le chasteau de Herycourt qui estoit de ladite maison de Neuf-Chastel, où les Bourguignons allèrent pour le secourir ; mais ils furent desconfits devant, un bon nombre. Lesdits Suisses firent un grand dommage au païs ; et puis se retirèrent pour cette boutée.

CHAPITRE III.

Comment le roy prit le chasteau de Tronquoy, les villes de Mondidier, Roye et Corbie, sur le duc de Bourgongne : et comment il voulut induire l'empereur Frédéric à se saisir des terres que ledit duc tenoit de l'Empire.

La trève faillit entre le roy et le duc de Bourgongne, pour quoy le roy eut très-grand regret ; car il eust mieux aymé un alongement de trève ; toutesfois, voyant qu'il ne la pouvoit avoir, il alla mettre le siège devant un petit chasteau, appelé le Tronquoy. Et estoit jà commencé l'an septante-cinq ; et estoit au plus beau, et au commencement de la saison : il fut en peu d'heures pris d'assaut. Le lendemain le roy m'envoya parler à ceux qui estoient devant Mondidier : lesquels s'en allèrent, leurs bagues sauves, et laissèrent la place. L'autre jour en suivant j'allay parler à ceux qui estoient dedans Roye, en la compagnie de monseigneur l'admiral, bastard de Bourbon ; et semblablement me fut rendue la place ; car ils n'espéroient nul secours. Ils ne l'eussent pas rendue, si ledit duc eust esté au païs. Toutesfois, contre nostre promesse, ces deux villes furent bruslées. De là s'en alla le roy mettre le siège devant Corbie ; et l'attendirent ; et y furent faites de très-belles approches ; et y tira l'artillerie du roy trois jours. Ils estoient dedans, monseigneur de Contay et plusieurs autres, qui la rendirent, et s'en allèrent leurs bagues sauves ; deux jours après la pauvre ville fut pillée ; et mit-on le feu dedans, tout ainsi comme aux deux autres. Lors le roy cuida retirer son armée ; et espéroit gaigner le duc de Bourgongne à cette trève, vue la nécessité en quoy il estoit ; mais une femme, que je connois bien, mais je ne la nommerai point, pource qu'elle est encore vivante, escrivit une lettre au roy : qu'il fit tourner ses gens devant Arras, et ès environs. Le roy y adjousta foy ; car elle estoit femme d'estat. Je ne loue point son œuvre, pource qu'elle n'y estoit point tenue ; mais le roy y envoya monseigneur l'admiral, bastard de Bourbon, accompagné de bon nombre de gens ; lesquels bruslèrent grande quantité de leurs villes, commençans vers Abbeville jusques à Arras. Ceux de ladite ville d'Arras, qui de long-temps n'avoient eu nulle adversité, et estoient pleins de grand orgueil, contraignirent les gens de guerre qui estoient en leur ville de saillir. Le nombre n'estoit pas suffisant pour les gens du roy ; en façon qu'ils furent remis de si près, que largement en y eut de tués et de pris, et mesme tous leurs chefs, qui furent : messire Jacques de Sainct-Paul, frère du connestable, le seigneur de Contay, le seigneur de Carency[1] et autres ; dont il s'en trouva des plus prochains de la dame, qui avoit esté cause de cet exploit. Et eut ladite dame grande perte ; mais le roy en faveur d'elle, répara le tout par le temps.

Pour lors avoit envoyé le roy devers l'empereur Jean Tiercelin, seigneur de la Brosse, pour travailler qu'il ne s'appointast avec le duc de Bourgongne, et pour faire excuse de ce qu'il n'avoit envoyé ses gens-d'armes, comme il avoit promis, assurant tousjours le faire, et de continuer les exploits et dommages, qu'il faisoit audit duc, bien grands, tant au païs et marches de Bourgongne, que de Picardie ; et outre luy ouvrir un party nouveau ; qui estoit : qu'ils s'assurassent bien l'un l'autre de ne faire paix ni trève l'un sans l'autre ; et que l'empereur prît toutes les seigneuries que ledit duc tenoit de l'Empire, et qui par raison en devoient estre tenues, et qu'il les fist déclarer confisquées à luy ; et que le roy prendroit celles qui estoient tenues de la couronne de France, comme Flandres, Artois, Bourgongne, et plusieurs autres. Combien que cet empereur eust esté toute sa vie homme de très-peu de vertu, si estoit-il bien entendu ; et pour le long-temps qu'il avoit vescu, il avoit beaucoup d'expérience ; et puis, ces partis d'entre nous et luy avoient beaucoup duré ; parquoy estoit las de la guerre, combien qu'elle ne luy coustast rien ; car tous ces seigneurs d'Allemagne y estoient à leurs despens, comme il est de coustume quand il touche le faict de

---

[1] Pierre de Bourbon, seigneur de Carency.

l'Empire. Ledit empereur respondit aux ambassadeurs du roy : qu'auprès d'une ville d'Allemagne y avoit un grand ours, qui faisoit beaucoup de mal ; trois compagnons de ladite ville, qui hantoient les tavernes, vindrent à un tavernier, à qui ils devoient prier qu'il leur accrust encore un escot, et qu'avant deux jours le payeroient du tout ; car ils prendroient cet ours qui faisoit tant de mal, et dont la peau valoit beaucoup d'argent, sans les présens qui leur seroient faits et donnés des bonnes gens. Ledit hoste accomplit leur demande ; et quand ils eurent disné, ils allèrent au lieu où hantoit cet ours ; et comme ils approchèrent de la caverne, ils le trouvèrent plus près d'eux qu'ils ne pensoient. Ils eurent peur ; si se mirent en fuite. L'un gaigna un arbre ; l'autre fuit vers la ville ; le tiers l'ours le prit et le foula fort sous luy, en luy approchant le museau fort près de l'oreille. Le pauvre homme estoit couché tout plat contre terre et faisoit le mort. Or cette beste est de telle nature que, ce qu'elle tient, soit homme ou beste, quand elle le voit qu'il ne se remue plus, elle le laisse là, cuidant qu'il soit mort. Et ainsi ledit ours laissa ce pauvre homme, sans luy avoir fait guères de mal ; et se retira en sa caverne. Quand le pauvre homme se vit délivré, il se leva, et tira vers la ville. Son compagnon qui estoit sur l'arbre, lequel avoit vu ce mystère, descend, court, et crie après l'autre, qui alloit devant, qu'il attendist ; lequel se retourna et l'attendit. Quand ils furent joints, celuy qui avoit esté dessus l'arbre demanda à son compagnon, par serment, ce que l'ours luy avoit dit en conseil, qui si longtemps luy avoit tenu le museau contre l'oreille. A quoy son compagnon luy respondit : « Il me « disoit que jamais je ne marchandasse de la « peau de l'ours, jusques à ce que la beste fust « morte. » Et avec ceste fable paya l'empereur nostre roy, sans faire autre responce à son homme, sinon en conseil, comme s'il vouloit dire : « Venez icy, comme vous avez promis ; » et tuons cet homme, si nous pouvons, et » puis départons ses biens. »

CHAPITRE IV.

Comment le connéstable commença à rentrer en suspicion, tant du costé du roy que du duc de Bourgongne.

Vous avez ouy comme messire Jacques de Sainct-Paul et autres avoient esté pris devant Arras : laquelle prise desplut fort au connestable ; car ledit messire Jacques luy estoit bon frère. Cette mal-aventure ne luy advint pas seule ; car tout en un temps fut pris le comte de Roussi, son fils, gouverneur de Bourgongne pour ledit duc ; et aussi mourut la femme dudit connestable, dame de bien, laquelle estoit sœur de la reyne, qui luy estoit support et faveur ; car tousjours s'entretenoit la marchandise encommencée contre lui (comme vous avez ouy), laquelle tint à peu à l'assemblée qui fut faite à Bouvines pour cette matière. Oncques puis ne fut assuré ledit connestable, mais en suspicion des deux costés, et par espécial en doute du roy[1]. Et luy sembloit bien que le roy se repentoit d'avoir retiré son scellé à Bouvines. Le comte de Dammartin et autres estoient logés avec les gens-d'armes, près de Sainct-Quentin ; ledit connestable les craignoit comme ses ennemis ; et se tenoit dedans ledit Sainct-Quentin, où il avoit mis quelques trois cens hommes-de-pied de ses terres ; pour ce que de tous poincts ne se fioit de ses gens-d'armes. Il vivoit en grand travail ; car le roy le solicitoit, par plusieurs messagers, qu'il se mist aux champs pour le servir du costé du Hainault, et qu'il mist le siége devant Avennes, à l'heure que monseigneur l'admiral et cette autre bande allèrent brusler en Artois, comme j'ay dist. Ce qu'il fist en grande crainte ; car il craignoit fort. Il fut devant peu de jours, faisant faire grand guet[2] sur sa personne ; puis se retira en ces places, et manda au roy (et ouïs[3] moy mesme son homme, par le commandement du roy) : qu'il s'estoit levé, parce qu'il estoit certainement informé qu'il y avoit deux hommes en l'armée, qui avoient pris charge du roy de le tuer ; et dit tant d'enseignes apparentes, qu'il ne s'en faloit guères qu'il ne fust crû, et que l'un des deux ne fust suspi-

---

[1] En soupçon, en crainte.
[2] Veiller.
[3] Du verbe ouir, entendre.

cionné d'avoir dit au connestable quelque chose qu'il devoit taire [1]. Je n'en veux nul nommer, ni plus avant parler de cette matière. Ledit connestable envoyoit souvent en l'ost du duc de Bourgongne. Je croy bien que la fin [2] estoit de le retirer de cette folie : et quand ses gens estoient revenus, il mandoit quelque chose au roy, de quoy il pensoit luy complaire, et aussi l'occasion pourquoy il y avoit envoyé ; et pensoit entretenir le roy par ce moyen. Aucunes fois aussi mandoit audit seigneur, que les affaires dudit duc de Bourgongne se portoient fort bien, pour luy donner quelque crainte; car il avoit tant de peur qu'on ne luy courut sus, qu'il requit audit duc qu'il luy envoyast son frère, messire Jacques de Sainct-Paul, avant sa prise (car il estoit devant Nuz), et aussi le seigneur de Fiennes, et autres ses parens, et qu'il les put mettre dedans Sainct-Quentin, avec leurs gens, sans porter la croix Sainct-André [3]. Et promettoit audit duc tenir Sainct-Quentin pour luy, et luy restituer quelque temps après, et de ce faire luy bailleroit son scellé ; ce que le duc fit. Et quand ledit messire Jacques, le seigneur de Fiennes et autres ses parens se trouvèrent par deux fois, à une lieue ou deux près de la ville Sainct-Quentin, et prests à y entrer, il se trouva que la doute luy estoit passée, et se repentoit, et les renvoyoit. Et fit cecy par trois fois, tant désiroit demourer en cet estat, nageant entre les deux ; car il les craignoit tous deux merveilleusement. J'ay sçeu ces choses par plusieurs, et par espécial par la bouche de messire Jacques de Sainct-Paul, qui ainsi le conta au roy quand il fut amené prisonnier, où il n'y avoit que moy présent ; et luy valut beaucoup de quoy il respondit franchement des choses que le roy luy demandoit. Ledit seigneur luy demanda combien il avoit de gens pour y entrer ; il respondit que la troisiesme fois il avoit trois mille hommes. Ledit seigneur luy demanda aussi, s'il se fust trouvé le plus fort, s'il eust tenu pour le roy ou pour ledit connestable. Ledit messire Jacques de Sainct-Paul respondit : que, les deux premiers voyages, il ne venoit que pour conforter son frère, mais à la troisiesme, vu que ledit connestable avoit trompé son maistre et luy par deux fois, que s'il se fust trouvé le plus fort, il eust gardé la place pour son maistre, sans faire violence audit connestable, ni à riens qui eust esté à son préjudice, sinon qu'il n'en fut point sailly à son commandement. Depuis, et peu de temps après, ledit seigneur délivra de prison ledit messire Jacques de Sainct-Paul, et luy donna des gens-d'armes en bel et grand estast, et s'en servit jusques à la mort. Et ses responses en furent cause.

Depuis que j'ay commencé à parler de Nuz, je suis entré en beaucoup de matières l'une sur l'autre; aussi survindrent-elles en ce temps ; car ledit siège dura un an [1]. Deux choses pressoient extrêmement ledit duc de Bourgongne de se lever : c'estoit la guerre que le roy luy faisoit en Picardie ; il luy avoit bruslé trois belles petites villes et un quartier de plat païs d'Artois et de Ponthieu : la seconde estoit la belle et grande armée que faisoit le roy d'Angleterre à sa requeste et poursuite, à quoy il avoit travaillé toute sa vie pour le faire passer deça, et jamais n'en estoit pu venir à bout jusques à cette heure. Ledit roy d'Angleterre et tous les seigneurs de son royaume, se mescontentèrent merveilleusement dequoy le duc de Bourgongne le faisoit si long ; et outre les prières qu'ils luy faisoient, usoient de menaces, considérée leur grande despence, et que la saison se passoit. Ledit duc tenoit à grande gloire cette grande armée d'Allemagne, tant de princes et de prélats que de communautés, qui estoit la plus grande qui ait esté depuis de mémoire d'homme pour lors vivant, ni de long-temps paravant, et tous ensemble ne le sçavoient lever du lieu où il estoit. Cette gloire luy cousta bien cher ; car qui a le profit de la guerre, il en a l'honneur. Toutesfois ce légat dont j'ay parlé, alloit et venoit de l'un ost à l'autre ; et finalement fit la paix entre l'empereur et ledit duc de Bourgongne. Et fut mise cette place de Nuz entre les mains dudit légat, pour en faire ce que par le siège apostolique en seroit ordonné. En quelle extrémité se pou-

---

[1] Ce que dit ici Commines laisse lieu de croire que le roi avait chargé deux hommes de tuer le connétable. Louis XI n'était pas scrupuleux sur ces moyens-là.
[2] Le but.
[3] La croix de Saint-André est une des marques de la toison-d'or. Ce saint en était le patron.

[1] Le duc y fut depuis le 30 juillet 1474 jusqu'au 27 juin 1475.

voit trouver ledit duc de se voir ainsi pressé par la guerre que luy faisoit le roy, et pressé et menacé de son amy le roy d'Angleterre, et d'autre costé voir la ville de Nuz en tel estat qu'en moins de quinze jours il la pouvoit avoir, la corde au col, par famine; et si l'eut-il eue en dix jours, comme m'a conté un des capitaines qui estoient dedans, lequel le roy prit à son service. Ainsi pour ces raisons se leva ledit duc de Bourgongne l'an mil quatre cents septante-cinq.

CHAPITRE V.

Comment le roy d'Angleterre vint par deçà à tout grosse puissance, pour secourir le duc de Bourgongne son allié, contre le roy, qu'il envoya défier par un héraut.

Or faut parler du roy d'Angleterre, lequel tiroit son armée vers Douvres pour passer la mer à Calais; et estoit cette armée la plus grande que passa oncques roy d'Angleterre, et toute de gens à cheval, et les mieux en poinct, et les mieux armés qui vindrent jamais en France; et y estoient tous les seigneurs d'Angleterre, ou bien peu s'en faloit. Et y avoit quinze cens hommes-d'armes bien montés, et la pluspart bardés [1], et richement accoustrés à la guise de deçà, qui avoent beaucoup de chevaux de suite. Ils estoient bien quinze mille archers portans arcs et flèches, et tous à cheval, et largement gens-de-pied en leur ost, et autres, tant pour tendre leurs tentes et pavillons qu'ils avoient en grande quantité, qu'aussi pour servir à leur artillerie et clorre leur camp. En toute l'armée n'y avoit un seul page; et si avoient ordonné les Anglois trois mille hommes, pour envoyer en Bretagne. J'ay cecy dit par cy-devant; mais il sert bien encore à ce propos : c'est que, si Dieu n'eust voulu troubler le sens audit duc de Bourgongne, et préserver ce royaume, à qui il a fait plus de grace jusques icy qu'à nul autre, est-il de croire que ledit duc se fut allé amuser obstinément devant cette forte place de Nuz ainsi deffendue, vu que toute sa vie n'avoit sçu trouver le royaume d'Angleterre disposé à faire armée deçà la mer, et vu encore qu'il connoissoit clairement qu'ils estoient comme inutiles aux guerres de France? car s'il s'en eust voulu ay-der, il eust esté besoin que toute une saison il ne les eut perdus de vue, pour leur ayder à adresser et conduire leur armée aux choses nécessaires selon nos guerres de deçà; car il n'est rien plus sot, ni plus mal adroict, quand ils passent premièrement; mais en bien peu d'espace, ils sont très-bonnes gens de guerre, sages et hardis. Il fit tout le contraire; car entre les autres maux, il leur fit quasi perdre la saison; et au regard de luy, il avoit son armée si rompue si mal en poinct, et si pauvre, qu'il ne l'osoit monstrer devant eux; car il avoit perdu devant Nuz quatre mille hommes prenans soldes, entre lesquels y moururent des meilleurs qu'il eust. Et ainsi verrez que Dieu le disposa de tous poincts à faire contre la raison de ce que son affaire requéroit, et contre ce qu'il sçavoit et entendoit mieux que nul autre, dix ans avoit.

Le roy Edouard estant à Douvres, pour son passage, luy envoya ledit duc de Bourgongne bien cinq cens basteaux de Hollande et Zélande, qui sont plats, et bas de bord, et bien propices à porter chevaux, et s'appellent Sertes, et vindrent de Hollande. Nonobstant ce grand nombre, et tout ce que le roy d'Angleterre sçut faire, il mit plus de trois semaines à passer entre Douvres et Calais, bien qu'il n'y a que sept lieues. Or regardez donc avec quelle difficulté un roy d'Angleterre peut passer en France. Et quand le roy nostre maistre eut entendu le faict de la mer, aussi bien qu'il entendoit le faict de la terre, jamais le roy Edouard ne fust passé, au moins en cette saison : mais il ne l'entendoit point; et ceux à qui il donnoit auctorité, sur le faict de sa guerre, y entendoient encore moins. Le roy d'Angleterre mit trois semaines à passer; un seul navire d'Eu prit deux ou trois de ses petits passagers.

Avant que le roy Edouard monstast et partist de Douvres, il envoya devers le roy un seul héraut, nommé Jartière [2]; lequel estoit natif de Normandie. Il apporta au roy une lettre de deffiance, de par le roy d'Angleterre, en beau langage et en beau style; et croy que jamais Anglois n'y avoit mis la main.

---

[1] Les chevaux étaient bardés de lames de fer pour les garantir de blessures.

[2] Parce qu'il était héraut de l'ordre de la Jarretière; les hérauts portaient le nom de l'office ou de la personne aux quels ils étaient attachés.

Il requéroit au roy qu'il luy rendist le royaume de France, qui luy appartenoit, afin qu'il pust remettre l'église et les nobles, et le peuple en leur liberté ancienne, et oster de grandes charges et travaux en quoy ils estoient, et en cas de refus, il protestoit des maux qui en ensuivroient, en la forme et manière qu'il est accoustumé de faire en tel cas. Le roy lut la lettre seul : et puis se retira en une garde-robbe tout fin seul ; et fit appeler ce héraut, et luy dit : qu'il sçavoit bien que le roy d'Angleterre ne venoit point à sa requeste, mais y estoit contrainct, tant par le duc de Bourgongne, que par le commun d'Angleterre, et qu'il pouvoit bien voir que jà la saison estoit presque passée, et que le duc de Bourgongne s'en revenoit de Nuz, comme homme desconfit, et pauvre en toutes choses : et qu'au regard du connestable, il sçavoit bien qu'il avoit pris quelques intelligences avec le roy d'Angleterre, pource qu'il avoit espousé sa nièce ; mais qu'il le tromperoit ; et luy conta les biens qu'il avoit de luy, disant : « il ne veut » sinon vivre en ses dissimulations, et en en- » tretenir chacun, et faire son profit : » et dit audit héraut plusieurs autres belles raisons, pour admonester ledit roy d'Angleterre de prendre appointement [1] avec luy. Et donna audit héraut trois cens escus, de sa main, comptant ; et luy en promit mille, si l'appointement se faisoit : et en public luy fit donner une belle pièce de velours cramoisy, contenant trente aulnes.

Ledit héraut respondit : qu'il travailleroit à cet appointement, et qu'il croyoit que son maistre y travailleroit volontiers : mais qu'il n'en faloit point parler, jusques à ce que le roy d'Angleterre fust deçà la mer ; et quand il y seroit, qu'on envoyast un héraut pour demander sauf-conduit, pour envoyer des ambassadeurs devers luy, et qu'on s'adressast à monseigneur de Havart, ou à monseigneur de Stanley, et aussi à luy pour ayder à conduire ce héraut.

Il y avoit beaucoup de gens en la salle, cependant que le roy parloit audit héraut, qui attendoient, et avoient grande envie d'ouir ce que le roy disoit, et quel visage il feroit, quand

il sortiroit de léans. Quand il eut achevé, il m'appela, et me dist : que j'entretinsse tousjours ledit héraut, jusques à ce qu'on luy eust baillé compagnie pour le conduire, afin que nul ne parlast à luy ; et que je lui fisse délivrer une pièce de velours cramoisy, contenant trente aulnes. Ainsi le fis ; et le roy se mit à parler à plusieurs, et conter de ses lettres de defflance, et en appela sept ou huit à part, et la fit lire ; et monstra bon visage, et bien assuré, sans monstrer nulle crainte ; car il estoit bien joyeux de ce qu'il avoit trouvé audit héraut.

CHAPITRE VI.

De la peine, en laquelle estoit le connestable : et comment il envoya lettres de créance au roy d'Angleterre et au duc de Bourgongne, qui après furent en partie cause de sa mort.

Sur ce passage faut encore dire un mot de monseigneur le connestable, lequel estoit en grande pensée du tour qu'il avoit fait au duc de Bourgongne, touchant Sainct-Quentin, et se tenoit desjà comme deffié du roy ; car ses principaux serviteurs l'avoient laissé : comme monseigneur de Genlys [1], et monseigneur de Moüy [2], lesquels le roy avoit desjà recueillis, combien que monseigneur de Moüy alloit et venoit encore devers luy ; et le roy pressoit fort que ledit connestable vint devers luy, et luy offroit certaines récompenses qu'il demandait pour la comté de Guyse, comme autrefois luy avoit promis. Ledit connestable estoit bien content de venir, pourvu que le roy fist serment, sur la croix de Sainct-Lou d'Angers [3], de ne faire nul mal à sa personne, ni consentir qu'autre le fît ; et alléguoit qu'aussi bien luy pourroit-il faire ledit serment, comme il avoit fait autrefois au seigneur de l'Escun. Et à cela luy respondit le roy que jamais ne feroit ce serment à homme ; mais tout autre serment que ledit connestable luy voudroit demander, qu'il estoit content de le faire. Vous pouvez bien entendre qu'en grand travail d'esprit estoit le roy, et aussi ledit connestable ; car il ne passoit un seul jour, pour une espace de temps, qu'il n'allast quelqu'un

---

[1] De s'accomoder avec lui.

[1] François de Hangest, seigneur de Genlis. Cette maison de Genlis est éteinte.
[2] Colart, seigneur de Mouy.
[3] Saint Lo, ou saint Loup. Elle a été célèbre sous Louis XI. C'était un morceau de la vraie croix qui était en l'église de la collégiale de St-Lo, au faubourg d'Angers.

de l'un à l'autre sur le faict de ce serment. Et qui bien y penseroit, c'est misérable vie que la nostre, de tant prendre de peine et de travail pour s'abréger sa vie, en disant et escrivant tant de choses presque opposites à leurs pensées. Et si ces deux dont je parle estoient en grand travail, le roy d'Angleterre et le duc de Bourgongne n'en avoient pas moins de leur part.

Ce fut environ tout en un temps, ou peu de jours s'en falut, que fut le passage du roy d'Angleterre à Calais, et le département du duc de Bourgongne de devant Nuz, lequel à grandes journées s'en retira droit à Calais, devers le roy d'Angleterre, à bien petite compagnie ; et envoya son armée, ainsi depecée comme avez ouy, pour piller le païs de Barrois et de Lorraine, et pour les faire vivre et se rafraichir ; et le fit à cause de ce que ledit duc de Lorraine luy commença la guerre, et l'avoit deffié luy estant devant Nuz, qui estoit une bien grande faute à luy, avec les autres que jà avoit faites avec les Anglois, lesquels s'attendoient bien de le trouver à leur descente avec, pour le moins, deux mille cinq cens hommes-d'armes bien en poinct, et autre grand nombre de gens-de-cheval et de pied (car ainsi leur avoit promis le duc de Bourgongne, pour les faire venir) et qu'il auroit commencé la guerre en France, trois mois avant leur descente, afin qu'ils trouvassent le roy plus las et plus foulé ; mais Dieu pourvut à tout, comme avez ouy. Le roy d'Angleterre partit de Calais, et ledit duc en sa compagnie ; et passèrent par Boulogne, et tirèrent à Péronne, où ledit duc recueillit les Anglois assez mal ; car il faisoit garder les portes ; et n'y entroient sinon en petit nombre ; et logèrent aux champs ; et le pouvoient bien faire, car ils estoient bien pourvus de ce qu'il leur faloit pour ce mestier.

Après qu'ils furent venus à Péronne, ledit connestable envoya devers ledit duc de Bourgongne un de ses gens, appelé Louis de Creville, pour s'excuser envers le duc de Bourgongne de quoy il ne luy avoit baillé Sainct-Quentin, disant que : s'ainsi l'eut fait, il ne luy eust pu plus de riens servir dedans le royaume de France ; car de tous poincts il eust perdu son crédit, et la communication des gens ; mais qu'à cette heure, vu qu'il voyoit le roy d'Angleterre, cy-après feroit tout ce que ledit duc de Bourgongne voudroit. Et pour en estre plus certain, bailla audit duc une lettre de créance, addressant au roy d'Angleterre ; et mettoit ledit connestable la créance sur ledit duc de Bourgongne. Outre et d'avantage, envoya un scellé audit duc, par lequel il luy promettoit de le servir et secourir, et tous ses amis et alliés, tant le roy d'Angleterre qu'autres, envers tous et contre tous ceux qui pourroient vivre et mourir, sans nul en excepter. Ledit duc de Bourgongne bailla au roy d'Angleterre sa lettre ; et dit sa créance ; et la fit un peu plus grasse qu'elle n'estoit : car il assuroit le roy d'Angleterre que ledit connestable le mettroit dedans Sainct-Quentin, et dedans toutes ses autres places.

Le roy le crut assez tost ; car il avoit espousé la nièce dudit connestable ; et si luy sembloit en si grande crainte du roy de France, qu'il n'oseroit faillir à ce qu'il promettoit audit duc de Bourgongne et à luy. Semblablement le croyoit ledit duc de Bourgongne. Mais les pensées dudit connestable, ni la peur qu'il avoit du roy, ne le conduisoient pas encore jusques-là ; mais luy sembloit encore qu'il useroit de dissimulations, comme il avoit accoustumé, pour les contenter ; et qu'il leur mettroit si évidentes raisons en avant, qu'ils auroient encore patience, sans le contraindre à se déclarer. Le roy Edouard ni ses gens n'avoient fort pratiqué les faicts de ce royaume, et alloient plus grossement en besongne : parquoy ne purent si tost entendre les dissimulations, dont on use deçà et ailleurs ; car naturellement les Anglois, qui ne sont jamais partis d'Angleterre, sont fort colériques, comme aussi sont toutes les nations de païs froid. La nostre (comme vous voyez) est située entre les uns et les autres, et est environnée de l'Italie, et de l'Espagne, et de Catalogne du costé de Levant, et Angleterre, et ces parties de Flandres et de Hollande, vers le Ponant ; et encore nous vient joindre Alemagne par tout vers la Champagne. Ainsi nous tenons de la région chaude, et aussi de la froide ; parquoy nous avons gens de deux complexions. Mais mon advis est, qu'en tout le monde n'y a région mieux située que celle de France.

Le roy d'Angleterre, qui avait eu grande joie de ces nouvelles de monsieur le connestable, (combien que desjà paravant en pouvoit bien avoir quelque sentiment, mais non pas si ample) partit de Péronne, et le duc de Bourgongne en sa compagnie, qui n'avoit nulles gens ; car tous estoient tirés en Barrois et Lorraine, comme je vous ay dit : et s'appochèrent de Sainct-Quentin ; et allèrent courir un grand tas d'Anglois devant ; lesquels, comme j'oüis dire peu de jours après, s'attendoient qu'on sonnast les cloches à leur venue, et qu'on portast la croix et l'eau béniste au devant. Comme ils approchèrent près de la ville, l'artillerie commença à tirer ; et saillit des escarmouches à pied et à cheval ; et il y eut deux ou trois Anglois tués, et quelques-uns pris. Ils eurent un très mauvais jour de pluye ; et en cet estat s'en retournèrent en leur ost, fort mal contens, murmurans contre le connestable, et l'appelloient traistre. Le lendemain au matin le duc de Bourgongne voulut prendre congé du roy d'Angleterre, qui estoit chose bien estrange, vu qu'il les avoit fait ainsi passer ; et vouloit tirer vers son armée en Barrois, disant qu'il feroit beaucoup de choses en leur faveur. Les Anglois qui sont suspicionneux, et qui estoient tous neufs par deçà et esbahis, ne se pouvoient contenter de son allée, ni croire qu'il eut nulles gens aux champs ; et si ne sçavoit le duc de Bourgongne adouber [1] avec eux le faict du connestable, nonobstant qu'il eut dit que, tout ce qu'il en avoit fait, estoit pour toutes bonnes fins ; et si les esbahissoit l'hyver qui s'approchoit ; et sembloit bien, à les ouir parler, que le cœur leur tirast plus à la paix qu'à la guerre.

CHAPITRE VII.

Comment le roy fit vestir un simple serviteur d'une cotte d'armes avec un esmail, et l'envoya parler au roy d'Angleterre en son ost, où il eut très-bonne response.

Sur ces propres paroles, et comme ledit duc vouloit partir, fut pris des Anglois un valet d'un gentil-homme de la maison du roy, qui estoit des vingt escus, appelé Jacques de Grassé ; et fut incontinent ledit valet amené devant le roy d'Angleterre et le duc de Bourgongne, qui estoient ensemble, et puis fut mis en une tente. Après qu'ils l'eurent interrogé, ledit duc de Bourgongne prit congé du roy d'Angleterre et se retira en Brabant, pour aller à Maizières, où il avoit partie de ses gens. Le roy d'Angleterre commanda qu'on donnast congé à ce valet, vu que c'estoit leur premier prisonnier ; et au départir, monseigneur de Havart et monseigneur de Stanley luy donnèrent un noble, et luy dirent : « Recom» mandez-nous à la bonne grâce du roy vostre » maistre, si vous pouvez parler à luy. » Ledit valet vint en grande diligence devers le roy, qui estoit à Compiègne, et vint pour dire ces paroles. Le roy entra en grande suspicion de luy, doutant que ce ne fust un espie, à cause que Gilbert de Grassé, frère du maistre dudit valet estoit pour lors en Bretagne, fort bien traicté du duc. Ledit valet fut enfermé, et estroitement gardé cette nuict : toutesfois beaucoup de gens parlèrent à luy, par commandement du roy ; et sembloit à leur rapport qu'il parlast bien asseurément, et que le roy le devoit ouïr. Le lendemain bien matin, le roy parla à luy. Après qu'il l'eut ouy, il le fit desferrer ; mais encore demoura gardé ; et alla le roy pour se mettre à table, ayant plusieurs imaginations, pour sçavoir s'il envoyeroit vers les Anglois ou non. Et avant que se seoir à table, m'en dit quelques paroles ; car, comme vous savez, monseigneur de Vienne, nostre roy parloit fort privément et souvent à ceux qui estoient plus prochains de luy, comme j'estoit lors, et d'autres depuis ; et aimoit à parler en l'oreille. Il luy vint en mémoire les paroles que le héraut d'Angleterre luy avoit dites, qui fust : qu'il ne faillist point à envoyer quérir un sauf-conduit pour envoyer devers le roy d'Angleterre, dès qu'il seroit passé la mer, et qu'on s'addressast aux dessusdits seigneurs de Havart et de Stanley. Incontinent qu'il fut assis à table, et un peu imaginé, comme vous sçavez qu'il faisoit (qui estoit bien estrange à ceux qui ne le connoissoient ; car sans le connoistre l'eussent jugé mal sage, mais les œuvres tesmoignent bien le contraire), il me dit en l'oreille : que je me levasse, et que j'allasse manger à ma chambre, et que j'envoyasse quérir un valet, qui estoit à monseigneur des Halles, fils de Mérichon de la Rochelle [1], et

[1] Arranger.

[1] Il paraîtrait étrange que Commines eût donné le titre de monseigneur au fils de Mérichon de la Rochelle,

que je parlasse à luy, sçavoir s'il oseroit entreprendre d'aller en l'ost du roy d'Angleterre en habit de héraut. Je fis incontinent ce qu'il m'avoit commandé. Et fust très-esbahi quand je vis ledit serviteur ; car il ne me sembloit ni de taille, ni de façon, propice à une telle œuvre ; toutesfois il avoit bon sens (comme j'ai connu depuis), et la parole douce et amiable ; jamais le roy n'avoit parlé à luy qu'une seule fois. Ledit serviteur fut très-esbahi, quand il m'ouyt parler ; et se jeta à deux genoux devant moy, comme celuy qui cuidoit desjà estre mort. Je l'assurois le mieux que je pouvois ; et luy promis une élection en l'isle de Ré et de l'argent ; et pour plus l'assurer, luy dis que cecy venoit des Anglois ; et puis le fis manger avec moy, où n'estions que nous deux et un valet ; et petit à petit le mettrois en ce qu'il avoit à faire. Je n'y eus guère esté que le roy m'envoya quérir ; et luy contai de nostre homme ; et luy en nommai d'autres plus propres à mon entendement ; mais il n'en voulut point d'autre. Et vint luy mesme parler à luy ; et l'assura plus en une parole que je n'avois fait en cent. Avec ledit seigneur n'entra en ladite chambre que monseigneur de Villiers, lors grand-escuyer, et maintenant baillif de Caën. Et quand il sembla au roy que nostre homme fut en bon propos, il envoya par ledit grand-escuyer, quérir une banière de trompette, pour luy faire une cotte d'armes ; car ledit seigneur n'estoit point convoiteux, ni accompagné de héraut ni de trompette, comme sont plusieurs princes ; et ainsi le grand-escuyer, et un de mes gens firent cette cotte d'armes le mieux qu'ils purent. Et alla ledit grand-escuyer quérir un esmail d'un petit héraut, qui estoit à monseigneur l'amiral, appellé Plein-Chemin ; lequel esmail fut attaché à nostre homme ; et luy apporta l'on secrettement ses houseaux et son habillement ; et luy fut amené son cheval, et mis dessus, sans que personne en sçust riens ; et luy mit on une belle bougette [1] à l'arçon de sa selle, pour mettre sa cotte d'armes ; et bien instruit de ce qu'il avoit à dire, s'en alla tout droit à l'ost des Anglois. Après que nostre homme fut arrivé à l'ost des Anglois avec sa cotte d'armes sur le dos, tantôt fut arresté, et mené devant la tente du roy d'Angleterre. Il luy fut demandé qu'il y venoit faire. Il dit qu'il venoit de par le roy, pour parler au roy d'Angleterre, et qu'il avoit charge de s'addresser à messeigneurs de Havard et de Stanley. On le mena en une tente pour disner, et luy fit-on très-bonne chère. Au lever de la table du roy d'Angleterre, qui disnoit à l'heure que le héraut arriva, on mena ledit héraut devers luy, et l'ouit. Sa créance estoit fondée sur le desir que le roy avoit dès long-temps d'avoir bonne amitié avec luy, et que les deux royaumes pussent vivre en paix ; et que jamais depuis qu'il avoit esté roy de France, il n'avoit fait guerre ni entreprise contre le roy, ni le royaume d'Angleterre ; s'excusant de ce qu'autrefois avoit recueilli monseigneur de Warvic ; et disoit que ce n'avoit esté seulement que contre le duc de Bourgongne, et non point contre luy. Aussi luy faisoit remonstrer que ledit duc de Bourgongne ne l'avoit point appelé, sinon pour en faire un meilleur appointement avec le roy, sur l'occasion de sa venue ; et si autres en avoit, qui y tinssent la main, que ce n'estoit sinon pour en amender leurs [1] affaires, et tascher à leurs fins particuliers ; et du faict du roy d'Angleterre ne leur chaloit au demourant comment il en allast, mais qu'ils enfissent leurs besongnes bonnes [2]. Aussi luy faisoit remonstrer le temps, et que jà s'approchoit l'hyver ; et qu'il sçavoit bien qu'il avoit fait grande despence, et qu'il y avoit plusieurs gens en Angleterre qui desiroient la guerre par deçà, tant nobles que marchands ; et quand ce viendroit que le roy d'Angleterre se voudroit mettre en son devoir d'entendre au traicté, que le roy s'y mettroit tant de son costé, que luy et son royaume devroient estre contens ; et afin que mieux fut informé de ces choses, s'il vouloit donner un sauf-conduit pour le nombre de cent chevaux, que le roy envoyeroit devers luy ambassadeurs, bien informés de son vouloir, ou si le roy d'Angleterre aimoit mieux que ce fust en quelque village, à mi-chemin des deux armées, et que là

---

ce Mérichon n'était pas un bourgeois de la Rochelle, mais chambellan du roi, maire et gouverneur de la Rochelle.

[1] Petite valise.

[1] Rendre meilleures leurs affaires.
[2] Qu'ils se souciassent peu des affaires du roi d'Angleterre, pourvu qu'ils fissent bien les leurs.

gens se trouvassent des deux costés, que le roy en seroit très-content, et envoyeroit sauf-conduit de son costé.

Le roy d'Angleterre, et une partie de ses princes, trouvèrent ces ouvertures très-bonnes; et fut baillé un sauf-conduit à nostre homme, tel qu'il le demandoit; et luy fut donné quatre nobles[1]; et vint avec luy un héraut, pour venir querir un sauf-conduit du roy, pareil à celuy qu'il avoit donné; et le lendemain, en un village auprès d'Amiens, se trouvèrent les ambassadeurs ensemble. De la part du roy y estoit le bastard de Bourbon, admiral, monseigneur de Sainct-Pierre, l'évesque d'Evreux, appelé Herberge. Le roy d'Angleterre y envoya monseigneur de Havard, un nommé Chalanger, et un docteur appelé Morton, qui aujourd'huy est chancelier d'Angleterre, et archevesque de Cantorbéry.

Je crois qu'à plusieurs pourroit sembler que le roy s'humilioit trop; mais les sages pourroient bien juger par mes paroles précédentes que ce royaume estoit en grand danger, si Dieu n'y eust mis la main; lequel disposa le sens de nostre roy à eslire si sage party, et troubla bien celuy du duc de Bourgongne, qui fit tant d'erreurs (comme avez vu) en cette matière, après avoir tant desiré ce qu'il perdit par sa faute. Nous avions lors beaucoup de choses secrettes parmi nous, dont fussent venus de grands maux en ce royaume, et promptement, si cet appointement ne se fust trouvé, et bientôt, tant du costé de Bretagne que d'ailleurs. Et crois veritablement, aux choses que j'ai vues dans mon temps, que Dieu avoit et a ce royaume en especiale, recommandation.

CHAPITRE VIII.

Comment trêve de neuf ans fut traictée entre le roy de France et le roy d'Angleterre, nonobstant les empeschemens du connestable et du duc de Bourgongne.

Comme vous avez ouy, nos ambassadeurs se trouvèrent ensemble dès le lendemain de la venue de nostre héraut; car nous estions près les uns des autres, comme de quatre lieues au moins. Nostre heraut eut bonne chere, et son office en l'Isle de Ré (dont il estoit natif) et de l'argent. Plusieurs ouvertures furent faites entre nos ambassadeurs. Les Anglois demandèrent, comme ils ont accoustumé, la couronne, ou pour le moins Normandie et Guyenne. Bien assailli, bien deffendu. Dès cette première journée furent les choses bien approchées; car les deux parties en avoient grande envie. Les nostres revindrent, et les autres s'en retournèrent en leur ost. Le roy ouyt leurs demandes et dernières conclusions; c'estoit: septante et deux mille escus tous comptans, avant que partir; le mariage du roy (qui est aujourd'huy) avec la fille aisnée du roy Edouard (laquelle est aujourd'huy royne d'Angleterre), et la duché de Guyenne, pour la nourrir, ou cinquante mille escus tous les ans, rendus dedans le chasteau de Londres, jusques au bout de neuf ans; et au bout de ce terme, devoit le roy (qui est aujourd'huy) et sa femme, jouyr pacifiquement du revenu de Guyenne; et aussi nostre roy devoit demourer quitte de ce payement, envers le roy d'Angleterre. Plusieurs autres petits articles y avoit touchant le faict des marchands, dont je ne fais point de mention. Et devoit durer cette paix neuf ans entre les deux royaumes; et y estoient compris tous les alliés d'un costé et d'autre; et nommément de la part du roy d'Angleterre, les ducs de Bourgongne et de Bretagne, si compris y vouloient estre. Offroit ledit roy d'Angleterre (qui estoit chose bien estrange) de nommer aucuns personnages, qu'il disoit estre traistres au roy et à sa couronne, et de le monstrer par escript. Le roy eut merveilleusement grande joye de ce que ses gens luy rapportèrent.

Il tint conseil sur cette matière, et y estois present. Aucuns furent d'avis que ce n'estoit qu'une tromperie et dissimulation de la part des Anglois. Au roy sembloit le contraire; et allégua la disposition du temps et la saison, et qu'ils n'avoyent une seule place qui fust à eux, et aussi les mauvais tours que le duc de Bourgongne leur avoit faits; lequel estoit desjà départy d'avec eux; et se tenoit comme sûr que le connestable ne bailleroit nulles places; car à chacune heure le roy envoyoit devers luy pour l'entretenir et pour l'adoucir, et pour le

---

[1] Pièce de monnaie.

[1] Une chose singulière en ce traité, c'est que Louis XI n'y est dénommé que prince de France. Jamais homme ne regarda moins aux formes, mais jamais il n'abandonnait le fond, et il l'eut toujours.

garder de mal faire. Aussi le roy avoit bien connoissance de la personne du roy d'Angleterre; lequel aimoit fort ses aises et ses plaisirs. A quoy sembloit qu'il parloit plus sagement que personne de la compagnie, et qu'il entendoit mieux ces matières de quoy on parloit ; et conclud qu'à très-grande diligence on cherchast cet argent ; et fît adviser la manière de le trouver ; et qu'il faloit que chacun prestast quelque chose pour ayder soudainement à le fournir ; et conclud le roy qu'il n'étoit chose au monde qu'il ne fît pour jeter le roy d'Angleterre hors de ce royaume, excepté qu'il ne consentiroit pour riens qu'ils eussent terre ; et avant qu'il le souffrît mettroit toutes choses en péril et hazard.

Monseigneur le connestable commença à soy appercevoir de ces marchés, et avoir peur d'avoir offensé de tous costés ; et tousjours craignoit cette marchandise, qui avoit cuidé estre conclue contre luy à Bouvines ; et à cette cause, il envoyoit souvent devers le roy. Et sur l'heure dont je parle, vint devers ledit seigneur un gentil-homme, appelé Louis de Creville, serviteur du connestable, et un sien secrétaire, appelé maistre Jean Richer, qui tous deux vivent encore ; et dirent leur créance à monseigneur du Bouchage et à moy, premier qu'au roy; car le plaisir dudit seigneur estoit tel. Ce qu'ils apportoient plut fort au roy, quand il en fut adverti, pour ce qu'il avoit intention de s'en servir, comme vous oyrez. Le seigneur de Contay, serviteur du duc de Bourgongne, qui avoit été pris naguère devant Arras (comme vous avez ouy) alloit et venoit sur sa foy devers ledit duc, et luy promit le roy donner sa finance et rançon, et une très-grande somme d'argent, s'il pouvoit traicter la paix. D'aventure il estoit arrivé devers le roy, ce jour qu'arrivèrent les deux dessus nommés serviteurs dudit connestable. Le roy fît mettre ledit seigneur de Contay dedans un grand vieil oste-vent [1] qui estoit dedans sa chambre, et moy avec luy, afin qu'il entendist et pust faire rapport à son maistre des paroles dont usoient ledit connestable et ses gens dudit duc ; et le roy se vint seoir sur un escabeau, rasibus dudit oste-vent, afin que nous puissions mieux entendre les paroles que disoit Louis de Creville. Et avec ledit seigneur n'y avoit que ledit sieur du Bouchage, ledit Louis de Creville, et son compagnon, qui commencèrent lors leurs paroles, disans : que leur maistre les avoit envoyés devers le duc de Bourgongne, et qu'ils luy avoient fait plusieurs remonstrances, pour le desmouvoir de l'amitié des Anglois, et qu'ils l'avoient trouvé en telle colère contre le roy d'Angleterre, qu'à peu fut qu'ils ne l'avoient gaigné, non pas seulement à laisser lesdits Anglois, mais à ayder à les destrousser en eux retournant. Et en disant ces paroles, pour cuider complaire au roy, ledit Louis de Creville commença à contrefaire le duc de Bourgongne, et à frapper du pied contre terre, et à jurer St. George, et qu'il appeloit le roy d'Angleterre Blanc-borgne, fils d'un archer qui portoit son nom : et toutes les moqueries qu'en ce monde étoit possible de dire d'homme. Le roy rioit fort, et luy disoit qu'il parlast haut ; et qu'il commençoit à devenir un peu sourd ; et qu'il le dist encore une fois ; l'autre ne se feignoit pas, et recommençoit encore une fois de très-bon cœur.

Monseigneur de Contay, qui estoit avec moy, en cet oste-vent, estoit le plus esbahy du monde ; et n'eust jamais cru, pour chose qu'on lui eût sçu dire, les paroles qu'il oyoit. La conclusion des gens dudit connestable estoit : qu'ils conseilloient au roy que, pour éviter tous ces grands périls qu'il voyoit appareiller contre luy, il prit une trêve ; et que ledit connestable se faisoit fort de le garder; et que pour contenter ces Anglois, on leur baillast seulement une petite ville ou deux pour les loger l'hyver, et qu'elles ne sçauroient être si meschantes qu'ils ne s'en contentassent ; et sembloit sans rien nommer, qu'ils voulsist dire Eu et Sainct-Valery. Et luy sembloit que par ce moyen, les Anglois se contenteroient de luy, et du refus qu'il leur avoit fait de ses places. Le roy, à qui il suffisoit d'avoir joué son personnage, et faire entendre au seigneur de Contay les paroles dont on usoit et faisoit user ce connestable par ses gens, ne leur fît aucune malgracieuse response; mais seulement leur dit : « J'envoyerai de- » vers mon frère [1], et lui ferai savoir de mes

---

[1] Paravent.

[1] Il donnait le titre de frère au connétable, parce que

» nouvelles. » Et puis leur donna congé.

L'un fit le serment en la main du roy que, s'il sçavoit rien qui touchast le roy, de le reveler. Il greva beaucoup au roy de dissimuler de cette matière, où ils conseilloient de bailler terre aux Anglois ; mais doutant que ledit connestable ne fît pis, il n'y voulut point respondre, en façon qu'ils connussent qu'il l'eût mal pris ; mais envoya devers luy. Le chemin estoit court, et ne mettoit un homme guères à aller et retourner. Le seigneur de Contay et moy partismes de cet oste-vent, quand les autres s'en furent allés ; et rioit le roy, en faisant bien bonne chère. Mais ledit de Contay estoit comme homme sans patience, d'avoir ouy telles sortes de gens ainsi se moquer qu'il menoit avec luy ; et luy tardoit bien qu'il ne fût jà à cheval pour l'aller dire à sondit maistre le duc de Bourgongne. Sur l'heure fut despeché ledit seigneur de Contay, et son instruction escripte de sa main propre; et emporta une lettre de créance de la main du roy, et s'en partit.

Nostre matière d'Angleterre estoit jà accordée comme avez ouy ; et se menoient tous ces marchés en un temps et en un coup [1]. Ceux qui de par le roy s'estoient trouvés avec les Anglois, avoient fait leur rapport comme avez entendu, et ceux du roy d'Angleterre estoient aussi retournés devers luy. Des deux costés fut accordé et délibéré par ceux qui allèrent et vindrent, que les deux roys se verroient ; et qu'après qu'ils se seroient vus, et juré les traictés pourparlés, le roy d'Angleterre s'en retourneroit en son païs, après avoir reçu les septante-deux mille escus, et qu'il laisseroit en ostage monseigneur de Havart, et son grand escuyer messire Jean Cheme, jusques à ce qu'ils fust passé la mer. Par après furent promis seize mille escus de pension aux serviteurs privés du roy d'Angleterre : à monseigneur de Hastingues deux mille escus l'an, cetuy-là n'en voulut jamais bailler quittance ; au chancelier deux mille livres ; à monsieur de Havart, au grand escuyer, à Chalanger, à monseigneur de Montgomery et à d'autres le demourant ;

celui-ci avait épousé la sœur de Catherine de Savoie, femme de Louis XI.

[1] Ensemble.

et largement argent comptant, et vaisselle fut donnée auxdits serviteurs dudit roy Edouard.

Le duc de Bourgongne, sentant ces nouvelles, vint de devers Luxembourg, où il estoit, à très-grande haste, devers le roy d'Angleterre ; et n'avoit que seize chevaux, quand il arriva devers luy. Le roy d'Angleterre fut fort esbahy de cette venue si soudaine; et luy demanda qui l'amenoit ; et vit bien qu'il étoit courroucé. Ledit duc luy respondit qu'il venoit parler à luy. Le roy luy demanda s'il vouloit parler à luy à part ou en public. Lors luy demanda le duc s'il avoit la paix. Le roy luy respondit qu'il avoit : fait une trève pour neuf ans, en laquelle il estoit compris, et le duc de Bretagne ; et qu'il luy prioit qu'il s'y accordast. Ledit duc se courrouça, et parla en anglois (car il en sçavoit le langage), et allégua plusieurs beaux faicts des roys d'Angleterre, qui étoient passés en France, et les peines qu'ils y avoient prises pour y acquérir honneur; et blasma fort cette trève, disant qu'il n'avoit point cherché à faire passer les Anglois pour besoin qu'il en eust, mais pour recouvrer ce qui leur appartenoit ; et afin qu'ils connussent qu'il n'avoit nul besoin de leur venue, qu'il ne prendroit point de trève avec nostre roy, jusqu'à ce que le roy d'Angleterre eust esté trois mois de là la mer ; et après ces paroles part et s'en va de là où il venoit. Le roy d'Angleterre prit très-mal ces paroles, et ceux de son conseil. Autres qui n'estoient point contens de cette paix, louèrent ce que ledit duc avoit dit.

CHAPITRE IX.

Comment le roy fit festoyer les Anglois dedans Amiens, et comment la place fut assignée pour la vue des deux roys.

Le roy d'Angleterre, pour conclure cette paix, vint loger à demie lieue d'Amiens ; et estoit le roy à la porte, qui de loin les pouvoit voir arriver. Pour ne mentir point, il sembloit bien qu'ils fussent neufs à ce mestier de tenir les champs ; et chevauchoient en assez mauvais ordre. Le roy envoya au roy d'Angleterre trois cens charriots de vin, des meilleurs qu'il fut possible de finer [1] ; et sembloit ce charroy quasi un ost aussi grand que celuy du roy d'Angleterre. Et pour ce qu'il es-

[1] Trouver.

toit trève, venoient largement Anglois en la ville, et se monstroient peu sages, et ayant peu de révérence à leur roy ; ils venoient tous armés, et en grande compagnie. Et quand nostre roy y eut voulu aller à mauvaise foy, jamais si grande compagnie ne fut si aisée à desconfire; mais sa pensée n'estoit autre qu'à les bien festoyer, et se mettre en bonne paix avec eux pour son temps. Il avoit ordonné, à l'entrée de la porte de la ville, deux grandes tables, à chacun costé une, chargée de toutes bonnes viandes, qui font envie de manger; et de toutes sortes, et les vins les meilleurs dont se pouvoit adviser; et des gens pour les servir. D'eau n'estoit nouvelles. A chacune de ces tables avoit fait seoir cinq ou six hommes de bonne maison, fort gros et gras, pour mieux plaire à ceux qui avoient envie de boire ; et y estoient le seigneur de Craon, le seigneur de Briquebec, le seigneur de Bressuires, le seigneur de Villiers, et autres; et dès que les Anglois s'approchoient de la porte, ils voyoient cette assiète [1]. Et y avoit gens qui les prenoient à la bride ; et disoient qu'ils leur courussent une lance; et les amenoient près de la table ; et estoient traictés pour ce passage selon l'assiète, et en très-bonne sorte ; et le prenoient bien en gré. Comme ils estoient en la ville, quelque part qu'ils descendissent, ils ne payoient riens, et estoient fourni ; de ce qui leur estoit nécessaire, où ils alloient boire et manger, et demandoient ce qu'il leur plaisoit, et ne payoient riens; et dura cecy trois ou quatre jours.

Vous avez ouy comme cette trève desplaisoit au duc de Bourgongne; mais encore desplaisoit-elle plus au connestable, qui se voyoit mal de tous costés, et avoir failly; et pour ce envoya devers le roy d'Angleterre son confesseur, avec une lettre de créance, qui estoit telle : que, pour l'amour de Dieu, il n'ajoustast foy aux paroles, ni aux promesses du roy, mais que seulement il voulsist prendre Eu et Sainct-Valery, et s'y loger pour partie de l'hyver ; car avant qu'il fust deux mois, il feroit en façon qu'il seroit bien logé; sans luy bailler autre sûreté, mais très-grande espérance. Et afin qu'il n'eust cause de faire un meschant appointement, pour peu d'argent, il lui offroit à luy prester cinquante mille escus, et luy faisoit beaucoup d'autres belles ouvertures. Et desjà le roy avoit fait bruler ces deux places, dont il parloit, à cause que ledit connestable luy avoit conseillé les bailler aux Anglois ; et le roy d'Angleterre en estoit adverty. Lequel fit response audit connestable : que sa trève estoit conclue, et qu'il ne changeroit riens en cette matière ; et s'il luy eust tenu ce qu'il luy avoit promis, qu'il n'eust point fait cet appointement. Lors fut de tous poincts ledit connestable désespéré.

Or vous voyez comme ces Anglois se festoioient en la ville d'Amiens. Un soir, monseigneur de Torcy [1] vint dire au roy qu'il en avoit largement, et que c'estoit grand danger. Le roy s'en courrouça à luy; ainsi chacun s'en tut. Le matin estoit le jour semblable celle année, qu'avoit esté les Innocens ; et à tel jour le roy ne parloit ni ne vouloit ouyr parler de nulle de ces matières ; et tenoit à grand malheur quand on luy en parloit, et s'en courrouçoit fort à ceux qui l'avoient accoustumé de hanter ; et connoissoient sa condition. Toutesfois ce matin dont je parle, comme le roy se levoit et disoit ses heures, quelqu'un me vint dire qu'il y avoit bien neuf mille Anglois en la ville. Je me délibéray prendre l'aventure de luy dire, et en son retraict [2], et lui dis : « Sire, nonobstant qu'il soit le jour » des Innocens, si est-il nécessaire que je vous » die ce que l'on m'a dit ; » et luy contay au long le nombre qui y estoit, et tousjours en venoit, et tous armes, et que nul ne leur osoit refuser la porte de peur de les mescontenter. Ledit seigneur ne fut point obstiné, mais tost laissa ses heures ; et me dit qu'il ne faloit point tenir la cérémonie des Innocens ce jour, et que je montasse à cheval, et essayasse de parler au chef des Anglois, pour voir si les pourrions faire retirer ; et que je disse à ses capitaines, si aucuns en rencontrois, qu'ils vinssent parler à luy, et qu'il viendroit incontinent à la porte après moy. Ainsi le fis ; et parlay à trois ou quatre des chefs anglois, que je connoissois, et leur dis ce qui servoit à cette matière. Pour un qu'ils renvoyoient, il y en rentroit vingt. Le roy envoya

---

[1] Établissement.

[1] Jean d'Estouteville, seigneur de Blainville et de Torcy, grand-maître des arbalestriers.
[2] En son cabinet.

après moy monseigneur de Gié [1], à cette heure mareschal de France, pour cette matière. Nous entrasmes en une taverne, où já y avoit esté faits cent et onze escots, et n'estoit pas encore neuf heures du matin. La maison estoit pleine ; les uns chantoient ; les autres dormoient, et estoient ivres. Quand je connus cela, il me sembla bien qu'il n'y avoit point de péril, et le manday au roy ; lequel vint incontinent à la porte, bien accompagné ; et secrettement fit armer deux ou trois cens hommes-d'armes ès maisons de leurs capitaines, et aucuns en mit sur le portail par où ils entroient. Le roy fit apporter son disner en la maison des portiers ; et fit disner plusieurs gens de bien des Anglois avec luy. Le roy d'Angleterre fut adverti de ce désordre, et en eut honte ; et manda au roy qu'il commandast qu'on ne laissast nul entrer. Le roy fit response que cela ne feroit-il jamais ; mais s'il plaisoit au roy d'Angleterre, qu'il envoyast de ses archers de la couronne, et qu'ils gardassent la porte, et missent dedans ceux qu'ils voudroient ; et ainsi fut fait ; et beaucoup d'Anglois s'en allèrent de la ville, par le commandement du roy d'Angleterre.

Il fut lors advisé que pour mettre fin à tout, faloit adviser le lieu où les deux roys se verroient, et ordonner gens à visiter la place. De la part du roy y allasmes monseigneur du Bouchage et moy ; et pour le roy d'Angleterre, monseigneur de Havart, un appelé Chalanger, et un hérault. Et après avoir bien allé et visité la rivière, nous arrestasmes que le plus beau lieu, et le plus sûr, estoit Picquigni, à trois lieues près d'Amiens, un fort chasteau, qui est au visdame d'Amiens, combien qu'il avoit esté bruslé par ledit duc de Bourgongne. La ville est basse, et y passe la rivière de Somme ; laquelle n'est point guéable, et en ce lieu n'est point large. Par là où venoit le roy le pays estoit beau et large. De l'autre costé par où venoit le roy d'Angleterre, le pays estoit très-beau, sauf que, quand il venoit à approcher de la rivière, il y avoit une chaussée de bien deux grands traicts d'arc de long, qui avoit les marais d'un costé et d'autre. Et qui ne fut allé à la bonne foy, c'est un très-dangereux chemin : et sans point de doute (comme j'ay dit ailleurs), les Anglois ne sont pas si subtils en traictés et appointemens comme sont les François ; et quelque chose que l'on en die, ils vont assez grossement en besongne ; mais il faut avoir un peu de patience, et ne débattre point colériquement avec eux.

Après que la conclusion de nostre lieu fut prise, il fut ordonné d'y faire un pont, bien passant et assez large ; et fournismes les charpentiers et les estoffes ; et au milieu de ce pont fut fait un fort treillis de bois, comme l'on fait aux cages de ces lions ; et n'estoient point les trous d'entre les barreaux plus grands qu'à y bouter un bras à son aise. Le dessus estoit couvert d'ais seulement, pour la pluie, si avant qu'ils se pouvoient mettre dix ou douze personnes dessous de chacun costé ; et comprenoit le treillis jusques sur le bord du pont, afin qu'on ne pust passer de l'un à l'autre. En la rivière y avoit seulement une petite sentine [1], où il y avoit deux hommes pour passer ceux qui voudroient aller d'un costé à l'autre.

Je veux dire l'occasion qui mut le roy que cet entre-deux fut fait, de telle façon que l'on ne pust aller de l'un costé à l'autre ; et pourroit par aventure servir le temps advenir, à quelqu'un qui auroit à faire semblable cas.

Du temps du roy Charles septiesme, estant en assez jeune âge, le royaume estoit fort persécuté des Anglois ; et estoit le roy Henry cinquiesme, au siége devant Rouen, et le tenoit fort à destroict, et la pluspart de ceux de dedans estoient subjets, ou partisans du duc Jean de Bourgongne, qui pour lors régnoit [2]. Entre ledit duc Jean de Bourgongne et le duc d'Orléans y avoit já eu un grand différend, et tout ce royaume, ou la pluspart divisé par ces deux parties ; dont le faict du roy ne valoit pas mieux. Partialité ne commença jamais en ce païs, que la fin n'en fut dommageuse et malaisée à esteindre. Pour cette question dont je parle, avoit já esté tué le duc d'Orléans à Paris, douze ans y avoit. Le dit duc Jean avoit grande armée, et alloit

---

[1] Pierre de Rohan, duc de Nemours, comte de Guise et de Soissons, maréchal de France en 1475. Il conduisit l'avant-garde à la bataille de Fornoue en 1475 et mourut en 1513. Il fut l'un des quatre qui gouvernèrent l'état pendant dix à douze jours, lorsque, en 1480, Louis XI tomba malade à Chinon.

[1] Passage étroit qui probablement était une planche.
[2] Vivait.

et venoit en intention de lever le siége qui estoit devant Rouen ; et pour mieux y pouvoir parvenir, et s'assurer du roy, avoit esté traicté que le roy [1] et luy se verroient à Montereau, où faut Yonne [2], et là fut fait un pont, et une barrière au milieu ; mais au milieu de ladite barrière y avoit un petit huisset [3], qui fermoit des deux costés, parquoy on pouvoit aller de l'un costé à l'autre : mais que les deux parts le voulussent [4]. Ainsi se trouva le roy, de l'un costé du pont ; et ledit duc Jean de Bourgongne de l'autre, accompagnés de grand nombre de gens-d'armes, et espécialement le duc Jean. Ils se mirent à parlementer sur le pont ; et à l'endroit où ils parloient, n'y avoit avec ledit duc que trois ou quatre personnes. Leur parlement encommencé, fut le duc semons [5] tellement, ou par envie de soy humilier devant le roy, qu'il ouvrit de son costé, et on luy ouvrit de l'autre, et passa luy quatriesme. Incontinent fut tué, et ceux qui estoient avec lui : dont est advenu depuis assez de maux, comme chacun sçait. Cecy n'est pas de ma matière ; parquoy je n'en dis plus avant : mais le roy le me conta, ni plus ni moins que je vous en dis, en ordonnant cette vue. Et disoit que s'il n'y eust point eu d'huis à cette vue, dont j'ay parlé, on n'eut point eu d'occasion à semondre ledit duc de passer, et ce grand inconvénient ne fut point advenu ; dont principalement furent cause aucuns serviteurs [6] dudit duc d'Orléans, lequel avoit esté tué, comme je vous ay dit, et estoient en auctorité avec le roy Charles septiesme.

CHAPITRE X.

Comment les deux roys s'entrevirent, et jurèrent la tresve par avant traictée : et comment aucuns estimèrent que le sainct esprit descendit sur la tente du roy d'Angleterre, en espèce de pigeon blanc.

Nos barrières ainsi faites, comme vous avez ouy, vindrent le lendemain les deux roys ; et fut l'an mil quatre cens septante-cinq, le vingt et neuviesme jour d'aoust. Le roy avoit environ huit cens hommes-d'armes avec luy, et arriva le premier. Du costé où estoit le roy d'Angleterre, estoit toute son armée en bataille : et combien que nous ne pussions point voir le tout, si nous sembloit bien qu'il y avoit un merveilleux grand nombre de gens-de-cheval et de pied ensemble. Ce que nous avions de nostre costé ne paroissoit riens auprès d'eux. Aussi la quarte partie de l'armée du roy n'y estoit pas. Il estoit dit qu'avec chacun des roys y auroit douze hommes, qui estoient jà ordonnés, pour estre aux barrières, des plus grands et des plus prochains. De nostre costé avions quatre hommes du roy d'Angleterre, pour voir ce qui se faisoit parmy nous ; et autant en avoient-ils de leur costé, des nostres. Comme je vous ay dit, le roy estoit arrivé le premier, et estoit jà aux barrières ; et estions douze au plus près de luy ; entre lesquels estoient le feu duc Jean de Bourbon, et le cardinal son frère. Le plaisir du roy avoit esté que je fusse vestu pareil de luy ce jour : il avoit accoustumé de long-temps, d'en avoir quelqu'un qui s'habilloit pareil de luy souvent. Le roy d'Angleterre vint du long de la chaussée dont j'ay parlé, très-bien accompagné ; et sembloit bien roy. Avec luy estoit le duc de Clarence son frère, le duc de Northomberland, et aucuns autres seigneurs, son chambellan, appelé monseigneur de Hastingues, son chancelier et autres ; et n'y en avoit que trois ou quatre habillés de drap d'or, pareil dudit roy. Ce roy avoit une barrette de veloux noir sur sa teste ; et y avoit une grande fleur de lys de pierreries par dessus. C'estoit un très-beau prince et grand ; mais il commençoit à engresser ; et l'avois vu autrefois plus beau ; car je n'ay point souvenance d'avoir jamais vu un plus bel homme qu'il estoit, quand monseigneur de Warvic le fit fuir d'Angleterre. Comme il approcha de la barrière, à cinq pieds près, il osta sa barrette, et s'agenouilla, comme à demi pied de terre. Le roy lui fit aussi grande révérence ; lequel estoit jà appuyé contre la barrière. Et commencèrent à s'entr'embrasser par les trous, et fit le roy d'Angleterre encore une autre plus grande révérence. Le roy commença la parole, et luy dit : « Monsieur mon cousin, » vous soyez le très-bien venu ; il n'y a homme

---

[1] Il n'était alors que dauphin.
[2] C'est l'origine du nom de cette ville.
[3] Petite porte.
[4] Les deux parts, etc. C'est-à-dire qu'il fallait que les deux partis le voulussent, parce que cette porte se fermait de chaque côté.
[5] Du verbe semondre, inviter, avertir.
[6] Principalement Tanneguy du Chatel.

» au monde que je désirasse tant à voir que
» vous : et loué soit Dieu de quoy nous som-
» mes icy assemblés à si bonne intention. »
Le roy d'Angleterre respondit à ce propos, en
assez bon françois. Lors commença à parler
le chancelier d'Angleterre, qui estoit un prélat,
appelé l'évesque d'Ely ; et commença par
une prophétie, dont les Anglois ne sont jamais
despourvus ; laquelle disoit qu'en ce lieu de
Picquigny se devoit faire une grande paix entre
France et Angleterre. Et après furent desployées les lettres que le roy avoit fait bailler audit roy d'Angleterre, touchant le traicté
qui estoit fait ; et demanda ledit chancelier au
roy s'il ne les avoit pas commandées telles, et
s'il les avoit pour agréables. A quoy le roy
respondit que ouy, et aussi celles qui luy avoient
esté baillées de la part du roy d'Angleterre. Et
lors fut apporté et ouvert le missel : et mirent
les deux roys la main dessus, et les deux autres mains sur la saincte vraye croix ; et jurèrent tous deux tenir ce qui avoit esté promis
entre eux : c'est à sçavoir la trève du terme de
neuf ans accomplis, compris les alliés d'un
costé et d'autre, et d'accomplir le mariage de
leurs enfans, ainsi qu'il estoit contenu audit
traicté. Après le serment fait, nostre roy, qui
avoit bien la parole à commandement, commença à dire au roy d'Angleterre, en se riant :
qu'il faloit qu'il vint à Paris, et qu'il le festoye-
roit avec les dames ; et qu'il luy bailleroit monseigneur le cardinal de Bourbon, pour confesseur, qui estoit celuy qui l'absoudroit très-volontiers de ce péché, si aucun y en avoit commis. Le roy d'Angleterre le prit à grand plaisir;
et parloit de bon visage ; car il sçavoit bien
que ledit cardinal estoit bon compagnon.
Comme ce propos eut un peu duré, ou semblable, le roy qui se monstroit avoir auctorité en
cette compagnie, nous fit retirer, ceux qui estoient avec luy, et nous dit qu'il vouloit parler
au roy d'Angleterre seul : ceux du roy d'Angleterre se retirèrent semblablement, sans attendre qu'on leur dit. Comme les deux roys
eurent un peu parlé, le roy m'appela, et demanda au roy d'Angleterre s'il me connoissoit.
Il luy répondit que ouy, et dist les lieux où ils
m'avoit vu ; et que d'autresfois m'estois empesché pour le servir à Calais, du temps que
j'estois avec le duc de Bourgongne. Le roy
luy demanda, si le duc de Bourgongne ne vouloit point tenir la trève, pour ce que si orgueilleusement en avoit respondu, comme
avez ouy, et lui demanda aussi ce qu'il luy
plaisoit qu'il fist. Le roy d'Angleterre luy dit
qu'il la luy offris encore, et que s'il ne la
vouloit accepter, qu'il s'en rapporteroit à eux
deux. Après vint le roy tomber sur le duc de
Bretagne (qui estoit ce qui luy avoit fait ouvrir
cette parole) et luy en fit semblable demande. Le
roy d'Angleterre luy respondit : qu'il luy prioit
qu'il ne voulsist point faire la guerre audit duc
de Bretagne, et qu'en sa nécessité il n'avoit
jamais trouvé si bon amy. Le roy s'en tut à
tant ; et avec les plus amiables et gracieuses
paroles qu'il put, en rappelant la compagnie,
prit congé du roy d'Angleterre, et dit quelque
bon mot à chacun de ses gens. Et ainsi tous
deux en un coup, ou bien peu s'en falut, se retirèrent de la barrière, et montèrent à cheval.
Le roy s'en alla à Amiens, le roy d'Angleterre
en son ost, à qui on envoyoit de la maison du
roy tout ce qui luy faisoit besoin, jusques aux
torches et aux chandelles. A ce parlement ne se
trouva point le duc de Glocestre, frère du roy
d'Angleterre et aucuns autres, comme mal contens de cette trève ; mais depuis ils se revirent,
et bientôt après vint ledit duc de Glocestre
vers le roy jusques à Amiens ; et luy fit le roy
de très-beaux présens, comme de vaisselle et
de chevaux bien accoustrés.

Quand le roy se fut retiré de cette vue, il
parla à moy le long du chemin, sur deux poincts.
Il trouva le roy d'Angleterre si prest de venir
à Paris, que cela ne luy avoit point plu, et disoit : « C'est un très-beau roy ; il aime fort les
» femmes ; il pourroit trouver quelque affetée
» à Paris qui luy pourroit bien dire tant de belles
» paroles, qu'elle luy feroit envie de revenir ; »
et que ses prédécesseurs avoient trop esté à
Paris et en Normandie ; et que la compagnie
de l'autre ne valoit rien deçà la mer ; mais que
de là la mer il le vouloit bien pour bon frère et
amy. Encore se douloit le roy dequoy il l'avoit
trouvé un peu dur, quand il luy avoit parlé du
duc de Bretagne ; et l'eust volontiers gaigné
qu'il se fust contenté qu'on eust fait la guerre
en Bretagne ; et luy en fit encore sentir par
monseigneur du Bouchage, et par monseigneur
de Sainct-Pierre ; mais quand le roy d'Angle-

terre s'en vit pressé, il dit que qui feroit guerre en Bretagne, il repasseroit une autre fois pour la deffendre. Ouye laquelle response, on ne lui en parla plus. Comme le roy fut arrivé à Amiens, et comme il voulut souper, vindrent trois ou quatre de ceux du roy d'Angleterre souper avec luy, qui avoient aydé à traicter cette paix ; et monseigneur de Havart commença à dire au roy, en l'oreille, que s'il vouloit, il trouveroit bien moyen de faire venir son maistre jusques à Amiens, par adventure jusques à Paris, à faire bonne chère avec luy. Le roy, combien que ce propos et cet offre ne luy plaisoient guères, si en fit-il très-bon visage ; et se prit à laver, sans trop respondre à propos ; mais me dist en l'oreille : que ce qu'il avoit pensé luy estoit advenu ; c'estoit cet offre. Encore en parlèrent-ils après souper ; mais le plus sagement qu'on put, on rompit cette entreprise, disant qu'il faloit que le roy partit à grande diligence, pour aller contre le duc de Bourgongne. Combien que ces matières estoient très-grandes, et que des deux costés on mettoit à sagement les conduire, toutesfois y advint-il des choses plaisantes, qui ne sont pas à oublier ; et ne se doit personne esbahir, de voir les grands maux que les Anglois ont fait en ce royaume, et de fresche mémoire et datte, si le roy travailloit et despendoit à les mettre hors amiablement, afin qu'il les pust encore tenir amis pour le temps advenir, ou au moins qu'ils ne lui fissent point de guerre.

Le lendemain de nostre vue vindrent grande force d'Anglois à Amiens ; et nous fut conté par aucuns que le Sainct-Esprit avoit fait cette paix ; car tous se fondoient en prophéties. Et ce qui leur faisoit dire, estoit : qu'un pigeon blanc s'estoit trouvé sur la tente du roy d'Angleterre, le jour de la vue ; et pour quelque bruit qu'il y eut en l'ost, il ne s'estoit voulu bouger ; mais à l'opinion d'aucuns, il avoit un peu plu, et puis il vint un grand soleil, et ce pigeon se vint mettre sur cette tente, qui estoit la plus haute, pour s'essuyer. Et cette raison dessusdite m'allégua un gentil-homme de Gascongne, serviteur du roy d'Angleterre, appellé Louis de Breteilles ; lequel estoit très-mal content de cette paix ; et pource qu'il me connoissoit de long-temps, parla à moy privément ; et disoit que nous nous moquerions fort du roy d'Angleterre. Et luy demandai quantes batailles le roy d'Angleterre avoit gaignées. Il me dit neuf, où il avoit esté en personne. Je luy demandai combien il en avoit perdu ; il me respondit qu'il n'en avoit perdu qu'une, et que c'estoit celle que nous luy faisions perdre ; et qu'il reputoit cette honte plus grande, de le renvoyer en cet estat, qu'il ne faisoit l'honneur qu'il avoit eu à gaigner les autres neuf. Je contai cecy au roy, qui me dit que c'estoit un très-mauvais paillard, et qu'il le faloit garder de parler. Il l'envoya quérir à son disner, et le fit disner avec luy, et luy offrit de très-beaux et bons partis, s'il eut voulu demourer par deçà ; et quand il vit qu'il ne vouloit demourer, il luy donna mille escus comptant ; et luy promit faire des biens à des frères qu'il avoit par deçà ; et je luy dis quelque mot en l'oreille, afin qu'il mit peine d'entretenir l'amour qui estoit commencée entre les deux roys.

Il n'estoit rien au monde dont le roy eust plus grande peur, que de ce qu'il luy eschapast quelque mot, par quoy les Anglois pensassent qu'on se moquast d'eux ; et d'adventure, le lendemain après cette vue, comme il estoit en son retraict, que nous n'estions que trois ou quatre, il luy eschapa quelque mot de risée, touchant les vins et les présens qu'il avoit envoyés à l'ost des Anglois ; et en se tournant, il apperceut un marchand gascon, qui demouroit en Angleterre, lequel luy estoit venu demander un congé, pour tirer une certaine quantité de vin de Gascongne sans rien payer du droit du roy ; et estoit chose qui pouvoit fort profiter audit marchand, s'il luy estoit accordé. Ledit seigneur fut très-esbahi, quand il le vit, et comment il pouvoit estre entré. Il luy demanda de quelle ville il estoit en Guyenne ; et s'il estoit marchand et marié en Angleterre. Le marchand luy respondit que ouy, mais qu'il n'y avoit guères vaillant. Incontinent le roy luy bailla un homme, avant que partir de là, qui le conduisit à Bordeaux ; et parlay à luy par le commandement du roy ; et eut un très-bon office en la ville, dont il estoit né, et la traicte des vins qu'il demandoit, et mille francs comptant pour faire venir sa femme ; et envoya un sien frère en Angleterre sans ce qu'il y allast ; et ainsi se condamna le roy en cette amende, connoissant qu'il avoit trop parlé.

CHAPITRE XI.

Comment le connestable taschoit de s'excuser envers le roy, après la tresve faite à l'Anglois : et comment fut aussi faite trève de neuf ans entre le roy Louis et le duc de Bourgongne.

Ce jour dont je parle, qui fut le lendemain de nostre vue, monseigneur le connestable envoya un sien serviteur nommé Rapine[1], à qui le roy fit depuis du bien, et estoit bon serviteur de son maistre, lequel apporta lettres au roy. Ledit seigneur voulut que monseigneur du Lude et moy ouyssions sa créance. Et estoit jà venu monseigneur de Contay de la marchandise, contre monseigneur le connestable, dont vous avez ouy parler cy-dessus ; et ne sçavoit plus le connestable à quel sainct se vouer, et se tenoit comme pour perdu. Les paroles que nous dit Rapine, estoient très-humbles : que son maistre sçavoit bien qu'on avoit fait beaucoup de rapports au roy contre luy, mais qu'il avoit bien pu connoistre par expérience, qu'il n'avoit point voulu faire de faute. Et pour mieux assurer le roy de son vouloir, entra en quelque marché de réduire monseigneur de Bourgongne, en façon qu'il ayderoit à destrousser le roy d'Angleterre, et toute sa bende, s'il vouloit. Et sembloit bien, à sa façon de parler, que son maistre estoit despourvu de toute espérance. Nous luy dismes : que nous avions bon accord avec les Anglois, et que nous ne voulions point de desbat. Et s'aventura monseigneur du Lude, qui estoit avec moy, jusques à luy, demander s'il ne sçavoit point où estoit l'argent comptant de son maistre. Je m'esbahis comme cette parole luy eschapa, vu que c'estuy-là estoit très-bon serviteur, et qu'il ne fit fuir ledit connestable, et entendre son cas, et ce qu'on procuroit contre luy, et encore vu le péril en quoy il avoit esté, n'y avoit qu'un an ; mais j'ay vu peu de gens en ma vie qui sçachent bien fuir à temps, et éviter leurs malheurs, ni cy ni ailleurs ; car les uns n'ont point d'expérience, d'avoir vu à l'œil leurs païs voisins ; qui est grande faute à tout homme de bien ; car avoir vu les choses par expérience, cela donne grand sens et grande hardiesse ; les autres ont trop d'amour à leurs biens, à leurs femmes, et à leurs enfans ; et ces raisons ont esté cause de faire périr beaucoup de gens de bien.

Quand nous eusmes fait nostre rapport au roy, il appela un secrétaire ; et n'y avoit avec luy que monseigneur de Havart, serviteur du roy d'Angleterre, qui ne savoit riens de ce qu'on gardoit audit connestable ; et y estoit le seigneur de Contay, qui revenoit d'avec ledit duc de Bourgongne, et nous deux, qui avions parlé audit Rapine. Le roy envoya une lettre audit connestable ; et luy mandoit ce qui avoit esté fait le jour de devant, et de cette trève ; et qu'il estoit empesché en beaucoup de grandes affaires, et qu'il avoit bien à besongner d'une telle teste comme la sienne ; et puis se retourna devers l'Anglois, et monseigneur de Contay, et leur dit : « Je n'entends point que nous eussions le corps ; mais j'entends que nous eussions la teste, et que le corps fût demouré là. » Cette lettre fut baillée à Rapine, qui la trouva très-bonne, et luy sembloit parole très-amiable que le roy disoit, et qu'il avoit bien à besongner d'une telle teste que celle de son maistre, et n'entendoit point la fin de cette parole. Le roy d'Angleterre envoya au roy les deux lettres de créance, que ledit connestable luy avoit escrites ; et manda toutes les paroles qu'il avoit jamais mandées ; et ainsi pouvez voir en quel estat il s'estoit mis entre ces trois grands hommes ; car chacun des trois luy vouloit la mort.

Le roy d'Angleterre, après avoir reçu son argent, se mit en chemin, droit à Calais à bonnes journées ; car il doutoit[1] la hayne du duc de Bourgongne et de ceux du païs ; et à la vérité, quand ses gens s'égaroient, quelqu'un en demouroit tousjours par les buissons. Et laissa ses ostages, comme il avoit promis, monseigneur de Havart, et messire Jean Cheney, grand-escuyer d'Angleterre, jusques à ce qu'il fust passé la mer.

Vous avez bien ouy, au commencement de cette matière d'Angleterre, comme ce roy ici n'avoit point fort cette matière à cœur ; car dès ce qu'il estoit à Douvres, en Angleterre, et avant que monter au navire pour passer, il entra en pratique avec nous. Et ce qui le faisoit passer deçà, n'estoit que pour deux fins.

---

[1] Jean de Daillon, gouverneur du Dauphiné, un des favoris de Louis XI.

[1] Il craignait.

L'une, pour ce que tout son royaume le désiroit, comme ils ont accoustumé le temps passé, et la presse que leur en faisoit le duc de Bourgongne. L'autre raison estoit, pour réserver une bonne grosse somme d'argent de celuy qu'il avoit lors en Angleterre levé pour faire ce passage; car, comme vous avez ouy, les roys d'Angleterre ne lèvent jamais riens que leur domaine, si ce n'est pour cette guerre de France. Une autre habileté avoit fait ledit roy, pour contenter ses subjets; il avoit amené dix ou douze hommes, tant de Londres que des autres villes d'Angleterre, gros et gras, qui estoient des principaux entre les communes d'Angleterre, et qui estoient ceux qui avoient fort tenu la main à ce passage, et mettre sus cette puissante armée. Ledit roy les faisoit loger en bonnes tentes; mais ce n'estoit point la vie qu'ils avoient accoustumé; et en furent tost las; et cuidoient qu'au bout de trois jours ils dussent avoir une bataille, quand ils seroient deçà la mer; et le roy d'Angleterre aydoit à leur faire des doutes, et aussi des craintes, pour leur faire trouver la paix bonne, afin qu'ils luy aydassent, quand ils seroient de retour en Angleterre, à esteindre les murmures qui pourroient estre à cause de son retour; car oncques roy d'Angleterre, depuis le roy Artus, n'amena tant de gens et de gros personnages pour un coup deçà la mer; et s'en retourna très-diligemment; comme vous avez ouy; et lui demoura beaucoup d'argent de celuy qu'il avoit levé en Angleterre, pour le payement de ses gens-d'armes; ainsi parvint à la pluspart de ses intentions. Il n'estoit point complexionné pour porter le travail qui seroit nécessaire à un roy d'Angleterre, qui voudroit faire conqueste en France; et pour ce temps, le roy avoit bien pourvu à la deffence, combien que partout n'eût sçu bien pourvoir aux ennemis qu'il avoit, car il en avoit trop. Un autre grand desir avoit le roy d'Angleterre: c'étoit d'accomplir le mariage du roy Charles huitiesme, qui est en règne aujourd'huy, avec sa fille; et ce mariage luy fit dissimuler beaucoup de choses, qui depuis tournèrent au grand profit du roy.

Après que les Anglois furent repassés en Angleterre, sauf les ostages qui estoient avec le roy, ledit seigneur se retira vers Laon, en une petite ville, qui a nom Vervins, sur les marches de Haynaut; et à Avesnes en Haynaut se trouvèrent le chancelier de Bourgongne, et autres ambassadeurs, avec le seigneur de Contay, pour le duc de Bourgongne; et désiroit le roy cette fois pacifier tout. Ce grand nombre d'Anglois luy avoit fait peur; car en son temps il avoit vu de leurs œuvres en ce royaume, et ne vouloit point qu'ils retournassent. Le roy eut nouvelles dudit chancelier, qui disoient: que le roy envoyast de ses gens à un pont, à mi-chemin d'Avesnnes et de Vervins, et que luy et ses compagnons s'y trouveroient. Le roy leur manda qu'il s'y trouveroit luy-mesme, combien qu'aucuns, à qui il le demanda, ne furent point de cet advis. Toutesfois il y alla; et mena les ostages des Anglois avec luy; et furent présens quand le roy reçut les ambassadeurs, qui vindrent très-bien accompagnés d'archers; et autres gens gens de guerre. Pour cette heure ils n'eurent autre parole avec le roy, et les mena l'on disner.

L'un de ces Anglois se commença à repentir de cet appointement, et me dit à une fenestre, que, s'ils eussent vu beaucoup de tels gens avec le duc de Bourgongne, par aventure n'eussent-ils pas fait la paix. Monseigneur de Narbonne, qui aujourd'huy s'appelle monseigneur de Fouez [1], ouït cette parole, et luy dit: « Estiez-vous si simple de penser que le
» duc de Bourgongne n'eust grand nombre de
» telles gens? Il les avoit seulement envoyés
» rafraîchir; mais vous aviez si bon vouloir de
» retourner, que six cens pipes de vin et
» une pension que le roy vous donne, vous ont
» renvoyé bientost en Angleterre. » L'Anglois se courrouça et dit: « C'est bien ce que cha-
» cun nous disoit: que vous vous moqueriez de
» nous. Appelez-vous l'argent que le roy nous
» donne, pension? c'est tribut; et, par sainct
» George! vous en pourriez bien tant dire,
» que nous retournerions. » Je rompis la parole et la convertis en moquerie; mais l'Anglois n'en demoura point content, et en dit un

---

[1] Jean de Foix, vicomte de Narbonne, deuxième fils de Gaston IV, et d'Éléonore d'Aragon, roi et reine de Navarre, qui, de Marie d'Orléans sa femme, sœur du roi Louis XII, a eu ce fameux Gaston de Foix, duc de Nemours, tué à la bataille de Ravenne en 1512, et Germaine de Foix, seconde femme de Ferdinand V, roi d'Aragon.

mot au roy, qui merveilleusement s'en courrouça audit seigneur de Narbonne.

Le roy n'eut point grandes paroles aux dessusdits chancelier et ambassadeurs pour cette fois ; et fut appointé qu'ils viendroient à Vervins ; et ainsi le firent, et vindrent avec le roy. Quand ils furent arrivés à Vervins, le roy commit messire Tanneguy du Chastel et messire Pierre d'Oriole, chancelier de France, à besongner avec eux et autres. De chacun costé entrèrent en grandes remonstrances, et à soustenir chacun son party. Les dessusdits vindrent faire au roy leur rapport, disant: que les Bourguignons étoient fiers en leurs paroles, mais qu'ils leur avoient bien rivé le clou ; et disoient les responses qu'ils leur avoient faites ; dont le roy ne fut point content. Et leur dit que toutes ces responses avoient été faites maintes fois ; et qu'il n'estoit point question de paix finale, mais de trêve seulement ; et qu'il ne vouloit point qu'on leur usast plus de ces paroles ; et que luy-mesme vouloit parler à eux. Si fit venir ledit chancelier et autres ambassadeurs en sa chambre ; et n'y demoura avec luy que feu monseigneur l'admiral, bastard de Bourbon, monseigneur du Bouchage et moy ; et conclud la trêve pour neuf ans marchande, et revenant chacun au sien. Mais lesdits ambassadeurs supplièrent au roy qu'elle ne fût point encore criée, pour sauver le serment du duc, qui avoit juré de ne la faire, que le roy d'Angleterre n'eust esté hors de ce royaume certains temps, afin qu'il ne semblast point qu'il eût accepté la sienne.

Le roy d'Angleterre, qui avoit grand despit de ce que ledit duc n'avoit voulu accepter sa trêve, et estoit adverty que le roy en traictoit une autre avec ledit duc, envoya messire Thomas de Mont-Gomery, un chevalier fort privé de luy, devers le roy, à Vervins, à l'heure que le roy traictoit cette trêve dont j'ay parlé, avec ceux du duc de Bourgongne. Ledit messire Thomas requit au roy, de par le roy d'Angleterre, qu'il ne voulsist point prendre d'autre trêve avec le duc, que celle qu'il avoit faite. Aussi luy prioit ne vouloir point bailler Sainct-Quentin audit duc ; et offroit au roy que, s'il vouloit continuer la guerre audit duc, il seroit content de repasser la mer pour luy, et en sa faveur, la saison prochaine, pourvu que le roy le récompensast du dommage qu'il auroit à cause de la gabelle des laines à Calais, qui ne luy vaudroit riens (cette gabelle peut bien monter à cinquante mille escus), et aussi que le roy payast la moitié de son armée, et ledit roy d'Angleterre payeroit l'autre moitié. Le roy remercia fort ledit roy d'Angleterre, et donna de la vaisselle audit messire Thomas, et s'excusa de la guerre, disant que la trêve estoit jà accordée ; mais que ce n'estoit que celle propre qu'eux deux roys avoient faite du propre terme de neuf ans ; mais que ledit duc en vouloit lettres à part ; et excusa la chose au mieux qu'il pust, pour contenter ledit ambassadeur, lequel s'en retourna, et ceux qui estoient demourés en ostages aussi. Le roy s'émerveilla fort des offres que le roy d'Angleterre lui avoit faites ; et il n'y eut que moy présent à les ouyr ; et sembla bien au roy que c'eût esté chose bien périlleuse de faire repasser le roy d'Angleterre, et qu'il y a peu à faire mettre desbat entre les François et les Anglois, quand ils se trouvent ensemble, et qu'aisément se fussent accordés de nouveau les Bourguignons et eux ; et luy crut [1] l'envie de conclure cette trêve avec les Bourguignons.

CHAPITRE XII.

Comment la mort du connestable fut de tous poincts jurée entre le roy et le duc de Bourgongne : et comment s'estant retiré au pays du duc, fut par le commandement d'iceluy, livré au roy, qui le fit mourir par justice.

La tresve conclue, se remit avant la pratique du connestable. Et pour n'en faire long procès, fut repris ce qui fut fait à Bouvines, dont j'ay parlé cy-devant ; et furent baillés les scellés de cette matière d'un costé et d'autre. Et par ce marché, fut promis audit duc Sainct-Quentin, Han et Bohain, et tout ce que ledit connestable tenoit sous le pouvoir dudit duc, et tous ses meubles, quelque part qu'ils fussent ; et fut advisé et conclu de la forme de l'assiéger dedans Han, où il estoit ; et celuy qui premier le pourroit prendre, en feroit la justice dedans huit jours, ou le rendroit à son compagnon. Tost chacun se commença à douter de cette marchandise ; et les plus gens de bien, que ledit connestable eust, le commencèrent à laisser ; comme monseigneur de Genlis,

[1] Du verbe croître.

et plusieurs autres de ces quatre compagnons qu'il avoit. Ledit connestable, qui savoit bien comment le roy d'Angleterre avoit baillé ses lettres, et descouvert ce qu'il sçavoit de luy, et que ses ennemis avoient esté à faire la trève, commença à avoir très-grande peur; et envoya devers ledit duc de Bourgongne, luy supplier qu'il luy plust luy envoyer une sûreté pour aller parler à luy de choses qui fort luy touchoient. Ledit duc de prime face feignit à la bailler; mais à la fin la bailla. Mainte pensée avoit já eu ce puissant homme, où il prendroit son chemin pour fuir; car de tout estoit informé, et avoit vu le double des scellés qui avoient esté baillés contre luy à Bouvines. Une fois s'adressa à aucuns serviteurs qu'il avoit, qui estoient Lorrains. Avec ceux-là deslibéra fuir en Alemagne, et y porter grande somme d'argent (car le chemin étoit fort sûr) et d'acheter une place sur le Rhin, et se tenir là jusqu'à ce qu'il fût appointé de l'un des deux costés. Une autre fois délibéra tenir son beau chasteau de Han, qui tant luy avoit cousté, et l'avoit fait pour se sauver en une telle nécessité; et l'avoit pourvu de toutes choses, autant que chasteau qui fut en lieu de nostre connoissance. Encore ne trouva-t-il gens à son gré pour demourer avec luy; car tous ses serviteurs estoient nés des seigneuries de l'un prince ou de l'autre. Et par aventure que sa crainte estoit si grande, qu'il ne s'osa suffisamment desouvrir à eux; car je crois qu'il en eût trouvé qui ne l'eussent pas abandoné, en bon nombre. Il n'estoit pas tant à craindre pour luy d'estre assiégé des deux princes que d'un seul; car c'estoit chose impossible que les deux armées se fussent accordées. Son dernier party fut d'aller vers le duc de Bourgongne, sur cette sûreté; et ne prit que quinze ou vingt chevaux; et tira à Mons en Hainaut, où estoit le seigneur d'Aimeries, grand-bailli de Hainaut, le plus espécial amy qu'il eust: et là y séjourna, attendant nouvelles du duc de Bourgongne, qui avoit commencé la guerre contre le duc de Lorraine, à cause que de luy avoit esté defflé, durant qu'il estoit au siège de Nuz; et aussi reçu grand dommage en son pays de Luxembourg.

Incontinent que le roy sçut l'allée dudit connestable, il advisa d'y aller donner remède, et pourvoir que ledit connestable ne pust recouvrer l'amitié du duc de Bourgongne; et tira diligemment devers sainct-Quentin; et fit amasser sept ou huit cens hommes-d'armes; et avec eux y alla, bien informé de ce qui estoit dedans. Comme il vint près de la ville, aucuns luy vindrent au-devant, se présenter à luy. Ledit seigneur me commanda entrer dedans la ville, et faire départir les quartiers. Ainsi le fis; et y entrèrent les gens-d'armes, et après y entra le roy bien reçu de ceux de la ville; aucuns de ceux du connestable, se retirèrent en Hainaut. Tost fut adverti, par le roy propre, le duc de Bourgongne de la prise de Sainct-Quentin, afin de luy oster l'espérance de la cuider recouvrer par les mains du connestable. Dès ce que ledit duc sçut ces nouvelles, il manda au seigneur d'Aimeries [1], son grand-baillif de Hainaut, qu'il fît garder la ville de Mons, en façon que ledit connestable n'en pust saillir, et que à luy fust deffendu de partir de son hostellerie. Ledit baillif n'osa refuser, et le fit; toutefois la garde n'estoit pas estroite pour un tel homme, s'il eust eu vouloir de fuir.

Que dirons-nous ici de fortune? Cet homme estoit situé aux confins de ces deux princes ennemis, ayant si forte place en ses mains, quatre cens hommes d'armes bien payés, dont il estoit commissaire, et y mettoit qui il vouloit, et les avoit ja maniés douze ans passés; il estoit très-sage et vaillant chevalier, qui avoit beaucoup vu; il avoit grand argent comptant; et après tout cela, se trouver en ce danger destitué de cœur et de tous remèdes. Il faut bien dire que cette tromperesse fortune l'avoit regardé de son mauvais visage; mais, pour mieux dire, il faut respondre que tels grands mystères ne viennent point de fortune, et que fortune n'est riens, fors seulement une fiction poëtique, et qu'il faloit que Dieu l'eust abandonné, à considérer toutes ces choses dessusdites, et assez d'autres que je n'ai pas dites. Et s'il appartenoit à homme de juger (ce que non, et par espécial à moy) je dirois : que ce qui raisonnablement devroit avoir esté cause de sa punition, estoit que tousjours avoit travaillé de toute sa puissance que la guerre du-

---

[1] Antoine Rollin, seigneur d'Aimeries.

rast entre le roy et le duc de Bourgongne ; car la estoit fondée sa grande auctorité et son grand estat ; et y avoit peu à faire à les entretenir en ce différend ; car naturellement leurs complexions estoient différentes. Celuy seroit bien ignorant, qui croiroit qu'il y eust fortune, ni cas semblable, qui eût sçu garder un si sage homme à estre mal de ces deux princes, à un coup, qui en leur vie ne s'accordèrent en rien qu'à ceci ; et encore plus fort le roy d'Angleterre, qui avoit espousé sa nièce ; et qui merveilleusement aimoit tous les parens de sa femme, et par espécial ceux de cette maison de Sainct-Paul. Il est vray-semblable et chose certaine, qu'il estoit esloigné de la grace de Dieu, de s'estre mis ennemy de ces trois princes, et n'avoir un seul amy qui l'eust osé loger pour une seule nuict ; et autre fortune n'y avoit mis la main, que Dieu. Et ainsi en est advenu et adviendra à plusieurs autres, qui, après les grandes et longues prospérités, tombent en grandes adversités.

Après que le connestable fut arresté en Hainaut par le duc de Bourgongne, le roy envoya devers ledit duc, pour en avoir la délivrance, ou qu'il accomplist le contenu de son scellé. Ledit duc dit qu'ainsi le feroit ; et fit mener ledit connestable à Péronne, et estroitement garder. Ledit duc de Bourgongne avoit jà pris plusieurs places en Lorraine et Barrois ; et estoit au siége devant Nancy ; laquelle se deffendoit très-bien. Le roy envoya largement gens-d'armes en Champagne, qui donnoient crainte audit duc ; car il n'estoit point dit par la tresve qu'il dust détruire le duc de Lorraine, lequel s'estoit retiré devers le roy. Monseigneur du Bouchage et autres ambassadeurs pressoient fort ledit duc de tenir son scellé. Tousjours disoit qu'ainsi le feroit ; et passa de plus d'un mois le terme de huit jours qu'il devoit bailler le connestable, ou en faire justice. Se voyant ainsi pressé, et doutant que le roy ne l'empeschast en son entreprise de Lorraine, qu'il désiroit fort amener à fin, pour avoir le passage de Luxembourg en Bourgongne, et que toutes ses seigneuries joignissent ensemble (car luy tenant ainsi cette petite duché, il venoit de Hollande jusques auprès de Lion, tousjours sur luy) pour ces raisons escrivit à son chancelier, et au seigneur d'Hymbercourt (dont j'ay parlé), tous deux ennemis et malveillans dudit connestable, qu'ils se tirassent à Péronne, et qu'à un jour qu'il nomma, ils baillassent ledit connestable à ceux que le roy y envoyeroit (car les deux dessus nommés avoient tout pouvoir pour luy en son absence), et manda audit seigneur d'Aimeries le leur bailler.

Cependant battoit fort la ville de Nancy ledit duc de Bourgongne ; il y avoit de bonnes gens dedans, qui la deffendoient bien. Un capitaine dudit duc, appelé le comte de Campobache, natif et banni du royaume de Naples pour la part Angevine, avoit jà pris intelligence au duc de Lorraine [1] ; car monseigneur de Lorraine qui estoit parent bien prochain et héritier de la maison d'Anjou, après la mort du roy René, son ayeul maternel, avoit trouvé moyen de le gaigner et aussi l'affection que ledit comte avoit à ladite maison d'Anjou, dont il tenoit le party au royaume de Naples, et en estoit pour cette cause fugitif, luy faisoit tromper son maistre en faveur dudit duc de Lorraine ; et promettoit faire durer ce siége, et qu'il se trouveroit des défauts ès choses nécessaires pour la prise de la ville. Il le pouvoit bien faire, car il estoit pour lors le plus grand de l'armée, et homme très-mauvais pour son maistre, comme je dirai ci-après ; et ceci estoit comme un apprest des maux qui depuis advindrent audit duc de Bourgongne. Je crois que ledit duc s'attendoit d'avoir pris la ville, avant que le jour fust venu de bailler ledit connestable, et puis ne le bailler point. Et peut-estre d'autre costé, que si le roy l'eust eu, il eust fait plus de faveur au duc de Lorraine qu'il ne faisoit pas ; car il estoit informé de la pratique qu'avoit le comte de Campobache ; mais il ne s'en mesloit point, et si n'estoit point tenu de laisser faire ledit duc en Lorraine, s'i n'eust voulu, pour plusieurs raisons ; et avoit largement de gens près ledit païs de Lorraine.

Ledit duc de Bourgongne ne sçut prendre Nancy, avant le jour qu'il avoit baillé à ses gens, pour délivrer ledit connestable [2]. Pource,

---

[1] Quelques auteurs ont dit que c'était à cause d'un soufflet que le comte de Campobasso avait reçu du duc de Bourgogne.
[2] Le siége dura depuis le 24 octobre jusqu'au 30 novembre 1472.

après le jour passé, qui leur avoit esté ordonné, ils exécutèrent le commandement de leur maistre volontiers, pour la grande hayne qu'ils avoient audit connestable; et le baillèrent, à la porte de Péronne, entre les mains du bastard de Bourbon, admiral de France, et de monseigneur de Sainct-Paul, qui le menèrent à Paris. Aucuns m'ont dit que, trois heures après, vindrent messagers à diligence, de par ledit duc, pour commander à ses gens ne le bailler point, qu'il n'eust fait à Nancy; mais il estoit trop tard. A Paris, fut commencé le procès dudit connestable, et bailla ledit duc tous les scellés, qu'il avoit dudit connestable, et tout ce qui servoit à son procès. Ledit roy pressoit fort la cour; et y avoit gens pour la conduite du procès; et fut vu ce que le roy d'Angleterre avoit baillé contre luy, comme avez ouy cy-dessus, et aussi ledit duc de Bourgongne, et finalement ledit connestable condamné à mourir et tous ses biens confisqués [1].

CHAPITRE XIII.

Digression sur la faute que fit le duc de Bourgongne, livrant le connestable au roy, contre sa sûreté, et ce qui luy en put estre advenu.

Cette délivrance fut bien estrange. Et ne le dis pas pour excuser les fautes dudit connestable; ni pour donner charge au roy et audit duc; car à tous deux il tenoit grand tort, mais il n'estoit nul besoin audit duc de Bourgongne, qui estoit si grand prince, et de maison si renommée et honorable, de luy donner une sûreté, pour le prendre; et fut grande cruauté de le bailler où il estoit certain de la mort, et pour avarice. Après cette grande honte qu'il se fit, il ne mit guères à recevoir du dommage. Et ainsi, à voir les choses que Dieu a faites de nostre temps, et fait chacun jour, semble qu'il ne veuille rien laisser impuni; et peut-on voir évidemment que ces estranges ouvrages viennent de luy; car ils sont hors des œuvres de nature, et sont ses punitions soudaines; et par espécial contre ceux qui usent de violence et de cruauté, qui communément ne peuvent estre petits personnages, mais très-grands, ou de seigneurie, ou d'auctorité de prince. Longues années avoit fleuri cette maison de Bourgongne; et depuis cent ans, ou environ, qu'on régné quatre de cette maison, avoit esté autant estimée que maison nulle de la chrestienté; car les autres plus grandes qu'elle, avoient eu des afflictions et et des adversités, et cette-cy continuelle félicité et prospérité. Le premier grand de cette maison fut Philippe-le-Hardy, frère de Charles-le-Quint, roy de France qui espousa la fille de Flandres, comtesse dudit païs, d'Artois, de Bourgongne, Névers, et Rethel. Le second fut Jean. Le tiers fut le bon duc Philippe, qui joignit à sa maison les duchés de Brabant, Luxembourg, Limbourg, Holande, Zélande, Hainaut et Namur. Le quart a esté ce duc Charles, qui après le trespas de son père s'est trouvé le plus riche et redouté de la chrestienté; et qui trouva en meubles de bagues et de vaisselles, de tapisseries, livres et linges, plus que l'on eut sçu trouver en trois des plus grandes maisons. D'argent comptant, j'en ai bien vu en d'autres maisons plus largement (car ledit duc Philippe n'avoit de long-temps point levé de tailles); toutesfois il trouva plus de trois cens mille escus comptant; et trouva paix avec ses voisins, qui peu luy dura. Mais je ne luy veux point du tout imputer l'occasion de la guerre; car d'autres assez y eurent part. Ses subjets, incontinent après la mort de son père, luy accordèrent une ayde de bon cœur, et à peu de requeste, chacun païs à part, pour le temps de dix ans, qui se pouvoit bien monter trois cens cinquante mille escus l'an, sans comprendre Bourgongne. A l'heure qu'il bailla ledit connestable, il en levoit plus de trois cens mille d'avantage; et avoit plus de trois cens mille escus comptant; et tout le meuble qu'il recueillit dudit connestable ne valoit point quatre-vingt mille escus; car en argent n'avoit que soixante-seize mille escus. Ainsi l'occasion fut bien petite, pour faire une si grande faute; il l'eut bonne; car Dieu luy prépara un ennemy de bien petite force, en fort jeune âge, peu expérimenté en toutes choses; et luy fit un serviteur, dont plus se fioit pour lors, devenir faux et mauvais; et se mit en suspicion de ses subjets et bons serviteurs. Ne sont-ce pas ici des vrais préparatifs, que Dieu faisoit

---

[1] Le parlement de Paris le condamna, par arrêt du 12 décembre 1472, à être décapité en place de Grève, après avoir été dégradé de l'office de connétable, et ses biens furent confisqués.

en l'ancien testament à ceux desquels il vouloit muer la fortune de bien en mal, ou de prospérité en adversité? Son cœur ne s'amollit jamais; mais jusques à la fin a estimé toutes ses bonnes fortunes procéder de son sens et de sa vertu; et avant que mourir, a esté plus grand que tous ses prédécesseurs, et plus estimé par le monde.

Paravant que bailler ledit connestable, il avoit jà pris grande deffiance de ses subjets, ou les avoit à grand mespris; car il avoit bien envoyé quérir mille lances d'Italiens, et y en avoit eû devant Nuz largement avec luy. Le comte de Campobache en avoit quatre cens armés, et plus; et estoit sans terre; car à cause des guerres que la maison d'Anjou avoit menées en ce royaume de Naples, de laquelle il estoit serviteur, il en estoit banni, et avoit perdu sa terre, et tousjours s'estoit tenu en Provence, ou en Lorraine, avec le roy René de Cécile, ou avec le duc Nicolas, fils du duc Jean de Calabre; après la mort duquel ledit duc de Bourgongne avoit recueilli plusieurs de ses serviteurs, et par espécial tous les Italiens : comme ce comte que j'ay nommé, Jacques Galeot[1] très-vaillant, honorable, et loyal gentil-homme, et plusieurs autres. Cedit comte de Campobache, dès lors qu'il alla faire ses gens en Italie, reçut dudit duc quarante mille ducats d'imprestance, pour mettre sus sa compagnie. En passant par Lyon,

il s'accointa d'un médecin appelé maistre Simon de Pavie; par lequel il fit sçavoir au roy, que s'il luy vouloit faire certaines choses qu'il demandoit, il offroit à son retour luy bailler le duc de Bourgongne entre ses mains. Autant en dit à monseigneur de Sainct-Pray, estant pour lors en Piémont ambassadeur pour le roy. Après qu'il fut retourné, et ses gens-d'armes logés en la comté de Marle, offroit encore au roy que, dès ce qu'il seroit joinct aux champs avec son maistre, il ne faudroit point de le tuer, ou le mener prisonnier; et disoit la manière : c'estoit, que ledit duc alloit souvent à l'entour de son ost, sur un petit cheval, avec peu de gens (et disoit vray) et que là ne faudroit point de le tuer ou prendre. Encore faisoit-il une autre ouverture au roy; c'estoit, que si le roy et ledit duc se venoient à trouver en bataille, l'un devant l'autre, qu'il se tourneroit de son party, avec ses gens-d'armes, moyennant certaines choses qu'il demandoit. Le roy eut la mauvaiseté de cet homme en grand mespris; et voulut user audit duc de Bourgongne de grande franchise; et luy fit sçavoir tout ceci par le seigneur de Contay, dont a esté parlé; mais ledit duc n'y adjousta point de foy, ains estimoit que le roy le faisoit à autres fins; et en aima beaucoup mieux ledit comte. Parquoy vous voyez que Dieu luy troubla le sens en cet endroit, aux claires enseiseignes que le roy luy mandoit. Autant que celuy-cy, dont j'ay parlé, estoit mauvais et déloyal, autant estoit bon et loyal Jacques Galeot; et après avoir longuement vescu, est mort en grand honneur et renommée.

---

[1] Jacques Galleot, gentilhomme napolitain, seigneur de Genouillac et d'Apchier; il fut grand-écuyer et grand-maître de l'artillerie de France. Ayant depuis été blessé au service du roi Charles VIII, il fut enterré aux Cordeliers d'Angers, dans la chapelle où est le cœur du roi René de Sicile.

LIVRE CINQUIÈME.

CHAPITRE PREMIER.

Comment le duc de Bourgongne, faisant la guerre aux Suisses fut chassé par eux à l'entrée des montagnes près Granson.

Or le duc de Bourgongne ayant conquis toute la duché de Lorraine, et reçu du roy Sainct-Quentin, Han, et Bohain, et le meuble du connestable, estoit en paroles avec le roy de s'appointer; et le roy et luy se devoient entrevoir, sur une rivière et semblable pont que celuy qui fut fait à Pecquigny, à la vue du roy et du roy Edouard d'Angleterre; et sur cette matière alloient et venoient gens. Et vouloit ledit duc laisser reposer son armée; qui estoit fort deffaite, tant à cause de Nuz, que par ce peu de guerre de Lorraine; et le demourant vouloit-il envoyer en garnison, en aucunes places tant du comté de Romont, comme auprès des villes de Berne et Fribourg, auxquelles il vouloit faire la guerre, tant pource qu'ils la lui avoient faite, estant devant Nuz, qu'aussi pour avoir aydé à luy oster la comté de Ferrete (comme avez ouy, et pource qu'ils avoient osté audit comte de Romont partie de sa terre. Le roy le sollicitoit fort de cette vue, et qu'ils laissast en paix ces pauvres gens de Suisse, et qu'ils reposast son armée. Lesdits Suisses, le sentans si près d'eux, luy envoyèrent leur ambassade; et offroient rendre ce qu'ils avoient pris dudit seigneur de Romont. Ledit comte de Romont, le sollicitoit d'autre costé de le venir secourir en personne. Ledit duc laissa le sage conseil, et celuy qui pouvoit estre le meilleur (comme il semble à toute sorte de gens), vu la saison et l'estat en quoy estoit son armée; et deslibera d'aller contre eux. Entre le roy et luy fust appointé et baillé lettres, que pour le faict de Lorraine ils n'entreroient point en desbat.

Le duc partit de Lorraine avec cette armée fort deffaite et lassée, et entra en Bourgongne, où lesdits ambassadeurs de ces vieilles ligues d'Alemagne, qu'on appelle Suisses, revindrent devers luy, faisans plus grandes offres que devant; et outre la restitution, luy offroient laisser toutes les alliances, qui seroient contre son vouloir (et par espécial celle du roy) et devenir ses alliés, et le servir de six mille hommes armés, avec assez petit payement, contre le roy, toutes les fois qu'il les en requereroit. A riens ne voulut ledit duc entendre; et jà le conduisoit son malheur. Ceux qu'on appelle en ce quartier là les nouvelles alliances, ce sont les villes de Basle et de Strasbourg, et autres villes impériales, qui sont au long de cette rivière du Rhin, lesquelles d'ancienneté avoient esté ennemies desdits Suisses, en faveur du duc Sigismond d'Austriche, duquel elles estoient alliées, par le temps qu'il avoit eu guerre avec lesdits Suisses; toutes ces villes s'allièrent ensemble avec iceux Suisses; et fust faite alliance pour dix ans, et paix aussi avec le duc Sigismond. Et se fit ladite alliance par la conduite du roy, et à son pourchas, et à ses dépens, comme avez vu ailleurs, à l'heure que la comté de Ferrette fust ostée des mains du duc de Bourgongne, et qu'à Basle firent mourir messire Pierre d'Archambault[1], gouverneur dudit pays pour ledit duc; lequel Archambault fust bien cause de cet inconvénient, qui fut bien grand pour ledit duc; car tous ses autres maux en vindrent. Un prince doit bien avoir l'œil sur les gouverneurs qu'il met en un pays nouvellement joinct à sa seigneurie, car au lieu de traicter les subjets en grande douceur et en bonne justice, et faire mieux qu'on ne leur avoit fait le temps passé, cettuy-ci fit tout le contraire; car il les traicta en grande violence, et par grande rapine; et mal luy en prit, et à son maistre, et à maint homme de bien. Cette alliance que le roy conduisit, dont j'ay parlé, tourna depuis à grand profit au roy, et plus que la pluspart des gens n'entendent; et crois que ce fut une des plus sages choses qu'il fit oncques en son temps, et plus au dommage de tous ses ennemis; car le duc de Bourgongne

[1] Hagenbach.

deffait, oncques puis ne trouva le roy de France homme qui osast lever le teste contre luy, ni contredire à son vouloir : j'entends de ceux qui estoient ses subjets et en son royaume ; car tous les autres ne navigeoient que soubs le vent de celuy-là : par quoy fut grande œuvre d'allier le duc Sigismond d'Austriche ; et cette nouvelle alliance avec les Suisses, dont si longtemps avoient esté ennemis, ne se fit point sans grand despense, et sans faire maint oyage.[1]

[1] Voici le dernier traité conclu par Louis avec les Suisses :

Alliance plus estroite entre le susdit roy Louis XI et lesdits cantons des Suisses, l'an mil-quatre-cent-septantequatre.

Nous bourgmaistres, advoyers, ammans, conseils, et communautés des villes et provinces de Zurich, Berne, Lucerne, Ury, Swits, Underwald, Zoug, et Glaris, de la grande ligue de la haute Allemagne; ensemble les advoyers et conseils des communautés de Fribourg et Soleurre, à tous ceux qui ces présentes lettres verront, sçavoir faisons : que, pour ce qu'à ce jourd'huy il y a eu, et y a encore une féable charité et dilection, voire perdurables intelligences entre Très-Chrestien et Sérénissime seigneur et maistre, à nous très-gracieux par dessus tous autres, nous avons pesé et conclu en nous mesmes d'affermir et accroistre ces mesmes intelligences et amitiés mutuelles, espérant que de ce fondement l'estat et commodité des deux parties en acquerra une grande et durable solidité. A l'occasion de quoy nous avons traicté et accordé avec ledit seigneur roy cette intelligence et union de sincère et inviolable foy, en la manière qui s'ensuit.

En premier lieu, qu'iceluy seigneur roy en toutes et chacunes nos guerres, et spécialement contre le duc de Bourgogne et tous autres, il nous doit fidèlement donner aide, secours et defense à ses dépens.

Outre plus, tant qu'il vivra, il nous fera tenir et payer tous les ans en sa ville de Lyon, en tesmoignage de sa charité envers nous, la somme de vingt mille francs, sçavoir : cinq mille à chaque quartier d'année, pour estre distribués esgalement entre nous parties susdites. Et si ledit seigneur roy en ses guerres et armées avoit besoin de nostre secours, et d'iceluy nous requéroit, dès lors nous serons tenus luy fournir à ses despens tel nombre de soldats armés qu'il nous semblera honneste, et que le pourrons faire ; c'est à sçavoir, au cas que ne fussions point occupés en nos propres guerres : et sera la paye de chaque soldat de quatre florins et demy de Rhin par mois, comprenant douze mois en l'an.

Quand ledit seigneur roy voudra nous demander tel secours, il fera tenir dans l'une des villes de Zurich, Berne, ou Lucerne, la paye d'un mois pour chaque soldat de la levée qui luy sera accordée, et pour les autres deux mois suivans en la cité de Genève, ou autre lieu qui nous sera commode, à nostre choix et volonté.

Du jour que les nostres seront sortis de leurs maisons, commencera la paye desdits trois mois. Ils jouyront de toutes les franchises, immunités, et priviléges, desquels les subjets du roy jouyssent. Et si en quelque temps que ce soit nous requerons ledit seigneur roy de nous prester secours en nos guerres contre le duc de Bourgogne, et que pour autres siennes guerres il ne pust nous secourir, dès lors à la fin de pouvoir soustenir nosdites guerres ledit seigneur roy nous fera délivrer en sa ville de Lyon, tant et si longuement que nous les continuerons à main armée, la somme de vingt mille florins de Rhin par quartier, sans préjudice de la somme cy-dessus mentionnée.

Et quand nous voudrons faire paix ou tresves avec le duc de Bourgogne, ou autre ennemy du roy, ou de nous, ce qui nous sera loisible de faire, nous devons et sommes tenus de réserver spécifiquement iceluy roy ; et luy semblablement comme nous doit en toutes ses guerres avec le duc de Bourgogne et autres, pourvoir que faisant paix ou tresves (ce qui luy sera aussi loisible) nous soyons spécifiquement et singulièrement réservés comme luy.

En toutes ces choses nous réservons de nostre part nostre sainct père le pape, le sainct empire romain, et tous ceux avec lesquels nous avons jusques aujourd'hui contracté alliance, union, intelligences, ou obligation par lettres scellées. Le mesme sera de la part du roy, hormis le duc de Bourgogne, à l'endroit duquel l'un et l'autre nous nous comporterons ainsi que dit a esté.

Et si, selon que les choses se trouvent disposées, il arrive que nous soyons maintenant enveloppés de guerres avec le duc de Bourgogne, dès lors et à l'instant iceluy roy doit mouvoir puissamment et sérieusement la guerre contre ledit duc, et faire les choses accoustumées en guerre, qui soient à nous commodes et profitables, le tout sans dol et fraude aucune.

Et pour autant que cette amiable union doit estre de bonne foy gardée, ferme, et inviolable, et à icelle satisfait durant la vie d'iceluy roy (laquelle Dieu par sa bonté luy doit longue et heureuse!) à cette cause nous avons à iceluy roy fait délivrer ces présentes, scellées des sceaux desquels nous usons dans nos villes et pays, ayans reçu de Sa Majesté les semblables scellées et confirmées de son sceau.

Et de nostre part, nous susdites communautés de Fribourg et Soleurre confessons et advouons tout ce que dessus, et le recevons et avons pour agréable. En tesmoignage de quoy nous avons fait attacher nos sceaux à ces présentes. Donné le dixiesme jour du mois de janvier l'an 1474.

Après que le duc de Bourgongne eut rompu aux Suisses l'espérance de pouvoir trouver appointement avec luy, ils retournèrent advertir leurs gens, et s'apprester pour se deffendre ; et luy approcha son armée du païs de Vaux en Savoye, que lesdits Suisses avoient pris sur monseigneur de Romont, comme dit est ; et prit trois ou quatre places qui estoient à monseigneur de Chasteau-Guyon[1]; que lesdits Suisses tenoient; et les deffendirent mal ; et de là

[1] Louis de Chalon, fils du prince d'Orange.

alla mettre le siége devant une place appelée Granson; laquelle estoit aussi audit seigneur de Chasteau-Guyon. Et y avoit pour lesdits Suisses, sept ou huit cens hommes bien choisis, pource que c'estoit auprès d'eux; et la vouloient bien deffendre. Ledit duc avoit assez grande armée; car de Lombardie lui venoient à toute heure gens, et des subjets de cette maison de Savoye; et il aimoit mieux les estrangers que ses subjets, dont il pouvoit finer [1] assez de bons; mais la mort du connestable luy aydoit bien à avoir deffiance d'eux, avec d'autres imaginations. Son artillerie estoit très-grande et bonne; et estoit en grande pompe en cet ost, pour se montrer à ces ambassadeurs, qui venoient d'Italie et d'Allemagne; et avoit toutes ses meilleures bagues et beaucoup de sa vaisselle, et largement autres paremens; et avoit de grandes fantaisies en sa teste, sur le faict de cette duché de Milan, où il s'attendoit d'avoir des intelligences. Quand le duc eut assiégé ladite place de Granson, et tiré par aucuns jours, se rendirent à luy ceux de dedans à sa volonté; lesquels il fit tous mourir. Les Suisses s'estoient assemblés, non point en grand nombre, comme j'ay ouy parler à plusieurs d'entre eux (car de leurs terres ne se tirent point les gens qu'on cuide, et encore moins lors que maintenant; car depuis ce temps-là, la pluspart ont laissé le labeur, pour se faire gens de guerre) et de leurs alliés en avoient peu avec eux; car ils estoient contraints de se haster pour secourir la place; et comme ils furent aux champs, ils sçurent la mort de leurs gens.

Le duc de Bourgongne, contre l'opinion de ceux à qui il en demandoit, délibéra d'aller au devant d'eux, à l'entrée des montagnes où ils estoient encore, qui estoit bien son désavantage; car il estoit bien en lieu advantageux pour les attendre, et clos de son artillerie, et partie d'un lac; et n'y avoit nulle apparence qu'ils lui eussent sçu porter dommage. Il avoit envoyé cent archers garder certain pas à l'encontre de cette montagne; et rencontrèrent ces Suisses; et luy se mit en chemin, la pluspart de son armée, estant encore en plaine. Les premiers rangs de ses gens cuidoient retourner, pour se rejoindre avec les autres; mais les menues gens qui estoient tout derrière, cuidans que ceux-là fuissent, se mirent à la fuite; et peu-à-peu se commença à retirer cette armée vers le camp, faisans aucuns très-bien leur devoir. Fin de compte, quand ils vindrent jusques à leur ost, ils n'essayèrent point de se deffendre; tout se mit à la fuite. Et gaignèrent les Alemands son camp et son artillerie, et toutes les tentes et pavillons de luy et de ses gens (dont il y avoit un grand nombre), et d'autres biens infinis; car riens ne se sauva que les personnes. Et furent perdues toutes les grandes bagues dudit duc; mais de gens, pour cette fois, ne perdit que sept hommes-d'armes. Tout le demourant fuit, et luy aussi.[1] Il se devoit mieux dire de luy : « Qu'il perdit » honneur et chevance ce jour, » que l'on ne fit du roy Jean de France, qui vaillamment fut pris à la bataille de Poictiers.

Voicy la première male adventure et fortune que ce duc avait jamais eue en toute sa vie. De toutes ses autres entreprises il en avoit eu l'honneur ou le profit. Quel dommage luy advint ce jour, pour user de sa teste, et mépriser conseil? Quel dommage en a reçu sa maison, et en quel estat en est-elle encore, et en adventure d'être d'icy à long-temps? Quantes sortes de gens luy en devindrent ennemis, et se déclarèrent, qui le jour de devant temporisoient avec luy, et se feignoient amis? Et pour quelle querelle commença cette guerre? Ce fut pour un chariot de peaux de mouton, que monseigneur de Romont prit à un Suisse, en passant par sa terre. Si Dieu n'eust délaissé ledit duc, il n'est pas apparent qu'il se fust mis en péril, pour si peu de chose, vu les offres qui luy avoient esté faites, et contre quelles gens il avoit à faire, où il n'y pouvoit avoir nul acquest, ni nulle gloire; car pour lors les Suisses n'estoient point estimés comme ils sont pour cette heure; et n'estoit riens plus pauvre; et ay ouy dire à un chevalier des leurs, (qui avoit esté des premiers ambassadeurs, qu'ils avoient envoyés devers ledit duc), qu'il luy avoit dit, en faisant leurs remonstrances, pour le desmouvoir de cette guerre : que contre eux ne pouvoit riens gaigner; car leur pays estoit très-stérile et pau-

---

[1] Trouver.

[1] Louis de Chalon, seigneur de Chasteau-Guyon, y fut tué.

vre ; et qu'ils n'avoient nuls bons prisonniers ; et qu'il ne croyoit pas que les esperons et mors des chevaux de son ost, ne vausissent plus d'argent que tous ceux de leurs territoires ne sçauroient payer de finances, s'ils estoient pris.

Retournant à la bataille, le roy fust bientost adverty de ce qui estoit advenu ; car il avoit maintes espies et messagers par païs, la plus part despêchés par ma main ; et en eut très-grande joye ; et ne luy desplaisoit que du petit nombre de gens qui avoient esté perdus. Et se tenoit ledit seigneur, pour ces matières icy à Lyon, pour pouvoir plus souvent estre adverty et pour donner remède aux choses que cet homme embrassoit ; car le roy qui estoit sage, craignoit que par force ne joignit ces Suisses à luy. De la maison de Savoye, ledit duc en disposoit comme du sien. Le duc de Milan estoit son allié. Le roy René de Cécile [1] luy vouloit mettre son païs de Provence entre les mains. Si ces choses fussent advenues, il tenoit de païs, depuis la mer de Ponant jusques à celle de Levant en son obéyssance ; et n'eussent ceux de nostre royaume sçu saillir sinon par mer, si ledit duc n'eust voulu, tenant Savoye, Provence et Lorraine. Vers chacun d'eux le roy envoyoit. L'une estoit sa sœur, madame de Savoye, qui tenoit pour ledit duc ; l'autre estoit son oncle, le roy René de Cécile, qui à grande peine escoutoit ses messagers, mais envoyoit tout au duc de Bourgongne. Le roy envoyoit aussi vers ces ligues d'Alemagne ; mais c'estoit à grande difficulté, pour les chemins ; et y faloit envoyer mendians, pèlerins et semblables gens. Lesdites villes respondoient orgueilleusement, disans : « Dites au roy que, s'il ne se » déclare, nous nous appointerons, et nous » déclarerons contre luy. » Il craignoit qu'ainsi ne le fissent. De se déclarer contre ledit duc, n'avoit nul vouloir ; mais craignoit bien encore qu'il ne fust nouvelles de ses messagers, qu'il envoyoit par païs.

CHAPITRE II.

Comment, après la chasse de Granson, le duc de Milan, le roy Réné de Cécile, la duchesse de Savoye, et autres abandonnèrent l'alliance du duc de Bourgongne.

Or faut voir maintenant comme changea le monde après cette bataille, et comme les courages du duc de Bourgongne et de ses alliés furent mués ; et comment nostre roy conduisit tout sagement ; et sera bel exemple pour ces seigneurs jeunes, qui follement entreprennent sans connoistre ce qui leur en peut advenir, et qui aussi ne l'ont point vu par expérience, et mesprisent le conseil de ceux qu'ils dussent appeler. Premièrement ledit duc propre envoya le seigneur de Contay au roy, avec humbles et gracieuses paroles, qui estoit contre sa coustume et nature. Regardez donc comme en une heure de temps se mua. Il prioit au roy vouloir loyaument tenir sa tresve ; il s'excusoit de n'avoir esté à la vue, qui se devoit faire auprès d'Auxerre ; et assuroit de s'y trouver de brief, là, ou ailleurs, au bon plaisir du roy. Le roy luy fit très-bonne chère, l'assurant de ce qu'il demandoit ; car encore ne luy sembloit pas temps de faire le contraire ; et connoissoit bien le roy la loyauté des subjets dudit duc, et que tost seroit ressours ; et vouloit voir la fin de cette adventure, sans donner occasion à nulle des deux parties de s'accorder. Mais quelque bonne chère que le roy fist audit seigneur de Contay, si ouït-il maintes moqueries par la ville ; car les chansons se disoient publiquement, à la louange des vainqueurs, et à la folie du vaincu.

Dès ce que le duc de Milan Galéas [1] (qui pour lors vivoit) sçut cette adventure, il en eut grande joye, nonobstant qu'il fust allié audit duc ; car il avoit fait alliance pour crainte de ce qu'il voyoit audit duc de Bourgongne avoir si grande faveur en Italie. Ledit duc de Milan envoya à grand haste vers le roy, un homme de peu d'apparence, bourgeois de Milan ; et par un médiateur fut adressé à moy, et m'apporta lettres dudit duc. Je dis au roy sa venue ; qui me commanda l'ouïr ; car il n'estoit point content dudit duc de Milan, qui avoit laissé son alliance pour prendre celle du duc de Bourgongne ; et vu encore que sa femme estoit sœur de la royne. La créance dudit ambassadeur estoit : comme son maistre le duc de Milan estoit adverty que le roy et le duc de Bourgongne se devoient entrevoir et

---

[1] Le roi de Sicile était de la maison royale de France, et comte de Provence.

[1] Galeas Sforze, duc de Milan, avait épousé Bonne de Savoie, fille de Louis, duc de Savoie et d'Anne de Chypre, et sœur de Charlotte de Savoie, seconde femme du roi Louis XI.

faire une très-grande paix et alliance ensemble, ce qui seroit au très-grand desplaisir du duc son maistre, (et donnoit des raisons pourquoy) le roy ne le devoit faire, auxquelles il y avoit peu d'apparence ; mais il disoit, à la fin de son propos : que si le roy se vouloit obliger de ne faire paix ni trève avec ledit duc de Bourgongne, que le duc de Milan donnoit au roy cent mille ducats comptant. Quand le roy eut ouy la substance de la charge de cet ambassadeur, il le fit venir en sa présence (où il n'y avoit que moy), et luy dit en brief : « Voi- » cy monsieur d'Argenton, qui m'a dit telle » chose. Dites à vostre maistre que je ne veux » point de son argent, et que j'en lève une » fois l'an trois fois plus que luy ; et de la paix » et de la guerre, j'en feray à mon vouloir ; » mais s'il se répent d'avoir laissé mon allian- » ce pour prendre celle du duc de Bour- » gongne, je suis content de retourner comme » nous estions. » Ledit ambassadeur remercia le roy très-humblement ; et luy sembla bien qu'il n'estoit point roy avaricieux ; et supplia fort au roy qu'il voulsist faire crier lesdites alliances en la forme qu'elles avoient esté ; et qu'il avoit pouvoir d'obliger son maistre à les tenir. Le roy luy accorda ; et après disner, furent criées ; et incontinent despêcha un ambassadeur, qui alla à Milan, où elles furent criées à grande solemnité. Ainsi voilà desjà un des heurs de l'adversité et un grand homme mué, qui avoit envoyé une si grande et solemnelle ambassade vers le duc de Bourgongne pour faire son alliance, n'y avoit que trois semaines.

Le roy René de Cécile traictoit de faire ledit duc de Bourgongne son héritier, et de luy mettre Provence entre ses mains ; et pour aller prendre possession dudit païs, estoit allé monseigneur de Chasteau-Guyon, qui est de présent, et autres, en Piémont, pour le duc de Bourgongne, pour faire gens ; et avoit bien vingt mille escus comptant. Incontinent que les nouvelles vindrent, à grande peine se purent-ils sauver qu'ils ne fussent pris ; et monseigneur de Bresse se trouva au païs, qui prit ledit argent. La duchesse de Savoye, incontinent qu'elle sçut les nouvelles de cette bataille, le fit sçavoir au roy René, excusant la chose, et le reconfortant de cette perte. Les messagers furent pris, qui estoient Provençaux, et par là se descouvrit ce traicté du roy de Cécile avec le duc de Bourgongne. Le roy envoya incontinent des gens-d'armes près de Provence, et des ambassadeurs vers le roy de Cécile, pour le prier de venir, en l'assurant de bonne chère, ou autrement qu'il y pourvoiroit par force. Tant fut conduit le roy de Cécile, qu'il vint devers le roy à Lyon ; et luy fut fait très-grand honneur et bonne chère. Je me trouvay présent à leurs premières paroles à l'arrivée ; et dit Jean Cossé [1], sénéschal de Provence, homme de bien et de bonne maison du royaume de Naples, au roy : « Sire, ne vous esmer- » veillez pas, si le roy mon maistre, vostre on- » cle, a offert au duc de Bourgongne le faire » son héritier ; car il en a esté conseillé par ses » serviteurs, et par espécial par moy ; vu que » vous, qui estes fils de sa sœur et son propre » neveu, luy avez fait les torts si grands que de » luy avoir surpris les chasteaux de Bar et » d'Angers, et si mal traicté en toutes ses au- » tres affaires. Nous avons bien voulu mettre » en avant ce marché avec ledit duc, afin que » vous en ouyssiez les nouvelles, pour vous » donner envie de nous faire la raison, et con- » noistre que le roy mon maistre est vostre on- » cle ; mais nous n'eusmes jamais envie de » mener ce marché jusques au bout. » Le roy recueillit très-bien et très-sagement ces paroles, que ledit Jean Cossé dit tout au vray ; car il conduisoit bien cette matière ; et à peu de jours de là furent ces différends bien accordés ; et eut le roy de Cécile de l'argent [2], et tous ses serviteurs ; le festoya le roy avec les dames ; et le fist festoyer et traicter, en toutes choses selon sa nature, le plus près qu'il pust ; et furent bons amis ; et ne fut plus de nouvelles du duc de Bourgongne ; mais fut abandonné du roy René et renoncé de toutes parts. Voilà encore un autre malheur de cette petite adversité. Madame de Savoye [3], qui long-temps avoit esté estimée estre contre le roy son frère, envoya un messager secret, appelé le seigneur de Montaigny, lequel s'addressa à moy, pour se reconcilier avec le roy ; et allé-

---

[1] La maison de Cossé Brissac s'est établie en France depuis ce temps-là.
[2] Il eut cinquante mille écus d'or.
[3] Iolande de France, sœur du roi Louis XI.

gua les raisons pourquoy elle s'estoit séparée du roy son frère; et disoit les doutes qu'elle avoit du roy. Toutesfois elle estoit très-sage, et vraye sœur du roy nostre maistre; et ne joignoit point franchement à se séparer dudit duc, ni de son amitié; et sembloit qu'elle voulsist temporiser, et attendre comme le roy, ce qu'il seroit encore de l'adventure dudit duc. Le roy luy fut plus gracieux que de coustume; et luy fit faire par moy toutes bonnes responses; et taschoit qu'elle vint devers luy; et luy fut renvoyé son homme. Ainsi voilà une autre des alliances dudit duc, qui marchande à se despartir de luy. De tous costés en Alemagne se commencèrent à déclarer gens contre ledit duc, et toutes ces villes impériales, comme Nuremberg, Francfort, et plusieurs autres, qui s'allièrent avec ces vieilles et nouvelles alliances, contre ledit duc; et sembloit qu'il y eust très-grand pardon [1] à luy mal faire.

Les despouilles de son ost [2] enrichirent fort ces pauvres gens de Suisses; qui de primeface ne connurent les biens qu'ils eurent en leurs mains; et par espécial les plus ignorans. Un des plus beaux et riches pavillons du monde fut desparti en plusieurs pièces. Il y en eut qui vendirent grande quantité de plats et d'escuelles d'argent, pour deux grands blancs la pièce, cuidans que fust estaing. Son gros diamant [3] (qui estoit un des plus gros de la chrestienté) où pendoit une grosse perle, fut levé par un Suisse, et puis remis en son estuy, puis rejeté sous un chariot, puis le revint quérir, et l'offrit à un prestre pour un florin. Celuy-là l'envoya à leurs seigneurs, qui luy en donnèrent trois francs. Ils gaignèrent trois balais [4] pareils, appelés les trois frères; un autre grand balai appelé la hotte; un autre, appelé la balle de Flandres (qui estoient les plus grandes et les plus belles pierreries que l'on eut sçu trouver), et d'autres biens infinis, qui depuis leur ont bien

[1] Allusion aux pardons et indulgences accordés pour de bonnes œuvres.
[2] Armée.
[3] Le seigneur de Sancy, Nicolas de Harlay, ambassadeur en Suisse, l'acheta, le porta en France, et c'est le diamant nommé le Sancy. Le Pitt était plus estimé.
[4] Rubis balais, pareils entre eux et non pareils au gros diamant.

donné à connoistre ce que l'argent vaut; car les victoires et estimations en quoy le roy les mit dès-lors, et les biens qu'il leur a faits, leur ont fait recouvrer infini argent. Chacun ambassadeur des leurs, qui vint vers le roy à ce commencement, eut grands dons de luy, en argent ou en vaisselle. Et par ce moyen les contentoit de ce qu'il ne s'estoit déclaré pour eux; et les renvoyoit les bourses pleines, et revestus de draps de soye. Et se prit à leur promettre pension, qu'il paya bien depuis; mais il vit la seconde bataille avant; et leur promit quarante mille florins de Rhin, tous les ans; les vingt mille pour les villes, et les autres vingt mille pour les particuliers, qui auroient le gouvernement desdites villes. Et ne pense point mentir de dire que, je croy que depuis la première bataille de Granson jusques au trespas du roy nostre dit maistre, lesdites villes et particuliers desdits Suisses ont amendé de nostre roy d'un million de florins de Rhin. Et n'entends de villes que quatre : Berne, Lucerne, Fribourg, Zurich, et leurs cantons, qui sont leurs montagnes. Suisse en est un, qui n'est qu'un village. J'en ay vu de ce village un, estant ambassadeur, avec autres, en bien humble habillement, qui néanmoins disoit, comme les autres, son advis. Glaris, Soleurre et Underwald s'appellent les autres cantons.

CHAPITRE III.

Comment les Suisses deffirent en bataille le duc de Bourgongne, près la ville de Morat.

Pour revenir au duc de Bourgongne, il ramassoit gens de tous costés; et en trois semaines s'en trouva sus [1] grand nombre, qui le jour de la bataille s'estoient escartés. Il séjourna à Losanne en Savoye; où vous, monseigneur de Vienne, le servistes de bon conseil, en une grande maladie qu'il eut, de douleur et de tristesse, de cette honte qu'il avoit receue. Et à bien dire la vérité, je croy que jamais depuis il n'eut l'entendement si bon qu'il avoit eu auparavant cette bataille. De cette grande assemblée et nouvelle armée qu'il avoit faite, j'en parle par le rapport de monseigneur le prince de Tarente, qui le conta

[1] Sur pieds.

au roy en ma présence. Ledit prince, environ un an avant, estoit venu vers ledit duc, très-bien accompagné, espérant d'avoir sa fille et seule héritière; et sembloit bien fils de roy, tant de sa personne que de son accoustrement et de sa compagnie; et le roy de Naples, son père, monstroit bien n'y avoir riens espargné. Toutesfois ledit duc avoit dissimulé cette matière; et entretenoit pour lors madame de Savoye, pour son fils, et autres; parquoy ledit prince de Tarente, appelé dom Frédéric d'Arragon, et aussi ceux de son conseil, mal contens des délais, envoyèrent devers le roy un officier d'armes bien entendu; lequel vint supplier au roy donner sauf-conduit audit prince, pour passer par le royaume, et retourner vers le roy son père, lequel l'avoit mandé. Le roy l'octroya très-volontiers; et luy sembloit bien que c'estoit à la diminution du crédit et renommée dudit duc de Bourgogne. Toutesfois avant que le messager fust de retour, estoient já assemblées plusieurs des ligues d'Alemagne, et logées auprès dudit duc de Bourgongne. Ledit prince prit congé dudit duc, le soir de devant la bataille, en obéyssant au mandement du roy son père; car à la première bataille s'estoit trouvé comme homme de bien. Aussi disent aucuns qu'il usa de vostre conseil, monseigneur de Vienne; car je luy ay ouy dire et tesmoigner, quand il fut devers le roy arrivé, et au duc d'Ascoly, appelé le comte Julio, et à plusieurs autres, que de la première et seconde bataille en avez escrit en Italie, et dit ce qui en advint, plusieurs jours avant qu'elles fussent faites.

Comme j'ay dit, au partement dudit prince, estoient logées plusieurs de ces alliances assez près dudit duc; et venoient pour le combattre allans lever le siége qu'il avoit devant Morat, petite ville près de Berne, qui appartenoit à monseigneur de Romont. Lesdits alliés, comme il me fut dit par ceux qui y estoient, pouvoient bien estre trente et un mille hommes de pied, bien choisis et bien armés; c'est à sçavoir onze mille piques, dix mille hallebardes, dix mille couleuvrines, et quatre mille hommes à cheval. Lesdites alliances n'estoient point encore toutes assemblées; et ne se trouva à la bataille que ceux dont j'ay parlé, et suffisoit bien. Monseigneur de Lorraine y arriva à peu de gens [1], dont fort bien luy en prit depuis; car ledit duc de Bourgongne tenoit lors toute sa terre. Audit duc de Lorraine prit bien de ce qu'on s'ennuyoit de luy en nostre cour; et crois bien qu'il ne sçut jamais la vérité; mais quand un grand homme a tout perdu le sien, il ennuye le plus souvent à ceux qui le soutiennent. Le roy luy avoit donné un petit d'argent, et le fit conduire avec bon nombre de gens-d'armes au travers du païs de Lorraine; lesquels le mirent en Alemagne, et puis retournèrent. Ledit seigneur de Lorraine n'avoit pas seulement perdu son païs de Lorraine, mais la comté de Vaudemont, et la pluspart de Barrois; car le demourant le roy le tenoit. Ainsi ne luy estoit rien demouré; et qui pis estoit, tous ses subjets avoient fait serment audit duc de Bourgongne, et sans contrainte, et jusques aux serviteurs de sa maison; parquoy sembloit qu'il y eut peu de ressource à son faict; toutesfois Dieu demoure toujours le juge, pour déterminer de telles causes, quand il luy plaist.

Après que le duc de Lorraine fut passé, comme j'ay dit, et quand il eut chevauché aucuns jours, il arriva vers lesdites alliances, peu d'heures avant la bataille, et avec peu de gens; et lui porta ce voyage grand honneur, et grand profit; car si autrement en fust allé, il eust trouvé peu de recueil. Sur l'heure qu'il fut arrivé, marchoient les batailles d'un costé et d'autres; car lesdites alliances avoient já esté logées trois jours ou plus, auprès du duc de Bourgogne en lieu fort. A peu de deffence fut desconfit ledit duc, et mis en fuite; et ne lui prit point, comme de la bataille précédente, où il n'avoit perdu que sept hommes-d'armes. Et cela advint pource que lesdits Suisses n'avoient point de gens-de-cheval; mais à cette heure-cy, dont je parle, qui fut près Morat, y avoit, de la part desdites alliances quatre mille hommes-de-cheval bien montés, qui chassèrent très-loin les gens dudit duc de Bourgogne; et si joignirent leur bataille-à-pied avec les gens-de-pied dudit duc, qui en avoit largement; car sans ses subjets et aucuns Anglois qu'il avoit en grand nombre, il lui estoit venu de nouveau beaucoup de

---

[1] Avec peu de gens.

gens du païs de Piémont, et autres des subjets du duc de Milan, comme j'ay dit. Et me dit ledit prince de Tarente, quand il fut arrivé devers le roy, que jamais n'avoit vu si belle armée; et qu'il avoit compté et fait compter l'armée en passant sur un pont; et y avoit bien trouvé vingt et trois mille hommes de soulde, sans le reste qui suivoit l'armée, et qui estoit pour le faict de l'artillerie. A moy me semble ce nombre très-grand, combien que beaucoup de gens parlent de milliers, et font les armées plus grosses qu'elles ne sont, et en parlent légèrement. Le seigneur de Contay, qui arriva vers le roy, tost après la bataille, confessa au roy, moy présent, qu'en ladite bataille estoient morts huit mille hommes, du parti dudit duc, prenans gages de luy, et d'autres menues gens assez. Et crois, à ce que j'en ay pu entendre, qu'il y avoit bien dix-huit mille personnes en tout; et estoit aisé à croire, tant pour le grand nombre de gens-de-cheval, qu'il y avoit, qu'avoient plusieurs seigneurs d'Alemagne, qu'aussi pour ceux qui estoient encore au siége devant ledit Morat. Le duc fuit jusques en Bourgongne, bien désolé, comme raison estoit; et se tint en un lieu appelé la Rivière, où il rassembloit des gens tant qu'il pouvoit. Les Alemans ne chassèrent que ce soir, et puis se retirèrent sans marcher après luy.

CHAPITRE IV.

Comment après la bataille de Morat, le duc de Bourgongne se saisit de la personne de Madame de Savoye; et comment elle en fut délivrée, et renvoyée en son pays par le moyen du roy.

Cette adventure désespéra ledit duc; et luy sembla bien que tous ses amis l'abandonneroient, aux enseignes qu'il avoit vues desjà à sa première perte de Granson; dont il n'y avoit que trois semaines [1] jusques à celle dont je parle. Et pour ces doutes, par le conseil d'aucuns, il fit amener par force la duchesse de Savoye en Bourgongne, et un de ses enfans, qui aujourd'huy est duc de Savoye. L'aisné fut sauvé par aucuns serviteurs de cette maison de Savoye; car ceux qui firent cette force, la firent en crainte, et furent contraints de se haster. Ce qui fit faire cet exploit audit duc, fut de peur qu'elle ne se retirast devers le roy son frère, disant que, pour secourir la maison de Savoye, luy estoit advenu tout ce mal. Ledit duc la fit mener au chasteau de Rouvre près Dijon; et y avoit quelque peu de garde. Toutesfois il l'alloit voir qui vouloit; et entre les autres y alloit monseigneur de Chasteau-Guyon [1] et le marquis de Rotelin [2], qui sont aujourd'huy; desquels deux ledit duc avoit traicté le mariage avec deux filles de ladite duchesse, combien que lors lesdits mariages ne fussent point accomplis, mais ils l'ont esté depuis. Son fils aisné, appelé Philibert, lors duc de Savoye, fut mené à Chambéry, par ceux qui le sauvèrent; auquel lieu se trouva l'évesque de Genève, fils de la maison de Savoye, qui estoit homme très-volontaire, et gouverné par un commandeur de Rhodes. Le roy fit traicter avec ledit évesque et son gouverneur, commandeur de Rhodes, en manière qu'ils mirent entre les mains dudit seigneur, le duc de Savoye, et un petit frère appelé le protonotaire, avec le chasteau de Chambéry et celuy de Mont-Mélian, et lui garda un autre chasteau, où estoient toutes les bagues de ladite dame de Savoye.

Au plustost que ladite duchesse se trouva à Rouvre (comme j'ay dit), accompagnée de toutes ses femmes, et largement serviteurs, et qu'elle vit le duc bien empesché à rassembler gens, et que ceux qui la gardoient n'avoient pas la crainte de leur maistre telle qu'ils souloient et avoient accoustumé d'avoir, elle se deslibéra d'envoyer vers le roy son frère, pour traicter avec appointement, et pour supplier qu'il la retirast. Toutesfois elle estoit en grande doute de tomber sous sa main, n'eust esté le lieu où elle se voyoit; car la hayne avoit esté moult grande et longue entre ledit seigneur et elle. Il vint de par ladite dame un gentilhomme de Piémont, appelé Riverol, son maistre d'hostel, lequel par quelqu'un

---

[1] Il y avait près de quatre mois, la déroute de Granson étant du 1er mars, et la bataille de Morat du 22 juin 1476.

[1] Hugues de Chalon, troisième fils de Louis, prince d'Orange, et d'Eléonore d'Armagnac, sa seconde femme, marié à Louise de Savoie.

[2] Philippe de Hochberg, fils de Rodolphe, comte de Neuf-Châtel, et de Marguerite de Vienne, marié à Marie de Savoye, mort en 1503.

fut adressé à moy. Après l'avoir ouy, et dit au roy ce qu'il m'avoit dit, ledit seigneur l'ouit; et après l'avoir ouy, luy dit qu'à tel besoin ne voudroit avoir failly à sa sœur, nonobstant leurs différends passés; et si elle se vouloit allier de luy, qu'il la feroit envoyer querir par le gouverneur de Champagne, pour lors messire d'Amboise, seigneur de Chaumont. Ledit Riverol prit congé du roy, et alla vers sa maistresse en très-grande haste. Elle fut joyeuse de cette nouvelle; toutesfois elle renvoya encore un homme incontinent qu'elle eust ouy le premier, suppliant au roy qu'il luy donnast sûreté qu'il la laisseroit aller en Savoye, et qu'il luy rendroit le duc son fils, et l'autre petit, et aussi les places, et qu'il l'ayderoit à maintenir en son auctorité en Savoye; et de sa part, qu'elle estoit contente de renoncer à toutes alliances, et prendre la sienne. Ledit seigneur luy bailla tout ce qu'elle demandoit. Incontinent envoya un homme exprès vers ledit seigneur de Chaumont, pour faire l'entreprise; laquelle fut bien faite et bien exécutée, et alla ledit seigneur de Chaumont, avec bon nombre de gens, jusques à Rouvre, sans porter dommage au païs; et amena madame de Savoye, et tout son train, en la plus prochaine place en l'obéyssance du roy. Quand ledit seigneur despécha le dernier messager de ladite dame, il estoit jà parti de Lyon, où il s'estoit tenu par l'espace de six mois, pour sagement démesler les entreprises du duc de Bourgongne, sans rompre la tresve. Mais à bien connoistre la condition dudit duc, le roy luy faisoit beaucoup plus de guerre en le laissant faire, et luy sollicitant ennemis en secret, que s'il se fust déclaré contre luy; car après que ledit duc eut vu la déclaration, il se fust retiré de son entreprise; parquoy tout ce qui luy advint, ne luy fust point advenu.

Le roy, incontinent, en continuant son chemin, au partir de Lyon se mit sur la rivière de Loire à Rouanne, et vint à Tours. Dès ce qu'il y fut, il sçut la délivrance de sa sœur, dont il fut très-joyeux; et manda diligemment qu'elle vint devers luy, et ordonna de la despense qu'elle pourroit faire en chemin. Quand elle arriva, il envoya largement gens au devant d'elle, et luy-mesme l'alla recueillir à la porte du Plessis-du-Parc, et luy fit très-bon visage, en luy disant : « Madame de Bourgongne, vous soyez la très-bien venue. » Elle connut bien à son visage qu'il ne se faisoit que jouer; et respondit bien sagement qu'elle estoit bonne Françoise, et preste d'obéyr au roy, en ce qu'il luy plairoit luy commander. Ledit seigneur l'amena en sa chambre, et la fit bien traicter. Vray est qu'il avoit très-grande envie d'en estre despesché. Elle estoit très-sage, et s'entreconnoissoient bien tous deux, et desiroit encore plus son partement. J'eus la charge du roy de ce qui estoit à faire en cette matière. Premier de trouver argent pour son deffray, et pour s'en retourner, et des draps de soye; et de faire mettre par escript leur alliance, et forme de vivre pour le temps advenir. Le roy la voulut desmouvoir du mariage (dont j'ay parlé) de ses deux filles; mais elle s'en excusoit sur les filles, lesquelles y estoient obstinées; et, à la vérité, elles n'y estoient point mal. Quand ledit seigneur connut leur vouloir, il s'y consentit; et après que ladite dame eut esté audit lieu du Plessis, sept ou huit jours, le roy et elle firent ensemble serment d'estre bons amis pour le temps advenir, et en furent baillées lettres d'un costé et d'autre; et prit congé ladite dame du roy, qui la fit bien conduire jusques chez elle, et luy fit rendre ses enfans, et toutes ses places et bagues, et tout ce qui luy appartenoit. Tous deux furent bien joyeux de despartir l'un de l'autre; et sont demourés depuis comme bon frère et bonne sœur jusques à la mort.

CHAPITRE V.

Comment le duc de Bourgogne se tint quelques semaines comme solitaire; et comment cependant le duc de Lorraine recouvra sa ville de Nancy.

Pour continuer mon propos, faut parler du duc de Bourgongne; lequel après la fuite de cette bataille de Morat (qui fut en l'an mil quatre cent septante-six) s'estoit retiré à l'entrée de Bourgongne, et en un lieu appelé la Rivière, auquel lieu il séjourna plus de six semaines, ayant encore cœur de rassembler gens. Toutesfois il y besongnoit peu; et se tenoit comme solitaire; et sembloit plus qu'il faisoit par obstination ce qu'il faisoit, qu'autrement, comme vous entendrez; car la douleur qu'il eut de la perte de la première bataille de

Granson fut si grande, et luy troubla tant les esprits, qu'il en tomba en grande maladie ; et fut telle, que sa colère et chaleur naturelle estoient si grandes qu'il ne buvoit point de vin, mais le matin buvoit ordinairement de la tisanne, et mangeoit de la conserve de roses pour se rafraîchir. Ladite tristesse mua tant sa complexion, qu'il luy faloit boire le vin bien fort sans eau ; et pour luy faire retirer le sang au cœur, mettoient des estoupes ardentes dedans des ventouses, et les luy passoient en cette chaleur à l'endroit du cœur. Et de ce propos, vous, Monseigneur de Vienne, en sçavez mieux que moy, comme celuy qui luy aidastes à passer cette maladie, et luy fistes faire la barbe [1], qu'il laissoit croistre ; et, à mon advis, oncques puis ladite maladie, ne fut si sage qu'auparavant, mais beaucoup diminué de son sens. Et telles sont les passions de ceux qui jamais n'eurent adversité, et qui, après semblables infortunes, ne cherchent les vrais remèdes, et par espécial les princes, qui sont orgueilleux ; car en ce cas et en semblables, le premier refuge est retourner à Dieu, et penser si en riens on l'a offensé, et s'humilier devant luy et connoistre ses mesfaits ; car c'est luy qui détermine de tels procès, sans qu'on luy puisse proposer nulle erreur. Après cela, fait grand bien de parler à quelque amy de ses privés, et hardiment devant luy plaindre ses douleurs, et n'avoir point de honte de monstrer sa douleur devant l'espécial amy ; car cela allège le cœur, et le réconforte ; et les esprits reviennent en leur vertu, parlant ainsi à quelqu'un en conseil ; ou bien faut prendre autre remède, par quelque exercice et labeur (car il est force, puisque nous sommes hommes, que telles douleurs passent avec passion grande, ou en public ou en particulier) et non point prendre le chemin que prit ledit duc de se cacher, ou de se tenir solitaire ; mais faire le contraire, et chasser toute austérité. Car pource qu'il estoit terrible à ses gens, nul ne s'osoit avancer de luy donner nul confort ou conseil, mais le laissoient faire à son plaisir, craignant que si aucune chose luy eussent remonstré, qu'il ne leur en fut mal pris.

Pendant ces six semaines, ou environ, qu'il séjourna avec bien peu de gens (qui n'estoit point de merveilles, après avoir perdu deux si grosses batailles, comme vous avez ouï) et que plusieurs nouveaux ennemis se furent déclarés, et les amis refroidis, et les subjets rompus et défaits, qui commençoient à entrer en murmure, et avoir leur maistre en mépris, comme est bien de coustume, (comme j'ay dit,) après telles adversités, plusieurs petites places, furent prises sur luy en cette Lorraine : comme Vaudemont, et puis Espinal, et autres après ; et de tous costés se commencèrent à esveiller gens pour luy courre sus ; et les plus meschans estoient les plus hardis. Et sur ce bruit, le duc de Lorraine assembla quelque peu de gens et de peuple, et se vint loger devant Nancy. Des petites villes d'environ, il en tenoit la plupart ; toutesfois le duc de Bourgongne tenoit encore le Pont-à-Mousson, à quatre lieues près dudit Nancy, ou environ. Entre ceux qui estoient dedans assiégés, estoit un de la maison de Croy [1], appelé monseigneur de Bevres, bon chevalier et honneste; il avoit gens de pièces. Et entre les autres aussi estoit dedans un Anglois, appelé Cohin, très-vaillant homme, de petite lignée ; et l'amenay avec autres de la garnison de Guynes au service dudit duc. Ledit Cohin avoit environ trois cens Anglois soubs luy en ladite place ; et combien qu'ils ne fussent point pressés de batterie, ni d'approches, si leur ennuyoit-il de ce que ledit duc de Bourgongne mettoit tant à les secourir ; et à la vérité il avoit grand tort qu'il ne s'approchoit, car là où il estoit, c'estoit loin du pays de Lorraine ; et n'y pouvoit plus de riens servir ; car il avoit mieux besoin de deffendre ce qu'il possédoit, que de courre sus aux Suisses pour se cuider venger de son dommage. Mais son obstination luy porta grand dommage, et de ce qu'il ne prenoit conseil que de luy ; car quelque diligence qu'on fist de le solliciter de secourir cette place, il séjourna, sans nul besoin,

---

[1] Ce passage prouve qu'on ne portait pas la barbe dans ce temps-là. Ce fut sous François Iᵉʳ qu'on la laissa croitre, et que l'on se coupa les cheveux que l'on portait longs.

[1] Jean de Rubempré, seigneur de Bievres, chevalier de la toison d'or, fils d'Antoine, seigneur de Rubempré, et de Jacqueline de Croy, ce qui a pu faire croire à l'auteur qu'il était de la maison de Croy, quoiqu'il n'en descendit que par sa mère.

audit lieu de la Rivière, six semaines ou environ. Et s'il eust fait autrement, il eust aisément secouru ladite place; car ledit duc de Lorraine n'avoit comme point de gens devant; et en gardant le pays de Lorraine, il avoit tousjours son passage pour venir de ses autres seigneuries passer par Luxembourg et par Lorraine pour aller en Bourgongne. Parquoy, si la raison eust esté en luy telle qu'elle avoit esté autrefois, il y devoit faire autre diligence.

Pendant que ceux qui estoient dedans Nancy attendoient leur secours, ledit Cohin, dont j'ay parlé, qui estoit chef de cette bende d'Anglois qui estoient dedans, fut tué d'un canon, qui fut grand dommage audit duc de Bourgongne; car la personne d'un seul homme est aucunes fois cause de préserver son maistre d'un grand inconvénient, encore qu'il ne soit né de maison, ni de lignée grande, mais que seulement le sens et la vertu y soient. Et en cet article ay connu au roy, nostre maistre, un grand sens; car jamais prince n'eut plus grande crainte de perdre ses gens que luy. Incontinent que ledit Cohin fut mort, les Anglois qui estoient soubs luy commencèrent à murmurer; et à se désespérer du secours et ne connoissoient point bien la petite force du duc de Lorraine, et les grands moyens qu'avoit le duc de Bourgongne de recouvrer gens; mais par le long temps qu'il y avoit que les Anglois n'avoient eu guerres hors de leur royaume, ils n'entendoient point bien le faict des sièges. Et, en effect, se mirent à vouloir parlementer; et dirent audit seigneur de Bevres, qui estoit chef en la ville, que s'il n'appointoit, ils appointeroient sans luy. Combien qu'il fût bon chevalier, si avoit-il peu de vertu [1], et usa de grandes prières et de grandes remonstrances. Et croy que si plus audacieusement il eust parlé, il luy en fust mieux pris, sinon que Dieu en eust ainsi ordonné, et cela croirois-je mieux; car il ne faloit que tenir encore trois jours, qu'ils n'eussent eu du secours. Mais pour abréger, il complut et se consentit aux dessusdits Anglois, et rendit la place au duc de Lorraine, saufs leurs personnes et biens.

Le lendemain, ou, pour le plus tard, deux jours après ladite place rendue, le duc de Bourgogne arriva auprès, bien accompagné, selon le cas; car il luy estoient venus quelques gens du quartier de Luxembourg, qui venoient de ses autres seigneuries. Et se trouvèrent ledit duc de Lorraine et luy; toutesfois il n'y eut rien d'importance; parce que ledit duc de Lorraine n'estoit assez fort. Ledit duc de Bourgongne se mit encore après son estouf à remettre le siége devant Nancy; et luy eust mieux valu n'avoir jà esté si obstiné en sa demoure; mais Dieu prépare tels vouloirs extraordinairés aux princes, quand il luy plaist muer leur fortune. Si ledit seigneur eust voulu user de conseil, et bien garnir les petites places d'entour, il eust en peu de temps recouvré la place; car elle estoit très-mal pourvue de vivres; et y avoit assez et trop de gens, pour la tenir bien à destroict; et eust pu rafraîchir son armée, et la refaire; mais il le prit par autre bout.

CHAPITRE VI.

Des grandes trahisons du comte de Campobache; et comment il empescha le duc de Bourgongne d'ouïr un gentil-homme qui les luy vouloit révéler, devant qu'estre pendu; et ne tint compte aussi de l'advertissement que luy en donna le roy.

Cependant qu'il tenoit ce siége malheureux pour luy, et pour tous ses subjets, et pour assez d'autres à qui la querelle ne touchoit en riens, commencèrent plusieurs des siens à pratiquer. Et jà (comme j'ay dit) luy estoient sourds [1] ennemis de tous costés; et entre les autres, le comte Nicole de Campobache, du royaume de Naples, dont il estoit chassé pour la maison d'Anjou; et l'avoit retiré le duc après le trespas du duc Nicolas de Calabre, à qui il estoit serviteur, et plusieurs autres des serviteurs dudit duc. Ce comte estoit très-pauvre (comme j'ay dit ailleurs) et de meubles et d'héritages. Le duc de Bourgongne luy bailla d'entrée quarante mille ducats d'imprestance, pour aller faire sa charge en Italie, qui estoit de quatre cents lances qu'il payoit par sa main; et dès lors commença à machiner la mort de son maistre (comme j'ay desjà dit), et continua jusques à celle heure dont je parle; et de nouveau, voyant son maistre en adversité, commença à pratiquer, tant envers monseigneur de Lor-

---

[1] Il était faible de caractère; vertu, c'est force.

[1] Du verbe sourdre.

raine, qu'avec aucuns capitaines et serviteurs que le roy avoit en Champagne, près de l'armée dudit duc. Audit duc de Lorraine promettoit tenir la main que ce siége ne s'avanceroit point, et qu'il feroit trouver des deffauts és choses plus nécessaires pour le siége et pour la batterie ; et il le pouvoit bien faire, car il en avoit la principale charge, et toute l'auctorité avec ledit duc de Bourgongne. Aux nostres pratiquoit plus au vif, car tousjours présentoit de tuer ou prendre son maistre ; et demandoit le payement de ces quatre cens lances, vingt mille escus comptant, et une bonne comté.

Durant qu'il conduisoit ces marchés, vindrent aucuns gentils-hommes du duc de Lorraine, pour entrer en la place. Aucuns y entrèrent, autres furent pris, dont l'un fut un gentilhomme de Provence, appelé Cifron [1] ; lequel conduisoit tous les marchés dudit comte avec ledit duc de Lorraine. Le duc de Bourgongne commanda que ledit Cifron fust incontidentpendu [2] ; disant que : depuis qu'un prince a posé son siége et fait tirer son artillerie devant une place, si aucuns viennent pour y entrer, et la reconforter contre luy, ils sont dignes de mort, par les droits de la guerre ; toutesfois il ne s'en use point en nos guerres, qui sont assez plus cruelles que la guerre d'Italie et d'Espagne, là où on use de cette coustume. Quoy qu'il y eust, ledit duc voulut que ce gentilhomme mourust. Lequel, quand il vit qu'en son faict n'y avoit nul remède, et qu'on le vouloit mener mourir, manda audit duc de Bourgongue, qu'il luy plust l'ouïr, et qu'il luy diroit chose qui touchoit sa personne. Aucuns gentils-hommes, à qui il dit ces paroles, le vindrent dire au duc. Et d'aventure le comte de Campobache, dont j'ay parlé, se trouva devant, quand iceux vindrent parler au duc, ou bien sçachant la prise dudit Cifron, s'y voulut bien trouver, doutant qu'il ne dist de luy ce qu'il sçavoit ; car il sçavoit tout le démené dudit comte, tant d'un costé que d'autre, et luy avoit tout esté communiqué, et estoit ce qu'il

[1] Il s'appelait Cifron Vachières et était maître d'hôtel du duc de Lorraine.
[2] Le duc de Lorraine fit pendre un Bourguignon par représailles et cent vingt autres qui se trouvèrent dans ses prisons à Espinal et à Mirecourt.

vouloit dire. Ledit duc respondit à ceux qui vindrent luy faire ce rapport : qu'il ne le faisoit que pour sauver sa vie, et qu'il leur dist que c'estoit. Ledit comte conforta cette parole. Et n'y avoit avec ledit duc, que ce comte et quelque secrétaire qui escrivoit ; car ledit comte avoit toute la charge de l'armée. Le prisonnier dit : qu'il ne le diroit qu'au duc de Bourgogne mesme. Derechef commanda ledit duc qu'on le menast pendre, ce qui fut fait ; et en le menant, ledit Cifron requit à plusieurs qu'ils priassent à leur maistre pour luy, et qu'il luy diroit chose qu'il ne voudroit pour une duché qu'il ne le sçust. Plusieurs qui le connoissoient, en avoient pitié ; et vindrent parler à leur maistre pour faire cette requeste qu'il luy plust de l'ouïr ; mais ce mauvais comte estoit à l'huis de la chambre de bois, en quoy logeoit ledit duc ; et regardoit que nul n'entrast, et refusa l'huis à ceux-là, disant : « Monseigneur veut qu'on s'avance de le pen- » dre ; » et par messagers hastoit le prevost. Et finalement ledit Cifron fut pendu, qui fut au grand préjudice dudit duc de Bourgongne. et luy eust mieux valu n'avoir esté si cruel, et humainement ouïr ce gentilhomme ; et par avanture que s'il l'eût fait, il fust encore en vie, et sa maison entière et beaucoup accrue, vu les choses survenues en ce royaume depuis ; mais il est à croire que Dieu en avoit autrement disposé. Depuis ce desloyal tour, que ledit duc avoit fait peu de temps auparavant au comte de Sainct-Paul, connestable de France, ainsi qu'avez entendu ailleurs en ces Mémoires, comment il l'avoit pris sur sa sûreté, et baillé au roy pour le faire mourir, et d'avantage baillé tous les scellés et lettres qu'il avoit dudit connestable pour servir à son procès ; et combien que ledit duc eust trouvé, et eust juste cause de haïr ledit connestable jusques à la mort, et de la luy procurer, pour beaucoup de bonnes raisons, qui seroient longues à escrire, moyennant qu'il l'eust pu faire, sans luy donner la foy ; toutesfois toutes les raisons que je sçaurois alléguer en cette matière ne sçauroient couvrir la faute de foy et d'honneur que le duc commit, en baillant bon et loyal sauf-conduit audit connestable, et néanmoins le prendre et vendre par avarice, non point seulement pour la ville de Sainct-Quentin et des places, héritages et meubles dudit connestable, mais aussi pour le doute de faillir de prendre la ville de Nancy, quand il l'avoit assiégée la première fois. Et fut à l'heure qu'après plusieurs dissimulations, il bailla ledit connestable, se doutant que l'armée du roy, qui estoit en Champagne, ne luy empeschast son entreprise; car le roy l'en menaçoit par ses ambassadeurs ; pour ce que, par leur appointement, le premier des deux qui tiendroit le connestable, le devoit rendre, dedans huit jours après, à son compagnon, ou le faire mourir. Or avoit ledit duc passé ce terme de beaucoup de jours, et cette seule crainte et ambition de Nancy, luy fit bailler ledit connestable, ainsi qu'avez ouy. Tout ainsi comme en ce propre lieu de Nancy, il avoit commis ce crime injustement, après qu'il eust remis le second siége ; et fait mourir ledit Cifron (lequel il ne voulut ouïr parler, comme homme qui avoit jà l'oüie bouchée, et l'entendement troublé), fut à cette propre place deçu et trahy par celuy auquel plus se fioit, et par adventure, justement payé de sa desserte[1], pour le cas qu'il avoit commis dudit connestable, et par avarice de ladite ville de Nancy. Mais ce jugement appartient à Dieu ; et ne le dis que pour esclaircir mon propos, et donner à entendre combien un bon prince doit fuyr à consentir un tel vilain tour et desloyauté, quelque conseil encore qu'on luy en sache donner. Et assez de fois advient que ceux qui leur conseillent, le font pour leur complaire, ou pour ne les oser contredire, à qui il en déplaist bien, quand le cas est advenu, connoissans la punition qui leur en peut advenir, tant de Dieu que du monde. Toutesfois tels conseillers vaudroient bien mieux loin d'un prince, que près.

Vous avez ouy comme Dieu en ce monde establit ce comte de Campobache commissaire à faire la vengeance de ce cas du connestable, ainsi commis par le duc de Bourgongne, au propre lieu et en la propre manière, et encore plus cruellement; car tout ainsi que par dessus le sauf-conduit et feableté[2] qu'avoit en luy ledit connestable, il le livra, pour estre mis à mort, tout ainsi par le plus féable de son armée (c'est-à-dire par celuy en qui plus se fioit) fust-il trahi, par celuy, dis-je, qu'il avoit recueilli vieil et pauvre, et sans nul party, et qu'il avoit soudoyé à cent mille ducats l'an, dont il payoit ses gens-d'armes par sa main, et d'autres grands avantages qu'il avoit. Et quand il commença cette marchandise, il s'en alloit en Italie, à tout quarante mille ducats comptant, qu'il avoit reçus pour imprestance (comme dit est), qui vaut à dire pour mettre sus ses gens-d'armes. Et pour conduire cette trahison s'en adressa en deux lieux : le premier à un médecin demourant à Lyon, appelé maistre Simon de Pavie, et à un autre en Savoye, dont j'ay parlé. Et à son retour furent logés ses gens-d'armes en certaines petites places de la comté de Marle, qui est en Lannois. Et là reprit sa pratique, offrant bailler toutes les places qu'il tenoit; ou si le roy se trouvoit en bataille contre son maistre, qu'il y auroit certain signe entre le roy et luy, qu'en le luy faisant, il se tourneroit contre son maistre, et du party du roy, avec toute sa bende. Ce second party ne plut point fort au roy. Il offroit encore que, la première fois que son maistre logeroit en champ, il le prendroit, ou tueroit en allant visiter son ost. Et à la vérité dire, il n'eust point failli à cette tierce ouverture; car ledit duc avoit une coustume, qu'incontinent qu'il estoit descendu de cheval au lieu où il venoit pour loger, il ostoit le menu harnois, et retenoit le corps de sa cuirasse, et montoit sur un petit cheval, huit ou dix archers à pied avec luy seulement; aucunesfois le suivoient deux ou trois gentils-hommes de sa chambre; et alloit tout à l'entour de son ost, par le dehors, voir s'il estoit bien clos; et ainsi ledit comte eust fait cette exécution avec dix chevaux, sans nulle difficulté. Après que le roy eust vû la continuelle poursuite que faisoit cet homme, pour trahir son maistre, et que cette démené fust à l'heure d'une tresve, et qu'il ne sçavoit point de tous poincts à quelle fin il faisoit ces ouvertures, il délibéra monstrer une grande franchise au duc de Bourgongne; et le luy manda par le seigneur de Contay (qui plusieurs fois a esté nommé en ces Mémoires) tout au long le demené de ce comte. Et y estois présent; et suis bien sûr que ledit seigneur de Contay s'en acquitta loyau-

---

[1] Du verbe desservir, mériter.
[2] Foi ou confiance.

ment envers son maistre; lequel le prit tout au rebours, disant que : s'il eust esté vray, le roy ne luy eust point faict sçavoir. Et fut cecy long-temps avant qu'il vint à Nancy; et croy bien que ledit duc n'en dit riens audit comte ; car il ne changea jamais de propos.

CHAPITRE VII.

Comment le duc de Lorraine, accompagné de bon nombre d'Alemans, vint loger à Sainct-Nicolas pendant le siège de Nancy; et comment le roy de Portugal, qui estoit en France, alla voir le duc de Bourgogne, durant ce siége.

Or, faut retourner à nostre matière principale, et à ce siége que ledit duc tenoit devant Nancy, qui estoit au cœur d'hyver, avec peu de gens, mal armés, mal payés, et beaucoup de malades, et des plus grands qui pratiquoient contre luy (comme vous oyez); et tous en général murmuroient, et mesprisoient tous ses œuvres, comme est bien de coustume en temps d'adversité, comme j'ay bien dit au long icy devant; mais nul ne pratiquoit contre sa personne ni contre son estat, que ce comte de Campobache : et en ses subjets ne trouva nulle desloyauté. Estant en ce pauvre appareil, le duc de Lorraine traicta vers ces vieilles et nouvelles alliances [1], que j'ai nommées cy-devant, d'avoir gens, pour combattre le duc de Bourgogne, qui estoit devant Nancy. Toutes ces villes y furent très-enclines; ne restoit qu'à trouver argent. Le roy le reconfortait fort d'ambassadeurs qu'il avoit envoyés vers les Suisses ; et aussi luy fournit quarante mille francs, pour ayder à payer les Alemans ; et si avoit monseigneur de Craon, qui estoit son lieutenant en Champagne, logé en Barrois, avec sept ou huit cens lances, et des francs-archers bien accompagnés de bons chefs de guerre. Tant fit le duc de Lorraine avec la faveur et argent du roy, qu'il tira grand nombre d'Alemans, tant de pied que de cheval; car outre ce qu'il paya, ils en fournirent à leurs despens. Aussi avoit avec luy largement gentils-hommes de ce royaume ; et puis cette armée du roy estoit logée en Barrois, comme j'ay dit ; laquelle ne faisoit nulle guerre, mais voyoit qui auroit du meilleur. Et vint ledit duc de Lorraine loger à Sainct-Nicolas près Nancy, avec ces Alemans dessusdits.

Le roy de Portugal estoit en ce royaume, neuf mois avoit ou environ ; auquel le roy s'estoit allié contre le roy d'Espagne, qui est aujourd'huy. Lequel roy de Portugal estoit venu, cuidant que le roy luy baillast grande armée, pour faire la guerre en Castille, par le costé de Biscaye ou de Navarre ; car il tenoit largement places en Castille, à la frontière de Portugal, et en tenoit encore d'aucunes voisines de nous, comme le chasteau de Bourgues [1], et plusieurs autres. Et croy bien que si le roy luy eust aydé, comme quelquesfois il en eut le vouloir, le roy de Portugal fut venu au-dessus de son entreprise ; mais ce vouloir passa au roy ; et fut longuement le roy de Portugal entretenu en espérance, comme d'un an ou plus.

Durant ce temps, s'empiroient les besongnes dudit roy de Portugal en Castille; car à l'heure qu'il vint, presque tous les seigneurs du royaume de Castille tenoient son party ; mais le voyans tant demourer, peu-à-peu murent ce propos ; et s'appointèrent avec le roy Ferdinand, et la royne Isabel, qui règnent aujourd'huy. Le roy s'excusoit de cet ayde, qu'il avoit promis et accordé, sur cette guerre qui estoit en Lorraine, monstrant avoir crainte, que si le duc de Bourgongne se ressourdoit, qu'après ne lui vint courre sus. Ce pauvre roy de Portugal, qui estoit très-bon et juste, mit en son imagination qu'il iroit devers le duc de Bourgongne qui estoit son cousin germain, et qu'il pacifieroit tout ce différend du roy et de luy, afin que le roy luy pust ayder : car il avoit honte de retourner en Castille, ni en Portugal, avec cette deffaute, et de n'avoir rien fait par deçà ; car légèrement il avoit esté mu d'y venir, et outre l'opinion de plusieurs de son conseil. Ainsi se mit à chemin le roy de Portugal, en fin cœur d'hyver; et alla trouver le duc de Bourgongne, son cousin, devant Nancy ; et luy commença à remonstrer ce que le roy luy avoit dit, pour venir à cette union. Il trouva que ce seroient choses bien malaisées que de les accorder, et qu'en tout estoient différends : ainsi n'y arresta que deux jours, qu'il ne prit congé dudit duc de Bourgongne son cousin, pour s'en retourner à Paris, dont il estoit party. Ledit duc de Bourgongne luy pria attendre encore, et qu'il voulsist aller au Pont-à-Mousson

---

[1] Les anciens cantons suisses.

[1] Burgos.

(qui est assez près Nancy) pour garder ce passage; car jà sçavoit ledit duc l'arrivée des Alemans, qui estoient logés à Sainct-Nicolas. Le roy de Portugal s'excusa, disant n'estre point en armes, ni accompagné pour tel exploict; et ainsi s'en retourna à Paris, là où il fit long sejour. La fin dudit roy de Portugal fut, qu'il entra en suspicion que le roy le vouloit faire prendre, et le bailler à son ennemy le roy de Castille; et pourtant se desguisa luy troisiesme; et desliberá s'en aller à Rome; et se mettre en une religion auprès. Et en allant en cet habit dissimulé, il fut pris, par un appelé Robinet le Beuf, qui estoit de Normandie. Le roy nostre maistre fut marry; et eut quelque honte de ce cas; par quoy fit armer plusieurs navires de ceste coste de Normandie, dont messire George Le Grec eut la charge qu'il le meneroit en Portugal, ce qu'il entreprit de faire.

L'occasion de sa guerre contre le roy de Castille estoit pour sa niepce, fille de sa sœur, laquelle estoit femme du roy Don Henry de Castille, dernier mort; laquelle avoit une très-belle fille; et est encore aujourd'hui demourant en Portugal, sans estre mariée; laquelle fille la royne Isabel, sœur dudit roy Henry, deboutoit de la succession de Castille, disant que la mère l'avoit conçue en adultère. Assez de gens ont esté de cette opinion, disans que ledit roy Henry n'eust sçu engendrer, pour aucune raison que je laisse. Comment qu'il en soit allé, nonobstant que ladite fille fust née soubs le manteau de mariage, toutesfois est demourée la couronne de Castille à la royne Isabel de Castille, et à son mary le roy d'Aragon et de l'isle de Cécile, régnant aujourd'huy. Et taschoit ledit roy de Portugal, dont j'ay parlé, de faire le mariage de ladite fille, sa niepce, et de nostre roy Charles, de présent huitiesme de ce nom; et estoit la cause pour laquelle ledit roy de Portugal estoit venu en France, laquelle chose luy fut à très-grand préjudice et desplaisir; car tost après son retour en Portugal, il mourut. Et pour ce (comme j'ay dit environ le commencement de ces Mémoires) un prince doit bien regarder quels ambassadeurs il envoye par païs; car si ceux-cy qui vindrent faire l'alliance dudit roy de Portugal de par deçà, à laquelle me trouvay présent, comme l'un des députés pour le roy, eussent esté bien sages, ils se fussent mieux informés des choses de deçà, avant que consciller à leur maistre de cette venue, qui tant luy porta de dommage.

CHAPITRE VIII.

Comment le duc de Bourgongne, n'ayant voulu suivre le bon conseil de plusieurs de ses gens, fut desconfit, et tué en la bataille que luy livra le duc de Lorraine, près Nancy.

Je me fusse bien passé de ce propos, si ce n'eust esté pour monstrer, que bien tard un prince se doit mettre sous la main d'un autre, ni aller chercher son secours en personne; et ainsi pour retourner à ma principale matière, le roy de Portugal n'eut point fait une journée au départir qu'il fit avec le duc de Bourgongne, que le duc de Lorraine, et les Alemans qui estoient en sa compagnie, ne deslogeassent de Sainct-Nicolas, pour aller combattre ledit duc de Bourgongne. Et ce propre jour vint au devant d'eux le comte de Campobache, achever son entreprise; et se rendit des leurs, avec environ huit vingt hommes d'armes; et luy desplaisoit bien que pis n'avoit pu faire à son maistre. Ceux de dedans Nancy estoient bien advertis des traictés dudit comte, qui leur aydoit bien à donner cœur de tenir. Avec cela entra un homme, qui se jeta aux fossés, qui les assura de secours; car autrement estoient sur le point de se rendre; et si n'eust esté les dissimulations dudit comte, ils n'eussent point tenu jusques lors; mais Dieu voulut achever ce mystère.

Le duc de Bourgongne, adverty de cette venue, tint quelque peu de conseil (combien qu'il ne l'avoit point fort accoustumé, mais usoit communément de son propre sens); et fut l'opinion de plusieurs, qu'il se retirast au Pont-à-Mousson, près de là, et laissast de ses gens ès places qu'il tenoit environ Nancy, disant que si tost que les Alemans auroient avitaillé Nancy, ils s'en iroient, et seroit l'argent failly au duc de Lorraine, qui de long-temps ne rassembleroit tant de gens, et que l'avitaillement ne sçauroit estre si grand, qu'avant que la moitié de l'hyver fust passé, ils ne fussent aussi à destroict, comme ils estoient lors; et que cependant ledit duc rassembleroit gens; car j'ay entendu, par ceux qui le pensoient sçavoir, qu'ils n'avoient point en l'ost quatre mille hommes; dont il n'y en avoit que douze cens en estat pour combattre. D'argent avoit assez ledit duc ; car il avoit au chasteau de Luxembourg, qui estoit près de là, bien quatre cens cinquante mille escus; et de gens eust-il assez recouvré ; mais Dieu ne luy voulut faire cette grace que de recevoir ce sage conseil, ni connoistre tant d'ennemis logés de tous costés environ de luy ; et choisit le pire party; et avec paroles d'hommes insensés, deslibéra d'attendre la fortune, nonobstant toutes les remonstrances qu'on luy avoit faites du grand nombre des Alemans, qui estoit avec ledit duc de Lorraine, et aussi de l'armée du roy, logée près de luy; et conclut la bataille, avec ce petit nombre de gens espouvantés qu'il avoit.

A l'arrivée du comte de Campobache vers le duc de Lorraine, les Alemans luy firent dire qu'il se retirast, et qu'ils ne vouloient nuls traistres avec eux ; et ainsi se retira à Condé, un chasteau et passage près de là, qu'il rempara de charrettes et d'autres choses le mieux qu'il pust, espérant que fuyant le duc de Bourgongne, et ses gens, il en tomberoit en sa part, comme il fit, assez. Ce n'estoit pas le principal traicté qu'eust ledit comte de Campobache, que celuy du duc de Lorraine; mais peu devant son partement, parla à d'autres, et avec ceux-là conclut, pource qu'il ne voyoit point qu'il pust mettre la main sur le duc de Bourgongne, qu'il se tourneroit de l'autre part, quand viendroit l'heure de la bataille ; car plustost ne vouloit partir ledit comte, afin de donner plus grand espouvantement à tout l'ost dudit duc ; mais il assuroit bien que, si le duc de Bourgongne fuyoit, qu'il n'en eschapperoit jamais vif; et qu'il laisseroit treize ou quatorze personnes, qui luy seroient sûrs, les uns pour commencer la fuite, dès ce qu'ils verroient marcher les Alemans, et les autres qui auroient l'œil sur ledit duc, s'il fuyoit, pour le tuer en fuyant. Et en cela n'y avoit point de faute ; car j'en ai connu deux ou trois de ceux qui demourèrent pour tuer ledit duc. Après que ces grandes trahisons furent conclues, il se retira dedans l'ost ; et puis se retourna contre son maistre, quand il vit arriver lesdits Alemands, comme j'ay dit; et puis quand il vit que lesdits Alemans ne le vouloient en leur compagnie, alla, comme dit est, en ce lieu de Condé.

Lesdits Alemans marchèrent ; et avec eux estoit grand nombre de gens-de-cheval de deçà qu'on y laissa aller. Beaucoup d'autres se mirent aux embusches près du lieu, pour voir si le duc seroit desconfit ; pour happer quelque prisonnier ou autre butin. Et ainsi pouvez voir en quel estat s'estoit mis ce pauvre duc de Bourgongne, par faute de croire conseil. Après que les deux armées furent assemblées, la sienne, qui jà avoit esté desconfite par deux fois, et qui estoit de peu de gens et mal en poinct, fut incontinent tournée en desconfiture, et tous morts ou en fuite. Largement se sauvèrent; le demourant y fut mort ou pris. Et entre autres, y mourut sur le champ ledit duc de Bourgongne [1]. Et ne veux point parler de la manière, pourtant que je n'y estois point ; mais m'a esté conté de la mort dudit duc par ceux qui le virent porter par terre; et ne le purent secourir, parce qu'ils estoient prisonniers ; mais à leur vue ne fut point tué, mais par une grande flotte [2] de gens, qui y survindrent, qui le tuèrent, et le dépouillèrent en la grande trouble sans le connoistre. Et fut ladite bataille cinquiesme jour de janvier, en l'an mille quatre cens septante six [3], veille des rois.

CHAPITRE IX.
Digression sur quelques bonnes mœurs du duc de Bourgongne, et sur le temps que sa maison dura en prospérité.

J'ay depuis vu un signet à Milan, que maintesfois j'avois vu pendre à son pourpoint, qui estoit un anneau ; et y avoit un fusil entaillé en un camayeu, où estoient ses armes ; lequel fut vendu pour deux ducats audit lieu de Milan. Celuy qui luy osta, luy fut mauvais valet-de-chambre. Je l'ay vu maintesfois habiller et deshabiller en grande révérence, et par grands personnages ; et à cette dernière heure luy estoient passés ses honneurs ; et périt luy et sa maison, comme j'ay dit, au lieu où il avoit consenty par avarice de bailler le connestable, et peu de temps après. Dieu luy veuille pardonner ses péchés ! Je l'ay vu grand et honorable

---

[1] Il fut d'abord enterré à Nancy, mais Philippe II le fit transporter dans l'église de Bruges et lui fit élever ainsi qu'à Marie, sa fille, seule héritière de la maison de Bourgogne, deux très-beaux tombeaux qu'on y voit encore.
[2] Troupe.
[3] L'année commençant à Pâques, de 1477, et commençant l'année en janvier.

prince, et autant estimé et requis de ses voisins, un temps a esté, que nul prince qui fust en chrestienté, ou par adventure plus. Je n'ay vu nulle occasion pourquoy plus tost il dust avoir encouru l'ire de Dieu, que de ce que toutes les graces et honneurs, qu'il avoit reçus en ce monde, il les estimoit tous estre procédés de son sens et de sa vertu, sans les attribuer à Dieu, comme il devoit. Et à la vérité, il avoit de bonnes et vertueuses parties en luy. Nul prince ne le passa jamais de désirer nourrir grandes gens, et les tenir bien réglés. Ses bienfaits n'estoient point fort grands, pource qu'il vouloit que chacun s'en ressenti. Jamais nul plus libéralement ne donna audience à ses serviteurs et subjets. Pour le temps que je l'ay connu, il n'estoit point cruel; mais le devint peu avant sa mort (qui estoit mauvais signe de longue durée). Il estoit fort pompeux en habillemens, et en toutes autres choses, et un peu trop. Il portoit fort grand honneur aux ambassadeurs, et gens estrangers. Ils estoient fort bien festoyés et recueillis chez luy. Il désiroit grande gloire, qui estoit ce qui plus le mettoit en ses guerres que nulle autre chose; et eut bien voulu ressembler à ces anciens princes, dont il a esté tant parlé après leur mort; et estoit autant hardy comme homme qui ait régné de son temps.

Or sont finies toutes ces pensées; et le tout a tourné à son préjudice et honte; car ceux qui gaignent ont tousjours l'honneur. Je ne sçaurois dire vers qui nostre seigneur s'est monstré plus courroucé, ou vers luy, qui mourut soudainement, et en ce champ sans guères languir, ou vers ses subjets qui oncques puis n'eurent bien ni repos, mais continuellement guerre; contre laquelle ils n'estoient suffisans de résister aux troubles qu'ils avoient les uns contre les autres, et en guerre cruelle et mortelle. Et ce qui leur a esté plus fort à porter, a esté que ceux qui les deffendoient, estoient gens estrangers, qui naguères avoient esté leurs ennemis; c'estoient les Alemans. Et en effect depuis ladite mort n'y eut jamais homme qui bien leur voulsist, de quelques gens qu'ils se soient aydés.

Et a semblé, à voir leurs œuvres, qu'ils eussent les sens aussi troublés, comme leur prince, un peu avant sa mort; car tous conseils bons ils ont déjeté, et cherché toutes voyes qui leur estoient nuisibles, et sont en chemin que ce trouble ne leur faudra de grande pièce, ou au moins la crainte d'y recheoir.

Je serois assez de l'opinion de quelque autre que j'ay vu, c'est que Dieu donne le prince, selon qu'il veut punir ou chastier les subjets; et aux princes les subjets, ou leurs courages disposer envers luy, selon qu'il les veut élever ou abaisser. Et ainsi en advint à cette maison de Bourgongne; car après leur longue félicité et grandes richesses. Et trois grands princes bons et sages, précédens cestuy-cy, qui avoient duré six vingt ans et plus en bon sens et vertu, il leur donna ce duc Charles, qui continuellement les tint en grande guerre, travail et despense, et presque autant aux jours d'hyver qu'en ceux d'esté, tant que beaucoup de gens, riches et aisés, furent morts et destruits par prisons en ces guerres. Les grandes pertes commencèrent devant Nuz, qui continuèrent par trois batailles, jusques à l'heure de sa mort; et tellement qu'à cette dernière bataille estoit consommée toute la force de son pays, et morts ou destruits ou pris tous ses gens, c'est à sçavoir ceux qui eussent sçu ou voulu deffendre l'estat et l'honneur de sa maison. Et ainsi comme j'ay dit, semble que cette perte ait esté égale au temps qu'ils ont esté en félicité; car, comme je dis l'avoir vu grand, riche, et honoré, encore puis-je dire avoir vu tout cela en ses subjets; car je cuide avoir vu et connu la meilleure part de l'Europe; toutesfois je n'ay connu nulle seigneurie, ni pays, tant pour tant, ni de beaucoup plus grande estendue encore, qui fut tant abondant en richesses, en meubles, et en édifices, et aussi en toutes prodigalités, despenses, festoyemens, chères, comme je les ay vus, pour le temps que j'y estois. Et s'il semble à quelqu'un, que je n'y ay point esté pour le temps que je dis, que j'en dis trop, d'autres qui y estoient comme moy, par adventure diront que j'en dis peu. Or, à nostre seigneur tout-à-coup fait cheoir si grand et sompueux édifice, cette puissante maison qui a tant soustenu de gens de bien et nourry, et tant a esté honorée et près et loin, et par tant de victoires et de gloires, que nul autre à l'environ n'en reçut autant en son temps. Et luy a duré cette bonne fortune et grace de Dieu l'espace de six vingt ans, que tous les voisins ont souffert, comme France, Angleterre, Espagne. Et tous à quelquefois la sont venus requérir, comme l'avez vu par expérience du roy nostre maistre, qui en sa jeunesse, et vivant le roy Charles septiesme son père, s'y vint retirer six ans, au temps du bon duc Philippe „ qui amiablement le reçut: d'Angleterre y ay vu les deux frères du roy Edouard, c'est à sçavoir le duc de Clarence, et le duc de Glocestre; qui depuis s'est fait appeler le roy Richard : et de l'autre party du roy Henry, qui estoit de la maison de Lanclastre, y ay vu toute cette lignée, ou peu s'en faloit. De tous cotés ay vu cette maison honorée, et puis tout en un coup, cheoir sens dessus dessous, et la plus désolée et deffaite maison, tant en prince qu'en subjets, que nul voisin qu'ils eussent. Et telles et semblables œuvres a fait Nostre Seigneur, mesme avant que fussions nés, et fera encore après que nous serons morts ; car il faut tenir pour sûr, que la grande prospérité des princes, ou leurs grandes adversités, procèdent de sa divine ordonnance.

CHAPITRE X.

Comment le roy fut adverty de la dernière deffaite du duc de Bourgongne, et comme il conduisit ses affaires, après la mort d'iceluy.

Pour tousjours continuer ma matière, le roy, qui avoit jà ordonné postes en ce royaume, et paravant n'y en avoit point eu jamais, fut bien tost adverty de cette desconfiture du duc de Bourgongne ; et à chacune heure en attendoit des nouvelles, à cause des advertissemens qu'il avoit eus paravant de l'arrivée des Alemans, et de toutes autres choses qui en dépendoient. Et y avoit beaucoup de gens qui avoient les oreilles bien ouvertes à qui premier les oïroit, pour les luy aller dire ; car il donnoit volontiers quelque chose à celuy qui premier luy apportoit quelques grandes nouvelles, sans oublier les messagers : et si prenoit plaisir à en parler avant qu'elles fussent venues, disant : « Je donneray tant à celuy qui premier m'a- » portera des nouvelles. » Monseigneur du Bouchage et moy, eusmes (estans ensemble) le premier message de la bataille de Morat, et ensemble le dismes au roy ; lequel nous donna à chacun deux cens marcs d'argent. Monseigneur de Lude, qui couchoit hors du Plessis, sçut le premier l'arrivée du chevaucheur, qui apporta les lettres de cette bataille de Nancy, dont j'ay parlé : il demanda au chevaucheur ses lettres, qui ne les luy osa refuser, pource qu'il estoit en grande auctorité avec le roy. Ledit seigneur de Lude vint fort matin (et estoit à grand-peine jour) heurter à l'huis plus prochain du roy. On luy ouvrit ; et bailla lesdites lettres, qu'escrivoit monseigneur de Craon, et autres; mais nul n'acertenoit, par les premières lettres, de la mort ; mais aucuns disoient qu'on l'avoit vu fuir, et qu'il s'estoit sauvé [1]. Le roy de prime-face fut tant surpris de la joye qu'il eut de cette nouvelle, qu'à grande peine sçut-il quelle contenance tenir. D'un costé doutoit, s'il estoit pris des Alemans, qu'ils ne s'accordassent à luy, pour grande somme d'argent, qu'aisément ledit duc leur pourroit donner. D'autre costé estoit en soucy, s'il estoit eschappé, ainsi desconfit la tierce fois, s'il prendroit ses seigneuries de Bourgongne ou non ; et luy sembloit qu'aisément il les pourroit prendre ; vu que tous les gens de bien du pays estoient presque tous morts en ces trois batailles. Et sur ce point estoit sa résolution (ce que peu de gens, comme je croy, ont sçu, excepté moy) que si ledit duc estoit sain de sa personne, il feroit entrer son armée qui estoit en Champagne et Barrois, incontinent en Bourgongne, et saisir le païs, à l'heure de ce grand espouvantement. Et dès ce qu'il seroit dedans, advertiroit ledit duc qu'il le faisoit à l'intention de le luy sauver, et garder que les Alemans ne le destruisissent ; pour que ladite duché estoit tenue en souveraineté de luy ; laquelle il n'eut voulu pour riens tomber ès mains desdits Alemans ; et que ce qu'il en auroit pris, luy seroit par luy rendu. Et sans difficulté ainsi l'eust-il fait : ce que beaucoup de gens ne croyroient point aisément. Aussi ne sçavent-ils la raison qui l'eust mu ; mais ce propos luy mua, quand il sçut la mort dudit duc.

Dès que le roy eut reçu ces lettres, dont j'ay parlé (lesquelles, comme j'ay dit, ne disoient

---

[1] Le duc de Bourgogne prit le galop entre la ville et la montagne dans le dessein de gagner le chemin de Metz ; mais il fut arrêté au passage d'un ruisseau où son cheval s'embourba. Il fut tué de trois coups, un au fondement, un à la cuisse, un autre à la tête. Le chatelain de Saint-Dié qui le tua, ayant appris qu c'était le prince, en mourut de regret. Il se nomma Claude de Bazemont.

riens de la mort) il envoya en la ville de Tours, quérir tous les capitaines, et plusieurs autres grands personnages ; et leur monstra les lettres. Tous en firent signe de grande joye ; et sembloit à ceux qui regardoient les choses de bien près, qu'il y en avoit assez qui s'y efforçoient ; et nonobstant leurs gestes, ils eussent mieux aimé que le faict dudit duc fust allé autrement. La cause en pourroit estre, parce que paravant le roy estoit fort craintif, et ils se doutoient que, s'il se trouvoit tant délivré d'ennemis, qu'il ne voulsist muer plusieurs choses, et par espécial estats et offices ; car il y en avoit beaucoup en la compagnie, lesquels en la question du bien public, et autres du duc de Guyenne son frère, s'estoient trouvés contre luy. Après avoir un peu parlé aux dessusdits, il ouït la messe ; et puis fit mettre la table en sa chambre, et les fit tous disner avec luy ; et y estoit son chancelier, et aucunes gens de conseil ; et en disnant parla tousjours de ces matières. Et sçais bien que moy, et autres, prismes garde comme disneroient, et de quel appétit, ceux qui estoient en cette table ; mais à la vérité (je ne sçay si c'éloit de joye, ou de tristesse) un seul par semblant ne mangea la moitié de son saoul ; et si n'estoient-ils point honteux de manger avec le roy ; car il n'y avoit celuy d'entr'eux, qui bien souvent n'y eût mangé.

Au lever de table le roy se tira à part, et donna à aucuns des terres qu'avoit possédées le duc de Bourgongne, si ainsi estoit qu'il fust mort ; et despescha le bastard de Bourbon, admiral de France, et moy ; et nous bailla pouvoirs necessaires pour mettre en son obéyssance tous ceux qui s'y voudroient mettre. Et nous commanda partir incontinent, et que nous ouvrissions toutes lettres de postes et messagers, que nous rencontrerions en allant, afin que fussions advertis si ledit duc estoit mort ou vif. Nous partismes et fismes grande diligence, nonobstant qu'il faisoit le plus grand froid que j'aye vu faire de mon temps. Nous n'eûmes point fait une demie journée, que nous rencontrasmes un messager, à qui nous fismes bailler ses lettres, qui contenoient que ledit duc avoit est trouvé entre les morts, et espécialement par un page italien [1], et par

[1] Molinet dit dans sa chronique qu'il était Romain, et s'appelait Jean-Baptiste Colonne.

son medecin, appelé maistre Loupe, natif de Portugal, lequel certifioit à monseigneur de Craon, que c'estoit le duc son maistre ; lequel incontinent en advertit le roy.

CHAPITRE XI.

Comment le roy, après la mort du duc de Bourgongne, se saisit d'Abbeville, et de la response que luy firent ceux d'Arras.

Comme nous eusmes sçu toutes lesdites choses, nous tirasmes jusques aux fauxbourgs d'Abbeville ; et fusmes les premiers par qui, en ce quartier-là, ceux du party du duc de Bourgongne en furent advertis. Nous trouvasmes que le peuple de la ville estoit desjà en traicté avec monseigneur de Torcy [1], lequel de long-temps ils aimoient très-fort. Les gens de guerre et ceux qui avoient esté officiers dudit duc, traictoient avec nous, par un messager qu'avions envoyé devant ; et, sur notre espérance, firent partir quatre cens Flamands qu'ils avoient. Mais incontinent que le peuple vit ceux-là dehors, ils ouvrirent les portes à monseigneur de Torcy, qui fut le grand dommage des capitaines et autres officiers de ladite ville ; car ils estoient sept ou huit, à qui nous avions promis des escus et aucunes pensions (car nous avions ce pouvoir du roy), dont ils n'eurent riens, pource que les places ne furent point rendues par eux. La ville d'Abbeville estoit des terres baillées par le roy Charles septiesme, à la paix d'Arras en 1435, lesquelles terres devoient retourner, en deffaut d'hoir masle ; par quoy n'est de merveille si légèrement elle nous ouvroit.

De là nous tirasmes à Dourlans, et envoyasmes sommer Arras, chef d'Artois, ancien patrimoine des comtes de Flandres, et qui de tout temps avoit accoustumé aller à fille comme à fils. Monseigneur de Ravestain et monseigneur des Cordes qui estoient en ladite ville d'Arras, entreprirent de venir parler à nous au Mont-Sainct-Eloy, une abbaye près dudit Arras, et avec ceux de la ville. Il fut avisé que j'irois, et aucuns avec moy ; car on doutoit bien qu'ils ne feroient point tout ce que nous voudrions ; et pour ce n'y alla point ledit admiral. Après que je fus venu audit lieu, y arrivèrent tantost après les dessusdits seigneurs de Ravestain et des Cordes, et plusieurs

[1] Jean d'Estouteville.

[1476]

autres gens de bien avec eux, et aussi aucuns de ladite ville d'Arras. Et entre les autres estoit pour ladite ville leur pensionnaire, et qui parloit pour eux, maistre Jean de la Vaquerie, depuis premier président en parlement à Paris. Pour cette heure là leur requismes l'ouverture pour le roy, et qu'ils nous reçussent en la ville, disans que le roy la prétendoit sienne, par le moyen de confiscation, et le païs; et que s'ils faisoient le contraire, ils estoient en danger d'être pris par force, vue la deffaite de leur seigneur, et que tout le païs estoit dépourvu de gens de deffense, à cause de ces trois batailles perdues. Les seigneurs dessusdits nous firent dire par ledit maistre Jean de la Vaquerie : que cette comté d'Artois appartenoit à mademoiselle de Bourgongne, fille du duc Charles, et lui venoit de vraye ligne, à cause de la comtesse [1] Marguerite de Flandres, qui estoit comtesse de Flandres, d'Artois, de Bourgongne, de Nevers et de Retel, laquelle comtesse fut mariée au duc Philippe de Bourgongne, le premier, lequel fils du roy Jean et frère maisné du roy Charles-le-Quint; et supplioient au roy qu'il lui plût entretenir la tresve qui estoit entre luy et le feu duc Charles. Nos paroles ne furent point trop longues ; car nous attendions bien d'avoir cette response. Mais la principale occasion de mon allée auxdits lieux, estoit pour parler à aucuns particuliers de ceux qui estoient là, pour les convertir pour le roy. J'en parlay à aucuns, qui tost après furent bons serviteurs du roy. Nous trouvasmes ce païs bien espouvanté, et non sans cause; car je crois qu'en huit jours ils n'eussent sçu finer huit hommes-d'armes, ni d'autres gens de guerre n'en y avoit, en tout ce païs-là, qu'environ mil et cinq cens hommes, tant de pied que de cheval, qui estoient vers Namur et en Henaut; et estoient échappés de ladite bataille, où estoit mort le duc de Bourgongne. Leurs anciens termes et façons de parler estoient bien changés ; car ils parloient bien bas et en grande humilité; non pas que je les veuille charger que le temps passé eussent plus arrogamment parlé qu'ils ne dussent ; mais vray est que du temps que j'y estois, ils se sentoient si forts qu'ils ne parloient point au roy, ni du roy, en telle révérence qu'ils ont fait depuis. Et si les gens estoient bien sages, ils seroient si modérés en leurs paroles, durant le temps de prospérité, qu'ils ne devroient point avoir cause de changer leur langage en temps d'adversité.

Je retournay vers monseigneur l'admiral faire mon rapport; et là je trouvay nouvelles que le roy venoit, lequel s'estoit mis en chemin après nous : et avoit fait escrire plusieurs lettres, tant en son nom que de ses serviteurs, pour faire venir gens devers luy, par le moyen desques il espéroit réduire ces seigneuries, dont j'ai parlé, en son obéyssance.

CHAPITRE XII.

Discours, aucunement hors du propos principal, sur la joye du roy, se voyant délivré de plusieurs ennemis ; et de la faute qu'il fit en la réduction des pays du duc de Bourgongne.

La joye fut très-grande au roy de se voir au-dessus de tous ceux qu'il haïssoit, et estoient ses principaux ennemis. Des uns s'estoit vengé, comme du connestable de France, du duc de Nemours [1] et de plusieurs autres. Le duc de Guyenne, son frère, estoit mort, dont il avoit la succession. Toute la maison d'Anjou estoit morte, comme : le roy René de Cécile, les ducs Jean et Nicolas de Calabre, et puis leur cousin, le comte du Maine, depuis comte de Provence. Le comte d'Armagnac avoit esté tué à Lestore ; et de tous ceux-cy avoit ledit seigneur recueilly les successions et les meubles. Mais de tant que cette maison de Bourgongne estoit plus grande et plus puissante que les autres, et qui avoit eu jà pieça grosse guerre avec le roy Charles septiesme son père, trente-deux ans, sans tresve, avec l'ayde des Anglois, et qu'ils avoient leurs seigneuries assises és lieux confins et les subjets disposés pour faire la guerre à luy et à son royaume, de tant luy fut la mort de leur duc à plaisir très grand, et plus profitable que tous les autres ensemble. Et luy sembloit bien qu'en sa vie ne trouveroit aucun contredit en son royaume, ni és environs près de luy. Il estoit en paix avec les Anglois, comme avez entendu, et désiroit travailler de toute sa puissance que ladite paix s'entretint. Mais, nonobstant qu'il fust ainsi hors de toute crainte,

---

[1] Elle était fille unique de Louis, comte de Flandre, qui mourut en 1384 et fut mariée, en l'an 1369, avec Philippe le Hardy, fils du roi Jean.

[1] Jacques d'Armagnac, duc de Nemours ; il fut décapité aux Halles à Paris, le 4 août 1477.

Dieu ne luy permit pas prendre cette matière, qui estoit si grande, par le bout qu'il la devoit prendre. Et semble bien que Dieu monstrast alors, et ait bien monstré depuis, que rigoureusement il vouloit persécuter cette maison de Bourgongne, tant en la personne du seigneur, que des subjets y ayans leurs biens ; car toutes les guerres, esquelles ils ont esté depuis, né leur fussent point advenues, si le roy nostre maistre eut pris les choses par le bout qu'il les devoit prendre, pour en venir au-dessus, et pour joindre à sa couronne toutes ces grandes seigneuries, où il ne pouvoit prétendre nul bon droict ; ce qu'il devoit faire par quelque traité de mariage, ou les attraire à soy par vraye et bonne amitié, comme aisément il le pouvoit faire, vu le grand desconfort, pauvreté et debilitation en quoy ces seigneuries estoient. Quoy faisant, il les eust tirés hors de grandes peines ; et par mesme moyen eust bien enforcy son royaume, et enrichy par longue paix, en quoy il l'eust pu maintenir ; et l'eust pu soulager en plusieurs façons, et par espécial du passage des gens-d'armes, qui incessamment et le temps passé et le temps présent, chevauchent d'un des bouts du royaume à l'autre, et bien souvent sans grand besoin qu'il en soit. Quand le duc de Bourgongne estoit encore vivant, plusieurs fois me parla le roy de ce qu'il feroit, si ledit duc venoit à mourir ; et parloit en grande raison pour lors, disant qu'il tascheroit à faire le mariage de son fils (qui est nostre roy à présent) et de la fille dudit duc (qui depuis a esté duchesse d'Austriche) ; et, si elle n'y vouloit entendre, pource que monseigneur le dauphin estoit beaucoup plus jeune qu'elle, il essayeroit à lui faire espouser quelque jeune seigneur de ce royaume [1], pour tenir elle et ses subjets en amitié, et recouvrer sans débat ce qu'il prétendoit estre sien. Et encore estoit ledit seigneur en ce propos, huit jours devant qu'il sçut la mort dudit duc. Ce sage propos, dont je vous parle, luy commença jà un peu à changer le jour qu'il sçut la mort dudit duc de Bourgongne, et à l'heure qu'il nous dépescha monseigneur l'admiral et moy ; toutesfois il en parla peu ; mais à aucuns fit aucunes promesses de terres et seigneuries.

[1] Il y avait alors Charles, comte d'Angoulême, qui

CHAPITRE XIII.

Comment Han, Bohain, Sainct-Quentin et Péronne furent livrés au roy ; et comment il envoya maistre Olivier, son barbier, pour cuider pratiquer ceux de Gand.

Comme le roy se trouva en chemin, tirant après nous, luy vindrent nouvelles plaisantes et bonnes de tous costés. Le chasteau de Han luy fut baillé et Bohain. Ceux de Sainct-Quentin se prirent eux-mesmes ; et mirent dedans monseigneur de Mouy, qui estoit leur voisin. Le roy estoit bien acertené [1] de la ville de Péronne, que tenoit messire Guillaume de Bisches ; et avoit espérance par nous et par autres, que monseigneur des Cordes seroit des siens. Il avoit envoyé à Gand son barbier, appelé maistre Olivier [2], natif d'un village auprès de ladite ville de Gand ; et en avoit envoyé plusieurs autres en plusieurs lieux ; dont de tout avoit grande espérance ; mais plusieurs le servoient plus de paroles que de faict. Quand le roy fut auprès de Péronne, je me vins trouver au devant de luy ; et là vint apporter messire Guillaume Bische, et aucuns autres, l'obéyssance de la ville de Péronne, dont il fut fort joyeux. Ledit seigneur y séjourna ce jour : je disnay avec luy, comme j'avois accoustumé ; car son plaisir estoit que tousjours mangeoient sept ou huit personnes à sa table, pour le moins, et aucunesfois beaucoup plus largement. Après qu'il eut disné, se retira à part ; et ne fut pas content du petit exploict que ledit monseigneur l'admiral et moy avions fait, disant qu'il avoit envoyé maistre Olivier son barbier à Gand, qui luy mettroit cette ville en son obéyssance ; et Robinet d'Odenfort à Sainct-Omer, lequel y avoit des amis ; et qu'ils estoient gens pour prendre les clefs de la ville, et mettre ses gens dedans ; et d'autres qu'il nommoit, en grandes villes. Et me faisoit combattre de ce propos par monseigneur du Lude, et par d'autres. Il ne m'appartenoit pas d'ar-

fut père de François Ier, qui eut été propre à cette alliance.
[1] Assuré.
[2] Il se nommait Olivier le Diable et Olivier le Mauvais ; le roi fit changer ce nom en celui de Dain et le fit comte de Meulan. Il était valet de chambre barbier. Les annales d'Aquitaine disent qu'il fut pendu dans la suite, mais il avait à cette époque la grande confiance de Louis XI.

guer [1], ni de largement parler contre son plaisir ; mais je luy dis que je doutois que maistre Olivier et les autres, qu'il m'avoit nommés, ne cheviroient point si aisément de ces grandes villes, comme ils pensoient.

Ce qui faisoit à nostre roy me dire ces mots, estoit pour ce qu'il estoit changé de volonté, et que cette bonne fortune qu'il avoit au commencement, luy donnoit espérance que tout se rendroit à luy de tous costés ; et se trouvoit conseillé par aucuns (et y estoit aussi enclin de soy-mesme) à deffaire et destruire cette maison de tous poincts, et en départir les seigneuries en plusieurs mains. Et nommoit ceux à qui il entendoit donner les comtés, comme Namur et Hainaut, qui sont situées près de luy. Des autres grandes pièces, comme Brabant, Holande, il s'en vouloit ayder à avoir aucuns seigneurs d'Alemagne, qui seroient ses amis, et qui luy ayderoient à exécuter son vouloir. Son plaisir estoit bien de me dire toutes ces choses ; pource qu'autrefois luy avois parlé et conseillé l'autre chemin icy dessus escript. Et vouloit que j'entendisse ses raisons pourquoy il ne m'oyoit ; et que cette voye estoit plus utile pour son royaume, qui beaucoup avoit souffert à cause de la grandeur de cette maison de Bourgongne, et des grandes seigneuries qu'elle possédoit. Quant au monde, il y avoit grande apparence en ce que ledit seigneur disoit ; mais quant à la conscience me sembloit le contraire. Toutesfois le sens de nostre roy estoit si grand, que moy ni autre qui fut en la compagnie, n'eussions sçu voir si clair en ses affaires, comme luy-mesme faisoit ; car sans nul doute, il estoit un des plus sages hommes, et des plus subtils, qui ait régné en son temps. Mais en ces grandes matières, Dieu dispose les cœurs des rois et des grands princes (lesquels il tient en sa main) à prendre les voyes selon les œuvres qu'il veut conduire après ; car sans nulle difficulté, si son plaisir eust esté que nostre roy eust continué le propos qu'il avoit de luy-mesme advisé, devant la mort du duc de Bourgongne, les guerres qui ont esté depuis, et qui sont, ne fussent point advenues ; mais nous n'estions encore envers luy, tant d'un costé que d'autre, dignes de recevoir cette paix, qui nous estoit appareillée. Et de là procède l'erreur que fit nostre roy, et non point de la faute de son sens ; car il estoit bien grand, comme j'ay dit. Je dis ces choses au long, pour monstrer qu'au commencement, quand on veut entreprendre une si grande chose, on la doit bien consulter et débattre, afin de pouvoir choisir le meilleur party ; et par espécial soy recommander à Dieu, et luy prier qu'il luy plaise adresser le meilleur chemin ; car de là vient tout ; et se voit tout cela, par escript, et par expérience. Je n'entends point blasmer nostre roy, pour dire qu'il eut failly en cette matière ; car par adventure, autres qui sçavoient et qui connoissoient plus que moy, seroient et estoient lors de l'advis qu'il estoit, combien que riens n'y fut débatu, ni là ni ailleurs, touchant ladite matière. Les chroniqueurs n'escrivent communément les choses qu'à la louange de ceux de qui ils parlent ; et laissent plusieurs choses, ou ne les sçavent pas aucunesfois à la vérité ; mais quant à moy, je me deslibère de ne parler de chose qui ne soit vraye, et que je n'ay vu ou sçu de si grands personnages, qu'ils soient dignes de croire, sans avoir égard aux louanges ; car il est bien à penser qu'il n'est nul prince si sage, qu'il ne faille bien aucunesfois, et bien souvent s'il a longue vie ; et ainsi se trouveroit de leurs faicts, s'il en estoit tousjours dit la vérité. Les plus grands sénats et consuls, qui ayent jamais esté, ni qui sont, ont bien erré, et errent bien, comme il a esté vu et se voit chacun jour.

Après le séjour qu'eut fait le roy en un village près Péronne, il se deslibéra le lendemain d'y aller faire son entrée ; car elle luy estoit baillée, comme j'ay dit. Ledit seigneur me tira à part, comme il voulut partir, et m'envoya en Poictou, et sur les frontières de Bretagne ; et me dist en l'oreille que si l'entreprise de maistre Olivier failloit, et que monseigneur des Cordes ne se tournast des siens, il feroit brusler le païs d'Artois, en un endroit du long de la rivière du Lis (qui s'appeloit l'Alloeue), et puis qu'incontinent s'en retourneroit en Touraine. Je luy recommanday aucuns ; lesquels s'estoient tournés de son party, par mon moyen ; pour quoy je leur avois promis pensions et bienfaits de luy. Il en prit

---
[1] Discuter.

de moy les noms par escript, et leur tint ce que je leur avois promis ; et ainsi partis de luy pour ce coup. Comme je voulus monter à cheval, se trouva près de moy monseigneur du Lude, qui estoit fort agréable au roy en aucunes choses, et qui fort aimoit son profit particulier, et ne craignoit jamais à abuser ni à tromper personne ; aussi très-légèrement croyoit, et estoit trompé bien souvent. Il avoit esté nourry avec le roy en sa jeunesse. Il luy sçavoit fort bien complaire, et estoit homme très-plaisant ; et me vint dire ces mots, comme par moquerie sagement dite : « Or vous en » allez-vous, à l'heure que vous deviez faire » vos besongnes, ou jamais, vu les grandes » choses qui tombent entre les mains du roy, » dont il peut agrandir ceux qu'il aime ; et » au regard de moy, je m'attends d'estre gou- » verneur de Flandres et m'y faire tout d'or. » Et rioit fort en ce disant ; mais je n'eus aucune envie de rire, pource que je doutois [1] qu'il ne procédast du roy. Et luy respondis que j'en serois bien joyeux, s'il advenoit ainsi, et que j'avois espérance que le roy ne m'oublieroit point ; et ainsi partis.

Un chevalier de Hainaut estoit arrivé là devers moy, n'y avoit pas demie heure ; et m'apportoit des nouvelles de plusieurs autres, à qui j'avois escrit, en les priant de soy vouloir réduire au service du roy. Ledit chevalier et moy sommes parens, et vit encore ; par quoy ne le veux nommer, ni ceux de qui il m'apportoit nouvelles. Il m'avoit en deux mots fait ouverture de bailler les principales villes et places du païs de Hainaut ; et au partir que je fis du roy, je luy en dis deux mots. Et incontinent l'envoya quérir ; et me dit de luy, et des autres que je luy nommois, qu'ils n'estoient tels gens qu'il luy faloit ; l'un luy desplaisoit d'un cas, l'autre de l'autre ; et luy sembloit que leur offre estoit nulle, et qu'il auroit bien tout sans eux. Et ainsi me partis de luy : et fit parler ledit chevalier à monseigneur du Lude, dont il se trouva esbahy ; et se despartit bien tost, sans entrer en grande marchandise ; car ledit seigneur du Lude et luy ne se fussent jamais accordés, ni entendus ; car il estoit venu pour s'ayder et faire son profit et s'enrichir ; et ledit seigneur du Lude luy demanda d'entrée quelle chose les villes luy donneroient en conduisant leur affaire. Encore estimé-je ce refus et mespris, que le roy fit de ces chevaliers, estre venu de Dieu : car je l'ay vu depuis, qu'il les eut bien estimés, s'illes eut pu finer ; mais par adventure que Nostre Seigneur ne luy voulut point de tous poincts accomplir son desir, pour aucunes raisons que j'ay dites, ou qu'il ne vouloit point qu'il usurpast sur ces païs de Hainaut, qui est tenu de l'Empire ; tant pource qu'il n'y avoit aucun titre, qu'aussi pour les anciennes alliances et sermens, qui sont entre les empereurs et les roys de France. Et monstra bien depuis ledit seigneur en avoir connaissance ; car il tenoit Cambray, le Quesnoy, et Bouchain en Hainaut ; il rendit ce Bouchain en Hainaut ; et remit Cambray en neutralité, laquelle est ville impériale. Et combien que je ne demeuray sur le lieu, si fus-je informé comme les affaires se passoient ; et le pouvois bien aisément entendre, pour la connoissance et nourriture que j'avois eu de l'un costé et de l'autre ; et depuis l'ay sçu de bouche, par ceux qui les conduisoient, tant d'un costé que d'autre.

CHAPITRE XIV.

Comment maistre Olivier, barbier du roy, n'ayant pas bien fait son profit de ceux de la ville de Gand, trouva moyen de mettre les gens-d'armes du roy dedans Tournay.

Maistre Olivier, comme avez ouy, estoit allé à Gand ; lequel portoit lettres de créance à madamoiselle de Bourgongne, fille du duc Charles ; et avoit commission de luy faire aucunes remonstrances à part, afin qu'elle se voulsist mettre entre les mains du roy. Cela n'estoit point sa principale charge ; car il doutoit bien qu'à grande peine il pourroit parler seul à elle ; et que s'il y parloit, si ne la sçauroit-il guider à ce qu'il désiroit ; mais il avoit intention qu'il feroit faire à cette ville de Gand quelque grande mutation, connoissant que de tout temps elle y estoit encline, et que sous les ducs Philippe et Charles, elle avoit esté tenu en grande crainte ; et leur avoient esté ostés aucuns privilèges, par la guerre qu'ils eurent avec le duc Philippe, en faisant leur paix ; et

---

[1] Il craignait que le seigneur du Lude ne fut chargé de lui tenir ce propos de la part du roi pour le sonder.

aussi par le duc Charles leur en fut osté un, touchant la création de leur loy, pour une offense qu'ils luy firent, luy estant en ladite ville, le premier jour qu'il y entra comme duc: j'en ai parlé cy-devant; parquoy je m'en tais. Toutes ces raisons donnèrent hardement [1] audit maistre Olivier, barbier du roy (comme j'ay dit), de poursuivre son œuvre. Et parla à aucuns qu'il pensoit qu'ils dussent prester l'oreille à faire ce qu'il désiroit; et offroit leur faire rendre leurs priviléges (qu'ils avoient perdus) par le roy, et autres choses; mais il ne fut point en leur hostel de ville pour en parler en public; car il vouloit premièrement voir ce qu'il pourroit faire avec cette jeune princesse; toutesfois il en sçut quelque chose. Le dessusdit maistre Olivier, quand il eut esté quelque peu de jours à Gand, on luy manda qu'il vint dire sa charge; lequel y vint en la présence de ladite princesse. Et estoit ledit Olivier vestu trop mieux qu'il ne luy appartenoit. Il bailla ses lettres de créance. Ladite damoiselle estoit en sa chaire, et le duc de Clèves à costé d'elle, et l'évesque de Liége [2], et plusieurs autres grands personnages, et grand nombre de gens. Elle lut sa lettre de créance; et fut ordonné audit maistre Olivier de dire sa créance; lequel respondit qu'il n'avoit charge, sinon de parler à elle à part. On luy dit que ce n'estoit pas la coustume, et par espécial à cette jeune damoiselle, qui estoit à marier. Il continua de dire qu'il ne diroit autre chose, sinon à elle. On luy dit lors qu'on luy feroit bien dire; et eût peur; et crois qu'à l'heure qu'il vint à présenter sadite lettre de créance, il n'avoit point encore pensé à ce qu'il devoit dire; car aussi ce n'estoit point sa charge principale, comme vous avez ouy. Ainsi se despartit pour cette fois ledit Olivier, sans dire autre chose. Aucuns de ce conseil le prindrent à dérision, tant à cause de son petit estat, que des termes qu'il tenoit, et par espécial ceux de Gand (car il estoit natif d'un petit village [3], auprès de ladite ville); et luy furent faits aucuns tours de moquerie; et puis soudainement s'enfuit de ladite ville; car il fut adverty

que s'il ne l'eust fait, il estoit en péril d'estre jeté en la rivière; et le crois ainsi.

Ledit maistre Olivier se faisoit appeler comte de Meulan, qui est une petite ville près Paris, dont il estoit capitaine. Il s'enfuit à Tournay, à son partement de Gand; laquelle ville est nostre en ce quartier-là, et estoit fort affectionnée au roy; car elle est aucunement sienne, et luy paye six mille livres parisis l'an [1]. Et au demourant elle vit en toute liberté, et y sont reçus toutes gens; et est belle ville et très-forte, comme chacun en ce quartier le sçait bien. Les gens d'église et bourgeois de la ville ont tout leur vaillant et revenu en Hainaut et en Flandres; car elle touche à tous les deux païs dessusdits, et pour ceste cause avoient tousjours accoustumé de donner, par les anciennes guerres du roy Charles septiesme et du duc Philippe de Bourgongne, dix mille livres l'an audit duc; et autant leur en ay vu donner au duc Charles de Bourgongne, mais pour cette heure qu'y entra ledit maistre Olivier, elle ne payoit riens, et estoit en grande aise et repos.

Combien que la charge qu'avoit ledit maistre Olivier fut trop grande pour luy, si n'en fut-il point tant à blasmer que ceux qui la luy baillèrent. L'exploict en fut tel qu'il devoit; mais encore monstra-t-il vertu et sens en ce qu'il fit; car luy connoissant que ladite ville de Tournay estoit si prochaine des deux païs dont j'ay parlé, que plus ne pouvoit, et bien aisée pour y faire grand dommage, pourvu qu'il y put mettre des gens-d'armes, que le roy avoit près de là (à quoy pour riens ceux de la ville ne se fussent consentis; car jamais ils ne se monstrèrent d'un party ni d'autre, mais neutres entre les deux princes); pour les raisons dessusdites, ledit maistre Olivier manda secrettement à monseigneur de Mouy (dont le fils estoit bailly de ladite ville; mais il ne s'y tenoit point) qu'il amenast sa compagnie, qu'il avoit à Sainct-Quentin, et quelques autres gens-d'armes, qui estoient en ce quartier-là. Lequel vint à l'heure nommée à la porte, où il trouva ledit maistre Olivier accompagné de trente ou quarante hommes; lequel eut bien le hardement de faire ouvrir la barrière,

---

[1] Courage.
[2] Louis de Bourbon au sujet duquel il y eut tant de troubles à Liége.
[3] Village de Thiels,

[1] Tournay a toujours appartenu, jusqu'en 1522, à l'ancienne monarchie française.

demi par amour, demi par force, et mit les gens-d'armes dedans; dont le peuple fut assez content; mais les gouverneurs de la ville non; desquels il envoya sept ou huit à Paris, qui n'en sont partis tant que le roy a vescu. Après ces gens-d'armes y en entra d'autres, qui firent merveilleux dommage ès deux païs dessusdits depuis, comme d'avoir pillé et bruslé maints beaux villages, et maintes belles censes, plus au dommage des habitans de Tournay que d'autres, pour les raisons que j'ay dites. Et tant en firent que les Flamands vindrent devant, et tirèrent le duc de Gueldres hors de prison [1] (que le duc Charles y avoit mis) pour en faire leur chef; et vindrent devant ladite ville de Tournay où ils firent peu de séjour, car ils s'en retournèrent en grand désordre et fuite; et y perdirent beaucoup de gens; et entre les autres y mourut le duc de Gueldres, qui se mit à la queue, pour vouloir ayder à soustenir le faict; mais il fut mal suivi, et y mourut, comme nous dirons plus amplement cy-après. Et partant procéda cet honneur au roy par ledit maistre Olivier; et reçurent les ennemis du roy grand dommage. Un bien plus sage, et plus grand personnage que luy eust bien failly à conduire cet œuvre. J'ay assez parlé de la charge qui fut donnée par le roy à ce petit personnage, inutile à la conduite de si grande matière. Et semble bien que Dieu avoit troublé le sens de nostre roy, en cet endroit; car, comme j'ay dit, s'il n'eust cuidé son œuvre estre trop aisée à mettre à fin, et il eut un petit laissé de la passion et vengeance qu'il avoit contre cette maison de Bourgongne, sans point de faute il tiendroit aujourd'huy toute cette seigneurie sous son arbitrage.

CHAPITRE XV.

Des ambassadeurs que la damoiselle de Bourgongne, fille du feu duc Charles, envoya au roy; et comment par le moyen de monseigneur des Cordes, la cité d'Arras, et les villes de Hesdin et Boulongne, et la ville d'Arras mesme, furent mises en l'obeyssance du roy.

Après que ledit seigneur eut receu Péronne (qui luy fut baillée par messire Guillaume de Bisches [2], homme de fort petit estat, natif de Moulins-Engilbert en Nivernois, qui avoit esté enrichy et élevé en auctorité par ledit duc Charles de Bourgongne; lequel luy avoit baillé cette place entre les mains; pource que sa maison, appelé Clary estoit auprès delà, laquelle ledit messire Guillaume de Bisches avoit acquise, et y avoit fait un fort chasteau et beau) ledit seigneur reçut audit lieu aucuns ambassadeurs de la partie de ladite damoiselle de Bourgongne, où estoient tous les plus grands et principaux personnages dont elle se pouvoit ayder, qui n'estoit point trop sagement fait, de venir tant ensemble; mais leurs désolations estoient si grandes, et leur peur, qu'ils ne sçavoient ni que dire, ni que faire. Les dessusdits estoient : leur chancelier, appelé messire Guillaume Hugonet, très-notable personnage, et sage, et avoit receu grand crédit avec ce duc Charles, et en avoit eu grands biens; le seigneur d'Hymbercourt y estoit aussi; dont assez a esté parlé en ces Mémoires; et n'ay point souvenance d'avoir vu un plus sage gentil-homme ni mieux adextré pour conduire grandes matières. Il y avoit le seigneur de la Vère [1] grand seigneur en Zelande, et le seigneur de la Gruthuse, et plusieurs autres, tant nobles que gens-d'église, et des bonnes villes. Nostre roy ayant les avoir ouys, tant en général que chacun à part, mit grande peine à gaigner chacun d'eux; et en eut humbles paroles, et révérentes, comme des gens estans en crainte. Toutesfois ceux qui avoient leurs terres en lieu où ils s'attendoient que le roy n'allast point, ne se voulurent en riens obliger au roy, sinon en faisant le mariage de monseigneur le dauphin son fils à ladite damoiselle. Ledit chancelier et le seigneur d'Hymbercourt, qui avoient esté nourris en très-grande et longue auctorité, et qui désiroient y continuer, et avoient leurs biens aux limites du roy (l'un en la duché de Bourgongne, l'autre en Picardie, comme vers Amiens) prestoient l'oreille au roy et à ses offres; et donnèrent quelque consentement de le servir, en faisant ce mariage,

---

[1] Adolphe d'Egmont qui avait tant maltraité son père.

[2] Il avait été premier maître d'hôtel de Charles, duc de Bourgogne. Ollivier de la Marche dit qu'il était sage et subtil.

[1] Volfart de Borselle, comte de Grandpré, seigneur de la Vère, chevalier de la Toison-d'Or, gouverneur de Hollande Zélande et Frise.

et de tous poincts se retirer soubs luy, ledit mariage accompli. Et combien que ce chemin fut le meilleur pour le roy, toutesfois il ne luy estoit point le plus agréable; et se mescontentoit d'eux, parce que dès lors ils ne demouroient en son service; mais il ne leur en fit point de semblant; car il s'en vouloit ayder en ce qu'il pourroit. Jà avoit ledit seigneur bonne intelligence avec monseigneur des Cordes; et conseillé et advisé de luy, qui estoit chef et maistre dedans Arras, requit auxdits ambassadeurs qu'ils luy fissent faire ouverture, par ledit des Cordes, de la cité d'Arras; car lors y avoit murailles et fossés entre la ville et la cité, et portes fermans contre ladite cité; et maintenant est à l'opposite; car la cité ferme contre la ville. Après plusieurs remonstrances faites auxdits ambassadeurs, et que ce seroit pour le mieux, et que plus aisément on viendroit à paix en faisant cette obéyssance. Ils s'y consentirent, et principalement lesdits chancelier et le seigneur d'Hymbercourt; et baillèrent lettres de descharge audit seigneur des Cordes, et le consentement de bailler ladite cité d'Arras, ce qu'il fit volontiers. Et incontinent que le roy fut dedans, il fit faire des boulevers de terre contre la porte, et autres endroits près de la ville; et par cet appointement monseigneur des Cordes se tira hors de la ville, et en fit saillir les gens de guerre estans avec luy, et s'en alla chacun à son plaisir, en prenant tel party qu'il luy plaisoit.

Ledit seigneur des Cordes, soy tenant pour deschargé du service de sa maistresse, par ce consentement qu'avoient baillé lesdits ambassadeurs, qu'il mit le roy dedans ladite cité d'Arras, et se délibéra de faire le serment au roy de devenir son serviteur, considérant que son nom et ses armes estoient deçà la rivière de Somme, près de Beauvais; car il avoit nom messire Philippe de Crèvecœur; et aussi ces terres que la maison de Bourgongne avoit occupées sur ladite rivière de Somme (dont assez ay parlé) vivans les ducs Philippe et Charles, revenoient sans difficulté au roy, par les conditions du traicté d'Arras en 1435, par lequel furent baillées au duc Philippe pour luy et ses hoirs masles seulement, et le duc Charles ne laissa que cette fille dont j'ay parlé; et par ainsi ledit messire Philippe de Crèvecœur devenoit homme du roy, sans difficulté, parquoy n'eut sçu mesprendre à se mettre au service du roy (sinon qu'il eut fait serment de nouveau à ladite damoiselle) et en luy rendant ce qu'il tenoit du sien. Il s'en est parlé, et parlera en diverses façons, parquoy m'en rapporte à ce qui en est. Bien sçay qu'il avoit esté nourry et accru, et mis en grand estat par le duc Charles, et que sa mère avoit nourry [1] en partie ladite damoiselle de Bourgongne, et qu'il estoit gouverneur de Picardie, sénéschal de Ponthieu, capitaine de Crotoy, gouverneur de Péronne, Mondidier et Roye, capitaine de Boulongne et de Hesdin, de par le duc Charles, quand il mourut; et encore de présent il les tient de par le roy, en la forme et manière que le roy, nostre maistre, les luy bailla.

Après que le roy eut fait en la cité d'Arras, comme dit est, il se partit de là; et alla mettre le siége devant Hesdin, où il mena ledit seigneur des Cordes, lequel avoit tenu la place, comme dit est, il n'y avoit que trois jours; et encore y estoient ses gens, qui monstrèrent la vouloir tenir pour ladite damoiselle, disans luy avoir fait le serment. Et tira l'artillerie quelques jours. Ils ouirent parler leur maistre; et à la vérité ceux de dehors et dedans s'entendoient bien. Et ainsi ladite place fut rendue au roy; lequel s'en alla devant Boulongne, où il en fut fait tout ainsi. Ils tindrent par adventure un jour davantage. Toutesfois cette habileté estoit[2] dangereuse, s'il y eut eu gens au païs (et le roy, qui depuis me conta, l'entendoit bien); car il y avoit gens dedans Boulongne, qui connoissoient bien ce cas, et travailloient à y mettre des gens, s'ils en eussent pu finir à temps, et la deffendre à bon escient. Cependant que le roy séjournoit devant Boulongne (qui fut peu d'espace, comme de cinq ou six jours) ceux d'Arras se tindrent pour deçus de se voir ainsi enclos d'un costé et d'autre, où il y avoit largement gens-d'armes, et grand nombre d'artillerie; et travailloient de trouver gens, pour garnir leur ville; et en escrivirent aux

[1] Elevé.
[2] Rapidité.

villes voisines, comme à Lisle et Douay. Audit lieu de Douay y avoit quelque peu de gens-de-cheval ; et entre les autres y estoit le seigneur de Vergy.[1], et autres dont il ne me souvient ; et estoient de ceux qui estoient revenus de cette bataille de Nancy ; lesquels se desliberèrent de soy venir mettre en cette ville d'Arras. Et firent amas de ce qu'ils purent, comme de deux ou trois cens chevaux, que bons que mauvais, et cinq ou six cens hommes de pied. Ceux de Douay, qui en ce temps-là estoient encore un petit orgueilleux, les pressèrent de partir en plein midy, voulsissent-ils ou non, qui fut une grande folie pour eux ; et aussi mal leur en prit, car le païs delà Arras est plein comme la main, et y a environ cinq lieues ; et s'ils eussent attendu la nuict, ils eussent exécuté leur entreprise, comme ils entendoient faire. Comme ils furent en chemin, ceux qui estoient demourés en la cité, comme le seigneur du Lude, Jean du Fou, les gens du mareschal de Loheac, furent advertis de leur venue ; et desliberèrent de plus tost leur en aller au devant, et mettre tout à l'adventure, que de les laisser entrer en la ville ; car il leur sembloit qu'ils ne sçauroient deffendre la cité, s'ils y entroient. L'entreprise de ceux que je dis estoit bien périlleuse ; mais ils l'exécutèrent hardiment, et bien ; et destroussèrent cette bende, qui estoit partie de Douay ; et furent quasi tous morts ou pris ; et entre les autres fut pris le seigneur de Vergy.

Le roy y arriva le lendemain, qui eut grande joye de cette desconfiture ; et fit mettre tous les prisonniers en sa main ; et plusieurs fit mourir de ces gens-de-pied, espérant d'espouvanter si petit de gens-de-guerre qu'il y avoit en ce quartié. Et fit le roy long-temps garder monseigneur de Vergy ; lequel ne voulut faire le serment au roy, pour chose du monde, si estoit-il en estroite garde et bien enferré. A la fin fut conseillé de sa mère ; et après qu'il eut esté un an en prison, ou plus, il fit le bon plaisir du roy, dont il ne fit que sage : le roy luy restitua toutes ses terres, et toutes celles qu'il quereloit, et le fit possesseur de plus de dix mille livres de rente, et d'autres beaux estals. Ceux qui eschapèrent de cette destrousse, qui estoient peu, entrèrent en la ville : le roy fit approcher son artillerie, et tirer, laquelle estoit puissante, et en grand nombre. Les fossés et murailles ne valoient guères : la batterie fut grande ; et furent tous espouvantés ; car ils n'avoient comme point de gens-de-guerre dedans. Monseigneur des Cordes y avoit bonne intelligence ; et aussi incontinent que la cité fut rendue au roy, la ville ne luy pouvoit eschaper ; parquoy ils firent une composition, en rendant la ville. Laquelle composition fut assez mal tenue ; dont ledit seigneur du Lude eut partie de la coulpe. Et fit l'on mourir plusieurs bourgeois et autres. Et beaucoup de gens de bien, présent ledit seigneur du Lude et maistre Guillaume de Cerisay (qui y eurent grand profit ; car ledit seigneur du Lude m'a dit que par ce temps il y avoit gaigné vingt mille escus, et deux panes de martres). Et firent ceux de la ville un prest au roy de soixante mille escus, qui estoit beaucoup trop pour eux : toutesfois je crois que depuis ils furent rendus ; car ceux de Cambray en prestèrent quarante mille, qui depuis pour certain leur furent rendus, parquoy je crois qu'aussi furent les autres.

CHAPITRE XVI.

Comment les Gandois qui avoient usurpé auctorité par dessus leur princesse, quand son père fut mort, vindrent en ambassade vers le roy, comme de par les trois estats de leur pays.

Pour l'heure de ce siége d'Arras, madamoiselle de Bourgongne estoit à Gand, entre les mains de ces gens tres-déraisonnables : dont perte luy ensuivit, et profit au roy ; car nul ne perd, que quelqu'un n'y gaigne. Quand ils sçurent la mort du duc Charles, il leur sembla qu'ils estoient eschappés : et prirent tous ceux de leur loy[1], (qui estoient vingt et six) et la plus part, ou tous firent mourir. Et prirent leur couleur [2], disant qu'ils avoient fait le jour de devant décapiter un homme : et nonobstant qu'il l'eût bien desservi [3], si n'en avoient-ils aucun pouvoir, comme ils disoient ; car leur pouvoir estoit expiré par le trespas dudit duc, qui les avoit créés audit gouvernement. Ils fi-

---

[1] Guillaume de Vergy, quatrième du nom, sénéchal de la Bourgogne, depuis fait maréchal du comté de Bourgogne, en 1498, et, en 1504, lieutenant et capitaine-général du duché de Gueldre et du comté de Zutphen pour Philippe, archiduc d'Autriche. Il mourut en 1520.

[1] Tous leurs magistrats.
[2] Et prirent pour excuse.
[3] Mérité.

rent mourir aussi plusieurs grands et bons personnages de la ville, qui avoient esté amis favorables dudit duc : dont il y en avoit aucuns qui de mon temps, et moy present, avoient aydé à desmouvoir ledit duc Charles, lequel vouloit destruire grande partie de ladite ville de Gand. Ils contraignirent ladite damoiselle à confirmer leurs anciens priviléges, qui leur avoient esté ostés par la paix de Gand (qui fut faite avec le duc Philippe), et autres, par le duc Charles. Lesdit priviléges ne leur servoient que de noise avec leur prince : et aussi leur principale inclination est de désirer leur prince estre foible : et n'en aiment nuls depuis qu'ils sont seigneurs; mais tres-naturellement les aiment, quand ils sont en enfance, et avant qu'ils viennent à la seigneurie, comme ils avoient fait cette damoiselle, qu'ils avoient soigneusement gardée et aimée jusque lors qu'elle fust dame. Aussi est bon à entendre que si, à l'heure que ledit duc mourut, les gens de Gand n'eussent fait aucun trouble, et eussent voulu tascher à garder le pays, que soudainement ils eussent pourvu à mettre gens dedans Arras, et par adventure à Péronne : mais ils ne pensèrent lors qu'à ce trouble. Toutesfois le roy estant devant ladite ville d'Arras, vindrent devers luy aucuns ambassadeurs de par les trois estats des pays de ladite damoiselle ; car ils tenoient à Gand certains députés desdits trois estats : mais ceux de Gand faisoient le tout à leur plaisir, pour ce qu'ils tenoient ladite damoiselle entre leurs mains. Le roy les ouyt. Et entre autres choses dirent : que les choses qu'ils avoient proposées, qui estoient tendans à fin de paix, procédoient du vouloir de ladite damoiselle, laquelle en toutes choses estoient desliberée de soy conduire par le vouloir et conseil desdit trois estats de son pays : et requéroient que le roy se voulsist déporter de la guerre qu'il faisoit, tant en Bourgongne qu'en Artois, et qu'on prit journée, pour pouvoir amiablement pacifier; et que cependant fust donné surséance de guerre.

Le roy se trouvoit jà comme au dessus, et encore cuidoit-il que les choses vinssent mieux à son plaisir qu'elles ne firent : car il estoit bien informé, que plusieurs gens-de-guerre estoient morts ou deffaits par tout, et beaucoup d'autres tournés de son costé, et par espécial monseigneur des Cordes (dont il faisoit grande estime, et non sans cause : car de long-temps il n'eust fait par force, ce que par intelligence il avoit eu par son moyen, peu de jours avant, comme avez ouy), et pour ce il estima peu leurs requestes et demandes. Aussi estoit-il bien informé, et sentoit bien que ces gens de Gand estoient en tel estat, qu'ils troubloient tant leur compagnie, qu'ils ne sçauroient donner aucun ordre ou conseil à conduire la guerre contre luy. Car nul homme de sens ni qui eust eu auctorité avec leurs princes passés, n'estoit appelé en riens, touchant leurs affaires : mais estoit persecuté, et en danger de mort : et par espécial ils avoient en grande hayne les Bourguignons, pour la grande auctorité qu'ils avoient eue au temps passé. Et d'avantage le roy connoissoit bien (lequel en telles choses voyoit aussi clair que nul homme de son royaume) ce que lesdits Gandois faisoient à leur seigneur de tout temps, et qu'ils désiroient le voir appetissé, pourvu qu'ils n'en sentissent riens en leur pays. Et pour ce il advisa que, s'ils estoient encommencés à soy diviser, qu'il les y mettroit encore plus avant : car ceux à qui il avoit affaire, n'estoient que bestes, et gens de ville la plus part ; et par espécial ne se connoissoient en ces choses subtiles dont ledit seigneur se sçavoit bien adyer : et faisoit ce qu'il devoit, pour vaincre et mener à fin son entreprise.

Le roy s'arresta sur la parole que ces ambassadeurs avoient dite (qui estoit que leur princesse ne feroit riens sans la desliberation et conseil des trois estats de son pays), en leur disant : qu'ils estoient mal informés du vouloir d'elle, et d'aucuns particuliers ; car il estoit sûr qu'elle entendoit conduire ses affaires par gens particuliers, qui ne desiroient point la paix ; et qu'eux se trouveroient désavoués. Dont lesdits ambassadeurs se trouvèrent fort troublés. Et comme gens mal accoustumés de besongner en si grandes matières, respondirent chaudement qu'ils estoient bien sûrs de ce qu'ils disoient, et qu'ils monstreroient leurs instructions, quand besoin seroit. On leur respondit qu'on leur monstreroit lettres, quand il plairoit au roy, escrites de telle main qu'ils le croiroient! Qui disoient que ladite damoiselle ne vouloit conduire ses affaires que par quatre personnes. Ils repliquerent encore qu'ils estoient bien sûrs du contraire. Et lors le roy leur fit monstrer la lettre, que le chancelier de Bourgongne et le seigneur d'Hymbercourt avoient apportée, à l'autre fois qu'ils avoient esté à Péronne : lesquelles estoient escrites, partie de la main de ladite damoiselle, partie de la main de la duchesse de Bourgongne douairiere, femme du duc Charles, et sœur du roy Edouard d'Angleterre, et partie de la main du seigneur de Ravestain, frère du duc de Clèves, et prochain parent de ladite damoiselle. Ainsi estoit cette lettre escrite de trois mains. Toutesfois elle ne parloit qu'au nom de ladite damoiselle ; mais il estoit ainsi fait, pour y adjouster plus grande foy. Le contenu de ladite lettre estoit créance sur lesdits chancelier et Hymbercourt. Et davantage ladite damoiselle déclaroit que, son intention estoit, que toutes ses affaires seroient conduites par quatre personnes, qui estoient : ladite douairiere sa belle mere, ledit seigneur de Ravestain, et les dessusdits chancelier et Hymbercourt, et supplioit au roy que ce qu'il luy plairoit faire conduire envers elle, passast par leurs mains ; et qu'il luy plust s'en addresser à eux, et à nuls autres n'en avoir communication.

Quand ces Gandois et autres députés eurent vu cette lettre, ils en furent fort marris ; et ceux qui communiquoient avec eux les y aydoient bien. Finalement ladite lettre leur fut baillée ; et n'eurent autre dépesche, qui fust de grande substance. Il ne leur en chaloit guères ; car ils ne pensoient qu'à leurs divisions, et à faire un monde neuf ; et ne regardoient point à plus loin, combien que la porte d'Arras leur devoit bien plus toucher au cœur ; mais c'estoient gens qui n'avoient point esté nourris en grandes matières, et gens de ville la plus part, comme j'ay dit. Ils se mirent en chemin droit à Gand, où ils trouvèrent ladite damoiselle, avec laquelle estoit le duc de Clèves son prochain parent [2], et de sa maison de par sa mère, lequel étoit fort ancien. Il avoit esté nourry en cette maison de Bourgongne, et de tout temps en avoit eu six mille florins de Rhin de pension : parquoy, outre le parentage, il y venoit aucunes fois comme serviteur. L'évesque du Liége et plusieurs autres grands personnages, y estoient pour accompagner ladite damoiselle, et pour leurs affaires particulières ; car l'évesque dessusdit estoit venu pour faire quitter [1] à son païs trente mille florins ou environ qu'ils payoient au duc Charles, par appointement fait entre luy et eux, après les guerres qu'ils avoient eues ensemble, dont j'ay parlé cy-devant : toutes lesquelles guerres avoient esté pour la querelle et affaire dudit évesque ; et pource il n'avoit point grand besoin de faire cette poursuite, et les devoit désirer estre pauvres ; car il ne prenoit riens en son païs qu'un petit domaine, au regard de la grandeur et richesse dudit païs, et de son spirituel. Ledit évesque, estoit frère de ces deux ducs de Bourbon, Jean II et Pierre II qui de présent régne, homme de bonne chère et de plaisir, peu connoissant ce qui luy estoit bon ou contraire, si retira à luy messire Guillaume de la Marck [2] un beau chevalier et vaillant, très-cruel et mal conditionné, qui tousjours avoit esté son ennemy, et de la maison de Bourgongne aussi, en faveur des Liégeois. Ladite damoiselle de Bourgongne luy donna quinze mille florins de Rhin, en faveur dudit évesque de Liége et de luy, pour le réduire ; mais tost après, il se tourna contre elle et contre son maistre ledit évesque, à qui il estoit, ayant entrepris de faire son fils évesque par la force, et par la faveur du roy ; et depuis il desconfit ledit évesque en bataille, et le tua de sa main, et le fit jeter en la rivière, lequel y demoura trois jours.

Ledit duc de Clèves y estoit, espérant faire le mariage de son fils aisné avec ladite damoiselle, qui luy sembloit chose sortable pour beaucoup de raisons. Et croy qu'il se fut fait, si le personnage eut esté conditionné au gré d'elle et de ses serviteurs ; car il estoit de cette propre maison, et en tenoit sa duché, et avoit esté nourry léans ; et par adventure que la vue

---

[1] Adolphe, seigneur de Ravestain, fils d'Adolphe, duc de Clèves, et de Marie de Bourgogne.
[2] Jean I, du nom, fils d'Adolphe, duc de Clèves, et de Marie, fille de Jean, duc de Bourgogne, et de Marguerite de Bavière.

[1] Décharger.
[2] Surnommé le sanglier des Ardennes.
[3] Jean, depuis duc de Clèves, deuxième de ce nom. Il a eu 63 bâtards, ce qui lui a fait donner le surnom de faiseur d'enfans.

et connoissance qu'on avoit de luy, luy fit ce dommage.

CHAPITRE XVII.

Comment ceux de Gand, après le retour de leurs ambassadeurs firent mourir le chancelier Hugonet et le seigneur d'Hymbercourt contre le vouloir de leur princesse; et comment eux, et autres Flamans, furent desconfits devant Tournay, et le duc de Gueldres, leur chef, tué.

Pour revenir à mon propos, ces députés arrivèrent à Gand; et y fut le conseil préparé; et cette damoiselle mise en son siège; et plusieurs seigneurs à l'environ d'elle, pour ouïr leur rapport. Et commencèrent à dire la charge, qu'ils avoient d'elle; et touchèrent principalement le poinct, qui servoit à ce qu'ils vouloient faire; et dirent que comme ils alléguèrent au roy que ladite damoiselle estoit deslibérée de tous poincts se conduire par le conseil des trois estats, il leur avoit respondu qu'il estoit bien sûr du contraire; à quoy ils avoient persisté; parquoy ledit seigneur offrit de monstrer lettres de ladite damoiselle; laquelle soudainement mue et courroucée dit sur le champ qu'il ne seroit jà trouvé estre vray que ladite lettre n'eust esté escrite ni vue. Et incontinent celuy qui parloit, qui estoit le pensionnaire de Gand ou de Brucelles, tira de son sein ladite lettre, et devant tout le monde, la luy bailla; il monstra bien qu'il estoit homme très-mauvais, et de peu d'honneur, de faire cette honte à cette jeune damoiselle; à qui un si vilain tour n'appartenoit pas estre fait; car si elle avoit fait quelque erreur, le chastoy ne luy en appartenoit point en public. Il ne faut pas demander si elle eut grande honte; car à chacun elle avoit dit le contraire. Ladite douairière et le seigneur de Ravestain, le chancelier et le seigneur d'Hymbercourt estoient présens.

On avoit tenu parole à ce duc de Clèves et autres de ce mariage, qui tous furent courroucés; et commença lors leur division grande; et commencèrent à se déclarer. Ledit duc de Clèves avoit toujours jusques alors eu espérance que ledit seigneur d'Hymbercourt tiendroit pour luy à ce mariage; lequel se tint pour deçu, voyant cette lettre, et luy en devint ennemy; ledit évesque de Liége ne l'aimoit point, pour les choses passées de Liége (dont ledit seigneur d'Hymbercourt avoit eu le gouvernement); ni son messire Guillaume de la Marck, qui estoit avec luy; le comte de Sainct-Paul [1], fils du connestable de France (dont j'ay parlé) haïssoit ledit seigneur d'Hymbercourt et le chancelier, pource qu'ils livrèrent son père à Péronne entre les mains des serviteurs du roy, comme avez ouy au long cy-dessus; ceux de Gand les avoient à grande hayne, sans nulle offence qu'ils leur eussent faite, mais seulement pour la grande auctorité où ils les avoient vûs; et sûrement ils le valoient, autant que personnages qui ayent régné en leur temps, ni deçà ni delà; et avoient esté bons et loyaux serviteurs pour leurs maistres.

Finalement la nuict, dont ces lettres avoient esté monstrées le matin, les dessusdits chancelier [2] et seigneur d'Hymbercourt, furent pris par lesdits Gandois, nonobstant qu'ils en eussent assez d'advertissement; mais ils ne sçurent fuir à leur male-fortune, comme il advient à plusieurs autres. Je crois bien que leurs ennemis, que j'ay nommés, aydèrent bien à cette prise; et avec eux fust pris messire Guillaume de Clugny, évesque de Therouenne [3], qui depuis est mort évesque de Poictiers; et tous trois furent mis ensemble. Ceux de Gand tindrent un peu de forme de procès (ce qu'ils n'ont point accoustumé en leur vengeance) et ordonnèrent gens de leur loy, pour les interroger, et avec eux un de ceux de la Marck ennemy mortel dudit seigneur d'Hymbercourt. Au commencement, ils leur demandèrent pour quoy ils avoient fait bailler, par monseigneur des Cordes, la cité d'Arras; mais peu s'y arrestèrent, combien qu'en autre faute ne les eussent sçu trouver; mais leur passion ne se tenoit pas là; car il ne leur chaloit, de primeface de voir leur prince et seigneur affoibli d'une telle ville, ni leur connoissance, n'alloit pas assez avant pour connoistre le préjudice qui leur en pouvoit advenir par traict de temps. Seulement se vindrent arrester sur deux poincts: l'un sur certains dons, qu'ils disoient que par eux avoient esté pris, et par espécial pour un procès, qu'avoient naguères gaigné, par

---

[1] Pierre de Luxembourg, comte de Saint-Paul, second fils du connétable de ce nom.
[2] Hugonet.
[3] Il n'était que le suffragant de Henri de Lorraine, évêque de Thérouanne.

leur sentence, prononcée par ledit chancelier, contre un particulier dont les deux dessusdits avoient pris un don de la ville de Gand. Et à tout ce qui touchoit cette matière de corruption, respondirent très-bien. Et à ce poinct particulier, là où ceux de Gand disoient qu'ils avoient vendu justice, et pris argent d'eux pour leur adjuger leur procès, respondirent : qu'ils avoient gaigné ledit procès, pource que leur matière estoit bonne ; et qu'au regard de l'argent qu'ils avoient pris, ils ne l'avoient point demandé, ni fait demander, mais vray est que quand on leur presenta, ils le prirent. Le second poinct de leur charge, où s'arrestèrent, c'estoit : que les dessusdits Gandois disoient qu'en plusieurs poincts, durant le temps qu'ils avoient esté avec le feu duc Charles, leur maistre, et en son absence, estans ses lieutenans, ils avoient fait plusieurs choses contre les priviléges de ladite ville et estat d'icelle ; et que tout homme qui alloit contre les priviléges de Gand, devoit mourir. En cela ne pouvoit avoir nul fondement contre les dessusdits ; car eux n'estoient leurs subjets, ni de leur ville, ni n'eussent sçu rompre leurs priviléges ; et si ledit duc, ou son père, leur avoit osté aucuns de leurs priviléges, ce avoit esté par appointement fait avec eux, après plusieurs guerres et divisions, mais les autres, qui leur avoient esté laissés (qui sont plus grands qu'il ne leur est besoin, pour leur profit) leur avoient esté bien observés et gardés. Nonobstant les excuses de ces deux bons et notables personnages, sur les deux charges dessusdites (car de la principale, dont j'ay parlé au commencement de ce propos, ils n'en parloient point) les eschevins de la ville de Gand les condamnèrent à mourir, en leur Hostel-de-ville et en leur présence, et soubs couleur de l'infraction de leurs priviléges, et qu'ils avoient pris argent, après leur avoir adjugé le procès, dont est faite mention cydessus. Ces deux seigneurs dessusdits, oyans cette cruelle sentence, furent bien esbahis, et non sans cause, comme raison estoit ; et n'y voyoient aucun remède, pource qu'ils estoient entre leurs mains. Toutefois ils appelèrent devant le roy en sa cour de parlement, espérans que cela pour le moins, pourroit donner quelque delay à leur mort, et que cependant leurs amys les pourroient ayder à sauver leurs vies. Paravant ladite sentence, ils les avoient fort gehennés, sans nul ordre de justice ; et ne dura leur procès point plus de six jours ; et nonobstant ladite appellation, incontinent qu'ils les eurent condamnés, ils ne leur donnèrent que trois heures de temps pour se confesser et penser à leurs affaires ; et le terme passé, ils les menèrent en leur Marché et sur un eschaffaut.

Madamoiselle de Bourgongne, qui depuis a esté duchesse d'Austriche, sçachant cette condamnation, s'en alla en l'hostel de la ville, leur faire requeste et supplication pour les deux dessusdits ; mais rien n'y valut ; et de là elle s'en alla sur le Marché, où tout le peuple estoit assemblé, et en armes ; et vit les deux dessusdits sur l'eschaffaut. Ladite damoiselle estoit en son habit de deuil ; et n'avoit qu'un couvrechef sur sa teste (qui estoit habit humble et simple, et pour leur faire pitié par raison) et là supplia au peuple, les larmes aux yeux, et toute eschevelée, qu'il leur plust avoir pitié de ses deux serviteurs, et les luy vouloir rendre. Une grande partie de ce peuple vouloit que son plaisir fust fait, et qu'ils ne mourussent point. Autres vouloient au contraire. Et si baissèrent les piques les uns contre les autres, comme pour combatre ; mais ceux qui vouloient la mort, se trouvèrent les plus forts ; et finalement crièrent à ceux qui estoient sur l'eschaffaut qu'ils les expediassent ; et incontinent ils eurent tous deux les testes tranchées. Et s'en retourna cette pauvre damoiselle en cet estat en sa maison, bien dolente et desconfortée ; car c'estoient les deux principaux personnages où elle avoit mis sa fiance.

Après que ces gens de Gand eurent fait cet exploict, ils départirent d'avec elle monseigneur de Ravestain et la douairière, femme du duc Charles, pource qu'ils estoient signés en la lettre, que lesdits seigneurs d'Hymbercourt et chancelier dessus-nommés avoient portée au roy, et qu'ils avoient baillée, comme vous avez sçu : et prirent de tous poincts l'auctorité et la maistrise de cette pauvre et jeune princesse ; car ainsi se pouvoit-elle bien appeler, non point seulement pour la perte, qui dès lors luy estoit advenue de tant de grosses villes qu'elle avoit perdues, qui luy estoient irrecupérables par force, vu la forte main en quoy elles estoient (car par grace, amitié, ou appointement, elle y pouvoit avoir encore quelque espérance); mais à se trouver entre les mains des vrays et anciens persécuteurs de sa maison, luy estoit bien un très-grand malheur, encore qu'en leur fait, ès choses generales, y a tousjours eu plus de folie que de malice : comme aussi ce sont tousjours grosses gens de mestier, le plus souvent, qui y ont le crédit et l'auctorité, qui n'ont aucune connoissance des grandes choses, ni de celles qui appartiennent à gouverner un Estat. Leur malice ne gist qu'en deux choses, l'une est que par toutes voyes ils désirent affoiblir et diminuer leur prince; l'autre, que quand ils ont fait quelque mal ou grande erreur, et qu'il se voyent les plus foibles, jamais gens ne cherchent leur appointement en plus grande humilité qu'ils font, ni ne donnent plus grands dons; et si sçavent mieux trouver les personnes à qui il faut qu'ils s'adressent pour conduire leur accord, que nulle autre ville que j'aie jamais connue.

Après que ceux de Gand eurent pris le gouvernement par force de ladite damoiselle de Bourgongne, et fait mourir ces deux qu'avez ouy, et qu'ils eurent envoyé hors ceux que bon leur sembla, ils commencèrent en tous endroits à oster et mettre gens à leur poste; et par espécial chassèrent et pillèrent tous ceux qui mieux avoient servy cette maison de Bourgongne, indifféremment, sans regarder ceux qui en aucune chose le pourroient avoir desservy. Entre les autres, et entre toutes gens, ils prirent inimitié contre les Bourguignons, et les bannirent tous, et prirent aussi grande peine pour les faire devenir serviteurs et subjets du roy, comme faisoit le roy propre qui les sollicitoit par belles et sages paroles et remonstrances, et par grands dons et promesses, et aussi par force qu'il avoit très-grande en leur païs. Pour commencer à faire cas de nouvelleté, ils mirent hors de prison (comme nous avons touché cy-devant) le duc de Gueldres, qui par long-temps par le duc Charles y avoit esté tenu, pour les causes qu'avez entendues cy-devant; et le firent chef d'une armée qu'ils firent d'entr'eux-mesmes, c'est à sçavoir de Bruges, Gand et Ypres, et l'envoyèrent devant Tournay, mettre le feu aux fauxbourgs, qui estoit bien peu d'utilité, pour la querelle de leur seigneur. Plus luy eust servy, et à eux aussi, deux cens hommes, ou dix mille francs comptans, pour en entretenir d'autres, qui estoient dedans Arras, quand le siége y alla (pourvu qu'ils fussent venus à temps propice) que dix telles armées que celle là (qui estoit de douze à quinze mille hommes, et la payèrent très-bien) car elle ne pouvoit riens profiter que de brusler un petit nombre de maisons, en lieu dont il ne chaloit guères au roy, car il n'y lève tailles ni aydes, mais leur connoissance n'alloit point jusques-là. Après que ce duc de Gueldres fust venu devant Tournay, il fit mettre les feux jusques aux fauxbourgs dessusdits. Il y avoit dedans trois ou quatre cens hommes d'armes, qui saillirent et donnèrent sur la queue de ses gens à leur retraite, et incontinent ce peuple se mit à fuïr. Le duc de Gueldres, qui estoit un très-vaillant prince, tourna pour cuider donner à ses gens chemin de se retirer. Il fut mal suivy, et fut porté par terre, et tué; et assez bon nombre de ce peuple; et se trouva bien peu de gens du roy à faire cet exploict. Et l'ost des Flamans, avec cette perte, se retira, car il n'y avoit eu qu'une bende d'entr'eux deffaite. Madamoiselle de Bourgongne, comme l'on dit, eut très-grande joie de cette adventure, et ceux qui l'aimoient, car l'on dit, pour certain, que lesdits Gandois estoient deslibérés de le luy faire espouser par force, car de son consentement ne l'eussent sçu faire, pour plusieurs raisons, que vous avez entendues de luy par cy-devant.

CHAPITRE XVIII.

Discours sur ce que les guerres et divisions sont permises de Dieu pour le chastiement et des princes et du peuple mauvais, avec plusieurs bonnes raisons et exemples advenus du temps de l'auteur, pour l'endoctrinement des princes.

Je ne puis penser comment Dieu a tant préservé cette ville de Gand, dont tant de maux sont advenus, et qui est de si peu d'utilité pour le païs et chose publique dudit païs où elle est assise, et encore beaucoup moins pour le prince, et n'est pas comme Bruges, qui est un lieu de grand recueil de marchandise et de grande assemblée de nations estranges, où par adventure se despesche plus de marchandise qu'en nulle autre ville d'Europe, et seroit dommage irréparable qu'elle fust destruite. Au fort, il me semble que Dieu n'a créé aucune chose en ce monde, ni hommes ni bestes, à qui il n'ait fait quelque chose son contraire, pour le tenir en crainte et humilité. Et ainsi cette ville de Gand est bien située là où elle est ; car ce sont les païs de la chrestienté plus adonnés à tous les plaisirs en quoy l'homme est enclin, et à plusieurs grandes pompes et délices. Ils sont bons chrestiens, et y est Dieu bien servy et honoré. Et n'est pas cette maison de Bourgongne seule, à qui Dieu ait donné quelque aiguillon ; car au royaume de France a donné pour opposite les Anglois, et aux Anglois les Escossois, au royaume d'Espagne Portugal. Je ne veux point dire Grenade [1] ; car ceux-là sont ennemis de la foy ; toutesfois jusques icy ledit païs de Grenade a donné de grands troubles au païs de Castille. Aux princes d'Italie (dont la pluspart possèdent leurs terres sans titre, s'il ne leur est donné au ciel, et de cela ne pouvons sinon deviner) lesquels dominent assez cruellement et violentement sur leurs peuples, quant à lever deniers, Dieu leur a donné pour opposites les villes de communauté, qui sont audit païs d'Italie, comme Venise, Florence, Gennes, quelquefois Boulongne, Sienne, Pise, Lucques et autres ; lesquelles en plusieurs choses sont opposites aux seigneurs, et les seigneurs à elles ; et chacun a l'œil que son compagnon ne s'accroisse. Et, pour en parler en particulier, à la maison d'Aragon a donné la maison d'Anjou pour opposite ; et à ceux de Sforce, usurpans le lieu des Viscomtes [2] en la duché de Milan, la maison d'Orléans ; et combien que ceux du dehors soient foibles, ceux qui sont subjects, encore par fois en ont débouté. Aux Vénitiens ces seigneurs d'Italie (comme j'ay dit) et davantage les Florentins. Auxdits Florentins ceux de Sienne et de Pise, leurs voisins, et les Génevois [3]. Aux Génevois, leur mauvais gouvernement, et la

[1] Le royaume de Grenade était possédé par les Maures. Il fut conquis peu de temps après par Ferdinand et Isabelle, roi et reine de Castille et d'Aragon.
[2] Les Sforces avaient usurpé Milan sur les Visconti dont le duc d'Orléans était héritier par Valentine, sa mère.
[3] Génois

faute de foy des uns envers les autres. Et gisent leurs partialités en ligues ; comme de Frégouze [1], Adorne et Dorie, et autres. Cecy s'est tant vu, qu'on en sçait asssez. Pour Alemagne, vous avez vu, et de tout temps, la maison d'Austriche et de Bavière contraires, et en particulier ceux de Bavière contraires l'un à l'autre [2]. La maison d'Austriche, en particulier, les Suisses ; et ne fut le commencement de leur division qu'un village, appelé Suitz (qui ne sçauroit faire six cens hommes) dont les autres portent le nom, qui se sont tant multipliés que deux des meilleures villes, qu'eust ladite maison d'Austriche, en sont, comme Zurich et Fribourg ; et ont gaigné de grandes batailles, esquelles ont tué les ducs d'Austriche. Maintes autres partialités y a en cette Alemagne ; comme ceux de Clèves contre ceux de Gueldres ; et les ducs de Gueldres contre les ducs de Julliers. Les Ostrelins, qui sont situés tant avant en ce North, contre les roys de Dannemarc. Et pour parler d'Alemagne en général, il y a tant de fortes places et tant de gens enclins à mal faire, et à piller et dérober, et qui usent de force et de violence, les uns contre les autres, pour petite occasion, que c'est chose merveilleuse ; car un homme qui n'aura que luy et son valet, deffiera une grosse cité ; et un duc, pour mieux pouvoir dérober, avec le port de quelque petit chasteau ou rocher, où il se sera retraict, auquel il y aura vingt ou trente hommes à cheval qui courront deffier à sa requeste. Ces gens icy ne sont guères de fois punis des princes d'Alemagne ; car ils s'en veulent servir quand ils en ont affaire ; mais les villes, quand elles les peuvent tenir, les punissent cruellement ; et souventes fois ont bien assiégé tels chasteaux et abbatu ; aussi tiennent lesdites villes ordinairement des gens-d'armes payés et gagés pour leur sûreté. Ainsi semble que ces princes et villes d'Alemagne vivent, comme je dis, faisans charier droict les uns les autres, et qu'il est nécessaire qu'ainsi soit, et pareillement par tout le monde. Je n'ay parlé que d'Europe ; car je ne me suis point informé des deux autres parts, comme d'Asie et d'Afrique ; mais bien oyons-nous dire qu'ils ont guerres et divisions, comme nous,

[1] Fregose.
[2] La branche ducale et la branche palatine.

et encore plus mécaniquement, car j'ay sçu en cette Afrique plusieurs lieux où ils se vendent les uns les autres aux chrestiens ; et appert ce par les Portugais, qui maints esclaves en ont eu, et ont tous les jours ; mais quant à cela, je doute que ne le devons point trop reprocher aux Sarrazins, et qu'il y a des parties de la chrestienté, qui en font autant ; mais ils sont situés sous le pouvoir du Turc, ou fort voisins, comme en aucunes parties de la Grèce.

Il pourroit donc sembler que ces divisions fussent nécessaires par le monde, et que ces aiguillons et choses opposites (dont j'ay parlé dessus) que Dieu a données et a ordonnées à chacun estat, et quasi à chacune personne, soient necessaires ; et de prime face, en parlant comme homme non lettré, qui ne veut tenir opinion que celle que devons tenir, le me semble ainsi : et principalement par la bestialité de plusieurs princes et aussi par la mauvaistié d'autres qui ont sens assez et expérience, mais en veulent mal user ; car un prince ou homme, de quelque estat qu'il soit, ayant force et auctorité là où il demoure, et par dessus les autres, s'il est bien lettré, et qu'il ait vu ou lu, cela l'amendera ou empirera ; car les mauvais empirent de beaucoup sçavoir, et les bons en amendent. Mais toutesfois il est à croire que le sçavoir amende plustost un homme qu'il ne l'empire : et n'y eut-il que la honte de connoistre son mal, si est-ce assez pour le garder de mal faire, au moins de n'en faire pas tant. Et s'il n'est bon, si voudra-t-il feindre de ne vouloir faire mal ni tort à personne. Et en ai vu plusieurs expériences entre les grands personnages, lesquels par le sçavoir ont été retirés de bien mauvais propos, et souvent la personne, et aussi la crainte de la punition de Dieu dont ils ont plus grande connoissance que les gens ignorans, qui n'ont ni vu, ni lu. Je veux donc dire que ceux qui ne se connoissent, et sont mal sages, par faute d'avoir esté bien nourris, et que leur complexion par adventure y ayde, n'ont point de connoissance jusques-là où s'estend le pouvoir et seigneurie que Dieu leur a donnés sur leurs subjets ; car ils ne l'ont lu ni entendu par ceux qui le sçavent, et peu les hantent qui le sçachent, et si aucuns en y a qui le sçavent, si ne le veulent-ils dire, de peur de leur déplaire ; et si aucun leur en veut faire quelques remonstrances, nul ne le soustiendra, et au mieux venir le tiendront à fol, et par adventure sera pris au plus mauvais sens pour luy. Faut donc conclure que la raison naturelle, ni nostre sens, ni la crainte de Dieu, ni l'amour de nostre prochain, ne nous garde point d'estre violens les uns contre les autres, ni de retenir de l'autruy, ou de lui oster le sien par toutes voyes qui nous sont possibles. Et si les grands tiennent villes et chasteaux de leurs parens ou voisins, pour nulles raisons ne les veulent rendre ; et après qu'une fois ils ont dit et fondé leurs raisons sous quelque couleur, pourquoy les destiennent, chacun des leurs loue leur langage, au moins des prochains, et ceux qui veulent estre bien d'eux. Des foibles, qui ont division, je n'en parle point ; car ils ont supérieur, qui aucunes fois fait raison aux parties. Au moins, celui qui aura bonne cause, et la pourchassera bien, et deffendra et despendra largement, à longueur de temps aura raison, si la cour (c'est-à-dire le prince, en son auctorité, soubs lequel il vit) n'est contre lui. Ainsi donc est vray-semblable que Dieu est quasi efforcé et contraint, ou semons de monstrer plusieurs signes, et de nous battre de plusieurs verges, pour nostre bestialité, et pour nostre mauvaistié que je croy mieux. Mais la bestialité des princes et leur ignorance, est bien dangereuse et à craindre ; car d'eux départ le mal et le bien de leurs seigneuries. Et donc, si un prince est fort, et a grand nombre de gens-d'armes, par l'auctorité desquels il a grands deniers à volonté pour les payer, et pour despendre en toutes choses volontaires, et sans nécessité de la chose publique, et que de celle folle et outrageuse entreprise despense ne veuille riens diminuer, et que chacun n'entend qu'à luy complaire ; et que touchant faire remonstrance, si n'y gagne l'on riens, et on n'acquiert que son indignation, qui pourra y mettre remède, si Dieu ne l'y met ? Dieu ne parle plus aux gens, ni n'est plus de prophètes qui parlent par sa bouche ; car sa foy est assez exaucée et entendue, et toute notoire, à ceux qui veulent entendre et sçavoir ; et ne sera nul excusé pour ignorance, au moins de ceux qui ont eu espace et temps de vivre, et qui ont eu sens naturel. Comment donc se chastieront les hommes forts, et qui tiennent leurs seigneuries dressées en tel ordre, que par force font toutes choses à leur plaisir, parquoy maintiennent leur obéyssance et tiennent ce qui est soubs eux en grande subjétion, et le moindre commandement qu'ils font est tousjours sur la vie? Les uns punissent soubs une ombre de justice; et ont gens de ce métier prests à leur complaire, qui d'un péché veniel font un péché mortel; et s'il n'y a matière, ils trouvent les façons de dissimuler à ouïr les parties et les tesmoins, pour tenir la personne, et la destruire en despense, attendant tousjours si nul se veut plaindre de celuy qui est destenu, et à qui ils en veulent. Si cette voye ne leur est sûre assez et bonne pour venir à leur intention, ils en ont d'autres plus soudaines, et disent qu'il estoit bien nécessaire pour donner exemple; et font les cas tels qu'ils les veulent, et que bon leur semble. A d'autres qui tiennent d'eux et qui sont un peu forts, procèdent par la voye de faict à leur dire: « Tu désobéis, et fais contre l'hommage que tu me dois; » et procèdent par force à luy oster le sien, si faire le peuvent (au moins il ne tient point à eux), et le font vivre en grande tribulation. Celuy qui ne leur est que voisin, s'il est fort et aspre, ils le laissent vivre; mais s'il est foible, il ne sçait où se mettre. Ils diront qu'il a soutenu leurs ennemis, ou ils voudront faire vivre leurs gens-d'armes dans son païs, ou achèteront querelles; ou trouveront occasion de le destruire, ou soustiendront son voisin contre luy, et luy resteront gens. De leurs subjects ils désappointeront ceux qui auront bien servy leurs prédécesseurs, pour faire gens neufs, pource qu'ils mettent trop à mourir : ils brouilleront les gens d'église sur le faict de leurs bénéfices, afin que pour le moins ils en tirent récompense pour enrichir quelqu'un, à l'appetit, le plus de fois, de ceux qui ne l'ont desservy, sinon en deshonneur et difame, qui en aucun temps peut beaucoup. Aux nobles donneront travail, et despence sans cesse, soubs couleur de leurs guerres, prises à volonté, sans advis ou conseil de leurs estats, et de ceux qu'ils dussent appeler avant que les commencer; car ce sont ceux qui y ont à employer leurs vies, leurs personnes et leurs biens ; parquoy ils en dussent bien sçavoir avant que l'on les commençast. De leurs peuples à la plupart ne leur laissent riens. Et après avoir payé tailles, trop plus grandes qu'ils ne dussent, encore ne donnent aucun ordre sur la forme de vivre de leurs gens-d'armes; lesquels, sans cesse sont par le païs sans riens payer, faisans les autres maux et excès infinis que chacun de nous sçait; car ils ne se contentent point de la vie ordinaire, et de ce qu'ils trouvent chez le laboureur, dont ils sont payés; ains au contraire battent les pauvres gens et les outragent, et contraignent d'aller chercher pain, vin et vivres dehors; et si le bonhomme a femme ou fille qui soit belle, il ne fera que sagement de la bien garder. Toutesfois, puisqu'il y a paiement, il seroit bien aisé à y mettre ordre, et que les gens-d'armes fussent payés de deux mois en deux mois pour le plus tard; et ainsi n'auroient occasion ni excuse de faire les maux qu'ils font soubs couleur de n'estre point payés; car l'argent est levé, et vient au bout de l'an. Je dis cecy pour nostre royaume qui est plus oppressé et persécuté de ce cas que nul autre royaume, ni nulle autre seigneurie que je connoisse; et ne sçauroit nul y mettre le remède qu'un sage roy. Les autres païs voisins ont autres punitions.

Donc pour continuer mon propos, y a-t-il roy ni seigneur sur terre, qui ait pouvoir, outre son domaine, de mettre un denier sur ses subjects, sans octroy et consentement de ceux qui le doivent payer, sinon par tyrannie ou violence? On pourroit respondre qu'il y a des saisons qu'il ne faut pas attendre l'assemblée, et que la chose seroit trop longue. A commencer la guerre, et à l'entreprendre, ne se faut point haster, et l'on a assez temps; et si vous dis que les roys et princes en sont trop plus forts, quand ils l'entreprennent du consentement de leurs subjects, et en sont plus craints de leurs ennemis. Et quand ce vient à se deffendre, on voit venir cette nuée de loin, et espécialement quand c'est d'estranger; et à cela ne doivent les bons subjects riens plaindre ni refuser, et ne sçauroit advenir cas si soudain où l'on ne puisse bien appeler quelques personnages, tels que l'on puisse dire : « Il n'est point faict sans cause » et en cela n'user point de fiction, ni entretenir une petite guerre à volonté, et sans propos, pour avoir cause de lever argent. Je sçay bien qu'il faut argent pour deffendre les frontières, et les environs garder, quand il n'est point de guerre, pour n'estre surpris; mais il faut faire le tout modérément; et à toutes ces choses sert le sens d'un sage prince; car s'il est bon, il connoist Dieu, et qui est le monde, et ce qu'il doit et peut faire et laisser. Or, selon mon advis, entre toutes les seigneuries du monde, dont j'ay connoissance, où la chose publique est mieux traictée, et où règne moins de violence sur le peuple, et où il n'y a nuls édifices abatus, ni démolis pour guerre, c'est Angleterre; et tombe le sort et le malheur sur ceux qui font la guerre.

Nostre roy est le seigneur du monde, qui le moins a cause d'user de ce mot : « J'ay privilége de lever sur mes subjets, ce qui me plaist ; » car ni luy ni autre l'a, et ne luy font nul honneur ceux qui ainsi le dient pour le faire estimer plus grand, mais le font haïr et craindre aux voisins, qui pour riens ne voudroient estre sous sa seigneurie; et mesmes aucuns du royaume s'en passeroient bien qui en tiennent. Mais si notre roy, ou ceux qui le veulent élever et agrandir, disoient : « J'ay des » subjets si bons et si loyaux, qu'ils ne refu- » sent chose que je le leur sçache demander; et » suis plus craint, obéy et servy de mes sub- » jets que nul autre prince qui vive sur la » terre, et qui plus patiemment endurent tous « maux et toutes rudesses, et à qui moins il « souvient de leurs dommages passés ; » il me semble que cela luy seroit grand los (et en dis la vérité) que non pas dire : « Je prends ce que » je veus, et en ay privilége; il le me faut bien » garder. » Le roy Charles le Quint ne le disoit pas; aussi ne l'ay-je point ouy dire aux roys; mais je l'ay dit à aucuns de leurs serviteurs, auxquels il sembloit qu'ils faisoient bien la besongne; mais selon mon advis, ils mesprenoient envers leur seigneur, et ne le disoient que pour faire les bons valets, et aussi ils ne sçavoient ce qu'ils disoient. Et pour parler de l'expérience de la bonté des François, ne faut alléguer de nostre temps que les trois estats tenus à Tours, après le décès de nostre bon maistre le roy Louis onziesme (à qui Dieu face pardon) qui fut l'an mil quatre cens quatre vingt et trois. L'on pût estimer lors que cette bonne assemblée estoit dangereuse; et disoient aucuns de petite condition et de pe-

lite vertu, et ont dit par plusieurs fois depuis que c'est crime de lèse-majesté que de parler d'assembler les estats, et que c'est pour diminuer l'auctorité du roy; et sont ceux qui commettent ce crime envers Dieu et le roy, et la chose publique; mais servoient ces paroles, et servent à ceux qui sont en auctorité et crédit, sans en riens l'avoir merité, et qui ne sont propices d'y estre, et n'ont accoustumé que de flageoler et fleureter en l'oreille, et parler des choses de peu de valeur, et craignent les grandes assemblées, de peur qu'ils ne soient connus, ou que leurs œuvres ne soient blasmées. Lorsque je dis, chacun estimoit le royaume bien atténué, tant les grands que les moyens, et les petits, pource qu'ils avoient porté et souffert, vingt ans ou plus de grandes et horrible tailles; qui ne furent jamais si grandes à trois millions de francs près; j'entends à lever tous les ans. Car jamais le roy Charles septiesme ne leva plus de dix-huit cens mille francs par an; et le roy Louis, son fils, en levoit, à l'heure de son trespas, quarante et sept cens mille francs, sans l'artillerie, et autres choses semblables. Et sûrement c'estoient compassion de voir ou sçavoir la pauvreté du peuple. Mais un bien avoit en luy nostre bon maistre; c'est qu'il ne mettoit riens en thrésor. Il prenoit tout, et despensoit tout; et fit de grands édifices, à la fortification et deffense des villes et places de son royaume; et plus que tous les autres roys qui ont esté devant luy. Il donna beaucoup aux églises. En aucunes choses eust mieux valu moins; car il en prenoit des pauvres, pour le donner à ceux qui n'en avoient aucun besoin. Au fort, en nul n'y a mesure parfaite en ce monde.

Or en ce royaume tant foible et tant oppressé en mainte sorte, après la mort de nostre roy, y eut-il division du peuple contre celuy qui règne? Les princes et les subjets se mirent-ils en armes contre leur jeune roy et en voulurent-ils faire un autre? luy voulurent-ils oster son auctorité, et le voulurent-ils brider qu'il ne pust user d'office et d'auctorité de roy et commander? Certes non. Et comment aussi le pouvoient-ils faire? si en y a-t-il eu d'assez glorieux pour dire qu'ouy. Toutesfois ils firent l'opposite de tout ce que je demande; car tous vindrent devers luy, tant les princes et les seigneurs, que ceux des bonnes villes. Tous le reconnurent pour leur roy, et luy firent serment et hommage; et firent les princes et seigneurs leur foy, humblement, les genoux à terre en baillant par requeste ce qu'ils demandoient; et dressèrent conseil, où ils se firent compagnons de douze qui y furent nommés; et dès lors le roy commandoit, qui n'avoit que treize ans, à la relation de cedit conseil. A ladite assemblée des estats [1] dessusdits, furent faites aucunes requestes ou remonstrances en la présence du roy et de son conseil, en grande humilité pour le bien du royaume, remettant tousjours tout au bon plaisir du roy et de son conseil. Et luy octroyèrent ce qu'on leur vouloit demander, et ce qu'on monstra par escrit estre necessaire pour le faict du roy, sans riens dire à l'encontre; et estoit la somme demandée de deux millions cinq cens mille francs (qui estoit assez et à cœur soul, et plus trop que peu, sans autres affaires), et supplièrent lesdits estats qu'au bout de deux ans il fussent rassemblés; et que si le roy n'avoit assez argent, qu'ils luy en bailleroient à son plaisir; et que s'il avoit guerres, ou quelqu'un qui le voulsist offenser, ils y mettroient leurs personnes et leurs biens, sans riens luy refuser de ce qui luy seroit besoin. Estoit-ce sur tels subjets que le roy devoit alléguer priviléges de pouvoir prendre à son plaisir, qui si liberalement luy donnent? Ne seroit-il pas plus juste envers Dieu et le monde, de lever par cette forme, que par volonté desordonnée? car nul prince ne le peut autrement lever, que par octroy, comme j'ay dit, si ce n'est par tyrannie, et qu'il ait excuse. Mais il en est bien d'assez bestes pour ne sçavoir ce qu'ils peuvent faire ou laisser en cet endroict. Aussi bien il y a des peuples qui offensent contre leur seigneur, et ne luy obéyssent pas, ni ne le secourent en ses necessités; mais en lieu de luy ayder, quand le voient empesché en quelques affaires, ils le mesprisent, ou se mettent en rebellion et désobéyssance contre luy, en commettant offense, et vœu contre le serment de fidelité qu'ils luy ont fait.

Là où je nomme roys et princes, j'entends d'eux et leurs gouverneurs, et pour les peuples, ceux qui ont les prééminences et maistrises soubs eux.

Les plus grands maux viennent volontiers des plus forts; car les foibles ne cherchent que patience. Icy je comprends les femmes, qui comme les hommes, quelquefois, et en aucuns lieux, ont auctorité ou maistrise, ou pour l'amour de leurs maris, ou pour avoir administration de leurs enfans, ou que les seigneuries viennent de par elles. Et si je voulois parler des moyens estats de ce monde, et des petits, ce propos continueroit trop; et me suffit alléguer les grands; car c'est par ceux-là où l'on connoist la puissance de Dieu et sa justice; car pour deux cens mille meschefs advenus à un pauvre homme, on ne s'en advise; on attribue tout à sa pauvreté, ou à avoir esté mal pensé; ou s'il s'est noyé ou rompu le col, c'est pource qu'il estoit seul. A grande peine en veut-on ouïr parler. Quand il meschet à une grande cité, on ne dit pas ainsi; mais encore n'en parle-t-on point tant que des princes. Où pourrois-je demander pourquoi la puissance de Dieu se monstre plus grande contre les princes et les grands, que contre les petits; c'est que les petits et les pauvres trouvent assez qui les punissent, quand ils font le pourquoy; et encore sont assez souvent punis sans avoir riens mesfait, soit pour donner exemple aux autres, ou pour avoir leurs biens, ou par adventure par la faute du juge; et aucunesfois l'ont bien desservy, et faut bien que justice se fasse. Mais des grands princes ou des grandes princesses, de leurs grands gouverneurs et des conseillers des provinces et villes désordonnées et désobéyssantes à leur seigneur, et de leurs gouverneurs, qui s'informera de leur vice? L'information faite, qui l'apportera au juge? Qui sera le juge qui en prendra la connoissance, et qui en fera la punition? Je dis des mauvais, et n'entends point des bons; mais il en est peu. Et quelles sont les causes pourquoi ils commettent, et eux, et tous autres, tous ces cas dont j'ay parlé cy-dessus, et assez d'autres dont je me suis tu pour brièveté, sans avoir consideration de la puissance divine et de sa justice? En ce cas je dis que c'est faute de foy, et aux ignorans faute de sens et de foy ensemble; mais principalement faute de foy, dont il me semble que pro-

---

[1] Ces états furent tenus à Tours de 1483 à 1484, sous Charles VIII. Masselin, qui en était membre, en a laissé un excellent compte-rendu.

cèdent tous les maux qui sont par le monde, et par espécial les maux qu'ont partie de ceux qui se plaignent d'estre grevés et foulés d'autruy, et des plus forts ; car l'homme pauvre ou riche (quel qu'il soit) qui auroit vraye et bonne foy, et qui croiroit fermement les peines d'enfer estre telles que véritablement elles sont, qui aussi croiroit avoir pris de l'autruy à tort, ou que son père ou son grand-père l'eut pris, et luy le possédast (soient duchés, comtés, villes ou chasteaux, meubles, pré, estang ou moulin, chacun en sa qualité) et qu'il crut fermement, comme le devons croire : « je n'entreray jamais en paradis, si je ne fais entière satisfaction, et si je ne rends ce que j'ay d'autruy à mon vrai escient, il n'est croyable qu'il y eust roy ni reine, prince ni princesse, ni autre personne quelconque, de quelque estat ou condition qu'ils soient en ce monde, tant grands que petits, et tant hommes que femmes, gens d'église, prélats, évesques, archevesques, abbés, abbesses, prieurs, curés, receveurs des églises, et autres vivans sur terre, qui à son vray et bon escient, comme dit est dessus, voulsist riens retenir de son subjet ni de son voisin, ni qui voulsist faire mourir nul à tort, ni le tenir en prison, ni oster aux uns pour donner aux autres, et les enrichir, ni (qui est le plus ord mestier qu'ils fassent) procurer choses deshonnestes contre ses parens et serviteurs pour leurs plaisirs, comme pour femmes ou cas semblables. Par ma foy, non; au moins n'est pas croyable ; car s'ils avoient ferme foy, et qu'ils crussent ce que Dieu et l'Eglise nous commandent, sur peine de damnation, connoissans les jours estre si briefs, leurs peines d'enfer estre si horribles, et sans nulle fin ni rémission pour les damnés, ils ne feroient pas ce qu'ils font. Il faut donc conclure que tous les maux viennent de faute de foy ; et pour exemple, quand un roy ou un prince est prisonnier, et qu'il a peur de mourir en prison, a-t-il riens si cher au monde qu'il ne baillast pour sortir? Il baille le sien et celuy de ses subjets, comme vous avez vu du roy Jean de France, pris par Edouard, prince de Galles, à la bataille de Poictiers en l'an 1356 le 19 septembre, qui paya trois millions de francs, et bailla toute Aquitaine (au moins ce qu'il en tenoit) et assez d'autres cités, et villes et places, et comme le tiers du royaume, et mit le royaume en si grande pauvreté, qu'il y courut long-temps monnoye comme de cuir, qui avoit un petit clou d'argent ; et tout cecy bailla le roy Jean, et son fils le roy Charles le Sage, pour la délivrance dudit roy Jean. Et quand ils n'eussent riens voulu bailler, si ne l'eussent point les Anglois fait mourir; mais au pis venir, l'eussent mis en prison; et quand ils l'eussent fait mourir, si n'eust esté la peine semblable à la cent milliesme partie de la peine d'enfer. Pourquoy donc bailloit-il tout ce que j'ay dit, et destruisoit ses enfans et subjets de son royaume, sinon pource qu'il croyoit ce qu'il voyoit, et qu'il sçavoit bien qu'autrement ne seroit délivré? Mais par adventure en commettant le cas pourquoy cette punition luy advint, et à ses enfans, et à ses subjets; il n'avoit point ferme foy et créance de l'offense qu'il commettoit contre Dieu et son commandement. Or n'est-il prince ou peuple, que s'il tient une ville de son voisin, qui pour nulle rémonstrance et pour nulle crainte de Dieu la voulsist bailler, ni pour éviter les peines d'enfer; et le roy Jean bailla si grande chose pour seulement délivrer sadite personne de prison; je dis donc que c'est faute de foy.

J'ay donc demandé, en un article précédent, qui fera l'information des grands, et qui l'apportera au juge, et qui sera le juge qui punira le mauvais? Je réponds à cela que l'information sera la plainte etclameurs du peuple qu'ils foulent et oppressent en tant de manières, sans en avoir compassion ni pitié ; les douloureuses lamentations de veufves et orphelins, dont ils auront fait mourir les maris et pères, dont ont souffert ceux qui demourent après eux ; et généralement tous ceux qu'ils auront persécutés, tant en leurs personnes qu'en leurs biens. Ceci sera l'information et leurs grands cris, et par plaintes et piteuses larmes les présenteront devant nostre Seigneur, lequel sera le vray juge, qui par adventure ne voudra attendre à les punir jusques à l'autre monde, mais les punira en cettuy-cy. Donc faut entendre qu'ils seront punis pour n'avoir riens voulu croire, et pource qu'ils n'auront eu ferme foy et croyance ès commandemens de Dieu.

Ainsi faut dire qu'il est force que Dieu leur monstre de tels poincts et de tels signes, qu'eux et tout le monde, croient que les punitions leur adviennent pour leur mauvaise créance et cruelles offenses, et que Dieu monstre contr'eux sa force et vertu et justice; car nul autre n'en a le pouvoir en ce monde que luy. De prime-face, pour les punitions de Dieu, ne se corrigent point, de quelque grandeur qu'elles soient, et à traict de temps; mais nulle n'en advient à nul prince, ou à ceux qui ont gouvernement sur ses affaires, ou à ceux qui gouvernent une grande communauté, que l'issue n'en soit bien grande et bien dangereuse pour ses subjets. Je n'appelle point en eux males-fortunes, sinon celles dont les subjets se sentent; car de tomber jus d'un cheval, et se rompre une jambe, et avoir une fièvre bien aspre, l'on s'en guérit; et leur sont telles choses propices, et en sont plus sages. Les mal-adventures sont, quand Dieu est tant offensé, qu'il ne le veut plus endurer; mais veut monstrer sa force et sa divine justice; et alors premièrement leur diminue le sens, qui est grande playe pour ceux à qui il touche; il trouble leur maison, et la permet tomber en division et en murmure; le prince tombe en telle indignation envers nostre Seigneur, qu'il fuit les conseils et compagnies des sages, et en eslève de tous neufs mal sages, mal raisonnables, violens, flatteurs et qui luy complaisent à ce qu'il dit. S'il veut imposer un denier, ils disent deux; s'il menace un homme, ils disent qu'il le faut pendre; et de toutes autres choses le semblable, et que surtout il se fasse craindre : et se monstrent fiers et orgueilleux eux-mesmes, espérans qu'ils seront craints par ce moyen, comme si auctorité estoit leur héritage. Ceux que tels princes auront ainsi avec ce conseil chassés et déboutés, et qui par longues années auront servy, et qui ont accointance et amitié en sa terre, sont mal contens, et à leur occasion quelques-autres de leurs amis et bienvueillans; et par adventure on les voudra tant presser, qu'ils seront contraints à se deffendre, ou de fuïr vers quelque petit voisin, par adventure ennemy et malvueillant de celuy qui les chasse; et ainsi, par division de ceux de dedans le païs, y entreront ceux de dehors. Est-il nulle playe ni persécution si grande, que guerre entre les amis et ceux qui se connoissent, ni nulle hayne si horrible et mortelle? Des ennemis estrangers, quand le dedans est uny, on s'en deffend aisément; car ils n'ont nulles intelligences ni accointances à ceux du royaume. Cuidez-vous qu'un prince mal sage, folement accompagné, connoisse venir cette malefortune de loin, que d'avoir division entre les siens? ni qu'il pense que cela luy puisse nuire? ni qu'il vienne de Dieu? Il ne s'en trouve point pis disné, ni pis couché, ni moins de chevaux, ni moins de robbes, mais beaucoup mieux accompagné; car il tire les gens de leur pauvreté, et leur promet et départ les despouilles et les estats de ceux qu'il aura chassés, donnera du sien et pourra accroistre sa renommée. A l'heure qu'il y pensera le moins, Dieu luy fera sourdre un ennemy, dont par adventure jamais il ne se fust advisé. Lors luy naistront les pensées et les suspicions de ceux qu'il aura offensés, et aura crainte d'assez de personnes qui ne luy veulent aucun mal faire. Il n'aura point son refuge à Dieu, mais préparera la force.

Avons-nous point vu de nostre temps tels exemples icy près de nous? Nous avons vu le roy Edouard d'Angleterre le quart, mort depuis peu de temps, chef de la maison d'Yorch; a-t-il point deffait la lignée de Lanclastre, sous qui son père et luy avoient longtemps vescu et fait hommage au roy Henry sixiesme roy d'Angleterre, de cette dite lignée? Depuis, le tint ledit Edouard, par longues années, en prison au chasteau de Londres, ville capitale dudit royaume d'Angleterre, et puis finalement l'ont fait mourir.

Avons-nous point vu le comte de Warvic, chef et principal gouverneur de tous les faicts du dessusdit Edouard (lequel a fait mourir tous ses ennemis, et par espécial les ducs de Sombresset) à la fin devenir ennemy du roy Edouard son maistre? donner sa fille au prince de Galles, fils du roy Henry VI, et vouloir mettre sus cette lignée de Lanclastre? passer avec luy en Angleterre? estre desconfit en bataille? et morts ses frères et parens avec luy, et semblablement plusieurs seigneurs d'Angleterre, qui un temps fut qu'ils faisoient mourir leurs ennemis? Après les enfans de ceux-là se revanchoient quand le temps tournoit pour eux, et faisoient mourir les autres. Or il est à penser que telle playe ne vint que par la divine justice, mais (comme j'ay dit ailleurs) cette grace à ce royaume d'Angleterre, par-dessus les autres royaumes, que le païs, ni le peuple ne s'en destruict point, ni ne bruslent, ni ne démolissent les édifices; et tourne la fortune sur les gens de guerre, et par espécial sur les nobles, contre lesquels ils sont trop envieux. Ainsi riens n'est parfait en ce monde. Après que le roy Edouard a esté au-dessus de ses affaires en son royaume, et que de nostre royaume avoit cinquante mille escus l'an, rendus en son chasteau de Londres, et qu'il estoit tant comblé de richesses que plus n'en pouvoit, tout soudainement il est mort, et comme par mélancolie du mariage de nostre roy (qui règne à présent) avec madame Marguerite, fille du duc d'Austriche [1]; et tantost après qu'il en eut des nouvelles, il prit la maladie; car lors se tint à deçu du mariage de sa fille, qu'il faisoit appeler Madame la Dauphine; et si luy fut rompue la pension qu'il prenoit de nous, qu'il appeloit tribut; mais ce n'estoit ni l'un ni l'autre, et l'ay déclaré cy-dessus. Le roy Edouard laissa à sa femme deux beaux fils, l'un appelé le prince de Galles, l'autre le duc d'Yorch, et deux filles. Le duc de Glocestre, son frère, prit le gouvernement de son neveu le prince de Galles, lequel pouvoit avoir dix ans, et lui fit hommage, comme à son roy, et l'emmena à Londres, feignant le vouloir couronner, et aussi pour tirer l'autre fils de la franchise de Londres, où il estoit avec sa mère, qui avoit quelque suspicion. Fin de compte, par le moyen d'un évesque nommé, l'évesque de Bath (lequel avoit esté autrefois chancelier du roy Edouard, puis le désapointa, et le tint en prison, et prit argent de sa délivrance), il fit l'exploict dont vous orrez tantost parler. Cettuy évesque mit en avant à ce duc de Glocestre, que ledit roy Edouard estant fort amoureux d'une dame d'Angleterre, lui promit de l'espouser, pourvu qu'il couchast avec elle; et elle y consentit, et dit cet évesque qu'il les avoit espousés, et n'y avoit que luy, et eux deux : il estoit homme de cour, et ne le descouvrit pas, et ayda à faire taire la dame : et demoura ainsi cette chose; et depuis espousa le-dit roy d'Angleterre la fille d'un chevalier d'Angleterre [1] appelé monseigneur de Rivières, femme veufve, qui avoit deux fils, et aussi par amourettes. A cette heure dont je parle, cet évesque de Bath descouvrit cette matière à ce duc de Glocestre, dont il luy ayda bien à exécuter son mauvais vouloir; et fit mourir ses deux neveux; et se fit roy, appelé le roy Richard. Les deux filles fit déclarer bastardes en plein parlement; et leur fist oster les hermines; et fit mourir tous les bons serviteurs de son feu frère, au moins ceux qu'il pût prendre. Cette cruauté n'alla pas loin; car luy estant en plus grand orgueil que ne fut cent ans avoit roy d'Angleterre, et ayant fait mourir le duc de Boucquinguam, et tenant grande armée preste, Dieu luy sourdit un ennemy qui n'avoit nulle force, c'estoit le comte de Richemont, prisonnier en Bretagne, aujourd'huy roy d'Angleterre, de la lignée de Lanclastre, mais non pas le prochain de la couronne [2] (quelque chose que l'on die, au moins que j'entende); lequel m'a autrefois conté, peu avant qu'il partist de ce royaume, que depuis l'âge de cinq il avoit esté gardé et caché comme fugitif en prison. Ce comte avoit esté quinze ans, ou environ, prisonnier en Bretagne, du duc François, dernier mort, esquelles mains il vint par tempeste de mer, cuidant fuir en France, et le comte de Pennebroc [3], son oncle, avec luy. J'estois pour lors devers ledit duc, quand ils furent pris. Ledit duc les traicta doucement pour prisonniers; et au trespas du roy Edouard, ledit duc François luy bailla largement gens et navires, et avec l'intelligence dudit duc de Boucquinguam, qui pour icelle occasion mourut, l'envoya pour descendre en Angleterre. Il eut grande tourmente et vent contraire, et retourna à Dieppe, et de là par terre en Bretagne. Quand il fut retourné en Bretagne, il douta d'ennuyer le duc par sa despence, car il avoit quelques cinq cens Anglois, et si craignoit que ledit duc ne s'accordast avec le roy Richard, à son

---

[1] Ce mariage de Charles VIII avec Marguerite d'Autriche n'eut pas lieu. Ce prince épousa Anne de Bretagne.

[1] Isabeau de Undeville, fille de Richard, seigneur de Rivers. Elle était veuve de Jean Gray et en avait eu deux fils.

[2] Il était éloigné de six degrés de la couronne. Il pacifia les différends de la maison de Lancastre et d'York dont les partisans se distinguaient par la rose rouge et la rose blanche.

[3] Le comte de Pembrock fut créé duc de Bedfort au couronnement de son neveu Henri VII.

dommage ; et aussi on le pratiquoit deçà : parquoy s'en vint avec sa bende, sans dire adieu audit duc. Peu de temps après, on luy paya trois ou quatre mille hommes, pour le passage seulement; et fut baillée par le roy qui est de présent, à ceux qui estoient avec luy, une bonne somme d'argent, et quelques pièces d'artillerie; et ainsi fut conduit avec le navire de Normandie, pour descendre en Galles, dont il estoit. Ce roy Richard marcha au devant de luy; mais avec ledit comte de Richemont s'estoit joinct le seigneur de Stanley, un chevalier d'Angleterre, mary de la mère dudit comte de Richemont, qui luy amena bien vingt et six mille hommes. Ils eurent la bataille, et fut occis sur le champ ledit roy Richard, et ledit comte de Richemont couronné roy d'Angleterre sur ledit champ, de la couronne dudit roy Richard. Diriez-vous que c'est ceci fortune ? c'est vray jugement de Dieu. Encore pour mieux le connoistre, tantost après que le roy Richard eut fait ce cruel meurtre de ses deux neveus, dont cy-devant ay parlé, il perdit sa femme; aucuns disent qu'il la fit mourir. Il n'avoit qu'un fils, lequel incontinent mourut. Ce propos dont je parle, eust mieux servy plus en arrière, où je parleray du trespas dudit roy Edouard; car il estoit encore vif au temps dont parle ce chapitre ; mais je l'ay fait pour continuer le propos de mon incident. Semblablement avons vu depuis peu de temps muer la couronne d'Espagne, depuis le trespas du roy dom Henry dernier mort [1], lequel avoit pour femme la sœur du roy de Portugal dernier trespassé ; de laquelle saillit une belle fille [1] : toutesfois elle n'a point succédé, et a esté privée de la couronne soubs couleur d'adultère commis par sa mère. Et si n'est pas la chose passée sans débat et grande guerre ; car le roy de Portugal a voulu soustenir sa nièce, et plusieurs autres seigneurs du royaume de Castille avec luy. Toutesfois la sœur dudit roi Henry, mariée avec le fils dudit roy dom Jean d'Aragon, a obtenu le royaume et le possède; et ainsi ce jugement et ce partage s'est fait au ciel, où il s'en est fait assez d'autres. Vous avez vu puis peu de temps le roy d'Escosse [2] et son fils, de l'âge de treize ou quatorze ans, en bataille l'un contre l'autre. Le fils et ceux de sa part gaignèrent la bataille; et mourut ledit roy en la place. Il avoit fait mourir son frère; et plusieurs autres cas lui estoient imposés, comme la mort de sa sœur et d'autres. Vous voyez aussi la duché de Gueldres hors de la lignée, et avez ouï l'ingratitude du duc dernier mort contre son père. Assez de pareils cas pourrois-je dire, qui aisément peuvent estre connus pour divines punitions; et tous les maux seront commencés par rapport, et puis par divisions, desquelles sont sources les guerres, par lesquelles viennent mortalité et famine; et tous ces maux procèdent de faute de foy. Il faut donc connoistre, vu la mauvaisité des hommes, et par espécial des grands qui ne se connoissent, ni qui croyent point qu'il soit un Dieu, qu'il est nécessite que chacun seigneur et prince ait son contraire, pour le tenir en crainte et humilité; ou autrement, nul ne pourroit vivre soubs eux, ni auprès d'eux.

[1] Henri IV, dit l'Impuissant, mort en 1474, a eu pour successeur Isabelle de Castille, sa sœur, laquelle épousa Ferdinand, roi d'Aragon.

[1] Cette fille d'Henri IV se nommait dona Juana.
[2] Ce roi d'Écosse était Jacques III.

LIVRE SIXIÈME.

CHAPITRE PREMIER.

Comment la duché de Bourgongne fut mise entre les mains du roy.

Pour retourner à ma principale matière, et à continuer les propos de ces Mémoires, encommencés à vostre requeste, Monseigneur l'Archevesque de Vienne, cependant que le roy mettoit en sa main les villes et places dessusdites ès marches de Picardie, son armée estoit en Bourgongne; dont estoit chef, quand à l'apparence, le prince d'Orange [1] (qui encore règne aujourd'huy), natif et subjet de la comté de Bourgongne; mais assez nouvellement estoit devenu ennemy du duc Charles, pour la deuxiesme fois. Ainsi le roy s'en ayda, pource qu'il estoit grand seigneur, tant en la comté qu'en la duché de Bourgongne, et aussi bien apparenté et aimé. Monseigneur de Craon [2] estoit lieutenant du roy, et avoit la charge de l'armée, et estoit celuy à qui le roy en avoit la fiance; et aussi il estoit sage homme, et sûr pour son maistre, mais un peu trop aimant son profit. Ledit seigneur de Craon, quand il approcha de Bourgongne, envoya ledit prince d'Orange, et autres devant à Dijon, leur faire les remonstrances nécessaires, et demander obéyssance pour le roy; lesquels y besongnèrent si bien, et principalement par le moyen dudit prince d'Orange [3], que ladite ville de Dijon, et toutes les autres de la duché de Bourgongne, se mirent en l'obéyssance du roy; et plusieurs de la comté, comme Aussonne et quelques autres chasteaux tindrent pour la damoiselle dessusdite. Audit prince d'Orange, furent promis de beaux estats; et davantage de luy mettre entre les mains toutes les places qui estoient en ladite comté de Bourgongne, qui estoient de la succession du prince d'Orange, son grand-père, et dont il avoit question contre messeigneurs de Chasteau-Guyon, ses oncles [1]; lesquels il disoit avoir esté favorisés par ledit duc Charles: car leur débat avoit esté plaidoyé devant luy, par plusieurs fois, en grande solennité. Et ledit duc estant fort accompagné de clercs, donna un appointement contre ledit prince, au moins comme il disoit; pour laquelle cause il laissa le service dudit duc, et vint devers le roy. Nonobstant cette promesse, quand ledit seigneur de Craon se trouva possesseur des choses dessusdites, et qu'il avoit entre ses mains meilleures places que pût avoir ledit prince, et qui estoit de cette succession, il ne les voulut point bailler audit prince d'Orange, pour nulles requeste qu'il luy en sçust faire. Si luy en rescrivit le roy par plusieurs fois, sans nulle fiction. Connoissoit bien que ledit seigneur de Craon tenoit de mauvais termes audit prince d'Orange; mais encore craignoit-il de desplaire audit seigneur de Craon, qui avoit toute la charge dudit païs; et ne cuidoit point que ledit prince eust cœur ni façon de rebeller ledit païs de Bourgongne, comme il fit, au moins une grande partie. Mais pour cette heure, laisseray ce propos, jusques à un autre lieu.

CHAPITRE II.

Comment le roy entretenoit les Anglois, après la mort de Charles, duc de Bourgongne, afin qu'ils ne l'empeschassent en la conqueste des pays dudit duc.

Ceux qui verront ces Mémoires, pour le temps advenir, et qui entendront les choses et affaires de ce royaume et des voisins, mieux que

---

[1] Jean de Chalons, deuxième du nom, prince d'Orange. Il fit hommage, en 1475, de sa principauté à Louis XI, comme l'avait fait son père Guillaume. Il fit hommage le même jour au roi dauphin des biens qu'il avait en Dauphiné. Cette principauté fut ensuite confisquée et unie au patrimoine dauphinal, pour félonie contre Louis XI.

[2] Georges de la Trimouille, seigneur de Jonvelle, baron de Craon, premier chambellan du roi.

[3] Louis de Chalons, surnommé le Bon, qui, en premières noces, épousa Jeanne de Montbelliar de laquelle leut Guillaume, père dudit Jean.

[4] Louis et Hugues de Chalons, seigneurs de Chateauguyon, enfans de Louis de Chalons, et d'Éléonore d'Armagnac, sa seconde femme.

moy, se pourront esbahir que depuis la mort du duc Charles de Bourgongne jusques ici, où il y a distance de près d'un an, je n'aye fait nulle mention des Anglois, et comme ils pouvoient souffrir que le roy mit en ses mains les villes si voisines d'eux, comme Arras, Boulongne, Hedin, Ardre, et plusieurs autres chasteaux, et estre logé devant Sainct-Omer par plusieurs jours. La cause estoit, que le sens et vertu de nostre roy précédoit celuy du roy Edouard d'Angleterre, qui pour lors régnoit, combien que ledit roy Edouard estoit prince très-vaillant, et qui avoit gaigné en Angleterre huit ou neuf batailles, èsquelles, tousjours il avoit esté à pied, qui estoit chose de grande louange pour luy; mais c'estoit différent et cours; il ne faloit point que le sens du roy d'Angleterre labourast ni travaillast; car dès la bataille passée, il estoit maistre jusques à un autre temps. Et si quelque discord se meut en Angleterre, en dix jours ou moins l'un ou l'autre est audessus. Et nos affaires de deçà ne sont ainsi; car faloit, avec l'exploict de guerre, que nostre roy entendit en plusieurs lieux de son royaume, et aux voisins; et par espécial entendoit entre tous ses autres affaires, à contenter ledit roy d'Angleterre, ou à l'entrenir par ambassadeurs, présens, et belles paroles, afin qu'il ne s'empeschast point de nos affaires; car ledit seigneur sçavoit bien qu'à toute heure les Anglois, tant nobles que commune, et gens-d'église, sont enclins à la guerre contre ce royaume, tant soubs couleur de leurs querelles qu'ils y prétendent, que pour l'espérance d'y gaigner; pource que Dieu a permis à leurs prédécesseurs gaigner en ce royaume plusieurs grandes batailles, et y avoir longue possession, tant en Normandie qu'en Guyenne, qu'ils avoient possédée trois cens cinquante ans, à l'heure que le roy Charles septiesme la gaigna le premier coup, comme j'ay dit ailleurs. Auquel temps ils emportoient de grandes despouilles et richesses en Angleterre, tant des princes et seigneurs de France, qu'ils avoient eu leurs prisonniers, et en grand nombre, comme des villes et places, qu'ils avoient prises audit royaume; et espèrent encore tousjours le faire ainsi. Mais à grande peine leur fut advenue telle fortune et adventure du temps du roy nostre maistre; car il n'eut jamais hazardé son royaume jusques là, que de soy mettre à pied, ni toute la noblesse dudit royaume, pour les combattre, comme l'on fit à Agincourt; et y eut bien procédé plus sagement s'il en fut venu jusques-là, comme avez pu voir par la manière qu'il s'en despescha à la venue dudit roy Edouard. Ainsi ledit seigneur voyoit bien qu'il faloit qu'il s'entretint avec ledit roy d'Angleterre et avec ses prochains, lesquels il sentoit assez enclins à entretenir la paix, et à prendre de ses biens; parquoy payoit bien la pension de cinquante mille écus, qu'il leur rendoit à Londres; et eux l'appeloient tribut; et à ses prochains serviteurs en payoit quelque seize mille; c'est à sçavoir au chancelier, au maistre des roolles (qui pour cette heure est chancelier) au grand-chambelan, le seigneur de Hastings (homme de grand sens et de vertus, et de grande auctorité vers son maistre, et non sans cause; car il l'avoit bien servi et loyaument), à messire Thomas de Montgomery, au seigneur de Havart (qui depuis a esté avec ce mauvais roy Richard, duc de Norfolk) au grand-écuyer, appelé maistre Chesne, à maistre Chalanger, au marquis, fils de la royne d'Angleterre, d'un précédent mariage. Et faisoit de très-grands dons à tous ceux qui venoient devers luy, encore qu'ils vinssent avec commissions ruineuses; et si les despeschoit avec si bonnes paroles et avec si beaux présens, qu'ils s'en alloient contens de luy. Et encore qu'aucuns connussent qu'il le fit pour gaigner temps et faire son faict en cette guerre qu'il avoit commencée, si le dissimuloient-ils, pour le grand profit qu'ils en avoient.

A tous ceux-ci avoit fait des dons, outre leurs pensions; et suis sûr qu'à ce monseigneur de Havart, outre sa pension, luy donna, en moins de deux ans, en argent et vaisselle, vingt et quatre mille escus; et au chambelan, seigneur de Hastings, donna pour un coup mille marcs d'argent en vaisselle; et de tous ces personnages icy, se trouvent les quittances en la chambre des comptes à Paris, sauf dudit seigneur de Hastings, grand-chambelan d'Angleterre; et n'y en a qu'un, par quoy c'est un grand office. Ce dit chambelan se fit fort prier à se faire pensionnaire du roy; et j'en fus cause, car je le fis amy du duc Charles de Bourgongne, pour le temps que j'estois à luy, lequel luy donna mille escus l'an de pension; et j'avois dit au roy, auquel il plut semblablement que je fusse moyen de le faire son amy et son serviteur, car le temps passé luy avoit esté tousjours grand ennemy, et du temps dudit duc Charles, et encore depuis en faveur de la damoiselle de Bourgongne; et ne tenoit point à luy, un temps fust, qu'Angleterre ne luy aidast à faire la guerre contre le roy de France. Ainsi je commençai cette amitié par lettres; et luy donna le roy deux mille escus de pension, qui estoit le double de ce que luy donnoit ledit duc de Bourgongne; et envoya le roy par devers luy Pierre Claret, un sien maistre d'hostel, et luy enchargea fort d'en prendre quittance, afin que pour le temps à venir, il fut vu et connu comme le grand-chambelan, chancelier, admiral, grand-escuyer d'Angleterre, et plusieurs autres, eussent esté pensionnaires du roy de France. Ledit Pierre Claret estoit très-sage homme; et eut communication bien privée avec ledit chambelan, en sa chambre à Londres, seul à seul; et après luy avoir dit les paroles qui estoient nécessaires à dire de par le roy, il luy présenta ces deux mille escus en or sol; car en autre espèce ne donnoit jamais argent à grands seigneurs estrangers. Quand ledit chambelan eut reçu cet argent, ledit Pierre Claret luy supplia que pour son acquit, il luy en signast une quittance; ledit chambelan en fit difficulté. Lors luy requist derechef ledit Claret qu'il luy baillast seulement une lettre de trois lignes, adressante au roy, contenant comme il les avoit reçus, pour son acquit envers le roy son maistre, et afin qu'il ne pensast qu'il les eust emblés [1]; et que ledit seigneur estoit un peu soupçonneux. Ledit chambelan, voyant que ledit Claret ne luy demandoit que raison, respondit : « Monseigneur le maistre, » ce que vous dites est bien raisonnable; mais » ce don vient du bon plaisir du roy, vostre » maistre, et non pas à ma requeste. S'il vous » plaist que je le prenne, vous le me mettrez » icy dedans ma manche; et n'en aurez autre » lettre ni tesmoin; car je ne veux point que » pour moy on die : Le grand-chambelan » d'Angleterre a esté pensionnaire du roy de » France ni que mes quittances soient trou- » vées en sa chambre des comptes. » Ledit Claret se tint à tant, et luy laissa son argent, et vint faire son rapport au roy, qui fut bien courroucé qu'il n'avoit apporté ladite quittance; mais il en loua et estima ledit chambelan, et plus que tous les autres serviteurs du roy d'Angleterre; et depuis fut tousjours payé ledit chambelan, sans bailler quittance.

En cette manière vivoit nostre roy avec ces Anglois. Toutefois souvent le roy d'Angleterre estoit requis et pressé du costé de cette jeune princesse, pour avoir ayde; par quoy envoyoit ledit roy d'Angleterre devers le roy luy faire remonstrances sur cette matière, et le presser de paix, ou au moins de tresve; car ceux d'Angleterre qui se trouvoient à son conseil, et par espécial à leur parlement (qui est comme les trois Estats) où se trouvoient plusieurs sages personnages qui voyoient de loin, et n'avoient point de pension comme les autres, ceux-là vouloient fort, et encore la commune, que ledit roy d'Angleterre aydast à bon escient à ladite damoiselle. Et disoient que du costé de deçà on les trompoit, et qu'on n'acheveroit point le mariage; et qu'il se pouvoit assez voir; car au traicté fait à Pecquigny, entre les deux roys, y avoit esté juré et promis, que dedans l'an on devoit envoyer quérir la fille du roy d'Angleterre, que jà avoient fait intituler Madame la Dauphine, et que le terme estoit passé de beaucoup. Quelque remonstrance que ses subjets luy fissent, il n'y vouloit entendre, et y avoit plusieurs raisons. C'estoit un homme pesant que ce roy d'Angleterre, et qui fort aimoit ses plaisirs; et n'eust sçu porter la peine de la guerre de deçà; et se voyoit assailli de grandes adversités : parquoy n'avoit cure d'y rentrer. D'autre part l'avarice de ces cinquante mille escus, rendus tous les ans dans son chasteau de Londres, luy amolissoient le cœur. Et aussi quand ses ambassadeurs venoient, on leur faisoit toute bonne chère; et leur donnoit l'on tant de beaux dons, qu'ils en partoient contens : et jamais ne leur estoit faite response, où il y eut résolution, pour tousjours gaigner temps; mais leur disoit-on qu'en peu de jours le roy envoyeroit devers le roy leur maistre bons personnages qui luy donneroient telle

---

[1] Dérobés.

sûreté des choses dont ils estoient en doute, qu'il s'en devroit bien contenter.

Ainsi quand ces ambassadeurs estoient partis, trois semaines ou un mois après, aucunesfois plus, aucunesfois moins (qui n'estoit point petit terme en tel cas) le roy y envoyoit, et tousjours personnages qui n'y avoient point esté le voyage précédent, afin que si ceux-là avoient fait quelque ouverture, dont le faict ne s'en fût point encore ensuivy, que les derniers n'en sçussent que respondre. Et aussi ceux qui y estoient envoyés mettoient peine par toutes voyes de donner telle sûreté en France audit roy d'Angleterre, qu'il avoit encore patience sans se mouvoir. Car il avoit tant de désir de ce mariage, et la royne sa femme, que cela avec les autres raisons que j'ay dites, luy faisoient dissimuler ce que partie de ceux de son conseil disoient estre au grand préjudice de son royaume. Et craignoit la rupture dudit mariage, pour la moquerie qui jà s'en faisoit en Angleterre, et par espécial de ceux qui y desiroient la noise et différend. Pour un peu esclaircir cette matière, le roy, nostre maistre, n'eut jamais vouloir d'accomplir ce mariage; car les âges des deux n'estoient point sortables; car la fille, qui de présent est royne d'Angleterre[1], estoit trop plus vieille que monseigneur le Dauphin, qui de présent est nostre roy. Ainsi sur ces dissimulations, un mois ou deux de terme gaigné, en allant et venant, estoit rompre à son ennemy une saison de luy mal faire; car sans doute, si ce n'eust esté l'espérance dudit mariage, le roy d'Angleterre n'eust jamais souffert prendre les places si près de luy sans mettre peine de les deffendre : et si d'entrée il se fust déclaré pour ladite damoiselle de Bourgongne, le roy, qui craignoit mettre les choses en doute et en adventure, n'eust point de tant affoibly cette maison de Bourgongne, comme il a. Je ne dis ces choses principalement que pour donner à entendre comme les choses de ce monde se sont conduites, et pour s'en ayder, ou pour s'en garder, ainsi qu'il pourra servir à ceux qui ont ces grandes choses en main, et qui verront ces Mémoires; car combien que leur

sens soit grand, un peu d'advertissement sert aucunesfois. Il est vray que si mademoiselle de Bourgongne eut voulu entendre au mariage de monseigneur de Rivière[1], frère de la royne d'Angleterre, on l'eust secourue avec bon nombre de gens; mais c'estoit un mariage bien mal sortable; car ce n'estoit qu'un petit comte, et elle la plus grande heritière qui fust de son temps. Plusieurs marchés se menoient entre le roy de France et le roy d'Angleterre; et entre les autres, luy offroit le roy, que s'il se vouloit joindre avec luy, et venir en personne en un quartier du païs de ladite damoiselle, et en prendre sa part, ledit seigneur consentoit que ledit roy d'Angleterre eust le païs de Flandres, et qu'il le tint sans hommage; et le païs de Brabant; et luy offroit le roy de conquérir à ses despens les quatre plus grosses villes du Brabant, et les mettre en la possession du roy d'Angleterre; et davantage luy payer dix mille Anglois pour quatre mois, afin que plus aisément il portast les mises de l'armée; et luy prestoit grand nombre d'artillerie et gens de charroy pour les conduire, et s'en ayder, et que le roy d'Angleterre fist la conqueste de Flandres, tandis que ledit seigneur les empescheroit ailleurs. Le roy d'Angleterre respondit que ces villes de Flandres estoient fortes et grandes, et un païs mal-aisé à garder quand il l'auroit conquis, et semblablement celuy de Brabant; et que les Anglois n'avoient point fort cette guerre agréable, à cause des fréquentations de leurs marchandises; mais qu'il plust au roy, puisqu'il luy plaisoit faire part de sa conqueste, luy bailler quelques places de celles que jà il avoit conquises en cette Picardie, comme Boulongne, et autres, et qu'en ce faisant il se declareroit pour luy, et envoyeroit gens à son service, en les payant; qui estoit bien sage response.

CHAPITRE III.

Comment le mariage de mademoiselle de Bourgongne fut conclu et accomply avec Maximilien, duc d'Austriche, et depuis empereur.

Ainsi, comme devant ay dit, alloient et venoient ces marchés entre les deux roys, pour

---

[1] Elle se nommait Élisabeth, qui fut mariée à Henri VII, roi d'Angleterre, père de Henri VIII.

[1] Antoine de Undeville, comte de Rivers, seigneur de Scales.

tousjours gaigner temps ; et s'affoiblissoit ladite damoiselle de Bourgongne ; car de ce peu de gens de guerre, qui luy estoient demourés après la mort de son père, plusieurs se tournèrent du party du roy ; et par espécial après ce que monseigneur des Cordes s'y fut mis, qui plusieurs en amena avec luy. Les autres se tournoient par nécessité, pource qu'ils estoient situés, ou demourans près des villes, ou dedans celles qui estoient jà en l'obéyssance dudit seigneur et aussi pour avoir de ses biens; car nul autre prince n'en départoit si largement à ses serviteurs comme luy. Davantage les troubles des bendes croissoient chacun jour en ces grosses villes ; et par espécial à Gand, qui esmouvoit tout, comme vous avez ouy. Environ de ladite damoiselle de Bourgongne estoit parlé de plusieurs mariages pour elle, disant, ou qu'il luy faloit mary, pour deffendre le demourant de ce qu'elle avoit, ou espouser monseigneur le dauphin, afin que tout luy demourast en paix. Aucuns desiroient fort ce mariage, et par espécial elle, avant que ces lettres qu'avoient portées lesdits seigneurs d'Hymbercourt et chancelier, fussent baillées. Autres allèguoient le jeune age dudit monseigneur le dauphin, qui n'estoit que de neuf ans, ou environ ; et allèguoient ce mariage promis en Angleterre ; et taschoient pour le fils du duc de Clèves ; autres pour le fils de l'empereur Maximilian, de présent roy des Romains. Ladite damoiselle avoit conçu hayne contre le roy, à cause de sesdites lettres ; car il luy sembloit avoir esté occasion de la mort de ces deux bons personnages dessus nommés, et de la honte qu'elle reçut, quand publiquement luy furent baillées, devant tant des gens, comme avez ouy ; et aussi que cela avoit donné hardiesse aux Gandois de luy avoir chassé tant de serviteurs, et séparé sa belle-mère, et le seigneur de Ravestain, d'avec elle, et mis ses femmes en si grande crainte qu'elles n'eussent osé recevoir une lettre sans la monstrer, ni parler à l'oreille à leur maistresse. Lors elle commença à esloigner d'elle l'évesque de Liége, qui estoit fils de Bourbon [1], qui desiroit faire le mariage dudit monseigneur le dauphin ; lequel eust esté bien propice, et grand honneur pour ladite damoiselle, n'eust esté la grande jeunesse dudit monseigneur le dauphin ; toutesfois le regard dudit évesque n'estoit point jusques-là. Si se retira à Liége, et chacun s'en déporta. Il eut esté bien difficile de conduire cette matière de tous les deux costés ; et crois que ceux qui s'en fussent meslés n'y eussent point eu grand honneur en la fin ; et aussi chacun s'en tut ; mais paravant se tint quelque conseil sur cette matière ; où se trouva madame de Hallewin [1] première dame de ladite damoiselle, laquelle dit, comme me fut rapporté : qu'ils avoient besoin d'un homme, et non pas d'un enfant, disant que sa maistresse estoit femme pour porter enfant, et que de cela le pays avoit besoin. A cette opinion se tindrent. Aucuns blasmèrent ladite dame d'avoir si franchement parlé; autres l'en louèrent, disans qu'elle ne parloit que de mariage, et de ce qui estoit très-nécessaire au pays. Ainsi il ne fut plus nouvelle que de trouver cet homme. Et crois véritablement que, si le roy eust voulu, qu'elle eust espousé monseigneur d'Angoulesme [2], qui est de présent, qu'elle l'eust fait, tant desiroit demourer alliée de la maison de France. Or, Dieu voulut dresser un autre mariage ; et par adventure ne sçavons pas encore pourquoy Dieu l'a ainsi voulu, sinon que nous voyons par ce qui est passé, que de ce mariage qui fut fait, sont sorties plusieurs grandes guerres, tant delà que deçà ; ce qui n'eust possible pas esté, si elle eust espousé mondit seigneur d'Angoulesme ; et en ont porté depuis le pays de Flandres et de Brabant, et autres, grandes persécutions. Le duc de Clèves estoit à Gand, avec ladite damoiselle, qui cherchoit fort amis léans, pour cuider conduire le mariage de son fils, avec ladite damoiselle ; laquelle n'y estoit pas encline, et ne luy plaisoient point les conditions dudit fils de Clèves, ni à ceux qui estoient auprès d'elle. Ainsi d'aucuns commencèrent à pratiquer le mariage du fils de l'empereur, à présent roy des Romains; dont autrefois avoient esté paroles entre l'empereur et le duc Charles, et la chose accordée entr'eux deux. Aussi avoit l'empereur une lettre faite de la main de ladite damoiselle, du com-

---

[1] Louis de Bourbon, fils du duc Charles de Bourbon et d'Agnès de Bourgogne.

[1] Jeanne de Clite, dame de Commines, cousine de l'auteur. Elle était veuve de Jean, seigneur de Hallewin.
[2] Qui fut père de François Ier.

mandement de son père, et un anneau, où il y avoit un diamant ; et contenoit ladite lettre comment, en ensuivant le bon plaisir de son seigneur et père, elle promettoit au duc d'Austriche, fils dudit empereur, accomplir le mariage pourparlé, en la manière et selon le bon plaisir de sondit seigneur et père.

L'empereur envoya certains ambassadeurs devers ladite damoiselle, laquelle estoit à Gand; et après que lesdits ambassadeurs [1] furent arrivés à Bruxelles, il leur fut escrit qu'ils attendissent là encore, et qu'on envoyeroit devers eux. Et cela fit le duc de Clèves, qui ne desiroit point leur venue, et taschoit à les faire retourner mal contens. Mais lesdits ambassadeurs, qui jà avoient intelligence en la maison de ladite damoiselle, et par espécial à la duchesse de Bourgongne douairière, laquelle estoit dehors (comme avez ouy) et séparée de ladite damoiselle, à cause de ces lettres, passèrent outre; car elle les advertit, comme me fut dit, qu'ils marchassent tousjours, nonobstant leurs lettres ; et aussi leur manda ce qu'ils devroient faire, quand ils seroient à Gand, et comme ladite damoiselle étoit bien disposée à leur intention, et plusieurs [2] d'entour elle. A ce conseil se tindrent ces ambassadeurs de l'empereur ; et tirèrent tout droit à Gand, nonobstant ce que leur avoit esté mandé; dont ledit duc de Clèves en fut fort mal content ; toutesfois il ne sçavoit point encore la volonté des dames. Il fut advisé en leur conseil qu'ils seroient ouys ; et fut dit qu'après qu'ils auroient dit leur créance, ladite damoiselle leur diroit qu'ils fussent les très-bien venus, et qu'elle mettroit en conseil ce qu'ils lui avoient dit, et puis leur feroit faire response, et qu'elle ne diroit riens plus avant; et ainsi le conclud ladite damoiselle. Les ambassadeurs dessusdits présentèrent leurs lettres, quand il leur fut ordonné; et dirent leur créance, qui estoit : comme le mariage dessusdit avoit esté conclud entre l'empereur et le duc de Bourgongne son père, et du sçu et consentement d'elle, comme apparoissoit par lettres escrites de sa main, lesquelles ils monstrèrent, et aussi le diamant, qu'ils disoient avoir esté envoyé et donné en signe de mariage ; et requéroient bien fort lesdits ambassadeurs, de par leur maistre, qu'il plust à ladite damoiselle accomplir ledit mariage, en ensuivant le vouloir et promesse de sondit seigneur et père, et la sienne aussi ; et la sommèrent devant les présens de déclarer si elle avoit escrit ladite lettre ou non, et si elle avoit vouloir d'entretenir sa promesse. A ces paroles, et sans demander conseil, respondit ladite damoiselle : qu'elle avoit escrit lesdites lettres par le vouloir et commandement de son seigneur et père, et envoyé ledit diamant, et qu'elle avouoit le contenu. Lesdits ambassadeurs la remercièrent bien fort ; et retournèrent joyeux en leur logis. Le duc de Clèves fut fort mal-content de cette response, qui estoit opposite de ce qui avoit été conclud au conseil ; et remonstra fort à ladite damoiselle qu'elle avoit mal parlé; à quoi elle respondit qu'autrement elle ne le pouvoit faire, et que c'estoit chose promise ; et qu'elle n'y pouvoit aller à l'encontre. Vu ces paroles, et qu'il connust bien qu'il y en avoit plusieurs léans de l'opinion de ladite damoiselle, il se deslibéra, peu de jours après, de se retirer dans son païs, et de se desporter de la poursuite. Ainsi se paracheva ce mariage ; car ce duc Maximilian vint à Colongne, où aucuns des serviteurs de ladite damoiselle allèrent au-devant de luy. Et croy bien qu'ils le trouvèrent mal fourny d'argent; et luy en portèrent; car son père estoit le plus parfaitement chiche homme, que prince ni autre qui ait esté de nostre temps. Le dessusdit fils de l'empereur fut amené à Gand accompagné de sept ou huit cens chevaux ; et fut achevé ledit mariage, qui de prime-face ne porta point grande utilité aux subjets de ladite damoiselle ; car en lieu d'apporter argent, il leur en faloit bailler. Leur nombre n'estoit point suffisant à une telle puissance que celle du roy; et ne s'accordoient pas fort leurs conditions avec celle des subjets de cette maison de Bourgongne, lesquels avoient vescu soubs princes riches, qui donnoient de bons estats, et tenoient honorable maison et pompeuse,

---

[1] Olivier de la Marche, livre 2, chapitre 9, de ses Mémoires, les nomme Louis, duc de Bavière, et l'évêque de Metz, qui était Georges de Baden. Ils avaient avec eux Georges Hesslet, chancelier du duc d'Autriche ; depuis cardinal, et un docteur, nommé Guillaume Mortingle.

[2] Entre autres Marguerite d'York, fille de Richard, duc d'York, et sœur d'Édouard IV, roi d'Angleterre, femme de Charles, duc de Bourgogne.

tant en meubles qu'en services de tables, et habillemens pour leurs personnes et serviteurs. Les Alemans sont fort au contraire; car ils sont rudes, et vivent rudement.

Et ne fais nul doute qu'avec grand et sage conseil, et encore aydant la grace de Dieu, fut faite cette loi et ordonnance en France, que les filles n'hériteroient point audit royaume, pour éviter qu'il ne fut en la main de prince de nation estrange, et d'estrangers; car à grande peine les François l'eussent pu souffrir: et aussi ne font point les autres nations; et à la longue, il n'est nulle seigneurie, espécialement des grandes, dont le païs à la fin ne demoure à ceux qui sont du païs. Et le pourrez voir par France, où les Anglois ont eu grande seigneurie depuis quarante ans; et pour cette heure n'ont plus que Calais, et deux petits chasteaux qui leur coustent beaucoup à garder. Le demourant ils ont perdu beaucoup plus légèrement qu'ils ne le conquirent, car ils en ont plus perdu en un jour qu'ils n'en gaignèrent en un an. Et aussi se peut connoistre par le royaume de Naples, et par l'isle de Cécile, et autres provinces, que les François ont possédées par longues années, et pour toutes enseignes, n'y est mémoire d'eux que par les sépultures de leurs prédécesseurs [1]. Et encore que l'on endurast de prince de païs estrange, qui seroit en petite compagnie bien réglée, et luy sage, si ne le peut-on bien aisément faire de grand nombre de gens : car s'il en ameine avec luy grand nombre, ou qu'il en demande pour quelque occasion de guerre, s'il y en a, aux subjets, eux venus, à grand' peine se peut-il faire qu'il n'y ait de l'envie, discord et division, tant pour la diversité des mœurs et conditions, que pour leurs violences qu'ils font souventes fois, et qu'ils n'ont l'amour au païs comme ont ceux qui en sont nés, et surtout quand ils veulent avoir les offices et bénéfices, et les grands maniemens du païs. Ainsi a bien à faire un prince d'estre bien sage, quand il va en païs estrange, pour accorder toutes ses vielles. Et si un prince n'est doué de cette vertu, qui sur toutes les autres vient de la grace de Dieu seulement, quelqu'autre bien qu'il ait en luy, à peine en pourra-t-il venir au dessus : et s'il vit âge d'homme, il aura de grands troubles et affaires, et tous ceux qui vivront soubs luy; et par espécial quand il viendra sur la vieillesse, et que ses hommes et serviteurs n'y auront nulle espérance d'amendement.

Après que fut achevé le mariage dessusdit, leurs affaires n'en amendèrent de guères : car ils estoient jeunes tous deux. Ledit duc Maximilian n'avoit connoissance de riens, tant pour sa jeunesse que pour estre en pays estrange; et aussi avoit esté assez mal nourry, au moins pour avoir connoissance de grandes choses; et si n'avoit point de gens pour faire de grand effect. Et alloit ce païs en grand trouble, et a esté jusques icy, et est apparent d'y estre encore. Et est bien grand inconvénient à un païs, comme j'ay dit, quand il faut qu'il quière seigneur de païs estrange; et fit Dieu grande grace au royaume de France de cette ordonnance dont j'ay parlé dessus; c'est à sçavoir que les filles n'héritent point. Une petite maison en peut accroistre; mais à un grand royaume, comme cettuy-cy, n'en peut venir que tout inconvénient. Peu de jours après ce mariage, se perdit ce païs d'Artois, au moins pendant que le mariage se traictoit. Il me suffit de ne faillir point à la substance; et si je faux aux termes, comme un mois plus ou moins, les liseurs m'excuseront s'il leur plaist. Le faict du roy amendoit tousjours; car il n'avoit nulle partie; et tousjours prenoit quelque place, s'il n'avoit trève, ou quelque ouverture d'appointement, qui jamais ne se pouvoit accorder; car ils n'estoient point raisonnables, et pour ce leur duroit la guerre. Ce duc Maximilian et mademoiselle de Bourgongne eurent un fils le premier an; c'est l'archiduc Philippe, qui règne de present. Le second an, eurent un fille, qui de present est notre royne, appelée Marguerite. Le tiers an, un fils appelé François [1], au nom du duc François de Bretagne. Le quart an, elle mourut d'une chute de cheval, ou d'une fièvre; mais vray est qu'elle chut. Aucuns disent qu'elle estoit grosse. Ce fut grand dommage pour les siens; car elle estoit tres honneste

---

[1] Il entend les Vêpres Siciliennes, massacre qui fut fait en Sicile, en l'année 1282, à l'heure des Vêpres, de tous les Français qui y étaient.

[1] Olivier de la Marche dit, livre 2, chapitre 9, de ses Mémoires, que ce prince fut baptisé en l'église de Sainte-Gudule, à Bruxelles, et que le cardinal Ferry de Cluny fut son second parrain.

dame et libérale, et bien aimée de ses subjets; et luy portoient plus de révérence et de crainte qu'à son mary; aussi elle estoit dame du païs. Elle aimoit fort sondit mary, et estoit dame de bonne renommée. Laquelle mort advint l'an mil quatre cens quatre vingt et deux. En Hainaut le roy tenoit la ville de Quesnoy-le-Comte et celle de Bouchain, lesquelles il rendit; dont aucuns s'esbahirent, vu qu'il ne cherchoit nul appointement, et qu'il monstroit vouloir prendre le tout, sans riens laisser à cette maison. Et crois bien que s'il eust pu tout departir et donner à son aise, et de tous poincts la destruire, qu'il l'eut fait; mais ce qui le mut à rendre ces places en Hainaut, furent deux choses, qu'il me dit depuis : La premiere qu'il luy sembloit qu'un roy a plus de force et vertu en son royaume, où il est oingt et sacré, qu'il ne fait dehors de son royaume, et cecy estoit hors de son royaume. L'autre raison estoit, qu'entre les roys de France et empereurs y a grands sermens et confédérations, de n'entreprendre riens l'un sur l'Empire et l'autre sur le royaume, et ces places (dont j'ay parlé) estoient situées en l'Empire; et furent restituées l'an mil quatre cens septante sept. Pour cause semblable rendit Cambray, ou la mit en main neutre, content de la perdre; et aussi ils avoient mis le roy dedans la ville en sûreté.

CHAPITRE IV.

Comment le roy Louis, par la conduite de Charles d'Amboise son lieutenant, regagna plusieurs villes de Bourgongne que le prince d'Orange avoit révoltées contre le roy.

En Bourgongne se faisoit la guerre tousjours, et n'en pouvoit le roy avoir le bout; pource que les Alemans faisoient quelque peu de faveur au prince d'Orange, lieutenant pour les susdits duc Maximilian et Madamoiselle de Bourgongne, mais c'estoit pour l'argent que leur bailloit ledit prince d'Orange, non point pour la faveur du duc Maximilian; car jamais homme ne se trouva pour luy audit païs, au moins pour le temps de lors, dont je parle; mais estoient compagnons de guerre de cette ligue de Suisses, qui alloient à leur adventure; car ils ne sont point amis, ni bien-vueillans de la maison d'Austriche. Bien peu de secours en eut ledit païs de Bourgongne; mais beaucoup en eût eu, s'il y eut eu du payement; et nul ne le pouvoit

mieux faire que le duc Sigismond d'Austriche, oncle dudit duc Maximilian, qui avoit ses terres auprès, et par especial la comté de Ferrete, qu'il avoit peu d'années auparavant vendue cent mille florins de Rhin au duc Charles de Bourgongne, et puis l'avoit reprise, sans rendre l'argent, et la tient encore aujourd'hui à ce titre. Il n'y eut jamais en luy grand sens, ni grand honneur. Et bien souvent il advient qu'en tels amis se trouve bien peu d'ayde. Et est des princes, dont j'ay parlé ailleurs, qui ne veulent sçavoir de leurs affaires, sinon ce qu'il plaist à leurs serviteurs leur en dire, qui sont tousjours payés en la vieillesse, comme cettuy-cy dont je fais mention. Ses serviteurs luy ont fait tenir durant ces guerres tel party qu'ils ont voulu; et quasi tousjours a tenu le party du roy nostre maistre, contre son neveu. A la fin a voulu donner son héritage (qui est bien grand) en maison estrange, et l'oster à la sienne (car il n'eut jamais nuls enfans, et si a esté marié deux fois); et en la fin, depuis trois ans en ça, par autre bende de ses serviteurs, a transporté toute sa seigneurie, et dès à présent, à sondit neveu, ce duc Maximilian, dont j'ay parlé, à présent roy des Romains; et retint seulement une pension, comme la tierce partie, sans y avoir autre auctorité, ni puissance; et plusieurs fois s'en est repenty, ce m'a l'on dit; et s'il n'est vray ce que l'on m'a dit, il est à croire, et telle est la fin des princes qui veulent vivre bestialement. Et ce qui me les fait tant blasmer, c'est la grande charge et grand' office que Dieu leur a donné en ce monde. A ceux qui sont insensés, on ne leur doit riens reprocher; mais ceux qui ont bon sens, et sont de leurs personnes bien disposés, et n'employent le temps à autre chose qu'à faire les fols et à estre oisifs, on ne les doit point plaindre quand mal leur advient; mais ceux qui despartent le temps, et selon leur âge, une fois en sens et en conseil, autresfois en festes et en plaisirs, ceux-là sont bien à louer, et les subjets bienheureux d'avoir un tel prince.

Cette guerre de Bourgongne dura assez longuement, pour les raisons de ces petites faveurs d'Alemans; toutefois la force du roy leur estoit trop grande. L'argent failloit aux Bourguignons : gens qui estoient és places se tournèrent par intelligence. Un coup, le seigneur de Craon assiégea la ville de Dole, chef de la comté de Bourgongne; il estoit lieutenant pour le roy. Il n'y avoit point grandes gens dedans, et les mesprisoit. Aussi mal luy en print; car par une saillie que firent ceux de dedans, il se trouva très-soudainement surpris et perdit une partie de son artillerie, et des gens quelque peu; qui luy fust honte et charge envers le roy. Lequel estant marry de cette adventure, commença d'aviser à mettre autre gouverneur en Bourgongne, tant pour ce cas, que pour les grandes pilleries qu'il avoit faites audit païs, qui à la vérité estoient excessives. Toutesfois avant que d'estre desapointé de cette charge, il eut quelque avantage sur une bende d'Alemans et Bourguignons; où fust pris le seigneur de Chasteauguyon[1], le plus grand seigneur de Bourgongne. Le demourant de cette journée ne fust pas grande chose. Je n'en parle que par ouyr dire; mais ledit seigneur de Craon y eut bon bruit de sa personne, et s'y porta très-hardiment. Comme j'ay commencé à dire, le roy deslibéra, pour les raisons dessusdites, de faire gouverneur nouveau en Bourgongne, sans en riens toucher aux profits et bien-faicts dudit seigneur de Craon[2], fors des gens-d'armes, qu'il luy osta, excepté six hommes-d'armes et douze archiers, qu'il luy laissa pour l'accompagner. Ledit seigneur de Craon estoit homme fort gras; et assez content s'en alla en sa maison, où il estoit bien appointé. Le roy ordonna en son lieu messire Charles d'Amboise, seigneur de Chaumont, très-vaillant homme, sage et diligent et commença ledit seigneur à pratiquer de vouloir retirer tous ces Alemans, qui luy faisoient la guerre en Bourgongne (non point tant pour s'en servir, que pour plus aisément conquérir le reste du païs), et de les mettre en sa soulde; et envoya aussi devers les Suisses[3], qu'il appeloit Messieurs des ligues; et leur offrit de grands et beaux partis. Premièrement vingt mille francs l'an, qu'il donnoit au profit des villes, qui sont quatre: Berne, Lucerne, Zuric, et crois que Fribourg y avoit part, et leurs trois Cantons (qui sont villages environ leurs montagnes). Suits, de qui il porte tous le nom, Souleurre, et Ondreval aussi y avoient part. Item vingt mille francs l'an, qu'il donnoit aux particuliers, et aux personnes de quoy il s'aydoit et servoit en ses marchés. Il se fit leur bourgeois, et aussi leur premier allié; et en voulut lettres. A ce point firent aucune difficulté, pource que de tout temps, le duc de Savoye estoit le premier allié; toutesfois ils consentirent à ces demandes; et aussi de bailler au roy six mille hommes continuellement en son service, en les payant à quatre florins et demy d'Alemagne le mois; et y a tousjours esté ce nombre jusques au trespas dudit seigneur. Un pauvre roy n'eut sçu faire ce tour, et le tout luy tourna à son grand profit. Et crois qu'à la fin sera leur dommage; car ils ont tant accoustumé l'argent, dont ils avoient petite connoissance paravant, et espécialement de monnoye d'or, qu'ils ont esté de fort près à se diviser entr'eux Autrement on ne leur sçauroit nuire, tant sont leurs terres aspres et pauvres, et eux bons combatans; parquoy peu de gens essayeront à leur courre sus. Après que ces traictés furent faits, et que tous les Alemans qui estoient en Bourgongne furent retirés au service et gages du roy, la puissance des Bourguignons fust de tous poincts rompue. Et pour abréger matière, après plusieurs neuves choses, faites par le gouverneur monseigneur de Chaumont, il assiégea Rochefort, un chasteau près de Dole, ou estoit messire Claude de Vaudré[4]. Il le prit par composition, et après il assiégea Dole, dont son predécesseur, en l'office, avoit esté levé, comme j'ay dit; et fust prise d'assaut. On dit qu'aucuns Alemans de ces nouveaux reduits, cuidèrent entrer pour la deffendre; mais en leur compagnie se mirent tant de francs-archiers, sans entendre la malice, mais seulement pour gaigner, que quand ils furent dedans, tout se prit à piller; et fust la ville bruslée et destruite. Peu de jours après cette prise, il assié-

---

[1] Hugues de Chalons, fils de Guillaume, prince d'Orange.

[2] Il tenait des bienfaits du roi les gouvernemens de Champagne, de Brie, de Bourgogne et de Tourraine, le comté de Ligny, de la confiscation du connétable de Saint-Paul, la charge de premier chambellan du roi et d'autres gouvernemens des villes du royaume, et la baronie de Craon, en Anjou, qui était son partage.

[3] La première alliance des Suisses est sous Charles, de l'an 1453.

[4] Seigneur de Saint-Phal.

gea Aussonne, ville tres-forte; mais il y avoit bonne intelligence dedans; et escrivoit au roy pour les offices, pour aucuns qu'il nommoit, avant que de mettre le siége, ce que volontiers luy fust accordé. Combien que je ne fusse point sur le lieu où ces choses se faisoient, si le sçus-je par ce qu'on rapportoit au roy, et par lettres qu'on luy escrivoit, lesquelles je voyois souvent; et en faisois les responses par le commendement du roy. Audit Aussonne avoit peu de gens; et estoient les chefs accordés avec ledit gouverneur; et ainsi, au bout de cinq ou six jours, fust la place rendue. Ainsi il ne resta plus riens à prendre en Bourgongne, que trois ou quatre chasteaux-rochers, comme Jeu[1], et autres, et à avoir l'obéyssance de Bezançon, qui est ville impériale, et ne doit riens au comté de Bourgongne ou peu; mais pource qu'elle est enclavée audit païs, elle complaisoit au prince dudit païs. Ledit gouverneur y entra pour le roy; et puis en saillit; et luy firent tel devoir qu'ils avoient accoustumé de faire aux autres princes, qui avoient possedé Bourgongne. Ainsi toute Bourgongne fut conquise, où ledit gouverneur fit bonne diligence; et aussi le roy le sollicitoit fort; et craignoit que ledit gouverneur ne voulsist avoir quelque place desobéyssante audit païs, afin que l'on eut plus affaire à luy; et aussi afin que le roy ne le renvoyast point de là, pour s'en servir ailleurs; car le païs de Bourgongne est fertile, et il en faisoit comme s'il eust esté sien; et ledit de Craon, dont j'ay parlé, et luy, gouverneur de Chaumont, y firent bien leurs besongnes tous deux.

Un peu demoura le païs en paix, soubs le gouvernement dudit seigneur de Chaumont; toutesfois quelques places s'y rebellèrent après, comme Beaune, Semur, Verdun et autres (et estois lors présent; m'y avoit envoyé le roy avec les pensionnaires de sa maison[2]; et fut la première fois qu'il bailla chef auxdits pensionnaires; et depuis a accoustumé cette façon jusques à cette heure) lesquelles places furent reprises par le sens et conduite dudit gouverneur, et par la faute du sens de ses ennemis. A cela voit-on la différence des hommes, qui vient de la grace de Dieu; car il donne les plus sages à la part qu'il veut soustenir, ou le sens de les choisir à celuy qui en a l'auctorité; et a bien monstré, et fait jusques icy, qu'en toutes choses, il a voulu soustenir nos roys, tant celuy trespassé nostre bon maistre, comme cestuy-cy, combien que quelquefois leur ait donné des adversités. Ceux qui reperdirent ces places, estoient gens assez, combien que promptement ne se vindrent mettre dedans les places qui s'estoient ainsi rebellées pour eux, mais donnèrent temps audit gouverneur de faire son amas, ce que faire ne devoient; car ils sçavoient assez de son estat, vu l'amour que le païs leur portoit; et pource ils se devoient mettre dedans Beaune, qui estoit forte ville, et si la pouvoient bien garder, et les autres non. Le jour que ledit gouverneur se mit aux champs, pour aller devant une meschante petite ville, appelée Verdun, y alloit bien informé de leur estat. Eux y entrèrent, cuidans aller à Beaune pour se mettre dedans, et estoient, tant de cheval que de pied, six cens hommes élus Alemans, et de la comté de Ferrete, conduits par aucuns sages gentils-hommes de Bourgongne, dont Simon de Quingey en estoit un. Ils s'arrestèrent, à l'heure qu'ils pouvoient bien passer et se mettre audit Beaune, qui n'eut point esté reprenable sur eux, si une fois ils y eussent entré. Faute de bon conseil les fit sejourner une nuict trop, où ils furent assiégés, et pris d'assaut, et après fust assiégé Beaune, et tout recouvré. Oncques puis n'eurent vigueur les ennemis en Bourgongne. Pour lors j'estois audit païs, avec les pensionnaires du roy, comme j'ay dit; et ledit seigneur m'en fit partir, pour quelque lettre qu'on luy escrivit que j'espargnois aucuns bourgeois de Dijon touchant le logis des gens-d'armes. Cela, avec quelqu'autre petite suspicion, fust cause de m'envoyer tres-soudainement à Florence. J'obéys comme raison estoit, et partis dés que j'eus lettres.

CHAPITRE V.

Comment le seigneur d'Argenton durant les guerres de la conqueste de Bourgongne, fut envoyé à Florence; et comment il reçut l'hommage de la duché de Gennes, du duc de Milan, au nom du roy.

Le différend, pourquoy m'envoyoit le roy, estoit pour le desbat de deux grandes lignées, fort renommées pour ce temps. L'une estoit

---

[1] Le chateau de Joux.
[2] On les a depuis nommés gentilshommes ordinaires, ou simplement les ordinaires.

celle de Médicis; l'autre celle de Pacis, lesquels, ayans le port du pape et du roy Ferrand de Naples, cuidèrent faire tuer Laurens de Médicis [1], et toute sa sequelle. Toutesfois, quant à luy, ils faillirent; mais tuèrent son frère Julian de Médicis [2], en la grande église de Florence, et un appelé Fransquin Noti [3], noble, qui se mit devant Julian, et estoit serviteur de la maison de Médicis. Ledit Laurens fut fort blessé, et se retira au revestiaire de l'église, dont les portes sont de cuivre, que son père avoit fait faire. Un serviteur, qu'il avoit fait deslivrer de prison deux jours devant, luy servit bien à ce besoin, et reçut plusieurs playes pour luy. Et fut fait ce cas à l'heure qu'on chantoit la grande messe; et avoient leurs signes, pour tuer ce qui estoit ordonné, à l'heure que le prêtre qui chantoit la grande messe diroit le Sanctus. Il en advint autrement que n'entendoient ceux qui l'avoient entrepris; car cuidans avoir tout gaigné, aucuns d'entre eux montèrent au palais, pour cuider tuer les seigneurs qui y estoient, (qui se renouvellent de trois mois en trois mois, et sont quelques neuf, qui ont toute l'administration de la cité); mais les entrepreneurs dessusdits se trouvèrent mal suivis; et estant montés les degrés dudit palais, quelqu'un leur ferma un huis après eux; et quand ils furent en haut, ils ne se trouvèrent que quatre ou cinq, tous espouvantés, et ne sçurent que dire. Quoy voyans les seigneurs qui estoient en haut, et les serviteurs qui estoient avec eux, regardèrent par les fenestres, et virent l'émeute de la ville, et ouyrent messire Jacques de Pacis, et autres emmy la place, devant ledit palais, lesquels crioient : « *Libertà! Libertà!* » et « *Popolo! Popolo!* » qui estoient mots pour cuider émouvoir le peuple à leur partie; ce que ledit peuple ne voulut faire, mais se tint quoy, et pourtant s'enfuit de ladite place ledit de Pacis et ses compagnons, comme confus de leur entreprise. Voyans ces choses ces maistres et gouverneurs de la ville, dont j'ay parlé, qui estoient en ce palais, prirent en cette propre instance, ces cinq ou six (qui estoient montés, dont j'ay parlé, mal accompagnés et mal suivis, en intention de tuer les gouverneurs pour pouvoir commander par la cité) lesquels, sans bouger de la place, ils firent incontinent pendre et estrangler aux croisées dudit palais; entre lesquels fut pendu l'archevesque de Pise [1]. Lesdits gouverneurs, voyans toute la ville se déclarer pour eux, et pour la part de Médicis, escrivirent incontinent aux passages : que l'on prit tout homme que l'on trouveroit fuyant, et qu'on leur amenast. Ledit messire Jacques de Pacis fut pris sur la propre heure, et un autre de par le pape Sixte qui avoit chargé de gens-d'armes sous le comte Hiéronyme, lequel estoit de cette entreprise. Incontinent fut pendu ledit sieur de Pacis, avec les autres, auxdites fenestres. L'autre serviteur du pape eut la teste tranchée; et plusieurs furent pris en la ville, lesquels furent tous pendus à la chaude (dont Francisque de Pacis en fut un); et me semble qu'en tout y eut quatorze ou quinze grands personnages pendus, et aucuns menus serviteurs tués par la ville.

Peu de jours après ce cas advenu, j'arrivay audit lieu de Florence de par le roy; et ne tarday guères, depuis que partis de Bourgongne, à y estre; car je ne séjournay que deux ou trois jours avec madame de Savoye, qui estoit sœur de nostre roy; et me fit bon accueil; et de là allay à Milan, ou pareillement séjournay deux ou trois jours, pour leur demander des gens-d'armes, pour secourir lesdits Florentins, desquels estoient alliés pour lors; ce que libéralement ils accordèrent, tant à la requeste du roy, que pour faire leur devoir; et dès lors fournirent trois cens hommes-d'armes, et depuis en envoyèrent encore d'autres. Et pour conclusion de cette matière, le pape envoya excommunier les Florentins, ce cas incontinent advenu, et fit marcher l'armée, quand et quand, tant de luy que du roy de Naples; laquelle armée estoit belle et grosse, et en grand nombre de gens de bien. Ils mirent le siège devant la Chastellenie, près de Senes [2], et la prirent, et plusieurs autres places; et fut grande adventure que de tous poincts lesdits Florentins ne furent destruits, car ils avoient esté long-temps

---

[1] Surnommé le Magnanime. Il était gouverneur de la république de Florence. Les Pacis sont les Pazzi. Le fils de ce Julien devint pape sous le nom de Clément VII.

[3] Francesco Noti (Macchiavel. Histoire de Florence).

[1] Francesco Salviati, noble florentin.

[2] Castellina, près de Sienne (Macchiavel. Histoire de Florence).

sans guerre et ne connoissoient leur péril. Laurens de Médicis, qui estoit leur chef en la cité, estoit jeune, et gouverné de jeunes gens. On s'arrestoit fort à son opinion propre. Ils avoient peu de chefs, et leur armée très-petite. Pour le pape et le roy Ferrand estoit chef le duc d'Urbin, grand et sage homme, et bon capitaine. Aussi y estoient le seigneur Robert d'Arimini, qui depuis a esté grand homme, et le seigneur Constantin Pesaro, et plusieurs autres, avec les deux fils dudit roy, c'est à sçavoir le duc de Calabre et le seigneur dom Fédéric (qui tous vivent encore), et grand nombre d'autres gens de bien. Ainsi prenoient toutes les places qu'ils assiégeoient; mais non pas si promptement qu'on feroit icy; car ils ne sçavoient point si bien la manière de prendre places, ni de les deffendre; mais de tenir un camp et d'y mettre bon ordre, tant aux vivres qu'aux autres choses qui sont nécessaires pour tenir les champs, ils le sçavent mieux que nous. La faveur du roy leur fit quelque chose, mais non pas tant que j'eusse voulu; car je n'avois armée pour les ayder, mais seulement j'avois mon train. Je demouray audit lieu de Florence un an, ou en leurs territoires, et bien traicté d'eux et à leurs dépens, et mieux le dernier jour que le premier; et puis le roy me manda m'en retourner; et en passant à Milan, je reçus du duc de Milan qui est appelé Jean Galéas, l'hommage de la duché de Gennes, au moins de madame sa mère, qui me fit hommage pour luy au nom du roy et de là vins vers le roy nostre maistre qui me fit bonne chère et bon recueil; et m'entremit de ses affaires plus que n'avoit fait jamais, moy couchant avec luy, combien que je n'en fusse point digne, et qu'il en avoit assez d'autres plus idoines; mais il estoit si sage que l'on ne pouvoit faillir avec luy, mais qu'on luy obéist à ce qu'il commandoit, sans riens y adjouster du sien.

CHAPITRE VI.
Du retour de monsieur d'Argenton d'Italie en France; et de la journée de Guinegate.

Je trouvai un peu le roy nostre maistre envieilly; et commençoit à se disposer à maladie; toutesfois il n'y parut point si tost; et conduisoit toutes ses choses par grand sens; et encore luy duroit la guerre en Picardie, laquelle il avoit très-fort à cœur; et aussi avoient ses adversaires audit païs, s'ils en eussent eu le gouvernement. Le duc d'Austriche [1], de present roy des Romains, ayant pour cette année les Flamans à son commandement, vint assiéger Therouenne; et monseigneur des Cordes, lieutenant pour le roy en Picardie, amassa toute l'armée que le roy avoit audit païs et en toutes frontières, et huit mille francs-archiers, et l'alla secourir. Tantost après que ledit duc d'Austriche le sentit approcher, il leva son siège, et luy alla au-devant; et se rencontrèrent en un lieu appelé Guinegate. Ledit duc avoit grand nombre de peuple dudit païs de Flandres, jusqu'à vingt mille ou plus, et aussi quelque peu d'Alemans, et quelque trois cens Anglois, que menoit messire Thomas Abrigan, chevalier d'Angleterre, qui avoit servy le duc Charles de Bourgongne. Les gens-de-cheval du roy qui estoient en plus grand nombre de beaucoup que les autres, rompirent les gens-de-cheval du duc, et les chassèrent jusques à Aire, et Philippe monsieur de Ravestain, qui les menoit. Le duc se joignit auprès de ses gens-de-pied. Le roy avoit bien en cette armée onze cens hommes-d'armes d'ordonnance. Tous ne chassèrent point; mais monseigneur des Cordes qui estoit chef, chassa, et monseigneur de Torcy avec luy. Et combien que ce fut fait vaillamment, si n'appartient-il point aux chefs de l'avant-garde et arrière-garde de chasser. Aucuns se retirèrent soubs couleur d'aller garder leurs places, et les autres furent à bon escient. Les gens-de-pied dudit duc ne furent point; si en furent-ils en quelque bransle; mais ils avoient avec eux bien deux cens gentils-hommes de bonne estoffe à pied, qui les conduisoient. Et estoient de ce nombre monseigneur de Romont, fils de la maison de Savoye [2], et le comte de Nassau [3], et plusieurs autres qui encore vivent. La vertu de ceux-là fit tenir bon à ce peuple; qui fut merveille, vu qu'ils voyoient fuir les gens-de-pied. Les francs-archiers, qui estoient pour le roy, se mirent à piller le charroy dudit duc, et ceux qui le suivoient, comme vivandiers et au-

---

[1] Il n'avait pas encore le titre d'archiduc.
[2] Jacques de Savoie, comte de Romont, baron de Vaux, fils de Louis, duc de Savoie et d'Anne de Chypre.
[3] Engelbert de Nassau.

tres. Sur eux saillirent quelque peu de gens-de-pied dudit duc, et en tuèrent quelque nombre. De la part dudit duc il y eut plus de perte que de la nostre, et de gens pris et morts : mais le champ luy demoura ; et crois bien que s'il eut eu conseil de retourner devant Thérouenne, n'eust trouvé ame dedans, et autant en Arras. Il ne l'osa entreprendre, qui fut à son dommage ; mais en tel cas on n'est pas tousjours adverty du plus nécessaire ; et aussi il avoit des craintes de son costé. Je ne parle de ce propos que par ouy dire ; car je n'y estois pas ; mais pour continuer ma matière, m'en a falu dire quelque chose. J'estois avec le roy quand les nouvelles luy en vindrent ; et en fut très-dolent ; car il n'avoit point accoustumé de perdre ; mais estoit si heureux en tous ses faicts, qu'il sembloit que toutes choses allassent à son plaisir ; mais aussi son sens aydoit bien à luy faire venir cet heur ; car il ne mettoit riens en hazard, et ne vouloit pour riens chercher les batailles ; et cette-cy n'estoit point advenue de son commandement. Il faisoit ses armées si grosses qu'il se trouvoit peu de gens pour les combattre ; et estoit bien garni d'artillerie, mieux que jamais roy de France ; et aussi essayoit de soudainement prendre les places, et par espécial celles qu'il sentoit mal fournies, et quand il les avoit, il y mettoit tant de gens et d'artillerie que c'estoit chose impossible de les reprendre sur luy ; et s'il y avoit dedans quelque forte place un capitaine ou un autre qui eust pouvoir de la bailler pour argent, et qu'il voulsist pratiquer avec luy, il pouvoit estre sûr qu'il avoit trouvé marchand ; et ne l'eust-on sçu espouvanter à luy demander grande somme, car libéralement l'accordoit. Il eut effroy de prime-face de cette bataille, cuidant qu'on ne luy eust dit la vérité, et qu'elle fust de tous poincts perdue ; car il sçavoit bien, si elle eust esté perdue, qu'il avoit perdu tout ce qu'il avoit conquis sur cette maison de Bourgongne, et en ces marches-là, et le demourant en grand hazard. Toutesfois, quand il sçut la vérité, il eut patience, et deslibéra d'y donner ordre, en façon qu'on n'entreprendroit plus telles choses sans son sçu, et fut très-content de monseigneur des Cordes. Dès cette heure-là, le roy deslibéra de traicter paix avec le duc d'Austriche, mais qu'il la pust faire de tous poincts à son advantage, et qu'en la faisant il bridast si bien ledit duc par le moyen de ses subjets propres qu'il connoissoit enclins à ce qu'il cherchoit, qu'il n'eut jamais pouvoir de luy mal faire.

Ce temps durant eut un désir fort singulier, procédant de tout son cœur, de pouvoir mettre une grande police au royaume, et principalement sur la longeur des procès, et en ce passage bien brider cette cour de parlement, non point diminuer leur nombre, ni leur auctorité ; mais il avoit à contre-cœur plusieurs choses, dont il la haïssoit. Aussi désiroit fort qu'en ce royaume on usast d'une coustume, d'un poids, d'une mesure, et que toutes ces coustumes fussent mises en françois en un beau livre, pour éviter la cautele et la pillerie des advocats, qui est si grande en ce royaume que nulle autre n'est semblable ; et les nobles d'iceluy la doivent bien connoistre. Et si Dieu luy eust donné la grace de vivre encore cinq ou six ans, sans estre trop pressé de maladie, il eust fait beaucoup de bien à sondit royaume. Aussi l'avoit-il fort oppressé, et plus que ne fit jamais roy ; mais par auctorité ni remonstrances, l'on ne luy a sçu faire le soulager ; et faloit qu'il vint de luy, comme lors eust fait, si Dieu l'eust voulu préserver de maladie. Pour ce faict bon bien faire, tandis qu'on a loisir, et que Dieu donne santé et entendement aux hommes.

L'appointement que le roy désiroit faire avec le duc d'Austriche et sa femme et leur païs, c'estoit par la main des Gandois, de traicter le mariage de monseigneur le Dauphin son fils, à présent roy, avec la fille desdits duc et duchesse, et que par ce moyen luy laissassent les comtés de Bourgongne, Auxerrois, Masconnois et Charolois, et il leur rendroit Artois, retenant la cité d'Arras en l'estat qu'il l'avoit mise, car de la ville ce n'estoit plus riens, vu la closture de la cité ; car avant que le roy prist Arras, la ville cloyoit contre la cité, et y avoit grands fossés et grandes murailles entre deux. Ainsi la cité estoit bien close, et tenue du roy par l'évesque. Et en cela, le roy fait au contraire des seigneurs de cette maison de Bourgongne ; car ils ont tousjours, au moins depuis cent ans en çà, fait évesque tel qu'il leur a plu, et aussi capitaine de la ville ; et le roy fit l'opposite pour augmenter son auctorité ; et fit abattre lesdites murailles, et les faire au rebours; car, pour cette heure dernière, la cité cloyoit contre la ville, à grands fossés entre les deux; et par ainsi il ne donnoit riens; car la ville aujourd'huy faut qu'elle obéysse à la cité. De la duché de Bourgongne et de la comté de Boulongne, et des villes assises et situées sur la rivière de Somme, des chastellenies de Péronne, Roye et Mondidier, ne faisoit aucune mention. Et se menoient ces marchés; et y prestoient ceux de Gand l'oreille, et estoient fort rudes audit duc et à la duchesse sa femme; et aucunes autres des grandes villes de Flandres et Brabant qui estoient assez enclines à la volonté des Gandois; et par espécial Bruxelles qui estoit tant riche que merveilles, vu que les ducs Philippe et Charles de Bourgongne y avoient tousjours demouré, et à présent s'y tenoient encore lesdits duc et duchesse d'Austriche. Mais les aises et plaisirs qu'ils avoient eu soubs les seigneurs dessusdits, leur avoient fait méconnoistre Dieu et leur seigneur, et cherchoient quelque male-fortune, qui depuis leur est advenue, comme ayez vu.

CHAPITRE VII.

Comment le roy Louis, par une maladie, perdit aucunement le sens et la parole, guérissant et renchéant par diverses fois; et comme il se maintenoit en son chasteau du Plessis les Tours.

Durant ce temps, qui est l'an quatre cens soixante et dix-neuf, au mois de mars, estoient trèves entre les dessusdits; et vouloit le roy paix, et par espécial en ce quartier dont je parle, mais que ce fut de tous poincts à son advantage, comme j'ay dit. Il commençoit jà à viellir, et devenoit malade; et luy estant aux Forges près de Chynon, à son disner, luy vint comme une perclusion, et perdit la parole. Il fut levé de table, et tenu près du feu, et les fenestres closes: et combien qu'il s'en voulsist approcher, l'on l'en garda, par aucuns qui pensoient bien faire; et fut l'an mille quatre-vingt, au mois de mars, que cette maladie luy prit. Il perdit de tous poincts la parole, et toute connoissance et mémoire. Sur l'heure y arrivastes, vous, monseigneur de Vienne, qui pour lors estiez son médecin; et à la mesme heure, luy fut baillé un clistère; et fistes ouvrir les fenestres et bailler air; et incontinent quelque peu de parole luy revint, et du sens; et monta à cheval, et retourna aux Forges; car ce mal luy prit en une petite paroisse, à un quart de lieue de là, où il estoit allé ouïr messe. Ledit seigneur fut bien pensé; et faisoit des signes de ce qu'il vouloit dire. Entre les autres choses demanda l'official de Tours pour se confesser; et fit signe que l'on me mandast; car j'estois allé à Argenton; qui est à quelques dix lieues de là. Quand j'arrivay, je le trouvay à table; et estoit avec luy maistre Adam[1] Fumée, qui autresfois avoit esté médecin du feu roy Charles, et à cette heure dont je parle, maistre des requestes; aussi y estoit un autre médecin, appelé maistre Claude. Il entendoit peu de ce qu'on luy disoit; mais de douleur, il n'en sentoit point. Il me fit signe que je couchasse en sa chambre. Il ne formoit guères de mots. Je le servis par l'espace de quarante jours à la table, et à l'entour de sa personne, comme valet-de-chambre; ce que je tenois à grand honneur; et y estois bien tenu. Au bout de deux ou trois jours la parole commença à revenir et le sens; et luy sembloit que nul ne l'entendoit si bien que moy; parquoy vouloit que je fusse tousjours auprès de luy. Et se confessa audit official, moy présent; car autrement ne se fussent entendus. Il n'avoit point grandes paroles à dire, car il s'estoit confessé peu de jours auparavant, pour ce que, quand les roys de France veulent toucher les malades des écrouelles, ils se confessent, et luy n'y failloit jamais une fois la semaine; si les autres ne le font, ils font très-mal, car tousjours y a largement de malades. Comme il se trouva un peu amendé, il commença à s'enquérir qui estoient ceux qui l'avoient tenu par force qu'il n'estoit allé à la fenestre; il luy fut dit, et incontinent les chassa tous de sa maison. A aucuns leur osta leurs offices, et oncques puis ne les vit. Aux autres, comme monseigneur de Segre[2], et Gilbert de Grassay, seigneur de Champeronx, n'osta riens, mais les envoya. Beaucoup furent esbahis de cette fan-

---

[1] Sieur des Roches St-Quentin en Touraine, médecin des rois Louis XI et Charles VIII, premier maistre des requêtes de l'hôtel, garde-des-sceaux en 1479, fils de Paul Fumée, gouverneur de Nantes, qui avait été envoyé par Louis XI en ambassade auprès du pape. Adam Fumée mourut en 1500.

[2] Jacques d'Espinay, chevalier, seigneur d'Ussé de Segre, et de Saint-Michel sur Loire, chambellan du roi.

taisie, blasmans ce cas, disans qu'ils l'avoient fait pour le mieux; et disoient vray, mais les imaginations des princes sont diverses; et ne les peuvent pas entendre tous ceux qui se meslent d'en parler. Il n'estoit adoncques riens dont il eust si grande crainte, que de perdre son auctorité, qu'il avoit bien grande, et qu'on luy désobéyt en quelque chose que ce fust. D'autre part il sçavoit que le roy Charles, son père, quand il prit la maladie dont il mourut, entra en imagination qu'on le vouloit empoisonner, à la requeste de son fils, et s'y mit si avant qu'il ne vouloit plus manger; parquoy fut advisé, par le conseil des médecins, et de ses plus grands et espéciaux serviteurs, qu'on le feroit manger par force; et ainsi fut fait, par grande deslibération et ordre des personnes qui le servoient; et luy fut mis des coulis en la bouche ; et peu après cette force, ledit roy Charles mourut. Ledit roy Louis, qui de tout temps avoit beaucoup blasmé cette façon, prit tant à cœur que merveilles de ce qu'ainsi on l'avoit tenu par force. Et en faisoit plus de semblant qu'il ne luy tenoit au cœur; car le principal fond de cette matière, qui le mouvoit, estoit de peur qu'on ne le voulsist maistriser en toutes autres choses, comme en expédition de ses affaires et matières, soubs couleur de dire que son sens ne fut pas bon ni suffisant.

Quand il eut fait ce désappointement à ceux dont j'ay parlé, il s'enquit de l'expédition du conseil, et des dépesches qu'on avoit faites en dix ou douze jours qu'il avoit esté malade, dont avoient la charge l'évesque d'Alby [1], son frère le gouverneur de Bourgongne [2], le mareschal de Gié, et le seigneur du Lude ; car ceux-là se trouvèrent à l'heure que son mal luy prit; et estoient tous logés soubs sa chambre, en deux petites chambrettes qu'il y avoit [3]; et voulut voir les lettres et choses qui estoient arrivées, et qui arrivoient chacune heure. L'on luy monstroit les principales, et je luy les lisois. Il faisoit semblant de les entendre, et les prenoit en sa main ; et faisoit semblant de les lire, combien qu'il n'eut aucune connoissance;

et disoit quelque mot, on faisoit signe des responses qu'il vouloit qui fussent faites. Nous faisions peu d'expéditions, en attendant la fin de cette maladie; car il estoit maistre avec lequel il faloit charier droict. Cette maladie luy dura bien environ quinze jours ; et se revint, quant au sens et à la parole, en son premier estat; mais il demoura très-foible ; et en grande suspicion de retourner en cet inconvénient; car naturellement il estoit enclin à ne vouloir bien souvent croire le conseil des médecins. Tantost après qu'il se trouva bien à son aise, il délivra le cardinal Ballue, qu'il avoit tenu quatorze ans prisonnier; et maintes-fois en avoit esté requis du siége apostolique et d'ailleurs ; et à la fin s'en fit absoudre d'un bref, envoyé par nostre saint père le pape à sa requeste. Quand ce mal luy prit, ceux qui pour lors estoient avec luy le tindrent pour mort ; et ordonnèrent plusieurs mandemens, pour rompre une très-excessive taille et cruelle, que nouvellement il avoit mis sus, par le conseil de monseigneur des Cordes, son lieutenant en Picardie, pour entretenir dix mille hommes-de-pied, tousjours prests, et deux mille cinq cens pionniers, et s'appeloient ces gens icy les gens-du-camp ; et ordonna avec eux quinze cens hommes-d'armes de son ordonnance, pour descendre à pied quand il seroit besoin; et si fit faire grand nombre de chariots, pour les clorre, et des tentes et pavillons ; et prenoit cecy sur l'ost du duc de Bourgongne ; et coustoit ce camp quinze cens mille francs l'an. Quand il fut prest, il l'alla voir mettre auprès du Pont-de-l'Arche en Normandie, en une belle vallée qui y est; et y estoient les six mille Suisses dont j'ay parlé ; et ce nombre, jamais que cette fois ne le vit ; et s'en retourna à Tours, auquel lieu luy reprit sa maladie ; et derechef perdit la parole ; et fut quelques deux heures qu'on cuidoit qu'il fut mort. Et estoit en une galerie couché sur une paillasse, et plusieurs avec luy. Monseigneur du Bouchage et moy, le vouasmes à monseigneur Saint-Claude, et tous les autres qui estoient présent l'y vouèrent aussi. Incontinent la parole luy revint; et sur l'heure, alla par la maison très-foible. Et fut cette seconde maladie, l'an mil quatre cens quatre-vingt et un. Et alloit par païs comme devant, et alla chez moy à Argenton (là où il fut séjourner un mois, et y

---

[1] Louis d'Amboise.
[2] Son frère, Charles d'Amboise.
[3] Jean de Daillon.

fut fort malade) et de là à Thouars, où semblablement fut malade; et de là entreprit le voyage de Saint-Claude, où il avoit esté voué, comme vous avez ouy. Il m'avoit envoyé en Savoye, comme il partit de Thouars, contre les seigneurs de la Chambre, de Miolans et de Bresse, combien qu'il leur aydoit en secret, pource qu'ils avoient pris le seigneur de Lins du Dauphiné, lequel il avoit mis au gouvernement du duc Philebert, son neveu. Si envoya après moy grande force de gens-d'armes, que je menois à Mascon contre monseigneur de Bresse. Toutesfois luy et moy nous accordasmes en secret; et il prit ledit seigneur de la Chambre couché avec ledit duc à Turin en Piedmont où il estoit, et puis me le fit sçavoir; et incontinent je fis retirer les gens-d'armes, car il amena le duc de Savoye à Grenoble, où monseigneur le mareschal de Bourgongne, marquis de Rothelin [1], et moy, l'allasmes recevoir. Le roy me manda de venir devers luy à Beaujeu en Beaujolois; et fus esbahy de le voir tant maigre et deffait. Et m'esbahyssois comment il pouvoit aller par païs; mais son grand cœur le portoit. Audit lieu de Beaujeu il reçut lettres comme la duchesse d'Austriche estoit morte d'une chute de cheval, car elle chevauchoit un hobin ardent. Il la fit cheoir, et tomba sur une grande pièce de bois. Aucuns disent que ce ne fut point de la chute; mais d'une fièvre. Quoy qu'il en soit, elle mourut peu de jours après ladite chute. Et fut un très-grand dommage pour ses subjets et amis, car onques puis n'eurent bien ni paix; car ce peuple de Gand, et autres villes l'avoient en plus grande révérence que le mary, à cause qu'elle estoit dame du païs. Et advint ce cas l'an 1482. [Ledit seigneur me conta ces nouvelles, et en eut très-grande joye, et aussi que les deux enfans estoient demourés en la garde des Gandois, lesquels il connoissoit enclins à noise et division contre cette maison de Bourgongne. Et luy sembloit avoir trouvé l'heure, pource que le duc d'Austriche estoit jeune, et pource qu'il avoit encore père, et guerre par tout, et estoit estranger, et mal accompagné; car l'empereur son père estoit trop extrêmement chiche, parquoy avoit moins de faveur à la vérité.

Dès l'heure commença le roy à pratiquer les gouverneurs de Gand, par monseigneur des Cordes, et traicter le mariage de monseigneur le dauphin, et de la fille dudit duc, à présent nostre royne appelée Marguerite; et s'adressoit-on du tout à un pensionnaire de ladite ville, appelé Guillaume Rym, sage homme et malicieux, et à un autre appelé Coppenole, clerc des eschevins [1], qui estoit chaussetier, ayant grand crédit avec le peuple, car gens de telle taille l'y ont, quand ils sont ainsi désordonnés. Le roy s'en retourna à Tours; et s'enfermoit fort, et tellement que peu de gens le voyoient; et entra en merveilleuse suspicion de tout le monde; et avoit peur que l'on ne luy ostast ou diminuast son auctorité. Il recula de luy toutes gens qu'il avoit accoustumés, et les plus prochains qu'il eut jamais, sans riens leur oster; et allèrent en leurs offices et charges, ou en leurs maisons. Mais cecy ne dura guères; car il ne vesquit point longuement; et fit de bien estranges choses; dont ceux qui les voyoient le tenoient à estre desnué de sens; mais ils ne le connoissoient point. Quant à estre suspicionneux, tous grands princes le sont, et par espécial les sages, et ceux qui ont eu beaucoup d'ennemis, et ont offensé plusieurs, comme avoit fait celuy-cy. Et d'avantage, il sçavoit n'estre point aimé des grands personnages de ce royaume, ni de beaucoup de menus; et si avoit plus chargé le peuple que jamais roy ne fit, combien qu'il eut le bon vouloir de le descharger, comme j'ay dit ailleurs; mais il devoit commencer plustost. Le roy Charles septiesme fut le premier, par le moyen de plusieurs sages et bons chevaliers, qu'il avoit, qui luy avoient aydé et servy en sa conqueste de Normandie et de Guyenne que les Anglois tenoient; lequel gaigna et commença ce point, qui est d'imposer tailles en son païs à son plaisir, sans le consentement des estats de son royaume; et pour lors y avoit grandes matières, tant pour garnir les païs conquis, que pour despartir les gens des compagnies qui pilloient le royaume; et à cecy se consentirent les seigneurs de France, pour certaines pensions qui leur furent promises, pour les deniers qu'on lèveroit en leurs terres. Si ce roy eust tousjours vescu, et ceux qui lors

---

[1] Philippe de Hochberg.

[1] Tous deux furent dans la suite décapités à Gand.

estoient avec luy en son conseil, il l'eut fort avancé à cette heure ; mais à ce qui est advenu depuis et adviendra, il chargea fort son ame et celles de ses successeurs, et mit une cruelle playe sur son royaume, qui longuement saignera, et une terrible bende de gens-d'armes de soulde, qu'il institua à la guise des seigneurs d'Italie. Ledit roy Charles septiesme le voit, à l'heure de son trespas, dix-huit cens mille francs, en toutes choses, sur son royaume; et tenoit environ dix-sept cens hommes-d'armes d'ordonnance pour tous gens-d'armes, et ceux-là en bonne justice, à la garde des provinces de son royaume, qui de long-temps avant sa mort ne chevauchèrent par le royaume, qui estoit grand repos au peuple. Et à l'heure du trespas du roy nostre maistre, il levoit quarante sept cens mille francs, d'hommes-d'armes quelques quatre ou cinq mille, gens-de-pied, tant pour le camp que des mortes-payes plus de vingt-cinq mille. Ainsi ne se faut esbahir s'il avoit plusieurs pensées et imaginations ; et s'il pensoit de n'estre point bien voulu. S'il avoit grande peur en cette chose, aussi avoit-il espérance en plusieurs de ceux qu'il avoit nourris, et qui avoient reçu biens de luy. De ceux-là eut-il trouvé un grand nombre, qui pour mort ne luy eussent fait faute. En premier lieu il n'entroit guères de gens dedans le Plessis-du-parc (qui estoit le lieu ou il se tenoit) excepté gens domestiques, et les archiers dont il en avoit quatre cens, qui en bon nombre faisoient tousjours le guet, et se pourmenoient par la place, et gardoient la porte. Nul seigneur ni grand personnage, ne logeoit dedans, ni n'y entroit guères compagnie de grands seigneurs. Nul n'y venoit que monseigneur de Beaujeu, de présent duc de Bourbon, qui estoit son gendre. Tout à l'environ dudit Plessis, il fit faire un treillis de gros barreaux de fer, et planter dedans la muraille des broches de fer, ayans plusieurs pointes, comme à l'entrée par où l'on eu pu entrer aux fossés dudit Plessis. Aussi fit faire quatre moyneaux tous de fer bien espais, en lieu par où l'on pouvoit bien tirer à son aise; et estoit chose bien triomphante ; et cousta plus de vingt mille francs, et à la fin y mit quarante arbalestriers, qui jour et nuict estoient en ces fossés et avoient commission de tirer à tout homme qui en approcheroit de nuict, jusques à ce que la porte fust ouverte le matin. Il luy sembloit d'avantage que ses subjets estoient un peu chatouilleux à entreprendre sur son auctorité, quand ils en verroient le temps. A la vérité, il fut quelques paroles entre aucuns d'entrer en ce Plessis, et dépescher les choses, selon leur advis, pource que riens ne se despeschoit; mais ils ne l'osèrent entreprendre ; dont ils firent sagement; car il y avoit bien pourvu. Il changeoit souvent de valet-de-chambre et de toutes autres gens, disant que la crainte de luy et l'estime seroient entretenues, par faire ainsi choses nouvelles. Pour compagnie tenoit léans un homme ou deux, auprès de luy, gens de petite condition, et assez mal renommés, et à qui il pouvoit bien sembler, s'ils estoient sages, qu'incontinent qu'il seroit mort, ils seroient désapointés de toutes choses, pour le mieux qui leur en sçauroit advenir; et ainsi leur en advint. Ceux-là ne luy rapportoient riens de quelque chose qu'on luy escrivit ni mandast, de quelques affaires que ce fut, s'il ne touchoit à la préservation de l'estat et deffence du royaume, car de toute autre chose il ne luy en chaloit que d'estre en trève ou en paix avec chacun. A son médecin donnoit tous les mois dix mille escus, qui en cinq mois en reçut cinquante quatre mille. De terres donna grande quantité aux églises; mais ce don de terres n'a point tenu ; aussi il y en avoit trop.

CHAPITRE VIII.

Comment le roy fit venir à Tours un nommé le Sainct-Homme de Calabre, pensant qu'il le dût guérir ; et des choses étranges que faisoit ledit roy pour garder son auctorité durant sa maladie.

Entre les hommes renommés de dévotion, il envoya quérir un homme en Calabre, appelé frère Robert. Le roy l'appeloit le Sainct-Homme, pour sa saincte vie. En l'honneur duquel le roy de présent fit faire un monastère au Plessis-du-parc, en récompense de la chapelle près du Plessis, au bout du pont. Ledit hermite[1], en l'âge de douze ans, s'estoit mis soubs un roc, où il estoit demouré jusques en l'âge de quarante et trois ans, ou environ, et jusques à l'heure que le roy l'envoya quérir par un ancien maistre d'hostel, en la compagnie du prince de Tarente, fils du roy de Naples,

[1] Saint François de Paule, fondateur des Minimes.

car il ne vouloit partir sans congé du pape ni de son roy, qui estoit sens à cette simple personne, lequel avoit fait deux églises au lieu où il demouroit. Jamais n'avoit mangé, ni n'a encore depuis qu'il se mit en cette estroite vie, ni chair, ni poisson, ni œufs, ni laictage, ni aucune gresse. Et ne pense jamais avoir vu homme vivant de si saincte vie, ni où il semblast mieux que le Sainct-Esprit parlast par sa bouche. Il n'estoit clerc ni lettré, et n'apprit jamais riens. Vray est que sa langue italienne luy aydoit bien à se faire émerveiller. Ledit hermite passa par Naples, honoré et visité autant qu'un grand légat apostolique, tant du roy de Naples que de ses enfans; et parloit avec eux, comme un homme nourry en cour. De là passa par Rome; et fut visité de tous les cardinaux; et eut audience avec le pape, par trois fois, seul à seul; et fut assis auprès de luy, en belle chaire, l'espace de trois ou quatre heures, à chacune fois, (qui estoit grand honneur à si petit homme) respondant si sagement, que chacun s'en esbaysoit; et luy accorda nostre sainct père faire un ordre appelé les Hermites Sainct-François. De là vint devers le roy, honoré comme s'il eust esté le pape, se mettant à genoux devant luy, afin qu'il luy plust faire alonger sa vie. Il respondit ce que sage homme devoit respondre. Je l'ay maintesfois ouy parler devant le roy, qui est de présent, où estoient tous les grands du royaume, et encore depuis deux mois; mais il sembloit qu'il fust inspiré de Dieu ès choses qu'il disoit et remonstroit; car autrement n'eust sçu parler des choses dont il parloit. Il est encore vif, parquoy se pourroit bien changer ou en mieux, ou en pis; et pource m'en tais. Aucuns se moquoyent de la venue de cet hermite, qu'ils appeloient Sainct-Homme; mais ils n'estoient point informés des pensées de ce sage roy, ni ne sçavoient les choses qui luy donnoient l'occasion.

Nostre roy estoit en ce Plessis, avec peu de gens, sauf archers, et en ces suspicions dont j'ay parlé; mais il y avoit pourvu; car il ne laissoit nuls hommes, ni en la ville, ni aux champs, dont il eust suspicion; mais par archers les en faisoit aller et conduire. De nulle matière on ne luy parloit, que des grandes qui luy touchoient. Il sembloit mieux, à le voir, homme mort que vif, tant estoit maigre; ni jamais homme ne l'eust cru. Il se vestoit richement, ce que jamais n'avoit accoustumé paravant; et ne portoit que robbes de satin cramoisy fourrées de bonnes martres; et en donnoit à ceux qu'il vouloit, sans demander; car nul ne luy eust osé demander, ni parler de riens. Il faisoit d'aspres punitions, pour estre craint, et de peur de perdre obéyssance; car ainsi me le dit luy-mesme. Il r'envoyoit officiers, et cassoit gens-d'armes, rongnoit pensions, et en ostoit de tous poincts. Et me dit, peu de jours avant sa mort, qu'il passoit temps à faire et à deffaire gens. Et faisoit plus parler de luy parmy le royaume que n'avoit jamais fait; et le faisoit de peur qu'on ne le tînt pour mort; car, comme j'ay dit, peu de gens le voyoient; mais quand on oyoit parler des œuvres qu'il faisoit, chacun en avoit doute; et ne pouvoit l'on à peine croire qu'il fust malade. Hors le royaume envoyoit gens de tous costés: en Angleterre pour entretenir ce mariage; et les payoit bien de ce qu'il leur devoit, tant le roy Edouard que les particuliers. En Espagne avoit toutes paroles d'amitié et d'entretenement, et présens partout de tous costés. Il faisoit acheter un bon cheval, quoy qu'il coustast, ou une bonne mule; mais c'estoit en païs où il vouloit qu'on le cuidast sain; car ce n'estoit point en ce royaume. Des chiens, en envoyoit quérir partout; en Espagne, des Allans et de petites levrettes; en Bretagne, levriers et espaigneux; et les achetoit cher; et en Valence, de petits chiens velus, qu'il faisoit acheter plus cher que les gens ne les vouloient vendre. En Cécile envoyoit quérir quelque mule, et espécialement à quelque officier du païs; et la payoit au double. A Naples, des chevaux; et bestes estranges de tous costés; comme en Barbarie, une espèce de petits lions qui ne sont point plus grands que petits renards; et les appeloient Adits. Au pays de Dannemarc et de Suède envoya quérir de deux sortes de bestes; les unes s'appeloient helles, et sont de corsage de cerfs, grandes comme buffles, les cornes courtes et grosses; les autres s'appellent rengiers; qui sont de corsage et couleur de daims, sauf, qu'elles ont les cornes beaucoup plus grandes; car j'ay vu rengier porter cinquante-quatre pour avoir six cornes. De chacune de ces bestes donna aux marchands quatre mille cinq cents florins d'Alemagne. Quand toutes ces choses luy estoient amenées, il n'en tenoit compte; et la pluspart des fois ne parloit point à ceux qui les amenoient ; et, en effect, il faisoit tant de choses semblables, qu'il estoit plus craint, tant de ses voisins que de ses subjets, qu'il n'avoit jamais esté; car aussi c'estoit sa fin, et le faisoit pour cette cause.

CHAPITRE IX.

Comment le mariage de monseigneur le dauphin fut conclu avec Marguerite de Flandres, et elle amenée en France; dont le roy Edouard d'Angleterre mourut de desplaisir.

Pour retourner au principal de nostre propos, et à la principale conclusion de tous ces Mémoires, et de toutes ces affaires des personnages qui vivoient du temps qu'ils ont esté faits, faut venir à la conclusion du traicté du mariage, fait entre le roy, qui est de présent, lors monseigneur le dauphin, et de la fille des duc et duchesse d'Austriche, par la main des Gandois, au grand desplaisir du roy Edouard d'Angleterre, qui lors se tint pour déçu de l'espérance du mariage de sa fille avec monseigneur le dauphin, de présent roy de France ; lequel mariage luy et la royne sa femme avoient plus desiré que toutes les choses du monde ; et jamais n'avoient voulu croire homme qui les eust advertis au contraire, fussent leurs subjets, ou autres ; car le conseil d'Angleterre luy avoit fait plusieurs remonstrances, à l'heure que le roy conquéroit la Picardie, qui estoit près de Calais; et luy disoit que, quand il auroit conquis cela, qu'il pourroit bien essayer de conquérir Calais et Guynes. Autant luy en disoient les ambassadeurs, qui continuellement estoient en Angleterre de par les duc et duchesse d'Austriche, et les Bretons et autres. Et de tout cela il n'en croyoit riens, dont luy en prit bien mal ; mais je crois bien qu'il ne luy procédoit point tant d'ignorance, comme il faisoit d'avarice, et pour ne perdre point cinquante mille escus que le roy luy donnoit, ni aussi de laisser ses aises et ses plaisirs, où il estoit fort adonné. Sur le faict de ce mariage se tint une journée à Alost en Flandres ; et y estoit le duc d'Austriche, à présent roy des Romains, et gens desputés de par les trois estats de Flandres, Brabant et autres terres appartenantes audit duc et à ses enfans.

Là firent les Gandois plusieurs choses, contre le vouloir dudit duc; comme de bannir gens, et d'en oster aucuns d'auprès son fils; et puis luy dirent le vouloir qu'ils avoient que ce mariage, dont j'ay parlé, se fît pour avoir paix ; et le luy firent accorder, voulsist-il, ou non. Il estoit fort jeune, mal pourvu de grandes gens ; car le tout, en cette maison de Bourgongne, estoit mort (comme j'ay dit), ou tourné des nostres, ou peu s'en faloit ; j'entends de grands personnages, qui l'eussent sçu conseiller et ayder. De son costé, il estoit venu fort mal accompagné; et puis, pour avoir perdu sa femme, qui estoit princesse du païs dessusdit, il n'osoit parler si audacieusement qu'il avoit fait autrefois. Et pour abréger ce propos, le roy en fut adverty par le seigneur des Cordes; et en fut très-joyeux; et fut pris le jour de luy amener la fille à Hédin.

Peu de jours avant, et en l'an mil quatre cens quatre-vingt et un, avoit esté baillée Aire [1], audit seigneur des Cordes, par le seigneur de Cohem [2], du païs d'Artois, pour une somme d'argent; lequel la tenoit pour le duc d'Austriche, et pour le seigneur de Bevres [3], son capitaine, ville très-forte, assise en Artois, qui ayda bien aux Flamands à avancer l'œuvre ; car elle est à l'entrée de leur païs. Et combien qu'il voulsissent la diminution de leur prince, si n'eussent-ils point voulu à leurs frontières le roy si très-près d'eux. Après que ces choses furent accordées (comme j'ay dit), vindrent devers le roy les ambassadeurs de Flandres et Brabant; mais tout despendoit de ceux de Gand, à cause de leur force, et qu'ils avoient les enfans entre leurs mains, et aussi les premiers prests à commencer la noise. Aussi y vindrent aucuns chevaliers, pour le roy des Romains, jeunes comme luy, et mal conseillés, pour la pacification de leur païs. Messire Jean de Berghes [4] en estoit l'un, et messire Baudouin de Lannoy [5] l'autre,

---

[1] Par le traité fait entre ces princes à Arras, le 13 décembre 1482.

[2] Jean de Berghes, seigneur d'Olehain et de Cohem.

[3] Philippe de Bourgogne, seigneur de Beveren, chevalier de la Toison-d'Or, gouverneur de Saint-Omer et Aire, et depuis de la province d'Artois, fils d'Antoine bâtard de Bourgongne.

[4] Jean de Berghs, seigneur de Walbain, chevalier de la Toison-d'Or.

[5] Il était seigneur de Molembais et de Solre-le-Château, et chevalier de la Toison-d'Or.

et quelques secrétaires. Le roy estoit jà fort bas ; et à grand'peine se vouloit-il laisser voir ; et fit grande difficulté de jurer les traictés faits en cette matière ; mais c'estoit pour n'estre point vu ; toutesfois il les jura. Ils luy estoient avantageux ; car il avoit plusieurs fois voulu le mariage ; et ne vouloit que la comté d'Artois, ou celle de Bourgongne, l'une des deux ; et messeigneurs de Gand (ainsi les appeloit-il) les luy firent bailler toutes deux, et celle de Masconnois, de Charolois et d'Auxerrois ; et s'ils luy eussent pu faire bailler celle de Hainaut et de Namur, et tous les subjets de cette maison, qui sont de langue françoise, ils l'eussent volontiers fait, pour affoiblir leurdit seigneur.

Le roy nostre maistre, qui estoit bien sage, et entendoit bien que c'estoit que de Flandres, et qu'un comte dudit païs de Flandres estoit de peu de cas, sans avoir ledit païs d'Artois, qui est assis entre le roy de France et eux, leur estant comme une bride ; car dudit païs d'Artois se tiroit de bonnes gens de guerre, pour les chastier quand ils feroient les fols ; et pource, en ostant audit comte de Flandres ledit païs d'Artois, il le laissoit le plus pauvre seigneur du monde, et sans avoir obéyssance, sinon le plaisir de ceux de Gand ; et de cette ambassade, dont je parle, un des principaux estoit Guillaume Rym, dont j'ay parlé cy-dessus. Après que cette ambassade fut retournée, ladite fille fut amenée à Hédin, entre les mains de monseigneur des Cordes ; et fut l'an mil quatre cens quatre-vingt et trois. Et l'amena madame de Ravestain, fille bastarde du feu duc Philippe de Bourgongne ; et la reçurent monseigneur et madame de Bourbon, qui sont de présent, le seigneur d'Albret, et autres pour le roy ; et l'amenèrent à Amboise, où estoit monseigneur le dauphin. Si le duc d'Austriche l'eust pu oster à ceux qui l'amenoient, il l'eust volontiers fait, avant qu'elle sortist de sa terre ; mais ceux de Gand l'avoient bien accompagnée ; et aussi il avoit commencé à perdre toute obéyssance. Et se retournèrent beaucoup de gens avec ceux de Gand, pource qu'ils tenoient le fils entre leurs mains, et ostoient et mettoient avec luy tel qu'il leur plaisoit ; et, entre les autres, se tenoit le seigneur de Ravestain, frère au duc de Clèves, principal gouverneur dudit enfant, appelé le duc Philippe [1], qui vit encore, attendant grande succession, si Dieu lui preste vie. Quiconque eut joye de ce mariage, il desplaisoit au roy d'Angleterre amèrement ; car il le tint à grand'honte et moquerie ; et se doutoit bien avoir perdu sa pension, que le roy luy donnoit, ou tribut qu'appeloient les Anglois ; et eut crainte que le mespris ne luy en fust grand en Angleterre, et que cela fust cause de rebellion contre luy, et par espécial, pource qu'il n'avoit voulu croire conseil ; et si voyoit le roy en grande force, et près de luy ; et en prit le deuil si grand, que, dès qu'il en sçut les nouvelles, il tomba malade, et bientost après mourut ; aucuns disent d'un caterre. Quoy qu'il en soit, on dit que la douleur qu'il avoit dudit mariage fut cause de la maladie dont il mourut en briefs jours ; et fut le trespas l'an mil quatre cens quatre-vingt et trois, au mois d'avril. C'est grand'faute à un prince d'estimer plus son opinion, que de plusieurs ; et cela leur donne aucunes fois de grandes douleurs et pertes, qui ne se peuvent recouvrer.

Tantost après que le roy Edouard fut mort, le roy nostre maistre en fut adverty ; et n'en fit nulle joye ni semblant quand il le sçut ; et peu de jours après reçut lettres du duc de Glocestre, qui s'estoit fait roy d'Angleterre, et se signoit Richard ; lequel avoit fait mourir les deux fils du roy Edouard son frère. Lequel roy Richard requéroit l'amitié du roy. Et crois qu'il eut bien voulu r'avoir cette pension ; mais le roy ne voulut respondre à ses lettres, ni ouïr le message ; et l'estima très-cruel et mauvais ; car après le trespas du roy Edouard, ledit duc de Glocestre avoir fait hommage à son neveu comme à son roy et souverain seigneur ; et incontinent après commit ce cas ; et en plein parlement d'Angleterre, fit dégrader deux filles dudit roy Edouard, et déclarer bastardes, sous couleur de quelque cas qu'il prouva par un évesque de Bath en Angleterre, qui autresfois avoit eu grand crédit avec ledit roy Edouard ; et puis le désapointa, et tint en prison ; et le rançonna d'une somme d'argent. Le-

---

[1] Anne de Bourgongne, deuxième femme d'Adolphe de Clèves, seigneur de Ravestein.

[1] Il épousa Jeanne, héritière de Castille et d'Aragon, et fut père de l'empereur Charles-Quint.

quel évesque disoit que ledit roy Edouard avoit promis foy de mariage à une dame d'Angleterre, qu'il nommoit, pour ce qu'il en estoit amoureux, pour en avoir son plaisir, et en avoit la promesse entre les mains dudit évesque ; et sur cette promesse coucha avec elle ; et ne le faisoit que pour la tromper. Toutesfois tels jeux sont bien dangereux, tesmoins telles enseignes. J'ay vu beaucoup de gens de cour, qui n'eussent point perdu une bonne adventure qui leur eut plu en tel cas, par faute de promettre. Ce mauvais évesque garda ceste vengeance en son cœur, par adventure, vingt ans ; mais il luy meschut ; car il avoit un fils qu'il aimoit fort, à qui le roy Richard vouloit faire de grands biens, et luy faire espouser l'une de ces deux filles, dégradées de leurs dignités (laquelle de présent est royne d'Angleterre, et a deux beaux enfans). Lequel fils estant en un navire de guerre, par le commandement du roy Richard son maistre, fut pris à ceste coste de Normandie, et, par le débat de ceux qui le prirent, fut amené en parlement, et mis au petit chastelet à Paris ; et y fut tant, qu'il y mourut de faim et de pauvreté. Ledit roy Richard ne le porta pas loin ; car contre luy éleva Dieu un ennemy (et tout en l'instant) qui n'avoit ni croix ni pille, ni nul droit, comme je crois, à la couronne d'Angleterre, ni estimé riens, fors que de sa personne estoit honneste, et avoit beaucoup souffert ; car la pluspart de sa vie avoit esté prisonnier, et mesmement en Bretagne, ès mains du duc François, qui l'avoit bien traicté pour prisonnier, de l'âge de dix huit ans. Lequel avec peu d'argent du roy, et quelques trois mille hommes, pris en la duché de Normandie, et des plus meschans que l'on put trouver, passa en Galles, où se vint joindre son beau-père le seigneur de Stanley, avec bien vingt et six mille Anglois. Au bout de trois ou quatre jours se rencontra avec ce cruel roy Richard, lequel fut tué sur le champ, et cestuy-cy couronné, qui encore aujourd'huy règne.

Ailleurs j'ay parlé de ceste matière, mais il servoit encore d'en parler icy, et par espécial pour monstrer comme Dieu a payé comptant en nostre temps telles cruautés sans attendre. Maintes autres en a punies audit temps, qui les sçauroit toutes compter.

CHAPITRE X.

Comment le roy se maintenoit, tant envers ses voisins qu'envers ses subjets, durant sa maladie ; et comment on luy envoyoit de divers lieux diverses choses pour sa guérison.

Or donc ce mariage de Flandre fut accomply, que le roy avoit fort désiré, et tenoit les Flamans à sa poste. Bretagne, à qui il portoit grande hayne, estoit en paix avec luy, mais il les tenoit en grande crainte, pour le grand nombre de gens-d'armes qu'il tenoit logés à leurs frontières. Espagne estoit en repos avec luy ; et ne désiroit le roy et la royne d'Espagne sinon qu'amitié ; et il les tenoit en doute et dépense, à cause du païs de Roussillon, qu'il tenoit de la maison d'Aragon[1], qui luy avoit esté baillée par le roy Jean d'Aragon père du roy de Castille, qui règne de présent, en gage, et par aucunes conditions qui encore ne sont vuidées. Touchant la puissance d'Italie, ils le vouloient bien avoir pour amy, et avoient quelques considérations avec luy, et souvent y envoyoient leurs ambassadeurs. En Alemagne, avoit les Suisses qui luy obéyssoient comme ses subjets. Les roys d'Escosse et de Portugal estoient ses alliés. Partie de Navarre faisoit ce qu'il vouloit. Ses subjets trembloient devant luy. Ce qu'il commandoit estoit incontinent accomply, sans nulle difficulté ni excusation. Touchant les choses que l'on pensoit nécessaires pour sa santé, de tous les costés du monde luy estoient envoyées. Le pape Sixte, dernier mort, estant informé que par dévotion, le roy désiroit avoir le corporal sur quoy chantoit monseigneur Sainct-Pierre, tantost le luy envoya, avec plusieurs autres reliques, lesquelles luy furent renvoyées. La saincte Ampolle qui est à Reims, qui jamais n'avoit esté remuée de son lieu, luy fut apportée jusques en sa chambre au Plessis ; et estoit sur son buffet à l'heure de sa mort ; et avoit intention d'en prendre semblable unction, qu'il en avoit pris à son sacre, combien que beaucoup de gens cuidoient qu'il s'en voulsist oindre tout le corps, ce qui n'est pas vray-semblable ; car ladite saincte Ampolle est fort-petite, et n'y a pas grande matière dedans. Je la vis à l'heure dont je parle, et aussi quand ledit seigneur fut mis en terre, à Nostre Dame de Cléry. Le

[1] Les comtés de Roussillon et de Cerdagne furent engagés à Louis XI par Jean II, roi d'Aragon, pour trois cent mille écus, en 1462.

Turc [1], qui règne aujourd'huy, luy envoya une ambassade qui vint arriver jusques à Riez en Provence ; mais ledit seigneur ne la voulut point ouyr, ni qu'elle vint plus avant. Ledit ambassadeur luy apportoit un grand roolle de reliques, lesquelles estoient encores à Constantinople, entre les mains dudit turc, lesquelles choses il offroit au roy avec grand'somme d'argent, pourvu que ledit seigneur voulsist bien faire garder le frère dudit Turc, lequel estoit en ce royaume entre les mains de ceux de Rhodes, et à present à Rome és mains du Pape [2].

Par toutes les choses dessusdites l'on peut connoistre le sens et la grandeur de nostre roy, et comme il estoit estimé et honoré par le monde, et comme les choses qui sont spirituelles, et de dévotion et religion, estoient employées pour luy alonger sa vie, aussi bien que les choses temporelles. Toutesfois le tout n'y fit riens ; et falloit qu'il passast par-là où les autres sont passés. Une grace luy fit Dieu ; car comme il l'avoit créé plus sage, plus libéral, et plus vertueux en toutes choses que les princes qui régnoient avec luy, et de son temps, et qui estoient ses ennemys et voisins, avec ce qu'il les passa en toutes choses, aussi les passa-t-il en longueur de vie ; mais ce ne fut de guères ; car le duc de Bourgongne Charles, la duchesse sa fille, le roy Edouard, et le duc Galéas de Milan, le roy Jean d'Aragon, tous ceux-là estoient morts peu d'années paravant luy. De la duchesse d'Austriche et du roy Edouard, et de luy, n'y eut comme riens à dire. En tous y avoit du bien et du mal, car ils estoient hommes ; mais sans user de nulle flaterie, en luy avoit trop plus de choses appartenantes à office de roy et de prince, qu'en nul des autres. Je les ay presque tous vus, et sçu ce qu'ils sçavoient faire, parquoy je ne devine point.

CHAPITRE XI.

Comment le roy Louis XI fit venir vers luy Charles son fils peu avant sa mort ; et des commandemens et ordonnances qu'il fit, tant à luy qu'à autres.

En cet an mil quatre cens quatre vingt et trois, voulut le roy voir monseigneur le dauphin son fils, lequel il n'avoit vu depuis plusieurs années ; car il craignoit qu'il fust vu de guères de gens, tant pour la santé de l'enfant, que de peur que l'on ne le tirast hors de là, et que soubs ombre de luy, quelque assemblée ne se fit en son royaume ; car ainsi avoit-il esté fait de luy contre le roy Charles septiesme, son père, à l'heure qu'il n'avoit que onze ans, par aucuns seigneurs du royaume ; et s'appela cette guerre Briguerie, où la Praguerie [1] ; mais elle ne dura guères, et ne fut qu'un débat de cour.

Entre toutes choses il recommanda à son fils monseigneur le dauphin aucuns serviteurs ; et luy commanda expressément de ne changer aucuns officiers, luy alléguant que, quand le roy Charles septiesme, son père, alla à Dieu, et que luy vint à la couronne, il désapointa tous les bons et notables chevaliers du royaume, et qui avoient aydé à servir sondit père à conquérir Normandie et Guyenne, et chasser les Anglois hors du royaume, et à le remettre en paix et bon ordre (car ainsi le trouva-il, et bien riche) dont il luy en estoit bien mal pris ; car il en eut la guerre appelée le Bien Public (dont j'ay parlé ailleurs), qui cuida estre cause de luy oster la couronne. Bientost après que le roy eut parlé à monseigneur le dauphin son fils, et achevé ce mariage (dont j'ay parlé), luy prit la maladie (dont il partit de ce monde) par un lundy, et dura jusqu'au samedy ensuivant, penultième d'aoust mil quatre cens quatre vingt et trois. Et estois présent à la fin de la maladie ; parquoy en veux dire quelque chose.

Tantost après que le mal luy prit, il perdit la parole, comme autrefois avoit fait ; et quand elle luy fut revenue, se sentit plus foible que jamais n'avoit esté, combien qu'auparavant il l'estoit tant, qu'à grand'peine pouvoit-il mettre la main jusques à la bouche ; et estoit tant maigre et deffaict, qu'il faisoit pitié à tous ceux qui le voyoient. Le dit seigneur se jugea mort ; et sur l'heure il envoya querir monseigneur de Beaujeu, mary de sa fille, à présent duc de Bourbon, et luy commanda aller au roy son fils qui estoit à Amboise (ainsi l'appella-t-il) en luy recommandant le roy son dit fils, et ceux qui l'avoient servy ; et luy donna toute la

---

[1] Bajazet II.
[2] C'était le sultan Zizim, qui fut depuis empoisonné par le pape Alexandre VI, en 1494.

[1] On donna ce nom par allusion aux mouvemens excités à Prague par les disciples de Jean Huss et de Jérôme de Prague.

charge et gouvernement dudit roy; et luy commanda qu'aucuns gens n'en approchassent; et luy en dit plusieurs bonnes et notables causes; et si en tout ledit seigneur de Beaujeu eust observé ses commandemens, ou à tout le moins en partie (car il y eut quelque commandement extraordinaire, et qui n'estoit de tenir), et qu'en la généralité il les eut plus gardés, je crois que c'eut esté le profit du royaume et le sien particulier, vu les choses advenues depuis. Après envoya le chancelier, et toutes sa sequelle, porter les sceaux audit roy son fils. Luy envoya aussi partie des archiers de sa garde, et capitaines, et toute sa vennerie et fauconnerie, et toutes autres choses. Et tous ceux qui le venoient voir il les envoyoit à Amboise devers le roy (ainsi l'appeloit-il), leur priant de le servir bien; et par tous luy mandoit quelque chose; et par espécial par Estienne de Vers, lequel avoit nourry ledit roy nouveau, et servy de premier valet-de-chambre; et l'avoit desjà fait le roy nostre maistre baillif de Meaux. La parole jamais ne luy faillit, depuis qu'elle luy fut revenue, ni le sens, ni jamais ne l'eut si bon; car incessamment se vuidoit, qui luy ostoit toutes fumées de la teste. Jamais en toute sa maladie ne se plaignit, comme font toutes sortes de gens quand ils sentent mal. Au moins suis-je de cette nature, et en ay vu plusieurs autres; et aussi on dit que le plaindre allége la douleur.

CHAPITRE XII.

<small>Comparaison des maux et douleurs que souffrit le roy Louis à ceux qu'il avoit fait souffrir à plusieurs personnes, avec continuation de ce qu'il fit, et fut fait avec luy, jusques à sa mort.</small>

Incessamment disoit quelque chose de sens. Et dura sa maladie (comme j'ay dit) depuis le lundy, jusques au samedy au soir. Pource je veux faire comparaison des maux et douleurs qu'il a fait souffrir à plusieurs, à ceux qu'il a soufferts avant de mourir; pource que j'ay esperance qu'ils l'auront mené en paradis, et que ce aura esté partie de son purgatoire. Et s'ils n'ont esté si grands, ni si longs, comme ceux qu'il a fait souffrir à plusieurs, aussi avoit-il autre et plus grand office en ce monde, qu'ils n'avoient; aussi, jamais n'avoit souffert de sa personne; mais tant avoit esté obéy, qu'il sembloit que toute l'Europe ne fut faite que pour luy porter obéyssance. Parquoy, ce petit qu'il souffroit contre sa manière et accoustumance, luy estoit plus grief à porter. Tousjours avoit espérance en ce bon hermite, qui estoit au Plessis, (dont j'ay parlé qu'il avoit fait venir de Calabre); et incessamment envoyoit devers luy, disant qu'il luy allongeroit bien sa vie, s'il vouloit; car nonobstant toutes ces ordonnances qu'il avoit faites, de ceux qu'il avoit envoyés devers monseigneur le Dauphin son fils, si luy revint le cœur, et avoit bien espérance d'eschaper; et si ainsi fut advenu, il eut bien desparty l'assemblée qu'il avoit envoyée à Amboise à ce nouveau roy. Et pour cette espérance qu'il avoit audit hermite, fut advisé par un certain théologien et autres, qu'on luy déclareroit qu'il s'abusoit, et qu'en son faict n'y avoit plus d'espérance qu'à la miséricorde de Dieu; et qu'à ces paroles se trouveroit present son médecin, maistre Jacques Cothier, en qui il avoit toute espérance, et à qui chacun mois il donnoit dix mille escus, espérant qu'il luy allongeroit sa vie. Et fut prise cette conclusion par maistre Olivier, et par ledit maistre Jacques le médecin, afin que de tous poincts il pensast à sa conscience, et qu'il laissast toutes autres pensées et ce sainct-homme en qui il se fioit. Et tout ainsi qu'il avoit haussé ledit maistre Olivier et autres, trop à coup et sans propos, en estat plus grand qu'il ne leur appartenoit; aussi tout de mesme prirent charge, sans craindre de dire chose à un tel prince qui ne leur appartenoit pas; ni ne gardérent la révérence et humilité qu'il appartenoit au cas, comme eussent fait ceux qu'il avoit de long-temps nourris, et lesquels peu auparavant il avoit esloignés de luy pour ses imaginations. Mais tout ainsi qu'à deux grands personnages qu'il avoit fait mourir de son temps (dont de l'un fit conscience à son trespas, et de l'autre non, ce fut du duc de Nemours, et du comte de Sainct-Paul) fut signifiée la mort par commissaires députés à ce faire, lesquels commissaires en briefs mots leur déclarèrent leur sentence, et baillèrent confesseur, pour disposer de leurs consciences, en peu d'heures qu'ils leur baillèrent à ce faire; tout ainsi signifièrent à nostre roy, les dessusdits, sa mort en briéves paroles et rudes, disans : « Sire, il faut que » nous nous acquittions, n'ayez plus d'espé- » rance en ce sainct homme, ni en autre chose;

» car sûrement il est fait de vous; et pource » pensez à votre conscience, car il n'y a nul » remède. » Et chacun dit quelque mot assez bref; auxquels il respondit : « J'ay espérance » que Dieu m'aydera ; car par aventure je ne » suis pas si malade comme vous pensez. »

Quelle douleur luy fut d'ouyr cette nouvelle et cette sentence? Car oncques homme ne craignit plus la mort, et ne fit tant de choses, pour y cuider mettre remède, comme luy; et avoit tout le temps de sa vie à ses serviteurs et à moy comme à d'autres, dit et prié que, si on le voyoit en nécessité de mort, que l'on ne luy dist, fors tant seulement : « Parlez peu, » et qu'on l'emust seulement à soy confesser, sans luy prononcer ce cruel mot de la mort; car il luy sembloit n'avoir pas cœur pour ouyr une si cruelle sentence : toutesfois il l'endura vertueusement, et toutes autres choses, jusques à la mort, et plus que nul homme que jamais j'aye vu mourir. A son fils qu'il appeloit roy, manda plusieurs choses ; et se confessa très-bien; et dit plusieurs oraisons servans à propos, selon les sacremens qu'il prenoit, lesquels luy-mesme demanda. Et comme j'ay dit, il parloit aussi sec comme si jamais n'eust esté malade; et parloit de toutes choses qui pouvoient servir au roy son fils. Et dit entre autres choses, qu'il vouloit que le seigneur des Cordes ne bougeast d'avec sondit fils de six mois ; et qu'on le priast de ne mener nulle pratique sur Calais ni ailleurs, disant qu'il estoit conclu avec luy de conduire telles entreprises, et à bonne intention, pour le roy et pour le royaume, mais qu'elles estoient dangereuses, et par espécial celle de Calais, de peur d'émouvoir les Anglois. Et vouloit sur toutes choses qu'après son trespas on tint le royaume en paix cinq ou six ans, ce que jamais n'avoit pu souffrir en sa vie. Et à la verité dire, le royaume en avoit bon besoin; car, combien qu'il fust grand et estendu, si estoit-il bien maigre et pauvre, et par espécial pour les passages des gens-d'armes qui se remuoient d'un païs en un autre, comme ils ont fait depuis et beaucoup pis. Il ordonna qu'on ne prist pas de débat en Bretagne, et qu'on laissast vivre le duc François en paix, et sans luy donner doutes ni craintes, et à tous les voisins semblablement de tout ce royaume, afin que le roy et le royaume pussent demourer en paix jusques à ce que le roy fust grand et en âge pour en disposer à son plaisir.

Voilà donc comment peu discrètement luy fut signifiée cette mort. Ce que j'ay bien voulu réciter, pource qu'en autre article précédent, j'ay commencé à faire comparaison des maux qu'il avoit fait souffrir à aucuns, et à plusieurs qui vivoient soubs luy et en son obéyssance, avec ceux qu'il souffrit avant sa mort, afin que l'on voye, s'ils n'estoient si grands ni si longs (comme j'ay dit audit article), que néanmoins estoient-ils bien grands, vu sa nature; qui plus demandoit obéyssance que nul autre en son temps, et qui plus l'avoit eue ; parquoy, un petit mot de response contre son vouloir luy estoit bien grande punition de l'endurer.

Quelques cinq ou six mois devant cette mort, il avoit suspicion de tous hommes, et espécialement de tous ceux qui estoient dignes d'avoir auctorité. Il avoit crainte de son fils et le faisoit estroitement garder; ni nul homme ne le voyoit, ni parloit à luy, sinon par son commandement. Il avoit doute à la fin de sa fille et de son gendre, à présent duc de Bourbon, et vouloit sçavoir quelles gens entroient au Plessis quand et eux; et à la fin rompit un conseil que le duc de Bourbon, son gendre, tenoit léans par son commandement. A l'heure que sondit gendre et le comte de Dunois revindrent de remener l'ambassade qui estoit venue aux nopces du roy son fils et de la royne à Amboise, et qu'ils retournèrent au Plessis, et entrèrent beaucoup de gens avec eux, ledit seigneur, qui fort faisoit garder les portes, estant en la galerie qui regarde en la cour dudit Plessis, fit appeler un de ses capitaines des gardes, et luy commanda aller taster aux gens des seigneurs dessusdits, voir s'ils n'avoient point de brigandines soubs leurs robbes, et qu'il le fist comme en devisant à eux, sans trop en faire de semblant. Or regardez, s'il avoit fait vivre beaucoup de gens en suspicion et crainte soubs luy, s'il en estoit bien payé, et de quelles gens il pouvoit avoir sûreté, puis que de son fils, fille et gendre, il avoit suspicion. Je ne le dis point pour luy seulement, mais pour tous autres seigneurs qui désirent estre craints. Jamais ne se sentent de la revanche jusques à la vieillesse ; car, pour la pénitence, ils craignent tout homme. Et quelle douleur estoit à ce roy d'avoir telle peur et telles passions?

Il avoit son médecin, appelé maistre Jacques Cothier[1], à qui en cinq mois il donna cinquante quatre mille escus comptans (qui estoit à la raison de dix mille escus le mois, et quatre mille par dessus), et l'évesché d'Amiens pour son neveu, et autres offices et terres pour luy et pour ses amis. Ledit médecin luy estoit si très-rude que l'on ne diroit point à un valet les outrageuses et rudes paroles qu'il luy disoit. Et si le craignoit tant ledit seigneur qu'il ne l'eust osé envoyer hors d'avec luy. Et si s'en plaignoit à ceux à qui il en parloit, mais il ne l'eust osé changer, comme il faisoit tous autres serviteurs, pour ce que ledit médecin luy disoit audacieusement ces mots : « Je » sçais bien qu'un matin vous m'envoyerez » comme vous faites d'autres; mais par la....! » (un grand serment qu'il juroit) vous ne vivrez » point huit jours après. » Ce mot l'espouvantoit fort, et tant qu'après ne le faisoit que flatter et luy donner, ce qui luy estoit un grand purgatoire en ce monde, vu la grande obéyssance qu'il avoit eue de tant de gens de bien et de grands hommes.

Il est vray qu'il avoit fait de rigoureures prisons, comme cages de fer et autres de bois, couvertes de plaques de fer par le dehors et par le dedans, avec terribles ferrures de quelques huict pieds de large, et de la hauteur d'un homme et un pied de plus. Le premier qui les devisa fut l'évesque de Verdun qui en la première qui fut faite fut mis incontinent, et y a couché quatorze ans. Plusieurs l'ont maudit, et moy aussy qui en ay tasté, soubs le roy de présent l'espace de huit mois. Autrefois avoit fait faire à des Alemans des fers très-pesans et terribles pour mettre aux pieds; et y estoit un anneau pour mettre au pied, fort malaisé à ouvrir, comme à un carquan; la chaîne grosse et pesante, et une grosse boule de fer au bout, beaucoup plus pesante que n'estoit de raison, et les appeloit-on les Fillettes du roy. Toutesfois j'ay vu beaucoup de gens de bien prisonniers les avoir aux pieds qui depuis en sont saillis à grand honneur et à grand' joye, et qui depuis ont eu de grands biens de luy; et entre les autres un fils de monseigneur de la Grutuse de Flandres, pris en bataille; lequel dit seigneur maria, et fit son chambelan et seneschal d'Anjou, et luy bailla cent lancés. Aussi au seigneur de Piennes, prisonnier de guerre, et au seigneur du Verger. Tous deux ont eu gens-d'armes de luy, et ont esté ses chambelans, ou de son fils, et autres gros estats : et autant à monseigneur de Rochefort, frère du connestable, et à un appelé Roquebertin, du païs de Catalongne, semblablement prisonnier de guerre, à qui il fit de grands biens, et plusieurs autres qui seroient trop longs à nommer, et de diverses contrées.

Or cecy n'est pas nostre matière principale; mais faut revenir à dire qu'ainsi comme de son temps furent trouvées ces mauvaises et diverses prisons, tout ainsi avant mourir, il se trouva en semblables et plus grandes prisons, et aussy plus grande peur il eust que ceux qu'il y avoit tenus. Laquelle chose je tiens à très-grande grace pour luy, et pour partie de son purgatoire. Et l'ay dit icy pour monstrer qu'il n'est nul homme, de quelque dignité qu'il soit, qui ne souffre ou en secret ou en public, et par espécial ceux qui font souffrir les autres. Ledit seigneur, vers la fin de ses jours, fit clorre tout à l'entour sa maison du Plessis-le -Tours de gros barreaux de fer, en forme de grosses grilles, et aux quatre coins de sa maison quatre moineaux de fer, bons, grands et espais. Lesdites grilles estoient contre le mur du costé de la place, et de l'autre part du fossé; car il estoit à fonds de cuve; et y fit mettre plusieurs broches de fer massonnées dedans le mur qui avoient chacune trois ou quatre pointes, et les fit mettre fort près l'une de l'autre. Et davantage ordonna dix arbalestriers, à chacun des moineaux dedans lesdits fossés, pour tirer à ceux qui en approcheroient avant que la porte fust ouverte; et entendoit qu'ils couchassent auxdits fossés, et se retirassent auxdits moineaux de fer. Il entendoit bien que cette fortification ne suffisoit pas contre grand nombre de gens, ni contre une armée; mais de cela il n'avoit point de peur. Seulement craignoit-il que quelque seigneur ou plusieurs ne fissent une entreprise de prendre la place de nuict, demy par amour et demy par force, avec quelque peu d'intelligence; et que ceux-

---

[1] C'est Coittier; il signait ainsi.

là prissent l'auctorité, et le fissent vivre comme homme sans sens, et indigne de gouverner. La porte du Plessis ne s'ouvroit qu'il ne fust huit heures du matin, ni ne baissoit-on le pont jusques à ladite heure; et lors y entroient les officiers; et les capitaines des gardes mettoient les portiers ordinaires, et puis ordonnoient leur guet d'archiers, tant à la porte que parmi la cour, comme en une place frontière estroitement gardée; et n'y entroit nul que par le guichet, et que ce ne fust du sçu du roy, excepté quelque maistre d'hostel et gens de cette sorte qui n'alloient point devers luy. Est-il donc possible de tenir un roy pour le garder plus honnestement, et en estroite prison que luy-mesme se tenoît? Les cages où il avoit tenu les autres avoient quelques huit pieds en carré, et luy qui estoit si grand roy avoit une petite cour de chasteau à se pourmener; encore n'y venoit-il guères; mais se tenoit en la galerie, sans partir de là, sinon par les chambres; et alloit à la messe sans passer par la dite cour. Voudroit-l'on dire que ce roy ne souffrit pas aussy bien que les autres, qui ainsi s'enfermoit, qui se faisoit garder, qui estoit ainsi en peur de ses enfans et de tous ses prochains parens, et qui changeoit et muoit de jour en jour ses serviteurs qu'il avoit nourris, et qui ne tenoient bien ni honneur que de luy, tellement qu'en nul d'eux ne s'osoit fier, et s'enchainoit ainsi de si estranges chaines et closures? Si le lieu estoit plus grand que d'une prison commune, aussi estoit-il plus grand que prisonniers communs. On pourroit dire que d'autres ont esté plus suspicionneux que luy; mais ce n'a pas esté de nostre temps, ni par adventure homme si sage que luy, ni qui eust si bons subjets, et avoient ceux-là par adventure esté cruels et tyrans; mais cestui-cy n'a fait mal à nul qui ne luy eust fait quelque offence. Je n'ay point dit ce que dessus est dit, pour seulement parler des suspicions de nostre roy, mais pour dire que la patience qu'il a portée en ses passions, semblables à celles qu'il a fait porter aux autres, luy est par moy réputée à punition que nostre Seigneur luy a donnée en ce monde pour en avoir moins en l'autre, tant ès choses dont j'ay parlé comme en ses maladies bien grandes et douloureuses pour luy, et qu'il craignoit beaucoup avant qu'elles luy advinssent, et aussi afin que ceux qui viendroit après luy soient un peu plus piteux au peuple, et moins aspres à punir qu'il avoit esté; combien que je ne luy veux pas donner charge, ni dire avoir vu meilleur prince; et s'il pressoit ses subjets, toutesfois il n'eust point souffert qu'un autre l'eust fait, ni privé, ni étrange.

Après tant de peur et de suspicions et douleurs, nostre Seigneur fit miracle sur luy et le guérit tant de l'ame que du corps, comme tousjours a accoustumé en faisant ses miracles; car il l'osta de ce misérable monde en grande santé de sens et d'entendement, et bonne mémoire, ayant reçu tous ses sacremens, sans souffrir douleur que l'on connust, mais tousjours parlant jusqu'à une patenostre avant sa mort. Et ordonna de sa sépulture, et nomma ceux qu'il vouloit qui l'accompagnassent par chemin; et disoit qu'il n'espéroit à mourir qu'au samedy, et que Nostre Dame luy procureroit cette grace, en qui avoit tousjours eu fiance et grande dévotion et prière. Et tout ainsi luy en advint, car il décéda le samedy, pénultième jour d'aoust, l'an mil quatre cens quatre vingt et trois, à huit heures au soir, audit lieu du Plessis, où il avoit pris la maladie le lundy de devant. Nostre Seigneur ait son ame, et la veuille avoir reçue en son royaume de paradis!

CHAPITRE XIII.

Discours sur la misère de la vie des hommes, et principalement des princes, par l'exemple de ceux du temps de l'autheur, et premièrement du roy Louis.

Peu d'esperance doivent avoir les pauvres et menues gens au faict de ce monde, puisque si grand roy y a tant souffert et travaillé, et depuis laissé tout; et ne put trouver une seule heure pour esloigner sa mort, quelque diligence qu'il ait sçu faire. Je l'ai cognu, et ay esté son serviteur à la fleur de son age, et en ses grandes prospérités; mais je ne le vis oncques sans peines et sans soucy. Pour tous plaisirs il aimoit la chasse, et les oiseaux en leurs saisons; mais il n'y prenoit point tant de plaisir comme aux chiens. Des dames, il ne s'en est point meslé, tant que j'ay esté avec luy; car à l'heure de mon arrivée, luy mourut un fils, nommé Joachim, né l'an 1459, dont il eut grand deuil; et fit lors vœu à Dieu, en ma présence, de jamais ne toucher à femme qu'à la royne sa femme [1]; et combien qu'ainsi le devoit faire selon l'ordonnance de l'église, si fut ce grand chose à en avoir tant à son commandement, de persévérer en cette promesse; vu encore que la royne n'estoit point de celles où on devoit prendre grand plaisir; mais au demourant fort bonne dame.

Encore en cette chasse avoit quasi autant d'ennuy, que de plaisir; car il y prenoit grande peine, pourtant qu'il couroit le cerf à force, et se levoit fort matin; et alloit aucunesfois loin, et ne laissoit point cela pour nul temps qu'il fit, et ainsi s'en retournoit aucunesfois bien las. Et quasi tousjours courocé à quelqu'un; car c'est matière qui n'est pas conduite tousjours au plaisir de ceux qui la conduisent. Toutesfois il s'y congnoissoit mieux que nul homme qui ait regné de son temps, selon l'opinion de chacun. A cette chasse estoit sans cesse; et logé par les villages, jusques à ce qu'il venoit quelques nouvelles de la guerre; car quasi tous les estés y avoit quelque chose entre le duc Charles de Bourgongne et luy; et l'hyver ils faisoient trèves. Aussi il eut plusieurs affaires, pour cette comté de Roussillon, contre le roy Jean d'Aragon, père du roy d'Espagne qui règne de présent; car combien qu'ils fussent fort pauvres et troublés avec leurs subjects, comme ceux de Barcelone et autres, et que le fils n'eut rien (mais il attendoit la succession du roy dom Henry de Castille, frère de sa femme, laquelle depuis luy est advenue), toutesfois ils lui faisoient grande résistance, car ils avoient les cœurs des subjects dudit païs de Roussillon; lequel cousta fort cher au roy et au royaume; car il y mourut, et s'y perdit maint homme de bien, et y despendit grand argent; car cette guerre dura longuement. Ainsi le plaisir qu'il prenoit, estoit peu de temps en l'an, et estoit en grand travail de sa personne, comme j'ay dit. Le temps qu'il reposoit, son entendement travailloit; car il avoit affaire en moult de lieux: et se fut aussi volontiers empesché des affaires de son voisin comme des siens, et mis gens en leurs maisons, et departy les auctorités d'icelle. Quand il avoit la guerre, il désiroit paix ou trèves; quand il avoit la paix ou la trève, à grande peine les pouvoit-il endurer. De maintes mêmes choses de son royaume se mesloit dont il se fust bien passé; mais sa complexion estoit telle, et ainsi vivoit. Aussi sa mémoire estoit si grande, qu'il retenoit toutes choses, et congnoissoit tout le monde, et en tous païs, et à l'entour de luy.

A la vérité il sembloit mieux pour secourir et seigneurier un monde, qu'un royaume. Je ne parle point de sa grande jeunesse, car je n'estois pas avec luy; mais en l'âge d'onze ans, par aucuns seigneurs et autres du royaume, il fust embrouillé contre le roy Charles septiesme son père, en une guerre qui peu dura, appelée la Praguerie. Quand il fust marié à une fille d'Escosse [1], à son desplaisir tant qu'elle vesquit il y eut regret. Et après, pour les bandes et brouillis de la maison du roy son père, il se retira en Dauphiné (qui estoit sien) où beaucoup de gens de bien le suivirent et plus qu'il n'en put nourrir. Luy estant en Dauphiné, il se maria avec la fille du duc de Savoye [2]; et tost après il eut débat avec son beau-père, et se firent très-aspres guerres. Le roy Charles son père, voyant son fils trop accompagné de gens de bien et de gens-d'armes, à son gré, deslibera d'y aller en personne, en grand nombre de gens, et de l'en mettre dehors; et se mit en chemin; et prit peine d'en retirer plusieurs, en leur commandant comme à ses subjects, et sur les peines accoustumées, se retirer devers luy. A quoy plusieurs obéyssoient, au grand desplaisir du roy nostre maistre: lequel voyant le courous de son père, nonobstant qu'il fust fort, se deslibera partir de là, et luy laisser le païs. Et s'en alla par la Bourgongne, avec peu de gens, devers le duc Philippe de Bourgongne; lequel à grand honneur le recueillit; et luy départit de ses biens, et à ses principaux serviteurs: comme le comte de Comminges, le seigneur de Montauban, et autres, par forme de pension, par chascun an; et fit, durant le temps qu'il y fut, dons à ses serviteurs. Toutesfois à la despense qu'il faisoit de tant de gens qu'il avoit, l'argent luy

---

[1] Il eut cependant plusieurs filles naturelles.

[1] Marguerite, fille de Jacques Ier, roi d'Ecosse, en 1436.
[2] Charlotte, en 1437.

failloit souvent, qui luy estoit grande peine et soucy ; et luy en faloit chercher, ou emprunter, ou ses gens l'eussent laissé, qui est grande angoisse à un prince qui ne l'a point accoustumé. Et par ainsi n'estoit point sans peine en cette maison de Bourgongne ; et luy faloit entretenir le prince et ses principaux gouverneurs, de peur qu'on ne s'ennuyast de luy, à y estre tant; car il y fust six ans. Et incessamment le roy son père y envoyoit ambassadeurs pour l'en mettre hors, ou qu'il luy fust renvoyé. Et en cela vous pouvez penser qu'il n'estoit point oisif, et sans grandes pensées et soucy. Or en quel temps donc pourroit-l'on dire qu'il eut eu joye ni plaisir, à voir toutes les choses dessusdites? Je crois que depuis son enfance il n'eut jamais que tout mal et travail jusques à la mort. Et crois que si tous les bons jours qu'il a eus en sa vie, esquels il a eu plus de joye et de plaisir que de travail et d'ennuy, estoient bien nombrés, qu'il s'en trouveroit bien peu ; et me semble qu'il s'en trouveroit bien vingt de peine et de travail, contre un de plaisir et d'aise. Il vesquit environ 61 ans; toutesfois il avoit tousjours imagination de ne passer point 60 ans; et disoit que depuis longtemps, roy de France ne les passa. Aucuns veulent dirent depuis Charles le grand ; toutesfois le roy nostre dit maistre fut bien avant au soixante et uniesme.

Le duc Charles de Bourgongne, quel aise ne quel plaisir sçauroit-on dire qu'il ait eu plus grand que nostre roy dont j'ay parlé? Il est vray qu'en sa jeunesse il eut peu de soucy ; car il n'entreprit rien qu'il n'eut environ vingt deux ans, et jusques là vesquit sain et sans trouble. Alors commença se troubler avec les gouverneurs de son père ; lesquels son dit père soustint; pourquoy le fils s'absenta de sa présence ; et s'en alla tenir en Hollande, où il fut bien recueilly ; et prit intelligence avec ceux de Gand, et aucunesfois y venoit. Il n'avoit riens de son père ; mais ce païs de Hollande estoit fort riche, et luy faisoit de grands dons, et plusieurs grosses villes des autres païs, pour l'espérance qu'ils avoient d'acquérir sa grace, pour le temps advenir ; qui est coustume générale, que tousjours on complaist plus aux gens de qui on espère la puissance et auctorité accroistre, pour le temps advenir, que l'on ne fait pour celuy qui est jà en tel degré qu'il ne peut monter plus haut ; et y est l'amour plus grande, par espécial entre le peuple. C'est pourquoy le duc Philippe, quand on luy disoit que les Gandois aimoient tant son fils, et qu'il les sçavoit si bien conduire, respondoit qu'ils avoyent tousjours bien aimé leur seigneur advenir ; mais depuis qu'il estoit seigneur, ils le hayssoient. Et ce proverbe fut véritable; car oncques, puis que le duc Charles fut seigneur, ils ne l'aimèrent ; et luy monstrèrent bien, comme j'ay dit ailleurs; et aussi de son costé ne les aimoit point ; mais à ce qui est descendu de luy, ils ont fait plus de dommage qu'ils n'eussent sçu faire à luy.

Pour continuer mon propos, depuis que le duc Charles entreprit la guerre pour les terres de Picardie, que nostre maistre avoit rachetées de son père le duc Philippe, et qu'il se fut mis avec les autres seigneurs du royaume, en cette guerre du bien public, quel aise eut-il depuis? Il eut tousjours travail, sans nul plaisir, et de sa personne et de l'entendement ; car la gloire luy monta au cœur, et l'esmut de conquérir tout ce qui luy estoit bienséant. Tous les estés tenoit les champs, en grand péril de sa personne, et prenoit tout le soin et la cure de l'ost, et n'en avoit pas encore assez à son gré. Il se levoit le premier et se couchoit le dernier tout vestu, comme le plus pauvre de l'ost. S'il se reposoit aucun hyver, il faisoit ses diligences de trouver argent. A chacun jour il besongnoit dès six heures au matin, et prenoit grande peine à recueillir et ouyr grand nombre d'ambassadeurs ; et en ce travail et misère finit ses jours ; et fut tué des Suisses devant Nancy comme avez vu devant. Et ne pourroit-l'on dire qu'il eût jamais eu un bon jour, depuis qu'il commença à entreprendre de se faire plus grand, jusques à son trespas. Quel acquest a-t-il eu en ce labeur? Quel besoin en avoit-il, luy qui estoit si riche, et avoit tant de belles villes et seigneuries en son obeyssance, où il eust esté si aise s'il eut voulu?

Après faut parler du roy Edouard d'Angleterre, qui a esté si grand roy et puissant. En sa très-grande jeunesse, il vit son père le duc d'Yorck desconfit, et mort en bataille, et avec luy le père du comte de Warvic. Ledit comte de Warvic gouvernoit ce roy, dont je parle, en sa jeunesse, et conduisoit ses affaires. A la vérité dire, il le fit roy, et fut cause de deffaire son roy Henry, qui plusieurs ans avoit régné en Angleterre; lequel (selon mon jugement et selon le monde) estoit vray roy. Mais de telles causes, comme de royaumes et grandes seigneuries, nostre seigneur les tient en sa main, et en dispose; car tout vient de luy. La cause pourquoy le comte de Warvic servoit la maison d'Yorck, contre le roy Henry de Lanclastre, c'estoit pour une bande ou partialité, qui estoit en la maison dudit roy Henry, qui n'estoit guères sage; et la royne sa femme, laquelle estoit de la maison d'Anjou, fille du roy René de Cecile, prit le parti du duc de Sombresset contre le comte de Warvic; car tous avoient tenu ledit roy Henry, et son père, et grand père, pour roys. Ladite dame eut mieux fait beaucoup de faire office de juge, ou de médiateur entre les parties, que de dire : « Je soustiendray cette part, » comme il a apparu; car ils en eurent maintes batailles en Angleterre; et en dura la guerre vingt et neuf ans ; et fin de compte, le tout y mourut, quasi d'une part et d'autre. Et pour parler des bandes et partialités, elles sont très-périlleuses, et mesmement quant aux nobles, enclins à les nourrir et entretenir. Et si l'on dit que par là ils sçauront des nouvelles, et tiendront les deux parties en crainte, je m'accorderay assez qu'un jeune roy le fasse entre les dames; car il en aura du passe-temps et du plaisir assez, et sçaura des nouvelles d'entre elles ; mais nourrir les partialités entre les hommes, comme princes et gens de vertus et de courage, il n'est rien plus dangereux. C'est allumer un grand feu en sa maison ; car tantost l'un ou l'autre dira : « Le roy est contre nous : » et puis pensera de se fortifier, et de s'accointer de ses ennemys. Au fort, les bandes d'Orléans et de Bourgongne les en doivent avoir fait sages. La guerre en dura soixante et deux ans, les Anglois meslés parmy ; qui en cuidèrent posséder le royaume. A revenir à nostre roy Edouard, il estoit fort jeune, et beau prince entre les beaux du monde. A l'heure qu'il fut de tous poincts au-dessus de ses affaires, il ne complut qu'à son plaisir et aux dames, festes, banquets, et aux chasses; et suis d'opinion que ce temps lui dura bien quelques seize ans, ou environ, jusques à ce que le différend dudit comte de Warvic et de luy commença. Et combien que ledit roy fust jeté hors du royaume, si ne dura ledit débat guères, car il retourna et obtint la victoire; et après prit ses plaisirs plus que devant. Il ne craignoit personne, et se fit fort gras et plein, et en fleur d'âge le vindrent à ronger ses excès, et mourut assez soudainement (comme j'ay dit) d'une apoplexie; et perdit sa lignée et le royaume après luy, comme avez ouy, quant aux enfans masles.

En nostre temps ont aussi régné deux vaillans et sages princes, c'est à sçavoir le roy de Hongrie, Mathias [1], et Mahumet Ottoman, empereur des Turcs. Ledit roy Mathias estoit fils d'un très-vaillant chevalier, appelé le chevalier Blanc de la Valacquie, gentilhomme de grand sens et vertus, qui longuement gouverna ce royaume de Hongrie, et eut maintes belles victoires contre les Turcs; qui sont voisins dudit royaume, à cause des seigneuries qu'ils ont usurpées en Grèce et Esclavonie. Et tost après son décès, vint en âge d'homme le roy Lancelot [2], à qui ledit royaume appartenoit, avec Behaigne et Poullaine [3]. Cestuy-là se trouva conseillé par aucuns (comme l'on dit) de prendre les deux fils dudit chevalier Blanc, disant que leur père avoit pris trop de maistrise et de seigneurie audit royaume, durant son enfance, et que les enfans (qui estoient bons personnages) pourroient bien vouloir faire comme luy. Parquoy conclud ledit roy Lancelot, de les faire prendre tous deux, ce qu'il fit ; et incontinent fit mourir l'aisné, et ledit Mathias mettre en prison à Bude, principale ville de Hongrie; mais il n'y fut guères ; et peut-estre que nostre seigneur eut agréables les services de son père; car tost après ledit roy Lancelot, fut empoisonné à Prague en Behaigne, par une femme de bonne maison (et en ay vu le frère) de laquelle il estoit amoureux, et elle de luy ; tellement que malcontente de ce qu'il se marioit en France, avec la fille du roy Charles septiesme, qui de présent s'appelle la princesse de Viane [4], (qui estoit contre ce qu'il luy avoit promis) elle l'empoi-

---

[1] Mathias Corvin, dit Hunniade.
[2] Ladislas VI.
[3] Bohême et Pologne.
[4] Elle s'appelait Magdeleine, mariée depuis à Gaston de Foix, prince de Viane.

sonna en un baing, en luy donnant à manger d'une pomme, et mit la poison au manche du cousteau. Incontinent que fut mort ledit roy Lancelot, les barons de Hongrie s'assemblèrent audit Bude, pour faire élection de roy selon l'usage et privilége qu'ils ont d'eslire, quand leur roy meurt sans enfans; et estant là en grande division entre eux, pour cette dignité, survint en la ville la veufve dudit chevalier Blanc, et mère dudit Mathias, bien fort accompagnée; car elle estoit riche femme d'argent comptant, que son mary avoit laissé; parquoy elle avoit pu faire grands amas soudainement; et crois bien qu'elle avoit bonne intelligence en cette compagnie, et en la ville, vu le crédit et auctorité que son mary avoit eu audit royaume. Elle tira en la prison, et mit son fils dehors. Partie des barons et prélats qui estoient là assemblés, pour faire un roy, s'enfuyrent de peur. Les autres créèrent ledit Mathias roy; lequel a régné audit royaume en grande prospérité, et autant loué et prisé que nul roy qui ait régné long-temps a, et plus en aucunes choses. Il a esté des plus vaillans hommes qui ayent régné de son temps, et a gaigné de grandes batailles contre les Turcs de son temps, qui durant son règne n'ont en rien endommagé le royaume; mais il l'a augmenté, tant de leur costé qu'en Bohême (dont il tenoit la plupart) et en Walaquie, dont il estoit, et en Esclavonie; et du costé d'Alemagne, prit la plupart d'Austriche, sur l'empereur Frédéric, qui vit encore; et l'a possédée jusques à sa mort, qui fut en la ville de Vienne, chef du païs d'Austriche, en cet an mil quatre cens quatre vingt et onze. Il estoit roy qui gouvernoit aussy sagement ses affaires en temps de paix, comme en temps de guerre. Sur la fin de ses jours, et se voyant sans crainte d'ennemy, il est devenu fort pompeux, et triomphant roy en sa maison; et fit grands amas de beaux meubles, bagues et vaisselles, pour parer sa maison. Toutes choses dépeschoit de soy, ou par son commandement; il se faisoit fort craindre, car il devint cruel; et puis tomba en griefve maladie incurable en assez jeune âge, comme de vingt et huit ans ou environ; il est mort[1]

ayant eu toute sa vie labeur et travail, et trop plus que de plaisirs.

Le Turc (que devant ay nommé) a esté sage et vaillant prince, plus usant de sens et de cautelle, que de vaillance et hardiesse. Vray est que son père le laissa bien grand, et fut vaillant prince; et prit Adrianopoli, qui vaut à dire ville d'Adrian. Celuy dont je parle, prit en l'âge de vingt et trois ans Constantinople, qui vaut à dire cyté de Constantin. Je l'ay vu peinct de cet âge; et sembloit bien qu'il fust homme de grand esprit. Ce fut une grande honte à tous les chrestiens de la laisser perdre. Il la prit d'assaut, et fut tué à la bresche l'empereur de l'Orient[1], que nous appelons de Constantinople, et maints autres hommes de bien; maintes femmes forcées, de grandes et nobles maisons. Nulle cruauté ne demoura à y est refaite. Ce fut son premier exploict. Il a continué à faire de grandes choses, et tant que j'ouys une fois dire à un ambassadeur vénitien, devante duc Charles de Bourgongne, qu'il avoit conquis deux empires, quatre royaumes, et deux cens cytés. Il vouloit dire de Constantinople, et de celuy de Trébisonde; les royaumes de la Bossenne[2], de la Syrie, et Arménie. Je ne sçay s'il prenoit la Morée pour un. Il a conquis maintes belles isles de mer en cet Archipel, où est ladite Morée; (les Vénitiens y tenoient encore deux places) aussi l'isle de Negrepont et de Methelin; et aussi a conquis presque toute l'Albanie et l'Esclavonie. Et si ses conquestes ont esté si grandes sur les chrestiens, aussi ont-elles esté sur ceux de sa loy propre, et y a destruit maint grand seigneur, comme le Carmain[3], et autres. La pluspart de ses œuvres il les conduisoit de luy et de son sens. Si faisoit nostre roy, et aussi le roy de Hongrie; et ont esté les trois plus grands hommes, qui ayent régné depuis cent ans; mais l'honnesteté et forme de vivre de nostre roy, et les bons termes qu'il tenoit aux gens privés et estranges, a esté tout autre, et meilleur que des deux autres; aussi estoit-il roy très-chrestien. Quant aux plaisirs du monde, ce Turc en a pris à cœur saoul, et y a usé grande partie de son temps; et eut encore fait plus de maux

---

[1] Il a vécu cinquante ans, dont il a régné trente-deux.

[1] Constantin second.
[2] Bosnie.
[3] Sans doute le prince de la Caramanie.

qu'il n'a, s'il ne se fut tant occupé ; en nul vice de la chair ne failloit, ni d'estre gourmand outre mesure. Aussi les maladies luy sont venues tost, et selon la vie ; car il luy prit une enflure d'une jambe, comme j'ay ouy dire à ceux qui l'ont vu, et luy venoit au commencement de l'esté qu'elle grossissoit comme un homme par le corps ; et n'y avoit nulle ouverture ; et puis s'en alloit ; ni jamais chirurgien ne sçut entendre ce que c'estoit : mais bien disoit-on que sa grande gourmandise y aidoit bien, et que ce pouvoit estre quelque punition de Dieu. Et ce qu'il se laissoit si peu voir, et se tenoit tant clos en son serail, estoit afin que l'on ne le congnut si deffaict, et qu'à celle occasion ne l'eussent tant en mespris. Il est mort en l'âge de cinquante et deux ans, ou environ, assez soudainement. Toutesfois il fit testament, lequel j'ay vu ; et fit conscience d'un impost que nouvellement il avoit mis sur ses sujets, si ledit testament est vray. Or regardez ce que doit faire un prince chrestien, qui n'a auctorité fondée en raison, de rien imposer, sans le congé et permission de son peuple.

CONCLUSION DE L'AUTEUR.

Or voyez-vous la mort de tant de grands hommes, en si peu de temps, qui tant ont travaillé pour s'accroistre, et pour avoir gloire, et tant en ont souffert de passion et de peines, et abrégé leur vie ; et par adventure leurs ames en pourroit souffrir. En ceci ne parle point dudit Turc ; car je tiens ce poinct pour vuidé, et qu'il est logé avec ses prédécesseurs. De nostre roy j'ay espérance (comme j'ay dit) que nostre Seigneur ait eu miséricorde de luy et aussi aura-il des autres, s'il luy plaist. Mais à parler naturellement (comme homme qui n'a aucune littérature, mais quelque peu d'expérience et sens naturel) n'eut-il point mieux valu à eux, et à tous autres princes, et hommes de moyen estat, qui ont vescu soubs ces grands, et vivront soubs ceux qui régnent, eslir le moyen chemin en ces choses. C'est à sçavoir moins se soucier, et moins se travailler, et entreprendre moins de choses, et plus craindre à offenser Dieu, et à persécuter le peuple, et leurs voisins, et par tant de voies cruelles que j'ay assez déclarées par cy-devant, et prendre des aises et plaisirs honnestes ? Leurs vies en seroient plus longues. Les maladies en viendroient plus tard, et leur mort en seroit plus regrettée, et de plus de gens, et moins désirée ; et auroient moins à douter la mort. Pourroit-l'on voir de plus beaux exemples pour connoistre que c'est peu de chose que de l'homme, et que cette vie est misérable et briefve, et que ce n'est riens des grands ; et qu'incontinent qu'ils sont morts, tout homme en a le corps en horreur et vitupère ? et qu'il faut que l'ame sur l'heure se sépare d'eux et qu'elle aille recevoir son jugement ? Et à la vérité, en l'instant que l'ame est séparée du corps, jà la sentence en est donnée de Dieu, selon les œuvres et mérites du corps, laquelle sentence s'appelle le jugement particulier.

LIVRE SEPTIÈME.

CHARLES HUITIÈME.

Proposition de Philippe de Commines touchant ce qu'il prétend escrire par les mémoires suivans du roy Charles VII, fils dudit roy Louis XI de ce nom, après toutesfois quelque omission d'années depuis le décès de ce prince jusques à la reprise de son discours.

Pour continuer les Mémoires par moy Philippe de Commines encommencés, des faicts et gestes et du règne du feu roy Louis onziesme, que Dieu absolve, maintenant vous veux dire comme il advint que le roy Charles huitiesme, son fils, entreprit son voyage d'Italie, auquel je fus. Et partit ledit seigneur de la ville de Vienne, qui est au Dauphiné, le vingt et troisiesme d'aoust, l'an mil quatre cens quatre vingt et quatorze ; et fut de retour dudit voyage, en son royaume, environ le mois d'octobre, quatre vingt et quinze. Avant l'entreprise duquel voyage, il eut mainte disputation, sçavoir s'il iroit ou non ; car l'entreprise sembloit à toutes gens sages et expérimentés, très-dangereuse, et n'y eut que luy seul qui la trouva bonne, et un appelé Estienne de Vers, natif de Languedoc, homme de petite lignée, qui jamais n'avoit vu ni entendu nulle chose au faict de la guerre. Un autre s'en estoit meslé jusques là, à qui le cœur faillit, homme de finances, appelé le général Brissonnet, qui depuis, à cause dudit voyage, a eu de grands biens en l'église, comme d'estre cardinal, et avoir beaucoup de bénéfices. L'autre avoit jà acquis beaucoup d'héritages et estoit sénéschal de Beaucaire, et président des comptes à Paris ; et avoit servi ledit roy, en son enfance, très-bien, de valet-de-chambre ; et celuy-là y attira ledit général, et eux deux furent cause de ladite entreprise, dont peu de gens les louoient, et plusieurs les blasmoient ; car toutes choses nécessaires à une si grande entreprise leur défailloient. Le roy estoit très-jeune, foible personne, plein de son vouloir, peu accompagné de sages gens, ni de bons chefs, et n'avoit nul argent comptant ; car avant que de partir ils empruntèrent cent mille francs de la Banque de Sauli à Gennes, à gros intérest pour cent, de foire en foire, et en plusieurs autres lieux, comme je diray après. Ils n'avoient ni tentes ni pavillons ; et si commencèrent en hyver à entrer en Lombardie. Une chose avoient-ils bonne, c'estoit une gaillarde compagnie, pleine de jeunes gentils-hommes ; mais en peu d'obéyssance. Ainsi faut conclure que ce voyage fut conduit de Dieu, tant à l'aller qu'au retourner ; car le sens des conducteurs, que j'ay dit, n'y servit de guères. Toutesfois ils pouvoient bien dire qu'ils furent cause de donner grand honneur et grande gloire à leur maistre.

CHAPITRE PREMIER.

Comment le duc René de Lorraine vint en France, demander la duché de Bar et la comté de Provence que le roy Charles tenoit, et comment il faillit à entrer au royaume de Naples, qu'il prétendoit sien, comme le roy : et quel droit y avoient tous deux.

Estant le roy, dont je parle, en l'âge de son couronnement, qui fut de quatorze ou quinze ans, vint vers luy le duc de Lorraine [1], demander la duché de Bar, que le roy Louis onziesme tenoit, et la comté de Provence que le roy Charles d'Anjou, son cousin germain, laissa audit roy Louis onziesme, par son trespas et testament, car il mourut sans enfant. Le duc de Lorraine la vouloit dire sienne, parce qu'il estoit fils de la fille du roy René de Cécile, duc d'Anjou et comte de Provence ; et disoit que le roy René luy avoit fait tort ; et que le roy Charles d'Anjou, dont je parle, n'estoit que son neveu, fils de son frère le comte du Maine, et luy estoit fils de sa fille. Mais l'autre disoit que Provence ne pouvoit aller à fille par leurs testamens [1]. En effet Bar fut rendu, où le roy

[1] René, duc de Lorraine, qui avait défait le duc de Bourgogne Charles.

[1] Les prétentions de Charles VIII étaient incontestables. la Provence, l'Anjou, le Maine avaient été

ne demandoit qu'une somme d'argent, et par avoir grande faveur et grands amis, et par espécial le duc Jean de Bourbon, qui estoit vieil, et en vouloit espouser la sœur, eut estat bon du roy et cent lances de charge, et luy fut baillé trente et six mille francs l'an pour quatre années, pendant lequel temps se connoistreit du droict de ladite comté. Et estois à cette deslibération et conclusion (car j'estois de ce conseil qui avoit esté lors créé, tant par les prochains parens du roy, que par les trois estats du royaume). Estienne de Vers, dont j'ay parlé, qui ja avoit acquis quelque chose en Provence, et avoit en fantaisie ce fait de Naples, fit dire par le roy, ainsi jeune qu'il estoit lors, sa sœur duchesse de Bourbon présente, à monsieur de Commingcs, du Lau (car ces deux estoient aussi du conseil) et moy, que nous tinssions la main, à ce qu'il ne perdist point cette comté de Provence. Et fut avant l'appointemant dont j'ay parlé.

Avant les quatre ans passés, se trouvèrent quelques gens de Provence, qui vindrent mettre en avant certains testamens du roy Charles le premier, frère de Sainct-Louis, et d'autres roys de Cecile qui estoient de la maison de France, et entre autres raisons, disoient : que non point seulement la comté de Provence appartenoit audit roy, mais le royaume de Cecile, et autres choses possédées par la maison d'Anjou, et que ledit duc de Lorraine n'y avoit riens (toutesfois aucuns vouloient dire autrement). Et s'adressoient tous ceux-là audit Estienne de Vers, qui nourrissoit son maistre en ce langage : que ce roy Charles dernier mort, comte de Provence, fils de Charles d'Anjou, comte du Maine, et neveu du roy René, luy avoit laissé par son testament; car le roy René l'institua en son lieu avant que de mourir, et le préféra devant ledit duc de Lorraine, qui estoit fils de sa fille. Et disoient que le roy René[1] fit cela à cause desdits testamens, faits par ce Charles premier et sa femme, comtesse de Provence, disans que le royaume et comté de Provence ne pouvoient estre séparés, ni aller à fille, tant qu'il y eut fils de la lignée, et que semblable testament firent les premiers venans après eux, comme fut Charles le second audit royaume.

En ce temps desdites quatre années, ceux qui gouvernoient ledit roy (qui estoient le duc et duchesse de Bourbon, et un chambelan, appelé le seigneur de Graville[1], et autres chambelans, qui en ce temps eurent grand règne) appelèrent à la cour, en auctorité et crédit, ledit duc de Lorraine, pour en avoir support et ayde; car il estoit homme hardy, et plus qu'homme de cour; et leur sembloit qu'ils s'en deschargeroient bien quand il seroit temps, comme ils firent quand ils se sentirent assez forts, et que la force du duc d'Orléans, et de plusieurs autres, dont vous avez ouy parler, fut diminuée. Aussi ne purent-ils plus tenir ledit duc de Lorraine, les quatre ans passés, sans luy bailler ladite comté, ou l'assurer à certains temps, et par escript, et tousjours payer les trente-six mille francs; en quoy ne se purent accorder; et à cette cause il partit, très-mal content d'eux, de la cour.

Quatre ou cinq mois avant son partement de cour, luy advint une bonne ouverture, s'il l'eust sçu entendre. Tout le royaume de Naples se rebella contre le roy Ferrand, pour la grande tyrannie de luy et de ses enfans, et se donnèrent tous les barons et les trois parts du royaume à l'Eglise. Toutesfois ledit roy Ferrand, qui fut secouru des Florentins, les pressoit fort; et par ce le pape[2], et lesdits seigneurs du royaume, qui s'estoient rebellés, mandèrent ledit duc de Lorraine, pour s'en faire roy; et long-temps l'attendirent les galées à Gennes, et le cardinal de Sainct-Pierre advincula, cependant qu'il estoit en ces brouillis de cour, et sur son départ, et avoit avec luy gens de tous les seigneurs du royaume, qui le pressoient de partir. Fin de compte, le roy et son conseil monstroient en tout et par tout, de luy vouloir ayder; et luy fut promis soixante mille francs, dont il en eut vingt mille; le reste perdit; et luy fut consenty mener les cent lances qu'il avoit du roy, et envoyer ambassades partout en sa faveur. Toutesfois le roy estoit ja de dix-neuf ans ou plus, nourry de ceux que j'ay nommés, qui luy disoient journellement,

---

donnés en appanage; elles étaient reversibles à la couronne, faute d'hoir mâle.

[1] Mort en 1481. Son tombeau est à Aix en Provence.

[1] Louis Malet, seigneur de Graville, depuis amiral de France.

[2] Julien de la Rovère, depuis pape sous le nom de Jules II.

que ledit royaume de Naples luy devoit appartenir. Je le dis volontiers, parce que souvent petites gens en menoient grande noise. Et ainsi le sçus par aucuns de ces ambassadeurs, qui alloient à Rome, Florence, Gennes, et ailleurs, pour ledit duc de Lorraine ; et le sçus mesmement par ledit duc propre, qui vint passer par Moulins, où lors me tenois, pour les différends de cour avec ledit duc Jean de Bourbon. Jà son entreprise estoit demy perdue, pour la longue attente ; et allay au devant de luy, combien que ne luy fusse tenu ; car il m'avoit aydé à chasser de la cour, avec rudes et folles paroles. Il me fit la plus grande chère du monde, soy doulant de ceux qui demouroient au gouvernement. Il fut deux jours avec le duc Jean de Bourbon ; et puis tira vers Lyon.

En somme, ses amis estoient fort las et foulés, pour l'avoir tant attendu, que le pape avoit appointé, et les barons du royaume aussi. Lesquels, sur la sûreté dudit appointement, allèrent à Naples, où tous furent pris, combien que le pape, les Vénitiens, et le roy d'Espagne, et les Florentins, s'estoient obligés de faire tenir ledit appointement, et eussent juré et promis leur sûreté. Le prince de Salerne eschapa, qui vint par deçà ; et ne voulut point estre compris audit appointement, congnoissant ledit Ferrand. Ledit duc de Lorraine s'en alla bien honteux en son païs ; et onques puis n'eut auctorité vers le roy ; et perdit ses gens-d'armes, et les trente-six mille francs qu'il avoit pour Provence ; et jusques à cette heure (qui est l'an mil quatre cens quatre-vingt-dix-sept) est encore en cet estat.

CHAPITRE II.

<small>Comment le prince de Salerne, du royaume de Naples, vint en France, et comment Ludovic Sforze, surnommé le More, et luy taschoient à faire que le roy menast guerre au roy de Naples, et pour quelle cause.</small>

Ledit prince de Salerne[1] alla à Venise (parce qu'il y avoit grande accointance) et avec luy trois de ses neveux, enfans du prince de Bisignan, où demandèrent conseil (comme m'a dit ledit prince) à la seigneurie, où il leur plaisoit mieux qu'ils tirassent, ou vers ledit duc de Lorraine, ou devers le roy de France, ou d'Espagne. Il me dist qu'ils luy respondirent :

[1] Antoine de San Severino.

que le duc de Lorraine estoit un homme mort, et qu'il ne les sçauroit resoudre. Le roy d'Espagne seroit trop grand, s'il avoit le royaume, avec l'isle de Cécile, et les autres choses qu'il avoit en ce gouffre[1] de Venise, et s'il estoit puissant par mer ; mais qu'ils luy conseilloient aller en France ; et qu'avec les roys de France, qui avoient esté audit royaume, ils avoient eu bonne amitié et bon voisin. Et crois qu'ils ne pensoient point que ce qui en advint après, dust advenir. Ainsi vindrent ces barons dessusdits en France, et furent bien recueillis, mais pauvrement traictés de bien. Ils firent grande poursuite environ deux ans ; et du tout s'adressoient à Estienne de Vers, lors seneschal de Beaucaire, chambellan du roy.

Un jour vivoient en espérance, autre en contrariété ; et faisoient diligence en Italie, et par espécial à Milan ; où avoit pour duc Jean Galéas, non pas le grand, qui est enterré aux Chartreux de Pavie, mais celuy qui estoit fils du duc Galéas et de la duchesse Bonne, fille de Savoye, qui estoit de petit sens. Elle eut la tutelle de ses enfans ; et l'ay vue en grande auctorité, estant veufve, conduite par un appelé messire Cico, secrétaire, nourry de long-temps en ceste maison, qui avoit chassé et confiné tous les frères du duc Galéas, pour la sûreté de ladite dame et de ses enfans. Entre les autres avoit chassé un appelé le seigneur Ludovic (qui depuis fut duc de Milan) qu'elle rappela depuis, estant son ennemy, et en guerre contre elle, et le seigneur Robert de Sainct-Severin, vaillant capitaine, que pareillement avoit chassé ledit Cico. Pour conclusion, par le moyen d'un jeune homme, qui tranchoit devant elle, natif de Ferrare, de petite lignée, appelé Antoine Thesin, elle les rappela par sottise, cuidant qu'ils ne fissent nul mal audit Cico, et ainsi l'avoient juré et promis. Le tiers jour après, le prirent et le passèrent dedans une pipe, au travers de la ville de Milan ; car il estoit allié par mariage avec aucuns des Viscomtes[2] ; et veut l'on dire que, s'il eut esté en la ville, qu'ils ne l'eussent osé prendre ; et si vouloit le seigneur Ludovic, que le seigneur Robert de Sainct-Severin,

[1] Golfe.
[2] Visconti.

qui venoit, le rencontrast en cet estat, pource qu'il haïssoit à merveilles ledit Cico; et fut mené à Pavie en prison au chasteau, où depuis il mourut.

Ils mirent ladite dame en grand honneur, ce luy sembloit; et luy complaisoient; et eux tenoient le conseil, sans luy dire, sinon ce qu'il leur plaisoit; et plus grand plaisir ne luy pouvoient-ils faire, que de ne luy parler de riens.

A cet Antoine Thesin luy laissoient donner ce qu'elle vouloit; et le logeoient près de sa chambre; et la portoit à cheval derrière luy, par la ville; et estoient toutes festes et danses léans; mais il ne dure guères par adventure demi an. Elle fit beaucoup de bien audit Thesin; et les bougettes des courriers s'adressoient à luy. Et y sortit grande envie, avec le bon vouloir que le seigneur Ludovic, oncle des deux enfans, avoit de se faire seigneur, comme il fit après. Un matin luy ostèrent ses deux fils, et les mirent au donjon, qu'ils appeloient la Rocque; et à ce s'accordèrent ledit seigneur Ludovic, le seigneur Robert de Sainct-Severin, un appelé de Pallevoisin [1], qui gouvernoit la personne dudit jeune duc, et le capitaine de la Rocque, qui jamais depuis la mort du duc Galéas, n'en estoit sorty, ni ne fit de long-temps après, jusqu'à ce qu'il fut pris par tromperie dudit seigneur Ludovic, et par la folie de son maistre, qui tenoit la condition de la mère et n'estoit guères sage. Après ces enfans mis en ladite Rocque par les dessusdits, ils mirent la main sur le trésor (qui estoit en ce temps le plus grand de la chrestienté) et luy en firent rendre compte; et en fut fait trois clefs, dont elle eut l'une; mais onques puis n'y toucha. Ils la firent renoncer à la tutelle, et fut créé tuteur le seigneur Ludovic. Et d'avantage, escrivirent en plusieurs lieux, et par espécial en France, lettre que je vis à sa grande honte, en la chargeant de cet Antoine Thesin. Et autre chose audit Thesin ne fut mesfait, mais fut renvoyé; et le sauva le seigneur Robert, et aussi ses biens. En cette Rocque n'entroient point ces deux grands hommes, comme ils le vouloient; car le capitaine y avoit son frère, et bien cent cinquante hommes à gage; et

faisoit garder la porte quand ils y entroient, et n'y menoient jamais qu'un homme ou deux avec eux; et dura cecy fort longuement.

Cependant sourdit grand différend entre ledit seigneur Ludovic et Robert de S. Severin, comme il est bien de coustume (car deux gros personnages ne se peuvent endurer); et demoura le pré au seigneur Ludovic, et l'autre s'en alla au service des Vénitiens. Toutesfois, puis après, il revint deux de ses enfans au service dudit seigneur Ludovic et de l'estat de Milan, qui furent messire Galéas et le comte de Cajazze. Aucuns dient du sçu dudit père; les autres dient que non. Mais comment que ce fust, ledit seigneur Ludovic les prit en grand amour, et s'en est fort bien servy, et fait encore aujourd'huy. Et faut entendre que leur père, le seigneur Robert de S. Severin, estoit de la maison de S. Severin, sailly d'une fille bastarde, mais ils ne font point grande différence au païs d'Italie d'un enfant bastard à un légitime. Je dis ceci, parce qu'ils aydèrent à conduire nostre entreprise du païs d'Italie, tant en faveur du prince de Salerne (dont j'ay parlé) qui est chef de ladite maison de S. Severin, que pour autres causes que je diray après.

Ledit seigneur Ludovic commença tost à monstrer de fort vouloir garder son auctorité; et fit faire monnoye, où le duc estoit empreint d'un costé, et luy de l'autre, qui faisoit murmurer beaucoup de gens. Ledit duc fut marié avec la fille du duc de Calabre, qui depuis fut roy Alphonse, après la mort de son père le roy Ferrand, roy de Naples. Ladite fille estoit fort courageuse, et eut volontiers donné crédit à son mary, si elle eut pu; mais il n'estoit pas guères sage, et révéloit ce qu'elle luy disoit. Aussi fut long-temps en grande auctorité le capitaine de cette Rocque de Milan [1], qui jamais ne sailloit de dedans; et s'y commença à engendrer des soupçons; et quand l'un fils sailloit, l'autre demouroit dedans. Pour abréger ce propos, environ un an ou deux avant que allassions en Italie, ledit seigneur Ludovic, venant du dehors avec ledit duc, pour luy faire dommage, l'amena pour descendre à la Rocque, comme ils avoient coustume. Le capitaine venoit sur le pont-levis et gens à l'entour de luy

---

[1] Palavicini.

[1] La citadelle de Milan.

pour baiser la main audit duc, comme est leur coustume. Cette fois estoit le duc un peu hors du pont ; et fut contraint ledit capitaine de passer un pas, par adventure, ou deux, tant que ces deux enfans de S. Severin le saisirent, et autres qui estoient à l'entour d'eux. Ceux de dedans levèrent le pont, et ledit Ludovic fit allumer un bout de bougie, jurant qu'il leur feroit trancher la teste s'ils ne rendoient la place avant la chandelle bruslée, ce qu'ils firent ; et pourvut bien ladite place, et sûrement pour luy, et parlant tousjours au nom du duc ; et fit un procès à ce bon homme, disant qu'il avoit voulu bailler la place à l'empereur ; et fit arester aucuns Alemans, disans qu'ils traictoient ce marché ; et puis les laissa aller ; et fit décapiter un sien secrétaire, le chargeant d'avoir guidé cet œuvre, et un autre qu'il disoit qu'il en avoit fait lesdits messages. Ledit capitaine long-temps il tint prisonnier ; et à la fin le laissa aller, disant que madame Bonne avoit une fois gaigné un frère dudit capitaine, pour le tuer, en entrant en ladite Rocque, et que ledit capitaine l'en avoit gardé ; parquoy à cette heure luy sauvoit la vie. Toutesfois je croy que s'il eut esté coupable d'un tel cas, comme d'avoir voulu bailler le chasteau de Milan à l'empereur, auquel il pourroit prétendre droict comme empereur, et aussi comme duc d'Austriche (car cette maison y querelle quelque chose) il ne luy eut point pardonné. Aussi c'eut esté un grand mouvement en Italie ; car tout l'estat de Milan se fut tourné en un jour, parce que, du temps des empereurs, ils ne payoient que demi ducat pour feu, et maintenant sont fort cruellement traictés, églises, nobles et peuple, et en vray tyrannie.

Se sentant le seigneur Ludovic saisy de ce chasteau, et la force des gens-d'armes de cette maison soubs sa main, pensa de tirer outre ; car qui a Milan, il a son gouvernement, et toute la seigneurie ; car les principaux de toute la seigneurie y demourent ; et ceux qui ont la garde et gouvernement des autres places, en sont. Et ce que contient cette duché, je ne vis jamais plus belle pièce de terre, ni de plus grande valeur ; car quand le seigneur se contenteroit de cinq cens mille ducats l'an, les subjets ne seroient que trop riches ; et vivroit ledit seigneur en sûreté ; mais il en lève six cens cinquante mille, ou sept cens mille, qui est grande tyrannie ; et aussi le peuple ne demande que mutation de seigneur. Quoy voyant le seigneur Ludovic, avec ce que dit est, et estant jà marié avec la fille du duc de Ferrare, dont il avoit plusieurs enfans, se prépara d'achever son désir ; et mit en peine de gaigner amis, tant en ladite duché, que hors d'Italie. Et premièrement s'allia des Vénitiens à la préservation de leurs estats, desquels il estoit grand amy, au préjudice de son beau-père, à qui les Vénitiens avoient osté peu auparavant un petit païs appelé Polésan, qui est tout environné d'eau, et abondant à merveilles en tous biens ; et le tiennent les Vénitiens jusques à demie lieue de Ferrare, et y a deux bonnes petites villes que j'ay vues ; c'est à sçavoir Rovigue et Labadie. Et se perdit lors qu'il faisoit la guerre aux Vénitiens, que luy seul esmut, et durant laquelle vint depuis ledit duc de Calabre, Alphonse, à son secours, du vivant de Ferrand son père, et le seigneur Ludovic pour Milan, avec les Florentins, le Pape, et Boulongne. Toutesfois, estant les Vénitiens presque au-dessous, au moins ayans le pire, et fort minés d'argent, et plusieurs autres places perdues, appointa ledit seigneur Ludovic à l'honneur et profit des Vénitiens ; et revint un chacun au sien, fors ce pauvre duc de Ferrare, qui avoit commencé ladite guerre, à la requeste de luy, et dudit roy Ferrand, dont ledit duc avoit espousé la fille ; et falut qu'il laissast auxdits Vénitiens le Polésan, qu'encore tiennent ; et disoit l'on que le seigneur Ludovic en eut soixante mille ducats. Toutesfois je ne sçay s'il est vray ; mais j'ay vu ledit duc de Ferrare en cette créance. Vray est que pour lors il n'avoit pas espousé sa fille. Et ainsi estoit continuée cette amitié entre luy et les Vénitiens.

Nul serviteur ni parent du duc Jean Galéas de Milan ne donnoit empeschement au seigneur Ludovic à prendre la duché pour luy, que la femme dudit duc, qui estoit jeune et sage, et fille du duc Alphonse de Calabre, que par devant ay nommé, fils aisné du roy Ferrand de Naples. Et en l'an mil quatre cens quatrevingt et treize, commença ledit seigneur Ludovic à envoyer devers le roy Charles huictiesme, de présent régnant, pour le practiquer de venir en

Italie, à conquérir ledit royaume de Naples, pour destruire et affoler ceux qui le possédoient, que j'ay nommés ; car estant ceux-là en force et vertu, ledit Ludovic n'eust osé entreprendre ce qu'il fit depuis ; car en ce temps-là estoient forts et riches ledit Ferrand, roy de Cecile, et son fils Alphonse, et fort expérimentés au mestier de la guerre, et estimés de grand cœur, combien que le contraire se vit depuis ; et ledit seigneur Ludovic estoit homme très-sage, mais fort craintif et bien souple, quand il avoit peur (j'en parle comme de celuy que j'ay connu, et beaucoup de choses traictées avec luy) et homme sans foy, s'il voyoit son profit pour la rompre. Et ainsi comme dit est, l'an mil quatre cens quatre vingt et treize, commença à faire sentir à ce jeune roy Charles huitiesme, de vingt-deux ans, des fumées et gloires d'Italie, luy remonstrant, comme dit est, le droict qu'il avoit en ce beau royaume de Naples, et qu'il luy sçavoit bien blasonner et louer ; s'adressoit de toutes choses à cet Estienne de Vers (devenu sénéschal de Beaucaire, et enrichi, mais non point encore à son gré) et au général Brissonnet, homme riche et bien entendu en finances, grand amy lors dudit sénéschal de Beaucaire, par lequel il faisoit conseiller audit Brissonnet de se faire prestre [1], et qu'il le feroit cardinal ; à l'autre couchoit d'un duché. Et pour commencer à conduire toutes ces choses, ledit seigneur Ludovic envoya une grande ambassade devers le roy, à Paris, audit an, dont estoit chef le comte de Cajazze, fils aisné dudit Robert de Sainct-Severin, dont j'ay parlé, lequel trouva à Paris le prince de Salerne, dont il estoit cousin ; car celuy-là estoit chef de la maison de Sainct-Severin, comme dessus j'ay dit, et estoit en France chassé dudit roy Ferrand, comme avez entendu paravant, et pourchassoit ladite entreprise de Naples. Avec ledit comte de Cajazze estoit le comte Charles de Bellejoyeuse [2], et messire Galéas Viscomte, Milanois. Tous deux estoient fort bien accoustrés et accompagnés. Leurs paroles en public n'estoient que visitations, et paroles assez générales, et estoit la première ambassade grande, qu'il eust envoyée devers ledit seigneur. Il avoit bien envoyé paravant un secrétaire, pour traicter que le duc de Milan, son neveu, fust reçu à l'hommage de Gennes [1], par procureur, ce qu'il fut, et contre raison ; mais bien luy pouvoit le roy faire cette grace que de commettre quelqu'un à le recevoir ; car luy estant en la tutelle de sa mère, je l'ay reçu en son chasteau de Milan, moy estant ambassadeur de par le feu roy Louis onziesme de ce nom, ayant la charge expresse de ce faire ; mais lors Gennes estoit hors de leurs mains, et la tenoit messire Baptiste de Campe-Fourgouse. Et maintenant que je dis, le seigneur Ludovic l'avoit recouvrée ; et donna à aucuns chambelans du roy, huit mille ducats, pour avoir ladite investiture ; lesquels firent grand tort à leur maistre ; car ils eussent pu paravant avoir Gennes pour le roy s'ils eussent voulu ; et si argent devoit prendre pour ladite investiture, ils en devoient demander plus ; car le duc Galéas en paya une fois au roy Louis mon maistre, cinquante mille ducats ; desquels j'en eus trente mille escus comptans, en don dudit roy, à qui Dieu fasse pardon ; toutesfois ils disoient avoir pris lesdits huit mille ducats, du consentement du roy. Ledit Estienne de Vers, sénéschal de Beaucaire, estoit l'un de ceux qui en prit ; et croy bien qu'il le faisoit pour mieux entretenir ledit seigneur Ludovic pour cette entreprise où il tendoit. Estans à Paris les ambassadeurs dont j'ay parlé en ce chapitre, et ayant parlé en général, parla à part avec le roy ledit comte de Cajazze, qui estoit en grand crédit à Milan, et encore plus son frère messire Galéas de Sainct-Severin, et par espécial sur le faict des gens-d'armes. Et commença à offrir au roy grands services et aydes, tant de gens que d'argent ; car jà pouvoit son maistre disposer de l'estat de Milan, comme s'il eust esté sien ; et faisoit la chose aisée à conduire ; et peu de jours après prit congé du roy, et Messire Galéas Viscomte, et s'en allèrent ; et le comte Charles de Bellejoyeuse demoura pour avancer

---

[1] Il fallait qu'il fut prêtre pour lors puisqu'il a esté pourvu de l'évêché de St.-Malo, en 1490.
[2] Le prince de Belgiojoso et Barbiano.

[1] Galéas, duc de Milan, faisait hommage de Gênes, parce qu'elle lui avait été donnée par Louis XI à cette condition.

l'œuvre; lequel incontinent se vestit à la mode françoise, et fit de très-grandes diligences; et commencèrent plusieurs à entendre à cette matière. Le roy envoya en Italie, un nommé Peron de Basche[1], nourry en la maison d'Anjou, du duc Jean de Calabre, affectionné à ladite entreprise, qui fut vers le pape Innocent[2], Vénitiens et Florentins. Ces pratiques, allées et venues durèrent sept ou huit mois, ou environ; et se parloit de ladite entreprise entre ceux qui la sçavoient, en plusieurs façons; mais nul ne croyoit que le roy y dust aller en personne.

CHAPITRE III.

Comment le roy Charles VIII fit paix avec le roy des Romains et l'archiduc, leur renvoyant madame Marguerite de Flandres, devant que faire son voyage de Naples.

Pendant ce délay, que je dis, se traicta paix à Senlis entre le roy et l'archiduc d'Austriche, héritier de cette maison de Bourgongne. Et combien que jà y eut tresves, si survint-il cas de malveillance; car le roy laissa la fille du roy des Romains, sœur dudit archiduc (laquelle estoit bien jeune) et prit pour femme la fille du duc François de Bretagne, pour avoir la duché de Bretagne paisible; laquelle il possédoit presque toute, à l'heure dudit traicté, fors la ville de Rennes, et la fille qui estoit dedans; laquelle estoit conduite soubs la main du prince d'Orenge, son oncle, qui en avoit fait le mariage avec le roy des Romains, et espousé par procureur en l'église publiquement; et fut le tout environ l'an mil quatre cens quatre vingt et douze. Pour ledit archiduc, et en sa faveur, grand ambassade vint de par l'empereur Federic, voulant se faire médiateur dudit accord. Aussi y envoya le roy des Romains. Semblablement y envoya le comte Palatin, et les Suisses, pour moyenner et pacifier; car il sembloit à tous que grande question en devoit sourdre, et que le roy des Romains estoit fort injurié, et qu'on luy ostoit celle qu'il tenoit pour sa femme, et luy rendoit-on sa fille, qui plusieurs

[1] Peron de Basche estoit maistre d'hôtel du roy, et André de la Vigne, dans son Verger d'honneur, fait mention d'un Perot la Vacca, qui pourrait estre celui-cy, selon la Mer des histoires, qui s'accorde avec lui pour tout ce voyage.
[2] Innocent VIII, mort en 1492.

années avoient esté royne de France. Fin de compte, la chose termina en paix; car chacun estoit las de guerre, et par espécial les subjets de l'archiduc Philippe, qui avoient tant souffert (tant par la guerre du roy, que pour leurs divisions particulières) qu'ils n'en pouvoient plus; et se fit une paix de quatre ans seulement, pour avoir repos, et leur fille, qu'on faisoit difficulté de leur rendre, au moins aucun, qui estoient à l'entour du roy et de ladite fille. Et à ladite paix me trouvay présent, avec les députés qui y estoient; à sçavoir monseigneur le duc Pierre de Bourbon, le prince d'Orenge, monseigneur des Cordes, et plusieurs autres grand personnages. Et fut promis rendre audit duc Philippe, ce que le roy tenoit de la comté d'Artois, comme il avoit esté promis en traictant ledit mariage (qui fut l'an mil quatre cens quatre vingt et deux) que s'il ne s'accomplissoit, que les terres que l'on donnoit à ladite fille en mariage, retourneroient quant et elle, ou au duc Philippe. Mais jà d'emblée avoient pris ceux dudit archiduc, Arras et Sainct-Omer; ainsi ne restoit à rendre que Hedin, Aire et Bétune, dont dès lors leur fut baillé le revenu et seigneurie; et y mirent officiers; et le roy tenoit les chasteaux; et y pouvoit mettre garnison, jusques au bout de quatre ans; qui finirent à Sainct-Jean, l'an mil quatre cens quatre vingt et dix-huit; et lors les devoit rendre le roy à mondit seigneur l'archiduc; et ainsi fut promis et juré.

Si lesdits mariages furent ainsi changés selon l'ordonnance de l'église ou non, je m'en rapporte à ce qui en est; mais plusieurs docteurs en théologie m'ont dit que non, et plusieurs m'ont dit que ouy; mais quelque chose qu'il en soit, toutes ces dames ont eu quelque malheur en leurs enfans. La nostre a eu trois fils de rang, et en quatre années. L'un a vescu près de trois ans, et puis mourut; et les deux autres aussi sont morts. Madame Marguerite d'Austriche a esté mariée au prince de Castille, fils seul des roy et royne de Castille, et de plusieurs autres royaumes. Lequel prince mourut au premier an qu'il fut marié; qui fut l'an 1497. Ladite dame demoura grosse, laquelle accoucha d'un fils mort, tout incontinent après la mort de son mary, qui a mis en grande douleur les roy et royne de Castille, et tout leur royaume. Le roy des Romains s'est marié, incontinent après ces mutations dont j'ay parlé, avec la fille du duc Galéas de Milan, sœur du duc Jean Galéas, dont a esté parlé : et s'est fait ce mariage par la main du seigneur Ludovic. Le mariage a fort despleu aux princes de l'empire, et à plusieurs amys du roy des Romains, pour n'estre de maison si noble comme il leur sembloit qu'il leur appartenoit; car du costé des Viscomtes[1] dont s'appellent ceux qui règnent à Milan, y a peu de noblesse, et moins du costé des Sforzes, dont estoit fils le duc Francisque de Milan; car il estoit fils d'un cordonnier d'une petite ville, appelée Cotignolle ; mais il fut homme très-somptueux ; et encore plus le fils ; lequel se fit duc de Milan, moyennant la faveur de sa femme, bastarde du duc Philippe Marie. Et la conquesta, et posséda, non point comme tyran, mais comme vray et bon prince ; et estoit bien à estimer sa vertu et bonté aux plus nobles princes qui ayent regné de son temps. Je dis toutes ces choses, pour monstrer ce qui s'en est ensuivy de la mutation de ces mariages : et ne sçay qu'il en pourra encore advenir.

CHAPITRE IV.

Comment le roy envoya devers les Vénitiens pour les pratiquer, devant qu'entreprendre son voyage de Naples : et des préparatifs qui se firent pour iceluy.

Pour revenir à nostre matière principale, vous avez entendu comme le comte de Cajazze, et autres ambassadeurs, sont partis d'avec le roy de Paris, et comment plusieurs pratiques se menoient par Italie, et comment nostre roy, tout jeune qu'il estoit, l'avoit fort à cœur, mais à nul ne s'en descouvroit encore, fors à ces deux. Aux Vénitiens fut requis de par le roy qu'ils luy voulussent donner ayde et conseil en ladite entreprise ; lesquels firent response qu'il fust le très-bien venu, mais que ayde ils ne luy pourroient faire pour la suspicion du Turc (combien qu'ils fussent en paix avec luy) ; et que de conseiller à un si sage roy, et qui avoit si bon conseil, ce seroit trop grande présomption à eux, mais que plustost luy ayderoient que de luy faire ennuy. Or, notez qu'ils cuidoient bien sagement parler, et aussi faisoient-ils ; car pour aujourd'huy je crois leurs affaires plus sagement conseillées que de prince ni communauté qui soit au monde ; mais Dieu veut toujours que l'on connoisse que les jugemens ni le sens des hommes ne servent de riens là où il luy plaist mettre la main. Il disposa l'affaire autrement qu'ils ne cuidoient ; car ils ne croyoient point que le roy y allast en personne ; si n'avoient nulle peur du Turc ; quelque chose qu'ils disent ; car le Turc[1] qui régnoit estoit de petite valeur ; mais il leur sembloit qu'ils se vengeroient de cette maison d'Aragon qu'ils avoient en grande hayne, tant le père que le fils, disans qu'ils avoient fait venir le Turc à Scutary. J'entends le père de cestuy Turc qui conquit Constantinople, appelé Mahumet Ottoman, et qui fit plusieurs autres grands dommages auxdits Vénitiens. Du duc de Calabre Alphonse, ils disoient plusieurs autres choses ; et entre les autres, qu'il avoit esté cause de la guerre que esmut contre eux le duc de Ferrare, qui merveilleusement leur cousta, et en cuidèrent estre détruits (de ladite guerre j'ay dit quelque mot). Et disoient aussi que ledit duc de Calabre avoit envoyé homme exprès à Venise pour empoisonner les cisternes, au moins celles où ils pourroient joindre ; car plusieurs sont fermées à clef (et audit lieu n'usent d'autre eau ; car ils sont de touts poincts assis en la mer, et est l'eau très-bonne, et en ay bu huit mois pour un voyage seul, et y ay esté une autrefois depuis la saison dont je parle). Mais leur principale raison ne venoit point de là, ains pource que lesdessusdits les gardoient d'accroistre à leur pouvoir, tant en Italie comme en Grèce ; car des deux costés avoient les yeux ouverts. Toutesfois ils avoient nouvellement conquesté le royaume de Chypre, et sans nul titre. Pour toutes ces haynes sembloit auxdits Vénitiens que c'estoit leur profit que la guerre fust entre le roy et ladite maison d'Aragon, espérans qu'elle ne prendroit si prompte conclusion qu'elle prist, et que ce ne seroit qu'affoiblir leurs ennemys, et non point les destruire, et qu'au pis venir, l'un party ou l'autre leur donneroit quelques villes en Pouille (qui est du costé de

---

[1] Visconti.

[1] C'était Bajazet II, fils de Mahomet II, auquel il succéda en 1481, et mourut en 1512.

leur goufre¹) pour les avoir à leur ayde. Et ainsi en est advenu; mais il a peu failly qu'ils ne se soient mescomptés. Puis leur sembloit qu'on ne les pourroit charger d'avoir fait venir le roy en Italie, vu qu'ils ne luy en avoient donné conseil ni ayde, comme apparoissoit par la response qu'ils avoient faite à Peron de Basche.

En cet an mil quatre cens quatre vingt et quatorze tira le roy vers Lyon pour entendre à ses affaires (non point qu'on cuidast qu'il passast les monts). Et là vint vers luy messire Galéas, frère au comte de Cajazze de Sainct-Severin, dont a esté parlé, fort bien accompagné de par le seigneur Ludovic, dont il estoit lieutenant et principal serviteur. Et amena grand nombre de beaux et bons chevaux; et apporta du harnois pour courir à la jouste; et y courut et bien; car il estoit jeune et gentil chevalier. Le roy luy fit grand honneur et bonne chère, et luy donna son ordre; et puis s'en retourna en Italie, et demoura tousjours le comte de Bellejoyeuse, ambassadeur, pour avancer l'allée. Et se commença à apprester une très-grosse armée à Gennes; et y estoit pour le roy le seigneur d'Urfé, grand escuyer de France, et autres. A la fin le roy alla à Vienne en Dauphiné, environ le commencement d'aoust audit an; et là venoient chacun jour les nobles de Gennes, où fust envoyé le duc Louis d'Orléans, de présent régnant roy, homme jeune et beau personnage, mais aimant son plaisir (de luy est assez parlé en ces Mémoires); et cuidoit-on lors qu'il dust conduire l'armée par mer pour descendre au royaume de Naples, par l'ayde et conseil des princes qui en estoient chassés, et que j'ay nommés : c'est à sçavoir les princes de Salerne et de Bisignan. Et furent prests jusques à quatorze navires genevois, et plusieurs galées et gallions; et y estoit obéy le roy en ce cas, comme à Paris; car ladite cité estoit soubs l'estat de Milan que gouvernoit le seigneur Ludovic, et n'avoit compétiteur léans que la femme du duc son neveu que j'ay nommée, fille du roy Alphonse, (car en ce temps estoit jà mort son père le roy Ferrand); mais le pouvoir de ladite dame estoit bien petit, vu qu'on voyoit le roy prest à passer ou à envoyer; et son mary, peu sage, qui disoit tout ce qu'elle disoit à son oncle, qui avoit jà fait noyer quelque messager qu'elle avoit envoyé vers son père.

La despense de ces navires¹ estoit très-grande; et suis d'advis qu'elle cousta trois cens mille francs, et si ne servit de riens. Et y alla tout l'argent comptant que le roy pust finer de ses finances; car, comme je l'ay dit, il n'estoit point pourvu ni de sens, ni d'argent, ni d'autre chose nécessaire à telle entreprise; et si en vint bien à bout, moyennant la grace de Dieu, qui clairement le donna ainsi à connoistre. Je ne veux point dire que le roy ne fust sage de son âge; mais il n'avoit que vingt-deux ans, et ne faisoit que saillir du nid. Ceux qui le conduisoient, en ce cas que j'ay nommés, à sçavoir Estienne de Vers, sénéschal de Beaucaire, et le général Brissonet, de présent cardinal de Sainct-Malo, estoient deux hommes de petit estat, et qui de nulle chose n'avoient eu expérience; mais de tant monstra nostre Seigneur mieux sa puissance; car nos ennemis estoient tenus très-sages et expérimentés au faict de la guerre, riches et pourvus de sages hommes et bons capitaines, et en possession du royaume. Je veux dire le roy Alphonse, de nouveau couronné par le pape Alexandre², natif d'Aragon, qui tenoit en son party les Florentins, et bonne intelligence au Turc. Il avoit un gentil personnage de fils, nommé dom Ferrand, de l'âge de vingt-deux ou vingt-trois ans, aussy portant le harnois, et bien aimé audit royaume; et un frère, appelé dom Federic, depuis roy après Ferrand, durant nostre âge, homme bien sage, qui conduisoit leur armée de mer, lequel avoit esté nourry par deçà long-temps, et duquel vous, monseigneur de Vienne, m'avez maintesfois assuré par astrologie qu'il seroit roy. Et me promit dès lors quatre mille livres de rente audit royaume, si ainsi luy advenoit; et a esté cette promesse vingt ans devant que le cas advinst.

Or, pour continuer, le roy mua de propos, à force d'estre pressé du duc de Milan par lettres, et par ce comte Charles de Bellejoyeuse, son ambassadeur, et aussy des deux que j'ay

---

¹ Golfe de Venise.

¹ Navire, pour flotte.
² Alexandre VI Borgia, pape en 1492, mort en 1503. Sa vie et celle de son fils César sont marquées par une suite de crimes.

nommés. Toutesfois le cœur faillit audit général, voyant que tout homme sage et raisonnable blasmoit le voyage de par delà, par plusieurs raisons, et par estre là sur les champs au mois d'aoust, sans argent, et sans toutes autres choses nécessaires. Et demoura la foy audit séneschal seul, dont j'ay parlé; et fit le roy mauvais visage audit général, trois ou quatre jours; puis il se remit en train. Si mourut à l'heure un serviteur dudit séneschal (comme l'on disoit) de peste; parquoy il n'osoit aller autour du roy; dont il estoit bien troublé; car nul ne sollicitoit le cas. Monsieur de Bourbon et madame estoient là, cherchans de rompre ledit voyage à leur pouvoir; et leur en tenoit propos ledit général; et l'un jour estoit l'allée rompue, et l'autre renouvelée. A la fin le roy se deslibéra de partir; et montay à cheval des premiers, espérant passer les monts en moindre compagnie; toutesfois je fus remandé, disant que tout estoit rompu. Et ce jour là furent empruntés cinquante mille ducats d'un marchand de Milan; mais le seigneur Ludovic les bailla, moyennant pleiges qui s'obligèrent vers ledit marchand; et y fus, pour ma part, pour six mille ducats, et autres pour le reste; et n'y avoit nuls intérests. Auparavant on avoit emprunté de la banque de Sauly, de Gennes, cent mille francs, qui coustèrent en quatre mois quatorze mille francs d'intérest; mais aucuns disoient que des nommés avoient part à cet argent, et au profit.

CHAPITRE V.

Comment le roy Charles partit de Vienne en Dauphiné, pour conquérir Naples, en personne; et de ce que fit son armée de mer soubs la conduite de monsieur d'Orléans.

Pour conclusion, le roy partit de Vienne, le vingt-troisième jour d'aoust, mil quatre cens quatre vingt quatorze, et tira droit vers Ast. A Suze vint vers luy messire Galéas de Sainct-Severin, en poste. De là alla le roy à Thurin; et y emprunta les bagues de madame de Savoye, fille du feu marquis le seigneur Guillaume de Montferrat, et veufve du duc Charles de Savoye; et les mit en gage pour douze mille ducats; et peu de jours après, fut à Casal, vers la marquise de Montferrat, dame jeune, et sage, veufve du marquis de Montferrat; elle étoit fille du roy de Servie. Le Turc avoit conquis son païs; et l'empereur, de qui elle estoit parente, l'avoit mariée là, l'ayant par adventure recueillie. Elle presta aussi ses bagues, qui furent engagées, pour douze mille ducats. Et pouvez voir quel commencement de guerre c'estoit, si Dieu n'eut guidé l'œuvre. Par aucuns jours se tint le roy en Ast. Cette année-là tous les vins d'Italie estoient aigres, ce que nos gens ne trouvoient point bon, ni l'air qui estoit si chaud. Là vint le seigneur Ludovic, et sa femme, fort bien accompagnés; et y fut deux jours; et puis se retira à Nov, un chasteau qui est de la duché de Milan, à une lieue d'Ast; et chacun jour le conseil alloit vers luy.

Le roy Alphonse avoit deux armées par païs; l'une en la Romanie, vers Ferrare, que conduisoit son fils, et avoit avec luy le seigneur Virgile Ursin, le comte de Petilliane, et le seigneur Jean-Jacques de Trevoul[1], qui pour cette heure est des nostres. Contre eux estoit, pour le roy, monseigneur d'Aubigny, un bon et sage chevalier, avec quelque deux cens hommes-d'armes. Il y avoit aussi du moins cinq cens hommes-d'armes Italiens aux despens du roy, que conduisoit le comte de Cajazze, qu'assez avez ouy nommer, qui y estoit pour le seigneur Ludovic. Et n'estoit point sans peur que cette bande ne fust rompue; car nous fussions retournés, et il eut eu sur les bras ses ennemys, qui avoient grande intelligence en cette duché de Milan.

L'autre armée estoit par mer, que conduisoit dom Federic, frère dudit Alphonse, et estoit à Ligorne et à Pise (car les Florentins tenoient encore pour eux); et avoient certain nombre de galées; et estoient avec luy messire Breto de Flisco, et autres Génevois; au moyen desquels ils espéroient faire tourner la ville de Gennes; et peu faillit qu'ils ne le fissent à la Spécie et à Rapalo, près de Gennes, où ils mirent en terre quelque mille hommes de leurs partisans. Et de faict, eussent faict ce qu'ils vouloient, si sitost n'eussent esté assaillis; mais ce jour, ou le lendemain, y arriva le duc Louis d'Orléans, avec quelques naves, et bon nombre de galées, et une grosse galéace, qui estoit mienne, que patronisoit un appelé messire

---

[1] Jean-Jacques Trivulcio. Il fut fait maréchal de France.

Albert Mely, sur laquelle estoit ledit duc et les principaux. En ladite galéace avoit grande artillerie, et grosses pièces ; car elle estoit puissante ; et s'approcha si près de terre que l'artillerie desconfit presque les ennemys, qui jamais n'en avoit vu de semblable, et estoit chose nouvelle en Italie. Et descendirent en terre ceux qui estoient auxdits navires. Et par la terre venoient de Gennes, où estoit l'armée, un nombre de Suisses, que menoit le baillif de Dijon [1] ; et aussi y avoit des gens du duc de Milan, que conduisoit le frère dudit Breto, appelé messire Jean Louis de Flisco, et messire Jean Adorne ; lesquels ne furent point aux coups ; mais firent bien leur devoir, et gardèrent certain pas. En effect, dès que nos gens joignirent, les ennemys furent deffaits et en fuite. Cent ou six vingts en mourut, et huit ou dix furent prisonniers ; et entre les autres un appelé le Fourgousin [2], fils du cardinal de Gennes. Ceux qui eschapèrent furent tous mis en chemise par les gens du duc de Milan ; et autre mal ne leur firent ; et leur est ainsi de coustume. Je vis toutes les lettres qui en vindrent, tant au roy qu'au duc de Milan. Et ainsi fut cette armée de mer reboutée, qui depuis ne s'apparut si près. Au retour, les Génevois se cuidèrent esmouvoir, et tuèrent aucuns Alemans en la ville, et en fut tué aucuns de leurs ; mais tout fut appaisé.

Il faut dire quelques mots des Florentins, qui avoient envoyé vers le roy, avant qu'il partist de France, deux fois pour dissimuler avec luy. L'une fois me trouvay à besongner avec ceux qui vindrent en la compagnie desdits sénéschal et général ; et y estoient l'évesque d'Arese, et un nommé Pierre Sonderin. On leur demanda seulement qu'ils baillassent passage, et cent hommes-d'armes, à la soulde d'Italie (qui n'estoit que dix mille ducats pour un an), eux parlans par le commandement de Pierre de Médicis, homme jeune et peu sage. Lequel estoit fils de Laurens de Médicis, qui estoit mort, et avoit esté des plus sages hommes de son temps, et conduisoit cette cité presque comme seigneur, et aussi faisoit le fils ; car

[1] Antoine de Bessey, baron de Tricastel, fils de Jean de Bessey et de Jeanne de Saulx.
[2] Jean Fregose, fils naturel de Paul Fregose, cardinal, archevêque et duc de Gênes.

jà leur maison avoit ainsi vescu, la vie de deux hommes paravant, qui estoient Laurens, père dudit Pierre, et Cosme de Médicis, qui fut le chef de cette maison, et la commença, homme digne d'estre nommé entre les très-grands ; et en son cas, qui estoit de marchandise, estoit la plus grande maison, que je crois, qui jamais ait esté au monde ; car leurs serviteurs et facteurs ont eu tant de crédit, soubs couleur de ce nom de Médicis, que ce seroit merveilles à croire, à ce que j'en ay vu en Flandres et en Angleterre. J'en ay vu un, appelé Guerard Quanvèse, presque estre occasion de soustenir le roy Edouard le quart en son estat, estant en grand' guerre en son royaume d'Angleterre, et fournir par fois audit roy plus de six vingt mille escus, où il fit peu de profit pour son maistre ; toutesfois il recouvra ses pièces à la longue. Un autre ay vu, nommé et appelé Thomas Portunay, estre pleige entre ledit roy Edouard et le duc Charles de Bourgongne, pour cinquante mille escus, et une autre fois, en un lieu, pour quatre-vingt mille. Je ne loue point les marchands d'ainsi le faire ; mais je loue bien un prince de tenir bons termes aux marchands, et leur tenir vérité ; car ils ne savent à quelle heure ils en pourront avoir besoin ; car quelquefois peu d'argent fait grand service.

Il semble que cette lignée vint à faillir, comme on fait aux royaumes et empires ; et auctorité des prédécesseurs nuisoit à ce Pierre de Médicis, combien que celle de Cosme, qui avoit esté le premier, fust douce et aimable, et telle qu'estoit nécessaire à une ville de liberté. Laurens, père de Pierre, dont nous parlons à cette heure, pour le différend dont a esté parlé en aucun endroit de ce livre, qu'il eut contre ceux de Pise et autres, dont plusieurs furent pendus, en ce temps-là avoit pris vingt hommes pour se garder par comandement et congé de la seigneurie, laquelle commandoit ce qu'il vouloit. Toutesfois modérément se gouvernoit en cette grande auctorité (car, comme j'ay dit, il estoit des plus sages en son temps) ; mais le fils cuidoit que cela luy fust dû par raison ; et se faisoit craindre, moyennant cette garde ; et faisoit des violences de nuict, et des bateries lourdement, abusant de leurs deniers communs. Si avoit fait le père, mais si sagement qu'ils en estoient presque contens.

A la seconde fois envoya ledit Pierre à Lyon, un appelé Pierre Cappon, et autres. Et disoit pour excuse, comme jà avoit fait, que le roy Louis onzieme, leur avoit commandé à Florence se mettre en ligue avec le roy Ferrand, du temps du duc Jean d'Anjou, et laisser son alliance, disans que puisque par le commandement du roy avoient pris ladite alliance, qui duroit encore par aucunes années, ils ne pouvoient laisser l'alliance de la maison d'Aragon; mais que si le roy venoit jusques-là, qu'ils luy feroient des services; et ne cuidoient point qu'il y allast, non plus que les Vénitiens. En toutes les deux ambassades y avoit toujours quelque ennemy dudit de Médicis, et par espécial cette fois ledit Pierre Cappon, qui soubs main advertissoit ce qu'on devoit faire pour tourner la cité de Florence contre ledit Pierre; et faisoit sa charge plus aigre qu'elle n'estoit; et aussi conseilloit qu'on bannist tous Florentins du royaume; et ainsi fut fait. Ceci je dis pour mieux vous faire entendre ce qui advint après; car le roy demoura en grande inimitié contre ledit Pierre; et lesdits seneschal et général avoient grande intelligence avec ses ennemys en ladite cité, et par espécial avec ce Cappon, et avec deux cousins germains dudit Pierre, et de son nom propre.

CHAPITRE VI.

Comment le roy estant encore à Ast, se résolut de passer outre vers Naples, à la poursuite de Ludovic Sforze, et comment messire Philippe de Commines fut envoyé en ambassade à Venise, et de la mort du duc de Milan, après laquelle Ludovic se fit duc, au préjudice d'un fils d'iceluy duc.

J'ay dit ce qui advint à Rapalo par mer. Dom Federic se retira à Pise et à Ligorne, et depuis ne recueillit les gens-de-pié qu'il avoit mis à terre, et s'ennuyèrent fort les Florentins de luy, comme plus enclins, et de tous temps, à la maison de France qu'à celle d'Aragon. Et nostre armée, qui estoit en la Romanie, combien qu'elle fust la plus foible, toutesfois faisoit prospérer nostre cas; et commença peu-à-peu à reculer dom Ferrand, duc de Calabre. Quoy voyant le roy, se mit en opinion de passer outre, sollicité du seigneur Ludovic et des autres que j'ay nommés : et luy dit le sieur Ludovic à son arrivée : « Sire,

» ne craignez point de cette entreprise. En
» Italie y a trois puissances que nous tenons
» grandes, dont vous avez l'une, qui est Milan;
» l'autre ne bouge, qui sont les Vénitiens;
» ainsi n'avez affaire qu'à celle de Naples. Et
» plusieurs de vos prédécesseurs nous ont bat-
» tus, que nous estions tous ensemble. Quand
» vous me voudrez croire, je vous ayderai à
» faire plus grand que ne fut jamais Charle-
» magne; et chasserons ce Turc hors de cet
» empire de Constantinople aisément, quand
» vous aurez ce royaume de Naples. » Il disoit vrai du Turc qui règne, mais que toutes choses eussent été bien disposées de nostre costé. Ainsi se mit le roy à ordonner de son affaire, selon le vouloir et conduite dudit seigneur Ludovic, dont aucuns des nostres eurent envie; et fut quelque chambelan, et quelque autre, sans propos (car on ne se pouvoit passer de luy); et estoit pour complaire à monseigneur d'Orléans, qui prestendoit la duché de Milan. Et sur tous en estoit envieux ce général; car jà s'estimoit grand; et y avoit quelque envie entre le seneschal[1] et luy; et dit ledit Ludovic quelques mots au roy, et à luy, pour le faire demourer, qui mouvoit ledit général à parler contre luy; et disoit qu'il tromperoit la compagnie; mais il estoit mieux séant qu'il s'en fust tu. Mais jamais n'entra et ne vint en crédit en chose d'estat, et ne s'y connoissoit : et si estoit homme léger en parole, mais bien affectionné à son maistre. Toutesfois il fut conclu d'envoyer plusieurs hommes en ambassade, et moy, entre les autres, à Venise. Je demouray à partir aucuns jours, parce que le roy fut malade de la petite vérole, et en péril de mort, parce que la fièvre se mesla parmy; mais elle ne dura que six ou sept jours. Et me mis à chemin ailleurs, et laissay le roy en Ast; et croyois fermement qu'il ne passast point outre. J'allay en six jours à Venise, avec mulets et train; car le chemin estoit le plus beau du monde, et craignois bien à partir, doutant que le roy retournast; mais nostre seigneur en avoit autrement disposé. Si tira droit à Pavie, et passa par Casal, vers cette marquise, qui estoit bonne pour nous, et bonne dame, grande ennemie du seigneur Ludovic, et luy

---
[1] Le sénéchal de Beaucaire.

la laissoit aussi. Après que le roy fut arrivé à Pavie, commença jà quelque peu de soupçon; car on vouloit qu'il logeast en ville, et non point au chasteau; et il y vouloit loger et y logea, et fut renforcé le guet la nuict. Gens me dirent, qui estoient près dudit seigneur, qu'il y avoit danger. Dont s'esbahit le seigneur Ludovic, et en parla au roy, demandant s'il se soupçonnoit de luy. La façon y estoit telle des deux costés, que l'amitié n'y pouvoit guères durer; mais de nostre costé parlions plus qu'eux, non point le roy, mais ceux qui estoient prochains parens de luy. En ce chasteau de Pavie estoit le duc de Milan, dont a esté parlé devant, appelé Jean Galéas, et sa femme, fille du roy Alphonse, bien piteuse, car son mary estoit là malade, et tenu en ce chasteau, comme en garde, et son fils, qui encore vit pour le présent, et une fille ou deux ; et avoit l'enfant lors quelques cinq ans [1]. Nul ne vit ledit duc, mais bien l'enfant. J'y passai trois jours avant le roy; mais il n'y eut remède de le voir; et disoit-l'on qu'il estoit bien fort malade. Toutesfois le roy parla à luy; car il estoit son cousin germain. Et m'a conté ledit seigneur leurs paroles, qui ne furent que choses générales; car il ne vouloit en riens desplaire audit Ludovic; toutesfois me dit-il qu'il l'eust volontiers adverty. A celle heure propre se jeta à genoux ladite duchesse devant ledit Ludovic, luy priant qu'il eust pitié de son père et frère. Il luy respondit qu'il ne se pouvoit faire; mais elle avoit meilleur besoin de prier pour son mary, et pour elle, qui estoit encore belle dame et jeune.

De là tira le roy à Plaisance, auquel lieu eut nouvelles ledit Ludovic que son neveu, le duc de Milan, se mouroit. Il prit congé du roy pour y aller; et luy pria le roy qu'il retournast, et il le promit. Avant qu'il fut à Pavie, ledit duc mourut; et incontinent, comme en poste, alla à Milan. Je vis ces nouvelles par la lettre de l'ambassadeur venitien, qui estoit avec luy, qu'il escrivoit à Venise, et advertissoit qu'il se vouloit faire duc. Et à la vérité dire, il en desplaisoit au duc et seigneurie de Venise; et me demandèrent si le roy tiendroit point pour l'enfant. Et combien que la chose fut raisonnable, je leur mis en doute, vu l'affaire que le roy avoit dudit Ludovic.

Fin de compte, il se fit recevoir pour seigneur; et fut la conclusion, comme plusieurs disoient, pourquoy il nous avoit fait passer les monts, les chargeant de la mort de son neveu, dont les parens et amis, en Italie, se mettoient en chemin pour luy oster le gouvernement; et l'eussent fait aisément, si ce n'eust esté l'allée du roy, car jà estoient en la Romanie, comme avez ouy; mais le comte de Cajazze et monseigneur d'Aubigny les faisoient reculer; car ledit seigneur d'Aubigny, estoit en force de cent cinquante, ou de deux cens hommes-d'armes François, et d'un nombre de Suisses; et se reculoit ledit dom Ferrand vers leurs amys; et estoit demie journée, ou environ, devant nos gens; et tira devers Forly, dont estoit dame une bastarde de Milan; veufve du comte Hiéronyme, qui avoit esté neveu du pape Sixte. On disoit qu'elle tenoit leur parti; mais nos gens luy prirent une petite place d'assaut, qui ne fust battue que demi jour; parquoy elle se tourna, avec le bon vouloir qu'elle en avoit. Et de tous costés le peuple d'Italie commença à prendre cœur, désirant nouvelletés; car ils voyoient chose qu'ils n'avoient point vue de leur temps; et ils n'entendoient point le faict de l'artillerie; et en France n'avoit jamais esté si bien entendu. Et se tira ledit dom Ferrand vers Cesanne approchant du royaume, une bonne cité qui est au pape en la Marque d'Ancone; mais le peuple leur destroussoit leurs sommiers et bagues, quand ils les trouvoient à part; car par toute Italie ne désiroient qu'à se rebeller, si du costé du roy les affaires se fussent bien conduites, et en ordre, sans pillerie; mais tout se faisoit au contraire, dont j'ay eu grand deuil, pour l'honneur en bonne renommée que pouvoit acquerrir, en ce voyage, la nation françoise; car le peuple nous advouoit comme saincts, estimans en nous toute foy et bonté; mais ce propos ne leur dura guères, tant pour nostre désordre et pillerie, qu'aussi les ennemys preschoient le peuple en tous quartiers, nous chargeans de prendre femmes à force, et l'argent, et autres biens, où nous les pouvions trouver.

---

[1] Ce pauvre enfant s'appelait François; il mourut moine dans une abbaye de Bourgogne.

[1494]

De plus grands cas ne nous pouvoient-ils charger en Italie; car ils sont jaloux et avaricieux plus qu'autres. Quant aux femmes, ils mentoient, mais du demourant il en estoit quelque chose.

CHAPITRE VII.

Comment Pierre de Médicis mit quatre des principales forteresses des Florentins entre les mains du roy, et comment le roy mit Pise, qui en estoit l'une, en sa liberté.

Or, je laissai le roy à Plaisance, selon mon propos, où il fit faire service solemnel à son cousin germain le duc de Milan; et si crois qu'il ne sçavoit guères autre chose que faire, vu que ledit duc de Milan, nouveau, estoit parti de luy. Et m'ont dit ceux qui le devoient bien sçavoir que la compagnie fut en grand vouloir de retourner pour doute; et se sentoient mal pourvus; car d'aucuns, qui avoient premier loué le voyage, le blasmoient: comme le grand-escuyer, seigneur d'Urfé (combien qu'il n'y fut point, mais estoit malade à Gennes); car il escrivit une lettre, donnant grand soupçon, disant avoir esté adverty. Mais comme j'ay dit en d'autres endroits, Dieu monstroit conduire l'entreprise; et eut le roy soudaines nouvelles que le duc de Milan retourneroit, et aussi quelque sentiment de Florence, pour les inimitiés, que je vous ay dites, qui estoient contre Pierre de Médicis, qui vivoit comme s'il eut esté seigneur; dont estoient ses plus prochains parens, et beaucoup d'autres gens de bien, comme tous ces Cappons, ceux de Sonderini, ceux de Nerly et presque toute la cité, envieux. Pour laquelle cause ledit seigneur partit, et tira aux terres des Florentins pour les faire déclarer pour luy, ou pour prendre de leurs villes qui estoient foibles, pour s'y pouvoir loger pour l'hyver, qui estoit jà encommencé. Et se tournèrent plusieurs petites places, et aussi la cité de Luques, ennemie des Florentins; et firent tout plaisir et service au roy; et avoit toujours esté le conseil du duc de Milan à ces deux fins, afin qu'on ne passast point plus avant de la saison, et aussi qu'il espéroit avoir Pise (qui est bonne et grande cité), Serzanne, et Pietresancte. Les deux avoient esté aux Génevois, n'y avoit guères de temps; et conquis sur eux par les Florentins, du temps de Laurens de Médicis.

Le roy prit son chemin par Pontremole qui est au duc de Milan; et alla assiéger Cezanne, très-fort chasteau, et le meilleur qu'eussent les Florentins, mal pourvu pour leur grande division; et aussi à la vérité dire, les Florentins mal-volontiers estoient contre la maison de France, de laquelle ils ont esté, de tous temps, vrais serviteurs et partisans, tant pour les affaires qu'ils ont en France pour la marchandise, que pour estre de la part Guelfe. Et si la place eust esté bien pourvue, l'armée du roy estoit rompue; car c'est un païs stérile et entre montagnes, et n'y avoit nuls vivres; aussi les neiges estoient grandes. Il ne fust que trois jours devant; et y arriva le duc de Milan avant la composition; et passa par Pontremole; où des gens de la ville et garnison, eurent un grand desbat avec de nos Alemans, que conduisit un appelé Buser; et furent tués aucuns Alemans. Et combien que ne fusse présent à ces choses, si les m'ont contées le roy, le duc et autres. Et de ce desbat vint depuis grand inconvénient, comme vous orrez après. Pratique se mut à Florence; et desputèrent gens pour envoyer devers le roy, jusques à quinze ou seize, disans en la cité qu'ils ne vouloient demeurer en ce grand péril, d'estre en la hayne du roy et du duc de Milan, qui tousjours avoit son ambassade à Florence; et consentit Pierre de Médicis cette allée. Aussi n'y eut-il sçu remédier, aux termes en quoy les affaires estoient; car ils eussent esté destruits, vu la petite provision qu'ils avoient; et si ne sçavoient que c'estoit de guerre. Après qu'ils furent arrivés, offrirent de recueillir le roy à Florence, et en autres parties; et ne leur chaloit à la pluspart, sinon qu'on allast là pour occasion de chasser Pierre de Médicis, et se sentoient avoir bonne intelliigence avec ceux qui conduisoient lors les affaires du roy, que plusieurs fois ay nommés.

D'autre part pratiquoit ledit Pierre, par la main d'un sien serviteur, appelé Laurens Spinely, qui gouvernoit sa banque à Lyon, homme de bien en son estat et assez nourry en France; mais des choses de nostre cour ne pouvoit avoir cognoissance, ni à grande peine ceux qui y estoient nourris, tant y avoit de mutations. Si pratiquoit-il avec ceux qui avoient l'auctorité; c'estoit monseigneur de Bresse, qui depuis a esté duc de Savoye, et monseigneur de Myolans, qui estoit chambelan du roy. Tost après les autres, vindrent aucuns de la cité avec luy, pour faire response des choses qu'on leur avoit réquises; et se voyoient perdus en la cité, s'ils ne faisoient tout ce que le roy vouloit, duquel ils cuidoient gaigner la bonne grace, et faire quelque chose plus que les autres. A son arrivée furent envoyés au devant de luy, monseigneur de Pienhes[1], natif du païs de Flandres, et chambelan du roy nostre sire, et le général Brissonnet, qui a esté icy nommé. Ils parlèrent audit Pierre de Médicis d'avoir l'obéyssance de la place de Serzane, ce qu'incontinent il fit. Ils luy requirent davantage qu'il fit prester au roy Pise, Ligorne[2], Pietresancte, et Librefacto; lequel le tout accorda, sans parler à ses compagnons, qui sçavoient bien que le roy devoit estre dedans Pise, pour se raffraichir; mais ils n'entendoient point qu'il retint les places. Or s'estoit mis leur estat et leur grande force entre nos mains. Ceux qui traictoient avec ledit Pierre m'ont conté, et à plusieurs autres l'ont dit, en se raillant et moquant de luy, qu'ils estoient esbahis comme si tost accorda si grande chose et à quoy ils ne s'attendoient point. Pour conclusion, le roy entra dedans Pise; et les dessusdits retournèrent à Florence; et fit Pierre habiller le logis du roy en sa maison, qui est la plus belle maison de citadin ou marchand que j'aye jamais vue, et la mieux pourvue, que de nul homme qui fut au monde, de son estat.

Or faut-il dire quelque mot du duc de Milan, qui jà eut voulu le roy hors d'Italie, et avoit fait et vouloit encore faire son profit, pour avoir les places qu'il avoit conquises; et pressa fort le roy pour avoir Serzane et Pietresancte, qu'il disoit appartenir aux Génevois; et presta au roy lors trente mille ducats; et m'a dit, et à plusieurs autres depuis, qu'on luy promit de les luy bailler; et merveilleusement malcontent, se partit du roy, pour le refus, disant que ses affaires le contraignoient de s'en retourner; mais oncques puis le roy ne le vit; mais il laissa messire Galéas de Sainct-Severin avec le roy; et entendoit qu'il fut en tous conseils avec le comte Charles de Bellejoyeuse, dont

[1] Louis de Hallewin.
[2] Livorno.

a esté parlé. Estant le roy dedans Pise, ledit messire Galéas, conduit de son maistre, fit venir en son logis des principaux bourgeois de la ville, et leur conseilla se rebéller contre les Florentins, et requérir au roy qu'il les mist en liberté, espérant que par ce moyen ladite cité de Pise tomberoit soubs la main du duc de Milan, où autresfois avoit esté, du temps du duc Jean Galéas, le premier de ce nom en la maison de Milan, un grand et mauvais tyran, mais honorable. Toutesfois son corps est aux Chartreux à Pavie, près du parc, plus haut que le grand autel; et le m'ont monstré les Chartreux, au moins ses os (et y monte-l'on par une eschelle), lesquels sentoient comme la nature ordonne; et un natif de Bourges, le m'appela Sainct; et je luy demanday en l'oreille, pourquoy il l'appeloit Sainct, et qu'il pouvoit voir peintes à l'entour de luy les armes de plusieurs cités qu'il avoit usurpées, où il n'avoit nul droict; et luy et son cheval estoient plus hauts que l'autel, et taillés de pierre, et son corps soubs le pied dudit cheval. Il me respondit tous bas : « Nous appellons, » dit-il, » en ce païs icy, Saincts, tous ceux qui nous » font du bien ; et il fit cette belle église des » Chartreux. » A la vérité, elle est la plus belle que j'aye jamais vue; et toute de beau marbre.

Et pour continuer, ledit messire Galéas avoit envie de se faire grand; et croy qu'ainsi l'entendoit le duc de Milan, de qui il avoit espousé la bastarde; et monstroit le vouloir avantager, comme s'il eust esté son fils; car il n'avoit encore nuls enfans d'âge. Lesdits Pisans estoient cruellement traictés des Florentins, qui les tenoient comme esclaves; car ils les avoient conquis, il y avoit quelques cent ans, qui fut l'an que les Vénitiens conquirent Padoue, qui fut le premier commencement en terre ferme. Et ces deux cités estoient presque d'une façon; car elles avoient esté anciennes ennemies de ceux qui les possédoient, et bien longues années ayant d'estre conquises, et presque égales en force. Et à cette cause tindrent conseil lesdits Pisans; et se voyant conseillés de si grand homme, et désirans leur liberté, vindrent crier au roy, en allant à la messe, en grand nombre d'hommes et de femmes, « Liberté ! Liberté ! » luy supplians, les larmes aux yeux, qu'il la leur donnast. Et un maistre-des-requestes, allant devant luy, ou faisant l'office, qui estoit un conseiller au parlement du Dauphiné, appelé Rabot, ou pour promesse, ou pour n'entendre ce qu'ils demandoient, dit au roy que c'estoit chose piteuse, et qu'il leur devoit octroyer, et que jamais gens ne furent si durement traictés. Et le roy, qui n'entendoit pas bien ce que ce mot valoit, et qui par raison ne leur pouvoit donner liberté (car la cité n'estoit point sienne; mais seulement y estoit reçu par amitié et à son grand besoin) et qui commençoit de nouveau à connoistre les pitiés d'Italie, et le traictement que les princes et communautés font à leur subjets, respondit qu'il estoit content. Et ce conseiller, dont j'ay parlé, le leur dit. Et ce peuple commença incontinent à crier Noël! et vont au bout de leur pont de la rivière d'Arne (qui est un beau pont), et jettent à terre un grand lion, qui estoit sur un grand pilier de marbre, qu'ils appeloient Major, représentant la seigneurie de Florence; et l'emportèrent à la rivière; et firent faire dessus le pilier un roy de France, une espée au poing, qui tenoit soubs le pied de son cheval ce Major, qui est un lion. Depuis, le roy des Romains y est entré. Ils ont fait du roy comme ils avoient fait du lion. Et est la nature de ce peuple d'Italie d'ainsi complaire aux plus forts; mais ceux-là estoient, et sont, si mal traictés, qu'on les doit excuser.

CHAPITRE VIII.

Comment le roy partit de la ville de Pise, pour aller à Florence, et de la fuite et ruine de Pierre de Médicis.

Le roy se partit de là et y séjourna peu, et tira vers Florence, et là on luy remonstra le tort qu'il avoit fait auxdits Florentins, et que c'estoit contre sa promesse d'avoir donné liberté aux Pisans. Ceux qu'il commist à respondre de cette matière, excusans la chose, dirent qu'il ne l'avoit point entendu, et n'entendoit un autre appointement, dont je parleray, mais qu'un peu j'aye dit la conclusion de Pierre de Médicis, et aussi de l'entrée du roy en ladite cité de Florence, et comme il laissa garnison dedans la cité de Pise, et autres places qu'on luy avoit prestées. Ledit Pierre, après avoir fait bailler au roy les places, dont j'ay parlé, dont aucuns estoient consentans, s'en retourna en la cité pensant que le roy ne les tint point; ains que, dès qu'il partiroit de Pise où il n'auroit affaire que trois ou quatre jours, la leur rendroit. Bien crois-je que, s'il eust voulu faire son hyver, qu'ils l'eussent consenty, combien que Pise leur est plus grande chose que Florence propre, sauf les corps et les meubles. Arrivé que fust ledit Pierre à Florence, tout homme luy fit mauvais visage, et non sans cause; car il les avoit dessaisis de toute leur force et puissance, et de tout ce qu'ils avoient conquis en cent ans; et sembloit que leur cœur sentit les maux qui depuis leur sont advenus. Et tant pour cette cause, que je crois la principale, combien qu'ils ne l'avoient jamais dit, que pour hayne qu'ils luy portoient, que j'ay desclarée, et pour retourner en liberté dont ils se cuidoient forclos, et sans avoir mémoire des bienfaits de Cosme et de Laurens de Médicis ses prédécesseurs, deslibérèrent de chasser de la ville ledit Pierre de Médicis. Lequel Pierre, sans le sçavoir, mais bien estoit en doute, va vers le palais pour parler de l'arrivée du roy (qui encore estoit à trois mille près), et avoit sa garde accoustumée avec luy, et vint heurter à la porte dudit palais, laquelle luy fust refusée par un de ceux de Nerly (qui estoient plusieurs frères que j'ay bien connus, et le père, très-riches), disant qu'il y entreroit luy seul s'il vouloit, ou autrement non; et estoit armé celuy qui faisoit ce refus. Incontinent retourna ledit Pierre à sa maison, et s'arma luy et ses serviteurs; et fit advertir un appelé Paul Ursin qui estoit à la soulde des Florentins (car ledit Pierre, de par sa mère, estoit des Ursins, et tousjours le père et luy en avoient entretenu aucuns de la maison à leur soulde); et deslibéra de résister aux partisans de la ville; mais tantost on ouyt crier Liberté! Liberté! Et vint le peuple en armes; et ainsi partit ledit Pierre de la ville, comme bien conseillé, à l'ayde dudit Paul Ursin; qui fut une piteuse départie pour luy; car en puissance et en biens, il avoit esté quasy égal aux grands princes, et luy et ses prédécesseurs, depuis Cosme de Médicis qui fust le chef; et ce jour se mit à luy courre sus fortune, et perdit honneur et biens. J'estois à Venise, et par l'ambassadeur Florentin estant là je sçus ces nouvelles qui bien me desplurent; car j'avois aimé le père, et s'il m'eust voulu croire il ne luy fut point ainsi mesadvenu; car, sur l'heure que j'arrivai à Venise, luy escrivis, et offris d'appointer; car j'en avois le pouvoir de bouche du séneschal de Beaucaire et du général. Et eust esté content le roy du passage, ou à pis venir d'avoir Ligorne entre ses mains, et faire toutes choses que Pierre [1] eust sçu demander. Mais il me respondit, comme par mocquerie, par le moyen du sire Pierre que j'ay nommé ailleurs. Ledit ambassadeur porta le lendemain lettre à la seigneurie, contenant comment il avoit esté chassé, parce qu'il se vouloit faire seigneur de la ville par le moyen de la maison d'Aragon et des Ursins, et assez autres charges qui n'estoient point vraies. Mais telles sont les adventures du monde, que celuy qui fuit et perd ne trouve point seulement qui le chasse, mais ses amys se tournent ses ennemys, comme fist cet ambassadeur nommé Paul Antoine Soderin, qui estoit des sages hommes qui fussent en Italie. Le jour de devant m'avoit parlé dudit Pierre comme s'il fust son seigneur naturel, et à cette heure se déclara son ennemy par commandement de la Seigneurie; mais de soy ne faisoit aucune déclaration. Le jour après, je sçus comment ledit Pierre venoit à Venise, et comme le roy estoit entré en grand triomphe à Florence. Et mandoient audit ambassadeur qu'il prist congé de ladite Seigneurie, et qu'il s'en retournast, et qu'il falloit qu'il naviguast avec ce vent, et vist la lettre; car il la me monstra et s'en partit. Deux jours après vint ledit Pierre en pourpoint, ou avec la robbe d'un valet; et en grande doute le reçurent à Venise, tant craignoient de desplaire au roy. Toutesfois ils ne le pouvoient refuser par raison; et désiroient bien sentir de moy que le roy en disoit; et demoura deux jours hors de la ville. Je désirois luy ayder, et n'avois eu nulle lettre du roy contre luy; et dis que je croyois sa fuite avoir esté pour crainte du peuple, et non point de celle du roy. Ainsi il vint; et l'allay voir le lendemain qu'il eust parlé à la Seigneurie qui le fit bien loger; et luy permirent de porter armes par la ville, et à quinze ou vingt serviteurs qu'il avoit; c'est à sçavoir

[1] Pierre de Médicis.

espées, et luy firent très-grand honneur, combien que Cosme, dont j'ay parlé, les garda autrefois d'avoir à Milan; nonobstant cela ils l'eurent en remembrance pour l'honneur de sa maison qui avoit esté en si grand triomphe et renommée par toute la chrestienté. Quand je le vis, me sembla bien qu'il n'estoit point homme pour respondre. Il me couta au long sa fortune, et à mon pouvoir le reconfortay. Entre autres choses il me conta comme il avoit perdu le tout, et entre ses autres malheurs qu'un sien facteur, estant en la ville, vers qui il avoit envoyé pour avoir des draps pour son frère et luy, pour cent ducats seulement, les luy avoit refusés; qui estoit grande chose, vu son estat et auctorité; car soixante ans avoit duré l'auctorité de cette maison, si grande que plus ne pouvoit. Tost après il eust nouvelles par le moyen de monseigneur de Bresse, depuis duc de Savoye; et luy escrivoit le roy aller devers luy; mais jà estoit le dit seigneur party de Florence, comme je diray à cette heure. Un peu m'a fallu parler de ce Pierre de Médicis.

CHAPITRE IX.

Comment le roy fit son entrée à Florence, et par quelles autres villes il passa jusques à Rome.

Le roy entra le lendemain en la cité de Florence; et luy avoit ledit Pierre fait habiller sa maison. Et jà estoit le seigneur de Ballassat pour faire ledit logis; lequel, quand il sçut la fuite dudit Pierre de Médicis, se prit à piller tout ce qu'il trouva en ladite maison, disant que leur banque à Lyon luy devoit grande somme d'argent; et entre autres choses il prit une licorne entière (qui valoit six ou sept mille ducats) et deux grandes pièces d'un autre, et plusieurs autres biens. D'autres firent comme luy. En une autre maison de la ville avoit retiré tout ce qu'il avoit vaillant. Le peuple pilla tout. La Seigneurie eut partie des plus riches bagues, et vingt mille ducats comptans, qu'il avoit à son banc, en la ville, et plusieurs beaux ports d'agathe, et tant de beaux camayeux bien taillés que merveilles, qu'autrefois j'avois vus, et bien trois mille médailles d'or et d'argent, bien la pesanteur de quarante livres; et crois qu'il n'y avoit point autant de belles médailles en Italie. Ce qu'il perdit ce jour en la cité, valoit cent mille escus et plus. Or estant le roy en la cité de Florence, comme dit est, se fit un traicté avec eux ; et crois qu'ils le firent de bon cœur. Ils donnèrent au roy six vingt mille ducats : dont ils en payèrent cinquante mille comptans, et le reste en deux payemens assez briefs ; et prestèrent au roy toutes les places dont j'ay parlé ; et changèrent leurs armes, qui estoit la fleur de lys rouge, et en prirent de celles que le roy portoit ; lequel les prit en sa protection et garde, et leur promit et jura sur l'autel Sainct-Jean, de leur rendre leurs places, quatre mois après qu'il seroit dans Naples, ou plus tost, s'il retournoit en France ; mais la chose prit un autre train, dont sera parlé cy-après.

Le roy s'arresta peu à Florence, et tira vers Sienne où il fut bien reçu, et de là à Viterbe, où les ennemys (car dom Ferrant s'estoit retiré vers Rome) avoient l'intention de venir loger, et s'y fortifier, et combattre, s'ils y voyoient leur avantage ; et ainsi le me disoit l'ambassadeur du roy Alphonse, et celuy du pape, qui estoit à Venise Et, à la vérité, je m'attendois que le roy Alphonse y vînt en personne (vu qu'il estoit estimé de grand cœur) et qu'il laissast son fils dedans le royaume de Naples. Et me sembloit le lieu propice pour eux ; car il eust eu son royaume, les terres du pape, et les places et terres des Ursins à son dos. Mais je fus tout esbahy que les lettres me vindrent du roy, comme il estoit en la ville de Viterbe ; et puis un commandeur luy bailla le chasteau ; et le tout par le moyen du cardinal Petri-ad-Vincula, qui en estoit gouverneur, et les Colonnois. Lors me sembla que Dieu vouloit mettre fin à cette besongne ; et me repentis qu'avois escrit au roy, et conseillé de prendre un bon appointement ; car on luy en offroit assez. Aquependant[1] et Monteflacon luy furent rendus avant Viterbe, et toutes les places d'alentour, comme je fus adverty par les lettres du roy, et celles de ladite Seigneurie, qui de jour en jour estoient advertis de ce qui survenoit, par leurs ambassadeurs ; et m'en monstrèrent plusieurs lettres, ou le me faisoient dire par un de leurs secrétaires. Et de là tira le roy à Rome, par les terres des Ursins, qui toutes luy furent rendues par le seigneur Charles Ursin, disant avoir ce commandement de son père (lequel estoit serviteur souldoyé du roy Alphonse) et que durant que dom Ferrand seroit alloué et en la terre de l'église, qu'il luy tiendroit compagnie, et non plus (ainsi vivent en Italie, et les seigneurs et les capitaines, et ont sans cesse pratique avec les ennemys, et grand peur d'estre des plus foibles). Et fut reçu ledit seigneur dedans Brachane, principale place du susdit seigneur Virgile Ursin, qui estoit belle, forte, et bien garnie de vivres. Et ai bien fort ouy estimer au roy ladite place, et le recueil que l'on luy fit ; car son armée estoit en necessité et extrémité de vivres ; et tant que plus ne pouvoit. Et qui consideroit bien combien de fois cette armée se cuida rompre, depuis qu'il arriva à Vienne au Dauphiné, et comment elle se revenoit, et par quelles ouvertures, bref on diroit que Dieu la conduisoit.

CHAPITRE X.

Comment le roy envoya le cardinal Petri-ad-Vincula, qui fut depuis appelé le pape Jules II dedans Ostie, et de ce que le pape faisoit à Rome cependant, et comment le roy y entra malgré tous ses ennemis, avec les partialités entre les Ursins et Colonnois dans ladite ville de Rome.

De Brachane envoya le roy le cardinal Sainct-Pierre-ad-Vincula à Ostie, dont il estoit évesque ; et est lieu de grande importance ; et le tenoient les Colonnois, qui l'avoient pris sur le pape ; et les gens du pape l'avoient osté audit cardinal, n'y avoit guères. La place estoit très-foible ; mais long-temps depuis tint Rome en grande subgétion avec ledit cardinal, lequel estoit grand amy des Colonnois, qui estoient nostres, par le moyen du cardinal Ascaigne[1], frère du duc de Milan, et vice-chancelier, et aussi en hayne des Ursins, dont toujours sont, et ont esté contraires ; et est toute la terre de l'église troublée pour cette partialité, comme nous dirions Luce et Grandmont ; ou en Hollande, Houc et Caballan. Et quand ne seroit ce différend, la terre de l'église seroit la plus heureuse habitation, pour les subjets, qui soit en tout le monde (car ils ne payent ni tailles, ni guères autres choses) ; et seroient

---

[1] Aquapendente et Montefiascone.

[1] Ascanio.

tousjours bien conduits (car tousjours les papes sont sages et bien conseillés); mais très-souvent en advient de grands et cruels meurtres et pilleries. Depuis quatre ans en avons vu beaucoup, tant des uns que des autres ; car depuis les Colonnois ont esté contre nous, à leur grand tort; car ils avoient vingt mille ducats de rente, et plus, audit royaume de Naples, en belles seigneuries, comme en la comté de Taillecouse[1] et autres, que paravant avoient tenus les Ursins, et toutes autres choses qu'ils avoient sçu demander tant en gens-d'armes, qu'en pensions. Mais ce qu'ils firent, ils le firent par vray desloyauté, et sans nulle occasion. Et faut entendre que de toute ancienneté, ils estoient partisans de la maison d'Aragon et des autres ennemys de France, pource qu'ils estoient Gibelins; et les Ursins, partisans de France, comme les Florentins, pour estre de la part des Guelfes.

Avec ledit cardinal de Sainct-Pierre-ad-Vincula[2], à Ostie fut envoyé Péron de la Basche, maistre d'hostel du roy, qui trois jours auparavant avoit apporté audit seigneur vingt mille ducats par mer, et estoit descendu à Plombin[3]; et estoit de l'argent presté par le duc de Milan; et estoit demouré en l'armée de mer, qui estoit petite, le prince de Salerne, et un appelé le seigneur de Sernon en Provence, que la fortune mena en Corserque[4], leur navire fort gasté, et mirent tant à se r'habiller qu'ils ne servirent de riens; et si cousta largement ladite armée de mer; et trouvèrent le roy dedans Naples.

Audit Ostie avoit, avec ledit cardinal, bien cinq cens hommes-d'armes, et deux mille Suisses; et y estoit le comte de Ligny[5], cousin du roy, de par mère, le seigneur d'Alègre, et autres; et là cuidoient passer le Tibre, pour aller enclorre dom Ferrand, qui estoit dedans Rome, avec la faveur et ayde des Colonnois; dont estoient chefs de la maison, pour lors, Prospère et Fabrice Colonne, et le cardinal Colonne, à qui le roy paya deux mille hommes-à-pié, par la main dudit Basche, qu'ils avoient assemblés à leur plaisir; et faisoient leur assemblée à Sannesonne, qui est à eux.

Il faut entendre qu'icy viennent plusieurs propos à un coup, et de chacun faut dire quelque chose. Avant que le roy eut Viterbe, il avoit envoyé le seigneur de la Trimouille, son chambelan, et le président de Guennay[1], qui avoit son sceau, et le général Bidaut, à Rome, cuidant traicter avec le pape, qui tousjours pratiquoit, comme est la coustume en Italie. Eux estant là, le pape mit de nuict en la cité dom Ferrand et toute sa puissance; et furent nos gens arrestés, mais en petit nombre. Le jour propre les dépescha le pape; mais il retint prisonniers le cardinal Ascaigne, vice-chancelier, et frère du duc de Milan, et Prospère Colonne (aucuns disent que ce fut de leur vouloir). Et de toutes ces nouvelles j'eus incontinent lettres du roy, et la Seigneurie encore plus amplement, de leurs gens. Et tout cecy fut fait avant que le roy entrast dedans Viterbe; car nulle part n'arrestoit que deux jours en un lieu; et advenoient les choses mieux qu'il ne les eut sçu penser; aussi le maistre des seigneurs s'en mesloit, et chacun le connoissoit.

Cette armée qui estoit en Ostie, ne servoit de riens, pour le mauvais temps; et aussi faut entendre que les gens, que avoit mené monseigneur d'Aubigny, estoient retournés, et luy aussi, et n'en avoit plus de charge; et si avoit-on donné congé aux Italiens, qui avoient esté avec luy en la Romanie, qu'avoient mené le seigneur Rodolphe de Mantoue, le seigneur Galéot de la Mirandole, et Cajasse, frère du seigneur Galéas de Sainct-Severin, qui furent bien payés; et estoient environ cinq cens armés, que le roy payoit, comme avez ouy. Et au partir de Viterbe, le roy alla à Naples, que tenoit le seigneur Ascaigne. Et n'est riens plus vray qu'à l'heure que nos gens estoient dedans Ostie, il tomba plus de vingt brasses de mur de la ville de Rome, par là ou on vou-

---

[1] Tagliacozzo. — [2] Aux liens.
[3] Piombino. — [4] Corse de *Corsica*.
[5] Louis de Luxembourg, comte de Ligny, fils de Louis, connétable de France, et de sa seconde femme, Marie de Savoie sœur de la reine Charlotte de Savoie, mère du roi Charles VIII.

[1] Messire Jean de Gannay, seigneur de Persan, premier président au parlement de Paris, chancelier de France sous Louis XII, pourvu le 31 Janvier 1507. Il avait été auparavant chancelier de Naples. Il est mort en 1512.

loit entrer. Le pape [1] voyant s'isoudainement venir ce jeune roy, avec cette fortune, consent qu'il entre dedans Rome (aussi ne l'en eut-il sçu garder), et requiert lettre d'assurance, qu'il eut pour dom Ferrand, duc de Calabre, et seul fils du roy Alphonse, lequel de nuict se retira à Naples; et le conduisit jusques à la porte le cardinal Ascaigne [2]. Et le roy entra dedans Rome en armes, comme ayant auctorité de faire par tout à son bon plaisir; et luy vindrent au devant plusieurs cardinaux, et les gouverneurs et sénateurs de la ville; et logea au palais Sainct-Marc (qui est le quartier des Colonnois, ses amys et serviteurs pour lors), et le pape se retira au chasteau Sainct-Ange.

CHAPITRE XI.

Comment le roy Alphonse fit couronner son fils Ferrand, et puis s'enfuit en Sicile, et de la mauvaise vie qu'avoit menée le vieux Ferrand, son père, et luy aussi.

Estoit-il possible de croire que le roy Alphonse, si orgueilleux, nourry à la guerre, et son fils, et tous ces Ursins, qui ont si grande part à Rome, n'osassent demourer en la cité, encore quand ils voyoient et sentoient que le duc de Milan branloit, et les Vénitiens, et se pratiquoit une ligue, qui eust esté conclue, ou quelque résistance eust esté faite à Viterbe ou à Rome, comme j'estois bien assuré, pourvû qu'ils eussent pu arrester le roy aucuns jours. Au fort, il faloit que Dieu monstrast que toutes ces choses passoient le sens et la connoissance des hommes; et si faut bien noter qu'ainsi comme les murs de la ville estoient tombés, aussi tomba bien quinze brasses des avant-murs du chasteau Sainct-Ange, comme m'ont conté plusieurs, et entre autres, deux cardinaux qui y estoient. Ici, faut un peu parler du roy Alphonse.

Si tost que le duc de Calabre, appelé le jeune Ferrand, dont jà plusieurs fois a esté parlé, fut retourné à Naples, son père le roy

[1] Alexandre VI.
[2] Ascaigne, Marie Sforze, frère de Louis duc de Milan, fait cardinal en 1484, par le pape Sixte VI; demis de cette dignité, puis retabli par le pape Alexandre VI, en 1495. Il est mort de la peste ou de poison, en 1505.

Alphonse, se jugea n'estre digne d'estre roy, pour les maux qu'il avoit faits en toutes cruautés, contre les personnes de plusieurs princes et barons qu'il avoit pris, sur la sûreté de son père et de luy, et bien jusqu'au nombre de vingt-quatre; et les fit tous mourir, si tost que son père fut mort, qui les avoit gardés quelque temps, et depuis la guerre qu'ils avoient eue contre luy; et en fit aussi mourir deux autres, que le père avoit pris sur sa sûreté, dont l'un estoit duc de Sesse, homme de grande auctorité, l'autre prince de Rossane, qui avoit eu à espouse et à femme la sœur dudit roy Ferrand, et en avoit eu un très-beau fils; et pour mieux s'assurer de luy (car le prince et seigneur de Rossane luy avoit bien voulu faire une grande trahison; et avoit bien desservy toute punition, s'il n'eust pris assurance) venant devers luy à son mandement, le mit en merveilleuse et puante prison, et puis le fils mesme d'iceluy, dès qu'il fut venu en l'âge de quinze à seize ans, et y avoir demouré ledit père trente-quatre ans ou environ, à l'heure que ledit roy Alphonse est venu à estre roy; et lorsqu'il y fut parvenu, fit mener tous ces prisonniers à Iscle [1] (qui est une petite isle auprès de la ville de Naples, dont vous orrez parler) et là les fit tous assommer, excepté quelques-uns qu'il retint au chasteau de Naples: comme le fils dudit seigneur de Rossane, et le noble comte de Popoli. Je me suis fort bien enquis comment on les fit mourir si cruellement (car plusieurs les cuidoient encore en vie, quand le roy entra en la bonne ville et cité de Naples); et m'a esté dit tant par leurs principaux serviteurs que par un More du païs d'Afrique, qu'il les fit assommer vilainement et horriblement. Lequel, incontinent après son commandement, s'en alla audit païs de Barbarie, afin qu'il n'en fust point de nouvelle, sans espargner ces vieux princes, dont les aucuns avoient esté gardés en prison trente-quatre ou trente-cinq ans, ou environ. Nul homme n'a esté plus cruel que luy, ni plus mauvais, ni plus vicieux et plus infect, ni plus gourmand que luy. Le père estoit plus dangereux; car nul ne se connoissoit en luy ni en son courroux; car en faisant bonne chère, il prenoit et trahissoit les gens, comme

[1] Ischia

le comte Jacques, qu'il prit et fit mourir vilainement et horriblement, estant ambassadeur devers luy, de par le duc Francisque de Milan, duquel il avoit eu à femme et espousé la fille bastarde. Mais ledit Francisque fut consentant du cas; car tous deux le craignoient, pour la suite et sequelle qu'il avoit en Italie des Braciques; et estoit fils de Nicolo Picino. Et ainsi, (comme dit est) prit ce roy Ferrand tous les autres. Et jamais en luy n'y avoit grace ni miséricorde, comme m'ont conté ses prochains parens et amys ; et jamais n'avoit eu aucune pitié ni compassion de son pauvre peuple, quant aux deniers. Il faisoit tout train de marchandise en son royaume, jusques à bailler les porceaux à garder au peuple, et les leur faisoit engresser pour mieux les vendre. S'ils mouroient, faloit qu'ils les payassent. Aux lieux où croist l'huile d'olive, comme en la Pouille, ils l'achetoient, luy et son fils, presque à leur plaisir, et semblablement le froment, et avant qu'il fust mûr, et le vendoient après le plus cher qu'ils pouvoient; et si ladite marchandise s'abaissoit de prix, contraignoient le peuple de la prendre; et par le temps qu'ils vouloient vendre, nul ne pouvoit vendre qu'eux. Si un seigneur ou baron estoit bon mesnager, ou cuidoit espargner quelque bonne chose, ils la luy demandoient à emprunter, et la leur faloit bailler par force; et leur ostoient les races des chevaux, dont ils ont plusieurs, et les prenoient pour eux; et les faisoient gouverner en leurs mains, et en si grand nombre, tant chevaux, jumens que poulains, qu'on les estimoit à beaucoup de milliers; et les envoyoient paistre en plusieurs lieux, aux pasturages des seigneurs, et autres, qui en avoient grand dommage. Tous deux ont pris à force plusieurs femmes. Aux choses ecclésiastiques, ne gardoient nulle révérence ni obéyssance; ils vendoient éveschés, comme celle de Tarente, que vendit le père treize mille ducats, à un Juif, pour bailler à son fils qu'il disoit chrestien. Bailloit abbayes à un fauconnier, et à plusieurs pour leurs enfans, disans : « Vous m'entretiendrez tant d'oiseaux, et les nicherez à vos despens, et tiendrez tant de gens à vos despens. » Le fils ne fit jamais quaresme, ni semblant qu'il en fust. Maintes années fut sans se confesser, ni recevoir Nostre Seigneur et Rédempteur Jésus-Christ. Et pour conclusion, il n'est possible de pis faire qu'ils ont fait tous deux. Aucuns ont voulu dire que le jeune roy Ferrand eut esté le pire, combien qu'il estoit humble et gracieux quand il mourut; mais aussi il estoit en nécessité.

Or pourroit sembler aux lisans que je dise toutes ces choses pour quelque hayne particulière que j'aurois à eux; mais, par ma foy, non fay; ains je le dis pour continuer mes Mémoires, où se peut voir, dès le commencement de l'entreprise de ce voyage, que c'estoit chose impossible aux gens qui le guidoient, s'il ne fust venu de Dieu seul qui vouloit faire son commissaire de ce jeune roy, bon, si pauvrement pourvu et conduit, pour chastier roys si sages, si riches et si expérimentés, et qui avoient tant de personnages sages à qui la deffence du royaume touchoit, et qui estoient tant alliés et sousteuns, et mesme voyoient ce faix venir sur eux de tant loing; et si jamais n'y sçurent pourvoir, ni résister en nul lieu; car hors le chasteau de Naples, n'y eut aucun qui empeschast le roy Charles huitiesme un jour naturel. Et comme a dit le pape Alexandre qui règne : « Les » François y sont venus avec des esperons de » bois, et la croye en la main de fourriers, pour » marquer leur logis, sans autre peine. » Et parloit ainsi de ces esperons de bois, parce que pour cette heure, quand les jeunes gens de ce royaume vont par la ville, leur page met une petite broche dedans le soulier ou pantoufle, et vont sur leurs mules branlans les jambes; et peu de fois ont pris le harnois nos gens en faisant ce voyage; et ne mit le roy, depuis Ast à entrer dedans Naples, que quatre mois dix-neuf jours. Un ambassadeur y en eust mis une partie. Parquoy je conclus de ce propos, disant après l'avoir ouy dire à plusieurs bons hommes de religion et de saincte vie, et à maintes autres sortes de gens (qui est la voix de Nostre Seigneur Jésus-Christ que la voix du peuple) que Nostre Seigneur Jésus-Christ les vouloit punir visiblement, et que chacun le connust, pour donner exemple à tous roys et princes de bien vivre et selon ses commandemens; car ces seigneurs de la maison d'Aragon, dont je parle, perdirent honneur et royaume, et grandes richesses, et meubles de toute nature, si départis qu'à grande peine sçait-on qu'ils sont devenus; puis perdirent les corps, trois en un an, ou peu davantage; mais j'espère que les ames n'ont point esté perdues; car le roy Ferrand, qui estoit fils bastard du grand Alphonse (lequel Alphonse fut sage roy et honorable, et tout bon) porta grande passion en son cœur de voir venir sur luy cette armée, et qu'il n'y pouvoit remédier, et voyoit que luy et son fils avoient mal vescu, et estoient haïs (car il estoit très-sage roy); et se trouva un livre escrit, comme m'ont certifié des plus prochains de luy, en deffaisant une chapelle, où il y avoit dessus: La vérité avec son conseil secret. Et veut-l'on dire qu'il contenoit tout le mal qui luy est advenu; et n'estoient que trois à le voir, et puis le jetta au feu. Une autre passion avoit en ce qu'Alphonse son fils, ni Ferrand, fils de son fils, ne vouloient croire cette venue, et parloient en grandes menaces du roy et en grand mespris, disant qu'ils viendroient au devant de luy jusques aux monts; et il en fut aucun qui prioit à Dieu qu'il ne vint jamais roy de France en Italie, et qu'il y avoit vu seulement un pauvre homme de la maison d'Anjou qui luy avoit fait souffrir beaucoup de peine, qui fut le duc Jean, fils du roy René. Ferrand travailla fort par un sien ambassadeur, nommé messire Camillo Pendolfo[1], de faire demourer le roy, l'année de devant avant qu'il partist de France, luy offrant se faire tributaire de cinquante mille ducats l'an, et tenir le royaume de luy à foy et hommage. Et voyant qu'il ne pouvoit pas parvenir à aucune paix, ni appaiser l'estat de la ville de Milan, luy prist une maladie de quoy il mourut; et en ses douleurs eust confession, et comme j'espère repentance de ses péchés. Le fils, Alphonse, qui tant avoit esté terrible et cruel, et tant fait le mestier de la guerre avant que le roy partist de ladite ville de Rome, renonça à sa couronne, et entra en telle peur que toutes les nuicts ne cessoit de crier qu'il oyoit les François, que les arbres et les pierres crioient France! et jamais n'eust hardiesse de partir de Naples; mais au retour que fit son fils de Rome le mit en possession du royaume de Naples, et le fit couronner et chevaucher par la ville de Naples, accompagné des plus grands qui y estoient, comme de dom Fédéric, son frère, et du cardinal de Gennes, estant ledit nouveau roy au milieu, et accompagné des ambassadeurs qui y estoient; et luy fit faire toutes lesdites solemnités qui sont requises; et luy se mit en fuite, et s'en alla en Cécile avec la royne sa belle-mère qui estoit sœur du roy Ferrand de Castille[1] qui encore vit, à qui appartient ledit royaume de Cécile, en une place qu'il y avoit; qui fut grande nouvelle par le monde, et par espécial à Venise où j'estois. Les uns disoient qu'il alloit au Turc; autres disoient que c'estoit pour donner faveur à son fils qui n'estoit point hay au royaume; mais mon advis fust tousjours que ce fust par vraie lascheté; car jamais homme cruel ne fut hardy, et ainsi se voit par toutes histoires; et ainsi se désespéra Néron et plusieurs autres. Brief, cet Alphonse eut si grande envie de fuyr qu'il dit à sa belle-mère (comme m'ont conté ceux qui estoient à luy) le jour qu'elle partit, que si elle ne partoit qu'il la laisseroit; et elle luy respondit qu'il attendist encore trois jours, afin qu'elle eust esté en son royaume un an entier; et il dit que qui ne le laisseroit aller, il se jetteroit par les fenestres, disant: « N'oyez-vous point comment un chacun crie » France? » et ainsi se mirent aux gallées. Il emporta de toutes sortes de vins (qu'il avoit plus aimés qu'autre chose) et de toutes sortes de graines pour faire jardins, sans donner nul ordre à ses meubles, ni à ses biens; car la pluspart demoura au chasteau de Naples. Quelques bagues emporta, et quelque peu d'argent; et allèrent en Cécile audit lieu; et puis alla à Messine où il appela et amena avec luy plusieurs gens de religion, vouant de n'estre jamais du monde; et entre les autres il aimoit fort ceux du Mont-Olivier[2] qui sont vestus de blanc (lesquels m'ont conté à Venise, là où est le corps Saincte-Hélène en leur monastère); et se mit à mener la plus saincte vie du monde, et servir Dieu à toutes les heures du jour et de la nuict avec lesdits religieux, comme ils font en leurs couvents; et là faisoit grands jeusnes, abstinences et ausmones; et puis luy advint une maladie de l'escoriation et de gravelle,

---

[1] Camille Pandone.

[1] Ferdinand le catholique.
[2] Mont d'Olivet.

et me dirent n'en avoir jamais vu homme si persécuté; et portoit le tout en patience, deslibérant user sa vie en un monastère à Valence-la-grande, et là se vestir de religion. Mais il fut tant surpris de maladie qu'il vescut peu, et mourut; et selon sa grande repentance, il est à espérer que son ame est glorieuse en Paradis. Son fils demoura peu après, et mourut de fièvre et de flux; et crois qu'ils sont mieux qu'ils n'estoient en ce monde. Et semble que, en moins de deux ans, ils furent cinq roys portans couronne à Naples, les trois que j'ay nommés, le roy Charles de France huitiesme, et dom Frédéric [1], frère dudit Alphonse, qui de présent règne.

CHAPITRE XII.

Comment, après que le jeune roy Ferrand fut couronné roy de Naples, alla asseoir son camp à Saint-Germain pour résister contre la venue du roy, et de l'accord que le roy Charles fit avec le pape, estant encore à Rome.

Et pour esclaircir le tout, faut dire comment, dès ce que le roy Ferrand fut couronné, il devint comme un homme neuf; et lui sembla que toutes haynes et offences estoient oubliées par la fuite de son père; et assembla tout ce qu'il put de gens, tant de cheval que de pié; et vint à Sainct-Germain [2], qui est l'entrée du royaume, et lieu fort et aisé à deffendre, et par où les François sont passés deux autres fois; et là mit son camp, et garnit la ville; et lors revint le cœur aux amys dudit Ferrand.

Le lieu est defendu d'une petite rivière, qui quelquefois se passe à gué, et quelquefois non, aussi se deffend par la montagne qui est dessus.

Le roy estoit encore à Rome, où il séjourna environ vingt jours, où plusieurs choses se traictoient. Avec luy estoient bien dix-huit cardinaux; et d'autres qui venoient de costé et d'autres; et y estoit ledit monseigneur Ascaigne, vice-chancelier, et frère du duc de Milan, et Petri-ad-Vincula (qui estoient deux grands ennemys du pape, et amys l'un de l'autre), celuy de [1] Gurce, Sainct-Denis [2], Sainct-Severin [3], Savelly [4], Coulonne [5], et autres, qui tous vouloient faire élection nouvelle, et qu'au pape fust fait procès, lequel estoit audit chasteau. Deux fois fut l'artillerie preste, comme m'ont dit des plus grands; mais tousjours le roy par sa bonté y résista. Le lieu n'est pas deffensable; car la motte est de main d'homme faite, et petite. Or alleguoient-ils bien que ces murs estoient tombés par miracle; et le chargeoient d'avoir acheté cette saincte dignité; et disoient vray : mais ledit Ascaigne en avoit esté le principal marchand, qui avoit tout guidé, et en eut grant argent; et si eut la maison dudit pape, luy estant vice-chancelier, et les meubles qui estoient dedans, et son office de vice-chancelier et plusieurs places du patrimoine; car eux deux estoient à l'envy à qui seroit pape. Toutesfois je croy qu'ils eussent consenty tous deux d'en faire un nouveau, au plaisir du roy, et encore d'en faire un François; et ne saurois dire si le roy fit bien ou mal. Toutesfois je croy qu'il fit le mieux d'appointer; car il estoit jeune, et mal accompagné pour conduire un si grand œuvre que réformer l'Eglise, combien qu'il eut le pouvoir. Mais qu'il l'eut sçu faire, je croy que toutes gens de connoissance et raison, l'eussent tenu à une bonne, grande et très-saincte besongne; mais il y faudroit grand mystère; toutesfois le vouloir du roy estoit bon, et est encore en ce cas, s'il y estoit aydé.

---

[1] Frédéric, roi de Naples en 1495, régna six à sept ans; puis fut chassé en 1502 et se réfugia en France, où il mourut.

[2] San-Germano.

[1] Raimond Perauld, natif de Surgères, en Saintonge, évêque de Xaintes puis de Gurce en Allemagne, fait cardinal en 1493, par le pape Alexandre VI. Il est mort en 1505, et enterré à Viterbe dans l'église des Augustins.

[2] Jean de la Grolaye ou de Villiers, religieux et abbé de St-Denis en France, puis évêque de Lombez, fait cardinal, en 1493, par le pape Alexandre VI. Il est mort en 1499, et enterré à Rome, dans l'église St-Pierre du Vatican dans la chapelle de France.

[3] Frédéric de Sainct-Séverin, fils de Robert, comte de Cajasse et de Jeanne de Corrège, nommé cardinal par le pape Innocent VIII, en 1489, et confirmé par le collége des cardinaux après la mort de ce pape, en 1492; il mourut en 1516.

[4] Jean-Baptiste Savelli, Romain, fait cardinal en 1480, par le pape Sixte IV; il est mort en 1498, âgé de 80 ans.

[5] Jean Colonna, Romain, fils d'Antoine, prince de Salerne, et neveu du cardinal Prosper Colonna; il a été fait cardinal en 1480, par le pape Sixte IV, et est mort en 1508.

Le roy prit autre chemin et appointa avec le pape un appointement qui ne pouvoit durer; car il estoit violent en aucun poinct; et fut grande couleur, de faire une ligue, dont après sera parlé. Par cestui appointement devoit estre paix entre le pape et ses cardinaux, et autres; et devoient lesdits cardinaux estre payés du droict de leur chapeau, absens comme présens. Il devoit prester au roy quatre places: Terracine, Civita-Vechia, et Viterbe que tenoit le roy, et Spolete aussi; mais il ne la bailla point, combien qu'il l'eut promise; et se devoit rendre au pape, comme le roy partiroit de Naples; et ainsi le fit, combien que le pape l'eut trompé. Il bailla au roy, pour cestui appointement, le frère du Turc[1], dont il avoit soixante mille ducats par an dudit Turc; et le tenoit en grande crainte; promettoit de ne mettre aucun légat en lieu ni place de l'Eglise, sans le consentement du roy; et y avoit autres articles, qui touchoient le consistoire; et bailloit en ostage son fils le cardinal de Valence, qui alloit avec ledit seigneur pour légat. Et luy fit le roy l'obédience filiale, en toute humilité que le roy sçauroit faire; et luy fit le pape deux cardinaux; c'est à sçavoir le général Brissonnet, qui jà estoit évesque de Sainct-Malo, qui a esté souvent appelé général; et l'autre, l'évesque du Mans[2], de la maison de Luxembourg, qui estoit par deçà.

CHAPITRE XIII.

Comment le roy partit de Rome pour aller à Naples; de ce qui advint cependant en plusieurs contrées dudit royaume de Naples, et par quelles villes il passa jusques à ladite ville de Naples.

Ces choses faites, le roy partit de Rome, en grande amitié avec le pape, ce sembloit; mais huit cardinaux partirent de Rome mal contens dudit appointement, dont les six estoient de la sequelle dudit vice-chancelier et de Sainct-Pierre-ad-Vincula; combien qu'on croyoit qu'Ascaigne faisoit cette feinte, et qu'au cœur estoit content du pape; mais son frère ne s'estoit point encré déclaré contre nous; et alla le roy à Marine, et de là à Belistre[1], d'où s'enfuit le cardinal de Valence.

Le lendemain le roy prit Chastel-fortin d'assaut, et fut tué ce qui estoit dedans, qui estoit à Jaques Comte, qui avoit pris l'argent du roy, et puis s'estoit tourné; car les Comtes[2] sont partisans des Ursins. Puis après alla le roy à Valmonton, qui est des Colonnois; puis alla loger à quatre milles du Mont-Sainct-Jean, une très-forte place, laquelle fut battue sept ou huit heures, et puis prise d'assaut, et tout tué ce qui estoit dedans, ou la pluspart; et estoit au marquis de Pescaire, terre d'Eglise; et y estoit toute l'armée jointe ensemble; et de là tira le roy vers Sainct-Germain (et y pouvoit avoir seize milles ou environ) là où le roy Ferrand, nouveau couronné, estoit en camp (comme j'ay dit ailleurs) avec tout ce qu'il pouvoit avoir finé de gens; et estoit le dernier remède, et le lieu pour combattre ou jamais; car c'estoit l'entrée du royaume, et le lieu avantageux, tant pour le ruisseau que pour la montagne. Et si envoya gens avec pour garder et deffendre le pas de Cancello, qui est un pas de montagne à six milles de Sainct-Germain. Avant que le roy fut à Sainct-Germain, s'en alla le roy Ferrand, en grand désordre, et abandonna la ville et passage. Monseigneur de Guise avoit en ce jour la charge de l'avant-garde; monseigneur de Rieux[3] estoit allé à ce pas de Cancello, contre les Aragonnois, qui aussi l'abandonnèrent; et entra ledit roy audit Sainct-Germain. Le roy Ferrand tira droict à Capoua, où ils luy refusèrent l'entrée à ses gens-d'armes; mais ils laissèrent entrer sa personne avec peu de gens. Il n'y arresta point; et leur pria de tenir bon pour luy, et que le lendemain reviendroit; et alla à Naples, se doutant de la rebellion qui advint. Tous ses gens, ou la pluspart, le devoient attendre à Capoua; mais quand il vint le lendemain, il trouva tout party; et estoient allés à Nola le seigneur Virgile Ursin et son cousin le comte

---

[1] Zizim.
[2] Philippe de Luxembourg fait cardinal en 1495, mort en 1519. Il était fils de Thibaut, seigneur de Fiennes et de Gravès, qui, étant veuf de Philipotte de Melun, se fit religieux de l'ordre de Citeaux dans l'abbaye d'Igny, au diocèse de Rheims, de laquelle il fut ensuite abbé, puis évêque du Mans, et nommé cardinal par le pape Sixte IV, vers lequel il avait été envoyé en ambassade par le roi Louis XI, en 1742.

---

[1] Veletri.
[2] Conti.
[3] Jean, sire de Rieux, maréchal de Bretagne.

de Petilliane; où ils furent pris, et leurs gens, par les nostres. Ils vouloient maintenir qu'ils avoient sauf-conduict, et qu'on leur faisoit tort; et estoit vray; mais il n'estoit point encore entre leurs mains. Toutesfois ils ne payèrent riens; mais ils eurent grande perte; et leur fut fait tort.

De Sainct-Germain alla le roy à Mingamer et à Triague; et logea à Calvi, deux milles de Capoua; et là ceux de Capoua vindrent composer; et y entra le roy, et toute l'armée; et de Capoua alla le lendemain à Aversa, my-chemin de Capoua et de Naples, à cinq milles de l'un et de l'autre. Et là vindrent ceux de Naples, et composèrent en assurant leurs priviléges anciens, Et y envoya le roy devant : le mareschal de Gié, le séneschal de Beaucaire, le président Ganay, qui tenoit le sceau, et des secrétaires. Le roy Ferrand voyant ces choses, le peuple et nobles en armes rebellés contre luy, et qui à sa venue luy pillèrent son escurie, qui estoit grande, monta en gallée, et alla en Iscle [1]; qui est une isle à dix-huit milles de Naples. Et fut reçu le roy, à grande joye et solemnité, dedans la ville de Naples; et tout le monde luy vint au devant, et ceux qui plus estoient obligés à la maison d'Aragon, les premiers; comme tous ceux de la maison de Caraffe, qui tenoient de ladite maison d'Aragon quarante mille ducats de revenu, tant en héritages qu'en bénéfices; car les roys y peuvent bien donner leur domaine, et si donnent bien celuy des autres; et ne croy point qu'il y en ait trois en tout le royaume, dont ce qu'ils possèdent ne soit de la couronne ou d'autruy.

Jamais peuple ne monstra tant d'affection à roy, ni à nation, comme ils monstrèrent au roy; et pensoient tous être hors de tyrannie; et se prenoient eux-mêmes; car tout tourna en Calabre, où fut envoyé monseigneur d'Aubigny, et Péron de Basche avec luy, sans gens-d'armes. Toute l'Abrusse tourna d'elle-mesme; et commença par la ville de l'Aquila, laquelle a tousjours esté bonne françoise. Tout se tourna en Pouille, sauf le chasteau de Brandis [2] (qui est fort et bien gardé) et Gallipoli;

qui aussi fut gardé; autrement, le peuple se fut tourné. En Calabre y eut trois places qui tindrent pour le roy Ferrand; dont les deux furent la Mantie et la Turpie, anciennes Angevines, qui avoient paravant levé les banières du roy Charles; mais parce qu'ils les donna à monseigneur de Persi, et ne les voulut recevoir au domaine, relevèrent les banières d'Aragon; et pour la tierce place, ce fut le chasteau de Rège, qui aussi demoura aragonnois. Mais tout ce qui tint, ne fut que par faute d'y envoyer; car il n'alla pas assez de gens en Pouille et Calabre pour garder un chasteau pour le roy. Tarente se bailla, ville et chasteau; et tout de mesme Otrante, Monopoli, Trani, Manfredonne, Barle, et tout, excepté ce que j'ay nommé. Ils venoient trois journées, au devant de nos gens, des cités, pour se rendre; et tous envoyèrent à Naples. Et y vindrent tous les princes et seigneurs du royaume, pour faire hommage, excepté le marquis de Pescaire; mais ses frères et neveux y vindrent. Le comte d'Acry et le marquis de Squillazo s'enfuirent en Cécile; parce que le roy donna leur terre à monseigneur d'Aubigny. A Naples se trouva aussi le prince de Salerne, revenu de navire; et n'avoit de riens servy. Son frère le prince de Besignan, et ses fils, s'y trouvèrent aussi avec le duc de Melfe, le duc de Gravine, le vieil duc de Sora (qui pièça avoit vendu sa duché au cardinal de Sainct-Pierre-ad-Vincula, et la possède encore son frère de présent) le comte de Montorio, le comte de Fondi, le comte de Tripalda, le comte de Célano (qui estoit allé avec le roy, banny de long-temps) le comte de Troye, jeune, nourry en France et estoit d'Escosse, et le comte de Popoli, que l'on trouva prisonnier à Naples. Le jeune prince de Rossane, dont a esté parlé, après avoir esté long-temps prisonnier avec le père, qui le fut trente et quatre ans, avoit esté délivré, et s'en alla avec dom Ferrand, ou par amour ou par force. Semblablement s'y trouvèrent le marquis de Guefron, et tous les Caldoresques, le comte de Matafelon, et le comte de Mérillano, ayant eux et les leurs tousjours gouverné la maison d'Aragon; et généralement y vindrent tous ceux du royaume, excepté ces trois que je vous ay nommés.

---

[1] Ischia.
[2] Brindisi.

CHAPITRE XIV.

Comment le roy Charles fut couronné roy de Naples; des fautes qu'il fit à l'entretenement d'un tel royaume, et comment une entreprise, qui se dressoit pour lui contre le Turc, fut descouverte par les Vénitiens.

Quand le roy Ferrand s'enfuit de Naples, il laissa au chasteau le marquis de Pescaire, et aucuns Alemans, et luy alla vers son père, pour avoir ayde en Cécile. Dom Fédéric tint la mer avec quelque peu de gallées, et vint deux fois parler au roy, à sûreté, luy requérant que quelque portion du royaume put demourer à son neveu, avec nom de roy, et à luy le sien et celuy de sa femme. Son cas n'estoit point grand chose, car il avoit eu petit partage. Le roy luy offrit des biens en France, pour luy et pour sondit neveu; et crois qu'il leur eust donné une bonne et grande duché; mais ils ne la voulurent accepter; aussi ils n'eussent tenu aucun appointement qu'on leur eust sçu faire, demourans dedans le royaume, quand ils eussent pu voir leur avantage. Devant le chasteau de Naples fut mise l'artillerie, qui tira; et n'y avoit plus que des Alemans, et estoit party ledit marquis de Pescaire; et qui eut envoyé quatre canons jusques en l'isle, on l'eut prise, et de là retourna le mal. Aussi eut-on eu toutes les autres places qu'ils tenoient, qui n'estoient que quatre ou cinq; mais tout se mit à faire bonne chère, et joustes, et festes, et entrèrent en tant de gloire qu'il ne sembloit point aux nostres que les Italiens fussent hommes. Et fut le roy couronné; et estoit logé en Capouane, et quelquefois alloit au mont impérial. Aux subjets fit de grandes graces, et leur rabatit de leurs charges. Et croy bien que le peuple de soy ne se fut point tourné, combien qu'il soit muable, qui eut contenté quelque peu de nobles; mais il n'estoient recueillis de nul, et leur faisoit-on des rudesses aux portes; et les mieux traictés furent ceux de la maison de Carrafe, vrais Aragonnois, encore leur osta l'on quelque chose. A nul ne fut laissé office ni estat, mais pis traictés les Angevins que les Aragonnois; et à ceux du comte de Merillano fut donné un mandement, dont on chargea le président Gannay d'avoir pris argent, et le sénéschal, fait nouveau duc de Nole, et grand chambelan du royaume. Par ce mandement chacun fut maintenu en sa possession, et furent forclos les Angevins de retourner au leur, sinon par procès; et quant à ceux qui estoient entrés d'eux-mesmes, comme le comte de Celano, on bailla main-forte pour les en jeter. Tous estats et offices furent donnés aux François, à deux ou trois; tous les vivres, qui estoient au chasteau de Naples, quand il fut pris, qui estoient fort grands, dont le roy eut connoissance, il les donna à ceux qui les demandoient.

En ces entrefaictes se rendit le chasteau, par pratique des Alemans, qui en eurent un monde de biens qui estoient dedans; et aussi fut pris le chasteau de l'Oeuf par batterie. Et par cette conclusion se peut voir que ceux qui avoient conduit ce grand œuvre, ne l'avoient point fait d'eux, mais fut vraye œuvre de Dieu, comme chacun le vit; mais ces grandes fautes que je dis estoient œuvres d'hommes, accueillis de gloire, qui ne connoissoient d'où ce bien et honneur leur venoit; et y procédèrent selon leur nature et expérience. Et se vint changer la fortune aussi promptement et aussi visiblement comme l'on voit le jour en Hollande ou en Auvergne, où les jours d'esté sont plus longs qu'ailleurs, et tant que, quand le jour faut au soir, en un instant, ou peu après comme d'un quart-d'heure, on voit de rechef naistre le jour à venir. Et ainsi vit tout sage homme en aussi peu d'espace changer cette bonne et glorieuse adventure, dont tant fussent advenus de biens et d'honneurs à toute la chrestienté, si elle eut esté reconnue de celuy d'où elle venoit; car le Turc eut esté aussi aisé à troubler qu'avoit esté le roy Alphonse, car il estoit et est encore vif, homme de nulle valeur; et eut le roy son frère entre les mains (qui vesquit peu de jours après la fuite du cardinal de Valence, et disoit-on qu'il fut baillé empoisonné) qui estoit l'homme du monde qu'il craignoit le plus. Et tant de milliers de chrestiens estoient si près de se rebeller qu'on ne le sauroit penser, car d'Otrante jusques à la Valonne, n'y a que soixante milles, et de Valonne en Constantinople y a environ dix-huit journées de marchands, comme me contèrent ceux qui souvent faisoient le chemin; et n'y a aucunes places fortes entre deux, au moins que deux ou trois; le reste est abbatu; et tous ces païs sont Albanois, Esclavons et Grecs, et fort peuplés, qui sentoient des nouvelles du roy, par leurs amys qui estoient à [1] Venise et en Pouille, à qui aussi ils escrivoient; et n'attendoient que messages pour se rebeller. Et y fut envoyé un archevesque de Duras de par le roy, qui estoit Albanois; mais il parla à tant de gens que merveilles prests à tourner, estans enfans et neveux de plusieurs seigneurs et gens de bien de ces marches, comme de Scanderberg, d'un fils de l'empereur de Constantinople propre, de neveux du seigneur Constantin (qui de présent gouverne Montferrat) et sont neveux ou cousins du roy de Servie. En Thessalie plus de cinq mille se fussent tournés; et encore se fut pris Scutari, ce que je sçavois par intelligence, et par la main du seigneur Constantin, qui plusieurs jours fut caché à Venise avec moy; car de son patrimoine luy appartient la Macédoine et Thessalie; qui fut le patrimoine d'Alexandre-le-Grand, et la Valonne en est. Scutari et Croye en sont près; et de son temps, son père ou oncle, les engagea aux Vénitiens, qui perdirent Croye; Scutari baillèrent au Turc, en faisant paix. Et fut ledit seigneur Constantin à trois lieues près, et se fut exécutée l'entreprise, n'eut esté que ledit archevesque de Duras demoura à Venise aucuns jours après ledit seigneur Constantin; et tous les jours je le pressois de partir, car il me sembloit homme léger en parole; et disoit qu'il feroit quelque chose dont il seroit parlé. Et de male adventure, le jour que les Vénitiens sçurent la mort du frère du Turc, que le pape avoit baillé entre les mains du roy, ils deslibérèrent de le faire sçavoir au Turc par un de leurs secrétaires, et commandèrent qu'aucun navire ne passast la nuict entre les deux chasteaux, qui font l'entrée du gouffre de Venise; et y firent faire guet (car ils ne se doutoient que de petits navires, comme grips, dont il y en avoit plusieurs au port d'Albanie, et de leurs isles de Grèce), car celuy qui eust porté ces nouvelles eut eu bon présent. Ainsi ce pauvre archevesque, cette propre nuict, voulut partir pour aller à cette entreprise du seigneur Constantin qui l'attendoit; et portoit force espées, boucliers et javelines, pour bailler à ceux avec qui il avoit intelligence (car ils n'en ont point),

mais en passant entre les deux chasteaux il fut pris et mis en l'un desdits chasteaux, et ses serviteurs; et le navire passa outre par congé. Il luy fut trouvé plusieurs lettres qui descouvrirent le cas. Et m'a dit le seigneur Constantin que les Vénitiens envoyèrent advertir les gens du Turc aux places voisines, et le Turc propre; et n'eut esté le grip, qui passa outre, dont le patron estoit albanois, qui l'advertit, il eut esté pris; mais il s'enfuit en Pouille par mer.

CHAPITRE XV.

Disgression ou discours, aucunement hors de la matière principale, par lequel Philippe de Commines, auteur de ce présent livre, parle assez amplement de l'estat et gouvernement de la seigneurie des Vénitiens, et de ce qu'il vit, et y fut fait pendant qu'il estoit ambassadeur pour le roy en leur ville de Venise.

Or il est temps que je dise quelque chose des Vénitiens, et pourquoy j'y estois allé; car le roy estoit à Naples au dessus de ses affaires. Mon allée fut d'Ast, pour les remercier des bonnes responses qu'ils avoient faites à deux ambassadeurs du roy, et pour les entretenir en son amour, s'il m'estoit possible; car voyant leurs forces, leur sens et leur conduite, ils le pouvoient aisément troubler, et nuls autres en Italie. Le duc de Milan m'ayda à despescher, et escrivit à son ambassadeur qui estoit là résident (car toujours y en avoit un) qu'il me tint compagnie et m'adressast; et avoit sondit ambassadeur cent ducats le mois de la Seigneurie, et son logis bien accoustré, et trois barques, qui ne luy coustoient rien, à le mener par la ville. Celuy de Venise en a autant à Milan, sauf les barques, car on y va à cheval, et à Venise par eau. Je passay en allant par leurs cités, comme Bresse, Véronne, Vincence et Padoue, et autre lieux. Partout me fut fait grand bonneur, pour l'honneur de celuy qui m'envoyoit; et venoient en grand nombre des gens au devant de moy avec leur podestat ou cappitaine. Ils ne sailloient point tous deux; mais le second venoit jusques à la porte par le dedans. Ils me conduisoient jusques à l'hostellerie, et commandoient à l'hoste qu'abondamment je fusse traicté, et me faisoient deffrayer avec toutes honorables paroles. Mais qui compteroit bien ce qu'il faut donner aux tambourins et aux trompettes, il

[1] Aversa

n'y a guères de gain à ce deffray; mais le traictement est honorable. Ce jour que j'entrai à Venise, vindrent au devant de moy jusques à la Chafousine, qui est à cinq milles de Venise; et là on laisse le bateau en quoy on est venu de Padoue, au long d'une rivière; et se met-on en petites barques, bien nettes et couvertes de tapisserie, et beaux tapis velus de dedans pour se seoir dessus; et jusques là vient la mer; et n'y a point de plus prochaine terre pour arriver à Venise; mais la mer y est fort plate, s'il ne fait tourmente; et à cette cause qu'elle est ainsi plate se prend grand nombre de poisson, et de toutes sortes. Et fus bien esmerveillé de voir l'assiette de cette cité, et de voir tant de clochers et de monastères, et si grand maisonnement, et tout en l'eau, et le peuple n'avoir autre forme d'aller qu'en ces barques, dont je crois qu'il s'en finroit trente mille, mais elles sont fort petites. Environ ladite cité y a bien septante monastères, à moins de demie lieue françoise, à le prendre en rondeur qui tous sont en isle, tant d'hommes que de femmes, fort beaux et riches, tant d'édifices que de paremens, et ont fort beaux jardins, sans comprendre ceux qui sont dedans la ville, où sont les quatre ordres des mendians, bien soixante douze paroisses, et mainte confrairie. Et est chose estrange de voir si belles et si grandes églises fondées en la mer. Audit lieu de la Chafousine vindrent au devant de moy vingt-cinq gentils-hommes bien et richement habillés, et de beaux draps de soye et escarlatte; et là me dirent que je fusse le bien venu, et me conduisirent jusque près la ville en une église de Sainct-André, où derechef trouvay autant d'autres gentils-hommes, et avec eux les ambassadeurs du duc de Milan et de Ferrare, et là aussi me firent une autre harangue, et puis me mirent en d'autres bateaux qu'ils appellent plats, et sont beaucoup plus grands que les autres; et y en avoit deux couverts de satin cramoisy, et le bas tapissé, et lieu pour seoir quarante personnes; et chacun me fit seoir au milieu de ces deux ambassadeurs (qui est l'honneur d'Italie que d'estre au milieu) et me menèrent au long de la grande rue qu'ils appellent le grand canal, et est bien large. Les gallées y passent à travers. Et y ay vu navire de quatre cens tonneaux au plus près des maisons; et est la plus belle rue que je crois qui soit en tout le monde, et la mieux maisonnée, et va le long de ladite ville. Les maisons sont fort grandes et hautes, et de bonne pierre, et les anciennes toutes peintes; les autres, faites depuis cent ans, ont le devant de marbre blanc qui leur vient d'Istrie à cent milles de là; et encore ont mainte grande pièce de porphire et de serpentine sur le devant. Au dedans ont pour le moins, pour la pluspart, deux chambres qui ont les planchés dorés, riches manteaux de cheminées de marbre taillé; les chaslits des lits dorés, et les oste-vents peints et dorés, et fort bien meublés dedans. C'est la plus triomphante cité que j'aye jamais vue, et qui fait plus d'honneurs à ambassadeurs et estrangers, et qui plus sagement se gouverne, et où le service de Dieu est le plus solemnellement fait. Et encore qu'il y peut bien y avoir d'autres fautes, si crois-je que Dieu les a en ayde, pour la révérence qu'ils portent au service de l'Eglise. En cette compagnie de cinquante gentils-hommes, me conduisirent jusques à Sainct-Georges qui est une abbaye de moines noirs réformés, où je fus logé. Le lendemain me vindrent quérir, et menèrent à la Seigneurie, où je présentay mes lettres au duc qui préside en tous leurs conseils, honoré comme un roy. Et s'adressent à luy toutes lettres; mais il ne peut guères à luy seul. Toutesfois cestuy-cy a de l'auctorité beaucoup, et plus que n'eust jamais prince qu'ils eussent; aussi il [y a desjà douze ans qu'il est duc; et l'ay trouvé homme de bien, sage et bien expérimenté aux choses d'Italie, et douce et aimable personne. Pour ce jour je ne dis autre chose; et me fist-on voir trois ou quatre chambres, les planchés richement dorés, et les lits et les oste-vents; et est beau et riche le palais de ce qu'il contient, tout de marbre bien taillé, et tout le devant et le bord des pierres dorés en la largeur d'un pouce par adventure; et y a audit palais quatre belles salles richement dorées et fort grand logis; mais la cour est petite. De la chambre du duc il peut ouyr la messe au grand autel de la chapelle de Sainct-Marc, qui est la plus belle et riche chapelle du monde pour n'avoir que nom de chapelle, toute faite de mosaïques en tous endroicts. Encore se vantent-ils d'en avoir trouvé l'art, et en font besongner au mestier, et l'ay vu. En cette chapelle est leur trésor, dont l'on parle, qui sont choses ordonnées pour parer l'église. Il y a douze ou quatorze gros ballays [1]; je n'en ay vu aucuns si gros. Il y en a deux dont l'un passe sept cens, et l'autre huit cens carras; mais ils ne sont point nets. Il y en a douze autres de pierres de cuirasse d'or, le devant et les bords bien garnis de pierreries très-fort bonnes, et douze couronnes d'or dont anciennement se paroient douze femmes qu'ils appeloient roynes, à certaines festes de l'an, et alloient par ces isles et églises. Elles furent desrobées, et la pluspart des femmes de la cité, par larrons qui venoient d'Istrie ou de Friole (qui est près d'eux), lesquels s'estoient cachés derrière ces isles; mais les maris allèrent après, et les recouvrèrent, et mirent ces choses à Sainct-Marc, et fondèrent une chapelle au lieu où la Seigneurie va tous les ans, au jour qu'il eurent cette victoire. Et est bien grande richesse pour parer l'église, avec maintes autres choses d'or qui y sont, et pour la suite, d'amatiste, d'aguate, et un bien petit [2] d'esmeraude; mais ce n'est point grand trésor pour estimer, comme l'on fait or ou argent comptant. Et ils n'en tiennent point en trésor. Et m'a dit le duc, devant la Seigneurie, que c'est peine capitale parmi eux de dire qu'il faille faire trésor; et crois qu'ils ont raison pour doute des divisions d'entr'eux. Après me firent monstrer leur autre trésor, qui est un arsenal où ils esquipent leurs gallées, et font toutes choses qui sont nécessaires pour l'armée de mer, qui est la plus belle chose qui soit en tout le demourant du monde aujourd'huy, et la mieux ordonnée pour ce cas.

En effet, j'y séjournay huit mois, deffrayé de toutes choses, et tous autres ambassadeurs qui estoient-là. Et vous dis bien que je les ay connus si sages, et tant enclins d'accroistre leur seigneurie, que s'il n'y est pourvu tost, tous leurs voisins en maudiront l'heure; car ils ont plus entendu la façon d'eux deffendre et garder, en la saison que le roy y a esté, et depuis, que jamais; car encore sont en guerre avec luy; et si se sont bien osés eslargir, comme d'avoir pris en Pouille sept ou huit cités en

[1] Rubis.
[2] Nombre.

gage; mais je ne sçay quand ils les rendront. Et quand le roy vint en Italie, ils ne pouvoient croire que l'on prit ainsi les places, ni en si peu de temps (car ce n'estoit point leur façon); et ont fait, et font maintes places fortes depuis, et autres en Italie. Ils ne sont point pour s'accroistre en haste, comme firent les Romains; car leurs personnes ne sont point de telle vertu; et si ne va nul d'entre eux à la guerre de terre ferme, comme faisoient les Romains, si ce ne sont leurs proviseurs et payeurs, qui accompagnent leur capitaine et le conseillent, et pourvoyent l'est. Mais toute la guerre de mer est conduite par leurs gentils-hommes, en chefs et capitaines de gallées et naves, et par autres leurs subjets. Mais un autre bien ont-ils, en lieu d'aller en personne aux armées par terre, c'est qu'il ne s'y fait nul homme de tel cœur, ni de telle vertu, pour avoir seigneurie, comme ils avoient à Rome; et par ce n'ont-ils nulles questions civiles en la cité, qui est la plus grande prudence que je leur voie. Et y ont merveilleusement bien pourvu, et en maintes manières; car ils n'ont point de tribun de peuple, comme avoient les Romains (lesquels tribuns furent cause en partie de leur destruction); car le peuple n'y a crédit ni n'y est appelé en riens; et tous offices sont aux gentils-hommes, sauf les secrétaires. Ceux-là ne sont point gentils-hommes. Aussi la pluspart de leur peuple est estranger. Et si ont bien connoissance, par Titus-Livius, des fautes que firent les Romains; car ils en ont l'histoire, et si en sont les os en leur palais de Padoue. Et par ces raisons, et par maintes autres que j'ay connues en eux, je dis encores une autre fois, qu'ils sont en voye d'estre bien grands seigneurs pour l'advenir.

Or faut dire que fut ma charge; qui fut à cause des bonnes responses qu'ils avoient faites à deux serviteurs du roy, qui avoient esté vers eux, et qu'à leur fiance, il tirast hardiment avant en cette entreprise; et ce fut avant qu'il partit de la ville d'Ast. Aussi je leur remonstrai les longues et anciennes alliances qui avoient esté entre les roys de France et eux; et davantage leur offris Brandis, et la ville d'Otrante, par condition qu'en leur baillant mieux en Grèce, ils fussent tenus les rendre. Ils me tindrent les meilleures paroles du monde du roy, et de toutes ses affaires ; car ils ne croyoient potnt qu'il allast guères loin ; et quant à l'offre que je leur fis, ils me firent dire qu'ils estoient ses amys et ses serviteurs, et qu'ils ne vouloient point qu'il achetast leur amour (aussi le roy ne tenoit point encore les places), et que s'ils vouloient ils se mettroient bien en guerre, ce qu'il ne vouloient point faire, combien qu'il y eut vers eux ambassade de Naples, les en supplitant tous jours, et leur offrant ce qu'ils voudroient ; et confessoit le roy Alphonse (qui lors régnoit) avoir failly vers eux ; et leur remonstroit le péril que ce leur seroit, si le roy venoit au dessus de son entreprise. Le Turc de l'autre costé leur envoya incontinent ambassadeur, que je vis plusieurs fois, qui à la requeste du pape les menaçoit, s'ils ne se déclaroient contre le roy. A chacun faisoient bonne response ; mais ils n'avoient à ce commencement nulle crainte de nous, et ne s'en faisoient que rire ; et aussi le duc de Milan leur faisoit dire, par son ambassadeur, qu'ils ne se souciassent point, et qu'il sçavoit bien la façon de renvoyer le roy, sans ce qu'il tint riens en Italie ; et autant en avoit mandé à Pierre de Médicis, qui le m'a dit. Mais quand ils virent, et le duc de Milan aussi, que le roy avoit les places des Florentins entre ses mains, et par espécial Pise, ils commencèrent à avoir peur ; et parloient de la façon de le garder de passer plus avant ; mais leurs conseils estoient longs ; et cependant le roy tiroit avant ; et gens alloient et venoient des uns aux autres. Le roy d'Espagne commençoit aussi à avoir peur, pour ses isles de Cécile et de Sardaigne. Le roy des Romains commença aussi à estre envieux ; et luy faisoit-on peur de la couronne impériale, disant que le roy la vouloit prendre, et en avoit requis le pape (qui n'estoit point vray). Et pour ces doutes, ces deux roys envoyèrent grosses ambassades à Venise, moy estant là, comme dit est. Devant y envoya le roy des Romains, car il estoit voisin. L'évesque de Trente en estoit le principal, et deux chevaliers, et un docteur ; auxquels fut fait grand honneur et révérence ; et leurs logis bien accoustrés comme à moy ; et dix ducats par jour, pour leurs despens ; et leurs chevaux deffrayés, qui estoient demourés à Trévise.

Incontinent après vint un très-honneste chevalier d'Espagne [1], bien accompagné, et bien vestu, qui aussi fut fort honoré et deffrayé. Le duc de Milan, outre l'ambassadeur qu'il y avoit, y envoya l'évesque de Come, et messire Francisco Bernardin Viscomte [2]. Et commencèrent secrettement, et de nuict, à convenir ensemble, et premièrement par leurs secrétaires ; et n'osoient encore en public se déclarer contre le roy, par espécial le duc de Milan et les Vénitiens, qui encore ne sçavoient si la ligue, dont estoit question, se concluroit. Et me vindrent voir ceux de Milan, et m'apportèrent lettres de leur maistre ; et me dirent que leur venue estoit parce que les Vénitiens avoient envoyé deux ambassadeurs à la ville de Milan, et ils avoient de coustume de n'y en laisser qu'un (aussi le firent-ils à la fin) ; mais cecy estoit mensonge et tromperie, et toute déception ; car tout cela estoit assemblé pour faire ligue contre le bon roy ; mais tant de vielles ne se peuvent accorder en peu de temps. Après me demandèrent si je ne sçavois point qu'estoit venu faire cet ambassadeur d'Espagne, et celuy du roy des Romains, afin qu'ils en pussent advertir leur maistre. Or j'estois jà adverty, et de plusieurs lieux, tant de serviteurs d'ambassadeurs qu'autrement, que celuy d'Espagne estoit passé par Milan, desguisé, et que les Alemans se conduisoient tous par ledit duc ; et aussi sçavois qu'à toute heure l'ambassadeur de Naples bailloit des paquets de lettres qui venoient de Naples (car tout cecy estoit avant que le roy partit de Florence). Et despendois quelque chose pour en estre adverty, et en avois bons moyens. Et si sçavois jà le commencement de leurs articles, qui estoient jetés, mais non point accordés ; car Vénitiens sont fort longs à telles conclusions. Et pour ces raisons, et voyant la ligue si approchée, ne voulus plus faire de l'ignorant ; et respondis audit ambassadeur de Milan, que puis qu'ils me tenoient termes si estranges, que je leur voulois monstrer que le roy ne vouloit point perdre l'amitié du duc de Milan, s'il y pou-

---

[1] Il s'appelait Lorenzo Suarez de Figueroa y Mendoza ; il mourut à Venise, et il y fut enterré.
[2] Visconti.

voit remédier, et moy comme serviteur, m'en voulois acquitter, et l'excuser des mauvais rapports qu'on en pourroit avoir faits audit duc leur maistre, que je croyois estre mal informé, et qu'il devoit bien penser, avant que perdre la reconnoissance de tel service comme il avoit fait au roy, que nos roys de France ne furent jamais ingrats; et que pour quelque parole qui pouvoient avoir esté dites, ne se devoit point départir l'amour d'eux, vu qu'elle estoit tant séante à chacune desdites parties. Et les priois qu'ils me voulsissent dire leurs doléances, pour en advertir le roy, avant qu'ils fissent autre chose. Ils me jurèrent tous, et firent grands sermens, qu'ils n'en avoient nul vouloir ; toutesfois ils mentoient, et estoient venus pour traicter ladite ligue.

Le lendemain j'allay à la Seigneurie leur parler de cette ligue, et dire ce qui me sembloit servir au cas. Et entre autres choses, je leur dis qu'en l'alliance qu'ils avoient avec le roy, et qu'ils avoient eue avec le feu roy Louis son père, ils ne pouvoient soutenir les ennemys l'un de l'autre, et qu'ils ne pouvoient faire cette ligue, dont l'on parloit, que ce ne fust aller contre leur promesse. Ils me firent retirer; et puis quand je revins, me dit le duc que je ne devois point croire tout ce que l'on disoit par ladite ville; car chacun y estoit en liberté, et pouvoit chacun dire ce qu'il vouloit; toutesfois qu'ils n'avoient jamais pensé faire ligue contre le roy, ni jamais ouy parler; mais au contraire, ils disoient faire ligue entre le roy et ces autres deux roys et toute l'Italie, et qu'elle fust contre ledit Turc, et que chacun porteroit sa part de la despense ; et s'il y avoit aucun en Italie qui ne voulust payer ce qui seroit advisé, que le roy et eux l'y contraindroient par force. Et vouloient faire un très-bon appointement ; c'est que le roy prit une somme d'argent comptant, et qu'eux l'avanceroient, et tiendroient les places de Pouille en gage, comme font à cette heure; et le royaume seroit reconnu de luy, du consentement du pape, et par certaine somme de deniers l'an, et que le roy y tiendroit trois places. Et plust à Dieu que le roy y eust voulu entendre lors. Je dis n'oser entrer en cet appointement, leur priant ne se haster point de conclure cette ligue, et que de tout advertirois le roy, leur priant, comme j'avois fait aux autres, me dire leurs doléances, et qu'ils ne les tussent point, comme faisoient ceux de Milan. Ils se doulurent des places que le roy tenoit du pape, et encore plus de celles qu'il tenoit des Florentins, et par espécial de Pise, disans que le roy avoit mandé par escript en plusieurs lieux et à euxmesmes, qu'il ne vouloit en Italie que le royaume de Naples, et aller contre le Turc, et qu'il monstroit à cette heure de vouloir prendre tout ce qu'il pourroit en Italie, et ne demander rien au Turc. Et disoient encore que monseigneur d'Orléans, qui estoit demouré en Ast, faisoit crainte au duc de Milan, et que ses serviteurs disoient de grandes menaces ; toutesfois qu'ils ne feroient rien de nouveau que je n'eusse response du roy, ou que le temps de l'avoir ne fust passé; et me monstreroient plus d'honneur qu'à ceux de Milan. De tout j'advertis le roy, et eus maigre response. Et dès lors s'assembloient chacun jour, vu qu'ils sçavoient que l'entreprise estoit descouverte. Et en ce temps estoit le roy encore à Florence ; et s'il eut trouvé résistance à Viterbe, comme ils cuidoient, ils eussent envoyé des gens à Rome, et encore si le roy Ferrand fust demouré dedans. Et n'eussent jamais pensé qu'il eut dû abandonner Rome, et quand ils la virent abandonnée, commencèrent à avoir peur. Toutesfois les ambassades des deux roys les pressoient fort de conclure, ou vouloient départir; car jà y avoient esté quatre mois, chacun jour allans à la Seigneurie ; et cependant je faisois le mieux que je pouvois à l'encontre. Voyans les Vénitiens tout cela abandonné, et advertis que le roy estoit dedans la ville de Naples, ils m'envoyèrent querir et me dirent ces nouvelles, monstrans en estre joyeux ; toutesfois ils disoient que ledit chasteau estoit bien fort garny. Et voyois bien qu'ils avoient bonne et sûre espérance qu'il tint. Et consentirent que l'ambassadeur de Naples levast gensd'armes à Venise, pour envoyer à Brandis. Et estoient sur la conclusion de leur ligue, quand leurs ambassadeurs leur escrivirent que le chasteau estoit rendu ; et lors ils m'envoyèrent querir derechef à un matin; et les trouvay en grand nombre, comme de cinquante ou de soixante en la chambre du prince, qui estoit malade de la colique ; et là me conta ces nouvelles, de visage joyeux ; mais nul en la compagnie ne se sçavoit feindre si bien comme luy. Les uns estoient assis sur un marche pied des bancs, et avoient la teste appuyée entre leurs mains ; les autres d'une autre sorte, tous desmonstrans avoir grande tristesse au cœur. Et croy que quand les nouvelles vindrent à Rome de la bataille perdue à Cannes, contre Annibal, les sénateurs qui estoient demourés, n'estoient pas plus esbahis, ni plus espouvantés qu'ils estoient ; car un seul ne fit semblant de me regarder, ni ne me dit un mot, que luy ; et les regardois à grande merveille. Le duc me demanda si le roy leur tiendroit ce que tousjours leur avoit mandé, et que leur avois dit. Je les assuray fort qu'oui ; et ouvris les voies pour demourer en bonne paix, et m'offris fort à la faire tenir, espérant les oster de soupçon ; et puis me despartis.

Leur ligue n'estoit encore ni faite ni rompue ; et vouloient partir les Alemans mal-contens. Le duc de Milan se faisoit encore prier de je ne sçay quel article ; toutesfois il manda à ses gens qu'il passassent tost, et en effect conclurent la ligue. Et durant que cecy se demenoit, j'avois sans cesse adverty le roy du tout, le pressant de conclure ou de demourer au royaume, et se pourvoir de plus de gens-de-pié et d'argent, ou de bonne heure se mettre en chemin pour se retirer, et laisser les principales places bien gardées, avant qu'ils fussent tous assemblés. Aussi j'advertissois monseigneur d'Orléans, qui estoit en Ast, avec les gens de sa maison seulement (car sa compaignie estoit avec le roy), d'y mettre des gens, l'assurant qu'incontinent iroit luy courre sus ; et escrivois à monseigneur de Bourbon, qui estoit demouré lieutenant pour le roy en France, d'envoyer des gens en haste, en Ast, pour le garder, et que si cette place estoit perdue, nul secours ne pouvoit venir au roy de France ; et advertissois aussi la marquise de Montferrat, qui estoit bonne Françoise, et ennemie du duc de Milan, afin qu'elle aydast à monseigneur le duc d'Orléans, de gens, s'il en avoit affaire ; car Ast perdu, les marquisats de Montferrat et Saluce estoient perdus.

La ligue fut conclue un soir bien tard. Le matin me demanda la Seigneurie, plus matin qu'ils n'avoient de coutume. Comme je fus arrivé et assis, me dit le duc, qu'en l'honneur de la saincte trinité, ils avoient conclu ligue avec notre sainct père le pape, les roys des Romains et de Castille, eux et le duc de Milan, à trois fins : la première pour deffendre la chrestienté contre le Turc ; la seconde à la deffense d'Italie ; la tierce à la préservation de leurs estats ; et que je le fisse savoir au roy. Et estoient assemblés en grand nombre, comme de cent ou plus ; et avoient les testes hautes, faisoient bonne chère, et n'avoient point contenances semblables à celles qu'ils avoient le jour qu'ils me dirent la prise du chasteau de Naples. Me dit aussi qu'ils avoient escrit à leurs ambassadeurs, qui estoient devers le roy, qu'ils s'en vinssent, et qu'ils prissent congé. L'un avoit nom messire Dominique Loredan, et l'autre messire Dominique Trevisan. J'avois le cœur serré ; et estois en grand doute de la personne du roy, et de toute sa compagnie ; et cuidois leur cas plus prest qu'il n'estoit ; et aussi faisoient-ils eux ; et je doutois qu'ils eussent des Alemans près ; et si cela y eust esté, jamais le roy ne fut sailly d'Italie. Je me délibéray ne dire point trop de paroles en courroux ; toutesfois ils me tirèrent un peu aux champs. Je leur fis response que dès le soir avant je l'avois escrit au roy, et plusieurs fois, et que lui aussi m'avoit escrit qu'il en estoit adverty de Rome et de Milan. Il me fit tout estrange visage de ce que je disois l'avoir escrit le soir au roy ; car il n'est nulles gens au monde si soupçonneux, ni qui tiennent leurs conseils si secrets ; et par soupçon seulement confinent souvent les gens ; et à cette cause le leur disois-je. Outre ce je leur dis l'avoir aussi escrit à monseigneur d'Orléans, et à monseigneur de Bourbon, afin qu'ils pourvussent Ast. Et le disois espérant que cela donneroit quelque delay d'aller devant Ast ; car s'ils eussent esté aussi prests comme ils se vantoient et cuidoient, ils l'eussent pris sans remède ; car il estoit et fut mal pourvu de long-temps après. Ils se prirent à me dire qu'il n'y avoit riens contre le roy, mais pour se garder de luy ; et qu'ils ne vouloient point qu'il abusast ainsi le monde de paroles, de dire qu'il ne vouloit que le royaume et puis aller contre le Turc ; et qu'il monstroit tout le contraire, et vouloit destruire le duc de Milan, et Florence, et tenir les terres de l'église. A quoy je respondis : que les roys de France avoient augmenté l'église, et accrue et deffendue ; et que cettuy-cy feroit plustost le semblable que de riens leur oster ; mais que toutes ces raisons n'estoient point celles qui les mouvoient, mais qu'ils avoient envie de troubler l'Italie et faire leur profit ; et que je croyois qu'aussi feroient-ils ; ce qu'ils prirent un peu à mal, ce me dit-l'on ; mais il se voit, parce qu'ils ont eu Pouille en gage du roy Ferrand, pour luy ayder contre nous, que je disois vray. Sur ce poinct je me voulois lever pour me retirer ; mais ils me firent rasseoir. Et me demanda le duc si je ne voulois faire nulle ouverture de paix, parce que le jour de devant j'en avois parlé ; mais c'estoit par condition qu'ils voulussent attendre à conclure la ligue, de quinze jours, afin d'envoyer devers le roy et avoir response. Après ces choses dites, je me retiray à mon logis ; et ils mandèrent les ambassadeurs l'un après l'autre. Et au saillir de leur conseil je rencontray celuy de Naples, qui avoit une belle robe neufve, et faisoit bonne chère ; et en avoit cause, car c'estoient grandes nouvelles pour lui. A l'apresdinée tous les ambassadeurs de la ligue se trouvèrent ensemble en barque (qui est l'esbat de Venise, où chacun va, selon les gens qu'il a, et aux despens de la Seigneurie) ; et pouvoient estre quarante barques, qui toutes avoient pendeaux aux armes de leurs maistres. Et vis toute cette compagnie passer par devant mes fenestres ; et y avoit force menestriers ; et ceux de Milan, au moins l'un d'iceux, qui m'avoit tenu compagnie beaucoup de fois, faisoit bien contenance de ne me connoistre plus. Et fus trois jours sans aller par la ville, ni mes gens, combien que jamais ne me fut dite, en la ville, n'y a homme que j'eusse, une seule mal gracieuse parole. Le soir firent une merveilleuse feste de feux, sur les clochers, force fallots allumés sur les maisons de ces ambassadeurs, et artillerie qui tiroit. Et fus sur la barque couverte, au long des rives, pour voir la feste, environ dix heures de nuict, et par espécial devant les maisons des ambassadeurs, où se faisoient banquets et grande chère. Ce jour-là n'estoit point encore la publication, ni la grande feste ; car le pape avoit mandé qu'il vouloit qu'on attendit encore aucuns jours, pour la faire à Pasques Flories, qu'ils appellent le Dimanche de l'Olive ; et vouloit que chacun prince, où elle seroit publiée, et les ambassadeurs qui y seroient, portassent un rameau d'olivier en la main, et le dissent « signe de paix et alliance, » et qu'à ce jour elle fut publiée en Espagne et Alemagne. A Venise firent un chemin de bois, haut de terre, comme ils font le jour du sacre, bien tendu, qui prenoit du palais jusques au bout de la place Sainct-Marc ; et après la messe, que chanta l'ambassadeur du pape, qui à tout homme donna absolution de peine et de coulpe, qui seroit à la publication, ils allèrent en procession par ledit chemin, la Seigneurie et ambassadeurs tous bien vestus, et plusieurs avoient robes de veloux cramoisy, que la Seigneurie avoit données, au moins aux Alemans, et à tous leurs serviteurs robes neufves, mais elles estoient bien courtes. Au retour de la procession se monstrèrent grand nombre de mystères et de personnages, et premièrement Italie, et après tous ces rois et princes, et la royne d'Espagne, et au retour, à une pierre de Porfire où on fait les publications, firent publier ladite ligue ; et y avoit un ambassadeur du Turc présent à une fenestre caché ; et estoit despesché, sauf qu'ils vouloient qu'il vit ladite feste. Et la nuict vint parler à moy, par le moyen d'un Grec ; et fut bien quatre heures en ma chambre. Et avoit grande envie que son maistre fut nostre amy. Je fus invité à cette feste par deux fois, mais je m'excusay ; et demeuray en la ville, environ un mois depuis, aussi bien traicté que devant ; et puis m'en partis, mandé du roy, et de leur congé conduit en bonne sûreté, à leurs despens, jusques à Ferrare. Le duc me vint au devant, et deux jours me fit bonne chère, et deffraya, et autant messire Jean de Bentivole à Boulongne ; et de là m'envoyèrent les Florentins querir ; et allay en Florence, pour attendre le roy, duquel je retourneray à parler.

LIVRE HUITIÈME.

CHAPITRE PREMIER.

De l'ordre et provision que le roy mit au royaume de Naples, voulant retourner en France.

Pour mieux continuer mes Mémoires et vous informer, me faut retourner à parler du roy, qui depuis qu'il entra à Naples jusques à tant qu'il en partit, ne pensa qu'à passer temps, et d'autres à prendre et à profiter. Son âge l'excusoit, mais nul ne sçauroit excuser les autres de leur faute ; car le roy les croyoit de toutes choses. Et si luy eussent sçu dire qu'il eut bien pourvu trois ou quatre chasteaux audit païs, comme celuy de Gajette ou seulement celuy de Naples, dont il avoit donné les vivres, comme j'ay dit, il tiendroit encore le royaume ; car en gardant celuy de Naples, jamais la ville ne se fut révoltée. Il tira tous les gens-d'armes à l'entour de luy, depuis la conclusion de la ligue ; et ordonna cinq cens hommes-d'armes françois, et deux mille cinq cens suisses, et quelque peu de gens-de-pié françois, pour la garde du royaume ; et avec le reste il deslibéra de s'en retourner en France, par le chemin qu'il estoit venu, et la ligue se préparoit à l'en garder. Le roy d'Espagne avoit envoyé, et envoyoit quelques caravelles en Cécile ; mais peu de gens dessus. Toutesfois, avant que le roy partit, ils avoient jà garny Rège en Calabre qui est près de Cécile. Et plusieurs fois j'avois escrit au roy qu'ils devoient là descendre ; car l'ambassadeur de Naples le m'avoit dit, cuidant que jà y fussent ; et si le roy y eut envoyé d'heure, il eut pris le chasteau, car le peuple de la ville tenoit pour luy. Aussi vindrent gens de Cécile à la Mantia et à la Turpia, par faute d'envoyer ; et ceux d'Otrante, en Pouille, qui avoient levé les banières du roy, vue la ligue, et qu'ils estoient situés près de Brandis et Galipoli, et qu'ils ne pouvoient finer de gens, levèrent les banières d'Aragon ; et dom Fédéric, qui estoit à Brandis, la fournit. Et par tout le royaume, commencèrent à muer leur pensée, et se prit à changer la fortune, qui deux mois devant avoit esté au contraire, tant pour voir cette ligue que pour le partement du roy, et la pauvre provision qu'on laissoit, plus en chef qu'en nombre de soldats. Pour chef y demoura monseigneur de Montpensier, de la maison de Bourbon, bon chevalier et hardy, mais peu sage ; il ne se levoit qu'il ne fut midi. En Calabre laissa monseigneur d'Aubigny [1], de la nation d'Escosse, bon chevalier et sage, bon et honorable, qui fut grand connestable du royaume ; et luy donna le roy (comme j'ay dit) la comté d'Acri et le marquisat de Squillazzo. Il laissa au commencement le séneschal de Beaucaire, appelé Estienne de Vers, cappitaine de Cajette, fait duc de Nole et d'autres seigneuries, grand-chambelan ; et passoient tous les deniers du royaume par sa main ; et avoit iceluy plus de faix qu'il ne pouvoit et n'eut sçu porter, mais bien affectionné estoit à la garde dudit royaume. Il laissa monseigneur don Julian, Lorrain, le faisant duc, en la ville de Saint-Angelo, où il a fait merveilles de se bien gouverner. A Manfredonia laissa messire Gabriel de Montfaucon, homme que le roy estimoit fort ; et à tous donna grosses terres. Celuy-là s'y conduisit très-mal, et la bailla au bout de quatre jours, par faute de vivres, et il l'avoit trouvée bien garnie, et estoit en lieu abondant de bleds. Plusieurs vendirent tout ce qu'ils trouvèrent au chasteau ; et dit-l'on que celtuy, pour garde, laissa là Guillaume de Ville-Neufve, que ses valets vendirent à dom Fédéric, qui long-temps le tint en gallée. A Tarente laissa George de Suilly, qui s'y gouverna très-bien, et y mourut de peste, et a tenu cette cité là pour le roy jusques à ce que la famine l'ait fait tourner. En l'Aquila, demoura le baillif de Vitry, qui bien s'y conduisit ; et messire Gracien des Guerres, qui fort

---

[1] D'Aubigny était Ecossais de la maison de Stuart.

bien s'est conduit en l'Abruzze. Tout demoura mal fourny d'argent; et les assignoit-l'on sur le royaume, et tous les deniers failloient. Le roy laissa bien appointés les princes de Salerne et de Bisignan (qui l'ont bien servy tant qu'ils ont pu), et aussi les Colonnois de tout ce qu'ils sçurent demander; et leur laissa plus de trente places pour eux et les leurs. S'ils les eussent voulu tenir pour luy, comme ils devoient et qu'ils avoient juré, ils eussent fait grand service, et à eux honneur et profit; car je croy qu'ils ne furent, cent ans y a, en si grands honneurs; mais avant son partement, ils commencèrent à pratiquer; et aussi ils estoient les serviteurs à cause de Milan; car naturellement ils estoient du parti Gibelin; mais cela ne leur devoit point faire fausser leur foi, estant si grandement traictés. Encore fit le roy plus pour eux, car il amena, soubs garde d'amy, prisonniers le seigneur Virgile Ursin, et le comte de Petilliane, aussi des Ursins, leurs ennemys. Ce qu'il fit contre raison, car combien qu'ils eussent esté pris, si sçavoit bien le roy, et aussi l'entendoit, qu'il y avoit saufconduict; et le monstroit bien, car il ne les vouloit mener sinon jusques en Ast, et puis les renvoyer; et le faisoit à la requeste des Colonnois, et avant qu'il y fut, lesdits Colonnois furent tournés contre luy, et les premiers, sans alléguer nulle cause.

CHAPITRE II.

Comment le roy se partit de Naples, et repassa par Rome, d'où le pape s'enfuit à Orviette : des paroles que le roy tint à monsieur d'Argenton à son retour de Venise; des délibérations de rendre aux Florentins leurs places, et des prédications dignes de mémoire, de frère Hiéronyme de Florence.

Après que le roy eut ordonné de son affaire, comme il entendoit, se mit en chemin, avec ce qu'il avoit de gens, que j'estime neuf cens hommes-d'armes au moins, en ce compris sa maison, deux mille cinq cent Suisses, et crois bien sept mille hommes payés en tout. Et y pouvoit bien avoir mille cinq cens hommes de deffense, suivans le train de la cour, comme serviteurs. Le comte de Petilliane (qui les avoit mieux comptés que moy) disoit qu'en tout y en avoit neuf mille; et le me dit depuis nostre battaille, dont sera parlé. Le roy prit son chemin vers la ville de Rome, dont le pape paravant vouloit partir et venir à Padoue, soubs le pouvoir des Vénitiens; et y fut son logis fait. Depuis le cœur leur mua; et luy envoyèrent quelques gens, et le duc de Milan luy en envoya aussi. Et combien qu'ils y fussent à temps, si n'osa attendre le pape, nonobstant que le roy ne luy eut fait que tout honneur et service; et luy avoit envoyé ambassadeur pour le prier d'attendre. Mais il se retira à Orviette, et de là à Perouse, et laissa les cardinaux à Rome, qui recueillirent le roy, lequel n'y arresta point; et ne fut fait desplaisir à nul; et m'escrivit d'aller à luy vers Sene, où je le trouvay; et m'y fit, par sa bonté, bon recueil; et me demanda, en riant, si les Vénitiens envoyoient au-devant de luy, car toute sa compaignie estoient jeunes gens, et ne croyoient point qu'il fut autres gens qui portassent armes. Je luy dis que la Seigneurie m'avoit dit au départir, devant un de ses secrétaires, appellé Lourdin, que eux et le duc de Milan mettroient quarante mille hommes en un camp, non point pour l'assaillir, mais pour se deffendre; et me firent dire, le jour que je partis d'eux à Padoue, par un de leurs provéditeurs qui venoit contre nous, que leurs gens ne passeroient point une rivière, qui est en leur terre près de Parme (et me semble qu'elle a nom Olye), sinon qu'il assaillit le duc de Milan. Et prismes enseignes ensemble, ledit provéditeur et moy, de pouvoir envoyer l'un vers l'autre, s'il en estoit besoin, pour traicter quelque bon appointement. Et ne voulus riens rompre; car je ne sçavois ce qui pourroit survenir à mon maistre. Et estoit présent à ces paroles un appelé messire Louis Marcel, qui gouvernoit, pour cette année-là, le Mont-vieil (qui est comme un trésorier); et l'avoient envoyé pour me conduire. Aussi y estoient les gens du marquis de Mantoue, qui luy portoient argent, mais ils n'ouirent point ces paroles. De ceux-là ou d'autres je portay au roy par escript le nombre de leurs gens-de-cheval, de pié, et d'Estradiots, et qui en avoient les charges. Peu de gens d'entour du roy croyoient ce que je disois.

Estant ledit seigneur à Sienne, je le pressay de partir, dès ce qu'il y eut esté deux jours et les chevaux reposés; car ses ennemys n'estoient point encore ensemble ; et ne craignois sinon qu'il vint des Alemans, car le roy des Romains en assembloit largement, et vouloit fort tirer argent comptant pour les soldoyer. Quelque chose que je disse, le roy mit deux matières en conseil, qui furent briefves. L'une, sçavoir si on devoit rendre aux Florentins leurs places et prendre trente mille ducats qu'ils devoient encore de leur don, et septante mille qu'ils offroient prester, et servir le roy à son passage avec trois cens hommes-d'armes (soubs la charge de messire Francisque Secco, vaillant chevalier, et de qui le roy se fioit), et de deux mille hommes-de-pié. Je fus d'opinion que le roy le devoit faire, et d'autres aussi, et seulement retenir Ligorne, jusques à ce qu'il fust en Ast. Il eut bien payé ses gens, et encore luy fut demouré de l'argent pour fortraire des gens de ses ennemys, et puis les aller chercher. Toutesfois cela n'eut point de lieu ; et l'empeschoit monseigneur de Ligny (qui estoit homme jeune et cousin germain du roy); et ne sçavoit point bien pour quelle raison, sinon pour pitié des Pisans. L'autre conseil fut celuy que monseigneur de Ligny faisoit mettre en avant par un appelé Gaucher de Tinteville, et par une partie de ceux de Sienne, qui vouloient monseigneur de Ligny pour seigneur ; car la ville est de tout temps en partialité, et se gouverne plus follement que ville d'Italie. Il m'en fut demandé le premier. Je dis qu'il me sembloit que le roy devoit tirer à son chemin, et ne s'amuser à ces folles offres qui ne sçauroient durer une semaine, aussi que c'estoit ville d'Empire, et que ce seroit mettre l'Empire contre nous. Chacun fut de cet advis ; toutesfois on fit autrement ; Et le prirent ceux de Sienne pour leur cappitaine ; et luy promirent certaine somme d'argent l'an, dont il n'eust riens. Et cecy amusa le roy six ou sept jours ; et lui monstrèrent les dames. Et y laissa le roy bien trois cens hommes, et s'affoiblit de tant. Et de là tira à Pise, passant par Poggibonzi, chasteau Florentin, et ceux qu'on laissa à Sienne, furent chassés avant un mois de là.

J'ay oublié à dire que moy estant arrivé à Florence, allant au devant du roy, allay visiter un frère prescheur, appelé frère Hiéronymo, demourant en un couvent réformé, homme de saincte vie, comme on disoit, qui quinze ans avoit demouré audit lieu ; et estoit avec moi un maistre-d'hostel du roy, appelé Jean-François, sage homme. La cause de l'aller voir fut parce qu'il avoit tousjours presché en grande faveur du roy, et sa parole avoit gardé les Florentins de tourner contre nous ; car jamais prescheur n'eut tant de crédit en cité. Il avoit tousjours assuré la venue du roy (quelque chose qu'on dit ni qu'on escrivit au contraire), disant qu'il estoit envoyé de Dieu pour chastier les tyrans d'Italie, et que riens ne pouvoit résister, ni se deffendre contre luy. Avoit dit aussi qu'il viendroit à Pise, et qu'il y entreroit, et que ce jour mourroit l'estat de Florence ; et ainsi advint ; car Pierre de Médicis fut chassé ce jour. Et maintes autres choses avoit preschées, avant qu'elles advinssent, comme la mort de Laurent de Médicis ; et aussi disoit publiquement l'avoir par révélation ; et preschoit que l'estat de l'Eglise seroit réformé à l'espée. Cela n'est pas encore advenu ; mais en fut bien près ; et encore le maintient. Plusieurs le blasmoient de ce qu'il disoit que Dieu luy avoit révélé ; autres y adjoutèrent foy. De ma part je le répute bon homme. Aussi luy demanday si le roy pourroit passer, sans péril de sa personne, vu la grande assemblée que faisoient les Vénitiens ; de laquelle il sçavoit mieux parler que moy, qui en venois. Il me respondit qu'il auroit affaire en chemin ; mais que l'honneur luy en demoureroit, et n'eut-il que cent hommes dans sa compaignie ; et que Dieu, qui l'avoit conduit au venir, le conduiroit encore à son retour ; mais pour ne s'estre bien acquitté de la réformation de l'Eglise comme il devoit, et pour avoir souffert que ses gens pillassent et dérobassent ainsi le peuple, aussi bien ceux de son party et qui luy ouvroient les portes sans contrainte, comme les ennemys, que Dieu avoit donné une sentence contre luy ; et en bref, auroit un coup de fouet ; mais que je luy disse que s'il vouloit avoir pitié du peuple, et deslibérer en soy de garder ses gens de mal faire, et les punir quand ils le feroient, comme son office le requiert, que Dieu révoqueroit sa sentence, ou la diminueroit ; et qu'il ne pensast point estre excusé pour dire : « Je ne » fais nul mal. » Et me dit que luy-mesme iroit au-devant du roy, et luy diroit ; et ainsi le fit, et parla de la restitution des places des Florentins. Il me chut en pensée la mort de monseigneur le dauphin, quand il parla de cette sentence de Dieu; car je ne veisse autre chose que le roy pust prendre à cœur. Je dis encore cecy, afin que mieux on entende que tout cedit voyage fut vray mystère de Dieu.

CHAPITRE III.

Comment le roy retint en ses mains la ville de Pise, et quelques autres places des Florentins, pendant que monsieur d'Orléans, d'un autre costé, entra dedans Novarre en le duché de Milan.

Comme j'ay dit, le roy estoit entré à Pise; et alors les Pisans, hommes et femmes, prièrent à leurs hostes que pour Dieu ils tinssent la main envers le roy, qu'ils ne fussent remis soubs la tyrannie des Florentins, qui, à la vérité, les traictoient fort mal; mais ainsi sont maintes autres cités en Italie, qui sont subjettes à autres. Puis Pise et Florence avoient esté trois cens ans ennemies, avant que les Florentins la conquissent. Ces paroles en larmes faisoient pitié à nos gens. Et oublièrent les promesses et sermens que le roy avoit faits sur l'autel Sainct-Jean à Florence. Et toutes sortes de gens s'en mesloient, jusques aux archers et aux Suisses; et menaçoient ceux qu'ils pensoient vouloir que le roy tint sa promesse, comme le cardinal Sainct-Malo, lequel ailleurs j'ay appelé général de Languedoc. J'ouys un archer qui le menaça. Aussi en y eut-il qui dirent de grosses paroles au mareschal de Gié. Le président Gannay fut plus de trois jours qu'il n'osoit coucher à son logis. Et sur tous tenoit la main à cecy le comte de Ligny. Et venoient lesdits Pisans à grandes pleurs devers le roy; et faisoient pitié à chacun, qui par raison les eust pu ayder. Un jour, après disner, s'assemblèrent quarante ou cinquante gentils-hommes de sa maison, portans leur hache au col; et vindrent trouver le roy en une chambre, jouant aux tables avec monseigneur de Piennes, et un valet de chambre ou deux, et plus n'estoient. Et porta la parole un des enfans de Sallezard l'aisné, en faveur des Pisans, chargeant aucuns de ceux que je nommois naguères. Et tous disoient qu'ils le trahiroient; mais bien vertueusement les renvoya le roy; et autre chose n'en fut oncques depuis.

Bien six ou sept jours perdit le roy son temps en la ville de Pise; et puis mua la garnison; et mit en la citadelle un appelé Entragues[1], homme bien mal conditionné, serviteur du duc d'Orléans; et le luy adressa monseigneur de Ligny; et y fut laissé des gens-de-pié de Berry. Ledit seigneur d'Entragues fit tant, qu'il eut encore entre ses mains Pietre-Sancte (et croy qu'il en bailla argent) et une autre place auprès appelée Mortron. Il en eut une autre aussi, appelée Librefacto, près de la ville de Luques. Le chasteau de la ville de Serzane, qui est très-fort, fut mis par le moyen dudit comte monseigneur de Ligny, entre les mains d'un bastard de Roussi, serviteur dudit comte. Un autre appelée Serzanelle, entre les propres mains d'un de ses autres serviteurs. Et laissa le roy de France beaucoup de gens auxdites places; et si n'en aura jamais tant à faire. Et refusa l'ayde des Florentins, et l'offre dont j'ay parlé. Et demourèrent ces Florentins comme gens désespérés. Et si avois sçu, dès devant qu'il partist de Sienne, comme le duc d'Orléans avoit pris la cité de Novarre sur le duc de Milan; par quoy le roy voyoit estre certain que les Vénitiens se déclaroient, vu que de par eux luy avoit esté dit que s'il faisoit la guerre audit duc de Milan, ils luy donneroient tout ayde, à cause de la ligue nouvellement faite; et avoient leurs gens prests, et en grand nombre. Et faut entendre que quand la ligue fut conclue, que le duc de Milan cuidoit prendre Ast, et n'y pensoit trouver personne; mais mes lettres, dont j'ay parlé, avoient bien aydé à avancer des gens que le duc de Bourbon y envoya. Et les premiers qui y vindrent, furent environ quarante lances de la compaignie du mareschal de Gié, qui estoient demourés en France (et ceux-là y vindrent bien à point) et cinq cens hommes-de-pié, qu'y envoya le marquis de Saluce.

Cecy arresta les gens du duc de Milan, que menoit messire Galéas de Sainct-Severin; et se logèrent à Nové, qui est un chasteau que le duc de Milan a à deux milles d'Ast. Peu après

---

[1] Ruffec de Balzac, seigneur d'Entragues et de Dunes.

arrivèrent trois cens cinquante hommes d'armes, et des gentils-hommes du Dauphiné, et quelques deux mille Suisses, et des francs-archiers dudit Dauphiné; estoient en tout bien sept mille cinq cens hommes payés, qui mirent beaucoup à venir, et ne servirent de riens à l'intention pour laquelle ils avoient esté mandés, qui estoit pour secourir le roy; car en lieu de secourir le roy, il les fallut aller secourir. Et avoit esté escrit à monseigneur d'Orléans, et aux cappitaines, qu'ils n'entreprissent riens contre le duc de Milan, mais seulement entendissent à garder Ast, et à venir au-devant du roy, jusques sur la rivière du Thésin, pour luy ayder à passer; car il n'avoit aucune autre rivière qui l'empeschast. Et faut entendre que ledit duc d'Orléans n'estoit point passé Ast, et l'y avoit le roy laissé. Toutesfois, nonobstant ce que le roy luy avoit escrit, luy vint cette pratique si friande, que de luy bailler cette cité de Novarre (qui est à dix lieues de Milan); et y fut reçu à grande joye, tant des Guelphes que des Gibelins; et luy ayda bien à conduire ceste œuvre la marquise de Montferrat. Le chasteau tint deux jours ou trois; mais si cependant il fust allé, ou envoyé devant Milan, où il avoit pratiqué assez, il y eust esté reçu à bien plus grande joye qu'il ne fut onques en son chasteau de Blois, comme le m'ont conté des plus grands de la duché; et le pouvoit faire sans danger, les trois jours premiers, parce que les gens du duc de Milan estoient encore à Nove, près Ast, quand Novarre fut pris, qui ne vindrent de quatre jours après; mais peut-estre qu'il ne croyoit point les nouvelles qu'il en avoit.

CHAPITRE IV.

Comment le roy Charles passa plusieurs dangereux pas de montagnes entre Pise et Serzane; comment la ville de Pontreme fut bruslée par ses Alemans, et comment le duc d'Orléans se portoit à Novarre ce temps pendant.

De Sienne le roy estoit venu à Pise, comme avez vu et entendu ce qu'il y fist; et de Pise vint à Luques, où il fut bien reçu de ceux de la ville, et y séjourna deux jours; et puis vint à Pietresancte que tenoit Entragues, ne craignant en riens ses ennemys, ni ceux à qui il donnoit le crédit; et trouva de merveilleux pas de montagnes entre Luques et ledit lieu, et aisés à deffendre à gens-de-pié, mais encore n'estoient ensemble nos ennemys. Près dudit Pierresancte est le pas de la Cerve d'un costé, et le Roc-taillé d'autre costé, marais de mer bien profonds; et faut passer par une chaussée comme celle d'un estang; et estoit le pas qui fut, depuis Pise jusques à Pontreme, que je craignois le plus et dont j'avois ouy parler; car une charrette jettée en travers, et deux bonnes pièces d'artillerie, nous eussent gardés d'y passer, sans y trouver remède, avec gens en bien petit nombre. De Pietresancte alla le roy à Serzane, où fut mis en avant par le cardinal de Sainct-Pierre-ad-Vincula de faire rebeller Gennes, et d'y envoyer gens; et fust mise la matière en conseil. Et estois en la compagnie de beaucoup de gens de bien, cappitaines, où fust conclu par tous qu'on n'y entendroit point; car si le roy gaignoit la bataille, Gennes se viendroit présenter d'elle-mesme, et s'il perdoit il n'en auroit que faire. Et fut le premier coup que j'ouys parler que l'on crust qu'il y dust avoir bataille. Et fust fait rapport au roy de cette deliberation; mais nonobstant cela il y envoya monseigneur de Bresse, depuis duc de Savoye, le seigneur de Beaumont de Polignac, mon beau-frère [1], et le seigneur d'Aubijoux de la maison d'Amboise [2], avec vingt-six hommes-d'armes, et cinq cens arbalestriers, venus tous frais de France par mer. Et m'esbahis comment il est possible qu'un si jeune roy n'avoit quelques bons serviteurs qui luy ossassent avoir dit le péril en quoy il se mettoit. De moy il me sembloit qu'il ne me croyoit point du tout.

Nous avions une petite armée de mer qui venoit de Naples; et y estoit monseigneur de Miolens, gouverneur du Dauphiné, et un Estienne de Neves, de Montpellier; et estoient en tout environ huit gallées; et vindrent à Specie et à Rapalo où ils furent deffaits, à l'heure dont je parle, et au lieu propre où nos gens avoient deffait ceux du roy Alphonse, au commencement du voyage, et par ceux propres qui avoient esté des nostres à l'autre ba-

---

[1] Jean de Polignac, sieur de Beaumont et de Tendan, qui avait épousé Jeanne de Jambes, sœur aînée d'Hélène de Jambes, femme de Philippe de Commines.
[2] Hugues d'Amboise, baron d'Aubijoux, frère du fameux cardinal Georges d'Amboise.

taille (qui estoient messire Jean Loys de Flisco et messire Jean Adorne); et fust tout mené à Gennes. Il eust mieux valu que tout eust été avec nous, et encore estoit-ce peu. Monseigneur de Bresse et ce cardinal allèrent loger au fauxbourg de Gennes, cuidans que leur partialité se dust lever en la ville pour eux; mais le duc de Milan y avoit pourvu, et les Adornes qui gouvernoient, et messire Jean Loys de Flisco (qui est un sage chevalier). Et furent en grand péril d'estre deffaits comme ceux de mer, vu le petit nombre qu'ils estoient; et ne tint sinon à la part qui gouvernoit à Gennes, qui n'osoit sortir de la ville, de peur que les Fourgouses[1] ne se levassent et leur fermassent les portes. Et eurent nos gens grande peine à eux en venir vers Ast; et ne furent point à une bataille que le roy eust, où ils eussent esté bien séans. De Serzane vint le roy vers Pontreme; car il estoit forcé d'y passer, et est l'entrée des montagnes. La ville et le chasteau estoient assez bons et en fort païs. S'il y eust eu bon et grand nombre de gens, elle n'eust point esté prise; mais il sembloit bien qu'il fust vray ce que frère Hiéronyme m'avoit dit : que Dieu le conduiroit par la main jusques à ce qu'il fust en sûreté; car il sembloit que ses ennemys fussent aveuglés et abestis qu'ils ne deffendoient ce pas. Il y avoit trois ou quatre cens hommes-de-pié dedans. Le roy y envoya son avant-garde que menoit le mareschal de Gié, et avec luy estoit messire Jean-Jacques de Trévoul[2] qu'il avoit recueilly du service du roy Ferrand, quand il s'enfuit de Naples, gentil-homme de Milan bien apparenté, bon cappitaine et grand homme de bien, grand ennemy de ce duc de Milan, et chassé par luy à Naples. Et par le moyen de luy fust incontinent rendue ladite place sans tirer, et s'en allèrent les gens qui estoient dedans; mais un grand inconvénient y survint, car il advint aux Suisses comme la dernière fois que le duc de Milan y vint. Il y eut un débat entre ceux de la ville, et aucuns Alemans (comme j'ay dit) desquels fust bien tué quarante; et pour revanche, nonobstant la composition, tuèrent tous les hommes, pillèrent la ville, et y mirent le feu, et bruslèrent les vivres et toutes autres choses, et plus de dix d'entre eux-mesmes qui estoient yvres; et ne sçut ledit mareschal de Gié y mettre remède. Aussi assiégèrent le chasteau pour prendre ceux qui estoient dedans, qui estoient serviteurs de messire Jean-Jacques de Trévoul; et les y avoit mis quand les autres partirent; et falut que le roy envoyast vers eux pour les faire despartir. Ce fut un grand dommage de la destruction de cette place, tant pour la honte qu'à cause des grands vivres qui y estoient, dont nous avions jà grande faute, combien que le peuple ne fust en riens contre nous, fors à l'entour, pour le mal qu'on leur faisoit. Mais si le roy eust voulu entendre aux ouvertures que faisoit messire Jean-Jacques Trévoul, plusieurs places et gentils-hommes se fussent tournés; car il vouloit que le roy fit hausser par tout la banière du petit duc que le seigneur Ludovic tenoit entre ses mains, qui estoit fils du duc dernier mort à Pavie, et dont avez ouy parler devant, appelé Jean Galéas; mais le roy ne le voulut, pour l'amour de monseigneur d'Orléans qui prétendoit et prétend droict à ladite duché. Ainsi passa le roy outre Pontreme, et alla loger en une petite vallée, où n'y avoit point dix maisons, et n'en sçais le nom; et y demoura cinq jours (et n'en sçaurois dire la raison) à très-grande famine, et à trente milles de nostre avant-garde qui estoit devant, ayant montagnes très-hautes et très-aspres à l'entour, et où oncques homme ne passa artillerie grosse, comme sont canons et grosses couleuvrines qui lors y passèrent. Le duc Galéas y passa quatre faucons de telle grosseur, qu'ils pesoient par adventure cinq cens livres au moins, dont le peuple du païs faisoit grand cas durant ces jours que je dis.

Or, faut parler du duc d'Orléans. Quand il eut pris le chasteau de Novarre, il perdit du temps aucuns jours; et puis tira vers Vigesve[1]. Deux petites ville, qui sont auprès, envoyèrent vers luy pour le mettre dedans; mais il fut sa-

---

[1] Frégoses.
[2] Jean-Jacques Trivulce, Milanais, marquis de Vigevano, gouverneur de Milan, capitaine de cent hommes d'armes; il servit sous Charles VIII, Louis XII et François Ier. Il fut fait maréchal de France en 1500. Son neveu, Théodore Trivulcio, fut fait aussi maréchal de France.

[1] Vigevano.

gement conseillé de non les recueillir. Ceux de Pavie y envoyèrent par deux fois. Là devoit-il entendre? Il se trouva en bataille devant ladite ville de Vigesve, où estoit l'armée du duc de Milan toute; et la conduisoient les enfans de Sainct-Severin, que tant de fois ay nommés. La ville ne vaut poinct Sainct-Martin de Cande, qui n'est riens. Et y fus peu de temps après que le duc de Milan y estoit, et tous les chefs qui y estoient; et me monstrèrent les lieux où tous deux estoient en bataille, rasibus de la ville, et dedans. Et si le duc d'Orléans eust marché cent pas, ils passoient outre la rivière du Thésin, où ils avoient fait un grand pont sur bateaux, et estoient sur le bord. Et vis deffaire un boulevert de terre qu'ils avoient fait de l'autre part de la rivière, pour deffendre le passage; et vouloient abandonner ladite ville et chasteau, qui leur eust esté grande perte. C'est le lieu du monde où le duc de Milan se tient le plus et la plus belle demeure, pour chasses et voleries en toutes sortes, que je sçache en nul lieu. Il sembla paradventure à monsieur d'Orléans qu'ils estoient en lieu fort, et qu'il avoit assez fait; et se retira en un lieu, appelée Trécas[1], dont le seigneur du lieu parla peu de jours après à moy, qui avoit charge du duc de Milan. Audit Trécas envoyèrent vers ledit duc d'Orléans des principaux de Milan, pour le mettre dedans; et offrirent leurs enfans en ostages; et l'eussent fait aisément, comme j'ay sçu par des hommes de grande auctorité, qui estoient léans, qui sçavoient cecy; et le m'ont conté, disans que le duc de Milan n'eut sçu trouver assez de gens pour se laisser assiéger dedans le chasteau de Milan, et que nobles et peuple vouloient la destruction de cette maison de Sforce. Aussi m'a conté le duc d'Orléans, et ses gens, les pratiques dont j'ay parlé; mais ne s'y fioient point bien; et avoient faute d'homme qui les entendit mieux qu'eux; et puis ses cappitaines n'estoient point unis. A l'ost du duc de Milan se joignit quelque deux mille Alemans, que le roy des Romains envoyoit, et bien mille hommes à cheval, Alemans, qu'amenoit messire Fédéric Capelare, natif de la comté de Ferrette, ce qui fit croistre le cœur à messire Ga-

[1] Trecane.

léas et aux autres. Et allèrent auprès de Trécas présenter la bataille au duc d'Orléans; et ne luy fut point conseillé de combattre, combien que sa bande valut mieux que l'autre; et peut-estre que les cappitaines ne vouloient hazarder cette compaignie; craignans que s'ils la perdoient, que ce fut la perdition du roy, dont ils ne sçavoient nouvelles, car les chemins estoient gardés. Ainsi se retira toute cette compaignie dedans Novare, donnant très-mauvais ordre au faict de leurs vivres, tant à garder ceux qu'ils avoient, qu'à en mettre dedans la ville; dont assez pouvoient recevoir à l'entour sans argent, et dont depuis ils eurent grande faute; et se logèrent leurs ennemys à demie lieue d'eux.

CHAPITRE V.

Comment la grosse artillerie du roy passa les monts Appenins, à l'aide des Allemans; du danger où fut le mareschal de Gié avec son avant-garde, et comment le roy arriva à Fornoue.

J'ay laissé à parler du roy comme il fut en cette vallée deçà Pontreme, par cinq jours, en grande famine, sans nul besoin. Un tour honorable firent nos Alemans. Ceux qui avoient fait cette grande faute audit Pontreme, et avoient peur que le roy les en hayst à jamais, se vindrent d'eux-mesmes offrir à passer l'artillerie en ce merveilleux chemin de montagnes (ainsi le puis-je appeler, pour estre hautes et droites, et où il n'y a point de chemin; et ay vu toutes les principales montagnes d'Italie et d'Espagne, mais trop aisées eussent esté au prix de ces monts); et firent cette offre par condition que le roy leur pardonnast; ce qu'il fit. Il y avoit quatorze pièces de grosse et puissante artillerie; et au partir de ladite vallée commençoit-l'on à monter par un chemin fort droict; et vis des mulets y passer à très-grande peine. Ces Alemans se couploient deux à deux, de bonnes cordes, et s'y mettoient cent ou deux cens à la fois; et quand ceux-là estoient las, il s'y en mettoit d'autres. Nonobstant cela, y estoient aussi les chevaux de l'artillerie; et toutes gens qui avoient train de la maison du roy, prestoient chacun un cheval, pour cuider passer plutost. Mais si n'eussent esté les Alemans, les chevaux ne l'eussent jamais passée. Et à dire la vérité, ils ne passèrent point l'artillerie seulement, mais toute la compaignie; car autrement, si ce n'eut esté ce moyen, ame ne fust passée. Aussi furent-ils bien aydés, de ce qu'ils avoient aussi bon besoin et aussi grand vouloir de passer que les autres. Ils firent beaucoup de choses mal faites; mais le bien passoit le mal. Le plus fort n'estoit point de monter; car incontinent après on trouvoit une vallée; car le chemin est tel que la nature l'a fait, et n'y a riens adoubé. Et falloit mettre les chevaux à tirer contremont, et aussi les hommes; et estoit de plus grande peine sans comparaison, que le monter. Et à toute heure y faloit les charpentiers ou les mareschaux; car s'il tomboit quelque pièce, on avoit grande peine à la redresser. Plusieurs eussent esté d'advis de rompre toute la grosse artillerie, pour passer plustost; mais le roy pour riens ne le vouloit consentir.

Le mareschal de Gié, qui estoit à trente milles de nous, pressoit le roy de se haster; et mismes trois jours à le joindre; et si avoit les ennemys logés devant luy, en beau champ, au moins à demie lieue près, qui en eussent eu bon marché, s'ils l'eussent assailly; et après il fut logé à Fornoue (qui vaut à dire un *trou nouveau*) faisant le pied de la montagne et l'entrée de la plaine, bon village, pour garder qu'ils ne nous vinssent assaillir en la montagne. Mais nous avions meilleure gardé que luy; car Dieu mit autre pensée au cœur de nos ennemys; tellement que leur avarice fut si grande, qu'ils nous vouloient attendre au plain païs, afin que riens n'eschapast; car il leur sembloit que des montagnes en hors, on eust pu fuir vers Pise et en ces places des Florentins, mais ils erroient; car nous estions trop loin; et aussi quand on les eust attendus jusques au joindre, ils eussent bien autant chassé qu'on eust sçu fuir; et si sçavoient mieux les chemins que nous. Encore jusques icy n'est point commencée la guerre de nostre costé; mais le mareschal de Gié manda au roy, comme il avoit passé ces montagnes, et comme il envoya quarante chevaux courir devant l'ost des ennemys, pour sçavoir des nouvelles; lesquels furent bien recueillis des Estradiots. Et tuèrent un gentil-homme, appelé le Beuf, et luy coupèrent la teste, qu'ils pendirent à la bannerole d'une lance, et la portèrent à leur provéditeur pour en avoir un ducat. Estradiots sont gens comme Genetaires, vestus à pié et à cheval comme les Turcs; sauf la teste où ils ne portent cette toile, qu'ils appelent Tolliban[1]; et sont dures gens, et couchent dehors tout l'an, et leurs chevaux. Ils estoient tous Grecs, venus des places que les Vénitiens y ont, les uns de Naples de Romanie en la Morée, autres d'Albanie, devers Duras; et sont leurs chevaux bons, et tous de Turquie. Les Vénitiens s'en servent fort, et s'y fient. Je les avois tous vu descendre à Venise, et faire leurs monstres en une isle, où est l'abbaye de Sainct-Nicolas; et estoient bien quinze cens; et sont vaillans hommes, et qui fort travaillent un ost, quand ils s'y mettent. Les Estradiots chassèrent, comme j'ay dit, jusques au logis dudit mareschal, où estoient logés les Alemans; et en tuèrent trois ou quatre, et emportèrent les testes; et telle estoit leur coustume; car ayans Vénitiens guerre contre le Turc, père de cettuy-cy, appelé Mahumet Othoman, il ne vouloit point que ses gens prissent nuls prisonniers, et leur donnoit un ducat pour teste; et les Vénitiens faisoient le semblable. Et crois bien qu'ils vouloient espouvanter la compaignie, comme ils firent; mais lesdits Estradiots se trouvèrent bien espouvantés aussi de l'artillerie; car un faulcon tira un coup qui tua un de leurs chevaux, qui incontinent les fit retirer; car ils ne l'avoient point accoustumé. Et en se retirant prirent un cappitaine de nos Alemans, qui estoit monté à cheval pour voir s'ils se retiroient; et eut un coup de lance au travers du corps, car il estoit desarmé. Il estoit sage, et fut mené devant le marquis de Mantoue, qui est cappitaine général des Vénitiens; et y estoit son oncle le seigneur Rodolphe de Mantoue, et le comte de Cajazze, qui estoit chef pour le duc de Milan, et connoissoit bien ledit cappitaine. Et faut entendre que tout leur ost estoit aux champs, au moins tous ce qui estoit ensemble; car tout n'estoit point encore venu. Et y avoit huit jours qu'ils estoient là faisans leur assemblée. Et eust eu le roy beau se retirer en

---

[1] Turban

France, sans péril, si ce n'eussent esté ses longs séjours sans propos, dont vous avez ouy parler, mais Nostre-Seigneur en avoit autrement ordonné.

Ledit mareschal craignant d'estre assailly, monta la montagne; et pouvoit avoir environ huit vingts hommes-d'armes, comme il me dit lors, et huit cens Alemans, et non plus; et de nous ne pouvoit-il estre secouru; car nous n'y arrivasmes d'un jour et demi après, à cause de cette artillerie; et logea le roy aux maisons de deux petits marquis en chemin. Estant l'avant-garde montée la montagne, pour attendre ceux qu'ils voyoient aux champs, qui estoient assez loin, n'estoient point sans souci. Toutesfois Dieu (qui tousjours vouloit sauver la compaignie) osta le sens aux ennemys; et fut interrogé nostre Aleman par le comte de Cajazze, qui c'estoit qui menoit ladite armée, et présente avant-garde. Il lui demanda encore le nombre de nos gens-d'armes; car il connoissoit tout, mieux que nous-mesmes; car il avoit esté des nostres toute la saison.

L'Aleman fit la compaignie forte, et dit trois cens hommes-d'armes et quinze cens Suisses; et ledit comte luy respondit qu'il mentoit, et qu'en toute l'armée n'y avoit que trois mille Suisses; parquoy n'en eussent point envoyé la moitié là; et fut envoyé prisonnier au pavillon du marquis de Mantoue. Et parlèrent entre eux d'assaillir ledit mareschal. Et crut ledit marquis le nombre qu'avoit dit l'Aleman, disant qu'ils n'avoient point de gens-de-pié si bons comme nos Alemans, et aussi que tous leurs gens n'estoient point arrivés, et qu'on leur faisoit grand tort de combattre sans eux; et s'il y avoit quelque rebut, la Seigneurie s'en pourroit courroucer; et qu'il les valoit mieux attendre à la plaine; et que par ailleurs ne pouvoient-ils passer que devant eux. Et estoient les deux proviseurs de son advis, contre l'opinion desquels ils n'eussent osé combattre. Autres disoient qu'en rompant cet avant-garde, le roy estoit pris. Toutesfois aisément tout s'accorda d'attendre la compaignie en la plaine; et leur sembloit bien que riens n'en pouvoit eschapper. Et ai sçu ceci par ceux-mesmes que j'ay nommés; et en avons devisé ensemble, ledit mareschal de Gié et moy avec eux depuis, nous trouvans ensemble. Et aussi se retirèrent en leur ost, estans assurés que le lendemain, ou environ, le roy seroit passé la montagne, et logé en ce village, appelé Fornoue. Et cependant arriva tout le reste de leurs gens; et si ne pouvions passer que devant eux; tant estoit le lieu contraint.

Au descendre de la montagne, on vit le plain païs de Lombardie, qui est des beaux et bons du monde, et des plus abondans. Et combien qu'il se die plain, si est-il mal-aisé à chevaucher; car il est tout fossoyé, comme est Flandres, ou encore plus; mais il est bien meilleur et plus fertile, tant en bons fromens, qu'en bons vins et fruits; et ne séjournent jamais leurs terres. Et nous faisoit grand bien à le voir, pour la grande faim et peine qu'on avoit enduré en chemin, depuis le partement de Luques. Mais l'artillerie donna un merveilleux travail à descendre, tant y estoit le chemin droict et mal-aisé. Il y avoit au champ des ennemys grand nombre de tentes et pavillons; et sembloit bien estre grand; aussi estoit-il. Et tindrent Vénitiens ce qu'ils avoient mandé au roy par moy, où ils disoient qu'eux et le duc de Milan mettroient quarante mille hommes en un champ: car s'ils n'y estoient, il ne s'en faloit guères; et estoient bien trente-cinq mille, prenans paye; mais de cinq, les quatre estoient de Sainct-Marc. Et y avoit bien deux mille six cens hommes-d'armes bardés, ayans chacun un arbalestrier à cheval, ou autre homme en habillement avec eux, faisant le nombre de quatre chevaux pour hommes-d'armes. Ils avoient, tant en Estradiots qu'en autres chevaux légers, cinq mille; le reste en gens de pié; et logés en lieu fort bien préparé, et bien garny d'artillerie.

Le roy descendit environ midy de la montagne; et se logea audit village de Fornoue; et fut le cinquiesme jour de juillet, l'an mil quatre cens quatre vingt et quinze, par un dimanche. Audit logis y avoit grande quantité de farines et de vins, et de vivres pour chevaux. Le peuple nous faisoit partout bonne chère (aussi nul homme de bien ne leur faisoit mal) et apportoit des vivres, comme pain, petit et bien noir; et le vendoient cher; et au vin mettoient les trois parts d'eau. Ils apportoient aussi quelque peu de fruits, et firent plaisir à l'armée. J'en fis achepter, et fis l'essai devant moy; car on avoit grand soupçon qu'ils eussent laissé là les vivres, pour empoisonner l'ost; et n'y toucha l'on point de prime-face. Et se tuèrent deux Suisses, à force de boire, ou prindrent froid, et moururent en une cave, qui mit les gens en plus grand soupçon; mais avant qu'il fust minuict, les chevaux commencèrent les premiers, et puis les gens, et se tint-l'on bien aise. Et en ce cas faut parler à l'honneur des Italiens; car nous n'avons point trouvé qu'ils ayent usé de nulles poisons; et s'ils l'eussent voulu faire, à grande peine s'en fust-l'on sçu garder en ce voyage. Nous arrivasmes comme avez ouy, un dimanche midy; et maint homme de bien ne mangea qu'un morceau de pain au lieu où le roy descendit et but; et croy que guères autres vivres n'y avoit pour celle heure, vu qu'on n'osoit encore manger de ceux de ce lieu.

Incontinent après disner vindrent courir aucuns Estradiots jusques dedans l'ost; et firent une grande allarme; et nos gens ne les connoissoient point encore. Et toute l'armée saillit aux champs, en merveilleusement bon ordre, et en trois batailles, avant-garde, bataille, et arrière-garde. Et n'y avoit point en ject de boule d'une bataille à autre; et bien aisément se fussent secourus l'une l'autre. Ce ne fut riens, et on se retira au logis. Nous avions des tentes et des pavillons en petit nombre; et s'étendoit nostre logis en approchant du leur, parquoy ne falloit que vingt Estradiots pour nous faire une allarme. Et aussi ne bougeoient-ils du bout de nostre logis; car il y avoit un bois par lequel ils venoient à couvert. Et estions en une vallée entre deux petits costeaux, et en ladite vallée couroit une rivière que l'on passoit bien à pié, sinon quand elle croissoit en ce païs-là, qui est aisément et tost; et aussi elle ne dure guère, et l'appelle-t-on Taron[1]. Toute ladite vallée estoit gravier et pierres grosses, et mal-aisée pour chevaux. Et estoit ladite vallée d'environ un quart de lieue de large; et en un des costeaux, qui estoit celuy de la main droite, estoient logés nos ennemys. Et estions contraincts de passer vis-à-vis d'eux (la rivière entre deux); et pouvoit avoir demie lieue jusques à leur ost. Et y avoit bien un autre chemin, à monter le costeau à gauche (car nous estions logés de leur costé), mais il eust semblé qu'on se fust reculé. Environ deux jours devant, on m'avoit parlé que j'allasse parler à eux (car la crainte commençoit à venir aux plus sages), et qu'avec moy je menasse quelqu'un, pour bien nombrer et connoistre de leur affaire. Cela n'entreprenois-je point volontiers (et aussi que sans sauf-conduict je n'y pouvois aller); mais je respondis avoir pris bonne intelligence avec les proviseurs à mon partement de Venise, et au soir que j'arrivay à Padoue; et que je croyois qu'ils parleroient bien à moy, à my-chemin des deux osts; et aussi, si je m'offrois d'aller vers eux, je leur donnerois trop de cœur, et qu'on l'avoit dit trop tard. Ce dimanche dont je parle, j'escrivis aux proviseurs (l'un s'appeloit messire Luques Pisan, l'autre messire Melchior Trevisan), et leur priois que à sûreté l'on vint parler à moy, et ainsi m'avoit-il esté offert au partir de Padoue, comme a esté dit devant. Ils me firent response qu'ils l'eussent fait volontiers, si ce n'eust esté la guerre encommencée contre le duc de Milan; mais que nonobstant, l'un des deux, selon qu'ils adviseroient, se trouveroit en quelque lieu en my-chemin. Et eus cette response le dimanche au soir. Nul ne l'estima de ceux qui avoient le crédit. Je craignois à trop entreprendre, et qu'on le tint à couardise, si j'en pressois trop; et laissay ainsy la chose pour le soir; combien que j'eusse volontiers aydé à tirer le roy et sa compagnie de là, si j'eusse pu, sans péril.

Environ minuict me dit le cardinal de Sainct-Malo (qui venoit de parler au roy; et mon pavillon estoit près du sien) que le roy partiroit au matin, et iroit passer au long d'eux, et feroit donner quelque coup de canon en leur ost, pour faire algarade, et puis passer outre sans y arrester. Et crois bien que ce avoit esté l'advis du cardinal propre, comme d'homme qui sçavoit peu parler de tel cas, et qui ne s'y connoissoit. Et aussi il appartenoit bien que le roy eut assemblé de plus sages hommes et cappitaines pour se conseiller d'une telle affaire; mais je vis faire assemblée plusieurs fois en ce voyage; dont on fit le contraire des conclusions qui y furent prises. Je dis au car-

---

[1] Guicciardini l'appelle le Taro, fleuve ou plutôt torrent.

dinal, que si on s'approchoit si près que de tirer en leur ost, il n'estoit possible qu'il ne saillit des gens à l'escarmouche ; et que jamais ne se pourroient retirer d'un costé ni d'autre, sans venir à la bataille ; et aussi que ce seroit au contraire de ce que j'avois commencé. Et me desplut bien qu'il falloit prendre ce train ; mais mes affaires avoient esté telles, au commencement du règne de ce roy, que je n'osois fort m'entremettre, afin de ne me faire point ennemy de ceux à qui il donnoit auctorité, qui estoit si grande, quand il s'y mettoit, que beaucoup trop.

Cette nuict eusmes encore deux grandes allarmes, le tout pour n'avoir mis ordre contre les Estradiots, comme on devoit, et comme l'on a accoustumé de faire contre chevaux légers ; car vingt hommes-d'armes des nostres, avec leurs archiers, en arresteroient tousjours deux cens ; mais la chose estoit encore fort nouvelle. Et si fit aussi cette nuict merveilleuse pluie, et esclairs et tonnerres si grands qu'on ne sçauroit dire plus ; et sembloit que le ciel et la terre fondissent, ou que cela signifiast quelque grand inconvénient advenir. Aussi nous estions au pied de ces grandes montagnes, et en païs chaud, et en esté ; et combien que ce fut chose naturelle, si estoit-ce chose espouvantable que d'estre en ce péril, et voir tant de gens au-devant, et n'y avoit nul remède de passer que par combattre, et voir si petite compaignie ; car, que bons que mauvais hommes pour combattre, n'y avoit point plus de neuf mille hommes, dont je compte deux mille pour la sequelle et serviteurs des gens de bien de l'ost. Je ne compte point pages ni valets de sommiers, ni telles gens.

CHAPITRE VI.

De la journée de Fornoue ; de la fuite des ennemis de France ; et comment le comte de Petilliane, qui durant ce jour rompit la prison du roy, fit tant qu'il les rallia.

Le lundy matin, environ sept heures, sixieme jour de juillet, l'an mille quatre cens quatre vingt et quinze, monta le noble roy à cheval, et me fit appeler par plusieurs fois. Je vins à luy, et le trouvay armé de toutes pièces, et monté sur le plus beau cheval que j'aye vu de mon temps, appelé Savoye. Plusieurs disoient qu'il estoit cheval de Bresse. Le duc Charles de Savoye le luy avoit donné. Et estoit noir, et n'avoit qu'un œil, et estoit moyen cheval, de bonne grandeur pour celuy qui estoit monté dessus. Et sembloit que ce jeune homme fut tout autre que sa nature ne portoit, ni sa taille, ni sa complexion ; car il estoit fort craintif à parler, et est encore aujourd'hui. Aussi avoit-il esté nourry en grande crainte, et avec petites personnes ; et ce cheval le monstroit grand ; et avoit le visage bon et bonne couleur, et la parole audacieuse et sage. Et sembloit bien (et m'en souvient) que frère Hièronyme [1] m'avoit dit vray, quand il me dit que Dieu le conduisoit par la main et qu'il auroit bien affaire au chemin, mais que l'honneur luy en demoureroit. Et me dit le roy, si ces gens vouloient parlementer, que je parlasse. Et parce que le cardinal estoit présent, le nomma, et le mareschal de Gié, qui estoit mal paisible ; et estoit à cause d'un différend qui avoit esté entre le comte de Narbonne et de Guisé, qui quelquefois avoit mené des bandes ; et chacun disoit qu'à luy appartenoit de mener l'avant-garde. Je luy dis : « Sire, »je le feray volontiers, mais je ne vis jamais »deux si grosses compaignies, si près l'une de »l'autre, qui se départissent sans combatre. »

Toute l'armée saillit en cette grève, et en bataille, et près l'un de l'autre, comme le jour de devant ; mais à voir la puissance me sembloit trop petite auprès de celle que j'avois vu à Charles de Bourgongne, et au roy son père. Et sur ladite grève nous tirasmes à part ledit cardinal et moy, et nommasmes une lettre aux deux proviseurs dessusdits, qu'escrivit monseigneur Robertet, un secrétaire que le roy y avoit, de qui il se fioit, disant le cardinal : qu'à son office et estat appartenoit de procurer paix, et à moy aussi, comme celuy quy de nouveau venois de Venise, ambassadeur, que je pouvois encore estre médiateur, leur signifiant le roy ne vouloir que passer son chemin, et qu'il ne vouloit faire dommage à nul ; et parce, s'ils vouloient venir à parlementer, comme il avoit esté entrepris le jour de devant ; que nous estions contens, et nous employerions en tout bien. Já estoient escarmouches de tous costés ; et comme nous tirions pas à pas nostre chemin, à passer devant eux la rivière, entre deux

---

[1] Girolamo Savonarola.

(comme j'ay dit) y pouvoit avoir un quart de lieue de nous à eux, qui tous estoient en ordre en leur ost, car c'est leur coustume qu'ils font tousjours leur champ si grand que tous y peuvent estre en bataille et en ordre.

Ils envoyèrent une partie de leurs Estradiots et arbalestriers à cheval, et aucuns hommes-d'armes, qui vindrent du long du chemin, assez couverts, entrer au village, dont nous partions, et là passer cette petite rivière pour venir assaillir nostre charroy, qui estoit assez grand. Et crois qu'il passoit six mille sommiers, que mulets, que chevaux et asnes. Et avoient ordonné leur bataille si très bien que mieux on ne sçauroit dire, et plusieurs jours devant, et en façon qu'ils se fioient à leur grand nombre. Ils assailloient le roy et son armée tout à l'environ, et en manière qu'un seul homme n'en eut sçu eschapper, si nous eussions esté rompus, vu le païs où nous estions; car ceux que j'ay nommés vindrent sur nostre bagage, et à costé gauche vint le marquis de Mantoue, et son oncle le seigneur Rodolphe, le comte Barnardin de Val-Monton, et toute la fleur de leur ost, en nombre de six cens hommes-d'armes, comme ils me contèrent depuis. Et se vindrent jeter en la grève, droict à nostre queue, tous les hommes-d'armes, bardés, bien empanachés, belles bourdonnasses, très-bien accompagnés d'arbalestriers à cheval et d'Estradiots, et de gens-de-pié. Vis-à-vis du mareschal de Gié et de nostre avant-garde, se vint mettre le comte de Cajazze, avec environ quatre cens hommes-d'armes, accompagnés comme dessus, et grand nombre de gens-de-pié. Avec luy estoit une autre compaignie de quelques deux cens hommes-d'armes, que conduisoit le fils de messire Jean de Bentivoille de Boulongne, homme jeune, qui n'avoit jamais rien vu (et avoient aussi bon besoin de chefs que nous); et cestui-là devoit donner sur l'avant-garde après ledit comte de Cajazze. Et semblablement y avoit pareille compaignie après le marquis de Mantoue (et pour semblable occasion) que menoit un appelé messire Antoine d'Urbin, bastard du feu duc d'Urbin; et en leur ost demourèrent deux grosses compaignies. Cecy j'ay sçu par eux-mesmes, car, dès le lendemain, ils m'en parlèrent, et le vis à l'œil. Et ne voulurent point les Vénitiens estrader tout à un coup, ni dégarnir leur ost; toutesfois il leur eust mieux valu mettre tout aux champs, puis qu'ils commençoient.

Je laisse un peu ce propos pour dire que devint nostre lettre qu'avions envoyée, le cardinal et moy, par un trompette. Elle fut reçue par les provéditeurs; et comme ils l'eurent lue, commença à tirer le premier coup de nostre artillerie, qui encore n'avoit tiré, et incontinent tira la leur qui n'estoit si bonne. Lesdits provéditeurs renvoyèrent incontinent nostre trompette, et le marquis une des siennes; et mandèrent qu'ils estoient contens de parlementer, mais qu'on fît cesser l'artillerie, et aussi qu'ils feroient cesser la leur. J'estois pour lors loin du roy, qui alloit et venoit. Et renvoya les deux trompettes dire qu'il feroit tout cesser; et manda au maistre de l'artillerie ne tirer plus; et tout cessa des deux costés un peu; et puis soudainement eux tirèrent un coup, et la nostre recommença plus que devant, en approchant trois pièces d'artillerie. Et quand nos deux trompettes leur arrivèrent, ils prirent la nostre et l'envoyèrent en la tente du marquis, et deslibérèrent de combattre. Et dit le comte de Cajazze (ce me dirent les présens) qu'il n'estoit point temps de parler, et que jà estions demy vaincus; et l'un des proviseurs s'y accorda (qui le m'a conté) et l'autre non; et le marquis s'y accorda; et son oncle, qui estoit bon et sage, y contredit de toute sa puissance (lequel nous aimoit) et à regret estoit contre nous) et à la fin tout s'accorda.

Or, faut entendre que le roy avoit mis tout son effort en son avant-garde, où pouvoit avoir trois cens cinquante hommes-d'armes, et trois mille Suisses (qui estoit l'espérance de l'ost); et fit le roy mettre à pié avec eux trois cens archiers de sa garde (qui luy fut grande perte) et aucuns arbalestriers à cheval, des deux cens qu'il avoit de sa garde. D'autres gens-de-pié y avoit peu; mais ce qui y estoit y fut mis. Et y estoit à pié, avec les Alemans, Engilbert, monseigneur de Clèves, frère du duc de Clèves, Lornay[1] et le baillif de Dijon[2], chef des Alemans, et devant eux l'artillerie.

[1] Il était grand-écuyer de la reine.
[2] Antoine de Besséy.

Icy faisoient bien besoin ceux qu'on avoit laissés aux terres des Florentins, et envoyés à Gennes contre l'opinion de tous. Cette avant-garde avoit jà marché aussi avant que leur ost; et cuidoit-on qu'ils dussent commencer; et nos deux autres batailles n'estoient point si près, ni si bien pour s'ayder, comme ils estoient le jour devant. Et parce que le marquis s'estoit jà jeté sur la grève, et passé la rivière de nostre costé, et justement estoit à nostre dos, quelque quart de lieue derrière l'arrière-garde, et qu'ils venoient le petit pas, bien serrés, tant qu'à merveilles il les faisoit beau voir, le roy fut contraint de tourner le dos à son avant-garde, et le visage vers ses ennemys, et s'approcher de son arrière-garde. J'estois avec ledit cardinal, attendant response, et luy dis que je voyois bien qu'il n'estoit plus temps de s'y amuser. Et m'en allay là où estoit le roy; et partis d'auprès des Suisses; et perdis en allant un page, qui estoit mon cousin germain, et un valet-de-chambre, et un laquais, qui me suivoient d'un petit loin, et ne les vis point tuer.

Je n'eus point fait cent pas, que le bruit commença de là où je venois, au moins un peu derrière : c'estoient les Estradiots qui estoient parmy le bagage et au logis du roy, où y avoit trois ou quatre maisons. Et y tuèrent ou blessèrent quatre ou cinq hommes; le reste eschappa. Ils tuèrent bien cent valets-de-sommiers, et mirent le chariage en grand désordre. Comme j'arrivois là où estoit le roy, je le trouvay où il faisoit des chevaliers [1]; et les ennemys estoient jà fort près de luy, et le fit-on cesser. Et ouys le bastard de Bourbon Mathieu (à qui le roy donna du crédit) et un appelé Philippe du Moulin, simple gentilhomme, mais homme de bien, qui appelèrent le roy, disant : « Passez, sire, passez. » Et le firent venir devant sa bataille, et devant son enseigne. Et ne voyois nuls hommes plus près des ennemys que luy, excepté ce bastard de Bourbon ; et n'y avoit point un quart-d'heure que j'estois arrivé. Et estoient les ennemys à cent pas du roy, qui estoit aussi mal gardé et conduit que fut jamais prince ni grand seigneur ; mais au fort, il est bien gardé que Dieu garde.

[1] L'usage était de faire des chevaliers peu avant le commencement d'une bataille.

Et estoit bien vraye la prophétie du vénérable frère Hiéronyme, qui disoit que Dieu le conduisoit par la main. Son arrière-garde estoit à la main dextre, de luy un peu reculée ; et la plus prochaine compaignie de luy, de ce costé, estoit Robinet de Frainezelles, qui menoit les gens du duc d'Orléans, environ quatre-vingt lances, et le sire de la Trimouille, qui en avoit environ quarante lances. Et les cent archiers escossois y estoient aussi, qui se mirent en la presse comme hommes-d'armes. Je me trouvay du costé gauche, où estoient les gentilshommes des Vingt-Escus, et les autres de la maison du roy, et les pensionnaires. Je laisse à nommer les cappitaines, pour briefveté, mais le comte de Foix estoit chef de cette arrière-garde.

Comme j'ay dit, un quart-d'heure après que je fus arrivé, le roy estant ainsi près d'eux, les ennemys jetèrent les lances en l'arrest, et se mirent un peu aux galops et en deux compaignies. Et donnèrent à nos deux compaignies la dextre, de la main d'eux, et aux archiers escossois ; et choquèrent presque aussi tost l'un contre l'autre, et le roy comme eux. Le costé gauche, là où j'estois, leur donna sur le costé, qui fut avantage grand ; et n'est possible au monde de plus hardiment donner que l'on donna des deux costés. Leurs Estradiots, qui estoient à leur queue, virent fuir mulets et coffres vers nostre avant-garde, et que leurs compaignons gaignoient tout. Ils allèrent celle part, sans suivre leurs hommes-d'armes, qui ne se trouvèrent point accompaignés; mais sans doute, si mille cinq cens chevaux-légers se fussent meslés parmy nous, avec leurs cimeterres au poing (qui sont terribles espées) vu le petit nombre que nous estions, nous estions desconfits sans remède. Dieu nous donna cette ayde. Et tout aussi-tost comme les coups de lances furent passés, les Italiens se mirent tous à la fuite, et leurs gens-de-pié se jetèrent au costé, ou la pluspart. A cette propre instance qu'ils donnèrent sur nous, donna le comte de Cajazze sur l'avant-garde ; mais ils ne joignirent point si près ; car, quand vint l'heure de coucher les lances, ils eurent peur, et se rompirent d'eux-mesmes. Quinze ou vingt en prirent là les Alemans, par les bandes, qu'ils tuèrent. Le reste fut mal chassé, car le mareschal de Gié mettoit grande peine à sa compaignie ensemble; car il voyoit encore tenir grande compaignie assez près de luy. toutesfois quelques-uns en chassèrent; et partie de ces fuyans venoient le chemin où nous avions combatu, le long de la grève, les espées au poing, car les lances estoient jetées.

Or vous faut sçavoir, que ceux qui assaillirent le roy, se mirent incontinent à la fuite, et furent merveilleusement et vivement chassés, car tout alla après: les uns prirent le chemin du village, dont estions partis les autres prenoient le plus court en leur ost; et tout chassa, expté le roy, qui demoura avec peu de gens, et se mit en grand péril, pour ne venir quand et nous. L'un des premiers hommes qui fut tué, ce fut le seigneur Rodolphe de Mantoue, oncle dudit marquis, qui devoit mander à ce messire Antoine d'Urbin quand il seroit temps qu'il marchast; et cuidoient que la chose dust durer comme sont leurs faicts d'armes d'Italie; et de cela s'est excusé ledit messire Antoine; mais je croy qu'il ne vit nuls signes pour le faire venir. Nous avions grande sequelle de valets et de serviteurs, qui tous estoient à l'environ de ces hommes-d'armes italiens, et en tuèrent la pluspart. Presque tous avoient des haches à couper bois, en la main, dequoi ils faisoient nos logis, dont ils rompirent les visières des armets; et leur en donnoient de grands coups sur les testes; car bien mal-aisés estoient à tuer, tant estoient fort armés. Et ne vis tuer nul où il n'y eust trois ou quatre hommes à l'environ; et aussi, les longues espées qu'avoient nos archiers et serviteurs firent un grand exploict. Le roi demoura un peu au lieu où l'on l'avoit assailly, disant ne vouloir point chasser, ni aussi tirer à l'avant-garde, qui sembloit estre reculée. Il avoit ordonné sept ou huit gentilshommes, jeunes, pour estre prests près de luy. Il estoit bien eschappé au premier choc, vu qu'il estoit des premiers; car ce bastard de Bourbon fut pris à moins de vingt pas de luy, et emmené en l'ost des ennemis.

Or se trouva le roy en ce lieu que je dis, en si petite compaignie qu'il n'avoit, de toutes gens, qu'un valet-de-chambre, appelé Antoine des Ambus, petit homme et mal armé; et estoient les autres un peu espars (comme me conta le roy, dès le soir, devant eux-mesmes, qui doivent avoir grande honte de l'avoir ainsi laissé). Toutesfois ils arrivèrent encore à heure, car une bande petite, de quelques hommes-d'armes des rompus, qui venoient au long de la grève qu'ils voyoient toute nette de gens, vindrent assaillir le roy et ce valet-de-chambre. Ledit seigneur avoit le meilleur cheval pour luy du monde; et se remuoit, et se deffendoit; et arriva sur l'heure quelque nombre de ses autres gens, qui n'estoient guères loin de luy; et lors se mirent les Italiens à fuïr; et lors le roy crut conseil et tira à l'avant-garde, qui jamais n'estoit bougée; et au roy vint bien à poinct. Mais si elle eust marché cent pas, tout l'ost des ennemys se fut mis en fuite. Les uns disent qu'elle le devoit faire, les autres disent que non.

Nostre bande, qui chassa, alla jusques bien près du bout de leur ost, tirant jusques vers Fornoue. Et ne vis oncques recevoir coup à homme des nostres, qu'à Julien Bourgneuf, que je vis cheoir mort d'un coup que luy donna un Italien, en passant (aussi il estoit mal armé). Et là on s'arresta en disant: « Allons au roy. » Et à cette voix s'arresta tout, pour donner haleine aux chevaux, qui estoient bien las; car ils avoient longuement couru, et par mauvais chemin, et par pays de cailloux. Auprès de nous passa une compaignie de fuyans de quelque trente homme-d'armes, à qui on ne demanda riens, et estions en doute. Si tost que leurs chevaux eurent un peu pris leur haleine, nous nous mismes au chemin pour aller au roy, ne sçachans où il estoit; et allasmes le grand trot. Et n'eusmes guères allé, que le vismes de loin; et fismes descendre les valets et amasser des lances par le champ, dont il y avoit assez, par espécial de bourdonnasses [2], qui ne valoient guères et estoient creuses et légères, ne pesans point une javeline, mais bien peintes. Et fusmes mieux fournis de lances que le matin, et tirasmes droict au roy. En chemin trouvasmes un nombre de gens-de-pié des leurs, qui traversoient le champ; et estoient de ceux qui s'estoient cachés aux costeaux et qui avoient mené le marquis sur le roy. Plusieurs en furent tués, autres es-

---

[2] On les appellait ainsi parce qu'elles avaient la forme d'un bourdon.

chappèrent et traversèrent la rivière, et ne s'y amusa l'on point fort. Plusieurs fois avoit esté escrié par aucuns des nostres en combatant : « Souvenez-vous de Guynegate! » C'estoit pour une bataille perdue, du temps du roy Louis onzième, en la Picardie, contre le roy des Romains, pour soy estre mis à piller le bagage ; mais il n'y eut riens pris ni pillé. Leurs Estradiots prirent des sommiers ce qu'ils voulurent ; mais ils n'en emmenèrent que cinquante-cinq, tous les meilleurs et mieux couverts, comme ceux du roy et de tous ses chambelans ; et un valet-de-chambre du roy, appelé Gabriel, qui avoit ses reliques sur luy, qui long-temps avoient estés aux roys, conduisoit lesdites pièces, parce que ledit roy y estoit. Grand nombre d'autres coffres y furent perdus et jetés, et dérobés par les nostres mesmes ; mais les ennemys n'eurent que ce que je dis. En nostre ost eut grande sequelle de pillards et pillardes à pié, qui faisoient le dommage des morts. Tant d'un costé que d'autre, je croy en dire près de la vérité, après estre bien informé des deux costés, c'est que nous perdismes Julien Bourgneuf, le cappitaine de la porte du roy, un gentilhomme-des-vingt-escus, des archiers escossois neuf morts, d'autres hommes à cheval de cette avant-garde, environ vingt et à l'entour des sommiers soixante ou quatre-vingts valets-de-sommiers. Et eux perdirent trois cens cinquante hommes-d'armes, morts en la place. Et jamais nul ne fut pris prisonnier, ce que par adventure jamais n'advint en bataille. D'Estradiots mourut peu, car ils se mirent au pillage. En tout y mourut trois mille cinq cens hommes, comme plusieurs des plus grands de leur costé m'ont conté (autres m'ont dit plus); mais il y mourut des gens de bien ; et j'en vis en un roolle, jusques à dix-huit, bons personnages, entre lesquels il y en avoit quatre ou cinq du nom de Gonzague, qui est le nom du marquis, qui y perdit soixante gentils-hommes de ses terres ; et à tout cecy ne s'y trouva un homme à pié. C'est grande chose avoir esté tué tant de gens de coup de main ; car je ne crois point que l'artillerie des deux costés tuast dix hommes. Et ne dura point le combat un quart-d'heure ; car dès qu'ils eurent rompu ou jeté les lances, tout fuit. La chasse dura environ trois quarts-d'heure. Leurs batailles d'Italie n'ont point accoustumé d'estres telles ; car ils combattent esquadre après esquadre, et dure quelquefois tout le jour, sans que l'un ni l'autre gaigne [1].

La fuite de leur costé fut grande. Et fuirent bien trois cens hommes-d'armes, et la pluspart de leurs Estradiots. Les uns fuirent [à Rege (qui est bien loin de là), les autres à Parme, où y pouvoit bien avoir huit lieues; et à l'heure que la bataille fut ainsi meslée le matin, fuit d'avec nous le comte de Petilliane et le seigneur Virgile Ursin ; mais cettui-cy n'alla qu'en une maison d'un gentil-homme, et estoit là sur la foi ; mais vray est qu'on leur faisoit grand tort. Ledit comte alla droict aux ennemys. Il estoit homme bien connu des gens-d'armes ; car tousjours avoit eu charge, tant de Florentins que du roy Ferrand ; et se prit à crier : « Petilliane! Petilliane! » Et alla après ceux qui fuirent, plus de trois lieues, criant que tout estoit leur, et qu'ils vinssent au gain. Et en ramena la pluspart et les assura. Et si n'eust-il esté, tout s'en fut fuy ; car ce ne leur estoit petit reconfort d'un tel homme, party d'avec nous. Et mit en avant, le soir, de nous assaillir, mais ils n'y voulurent entendre. Depuis le m'a conté ; aussi le me conta le marquis de Mantoue, disant que ce fut luy qui mit ce parti en avant. Mais à dire la vérité, si ce n'eust esté ledit comte, ils fussent tous fuis la nuict.

Comme tout fust assemblé auprès du roy, on voyoit encore hors de leur ost grand nombre d'hommes-d'armes en bataille ; et s'en voyoit les testes seulement et les lances ; et aussi des gens-de-pié, et y avoient tousjours esté. Mais il y avoit beaucoup plus de chemin qu'il ne sembloit. Et eust fallu passer la rivière qui estoit crue et croissoit d'heure en heure ; car tout le jour avoit tonné, esclairé et plu merveilleusement, et par espécial en combattant et chassant. Le roy mit en conseil s'il devoit chasser contre ceux-là ou non. Avec luy avoit trois chevaliers italiens : l'un est messire Jean-Jacques de Trévoul [2] (qui encore vit, et se gouverna bien ce jour); l'au-

---

[1] Voyez l'histoire de la ligne de Cambrai par l'abbé Dubos et Guicciardini, livre II.
[2] Trivulcio.

tre avoit nom messire Francisque Secco, très-vaillant chevalier, soudoyé des Florentins, homme de soixante et douze ans; l'autre, messire Camille Vitelly. Luy et trois de ses frères estoient à la soulde du roy, et vindrent de Civita-de-Castello jusques vers Serzane pour estre à cette bataille, sans estre mandés, où il y a un grand chemin; et quand il vit qu'il ne pouvoit atteindre le roy avec sa compaignie, ledit Camille vint seul. Ces deux furent d'opinion que l'on marchast contre ceux que l'on voyoit encore. Les François, à qui on en demanda, ne furent point de cet advis; mais disoient qu'on avoit assez fait, qu'il estoit tard et qu'il se falloit loger. Ledit messire Francisque Secco soustint fort son opinion, monstrant gens qui alloient et venoient au long d'un grand chemin qui alloit à Parme (qui estoit la plus prochaine ville de leur retraite); et alléguoit que c'estoient fuyans ou qui en revenoient. Et à ce que nous sçusmes depuis, il disoit vray; et à sa parole et contenance, estoit hardy et sage chevalier. Et qui eust marché, tous fuyoient (tous les chefs le m'ont confessé, et quelqu'un devant le duc de Milan) qui eust esté la plus belle et grande victoire qui ait esté depuis dix ans, et la plus profitable; car qui en eust bien sçu user et faire son profit, et sagement s'y conduire, et bien traicter le peuple, huit jours après, le duc de Milan n'eust eu, au mieux venir pour luy, que le chasteau de Milan, à l'envie que ses subjets avoient à se tourner; et tout ainsi en fust-il allé des Vénitiens. Et n'eust point esté besoin de se soucier de Naples; car les Vénitiens n'eussent sçu où recouvrer gens, hors Venise, Bresse et Crémone (qui n'est qu'une petite ville), et tout le reste eussent perdu en Italie. Mais Dieu nous avoit fait ce que me dit frère Hiéronyme : l'honneur nous estoit demouré; car vu le peu de sens et ordre qui estoit parmi nous, tant de bien ne nous estoit point dû; car nous n'en eussions sçu user pour lors. Mais je crois que si à cette heure (qui est l'an mil quatre cens quatre vingt et dix-sept) un tel bien advenoit au roy, il en sçauroit mieux ordonner.

Estans en ce propos la nuict s'approcha, et cette compaignie, qui estoit devant nous, se retira en leur champ; et nous de l'autre costé nous allasmes loger à un quart de lieue de là où avoit esté la bataille. Et descendit le roy en une cense ou mé airie pauvrement édifiée; mais il se trouva nombre infini de bled en gerbe, dont tout l'ost se sentit. Aucunes autres maisonnettes y avoit auprès, qui peu servirent; car chacun logea comme il put, sans faire nul quartier. Je sçais bien que je couchay en une vigne, bien empressé, sur la terre, sans autre avantage et sans manteau; car le roy avoit emprunté le [mien le matin, et mes sommiers estoient assez loin, et estoit trop tard pour les chercher. Qui eust de quoy fit collation; mais bien peu en avoient, si ce n'estoit quelque lopin de pain pris au sein d'un valet. Je vis le roy en sa chambre où il y avoit des gens blessés, comme le séneschal de Lyon et autres qu'il faisoit habiller; et faisoit bonne chère; et se tenoit chacun à bon marchand; et n'estions point tant en gloire comme peu avant la bataille, parce que nous voyons les ennemys près de nous. Cette nuict firent nos Alemans le guet tous; et leur donna le roy trois cens escus; et le firent bon; et sonnoient bien leur tabourins.

CHAPITRE VII.

Comment le seigneur d'Argenton alla lui seul parlementer aux ennemis, quand il vit qu'autres députés avec luy n'y vouloient aller, et comment le roy parvint sain et sauf, avec ses gens jusques en la ville d'Ast.

Le lendemain au matin je me desliberay de continuer encore nostre pratique d'appointement, tousjours désirant le passage du roy en sûreté; mais à peine pus-je trouver trompette qui voulust aller en l'ost des ennemys, à cause qu'il avoit esté tué en la bataille neuf de leurs trompettes qui n'avoient point esté connus, et eux avoient pris un des nostres; et si en tuèrent un que j'ay nommé, que le roy avoit envoyé avant que la bataille commençast. Toutesfois un y alla, et porta un sauf-conduict du roy, et m'en rapporta un pour parlementer, à my-chemin des deux osts; ce qui me sembloit mal aysé à faire; mais je ne voulois riens rompre, ni faire le difficile. Le roy nomma le cardinal de Sainct-Malo et le seigneur de Gié, mareschal de France, le seigneur de Piennes[1], son

[1] Louis de Hallewin, seigneur de Pienne, ou pour mieux dire, de Peene en Flandre, châtellenie de Cassel; chambellan des rois Louis XI et Charles VIII, et gouverneur de Picardie

chambelan, et moy en leur compagnie; et eux nommèrent le marquis de Mantoue, cappitaine-général de la Seigneurie, le comte de Cajazze (qui plusieurs fois a esté nommé en ces Mémoires, et n'a guères estoit des nostres; et estoit cappitaine des gens du duc de Milan) et messire Luqués Pisan, et messire Melchior Trévisan, proviseurs de ladite seigneurie de Venise. Et marchions lors si près d'eux que nous les voyons. Et n'estoient qu'eux quatre sur la grève; et la rivière couroit entre nous et eux, qui estoit bien crue depuis le jour précédent; et n'y avoit riens hors l'ost; ni aussi de notre costé n'y avoit riens plus que nous, et nostre guet qui estoit à l'endroit. On leur envoya un héraut, sçavoir s'ils voudroient point passer la rivière qui estoit entre deux, comme j'ay dit. Je trouvay bien difficile que nous nous pussions assembler. Et pensois bien que chacun y feroit des doutes; et eux le monstrèrent, respondans qu'il avoit esté dit que le parlement se feroit en my-chemin des deux osts, et qu'ils avoient fait plus de la moitié du chemin, et qu'ils ne passeroient point la rivière, et qu'ils estoient tous les chefs de l'ost, et qu'ils ne se vouloient point mettre en péril. Les nostres firent doute de leur costé, qui aussi estimoient leurs personnes; et me dirent que j'y allasse, sans me dire ce que j'y avois affaire ni à dire. Je dis que n'irois point seul, et que je voulois un tesmoin; et pourtant vint avec moy un appelé Robertet, secrétaire du roy, et un mien serviteur, et un héraut; et ainsi passay la rivière. Et me sembloit que si je ne faisois riens, qu'au moins je m'acquitterois vers eux qui estoient assemblés par mon moyen. Et quand je fus arrivé près d'eux, je leur remonstray qu'ils n'estoient point venus jusques à my-chemin, comme ils avoient dit, et que pour le moins ils vinssent jusques sur le bord de la rivière; et me sembloit que s'ils estoient si près, ils ne despartiroient point sans parlementer. Ils me dirent que la rivière estoit trop large et couroit fort, parquoy ils ne s'attendoient point parler de plus près. Et ne sçus tant faire qu'ils voulussent venir plus avant. Et me dirent que je fisse quelque ouverture. Je n'avois aucune commission; et leurs dis que seul je ne leur dirois autre chose; mais que s'ils vouloient riens ouvrir, j'en ferois le rapport au roy. Et nous estans en ce propos, vint un de nos hérauts qui me dit que ces seigneurs dessusdits s'en alloient, et que j'ouvrisse ce que je voudrois; ce que je ne voulus point faire; car ils sçavoient du vouloir du roy plus que moy, tant pour en estre plus prochains, que pour avoir parlé à luy en l'oreille à nostre partement; mais de son affaire présente, j'en sçavois autant qu'eux pour lors. Le marquis de Mantoue me commença fort à parler de la bataille; et me demanda si le roy l'eust fait tuer s'il eust esté pris; je luy dis : « Non, mais il vous eust » fait bonne chère, car le roy avoit cause » de l'aimer, vu qu'il luy faisoit acquérir grand » honneur en l'assaillant. » Lors il me recommanda les prisonniers, et par espécial son oncle, le seigneur Rodolphe. Et le cuydoit vif; mais je sçavois bien le contraire. Toutesfois je l'assuray que tous les prisonniers seroient bien traictés; et luy recommanday le bastard de Bourbon qu'il tenoit. Les prisonniers par nous destenus estoient bien aysés à penser, car il n'y en avoit point, ce qui n'advint par adventure jamais en bataille, comme j'ay dit; et y avoit perdu ledit marquis plusieurs de ses parens, et jusques à sept ou huit, et de toute sa compaignie bien six vingt hommes-d'armes. Après ces devises, je pris congé d'eux, disant qu'avant la nuict je retournerois, et fismes trèves jusques à la nuict.

Après que je fus retourné là où estoit le roy et ledit secrétaire avec moy, ils me demandèrent des nouvelles. Et se mit le roy en conseil, en une pauvre chambre, et ne conclud riens; ains chacun regardoit son compagnon. Le roy parla à l'oreille au cardinal, et puis me dit que je retournasse voir ce qu'ils voudroient dire (or l'entreprise du parler venoit de moy; par quoy estoit vray-semblable qu'ils vouloient que je commençasse à parler); et puis me dit le cardinal que je ne concluisse riens. Je n'avois garde de riens conclure, car on ne me disoit riens. Je ne voulus riens répliquer, ni rompre mon allée; car j'espérois bien ne gaster riens, et pour le moins voir quelque chose des contenances de nos ennemys, qui sans doute estoient plus espouvantés que nous, et par adventure eussent pu ouvrir quelques paroles qui eussent pu porter sûreté aux deux parties. Ainsi me mis au chemin; mais ja approchoit la nuict; quand j'arrivay sur le bord de la rivière. Et là me vint une de leurs trompettes, qui me dit que ces quatre, dont j'ay parlé, me mandoient que je ne vinsse point pour ce jour, à cause que leur guet estoit assis des Estradiots, qui ne connoissent personne, et qu'il y pourroit avoir danger pour moy; mais vouloit demourer ladite trompette la nuict, pour me guider. Je la renvoyay, disant que le matin, environ huit heures, je serois sur le bord de ladite rivière, et que là elle m'attendist, ou s'il y avoit quelque mutation, que je leur renvoirois un héraut; car je ne voulois point qu'il connust, cette nuict, riens de nostre cas; et si ne sçavois quelle conclusion le roy prendroit; car je vis des conseils en l'oreille, qui me faisoient douter. Si retournay dire ces choses audit seigneur.

Chacun soupa de ce qu'il avoit, et se coucha sur la terre; et tost après minuict, me trouvay en la chambre dudit seigneur. Ses chambelans estoient là, en estat de monter à cheval; et me dirent que le roy desliberoit de tirer en diligence jusques en Ast et aux terres de la marquise de Montferrat; et me parlèrent de demourer derrière pour tenir le parlement; dont je m'excusay, disant que je ne me voulois point faire tuer à mon escient, et que je ne serois point des derniers à cheval. Tantost le roy s'esveilla, et ouït la messe, et puis monta à cheval. Une heure devant le jour, une trompette sonna : « Faictes bon guet! » mais autre chose ne fut sonné à se desloger (et croy aussi qu'il n'en estoit aucun besoin). Toutesfois c'estoit donner effroy à l'armée, au moins aux gens de connoissance; et puis nous tournions le dos à nos ennemys, et prenions le chemin de sauveté, qui est chose bien espouvantable pour un ost; et y avoit bien mauvaise saillie au partir du logis, comme chemins creux et bois; et si nous tordismes, car il n'y avoit point de guide pour nous guider; et ouys comme on demanda le guide à ceux qui conduisoient les enseignes et à celuy qui faisoit l'office de grand-escuyer; mais chacun respondit : « Je n'en ay point. » Notez qu'il ne faloit point de guide, car Dieu seul avoit guidé la compaignie au venir, et en suivant ce que m'avoit dit frère Hiéronyme, il nous vouloit encore conduire au retour, car il n'estoit point à croire qu'un tel roy chevauchast de nuict sans guide, là où il en pouvoit assez finer. Encore monstra Nostre Seigneur plus grand signe de nous vouloir préserver; car les ennemys ne s'apperçurent point de nostre partement, qu'il ne fut midy, attendans tousjours ce parlement que j'avois entrepris. Et puis la rivière crut si très-grande qu'il fut quatre heures après midy avant que nul homme s'osast avanturer d'y passer pour nous suivre; et lors y passa le comte de Cajazze avec deux cens chevaux-légers italiens, en grand péril pour la force de l'eau; et en passant il s'y noya un homme ou deux, comme depuis il m'a conté. Or cheminasmes-nous par chemin bossu et bois. Et faloit aller à la file par chemin l'espace de six milles ou environ. Et après trouvasmes une belle grande plaine, où jà estoit nostre avant-garde, artillerie et bagage, qui estoit fort grand, et qui de loing sembloit une grosse bande. Et en eusmes effroy de prime face, à cause de l'enseigne blanche et carrée de messire Jean-Jacques de Trévoul, pareille de celle qu'avoit portée à la bataille le marquis de Mantoue. Et ladite avant-garde eut doute de nostre arrière-garde qu'ils voyoient venir de loin, hors du chemin, pour venir par le plus court. Si se mit chacun en estat de combatre. Mais cet effroy dura peu; car chevaucheurs vindrent de tous costés, et se reconnurent incontinent. Et de là nous allasmes repaistre au bourg Sainct-Denys, où l'on cria une alarme, faicte à propos, pour en tirer les Alemans, de peur qu'ils ne pillassent la ville. Puis allasmes coucher à Florensole; le second jour coucher près Plaisance, et passasmes la rivière de Trébia; mais il demoura de l'autre part deux cens lances, nos Suisses et toute l'artillerie, exceptés six pièces que le roy menoit. Et cela fit le roy pour estre mieux logé, et plus au large, espérant les faire bien passer à l'aise, quand il voudroit, car ladite rivière, par ordinaire, est petite, et par espécial en cette saison de lors. Toutesfois environ dix heures de nuict, ladite rivière crut si fort que nul homme n'y eust sçu passer à pié ni à cheval, ni l'une compagnie n'eust sçu secourir l'autre, qui fut chose de grande doute, pour avoir les ennemys près. Et chercha l'on toute la nuict pour trouver le remède d'un costé et d'autre; mais il n'y en avoit point jusques à ce qu'il vint de lui-mesme, qui fut environ cinq heures du matin. Et lors on tendit des cordes d'un bout jusques à l'autre, pour ayder à passer les gens-de-pié qui estoient en l'eau jusques au-dessus de l'estomach. Tost après passèrent les gens-de-cheval, et l'artillerie ; mais ce fut une soudaine et périlleuse adventure, considéré le lieu où nous estions, et les ennemys auprès de nous, c'est à sçavoir la garnison de Plaisance, et le comte de Cajazze, qui estoit entré; car aucuns de ladite ville pratiquoient d'y mettre le roy, mais ils vouloient que ce fust soubs le titre d'un petit fils demouré de Jean Galéas, dernier duc, qui naguères estoit mort, comme avez ouï. Et quand le roy eut voulu entendre à cette pratique, plusieurs villes et autres personnes y eussent entendu, par le moyen dudit messire Jean-Jacques de Trévoul ; mais ledit seigneur ne voulut point faire ce desplaisir au duc d'Orléans, son cousin, qui já estoit dedans Novarre, comme avez vu. Mais à dire vérité, de l'autre costé, il ne désiroit point fort de voir sondit cousin si grand ; et luy suffisoit de passer, et laisser aller ce différend comme il pourroit. Le troisiesme jour après le partement du lieu où avoit esté la bataille, alla le roy disner au chastel Sainct-Jean, et coucha en un bois ; le quatriesme disna à Voghera et coucha à Pont-Curon ; le cinquiesme jour coucha près Tortone, et passa la rivière appelée Scrivia, que Fracasse deffendoit ; car les gens qui estoient à Tortone estoient soubs sa charge pour le duc de Milan ; et adverty qu'il fust par ceux qui faisoient le logis du roy, que ledit seigneur ne vouloit que passer, se retira en la ville, et manda qu'il bailleroit des vivres tant que l'on voudroit. Et ainsi le fit, car toute l'armée passa rasibus de la porte dudit Tortone. Et vint ledit Fracasse au devant du roy, armé, mais il n'avoit que deux personnes avec luy. Et s'excusa fort au roy qu'il ne le logeoit en la ville ; et fit mettre force vivres hors ladite ville, dont tout l'ost fut bien fourny, et au soir vint au coucher du roy. Or faut entendre qu'il estoit de cette maison de Sainct-Severin, et frère de ce comte de Cajazze et de messire Galéas ; et avoit esté, peu de temps devant, à la soulde du roy, en la Romanie, comme il a esté dit ailleurs. De là vint le roy à Nice-de-la-Paille,

qui est du marquisat de Mont-Ferrat, que nous désirions bien trouver, pour estre en païs d'amys et en sûreté, car ces chevaux-légers, que menoit le comte de Cajazze, estoient sans cesse à nostre queue, et les premiers jours nous firent grand ennuy ; et avions peu de gens à cheval qui se voulussent mettre derrière, car plus approchions du lieu de sûreté, et moins monstroient les nostres qu'ils eussent vouloir de combattre. Aussi dit-l'on que c'est la nature d'entre nous François ; et l'ont escrit les Italiens en leurs histoires, disans qu'au venir des François ils sont plus qu'hommes, mais qu'à leur retraite sont moins que femmes. Et je le croy du premier poinct, car véritablement ce sont les plus rudes gens à rencontrer qui soient en tout le monde (j'entends les gens-de-cheval) ; mais à la retraite d'une entreprise, toutes gens du monde ont moins de cœur qu'au partir de leurs maisons.

Ainsi, pour continuer ce présent propos, nostre queue estoit défendue de trois cens Alemans, qui avoient moult largement de couleyrines, et leur portoit-on beaucoup de haquebutes à cheval. Et ceux-là faisoient bien retirer les Estradiots, qui n'estoient point grand nombre ; et le grand ost, qui nous avoit combatus, venoit tant comme il pouvoit. Mais pour estre partis un jour après nous, et pour leurs chevaux bardés, ne nous sçurent joindre ; et ne perdismes jamais un homme au chemin. Et ne fut ledit ost jamais à un mille près de nous. Et quand ils virent qu'ils ne nous pouvoient joindre (et peut-estre aussi qu'ils n'en avoient pas grande envie) ils tirèrent devant Novarre, où estoient les gens du duc de Milan, et des leurs, comme avez ouï cy-devant ; mais s'ils nous eussent pu atteindre près de nostre retraite, peut-estre qu'ils en eussent eu meilleur marché qu'ils n'eurent à la valée de Fornoue.

J'ay dit en plusieurs lieux comme j'avois ouy dire et monstrer que Dieu le Créateur nous avoit guidés en ce présent voyage ; mais encore me sert-il à le dire icy ; car combien que depuis le jour de ladite bataille, jusques audit lieu, les logis fussent mal despartis, néantmoins se logeoit chacun comme il pouvoit en patience, sans trouble ou débat. De vivres, nous en avions grande nécessité ; toutesfois quelque peu en apportoient ceux du païs, qui aisément nous eussent empoisonnés, s'ils eussent voulu, tant en leurs vivres, qu'en leurs vins et eaux, qui en un moment estoient taries, et les puits. Aussi je ne vy que petites fontaines; mais ils n'y eussent point failly, s'ils y eussent voulu essayer. Mais il est de croire que nostre Sauveur et Redempteur Jésus-Christ leur ostoit leur vouloir. J'ay vu la soif si grande, qu'un monde de gens-de-pié buvoient aux fossés de ces petites villettes où nous passions. Nous faisions grandes traites et longues, et buvions eau orde, et non courante; et pour boire se fourroient dedans jusques à la ceinture; car il nous suivoit grand peuple qui n'estoient point des gens de guerre, et un bien grand nombre de sommiers. Le roy partoit avant jour. Et ne sçu oncques qu'il y eut guide; et touchoit jusques à midy, là où il repaissoit, et chacun prenoit place. Et faloit apporter les vivres des chevaux entre les bras; et que chacun fît repaistre son cheval. Et sçay bien que je l'ay fait deux fois. Et fus deux jours sans manger que pain, bien meschant; et si j'estois de ceux qui avoient moins de nécessité. D'une chose faut louer cette armée, c'est que jamais je n'ouys homme soy plaindre, de nécessité qu'il eust, et si fut-ce le plus pénible voyage que je vis oncques jamais en ma vie, et si en ay vu, avec le duc Charles de Bourgongne, de bien aspres. Nous n'allions point plus fort que ces grosses pièces d'artillerie, où souvent y avoit à besongner à leurs affaires, et grande faute de chevaux : mais à toute heure qu'il en estoit besoin, s'en recouvroit en l'ost par les gens-de-bien qui volontiers les bailloient. Et ne se perdit une seule pierre, ni une livre de poudre. Et croy que jamais homme ne vit passer artillerie de telle grosseur, ni de telle diligence, par le lieu où passa cette-cy. Et si j'ay parlé du désordre, qui estoit tant à nostre logis qu'aux autres choses, ce ne fut pas par faute qu'il y eut des gens bien expérimentés en l'ost; mais le sort voulut que ceux-là avoient le moins de crédit. Le roy estoit jeune et volontaire (comme ailleurs ay dit); et pour conclure l'article, semble que Nostre Seigneur Jésus-Christ ait voulu que toute la gloire du voyage ait esté attribuée à luy.

Le septieme jour, depuis le partement du lieu où avoit esté la bataille, partismes de Nice-de-la-Paille, et logeasme en camp tous ensemble, assez près d'Alexandrie; et fut fait gros guet, la nuict; et du matin, devant le jour, partismes, et allasmes en Ast; c'est à sçavoir la personne du roy, et les gens de sa maison (les gens-d'armes demourèrent près de là en champ). Et trouvasmes la ville d'Ast bien garnie de tous vivres, qui firent grand bien et secours à toute la compaignie, qui en avoit bien besoin, parce que ladite armée avoit enduré grande faim et soif, grand travail et chaleur, et très-grande faute de dormir, et les habillemens tous gastés et rompus. Sitost que le roy fut arrivé en Ast, et sur l'heure, avant que dormir, j'envoyai un gentil-homme nommé Philippe de la Coudre (qui autresfois m'avoit servy, et qui pour lors estoit au duc d'Orléans) à Novarre, là où il estoit assiégé de ses ennemys, comme avez pu entendre. Le siége n'estoit pas encore si contraint, qu'on ne pust aller et saillir dehors; parce qu'ils ne taschoient sinon que l'affamer, Je luy manday par ledit gentil-homme, que plusieurs traictés se menoient avec le duc de Milan, de par le roy nostre sire (dont j'en menois un, par la main du duc de Ferrare), et que pour cette cause me sembloit qu'il s'en devoit venir devers le roy, en assurant bien ceux qu'il laisseroit dedans, de brief y retourner, ou les venir secourir. Lesquels estoient le nombre de sept mille cinq cens hommes de soulde, de la plus belle compaignie qu'on sçauroit dire, touchant le nombre, tant François que Suisses. Après que le roy eut séjourné un jour audit Ast, il fut adverti, tant par le duc d'Orléans que par autres, comment les deux osts s'estoient assemblés devant Novarre. Et désiroit ledit duc d'Orléans estre secouru, parce que ses vivres appetissoient, là où il avoit esté donné mauvais ordre au commencement; car il en avoit assez aux villes d'alentour, et par espécial bleds; et si la provision eust esté faite de bonne heure et bien pourmenée, jamais n'eussent rendu la ville; mais en fussent saillis à leur honneur, et les ennemys à grande honte, s'ils eussent pu tenir encore un mois.

CHAPITRE VIII.

Comment le roy fit dresser une armée de mer pour cuider secourir les chasteaux de Naples, et comment ils n'en purent estre secourus.

Après que le roy eut séjourné quelque peu de jours audit Ast, il s'en alla à Thurin ; et au départir que ledit seigneur fit d'Ast, il despescha un maistre-d'hostel, nommé Peron de Basche pour faire une armée de mer, pour aller secourir les chasteaux de Naples, qui encore tenoient; ce qu'il fit. Et mit sus ladite armée monseigneur d'Arban, chef et lieutenant d'icelle armée; et alla jusques vers la cité de Proce[1], où il fut à une vue des ennemys ; là où une fortune de temps le garda d'approcher. Et fit cette armée peu de fruict, pource que ledit Arban retourna à Ligorne, là où la pluspart de ses gens s'enfuirent en terre ; et laissèrent les navires vuides, et l'armée des ennemys s'en vint au port de Bengon, près Plombin, là ou elle fut bien deux mois sans partir. Et les gens de nostre armée fussent allés légèrement secourir lesdits chasteaux, parce que le port de Bengon est de nature que l'on n'en peut saillir que d'un vent, lequel règne peu souvent en hyver. Ledit d'Arban estoit vaillant homme, et expérimenté en armée de mer.

En ce mesme temps, le roy estant arrivé à Thurin, se menoient plusieurs traictés entre le roy et le duc de Milan ; et s'en empeschoit la duchesse de Savoye, qui estoit fille de Montferrat, veufve et mère d'un petit duc, qui estoit lors ; mais par autres, s'en traictoient encore. Je m'en meslois aussi. Et désiroient bien ceux de la ligue (c'est à sçavoir les chefs qui estoient au champ devant Novarre) que je m'en meslasse ; et m'envoyèrent un sauf-conduict. Mais comme les envies sont entre gens de cour, le cardinal, que tant ay nommé, rompit que je ne m'en meslasse point; et vouloit que la pratique de madame de Savoye sortist son effect, que conduisoit son hoste le trésorier de Savoye[2], homme sage et bon serviteur pour sa maistresse. Long-temps traisna cette matière. Et pour cette cause fut envoyé le baillif de Dijon aux Suisses, ambassadeur, pour en lever jusques à cinq milles.

Peu avant j'ay parlé comme l'armée de mer fut faite à Nice, pour secourir les chasteaux de Naples, ce qui ne se put faire, pour les raisons dessusdites.

Incontinent monseigneur de Montpensier, et autres gens de bien, qui estoient dedans lesdits chasteaux, voyant ledit inconvénient, prirent parti et saillirent dehors, par le moyen de l'armée de ceux qui estoient demourés pour le roy Charles, en diverses places du royaume : laquelle armée pour lors estoit près desdits chasteaux. Et les laissèrent fournis en nombre suffisant, pour les garder, selon les vivres, qui y estoient si estroits que plus ne pouvoient. Et partirent avec deux mille cinq cens hommes, et laissèrent pour chef, Ognas et deux autres gens de bien ; et s'en alla ledit seigneur de Montpensier, le prince de Salerne, le sénéschal de Beaucaire, et autres qui là estoient, à Salerne. Et voulut dire le roy Ferrand, qu'ils avoient rompu l'appointement, et qu'il pouvoit faire mourir les ostages, qu'ils avoient baillés peu de jours avant : qui estoient le seigneur d'Alégre[1], un appelé de la Marche, d'Ardaine, et le seigneur de la Chapelle, d'Anjou, un appelé Roquebertin[2], Catelan, et un appelé Genly. Et faut entendre qu'environ trois mois auparavant, ledit roy Ferrand estoit entré dedans Naples par intelligence, et par le mauvais ordre des nostres, qui estoient bien informés de tout, et n'y sçurent mettre remède. Je parlerois bien plus avant de ce propos, mais je n'en puis parler que par l'avoir ouï dire aux principaux ; et ne tiens pas volontiers long propos des choses où je n'ai point esté présent. Mais estant ledit roy Ferrand dedans la ville de Naples, nouvelles y vindrent que le roy estoit mort à la bataille de Fornoue ; et fut certifié à nos gens, qui estoient au chasteau, par les lettres et mensonges que mandoit le duc de Milan, qu'ainsi estoit ; et adjoustèrent foy, et se fièrent les Colonnois, qui se tournèrent incontinent contre nous, avec le bon vouloir qu'ils avoient d'estre tousjours des plus forts, encore qu'ils fussent bien tenus au roy, comme il est dit ailleurs. Et pour cesdits mensonges, et principalement pour ce que nos gens se voyoient restraincts, en grand nombre, dedans le chasteau, et peu de vivres, et avoient per-

---

[1] Peut-être l'île de Procida.
[2] Antoine de Bessey, baron de Tricastel.

[1] Yves, baron d'Alégre en Auvergne.
[2] Rocaberti.

du tous leurs chevaux et autres biens, qu'ils avoient dedans la ville, composèrent le sixiesme octobre mil quatre cens quatre-vingt et quinze (et avoient ja esté environnés trois mois et quatorze jours, et environ vingt jours après partirent, comme dit est); et promirent que s'ils n'estoient secourus dedans certain nombre de jours, qu'ils s'en iroient en Provence et laisseroient les chasteaux, sans plus faire de guerre, ni par mer ni par terre, audit royaume : et baillèrent les ostages susdits. Toutesfois selon le dict du roy Ferrand, ils rompirent l'appointement à l'heure qu'ils partirent sans congé. Les nostres disoient le contraire ; mais lesdits ostages furent en grand danger ; et y avoit cause, et croy que nos gens firent sagement de partir, quelque appointement qu'il y eust : mais ils eussent mieux fait de bailler les chasteaux audit jour qu'ils partirent et rétirer leurs ostages ; car aussi bien ne tindrent-ils que vingt jours après leur partement, à faute de vivres, et qu'ils n'avoient aucune espérance de secours ; et fut la totale perte du royaume, que ledit chasteau de Naples.

CHAPITRE IX.

De la grande famine et peine où estoit le duc d'Orléans à Novarre avec ses gens ; de la mort de la marquise de Montferrat et de celle de M. de Vendosme ; et comment après plusieurs deslibérations on entendit à faire paix pour sauver les assiégés.

Estant le roy à Thurin, comme j'ay dit, et à Quiers, où quelquefois alloit pour son esbat, il attendoit nouvelle des Alemans, qu'il avoit envoyé quérir, et aussi essayoit s'il pourroit réduire le duc de Milan, dont il avoit grand vouloir ; et ne luy chaloit point trop du faict du duc d'Orléans, qui commençoit à estre pressé, à cause de la nécessité des vivres, et aussi escrivoit chacun jour pour avoir secours. Et estoient approchés les ennemis de plus près qu'ils n'avoient esté, et estoit cru l'ost de mille hommes à cheval, Alemans, que menoit messire Fédéric Capelare, de la comté de Ferrette, vaillant chevalier et bien expérimenté, tant en France qu'en Italie. Aussi y avoit bien onze mille Alemans, des terres du roy des Romains et lansquenets, que conduisoit messire Georges d'Albertin[1], vaillant chevalier, et fut celuy qui prit Sainct-Omer, pour le roy des Romains, natif d'Austriche. Et voyant croistre les ennemis, et que nul accord ne se pouvoit trouver à l'honneur du roy, il luy fut conseillé se retirer à Verceil, pour voir la manière de sauver ledit duc d'Orléans et sa compagnie, qui, comme dit est ailleurs, avoient mis petite provision pour leurs vivres au commencement qu'ils entrèrent audit Novarre. Et luy eut mieux valu avoir faict ce que je luy manday, comme il se voit cy-dessus, dès qu'arrivâmes en Ast, qui estoit de partir et mettre hors toutes gens inutiles, et venir devers le roy ; car sa présence eust guidé partie de ce qu'il eust voulu ; au moins ceux qu'il eust laissés, n'eussent point souffert si extrême nécessité de faim, comme ils firent ; car il eust pris parti plustost, s'il eust vu qu'il n'y eust autre remède. Mais l'archevesque[1] de Rouen, qui avoit esté avec luy au commencement, audit lieu de Novarre, pour faire service audit seigneur, estoit venu devers le roy ; et se trouvant présent aux affaires, luy mandoit tousjours ne partir point et qu'il seroit secouru; et se fondoit qu'ainsi le disoit le cardinal de Sainct-Malo, qui avoit le crédit. Et bonne affection le faisoit parler ; mais j'estois assuré du contraire : car aucun ne vouloit retourner à la bataille si le roy n'y alloit ; et celui-là n'en avoit aucune envie : car la question n'estoit que pour cette seule ville, que ledit duc d'Orléans vouloit retenir, et le duc de Milan la vouloit ravoir ; car elle est à dix lieues de Milan ; et estoit force que l'un eut tout ; car en ladite duché de Milan sont neuf ou dix grosses cités près l'une de l'autre, et en petit d'espace. Mais bien disoit ledit duc de Milan, qu'en luy laissant Novarre et ne luy demandant point Gennes, que toutes choses il feroit pour le roy.

Plusieurs fois on mena farines audit Novarre, dont il s'en perdit la moitié au chemin ; et en un coup furent destroussés quelques soixante hommes-d'armes, que menoit un appelé Chastillon, qui estoit jeune gentilhomme de la maison du roy. Aucuns furent pris, autres entrèrent, autres eschappèrent en grande peine ; et n'est possible de croire

---

[1] *Eberstein*, traduit par les auteurs italiens en *Pietra-Piana*.

[1] Ce fut depuis le cardinal Georges d'Amboise, principal ministre d'état du roi Louis XII, depuis 1498 jusqu'à 1509, qu'il mourut Lyon.

en quelle destresse estoient cette compaignie de Novarre : car chacun jour en mouroit de faim ; les deux parts estoient malades ; et venoient de piteuses lettres en chiffre, et en grande difficulté. Tousjours on leur donnoit reconfort, et tout estoit abus; mais ceux qui menoient l'affaire du roy, désiroient la bataille ; et ne considéroient point que nul ne la vouloit qu'eux : car tous les grands chefs, comme le prince d'Orenge, qui estoit de nouveau arrivé, à qui le roy donnoit grand crédit aux affaires de la guerre, et tous autres chefs de guerre cherchoient une honneste issue par appointement, vu que l'hyver approchoit, qu'il n'y avoit point d'argent et que le nombre des François estoit petit, et plusieurs malades, et s'en alloient chacun jour sans congé : et d'autres à qui le roy donnoit congé. Mais tous les sages ne pouvoient garder ceux dont j'ay parlé, de mander au duc d'Orléans qu'il ne bougeast : lesquels le mirent en grand péril. Et se fioient sur le nombre des Alemans, dont nous assuroit le baillif de Dijon, auquel aucuns avoient mandé qu'il amenast ce qu'il pourroit : et estoit une compaignie mal unie : et chacun disoit et escrivoit ce qu'il vouloit.

Ceux qui ne vouloient point d'accord, ni qu'on se trouvast ensemble pour en parler, disoient que le roy ne devoit point commencer, mais devoit laisser parler ses ennemys, qui aussi disoient ne vouloir commencer les premiers. Et tousjours s'avançoit le temps en la destresse de ceux de Novarre ; et ne parloient plus leurs lettres que de ceux qui mouroient de faim, chacun jour, et que plus ne pouvoient tenir que dix jours, et puis huit, et telle heure les vis à trois ; mais avant passèrent les termes qu'ils avoient baillés. Bref, on n'avoit vu de longtemps si grosses necessités ; et cent ans avant que fussions nés, ne souffrirent gens si grande faim comme ils souffrirent léans.

Estans les choses en ce train, mourut la marquise de Montferrat, et y eut quelque division léans, pour le gouvernement que demandoit le marquis de Saluce, et d'autre part, le seigneur Constantin, oncle de la feue marquise, qui estoit grec et elle grecque, et fille du roy de Servie, tous deux destruits par le Turc. Ledit seigneur Constantin s'estoit mis fort au chasteau de Casal ; et avoit en ses mains les deux fils (dont le plus grand n'avoit que neuf ans) du feu marquis, et de cette sage et belle dame qui estoit morte en l'âge de vingt et neuf ans, grande partisane des François. Autres particuliers taschoient encore audit gouvernement ; et en estoit grande question chez le roy, pour ceux qui les soustenoient. Ledit seigneur m'ordonna d'y aller, pour accorder cette question, à la sûreté des enfans, et au gré de la pluspart du païs, doutant que le différend ne leur fit appeller le duc de Milan ; et le seigneur de cette maison nous estoit bien séant. Il me desplaisoit fort de partir, que je ne misse en train de reprendre cette paix, vu les maux que j'ay dits, et que l'hyver approchoit ; et doubtois que ces prelats ne fussent cause de ramener le roy à la bataille ; car il estoit mal fourni, s'il ne venoit force estrangers, comme Suisses. Encore, s'ils venoient si forts comme l'on disoit, il n'y avoit que danger pour le roy de se mettre en leurs mains. Et estoient les ennemys fort puissans, et logés en lieu fort de situation, et bien fortifiés. Considerées ces choses, je m'adventuray de dire au roy qu'il me sembloit qu'il vouloit mettre sa personne et estat en grand hazard, pour peu d'occasion ; qu'il lui devoit souvenir qu'il avoit esté en grand péril à Fornoue, mais là avoit esté contraint, et icy n'y avoit nulle constraincte ; et ne devoit point laisser à prendre quelque honneste appointement pour ces paroles qu'on disoit qu'il ne devoit point commencer ; et que s'il vouloit, je le ferois bien parler, en sorte que l'honneur des deux costés y seroit bien gardé. Il me respondit que je parlasse à monseigneur le cardinal, ce que je fis ; mais il me faisoit d'estranges responses, et desiroit la bataille, et tenoit la victoire sûre à son dire. Et disoit-on qu'on luy avoit promis dix mille ducas de rente, pour un sien fils, de par le duc d'Orléans, s'il avoit cette duché de Milan. Le lendemain je vins prendre congé du roy, pour aller à Casal, et y avoit environ journée et demie. Je rencontray monsieur de la Trimouille, à qui je contay cette affaire, parce qu'il estoit des prochains du roy, demandant si encore luy en devois parler. Il me conforta qu'ouy, ar chacun desiroit de se retirer. Le roy estoit en un jardin. Je repris les paroles dessusdites, devant le cardinal, qui dit que luy qui estoit homme d'église, devoit commencer. Je luy dis que s'il ne commençoit, je commencerois; car il me sembloit bien que le roy n'en seroit point marry, ni ses plus prochains. Et ainsi partis; et au départir, dis à monseigneur le prince d'Orenge, qui avoit la principale charge de l'ost, que si je commençois riens, je luy adresserois. Et allay à Casal où je fus bien recueilly par tous ceux de cette maison; et les trouvay la pluspart rangés avec le seigneur Constantin; et sembloit à tous que c'estoit plus grande seureté pour les enfans; car il ne pouvoit venir à la succession, et le marquis de Saluce y prétendoit droit. Je fis plusieurs jours assemblée, tant des nobles que des gens d'église et des villes; et à leur requeste, ou de la pluspart, declaray que le roy vouloit que ledit seigneur Constantin demeurast en son gouvernement; car vu la force du roy de-là les monts, et l'affection que le païs porte à la maison de France, ils ne pouvoient contredire au vouloir du roy.

Environ le troisiesme jour que j'eus esté là, vint léans un maistre d'hostel du marquis de Mantoue, cappitaine-général des Vénitiens; qui comme parent, envoyoit faire doléance de la mort de ladite marquise; et celuy-là et moy entrasmes en paroles d'appointer ces deux osts, sans combatre; car les choses s'y disposoient. Et estoit logé le roy en champ, près Verceil; mais à la vérité dire, il ne passa seulement que la rivière, et logea son ost, mal fourny de tentes et de pavillons; car ils en avoient peu porté; et encore ceux-là estoient perdus. Et jà estoit le lieu moite, pource que l'hyver approchoit, et que c'est pays bas.

Ledit seigneur n'y logea qu'une nuict, et se retira le lendemain en la ville; mais y demourèrent le prince d'Orenge; le comte de Foix, et le comte de Vendosme; qui y prit un mal de flux, dont il mourut, qui fut dommage; car il estoit beau personnage, jeune et sage; et y estoit venu en poste, parce qu'il estoit bruit qu'il y devoit avoir bataille; car il n'avoit point fait le voyage en Italie avec le roy. Avec ceux-là y demourèrent le mareschal de Gié, et plusieurs autres cappitaines; mais la principale force estoit des Alemans, qui avoient fait le voyage avec le roy, car mal volontiers y demouroient les François, estans si près de la ville; et plusieurs estoient malades, et plusieurs partis, les uns avec congé, les autres sans congé dudist ost. Jusques à Novarre y avoit dix gros milles d'Italie, qui valent bien six lieues françoises, fort pays et mol (comme au pays de Flandres), à cause de fossés; qui sont au long des chemins, de l'un costé et de l'autre, fort profonds, et beaucoup plus que ceux de Flandres; l'hyver les fanges y sont fort grandes, et l'esté la poudre. Entre nostre dit ost et Novarre, y avoit une petite place, appelée Bourg, à une lieue de nous, que nous tenions; et eux en tenoient une autre, qu'on appeloit Camerian, qui estoit à une lieue de leur ost; et jà estoient les eaux bien grandes, à aller d'un ost à l'autre.

Comme j'ay commencé à dire, ce maistre-d'hostel du marquis de Mantoue, qui estoit venu à Casal, et moy continuasmes nos paroles; et disois les raisons pourquoy son maistre devoit éviter cette bataille, et qu'il avoit vu le péril en quoy il avoit esté à la première, et qu'il combattoit pour gens qui ne l'accrurent jamais pour service qu'il leur fist; et qu'il devoit entreprendre l'appointement, et moy que je luy ayderois de nostre costé. Il me respondit que son maistre le voudroit; mais il faudroit, comme autrefois m'avoit esté mandé, que nous parlassions les premiers, vu que leur ligue, dont estoit le pape, les roys des Romains et d'Espaigne, et le duc de Milan, estoit plus grande chose que le roy. Et luy disois que c'estoit folie de mettre cette cérémonie, et que le roy devoit aller devant, estant là en personne, et que les autres n'y avoient que leurs lieutenans; et que moy et luy, comme médiateurs, commencerions s'il vouloit, mais que je fusse sûr que son maistre continuast et tint. Et conclusmes que j'envoyrois un trompette en leur ost le lendemain, et escrirois aux deux providadeurs vénitiens, l'un appelé messire Luques Pisan, l'autre messire Melchior Trevisan, qui sont officiers des putés pour conseiller leurs cappitaines, et pour pourvoir aux affaires de leur ost. En ensuivant ce que nous avions conclud, je leur escrivis la substance de ce que j'avois dit audit maistre-d'hostel, et avois occasion de continuer l'office de bon médiateur; car ainsi l'avois conclud, au partir de Venise, et aussi le roy l'avoit bien agréable, et si me sembloit nécessaire; car il se trouve assez gens pour troubler une affaire, mais il s'en trouve peu qui ayent l'adventure et le vouloir ensemble, d'accorder si grand différend, ni qui voulsissent endurer tant de paroles, qui se disent de ceux qui traictent telles affaires; car en tels grands osts il y a maintes différentes opinions. Lesdits providadeurs furent joyeux de ces nouvelles; et m'escrivirent que tost me feroient response; et par leurs postes le firent sçavoir à Venise, et tost eurent response. Et vint en l'ost du roy un comte, qui estoit au duc de Ferrare; lequel y avoit gens (car son fils aisné y estoit, à la souldé du duc de Milan) et cestuy-là en estoit; et avoit ledit duc de Ferrare un autre fils avec le roy. Ledit comte avoit nom le comte Albertin [1]; et vint voir messire Jean-Jacques de Trévoul, soubs couleur d'un fils qu'il avoit avec ledit messire Jean-Jacques; et s'adressa au prince d'Orenge, ainsi qu'il avoit esté conclud entre ce maistre-d'hostel, dont j'ay parlé, et moy, disant avoir commission du marquis de Mantoue et des providadeurs et autres cappitaines, estans en leur ost, de demander sauf-conduit pour ledit marquis et autres, jusques à cinquante chevaux, à se trouver à parler avec tels personnages qu'il plairoit au roy ordonner. Et ceux-là connoissoient bien que c'estoit raison qu'ils vinssent devers le roy ou les siens les premiers; et aussi qu'ils luy vouloient bien faire cet honneur. Puis demanda congé de parler au roy, à part : ce qu'il fit. Et à part conseilla de n'en faire riens, disant que cet ost estoit en grande peur, et qu'en bref il deslogeroit. Et par ces paroles il monstroit vouloir rompre cet accord, et non point le faire ny ayder, combien que sa charge publique fust telle qu'avez ouï. Et fut présent à ces paroles ledit messire Jean-Jacques de Trévoul, grand ennemy du duc de Milan ; et volontiers eust rompu ladite paix; et surtout le maistre dudit comte messire Albertin, le duc de Ferrare, désiroit fort la guerre, pour la grande inimitié qu'il avoit aux Vénitiens, à cause de plusieurs terres qu'ils tenoient de luy, comme le Polesan, et plusieurs autres ; et estoit venu en l'ost du dessusdit duc de Milan, qui avoit sa fille pour femme. Dès ce que le roy eut ouï parler ledit comte, il me fit appeler ; et eut en conseil s'il bailleroit ce sauf-conduict ou non. Ceux qui vouloient rompre la paix (comme messire Jean-Jacques et autres, qui parloient en faveur du duc d'Orléans, ce leur sembloit) monstroient vouloir la bataille (mais ils estoient gens d'église, et ne s'y fussent point trouvés), disans estre bien assurés que les ennemys deslogeroient, et qu'ils mouroient de faim. Autres disoient (et j'estois de ceux-là) que plutost aurions nous faim qu'eux, qui estoient en leur païs, et si avoient la puissance trop grande pour s'enfuir et se laisser destruire, et que ces paroles venoient de gens qui vouloient qu'on se hasardast et combatist pour leurs querelles. Toutesfois, pour abréger, le sauf-conduit fut accordé et envoyé, et dit que le lendemain, à deux heures après-midy, ledit prince d'Orange, le mareschal de Gié, le seigneur de Piennes, et moy, et leur compaignie, nous trouverions entre Bourg et Camerian, près d'une tour où ils faisoient le guet, et que là parlerions ensemble ; et nous y trouvasmes bien accompagnés de gens-d'armes. Ledit marquis et un Vénitien, qui avoit la charge de leurs Estradiots, y vindrent ; et usèrent d'honnestes paroles, disans que de leur part ils desiroient la paix. Et fut conclud que, pour parler plus à loisir, ils viendroient le lendemain quelques gens des leurs en l'ost, et que le roy après envoyeroit des siens au leur ; ce qui se fit. Et vint le lendemain devers nous messire Francisco Bernardin Viscomte pour le duc de Milan, et un secrétaire du marquis de Mantoue ; et nous trouvasmes avec eux ceux que j'ay nommés, et ledit cardinal de Sainct-Malo ; et entrasmes en pratique de la paix. Et demandoient Novarre, en laquelle cité estoit assiégé le duc d'Orléans. Aussi demandions-nous Gennes, disans que c'estoit fief du roy, et que ledit duc de Milan l'avoit confisqué. Eux s'excusoient, disans n'avoir riens entrepris contre le roy que pour se deffendre, et que ledit duc d'Orléans leur avoit prise ladite cité de Novarre, et commencé la guerre avec les gens du roy, et qu'ils croyoient que leurs maistres ne feroient riens de ce que demandions, mais que toute autre chose voudroient faire pour complaire au roy. Ils furent

---

[1] Eberstein.

là deux jours, et puis retournèrent en leur ost, où nous allasmes, ledit mareschal de Gié, monseigneur de Piennes et moy, tousjours sur la demande de cette cité. Et bien eussions-nous esté contens que Novarre se fust mise en la main des gens du roy des Romains (qui estoient en leur ost, et dont estoient chefs messire Georges de Piètre Plane [1], et messire Fédéric Capellare, et un nommé messire Hance) car nous ne le pouvions secourir que par la bataille, que nous ne desirions point; et le disions parce que la duché de Milan est tenue en fief de l'empereur, et pour honnestement s'en descharger. Plusieurs allées et venues se firent de nous en leur ost, et des leurs au nostre, sans conclusion; mais je demourois tousjours au giste en leur ost; car tel estoit le vouloir du roy, qu'il ne vouloit riens rompre. Finalement y retournasmes. Et davantage y vint le président de Gannay, pour porter la parole en latin, et un appelé monsieur de Morvilliers, baillif d'Amiens (car jusques à lors j'avois parlé en mauvais italien); et aydoient à coucher nos articles. Et estoit notre façon de procéder, que si tost que nous estions arrivés au logis dudit duc, il venoit au devant de nous, et la duchesse, jusques au bout d'une galerie; et nous mettions devant luy, à l'entrée en sa chambre, où nous trouvions deux grands rangs de chaires l'un devant l'autre, et bien près l'un de l'autre. Ils se séoyent de l'un des costés, et nous de l'autre. Premier estoit assis de son costé, un pour le roy des Romains, l'ambassadeur d'Espaigne, le marquis de Mantoue, les deux providadeurs vénitiens, un ambassadeur vénitien, et puis le duc de Milan, sa femme, et le dernier l'ambassadeur de Ferrare. Et de leur costé ne parloit nul que ledit duc, et du nostre, un. Mais nostre condition n'est point de parler si posément comme ils font, car nous parlions quelquesfois deux ou trois ensemble, et ledit duc disoit : « Ho ! un à un. » Venant à coucher les articles, tout ce qui s'accordoit estoit escrit incontinent par un secrétaire des nostres, et aussi par un de leur costé; et au départir le lisoient les deux secrétaires, l'un en italien, et l'autre en françois, et quand on se rassembloit aussi, à fin de voir si on n'y avoit point riens mué, et aussi pour nous abréger; et est bonne forme pour expédier grande affaire. Ce traicté dura environ quinze jours et plus; mais dès le premier jour que commençasmes à traicter, fut accordé que monseigneur d'Orléans pourroit partir de là; et fismes une trève ce jour, qui continua, jour après autre, jusques à la paix; et pour sûreté dudit duc, se mit en ostage le marquis de Mantoue, entre les mains du comte de Foix, qui très-volontiers le fit, et plus pour faire plaisir que pour crainte. Et premièrement nous firent jurer que nous procéderions à bon escient au traicté de paix, et que nous ne le faisions point pour délivrer ledit duc d'Orléans seulement.

CHAPITRE X.

Comment le duc d'Orléans et sa compaignie furent délivrés, par appointement, de la dure calamité de Novarre, où ils estoient assiégés, et de la descente des Suisses pour secourir le roy et monseigneur d'Orléans.

Le mareschal de Gié alla à ladite place avec d'autres du duc de Milan, et fit partir ledit duc d'Orléans seulement, à petite compaignie, qui à grande joye en saillit. Ceux de ladite place estoient tant pressés de faim et de maladie, qu'il falut que ledit mareschal laissast son neveu, appelé monsieur de Romefort [1] en ostage, promettant à ceux de dedans qu'ils partiroient tous dedans trois jours. Vous avez bien entendu comme par-avant le baillif de Dijon avoit esté envoyé devers les Suisses, par tous leurs cantons, pour en assembler jusques à cinq milles, qui à l'heure du partement du duc d'Orléans de la place de Novarre n'estoient encore venus : car si ils eussent esté venus sans, nul doubte, à mon advis, on eut combatu. Et combien que l'on fut bien sûr qu'il en venoit plus largement que le nombre qu'on demandoit, si n'estoit-il possible d'attendre, pour l'extrême famine qui estoit en ladite place, où il mourut bien deux milles hommes, que de faim, que de maladie; et le reste estoit si maigre qu'ils sembloient mieux morts que vifs. Et croy que jamais hommes n'endurèrent plus de faim,

---

[1] Eberstein en allemand, italianisé en Pietra-Piana.

[1] Peut-être faudrait-il lire Rochefort, terre entre Paris et Chartres qui appartenait à ce maréchal, et a appartenu depuis à la branche de Rohan Rochefort. Le maréchal de Gié était de la maison de Rohan.

(je n'y voudrois alléguer le siège de Hiérusalem). Et si Dieu les eust faits si sages que de vouloir mettre les bleds dedans, qui estoient environ ladite ville, quand au premier ils la prirent, ils ne fussent jamais venus en cet inconvénient; et se fussent leurs ennemys levés à leur grande honte.

Trois jours ou quatre après le partement dudit duc d'Orléans dudit Novarre, fut accordé des deux costés que tous les gens de guerre pourroient saillir; et furent ordonnés le marquis de Mantoue et messire Galéas de Sainct-Severin, chefs de l'armée, tant des Vénitiens que du duc de Milan, pour les conduire en sûreté; ce qu'ils firent. Et demoura la place entre les mains de ceux de la ville, qui firent serment de n'y mettre ni François ni Italiens, jusques à ce que le tout fut conclud. Et demourèrent trente hommes au chasteau, à qui le duc de Milan laissoit avoir vivres pour leur argent, ce qu'il leur en faloit pour chacun jour seulement. Et ne croiroit-on jamais, sans l'avoir vue, la pauvreté des personnes qui en sailloient; bien peu de chevaux en saillit, car tout estoit mangé. Et n'y avoit point six cens hommes qui se fussent pu deffendre, combien qu'il en saillit bien cinq mille cinq cens. Largement en demouroit par les chemins, à qui les ennemys propres faisoient de l'aide. Je sçay bien que j'en sauvay bien cinquante pour un escu, auprès du petit chasteau que les ennemys tenoient, appelé Camerian, qui estoient couchés en un jardin, et à qui on donna de la soupe, et n'en mourut qu'un; sur le chemin en mourut environ quatre, car il y avoit dix milles de Novarre à Verceil où ils alloient. Le roy usa de quelque charité envers ceux qui arrivèrent audit Verceil, et ordonna huit cens francs pour les départir en aumosnes, et aussi des payemens de leurs gages; et furent payés les morts et les vifs, et aussi les Suisses, dont il estoit bien mort quatre cens. Mais quelque bien qu'on leur sçut faire, il mourut bien trois cens hommes audit Verceil, les uns par trop manger, les autres par maladie, et largement sur les fumiers de la ville.

Environ ce temps que tout fut dehors, excepté trente hommes qu'on avoit laissés au chasteau, dont chacun jour en sailloit quelqu'un, arrivèrent les Suisses, en nombre de huit ou dix milles hommes, en nostre ost, où y en avoit quelques deux milles qui avoient servy au voyage de Naples. Tous les autres demourèrent auprès de Verceil, environ à dix milles. Et ne fut point conseillé le roy de laisser joindre ces deux bandes, où estoient bien vingt-deux milles; et crois que jamais ne se trouvèrent tant de gens de leur païs ensemble. Et selon l'opinion des gens qui les cognoissoient, il demoura peu de gens combatans en leurs païs; et vindrent la pluspart, maugré qu'on en eust. Et falut deffendre l'entrée du païs de Piémont, pour n'en laisser plus passer, ou bien les femmes et les enfans y fussent venus. On pourroit demander si cette venüe procédoit de grand amour, vu que le feu roy Louis leur avoit fait beaucoup de biens et les avoit aydés à eux mettre en la gloire du monde et en réputation. Vray est qu'aucuns vieux avoient amour au roy Louis onziesme; et y vint beaucoup de cappitaines qui avoient soixante et douze ans passés, qui avoient esté cappitaines contre le duc Charles de Bourgongne; mais la principale cause estoit avarice et leurs grandes pauvretés, car à la vérité tout ce qu'ils avoient de gens combatans y vindrent. Tant de beaux hommes y avoit, que je ne vis jamais si belle compaignie; et me sembloit impossible de les avoir sçu desconfire, qui ne les eut pris par faim, par froid, ou par autre nécessité.

Or faut venir au principal poinct de ce traicté. Le duc d'Orléans qui jà avoit esté huit ou dix jours à son aise, et qui estoit bien accompagné de toutes sortes de gens, et à qui il sembloit bien qu'aucuns avoient parlé de ce que tant de gens comme il avoit dedans Novarre avec luy, s'estoient laissés mener à cette nécessité, parloit fort de bataille et un ou deux avec luy, monseigneur de Ligny et l'archevesque de Rouen, qui se mesloit de ses besongnes, et deux ou trois menus personnages, forgèrent aucuns Suisses, qui venoient s'offrir à combatre, et n'alléguoient aucune raison; car le duc d'Orléans n'avoit plus en la place que trente hommes au chasteau; et ainsi n'y avoit plus d'occasion de combatre : car le roy ne prétendoit aucune querelle, et ne vouloit combatre que pour sauver la personne du duc et de ses serviteurs. Les ennemys estoient bien forts; et estoit impossible de les prendre dedans leur ost ; tant estoit bien fermés de fossés pleins d'eau, et l'assiète propre; et n'avoient à se deffendre que de nous, car de ceux de la ville n'avoient-ils plus de crainte. Ils estoient bien deux mille huit cens hommes-d'armes bardés, et cinq milles chevaux-légers, onze mille cinq cens Alemans menés par bons chefs (comme ce messire Georges de Pietre-plane, messire Fédéric Capelare, et messire Hance), et autre grand nombre de gens-de-pié; et sembloit bien parler par volonté de dire qu'ont les duf prendre léans, ni qu'ils dussent fuir. Un autre plus grand doubte y avoit, c'estoit que si tous les Suisses se trouvoient ensemble, ils ne prissent le roy et tous les hommes riches de sa compaignie, qui estoit bien foible au prix d'eux, et qu'ils ne les menassent en leur païs; et quelque apparence s'en vit, comme verrez par la conclusion de la paix.

CHAPITRE XI.

Comment la paix fut conclue entre le roy et le duc d'Orléans d'un costé, et les ennemys de l'autre; et des conditions et articles qui furent contenus en ladite paix.

Estant toutes ces questions parmy nous, et que ledit duc d'Orléans en prit d.bat avec le prince d'Orenge, jusques à le desmentir, nous retournasmes, ledit mareschal, le seigneur de Piennes, le président Gannay, le seigneur de Morvilliers, le Vidasme de Chartres et moy, en l'ost des ennemys; et conclusmes une paix, croyant bien par les signes que voyons, qu'elle ne tiendroit point; mais nous avions nécessité de la faire, pour maintes raisons qu'avez entendues, et pour la saison d'hyver qui nous y contraignoit, et aussi par faute d'argent, et pour nous départir honorablement, avec une honorable paix par escript, qui se pourroit envoyer par tout, comme elle fut. Et ainsi l'avoit conclu le roy, en un grand conseil, présent le duc d'Orléans. La substance estoit : que le duc de Milan serviroit le roy, de Gennes, contre tout le monde; et en ce faisant, il feroit équiper deux navires à ses despens, pour aller secourir le chasteau de Naples, qui encore tenoit; et l'année après de trois; et de sa personne, serviroit le roy derechef, à l'entreprise du royaume, au cas que le roy y retournast; et donneroit passage aux gens du roy; et en cas que les Vénitens n'acceptassent la paix dedans deux mois, et qu'ils voulussent soustenir la maison d'Aragon, il devoit soustenir le roy contre eux, moyennant que tout ce que le roy prendroit de leurs terres, luy seroit baillé, et employeroit sa personne, et ses subjets; et quittoit au roy quatre vingt mille ducas, de cent vingt quatre mille, qu'il luy avoit prestés en ce voyage, que le roy avoit fait; et devoit bailler deux ostages de Gennes, pour sûreté; et fut mis le Chastelet entre les mains du duc de Ferrare, comme neutre, pour deux années entières; et payoit ledit duc de Milan la moitié de la garde, qui estoit audit Chastelet, et le roy l'autre; et en cas que le duc de Milan fît riens de Gennes contre le roy, ledit duc de Ferrare pouvoit bailler ledit Chastelet au roy; et devoit bailler deux autres ostages de Milan qu'il bailla; et aussi eussent fait ceux de Gennes, si le roy n'eust esté si hastif de partir; mais dès ce qu'il le vit party, il s'excusa.

Dès ce que nous fumes retournés de faire jurer cette paix au duc de Milan, et que les Vénitiens eurent pris terme de deux mois de l'accepter ou non (car plus avant ne se voulurent mettre), ledit seigneur jura aussi ladite paix; et dès le lendemain, deslibéra de partir, comme celuy qui avoit grande envie de retourner en France, et aussi avoit toute sa compaignie; mais la nuict, les Suisses, qui estoient en nostre ost, se mirent en plusieurs conseils, chacun avec ceux de son canton; et sonnèrent leurs tabourins, et tindrent leur rang (qui est la forme de leur conseil); et ces choses que je dis, me conta Lornay, qui estoit un des chefs d'entre eux et tousjours a esté, et qui entend bien la langue; et estoit couché en l'ost, et en vint advertir le roy.

Les uns disoient qu'ils prissent le roy et toute sa compaignie; c'est à sçavoir les riches. D'autres ne s'y consentoient point, mais bien qu'on luy demandast le payement de trois mois, disans qu'ainsi leur avoit esté promis par le roy son père, que toutes les fois qu'ils sortiroient de leur païs avec leurs bannières, que tel payement devoient avoir. Autres vouloient qu'on ne prist que les principaux, sans toucher au roy; et se disposoient de l'exécuter; et avoient já largement des gens dedans la ville; mais avant qu'ils eussent conclu, le roy partit, et tira vers Train, une ville du marquis de Montferrat. Toutesfois ils avoient tort; car il ne leur avoit esté promis qu'un mois de payement; aussi ne servirent point. Pour fin de compte, on appointa avec eux; mais avant ils prirent ledit baillif de Dijon et Lornay (mais ce furent ceux qui avoient esté avec nous à Naples), qui tousjours avoient esté leurs chefs, pour avoir un payement de quinze jours, pour eux en aller; mais les autres furent payés de trois mois; et monta bien le tout à cinq cens mille francs, desquels ils se fièrent en pleiges et en ostages. Et cela advint des François propres, qui le leur mirent en avant; car un de leurs cappitaines en vint advertir le prince d'Orenge, qui le dit au roy; et c'estoit par despit de cette paix.

Si tost que le roy fut arrivé à Train, il envoya vers le duc de Milan ledit mareschal, le président de Gannay et moy, afin qu'il voulut venir devers ledit seigneur pour parler à luy; et luy dismes plusieurs raisons pour le faire venir; et que cela seroit la vraye confirmation de la paix. Il nous dit plusieurs raisons au contraire; et s'excusa sur aucunes paroles que monseigneur de Ligny avoit dites (c'est à sçavoir qu'on le devoit prendre quand il fut devers le roy à Pavie) et sur d'autres paroles qu'avoit dites le cardinal de Sainct-Malo, qui avoit tout le crédit avec le roy. Il est bien vray que plusieurs folles paroles avoient esté dites; de qui ce fut je ne sçay; mais pour lors, le roy avoit envie d'estre son amy. Il estoit en un lieu appelé Bolie; et vouloit bien parler, une barrière entre deux et une rivière. Quand le roy eut sçu cette response, il tira à Quiers, où il n'arresta qu'une nuict ou deux; et prit son chemin pour passer les monts. Et me renvoya à Venise, et d'autres à Gennes, pour armer ces deux naves que ledit duc devoit prester; mais de tout ne fut riens, et leur laissa faire grande despense et grand apprest, et puis les garda de partir; et au contraire, il en envoya deux contre nous, en lieu de tenir promesse.

CHAPITRE XII.

Comment le roy renvoya le seigneur d'Argenton à Venise pour les conditions de la paix, lesquelles refusèrent les Vénitiens, et des tromperies du duc de Milan.

Ma charge estoit à Venise de sçavoir s'ils voudroient accepter cette paix et passer trois articles. Le premier, rendre Monopoli qu'ils avoient pris sur nous. L'autre de retirer le marquis de Mantoue, et autres qu'ils avoient au royaume de Naples, du service du roy Ferrand. Le tiers qu'ils desclarassent que le roy Ferrand n'estoit de la ligue qu'ils avoient faite de nouveau, où estoit nommé seulement le pape, le roy des Romains, le roy d'Espagne, et le duc de Milan. Quand j'arrivay audit lieu de Venise, ils me recueillirent honorablement, mais non point tant qu'ils avoient fait au premier coup; aussi nous estions en inimitié desclarée, et la première fois nous estions en paix. Je dis ma charge au duc de Venise, et il me dit que je fusse le très-bien venu, et que de brief il me feroit response, et qu'il se conseilleroit avec son sénat. Par trois jours ils firent processions générales, grandes aumosnes, et sermons publics, priant Nostre Seigneur qu'il leur donnast grace de prendre bon conseil; et me fust dit que souvent le font en cas semblable. Et à la vérité, ce me semble la plus révérente cité que j'aye jamais vue aux choses ecclésiastiques, et qui ont leurs églises mieux parées et accoustrées; et en cela je les tiens assez égaux aux Romains; et croy que de là vient la grandeur de leur Seigneurie qui est digne d'augmenter plus que d'appetisser. Pour conclusion de mon affaire, j'attendis quinze jours avant qu'avoir response qui fust de refus de toutes mes demandes; disans n'avoir aucune guerre avec le roy, et que ce qu'ils avoient fait estoit pour ayder à leur allié, le duc de Milan, que le roy vouloit destruire. Si firent parler à part avec moy le duc qui m'offroit bon appointement, qui fust que le roy Ferrand feroit hommage au roy du royaume de Naples, et du consentement du pape, et qu'il payeroit cinquante mille ducats l'an de cens, et quelque somme comptant, et qu'ils la presteroient. Et entendoient, moyennant ce prest, avoir entre leurs mains les places qu'ils ont en la Pouille, comme Brandis, Otrante, Trani et autres; et aussi bailleroit ledit dom Ferrand, ou laisseroit au roy quelque place au quartier de la Pouille pour sûreté; et vouloient dire Tarente que le roy tenoit encore; et en eust baillé une ou deux davantage; et s'offroient de les bailler de ce costé là parce que c'estoit le plus loin de nous; mais ils se couvroient, en ce que c'estoit en lieu pour servir contre le Turc, dont le roy avoit fort parlé quand il entra en Italie, disant qu'à cette fin il faisoit cette entreprise, et pour en estre plus près; qui fust une très-méchante invention ; car c'estoit mensonge, et l'on ne sçauroit céler à Dieu les pensées. Outre, m'offroit ledit duc de Venise que, si ledit roy vouloit entreprendre contre le Turc, qu'il auroit accès en ces places que je dis, et que toute l'Italie y contribueroit, et que le roy des Romains feroit la guerre de son costé aussi, et que le roy et eux tiendroient toute l'Italie ; et qu'aucun ne contrediroit à ce qu'ils en ordonneroient ; et que pour leur part, serviroient le roy avec cent galées à leurs despens et de cinq milles chevaux par terre.

Je pris congé dudit duc et seigneurie, disant que j'en ferois le rapport au roy. Je revins à Milan ; et trouvay le duc de Milan à Vigesve, où estoit un maistre-d'hostel du roy appelé Rigault d'Orielles, ambassadeur pour le roy. Ledit duc vint au-devant du roy, feignant chasser ; car ils sont ainsi honorables aux ambassadeurs. Il me fit loger en son chasteau en trèsgrand honneur. Je le suppliay de pouvoir parler à luy à part; il me dit qu'il le feroit, mais il monstroit signe de ne le chercher point. Je le voulois presser de ses navires, qu'il nous avoit promis par ce traicté de Verceil, qui estoient en estat de partir (et encore tenoit ledit chasteau de Naples), et il feignoit de les bailler ; et estoit à Gennes pour le roy, Péron de Basche, son maistre-d'hostel, et Estienne de Nèves, qui soudainement m'escrivirent, dès qu'ils sçurent ma venue là, se doulans de la tromperie du duc de Milan qui feignoit de leur bailler les navires, et au contraire en avoit envoyé deux contre nous. L'un jour respondit le gouverneur de Gennes, qu'il ne souffriroit point que lesdites navires fussent armées des François, et qu'en chacun n'en mettroit que vingt-cinq, avec maintes autres excuses de cette sorte, dissimulant en attendant les nouvelles que ledit chasteau de Naples fust rendu, où ledit duc sçavoit bien qu'il n'y avoit vivres que pour un mois ou environ, et de l'armée qui se faisoit en Provence, qui n'estoit point suffisante pour faire ledit secours sans lesdites deux navires ; car les ennemys avoient devant ledit chasteau grosse armée de mer, tant d'eux que des Vénitiens et du roy d'Espaigne. Trois jours je fus avec ledit duc. L'un jour il se mit en conseil avec moy, se courrouçant que ne trouvois pas bonne la response qu'il faisoit touchant lesdites navires ; et disoit que par le traicté de Verceil, il avoit bien promis de servir avec deux navires, mais qu'il n'avoit point promis de laisser monter aucuns François dessus. A quoy je respondis que cette excuse me sembloit bien maigre ; et si d'adventure il me prestoit une bonne mule pour passer les monts, que feroit-il pour moy de la me faire mener en mains, et que je n'en eusse que la vue, sans pouvoir monter dessus? Après longs débats, il me retira en une galerie à part. Là je luy monstray la peine que d'autres et moy avions prise pour ce traicté de Verceil, et le péril en quoy il nous mettoit d'aller ainsi au contraire, et faire ainsi perdre au roy ses chasteaux, qui estoit la totale perdition du royaume de Naples, et qui seroit hayne perpétuelle entre le roy et luy ; et luy offris la principauté de Tarente, avec la duché de Bari ; car il la tenoit. Je luy disois le péril en quoy il se mettoit, et toute l'Italie, de vouloir consentir que les Vénitiens eussent ces places en la Pouille. Il confessoit que je disois de tout vérité, par especial des Vénitiens ; mais pour toute conclusion, il me dit qu'il ne pouvoit trouver avec le roy aucune sûreté ni fiance.

Après ces devises, je pris congé dudit duc de Milan, lequel me conduisit une lieue ; et au partir advisa une plus belle mensonge (si on doit ainsi parler des princes) que devant, luy semblant bien que je m'en allois fort mélancolique. Ce fut qu'il me dit soudainement (comme un homme qui change propos) qu'il me vouloit monstrer un tour d'amy, afin que le roy eust occasion de me faire bonne chère, et que le lendemain il feroit partir messire Galéas (qui estoit le tout quand il me nommoit cestuy-là) pour aller faire partir lesdites navires, et les joindre avec nostre armée ; et qu'il vouloit faire service au roy, tel que de luy sauver son chasteau de Naples, et qu'en ce faisant il luy sauveroit le royaume de Naples (il disoit vray s'il l'eust fait) ; et que quand elles seroient parties il m'escriroit de sa main, afin que par moy le roy en receust des nouvelles le premier, et qu'il vist que je luy aurois fait ce service, et que le courrier me joindroit avant que fusse à Lyon. Et en cette bonne espérance je partis, et me mis à passer les monts; et n'ouys venir poste derrière moy, que je ne cuydasse que ce fust celuy qui me devoit apporter les lettres dessusdittes (combien que j'en faisois quelque doubte, connoissant l'homme). Et vins jusqu'à Chambéry, où je trouvay monseigneur de Savoye qui me fit bonne chère, et me retint un jour; et puis je vins à Lyon (sans ce que mon courrier vint) du tout faire mon rapport au roy, qui lors estoit entendant à faire bonne chère, et à jouster, et de nulle autre chose ne luy chasloit.

Ceux qui avoient esté courroucés de la paix de Verceil, furent fort joyeux de la tromperie que nous avoit faite le duc de Milan, et en accrut leur auctorité; et me lavèrent bien la teste, comme on a accoustumé de faire aux cours des princes, en semblable cas.

J'estois bien iré et marry. Je contay au roy, et monstray par escript, l'offre que les Vénitiens luy faisoient, qu'avez entendue devant; dont il ne fit aucune estime, et moins encore la cardinal de Sainct-Malo, qui estoit celuy qui conduisoit tout. Toutesfois j'en parlay une autre fois; et me sembloit qu'il eust mieux valu accepter cet offre que de perdre le tout; et aussi je ne voyois point gens pour conduire telle entreprise et n'appeloient aucun; qui leur pust ayder, ou le moins souvent qu'ils pouvoient. Le roy l'eust bien voulu; mais il estoit craintif de desplaire à ceux à qui il donnoit le crédit, et par espécial à ceux qui manioient ses finances, comme ledit cardinal, ses frères et parens. Qui est bel exemple pour les princes; car il faut qu'ils prennent la peine de conduire eux-mesmes leurs affaires, pour le moins quelquefois, et en appeler d'autres, selon les matières, et les tenir presque esgaux; car s'il y en a un si grand que les autres le craignent (comme fit le roy Charles huitiesme, et a fait jusques icy, qui tousjours en a eu un) cestuy-là est le roy et seigneur, quant à l'effect; et se trouve le maistre mal servy, comme il a esté de ses gouverneurs, qui ont très-bien fait leurs besongnes, et mal les siennes, et en a esté moins estimé.

CHAPITRE XIII.

Comment le roy, estant retourné en France, mit en oubly ceux qui estoient demourés à Naples, et comment monseigneur le dauphin mourut, dont le roy et la royne ménèrent grand deuil.

Mon retour à Lyon fut l'an mil quatre cens quatre-vingt et quinze, le douziesme jour de décembre, auquel lieu estoit arrivé le roy avec son armée; et avoit esté dehors, audit voyage, un an, et environ deux mois; et tenoient encore les chasteaux de Naples, comme j'ay dit peu plus avant; et estoit encore, audit royaume de Naples, monseigneur de Montpensier, lieutenant du roy et à Salerne, avec le prince du lieu, et monseigneur d'Aubigny en Calabre (où presque tousjours il avoit esté malade; mais bien et grandement y avoit servy) et messire Gracien des Guerres estoit en l'Abruzze, dom Julian au Mont Sainct-Ange, et Georges de Suilly à Tarente (mais le tout tant pauvre et tant abandonné que nul ne le sçauroit penser) sans avoir, à grande peine, une nouvelle ou lettre, et celles qu'ils avoient n'estoient que mensonges et promesses sans effect. Car (comme dit est) de soy le roy ne faisoit riens; et qui les eust fournis des sommes d'argent à heure, dont on a despendu six fois le double, jamais n'eussent perdu le royaume. Finalement leur vindrent quarante mille ducas seulement, qui leur furent envoyés quand tout fut perdu, pour part de leur soulde d'un an. Et y a plus, c'est que s'ils fussent arrivés un mois plustost, les maux et hontes qui leur advindrent (comme entendez) ne leur fussent pas advenus, ni les divisions; et tout par faute que le maistre n'expédioit riens de luy, ni n'escoutoit les gens qui en venoient, et ses serviteurs qui s'en mesloient estoient peu expérimentés et paresseux; et croy que quelqu'un avoit intelligence avec le pape; et sembloit que Dieu laissast de tous poincts, à faire la grâce au roy qu'il luy avoit faite à l'aller.

Après que le roy eut séjourné à Lyon deux mois ou environ, luy vindrent nouvelles comme monsieur le dauphin, son seul fils, estoit en péril de mort; et trois jours après luy vindrent nouvelles qu'il estoit trespassé. Ledit seigneur en eut deuil, comme la raison le veut; mais peu lui dura le deuil. Et la royne de France, duchesse de Bretagne, appelée Anne, mena le plus grand deuil, qu'il est possible que femme peut faire; et longuement luy dura ce deuil; et croy qu'outre le deuil naturel que les mères ont accoustumé d'avoir de la perte de leurs enfans, le cœur luy jugeoit quelque grand dommage à venir. Mais au roy son mary dura peu ce deuil (comme dit est); et voulut reconforter de faire danser devant elle; et y vindrent aucuns jeunes seigneurs et gentils-hommes, que le roy y fit venir pour danser; et entre les autres y estoit le duc d'Orléans, qui pouvoit bien avoir trente-quatre ans. Il luy sembloit bien qu'il avoit joie de ladite mort (à cause qu'il estoit le plus prochain de la couronne après le roy), et furent long-temps après sans parler ensemble, pour cette cause. Ledit dauphin avoit environ trois ans, bel enfant et audacieux en parole; et ne craignoit point les choses que les autres enfans ont accoustumé de craindre; et vous dis que pour ces raisons, le père en passa aisément son deuil, ayant desjà doute que tost cet enfant ne fust grand, et que, continuant ses conditions, il ne luy diminuast l'auctorité et puissance; car ledit roy ne fut jamais que petit homme de corps [1], et peu entendu; mais estoit si bon, qu'il n'est point possible voir meilleure créature.

Or entendez quelles sont les misères des grands roys et princes qui ont peur de leurs propres enfans. Le roy Louis onziesme, son père, en avoit eu peur, qui fut si sage et vertueux; mais bien sagement y pourvut, et après, en l'âge de quatorze ans, il le laissa roy. Ledit roy Louis avoit fait peur à son père le roy Charles septiesme; car il se trouva en armes, et en assemblée contre luy, avec aucuns seigneurs et chevaliers de ce royaume, en matière de brouillis de cour et de gouvernement (et le m'a maintes fois conté ledit Louis onziesme), ayant environ l'age de treize ans; mais cela ne dura point; mais depuis qu'il fut homme, il eut grande division avec ledit Charles septiesme, son père, et se retira au Dauphiné, et de là en Flandres, laissant ledit pays du Dauphiné audit roy son père; et est parlé de ce propos au commencement de ces Mémoires, touchant le règne dudit Louis onziesme. Nulle créature n'est exempte de passion, et tous mangent leur pain en peine et en douleur, comme Nostre Seigneur le promit quand il fit l'homme, et loyaument l'a tenu à toutes gens. Mais les peines et douleurs sont différentes; celles du corps sont les moindres, et celles de l'entendement les plus grandes; celles des sages sont d'une façon, et celles des fols d'une autre; mais trop plus de douleur et de passion porte le fol que le sage (combien qu'à plusieurs semble le contraire), et si y a moins de reconfort. Les pauvres gens (qui travaillent et labourent pour nourrir eux et leurs enfans, et payent la taille et les subsides à leurs seigneurs) devroient vivre en grand desconfort, si les grands princes et seigneurs n'avoient que tous plaisirs en ce monde, et eux travail et misère. Mais la chose va bien autrement; car si je me voulois mettre à escrire les passions que j'ay vu porter aux grands, tant hommes que femmes, depuis trente ans seulement, j'en ferois un gros livre (je n'entends point de ceux qui sont des conditions de ceux qui sont nommés au livre de Bocace; mais j'entends de ceux et celles qu'on voit en toute richesse, santé et prospérité). Et ceux qui ne les pratiquoient point de près comme moy, les réputoient estre bienheureux; et si ay vu maintes fois leurs desplaisirs et douleurs estre fondés en si peu de raison, qu'à grande peine l'eussent voulu croire les gens qui ne les hantoient point; et la pluspart estoient fondés en soubçons et rapports, qui est une maladie cachée (qui règne aux maisons des grands princes) dont maint mal advient, tant à leurs personnes qu'à leurs serviteurs et subjets; et s'en abrége tant leur vie, qu'à grande peine s'est vu aucun roy en France, depuis Charlemagne, avoir passé soixante ans. Pour cette suspicion, quand le roy Louis onziesme vint et approcha de terme, estant malade de cette maladie, se jugeoit desjà mort. Son père Charles septiesme, qui tant avoit fait de belles choses en France, estant malade, se mit en fantaisie qu'on le vouloit empoisonner, parquoy il ne voulut jamais manger. Autres suspicions eut le roy Charles sixiesme, qui devint fol; et le tout par rapport. Ce qui doit estre réputé une grande faute aux princes, quand ils ne les advèrent ou font advérer [1], si ce sont choses qui

---

[1] Aussi ne l'appelle-t-on que le petit roi Charles VIII.

[1] Avèrent et avèrer.

leur touchent, et encore que ne fussent de trop grande importance (car par ce moyen ils n'en auroient point si souvent). Et faudroit en demander aux personnes l'un devant l'autre ; j'entends de l'accusateur et de l'accusé, et par ce moyen ne se feroit aucun rapport, s'il n'estoit véritable. Mais il y en a de si beste, qu'ils promettent et jurent n'en dire riens ; et par ce moyen, ils emportent aucune fois ces angoisses dont je parle; et si hayent le plus souvent les meilleurs, et les plus loyaux serviteurs qu'ils ayent, et leur font des dommages, à l'appétit et rapport de plusieurs meschans; et par ce moyen font de grands torts et de grands griefs à leurs subjets.

CHAPITRE XIV.

Comment les nouvelles de la perte du chasteau de Naples vindrent au roy ; de la vendition des places des Florentins à diverses gens ; du traicté d'Atelle en la Pouille, au grand dommage des François, et de la mort du roi Ferrand de Naples.

Le trespas de monseigneur le dauphin, seul fils du roy Charles huitiesme, fut environ le commencement de l'an mil quatre cens quatre vingt et seize, qui luy fut la plus grande perte que jamais luy fut advenue, ni qui luy put advenir; car jamais n'a plus eu enfant qui ait vescu. Ce mal ne vint point seul ; car en ce propre temps luy vindrent nouvelles que le chasteau de Naples estoit rendu par ceux que monseigneur de Montpensier y avoit laissés par faveur, et aussi pour avoir les ostages que ledit seigneur de Montpensier avoit baillés (qui estoit monsieur d'Alégre, un des enfans de la Marche, d'Ardaine [1], et un appelé de la Chapelle, de Loudonnois, un appelé Jean Roquebertin, Catelan); et revindrent par mer ceux qui estoient audit chasteau. Une autre honte et dommage luy advint; c'est qu'un appelé Entragues (qui tenoit la citadelle de Pise, qui estoit le fort, et qui tenoit cette cité en subjection) bailla ladite citadelle aux Pisans; qui estoit aller contre le serment du roy, qui deux fois jura aux Florentins de leur rendre ladite citadelle, et autres places, comme Serzanne et Serzanelle, Pietre-Sancte, Librefacto et Mortron, que les Florentins avoient presté audit seigneur, à son grand besoin et nécessité, à son arrivée en Italie, et luy avoient donné six vingt mille ducas, dont il n'en restoit que trente mille à payer quand nous repassasmes, comme en quelque autre endroit en a esté parlé. Bref, toutes ces places furent vendues : les Gennevois [1] acheptèrent Serzane et Serzanelle; et les leur vendit un bastard de Sainct-Paul. Pietre-Sancte vendit encore ledit Entragues aux Luquois, et Librefacto aux Vénitiens, le tout à la grande honte du roy et de ses subjets, et au dommage et consommation de la perte du royaume de Naples. Le premier serment (comme dit est ailleurs) que le roy fit de la restitution desdites places, fut à Florence sur le grand autel, en la grande église de Sainct-Jean ; le second fut en Ast, quand il fut retourné. Et prestèrent les Florentins trente mille ducas comptans audit seigneur (qui en avoit bien grand besoin) par condition que, si Pise se rendoit, le roy ne payeroit riens de ladite somme, et seroient rendus les gages et bagues qu'on leur bailloit; et si devoient prester audit seigneur encore soixante mille ducas, et les faire payer comptans au royaume de Naples, à ceux qui encore estoient là pour le roy, et tenir audit royaume trois cens hommes-d'armes continuellement, à leurs despens, au service dudit seigneur jusques à la fin de l'entreprise. Et pour cette mauvaistié dite, riens ne se fit de ces choses; et fallut rendre lesdits trente mille ducas que ces Florentins avoient prestés. Et advint tout ce dommage par faute d'obéyssance, et par rapports en l'oreille; car aucuns des plus près de luy donnèrent cœur audit Entragues d'ainsi le faire.

En ce mesme temps, deux mois plus au moins, au commencement de cette année mil quatre cens quatre vingt et seize, voyans monseigneur de Montpensier et le seigneur Virgile Ursin, messire Camille Vitelly, et autres cappitaines françois, que tout estoit ainsi perdu, se mirent aux champs et prirent quelques petites places ; et là leur vint au-devant le roy Ferrand, fils du roy Alphonse (qui s'estoit voué de religion, comme avez vu devant); et avec ledit Férrand estoit le marquis de Mantoue, frère de la femme dudit Montpensier, et cappitaine-général des Vénitiens, qui trouvèrent logé ledit Mont-

---

[1] De la Marck des Ardennes.

[1] Les Génois.

pensier en une ville appelée Atelle, lieu très-avantageux pour eux, pour avoir vivres, en un haut. Et y fortifièrent leurs logis, comme ceux qui craignoient la bataille; car ledit roy Ferrand et ses gens avoient toujours esté battus en tous lieux, et ledit marquis, en venant à Fornoue, où nous avions combatu. Et l'avoient les Vénitiens presté au roy Ferrand, auquel ils prestèrent aussi quelque somme d'argent, qui valoit peu pour les gages qu'ils en prirent, car ils en eurent six places en la Pouille de grande importance (comme Brandis, Trani, Galipoli, Carna, Otrante et Monopoli, qu'ils avoient prises sur nous); et comptèrent le service de leurs gens-d'armes, qu'ils avoient audit royaume; et tant qu'ils tiennent lesdites places pour deux cens mille ducas, et puis veulent compter la despense de les garder. Et croy que leur intention n'est point de les rendre; car ils ne l'ont point de coustume, quand elles leur sont bien séantes, comme sont celles-cy, qui sont du costé de leur goufre de Venise. Et par ce moyen sont vrays seigneurs du goufre (qui est une chose qu'ils désirent). Et me semble que dudit Otrante (qui est le bout du goufre) y a neuf cens milles jusques à Venise. Le pape y a eu autres places entre deux; mais il faut que tout paye gabelle à Venise, si on veut naviguer par ledit goufre. Or est-ce grand chose à eux d'avoir acquis ces places, et plus que beaucoup de gens n'entendent; car ils en tirent grands bleds et huiles, qui leur sont deux choses bien séantes et nécessaires.

Audit lieu dont je parle survint question entre les nostres, tant pour les vivres (qui se commencèrent à diminuer) que pour faute d'argent; car il estoit dû aux gens-d'armes un an et demy et plus; et avoient enduré grandes pauvretés. Aux Alemans estoit aussi dû largement, mais non tant; car tout l'argent que monseigneur de Montpensier pouvoit finer audit royaume estoit pour eux. Toutesfois il leur estoit dû un an et plus; mais ils avoient pillé plusieurs petites villes dont ils s'estoient enrichis. Si les quarante mille ducas qu'on leur avoit tant de fois promis envoyer y eussent esté, ou qu'on eust sçu qu'ils eussent esté à Florence, le débat qui y advint n'y fut point advenu, mais tout estoit sans espoir. Toutesfois plusieurs des chefs m'ont dit que, si nos gens eussent esté d'accord pour combatre, il leur sembloit qu'ils eussent gaigné bataille; et quand ils l'eussent perdue, ils n'eussent point perdu la moitié des gens qu'ils perdirent, en faisant un si vilain accord qu'ils firent. Monseigneur de Montpensier et ledit Virgile Ursin, qui estoient les deux chefs, vouloient la bataille, et ceux-là sont morts en prison; et ne leur fut point observé ledit appointement. Ces deux que je dis chargèrent monseigneur de Percy, un jeune chevalier d'Auvergne, d'avoir esté cause que l'on ne combatist, et qu'il estoit un très-mauvais chevalier, et peu obéyssant à son chef.

Il y avoit deux sortes d'Alemans en cet ost; il y pouvoit avoir quinze cens Suisses qui y avoient esté dès ce que le roy y alla; ceux-là le servirent loyaument jusques à la mort, et tant que plus on ne sçauroit dire. Il y en avoit d'autres que nous appelons communément Lansquenets, qui vaut autant dire comme compagnons du païs, et ceux-là haïssent naturellement les Suisses et les Suisses eux. Ils sont de tous païs comme de dessus le Rhin et du païs de Souabe. Il y en avoit aussi du païs de Vaux en Senonie, et du païs de Gueldres. Tout ceci montoit sept ou huit cens hommes, qu'on y avoit envoyés nouvellement, avec payement de deux mois, qui estoit mangé, et quand ils arrivèrent là, ils ne trouvèrent autre payement. Ceux-cy se voyans en ce péril et nécessité, ne nous portèrent point l'amour que font les Suisses; ils pratiquèrent et se tournèrent du costé dudit dom Ferrand. Et pour cette cause, et pour la division des chefs, nos gens firent un vilain et infâme appointement avec ledit dom Ferrand, qui bien jura de le tenir, car ledit marquis de Mantoue voulut bien assurer la personne de son beau-frère, monsieur de Montpensier.

Par ledit accord ils se rendirent tous en la main de leurs ennemys, et leur baillèrent toute l'artillerie du roy, et leur promirent faire rendre toutes les places que le roy avoit audit royaume, tant en Calabre où estoit monseigneur d'Aubigny, qu'en l'Abruzze où estoit messire Cracien des Guerres avec Gajette et Tarente; et par ce moyen ledit roy Ferrand les devoit envoyer en Provence par mer, leurs bagues sauves, lesquelles ne valoient guères; Ledit roy Ferrand les fit tous mener à Naples, et estoient cinq ou six milles personnes ou plus. Si deshonneste appointement n'a esté fait de nostre temps, et n'en ay lu de semblable, fors celuy qui fut fait par deux consuls romains (comme dit Titus Livius) avec les Samnitiens, qu'on veut dire estre ceux de Benevent, en un lieu appelé lors les Furques Caudines, qui est certain païs de montagnes, lequel appointement les Romains ne voulurent tenir, et renvoyèrent prisonniers les deux consuls aux ennemys.

Quand nos gens eussent combatu et perdu la bataille, ils n'eussent point perdu tant de morts; car les deux parts des nostres y moururent par famine ou peste, dedans les navires, en l'isle de Pruce[1], où ils furent envoyés depuis par ledit roy Ferrand; et mesmes y mourut monsieur de Montpensier (aucuns disent de poison, et d'autres de fièvres, ce que je croy mieux). Et ne croy point que de tout ce nombre revint jamais quinze cens personnes; car des Suisses, qui estoient bien treize cens, n'en revint point plus de trois cens cinquante, tous malades, lesquels doivent estre loués de loyauté; car jamais ne voulurent prendre le party du roy Ferrand, et eussent avant enduré la mort, comme plusieurs firent audit lieu de Pruce, tant de chaleur et maladie, comme de faim; car on les tint en ces navires par long-temps, en si grande extrémité de vivres qu'il n'est pas possible de croire. Je vis revenir ceux qui en revindrent, et par espécial les Suisses, qui rapportèrent toutes leurs enseignes; et monstroient bien à leurs visages qu'ils avoient beaucoup souffert. Et tous estoient malades. Et quand ils partirent des navires pour un peu prendre l'air, on leur haussoit les pieds. Ledit seigneur Virgille s'en pouvoit bien aller en ses terres, par ledit appointement, et son fils, et tous les Italiens qui servoient le roy. Toutesfois ils le retindrent, et sondit fils légitime aussi; car il n'en avoit qu'un. Bien avoit un bastard, homme de bien, appelé le seigneur Carlo. Plusieurs Italiens de leur compaignie le destroussèrent en s'en allant. Si cette male-adventure ne fut tombée que sur ceux qui avoient fait ledit appointement, on ne les devroit point plaindre.

Tost après que ledit roy Ferrand eut reçu cet honneur, dont j'ay parlé dessus, et que de nouveau avoit esté marié avec la fille de son grand-père le roy Ferrand, qu'il avoit eue de la sœur du roy de Castille, de présent régnant, (et si estoit sœur du roy Alphonse, son propre père, estant jeune fille de treize ou quatorze ans); il prit une fièvre continue, dont en peu de jours mourut: et vint la possession du royaume au roy Fédéric (qui de présent le tient), oncle dudit Ferrand. Ce me semble horreur de parler d'un tel mariage, dont en ont fait jà plusieurs en cette maison, de fresche mémoire, comme depuis trente ans en çà. Ladite mort fut tost après ledit appointement, qui fut fait en la ville d'Atelle, l'an mil quatre cens quatre-vingt et seize. Ledit roy dom Ferrand, quand il vivoit, et ledit dom Fédéric depuis qu'il fut roy, s'excusoient sur ce que monsieur de Montpensier ne faisoit point rendre lesdites places qu'il avoit promises en faisant ledit traicté; car Gajette et autres n'estoient point en sa main. Et combien qu'il fut lieutenant du roy, si n'estoient point tenus ceux qui tenoient les places pour le roy de les rendre par son commandement, combien que le roy n'y eut guères perdu; car elles coustèrent beaucoup depuis à garder et avitailler, et si se perdirent; et ne pense mentir (car j'estois présent à voir depescher trois ou quatre fois ceux qui allèrent pour avitailler et secourir les chasteaux de Naples, et un coup, et après jusques à trois pour avitailler Gajette), que ces quatre voyages coustèrent plus de trois cens mille francs; et si furent voyages perdus.

CHAPITRE XV.

Comment quelques pratiques menées en faveur du roy, par aucuns seigneurs d'Italie, tant pour Naples que pour déchasser le duc de Milan, furent rompues par faute d'y envoyer, et comment une autre entreprise contre Gennes ne put aussi venir à bon effect.

Depuis le retour du roy, dudit voyage de Naples, comme dit est, il se tint à Lyon longtemps, à faire tournois et joustes, désirant tousjours ne perdre point ses places dont j'ay parlé; et ne luy chaloit qu'il luy coustat: mais aucune peine ne vouloit prendre pour entendre à son affaire. Pratiques luy venoient assez d'Italie, et de grandes et sûres pour le royaume de France, qui est fort de gens, et a largement bleds en Provence et Languedoc et autres pays pour y envoyer et argent; mais à un

---

[1] Procida.

autre prince que le roy de France seroit tousjours se mettre à l'hospital, de vouloir entendre au service des Italiens et à leurs entreprises et secours ; car tousjours y mettra ce qu'il aura, et n'achèvera point ; car ceux-là ne servent point sans argent ; et aussi ils ne le pourroient, si ce n'estoit un duc de Milan, ou une des plus grandes seigneuries ; mais un pauvre cappitaine, encore qu'il ait bonne affection de servir un prince de la maison de France, qui prétendroit raison au royaume de Naples, ou un autre qui prétendroit droict à la duché de Milan, quelque loyauté qu'il tînt, et encore qu'il soit votre partisan, si ne vous sçauroit-il servir guères longuement, après le payement failly ; car ses gens le laisseroient, et le pauvre cappitaine auroit perdu son vaillant ; car la pluspart n'ont riens que le crédit que leur donnent leurs gens-d'armes, lesquels sont payés de leur cappitaine, et luy se fait payer de celuy qu'il sert. Et plus grande seureté ne sçauroit-on demander en Italie que la partialité. Mais pour sçavoir quelles ont esté ces pratiques, que j'ay dites, si grandes furent qu'elles commencèrent avant que Gajette fust perdue, et durèrent encore depuis, deux ans après le retour du roy, quand le duc de Milan ne tenoit choses qu'il eut promises ; ce qu'il ne faisoit point du tout par tromperie ni malveillance, mais en partie de crainte ; car il craignoit, si le roy estoit si grand, qu'il ne le deffît. Après il estimoit aussi le roy estre de peu de tenue et seureté. Il fut entrepris finalement que le duc d'Orléans iroit en Ast, avec un nombre de gens ; et le vis prest à partir, et tout son train partit. Nous estions assurés du duc de Ferrare, avec cinq cens hommes-d'armes et deux milles hommes-de-pié, combien qu'il fut beau-père du duc de Milan ; car il le faisoit pour s'oster du péril où il se voyoit estre entre les Vénitiens et le duc ; pour ce que pièça, comme a esté autrefois vu dessus, lesdits Vénitiens luy avoient osté le Polesan, et ne demandoient que sa destruction. Il eut préféré sa seureté et de ses enfans, à l'amitié de son gendre ; et par adventure luy sembloit que ledit duc s'appointeroit avec le roy quand il se verroit en cette crainte. Le semblable eut fait par sa main le marquis de Mantoue, qui naguères estoit cappitaine des Vénitiens, et encore estoit. Mais en suspicion d'eux, et luy mal-content d'eux, séjournoit avec son beau-père le duc de Ferrare, avec trois cens hommes-d'armes ; et si avoit pour femme, et a encore, la sœur de la duchesse de Milan, et fille du duc de Ferrare. Messire Jean Bentivoille (qui gouverne Boulongne, et y est comme seigneur) eut fourny cent cinquante hommes-d'armes, et deux de ses fils, qui avoient gens-d'armes, et de bonnes gens-de-pié ; et si est assis en lieu où il pouvoit bien servir contre le duc de Milan. Les Florentins, qui se voyoient destruits, si par quelque grand inconvénient ne se ressourdoient, de peur d'estre dessaisis de Pise et d'autres places dont il a esté parlé, fournissoient huit cens hommes-d'armes, et cinq milles de pié, et cela à leurs despens, et avoient provision de leurs payemens pour six mois. Les Ursins, et aussi le préfect de Rome, frère du cardinal de Sainct-Pierre-ad-Vincula, dont plusieurs fois a esté parlé (car ils estoient à la soulde du roy), eussent bien amené mille hommes-d'armes ; mais entendez que la suite de leurs hommes-d'armes n'est pas telle que celle des nostres, qui ont archiers ; mais la soulde est assez pareille ; car un homme-d'armes, bien payé, couste cent ducas l'an ; et il nous faut le double pour les archiers. Ces gens souldoyés faloit bien payer, mais aux Florentins riens. Quant au duc de Ferrare et au marquis de Mantoue, et Bentivoille, ils parloient seulement de leurs despens ; car ils prétendoient gain de terres, aux despens du duc de Milan. Et s'il se fût trouvé soudainement assailly de ce qu'eut mené le duc d'Orléans, et de tous ceux que j'ay nommés, ceux qui se fussent sçu mettre en ordre, pour les deffendre, comme les Vénitiens, n'eussent esté prests à moins de quatre-vingt mille escus, devant qu'il eust esté contraint de se tourner du costé du roy, qui eust tenu tous ces Italiens aux champs long-temps. Et de faict, le duc de Milan gaigné, le royaume de Naples se recouvroit de soy-mesme.

La faute d'esprouver cette belle adventure vint de ce que ledit duc d'Orléans mua de propos, combien qu'on entendoit qu'il dust partir du soir au matin, parce qu'il avoit devant envoyé toutes choses qui servoient à sa personne, et ne restoit que luy à partir et l'armée preste et payée ; car en Ast avoit huit cens hommes-d'armes françois, et six milles hommes-de-pié, dont y en avoit quatre cens Suisses. Ledit duc d'Orléans ayant ainsi mué propos, requit au roy par deux fois, qu'il luy plust mettre cette matière au conseil : ce qui fut faict par deux fois ; et m'y trouvai présent à toutes les deux fois. Et fut conclu, sans une voix au contraire (et si y avoit tousjours dix ou douze personnes pour le moins), qu'il y devoit aller, vu qu'on avoit assuré tous les amys en Italie, qui dessus sont nommés, lesquels jà avoient fait grosse dépense et se tenoient prests. Lors dit ledit duc d'Orléans (qui estoit de quelqu'un conseillé, ou fuyoit son partement, parce qu'il voyoit le roy assez mal disposé de sa santé, dont il devoit estre propre héritier s'il venoit à mourir) : qu'il ne partiroit point pour y aller, pour sa propre querelle ; mais que très-volontiers iroit comme lieutenant du roy, et par son commandement ; et ainsi finit ce conseil. Le lendemain, et plusieurs autres jours après, pressèrent fort les ambassadeurs Florentins, et plusieurs autres, le roy, pour faire partir ledit duc d'Orléans ; mais le roy respondit qu'il ne l'envoyeroit jamais à la guerre par force. Parquoy ce voyage fut ainsi rompu. Et en desplaisoit au roy, qui en avoit fait grande despence, et avoit grande espérance de se venger du duc de Milan, vu les dictes intelligences, et nouvelles qu'il pouvoit avoir euës à l'heure, d'autres intelligences qu'avoit messire Jean Jaques de Trévoul, qui estoit lieutenant-général pour le roy et pour le duc d'Orléans, et natif de Milan, et fort aimé et apparenté en ladite duché de Milan, où avoit largement gens qui avoient bonne intelligence avec lui, tant de ses parens comme d'autres.

Faillie cette entreprise, en survint tost une autre, voire deux ou trois à un coup, de Gennes, là où ils sont enclins à toutes mutations. L'une se dressoit par messire Baptiste de Camp-Fourgouse [1] ; qui estoit un grand chef entre ces partialités de Gennes ; mais il en estoit banni, et n'y pouvoit sa partialité rien : ni ceux de Dorie, qui sont gentilshommes, et ceux de Fourgouse [1] non. Lesdits Dorie sont partisans desdits Fregouses [2] et ne peuvent estre ducs, à cause qu'ils sont gentilshommes ; car un gentilhomme ne le peut estre. Et ledit messire Baptiste l'avoit esté, n'y avoit guères, et avoit esté trompé par son oncle le cardinal de Gennes ; et cestuy-là avoit mis la seigneurie de Gennes en la main du duc de Milan (il n'y a pas encore fort long-temps) ; et gouvernoient à Gennes les Adornes, qui aussi ne sont point gentilshommes, mais souvent ont été ducs de Gennes, et aydés par les Spinoles, qui sont aussi gentilshommes. Et ainsi les nobles font bien un duc à Gennes, mais ils ne le peuvent estre. Ledit messire Baptiste espéroit mettre en armes sa partialité [3], tant en la cité qu'aux champs, et que la seigneurie seroit au roy, et que luy et les siens gouverneroient et chasseroient les autres dehors. L'autre entreprise estoit ; que plusieurs personnes de Savonne s'estoient adressées au cardinal de Sainct-Pierre-ad-Vincula, assurant de luy pouvoir bailler ladite ville de Savonne, espérant estre en liberté ; car elle est soubs la ville de Gennes, et y paye les gabelles [4]. Qui eut pu avoir ce lieu, Gennes eut esté fort à détroict ; vu que le roy tient le païs de Provence, et que Savoye est à son commandement. Pour toutes ces nouvelles manda le roy à messire Jean-Jacques de Trevoul, qu'il fît espaule [5] audit messire Baptiste de Campe-Fourgouse, et prestast des gens pour le conduire jusques aux portes de Gennes, pour voir si la partialité se pourroit lever. D'autre costé fut empesché du cardinal Sainct-Pierre-ad-Vincula, qui fit tant que le roy escrivit aussi audit messire Jacques, qu'il envoyast des gens avec ledit cardinal pour le conduire jusques à Savonne, et le lui mandoit de bouche, par le seigneur de Servon en Provence, amy dudit cardinal, et très-hardy parleur. Ledit roy mandoit audit messire Jean-Jacques qu'il se mit en lieu où il put faire espaule aux deux bandes, et qu'il n'entreprit rien sur le duc de Milan,

---

[1] Baptiste Campo Frégoso, ici nommé de Campefourgouse, s'est fort déchaîné contre ce cardinal de Gênes son oncle, dans un livre qu'il a fait des actions mémorables où il l'accuse de trahison pour l'avoir fait déposer de la dignité de doge de Gênes, dans le dessein d'y faire monter son fils naturel.

[1] Campo Frégoso.
[2] Frégoso.
[3] Son parti, ses partisans
[4] Gabelles est ici pour les impositions que l'on paye au Gouvernement.
[5] Qu'il aidât.

ne contre la paix qu'on avait faite, la saison devant, avec ledit duc, comme on l'a pu voir ailleurs. Or estoient ces commandemens bien différens ; et ainsi se despeschent les affaires des grands princes, quand ils n'y sont point présens, et qu'ils sont soudains à commander lettres, et expédier gens, sans bien ouïr débattre devant les expéditions de si grosses entreprises. Or entendez quant à ce que demandoit ledit messire Baptiste de Campe-Fourgouse, et à ce que cherchoit ledit cardinal, que c'estoit chose impossible de fournir aux deux à un coup ; car d'aller jusques aux murs de Gennes, sans grand nombre de gens, ne se pouvoit faire ; car il y a grand peuple dedans, hardis, bien armés, et vaillantes gens ; et en baillant aussi compaignie au cardinal, l'armée estoit départie en trois, car il faloit qu'il en demourast audit messire Jean-Jacques, et si y avoit à Gennes et à Savonne beaucoup de gens que le duc de Milan y avoit envoyés, et les Vénitiens, qui tous avoient bien grande peur que Gennes tournast, et si avoit dom Fédéric et le Pape.

Or messire Jean-Jacques avoit eu une tierce entreprise en son cœur ; car il eut voulu tost droict tirer contre le duc de Milan, et laisser les autres entreprises; et qui l'eut laissé faire, il eut fait grandes choses ; et commença ; car soubs couleur d'escrire au roy : qu'il ne pouvoit autrement garder de dommage ceux qui iroient à Gennes ou à Savonne, il s'en alla mettre sur le grand chemin par où l'on pouvoit venir d'Alexandrie vers Gennes (car par ailleurs que par ce chemin, ne pouvoit le duc de Milan envoyer gens, pour courir sus aux nostres); et prit ledit messire Jean-Jacques trois ou quatre petites villes, qui lui ouvrirent ; et disoit ne faire point la guerre au duc pour cela, vu qu'il estoit nécessaire qu'il s'y mit ; et aussi que le roy n'entendoit point faire guerre audit duc, mais avoir Gennes ou Savonne, s'il eut pu , disant qu'ils sont tenus de luy, et qu'ils avoient forfait. Pour satisfaire au cardinal, ledit messire Jean-Jacques lui bailla partie de l'armée, pour aller à Savonne. Il trouva la place garnie, et son entreprise rompue, et s'en revint. On en bailla d'autres audit messire Baptiste [1], pour aller à Gennes, s'assurant fort de ne faillir point. Quand il eut fait trois ou quatre lieues, ceux qui alloient en sa compagnie, entrèrent en aucunes doutes de lui, tant Alemans que François. Toutesfois c'est à tort ; mais leur compaignie, qui n'estoit pas grande, se fut mise en danger d'y aller, si sa partialité ne se fut levée. Et ainsi faillirent toutes ses entreprises. Et estoit ja fort le duc de Milan, qui avoit esté en grand péril, qui eut laissé faire le seigneur Jean-Jacques ; et luy estoient venus beaucoup de gens des Vénitiens. Nostre armée se retira ; et donna-l'on congé aux gens-de-pié ; et furent laissées ces petites villes qu'on avoit prises ; et cessa la guerre, à peu de profit pour le roy, car fort grand argent s'y estoit despendu.

CHAPITRE XVI.

De quelques dissentions d'entre le roy Charles et Ferrand de Castille, et des ambassadeurs envoyés de l'un à l'autre pour les appaiser.

Depuis le commencement de l'an mil quatre cens quatre-vingt et seize, que ja le roy estoit deça les monts trois ou quatre mois y avoit, jusques en l'an mil quatre cens quatre-vingt et dix-huit, ne fit le roy autre chose en Italie. Et me trouvai tout ce temps avec luy; et estois présent à la pluspart des choses. Et alloit le roy de Lyon à Moulins et de Moulins à Tours, et par tout faisoit des tournois et des joustes, et ne pensoit à autres choses. Ceux qui avoient plus de crédit à l'entour de luy estoient tant divisés que plus ne pouvoient. Les uns vouloient que l'entreprise d'Italie continuast (c'estoient le cardinal [1] et le seneschal) voyans leur profit et autorité en la continuant, et passoit tout par eux. D'autre costé estoit l'admiral [2] qui avoit eu toute l'autorité avec le jeune roy avant ce voyage; cestuy-là vouloit que ces entreprises demourassent de tous poincts, et y voyoit son profit, et moyen de retourner à sa première auctorité, et les autres à la perdre ; et ainsi passèrent les choses un an demi ou environ.

Durant ce temps alloient ambassadeurs devers le roy et la royne de Castille : car fort de-

---

[1] De Campo Frégoso.

[1] Le cardinal Brissonet et le seneschal de Beaucaire.
[2] Louis Mallet, seigneur de Graville, amiral en 1485.

siroit le roy d'appaiser ce bout qui estoit en guerre ; et estoient forts par mer et par terre : combien que par la terre fissent peu d'exploicts, et par mer avoient fort aidé aux roys Ferrand et Fédéric : car le païs de Cecile est voisin au royaume de Naples, d'une lieue et demie, à l'endroit de Règes en Calabre ; et aucuns veulent dire qu'autrefois fut toute terre, mais que la mer a fait cette closture que l'on appelle de présent le Far[1] de Messine. Et de Cecile dont les roys et roynes de Castille estoient seigneurs, vinrent grands secours à Naples, tant de caravelles qu'ils avoient envoyé d'Espaigne, que de gens; et en Cecile mesme se trouva quelque nombre d'hommes-d'armes, qui estoient passés en Calabre avec une quantité de genetaires[2], et faisoient la guerre à ceux qui estoit là pour le roy. Leurs navires estoient sans cesse avec ceux qui estoient de la ligue ; et ainsi quand tout estoit assemblé, le roy estoit de beaucoup trop foible par la mer. Par ailleurs fit le roy de Castille peu de dommage au roy. Vray est que grand nombre de gens de cheval entrèrent en Languedoc, et y firent du pillage, et couchèrent audit païs ; et y en eut plusieurs qui furent sur ledit païs deux ou trois ou quatre jours, mais autre exploict ne firent-ils. Monseigneur de Sainct-André[3] de Bourbonnois, estoit à cette frontière, pour monseigneur le duc de Bourbon, gouverneur de Languedoc. Celui-là entreprit de prendre Sausses[4], une petite ville qui estoit en Roussillon : car delà ils faisoient la guerre au roy, deux ans devant ; et leur avoit le roy rendu ledit païs de Roussillon, où est assis le païs de Perpignan, et cette petite ville est du païs. L'entreprise estoit grande, parce qu'il y avoit largement gens, selon le lieu, et des gentils-hommes de la maison du roy de Castille mesme, et leur armée aux champs, logée à une lieue près, qui estoit plus grosse que la nostre. Toutesfois ledit seigneur de Sainct-André conduisit son entreprise si sagement et si secrettement, qu'en dix heures il prit ladite place, comme je vis, par assaut; et y mourut trente ou quarante gentils-hommes d'estime, Espagnols, et entre les autres, le fils de l'archevesque de Sainct-Jacques, et trois ou quatre cens autres hommes ; lesquels ne s'attendoient point que si tost on les dût prendre, car ils n'entendoient point quel exploict faisoit notre artillerie, qui à la vérité passe toutes les artilleries du monde.

Voilà tout l'exploict qui fut fait entre ces deux roys ; ce fut honte et descry au roy de Castille, vu que son armée estoit si grosse. Mais quand Nostre Seigneur veut commencer à punir les gens, il leur advient volontiers de telles petites douleurs au commencement ; car il en advint bien de plus grandes audit roy et royne tost après, et si fit-il à nous. Grand tort avoient lesdits roy et royne d'ainsi s'estre parjurés envers le roy, après cette grande bonté qu'il leur avoit faite de leur avoir rendu ledit païs de Roussillon, qui tant avoit cousté à réparer et garder à son père ; lequel l'avoit engagé pour trois cens mille escus qu'il leur quitta. Et fit tout ceci afin qu'il ne l'empeschassent point à la conqueste qu'il espéroit faire dudit royaume de Naples ; et refirent les anciennes alliances de Castille (qui sont de roy à roy, de royaume à royaume, et d'homme à homme de leurs sujets); et ils promirent de ne l'empescher point à ladite conqueste, et de ne marier aucunes de leurs filles en ladite maison de Naples, d'Angleterre, ni de Flandres ; et cette estroicte offre de mariage vint de leur costé, et en fit l'ouverture un cordelier appelé frère Jean de Mauléon, de par la royne de Castille ; et dès qu'ils virent la guerre encommencée, et le roy à Rome, ils envoyèrent leur ambassadeur par tout, pour faire alliances contre le roy, et mesme à Venise où j'estois ; et là se fit la ligue, (dont j'ay tant parlé) du pape, du roy des Romains, d'eux, de la seigneurie de Venise et du duc de Milan ; et incontinent commencèrent la guerre au roy, disans que telle obligation n'estoit point de tenir ; c'est à sçavoir de ne pouvoir marier leurs filles (dont ils en avoient quatre et un fils) à ces roys dont j'ai parlé : et d'eux-mesmes estoit venue cette ouverture, comme avez vu.

---

[1] Phare est là pour détroit.

[2] Cavalerie espagnole ainsi nommée parce qu'ils étaient montés sur une espèce de chevaux appelés genets.

[3] Guichard d'Albon, seigneur de Saint-André. Il fut le grand père du maréchal de Saint-André, l'un des triumvirs.

[4] Salces, en Roussillon.

Or pour retourner à mon propos, quand toutes ces guerres d'Italie furent faillies, et que le roy ne tenoit plus Gajette audit royaume de Naples (car encore la tenoit-il, quand les pratiques de paix commencèrent entre lesdits roys ; mais tost après fut perdue) et aussi ne se faisoit plus aucune guerre du costé de Roussillon, mais gardoit chacun le sien ; ils envoyèrent vers le roy Charles, un gentil-homme, des religieux de Mont-Serrat ; car toutes leurs œuvres ont fait mener et conduire par telles gens, ou par hypocrisie, ou à fin de moins despendre ; car ce frère Jean de Mauléon, cordelier, dont a esté parlé, mena le traicté de faire rendre Roussillon. Ces ambassadeurs, dont j'ay parlé, prièrent au roy, d'entrée, qu'il luy plut jamais n'avoir souvenance du tort que lesdits roy et royne[1], luy tenoient (on nomme tousjours la royne, parce que Castille est de son costé ; et aussi elle en avoit la principale auctorité ; et a esté un honorable mariage, que le leur). Après commençoient une trève, comprenant toute leur ligue, et que le roy demeurast en possesion de Gajette, et autres pièces qu'il avoit audit royaume de Naples, et qu'il les pourroit avitailler à son plaisir durant la trève ; et que l'on prit une journée, où se trouveroient ambassadeurs de toute la ligue, pour traicter paix, qui voudroit ; et après vouloient continuer lesdits roys en leur conqueste ou entreprise, sur les Maures, et passer la mer qui est entre Grenade et Afrique, dont la terre du roy de Fesse[2] leur estoit la plus prochaine. Toutesfois aucuns ont voulu dire que leur vouloir n'y estoit point, et qu'ils se contenteroient de ce qu'ils avoient faict ; qui est d'avoir conquis le royaume de Grenade[3] ; qui à la vérité a esté une belle et grande conqueste, et la plus belle qui ait esté de nostre temps, et que jamais leurs prédécesseurs ne sçurent faire ; et voudrois pour l'amour d'eux, que jamais n'eussent entendu à autre chose, et tenu à nostre roy ce qu'ils luy avoient promis. Le roy renvoya, avec ces deux ambassadeurs le seigneur de Clerieux[4], du Dauphiné ; et taschoit le roy de faire paix ou trève avec eux, sans y comprendre la ligue ; mais toutesfois, s'il eut accepté leur dit offre, il eust sauvé Gajette, qui estoit assez bien suffisante pour recouvrer le royaume de Naples, vu les amis que le roy y avoit. Quand ledit de Clerieux revint, il apporta pratique nouvelle ; et jà estoit perdue Gajette, avant qu'il fut en Castille. Cette nouvelle ouverture fut : que le roy et eux retournassent en leur première et ancienne amitié, et qu'eux deux, à butin, entreprissent toute la conqueste d'Italie, et à communs despens, et que les deux roys y fussent ensemble ; mais premièrement vouloient la trève générale, où toute la ligue fust comprise, et qu'une journée se tint en Piedmont, où chacun pourroit envoyer ambassadeurs ; car honnestement ils se vouloient despartir de ladite ligue. Toute cette ouverture, à mon advis, et ainsi qu'on m'a depuis donné à entendre, n'estoit que dissimulation, et pour gaigner temps, et pour laisser reposer ce roy Ferrand, quand encore vivoit, et dom Federic nouvellement entré en ce royaume. Toutesfois ils eussent bien voulu ledit royaume leur ; car ils y avoient meilleur droict que ceux qui l'ont possédé ; mais la maison d'Anjou, dont le roy a le droict, doit aller devant ; mais à la nature dont il est, et aux gens qui y habitent, il me semble qu'il est à celuy qui le peut posséder ; car ils ne veulent que mutation. Depuis y retourna ledit seigneur de Clerieux, et un appelé Michel Grammont, sur aucunes ouvertures. Ledit de Clerieux portoit quelque peu d'affection à cette maison d'Aragon, et esperoit avoir le marquisat de Cotron, qui est en Calabre, que ledit roy d'Espaigne tient de cette conqueste dernière que ses gens firent audit païs de Calabre ; et ledit de Clerieux le prétend sien ; et est homme bon et qui aisément croit, et par espécial tels personnages. A la deuxiesme fois qu'il revint, il amena un ambassadeur desdits roys ; et rapporta ledit de Clerieux qu'ils se contenteroient d'avoir ce qui est plus prochain de Cecile, qui est Calabre, pour ledit droict qu'ils prétendoient audit royaume de Naples, et que le roy prit le reste, et qu'en personne viendroit ledit roy de Castille en ladite conqueste, et payeroit autant de la despense de l'armée comme le roy ; et jà tenoit, et tient

---

[1] Ferdinand, roi d'Aragon. Isabelle, reine de Castille.
[2] Féz.
[3] Grenade fut rendue le 30 décembre 1491.
[4] Il se nommait Guillaume de Poitiers ; il était gouverneur de Paris.

quatre ou cinq places fortes en Calabre ; dont Cotron est l'une, qui est cité bonne et forte. Je fus présent au rapport; et à plusieurs sembla que ce n'estoit qu'abus, et qu'il faloit là envoyer quelqu'un bien entendu, et qu'il joignit cette pratique de plus près; parquoy fut joint, avec les premiers, le seigneur du Bouchage, homme bien sage, et qui avoit eu grand crédit avec le roy Louis et encore de présent avec le roy Charles, fils dudit feu roy Louis. L'ambassadeur que ledit de Clerieux avoit amené, ne voulut jamais confirmer ce que ledit de Clerieux disoit ; mais disoit qu'il croyoit que ledit de Clerieux ne le diroit pas si ses seigneurs ne luy eussent dit, ce qui confirmoit l'abusion ; et aucun ne pouvoit croire que le roy de Castille y vînt en personne, ni qu'il voulut, ou il put autant despendre que le roy.

Après que ledit seigneur du Bouchage, de Clerieux, et Michel de Grammont, et autres, furent venus devers lesdits roy et royne de Castille, ils les firent loger en un lieu où personne ne communiquoit avec eux, et avoient gens qui y prenoient garde ; et lesdits roy et royne parlèrent avec eux par trois fois ; mais quand ce vint que ledit du Bouchage leur dit ce qu'avoient rapporté ledit de Clerieux et ledit Michel de Grammont, ils firent response : qu'ils en avoient bien parlé par forme de devis, mais non point autrement, et que très-volontiers se mesleroient de ladite paix, et de la faire à l'honneur du roy, et à son profit. Ledit de Clerieux fut bien mal content de cette response, et non sans cause; et soutint devant eux, présent ledit seigneur du Bouchage, qu'ainsi luy avoient dit. Lors fut conclu, par ledit seigneur du Bouchage et ses compagnons, une trève, à deux mois de desdit, sans y comprendre la ligue ; mais bien y comprenoient ceux qui avoient espousé leurs filles, et les pères de leurs gendres ; c'est à sçavoir les roys des Romains et d'Angleterre ; car le prince de Galles estoit bien jeune. Ils avoient quatre filles, et l'aisnée estoit veufve, et avoit espousé le fils du roy de Portugal, dernier trespassé, lequel se rompit le col, devant elle en passant une carrière, sur un genet[1], trois mois après qu'il l'eut espousée. Ils en ont

[1] Il voulut faire franchir une carrière à son cheval.

encore une à marier. Si tost que fut arrivé ledit du Bouchage, et eut fait son rapport, connut le roy qu'il avoit bien fait d'y avoir envoyé ledit du Bouchage, et qu'au moins il estoit assuré de ce dont il estoit en doute ; et luy sembloit bien que ledit de Clerieux avoit cru trop de leger. Outre, luy dit ledit du Bouchage, qu'autre chose n'avoit pu faire que ladite trève, et qu'il estoit au choix du roy de l'arrester ou refuser. Le roy l'arresta ; et aussi elle estoit bonne, vu que c'estoit la séparation de cette ligue qui tant l'avoit destourbé en ses affaires, et qu'aucune manière n'avoit sçu trouver de la despartir, et si il y avoit par toutes voyes essayé. Encore luy dit ledit du Bouchage, qu'après luy venoient ambassadeurs devers le roy, et que lesdits roy et royne luy avoient dit, à son partement, qu'ils auroient pouvoir de conclure une bien bonne paix ; et aussi dit ledit du Bouchage qu'il avoit laissé malade le prince de Castille, leur seul fils.

CHAPITRE XVII.

Discours sur les fortunes et malheurs qui advinrent à la maison de Castille au temps du seigneur d'Argenton.

Dix ou douze jours après l'arrivée dudit du Bouchage de et ses compagnons, vinrent lettres audit du Bouchage, d'un des hérauts du roy, qu'il avoit laissé là pour conduire ladite ambassade qui devoit venir. Et disoient ces lettres qu'il ne s'esbahit point, si lesdits ambassadeurs estoient retardés par aucuns jours ; car c'estoit pour le trespas du prince de Castille (car ainsi les apellent) dont les roys et roynes faisoient si merveilleux dueil qu'on ne sçauroit croire, et par espécial la royne de qui on espéroit aussitost la mort que la vie. Et à la vérité je n'ouys parler jamais de plus grand dueil que celui qui en a esté faict par tous leurs royaumes ; car toutes gens de mestier ont cessé quarante jours (comme leurs ambassadeurs me dirent depuis), tout homme estant vestu de noir, de ces gros bureaux et les nobles, et les gens de bien chargeoient leurs mulets couverts jusques aux genoux dudit drap, et ne leur paroissoient que les yeux, et bannières noires estoient partout sur les portes des villes. Quand madame Marguerite, fille du roy des

Romains, sœur de monsieur l'archeduc d'Autriche, et femme dudit prince, seut cette douloureuse nouvelle, estant grosse de six mois, elle accoucha d'une fille toute morte. Quelles piteuses nouvelles en cette maison, qui tant avoit reçu de gloire et d'honneur, et qui plus possédoit de terre, que ne fit jamais prince en la chrestienté, venant de succession? et puis avoir fait cette belle conqueste de Grenade, et fait partir un roy, tant honoré par tout le monde, hors d'Italie, et faillir à son entreprise, ce qu'ils estimoient à grande chose, et le pape mesme, qui soubs l'ombre de la conqueste de Grenade, leur avoit voulu attribuer le nom de Très-Chrestien, et l'oster au roy de France; et plusieurs fois leur avoit escrit ainsi, au dessus de leurs briefs, qu'il leur envoyoit; et parce qu'aucuns cardinaux contredisoient à ce titre leur en donna un autre, en les appelant Très-Catholiques; et ainsi leur escrit encore, et est à croire que ce nom leur demeurera à Rome? Quelles douleurs donc reçurent-ils de cette mort, quand ils avoient mis leur royaume en toute obéissance et justice, et lors qu'il sembloit que Dieu et le monde les voulut plus honorer que tous les autres princes vivans, et qu'ils estoient en bonne prospérité de leurs personnes?

Encore ne furent-ils point quittes d'avoir eu telles douleurs : car leur fille aisnée (que plus ils aimoient que tout le reste de ce monde, après leur fils le prince de Castille qu'ils avoient perdu) estoient contraintes à se départir d'eux, ayant depuis peu de jours esté espousée avec le roy de Portugal, appelé Emanuel[1], prince jeune, et de nouveau devenu roy; et lui estoit advenu la couronne de Portugal, par le trespas du roy dernier mort; lequel cruellement fit couper la teste[2] au père de sa femme[3], et tua le frère d'elle, depuis, fils du dessusdit, et frère aisné de celui qui de présent est roi de Portugal, qu'il a fait vivre en grande peur et crainte, et tua son frère de sa main, en disnant avec lui, sa femme présente, par envie de faire roi un sien bastard; et depuis ces deux cruautés, il vesquit en grande peur et suspicion ; et tost après ces deux exploits, il perdit son seul fils, qui se rompit le col, en courant dessus un genet, et passant une carrière, comme j'ay dit. Et fut celui-là qui fut le premier mary de cette dame que je dis, qui maintenant a espousé le roy de Portugal, qui règne. Et ainsi est retournée deux fois en Portugal, sage dame et honneste (ce dit-on) entre les sages dames du monde. Or donc, pour continuer les misérables adventures qui advinrent en si peu d'espace, ce roy et royne de Castille, qui si glorieusement et heureusement avoient vescu jusques environ en l'âge qu'ils sont de cinquante ans tous deux (combien que la royne avoit deux ans davantage) avoient donné leur fille à ce roy de Portugal, pour n'avoir aucun ennemy en Espaigne, qu'ils tiennent toute, excepté Navarre, dont ils font ce qui leur plaist, et y tiennent quatre des principales places. Aussi l'avoient fait pour pacifier du douaire de cette dame, et de l'argent baillé, et pour subvenir à aucuns seigneurs de Portugal; car par ce mariage, ces seigneurs et chevaliers qui furent bannis du païs, quand le roy mort fit mourir ces deux seigneurs dont j'ay parlé, et qui avoient confisqué leurs biens, (et par ce moyen la confiscation tient de présent, combien que le cas dont ils estoient accusés, estoit de vouloir faire celui, qui de présent règne, roy de Portugal) sont recompensés en Castille, du roy de Castille, et leurs terres sont demeurées à la royne de Portugal dont je parle. Mais nonobstant telles considérations, ces roy et royne de Castille avoient grande douleur de ce mariage; car il faut entendre qu'il n'est nation au monde que les Espagnols haïent tant que les Portugalois, et si les mesprisent et s'en moquent. Parquoy il déplaisoit bien aux dessusdits d'avoir baillé leur fille à homme qui ne seroit point agréable au royaume de Castille, et à autres de leurs seigneuries; et s'ils l'eussent eu à faire, ils ne l'eussent jamais fait, qui leur estoit une amère douleur, et encore une autre plus grande, en ce qu'il falloit qu'elle se départit d'eux. Toutesfois, leurs douleurs passées, ils les ont menés par toutes les principales cités de leurs royaumes, et fait recevoir le roy

---

[1] Roi de Portugal, en 1495, à l'âge de vingt-six ans, mort en 1521, âgé de cinquante-deux ans.

[2] C'était Ferdinand, son oncle, fils puîné d'Édouard, mort en 1458, et frère d'Alphonse V, décédé en 1481.

[3] Nommée Éléonore.

[4] Jean Ier mourut en 1493, âgé de quarante ans, après en avoir régné quatorze.

de Portugal pour prince, et leur fille pour princesse, et pour leur estre roys ; après leur décès. Et un peu de reconfort leur est venu ; c'est que ladite dame, princesse de Castille et royne de Portugal, a esté grosse d'un enfant bougeant ; mais il leur advint le double de leurs douleurs. Et croy qu'ils eussent voulu que Dieu les eust ostés du monde ; car cette dame, que tant ils aimoient et prisoient, mourut en accouchant de son enfant. Et croy qu'il n'y a pas un mois, et nous sommes en octobre l'an mil quatre cens quatre vingt et dix huit ; mais le fils est demouré vif, du travail duquel elle est morte, et a nom comme le père, Emanuel [1].

Toutes ces grandes fortunes leur sont advenues en trois mois d'espace : mais avant le trespas de cette dame dont je parle, est advenu en ce royaume autre grand dueil et desconfort ; car le roy Charles, huitiesme de ce nom, dont tant j'ai parlé, estoit trespassé, comme je diray après. Et semble que Nostre-Seigneur ait regardé ces deux maisons de son visage rigoureux, et qu'il ne veut point qu'un royaume se moque de l'autre ; car aucune mutation ne peut estre en un royaume qu'elle ne soit bien douloureuse pour la pluspart ; et combien qu'aucuns y gagnent, encores en y a-il cent fois plus qui y perdent. Et faut changer mainte coustume et forme de vivre à celle mutation ; car ce qui plaist à un roy desplaist à l'autre. Et (comme j'ay dit en un autre endroit) qui voudroit bien regarder aux cruelles et soudaines punitions que Dieu a faites sur les grands princes, depuis trente ans en ça, on y en trouveroit plus qu'en deux cens auparavant, à y comprendre France, Castille, Portugal, Angleterre, le royaume de Naples, Flandres et Bretagne. Et qui voudroit escrire les cas particuliers, que tous j'ay vus, et presque tous les personnages, tant hommes que femmes, on en feroit un grand livre, et de grande admiration, n'y en eust-il seulement que ce qui est advenu depuis dix ans. Et par là la puissance de Dieu devroit estre bien connue et entendue. Et sont les coups qu'il donne sur les grands, plus cruels et plus pesans, et de plus longue durée que ne sont ceux qu'il donne sur les petites gens. Finalement me semble que, à tout considérer, ils n'ont guères d'avantage en ce monde plus que les autres, s'ils veulent bien voir et entendre par eux ce qu'ils voyent advenir à leurs voysins, et avoir crainte que le semblable ne leur advienne ; car quant à eux, ils chastient les hommes qui vivent soubs eux, et à leur plaisir, et Nostre-Seigneur dispose d'eux à son vouloir ; car autre n'ont-ils par-dessus eux. Et est le païs ou royaume bien-heureux, quand il y a roy ou seigneur sage, et qui craint Dieu et ses commandemens.

Nous avons pu voir en peu de paroles les douleurs qu'ont reçu ces deux grands et puissans royaumes, en trois mois d'espace, qui peu paravant estoient si enflambés l'un contre l'autre, et tant empeschés à se tourmenter et à penser à s'accroistre, et n'estoient en rien saouls de ce qu'ils avoient. Je confesse bien (comme j'ay dit) que tousjours en y a, en telles mutations, qui en ont joye et qui en amendent ; mais encore de prime-face, leur est celle mort advenue ainsi soudaine, fort espouventable.

CHAPITRE XVIII.

Du somptueux édifice que le roy Charles commença à bastir peu avant sa mort ; du bon vouloir qu'il avoit de réformer l'église, ses finances, sa justice et soy-même ; et comment il mourut soudainement, sur ce bon propos, en son chasteau d'Amboise.

Je veux laisser de tous poincts à parler des choses d'Italie et de Castille, et retourner à parler de nos douleurs et pertes particulières en France, et aussi de la joye que peuvent avoir ceux qui y ont du gain, et parler du soudain trespas de nostre roy Charles, huitiesme de ce nom ; lequel estoit en son chasteau d'Amboise, où il avoit entrepris le plus grand édifice que commença, cent ans a, roy, tant au chasteau qu'à la ville ; et se peut voir par les tours, par où l'on monte à cheval, et par ce qu'il avoit entrepris à la ville, dont les patrons estoient faicts de merveilleuse entreprise et despense, et qui de long-temps n'eussent pris fin ; et avoit amené de Naples plusieurs ouvriers excellens en plusieurs ouvrages, comme tailleurs et peintres ; et sembloit bien que ce qu'il entreprenoit, estoit entreprise de roy

---

[1] Emanuel épousa en secondes noces sa sœur, nommée Marie, mère de Jean III, roi de Portugal.

jeune, et qui ne pensoit point à la mort, mais espéroit longue vie; car il joignit ensemble toutes les belles choses dont on luy faisoit feste, en quelque païs qu'elles eussent esté vuës, fut France, Italie, ou Flandres; et si avoit son cœur tousjours de faire ou accomplir le retour en Italie ; et confessoit bien y avoir fait des fautes largement, et les contoit; et luy sembloit que si une autre fois il y pouvoit retourner et recouvrer ce qu'il avoit perdu, qu'il pourvoyeroit mieux à la garde du païs qu'il n'avoit fait; et parce qu'il avoit intelligence de tous costés, pensoit bien d'y pourvoir, pour recouvrer et remettre en son obéissance le royaume de Naples, et d'y envoyer quinze cens hommes-d'armes italiens, que devoit mener le marquis de Mantouë, les Ursins, et les Vitellis, et le préfect de Rome, frère du cardinal de Saint-Pierre-ad-Vincula ; et monsieur d'Aubigny, qui si bien l'avoit servi en Calabre, s'en alloit à Florence ; et ils faisoient la moitié de cette despence pour six mois. On devoit aussi premièrement prendre Pise, ou, au moins, les petites places d'alentour, et puis tous ensemble entrer au royaume, dont à toutes heures venoient messagers. Le pape Alexandre, qui règne de présent, estoit en grande pratique de tous poincts à se ranger des siens, comme mal-content des Vénitiens ; et avoit messager secret, que je conduisis en la chambre du roy nostre sire, peu avant sadite mort. Les Vénitiens estoient prests à pratiquer contre Milan. La pratique d'Espaigne estoit telle que l'avez vue. Le roy des Romains ne désiroit chose en ce monde tant que son amitié, et qu'eux deux ensemble fissent leurs besongnes en Italie ; lequel roy des Romains, appelé Maximilian, estoit grand ennemy des Vénitiens ; aussi ils tiennent grande chose de la maison d'Austriche, dont il est, et aussi de l'Empire.

Davantage avoit mis le roy, de nouveau, son imagination de vouloir vivre selon les commandemens de Dieu, et mettre la justice en bon ordre, et l'église, et aussi de ranger ses finances, de sorte qu'il ne levast sur son peuple que douze cens mille francs, et par forme de taille, outre son domaine, qui estoit la somme que les trois estats lui avoient accordée en la ville de Tours, lorsqu'il fut roy; et vouloit ladite somme par octroy, pour la deffense du royaume; et quant à luy, il vouloit vivre de son domaine, comme anciennement faisoient les roys; ce qu'il pouvoit bien faire, car le domaine est bien grand, s'il estoit bien conduit, compris les gabelles et certaines aydes, et passe un million de francs. S'il l'eut fait, c'eust esté un grand soulagement pour le peuple, qui paye aujourd'huy plus de deux millions et demi de francs, de taille. Il mettoit grande peine à réformer les abus de l'ordre de Sainct-Benoist, et d'autres religions. Il approchoit de luy bonnes gens de religions, et les oyoit parler. Il avoit bien vouloir, s'il eut pu, qu'un évesque n'eut tenu que son évesché, s'il n'eust esté cardinal, et cestuy-là deux, et qu'ils se fussent allés tenir sur leurs bénéfices ; mais il eut eu bien affaire à ranger les gens-d'église. Il fit de grandes aumosnes aux mandians, peu de jours avant sa mort, comme me conta son confesseur, l'évesque d'Angers, qui estoit notable prélat. Il avoit mis sus une audience publique, où il escoutoit tout le monde, et par espécial les pauvres ; et si faisoit de bonnes expéditions; et l'y vis huit jours avant son trespas, deux bonnes heures, et oncques puis ne le vis. Il ne se faisoit pas grandes expéditions à cette audience ; mais, au moins, estoit-ce tenir les gens en crainte, et par espécial ses officiers, dont aucuns avoit suspendus pour pillerie.

Estant le roy en cette grande gloire quant au monde, et en bon vouloir quant à Dieu, le septiesme jour d'avril, l'an mille quatre cens quatre vingt et dix huit, veille de Pasques flories, il partit de la chambre de la royne Anne de Bretagne, sa femme, et la mena avec luy, pour voir jouer à la paume ceux qui jouoient aux fossés du chasteau, où il ne l'avoit jamais menée que cette fois ; et entrèrent ensemble en une galerie qu'on appeloit la galerie Haquelebac, parce que cettuy Haquelebac l'avoit euë autrefois en garde; et estoit le plus déshonneste lieu de léans ; car tout le monde y pissoit ; et estoit rompuë à l'entrée ; et s'y heurta le roy, du front, contre l'huys, combien qu'il fut bien petit ; et puis regarda long-temps les joueurs, et devisoit à tout le monde. Je n'y estois point présent, mais sondit confesseur l'évesque d'Angers, et ses prochains chambelans le m'ont conté ; car j'en estois parti huit jours avant, et estois alé à ma maison. La dernière parole qu'il prononça jamais en devisant en santé, c'estoit qu'il dit qu'il avoit espérance de ne faire jamais péché mortel ni veniel, s'il pouvoit; et en disant cette parole, il chut à l'envers et perdit la parole (il pouvoit estre deux heures après midy), et demoura là jusques à onze heures de nuict. Trois fois lui revint la parole; mais peu lui dura, comme me le conta ledit confesseur, qui deux fois cette semaine l'avoit confessé : l'une à cause de ceux qui venoient vers luy pour le mal des escroüelles. Toute personne entroit en ladite galerie, qui vouloit; et le trouvoit-on couché sur une pauvre paillasse, dont jamais il ne partit, jusques à ce qu'il eut rendu l'ame; et y fut neuf heures. Ledit confesseur, qui tousjours y fut, me dit que lorsque la parole luy revint, à toutes les trois fois il disoit : « Mon » Dieu et la glorieuse vierge Marie, monsei- » gneur sainct Claude, et monseigneur sainct » Blaise, me soyent en aide ! » et ainsi départit de ce monde si puissant et si grand roy, et en si misérable lieu, qui tant avoit de belles maisons et en faisoit une si belle, et si ne sçust à ce besoin finer d'une pauvre chambre. Combien donc se peut, par ces deux exemples cy-dessus couchés, connoistre la puissance de Dieu estre grande, et que c'est peu de chose que nostre misérable vie, qui tant nous donne de peine pour les choses du monde et que les roys n'y peuvent résister non plus que les laboureurs.

CHAPITRE XIX.

Comment le saint homme frère Hieronyme fut bruslé à Florence, par envie qu'on eut sur lui, tant du costé du pape, que de plusieurs autres Florentins et Vénitiens.

J'ay dit, en quelque endroict de cette matière d'Italie, comme il y avoit un frère prescheur ou jacobin ayant demouré à Florence, par l'espace de quinze ans, renommé de fort saincte vie (lequel je vis et parlay à luy, en l'an mil quatre cens quatre vingt et quinze) appelé frère Hiéronyme [1], qui a dit beaucoup de choses avant qu'elles fussent advenues, comme j'ay desjà dit cy-dessus, et tousjours avoit soustenu que le roy passeroit les monts; et le prescha publiquement, disant l'avoir par révélation de Dieu, tant cela qu'autres choses dont il parloit; et disoit que le roy estoit eslu de Dieu pour réformer l'Eglise par force, et chastier les tyrans. Et à cause de ce qu'il disoit sçavoir les choses par révélation, murmuroient plusieurs contre luy; et acquit la hayne du pape, et de plusieurs de la ville de Florence. Sa vie estoit la plus belle du monde, ainsi qu'il se pouvoit voir, et ses sermons, preschant contre les vices; et a reduit en icelle cité maintes gens à bien vivre, comme j'ay dit. En ce temps mil quatre cens quatre vingt et dix-huit, que le roy Charles est trespassé, est finy, aussi frère Hiéronyme, à quatre ou cinq jours l'un de l'autre; et vous diray pourquoy je fais ce conte. Il a tousjours presché publiquement que le roy retourneroit derechef en Italie pour accomplir cette commission que Dieu luy avoit donnée, qui estoit de réformer l'Eglise par l'espée, et de chasser les tyrans d'Italie, et qu'au cas qu'il ne le fist Dieu le puniroit cruellement. Et tous ses sermons premiers, et ceux de présent, il les a fait mettre en moule, et se vendent. Cette menace qu'il faisoit au roy, de dire que Dieu le puniroit cruellement s'il ne retournoit, luy a plusieurs fois escrite ledit Hiéronyme, peu de temps avant son trespas; et ainsi le me dit de bouche ledit Hiéronyme, quand je parlay à luy (qui fust au retour d'Italie), en me disant que la sentence estoit donnée contre le roy au ciel, au cas qu'il n'accomplist ce que Dieu luy avoit ordonné, et qu'il ne gardast ses gens de piller.

Or, environ ledit trespas du roy, estoient Florentins en grand différend en la cité. Les uns attendoient encore la venue du roy et la désiroient, sur l'espérance que ledit frère Hiéronyme leur donnoit; et se consommoient, et devenoient pauvres à merveille, à cause de la despense qu'ils soustenoient pour cuyder recouvrer Pise, et les autres places qu'ils avoient baillées au roy, dont les Vénitiens tenoient Pise. Plusieurs de la cité vouloient que l'on prit le party de la ligue, et qu'on abandonnast de tous poincts le roy, disans que ce n'estoient qu'abusions et folies de s'y attendre, et que ledit frère Hiéronyme n'estoit qu'un hérétique et un paillard, et qu'on le devoit jetter en sac en la rivière; mais il estoit tant soustenu en

---

[1] Girolamo Savonarola.

la ville qu'on ne l'osoit faire. Le pape et le duc de Milan escrivoient souvent contre ledit frère, assurans les Florentins de leur faire rendre la cité de Pise et autres places, en délaissant l'amitié du roy, et qu'ils prissent ledit frère Hiéronymé, et qu'ils en fissent punition. Et par cas d'adventure se fit à l'heure une Seigneurie en Florence, où il y avoit beaucoup de ses ennemys ; car ladite seigneurie se change et se mue de deux mois en deux mois. Et se trouva un cordelier qui, forgé ou de luy-mesme, prit débat au dit frère Hiéronyme, l'appelant hérétique et abuseur du peuple de dire qu'il eust révélation ni chose semblable ; et s'offrit de le prouver jusques au feu, et estoient ces paroles dites devant ladite Seigneurie. Ledit frère Hiéronyme ne se voulut point présenter au feu ; mais un sien compagnon dit qu'il s'y mettroit pour luy, contre ledit cordelier ; et alors un compagnon dudit cordelier se présenta de l'autre costé. Et fut pris jour qu'ils devoient entrer dedans le feu. Et tous deux se présentèrent, accompagnés de leurs religieux, au jour nommé ; mais le jacobin apporta le Corpus Domini en sa main, et les cordeliers et aussi la Seigneurie vouloient qu'il l'ostast, ce qu'il ne voulut point faire. Ainsi s'en retournèrent à leur couvent ; et le peuple esmu par les ennemys dudit frère, par commission de cette Seigneurie, l'allèrent prendre audit couvent, luy troisième, et d'entrée le gesnèrent à merveilles. Le peuple tua le principal homme de la ville, ami dudit frère, appelé Francisque Vallory. Le pape leur envoya pouvoir et commission pour faire le procès. En fin de compte ils les bruslèrent tous trois. Les charges n'estoient sinon, qu'il mettoit discord en la ville, et que ce qu'il disoit de prophétie, il le sçavoit par ses amys qui estoient du conseil. Je ne les veux point accuser ni excuser ; je ne sçais s'ils ont fait bien ou mal de l'avoir fait mourir ; mais il a dit mainte choses vrayes, que ceux de Florence n'eussent seu luy avoir dites. Et touchant le roy, et les maux qu'il dit luy devoir advenir, luy est advenu, ce que vous voyez, qui seut premier la mort de son fils, puis la sienne ; et ay vu des lettres qu'il escrivoit audit seigneur.

CHAPITRE XX.

Des obsèques et funérailles du roy Charles huictiesme, du couronnement du roy Louys douziesme de ce nom, son successeur : avec les généalogies des roys de France, jusques à iceluy.

Le mal du roy fut un catharre ou apoplexie. Et espéroient les médecins qu'il luy descendroit sur un bras, et qu'il en seroit perclus ; mais qu'il n'en mourroit point ; toutesfois il advint autrement. Il avoit quatre bons médecins ; mais il n'adjoustoit foy qu'au plus fol ; et à celuy-là donnoit l'auctorité, tant que les autres n'osoient parler ; qui volontiers l'eussent purgé quatre jours avant ; car ils y voyoient les occasions de mort, qui fut et advint. Tout homme couroit vers le duc d'Orléans, à qui advenoit la corone, comme le plus prochain ; mais les chambelans dudit roy Charles le firent ensevelir fort richement, et sur l'heure on commença le service pour luy, qui duroit jour et nuict ; car quand les chanoines avoient achevé, les cordeliers commençoient, et quand ils avoient finy, commençoient les Bons-hommes qu'il avoit fondés. Il demoura huit jours à Amboise, tant en une grande chambre bien tendue, qu'en l'église ; et toutes choses y furent faites plus richement qu'elles ne furent jamais à roy. Et ne bougèrent d'auprès du corps tous ses chambelans, et ses prochains, et tous ses officiers. Et dura ce service, et cette compagnie, jusques à ce qu'il fut mis en terre, qui dura bien l'espace d'un mois, et cousta quarante-cinq mille francs, comme me dirent les gens des finances. J'arrivay à Amboise deux jours après son trespas, et allay dire mon oraison, là où estoit le corps ; et y fus cinq ou six heures ; et à la vérité, on ne vit jamais semblable dueil, ni qui tant durast. Aussi ses prochains, comme chambelans, et dix ou douze gentils-hommes, qui estoient de sa chambre, estoient mieux traictés et avoient plus grands estats et dons, que jamais roy ne donna, et trop. Davantage, la plus humaine et douce parole d'homme que jamais fut, estoit la sienne ; car je croy que jamais à homme ne dit chose qui luy dut desplaire. Et à meilleure heure ne pouvoit-il jamais mourir, pour demourer en grande renommée par les histoires, et en regret de ceux qui l'ont servy. Et croy que j'ay esté l'homme du monde, à qui il a fait plus de rudesse ; mais connoissant que ce fut en sa jeunesse, et qu'il ne venoit point de luy, ne luy en sçus jamais mauvais gré.

Quand j'eus couché une nuict à Amboise, j'allay devers ce roy nouveau, de qui j'avois esté aussi privé que nul autre personne, et pour luy avois esté en tous mes troubles et pertes; toutesfois pour l'heure ne luy en souvint point fort. Mais sagement entra en possession du royaume; car il ne mua rien des pensions, pour celle année, qui avoit encore six mois à durer. Il osta peu d'officiers; et dit qu'il vouloit tenir tout homme en son entier et estat; et tout cela luy fut bien séant. Et le plustost qu'il pust, il alla à son couronnement, là où je fus; et pour les pers de France, s'y trouvèrent ceux qui s'ensuivent : le premier fut le duc d'Alençon, qui servoit pour le duc de Bourgongne; le deuxiesme monseigneur de Bourbon, qui servoit pour le duc de Normandie; le troisiesme fut le duc de Lorraine, qui servoit pour le duc de Guyenne. Le premier comte fut Philippe, monsieur de Ravestain, qui servoit pour le comte de Flandres; le deuxiesme Enguilbert, monsieur de Clèves, qui servoit pour le comte de Champagne; le troisiesme monseigneur de Foix, qui servoit pour le comte de Thoulouze. Et fut ledit couronnement à Reims, du roy Louys douziesme, de present regnant, le vingt septiesme jour de may, l'an mil quatre cens quatre vingt et dix-huict; et est le quatriesme venu en ligne collatérale. Les deux premiers ont esté Charles Martel, ou Pepin son fils, et Hue Capet, tous deux maistre du palais, ou gouverneurs des roys, qui usurpèrent le royaume sur lesdits roys, et le prirent pour eux; le tiers fut le roy Philippe de Valois, et le quart le roy de présent. A ces deux derniers venoit le royaume justement et loyaument. La première génération des roys de France, est à prendre à Merovée. Deux roys y avoit eu en France avant ledit Merovée; c'est à sçavoir Pharamond (qui fut le premier eslu roy de France, car les autres avoient esté appelés ducs, ou roys de Gaule) et un sien fils, appelé Clodion. Ledit Pharamond fut eslu roy, l'an quatre cens et vingt prés, et régna dix ans. Son fils Clodion en régna dix-huict. Ainsi regnèrent ces deux roys, vingt-huict ans, et Merovée, qui vint après n'estoit point fils dudit Clodion, mais son parent; parquoy sembleroit qu'il y eut eu cinq fois mutations en ces lignes royales; toutesfois, comme j'ay dit, on prend la première génération à commencer à Merovée, qui fut fait roy en l'an quatre cens quarante-huict; et là commença cette première ligne. Et y a eu jusques au sacre du roy Louis douziesme, mil cinquante ans que commença la génération desdits roys de France. Et qui le voudra prendra à Pharamond, il y en auroit vingt et huict davantage, qui seroit mil septante et huict ans, que premier y a eu roy, appelé roy de France. Depuis Merovée jusques à Pépin, y eut trois cens trente-trois ans qu'avoit duré ladite lignée de Merovée. Depuis Pepin jusque à Hue Capet, y a deux cens trente sept ans, qu'a duré ladite vraye ligne de Pepin et de Charlemagne son fils. Celle de Hue Capet a duré, en vraye ligne, trois cens trente-neuf ans; et faillit au roy Philippe de Valois; et celle dudit roy Philippe de Valois a duré, en vraye ligne, jusques au trespas du roy Charles huyctiesme, qui fut l'an mil quatre cens quatre vingt et dix-huict; et celuy-là a esté le dernier roy de cette ligne, qui a duré cent soixanneuf ans; et y ont regné sept roys; c'est à sçavoir Philippe de Valois, le roy Jean, le roy Charles cinquiesme, le roy Charles sixiesme, le roy Charles septiesme, le roy Louis onziesme, et le roy Charles huictiesme, fin de la ligne droicte de Philippe de Valois.

FIN DES MÉMOIRES DE PHILIPPE DE COMMINES, SEIGNEUR D'ARGENTON.

MÉMOIRES
DE
GUILLAUME DE VILLENEUVE,

COMMENÇANT EN 1494 ET FINISSANT EN 1497,

CONTENANT LA CONQUÊTE DU ROYAUME DE NAPLES PAR CHARLES VIII, ET LA MANIÈRE DONT LES FRANÇAIS EN FURENT CHASSÉS.

Je, Guillaume de Villeneufve, chevalier, conseiller, et maistre d'ostel du roy de France, de Secille et de Jérusalem, Charles VIII de ce nom, mon très-hault et redouté seigneur et souverain, à qui soit donnée gloire et bonne victoire de tous ses ennemys!

Moy estant prisonnier au roy Ferrand, prins en la conqueste du réaume de Naples, detenu tant en ses gallées par force, que en la grosse tour du portal du Chasteau-Neuf de Naples, par l'espace de ung an et trois jours, pour éviter oisiveté, ay voulu rédiger et mettre par escript et en mémoire la venue du très-victorieux, bien aymé et par tout le monde redoubté roy en ce réaume de Secille et cité de Naples, des gestes et actes qui par luy ont esté faits estant audit réaume, et ce qui s'est ensuivy après son département, selon ce que j'en ay peu veoir et savoir en mon petit entendement.

Et premièrement, le très-vertueux, et très-victorieux, et très-aymé, et bien servy, et par tout le monde redoubté, passa les monts, en 1494, à l'âge de vingt-deux ans. Après passa la duché et seigneurie de Milan, la terre et seigneurie des Lucquois, aussy la seigneurie des Pisans, qui totalement se donnèrent à luy de leur libéral arbitre et propre voulenté. Et pareillement passa par la terre et seigneurie de Flourence, là où il feist la plus belle entrée en armes, tant de gens de cheval que de gens de pié, qui jamais fut faite aux Italies, comme l'on disoit; et logea par toutes les maistresses villes des seigneuries dessusdites, réservée la ville de Milan; et par tout eust grand recueil et bonne obéyssance. De là entra dans la terre et seigneurie de Sienne, en laquelle cité pareillement logea; et y eut toute bonne obéyssance et grant recueil, comme dessus ay dit. Et tant alla le roy par ses journées, qu'il arriva en la terre romaine, et logea dedans ladite cité l'espace de trois sepmaines ou environ, et toute son armée.

Nonobstant que le duc de Calabre estoit arrivé dedans ladite cité de Rome un bien peu de temps avant, accompaigné de grant nombre d'hommes-d'armes, et de plusieurs autres gens de guerre, tant à cheval qu'à pié, pour luy vouloir garder le pas; mais quant il sceut la venue du très-grant et puissant roy, il deslogea lui et toute son armée de la ville de Rome, et se retira à toute diligence au réaume de Naples.

Et debvez bien sçavoir qu'il n'est pas chose à oublier que, quant le très-vertueux roy de France, de Secille et de Jérusalem arriva et logea dedans ladite cité de Rome, qu'il n'avoit pas avec luy la grand armée ne semblable compaignie de gens que avoit Hanibal de Cartaige au temps passé, quant il alla devant la cité de Rome pour la destruire; car ledit Hanibal avoit si grand nombre de gens, que nul lui ne luy pouvoit résister à l'encontre. Combien qu'il en perdist beaucoup avant qu'il fust arrivé en plaine de Lombardie, néantmoins il se trouva avecques lui le nombre de cent milles hommes de pié et vingt milles hommes de cheval quant il arriva devant ladite cité de Rome, comme plus à plain dit l'histoire.

Pareillement debvez bien entendre que le très-vertueux roy n'avoit pas telle compaignie, ne la multitude des gens-d'armes, comme estoient les François, Allamans et les Cymbriens, quant au temps passé ils voulurent venir pour destruire ladite cité de Rome; mais en ce temps leur saillist au devant et courut sus ung consul de Rome nommé Sempronius, lequel, avecques la puissance de Rome, se alla vers ses ennemys, lesquels, pour le grant froid, neige et gellée qu'il faisoit, ne se peurent défendre. Si leur courut sus ledit Sempronius si asprement et par telle manière, qu'il les desfeist. Et y eust de gens mors, tant des François et Allamans que Cymbriens, jusques au nombre de cent quarante milles, et de prisonniers bien soixante dix milles, comme dit l'histoire plus au long. Et à cause de ceste victoire fut fait à Rome le temple que l'on appelle Cymbres pour les Cymbriens qui furent destruis, comme plus à plain avez peu et pouvez sçavoir par les histoires romaines bien au long.

J'ay bien voulu dire et alleguer ces histoires romaines cy-dessus escriptes, pour vous donner à entendre, et aussi vous veuls bien prier, et à ung chacun de vous supplier, que si une autre fois vous amenez le très-chrestien roy de France aux Italies, soit cestui-cy ou autre, que pour l'onneur de Dieu vous l'amenez mieulx accompaigné qu'il n'estoit, à celle fin que vous ne mettez en si grant péril et dangier la couronne de France, comme a esté la personne du très-vertueux roy Charles, lequel en est eschappé par sa bonne conduite et vertu de sa personne, et par la grant grace que Nostre-Seigneur luy a faite, comme plus au long oirez cy après.

Et bien ung chacun de vous scet la grand conqueste qu'il feist de son réaume de Naples en peu de temps et à peu de gens; et que là fut couronné roy pacifique; et la plus grand victoire qu'il eust à son retour sur la grand puissance des ligues, c'est à sçavoir le pape, le roy d'Espaigne, la seigneurie de Venise, et le duc de Milan : et nonobstant leur grant puissance demoura le vertueux roy victorieux, et se retira en son réaume de France avecques la bonne ayde et conduite de Nostre-Seigneur, et tout incontinent envoya secours au réaume de Naples par mer et par terre. Tout en une année furent faites les trois choses dessus dites, qui ne fust pas petite œuvre; mais je m'en tairay, et retourneray à mon premier propos.

Or veuls-je retourner à mon premier ouvraige et petit passe-temps, en attendant la grace et miséricorde de Nostre-Seigneur, et la délivrance de cette misérable prison. Après que le roy Charles eust logié et séjourné trois sepmaines ou environ en la ville ou cité de Rome, comme vous ay dit cy-devant, nonobstant plusieurs dissentions et grans murmures qui estoient dedans ladite cité, après tout ce fait, il deslogea de ladite ville de Rome en grant amour et grant amitié d'avecques nostre saint père le pape Alexandre, et s'en alla son voyage pour faire la conqueste de son réaume de Naples et de Secille.

En allant le roy son chemin, passa par une ville nommée Mont Saint-Jehan, qui estoit au marquis de Pescaire. Pour certaines violences et autres grans déplaisirs qu'ils avoient fait au roy, et aussy qu'ils se déclarèrent ses ennemys, partist le roy de la ville de Bahue ung après-disner, et feist dresser l'artillerie devant ledit Mont Saint-Jehan; et à bien peu de baterie promptement et vertueusement commanda ledit prince que l'assault fust donné. Laquelle chose ne fallut pas commander deux fois, car soudainement fut fait de tant de bons et hardis cappitaines et gens de guerre qui là estoient, et qui aultre chose ne demandoient que d'acquérir onneur et faire service à leur roy et souverain seigneur. Et fut l'assault donné ainsi comme il le commanda, si très-asprement que les ennemys furent vaincus, et le tout mis à feu et à sang, pour donner exemple aux aultres : et dellà alla toujours son droit chemin, faisant sa conqueste.

Ledit roy Charles très-vertueux et très-victorieux, lui arrivé en son réaume de Naples, tout incontinent le roy Alfonse, le duc de Calabre son fils, et le prince de Haultemore son frère, eulx bien avertis et acertenés de la venue et grand puissance du roy, ne l'osèrent attendre; mais à toute diligence se retirèrent en leur gallées, et habandonnèrent le réaume et la ville et cité de Naples, et s'en allèrent par mer en islé de Ysche, et de là à Messine, qui est en l'île de Secille, qui pour le présent tient et est en l'obéyssance du roy d'Espaigne.

Estant le roy Charles VIII de ce nom en la ville et cité de Naples pacifiquement, (et là fut couronné roy en grand solemnité, comme à luy [appartenoit, accompaigné de plusieurs princes, archiducs, ducs, contes et barons, et plusieurs cardinaulx et autres prélats), voulut donner et donna ordre aux choses nécessaires dudit réaume, ainsi que tout bon prince saige et vertueulx est tenu de faire.

Et premièrement, comme bon, juste et charitable prince, rendist et restitua les terres, villes et seigneuries, rentes et revenues qui appartenoient aux princes, ducs, contes et barons, et autres gentils hommes dudit réaume, esquelles seigneuries réintégra les dessus dits; lesquelles avoient esté prinses et usurpées violemment, induement et à force par les roys qui par avant avoient esté, comme l'on disoit.

Encore plus, d'abondant et de grace, comme libéral et pitéable prince, voulut deschargier et soulagier, deschargea et soulagea tout son peuple dudit réaume de la somme de deux cens milles ducas à perpétuité, et à jamais des charges et autres subsides de quoy ils estoient chargés audit réaume, qui pas ne fut petite chose.

Il ne faut pas que je oublie à vous dire les grands biens et oblations que le vertueux roy a fait et concédé aux églises, et en général par toutes les religions dudit réaume, qui grace luy ont demandé et justice. Nulluy ne s'en est allé esconduit de ce que au très-vertueux roy a esté possible de faire.

Après que le roy eut demouré et séjourné en sondict réaume de Naples par l'espace de long-temps, fut adverti bien au vray, et informé bien à la vérité, que le pape, le roy d'Espaigne le (roy Ferrant) le duc de Milan et la seigneurie de Venise avoyent fait ligue tous ensemble à l'encontre de luy, et levé une très-grosse armée, tant de gens de cheval que de gens de pié, jusques au nombre de soixante milles hommes, comme l'on disoit; dont ce fut forte chose à croire au roy, attendu les grans promesses et grans sermens qu'il avoit eu de nostre saint père le pape, du roy d'Espaigne et du duc de Milan, desquelles promesses et grans sermens je m'en tairay, car à moy n'appartient, ne mon sens n'est assez suffisant pour parler, ne pour discuter d'une si haute matière ne si corrompue comme ceste-cy. Mais néantmoins qui m'en demanderoit mon opinion, je y serviroye pour ung tesmoing au temps advenir, comme celluy qui en a veu et ouy la pluspart des choses dessus dites ; car je y estoye en personne : mais il est force que je m'en taise, de peur de errer, et en laisse parler et mettre par escript plus au long à ceux qui ont plus de sens en leur testes et plus d'encre en leur cornet que je n'ay, car c'est trop mieulx leur mestier que le mien.

Mais pour retourner à mon propos, nonobstant que le roy très-chrestien, très-vertueux et victorieux fut bien adverti de la grant armée et multitude de gens qui estoyent amassés au devant de luy pour le vouloir deffaire, si ne laissa pas pour cela de partir de son réaume de Naples et de s'en retourner tout son droit chemin au réaume de France. Et de rechef logea dedans la ville et cité de Rome, luy et toute son armée : et au desloger de ladite cité, tant alla par ses journées, qu'il rencontra ses ennemys, et très-grande puissance de gens-d'armes tant à cheval comme à pié, comme cy-devant vous ay dit. Et n'avoit le roy avecques luy point plus de douze cens hommes-d'armes, et de neuf à dix milles hommes-de-pié, comme l'on disoit. C'estoit bien peu envers les autres. Mais non pour cela ne délaissa pas le très-vertueux et très-victorieux roy à donner dedans ses ennemis là où il les trouva, si très-hardiement et si très-vaillamment de sa personne, comme ung chacun de vous scet, qu'il est bien chose digne de mémoire; car c'estoit celuy qui tousjours eust la face droite à ses ennemys, l'espée au poing, la bouche plaine de bonnes et vertueuses paroles à ses gens. Et si eust de mesme le cueur plus gros que le corps, avecques la fierté de ung lyon tant que la bataille dura ; et après la victoire fut doulx et begnin comme un ange, recognoissant la grant grace que Dieu lui avoit faite.

Il faut bien dire que pour néant ne porte le

nom de Charles, car ce fut pour le jour ung second Charlemaine ; car à toutes heures alloit et venoit parmy ses gens, et principalement là où besoin en estoit, et sans regarder le dangier de sa personne ; car si avant se mist dedans la bataille et parmy les coups, qu'il y fut blessé, comme l'on dist, et en très-grand dangier : mais il fust promptement secouru de bons et hardis cappitaines et aultres gens de guerre qui estoyent autour de luy, et aussi de plusieurs gentilshommes qu'il avoit nourri, qui point ne l'abandonnèrent, mais bien et vaillamment, comme bons et loyaulx subjets et serviteurs, le servirent pour le jour ; dont je leur en sçay bon gré, car trop eust été grande la perte de ung si bon et si vertueux roy et naturel maistre comme luy.

En effet, la bataille fut moult aspre et grande tant d'un costé que d'autre, et y fut tué grand nombre de gens des ligues et de grans personnaiges ; et bien petit des François furent morts, comme l'on dit. Et n'y fut prins homme de renommée, du party de France, que monseigneur le grant bastard de Bourbon, qui moult vaillamment et vertueusement se porta pour le jour, comme bon et hardy chevallier qu'il estoit. Et la bataille finie, le roy très-vertueux et très-victorieux passa la rivière, luy et ses gens, à bien petit de perte, comme vous ay dit cy derrière, l'espée au poing, et tousjours retournant sa face droit à ses ennemys, comme vertueux prince, ainsi que plus à plain le verrez et oirez par les croniques, et par ce qui en a esté mis par escript par plusieurs saiges et discrètes gens accoustumés de ce faire, car c'est trop mieulx leur mestier que le mien.

Par quoy leur prie de tout mon cueur que à ceste fois ne veuillent avoir la bouche close, ne faulte de éloquence ; car il y a matière belle et grande pour bien y employer papier et encre. Que pleust à Dieu mon créateur qu'il m'eust donné la science de bien le sçavoir faire comme le cas le requiert : car encore prendroye voulentiers la patience une autre année en cette misérable prison pour faire une si très-haulte euvre et digne de mémoire, comme ceste cy est, de ung si très-vertueux, très-victorieux, et si très-bien aimé et si très-loyalement servy, et par tout le monde redoubté roy, Charles VIII de ce nom, de France, de Secille et de Jerusalem, mon très-redoubté et souverain seigneur et bon maistre.

S'ensuit la prinse de la ville de Naples faite par le roy Ferrand, à cause de la rebellation et grant déloyauté de la commune de ladite ville. Et aussi s'ensuit plusieurs autres actes, tant prinses de villes, que renditions de chasteaux, et plusieurs rencontres et autres roptures qui ont esté faites audit réaume en cellui temps, comme plus à plain verrez en ce petit livret.

L'an de grace 1495, et le septiesme du mois de juillet, se rebella la ville et cité de Naples à l'encontre du roy de France, de Secille et de Jerusalem, leur souverain seigneur, Charles VIII de ce nom ; et levèrent la bannière du roy Ferrant sus ; et cedict jour ledit roy Ferrant entra dedans ladite ville de Naples, environ dix heures au matin, par la porte de la Magdelaine, là où ledit roy Ferrant descendit de ses gallées ; et tous les François qu'ils rencontrèrent dedans ladite ville furent mis à mort.

Le prince de Sallerne, luy estant en sa maison, ouyt ce bruit, et le grant cry qui estoit dedans la ville, du peuple qui estoit aussi esmeu. Soudainement se retira au Chasteau-Neuf, et plusieurs aultres seigneurs et contes du pays. Le sénéschal de Beaucaire estoit au chasteau de Capoannes, pareillement oyant l'alarme et horrible bruyt qui estoit dedans ladite ville ; et à toute diligence mit peine de gaigner le Chasteau-Neuf, moyennant l'aide de ses bons amys, et par ce moyen se sauva. Le seigneur d'Alègre, le seigneur de la Marche, le cappitaine messire Gration de Guerres, le seigneur de Jehanly, le seigneur de la Chapelle, le seigneur de Rocquebertin, et plusieurs aultres gens de bien, feirent grant effort tant à cheval que à pié à rebouter les ennemys ; mais le nombre et fureur du peuple fut si très-grant qu'ils ne peurent résister à l'encontre ; et leur fut force de eulx retirer dedans le Chasteau-Neuf, quant ils virent qu'ils ne povoient autre chose faire.

Et là trouvèrent oudit chasteau Guillebert, monseigneur de Bourbon, seigneur de Montpensier, conte daulphin d'Auvergne, archiduc de Cesse, viceroy et lieutenant pour le roy de France, de Secille et de Jerusalem, au réaume de Naples ; et dedans ledit Chasteau-Neuf furent assiégés par ledit roy Ferrant et plusieurs autres gens de bien en leur compaignie. Mais ils n'en tindrent pas grant conte tant qu'ils eurent dequoy manger, car tous les jours sailloient à puissance dudist chasteau à l'escarmouche, et aussi de l'église Sainte-Croix et du chasteau de Pis-Faucon, car il y avoit grant nombre de gens par tout. Et là faisoient tous les jours de moult belles saillies, et principalement sur le mole du port ; et y fut tué grant nombre des ennemys, et des François le seigneur de Beauveau, le sieur des Champs, gentilhomme de la maison du roy, et le maistre d'ostel Huvart : qui fut très-grand domaige, car ils estoyent vaillans et hardis de leurs personnes ; et aussi y fut tué Petit-Jehan, le tambourin du roy, homme d'armes, qui homme de bien estoit.

Un bien peu de temps après se retourna une partie des villes et chasteaux de la Poueille, et se rendirent au prince de Haultemore, qui sans cesser alloit et venoit au long de la marine avec trois gallées qu'il avoit ordinairement.

Deux jours après que ladicte ville de Naples fut rebellée et rendue au roy Ferrant, la ville et cité de Trane se retourna soudainement ; et levèrent la banière du roy Ferrant sus, criant tous ensemble Ferrant ! Ferrant ! Cedict jour voulurent prendre messire Guillaume de Villeneufve, chevalier, conseiller, maistre d'ostel du roy de France, et de Secille et de Jerusalem, qui pour lors estoit gouverneur de ladicte ville de Trane, et cappitaine dudit chasteau : mais ledict de Villeneufve estoit bien accompaigné, et aussi messire Barnabo de La Mare estoit avecques luy, accompaigné de vingt-cinq Estradios ; et tous deux ensemble se retirèrent sans rien perdre au chasteau. Ces choses voyant ledict messire Barnabo, commença à dire audict de Villeneufve : « Il faut » que je vous laisse, et que je m'en voise à » Berlette ; car je me doubte que ladicte ville » de Berlette ne soit rebellée comme les autres. » Laquelle chose estoit vraye ; et sur ce point s'en alla ledist messire Barnabo avecques les Estradios.

Ledict de Villeneufve demoura dedans le chasteau de Trane, et tout incontinent feist lever les pons dudit chasteau, et charger l'artillerie, car il y en avoit de bonne. Et ce soir, de nuyt, luy fut mis le siège ; et commencèrent à faire leurs approches et trenchées, et tindrent le siège l'espace d'ung mois. Durant ledict siège ledict de Villeneufve feist trois saillies, l'une sur les gens de la ville de Berlette, qui amenoient des vivres à la ville de Trane, et y print gens et vivres, et les mena au chasteau, qui grant secours lui fut ; l'autre saillie fut sur les gens de la ville, là où il y eust deux prins des ennemys ; et l'autre sur un estradiot qui venoit de Berlette porter des nouvelles à la ville, lequel pareillement fut prins. Et durant ledit siège fut ladite place fort batue d'artillerie, et environnée d'une grant tranchée qui prenoit d'un des costés jusques à l'autre : tellement que iadite place fut environnée de fossés en telle façon qu'on n'y povoit plus sortir dehors que par la mer, laquelle estoit aussi bien gardée que la terre.

Ung peu de temps après que la rébellion fut faite, l'armée des Venissiens vint devant le chasteau de Trane, incontinent qu'ils eurent prins et mis à sac la ville de Manople ; et la sommèrent, et requirent ledict messire Guillaume de Villeneufve, cappitaine du chasteau, et gouverneur de ladite ville de Trane, qu'il voulsist rendre le chasteau à la seigneurie de Venise, et que on lui donneroit dix milles ducas, et le mener luy et ses gens, et ses bagues sauves, jusques au port de Marseille, ou autrement qu'ils lui feroyent pis qu'ils n'avoient fait à la ville de Manople, laquelle ils avoient prins d'assault, pillée, et mise à sac. Et estoit dedans la ville pour le roy de France le cappitaine Prudence.

Ausquels Venissiens ledit de Villeneufve respondist : qu'il avoit le chasteau en garde du roy de France, de Secille et de Jerusalem, son souverain seigneur, et qu'ils n'y avoyent que veoir et que demander ; et qu'ils s'en allassent, car il aymeroit mieux mourir que de le rendre jamais sans le commandement de son roy et souverain seigneur, et aussi qu'il ne leur appartenoit en riens. Et à tant s'en allèrent lesdicts Venissiens fort malcontens, et se retirèrent au port de Manople, qui tenoit pour eulx ; car les villes et chasteaux qu'ils povoient prendre, ils les gardoient pour la seigneurie de Venise, et mettoient sous la banière de saint Marc, comme villes gagnées de bonne conqueste.

Monseigneur le prince de Haultemore, dom Federic d'Aragon, ung peu de temps après vint avec ses gallées devant ledit chasteau dudit Trane, et y envoya un sien maistre d'ostel à seureté, nommé messire Vincent, requerant audict de Villeneufve, de par monseigneur le prince, qu'il lui voulsist rendre ledit chasteau, et qu'il le traiteroit si bien qu'il auroit cause d'estre content de lui, et qu'il l'envoyroit lui et ses gens, et ses bagues sauves, jusques à Marseille. Lequel Villeneufve lui respondit : qu'il l'avoit en garde du roy son souverain seigneur, comme dessus a dit ; et qu'il aymeroit mieulx y mourir que de faire si grande faulte et si grand lascheté au roy. Et à tant s'en alla ledit prince fort maucontent devant le chasteau de Manfredonne, là où estoit messire Gabriel de Montfaulcon et sa compaignie ; et tant fit ledit prince avecques lui, qu'il lui rendist le chasteau, car il avoit faulte de vivres, comme l'on disoit. Et d'appointement fait entre eulx par la composition, ledict prince lui promist l'envoyer lui et ses gens, et ses bagues sauves, au réaume de France, laquelle chose il feist.

Incontinent que ledit prince eust ledit chasteau entre ses mains, s'en alla devant le chasteau de Berlette, qui pareillement est sus la mer, lequel tenoit ung gentilhomme de monseigneur de Montpensier, nommé Bouzeguin, auquel le prince parlementa. Et pareillement s'accorda ledit Bouzeguin, et rendist le chasteau par composition ; et lui promist ledit prince l'envoyer en France avecques messire Gabriel de Montfaulcon, et ses bagues sauves : laquelle chose il feist, car ledict Bouzeguin avoit faulte de gens et de vivres.

Une partie des gens dudit Bouzeguin se mirent à la soulde et gaiges dudict prince ; et entre les autres ung chanonier flameng lequel fut envoyé, de par le prince, suborner ung autre chanonier flameng que avoit messire Guillaume de Villeneufve pareillement audit chasteau de Trane, auquel il dit de nuyt semblables, paroles : « Si vous voulez vous ren-
» dre à monseigneur le prince, il vous sauve-
» ra la vie, et vous prendra à son service, et
» vous donnera cent ducas, et à tous les au-
» tres compaignons que vous amenerez avec-
» ques vous vingt-cinq ducas, et tretous se-
» ront mis à ses gaiges » : lequel, comme traistre et lasche qu'il fut, s'y accorda, et lui promist sa foy de ainsy le faire. Et par un peu d'espace de temps, petit à petit, il souborna trente-deux des compaignons dudit chasteau, lesquels il emmena avecques lui hors du chasteau le jour que on donna l'assault ; et se descendirent le long d'une corde par dessus les murs de la basse-court ; et ne demoura que huit compaignons avec ledit de Villeneufve. Ce fut le quatriesme jour du mois d'aoust que ces traittres vendirent le chasteau de Trane ; et aussi vendirent leur cappitaine messire Guillaume de Villeneufve, dont les noms des traitres s'ensuivent cy-après.

Tout incontinent que le prince fut acertené de la trahison qui se faisoit dedans ledit chasteau de Trane, après qu'il eust prins ledit chasteau de Manfredonne et de Berlette, renvoya de rechief son maistre d'ostel devers ledit de Villeneufve, pour le sommer et requerir encore une autre fois, de par le prince, qu'il eust à rendre ledit chasteau ; auquel ledit de Villeneufve luy respondist, comme dessus, qu'il aymeroit mieulx mourir l'espée au poing, que de faire ceste lascheté au roy son souverain seigneur et maistre. Et à tant s'en retourna ledit messire Vincent faire son rapport audit prince, dont il en fut terriblement malcontent. Lors dit ledict prince qu'il donneroit deux cens ducas au premier homme qui entreroit dedans ledit chasteau, et trois cens à celluy qui mettroit la teste dudict de Villeneufve sus le portal au bout de la lance de la banière du roy de France, qui là estoit : et habandonna le chasteau à estre mis à sac ; et sur ce point feist crier l'assault ; et celle heure s'en allèrent trente-deux traitres compaignons qui dedans le chasteau estoient, dont les noms s'ensuivent. Et premièrement Pierre de Corse, flameng ; Jehan Freron, natif de Beaucaire ; Jehan Bonnier d'Uzez ; Julien son fils, chanonnier ; Claude Coulon, de Languedoc ; Guillaume de Vitry ; Guyot de Gra, savoizien ; Guillaume Munier, savoizien ; Lecure, natif de La Volte en Languedoc ; Le Laquays ; Jehan son frère, du Daulphiné ; Loys de Tharascon, de Provence ; Guyaume Menon, d'Yères en Provence ; Berthelemieu, provensal ; Le Flameng ; Jehan de Nicole, piémontois ; Jehan Vusseval, de Beaucaire ; Le Tore, gascon ; Janot, gascon ; Menas, gascon ; Le Tabourin, gascon ; Le Roberques, de Saint-Mathurin de l'Archaut ; Lamoureur, d'Avignon ; Petit Jehan Bienvenu, d'Auvergne ; Colle, italien ; maistre Honnorat, charpantier ; maistre Berthelemieu, mareschal ; Fleurent, picard ; Laventurier, du Daulphiné ; Jehan Le Peintre, d'Auvergne ; Marin Potier, mareschal ; George Monnier ; Vincent Fournier ; et ce sont les noms des traistres qui ont vendu le chasteau et place de Trane, et ont prins soulde du prince de Haultemore.

Sur ce point feist donner l'assault, et y vint gens tant par mer que par terre ; et les huit pouvres compaignons qui dedans ledit chasteau estoient demourés avec ledit Villeneufve se deffendirent bien et vaillamment, comme bons et loyaulx qu'ils furent pour le roy ; car ils resistèrent et tindrent fort, au premier assault qui fus donné à la basse-court, tant que à eulx fut possible ; mais au long aller fut force qu'ils habandonnassent, car la basse-court est de grande garde ; et y furent assaillis de tous coustés, tant du quartier de la mer que de la terre. Et à ceste cause fut contraint de se retirer dedans le chasteau lui et ses gens ; et à toute diligence mirent peine de gaigner le hault des grosses tours et le dessus de la posterne, car la grant porte estoit très fort murée : et tout incontinent à force d'eschelles les ennemys entrèrent dedans ladite basse-court, et moult y furent bien recueillis de coups de tret et de pierres ; car quand ils furent dedans, ils ne sçavoient où leur cacher ne où se mettre à couvert ; pource que ledit de Villeneufve avoit fait abatre toutes les chambres et maisonnemens de ladite basse-court. Mais nonobstant, les ennemys estoient si fort couverts de pavoys et de rondelles, qu'ils ne laissèrent point du venir près au pié de la muraille, et là il y écheut largement de blessés et mors ; car autrement ils ne le pouvoient, veu le grand nombre qu'ils estoient.

Ung peu après qu'ils furent refreschis, et qu'ils eurent recouvré leur gens de tret et leurs eschelles, donnèrent un aultre assault au chasteau, et dressèrent leurs eschelles de tous coustés ; mais nonobstant cela, tant que les pouvres compaignons qui dedans estoient peurent les bras lever, se deffendirent moult vaillamment, jusqu'à temps qu'il y eust deux tués, et le chastelain blessé d'une harquebuse au travers du coulde, qui fut très grant domaige, car il estoit homme de bien ; et ledit de Villeneufve eust trois trects d'arballeste dedans sa sallade, et un autre dedans le pertuis de son plastron. Et dura ledit assault par l'espace de trois heures, si très aspre de tous coustés, qu'il n'y avoit homme qui plus se peust deffendre, ne les bras lever. Entre les autres vint un Esclayon, qui montoit au long d'une eschelle, pour entrer dedans ung grand pertuis de la salle où ledict de Villeneufve avoit fait mettre un gros canon, qui battoit les reperes et taudeis des ennemys.

Estant ledit de Villeneufve sur la fausse porte, apperçut ledit Esclavon qui vouloit entrer dedans ledit pertuis soudainement et à toute diligence, l'espée au poing, dedans ladite salle, et rencontra ledit Esclavon qui jà estoit entré ; et ledit de Villeneufve l'approcha et appressa de si près, que ledit Esclavon se rendist à luy, et luy pria qu'il ne le voulsist pas tuer. Et ledit de Villeneufve luy demanda s'il estoit homme pour luy sauver la vie ; lequel Esclavon luy respondit que ouy, et luy bailla la foy en le baisant en la bouche ; et en cet appointement faisant, ledit de Villeneufve laissa entrer trois autres Esclavons par ledit pertuis, et print semblablement la foy de l'un après l'autre qu'ils luy sauveront la vie : laquelle chose ils luy promirent aussi le faire, car il n'y avoit remède de se pouvoir plus tenir, pource qu'ils estoient de toutes parts entrés ; et fut ledit chasteau prins de assault, pillé et mis à sac. Et fut grant grace Nostre-Seigneur que tous ceux qui estoient dedans ne furent tués et mis en pièces, car ainsi l'avoit commandé le prince. Et sus ce point ledit de Villeneufve pria aux Esclavons qu'ils le menassent à la chapelle, de peur qu'il ne fut tué à la foule, car autrement il estoit mort. Et là vint grant quantité de gens, et entre les autres ung gentilhomme nommé Jacobo Pinadelle, lequel vint l'espée au poing prendre ledict Villeneufve, et l'emmena tout en pourpoint luy et ses gens, et le laissa en la maison de madame Jule, et en alla tout incontinent au prince, et luy dit qu'il avoit mené ledit de Villeneufve en la maison de madame Jule, et qu'il luy plaisoit que l'on en feist. Lequel prince fut fort émerveillé dequoi il estoit en vie, et commanda que l'on le menast en la gallée par force, nommée la gallée Marquese, là où tout incontinent vindrent à luy cinquante Estradiots grecs de l'armée des Venissiens; et accompaignerent ledit prince, qui s'en alla par terre en une ville nommée Daneston; et feist cappitaine général de toutes les gallées ung Venissien.

Cedit jour se levèrent toutes les gallées, et feismes voilles, et allasmes surgir au port de Brindes devant ladite ville; et arrivasmes le vendredi 8 d'aoust, à cinq heures de nuyt à l'entrée dudit port, en une isle là où il y a ung chasteau très-fort de murailles et de tours, et fors bollevars bien percés et bien fournis d'artillerie grosse et menue; et y a ordinairement soixante mortes payes pour la garde dudit chasteau; et se nomme le chasteau de Sainct-André dedans l'Isole; et s'appelle Sainct-André, pource que autrefois il y avoit une abbaye qui estoit nommée Sainct-André; mais le roy Alfonse en feist faire un chasteau pour la garde dudit port.

En cestuy chasteau estoit en prison le seigneur de l'Esparre, yssu de la maison d'Alebret, frère germain du seigneur d'Orval, lequel estoit viceroy en la Poueille pour le roy de France, de Secille et de Jérusalem; et fut prins en une saillie qu'il feist sur les ennemys, qui estoient venus courrir de la ville de Brindes devant une ville nommée Messaigne, là où estoit ledit seigneur de l'Espare: et promptement qu'il ouyt l'alarme, saillist hors de ladite ville l'espée au poing, et rebouta les ennemys bien asprement jusques à leurs embusches, et là fut rencontré et son cheval mis par terre, et luy blessé de cinq ou six playes, et fut emmené prisonnier dedans ladicte ville de Brindes, pour faulte qu'il ne fut suyvi à la charge qu'il feist; car bien et vaillamment se défendit; et un de ses gentils hommes fut tué auprès de luy qui alloit à son secours, nommé Peysac.

Ainsy que les gallées s'en retournoient du port dudict Brindes, ledict sieur de l'Espare s'enquist et demanda se Guillaume de Villeneufve estoit dedans lesdictes gallées; et on lui dit que ouy. Et il requist au cappitaine dudit chasteau qui l'avoit en garde qu'il luy plust de lui faire ceste grace de le mener jusqu'à la gallée Marquese, là où estoit ledict de Villeneufve. Laquelle chose le cappitaine lui accorda voulentiers; et le mena au devant de la pouppe de la gallée, sans entrer dedans; et là veist ledict de Villeneufve sans robbe, bien pouvre et tres piteux de sa personne; et en fut ledict seigneur de l'Espare tres desplaisant de le voir ainsy maltraitté; et ledict seigneur de l'Espare luy presenta la moitié de son vaillant, qui estoit en somme de dix ducas, que on luy avoit presté; et à tant le cappitaine ne les voulut plus laisser parler ensemble, et se retira dedans ledict chasteau, et la gallée feist voille et s'en alla; et vous promets que piteuse fut leur despartie.

Le seigneur de Champeroulx, duc de Leches, et le roy d'Ivetot, estoient dedans l'autre chasteau de Brindes, qui est un autre très fort chasteau à merveilles; mais ils n'estoient pas detenus comme prisonniers, car ils saillirent par composition hors de la ville de Leches, eulx et leurs bagues sauves et leurs gens, reservés chevaux et arnois, pour ce que ladite ville estoit foible et mau garnie de vivres. Et ledict prince le leur accorda voulentiers, car il ne demandoit que gaigner pays; et leur promist de les faire mener à Marseilles ou en Aiguesmortes, à sauveté de leur personne.

Audict port de Brindes trouvasmes quatre naves et trois gallions qui estoient aux Biscayns, qui ordinairement avoient demouré là pour la garde dudit port, et bien besoing leur en fut.

Au departir dudit Brindes, venismes surgir et gecter ancres en mer au port d'Otrante, qui estoit à soixante milles de Brindes; et est ladite ville de Otrante belle et forte, et y a ung très fort chasteau; et y estoit madame la princesse de Haultemore. Et de là partist l'armée, et feist voille le dix-septiesme jour du moys d'aoust, et passa devant le chap Sainte Marie, sans y arrester. Ledit chap nommé Sainte Marie est un des bouts du réaume du quartier de la Turquie et dudit chap Sainte Marie entrasmes au gouffre de Tarente, et passasmes par devant Lusante, et le lendemain arrivasmes au port de Galippe. Et y a cinquante milles de Otrante jusqu'audict Gallippe; et est ladite ville de Galippe tres forte, et toute environnante de mer, et y a tres fort chasteau, et seroit malaisé à prendre sans pratique ou sans famine.

Le dix-neuvième jour du moys en suivant, se leva l'armée dudit port de Galippe, et alla devant Tarente; et en chemin eurent nouvelle de monsieur le prince de Haultemore, qui s'en venoit embarquer aux gallées avec deux cens chevaulx legiers, laquelle chose feist ; et renvoya les chevaux à la rive de terre, que menoit don Chesre d'Aragon.

Ce jour, à la my-nuyt, fut ordonné par ledict prince que la gallée Marquese s'en iroit devant Tarente avec deux brigandins, pour arriver devant le jour en une isle qui est vis à vis dudict Tarente; et s'appelle l'isle de Nostre-Dame, pour ce qu'il y a une chapelle fondée de Nostre Dame, et autre chose non ; car c'est une isle deserte. Ladite gallée y arriva devant le jour, et les deux brigandins; lesquels deux brigandins alèrent courir devant le port de Tarente, et la gallée demoura en embusche derrière l'isle. Et incontinent saillist deux autres brigandins, une fuste, et un petit bateau de Tarente, et donnèrent la chasse aux deux brigandins arragonois, lesquels se retirèrent à toute diligence devers la gallée, et le faisoient tout exprès pour tirer les autres aux champs. Et quand le guet de la gallée vit qu'il estoit temps que ladite gallée se descouvrit, luy feist signe, et à toute diligence ladicte gallée se despartist pour aller au secours : et bien besoing luy fut, car autrement les brigandins estoient prins.

Tout incontinent que lesdits brigandins arragonois veirent leur gallée de secours, soudainement tournerent, et donnerent la chasse aux Tarentins, tant que tref et rames pouvoient tirer; et à peu qu'ils ne les prindrent; et furent chassés si asprement, qu'ils feirent donner de proue en terre au petit basteau; et fut la chasse si très soudaine, que l'artillerie du chasteau les despartist les uns d'avec les autres.

Le gouverneur de la ville, qui là estoit pour le roy de France, de Secille et de Jerusalem, nommé messire George de Sully, saillist à toute diligence à cheval au long de la marine pour recueillir ses gens, cuidant qu'ils donnassent de proue en terre: et le tout retira en la ville à sauveté, sans rien perdre. Et ceulx de ladite ville en furent très joyeux, car il y avoit dans ladite fuste et brigandins largement de gens de bien, qui leur estoient très grand perte; et tout cecy voyoit messire Guillaume de Villeneufvé qui estoit prisonnier dedans ladite gallée Marquese. De là s'en retourna ladite gallée à l'isle Nostre Dame, et là attendismes monseigneur le prince de Haultemort, qui arriva entre quatre et cinq heures, accompagné de sept gallées venissiennes, et la sienne, et celle de frère Lienard, chevalier de Rhodes ; et quatre barches biscaynes, qu'il amena avec luy du port de Brindes ; et vindrent surgir et gecter leurs ancres en mer devant ladicte ville de Tarente.

Et tout incontinent le gouverneur messire George de Sully saillist de rechief bien accompaigné tant de gens de cheval que de gens de pié, et feist mener une grosse pièce de artillerie avec luy, qui tira trois ou quatre coups à l'encontre desdites gallées ; et bien peu s'en faillist qu'il ne donnast dedans celle du prince : et tout incontinent ladite armée de mer se leva et alla surgir dedans l'isle de Nostre Dame, là où demurasmes six sepmaines, en attendant l'autre armée des Venissiens, et faisant le guet tous les jours, et grant gast aux vignes, jardins et oliviers des Tarentins, pour les cuider gaigner ; mais tousjours furent bons et léaulx pour le roy de France, de Secille et de Jerusalem, avecques l'aide de leur gouverneur, qui moult homme de bien se monstroit continuellement.

Ung peu de temps après, le prince envoya ung sien gentilhomme, nommé Raphaël de Faulçon, et un roy d'armes du roy de France, de Secille et de Jerusalem, nommé Champaigne, que le prince tenoit en sa gallée; et les envoya devant le chasteau de Tarente dedans un bringandin parlementer audit gouverneur, pour le cuider pratiquer : mais le gouverneur est trop bon serviteur et loyal pour le roy son souverain seigneur et maistre. Ledit gouverneur respondit audit Raphaël : qu'il s'en retournast, et qu'il ne vouloit point parlementer avecques luy, et qu'il estoit assez suffisant pour garder la ville et le chasteau, lequel luy avoit baillé en garde le roy son souverain seigneur. Et puis dit au roy d'armes, nommé Champaigne : « Si » vous voulez demourer céans avec moy pour » l'onneur du roy, je vous recueilleray de bon » cueur ; » laquelle chose il eust fait volontiers, mais il n'estoit pas en sa liberté; et à tant s'en retournèrent devers le prince faire leur rapport.

Le seiziesme jour du mois de septembre, jour de la Sainte-Croix, arriva l'armée des Venissiens devant le prince, devant Tarente, laquelle amena le général des Venissiens, qui estoient en nombre dix-neuf gallées, et neuf qui estoient de par devant; et furent vingt-huit qui tous les jours faisoient grant gast aux Tarentins pour les cuider gaigner et retirer à eulx; mais pour cela il ne remua droit, car tousjours ils furent bons et loyaulx pour le roy de France, de Secille et de Jerusalem, leur souverain seigneur.

Ung bien peu de temps après ledit prince alla descendre en une plaige au-dessous de Tarente avec mille ou douze cens Venissiens, et là le vindrent recueillir grant force gens à cheval du champ de don Chesre d'Aragon, qui estoit à Franqueville; et là menèrent ledit prince avec les Venissiens qu'il avoit prins aux gallées, pour ce que don Chesre d'Aragon n'avoit pas grans gens avecques lui en son champ. Et trois jours après allèrent mettre le siége à une ville nommée les Grotailles, qui est à huit milles de Tarente; et donnèrent l'assault à ladite ville; et très bien se défendirent ceulx de dedans, et reboutèrent ledit assault, et blessèrent grant nombre des ennemys; et lendemain redonnèrent un autre assault, et fut ladite ville prinse par composition; et cela faict, s'en retourna ledit prince aux gallées avecques les Venissiens, mais non pas tous; car il y en eust largement de mors et blessés.

Ce jour mesme, alla le général des Venissiens descendre devant la ville de Tarente à grant puissance de gens cauteleusement, à celle fin que le gouverneur de ladite ville ne donnast secours à la ville des Grotailles durant l'assault.

Mais ledit gouverneur saillist sur les Venissiens, si bien accompaigné, tant de gens de cheval que de pié, qu'il rompist les Venissiens, et les mist en fuite par telle façon, que il y en eut bien cinquante ou soixante de mors et autres tant de prins; et à tant se retirèrent lesdits Venissiens en leursdictes gallées.

Le jour de monsieur saint Michel, le prince de Haultemore envoya sa gallée, accompaignée de la gallée Marquese, dedans le port de Tarente, pour cuider prendre la citadelle de ladicte ville; car il avoit intelligence à ung gens-d'armes de la compaignie du roy d'Ivetot, nommé Loys Bertochelle, lequel la luy devoit bailler, et mettre dedans à ung signe qu'il leur devoit faire, et lever la banière blanche sur la tour de ladite citadelle. Mais la trahison fut descouverte, comme Dieu le voulut, deux heures devant que les gallées y arrivassent; et tout incontinent le gouverneur feist prendre le traistre, dit Loys Berthochelle, lequel luy confessa et déclara la trahison, et les signes qu'il devoit faire au prince pour faire venir avec lesdictes gallées. Et promptement ledict gouverneur garnist très-bien ladicte citadelle de gens et de artillerie, et tout le long des murailles dudict port, et puis feist le signe de la banière pour faire venir lesdictes gallées; laquelle chose il feist à toute diligence, à grans crys et grans coups de canon, cuidant que ladicte citadelle fut retournée pour eulx, et le chasteau batoit contre ladicte citadelle à cautelle; et arriva la gallée dudit prince dedans le port, et gecta ses ancres en mer pour cuider mettre l'esquif et ses gens en terre : et ces choses voyant le gouverneur, feist descharger et tirer artillerie de tous coustés si très asprement, que les patrons des gallées furent terriblement esbahis, et tous ceulx qui estoient dedans, et y eut certain nombre de mors et de blessés. Mais le patron de la gallée du prince, nommé Matthieu Corse, se monstra vertueux et hardi, et alla tout au long de la cousfie, l'espée au poing, et feist laisser les ancres en la mer, et tourna la gallée à toute diligence, en telle façon que, pour coup de canon né de trect que on sceut tirer, né laissa qu'il ne retirast devers le prince à sauveté.

Ledict prince estoit descendu de sadicte gallée, et s'estoit mis dedans la gallée du général des Venissiens; et tout cecy voyant, fut fort esbahy et fort desplaisant, car il avoit grant peur de perdre sa gallée, pour ce qu'il y avoit la pluspart de sa robe et de ses bagues dedans, et aussi des plus gens de bien qu'il eust.

Le prince y fut allé en personne, se ce ne fut pour ce que ung des galios de la gallée Marquese avoit dit, plus d'un mois devant, que par trois fois lui estoit venu en vision de nuyt une femme vestue de blanc, laquelle luy disoit qu'il allast dire au prince, ou feist dire, qu'il se donnast bien garde sur sa vie, qu'il ne mist sa personne en dangier par mer ne par terre le jour de monsieur saint Michel, ou autrement qu'il lui en prendroit mal. Et à ceste cause ledict prince n'y alla pas, dont bien luy en print.

Le premier jour d'octobre, ledict prince, et le général, et le provéditeur, et le cappitaine des Venissiens, allèrent avecques toute leur armée de mer descendre, et mettre la proue de leurs gallées en l'isle qui est devant Tarente, pour faire le gast et brusler les maisons. Et estoient en nombre, des gallées venissiennes vingt-sept, et trois de celles du prince, et quatre grans barques tusquaines, et plusieurs autres brigandins. Et mirent cedict jour bien mille ou douze cens hommes en terre, tant Venissiens, Biscayns, que Italiens; et le cappitaine des Venissiens les conduisoit, car le prince et le général demourèrent aux gallées.

Ledict prince demoura dedans sa gallée, et le général dedans la sienne, et avoit fait mettre toutes les gallées de rang de bataille, qui battoient merveilleusement de leur artillerie au long des venues de la ville de Tarente. Mais nonobstant cela le gouverneur dudit Tarente et le cappitaine Buffez, lieutenant du roy d'Ivetot, et monsieur d'Alègre, saillirent tant à cheval que à pié dedans les Venissiens si très asprement, qu'ils les rompirent et les chassèrent dedans la mer, comme bons et hardis hommes qu'ils estoient.

La première escadre estoit quatre cens hommes portant tous longues lances, comme piques paintes de rouge; ceulx-là furent les premiers rompus; et se ne fut là grant quantité de artillerie qui tiroient de leurs gallées, ils eussent fait un grant meurtre. Et eust largement de mors et de prins des ennemys; et des François n'y eust qu'ung archier qui fut tué, et le cappitaine Buffez eust ung doit couppé, qui fut très grant domage, car il estoit homme de bien; et à tant se retirèrent les ennemys, et les François demourèrent au champ.

Ledict cappitaine Buffez, lieutenant du roy d'Ivetot, ne laissa pas de bien servir le roy, pour l'inconvénient qui luy advint; car ung peu de temps après il partist de la ville de Tarente ung soir bien tard, accompaigné de vingt-cinq chevaulx, alla à la ville de Messaigne toute nuict, pour quérir le seigneur de Champeroulx, duc de Lechés, et le roy d'Ivetot son oncle, qui estoient à ladité ville de Messaigne détenus par le prince de Haultemore, et bien quatre vingts gentilshommes, tant hommes d'armes que archiers, et tous ensemble les amena avecques luy à ladite ville de Tarente, dont ledit prince en fut merveilleusement mal content, car il les attendoit à Galippe; et eut bien cause d'en estre bien desplaisant; car ils donnèrent ung grand secours à la ville de Tarente, et moult crûrent le courage aux bons Tarentins. Messire Guillaume de Villeneufve veit partir ledit cappitaine Buffez de Tarente, qui estoit venu dedans ladite ville sur sa foy.

Ung peu de temps après partisrent de Tarente, le second jour d'octobre, le général et provéditeur avecques toute leur armée; et s'en allèrent la route de Naples, quant ils veirent que autre chose ne pouvoient faire à l'encontre de ladité ville de Tarente; et semèrent ung bruit, qu'ils aloient courir et piller le pays de Provence; mais ils demourèrent au port de Naples et de Castel-la-Mer, et là donnèrent grans faveurs et secours aux Napolitains, car ils estoient les plus fors sur la mer pour gallées.

Le tiers jour d'octobre, ledit prince alla avecques les trois gallées vis-à-vis de la ville de Massafre, qui est à huit milles au dessus de ladicte ville de Tarente; et tenoit ladicte ville de Massafre bon pour le roy de France, de Secille et de Jérusalem. Et quant il fut à l'endroit de ladite ville de Massafre, feist mettre trois cens hommes en terre, tant Biscayns que Italiens, pour aller joindre à l'armée de terre que menoit don Chesre d'Aragon, pour aller prendre ladite ville de Massafre.

Mais le gouverneur de Tarente faisoit chevaucher lesdites gallées au long de la marine; et au couvert des oliviers envoya une escadre de soixante à quatre vingts hommes à cheval, que menoit le seigneur d'Espuisac, lieutenant du seigneur d'Alegre. Et quant ledit Espuisac veit les trois cens hommes en plaine champaigne, un peu eloignés de la marine, saillist hors de son embusche, là où il estoit derrière une chapelle, et donna dedans les Biscayns et autres gens de pié qui avecques eulx estoient, si très asprement, qu'il les rompit, et en mit à mort la plus grant part et de prisonniers jusqu'au nombre de cinquante à soixante : et y fut prins le cappitaine des barches biscaynes, qui s'appelloit Jean Martin, et le cappitaine Haultebelle, cappitaine des Italiens, et ung autre cappitaine biscayn des autres barches, nommé Jeanne Rousset, lequel y fut tué et mis à mort; et furent tres fort plains; et en fut le prince terriblement desplaisant, car les barches demourerent sans cappitaines, et à bien peu de gens. En cedict rencontre fut tué huit ou dix des gens et rensonniers de messire Guillaume de Villeneufve, que le prince avoit prins en sa garde.

Ung peu de temps après ledit prince partist de devant la ville de Tarente, luy voyant ne povoir faire autre chose ne par force ne par practique en ladite ville; car trop estoient bons et loyaulx les Tarentins pour le roy de France, de Secille et de Jerusalem, leur souverain seigneur; et aussi estoient bien gouvernés de leur gouverneur, qui moult bien y servit le roy, et tous les gentilshommes qui avecques luy estoient.

Ledict princene laissa devant ladicte ville que une gallée, nommée frere Lienart, chevalier de Rhodes, et c'estoit pour garder que victuailles n'entrassent dedans la ville de Tarente par mer; et cedict jour le prince s'en alla coucher au port de Gallippe, et là surgit avecques ses deux gallées (et y a soixante milles de Tarente jusques audit Gallippe), et là demoura trois jours.

Ladicte ville de Gallippe est très forte, comme vous ay dit devant, toute environnée de mer, et le chasteau moult fort de tours et de murailles bien persées de toùs costés, et bien garni d'artillerie et de gens; et y a une tres grosse tour au milieu qui s'appelle la Tour Maistre, qui est terriblement forte. Et cependant que ledit prince demoura là, feist habiller ses gallées et monstrer carenne, et feist mettre messire Guillaume de Villeneufve dedans la tour du portail dudit chasteau, là où il trouva messire Pierre Fregouse de Gennes, et ung autre gentilhomme nommé Gaspart de Gireme, qui estoit de la compaignie du roy d'Ivetot, lesquels avoient esté prins à une course qu'ils avoient faicte devant ladite ville.

Cependant arriva le seigneur de l'Esparre, que ledict prince avoit envoyé querir; et là le feist monter dedans la gallée Marquese, et aussi ledict de Villeneufve, et les autres prisonniers françois qui estoient dedans ledict chasteau.

Lendemain, ledict prince feist voille, et s'en alla cedict jour au port de Cotron, où il y a cent milles de Gallippe jusques au port; et est ladite ville de Cotron très belle, et le chasteau tres fort, mais qu'il fut parachevé.

Lendemain 20 du moys d'octobre, partist ledict prince du port de Cotron, et alla au chap de Colonnes, qui est à trois milles de Cotron; et là demoura trois jours et trois nuys, à cause du vent contraire. Au departir de là entrasmes dedans le gouffre de Esquilage, qui dure soixante milles, et de là entrasmes dedans la plage de la Rochelle, et costéasmes la terre de la Calabre, qui tenoit la plus part pour le roy de France, de Secille et de Jerusalem, et passasmes pardevant une ville nommée La Chastelle; et de là passasmes devant une cité nommée Esquilage, et d'Esquilage passasmes devant une ville nommée La Rochelle, et de la Rochelle passasmes devant une ville nommée Ujaise, très forte place à merveilles, là où estoit le seigneur d'Aubigny, connestable du réaume de Naples; et de là allasmes passer le chap de Partenente, qui dure trente milles; et de là alla ledict prince passer la ville de Rège, qui est à trente milles du chap de Partenente. La ville de Rège est très belle ville et fort chasteau, et avoit prins ledit chasteau le roy Ferrant par assault; et le cappitaine qui estoit dedans estoit Escossois, très homme de bien; et fut mis à mort et haché en pieces, et tous les compaignons qui estoient dedans pendus par la gorge.

Le mercredy matin, vingt-troisiesme jour du moys d'octobre, entrasmes dedans le far de Messine, qui dure dix milles, et arrivasmes à ladicte ville de Messinne; et là descendit le prince à terre et alla veoir le roy Alfonse, qui dedans ladicte ville estoit; et avoit mal ledict roy en une main, tellement qu'il en perdist le bout de ung doy; mais nonosbtant cela, de la grant joye qu'il eust du prince son frère, vint monter sur la gallée du prince, et s'esbastist bien deux milles en la mer avec le prince, et puis s'en retourna dedans ladicte ville.

Ladite ville de Messinne est très belle et grande, et y a ung tres beau port et grant, qui bat au long de la muraille de ladite ville. C'est une cité tres fort marchande, mais elle est foible et prenable, et batable de tout cousté ; et est ladicte ville au réaume de Secille, et la tient le roy d'Espaigne.

Ce jeudy ensuivant, 24 du moys d'octobre, print le prince congié du roy Alfonse, et s'en alla ledict jour auprès d'une eglise nommée les Selnantes ; et est dedans le port de ladite ville tout environnée de mer. Le soir, se retira le prince et tous ses gens en la gallée.

Le vendredy ensuivant, 25 dudit moys, partist ledict prince, et entra dedans la courante du far de Messine, qui dure dix milles : et de là passasmes devant une autre ville nommée Marsilles, qui est à six milles de Messinne ; et de Messinne allasmes passer devant la cité de Turpie, qui est à trente milles de Nousille ; et de Turpie passasmes devant la Vilanne, et de là entrasmes au gouffre de Sainte Fumée, qui dure quarante milles ; et du gouffre passasmes pardevant une cité qui se nomme Montelionne ; et de Montelionne, passasmes pardevant une autre ville qui se nomme le Puisel. Cedit jour, passasmes l'isle de la montaigne de Brogane, laquelle montaigne est fort haute ; et y a au milieu un grant pertuis, dont incessamment jour et nuyt en sort grant feu et flambe, et s'appelle ledit pertuis Bouche d'Enfer. Et de l'austre costé y a une autre isle, nommée l'Ypre ; et y a une tres grant cité, qui tousjours a tenu le party du roy Ferrant ; et de Ypre passasmes pardevant l'isle de Strangoul, où pareillement y a une autre grant montaigne, qui a au dessous ung autre grand pertuys qui jour et nuyt jette feu et fumée et pierres, comme poussés, et pareillement s'appelle Bouche d'Enfer ; et de là allasmes passer pardevant une grant cité qui s'appelle l'Amantie ; et de l'Amantie à Fumée-Frede, qui est à deux milles de l'Amantie ; et de là à Sainte Lucite, qui est à dix milles de Fumée-Frede ; et de Sainte Lucite passasmes pardevant ville de Paule en Calabre, et est tres bonne ville environnée de boys de ung quartier, et de la mer l'autre ; et en est natif le saint homme de Tours, et y faisoit sa residence quand le roy Louys (que Dieu absueille) l'envoya querir.

De Paule alla ledit prince devant une autre ville nommée Fonescault, qui est à six milles de Paule ; et de là allasmes devant une autre bonne ville nommée Cescaude, qui est à sept milles de Fonescault. Cedict jour passasmes pardevant une autre bonne ville nommée Nochetraro, là où se font naves et gallées ; et est ladite ville à douze milles de Cescaude. Et cedit jour passasmes pardevant Belveder, qui est à dix-huit milles de Nochetraro ; et de Belveder passasmes pardevant une autre ville nommée Florelle, qui est à dix milles de Belveder ; et toutes cesdites villes sont en Calabre, au long du cousté de la marine. Et de là passasmes pardevant une autre ville nommée l'Estaliere, et de l'Estaliere allasmes passer pardevant la ville de Policastre ; et y a, de l'Estaliere jusqu'à Policastre, quarante et cinq milles ; et de Policastre passasmes devant Guamerode, et y a dix-huit milles. De Guamerode allasmes passer le pas de Palenode, et y a quinze milles de Guamerode.

Cedict jour passasmes devant une ville nommée Pichote, qui est à dix milles de Palenode ; et de là allasmes passer à la couste de Exellente, là où il y a vingt milles de Pichote. Et de là passasmes une autre ville qui s'appelle le Chastel de l'Abbat, qui est à dix milles de Exellente ; et de là passasmes à une autre ville qui se nomme Agrobbe, qui est à dix milles du Chastel de l'Abbat. Et plusieurs autres petites villes passasmes au cousté de la marine de ladite Calabre, lequel seroit trop long à mettre par escript.

De là entrasmes dans le gouffre de Salerne, et toute la nuyt le passasmes à grant péril et merveilleux dangier, car le vent estoit merveilleusement grant, et la mer terrible ; par telle façon qu'il n'y avoit marinier qui ne perdist son entendement, et furent fort esbahis du mauvais temps qui couroit. Mais nonobstant cela ledit prince faisoit tirer toujours en avant pour gaigner le port de Naples, pource que le roy de Ferrant l'avoit mandé à toute diligence ; car le marquis de Pescaire avoit esté tué devant Sainte-Croix d'un coup de trect d'arbalestre qu'il eut en la gorge, et ledict marquis gouvernoit l'armée du roy Ferrant en son vivant : ainsi n'osoit descendre, ne prendre port, pour les ennemys.

Nous passasmes ledit gouffre de Salerne

toute nuyt à grant dangier, qui dure quarante milles. Et au saillir dudit gouffre allasmes au long de la coste de Malfe; et passasmes pardevant une ville qui s'appelle l'isle de Capre, et de là entrasmes au gouffre de Naples, et passasmes devant la ville de Masse; et de Masse passasmes devant une autre ville qui s'appelle Sorrente, et de Sorrente allasmes au port de Castel-la-Mer. De la ville de Capre jusques à Naples, y a trente milles.

Le samedi ensuivant, vingt-quatriesme jour du moys d'octobre, arriva le prince au port de Castel-la-Mer, qui est à dix-huit milles de Naples; et là trouva l'armée des Venissiens, qui estoient en nombre de vingt gallées; et des autres navires biscayns et espaigneulx, deux naves, deux gallions et deux escorpions, qui le resveillèrent à grand alegresse de coups de canons et de trompette à l'usance de la mer. Et là surgit ledict prince, et y demoura toute la nuyt en attendant des nouvelles du roy Ferrant, qui estoit en champ au quartier de Noucheres, qui est à dix-huit milles de Naples; et le sieur prince de Besilanne, et le sieur de Pressy, grant sénéchal du réaume, estoient au devant de luy.

De la ville de Messine vint le prince avec ses gallées en trente heures jusqu'au port de Naples, là où il y a trois cens milles de l'ung à l'autre.

Lendemain, qui fut le dimanche 25 du moys d'octobre, se leva ledit prince avec ses gallées, et s'en alla à la rote de Naples; et passa devant la tour du Grec; et rencontra le cappitaine Villemarin, qui venoit au devant de luy, sa gallée fort parée, et principalement de banières et estendars, et entre les autres portoit trois banières tout d'ung égal, d'une grandeur et d'une longueur. La première estoit la banière du Pape, la seconde du roy de Castille, la tierce du roy Ferrant.

Et feist la révérence ledict cappitaine au prince, et le prince luy feist grand recueil, car il estoit lieutenant-général des gallées du roy d'Espaigne; et de là allasmes surgir et jetter ancre en mer devant la ville de Naples, vis-à-vis de la Magdelaine; et là descendist ledict prince, et fut fort recueilly de coups de canon et de trompettes; et lui feist on grand allegrie, à la coustume du pays.

Cedict jour vint au devant dudict prince pour le recevoir en terre, don Alfonse d'Aragon, son frère bastard, évesque, et don Jehan d'Aragon son neveu, bastard du roy Alfonse, et des gens de la ville petite quantité; car le roy Ferrant avoit fait prendre des gentilshommes de ladicte ville, et les avoit envoyés au chasteau de l'Ische jusques au nombre de trente.

Dedans ledit port de Naples y avoit, que naves que gallées, de vingt cinq à trente, sans l'armée des François, qui estoit sous le Castel de l'Oye de quinze à seize voiles, que les ennemys tenoient assiégés.

Cedict jour laissa ledict prince le sieur de l'Espare, et messire Guillaume de Villeneufve et Pierre Fregouse, fils de messire Perrin Fregouse de Gennes, et Gaspart de Girenne, homme d'armes soubs la charge du roy d'Ivetot, dedans la gallée Marquese, prisonniers, et là demourèrent ung moys sans descendre en terre. Ung peu de temps après, le prince envoya ledict Pierre Fregouse au chasteau de l'Ische prisonnier, pour le tenir plus seurement.

Le lundy ensuivant, 26 dudit moys d'octobre, partist ledict roy Ferrant de la ville de Naples, et alla à son champ, qui estoit à Cerve; et laissa le prince à Naples pour faire faire les approches contre le Chasteauneuf, et autres chouses nécessaires au fait de la guerre. En icelluy temps estoit le Chasteauneuf en trèves aveccques le roy Ferrant, pour ce qu'il avoit faute de vivres, et estoit encore dedans monsieur de Monpensier, le prince de Salerne et le sénéchal de Beaucaire, et plusieurs autres gens de biens.

Ung peu de temps après, et croys que ce fust le 27 du moys d'octobre, l'armée de mer des François se leva, et s'en alla sous le Castel de l'Oye, là où elle estoit; et emmenèrent monsieur de Monpensier, le prince de Salerne, le sénéchal de Beaucaire, et plusieurs autres gens de bien aveccques eulx, et s'en allèrent descendre au port de Salerne et à la ville, et se ré-alièrent aveccques les autres François. Et tout cecy feirent nonobstant l'arrivée des ennemys qui devant eulx estoient, jusques au nombre de trente gallées et vingt naves, que barches.

Dedans le Castel de l'Oye, estoit Claude de

Rabodenges, qui point n'estoit comprins en la trève, et sans cesser tiroit tous les jours de l'artillerie. Mais ung peu de temps après quoi le Chasteauneuf fut rendu, il print trève avec le prince pour deux moys, que, en cas qu'il n'eust secours dedans ledit terme des deux moys, qu'il rendroit ladite place, car il avoit faulte de vivres; et bailla en ostage Jehan de La Vernade, qui avec lui estoit : et à cette cause le prince luy faisoit bailler des vivres tous les jours. Les trèves du Chasteauneuf et de la ville furent rompus, pource que ceulx dudit chasteau retindrent le maistre justicier de la ville, qui leur porta des vivres ; car il n'estoit pas connu pour ce faire, et y alloit à cautelle, et aussi pource que monsieur de Monpensier s'en estoit allé avecque l'armée de mer, dont ceulx de la ville en murmuroyent très fort, et en furent moult malcontens.

Ung peu avant que monsieur de Monpensier partist du Chasteauneuf, le prince de Besilanne et le sieur de Pressy, grant sénéchal du réaume, vindrent, accompagnés de cinq ou six milles hommes tant à pié que à cheval, jusques à Nostre Dame de Pié-de-Grote, qui n'est qu'à une petite lieu du Chasteauneuf, et menoient avecq eulx grant force vivres pour avitailler ledit Chasteauneuf : mais pource que monsieur de Monpensier avoit desjà baillé les ostages pour avoir des vivres, leur entreprise fust rompue, et s'en retournèrent. Et estoient lesdits ostages le sieur d'Alegre, frère dudit sieur de Pressy, le sieur de La Marche, le sieur de Jehanly, le sieur de La Chapelle, et le seigneur de Roquebertin.

A l'occasion des ostaiges dessus nommés, ledit prince de Besilanne et le sieur de Pressy s'en retournerent moult vertueusement sans rien perdre, fors que les victuailles, lesquels ne peurent pas ramener avec eulx, pource que le roy Ferrant estoit sailly de la ville de Naples au devant de eulx, accompaigné de quinze à seize milles hommes tant à cheval que à pié, et les François n'estoient pas cinq milles, comme vous ay cy devant dit.

Mais nonobstant le grant nombre qu'ils estoient, n'eust esté pour l'inconvenient qu'il en eust peut estre venu auxdits ostaiges, ils se fussent mis en leur debvoir de avictuailler ledict chasteau, qui eust esté une tres grant réputation d'onneur et louange audit prince et au grant senechal, et à toute leur compaignie.

Le vendredy 8 du moys de novembre, le roy Ferrant feist donner le premier assault à la citadelle du Chasteauneuf de Naples, lui present et le prince de Haultemore, là où il eust très fort et asprement combatu, tant de ceulx de dedans que de ceulx du dehors ; mais au long furent les ennemys reboutés bien et vertueusement par les François à coups de lances à feu et de piques, par telle façon qu'il y eut largement des ennemys morts et blessés ; et des François n'y eust que deux blessés.

Tout cecy voyant le roy Ferrant, commanda faire sonner la retraite, laquelle chose fut faite promptement, pour ce qu'ils véoient qu'ils n'avoient pas du meilleur ; car moult grand deffence faisoient les François à bien garder leur bresches; et ainsy en demourèrent maistres pour le jour.

Le roy Ferrant se retira en son logis au chasteau de Capoane, fort desplaisant des gens qui avoient esté morts et blessés audit assault; et ordonna que on feist venir grand quantité de massons et autres manouvriers, lesquels furent mis à miner ladite citadelle ; et la minèrent plus de deux lances de parfont. Et puis l'estançonnèrent sur pillotis, et boutèrent dedans force fagos et pouldre de canon ; et quant la mine fut preste, le mandèrent dire au roy Ferrant.

Le vendredy 28 du moys de novembre, revint le roy Ferrant de son champ en la ville de Naples, pour faire mettre cedict jour le feu en la mine, et feist crier a l'assault ; et les gens de tous coustés assaillirent la citadelle ; et y eust merveilleusement combatu tant d'ung cousté que d'autre. Mais quand les estançons de ladicte mine furent bruslés, ung grand quartier de la citadelle tomba. Les François furent tout à descouverts, et furent fort esbahis; et leur fut force d'abandonner le combat, et de eulx retirer, car longue estoit leur retraite; et leur avoit-on rompu le grand pont, et aussi le pont de Paradis. Nonobstant tout cela ils s'en retirèrent bien et honnestement par dedans les fossés, et à bien peu de perte.

Et par ainsi fut ladicte citadelle prinse par les ennemys, qui grand perte fut pour les François, car c'estoit le boulevart et la force dudict chasteau ; et à tant s'en retourna ledit roy Ferrant en son champ.

Le lundy en suivant, se leva toute l'armée du roy Ferrant qu'il avoit par mer devant la ville de Naples, à cause de la grand tourmente qui se mist sur la mer : car ils ne s'osoient mettre devant le molle, de peur de l'artillerie du chasteau. Et alasmes tant de nuyt que de jour au port de Baye ; et là surgismes naves, gallées, gallions, et getismes ancre en mer : et fut la tempeste si grande qu'elle tomba dedans une nave, et tua deux hommes.

De Naples jusques au port de Baye il y a sept milles, et est ledit port bel et grand ; et autres fois y a eu une très grande cité, la plus grande du réaume ; et à cause de leur villain et grant péché de sodomye, ladite cité abisma, et fondit dedans la mer. Et encore y apparent grandes tours, grans collisseaux et grands grottes ; et dedans lesdictes grottes y a encore bains, qui incessament sont chaulx ; et au plus près y a ung rochier là où sont les estuves continuellement chauldes, sans que homme n'y femme y fasse ne feu ne flambe. Lesdicts bains sont si très naturels, que autrefois les Rommains y souloient venir eulx baigner et estuver, pour la santé de leurs personnes ; car ils guerissent de plusieurs grandes maladies. Et y avoit autre fois en escript les maladies de quoy ils guérissoient ; mais les médecins de Salerne vindrent rompre les escritures, qui estoient pour notifier les maladies de quoy ils guérissoient ; et ce feirent à cause que desdicts bains ils perdoient leurs prattiques de médecine.

Auprés dudict port y a une ville nommée Pusol, là où il y a une montaigne vis-à-vis, qui s'appelle la Souffrière, là où se fait le souffre.

Le dimanche ensuivant, premier jour de novembre, feste de Tous-saints, se levèrent toutes les gallées, et s'en allèrent devant Naples, chargées de grans fagos, pour faire les repaires devant le Chasteauneuf de Naples ; et en passant devant ladicte ville de Pusol, chargèrent grant force pierres et bombardes grosses et menues, et le tout portasmes à Naples, et les deschargeasmes de nuyt, à cause de l'artillerie qui tiroit du chasteau sans cesser. Le seigneur de l'Esparre estoit dedans la gallée du prince, là où estoit messire Guillaume de Villeneufve continuellement.

Le lundi ensuivant allasmes avecques la gallée dudict prince, et les deux gallées de messire Fregouse, à l'isle de Ische, et ramenasmes les naves avec nous, et barches qui là estoient, pource que les ennemys doubtoient que l'armée des François ne les allast prendre ou brusler, et les remorcasmes avecques les gallées jusques au port de Castel-la-Mer, là où trouvasmes l'armée des Venissiens jusques au nombre de vingt gallées, et le sieur Villemarin, cappitaine général pour le roy d'Espaigne des gallées, accompagné de trois gallées, et messire Francisque de Pau, accompagné de deux gallées, naves, barches, gallions, jusques au nombre de quarante, et deux escorpions ; mais il est bien vray que lesdictes naves estoient mal garnies de gens et de vivres.

Le mardy en suivant ce, l'armée des Venissiens et le cappitaine Villemarin, accompaigné de vingt-cinq gallées ; allèrent au port de Baye, pource que l'on disoit que l'armée de France qui estoit au port de Salerne s'estoit levée, et avoit fait voille pour aller avitailler le Chasteauneuf et Chasteau de l'Oye, et aussi qu'ils se doubtoient qu'ils n'allassent au port de Gaiette, laquelle chose ils feirent.

Et le mercredi en suivant, feste de monsieur saint Martin, arrivèrent deux grosses naux genoisses devant le port de Baye, et là surgirent et gettèrent leurs ancres en mer sans entrer dedans ledit port, ne sans saluer l'armée, dont le général des Venissiens et le cappitaine Villemarin, et tous les autres patrons en furent fort esbahis, car ils ne savoient se c'estoit pour eulx ou contre eulx, attendu qu'ils n'avoient point salué l'armée, ne getté leur bateau dehors de leurs naves, à la coustume de la mer ; et grant joye en eut le sieur de l'Esparre et ledit de Villeneufve, et les autres François qui estoient prisonniers dedans lesdites gallées, cuidans que ce fut le secours de France, car assez suffisoit des deux naves pour recouvrer la ville de Naples pour l'eure ; car les deux naves estoient belles et grandes, portant l'une trois milles bottes et l'autre deux milles et cinq cens bottes ; et s'appelle l'une la nave Gallienne, et l'autre nave l'Espinole.

Or vint lendemain à matin que se leva la gallée du prince, et allasmes voir lesdictes naves; et tout le long cria le commite de ladicte gallée par deux fois « Qui vive, qui vive? » et ceux des naves répondirent : « Saint George! et Ferrant ! Ferrant ! » et tous ensemble commencèrent à crier derechief : « Ferrant ! » et tirèrent grands coups de canon ; et trompettes de sonner ; et arborèrent grant quantité de baniéres et estendars d'un cousté et d'autre, qui fut ung horrible deuil pour les Françoys.

Là descendit le patron de la gallée du prince, nommé Mathieu Corse, et ung gentil homme nommé messire Francisque Corve ; et allèrent tous dedans ladite nave pour sçavoir des nouvelles : et de là escripvirent au prince qui estoit à Naples fort esbahi, et la ville bien esmeue, cuidant que ces deux naves venissent pour le secours de France ; car le Chasteau de l'Ove en avoit fait grant feu de joye, cuidant qu'ainsy fut.

Tout incontinent que le général des Venissiens sceut les nouvelles, il vint devers les naves avecques toutes ses gallées ; et renvoyèrent lesdites naves surgir auprès du Chasteau de l'Ove ; dont les François, qui dedans le chasteau estoient, en furent bien esbahis, quant ils veirent qu'ils estoient du party contraire ; et aussi fut le Chasteauneuf.

Le lundi 6 du mois de novembre , vint monseigneur le prince en la gallée qui estoit à Marguillon derrière le chasteau de l'Ove , et là disna. Et après disner , à la requeste de monseigneur de l'Esparre, qui dedans la gallée estoit , feist appeler messire Guillaume de Villeneufve, et l'envoya quérir à la voie dedans la gallée par le patron Mathieu Corse, et par son maistre d'ostel messire Vincent, et le feist mener devant le prince ; et là ledict de Villeneufve fit la révérence au prince, qui encore ne l'avoit voulu à voir.

Mais bien debvez sçavoir que ladite révérence fut assez pitteuse, car ledit de Villeneufve avoit grant barbe grise , et le visaige bien negre et fort defait, et bien povrement vestu , et assez triste de sa personne , comme celluy qui avoit esté quatre moys en gallée prisonnier par force , et très mal nourry ; car la pluspart du temps ne mangeoit que biscuit, et la moitié de ses gens enchesnés et enfibrés, sans que ledict prince le voulsist veoir ne parler à luy durant ce temps , ne souffrir qu'il descendist en terre, fors ung jour qu'il le feist descendre à Tarente , à la requeste de George de Sully, gouverneur de ladicte ville, lequel promist sur sa foy rendre ledict de Villeneufve lendemain ; laquelle chose il feit tout incontinent que la gallée vint le requerir.

Mais bien debvez sçavoir que à la descendue que ledit de Villeufve feist à la ville de Tarente , fut moult bien recueilli du gouverneur et de tous les gentils hommes qui avec luy estoient , pour l'onneur du roy de France , de Secille et de Jerusalem , et aussy pour la povreté en quoy ils le veirent, tant de vestemens que de la personne ; car il y avoit plus de dix-huit jours qu'il n'avoit mangé pain , ne beu que de l'eau de la pluye ; car biscuit et eaux leur estoient faillis , et ne povoient prendre eau fresche à plus de dix milles de Tarente , pour la forte guerre que leur faisoit le gouverneur de ladite ville.

Pareillement fut bien recueilli ledit de Villeneufve par les Tarentins, pour l'onneur du roy ; car moult fidèles et bons Françoys estoient. Et bien le montrèrent quant le prince mettoit gens en terre, car ils estoient toujours les premiers armés pour les combattre.

La cité de Tarente est une très belle ville et grande, et y a très fort chasteau, et encore seroit plus fort se il estoit parachevé du quartier de la ville ; et est ladicte ville et chasteau toute environnée de mer ; et ne se peut assieger ladicte ville sans trois grans puissances de gens pour y mettre trois sieges, l'ung du quartier de la ville des Cortailles, et l'autre en l'isle de l'autre quartier vis-à-vis de ladicte ville sus le chemin de la ville de Massafre, et l'autre par mer ; et l'ung des sieges ne peut secourir l'autre.

Et si fauldroit pour tout le moins que à chacun siége y eust sept ou huit milles combatans, car ils sailloient des habitans de ladicte ville cinq ou six milles hommes, à cinq coups pour une saillie. Ledict chasteau estoit très bien pourvu de blés, de vin , de mil , de chair, de poudres , et de toutes choses nécessaires peur la provision d'une telle place , et principalement des gens de bien qui estoient avec ledict gouverneur, qui moult bien les sçavoit traitter et conduire.

Quant vint lendemain que la gallée vint quérir ledict de Villeneufve, sachez pour tout vray que piteux fut le congié que ledict gouverneur et gentils hommes, et les gens de bien de ladicte ville, prindrent dudict de Villeneufve, à l'entrée qu'il feist dedans la gallée, de la pitié qu'ils avoient; car il n'y avoit homme, tant du chasteau que des gens de bien de la ville, qu'ils ne luy départissent de leur biens pour vivre dedans ladicte gallée. Et bien besoing en avoit, pource que en ladicte gallée n'avoyt mangé plus de huit jours qu'avecques herbes et olives verdes; et estoient bien mal fournis d'eaux, comme vous ay dit par cy-devant. Et à tant s'en alla en la gallée, et les Tarentins tous ensemble se prindrent à crier « France! France! » comme bons et loyaux Françoys qu'ils estoient.

Cedict jour que le prince envoya quérir ledict de Villeneufve en la gallée, present le seigneur de l'Esparre et le cappitaine Villemarin, cappitaine général de toutes les gallées du roy d'Espaigne, ledict prince dit audict de Villeneufve: qu'il estoit fort esbahis de quoy il ne luy avoit voulu rendre et bailler le chasteau de Trane entre ses mains, attendu que par plusieurs fois l'en avoit fait requerir, et principalement par son maistre d'ostel messire Vincent, et aussy que luy mesme y estoit venu une autre fois en personne; et qu'il lui voulsist mieux avoir fait comme les autres cappitaines, qui leur avoient rendu leurs places par composition, leurs personnes, et leurs gens, et leurs bagues sauves; et qu'il les envoyroit tous en seureté jusques au port de Marseilles ou d'Aiguesmortes.

Ledict de Villeneufve répondit au prince qu'il ne luy voulsist déplaire, car il n'eust pas fait son debvoir de luy rendre une telle place, sans le commandement du roy son souverain seigneur de qui il l'avoit en garde; et qu'il eut mieux aimé y mourir, que de lui avoir fait cette grande faulte et lascheté.

Et alors lui respondit ledict prince qu'il avoit entendu que ledict de Villeneufve l'avoit voulu bailler entre les mains des Venissiens, et qu'il en estoit bien esbahi. Ledict de Villeneufve lui respondit, sauvant son onneur, que jamais ne l'avoit pensé ne voulu faire; et que s'il eust voulu bailler entre les mains des Venissiens ladicte place, qu'ils lui eussent donné très volontiers dix milles ducas; de laquelle chose il n'avoit garde, car il le monstra bien à la parfin.

Et lors ledict de Villeneufve dit au prince, présens les dessus nommés, le seigneur de l'Esparre et le cappitaine Villemarin, et plusieurs autres gens de bien, que s'il y avoit Venissiens, ou autre homme, de quelque langue qu'il fut, qui voulsist dire ne maintenir qu'il eust voulu bailler ne rendre ladite place à homme du monde, que faulsement et mauvaisement ils avoient menti, sauvant l'onneur du prince; et que, avecques son bon congié et licence, il estoit prest et appareillé de le combattre l'espée au poing dedans ladite poupe de la gallée, et de l'en faire desdire par sa gorge que faulsement et mauvaisement l'avoit dit. Et sus cela ledict de Villeneufve en jetta son gage de bataille au milieu de la poupe de la gallée, présent ledict prince, le seigneur de l'Esparre, le cappitaine Villemarin et le cappitaine Francisque de Pau, et plusieurs autres gens de bien qui présens estoient.

Alors le seigneur Villemarin et le cappitaine Francisque de Pau dirent au prince: que autresfois ils avoient veu et congneu ledict Villeneufve aux guerres de Castalongne, là où tousjours avoit esté renommé homme de bien; et attendu qu'il faisoit l'offre de vouloir prouver de sa personne, que ledict prince se devoit tenir pour excusé et pour content. Laquelle chose il feist, oyant les choses dessusdictes, et que nullui ne disoit à l'encontre, nonobstant que les Venissiens fussent présens; et à tant le prince s'en retourna à la ville; et le seigneur de l'Esparre et ledict Villeneufve demourèrent en la gallée.

Ung peu de temps après, fut mené le seigneur de l'Esparre et ledict messire Guillaume dedans la ville de Naples prisonniers par le cappitaine Montanègre, cappitaine de la guerre, et par le maistre de la monnoye, nommé messire Charles; et furent mis dedans la maison dudict Montanègre jusques à temps que le Chasteauneuf fut prins.

Ung peu après que le Chasteauneuf fut prins, fusmes menés audict Chasteauneuf; et fut environ à la fin de décembre; et là fusmes en prison en la grosse tour du portal, jusques à la délivrance de nos personnes.

Le deuxiesme jour du moys de décembre, fut envoyé quérir le seigneur de l'Esparre, de par le roy Ferrant, qui estoit à la ville de Cerve en son champ. Cela amassoit gens de tous coustés; et disoit l'on la cause pourquoy il avoit envoyé quérir le seigneur de l'Esparre : c'estoit pour faire le change du fils du conte Chamberin et de lui, qui pareillement estoit prisonnier au champ, de monseigneur de Monpansier, qui estoit au quartier de Salerne assez près les ungs des autres.

Le huitiesme jour dudict moys de décembre ensuivant, se rendist le Chasteauneuf de la ville de Naples au roy Ferrant; et entra le prince de Haultemore dedans ledict chasteau pour ledict roy Ferrant; et feist lever les armes et banières dudict roy sus les grosses tours; et moyennant la rendition dudict chasteau, furent rendus les ostaiges que avoit baillés monseigneur de Monpensier : c'est à sçavoir le seigneur d'Alègre, le seigneur de La Marche, le seigneur de Jehanly, le seigneur de La Chapelle, et le seigneur de Roquebertin. De ladicte place tous ceulx qui estoient dedans se retirèrent à sauveté dedans les navires qui les debvoient porter en France, eulx, leurs bagues et leurs harnoys, et toute l'artillerie qui estoit au roy de France, de Secille et de Jérusalem; et furent envoyés en France, et aussi les oustaiges, comme avoit esté dit par l'appointement. Mais, nonobstant ledict appointement, ils furent détenus sur la mer, tant au port de Naples que au port de Baye, l'espace de six sepmaines, qui moult leur ennuya.

Mais, comme l'on disoit, les ennemys les détenoient en cautelle, de peur qu'ils ne s'en prévissent et ralliassent avecques l'armée qui venoit de France; car ils estoient une très belle compaignie et grand, tant avecques monseigneur d'Alègre que avecques messire Gabriel de Monfaulcon, qui pareillement s'en alloit par composition. Et croys qu'ils estoient de nombre de cinq cens hommes. Et estant le roy Ferrant en Calabre, avant que la ville de Naples fut rendue, monseigneur d'Aubigny, connestable dudict réaume, le prince Besillanne, le seigneur d'Alègre, grant sénéchal du réaume, chevauchèrent tant par leur journées, qu'ils rencontrèrent ledict roy auprès d'une ville nommée Séménare; lequel roy estoit bien accompagné tant d'hommes d'armes que de gens de pié, et d'un grand nombre de génitaires que le roy d'Espaigne luy avoit envoyé.

Mais nonobstant que ledict roy fut fort grandement accompagné, comme dessus ay dit, les François ne délaissèrent point que vaillament et hardiment ne donnassent dedans, comme bons et hardis hommes de bien, conduits par les trois chevaliers que dessus vous ay nommé.

Et par telle façon fut le joindre des ungs avecques les autres que les François tuèrent et prindrent largement des ennemys; et tout le demourant fut rompu; et se misrent en fuitte.

Le roy Ferrant, comme bon chevalier et hardi de sa personne, se monstra vertueux par telle façon, cuidant rallier ses gens, que par plusieurs fois tourna le visaige vers les ennemys, et par tant de fois qu'il fut getté par terre, et perdit son cheval : et n'eust esté un sien soudart qui le remonta sur une jument qu'il chevauchoit, ledict roy Ferrant eut esté en grant dangier de sa personne; et dessus ladicte jument se retira et sauva le roy.

Ung peu de temps après le seigneur de Pressy, grant sénéchal du réaume, et le prince de Besillanne ouyrent des nouvelles que le Pape envoyoit le fils du conte Chamberin et quatre autres contes au secours du roy Ferrant, accompagnés de trois cens hommes d'armes ou plus, et de bien six milles enfans de pié : en somme, ils estoient plus la moitié que les François. Mais nonobstant le grand nombre, ledict seigneur de Pressy et le prince de Besillanne, comme bons et hardis chevaliers, sans regarder le dangier de leurs personnes, donnèrent dedans bien et hardiement; et rompirent la première escadre que menoit le conte Chamberin; et par telle façon qu'il y eust largement de mors et de prins, et le demourant mis en fuite et en rupture jusques à la ville de Yole; laquelle ville voyant ladicte roture, se retourna pour les François. Entre les autres y fut prins le fils du conte Chamberin et plusieurs autres, et mené prisonniers en la ville de Salerne par les François. En somme et en conclusion, le champ et la victoire demoura aux François, et la louange à Dieu. Ledict fils du conte Chamberin fut mis à treize milles ducas de rançon; et depuis fut eschangé pour le seigneur de L'Esparre, qui estoit prisonnier entre les mains du roy Ferrant.

Le samedy ensuivant, sixiesme jour du moys de janvier, le seigneur de l'Esparre et ledict de Villeneufve estant prisonniers en la grosse tour du Chasteauneuf de Naples, leur fut dit les nouvelles du secours des François, qui estoient arrivés à Gayette. Et à toute diligence le prince de Haultemore y alla, et Prosper Coulonne avecques luy; par terre, et y feirent aller la pluspart des naves et des gallées. Mais trop tart y arrivèrent les ungs et les autres, car jà estoit entrée ladite armée de France dedans le port de Gayette. Nonobstant lesdicts François ne sceurent tant faire qu'ils ne perdissent une de leur barches chargée de vivres, qui s'appelloit la Magdelaine, laquelle fut prinse des ennemys.

Le vingt-sixiesme jour du moys de janvier, fut délivré le seigneur de l'Esparre hors de la prison du Chasteauneuf de Naples; et fut fait par le change de luy et du fils du conte Chamberin, que les François tenoient prisonniers; et estoit ledict fils Chamberin mis à ranson à treize milles ducas.

Le 26 du moys de février, partist le roy Ferrant de la ville de Naples, et s'en alla à une ville nommée la Tripaude, là où son champ seroit remué, pour s'en aller à la Poueille après l'armée des François, qui y alloit pour lever les deniers de la Poueille des brebys, qui montoit la somme de quatre vingt à cent mille ducas.

Le 27 du moys de février, fut rendu le Chasteau de l'Ove au roy Ferrant, que pour lors tenoit Claude de Rabodenges pour le roy de France, de Secille et de Jérusalem, pource que le terme estoit venu qu'il le devoit rendre par l'appointement fait entre le prince de Haultemore et luy. Et en ce faisant ledict prince luy faisoit bailler tous les jours des vivres, car il n'en avoit point, comme l'on disoit; et en baillant ledict chasteau, fut rendu Jehan de La Vernade, qui estoit baillé pour ostaige; et cedict jour se retirèrent dedans la barche qui les debvoit porter en France, eulx et leurs compaignons, leurs bagues sauves, ainsi qu'avoit esté dit par leur appointement. Et entra dedans ledict chasteau, pour le roy Ferrant, le conte Mathelon, comme cappitaine et chastelain, accompaigné de trois à quatre cens hommes; et levèrent les banières du roy Ferrant sus à grant joie et à grant allégrie, à la coustume du pays : car c'estoit une des choses que plus ils désiroient, de recouvrer ledict Chasteau de l'Ove après qu'ils eurent le Chasteauneuf.

Le roy Ferrant n'estoit point à la ville de Naples pour le jour, ne aussi le prince de Haultemore; car ledict roy estoit à son champ, et le prince estoit au cartier de Gayette, là où il avoit assemblé des gens le plus qu'il avoit peu; et pareillement aussi feist Prosper Coulonne, à cause du secours qui estoit arrivé.

Lendemain, qui fut le dix-huitiesme jour de février, arriva le roy Ferrant à la ville de Naples; et rencontra auprès de ladicte ville la seigneure infante d'Aragon, fille de la royne Jehanne d'Aragon, relaissée du roy Ferrant, qui venoit de la chasse. Et s'en viendrent tous deux ensembles, quant le roy fut arrivé, au nombre de deux ou trois milles hommes qui s'en alloient droit au moule, délibérés de vouloir aller prendre la nef là où estoient les François qui estoient saillis du Chasteau de l'Ove, et mettre à mort et en pièce tous lesdicts François qui estoient dedans ladicte nef. La raison pourquoy cedict peuple vouloit faire cette exécution, est pource que nouvelles estoient venues de Naples que le comte de Montoire, qui avec les François estoit, avoit fait pendre par la gorge quatre ou cinq Napolitains; et à cette cause la commune vouloit faire cette vengence sur lesdicts François. Mais, comme Dieu voulut, l'armée du roy Ferrant, luy estant devant lesdict chasteau, voyant cette tumulte et assemblée de gens, à toute diligence alla devant eulx; et luy, informé de l'exécution qu'ils vouloient faire, leur remontra que c'estoit à son deshonneur et folle attendue que lesdicts François estoient saillis hors du chasteau sous son sauf conduit et seureté; et feist tant que ledict peuple se retira.

Lendemain, certain nombre des habitans de ladicte ville vindrent faire requeste audict roy Ferrant qu'il luy pleust faire trancher la teste et mettre en quatre quartiers à cinq hommes qu'il tenoit prisonniers au Chasteauneuf pour vengence. Les trois estoient fils légitimes du conte de Montoire, et le quart son fils bastart, et le cinquiesme son frère bastart, auxquels le roy Ferrant répondit qu'il y aviseroit; et le lendemain leur accorda et octroya le fils et le frère bastars leur seroient baillés et délivrés pour en faire leurs voulontés; et cedict jour s'en alla le roy Ferrant en son champ.

La royne Jehanne d'Arragon, relaissée du roy Ferrant dernier mort, tante du roy Ferrant qui pour l'eure vivoit, elle esmue de pitié et de miséricorde, après que ledit roy Ferrant fut parti pardonna aux prisonniers dessus nommés que on vouloit faire mourir, et feist tant de ses belles paroles et remonstrations envers ledict peuple, qu'ils en furent contens pour l'onneur d'elle.

Le 25 du moys de febvrier, partist la nef de Claude Rabodenges du molle de Naples, lui et tous ses gens dedans, et Jehan de La Veranade, qui avoit esté baillé pour ostaige; et furent menés en Prouvence, ainsi que avoit esté dit par leur appointement.

En celluy temps avoit ordinairement le roy Ferrant vingt gallées vénissiennes à son secours et à ses gaiges. Et pource qu'ils y avoient esté longuement à leurs dépens, ce qui n'est petite chose; car lesdits Vénissiens ont de coustume d'avoir cinq cens ducas pour moys pour chacune gallée, qui seroit en somme dix milles ducas tous les mois pour les vingt gallées, et en oultre avoient quatre cens estradiots grecs par livres; et à cette cause que ledit roy Ferrant avoit plusieurs autres gallées et naves, tant d'Espaigne que de Biscaye et de Gennes, qui lui montoient une autre terrible somme et grand déspense, lesdits Vénissiens, qui rien ne veulent perdre, car ils ne l'ont pas de coustume, voulurent estre assignés de leur payement, tant du temps passé que du temps à venir, ou autrement s'en fussent allés; et pourtant, comme l'on disoit, le roy Ferrant leur bailla et consigna entre leurs mains trois villes de la Pouëille, toutes trois sur la marine, c'est à sçavoir la ville de Trane, la ville de Brindes, et la ville de Tarente et les chasteaux; et furent baillées lesdites villes en gaiges aux Vénissiens jusques à fin de paye.

Le premier jour du moys de mars, arriva le roy Ferrant au Chasteauneuf de Naples, qui estoit vers Salerne, là où estoit l'armée des François; et ce soir coucha avecques la seigneure infante d'Arragon, fille du roy Ferrant dernier mort, publiquement comme sa femme espousée; car la dispense estoit venue de Rome de nostre saint père le Pape, pource qu'elle estoit son ante-fille du roy Ferrant, lequel a espousé ladite infante d'Arragon. Et ne fut fait nulles nopces ne nulle feste, à cause de la grant guerre qui estoit au réaume de Naples.

Le prince de Haulte-More, dom Frédéric d'Arragon, y arriva lendemain, et vint de son armée, qui tenoit au quartier de Gayette : et au bout de deux jours s'en retournèrent chacun en son champ.

Le 7 du moys de mars, saillist hors de prison de la grosse tour du portail du Chasteauneuf de Naples messire Jehan de Rabot, conseiller du roy de France, de Secile et de Jerusalem, et Gaspart de Giresme, homme d'armes soubs la charge du roy d'Ivetot, et furent menés devers le roy Ferrant à la ville de Benevent. La façon comment ils furent délivrés par ranson ou par eschange, ou autrement, je ne vous sçauroye pas pour cette heure dire.

Ledit messire Jehan de Rabot et Gaspart de Giresme laissèrent messire Guillaume de Villeneufve prisonnier dedans la grosse tour, seul avecques son prestre et ung sien serviteur; et avoit jà esté ledit de Villeneufve détenu huit moys prisonnier, c'est à sçavoir quatre moys en gallée, et quatre moys en terre : car bien debvez savoir que grand deuil et grand desplaisir lui fut de veoir en aller les dessus nommés, et demourer tout seul, et aussi que le seigneur de L'Esparre avoit esté délivré six sepmaines avant; lequel seigneur de L'Esparre et ledit de Villeneufve avoient été toujours prisonniers ensemble depuis qu'il fut mis en terre. Et lors ledit de Villeneufve cognenst bien qu'il estoit sans maistre. Attendu que autre chose n'y povoit faire, se tourna à Dieu et à Nostre Dame, lui suppliant qu'il leur pleust lui donner briefve délivrance et bonne patience.

Ung peu de temps après que ledit messire Jehan de Rabot fut délivré de prison, là où il estoit avec ledit de Villeneufve, l'on deslogea ledit de Villeneufve de la prison; et fut mené au plus haut de la tour dedans une volte obscure et ténébreuse; et pour le tenir en plus

19

grant détresse, et faire vivre en desplaisir, lui firent barrer et treillisser les fenestres de ladite prison de gros treillis de bois par dedans, nonobstant qu'elles fussent bien ferrées par dehors de gros treillis de fer; et en telle façon furent lesdites fenestres fermées, qu'on ne povoit appercevoir la veue, ne voir homme ne femme, fors que une More esclave, qui lui apportoit tous les jours sa povre vie, et bien povrement. Et le tout falloit qu'il prinst en patience, en attendant la miséricorde de Dieu.

Le vendredi prouchain après le jour de Pasques, arriva le marquis de Mantôa au Chasteauneuf de Naples, et là alla faire la révérence à la royne Jehanne d'Arragon, relaissée du roy Ferrant, et aussi à sa fille la seigneure Infante, que le roy Ferrant, fils du roy Alfonce, avoit nouvellement espousée, et jà s'appelloit royne. Lendemain s'en retourna ledit marquis à la ville de Capoa, là où il avoit laissé ses gens d'armes qu'il amenoit pour le secours du roy Ferrant qui estoient en nombre de quatre cens armés, et cinq milles enfans de pié et cinq cens chevaulx légiers, comme l'on disoit.

De ladicte ville de Capoa s'en départit ledit marquis avecques toute son armée, pour s'en aller devers le roy Ferrant, qui estoit au quartier de la Poueille, à une ville qui s'appelle Benevent, laquelle ville appartient au Pape; et là à l'entour faisoit assembler toute son armée. C'est à sçavoir don Chesre d'Arragon, qui estoit au quartier de Tarente avecques une bande de gens, et don Salvo, qui estoit au quartier de la Calabre avecques une autre bande de genitaires, lesquels tous ensemble se debvoient trouver autour de la ville de Fogès pour lever les deniers de la douanne des brebys, qui montent cent milles ducas par an, car le plus fort le devoit emporter, Monsieur de Monpensier, le prince de Salerne, le prince de Besillanne, le seigneur de Pressy, grant sénéchal du réaume, monseigneur don Julien, duc du Mont Sainct-Angle, et plusieurs autres cappitaines, s'estoient assemblés autour de la ville de Sainct-Sever, là où estoit le seigneur Virgille pour le roy de France, de Secile et de Jerusalem. Tous ensemble se faisoient fors pour lever les deniers de ladite douanne : je ne sçay encore comment il en ira.

Le onziesme jour du mois d'apvril, fut ramené messire Jehan de Rabot de ladite ville de Benevent en la grosse tour du chasteau de Naples, là où estoit messire Guillaume de Villeneufve; et avec lui fut ramené Gaspart de Giresme et Jehan de Brion, gouverneurs de la ville de Capoa pour monseigneur de Ligny, et messire Benard, chevalier, homme d'armes soubs la charge de monseigneur de Pressy, grant seneschal du réaume, pource qu'ils ne furent pas d'accort de l'eschange qu'ils vouloient faire avec ung escuier d'escurie du roy Ferrant, que on appeloit Lamouche, lequel estoit prisonnier entre les mains du conte de Salerne. Néanmoins le lendemain furent renvoyés querir les dessus nommés par le prince de Haultemore, et furent ramenés à la ville de Benevent; et crois que l'eschange sortit son effect. La façon, je ne la vous sçauroye dire.

Le dimanche 24 du moys d'apvril, arriva le prince de Haulte-More en la ville de Naples; et venoit avecques le roy Ferrant, qui estoit en la Poueille avec son armée; et disoit l'on que le prince venoit pour renforcer l'armée de mer pour aller à Gayette, tant pour essayer s'ils pourroient prendre ladite ville de Gayette, que pour la doute qu'ils avoient du secours de France, que on disoit qui venoit par mer; laquelle chose ils craignoient très fort, et non sans cause.

Le 15 du moys de juing, fut amené prisonnier au chasteau de Naples le frère du prince de Besillanne, qui avoit esté nourry au réaume de France en la maison de très hault et puissant prince monseigneur le duc de Bourbon et d'Auvergne; et fust mis en la prison nommée la Princesse, et quatre ou cinq autres barons qui avoient esté prins avec lui en Calabre; dont grant feu et grans allegris en furent faits à la ville de Naples, car de peu de chose se rejouissent, à la coustume du pays.

En celluy temps pareillement amenèrent les ennemys devant le chasteau de Naples trente ou quarante compaignons de guerre, lesquels ils avoient prins d'assault en une petite ville méchante, avecques trois gentilshommes qui les conduisoient; et crois qu'ils estoient de la bande du cappitaine Loys Dars. Et celuy propre jour tous les povres compaignons furent mis en gallée par force, nommée la gallée Francin Pastour ; et les trois gentils-hommes furent mis en prison en la fosse du Mil, très mauvaise et piteuse. Le nom de ces trois gentils-hommes, je ne les vous sauroye nommer pour cette heure.

A l'entree du moys de juing s'en alla le cappitaine Villemarin devers le roy d'Espaigne, et emmena les trois gallées avecques lui, pour certaine chose que ledit roy avoit à besoigner à lui.

Le 15 du moys de juillet, vindrent les nouvelles à Naples que une fuste de Turcs avoit prins les deux gallées de Francisque de Pau au quartier de la Calabre, qui estoit chose fort à croire : non pourtant si fut-il vray, et fut ledit cappitaine Francisque de Pau mis à mort et haché en pièces ; et fut très grant domaige, car il estoit gentil chevalier.

Le 26 du moys de juillet, feste de madame sainte Anne, furent apportés les chapitres à la ville de Naples, et attachés aux carrefours de ladite ville, du traitté et appointement fait entre le roy Ferrant et monsieur de Monpensier, archiduc de Cesse, conte dauphin d'Auvergne, viceroy, et lieutenant général pour le roy de France, de Secile et de Jerusalem, au réaume de Naples ; lequel estoit assiégé à la ville de l'Atelle par ledit roy Ferrant, nonobstant qu'il fust accompaigné de plusieurs bons hommes d'armes et autres compaignies d'hommes de guerre, jusques au nombre de six à sept mille combattans, comme l'on disoit, tant François que Italiens : et y estoit le seigneur Virgille en la compaignie.

S'ensuivent les chapitres et appointemens, c'est à sçavoir :

Que monseigneur de Monpensier bailleroit pour oustage le seigneur de Pressy, grant seneschal du réaume, et le bailly de Vitry ; pour la partie des François et pour la partie des Italiens, le seigneur Paule Vitelle et le seigneur Paule Ursin ; et pour la partie des Alemans, le cappitaine des Souyches, Brochart ; que en cas que le secours ne viendroit pour les Françoys si tres fort, qu'il feist remuer le roy Ferrant hors du champ dedans le 13 du moys d'aoust, que ledit seigneur de Monpensier rendroit la ville, et s'en iroit lui et toute sa compaignie au port de Castel-la-Mer ; comme aussi le roy Ferrant le debvoit faire bailler navires à suffisance pour l'emmener lui et tous ses gens, chevaulx, bagues et harnois en bonne seureté au réaume de France, réservée l'artillerie, et les barons et autres gentils-hommes du réaume qui s'en vouloient aller, ou demourer à la discrétion du roy Ferrant. Et en ce faisant, ledit roy estoit tenu de faire bailler vivres audit monseigneur de Monpensier et à tout son ost durant le temps qu'il estoit dit par l'appointement ; c'est à sçavoir pain, vin, chair, huille, et toutes autres choses nécessaires pour la vie des hommes et des chevaulx, car ils n'en avoient point ; et à cela furent contraints de faire cest appointement, en attendant le secours. Bien est vray que monseigneur d'Aubigny, connestable dudit réaume, ne monseigneur le prince de Salerne, ne le prince de Besillanne, ne plusieurs autres barons qui hors de ladite ville estoient, n'estoient point compris en cest appointement, car ils n'estoient pour lors sur la puissance de monseigneur de Monpensier.

Mais bien debvoit ledit seigneur de Monpensier mander commissaires, et faire exprès commandement à toutes les villes, et par tout où il avoit puissance, qu'ils eussent à faire ouverture, et à eulx rendre au roy Ferrant, ainsi qu'il estoit contenu aux chapitres de l'appointement. Encore plus fort dit que en passant devant le chasteau d'Ostie, auprès de Rome, qu'il eust à faire commandement au cappitaine qui dedans estoit, nommé Menault de Guerres, qu'il eust à rendre ladite place entre les mains de nostre saint père le Pape, de laquelle chose je croy que s'il le feist, qu'il eust mauvaise obéissance.

Comment messire Guillaume de Villeneufve fut délivré de sa prison et revint en France.

Le premier dimanche d'aoust, 7 dudit moys, fut messire Guillaume de Villeneufve, chevalier, mis hors de prison de la grosse tour du portail du Chasteauneuf de Naples, là où il avoit ung an trois jours, comprins quatre mois qu'il avoit esté aux gallées par force.

En cette sepmaine se rendit la ville de Saint Severin au roy Ferrant par composition et le chasteau prins d'assault ; et tous les gens qui estoient dedans furent mis à mort et hachés en pièces.

En cette propre sepmaine print le roy Ferrant la ville de Salerne en sa mercy, pour que ledit roy y mist le siège, et y feist grand batterie. Le chasteau de ladite ville tint bon pour le roy de France, pource qu'il estoit très fort et bien avitaillé.

En celui temps partit monseigneur de Monpensier et le seigneur Virgille de la ville de l'Atelle, là où ils avoient esté assiégés par l'espace de long temps ; et par faulte de vivres s'appointèrent avecques le roy Ferrant ; et par cest appointement faisant, ledit roy Ferrant les debvoit envoyer au réaume de France, eulx et leur compaignie, qui estoit en nombre de trois milles ou environ, et de cheval deux milles, et les feist embarquer à Castel-la-Mer. Et depuis ledit embarquement fait, il feist mettre le seigneur Virgille en terre contre sa voulonté, et à force, et le detint prisonnier, nonobstant la seureté qu'il lui avoit donnée, et par telle façon qu'il mourut en ses prisons ; et aussi feist mourir monseigneur de Monpensier, par le mauvais traittement et longueur de temps qu'il le detint sur la mer, et plusieurs autres gens de bien.

La feste de madame sainte Anne, 26 du moys de juillet, vindrent les nouvelles à Naples que la nave nommée la Marmande, et trois gallées, estoient arrivées dedans le port de Gayette, portant gens et vivres pour le secours de ladite ville, et nonobstant que le conte Raguerre fut devant le port de Gayette avec l'armée du roy Ferrant jusques au nombre de quinze naves et barches, et de dix à douze gallées, dont le peuple de la ville de Naples en fut terriblement desplaisant.

Le jeudy dix-huitiesme du mois d'aoust, entra un gallion de France dedans le port de Gayette pour le secours des François, en despit de toute l'armée, qui devant estoit ; dont en fut grant bruit et grant murmure en la ville de Naples. Le jour devant, y estoit allé cinq gentils-hommes du roy Ferrant avecques ung autre de monseigneur de Monpensier, pour sçavoir s'ils se vouldroient point rendre ; dont ils furent très mal obeys, et encore pirement recueillis ; car les François qui estoient dedans Gayette estoient grant quantité de gens, et bien avitaillés de nouveau, et pleins de bonne voulonté de bien servir le roy ; et y estoit pour chef le cappitaine Aubert Roussel, et le cappitaine Champie, cappitaine du chasteau.

Le vingt-huitiesme jour du moys de septembre, jour de monsieur saint Michel, partist ung gallion du port de Pusol, qui estoit à dom Frédéric d'Arragon, pour porter les gens-d'armes de monsieur de Ligny qui estoit à Venise, pour eulx en aller au réaume de France, qui estoient sous la charge du gouverneur Ragusse.

Cedit jour, s'embarqua dedans ledit gallion messire Guillaume de Villeneufve, chevalier, conseiller, maistre d'oustel du roy nostre sire; et cedit jour allèrent à un chasteau nommé Prochite, là où il y a sept milles de Baye ; de Prochite passasmes l'isle de Ponce, où il y a quarante milles ; de Ponce entrasmes en la plage Roucaine, où il y a du mont Celselle jusques au mont Argentel cent cinquante milles ; et est le mont Argentel en la terre des Senoys ; et du mont passasmes entre l'isle de Gourgolle et Caporse, qui est aux Genevois. Ladite montaigne est inhabitée, à cause de la grande quantité de ras qui ordinairement sont en ladite montaigne. De Gourgolle tirasmes la voie de Prouvence ; et passasmes devant la montaigne de Sarrezane et de Petresante ; et de là passasmes à Vintemille ; et de là allasmes prendre le port à Monègue, là où ledit gallion cuida périr, et tous ceulx qui estoient dedans, du grand fortunal du temps qui courut : mais Nostre Seigneur et Nostre Dame de la Garde de Marseilles, à laquelle fut voué ung pellerin, sauva et garda toute la compaignie.

Ledit port de Monègue est beau, et est une tres forte ville et chasteau, et de grant regart : mais, pour l'onneur du roy, le seigneur dudit Monègue nous recueillit, et nous donna vivres et toutes autres choses nécessaires, ayant esgart à la pitié qui estoit en nous. Et de là partist ledit de Villeneufve à pié, et s'en alla à Villefranche, et de là à Nysse, et de là à Marseille, là où il trouva monseigneur le marquis de Rothelin, gouverneur dudict pays de Prouvence, lequel pour l'onneur du roy, et pour la grand pitié de povreté en quoy il veist ledit de Villeneufve, lui présenta beaucoup de bien : mais il ne voulut rien prendre fors sa vie, pour l'amour de Dieu, ainsi qu'il eust voué de faire estant en sa prison, jusques à tant qu'il eust trouvé le roy son souverain seigneur et maistre. Et de là s'en alla ledit de Villeneufve à la Sainte-Baulme en achevant ses veux et pellerinages; et de la Sainte-Baulme passa par Beauquerre en sa maison, et n'y arresta point; et incontinent s'en alla sans sejourner à Lyon sur le Rosne, où il trouva le roy son souverain seigneur toujours à pié, demandant sa vie pour l'amour de Dieu, et en l'estat qu'il saillist hors de sa prison, tout ainsi comme son veu portoit.

Et tant alla par ses journées, qu'il arriva en la cité et ville de Lyon; et illecques trouva le roy son souverain seigneur, qui promptement fut acertené de sa venue, lequel le feist mener en son logis en la salle à parer, là où il soupoit, accompaigné de grande quantité de seigneurs et autres gentils-hommes. Mais quand il veist ledit de Villeneufve ainsi défait de sa personne, et piteusement vestu, avec un carcan de fer au col cinq livres pesant, comme bon prince esmu de pitié, plain de douleur, et comme bon et vray père de famille doit faire à son bon serviteur, recueillit ledit de Villeneufve très bénignement, monstrant estre très joyeux de sa délivrance; et qu'il soit ainsi le monstra par effet, car dès lendemain luy envoya ledit seigneur tous ses habillemens qu'il avoit vestu, jusques à sa chemise. Et en oultre luy feist ledit seigneur plusieurs autres grans biens et dons inestimables à luy et aux siens, pour monstrer exemple aux autres ses bons serviteurs; et dès lendemain le feist son maistre d'ostel de sa bouche, pour donner à connoistre audit de Villeneufve la grand amour et bonne confiance qu'il avoit en luy, et qui ne fut pas petite chose d'estre si près de la personne du roy très chrestien, et sans per, et si très vertueux, et victorieux de tous ses ennemys, craint et redoubté de tous ses subjets, bien servy et léaument aimé, Charles VIII de ce nom, mon très redoubté et souverain seigneur, à qui Dieu par sa grace veuille donner bonne vie et longue, et à la louange et exaltation de son très hault nom, et finalement salut à son ame au réaume de paradis, auprès du grand roy des roys.

Cy finist le viatique de l'aller et conquestes du réaume de Naples par le roy très chrestien, roy de France, de Secile et de Jerusalem, Charles VIII de ce nom, et plusieurs autres choses qui s'en sont ensuivies après son département, comme avez peu veoir par ledit livre, fait et composé par Guilleaume de Villeneufve, chevalier, conseillier et maistre d'ostel ordinaire dudit seigneur, l'an de grace 1497, 8 du mois de novembre.

FIN DES MÉMOIRES DE GUILLAUME DE VILLENEUVE.

MÉMOIRES

DE

MESSIRE OLIVIER DE LA MARCHE.

INTRODUCTION.

PRÉFACE.

Révérence, honneur, oblation et gloire soit rendue, attribuée et présentée à la saincte Trinité : et doctrine, bon exemple et œuvre profitable, à vous, mon souverain seigneur, mon prince et mon maistre, Philippe, par la grâce de Dieu archeduc d'Austriche, premier de ce surnom, duc de Bourgongne, de Lotrich, de Brabant, de Lembourg, de Luxembourg et de Gueldres : comte de Flandres, d'Artois, de Bourgongne; palatin de Hainaut, de Holande, de Zélande, de Namur et de Zutphen; marquis du Sainct Empire; seigneur de Frise, de Salins et de Malines ; fils de très illustre et très sacré prince Maximilian d'Austriche, par la clémence divine roy des Rommains, et de ma souveraine princesse, feue de très noble mémoire, madame Marie, duchesse de Bourgongne, dame et seule héritière de la très haute, puissante, douée et renommée maison de Bourgongne, et des seigneuries suyvantes la duché de Bourgongne ès intitulations cy-dessus escriptes, et d'autres seigneuries plusieurs, dont les noms, attribués ès mandemens et choses servantes à tiltres, ne fais nulle mention, pour cause de briéveté : comme des comtés de Mascon, de Charolois et d'Auxerrois, de la seigneurie de Béthune, de Chasteauchinon, de Noyers, et d'autres nobles parties, et telles que pour abréger je puis icelle princesse nommer, et mettre par escript, en son vivant la plus grande héritière qui soit venue à ma congnoissance.

Après ceste humble adoration de Dieu, et affectueuse recongnoissance de vous, monseigneur et noble prince, je Olivier, seigneur de La Marche, natif de Bourgongne, grand et premier maistre d'hostel de vostre maison, plein de jours, chargé et fourni de diverses enfermetées, et persécuté de débile vieillesse, et néantmoins par la grâce céleste plein de plusieurs et diverses souvenances, voyant et congnoissant mon cas, et qu'à cause de mon vieil age ne vous puis faire service personnellement selon mon désir, tant en armes et ambassades, qu'en autres travaux (car à l'heure que je commence à dicter ce présent escrit, je suis en la soixante-sixième année de ma vie, pour louer mon créateur du passé, luy recommander le surplus, et le submettre à son bon plaisir et grâce); estant comme honteux, par ces défautes à moy avenues, d'estre personne inutile en si noble service que le vostre, et considérant aussi que vous estes à l'heure présente sous dix ans en si jeune age, que longuement nos jours ne peuvent voyager ensemble, pour l'aquit de ma loyauté, par l'amour que j'ay à vous, et afin que le service que je vous doys soit et demeure plus longuement en vostre vertueux souvenir, me suis résolu, appelant Dieu à mon ayde et support, de reveoir et recongnoistre quelques escripts autresfois par moy recueillis des livres anciens, pour mieux vous introduire à la lecture de certains mémoires de choses que j'ay veues moy-mesme avenir de mon temps, espérant que vous y pourrez lire et veoir plusieurs poincts qui seront à la hauteur de vostre seigneurie exemplaire, miroir et doctrine, utiles et profitables pour le temps à venir.

Car par cette introduction j'ay intention de vous monstrer de quelles maisons vous estes descendu, et par mesme moyen comment vous avez succédé en plusieurs seigneuries d'icelles, en vous racomptant sommairement, et comme par abrégé, les cas les plus mémorables qui soient avenus en icelles maisons, et principalement en celle de Bourgongne.

Puis, au premier livre de mes Mémoires, j'espère vous faire veoir amplement, et de poinct en poinct, ce que j'ay veu en cette vostre maison de Bourgongne, depuis l'an 1435 jusques au soixante-septième : auquel an mourut le bon duc Philippe, vostre bisayeul maternel, luy succédant Charles, vostre ayeul, sur la succession duquel commencera le second livre de mes Mémoires, continuant jusques à vostre temps.

Mais si j'ay entrepris de vous monstrer et d'éclairer au vray combien vous estes gentilhomme, et la généalogie et très haute descente dont vous estes venu, ce n'est pas pour vous donner gloire, orgueil ou outre-cuidance, par vostre royale et noble naissance : ains c'est afin que vous louiez et honoriez ce bon Dieu qui de noble sang et haute seigneurie vous a fait venir, et a élevé vostre nativité sur les autres : au lieu que si son plaisir l'eust permis, sa puissance est telle que vous fussiez venu et demeuré homme de petite valeur, un laboureur, un mécanique, ou issu d'autre basse personne : tellement que grandes graces luy devez. C'est aussi afin que si vous ne tenez et suyvez le chemin et sente des vertus fructueuses de vos bons antécesseurs, vous en ayez honte devant vos yeux, vous reprenant et chastiant vous-même de vos deffauts ; car le sage dit qu'il vaudroit et seroit plus licite à l'homme, et feroit mieux son profit, d'ame et d'honneur, d'estre fils d'un porcher gardant les porcs et régnant en vertu, que d'estre issu de royale origine, vivant en souillure de vice.

D'avantage, si je vous déclare par quelle raison et par quel droit vous sont venues les successions de ces belles et grandes seigneuries dessus-escriptes, estant délaissées en patrimoine d'héritage, par de très haute et laborieuse renommée feu le duc Charles, vostre grand-père (que Dieu absolve, et duquel je parle expressément, pource que de tout mourut vray possesseur), à feue de tres vertueuse souvenance madame Marie de Bourgongne (que Dieu absolve), vostre mère, et sa seule héritière ; que, considérant qu'au temps d'elle, par guerres, griefs, traités contraires, et autres violences à elle faictes et survenues, plusieurs des seigneuries dessus-dictes ont esté et sont tirées et distraictes de vostre main et pouvoir (comme plus à plain pourrez savoir, à la croissance de vos jours, et mesmement par la poursuite de mes Mémoires, si Dieu me donne temps et grâce de les accomplir), vous serviez et priez Dieu si dévotement, qu'il vous donne la grace de recouvrer, conquerre et venger les torts à vous faicts, à l'honneur, profit et gloire de cette vostre très noble maison, ainsi qu'en augmentant le nombre de mes ans, et en diminuant de corps et de vie, le cueur me croist et ravigoure en bon espoir que la remettrez sus : nonobstant qu'elle ayt esté tant grevée par vos ennemis, privés et estrangers, qu'il semble qu'elle soyt presque destruicte et ruinée.

Au demeurant, si je vous monstre aussi, Dieu aidant, toutes les choses dignes de mémoire, prospères et adverses, de mon temps avenues en cette noble maison (où j'ay pris nourriture et demeure, sans changer autre parti, cinquante ans, ou environ, de mon age), cela puisse servir de trois choses à la hauteur de vostre entendement. La première, de vous régler ès nobles et vertueuses œuvres et faicts de vos antécesseurs : la seconde, afin de louer et gracier le haut Dieu céleste des gloires et bonnes fortunes avenues à vos antécesseurs, et desquelles vous vous sentez encor en honneur et profit : et la tierce, afin que si vous trouvez que Dieu ayt permis à la fortune que toutes emprises ne soyent pas venues à souhait et selon le désir des hauts entrepreneurs, que ces coups de fouet et divines batures fièrent et heurtent à la porte de vostre pensée, pour ouvrir le guichet de sage mémoire : à ce que vous redoutiez et craigniez les persécutions du ciel, et qu'outre-cuidance d'amis, d'avoir ou de seigneurie ne vous facent un contempteur de Dieu, un dénieur de fortune, et un cuideur de valoir, pour mener à fin les choses impossibles, sans avoir égard à la perdition de noblesse et à la destruction du peuple, et sans estre soigneux de requérir Dieu en souverain aide : sans lequel nulle emprise ne peut venir à bonne fin.

Hélas, mon prince, mon seigneur et mon maistre, je plains et regrette, pour mettre ces trois poincts jusqu'à vostre congnoissance, que je suis lay, non clerc, de petit entendement et rude language, et que je ne puis avoir le stile et subtil parler de messire George Chastelain, trépassé, chevalier de ma congnoissance, natif flamand (toutesfois mettant par escript en language françois, et qui tant a fait de belles et fructueuses choses de mon temps, que ses œuvres, ses faicts, et la subtilité de son parler, luy donneront plus de gloire et de recommandation à cent ans à venir, que du jourd'huy); ou que je n'ay, par don de grâce, la clergie, la mémoire ou l'entendement de ce vertueux escuyer Vas de Lusane, portugalois, à présent échanson de madame Marguerite d'Angleterre, duchesse douairière de Bourgongne (lequel a fait tant d'œuvres, translations, et autres biens dignes de mémoire, qu'il fait aujourd'huy à estimer entre les sachans, les expérimentés et les recommandés de nostre temps); ou que ne m'a Dieu donné l'influence de rhétorique, si prompte et tant experte, comme à maistre Jehan Molinet, homme vénérable, et chanoine; et lequel je say estre laborieux et soigneux de mettre par escrit toutes hautes et vertueuses aventures venues à sa congnoissance. Mais, pource que je ne puis atteindre à la pratique du savoir de ces trois (desquels j'ay expressément parlé, pource que je les ay hantés et cognus), à tout le moins je feray et addréceray mes mémoires, cy-après escripts, à ceux d'iceux qui me survivront : afin que, s'il y a chose qui puisse amplier et aider leurs hautes et solennelles œuvres, ils s'en aident et servent, comme celuy qui fait un chapeau de marguerites, roses et autres fleurs plaisantes et précieuses, à la fois se sert d'autres fleurettes de moindre estime, pour paraccomplir et parfaire son chapelet, et donner couleur et lustre au demeurant.

Si prie à Dieu que mon œuvre leur soit agréable, et à vous, mon souverain seigneur, profitable, et de bon exemple, vous recommandant l'auteur vif et mort, qui vous serviroit voluntiers loyaument de cueur et de pensée. Et pour ce qu'il peut avenir, à cause de ma vieillesse, ou par le commandement de ce haut Dieu tout-puissant (à qui toutes personnes de chascun estat sont sugettes, soit en mort, en vie, en santé ou maladie), que je n'auray loisir de parfaire mon emprise et mon bon vouloir, je supplie, à ceux qui auront charge de vostre noble personne et de vos affaires, qu'ils veuillent, en défaut de moy, recueillir mon œuvre, pour le vous présenter en temps et en lieu; et tant faire, en charité de noblesse, que mes mémoires soyent visités avant la présentation d'iceux devant vous, pour leur donner, selon leur mérite, correction, reboutement ou addrèce.

Fournissant donques et accomplissant ma promesse, selon l'escript de cy-dessus, je commenceray, pour le premier, à vous déclairer et donner à entendre les nobles lignes, le noble sang et la royale généalogie dont vous estes yssu, de plusieurs parts : et commencerons à ceste très haute et renommée maison d'Austriche, qui est vostre surnom, vostre cry, et premier titre ; car en vous est changé et mué le nom de cette maison, dont les princes se nommoyent de Bourgongne ; et vous demoure le surnom d'Austriche, par originelle succession de vostre noble père. Or, puisque c'est vostre premier cry, c'est bien raison que je parle premier de celle très noble généalogie et descente : laquelle se peut par droit présenter, en hauteur de seigneurie, sus toutes les maisons de la Germanie. Et si je me vouloye arrester à escrire et mettre en œuvre l'ancienneté de ceste dicte maison, et les grandes choses advenues par vos ancesseurs de celuy costé, certes j'auroye trop à faire, et seroye homme prolix en mon labeur qui pourroit causer ennuyance à vous et aux lisans. Mais toutesfois ne me puis-je passer de dire aucunes choses dignes de ramentevance, et puis reviendray ès prochaines lignes de vostre descente, le plus brief et au vray qu'il me sera possible.

CHAPITRE PREMIER.

De l'ancien et nouvel estat de la maison d'Austriche; et des anciennes et nouvelles armoiries d'icelle.

Je trouve, par les anciennes croniques, que la seigneurie d'Austriche, à présent archiduché, fut jadis royaume; et qu'après la très cruelle et longue guerre qui fut entre les Troyens et les Grecs, commencée pour la prise d'Hélène, femme du roy Menelaus, faicte par Paris de Troye, dont la cité de Troye fut destruicte, et tant de hauts princes morts et exilés, que c'est encores pitié de le recorder et lire, un prince exilé, parent et filleul du roy Priam de Troye, par la permission de Dieu descendit avec son peuple en aucunes parties de la terre, à présent nommée Austriche, et s'épendirent par le païs, et tant firent, qu'ils conquestèrent la terre; et se fit iceluy prince (qui s'appeloit Priam) roy d'Austriche, et y régna chevaleureusement, et en grande puissance. Ce Priam eut plusieurs enfans et grande lignée, et dont l'un des fils (qui n'estoit point l'aisné) fut appelé Marcomire, moult bon, vaillant, sage et renommé prince, et chevalier de grande conduitte et addréce. En ce temps pareillement, Francio, fils du preux Hector, exilé et déchacé de Troye, par bonne fortune tant travailla, qu'il arriva au noble et fertile païs que l'on appelle France, où il augmenta cette belle cité de Lutèce, qu'il fit nommer Paris, du nom de son oncle Paris de Troye, et fit moult de biens au païs : et sont les historiographes en débat si ce nom France veint premier dudit Francio leur prince, ou s'il veint du temps des Rommains, pour ce que cette nation, à eux sugette et tributaire, chacea hors de quelques palus une grande cohorte et compaignie de tyrans et larrons que l'on nommoit les Vandes, et que lesdicts Rommains ne pouvoyent subjuguer, pour le fort lieu de leur demoure et pour leur grande puissance. Et disent aucuns auteurs que, pour la grande vaillance que firent les habitans d'entre Seine, Loire et Oyse, de rebouter lesdits Vandes hors de leurs palus, les Rommains, en recognoissance de leur victoire, les affranchirent de toute servitude; et pour ce furent nommés Francs, et depuis on les a nommés François, et la terre France : combien qu'Orose, en parlant de ce nom de France, et dont il vient, alégue Cornelius Tacitus, et dit que Franquo, qui édifia Franquefort en Alemaigne, conquesta la partie des Gaules que l'on nomme France, et nomma les habitans Francs, après son nom de Franquo. Mais je m'arreste plus à Francio, et est plus vray-semblable, pource que le nom de la cité de Lutèce fut mué à Paris : et l'on sait bien que le nom de Paris vient de Troye, pour les causes dessus-escrites : et par telle manière cette seigneurie fut appelée France, ayant esté premièrement élevée par Francio.

Après la mort duquel, et de sa descente par lignée, la terre demoura sans seigneur : et estoit, en celuy temps, petitement duicte et apprise en l'art de guerre, et en la discipline de chevalerie : et, pour tenir pié à leurs voisins, fut force aux François de quérir et chercher capitaine ou gouverneur, pour les conduire en leur deffense. Si advint que renommée, qui court et vole légèrement par le monde, leur donna à congnoistre que Marcomire, fils du roy d'Austriche, estoit moult vaillant prince, et duit aux armes. Si le mandèrent et le requirent. Il vint, et accepta le gouvernement de France : et si vaillamment, agréablement et bien se porta en sa charge, qu'il fut douté et aimé par sa valeur : tellement que, se trouvant avoir un fils légitime nommé Pharamond, traita avecques les François si-avant, qu'ils furent contens de le recevoir à roy de France : et fut Pharamond, fils de Marcomire d'Austriche, le premier roy qui onques fust en France. Et combien que celle lignée ne dura pas longuement, et qu'elle faillit assez tost, selon la cronique Martinienne et autres, toutesfois vous avez cest honneur que de vostre païs d'Austriche sont issus les premiers roys de France. Or, pource qu'aucuns pourroyent demander et faire argument pourquoy Austriche, si renommée de pouvoir et d'amis, n'est demourée royauté, et en royale puissance et authorité; à ce je respons, et sera trouvé vray, que du temps que les Alemaignes (que nous disons, en généralité de langage, Germanie) et la France (que nous nommons Gaule) furent payennes, et non enluminées de la loy de grâce, il estoit moult de royaumes particuliers : mais quand le roy des roys Jésus-Christ apparut sus la terre, plusieurs, congnoissans le roy souverain, laissèrent par dévotion le nom de roy, pour attribuer et rendre honneur et gloire à Dieu le créateur : et aussi en ce temps commencèrent à régner les grands empereurs, tant en Grèce, comme à Romme, et en Germanie. Cest empire fit cesser le nom de plusieurs royaumes, les uns par force, et les autres par amour et obéissance : et outre plus j'entens que le roy d'Austriche considéra qu'il estoit de plus grands roys que luy, et qui l'excédoyent en siége et dignité, et assez de semblables en équalité, et vouloit avoir tiltre à part qui passast les ducs : et pourtant se fit archeduc, en la quelle dignité princiale il est le premier archeduc du monde.

Ainsi doncques j'ay devisé de l'ancienneté et première venue de ceste maison, où je ne me veuil rien ou peu arrester, pource que c'est devant l'advénement de Jésus-Christ. Mais je ne puis passer, par raison, que je ne devise aucune chose pourquoy les armes de si noble seigneurie sont en deux manières différentes les unes des autres : car les anciennes et vieilles armes d'Austriche sont et se blasonnent d'azur, à cinq alouettes d'or (et certes je cuide avoir leu et trouvé, ès histoires de Troye, qu'icelles armes furent apportées de Troye par ledict Priam, qui se fit roy d'Austriche); et les nouvelles, que l'on dit les armes de la neufve Austriche, se blasonnent de gueulles, à une face d'argent. L'histoire dit que celle grande seigneurie, par la grâce de Dieu réduite à la saincte loy chrestienne, se trouva en grande guerre et débat contre les Sarrasins, pource qu'elle s'estend en divers quartiers près des Turcs; infidèles et mécréans, et mesmement par Esclavonie : en sorte que les archeducs et princes du païs firent plusieurs travaux aux Infidèles, par batailles, assaus, courses et emprises; et les infidèles à eux semblablement. Si advint que chascun de sa part fit assemblée : et entrèrent les Sarrasins en Esclavonie, et les Chrestiens firent assemblée pour les rebouter. En ce temps estoit l'archeduché départie en plusieurs mains, par partage d'enfans, successeurs chacun en son droit : et tous se disoyent archeducs d'Austriche, comme encores tous tels princes d'Allemaigne prennent indifféremment le tiltre de leur maison. Si estoit l'aisné et le chef, au temps de lors, un noble prince nommé Jaspar : lequel n'avoit nuls enfans, ains avoit un frère, jeune de vingt ans, nommé Frédéric, beau chevalier, et de grand corage et n'estoient pas si bons amis ensemble, pour aucunes questions de partage, comme frères devroyent estre par raison. Toutesfois iceluy Frédéric fit son assemblée grande et puissante, et marcha pour servir son Dieu et sa loy, garder son honneur, aider son frère et son chef, et deffendre sa part de la seigneurie d'Austriche. Advint que l'archeduc se trouva surpris de la venue des Sarrasins, avant que Frédéric son frère se peust joindre avecques sa compaignie, combien que moult vaillamment le dict Jaspar et les Chrestiens receussent les mécréans. Là eut moult cruelle bataille, et moult de gens morts d'une part et d'autre. Mais les Sarrasins estoyent si grand nombre, qu'ils reculèrent les Chrestiens à leur grande perte et dommage : et estoyent les Chrestiens déconfits sans remède, quand Frédéric le maisné arriva sur la place, et sa compaignie, où plusieurs fugitifs chrestiens se ralièrent; et néantmoins, par la grande force des Sarrasins, toutes les enseignes, estandars et banières, tant de l'archeduc Jaspar que de Frédéric son frère, furent abatues et renversées, au grand danger et péril de la fortune. Frédéric avoit une blanche pareure sur son harnois, pour estre congnu entre ses hommes : et portoit à son bras dextre un grand volet de blanche soye. Et pour ce qu'il trouva toutes les banières et enseignes de son seigneur et frère, et les siennes, abatues et perdues, il prit le volet blanc en sa main, et plongea ledit volet au sang des morts : tellement qu'il fut tout teint en rouge couleur, excepté le milieu du volet (qu'il tenoit en sa main), qui demeura blanc. De ce fit une nouvelle banière, et s'écria : « Austriche, serviteur de Jésus-Christ! » et se férit si merveilleusement, et de tel courage, parmi les Sarrasins, et tant en occit, abatit et meshaigna, à la bonne suite qu'il eut, qu'il recouvra la bataille, et furent Sarrasins déconfits : et fut le bon Frédéric tellement blécé et navré sus son corps en diverses parties, que la blanche pareure dont ses armes furent couvertes, et dont j'ay ci-devant touché, fut toute teinte et rougie de son sang : excepté que ce qui estoit sous la ceinture de son espée demoura blanc : et comme le blanc demoura en la poingnée du volet, et fit face parmi le vermeil, ainsi fit le blanc demeuré sous la ceinture, face à la pareure teinte du sang vermeil venant du noble prince, pour la deffense de nostre foy. Et la bataille gaignée par le vaillant Frédéric, il fut si bien pansé, médeciné et secouru de ses blesseures, qu'en brief temps il fut guari ; et régna depuis si longuement, que par vraye succession il fut seigneur et archeduc d'Austriche. Et d'iceluy Frédéric vous estes, par succession succédant, venu et yssu : et, pour mémoire de la victoire, ledict Frédéric, par conseil de sa noblesse, chargea, de là en avant, les secondes armes telles que je les ay declarées cy-dessus. Or vous ay-je monstré pourquoy les armes furent muées et changées en Austriche, et pourquoy et comment l'on dit que la vieille Austriche en ses armes porte d'azur à cinq alouettes d'or, et la neufve Austriche porte de gueulles à une face d'argent : et ainsi pourrez entendre par mon escriture, et veoir par les blasons, quelles sont les armes de la vieille Austriche et de la nouvelle, et comment elles se blasonnent.

Maintenant j'auroye beaucoup à déduire, si je vouloye besongner et escrire, et moy arrester à plusieurs choses, et mesme comme je trouve que toute la seigneurie d'Austriche escheut à une dame de ce nom, armes et lignage ; et comment celle dame, estant fort laide de visage, mais toutesfois moult belle en vertus, en noblesse et en seigneurie, fut mariée à un noble prince comte d'Abspourg, par traité et convenance telle, que les enfans d'eux reprendroyent les noms et les armes d'Austriche, comme il advint : et de celle lignée vous estes par vraye succession yssu, n'a pas grand temps. Mais de ces choses je me tay présentement, pour non estre prolix : et est besoing que j'abandonne toutes ces anciennetés (combien qu'elles soyent dignes de mémoire, et à la louenge de vos ancestres et de vous), pour venir aux prochaines lignées congnues, et de bonne et prompte mémoire, tant par croniques, traités, linages, mariages, et autrement (que l'on trouve tous les jours, pour la preuve de mon escrit), comme aussi par vives voix mesmes, tesmoignans aucunes parties de mon récit. Et commencerons à vostre bisayeul, père de vostre ayeul archeduc d'Austriche, sans en ce mesler ne comprendre empereurs, roys, ou autres grands princes entre deux, ayans régné, du nom de ceste seigneurie, et dont estes yssu : et mesmement me passe de déclarer le droit et héritage à elle écheu en succession, par la mort du prince de très noble mémoire le roy Lancelot d'Austriche, roy de Hongrie et de Behaigne, fils de l'archeduc Aubert d'Austriche : et lesquels royaumes de Hongrie et de Behaigne doyvent appartenir à l'empereur Frédéric d'Austriche, vostre grand-père, vivant ; et après au roy son fils, vostre père ; et à vous quand Dieu le permettra : combien qu'ils ayent esté longuement detenus, contre droit, par ce puissant roy Mathias, fils du blanc chevalier de La Valaquie, à-présent atitulé roy dudict royaume de Hongrie, et dont plus-à-plain, à la croissance de vos jours, serez amplement informé, pour y poursuivre vostre droit.

Or revenons doncque à celuy qui fut vostre bisayeul ; car encores que je ne soye, par nature ou par apprise, de langue d'Alemaigne, si ay-je enquis, à la vérité, de ceste généalogie, le plus qu'il m'a esté possible ne facile : et trouve que vostre bisayeul fut nommé Lerpedus ou Lupus, archeduc d'Austriche : lequel se maria à une fille du duc de Milan, nommée Cécile, qui n'estoit pas de ceste lignée présente, yssue de la bastarde de Milan, et du comte Francisque, dict Sforce, nouveau en celle seigneurie : mais fut de loyal et légitime héritage, et portant d'argent à un serpent d'asur. Cestuy serpent se nomme, à blasonner, une biche : et doit avoir sept tournans, dont l'un est noué près de la teste, saillant de la gorge un enfant, marrissant de guelles. Cest archeduc Lupus, vostre bisayeul, porta les armes d'Austriche : et pour ce m'en passeray légèrement ; car assez en ay déclairé. Mais, pour l'estrangeté des armes de Milan, j'en veuil un peu toucher, et dont et par quelle voye vindrent aux ducs de Milan telles estranges armes.

Je trouve qu'un nommé Boniface, comte de Pavie, fut un moult vaillant chevalier, voyageur, et champion pour la foy chrestienne. Cellui Boniface se maria à une fille héritière du seigneur de Milan (car encores n'estoit ce pas duché), nommée Blanche : et le premier fils qu'il eut d'elle fut estranglé au bers par un serpent de merveilleuse grandeur : et fit iceluy serpent moult de maux paravant et depuis en celle contrée, et s'enfuyoit chacun devant celle cruelle beste. En ce temps estoit ledict Boniface en un voyage sur les Sarrasins ; et à son retour fut adverti de la piteuse mort de son fils, et des dommages que faisoit ledict serpent en son païs . et ès voisinages. Le bon chevalier travailla tant par curieuse poursuite qu'il trouva ledict serpent en un bois, qui emportoit un enfant en sa gorge. Cellui chevalier, par courroux de vengence, courut sus audict serpent. La beste laissa la prise de l'enfant qu'elle avoit meurdri, et courut sus audict chevalier : et dura la bataille entre eux deux moult longuement. Et tant ayda Dieu au chevalier, qu'il coupa la beste par le milieu, de son espée. Mais comme c'est assez la coustume d'un serpent de quérir à se renouer, celle beste (qui fut moult longue) se renoua près de la teste, et getta tant de venin, avant que le comte la peust de tout poincts par-tuer, que le bon chevalier en cuida mourir : et pour celle vengence et victoire les enfans dudict comte (qui depuis furent seigneurs de Milan) portèrent, en leurs armes, d'argent, à un serpent et l'enfant marrissant, en la manière dessus blasonnée, et comme l'on peut veoir par le blason. Et, à mon entendement, l'empereur, le roy des Rommains vostre père, et vous après eux, avez droit en la duché de Milan, ou portion de droit : dont vous vous pourrez plus plainement enquérir, et en sçavoir la vérité.

Ainsi donques vostre bisayeul Leopidus porta d'Austriche la neufve (qui est l'escu d'argent, à la face de gueulles), et sa femme porta d'argent, à une biche d'asur, à l'enfant marrissant, comme il est escrit cy-devant, et comme vous pourrez veoir par les blasons. De ces deux yssit vostre ayeul, nommé Ernestus succédant, archiduc d'Austriche. Celluy Ernestus se maria à une noble dame, fille du duc de Masseve : et disent aucuns que ceste duchesse de Masseve estoit yssue, par mère, de de la maison d'Austriche, éloignée de lignage : et fut moult noble, sage et vertueuse dame : et d'eux yssit vostre grand-père, nommé Frédéric, encores vivant, par la clémence de Dieu, empereur de Romme : et porta icelle duchesse de Masseve, de gueulles à un aigle d'argent, membrée, couronnée et liée d'or ; à la poitrine de l'aigle, un croissant de mesme.

Cestui empereur Frédéric se maria à madame Alienor, fille du roy de Portugal : et de ces deux est venu monsieur Maximilian, archeduc d'Austriche, vostre père, par la clémence divine roy des Rommains, duement esleu et sacré en la place de l'empereur Frédéric son père, et vostre grand-père, comme pourrez cy-après mieux sçavoir et entendre. Cette dame portoit les armes de Portugal, qui sont d'argent à cinq escussons d'asur, trois en pal et deux en face, et sur chacun escusson cinq besans d'argent ; le champ en sautoir, à une bordure de gueulles, chastelée d'or, maçonnée de sable, et fermée d'asur, saillant dessous l'escu ; sous la bordure, une croix de sinople fleuronnée.

Sur quoy j'ay empris à parler de deux poincts ; l'un des faicts et règne de cestuy empereur vostre grand-père, lequel porte les armes impériales, à cause de sa digne magesté ; et de soy les armes d'Austriche, comme ses accesseurs ; et, pour l'autre poinct, j'entens monstrer comment et par quelle cause les armes de Portugal (qui font un de vos quartiers) sont de tant de pièces, et comment elles sont augmentées, et par plusieurs fois. Pour le premier poinct, touchant vostre grand-père Frédéric, archeduc d'Austriche, il fut héritier et successeur de l'archeduché, après son père Ernestus, à vingt ans ; et se trouva, en ses jeunes jours, beau prince, riche, et puissant d'amis et de seigneurie ; et se prépara, pour le premier de ses faicts, de visiter la Terre Saincte, et les sainctes places et lieux où Jésus-Christ nostre rédempteur fit et acheva, par sa divine bonté, les œuvres de nostre rédemption. Et tant et si sagement pratiqua son voyage, qu'il fit en sa personne ce que depuis le temps du très vaillant chevalier payen Salhadin, ne depuis le très preux et très chrestien Godeffroy de Buillon, n'a esté faict par prince chrestien sans perte ou prison ; car, à vingt-trois ans d'age, icelui archeduc Frédéric passa la mer, descendit en Surie ; et estant en la terre sarrasine en armes, à puissance de princes et de noblesse, sa banière, armoyée de ses armes, déployée devant luy, vint au sainct sépulchre faire son pellerinage. Il demoura là certains jours, et retourna sans destourbier ou empeschement; dont la renommée fut grande par toute chrestienté. Et ay depuis entendu que le soudan et les roys et princes sarrasins furent moult déplaisans de l'avoir souffert; et fait à croire que long séjour luy eust causé préjudice.

A vingt-cinq ans fut sacré roy des Rommains par vraye élection, et depuis fut empereur; et a ce noble prince desjà régné cinquante ans, que roy des Rommains, qu'empereur, en prospérité et en son entier; et en l'age de soixante-dix ans est descendu des Alemaignes, accompaigné de grand nombre de princes et autres, ses parens et sugets, pource que ceux de Bruges, au port et adveu des Gandois, et autres Flamands rebelles, portés et soustenus du roy des François, et élevés par puissance de sugets désobéissans, avoyent touché, pris et tenu en prison fermée, sans tiltre de droit, le roy des Rommains, son fils, maimbour et père de vous, leur naturel prince et seigneur, et à qui ils avoient fait serment, comme plus à plein vous sera déclaré, en continuant la lecture de mes mémoires. Cestuy noble vieillard marcha jusques au milieu de Flandres, attendit la bataille, et s'y présenta chevaleureusement; et avant sa venue, pour la doute de luy et de sa puissance, fut le roy vostre père délivré de la prison; et convoya son père qui s'en retourna en Alemaigne, ayant accompli son désir en ceste partie. Et à l'heure que j'escry cest article, est encores cestuy vostre grand-père vivant, le plus bel, le plus net et le mieux en son entendement vieillard que l'on puisse voir ne congnoistre. Dieu en doint la fin comme le demourant!

Or, pour satisfaire à ce que j'ay dit, que pour le second poinct je deviseray du faict de Portugal, des armes et de l'augmentation d'icelles, je m'en veuil aquitter selon que j'en ay peu savoir et enquerre : et aussi, pource que Portugal est un des nobles quartiers dont vous estes prochainement yssu, et qu'en celluy réaume par vos ancesseurs ont esté faites moult de belles choses et dignes de mémoire, je me délecte à vous donner à entendre dont viennent et procèdent les armes dessus-dictes au roy de Portugal. Et si le lustre de tant diverses pièces, comme sont icelles armes, procédoit de conqueste violente et tyranique, je m'en tairoye, et en laisseroye le récit à plus subtil que moy. Mais pource que lesdictes armes ont esté acquises et augmentées par vaillances et hautes emprises faictes sus les Sarrasins, infidèles et ennemys de nostre saincte foy chrestienne, je vous déclaireray ce que j'en ay peu savoir, enquérir et apprendre, pour vous donner cueur et exemple que tous bienfaicts sont tousjours remis en fresche mémoire, combien qu'il y ayt long-temps qu'ils soyent advenus.

Je trouve que les premières armes de Portugal sont d'argent, et de ce seul métail, sans autre mesleure : sinon qu'elles sont diaprées de mesmes : et telles les portoit l'enfant don Henry, comte d'Estorgues. Icelluy se maria à une fille du roy de Castille : et depuis sont lesdictes armes augmentées par quatre fois (comme je diray par-cy après), et tousjours pour accroistre et soustenir nostre saincte foy. Ce conte d'Estorgues, nommé Henry, et celle fille de Castille, eurent un fils nommé Alfonse : lequel par sa grande chevalerie, travail, sens et vaillance, conquit sus les Sarrasins le réaume de Portugal. Et fut icelluy Alfonse le premier roy crestien d'iceluy réaume de Portugal; et fit, de sept villes, sept cités et sept eveschés : et de la ville de Brague fit archevesché; et moult donna et sacrifia de biens à l'église, en l'augmentation de la foy de Jésus-Christ. Depuis passa la rivière du Tage, et en la plaine de Camp-d'Orick desconfit cinq roys sarrasins : et pour leur cinq banières qu'il avoit conquises, il mit et para ses armes (qui estoyent d'un escu d'argent, comme dit est) de cinq escussons d'asur, et les assit en l'escu, en la manière que j'ay dit en blasonnant lesdictes armes. Cestui roy Alfonse prospéra en lignée de fils et de filles : dont il fit de grandes aliances : et de luy et des siens descendit le roy Alfonse, qui moult travailla en armes pour la foy chrestienne, moult de Sarrasins fit mourir de son temps, et moult de vaillances fit de sa personne; et dont moult de foys fut en danger de mourir, tant en la prison des infidèles, comme des blecures et batures qu'il reçeut sus son corps en diverses batailles et rencontres.

Or advint que le pape se troubla contre iceluy roy Alfonse, pource qu'il ne vouloit souffrir un dixième que le pape vouloit lever en son réaume : et fut le roy de Portugal si travaillé des verges de l'Eglise, qu'il fut contraint d'aller en sa personne à Romme, et prit jour de comparoir devant le père sainct, et le triomphant conseil des cardinaux. Le roy Alfonse vint, vestu d'une longue robe sur sa chemise, sans avoir chausses ne pourpoint : et, après le devoir faict, tel que le roy doit au pape, en soy humiliant comme fils de l'Eglise, luy mesme proposa son cas et ses excuses, et comment pour la deffense de la foy chrestienne il travailloit assez son réaume, en levant grandes tailles sur son peuple, et luy sembloit que le pape ne luy devoit autre chose demander : et remonstra comment par moult de foys il avoit aventuré sur les Sarrasins sa noblesse et mesmes sa personne, et dont il vouloit monstrer les enseignes certaines sus son corps : et demanda au pape, et aux cardinaux là présens, si tous ensemble luy sçauroyent monstrer autant de playes receues pour la foy de Dieu maintenir, que luy seul en monstreroit sur soy présentement. Alfonse osta sa robe, et devestit sa chemise, et monstra son corps tout nu : sur lequel fut veu un merveilleux nombre de playes, dont cinq en y avoit si près d'estre mortelles, que ce fut plus miracle que raison naturèle, que de la moindre il échapa sans mort recevoir. Le pape et les cardinaux, voyans ce noble tesmoignage, furent honteux et déplaisans du travail donné à ce noble et très catoliq roy, le firent bénignement revestir, et après plusieurs honnorables excuses le recongnurent bon et entier fils de l'Eglise. Et par l'advis de tous, et en mémoire de ses bienfaicts, luy fut ordonné de mettre en chacun des cinq escussons d'asur (qui sont ès armes de Portugal) cinq besans d'argent : et ainsi fut l'escu d'argent augmenté de cinq escussons d'asur, et de rechef paré de cinq besans d'argent en chacun escusson, comme dict est.

Et puis que j'ay commencé à escrire de ce noble blason et armes de Portugal, je parferay le demourant de ce que je trouve desdictes armes, au mieux que je l'ay pu sçavoir et trouver. Par succession et origine naturèle, non pas de père à fils, mais descendant de ligne, et par succession de temps, d'Alfonse vint l'enfant don Fernand, roy de Portugal. Cestui Fernand fut prince voyageur, et vint en France, et se maria à une noble dame nommée Marie, fille du conte de Boulongne, et en eut un fils nommé Henry, qui depuis fut roy de Portugal. Celuy roy Henry fit bordure, ès armes de Portugal, dès armes de sa mère : et combien que les armes de Portugal, quant à la bordure, soyent de gueulles, semées de chasteaux d'or, n'en déplaise aux peintres et aux deviseurs ; car la bordure de gueulles est bonne ; mais les chasteaux sont faulx, selon l'entendement du roy Henry, pource que ce doyvent estre gonfanons, qui sont les armes de Boulongne ; mais pource que le païs est loing, et par l'oubliance du vray, l'on a les gonfanons (qui doyvent estre à trois lanbeaux) changés à chasteaux : et cette opinion je tiens de plusieurs notables gens portugalois qui ont esté de ma congnoissance. Or avons nous l'escu faict à trois fois, et la bordure, qui est la quatrième. Reste la cinquième cause de l'augmentation de cet escu, lequel est soustenu d'une croix de sinople, dont les quatre bouts se monstrent fleuronnés ès quatre coings naissans dessous l'escu. Et de ce aucuns veulent dire que celle croix y fut adjoustée par un roy de Portugal, qui eut ceste grâce de Dieu, que, combatant les Sarrasins, une croix s'apparut au ciel devant ses yeux, qui moult le conforta, et sa compaignie. Le bon prince fit son oraison à Dieu, et dit : « Mon Dieu Jésus-Christ, » j'ay ferme foy en toy et en ta passion dou- » loureuse. Montre ta croix à tes ennemys in- » fidèles, qui en toy ne veulent croire. » Surquoy dit l'histoire que la croix s'apparut aux Sarrasins, et prestement furent déconfits, et que pour ce fut mise sous l'escu, la croix naissant, et soustenant ledict escu. A quoy je ne contredy point : mais je trouve pour vray que les quatre bouts fleuronnés (qui sont de sinople) furent mis par le bon Jehan, roy de Portugal : car il fut de la religon d'Avis (qui sont chevaliers, et portent, en signe de religion, la croix verde) ; et par sa vertu et renommée fut tiré, par les estats de Portugal, hors de la religion, et faict roy : et de ceste matière je parleray plus-à-plain en la poursuite de ce présent escrit. Ainsi donques ce noble escu fut augmenté par quatre fois, depuis l'advènement du premier roy chrestien du royaume de Portugal : et porta l'empereur, vostre grand-père, les armes de l'empire; et madame vostre grand-mère porta les armes de Portugal, comme cy-dessus elles sont blasonnées.

Revenant à nostre matière, de cestuy empereur Frédéric, vostre grand-père, et de madame Aliénor de Portugal, vint monseigneur Maximilian, vostre père, lequel, luy estant archeduc d'Austriche, se maria à madame Marie de Bourgongne, ma souveraine dame et princesse, dame et seule héritière de ceste grande maison de Bourgongne, comme il a esté dict au commencement de mon prologue : et de ces deux vous estes yssu, et madame Marguerite d'Austriche, à-présent royne de France, et François Monsieur (qui trépassa enfant au bers, en l'age de quatre mois); et estes demouré seul fils et héritier de droit, en toutes ces belles et grandes seigneuries : combien que par aucunes voyes vous soyent plusieurs seigneuries ostées. Et par quel moyen, et comment il est advenu, je le déclaireray en une partie de mon emprise, et à la poursuite de mes mémoires, si Dieu me donne temps, vie et loisir convenable.

Cependant c'est bien raison (si j'ay parlé qui furent les autres dames mariées en ceste noble maison d'Austriche, et dont vous estes yssu, et si j'ay monstré qui furent les quatre pères et les quatre mères dont vous estes venu du costé paternel, comme bisayeul, ayeul, grand-père et père) que je déclare et die qui furent les semblables du costé de vostre mère, ceste noble princesse de Bourgongne, ma souveraine dame : de laquelle je parleray par cet article, moins que je ne devroye : pource que j'entends de poursuyvre par ordre ma matière, et de deviser la hauteur de sa descente. Et deviseray seulement, pour cette fois, quelles armes elle portoit, par succession de son père : qui sont écartelées de France, de Bourgongne, de Brabant, de Lembourg, et de Flandres sur le tout, qui est d'or, au lion de sables, mouflé de gris : pour France, semé de fleurs de lis d'or, la bordure coponnée d'argent et de gueulles : pour Bourgongne, six pièces en bandes d'or et d'asur, la bordure de gueulles : pour Brabant, de sables, au lion d'or : et pour Lembourg, d'argent, au lion de gueulles, et couronné d'or : et sont icelles armes augmentées par plusieurs fois, par seigneuries et successions advenues en ceste noble maison de Bourgongne.

Doncques, mon souverain seigneur, vous estes fils et yssu de ce noble archeduc d'Austriche, par la clémence de Dieu, roy des Rommains, successeur apparent, sans moyen, du grand empire de Romme : et de ce costé, tant en patrimoine de nom comme d'alliances, estes descendu, ainsi noblement que je l'ay monstré, le plus à la vérité qu'il m'a esté possible. Or est bien raison que je parle (comme j'ay dit) qui vous estes, et le noble lieu dont vous estes yssu, du costé de vostre noble mère Marie de Bourgongne. Et pource que je la nomme de Bourgongne en surnom, je m'arresteray quelque peu à escrire que ce fut et que c'est de Bourgongne, et ce que j'en ay peu apprendre par enquérir, et par lire les anciennes histoires, et par expériment du présent : et puis reviendray ès prochaines lignées congnues, comme j'ay fait ès lignées paternelles : et si je suis aucunement prolix et long à mon récit, c'est contre mon désir, et comme contraint, pour mieux donner à entendre ma matière : et est dommage que plus éloquent ou plus stilé d'escrire que moy ne donne l'entendement à ma déclaration devant si noble personne : mais j'ay espoir que mon bon vouloir sera tenu pour agréable.

CHAPITRE II.

De l'ancien estat du païs de Bourgongne, jusques au temps qu'il fut réduit en duché; à laquelle succédèrent les ayeulx et pères maternels de l'archeduc Philippe d'Austriche.

J'ay tant enquis de ceste matière de Bourgongne, que je trouve que Diodore Sicilien, moult ancien historiographe grec, et grand clerc, et duquel les livres et les escritures sont moult recommandées entre les orateurs, en dit quelque chose, parlant d'Hercules le très renommé, dont les œuvres furent si grandes, que plusieurs tiennent le récit de ses faicts pour chose poétique, fantosme, ou choses si merveillables qu'elles sont quasi non croyables. Et ne fust que tant de notables clercs ont approuvé ses magnifiques faicts, je, plein de simplesse, craindroye beaucoup d'alléguer ceste matière devant vostre signeurie : mais je pren courage et hardement de réciter ce que dit Diodore, qui met en effet que ledict Hercules, en faisant ses voyages, et mesmes alant en Espaigne, passa par le païs que l'on nomme à présent Bourgongne, et y prit en mariage, selon la loy, l'une de ses femmes, nommée Alise : laquelle fut dame de moult grande beauté, et du plus noble sang et lignage qui fust au païs; et dit que de ceste Alise il eut génération, dont sont venus et yssus les premiers roys de Bourgongne : et pour appreuve vous trouverez au duché de Bourgongne, au quartier que l'on nomme l'Aussois, apparence d'une cité ou ville qui se nommoit Alise, que celle dame fonda, et luy donna son nom : mais la ville a esté destruite et ruinée par les guerres qui de long temps ont régné en ce quartier. De celle cité d'Alise font appreuve Lucain et Saluste, mesmement en récitant la grande rébellion que firent les François, et mesmes ceux d'Austun, à l'encontre de César et des Rommains : lesquels François avoyent élevé contre ledict César un prince françois, nommé Vercingentorix : lequel assembla grande puissance de François contre ledit César, et se logea en la cité d'Alise, et à l'environ : et ledict César se logea au plus près, a tout les légions rommaines, et fortifia ses tentes et logis, où il eust beaucoup à souffrir par la puissance desdicts François. Mais, par son sens et magnanime courage, il déconfit à la fin, par bataille, ledict Vercingentorix et les cohortes françoises, et les remit en l'obéïssance de Romme, comme devant : et par ce pas trouverez appreuve de ladicte cité d'Alise, dont j'ay escrit cy-dessus.

En ce temps d'Hercules, et grand temps après, ceux que nous nommons Bourgongnons se nommoyent Allobrogiens : et vaut autant à dire Allobrogien (selon que l'interprètent messieurs les clercs), comme mal-languagué, ou mal-parlant; et certes, combien que je soye né de celle noble terre, j'appreuve assez l'interprètement : car le language de soy est rude, et mauvais entre tous ceux de leur voisinage. Or, dura ce nom d'Allobrogiens longuement (comme il est assez sceu, tant par les croniques rommaines comme par les histoires de Belges), et durant le règne de la grande cité de Bavais, et jusques à ce que les Rommains (qui moult de terres et de signeuries mirent en leur sugettion et sous leur puissance) travaillèrent à guerroyer les Germains.

Et dura celle guerre par moult de temps, et par moult d'années; car les Germains estoyent fort et durement assaillis des Rommains et de leur grand puissance : et les Germains, pleins de noblesse et de peuple belliqueux; se deffendoient vigoureusement : à la fois les uns sus les autres (ainsi que la fortune de la guerre adonne) passoyent le Rin, chacun sur sa partie : et tousjours convenoyent, sur l'arrièresaison, que chacun parti se retirast à sa seureté pour passer l'hiver, et pratiquer nouvel assaut à l'esté à venir; et estoit le fleuve du Rin comme une barrière entre les deux : et pource que les Rommains trouvoyent, en ce païs d'Allobrogie, terre fertile, et pleine de vivres, de blés, de vins, de bois, de rivières, et de moult de commodités nécessaires à gens de guerre, en marchisant près de leurs ennemis, et aussi que le païs, en plusieurs lieux, est fort de roches et de montaignes, ils choisirent ce lieu proprement, qui aujourd'huy est nommé Bourgongne, pour leur retraite : et là séjournoyent et hivernoyent, et y faisoyent, selon les cohortes et compaignies, les uns ès montaignes, les autres ès vallées, plusieurs bourgs, clos et fermetures, les uns de bois, les autres de closture de pierres : et là se mettoyent en seureté, et se tenoyent et fortifioyent èsdicts bourgs, contre leurs ennemis et centre leurs voisins, et mesmes les uns contre les autres : et tellement furent iceux bourgs habités par manière de forteresses, et en firent si largement et par telle abondance, que l'on cessa de nommer iceux païs allobrogiens; et furent nommés, et encores sont, Bourgongnons, c'est à dire habitans en bourgs.

Autres auteurs l'escrivent autrement, comme Orose, qui en escrit après le récit de Cornélius Tacitus, qui moult bien récita des histoires rommaines, et de plusieurs choses : et dit que les Vandales furent par les Rommains chacés hors de la Germanie, et vindrent en Gaule, où ils firent moult de maux : car ils estoyent bien quatre cens mille; et depuis retournèrent en leur païs, dont grande partie d'iceux y trouvèrent leurs maisons, forts, viles ou chasteaux bruslés et destruits : parquoy il leur fut force de faire nouveaux édifices ; et édifièrent plusieurs bourgs, pour eux tenir en seureté : parquoy celle partie de Vandales furent appellés Burgondiones. Et dit que depuis les Vandales généralement retournèrent en Gaule, et firent de grandes conquestes : et qu'iceux nommés Burgondiones s'arrestèrent près d'Austun, et demourèrent en la terre où ils sont encores, et qui est aujourd'huy nommée Bourgongne ; et se nommoit celle partie de Gaule, Gaule belgique, pource que ceux du païs estoyent confédérés en amitié avec les Belgiens. Et dit ledit Orose qu'autres Vandales occupèrent Esclavonnie, dont sont nommés les Esclavons, en Dalmatie et en Illirie, près de Venise : et occupèrent Pouloigne et Boesme ; et sont, selon cestuy auteur, toutes les nations dessus-dictes venues et yssues des Vandales.

Or donc, pour mieux en parler à la vérité, je me suis ainsi enquis de plusieurs parties pour trouver le nom de Bourgongne, et dont il est venu. Si vous plaise de prendre en gré ce que j'en ay peu sçavoir, et dont fut élevé premier le nom de Bourgongne et des Bourgongnons, selon que j'en ay peu enquérir et apprendre, durant le temps. Et tant qu'ils se nommèrent Allobrogiens et Bourgongnons, et qu'ils teindrent la loy payenne, moult de roys et de puissants princes régnèrent et gouvernèrent, icelle signeurie, où je ne me veuil en rien arrester, pource que d'iceux vous n'estes en rien descendu, fors que de nom seulement, pris par vos ancesseurs, de ceste très-ancienne signeurie, qui toutesfois n'est point le vray surnom de vos prochains ancestres (comme je déclaireray en ce présent escript, et pourquoy) ; mais c'est le cry vray et notoire de ceste maison de Bourgongne. Et à ce propos je reviendray bien-tost, et ce pendant poursuyvray ma matière le plus au vray que mon entendement le pourra comprendre. Et laisserons toutes ces choses, advenues avant l'advènement de Nostre-Seigneur, pour réciter aucunes choses qui servent à nostre matière : et trouve que tous les roys, tant d'Allobrogie comme de Bourgongne (qui est une mesme chose), portèrent leurs armes (soit du temps qu'ils furent payens, comme aussi depuis qu'ils furent chrestiens et baptisés) de six pièces d'or et d'asur, à la bordure de gueulles : lesquelles armes durent encores en Bourgongne.

Revenant à nostre matière, je trouve que l'an deuxième après le crucifiement de Jésus-Christ, les deux roys voisins de France et de Bourgongne, tous deux payens, eurent moult cruelle bataille l'un contre l'autre ; et nombre l'histoire cent mille hommes morts des deux costés ; et trouverez vray que la victoire fut pour les Bourgongnons : et ce je récite pour appreuve que lors il y avoit roy en Bourgongne. Item, je trouve que, l'an quatorzième après le crucifiement de Nostre-Signeur, la glorieuse Magdeleine vint au lieu de Marseilles en Provence, et là convertit à la saincte foy chrestienne le roy et la royne de Bourgongne : et par la prédication et enhort de la saincte dame, les baptisa sainct Maximilian à Arles en Provence : et prirent le sainct baptesme le roy et la royne, et tous ceux de leur réaume feirent baptiser ou mourir : et fut nommé ce premier roy de Bourgongne chrestien, à son baptesme, Trophumie ; et fut son parrain sainct Trophumie, neveu de sainct Pol l'apostre : lequel fut depuis archevesque d'Arles, et le premier.

Après cestuy roy de Bourgongne, le premier chrestien de ce nom, régna Estienne, son fils, qui fut cinquante ans roy de Bourgongne : et fut celuy que la Magdelaine fit ressusciter ; et moult bon catolique fut ; et fit apporter en grande dévotion, à Marseilles, la croix où fust martirisé le glorieux corps sainct monsieur sainct Andrieu : laquelle est encores à Sainct-Victor lez Marseilles. Celuy roy Estienne augmenta moult la foy de Nostre-Seigneur, et eut la croix de sainct Andrieu en telle dévotion et révérence, qu'il la prit pour enseigne, toutes et quantes fois qu'il yroit en guerre ou en bataille : et de là vint que l'enseigne des Bourgongnons est la croix sainct Andrieu : et aucunefois ils ont porté autre enseigne, ça esté quant la signeurie, par quelques fois, a esté ès mains des roys de France ; mais toujours sont revenus et retournés à leur première nature, comme je feray apparoir, et ainsi qu'il en appert.

Or vous ay-je monstré ce que j'ay peu pratiquer et apprendre du premier nom de la terre, que l'on dit Bourgongne (qui se nomma Allobrogie), et du second (qui encores dure), que l'on appelle Bourgongne, et pourquoy : et si vous ay déclairé dont les premiers roys d'Allobrogie viennent, et successivement ceux de Bourgongne : et trouve, par les anciènes croniques et escritures, que le réaume de Bourgongne s'estendoit bien-avant, comprenant Piedmont, Ast, Provence, Dauphiné, Savoye, duché et comté de Bourgongne, et jusques à Sens du costé de Paris, que l'on dit encores Sens en Bourgongnes : et de l'autre part, Ferrette et Lorraine, Bar, et grande partie des basses Allemaignes, et jusques au Rin : et estoit ce réaume plein de gens, autant adonnés aux armes que nuls des autres de leurs voisins : parquoy les roys et les païs firent de moult grandes choses dont je me passe, et abrège ma matière le plus que je puis : et dura le royaume de Bourgongne jusques au temps du roy Clovis, le premier roy chrestien de France, et dont je diray comment et par quelle voye ce puissant royaume de Bourgongne fut diminué à duché.

Mon souverain signeur, il est besoing que vous entendiez que les grandes signeuries sont portées et entretenues de Dieu seulement, et non pas de la puissance des roys ne des princes, qui sont des hommes mortels ; et selon qu'ils acquièrent envers Dieu mérite de régner et qu'ils entretiennent leur peuple en justice, et à la discipline de la saincte foy chrestienne, et à garder ses commandemens, Dieu leur permet et fait ayde à demourer princes puissans, et en honneur et prospérité, ou les laisse périr, et leur peuple souffrir, par l'abomination de leurs vices. Et à la foys il advient que les sugets sont rebelles et desobéissans, et quièrent de destruire et amoindrir la puissance de leur roy et de leur signeur : parquoy fortune se tourne contre eux, et laisse le malheur convenir ; et en tel cas peut-on comparer Dieu à celuy qui gouverne un horologe, car tant et si longuement que le maistre y met ses mains, et qu'il le visite, il va droit, et tient mesure sans empeschement : mais quand le maistre lève sa main et se retire de la conduicte de l'horologe, il vient à discord, à ruine et à perdition de son labeur : et si nous voulons que l'horologe de nostre charge et de nos affaires soit gouverné deuement et par raison, il nous faut requérir et mériter par oraisons et par bienfaicts, à ce hault Dieu tout-puissant qui tient le période du monde en sa main, qu'il nous veuille conduire, enseigner et gouverner en telle manière, que de la charge qu'il nous a donnée en gouvernement en ce monde nous luy puissions rendre compte qui luy soit agréable ; et ne faut oublier que par vertu ensuyvir sont les royaumes et principautés maintenus en honneur et en force, et par vices toutes signeuries diminuées, pourries, et mises à ruine.

Revenant doncques à nostre matière, un roy fut en Bourgongne, nommé Childéric, lequel eut une seule fille, nommée Clotilde. Ce roy Childéric eut un frère nommé Gondebaut, qui fut homme subtil et de grande malice. Luy, voyant que Childéric n'avoit qu'une fille, malicieusement et par cautèle s'accointa par dons, promesses, craintes, et tous divers moyens, des sugets puissans, et principaux du royaume de Bourgongne : et tant fit par leur aide, qu'il mit son frère le roy Childéric en une prison (où il mourut de dueil et de misère), et semblablement fit mourir la femme dudict Childéric. Ce Gondebaut mit en ses mains Clotilde, sa nièce, et se fit roy de Bourgongne par icelle tyrannie. En ce tems estoit roy de la terre françoise le roy Clovis : et combien que celuy Clovis tenist encores la loy payenne, toutesfois il estoit vertueux, véritable, justicier, vaillant, et droiturier en ses faicts. Celuy Clovis, roy de France, fut adverty de la beauté, des vertus et des bonnes mœurs que l'on disoit estre en celle Clotilde, fille du roy Childéric trépassé, et nièce de Gondebaut, roy de Bourgongne : et combien que celle Clotilde fut très-chrestienne et luy payen, toutesfois il désira de l'avoir en mariage : et semble qu'il goustast et prist appétits, avecques les vertus d'elle, au grand droit qu'elle avoit au royaume de Bourgongne, qui lui estoit voisin et propice : et dit la cronique que par moyen subtil il voulut entendre si Clotilde le voudroit avoir à mary, nonobstant la diférence de leur loy ; et si bien fut la matière pratiquée, que du consentement de Gondebaut son oncle, le mariage fut accordé d'une part et d'autre, moyenant que Clotilde vivroit en la foy de Jésus-Christ, et tiendroit sa loy. Et ainsi fut le mariage faict.

Et envoya Clovis, roy de France, querre sa femme moult estofément, et à grande puissance de gens et d'avoir. Et pouvez entendre que celle royne Clotilde n'aimoit guères Gondebaut son oncle, tant pour ce qu'il avoit fait mourir son père en prison, comme pour le tort qu'il luy faisoit du royaume de Bourgongne, dont elle estoit fille et héritière, pour les causes cy-dessus escrites. Et quand elle approcha le royaume de France, elle mesme fit commencer la guerre, et mettre les feux au royaume de Bourgongne, qui fut mis à telle sugettion, que vous ne trouverez point que depuis iceluy temps nul roy de Bourgongue portast couronne, ne nom de roy. Et fut Dieu en l'aide du sarrasin tenant mauvaise loy (pour ce qu'il estoit en ses faicts droicturier et homme de justice); et confondit le chrestien, qu'il trouva faux, tyran, torturier et homme vicieux. Qui doit estre exemple et regard à tous princes qui désirent et veulent régner en honneur et en gloire.

Clotilde, la très-vertueuse royne de France, aima moult Clovis son signeur; et bien y avoit raison : car toutes les histoires qui de luy font mention tesmoignent moult de biens avoir esté en sa personne : et n'avoit la royne, sa compaigne, regret que de ce qu'il vivoit en mauvaise loy et créance. Si laboura moult envers luy qu'il voulsist croire en la foy de Jésus-Christ, où elle ne parvint pas légèrement, et toustesfois Dieu fut en son aide. Et comme il permit à sainct Grégoire la résurrection et baptesme de Trajan par nombre de cent ans trépassé (pour ce qu'il le trouva par renommée si droicturier et tenant justice, combien qu'il fust payen), ainsi ce bon Dieu permit à Clotilde de convertir son mari Clovis à devenir chrestien, pour ses vertus : et vous diray comment, le plus bref que je le pourray mettre par escript. Le roy Clovis de France eut une guerre contre les Alemans, qui dura moult longuement, et tant qu'ils furent moult travaillés de guerroyer d'une part et d'autre : et pour mettre fin à ce débat, fut pris jour et lieu de combatre, et bataille assignée : et croy que ce fut en juin : du jour je ne trouve le vray. Le roy de France (qui moult estoit sage) doutoit la fortune de la bataille (et qui ne la craint, c'est plus outrecuidance que courage vaillant); dont à ses Dieux, et selon sa loy, il faisoit de grandes oblations, oraisons et aumosnes. La royne Clotilde, pleine de bon vouloir et femme catolique, embrasée de l'amour de Dieu, et du sauvement de l'âme de son signeur et mary, s'enhardit en bonne foy et croyance, et dit au roy : « Mon signeur, si » vous me vouliez croire, j'ay espoir que vous » gaigneriez la bataille, et déferiez vos enne- » mys : c'est que vous voulussiez croire en Jé- » sus-Christ en qui je croy, et lui promettre » de recevoir baptesme. Celuy seul vous » peut aider : c'est celui qui a les victoires en » sa main, et la puissance du ciel et de la terre. » Mon signeur, prenez mon conseil de bonne » part, car autre espoir je ne voys de vostre » victoire. »

Le roy pensa moult au sermon et conseil de sa femme : et, pour abréger, vint à la bataille contre les Alemans; et fut la pluspart de sa compaignie reboutée et comme déconfite. Mais par la volonté divine et comme inspiré, Clovis leva les yeux au ciel, et dit ces parolles, ou semblables : « Toy, le Dieu en quoy ma femme » croit, donne moy victoire, et me soys en » ayde : et je te promets de prendre le bap- » tesme et devenir chrestien, et moy et ceux » de mon réaume, qui obéir me voudront. » Sur laquelle requeste, en pensée délibérée, donnant sus ses ennemys, déconfit les Alemans : et en son courage tint celle victoire avoir de Jésus-Christ, le Dieu de sa femme; et luy retourné, par bonne dévotion et foy, et par le conseil du glorieux corps sainct monseigneur sainct Remy (qui lors vivoit, et travailloit en France moult pour exaucer la foy chrestienne et le nom de Jésus-Christ), et pareillement par la bonne et dévote dame la royne Clotilde, eut le sainct baptesme, et tous ceux du réaume de France fit baptiser ou mourir. Et ne se peut ignorer que ce grand bien et éternelle grâce d'entrer en la loy chrestienne, et recevoir la lumière de la foy, et de croire en la Trinité, et au benoist fruict de la vierge Marie, ne soit premier venu en France par la fille du roy de Bourgongne, femme du roy Clovis, comme je l'ay récité : auquel Clovis monstra Dieu, par moult de foys, qu'il le vouloit appeller en son service : comme de luy envoyer les trois fleurs de lys (dont il fit mutation en ses armes, qui estoyent de trois crespaux de sables, à un champ d'or), et comme aussi de luy envoyer miraculeusement la saincte Ampole (qui encores est à sainct Remy, à Reims) dont luy et les autres roys de France sont sacrés et enoincts. Et certes Clovis fut tant bon et tant vertueux, que ce n'est pas merveille si Dieu luy monstra espéciale grace. Le roy Clovis et Clotilde vescurent en grande prospérité ensemble, et moult augmentèrent la loy de Jésus-Christ et le réaume de France, et eurent plusieurs enfans, qui depuys furent roys de France. Mais combien qu'ils fussent yssus de ce bon roy et de celle vertueuse royne, les enfans ne succédèrent pas en mœurs et bonnes conditions, ains à la seigneurie : et furent tyrans, et emprirent l'un sur l'autre : et à leurs cousins, neveux de Clotilde leur mère, ostèrent leur seigneurie de Bourgongne, firent les uns mourir, les autres chastrer, et les autres moines. Et de ces cruautés porte assez tesmoignage le faict de sainct Clou (lequel yssit d'iceux roys de Bourgongne); et tant fut diminué le réaume, qu'il devint duché, moitié force, moitié amour, comme le couche la cronique.

CHAPITRE III.

Des ducs de Bourgongne, ayeulx de l'archeduc Philippe d'Austriche, descendus de la maison de France ; avec autres choses consernantes l'antiquité de Flandres.

Or vous ay je monstré comment Bourgongne fut premier nommée Allobrogie; comment, pour les bourgs dont elle fut édifiée, fut nommée Bourgongne (qui encores dure); dont veindrent les premiers roys d'Allobrogie, et depuis de Bourgongne; comment eut nom le premier roy de Bourgongne chrestien, et qui le convertit à la foy de Jésus-Christ; comment et pourquoy l'enseigne de Bourgongne est la croix sainct Andrieu; comment ce réaume est devenu duché, et, quelles sont les armes de Bourgongne d'ancienneté; et aussi dont vient vostre noble père, et qui fut vostre bisayeul, ayeul, grand-père et père, et les alliances de chascun par mariage, pour vérifier vostre noble descente. Si est donques bien raison semblablement que je revienne à la généalogie, en tel et pareil cas, de vostre noble mère : et commencerons au bisayeul de vostre dicte mère, pour mieux atteindre la vérité de vostre noble descendue, qui est d'un poinct plus haute que je ne l'ay prise du costé paternel. Ce qu'il me faut faire, pour mieux donner à entendre la descente de vous du costé de France. Si soye excusé des lisans : car je croy que la longueur de ma matière touchant ce poinct n'en sera en rien plus ennuyeuse. Revenons donques à escrire qui fut le bisayeul de vostre noble mère. Ce fut le duc Philippe, fils du roi Jean de France.

Celluy Philippe de France fut longuement appelé Philippe-sans-Terre (pource qu'il estoit le dernier des quatre fils que le roy Jean de France avoit), et depuis fut duc de Touraine, et surnommé Philippe-le-Hardy, par la bouche du roy d'Angleterre son ennemy, pour trois actes qu'il fit, si honnestes et hardis, qu'il mérita d'avoir nom ou surnom, non pas de hardi prince seulement, mais de hardi chevalier. Et vaut bien ce cas que je déclaire et die les causes de ce tiltre, afin que vous entendiez que, selon les vertus ou vices, sont surnommés vulgairement les princes ; et que telles que seront vos œuvres, tel sera vostre nom. Et en ce je procèderay, non pas par le récit des croniques seulement, mais par le rapport des récitans, et dont n'est pas trop ancienne la mémoire. Et de ces trois poincts, d'où se prit ce nom digne de recommandation, le premier fut que quand le prince de Galles, fils d'Edouard, tiers de ce nom, roy d'Angleterre, déconfit à Poictiers le roy Jean de France, icelluy roy Jean avoit avec soy tous ses fils : et quand le roy (qui moult vaillamment de sa personne se porta celuy jour) veit la déconfiture tourner contre luy, pour le bien de son réaume et en amour paternel, fit départir ses enfans, à son pouvoir, de la bataille, et les fit mettre à guarant. Mais Philippe le maisné, pour prière ne pour commandement, pour danger ne pour fortune, ne voulut abandonner son seigneur et son père, et fut pris avecques luy (qui fut le premier jugement pourquoy il fut appelé Philippe-le-Hardy) ; et avecques le roy son père fut mené prisonnier au roy d'Angleterre, leur ennemy, qui les traitta moult honnorablement.

Si advint, durant icelle prison, qu'à l'occasion de la prise du roy de France aucune question fut d'un chevalier anglois, qui prétendoit droit à la foy du roy : et pour ce que le roy françois en son affermement ne déposa pas au gré du chevalier demandeur, il se troubla : et cuida Philippe, le fils, entendre qu'en ses argus il démentoit le roy son père. Et en la présence du conseil d'Angleterre (où y eut plusieurs princes, chevaliers et barons) il haussa le poing, et tel coup donna au chevalier, qu'il demeura tout étourdi; et luy dit : « Déloyal chevalier, t'appartient-il de démentir si noble personne que le roy de France ? » Les amys du chevalier ne furent pas les plus forts. Le roy d'Angleterre y vint prestement, qui fut du parti de Philippe de France : et fut le chevalier emprisonné, et puis délivré, à la requeste et poursuite du roy de France ; et dit le roy d'Angleterre que vrayment devoit estre nommé Philippe de France Philippe le Hardi : et ainsi fut nommé Philippe le Hardi, pour la seconde fois. Monsigneur et mon maistre, je vous supplie que vous notiez ces actes honorables, faits par le bisayeul de vostre noble mère, qui ne considéra et pas ne douta le danger où il estoit prisonnier en estrange royaume : mais s'aquitta chevaleureusement à venger, de sa personne, son noble père le roy de France : qui luy tourna à si grand honneur et renommée, que, par les escriptures et mémoires, il durera jusques à la fin du monde. Et qui garde la cordialité que l'on doit, et dont tous sommes obligés, à père et à mère, il dure devant Dieu, et au registre de bonne renommée, pardurablement.

J'ay doncques devisé comme Philippe de France fut pour deux causes nommé Philippe le Hardi : et est besoing que je parle de la tierce cause, et continuation de ce nom. Durant la prison en Angleterre du roy Jehan de France et de Philippe son fils, le prince de Galles, fils du roy Edouard roy d'Angleterre (qui se tenoit pour la plupart du temps en Guyenne et en Aquitaine, et ès signeuries que le roy d'Angleterre son père tenoit lors deçà la mer, et fut celluy qui guaigna la bataille de Poictiers, et prit le roy Jehan de France, et en ce temps fut l'un des renommés et doutés princes de la chrestienté), honnora moult le roy de France en sa prison, et moult de privautés et de bonnes compaignies eut avec-

ques Philippe de France : et advint une fois, ainsi qu'ils jouoyent eux deux aux échets, que débat sourdit entre eux, pour un chevalier pris l'un à l'autre. L'un disoit que le chevalier estoit bien pris, et l'autre disoit qu'il estoit pris par faux traict. Et comme il advient souvent que questions se meuvent aux jeux d'échets, et que le plus sage y perd patience, ainsi advint icelle fois entre ces deux fils de roys : et tellement leva à chacun la colère, qu'ils se levèrent en piés, et mirent chacun la main à la dague ; et vouloyent deguainer l'un sur l'autre furieusement. Mais si bien advint, qu'aucuns signeurs anglois se trouvèrent presens, qui les départirent, et se mirent entre eux deux sans autre inconvénient : et furent ces Anglois si vertueux, que partialité ne régna pas en leurs courages, mais vertu et constance, qui toutesfois n'est pas bien la coustume des Anglois. D'avantage, quand le roy d'Angleterre, père du prince de Galles, fut adverti du débat et danger apparent à venir entre son fils et Philippe de France, dit courageusement que l'on avoit mal fait de les départir, et que celluy des deux qui fust demouré en vie, et victorieux de celle bataille, se pouvoit nommer et dire le plus-vaillant fils de roy, voire le plus-hardi chevalier du monde : et sur ce débat le roy d'Angleterre fut si vertueux, que quelque accuse ou rapport qui luy fust faict de ceste matière, il donna toujours le tort à son fils : et semblablement faisoit le roy de France à Philippe son fils. Et firent ces deux nobles roys la paix, par commandement exprès, entre leurs deux fils. Et pour la troisième fois le roy d'Angleterre nomma Philippe de France Philippe le Hardi : et luy dure encores le nom, qui jamais ne mourra. Or, monseigneur et tous autres princes, vous pouvez veoir par cest acte deux poincts qui sont à noter : le premier, que celluy qui joue à quelque jeu que ce soit doit bien avoir regard que la voulonté et affection ne soit pas maistresse de la raison : car grands maux en sont souvent advenus, et peuvent advenir. Exemple, par ces deux nobles fils de roys, qui pour si peu de chose que pour la prise d'une pièce de bois ou d'yvoire, figurée en forme de chevalier, vindrent à telle fureur que de s'occire l'un l'autre, et mettre et avanturer leur vie, pour si peu, à tel hasard et esclandre : et dit bien le philosophe qui met que le passetemps fait à deffendre, dont il peut advenir plus de maux que de biens : et en ce passetemps il entendoit tous les jeux du monde. Secondement, il faut bien croire qu'en ce tepms la vertu fleurissoit sur les princes et la noblesse d'Angleterre, et que raison et honneur y avoyent cours et règne : et n'est pas merveille si, en ce temps qu'ils vivoyent vertueusement, ils firent de grands faicts et de grandes conquestes en France et ailleurs : mais depuis que vertu et union fut chacée et reboutée d'icelluy royaume, et que les partialités eurent lieu, dont les divisions sont élevées et venues en-avant, quant aux conquestes qui se faisoient à l'élargissement et augmentation du bien du royaume, tout est tourné en fureur et débat sur eux-mesmes, à la confusion et perte du peuple et de leur seigneurie. Et faut bien congnoistre que vertu avoit commun cours, quand le père, la noblesse et le peuple pouvoyent refrener leurs courages, et n'estre partiaux pour leur propre roy apparent. Et doute et croy qu'aujourd'huy, là ou ailleurs, raison auroit peu de lieu devant la voulonté en tel cas ; et toutesfois si fut telle vertu monstrée que le récit en est honnorable.

Or n'est-ce pas assez si j'ay devisé pourquoy Philippe de France, bisaïeul de vostre mère, fut nommé Philippe le Hardi : mais est besoing que je vous déclare qui il fut plus amplement. Et trouverez qu'il fut gentil-homme, fils, frère et oncle de roy de France, luy vivant : car le roy Jehan, son père, vescut assez longuement de son temps ; et le roy Charles le Quint, fils aisné du roy Jehan et frère dudict Philippe, fut roy longuement ; et il veit régner assez long-temps Charles, sixième de ce nom, roy de France, fils de Charles le Quint, et neveu dudict Philippe, vostre tiers ayeul. Et ainsi Philippe le Hardi se trouva, de sa vie, fils frère et oncle de roy de France. Encores n'ay-je pas assez devisé qui fut ce noble duc, dont vous estes yssu : mais pour en vostre jeune age recorder et apprendre, le plus bref que je pourray, les lieux que vous devez honnorer, et dont vous avez receu biens et honneurs par vos prédécesseurs, tant en bienfaicts comme en noble descente, je déclareray en brief, de la noblesse et descente des roys de France, ce que j'en ay pu apprendre et sçavoir.

Si ne me veuil arrester à l'avènement, et comme ils conquirent et augmentèrent France, ny à Francion, premier roy des François, et comment ils furent payens jusques au roy Clovis : car d'iceux j'ay aucunement touché en ce présent volume. Et ne dura celle lignée que jusques à Childéric le second. Après cette lignée passée, Pepin, fils de Charles Martel, fut faict roy de France par son sens et bonne conduite, sans autre titre de droit ; et, après luy, Charles le Grand son fils, qui fut empereur de Romme et roy de France; et tant travailla et combatit pour soustenir la foy chrestienne, que ses beaux faicts en font le tesmoignage, et sont par tout le monde, par fondations, croniques et escritures, où tout noble cueur se doit délecter et lire, pour apprendre le chemin de valeur. Celle lignée des roys de France dura jusques à Louis, fils d'un roy Clotaire : et sur celluy roy Louis, Hue Capét, fils de Hue le Grand, maistre du palais, prit le royaume de France, et fit roy de France Robert son fils. Celluy Robert fit à Dieu telle révérence, qu'en son habit royal chantoit avecques les prestres, et faisoit le service de Dieu, comme s'il fust prebendé comme prestre : et fut celluy qui, tenant un siége sur ses ennemys à grande puissance[1], l'abandonna de sa personne, pour aler chanter et faire le service divin avec les prestres : et luy faisant le sainct service de Dieu, les murailles tombèrent, sans coup férir de canon ou bombarde, mais par la voulonté de Dieu : et fut la place prise par ce moyen, et mise à la voulonté de ce très-dévot roy Robert.

Duquel acte vous doit bien souvenir, servir ce bon Dieu, de qui tous bienfaicts sont acceptés et recongnus. Et faut ramentevoir, à ce propos, le bon Moïse, qui, conduisant les enfans d'Israël, peuple de Dieu, tant eut de dangers et de peines à gouverner leurs divers meurs, et en plusieurs lieux se trouva en bataille, que quand il combatoit il perdoit, et quand il prioyt et faisoit ses oraisons il avoit la victoire : combien que je ne die pas qu'il fale tenter Dieu, et demourer les bras croisés, et laisser honneur et avoir à l'aventure sans deffense : mais il s'entend que l'on doit, par humble et dévot courage, marchander à Dieu la victoire, et y mettre cueur et fiance, pour avoir de luy confort et ayde ; car plus tost obtiendroit celluy qui à tort se combat grace de victoire, par humbles requestes de prières, que celluy qui avecques le droit travail ne feroit : et grandement méprendroit celuy qui tant se fieroit en sa bonne querelle, qu'il oubliast la puissance de Dieu et la permission divine : dont la sentence est à nous incongnue, jusques à l'effect. Si soyons humbles devant Dieu, et luy requérons aide et confort à nostre droit, et pardon et miséricorde de nos tors et méfaicts : et soyons dévots comme le roy Robert, fils de Hue Capet, qui fit plus, par son humble dévotion en sa victoire, que toutes les puissances, cohortes, bombardes et artilleries de son armée. Et dure encores ceste lignée de Hue Capet par lignée, et non pas la droite lignée des roys de France, comme je diray par cy-après.

Tant dura la lignée de Hue Capet, qu'elle vint à ce bon sainct Louys, roy de France, lequel travailla moult pour la conqueste de la Terre Saincte, et fut prisonnier des Sarrasins : et depuis sa délivrance fit armée nouvelle, et retourna, et mourut sur les Sarrasins ; et fut moult estimé, et de saincte vie, comme il appert par les tesmoignages de l'Eglise, qui l'a canonisé et tenu pour sainct. Celluy sainct Louis se maria à Marguerite, fille du comte de Provence, et de celle dame eut plusieurs enfans, dont l'aisné, qui succéda à la couronne, fut Philippe. Celluy Philippe eut en mariage Ysabel, fille du duc de Bourgongne : et de ce mariage il eut trois fils, dont les deux, par succession, furent roys de France ; et le tiers fut Charles, comte de Valois et d'Alençon.

Celle lignée de sainct Louis faillit, en la lignée directe des roys, à Philippe le Bel : et moururent tous les hoirs males. De celle lignée demourèrent plusieurs femmes : dont l'aisnée, nommée Marguerite (qui fut fille de Philippe, fils de sainct Louis), fut royne d'Angleterre. Mais les pers de France, en aprouvant une loy par eux faicte, que fille ne doit point succéder à si noble royaume, ne voulurent consentir que ladicte royne d'Angleterre, ou son fils, succédassent à la couronne : ainsi firent roy de France Philippe de Valois, fils de Charles, comte de Valois, fils de Philippe, fils sainct Louis, et demy-frère de ladicte royne d'Angleterre : et de ce débat meuvent et viennent les querelles qui sont de présent entre les deux royaumes de France et d'Angleterre, et dont la guerre n'est pas encore finie.

Ainsi fut celle lignée directe des roys de France faillie, et venue à la ligne colatérale : car Philippe de Valois, éleu et élevé roy de France, fut fils de Charles, comte de Valois, tiers fils du roy Philippe, fils de sainct Louis, qui fut longuement hors d'espérance de revenir à la couronne : et depuis se sont les roys yssus de celle lignée nommés de Valois, dont vous estes yssu. Et combien que les princes et princesses yssus du royaume de France, directement ou colatéralement, se puissent nommer de France en surnom, toutesfois, pour les grandes et anciennes signeuries, tirées et apanagées du royaume aux enfans en partage, chacun signeur et chacun prince a pris le nom de la signeurie à luy donnée, comme, quant aux ducs d'Orléans, de Berry, d'Angeou, de Bourgongne et de Bourbon, leurs successeurs ont pris le nom de leurs signeuries en partage, combien qu'ils se puissent nommer de France, et que leur droit surnom soit de France, comme dict est.

Philippe de Valois, roy de France, eut deux femmes. L'une fut de Navarre (dont je me tay), et l'autre fut fille du duc de Bourgongne, nommée Jehanne. De ces deux vint le roy Jehan, qui mourut en Angleterre ; et de luy j'ay naguères parlé, tant de sa prise à Poictiers, comme de sa prison. Ce roy Jehan se maria à Bonne, fille du roy de Behaingne : et de ces deux veindrent les quatre fils dont j'ay parlé cy-devant : à sçavoir, Charles le Quint (qui fut roy de France), et les ducs d'Anjou et de Berry, et Philippe vostre tiers ayeul, lequel fut longuement appelé Philippe sans Terre, et puis fut duc de Touraine, nommé Philippe le Hardy : et de tout ce j'ay assez parlé et ramenteu. Or, pour parachever ce propos qui vous touche, je diray comment Philippe le Hardy, vostre tiers ayeul, fut duc de Bourgongne par don et partage, comme fils du roy de France : laquelle matière j'abrègeray pour ceste fois, pource que j'entens y revenir en autre lieu, pour l'aprobation de vostre droit.

La lignée de Heude et de Robert, ducs de Bourgongne, faillit par deux ducs, tous deux nommés Philippe, père et fils, l'un après l'au-

INTRODUCTION.

tre; et le derrain (qui fut Philippe le Jeune) avoit en mariage Marguerite de Flandres, fille du comte Louis, que l'on nommoit Louis de Male. Et vint, par vraye succession, la duché de Bourgongne au roy Jehan de France, descendu de la fille de Bourgongne, dont j'ay cy-dessus parlé. Et de celle succession firent les François grand feste : car combien que ladicte duché fut par-avant perrie, et se nommast le duc de Bourgongne premier per de France, comme encores fait, néantmoins les François en firent apanage, pour tousjours plus lier ladicte duché à la couronne de France. Quand celle Marguerite de Flandres fut vefve, et douagère de Bourgongne par le trépas du jeune Philippe duc de Bourgongne, comme dict est, pource que c'estoit une grande héritière dès lors et au temps advenir (combien que le comte Louis de Flandres son père fust vif), grande poursuite se fit par plusieurs princes pour avoir ladicte vefve en mariage ; et mesmement par le roy d'Angleterre, qui la vouloit avoir pour son frère, en intention d'avoir par là Flandres, dont elle estoit seule héritière : et d'autre part le roy de France Charles le Quint (qui fut moult sage roy, et de grand'prudence) la demandoit pour son frère Philippe. Et doutoyent les François que celle grande héritière par mariage ne fist aliance au dommage du roy de France, et mesmes en Angleterre : et regardans les dangers à venir, fut pratiqué le mariage de Philippe le Hardy, lors frère du roy, et de ladite vefve, fille de Flandres. Le comte Louis estoit, naturellement et en courage, François : et désiroit l'aliance de France : mais les Etats et les membres de Flandres, et nommément les Gandois, vouloyent et demandoyent l'aliance des Anglois.

Toutesfois journée fut prise et tenue pour le mariage du fils de France : et, pour y parvenir, fut offert au comte Louis de Flandres, par traité solennel avec les pers de France, que l'on donneroit à Philippe le Hardy la duché de Bourgongne (que le roy avoit nouvellement, et par succession), sous tiltre et condition d'apanage, ce que le comte Louis refusa. Si ledict Philippe ne l'avoit pour la tenir pour luy, ses hoirs et postérités quelconques, et en telle manière et condition que la tenoit le duc Heude et Robert, renonceant le roy audict apanage.

Et ainsi fut faict et solennellement passé : et en appert par chartes, et tiltres autentiques. Mais je ne veuil guères arrester en cest endroit et sur ce pas, pource que, Dieu aidant, j'en parleray plus-à-plain ailleurs, et de l'appreuvement de vostre droit en ceste partie. Ainsi donques fut vostre tiers ayeul, duc de Bourgongne, marié à madame Marguerite de Flandres, laquelle eut espousé deux Philippes, ducs de Bourgongne, comme vous avez ouy ; et de là en-avant les hoirs yssus de ces deux portèrent le surnom de Bourgongne (combien qu'ils se pouvoyent nommer de France, sans nul contredict), et a duré en ceste maison jusques à vous et à madame Marguerite vostre seur : car vous deux prenez le surnom d'Austriche, à cause de monsieur Maximilian d'Austriche vostre père, à-présent roy des Rommains, (comme premier a esté dict); et n'y a plus de ce nom de Bourgongne nuls en ligne directe : mais en ligne colatérale y sont encores monsieur Jehan de Bourgongne, comte de Nevers et de Retel, et la comtesse d'Angoulesme sa fille, et non plus : qui sont yssus des ducs de Bourgongne dessusdicts.

Si prit le duc Philippe le Hardi les armes de Bourgongne (qui sont de six pièces d'or et d'asur en bendes, bordées de gueulles), et les écartela en France en chef, semé de fleurs de lis ; car j'ay sçeu par messire Jean de Sainct-Remy, chevalier (du temps qu'il fut roy-d'armes de la Toison d'or, et l'un des renommés en l'office d'armes de son temps), que tous les fils de France doyvent porter semé de fleurs de lis ; et n'apartient à nul de porter les trois fleurs de lis seulement, si non à celluy qui est roy de France, ou l'héritier apparent, portant les lambeaux, si la différence n'est si grande en l'escu qu'elle soit à tous manifeste et congnoissable. Au regard de madame Marguerite sa femme, vostre tritayeule, elle porta les armes de Flandres, qui sont d'or à un lyon de sables, mouflé de gris. Or, en continuant ce que j'ay dit, et selon que je l'ay trouvé et apris, comment et pourquoy les armes de plusieurs seigneuries ont esté et sont muées, je m'arresteray un peu à vous deviser aucunes choses avenues à vos ancestres comtes de Flandres ; et comment et pourquoy ils prirent le lyon en leurs armes, le portant depuis longuement sans autre escu et blason.

Il est manifestement parlé, par croniques et escritures, des grandes chevaleries faictes par plusieurs comtes de Flandres ; et comment les uns, par leurs prouesses et chevaleries, se sont faits empereurs de Constantinople, et comment l'un déconfit et tua deux grands géans de Gaiete ; et ont par plusieurs fois fait, sur les Sarrasins et en la Terre Sainte, moult grandes choses, et dignes de mémoire ; et si le peuple flamand eust esté et fust maniable par leur prince, comme autre païs, peu de princes eussent peu faire plus grandes conquestes et vasselages que les comtes de Flandres : et des conditions d'iceulx je me tay, pour revenir à ma matière commencée. Je trouve que depuis Liedric Forestier (qui premier seigneurit et possessa Flandres), jusques à Philippe fils de Tierry d'Allesase, comte de Flandres, tous les princes et comtes de Flandres portèrent leurs armes gironnées d'or et d'asur ; et dura très-longuement, par la manière que je diray ; et pour mieux déclairer ceste matière, et qu'elle soit approuvée et entendue ; il est besoing que je déclaire aucune chose des faits du comte Tierry d'Allesase père de Philippe.

Le comte Tierry de Flandres, nommé d'Allesase, sceut que le roy de France (à qui il estoit parent) se préparoit pour aller en Jérusalem lever le siège que les Sarrasins y avoyent mis devant la cité ; et dedans y avoient assiègé le roy Fouques, roy de Jérusalem, moult vaillant preu-homme, chrestien, et bien renommé de son temps. Si se prépara ledit Tierry pour aller avecques le roy de France : et, pour avoir l'amour du roy, il reprit sa comté de Flandres de luy : et, pour abréger mon récit, le siège que tenoyent les Sarrasins devant Jérusalem fut levé et le roy Fouques et ceux de la cité mis en liberté : où le comte de Flandres fit tant d'armes et si bien s'y porta, qu'il enquit grand los et grand pris ; et accompagna le roy Fouques jusques en Egipte, à la poursuite de ses ennemys : et tant l'aima ledict Fouques, qu'il lui donna sa fille en mariage, nommée Sebille, dame moult dévote et vertueuse. Le roy de France repassa la mer : et le comte de Flandres amena sa femme en son païs, et eut plusieurs enfans d'elle, dont celluy qui succéda à la comté de Flandres fut nommé Philippe : et après que Tierry et Sebille eurent lignée, et qu'ils eurent régné ensemble trente ans, et gouverné et tenu le païs en paix et en prospérité, Sebille, advertie de la mort du roy de Jérusalem son père, prit dévotion de visiter la Terre Saincte, dont elle estoit venue, et de veoir comment ses frères se maintenoyent et gouvernoyent le royaume de Jérusalem et la terre de Surie : dont se contenta son mari, et l'accompaigna honnorablement, et la pourveut de richesses et de ce qui luy besongna, espérant que son voyage faict, elle deust retourner : mais non fit ; car après la visitation des saincts lieux, de ses frères et du païs, elle entra en si grand dévotion, qu'elle se rendit sœur, servant les pauvres de l'hospital de Sainct-Jehan de Jérusalem (qui est moult sainct et dévot lieu, et à cest hospital mourut sainct Ladre) ; et, par ceux qui l'avoyent amenée, elle rescrivit au comte de Flandres, son mari, moult dévotes lettres : et, pour guerdon des biens et honneurs qu'elle avoit receus en Flandres, elle envoya le sainct sang de miracle, qui encores gist en la ville de Bruges, en la chappelle au bourg que l'on dit la Chappelle du sainct Sang. Et me soit pardonné si je suis allé hors de ma matière : car il faloit que je devisasse des choses dessusdictes, pour mieux éclaircir et donner à entendre ce que je veuil dire, et mettre avant à la déduction de ma matière.

En ce temps, les Sarrasins (et parle l'histoire des mécréans Salhadins) se mirent sus à si grande puissance, qu'ils conquirent Jérusalem et toute la Terre Saincte, et tuèrent les frères de Sebille, comtesse de Flandres, et toute la noblesse, et généralement tous ceux qui ne vouloyent croire en la loy de Mahommet, au grand vitupère et dommage de la saincte foy chrestienne : et en ce temps Philippe d'Allesase devint homme, et fut receu comte de Flandres par la mort de Tierry son père. Celluy Philippe fut moult bel et chevaleureux prince, fort aimé et obéi par toute Flandres : et se voyant riche et puissant d'avoir et d'amys, et que son païs estoit paisible et en seureté, se délibéra d'aller veoir la Terre Saincte, en espoir de trouver sa mère, et la ramener en son païs, pour paruser sa vie en seureté : et de ce faire fit vœu solennel ; et de non jamais manger chair, qu'il n'eust son voyage accompli : et eut assistance de plusieurs princes et signeurs : et mesmement du roy de France, qui lui avoit donné en mariage sa nièce, fille du comte de Vermandois, Mais elle mourut; et lors à son enterrement, en l'abbaïe de Clervaux, fit le vœu dessusdict, et entreprit le voyage, et assembla de soy bien dix mille combatans : et ainsi se mit en la voye pour son vœu accomplir et parfaire. Et entra le comte de Flandres en mer, à moult grand navire, et se rafreschit en Espaigne; où plusieurs nobles hommes, sachans l'entreprise de son voyage, le suyvirent et accompaignèrent. Et tant vaucra la mer, qu'il approcha l'isle de Cypre (qui lors estoit royaume et terre payenne), et par contrainte se délibéra de la combatre. Mais le roy de Cypre envoya au-devant de luy, et le receut bénignement en son païs, et luy donna à entendre la crainte où il estoit, et comment malgré luy il dissimuloit avecques les payens; et le fit sage de la puissance des mécréans Salhadins (qui estoit moult grande); et prit en conseil, par le moyen du roy de Cypre, qu'il envoya en Jérusalem demander un sauf-conduit pour six mille hommes aller en pélerinage au Sainct-Sépulchre, et sans armeures. Et ainsi par sauf-conduit alla le comte de Flandres en Jérusalem, et laissa le surplus de ses gens à Acre; et trouva le roy d'Acre Enguerran, moult bon, et qui luy fut amy : car il estoit son parent du costé de sa mère, fille du roy Fouques de Jérusalem.

Le sauf-conduit fût accordé par le roy Haultas, lors roy de Jérusalem (comme dit la cronique), parmy payant les tributs accoustumés : et ainsi alla Philippe, comte de Flandres, à six milles hommes, faire son pélerinage au Sainct-Sépulchre, et fut receu des patriarches et autres dévotes gens moult bénignement ; et là luy monstrèrent la saincte vie de Sebille, sa mère : et après les devoirs faits dévotement par luy et par sa compaignie, il se partit le quatrième jour, et se tira au mont de Sinaï. Ledict roy Agolas, adverti que le comte de Flandres estoit fils de Sebille, fille du roy de Jérusalem, dont il avoit naguères occis et destruit toute la lignée, se douta ; et manda ses parens et son conseil, et leur remonstra la venue du fils de Sebille, qui encores estoit de le lignée du roy Fouques : et se doutoit qu'il ne fust venu pour venger la mort de ses parens, et pour recouvrer le royaume de Surie. Si fut conclu que Nobiliter, bastard du roy d'Albeline, à six milles hommes bien armés, iroit les attendre au fleuve de Jourdain, pour mettre les chrestiens tous à mort : dont fut adverty le comte de Flandres par les chrestiens gardans le Sainct-Sépulchre ; et luy fut conseillé de prendre autre chemin : mais il parfit son emprise, et se baigna au fleuve Jourdain, et fit plusieurs chevaliers.

Nobiliter, le bastard, vint sur les chrestiens fièrement : mais le comte de Flandres, par bon advis et conseil, et par la volonté divine (combien qu'il n'avoit nulles armes pour luy ne ses gens) se mit en bataille et en bonne ordre de deffence, et se monstra de sa personne comme il appartenoit : et par le racouragement et bon exemple que ses gens virent en luy, ils déconfirent les Sarrasins : et y moururent trois mille payens, et moult de personnes ; et mesmes y mourut Nobiliter le bastard, chef d'icelle emprise, par la main du bon chevalier Philippe, comte de Flandres : et retint, pour son butin de la journée, l'espée et l'escu dudit bastard : et retournèrent les chrestiens en Césarée, pour eux raffreschir trois ou quatre jours, et pour médeciner et guérir les navrés dont il y avoit grand plenté.

Le roy de Jérusalem, et son frère Nobilion, roy d'Albeline, sceurent les nouvelles de la déconfiture et de la mort de Nobiliter : si coururent aux armes, et se partit de Jérusalem le roy d'Albeline, à douze milles hommes, pour venger la mort de son fils bastard, et des Sarrasins sugets de son frère et de luy : et sceut, par son espie, le convine des chrestiens : et se vint embuscher entre Acre et la cité de Césarée (pource qu'il sçavoit que là attendoit-on les chrestiens à leur retour). Et ne demoura guères, que le comte de Flandres et les chrestiens vindrent celle part : et se tenoyent serrés, et sur leur garde sagement, et en gens de guerre : et le roy d'Albeline leur courut sus, en criant : Jérusalem ! Mahon en ayde ! et d'autre part les chrestiens se mirent tous à genoux et firent le signe de la croix, et crièrent : Dieu, Jésus-Christ en ayde, et le Sainct-Sépulchre ! La bataille fut durement combattue : car les Sarrasins estoyent grand nombre, et combatoyent pour vengeance de leurs parens occis, et les chrestiens estoyent délibérés, et pleins de foy et de courage. Et durant la bataille se trouvèrent le roy Nobilion et le comte de Flandres; et se combattirent tellement, que le comte de Flandres l'occit de sa main, et abatit et gaigna sa banière (qui estoit d'or, à un lyon de sable). Et le roy des Sarrasins mort et sa banière abatue, les Sarrasins furent déconfits et tués : et dura la chasse moult longuement, et puis s'en retournèrent les chrestiens à Acre, où ils furent recueillis à grande joye, et sur tous le bon Philippe, comte de Flandres, qui portoit la banière du roy sarrasin, qu'il avoit conquise, et où estoit le lyon de sable comme j'y dit. Et de là en avant le comte de Flandres laissa les armes gironnées (qui furent les anciennes de Flandres), et prit l'escu d'or et le lyon de sable rampant, mouflé de gris : et encores durent icelles armes. Cestuy, à son retour, passa par le royaume de Portugal, et trouva le roy Alfonse mort : et, pour la bonne renommée de luy, la royne Mahaut de Portugal le prit à mariage, et fut comtesse de Flandres, et receue en Flandres à grand honneur : et fut cestuy Philippe le dix-huictième comte de Flandres.

Ainsi vous ay-je devisé comment et par quelle raison les armes de Flandres furent muées, et comment Philippe le Hardy espousa madame Marguerite de Flandres, par lequel mariage moult de signeuries écheurent à la maison de Bourgongne. Et pour le présent je me passe de déclairer les enfans venus des dessusdicts, pour continuer la matière de la fondation de ce présent volume, pource que je reviendray tout à temps, en la déduction de mes Mémoires, à déclairer par quel droit de succession vous venez à ces hautes signeuries, comme j'ai promis au commencement, en l'épistre de mon prologue.

De Philippe le Hardy et de madame Marguerite de Flandres vint le duc Jehan de Bourgongne, qui fut, du vivant de son père, comte de Nevers. Cestuy duc Jehan fut moult courageux et de grand cœur, et fut homme subtil, douteux et soupsonneux, et ne se fioit pas en chacun; et à ceste cause estoit toujours armé sous sa robe, et avoit toujours son espée ceinte; et se faisoit douter et craindre sur tous autres. Et en ses jeunes jours fut chef de l'armée de France, qui fut envoyée contre les Sarrasins en Hongrie, pource que les Turcs envahissoient le roy de Hongrie et son royaume à moult grande puissance. Et combien que la bataille fust perdue pour les chrestiens, iceluy comte de Nevers, vostre bisayeul, fut pris faisant son devoir, et à son grand honneur : et de celle journée je n'en veuille guères parler, pour ce qu'assez en pourrez apprendre et sçavoir par autres escrits et croniques. Mais je le récite présentement tendant à deux fins : l'une, pour ramentevoir les faicts et adventures dudict Jehan, vostre bisayeul maternel : et l'autre, afin que vous ayez toujours, en tous faits et affaires, plus grand cremeur de Dieu, sans vous fier en pouvoir ne en bon droit, ains en Dieu seulement : car Dieu, en aucun pas, se dit et nomme Dieu des batailles, c'est à dire de la victoire, qu'il départ à son plaisir; et pour ce à tout besoin se doit ce bon Dieu invoquer et requérir pour souveraine ayde : car telle fois, pour certaines causes venues de sa juste sapience à nous incongnue, il a permis les ennemis de sa saincte foy prospérer et vaincre, et chastier les iniquités desordonnées de ceux de sa religion chrestienne.

Revenons donc à nostre matière. Ce duc Jehan de Bourgongne fut nommé Jehan-sans-Peur, et osa, en ses jeunes jours, emprendre et exécuter à son pouvoir ce que tous les princes chrestiens abayent et menacent, et écoutent l'un après l'autre qui le fera : et fait plus à louer et glorifier le vaincu, en si haute et saincte emprise exécutant, que ne font tous les princes du jourd'huy, fussent-ils vainqueurs de leurs querelles, telles quelles, mouvant plus souvent de voulonté que de raison : et si je dy plus que je ne doy et qu'il n'appartient, vérité en face mon excuse. Ce duc de Bourgongne, à son retour de la prison du grand Turq, nommé l'Amorabaquin, n'eut pas le cueur failli ne perdu : mais pour secourir son beau-frère Albert, duc de Bavière, élu et ayant le droit de l'evesché du Liège, à l'encontre d'un de ceux de Hornes, fils du signeur de Pervez, prétendant ledit evesché, ce duc Jehan assembla ses parens, sugets, amis et bienvueillans : et en bataille assignée déconfit les Liégeois, en occit plus de trente milles, abattit murs et portes par le païs, et le mit en la totale sugettion de son beau-frère : et en celle bataille le duc Jehan de Bourgongne reprit la croix sainct Andrieu pour enseigne : laquelle les Bourgongnons avoyent laissée, depuis que par succession la signeurie vint au roy de France, comme j'ay dit : et portèrent la croix droite tant que Philippe le Hardy vescut, qui fut moult bon François. Mais à cette journée il estoit trespassé : et reprit son fils la croix sainct Andrieu pour enseigne, laquelle dure pour l'enseigne de ceste maison.

Ce duc Jehan de Bourgongne mena six mille chevaux en France; et fit son assemblée à l'Arbre-Sec, assez près de Paris, et ce pour avoir gouvernement; ce que les autres princes de France ne vouloyent consentir. Mais il se monstra si-puissant, qu'il eut le gouvernement, ou partie, du roy et du royaume, qui que le vousist veoir; ce qui fut au temps que le roy Charles, le sixième de ce nom, estoit en maladie, comme plus-à-plain pourrez estre averti par les croniques de France, et autrement. Ce duc Jehan fut celuy qui, par contrevenge d'emprise, fit tuer à Paris le duc Louis d'Orléans, tierce personne de France; et l'avoua en plain conseil, en sa personne, et là où estoyent les principaux seigneurs, et les plus grands princes de France. Et combien que le hardement fut grand, si sont tels outrages à reprendre et à blasmer devant tous jeunes princes; car de celle mort moult de maux sont venus au réaume de France et ès païs de vos ancesseurs et de vous; et ay cet accident ramentu pour dire vérité, et déclairer les adventures de ce noble duc Jehan, et principalement afin que vous preniez exemple de fuir telles œuvres, et de non croire, sans seure apparence, mauvais rapports; car le duc Jehan creut trop légèrement celuy qui luy rapporta que le duc d'Orléans avoit marchandé pour le faire tuer; et sur ce rapport fit exécuter le contraire, sur la personne de son prochain parent. Et doit tout homme de sain entendement avoir grand regard et advis que légèreté de croire et de seule volonté ne luy face faire chose dont à grand loisir il se repente; car luy et les siens en ont souvent déplaisir et dommage.

Ce duc Jehan vostre bisayeul augmenta, par acquest de ses deniers, la maison de Bourgongne, de la comté de Charolois, laquelle il achepta et la paya au comte d'Armignac, qui la possédoit par héritage; lequel la vendit, pour payer sa rençon en Angleterre (ce que je n'oublieray point de plus amplement ramentevoir en mes mémoires); et depuis les fils aisnés de la maison de Bourgongne se sont nommés comtes de Charolois, et mesmes vous, avant la mort de très-vertueuse et de noble mémoire madame Marie, héritière et dame de ceste maison et signeurie, vostre mère, et dont vous estes héritier. Et pour vous réciter en brief, et vous donner à entendre et à congnoistre quel prince fut le duc Jehan, ce fut celuy qui en la présence de monsieur le dauphin (qui depuis a esté roy de France septième de ce nom) fut tué et meurdri à Montereau où faut Yonne, par les principaux chambellans et gouverneurs dudict dauphin, qui, à la vérité, estoit de jeune age; et toutesfois se vint mettre ès mains dudict dauphin, pour le bien de paix, sur grande seureté et promesses mal-tenues, comme il appert. Et de ce fut demandé toute sa vie messire Tanneguy Du Chastel, messire Guillaume Batilier, et autres que l'on disoit avoir esté serviteurs du duc d'Orléans, et qui en firent la contrevenge deshonnestement, et dont tant de guerres et de maux sont depuis venus au royaume de France et ailleurs, et tant de terres, de maisons et de viles et chasteaux en ont esté arses, et destruites, et arruinées, que de celles qui sont demourées vagues en friche et sans labeur, elles assemblées, on en feroit un bon et fertile réaume, et de grande valeur et revenu.

Mais, monsigneur, telle mésadvenue a esté pacifiée par la paix d'Arras, faicte solennellement, comme je déclaireray plus-à-plain, tant en ce présent escript comme en la première partie de mes Mémoires, et selon que mieux me viendra à propos, pour le vous mieux donner à entendre. Le duc Jehan de Bourgongne porta les armes de son père écartelées de France et de Bourgongne, et mit sur le tout l'escu d'or au lyon de sable, qui sont les armes de Flandres telles que je les ay paravant blasonnées. Si se maria celuy duc à madame Marguerite de Bavière, fille du duc Aubert de

Bavière¹, comte de Hainaut, de Holande, de Zélande, et seigneur de Frise, et d'une fille du duc de Brighe ; et fut celuy duc Aubert, fils de Louis, duc de Bavière, par la clémence divine empereur de Romme l'an 1314, et de Marguerite, fille du comte Guillaume de Hainaut, celuy qui mourust sus les Frisons. Et par celle Marguerite vindrent les seigneuries dessusdictes audict duc de Bavière par succession, et depuis à vos ancesseurs et à vous, comme je déclaireray en mes Mémoires.

Or de ce duc Jehan et de madame Marguerite de Hainaut, vos bisayeulx, vint le duc Philippe de Bourgongne, vostre aye, et autre lignée de fils et de fille, dont je me passeray pour le présent, et y reviendray en temps et en lieu : car il ne sert point au propos en ce présent escrit. Si portoit madame Marguerite de Bavière les armes de son père, qui furent écartelées de Bavière et de Hainaut, et se blasonnent pour les armes de Bavière, fuselées de vingt et quatre pièces d'argent et d'asur ; et pour le quartier de Hainaut et de Holande, d'or à quatre lyons, deux de sable pour Hainaut, et deux de gueulles pour Holande. Le duc Philippe de Bourgongne (qui fut vostre aye) fut celuy que l'on nomma le bon duc Philippe, et eut deux noms acquis et donnés. Le premier fut Philippe l'Asseuré ; et, en longue continuance d'expériment de ses mœurs et vertus, il fut nommé le bon duc Philippe, en nom et tiltre ; et luy est ce tiltre demouré. Et certes il mérita qu'on le nommast bon, car tel estoit. Ce fut celuy qui, pour venger l'outrage faict sur la personne du duc Jehan son père, et sa mort, soustint la guerre seize ans contre le roy Charles de France, le septième de ce nom, qui lors estoit dauphin quand le duc de Bourgongne fut tué en sa présence ; et s'alia iceluy Philippe au roy d'Angleterre, que l'on dit Henry le Conquérant ; et par assemblée firent moult de maux au royaume de France.

Ce duc Philippe en ses jeunes jours combatit les François devant Sainct-Riquier, et là fut chevalier : dont pour mieux éprouver sa personne, et gaigner sa chevalerie et ses esperons dorés, il se para en simple habit, et comme un commun homme-d'armes. Et combien que la bataille fust en péril d'estre rompue par les François et contre luy, toutesfois il soustint le faix, avec un petit d'hommes-d'armes, qui luy tindrent bon pié : tellement que messire Jehan de Luxembourg, comte de Ligni, vint à l'aide du duc Philippe, et fut la bataille regaignée pour luy. Et fit le duc tant d'armes de sa personne, qui fut tenu pour très-bon chevalier. Il print trois prisonniers, hommes-d'armes de sa main: dont l'un fut le très-renommé escuyer Poton de Saintrailles, grand-escuyer de France, et l'un des vaillans capitaines de son temps. Sous l'enseigne de ce duc, et par ses capitaines et sugets, fut déconfite la bataille de Crevan, à la grande perte des François et Escoçois. Sous luy fut gaignée la bataille de Bar par son mareschal de Bourgongne, messire Antoine de Toulongeon : et y fut pris René d'Anjou, duc de Bar et de Lorraine, et occis le signeur de Barbasan, que l'on nomma le chevalier sans reproche : et receut à celle journée le duc René moult grand' perte de noblesse de France, d'Alemaigne, et de ses païs. Et depuis, estant en la prison du duc Philippe, luy écheurent, par succession de la mort de la royne Jeannelle, sa prochaine parente, les royaumes de Cécile, de Naples et de Jérusalem. Et en celle mesme prison du duc de Bourgongne fut la paix faicte entre ces deux princes, qui depuis furent grans amis ensemble. Et n'ay point sceu que nulle question ne débat ait esté depuis entre eux deux de leur temps. Et par celle paix, et pour partie de la rançon de ce roy de Cécile, le duc de Bourgongne eut de luy les signeuries de Cassel et de la Mote-au-Bois, contiguës et enclavées en ses païs de Flandres et d'Artois, et qui autrefois furent données en mariage à un duc de Bar, avecques une fille de Flandres : et par ce moyen recouvra lesdictes signeuries à son profit. A ce bon duc Philippe écheut la duché de Brabant, de Lotrich et de Lembourg, par la mort du duc Philippe son neveu : et de cette succession je parleray en mes Mémoires, en monstrant vostre droit, la généalogie et la cause de ladicte succession venue à vos ancesseurs et à vous. Pareillement vint audict duc Philippe, par vraye succession, les comtés de Hainaut, de Holande et de Zélande, et la signeurie de Frise : et tout vostre droit je déclaireray.

Mais cette succession de Hainaut, de Holande, de Zélande et de Frise (combien que ce fust le droit héritage de vostre ayeul le duc Philippe), si ne l'eut il pas sans conqueste; car madame Jaque de Bavière (qui succéda à toutes les comtés et signeuries dessusdictes) fut femme de sa voulonté, joyeuse, et de grande entreprise, et toutesfois sage et subtile, pour sa voulonté conduire selon son désir. Et combien que ce bon duc Philippe fust son plus prochain parent (fust par mauvais conseil, par voulonté ou autrement) tousjours quérant et pourchaceant aliances dommageuses, contre le désir du duc, et tendant de mettre celle signeurie en autre main, se tira en Angleterre, quérant de soy alier par mariage au duc de Glocestre, frère du roy Henry le Conquérant, qui tant fit de grandes choses en France. Si vint ledict duc de Glocestre jusques en Hainaut, et amena les Anglois au païs : mais le duc Phillippe luy fit la guerre, et tant le pressa qu'il l'assiégea en une vile de Hainaut que l'on appelle Soingnies; et l'eut pris sans remède. Mais le duc de Glocestre, subtilement conseillé, et sachant le duc de Bourgongne jeune prince et de haut cœur, luy fit offrir de le combatre corps à corps, pour cette querelle; ce que le duc de Bourgongne accepta. Et luy fit voye pour aler en Angleterre faire ses appressts : et prirent et acceptèrent jour pour combatre devant l'empereur Sigismond, lors vivant. Mais le duc de Glocestre ne revint point, ny ne tint ne jour ne promesse en cette partie, et fit une armée conduire par le signeur de Fitvaltre, et l'envoya en Holande. Pour à quoy résister le duc y ala en personne, et passa la mer, et trouva les Anglois en bataille au lieu de Broushave. Et là le duc descendit sur la digue à force de trait et de poudre, et prit terre courageusement, et combatit et déconfit les Anglois : et y mourut ledict signeur de Fitvaltre, et grand nombre d'Anglois de sa compaignie. Et de là le duc mit le siége devant Seyembergue; et fit bastilles de bois sur bateaux (pource que la vile est close de mer), et la gaigna en peu de temps. Et mit Holande, Zélande et la basse Frise en sa sugettion, combien que les Houcs luy fussent contraires : mais les Cabillaux furent pour luy. Et ainsi mit le bon duc Philippe lesdictes signeuries en sa sugettion; et apointa aveques madame Jaque, tellement qu'elle demoura dame des païs dessusdicts, et luy main bourg. Et depuis se maria ladite comtesse à son plaisir, et espousa un gentil chevalier son suget, nommé messire Franq de Bourselle, bel chevalier et homme de vertu. Et en pacifiant tous différens entre le bon duc Philippe et ladite comtesse Jaque, ledict messire Franq fut faict comte d'Ostrevant, et signeur de la Brielle et de toute l'isle. Et, par sens et bonne assurance, le bon duc Philippe asseura son faict et ses signeuries : et après le décès de ladicte dame (qui mourut sans hoirs) ledict duc Philippe fut de bon droit et paisiblement comte de Hainaut, de Holande, de Zélande, et signeur de Frise.

Mais de la haute Frise (que l'on nomme l'un des dix-sept royaumes chrestiens) le bon duc n'en jouit oncques, combien que ce soit l'héritage des comtes de Holande, et le vray héritage de vos ancesseurs et de vous. Et mourut le comte Guillaume de Holande, roy des Romains, à celle conqueste, et plusieurs autres princes. Et souvent a esté ce royaume conquis; mais le païs n'a nuls forts, et est païs d'eaues et de marescages et de fossés, et le peuple puissant. Et d'un sec esté est le royaume léger à conquerre : mais quand l'hyver vient, les conquereurs ne sçavent où se tenir, ne retraire : parquoy légèrement leur conqueste est reperdue ; et de ce je parleray cy-après, en fournissant mon emprise point aprèsautre.

Le bon duc Philippe se trouva par un jour en guerre contre le roy de France et contre l'empereur, cuidant avoir droit en mort fief des duchés de Brabant, de Lotrich et de Lembourg, et des comtés de Hainaut, de Holande et Zélande : et pour ce défia l'empereur Sigismond ledict duc. Et le roy d'Angleterre luy manda que (quelque aliance qu'il eust aveques luy) il ne pouvoit abandonner son frère le duc de Glocestre, luy signifiant qu'il renonçoit à ladicte aliance, et le défioit. Mais en ensuyvant le nom à luy donné de Philippe l'Asseuré, il n'en fit ne plus ne moins : ainsi par bon conseil pourveut si-bien à toutes choses, qu'il demeura possesseur de ces successions, lesquelles par l'aide de Dieu encores vous tenez, et en estes signeur. Et ne devez pas oublier, en vos prières et oraisons, ceux de qui vous avez ces grands biens et ces signeuries, qu'ils vous ont acquises et maintenues par grand travail et peine, de leurs entendemens et de leurs personnes.

Ce duc Philippe, vostre ayeul, chacea hors de la duché de Bourgongne les François par armes et par siége, et prit de siége en une saison sur les François, Grancy, Perre-Pertuis, Avalon, Mucy-l'Evesque, Chaumont, et plusieurs autres places. Et combien que le duc Charles de Bourbon eust espousé sa sœur, toutesfois il le guerroya, et tint le parti du roy de France, et firent ses gens moult de grans maux en Bourgongne. Mais le bon duc Philippe le recula de son païs, et envahit Beaujolois, et assiégea Belleville (où le duc de Bourbon avoit mis toute la pluspart de sa noblesse); et tellement l'oppressa d'engins et de bateries, que ladicte vile et ceux qui estoyent dedans estoyent en danger de perdition. Mais madame Anne de Bourgongne, sa sœur, duchesse de Bourbon, travailla tant devers son frère, que la vile fut rendue au duc de Bourgongne; et s'en alèrent les gens de guerre un batton en leur poing : et fit la bonne duchesse la paix entre les deux ducs, qui depuis furent grans amis ensemble : et fit depuis ce bon duc Philippe de grans biens à la maison de Bourbon, et aux enfans ses neveux et nièces, comme je diray cy-après, à la poursuite de mes Mémoires.

Le duc Philippe se maria trois fois : la première à madame Michelle de France, fille du roy Charles sixième, et sœur du roy Charles septième, contre lequel il eut la guerre, dont j'ay parlé. Pour la seconde fois, se maria à madame Bonne d'Artois, sœur du comte d'Eu, laquelle estoit vefve de son oncle Guillaume de Bourgongne, comte de Nevers et de Retel, et baron de Doussy. Et de ces deux femmes n'eut nuls enfans. Et pour la tierce fois se maria à madame Ysabeau de Portugal, et en eut lignée : mais, pour mieux poursuyvre ma matière, je m'en tairay pour le présent, et en parleray plus-amplement ailleurs. Et à ces dernières nopces le duc de Bourgongne éleva premier l'ordre de la Toison d'Or, que vous portez encores à vostre col : et depuis cette fondation l'ont porté et portent encor plusieurs roys, princes et chevaliers de chevaleureuse recommandation et renommée. Et que c'est et que signifie, et la cause de la fondation de celle ordre, je ne vous en doy pas advertir, pour ce que l'advertissement de si-hautes choses vous doit venir par les nobles chevaliers vos confrères portans la Toison, qui vous endoctrineront ès nobles et solennels chapitres sur ce faicts et ordonnés.

Ce bon duc Philippe soustint celle guerre contre le roy de France seize ans. Il estoit alié des Anglois, et aidé; et prosperoit luy et ses païs en guerre. Mais en continuant et approuvant ce dernier nom à luy donné de bon duc, il se laissa légièrement conseiller à faire paix (comme celuy qui de sa nature fut vray, bon et entier François). Et mit en son front, au profond de son cueur et devant ses yeux, le bien et l'honneur qui luy venoit d'estre yssu de la très-chrestienne et royale majesté de France; et mit arrière dos la vindication et le désir de vengeance, en oubliant et mettant à nonchaloir toutes offenses passées, pour complaire et obéir à Dieu et à ses commandemens. Et par moyens trouvés par le pape et par plusieurs princes et sages, les uns parens et les autres sugets des deux costés, la paix fut faicte en la vile d'Arras, entre le roy Charles de France, septième de ce nom, et le duc Philippe de Bourgongne. Et ce sont iceux deux princes monstrés si vertueux, en gardant leurs sermens, parolles et promesses, que pour rapports d'ennemys privés, flateurs de cour, gens corrompus ou autrement, pour quelque chose qui soit survenue, jamais ceste paix ne fut par eux rompue, ne souffert rompre ou diminuer; dont si grand bien advint au réaume de France, que les Anglois ont esté déchacés par iceluy roy hors de Normandie et Guyenne, non-que-puis ne prospérèrent en France. Et les païs du duc Philippe (tant ceux qui furent tenus de France comme de l'Empire) regnèrent si longuement en prospérité et sans guerre, que ce furent les plus-riches et les plus-puissans païs du monde. Et de ceste paix je vous advertiray plus-à-plain, à la poursuite de mes Mémoires, et en mon premier volume.

Or, monseigneur, recueillez en vostre estomach, et enrichissez vostre cueur de bonnes vertus prises et cueillies au verger de vos ancesseurs; et si vices vous en sont racontés, mettez-les hors de vostre mémoire, et aornez vostre souvenance d'exemples de bienfaicts, et non pas de vices, qui sont à nobles cueurs horreur abominable. Ce prince fut moult vaillant, doux et débonnaire. Il croyoit conseil, et sçavoit choisir serviteurs sages et loyaux. Il estoit dur à courroucer, et ne se rapaisoit pas légèrement ; et quand il pardonnoit aucun méfaict, jamais il ne ramentevoit après ; mais il le mettoit hors de sa souvenance. Prenez exemple d'ensuyvre ses bonnes mœurs, et jamais homme ne vous en dira note ne reproche ; et je prie à Dieu que ceux qui ont l'administration de ce noble et tres chrestien réaume de France se conduisent si bien et si-raisonnablement envers vous et vos païs, que vous ayez cause de demourer bon et entier Francois, honnorant ce que devez honnorer, et aymant ce que devez aymer ; et que vous puissiez garder foy, hommage et féauté, selon les bonnes et anciennes coustumes ; et que chacun puisse avoir son droit et le sien, au contentement de Dieu, de justice et de bonne équité.

Or, pour monstrer que ceste paix n'estoit pas feinte de sa part, et qu'il estoit François de nom et de nativité, avec ce que les Anglois qui ne furent compris en ceste paix d'Arras (ou si compris y furent, ce ne fut pas comme ils demandoyent) ne se peurent tenir d'aiguillonner ce bon duc Philippe par mer et par terre, il se declaira contre iceux Anglois, et mit le siége devant Calais ; et y mena quarante milles testes armées de la commune de Flandres, sans les autres nobles et gens-de-guerre, avecques merveilleux charroy d'artillerie, et autrement. Mais les Gandois, et autres communes des bonnes-viles du plat-païs de Flandres, ne peurent longuement endurer la peine de la guerre ; ains murmurèrent contre les seigneurs et nobles de l'armée, disans qu'ils estoyent trahis, et que les gouverneurs du duc les avoyent là amenés pour les faire mourir ; et pourtant se levèrent par un matin, et se retirèrent chacun en sa maison, et abandonnèrent leur prince, la seigneurie, et l'artillerie. Mais le bon duc se ralia avecques ses gens-de-bien, et se retira par bon arroy, et honnorablement. Et n'est pas la première fois que quand peuples sont les plus forts en une grande besongne, la conclusion en est souvent de petit effect. Et ainsi le vaillant prince faillit à ceste haute emprise. Et ne trouve point que ceste forteresse de Calais, depuis qu'elle fut en la main des Anglois, ayt esté prise, depuis que le bon chevalier messire Geoffoy de Charny cuida celle vile prendre et avoir, par le moyen d'Emeri de Pavie, Lombard, qui le trahit, comme Froissart le raconte en sa cronique ; et doit tout noble cueur louer et priser ce noble duc d'avoir empris de reconquerir son héritage ; car Calais est de la comté de Guyne, et Guyne fief de la comté d'Artois.

Ceste très saincte et très heureuse paix faicte et advenue, ce bon duc Philippe envoya grans navires et armée sur les Sarrasins, et par plusieurs fois. Il alia ses nièces de Bourgongne et de Clèves à roys et à grands princes, à ses despens. Il tira hors de la prison des Anglois le bon duc Charles d'Orléans, fils du grand ennemy du duc Jehan son père ; et paya sa rançon de ses deniers, et luy donna en mariage sa nièce, fille du duc de Clèves ; et fut si grant amour entre ces deux ducs toute leur vie, que plus grande ne pourroit estre : et fut le duc d'Orléans chevalier pourtant la Toison d'or. Ce bon duc Philippe subjugua ceux du val de Cassel, qui luy furent rebelles. Il subjugua ceux de Bruges, qui luy firent rébellion. Il déconfit les Gandois, en sa personne, par deux fois, en bataille, où furent occis plus de trente milles Flamans ; et les fit venir à merci, hors de leurs viles, nus piés, et déchaus ; et tint ceux d'Utrecht et du Liége, ses hayneux voisins, en crainte et en discipline : et vescut prospérant toute sa vie. Il conquesta, en sa personne, la duché de Luxembourg, pour et au nom de la duchesse, héritière du païs, sa belle tante, et comme maimbourg d'elle : et depuis en demoura duc propriétaire par droit d'achapt, comme je donneray à entendre en mes Mémoires : et, pour conclusion de ses nobles faicts, Louis, dauphin de Viennois, fils du roy Charles septième de ce nom, se sentant en doute du roy de France son père pour aucunes imaginations, se partit de son païs du Dauphiné, et vint devers le duc Philippe, pour estre sousteneu et recueilli d'iceluy duc Philippe, non pas contre le roy son père, mais contre ses hayneux, qui gouvernoyent le roy et le réaume à son regret ; et premièrement donnant à entendre que s'il n'estoit aydé, porté et soustenu en ceste vostre maison, il passeroit en Angleterre, et s'alieroit aux anciens ennemys du royaume de France, pour préserver sa personne : dont il estoit en singulière doute.

Le bon duc, congnoissant que c'estoit l'héritier de France et son seigneur apparent, de nativité, de nom et de plusieurs seigneuries, le reçut en ses païs, et luy départit de ses biens largement et tant qu'il tint bel et grand estat, et aussi madame la dauphine, fille du duc Louis de Savoye : et tindrent leur résidence à Genespe-Rommant, au païs de Brabant, où ils eurent de beaux enfans : et ainsi demourèrent, aux despens soustenus de ce bon duc, l'espace de quatre ans : dont le duc fut en grand danger d'entrer en guerre contre le roy Charles, père dudict dauphin. Mais tout ce se passa par remonstrances de notables ambassades envoyées d'une part et d'autre : et se traîna le temps sous grandes menaces, et jusques à ce que le plaisir de Dieu fut de prendre ce noble et très vertueux roy Charles ; et prestement, après la mort de ce roy Charles, ce bon duc et son fils (dont je parleray cy-après) accompaignèrent et menèrent ledict dauphin à Reims et à Paris, où il fut sacré, couronné et receu, au plus grand et riche triumphe que fut jamais roy. Et en ce temps, et assez prochain l'un de l'autre, par le port et aide du duc Philippe vostre ayeul, le roy Edouard d'Angleterre, fils du duc d'Yorch, fut couronné roy d'Angleterre, et le roy Louis fut couronné roy de France, et tout sous le pouvoir et main dudict duc Philippe : et, à son retour d'iceluy couronnement, le bon duc renvoya de-rechef grands navires de gens-d'armes, en la conduite de messire Anthoine, bastard de Bourgongne, son fils naturel, pour servir le pape Pius contre les mécréans, à grands frais et missions : mais le pape mourut, et fust l'armée des chrestiens rompue. Iceluy bastard fit armes en Angleterre, à l'encontre du seigneur d'Escalles, frère de la royne : et luy envoya le duc bien accompaigné, et à ses grands frais : et, durant ces choses, le roy Louis de France ne recongnut pas bien les biens et honneurs qu'il avoit receus en ceste maison, mais trafiqua débats entre les serviteurs du duc, et de monsieur de Charo-

lois, son fils : dont le débat vint entre le père et le fils, qui fort étonna ceste maison.

Mais les serviteurs furent loyaux, et le père et le fils bons et sages : et s'apperçurent que c'estoit pour amoindrir leur pouvoir et auctorité, et fut à tout sagement pourvu par l'aide de Dieu. Moult de grandes choses furent faictes par ce bon duc Philippe, sous luy, et de son règne, des quelles parleray encores. Et mesmes, luy estant en ses vieils jours et malade, les Liégeois, par l'enhortement du roy Louis, luy firent la guerre, pour ce que le comte de Charolois son fils faisoit la guerre au roy Louis, et estoit entré en France ; et cuidèrent iceux Liégeois prendre le duc au dépourvu. Mais il fit armée nouvelle, et furent par ses gens déconfits à Montenac, où les Liégeois reçurent grande perte de pris et de morts. Ce bon duc Philippe fit deux choses à l'extrémité : car il régna le plus large et libéral duc des chrestiens, et si mourut le plus riche prince de son temps ; et ne vous en sçauroit-on assez de biens ramentevoir. Ce duc de Bourgongne augmenta ses armes de plusieurs pièces, pour les seigneuries qui luy succedèrent de son temps : et aussi acquit la comté de Namur, la duché de Luxembourg et la comté de Chimai : et porta écartelé de France et de Bourgongne, et de Brabant contre Lembourg ; pour France, d'asur semé de fleurs de lis d'or, la brodure coponnée d'argent et de gueules : pour Bourgongne, de six pièces en bandes d'or et d'asur, la bordure de gueules : pour Brabant, de sables au lyon d'or : pour Lembourg, d'argent, au lyon de gueulles, armé, langué et couronné d'or, la queue fourchue, et croisée en saultoir : et, comme son père, porta de Flandres sur le tout, qui est d'or, au lyon de sable, mouflé de gris.

Ce noble duc (comme j'ay dit) se maria à madame Ysabel, fille du bon roy Jehan de Portugal, et de Philipote de Lanclastre, fille du fils du feu roy d'Angleterre : et portoit icelle duchesse Ysabel les armes de Portugal, telles que je les ay ci-devant devisées en l'article de l'emperière vostre grand-mère paternelle : et d'iceluy Philippe l'Asseuré, et d'Ysabel de Portugal, issit le duc Charles le Travaillant. Mais, avant que je parle de luy, je parleray qui fut le roy Jehan de Portugal, et de ses nobles faicts, et aussi de Philipote de Lanclastre, vos bisayeuls maternels, selon ce que j'en ay entamé par-avant, en parlant de l'augmentation du blason des armes de Portugal.

CHAPITRE IV.

Du roy Jean de Portugal, et de madame Philipote de Lanclastre, père et mère de madame Ysabeau de Portugal, mère de Charles de Bourgongne, grand-père maternel de l'archiduc Philippe d'Austriche.

Le roy Jehan de Portugal, dont je repren présentement la ramentevance, fut fils naturel et bastard du roy dom Pietre de Portugal; et l'engendra iceluy roy en une noble femme du royaume de Secille, nommée Marie, fille d'un chevalier banneret qui se nomma, de son propre nom, messire Gonsalvo Pardo. Ainsi donques la mère du roy Jehan de Portugal se nommoit Marie Pardo : et l'eut le roy dom Pietre du temps qu'il fut à marier, et en veſvage. Celuy roy dom Pietre eut un fils légitime qui se nomma Ferrand, et succéda au royaume. Celuy roy Ferrand fut marié à une fille du roy d'Aragon, et d'elle eut une fille, laquelle fut mariée au roy d'Espaigne. Celle royne de Portugal, fille du roy d'Aragon, mourut : dont il advint que ce roy Ferrand persèvera en plusieurs vices dont il estoit entaché : comme de gaster les trésors que ses prédécesseurs avoyent amassés, et tyranniser le peuple, pour faire despenses sans nécessité et voluptuairement, estant luxurieux public, sans honneste regard, et homme tenu et réputé sans vérité, sans foy, sans honte, et menant vie dont il estoit haï par tout son royaume. Et fut prince de si mauvaise vie, qu'il fut déchacé des prélats, des nobles, et communautés de son royaume : et élurent Jehan son frère bastard, et le firent roy, par ses vertus : et déchacèrent le légitime par ses vices. Ferrand fut légitime pour avoir l'héritage, et bastard quant aux vertus de ses ancestres : et Jehan nasquit bastard quand à l'héritage, et fut légitime par vertueuses œuvres. Et, par sa vertu, Dieu l'appela à dignité, et retira sa main de celuy qui ne le craignoit ne doutoit : et le souffrit démettre de couronne et de siége royal : qui est exemple à vous, monseigneur, que vertus soustiennent la couronne de roy, et les vices abatent avoir, honneur, gloire, puissance et seigneurie. Et, pour vous approuver le récit de cest article, je vous déclareray comment et pourquoy ce vertueux bastard vostre bisayeul fut élevé roy de Portugal, et debouté le légitime.

Celuy roy Ferrand s'énamoura d'une dame de Portugal, femme d'un noble chevalier, son sujet et serviteur : et quand il fut vefve de la fille d'Aragon, il espousa ceste dame du vivant de son mari, sous ombre d'une fausse dispense ou autrement : et, sans avoir regard au sainct sacrement de mariage, à la doute de Dieu n'à la honte du monde, il la fit sa femme, et la maintint pour royne de Portugal : et ce très déshonneste poinct esclandrit de plus en plus sa mauvaise vie, et fortifia la hayne que son peuple avoit contre luy. Et celle déshonneste vie maintint tant qu'il vescut : mais, après sa mort, les estats de Portugal ne voulurent souffrir que les enfans venus de tel adultère eussent aucune part au royaume, et déchassèrent celle lignée toute, hors du païs : et le roy d'Espaigne se voulut faire roy de Portugal, à cause de sa femme, fille légitime dudict roy Ferrand, et eut grande assistance des nobles du royaume; mais la pluspart ne voulurent souffrir que celle dame héritast à la seigneurie. Et en bailloient trois raisons : la première, que fille ne doit point hériter à si noble royaume; la seconde, qu'ils ne vouloient point estre sugets de Castille; et la tierce, que la fille d'un mauvais roy tel que son père, portoit jugement de sa male adventure : et, pour abréger, éleurent Jehan, bastard du roi don Pietre, et père du roy Ferrand, à leur roy et à leur seigneur.

Celuy Jehan de Portugal est celuy dont j'ay parlé cy-dessus : et fut mis, en sa jeunesse, chevalier de la religion d'Avis au royaume de Portugal; et fut maistre de la religion, fondée par les roys de Portugal, des chevaliers et des frères portans la verde croix, pour la deffense de la foy : comme sont Rhodes, Sainct-Jaques, Caletrave, Prusse, et aultres : et fut celuy bastard maistre d'Avis, principal deffendeur en armes du royaume de Portugal, à l'encontre du roy de Castille (qui toutesfois avoit grand'partie du royaume pour luy, comme dit est); et pour sa vaillance, sens et vertus, fut élevé à roy de Portugal. Et d'iceluy vous estes issu : et encores dure la lignée des roys du païs, qui certes ont esté et sont vertueux, et ont fait de grandes conquestes sur les Sarrasins, du costé de Barbarie et d'Affrique, et pris et conquesté plusieurs diverses isles : dont le royaume de Portugal a et porte grand honneur et profit.

Mais pour ce que plusieurs sont qui ont reproche et dédain d'estre issus de bastards et non légitimes ; et mesmes, sur toutes les nations du monde, les Germains et Alemans font petite estime de bastard et de bastardes, j'ay travaillé et entrepris, selon mon petit entendement, de vous monstrer que vostre lignée du costé de Portugal n'est pas seule issue de bastards, et que moult de lignées, de païs et de seigneuries ont eu honneurs par bastards : et prend Dieu plaisir et gré aux vertus exercées, et non pas à l'entière et légitime naissance, si vices et faute d'honneur y règnent et abondent. Je ne veuil pas toutesfois avouer que ce qui se fait par péché soit bien faict : car j'erreroye à mon donner à entendre ; mais j'entens que quand de pesché vient amendement, comme de personne de vertu, il ne fait pas à rebouter ne dépriser : car vertu est le fruict que Dieu demande à tout labeur.

Et, pour l'appreuve de mon espitre présente, j'ay pris la peine de remémorer (si vieil que je suys) ce que j'ay apris en ma jeunesse, en plusieurs et divers volumes : et me souvient de l'Escripture, qui dit que Jephté, juge et cappitaine du peuple d'Israël au désert, est mis au nombre des saincts : et toutesfois il estoit fils d'une femme publique, et sans mariage. Ne coucha pas Judas, le patriarche, aveques Thamar, vefve de son fils? et en cest adultère furent engendrés Pharez et Zaram, duquel Pharez descendit Salmon, conduiseur au désert du peuple d'Israël : et d'iceluy Salmon et de Raab, femme publique, fut fils Boos, qui engendra Obed, père de Jesse ; et Jesse engendra le roy David, et David engendra en Bersabée, femme d'Urie, le sage Salomon, qui fut roy de Jérusalem ; et de cette progénie vint la très sacrée vierge Marie, mère de nostre rédempteur Jésus-Christ, le roy des roys, le puissant sur les puissans, le noble des nobles, le digne sur toutes les dignités. Et si ce créateur et seigneur ne déprisa pas, ne n'eut en dedaing d'estre issu de génération où il y eust corruption en aucun (comme j'ay dit), pourquoy autres (qui ne sont que ses créatures) prennent-ils en dédaing ce cas semblable en leur nativité, s'il leur advient? Et s'il ne suffit assez de ce que j'ay dit cy-dessus, nous reviendrons à monstrer du temps des payens, et de mille ans passés, des grands princes bastards qui règnèrent en ce temps. Je commenceroye au grand Alexandre, pour ce qu'aucuns disent qu'il fut fils de Nabusardan l'enchanteur ; mais la saincte Escripture, sainct Augustin et autres, parlans de luy, le nomment fils de Philippe, roy de Macédoine : parquoy je parleroye plus que je ne doys de le nommer bastard, combien que luy-mesme se nomma, en un pas, fils de Jupiter. Jupiter, roy de Crète, engendra-t-il pas hors mariage, en Sémélé, fille de Cadmus, roy de Thèbes, ce grand conquéreur Bacchus? Or ce bastard mit en sa sugettion Asie, depuis les Indes jusques à la fin d'Orient : et y régna longuement, et si vertueusement qu'il fut tenu et aouré comme un dieu entre les payens, ainsi que raconte Diodore Secillien, et Ovide en sa Métamorphose. Ce grand conquéreur Perséus, fils dudict Jupiter, ne fut-il pas conçu par adultère en Danaë, fille d'Acrisius? et néanmoins il fut si grand homme, qu'il conquist toute Lybie et toute Affrique, jusques à la mer Æthiopique, et jusques au mont Atlas en Occident, tesmoins Ovide et Lucain. L'un des trois, et le principal juge d'enfer, selon les auteurs de poëterie, fut Minos, roy de Crète, engendré par adultère dudit Jupiter et d'Europe, fille du roy Agenor, ravie en Egipte, lequel Minos les auteurs ont en merveilleuse recommandation, pour ses vertus et vaillances. Qui fut le très grand et l'admirable en ses œuvres, puissances et conquestes, Hercules? Ne fut-il pas fils audict Jupiter, et engendré par adultère en Alcmena, femme d'Amphitryon? Et selon les acteurs (tesmoing mesme ledict Diodore), qui réduit les fables des poëtes à la vérité) cestuy bastard Hercules conquist depuis Grèce jusques à la fin d'Orient et d'Occident, planta ses bornes en la mer et ès extrêmes parties du monde, passa et conquist Affrique et Europe, et pour les merveilles de ses faicts les payens l'aorèrent comme dieu. Le compaignon dudit Hercules, nommé Théséus, bastard d'Ægeus, roy d'Athènes, et d'Æthra fille de Pitheus, fut tant recommandé en preud'hommie et vaillance, et tant valut (combien qu'il fust bastard), qu'il succéda au réaume d'Athènes, et à tout l'héritage et seigneurie de son père. Thémistocles, bastard de Néoclès, et d'une femme de petit estat, du païs de Trace, fut si vaillant cappitaine, et de telle conduite, qu'il déconfit le roy Xerxès par mer et par terre, et le rebouta hors de Grèce, où ledict Xerxès avoit amené quatre milles navires et seize cens milles combatans, selon que racontent les plus grands historiens de Grèce, et même Orose, Justin, et plusieurs autres. Romulus, premier roy des Romains? ne l'engendra pas Mars en Ilia, nonnain, religieuse, et vouée à la déesse Vesta, comme le dit Ovide, Virgile, Titus-Livius, et plusieurs auteurs antiques? Ce grand cappitaine romain Fabius Maximus fut bastard, et né d'une femme de petit estat; et dit Plutarque qu'il fut engendré par Hercules emprès le Tybre, en une femme à l'adventure rencontrée; et néantmoins trouverez que ce fut le premier qui onques vainquit Hannibal en bataille.

Artus, roy d'Angleterre, ne fut-il pas bastard d'Uterpandragon? et toutesfois il est nommé l'un des neuf preux, et le premier des trois preux chrestiens. Roland, si renommé et si vaillant, les anciennes croniques et gestes le nomment bastard de Charlemaigne. Et qui fut le derrain prince estranger qui conquit Angleterre? Ce fut Guillaume, bastard de Normandie, qui s'y fit roy, et y régna vertueusement. D'où sont descendus les roys de Castille et d'Arragon, régnans aujourd'huy? Ils sont venus de Henry le bastard, qui déchacea le roy dom Pietre son frère légitime, et le tua de sa main : et régnèrent deux bastards tout en un temps : l'un Henry, roy d'Espaigne, et Jehan, roy de Portugal. Le roy de Naples, régnant aujourd'huy et vivant, n'est-il pas bastard du roy Alphonse, roy d'Arragon? Et par plusieurs fois les bastards ont succédé au marquisat de Ferrare devant les légitimes. Et, pour clorre mes alégations plus péremptoirement, lisez le commencement de la lignée de Charles Martel (qui fut comme roy de France), et vous trouverez que tout n'est pas légitime. Ainsi, monseigneur, en continuant mon propos, je vous ay bien voulu monstrer que les bastards, vivans et régnans en vertu, ne sont pas à dépriser n'à rebouter : car Dieu n'est pas accepteur des hommes, mais des vertus ou des vices.

Mais tout mon récit ne suffit point ; si je ne vous déclare amplement aucunes choses des grans faicts que fit ce noble et vertueux bastard, le roy Jehan, vostre bisayeul, qui vescut si bien et si vertueusement en son royaume, qu'il est encores aujourd'huy nommé en Portugal le bon roy Jehan. Ce roy Jehan, après avoir longuement maintenu la guerre contre le roy d'Espaigne, et deffendu le royaume de Portugal devant et après qu'il fut roy, eut si bonne fortune, acquise de Dieu, de son sens et vaillance, qu'il déconfit en bataille le roy d'Espaigne, aidé de grande noblesse de François et de Gascons. Et à celle heure le roy d'Espaigne estoit accompaigné de la puissance de son royaume, aussi grandement ou plus que par avant fut nul roy d'Espaigne ; et toutesfois le roy de Portugal n'avoit qu'une partie de ses sugets : car grand nombre des nobles de Portugal tenoyent le parti du roy d'Espaigne et sa querelle, pour les causes que j'ay dictes par-avant : et de tous estrangers n'avoit le roy Jehan de Portugal que deux cens Anglois, qu'un pirate de mer luy amena à son service. Celle bataille de Giberrot gaigna le roy Jehan de Portugal : et s'enfuit le roy d'Espaigne, qui fit moult grande perte celuy jour ; et par ce moyen mit le roy Jehan son royaume en paix, justice et police : et par celle victoire se fit douter, aymer et estimer en son royaume plus que devant.

Ce bon roy Jehan ne mécongnut ou n'ignora pas que Dieu luy avoit donné couronne de roy, et victoire de bataille contre un si grand et puissant roy que le roy d'Espaigne : car aussi tost qu'il en peut avoir le loisir, il voulut à Dieu rendre service, et sacrifice de ses bienfaicts : et fit préparer si grands navires et armée qu'il luy fut possible; passa, en sa personne, la mer ; descendit en Affrique sur les mécréans, et assiégéa la grande cité de Septe (qui est la meilleure ville d'Affrique); et tant il travailla, qu'il gaigna celle puissante vile, et y fit maint Sarrasin mourir et destruire. Et de celle vile fit une cité, à l'augmentation de la foy chrestienne : laquelle vile est encores tenue et gardée par les roys de Portugal, au grand honneur d'eux et de leur royaume, et au grand profit de la chrestienté.

Celluy roy se maria à Philipote de Lanclastre, fille de Jehan duc de Lanclastre, fils du roy d'Angleterre Edouard, tiers du nom, et fille aussi de Blanche, issue de la droite lignée d'Edmond, duc de Lanclastre : lequel Edmond estoit frère aisné du roy Edouard premier de ce nom : et néanmoins ne succéda point à la couronne, pour ce qu'il estoit difforme et bossu. De quoy je vous advertis : à cause que quant à la lignée de Portugal, dont le roy vostre père et vous estes issus, n'estes pas ou serez, vous ou les vostres, sans querelle du royaume d'Angleterre, et principalement de la duché de Lanclastre : de laquelle duché Edmond le bossu, frère du roy d'Angleterre, dont j'ay parlé, fut contenté et party. Et de sa lignée fut seule héritière Blanche, mariée à Jehan fils du roy Edouard le tiers : et de par icelle Blanche sa femme, ledict Jehan fut duc de Lanclastre. Et de la fille d'iceux, nommée Philipote de Lanclastre, veint Edouard, roy de Portugal, père de l'emperière vostre grandmère, et madame Ysabel duchesse de Bourgongne, vostre aye ; et aussi le duc de Coimbres, père de madame Ravaistain, dont est issu monseigneur Philippe de Clèves. Et ces choses je vous éclaircis, afin que mieux vous entendiez les lignages et alliances de ce costé de Portugal, qui par droit vous doyvent soustenal, amour et service, et vous à eux. Mais quand je pense à ce quartier d'Angleterre, où par droit vous vous devez appuyer et soustenir en vos affaires, je regrete que je n'ay l'entendement de ces grans et notables auteurs, pour vous déclairer que c'est que çà esté de ce puissant royaume, et des grandes choses faictes et advenues en Angleterre, qui semblent plus merveilles qu'autrement.

C'est une isle la plus puissante du monde, qui jà fut habitée par Albine, fille du roy Diodinas. Ce roy eut trente-deux filles, mariées à trente-deux roys : et par une nuict chacune d'icelles meurdrirent leurs maris en leurs licts ; et dit l'histoire qu'elles estoyent trente-trois sœurs d'icelle conspiration : mais la plus jeune ne voulut, de sa part, exécuter telle cruauté : parquoy je ne raconte que des trente-deux. Icelles trente-deux roynes, exilées par leurs maléfices, arrivèrent, par mer, en l'isle dont nous parlons (qui lors n'estoit point lors habitée) ; et, pour Albine l'aisnée de toutes, fut nommée l'isle d'Albion. Et fut premier habitée par les roynes dessusdictes, lesquelles par leurs péchés tombèrent en fornications si déshonnestes, que les diables habitèrent avecques elles ; et firent et portèrent géans grans et merveilleux. Et dura celle détestable lignée jusques au temps de ce vaillant prince Brutus, qui fit mourir par puissance d'armes toute icelle génération. Et du nom de Brutus fut celle isle appelée Bretaigne : et là régna Brutus moult noblement, et long-temps. Et sur la lignée d'iceluy fut celle grande Bretaigne conquise par les Saxons, jusques ès montaignes que l'on nomme le païs de Gales. Ceux-là sont demourés de la lignée de Brutus : et vous certifie (comme celuy qui l'ay veu) que si un Anglois a débat contre un Galois, le Galois, pour villainer sa partie, l'appellera Saxon, par grand dépit. Par icelle conqueste des Saxons, fut depuis celle isle nommée Angleterre, pour ce qu'elle est assise en un anglet de terre. Celle noble isle, élevée en royaume, croissoit tousjours en pouvoir et richesse, et faisoit guerre à tous ses voisins : et y régnèrent glorieusement plusieurs roys. Et parle l'histoire de Brennus, roy d'Angleterre, et du différend qui fut entre luy et Belgius, son frère ; et comment Belgius passa en Angleterre, à puissance de gens et de navire, pour combatre Brennus son frère, lequel assembla sa puissance : et la mère des deux se mit entre les deux batailles, et cria à ses deux enfans qu'ils tirassent leurs espées, et les souillassent du sang de leur douloureuse mère, avant qu'elle veist de ses yeux, ou ouïst de ses oreilles, que ceux qu'elle avoit portés se défissent l'un l'autre. Ces paroles amolirent les cœurs des deux frères, et firent paix, et passèrent la mer par ensemble, et tout d'un accord alèrent contre les Rommains ; et, à l'aide et à la faveur que leur firent les Alobrogiens (qui sont en ce temps nommés Bourgongnons), ils conquirent Romme, et firent moult de grandes choses en ce voyage. Mais depuis les Rommains reconquirent leurs seigneuries.

INTRODUCTION.

Le roy Artus, comment se maintint il honnestement en ce royaume d'Angleterre? Quelles grandes et merveilleuses chevaleries furent faites et exécutées du temps du roy Uterpandragon, son père, et de luy! dont j'ai veu en Angleterre de grandes apparences, comme la table ronde, et autres conjectures. Et combien que ces choses soient estranges à croire à plusieurs, toutesfois il ne faut pas ignorer que le roy Artus n'ait esté roy d'Angleterre, comme il appert par les croniques antiques d'Angleterre, par les fondations faictes par luy, et par sa sépulture en l'abbaïe de Glastonbery; et aussi qu'en toute la chrestienté il est figuré l'un des neuf preux du monde, et le premier des trois preux chrestiens, comme cy-devant j'ay dit. Parquoy je conclus que l'on doit bien peser, devant que rebouter et contredire aux choses escrites et mises en ramentevances sous un si noble et si renommé que le roy Artus. Et (qui plus est) vous trouverez grandes appreuves des choses dessusdictes, par les croniques de Belge et de Romme. Et n'est à croire n'à penser que les grans et solennels volumes, faicts pour registres des choses advenues du temps du roy Artus, ayent esté publiés en vain, et que les auteurs eussent voulu perdre tant de temps pour choses frivoles trouvées, et non advenues : combien que non le croire ne charge point la conscience; et pour ce m'en passe, et laisse de ramentevoir les roys successans en Angleterre, jusques à Guillaume, le bastard de Normandie, qui conquesta la signeurie sur le roy Harald, et duquel Guillaume j'ay parlé cy-dessus. Et treuve que depuis ce temps les roys d'Angleterre qui ont fait les plus grandes choses ont esté les Edouards et les Henris. Et si les guerres civiles et partialités n'eussent régné en Angleterre depuis deux cens ans en ça, ils eussent conquis grande partie de leurs voisinages. Mais Dieu, qui limita le cours de la mer (qu'elle ne peut passer), qui sépara les élémens, et qui donna à chacun son limite, par sa divine Providence met en toute chose la bride, et le frein de la fortune manie et conduit de sa digne main, et à son plaisir, comme le dieu, le signeur et le maistre de toutes choses, et à qui chacun se doit soigneusement recommander, et luy rendre service. Or vous ay je ramentu, à l'abrégé, du faict d'Angleterre, dont vous estes yssu par Philippote de Lanclastre, mère de vostre ayeule; en donnant à entendre comme le bon duc Philippe espousa madame Ysabel de Portugal, d'où vint le duc Charles vostre grandpère, que l'on nomme Charles le Travaillant : et combien qu'ils eurent d'autres enfans, toutesfois le duc Charles demoura leur seul héritier, et signeur de toutes ces belles signeuries dont j'ay cy-devant parlé au commencement de ce présent escript.

CHAPITRE V.

Du duc Charles de Bourgongne, grand-père maternel de l'archeduc Philippe d'Austriche.

CE duc Charles se trouva, du vivant de son père et mère, homme faict, sage, et de grand entendement, puissant de corps et d'amys, aimé et quis de ses sugets. Il estoit puissant jousteur, puissant archier, et puissant joueur de barres. Il estoit pompeux d'habillemens, et curieux d'estre accompaigné, et tenoit grant estat et grande noblesse en sa maison. Il aimoit la chace sur toutes choses, et voulontiers combatoit le sanglier, et en tua plusieurs. Il aimoit le vol du héron. Il aimoit la musique, combien qu'il eust mauvaise voix : mais toutesfois il avoit l'art, et fit le chant de plusieurs chansons bien faictes et bien notées.

Il estoit large, et donnoit voulontiers, et vouloit sçavoir où et à qui. Tout jeune il vouloit congnoistre ses affaires. Il servoit Dieu, et fust grand aumonnier. Il aimoit la guerre, et n'eust point voulu souffert estre foulé de ses voisins. Et pourra-l'on dire cy-après que je le loue beaucoup en mes escrits, pour ce que c'estoit mon maistre; et à ce je respon que je dy vérité, et que tel l'ay congnu : car vices apparens de luy ne vindrent onques à ma congnoissance, et si faute y a qu'il fale que je congnoisse, ce fust de trop valoir et de trop entreprendre. A quoy vous, monseigneur, devez avoir exemple et regard : car en toutes choses où trop y a, il passe la raison : et où raison n'est, communément perdition est preste.

Ce duc de Charles, et la plus-part des signeurs nourris avecques luy et de son age, porta armes avecques le duc Philippe son père, à sa grande poursuite et requeste, ès guerres de Flandres, commencées l'an mille quatre cens cinquante deux : et fut en deux batailles, et en plusieurs rencontres et siéges, accompaignant son père. Et desjà se monstra fier et courageux, et principalement à tenir ordre : où il se délectoit aigrement monstrant qu'il estoit prince et seigneur apparent, et se faisoit craindre. Et de ses faicts de lors et d'après ne vous puis guères icy monstrer sinon à l'abrégé, pour ce que je les déclaireray en la seconde partie de mes Mémoires; et aussi en cet escrit ne servent guères à ma matière : mais vous le trouverez de son temps avoir tenu en temps de paix estat grand et réglé; et ses gens, de quelque estat qu'ils fussent, en très-grande cremeur et obéyssance. Et quant au faict de la guerre, il est notoire que luy, comte de Charolois, sachant que le roy Louis l'avoit voulu brouiller et mesler avec son père, se mit en l'alliance de monsieur de Berry, frère du roy de France : et alors monsieur François, duc de Bretaigne, monsieur Jehan d'Anjou, duc de Calabre, les ducs de Bourbon et de Nemours, les comtes d'Armignac, de Dunois, de Dammartin, et autres grans personnages de France, mal-contens du roy, et sous ombre du bien-public du royaume de France, s'éleverent contre iceluy roy, et se devoyent tous trouver en un jour à Sainct-Denis : et ledict comte de Charolois, vostre grand-père, s'y trouva au jour nommé, accompaigné de monsieur Jaques de Bourbon; de monsieur Adolf de Clèves, seigneur de Ravaistain ; du comte de Louis Sainct-Pol, de messire Anthoine, bastard de Bourgongne, et de grande noblesse et sugets du duc son père, et par l'adveu et consentement de sondict père. Et rencontra le roy de France à Montlhéry, et gagna la journée, et demoura sur la place ; et s'en alla le roy à Corbeil : et fust vostre grand-père blessé, arresté et en danger d'estre pris. Mais il fust recous, à son grand honneur et recommandation : et depuis celle bataille s'assembla avecques les autres princes de son aliance, et revindrent tous ensemble devant Paris, et le roy de France se retira audict Paris : et là d'une part et d'autre, furent faictes plusieurs apertises d'armes ; et tant dura, qu'apointement fut trouvé et faict entre le roy et les seigneurs dessusdicts. Et fut par ce traitté, monsieur de Berry duc de Normandie : et ledict comte de Charolois eust pour luy les terres de la rivière de Somme (à sçavoir est Amiens, Sainct-Quentin, Abeville, le Crotoy, et toute la comté de Pontieu, que le roy Louis avoit racheptées du bon duc Philippe quatre cens mille escus). Mais de tout ce ne tint rien le roy de France, comme vous orrez cy-après, à la poursuite de mes Mémoires.

Toutesfois le traitté et appointement fut faict entre le roy et les princes. Et devoyent estre trente-six hommes choisis au royaume, par qui les deffautes du bien-public du royaume de France devoyent estre corrigées et amendées : et sur ce se départti icelle noble assemblée, et se retira chacun à son affaire. Le comte Charles de Charolois, vostre grand-père, fut adverti que les Liégeois avoyent envahi le duc son père : et pourtant tira celle part, traversa le royaume, et par la Terrache ala au Liége, sans aler ès païs de son père : et tellement exploita, qu'il eut appointement aux Liégeois, au grand honneur de son père et de luy. Et puis s'en retourna en Brabant devers le duc son père, où il fut recueilly à grand honneur et joye, et fit rompre son armée. Et assez tost après le comte se retira à Abeville, à Amiens, et à Sainct-Quentin ; et là remit en son obéissance les terres de la rivière de Somme, engagées par le traité d'Arras : lesquelles le roy Louis de France avoit racheptées du duc Philippe son père, comme dict est : et par le traité de Conflans, faict entre le roy et les princes et luy, furent de-rechef rendues, comme j'ay dit cy-dessus.

Ce fait, il retourna à Brucelles devers le duc son père. Et en ce temps, ceux de Dinan (qui avoyent fait appointément avec le comte, au nom de son père, par la main d'un notable homme de ladicte vile, nommé Jehan Le Carpentier) ne voulurent rien tenir de cet appointement : mais livrèrent ledict Jehan Le Carpentier à la mort, et firent moult d'injures au bon duc Philippe par œuvres et par paroles, et autrement ; et tant, qu'ils provoquèrent et émeurent ce bon duc de leur courre sus, et de soy venger de leurs maléfices. Et en sa personne, tout viel et débile, prit les armes, et se tira en Namur, et fut conseillé de faire exécuter celle guerre par le comte son fils : dont ledict comte assiégea Dinan; et tant fit, par batures de bombardes et autres exploits, qu'il gaigna la vile de force : laquelle vile fut pillée, démolie et arse; tellement qu'il sembloit, dès la première saison, que ce fust une vile arruinée de mille ans. Le duc s'en retourna en Brabant, et le comte entra au païs du Liége, et y renouvella les traittés par luy faicts : et de ce je parleray plus-à-plain par mon second volume.

Le duc Philippe vostre ave devint viel et maladif ; et se conduisoyent tous les grands affaires par le comte son fils, et sous sa main : et néantmoins luy portoit tousjours grand honneur et révérence. Et, depuis ces choses advenues, ne vescut guères le bon duc Philippe : et fut vostre grand-père, le comte Charles, duc, et receu par toutes les signeuries délaissées par son noble père. Ce duc Charles se trouva au danger de ceux de Gand, en armes, sur le marché, où il estoit en personne : mais depuis il les fit venir à la raison en la vile de Brucelles, où ils lui crièrent mercy de celle offense, et luy rendirent leur banière ; et furent cassés et coupés devant eux aucuns de leurs priviléges, et demourèrent au traitté de Gavre, tel que le fit le bon duc Philippe son père, quand il les eut déconfits et subjugués. Tantost après que le bon duc fut trépassé, les Liégeois se rebélèrent : mais le duc Charles fit prestement une grosse armée, et assiégea la vile de Saintron, que lesdict Liégeois avoyent pris sur luy ; et lesdict Liégeois, conduicts par aucuns des gens du roy de France, vindrent pour lever ledict siége. Mais le duc leur vint au-devant, entre Saintron et un vilage que l'on nomme Bruscan : et par son avant-garde, en grande et puissante compaignie, furent iceux Liégeois déconfits et morts. Et ne se bougea le duc, ne se bataille, pour chose qu'ils veissent : car l'on disoit que les François devoyent aider les Liégeois à puissance. Parquoy la bataille se tenoit serrée et entière : et fut deux heures de nuict, quand la chace de la bataille fut finie; et retourna le duc en son logis et siége devant Saintron, et prit la vile par composition, après la bataille gaignée : car il la voulut retenir pour luy, pour la seureté de son païs de Brabant.

Puis tantost marcha contre la cité de Liége ; et de ce train prit Tongres et entra en Liége, et fit abatre les murailles et les portes d'icelle cité, et fit plusieurs gens décoler et noyer par justice : et remit l'évesché et le païs en l'obéissance de monsieur Louis de Bourbon, son cousin germain, lors évesque du Liége : à la querelle duquel il faisoit celle guerre, par le commandement et ordonnance du Pape, comme à désobéissans au Sainct-Siège apostolic, et à leur prince et évesque du Liége. De là revint à Huy, qui luy fut obéissant : et pour ce ne furent point les murailles abatues.

Le duc Charles revint en son païs de Brabant : et par moyens, paix et union fut entretenue entre le roy de France et le duc de Bourgongne : et prospéra le duc Charles, en tenant grande et triomphale court sur tous les ducs du monde. Il donnoit audience deux fois la sepmaine à tous, pauvres et riches. Il entendoit à ses affaires soigneusement, et faisoit de grandes et charitables aumosnes. En ce temps il se maria, pour la tierce fois, à madame Marguerite d'Angleterre, sœur du beau roy Edouard d'Angleterre, et fit les plus triomphales noces et de la plus-grande despense que de long temps en eussent esté faictes : et de tout ce je parleray plus-à-plain à la poursuite de mes Mémoires. Et de ce mariage je parleray peu pour le présent, tant pour ce que de celle noble dame il n'eut nuls enfans, comme aussi pour ce que vous avez congnu et congnoissez les nobles mœurs et vertueuses bontés d'elle en son vefvage : et sçavez qu'elle vous a levé ès saincts fonts de baptesme, et est vostre marraine, et qu'elle vous a soutenu et porté en vos adversités ; et vous a esté si-bonne mère que vous estes tenu à elle, et ne la devez jamais oublier.

Après les noces du duc Charles, par le moyen du roy de France, les Liégeois se rebellèrent de-rechef contre luy, et les François luy tenoyent plus termes d'ennemis que d'amis : et se remit le duc aux champs à grande puissance, et mit son champ à Lihons en Santers, contre les François. Et le roy de France trouva façon de rompre celle armée ; et par moyens et à sa requeste vint à Péronne, où les matières d'une part et d'autre furent fort débatues, et dont je parleray plus amplement ailleurs : et finalement fut la paix entre eux deux renouvelée et jurée de-rechef. Et promit le roy d'aler en sa personne, avec le duc, pour subjuguer lesdicts Liégeois, qui nouvellement estoyent rebelles, et d'une emblée avoyent pris Tongres par nuict, et pris leur évesque, et le seigneur d'Imbercourt, en icelle vile : dont le duc fut moult déplaisant. Et finalement le roy de France porta la croix sainct Andrieu en ce voyage du Liége : et fut la cité du Liége assiégée de toutes parts ; et par un dimanche matin, au son d'une bombarde, fut icelle cité assaillie et gaignée d'assaut, pillée, arse et brûlée toute, fors les églises seulement. Et de là le roy de France se tira en son royaume, et le duc poursuyvit ses ennemis au païs de Franchemont, où luy et son armée eurent de grandes froidures et souffretés. Mais il brûla tout le païs, qui toutesfois est terre de montaignes, valées et bois : et sont les hommes forts et robustes villains, et gens dangereux à conquerre.

Après celle conqueste, le duc s'en retourna en son païs de Brabant et de Flandres. Et demoura assez bon espace sans guerre. Et en ce temps le roy Edouard d'Angleterre son beau-frère fut déchacé d'Angleterre, et se retira en Hollande, où le duc le recueillit, et l'aida tellement qu'il retourna en son royaume, où il vescut et régna depuis en grande prospérité et honneur. En ce temps le roy de France (qui tousjours quéroit subtils moyens pour surprendre le duc) pratiqua tellement, que la vile de Saint-Quentin et la cité d'Amiens se rebellèrent contre luy : mais le duc Charles hastivement se mit sus, et aux champs ; et mit sa puissance devant Amiens, du costé de Sainct-Acheu : et batit la vile d'artillerie à poudre ; et là présenta la bataille, où furent plusieurs fois faictes plusieurs appertises d'armes, tant au mestier de la guerre comme en faict-d'armes de corps à corps, dont je parleray plus amplement au second livre de mes Mémoires.

Dedans la vile estoyent le comte Louis de Sainct-Pol, connestable de France, et quatorze cens lances des ordonnances de France ; et là fut traittée une trève entre le roy Louis et le duc de Bourgongne, laquelle trève fut assez bien entretenue. Et durant ce temps le duc, vostre grand-père, mit sus douze cens lances, chacune fournie de huict combatans à cheval et à pié : et pratiqua par tous ses païs tellement, que cinq cens mille escus luy furent accordés d'aide, dont il entretint lesdictes douze cens lances. Et combien que ses païs en murmurassent assez, disans qu'ils estoyent fort foulés de celle grande taille, toutesfois il leur tournoit à grand profit, comme depuis ils ont bien congnu ; car le duc Charles estoit si puissant, qu'il pouvoit exécuter et faire forte et roide justice. Il tenoit ses païs en crainte et en paix ; il faisoit la guerre, et tenoit les gens d'armes hors de ses païs ; il vivoit l'espée au poing, et avec tous ses voisins ; et ce qu'il ne ne pouvoit faire par amour il le faisoit par crainte ; et tant qu'il vescut, ses païs florirent et prospérèrent.

En ce temps le duc Charles mit sus un parlement qui résidoit à Malines, où respondoyent tous ses païs de delà la Champaigne : et de ce parlement n'avoit ailleurs n'appel ne ressort. Et me pourroit estre demandé comment il y pouvoit contraindre ses sugets, qui souloyent ressortir en France : comme Artois, Flandres, Boulennois, et les terres engagées, qui sont signeuries tenues de France de toute ancienneté. A ce je responds que par appointement faict, et par paix jurée entre le roy de France et luy, fut accordé par le roy, qu'au cas qu'il rompist, allast ou contrevinst à la paix de Péronne, il quittoit le duc de toute fidélité et hommage qui luy pouvoyent appartenir, pour luy et pour ses hoirs roys de France, au profit du duc et de ses hoirs : et de ce je parleray plus à plain. Laquelle paix fut rompue et contrevenue par iceluy roy de France, comme maintenoit le duc vostre grand-père. Parquoy il se disoit souverain en icelles signeuries, et en jouist comme souverain jusques à sa mort. Mais, luy trépassé, les païs se mutinèrent contre madame vostre mère, leur princesse, et voulurent r'avoir viels privilèges et nouveaux, à leur plaisir : parquoy ledict parlement fut rompu et aboli.

La trève rompue, la guerre recommença : et se tira le duc devant Roy et Nesle, et les gaigna par force, et y fit grande exécution de François ; puis mit le siége devant Beauvois, où grande puissance de François se boutèrent pour garder la cité, qui puissamment fut par le duc assaillie, et puissamment défendue par les François. Et durant ce siége ceux de la garnison d'Abbeville, ses serviteurs, prirent Gamaches et Sainct-Valery : et se partit le duc, et leva son siége, et se tira plus avant en France, présentant la bataille. Il prit et conquesta la vile et comté d'Eu, et par ses gens fit gaigner Neuf-Chastel en Normandie, et le fit ardre et destruire. Il alla devant Rouen, où luy et ses gens-d'armes eurent moult à souffrir : car les François, et nommément le connestable de France, le costoyoient, et lui coupoyent les vivres à leur pouvoir : mais luy, courageux, marcha tousjours et présenta aux François la bataille à toutes heures : puis reprit son chemin contre la cité d'Amiens, et rembarra la garnison lourdement dedans la cité. Il prit Beaurevoir, le Catelet, La Fère, Vanneul et autres places appartenantes audict connestable de France. Il prit Chauny, Ribemont, Janly et Mouy, et brûla et exila moult le païs, toujours pour cuider parvenir à la bataille qu'il désiroit sur toutes choses : et s'arresta devant Bohain, sans y mettre siége. Et venoit déja l'arrière-saison, et lors se pratiqua une trève assez courte : de laquelle trève fut pratiquée la trève de neuf ans entre le roy de France et le duc Charles vostre grand-père : laquelle trève fut solennellement jurée, et prise pour eux, leurs païs, leurs hoirs, et nommément pour monsieur Charles de France, à présent roy de France, et lors dauphin ; et pour madamoiselle Marie de Bourgongne, fille du duc, qui depuis fut seule héritière de la maison de Bourgongne, duchesse d'Austriche, et vostre mère qui garda son serment en cette partie.

Dieu en est le juge, à qui les choses occultes ne peuvent estre mucées n'absconses. Après le retour de la chevauchée que fit le duc Charles, vostre grand-père, en Normandie, il assit ses garnisons du long de la costière de France, et rentra en son païs de Hainaut, et vint à Vallenciennes en moult grand triomphe : et là avoit fait préparer pour tenir la feste de l'ordre de la Toison d'or, où il fit deux augmentations. Pour la première, il fit changer les robes et manteaux des chevaliers de l'ordre (qui estoyent d'escarlate vermeille) à veloux cramoisi : et si ordonna, pour le troisième jour, vespres et messe, au nom de la vierge Marie : et que les chevaliers seroyent, audict service, vestus de robe de drap de damas blanc, ce qui fut moult bel à veoir : et après ceste solennité tenue, le duc se partit, et se tira contre la duché de Gueldres (laquelle il querelloit); et à l'entrer au païs, prit par force et par siége deux puissans chasteaux, l'un nommé Montfort, et l'autre Brughe : et mit le siége devant la ville de Niemeghe, laquelle il prit. Et par ce moyen subjugua tout le païs, et gaigna la duché de Gueldres et comté de Zutphen : et mit tous les voisins, et mesmes les Frisons, en tel effroy et doute, que s'il eust marché contre Dewenter, Camp et Zole, ils luy eussent faict obéyssance, et eust de celuy jour esté subjugué le royaume de Frise. Ce qu'il laissa, pour le désir qu'il avoit de veoir l'empereur, aussi vostre grand-père, pour certaines hautes et courageuses fins à quoy il béoyt, et principalement désirant de venir au mariage du roy vostre père et de madame vostre mère, sa fille, qui lors ne se peut accorder, et depuis a esté faict et consommé par la grâce de Dieu.

En ce temps fut pratiqué que l'empereur Frédéric vostre grand-père paternel, et le duc Charles, pareillement vostre grand-père maternel, se peussent veoir, tendans au mariage et à l'alliance de monsieur Maximilian vostre père, et de madame vostre mère. Et se trouvèrent en la cité de Trèves, à grand triomphe et seigneurie d'une part et d'autre ; et fut festoyé l'empereur par le duc à moult grand' richesse et appareil. Et combien que lors ne fust parfaict ny accordé icelluy mariage, et que depuis grand accident de guerre meust entre eux deux (comme je diray de brief), toutesfois fut icelle communication le motif dont depuis a esté faict le mariage duquel vous estes venu, par le divin plaisir. Et se départit icelle assemblée, plus en diffidence l'un de l'autre qu'en apparence d'amour, et ce par trafiqueurs et rapporteurs d'une part et d'autre : dont tous sages princes se doyvent bien garder sus toutes choses.

Durant icelluy temps, le duc Charles visita tous ses païs de Bourgongne et de Ferrette : et fit transporter le corps du duc Philippe son père, gisant à Sainct-Donat de Bruges, et celuy de madame Ysabel de Portugal sa mère (dont le corps gisoit aux Chartreux de

Gouain en Artois), et les fit amener solennellement jusques à Digeon en Bourgongne : où il fust à l'enterrement. Et les fit mettre en leur sépulture, ès Chartreux, hors dudict Digeon, à si grande dévotion et triomphe qu'il est possible (et de ce je parlerai amplement en mon second volume); puis se retira en son païs de Luxembourg.

En ce temps fut le duc vostre grand-père requis d'aide par messire Bernard de Bavière, lors archevesque de Coulongne, son cousin, et frère du comte palatin, pour ce que le chapitre et doyen de Coulongne le travailloyent de procès, de guerre et désobéissance. Et à ceste cause emprit la quérèle dudit archevesque. Et entra à puissance au païs de Coulongne. Et pour ce que la vile de Nuz estoit désobéissante à son seigneur et archevesque, il mit le siége de toutes pars. Et là fit de grandes choses, et dignes de mémoire : car il tint le siége devant ladicte ville un an entier. Il détourna rivières de leurs cours, il digua un bras du Rin, il gaigna une isle, et par les digues y aloit à pié sec. Il fit faire chas, grues, et autres engins, comme trenchis, roullans, bastillons, et toutes manières dont l'on peut viles aprocher. Grandes batures y furent faictes, grands essays et assaux, et jusques à faire essay de nager le Rin à cheval, la lance sur la cuisse, pour gaigner ladicte isle, du commencement : et ne suis pas digne d'escrire ramentevance, devant que je ne die vérité. Mais si la vile de Nuz fust par votre grand-père vaillamment aprochée, assaillie et requise, elle fust par les Alemans courageusement deffendue : et y mangèrent leurs chevaux, et endurèrent merveilleuses doutes, peine, pauvreté et malsaise. Et le duc tenoit son siége en telle justice et police, que vivres y venoient en grande abondance : et d'autre part, l'empereur Frédéric, vostre grand-père paternel, assembla les électeurs, les princes et les grans de la Germanie : et vindrent à moult noble puissance pour secourir la vile de Nuz, qui plus ne pouvoit longuement tenir sans estre perdue et prise. Ainsi vos deux grands-pères se trouvèrent en guerre mortelle l'un contre l'autre, pour le faict de la vile de Nuz : et s'aprochèrent si-près l'un de l'autre que chacun d'eux pouvoit voir, de son pavillon, et le logis et l'ost de son ennemy. Et ne faut pas douter que tant de gens de bien d'une part et d'autre, si près logés les uns des autres, ne vouloyent point perdre le temps. Tellement que, durant dix jours que les deux osts furent ainsi aprochés, maintes escarmouches et maintes appertisses d'armes y furent faictes, et tant que ce fut un escole d'onneur, et pour apprendre le mestier de la guerre : car en ce peu de temps fut la bataille présentée, et grosses rencontres et grans meurdres de chacun party. Mais de ce qui en advint et comment, je n'en parle plus-avant en ce présent escript : et y reviendray cy-après, si Dieu plaist.

Quant au partement de celle noble assemblée, après avoir durement essayé les uns les autres, ils se départirent par apointement de paix, et tout à un jour et à une heure, L'empereur et son armée prit le chemin pour retourner en Alemaigne, et le duc de Bourgongne prit le chemin pour retourner en son païs. Et ainsi se séparèrent vos deux grands-pères, et fust la chose pacifiée. Et durant icelluy siége il fit ravitailler la vile de Lins, où grande puissance de l'empire tenoit le siége. Il festoya, luy tenant son siége, le roy de Dannemarch et plusieurs princes d'Alemaigne, en moult grant triomphe. Ambassadeurs le suyvoyent de toutes pars, et tout estoit en son camp bien logé et bien receu : et ne croy pas que cent ans devant ait esté siége de telle magnificence. Et est léger à entendre que de grande valeur fut le prince qui soustint si grant fais. Ainsi doncques se séparèrent iceux deux grands princes, vos grands-pères : et tira chacun son chemin.

Mais le roy de France (qui tousjours avoit la dent sur le duc de Bourgongne) le guerroyoit : et ce qu'il ne faisoit apparemment, il le faisoit secrètement, et enhortoit les princes voisins à guerroyer le duc de Bourgongne ; et, sous umbre qu'il se tenoit prince de l'empire, fit émouvoir avec l'empereur le duc René de Lorraine contre le duc de Bourgongne (combien qu'il fust son alié); dont moult de maux sont depuis advenus : et pleust à Dieu que le tout fust passé et esteinct!

En ce temps le beau roy Edouard d'Angleterre, frère de madame Marguerite, duchesse de Bourgongne, descendit en France pour sa propre querelle, avec aucun entendement qu'il avoit avec le duc son beau-frère : et avoit moult belle et puissante armée. Mais il ne passa guères la rivière de Somme, quand luy et et ses gens furent pratiqués de soixante mille escus par an, que le roy de France promit de pension au roy d'Angleterre, avec autres dons secrets donnés aux gouverneurs du roy d'Angleterre. Et en effect le roy d'Angleterre et sa puissance s'en retournèrent, et repassèrent en Angleterre, sans faire autre exploit. Et combien que le duc de Bourgongne vostre grand-père se trouvast, par ce moyen, frustré de l'ayde qu'il entendoit avoir des Anglois, toutesfois il tint son propos et emprise plus ferme que devant, et entra en Lorraine, et conquit le païs entièrement : et de là s'en ala aider à la duchesse de Savoye, sœur du roy de France, laquelle avoit un fils de dix ans, nommé Philebert, duc et héritier de Savoye, auquel les Suisses faisoyent la guerre. Et, pour secourir les Savoyens, le duc de Bourgongne y ala en personne, et mit le siége devant Grantson, gaigna la vile et le chastel, et fit très-dure exécution de ceux qui furent pris dedans. Mais depuis lesdicts Suisses se mirent sus, et surprirent le duc Charles, encores estant devant Grantson, en telle manière qu'ils le déconfirent. Et fit le duc moult de grandes pertes d'avoir et de gens, et se retira à Noseret en Bourgongne; et ses gens-d'armes repassèrent les montaignes, et se sauvèrent en Bourgongne : et de ceste journée et déconfiture je deviseray plus-à-plain en mon second volume.

Mais je recommenceray à dire ici en brief les aventures d'icelluy noble prince, et comment, nonobstant sa perte et déconfiture, il se ralia, et remit ses gens ensemble par grand courage; car, avant le dixième jour d'après sa déconfiture, il repassa les montaignes, et vint à Lozane; et devant la vile leva ses pavillons, et ralia ses gens en telle manière qu'en peu de temps il marcha en païs, et assiégea la vile de Morat en la comté de Rommont (que les Suisses avoient pris sur monsieur Amé de Savoye, comte de Rommont), et là fit de grandes approches et batures, et moult fort opressa ladicte vile. Mais les Suisses, accompaignés du duc de Lorraine et d'autres leurs aliés, vindrent en si-grand nombre que le duc Charles ne peut porter le faix, et fut pour la seconde fois déconfit, et en grand danger de sa vie. Mais par la grâce de Dieu (qui toutes choses conduit et gouverne à son plaisir et vouloir) il fut préservé pour celle fois, et se retira en sa ville de Jayes, où il séjourna certains jours avec madame Yoland de France, duchesse de Savoye; et ses gens passèrent les montaignes sans ordre ne mesure, et entrèrent en Bourgongne, où ils taillèrent et endommagèrent le païs de vivres et de rançonnemens, car la pluspart estoyent estrangers, et non de la nation, qui en prenoyent où ils en pouvoyent avoir; comme il est léger à entendre qu'après deux batailles perdues, et telles rompures, le prince ne peut avoir que petite obéyssance : et de tout ce je parleray plus-avant en mon second volume.

Ainsi fut le duc Charles pour la seconde fois rompu, à sa grande perte. Et n'arresta guères qu'il ne retournast en Bourgongne, où il assembla les Etats en sa vile de Salins, et remit ses gens-de-guerre en ordre et en discipline de guerre, comme devant; et se retira à La Rivière, une petite vile de la comté de Bourgongne qui costoye les montaignes et les Alemaignes; et là fit revue de ses gens-d'armes, et manda de-rechef gens en Brabant, Flandres, Hainaut et Picardie, Namur, et par tous ses païs. Et fut adverty que par l'aide du roy de France (qui tousjours luy faisoit sourde guerre) le duc de Lorraine estoit rentré en son païs de Lorraine, et avoit légèrement réconquis tout le païs, exceptée la vile de Nanci, où estoit messire Jehan de Rubempré, seigneur de Bièvres, pour le duc de Bourgongne, avec bon nombre d'Anglois et d'autres nations, qui ne furent pas si obéissans qu'ils devoyent; car combien que le duc Charles marchast prestement pour lever le siége et les secourir, toutesfois lesdicts gens-d'armes murmurèrent, et malgré leur capitaine rendirent la vile de Nanci au duc de Lorraine. Mais ce noble et chevaleureux duc Charles, vostre grand-père, par grand courage marcha sur ses ennemis, et par deux fois délogea le duc de Lorraine et sa puissance hors de leurs logis, et fit partir le duc de Lorraine hors du païs, et aller soy retirer en Alemaigne. Et remit le siége de nouvel devant Nanci, où le duc de Lorraine avoit laissé bon nombre de bonnes gens-de-guerre, qui bien gardèrent ladicte vile, combien que le duc de Bourgongne la fist puissamment batre et aprocher. Et durant iceluy siége le vint veoir le roy de Portugal son oncle, lequel il festoya grandement. Et advint que le duc de Lorraine pratiqua tellement, durant ledict siége, qu'il éleva dix ou douze milles Suisses, et autres Alemans ses aliés ; et le roy de France tacitement luy assistoit, et l'aydoit de gens et d'argent, et fit aprocher huit cens lances de ses ordonnances pour enclorre le duc de Bourgongne, lequel il sçavoit estre diminué de gens et de pouvoir, pour les causes avant-dictes, et qui assez sont à considérer.

Or donc, la veille des rois 1476, le cinquième jour de janvier, lesdicts Alemans luy coururent sus, et le duc courageusement vint, en sa personne, à l'encontre d'eux, sans lever son siége. Et je certifie que la compaignie, qu'il mena pour la bataille avec luy, ne fut que de trois milles combatans en toutes gens, et de ces choses je parleray plus-amplement ailleurs. Le vaillant duc assembla courageusement avec ses ennemis, et fut déconfit et mort au champ de la bataille, et plusieurs de ses nobles hommes morts ou pris. Et fut ceste douloureuse journée la destruction évidente de la maison de Bourgongne, et l'amoindrissement de vostre hauteur et seigneurie; car le duc Charles ne laissa pour tous héritiers que madame vostre mère, qui demoura jeune orphenine, en danger et péril de ses ennemis, et en petite obéïssance de ses subjets, enviée et en débat de moult de princes pour l'avoir en mariage ; et, d'autre part, tous ou la meilleure part de ses nobles estoyent morts ou prisonniers. Toutesfois elle fut gardée et servie d'aucuns nobles personnages et d'autres, dont cy-après serez adverty, à la poursuite de mes Mémoires, et dont vous devez rendre grâces à Dieu et à eux, et recognoistre leurs bénéfices et services.

Or, monseigneur, ce pas fait bien à noter, gouster et remordre en vostre entendement, en considérant comment ce grant, puissant et courageux prince cheut et tresbucha en si grant inconvénient et perdition, qu'il perdit, tout à une fois, vie et grande signeurie, ne luy demourant que l'âme et l'honneur, et que trois fois en si peu de temps il fut déconfit, et perdit trois batailles; et à ce ne peut résister son pouvoir, son sens et sa vaillance. Et devez congnoistre que ce grand Dieu en fit à son plaisir et voulonté. A quoy vous et autres princes estes plus subjets, et plus à la veue et regard de son œil, que ne sont les autres simples et petites personnes mondaines, qui sont secondairement en la sugettion et sous la voulonté de vous autres princes, et sous messieurs les régens ordonnés à gouverner les monarchies, chacun en son endroit. Mais vous, les grands, estes regardés de Dieu, et sous sa correction, qui fait trop plus à craindre de vous que nous à douter de vous, qui, combien que soyez nos princes et régens, ne nous pouvez oster que l'avoir et la vie ; et ce grand Dieu peut à son bon plaisir rompre vos trop hautes et élevées emprises, et diminuer vos gloires et renommées. Or, monseigneur, ce grand trébuchement avenu à la fin de vostre grand-père le duc Charles, ne le prenez ou réputez à ses défautes ou péchés, car le vouloir ou permission de Dieu nous est chose incongnue ; mais, pour sagement vostre profit en faire, pensez et entendez que ce coup, et divine bature, vous est advenue en la personne d'iceluy, afin que vous congnoissiez le pouvoir de Dieu, et que l'ayez en crainte et doute. Et aussi peut estre que si la seigneurie et la grandeur de ceste maison de Bourgongne vous fust demourée, écheue et avenue, Dieu prévoyoit que vous eussiez esté prince élevé en orgueil ou autre vice, à vostre dommage et mécongnoissance, contre son plaisir, et il veut vostre sauvement, et que vous congnoissiez qu'il vous peut donner et tollir à son plaisir, et que rien ne pouvez conquérir, posseder, n'avoir que tout ne soit suget à sa disposition. Mirez-vous, monseigneur, et ceste révérence, car le Tout-Puissant vous peut tout rendre et restituer, si vous le servez de bon cueur, et mettez peine d'aquérir sa saincte grâce.

Je ne fay nulle doute que plusieurs, parlans du duc Charles, murmureront et diront : « Que faloit-il à ce grand duc, qui tant avoit de seigneuries, de païs et de richesses? Que démandoit-il, d'emprendre sus ses voisins, et de vouloir conquérir le monde sur autruy ? » Et plusieurs autres langages se diront contre luy. A ce je respons : que la voulonté et extresme zèle qu'il avoit au service de la foy chrestienne et à l'augmentation de l'Eglise, luy faisoit emprendre et faire ce qu'il faisoit, car son désir et affection estoit d'aler contre les infidèles en sa personne, et désiroit de se faire si grand et si puissant, qu'il peust estre conducteur et meneur des autres (car à null y vouloit estre subjet); et si Dieu luy eust donné vie et prospérité, il eust monstré par effect que mon récit, en ceste partie, est véritable, car je le sçay par luymesme, et non pas par ouir dire à autruy.

Ainsi, monseigneur, je vous ay rendu compte des hauts faicts et prospérités de vos ancestres jusques à-présent, et ne vous ay pas celé les adversités advenues, afin que vous congnoissiez le pouvoir de Dieu, et comment il peut donner et tollir à son vouloir les biens de fortune ; en exemple que soyez si sage que de douter Dieu et ses permissions, afin qu'il vous garde de toute adversité, et vous veuille élever en prospérité pour le pouvoir onnorer et servir, à la deffense de la saincte foy catholique, à l'augmentation de la saincte Eglise, et du bien universel de la chrestienté.

Cestuy duc Charles fut marié trois fois : la première fois à madame Katherine de France, fille du roy Charles septième (dont j'ay parlé en ce présent escript); et mourut icelle dame sans consommation du mariage, à cause du jeune age dudict duc, lors comte de Charolois. La seconde fois fut à madame Ysabel de Bourbon, fille du duc Charles de Bourbon et de madame Anne de Bourgongne, tante dudict comte de Charolois ; et furent par dispense les deux germains mariés ensemble; et de ces deux vint madame Marie de Bourgongne, vostre mère ; et n'eurent autres enfans. Et mourut ladicte comtesse à Anvers, et est enterrée audict lieu, en l'église Sainct-Michel. Et après la mort de celle noble princesse, le duc Charles, après qu'il fut duc, se maria, pour la troisième fois, à madame Marguerite d'Yorch, fille du duc d'Yorch et sœur du beau roy Edouard d'Angleterre. Et combien que je la surnomme d'Yorch en surnom, elle se doit surnommer d'Angleterre, car elle est venue de la ligne royale, mais pour ce que son grand-père et père furent ducs d'Yorch, les enfans se sont surnommés de la seigneurie, par telle et semblable raison que font les princes issus des roys de France, et dont j'ay cy-devant touché. Et de celle noble princesse, encores vivant à l'heure que ma plume laboure en ceste matière, n'eutil nuls enfans. Et combien que j'aye cy-devant parlé d'elle, et plustost que des deux autres nobles princesses paravant mariées à vostre grand-père, ça esté pour ce qu'en récitant les grands onneurs du dict duc Charles par ordre, il faloit que je touchasse aucunement du triomphe des noces d'iceux deux, qui fut moult grand, et dont je donneray plaisir aux lisans, en récitant au long celle haute feste en mon second volume. Et me soit pardonné si je suis trop prolix à escrire du duc Charles vostre grand-père, car de luy je ne parle pas par ouir dire, mais par l'avoir veu et sceu. Et sera trouvé vray le récit que je fay. Et tant en dy que ce fut la nourrice des gens-d'armes, et de la guerre ; et que pour riens n'a pas esté nommé Charles le Travaillant, car du temps qu'il régna, autre homme ne travailla tant en sa personne qu'il feit, et si travailla amys et ennemys, et porta telles armes que le duc Philippe son père. Ainsi donques je vous ay monstré comment de monseigneur Charles, duc de Bourgongne, lors comte de Charolois, et de madame Ysabel de Bourbon, vint madame Marie de Bourgongne, vostre mère.

Mais il faut, pour moy aquiter, que je parle de la noble maison de Bourbon, afin que vous entendiez mieux la noblesse de vostre descente d'icelle lignée ; car c'est un de vos plus prochains costés maternels. Et est vray que ceste maison de Bourbon vient de la maison royale, et de fils qui se nommoit de France, fils de sainct Louis de France. Mais pour ce que le nom est de Bourbon, je declaireray premier ce que j'ay apris, dont vient que le fils de France prit le nom de Bourbon, et aussi comment et pourquoy ceux de Bourbon se dient et maintiennent estre plus prochains de la lignée de sainct Louis que ceux de Valois, qui à présent sont, toutesfois, vrais roys et successeurs de la couronne de France ; et commenceray premier au nom de Bourbon, pour mieux entresuyvir ma matière. Je trouve que deux baronnies furent de pieça ; dont l'une fut au païs que l'on dit Bourbonois, et l'autre en la duché et païs de Bourgongne. Et comme toutes choses ont commencement, pour ce qu'en tous les deux lieux que l'on nomme Bourbon, a bains chaux (que l'on dit médecinables; et s'y vont plusieurs gens baigner pour se médeciner, et pour recouvrer santé d'aucunes maladies), à ceste cause, et pour ce que plusieurs gens y hantoyent et conversoyent, ostèliers, taverniers, marchans et ouvriers mécaniques se logèrent celle part, pour gaigner et avoir profit; tellement qu'assez tost après se fit, en iceux lieux, gros et puissans bourgs; et augmentèrent tellement, qu'entre les autres bourgs on disoit d'un chacun d'iceux voisins, « C'est un bon bourg : » et à le prendre au rebours, peut on dire, « C'est un bourg bon. » Et de ce nom « bourg bon, » en continuation de language, sont encore appellés ces deux lieux Bourbon. Et par succession de temps devindrent deux grandes et puissantes baronnies, chascune en son païs; et en furent seigneurs deux nobles barons qui par mariage s'alièrent ensemble. Et ainsi advint que toutes ces deux baronnies demourèrent, par succession, à un nommé Geufroy de Bourbon. Lequel Geufroy eut deux fils, dont l'aisné fut nommé Archembaut, et le second fut nommé Anseau. Le père mort, l'aisné eut en partage la baronnie de Bourbon (qui est en Bourbonnois), et à ceste cause se nomme encore Bourbon-l'Archembaut; et le second frère eut en partage la baronnie de Bourbon en Bourgongne. Et pour ce que le second frère avoit à nom Anseau, celuy Bourbon fut nommé Bourbon l'Anseau; et encore se nomme Bourbon-l'Ansy, par mutation d'une silabe; mais il approche de la chose dessus-dicte. Et ainsi de-rechef furent séparées icelles seigneuries et baronnies; et plus ne parlerons de Bourbon-l'Ansy, pour ce qu'il ne sert plus à nostre matière.

Si retournerons à parler de la baronnie de Bourbon-l'Archembaut, qui tousjours fut plus grande chose que l'autre. Et commença le baron Archembaut à soy élever hautement : et luy et ses hoirs montèrent et multiplièrent en mariage, alliance et successions : tellement que l'on pouvoit icelle seigneurie nommer et tenir des premières baronnies et des plus grandes du royaume de France. Et avint que celle grande baronnie vint, par succession, à une noble dame nommée Louise, qui en fut héritière. Et en ce temps régna sainct Louis, roy de France; qui de Marguerite, fille du comte de Provence, eut cinq fils, dont le cinquième et maisné fut nommé Robert, et fut comte de Clermont, pour son partage de France ; et le maria le roy son père à l'héritière de Bourbon, dessus-nommée. Et pour ce qu'il estoit fils du roy de France, en l'augmentation de sa seigneurie, le roy sainct Louis, accompaigné comme il appartenoit, le fit duc de celle baronnie, laquelle s'appelle à-présent la duché de Bourbon. Laquelle maison et seigneurie, par la grâce de Dieu, et par les vertus et bons gouvernemens des princes et seigneurs qui ont succédé en icelle, est tousjours augmentée de bien en mieux, en grandes successions et aliances de mariage, et dont vous estes si prochainement issu, que vostre grand-mère fut fille du duc Charles de Bourbon, comme j'ay dit dessus.

Or, pour ce que j'ay dit que je déclareroye pourquoy ceux de Bourbon se disent estre plus-prochains de la droite ligne de sainct Louis, roy de France, que ceux de Valois, qui sont à présent roys de France : certes messieurs de Bourbon dient vérité quant à sainct Louis, mais non pas du droit de la couronne : et voycy comment. Sainct Louis eut cinq fils (comme j'ay dit), dont nous ne parlerons que de l'aisné et du maisné, pour ce que le surplus ne nous sert de rien en ceste partie. L'aisné fils de sainct Louis fut Philippe; et fut roi de France après sainct Louis son père. Celuy roy Philippe se maria deux fois : et du second mariage je ne feray nulle mention (car la lignée faillit, et ne sert de rien à nostre matière); mais de la première femme, nommée Ysabel d'Aragon, issirent trois fils. Le premier fut Louis, qui mourut jeune; le second fut Philippe, surnommé le Bel (qui fut roy de France après son père); et le tiers fut Charles, comte de Valois, d'Alençon et du Perche. Philippe le Bel eut trois fils : c'est assavoir Louis, surnommé Hutin; Philippe, surnommé le Long; et Charles, aussi surnommé le Bel. Louis Hutin fut roy après son père, et en mourant laissa sa femme grosse d'un fils, qui fut nommé Jehan : mais il mourut au berceau; et luy succéda son oncle Philippe le

Long : auquel, mourant sans enfans masles, succéda semblablement Charles le Bel, son frère, qui mourut encore sans hoirs masles. Tellement que Philippe de Valois son cousin germain, et fils de Charles comte de Valois, fut couronné roi de France: et de luy vient et est issue toute ceste noble maison de Valois, roys et autres de ce lignage, qui à present règnent en ces grandes signeuries de France: et en estes yssus comme les autres. Et de ce couronnement de Philippe de Valois recommença la grande guerre de France et d'Angleterre, pour ce que le roy d'Angleterre avoit espousé Ysabel, fille du roy Philippe le Bel, fils de ce roy Philippe dont le roy sainct Louis fut père : et maintenoyent les Anglois qu'elle, qui vivoit au temps dudict couronnement, estoit plus prochaine de la droite ligne de sainct Louis, que son cousin Philippe de Valois.

Mais celle matière ne me sert de rien : et pourtant reviendray à éclaircir pourquoy la maison de Bourbon se dit plus prochaine de la droite ligne de sainct Louis que celle de Valois. Il est vray (comme j'ay dit) que le comte de Clermont, premier duc de Bourbon, fut fils maisné de sainct Louis : et de celle lignée sont yssus les ducs de Bourbon, et leur lignée succédante : et de Philippe, roy de France, fils de sainct Louis, sont yssus ceux de Valois, qui sont à présent roys de France. Et faut entendre que le fils de Charles de Valois descendit d'une lignée plus bas que son père : et que celuy fut roy de France, et non pas son père : et pour ce est apparent que la maison de Bourbon, descendue de sainct Louis proprement, est plus prochaine dudict sainct Louis que celle de Valois, mais non pas de la couronne de France : car Robert, comte de Clermont, fut le cinquième fils et loing de la couronne; et Charles de Valois fut tiers fils du roy Philippe, fils de sainct Louis de France. Et de tous ces deux costés vous estes yssu, comme l'on peut entendre par les lignées avant-déclairées : mais toutesfois tout est un sang et une mesme lignée, venans de sainct Louis et des roys de France.

Or, pour ce que (comme j'ay dit) les ducs de Bourbon portent d'asur à trois fleurs de lis d'or, à un batton de guelles en bande (ce que ne portent nuls des fils, issus de France), j'ay de ceste matière fait plusieurs enquestes, et en divers lieux ; et trouve par l'opinion d'aucuns, que ce batton en bande auroit esté pris et tiré hors des armes anciennes de Bourbon, ou de celles de Clermont, et mis en l'escu de France, pour différence du maisné, et pour recongnoissance des seigneuries dessus-dictes. Mais, le tout bien entendu, il n'est pas ainsi : ains avint cela par un grand débat avenu entre ceux de Valois (qui furent et sont roys de France) et ceux de Bourbon, pour ce que ledict Robert, premier duc de Bourbon, porta l'escu à trois fleurs de lis, comme fils du roy de France : et ceux de Valois disoyent qu'il devoit porter seulement semé, comme les autres yssus de la couronne, ou rompre l'escu, par telle manière que différence y fust, comme entre le roy et ses parens. Et à ceste cause, sans abandonner les trois fleurs de lis, il mit le batton de gueulles en bande, que portent encores aujourd'huy les ducs et princes de Bourbon. Et certes, monseigneur, de ce costé de Bourbon vous estes noblement yssu; et trouve que vos ancesseurs d'iceluy costé se sont tousjours hautement aliés par mariage. Le duc Pierre espousa Ysabel de Valois, sœur du roy Philippe de Valois, fille du comte Charles; Louis, duc de Bourbon, eut à femme Anne, comtesse d'Armignac; le duc Jehan eut Marie, fille du duc de Berry; le duc Charles de Bourbon espousa Anne de Bourgongne, fille du duc Jehan : et de toutes ces nobles lignées vous estes prochainement yssu.

CHAPITRE VI.

De madame Marie de Bourgongne, fille du duc Charles et mère de l'archeduc Philippe d'Austriche ; et comment Maximilian, roy des Rommains, son mari, gouverna ses païs après la mort d'icelle.

Ainsi j'ai devisé des armes que portoit madame Ysabel de Bourbon, comtesse de Charolois, vostre grand-mère, et de celle maison ce que j'en ay peu apprendre et sçavoir ; et de ces deux comte et comtesse de Charolois (dont depuis iceluy comte Charles, par succession de son père, fut duc de Bourgongne, comme j'ay dit dessus) issit madame Marie de Bourgongne, leur seule fille et héritière : laquelle, après la mort de ce grand et redouté duc son père, se trouva jeune orpheline, chargée de guerres si dures et pesantes et d'affaires et rebellions si largement, que le faix estoit mirable à porter, voire mesmes à un grand, puissant et valeureux prince : car le roy de France ne tint rien de la trève de neuf ans, faicte avecques le duc Charles; mais prestement, sous feinte de vouloir estre protecteur et garde des biens de ladicte Marie, sa parente et filleule, sous umbre d'amitié et à main forte, il prit en sa main tous les païs de Bourgongne, duché, comté, vicomté d'Aussonne, la signeurie de Salins, les comtés de Masconnois, de Charolois et d'Auxerrois, et les seigneuries de Noyers et de Bar sur Seine, et mesmes la signeurie de Chasteau Chinon, donnée par le duc Charles de Bourbon, en mariage, à madame Ysabel de Bourbon, sa fille, lors qu'il la maria au comte de Charolois : et d'autre part il reprit toutes les terres engagées par le traitté d'Arras, comme Amiens, Sainct-Quentin, Abeville, la comté de Ponthieu, la comté de Boulongne et la comté d'Artois, Péronne, Montdidier et Roye, et tant qu'il peust par puissance d'armes conquérir et avoir. Et ainsi cette grande et noble duchesse se trouva guerroyée par ce très grand et puissant roy de France : et quand elle cuida avoir secours et aide de ses sugets de Brabant et de Flandres, chacune vile voulut avoir priviléges vieux et nouveaux. Et en lieu de guerroyer les ennemis de leur princesse, ils luy prirent ses officiers et serviteurs, et plusieurs en firent piteusement mourir : et par force eurent d'elle pardon et priviléges tels qu'ils les voulurent avoir. Et ainsi fut celle duchesse gouvernée, que la plus-part de ses parens et gouverneurs la voulurent marier chacun à son plaisir : et principalement le roy de France luy vouloit donner son seul fils, monsieur le dauphin (qui de présent est roy de France). Mais il estoit si jeune d'age, estant la duchesse preste à marier, que le mariage n'estoit ny ne sembloit de raisonnable effect.

D'autre part, grans parlemens et traittés avoyent pieça esté (comme j'ay dit dessus) entre vos deux grands-pères, l'empereur Frédéric et le duc Charles, du mariage et aliance de monsegnieur Maximilian, archeduc d'Austriche, à présent roy des Rommains, et de mademoyselle Marie de Bourgongne, l'un seul fils et l'autre seule fille, et dont les ages estoyent sortissables et de bonne sorte : et auquel mariage madame Marguerite, sœur du roy d'Angleterre, douagère de Bourgongne, tint fort la main : et furent les Estats depuis tous en ceste opinion, et principalement les Gandois. En ce temps envoya l'empereur ses ambassadeurs pardeça, pour iceluy mariage : auxquels fut faicte si bonne response, que l'archeduc vint pardeça : et y fut faict le mariage, et eurent trois enfans en moins de quatre ans : vous le premier, madame Marguerite vostre sœur, à présent royne de France, et après François, Monsieur, qui mourut enfant au bers. Et depuis ne vescut guères celle noble princesse vostre mère; et trépassa à Bruges d'une fièvre continue : et mourut princesse pleine de toutes les bonnes vertus et grâces que dame peut avoir en ce monde.

Et pour faire apparoir quelles armes porta le duc Charles, il les porta telles que le duc Philippe son père : et ceste noble dame vostre mère porta les armes telles que les portent les ducs de Bourbon, et que je les ay blasonnées cy-dessus : et d'elle nous nous tairons à tant, et retournerons à parler de ce noble archeduc vostre père, et de ses grans affaires, et de ce qui luy est advenu pardeça jusques à présent.

Ce noble archeduc Maximilian d'Austriche vint pardeça, et fut envoyé par l'empereur son père non pas à grande puissance, pour faire la guerre, mais à noble compaignie, comme ailleurs sera déclairé, et comment les Estats de par deça mandèrent sa personne seulement, et l'envoyèrent querre en Austriche, et nommément les Gandois. Et n'avoit lors ce noble archeduc que dix-neuf ans d'age. Et fut le personnage si agréable à tous en généralité, et estoit l'aliance et le traité du mariage si avancé, que le jour qu'il arriva à Gand il fiança ladite princesse, et le lendemain il l'espousa : et furent les noces solennèlement faictes à Gand au mois d'aoust 1477. Et qui plus fort tint la main à cette aliance, ce fut madame Marguerite d'Angleterre, douagère (comme il est dessus escrit), en laquelle madicte damoiselle nostre princesse avoit singulière amour et fiance.

Ce jeune prince se trouva pardeça, pour ce

commencement, en merveilleux temps et diverse saison ; car le roy de France avoit pris et saisi tous les païs qu'il peut avoir et prendre, comme il est dict dessus ; et desja s'estoyent tournés contre ceste maison plusieurs grans personnages et sugets, et des principaux, où la duchesse avoit fiance, et dont je parleray et déclaireray plus-à-plain en mon second volume. Et de ses grandes pertes j'ay desja aucunement parlé, en devisant les adversités de madicte damoiselle nostre princesse, et de l'amoindrissement de ceste vostre maison : mais quand j'escriray d'elle d'oresen-avant, je ne parleray plus de nostre princesse en la nommant Madamoiselle : ainsi je la nommeray madame l'archeduchesse d'Austriche, comme c'est raison. Ce roy Louis continua la guerre de plus en plus : et se trouva le païs si divisé, que ce noble prince fut moult travaillé et occupé pour appaiser les viles et les peuples, esmeus à cause de leurs priviléges, qu'ils voulurent avoir renouvelés, et de nouveaux articles, et tout à leur avantage. Et d'autre part aucuns des grans seigneurs et personnages se trouvèrent en pique et en pointe les uns contre les autres : qui donna grand destourbier à la défense du païs et à l'exécution de la guerre : et de tout ce mon second volume fera mention.

Toutesfois ce jeune noble prince laboura tellement que, depuis sa venue de-pardeça, le roy de France fit petite conqueste. Ce noble prince releva l'ordre de la Toison-d'Or, à grande et noble cérémonie, et là fut faict chevalier pour ce faire ; et le troisième jour de sa chevalerie, pour gaigner ses esperons dorés, il se tira aux champs, pour ce que le roy de France avoit pris en Hainaut le Quesnoy, Bouchain, Condé, Avennes, Landrechies, et le chasteau de Bossut, et estoit entré, à grand'puissance, audit païs, et en sa personne. Mais quand il sentit venir le duc d'Austriche, et qu'il fit camp et tint les champs, il se retira, et fit brûler Condé, Lens en Artois, et mesmes Mortaignes, son propre héritage, et quist de parlementer. Et le duc gaigna Bossut, Sores, Trelon, et autres places ; et en ce temps messire Philippe de Crouy, comte de Chymay, premier chambelan de monsieur d'Austriche, parlementa d'une abstinence briève. Et par ce moyen le roy de France rendit le Quesnoy, et le remit ès mains du duc vostre père, qui tousjours marcha avant contre la vile et cité d'Arras, où s'estoit retiré le roy de France ; et passa le duc le Pont-à-Vendin ; et fit son camp pour présenter la bataille (car la trêve estoit faillie) ; et estoit le duc fort accompagné, et principalement de la commune de Flandres. Mais une trêve fut pratiquée, à la requeste du roy de France, qui dura un an ; et pendant ce temps furent plusieurs parlemens tenus pour parvenir à la paix ; mais nulle perfection de bien n'y peut estre trouvée. Et en ce temps, par la grâce de Dieu, vous fustes né et baptisé en vostre vile de Bruges, à grande dévotion et solennité, et en vindrent les nouvelles à mondict seigneur vostre père, en son camp au Pont-à-Lesancx, la veille de sainct Jehan-Baptiste, l'an 1478, dont toute la compaignie eut moult grande joye, et tous vos bons subjets. Et devez bien avoir le cueur et la volonté d'estre si bon, si loyal et si juste prince, que vos subjets ne se repentent point de la liesse et plaisir de cueur qu'ils ont eu de vostre noble naissance.

Celle trêve ne se parfournit point sans recommencer le débat, car le roy de France avoit baillé, par-avant, une abstinence de guerre pour recueillir les blés en Hainaut et en Cambresis ; mais quand il veit qu'on s'asseuroit en son asseurement, et que les moissonneurs, sous seureté de l'abstinence, faisoyent leur labeur, il les fit par un matin tous prendre, et amener prisonniers ès prochaines frontières du royaume ; et en tirèrent les gens-d'armes françois grand avoir. Et pareillement, sus la fin de la trêve d'un an, les garnisons françoises coururent, et les gens-d'armes de-pardeça se hastèrent de faire leur profit. Et fut celle trêve rompue, d'une part et d'autre, assez plus tost qu'elle ne devoit ; durant lequel temps fut tenue une journée à Cambray, qui ne fut qu'un abus faict par les François, et ne profita de rien à nostre prince. Mais, sous ombre de celle trêve, le roy de France reconquit plusieurs viles et chasteaux en Bourgongne, qui estoyent retournés en leur nature, et au parti du roy vostre père, lors archeduc, et de madame vostre mère. Et, à la fin de celle trêve, la cité de Cambray et le chastel d'icelle, mis ès mains des François de ceux de nostre parti, fut si bien pratiqué, que les François furent mis dehors; et demoura ladicte cité et ledict chastel ès mains du roy vostre père, où fut prestement mise bonne et grosse garnison, qui moult alégea le païs de Hainaut.

En ce temps, le roy vostre père fit en sa personne une chevauchée devant la cité de Tournay, en laquelle avoit grosse garnison de François. Et combien que celle chevauchée fust de petit profit, toutesfois le roy vostre père rebouta lourdement ladicte garnison, et à son grand honneur; et fut, à celuy voyage, bien accompaigné et obéi de la commune de Flandres. Et en ce temps mit ce noble archeduc vostre père le siége devant la cité de Térouenne, et fort batit ladicte cité, et aprocha; mais les François, conduits par le seigneur des Cordes, s'assemblèrent à grand nombre d'hommes d'armes et d'archers des ordonnances, et aussi des francs-archers du royaume de France, et marchèrent pour lever ledict siége de Terouenne. L'archeduc leva son siége, et marcha au-devant de ses ennemys courageusement; et certes les Flamans le servirent à grand'puissance iceluy voiage. Et furent ordonnés avec eux bien cinq cens nobles hommes à pié, qui tous avoyent chacun un bras découvert; et fut tenu, par les Flamans, bon et asseuré ordre et contenance celuy jour. Le choc de la bataille fut sur la bataille des gens-de-cheval que conduisoit ce noble archeduc, qui n'avoit que vingt ans d'age. Rompure y eut d'une part et d'autre; mais le champ demoura à vostre noble père. Et furent les francs-archers françois tués; et les gens-de-cheval se retirèrent; et furent leurs tentes et pavillons gaignés; et de leurs vivres soupèrent ceux de vostre parti. Et si les Flamans (qui estoyent la plus grosse puissance) eussent obéi et tiré devant Térouenne, certes ils estoyent presls d'eux rendre; mais la commune (qui estoit près du païs) désira de retourner, et fut celle armée rompue pour celle fois. Et de ceste bataille gaignée par vostre père, je parleray plus-amplement en mon second volume. Et combien que le roy vostre père eust grand faix à porter en iceluy temps, par la guerre que luy faisoit ce puissant roy de France, toutesfois faisoit-il faire la guerre à l'encontre de ceux de Gueldres, qui se rebellèrent prestement après la mort du duc Charles; et à grands frais de deniers et à puissance d'armes remit le païs en son obéïssance.

Ce noble prince vostre père eut grande assemblée de sa noblesse et de la commune de Flandres, et entra en Artois, et conquit Waurin, Malenvoy, et autres places; et fit icelles viles et chasteaux démolir et abatre, et exécution de ceux qui furent pris dedans; et marcha devant Sainct-Pol, Hesdin et autres viles, présentant la bataille en sa personne courageusement. Et si ne fust l'hiver qui approchoit, et les grandes pluyes qui survindrent (parquoy l'on ne pouvoit tenir les champs, mener l'artillerie, ne les gens-de-pié), certes il estoit apparent qu'il eust recouvré grande partie de la comté d'Artois. Parquoy ce noble prince se retira en ses païs, par la nécessité du temps; et pour non perdre temps fit une chevauchée en la duché de Luxembourg, pour réduire aucuns subjets rebelles, et puis s'en retourna en son païs de Flandres. En ce temps fut vostre noble père conseillé de soy fier et gouverner par les membres de Flandres; et nommèrent de ceux de Gand; qui fut si mauvais conseil, qu'il s'en repentit légèrement; car la commune s'énorgueillit tellement qu'ils le voulurent tenir en tutèle, et s'élevèrent contre luy, et se mirent hors de son obéïssance, dont il a eu moult à souffrir. Et, pour vous donner à entendre vérité, j'escry cet acte, afin que vous preniez exemple de jamais ne donner authorité sur vous à ceux qui doyvent vivre et règner sous vostre main. Mais je conseille bien que vous leur devez demander conseil et aide, pour vos grandes affaires conduire et soustenir.

Ce bon prince, sous bon espoir et fiance qu'il deust avoir grande aide de pécune d'iceux, leur permit et souffrit rompre et refaire son estat, oster, mettre et démettre les officiers domestiques de sa maison. Mais assez il congnut leur vindication et opinion; et toutesfois le bon prince en endura moult longuement, et tellement qu'ils gouvernèrent la plus-part de Flandres, par le nom des membres de Flandre, et se portèrent du roy de France, et tant luy compleurent qu'ils contraignirent leur prince à marier madame vostre sœur à monsieur le dauphin, à présent roy de France; et luy donnèrent en mariage tant de belles parties et tant de grandes seigneuries qu'il sembloit mieux qu'ils vouloyent affoiblir leur prince que le faire puissant; et si tost que feue de noble mémoire madame vostre mère fut trépassée, ils voulurent gouverner tous les païs à vous appartenans, sous tiltre et couleur d'aucuns priviléges qu'ils dient avoir; et se mirent hors de toute l'obéissance de vostre père, et refusèrent tous deniers, et rentes, et aides; et avoyent en leurs mains vostre noble personne, et, sous ombre de vous, faisoyent guerre à vostre noble père, et en vostre nom.

En ceste dissimulation de temps, et en ceste patience, dommageuse à ce noble prince vostre père et à vous, combien que ce fust lors un jeune prince qui voulontiers et moult bien joustoit et tournoyoit, et aimoit le déduit des chiens et d'oiseaux sur tous autres princes du monde, toutesfois il éloingna vertueusement toutes ces plaisances. Et pour ce que ceux de la cité d'Utrecht, favorisés du duc de Clèves et du seigneur de Montfort, avoient déchassé et pris prisonnier messire David, bastard de Bourgongne, évesque d'Utrecht, pour y vouloir mettre et faire leur évesque du frère dudict duc de Clèves, ce noble prince vostre père, par l'aide des Cabillaux, Holandois, et d'autre noblesse de ses païs, mit le siége devant celle puissante cité; et tellement la pressa d'engins et de bature, qu'ils vindrent à parlementer pour eux rendre; et leur faisoit ce bon prince utile et profitable traité. Mais le seigneur de Montfort (qui estoit parti hors de la cité avec le fils de Clèves, ostager, pour tenir le traité accordé d'une part et d'autre), sous ombre de faire passer aucuns points qui estoient en débat, retourna en la cité, et laissa le fils de Clèves ostager pour eux deux; et recommença la guerre comme devant, et tirèrent de leur artillerie les assiégés sur ceux du siége. Mais le noble archeduc vostre père ne fut guères de ce ébahi; mais s'en revint en son siége, et fit ses aproches et batures plus fortes que devant, et bastit si fort un pan de muraille en peu de jours, que ceux de la cité se virent pris et perdus du premier assaut; et furent tous joyeux de tenir le premier traicté, et se rendirent; et entra ce noble archeduc en celle puissante cité d'Utrecht, par la muraille qu'il avoit abatue; et ainsi conquit vostre père la cité d'Utrecht deux fois en un mesme temps et siége, pour les causes cy-dessus déclairées.

En ce temps mourut le roy Louys de France, et succéda à la couronne Charles, son seul fils, qui fut roy de France en bien jeune age. Mais les gouverneurs, qui avoient audivit du temps du roy Louys, ne moururent pas avec leur maistre; ains demourèrent en gouvernement, et tindrent main que les ennemis du roi vostre père fussent entretenus et favorisés, pour tousjours affoiblir et diminuer vostre maison, et mesmement les Gandois et les Flamans rebelles, lesquels faisoient leur dongeon de vous, qui estiez à Gand, enfant, en leurs mains. Et quand vostre noble père vit qu'il faloit mettre main à l'œuvre, et obvier à leurs cautèles et malices en sa personne, accompagné de plusieurs nobles hommes, par hardement et sage moyen, gaigna la ville de Tenremonde en plain jour, et la garda de pillage et de meurtre moult débonnairement, et puis se retira en sa ville de Brucelles. Et assez tost après le comte de Rommont, accompagné des Gandois et autres Flamans rebelles, se mit aux champs, et tira contre Brucelles; et à celle heure se trouva le roy vostre père petitement accompagné, car tous ses gens-d'armes s'estoient retirés, les uns ès frontières et les autres en leurs maisons; et ceux de Brucelles ne faisoient pas grande faveur à vostre père. Toutesfois il manda secretement ses amis, sugets et gens-d'armes de toutes parts, et en en peu de temps il fit armée pour combattre ses ennemis.

Mais quand le comte de Rommont sentit la venue de vostre noble père et l'approchement des gens-d'armes, il se retira, et sa puissance, contre Gand. Et avant que les Flamans fussent rentrés en leur ville, ce vaillant et courageux prince prit et conquesta sur eux la ville d'Audenarde, par subtil moyen qu'il conduisit en sa personne; et en poursuivant son emprise, assez tost après, à deux mille combattans seulement, il entra en Flandres, et marcha jusques devant Bruges, cuidant y avoir entendement et entrée. Et se présenta devant les portes pour y vouloir entrer amiablement; ce que plusieurs bons et notables bourgeois eussent bien voulu; mais les mauvais estoient t les plus puissans, et ne souffrirent l'ouverture, mais luy refusèrent ; et dirent qu'ils estoient à vous, et ne connoissoient autre prince. Et ainsi retourna vostre père, par Hainaut, en Brabant; et ceux de Bruges, continuans leur obstination, firent mourir et décapiter tous ceux qu'ils pensèrent ou cuidèrent estre bons du parti de vostre noble père, et qu'ils peurent trouver et prendre ; ce qui vous sera déclaré plus amplement en mon second volume, comme c'est raison; car je procède seulement en brief, pour monstrer par ce présent escript les grands affaires portés et soustenus par vostre noble père, comme j'ay fait de ses ancesseurs, et mesmement des ducs de Bourgongne.

Moult souffrit et endura ce noble prince de vos sugets, sous ombre de vous, qui estiez en leurs mains et pouvoir en la ville de Gand. Et les gouverneurs de France entretenoient le jeune roy françois en la haine de ceste maison ; et feignans de vouloir apaiser le différend d'entre le roy vostre père et ses rebelles sugets, envoyèrent notables ambassades, qui rien ne profitèrent ; et furent plusieurs journées tenues sans fruict et sans exploit. Et s'en retournèrent lesdicts ambassadeurs en France ; et tousjours de plus en plus furent lesdicts rebelles favorisés par les François. Mais ce noble et vertueux prince demoura en force de courage ; et pour ce que le comte de Rommont avoit marché près d'Audenarde, accompaigné des Flamans et des François, qui vindrent recevoir soulde des Flamans, vostre père assembla gens, et vint entrer en Audenarde. Et pour ce que le seigneur des Cordes, à grosse compaignie de François, estoit entré en Flandres pour ayder les rebelles, cestuy vostre père se travailla, à son pouvoir, de le rencontrer et combatre, et pareillement le comte de Rommont et sa puissance. Mais trouver ne peut ne l'un ne l'autre ; car ledict comte de Rommont se tenoit clos en un fort avantageux lieu ; et le seigneur des Cordes entra, et sa compaignie, en la ville de Gand. Parquoy ne se purent trouver en bataille n'en lieu convenable ; et toutesfois le quist vostre père jusques devant les portes de Gand. Et si fit emprise vostre père, en sa personne, pour prendre la ville de Gand, moitié d'assaut, moitié d'emblée. Et s'il eust esté servy de chacun comme d'aucuns, il en eust essayé la fortune, qui estoit chose conduisable.

Or ay-je dit comment fut pour celle fois démenée et conduite celle guerre : et se peut-on merveiller comment ces deux grosses bandes de François et de Flamans, et l'armée et puissance de vostre père, pleine de noblesse et de bons gens-d'armes, se peurent départir sans eux lourdement rencontrer, et sans la bataille : veu que chacun parti fut puissant assez pour combatre. Monseigneur, il est bon que vous entendiez comme Dieu meine et conduit les grandes choses et petites à son plaisir, afin de prendre toujours, et en tous faicts, recours, espoir, et confort en luy, qui jamais ne laisse les bons sans ressource ne les mauvais sans punition, en ce monde ou en l'autre. Il advint qu'aucuns Flamans, de la compaignie du seigneur de Rachenghyen, vindrent courre devant Audenarde, cuidans estre soutenus par les François qui estoyent en leur compaignie, au fort que tenoit le comte de Rommont en la voye de Hainaut. Les gens de vostre père saillirent d'Audenarde sur iceux Flamans, et en tuèrent et en prirent assez largement. Et pour ce que lesdicts François les secoururent trop tard, le murmure se leva par le peuple de Flamans : et disoyent que les François les trahissoyent ; et falut les François partir de la compaignie des Flamans, et les Flamans se retirèrent par-devers Gand. Et quand le seigneur des Cordes (qui avoit la grosse bande des François) seut et entendit que les Flamans prenoyent débat aux François, il ne s'osa plus fier au peuple de Gand n'au païs : et s'en retourna, par le Tournaisis, au païs d'Artois, sans autre exploit faire. Et pareillement le roy vostre père r'envoya grande partie de ses gens-d'armes aux frontières nécessaires : et se partit avec un nombre de gens-de-pié, Alemans et autres, et traversa entre Gand, Bruges et L'Escluse, et pilla tout le païs de Vauz et des Quatre-Mestiers : et fit emmener vaches, chevaux et bagues, en grand nombre, en la ville d'Anvers, où il départit le butin, et de là tira en Hollande et Zélande : et en sa personne se mit en mer à plusieurs gens-d'armes ; et ne laissa, pour le rude temps de la mer, ne pour doute de la fortune, qu'il ne visitast ses ennemys, et fit descente sur eux en plusieurs lieux, l'une fois du costé d'Ostende, l'autre devant Brevilliet, et en plusieurs autres lieux : qui moult travailla et ébahit les rebelles, et ses ennemys. Et advint qu'en ce temps fut prise la ville de Grammont, où fut faicte bonne exécution de François et de Flamans : et telles pertes sus pertes reçues par Flamans rebelles, changèrent beaucoup de courages, les uns, et le plus, par crainte, et les autres, par ce qu'ils estoyent bons et par craincte, vivoyent avecques les mauvais.

Si commencèrent à murmurer à Bruges et à Gand; et disoyent, par plusieurs opinions, et principalement à Gand : que les François n'estoyent point venus pour faire la guerre pour eux. Et bien y paroissoit : car ils s'en estoyent retournés sans faire nul exploit, mais estoyent venus seulement pour cuider avoir et emmener leur jeune prince, s'ils eussent peu : et en demandoyent au seigneur de Racenghyen, à Guillaume Rin, à Coppenole, et à quelques autres, qui les avoyent fait venir de France. Et de ce murmure s'élevèrent contre les gouverneurs : et fut pris le seigneur de Racenghyen par les uns, et mis hors de prison par les autres. Guillaume Rin et Daniel Outredem, premier eschevin, furent décapités : et Coppenole et autres s'enfuirent, les uns à Tournay, les autres en France, où ils furent recueillis. Pareillement les notables de Bruges mirent le comte de Nassau et le seigneur de Bevres à Bruges : et fut le seigneur de La Gruthuse pris, du consentement de ceux de Bruges. Et fut la loy renouvelée à Gand et à Bruges, de par le roy vostre père : et furent, en toutes les deux villes, les bons maistres, et s'y faisoyent tous exploits de justice de par vostre père et de par vous. Et se tira le roy vostre père en sa ville de Bruges, aussi paisiblement qu'il y avoit jamais esté : et fit faire justice, et décapiter plusieurs rebelles, et mit officiers nouveaux à son vouloir. Et fut pratiqué légèrement que le roy vostre père, nostre sire, entreroit en sa ville de Gand fort et foible, et que là vous luy seriez remis en ses mains par monsieur Adolf de Clèves, seigneur de Ravastain, qui lors vous avoit en gouvernement. Ce qui fut faict et exécuté à la grand'joye de vos loyaux sugets, et au grand déplaisir de vos ennemys et rebelles : et en mon second volume je déclareray le jour et la manière de l'entrée (qui fut à l'honneur de vostre bon père et de ceste maison grandement), et déclaireray comment et par qui ces choses ont esté faictes et exécutées, et ceste guerre, pour ceste fois, menée à fin : car en ceste partie je ne veuil parler n'escrire, si non en brief, des grandes choses advenues à cestuy noble prince vostre père, comme j'ay dit et parlé par abrégé de vos autres nobles ancesseurs, selon que dessus peut estre dict et escript.

Ainsi donques, cestuy vostre noble père entra en sa ville de Gand, à telle puissance qu'il luy pleut d'y mener : et audevant de luy, une grande lieue, luy fustes amené à cheval par le seigneur de Ravastain, et autre grand nombre de gens; qui fut une joye si piteuse, que chacun pleuroit, de la liesse qu'ils avoyent de vous veoir en la puissance de vostre père, et à son commandement; et que Dieu permit à la raison que de vous deux (qui n'est qu'une chair et un sang) fust et demourast un pouvoir, luy comme père, et en vous comme fils, et venu de luy et de son essence. Si fustes et estiez séparés, par rebelles sugets, d'unie puissance : et, contre vostre voulonté, fustes tenu séparé de vostre père, et hors, par puissance violente, de la mainbournie et tutèle que père doit avoir de son enfant, par tout droit et bonne coustume. Laquelle chose fut remise en son droit : et fustes remis ès mains de vostre bon père, et en son autorité, pouvoir et obéyssance. Et puis la bienvenue de vous deux faicte, marcha vostre noble père, et vous à son senestre costé, en la ville de Gand : et entrèrent premiers à pié, la pique sur le col, monsieur de Gueldres, monsieur Philippe de Clèves, messire Inglebert, comte de Nassau, et plusieurs autres, comtes, barons, chevaliers et escuyers, que je nommeray plus amplement ailleurs, avec grande foison d'Allemans et autres, pour accompaigner le roy vostre noble père et vous, comme je diray ailleurs, quand temps et lieu sera. Et après iceux gens-de-pié marcha le roy vostre père, et vous auprès de luy, et toute la seigneurie, et les gens-d'armes à cheval : et fut vostre père maistre et seigneur de la ville de Gand à celle fois, pour en faire à son bon plaisir et vouloir; et alla loger en son hostel à Gand, et vous avec luy : et furent les gens-d'armes, tant de pié que de cheval, logés par la vile, en plusieurs rues et maisons : et fut celle journée toute paisible, sans nulle apparence de nulle mutation

Mais quand vint sur le soir, et que ceux de Gand se virent logés avec gens estranges en leurs maisons, contre leur gré ils coururent au marché, et s'assemblèrent le plus qu'ils peurent : et le roy vostre père fit mettre gens-d'armes au-devant d'eux, pour sçavoir qu'ils vouloyent faire : et furent toute la nuict sus bout, et ceux de Gand, et ceux de nostre parti, combien que les Gandois estoyent merveilleusement effrayés, et ne sçavoient où bien estre; et vouloyent aucuns des seigneurs et des capitaines que sur le poinct du jour l'on leur courust sus, et que jamais à plus juste tiltre n'à plus grande puissance ne pourroit Gand estre subjuguée. Mais autres des seigneurs et des capitaines estoyent pour ceux de Gand : et mesmement vostre noble père avoit ce regard, qu'il estoit entré par amitié en la vile, et que, pour la folie d'aucuns mauvais garsons, si puissante vile fust destruite. Et toutesfois marcha le duc sur le marché au Poisson, et jusques au devant de l'hostel de la vile : car les seigneurs de la vile estoyent bons pour luy; et n'est point à douter que ce populaire, malconduit, sans sens et raison, estoit défaict et tout mort, si ce bon prince vostre père leur eust couru sus : car il estoit fort accompaigné d'Alemans et de Wallons, nobles et autres, tous en bonne voulonté de faire telle exécution. Mais le roy vostre père leur manda que, s'ils se vouloyent retirer en leurs maisons, il feisit retirer ses gens-d'armes, sans leur porter autre dommage. Le peuple promit d'ainsi le faire, mais ils n'en firent rien. Et dura tout le jour et toute la nuict, que furent sur bout et en armes; et le comte de Nassau, et autres nobles hommes en sa compaignie, soustindrent toute la nuict toute la puissance d'iceux Gandois, afin qu'ils ne venissent surprendre la compaignie de Monseigneur.

Mais iceux Gandois estoyent si-effrayés, qu'ils abandonnèrent le grand marché ; et se boutèrent au petit marché (qui est entre le chasteau et Saincte-Verle); et sur le jour fust pratiqué que le roy vostre noble père les lairoit retourner paisiblement en leurs maisons. Ce qui fust faict : et ce mesme jour le roy, acompaigné de ses gens, vous emmena hors de la vile de Gand : et là vous pristes congé de luy, et en la conduite de monsieur de Ravaistain fustes mené à Tenremonde, où vous demourastes certains jours. Et le roy retourna à Gand, où il fust paisiblement receu, et y fit faire justice de ceux qui avoyent emeu ceste assemblée, et mis en danger la puissante vile de Gand d'estre destruite ; et mesmement leur cassa et rompit plusieurs priviléges ; et luy pria le peuple mercy : et mit en police et en loy, en paix et union, la vile de Gand, et puis s'en revint à Bruxelles, là où il avoit ordonné de vous mener. Et à tant je fay fin et conclusion de la manière comme vous fustes tiré hors de la main des Gandois par vostre noble père.

Ces choses ainsi advenues, les Liégeois se mirent contre leur évesque : et avoient à capitaine, sous messire Robert de la Marche, un nommé Guy de Camp, et un autre nommé Rocca. Ces deux avoyent si grande puissance en la cité du Liége, qu'ils voulurent entreprendre de livrer la cité ès mains de vostre noble père, par condition qu'ils s'en feroyent maistres et seigneurs, en déboutant leur évesque du Liége. Mais ce noble archeduc vostre père (qui encores n'estoit pas roy des Rommains) se monstra si bon et si loyal à l'évesque du Liége, que jamais il ne le voulut souffrir n'entreprendre, mais le refusa plainement, Et en ce temps les électeurs et princes d'Alemaigne mandèrent ce noble archeduc vostre père : et, deuement informés des nobles meurs, vertus et vaillances de sa noble personne, en la présence et du consentement de l'empereur Frédéric, son père et vostre grand-père, il fust esleu roy des Rommains, par la clémence de Dieu. Et n'est pas venu à ceste dignité par estre tiran, par force ne violence, mais par vraye eslection, digne, saincte et canonique, et par raport, de vive voix, des grandes vertus qui sont en sa noble personne.

Mon souverain seigneur, ce vous est miroir et exemple de bien vivre, de bien régner, et d'estre royal en vos faicts : car Dieu, le par-dessus de toutes choses, guerdonne les bons, et leur rend le mérite de leurs bonnes œuvres.

Et ainsi, monseigneur, je vous ay monstré, selon que je l'ay peu comprendre, comme les princes qui ont régné en ceste maison, vos ancesseurs, et dont vous estes issu, se sont conduits et gouvernés, les noms et les causes qui leur ont esté donnés : et me tairay, en ce présent escript du surplus des hauts-faicts du roy des Rommains, vostre noble père : et metray ces faicts par escript, plus au long, en mon second volume : et le nommeray d'ores-en-avant roy, et, à nom donné, Maximilian Cueur-d'Acier. Et me suffit, par ce présent escript, que je l'aye mené jusques à estre roy des Rommains, et par la clémence de Dieu, héritier de l'Empire, sans contredire. Et porta le roy des Rommains comme roy, l'aigle de sable à une teste; et, comme empereur, l'aigle impérial à deux testes : et madame vostre mère, sa compaigne, porta les armes de Bourgongne comme héritière, et comme faisoit le duc Charles son père.

Or, monseigneur, mon prince et mon maistre, pour mettre conclusion à cest escript précédant mes Mémoires, je vous en fay humble présent : mais il est besoing, en ceste conclusion, que je tienne l'ancienne règle et coustume qu'ont tenu les saincts docteurs en leurs espitres : comme sainct Augustin, sainct Hiérosme, sainct Pol, sainct Tomas d'Aquin, Bonaventure, et plusieurs autres notables docteurs qui tousjours ont fini et conclu leurs livres et épistres en doctrines et vrais exemples, pour tenir leurs disciples, et ceux à qui ils ont adrecé leurs escritures, en la crainte de Dieu singulièrement : car crainte et amour ne sont pas loin de la condition l'un de l'autre. Pour ce doncques que je désire que ces deux poincts, d'amour et de crainte de Dieu, vous demourent en l'entendement et en ferme propos, je vous donneray aucuns exemples de princes plus grands de vous, pareils de vous, et moindres de vous, à qui la fortune n'a pas laissé, pour noblesse de sang, pour grandeur de lignage, ne pour puissance terrienne, que, sous la permission divine, ils n'ayent esté flagelés et batus de diverses maladies, et bien souvent plus grandes, plus horribles et plus abhominables que n'ont les laboureurs et pauvres gens champestres, qui vivent misérablement, au contraire de vous messieurs les princes, qui vivez délicieusement. Et ne vous peut l'on assouvir de bons vins et délicieuses viandes; et dont bien souvent il advient que les corps, par trop de réplétion, tombent en inconvénient, ou de langueur, ou d'abrégement de vie Et commencerons nos exemples et remonstrances, et entrerons au faict de la bible, et dirons de Saül, premier roy d'Israël, lequel fut en ses plus beaux jours, et jusques à sa mort, travaillé et passionné du mal caduc; Hercules le Grand fut pareillement passionné dudict mal caduc, comme l'aprouve Aristote en ses problèmes ; Philote, grand prince et page dudict Hercules, en maniant une des fléches de son maistre (laquelle estoit envenimée du venin d'un serpent merveilleux que ledict Hercules avoit tué, et laquelle flèche tomba sur le pié dudict Philote), en demoura boiteux et affolé, sans trouver guarison : et combien qu'il fust prince valeureux et de grand courage, il vescut le demourant de ses jours en douleur intolérable. Sertorius, le grand capitaine des Espaignes (qui longuement mena la guerre contre Pompée le Grand), Philippe de Macédoine, père du grand Alexandre, Annibal de Cartage, prince si renommé : ces trois capitaines, les plus grands dont il soit mémoire, ont tous trois perdu chacun un œil de blesseure ou autrement. Anthiochus roy de Sirie, puissant, courageux et renommé, fut mangé de vers en sa pleine vie, sans que médecins n'art ne médecine y peussent jamais remédier, pour trésor ne avoir. Lucius Sylla un grand dictateur entre les Rommains, fust mangé de poux, à grand honte et détresse, et sans ce que sens d'homme y peust jamais pourvoir, comme tesmoigne Pline. Julius César, si renommé, fust travaillé du mal caduc, comme tesmoignent plusieurs anciens médecins. Octavien Auguste, à qui Dieu donna si grande prospérité que la monarchie du monde fust toute en paix et sans guerre de son temps, et sous son règne d'empereur nasquit Nostre Seigneur Jésus-Christ, fust travaillé de gravelle, et d'autres dangereuses maladies, toute sa vie. L'empereur Caligula, moult renommé prince, fust tourmenté par poison que sa femme luy donna, cuidant estre de luy mieux aimée : dont il mourust forsené, et hors du sens. Constantin, fils de saincte Helaine, empereur, et si dévot qu'il n'est pas trouvé que jamais homme fist tant de bien à l'Eglise comme il fit, fust lépreux jusques à sa mort : et en celle piteuse maladie le garda et nourrit la bonne dame sa mère, tant qu'elle vescut. Sigismond, duc d'Austriche, mourut paralitique. Le duc Louis de Bourbon fut impotent de goutes. Charles, roy de France, sixième de ce nom, fust furieux et forsené. Le roy Louis, fils de son fils, si sage et si subtil, et tant puissant, et qui achetoit la grâce de Dieu et de la vierge Marie à plus grands deniers qu'oncques ne fit roy, fut tourmenté, jusques à sa mort, de plusieurs diverses et piteuses maladies. Edouard, prince de Galles, mourut idropique ; Henry Derby, roy d'Angleterre, ladre, de terrible et infecte ladrerie. Henry le Quint, fust malade d'alopisie, qui est ladrerie au cueur et à la teste. Quant à Frédéric, ce noble empereur vostre grand-père (qui fust si grand qu'il régna toute sa vie sans estre décliné de son impériale puissance), par un feu qui luy prit en la jambe, il luy convint la jambe couper : dont il mourut en la fin de l'an. Le roy Charles, huictième de ce nom, en ses plus beaux jours, ayant fait grandes conquestes ; et en brief terme, mourut soudainement et, en peu d'heure, comme eust fait le moindre berger ou porcher de son royaume. Mon souverain seigneur, vous voyez par exemples vrais, vieux et nouveaux, tant de plus grands de vous que de moyens et de semblables, que pour leur noble sang, lignage et pouvoir, Dieu n'a fait compte de dissimuler avecques eux, comme il ne fera avecques vous. Porquoy il est nécessité, pour eschever tels inconvéniens, de recourir à sa bonne grâce, par le mérite de Jésus-Christ son fils, auquel je prie et réquier dévotement qu'il vous préserve de tous inconvéniens, et vous doint grâce de vivre et de prospérer en ce monde, à la louange de Dieu, au salut de vostre ame, et à la prospérité de vos païs et seigneuries. Et ainsi finist le présent escript, pour Introduction de la lecture des Mémoires de La Marche, dont il vous faict humble présent, se recommandant à vostre noble grâce.

TANT A SOUFFERT LA MARCHE.

LIVRE PREMIER.

PRÉFACE.

Ayant de présent souvenance de ce que dit le sage Socrates, qu'oisiveté est le délicieux lict et la couche où toutes vertus s'oublient et s'endorment, et, par le contraire, que labeur et exercice sont le repos, l'abisme et la prison où sont les vices abscons et mucés, et qu'ils ne se peuvent réveiller ne ressoudre sinon que par ladicte oisiveté, mère de tous maux ; à cette cause, me trouvant tanné et ennuyé de la compaignie de mes vices, et désireux de réveiller vertus lentes et endormies, ay empris le faix et labeur de faire et compiler aucuns volumes, par manière de Mémoires, où sera contenu tout ce que j'ay veu de mon temps digne d'estre escript et ramentu. Et n'entens pas d'escrire ou toucher de nulles matières par ouir dire, ou par raport d'autruy, mais seulement toucheray de ce que j'ay veu, sceu et expérimenté ; sauf toutevoyes que pour mieux donner à entendre aux lisans et oyans mon escript, je pourray à la fois toucher pourquoy et par quelle manière les choses advindrent et sont advenues, et par quelles voyes elles sont venues à ma cognoissance, afin qu'en éclaircissant le paravant advenu, l'on puist mieux entendre et congnoistre la vérité de mon escript.

Mais je n'entens pas que ce mien petit et mal-accoustré labeur se doyve appeler ou mettre du nombre des croniques, histoires ou escriptures faictes et composées par tant de nobles esprits qui aujourd'huy et en cestuy temps de ma vie ont si soulennellement labouré, enquis et mis par escript (comme principalement ce très-vertueux escuyer George Chastelain [1], mon père en doctrine, mon maistre en science, et mon singulier amy, lequel seul je puis à ce jour nommer et escrire la perle et l'estoile de tous les historiografes qui de mon temps, ny de pieça, ayent mis plume, encre ne papier en labeur ou en œuvre) ; ains seulement est mon entendement, pour ce que coustumièrement je vois et chemine en divers lieux et en maintes places, et qu'il est occupé en songneux labeur et estude, et qu'au secret de sa chambre il amasse et assemble divers raports, opinions, advis et ramentevances à luy raportées, dictes et envoyées de toutes pars ; et dont de tout, et de toutes parties, il fait si notablement le profit de sa matière, qu'il n'en fait pas seulement à louer, mais à glorifier, priser et aimer de tous les nobles cueurs du monde. A ceste fin, et pour faire mon devoir, et moy aquiter de la vérité des choses advenues devant mes yeux, me suis délibéré de mettre par Mémoire ce que j'ay vu et retenu au passé temps de ma vie, tendant à fin que s'il y a chose dont ledict George ou autre, en leurs hautes œuvres, se puissent ayder ou servir, ils prennent et tirent (s'ils me survivent) hors des ronces et espines de mes rudes et vains labeurs, pour les coucher au noble lict paré et embausmé de leurs nobles et riches termes, inventions et fruicts, dont le goust et l'entendement ne peut jamais empirer ne mourir.

Je donques Olivier, seigneur de La Marche, chevalier, conseiller, maistre-d'hostel, et capitaine de la garde de très haut, vertueux et victorieux prince Charles, premier de ce nom, par la grâce de Dieu duc de Bourgongne, de Lotrich, de Brabant, de Lembourg, de Luxembourg et de Gueldres, comte de Flandres, d'Artois et de Bourgongne, palatin de Hainaut, de Holande, de Zélande et de Namur, marquis du Sainct-Empire, seigneur de Frise, de Salins et de Malines, leur ayderay à mon pouvoir, louant et graciant mon rédempteur Jésus-Christ, fils de la glorieuse Vierge, en ce qu'il luy a plu me donner et impartir grâce,

---

[1] J'ai retrouvé, cachées sous différens titres et dans plusieurs bibliothèques, les chroniques de ce George Chastelain, qui seront publiées dans cette collection.

et espéciale miséricorde, d'estre venu jusques au milieu de la voye et du chemin, terminé par le tour de nature, selon le cours de la vie présente : car, à l'heure que j'ai ceste matière encommencée, j'aproche quarante-cinq ans, et ressemble le cerf ou le noble chevreul, lequel, ayant tout le jour brouté et pasturé diverses fueilles, herbes et herbettes, les unes cueillies et prises sur les hauts arbres, entre les fleurs et près des fruits, et les aultres tirées et cueillies bas, à la terre, parmi les orties et les ronses aguës, ainsi que l'appétit le désiroit et l'adventure le donnoit : après qu'iceluy se trouve refectionné, se couche sur l'herbe fresche, et là ronge et rumine, à goust et à saveur, toute sa cueillette : et ainsi, sur ce my-chemin ou plus avant du mon age, je me repose et rassouage sous l'arbre de congnoissance, et ronge et assaveure la pasture de mon temps passé, où je trouve le goust si divers et la viande si amère, que je prens plus de plaisir à parachever le chemin non cognu par moy, sous l'espoir et fiance de Dieu tout-puissant, que je ne feroye (et fust-il possible) de retourner le premier chemin et la voye dont j'ay desjà achevé le voyage. Et toutesfois, entre mes amers gousts, je trouve un assouagement et une sustance à merveilles grande, en une herbe appelée mémoire, qui est celle seule qui me fait oublier peines, travaux, misères et afflictions, et prendre plume, et employer encre, papier et temps, tant pour moy désennuyer, comme pour accomplir et achever (si Dieu plaist) mon emprise, espérant que les lisans et oyans suppléront mes fautes, agréront mon bon vouloir, et prendront plaisir et délectation d'ouyr et sçavoir plusieurs belles, nobles et solennelles choses advenues de mon temps, et dont je parle par veoir, non pas par ouyr dire.

CHAPITRE PREMIER.

Comment messire Jaques de Bourbon, comte de la Marche, mari de la dernière royne Jehanne de Naples, se rendit cordelier à Besançon.

Pour ce que Dieu et ses glorieux faicts doyvent estre commencement de toutes bonnes œuvres, de tant je le loue et gracie qu'au commencement de mon age, et du premier temps que je puis entrer en matière, et bailler ramentevance digne d'escrire, la première chose dont je puis parler est dévote et de sainte mémoire. Et combien que je ne veisse réellement que l'effect de ceste aventure, toutesfois il m'est force de deviser dont procéda le par-avant. Et n'est pas à entendre pourtant que je corrompe ce que j'ay dit, de non parler que de ce que j'ay veu : car (comme dict est) par les commencemens s'éclaircira et sera donnée à congnoistre chacune matière, où je n'entens de déclairer et de descrire que toute vérité. En ce temps, où je commence par l'an 1435, estoit duc de Bourgongne le bon duc Philippe, fils et successeur du duc Jehan occis à Montereau, et père du duc Charles, mon souverain seigneur et maistre : du temps duquel Charles j'ay commencé à escrire ces présens Mémoires. Pour lors de l'an dessusdict vivoit en Bourgongne un noble et puissant seigneur, le seigneur de Sainct-George le Sage ; et vrayement bien se devoit sage nommer : car il augmenta sa maison d'avoir et d'aliances, et fut chevalier de la Toison d'Or, et se maria en grande et seigneurieuse maison ; et se maintint si hautement, tant à la cour du duc Jehan de Bourgongne, comme à celle du bon duc Philippe, mesme au païs de Bourgongne et en toutes parts, qu'il estoit tenu et appelé du nombre des sages et des grands ; et après luy vint messire Guillaume de Vienne, son fils, qui vendit et engagea toutes ses belles signeuries, par faute de sens et de conduitte : et mourut à Tours en Touraine, et laissa son fils héritier, Jehan de Vienne, qui encore valut moins de vertu et de personnage. Ainsi par ces deux a esté la maison de Sainct-George destruitte et mancipée, mais non pas celle de Vienne : car encores, Dieu merci ! en y a qui honorablement se conduisent.

Deux choses me font toucher de celle maison de Sainct-George : l'une est regret en amour, et l'autre est pour donner à entendre comment ne par quelle manière je vin premièrement au lieu où je veis ma première ramentevance. Et est vray qu'en l'an de Nostre Seigneur courant 1434, se meut une guerre et une question entre aucuns seigneurs d'Alemaigne et ledict seigneur de Sainct-George le Sage, dessusdict, pour la terre et seigneurie de Jou en Bourgongne, que tenoit et possessoit ledict seigneur : et pour ceste cause fut envoyé mon père (qui se nommoit Philippe de La Marche), à tout certain nombre de gens-de-guerre, audict chastel de Jou, de-par ledict seigneur de Sainct-George, pour ce que ladicte place est sus la fin de la comté de Bourgongne ; et marchist aux Alemaignes, et principalement à la comté de Neuf-Chastel, dont le comte estoit un des principaux demandeurs.

Or, pour ce que mon père pensoit que la guerre et sa commission fust chose de longue durée, il mena tout son ménage celle part : et quant à moy, je fu mis à l'escole, en une petite bonne vile à une lieue dudit Jou (laquelle vile se nomme Pontarlié) ; et fu mis en la maison d'un gentilhomme nommé Pierre de Sainct-Moris, qui avoit plusieurs enfans et neveux qui pareillement aloyent à l'escole, et dont depuis nous sommes retrouvés de celle nourriture à l'hôstel du prince, et ses serviteurs domestiques, et principalement Jaques de Fallerans et Estienne de Sainct-Moris, qui ont esté tenus et réputés deux très-vaillans escuyers de leurs personnes.

Si pouvoye pour lors avoir l'âge de huict à neuf ans : et en celuy temps vint audict lieu de Pontarlié le comte de La Marche, Jaques de Bourbon, qui avoit esté roy de Naples, et avait renoncé au royaume, à la couronne et au monde, pour prendre l'habit de sainct François, et devenir cordelier de l'observance ; et tiroit à Besançon, auquel lieu il vescut depuis longuement cordelier : et de son cas et de son estat je deviseray cy-près, qui fut tel qu'il s'ensuyt. Peu de temps avant trépassa de ce siècle le roy Lancelot de Naples, et ne laissa nuls enfans de son corps : mais demoura royne et héritière du royaume de Naples et de Sicile une sienne sœur, nommée madame Jouenelle. Celle royne se maria à un moult bel et vertueux chevalier, du sang royal de France et de la maison de Bourbon, de nom et d'armes, et se nommoit messire Jaques de Bourbon, comte de La Marche ; et par iceluy mariage fut celuy de Bourbon, roy de Sicile et de Naples.

Ceste royne Jouenelle fut de très-grand esprit, et dame qui sçavoit et valoit beaucoup, et dont le royaume, en généralité, se tenoit fort content. Et par aucun temps le roy Jaques et elle régnèrent à Naples en grande prospérité, amour et union : mais, par succession de temps, celle union se changea et mua, entre eux deux, en soupson et défidence, dont j'ay ouy recorder diversement. Les uns disoyent que le roy Jaques vouloit trop maistrisamment vivre avec elle, tant sur le gouvernement du royaume comme sur ses plaisances et passetemps. Autres disoyent que la royne ne prit pas bien en gré aucunes assemblées de dames, par manière de festimens que journelement faisoit le roy, dont elle conceut aucune jalousie, qui moult empira le repos des courages de chacune partie.

Fust par l'une ou par l'autre voye, il advint que, par succession de temps, elle, se voyant royne et dame de la terre, aimée et obéie de tous, et congnoissant que son mari estoit estranger, non roy ne signeur en celle signeurie que par elle, soubtivement et par grande malice se fît forte de ses gens et subjets, et prit et emprisonna le roy Jaques son mari, et le mit en l'une des plus fortes tours du chastel de Constans, en Naples, auquel chastel il demoura long-temps prisonnier et enfermé : et toutesfois luy monstra ladicte royne telle amour et affection par longue espace, qu'elle mesme luy portoit et bailloit les mets de son boire et de son manger, doutant qu'autre, non sachant l'amour qu'elle luy portoit, et cuidant complaire à elle, ne l'empoisonnast. Tant dura celle estrange amour et ceste seureté, sous main fermée et close, qu'elle éloingna privauté, et par fois se tenoit la royne en autres de ses palais et de ses chasteaux ; et le roy Jaques (qui moult bel chevalier estoit, et en fleur d'age) s'ennuyoit de celle prison, et avoit regret d'user sa vie en telle captivité.

Si s'appensa que la mer flotoit assez près d'iceluy chastel : et tant soubtiva avecques aucuns de sa fiance, qu'un petit battel luy fut amené, où il entra secretement, et se tira jusques hors du royaume, où il demoura certain temps : et disent les aucuns qu'il échappa par soubtiveté, et par aide de serviteurs et d'amis : et autres disent, et me semble assez vraysemblable, que la royne (qui ne vouloit ne sa mort ne sa compaignie) avoit fait jouer et consentir le personnage de son échapement et de sa délivrance.

Longuement demoura le roy Jaques en Italie en grand regret et à peu de plaisance, toutesfois menant moult belle et honneste vie de sa personne : et, en lieu des pompes et grandes chères passées, il prit le ply et la dévotion de mener vie contemplative et très dévote. En celuy temps règnoit une moult saincte et dévote femme, religieuse de saincte Claire, au païs de Bourgongne, nommée sœur Colette. Celle femme alloit par toute la chrétienté, menant moult saincte vie, et édifiant maisons et églises de la religion sainct François et de saincte Claire : et ay esté acertené que par son pourchas et par sa peine elle avoit édifié de son temps trois cens quatre-vingt églises de femmes, encloses et enfermées : dont il advint que celle sœur Colette fut advertie du cas du roy Jaques, ou par la voulonté de Dieu, ou par raport, ou autrement : et pourtant se trouva devers luy, et tant luy monstra des variances du monde, et des tours et retours de fortune, ensemble de la brièveté de ceste mortelle vie, qu'il prit confort en son adversité, advis sur les dangers à venir, et résolution d'attendre la mort assurée, au chemin et en la voye de religieuse pénitence : et se délibéra de prendre l'habit de sainct François, et de se rendre en l'observance en la tierce ordre (car encores vivoit la royne sa femme). Et choisit le lieu de sa demoure à Besançon, en la comté de Bourgongne ; ce qu'il fit et exécuta : et de présent je me tay de parler et d'escrire de tels commencemens par moyens non veus, pour deviser ce j'ay veu de ceste matière, et comment ne par quelle manière il entra au lieu de Pontarlié, où je fu présent.

Comme dessus est dit, le roy Jaques de Naples se tira des Italies au païs de Bourgongne, au lieu de Besançon : il me sovient que les gens d'Eglise de la ville de Pontarlié, ensemble les nobles, les bourgeois et marchans, firent une congrégation et une assemblée par procession, pour aller au-devant du roy Jaques qui venoit en ladicte ville. Et y mena le maistre de l'escole ses escoliers, duquel nombre j'estoye. Et ay bien mémoire que le roy se faisoit porter, par hommes, en une civière telle, sans autre différent, que les civières en quoy l'on porte les fiens et les ordures communément : et estoit le roy demy-couché, demy-levé, et appuyé à l'encontre d'un pauvre méchant dérompu oreiller de plume. Il avoit vestu, pour toute parure, une longue robe d'un gris de très-petit pris, et estoit ceint d'une corde nouée, à façon de cordelier : et en son chef avoit un gros blanc bonnet (que l'on appelle une cale) noué par-dessous le menton ; et de sa personne il estoit grand chevalier, moult beau, et moult bien formé de tous membres. Il avoit le visage blond et agréable, et portoit une chère joyeuse en sa recueillette vers chacun ; et pouvoit avoir environ quarante ans d'age. Et après luy venoyent quatre cordeliers de l'observance, que l'on disoit moult grans clercs et de saincte vie ; et après iceux, un peu sur le loing, venoit son estat, où il pouvoit avoir deux cens chevaux : dont il y avoit litière, chariot couvert, haquenées, mules et mulets, dorés et enharnachés honnorablement.

Il avoit sommiers couverts de ses armes, et nobles hommes et serviteurs très-bien vestus et en bon poinct ; et en celle pompe humble, et dévote ordonnance, entra le roy Jaques en la ville de Pontarlié. Et ouy raconster et dire qu'en toutes viles où il venoit il faisoit semblables entrées par humilité. Et en cest estat fut conduit en son logis, et de là tira à Besançon, où je le veis depuis cordelier rendu, et voué en la religion (car sa femme estoit trépassée). Et fut la venue du roy Jaques en Bourgongne, environ la Magdaleine 1435. Et combien qu'en ce jeune âge où j'estoye je feisse de ceste chose plus tost une grande merveille qu'une grande estime, certes depuis, en croissement de jours et d'age, à remémorer cesté matière, j'en fay et extime et merveille. Quant à la merveille, ne fait-il pas à émerveiller de veoir un roy, né et yssu de royal sang, fugitif de son royaume, et issant freschement de la prison de sa femme, et de la servitude celle qui, par raison du serment de mariage, luy devoit estre subjette ? Touchant l'estime, quand depuis j'ay pensé et mis devant mes yeux l'autorité royale, les pompes seigneurieuses, les délices et aises corporèles et mondaines, lesquelles en si peu de temps furent par cestuy roy mises en oubli et nonchaloir, certes, selon mon petit sens, j'en fay une estime pleine de merveille. Et à tant me tay, et fay fin à ma première aventure.

CHAPITRE II.

Briève narration de la mort du duc Jehan de Bourgongne ; et des guerres continuées à cette occasion jusques à la paix d'Arras, faicte entre le roy Charles septiesme et le bon duc Philippe de Bourgongne.

En celle mesme saison et année, j'ay souvenance que je vey venir audict lieu de Pontarlié un héraut à qui l'on fit moult grande feste et moult grande chère ; car il avoit aporté cause de joye, de repos et de soulas. Celuy héraut se nommoit Franche-Comté, et aporta les nouvelles de la paix faicte à Arras en Artois entre le roy Charles, le septiesme de ce nom, roy de France, et le bon duc Philippe de Bourgongne, dessusdict. Pour celle paix et pour celle joye se feirent les feux, les danses, les caroles parmy la vile ; et par les églises l'on chantoit *Te Deum laudamus*, et rendoit-on grâces à Dieu de celle bonne œuvre. Et me sera force de mettre par escript aucune chose hors de ce que je vey, et de deviser d'où ne par quelle raison meut la guerre dont fut faicte la paix pour quoy je vey lesdicts feux, et dont j'escry présentement.

Si ce ne fust pour aquiter et parfaire ce que j'ay mis avant au prologue de ces *Mémoires*, il ne fust ja besoing de travailler ma personne, ne de tanner ou ennuyer tant des lisans comme des escoutans en ces te matière ; car je sçay bien que toutes les escriptures sont pleines et remplies, et les royaumes loingtains et voisins tous apris et acertenés, de ce que de présent me faut escrire et mettre avant, et dont je me passeray le plus brief qu'il me sera possible ; c'est de la mort du très-preux, hardi et vaillant prince le duc Jean de Bourgogne, occis et meurdry, par ennemis réconciliés, au lieu de Montereau, en la présence et sous le pouvoir de monsieur Charles de France, dauphin de Viennois, et dont tant de maux, tant de misères, de pauvretés, de meurdres, d'efforcemens, d'extorsions et de griefs sont advenus au royaume de France, qu'un million d'hommes en sont morts, deux millions de mesnages perdus, et tant de terres demourées sans fruit et sans labeur, qu'elles, assemblées, suffiroyent pour faire un bon royaume de grand et fertil revenu : et (qui pis est) celle doulente et douloureuse playe ne se peut ou ne se sçait guérir, qu'elle ne soit, d'an à autre et de saison en saison, renouvelée et mise à sang frais par les courages d'un chacun parti, enflés, dépités et non saoulés de vengeance et d'estrif : où je ne voy ny ne congnoy aucun remède, apaisement ne guérison aucune, fors de supplier le pardonneur de nos mesfaits qu'il veuille, par sa bénigne grâce et espéciale miséricorde, mettre par divine inspiration, de chacune part, en oubliance et en nonchaloir l'œuvre commise par violente et cruelle main, et au contemps d'honneur et de justice.

Puis-que vérité me contraint donques, en mon acquit, de déclairer le procédement de ceste guerre, je m'en acquitteray au moins mal et le plus brief que je le pourray mettre. Et fut vray que, l'an 1419, fut une journée prise, sous ombre de rapaisement des princes et du royaume de France, au lieu de Montereau ; et se devoit icelle journée tenir devant la personne de monsieur Charles de France, dauphin de Viennois (lequel pouvoit avoir quatorze ans d'age). Et à celle journée vint le duc Jehan de Bourgongne dessusdict, grandement accompaigné : et l'avoit à conduire de ses païs messire Tanneguy Du Chastel, un moult renommé chevalier natif de Bretaigne-Bretonnant, lequel avoit grande autorité devers le dauphin : et acertenoit ledict Tanneguy grandement le duc Jehan de grand recueil et de grand amour trouver envers ledict dauphin ; et luy fit le duc Jehan de grans dons et de grans biens. Et, la jour de l'assemblée, le duc Jehan passa le pont de Montereau à peu de ses serviteurs, et laissa hors de la vile toute sa compaignie, mit pié à terre, et trouva le dauphin à la porte du chastel, accompaigné dudict Tanneguy, de messire Guillaume Batailler, et autres ennemis dudict duc, à l'occasion de la mort du duc d'Orléans, à qui ils furent serviteurs, et la mort duquel ledict duc Jehan avoua à Paris, devant les plus prochains de son lignage.

Or advint (fust par machination, délibération, ou autrement) qu'en la présence dudict dauphin, luy estant à genoux devant l'héritier de France, en faisant son devoir, les dessusdicts le meurdrirent de haches et d'espées, dont grand charge d'honneur demoura audict Tanneguy toute sa vie, combien que, par plusieurs fois et par plusieurs moyens, se voulust excuser. Là fut la pitié et la perte grande, et le désarroy mervcilleux ; et sur le corps dudict duc de Bourgongne fut occis un chevalier de son hostel, gascon, frère germain du comte de Foix, nommé le seigneur de Noveilles ; et pris le seigneur de Sainct-Georges le Sage, dessus-nommé, et autres notables gens, bien désolés et déconfortés.

Toute son armée se dérompit et s'égara, chacun tirant et alant, sans ordre ne mesure, là où Dieu le conseilla. Et de celle mort l'on parle encores diversement, touchant le consentement du dauphin dessusdict ; car aucuns disent qu'il avoit consenti et sceu la conspiration du meurdre, et autres disent qu'à l'occasion du raport que l'on luy avoit faict de certaines aliances que l'on disoit avoir esté faites entre ledict duc et les Anglois, ledict dauphin avoit consenti que ledict duc Jehan fust pris, et constitué prisonnier ; et qu'à l'occasion de sa jeunesse il ne peut estre maistre de ceux qui avoyent gouvernement à l'entour de luy ; parquoy l'homicide fut faict en sa présence, sous la couleur de ladicte prise.

Or est bien besoing que je recorde, en brief, les grands faicts que madame Fortune souffrit retourner de sa roue, par la mort accidentale de cestuy noble prince. Ce fut cesluy qui en ses jeunes jours osa personnellement emprendre et faire le voyage, pour la querele de la foy chrestienne, à l'encontre du très-puissant et redouté Turc nommé l'Amoratbay, qui par sa force et prouesse marchoit au royaume de Hongrie. Et combien que la fortune tournast contre luy, ce ne fut par faute d'emprendre ne de faire. Et osa accomplir en sa personne ce que tant de princes abayent et menacent, et dont les uns demourent en négligence de la foy, pour leurs aises et délices mondains, et autres pour leurs aguets diaboliques, quérans les pertuis et les voyes pour surprendre leurs voisins à la démarche, pour les destruire et grever souvent de leurs vindications, en oubliant Dieu et son sainct service ; et autres (si je l'osoye dire) valent mieux, et sont plus idoines à menacer les ennemys sous la chaude cheminée, et en leurs chambres et sales dorées et peintes d'oysivetés, qu'ils ne sont bons, dignes n'idoines pour augmenter la foy, croistre leurs noms, ne sauver leurs âmes.

Mais, pour revenir aux faicts de ce noble duc, tantost après son retour de la prison du Turc dessusdict, il prit la querèle du frère de sa femme (qui fut de Bavière), livra la bataille à l'encontre des Liégeois (qui se trouvèrent en nombre infini, avec leur éleu de Peruez), les déconfit, et en occit pour un jour plus de quinze mille, et mit le païs en totale sugettion. Tiercement, il s'accompaigna d'environ six mille chevaux, vint à l'Arbre-Sec devant Paris, entra en la cité, et prit le gouvernement du roy et du royaume, qui que le voulsist ou non. Quartement (ce que j'appelle plus grande chose que grand bien), il fit tuer le duc Louis d'Orléans, frère du roy, en la maistresse cité du royaume (c'est Paris), l'advoua en plain conseil (comme est dict dessus), et se partit de Paris sans autre détourbier. Il soustint le siége d'Arras, où fut le roy de France en personne contre luy. Il assiégea le roy de France en la cité de Bourges en Berry : et pour le dernier de ses faicts, cuidant faire le profit, le bien et l'utilité du royaume de France, bien adverty des haines et rancunes que luy portoit monsieur le dauphin et ceux qui le gouvernoyent, en intention qu'il n'eust la note et le reproche qu'à luy eust tenu le rapaisement du royaume, il osa venir à sa mort ; et mourut la dague au poing, et l'un des hardis chevaliers qui onques issit du sang ne la lignée de France. Si prie à Nostre Sauveur Jésus-Christ qu'il en veuille avoir l'âme.[1]

De ceste mort fut le deuil, le pleur et le cry si grand et si uni, par Bourgongne, Flandres et Artois, que c'estoit pitié et douleur de l'ouïr et sçavoir : et principalement en voyant madame Marguerite de Bavière, duchesse de Bourgongne, sa femme, et monsieur le duc Philippe, son seul fils et héritier, qui pouvoit avoir environ vingt-deux ans d'age. Et pour lors sentit ces dures nouvelles si asprement, et par telle empreinte au cueur et aux entrailles, qu'il en cuida soudainement mourir. Et toutesfois il prit cueur de prince chevaleureux, et exercice de chevalier de vertu. Et incontinent manda les estats de ses païs, qui tous avecques luy queroyent et demandoyent vengence de ceste offense et outrage désordonnée. Si trouva en conseil de prendre alliances et amitiés de toutes pars, et quérir l'aide et assistance de tous voisins, et où il en pouvoit finer. Ce qui fut faict : et en trouva assez et largement : et peut-on légèrement croire que les Anglois, anciens ennemis du royaume de France, ne furent pas déplaisans de l'inconvénient avenu : ains tantost et diligemment eurent moyens sur les chemins pour avoir l'aliance du nouvel duc Philippe de Bourgogne offensé, à l'intention de partir à la despouille du noble royaume de France : et, d'autre part, furent les moyens trouvés que le roy Charles sixième, père du dessusnommé dauphin, fut mis ès mains dudict duc de Bourgogne, et teint parti et opinion contraire de son fils, et le fils contre le père : et par ces aliances fut faict le mariage du roy Henry le Quint, roy d'Angleterre, et de madame Katerine de France, fille du roy dessusdict, et sœur dudict dauphin. Et fit le roy de France grans traités et déshéritemens au profit de sa fille la royne d'Angleterre, et des hoirs issans du roy anglois et d'elle : et, de l'autre part, le dauphin s'alia aux Espaignols et aux Escots ; et commença la guerre de toutes pars, où tous les maux que guerre sceut ou peut permettre ne trouver se sont faicts, exécutés et accomplis. Moult de batailles, de rencontres, d'assaux, de siéges, de viles et de chasteaux, moult de belles et chevaleureuses exécutions et emprises, et maintes apertises d'armes, furent faictes d'une part et d'autre : dont je me tay, tant pour le laisser racompter et escrire aux plus sages, comme aussi pour revenir à ma matière, laquelle je quier continuer par sa première forme. Mais force m'estoit de déclarer le motif de la guerre, pour monstrer comment et par quelle manière se trouva paix et apointement en matière si diverse et ague.

CHAPITRE III.

De la paix d'Arras, et de la copie du traicté faict entre le roy Charles septiesme et le bon duc Philippe de Bourgongne.

Tant dura cette guerre, que le roy Charles sixième mourut ; et fut le roy Charles septième, son fils, qui fut le dauphin dont nous avons parlé : lequel tant souffrit, porta, endura et soustint de peines, pauvretés et souffrettés en ceste guerre, que, sous le port du duc de Bourgogne dessusdict, les Anglois seigneurioyent et possessoyent la cité de Paris, et le plus-beau du royaume de France ; et se retraït le roy en la cité de Bourges en Berry, pardelà la rivière de Loire, laquelle cité un pauvre soudoyer bourgognon, nommé Pernet Grasset, tenoit en apactis, le roy estant dedans.

Pareillement durant icelle guerre mourut le roy Henry d'Angleterre, au bois de Vincennes : lequel à la vérité mourut bien-à-poinct pour son adversaire le roy françois. Or ainsi termina cest accident et ceste pestilence, qu'après avoir guerroyé environ vingt-deux ans, le pape Martin envoya en France ses légats et ses ambassadeurs, et principalement le cardinal de Saincte-Croix : qui tellement labourèrent et profitèrent en ceste matière, qu'une journée fut prise et acceptée de toutes les parties, au lieu d'Arras en Artois : à laquelle journée, par la grâce de Dieu, fut trouvée la paix, le traité et l'apointement qui me font les choses dessusdictes déclairer et escrire. A celle convention et assemblée faicte à Arras, pour le pape et le sainct concile de Basle furent les cardinaux de Saincte-Croix et de Cypre, et autres ; de la part du roy de France, le duc Charles de Bourbon et d'Auvergne, monsieur Artus, comte de Richemont, connestable de France ; le comte de Vendosme, l'archevesque de Reims, et plusieurs autres grans personnages nommés audict traité ; de la part du roy d'Angleterre, le cardinal de Wincestre (qui estoit du sang de Lanclastre), le comté d'Arondel, et autres grans personnages : et de la part de monsieur de Bourgongne, il y fut en personne, y estant accompaigné du duc Arnoul de Guerles, de l'evesque du Liége, du duc de Buillon (qui se nommoit de Huissebergues), de Jehan Monsieur, héritier du duc de Clèves ; de Charles de Bourgongne, comte de Nevers et de Retel ; de Louis, comte de Saincte-Pol ; de Jehan de Bourgongne, comte d'Estampes et seigneur de Dourdan ; de messire Jehan de Luxembourg, comte de Ligny ; et de plusieurs grans personnages de son sang, et autres : et les principaux de son conseil et d'emprès luy furent messire Nicolas Raoulin, seigneur d'Authune, son chancelier ; messire Antoine, seigneur de Crouy, son premier chambelan ; messire Pierre de Beaufremont, seigneur de Charny ;

le seigneur de Ternant, de Haubourdin, et autres.

Grandes questions et débats furent entre le conseil de chacune partie par plusieurs fois, et le plus souvent grandes chères et grands festimens; et là se firent armes à pié et à cheval, joustes, luittes, et plusieurs essais et appertises des uns partis contre les autres; et dura cestuy parlement trois mois entiers, c'est-asçavoir du commencement de juillet jusques à la fin de septembre, que lors fut la paix jurée, close et scelée par tous les partis, et fut publiée et portée par escript par tout le royaume de France, par les païs de monseigneur de Bourgongne, et ailleurs, tellement que lesdicts traictés vindrent au lieu de Pontarlié; ce que je vey; et en reteint le double Pierre de Sainct-Moris, escuyer, et l'envoya à mon père, au chastel de Jou; dont il advint que, plus de vingt ans après, je le recueilly; et me vient si à point à ceste heure, qu'en ces présens Mémoires j'ay ceste paix enregistrée, dont la teneur de mot à mot s'ensuit.

« Charles, par la grâce de Dieu roy de France. Le très-glorieux roy des roys, Dieu, nostre créateur (par lequel nous vivons et régnons, et duquel seulement nous tenons nostre royaume), nous enseigne et donne exemple par soy-mesme à quérir, comme vray pasteur, le salut et repos de nostre peuple, et le préserver des très-grands et innumérables maux et dommages de guerre. Laquelle chose nous avons tousjours désirée de tout nostre cueur, et procurée à très-songneuse diligence, congnoissans que par le bien de paix est élevée et exercée justice par laquelle les roys règnent, en ayant nostre royaume esté exaucé et conservé par les temps passés.

» Comme donc nous, tousjours portans à très-amère déplaisance les divisions et guerres de nostre royaume (lesquelles par-avant nostre avénement à la royale magesté estoient encommencées, et jusques à ores ont duré, à la très-grande affliction, oppression et destruction de nostredict peuple), ayons, dés qu'il a plu à Dieu nous donner age et temps de discrétion, vaqué, entendu, et travaillé et faict, par plusieurs de nos parens, gens et officiers, vaquer, entendre et travailler, à trouver l'appaisement desdictes divisions et guerres, et mettre paix et union en nostre royaume, et réconcilier et réunir avec nous nostre très-cher et très-aimé frère et cousin Philippe, duc de Bourgongne; sur quoy ayent esté tenues plusieurs conventions et journées en divers lieux de nostredict royaume avec les Anglois, nos anciens ennemis, et nostredict frère et cousin; et entre autres en la ville de Nevers, en laquelle ait esté prise, accordée et acceptée autre journée et convention en la ville d'Arras, auquel lieu et journée d'Arras avons envoyé pour nous nos très-chers et très-aimés cousins le duc de Bourbon, le comte de Richemont, connestable; le comte de Vendosme, grand maistre de nostre hostel; et nos aimés et féaux l'archevesque de Reims, nostre chancelier: Christofle de Harcourt, nostre cousin; et le sire de La Fayette, mareschal de France; maistre Adam de Cambray, premier président en nostre parlement; maistre Jehan Tudert, maistre des requestes de nostre hostel; maistre Guillaume Chartier, docteur en droict canon et civil; Estienne Bernard, dict Moireau, nos conseillers; et maistre Jehan Chastegnier et Robert Malière, nos secretaires, et tous nos ambassadeurs; et qu'en ce lieu et convention d'Arras se soient trouvés, de par nostre sainct-père le pape, nostre très-cher et espécial amy le cardinal de Saincte-Croix; et de par le sainct concile de Basle, nostre très-cher cousin le cardinal de Cypre, et aultres plusieurs prélats, et gens-d'église notables; par le moyen desquels cardinaux et gens-d'église ayent esté pourparlées et traitées plusieurs voyes et ouvertures de paix générale et particulière, tant avec lesdicts Anglois comme avec nostredict frère et cousin de Bourgongne; et finalement, par le moyen d'iceux cardinaux et aultres gens-d'église, ayt esté conclue et fermée, par nosdicts cousins et ambassadeurs, pour et au nom de nous, avec iceluy nostre frère et cousin, bonne paix, concorde et réunion de luy avec nous, et faictes, consenties, promises et accordées les choses déclarées et contenues ès articles qui de mot à mot ensuyvent.

« Ce sont les offres que nous Charles, duc de Bourbonnois et d'Auvergne; Artus, comte de Richemont, connestable de France; Louys de Bourbon, comte de Vendosmé; Regnaut, archevesque et duc de Reims, chancelier de

France; Christofle de Harcourt, Guillebert, seigneur de La Fayette, mareschal de France; Adam de Cambray, président en parlement; Jehan Tudert, doyen de Paris, et maistre des requestes; Guillaume Charretier, Estienne Moireau, conseillers; Jehan Chastegnier et Robert Malière, secrétaires, et tous ambassadeurs de Charles, roy de France, nostre souverain seigneur, estans présentement en la ville d'Arras; faisons, pour et au nom du roy, à monsieur le duc de Bourgongne et de Brabant, pour l'interest et querelle qu'il a et peut avoir à l'encontre du roy, tant à cause de la mort de feu monsieur le duc Jehan de Bourgongne, son père, comme autrement, à fin de parvenir à luy à traité de paix et concorde.

» *Premier*, que le roy dira, ou, par ses gens notables suffisamment fondés, fera dire à monsieur Jehan de Bourgongne que la mort de feu monsieur le duc de Bourgongne son père (que Dieu absolve) fut iniquement et mauvaisement faicte par ceux qui perpétrèrent ledict cas, et par mauvais conseil; et luy en a toudis dépleu, et de présent déplaist de tout son cueur. Et que s'il eust sceu ledict cas, et un tel age et entendement qu'il a de présent, il y eust obvié à son pouvoir. Mais il estoit bien jeune, et avoit pour lors petite congnoissance, et ne fut point si advisé que d'y pourvoir. Et priera à mondict seigneur de Bourgongne que toute rancune ou haine qu'il peut avoir à l'encontre de luy à cause de ce, il oste de son cueur, et qu'entre eux ait bonne paix et amour: et se fera de ce mention expresse ès lettres qui seront faictes de l'accord et traité d'entre eux.

» *Item*, que tous ceux qui perpétrèrent ledict mauvais cas, et qui en furent consentans, le roy abandonnera, et fera toute diligence possible de les faire prendre et appréhender (quelque part que trouvés pourront estre), pour estre punis en corps et en biens : et si appréhendés ne peuvent estre, les bannira et fera bannir à toujours, sans grâce ne rappel, hors du royaume et du Dauphiné, avec confiscation de tous leurs biens, et seront hors de tous traictés.

» *Item*, ne souffrira le roy aucuns d'eux estre receptés ou favorisés en aucun lieu de son obéyssance et puissance : et fera crier et publier par tous les lieux desdicts royaume et Dauphiné, accoustumés à faire cris et publications, qu'aucun ne les recepte ou favorise, sus peine de confiscation de corps et de biens.

» *Item*, que monsieur de Bourgongne, le plus-tost qu'il pourra bonnement après ledict accord passé, nommera ceux dont il est ou sera lors informé, qui perpétrèrent ledict mauvais cas, ou en furent consentans, afin qu'incontinent et diligemment soit procédé à l'encontre d'eux de la part du roy, comme dessus est dict. Et en outre, pour ce que mondict seigneur de Bourgongne ne pourroit encores avoir vraye congnoissance ne deue information de tous ceux qui perpétrèrent ledict mauvais cas, ou en furent consentans, toutes les fois qu'il sera deuement informé d'aucuns autres, il les pourra nommer et les signifier par ses lettres patentes, ou autrement, suffisamment au roy; lequel en ce cas sera tenu de faire procéder tantost et diligemment à l'encontre d'eux, par la manière dessusdicte.

» *Item*, que pour l'ame dudict feu monsieur le duc Jehan de Bourgongne, de feu messire Archembaut de Foix, seigneur de Noailles (qui fut mort avec luy), et de tous autres, trépassés à cause des divisions et guerres de ce royaume, seront faictes les fondations et édifices qui s'ensuyvent : c'est-à-sçavoir en l'église de Montereau (en laquelle fut premièrement enterré le corps dudict feu monsieur le duc Jehan) sera fondée une chapelle et chapelenie perpétuelle, d'une messe basse de *Requiem*, chacun jour, perpétuellement; laquelle sera douée convenablement de rentes amorties, jusques à la somme de soixante livres parisis par an; et aussi sera garnie de calice et aornemens d'église bien et suffisamment, et tout aux despens du roy. Laquelle chappelle sera à la colation de mondict seigneur, et de ses successeurs ducs de Bourgongne, à tousjours.

» *Item*, avec ce, en ladicte ville de Montereau, ou au plus près d'icelle que faire se pourra bonnement, sera faict, construict et édifié par le roy, et à ses fraiz et despens, une église, convent et monastère de chartreux : c'est-à-sçavoir pour un prieur et douze religieux, avec les cloistres, celles, réfectoirs, granges, et autres édifices qui y seront nécessaires et convenables; et lesquels chartreux (c'est-à-sçavoir un prieur et douze religieux) seront fondés, par le roy, de bonnes rentes, et revenuz annuels et perpétuels, bien amortis suffisamment et convenablement, tant pour le vivre des religieux, et entretènement du divin service, comme pour le soustènement des édifices du monastère et autrement, jusques à la somme de huict cens livres parisis de revenu par an, à l'ordonnance et par l'advis de très-révérend père en Dieu monsieur le cardinal de Saincte-Croix, ou de celuy ou ceux qu'il voudra à ce commettre.

» *Item*, que sur le pont de Montereau, au lieu où fut perpétré ledict mauvais cas, sera faicte, édifiée et bien entaillée, et entretenue à tousjours, une belle croix, aux despens du roy : de telle façon et ainsi qu'il sera avisé par ledict monsieur le cardinal et ses commis.

» *Item*, qu'en l'église des Chartreux lés Digeon (en laquelle gist et repose à-présent le corps dudict feu monsieur le duc Jehan) sera fondée par le roy, et à ses dépens, une haute messe de *Requiem*, qui se dira, chacun jour, perpétuellement, au grand autel de ladicte église, à telle heure qu'il sera avisé : laquelle fondation sera douée de bonnes rentes amorties, jusques à la somme de cent livres parisis de revenu par an, et aussi garnie de calice et aornemens d'église, comme dessus.

» *Item*, que lesdictes fondations et édifices seront encommencés à faire le plus tost que faire se pourra bonnement : en espécial commencera l'on à dire et célébrer lesdictes messes incontinent ledict acord passé : et, au regard des édifices qui se doyvent faire en ladicte vile de Montereau, ou au plus près d'icelle, l'on y commencera à ouvrer dedans trois mois, après ce que ladicte vile de Montereau sera réduicte en l'obéyssance du roy ; et y commencera l'on diligemment, et sans interruption : tèlement que tous iceux édifices seront assouvis et parfaicts dedans cinq ans après ensuyvans ; et quant auxdictes fondations, l'on y besongnera sans délay, le plustost que faire se pourra bonnement : et pour ces causes tantost après l'accord passé, sera faicte et assouvie la fondation de la haute messe ès Chartreux lés Digeon, dont dessus est faicte la mention, avec ce qui en dépend : c'est-à-sçavoir de livres, calices, et autres choses à ce nécessaires. Et aussi y sera dicte et célébrée, aux dépens du roy, la basse messe quotidienne qui doit estre fondée en l'église de Montereau, jusques à ce que la vile dudict Montereau soit réduite en l'obéyssance du roy. Et au surplus, touchant les édifices et fondations qui se doyvent faire en ladicte vile de Montereau ou au plus près d'icelle, de la part du roy sera mise, dedans lesdicts trois mois après qu'icelle vile de Montereau sera réduicte en l'obéissance du roy, ès mains de celuy ou ceux qu'y voudra ordonner et commettre mondict seigneur le cardinal de Sainte-Croix, certaine somme d'argent suffisant pour commencer à faire lesdicts édifices ; et aussi aucunes bonnes receptes suffisantes pour acomplir et parfaire iceux édifices, et achepter les calices, livres, aornemens et autres choses à ce nécessaires et convenables. Et d'autre part seront aussi lors advisées, assises et délivrées les rentes dessus déclarées, montans pour ledict lieu de Montereau à huict cent soixante livres parisis par an, bien revenans et seurement amorties, et assises au plus près que bonnement faire se pourra dudict lieu de Montereau, sans y comprendre les cent livres parisis de rente qui tantost doyvent estre assises, pour la fondation de ladicte haute messe, ès Chartreux lés Digeon.

» *Item*, que pour, et en récompensation des joyaux et autres biens meubles qu'avoit monseigneur le duc Jehan au temps de son décès, et qui furent pris et perdus, et pour en avoir et achepter des autres en lieu d'iceux, le roy payera et fera bailler réellement et de faict, à mondict seigneur de Bourgongne, la somme de cinquante mille viels escus d'or, du prix de soixante-quatre au marc de Troyes, huict onces pour le marc, et à vingt et quatre carats ; un quart de carat de remède d'aloy, ou d'autre monnoye d'or, courant, à la valeur aux termes qui s'ensuyvent : c'est-à-sçavoir quinze mille de Pasques prochain en un an (qui commencea l'an 1437), et quinze mille à Pasques ensuyvant 1438 ; et les vingt mille qui resteront, aux autres Pasques ensuyvans, esquelles commencera l'an 1439 : et avec ce est et sera sauvée et réservée à mondict seigneur de Bourgongne son action et poursuite, au regard du bel colier de feu mondict seigneur son père, à l'encontre de tous ceux qui l'ont eu ou ont, pour l'avoir et recouvrer, pour ledict colier et joyau avoir à son profit, en-outre et par-dessus lesdicts cinquante mille escus.

» *Item*, que, de la part du roy, à mondict seigneur de Bourgongne, pour partie de son intérest, seront délaissées, et avec ce baillées et transportées de nouvel, pour luy et ses hoirs, procréés de son corps, et les hoirs de ses hoirs, en descendant tousjours en droicte ligne (soyent masles ou femelles), les terres et seigneuries qui s'ensuyvent : c'est-à-sçavoir la cité et comté de Mascon, ensemble toutes les viles, vilages, terres, censes, rentes et revenus quelconques qui sont ou appartiennent, ou doyvent compéter et appartenir en dommaine, au roy et à la couronne de France, en et par tous les vilages royaux de Mascon et de Sainct-Jangon, et ès mettes d'iceux, avec toutes les appartenances et appendances d'icelles comté de Mascon, et autres seigneuries que tient et doit tenir le roy en dommaine et de dommaine, en et par tous lesdicts villages de Mascon et de Sainct-Jangon, tant en fiefs et arrièrefiefs, confiscations, patronnages d'églises, collations de bénéfices ; comme en autres droits et profits quelconques, sans y rien retenir, de la part du roy, de ce qui touche ou peut toucher le dommaine, seigneurie et jurisdiction ordinaire des comté et lieux dessusdictes, et sauvé et réservé au roi tant-seulement le fief et hommage des choses dessus-dictes, et le ressort et souveraineté; ensemble la garde et souveraineté des églises et sugets d'icelles de fondation royale, estans ès mettes desdicts baliages, ou enclavés en iceux; et le droit de régale là où il a lieu, et autres droits royaux appartenans d'ancienneté à la couronne de France; ès baliages dessusdicts, pour de ladicte cité et comté de Mascon, ensemble des viles, vilages, terres et domaine dessusdicts, jouyr et user par mondict seigneur de Bourgongne et ses hoirs à tousjours, et les tenir en foy et hommage du roy et de la couronne de France, et en perrie, sous le ressort du roy et de sa cour de parlement, sans moyen, pareillement et en telles franchises, droits et prérogatives, comme les autres pers de France.

» *Item*, et avec ce de la part du roy seront transportés et baillés à mondict seigneur de Bourgongne, et à celuy de sesdicts hoirs légitimes procréés de son corps, auquel il délaissera, apres son décès, ladicte comté de Mascon, tous les profits et émolumens quelconques qui écherront esdicts baliages royaux de Mascon et de Sainct-Jangon, à cause des droits royaux et de souveraineté appartenans au roy en iceux baliages : soit par le moyen de la garde des églises qui sont de fondation royale et des sugets d'icelle, ou par droicts de régale ou autrement : et tant en confiscations (pour quelque cas que ce soit), amendes, exploits de justice, profit et émolument de la monnoye, comme en autres profits quelconques, pour en jouyr par mondict seigneur de Bourgongne, et sondict hoir après luy, durant leurs vies, et au survivant d'eux tant seulement, en et par la manière qui s'ensuit. C'est-à-sçavoir qu'à la nomination de mondict seigneur de Bourgongne, et de sondict hoir après luy, le roy commettra et ordonnera celuy qui sera bailly de Mascon pour mondict seigneur de Bourgongne, juge royal; et commis de par luy à congnoistre de tous cas royaux, et autres choses procédans des baliages, païs, lieux et enclavemens dessusdicts, aussi-avant, et tout en la forme et manière que l'on fait et accoustumé de faire par cy devant les baillis royaux de Mascon et de Sainct-Jangon; qui y ont esté le temps passé : lequel bailiage de Saint-Jangon est et sera aboli de-présent, par ce moyen. Et semblament seront commis de par le roy, à la nomination de mondict seigneur de Bourgongne et de sondict hoir, tous autres officiers nécessaires pour l'exercice de ladicte jurisdiction et droits royaux, tant chastelains, capitaines, prévosts, sergens, comme receveurs et autres, qui exerceront leurs offices, au nom du roy, au profit de mondict seigneur de Bourgogne et de sondict hoir après luy, comme dict est.

» *Item*, et semblablement de la part du roy, seront transportés et baillés à mondict seigneur de Bourgongne, et à sondict hoir après luy, tous les profits des aides (c'est-à-sçavoir des greniers à sel, quatrièmes des vins vendus à détail, impositions de toutes denrées, tailles, fouages, aides et subventions quelconques qui ont ou auront cours, et qui sont ou seront imposés ès élections de Mascon, Chalon, Authun et Langres, si avant qu'icelles élections s'estendent, en et par toute la duché de Bourgongne, comté de Charolois, ladicte comté de Mascon, tout le païs de Masconnois, et ès viles et terres quelconques, enclavées en icelles comtés, duché et païs susdicts), pour jouir, de la part de mondict seigneur de Bourgongne, et sondict hoir après luy, de toutes lesdictes aides, tailles et autres subventions, et en avoir les profits durant le cours de leurs vies, et du survivant d'eux : auquel monsieur de Bourgongne, et à sondict hoir après luy, appartiendra la nomination de tous les offices à ce nécessaires, soyent éleus, clercs, receveurs, sergens, ou autres : et au roy la comission et institution que dessus.

» *Item*, et aussi sera par le roy transportée et baillée à mondict seigneur de Bourgongne, à tousjours, pour luy et pour ses hoirs légitimes, procréés de son corps, et les hoirs de ses hoirs (soyent masles ou femèles), descendans en directe ligne, en héritage perpétuel, la cité et comté d'Auxerre, avec toutes ses appartenances quelconques, tant en justice, dommaines, fiefs, arrièrefiefs, patronnages d'églises, collations de bénéfices, comme autrement, à les tenir du roy et de la couronne de France, en foi et hommage, et en perrie de France, sous le ressort et souveraineté du roy et de sa court de parlement, sans moyen, pareillement et en telles franchises, droits et prérogatives, comme les autres pers de France.

» *Item*, et avec ce, seront transportés et baillés par le roy, à mondict seigneur de Bourgongne, et à celui de ses hoirs auquel il délaissera, après son décès, ladicte comté d'Auxerre, tous les profits et émolumens quelconques qui écherront en ladicte comté et cité d'Auxerre, et en toutes les viles et terres enclavées en icelle comté, et qui ne sont point de la comté (soyent à églises ou à autres), à cause des droits royaux, en quelque manière que ce soit, tant en régales, confiscations, amendes, exploits de justice, profits et émolumens de la monnoye, qu'autrement, pour en jouir par mondict seigneur de Bourgongne et sondict hoir après luy, durant leurs vies, et du survivant d'eux tant-seulement, en et par la manière dessus déclairée. C'est-à-sçavoir qu'à la nomination de mondict seigneur de Bourgongne et de sondict hoir après luy, le roy commettra et ordonnera celuy qui sera bailly d'Auxerre pour mondict seigneur de Bourgongne, juge royal et commis de par luy à congnoistre de tous cas royaux, et autres choses, ès mettes de ladicte comté d'Auxerre et des enclavemens d'icelle, aussi-avant, et tout par la manière qu'ont fait et acoustumé de faire par-cy-devant les baillys de Sens audict lieu d'Auxerre : lequel bailly de Sens ne s'en entremettra aucunement durant la vie de mondict seigneur de Bourgogne et de son hoir, mais en laissera convenir le bailly d'Auxerre, qui sera juge commis de par le roy, à la nomination de mondict seigneur de Bourgongne et de sondict hoir, tous autres officiers nécessaires pour l'exercice de ladicte jurisdiction des droits royaux en la comté d'Auxerre, tant chastelains, capitaines, prévosts, sergens, comme receveurs et autres, qui exerceront leurs offices au nom du roy, au profit de mondict seigneur de Bourgongne et de sondict hoir après luy, comme dict est.

» *Item*, en outre, seront transportés et baillés à mondict seigneur de Bourgongne, et à sondict hoir après luy, tous les profits des aides (c'est-à-sçavoir des greniers à sels, quatrièmes de vins vendus à détail, impositions de toutes denrées, tailles, fouages, et autres aides et subventions quelconques qui ont ou auront cours, et qui seront imposées en ladicte comté, cité et élection d'Auxerre, si-avant qu'icelle s'estend en ladicte comté, et au païs d'Auxerre, et ès viles et vilages enclavés en iceux), pour en jouir par mondict seigneur de Bourgongne, et sondict hoir après luy, et en avoir le profit durant le cours de leurs vies, et du survivant d'eux tant-seulement. Auquel mondict seigneur de Bourgongne, et à sondict hoir après luy, appartiendra la nomination de tous les officiers à ce nécessaires, soyent éleus, clercs, receveurs, sergens, ou autres; et au roy la commission et institution, comme dessus.

» *Item*, et aussi seront par le roy transportés et baillés à mondict seigneur de Bourgongne, pour luy et ses hoirs légitimes procréés de son corps, et les hoirs de ses hoirs (soyent masles ou femèles) descendans en ligne directe, à tousjours, et en héritage perpétuel, les chastels, viles et chastelenie de Bar-sur-

Seine; ensemble toutes les appartenances et appendances d'icelle chastellenie, tant en dommaine, justice, jurisdiction, fiefs, arrièrefiefs, patronnages d'églises, collations de bénefices, comme autres profits et émolumens quelconques, à les tenir du roy en foy et hommage, et en perrie de France, sous le ressort et souveraineté du roy et de sa court de parlement, sans moyen.

» *Item*, et avec ce appartiendront à mondict seigneur de Bourgongne, et de la part du roy luy seront baillés et transportés, pour luy et celuy de sesdicts hoirs auquel il délaissera, apres son décès et trépas, la seigneurie dudict Bar-sur-Seine, tous les profits des aides, tant du grenier à sel (si grenier y a acoustumé d'avoir), quatrièmes de vins vendus à détail, impositions de toutes denrées, tailles et fouages, que des autres aides et subventions quelconques qui ont et auront cours, et seront et sont imposées, en ladicte vile et chastellenie de Bar-sur-Seine, et ès viles et vilages sugets et ressortissans à icelle chastellenie, pour jouir de la part de mondict seigneur de Bourgongne, et de son hoir après luy, d'iceux aides, tailles et subventions, et en avoir les profits, par la main des greneliers et receveurs royaux qui seront à ce commis par le roy, à la nomination de mondict seigneur de Bourgongne, durant les vies de luy et de sondict hoir après luy, et du survivant d'eux.

» *Item*, et aussi de la part du roy sera transporté et baillé à mondict seigneur de Bourgongne, pour luy et ses hoirs, comtes de Bourgongne, à tousjours et en héritage perpétuel, la garde de l'église et abbaye de Lixeul; ensemble tous les droits, profits et émolumens quelconques appartenans à ladicte garde; laquelle le roy, comme comte, et à cause de la comté de Champaigne, dit et maintient à luy appartenir; combien que les comtes de Bourgongne, predécesseurs de mondict seigneur, ayent parcy-devant prétendu et querelé au contraire, disans et maintenans icelle abbaye de Lixeul (qui est hors du royaume, et ès mettes de la comté de Bourgongne) devoir estre de leur garde; et pource pour bien de paix et obvier à leurs débats, sera délaissée par le roy, et demourera ladicte garde entièrement à mondict seigneur, pour luy et ses hoirs successeurs, comtes de Bourgongne.

» *Item*, et aussi seront par le roy transportés et baillés à mondict seigneur de Bourgongne, pour luy et ses hoirs masles, légitimes, procréés de son corps, et les hoirs de ses hoirs masles tant-seulement, procréés de leurs corps, descendans d'eux en ligne directe, à tousjours et en héritage perpétuel, les chasteaux, viles, chastellenies et prévostés foraines de Péronne, Mondidier et Roye, avec toutes leurs appartenances et appendances quelconques, tant en dommaines, justice, jurisdiction, fiefs, arrièrefiefs, patronnages d'églises, collations de bénefices, comme autres droits, profits et émolumens quelconques, à les tenir du roy et de la couroune de France en foy et hommage, et en perrie de France, sous ressort et souveraineté du roy et de sa court du parlement, sans moyen.

» *Item*, avec ce baillera et transportera le roy, à mondict seigneur de Bourgongne, et à celuy de sesdicts hoirs masles auquel il délaissera, après son trépas, lesdictes viles et chastellenies de Péronne, Mondidier et Roye, tous les profits et émolumens quelconques qui écherront en icelles viles, chastellenies, prevostés foraines, et ès viles et terres sugettes, et ressortissans à icelles viles, chastellenies et prévostés foraines, à cause des droits royaux, en quelque manière que ce soit, tant en régales, confiscations, amendes et exploits de justice, comme autrement, pour en jouir par mondict seigneur de Bourgongne et sondict hoir masle après luy, durant leurs vies, et du survivant d'eux tant-seulement, en et par la manière dessus déclairée; c'est-à-sçavoir qu'à la nomination de mondict seigneur de Bourgongne et de sondict hoir masle après luy, le roy commettra et ordonnera celuy qui sera gouverneur ou bailly desdictes viles ou chastellenies pour mondict seigneur de Bourgongne, juge royal, et commis de par luy à congnoistre de tous cas royaux, et autres choses procédans desdictes viles, chastellenies et prévostés foraines, et des villes et terres sugettes et ressortissans à icelles, aussi avant et par la forme et manière que l'ont fait et accoustumé de faire par cy-devant les baillis royaux de Vermandois et d'Amiens. Et en outre seront commis (si mestier est) par le roy à la nomination de mondict seigneur de Bourgongne et sondict hoir masle, tous autres officiers nécessaires pour l'exercice de ladicte juridiction et droits royaux; comme chastellains, cappitaines, prévosts, sergens, receveurs et autres, qui exerceront leurs offices au nom du roy, au profit de mondict seigneur de Bourgongne et de sondict hoir masle après luy, comme dict est.

» *Item*, et semblablement de la part du roy, seront transportés et baillés à mondict seigneur de Bourgongne, et à sondict hoir masle après luy, tous les profits des aides ; c'est-à-sçavoir les greniers à sel, quatrièmes de vins vendus à détail, impositions de toutes denrées, tailles, fouages, et autres aides et subventions quelconques qui ont et auront cours, et qui sont ou seront imposées ès dictes viles, chastellenies et prévostés foraines de Péronne, Mondidier et Roye, et ès villes et terres subjettes et ressortissans à icelles viles, chastellenies et prévostés foraines, pour en jouir par mondict seigneur de Bourgongne, et sondict hoir masle après luy, durant le cours de leurs vies, et du survivant d'eux ; auquel monsieur de Bourgongne, et sondict hoir masle après luy, appartiendra la nomination de tous les officiers à ce nécessaire (soyent éleus, clercs, receveurs, sergens, ou autres) ; et au roy la commission et institution, comme dessus.

» *Item,* et en outre de la part du roy sera délaissée à mondict seigneur de Bourgongne, et à celuy de ses héritiers auquel après son décès il délaissera la comté d'Artois, la composition des aides audict comté d'Artois, ressorts et enclavemens d'iceluy, montant à présent icelles compositions à quatorze mille francs par an ou environ, sans ce que mondict seigneur, ne son hoir après luy, durant leurs vies, soyent abstraints d'en avoir autre don ou octroy du roy, ne de ses successeurs : et nommeront mondict seigneur, et sondict hoir après luy, tels officiers que bon leur semblera, pour le faict de ladite composition, tant éleus, receveurs, sergens, comme autres : lesquels ainsi nommés, le roy sera tenu d'instituer et commettre esdicts offices, et leur en fera bailler ses lettres.

» *Item,* et que le roy baillera et transportera à mondict seigneur de Bourgongne, pour luy et ses hoirs et ayans cause, à tousjours, les cités, viles, fortresses, terres et seigneuries appartenans à la couronne de France, sur la rivière de Somme, d'un costé et d'autre (comme Sainct-Quentin, Corbie, Amiens, Abbeville, et autres) : ensemble toute la comté de Ponthieu, deçà et delà ladicte rivière de Somme, Dorlens, Sainct-Riquier, Crevecueur, Alleux, Mortaigne, avec leurs appartenances et appendances quelconques, et toutes autres terres qui peuvent appartenir à ladicte couronne de France, depuis ladicte rivière de Somme inclusivement, en tirant du costé d'Artois, de Flandres et de Hainaut, tant du royaume que de l'empire ; en y comprenant aussi, au regard des viles séans sur ladicte rivière de Somme, du costé de France, les banlieues et échevinages d'icelles viles, pour jouir par mondict seigneur de Bourgongne, sesdicts hoirs et ayans cause, à tousjours, desdictes cités, viles, fortresses, terres et seigneuries, en tous profits et seigneuries, en tous profits et revenus, tant de dommaine, comme des aides ordonnés pour la guerre ; et aussi taille et autres émolumens quelconques, sans y retenir, de la part du roy, fors les foy et hommage, ressort et souveraineté : et lequel transport et bail se fera, comme dict est, par le roy, ou rachapt de la somme de quatre cens mille escus d'or, viels, de soixante quatre onces au marc de Troyes, huict onces pour le marc, et d'aloy à vingt quatre karas, un quart de remède, ou autre monnoye d'or courant, à la valeur. Duquel rachapt, de la part de mondict seigneur de Bourgongne seront baillées lettres bonnes et suffisantes : par lesquelles il promettra, pour lui et pour les siens, que toutes et quantes fois qu'il plaira au roy ou aux siens, faire ledict rachapt, mondict seigneur de Bourgongne ou les siens seront tenus, en reprenant ladicte somme d'or, de rendre et délaisser au roy et aux siens toutes lesdictes cités, viles et fortresses, terres et seigneuries comprises en ce présent article tant seulement, et sans toucher aux autres, dont dessus est faicte mention : et sera content, en outre mondict seigneur de Bourgongne, de recevoir le payement desdicts quatre cens mille escus à deux fois, c'est-à-sçavoir à chacune fois la moitié : pourveu qu'il ne sera tenu de rendre lesdites cités, viles, fortresses, terres et seigneuries, n'aucunes d'icelles, jusques à tant que tout ledict payement soit accompli, et qu'il ait receu le dernier denier desdicts quatre cens mille escus : et cependant fera mondict seigneur de Bourgongne les fruicts siens; de toutes lesdictes cités, viles et fortresses, terres et seigneuries, tant de dommaines, comme des aides et autrement, sans en rien déduire ne rabatre du principal : et est à entendre qu'audict transport et bail que fera le roy, comme dict est, ne seront point compris la cité de Tournay, et baliage de Tournaisis et Sainct-Amand : mais demoureront icelle cité et baliage de Tournay Tournaisis et Sainct-Amand, ès mains du roy, réservé Mortaigne, qui y est compris et demourera à mondict seigneur de Bourgongne, ainsi que dessus est dict : et combien que ladicte cité de Tournay ne doyve point estre baillée à mondict seigneur de Bourgongne, ce nonobstant est réservé, à iceluy seigneur monsieur de Bourgongne, l'argent à luy accordé par ceux de ladicte vile de Tournay, par certain traité qu'il a avec eux, durant jusques à certain temps et années à venir : et lequel argent lesdicts de Tournay payeront entièrement à mondict seigneur de Bourgongne. Et est à-sçavoir qu'au regard de tous officiers qui seront nécessaires à mettre et instituer ès cités, viles, fortresses, terres et seigneuries dessusdictes, au regard du dommaine, mondict seigneur de Bourgongne et les siens y mettront et institueront plainement et à leur voulonté : et au regard des droits royaux, et aussi des aides et tailles, la nomination en appartient à mondict seigneur de Bourgongne et aux siens, et l'institution et commission au roy et à ses successeurs, comme dessus est déclairé en cas semblable.

» *Item*, pour ce que mondict seigneur de Bourgongne prétend avoir droit en la comté de Boulongne sur la mer (laquelle il tient et possède), et pour bien de paix, icelle comté sera et demourera à mondict seigneur, et en jouira, en profits et émolumens, pour luy; ses enfans masles procréés de son propre corps seulement, et en après sera et demourera icelle comté, à ceux qui droit y ont et auront : et sera chargé le roy d'appaiser et contenter lesdicts prétendans avoir droit en icelle comté, tellement que cependant ils n'y demandent ny ne querellent rien, ny en facent aucune poursuitte à-l'encontre de mondict seigneur de Bourgongne, ne de sesdicts enfans masles.

» *Item*, que les viles et chastel, comté et seigneurie de Gian-sur-Loire (que l'on dit avoir esté données et transportées de piéçà avec la comté d'Estampes et seigneurie de Dourdan, par feu monsieur le duc de Berry, à feu monsieur le duc Jehan, père de mondict seigneur de Bourgongne) seront, de la part du roy, mis et baillés, réellement et de faict, ès mains, de nous duc de Bourbonnois et d'Auvergne, tantôt après ledict accord passé, pour les tenir et gouverner l'espace d'un ans après ensuyvant, et jusques à ce que, durant ledict temps Jehan de Bourgongne, à présent comte d'Estampes, ou mondict seigneur de Bourgongne pour luy, ayent monstré ou faict monstrer, au roy et à son conseil, les lettres dudict don faict à mondict seigneur de Bourgongne par mondict seigneur de Berry : lesquelles veues (si elles sont trouvées suffisantes et vallables) sommairement et de plain, et sans quelconque procès, nous, duc de Bourbonnois et d'Auvergne, serons tenus de bailler et délivrer audict comte d'Estampes, nostre neveu, lesdicts chastel, vile et comté de Gian-sur-Loire, comme à lui appartenans par le moyen dudict don et transport que luy en a faict mondict seigneur de Bourgongne, sans ce que de la part du roy l'on doive ne puisse alléguer au contraire aucune prescription ou laps de temps, depuis le décès de feu monsieur de Berry; et aussi nonobstant quelconques contradictions ou oppositions d'autres, qui voudront prétendre droit en ladicte comté de Gian : ausquels (si aucun y a) sera réservé leur droit, pour le poursuyvre par voye de justice, quand bon leur semblera, contre ledict comte d'Estampes.

» *Item*, que par le roy sera payé et restitué, à monsieur le comte de Nevers et audict monsieur d'Estampes son frère, la somme de trente deux mille huict cens escus d'or, que le feu roy Charles fit prendre (comme l'on dit) en l'église de Rouen, où celle somme estoit en dépost, comme deniers de mariage appartenans à feue dame Bonne d'Artois, mère desdicts seigneurs, au cas que l'on fera deüement apparoir qu'icelle somme ayt esté ou soit allouée en compte, au profit dudict roy Charles, pour icelle somme de trente-deux mille huict cens escus d'or payer à telles termes raisonnables qui seront advisés, après le payement faict et accompli, à mondict seigneur de Bourgongne, des cinquante mille escus dont dessus est faicte mention : et au regard des debtes que mondict seigneur de Bourgongne dict et maintient à luy estre deues par feu ledict roy Charles, tant à cause des dons et pensions, comme autrement, montant à bien grande somme de deniers, son droit, tel qu'il l'a et doit avoir pour la recouvrance d'icelle debtes, luy demourera sauf et entier.

» *Item*, que mondict seigneur de Bourgongne ne sera tenu de faire aucune foy, hommage ne service au roy, des terres et seigneuries qu'il tient à présent au royaume de France, ne de celles qu'il doyt avoir par ce présent traité, et pareillement de celles qui luy pourront écheoir cy-après, par succession, audict royaume : mais sera et demourera exempt de sa personne en tous cas de sugettion, hommage, ressort, souveraineté et autres droits du roy, durant la vie de luy. Mais, après son décès, mondict seigneur de Bourgongne fera, à son fils et successeur à la couronne de France, les hommages, fidélités et services qu'il appartiendra : et aussi, si mondict seigneur de Bourgongne alloit de vie à trépas avant le roy, ses héritiers et ayans cause feront au roy lesdicts hommages, fidélités et services, ainsi qu'il appartiendra.

» *Item*, pour ce que cy-après mondict seigneur de Bourgongne, tant ès lettres et escritures, et aussi de bouche, recongnoistra, nommera, et pourra nommer et recongnoistre, là où il appartiendra, le roy son souverain seigneur; offrent et consentent lesdicts ambassadeurs du roy que lesdictes nominations et recongnoissances, tant par escript que de bouche, ne portent aucun préjudice à ladicte exemption personnelle de mondict seigneur de Bourgongne, sa vie durant; et que ce nonobstant, icelle exemption demoure en sa vertu, selon le contenu en l'article précédent; et aussi qu'icelle nomination et recongnoissance ne s'estende qu'aux terres et seigneuries qu'iceluy monsieur de Bourgongne tient et tiendra en ce royaume.

» *Item*, au regard des féaux et sugets de mondict seigneur de Bourgongne, des seigneuries qu'il a et tient, et doit avoir par ce présent traité, et qui luy pourront écheoir par succession, au royaume de France, durans les vies du roy et de luy, ils ne seront point contraints d'eux armer au commandement du roy ne de ses officiers, supposé ores qu'ils tiennent avec ce aucunes terres du roy, et seigneuries : mais est content le roy que, toutes les fois qu'il plaira à mondict seigneur de Bourgongne mander sesdicts féaux et sugets pour ses guerres (soit au royaume ou dehors), ils soyent tenus et contraincts d'y aler, sans pouvoir ne devoir venir au mandement du roy, si lors il les mandoit : et pareillement sera faict au regard des serviteurs de mondict seigneur de Bourgongne, qui sont ses familiers, et de son hostel, supposé qu'il ne soyent pas ses sugets.

» *Item*, que toutes voyes s'il avient que les Anglois, ou autres leurs aliés, facent guerre cy-après à mondict seigneur de Bourgongne, ou à ses païs et sugets, à l'occasion de ce présent accord ou autrement, le roy sera tenu de secourir et aider à mondict seigneur de Bourgongne, et à ses païs et sugets, ausquels l'on fera guerre, soit par mer ou par terre, à toute puissance ou autrement, selon que le cas le requerra; et tout ainsi comme pour son propre faict.

» *Item*, que de le part du roy, et de ses successeurs roys de France, ne sera faicte ne permise, ou souffert faire, par les princes et et seigneurs dessusdicts, aucune paix, traité ou accord avec son adversaire et ceux de la part d'Angletrrre, sans le signifier à mondict seigneur de Bourgongne, et à son héritier principal après luy, et sans leur exprès consentement, et sans les y appeler et comprendre, si compris y veulent estre : pourveu que pareillement soit faict de la part de mondict seigneur de Bourgongne, et de sondict hoir principal, au regard et en tant qu'il touche la guerre d'entre la France et Angleterre.

» *Item*, que mondict seigneur de Bourgongne, et tous ses féaux et sugets, et autres qui par ci-devant ont porté en armes l'enseigne de mondict seigneur (c'est-à-sçavoir la croix Sainct-Andrieu), ne seront point tenus de porter ne prendre autre enseigne, en quelque mandement ou armes qu'ils soyent, en ce royaume ou dehors, soit en la présence du roy, ou de ses connestables et mareschaux, et soyent à ses gages, ou souldes, ou autrement.

» *Item*, que le roy fera restituer et dédommager de leurs pertes raisonnablement, et aussi de leurs rançons, ceux qui furent pris le jour de la mort dudict feu monsieur le duc Jehan (à qui Dieu pardoint), et y qui perdirent leurs biens, et furent grandement rançonnés.

» *Item*, qu'abolition générale soit faicte de tous cas avenus, et de toutes choses passées, dictes et faictes à l'occasion des divisions de ce royaume (excepté le regard de ceux qui perpétrèrent ledict mauvais cas, ou qui furent consentans de la mort de feu mondict seigneur le duc Jehan de Bourgongne: lesquels seront et demoureront hors de tout traicté); et au surplus que chacun, d'un costé et d'autre retourne (c'est-à-sçavoir les gens d'église en leurs églises et bénéfices, et les séculiers en leurs terres, rentes, héritages et possessions et biens immeubles, en l'estat qu'ils seront), réservé le regard des terres et seigneuries estans en la comté de Bourgongne: lesquelles monseigneur de Bourgongne et feu son père ont eues et retenues, ou ont données à autruy, comme confisquées à eux, à cause desdictes guerres et divisions: lesquelles seront et demoureront, nonobstant ladite abolition et accord, à ceux qui les tiennent et possèdent. Mais partout ailleurs chacun reviendra à ses terres et héritages (comme dit est), sans ce que pour démolition, empirement, gardes de places, ou réparations quelconques, on puisse rien demander l'un à l'autre: et sera chacun tenu quitte des charges et rentes écheues du temps qu'il n'aura jouy de ses terres et héritages: et, au regard des meubles pris et eus d'un costé et d'autre, jamais n'en pourra estre faicte aucune question, ou querelle, d'un costé ne d'autre.

» *Item*, que par ce présent traité seront esteintes et abolies toutes injures, malveuillances et rancunes, tant de paroles et de faict qu'autrement, avenues par cy-devant à l'occasion desdictes divisions, partialités et guerres, et tant d'une partie que d'autre, sans ce que nul en puisse aucune chose demander, n'en faire question ou poursuite, par procès n'autrement, ne reprocher ou donner blasme, pour avoir tenu aucun parti: et que ceux qui diront ou feront le contraire soyent punis, comme transgresseurs de paix, selon la qualité du méfaict.

» *Item*, en ce présent traité seront compris expressément, de la part de mondict seigneur de Bourgongne, toutes les gens d'église, nobles, bonnes viles, et autres (de quelque estat qu'il soyent), qui ont tenu son parti, et de feu mondict seigneur son père: et jouiront du bénéfice de ce présent traité, tant au regard de l'abolition que de recouvrer et avoir tous leurs héritages et biens immeubles à eux empeschés, tant au royaume qu'au Dauphiné, à l'occasion desdictes divisions: pourveu qu'ils accepteront ce présent traité, et en voudront jouir.

» *Item*, renoncera le roy à l'aliance qu'il a faicte avec l'empereur contre mondict seigneur de Bourgongne, et à toutes autres aliances par luy faictes avec quelconques princes et seigneurs que ce soyent, à-l'encontre de mondict seigneur, pour ce que mondict seigneur le face pareillement; et sera tenu et promettra, en outre, le roy, à mondict seigneur de Bourgongne de le soustenir et ayder à-l'encontre de tous ceux qui le voudront grever, ou luy faire dommage par voye de guerre, ou autrement: et pareillement sera tenu et le promettra mondict seigneur de Bourgongne, sauf toutesvoyes l'exemption de sa personne, à sa vie: comme dessus est déclaré.

» *Item*, consentira le roy, et de ce baillera ses lettres, que s'il avenoit cy-après que de sa personne fust enfreint ce présent traité, ses vassaux, féaux, et sugets et serviteurs, présens et à venir, ne soyent plus tenus de luy obéïr et servir, mais soyent tenus dès-lors de servir mondict seigneur de Bourgongne, et ses successeurs, à-l'encontre de luy: et qu'audict cas tous ses dicts féaux, vassaux, sugets et serviteurs soyent absous et quittes de tous sermens de fidélité et autres, et de toutes promesses et obligations de services, en quoy ils pouvoyent paravant estre tenus envers le roy, sans ce qu'au temps après lors venir il leur puisse estre imputé à charge ou reproche, ne qu'on leur en puisse rien demander: et que dès maintenant, pour lors, le roy leur commande d'ainsi le faire, et les quitte et décharge de toutes obligations de serment, au cas dessusdict : et que pareillement soit faict et consenti, du costé de mondict seigneur de Bourgongne, au regard de ses vassaux, féaux, sugets et serviteurs.

» *Item*, seront de la part du roy faictes les promesses, obligations et submissions touchant l'entretènement de ce présent traité, ès mains de monsieur le cardinal de Saincte-Croix, légat de nostre-sainct père le Pape, et de monsieur le cardinal de Cypre, et autres ambassadeurs du sainct concile de Basle, les plus-amples que l'on pourra aviser ; et sur les peines d'excommuniement, agravation, réagravation, interdit en ses terres et seigneuries, et autrement, le plus-avant que la censure d'Eglise se pourra estendre en ceste partie, selon la puissance qu'en ont mesdicts seigneurs les cardinaux, de nostre sainct-père le Pape et du sainct concile : pourveu que pareillement sera faict du costé de mondict seigneur de Bourgongne.

» *Item*, et avec ce, fera le roy, avec son seelé, bailler à mondict seigneur de Bourgongne les seelés des princes et seigneurs de son sang et de son obéyssance, comme de monsieur le duc d'Anjou, de Charles son frère, de monsieur le comte de Richemont, de monsieur le comte de Vendosme, du comte de Foix, du comte d'Armignac, du comte de Perdriac, et d'autres que l'on avisera : esquels seelés desdicts princes sera incorporé le seelé du roy : et promettront d'entretenir, de leur part, le contenu dudict seelé ; et s'il estoit enfreint de la part du roy, en ce cas estre aidans et confortans mondict seigneur de Bourgongne et les siens, à-l'encontre du roy : et pareillement sera faict du costé de mondict seigneur de Bourgongne.

» *Item*, que pareillement le roy fera bailler semblables seelés des gens-d'Eglise, des autres nobles, et des bonnes-viles de son royaume et de son obéyssance (c'est-à-sçavoir tels desdicts gens-d'Eglise, nobles et bonnes-viles que mondict seigneur voudra nommer), avec seurtés de peines corporelles et pécunielles, et autres seurtés que mesdicts seigneurs les cardinaux et autres prélats, cy-envoyés de-par nostre sainct-père le Pape et le sainct concile de Basle, aviseront y appartenir.

» *Item*, s'il avenoit cy-après qu'il y eust aucune défaute ou obmission en l'accomplissement d'aucuns des articles dessusdicts, ou aucune infraction ou attentas faits contre le contenu desdicts articles d'une part et d'autre, ce nonobstant, ceste présente paix, traité et acord, seront et demoureront valables, et en leur pleine force, vertu et vigueur : et ne sera pourtant icelle paix réputée cassée ou anullée, mais les attentas seront reparés, et les choses mal-faictes, contre icelle paix amendées, et aussi les défautes et obmissions accomplies et exécutées deüement, le tout selon que dessus est escrit ; et à ce contrains ceux qu'il appartiendra par la forme et manière, et sur les articles, peines et poincts dessus-déclarés. Lesquelles choses contenues ès articles dessus-escrits, nosdicts cousins et ambassadeurs ayent promis faire consentir, aprouver, ratifier et conferrer par nous, et en bailler nos lettres confirmatoires et patentes, en forme deüe, à nostredict frère et cousin de Bourgongne, et sur ce ayent baillé leurs lettres à iceluy nostre frère et cousin, lequel a fait et juré bonne loyauté, seure, ferme et entière paix et réunion avec nous, et a consenty et fait les renonciations, promesses, submissions et autres choses déclairées, qu'il doit et est tenu de sa part, et nous a congnu son souverain seigneur ; savoir faisons à tous, présens et à venir, que nous, ouïs à-plain nosdicts cousins et ambassadeurs sur les choses dessusdictes, et icelles bien considérées, et tout ce qui par eux y a esté faict et passé pour nous, et en nostre nom, à l'honneur et pour révérence de nostre sauveur Jésus-Christ, tous désirs et honneurs mondains, et biens temporels arrière mis, et pour échever l'effusion de sang humain, et pour pitié et compassion de nostre peuple, et afin qu'il puisse vivre sous nous en paix et tranquilité ; pour honneur aussi et contemplation de nostredict Sainct-Père, dudict sainct concile et desdicts cardinaux, et pour certaines autres causes et considérations à ce nous mouvans, ledict traité de paix, accord et réunion de nostredict frère et cousin Philippe, duc de Bourgongne, avec nous, consentons, ratifions, aprouvons et confermons, et (si mestier est) faisons de nouvel, ratifions, aprouvons et confermons, tout ainsi et par la forme et manière qu'il est contenu ès articles dessus-transcrits, et qu'il a esté promis par nosdicts cousins et ambassadeurs : promettans de bonne foy, et en parole de roy, et sous l'obligation de tous nos biens présens et à venir, pour nous, nos hoirs et successeurs, tenir, garder et entretenir entièrement, et acomplir et faire tenir, garder et acomplir, à nostre loyal pouvoir, sans fraude, déception ou mal-engin, ladicte paix et réunion, et toutes les choses dessusdictes, et chacune d'icelles de nostre part, et en tant qu'il nous touche et peut toucher à toujours, tout par la forme et manière dessus-escrite, inviolablement et sans enfreindre, faire ne venir, ou souffrir faire ou venir, au contraire, couvertement ou en appert, en quelque manière que ce soit : nous soumettans, quant à ce, à la censure, cohertion, compulsion et contrainte de nostredict Sainct-Père, dudict sainct concile et desdicts cardinaux, et de toutes autres cours, tant d'Eglises que séculières : et voulons et ottroyons par icelles estre contrains et compellés, tant et si-avant que faire se peut en tel cas, si faute y avoit de nostre part; en renonceant à toutes allégations et exceptions, tant de droit que de faict, que pourrions dire ou alléguer au contraire, et en espécial au droit, disant que générale renonciation ne vaut, si l'espéciale ne précède : et le tout sans fraude, déception, ou mal-engin : et, à fin que ce soit chose ferme et stable à tousjours, nous avons fait mettre nostre seelé à ces présentes, données à Tours le dixième jour de décembre l'an de grâce 1435, et de nostre règne le quatorzième. Ainsi signé par le roy en son grand conseil, FRESNOY. Collation faicte, FRESNOY. *Visâ.* Au dos desquelles lettres est escrit ce qui s'ensuit : *Lecta et publicata in curiâ parlamenti, vicesimâ-quartâ die januarii, anno Domini millesimo, quadringentesimo tricesimo quinto.* Ainsi signé, BLOYS. *Lecta etiam ante burellum, in camerâ compotorum domini nostri regis, decimâ tertiâ die mensis februarii, anno supradicto, et ibidem registrata, libro Cartarum hujus temporis, folio trigesimo octavo.* I. LESTIVORD ».

Par la manière dessus-escrite fut le traité et la paix entre le roy et le duc faicte et trouvée. Qui m'a semblé œuvre et matière plus divine que naturéle, car le roy Charles n'estoit pas à celle heure sans gens-d'armes ne sans confort : mais estoit jà le siége d'Orléans levé à l'encontre des Anglois, et plusieurs villes et places reconquises et gaignées par les François, et mesmement la ville de Rieu, en Picardie, nouvellement gaignée et prise : et, d'autre part, le duc de Bourgongne estoit en fleur d'age, et en renom chevalereux : et flourissoit et croissoit journellement en seigneuries et en renommée, et n'avoit guères qu'il avoit déconfit en bataille et pris prisonnier le duc Regnier, duc de Bar et de Lorraine, par son mareschal de Bourgongne, messire Antoine de Toulongeon : où fut occis le bon chevalier qu'on dit sans reproche, le seigneur de Barbasan, françois : et pareillement avoit déconfit en Zélande, au lieu de Brou-have, le seigneur de Fit-watre, anglois, et faict grand meurdre d'Anglois, et conquis sur le duc de Glocestre, frère du roy d'Angleterre, Hainaut, Holande et Zélande : et en la guerre de France avoit tel bruit et tel avantage, que sous sa main gisoit la prospérité ou perte des Anglois : et toutesfois, estans tous deux grans et sur leurs arigots, nature (qui ne peutmentir en sa raison) se sentit grevée et blécée d'un chacun parti; parquoy se condescendirent les deux nobles princes à la paix dessusdicte. Et quand j'ay bien enquis et calculé les causes et raisons qui meurent chacune partie de quérir la paix, je trouve que, de la part du roy de France, il faisoit conscience du cas advenu en la mort du duc Jean. Secondement, il ne voyoit pas possibilité de porter le faix, sans grand péril ou dommage de son estat, des Anglois et Bourgongnons, à une fois. Tiercement, à l'occasion de la guerre, il se trouvoit gouverné, et sous la main de tant de manière de gens-d'armes, estranges et privés, qu'il n'y avoit si petit cappitaine en France à qui on osast fermer l'huis ou la chambre du roy, quelque affaire qu'il eust. Quartement, il fut si sage et si raisonnable roy, qu'il aimoit mieux le profit et l'utilité de son royaume, que demourer en opinion inique, sans salut ni repos. Quant à la part du bon duc Philippe, il semble que ce qui le fit si légèrement condescendre fut regard au salut du royaume de France, au noble sang dont il estoit né et issu (qui luy bouilloit en l'estomac, et à l'entour du cueur), et au grans biens qu'il avoit reçus, en ses prédécesseurs, de la maison royale, tant de droit naturel comme de biens faits. Ces trois choses (qui font une seule partie) luy firent oublier l'offense et la male-aventure, mal-faicte et mal-advenue. Secondement, la petite affinité et amour qu'il avoit aux Anglois : et tiercement, l'honneur et la vertu de luy, qui tousjours et toute sa vie (quelque offensé, quelque aiguillonné, quelque piqué ou poingt qu'il eust été plusieurs fois, maintenant de faicts, maintenant de paroles) a tendu la main, de tout effect et de tout pouvoir, à soustenir, maintenir, et garder la royale magesté de France : tellement qu'il vescut et mourut noble et entier François, de sang, de cueur et de voulonté : et si autres choses se sont aucunesfois monstrées et apparues à l'encontre de cestuy article, je respons qu'il est advenue pour obvier aux entreprises des malveuillans et haineux, qui, sous ombre du pouvoir royal, queroyent et machinoyent la destruction de la maison de Bourgongne.

CHAPITRE IV.

Comment la guerre continua entre les François et Anglois; et comment l'auteur de ces présens Mémoires fut mis page en la maison du bon duc Philippe de Bourgongne.

Or est besoing que je tienne le droit chemin de mon usage, et que plus avant je discerne et devise du temps et des aventures, en poursuyvant ma matière : et me faut encores retourner et rechercher aucuns cas avenus en traitant la paix dessus-dicte : et fut verité qu'il fut traité, pour le bien de paix universelle, que la duché de Guienne et celle de Normandie demoureroyent aux Anglois, et ils quitteroyent le résidu de leur querelle ; mais lesdicts Anglois disoyent que c'estoit partage dont ils estoyent desjà possesseurs, et qu'en cecy n'avoyent point de creüe ne de profit. Parquoy ils ne voudrent tenir l'apointement dessus-dict ; et demourèrent, par ce bout, en guerre, comme devant, à l'encontre des François.

D'autre part, messire Jehan de Luxembourg, comte de Ligni, suget et parent du duc de Bourgongne ; ne voult point estre compris au traité de la paix, n'abandonner les Anglois ne son premier serment. Ledict comte de Ligni estoit un grand homme de guerre, puissant d'avoir et d'amis, vaillant et entrepreneur, et l'un des plus renommés chevaliers de son temps. Il tenoit beaucoup et largement de viles et de chasteaux en frontière de Hainaut, de Champaigne et de Barrois ; et avoit gens et soudoyers duits à la guerre, et nourris de butin ; et peut on légèrement croire qu'ils vivoyent avec leurs voisins, et qu'ils monstroyent de toutes pars que la paix estoit pour eux, à traiter, consentir, et à faire. Et estoit ledict comte de Ligni porté des Anglois, et aimé du duc de Bourgongne ; et conduisit si hautement ses affaires, qu'il vescut et finit en grand bruit, et sans foule.

Pareillement sur la marche de Bourgongne se tenoyent messire Tibaut, bastard de Neuf-Chastel, le bastard de Vergi, et autres Bourgongnons, qui s'estoyent enforcés et garnis ès places de Dernay, de Montesclaire, et autres places prises sus le duc de Bar : et lesquels, sur la fin de la guerre, recueillirent ce qu'ils peurent prendre et avoir pour leur dernière main.

En Champaigne, et sur les marches de la duché de Luxembourg (qui pour lors estoit un païs plain de haussaires et de coureurs), se tenoit le seigneur de Commersy, riche seigneur et puissant ; et tenoit places et soudoyers assez, et plusieurs ; et faisoit guerre au premier rencontré ; et prenoit et ravissoit, de toutes pars, prisonniers et butin : dont il éleva un merveilleux avoir.

Sur les marches de Mets, de Luxembourg, de Bar et de Lorraine, se tenoit Henry de La Tour, au lieu de Pierrefort ; et tenoit les cités de Tou et de Verdun en rente d'apatis, et tous ses voisins en sugettion.

Tout le tournoyement du royaume de France estoit plein de places et de forteresses, dont les gardes vivoyent de rapine et de proye : et par le milieu du royaume et des païs voisins s'assemblèrent toutes manières de gens de compagnies (que l'on nommoit escorcheurs), et chevauchoyent et aloyent de païs en païs, et de marche en marche, quérans victuailles et aventures pour vivre et pour gaigner, sans regarder n'espargner les païs du roy de France, du duc de Bourgongne, ne d'autres princes du royaume. Mais leur estoit la proye et le butin tout un, et tout d'une querelle; et furent les cappitaines principaux, le bastard de Bourbon, Brussac, Geofroy de Sain-Belin, Lestrac, le bastard d'Armignac, Rodrigues de Villandras, Pierre Regnaut, Regnaut Guillaume, et Anthoine de Chabannes, comte de Dammartin : et combien que Poton de Saintrailles et La Hire fussent deux des principaux et des plus renommés cappitaines du parti des François, toutesfois ils furent de ce pillage et de celle escorcherie : mais ils combatoyent les ennemis du royaume, et tenoyent les frontières aux Anglois, à l'honneur et recommandation d'eux et de leurs renommées; et à la vérité lesdicts escorcheurs firent moult de maux et griefs au pauvre peuple de France et aux marchans, et pareillement en Bourgongne et à l'environ; car à ceste occasion falut que les Bourgongnons se missent sus, qui tenoient les champs en grand nombre, et vivoyent sur le pauvre peuple en telle dérision et outrage, que le premier mal ne faisoit qu'empirer par la médecine; et les nommoit on les retondeurs : car ils retondoyent et recovroyent tout ce que les premiers avoyent failli de haper et de prendre : et qui me demanderoit comment ce pourroit estre qu'ainsi, après la paix faicte à Arras, jurée et promise par le roy de France si solennellement qu'il est cy-dessus escrit et touché, ses cappitaines, serviteurs et gens-d'armes pilloyent et couroyent les païs de Bourgongne, et leur portoyent beaucoup plus de dommages qu'ils ne firent du temps de la plus forte guerre qui onques fut entre eux. A ce je respon, et vray est, que le roy et le royaume de France furent en iceluy temps fort chargés de grand nombre de gens-d'armes de divers païs et contrées qui avoyent bien servi; et leur faloit, pour le devoir, faire entretenue, payement ou récompense. A quoy le roy ne pouvoit fournir, pour les affaires passés, portés et soustenus.

Toutesfois jamais ne les porta ou soustint en ceste querelle, mais les abandonna et désavoua, par cris publiqs et universels : et ay bonne mémoire que le comte de Fribourg, pour lors gouverneur de Bourgongne, se tira à Chalon sur la Sosne, et y assembla tous les seigneurs et cappitaines du païs, qui firent plusieurs courses et emprises sur les escorcheurs dessus-dicts, et desquels (s'aucun on en prenoit) on en faisoit justice publique, et de main de bourreau, comme de larrons, pillars, et gens abandonnés : et certifie que la rivière de Sosne et le Doux estoyent si pleins de corps et de charongnes d'iceux escorcheurs, que maintefois les pescheurs les tiroyent, en lieu de poisson, deux à deux, trois à trois corps, liés et accouplés de cordes ensemble : et en avint plusieurs tels piteux cas et semblables : et dura pour celle fois ceste pestilence depuis l'an 35 jusques à l'an 38.

Celuy an 1438, se partit de ses païs de Flandres le duc Philippe, pour venir en son païs de Bourgongne (où il n'ayoit esté depuis les sièges d'Avalon, de Grancy, et de Pierre-Pertuis : lesquelles places reconquit à force d'armes sur les François), et laissa, au lieu de Brucelles, le comte de Charolois son fils : et ordonna gouverneur pour luy, en Picardie, le comte d'Estampes, lequel, accompaigné de mille ou douze cens archers de Picardie, conduisit et mena ledict duc jusques près de Bar-sur-Aube : auquel lieu les Bourgongnons s'estoient mis sus pour le recueillir; et si tost qu'il fut à Digeon, l'armée se rompit, et tint le duc la feste de Noel en sadicte vile de Digeon, en grande feste et grande solennité : qui réjouissoit moult fort Bourgongne, et principalement la noblesse et la seigneurie du païs, qui longuement avoyent esté sans leur seigneur veoir. Et environ les roys se tira le duc au lieu de Nevers fort et noblement accompaigné des nobles de son païs de Bourgongne : et là se trouvèrent la plus-part des princes du sang de France, nommément Charles de Valois, duc d'Orléans, que le duc Philippe de Bourgongne, par son pourchas et par sa mise, avoit retiré et rachapté de la prison des Anglois, et luy avoit donné en mariage madame Jehanne de Clèves, sa nièce : et se traitèrent et firent moult grandes amitiés et aliances entre ces deux nobles princes. Ce qui fut bien et deuement entretenu par toutes les parties. Là estoit le comte d'Angoulesme, frère du duc d'Orléans dessus-dict; le duc Charles de Bourbon et d'Auvergne, le comte de Vendosme, le comte de Dunois, bastard d'Orléans, et moult d'autres grans et nobles personnages. Là estoit ladicte duchesse d'Orléans, moult belle dame; madame Anne de Bourgongne, duchesse de Bourbon, et sœur du dessus-dict duc Philippe; et moult belle compaignie de dames et damoiselles : et y fit on moult grande feste, joustes, banquets et divers festimens, les uns avec les autres : et entre les princes fut pourparlé et traité de moult grandes choses tendans à l'utilité et profit du roy, des princes et du royaume de France : et singulièrement fut advisée et mise avant la seurté, le moyen et la façon comment le duc de Bourgongne se peust trouver devers le roy pour faire son devoir, et demourer avecques luy en telle privauté et fiance, comme l'amour et le cueur y estoit : et, à la vérité, et l'un et l'autre le queroyent et désiroyent, et furent lors les choses fort aprochées : mais toujours l'infernal (qui ne dort), sous couverture de défidence, malicieusement renouvelée par les malheurtés avenues et passées, rompit et élongna ceste bienheurée et salutaire œuvre : et se parbouta ès corps maudits d'aucuns raporteurs déloyaux et mauvais, qui d'un costé et d'autre rompirent ladicte emprise : et se départirent iceux princes de la cité de Nevers en grand'amour et union, et se retira chacun en sa seigneurie : et s'en revint le duc Philippe en son païs de Bourgongne, au lieu de Digeon : et, la karesme après, se tira en sa cité de Chalon sur Sosne, auquel lieu il demoura jusques environ la Pentecoste. Et audict lieu de Chalon, et à celle fois, messire Guillaume de Lurieu, seigneur de La Queuille, m'amena à la court : lequel seigneur de La Queuille, et dame Anne de La Chambre, sa femme, me nourrirent en leur hostel, depuis l'an 37 que mon père mourut, jusques à l'an 39 que lors messire Anthoine, seigneur de Crouy, premier chambelam de mondict seigneur le duc requit à mondict seigneur le duc qu'il luy pleust de sa grâce, en faveur des services faits par mes prédécesseurs, me retenir de son hostel. Ce que le bon duc de sa grâce acorda, et pouvoit avoir trèze ans d'age; et ordonna mondict seigneur que je fusse son page, avec plusieurs autres nobles jeunes hommes de divers païs : et fus mis ès mains et sous le gouvernement de Guillaume de Sercy, premier escuyer d'escuyrie.

Or soit pris en gré ce que j'ay sceu ramentevoir et escrire des choses advenues tant devant mes yeux qu'en maintes autres apparences, lesquelles, encores que jeune d'age sans grand sens et expériment, ay toutesfois récitées et escriptes à la vérité et sans fable; et d'ores-en-avant rendray compte (si Dieu me donne temps, loisir et vie) de ce que Dieu m'a donné grâce de veoir et incorporer, moy estant à court, et en lieu pour veoir et congnoistre beaucoup de grans biens, si je les ay sceus retenir et apprendre.

CHAPITRE V.

Comment les ducs de Bourgongne et de Bourbon s'assemblèrent à Chalon sur Sosne pour appaiser une querelle entre messire Jaques de Chabannes et messire Jehan de Grantson; et comment le duc Louys de Savoye et sa femme visitèrent le duc de Bourgongne.

En celle mesme quaresme, le duc de Bourbon dessusdict vint à Chalon voir et visiter le duc de Bourgongne (à qui il estoit beau-frère, pour avoir espousé sa sœur); et vint avec luy un chevalier de très grand'façon, son suget : et se nommoit messire Jaques de Chabannes, lequel de Chabannes estoit en débat à l'encontre de messire de Grantson, seigneur de Pesmes, lequel estoit parent des plus grands seigneurs de Bourgongne, et de ces subgets du duc, à qui il escrivoit cousin. Vaillant chevalier estoit, et bien renommé, et aymé entre les gens-d'armes de Bourgongne, et fit en son temps de grands services au duc et à ses païs. Mais, pour revenir à la question et au débat des deux chevaliers dessus-dicts, la cause fut pour ce que ledict seigneur de Pesmes avoit pris d'eschelle une des maisons dudict de Chabannes, l'avoit pillée, et pris son fils aisné prisonnier, sous umbre et couleur d'aucunes querelles que ledict de Pesmes disoit avoir sur ledict de Chabannes : et de ceste matière fust une journée publiquement tenue en la sale du palais de l'évesque, et furent assis les deux ducs de Bourgongne et de Bourbon, comme frères et bons amis, sur un banc, et l'un emprès l'autre : et certes, combien que le duc de Bourgongne fust le premier per de France, et si puissant qu'il est assez sceu et notoire, toutesfois il fit en son hostel et en ses païs, au duc de Bourbon son beau-frère, autant et plus d'honneur qu'il n'en voult prendre ne recevoir : et, à la vérité, le duc Charles de Bourbon fust de son temps l'un des meilleurs corps (fust à pié ou à cheval), et l'un des plaisans et des mondains, non pas seulement de princes, mais des chevaliers du royaume de France : et sçavoit des honneurs et gracieusetés du duc son frère prendre ce qui en estoit en son appartenir.

A celle journée fut le seigneur de Pesmes grandement accompaignée des seigneurs de Bourgongne ses parens (comme de ceux de Chalon, de ceux de Vienne, de ceux de Neuf-Chastel et de Vergy); et portoit la parole, pour le seigneur de Pesmes, messire Tibaut, bastard de Neuf-Chastel, un moult sage chevalier dont est desjà cy-dessus faicte mention, et tendoit plus ceste question à gage de bataille qu'à forme d'autre plaid ou procès.

Or avint que ledict de Chabannes (quand on luy demanda, au commencement du procès, s'il vouloit tenir les deux ducs dessus-nommés pour ses juges en ceste partie) respondit qu'il avoit choisi pour son juge le duc de Bourbon son seigneur, et non autre; et prestement que le duc de Bourgongne entendit qu'il ne devoit pas estre jugé en ceste matière, se leva, et dit au duc de Bourbon : « Mon frère, puisque je » ne suis pas accepté pour juge par messire » Jaques de Chabannes, je ne me puis excuser » d'estre partie avecques le seigneur de Pes- » mes; car il est mon parent, et m'ont luy et » ses prédécesseurs si bien servi, et la maison » de Bourgongne, que je luy doy et luy veuil » faire honneur, et porte à son besoing. » Et prestement se tira le bon duc devers le seigneur de Pesmes, et se joindit avec luy comme parent, et non pas comme seigneur, prince ou souverain qu'il estoit, et devez sçavoir que ledict seigneur de Pesmes, et les seigneurs qui l'accompaignoyent, le reccurent humblement et de grand courage, comme ceux qui bien le devoyent faire; et quand partie adverse vit le duc, qui s'estoit adjoint avecques son contraire, il dit tout haut, par très-bonne façon : « A ceste fois ay je partie trop forte et trop » pesante. »

Et ceste chose j'ay voulontiers ramenteue et mise en escrit, pour commencer, temps après autre, selon les lieux, les raisons et les causes, à dire et deviser les biens, les vertus, les bontés et les courtoisies de cestuy noble prince le bon duc Philippe de Bourgongne, cinquième de ce nom; auquel, en la première semaine que je l'eusse jamais veu, je vei faire et monstrer publiquement tel honneur et tel port, que de soy monstrer et déclaircr parent de son suget. Secondement, j'ay déclairé ceste cause advenué par une manière de doctrine et de regard que chacun, en tel cas, doit bien peser et avoir bon avis de refuser ou regeter le jugement d'un prince (car mieux vaut au moins puissant faire de son plus grand son juge, que son ennemy); et tiercement, pour ramentevoir et remémorer à tous nobles hommes l'honneur et la cherté qu'ils doivent garder et porter, d'estre yssus par consanguinité des grandes et des nobles maisons, car chacun endroyt soy en sent et gouste, une fois en sa vie, ou peu ou beaucoup, ou tellement qu'il en vaut mieux d'avoir, ou de recommandation.

Pour retourner à ma matière commencée, messire Jaques faisoit plainte du seigneur de Pesmes, et disoit qu'après le traité de la paix de France, faicte entre le roy et le duc en la manière cy-dessus escrite, le seigneur de Pesmes avoit pris et dérobé d'eschelle et par nuict, sans titre, querèle ou défiance, une des maisons dudict de Chabannes nommée Montagu-le-Blanc, située au païs de Bourbonnois, et avoit pillé et pris les biens meubles dudict Chabannes, et emmené son fils aisné prisonnier (qui n'avoit pas dix ans d'age), et plusieurs autres jeunes nobles hommes qui acompaignoient sondict fils; et demandoit sur ce réparation d'honneur, de sa maison, de son fils et de son avoir. Et de la part du seigneur de Pesmes fut respondu, par la bouche de messire Tibaut, bastard de Neuf-Chastel, que voirement avoit pris le seigneur de Pesmes le chasteau de Montagu-le-Blanc par aide et soubtiveté de guerre, et pris les biens et le fils dudict Chabannes; et ce à la querèle et contrevange de plusieurs griefz, pilleries et prises faictes sur ledict seigneur de Pesmes et sur ses amis, parens et aliés, par Anthoine de Chabannes, comte de Dammartin, frère dudict messire Jaques; et dont les prises avoient esté menées et retraites, tant en icelle place de Montagu, comme autres places et maisons appartenans et estans sous le pouvoir dudict messire Jaques, et que telles choses et telles œuvres de faict se doyvent et peuvent rendre par tous droits de guerre, par le semblable ; et concluoit, sur grandes réparations, que demandoit ledict de Pesmes d'estre chargé de son honneur sans desserte, par ledict de Chabannes, en la présence tant de son prince et du duc de Bourbon, que de telle noblesse qui là estoit présente, en faisant offre de son corps pour son honneur deffendre, si ledict de Chabannes le vouloit charger d'avoir fait en ce aucune faute digne de répréhension. Plusieurs responses et répliques furent faictes de chacune partie ; mais pour ce qu'il estoit tard, la journée fut remise à une autre fois ; et assez tost après mondict seigneur de Bourbon se partit de monseigneur de Bourgongne, et s'en retourna avecques luy ledict de Chabannes, et depuis madame Ysabeau de Portugal, duchesse de Bourgongne, vint au païs, qui appaisa iceluy débat, et rendit le fils dudict de Chabannes à son père, et ensemble les autres enfans et nobles hommes qui furent pris avecques luy.

Assez tost après le département du duc de Bourbon, vint au lieu de Chalon sur Sosne le duc Louis de Savoye, et madame Jehanne de Lusignan, fille du roy de Cypre, sa femme, et vindrent voir le duc Philippe en son païs, moult grandement acompaigné de seigneurs et nobles, et la duchesse de dames et de damoiselles, et luy fut au-devant, bien une lieue, le duc de Bourgongne, acompaigné de Jehan Monsieur, héritier de la duché de Clèves, du comte de Nevers, du seigneur de Beaujeu, d'Adolf monsieur de Clèves, de Cornille, bastard de Bourgongne, et de moult belle compaignie de noblesse, et se conjouirent et bienviengnèrent les deux ducs moult honnorablement, et par moult grande cordialité ; et bien le devoyent faire ; car ils estoyent cousins germains, et enfans de frère et de sœur, car le duc Louis de Savoye fut fils de madame Marguerite de Bourgongne, sœur du duc Jehan, père dudict duc Philippe.

Au regard de l'honneur que fit ledict duc Philippe à la duchesse de Savoye, il ne fait pas à demander, car le bon duc fut si gracieux, tant courtois et honnorable à toutes dames, que nul plus courtois prince ne chevalier ne fut jamais trouvé ; et certes la duchesse valoit bien que l'on fist d'elle grande extime, car elle estoit fille de roy, une très-grande et puissante duchesse, et avecques ce l'une des plus belles dames de tout le monde. Pareillement là fut la duchesse de Bourgongne, qui grandement estoit accompaignée de moult de dames et de belles filles, et eurent plusieurs gracieuses et aimables conversations ensemble ; dont, pour la venue des deux princes, furent faictes et tenues plusieurs assemblées et congrégations du conseil de chacune partie assemblé ensemble, et maintesfois s'y trouvoient les deux ducs, et la cause singulière de la venue du duc et de la duchesse de Savoye en Bourgongne fut en intention de gaigner de leur part le duc de Bourgongne, pour tenir le parti du pape Félix à l'encontre du pape Eugène ; et ce à l'occasion de la division qui pour lors estoit en l'Eglise. Parquoy me sera force de laisser un peu le droit chemin de ma matière, et d'entrer en incidence pour déclairer comment il advint que deux papes, en un temps et à une fois, régnèrent en l'Eglise. Ce qui advint, comme vous pourrez entendre et ouyr.

CHAPITRE VI.

De la cause qui meut le duc de Savoye à visiter le duc de Bourgongne ; et de quelques autres petites particularités.

Vérité fut que l'an 1431, par le moyen d'aucuns cardinaux, et principalement du cardinal d'Arle (qui se surnommoit d'Arban, et estoit noble homme, et du païs de Savoye), un concile fut mis sus en la cité de Basle en Alemaigne ; et singulièrement fut créé iceluy concile à l'encontre et à la réformation de pape Eugène ; et publiquement luy mirent avant, à l'encontre de sa vie et de sa personne, plusieurs cas tels et de tels gestes, que je n'en veux escrire ne ramentevoir, mais le laisse réciter et escrire à ceux qui plus sagement sçavent coucher et mettre en souvenir ou ramentevance chose de tel poix et de telle efficace ; car à toucher à la fame et au renom de si saincte et haute personne en chrestienté, comme nostre sainct-père le pape, l'entendement se doit arrester de frayeur, la langue doit barbusser de crainte, l'encre seicher, le papier fendre, et la plume pleyer, par doute dangereux et plein de péril d'encourir ou d'enchoir, au danger d'inobédience et de faute, à l'encontre des commandemens et ordonnances de notre saincte et salutaire mère et ressource, l'Eglise triomphante; et supplie à celuy qui est garde de tous bons et catholiques courages, qu'il me deffende et garde en ceste partie de toucher ou mettre chose qui soit contre l'estat et ma conscience.

Or, toutesfois fut ceste matière tant continuée, et vint le concile à ce poinct, que par effect, et par sentence prononcée sous ombre de certains adjournemens faicts à la personne du pape Eugène, par faute de comparoir aux journées à luy baillées, et pour autres raisons dictes et déclairées au dictum de ceste sentence, et où je ne veuil atoucher ne venir, fut le Sainct-Père dessusdict privé du sainct estat de la papalité, et injurieusement et par grande dérision déclairé inhabile de tenir et exercer l'estat dessusdict, et, pour pourveoir au faict de l'Eglise, prestement et à celle heure élurent et créèrent à pape, et souverain pasteur de l'Eglise, monsieur Amé, duc de Savoye, père du duc Louis dessus-nommé; lequel duc Amé avoit paravant renoncé à sa seigneurie, et icelle mise ès mains de son fils, et s'estoit rendu, au lieu de Ripaille lez Tonon, en une confrairie et ordre de chevaliers qu'il avoit fondée, luy trèzième, de chevaliers moult honnorables, et de grande recommandation. Et là fut envoyé querre par le sainct concile, tout créé, sacré et élevé pour pape, et nommé pape Félix; et le plus tost qu'il peut se tira à Basle, à grand triomphe et grande compaignie de prélats et de seigneurs, et arriva à Basle en telle cérémonie que l'on peut et doit faire à l'entrée et joyeuse advenue du pape, lieutenant souverain de Dieu en terre.

En grand erreur, grand murmure et grande désolation fut l'estat de l'Eglise et de toute la chrestienté, car chacun d'eux faisoit les saints exercices aussi bien l'un comme l'autre, Eugène comme Félix, et Félix comme Eugène. Ils prononçoient les sainctes parolles sacramentales; ils faisoyent et consacroyent le sainct chresme dont l'on baptisoit les enfans nouveau nés; ils sacroyent prestres et diacres, donnoyent absolutions, indulgences, bénéfices et bulles, et estoyent, l'un porté et obéï d'aucuns princes et d'aucunes seigneuries et provinces, et l'autre d'autres, et tenoit un chacun parti et partial à bon, sainct et valable, ce que son pape faisoit, ordonnoit, lioit ou délioit; et je mesme vey et m'en souvient que ceux de Bourgongne (qui tenoyent la première élection et le parti du pape Eugène) faisoient conscience d'ouyr messe, ou d'eux confesser au païs de Savoye, et en l'obéyssance du pape Félix : et certes cestuy Félix eut moult grand'-faveur, et moult grand port de plusieurs princes, et tèlement qu'il gaigna de son costé Italie, Alemaigne et Espaigne. Mais le roy de France ne le duc de Bourgongne ne voulurent jamais laisser n'abandonner le premier sainct et canonique pape Eugène, dessusdict : et si le duc de Bourgongne se fust condescendu au duc de Savoye son cousin, touchant ceste matière, pape Félix eust esté obéy aussi par toute France, par toute Angleterre, et jusques en Norvége. Mais pour amour, pour sang ou pour affinité, le bon duc ne se voult pleyer ou condescendre de faire ou consentir rien, ou nulle chose, au préjudice du pape Eugène.

Cinq ans dura, ou environ, ce scisme et ceste douleur en l'Eglise et par la chrestienté, et jusques'à cestuy Félix congneut bien qu'il n'auroit port n'obédience du roy de France ne duc de Bourgongne, et qu'il demourroit frustré, et en abus de son intention. Si s'apensa de sauver son cas et son emprise par autre voye : et, à la vérité, ce fut un des plus sages et des plus entreprenans princes que l'on sceut : car, luy estant comte de Savoye, se feit duc, et fut le premier duc de Savoye. Il conquit la principauté de Piémont à force d'armes : et tèlement travailla Philippe Maria, duc de Milan, de guerre et par force d'armes, qu'il luy donna la comté de Verseil et la vile de Cyvaux : et prit le duc de Milan sa fille à femme, et recongneut avoir receu pour son mariage trois cens mille ducats : et pour icelle somme donna au dessusdict duc de Savoye et à ses successeurs, au cas qu'il mourust sans hoirs légitimes de son corps, la duché de Milan : et est la querèle qu'encores ont les ducs de Savoye sur la duché de Milan.

Cestuy Félix vescut avecques François et Bourgongnons, et si sagement se gouverna au temps des divisions de France, que son païs de Savoye estoit le plus riche, le plus seur et le plus plantureux de tous ses voisins. Trois filles de roy furent pour un jour séans à sa table : dont il avoit alié ses enfans par mariage. Luy vefve, prit l'estat de religion, et fut appelé, invoqué et eleu pour la plus digne, plus grande et première personne de chrestienté : dont (comme dict est) luy congnoissant son emprise ne venir à effect, trouva moyen que la plus-part des princes chrestiens se meslèrent de l'apointement des deux nommés papes et du concile : et fut conclu, accepté et tenu que pape Eugène demoureroit en sa dignité juste et canonique, et que Félix demoureroit légat en toute puissance papale, en toute la duché de Savoye et la principauté de Piémont : et conferma pape Eugène toutes les choses faictes par ledict Félix du temps devant. Et ainsi fut paix et union en saincte Eglise : et depuis vescut le légat de Savoye environ dix ou douze ans, et trépassa à Ripaille l'an 1452.

Sur ceste matière ne firent les deux ducs aucune conclusion : mais en aliance d'amour et de paix se partirent, comme bons parens devoyent faire : et avoit le duc de Savoye avecques luy un sien frère de l'age de dix-huit ans, qui estoit comte de Genève, et se nommoit Amé. Cestuy comte de Genève désira d'estre de l'hostel du duc de Bourgongne. Ce qui luy fut libéralement accordé : car il estoit de très belle apparence de prince, et moult bien conditionné : mais ne demoura guères après qu'il mourut : dont ce fut grand dommage pour la maison de Savoye.

Ainsi se partit le duc de Savoye et la duchesse, et se retirèrent en leur païs : et le duc de Bourgongne se retira en sa vile de Digeon, auquel lieu il passa le plus beau de l'esté en grandes chères, festimens, banquets, chaces et voleries, et en plusieurs et divers déduits : et revint le duc de Bourbon et la duchesse de Bourbon, sœur du duc, et Jehan de Bourbon, comte de Clermont, leur aisné fils, devers ledict duc de Bourgongne, où ils furent bien festeyes et bien recueillis.

En celuy temps se maria un escuyer de Bourgongne, nommé Jehan de Salins, à la bastarde du duc de Bavière, une très belle damoiselle de l'hostel de la duchesse de Bourgongne : et là furent faictes les premières joustes que je vey onques : et furent les joustes en harnois de joustes, en selle de guerre, et à la foule, sans toille. Là jousta monsieur Jehan, héritier de Clèves ; le comte Louis de Nevers, le nouveau marié, le seigneur Waurin, Guillaume Rollin, Anthoine de Sainct-Simon, et plusieurs autres ; et fut la jouste bien joustée : et certes les pompes et pareures de lors n'estoyent pas telles que celles de présent : car les princes joustoyent en pareures de drap de laine, de bougran et de toille, garnis et ajolivés d'or cliquant, ou de peinture seulement : et si n'en laissoyent point à rompre grosses lances, et d'endurer la rudesse de la jouste et des armes, comme font aujourd'huy les plus jolis : et fut donné le bruit et le prix de la feste, tant dedans comme dehors, au seigneur de Waurin, et à un jeune escuyer du païs de Hainaut, de l'hostel du duc de Bourgongne, mignon dudict héritier de Clèves, nommé Jaquet de Lalain : lequel a depuis tant cueilly et monstré de vertus, d'honneur et de vaillance, que cy-après j'auray assez affaire et à besongner pour déclairer et pour descrire l'exercice chevaleureux de sa vie.

En celle saison le comte de Fribourg, pour lors gouverneur et mareschal de Bourgongne, pour ce qu'il estoit desja viel et travaillé de gouttes, se tira à Digeon devers le duc, et remonstra son impotence, et qu'il ne pouvoit porter le faix et le travail de la guerre, suppliant que l'on vousist déporter et décharger de son office, et y pourveoir d'homme pour exercer la peine et le labeur pour l'utilité du païs : et fut mis en conseil, que pour ce que le duc ne devoit guères demourer en la contrée, il estoit expédient voirement de pourveoir ès choses dessusdictes. Si fut avisé que Tibaut de Neuf-Chastel, escuyer ; seigneur de Blamont, fils aisné du seigneur de Neuf-Chastel, agé de vingt-six ans, estoit homme de faict, de sens, et d'exécution et d'emprise, et de soy des plus grands et des plus puissans du pays de Bourgongne et de grande maison : et combien que de sa personne il n'estoit d'apparence ou de force corporelle que peu de chose, toutesfois il s'estoit monstré homme magnanime, hardi et entrepreneur, et desjà avoit pris et gaigné Chasteau-Vilain sur les François, et s'estoit monstré celuy des seigneurs de Bourgongne qui plus grande résistance feit à-l'encontre des escorcheurs : et feit et exécuta sur eux maintes belles emprises, leur feict et porta moult de dommage en ce temps et depuis, comme vous orrez ci-après. Ainsi fut faict le seigneur de Blamont mareschal de Bourgongne, l'an 1440.

CHAPITRE VII.

Comment Fédéric, roy des Rommains, et le bon duc Philippe de Bourgongne, se veirent et festeyèrent en la ville de Besançon.

En celle mesme année monseigneur Fédéric, archeduc d'Austriche, fut faict roy des Rommains ; et depuis estant venu à Aix la Chapelle, et traversant partie de l'empire pour s'en retourner en ses païs d'Austriche et ailleurs, par moyens trouvés d'un costé et d'autre, passa et vint en la cité de Besançon, au comté de Bourgongne, laquelle est cité et siège d'empereur ; et pour ce que c'estoit au païs et en la seigneurie du duc, comme comte de Bourgongne, il se retira audit lieu de Besançon environ huict jours avant que le roy des Rommains y arrivast ; et se logea le duc ès Cordeliers, et fit préparer pour le roy au palais de l'archevesque, moult honnorablement, de riches chambres de soye, de brodure et de tapisserie ; et manda le duc les seigneurs du païs, lesquels y vindrent pour accompaigner leur prince ; et disoit on par extime que le duc de Bourgongne fut accompaigné, à celle fois, de mille nobles hommes ses subjets ; et quand vint le jour que le roy des Rommains devoit arriver (qui fut par un jeudi), le duc de Bourgongne se tira aux champs, accompaigné de ceux de son sang et de sa noblesse. Et me souvient que le seigneur de Ternant conduisit ce jour les archers du corps du duc ; et portoit le patelot d'orfaverie, qui moult bien luy seoit ; car ledict de Ternant estoit lors en fleur d'âge, beau chevalier, de bonne grandeur, brun de visage, et de moult belle taille, et du demourant l'un des acomplis chevaliers de son temps. Et moult bien luy séoit la conduite des archers ; et le mieux en point de celuy jour fut un chevalier de Picardie, nommé messire Jean, seigneur de Créqui, chevalier de la Toison ; et fut iceluy seigneur de Créqui un très-honnorable chevalier, vaillant en armes, et grand voyageur ; et afin que rien n'oublie, environ quinze jours paravant le duc de Bronswic, un moult bel prince d'Alemaigne, revenant de Sainct-Jaques, vint visiter le duc en sa ville de Digeon ; et l'amena ledict duc avec luy, pour l'acompaigner à celle assemblée ; et en fut honnorablement acompaigné le duc de Bourgongne (car il parloit la langue d'Alemaigne, et sçavoit et congnoissoit comme l'on se devoit conduire avec les seigneurs de l'empire ; car chacune nation a sa manière de faire) ; et depuis le duc de Bronswic eut en mariage la fille du duc de Clèves, nièce du duc de Bourgongne dessusdict.

Là estoit messire Louis de Chalon, prince d'Orange, un moult sage chevalier, et homme de grand faict ; le seigneur d'Arguel, son fils (qui acompaignoyent le duc leur souverain seigneur, à moult grande compaignie) ; Jean de Vienne, seigneur de Bussy, fils du seigneur de Sainct-George ; le seigneur de Neuf-Chastel, acompaigné de ses deux fils ; le seigneur de Blamont, mareschal de Bourgongne ; et le seigneur de Montagu, son frère. Là estoyent le comte de Fribourg et le marquis de Rotelin ; et furent ceux qui conduisirent la veue du roy et du duc. Là estoyent les seigneurs de Conches, de Vergy, de Charny, de Monby, de Pesmes, de La Queuille et de Ray, et brief toute la noblesse du duché et comté de Bourgongne ; et par un mardi se tira le duc aux champs, à moult grand nombre de chevaux, et chevaucha bien demie lieue avant qu'il encontrast le roy des Rommains qui venoit, grandement accompaigné des seigneurs et de la noblesse d'Alemaigne, et chevauchoit en grand ordre avec sa noblesse et toutes ses gens, qui portoyent lances, targes, cranequins ou armeures, dont il avoit grand nombre ; et chevauchoyent loing de luy, en la conduite d'un grand estendard armoyé d'un grand aigle au milieu, et tenoyent moult bel ordre ; et faisoit moult bel estrange veoir ce grand nombre de targes de diverses peintures, et ces blonds cheveux de ces Behaignons et Alemans qui reluysoyent contre le souleil, et sonnoyent les clairons du roy à l'aborder. Mais les trompettes du duc de Bourgongne ne sonnèrent, depuis qu'il veit les enseignes du roy des Rommains.

Le jour fut assez bel : et à l'aprocher eut

grand' presse de chevaux d'un costé et d'autre, et s'arresta le roy des Rommains en une plaine : et si tost que le duc de Bourgongne peut avoir veue du roy, ensemble les princes et les gens de sa compaignie, tous se défulèrent du chef en grande révérence : et pareillement feit le roy et ceux de sa compaignie, qui furent grand nombre de ducs, de comtes et de chevaliers, et beaucoup habilles à la pareure, et comme le roy; et quand vint à l'aprocher, le duc de Bourgongne s'enclina sur l'arçon de sa selle si bas et si révéremment, comme il le peut faire; et le roy le receut très humainement, lui rendant grand honneur de sa part. Là se feirent les honneurs et les recucillotes d'un costé et d'autre, entre les princes, les seigneurs et les nobles hommes : et puis prirent le chemin contre la cité.

Le roy des Rommains estoit habillé d'un pourpoint à gros cul, à la guise de Behaigne, et d'une robe de drap bleu brun : et avoit un chaperon par gorge, dont la patte venoit jusques à la selle, et estoit découpé à grans lambeaux; et portoit en son chef un petit chapel gris, à court poil; et sur son chapel avoit une petite et estroitte couronne d'or, et estoit sa première couronne dont il avoit esté couronné à Ais en Alemaigne. Il fut homme de bonne taille, et beau seigneur, et pouvoit avoir vingt six ans d'age. Un chevalier portoit toujours une espée devant luy. Ses sergens à masse, ses huissiers d'armes, roys-d'armes et héraux, chacun se mit en son devoir. Les clairons du roy sonnèrent l'entrée, et non autres : et toujours tiroit le roy le duc de Bourgongne, au plus près de luy qu'il pouvoit, en lui faisant grand honneur et grande chère. Quant à la personne du duc dessusdict, il estoit vestu d'une robe noire, et portoit le collier de son ordre à son col : et certainement il sembloit aussi bien prince et grand maistre que nul que je veisse depuis. Il estoit monté sur un roussin bay, et recevoit les honneurs que luy présentoit le roy si doucement et tant honnestement que la façon et la mode estoit à tous plaisante et agréable : car de plus courtois prince ne mieux sachant ce qu'il devoit faire en tel cas n'a pas régné de son temps : et toutesfois, servant à mon propos, pour ce qu'à l'heure j'estoye page du duc, et ne pouvoye lors sçavoir pourquoy n'a quelle raison se faisoyent les mystères ne les honneurs, je fay une question par manière d'incidence.

Ce duc de Bourgongne (qui tant sçait d'honneurs et de biens) va au-devant de la seconde personne de la chrestienté en élection. Pourquoy c'est il fait que luy (qui est de nativité maternelle, et en sugettion de plusieurs seigneuries à luy appartenans, subjet de l'Empire), n'est descendu sus de son cheval, comme les autres princes de l'Empire font journellement devant leur empereur ou devant le roy des Rommains, ayant possession par élection, et d'abondant desjà une couronne prise à Ais? Certes ce n'a pas esté du temps que j'ay esté page, n'escuyer, ne jeune homme que j'ay ceste question demandée ne sceue.

A ce je respons deux poincts ou deux raisons qui ne sont pas à oublier ou à non ramentevoir, pour appaiser les demandeurs. La première si est que le duc Philippe de Bourgongne estoit fils, en tiers, du roy Jehan de France, et issu paternellement du noble lict, du sang et de la maison royale de France : ce que le duc vouloit bien monstrer aux Alemans. La seconde fut qu'iceluy monsieur Fédéric d'Austriche n'estoit encores que roy des Rommains, et non-pas empereur receu, mais eleu : et les seigneuries qu'il tenoit en l'Empire, en tant qu'elles pouvoyent estre subjettes ou tenues, c'estoit comme de l'Empereur, et non-pas comme du roy des Rommains : et toutesfois je croy la première raison plus vraye.

Tant chemina celle noble compagnie, qu'ils arrivèrent à l'entrée de la cité : et là les citoyens apportèrent un palle de drap d'or, porté par les plus notables bourgeois d'icelle cité, sous lequel palle entra le roy des Rommains; et à la vérité il travailla beaucoup, et mit grand'-peine de faire que le duc de Bourgongne entrast avecques luy sous ledict palle. Mais le duc ne le voulut point faire : ains chevauchoit en costé senestre du roy, la teste de son cheval aussi avant que la cuisse du roy. Toute la noblesse, tant de l'empire comme de Bourgongne, chevauchoit en belle ordonnance. Là estoit le digne archevesque de Besançon à pié, et en procession; et tous les prélats, et les gens-d'Eglise de la cité, portans reliques et choses dévotes, au-devant du roy : et tant cheminèrent qu'ils arrivèrent au palais, où le roy descendit, et le duc avec luy : lequel convoya le roy en l'église et en sa chambre, et puis prit congé, et s'en revint en son hostel. Et n'est à oublier que Simon Doursan, un gentilhomme de la comté, comme mareschal héritier de l'empereur à Besançon, eut le cheval du roy, de son droit.

Chacun jour visitoit le duc de Bourgongne le roy : et le dimenche suyvant, feit le duc un grand et riche disner où le roy et les seigneurs de la compagnie disnérent, et ay bien souvenance que le duc porta celuy jour une écharpe d'or garnie de balais et de perles, que l'on estimoit valoir plus de cent mille escus. A la table du roy ne disna que le duc son hoste, qui moult courtoisement et de grand cueur le receut, et festeya en son logis : et moult souvent tranchoit le duc la viande, et la présentoit au roy, et le servoit à celuy disner, comme celuy qui bien le sçavoit faire. Après disner se retira le roy, et les principaux de son hostel, en une chambre : et là vint le duc, son chancelier, et autres de son conseil : et là fut commencé à ouvrir les matières de leurs affaires : dont (à ce que j'entendy et sçeu depuis, et grand temps après) le plus grand' affaire qui fut entre eux estoit pour les comtés de Hainaut, de Holande et de Zélande, pour ce qu'elles estoyent venues par succession de madame Jaque de Hainaut : et disoit on que celles seigneuries, venans à sa fille, devoyent revenir à la seigneurie de l'Empire. Et pareillement aucunes questions pour la duché de Brabant, que l'on disoit non estre relevée par le duc de Bourgongne suffisamment, et dont autrefois avoit esté question entre l'empereur Sigismond et le duc dessusdict, pour ceste matière : et aussi fut question de madame Marguerite de Bourgongne, mariée au duc Lupus d'Austriche : et demandoit monseigneur de Bourgongne de grands arrérages deus en ceste partie sur les biens dudict Lupus. De toutes ces choses furent plusieurs grandes et notables raisons aléguées par le conseil d'un costé et d'autre : et furent plusieurs journées et assemblées tenues en l'hostel du roy, en la chambre de son conseil.[1]

Environ six jours après vint au lieu de Besançon madame Ysabel de Portugal, duchesse de Bourgongne, accompagnée de la comtesse d'Estampes, et de plusieurs autres dames et damoiselles : et se partirent tous les princes et seigneurs de la maison du duc pour aller au-devant d'elle : et mesme le roy des Rommains accompagné de sa chevalerie, alla au-devant de ladicte duchesse bien un quart de lieue hors la vile. La duchesse entra en une litière couverte de drap d'or cramoisy, et après elle deux haquenées blanches, couverte de mesme la litière ; et les menoyent deux varlets à pié. Après venoyent douze dames et damoiselles à haquenées harnachées de drap d'or : et après quatre chariots pleins de dames : et certes en celle compagnie avoit de belles filles, dont sur toutes avoit le bruit, pour la beauté, Blanche de Sainct-Simon, qui depuis fut dame de Bergues en Brabant. Ainsi entra la duchesse, et tousjours l'accompagna le roy des Rommains, adextra la littière (comme s'il ne fust qu'un simple comte) l'emmena en son logis, descendit à pié avecques elle, la conduisit en sa chambre ; et feit tant d'honneur celle fois et tousjours à la duchesse, aux dames et damoiselles de sa compaignie, que grande louenge luy en fut donnée de chacun.

Puis s'en retourna le roy : et le duc de Bourgongne le convoya, et toute la seigneurie. Plusieurs assemblées, festois, banquets, danses, mommeries et ébattemens furent faicts pour festeyer le roy des Romains : et me souvient que souvent dansoit le roy avec la duchesse, et le duc de Bourgongne avecques la comtesse d'Estampes : et quand le roy dansoit, tousjours deux chevaliers, à tout chacun une torche, dansoyent devant luy, eux tenans par les mains ; et ceux que j'y vey le plus souvent danser et aller, ce furent le duc de Bronswic, et Jean, monsieur de Clèves, et souvent le seigneur de Charny, qui pour lors estoit un moult bel chevalier, et chevaleureux de sa personne, et dont et de ses faicts je deviseray de brief en la poursuitte de mes Mémoires. Dix jours ou environ demoura le roy des Rommains à Besançon : et, sur les matières débatues par le conseil d'un chacun costé, furent tant baillées de responses, et si notablement les causes remonstrées, qu'ils se partirent en bon accord. Ne de la part du duc ne furent faictes aucunes reprises que j'aye sceu : et donna le duc de grans dons au roy en tapiceries de haute lice, en chambres de brodures, et en chevaux, couverts et bardés moult honnorablement : et le roy donna des gratuités d'Alemaigne au duc, comme haubergeons et cranequins faicts en Nuremberg, moult beaux et moult bien faicts. Le roy vint prendre congé de la duchesse et des dames : et le convoya le duc plus d'une lieue ; et ainsi se partit le roy des Rommains de Besançon, par un mardy, dixième jour de novembre 1442.

CHAPITRE VIII.

De quelques festes et ébatemens en la maison du bon duc Philippe de Bourgongne ; comment l'empereur de Constantinople luy envoya demander secours contre les Turcs ; et comment la duchesse de Luxembourg veint vers iceluy duc de Bourgongne, pour avoir aide contre la rébellion de ses subjets.

Ainsi se partit le roy des Romains de Besançon, et le duc de Bourgongne retourna, pour celle nuict, en la cité : et l'endemain se partirent le duc et la duchesse pour aller en une des places du prince d'Orange, pour parfaire et accomplir le mariage de Jean de Chalon, seigneur d'Arguel, pour lors seul fils dudict prince, avec mademoiselle Katherine de Bretaigne, fille du comte d'Estampes, et de la sœur du duc d'Orléans dessus-nommé. Celle damoiselle Katherine estoit jeune, belle, et de grand lieu venue, et fut depuis dame fort renommée ; et à celle feste furent le duc et la duchesse, ensemble toute la seigneurie, grandement festeyés : et de là se retirèrent faire leur pelerinage à Sainct-Houan, où le corps du glorieux confesseur monsieur sainct Claude gist et repose. Puis retournèrent à Digeon, où ils parfirent le surplus de l'yver de la quaresme, et du temps, en voleries, chaces, danses et festiemens, selon les saisons et le temps : et n'estoit lors aucune nouvelle de guerre, ou question, qui touchast ou apartinst au duc, ou à ses aliés.

A l'occasion du temps oiseux, le seigneur de Charny dessusdict s'acompaigna de douze chevaliers et escuyers, tous du duché ou comté de Bourgongne, féaux ou subjets : et fit publier un an devant, par tous les royaumes chrestiens, une emprise d'armes : et y envoya roys-d'armes, héraux et poursuivans à ses despens, en intention que luy, trézième de nobles hommes, garderoyent un pas, le temps et terme de six semaines, pour combatre et faire armes, fust à pié, fust à cheval, à tous nobles hommes venans à iceluy pas. Et me souvient que premièrement furent icelles armes publiées pour estre faictes à la chaussée d'Auxonne : et depuis fut le pas remis et exécuté à l'arbre Charlemaigne qui sied à la charme de Marsenay, près de Digeon : et se devoyent icelles armes faire en la présence et sous le jugement du duc de Bourgongne ou de son commis. Par l'exécution du pas on entendra les chapitres, desquels, pour ce qu'ils sont mal-aisés à recouvrer, et que l'escripture en est longue, je m'en passeray, et deviseray de l'exécution de ce noble pas par où tout se pourra entendre et congnoistre : et commenceray ainsi qu'il s'ensuit.

Pierre de Bauffremont, chevalier, seigneur de Charny, de Molinot et de Monfort, luy trézième de chevaliers et escuyers, natifs et subjets de la duché et comté de Bourgongne, nobles hommes de quatre lignées, et sans vilain reproche, font asçavoir à tous nobles hommes (exceptés ceux du royaume de France, et des païs et subjets du duc de Bourgongne) qu'ils tiendront un pas six semaines durant, l'an 443, en la charme de Marsenay près de Digeon, pour faire armes à tous nobles hommes des conditions dessusdictes, sous le jugement du duc de Bourgongne : et commencera iceluy pas et armes le premier jour de juillet l'an dessusdict, et finira les six semaines acomplies ; et par chacun jour sera trouvé pendant à l'arbre Charlemaigne (qui est en ladicte charme) deux escus, l'un noir, semés de larmes d'or ; et l'autre violet, semé de larmes noires : dont celuy qui touchera ou fera toucher à l'escu violet, semé de larmes noires, sera tenu de combatre à pié, à l'encontre de l'un de ceux qui garderont le pas, quinze coups de hache, ou de poussés d'espée : dont le gardant le pas livrera les battons, et le venant de dehors aura le chois : et est à entendre que si le venant de dehors choisit la hache, ils combattront tous deux de la hache, et pareillement de l'espée. *Item*, le noble homme qui touchera à l'escu noir semé de larmes d'or sera tenu de courre onze courses de lance à fers émoulus, à cheval, en selle et harnois de guerre, à l'encontre pareillement de l'un de ceux qui garderont le pas : et si aucun noble homme touche les deux escus, il sera tenu de faire armes en toutes les deux façons. Si furent iceux chapitres moult bien faicts et articulés de plusieurs poincts, contenans et éclaircissans les périls et les amandes qui devoyent estre par ceux qui en faisant lesdictes armes seroyent portés par terre (fust à pié, fust à cheval) ou désembattonnés : dont de plusieurs choses ne me souvient. Mesmement fut èsdicts chapitres expressément déclaré que nuls nobles hommes, de la condition dessusdicte, ne se pourroyent trouver devant les escus sans y laisser gage d'espée ou d'esperon, ou faire armes, selon le contenu d'iceux chapitres. Mais j'ay seulement mis par escript l'effect de l'emprise dudict seigneur de Charny et de ses compaignons, qui fut envoyée et publiée par les royaumes chrestiens (comme dict est), et exécutée comme vous orrez cy-après.

Pendant le temps que le pas se préparoit en son exécution (comme dict est), le duc et la duchesse firent de grandes chères en leur vile de Digeon, et là furent faictes unes joustes à selles plattes, et en harnois de jouste, de jeunes gens; et de nouveaux jousteurs, pour aprendre le mestier : et furent ceux de dedans, Adolf, monsieur de Clèves, Cornille, bastard de Bourgongne, Jaques de Villiers, et Philippot Copin. Iceluy Philippot fut un escuyer moult gentil compaignon, et l'un des meilleurs jousteurs de son temps : et à celle cause fut ordonné avec ces deux jeunes seigneurs pour soutenir le faix, si besoing faisoit. Là joustèrent Philippe Pot, Antoine Rollin, Jehan Du Bos, Le Moyne de Neufvile, Antoine de Herin, Cornille de La Barre, Jehan Couraut, et plusieurs autres jeunes gens, et nouveaux jousteurs. La jouste fust bien joustée et vivement : et maints furent portés hors de leurs selles : et gaigna le prix de dedans le bastard de Bourgongne, et de dehors un escuyer alemand, de l'hostel du prince d'Orange, nommé Rombot : et la cause principale pourquoy j'ai escrit ceste simple jouste a esté pour dire vérité de deux nobles personnages : c'est d'Adolf, monsieur de Clèves et de Cornille, bastard de Bourgongne : lequel Adolf prit tel commencement à la jouste celle fois, que depuis il a esté tenu l'un des gentils coureurs de lance, et un des bons jousteurs, et qui plus souvent a jousté et gaigné pris que l'on ait

sceu de son temps : et au regard de Cornille, bastard de Bourgongne, ce fust depuis l'un des plus gentils hommes-d'armes, et un vaillant, sage et véritable capitaine : et si Dieu l'eust souffert vivre longuement, il avait apparence de faire de grands services à la maison de Bourgongne. Mais il mourut jeune chevalier, en la guerre que firent les Gandois : comme cy-après le pourrez veoir, à la poursuite des Mémoires présents.

En telle plaisance s'exécutoit le temps et la saison, et venoyent au duc ambassades de toutes pars : et lors arriva devers luy un chevalier greq, de la court de Constantinople : et aporta lettres et ambassades, de par l'empereur dessusdict, au duc de Bourgongne, l'advertissant de ses nouvelles, et le requérant de secours et d'aide : et quant à ses nouvelles, il estoit adverty que le Grand-Turq faisoit une grande et très puissante armée en intention de passer en Grèce, et de venir devant sa cité de Constantinople : et trouvoit l'empereur peu ou nuls princes disposés à son secours. Parquoy luy, congnoissant le duc estre bon amy et vray catholique, mettoit sa fiance et son confort, après Dieu, en luy seulement : car tant avoit desjà approuvé et sceu de son noble vouloir et de son pouvoir, que ses naves et ses navires, à grands fraiz et à grande puissance, avoyent vaucré la mer de Levant, et fait grand secours à la chrestienté : et pour ce envoyoit devers luy, en espérance de secours et d'aide; et certes le chevalier ambassadeur estoit tenu l'un des adroits archiers, à leur manière, qui fust en toute Grèce : et, pour appreuve, je le vei courir à cheval, et en courant bander son arc et mettre sa barbe en sa bouche, pour doute de la corde, et tirer derrière luy plusieurs flèches qui estoit chose moult nouvelle, à la façon de pardeçà. En ce temps, madame Jehanne de Gueurik, duchesse héritière de la duché et païs de Luxembourg, et comté de Cheny, vint au lieu de Digeon, à secours et à remède, devers le duc de Bourgongne son parent, luy remonstrant comme les Luxembourgeois l'avoyent déchacée de son héritage et de sa duché de Luxembourg, et avaient mandé le duc de Sasses, et pris et receu ses commis et ses gens-d'armes, en la faveur tant dudict duc comme du roy Lancelot de Hongrie, son neveu : et recongnurent iceux à seigneurs, leur firent serment et déchacèrent leur noble héritière souveraine dame dessusdicte. Et pour icelle cause ladicte duchesse fut devers l'empereur son neveu, et devers tous les princes de l'empire (qui tous luy estoyent prochains de lignage); mais onques n'y trouva confort, port, faveur ou aide, pour ce qu'iceux ducs de Sasses sont grans, nobles et puissans en Hongrie, Behaigne et Germanie. Et fut contrainte icelle dame de venir à refuge et à confort devers iceluy duc de Bourgongne, son neveu et prochain parent du costé de Behaigne et de Bavière. Si fut à icelle dame faict grand honneur et recueillote.

CHAPITRE IX.

Comment trèze gentilshommes de la maison du duc de Bourgongne teindrent le pas d'armes à tous venans, près Digeon, en une place nommée l'Arbre Charlemaigne.

Or est bien temps que je me boute au temps oiseux et plein de plaisantes et d'honnestes passetemps, et que je récite l'exécution de cestuy noble pas crié et publié par tous les royaumes et seigneuries des chrestiens, afin de ramentevoir la chevalerie monstrée de tous les partis, et aussi par manière d'escole et de doctrine, aux nobles hommes qui viendront cy-après, qui (peut estre) désireront d'eux monstrer et faire congnoistre en leur avenir comme leurs devanciers, et de monstrer et faire reblandir leurs blasons en leur cotte d'armes estendue et couchée sur leurs corps, prets et appareillés d'endurer fortune telle qu'elle, à la chace et poursuitte de noblesse et de renommée, a accoustumé de se donner. Mais il est besoing, avant que j'entre à l'acomplissement des armes, que je devise de l'estat des pompes et préparations que feit le seigneur de Charny, chef et fournisseur de la despense du pas, et comment fust ceste solennité hautement et par grans fraiz menée et conduite : dont à mon raport je demande en tesmoignage tous les escrits et registres faicts par les roys-d'armes et héraux présens à ceste chose.

Premièrement, le seigneur de Charny fut, près du temps et espace d'un an, accompaigné des seigneurs et nobles hommes escrits et nommés cy-après : et, en fournissant leurs armes, portoyent tous pour emprise chacun une garde d'argent, à la manière de la garde d'un harnois de jambe : et la portoyent au genoil senestre les chevaliers, estant icelle dorée, et semée de larmes d'argent : et les escuyers la portoyent d'argent, semée de larmes dorées; et devez sçavoir que c'estoit belle chose de rencontrer tels trèze personnages ensemble, et d'une pareure : et firent leurs essais et préparatoires en l'abaïe de Sainct-Benigne de Digeon : et, en suyvant leurs chapitres, le seigneur de Charny fit clorre, à manière d'un bas palis, l'arbre Charlemaigne, qui sied à une lieue de Digeon, tirant à Nuis, en une place appelée la Charme de Marsenay : et contre ledict arbre avoit un drap de haute lice, des plaines armes dudict seigneur (qui sont escartelées de Bauffremont et de Vergy), et au milieu un petit escusson de Charny ; et à l'entour dudict tapis furent attachés les deux escus, semés de larmes : c'est-à-sçavoir au dextre costé l'escu violet, semé de larmes noires, pour les armes à pié ; et au senestre l'escu noir, semé de larmes d'or, pour les armes de cheval : et, pour garder iceux, estoyent roys-d'armes et héraux vestus et parés des cottes d'armes dudict seigneur, tenant à l'arbre Charlemaigne, ainsi qu'au pié, à une fontaine, grande et belle : laquelle ledict de Charny fit rééditier de pierre de taille, et d'un hault capital de pierre : au dessus duquel avoit images de Dieu, de Nostre Dame, et de madame saincte Anne ; et du long dudict capital furent élevés en pierre les trèze blasons des armes dudict seigneur de Charny et de ses compaignons, gardans et tenans le pas d'icelle emprise. Un peu plus avant sur le grand chemin, et d'iceluy costé retournant devers la vile de Digeon, fust faicte une haute croix de pierre, où fust l'image du crucifix : et devant l'image, ainsi qu'à ses piés, estoit à genoux et élevée la présentation dudict seigneur, la cotte d'armes au dos, le bacinet en la teste, et armé comme pour combatre en lices. Plus avant furent les lices drécées pour faire les armes, et au milieu des deux lices avoit une haute maison de bois, forte, charpentée et couverte : et regardoit icelle maison sur chacune des deux lices, dont du costé du grand chemin fust la lice pour combatre à pié, grande et spacieuse : et de l'autre part fust celle qui estoit pour faire les armes à cheval, plus grande beaucoup, comme il appartenoit : et au milieu d'icelle lice fust la toille mise pour la conduitte des chevaux, et pour servir à la course des hommes-d'armes, comme il est de coustume en tel cas. Celle lice fust de bonne hauteur et grandeur : et aux deux bouts de ladicte lice furent faictes deux marches qui se montoyent à degrés, faits de si bonne grandeur que l'on pouvoit aider à l'homme-d'armes tout à cheval pour l'armer, aiser ou désarmer, selon le cas : et hors de ladicte lice, du costé de Digeon, aux jours qu'il besoing faisoit, avoit une grande tente haute et spacieuse tendue, pour aider et soulager le venant de dehors, si mestier en avoit.

Ledict de Charny feit son appareil pour tenir l'estat et l'assemblée de ceux qui avecques luy devoyent garder le pas dessusdict, et prépara son estat en trois chasteaux séans près d'iceluy lieu : dont celuy duquel luy et ses compagnons issoyent, armés et préparés pour faire armes ou pour combatre, fut une moult gente place mieux édifiée que forte, qui se nomme Parigny, et sied à un petit trait d'arc de l'arbre Charlemaigne, de l'autre part du grand chemin tirant contre Rouvre ; l'autre fut un chastel appartenant à l'abaïe de Sainct-Benigne de Digeon, nommé Marsenay : et sied du costé dudict arbre, tirant à la montaigne, environ trois traits d'arcs ; et ce lieu fut ordonné pour festeyer toutes gens, à toutes heures, et sans détourber ou empescher les affaires, consaux, essais ou pourveances des gardans le pas. Le troisième chastel fut une place nommée Couchy, appartenante audict seigneur de Charny, laquelle sied au pié de la montaigne tirant à Genry en Digeonnois, et y peut avoir une lieue dudict arbre : et celle place servit à festeyer ceux qui avoyent faict armes audict pas, après chacune fois qu'ils avoient leurs armes achevées. Ces trois places sont à une lieue l'une de l'autre, qui estoit moult bien séant au mistère : et certifie que, tout le pas durant, chacune des trois places fut tapissée et garnie de meubles et de vaisselle, tant de buffet comme de cuisine : et à chacune avoit maistres-d'hostels, serviteurs, et pourveances de vivres et vins, et manière de faire si honnorable, que toutes gens de bien y estoyent recueillis, et servis si grandement que mieux on ne le sçavoit faire. Et tint le seigneur de Charny bien deux mois entiers cour ouverte, en toutes les places dessus-dictes, à si grande et planteureuse despense, que de mon temps, pour si grand terme, sans maison de prince, je n'ay point veu le pareil.

Or est bien temps que je me passe des préparatoires et mistères de cestuy haut et noble pas, et que je vienne à l'exécution et effect de la matière commencée. Mais ainçois me faut un petit toucher, et ramentevoir comment en iceluy temps se rassemblèrent au lieu de Chalon sur la Sosne, le duc de Bourgongne, le duc de Savoye et le comte de Genève : et après plusieurs festiemens et grandes chères, le temps approcha que le pas dessusdict se devoit exécuter : et fut rapporté audict lieu de Chalon qu'un chevalier du royaume de Castille, nommé messire Pietre-Vasque de Saavedra avoit fait toucher les deux escus qui pendoyent à l'arbre de Charlemaigne, pour faire armes à pié et à cheval, selon le contenu des chapitres : et que les nobles hommes gardans ledict pas avoyent délibéré que le seigneur de Charny, leur chef en ceste partie, auroit la première bataille, et fourniroit ledict premier chevalier : car telle fut tenue la coustume entre eux, que quand aucun faisoit toucher aux escus, les gardans le pas délibéroyent entre eux, et par conseil, lequel des trèze fourniroit pour celle fois : et concluent pareillement que si emprise ou requeste d'estrangers se levoit en l'hostel du duc en celuy temps, par acord du prince, iceux gardans le pas en devoyent avoir la congnoissance avant tous autres. Et furent ces choses faictes, gardées et exécutées comme vous orrez cy-après : et peut on légèrement croire que chacun désiroit beaucoup de veoir les armes des deux chevaliers : car ledict messire Pietre estoit assez congnu en l'hostel du duc pour homme renommé : et avoit fait armes à Coulongne (où plusieurs de l'hostel du duc avoyent esté), et novellement venoit d'Angleterre : et de tout estoit issu et sailli à son grand honneur.

Ces choses, avecques plusieurs autres, faisoyent chacun désirer de veoir les armes et la bataille des deux chevaliers, comme dict est ;

et se partirent les deux ducs de Bourgongne et de Savoye, ensemble toute la seigneurie de Chalon sur la Sosne, et allèrent coucher à Nuis : et lendemain vindrent, au souleil levant, à l'arbre Charlemaigne, pour veoir les armes de pié, qui furent mises à celuy jour : et fut par un jeudy onzième de juillet 1443. Les princes venus, ils montèrent en la maison pour ce ordonnée (qui fut parée et tapissée moult honnorablement) ; et tenoit le duc de Bourgongne un petit blanc batton en sa main, pour getter et faire séparer les champions, leurs armes achevées, comme il est de coustume en tel cas. Au regard de la lice, c'estoit chose moult triomphale à veoir : car elle estoit parée de deux pavillons pour les chevaliers, armoyés de leurs armes et devises en blasons, bannières et autrement : et fut le costé du seigneur de Charny garni et paré de quatre bannières de ses armes. L'entrée de l'assaillant en la lice estoit du costé de Digeon : et celle du deffendeur, et garde du pas, estoit costé de Nuis.

Environ huict heures du matin se présenta devant le duc de Bourgongne, juge en ceste partie, messire Pietre-Vasque de Saavedra : et estoit vestu de robe courte de drap noir, et portoit un chaperon de drap noir, et tout noir son habillement. Il avoit devant lui un officier d'armes du roy d'armes du roy de Castille, vestu de sa cotte d'armes : et se présenta moult humblement, et par bonne façon, devant le duc : et fit dire par l'officier d'armes ces paroles ou les semblables : « Très haut et » très puissant prince, icy est messire Pietre-» Vasque de Saavedra, qui se présente par-» devant vous comme son juge en ceste partie, » pour faire et acomplir les armes à pié selon » le contenu des chapitres, et les devises or-» données pour l'escu violet, à l'encontre du » noble chevalier le seigneur de Charny, chef » et garde de cestuy noble : vous suppliant que » luy et moi veuillez avoir pour recomman-» dés. » Sur quoy le duc le receut, et bienviengna moult humainement : et se retraît le dessusdict en son pavillon pour soy armer : et pouvoit avoir le chevalier trente-deux ans d'âge.

Tantost après se partit le seigneur de Charny, garde, chef et deffendeur de cestuy noble pas. Il estoit armé, comme à faire armes en tel cas appartient, la cotte d'armes vestue, et le bacinet en la teste : et avoit levé sa visière le plus avant qu'il le peut faire, et estoit celle visière couverte d'un volet bien bélié, dont de ce fut parlé diversement. Les uns disoyent qu'il le faisoit afin que l'on ne veist comment ne de quelle façon estoit sa visière trouée, et les autres disoyent qu'il le faisoit pour monstrer la couleur plus vive : car de sa nature il avoit la face fort blanche et palle. Il estoit monté sur un cheval couvert de ses armes, et estoit suivy de six coursiers harnachés de satin de cramoisy, couverts d'orfèvrerie d'or moult richement ; et furent les pages vestus des couleurs de luy, noir et violet : et devant luy estoyent à cheval ses douze compaignons, la garde au genoil, et richement vestus et en point. Monsieur Louis de Bourgongne, comte de Nevers, l'acompaignoit, et les chevaliers, ses frères, de la Toison d'or, et tant de nobles hommes, que longue chose seroit de le racompter. Il avoit une bannerole, en sa main dextre, pleine d'images et de dévotions, et dont il signoit moult souvent, el en tel estat entra en la lice ; puis mit pié à terre et s'adressa devant le duc de Bourgongne, son prince et son juge, après avoir fait la révérence moult doucement, dit ces paroles ou semblables : « Mon très douté et souverain seigneur, je » me présente par-devant vous comme mon » seigneur et mon juge, pour, à l'aide de » Dieu, faire, fournir et accomplir mes ar-» mes à l'encontre du chevalier, selon le con-» tenu de mes chapitres, et selon les condi-» tions de l'escu violet touché par ledict che-» valier : vous suppliant, en toute humilité, » que luy et moy veuillez avoir pour recom-» mandés. » Le duc le recueillit moult doucement, et s'en alla ledict de Charny en son pavillon.

Ne demoura guères après que le seigneur de Blamont, pour lors mareschal de Bourgongne (qui conduisoit l'ordonnance de la lice, car c'estoit le droit et le mestier de mareschal), se tira devers le seigneur de Charny, garde du pas, et luy demanda les battons pour combatre les armes ; car, selon le contenu des chapitres, ainsi que nous avons dit, il et ses compagnons devoyent livrer les battons de chacune bataille. Si furent incontinent livrés, et mis ès mains de deux rois-d'armes, c'est à sçavoir deux haches semblables, et deux estocs (que l'on nomme espées d'armes aussi) semblables et pareilles, et furent iceux battons portés et présentés au juge, et puis présentés au chevalier venant de dehors, pour choisir desquels des deux manières de battons il vouloit ses armes acomplir, car en luy en estoit le choix, selon le contenu des chapitres. Le chevalier choisit la hache, et prit l'une des deux; et furent les espées reportées, et l'autre hache délivrée à ceux qui servoyent l'entrepreneur.

Pendant ce temps se faisoyent les cris, par les roys-d'armes et héraux, aux quatre coings de la lice, et commandoyent, de-par le duc de Bourgongne, que nul ne demourast en la lice close, s'il n'estoit commis du duc ou de son mareschal, ou s'il n'avoit de sa personne combatu en lices ou camp clos; et deffendoyent, sur peine d'estre corporèlement puni à la volonté du prince, que nul, de quelque estat qu'il fust, ne parlast, toussist ou fist signe pour avantager ou avancer nul des champions, en faisant et fournissant la bataille de leurs armes. Toutes les cérémonies et appareils appartenans à tel cas furent faits : lesquelles j'ai voulu bien au long escrire, tant pour ce que ce furent des premières armes que je vey onques, comme aussi pour avertir et apprendre les lisans (si besoing en ont) des nobles cérémonies appartenans aux nobles et recommendés mestiers d'armes.

Environ neuf heures du matin, les deux chevaliers furent préests, conseillés et délibérés, et se retraït chacun de la lice, excepté huict hommes-d'armes armés de toutes pièces, ayans chacun un long batton blanc en la main, sans autre glaive, et furent rangés par la lice en bon ordonnance, pour séparer les champions quand besoing seroit; et ne demoura guères que messire Pietre-Vasque de Saavedra saillit hors de son pavillon, la cotte d'armes au dos et le bacinet en la teste; et avoit ledict messire Pietre fait déclouer et oster la visière de son bacinet, tèlement qu'il avoit tout le visage découvert, et metoit sa teste hors de son bacinet comme une fenestre. D'autre part saillit le seigneur de Charny, vestu de sa cotte d'armes, le bacinet en teste, la visière close; mais incontinent qu'il apperceut sa partie sans visière, tout froidement il leva la sienne, et la recula tout derrière son bacinet, tellement qu'il avoit le visage tout découvert. Les deux chevaliers se signèrent de leurs banneroles, et puis prirent les haches, et marchèrent l'un contre l'autre moult vigoureusement. L'Espaignol estoit moyen homme, de forte et grosse taille, et tenoit sa hache le maillet devant son visage, un grand tour loing de la main, par manière de garde; et le seigneur de Charny estoit grand et puissant chevalier, et l'un des renommés de son temps, et tenoit sa hache près de luy, le bout d'embas haussé et amesuré pour deffendre et pour assaillir; et à l'aborder, l'Espaignol férit le seigneur de Charny sur la main dextre, tendant à luy faire perdre la hache, mais non fit, car ledict de Charny rabatit de la queue, et d'une marche rua le bout dessous, après le pié de son compaignon. Le chevalier démarcha moult asseurément, car par deux fois entresuyvans le quit le seigneur de Charny au pié. Fièrement se requirent les chevaliers, et soustenoyent et l'un et l'autre de grans coups sur leurs haches; et fut ateint le seigneur de Charny sur le grand gardebras senestre, et ledict seigneur de Charny donna un coup, de la dague d'embas de sa hache, rez à rez du bord et du visage dudict messire Pietre; et ainsi se quéroyent les deux chevaliers chevaleureusement, et tant chaudièrent leur bataille que les quinze coups contenus par les chapitres furent acomplis, et getta le duc le batton, et furent les champions pris par les hommes-d'armes et escoutes à ce ordonnés; et revindrent devant le duc, chacun soy offrant de parachever son emprise, si faute y avoit. Mais le duc dit qu'ils en avoyent fait assez; et ainsi s'en retourna chacun en son costé, la hache au poing, regardant l'un l'autre, pour ce que nul ne vouloit partir de la lice le premier. Mais il fut dict que ledict messire Pietre seroit le premier yssant, pour ce que le seigneur de Charny gardoit le pas, et se retirèrent les chevaliers au grand honneur de toutes les parties; et les ducs de Bourgongne et de Savoye tirèrent à Digeon, où ils furent grandement festeyés et conjouis. Et furent icelles armes faictes et acomplies par un jeudy onzième jour de juillet 1443, comme dessus est dict.

Le lendemain se partirent les deux ducs, et allèrent ensemble jusques à Sainct-Claude, où le duc de Savoye se départit pour tirer en son païs ; et pendant ce temps se firent les armes de cheval au lieu ordonné, entre le seigneur de Charny et messire Pietre-Vasque dessusdict ; et, selon mon souvenir, le trèzième jour du mois dessusdict se présentèrent les deux chevaliers pardevant Louis Monsieur, comte de Nevers, commis par monsieur de Bourgongne, son lieutenant, juge en ceste partie, environ huict heures du matin.

Le chevalier espaignol entra le premier, monté et armé de toutes armes, sa bannerole de sa dévotion en sa main, faisant le signe de la croix. Son cheval estoit couvert d'un drap de soye, myparti de bleu et de blanc, et sembloit bien chevalier asseuré, acoustumé et apris du mestier d'armes ; et se présenta devant le juge, qui le receut très-agréablement. Ne demoura guères que se présenta le seigneur de Charny, entrepreneur et garde du pas. Le costé de sa part de la lice estoit paré des bannières de ses cottes, et entra dedans la lice noblement acompaigné. Il estoit monté et armé comme en tel cas il appartient, faisant de sa bannerole signe de catholique chevalier. Son cheval estoit couvert d'un drap d'or blanc, et après luy avoit cinq pages à cheval, vestus de satin noir et violet, et les chevaux estoient parés par la manière qui s'ensuyt : le premier estoit couvert de drap d'or bleu ; le second de velours, sur velours violet ; le tiers de satin figuré, noir, à une grande croix de Sainct-Andrieu, de drap de damas blanc ; le quatrième de satin noir, bordé d'orfèvrerie, à la devise dudict seigneur de Charny, et le cinquième de drap d'or cramoisy. Pompeux et homme de haute affaire sembla le chevalier, et se présenta devant le juge ; et puis furent les lances apportées, férées et mesurées par les commis, et furent les lances baillées aux chevaliers, après les cris et solennités faictes, pour faire et acomplir les armes de cheval, selon l'ordonnance du pas et le contenu des chapitres.

Les chevaliers laissèrent courre l'un contre l'autre, et de la première course ils rompirent tous deux leurs lances de pleine ateinte. De la seconde course ateindirent tous deux en glissant, et de la tierce tous deux agravèrent les fers de plaine ateinte. A la quatrième course ils faillirent tous deux. A la cinquième, le seigneur de Charny fit une rude ateinte sur le grand gardebras du chevalier, et le chevalier de cette course rompit sa lance sur la rondelle du seigneur de Charny. A la sixième course, le seigneur de Charny fit une forte ateinte entre les quatre points sur le chevalier, mais ledict chevalier ateignit sur la visière de l'armet du seigneur de Charny, et rompit la pointe de sa lance. A la septième course, ils faillirent tous deux. A la huictième course, ateindirent tous deux, mais l'ateinte fut plus durement donnée par le seigneur de Charny. A la neufième course, le seigneur de Charny feit ateinte, et le chevalier faillit. A la dixième, tous deux consuyvirent l'un l'autre très-durement, et rompit le chevalier sa lance. A l'onzième et dernière course, faillirent tous deux d'ateinte, et furent les deux chevaliers menés devant le juge ; et fut dict par le seigneur de Charny, et fait dire par ledict messire Pietre, qu'ils se présentoyent devant le juge pour achever et fournir leurs armes, chacun à l'encontre de son compaignon, selon la condition de l'escu noir semé des larmes d'or, et le contenu des chapitres. Sur quoy leur respondit monsieur le comte de Nevers, juge commis en ceste partie, que bien et chevaleureusement avoyent leurs armes acomplies, et qu'ils avoyent assez fait ; et leur commanda, de par monsieur le duc de Bourgongne, de toucher l'un à l'autre. Si s'embracèrent et touchèrent les deux chevaliers, et depuis demourèrent frères et bons amis ; et, par le pourchas du seigneur de Charny, fut depuis ledict messire Pietre retenu chambellan de l'hostel du duc de Bourgongne, et fut fort aimé et prisé en la maison pour ses vertus, et fit de grands services au prince sur les Infidelles, en grandes ambassades et en guerre, par mer et par terre.

Et à tant pour ceste fois me tay dudict messire Pietre, pour revenir à parachever le récit de l'exécution de cestuy noble pas. Pendant le temps de l'exécution des armes faictes entre le seigneur de Charny et ledict messire Pietre-Vasque de Saavedra, arriva à l'arbre Charlemaigne un chevalier du royausme de Castille, nommé messire Diago de Valière. Cestuy chevalier se partit d'Espaigne pour venir au pas dessusdict. Le chevalier fut de petite et moyenne taille, mais de grand et noble vouloir, gracieux et courtois, et fort agréable à chacun. Il arriva audict arbre, armé de toutes armes, fors que de la teste; et estoit couché sur son chariot, et faisoit mener son destrier en main, et devant luy avoit un héraut portant sa cotte d'armes, par lequel il fit toucher l'escu noir, semé de larmes d'or, et cuidoit que prestement il deust estre délivré avant qu'entrer en la vile; mais les héraux gardans les escus luy dirent qu'il tirast en la ville et prist logis, et que le seigneur de Charny et ses compaignons, gardes du pas, luy manderoient le jour auquel il devrait ses armes fournir. Ce qui fut faict.

Le lundi, quatorziesme de juillet suivant, se présenta devant le comte de Nevers, juge-commis en ceste partie, un escuyer nommé Tibaut, seigneur de Rougemont, lequel fut ordonné, par les gardans le pas, pour fournir à l'emprise dudict messire Diago de Valiere. Celuy escuyer fut de noble maison, et homme bien renommé de vaillance, et de sa personne le plus grand et le plus haut de stature, noble homme qui pour lors fust en toute Bourgongne, et monté et armé comme en tel cas appartient. Son cheval estoit couvert d'un satin cramoisy fort vermeil : et fut accompagné de ses compagnons gardes du pas, et de plusieurs autres; et d'autre part se présenta ledict messire Diago de Valiere, monté et armé comme il appartient. Son cheval estoit couvert d'un cendal vermeil, à une grande croix blanche floretée, et sur chacun bout une coquille d'or.

Après les présentations, cris et cérémonies appartenans, faictes et passées, chacun prit son bout, et commencèrent à fournir leurs armes par la manière qui s'ensuit. Pour abréger, ils coururent les cinq premières courses sans faire atteinte l'un sur l'autre. A la sixième course, le chevalier espagnol rompit, et agreva le fer de sa lance sur le gardebras de son compagnon. A la septiesme, ledict Espagnol rompit sa lance de pleine atteinte, et fut rompue par l'arrest. A la huictiesme course, firent tous deux atteintes l'un sur l'autre en glissant; et pareillement à la neuviesme et dixiesme course; et à la onziesme et dernière course, ils con-suivirent l'un sur l'autre très-durement, et rompit le chevalier espagnol sa lance. Et ainsi furent icelles armes achevées; et après la présentation faicte devant le juge, et qu'ils eurent touché l'un à l'autre, ils se départirent, et tira chacun à son bon plaisir.

Le mercredy suivant, se présenta devant le juge un escuyer gascon, nommé Bernard de Vostin, lequel Bernard avoit fait toucher pour faire armes à cheval. Il estoit monté et armé comme il appartenoit; et d'autre part se présenta Guillaume de Vaudrey, seigneur de Courléon, lequel fut ordonné par ses compagnons pour fournir iceluy Gascon; et fut iceluy Guillaume un moult vaillant escuyer, et depuis chevalier très-renommé, et de sens et de conduite. Son cheval estoit couvert de satin cramoisy, à grandes lettres de broderie en bordure, et par-dessus la couverte avoit semé plusieurs grosses campanes d'argent, à manière de poires; et, après présentations et cérémonies, chacun prit son bout, et fournirent leurs armes à la manière qui s'ensuit. Des trois premières courses ne firent point d'atteinte. A la quatriesme course ils trouvèrent tous deux l'un l'autre par les armets, et de telle atteinte que tous deux rompirent leurs lances. De la cinquiesme et sixiesme, tous deux ne se trouvèrent point. A la septiesme se rencontrèrent si durement sur les grans gardebras, que le fer dudict de Vaudrey fut agrevé et rompu, et le Gascon rompit sa lance; et depuis de la huictiesme, neuviesme, dixiesme et onziesme course, ne feirent point d'atteinte ; et furent icelles armes achevées par la manière dessusdicte. Ainsi se fournissoit iceluy noble pas, et venoient nobles hommes de tous costés et de divers païs, pour eux éprouver à celle haute et chevaleureuse épreuve; et d'aucuns, non-disposés à ce, laissèrent à l'arbre, ès-mains des héraux, gage d'espée ou d'esperons, selon le contenu des chapitres cy-dessus déclairés.

Et pendant ce temps retourna le duc de Bourgongne de son voyage à Sainct-Claude, et revindrent avec luy plusieurs nobles hommes savoyens, pour veoir les armes du pas, et principalement pour veoir faire un chevalier savoyen, nommé messire Jehan de Compays, seigneur de Torain, lequel fit toucher les deux escus, pour faire armes de sa personne à pié et à cheval, et avoit en sa compagnie six nobles hommes portans ses robes de livrée, qui tous six firent armes à cheval audict pas. Pareillement trouva le duc en son chemin un escuyer, serviteur du duc de Milan Philippe, qui se nommait Jaque de Visque, comte de Sainct-Martin, lequel comte estoit moult bien accompaigné à la façon de Lombardie, et se monstroit très-homme-de-bien, et venoit pour faire armes audict pas, et ne fut pas le duc très-voulontiers veu et bien recueilly; et ne se firent nulles armes jusques au lundy suivant, comme vous orrez.

Le lundy suivant, vingt-neuviesme jour de juillet, vint le duc et la seigneurie tenir son lieu de juge audict pas, et ce jour-là fut faict armes à cheval devant luy par trois fois, dont le premier qui se présenta devant le juge fut ledict Jehan de Compays, seigneur de Torain, lequel se partit de la ville de Digeon ayant ses chevaux couverts et ses pareures, armé, heaumé et paré de grans plumars très-honnestement. Il estoit, de sa personne, monté sur un destrier couvert de cendal blanc, semé de ses lettres, qui furent d'or, et me semblèrent de poincture, et furent trois lettres, qui firent en mot A V F. Il estoit vestu d'une longue robe d'orfèvrerie; et en monstrant l'ouvrage par manière défigurée, ladicte robe estoit brodée de perles, à très grande largesse. Il avoit après luy quatre chevaux, dont le premier estoit couvert de satin vert brodé à coliers de mastins; le second de drap d'argent, parti de rouge et de bleu; le tiers d'un satin figuré bleu, argenté selon les figures; et le quart estoit couvert de satin cramoisy, tout plein de ses lettres en broderie; et ses pages vestus de sa devise (qui estoient robes rouges à une manche bleue); et pareillement estoient vestus les six nobles hommes qui, dessous luy, avoient fait toucher, par Savoye le héraut, pour faire armes à cestuy noble pas; et alloient par ordre devant ledict de Compays, et plusieurs nobles hommes de Savoye qui l'accompaignoient; et en tel estat vint en la tente ordonnée pour soy armer.

Tantost après entra dedans la lice un escuyer garde du pas, nommé Antoine de Vaudrey, seigneur de l'Aigle. Icelluy escuyer fut homme de bonne taille, vaillant et puissant, et très-bien renommé; frère germain de Guillaume de Vaudrey, dont cy-dessus est faicte mention : et depuis fut chevalier de très-bonne recommandation. Il estoit armé de toutes armes, et sur un destrier couvert de satin cramoisy, brodé, en bordure, de grandes lettres noires : et du costé de son entrée estoit la lice parée de bannières et de pennons de ses armes : et tantost entra ledict de Compays armé et prest : et firent leurs présentations, et prit chacun son bout, et leur furent leurs lances baillées : et ainsi firent leurs armes, comme vous orrez.

Aux deux premières courses ils faillirent : mais à la tierce ils firent ateinte l'un sur l'autre, en la bannière dessus les armets : et rompit ledict de Compays sa lance. A la quatrième, ledict de Vaudrey feit ateinte sur son compaignon en la teste. A la cinq et sixième course faillirent tous deux. A la septième se trouvèrent tous deux si rudement qu'ils rompirent leurs lances : et fut ateint ledict de Compays sur le grand gardebras, et ledict de Vaudrey rez à rez de la lumière de l'armet. A la huictième, neufième, et dixième, ne firent point d'ateinte : mais à l'onzième et dernière ledict de Vaudrey rompit sa lance sur la rondelle dudict de Compays : et ainsi furent leurs armes accomplies, et revindrent devant le duc. Mais il ne fut point ordonné qu'ils touchassent ensemble, pour ce qu'ils avoyent encores à faire les armes à pié selon la condition de l'escu violet, semé de larmes noires, touché à la requeste dudict de Compays par Savoye le héraut.

Assez tost après que ledict de Compays fut désarmé, il mena en la lice et conduisit l'un des six escuyers de sa compaignie qui avoit fait toucher l'escu noir, semé de larmes d'or, pour faire armes à cheval : et se nommoit Conrart de Belle-Val, et estoit un Alemand nourri en l'hostel dudict de Compays. Ledict Conrart estoit monté et armé comme il appartenoit. Son destrier estoit couvert de cendal blanc, au mot et lettre d'or dudict de Compays, et telle ou semblable que celle en quoy il avoit couru : et pareillement tous les six que présenta ledict de Compays firent armes en semblables houssures : et, comme garde et deffendeur du pas, se présenta de l'autre part un escuyer grand seigneur, et de noble maison, nommé Guillaume de Vienne, seigneur de Mombis. Son costé de la lice estoit paré des bannières de ses nobles armes de Vienne, dont il estoit de nom et d'armes, et en grand partage de seigneuries : et à ceste cause fut débatu, par une question qui sourdit entre les seigneurs de Bourgongne, ses parens, à celle mesme heure sur les rangs, à-sçavoir si ledict Conrart estoit gentil-homme de quatre lignes : et prouva ledict Conrart sur les rangs, par le comte de Fribourg et autres comtes d'Alemaigne (à qui il estoit voisin), qu'il estoit gentil-homme de quatre lignes. Ledict seigneur de Mombis estoit monté et armé ; son destrier estoit couvert d'un satin vermeil, brodé de fleurs d'orfèvrerie blanche : et après luy avoit deux chevaux couvers, l'un de satin gris, et l'autre de drap de damas de celle couleur : et chacun de ses pages vestu de mesme la couverte.

Les présentations et cérémonies faictes, on leur bailla les lances : et coururent les quatre premières courses sans ateindre l'un l'autre. À la cinquième course ledict de Vienne consuivit ledict Conrart entre les quatre points, et rompit sa lance par la poignée. A la sixième course, ledict Conrart consuivit ledict de Vienne sur costière, et fit très-bonne ateinte : et ledict de Vienne fit ateinte en glissant, et déferra sa lance. A la septième consuivit ledict de Vienne son compaignon au dessous du grand garde-bras. A la huictième, neufième et dixième course, faillirent tous deux : et à l'onzième et dernière course, ledict Conrart fit ateinte en glissant au dessous du garde-bras dudict de Vienne : et ainsi furent icelles armes acomplies.

Les tierces armes qui se firent celuy jour furent d'un escuyer nommé Bartholomy de Thymis, seigneur de la Bigarne : et le présenta ledict de Compays, monté, armé et paré comme il est dict dessus de son compaignon : et d'autre part se présenta un moult-vaillant escuyer et honneste, garde du pas, nommé Jehan, seigneur de Ru. Ledict de Ru fut monté et prest pour ses armes fournir, et estoit son destrier couvert et paré d'un drap de damas blanc. Après les devoirs acomplis, leur furent les lances baillées : et fut telle leur fortune, qu'ils coururent neuf courses, sans ateindre ou trouver l'un l'autre. A la dixième course, ledict Bartholomy fit ateinte sur son compaignon au garde-bras : et à l'onzième et dernière course, iceluy Bartholomy fit ateinte sur le seigneur de Ru en l'armet. N'onques ledict de Ru ne peut faire ateinte : dont il estoit moult déplaisant, et requit par plusieurs fois de pouvoir encores courre ; et pareillement faisoit son compaignon. Mais pour ce qu'on ne sçavoit quel nombre de gens pourroyent venir au pas, et les aventures considérées qui journèlement en tel cas adviennent, le prince ne voulut pas que l'on excédast le nombre des courses, veu le contenu des chapitres : et se départirent ainsi icelles armes ; et qui bien eust congnu ledict seigneur de Ru, il l'eust excusé par la fortune : car il fut de son temps tenu pour homme de bien, vaillant, et adroit de sa personne.

Le mardi suivant, trentième jour d'iceluy mois, se présentèrent à une fois trois escuyers de la compaignie dudict seigneur de Compays, armés et montés, et leurs chevaux couverts à la parure dessus-escrite : et d'autre part se présentèrent trois des gardes du pas à une fois : et après les présentations faictes et les manières en tel cas acoustumées, tous se retirèrent d'un costé et d'autre hors de la lice, excepté un escuyer nommé Josse de Sainct-Jore, conduit par ledict de Compays : lequel escuyer estoit ordonné à faire ses premières armes. Et des gardes du pas demoura un escuyer nommé Guillaume, seigneur de Chaudiners. Son cheval estoit paré d'un drap de damas blanc, à grans ouvrages. Les lances leur furent baillées : et de la première course ledict de Chaudiners fit une grande et forte ateinte sur son compaignon. A la seconde, ledict de Chaudiners fit encores ateinte sur le garde-bras. A la troisième, quatrième, cinquième, sixième, septième, huictième et neufième course, faillirent tous deux. A la dixième course, ledict de Chaudiners désarma ledict de Sainct-Jore de son grand garde-bras, de plaine ateinte : et à l'onzième et dernière course ne se trouvèrent point, et furent leurs armes achevées.

Ne demoura guères que ledict de Compays, pour le cinquième de ses gens, et celuy qui pour ce jour devoit faire les secondes armes, présenta un escuyer nommé Jaquemart Brunier, et d'autre part se présenta un escuyer nommé Jehan de Sicon, garde du pas. Il estoit prest, monté et armé sur un destrier couvert de damas bleu: et fut homme de bon lieu, et bien renommé. Pour abréger, les escuyers prirent leurs lances, et coururent trois courses sans ateindre. A la quatrième, Jaquemart ateindit Sicon au haut de la piéce. A la cinquième, sixième, septième, huictième, neufième et dixième, faillirent tous deux: et à l'onzième et dernière course, firent très-dure ateinte l'un sur l'autre, et rompit ledict Jaquemart sa lance: et par telle manière furent icelles armes achevées.

Celles armes achevées, ledict de Compays présenta le sixième de ses gens: et fut un escuyer, nommé Nycot de Villette. Il estoit prest, monté et armé comme dessus. D'autre part se présenta le tiers garde du pas pour celuy jour: et fut un chevalier moult honnorable, vaillant et renommé, nommé messire Amé Rabustin, seigneur d'Espiry: duquel chevalier sera cy-après escrit par honnorable recommandation, à l'entresuitte de mes Mémoires. Le chevalier estoit monté et armé comme il appartenoit: et son destrier paré et couvert d'un drap de damas bleu, à la pareure de son compaignon, qui devant luy avoit fait armes. Toutes choses faictes en devoir, les lances leur furent baillées: et ainsi que les armes sont journales, et les bonnes aventures à la disposition de fortune, ils coururent et achevèrent leurs armes, et les onze courses limitées, sans faire ateinte l'un sur l'autre. Moult déplaisans furent l'un et l'autre, et requirent tous deux au duc leur juge, moult-humblement, de pouvoir courre plus longuement. Mais le duc, pour les causes dessus-dictes, ne le voulut souffrir: et ainsi se départirent. Ainsi fut l'emprise dudict Jehan de Compays, seigneur de Torain, tant de luy que de ceux qu'il avoit amenés, touchant les armes à cheval, faicte et achevée: et ne restoit plus de son emprise que la fourniture des armes à pié, que de sa personne il avoit emprises, selon les conditions de l'escu violet.

Si se prépara de son costé pour icelles fournir, au temps et au jour qui luy fut assigné et baillé: et de l'autre costé se prépara Anthoine de Vaudrey, seigneur de L'Aigle, qui estoit ordonné pour faire icelles armes contre ledict de Compays: et pendant ce temps se fournissoyent les armes des autres nobles hommes venus au pas dessusdict: et se présenta Jaques de Visque, comte de Saint-Martin, par un mercredi, dernier jour d'iceluy mois. Iceluy comte de Sainct-Martin fut natif de Piémont, et serviteur du duc de Milan, comme dessus est dict: et avoit fait toucher, par Palatin le héraut, l'escu noir, semé de larmes d'or. Ledict comte estoit monté et armé comme en tel cas il appartient: et estoit son destrier couvert d'un demy satin verd, selon mon souvenir: et sçay bien que par-dessus la couverte avoit cinq licornes richement brodées. Il avoit suitte de trois chevaux parés et couverts. La première couverte fut de satin noir, brodée et orfèvrerisée très-richement, à manière de monstres de mer: et estoit la figure d'une femme, depuis le nombril en amont, tenant manière de tirer flèches d'un arc turquois: et le demourant d'icelle femme estoit la queue d'un serpent vétortivée, qui s'estendoit à la pareure et au remplissement de ladicte couverte: et de telles figures fut semée en plusieurs lieux. Le tiers cheval fut couvert de satin cramoisy. Ses pages estoyent vestus de satin verd, à l'italienne mode, et portoyent armets et haumes à grands plumets très-honnestement.

D'autre part se présenta le deffendeur du pas, qui fut un chevalier frère du seigneur de Charny, chef des gardes du pas dessus-dict. Cestuy chevalier se nommoit messire Guillaume de Beauffremont, seigneur de Sey et de Sombernom, homme chevaleureux de sa personne, et fort renommé. Le chevalier se présenta prest pour ses armes fournir. Son destrier estoit couvert d'un velours sur velours violet, et après luy avoit trois chevaux de pareure: dont le premier estoit couvert de ses armes, le second de drap d'or gris, et le tiers de velours cramoisy.

Présentations faictes, chacun prit son bout et leur furent les lances baillées. De la première course ils faillirent tous deux d'ateindre. A la seconde, le comte de Sainct-Martin fit ateinte sur le grand garde-bras de son compaignon. A la tierce, le seigneur de Sey fit ateinte, sur le bord de la bavière du comte. A la quarte, le comte fit ateinte, en glissant, sur le heaumet du seigneur de Sey, et l'en désarma: et le seigneur de Sey consuivit le comte au bord de la bavière de l'armet, et rompit sa lance et son arrest : dont ledict comte pleya très fort. Prestement fut le seigneur de Sey réarmé de son garde-bras. A la huictiesme course, le comte fit atteinte sur costière en glissant, et à la neufième se trouvèrent l'un l'autre très durement : et rompit le comte sa lance, et le seigneur de Sey agreva le fer de la sienne plus d'un doigt : et des autres deux courses, dix et onze, ne firent point d'ateinte : et ainsi furent icelles armes acomplies.

Ce mesme jour, et assez sur le tard, se présenta un escuyer du Dauphiné, nommé Henry de Gouvignon, monté et armé pour faire armes à cheval ; et me semble que son cheval estoit couvert d'un sandal rouge, sans autre devise : et d'autre part se présenta un escuyer nommé Jehan de Chaumergis, garde du pas. Iceluy Chaumergis fut un grand et puissant homme-d'armes, moult renommé de vaillance, et fut l'un des premiers escuyers d'escuyerie du duc de Bourgongne : et se présenta prest et armé pour deffendre le pas en son endroit. Son cheval estoit couvert d'un drap de damas violet. Cérémonies faites et acomplies, les escuyers furent saisis de leurs lances, et chacun à son bout : et laissèrent courir l'un sur l'autre, et coururent la première et deuxième course sans ateinte faire. A la tierce, Chaumergis prit ledict Gouvignon sur costière, et luy donna une très bonne ateinte. A la quatrième, ledict de Gouvignon trouva ledict de Chaumergis sur le grand garde-bras, et agrava sa lance. A la cinquième, se trouvèrent l'un l'autre très durement, et rompit Chaumergis sa lance. A la sixième, consuivirent l'un l'autre en glissant. A la septième, ledict de Gouvignon fit une ateinte sur costière, et rompit sa lance. A la huictième, trouvèrent l'un l'autre tous deux à l'entour des armets, et rompirent leurs lances en plusieurs pièces. A la neufième, se trouvèrent tous deux au bord de la veue, et du coup agravèrent les fers de leurs lances, et partit le feu des armeures d'un chacun. A la dixième, firent tous deux ateinte : dont le feu saillit. A l'onzième et dernière course, Chaumergis fit ateinte sur son compaignon : dont le feu saillit, et son compaignon faillit d'ateinte. Si furent les armes acomplies.

Le sixième jour du mois d'aoust (qui fut par un mardi), se présenta un escuyer du païs du Dauphiné, et compaignon de Henry de Gouvignon dessus-nommé : et se nommoit Louis de La Basine, seigneur de Bermette. Il estoit monté et armé sur un destrier couvert de satin, miparti de bleu et violet : et tantost après se présenta le comte d'Arbert, seigneur de Valengin, prest, monté et armé pour sa part du noble pas deffendre. Son cheval estoit couvert d'un drap de soye verde, semé de brodure, et d'orfèvrerie de soleils d'or élevés : et par dessus chacun soleil, comme au milieu, avoit boutons de roses élevés, apparens de leurs feuilles et fleurs. Il estoit suyvi de six chevaux de pareure : et sur chacun cheval un petit page vestu richement, de telle couleur et de telle sorte que la houssure et pareure du cheval que chacun chevauchoit : et d'abondant avoyent iceux pages cheveux crespés, à la façon d'Alemaigne : et croy qu'ils furent artificiels, et non pas les leurs propres. Le premier cheval estoit couvert d'unes bardes d'acier : et le page de dessus estoit armé d'un harnois blanc de Milan. Le second fut couvert d'orfèvrerie sur bleu, et toujours le page de mesme ; le tiers, d'orfèvrerie sur rouge ; le quart, d'orfèvrerie sur le verd ; le cinquième, de drap d'or noir ; et le sixième, barde d'acier. Les devoirs faicts, chacun fut saisi de sa lance, et coururent les quatre premières courses sans faire ateinte. A la cinquième, le comte ateindit, en glissant, son compaignon. De la sixième ne se trouvèrent point. A la septième, ils s'ateindirent tous deux : et rompit ledict de Bermette le fer de sa lance. A la huictième, neufième et dixième course, faillirent tous deux. A l'onzième et dernière course, ledict de Bermette fit une ateinte à la visière de l'armet du comte : et ainsi furent icelles armes faictes et acomplies.

Ce mesme jour, et assez tost après celle heure, se présenta, pour faire armes, un escuyer nommé Jaques de Montagu : et croy qu'il estoit du Dauphiné, mais ne suis pas bien mémoratif s'il estoit du Dauphiné ou de Savoye. Celuy escuyer se présenta, monté et armé sur un destrier couvert de satin vermeil : et d'autre part se présenta le garde du pas, qui fust un escuyer natif de Savoye : mais il estoit tenant en la comté de Bourgongne, et se nommoit Jaques de Challant, seigneur de Manille. Icestuy de Challant fust un homme valeureux plein d'honneur et de vertu, si prudent, si vaillant et si catholique, qu'il avoit et eut, de sa vie, sa part en bonne renommée de tous ceux qui eurent de luy congnoissance : et fust depuis chevalier et comte. Il se présenta armé, et monté sur un destrier couvert d'un drap de soye bleue, brodé et floreté de fleurs moult gentement. Il estoit suivy de cinq chevaux couverts, et les pages vestus à la pareure de chacune couverte. Le premier cheval estoit couvert d'une couverte de ses armes : et dessus estoit monté Savoye le héraut, vestu de la cotte d'armes de mesme. Le deuxième estoit couvert d'un rouge drap de laine, brodé très richement, de la devise dudict de Challant. Le tiers estoit couvert d'orfèvrerie. Le quatrième de demy satin bleu, peint de branches et de feuilles d'argent: et le cinquième bardé et couvert d'acier. Les devoirs faicts, les escuyers prirent leur bout, la lance sur la cuisse : puis laissèrent courre, et faillirent tous d'eux d'ateinte, de la première et de la deuxième course. A la tierce, ledict de Challant fit ateinte en croisée : de la quatrième et cinqième ne se trouvèrent point. A la sixième, Challant fit une dure ateinte sous le haut de la pièce de son compaignon. A la septième, faillirent. A la huictième, Challant fit atteinte en glissant. De la neufième et dixième course, ne feirent point d'ateinte : et à l'onzième et dernière course, ledict de Challant fit ateinte en glissant : et par telles manières furent acomplies icelles armes.

A ce noble pas vint et se transporta (mais je ne sçay à la vérité si ce fust d'avis délibéré ou de soudaine voulonté) un Piémontois, nommé Martin Ballart. Cestuy Martin fust un grand homme maigre, bien représentant, et de condition grand parlier et fort grand venteur, et apparent de petite vertu; et fit toucher l'escu noir, semé de larmes d'or, pour faire armes à cheval : et tenoit parolles qu'avant qu'il partist (fust par requeste, ou par le droit du pas, ou autrement) il combatroit, à pié, trois ou quatre des meilleurs des gardes du pas. Et de ses parolles se rioit le duc (qui voulontiers voyoit telles nouvelletés); et si faisoient ceux qui ouïrent ledict Martin. Et pour ceste cause le seigneur de Charny et ses compaignons différèrent longuement à le recevoir, et luy bailler homme ne jour. Toutesfois il se trouva, par ses congnoissans, noble homme, et tant pourchaça que force fust de le recevoir : et par délibération luy fust baillé Jehan de Chaumergis, qui desjà avoit fait armes à l'encontre de Henry de Gouvignon : et sembloit bien aux seigneurs gardans le pas que ledict de Chaumergis estoit assez homme pour luy fournir et achever ce qu'il demandoit. Et à la vérité j'ai souvenance qu'ils coururent devant le duc, et ne sçay à quel jour : mais il me semble mieux qu'autrement que ce fust le jour dessusdict : et fust vray que ce jour ou autre, durant le temps et terme dudict pas, ledict Martin Ballard vint et se présenta, acompaigné du comte de Sainct-Martin. Son cheval estoit couvert d'un demy satin vermeil, et estoit grand et bel homme-d'armes. D'autre part se présenta ledict de Chaumerguis, garde du pas. Il estoit monté et armé comme il appartenoit. Son destrier estoit couvert d'un drap de damas violet, comme la première fois : et me souvient qu'à la présentation que fit Martin devant le duc, il dit en son piémontois qu'il estoit très mal armé. Pour abréger les lances leur furent baillées; et furent courues les onze courses sans faire ateinte : car ledict Martin ne courut onques coup parquoy il peust ateindre, ne qu'on le peust trouver; et n'adrecca pas bien iceluy jour pour soy monstrer tel, ne si à redouter qu'il disoit. Finalement ils furent amenés devant le juge : et dit ledict de Chaumergis, par licence, audict Martin : « Tu as » dit que tu combatras à pié trois ou quatre » des meilleurs de nostre compaignie. Je » t'offre devant mon souverain seigneur, cy » présent, que si tu me veux combatre à pié, je » te donnerai quatre pièces de mon harnois, » ostées de dessus moy, d'avantage. » Ledict Martin (qui si baudement souloit parler et respondre) se monstra ébahi de première face : et toutesfois il s'excusa sur son harnois, et dit qu'il reviendroit une autre fois, saisy d'un, de deux ou de trois harnois : et feroit tèlement que son honneur y seroit gardé. Si touchèrent ensemble par commandement du juge, et se départirent : et me déplaist qu'il a convenu que j'aye escript et récité ceste chose, sans avoir gardé, glosé ou palié l'honneur dudict Martin : car tout noble est tenu de garder l'honneur d'un autre, et principalement en escritures, où sont couchées et empreintes les mémoires des hommes bonnes ou mauvaises. Mais deux causes le m'ont fait en telle manière ramentevoir. La première, pour continuer ma vérité au récit des présens Mémoires : et l'autre pour donner exemple et doctrine aux jeunes gens (qui mesdicts Mémoires liront cy-après) qu'ils se gardent d'estre venteux, ne golias en paroles : car souvent et communément le lyon en paroles est la brebis en œuvres ; et celuy qui quiert avoir et ateindre à honneur et renommée par la ventise de sa propre langue, ressemble le chien courant qui chace et veut prendre le cerf ou la beste sauvage, et de sa langue va tousjours criant et abayant après : tellement que, tant plus la quiert et cuide approcher le chien, plus fuit et s'élonge la beste à son pouvoir.

Ainsi se fournissoit et achevoit le pas dessusdict, et passoit et expiroit le temps, et les jours limités de six semaines, que devoit durer l'emprise de l'arbre Charlemaigne : et s'estoyent desjà faictes et acomplies toutes les armes à cheval de tous ceux qui avoyent fait toucher l'escu noir, et avoyent les trèze compaignons esté fournis pour armes à cheval : tèlement que desjà Jehan de Chaumergis avoit, pour sa part, faict deux fois armes : et ne restoit plus à fournir, pour tous ceux qui avoyent fait toucher aux escus, sinon les armes à pié emprises par Jehan de Compays, dessus nommé (qui avoit fait toucher l'escu violet, comme il est escrit cy-dessus), que tous les touchans aux escus ne fussent fournis.

Or avint, pendant le temps que se faisoient les armes dessus-dictes, que Jaques de Visque, comte de Sainct-Martin, s'adrecea à Guillaume de Vaudrey, seigneur de Courléon, et luy demanda si, pour l'amour de sa dame, il ne luy voudroit point fournir et acomplir onze courses de lance à fers émoulus : et se feroyent icelles armes selon et par les conditions des chapitres du pas. Ledict Guillaume se monstra moult-joyeux de ceste requeste, et fit response audict comte qu'il le mercioit, luy acordant son désir, et luy requérant de sa part qu'il luy voulsist acorder d'abondant encores onze courses de lance, des conditions dessus-dictes, et ainsi seroyent vingt-deux courses. Ce que le comte acorda libéralement d'autre part.

En iceluy temps messire Diago de Valière, le chevalier d'Espaigne (qui desjà avoit fait armes au pas, à l'encontre de Tibaut de Rougemont), après congé et licence du duc, leva et chargea une emprise d'un volet ataché à son costé senestre, et la porta à court, et par la ville de Digeon, publiquement. Laquelle chose venue à la congnoissance de Charny et de ses compaignons, tindrent conseil en la chapelle de l'ordre de la Toison ; et proposa le seigneur de Charny, remonstrant à ses compaignons comment le temps des six semaines se passoit fort, et n'avoyent nulles nouvelles, ne n'estoit apparent que plus ou peu fussent chargés d'armes nouvelles, et comment, à leur requeste, le duc leur avoit donné congnoissance de toutes emprises d'armes durant le pas, concluant que, par honneur, l'emprise du chevalier ne pouvoit ou devoit plus avant aler, sans estre levée par l'un d'eux ; et par commune voix mandèrent au chevalier, par nobles gens et héraux, qu'il se tirast en ladicte chapelle. Ce qu'il feit : et luy venu, le seigneur de Charny luy dit que bien fust il venu, car il portoit ce que celle compaignie désiroit de veoir ; et que plus avant ne seroit en travail de son emprise, car ils estoyent ceux, chacun endroit soy qui le vouloyent décharger, et alléger de sa charge ; et pour ce qu'ils ne savoyent s'il avoit choisy, ou désiré en son courage d'avoir à faire ou à besongner à nul d'eux trèze, ils luy prièrent qu'il le dist et déclarast ; et ils luy offroyent libéralement que celuy qu'il choisiroit lèveroit son emprise, et luy accompliroit et fourniroit son désir en ceste partie.

Le chevalier (qui moult-courtois estoit) les mercia honnorablement, et dit qu'il avoit chargé et levé son emprise par commandement de sa dame, pour acomplir certains chapitres d'armes qu'il avoit clos et séelés (et ne sçavoit l'effect ne la teneur), pour les délivrer et acomplir au premier noble homme, des conditions à ce propices, qui tant d'honneur luy feroit que de toucher à son emprise ; et que de luy il n'avoit nul eleu ne choisy, mais qu'il se tenoit bienheureux de soy estre trouvé en si honnorable collége et si bonne compaignie que la leur ; et que celuy d'eux auquel il plairoit de luy faire cest honneur que d'y toucher, fust le très bienvenu, et s'en tenoit plus honnoré que d'autre personne de tout le monde.

Lors saute avant Jaques de Challant, seigneur de Manille, et requit au seigneur de Charny et à ses compaignons, moult humblement, qu'ils luy fissent ceste grâce qu'il peust lever icelle emprise. Ce qu'il fit, et la leva; et le chevalier lui bailla ses chapitres, qui furent prestement déclos et desséellés, pour veoir le contenu en iceux. Par la manière dessus-escrite, se requirent les armes d'entre le comte de Sainct-Martin et Guillaume de Vaudrey; et, par emprise levée, les armes de messire Diago de Valière et de Jaques de Challant. Et reste maintenant, pour le tout réciter par ordre, de deviser premier l'exécution des armes du comte dessusdict.

Si fut vray que le huictiesme jour d'aoust, par un jeudy, se présentèrent en la lice accoustumée, devant le duc de Bourgongne, le comte de Sainct-Martin d'un costé, et Guillaume de Vaudrey de l'autre, tous deux montés et armés comme en tel cas appartient, chacun honnestement couvert et en poinct, et des couleurs ne me souvient. Présentations et devoirs accoustumés furent faicts, et leurs lances baillées; dont il advint que, de celle première course, ledict de Vaudrey donna tel coup au clou de la visière du comte, qu'il rompit ledict clou, et demoura ladicte visière déclouée et pendante à l'autre clou, et avoit le comte le visage descouvert. Pour abréger, pour celuy jour ne peut estre l'armet du comte de Sainct-Martin refaict, et furent icelles armes remises à l'endemain; auquel jour, neufiesme d'aoust, revindrent les dessusdicts, renouvelés de parcures de chevaux. Armés et presls pour leurs armes fournir, furent saisis de leurs lances; et de celle première course d'iceluy jour (qui fut la seconde course d'icelles armes) ne firent point d'ateinte. A la tierce, ledict de Vaudrey fit ateinte sur le grand garde-bras du comte, et le désarma, tellement qu'il fallut forger et ouvrer audict garde-bras, et mit on bien deux heures avant qu'il en fust réarmé. A la quatriesme course, ledict Guillaume de Vaudrey ateindit le comte au bras, de la lance, au plus près du costé; et de ce coup luy faussa le bras, et rompit sa lance rez à rez du fer; tèlement que le fer demoura dedans le bras dudict comte, et prestement apparut le sang et la blessure. Si commanda le duc que prestement il fust désarmé, et mis à point; et certes le duc et toute la seigneurie furent moult déplaisans de l'avanture; et mesme ledict de Vaudrey regretoit à merveilles la blessure de son compaignon. Ainsi furent icelles armes remises à une autre fois, et de celle ateinte fut parlé diversement, et disoyent les uns que l'avant-bras du comte avoit esté faussé; et d'autres disoyent (et croy qu'il fut ainsi) que ledict comte avoit accoustumé de courre d'un coin de la lice, et d'aborder sur son homme, comme au milieu de la toile; et que de celle traverse ledict de Vaudrey (qui couroit du droit et du long de la toile) le veoit venir en croisée, le bras de la lance, à la faute de la garde, nu, et que de l'autre course le luy avoit mandé le seigneur de Charny, luy conseillant qu'il courust du long de la toile. Mais ce qui doit avenir advient, et fut telle ceste adventure.

Celuy jour estoyent assignées les armes de pié entre Jehan de Compays, seigneur de Torain, savoyen (qui avoit fait toucher les deux escus, et dont les armes de cheval estoient desjà achevées), et Anthoine de Vaudrey, seigneur de l'Aigle, et frère dudict Guillaume, qui ce jour avoit faict armes à l'encontre du comte de Sainct-Martin. La cause pourquoy si longuement on avoit mis à délivrer ledict de Compays, estoit pour une douleur de gravelle qui prit ledict Anthoine, et dont encores à icelle heure n'estoit-il pas bien guéri, combien que le jour empris, et baillé aux parties, se tint et exécuta; et disna le duc, et toute la seigneurie, en la maison des lices, aux despens du seigneur de Charny, moult-hautement et honnorablement receu et festeyé; et tantost après le disner, le duc se tourna du costé de la lice qui estoit ordonnée pour combattre à pié, le batton blanc en sa main, comme juge en ceste partie. Il estoit accompaigné de son sang, de sa noblesse et de son conseil, moult-honnestement; et ne dura guères que Jehan de Compays se présenta devant le duc moult-humblement, pour fournir et acomplir ses armes, selon les conditions de l'escu violet qu'il avoit fait toucher, et selon les chapitres escripts de ce noble pas. Et se présenta ledict de

Compays désarmé, et vestu d'une robe longue d'orfèvrerie ; et, après la réception du duc, ledict de Compays se retraït en son pavillon pour soy armer, et mettre en point pour ses armes fournir; et ne demoura guères que du chastel de Parigny saillit Anthoine de Vaudrey, seigneur de l'Aigle. Il estoit armé pour combatre à pié, le bacinet en la teste, à visière levée ; et sur son harnois paré de sa cotte d'armes, et son cheval couvert de mesmes ses armes.

Le seigneur de Charny et ses compaignons l'acompaignoyent, et d'autres nobles hommes, ses parens et amis ; et ainsi entra en la lice, mit pié à terre, et se présenta pareillement devant le juge, son souverain seigneur, moult humblement ; et porta la parole de sa présentation le seigneur de Charny. Le duc le receut par moult-bonne façon, et se retraït ledict de Vaudrey à son pavillon ; et ne demoura guères que ledict de Vaudrey fit délivrer au mareschal de Bourgongne les deux paires de battons dont les armes se devoyent combatre ; et furent deux haches et deux espées, et chacune paire semblable. Le mareschal les présenta au juge, et puis les présenta à Jehan de Compays, pour choisir desquels des deux battons il vouloit fournir l'emprise de sa bataille ; et pour ce qu'il avoit le choix de retenir batton pour luy, ledict de Compays choisit la bataille des espées, et en rétint l'une ; et l'autre, ensemble les deux haches, rendit au mareschal. Si furent les battons reportés, et l'espée d'armes baillée à ceux qui servoyent ledict Anthoine, et tandis se firent les cris et les deffenses accoustumées ; et sur ce se retraïct chacun de la lice, exceptés les huict hommes d'armes, gardes et escoutes, pour départir les champions, ensemble ceux qui avoyent autrefois combatu en lices ou camp clos, et ceux qui avoyent licence ou commandement du duc, ou de son mareschal.

Ce faict, saillirent les champions hors de leurs pavillons : et, à mon souvenir, me semble qu'Anthoine de Vaudrey partit, ou que je le vey le premier. Il avoit la visière de son bacinet levée, et fit une grande croix de sa bannerolle : et le seigneur de Charny luy bailla son espée, laquelle ledict Anthoine prit, et empoigna à deux mains, la main senestre renversée, et couverte de la rondelle : et ainsi marcha ledict de Vaudrey. D'autre part partit de son pavillon Jean de Compays, armé comme il appartient, sa cotte d'armes au dos, et le bacinet en la teste, la visière close ; et en se signant de sa bannerolle, et prenant son espée, il veit ledict de Vaudrey qui marchoit à visière levée : parquoy prestement ledict de Compays s'arresta, et de sa main dextre voulut lever la sienne ; mais ledict de Vaudrey de son costé, quand il veit ledict de Compays hors de son pavillon à visière clause, il abattit la sienne ; et puis, voyant son compaignon la sienne lever, il s'arresta pour lever la sienne : dont si bien advint que tous deux, et chacun seul, ne pouvoyent leurs-dictes visières lever n'ouvrir : et demourèrent les bacinets clos. Si reprirent les espées : et me souvient que ledict de Compays portoit son espée, la main senestre devant, non renversée : et estoit celle main armée, et couverte de la rondelle : et, pour gaigner place en la lice à l'encontre de son compaignon, il couroit sans autre marche. Fièrement s'assemblèrent les deux escuyers, et donna ledict de Compays le premier coup : mais ce fut sur la rondelle dudict de Vaudrey ; et de ce rabat ledict de Vaudrey donna, de la poincte de l'estoc, au bacinet de son compaignon. Que feroy je long prologue, ou long récit d'icelles armes? Les escuyers furent puissans, durs, et courageux aux armes : et se requirent l'un l'autre si asprement, qu'en peu d'heure ils achevèrent les quinze coups contenus en leurs chapitres, et des autres par-dessus sans avantage de perte de place ou de battons, l'un envers l'autre : et si souvent se consuyvirent de plaine ateinte sur les corps, que les cottes d'armes de l'un et de l'autre furent en plusieurs lieux rompues et déchirées : et fut la fin telle, que ledict de Vaudrey enferra son compaignon en la visière : et quand ledict de Compays se sentit enferré, il guetta l'estoc de toute sa force à la visière de son compaignon, et de ce coup pareillement prit en ladicte visière : et se tenoyent les champions enferrés l'un l'autre par les visières, lesquelles ils levoyent à leurs épées : tellement que tous deux avoyent le visage nu et découvert ; et sur ce, le juge jetta le batton : et furent par les gardes pris et séparés, et vindirent devant le juge, et offrirent tous deux de parachever, si faute y avoit : mais le duc de Bourgongne leur dit que bien et durement avoyent leurs armes acomplies, et qu'ils en avoient fait assez : leur commandant de toucher ensemble, et de demourer frères et amis. Ce qu'ils firent prestement, et se retrait chacun d'eux au bout de la lice : et partit ledict de Compays le premier dehors, pour les causes contenues ès armes que fit le seigneur de Charny à l'encontre de messire Pietre-Vasque. Si se partirent icelles armes à l'honneur des parties : et, à la vérité, ce furent armes aussi bien combatues et aussi fièrement, et autant de coups donnés sur le corps d'un costé et d'autre, que j'en vey depuis nulles : et ainsi je ne vey onques puis ce jour nulles armes combatre de l'estoc en armes à pié, sans retraitte : et qui les entreprendra, il les trouvera dures à achever. Et furent cestes armes combatues l'an dessus-dict par un jeudy huictième d'aoust, environ cinq heures du vespre.

Par les armes dessus-escrites fut achevé ce noble pas, quant à l'exécution : pour ce que tous ceux qui avoyent touché ou fait toucher les escus estoyent fournis, fust à pié ou à cheval : et ne restoit plus que l'expiration des six semaines (que les escus devoient demourer attachés et pendus à l'arbre de Charlemaigne, attendans tous nobles hommes qui toucher y voudroyent), dont encores aucuns jours restoient. Et outre, et par dessus l'ordinaire du pas, s'estoyent desjà exécutées les armes requises entre le comte de Sainct-Martin et Guillaume de Vaudrey, par la manière cy-dessus déclairée et escrites : et ne restoit plus que d'accomplir et faire les armes emprises par messire Diago de Valière, et par Jaques de Challant, et ce par emprise portée par l'un des chevaliers, comme pareillement il est dict cy-dessus.

Le dixième jour d'aoust, par un jour sainct Laurens, vint monsieur de Bourgongne, madame son espouse, toutes les dames et la seigneurie, pour veoir les armes des deux nobles hommes : et là se présenta Jaques de Challant, seigneur de Manille, moult noblement acompaigné du seigneur de Charny et de ses compaignons, comme d'autres ses parens et amis: et se présenta sur un destrier couvert de drap de damas bleu, brodé de ses lettres et devises moult-gentement : et estoit monté et armé pour ses armes fournir. D'autre part se présenta le chevalier (qui avoit porté l'emprise) monté et armé comme en tel cas appartient. Son cheval estoit paré, selon mon souvenir, d'un demy satin blanc et violet, en escarteleure; et séoit le chevalier moult bien à cheval; car de sa taille il estoit gent et adroit, et moult agréable à un chacun. Devoirs furent faits, et lances leur furent baillées : dont il advint que de la première course Jaques de Challant fit une ateinte sur le grand garde-bras du chevalier, dont il fut désarmé : tellement qu'il convint ouvrer audict garde-bras, par les armeuriers, plus de trois heures ; et tandis que l'on refaisoit ledict garde-bras, le seigneur de Charny fit apporter le banquet au duc et à la duchesse, et à toute la seigneurie, sur les rangs, moult-grandement, de viandes et de vins : et si tost que le chevalier peut estre réarmé, les compaignons reprirent la toile, et lances leur furent baillées; et de-rechef, et de celle seconde course, ledict de Challant fit ateinte en la lumière du chevalier, et le chevalier ateindit bas sur ledict de Challant. Les nobles hommes couroyent de la force de leurs chevaux : et se rencontrèrent si durement, que le destrier de l'Espaignol ne peut le coup soustenir, ains cheut à terre : et prestement furent relevés le chevalier et le cheval ; mais de celle cheute le harnois de l'Espaignol fut tel atourné et forcé, qu'il se trouva tout désarmé : et convint remettre icelles armes à un autre jour. En dedans peu de jours après, le terme des six semaines que devoit durer ce noble pas fut passé et expiré : et le lendemain (qui fut par un dimenche, un peu devant la grande messe) les roys-d'armes et héraux s'assemblèrent de toutes pars, pour plus honorer le mistère : et, cottes d'armes vestues, apportèrent par ordre, et à grand magnificence, les deux escus qui avoyent esté six semaines pendus et attachés à l'arbre Charlemaigne, et sur lesquels estoit fondé le pas dessusdict. Puis entrèrent dedans l'église Nostre-Dame de Digeon, et à genoux offrirent et présentèrent les dessus-dicts escus à la glorieuse vierge Marie : lesquels escus sont encores en ladicte église, en une chappelle à la main dextre, quand on vient au chœur.

CHAPITRE X.

Comment le bon duc Philippe de Bourgongne gaigna plusieurs places en la duché de Luxembourg.

Ainsi ce noble pas fut achevé et soutenu, par le seigneur de Charny et par ses compaignons, en chevaleureuse exécution d'armes, en grandes pompes d'habits et d'acompaignemens, et à grande, large et abandonnée despense de mengers et de festimens; et pendant ce temps que le bon duc prenoit ses plaisirs et ses honnestes passetemps, messire Nicolas Raoulin, son chancelier, messire Anthoine de Crouy, son premier chambellan, ne ceux de son conseil, n'estoyent pas oiseux; mais pratiquoyent, par conseil et par grand advis, les expéditions des affaires du duc, et principalement des deux matières dont dessus est faicte mention : c'est-à-sçavoir la response de l'ambassadeur de l'empereur de Constantinoble (qui estoit venu pour si haute matière que pour le confort et secours de la foy et de l'estat d'un empereur si noble et si antique en sa génération que celuy de Constantinoble), et ce que l'on pourroit faire avecques la duchesse de Luxembourg, afin que le duc la peust secourir et aider en son désir, par juste tiltre et querelle de raison; et, outre ces choses, se pratiquoit l'allée et le partement du duc de son païs de Bourgongne, pour se retirer en Flandres, Picardie et Brabant, et en ses autres païs (pour ce qu'il avoit desjà esté près de dix huict mois sans les visiter et veoir); et desjà estoit mandé le comte d'Estampes, gouverneur de Picardie, avec bien deux mille combatans, pour venir au-devant du duc.

D'autre part, en Bourgongne se présenta Cornille, bastard de Bourgongne, pour sa première armée, et assembla cent hommes-d'armes, emplumachés et habillés en pareure semblable, et n'atendoit on que la fin du pas pour partir et se mettre en chemin; et ainsi le pas et le temps des six semaines expiré, toutes préparations furent faictes; et, tout conclu et délibéré, jour fut pris, pour le partement du duc, au vingtunième jour de septembre, et me souvient qu'iceluy jour disna le duc en l'hostel d'un nommé Jehan de Visan; et là, au partir de disner, le duc expédia l'ambassadeur de l'empereur de Constantinoble, et luy fit de grands dons; et fut l'effect de son expédition tel, que le duc faisoit sçavoir à l'empereur qu'il se tiroit en ses païs marins, et que, luy arrivé par-delà, il mettroit gens et navires sus, pour l'aide et confort de la chrestienté et de l'estat de l'empereur; et de ce feroit telle diligence, que l'empereur auroit cause de soy contenter.

Après l'expédition de l'empereur, fut expédiée la duchesse de Luxembourg, dont le traité et l'apointement estoyent desjà faicts et conclus par le duc et par la duchesse; et ne restoit qu'à lire et voyr ce que de ce estoit délibéré et escript; et fut en effect tel l'apointement faict entre le duc et la duchesse sa tante, que le bon duc entreprendroit la conqueste de la duché de Luxembourg sous tiltre et querelle d'elle, et se diroit mambour et gouverneur de ladicte duché, et ordonna et assigna, pour ladicte duchesse et pour son estat, dix mille livres par an, à prendre et lever sur les meilleurs et plus clers deniers de ses païs; et de celle heure manda par ses lettres à messire Symon de Lalain, à messire Sausse son frère, et autres ses capitaines, qu'ils entrassent audict païs de Luxembourg à main armée et forte, et commencasssent la guerre au nom de la duchesse et de luy; et à toute diligence fut envoyée la défiance à un chevalier sassois (qui fut envoyé de la part du duc de Sasse au lieu de Luxembourg, et se nommoit le comte de Click), et aux Luxembourgeois semblablement, et à tous autres qui voudroyent contrester au droit de la duchesse; et en celle défiance furent nommés tous les parens et aliés du duc de Bourgongne, et mesmes les barons et capitaines de sa guerre; car telle est la coustume et la guise des Alemaignes, qui veut par honneur guerroyer.

La duchesse despeschée, le duc fit venir devant luy le comte de Sainct-Martin et messire Diago de Valière, ensemble Guillaume de Vaudrey et Jaques de Challant, auxquels restoit encores l'achèvement de leurs armes, commencées les uns contre les autres, comme il est assez cy-dessus escript et déclairé. Si leur remonstra le duc ses grans affaires, et comment nouvellement il entroit en guerre et en conqueste pour la querelle de sa belle tante; parquoy il ne pouvoit plus arester n'atarger au païs, et que desjà estoit son armée de Picardie aux champs, à grans fraiz et à grande foulle, et leur prioit en effect qu'en faveur de luy, et comme leur juge en ceste partie, par leur mesme choix et élection, qu'ils se voulsissent tenir contens d'icelles armes commencées, et qu'ils s'y estoyent de chacun costé si honnorablement portés et maintenus, qu'ils avoyent honneur assez en ceste cause. Surquoy tous quatre se mirent à genoux, et se contentèrent du plaisir du duc, et en sa présence touchèrent ensemble; et leur fit le duc de grands dons, et à tous ceux qui firent armes au pas dessusdict, et retint le duc le comte Sainct-Martin de sa maison, lequel y fut toujours depuis, et s'y conduisit et gouverna honnorablement et bien.

Ces choses faictes, le duc se retira en son hostel pour soy armer et mettre en point, et tandis chacun montoit à cheval à qui mieux mieux; et, ce jour, Cornille, bastard de Bourgongne dessusdict, tira son premier estendard aux champs, et fit l'assemblée des cent lances qu'il avoit de charge en la place qui est devant la chapelle de la Toison d'Or, et bailla son estendard à porter, et en garde, à un escuyer de la comté de Bourgongne, nommé Jehan de Monfort, beau gentilhomme, et bien renommé. Le duc monta à cheval environ quatre heures après midy, et pluvoit merveilleusement, dont ce fut dommage que le jour ne fut bel et clair, car les pompes furent grandes, et la seigneurie richement en point, et principalement le duc, qui de son temps fut un prince honneste et joly, et curieux d'habits et de pareures, et dont le porter et la manière luy séoit si bien et tant agréablement, que nul plus de luy ne fut trouvé nulle part. Il avoit dix huict chevaux d'une pareure, harnachés de velours noir, tissus et ouvrés à sa devise (qui furent fusils garnis de leurs pierres, rendans feu); et, par-dessus le velours, gros cloux d'or élevés et émaillés de fusils, et faicts à moult grans cousts. Ses pages estoyent richement en point, et portoyent divers harnois de teste garnis et ajolivés de perles, de diamans et de balais, à merveilles richement, dont une salade seule estoit estimée valoir cent mille escus d'or. Le duc de sa personne estoit armé gentement de son corps, et richement, ès gardes, tant de ses bras, comme de son harnois de jambes, dont icelles gardes et le chanfrain de son cheval estoyent tous pleins et enrichis de grosses pierreries qui valoyent un merveilleux avoir; et de ce je parle comme celuy qui estoye lors page du duc, et de celle pareure.

Jehan, monsieur de Clèves, et son mignon Jaques de Lalain, furent fort en poinct d'escuyers, de chevaux, de pages, d'orfèvrerie, et de campanes. Aussi furent le seigneur de Beaujeu, fils du duc de Bourbon (qui lors estoit bien jeune), monsieur Adolf de Clèves (qui commençoit à soy façonner, et à prendre cueur), le comte de Nevers, et mesmement ledict bastard de Bourgongne, qui avoit attiré à soy plusieurs jeunes gens de l'hostel du duc, pour luy tenir compaignie en sa première armée : comme Jehan Du Bois, un moult bel escuyer de Picardie; Anthoine de Sainct-Symon, moult honneste personnage, et qui depuis laissa le monde, comme cy-après sera déclairé. Bref, le partement de Digeon fut pompeux à merveilles, et la journée laide et pleine de pluye, et furent toutes ces belles pareures moult empirées; et se tira le duc en sa vile de Sainct-Songne pour celle nuict, et fut son partement par un jeudy, le neufiesme jour de septembre 1443. Ce mesme jour se partit la duchesse pour suivre le duc, et demourèrent le lendemain tout le jour au lieu de Sainct-Songne, et furent logés en l'abaïe, et là attendirent que chacun se rassemblast; car à la vérité plusieurs gens s'égarèrent et perdirent celle nuit, qui ne sceurent venir au logis; car le duc estoit parti tard, et fut assez sa coustume de partir tard et d'arriver de nuict; et le troisième jour se partit le duc et la duchesse, et prit le chemin de Bar sur Aube, et de là à Briane le Comte (qui estoit entrée de Champaigne); et passa, par Saincte-Menehoult, le travers de la basse Champaigne : et sur ce chemin trouva le comte d'Estampes, et plusieurs seigneurs de Picardie, et pouvoyent estre cinq cens lances, et dix huict cens archers. En cette compaignie furent les seigneurs de Saveuses, le seigneur de Neufvile, le seigneur de Miramont, le seigneur d'Aplaincourt, et plusieurs autres chefs. D'autre part estoyent desjà entrés au païs de Luxembourg messires Symon de Lalain, messire Sausse son frère, Henry de La Tour, Philippot de Savigny, et autres, par l'ordonnance et commandement du duc ; et prestement saisirent Yvis, Mommedi, Lambu, et autres places, qui firent à la vérité obéissance au duc, au nom de leur dame et princesse ; ensemble plusieurs nobles hommes du païs, et nommément le seigneur de Bourset et ses enfans, et le seigneur de Souleuvre et autres.

Le duc traversa la basse Champaigne jusques à Maisières sur Meuse, et là séjourna par aucuns jours, prit ses conclusions, et fit ses ordonnances. Et de là se partit la duchesse de Bourgongne, et se mit par batteaux, et vint, par la rivière de Meuse, arriver à Namur : et de là se tira à Brucelles, où elle trouva son fils monsieur Charles de Bourgongne, comte de Charolois, et madame Jehanne de France, laquelle madame Jehanne fut fille du roy Charles : et avoit esté faict le mariage du comte de Charolois et de ladicte dame pour l'entretènement de la paix et de l'union du royaume de France. Lesquels nobles enfans le receurent à grande joye et à grande liesse : et pour le présent nous lairrons à parler de la duchesse et de sa compaignie, et retournerons au duc et à son armée, pour deviser comment ne par quelle manière il exploita sa guerre, et comment en peu de temps il conquesta toute la duché de Luxembourg, et la mit en son obéissance.

Comme dessus est dict, le duc séjourna au lieu de Maisières sur Meuse cinq ou six jours : et prépara son emprise pour entrer en conqueste, et se partit dudict Maisières, par ainsi que sur le my-juing : et tira à Yvis, en la duché de Luxembourg, en l'une des viles de sa comté de Cheny : et sur le chemin luy vindrent au-devant plusieurs chevaliers et escuyers de ladicte duché, et les plus grans, qui tous luy firent obéissance en armes, et prests de servir le duc en sa conqueste : et là vint le comte Jehan de Vernambourg, qui avoit plus de soixante ans d'age : mais beau chevalier, sage, et représentant se monstroit. Il estoit fort accompaigné d'Alemans, et servit bien le duc à icelle conqueste. Et fut vray qu'à une petite lieue d'Yvis, du long de la rivière, tirant à Merville, avoit une place nommée Villy, fortifiée d'une grosse tour, et prise d'emblée par un des soudoyers du damoiseau de Commercy, nommé Jaquemin de Beaumont, homme subtil et avantageux en guerre, et tel qu'il le faloit audict damoiseau son maistre. Cestuy Jaquemin couroit tout le païs, et faisoit moult de maux.

Si furent envoyés, deux jours avant le partement du duc, du lieu de Maisières, les seigneurs de Saveuses, de Neufville et de Miramont, avec bien cinq ou six cens archers de Picardie, pour essayer de prendre ladicte place, et principalement ledict Jaquemin, s'il estoit possible : et firent si bonne diligence les capitaines dessus-nommés, qu'à un bien matin ils mirent leur embusche, et envoyèrent leurs coureurs pour cuider entrer en la place, à la porte ouvrir. Mais le guet et la garde furent grans : et quand il veirent que par ce bout ils ne pouvoyent rien exécuter, ils veindrent devant la place, et l'assiégèrent, et se logèrent jusques dedans la basse-court, et prirent et gardèrent toutes les saillies du chasteau : et bien le peurent faire (car ils estoient assez de chefs et de gens duits et apris de la guerre, et de ce mestier) ; et tantost après arriva à leur aide Philebert de Vaudrey, maistre de l'artillerie du duc; un moult vaillant escuyer bourgongnon, hastif et diligent en armes : et amena bombardes et serpentines, et ce qui faisoit mestier pour batre place. Ainsi fut assiégé le chasteau de Villy et Jaquemin Beaumont, dedans ensemble plusieurs compaignons de guerre : et dont entre les autres y avoit un gentilhomme de Picardie, nommé Guillaume d'Auroul, qui pour aucun débat s'estoit parti de son païs : et passa le temps à son aventure, et se conduisit iceluy Guillaume très loyaument avecques ledict Jaquemin, dont il ne fut que mieux prisé, puisque sa fortune estoit telle. Et se conduisoyent ledict Jaquemin et ceux de la place forte en gens de guerre, et dura le siège longuement : et maintesfois nous autres, pages du duc, alasmes voir le siège et la manière de faire, ainsi que jeunes gens vont pour apprendre, et pour voir nouvelletés.

Durant le temps de celuy siège, le duc tira avant en païs, et prit son chemin par Marnille et par Vierton, et de là en une vile désemparée que l'on nomme Aïs, et passa par Harlon : et par tous ces lieux ne trouva résistance que petite, ou nulle : et les principaux lieux du païs qui faisoyent la guerre, et où estoit le fort des gens-d'armes, ennemis du duc, c'estoit la vile de Luxembourg et celle de Tionville, qui sont deux bonnes viles et puissantes : et estoyent garnies de soudoyers de guerre, Behaignons et Sassons, et avantureux, sans les communes des viles, qui sont tous gens armés, et nourris à leur aventure, et au mestier de la guerre : et estoit chef de ceste compaignie : et lieutenant pour les ducs de Sasses, au païs de Luxembourg et comté de Cheny, le comte de Click : et à la vérité lesdicts Sassons se conduisoyent en leurs courses très sagement, et s'avanturoyent pour gaigner par bonne façon, voire jusques à gaigner et à emmener de nos gens, pris et créancés jusques au portes d'Arlon, où estoit le duc en personne.

Hardiment s'aventuroyent les Sassons à dix ou à douze chevaux ensemble, et non pas en compaignie, pour faire rencontre digne de mémoire ; et bien le pouvoyent faire : car en nostre compaignie estoyent plusieurs Alemans, auxquels les Bourgongnons, Picards, Hannuyers et Namurois n'avoyent nulle communication de language, pour la différence des langues : parquoy lesdicts Sassons, comme Alemans, pouvoyent fort aprocher nos gens, et les prendre d'aguet, pourtant que l'on ne sçavoit s'ils estoyent amis ou ennemis, jusques à ce qu'ils monstroyent par effect : et portoyent leurs crannequins bandés, et le traict dessus : et encloöyent un homme ou deux s'ils les trouvoyent à part ; et premier que remède y fust mit, il luy faisoyent dire le mot ; comme ils firent au Martre, un archer du chancelier de Bourgongne, bel homme, vaillant et renommé, et depuis fut archer du corps du duc : lequel Martre, pour ce que l'abrevoir estoit hors la vile d'Arlon, et doutoit de perdre son cheval, luy mesme l'alla abrever : et trouva en l'abrevoir deux cranequiniers, qui desjà tenoyent manière d'abrever.

Si cuida ledict archer que ce fussent de nos Alemans, et les cranequiniers luy firent courtoisement place entre eux deux : et tantost en revint deux autres à la queue, et tous quatre monstrèrent le vireton sur la corde, à l'archer : lequel se trouva dépourveu : et le créancèrent et l'emmenèrent à Luxembourg : et de là en avant fut ordonné que gens-d'armes garderoyent l'abrevoir à l'heure d'abrever les chevaux : et say bien que quand nous autres pages, alions à l'eaue avec les chevaux du duc, dix ou douzes lances estoyent ordonnées pour nous convoyer. De telles petites prises et aprises firent les Sassons sur nostre compaignie, et peu ou rien de grandes, ny de chose qui à ramentevoir face.

Si marcha le duc plus avant en païs : et toujours luy venoyent et croissoyent gens de toutes parts, et venoyent à luy tous les seigneurs et nobles hommes de ladicte duché, qui tenoyent places et seigneuries en hommage de ladicte duché : comme le Sangler d'Ardenne, nommé le Damoiseau ; Jehan de La Marche, et autre grans personnages : et le plus de résistance que trouva le duc au païs, avec les deux viles dessus-dictes, fut le damoiseau de Rodemac, qui est un grand seigneur en icelle marche. Celuy tenoit fort bon pour les Sassons, et estoit mauvais Bourgongnon en courage ; mais il garda sa maison, et fit petite guerre : car il escoutoit qui en auroit du meilleur.

Pareillement le damoiseau de Commercy avoit au païs aucunes places prises par ses adhérans, comme Jaquemin de Beaumont et autres : et avoit ledict Jaquemin, à l'aveu dudict damoiseau, pris et pillé la vile de Mommédy, qui luy fut, par le prévost de Merville et autres Luxembourgeois, recousse et la vile et la proye. Mais toutesfois tenoit encores ledict damoiseau la place de Chavancy, et en son nom ledict Beaumont tenoit Villy, qui fut assiégée à l'entrée du duc au païs, comme dict est : et avoit ledict de Commercy grosse garnison en ladicte place de Chavancy secrètement, attendant son heure : tant qu'à l'aide d'autres et d'iceux, s'il voyoit son avantage, cuidoit lever le siège, ou faire son profit à l'encontre des Bourgongnons ses ennemis, comme vous orrez cy-après.

Ainsi chevaucha le duc et son armée par le païs et duché de Luxembourg, toujours gaignant places et fortresses, qui se rendoyent et faisoyent obéissance au duc, au nom de leur duchesse : et venoyent les nobles hommes voisins, de toutes pars, eux présenter au service du duc : et mesmement ceux de Méts offroyent leurs soudoyers semblablement au duc ; et à tous et à chacun faisoit le duc si bon visage et agréable recueil, que chacun se contentoit de sa bonne grâce avoir et desservir : et n'arresta guères à icelle fois le duc en la vile d'Arlon, qu'il se tira par le bas païs, laissant Luxembourg à la main senestre : et se tira en une petite vile que l'on nomme Florehenges, appartenant lors à Henry de La Tour, à cause de sa femme ; et là se logea le duc, et mena avec luy la duchesse de Luxembourg, sa tante, qui desjà estoit si gouteuse qu'il la falloit porter de maison en maison, et de lieu en autre, en une selle.

Si se logea le duc au chastel : et le comte d'Estampes, et le bastard de Bourgongne et son armée se logèrent à une bonne lieue de là sur costière, en un lieu nommé Catenant, et autres villages prochains; car ils n'estoyent qu'à une petite lieue de Tionville, une très-bonne vile de guerre pleine de gens-d'armes, et la plus obstinée contre le duc qui fust en tout le païs. Et pareillement estoit logé le duc aussi près, ou plus : et voyoit on de Tionville clèrement à Florehenges, et tant que le duc fit en ce voisinage moult de courses devant icelle vile ; l'une fois par le comte d'Estampes, l'autre par le bastard de Bourgongne, et l'autre par ceux de la court, et qui estoyent avecques le duc : comme le comte de Nevers qui aucunefois y faisoit son tour, et autresfois Jehan, monsieur de Clèves ; et le plus souvent couroyent les gens-d'armes, compaignons de la court, sous moindre chef : dont le bastard de Sainct-Pol, seigneur de Halbourdin, avoit le plus souvent la conduite et la charge : lequel fut de son temps moult beau chevalier, sage, vaillant et redouté en armes, homme de conduite, et qui beaucoup avoit veu de la guerre, homme expérimenté de François et d'Anglois, chevalier de l'ordre de la Toison d'or, et l'un des renommés de son temps.

Toutes icelles courses portèrent petit fruit, et feirent petit exploict. Car les Alemans et Sassons de la garnison se gardoyent sagement, et ne sailloyent que par les marests (qui sont longs et profons, en la pluspart du circuit de ladicte ville), et venoyent aux barrières, et à l'entrée de leurs forts : et ne pouvoyent gens-de-cheval les aprocher sans grande perte, pour leurs cranequins, arbalestes, et autre traict : dont ils estoyent très-bien garnis, et dont ils firent des dommages assez à nos gens ; et prirent et découpèrent un homme-d'armes, alemand, de la compagnie de Jehan, monsieur de Clèves, nommé Rosequin, par soy trop aventurer (car il estoit homme très-vaillant de son corps), et plusieurs chevaux et gens navrèrent et blessèrent par telles emprises : et furent longuement sans ce qu'ils fissent, de leur costé, saillie ou emprise sur ceux de nostre parti : et furent à la longue avertis qu'un homme-d'armes bourgongnon, nommé Jehan de La Plume, accompaigné d'environ trente combatans, s'estoit bouté en une petite place nommée La Grange, à une demie lieue dudict Tionville. Celuy Jehan de La Plume fut un compaignon de la comté de Bourgongne, qui servoit de soudoyer en la cité de Metz, et se maria à une ancienne riche femme : et se partit de Metz pour servir son souverain seigneur de nativité, bien en point et bien accompaigné selon son cas : et fut logé (comme dict est) en la place appelée La Grange. Si firent les Sassons leur emprise secrètement, et par une noire nuict se partirent trois cens homms à pié ou à cheval : et moitié d'assaut, moitié d'emblée, gaignèrent le chastel de La Grange ; et se retraïrent à grand danger ledict de La Plume et ses compaignons en une tour, et là se deffendirent moult-vaillamment, et plusieurs blessèrent de leurs ennemis : et furent de leur part presque tous blessés et navrés. Finalement, les Sassons (qui veirent qu'ils ne pouvoyent les hommes avoir) doutèrent le jour adjourner et le secours venir : et pourtant prirent tous leurs chevaux et leurs habillemens, et ce qu'ils peurent trouver de bagues et de gens, et s'en retournèrent en leur vile : et fut le plus grand exploict dont j'ay souvenance, qui fust faict en toute cette guerre à l'encontre du duc ne son parti.

CHAPITRE XI.

De ce qui fut parlementé, sur la querelle de Luxembourg, entre le duc de Bourgongne et les Sassons.

Pendant ce temps une journée fut prise et tenue, au lieu de Florehenges, entre le duc et le comte de Click, lieutenant-général pour le duc de Sasses en la duché de Luxembourg ;

et à celle journée furent envoyés deux chevaliers alemans tenans le parti des ducs de Sasses, et dont je n'ay mémoire des noms. A celle journée fut la duchesse de Luxembourg présente, et toute la noblesse et chevalerie tenant le parti du duc et de la duchesse, et mesmes plusieurs estrangers et voisins qui estoyent venus veoir l'estat de l'armée du duc, les uns pour le visiter, les autres pour lui présenter service, et autres pour demourer par moyen neutre en celle guerre, et sans tenir parti : dont, entre autres, y estoit un notable chevalier nommé Guillaume, seigneur de Fenestranges, natif de la duché de Lorraine, et pour lors mareschal dudict païs de Lorraine ; et pour ce qu'iceluy mareschal parloit les deux langages, il eut charge, de-par le duc de Bourgongne et de la part des Sassons, de porter le langage d'une part et d'autre : maintenant à l'alemant raportant du françois ce qui estoit dict de la part du duc ; et oultre raportoit en françois ce que lesdicts Sassons et Alemans avoyent dict et mis avant en leur langage. Ce qu'il sceut bien et notablement faire ; car il fut un très-sage et notable chevalier de son temps, et fit depuis des services à la maison de Bourgongne ès guerres du Liége, qui ne sont pas à oublier, et dont cy-après sera parlé.

Le duc fut en celle journée assis sus un banc paré de tapis, de carreaux et de palles ; et fut environné de sa noblesse, et acompaigné et adextré de son conseil, qui estoyent derrière la perche du banc, tous en pié, et presls pour conseiller le duc si besoing en avoit, et dont les plus prochains de sa personne furent le chancelier et le premier chambellan : et ceux là estoyent au plus près du prince ; l'un à dextre, et l'autre à senestre.

Le chancelier proposa pour le duc de Bourgongne, et parla longuement ; et me souvient qu'il remonstra en substance tant pour le droit de la duchesse que pour celuy du duc. Et après que ledict chancelier eut pris ses conclusions et débatu sa matière moult notablement, il dit : « Quant au faict de la bataille, mon très-re- » douté seigneur en respondra ; » et plus n'en dit. Le mareschal de Lorraine (qui tousjours portoit la parolle d'un costé et d'autre) déclaira en alemand, aux ambassadeurs, le proposé dudict chancelier. Et après son propos fini, le bon duc Philippe reprit le langage, en ensuyvant la conclusion de son chancelier, et dit : « J'ai bien entendu ce que de la part des
» ducs de Sasses a esté dict et proposé, tant
» du droit qu'ils peuvent avoir en ceste duché
» comme autrement, et ce que ces deux che-
» valiers, ambassadeurs envoyés par le comte
» de Click, ont proposé. Et ay bien voulu que
» mon chancelier remonstrast et déclairast les
» tiltres, les droits et les gaigères, tant de ma
» belle tante comme de moy ; afin qu'eux et
» un chacun peust mieux et plus clairement
» sçavoir et congnoistre que sans grande et
» évidente cause je n'ay point empris ceste
» querelle et conqueste ; et n'ay pas intention
» de l'abandonner, Dieu et mon bon droit en
» aide. Et quant au point qu'ils ont offert, si
» je vouloye abandonner ce que j'ay conquis
» en cette duché, et le mettre en main neutre
» (soit empereur ou autre prince), et que je
» vousisse prendre et élire jour pour me trou-
» ver au païs des ducs de Sasses et Sassonne,
» tellement acompaigné de gens-d'armes qu'il
» me plairoit, que pour cette querelle les ducs
» de Sasses me livreroyent la bataille, et fust
» la duché de Luxembourg à qui Dieu donne-
» roit ceste victoire, certes la bataille est ce
» que je désire ; et ne suis pas venu pardeçà
» personnellement en autre intention que de
» rencontrer mes ennemis, afin que celuy à
» qui Dieu aidera en son droit demoure au
» païs. Mais d'aler livrer la bataille au païs de
» Sassonne (où il peut avoir trois cens lieues
» d'Alemaigne de chemin, et auquel païs je
» n'ay quelque droit ou querelle), il me sem-
» ble que l'offre n'est pas raisonnable, et que
» par raison je n'ay cause de l'accepter. Mais
» pour ce que la question seule de nostre
» guerre meut pour ladicte duché de Luxem-
» bourg, je seray content, Dieu en aide, bailler
» toutes les viles, les chasteaux et les forts
» que je tien en ma main, tant de la duché de
» Luxembourg comme de la comté de Cheny,
» ès mains de l'empereur ; et que pareillement
» les ducs de Sasses ou leur lieutenant mettent
» ès mains de l'empereur ce qu'ils tiennent et
» possessent esdictes duché et comté ; et qu'à
» tel jour qui sera pris par les ducs de Sasses,
» nous nous trouvions en telle place qu'ils

» choisiront audict païs ; et que lors par l'es-
» pée ou par la bataille, avecques la permis-
» sion de Dieu, soit congnu le droit d'un cha-
» cun, et que le victorieux demoure posses-
» seur : et si j'ay parens ou aliés en leurs che-
» mins pour venir jusques icy, je feray bailler
» leurs séelés, pour laisser passer amiable-
» ment lesdicts ducs de Sasses et leur armée.

» Et pour ce qu'en Sassonne a si belle che-
» valerie et si grande noblesse, et de si long-
» temps prisée et renommée en armes ; et que
» de ma part et en mes païs a pareillement
» grande et belle noblesse, et tant de gens de
» bien que grand dommage seroit si tant de
» gens d'un parti et d'autre, à l'occasion de
» nos querelles particulières, mouroyent, et
» se mettoyent en danger de leurs estats et de
» leurs vies, il me semble que ce seroit le
» meilleur, pour les dangers de tant de gens
» échever, que nous prissions jour, le duc de
» Sasses, querelleur de ceste duché, et moy,
» pour comparoir devant la personne de l'em-
» pereur, chacun de nous personnellement ;
» et que sous son impériale puissance, devant
» sa royale magesté, et en la submission de
» son jugement, nous combatissions corps à
» corps, jusques à ce que l'on eust veu, et par
» l'effect de nostre bataille congnu, à qui la
» terre de droit doit appartenir, et au victo-
» rieux demourast la seigneurie. Sans res-
» pandre tant de sang humain d'un costé ne
» d'autre, et de ceux qui n'ont part à la que-
» relle, fors que pour l'amour et pour le de-
» voir que chacun doit à son seigneur et amy
» rendre et porter. Et, de ma part, j'offre de
» bailler mon neveu de Clèves, et autres de
» mon sang, ès mains de l'empereur, pour
» comparoir personnellement devant l'empe-
» reur au jour et lieu qui me sera par luy or-
» donné, pour faire, fournir et acomplir, de
» ma personne, les choses dessus-dictes, par
» les conditions devant proposées. »

Ces paroles, en substance, proposa le bon duc Philippe ; et bien le sceut faire ; car en matière qui touchoit son honneur, nul homme ne fut plus aigre, plus prompt, ne mieux éloquent de luy ; et fut homme du plus grand effet de sa personne et de sa chevalerie qu'il n'estoit de paroles ; et en pareil cas paravant il se mit en son devoir pour combatre de sa personne le duc de Clocestre, un prince d'Angleterre, pour la querelle de la guerre de Hainaut ; et ne tint pas luy que la bataille ne se fist d'eux deux. Les paroles raportées en alemand par le seigneur de Fenestranges aux ambassadeurs, ils dirent que le duc parloit bien notablement, et en prince de vertu ; mais quant à la bataille, et combatre de corps, leur seigneur n'estoit point encore en âge de ce faire ; et quand le duc le sceut, il parla publiquement depuis, et dit qu'il n'estoit pas informé que le duc de Sasses, quereleur en ceste partie, ne fust en âge suffisant ; et qu'aux enfans ne demandoit-il rien, et que de soy il avoit passé l'âge d'enfance ; mais il sçavoit que l'on le disoit homme d'age convenable, et qu'ainsi qu'il avoit dit de l'un, il disoit d'autre. Et à celle journée n'eut autre conclusion, n'autre effet ; et se gardoyent les Alemans en leurs forts sagement, sans trop s'aventurer ; et faisoit on petite exécution de guerre d'un costé et d'autre.

Durant iceluy temps le siége se tenoit devant Villy, estant dedans Jaquemin de Beaumont, par la manière dessus-escrite ; et tenoyent ceux de dehors les assiégés si apressés et si court, et avoyent fait leurs approches et leurs bateries si près et par si bon moyen, qu'ils ne sçavoyent comme eux garantir ; et d'autre part le damoiseau de Commercy, qui se tenoit à Chavancy, et sentoit la puissance du duc avecques luy, à l'autre bout de la duché de Luxembourg et du costé de Metz, fit son appareil, et assembla sa puissance ; et par un jeudy matin, cinquiesme jour d'octobre, avant que le jour éclaircist, vint à la couverte des bois (qui sont grans en cestuy quartier), et envoya ses chevaucheurs, gens de guerre ; et bien instruicts, qui portoyent la croix de Sainct-Andrieu, et faindoyent estre Bourgongnons ; et par ce moyen entrèrent en la tente de Philebert de Vaudrey, maistre de l'artillerie, jusques au nombre de quinze ou de vingt ; et prirent prisonniers et bagues avant que l'on s'apperceust d'eux. Ledict Philebert estoit par les logis ; car il estoit homme de grande diligence en armes ; et si-tost qu'il ouït l'effray, il assembla le guet, où furent environ cent archers ; et tirèrent le pennon du seigneur de Miramont avant, et là commença l'écarmouche ; et tantost vint le seigneur de Saveuses, le seigneur de Neufville, et les autres chefs et cappitaines d'iceluy siége, qui pressèrent et assaillirent leurs ennemys, criant *Bourgongne !* et ceux de Commercy crioyent *Dauphin !* Les archers Picards estoyent à pié, et tiroyent lesdicts archers largement traict, et parmy les chevaux de leurs ennemys (dont en y eut peu qui fussent descendus à pié), et en peu d'heure perdirent le seigneur de Commercy et ses gens place ; et les enseignes marchoyent sur eux, crians *Bourgongne et Saveuses !* Et le seigneur de Saveuses (qui estoit jà viel) marchoit hardiment, récriant ses gens ; et à la vérité il fut tenu l'un des vaillans de son temps ; et le seigneur de Neufville et le seigneur de Miramont s'y gouvernèrent vaillamment, et avancèrent leurs pennons et leurs enseignes tellement que ledict de Commercy se mit en fuite avec ses gens ; et furent iceux poursuyvis de pié et de cheval tellement que plusieurs y furent morts, pris et blecés ; et se retrairent les gens-d'armes à leur siége, et chacun en sa garde et ordonnance : et disoit on que le damoiseau de Commercy avoit bien amené douze cens chevaux ; et les tenans le siége pouvoyent estre cinq cens combatans.

Mais, ainçois que je parte hors de ce propos, je reviendray à Jaquemin de Beaumont, et comment cauteleusement il se conduisit durant l'écarmouche. Ledict Jaquemin, voyant l'écarmouche drécée du costé de la porte, et que tous gens-d'armes du siége estoyent tirés à leurs enseignes, et ensongnés pour la bataille, mena et conduisit tous ses gens de guerre au long de la muraille d'iceluy costé, et leur ordonna leurs places et leurs gardes, et tandis un sien privé serviteur luy apresta une corde ; et si tost qu'il revinst, il se dévala par la fenestre, et prist un chemin privé qu'ils sçavoit : et tant fist qu'il arriva devers le damoiseau de Commercy, son maistre : et ainsi s'échapa ledict Jaquemin de Beaumont du chasteau de Villy. Et n'est pas à oublier que le damoiseau de Commercy ne sceut faire son assemblée si secrètement que le duc de Bourgongne n'en fust averti : et se doutoit on bien que celle assemblée se faisoit pour cuider lever le siége de Villy : et par licence du duc, Jaques de Lalain (qui estoit jeune escuyer et de grand vouloir, et désiroit de soy trouver en lieu pour faire congnoistre son cueur et son noble désir) se partit de la court, et éleva environ vingt hommes-d'armes, pour cuider venir à l'aide du seigneur de Saveuses, et de ceux qui le siége tenoyent, comme dict est. Mais quelque diligence qu'ils fissent) ils vindrent tard, et estoit l'écarmouche passée et faicte : dont ledict Jaques et ses compaignons furent moult déplaisans, et se tirèrent à Yvis, où ils furent sept ou huit jours, et tous les aucuns visitoyent le siége ; et advint que cinq ou six jours après l'échapement de Jaquemin de Beaumont, le dessusdict s'acompaigna de dix hommes-d'armes, et vint en un bosquet près d'un ruisseau d'eau qui abrève la prée, et y mit son embusche le plus secrètement qu'il le peut faire : et ce partirent deux escuyers de la vile d'Yvis, et de ceux qui estoyent venus avec ledict Jaques de Lalain, et se nommoyent l'un Jehan de Rochebaron, et l'autre Estor Du Soret : et tiroyent devers ceux du siége, comme journellement faisoyent, et alloyent les uns devers les autres. Les deux escuyers avoyent chacun un page après eux (qui portoyent leurs lances), et estoyent bien armés et montés : et quand ils furent outre l'embusche, lors se découvrit ledit Jaquemin en son embusche, et encloïrent les deux escuyers, qui prestement prirent leurs lances, et promirent de demourer l'un avec l'autre. Les deux escuyers férirent au milieu, comme gens de bien qu'ils estoyent, et employèrent leurs lances : et passa Jehan de Rochebaron tout outre, et se fust bien sauvé s'il eust voulu : mais il se tourna, et vit son compaignon qui avoit l'espée au poing, et se deffendoit au milieu de ses ennemys. Si retourna ledict de Rochebaron : et se deffendirent tellement que ledict Estor Du Soret fust desenvelopé de la presse, et s'en pouvoit aller (car les autres estoyent sur son compaignon). Mais onques n'abandonnèrent l'un l'autre, ains navrèrent et blessèrent plusieurs de leurs ennemys : et finalement furent pris, et menés à Chavancy, où ils furent puis longuement prisonniers. Et me semble que ce compte ne faisoit à oublier, pour monstrer la vaillance des deux escuyers, et la loyauté qu'ils se portèrent l'un à l'autre.

[1443] LIVRE PREMIER. 401

Si emmena Jaquemin de Beaumont sa proye: et ne demoura guère après que ceux qui tenoyent la place de Villy se rendirent à la voulonté du duc; et fust la place destruitte et rasée : et pardonna le duc aux compaignons de guerre, et depuis se servit d'eux le duc, et principalement de Guillaume d'Auron, qui demoura soudoyer à Luxembourg, sous Cornille, bastard de Bourgongne, qui depuis demoura gouverneur du païs, comme l'on trouvera cy-après.

Ces choses faictes et advenues, le duc se partit de Florehenges, et se retira à Yvis pour veoir la duchesse sa femme, qui estoit revenue des marches de Brabant et de Flandres : et la saison tiroit fort à l'yver, comme à my-octobre. Et fist le duc retirer son armée (que conduisoit le comte d'Estampes et le bastard de Bourgongne), et se logèrent en la vile d'Ais (qui est à quatre lieues de Luxembourg) : auquel lieu certes ils furent froidement, et mal logés (car c'est une petite vile destruite, et au pire païs de la duché); et guerroyoient et queroyent leurs avantures chacun d'un costé et d'autre. Pendant ce temps fut envoyé Quesnoy, héraut et officier d'armes, devers le comte de Click, lui offrir que s'il vouloit combatre pour le droit de la querelle, Jehan, monsieur de Bourgongne, comte d'Estampes, de sa personne le combatroit : ou, s'il vouloit choisir Cornille, bastard de Bourgongne, Jaques de Lalain, Guillaume de Vaudrey, ou Hervé de Mériadel, chacun d'eux luy fourniroit la bataille : et si ledict comte de Click aimoit mieux à prendre autant de nobles hommes avecques luy que ceux qu'il luy offroit là, iceux présens seigneurs et nobles hommes dessusdicts les fourniroyent et accompliroyent, fust à pié, fust à cheval, et par tous les honnorables moyens que le comte de Click et les siens les voudroyent demander. Honnorablement receut le comte de Click le héraut dessusdict; et luy fist très honnorable response, sans accepter la bataille, sinon en délay de respondre : et certes le comte de Click estoit un gentil chevalier, et ne fist chose qui vint à la congnoissance de nostre parti, qui ne fust honnorable. Et ainsi se passoit la saison et la guerre, sans grand exploit.

CHAPITRE XII.

Comment les Bourgongnons surprirent la ville de Luxembourg par eschelles; et comment le duc de Bourgongne fut maistre de tout le reste.

Comme dict est dessus, au lieu d'Ais se tenoyent le comte d'Estampes et le bastard de Bourgongne grandement acompaignés, et singulièrement de bons chefs, qui est le premier et le principal pilier de la guerre. Si soubtillèrent les aucuns secrètement d'envoyer escheleurs compaignons à leur aventure, pour taster et essayer s'ils pourroyent rien exécuter, fust sur la vile de Luxembourg ou sur la vile de Tionville : et furent deux escheleurs, dont l'un estoit au seigneur de Crouy, et se nommoit Robert de Persat, et l'autre, et le principal, se nommoit Johannes, et estoit au seigneur de Montagu, frère du mareschal de Bourgongne : et fust un compaignon alemand qui parloit les deux langages; et de leurs emprises et exécutions se conseilloyent, et retournoyent à Guillaume de Crevant et à Jacob de Venières, deux escuyers bourgongnons de la compaignie du bastard de Bourgongne, qui furent deux notables gens, sages, vaillans et bien renommés. Et se conduisoit ceste emprise secrètement, comme il le convenoit. Et ay bien sceu que premier ils pourgettèrent sur Tionville : mais ils n'y profitèrent rien, et retournèrent leur emprise sur Luxembourg. Et tant soubtivèrent qu'ils trouvèrent moyen de congnoistre leur guet, et d'entrer en la vile de Luxembourg par leurs eschelemens. Et avoyent robes d'Alemans; et ledict Johannes sçavoit parler (qui moult profita); et leur sembla que le plus convenable lieu pour leur emprise seroit auprès d'une tour sous laquelle avoit une poterne, qui sailloit sur costière, entre le chemin d'Arlon et celuy de Tionvile; et congnurent que la muraille estoit sans galerie et sans alée, et n'y pouvoit arrester le guet de la vile, et que l'arche-guet passé, légèrement l'on pourroit entrer en nombre suffisant pour rompre celle poterne.

Les choses ainsi pourgettées, et le raport faict aux deux escuyers, l'on découvrit ceste opinion au comte d'Estampes et au bastard de Bourgongne; et fut advisé que l'on feroit une course à puissance devant Luxembourg, et que le seigneur de Saveuses, Robert de Mira-

26

mont, Guillaume de Crevant, Jacob de Venières et autres, sous ombre de l'escarmouche, vroyent visiter et voir (au moins en ce que possible seroit) si l'emprise de Johannes estoit vray-semblable ne possible; ce qui fut faict. Et sembla la chose conduisable; et ne faisoit on pas tant de doute à escheller le mur comme l'on faisoit de monter le fossé, qu'il convenoit pareillement escheller contre la muraille.

Le comte d'Estampes revenu au logis, et le bastard de Bourgongne, se rassemblèrent ceux qui de ce sçavoyent à parler (lesquels n'estoyent pas grand nombre); et le rapport ouy, fut avisé d'envoyer devers le duc pour l'aviser de ceste emprise, et sçavoir si c'estoit son bon plaisir qu'elle s'exécutast. Le duc fut très-content de celle emprise, et commanda la chose tenir secrète, et que l'on courust peu près de la vile, afin qu'ils ne fissent plus grande provision en leur guet. Et se tiroit au lieu d'Arlon; et tenoit on journées par manière de parlement avecques aucuns Alemans députés de par le comte de Click; et vint le temps que l'emprise fut preste d'exécuter; et fut espiée la plus noire nuict de l'année; et furent ordonnés environ trois cens combatans pour acompaigner les eschelleurs.

Avecques lesdicts estoyent en chef le seigneur de Saveuse, Guillaume de Crevant, Robert de Miramont, Jacob de Venières et autres, et firent leurs approches par quarante à chacune fois, et eschelèrent le fossé d'eschelles de bois, qui demeurèrent atachées, et puis feirent leur eschellement. Le premier qui monta fut Johannes l'eschelleur, puis Robert de Persat, et le tiers, Jacob de Venières, et ainsi par ordre jusques à dix, comme il estoit ordonné; et estoit au pié de l'eschelle le seigneur de Saveuses, qui les conduisoit et mettoit en ordre. Là monta Robert de Miramont, Guillaume de Crevant, messire Gauvin Quieret, et plusieurs autres Bourgongnons et Picards, et cinq ou six des archers du duc, lesquels avoyent en garde une grosse tenaille (que l'on nomme un groin de chien) pour rompre les gons, les verroux et serrures de toutes portes. Et si tost que les premiers furent descendus de la muraille, ils occirent le guet, avant qu'il eust loisir de crier ne de faire effray; et puis prestement les archers coururent à la poterne, et du groin de chien, par aspreté et par puissance, rompirent les gons et les verroux de la poterne; et tantost entra le seigneur de Saveuses et les autres, avec cent ou six vingts archers de Picardie, et cinquante lances de Bourgongne, de la compaignie du bastard. Et à la file venoyent les compaignies, et le cry commença par les eschelleurs, qui crioyent : « Nostre Dame, vile gaignée! Bourgongne, Bourgongne! » chacun qui mieux; et les Luxembourgeois, surpris et espouventés, s'enfuirent nus et deschaux, hommes et femmes, contre le marché en la basse vile, à l'opposite dont venoit l'effray; et le comte de Click et ses Alemans, Sassons, se retraîrent au chastel (qui est une moult belle, moult bonne et forte place); et les Bourgongnons (qui tousjours renforçoyent) marchoyent, criant en faisant grand cry et grand hu. Et marchoyent les archers de Picardie, l'arc au poing et la flèche preste, telement que nul ne les osoit atendre. Et quand vint à l'entrée du marché, à une vieille tour qui fait porte, ils trouvèrent un peu de résistance de pierres et de cailloux. Mais incontinent marchèrent les Bourgongnons au marché. Et advint que le prévost de la vile, et l'un des pires contre la duchesse douagère, quand il ouyt l'effray saillit en son pourpoint, un espieu en sa main, et vint baudement rencontrer un chevalier de Picardie nommé messire Gauvin Quieret, seigneur de Drueul, moult vaillant chevalier, et qui estoit des premiers sur le marché. Le Luxembourgeois enferra ledict messire Gauvin au bras senestre, et luy percea le bras, et le tint longuement enferré contre une muraille; mais il fut secouru, et l'homme tué; et demoura mort ledict prevost sur le marché, et entraisné par une truye, qui le devora. Et ne vey homme mort que luy. Et disoit on que c'estoit celluy qui plus estoit cause de la rébellion faicte contre ladicte duchesse, et tenoit on sa mort pour punition divine.

Le comte d'Estampes, le bastard de Bourgogne, messire Robert de Saveuses, Charles de Rochefort, messire Tibaut, bastard de Neufchastel, Guillaume de Sainct-Saigne, et tous les autres capitaines, vindrent, aux grandes enseignes déployés, faisant grand cry et grande noyse; et les varlets et les pages, qui amenoyent les chevaux des eschelleurs et des gens-d'armes à pié, crioyent et huyoyent, qui sembloit que tout le monde fust arrivé pour confondre et destruire icelle vile. Ces choses espouventoyent les Luxembourgeois, et s'enfuyoyent qui mieux, par la porte de la vile d'embas, qui tire à Tionvile. Et ainsi s'enfuyoyent hommes, femmes et enfans ; et les capitaines et enseignes entroyent à cheval par les portes, qui furent rompues et ouvertes de toutes pars. Et le comte de Click et ses Alemans s'estoyent retraicts au chastel, comme dict est ; et après eux boutèrent le feu ès prochaines maisons, devant leur porte, et ce feu brusla toute la rue, jusques à une église de Nostre-Dame qui est sur le marché ; et bruslèrent mesmes leurs chevaux et leurs biens, et se préparèrent de deffendre. Et mesmes derrière le chastel boutèrent le feu en une abaïe de moines noirs, et en bruslèrent une grande partie, afin de non estre aprochés ; et faisoyent comme gens-de-guerre devoyent faire.

Prestement que les eschelleurs furent entrés, on envoya messages au duc de Bourgongne (qui estoit en la ville d'Arlon, à cinq lieues loing de Luxembourg) ; et depuis qu'ils se trouvèrent en la vile, autre message. Et ainsi, par message sur autre, sceut le duc que Luxembourg estoit gaigné pour luy, et fut environ deux heures avant le jour. Si fut sonné pour mettre selles, et s'arma et prépara chacun ; et le duc s'arma de toutes pièces, et vint à la messe, et ouyt ses messes, et dit ses heures et son ordinaire aussi froidement qu'il avoit acoustumé ; et depuis, tout ouy et tout achevé, dit certaines grâces en son oratoire, qui durèrent assez longuement. Et me souvient que nous, ses pages, estions à cheval, et ouyons les gens-d'armes, qui disoyent et murmuroyent que longuement faisoit le duc, et qu'une autre fois il pouvoit bien recouvrer à dire patenostres ; et tellement que Jehan de Chaumergy (qui estoit premier escuyer d'escuirie) le dit au duc, qui luy respondit : « Si Dieu m'a
» donné victoire, il la me gardera ; et peut au-
» tant faire à ma requeste (s'il luy plaist de
» m'estre miséricors) qu'il fera à l'aide de
» toute ma chevalerie. En la compaignie des
» conquéreurs sont mes neveux et mon bas-
» tard, et si bon nombre de mes sugets et ser-
» viteurs, qu'à l'aide de Dieu ils soutiendront
» bien jusques à ma venue. » Ainsi parla le bon duc, et paracheva ses oraisons. Et, à la vérité, ce fut un prince constant, et qui ne se mouvoit de chose qui luy advint ; et fut haut jour quand il monta à cheval ; et prestement se mit sa compaignie aux champs, et tout homme en point. Et chevaucha ces quatre ou cinq lieues en moins d'une heure et demie, et n'encontra nuls messages ; par quoy il cuida que les entrepreneurs eussent seulement gaigné aucun fort ou aucun quartier de la vile. Et si tost que l'on perceut la vile et les clochers, le seigneur de Ternant assembla les jeunes gens qui voyent voulonté d'eux monstrer, dont estoit Jaques de Lalain (qui brusloit au feu de chaleureux désir), Philippot Copin, Mériadec, le bastard de Dampierre, et moult d'autres, lesquels coupèrent leurs pointes, ostèrent leurs esperons, et vouloyent descendre à pié, et mesmes le duc. Et se tenoyent près de sa personne le seigneur de Crouy, son premier chambellan, et monsieur le bastard de Sainct-Pol, seigneur de Haubourdin, un moult vaillant chevalier, et de grande conduite ; et tous vouloyent descendre à pié, quand messire Robert de Saveuses (qui estoit sur le portail) escria au duc, et luy dit : « Monseigneur, entrez en vostre
» vile, car tout est vostre et en vostre com-
» mandement. » Aussi ne trouvèrent en la vile nulle résistance.

Si sonnèrent les trompettes, et entra le duc en Luxembourg, sans autre destourbier ; et vint au marché, où il faisoit dangereux, pour les couleuvrines que tiroyent les Alemans du chastel. Et trouva le duc le comte d'Estampes, le bastard de Bourgongne et leurs enseignes en moult belle ordonnance sur ledict marché ; et à celle heure n'avoit on encores rien pillé en ladicte vile, mais avoyent gens-d'armes, archers et valets tenu ordre, tellement que chacun gardoit son enseigne. Le duc descendit devant l'église de Nostre Dame, et feit ses oraisons, et se logea en une maison au plus près ; et prestement courut chacun au pillage. Et furent trouvées les maisons pleines de biens et de richesses ; et les églises furent pleines de femmes et d'enfans, et de biens ; mais onques n'y fut touché par homme, ne mal faict.

Tantost fut advisé que le bastard de Bourgongne, le comte d'Estampes, et la meilleure partie de leurs gens, s'en yroyent loger en l'abaye de Sainct-Estienne derrière le chastel, pour rompre la saillie du comte de Click et des siens. Et pour rompre la visée du traict à poudre et des cranequins (qui tiroyent sur le marché, et blessoyent beaucoup de nos gens), l'on feit un haut taudis de tonneaux plains de terre et de pierres, et de hauts ais, qui traversoyent tout ledict marché. Et quant au faict du butin, il fut crié que chacun (de quelque estat qu'il fust) se tirast devers le seigneur de Ternant et le seigneur de Humières (qui furent ordonnés butiniers, et avecques eux Guillaume de Crevant, et autres); et que tous fissent serment de raporter, ès mains d'iceux, tout le butin, fust or, argent, cuyvre, draps, pelleterie, et toute autre chose qui peut tourner à profit. Guillaume de Crevant fut butineur public; et vendoit le butin sur un estal; et crioit : « Une fois! trois fois! » qui moult bien luy séoit. Si fut tellement celluy butin conduit et gouverné, que les compaignons en eurent le moins. Et disoit on que les butiniers y feirent largement leur profit; car, tout compté et rebatu, ledict butin fut délivré à sept florins et demy, pour paye; et tel porta aux butiniers la valeur de cinq cens florins, qui n'en eut que trois florins et demy, ou un quart. Sur ledict butin furent pris quinze cens florins pour la rançon de Jehan de Rochebaron et d'Ector Du Soret, pris par Jaquemin de Beaumont entre Yvis et Villy.

Les ordonnances furent faictes des portes et des guets; et fut l'une des portes baillée à garder à Guillaume d'Aurou, et aux compaignons qui avoyent tenu le chastel dudict Villy, pour ce qu'honorablement et bien s'y gouvernèrent. Or advint, après que le siège eut duré environ trois semaines, que le comte de Click (qui ne voyoit à son faict nul expédient ou remède) par une noire nuict feit livrer une escarmouche sur le costé de l'abaïe où estoit le comte d'Estampes, et firent les Alemans une saillie assez baudemont. Si fut la saillie bien soustenue par ceux qui faisoyent le guet; et à l'effray vint le seigneur de Saveuses tout désarmé, ainsi qu'il se trouva; et estoit assez sa coustume d'ainsi faire (car il estoit chevalier asseuré et hardy). Et advint qu'un cranequinier luy donna d'un vireton parmy l'estomac; mais de tant luy fut Dieu en aide, que ledict seigneur de Saveuses avoit une grosse chaisne d'or massive à son col, sur laquelle le vireton assena, au redouble de deux chaisnons, et trouva si grande résistance que le coup perdit sa force; mais toutesfois entra le vireton plus de deux doigts au corps dudit seigneur de Saveuses; et si n'eust été ladicte chaisne, il eust esté mort et occis de celuy coup, qui eust esté dommage, car depuis il a bien servi, comme l'on trouvera cy-après.

Durant ceste escarmouche, le comte de Click (qui s'estoit pourveu, ainsi qu'il avoit délibéré) par cordes et par aide, se dévala du chastel et de la montaigne opposite du chemin de Tionvile, et passa la rivière, ainsi que Dieu luy fut en aide, et toute la nuict chemina par bois et par chemins, telement qu'il vint audict Tionvile, où ses gens et les habitans le receurent à grande joye. Le seigneur de Saveuses fut secouru, et sa playe mise à poinct : et cessa l'escarmouche quand ils sentirent que le comte estoit dévalé; et tiroit à la garde Dieu, car ils espéroyent de luy avoir secours ou conseil, et se tenoyent et gouvernoyent en gens-de-guerre, sans parlementer, ou monstrer cause d'ébahissement.

Un jour monsieur le bastard de Dampierre, un beau, sachant et plaisant chevalier, venoit de l'abaïe sur sa mule (comme celuy à qui ne souvenoit de fortune, s'elle veilloit ou s'elle dormoit), et s'en retournoit dedans la vile pardessous le chastel, où se sauva ledict comte : et ainsi avint que les Alemans avoyent afusté une couleyrine à chevalet celle part, droit à un petit pont près du moulin; et, au passer ce pont, le coup de la pierre férit le chevalier en la teste; et cheut tout mort devant les piés de ladicte mule; et fut très-grand dommage de luy. Le corps fut emporté, et enterré ès Cordeliers moult honorablement; et l'enterrèrent et l'acompaignèrent tous les princes et toute la noblesse de la cour; et fit le duc faire son enterrement moult honorablement.

Assez tost après que le comte de Click fut arrivé à Tionville, il assembla les Alemans et les habitans d'icelle vile, et demanda qu'il pourroit faire sçavoir à ceux qu'il avoit laissés au chastel du Luxembourg; car il sçavoit qu'ils estoyent petitement pourveus de vivres, et ne voyoit secours de nulle part. Si avisèrent ensemble que, par signe ou autrement, ils les avertiroyent d'eux rendre au moins mal et au meilleur marché qu'ils pourroyent. Ce qui fut fait. Et parla pour ceux du chastel un juif qui demouroit dedans la vile, et s'estoit rendu avecques eux, lequel estoit homme prudent et sage en sa loy. Et feirent appointement, avecques le duc de Bourgongne ou ses commis, que les Alemans, Béhaignons et Sassons s'en yroyent, un batton en leur main, et que les Luxembourgeois demoureroyent à la voulonté du duc. Et ainsi se rendit le chastel de Luxembourg, environ trois semaines après la prise de la vile : et descendirent les Alemans en l'abaïe, où les atendoyent le comte d'Estampes et le bastard de Bourgongne, fort acompaignés; et furent mis en l'église; et après leur avoir donné à boire et à manger, leur fut baillé conduitte de gens-de-bien pour les conduire seurement jusques à Tionville, comme on leur avoit promis. Et tantost qu'ils furent issus du chastel, Jéhan de Chaumergy, premier escuyer d'escurie du duc, porta les bannières du duc de Bourgongne sur les tours et sur le portail, et fit sonner les trompettes. Et le suyvions, nous autres pages du duc, comme après celuy qui estoit nostre maistre, et qui avoit charge de nous. Et pour nostre butin gaignasmes plusieurs chiens, bien maigres et bien affamés. Et à la vérité ils n'avoyent léans, pour toute provision, que deux tonneaux de pain moisi et gasté, et un petit saloir de chair salée, et de vin cinq ou six tonneaux. Plusieurs chevaux avoyent, qui n'avoyent nulles provisions; et vous asseure qu'ils avoyent mangé leurs rateliers et leurs mangeoires, de force de faim. Et là je vey une provision pour chevaux bien estrange, et non à croire qui ne l'auroit veue : car je vey un gros monceau de rabotures, tirées au rabot, d'ais de sapin ou d'autre bois, dont on donnoit à manger auxdicts chevaux, et ne vivoyent d'autre chose; dont les plusieurs moururent, et peu en échapèrent. Et à la vérité lesdicts Alemans se tindrent honnorablement en celle guerre, et ne firent rien contre leur honneur.

Ainsi fut toute la duché de Luxembourg conquise en moins de quatre moys, réservée la vile de Tionville, qui se renforçoit, à cause de l'hyver qui aprochoit, pour ce que ladicte vile est assise en marès et en marescagés. Ainsi demoura le duc en sa vile de Luxembourg, et fit apprester le chasteau (qui est une moult belle et seigneurieuse place); et là vint la duchesse de Bourgongne et la duchesse douagère de Luxembourg; et là furent renouvelés les traittés faicts entre le duc et ladicte duchesse de Luxembourg, sa belle-tante. Et se nommoit le duc de Bourgongne maimbour et gouverneur de Luxembourg; et devers eux venoyent Alemans de tous costés, et ambasades de Mets, de Toul, de Verdun et de toutes les viles et cités; et mesmes l'archevesque de Trèves, éliseur de l'empereur, y vint, à qui le duc fit moult grand honneur. Et recueilloit Alemans et autres nations si doucement et si humainement, que tous se partoyent contens de luy. Et fit que tout homme et toute femme qui voudroyent revenir en leurs maisons y seroyent seurs de leurs personnes, réservés ceux qui avoyent conspiré le reboutement de leur duchesse douagère, sa tante.

Si revindrent en petit temps moult de gens en ladicte vile. Et fit deffendre, sur peine de la hart, que nul ne fist aucun déplaisir ou dommage aux Alemans : dont il advint que l'un des archers du duc, nommé le petit Escoçois, homme vaillant, bien renommé et fort agréable, et aimé du duc, par une mal-aventure se trouva en un grenier d'avoine apertenant à messire Bernard, seigneur de Bourset, un chevalier notable du païs de Luxembourg, qui, avec le damoiseau de Souleuvre, avoit esté le premier et le principal de ceux qui avoyent tenu le parti du duc et de leur dame, et qui l'avoyent bouté au païs. Ledict archer, plein de vin, se bouta audict grenier, et voulut avoir de l'avoine, cuidant que ce fust pillage et butin, comme les autres. Le chevalier en fut adverti, et vint en son grenier, dépourveu de gens; et ne se sceurent entendre de languge; et croy que l'archer ne le congnut point; et, pour abréger, lui donna d'une hache par la teste si grand coup, que l'on cuidoit qu'il fust mort. Le duc en estant adverti fut fort mal-content, et fit prendre l'archer; et pour requeste de nul homme, ne mesmes de deux chevaliers, fils dudict seigneur de Bourset (qui de par leur père requéroyent le pardon dudict archer), onques ne se voulut contenter qu'il ne fust pendu et estranglé par main de bourreau devant tout le monde. Et la renommée croissoit du bon duc parmy les Alemans. Et faisoit grand'chère; et tint le duc, à Luxembourg, la toussaincts, noël et les roys. Et pendant ce temps il meit ordre au païs, et ordonna gouverneur de la duché de Luxembourg Cornille, son fils bastard; et demoura son gouverneur avecques luy, un hommé Guillaume de Sainct-Saigne, un moult notable escuyer; et aussi Phillebert de Vaudrey, Guillaume de Crevant, et grande foison de Bourgoignons. Et si demoura avecques luy un escuyer françois, nommé Anthoine de Sainct-Simon, moult beau fils et honneste; et depuis se rendit cordelier, comme l'on trouvera cy-après.

CHAPITRE XIII.

Comment le duc de Bourgogne se retira en ses païs de Brabant et de Flandres; et comment la duchesse de Bourgogne alla visiter la royne de France.

Après toutes ses ordonnances faictes, le duc se partit de Luxembourg tantost après les Roys, et se tira contre son païs de Brabant, par Arlon, Bastongne, Marche en Samine, et à Namur. Et là luy vint au-devant l'évesque du Liége (qui se nommoit de Huisebergue), et firent moult grande chère ensemble. De là vint le duc gésir à Geneppe, et le lendemain se tira à Brucelles. Et luy vint au-devant monsieur Charles de Bourgongne, son fils, comte de Charolois, honnorablement acompaigné, et principalement de jeunes enfans de grande maison, de son age, ou moindre; et pouvoit avoir onze ou douze ans d'age. Et estoient avecques luy Jehan de La Trimoille, Philippe de Crouy, Guyot de Brimeu, Charles de Ternant, Philippe de Crèvecueur, Philippe de Waurin, et moult d'autres; et estoyent montés sur petits chevaux, harnachés comme celuy de leur maistre. Et certes c'estoit une noble assemblée d'enfans, et de noble sang, et dont les plusieurs ont esté depuis notables chevaliers, sages et vaillans, comme cy-après pourrez oüyr. Et conduisoit ledict comte de Charolois un moult honneste et sage chevalier nommé messire Jehan, seigneur de Berdauxy. Cestuy chevalier estoit bel homme, bien renommé, de bon age, beau parleur; et voulontiers récitoit choses et matières d'honneur et de haut affaire. Il estoit chaceur et voleur, duict à tous exercices et à tous jeux; et n'ay pas congnu un chevalier plus idoine pour avoir le gouvernement d'un jeune prince, que luy; et moult bien luy séoit la conduitte de son maistre.

En ceste compaignie estoit Anthoine, bastard de Bourgongne, fils bastard du duc, et le marquis Hugues de Rotelin. Mais ils estoyent desjà plus grans que ceux dont j'ay parlé; et peut on légèrement entendre que le bon duc vit voulontiers celle compaignie : et ainsi entra en sa vile de Brucelles, bien-veigné de l'Aman et de La Loy : et à grandes processions entra en sa vile; et vint en sa maison, où il trouva la duchesse son espouse, qui amenoit en sa main, au-devant du duc, madame Katerine de France, fille du roy Charles, comtesse de Charolois, qui pouvoit avoir douze ans d'age, et estoit une notable personne, et apparente d'estre dame de grand los : car elle estoit bonne et sage, et moult bien conditionnée, de son age; mais elle mourut assez tost après (dont ce fut grand dommage), et de sa mort sera devisé cy-après. Avecques la duchesse vint la fille du duc de Gueldres, nièce du duc de Bourgongne, et de Jehan, monsieur, héritier de Clèves, moult belle et gente, et pouvoit avoir quinze ou seize ans; et depuis la maria le bon duc à ses despens au roy d'Escoce, celuy qui avoit le visage my-parti de rouge et de blanc, et dont d'elle est issu le roy d'Escoce présent.

Ainsi retourna le duc en ses païs : et le venoyent les seigneurs visiter, et les viles y envoyoyent leurs députés; et n'estoit nouvelles que de danger, de mommer, de jouster et de faire grande chère. Et tint le duc ses quaresmeaux en sa vile de Brucelles, où joustes furent faictes et criées par Jehan, monsieur, de Clèves, Jaques de Lalain, et moult d'autres : et furent joustées sans toille, sans fiens ou sablon, en un lieu devant l'hostel du prince, que l'on appelle les Bailles. En ce temps vint Jehan, comte de Virtemberg, voir le duc, pour reprendre de luy la comté de Montbéliart, dont il estoit son homme et son vassal, à cause de sa comté de Bourgongne. Et le receut le duc audict lieu de Brucelles, et luy fit grand honneur en grande chère : et certes ledict comte de Virtemberg le valoit bien, car c'estoit un gentil personnage ; et pour cent ou six vingts chevaux qu'il avoit en sa compaignie, ils estoyent aussi honnestes et aussi en point que j'en vey onques nuls venir d'Alemaigne : et fut fort prisé son estat, sa personne, et sa manière de faire. Et se partit du duc pour s'en retourner en ses païs, en grand amour et recommandation : et de là le duc se tira en Flandres pour visiter ses viles et ses païs (qui moult désiroyent à le voyr), et tint le sainct jour de Pasques en sa vile de Bruges.

En celle saison (qui fut l'an 1444), la duchesse de Bourgongne, moult-grandement accompaignée, et principalement des deux neveux du duc, le baron de Beaujeu, fils du duc de Bourbon, et Adolf, monsieur de Clèves (lesquels commençoyent desjà à prendre cueur, et estoyent bien duits et bien-adrecés), se tira à Chalon en Champaigne, devers le roy de France, qui recueillit ladicte duchesse moult honnorablement. Et luy fit la royne moult-grand honneur et privauté : car toutes deux estoyent desjà princesses âgées, et hors de bruit. Et croy bien qu'elles avoyent une mesme douleur et maladie qu'on appelle jalousie, et que maintesfois elles se devisoyent de leurs passions secrétement, qui estoit cause de leurs privautés. Et à la vérité, apparence de raison avoit en leurs soupsons : car le roy avoit nouvellement élevé une pauvre damoiselle, genti-femme, nommée Agnès Du Sorel, et mis en tel triomphe et tel pouvoir, que son estat estoit à comparer aux grandes princesses du royaume. Et certes c'estoit une des plus belles femmes que je vey onques ; et fit, en sa qualité, beaucoup de bien au royaume de France. Elle avançoit, devers le roy, jeunes gens-d'armes et gentils compaignons, et dont le roy fut depuis bien servi.

D'autre part, le duc de Bourgongne fut de son temps un prince le plus dameret et le plus envoiseux que l'on sceut : et avoit de bastards et de bastardes une moult belle compaignie. Ainsi la royne et la duchesse se rassembloyent souventesfois, pour eux douloir et complaindre l'une à l'autre de leur crève-cueur.

En celle assemblée estoit monsieur Louis de France ; dauphin de Viennois, héritier apparent de la haute et très chrestienne couronne et maison de France ; le roy Regnier de Cecile, le comte du Maine, son frère ; le duc Jehan de Bourbon, le comte de Foix, le comte de Sainct-Pol, et moult d'autres : et sur tous les seigneurs de France avoit le bruit messire Jehan de Brezé, seigneur de La Varenne, sénéschal de Normandie, pour estre gentil chevalier, honnorable, et le plus plaisant et gracieux parleur que l'on sceust nulle part, sage et grand entrepreneur : et gouvernoit du royaume et des princes de France la plus grande partie.

Là se firent joustes et grans festimens : et assez paravant fut faict le mariage du duc Jehan de Calabre et de damoiselle Marie de Bourbon : et pour ce qu'elle estoit nièce du duc de Bourgongne, le duc quitta, en les donnant à sa nièce, bien deux cens mille francs en quoy le roy de Cecile estoit obligé à luy, à cause de sa rançon et de l'acquit de sa prison : et luy fit rendre le duc, par messire Tibaut, bastard de Neufchâtel, et par le bastard de Vergy ; les places de Darnay et de Monteclère (qui encores estoyent en leurs mains ; depuis la guerre qui fut entre luy et le duc de Bourgongne) ; et demoura la seigneurie de Cassel et de la Motte-au-Bois (qui sied en la comté de Flandres) en héritage perpétuel des ducs de Bourgongne, comtes de Flandres. Et fut l'un des poincts parquoy la duchesse alla devers le roy : et l'autre poinct ; et le principal, fut en espérance de reprendre autre journée avecques les Anglois ; pour cuider faire quelque bien entre les deux royaumes de France et d'Angleterre. Mais en ce elle profita petitement : car desjà se faisoit et pratiquoit l'alliance du roy Henry d'Angleterre et de madame Marguerite d'Anjou ; fille du roy de Cecile : et par ce moyen fut rompu le mariage d'elle et du comte Louis de Nevers : et ainsi se partit du roy la duchesse de Bourgongne, sans autre chose exploiter : et se continua la feste et la jouste à Chalon, et de là se tira le roy françois à Nancy en Lorraine. Et de plus en plus croissoit la feste, la jouste et la pompe. Et fut en ce temps que chevaux de parage se vendirent si cher en France ; et ne parloit on de vendre un cheval de nom que de cinq cens, de mille ou douze cens réaux : et la cause de celle cherté fut que l'on parloit de faire ordonnance sur les gens-d'armes de France, et de les départir sous chefs et par compaignies; et de les choisir et élire par nom et surnom. Et sembloit bien à chacun gentilhomme que s'il se monstroit sur un bon cheval, il en seroit mieux congnu, queru et recueilly: et d'autre part, dames avoyent bruit en France et loy d'elles monstrer: et cuidoit chacun gaigner bonne aventure, ou par l'un des bouts, ou par l'autre.

Les plus renommés jousteurs furent le comte Louis de Sainct-Pol, jeune seigneur, moult sage, et bien adrécé, bon corps et droit, et nourri en la maison de Bourgongne; et Jaques de Lalain, lequel se tira en la court du roy pour voir, et pour soy monstrer; et se gouverna si hautement en tous estats, qu'il emporta sa part du bon bruit de celle assemblée; et monstra, par effect, qu'il avoit esté nourri et élevé en maison duicte et acoustumée de tous honnorables exercices; et que de soy il estoit homme d'estoffe et de lieu, pour suyvir et pour faire ce dont les bons vivent tousjours: c'est vertu qui florit en renommée. Le seigneur de Charny s'y monstra honnorablement. Et, au regard de la seigneurie et noblesse de France, c'estoit chose noble à les voir. Et là se fit le mariage du roy Henry d'Angleterre et de la fille du roy de Cecile, dont dessus est faicte mention.

En ce temps le roy Charles assembla son conseil pour regarder et avoir avis sur les gens-d'armes (qui destruisoyent son royaume de toutes parts), et pour mettre lesdicts gens-d'armes en reigle et en ordre, et les entretenir sans les perdre, et élongner de luy (qui doutoit moult). Et fut avisé qu'il mettroit sus quinze cens lances choisis et éleus, et les diviseroit à certains capitaines pour les conduire et gouverner, et que chacune lance auroit deux archers et un coustiller armé, et qu'une taille se lèveroit au royaume de France, parquoy celle compaignie seroit payée; et seroit vray-semblable que le peuple aymeroit mieux payer icelle taille par an (qui toutesfois estoit grande, et de pesant faix et charge) que ce qu'ils fussent journellement mangés et pillés, comme ils estoyent; et eust esté celle ordonnance mise sus à celle fois, si n'eust esté le dauphin, fils du roy; qui éleva une grosse compaignie des plus-gens-de-bien et des meilleurs gens-d'armes, et les mena contre Basle et les Alemaignes; et passèrent partie de Bourgongne, faisant moult de maux. Mais le seigneur de Blammont, mareschal de Bourgongne, mit sus les Bourgongnons, et leur fit tant d'emprises et tant d'envahies, et par tant de fois, que le dauphin y perdit beaucoup de ses gens, dont il estoit moult mal-content; et sur son chemin prit Montbéliart, et y fit moult de maux; et de là tira devant Basle en Alemaigne, et là déconfit ceux de Basle, et une grosse compaignie d'Alemans. Mais il ne prit pas la cité, car elle estoit trop bien gardée et deffendue.

Si peut on légèrement croire que les François firent moult de maux par les Alemaignes; et finalement se mirent toutes les communes sus, armés et désarmés; et par les passages et destroits lesdicts Alemans portèrent et firent tant de maux et de dommage aux gens du dauphin, par surprises et par compaignies, que force leur fut de revenir. Et s'en revint ledict dauphin assez confusément de son emprise, et r'entra par la Lorraine, et ne revint pas par Bourgongne; et luy revenu, l'ordonnance commencée par le roy Charles son père fut mise sus, et moult bien ordonnée; et disoit on que messire Jehan de Brezé, seigneur de La Varenne, avoit esté cause de ladicte ordonnance, qui fut moult belle et proffitable chose pour le royaume; et par ce moyen cessèrent les escorcheurs, et les gens de compaignies, leurs courses et leurs pilleries; et faisoit on de grandes chères et festes de toutes pars. Et sur cette saincte et bien heurée saison de paix et d'union je feray fin à cette partie de mon premier livre, laquelle partie contient dix ans, commençant l'an 35, et finissant l'an 45.

CHAPITRE XIV.

Comment le seigneur de Ternant, chevalier de la Toison-d'Or, fit armes à pié et à cheval contre Gallot de Baltasin, chambrelan du duc de Milan.

Continuant ma matière commencée, je reprens et r'entre en mon premier volume par l'an de Nostre-Seigneur 1446; et toutesfois me sera force, pour le mieux et plus abrégément escrire et mettre en mémoire, que je reprenne aucune chose avenue en l'an 45, en récitant, par la déduction de ce présent volume, les nobles armes faictes et acomplies par messire Philippe, seigneur de Ternant, conseillier et tiers chambrelan du duc Philippe de Bourgongne, et chevalier de la Toison d'or, à l'encontre de noble escuyer Galiot de Baltasin, natif du royaume de Castille, serviteur et chambrelan du duc de Milan Philippe Maria.

Or fut vray que ledict an 45, environ la Sainct-Michel, ledict Galiot s'estoit parti de son maistre le duc de Milan, tant pour voyager et pour veoir du monde, comme pour faire armes de son corps, pour soy avancer en renommée (qui est et doit estre le paradis terrestre de jeune noble courage); et tant erra ledict Galiot, qu'il arriva à la court du duc de Bourgongne, en la vile de Mons en Hainaut; et estoit à bien trente chevaux, jeune escuyer de trente ans ou environ, et l'un des plus beaux hommes et de la plus belle taille que l'on pouvoit veoir; et estoit puissant et léger à merveilles, et moult bien renommé de son age. Mais pour ce que le duc de Bourgongne et le duc de Milan estoyent frères d'armes et aliés ensemble, ledict duc de Milan son maistre luy défendit au départir qu'il ne portast ou emprist nulles armes à l'encontre des sugets du duc de Bourgongne, son frère et son alié, si toutesfois il n'en estoit requis, et que le duc l'agréast ou consentist. Et estoit délibéré ledict Galiot que s'il n'estoit en l'hostel ou en la seigneurie du duc de Bourgongne, requis de faire armes, de passer en Angleterre, et là charger emprise à son intention, et faire armes, avant son retour en Italie; et quand le seigneur de Ternant sceut l'intention dudict Galiot, et veit ce beau personnage, et entendit la renommée de l'estranger, luy, qui de longuemain avoit désiré et quis de trouver parti et sorte pour faire armes, se délibéra d'exécuter à icelle fois ce que tant avoit désiré; et par le congé du duc de Bourgongne, son seigneur et son maistre, chargea pour emprise une manchette de dame faicte d'un délié volet, moult gentement brodée : et fit atacher icelle emprise à son bras senestre, à une aiguillette noire et bleue, richement garnie de diamans, de perles, et d'autres pierreries; et moult bien luy séoit à porter icelle emprise : car il estoit moult beau chevalier, sage; prudent, et bien enmaniéré, et l'un des plus de son temps.

Prestement qu'il eut son emprise chargée, il envoya le roy-d'armes de la Toison d'or devers ledict Galiot de Baltasin, pour lui signifier et dire de par luy qu'il avoit chargé et élevé une emprise, en intention de faire armes; et pour luy l'avoit il prise et chargée, en espérant d'estre par luy acompli de son désir; et que si son plaisir estoit de lever ladicte emprise, il trouveroit ledict seigneur de Ternant, à une heure après midy; en la salle et en la présence du duc de Bourgongne, son prince, son seigneur et maistre; et qu'il pourroit toucher et lever l'emprise dudict seigneur de Ternant. Moult joyeux se monstra ledict Galiot, quand il entendit qu'il seroit dépesché en la maison de Bourgongne de ce qu'il quéroit : et ne faillit pas à venir, et s'agenouilla devant le duc de Bourgongne, luy requérant à genoux qu'il luy donnast congé et licence de toucher à l'emprise que portoit le seigneur de Ternant: et le bon duc le fit lever, et luy donna le congé.

Lors demanda Galiot aux roys-d'armes et héraux, la coustume du pays : et dit qu'en son païs, quand le requérant arrache l'emprise de son compaignon, c'est pour la vie de l'un ou de l'autre; mais quand l'on n'y fait que toucher seulement, c'est pour chevalerie. Surquoy luy respondit Toison d'or que le seigneur de Ternant avoit chargé son emprise pour chevalerie, et que la coustume estoit de toucher à l'emprise quand on est présent. Lors s'avança ledict escuyer, et toucha à l'emprise du chevalier, en soy agenouillant bien bas, et dit : « Noble chevalier, je touche à vostre emprise; » et au plaisir de Dieu vous fourniray et acom» pliray tout ce que je sçauray que désirerez de » faire, soit à pié, soit à cheval. » Et le seigneur de Ternant le mercia bien humblement; et luy dit que bien fust il venu, et qu'en icelle journée il luy envoyroit par escript les armes qu'il désiroit à faire et acomplir. Et ainsi se départirent pour celle fois : et ce mesme jour ledict seigneur de Ternant envoya par un héraut ses chapitres, signés et séelés comme il appartenoit; et le bon duc tint conseil sur cette matière. Et fut délibéré que jour et temps seroit assigné aux parties l'an 46, au mois d'avril, en la ville d'Arras. Ce qui fut signifié de par le duc auxdictes parties : et fut iceluy jour ainsi long baillé, pour ce que ledict Galiot se vouloit armer à Milan, et faire ses préparatoires.

Ne demoura guéres que la court fut toute pleine, et chacun avérti des chapitres envoyés et baillés par le seigneur de Ternant : et fut le double monstré et contrescript par plusieurs, dont la poursuitte desdictes armes ensuyvit. Par les raisons dessus-escrites, m'a convenu mesler de l'an 45 avecques l'an 46, pour ce que tout est d'une matière, et afin de réciter le tout à une fois.

L'an 46 se passa sans aventure ou cause qui face à escrire, jusques au mois d'avril, que le jour estoit assigné en la vile d'Arras (comme dict est) pour faire et acomplir les armes emprises par le seigneur de Ternant et Galiot de Baltasin : et se fournit chacun des harnois, de chevaux, et autres habillemens nécessaires : et, au regard du seigneur de Ternant, il assembla dix ou douze chevaux, les meilleurs et les plus renommés du royaume de France et des marches voisines : et se tira le duc en sa vile d'Arras, auquel lieu furent les lices préparées sur le grand marché, audroit de l'hostelerie de la Clef. Et fut une grande maison élevée, qui venoit jusques sur le bord de la lice, bien avant audict marché. Ladicte lice fut quarrée, de moult grande et spatieuse grandeur : et estoit toute double, et de gros marrien : et l'entrée et le pavillon du seigneur de Ternant estoit du costé tirant à la vile, et l'entrée et le pavillon de Galiot fut du costé opposite, tirant à la porte qui vient de Bellemotte. Et furent ordonnés deux cens soudoyers, par ceux de la vile, tous armés et embattonnés, qui se tenoyent entre les deux lices, où furent les pavillons tendus pour les champions : et fut le pavillon du seigneur de Ternant de drap de damas noir et bleu, et sur le capital ses armes et son timbre brodé moult richement ; et à l'entour des goutières estoit escript en grosses lettres d'or, en brodure, un souhait tel : « Je souhaite qu'avoir puisse de » mes désirs assouvissance : et jamais autre » bien n'eusse. »

Noblement fut son costé paré de bannières et de pennons. Et pareillement fut le pavillon de Galiot tendu de soye. Et aussi estoit le champ paré, et la double lice pleine de gens-d'armes, et la maison où le duc devoit estre moult richement tapissée : et, environ une heure après midy, se partit le duc de son hostel, acompagné de monsieur Charles, comte de Charolois, son fils ; du comte d'Estampes, du seigneur de Beaujeu, de monsieur Adolf de Cléves, et de moult grande noblesse : et celuy jour je chevauchay après le duc, sur un coursier couvert de velours noir. J'estois encores son page : et n'avoit après luy page n'autre pareure que moy et ledict coursier.

Le duc descendit en son hourd, et tenoit en sa main le batton, comme juge : et tantost entrèrent dedans la lice huict hommes-d'armes moult bien armés, chacun le blanc batton en la main ; car ils estoyent ordonnés pour escoustes, et pour départir les champions. En-après ne demoura guéres, que le seigneur de Ternant entra en la lice sur un cheval couvert de ses armes en brodure : et avoit sa cotte d'armes au dos ; et estoit armé de toutes pièces, le bacinet en la teste, et la visière ouverte : et certes il avoit visage de chevalier, et non pas de pucelle : car il estoit brun, à une noire et forte barbe, et sembloit bien homme à redouter et à craindre. Il estoit acompaigné du seigneur de Beaujeu et du comte de Sainct-Pol ; et descendit si tost qu'il fut en la lice : et portoit un gros court batton en sa main dextre, qui luy rendoit contenance d'homme-d'armes, et moult bien luy séoit. Il ne porta point de bannerolle de dévotion. Laquelle chose je ne prise point : car plus est l'homme de haut affaire, plus doit à Dieu de recongnoissance : et tant plus a d'honneur, tant plus doit douter et craindre celuy Dieu ; qui le luy peut oster et faire perdre. Ainsi se présenta le seigneur de Ternant moult humblement devant le duc, et porta luy-mesme la parole : et bien le sceut faire ; et le duc le bienviengna, et se retraït en son pavillon.

Ne demoura guéres que Galiot de Baltasin entra en la lice : et l'acompaignoit le comte d'Estampes. Il estoit armé de tout, la cotte d'armes au dos : et séoit sur un cheval couvert de ses armes. Et si tost qu'il entra en la lice, sauta de plain saut hors sa selle, aussi légèrement, tout armé, que s'il n'eust eu que le pourpoinct. Le comte d'Estampes le présenta devant le duc, qui le receut moult cordialement, et se retraït en son pavillon.

Les cris furent faicts, et les deffenses en tel cas accoustumées ; et le seigneur de Humières (comme lieutenant du mareschal de Bourgongne, acompaigné des roys-d'armes et héraux) vint au pavillon du seigneur de Ternant : et luy demanda les lances dont il devoit les armes commencer, selon le contenu des chapitres. Si luy furent incontinent les lances baillées, toutes prestes, et ferrées d'une façon et d'une longueur comme il apartenoit. Si les présenta ledict mareschal à Galiot, luy offrant de prendre, pour sa part, laquelle des deux lances qui luy plairoit. Si en choisit une, et fut l'autre reportée au seigneur de Ternant.

Sur le poinct des trois heures, le seigneur de Ternant saillit hors de son pavillon, sa cotte d'armes au dos, le bacinet en teste, à visière close. Et feit une grande croix, de sa main dextre ; et luy bailla le comte de Sainct-Pol sa lance, laquelle il mit en ses deux mains : c'est-à-sçavoir qu'il avoit le bout en sa paume dextre, et de la senestre main tenoit sa lance à contrepoix, et la portoit plus droitte que couchée : et marchoit froidement, d'une marche poisante et assurée : et certes il sembloit bien chevalier de dure rencontre. D'autre part saillit de son pavillon Galiot de Baltasin, sa cotte-d'armes vestue, le bacinet en la teste, et visière close : et après qu'il se fut signé de sa bannerolle, le comte d'Estampes luy bailla sa lance ; laquelle il prit ; et la portoit à la façon commune, ainsi que l'on tient une lance pour pousser. Beau personnage fut l'escuyer : et si tost qu'il tint sa lance, il la commença à manier et escourre, comme s'il ne tinst qu'une flèche d'archer : et fit un saut ou deux en l'air si léger et si viste, que l'on voyoit bien que harnois, n'habillement qu'il eust, ne luy grevoit rien : et marchoit à l'encontre de sa partie moult vigoureusement. Et se vindrent rencontrer de pous de lance si durement, que de ce coup agreva Galiot le fer de sa lance, et en rompit bien demi-doigt ; et le seigneur de Ternant atteindit Galiot en costière du bacinet, et luy faussa ledict bacinet à jour : et prit le seigneur de Ternant une manière de marcher qu'il continua, qu'au donner le coup il mettoit le pié, en prenant sa marche, près d'un pié de profond, dedans le sablon. Ce coup féru, les gardes se mirent entre deux, pour rompre que nulle poursuitte ne se fist : et vindrent les roys-d'armes, et aportèrent une cordelle où estoyent mesurés les sept pas dont ils devoyent reculer, pour donner chacun pous de lances, comme il estoit déclaré ès chapitres ; et estoit chacun pas marqué à nœuds : et depuis j'ay demandé aux officiers-d'armes par quelle manière de mesurer estoyent lesdicts pas mis en mesure. Sur quoy me fut respondu que chacun pas fut pris pour deux piés et demy, à mesurer par la main d'un chevalier, ou pour le moins de la main d'un noble homme ; et que ceux-là estoyent mesurés par le mareschal de la lice, estant ce cas du dépendant de son office. Ainsi furent les sept pas mesurés de chacun costé : et les champions réculés à leur mesure, leur furent lances renouvelées, au choix de Galiot : et sur ce poinct marchèrent pour la seconde fois, et feirent tous deux très-dure ateinte. Puis remarchèrent pour la tierce fois, et rencontrèrent si durement, que le seigneur de Ternant rompit, et agreva toute la pointe de sa lance : et Galiot rompit la siène par le milieu du fust. Et, pour abréger le récit d'icelles armes, ils acomplirent les sept pous ordonnés par les chapitres, moult chevalereusement acomplis.

Les armes de la lance accomplies, les champions retournèrent en leurs pavillons, pour eux raffreschir et préparer : et furent présentés par le mareschal, à Galiot de Baltasin, deux estocs, que l'on nomme espées-d'armes : et certes je ne vey onques-puis deux plus beaux ne plus puissans battons. Ledit Galiot en choisit une, et l'autre fut raporté au seigneur de Ternant, lequel assez tost après saillit hors de son pavillon, armé comme dessus : mais, en lieu de sa cotte d'armes, il avoit vestu une parure à manches d'un satin blanc, tout découpé à manière d'escailles, brodé et chargé d'orfèvrerie, d'or branlant, par moult gente façon. Et me feit souvenir, à le voir, de l'un des neuf preux, ainsi qu'on les figure. Il tenoit son espée, la main senestre devant, et renversée, et couverte de sa rondelle. De l'autre part saillit de son pavillon Galiot de Baltasin, son espée empoignée comme il appartenoit : et marchèrent l'un à l'encontre de l'autre, et se rencontrèrent d'une moult dure ateinte, et prestement se mirent les gardes entre deux pour garder la poursuite : et les officiers-d'armes apportèrent les mesures qui contenoyent la longueur de cinq pas, et furent mesurés pour chacun costé, et prestement recommencèrent leurs armes. Et de celle rencontre le seigneur de Ternant donna un si grand coup à son compaignon, qu'il fauça le bacinet à jour : et fut celle ateinte assez près du coup de la lance. A la tierce venue, Galiot consuyvit le seigneur de Ternant au bas de l'espaule dextre, et du coup luy fauça le garde-bras, et l'emporta au bout de son espée. Si fut prestement le seigneur de Ternant réarmé sur la place : et revindrent pour la quatrième fois ; et se rencontrèrent tous deux si durement, qu'ils agravèrent les pointes de leurs espées : et convint en raporter deux autres. A la cinquième venue, le seigneur de Ternant (qui marchoit, et féroit à coup d'aguet) surprit ledict Galiot, et luy donna si grande ateinte au haut de la pièce, qu'il démarcha ledict Galiot. A la sixième venue, ledict Galiot frapa sur la rondelle du seigneur de Ternant, et la rompit : et convint rechanger d'espées. A la septième venue, se rencontrèrent très-durement. A la huictième, ledict Galiot assit sur le gantelet du seigneur de Ternant, et le fauça tout outre : et cuidèrent plusieurs qu'il eust la main faucée : mais par bonne aventure il ne fut point blessé, et luy furent autres gantelets rebaillés : et parfirent les onze pous d'espée, bien et durement férus et acomplis; puis se retraïrent en leurs pavillons.

Le mareschal de la lice fut saisi des deux haches, pour la parfourniture d'icelles armes à pié : lequel prestement les présenta à Galiot, pour choisir celle qui luy plairoit. Si prit ledict Galiot à son choix : et l'autre rapportée au seigneur de Ternant, il n'atargea guères qu'il ne vuidast hors de son pavillon : et portoit, en lieu de cotte d'armes, une pareure à manche, d'un drap de damas, sur fleur de pescher : et estoit tout couvert et brodé de fusils, de pierres, et d'estincelles de feu : qui fut la devise du bon duc Philippe, son bon seigneur et maistre. Il avoit le bacinet en la teste, et estoit son visage couvert d'une grosse visière trouée à grans trous, en losange : et tenoit sa hache en ses mains, qui furent grosses haches pesantes : dont le mail estoit faict à manière de trois coings à fendre le bois ; et n'avoyent point de poincte de dessous, pour ce que, par le contenu des chapitres, ils devoyent combatre du maillet seulement.

Fièrement marchoit le seigneur de Ternant: et d'autre part saillit Galiot, sa cotte d'armes au dos, bacinet en teste, et la visière baissée et close : et si tost qu'il fut saisi de son batton, il se sourdit tout en air moult vigoureusement. Et marchoit à l'encontre de son homme de telle vertu et de telle puissance, que le rencontre de luy faisoit à redouter, autant que d'homme que j'ay veu devant ne depuis. Et quand vint à l'aborder, le seigneur de Ternant (qui veit la contenance, la chaleur et la fière emprise de son adversaire, qui venoit sur luy, comme pour rencontrer des corps, avec des battons), pourveu de son sens, tout asseurément démarcha en costière, tellement que Galiot ne trouva rien devant, et passa tout outre, comme celuy qui marchoit de toute sa force : et, au passer, le seigneur de Ternant haussa la hache et atteindit Galiot entre col et teste, et luy donna si grand coup qu'il le fit tout chanceler : et si n'eust esté la grande légèreté et la très-extresme force qui fut en luy, certes il fust cheu de celuy coup : mais il prit pié moult vigoureusement, et courut sus au seigneur de Ternant par telle force et par telle aigreur, que force fut au seigneur de Ternant démarcher trois ou quatre grands pas tous d'un tire : et se trouva tout entrepris de soustenir le faix de celle grande puissance. Toutesfois il se remit à marcher, et se maintint si chevaleureusement qu'ils y achevèrent les quinze coups : et getta le duc le batton, et furent pris par les gardes et escoustes, et amenés devant le duc, les visières levées, chacun la hache au poing : et certes c'estoyent deux moult beaux et moult fiers personnages à veoir. Chacun s'offrit, de son costé, de parachever ses armes, si faute y avoit : et le duc leur fit response que bien et duement avoyent leurs armes acomplies, et alors prirent congé du duc. Mais ils ne touchèrent point ensemble, pour ce qu'ils avoyent encores à faire leurs armes de cheval : et se tira chacun en son entrée de la lice; mais ils s'arrestèrent l'un devant l'autre, pour ce que nul des deux ne vouloit issir le premier de la lice : et fut ordonné par le duc que tous deux saudroyent à une fois.

Par la manière dessus-escrite, furent achevées les armes de pié du seigneur de Ternant et Galiot de Baltasin, au grand honneur et louange de chacun parti : et fut par un jeudy vingt-septième d'avril l'an 46 : et le lundy suyvant (qui fut le second jour de may) leur fut baillé jour pour faire et accomplir leurs armes à cheval : et vint le duc et la seigneurie sur la lice environ deux heures après midy : et tantost après arrivèrent les huict gardes moult bien armés, et montés sur les meilleurs coursiers ou roussins qui fussent en la court du duc de Bourgongne : et avoyent chacun un gros court batton à la main, sans fer et sans pointe. Et ne demoura guères que le seigneur de Ternant arriva en la lice, armé de toutes pièces, fors que la teste. Il estoit monté sur un coursier couvert d'une couverture eschacquetée de ses pleines armes, et chargée d'orfèvrerie branlant: et après luy venoyent deux officiers-d'armes, qui menoyent un autre coursier par la bride. Cestuy coursier estoit vestu et cousu près de luy, comme de sa peau, d'un drap de damas my-party de bleu et de noir (qui furent les couleurs d'iceluy seigneur), et estoit celle pareure brodée de fil d'or, à manière de mets : et avoit ledict coursier la creingne, le toupet et la queue tout de fil d'or : et fut le cheval ensellé de selle estofée de mesme, et d'un petit harnois de velours cramoisy, assez à la manière d'un harnois de cheval d'Alemaigne: et fut celle nouvelle pareure moult agréable, et fort regardée. Ainsi se présenta au duc, puis se retraït à son bout de la lice, pour soi armer de la teste.

D'autre part vint Galiot, armé de toutes armes, l'armet en la teste, à un grand plumas d'Italie : et estoit son cheval (qui fut un puissant roussin) couvert d'une barde de cuir de bouffle peinte à sa devise (qui fut à manière de ceinctures tortivées); et y avoit au chanfrain, au poictrail, et ès flans de la barde, grandes dagues d'acier. Il estoit suyvi de trois chevaux couverts de soye et d'orfèvrerie de diverse sorte, et dont je n'ay pas bien souvenance. Et si tost que le mareschal de la lice s'apperceut des dagues dont la barde dudict Galiot estoit armée, il se retira devers le duc, et l'avertit de ce qu'il avoit veu. Si envoya le duc, comme juge, le roy-d'armes de la Toison d'or, qui dit à Galiot, à l'entrée de la lice, que l'on n'avoit point accoustumé de porter en lice, ou noble camp clos, dagues ou poinctures, en habillemens de chevaux ; et que c'estoit chose deffendüe contre statuts d'armes nommées, et contre les chapitres et emprises du seigneur de Ternant. Sur quoy l'escuyer s'escusa moult courtoisement, et prestement fit toutes icelles dagues oster : et puis se présenta devant le duc moult humblement, et se retira à son bout. Le mareschal se tira devers le seigneur de Ternant, pour avoir les lances et les espées dont ils devoyent les armes fournir. Si luy furent baillées : et il les présenta à Galiot, qui choisit une lance et une espée, et les autres furent baillées au seigneur de Ternant. Si se préparèrent les champions; et tandis se firent les cris acoustumés : et fut chacun retiré à son ordonnance.

Si mirent chacun la lance sur la cuisse : et le seigneur de Ternant avoit ceint son espée, comme on les porte à la guerre communément: et Galiot avoit mis la sienne en sa main senestre, toute nue : et la tenoit avecques la bride. Si brochèrent l'un à l'encontre de l'autre. Et veit on bien à leur manière de courir que le seigneur de Ternant vouloit et quéroit d'empleyer sa lance. Mais Galiot (qui se sentoit fort et puissamment monté) quéroit le rencontre des chevaux, et croisa comme à la for-course, tellement qu'ils se rencontrèrent, et des corps et des chevaux, si durement, que le seigneur de Ternant fut abatu sur son cul; mais le coursier fut bon et le chevalier adroit; et se releva, et de ce coup la courroye de l'espée du seigneur de Ternant rompit ; et se tourna l'espée en la guaine, pendant sur la croupe du cheval ; et ledict de Ternant se désarma d'une visière dont il estoit armé, et cuida mettre la main à l'espée ; mais il ne la peut avoir ne trouver ; et Galiot (qui prestement fut saisi de son espée) courut sus au seigneur de Ternant, et lui donna plusieurs coups d'espée de haut et de taille. Et quand ledict de Ternant congnut qu'il ne pouvoit son espée recouvrer, il changea de main à la bride, et férit le coursier des esperons, et se monstra au-devant de son compaignon, et rabatit plusieurs coups d'espée à la main ouverte; et en démenant et remuant son cheval, l'espée (qui desjà pendoit contre les flancs du cheval) vuida hors de sa guaine, et cheut sur le sablon; et prestement le duc, comme juge, fit mettre les gardes entre deux, et fit bailler au seigneur de Ternant son espée; car par les chapitres qui furent escripts, estans les champions dessaisis de leurs battons, on les pouvoit et devoit ressaisir; et le duc, qui moult bien se congnoissoit en tel cas, ne tenoit point qu'il fust dessaisi de son espée tant qu'elle tinst à luy, et jusques à ce que elle fust toute hors de sa guaine, et cheute sur le sablon, comme dict est.

Ainsi fut le seigneur de Ternant ressaisi de son espée; et se retira chacun, et se coururent sus moult asprement. Galiot feroit de haut et de taille moult grands coups: et le seigneur de Ternant feroit deux coups de haut, l'un devant main, et l'autre renvers: et puis se joindirent les chevaux, et commença le seigneur de Ternant à charger et à quérir son compaignon de la pointe de l'espée par le dessous de l'armet, tirant à la gorge, sous les esselles, à l'entour du croissant de la cuirace, par dessous la ceignée du bras, à la main de la bride, et jusques à bouter son espée entre la main et la bride, tant que ladicte espée passoit outre une poignée: et partout le trouva si bien armé et pourveu, que nulle blessure n'en avint: et ainsi furent pris. Et getta le duc le batton, et furent amenés devant le duc, les visières levées: et requirent tous deux que s'ils n'avoyent acompli les trente et un coups contenus ès chapitres, qu'ils estoyent prests de les acomplir. Le duc leur dict qu'il estoit content d'eux, et les fit toucher et embracer ensemble: et ainsi furent icelles armes achevées, qui furent dures et de grande estime: et depuis le bon duc festoya Galiot de Baltasin, et le feit seoir à sa table, et luy donna de grands dons: et s'en retourna devers le duc de Milan, son maistre.

Assez tost se partit le duc de Bourgongne de sa vile d'Arras, et visita le païs de Flandres et de Brabant: et, sur l'arrière-saison, le duc se tira en son païs de Zeelande, pour tenir le viescare, qui est comme le parlement du païs: et ne se peut tenir qu'en la présence du comte de Zeelande, ou de son aisné fils. Et là feit faire le duc grands exploits de justice. Et alors avint que grandes plaintes vindrent d'un escuyer de grand lignage du païs, nommé Jehan de Dombourc: et le chargeoit on d'efforcemens, de battures, d'affolures de sergens et d'officiers, de rançonnemens, de meurdres, et de compositions: et ordonna le duc qu'il fust pris. Mais quand il fust adverti que justice le cherchoit pour le prendre, il gaigna le clocher de l'église des Cordeliers en la vile de Middelbourg en Zeelande, et s'y fortifia et avitailla, avec cinq ou six de ses serviteurs, tellement qu'il le convint assieger; et s'y tint trois jours, combien que, pour l'honneur de l'Eglise, il ne fut assailli ne n'y fut tiré un coup d'arbaleste, n'autrement. Et me souviens que je vey un nonnain venir devers ledict Jehan de Dombourc, qui par plusieurs fois crioit à son frère qu'il se fist tuer plus-tost en soi deffendant, que de faire telle honte à son lignage que de cheoir en main du bourreau. Toutesfois ledict de Dombourc se rendit à la voulonté du prince; et fut son procès fait: et finalement il eut la teste tranchée sur le marché dudit Middelbourg: mais, à la requeste et poursuitte de ladicte religieuse sa sœur, le corps luy fut délivré et enterré en terre saincte.

Moult d'autres justices fit faire le bon duc en son pays de Zeelande: et, environ le septembre, revint le duc en sa vile d'Anvers, où la feste commençoit, qui est en celuy temps. Mais, au partir de Bergues sur le Soin, le duc prit dix ou douze de ses privés: et en assez petite compaignie, sans soy faire congnoistre, ala faire un pélerinage à Nostre-Dame d'Ais en Alemaigne. Et, durant ce temps, ceux de son conseil rompirent le tinel de la salle, et la grande mangeaille et extrême despense qui se faisoit journellement en l'hostel du duc de Bourgongne: et furent mis tous ceux de celle court à gages et à argent: et fut lors que Michaut le réthoricien dit que le gigot de la court estoit rompu.

Depuis revint le duc au lieu d'Anvers, où il trouva la duchesse son espouse: et là fit on banquets et grandes chères, pour ce que le temps estoit oiseux, et n'estoyent nulles nouvelles de guerre. Parquoy voyageoyent nobles hommes estrangers de lieu en autre, pour eux faire congnoistre. Et advint qu'en iceluy temps arriva, en la vile d'Anvers, un chevalier du royaume de Castille, serviteur du duc de Milan Philippe Maria: et se nommoit messire Jehan de Bonniface. Celuy chevalier envoya devers le duc, pour lui supplier qu'il lui donnast congé de porter emprises d'armes en ses païs et en sa court : et le duc, qui voyoit voulontiers telles nobles exécutions, le luy accorda libéralement. Si leva ledict chevalier une emprise telle, qu'il portoit sur sa jambe senestre un fer d'or dont il estoit enferré, qui le prenoit au bas de la jambe : et estoit soutenu celuy fer d'une chaisne d'or qui se prenoit au long de la jambe de dehors : et dessus le genouil avoit une main, issant d'une nuée, qui tenoit ladicte chaisne. Et, prestement que l'emprise fut choisie, accoururent nobles hommes de toutes parts devers le duc, pour avoir congé de lever icelle emprise : mais Jaques de Lalain (qui de longue-main avoit quéru et desiré son parti, pour soy éprouver en celle noble épreuve) prévint avant tous autres, et fit tant que le duc lui octroya icelle fourniture. Si fut le chevalier mandé devers le duc : et, pour abréger, toucha à son emprise ledict Jaques de Lalain ; et pour ce que le chevalier désiroit que brief jour luy fust assigné, luy fut ordonné et assigné au dixième jour de novembre suyvant, en la vile de Gand, qui estoit le quatrième jour après que la feste de la Toison se devoit tenir en ladicte vile de Gand. Là estoyent mandés les roys, les princes et les chevaliers, frères et confrères pour l'ordre de ladicte Toison. Le duc et la duchesse visitèrent, au partir de la feste d'Anvers, Malines et Brucelles, et grande partie de la duché de Brabant : et puis se tirèrent en la vile de Gand, qui pour lors florissoit en abondance de biens, de richesses et de peuple : et menoyent leurs bourgeois et leur pouvoir moult grande estendue, par tout le païs de Flandres. Tout le païs de Was et des Quatre-mestiers estoyt en leur obéyssance : l'on ne parloit en Flandres que du pouvoir de messieurs de Gand. Ils avoyent la pluspart de la moitié du païs, et avec ce la grâce et l'amitié de leur prince : mais (comme peuple ne se sçait tenir en repos n'en aise, comme cy-après sera déclaré en ces Mémoires présents) les Gandois ne sceurent longuement garder celle bienheureuse vie de paix et de repos : dont il leur mésadvint si durement, que je ne croy point que, des vies présentes, Gand soit en tel estat ne prospérité qu'elle fut au temps dont de présent je fay mention.

CHAPITRE XV.

Comment le bon duc Philippe de Bourgongne teint la solennité de la Toison-d'Or en sa ville de Gand.

Ainsi se tint le duc en sa vile de Gand, et manda les chevaliers de l'ordre de toutes parts; et fut préparé moult noblement le chasteau de Gand (qui sied au milieu de ladicte vile) pour tenir et pour faire icelle feste et solennité. Et pour ce que ce fust là première feste de la Toison que je vey onques, il m'est force de deviser et descrire les cérémonies et le noble estat et ordonnance que chacune fois tenoit le duc à la solennité d'icelle feste.

Là vint Charles, le duc d'Orléans ; Charles de Bourgongne, comte de Charolois; et moult d'autres chevaliers portans l'ordre de la Toison : comme messire Hue de Lannoy, seigneur de Santes; le seigneur de Crouy, le seigneur de Charny, le seigneur de Ternant, le seigneur de Créqui, le seigneur de Chimay, le seigneur de Humières, le seigneur de Villerval, le seigneur de Molembais, le seigneur de Montagu, le seigneur de Haubourdin, le comte de Meurs, le comte de Vernambourg, messire Simon de Lalain, seigneur de Montigny, messire Florimond de Brimeu, messire Baudet de Noyelles, et moult d'autres dont je n'ay pas mémoire. Et aussi envoyèrent leurs procureurs, et s'envoyèrent excuser, le roy d'Arragon, le duc Jean d'Alençon, le comte d'Ostrevant, le seigneur de Neufchastel, le seigneur de Vergy, et aucuns seigneurs et chevaliers, qui pour leurs grans affaires ne pouvoyent estre à celle grande assemblée. Et par un mardy le sixième jour de novembre, s'assemblèrent tous les chevaliers au chastel de Gand, environ deux heures après midi : et saillirent tous en ordre hors de la chambre du conseil, qui pour eux estoit préparée de sièges et de bureau, à rendre compte, non pas d'argent ou de despense d'avoir, ou de richesses, mais de leur honneur, si besoing faisoit, et aussi pour leurs affaires et pour leurs élections. Et vindrent en la grande chambre, qui estoit toute pleine de seigneurs et de nobles hommes. Et premièrement venoyent les trois officiers (car à celle fois n'y estoit point maistre Jehan Germain, évesque de Chalon, et chancelier de l'ordre), dont le premier fut le trésorier de l'ordre, et se nommoit Petter Blandelin, et fut un des puissans et des riches hommes d'avoir de la comté de Flandres : et pour lors estoit receveur général de toutes les finances du duc, et depuis fut maistre d'hostel du duc, et encores depuis du duc Charles son fils, homme expert en finances : et de son temps édifia de ses deniers une bonne vile sienne, que l'on nomme Medelbourg en Flandres : et la fit faire, clorre, tourer et murer, et habiller moult notablement. Le second fut le greffier de la Toison : et fut maistre Martin d'Estinbergue, un notable clerc, homme d'Eglise, qui moult bien estoit stilé à mettre par escript en latin, en françois et en alemand. Le tiers fut le roy d'armes de la Toison, un moult notable, sachant et discret homme, natif de la vile d'Abbevile en Pontieu : et se nommoit en propre nom Jehan, seigneur de Sainct-Remy. Et furent tous trois habillés et vestus de robes longues d'escarlate, et par-dessus de longs manteaux de mesmes, fourrés de gris, et les chaperons de mesmes couleurs. Après iceux venoyent les chevaliers, parés et habillés et vestus comme les officiers, excepté que tous avoyent le colier d'or faict de fusils, et garnis de leurs flames, au col, auquel pendoit la noble Toison d'or ; et si furent leurs manteaux brodés de brodures d'or tout à l'entour, à la façon dudict colier. Et marchoyent les chevaliers deux à deux, c'est-à-sçavoir les derniers eleus en l'ordre, les premiers : et ainsi se trouvoyent les plus anciens chevaliers, en celle élection, les derniers et les plus prochains du duc de Bourgongne, chef et fondateur de celle noble ordre : sauf toutesfois que les roys et les ducs sont les plus prochains, quelques nouveaux qu'ils soyent en ladicte ordre. Et, pour monstrer l'ordonnance estre mieux gardée, le duc de Bourgongne faisoit marcher le comte de Charolois son fils le premier et le plus loing de sa personne : et aloit à sa dextre main, et au dessus de luy, messire Baudet de Noyelles, pour ce qu'ils estoyent les plus nouveaux en élection, et ledict comte le dernier eleu : et ainsi marchoyent les chevaliers par ordre : et furent les deux derniers, le duc d'Orléans, à dextre, et messire Hue de Lannoy à senestre. Iceluy de Lannoy, seigneur de Santes, fut un des notables, des sages, des vaillans et des preud'hommes chevaliers de son temps, et fit moult de beaux voyages ; et eut chargé et ordonnance de plusieurs notables ambassades, exécuta la guerre, et fit armes en camp clos de sa personne, à l'encontre du duc Jehan de Sombreset, anglois, et ailleurs : et estoit desjà fort viel à celle heure. Et la cause pourquoy j'escri longuement de luy, c'est pour ses vertus, et qu'il le valoit, et aussi pour ce qu'en mes Mémoires je ne puis plus toucher de luy : car, pour son anciennenté, je n'ai veu de ses nobles faicts, sinon son sens et ses vertueuses doctrines. Le bon duc Philippe de Bourgongne, fondateur et chef de ceste noble ordre, marchoit seul, après ses frères et compaignons : et là, au saillir de la chambre, entrant en la salle, se mirent devant luy deux sergens d'armes, portans masses armoyées en chef des armes du roy de France, et puis des siennes : et ce à cause que, comme duc de Bourgongne, il est premier per et doyen des nobles pers de France.

En tel estat et ordre tirèrent tous en la court, où les chevaux les attendoient : et en tel ordre alèrent les chevaliers parmy la vile de Gand, grandement acompagnés des nobles hommes privés et estranges, d'ambassadeurs et d'estrangers : et le peuple estoit moult grand parmy la rue et parmy la vile. Et en tel estat vindrent en l'église de Sainct-Jehan (qui est une des principales églises et paroisses de Gand) ; et à l'entrée de celle église trouvèrent l'évesque de Tournay revestu, avecques les chanoines, chappelains et choreaux d'icelle église, qui recueillirent le duc et ses frères moult dévotement : et, en chantant hymnes et cantiques dévotes, les conduisirent jusques au chœur de l'église, et dont les formes d'iceluy chœur furent parés de tableaux, armés et timbrés des armes et timbres des chevaliers, de leurs mots, de leurs noms et de leurs devises : et furent iceux tableaux grans et spaticux, et peints le plus richement et le mieux qu'il se peut faire ne mettre : et furent iceux blasons assis en icelles formes à deux lez, en tel ordre et en telle manière que les chevaliers marchoyent à icelle fois ; et se tira chacun chevalier endroit de son blason ; et demourèrent aucunes places vuides, garnies de leurs blasons : et d'abondant séoient iceux blasons sur un grand drap noir. Ce que les autres n'avoyent point.

Si me tiray devers le roy d'armes de la Toison (qui fut homme tout courtois), et luy demanday pourquoy ne à qu'elle cause estoit ceste différence ; et combien que je fusse page, et du nombre de la petite estime, le bon homme s'arresta à moy, et me dit que c'estoyent les blasons et les places des bons chevaliers d'iceluy ordre qui estoyent trépassés depuis la dernière semblable feste tenue; et que si je voyoye et regardoye le surplus de la noble cérémonie, je pourroye veoir et congnoistre le lendemain, à la grande messe, plus amplement ce que je demandoye. Et aussi, en devisant des autres, je vey aucunes places et blasons, dont nul ne prenoit les places; et estoyent les places et les lieux des chevaliers, qui pour leurs grans affaires s'estoyent excusés par leurs procureurs, et n'estoyent pour celle fois pu venir à la journée ne à icelle feste. Et en l'endroit, et par-dessus la place du roy d'Arragon, avoit un riche ciel de drap d'or, comme s'il y eust esté en personne ; et estoit sa place au-dessus de celle du duc d'Orléans, et en ce mesme rang. Et fut la place du duc de Bourgongne au maistre et principal siége, couvert de son palle, qui fut de drap d'or ; et n'avoit, au demourant, nul différent à ses frères et compaignons, sinon que le tableau de ses armes estoit un peu plus grand, et plus large que les autres.

Les chevaliers chacun en sa place, vespres commencèrent, qui furent chantées par les chantres de la chapelle du duc, qui fut une des meilleures chapelles, des mieux accordées, et en plus grand nombre de chapellains, que l'on sceust nulle part. Tandis que l'on disoit vespres et le service, pour ce qu'à celle heure je ne voyoye plus rien qui fist à enquérir, je m'en allay avecques autres de ma sorte pourmener parmy l'église (qui fut pleine de gens et de grand peuple); et, en regardant par tout, je vey haut aucuns blasons, tels que ceux qui estoyent mis ès formes pour les chevaliers ; et me fut dict que c'estoyent les blasons des bons chevaliers portant l'ordre qui estoyent mors avant l'autre feste paravant faicte, et dont lesdicts blasons estoyent encores en forme (si les avoit on là mis solennèlement); et que telle estoit la coustume, qu'à refaire chascune feste, quand l'on trouvoit les blasons des chevaliers ès formes accoustumées, et qu'ils estoyent trépassés, et toutes les solennités par eux passées et acomplies, iceux tableaux et blasons estoyent élevés, et mis haut hors du chœur, où chacun les pouvoit longuement voir et congnoistre.

Vespres dictes et achevées, les chevaliers s'en retournèrent comme ils estoyent venus ; et le lendemain (qui fut par un mercredy), entre neuf et dix heures, retournèrent les chevaliers à la grande messe, gardans chacun sa reigle et son ordre; et là je ne vey rien de nouvel jusques à l'offrande. Sur quoy est force de m'arrester, pour déclairer la noble cérémonie à ce tenue et faicte. Premièrement, quand le prestre qui célébroit la messe (qui fut l'évesque de Tournay) fut retourné de l'autel devers les chevaliers, les officiers-d'armes, vestus de leurs cottes-d'armes, en lieu de clercs de chapelle, portèrent un carreau de drap d'or ; et devant l'autel avoit un rastelier, auquel avoit autant de cierges qu'il y avoit de chevaliers portans l'ordre de la Toison d'or, présens, et absens, et trépassés, depuis la dernière feste tenue ; et prit fusil, le poursuyvant, celuy du duc fondateur et chef, le baisa, et le bailla au roy-d'armes de la Toison d'Or ; lequel roy-d'armes, en soy agenouillant par trois fois, vint devant le duc, et dit : « Mon
» sieur le duc de Bourgongne, de Lotrich, de
» Brabant; de Lembourg et de Luxembourg,
» comte de Flandres, d'Artois, et de Bourgon-
» gne, palatin de Hollande, de Zélande et de
» Namur, marquis du Sainct-Empire, sei-
» gneur de Frise, de Salins et de Malines,
» chef et fondateur de la noble ordre de la
» Toison d'Or, allez à l'offrande ! »

Et le duc partit hors de son siége ; et le roy-d'armes, en baisant et s'agenouillant, luy bailla son cierge allumé et empris ; et, au passer, se retourna le duc devers le duc d'Orléans, en luy portant grand honneur et révérence ; mais le noble duc d'Orléans ne luy fit point l'honneur de son degré comme la tierce personne du royaume de France, mais comme frère et chevalier de la Toison d'Or. Et firent tous les autres chevaliers moult grand honneur au duc. Le duc revenu de l'offrande, le poursuyvant prit le cierge du roy d'Arragon : et en le baisant, et soy enclinant, le bailla au roy-d'armes ; et le roy-d'armes dit : « Très haut et très puissant prince le roy d'Arragon, venez à l'offrande, ou autre pour vous! » Et lors messire Anthoine, seigneur de Crouy, comte de Porcyen (qui estoit procureur pour le roy d'Arragon), se partit de son siège et ala en la place du roy, et puis se partit ; et le roy-d'armes luy bailla le cierge ; mais il ne le baisa point, ny ne s'agenouilla, et ce, pour la différence du prince et du procureur. Le seigneur de Crouy fit révérence au duc et à ses frères, et alla à l'offrande, et puis s'en retourna en sa propre place. Le poursuyvant prit le cierge du duc d'Orléans, le baisa, et en faisant révérence, le bailla au roy-d'armes, lequel appela le duc d'Orléans par ses tiltres et seigneuries, et luy porta son cierge, et le luy présenta, en baisant ledict cierge moult humblement. Le noble duc ala à l'offrande : et si de sa part il fit honneur au duc de Bourgongne, le duc le luy rendit aussi grand, ou plus : et ala à l'offrande, et luy portèrent les chevaliers grand honneur et révérence, et retourna en sa place. Et ainsi se présentoyent les cierges aux chevaliers, de degré en degré. Et me souviens que le roy-d'armes se vint mettre en la basse forme, à l'endroit du tableau du comte de Fribourg (qui estoit des chevaliers trépassés), et dit : « Je vais à l'offrande pour le bon chevalier le comte de Fribourg, dont Dieu veuille avoir l'ame! » Et pour luy ala le roy-d'armes à l'offrande. Et ainsi se continua la cérémonie, qu'en lieu d'un absent, un chevalier de l'ordre, son procureur, aloit à l'offrande pour luy, et pour les trépassés aloit à l'offrande le roy-d'armes de la Toison d'or.

L'offrande achevée et faicte, l'évesque de Verdun (qui depuys fut chancelier de l'ordre) fit un sermon où fut rameneue la cause de la fondation d'iceluy noble ordre, et dont l'intention singulière fut pour le remède et l'ayde de l'Eglise et de la saincte foy chrestienne ; et aussi ce que les chevaliers devoyent, et en quoy ils estoyent obligés envers Dieu et la chose publique plus que ceux de moindre estat ; de l'amour et union qui devoit estre en eux ; de la loyauté qu'ils devoyent porter à leur chef, et leur chef à eux, et l'un envers l'autre ; et moult d'autres belles et notables choses, qui trop longues me seroyent à escrire. La messe célébrée, les chevaliers s'en retournèrent comme ils estoyent venus, et se retraïrent en leur chambre de conseil ; et tandis fut le disner apresté. Et là fut drécée une moult grande table toute couverte et adoubée d'un velours noir brodé de fusils, et des armes du duc de Bourgongne, moult richement ; et au senestre costé avoit une plus basse table, qui fut ordonnée pour les quatre officiers de la Toison.

Le disner prest, les chevaliers revindrent, et lavèrent les deux ducs ensemble ; et s'asseit le duc de Bourgongne au milieu de la table ; et à son dextre lez le duc d'Orléans, et au senestre le seigneur de Santes ; et s'asseirent les autres chevaliers par ordre. Les deux ducs furent servis à couvert, chacun à-par soy ; et pareillement furent servis tous les chevaliers, chacun son plat et son service à part ; et furent moult grandement servis de vins et de viandes. Et à la basse table s'asseit le chancelier, le trésorier, le greffier et le roy-d'armes, qui pareillement furent servis, chacun à-par eux, comme les chevaliers. Longuement dura le disner et le service. Là jouèrent et sonnèrent ménestriers et trompettes, et héraux eurent grans dons, et crièrent largesse. Et, tables levées, furent les espices apportées ; et furent les princes et les chevaliers servis d'espices et de vins ; et puis se retraïrent les chevaliers en leurs chambres ; et sur le point de trois heures revindrent vestus de robes et de longs manteaux noirs, et chacun le colier de l'ordre au col ; et les quatre officiers furent vestus de mesme, montèrent à cheval en l'ordre acoustumé, et alèrent à l'église ouyr vespres des morts, et prier pour les trépassés ; l'endemain furent à la grande messe, et furent à l'offrande comme le jour devant ; et après l'offrande le greffier de la Toison nomma tous les chevaliers trépassés qui oncques portèrent l'ordre de la Toison, les recommandant aux chevaliers leurs frères, pour prier pour eux.

Le service achevé, s'en retournèrent les chevaliers ; et fut le disner préparé ; et furent les ducs d'Orléans et de Bourgongne, et le comte de Charolois, à une table ; et fut le duc d'Orléans assis au-dessus, et luy fit tousjours le duc de Bourgongne moult grand honneur. Les autres chevaliers furent assis aux autres tables, et plusieurs chevaliers, orateurs et ambassadeurs de divers royaumes et païs avecques eux; et là fut assis messire Jehan de Bonniface, chevalier arragonnois, à qui Jaques de Lalain avoit touché l'emprise, et dont les armes se devoyent faire en celle semaine. Le disner faict, se retraïrent les chevaliers en la chambre de leur conclave; et là n'entra nul, s'il n'estoit chevalier portant l'ordre, et les quatre officiers dessus nommés. Par deux jours furent les chevaliers assemblés; et le deuxième jour, Toison d'or demanda après le seigneur de La Vière, un moult puissant et notable chevalier zéelandois, du nom et des armes de Bourselle, et qui, par sa grande conduite et renommée par la mer, avoit eu la fille du roy d'Escoce, sœur germaine de madame la dauphine, dont cy-dessus est faicte mention, et l'avoit mariée à son fils le comte de Boucquam. Il demanda semblablement après le seigneur de Berdauxi, le chevalier avant-nommé (qui gouvernoit et nourrissoit le comte de Charolois). Et tant les quit le roy-d'armes qu'ils vindrent au conclave; et quand ils partirent dehors, ils avoyent le colier de la Toison d'or au col; et dit chacun que bonne élection avoit esté faicte des deux chevaliers. Autres furent éleus, à qui la Toison fut portée, dont je n'ay souvenance; mais nommément le duc Jehan de Bretaigne receut l'ordre moult agréablement, et fit de grans dons au roy-d'armes qui la luy porta. Et ainsi se partit celle feste; et (comme dict est dessus) force m'a contraint d'escrire celuy noble estat pour une fois, afin de délecter les lisans qui verront mes Mémoires cy-après, à veoir et à sçavoir les cérémonies passées, par eux non veues, et où je ne plains le travail, si-non en tant que ne le sçay faire, ou y atteindre selon mon désir et affection.

CHAPITRE XVI.

Comment messiré Jàques de Lalain et messire Jehan de Bonniface firent armes à pié et à cheval devant le duc de Bourgongne.

Après le faict de la noble feste de la Toison passé, les armes emprises par messire Jehan de Bonniface, et touchées et acordées par Jaques de Lalain, furent mises au samedy suyvant. Et furent les lices préparées sur le marché de la Viéserie, en la vile de Gand; et fut la maison du juge devant les maisons où se vendent les viels habits, ainsi qu'au milieu dudict marché; et celuy jour, ainsi qu'à une heure après midy, vindrent les ducs d'Orléans et de Bourgongne, le comte de Charolois, et toute la seigneurie, en la maison, qui pour le juge fut noblement parée; et prit le duc de Bourgongne le blanc batton, comme juge; et tantost veindrent les huict hommes-d'armes qui furent ordonnés pour estre gardes; et ne demoura guères que ledict messire Jehan de Bonniface entra par le costé de son pavillon (qui fut du costé tirant à la rivière de l'Escaud); et estoit le chevalier en une courte robe noire, et sur unes chausses d'escarlate portoit son emprise à sa jambe senestre; et, après sa présentation faicte, se retraït en son pavillon pour soy armer; et fut ledict pavillon de soye blanche et verde; et par-dessus avoit un blason des armes du chevalier; timbré d'une dame tenant un dard en sa main; et par-dessus avoit en escript: « Qui a belle dame, garde la bien. »

De l'autre part, du costé tirant à la porte de Sainct-Bavon, entra Jaques de Lalain, armé de toutes armes, le bacinet en teste, la visière levée; et estoit paré de sa cotte-d'armes (qui furent les pleines armes de Lalain), et portoit les lambeaux, comme fils aisné de la maison. Il fut noblement acompaigné : et sur tous le tenoyent de près messire Symon de Lalain son oncle, et Hervé de Mériadec, un escuyer breton, moult bon corps, sage et adextré en armes. Ledict Jaques séoit sur un cheval couvert de ses armes, et descendit à pié, et marcha jusques devant le duc, se signant de sa bannerolle. Il estoit grand et droit, et avoit le visage beau, frais et bien coulouré, et pouvoit avoir d'âge vingt-quatre ans. Il avoit espée ceincte, et marchoit par moult bonne façon. Et, après sa présentation faicte, ledict Jaques se mit à genoux, et requit au duc son souverain seigneur et maistre, au nom de Dieu et de sainct George, chevalerie. Le duc descendit de son hourd en la lice, et Jaques tira son espée, baisa la poignée, et la bailla au duc, qui le feit chevalier; et férit si grand coup le duc, en baillant l'accolée, que le coup fut ouy de tous ceux qui furent présens, ou de la pluspart, et puis remonta en sa place; et le nouveau chevalier se retraït en son pavillon, et furent faicts les cris acoustumés. Et se retraït chacun de la lice, si-non ceux qui demourer y devoyent. Et ne demoura guères que messire Jehan de Bonniface saillit hors de son pavillon, sa cotte-d'armes au dos, bacinet en la teste, et sa visière close. Il portoit à son senestre costé une dague assez longue, et tenoit en sa main senestre une hache très bonne, à dague dessus et dessous, et avec ce un targon d'acier; et en sa main dextre tenoit un long dard, léger à la mode d'Espaigne.

D'autre part saillit hors de son pavillon messire Jaques de Lalain, le nouveau chevalier; lequel d'ores-en-avant je nommeray du nom de chevalier, comme il appartient. Ledict messire Jaques avoit fait déclouer et oster la visière de son bacinet, et avoit à manière d'une bavière trouée, qui lui couvroit le visage jusques au nez. Il avoit l'espée ceinte, dont il fut chevalier; et me semble qu'il ne portoit point de dague. Il avoit en sa main senestre une targe d'acier, et une longue hache, fort pointue dessous et dessus : et en sa main dextre portoit une grosse espée pésante (que l'on nomme un estoc), et la poincte haut, à contrepoix, pour en faire gect. Et ainsi marchèrent les chevaliers l'un contre l'autre; et getta ledict messire Jehan de Bonniface le premier, et férit de plain gect dedans la targe de son compaignon. Mais rien ne l'empira; et messire Jaques getta son espée, et passa assez près de la teste de son compaignon; et, le gect passé, les chevaliers s'approchèrent l'un de l'autre, et se gettèrent les targes d'acier au-devant de leurs marches, pour cuider chacun empescher et nuire à son compaignon, et puis se coururent sus aux haches moult asprement. Messire Jehan de Bonniface féroit de la teste de sa hache, et féroit haut après le visage dont il voyoit le plus nud et découvert; et messire Jaques (qui fut beaucoup plus haut) rabatoit froidement, de la queue de sa hache, les coups de son compaignon : et, en rabatant, par deux fois luy fit perdre sa hache de la main dextre, et messire Jaques getta le bout d'embas de son batton, par deux ou trois fois, après la visière du bacinet de son adversaire, et si souvent le continua qu'il l'enferra en la visière ; et ne tint pas la prise si peu non, car la dague rompit : parquoy ne vint autre détourbier.

Quant Bonniface congnut la froideur de son compaignon, il aventura vigoureusement le surplus; et en marchant près il abandonna sa hache, et prit la hache de messire Jaques par le bout d'embas, de sa main senestre; et de la dextre main il tira sa dague, et haussa la main dextre comme s'il contendist après le visage de messire Jaques. Messire Jaques se couvrit prestement d'un grand démarche, et tira sa hache hors de la main du chevalier; et sur ce point le juge getta son batton, et se mirent les gardes entre-deux ; et furent les chevaliers amenés devant le duc, offrant chacun de parachever, si faute y avoit. Le duc fut content d'eux; mais il ne les fit point toucher ensemble, pour ce que les armes de cheval n'estoyent point achevées. Si partirent tous deux à une fois hors de la lice, chacun à son bout, et tira chacun à son plaisir; et quand à messire Jaques, il se tira tout armé à la prochaine église de son logis ; et là moult dévotement rendit grâces à Dieu, et se monstra devant, lors et depuis moult bon et dévot catholique; et les deux ducs se retraïrent chacun en son hostel.

Le samedy suyvant (qui fut le dix-huictième jour d'iceluy mois), les deux ducs revindrent en la lice pour voir les armes de cheval des deux chevaliers : et prirent la maison du juge; et au milieu de la lice avoit une toille pour conduire les chevaux, pour les courses de lances qu'ils devoyent acomplir; et se présenta le premier messire Jehan Bonniface, armé et monté comme il appartenoit. Son cheval estoit couvert d'un drap de damas blanc et verd en escartelure; et sur son armet avoit le bras d'une dame tenant un gand volet. Et séoit moult bien à cheval; et fit aporter après luy deux lances ferrées, qu'il présenta au juge; dont l'une fut ferrée d'un fer bel et bon, et commun pour la guerre, et celuy luy fut acordé; et l'autre fut un fer à quatre pointes fort closes, et celuy luy fut deffendu ; et luy fut dict qu'il n'estoit pas commun à faire armes, ne passable devant juge n'en champ clos.

Ne demoura guères que messire Jaques de Lalain se présenta armé de toutes armes, fors que de la tête, sur laquelle il portoit un chaperon de bourrelet d'escarlate moult bien découpé, et qui bien luy séoit, selon l'habillement de lors. Son cheval estoit couvert de drap de damas gris, brodé de gros estocs jettans flamme de feu, et de sa lettre, qui fut un K : qui est une lettre hors du nombre des autres. Apres luy venoyent quatre chevaux couverts de velours noir chargé d'orfèvrerie dorée et blanche, moult richement; et avoyent lesdicts chevaux chanfrains d'argent, dont issoit une longue corne tenant au front, à manière de licorne; et furent icelles tortivées d'or et d'argent; et les pages qui séoyent dessus furent vestus de drap de damas gris, brodé des devises et lettres semblables de la housseure dont estoit couvert le cheval dudict messire Jaques : et avoyent petits chaperons, à bourrelets d'escarlatte, lesdicts pages sur leurs testes.

Ledict messire Jaques entra en la lice, soy signant et recommandant de sa bannerole moult catholiquement; et estoit fort acompagné de princes et de plusieurs grans seigneurs de son lignage ; et si fit sa présentation, et furent ses lances présentées et baillées au mareschal, et d'autre part celles du chevalier espaignol, pour les mettre à une mesure. Les cris et ordonnances furent faictes. Les chevaliers s'armèrent et préparèrent, et leur furent les lances baillées ; et pour abréger mon escrit de ce qui advint des trois ou des quatre premières courses, messire Jaques de Lalain estoit armé de plusieurs rondelles, l'une sur la main, l'autre sur le coude du bras de la bride, et l'autre tenant au grand gardebras, à manière d'escu ; et ledict de Bonniface estoit un bon coureur de lance, et seur : et ne failloit point de trouver l'une d'icelles rondelles, et gaignoit bien trois doigts de longueur de lance, en faisant icelles atteintes ; parquoy messire Jaques ne pouvoit atteindre. Si fut conseillé de faire oster icelles rondelles, et puis recommencèrent leurs armes, et du premier coup rompirent les deux chevaliers leurs lances (qui fut la cinquième), et à la sixième ils croisèrent trop. A la septième, ledict de Bonniface agrava le fer de sa lance. A la huictième, feirent tous deux très dure ateinte l'un sur l'autre. A la neufième, Bonniface rompit sa lance. A la dixième, messire Jaques rompit sa lance. A l'onzième et à la douzième, ne feirent point d'atteinte. A la treizième, Bonniface feit une dure atteinte, et à la quatorzième aussi ; et désarma messire Jaques du grand gardebras. Si fut réarmé, et tandis ledict Bonniface faisoit regarder son cheval ; et avoyent ceux qui le servoyent une coustume qu'à chascune course, ou bien souvent, l'on nettoyoit du curetel les quatre piés de son cheval. Si commencèrent pour la quinzième fois, et rompit messire Jaques sa lance : et Bonniface agreva la pointe du fer de la sienne. A la seizième, Bonniface fit atteinte. A la dix-septième, atteindirent tous deux; et fauça de ce coup messire Jaques de Lalain le bord du gardebras de son compaignon. A la dix-huitième, Bonniface rompit sa lance par la poignée. A la dix-neufième, feirent tous deux atteinte en croisée. A la vingtième, ne feirent point d'atteinte. A la vingt-unième, rompirent leurs lances : et de ce coup fut Bonniface désarmé du petit gardebras de la lance. Tost fut réarmé, et de la vingt-deuxième course, Bonniface fit atteinte. De la vingt-troisième, Bonniface rompit sa lance. De la vingt-quatrième, Bonniface feit une très dure atteinte ; et messire Jaques agreva le fer de sa lance plus d'un doigt. A la vingt-cinquième, messire Jaques rompit sa lance, et Bonniface feit une très dure atteinte près de la lumière du heaume. A la vingt-sixième, faillirent tous deux ; et à la vingt-septième, se rencontrèrent tous les deux chevaliers si durement, que tous deux agravèrent et rompirent les fers de leurs lances. Ainsi advint qu'à celle course le duc les fit prendre et amener devant luy, et leur dit que le jour leur failloit de lumière (et à la vérité il estoit très tard); et que jà soit que les lances n'estoyent rompues, ordonnées à rompre par les chapitres, ne les armes acomplies, toutesfois tous deux avoyent si bien et si chevaleureusement besongné, qu'il tenoit les armes pour acomplies, et qu'il leur prioit qu'ils fussent contens. Sur quoy très-humblement mercièrent le duc, et par commandement touchèrent ensemble, et se partirent de la lice comme frères ; et ainsi furent icelles armes achevées, au grand honneur de toutes les deux parties ; car ledict messire Jaques fit un bel et honnorable commencement de chevalerie, et persévera si largement en acroissement de los et de bruit, que de son temps il n'a point esté plus grand exercice de chevalier, de luy, en toutes vertueuses œuvres : et quant audict de Bonniface, il se monstra l'un des bons coureurs de lance qui ait esté de nostre temps; et fut le troisième de la maison du duc de Milan à qui j'ay veu faire armes ; et disoit on que le duc de Milan avoit tousjours cent lances espéciales, dont des trois que je vey le premier fut Jaques de Visque, comte de Sainct-Martin ; le second fut Galiot de Baltasin ; et le tiers fut messire Jehan de Bonniface, dessusdict : lequel, à la vérité, pouvoit bien estre tenu et réputé pour une bonne lance.

CHAPITRE XVII.

Comment messire Jaques de Lalain fit armes en Escoce ; et de plusieurs autres particularités en la maison de Bourgongne.

Quand messire Jaques veit qu'il ne trouveroit plus à besongner par-delà, il s'en revint, et trouva le bon duc de Bourgongne en sa vile de l'Isle, qui le receut moult liement, et de grand cueur. Mais il ne tarda guères qu'il prit congé du duc, et par mer se tira au royaume d'Escote. Et l'accompagna messire Simon de Lalain, son oncle, et Hervé de Mériadec, et plusieurs autres gens-de-bien. Et, à ce que j'entendy, messire Jaques Douglas, frère du comte Douglas, et ledict messire Jaques de Lalain, avoyent anciènement assenti du vouloir l'un de l'autre, et se quéroyent et requéroyent l'un l'autre pour s'entre-rencontrer : et tant fit ledict messire Jaques Douglas que la bataille fut accordée par le roy entre luy et messire Jaques de Lalain. Mais la matière creut et multiplia tellement, qu'une bataille à outrance fut concluc, de trois nobles hommes escocois à l'encontre de messire Simon de Lalain, de messire Jaques de Lalain, et de Hervé de Mériadec : et se devoyent faire icelles armes à une fois devant le roy d'Escoce. Et quand vint le jour de la bataille, le roy les receut en lices closes moult honnorablement : et combien que je ne veisse point icelles armes, si m'est-il force de ramentevoir aucunes cérémonies qui là advindrent, pour exemple au temps avenir.

Car il y eut trois choses mémorables sans la bataille, qui fut moult fièrement combatue d'un costé et d'autre. La première fut que quand les trois de l'hostel du duc de Bourgongne furent tous armés, chacun sa cotte-d'armes en son dos, et prests pour partir, et pour entrer en la bataille, messire Jaques de Lalain parla à messire Simon de Lalain son oncle, et à Mériadec, et leur dit : Messieurs et mes frères, en ceste » belle journée vous sçavez que c'est à mon » emprise que sommes venus en ce royaume, » et que de pieça a esté la bataille accordée à » messire Jaques Douglas : et combien que » chacun de nous peut aider à son compaignon, » je vous prie et requier que, pour chose qui » aujourd'hui m'avienne, nul de vous ne s'en» tremette de me secourir : car il sembleroit » qu'eussiez passé la mer, et que fussiez entrés » en ceste bataille seulement pour moy aider, » et que vous ne me teinssiez ou congnussiez » pas homme pour soutenir l'assaut et la ba» taille d'un seul chevalier ; et en tiendroit cha» cun moins compte de moy et de ma cheva» lerie. » Sur celle requeste saillirent de leurs pavillons les champions, armés et embattonnés de haches, de lances, d'espées et de dagues: et pouvoyent des lances getter ou pousser, chascun à son choix.

Les deux messires Jaques Douglas et de Lalain estoyent au milieu pour eux entre-rencontrer. Ce qu'ils feirent : et à la main dextre estoit messire Simon de Lalain, qui devoit rencontrer à l'encontre d'un escuyer escocois, et Mériadec à l'encontre d'un chevalier moult puissant homme et renommé; mais ils se trouvèrent au rebours, tellement que le chevalier estoit à l'endroit de messire Simon : et alors Mériadec (qui désiroit d'aborder à celuy à qui il estoit sorti, sans avoir regard à la force n'à la renommée d'iceluy) traversa pour soy venir mettre devant ledict messire Simon, à l'encontre de son homme. Mais le bon chevalier froidement et assurément se retourna devers Mériadec, et lui dit : « Frère, chacun se tienne » à ce qu'il rencontre, et je feray bien, si Dieu » plaist. » Et se remit ledict Mériadec devant son homme : et est la seconde chose que je désiroye à ramentevoir. Les champions se prirent à marcher les uns contre les autres : et pour ce que les trois du parti de Bourgongne doutèrent que la place ne fust fort empeschée de tant de lances, tous trois à une fois gettèrent leurs lances derrière eux (qui est la troisième cause de mon récit), et prirent les haches, et coururent sus aux Escoçois, qui venoyent de poux de lance ; mais rien n'y profitèrent : et combien que tous combatissent à une fois, si ne puis je parler des aventures que de l'un après l'autre.

Les deux messires Jacques Douglas et de Lalain abordèrent l'un à l'autre : et tellement s'aprochèrent et se pressèrent de si près, que de tous leurs battons n'en demoura nuls, n'à l'un n'à l'autre, fors une dague que tenoit l'Escoçois : et ledict messire Jaques le tenoit par le bras, près de la main dont il tenoit ladicte dague, de si court que l'Escoçois ne se pouvoit aider de sa dague, et le tenoit de l'autre main par dessous les aisselles : tellement qu'ils se tournoyoient l'un l'autre parmi la lice à force de bras : et dura longuement. Messire Simon de Lalain et le chevalier escoçois furent deux puissans chevaliers, et n'estoyent tous deux guères duits de soubtiveté de jeu de hache : et, comme deux chevaliers vaillans et hardis, se quéroyent l'un l'autre, et se trouvoyent si souvent qu'en peu d'heure ils empirèrent les visières de leurs bacinets, et leurs battons et leurs harnois, des coups qu'ils avoyent donnés et receus : et perdoyent peu de terre l'un sus l'autre.

De l'autre part aborda Hervé de Mériadec, et vint l'Escoçois pour atteindre ledict de Mériadec de poux de lance ; mais Mériadec détourna le coup, de la queue de sa hache : tellement que la lance cheut à l'Escoçois hors de ses mains, et le poursuyvit Mériadec si asprement, qu'avant que l'Escoçois eust détroussé sa hache, il entra dedans luy, et d'une attrappe le porta par terre : et démarcha ledict de Mériadec pour laisser relever l'Escoçois, qui fut viste, léger, et de grand courage, et se leva vistement, et courut sus audict de Mériadec pour la seconde fois ; et Mériadec (qui fut homme, et l'un des à redouter escuyers de son temps, de force et de légèreté ; froid, et adextre en armes et en luitte) receut l'Escoçois froidement et de grand aguet, et tost après fit une entrée sur l'Escoçois : et de celle entrée luy donna si grand coup qu'il le porta par terre de coup de hache ; et prestement se cuida l'Escoçois relever. Mais Mériadec luy donna de la palme et du genouil contre le derrière, et derechef le fit choir à bouchon contre le sablon :

et nonobstant la requeste que luy eust faicte messire Jaques de Lalain, ledict Mériadec, voyant la luitte des deux chevaliers, marcha pour aider ledict messire Jaques : mais le roy d'Escoce getta son batton, et furent départis ledict Mériadec franc en sa bataille, pour secourir ses compaignons à son plaisir. Or combien que ce soit contre mon ordre commencé ; et que j'escri ceste bataille sans l'avoir personnellement veue ; je l'escri, néantmoins, à la vérité par le rapport d'Escoçois, et de ceux de nostre parti ; et si je puis rementevoir sans méprendre, car je vei charger audict messire Jaques l'emprise dont celle belle aventure et autres sont advenues.

Messire Jaques de Lalain et ses compaignons retournèrent par Angleterre : et là porta ledict messire Jaques son emprise à la court, devant la personne du roy Henry et parmy le royaume : et dont le conseil ne se contenta poinct, disant que ce n'estoit pas la coustume du royaume que nul estranger ou privé portast ou levast enseigne, ou emprise d'armes, sans premier obtenir congé et licence du roy, ou de son connestable. Ce fut dict et remonstré audict messire Jaques par moyens. Sur quoy il respondit qu'il estoit aucunement contrainct à ce faire, pour raison de ce que par veu et par commandement il avoit empris de porter icelle emprise par la pluspart des royaumes chrestiens : et s'ainsi avenoit qu'en demandant congé à chacun roy et à chacun royaume, avant porter ladicte emprise, on le luy refusast, en ce cas, il ne pourrait son emprise ne ce qui luy est commandé, fournir et achever : et pourroit, par le refus, désobéir à telle personne, qu'il aimeroit mieux mettre tout le demourant du monde en murmure contre luy. Ceste response contenta fort les gens-de-bien, et plusieurs non.

Finalement partirent les trois compaignons de la court du roy, sans ce qu'audict messire Jaques fust offert aucun allègement en son emprise : et s'en revindrent à Sandwic pour rentrer en mer, et revenir ès païs du duc de Bourgongne. Mais un escuyer anglois nommé Thomas Qué (qui venoit de Galles, et n'estoit pas à court, du temps qui fut messire Jaques), sachant qu'il avoit porté emprise au royaume d'Angleterre, sans estre levée ne touchée (fust par congé du roy ou autrement), de grand et de noble vouloir, à toute diligence, vint après ledict messire Jaques, et le trouva desjà en son navire prest pour faire voile : et vint, en un petit bot, aborder au navire, et fit dire audict messire Jaques que jà à Dieu ne pleust qu'un si noble et tant renommé chevalier comme luy se partist du royaume d'Angleterre sans avoir alégeance de son désir, et qu'il venoit là pour toucher à son emprise, et le prioit qu'on luy laissast ses chapitres : et il luy promettoit que, dedans six semaines après, il passeroit la mer, et, en la présence et sous le jugement du duc de Bourgongne, il acompliroit audict messire Jaques, à l'aide de Dieu, le contenu de ses chapitres. Finalement, ledict Thomas toucha l'emprise, et luy furent les chapitres baillés : dont il s'aquita honnorablement, comme l'on verra cy-après ; et ledict messire Jaques fit tirer les ancres, et faire voile : et vindrent descendre à l'Escluse, et trouvèrent le duc à Bruges, qui les receut en bonne chère.

En ce temps, ou à peu près, mourut à Brucelles madame Katherine de France, comtesse de Charolois : et fut enterrée à Saincte-Goulle honnorablement, comme il appartenoit à fille du roy de France ; et furent faictes de grandes dévotions pour elle et pour son trépas : et s'acquitèrent le duc et la duchesse merveilleusement vers elle en sa maladie : car le duc eut tousjours en sa maison deux des meilleurs médecins du roy Charles de France, pour penser et avoir regard au faict de madicte dame en sa maladie ; et emporta à sa mort grandes plainctes et grands regrets : car elle estoit vertueuse princesse. Dieu en veuille avoir l'âme !

En cedict temps, ou bien tost après, le duc maria sa fille naturelle, madame Marie de Bourgongne, au seigneur de Charny, son second chambellan ; et furent les plus belles noces, pour un jour, que je vey onques : car à la jouste (où joustèrent les plus grands) chacun porta son escu armoyé de ses armes et son timbre ; et devez croire que les houssures estoyent riches : et mesmes les princes et les seigneurs qui ne joustoyent point s'estoyent acompaignés et assortis, à leurs dépends, des plus gens-de-bien de la maison : et fut une feste de grand coust et de grande mission : et, deux ou trois jours après, le seigneur de Ternant requit à monsieur de Bourgongne que je m'en allasse avecques luy, et me tira hors de page, et fu mis escuyer-pannetier du duc : et ainsi je ren compte comme je suis venu en ceste maison temps pour temps.

En ce mesme temps l'archevesque de Coulongne meut une guerre à l'encontre du duc de Clèves pour la vile et seigneurie de Zoust (laquelle il disoit à luy appartenir), et amena grosse armée contre le duc de Clèves, comme Behaignons, Hongrois, et gens de toute nation. Mais Jehan, monsieur de Clèves, se bouta audict Zoust, et assembla grande noblesse de soudoyers : et si bien deffendit et luy et sa vile, qu'il en partit à son honneur : et soustint grand assaut, et s'y porta chevaleureusement : et le duc de Bourgogne sachant son neveu de Clèves en tel danger, et que le père (qui vivoit) n'estoit pas homme pour donner à son fils grand confort, feit une armée conduite par monsieur Louis de Sainct-Pol et monsieur le bastard de Bourgongne, en intention de lever le siège. Mais le viel duc de Clèves fit rompre les ponts et les passages par son païs, afin que ladicte armée n'y entrast ; et néantmoins si bien prit, que le jeune duc de Clèves soustint celle guerre si chevaleureusement, que l'archevesque de Coulongne en ramena ses gens, et abandonna son siège : et ainsi fut celle guerre achevée.

En celuy mesme temps monsieur Charles de Valois, duc d'Orléans, se tira en Bourgongne, et fit une armée pour envoyer à haste en Piémont. Par le consentement du duc de Bourgongne, Jehan de Chalon, seigneur d'Arguel (qui avoit espousé la nièce dudict duc d'Orléans), leva aucuns Bourgongnons, et fut son lieutenant Philebert de Vaudray, moult vaillant et diligent escuyer bourgongnon, et dont dessus est faicte mention en la guerre de Luxembourg ; et feit venir le duc d'Orléans la duchesse sa femme en Bourgongne, laquelle estoit sœur du duc de Clèves et nièce du duc de Bourgongne, et fille de sa sœur, comme dessus est dict ; et luy donna le païs six mille francs pour une fois, et fit au païs moult grande chère : et de ce temps je fey un tour en Bourgongne, de la grâce du duc d'Orléans, qui me fit et monstra moult grande privauté ; et ce, à cause qu'il estoit moult bon réthoricien, et se délectoit tant en ses faicts comme en faicts d'autruy ; et certes en celuy temps et en mon jeune avenir c'estoit mon principal passetemps, et y persistoye de jeunesse par oysiveté et loisir, et par la bién-heurée paix qui estoit universelle ès païs du duc, mon souverain seigneur et maistre. Quand l'armée du duc d'Orléans (que leva et conduisit le seigneur d'Arguel) fut aprestée, ils tirèrent en la comté d'Ast, et depuis entrèrent plus avant en païs, et coururent la rivière de Gennes par terre et par eaue, en faisant guerre aux Milannois et à leurs alliés, et ce par la mort du duc Philippe-Maria, jadis duc de Milan, lequel estoit nouvellement trépassé, et se disoit et dit encores le duc d'Orléans duc de Milan, pour ce qu'il disoit qu'il estoit fils d'une fille du duc de Milan, et en prit le tiltre et les armes ; et, d'autre costé, le duc Louis de Savoye (comme cy-dessus est déclairé au chapitre de pape Félix) se disoit duc de Milan, par certain traité faict par le duc Philippe-Maria quand il prit et espousa la sœur du duc Louis de Savoye ; et ay bien sceu que si le duc eust esté bien actif ou bien servi, il eust eu grande part à ladicte duché, car les Milannois l'avoyent en grande amour et crainte, et furent les armes du duc de Savoye par les Milannois mises aux portes de Milan plus de douze jours ; mais le duc Louis fut homme de petit effect en armes, parquoy il perdit celle bonne adventure.

D'autre part, le comte Francisque fut vaillant, subtil, sage, large et abandonné. Si se mit sus, et si longuement guerroya les Milannois l'une fois par traité, et l'autre par guerre, que finalement il fut duc de Milan, et après luy l'est son fils ; et, au regard de l'armée de Bourgogne (que mena monsieur d'Arguel pour le duc d'Orléans), ils s'en revindrent par défaute de payement, à grande perte et sans nul profit ; et ledict seigneur d'Arguel se gouverna vaillamment de sa personne, mais il vendit plusieurs des belles seigneuries à luy appartenans, dont le prince d'Orange son père fut mal content, et tout racheta au profit de deux fils qu'il avoit de la sœur du comte d'Armignac, qu'il avoit espousée ; dont grand dommage et grande question avint puis à la maison de Chalon, comme l'on pourra cy-après veoir. En ce temps maria le duc Philippe mademoiselle Marie de Gueldres, fille de sa nièce la duchesse de Gueldres, au roy d'Escoce, un moult beau chevalier, jeune et vertueux roy, et fut celuy qui avoit la moitié du visage rouge. Si envoya le duc la dame en Escoce, par mer, moult richement et noblement acompaignée de chevaliers, de dames et de nobles hommes. En ce temps le bon duc et la duchesse, de leur grâce, me mirent et ordonnèrent en estat d'escuyer-tranchant, avecques monsieur le comte de Charolois, leur seul fils, et à présent mon souverain seigneur et maistre.

CHAPITRE XVIII.

Du pas de la Pélerine, tenu par le seigneur de Haubourdin ; et des armes faictes entre le seigneur de Lalain et un Anglois, devant le duc de Bourgongne.

Au temps dessus-dict, messire Jehan, bastard de Sainct-Pol, seigneur de Haubourdin (qui fut de son temps un moult chevaleureux chevalier), tint un pas pour faire armes près de Sainct-Omer, le terme de six semaines, luy sixième de compaignons (qui se nommoyent pélerins) ; et se fonda son pas et emprise sur la belle Pélerine : lequel pas il fit signifier par tous les royaumes et païs voisins, et s'atendoit d'avoir beaucoup de gens de bien, et principalement du royaume de France. Mais ainsi advint que l'on commença dès lors à murmurer, tant de la paix comme des trèves, et par François et par Anglois, tellement que chacun se disposa pour la guerre, et vindrent à celuy pas peu de gens. Toutesfois, pour souvenance d'icelle noble emprise, pour patron et doctrine aux entrepreneurs à venir, et pour recommandation du noble chevalier et de ceux qui l'acompaignèrent et qui emprirent avecques luy, ensemble des nobles hommes qui à celuy pas vindrent à la noble épreuve, j'ay cy-après enregistré l'ordre et les armes dudict pas ainsi qu'il s'ensuyt.

Au perron de la Pélerine arriva un grand chevalier alemand du païs de Souabe, qui pouvoit avoir cinquante ans d'âge. Le chevalier fit toucher l'escu de Lancelot du Lac, et luy fut jour baillé pour combattre, selon le contenu des chapitres ; et vint le duc de Bourgongne, et monsieur le comte de Charolois son fils, au lieu de Sainct-Omer, ensemble la seigneurie ; et furent les lices dréçées, et le perron élevé de pierre, moult solennellement ; et là furent atachés les deux escus, l'un de Lancelot du Lac, l'autre de Tristan de Léonnois, et furent icelles lices dréeées emmy les champs, dessus le grand chemin tirant à Calais. Le lieu fut noblement préparé pour le duc, comme seigneur et juge ; et, environ neuf heures, le chevalier alemand, armé de toutes armes, la cotte d'armes en son dos, le bacinet en la teste, et monté sur un cheval couvert de ses armes, se présenta moult assourément, et puis entra dedans son pavillon, et ne demoura guères qu'entra en la lice le seigneur de Haubourdin. Il avoit devant luy six escuyers vestus de blancs manteaux, portans le bourdon en brodure devant et derrière, et servoit à deux fins, l'une pour mistère de la Pèlerine, et se nommoyent pèlerins, et communément tous pèlerins chargent le bourdon. Secondement, c'estoit la devise de tous temps dudict seigneur de Haubourdin. Ces six escuyers estoyent délibérés de faire armes, et de soustenir et deffendre iceluy pas si besoing faisoit, et se nommoyent Jehan Du Bois, Anthoine de Hérin, Anthoine de Lornau, etc. Après iceux venoit le seigneur de Haubourdin, qui se faisoit nommer le chevalier de la Pèlerine. Il estoit armé de toutes armes, le bacinet en teste, et la visière close, pour non estre veu ou congnu. Il portoit sa cotte d'armes, des armes de Lancelot du Lac, à la bande de Benouhic, et, au demourant, fut grandement acompaigné, et son cheval de mesmes pareures, et les escus et blasons qui furent à l'entour de son pavillon semblables, et devant la personne du duc, à sa présentation, se fit nommer le chevalier à la Pèlerine, et non autrement.

Le duc le receut, et bienviengna ; et le seigneur de Haubourdin se tira en son pavillon, et tantost vindrent les gardes, et furent les cris et cérémonies acoustumées, et appartenans en tel cas, faictes et acomplies. Deux haches furent présentées au chevalier alemand, qui choisit, et l'autre fut baillée à l'entrepreneur. Si saillirent les chevaliers hors de leurs pavillons, et tous deux visières baissées. Les deux chevaliers s'assemblèrent au milieu de la lice, et s'entre-rencontrèrent moult fièrement ; et au regard de la personne du chevalier alemand, il estoit grand et bel homme-d'armes, et combien qu'il fust viel, si se monstroit il prompt et de noble courage, et quéroit fièrement son compaignon, sans toutesfois estre guères duit n'apris du jeu de la hache ; et l'entrepreneur soustenoit et rabatoit moult froidement et asseurément, comme celuy qui autresfois avoit esté en celuy estroit passage de combatre en champ clos, et sous jugement, car il avoit combatu, en la vile de Sainct-Omer, un chevalier d'Espaigne nommé messire Goutière, l'un des plus redoutés chevaliers de toutes les Espaignes. Finalement, tant chevaleureusement se requirent les deux chevaliers, qu'en peu d'heure furent leurs armes acomplies, et getta le duc le batton, comme juge. Et à celuy pas ne vint autre noble homme faire armes (dont l'entrepreneur fut moult déplaisant, et ses compaignons), combien que plusieurs eusent promis de venir.

Toutesfois messire Bernard de Béarne, un moult beau chevalier, bastard de Foix, se mit en chemin pour venir au pas dessus-dict ; mais une maladie de fièvre le prit, parquoy il ne peut venir au temps que le pas estoit limité ; mais le seigneur de Haubourdin, entrepreneur, luy fit sçavoir que quand il pourroit venir, il le recevroit comme s'il fust venu au pas. Ce qu'il fit depuis, comme l'on verra cy-après.

En ce temps, l'escuyer anglois nommé Thomas passa la mer, et vint à Bruges pour combatre messire Jaques de Lalain, comme il luy avoit promis au lieu de Sandwic, ainsi qu'il est cy-dessus escrit et déclairé. Ledict messire Jaques fut moult joyeux de sa venue, et furent les lices préparées sur le viel marché de Bruges : et au jour qui fut baillé par le duc de Bourgongne, juge en ceste partie, le duc et sa seigneurie vindrent sur la lice, qui moult noblement estoit parée ; et n'est pas à oublier que, sur le pavillon qui fut tendu pour ledict messire Jaques de Lalain, avoit un cerf couché de brodure. Celuy cerf portoit seize cors, et à chacun cor avoit une bannière dont estoit issu ledict Lalain, et dont les deux premières furent du père (qui estoit chef et seigneur de Lalain), et l'autre de Créqui, du costé de la mère. Ainsi monstra ledict messire Jaques trente deux bannières, dont il estoit issu directement du père et de la mère, sans entremesler entre les deux mariages aucune aliance d'autre nature ou condition, fors tousjours de bannière en bannière, comme dict est. A la requeste de l'escuyer anglois, la comtesse d'Estampes et toutes les dames de la court furent présentes à voir icelles armes; mais la duchesse n'y voulut point estre, n'aussi je ne l'avoye jamais veu avenir, et mesmement à faire armes de pié. Toutesfois les dames y furent à celle fois.

L'Anglois estoit acompaigné de tous les chevaliers et escuyers de l'hostel de la duchesse, et se présenta tout désarmé, et puis tira en son pavillon. D'autre part vint messire Jaques de Lalain, acompaigné du baron de Beaujeu, neveu du duc, et d'autre moult grande seigneurie, ses parens et amis : et me souvient que, pour faire honneur au noble chevalier, ledict seigneur de Beaujeu, le seigneur de Ravastin, le bastard de Bourgongne, et moult d'autres seigneurs et nobles hommes, s'estoyent parés de robes de satin gris, et pourpoints de cramoisy : et venoyent deux à deux devant le chevalier, qui estoit adextré des deux princes dessusdicts, cousins germains. Il estoit vestu d'une longue robe de celle pareure ; et estoit armé de son harnois de jambe seulement : et à l'entrée de la lice se signa à pié, et en tel'ordonnance marcha jusques devant le duc son souverain seigneur et juge, qui le receut, et s'en retourna en son pavillon. Devoirs, cris et cérémonies furent faictes, et tandis chacun champion envoya présenter son batton au juge : car chacun pouvoit porter telle hache, et de telle façon que bon luy semblait ; mais le bon duc avoit acoustumé luy-mesme de visiter les battons dont l'on devoit devant luy combatre ou faire armes, pour ce que pour rien n'eust voulu souffrir que sous son jugement nulle chose mal-enseigneuse, ou de fraude, eust été faicte. Messire Jaques fit présenter une longue hache à poincte dessus, et d'un costé un bec qu'on dit de faucon; et de l'autre un mail rond, à trois pointes de diamant, et au dessous de la hache une bonne forte dague. Et la hache de l'Anglois fut une forte hache pointue dessous, et un grand taillant d'un costé, et de l'autre un long mail : et plus bas avoit rondelle pour la garde de la main, et dessous fut pointue d'une courte dague. Les battons furent raportés, et les gardes ordonnés.

L'Anglois saillit hors de son pavillon, armé de toutes armes, sa cotte-d'armes vestue, le bacinet en la teste, la visière bien close et fermée : et portoit sa hache, sa main dextre armée, couverte de la rondelle de la hache : et pouvoit on légèrement juger qu'il estoit délibéré de faire sa bataille de la teste de la hache. D'autre part saillit messire Jaques de Lalain armé, sa cotte-d'armes vestue : et en sa teste avoit une petite salade de guerre toute ronde, et avoit le visage et le col tout découvert ; et portoit sa hache près de luy, et à contre poix, pour assaillir et pour deffendre duquel des deux bouts dont il verroit son avantage : et, en marchant froidement, s'agenouilla devant le duc : et l'Anglois marchoit fièrement et de grand courage : et, à l'aborder, messire Jaques luy getta un estoc à la visière, de la queue de sa hache ; mais il ne l'enferra point ; et l'Anglois féroit de toute sa force après ledict messire Jaques : et féroit de mail, d'estoc et de taille, après le visage, qu'il voyoit nu et découvert. Mais le chevalier sçavoit marcher et démarcher : et estoit si adroit et si chaleureux, que l'Anglois ne profitoit rien en son assaut ; et quand il voyoit son avantage, il donnoit à tour de bras, de la teste de la hache, sur le bacinet de l'Anglois : et par plusieurs fois l'atteindit de coups si poisans, qu'un moins puissant l'eust à grand méchef soustenu sans cheoir à terre. Mais l'Anglois avoit assez puissance, et beaucoup hardement et courage : et quand il veit que le chevalier l'assailloit si fièrement, il amodera sa bataille, et se gardoit et contregardoit froidement, plus qu'il n'avoit commencé ; et messire Jaques poursuivoit moult fièrement : et avint que ledict messire Jaques getta, du bout d'embas de sa hache, pour cuider enferrer l'Anglois en la visière ; et l'Anglois getta l'estoc de la teste de sa hache audevant du coup, et trouva par méchef le gantelet dudict messire Jaques ouvert : et la dague, tranchante et aguë, luy percea le bras senestre rez à rez de la main, tout outre. Messire Jaques retira son bras qui saignoit à moult grand randon, et cuida rempoigner sa hache d'une grande démarche ; mais il ne se peut de la main aider : car il avoit les nerfs coupés ou grevés.

Quand le bon chevalier se veit en tel parti,

il mit sa hache sous son bras senestre, la queue devant, à la manière qu'une femme tient le batton de quoy elle file ; et de la main dextre, à l'aide de la hache, rabatoit tous les coups que l'Anglois gettoit sur luy, fors d'estoc et de mail. Lequel Anglois avoit recommencé son assault moult fier et moult aspre : et le chevalier levoit à la fois le bras blécé, et secouoit le gantelet : et sembloit à d'aucuns qu'il le faisoit pour remettre son sang au corps, dont il perdoit largement : et sembloit à d'autres qu'il vouloit monstrer au duc, son seigneur et juge, qu'il ne luy aloit que bien, et qu'il leur laissast achever. Et est bien besoing que je touche de la constance du bon juge le noble duc dessusdict : car il ne faut pas ignorer qu'il n'aimast cordialement ledict messire Jaques, son suget et son serviteur, et telle apparence de chevalier, de beauté et d'épreuve, que l'on ne nommera nulle part de meilleur chevalier de luy ; et il le voyait en tel danger ou pareil, que le duc n'eust incontinent rompu la bataille; mais il ne vouloit pas estre noté, en son jugement, d'avoir départi les champions à l'avantage de l'estranger, et en contregardant son serviteur. Si remit le tout en la fiance qu'il avoit en Dieu, et en la chevalerie de son chevalier : et laissa les armes parachever selon le contenu des chapitres, et de l'emprise acordée et conclue par les parties : dont il avint que messire Jaques de Lalain (qui froidement et par grande assurance soustint l'assaut de l'Anglois (getta la queue de sa hache entre la hache et le corps de son compaignon, et entra près de luy : et, de l'entrée, il rua le bras navré au col de son homme, et de la main dextre le prit par le gros du bacinet. L'Anglois estoit pesantement armé, et messire Jaques légèrement : et ainsi tira son compaignon de toute sa force, et d'une grande démarche : et de ce coup rua l'Anglois, la visière dedans le sablon, et tout plat estendu : et prestement, sa hache au poing, se tira devant le juge. L'Anglois fut relevé par les gardes, et fut amené devant le duc : et disoit qu'il n'avoit pas esté abbatu de tout le corps à terre, et qu'il n'estoit cheu qu'à genoux et à coudes. Si fut devant le mareschal la matière mise en preuve, et fut prouvé par nobles hommes qu'il estoit cheu de tout le corps à terre, et que les armes, par celle cheute, estoyent duement acomplies. Si touchèrent ensemble ; et avant que l'on partist de la lice, en la présence du duc, des dames et des seigneurs, fut crié un noble pas d'armes dont ledict messire Jaques estoit l'entrepreneur, et lequel pas fut depuis gardé et soustenu par ledict messire Jaques, au lieu de Chalon sur la Sosne, un an entier.

CHAPITRE XIX.

Comment le seigneur de Haubourdin, continuant son emprise du pas de la Pélerine, fit armes contre le bastard de Béarne.

En celuy temps, et assez tost après, et avant que l'on ostast les lices préparées pour les armes dessus-dictes, messire Bernard de Béarne, bastard de Foix, arriva à Bruges ; et fut baillé jour à luy et au seigneur de Haubourdin, qui se nommoit en ceste partie encore le chevalier de la Belle Pélerine, en continuant l'emprise de son pas, tenu emprés Sainct-Omer, comme il est cy-dessus escrit. Et combien que ledict seigneur de Haubourdin se nommoit comme entrepreneur, toutesfois, pour ce que ledict messire Bernard vint hors du temps que le pas estoit limité, les deux chevaliers d'un commun acord muèrent la forme des chapitres en autres armes, et pouvoyent chacun apporter telle hache qu'il luy plairoit, et devoyent getter un gect de lance, et combatre desdictes haches jusques à batton perdu, ou estre porté l'un par terre.

Au jour ordonné, messire Bernard entra en la lice armé de toutes armes, la cotte-d'armes de Foix vestue, à la barre traversant, comme il appartenoit à bastard de celle maison : et ainsi se présenta, et puis ala en son pavillon. Tost après entra le seigneur de Haubourdin, la cotte-d'armes de Lancelot du Lac au dos, le bacinet en la teste, la visière close, et devant luy les six escuyers qui en habit de pélerins l'avoyent accompagné au pas de la Pélerine ; et se présenta devant le duc, et le menoit le seigneur de Ternant, qui le présenta comme chevalier de la Pélerine : et puis se retraït iceluy chevalier en son pavillon, qui fut armoyé des armes de Lancelot, à la bande de Benouhic. Tantost après, chacun des deux champions envoyèrent présenter les battons dont ils devoyent combatre. Et fut la hache du chevalier à la Pélerine, un bec-de-faucon commun, à bonne et poisante dague dessus et dessous. Et celle que fît présenter messire Bernard fut une hache à bec-de-faucon commun; mais la dague de dessous fut longue et déliée, et de façon telle qu'elle pouvoit légèrement entrer ès trous de la visière d'un bacinet, et de sa longueur pouvoit porter grand dommage au visage de son compaignon. Le seigneur de Haubourdin fut averti de la subtilité de ladicte hache. Si dit qu'il ne donneroit pas à son compaignon tant de peine que de perser la visière de son bacinet; et prestement le fit décloer et oster de tout poinct, si que le visage luy demoura tout découvert; et fit oster les blasons qui estoyent sur son pavillon (qui furent de Benouhic), et y demourèrent autres blasons des armes de Luxembourg, à la bande traversant de Lusignan.

Quand les gardes furent venus, et cris et cérémonies faictes et acomplies, le bastard de Béarne saillit de son pavillon, la visière close, la lance au poing dextre, et la hache et le targon d'acier à la senestre : et estoit grand chevalier et puissant. D'autre part saillit le bastard de Sainct-Pol, armé de toutes armes, la cotte-d'armes, des armes de Luxembourg, au dos, bacinet en teste, sans visière, n'autre couverture ou aide au visage ; et estoit embattonné de lance et de hache, et aidé d'un targon d'acier. Fièrement marchèrent les deux chevaliers l'un sur l'autre, et getta le seigneur de Haubourdin sa lance le premier. Et ledict messire Bernard démarcha en costière, si qu'il ne fust asséné; et de celle démarche brandit sa lance, et getta sur son compaignon (qui moult vistement poursuivoit son get, le targon devant luy, par couverture). Et avint de celuy get que le seigneur de Haubourdin fut atteint sur le bord, en dehors, de sa targe ; et glissa le coup, et vint atteindre sur le costé senestre, un peu au dessus du faux du corps, et perça le harnois, et entra le fer très-profond en la chair dudict seigneur de Haubourdin ; et lors du bras senestre, tost et asseurément, il escouit la lance jus, qui tenoit assez fort dedans le harnois.

Le get passé, les chevaliers se gettèrent les targons au-devant des jambes, pour chacun cuider empescher ou nuire son compaignon; et puis se coururent sus aux haches moult asprement. Et contendoit fort messire Bernard après le visage, qu'il voyoit nud et découvert ; et y rua plusieurs fois et plusieurs coups. Mais le seigneur de Haubourdin rabatoit froidement les coups dudict messire Bernard, et ne demoura guères que ledict seigneur de Haubourdin entra sur messire Bernard, et de sa main senestre prit la hache de son compaignon, et messire Bernard cuida prendre celle du seigneur de Haubourdin, mais il n'y peut avenir. Si prit de la main dextre le seigneur de Haubourdin par le bacinet, en faute de la visière ; et ledict Haubourdin quéroit après le pié du bout de sa hache, qu'il tenoit d'une main; mais rien ne l'empira. Et en cet estat furent les deux chevaliers assez longuement, tastant et essayant en leur puissance d'avoir aucun avantage chacun sur son compaignon. Et le duc, voyant les deux chevaliers entiers l'un envers l'autre, getta le batton et les fit départir. Et partirent de la lice tous deux à une fois, et chacun par son bout. Et ainsi furent icelles armes à pié achevées, et celles de cheval mises au lundi prochain.

Celuy jour, comparurent les deux chevaliers devant le duc, leur juge en celle partie. Et au regard du bastard de Béarne, il avoit quatre chevaux couverts très-honnestement et richement. Et le bastard de Sainct-Pol avoit, pour l'acompaigner, le seigneur de Ravastain, le seigneur de Créqui et le seigneur de Ternant, tous trois chevaliers et frères de l'ordre de la Toison. Et furent leurs chevaux couverts de trois couvertes de soye et de brodure telles qu'il avoit préparées pour courre à son pas, selon que l'on toucheroit les escus ; et fut le cheval du seigneur de Ravastain couvert d'une couverte faicte de bourdons et de coquilles, qui fut l'ancienne devise du seigneur de Haubourdin, en signifiant qu'il estoit serviteur de la Pélerine. Le cheval du seigneur de Créqui estoit couvert des armes de Lancelot du Lac, à la bande de Benouhic ; et celuy du seigneur de Ternant, des armes de Palamèdes. Et, au regard du seigneur de Haubourdin, son cheval estoit couvert d'orfèvrerie très-richement ; et d'abondant, en lieu de la resne du cheval, y avoit une grosse chaine d'or que l'on estimoit peser plus de mille escus.

Présentations faictes, et cris et cérémonies acomplies, les chevaliers furent armés, et lances leur furent baillées. Et d'icelle première course avint que messire Bernard de Béarne assit sur le grand garde-bras, en glissant; et le seigneur de Haubourdin (qui prit sa course au coing de la lice, et vint aborder à la toile, ainsi qu'en croisée) assit sur le bord du clou qui tient la visière de l'armet. Et l'armet (qui n'estoit pas ataché, mais l'avoit ledict messire Bernard seulement mis en sa teste, ainsi que communément l'on court ès Espaignes) se haussa d'iceluy coup, qui fut durement ateint, et tellement que ledict messire Bernard fut froissé, et blécé en trois lieux au visage, dont le plus fort et le plus grief estoit au menton, et de ce saignoit très-fort. Toutesfois le chevalier reprit le bout de la toile, et vouloit ses armes fournir, comme chevalier de grand et noble courage qu'il estoit. Mais Bertrandon, premier escuyer-tranchant du duc (lequel le duc avoit baillé audict messire Bernard pour le servir et conseiller, pour ce qu'il estoit natif Gascon, sage et expert en armes), ne luy voulut souffrir en plus faire, mais l'emmena devant le duc. Et le duc, voyant son cas, et qu'il n'estoit pas pourveu d'armet ou heaumet suffisant pour sa seureté, luy pria moult doucement qu'il se voulsist à tant contenter d'icelles armes. Et le chevalier larmoyoit de déplaisir et de honte, et remonstroit qu'il estoit venu de loing pour acquerre honneur, et qu'il se trouvoit en honte et en foulle; et le bon duc luy dit que, sauve sa grâce, il estoit chevalier si renommé, et mesmes il avoit tant veu et congnu de sa chevalerie à pié et à cheval, que l'on congnoissoit bien l'honneur et la vertu de sa noble personne, et que ce coup n'estoit qu'un coup avenu d'aventure; et luy pria de rechef qu'il se voulsist contenter. Ce que fit le chevalier; et touchèrent ensemble lesdicts chevaliers, et ainsi furent icelles armes acomplies.

CHAPITRE XX.

Comment dom Jaques de Portugal, neveu de la duchesse de Bourgongne, vint à refuge vers le bon duc Philippe.

Celle saison, arriva au port de L'Ecluse l'enfant dom Jaques de Portugal, fils du duc de Coimbres, neveu de la duchesse de Bourgongne, et fils de son frère : et arriva grandement acompaigné de chevaliers, de nobles hommes, et autres, qui tous estoyent fugitifs avecques luy du royaume de Portugal. Et vint l'enfant dom Jaques devers le duc à Bruges, et le receut le duc moult honnorablement, et luy bailla estat et pension pour luy et pour tous ses gens; et peut on croire que la bonne duchesse sa tante le receut, ensemble les Portugalois, moult cordialement, leur fit de grans biens, et y mit largement du sien : et pareillement le bienviengna moult voulontiers le comte de Charolois, à qui il fut cousin germain : et en cette chose me sera force d'escrire et déclairer quelques aventures et cas avenus au royaume de Portugal (que toutesfois je n'ay pas veus), pour donner à entendre pourquoy et à quelle cause furent iceux Portugalois, avec les enfans du duc de Coimbres, après sa mort déchacés et fugitifs du royaume de Portugal, et privés de leurs seigneuries et biens : lesquelles enfans furent deux nobles princes, fils du duc de Coimbres, et une noble dame sage et vertueuse, qui depuis fut mariée à Adolf, monsieur de Clèves, frère du duc Jehan de Clèves, comme cy-après sera devisé et escrit.

Vérité fut que le bon roy Jean de Portugal, père de la duchesse Ysabel de Bourgongne, laissa plusieurs enfans légitimes, dont l'aisné, nommé Edouard, fut roy de Portugal après luy; le second fut duc de Coimbres; le tiers fut comte de Cepte; et la fille duchesse de Bourgongne. Le roy Jehan mort, le roy de Portugal son fils se maria à Léonor, fille du roy Fernand d'Arragon, et d'icelle eut l'infant dom Alfonse, à présent roy de Portugal : et advint que celuy roy de Portugal, fils du roy Jehan, mourut, et laissa son fils, à présent roy de Portugal, qui n'avoit que dix ans d'age : et fut régent et gouverneur de tout le royaume le duc de Coimbres, oncle du jeune roy. Celuy duc fut moult sage prince, et gouverna le royaume de Portugal moult notablement : et sous sa main avança, en honneurs et richesses, plusieurs hommes nobles, en les préférant avant autres, qui toutesfois n'en furent pas bien contens : et leur sembloit qu'ils valoyent bien, de sens et de lignage, les autres qui sous la main du régent avoyent autorité et avancement au royaume : et de ce se conspira et engendra une très-grande haine couverte à-l'encontre du duc : et le duc se faysoit grand et riche, et maria sa fille aisnée au roy : dont les malveuillans commencèrent à murmurer, et disoyent que le duc de Coimbres s'enrichissoit des biens du roy et du royaume, et qu'il estoit mieux seigneur que le roy, et que nul n'avoit avancement ou office s'il n'estoit à luy ; et d'autre part qu'il avoit marié sa fille au roy pour soy fortifier, en affoiblissant le roy et le royaume : car si le roy se fust marié à la fille d'un roy ou d'un prince voisin, c'estoit moyen d'enforcement d'avoir et d'aliance pour le roy et pour le royaume ; et qu'il estoit assez allié au roy d'estre son oncle, et assez obligé pour servir le royaume, d'avoir sa duché et ses seigneuries dedans le royaume, et tenuës du roy ; et le roy (qui croissoit en sens et en jours) entendoit ces choses, et adhéroit aucunement à telles parolles, pour ce qu'il désiroit d'estre obéi, et hors de sugettion : et toutesfois il se taisa, en attendant qu'il fust homme pour estre roy et régent, sans compaignon ou maistre. Et advint qu'en celuy temps le roy manda le duc de Coimbres à venir devers luy, pour ce qu'il s'estoit un peu de temps retiré en sa duché, estant averti que ses ennemis machinoyent contre luy, et que le roy y livroit escout : et mesmement avoit on fait une conspiration secrète contre le duc, sur le faict du royaume.

Si se douta le duc, et manda ses subjets, serviteurs et amis, pour aller au mandement du roy, fort acompaigné : et est à sçavoir que cette assemblée ne se faisoit point contre le roy, mais contre les malveuillans du duc qui entroyent en gouvernement et authorité : et quand le roy fut averti de l'assemblée que faisoit le duc son oncle, il prit la chose contre luy estre faicte, et de sa part assembla grans gens : et chevaucha le roy à grosse armée contre son oncle : et le duc, quand il sentit venir le roy, se cloït, et fit un camp clos de fossés et d'ar-tillerie, et mit ses gens en bonne ordonnance ; et, à ce que m'ont plusieurs nobles hommes Portugalois (qui furent présens) certifié, le duc ne le faisoit en autre intention, sinon cuidant faire partir de son camp aucuns des plus notables, pour aller au roy en grande humilité pour soy recommander en sa bonne grâce, et sçavoir les causes pourquoy il estoit meslé avecques sa royale magesté, soy excuser par humbles voyes, et luy ramentevoir les services qu'il entendoit avoir faicts au roy en ses jeunes jours et à l'utilité du royaume, en concluant qu'il luy offroit son service.

Mais il advint que les arbalestriers du roy de Portugal aprochèrent du camp en grand nombre : et se commença une écarmouche par méchans gens d'un costé et d'autre, tellement que d'un traict d'arbaleste le duc de Coimbres, au milieu de ses gens, fut atteint en la poictrine, dont il mourut en celle mesme heure : et n'ay point sceu qu'un seul homme de nom fust blécé ou atteint de celle écarmouche, fors le duc seulement.

O princes hauts et nobles personnages, mirez vous au cas du sage duc de Coimbres, fils, frère et oncle de roy ! Ne tentez Dieu, ne son exécuteresse fortune ; ne vous fiez en force de chevalerie, de peuple ne d'armeures ; quand celle fortune a montré la puissance de sa permission, pour avoir conduit l'impétuosité d'une sagette si juste et si alignée, que d'avoir accidentellement occis un si noble prince au milieu de sa chevalerie, et sur luy seul, entre telle compaignie, monstré sa fureur et sa cruelle vengeance.

Ainsi fut le duc de Coimbres occis ; et plusieurs se rendirent à la merci du roy ; et autres furent par force pris, et autres s'enfuirent ; et mit le roy la duché de Coimbres en sa main, ensemble tous les biens du duc trepassé. Il exila tous les enfans du duc, fils et filles, hors du royaume, excepté la seule fille dont le mariage estoit faict de luy ; et l'espousa le roy, et fust une moult belle, sage et vertueuse royne ; et s'elle eust vescu, il estoit léger à juger, par la congnoissance de ses vertus, qu'elle eust restoré la maison de Coimbres, et faict rapeler à grand honneur, en Portugal, et frères et sœurs, et les seigneurs et nobles hommes exilés à ceste cause. Mais elle mourut sous trente ans, et tous ses frères et sœurs en jeune âge; dont ce fut dommage; car c'estoit un noble sang, et une génération bien adrécée en vertu et en chevalerie.

Or ay je devisé de la mort du duc de Coimbres et de son cas; par moy toutesfois non veu. Mais à ceste cause j'ay veu venir en la maison de Bourgongne deux fils et une fille, exilés et déchacés du royaume de Portugal, dont le premier qui arriva fut l'infant dom Jaques (dont dessus est faicte mention), moult sage seigneur et dévot; et par le pourchas de la duchesse de Bourgongne, sa tante, fut envoyé à Romme, et fut homme-d'Eglise; et par le consentement du roy de Portugal fut archevesque de Lisbonne (qui est le plus grand bénéfice du royaume); et fut faict cardinal, et moult élevé, tant par sa noble naissance comme pour ses vertus. Mais il mourut au lieu de Romme assez tost après, et en ses jeunes jours, comme il est dict dessus; et cy-en-après je deviseray des deux autres, temps après autre, selon qu'il appartiendra.

CHAPITRE XXI.

Comment le bon duc Philippe fit délivrer un riche Anglois que le seigneur de Ternant avoit fait prisonnier; et comment le seigneur de Lalain teint le pas de la Fontaine de Plours à Chalon sur Sosne.

En celle saison, messire Philippe, seigneur de Ternant, fut conseillé de prendre un Anglois que l'on disoit moult riche et puissant d'avoir et de deniers; et estoit assez coustumier iceluy Anglois d'aler de Bruges à Calais; et passoit par Gravelines; et pour ce que ledict seigneur de Ternant sçavoit que la duchesse de Bourgongne portoit et soustenoit le cas et la querelle des Anglois, il s'apensa de conduire son cas et sa prise par subtilité, et tint manière de donner congé à plusieurs ses serviteurs, qui tous se r'assemblèrent à l'entour de Gravelines; et les conduisoit un soudoyer du chastel de l'Escluse (dont ledict seigneur de Ternant estoit capitaine), nommé Georget des Vignes. Finalement ils prirent ledict Anglois, et l'emmenèrent contre France, comme leur prisonnier.

Le duc de Bourgongne fut averti de ceste prise, faicte en ses païs ou ès limites; et en estant aussi la duchesse avertie, fut faicte une merveilleuse poursuite pour ceste matière; et finalement furent envoyés après, à toute diligence, les archers du duc, et autres, qui firent telle diligence qu'ils surprirent ceux qui emmenoyent ledict Anglois en un vilage; et les prirent prisonniers, et ramenèrent ledict Anglois; et fut sceu par iceux, et par lettres, que ledict seigneur de Ternant adreçoit iceluy prisonnier au seigneur de Mongeay, en l'Isle de France, lequel avoit espousé une fille de Roye, sœur de la dame de Ternant. Le cas de l'Anglois fut fort porté par la duchesse, et mesmes n'estoit jà ledict seigneur de Ternant fort en sa grâce, et fut mis avant que l'Anglois avoit seureté et sauf-conduit; et combien que le duc aimast le seigneur de Ternant beaucoup, estant son tiers chambellan, et moult privé de sa personne, il le prit prisonnier, et l'envoya au chasteau de Courtray, où il fut plus d'un an, à grans fraiz et à grans despens; et depuis le délivra le duc, mais non pas à son profit, car il restitua tout l'intérest dudict Anglois, qui luy fut un merveilleux dommage. Ainsi se passa l'an 48 sans autre aventure, et une partie de l'an 49; et faisoit le duc grandes chères et grans festimens par ses bonnes viles, où il estoit moult aimé, et voulontiers veu.

Or maintenant nous r'entrerons à réciter le noble pas que tint un an entier le bon et vertueux messire Jaques de Lalain au païs de Bourgongne, et les nobles armes qu'il y feit, et à quels nobles hommes il besongna. Mais avant est besoin que j'éclaircisse une question qui pourroit estre demandée sur ceste matière, qui est telle : c'est-à-savoir pourquoy ledict messire Jaques tint pas en Bourgongne, terre subjette de son souverain seigneur et prince, sans avoir excepté les subjets de son prince; et aussi pourquoy il entreprenoit son pas en temps de jubilé, et durant icelle saison. A ce je respon par la propre response à moy faicte par ledict messire Jaques (car j'avoye privauté et habitude à luy, pour sçavoir de ses secrets, autant qu'autre de mon âge de la maison de Bourgongne), qui disoit que la cause de sa venue en Bourgongne tendoit à deux fins. La première, pour ce qu'il y avoit au païs grande noblesse et gens qui désiroyent d'eux monstrer nobles et courageux; la seconde, pour ce que le païs estoit situé au passage de France, d'Angleterre, d'Espaigne et d'Escoce, pour aler à Romme (dont les saincts pardons et le jubilé de l'an 50 aprochoient); et ainsi sembloit que, par ces deux raisons, plus de nobles hommes seroyent avertis de son emprise, et pourroyent plus de nobles hommes venir à son pas, et toucher à sa noble emprise; parquoy plus légèrement luy estoit facile de parvenir au second poinct, qui estoit qu'il désiroit, sous le plaisir de Dieu; d'avoir présenté sa cotte-d'armes ou sa personne en lices clauses, et avoir combatu trente hommes avant qu'il eust trente ans d'age. Car, à la vérité, il avoit; à l'heure qu'il vint en Bourgongne pour tenir son pas, plus de vingt neuf ans; d'un mois, ou de sept semaines; et pour ces deux raisons (dont l'une tenoit de l'autre) tint ledict messire Jaques son pas en Bourgongne, au temps dessusdict; lequel pas s'exécuta par la manière qui s'ensuit.

Messire Jaques de Lalain se logea à Chalon sur la Sosne, une vile qui sied en Bourgongne, au duché; et s'acompaigna de messire Pietre Vasque, un très-gentil chevalier, et dont cy-dessus est faicte mention, et nommément là où est racompté le pas du seigneur de Charny; lequel messire Pietre estoit homme duit, et suffisant de son corps et de son conseil; et croy que si ledict messire Jaques eust eu inconvéniant de maladie ou autrement, il entendoit de mettre en son lieu ledict messire Pietre Vasque; car par ses chapitres il ne s'obligeoit point de personnellement parfournir. Avecques luy avoit plusieurs hommes nobles, et tint un moult bel estat, grand et plantenreux; et d'autre part y envoya le duc de Bourgongne le roy-d'armes de la Toison d'or, pour estre juge en l'absence du duc.

Estant ainsi ledict messire Jaques de Lalain logé, prépara son pas et son faict à son propos et attendement; et fait à entendre (comme dict est) que la vile et cité de Chalon est située au duché de Bourgongne, et sépare la rivière de Sosne, meslée du Doux, la comté du duché; et se passent icelles rivières par un grand pont, dont au bout a un grand faubourg que l'on nomme Sainct-Laurens: et est iceluy faubourg clos de la rivière, à la manière d'une isle. En celle isle avoit une moult belle plaine, à manière d'un pré, où à-présent est l'église des Cordeliers de l'observance, qui depuis y a esté édifiée. En icelle mesme isle fit faire l'entrepreneur les lices à combatre, et la toile pour faire les armes à cheval: et fut le champ moult bien ordonné de sablon et de tout ce qu'en tel cas appartenoit, et aussi de maison pour le juge et pour les seigneurs: et, le premier samedy de septembre 1449, fut un pavillon tendu, à un bout du grand pont, du costé de Sainct-Laurens, souveraineté du duc de Bourgongne, à cause de sa viscomté d'Auxonne: et fut iceluy pavillon palissé et barré moult honnorablement, et n'y pouvoit nul aprocher sans le congé de Charolois le héraut, un moult notable héraut, officier-d'armes du comte Charles de Charolois: lequel avoit sa cotte-d'armes vestue et un blanc batton en la main, et gardoit les images ordonnées pour l'emprise de l'entrepreneur; et premièrement au dossier d'iceluy pavillon, et au plus haut estoit, en un tableau, la représentation de la glorieuse vierge Marie, tenant le rédempteur du monde, son seigneur et son fils; et plus bas, au dextre costé de l'image, fut figurée une dame moult honnestement et richement vestue, et de son chef en simple atour: et tenoit manière de plorer tellement que les larmes tomboyent et couroyent jusque sur le costé senestre, où fut une fontaine figurée, et sur icelle une licorne assise, tenant manière d'embracer les trois targes, conditionnées pour les trois manières d'armes que l'entrepreneur vouloit fournir pour son emprise: dont la première fut blanche, pour les armes de la hache; la seconde, violette, pour les armes de l'espée; et la tierce (qui estoit dessous à manière de triolet) estoit noire, pour les armes de la lance: et furent lesdictes targes toutes semées de larmes bleues: et pour ces causes fut la dame nommée la Dame de Plours, et la fontaine, la Fontaine de Plours. Or ay je devisé de l'emprise et de l'ordonnance de cestuy noble pas: lesquelles choses furent estranges et nouvelles au païs, et fort remirées et veues de plusieurs et divers personnages.

Ce mesme jour vint au palais un héraut, nommé Toulongeon, qui apella le héraut garde du pavillon, et luy dit: « Noble héraut, je de- » mande ouverture pour aler toucher l'une

» des trois targes qui sont en vostre garde, pour et au nom d'un noble escuyer nommé Pierre de Chandios. » Le héraut le receut moult joyeusement, et luy dit qu'il fust le très-bienvenu : et luy fit ouverture; et ledict Toulongeon, comme officier bien aprís, s'agenoilla devant la vierge Marie, salua honnorablement la Dame de Plours, et puis toucha à la blanche targe, et dit : « Je touche à la blanche targe pour et au nom de Pierre de Chandios, escuyer : et afferme en parolle de veoir, disant qu'au jour qui luy sera baillé il fournira de sa personne les armes conditionnées et ordonnées pour ladicte targe, selon le contenu des chapitres du noble entrepreneur, si Dieu le garde d'encombrier et de loyale ensongne. » Et atant se partit, et fut le palis reclos : et demoura le pavillon tendu et gardé jusques au midi, que Charolois reporta son emprise, et fit son raport au bon chevalier messire Jaques de Lalain de son adventure du jour, et comment Pierre de Chandios avoit fait toucher la blanche targe : dont il fut moult joyeux, et bien viengna Toulongeon le héraut de ces bonnes nouvelles, luy donna don, et luy bailla brief jour pour combatre, qui fut le samedy suyvant.

Celuy jour (qui fut le treizième jour de septembre) la lice fut préparée, et la maison du juge et les pavillons tendus pour les champions ; et fut celuy de messire Jaques de satin blanc, semé de larmes bleues ; et celuy de Chandios de soye vermeille, armoyée de ses armes par les goutières : et veint le juge en place, acompaigné de Guillaume, seigneur de Sarcy, pour lors bailly de Chalon, de maistre Pierre, seigneur de Goux, un grand homme du grand conseil du duc, et qui depuis fut chancellier; et de plusieurs autres conseilliers et nobles hommes congnoissans au noble mestier d'armes. Eux avoir pris leur lieu, ledict messire Jaques se partit de l'église des Carmes, située à la porte de la vile et du faubourg de la porte de Sainct-Jehan-du-Maiseau; et après avoir ouy trois messes moult dévotement, entra en un bateau couvert, acompaigné de messire Pietre Vasque, et de plusieurs autres nobles hommes de son hostel (car il tenoit moult bel estat), et d'abondant il trouva au païs deux nobles hommes, frères germains : dont l'aisné fut messire Claude de Toulongeon, seigneur de la Bastie, et l'autre Tristan de Toulongeon, seigneur de Soucy, qui furent fils de messire Anthoine de Toulongeon, jadis mareschal de Bourgongne : et fut iceluy mareschal celuy sous qui fut gagnée la bataille de Bar, et pris le duc Regnier de Lorraine prisonnier. Ces deux seigneurs estoyent de l'hostel du duc de Bourgongne, gens de bien et de courage : et pour ce que ledict messire Jaques estoit estranger au païs, ils l'accompaignèrent : ne depuis, durant son pas, ne l'abandonnèrent.

Ainsi traversa le chevalier la rivière de Sosne, et vint aborder à l'isle où il devoit combattre : et là saillit hors de son batteau, vestu d'une longue robe de drap d'or gris, fourrée de martres. Il avoit sa bannerolle en sa main, figurée de ses dévotions : dont il se signoit à la fois, et moult bien luy séoit. Si vint en la lice, et se présenta devant le juge, et dit de sa bouche telles parolles : « Noble roy-d'armes de la Toison d'or, commis de-par mon très-redouté » et souverain seigneur monsieur le duc de » Bourgongne et comte de Hainaut, pour estre » mon juge en ceste partie, je me présente par- » devant vous pour garder et deffendre l'em- » prise de cestuy pas, et pour de ma part four- » nir et acomplir les armes emprises et requises » par Pierre de Chandios, selon le contenu des » chapitres à ce ordonnés. » Le juge, vestu de la cotte-d'armes du duc de Bourgongne, le blanc batton en la main, le receut et bienviengna moult honnorablement, et se retrait l'entrepreneur en son pavillon.

Ne demoura guères que, par-dessus le grand pont de Chalon, s'apparut ledict Pierre Chandios, qui venoit à cheval, armé de toutes armes, le bacinet en la teste et la cottes-d'armes au dos : et, à la vérité, c'estoit un des grans et puissans escuyers qui fust en Bourgongne n'en Nivernois, et pouvoit avoir trente et un an, ou environ, d'age. Il estoit acompaigné des seigneurs de Mirebeau, de Charny et de Seyl, ses oncles, et de la seigneurie et noblesse de Bourgongne si largement, que je puis estimer la compaignie plus de quatre cens hommes nobles. Ledict de Chandios entra dedans la lice sur un cheval armoyé de ses armes, et mit pié à terre : et l'adextra le seigneur de Charny jusques devant le juge, et porta la pa-

rolle, et dit : « Noble roy-d'armes de la Toi
» son d'or, commis de-par mon très-redouté
» et souverain seigneur monsieur le duc et
» comte de Bourgongne, juge en ceste partie,
» voicy Pierre de Chandios, mon neveu, qui
» se présente devant vous, pour, à l'aide de
» Dieu, fournir et acomplir à ce jour les ar
» mes par luy emprises et requises, à l'encontre
» de l'entrepreneur de cestuy noble pas, selon la
» condition des chapitres, et de la blanche targe à
» quoy il a fait toucher. » Le roy-d'armes le bienviengna et receut comme il appartenoit, et se
retraït en son pavillon : et ce faict, se retraït
chacun de la lice, et se commencèrent les cris
acoustumés; et tandis un mien cousin germain,
nommé Anthoine de La Marche, seigneur de
Sandon, ordonné mareschal de la lice, se tira
devers ledict Chandios par l'ordonnance du
juge, et luy demanda qu'il déclairast le nombre des coups de hache qu'il requéroit et demandoit pour faire et fournir icelles armes :
et ledict Chandios déclaira dix sept coups de
hache. Si se tira ledict mareschal devers le
juge pour l'avertir du nombre des coups, et
se tira devers ledict messire Jacques de Lalain,
tant pour l'avertir de l'intention de sa partie,
comme pour luy demander les haches qu'il
devoit livrer pour la bataille fournir et faire.
Si luy furent deux haches baillées et livrées,
qui furent longues et poisantes : et furent les
maillets et testes desdictes haches à manière
de becs de faucon, à grande et poisante dague
dessus et dessous : et furent ferrées d'une platine de fer plate, à trois testes de clouds gros
et courts, en façon de diamants, et assez à la
manière que l'on ferre lances pour jouster en
armes de guerre, sans roquet : et furent lesdictes haches apportées audict de Chandios
pour choisir, et l'autre fut raportée à l'entrepreneur : et ne demoura guères que Pierre de
Chandios saillit hors de son pavillon, la cotted'armes au dos, le bacinet en teste, et la visière close, se signant de sa bannerolle : et puis
luy bailla le seigneur de Charny, son oncle,
sa hache, et l'acompagna jusques bien-avant
en la lice. D'autre part saillit messire Jaques
de Lalain : et avoit son harnois couvert, en
lieu de cotte-d'armes, à manière d'un palletot, à manches de satin blanc semées des larmes bleues, de couleurs de la targe à quoy il

avoit touché sa partie. Il estoit armé d'une
petite salade ronde, et avoit la visière couverte
et armée d'un petit haussecol de maille d'acier : et, après la recommandation de sa bannerolle, luy bailla messire Pietre Vasque sa
hache.

Si marchèrent l'un contre l'autre les champions moult asseurément, et s'entre-rencontrèrent devant le juge, et de prime face se gardoyent l'un de l'autre. Mais n'atargea guères
qu'ils se coururent sus, et se donnoyent de
grands et poisants coups, chevaleureusement
donnés et soutenus d'une part et d'autre ; et
me souvient que ledict de Lalain (qui sçavoit
que les haches qu'il avoit baillées et livrées
n'avoyent point de dague ny de pointe dessous, dont il peut faire faucée, ne grever sa
partie) en faisant une grande démarche tourna
sa hache, et mit le mail de la dague de la part
de sa main senestre, en faisant de la teste
queue, et de la queue le maillet ; et remarcha
d'un grand poux, et atteindit ledict Chandios,
de la dague de sa hache, en la visière du bacinet, et donna si grand coup qu'il rompit la
pointe sur la visière ; mais ledict Chandios (qui
estoit fort, grand, puissant et courageux) onques n'en démarcha ; mais recommença entre
eux la bataille plus aspre et plus fière que paravant, et tant que si asprement se requirent
l'un l'autre, qu'en peu d'heure les dix sept
coups requis par ledict de Chandios furent
acomplis.

Si getta Toison d'or le batton, et furent pris
et séparés par les hommes-d'armes ordonnés
pour gardes et escoutes, et pour ce faire
comme il est de coustume en tel cas ; et, eux
amenés devant le juge, touchèrent ensemble, et s'en retournèrent chacun dont il estoit venu ; et furent icelles armes achevées par
un samedi dix-huitième jour de septembre
l'an 49.

Ainsi se passa septembre, octobre, novembre et décembre, et jusques au deuxième samedi de janvier, que messire Jehan de Bonniface, un chevalier arragonnois, et celuy qui
autresfois avoit combatu ledict messire Jaques
à Gand (comme il est cy-devant escrit), arriva
au pavillon, qui continua tous les samedis de
l'an d'estre tendu, selon le contenu des chapitres. Ledict de Bonniface venoit du costé de

la comté de Bourgongne ; et quand il veit le pavillon tendu, les images et le mistère du pavillon, et le héraut qui gardoit la barrière à cotte d'armes vestue, il descendit de son cheval, et salua le héraut, et le pria qu'il lui voulsist déclairer la signifiance et la cause du pavillon, et du mistère qu'il avoit trouvé. Le héraut (qui bien le sceut faire) luy déclaira comment un chevalier entrepreneur en ceste partie, sans luy nommer le nom, luy faisoit garder la Fontaine de Plours chacun samedi de l'an, pour fournir chacun noble homme qui voudroit toucher à l'une des trois targes ou à plusieurs, pendues à ladicte fontaine, et luy déclaira la condition desdictes trois targes, et le plus avant de celle entreprise qu'il le peut faire, luy offrant de luy bailler les chapitres par escrit. Le chevalier, se monstrant moult réjouy d'avoir trouvé icelle aventure, demanda ouverture, qui luy fut acordée et faicte ; et luy-mesme toucha à la blanche et à la noire targe, et prit le héraut son nom par escrit, et luy demanda son logis, lequel il luy déclaira à l'Asne Rayé, emprès Sainct-Georges, dedans la vile de Chalon. Le héraut, à son retour, fit son raport à messire Jaques comment messire Jehan de Bonniface avoit les deux targes, blanche et noire, touchées. Si envoya ledict messire Jaques vers luy deux nobles hommes, qui présentèrent de par l'entrepreneur cheval et harnois, et ce que mestier luy estoit pour ses armes fournir ; et luy fut baillé jour au vendredy, vingtquatrième d'iceluy mois, pour faire les armes à cheval, et le lendemain vingtcinquième celles de pié. Ce qu'il acepta, et ainsi fut jour baillé, et icelles armes emprises. Le vendredi vingtquatrième du mois dessusdict, les lices furent préparées et la toile drecée pour la course des chevaux, comme il appartenoit ; et se présenta messire Jehan de Bonniface armé de toutes armes, comme il appartenoit. Son cheval estoit couvert de ses couleurs, et fit dire au roy-d'armes de la Toison d'or, juge en ceste partie, comme il est dict dessus, qu'il estoit arrivé au pavillon par bonne aventure, et qu'il avoit veu la figure de la Dame de Plours, ensemble les trois targes pendantes à la fontaine, et avoit ouy certains nobles chapitres déclairants l'emprise et voulonté d'un noble chevalier entrepreneur de celuy noble pas, non nommé esdicts chapitres, et qu'il se présentoit pour celuy jour pour fournir les vingtcinq courses de lances contenues esdicts chapitres, à l'encontre dudict entrepreneur, que qu'il fust ; et ces termes tenoit comme non sachant que ce fust messire Jaques de Lalain qu'il avoit autrefois combatu en la vile de Gand, ou pour feindre de non sçavoir que ce fust il.

Sa présentation faicte, il se retrait au bout de la toile, et par licence courut son cheval : et tantost après, l'entrepreneur (qui estoit parti des Carmes, et avoit passé la rivière en son batteau) se présenta devant le juge, vestu d'une longue robe de velours noir, et estoit moult noblement acompaigné des seigneurs et nobles hommes de Bourgongne, qui desjà, à l'occasion de ses vertus, l'avoyent pris en telle amour et estime, que tous le quéroyent, aimoyent et prisoyent, et mesmement Pierre de Chandios, son compaignon (qui desjà avoit fait armes à l'encontre de luy), et messieurs ses parens et amis. Puis se retrait en son pavillon (qui fut à manière d'une petite tente de satin noir, semé de larmes bleues); et après qu'il fut armé, il partit hors, monté et armé comme il appartenoit : son cheval estoit couvert de velours noir, semé de larmes bleues, et furent les lances baillées à Anthoine de La Marche, mareschal de la lice, ferrées et appointées comme il appartenoit.

Cris furent faicts, et lances aportées, dont messire Jehan de Bonniface prit le choix. Et de la première course ne s'ateindirent point. A la seconde, s'ateindirent tous deux. A la tierce, s'ateindirent tous deux entre les quatre points, et rompit ledict de Bonniface sa lance. A la quarte, messire Jaques atteindit ledict de Bonniface au défaut du grand garde-bras, et fauça le harnois à jour, et rompit sa lance ; et ledict de Bonniface de celle course fit une très-dure atteinte sur la bavière de l'armet dudict messire Jaques. A la sixième, faillirent tous deux d'atteindre. A la septième course, ledict de Bonniface rompit sa lance sur le grand garde-bras de messire Jaques, et il atteindit Bonniface entre les quatre points, de plaine atteinte ; et de celle course avint que la lance dudict messire Jaques se fendit depuis le fer jusques auprès de la poignée, et ne fut autrement rompue ; dont il avint que l'on raporta deux lances nouvelles, afin que le venant de dehors choisist. Or en prit ledict de Bonniface une, et ne vouloyent point ceux qui le servoyent que l'autre fust reportée à l'entrepreneur, pour ce qu'ils disoyent que la lance dont il avoit couru n'estoit point rompue, pourtant s'elle estoit fendue ; et que, par les chapitres, chacun devoit courir de sa lance jusques elle fust rompue. Messire Jaques en vouloit bien courir, mais ceux qui l'acompaignoyent ne le vouloyent souffrir, et dura longuement cest estrif d'une part et d'autre, et n'en sçavoit le juge que juger ne qu'ordonner, car de la part de l'entrepreneur estoit dict que la lance estoit esclatée et fendue de plaine atteinte, et que jamais n'en pourroit souffrir coup qui fust de nulle recommandation ; et d'autre part l'on requéroit au juge qu'il ordonnast selon les chapitres, et que la lance n'estoit point rompue ne tronsonnée : dont le juge estoit fort perplex, et ne sçavoit comment en juger. Si avint que le mareschal de la lice (qui estoit homme qui beaucoup avoit veu) prit un batton, et le bouta en croisée par la fendure de ladicte lance, et l'aporta à messire Jehan de Bonniface, et lui dit : « Seigneur chevalier, voulez-vous que » l'on courre contre vous de ceste lance, dont » l'on ne vous peut mal faire ne grever ? » Le chevalier vit la lance, qui estoit moult empirée, et dit que l'on l'ostat, et qu'il ne vouloit point courre contre lance rompue. Et ainsi fut baillée à messire Jaques lance nouvelle pour la huictième course, et faillirent tous deux d'ateindre. A la neufième course, messire Jehan de Bonniface agreva le fer de sa lance en l'armet de son compaignon, et messire Jaques l'ateindit sous le grand gardebras assez près de l'autre atteinte, et le persa à jour, et rompit sa lance. A la dixième course, Bonniface fit une très-dure atteinte, et messire Jaques n'atteindit point. A l'onzième, Bonniface faillit, et messire Jaques l'atteindit assez près des autres deux coups, et luy empira moult son harnois, et agreva sa lance. A la douzième, firent tous deux très-dure atteinte l'un sur l'autre. A la treisième, atteindirent tous deux ; mais messire Jaques continua de quérir et d'atteindre, de costé, au lieu où il avoit desjà empiré le harnois du chevalier ; et disoit on que ledict de Bonniface avoit trempé son harnois d'une eaue qui le tenoit si bon, que fer ne pouvoit prendre sus ; et, à la vérité, il couroit en un léger harnois de guerre, et n'estoit pas possible, sans artifice ou aide, que le harnois eust peu soustenir les atteintes que fit dessus messire Jaques. Mais l'heure et le temps de l'entreprise se passoit, dont il advint qu'à la quatorzième course messire Jaques assit près des autres coups, et fauça le harnois à jour, et si l'arrest de la lance ne fust rompu de celle atteinte, le fer fust entré au corps du chevalier. Et quand ceux qui acompaignoyent ledict de Bonniface veirent le harnois ainsi empiré, et qu'en seureté il ne pouvoit plus courre, et mesmement les seigneurs et nobles hommes présens, en avertirent le juge. Parquoy le chevalier fut mandé devant Toison d'or, qui luy dit qu'il n'estoit pas suffisamment armé pour la seureté d'un si gentil chevalier qu'il estoit, et qu'il ne seroit point loyal juge de le souffrir plus aventurer devant luy. Parquoy il luy prioit, ou qu'il prist autre plus seur harnois, ou qu'il se tinst pour content d'icelles armes, car bien et bel avoit les quatorze courses fournies, et que des autres onze courses, pour fournir les vingt cinq ordonnées par les chapitres, selon la condition de la noire targe à quoy il avoit touché, il s'en pouvoit bien contenter ; mesmement qu'il avoit à combattre à pié au l'endemain, et demanda vingt et un coups de hache : et ainsi furent icelles armes accomplies.

Le lendemain (qui fut samedi) furent les pavillons tendus, et avoit ledict de Bonniface un petit pavillon de blanche toile, armoyé de ses armes, et se présenta en une noire robe, et s'alla armer en son pavillon. D'autre part se présenta messire Jaques de Lalain : et cris et cérémonies furent faicts, et deux haches baillées et présentées, et baillée à chacun d'eux la sienne. Et le tout préparé, saillit ledict de Bonniface hors de son pavillon, armé de toutes armes, la cotte-d'armes vestue, et, de son chef, il estoit armé d'un armet d'Italie, et par-dessus un grand plumas de plumes noires, et marcha fièrement et de grand courage, pamoyant sa hache, et crioit, en son arragonnois : « Avant, chevalier ! Qui a belle dame, si la » garde bien. » D'autre part marchoit messire Jaques, armé d'un haussecol et de la salade, en la manière du harnois et de la pareure qu'il estoit quand il combattit à Chandios, et marchoit fièrement audevant de son compaignon : et à l'aborder ledict de Bonniface haussa sa hache pour férir messire Jaques. Mais le coup fut rabatu, et se requirent chevaleureusement d'une part et d'autre ; et, à la vérité, ledict de Bonniface se trouva mal-asseurément armé de la teste, pour combatre à pié ; et par deux ou trois fois ledict messire Jaques, en démarchant sous costière, luy donna de grans coups du maillet de la hache, mais rien ne l'empira ; et quand ledict messire Jaques vit que de coups de hache il ne le pouvoit ébranler, il entra dedans sa hache par une entrée de la queue de revers ; et d'icelle entrée il prit, de la main dextre, le chevalier par le plumas, et tira de toute sa force, en faisant une grande démarche ; et de ce tour porta le chevalier par terre, le visage contre le sablon ; et ce faict, se tira ledict messire Jaques devant le juge, et le chevalier fut par les gardes et escoutes relevé, et amené devant le juge, lequel dit au chevalier qu'il estoit bien content de luy, et que bien avoit fourni les armes par luy emprises à l'encontre de messire Jaques de Lalain. Quand le chevalier ouyt nommer messire Jaques de Lalain son compaignon, et il le recongnut, il luy fit moult grand honneur et chère, et s'embracèrent, et ainsi furent icelles armes acomplies. Et depuis iceluy mois de février ne vindrent nuls nobles hommes toucher aux targes, jusques au mois d'aoust suyvant : et durant iceluy temps fit messire Jaques un tour à la cour, où il fut moult volontiers veu d'un chacun. En celle manière se passa l'an 49, et entra l'an 50, qui fut le sainct et salutaire an de la jubilée, que le grand pardon général estoit à Rome ; et de toutes pars passoyent pélerins et pélerines allans à Romme, par le païs de Bourgongne et ailleurs, en si grand nombre, que c'estoit noble et saincte chose, et dévote à veoir ; et m'est force de tenir propos touchant le pas et emprise commencée par le bon chevalier messire Jaques de Lalain, comme il est dessus-escrit ; et que je récite les maintes et plusieurs chevaleureuses armes faictes et exécutées en iceluy pas par ledict chevalier et ses compaignons ; dont grande perte et dommage seroit, si elles estoyent taisées ou oubliées ; et m'en tiendroye pour lasche et recréant en mon labeur, si je laissoye en ma plume si nobles faicts que j'ay veus, sans les réciter, à mon pouvoir, de mon petit sens.

Le premier samedy du mois de may l'an 1450, le pavillon fut tendu, comme il estoit de coustume, et comme tousjours se continua chacun samedy de l'an, durant l'emprise dessusdicte. Si vint audict pavillon un jeune escuyer de Bourgongne, nommé Gerard de Rossillon, beau compaignon, haut et droit, et de belle taille ; et s'adrécea ledict escuyer à Charolois le héraut, luy requérant qu'il luy fist ouverture ; car il vouloit toucher la targe blanche, en intention de combatre le chevalier entrepreneur de la hache jusques à l'acomplissement de vingt-cinq coups. Ledict héraut luy fit ouverture, et ledict Gerard toucha : et de ce fut faict le raport à messire Jaques de Lalain, qui prestement envoya devers luy pour prendre jour. Or ledict Gerard avoit père, et de son faict n'avoit eu avcu ne consentement de nuls de ses parens n'amis, pour ce qu'il estoit jeune ; et ledict messire Jaques estoit chevalier renommé, duict, apris et expérimenté au faict des armes. Si estoit l'escuyer seul et petitement aidé, pour icelles causes, de son père ne de ses amis : et n'estoit ne prest ne fourni de harnois, ne d'habillemens, ou de ce qui luy estoit nécessaire. Parquoy furent mises icelles armes au vingt-huictième jour d'iceluy mois de may, auquel jour comparurent plusieurs seigneurs de Bourgongne et plusieurs nobles hommes, pour acompaigner ledict Gerard (car il avoit de bons et notables amis), et les autres pour veoir lesdictes armes ; et pour ce que Toison d'or estoit lors en aucun voyage ou commission, par le prince fut ordonné, par commission du duc de Bourgongne, que Guillaume, seigneur de Sercy, pour lors bailly de Chalon, seroit juge en ceste partie : car celuy Guillaume fut un escuyer homme de bien, sage, et moult bien renommé : et fut premier escuyer d'escuyrie du bon duc dessusdict, comme il est escrit cy-dessus.

Donques, le vingt-huictième jour dessusdict, furent les lices préparées ; et fut ce jour Guillaume Rolin, seigneur de Beauchain, maresehal de la lice ; et se présenta le chevalier entrepreneur, comme il avoit en tel cas acoustumé ; et d'autre part vint ledict Gerard grandement acompaigné. Il estoit grand, armé, le bacinet en teste, la visière levée. Il estoit couvert et paré de sa cotte-d'armes, et son cheval semblablement; et faisoit porter devant luy une bannière de ses plaines armes, dont il fut aucunement parlé; et disoyent les aucuns que le seigneur de Clomo, son père, ne se tint oncques pour banneret; et autres disoyent qu'il estoyt de Chastillon en Bassois, que l'on dit en Nivernois la première bannière. Finalement, ledict Gerard fit porter sa bannière sans autre contredit, et se présenta devant le juge, et parla bien asseurément; et puis se retraït en son pavillon (qui estoit bleu, à mon souvenant), et le conduisoit Philebert de Vaudrey, qui moult l'adrecea pour celuy jour en son affaire.

Cris et cérémonies furent faictes, et les haches baillées, selon l'ordonnance. Si saillirent hors de leurs pavillons : et pour ce que ledict Gerard estoit averti que ledict messire Jaques combatoit communément en salade, et en haussecol de maille, il se pourveut d'une salade ronde et d'un haussecol de maille, et s'en arma: et marchèrent l'un contre l'autre; et marchoit ledict Gerard moult froidement, pour ce qu'à l'ocasion de sa jeunesse on l'avoit fort conseillé de non estre chaud; et l'entrepreneur marchoit moult ordonnément, comme celuy qui estoit duict, acoustumé et apris du fier et redouté mestier et passage de camp clos. Si abordèrent l'un à l'autre devant le juge, et courut sus l'entrepreneur audict Gerard moult asprement; et ledict Gerard soustint froidement les premiers coups, et courageusement, et rabatoit les coups et le chevaleureux assaut de messire Jaques de Lalain, par moult grande asseureté : et après avoir le premier assaut soustenu vigoureusement, assaillit son compaignon, et se monstra aspre, puissant et courageux en sa bataille, et furent plusieurs coups donnés et receus d'une part et d'autre; et avint que ledict messire Jaques essaya d'atteindre ledict Gerard du maillet de la hache : mais ledict Gerard par une démarche de costiere, rabatit le coup, et de ce rabat atteindit l'entrepreneur sur le bord de la salade, du costé dextre; et recheut le coup sur l'espaule du chevalier. Mais rien ne luy greva; et quand le chevalier veit et congnut la froideur et la hardiesse de l'escuyer, il getta la main senestre à la hache de son compaignon, et la tint; et de la main dextre haussa la teste de la sienne (qu'il tenoit près empoignée), et férit après le visage de sa partie. Mais l'escuyer getta la main dextre au-devant, et toutefois fut atteint en la joue dextre, et non pas de blessure, dont estime deust estre faicte : et en telle manière recouvra l'entrepreneur par plusieurs fois; mais autre avantage n'y acquit : et en celle bataille fut le batton getté, et les champions départis à grand honneur et los d'un chacun d'eux : et fut ledict Gerard de Rossillon le premier qui oncques avoit combatu ledict messire Jaques à visage descouvert.

A l'assemblée des armes dessusdictes, furent unes autres armes emprises, par requeste d'une part et d'autre, entre un escuyer de Haïnaut (qui acompaignoit messire Jaques de Lalain), nommé Jehan Rasoir, et un escuyer bourgongnon nommé Michau de Certaines; et furent icelles armes acordées d'une part et d'autre ; c'est à-sçavoir qu'ils courroyent vingt-cinq courses de lance à fers émoulus l'un contre l'autre, ainsi et par la manière que les chapitres du pas qui lors s'exécutoit contenoyent : et leur fut accordé de faire leurs armes en la lice d'iceluy pas, et de courre à la toile. Ce que le bailly de Chalon différa d'acepter, pour ce qu'il disoit qu'icelles armes se faysoyent et entreprenoyent hors de la cause du pas de la Fontaine de Plours, et que, par le pouvoir et commandement qu'il avoit de son prince, il n'estoit commis juge en ceste partie que pour la fourniture du pas dessusdict. Mais messire Jaques luy bailla un pouvoir du duc par lequel il pouvoit accepter d'estre juge d'icelles armes et autres, si elles survenoyent durant le pas dessusdict : et ainsi accepta ledict bailly d'estre juge en icelles armes.

Si leur fut baillé jour le samedy suyvant, et comparurent montés et armés comme en tel cas à nobles hommes appartient ; et, à l'entrée de la lice, messire Jaques de Lalain prit son escuyer par la bride, et l'emmena présenter au juge : et estoit ledict Jehan Rasoir paré sur son cheval d'une couverture de drap de damas violet; et parla ledict messire Jaques pour ledict Jehan Rasoir, en le présentant moult honorablement. D'autre part se présenta Michau de Certaines sur un cheval couvert de ses armes : dont plusieurs gens s'émerveillèrent ; et sembloit à plusieurs que, considéré que les armes d'un noble homme sont et doyvent estre l'émail et la noble marque de son ancienne noblesse, que nullement ne se doit mettre en danger d'estre trébuchée, renversée, abatue ne foulée si bas qu'à terre, tant que le noble homme le peut détourner ou deffendre : car d'aventurer la riche monstre de ses armes, l'homme aventure plus que son honneur, pour ce que d'aventurer son honneur n'est despense que le sien, et ce où chacun a à povoir ; mais d'aventurer ses armes, c'est mis en aventure la pareure de ses parens et de son lignage, et aventuré à petit prix ce où il ne peut avoir que la quantité de sa part ; et en celle manière est mis en la mercy d'un cheval et d'une beste irraisonnable (qui peut estre portée à terre par une dure atteinte, ou choper à par soy, ou mémarcher) ; ce que le plus preux et plus seur homme du monde ressongne bien, et doute de porter sur son dos en tel cas.

Ainsi fut présenté Michau de Certaines : et l'acompagnoient messire Jehan, seigneur de Toulongeon (à qui il estoit serviteur, et de son hostel); messire Claude et messire Tristan de Toulongeon, et plusieurs autres nobles hommes bourgongnons : et furent cris et ordonnances faictes, lances ferrées et mesurées, et baillées aux deux escuyers, qui furent chacun à son bout de la toile ; et pour deviser des deux personnages, ledict Jehan Rasoir fut un petit personnage gent, vif et de bon courage, et moult bien à cheval ; et ledict Michau estoit grand et puissant homme, et fort renommé homme de guerre ; et n'avoit, à celle heure, guères moins de cinquante ans.

Cris et cérémonies faictes et passées, les lances leur furent baillées, et coururent l'un contre l'autre, vingt-cinq courses de lances ; mais ainsi que les aventures des armes sont journales et aventureuses, ils firent aucunes atteintes, et furent lances rompues et agravées de toutes les deux parties. Mais, à la vérité, ledict Michau de Certaines fit plus d'atteintes que son compaignon ; et fut ledict Michau blécé en la main dextre, du commencement ; mais il se blécea luy-mesme à son arrest, en couchant sa lance. Et en telle manière se départirent icelles armes ; et le seigneur de Toulongeon donna à souper à messire Jaques de Lalain et à plusieurs nobles hommes ; et demourèrent les deux escuyers bons amis, de là en avant.

En ce temps le duc Charles d'Orléans (celuy dont est escrit cy-dessus que le bon duc Philippe le racheta de la prison des Anglois) faisoit une guerre delà les monts, et avoit conquis la comté d'Ast en Piémont, et mouvoit icelle guerre à l'occasion de la duché de Milan, que le duc Charles d'Orléans disoit à luy appartenir, à cause du duc Philippe-Maria, qui estoit nouvellement trépassé, et n'avoit laissé nuls hoirs de son corps ; et certes, à ce que j'ay peu sçavoir de ceste matière, ceste duché de Milan estoit le vray héritage du duc d'Orléans et de ses successeurs. Car le duc Louis d'Orléans, père du duc Charles, eut à femme madame Agnès de Milan, sœur du duc Philippe de Milan, lors trépassé ; et fut mère du duc Charles dessusdict ; et à ceste cause avoit esté, l'esté paravant, le duc d'Orléans en Bourgongne, où l'on luy fit honneur et grande chère : et luy donna le païs dix mille livres, à la requeste et commandement du duc, son bel oncle ; car moult s'entr'aimèrent toute leur vie. Outre plus, à cause que le duc de Bourgongne n'avoit point de guerre, et que le temps estoit oiseux, il souffrit que le duc levast gens-d'armes en ses païs de Bourgongne, et qu'ils passassent outre les monts pour le service du duc d'Orléans, en sa conqueste de Milan. Et avint que Louis de Chalon, seigneur d'Arguel, aisné fils du prince d'Orange, et lequel avoit espousé la fille du comte d'Estampes, nièce du duc d'Orléans (comme il est cy-dessus escrit et récité), éleva plusieurs gens-d'armes bourgongnons, et autres, où qu'il en peut finer ; à grans cousts, frais et missions ; car le duc Philippe avoit longuement esté sans guerre ou division, et n'estoyent les nobles hommes nullement pourveus de chevaux ne d'armeures. Si leur faloit donner, et cousta au seigneur d'Arguel un grand avoir : laquelle chose son père, le prince d'Orange, ne prit pas bien en gré ; et quand le seigneur d'Arguel vendoit aucune chose, ou aucune des seigneuries qui luy venoyent de la succession de sa mère, le prince les rachetoit au nom de luy, ou de deux fils qu'il avoit du second mariage ; et de la fille d'Armignac : dont une telle rumeur et tel discord s'émeut entre le père et le fils, que le père fit depuis plusieurs traités au préjudice du seigneur d'Arguel et de ses hoirs, et au profit des enfans qu'il avoit de celle fille d'Armignac ; et dont la maison de Chalon a esté fort enruinée, diminuée, rompue et adommagée, comme l'on lira cy-après.

Ainsi donques passa les monts le seigneur d'Arguel, et fit son lieutenant Philebert de Vaudrey (qui desjà estoit viel homme); et, pour abréger, à l'occasion que le duc d'Orléans ne peut fournir ne gens ne payement, l'exécution fut de petit fruit, et s'en revindrent la plus-part sans chevaux ou harnois, le bolevart en la teste ; et, pour cuyder attraire le roy de France ou les François en son aide, le duc d'Orléans se tint longuement à Lyon sur le Rosne, et la duchesse avecques luy : et à son retour s'adonna son chemin par Chalon, au mesme temps que le pas se tenoit : et fut grand heur, au chevalier entrepreneur, que celle noblesse vint au lieu, pour voir et entendre le haut mistère de son emprise : et mesmement si haut et si noble prince, et si belle et vertueuse princesse ; et les festeya moult hautement, et mesme au pavillon devant la Fontaine de Plours : et par un samedi que ledict pavillon estoit tendu comme il avoit acoustumé, le duc d'Orléans, la duchesse et mademoiselle d'Arguel, sa nièce (qui pour lors estoit la renommée et le bruit de tout le païs, en cas de beauté, de sens et de vertu), avec grande foison de dames et damoiselles, de chevalerie et de noblesse, veirent comme les targes estoyent gardées par le héraut dessusdict ; et cuidoit le bon chevalier de Lalain qu'aucuns d'iceux estrangers, François, Italiens, Provençaux ou autres, dont il y avoit plusieurs grans, gorgias et honnestes personnages à la cour du duc d'Orléans, deussent avoir pitié de la Dame de Plours là figurée, et toucher à aucunes de ses targes. Mais rien n'y fut empris, ny ne survint audict pas autre chose pour iceluy mois, ne jusques au mois de septembre que l'an de l'emprise s'expiroit, et lequel mois de septembre fut honnorablement et chevaleureusement exécuté, comme vous orrez cy-après.

Si ne firent le duc et la duchesse que passer par Bourgongne, en s'en retournant en leur païs : et là-vey je la première fois monsieur François, fils et héritier du comte d'Estampes, neveu du duc d'Orléans, et frère de ladicte damoiselle d'Arguel, jeune prince pauvre et disetteux, mais bel, vertueux, et de grande apparence, et lequel par succession du duc Artus, connestable de France, fut duc de Bretaigne, et moult vertueux prince : comme j'ay intention, à l'aide de Dieu, de déclairer et mettre par escrit.

Le temps et les mois se passèrent (comme dessus est dict) jusques au premier samedi de septembre, dernier mois d'iceluy pas ; lequel samedi fut le deuxiesme ou troisiesme jour d'iceluy mois ; et pour ce qu'il estoit fort apparent que plusieurs viendroyent toucher les targes de l'emprise, grande noblesse et moult de gens s'assemblèrent à Chalon, et se tirèrent au pavillon tendu.

Le premier qui fit toucher fut Claude de Saincte-Hélène, dict Piétois, seigneur de Sainct-Bouvot : et fit toucher la blanche targe. Le second fut un chevalier qui se faisoit nommer le Chevalier méconguu, et fut messire Amé Rabutin, seigneur d'Espiry : et la cause pourquoy il se fit ainsi nommer fut pour ce qu'il avoit en iceluy pas veu faire armes et combatre le chevalier entrepreneur ; et, selon les chapitres, ceux qui voyoyent combatre ou faire armes en iceluy pas ne devoyent ou pouvoyent faire armes après, à l'encontre dudict entrepreneur. Si doutoit le chevalier que l'on luy refusast son désir : et ainsi, désirant faire armes, fit toucher, doutant que le mois ne passast : et se nomma par nom méconguu, afin que s'il estoit refusé en fust moins de nouvelles ; et fit unes gracieuses lettres adréceant à messire Jaques de Lalain, entrepreneur, luy confessant qu'il l'avoit veu par aucunes fois combatre en iceluy pas, et qu'il l'avoit veu en si chevaleureuse contenance ; et avec tant d'adrèce, de force et de vertu de chevalier, que luy, entrepreneur, garde et deffendeur d'iceluy noble pas, enluminoit et élevoit si haut la renommée dudict pas, qu'il désiroit, sur tous les biens qu'il pouvoit jamais acquérir, donner confort à la Dame de Plours, estre du très-heureux nombre des combatans en ceste emprise, et soy éprouver à l'encontre de luy, que l'on tenoit et réputoit en toutes parts chevalier tout rempli de vaillance, de vertu et de grâce, luy requérant moult humblement qu'il luy donnast licence de pouvoir exécuter son emprise; et luy faisoit cette requeste avecques plusieurs beaux et aornés mots, dont le chevalier estoit bien garni : car ledict seigneur d'Espiry fut tenu de son temps l'un des vaillans, sages, plaisans et courtois chevaliers qui fust en Bourgongne, ne que l'on sceust nulle part; et fut l'un des trèze qui gardoyent le pas à l'arbre de Charlemaigne, avecques le seigneur de Charny, comme il est escrit en ce premier livre. Pour abréger, le bon chevalier de Lalain fut moult joyeux, et luy accorda sa requeste : et luy donna pouvoir, de par luy, de donner congé semblable à six autres hommes, s'il en estoit requis.

Après que le chevalier mécongnu eut fait toucher la blanche targe comme le premier, vint au pavillon Savoye le héraut, vestu de sa cotte-d'armes; et dit à Charolois qu'il estoit là envoyé de par un noble homme qui luy avoit commandé de toucher les trois targes, et qu'il désiroit de sa personne acomplir l'aventure des trois targes, pour le secours de la Dame de Plours. Ce qui luy fut accordé : et nomma son maistre; en ceste partie, Jaques d'Avanchies, un moult gentil escuyer de la duché de Savoye. Le quatriesme fut Guillaume Basam, un escuyer bourgongnon, qui fit toucher la targe noire. Le cinquiesme fut Jehan de La Villeneufve, dict Passequoy, escuyer pareillement bourgongnon, homme puissant et addrecé, qui fit toucher la blanche targe. Le sixiesme fut Gaspart de Dourtain, un escuyer de Bourgongne, en celuy temps puissant et redouté à merveilles; qui fit toucher la blanche targe; et le septiesme fut un escuyer de Bourgongne, nommé Jehan Piétois, grand et puissant, lequel fit pareillement toucher à la blanche targe; et furent apportés les noms d'iceux sept audict messire Jaques, enregistrés comme ils avoyent premier fait toucher : dont l'exécution fut telle qu'il s'ensuit.

Le premier qui se présenta en iceluy mois pour faire armes fut messire Claude de Saincte-Héléne, dict Piétois, seigneur de Sainct-Bouvot (lequel avoit le premier touché à la blanche targe, comme il est escrit cy-dessus); et pareillement furent dépeschés les autres par ordre, comme les chapitres le contenoyent : et ay souvenance que ce fut par un vendredi que ledict chevalier se présenta devant Toison d'or, qui lors estoit revenu de son voyage : et lequel s'acompagna du conseil du duc, chevaliers et escuyers, discrets et sages hommes, et clercs; moult notablement. Le seigneur de La Queulle acompagna ledict messire Claude comme son parent, et plusieurs nobles hommes : et se présenta désarmé, en robe longue : puis se retraît en son pavillon. D'autre part se présenta messire Jaques de Lalain comme il avoit acoustumé; et n'est pas à oublier que le juge envoya devers ledict messire Claude Piétois le mareschal de la lice, pour sçavoir le nombre des coups qu'il vouloit demander. A quoy le chevalier respondit qu'il entendoit qu'ils devoyent combatre de haches, jusques à ce que l'un fust porté par terre, ou désembattonné : et qu'à celle intention avoit il touché la blanche targe. Ce fut raporté au juge et à l'entrepreneur, lequel dit en effect qu'il n'avoit pouvoir de son prince que de veoir les armes faictes et combatues selon le contenu des chapitres, signés et séelés par messire Jaques de Lalain, qui disoyent que le venant de dehors devoit requérir nombre de coups, et que pour veoir et juger armes en nombre de coups estoit il ordonné juge, et non autrement; et ainsi fut dict audict Piétois. Mais tousjours demouroit en son opinion première, dont fut repris de ses parens et amis; et luy dirent que c'estoit arrogance d'emprendre contre les chapitres; et contre ce que les autres n'avoyent pas fait; et mesmes le juge dit qu'il ne verroit point icelles armes, dont il n'avoit point de commission. Et quand ledict Piétois veit ce, il demanda quarante et un coup de hache; et ainsi fut ceste matière accordée.

Les haches présentées et cris faits, saillit ledict Piétois hors de son pavillon; jeune homme moyen; quarré; puissant, et l'un des bons corps qui fust en Bourgongne. Il estoit paré de sa cotte-d'armes, et sa teste armée de salade et de barbutte. D'autre part saillit messire Jaques de Lalain, et l'acompagna; pour ce jour, le seigneur de Charny; et ceux qui paravant avoyent fait armes avecques lui y furent présens; et tousjours messire Pietre Vasque, où il avoit moult grande fiance en conseil et en aide, pour tenir et fournir en sa place ; si besoing fust ; et marchèrent l'un contre l'autre jusques devant le juge. Ledict Piétois marchoit moult fièrement, et d'arrivée cuida atteindre, du bout d'embas de sa hache, l'entrepreneur au visage ; mais il rabatit le coup froidement. Ledict Piétois retira son batton près de luy, et le rua de toute sa force entre les jambes du dessusdict, en intention (comme il pouvoit sembler) de l'empescher en sa marche, ou de le sourdre ou lever par la fourchée des jambes, à son désavantage. Mais l'entrepreneur mit la main dextre à la hache de son compaignon, et moult asseurément se deffit de son emprise, et de ce coup rua le bras au col de son compaignon ; et ledict Piétois l'embracea avecques sa hache, par le haut du corps, moult estroit ; et ainsi furent les deux chevaliers l'un à l'autre liés, et tendoit chacun d'eux à faire luite de mortels ennemis. Messire Jaques emprit, deux fois, de porter son homme par terre, comme par manière d'une atrape : mais ledict Piétois soustint longuement la force et adrèce de son compaignon, en monstrant courage et aspresse de chevalier de vertu ; et quand messire Jaques l'eut tasté et essayé en telle manière, il aprocha de sa main senestre la dague de sa hache, qu'il tenoit empoignée près de la teste, en tirant contre le visage de son compaignon, lequel ne le pouvoit détourner ou deffaire, s'il n'abandonnoit sa prise, où il ne voyoit point son avantage. Si tourna, pour tous remèdes, sa teste par-dessous le bras de messire Jaques, et ainsi le tint à la cornemuse ; et quand il se sentit pris à son désavantage, prestement il s'évertua à tout pouvoir pour cuider rompre la prise, et soy deffaire dudict messire Jaques. Mais il tint prise, et le tira, avecques démarche, par tel pouvoir, que tous deux cheurent l'un avecques l'autre ; car onques ledict Piétois n'abandonna sa prise, et fut la cheute des deux chevaliers telle, que ledict Piétois cheut le dos au sablon ; et ledict messire Jaques cheut à pattes ; et ne demoura sur ledict Piétois ; sinon ce du corps dudict messire Jaques, qui ne luy pouvoit échaper à cause de sa prise ; et se remit ledict messire Jaques sur son compaignon, en le croisant de sa hache sur l'estomac, sans autre semblant faire ; et sur ce getta Toison d'or le batton, et furent par les escoutes pris et levés tous deux ensemble, et le tint toujours ledict Piétois jusques ils furent en piés : et furent amenés devant le juge, qui les fit toucher ensemble ; et de ce avint que ledict messire Jaques luy voulut envoyer le bracelet, comme il estoit contenu ; mais il contremanda qu'il en envoyeroit un autre audict messire Jaques, et qu'il estoit aussi bien cheu de tout le corps que luy. Finalement, amis se meslèrent d'une part et d'autre, et ne fut plus avant parlé dudict bracelet ; et furent depuis grans amis, et acompaigna ledict Piétois messire Jaques jusques au royaume de Naples, pour faire armes avecques luy, si besoing faisoit.

Ainsi se passa celuy vendredy : et le l'endemain, environ dix heures du matin, se présenta l'entrepreneur : et d'autre part se partit messire Amé Rabutin, seigneur d'Espiry, celuy chevalier qui se faisoit nommer le Chevalier mécongnu. Et pour ce que sa manière de faire me sembla honneste et de bon exemple pour les escoutans, j'ay bien voulu escrire bien au long son cas et son faict : qui fut tel que grande noblesse l'accompaigna pour parens et amis, et fut adextré de messire Anthoine de Montagu, seigneur de Conches, et par le seigneur de La Queulle (dont cy-dessus mention est faicte), qui estoyent deux grans seigneurs en Bourgongne, et bien renommés en toutes choses que chevalier doit estre. Devant le chevalier estoyent deux officiers-d'armes vestus de ses armes, qui le menoyent par la bride : et fut monté sur une haquenée harnachée d'un harnois large, à trois pendans de velours cramoisy : et par-dessus estoit le cheval couvert d'un délié violet, tel que l'on voyoit le cheval et le harnois parmy, et traînoit la couverte jusques à terre : laquelle couverte estoit portée et soustenue par les quatre bouts par quatre jeunes escuyers de douze à trèze ans d'âge : dont les deux furent les enfants de Blesey, neveux du seigneur de Conches dessusdict : et les autres deux furent fils du seigneur d'Espiry ; et furent vestus iceux enfans de robes longues de drap de damas blanc, et avoyent chaperons à bourelets d'escarlate, et la cornète verde : et pareillement et semblablement estoit habillé le chevalier, qui séoit sur la blanche haquenée, comme dessus : et ainsi chevaucha jusques en la lice, ayant sa bannerolle de dévotion en sa main : et se présenta luy-mesme moult-asseurément, et s'en retourna en son pavillon, qui fut à la manière d'une petite tente de satin blanc, parée et aornée comme vous orrez cy-après.

Le chevalier requit cinquante-cinq coups de hache, et furent les battons livrés à Michau de Certaines (qui pour ce jour eut la charge de mareschal de la lice), et furent aportées les haches au seigneur d'Espiry, pour choisir le premier, comme c'estoit la coustume : et furent icelles haches ferrées, longues et poisantes, et furent les premières haches à dague dessous que l'entrepreneur fist livrer en iceluy pas. Le chevalier, sans grande difficulté ou épreuve, prit la première qui luy cheut en la main.

Cris et cérémonies furent faictes : et, les gardes et escoutes ordonnées, saillit messire Jaques, entrepreneur, hors de son pavillon, moult froidement : et estoit acompaigné de messire Pietre Vasque dessus-dict, ensemble de ceux qui desjà avoyent fait armes, et combatu en lices à l'encontre de luy ; et me faut retourner à ce que le seigneur d'Espiry fit requérir au juge que ses quatre conseillers peussent demourer en la lice, qui furent les quatre jeunes escuyers dessus-dicts. Ce qui luy fut acordé. Si fut le pavillon du chevalier ouvert, qui estoit adossé par dedans d'un riche drap d'or noir qui s'estendoit sur une grande chaize, et faisoit marchepié par tout le pavillon, et jusques dehors, plus de deux aunes. Le chevalier estoit assis sur la chaize, armé de toutes armes, la cotte-d'armes au dos, et avoit une salade à visière et courte bavière, et tenoit sa bannerolle en sa main, et achèva une oraison qu'il avoit commencée. Il avoit les jambes croisées : et à la vérité il ressembloit un Cæsar ou un preux, à son triomphe ; et deçà et delà de luy estoyent les quatre enfans ses conseilleurs, et non autres. Son oraison achevée, le chevalier se leva, et fit un grand signe de la croix de sa bannerolle, et marcha hors de son pavillon, et puis de rechef se signa, et bailla sa bannerolle aux deux jeunes escuyers qui l'adextroyent du costé senestre, et luy baillèrent ceux du dextre costé sa hache : et fust ceste cérémonie trop plus-tost et mieux faicte qu'elle n'est escrite : et le bon chevalier de Lalain le regardoit devant son pavillon, armé comme il avait de coustume ; la hache au poing, et attendoit qu'il le vist en estat de marcher : et sembloit bien, à veoir le personnage, qu'il estoit chevalier fort asseuré et délibéré en son affaire.

Ainsi marchèrent les deux chevaliers l'un contre l'autre ; et quand le seigneur d'Espiry eut marché environ six pas, il s'arresta, et prit la visière de sa salade de sa main dextre, et l'arracha hors de la salade, et la getta loing de luy en arrière, et demoura le visage moult fort découvert ; et ce fit il pour ce qu'il estoit homme de courte veüe, et la vouloit désempescher. Si s'assemblèrent les chevaliers vigoureusement l'un à l'autre, et chaudièrent fort leur bataille de chacune part, et quéroyent aspremnt les chevaliers après les visages, du du bout d'embas ; et rabatirent et soustindrent plusieurs coups à leurs haches, et furent ateints et touchés l'un et l'autre ; et finalement achevèrent chevaleureusement les armes devisées et nommées de cinquante cinq coups ; et furent pris par les escoutes, et tous deux saisis de leurs battons, et combatant et assaillant l'un l'autre. Et certes les deux chevaliers estoient si recommandés et aimés, que les amis, bienveuillans et serviteurs de chacun d'eux désiroyent la bataille achevée, sans la foule ou déplaisir de l'un des deux, comme il avint. Et ainsi furent amenés devant le juge, et de là se partirent frères et bons amis.

En ce temps et en celle semaine, revint du voyage de Jérusalem, et de là retourna par Romme pour gaigner le sainct pardon, messire Jehan, seigneur de Créqui, un moult noble et vertueux chevalier, et duquel cy-devant avons parlé au présent livre de mes Mémoires. Cestuy seigneur de Créqui fut oncle dudict messire Jaques de Lalain et frère de sa mère. Et combien qu'il eust esté un an ou plus en son voyage, à grans fraiz et missions (car il estoit fort acompaigné de chevaliers et de nobles hommes), toutesfois, pour l'amour qu'il avoit à sondict neveu, il arresta au lieu de Chalon, et en fut sondict neveu moult noblement acompaigné ; combien qu'à la vérité, par la vertu congnue audict messire Jaques, la noblesse de Bourgongne s'adonna tellement à l'aimer, que certes les derniers Bourgongnons qui firent armes à luy ne trouvoyent qui les acompaignast contre ledict messire Jaques, sinon les si prochains amis qu'ils ne les pouvoyent par honneur abandonner. A cause de la venue dudict seigneur de Créqui, ledict messire Jaques chaudoya les armes emprises en celuy mois, tellement qu'il fit neuf fois armes en quatorze jours, et telle fois deux fois armes en un jour, comme vous orrez cy-après.

Au lundi suyvant, comparut, Jaques d'Avanchies, l'escuyer de Savoye qui avoit fait toucher les trois larges, comme dessus est dict : et ce, pour faire les armes à pié, selon les conditions de la blanche targe; et se présenta ledict escuyer en une robe longue, et puis se retraït en son pavillon : et après la présentation du chevalier entrepreneur, l'escuyer requit dix-sept coups de hache. Si furent les haches présentées : et, cris et cérémonies exécutées, saillit l'escuyer de son pavillon, la cotte-d'armes au dos : et de sa teste il fut armé d'une salade à visière, et avoit le col couvert et armé d'un gorgerin de mailles seulement, et avoit le visage tout découvert : et quand à messire Jaques de Lalain, il estoit armé à la manière acoustumée, réservé qu'il n'avoit point de gantelet en sa dextre main; et au regard des haches que fit présenter l'entrepreneur, elles furent fortes, et pointues dessus et dessous : et depuis les armes précédentes de luy et du seigneur d'Espiry, il fit tousjours présenter haches à dague dessous. Ce qu'il n'avoit pas fait devant, comme dict est.

Ainsi marchèrent les deux champions, les haches empoignées, l'un contre l'autre : et l'escuyer (qui fut homme menu, et petit personnage) assembla courageusement, et du premier coup férit du maillet de la hache après la main senestre de son compaignon. Mais le chevalier le rebatit froidement : et du second coup l'escuyer recouvra du haut des bras, pour cuider plus haut atteindre : et le chevalier rebatit de la queue de la hache de plus grande force : tellement qu'il fit tourner l'escuyer ainsi qu'à demy, et de ce coup le chevalier recouvra de la dague de dessous, et l'ateindit au fort du gorgerin, tellement qu'il fit démarcher l'escuyer plus de deux pas loing de luy : et quand l'escuyer (qui fut aspre et asseuré) se vit au danger du batton du chevalier, et congnut que, tant qu'il estoit plus loing, moins luy estoit le faix du batton soustenable, il s'aventura, et marcha, la hache au poing, jusqu'à messire Jaques, et de la main droite prit la hache du chevalier, et prestement recouvra de la senestre main, et abandonna la sienne pour tenir plus fort celle de son compaignon : et me souvient que la hache dudict escuyer demoura appuyée contre messire Jaques. Mais le chevalier démarcha deux ou trois grands pas, en tirant après luy, de toute sa force, l'escuyer qui tenoit sa hache : et par celle démarche cheut la hache de l'escuyer au sablon. Mais l'escuyer ne perdit point sa prise : et quand le juge vit l'escuyer desemballonné, il getta le batton, et furent pris, estant Jaques d'Avanchies dessaisi de sa hache, et tenant et empeschant à deux mains celle de messire Jaques : et estoye si près, que j'ouy que ledict messire Jaques dit, après qu'ils furent pris : « Laissez aller ma hache, car vous ne la pouvez avoir. » Et lors la laissa aller, et vindrent devant le juge : et pour celle fois ne touchèrent point l'un à l'autre, pour ce qu'encores n'estoyent pas faites les armes emprises par ledict d'Avanchies, touchant les targes violette et noire ausquelles ledict d'Avanchies avoit fait toucher.

Le mercredi ensuyvant, comparurent, environ huict heures du matin, et se présentèrent pour la seconde fois, messire Jaques de Lalain, entrepreneur, d'une part; et de l'autre part, Jaques d'Avanchies dessusdict : et se présenta ledict messire Jaques devant le juge, vestu d'une robe longue de drap d'or cramoisy, fourée de martres, en aprochant la pareure et la couleur de la targe violette touchée par ledict Jaques : et se présenta l'escuyer en longue robe, et se retraït en son pavillon : et tantost se tira le mareschal de la lice, pour avoir les espées à faire les armes, en signifiant à l'entrepreneur que l'escuyer avoit requis onze coups d'espée férus, marchés et démarchés, de trois pas, selon le contenu des chapitres. Lesdictes espées baillées et présentées à l'escuyer, il choisit à son plaisir.

Cris et cérémonies faictes, ils saillirent de leurs pavillons : et parleray premier de Jaques d'Avanchies, lequel saillit hors de son pavillon, armé de toutes armes, la cotte-d'armes au dos, et l'espée (que l'on dict estoc d'armes) empoignée : et tenoit la main senestre renversée, et couverte de la rondelle de l'estoc; et estoit armé, de la teste, d'un armet à la façon d'Italie, armé de sa grande bavière. D'autre part saillit l'entrepreneur de son pavillon, qui fut à manière d'une petite tente : et fut de soye vermeille, semée de larmes bleues. Il estoit armé de toutes armes : et dessus son harnois avoit un palletot à manches de soye vermeille, couvert de larmes, comme dessus : et ainsi continuoit ses pareures, à la sorte et selon qu'il avoit à besongner, par les conditions des targes de son emprise : et de son chef il estoit armé d'un bacinet à une grande visière, laquelle il avoit close : et fut la première et seule fois que ledict messire Jaques combatit onques le visage couvert. Mais les armes de l'estoc, férus sans rabat, désiroyent seureté de harnois : comme chacun qui congnoist le noble métier d'armes le peut légèrement entendre.

Quand ledict messire Jaques eut empoigné l'estoc, si me sembla l'un des beaux et fiers hommes-d'armes qu'onques je veisse, et plus beau, sans comparaison, que jamais ne l'avoye veu. Si marchèrent l'un contre l'autre : et quand Jaques d'Avanchies aprocha, ainsi qu'à six pas de son compaignon, il s'arresta, et s'afferma en sa marche dedans le sablon, le pié senestre devant, et la pointe de l'estoc tournée devers son compaignon : et monstroit bien qu'il vouloit soustenir et porter sagement son faix, et le pouvoir du chevalier ; et messire Jaques marcha baudement, et celuy coup ateindit l'escuyer, entre l'espaule senestre et le bord de la bavière de l'armet, un moult grand coup : et l'escuyer ateindit messire Jaques sur le flanc senestre. Si se mirent les escoustes ordonnées entre deux : et furent reculés trois pas, comme il estoit dict par les chapitres, et pour la seconde fois marcha ledict messire Jaques sur son compaignon : mais l'escuyer s'afferma en sa marche comme devant, et mit la pointe de l'estoc au devant du coup : et le chevalier marchant pour la seconde fois, ateindit assez près de la première ateinte très-durement : mais l'escuyer soustint froidement et sagement, n'onques n'en démarcha. Le chevalier (qui moult estoit asseuré en ses affaires) ne fit autre poursuite : mais de luy mesme démarcha les pas ordonnés, et revint pour la tierce fois : et, pour abréger mon récit, tant continua le chevalier sa poursuite et les démarches ordonnées, que les onze coups d'espées furent férus par le chevalier, et soustenus par l'escuyer, par la première forme qui dicte est, sans ce que l'escuyer fust démarché de sa première place prise : et ainsi les fit le juge départir, et se retrait chacun en son pavillon : et s'en allèrent les champions désarmer et réarmer de nouveau, pour faire les armes de cheval par eux emprises, et dont le jour leur estoit assigné ce lundy, comme dict est : et tandis qu'ils se préparoyent, plusieurs alèrent disner (car il estoit grand temps), et assez tost furent les chevalier et escuyer montés et armés : et se présenta Jaques d'Avanchies le premier devant le juge, et avoit son cheval couvert de ses armes.

D'autre part se présenta le chevalier entrepreneur, son cheval couvert de velours noir semé de larmes bleues : et fit prestement tendre la tente noire semée de larmes bleues, en continuant ses premières pareures et ordonnances : et fut ledict Toison d'or en ceste partie juge pour tous les deux, qui se présentoyent pour la tierce fois devant luy pour accomplir l'un à l'encontre de l'autre les armes emprises, requises et touchées ès trois targes par ledict d'Avanchies : et après prirent chacun son bout de la lice. Cris et cérémonies furent faicts, et lances leur furent baillées : et de la première course ne firent point d'atteinte. A la seconde firent une rude croisée. A la tierce, messire Jaques de Lalain rompit sa lance sur le grand garde-bras de son compaignon. A la quatrième, firent tous deux atteinte, et agravèrent les fers de leurs lances. A la cinquième, ne se trouvèrent point. A la sixième, l'escuyer rompit sa lance par la poignée, et atteindit au placart du chevalier. A la septième, fit le chevalier atteinte, et l'autre non. A la huictième, faillirent tous deux. A la neufième et dernière course d'icelles armes, le chevalier atteindit sur le bord de la croisée de l'armet de l'escuyer : et fut l'atteinte si grande que ladicte coiffe fut enfoncée jusques à la teste : et si le coup fust descendu aussi bien qu'il monta, certainement l'escuyer eust eu la teste faussée : mais la pointe glissa en amont, et ne fut point l'escuyer blécé : mais il fut tellement endommagé de son armet qu'il fut conseillé de soy déporter de plus-avant poursuyvre, ne parfaire icelles armes; et combien que les vingt cinq courses ne fussent achevées, toutesfois le juge tint les armes pour accomplies, au contentement de tous les deux, et furent amenés et présentés au juge; et lors touchèrent ensemble (pour ce que leur emprise estoit achevée), et se retira chacun comme il estoit venu.

Le vendredy suyvant, comparut de rechef l'entrepreneur devant le juge, pour la sixième fois d'iceluy mois : et d'autre part comparut un escuyer de Bourgongne, nommé Guillaume Bassam, lequel avoit fait toucher la targe noire (comme cy-dessus est déclaré) au premier samedy du mois présent : et me semble que ledict Bassam estoit paré sur son cheval d'une couverte de ses armes; et d'autre part saillit l'entrepreneur de la noire tente, son cheval couvert de mesme, en continuant ses pareures, et sa première manière de faire. Cris et cérémonies faictes et passées, lances leur furent baillées. Si laissèrent le chevalier et l'escuyer courre l'un contre l'autre, et de celle première course firent tous deux très-belle atteinte, sans toutesfois rompre lance ne désarmer l'un l'autre : et depuis coururent quatre courses d'une suite, sans eux rencontrer. A la sixième course, messire Jaques rompit sa lance d'une atteinte, entre les quatre points, sur son compaignon. A la septième, l'escuyer agreva le fer de sa lance plus d'un doigt. A la huictième, neufième et dixième, n'atteindirent point. A l'onzième, firent tous deux une rude croisée, sans atteinte. A la douzième, l'entrepreneur rompit sa lance par la poignée. A la treizième, quatorzième et quinzième, n'atteindirent point. A la seizième, fit l'escuyer une atteinte, dont il désarma l'entrepreneur du petit gardebras : mais il fut prestement réarmé. A la dix-septième course, ne se trouvèrent point. A la dix-huitième course, messire Jaques de Lalain atteindit l'escuyer sur le placart au senestre costé, et la lance fut bonne et forte, et le fer (qui fut fin et acéré) prit audict placart, et de celuy coup fut ledict placart faussé tout outre jusques à la cuirace : et certes si la lance ne fust de celuy coup rompue, je fay doute que l'escuyer n'eust esté endommagé de sa personne, et que la cuirace n'eust peu soustenir l'atteinte dont le placart (qui estoit le plus fort et plus espés) estoit desjà percé et faucé; et ainsi fut icelle dix-huitième course passée, et vouloyent les amis de l'escuyer qu'il ne courust plus, doutans que la lance ne rencontrast de rechef en iceluy lieu. Mais ledict escuyer, comme homme d'honneur et de courage, dit qu'il achèveroit à l'aide de Dieu : et recommencèrent la dix-neufième, vingtième et vingt-unième, et ne se trouvèrent point. A la vingt-deuxième atteindirent tous deux ; et, du surplus, parachevèrent vingt-cinq courses de lance sans autre chose faire ; et ainsi furent icelles armes achevées, et plus n'y eust course de lance pour celuy pas, et furent amenés devant Toison d'Or, leur juge, et touchèrent ensemble, et s'en retourna chacun à son plaisir.

Le lendemain comparut l'entrepreneur devant le juge, et d'autre part un escuyer de la comté de Bourgongne, nommé Jehan de Villeneufve, dict Passequoy, un bon corps, grand et puissant de sa personne : et fut acompaigné du seigneur de Champdivers, et de plusieurs nobles hommes du païs. Si se retraît en son pavillon, pour soy armer : et le mareschal de lice fit porter les haches à l'escuyer, pour choisir : et, en raportant l'autre à l'entrepreneur, l'avertit que son compaignon avoit requis soixante et un coup de hache. Cris et cérémonies faictes et passées, issirent les champions de leurs pavillons : et me souvient que l'entrepreneur estoit armé et paré, comme aux autres fois qu'il combatit de la hache en celuy pas, réservé qu'il n'estoit point armé de la jambe ne de la cuisse droite : et me fut dict depuis qu'il le faisoit pour estre plus à son délivre, si son compaignon le joindoit au corps. Quand à l'escuyer, il estoit armé de sa cotte-d'armes vestue, et de son chef estoit armé d'une salade de guerre, et d'un hausse-col de maille, et marchèrent l'un contre l'autre moult asseurément ; et à l'aprocher de dix ou douze pas ; messire Jaques hasta sa marcha, et courut sus à l'escuyer, et contendit de luy bailler du bout d'embas au visage ; mais l'escuyer rabatit le coup moult froidement, et le chevalier voulut de rechef recouvrer. Ce que l'escuyer rabatit, et de ce coup cuida donner l'escuyer sur le bras senestre de son compaignon, du maillet de sa hache, mais le chevalier rabatit le coup, et getta le d'embas de sa hache, et de la dague atteindit l'escuyer au camail du hausse-col, et le recula loing de luy. Puis r'assemblèrent ensemble vigoureusement, et de gran aspresse : et à se rassembler, atteindit le chevalier ledict Passequoy sur la cotte-d'armes de la dague d'embas, et l'escuyer soustenoit asprement, et assailloit ; quand il voyoit son avantage, ettant poursuyvirent leur bataille que les soixante et un coups de hache furent acomplis ; et lors getta le juge son batton, et furent pris en combatant de leurs battons, et furent amenés devant le juge, et touchèrent ensemble.

Le lundy suyvant, comparut l'entrepreneur, pour la huictième fois d'iceluy mois : et d'autre part comparut Gaspart de Dourtain, un escuyer de la comté de Bourgongne, homme puissant et renommé : après que tous deux furent armés en leurs pavillons, et que le mareschal eut les haches livrées, il annonça à l'entrepreneur que l'escuyer avoit requis septante cinq coups de hache. Cris et cérémonies furent faicts. Si s'assemblèrent les champions, les haches empoignées ; et me souvient que messire Jaques de Lalain estoit armé à la manière accoustumée, excepté qu'il n'avoit point de grève à la jambe droite : et l'escuyer estoit armé, la cotte-d'armes au dos, le bacinet en la teste et la visière close. Si se rencontrèrent devant le juge, et commença la bataille entre eux, forte et dure : et requéroit chacun son compaignon, en signe de mortels ennemis : et avint que messire Jaques de Lalain getta plusieurs coups mortels après la visière de l'escuyer, contendant de l'enferrer de la dague de dessous ; mais l'escuyer (qui moult estoit puissant) rabatoit, et se deffendoit de l'emprise de son compaignon, et d'un rabat rompit la dague de la hache dudict messire Jaques ; et quand l'escuyer s'aperceut que le batton du chevalier estoit empiré, assaillit moult vigoureusement : et messire Jaques (qui moult fut asseuré en tous ses faicts) marcha plus près de son compaignon, et rabatoit l'assaut de l'escuyer de si près, qu'il l'empeschoit de faire atteinte ne de l'un des bouts ne de l'autre ; et, après plusieurs rabats, messire Jaques getta le bout rompu, et fit atteinte au col du bacinet de l'escuyer. Mais rien n'en démarcha ledict escuyer : mais continua la bataille entre eux deux forte et dure, et tournoyèrent parmy la lice, chacun gardant sa place, et l'avantage du souleil : et ne sauroye dire ne juger que l'un gaignast sur l'autre un pié de la lice : et finalement, après avoir longuement combatu, messire Jaques de Lalain getta la main droite à la hache de l'escuyer, et la prit par le manche, entre la main senestre et le bout d'embas : et prestement getta le juge son batton, et furent pris les champions, et amenés devant le juge ; et parla messire Jaques moult asseurément, en soy offrant de paracher, si faute y avoit : et pareillement fut levée la visière de l'escuyer, et fut trouvé aussi frais que quand elle luy fut close, et parla promptement devant le juge en grande asseurance : et voyoit on bien, à son parler, que l'aleine ne luy estoit guères endommagée. Si touchèrent ensemble, et depuis furent bons amis : et se trouva depuis ledict Gaspart avecques ledict messire Jaques, se loua fort dudict Gaspart, comme nous lirons cy-après ; et tant en dy à l'honneur de l'escuyer, que messire Jaques de Lalain me dit par plusieurs fois qu'il avoit trouvé et senti Gaspart de Dourtain homme à redouter sur tous ceux qu'il avoit onques combatu.

Le mercredy suyvant (qui fut le quatorzième jour de septembre) se présenta messire Jaques de Lalain, pour la neufième fois d'iceluy mois : et fut la dernière dudict mois et d'iceluy pas ; et n'ay pas souvenance que ledict messire Jaques fist onques puis armes en champ clos. D'autre part se présenta un escuyer de la duché de Bourgongne, nommé Jehan Pientois, et s'armèrent tous deux en leurs pavillons, et furent les haches présentées, pour ce que l'escuyer avoit fait toucher à la blanche targe, et avoit requis cinquante-deux coups de hache. Cris et cérémonies faictes, saillit l'entrepreneur de son pavillon, armé et paré des couleurs de la targe touchée, comme il avoit acoustumé : et n'avoit ledict entrepreneur la jambe droite de rien armée. D'autre part saillit ledict Jehan Pientois, armé comme en tel cas appartient, la cotte-d'armes au dos, et son chef armé d'une salade et d'un hausse-col de maille, assez semblablement que l'entrepreneur ; et certes l'escuyer marcha en moult belle ordonnance, et furent les champions assez semblables de grandeur, et fièrement s'assemblèrent de venue : et cuida l'escuyer férir le chevalier de la pointe d'embas de la hache. Mais le chevalier rabatit le coup, et de celle venue contendit de férir l'escuyer; mais il démarcha, et rabatit le coup : et ainsi se poursuyvirent l'un l'autre par plusieurs coups donnés et férus d'un costé et d'autre : et se chaudioyent moult fort et moult fièrement, et de toute leur force. Environ les trente coups de haches, messire Jaques de Lalain abandonna son batton, et prit celuy de son compaignon, et le tint si fort que l'escuyer ne peut plus s'en aider : et messire Jaques tenoit en sa main dextre sa hache empoignée près du maillet, et férit par plusieurs coups, de la dague de dessus, après le visage de son compaignon, et l'escuyer rabattit plusieurs coups de son poing dextre dont il avoit clos le gantelet : et rabatoit (comme dict est) l'assaut du chevalier moult vigoureusement : et féroit l'escuyer, le gantelet clos, de toute sa force, après le visage du chevalier ; lequel à chacune fois rabatoit le coup du costé et du bras, dont il tenoit la hache de son compaignon ; et tant continua leur bataille en ceste manière, que l'escuyer fut blécé à sang de la pointe de la hache, au visage : et, après avoir très longüement combatu, furent pris et départis par les escoutes ; et messire Jaques dit à l'escuyer : « Ce n'est pas honneste ba» taille de combattre du poing, comme les » femmes. » A quoy l'escuyer respondit : « Si vous n'eussiez pris ma hache, je vous » eusse combatu de mon batton : et sont les » mains faictes à l'homme pour assaillir et » pour deffendre. » Et à tant furent les parolles rompues, et vindrent devant le juge. Et parla messire Jaques de Lalain, à sa présentation, moult notablement, disant qu'il se présentoit pour la dernière fois, ayant, à l'aide de Dieu, achevé son emprise, et accompli, soy offrant d'en faire plus avant, s'il sembloit que faire le deust, merciant le juge, sa bonne assistance et son jugement : et pour ce qu'avoit iceluy mois de septembre encores à durer quinze ou seize jours, et ne sçavoit si nuls ne voudroyent encores venir au secours de la Dame de Plours, il demoureroit tout celuy mois en la vile, luy priant que pareillement luy voulsist faire : ce que le juge lui accorda. Pareillement se présenta l'escuyer de sa part. Si s'embracèrent ; et s'en alla l'escuyer tout armé à Nostre-Dame des Carmes ; et messire Jaques s'en ala désarmer en son pavillon, et de là envoya à Toison d'or (qui avoit esté son juge) une longue robe de drap d'or, fourrée de bonnes martres zubelines, pour récompenser son travail : et s'en retourna ledict messire Jaques comme il avoit acoustumé.

Le dimenche suyvant, fit ledict messire Jaques de Lalain un grand souper, en manière de banquet, au palais de l'évesque ; et là eut grand'noblesse et chevalerie assemblée, grande foison de vins et viande, et moult de divers et riches mets. Et me souvient d'un gracieux entremets qui fut au milieu de la grand table, qui fut à manière d'une lice close ; et de l'un des costés estoyent, en front et en rang, la représentation de ceux qui avoyent combatu à l'encontre de l'entrepreneur en celuy pas, montés et parés comme ils estoyent venus chacun à sa bataille ; et devant eux estoit la représentation de l'entrepreneur, armé et paré, la hache au poing, comme plus souvent il avoit combatu ; et avoit devant ses piés un petit couplet d'escripture, qui disoit en substance comme il mercioit à ses compaignons l'honneur que chacun luy avoit fait ; et leur faisoit offre de les servir, comme ses frères et amis, tant qu'il vivroit, de corps et de biens. Grandement fut le souper servi ; et après tables levées et graces dictes, furent les prix donnés par le rapport de messire Jaques, entrepreneur. Et premier fut donnée la hache d'or à Gérard de Rossillon, pour avoir féru le plus haut coup de sa hache sur ledict messire Jaques ; et fut pour un coup d'un rabat de la queue, par lequel ledict Gérard ateindit ledict messire Jaques sur le bord de la sallade ; et recheut le coup sur l'espaule senestre, comme plus à plain est escript au récit d'icelles armes. Pour le prix des armes de l'espée, il fut donné à Jaques d'Avanchies ; et pour iceluy prix donner ne fut faicte aucune enqueste à l'entrepreneur, pour ce que luy seul avoit combatu d'espée à celuy pas. Au regard du prix des courses de lance, il fut donné à messire Jehan de Bonniface, lequel certes avoit moult bien couru et ateint, comme il est cy-dessus déclaré. A celuy soir fit ledict messire Jaques l'acord de Tristan de Toulongeon et de Gérard de Rossillon, qui pour un vert débat, par jeunesse, s'estoyent combatus; et estoit ledict messire Jaques tant aimé et prisé de chacun, que jamais son conseil n'eut esté refusé.

Ainsi fut le banquet achevé, et le mistère d'iceluy pas. Et le dernier jour que le pavillon fut tendu, et que l'heure de midi fut passée, que l'on avoit acoustumé de destendre ledict pavillon, tous les nobles hommes et serviteurs de l'hostel de messire Jaques vindrent acompaigner les officiers-d'armes qui devoyent les mistères raporter, pour la dernière fois, à cottes-d'armes vestues, et le plus honnorablement que faire se pouvoit. Et premier venoit Léal, le poursuyvant dudict messire Jaques de Lalain, qui portoit la licorne, la fontaine et les trois larges; et après venoit Toulongeon le héraut, qui portoit la Dame de Plours; et après venoit Charolois le héraut, qui portoit la représentation de la glorieuse vierge Marie, dont ledict pavillon avoit esté paré et gardé toute l'année. Et en tel ordre vindrent à l'hostel de l'entrepreneur, qui attendoit, avecques aucuns de ses amis, la fin de son emprise; et laissa passer pardevant luy la licorne, et puis devant la Dame de Plours se deffula, et devant la vierge Marie s'agenouilla terre à terre, et la baisa aux piés moult dévotement. Et depuis furent portés iceux mistères à Nostre-Dame de Boulogne, où l'on les peut encores veir et trouver en l'église, sur l'oratoire du duc de Bourgongne.

Tantost après, le seigneur de Créqui s'en retourna en Picardie, où il n'avoit esté de longue espace à l'occasion de son voyage, comme il est escript ci-dessus; et messire Jaques, son neveu, demoura audict lieu de Chalon, où les seigneurs du païs, et voisins, le festoyèrent grandement à leur pouvoir. Car (comme il est dict dessus) par sa vertu, douceur et courtoisie, et aussi par les biens et assurance qu'ils veirent en l'exécution d'iceluy pas mônstré par ledict messire Jaques, tant l'aimoyent et l'honnoroyent que plus l'on ne pourroit. Et devez croire que les dames du païs faisoyent de gracieuses devises à la louenge de luy, et l'appeloyent le bon chevalier, et le nommoyent pour un nouvel Pontus, en vertus, vaillance et renommée. Ainsi faisoit parler de luy messire Jaques de Lalain, et élevoit sa renommée si hautement que nul plus de son temps. Et quand le mois de septembre fut passé, ledict messire Jaques s'en ala à Rommé, et de là à Naples, moult notablement acompaigné; et porta par les Italies et en Naples son emprise, qu'il avoit emprise à porter par la plus-part des royaumes chrestiens. Mais nul ne toucha à son emprise, combien qu'à la court du roy de Naples l'on y vouloit toucher; mais le roy Alphonse (qui pour lors estoit roy d'Arragon et de Naples) ne le voulut souffrir, pour l'amour qu'il avoit au duc Philippe de Bourgongne, à qui il estoit frère-d'armes. Audict lieu de Naples trouva ledict messire Jaques le duc Jehan de Clèves, neveu du duc de Bourgongne, celuy qui avoit nourri ledict messire Jaques, lequel duc de Clèves revenoit de Jérusalem, où il avoit esté faict chevalier; et plusieurs autres seigneurs de ses païs. Et devez sçavoir que le roy d'Arragon le festoya et receut moult honnorablement, tant pour l'amour qu'il avoit à la maison de Bourgongne, comme pour l'honneur de la personne dudict duc de Clèves, qui fut de soy un des beaux, des sages et des bien adrécés princes de son temps. Et le roy Alphonse dessus-dict fut large prince, honnorable, et abandonné. Et de là se partit le duc de Clèves, et avecques luy messire Jaques de Lalain; et s'en retournèrent devers le duc de Bourgongne, qui pour lors se tenoit au païs de Brabant; et furent bien-viengnés et bien receus. Et à tant se tait mon Mémoire du pas de la Dame de Plours.

CHAPITRE XXII.

Comment le duc de Bourgongne fit sa feste de la Toison à Mons en Hainaut; comment les Gandois se firent ennemis d'iceluy leur seigneur; et comment le comte de Charolois fit ses premières joustes.

Ainsi se passa l'an 1450, et entrasmes en l'an 51, que le duc de Bourgongne tint sa feste de la Toison à Mons en Hainaut, moult haute et moult solennelle. Là fut en personne le duc d'Orléans, chevalier dudict ordre, et moult d'autres comtes, barons et chevaliers; et, la feste tenue, fut tenu le chapitre de l'élection, et fut donné le colier au duc de Clèves dessusdict, et à messire Jaques de Lalain, au seigneur de Launoy,[*] et à autres grans personnages.

Au partir d'icelle feste furent envoyés en ambassade messire Jean de Crouy et messire

Jaques de Lalain, devers le roy d'Arragon déssusdict, et à leur retour devers le roy de France ; et ce, pour aviser aucun bon moyen pour la défense de la foy chrestienne ; car l'on estoit averti que le Grand-Turq se préparoit à grande puissance pour entreprendre contre les seigneuries de l'empereur de Constantinoble, qui pour lors estoit terre chrestienne, et dont la cité de Constantinoble estoit l'une des élevées en renommée de pouvoir, beauté et richesse, de tout le monde. Cestuy Turq fut le propre fils de l'Amoraut-Bay, qui déconfit le duc Jehan de Bourgongne en Hongrie, jeune prince vertueux en sa loy, et de haute entreprise.

Le bon duc Philippe (qui tousjours avoit, à son pouvoir, labouré pour la deffense de la foy chrestienne, et tousjours vouloit continuer) envoyoit ses chevaliers et ambassadeurs là où il cuidoit profiter d'aide pour cette matière. Mais tous les autres princes furent si négligens, ou par voulonté divine ou par leur mesme coulpe, que rien ne fut en ce pourveu ; dont il advint que ladicte cité fut prise et destruite, l'empereur mort, et sa noble génération impériale faillie et esteinte, et le pouvoir des infidelles acreu et augmenté, et la foy chrestienne foulée, grévée et amoindrie, comme cy-après sera veu et leu.

Celle saison, le duc de Bourgongne se partit de son païs de Brabant, et alla en la duché de Luxembourg, pour renouveler les hommages et les fidélités de ceux de Luxembourg, dont le duc estoit nouvellement seigneur et gagé. Car la duchesse estoit trépassée ; et combien qu'ils fussent en la main du duc de Bourgongne (qui les tenoit en bonne justice), et que les voisins haussaires, rustres et pillars, cessassent leurs courses et leurs pilleries, de longue main accoustumées en iceluy païs, toutesfois les aucuns et aucunes viles avoyent au cœur le duc de Sasses et les Sassons ; et estoit bien averti le duc que ceux de Tionville n'avoyent nulle bonne voulonté envers luy ; et pour ce alla le duc à Luxembourg, et renouvela leurs sermens, et tousjours leur laissa Cornille, son fils bastard, qui les gouvernoit et tenoit en moult bonne justice, et les gardoit et garantissoit de toutes foulles de voisins. Et envoya le duc en Bourgongne, vers messire Claude et Tristan de Toulongeon, frères ; lesquels luy amenèrent cent lances de Bourgongne ; et le duc emmena le comte d'Estampes, pour lors gouverneur de Picardie ; Anthoine, bastard de Bourgongne ; le seigneur de Savéuses, le seigneur d'Emeries, et autres, qui emmenèrent environ mille archers de Picardie ; et alla le duc en armes, et toute sa maison ; et la duchesse et le comte de Charolois demourèrent à Bruxelles, attendant la venue du duc, qui demoura environ trois mois ; et pendant ce temps la comtesse de Boucquan, fille du roy d'Escoce, accoucha d'un fils à La Véré en Zéelande ; et alla le comte de Charolois lever l'enfant, et eut dur et merveilleux temps en la mer. Mais il estoit à son désir ; car il aimoit et désiroit les batteaux et la mer, et ne luy sembloit nul vent ne nulle fortune dangereuse ; et se congnoissoit, de son propre art naturel, au gouvernement des batteaux. Et ainsi se passa le temps jusques au retour du bon duc son père.

En celuy temps faisoit le roy Charles la guerre en Normandie, laquelle guerre le roy chaudoya moult-fort et moult-asprement, par grand sens et par grand hardément : et avoit le roy françois trouvé manière, et de longue-main, de mettre débat en Angleterre, à cause du gouvernement entre le duc d'Yorch et le duc de Sommerset, pour ce que le roy Henry d'Angleterre, fils du vaillant et sage roy Henry dont cy-dessus est faicte mention, estoit un simple personnage, et plus adonné à Dieu et à dévotion qu'à deffendre et croistre son royaume et sa seigneurie : et gouvernoit la royne Marguerite, sa femme, toute Angleterre, laquelle, à la vérité, fut une femme sachant, et de grand esprit. Ceste royne fut fille du roy de Cecile, et de la maison d'Anjou, comme cy-dessus est faicte mention. Par celle dissension les Anglois perdirent ce qu'ils avoyent en France, tant en Normandie comme en Guienne, en peu de temps : et furent déconfits à Fourmigny par monsieur Artus de Bretaigne, comte de Richemont, connestable de France, et par monsieur Louis de Clermont, fils aisné du duc de Bourbon. Par celle division (qui par trop dura et continua en Angleterre) telle malheurté et fortune cheut sur Angleterre, qu'eux mesmes firent mourir tout le noble sang, toute leur noblesse, et mesmes leur roy et souverain seigneur : et mirent la couronne hors de la lignée de Lanclastre ; et firent roy en la maison de la lignée d'Yorch : desquelles matière touchant Angleterre je deviseray bien au long en temps et lieu, pour ce que j'ay beaucoup veu et congnu dudict cas. Mais des guerres et de la conqueste de Normandie et de Guienne (qui en cet an 51 se faisoyent), j'en lairray escrire aux nobles et sages croniqueurs qui en ont sceu et enquis de ce ; car de moy je n'en ay rien veu : et corromproye mon entreprise d'escrire plus que je n'ay veu, et dont j'ay labeur assez devant la main, grâce à Dieu, qui me doint le temps d'en rendre bon compte.

En celuy an 51, vint pardeçà madame Ysabel de Coimbres, et Jehan Monsieur, son frère, qui vint depuis en celle mesme saison. Iceux frère et sœur furent depuis moult-bien adrécés de vertus et de bonnes meurs : et furent enfans au duc de Coimbres mort et occis en Portugal, et neveu et nièce à la duchesse Ysabel de Bourgongne, et chacés et exilés de leurs seigneuries et héritage (comme il est cy-dessus escrit) ; et les reccut le bon duc et la duchesse, ensemble le comte de Charolois leur fils, moult doucement, et en grande pitié de leur exil : et leur alla le comte au-devant, et tous les princes et nobles hommes de la maison : et comment le bon duc les pourveut et s'en aquitta sera veu cy-après.

Autre chose n'avint, en l'an 51, qui à ramentevoir face ; mais assez tost après se fist le mariage de monsieur de Ravastain, neveu de monsieur le duc Philippe, avec madame Ysabel de Coimbres, nièce de madame de Bourgongne ; et se marièrent en la ville de l'Isle, où furent faictes joustes et tournoyemens ; et certes ce furent deux gens qui firent grand chère ensemble, et mesme à tous ceux qui les aloyent veoir.

Or est besoing, pour déclairer les choses et aventures que j'ay veues en l'an 52, que je reprenne aucunes causes avenues au par-avant, et dont je n'ay point voulu ma plume travailler, pour attendre temps et lieu, afin de réciter autres choses qui mieux emplissoyent, et causoyent les saisons et les années, dont cydevant j'ay rendu compte par mes Mémoires ; et à présent me vient à poinct et reigle de les ramentevoir. Comme par-cy-devant j'ay escrit, il peut clairement apparoir comme le bon duc tint, sous la main de Dieu, longuement ses païs en paix et à repos ; et ne trouve point que ceux de Gand eussent aucun travail d'armes ou de guerre depuis le siége mis par le duc en leur fiance devant la vile de Calais, et duquel siége je ne racompte rien en mesdicts Mémoires, pour ce que ce sont choses avenues avant mon avénement, et dont je ne parleroye que par ouyr dire, qui seroit contre la forme de mon entreprise. A cause de ce repos, multiplièrent tellement les Gandois en peuple, richesses, augmentement de bourgeois et d'autres biens, que certes il n'estoit point bien heureux en Flandres qui n'estoit amy, bienveuillant, bourgeois ou subjet de Gand ; et tenoyent le païs de Was et celuy des Quatre-Mestiers en leur sugettion, comme leurs bourgeois et obéissans qu'ils estoyent ; et quand ils se virent augmentés de gens, de faveur et de biens (comme dict est), ils s'oublièrent aucunement, à l'ocasion d'une demande de certain droit sur le sel, que leur avoit fait demander le duc deux ou trois ans au-paravant ; ce qu'ils avoyent refusé ; dont le duc s'estoit parti mal content d'eux, et n'alloit plus ne venoit en sa vile de Gand, ne la duchesse ne le comte de Charolois leur fils ; et toutefois s'estoyent les matières entretenues par moyens, tellement que le débat n'estoit point plainement ouvert ; et fut longuement apparence que le tout se deust appaiser.

Néantmoins, en l'an 51, les Gandois firent chef de leur conseil un nommé Daniel Cersandres, et députèrent maistre Pierre Boudin, et maistre Gilles Bouin et autres, qui sous ombre de leurs priviléges firent loy, et establirent bourgmaistre et échevins à la ville de Gand, sans y appeler le prince ou ses officiers : édifièrent et mirent en loy toutes gens à leur main, et délibérés de soustenir leur opinion contre leur prince et contre tous autres. De ces choses fut le bon duc moult malcontent : mais par conseil l'on dissimuloit, sous ombre des entreprises qui se faisoyent pour l'apaisement. Mais en cette saison (comme dict est) les matières agrevèrent plus fort que devant, pour les raisons dessus-dictes, et comme il est escript cy-dessus. Ainsi se dissimuloit le temps, et se tenoit le bon duc Philippe et la duchesse en la vile de Brucelles, en grans festimens de joustes, de tournois, de banquets, et autres plaisans passe-temps. Et en cest an 51, environ la Toussaincts, fut une jouste criée et publiée : et à celle jouste fit le duc préparer son seul fils et héritier monsieur Charles, comte de Charolois, pour jouster pour sa première fois, et lequel n'avoit que seize à dix-sept ans d'âge : et se préparèrent les jeunes seigneurs qui avec luy avoyent esté nourris pour jouster avecques luy, et aussi plusieurs autres princes, chevaliers et escuyers, rudes jousteurs, et acoustumés du mestier.

Et pour ce que c'estoit la première fois que le noble comte avoit mis la lance en l'arrest, ne porté le harnois pour exécution, environ trois jours avant la feste l'on fit essayer le comte ; et, par délibération des seigneurs et des dames de la court, fut ordonné que le comte, nouvel homme-d'armes, courroit la première lance contre messire Jaques de Lalain. Et disoyent tous que contre meilleur chevalier ne pourroit faire sa première épreuve, et que ce seroit heur en armes, à si haut personnage, d'atteindre et d'estre atteint, pour le premier, de chevalier renommé. Et ainsi eut messire Jaques le bon chevalier cest honneur par effect de courre là, et d'éprouver la noble personne du fils de son souverain seigneur, et son seigneur apparent à venir. Et furent montés et armés au parc de Brucelles, où furent le bon duc et la duchesse présens à celle épreuve. Lances leur furent baillées : et à celle première course le comte férit messire Jaques en l'escu, et rompit sa lance en plusieurs pièces : et messire Jaques courut haut, et sembla au duc qu'il avoit son fils épargné : dont il fut mal-content, et manda audict messire Jaques que s'il vouloit ainsi faire, qu'il ne s'en meslast plus. Lances leur furent rebaillées, et ledict messire Jaques de Lalain laissa courre sur le comte : et d'autre costé vint le comte moult-vivement, et se rencontrèrent tellement qu'ils rompirent leurs lances tous deux en tronsons ; et de ce coup ne fut pas la duchesse contente dudict messire Jaques ; mais le bon duc s'en rioit, et ainsi estoyent le père et la mère en diverse opinion. L'un désiroit l'épreuve, et l'autre la seureté : et à ces deux courses faillit l'essay du noble comte, et duquel essay furent les sages moult-contens et réjouis, pour ce qu'ils virent leur prince à venir prendre les armes ; et soy monstrer courageux, et homme pour ensuyvir la noble lignée dont il estoit issu. Et se passa le temps jusques au jour des joustes, qui se firent sur le marché de Brucelles, là où il y eut grande assemblée et grande noblesse ; et fut amené le comte Charles sur les rangs, et acompagné par le comte d'Estampes son cousin, et par plusieurs autres princes, chevaliers et nobles hommes : et le tenoit fort de près le seigneur d'Auxi, et Jehan de Rosimbos, seigneur de Formelles : et ces deux l'avoyent nourry et gouverné dès son enfance.

Si fut couvert et paré d'orfèvrerie : et d'autre part, là vindrent jousteurs de toutes parts, et là jousta le comte de Boucquan, Philippe de Crouy, Jehan de La Trimouille, Charles de Ternant, et plusieurs autres jeunes seigneurs et nouveaux jousteurs, nourris avecques le comte ; et ainsi commença la jouste : et, à la vérité, le comte rompit seize ou dixhuict lances, donna et receut de très-bonnes atteintes, et fit si bien le devoir que chacun luy donna le bruit d'icelle jouste : et luy fut, le soir, présenté le prix par deux princesses, et fut crié Montjoye par les héraux moult-hautement. Et certes ledict comte continua la jouste longuement depuis, et fut tenu pour moult-puissant et rude jousteur, et gaigna plus de bruit à la jouste que grand maistre que l'on sceust : et pour ce je commence à emplir et fournir mes Mémoires de luy et de ses faicts, et n'en parle pas par ouyr dire ne par raports : mais comme celuy qui ay esté nourry avecques luy dès son enfance, tant au service du bon duc son père comme de luy, je toucheray et parleray de sa nourriture, de ses mœurs, conditions et usances, depuis le temps que je le vey premier, qui est escrit en mes Mémoires cy-dessus.

Quant à ses conditions, je commenceray par le pire bout. Il estoit chaud, actif et dépit, et désiroit, en sa condition enfantine, à faire ses voulontés, à petites corrections : et toutesfois il eut l'entendement et le sens si grand, qu'il résista à ses complexions, tellement qu'en sa jeunesse ne fut trouvé plus doux ne plus courtois de luy. Il ne juroit Dieu, ne nuls saincts. Il avoit Dieu en grand cremeur et révérence.

Il apprenoit à l'escole moult-bien, et retenoit, et s'apliquoit à lire et faire lire devant luy, du commencement, les joyeux comptes et faicts de Lancelot et de Gauvain, et retenoit ce qu'il avoit ouy mieux qu'autre de son age : et de sa nature désiroit la mer et les bateaux, sur toutes riens. Son passe-temps estoit de voler à émerillons : et chaçoit moult-volontiers, quand il en pouvoit avoir le congé. Il jouoit aux eschets mieux qu'autre de son temps. Il tiroit de l'arc, et plus fort que nul de ceux qui estoyent nourris avecques luy. Il jouoit aux barres, à la façon de Picardie, et escouoit les autres par terre, et loing de luy : et depuis, en fournissement de jours et de force, il fut tenu et nommé moult bon et puissant archer, et moult rude, fort et adroit joueur de barres. Et ainsi croissoit le comte, et estoit nourri, duit et apris, et de soy quéroit et s'adonnoit à tous bons et honnestes exercices; et à tant me taira de la nourriture et de l'exercice du comte Charles, et retourneray à ce qui avint en celuy temps.

Or approchasmes nous de l'an 52, et tousjours aloyent et venoyent ambassadeurs des Gandois devers le bon duc, feindant tendre à apointement; et dissimuloit le duc leur malice, attendant son point, et qu'il eust asseuré son faict devers le roy françois, avecques lequel, par moyens d'aucuns qui gouvernoyent en France, il avoit tousjours quelque chose à refaire : et mesmement sembloit au roy que le duc tenoit le parti, et s'entendoit avecques son fils monsieur Louys de France, dauphin : lequel s'estoit parti de la maison du roy son père, et contre son congé se tenoit au Dauphiné, et faisoit aliances contre le roy et ses bienveuillans; et se maria à la fille du duc de Savoye ; et se maintenoit et conduisoit en toutes choses à sa guise, sans le conseil ou plaisir de sondict père; et recueilloit et eslevoit, par dons et par promesses, tous ceux qui vouloyent abandonner son père ; et, à la vérité, il assembla au Dauphiné une moult grande compaignie de gens-de-bien, et leur estoit large et abandonné plus qu'autre de son temps ; et, par cette séparation du père et du fils, ledict dauphin ne fut point ès conquestes que fit le roy françois en Normandie et en Guienne contre les Anglois. Et de ceste matière je me tairay

pour le présent, combien que j'en aye personnellement assez veu; car tost après le mariage faict dudict dauphin et de la fille de Savoye, j'allay de gayeté de cœur, et sans charge d'autruy, en Savoye et au Dauphiné, pour veoir les assemblées des deux princes, et leur noble court; et en ce temps, ou peu paravant, la noblesse de Savoye et les plus grans seigneurs se meslèrent, et s'émeurent en débat les uns contre les autres : dont la pluspart et les plus grans furent ensemble contre messire Jehan de Compais, seigneur de Thorain; et fut outragé ledict seigneur de sa personne; dont le duc Louys et la duchesse furent moult mal-contens, et portèrent et soustindre ledict de Compais. Cestuy de Compais fut celuy qui fit armes à l'arbre Charlemaigne contre Anthoine de Vaudrey, comme il est récité en ce premier livre. Par le débat dessusdict avint que, par le conseil et aveu dudict dauphin, les seigneurs de Savoye furent bannis du païs, et la place de Varembon rasée et abattue : dont certes le païs eut moult à souffrir; et se mesla pour iceux seigneurs le roy et le duc de Bourgongne ; car plusieurs en y avoit qui furent subjets du roy, et aucuns dudict duc; et estoyent d'icelle guerre, contre le seigneur de Thorain, le seigneur de Barget, mareschal de Savoye ; le seigneur d'Antremons, le seigneur de La Queulle, le seigneur de Lureu, de Varembon, de Varas, de Chaillant, de Virieu, de Manton, et jusques à vingt cinq ou trente chefs-d'hostels, barons, bannerets et seigneurs; laquelle guerre porta et soustint ledict de Compais moult courageusement; et fut cette matière appaisée par le moyen du roy Charles et duc de Bourgongne ; et de ce me tairay, pour ce que je veux entrer ès guerres que commencèrent les Gandois contre le duc leur seigneur ; et ne réciteray chose, à l'aide de Dieu, que je n'aye à la vérité sceue et veue.

CHAPITRE XXIII.

Comment les Gandois coururent le plat-païs de Flandres, y prenans quelques chasteaux et forteresses; et comment ils assiégèrent Audenarde.

Il convient donques savoir comment la guerre que firent les Gandois contre leur seigneur le comte de Flandres fut démenée. Vérité fut que les Gandois mirent sus une grande compaignie de gens de cheval et à pié, qui tous portoyent blancs chaperons, et furent plus de quatre mille hommes en diverses compaignies ; et coururent parmy le païs de Flandres, par cens et par quarterons ; et s'ils sçavoyent un riche païsan, ils luy mettoyent sus qu'il estoit contre les seigneurs de Gand, et le roboyent et pilloyent, et faisoyent œuvres que gens sans raison et sans conduite peuvent faire ; et toutesfois envoyèrent les Gandois à Brucelles leur ambassade devers le duc ; et, le jour du grand vendredy, luy crièrent mercy, et tenoyent manière qu'ils ne demandoyent que de demourer bons sugets ; et estoyent en celle ambassade des plus notables religieux de Sainct-Bavon et de Sainct-Pierre, et des plus notables bourgeois de Gand. Mais, à la vérité, la chose estoit à ce venue que les gens-de-bien n'avoyent à Gand plus de pouvoir ne d'authorité en icelle vile, et gouvernoyent les méchans et les gens voulontaires ; et ceste chose congnoissoit bien le duc, et que le pardon ne le traitté ne servoit de rien à estre faict avecques ceux qui nul pouvoir n'avoyent ; et d'abondant sçavoit et oyoit les outrages faicts par les blancs-chaperons sur le plat-païs de sa comté de Flandres.

Si leur respondit qu'il sçavoit bien qu'eux, qui parloyent de par les rebelles de Gand, le disoyent en bonne intention, et qu'ils voudroyent les choses telles et ainsi qu'ils disoyent ; mais ceux de Gand ne demandoyent point grâce, comme l'on doit venir à son prince pour avoir pardon ; mais demandoyent traitté, l'espée au poing, en grande assemblée, et en armes, comme s'ils envoyoyent devers leur voisin ou leur compaignon. Parquoy il ne voyoit nulle cause pour leur faire response ; mais quand ils vindroyent à mercy, en l'ordre que sugets doivent venir (quelque offense qu'ils eussent faicte par cy-devant), il leur tiendroit terme de prince miséricors, et auroit regard à non punir ou grever les bons, pour le péché des mauvais ; et sur ce point se retrait le duc en sa chambre, et n'eurent autre response de luy.

Ce mesme jour du bon vendredy, que les ambassadeurs crioyent mercy, les Gandois envoyèrent aucuns de leurs gens au vilage de Gavre, sur l'Escaud ; et espièrent que le chastelain estoit au service et au monstier, et ne se doutoit on de rien. Si entrèrent les Gandois au chastel (qui est bon et fort), fermèrent la porte, et prirent les biens et la maison ; et demoura le chastelain hors, en très-grand danger de sa vie. Celuy chastel est au seigneur de Laval (qui est un grand baron en Bretaigne), et luy vient par partage de Flandres, dont ceux de Laval sont descendus d'une fille. En ce temps, et par subtil moyen, prirent les Gandois le chastel de Poucques et celuy d'Escandreberch, qui marchit à Hainaut.

Les nouvelles venues au duc de Bourgongne, il fit haster ses mandemens et ses gens-d'armes par tous ses païs ; et desjà estoit le comte d'Estampes en Picardie, qui faisoit lever les gens-d'armes. Le duc de Clèves assembla ceux de son païs, pour venir secourir le duc son oncle. Le mareschal de Bourgongne levoit les Bourgongnons ; le comte de Sainct-Pol, et messire Jehan de Crouy, seigneur de Chimay, levoyent les Hannuyers et Namurrois, et aucuns de Flandres et de Picardie. Le comte de Nassau, messire Philippe de Hornes, seigneur de Bausignies, et autres, levoyent les Brabançons. Ceux de Hallewin, messire Symon de Lalain, Louis, seigneur de Gruthuse, et autres, levèrent la noblesse de Flandres. Le seigneur de La Vère et le seigneur de Bréda levoyent les Holandois et Zéelandois ; et ainsi se levoit l'armée, et se faisoit l'assemblée des gens-d'armes de toutes pars ; et le duc et ceux de son hostel se préparoyent, chacun qui mieux mieux. Au regard de monsieur Charles de Bourgongne, comte de Charolois, il travailla toute celle quaresme ; et l'avoit on envoyé faire honneur de sa personne à messire David de Bourgongne, son frère naturel (lequel fut lors sacré évesque de l'évesché de Téroüenne) ; et de là fut renvoyé à Bergues sur la mer, et jusques en Zéelande, pour l'accord d'aucune aide faicte au duc son père ; et certes ne luy ne la plus part de ses jeunes serviteurs ne furent pas prests du premier jour, et ne sçavoyent guères qu'il faloit pour le faict de la guerre (qui leur estoit nouvelle chose) ; et disoit on que le bon duc et la duchesse (pour ce qu'ils voyoyent l'orgueil des Gandois, et la bataille preste), et aussi plusieurs sages et doubtifs des païs (qui les en prioyent et conseilloyent), eussent bien voulu que, sous ombre de soy apprester, et mettre en tel estat qu'il appartenoit, le comte fust demouré à Brucelles, jusques à ce que la bataille eust esté passée. Mais ledict comte (à qui le cueur croissoit avecques les jours) fit faire ses apprests à toutes diligences, et jura par sainct George (qui fut son plus grand serment) qu'il iroit plustost en son pourpoint, qu'il n'acompaignast son seigneur et père à soy venger de ses rebelles sugets; et ainsi s'apresta le comte de Charolois, ses gens, et ceux de la maison du duc.

Le duc, voyant les Gandois obstinés de plus en plus fort en leur orgueil, envoya le seigneur de Ternant, acompagné des nobles hommes qu'il peut assembler en la court, et selon qu'il les trouva premiers prests, en la vile d'Allost; et y mena environ cinquante gentils-hommes, et deux cens, que varlets-de-guerre, qu'archers; et trouva ledict seigneur de Ternant les bourgeois et les habitans de ladicte vile, bons, et délibérés à garder et deffendre leur vile contre les Gandois, et à maintenir la querelle de leur prince et seigneur; et les reigla le noble chevalier à eux départir par connestables et par dizaines, pour prendre les deffenses des murailles, ainsi qu'elles furent ordonnées et baillées par luy et par les commis de ladicte vile; et fit garder les portes et les clefs par les gens de la cour du duc, qu'il avoit amenés avecques luy; et d'autre part envoya le duc, à Audenarde, messire Symon de Lalain, seigneur de Montigni, et le seigneur d'Escornets, qui estoyent aimés et congnus en Audenarde; et, pour asseurer plus le peuple, y menèrent iceux deux seigneurs leurs femmes et leurs mesnages, et envoyèrent, de leur charge, bien soixante lances et trois cens archers, qu'à pié, qu'à cheval; et certes tout le peuple et tous les bourgeois d'anciéneté ont esté bons et loyaux pour leur comte et seigneur, comme plus à plain se peut veoir à lire pour toutes les croniques par avant escrites. Moult joyeux furent ceux d'Audenarde, quand ils virent que le duc leur envoyoit tels deux notables personnages, pour les aider et deffendre contre les ennemis. Si se pourveurent d'armes et d'artilleries, et de tant que mestier leur estoit, sans y rien épargner ne regretter.

Or lairrons à parler du duc et de son appareil, et reviendrons aux Gandois, et à ce qu'ils firent: et peut on légèrement entendre que ce peuple, émeu et déréglé, estoit parmy Gand en merveilleux nombre, armés et embattonnés : et quand ils se trouvoyent en un marché dix ou douze mille assemblés, il leur sembloit qu'en tout le monde l'on ne trouveroit pas encores autant de gens, ne n'acomptoyent à puissance d'autre : et parloyent et murmuroyent tous ensemble, et crioyent, disans pourquoy on ne les employoit contre le duc de Bourgongne : et tant brairent et crièrent, qu'un nommé Lievin Bonne (qui est autant à dire en françois Lievin Fève), du mestier de maçon, emprit de les conduire et mener devant Audenarde; et aporta en une besace de grandes clefs, et leur fit à croire et entendre que c'estoyent les clefs des portes de ladicte vile d'Audenarde. Si fut créé houlman sur eux, et obeï comme si ce fust leur seigneur naturel ; et le quatorzième jour d'avril l'an 52, après Pasques, vindrent les Gandois devant Audenarde, à si grand nombre qu'il sembloit que tout le monde fust là assemblé ; et marchèrent en très belle ordonnance, et menoyent grand charroy de vivres et d'artillerie.

Quand messire Symon de Lalain sceut leur venue, il fit armer tous ceux de la vile, et monter à cheval les hommes-d'armes qu'il avoit amenés, et luy-mesme passa le pont de l'Escaud, et la porte, avec deux cens archers-à-pié, et ce qu'il avoit de gens-à-cheval; et se férit sur les premiers, qui venoyent sans grand ordre, et en prit, tua et navra plusieurs; avant que les Gandois se fussent rasseurés, mais ils faisoyent marcher une compaignie de picquenaires et d'archers, où ils pouvoyent estre quatre ou cinq mille hommes, qui se tenoyent, serrés et en ordre. Si marchèrent roidement contre ledict messire Symon, et rembarrèrent luy et ses gens-de-cheval, et les soustindrent les archers, qui estoyent à pié ; et du long de la douve du fossé tiroyent fort et souvent et si bien fut la saillie dudict messire Symon conduite, qu'il retraît tous ses gens sans perte, et fit fermer la porte de celuy costé; car à la vérité il veit si grand peuple venir à l'encontre de la vile, et en tel ordre, qu'il jugea légèrement qu'il auroit le siège. Et certes les Gandois furent bien trente mille testes armées, que tous cuidoyent que Lievin van Bonne, leur houlman et conducteur, leur deust ouvrir les portes de la vile, et qu'il eust les clefs, comme il leur avoit dit; mais ils trouvèrent autre détourbier qu'ils ne pensoyent; car ledict messire Symon et le seigneur d'Escornets pourveurent les murailles, les tours et crénaux de tout ce qui pouvoit estre nécessaire pour soustenir et attendre siége et assaut; et certes les bourgeois et les habitans d'Audenarde furent tous réconfortés, et résolus d'attendre ce qui pouvoit avenir, et de tenir loyalement et de grand courage le parti de leur prince; dont ils furent moult à louer.

Celle nuict, se logèrent les Gandois devant Audenarde, moyennant grand cry et grandes huées, en menaçant fort la vile et les habitans; et leur sembloit que grand tort leur estoit faict que prestement on ne leur livroit la vile, à faire leur plaisir; et le lendemain ils firent un pont sur l'Escaud, entre ladicte vile et le vilage de Hainue (qui sied au plus près dudict Audenarde); et par ce pont passèrent bien quinze mile combatans, et alèrent assiéger la porte par où l'on va à l'Isle et à Tournay. Si trouvèrent ladicte porte bien pourveue d'artillerie et pouldre, et d'arbalestes; parquoy ils ne peurent mettre leur siége si près de ladicte porte qu'ils eussent bien voulu; et ainsi se logèrent les Gandois devant Audenarde, et mirent leur siége deçà et delà; et par deux ponts qu'ils firent sur l'Escaud au lieu dessusdict; ils pouvoyent secourir et aider les uns les autres, et se cloïrent et fortifièrent, de chacun costé, de fossés et de palis; et sembloit, à veoir leur contenance, que jamais ne se deusent lever, pour chose qui leur avinst, qu'ils n'eussent la vile à leur bon plaisir; et ne feit pas à demander si messire Symon de Lalain travailloit pour la seureté de sa garnison et de son honneur; et, pour pourveoir à l'assaut de cestuy orgueilleux peuple, il fit crier que toutes femmes apportassent pierres et cailloux sur les murs; et, pour exemple, fit venir une dame sa femme, et sœur germaine du seigneur d'Escornets, et plusieurs nobles femmes ses parentes, et autres; et tout ce jour portèrent hottes et paniers, les unes sur leur dos, et autres sur leurs testes; et toutes autres femmes, bourgeoises et marchandes, et autres, y acouroyent; et devez sçavoir que moult bien furent, et en peu de temps, les murailles et les deffenses garnies et estofées de ce qu'il y faloit. Or lairrons nous un peu le siége d'Audenarde, et retournerons au duc et à son armée; et deviserons comment il départit sa dicte armée aux deux costés de la rivière de l'Escaud, et ce qu'il en avint.

CHAPITRE XXIV.

Comment le siége d'Audenarde fut levé, par bataille que gaignèrent les gens du duc de Bourgongne contre les Gandois.

Quand le duc de Bourgongne entendit que les Gandois avoyent assiégé la vile d'Audenarde, il se partit hastivement de Brucelles, et fit tirer, des coffres de son épargne, grans deniers et grand avoir, pour payer ses gens-d'armes; et furent iceux deniers départis aux trésoriers, et clercs à ce commis, pour faire payemens de toutes pars; et se tira le duc et le comte son fils en la vile de Hast en Hainaut, où il attendit par aucuns jours son armée et ses gens-d'armes, qui se préparoyent et aprestoyent chacun du mieux, et le plus diligemment qu'il leur estoit possible; et pendant ce temps les Gandois, qui estoyent devant Audenarde, trayoyent contre la vile de leur artillerie à poudre, et faisoyent du mieux et du pis qu'ils pouvoyent; et, pour cuider mettre le peuple en soupson et imagination contre leurs capitaines, et principalement contre ledict messire Symon de Lalain, ils tirèrent de leurs arbalestes plusieurs traits et viretons escrits, les aucuns en flamand, et les autres en françois; et y avoit qu'ils requéroyent et semonnoyent ledict messire Symon de rendre et délivrer la vile au jour qu'il avoit pris avecques eux, et que l'argent qu'ils luy avoyent promis estoit tout prest.

Plusieurs tels traits furent aportés à messire Symon de Lalain; mais incontinent luy-mesme les portoit aux seigneurs et principaux de ladicte vile, qui se rioyent et gaboyent des Gandois et de leur folie. N'onques le peuple ne s'en meut, ny n'en creut aucune chose contre le bon chevalier; mais, par le contraire, plus grévoyent les Gandois ceux de la vile, plus croissoyent en courage à souffrir et porter ce qui pouvoit avenir pour la querelle de leur prince, combien qu'ils estoyent souvent en grande mélancholie de ce qu'ils n'avoyent aucunes nouvelles du duc et de leur secours ; car les Gandois les avoyent environnés de toutes parts, si qu'il ne pouvoit nul entrer n'yssir de la vile, qui ne cheust en leurs mains ; et toutesfois messire Symon de Lalain soubtiva de faire nager à mont la rivière de l'Escaud (qui passe par la vile), et par l'obscurité de la nuict envoya aucuns messages qui revindrent sauvement et raportèrent la grand'armée qui marchoit pour les secourir, et si certaines enseignes du duc leur prince, que le peuple en fut tout reconforté et réjouy ; et quand les Gandois veirent et congnurent que ceux d'Audenard ne prendroyent autre soupson contre leur capitaine, s'appensèrent de faire autrement.

Ils sceurent que messire Symon de Lalain avoit deux petits fils de sa femme, et que l'on les nourrissoit en Hainaut, sur les marches de Flandres. Si prirent deux autres petits enfans de semblable âge, et les aportèrent devant les murailles ; et les monstroyent, les glaives tirés à l'entour, presis pour iceux enfans meurdrir et occire ; et crioyent qu'ils avoyent couru en Hainaut, et pris iceux enfans ; et s'il estoit père, qu'il le monstrast ; car si prestement il ne rendoit ou délivroit la vile à leur voulonté, ils occiroyent lesdicts enfans ; et cuidoyent que la dame (qui estoit femme, mère, et de piteux courage) deust mener tel dueil et monstrer tel effray, qu'il deust faire pour elle ainsi qu'ils avoyent proposé. Mais le noble chevalier n'en tint compte, et fit afuster canons et serpentines celle part, et tirer sur eux plus fort que devant ; et disoit au peuple que, pour ses enfans veoir mourir, il ne vouloit perdre sa loyauté, son honneur, ne ses amis.

Ainsi se continua le siége d'Audenarde, et croissoit et multiplioit tousjours le pouvoir des Gandois ; car (comme dit est) le peuple du plat-païs de Flandres avoit ceux de Gand en telle estime, par crainte et par fole amour, que tous accouroyent à leur aide. Mais l'armée du duc de Bourgongne se levoit, et tiroit aux champs ; et se partit le duc de Hast, pour aler à Grammont (qui est une grosse bourgade, non guères forte ; et là est adoré le corps de sainct Andrieu ; et sur le chemin aborda avecques luy le comte Louis de Sainct-Pol, son frère messire Jaques de Luxembourg, messire Jehan de Crouy, seigneur de Chimay, pour lors grand bailly de Hainaut ; lesquels avoyent bien deux mille archers, et cinq cens hommes d'armes ; et le duc avoit avecques luy Adolf Monsieur, frère du duc de Clèves ; l'infant dom Jehan de Coimbres, et Cornille, bastard de Bourgongne, qui pour lors n'avoit charge de gens-d'armes que de ceux de son hostel, pour ce que l'on attendoit les Bourgongnons (que le mareschal estoit alé querre) ; et luy devoit on bailler cent lances, avecques ceux de Luxembourg, qui encores n'estoyent pas arrivés. Encores s'estoyent tirés plusieurs capitaines, et ceux de l'hostel, devers le duc ; et pouvoit avoir, tout compris, en sa compaignie, quatre mille combattans ; et se logea audict lieu de Grammont, et tous les jours envoya chevaucheurs pour visiter le siége, par plusieurs petites compaignies, les unes après les autres, qui raportoyent leur avis quant à la puissance de leurs ennemis, et la manière de leurs forts et de leur siége. Mais pour revenir au comte d'Estampes (qui avoit sa charge levée), il se tira pour prendre son chemin à Vaitreloz ; et fut averti que grand nombre de Flamans, tenans le parti des Gandois, s'estoyent assemblés au Pont-des-Pierres, et qu'ils vouloyent garder et deffendre le passage de la rivière du Lis. Si fit prestement marcher celle par le seigneur de Saveuses, qui tousjours (quelque viel qu'il fust) vouloit estre des coureurs, et des premiers. Robert de Miramont et autres le suyvirent, et quelques jeunes gens de l'hostel du comte, et ceux qui désiroyent d'eux éprouver ; et prestement mirent pié à terre jusques à cinq cens combatans, et commencèrent à tirer ces archers de Picardie et de Hainaut, et à marcher sur les Gandois ; et en peu d'heure gaignèrent le port sur eux.

Si se mirent Gandois à la fuite ; et les hommes-d'armes les poursuyvirent à cheval, qui les abatoyent ; et les archers et les gens-de-pié leur coupoyent les gorges, comme à moutons ; et se boutèrent bien deux cens vilains en une église, et deffendoyent l'entrée de la porte, à longues picques, moult vigoureusement. Là furent hommes-d'armes qui poussoyent de leurs lances, et n'avoyent point l'avantage ; car les picques et les glaives des Flamans estoyent plus longs. Là s'abordèrent les archers, et ne dura pas longuement l'assaut du traict, quand les vilains abandonnèrent la porte, et s'enfuirent garentir, les uns au clocher, les autres derrière les autels, chacun qui mieux mieux ; mais tout ce ne leur valut ; car ils furent poursuyvis, et tous occis. Ainsi gaigna le comte d'Estampes le passage du Pont-des-Pierres, et ala loger à Vatreloz et à Launoy, et envoya visiter le siége de jour et de nuit par diverses compaignies, pour mieux entendre leur convive, et ouyr les opinions. L'une fois y aloit le seigneur de Saveuses, et autresfois le seigneur de Haubourdin ; et tant visitèrent et entendirent du faict de leurs ennemis, que, sans guères arrester, conclusion fut prise et délibérée de les assaillir de leur costé ; et par un matin (qui fut le vingtsixième jour d'avril) se délogèrent, et tirèrent contre Audenarde ; et avoit la charge de l'avant-garde Anthoine, bastard de Bourgongne, qui portoit pour enseigne un grand estendard blanc, à une barbacane de brodure, moult bien acompaigné ; et le suyvoyent le seigneur de Saveuses, et moult d'autres seigneurs et nobles hommes ; et conduisoit son faict, et sa compaignie, George de Rosimbos, un moult notable escuyer.

Quand les Gandois veirent le premier estendard venir, ils n'en teindrent pas grand compte, et cuidoyent avoir une petite compaignie qui les deust légèrement écarmoucher ; mais prestement ils veirent deux, trois et quatre estendars, et grosse compaignie de gens-d'armes, et grandes fumées de chevaux, et la poudre si haute et si grande, qu'ils furent tous émerveillés ; et toutesfois se mirent en bataille et en ordre au long de leurs tranchées, et firent sçavoir de l'autre part du siége que chacun se préparast ; car ils voyoient les ennemis, et doutoyent de la bataille. Or furent les compaignies les unes devant les autres, et les archers lioyent et attachoyent leurs chevaux les uns autres ; et furent tantost grand nombre à pié, et plusieurs hommes-d'armes avecques eux ; et le comte d'Estampes (qui encores n'estoit chevalier) requit au bastard de Sainct-Pol, seigneur de Haubourdin, qu'il le fist chevalier. Ce que ledict seigneur de Haubourdin fit par moult honnorable façon ; et quand le comte fut chevalier, il fit chevaliers de sa main Anthoine, bastard de Bourgongne, le seigneur de Moreul, Philippe de Hornes, seigneur de Bausignies ; Anthoine Rolin, seigneur d'Emeries ; le seigneur de Rubempré, le seigneur de Crèvecueur, le seigneur Du Bois, Jehan, seigneur de Mirammont ; Robert et Pierre de Mirammont frères, et moult d'autres nobles hommes ; et croy que ce jour furent faicts plus de deux cens chevaliers.

Or, vous compteray du noble chevalier messire Jaques de Lalain, qui ne quéroit et n'entendoit à faire et exécuter de sa main qu'œuvre chevaleureuse. Si regarda faire les chevaliers nouveaux, et leur remonstra qu'il estoit à celle heure lieu et temps de gaigner honorablement leurs esperons dorés, et qu'il avoit choisi un endroit sur les ennemis où la closture estoit de petite force, et le fossé peu profond ; et que combien que les Gandois fussent grand peuple à celuy costé, si tost qu'ils verroyent que l'on leur courroit sus asprement, ils n'oseroyent la place tenir ; et que bien heureux seroyent s'ils pouvoyent rompre la presse de ce peuple, et qu'il vouloit estre avecques les nouveaux chevaliers. A ce s'acordèrent iceux chevaliers, qui furent tous bien montés et armés, et suivis chacun d'un varlet à cheval seulement. De celle compaignie fut le seigneur de Bausignies, le seigneur de Crèvecueur, le seigneur Du Bois, le seigneur de Belle-fourière, le seigneur de Hérin, et autres ; et (comme dit est) ledict messire Jaques avoit choisi une grosse compaignie de Gandois, qui estoyent en bataille sur une terre labourée, et s'estoyent fortifiés au front du grand chemin qui va d'Audenarde à Courtray. Si se serrèrent les chevaliers l'un près de l'autre, et couchèrent leurs lances, et se férirent au milieu de la presse. Les Gandois baissèrent leurs picques et leurs glaives ; et certes au passer ils recueillirent les chevaliers très-durement, et navrèrent plusieurs de leurs chevaux, les uns de coups de picques, et les autres de grands couteaux tranchans et pesans. Les chevaliers passèrent outre moult vaillamment, et rompirent leurs ennemis à leur endroit ; mais tantost se remirent ensemble ; et messire Jaques (qui fut hastif de repasser) redonna de l'esperon, et se férit au troupeau, l'espée au poing, comme un lion. Si fut le bon chevalier envelopé des Gandois ; et il les combatoit de sa main et de son cheval, et plusieurs en abatit par terre ; et certes à celle heure les nouveaux chevaliers s'éprouvèrent moult honnorablement, et estoit chacun d'eux si empressé des ennemis, que l'un ne pouvoit l'autre secourir, n'aider ; et en celle bataille avint que messire Jaques de Lalain (qui faisoit merveilles d'armes et de vaillances, et qui soustenoit ce que corps en pouvoit porter ne souffrir) se trouva enserré de deux ou de trois costés, et estoit arresté et clos, et en danger d'estre tué par la main des Gandois, quand un varlet, serviteur du seigneur de Bausignies (que l'on nommoit le Bourgongnon), sans armeure ou aide s'aventura, et férit son cheval des esperons, une javeline en sa main ; et si bien exploita, que du poitral de son cheval rompit les picques de l'un de ces costés qui tenoyent le bon chevalier enserré, et rompit la presse à l'entour de luy. Or avint qu'à celle recousse le varlet, qui s'estoit si vaillamment prouvé, receut un coup sur la teste d'une mace crestelée, et fut abatu de son cheval au milieu de la presse, et receut plusieurs coups. Mais quand messire Jaques veit le varlet en danger, il se férit au plus espès de la presse, l'espée au poing, et mit le corps et la vie en aventure, pour secourir celuy qui l'avoit osté de danger ; et eut si bonne fortune, que les nouveaux chevaliers ses compaignons s'estoyent démeslés ; et moult bien le firent et chevaleureusement, et sur tous le seigneur de Bausignies, qui avoit moult de coups receus ; et bien y parut à son cheval, qui estoit playé et navré moult durement. Si vindrent tous à celle recousse, où moult abatirent de Gandois, et recouvrèrent le varlet, qui ne fut point occis ; mais il eut moult de playes, dont il fut longuement malade ; et à celle cause, et pour le bon renom de luy, le bon duc le retint varlet-de-corps en son escuyrie ; et depuis, plus de vingt ans après, il mourut contre les François devant Corbie, archer des ordonnances, sous ma charge ; et fut tousjours tenu pour un bon et vaillant compaignon.

Or me faut revenir au surplus de l'aventure de celuy jour. Le comte d'Estampes fit descendre ses archers, et aucuns hommes-d'armes ; et les hommes-d'armes à cheval tenoyent une a elle, à la main dextre, très-grosse et très-fière ; et les Gandois (qui plus suyvoient leur outrecuidance qu'ils n'avoyent regard à quelles gens ils avoyent affaire) marchèrent sur nos gens à toute puissance ; mais quand ils sentirent ces flèches d'archers qui leur perçoyent haubers et pansiers, ceux qui virent les premiers ou leurs prochains ainsi navrer, choir, mourir et affouler, se rompirent incontinent, et se mirent à la fuite comme les moutons devant les loups ; et les hommes-d'armes (qui estoyent à cheval) les poursuyvoyent et abatoyent, tellement que les archers les rateindoyent, et en prenoyent et occioyent à leur plaisir ; et à ce que j'ay ouy nombrer, avant qu'ils peussent repasser le pont qu'ils avoyent fait, il y en eut plus de trois mille occis et tués en la place ; et si n'eust esté que les gens-de-cheval ne s'osèrent aventurer sur ledict pont (qui n'estoit faict que pour gens-de-pié), certes le meurdre et la tuerie eust esté moult grande ; et devez entendre que messire Symon de Lalain et ceux d'Audenarde furent moult joyeux quand ils se veirent désassiégés, et hors de la servitude de ce peuple.

Si ouvrirent leur porte, et firent armer et monter leurs soudoyers ; et entra le comte d'Estampes et la seigneurie, à grande joye, en la vile d'Audenarde ; et prestement fut l'autre porte ouverte ; et passa messire Jaques de Lalain outre la rivière, à la poursuite des ennemis ; et le suyvirent moult de jeunes gens et de gens-de-bien, comme Evrard de Digonne, Guyot Dusie, Silvet Pellerin, messire Anthoine de Hérin, et plusieurs autres ; et trouvèrent que l'autre siége de Gandois fut levé, de peur et de l'effroy que leur firent les suyvans de l'autre part ; et s'enfuyoit chacun qui mieux mieux, tirant et retournant à Gand.

Or vous lairray de la fuite des Gandois et de la chace (qui ne porta pas grand fruit, pour ce qu'ils se trouvèrent peu de gens, et nuls archers), et retourneroy au duc de Bourgongne (qui estoit à Grammont), et comment il exploita quand il sceut les nouvelles du siége levé.

CHAPITRE XXV.

Comment le duc de Bourgongne défit ceux qui fuyoyent du siége d'Audenarde vers Gand; et comment plusieurs rencontres et écarmouches se firent entre les Bourgongnons et les Gandois durant cette guerre.

Vérité fut que celuy jour, et si tost que le comte d'Estampes fut en Audenarde, et qu'il eut les Gandois mis en fuite, il envoya à toute diligence son héraut, nommé Dourdam, au lieu de Grammont, pour porter les nouvelles du siége levé : et fit le héraut si grande diligence, qu'il vint de haute heure devers le duc: et si y a, d'Audenarde à Grammont, cinq lieues. Et quand le duc fut averti du siége levé, il fit sonner ses trompettes, pour estre chacun à cheval à toute diligence : et se mirent les routes aux champs, et au chemin chacun qui mieux mieux, pour tirer à la porte de Gand, et du costé où les fugitifs Gandois du siége devoyent rentrer en leur vile. Le comte de Sainct-Pol, et messire Jehan de Crouy, avoyent l'avant-garde, et se partirent les premiers : et pour ce que par bonne advanture je fus des premiers armés de l'hostel du comte de Charolois (à qui je fus serviteur), il m'envoya devant, pour sçavoir des nouvelles de ce qui pouvoit advenir par celle chevauchée. Si m'acompagnoy d'un ancien escuyer bourgongnon, nommé Philippe d'Arlay (qui beaucoup avoit veu de la guerre), et chevouschasmes si diligemment parmy l'avant-garde, que nous passasmes plusieurs enseignes, cornettes et guidons, et rateindismes le premier guidon, qui estoit audict messire Jehan de Crouy, qui estoit acompaigné d'environ cinq cens archers, et vingt hommes-d'armes : où je recongnu messire Jehan de Rubempré, qui moult fort chevauchoit celle route, pour ce qu'ils avoyent nouvelles qu'à un moulin à vent, à l'entrée des maladreries de Gand, aucuns Gandois se rassembloient. Ce qui estoit vray : et certes quand la compaignie y aborda, ils estoyent jà rassemblés plus de huict cens hommes-de-pié, à une enseigne de Nostre-Dame : et disoit on que c'estoit le mestier des tisserans.

Archers mirent incontinent pié à terre de l'autre part du grand chemin : et selon qu'ils abordoyent, ils se mettoyent en bataille, et certes je regardoy bien à loisir la contenance desdicts Gandois : mais ils estoyent si effrayés et si déreiglés, que peu se mirent en ordonnance pour combatre, mais par monceaux; et si tost que les archers se trouvèrent deux cens à terre, ils crièrent « Nostre-Dame, Bourgongne! » et coururent sus aux Gandois, moult fièrement; et les Gandois, pour toute deffense, s'enfuirent par la maladrerie, et par le fauxbourg, contre Gand; et bien le pouvoyent faire : car ils furent assaillis sur costière : parquoy ils avoyent le chemin de la vile à leur commandement. Les hommes-d'armes commencèrent à approcher, et les gens-d'armes à cheval : et dura la chace et la tuerie des Gandois jusques aux portes de la vile, et plusieurs furent dedans les dernières barrières, et par-dedans les maisons du fauxbourg de la maladrerie. Plusieurs Gandois estoyent mussés sous les licts et ès chambres, planchers et celliers, chacun qui mieux mieux, pour garantir sa vie; mais les archers et gens de pié cherchoyent les maisons, et les prenoyent et occioyent sans mercy et sans rançon; et n'est pas à douter que la vile de Gand ne fust en grand effroy de ceste chose. Si sonnèrent leur beffroy, et coururent à la porte à moult grand nombre de gens; et le duc de Bourgongne, le comte de Charolois son fils, et toute la bataille, se mirent en ordonnance au moulin à vent dessusdict, en attendant ceux qui chaçoyent les ennemis : et estoit jà basse vespre, et bien tard, quand tous furent revenus et rassemblés.

Si prit le duc conseil qu'il estoit de faire : et fut conseillé d'aler à Gavre, pour essayer si ceux de la place se voudroyent rendre au duc pour l'ébïassement du siége levé; et fut toute nuict quand le duc y arriva; et se logea chacun sans grand ordre pour celle nuict, les uns ès maisons, les autres ès jardins et ès champs, et toute nuict tirèrent ceux du chastel sur nos gens, et par le vilage, de canons de serpentines (dont ils estoyent bien pourveus), et ne voulurent n'ouyr ne parlementer. Le l'endemain bien matin, le duc fit sonner les selles; et fut envoyé messire Robert de Miraumont, et messire Pierre son frère, acompaignés de deux cens archers, le chemin de Gand, pour sçavoir si les Gandois estoyent point issus; et le duc s'en retourna le droit chemin de Sainct-Adrian de Grammont, et là se logea et y demoura par aucuns jours. Sur la fin d'avril, le duc et le comte son fils se tirèrent à Audenarde ; et, le premier jour de may, le comte d'Estampes, le seigneur de Ravastain, le bastard de Bourgongne, messire Anthoine le bastard, le seigneur de Haubourdin, et plusieurs autres capitaines firent une course devant Gand, et vindrent assez matin devant la vile, et furent gaignés deux ou trois forts boulovarts sur eux.

Mais finalement les Gandois, à grosse puissance de gens et d'artillerie, gardèrent leurs prochains forts ; et ne fut faict autre exploict pour celuy jour, sinon qu'ils perdirent plusieurs vilains, pris et tués ; et advint que, tandis que l'on écarmouchoit devant la vile, aucuns des Gandois se retrairent en une maison close de fossés, qui sied sur les marests : là où ils furent suyvis et assaillis par gens de toutes pièces, qui les poursuyvirent ; et à celuy assaut messire Jehan, seigneur de Miraumont, fut atteint d'un trait d'arbaleste à la gorge, dont il mourut ; et fut dommage, car il estoit un notable et vaillant chevalier. Assez tost après le duc se tira à Termonde, et ordonna ses garnisons fortes et puissantes. Le comte de Sainct-Pol et le seigneur de Cimay furent envoyés à Allost. Le comte d'Estampes demoura à Audenarde, et le mareschal de Bourgongne fut ordonné à Courtray, et eut bien trois cens lances de Bourgongnons ; et furent les chefs le seigneur de Ray, le seigneur de Bauchamp, le seigneur d'Espiry, et autres ; et le duc, voyant la rivière de l'Escaud estre grande et profonde devant Termonde, et que là convenoit passer par bateaux pour aler courre devant Gand, et pour aprocher ses ennemis d'iceluy costé, fit mander ouvriers de toutes pars pour faire un pont sur tonneaux, à cordes et à planches ; et, pour deffendre ledict pont, fit, outre l'eau, faire un gros boulovart de bois et de terre ; et là se logèrent le seigneur de Ternant et le seigneur de Humières, tous chevaliers de la Toison d'or, sachans et expérimentés en armes ; et avoyent la charge et conduite tant de l'ouvrage, comme de la garde d'iceluy costé.

Le jour de l'Ascension Nostre-Seigneur, au poinct du jour, passèrent le pont le seigneur de Launoy, le seigneur de Humières, messire Jaques de Lalain, et messire Jehan, bastard de Renty, accompaignés de plusieurs jeunes chevaliers et nobles hommes, qui désiroyent d'eux éprouver contre les ennemis, et tirèrent à un gros village à trois petites lieues près de là, que l'on appelle Locres. Celuy jour conduisoit les archers ledict messire Jehan, bastard de Renti, et avoit avec luy là plus-part des archers du duc, dont il estoit capitaine. Si passa une grande eaue qu'il faut passer à un pont de bois, et entra au village, et mit les Gandois en fuite, qui ne se doutoyent point de sa venüe : et aucuns se retrairent en l'église, et tantost passèrent les autres chevaliers et leurs routes. Si commencèrent les archers à fourrer et à piller le vilage, et les autres à assaillir ceux qui estoyent retraïsts au clocher du monstier : et demourèrent en tel desroy, sans ordre et sans guet, près de deux heures : et tandis les cloches des vilages gandois sonnèrent l'effroy, et les Gandois fugitifs coururent ès autres gros vilages, et se rassemblèrent plus de trois mille hommes, et vindrent marcher en deux compaignies, les uns droit au vilage, et les autres sur costière, à la couverte des hayes et des plessis : et tant firent qu'ils gaignèrent le pont, par où les gens du duc estoient entrés audict vilage, où ils mirent le feu en leurs propres maisons : et, à l'vantage du vent, surprirent, bruslèrent et occirent plusieurs de nos gens, et la pluspart mirent en desroy et en fuite : et quand ils cuidèrent regaigner la rivière par le pont, ils trouvèrent les Gandois qui leur couroyent sus à longues picques et avec arbalestes : et enfoudroyoient chevaux, et tuoyent gens sans mercy ou répit : et les gens du duc repassèrent la rivière (qui moult estoit grande et périlleuse) à nou de cheval et de pié, à moult-grand danger : et les chevaliers qui la conduite avoient mirent moult grand peine de rassembler et de ralier leurs gens.

Or, pour ce que bien-faict ne doict estre teneu célé en sa vérité, il faut bien, à ce besoing, que je parle du bien-faict et de la vaillance que fit ce jour le bon chevalier messire Jaques de Lalain. Il couroit en sa personne là où il voyoit la plus grand' presse d'ennemis et le plus grand besoing pour ses gens secourir. Il combattoit l'espée au poing, comme un chevalier sans paeur et sans doute, et passa et repassa la rivière par plusieurs fois : et sauva si grand nombre de gens de mort et de péril, que tous luy donnèrent l'honneur de la journée : et disoyent au retour tous les compaignons, en généralité, que la chevalerie de messire Jaques de Lalain les avoit préservés de mort. Cinq chevaux eut occis dessous luy celuy jour : et quand il cuida avoir tout achevé, et mis ses gens à sauveté devant luy, comme le bon pasteur fait ses brebis, il sceut que son frère Philippe de Lalain estoit enclos des ennemis. Si retourna, et fut suyvi d'aucuns, et à force d'armes recouvra son frère des ennemis. Et qui me demanderoit qui furent ceux qui le suyvirent, et dont il se loua fort de leur bonne compaignie pour celuy jour, certes je le sçay par ledict messire Jaques : ce fut Gaspart de Dourtan, un escuyer bourgongnon (qui fit armes à lui en Bourgongne); Jehan Rasoir, escuyer de Hainaut, son serviteur (qui fit armes aussi en Bourgongne contre Michau et Certaines, comme il est escrit cy-dessus); et un foljoyeux (qui estoit au comte de Charolois), nommé Andrieu de La Plume ; et de ces trois se loua fort le chevalier, pour celuy jour, sur tous autres.

Finalement se partit la journée, à foule et perte de nos gens : mais toutesfois perdirent les Gandois trop plus de gens, sans comparaison, que ne firent les nostres : et le duc de Bourgongne (qui bien sçavoit que ses gens avoyent eu à souffrir) les attendit au boulovart outre la rivière, et là fit aporter son souper : et soupèrent avècques luy les chevaliers qui avoyent esté à la journée : et fit seoir messire Jaques de Lalain emprès luy, et au-dessus de luy : et dit qu'il vouloit tenir les anciennes bonnes coustumes, qui estoyent que l'on devoit honorer le meilleur chevalier du jour.

Le duc de Bourgongne, voyant que le pont qu'il avoit fait faire estoit fort assez pour passer grande armée, et que les tonneaux, les cordes et les planches levoyent et soustenoyent tel faix que l'on leur vouloit bailler, prit conseil de faire passer et courir plus-grande puissance : et, assez tost après la journée devant dicte, le seigneur de Crouy en eut la charge, et fut chef pour celuy jour : et menoit et conduisoit l'estandart du duc de Bourgongne, et le portoit pour celuy jour, Maillart de Fleschin, un escuyer de Picardie, escuyer d'escuyrie du duc, et fut acompaigné iceluy estendard par Adolf, monsieur de Clèves, neveu du duc; par Cornille, bastard de Bourgongne ; par le seigneur de Ternant, par messire Jaques de Lalain, et moult d'autres seigneurs, qui passèrent le pont par un mardy : et pour ce qu'on fut averti que les Gandois estoyent à grand nombre en un vilage my-chemin de Termonde et de Gand, nommé Hovermaire, où ils gardoyent un haut et puissant boulovart qu'ils avoyent fait pour garder et deffendre iceluy vilage de Hovermaire, marcha la compaignie celle part : et le comte de Sainct-Pol, messire Jehan de Crouy, messire Jaques de Luxembourg, et plusieurs autres, grandement et hoblement accompaignés, estant advertis par le duc de Bourgogne, partirent de leur garnison d'Allost, et vindrent à Termonde, et passèrent le pont en moult-bel ordre, suyvant la première compaignie : et le seigneur de Crouy et sa route tiroit tousjours avant : et furent ordonnés, par manière d'avantcoureurs, le seigneur de Ternant et messire Jaques de Lalain, accompaignés de Michau de Changy, d'Anthoine de Lornay, et d'autres.

Si trouvèrent les Gandois sur leur boulovart en grand nombre, et en grand appareil de deffense : et me souvient que le seigneur de Ternant, en sa personne, monstra les ennemis, et dit : « Beaux-seigneurs, voilà les ennemis et » rebelles de nostre prince. Or y perra ce jour- » d'huy qui bien le fera. » Et prestement furent pointes de souliés coupées : et hommes d'armes et archers se mirent à pié, qui mieux mieux. Là furent chevaliers nouveaux faicts en grand nombre par le seigneur de Crouy : Adolf, monsieur de Clèves; Cornille, bastard de Bourgongne ; Philippe de Crouy, fils du seigneur de Cimay; Jehan de la Trimouille, seigneur de Dours; Guy de Brimeur, seigneur d'Hymbercourt ; Philippe de Crévecueur, seigneur d'Escordes ; Charles, fils du seigneur de Ternant ; Philippot de Jacourt, seigneur de Villarnoul ; et grand nombre d'autres, les noms desquels je n'ai pu retenir ne sçavoir ; et, selon que les chevaliers nouveaux estoyent faits, ils marchoyent contre ledict boulovart, qui fut promptement assailli. Mais les Gandois, quand ils virent venir enseignes et gens les uns après les autres, et que l'on les assailloit si baudement, ils se mirent à la fuite, et abandonnèrent les deffenses : et furent chacés pesle-mesle, et plusieurs en y eut d'occis : mais ils avoyent grand avantage, tant pour ce qu'il falloit gaigner et monter ledict boulovart sur eux, comme pour ce qu'ils estoyent légèrement armés, et le chaud estoit grand, et le sablon pesant et chaud à marcher, et fort au désavantage de nos hommes-d'armes : et certes l'un des premiers hommes que je vey sur le boulovart fut messire Jaques de Lalain. Messire Adolf de Clèves, et messire Cornille, bastard de Bourgongne, montèrent promptement sur ledict boulovart sans attendre et sans marchander, et poursuyvirent les ennemis moult-longuement, à pié ; et me souvient que Guillaume de Sainct-Songne, un moult notable escuyer qui gouvernoit et avoit nourry ledict bastard de Bourgongne, courut audevant, et l'arresta, et luy dit : « Comment, monsieur, voulez-vous, » par vostre verdeur et jeunesse, mettre » ceste noblesse en danger, qui vous suit à » pié, à pesantes armes, et par telle chaleur » qu'il faut les plusieurs porter et soustenir » par les bras ? Vous devez être le chastel et » le fort où tous les autres se doivent rassem- » bler et fortifier ; et l'on ne vous peut con- » suyr ne ratteindre ; et certes si les ennemis » retournoyent et vous trouvoyent en tel tra- » vail et tel desroy, ceste vaillance vous se- » roit tournée à honte, par le dommage qu'à » vostre cause pourroit avoir la compaignie. »

Le bon chevalier (qui moult obéissoit à celuy qui l'avoit nourry) s'arresta, et se rassembla chacun à l'entour de luy ; et tandis fut le boulovart rompu : et à cheval monta messire Jehan de Crouy (qui estoit venu en la seconde compaignie), et passa son enseigne et sa compaignie, et chacea jusques à Gand ; et furent les chevaux ramenés à ceux qui estoyent descendus à pié : et tandis que ces choses se faisoyent, les Gandois estans à Locres en grand nombre, sachans que leurs compaignons, estans à Hovermaire, avoyent à souffrir, se partirent bien trois mille hommes, et vindrent celle part ; et cuidèrent enclorre la compaignie par derrière, pensans qu'encores durast l'assaut au boulovart : et si bien avint que la compaignie qui avoit assailli estoit desjà à cheval ; et le comte Louis de Sainct-Pol et sa compai-

gnie (qui ne s'estoyent bougés de la bataille, ne rompu leur ordre, pour chose qui fust avenue) fut assez tost averti de la revenue des Gandois, tant par la poudre qui se levoit en leur chemin, comme par aucuns chevaucheurs qui se perceurent d'eux. Si se mit chacun en devoir et en ordre pour recevoir iceux Gandois.

Fièrement marchèrent lesdicts Gandois, et reculèrent ce qu'ils trouvèrent de nos gens : et avoyent archers et arbalestriers qui tiroyent devant leur bataille. Si trouvèrent un grand fossé, où ils s'arrestèrent, se mirent en bataille, et attendirent les uns les autres ; et nos gens approchèrent, et entrèrent partie en un champ devant eux, et de costé furent envoyés environ cent archers, qui tirèrent tous à une fois sur costière : et commença le hu et le cry de toutes pars, et prestement se rompirent lesdicts Gandois, et se mirent en fuitte : et certes il en mourut bien à celle rencontre quinze cens ; et fut un droit enoysellement, et un gibier pour les jeunes et nouveaux chevaliers ; dont plusieurs y en avoit qui estoyent nouveaux gens-d'armes ; et s'en retourna la compaignie à Termonde celle nuit, menant grande proye de prisonniers, de bagues et bestial conquis sur les ennemis.

Le vingt-cinquième jour de may, le comte d'Estampes estant à Audenarde, fort acompagné de la noblesse et puissance de Picardie, fit une emprise pour aler gaigner sur les Gandois le vilage de Nève en Flandres, que les Gandois et le peuple, leur aidant et bien-veuillant, avoyent moult fort fortifié ; et y estoyent grand nombre de vilains assemblés. Si fit le comte ouvrir les portes devant le jour, et marcha l'enseigne de messire Anthoine, bastard de Bourgongne, la première ; et vindrent bien matin ès barrières de Nève ; et descendirent à pié, avecques les archers le seigneur de Hérin, Guyot Dusie, Errard de Digoine, Silvet Pellerin, et plusieurs autres jeunes gens, qui tousjours queroyent à eux monstrer, où qu'ils se trouvassent ; et fut l'écarmouche si bien et si hardiment entreprise et conduitte, qu'ils reboutèrent les ennemis, et entrèrent audict vilage à puissance ; et s'enfuirent les Gandois à petite perte de leurs gens.

Si commencèrent archers et compaignons à piller et fourrer les maisons, pour butiner et pour gaigner; et se déreiglèrent tellement que les enseignes demourèrent toutes seules, excepté d'aucuns gens de bien, à qui le déreigle et la pillerie deplaisoit moult; mais autre chose n'y pouvoyent faire, et tandis se rassemblèrent les Gandois fugitifs, avecques autres qui leur venoyent au secours : et vindrent par où estoyent entrées les enseignes du comte d'Estampes; et quand ils les veirent venir, aucuns, qui bien sçavoyent le déreigle des gens-d'armes parmy le vilage, fermèrent une barrière qui estoit devant un pont faict en haste sur un grand fossé profond qui clooit ledict vilage. Mais incontinent y veindrent le seigneur de Hérin, et Jehan de Chassa, dict le Benestru, et un grand tas de jeunes gens pleins de feu et de courage, qui sans grand conseil ouvrirent la barrière, et sans attendre archers ou aide, marchèrent dehors, et coururent sus aux premiers écarmoucheurs des Gandois, et les reculèrent jusques à l'ombre d'une grosse cense, où Gandois s'estoyent embuschés à grand nombre. Si saillirent sur iceux hommes-d'armes, et en occirent et blécèrent; et reculèrent ceux qui se peurent sauver si lourdement par le pont, qu'aucuns furent noyés et autres en grand danger.

Là fut tué Silvet Pellerin, qui moult vaillamment s'estoit monstré celuy jour. Celuy Pellerin estoit un escuyer du Dauphiné qui avoit esté nourri en la maison du duc de Bourgongne, et son page avecques moy, et mon compaignon; et estoit apparent (s'il eust vescu) d'estre fort renommé de vaillance. Là fut occis le seigneur de Hérin, nommé messire Anthoine, un chevalier de Picardie vaillant et moult bon corps, Jehannequin Le Prevost, Charlot de Moroges, et autres; et là furent blécés, et en grand danger, Errard de Digoine, Guyot Dusie, Jehan de Chassa, et moult d'autres, lesquels furent plus sauvés par l'aide de Dieu que par autre cause : et de ce coup se boutèrent les Gandois dedans le vilage, et en regaignèrent et conquirent bien la moitié, avant que l'on y sceust remédier.

Le comte d'Estampes fit sonner à l'estendard par ses trompettes, et ne pouvoit ses gens rassembler; et fit Philippot Bourgeois, un escuyer de Nivernois qui portoit l'estendard du comte, moult bon et asseuré devoir; et là se rassemblèrent les enseignes de messire Anthoine, bastard de Bourgongne; de messieurs de Haubourdin, de Saveuses, d'Emeries, de Rubempré, de Miraumont, de Neufville, d'Aplaincourt, et autres; et marchèrent vaillamment icelles enseignes, sans attendre ou regarder qui les suyvoit. Si reprit chacun cueur et hardement, et marchèrent archers et hommes-d'armes, et reboutèrent et déconfirent de rechef les Gandois; et de celle recharge receurent les Gandois une moult grande perte; car aucuns, qui ne sçavoyent où se garentir ne sauver, se retraïrent en grand nombre sur une motte close d'eaue et de marests; et furent tellement bersaillés de traict qu'ils se vindrent rendre, pour tout garant, ès mains de leurs ennemys, et furent tous occis sans mercy. Moult fut le comte déplaisant des gens de bien qu'il avoit perdus celuy jour; et aussi furent les autres seigneurs qui les congnoissoyent; mais il les convint passer et porter, par la fortune de la guerre. Si fut trouvé par conseil que l'on ne pourroit les corps emmener; et furent mis en une maison, et y fut bouté le feu, et par tout le vilage de Nèvelle : et se remit le comte au chemin, pour retourner à Audenarde; mais les vilains du païs avoyent les arbres abatus sur les chemins, et s'estoyent assemblés et armés; et tout le jour firent desroy et effroy ou devant ou derrière la compaignie, et bien le pouvoyent faire, car tout le païs est tout fossillé, à l'avantage des gens de pié, et au désavantage de ceux de cheval. Là fut tué un escuyer maistre-d'hostel du comte, nommé Janin Dinde, et moult de gens et de chevaux navrés et blécés : et ainsi se passa la journée.

Ainsi se faisoit la guerre entre le duc et les Gandois, ses rebelles; et y eut moult d'emprises et de rencontre faictes d'un costé et d'autre, et moult de gens pillés et tués par petites compaignies, dont ensemble se trouveroit grand nombre; et se tindrent assez près de La Hamette et de Renais, par les bois et par les fortes hayes, aucuns Gandois, qui se nommoyent les compaignons de la verde Tente; lesquels firent moult de maux et de pillages sur les gens du duc; et pour ce que le païs du Was (qui sied entre le Lis et l'Escaud) et aussi le païs des Quatre-Mestiers, estoit le droit païs, et la droite sourse, et la fourmillère où estoit et dont naissoit le plus grand pouvoir de ceux de

Gand, le duc se délibéra de passer l'Escaud, pour entrer en iceluy païs à toute puissance.

Si fit au lieu de Tenremonde son appareil et son mandement. Et vint le duc Jehan de Clèves, son neveu, moult bien acompaigné de nobles hommes et de crennequiniers d'Alemaigne. Et, par un mardi cinquième jour de juin, furent envoyés les mareschaux des logis, fourriers et autres; et fut chef le seigneur de Contay, pour lors maistre-d'hostel de la duchesse de Bourgongne, un moult notable, vaillant et diligent chevalier, et lequel estoit lieutenant pour le mareschal de Bourgogne, et fut envoyé avecques luy pour le logis du comte de Charolois; et pour chacun seigneur y avoit gentils-hommes envoyés, un ou plusieurs, pour faire les logis. Celuy mardi, nous passasmes l'eaue devant Riplemonde, et passasmes environ trois cens combatans; et trouvasmes un escuyer gascon qui se nommoit Bertrandon, et estoit capitaine du chastel dudict Riplemonde. Celuy nous dit tout haut : « Beaux seigneurs, la nuict aproche, et vous » estes près de vos ennemis ; et suis asseuré » qu'à Thémésie a deux mille Gandois qui » n'attendent que nouvelles de vostre des- » cente ; et d'autre part, cy au plus près, en » ce vilage que pouvez veoir, a très-grosse » puissance aprestée contre vous. Si pensez de » vous clorre et asseurer pour vous deffendre, » si besoing en avez : car, pour chose qu'il » avienne, je n'ouvriray le chastel que mon » prince m'a baillé en garde, si je n'ay autres » nouvelles, lettres et enseignemens de luy. » Si se mirent les principaux ensemble. Là estoit messire François l'Arragonnois, pour lors maistre de l'artillerie, qui avoit par bateaux amené dix ou douze serpentines, à légers *chariots*. Là estoit messire Jaques, seigneur de Harchies ; le seigneur de Rabaudanges et autres. Si parla le premier le seigneur de Contay, et dit : « Beaux seigneurs, combien que le » vilage soit tout bruslé et vague, il nous » y convient choisir une place, et la clorre sur » les ennemis de ce que nous avons d'artille- » rie, et faire un feu, et demourer en armes » tous ensemble ceste nuict. »

Ainsi fut faict, et la place prise devant l'église, et ordonnés et mis gens-de-bien à pié et à cheval pour escoutes. Et les Gandois (qui estoyent à Varselle, si près de nous qu'à veüe de vilage) firent grand guet de leur costé, et ne furent pas avertis de nostre convive. Et pour celle nuict ne fut rien empris les uns sur les autres. Le lendemain au plus matin, le comte de Sainct-Pol et le seigneur de Cimay (qui conduisoyent l'avant-garde) passèrent en leurs personnes. Le seigneur de Contay et plusieurs autres leur alèrent au-devant. Si demanda le comte audict seigneur de Contay où son logis estoit délivré : lequel luy respondit et montra que l'on avoit délivré son logis à l'entrée du vilage de Varselle en certaines maisons : mais il convenoit voisiner avecques les ennemis, qui estoyent en grand nombre audict Varselle. Lors dit le comte de Sainct-Pol que si près ne pouvoyent loger sans débat. Si renvoya les charrières et les bateaux où il estoit passé, et de ses gens pour faire passer hastivement mille archers à pié, et trois cens lances à deux chevaux pour hommes d'armes, pour le plus. Et tandis alèrent le comte et le seigneur de Cimay ouyr messe, et furent ceux qu'ils avoyent ordonnés tantost passés ; car ils avoyent quatre grandes charrières et d'autres batteaux à passer gens-de-pié. Si fut prestement sonné, et commandé que chacun s'aprestat pour combatre les ennemis ; et marchèrent les enseignes, qui furent passées, et ces archers à pié, qui moult désiroyent de grever leurs ennemis.

Quand les Gandois sentirent venir et veirent aprocher les compaignies, ils se retrairent à garder un gros boulovart qu'ils avoyent fait et élevé sur le grand chemin ; mais peu y arestèrent, que les archers ne le fissent désemparer. Et en y eut plusieurs morts et pris, et les autres s'enfuirent ; mais grande partie d'eux furent si près hastés et suyvis, qu'ils se retrairent en une petite maison close d'eau, et autres en un monstier. En ces deux lieux, et à une fois, furent Gandois assaillis, et dura l'assaut plus de trois heures. Et le comte de Sainct-Pol (qui tousjours doutoit la rencharge des Gandois) entretenoit les hommes-d'armes sous l'estendard le mieux qu'il pouvoit ; mais les jeunes gens estoyent fors à tenir en ordre, et se dérobloyent pour aler assaillir avecques les archers, et tellement que les enseignes demourèrent (telle fois fut) petitement acompaignées ; et le comte dit par plusieurs fois : « Nous nous mettons en désordre contre la » doctrine de la guerre, et peut-estre nos en- » nemis sont plus près que nous ne pensons. » Chacun se veut avancer, et cuide bien faire ; » mais je dy qu'il acquiert assez honneur, qui » se garde de honte. »

Le seigneur de Cimay mettoit grand'peine de recueillir ses gens ; et avint que l'église et le chastel furent si fièrement assaillis, que les Gandois demandèrent les capitaines pour eux rendre ; et allèrent celle part le comte et le seigneur de Cimay. Et tandis les Gandois, qui se tenoyent à Thémésie, et autres, s'assemblèrent environ trois mille, et avoyent plusieurs chariots de petite artillerie et légère : et abordèrent droit devant l'estendard des hommes-d'armes, et trouvèrent la compaignie en petit ordre. Si se monstrèrent les Gandois à une foule moult fièrement, et s'arrestèrent, pour le creux d'un grand chemin. Là vey je Guy de Benthun (qui portoit l'estendard du comte de Sainct-Pol) marcher sur les ennemis, sans regarder qui le suyvoit ; et endura et soustint, sans démarcher, moult vaillamment, et fut moult longuement sans grand secours ou aide. Toutesfois chacun recourut à son enseigne, et revint le comte à son estendard, qui fut suyvi de ses gens ; et d'autre part le seigneur de Cimay ralia les archers, et vint, à la couverre des hayes du vilage, donner sur costière de ses ennemis. Si fut marché sur eux baudement, d'un costé et d'autre ; et combien que les Gandois eussent grand ordre et grand vouloir, toutesfois si se mirent ils prestement en roupture et déconfiture. Et furent gaignés leurs chariots et artillerie, dont ils avoyent assez amené avecques eux ; et se continua la chace loing et longuement.

Le duc de Bourgongne (qui fut de l'autre part de la rivière) ouyt le hu et la noise qui se faisoit à l'escarmouche d'une part et d'autre. Si entendit que les premiers avoyent à besongner, et se bouta en une petite nacelle, luy et son fils le comte de Charolois, et son neveu le duc de Clèves, et messire Cornille, bastard de Bourgongne. Et passa l'eau ; et, selon que les gens-d'armes passoyent, ils les faisoient mettre en bataille, pour soustenir ce que besoing faisoit. Et tousjours passoyent gens-d'armes, à force et à puissance ; et chacea le comte de Sainct-Pol jusques à ce que le seigneur de La Hauverdrie et autres luy certifièrent qu'ils avoyent veu les Gandois entrer ès barrières et fermetés de Gand ; et certes les Gandois perdirent celuy jour bien deux mille hommes, et le bon duc recueillit les seigneurs et les compaignons moult agréablement ; et, durant l'escarmouche, passoyent les gens-d'armes, comme dict est. Le comte d'Estampes (qui pour ce jour faisoit l'arrière-garde) fut averti qu'aucuns Gandois vouloyent rompre une digue, par quoy l'eaue pouvoit nuire et grever l'armée, comme l'on disoit. Si fit passer des archers en petit nombre, qui rompirent icelle emprise, et en tuèrent et prirent. Et ainsi se passa celle journée, et dura le passage des gens-d'armes celuy jour, et la plus-part du jeudy ; et estoit la compaignie grosse et belle : car le duc de Clèves vint servir le duc son oncle à quinze cens chevaux, gens moult bien montés, et armés à la façon et guise d'Alemaigne ; et disoit on l'armée du duc de Bourgongne de huict à neuf mille combatans, et non plus.

Le vendredy, au poinct du jour, fut faicte une alarme ; et se tira chacun à son enseigne, armé et embattonné comme il appartient ; et fut ordonné que chacun seroit à pié, exceptés les chevaucheurs et découvreurs, au nombre de cent chevau-légers, pour sçavoir des nouvelles et convive des ennemis. Si tira le duc et ses enseignes en une grande place qui est entre Varselle et Ruplemondé, et sur la venue de ceux de Gand. Hervé de Mériadec portoit celuy jour l'estendard du duc ; et le conduisoit le bastard de Bourgongne, qui moult bien le sçavoit faire. Et combien que le comte Charles fust jeune, et en sa première armée, toutesfois il marchoit, ou l'espée ou le batton au poing ; et tenoit gens en ordre et en bataille, et se faisoit douter et obéir ; et monstroit bien que le cueur luy disoit et apprenoit qu'il estoit prince né et élevé pour autres conduire et gouverner. Fière chose fut à voir telle assemblée, telle noblesse et tel peuple : dont seulement la fierté de l'ordre, la resplendisseur des pompes et des armeures, la contenance des estendards et des enseignes, estoit suffisant pour ébahir et pour troubler le hardement et la folle emprise du plus hardi peuple du monde ; et demourèrent lés batailles en ordre jusques il fut haute heure, que les chevaucheurs raportèrent que ce n'estoit rien. Si se retrait chacun en son logis. Et certifie qu'avant qu'il fust midy l'on eut deux ou trois alarmes en l'ost, suivans l'un l'autre; et sailloyent les enseignes hors du logis, et les gens armés, à pié et à cheval : et, à ce que j'entendis depuis, ce fut par les chevaucheurs, qui veirent saillir ceux de Gand et leur charroy, se mettans en ordre autour de leur vile pour venir combatre leur seigneur ; dont messire Louis de Mamines fit le vray raport, comme vous orrez cy-après. Celuy jour, environ une heure après midy, le duc (qui fut averti que les Gandois à tout effort estoyent issus de Gand pour venir leur seigneur assaillir et combatre) se mit aux champs, les archers à pié et les autres à cheval ; et fut le champ pris entre Ruplemonde et Varselle ; et laissa le duc aprocher les Gandois, et venir jusques au vilage, et le plus avant que faire se peut.

Le comte de Sainct-Pol et messire Jean de Crouy eurent la première escarmouche ; et le duc de Bourgongne envoya le duc de Clèves et sa compaignie tenir le visage à la venue de Thémésie, où l'on disoit que s'estoit assemblé grand nombre de Gandois ; et doutoit on qu'ils ne vinssent à puissance de costé, ou par derrière ; et à ceste cause fut mise la bataille du duc, par deux ou trois fois, à rechange de place. Là fit le bon duc chevaliers, de sa main, l'infant Jean de Portugal, fils du duc de Coïmbres; Philippe Pot, seigneur de La Rochelle; Guillaume Raolin, seigneur de Beauchamp; Guillaume de Sainct-Songne, Michau de Changy, Anthoine et Philippe, bastards du duc Anthoine de Brabant, et moult d'autres. Là vey-je messire Louis de La Viévile, seigneur de Sains, relever bannière; et le présenta le roy-d'armes de la Toison d'Or ; et ledict messire Louis tenoit, en une lance, le pennon de ses plaines armes; et dit ledict Toison : « Mon très-redouté et souverain sei-
» gneur, voycy vostre humble subjet messire
» Louis de La Viévile, issu d'ancienne ban-
» nière à vous sugette; et est la seigneurie
» de leur bannière entre les mains de son ais-
» né ; et ne peut ou doit, sans méprendre,
» porter bannière quand à la cause de La Vié-
» vile, dont il est issu ; mais il a par partage
» la seigneurie de Sains, anciennement terre
» de bannière. Parquoy il vous supplie (con-
» sidérée la noblesse de sa nativité et les ser-
» vices faicts par ses prédécesseurs) qu'il vous
» plaise de le faire banneret, et le relever en
» bannière ; et il vous présente son pennon
» armoyé, suffisamment accompaigné de vingt
» cinq hommes-d'armes pour le moins, comme
» est et doit estre l'ancienne coustume. » Le duc luy respondit que bien fust il venu, et que voulontiers le feroit. Si bailla le roy-d'armes un couteau au duc, et prit le pennon en ses mains; et le bon duc, sans oster le gantelet de la main senestre, feit un tour au tour de sa main, de la queue du pennon; et de l'autre main couppa ledict pennon, et demoura quarré; et, la bannière faicte, le roy-d'armes bailla la bannière audict messire Louis, et luy dit : « Noble chevalier, recevez l'honneur que vous
» fait aujourd'huy vostre seigneur et prince ;
» et soyez aujourd'huy bon chevalier et con-
» duisez vostre bannière à l'honneur de vostre
» lignage. »

Ainsi fut le seigneur de Sains relevé en bannière ; et prestement se présenta messire Jaques, seigneur de Harchies, en Hainaut; et porta son pennon suffisamment accompaigné de gens-d'armes, siens et d'autres, qui l'accompaignoyent. Celuy messire Jaques requit à son souverain seigneur, comme comte de Hainaut, qu'il le fist banneret en la seigneurie de Harchies ; et, à la vérité, bien luy devoit estre accordé ; car il estoit un très-vaillant chevalier de sa personne, et avoyent luy et les siens honorablement servi en toutes guerres. Si luy fut accordé ; et fut faict banneret, celuy jour, le seigneur de Harchies ; et de ces deux bannières je fay différence, d'autant que l'un relève sa bannière, et l'autre entre en bannière ; et tous deux sont nouveaux bannerets celuy jour, comme dict est ; et ay voulontiers ceste chose escrite, afin que ceux qui après viendront sachent ce que j'ay apris et compris des cérémonies appartenantes à noblesse, pour en cueillir le fruit, et laisser le mauvais.

Ainsi se firent chevaliers et bannières ; et le comte de Charolois faisoit chevaliers en sa première bataille, et aprenoit œuvres de prince à faire. Là fit il chevalier Jehan de Rossimbos, seigneur de Formelles, son second chambellan, et Beaudoin de Noyelles, son maistre-d'hostel ; et moult d'autres dont il ne me souvient. Le comte d'Estampes, et messire Anthoine, bastard de Bourgongne, tenoyent une moult grosse arrière-garde, ainsi que sur costiére, pour joindre et pour secourir si besoing faisoit ; et, comme dict est, sur l'avant-garde cheut l'escarmouche, et se trouvèrent les Gandois en moult grand nombre.

Si commencèrent trompettes à sonner, artilleries à poudre de toutes pars à tirer, et archers à huer, à marcher, et à tirer de moult grand courage ; et s'avança messire Jaques de Luxembourg chevaleureusement, sur un coursier bon et puissant ; mais le cheval fut abatu sous luy par les Gandois, et y eut de grandes armes faictes à le secourir et recourre. Fièrement fut la première pointe combatue ; mais les Gandois ne peurent le traict ne le faix des gens-d'armes porter ne souffrir ; et se mirent à la fuite et desroy, et se mirent les derniers et seconds à fuir, de l'effroy des premiers. Advint que messire Cornille, bastard de Bourgongne, quand il veit les Gandois branler, se déroba de la bataille où il estoit avecques le duc son père, et fut suyvi des jeunes gens de sa chambre en petit nombre, comme Jaques Dorsan, Pierre Chenu, Tierri de Charmes, Jehan de Longchamp, et de peu d'autres ; et vint passer le chevalier à un passage, où il rencontra les Gandois à grosse flotte, qui s'en fuyoyent ensemble et serrés. Si ne regarda pas le noble chevalier quel nombre et quelles gens ; mais coucha sa lance, et les rompit, et en abatit plusieurs de celle rencontre ; et fut suyvi courageusement des nobles hommes dessusdicts. Mais ainsi avint que fortune (qui a les yeux bandés, et qui ne congnoit ne ne veut grand ne petit congnoistre, ains de sa perverse condition, et propriété irraisonnable, ressemble l'aigle ou l'oyseau de proye qui se fiert parmi les coulombs, et ne quiert ne demande que des meilleurs pour sa pasture et proye), guida la picque ou la lance aiguë d'un vilain, maudit et déloyal ; et fut atteint le noble chevalier en la bouche d'un coup en montant, tellement qu'il eut la teste percée en-dessus, et luy cheut le sang et la cervelle en la bouche, et prestement mourut.

De grandes armes firent les nobles hommes dessusdicts, et grandes diligences ; et moult y eut de Gandois piteusement occis, tant pour la déconfiture que pour la vengeance d'icelle mort ; et fut l'endemain certifié, par gens à ce commis, que l'on avoit compté sur le lieu plus de trois mille morts. L'honneur, la journée et la victoire demoura au duc ; mais il fit si grande perte, à la maison de Bourgongne, en la mort du bastard, que la vengeance de cent mille vilains morts à ceste cause ne sauroit la perte satisfaire. Grand deuil et grand regret fit le bon duc à-part de son bastard, que moult aymoit. Aussi fit le comte de Charolois, et messire Anthoine, bastard de Bourgongne, son frère ; et de là en-avant ne fut plus appelé ledict messire Anthoine par son nom, mais bastard de Bourgongne seulement. Ainsi se départit celle journée ; et le corps de messire Cornille fut envoyé à Brucelles, et le fit enterrer la duchesse à Saincte-Goule, moult honorablement ; car elle l'aimait moult pour ses bonnes vertus ; et fut mise sur luy sa bannière, son estendard et son pennon ; et depuis me dit Toison d'or qu'il n'appartenoit à homme ces trois choses estre mises en parure sur sa sépulture, s'il n'estoit mort en bataille ; mais bien l'un ou les deux et non point les trois ensemble. Celuy jour, fut blecé le seigneur de Cimay au pié ; et messire Jaques de Lalain eut la jambe faucée d'une pique ; et demourèrent pour aucuns jours au chastel de Ruplemonde, et jusques à ce qu'ils se peurent aider.

Or fut la bataille de Ruplemonde le vendredy ; et le lendemain vindrent les Holandois à grand nombre de bateaux, et furent bien trois mille combatans ; et les menoyent et conduisoyent le seigneur de La Vère, le seigneur de Brederode, et le seigneur de Launoy, gouverneur de la Holande ; et fut très-belle chose à les veoir venir par la rivière de l'Escaud ; et ont une manière d'aler en armes et en guerre qui est telle, que tous les jours les nobles hommes ont les cottes-d'armes vestues, et portent les bannerets leurs bannières déployées, et les autres leurs pennons armoryés, déployés ; et toute celle guerre, dès qu'ils descendirent de leurs bateaux, alèrent à pié ou à chariots, en tel estat qu'il est escrit cy-dessus. Assez tost après se partit le duc de Ruplemonde, et tira en un gros village que l'on appelle Eursel ; et là cuidoit trouver les Gandois ; mais ils estoyent tellement épouventés de la bataille, que tous ceux de ce quartier-là s'estoyent retirés à Gand pour eux garentir ; et fit le duc bouter le feu par plusieurs vilages en son païs rebelle, et envoya messire Anthoine, bastard de Bourgongne, le seigneur de Bausignies, messire Jaques de Lalain, et les Holandois, au païs des Quatre-Mestiers.

Si sceurent les Gandois que le bastard de Bourgongne estoit logé en leur seigneurie, comme ils disoyent. Si eut un coutelier qui faisoit couteaux et canivets, à la marque du wibrekin, qui en françois est appelé un foret à percer vin. Celuy coutelier éleva les Gandois en grand nombre, et vindrent courre sus ausdits seigneurs, qui se mirent en bataille, et leur coururent sus, et les déconfirent ; et moult en occirent et prirent ; et les fugitifs de celle journée rencontrèrent les Holandois, qui estoyent logés à Eursle ; lesquels les déconfirent pour la seconde fois celuy jour ; et fut pris le coutelier, et pendu ; et de tous ceux que l'on prenoit, on en faisoit justice de main de bourreau ; et congnut ledict coutelier, à sa mort, que les Gandois lui avoyent donnée la comté et le païs de Was ; mais il en prit piteuse possession. Ainsi faisoit le duc de Bourgongne la guerre contre les Gandois, ses rebelles ; et détruisoit son propre païs par celuy accident de sang et de feu ; car l'on mettoit ce qui estoit atteint tout à sang et à justice, et brusloit on tout le plat-païs ; dont si grand nombre de maisons et de vilages furent ars et bruslés, qu'il montoit en nombre à une grande province ; et combien que le duc fust en ce déplaisir et haine contre les Gandois et leurs adhérans, toutesfois se tenoyent ès bois et ès marests plusieurs pauvres gens, et en grande quantité, qui se venoyent rendre à la mercy de leur prince ; et il leur pardonnoit libéralement, et les envoyoit à sauveté, selon qu'ils se rendoyent.

CHAPITRE XXVI.

Comment le roy Charles septième envoya ses ambassadeurs vers le duc de Bourgongne et les Gandois, pour cuider faire paix entre eux ; et comment les Gandois continuèrent en obstination et rébellion.

En ce temps le roy Charles (qui desjà avoit fait sa conqueste en Normandie, et désiroit de retourner en Guienne et en Bordelois contre les Anglois, et en cette guerre soy servir du comte de Sainct-Pol, et d'autres gens-d'armes qui estoyent ensoingnés en la guerre de Gand) envoya son ambassade devers le duc, après en avoir esté requis et supplié par les Gandois, se trouvant mal de leur folle emprise ; et députa chef d'icelle ambassade le comte mesme de Sainct-Pol (combien qu'il fust en l'armée, comme dict est), le procureur du roy, et maistre Guillaume de Pouppincourt. Si vindrent devers le duc en son païs de Was, et là où il estoit logé aux champs, et les receut le duc moult honorablement ; et, après avoir ouy leur commission, il fut content que lesdicts ambassadeurs allassent à Gand, et veissent et ouyssent les raisons de ses ennemys ; mais le comte de Sainct-Pol n'y voulut point aller. Si alèrent le procureur du roy et ledict de Pouppincourt celle part, et furent bien recueillis des Gandois de prime-face, pource qu'ils cuidoyent que le roy les envoyoit devers eux pour embrasser leur faict contre le duc. Si firent plaintes injuriables des termes que leur avoit tenus leur comte ; comment il leur avoit voulu rompre leur priviléges et franchises, et mettre tribut sur le sel ; comment il leur avoit leurs bourgeois pris et occis, et exécutés d'espée et de corde, par main de bourreaux et autrement ; comment il brusloit et exiloit les maisons et les demourances de leurs subjets et bourgeois, et leurs héritages ; et sembloit, à ouyr leur proposition et remontrance, que le duc eust grand tort, de retour, qu'il ne souffroit les seigneurs de Gand possesser seigneurieusement du droit et seigneurie de comté, comme si eux-mesmes fussent seigneurs et propriétaires, ou voisins de leur prince ; et congnurent assez-tost les ambassadeurs du roy leur rébellion et voulenté, combien que, comme sage, ils entendirent le proposé des Gandois froidement, et par plusieurs journées.

En ce temps s'estoit tiré le duc à Vasmustre, un gros village qui sied sur l'Escaud ; et fut envoyé de là le comte d'Estampes faire une chevauchée par le païs ; et fit ce jour une si grande chaleur de souleil, que plusieurs des chevaux de la compaignie du comte moururent celuy jour. Le comte fit rompre plusieurs boulovars faicts par les Gandois, et vint instituer devant Morbecque ; mais il trouva que les Gondois avoyent fortifié le vilage (qui est clos de marests et de marescages), et avoyent enclos en leur fortification l'abaïe de Los en Flandre, qui est une grosse abaïe de l'ordre de Cisteaux, et n'avoit qu'une entrée, bien barrée, et fossillée de grands fossés, et de pertuis tout à l'entour, à manière de piéges, pour garder que l'on n'y pust aprocher à cheval ; et s'estoyent les Gandois de là environ retirés en ce lieu en grand nombre, et le deffendoyent d'artillerie et de puissance. Si ne fut point le comte conseillé d'assaillir le vilage. Ains s'en retourna, luy sa compaignie, moult-grévés de la chaleur.

Le lendemain y fut envoyé le comte de Charolois, noblement et puissamment acompaigné du duc de Clèves, et d'autres princes et seigneurs ; et certes la chaleur du jour fut si grande et si extresme, que je vey pescher l'eaue troble aux salades, et boire l'eaue d'un fossé, et le puiser jusques à la boue ; et moururent gens et chevaux de chaud, comme le premier jour. Le comte vint devant Morbecque, et trouva le lieu fort, et gardé comme il est dict dessus. Si fut pris conseil par les princes et seigneurs ; et furent tous d'opinion que l'on s'en retournast, sans autre emprise faire pour celle fois ; et pensoyent et pesoyent la la première personne du comte et sa première course. Mais le jeune prince tenoit opinion contraire, et disoit que les vilains, de leur fort lieu, ne faisoyent point à craindre ; et se mit en tous les devoirs que vaillant prince se peut mettre. Mais le seigneur d'Auxi et de Formelles luy remontroyent qu'il se contentast de l'opinion des sages capitaines expérimentés que le duc son père avoit envoyés avecques luy (comme le seigneur de Ternant, de Créqui et de Humières) ; et qu'il ne fist pas chose parquoy l'on dist (s'il en mésavenoit) que par sa jeunesse et verdeur il eust mis le cas de son père en danger. Le comte ne se vouloit contenter, et bien luy sembloit bonne l'exécution à cela ; et, au moins, requérait qu'il couchast celle nuict devant les ennemys, et que l'on renvoyast querre de l'artillerie, et gens (si mestier faisoit) pour assaillir le vilage le lendemain au matin. Mais le conseil ne fut pas de celle opinion, et s'en retourna le comte sans autre exécution ; dont il larmoyoit de dépit et de courage ; et s'il n'eust douté la désobéissance du duc son père, il ne s'en fust pas ainsi revenu.

En celuy lieu de Wasemustre revindrent les ambassadeurs du roy, et fut le bon duc bien joyeux qu'ils congnurent la grande déraison des Gandois. Si se partit le duc de Wasemustre, et chevaucha par les païs de Flandres, à grosse armée et en grand ordre, et faisoit tout brusler et destruire ; et venoyent pauvres gens du plat-païs en grand nombre, eux rendre à sa mercy ; et il leur pardonnait moult débonnairement. Au regard de Morbecque, messire Anthoine, bastard de Bourgongne (qui poursuyvit et déconfit les Gandois au païs de Quatre-Mestiers, comme il est escrit cy-dessus), entra à Morbecque par le costé de Gand, non fortifié, et dont ils ne se doutoyent ; et pilla et brusla le vilage, et rompit tous les forts, et enchacea les Gandois à Gand et en prit et occit plusieurs ; et le duc tira ses gens près d'un vilage nommé Long-Pont, près de la rivière de l'Escaud. Là se logea le duc emmy les champs, en tentes, pavillons et loges faictes ; et prit chacun peine de soy bien loger et mettre à couvert, tant pour la pluye comme pour le souleil, et pour la chaleur, qui moult fut grande celle saison ; et tous les jours, ou bien souvent, se faisoyent courses devant Gand par les compaignies ; et se levoit l'écarmouche sur eux à petites compaignies, pour les cuider tirer aux champs ; mais ils se tenoyent en leurs forts et près de leur vile, si qu'on ne pouvoit guères gaigner sur eux ou profiter à les envahir par telle manière, mais beaucoup perdre.

Le passetemps pour jeunes gens qui désiroyent d'eux adventurer estoit bel ; car il n'y avoit, de l'ost jusques à Gand, que deux lieues, et beau païs ; et durant ce temps les Gandois (qui se voyoyent fort serrés en leur vile, destruits par le plat-païs, et chargés du peuple fugitif, femmes et enfans) requirent licence de renvoyer devers les ambassadeurs du roy pour rentrer en moyen sur la pacification de ceste guerre. Si retournèrent lesdicts ambassadeurs à Gand, et finalement acorda le duc une trève, qui fut prise d'un costé et d'autre pour six semaines seulement, et la trève conditionnée par la manière qui s'ensuit. Premièrement, que si la paix ne se pouvoit trouver durant iceluy temps, les Gandois devoyent payer et satisfaire au duc de Bourgongne tous les interests et dépens par luy portés et soustenus à l'occasion de celle guerre. *Item*, que durant iceluy temps ils ne devoyent amener ou faire amener en la vile de Gand nuls vivres ne renvitaillemens autres que ceux qui y estoyent à l'heure et au temps de la trève prise. *Item*, ne pouvoyent ne devoyent entrer en nulles viles de Flandres, ou des autres païs du duc, sans saufconduit.

Et sur ces poincts leur fut baillé saufconduit pour cinquante hommes de la vile de Gand, leurs députés; dont furent les chefs et principaux, maistre Gilles Boudin et maistre Anthoine Bouin; et ce pour venir à l'Isle, où journée leur fut baillée pour journoyer avecques les commis de par le duc de Bourgongne, sous le moyen des ambassadeurs du roy françois, et ceux dont ci-dessus est faicte mention. Et avint que le roy-d'armes de Flandres fut envoyé à Gand pour porter la trève, seélée, faicte et requise à leur requeste par les ambassadeurs dessusdicts; et tandis que l'officier d'armes aloit parler à ceux qui la vile gouvernoyent, un grand nombre de garsons et de peuple, sans conseil ou autre commission, prirent le varlet du héraut (qui pourmenoit ses chevaux); et sans respit, confession ou autre cérémonie, l'alèrent pendre et estrangler, au contrevenge de la mort de leur coutelier, dont cy-dessus est escrit. O noble et ancienne gandoise puissance, pucelle triomphante devant le pouvoir des hauts roys et princes, par ta police, gouverne et magnificque obéissance, aujourd'huy est en grand péril ta gloire, ton renom et ton pucelage, qui est au pouvoir et dessous les mains de ribaus, pillars et gourmans, nourris et empoisonnés de vices, sans vergongne, entendement, ou raison, comme il appert au cas avenu présentement récité, et dont je plains la peine des lisans, pour la honte des facteurs!

Les trèves criées et faictes, le duc et son armée s'en retourna, cessa de faire la guerre, ordonna ses garnisons à Audenarde, Courtray, Allost, et en tous les voisinages de Gand, rompit au surplus son armée, et envoya les gens-d'armes en leurs hostels, et prit son chemin par Tenremonde, où il ordonna le bastard de Bourgongne, bien-acompagné. Messire Adolf de Clèves fut à Courtray, attendant que le mareschal de Bourgongne fust venu avecques les Bourgongnons, si besoing faisoit. Le seigneur de Cimay, grand bailly de Hainaut, fut ordonné en Hainaut, et messire Jaques de Lalain à Audenarde. Le seigneur de Sains et Anthoine de Wisoc furent à Allost; et Louis, seigneur de la Gruthuse, se tenoit à Bruges, capitaine de la vile, là où moult prudemment se gouverna, à l'honneur et profit du duc, et au gré du peuple. Le duc de Clèves s'en retourna, et remmena les Clévois en son païs. De Tenremonde vint le duc à Bruxelles, où il trouva la duchesse et les dames. Si recommença on à faire chères et festeyemens; car le bon duc fut prince joyeux et envoysé plus qu'autre.

De là, tira la seigneurie à l'Isle. Au mois d'aoust se tenoit le conseil et le parlement pour la paix au lieu de l'Isle, par les ambassadeurs du roy, entre les commis du duc de Bourgongne et les députés de Gand. Mais finalement ils n'apointèrent et ne firent aucune chose; et se partirent lesdicts députés, sous ombre d'aler remonstrer au peuple de Gand aucuns points qu'ils n'avoyent pouvoir de passer ou acorder, comme ils disoyent; et laissèrent l'un des messagers de Gand seulement pour garder leur logis; mais au jour qu'ils avoyent baillé de revenir, ils ne revindrent point, ni ne mandèrent aucune chose. Parquoy les ambassadeurs du roy de France, voyans leur obstination et voulonté perverse contre leur seigneur, donnèrent sentence par grand avis et délibération, où furent compris les points cy-escrits. Premièrement, condamnèrent iceux ambassadeurs les Gandois à clorre et fermer la porte de Gand, par où ils saillirent pour venir mettre le siège devant Audenarde contre leur seigneur; et ce seulement un jour la semaine, et à tel jour qu'ils firent leur saillie. Secondement, ordonnèrent que la porte, par où ils saillirent pour venir combatre leur seigneur personnellement à Riplemonde, seroit perpétuellement close et murée. Tiercement, qu'ils mettroyent jus, sans les relever, les blancs chaperons; n'auroyent plus bourgeois forains, et ne feroyent plus banissemens, sans dire et publier les causes, et pourquoy. Qu'ils ne créeroyent ou feroyent plus la loy de la vile, par la puissance de leurs mestiers; mais il y auroit quatre hommes ordonnés par le duc, comte de Flandres, leur seigneur, et par le commun quatre. Ordonnèrent et jugèrent en outre que les bannières, toutes, sans nulles excepter (sous lesquelles ils faisoyent leurs assemblées), seroyent mises en un coffre fermé de cinq clefs : dont l'une garderoit le bailly, l'autre le premier eschevin, et le grand doyen auroit la garde de la tierce clef; et les autres deux seroyent mises ès mains de deux preudhommes élus par le commun de la vile de Gand; et fut dict qu'ils ne s'escriroyent plus seigneurs de Gand. *Item*, que les houemens, bourgmaistres, eschevins, et les plus notables de la vile, au nombre de deux mille hommes, viendroyent en chemise une lieue hors de ladicte vile de Gand, crier mercy à leur seigneur, et que les officiers domestiques du duc leur seigneur, ne seroyent point sugets à la jurisdiction des Gandois, mais seroyent envoyés au duc; et, au regard de la congnoissance que prétendoyent avoir ceux de Gand sur ceux du païs d'Allost de Tenremonde et d'Audenarde, fut appointé et dict que, dedans l'an révolu, les ambassadeurs ordonneroyent de celle juridiction, si elle demoureroit ou non. Au regard des despens qu'avoit fait le duc de Bourgongne par leur rébellion, ils furent condamnés à deux cens cinquante mille ridres, et jour et terme mis pour les payer. Lesquelles choses le bon duc (qui toujours vouloit la grâce de Dieu et du monde pour luy) acorda et consentit; mais les Gandois, obstinés en leur persévérante malice, furent dix jours sans acorder ou contredire ceste sentence; et quand les ambassadeurs congnurent qu'ils n'auroyent autre response des commissaires de Gand, si renvoyèrent un héraut au roy-d'armes du roy audict lieu de Gand. Mais nonobstant la cotte-d'armes des fleurs de lis, il fut en danger de sa vie, et ne peut présenter ses lettres; mais fut tout joyeux d'estre quitte des mains des Gandois, et s'en revint sans autre chose faire.

Les ambassadeurs, voyans ceste chose, prirent congé du duc de Bourgongne, et s'en retournèrent en France. Les Gandois, obstinés et persévérans, s'émeurent de rechef, et firent capitaine de la verde tente un nommé le bastard de Blanc-Estrain. Celuy assembla tous les mauvais garsons de Gand, saillit de la vile, prit Hulst et Ascelle, et vint à puissance devant la vile d'Allost : et quand messire Louis de La Viéville, seigneur de Sains, et messire Anthoine de Wisoc (qui avoyent la garde de la vile), virent les Gandois venir en si grand nombre, ils deffendirent que leurs gens ne saillissent en aucune manière, et mirent les gardes ordonnés aux portes et murailles. Les Gandois aprochèrent la muraille, et livrèrent l'assaut : mais ils furent durement recueillis de traict à poudre, d'arbalestes, de cailloux et de pierres, et ne profita rien leur assaut : ainçois perdirent plusieurs de leurs gens, et furent reculés de l'assaut. Si s'arrestèrent Gandois à un boulovart qui n'estoit pas encores parfaict : et l'assaillirent si fièrement, que l'on cuida (telle fois fut) qu'ils le deussent emporter et gaigner. Si fut renfort baillé pour ledict boulovart garder, et furent Gandois reboutés à leur honte et perte : et à la deffense dudict boulovart fut tué un escuyer de la vile de Gand, nommé Lievin d'Estelam; mais, combien qu'il fust Gandois, il n'en tenoit point le parti, et avoit esté nourry page du duc, et estoit en son service et en celle garnison, pour sa première armée, avecques Jehan de Bosquehusc, et Philippe, bastard de La Viéville, qui avoyent esté nourris ensemble : et fut cestuy assaut le treizième jour de novembre.

Ainsi se partirent Gandois de devant Allost, à peu de profit, et s'en retournèrent à Gand; et, assez tost après, les Gandois saillirent de leur vile, et vindrent à puissance brusler Harlebecque, et autres vilages, au plus près de Courtray. Les nouvelles vindrent au duc de Bourgongne (qui estoit à l'Isle) que les Gandois estoyent aux champs, et brusloyent son païs. Si fit partir à toute diligence messire Adolf de Clèves, son neveu (qui pour lors estoit devers luy), et ce qu'il peut finer et lever de gens-d'armes, tant à la court comme autre part : et à toute diligence poursuyvirent les Gandois ; mais ledict messire Adolf ne les trouva pas : car, si tost qu'ils eurent leur emprise faicte, ils se retrairent en leur vile. Le bastard de Bourgongne (qui estoit demouré en sa garnison de Tenremonde) désira de faire une course devant Gand. Si fit son apprest le plus secrétement que faire le peut ; mais toutesfois sceurent les Gandois sa venue, et le jour qu'il devoit courir (qui fut le vingtcinquième d'octobre), et firent partir secrétement trois mille hommes par la porte qui va en Anvers, et perdirent chemin plus d'une lieue ; et le bastard de Bourgongne vint le grand chemin, à estendard deployé ; et trouva les Gandois à si grosse puissance hors de la vile, et en tel arroy que ses gens se mirent en desroy, et ne peurent le faix soustenir ; et quand ledict bastard congnut que ses gens ne demandoyent qu'à eux retirer, il prit vingt lances, et les archers de son corps seulement ; et fit marcher contre la ville de Tenremonde, le chemin qu'il estoit venu ; et soustint en sa personne, avecques les vingt lances, la poursuite des Gandois, qui avoyent grand nombre d'Anglois avecques eux, estans partis de la garnison de Calais pour venir les Gandois servir : et fit sa retraitte si bien et si à poinct, que les Gandois (qui s'estoyent partis pour luy clorre le chemin) ne peurent venir à temps ; et les autres Gandois, qu'il trouva devant la vile, le poursuyvoyent aigrement à cheval et à pié, cuidans clorre ledict bastard entre les deux compaignies ; mais par bonne conduicte il échappa de ce péril.

Ainsi se continuoit la guerre ; et le mareschal de Bourgongne amena les Bourgongnons environ trois cens hommes-d'armes nobles hommes, et grande seigneurie du païs. Si furent mis à Courtray, et ledict mareschal (qui moult sçavoit et congnoissoit de la guerre) sceut et s'aperceut que si tost que les gens du duc faisoyent une emprise contre ceux de Gand, ils estoyent mansins par les cloches des vilages, qui avertissoyent de l'un à l'autre. Si s'appensa d'y remédier, et fit une emprise, mandant messire Jaques de Lalain, qui estoit à Audenarde ; et chevauchèrent ensemble et en ordre, et bruslèrent Escloz, et tous les vilages de ce quastier ; et fit abatre les cloches des clochers pour échever les dangers dessus-dicts,

et trouvèrent petit empeschement : et s'en retourna ledict mareschal à Courtray, et messire Jaques à Audenarde.

Assez tost après, le mareschal de Bourgongne fit une course devant Gand ; et n'avoit point seulement les Bourgongnons avecques luy, mais très-bonne bande de Picards et de Hannuyers, que conduisoyent les seigneurs d'Emeries et de Miraumont, messires Gauvain, Quieret, et autres ; et en bel ordre chevaucha le mareschal devant Gand, et mit ses coureurs et ses escarmoucheurs devant, pour cuider attraire les Gandois. Mais ils se tindrent en leurs forts, si que peu pouvoit on sur eux profiter. Si prit conseil de remettre les compaignies au retour ; et quand les Anglois, qui lors estoyent au service de ceux de Gand, comme dict est, les virent ainsi retourner, il sortirent dehors, et avecques eux aucuns des Gandois à cheval ; et pouvoyent estre cinquante combattans, gens de faict ; et ne pourchaçoyent point la compaignie (car elle leur estoit trop forte, et l'ordre de l'arrière-garde bien gardé) ; mais pensoyent bien qu'aucuns compaignons s'écarteroyent à petite compaignie, pour gaigner. Ce qui advint ; car douze archers s'estoyent écartés, et se trouvèrent enclos des Gandois, assez près d'un pont que les Gandois avoyent gaigné sur eux. Si ruèrent les douze archers baudement pié à terre, et se trouvèrent dos contre dos, et tirèrent de leurs flèches, qui blessèrent le cheval de l'Anglois ; lequel cheval de l'Anglois de la bléceure recula par les Gandois, si qu'il rompit la presse ; et quand les archers se virent dépressés, ils chargèrent hardiment, si qu'ils reculèrent les Gandois et les Anglois. Si s'avisa l'un des douze archers d'un cornet de chace qui pendoit à son col, et sonna haut une fois ou deux, comme s'il appelast secours. Les Gandois (qui cuidoyent que le secours fust près, et qu'il ne faloit que l'appeler, ainsi qu'ils avoyent ouy) se mirent à la voye, et laissèrent les archers, qui prestement reparèrent le pont, et se remirent en ordre ; et finalement je n'ay point sceu que les douze archers perdissent aucune chose (fust cheval ou autre chose), ne que nul d'eux eust bléceure n'inconvénient qui à ramentevoir face ; et ainsi s'en revindrent à Courtray. Et ay récité ceste avanture pour ramentevoir le bien-faict du petit et du grand, et aussi pour monstrer à tous gens-d'armes que peu advient que viles, chasteaux ou gens soyent pris ou rués jus, tant qu'ils se veulent deffendre.

Le second jour de décembre, messire Philippe de Lalain, un jeune chevalier, frère de messire Jaques, et lequel se tenoit avecques son frère en la garnison d'Audenarde, désirant de soy avancer et faire congnoistre, éleva grande partie de la garnison, et entreprit une course devant Gand, le plus-secrètement que faire peut; mais les Gandois avoyent tant d'amis et d'espies par toutes les viles et par le païs, que l'on pouvoit peu faire de chose dont ils ne fussent avertis. Si fut mausuy en son emprise, et saillirent les Gandois à grosse puissance, et mirent embusches sur le passage qu'il devoit passer. Mais ainsi avint qu'un page de la compaignie dudict messire Philippe quéroit son maistre, qui estoit devant, du nombre des chevaucheurs. Ledict page faillit de trouver son maistre, et passa tout outre lesdicts chevaucheurs, et trouva les aguetteurs des Gandois qui le prirent, et luy coupèrent la gorge; et le trouvèrent mort sur le chemin les gens dudict messire Philippe, et congnurent bien que les Gandois estoyent aux champs. Si s'arrestèrent, et firent arrester la compaignie; et quand Gandois s'apperceurent qu'il ne marchoyent plus avant, si se désembuschèrent à si grosse compaignie, que besoing fut à la garnison de retourner; et fut mandé à messire Jaques de Lalain qu'il saillist, pour son frère secourir. Ce qu'il fit; et recueillit ses gens, et les mit en bataille devant les Gandois. Mais il étoit si tard, que la nuict départit les compaignies; et s'en retourna messire Jaques à Audenarde; et les Gandois couchèrent en une abaïe près de là, et devant le jour se partirent, et s'en retournèrent à Gand.

En celuy temps, le bastard de Bourgongne, luy estant à Tenremonde, eut moyen de parlementer secrètement à un qui estoit chef desdicts Anglois, et se nommoit Jehan Fallot, moult subtil homme de guerre, et avantageux. Celuy Jehan Fallot remonstra à ses compaignons qu'ils ne pouvoyent avoir honneur de servir celle commune contre leur seigneur, et aussi qu'ils estoyent en danger de ce puissant peuple, et que communément le guerdon du peuple est de tuer et assommer ceux qui mieux le servent; et si bien leur remonstra Jehan Fallot, qu'il convertit bien cinquante Anglois des plus-gens-de-bien; et, un jour, sous ombre d'une emprise contre les Bourgongnons, ils s'en vindrent à Tenremonde rendre à mondict seigneur le bastard, qui moult bien les receut, et leur bailla logis, et ordonnance telle qu'ils en furent bien contens.

Tost-après, ceux de la verde-tente, et autres Gandois, firent une rèse sur les marches de Hainaut, et dedans le païs pillèrent, bruslèrent et firent moult de maux, et disoit on qu'ils estoyent de huict à neuf mille hommes; et certes lesdicts Gandois avoyent grand avantage; car il estoit yver, et avoit gelé; et les Gandois estoient à pié, et aloyent par fossés et par marescages; ce que gens-de-cheval ne pouvoyent faire. Si fut averti le bastard de Bourgogne de leur retour et de leur passage, et pourtant se partit de Tenremonde en bonne ordonnance et ordre, et leur vint à-l'encontre sagement, les prenant à son avantage; et porta ausdict Gandois très-grand dommage, et en occit plus de cinq cens, et leur rescouït leur proye. Mais pour l'avantage de la saison, qui faisoit pour eux, il ne les peut deffaire de tous poincts. Ce qu'il eust légèrement faict, si c'eust esté temps chevauchable. A celle rencontre s'éprouvèrent moult-bien les Anglois, nouveaux Bourgongnons; et monstrèrent, celle première fois, qu'ils vouloyent loyalement servir, et tenir le parti qu'ils avoyent pris. En ce temps les Gandois envoyèrent devers le comte d'Estampes, luy requérir qu'il leur impétrast saufconduit devers le duc, pour avoir lieu de traitter aucune paix. Ce qui leur fut accordé; et fut journée prise à Bruges, où fut envoyé, de-par le duc, ledict comte d'Estampes, et gens du conseil; et, pour les Gandois, un chevalier nommé Jehan messire de Woss, et le prieur des chartreux. Mais celle journée ne peut prendre effect, à la deffaute des Gandois; et quand ledict prieur et le chevalier, qui estoyent là envoyés de-par ceux de Gand, virent l'obstination, l'outrecuidance et le mauvais et déréglé courage des Gandois, ils ne voulurent plus retourner à Gand, et demourèrent à Bruges.

Le mois de février suyvant, environ le dix-septième jour, les Gandois furent avertis que le mareschal de Bourgongne et la plus part des grans capitaines estoyent à l'Isle devers le duc, et n'estoyent pas à Courtray. Si firent une issue de leur vile, à grosse compaignie, et marchèrent contre Courtray; et n'en sceurent ceux de la garnison nulles nouvelles, jusques ils virent la fumée, et le train, à près d'une lieue dudict Courtray. Si se partirent les plusieurs sans ordre et sans commandement, et tirèrent au-devant des Gandois. Là fut l'escarmouche bien faicte, et bien escarmouchée; mais les Gandois (qui moult estoyent puissans) gaignoyent tousjours place; et non pour tant firent à l'escarmouche les Bourgongnons bien leur devoir; et en y eut, archers et hommes-d'armes, qui mirent pié à terre; et si ce n'eussent esté les sages gens-d'armes, qui avoyent veu de la guerre, qui les firent remonter, et qui soutindrent jusques ils furent remontés, certes il y eust eu grande perte; et toutesfois il y en demoura, mais en petit nombre. Si se retraït la garnison, et les Gandois marchèrent tousjours jusques aux barrières et à l'entrée des fauxbourgs. Là s'arrestèrent hommes-d'armes et archers, qui deffendirent ledict fauxbourg; tellement que les Gandois s'en partirent sans rien faire de leur profit, et eurent grand nombre de gens morts et blécés. Moult se firent d'emprises et de rencontres, celuy yver, d'une part et d'autre, et tant que de tous je ne puis avoir l'entendement, ne la mémoire; mais je récite voulontiers ce que j'en puis sçavoir, en continuant mon œuvre.

Le second jour de mars, le bastard de Bourgongne de gayeté de cueur partit de Terremonde, et fit une chevauchée par le païs, tant en intention de rencontrer les ennemis (s'ils estoyent par bonne aventure aux champs), comme aussi pour donner crainte ausdicts ennemis, et rompre leurs emprises et courses; par lesquelles le païs de Flandres, et l'environ, avoit moult à porter et souffrir. Si avint, par bonne aventure, que les avanceurs dudict bastard rencontrèrent les Gandois, qui de rien ne s'en doutoyent, et retournoyent en leur vile, à tout butin et proye, qu'ils avoyent pillé et robé celle nuict par le païs. Le rapport faict, le bastard de Bourgongne donna dedans, sans les marchander; et moult en occît et prit; et tousjours perdoyent les Gandois, et tousjours leur croissoit le cueur et la haine qu'ils avoyent contre leur seigneur.

Ainsi se passa celuy yver, à courses et emprises de guerre d'une part et d'autre; et, le cinquième jour de mars, la duchesse de Bourgongne se partit de l'Isle pour aler à Bruges. Si en furent les Gandois avertis, et par nuict mirent une grosse embusche entre Bruges et Rollers, et Broussales, en païs couvert, qui est près d'un grande plaine que l'on nomme Burlescans. Mais la duchesse, avertie, ne prit pas le grand chemin acoustumé; ains se fit conduire par la basse Flandres, et ala à Bruges sauvement: et d'icelle emprise avint que messire Symon de Lalain, estant à l'Escluse, et sachant que la dame devoit passer, pour eschever le danger et le péril d'elle et de sa compaignie, se mit au champs, à estendard déployé, et à bonne puissance de gens-de-cheval; et y estoit en sa personne le seigneur de Maldegam. Celuy seigneur chevauchoit devant, pour ce que luy et ses gens sçavoyent le chemin et adrèce comme ceux qui en estoyent. Si avint que ce jour le temps estoit noir, chargé d'une grande bruine, dont ils s'embattirent au danger de l'embusche, avant qu'ils s'en sceussent percevoir. Si fut le seigneur de Maldegam prestement assailli; et, quand messire Symon entendit l'affaire en quoy estoit le seigneur de Maldegam, il fit ses archers descendre; et luy-mesme se mit avecques, et vint moult courageusement au secours de ses compaignons; mais les Gandois (qui grand nombre estoyent) l'encloïrent de toutes pars. Vaillamment se deffendit messire Symon et ses gens, et moult bien se prouva de sa personne; et ses hommes-d'armes (qui estoyent à cheval) se fourrèrent dedans les ennemis, sans peur et sans crainte: et si bien se maintindrent (combien que les Gandois estoyent quatre pour un) qu'ils rompirent la presse, et se rassemblèrent ensemble; si que les Gandois furent contens de les laisser paisibles; et fut l'escarmouche si fièrement combatue, que l'estendard dudict messire Symon fut abatu, et perdit, mors sur la place, quatre hommes d'armes, et douze ou seize archers; et firent les Gandois moult grande joye et moult grand hu, de l'estendard qu'ils avoyent gaigné; et dedans brefs jours après, prirent Englemonstier, et y firent moult de maux et de dommages.

A la requeste des Gandois se tint une autre journée en espérance de paix, au lieu de Séclin, près de l'Isle ; et là fut pour le duc de Bourgongne le comte d'Estampes, et le conseil de vingt députés pour les Gandois : mais rien n'y fut faict ny conclu qui tournast à aucun effect. En celuy temps un compaignon françois (qui estoit venu servir les Gandois pour pécune) nommé Pierre Moireau, pour son commencement fit un emprise ; et emmena foison de Gandois courre devant Tenremonde, et fit ses ordonnances, et marchèrent Gandois en moult bel ordre, et le bastard de Bourgongne, averti, saillit hors de ladicte vile de Tenremonde, et les rencontra plus tost qu'ils ne cuidoyent : et finalement les Gandois furent déconfits ; et les chacea le bastard jusques aux barrières de Gand, tuant, prenant et méhaignant ses ennemis ; et leur fut faict un grand dommage celuy jour. La guerre se continua et exécuta, entre le duc de Bourgongne et les Gandois, fière et cruelle ; car ce que les dicts Gandois prenoyent de Bourgonguons et de ceux du parti du duc, ils les mettoyent à l'espée sans rançon et sans mercy ; et ce qui estoit pris des Gandois estoit mis à mort, ou par faict de guerre ou par justice, et de main de bourreau : et se passa l'an 52 en telle pestilence au païs de Flandres, que moult en fut de vefves et d'orfelins : et se continua la pestilence et la mortalité à Gand si grande et si merveilleuse, que tant d'hommes, de femmes et d'enfans moururent en celuy temps à Gand de maladie et d'épidimie, que c'est une merveille du nombre : et m'en tay, en doute d'estre repris.

CHAPITRE XXVII.

De plusieurs escarmouches et rencontres entre le duc de Bourgongne, comte de Flandres, et les Gandois.

Or deviseray je de l'an 1453, et des aventures d'iceluy, en continuant mon œuvre et ma matière, qui vaut bien d'estre persévérée. Si fut vray que l'an 53, le troisième jour d'avril après Pasques, Pierre Moireau dessusdict, soy voulant venger du reboutement que luy fit le bastard de Bourgongne à sa première conduite des Gandois, assembla desdits Gandois tant et si largement qu'il en pouvoit finer, et marcha de rechef contre Tenremonde : et croy qu'à celle heure n'y estoit point le bastard de Bourgongne, mais estoit en court, devers le duc. Si fut messire George de Rosimbos, seigneur de Fillames, averti (lequel estoit lieutenant du bastard de Bourgongne) ; et feit entrer au boulovart d'outre l'eaue trois cens archers et cinquante hommes-d'armes, et aprester l'artillerie : et les Gandois marchèrent moult fièrement, et vindrent de tel courage, que pour doute du traict à poudre ils ne laissèrent qu'ils ne veinssent livrer l'assaut audict boulovart, main à main ; et dura ledict assaut, aspre et fier, bien trois heures : et furent ceux du boulovart une fois ou deux rafreschis et renforcés de ceux de la garnison ; et finalement se partirent Gandois, et se retrairent à leur grande perte ; car les archers saillirent sur les levées de la rivière, et moult en occirent ; mais la chace ne fut pas longue, pour ce que moult grand nombre furent les Gandois ; et doutoyent les capitaines de la garnison qu'il n'y eust embusche.

Le lendemain (qui fut le quatrième jour d'avril) les Gandois firent une autre emprise, et à grosse puissance coururent en Hainaut jusques au plus près d'Enguyen, passèrent près de Tournay, firent moult de maux et de dommages en leur chemin, et s'en retournèrent sans nul contredict : et bien le peurent faire, car les mesnagers avoyent abandonné leurs garnisons pour aler visiter leurs maisons et leurs mesnages : et n'y avoit nuls gens d'armes assemblés au païs qui eussent peu faire à la puissance des Gandois nulle résistance. Quand le duc de Bourgongne veit la continuation de ses ennemis et rebelles, il fit de nouvel son mandement, et manda gensd'armes par tous ses païs, pour estre presus au quinzième jour de may : et en ce temps, à la requeste des nations à Bruges demourans, le duc acorda une journée à l'Isle, où furent des plus notables de Gand, et fut la paix comme conclue. Mais le peuple n'en voulut rien tenir, et crioyent parmy Gand : « La guerre, la guer» re ! L'on verra qui seront les loyaux Gandois, » qui combattront pour leur franchise ! »

En ce temps, aucuns Luxembourgeois, qui tous jours avoyent tenu en leur courage le parti du roy Lancelot de Hongrie, voyans le duc empesché contre les Gandois, malicieusement cuidèrent faire leur profit, et prendre le temps à leur avantage ; et pourtant s'émeurent et rébellèrent, et firent rébeller avec eux la vile de Tionville (qui est la meilleure de la duché, après la vile de Luxembourg), et mirent les officiers du duc de Bourgongne dehors, et ceux qu'ils pensèrent qui estoyent du parti du duc. Si fut avisé d'envoyer devant pour le secours du païs, et pour ce que par le trépas du noble chevalier messire Cornille, bastard de Bourgongne, le seigneur de Crouy avoit eu le gouvernement d'icelle duché, fut avisé que l'on y envoyroit deux des neveux dudict seigneur de Crouy, moult bons chevaliers ; et fut l'un messire Anthoine de Rubempré, et l'autre messire Jehan de Rubempré, seigneur de Bièvres ; et leur furent baillés cinq cens archers et soixante lances, et gardèrent la frontière à Arlon et à Vireton, et à autres places voisines; et, à l'aide du seigneur de Souleuvre, du seigneur de Rollers, de Bourset, et d'autres, qui ne tindrent point le parti des rebelles, se conduisirent iceux deux chevaliers frères si notablement en leur commission, qu'il n'y eut depuis rien conquis ne perdu sur le duc de Bourgongne ; et à Luxembourg se tenoit messire Guillaume de Sainct-Songe et Guillaume de Crevant, pour ce que ledict messire Guillaume y avoit eu gouvernement, et estoit congnu des seigneurs, nobles hommes du païs, et autres, du temps du bastard de Bourgongne messire Cornille, trépassé, dont ledict messire Guillaume avoit le gouvernement, et l'avoyent trouvé sage et véritable ; et à celle occasion par bons moyens il entretint plusieurs bonnes maisons, viles et personnes, qui ne tournèrent point; et (qui plus fut) il ramena des plus obstinés à la mercy du duc, et fit moult de biens à l'avantage du duc, pendant iceluy temps ; et nous tairons pour le présent d'icelle guerre, pour retourner à celle de Gand.

Pour continuer ma matière commencée, les Gandois, persévérans en leur obstination, firent tousjours la guerre, à leur pouvoir à l'encontre de leur prince et seigneur ; et firent moult d'emprises, de courses, d'entrefaictes et de maux au plat païs de leurs voisins, et tousjours perdoyent gens par cens et par miliers ; et le vingt-cinquième jour de juin, s'assemblèrent ceux de la verde-tente en grand nombre, et coururent à l'entour d'Allost, et boutèrent feux, tuans et pillans. Si furent rencontrés par le seigneur de Cimay, grand bailly de Hainaut (qui avoit assemblé aucunes garnisons avecques les siens), lequel les deffit, et en fit telle occision, que depuis la verde-tente ne fut si forte qu'elle estoit par avant.

Quand le bon duc eut essayé le courage et l'intention des Gandois ses rebelles, l'une fois par ambassadeurs françois, et autre fois par ambassades à leur mesme requeste envoyés par les nations estranges et par les viles voisines (qui tous se meslèrent, à leur pouvoir, de trouver paix et apointement en ceste matière), et que tousjours fut trouvé le droit pour le duc, et la roupture par les Gandois mal conseillés, le duc congnut évidemment qu'il falloit, par l'espée et par le sang, abaisser cest orgueil déreiglé. Si eut fait ses mandemens par ses païs, et se tira au lieu de Courtray, et se partit de l'Isle, où il avoit longuement séjourné à grand triomphe ; et fut le vingtième jour de juin ; et, le vingt-cinquième jour d'iceluy, le duc (qui avoit séjourné à Courtray quatre jours entiers, durant lequel temps l'armée et les garnisons s'estoyent assemblées autour de Grammont, et l'artillerie s'estoit aprochée) en partit, avec son fils : et alèrent mettre le siége devant une place qui se nomme Squandelbecque : laquelle place les Gandois tenoyent, et s'y retrayoyent; et fut à l'occasion d'icelle place moult de maux par le plat païs de Hainaut faict ; et furent enclos en ladicte place bien deux cens Gandois ; et assez près de là y avoit une autre tour petite, close d'eaue, en laquelle s'estoyent retraîts environ vingt compaignons.

Tandis que le mareschal de Bourgongne ordonnoit le siége et les approches, aucuns aventuriers furent avertis d'icelle tour, et des Gandois retraîcts en icelle. Si leur fut prestement livré l'assaut par plusieurs hommes-d'armes qui prestement entrèrent au fossé, et commencèrent à assaillir ; et les Gandois se deffendirent moult hardiment. Les archers tiroyent flèches si dru et si souvent, que les Gandois pouvoyent à grande peine venir à leurs deffenses ; mais, nonobstant, ils se deffendoyent asprement. Les hommes-d'armes estoyent en lieu tous armés, qu'ils ne leur pouvoyent rien faire, si non recevoir les coups de pierres et de bricques que leur ruoyent lesdicts Gandois; car en la tour n'avoit qu'une entrée d'un huis très estroit, haut en la tour, bien clos et bien serré. Si fut une eschelle aportée et drécée devant la porte, en intention de la rompre; et le premier qui monta dessus fut Jaques de Falerans, un moult vaillant escuyer, et monta jusques à la porte; mais, par une fente, un Gandois luy donna si grand coup d'une picque, qu'il l'emporta jus de l'eschelle, et l'abatit tout plat au fossé; mais il fut par ses compaignons tantost relevé, et n'eut autre mal ne bléceure. Si monta incontinent l'eschelle Estienne de Sainct-Moris, cousin germain dudict Jaques de Falerans. Il avoit l'espée au poing, et monta jusques au plus haut, et contendoit de couper ladicte picque dont ledict Gandois deffendoit moult fièrement la porte. Plusieurs coups d'aguet et d'avis rua le Gandois de la picque, pour cuider l'escuyer atteindre, qui se soustenoit vaillamment, et contendoit d'entrer en la tour et de gaigner l'entrée à son pouvoir. Mais le vilain (qui combatoit à son avantage) rua un coup de toute sa force, et atteindit ledict escuyer au visage, et luy perça la joue et la teste en costière; et porta l'escuyer au fossé, tel atourné que l'on cuidoit qu'il fust mort. Finalement l'assaut dura si longuement, que le seigneur de Montagu et autres capitaines vindrent à l'assaut; et fut deffendu que plus nully ne montast l'eschelle pour ce que trop grand désavantage avoyent les assaillans; et fust l'eschelle ostée, et fit on apporter largement paille; et soustenoyent les hommes-d'armes, à leurs lances, les faix de la paille liés et allumés de feu, parquoy l'on brusla ladicte porte. Et tandis un escuyer, nommé Jehan de Florey, leva l'eschelle d'un autre quarre de la tour, et du bout d'une hache mina tellement les bricques de la tour, qu'il y fit un trou si grand qu'il valoit un nouvel huis; et quand les Gandois, qui avoyent deffendu plus de trois heures, se veirent ainsi pressés de toutes pars, ils monstrèrent signe de parler, et finalement se rendirent à voulonté, et furent mis ès mains du prévost des mareschaux, et depuis pendus à un arbre.

Ainsi fut le siège mis devant le chastel de Scandelbecque, la tour prise; et se logea le duc, les princes et gens-d'armes de toutes pars. Et fut l'artillerie afustée et les aproches faictes, et audictes aproches fut tiré du traict, tout outre le visage d'un escuyer nommé Jehan Rasoir, serviteur de messire Jaques de Lalain, et n'en mourut point. Aussi fut blécé un moult bel et vertueux jeune chevalier nommé messire Jehan Du Bois, seigneur de Hannekin; et eut le pié senestre percé d'une coulevrine. Plusieurs y eut blécés et navrés (qui sans grande cause s'aprochoyent, et découvroyent devant le traict), dont je me passe pour abréger; et fut l'artillerie du duc si bien diligentée, que les Gandois, eux voyans enclos de toutes pars, commencèrent à parlementer; et firent traicter par leur curé, et se rendirent à la voulonté du duc, corps, vie et biens. Et ne demoura le siège que cinq jours entiers, et furent tous pendus, réservé le prestre, leur curé, et un qui se disoit capitaine de Gavre, qui fut gardé, pour les causes que vous pourrez ouyr cy-après; et fut le capitaine pendu au pont-levis, qui estoit noble homme, et l'un des beaux hommes que l'on pouvoit veoir. Et ainsi prit le duc le chastel de Scandelbecque.

Le duc fit retourner son artillerie, et prit conseil d'aler assiéger le chastel de Poucques, et tira celle part. Et le mareschal de Bourgongne, acompagné des Bourgongnons, de messire Jaques de Lalain, des seigneurs de Beauchamp et d'Émeries, et autres capitaines, tirèrent contre le chastel de Gavre, pour ce que celuy qui se disoit capitaine de Gavre (comme dict est) promit audict mareschal de luy faire rendre la place. Si fut mené parler à ses compaignons; mais ils tindrent petit de compte de luy et de son pouvoir, et tirèrent après luy canons et autres traicts. Et s'en revint le mareschal de Bourgongne sans autre chose exploiter pour celle fois, sinon qu'il fit pendre le Gandois à un arbre, et coucha celle nuict et la compaignie en un village assez près dudict lieu de Gavre; et le lendemain retourna l'avant-garde devers le duc de Bourgongne. Le bon duc (qui désiroit de soy venger de ses rebelles, et qui vouloit exécuter l'esté, qui estoit bel et sec) se tira, au départir de Scandelbecque, devant le chastel de Poucques. Si fut le chastel environné de toutes pars, et de plaine venue la bassecourt bruslée et arse, voire leur pont, gisant jusques au pont-levis, qu'ils avoyent à grande haste drécé contre, et pour la deffensse de leur porte : comme afin que l'on n'entrast pesle-mesle par le pont. Si fut l'artillerie drécée grosse et petite, contre un pan de mur entre deux tours : lequel pan de mur estoit maçonné d'une sale et autres chambres, et voyoit on bien par les fenestrages que celuy pan ne pouvoit avoir guères grand force. Et aussi le lieu et le terroir estoit convenable à asseoir artillerie au regard des marescages des autres costés ; et furent en peu de temps les tours et les murailles fort empirées.

En faisant icelle bateure, il avint que par un matin messire Adolf de Clèves, le bastard de Bourgongne, et autres jeunes seigneurs, alèrent visiter l'artillerie, et une bombarde nommée le Bergère, qui moult bien faisoit la besongne ; et se tenoyent pavesés et couverts du mantel de celle bombarde. Et vint celle part le bon chevalier messire Jaques de Lalain, qui se tira hors de la couverte, et voulut regarder du convive, de la place et de la bateure ; et se bouta derrière deux tonneaux pleins de terre, et par-dessus avoit deux pavais drécés. Le chevalier estoit grand, et regarda entre les deux pavais ; et à ce moment ceux du chastel boutèrent le feu en un veuglaire qu'ils avoyent nouvellement afusté au plat de la porte. Si fut la fortune telle, que la pierre rompit les deux pavais, et asséna le noble chevalier en la teste, et luy emporta tout le front, depuis le nez en sus ; et cheut mort le chevalier à la terre ; et de ce coup et douloureuse ateinte n'oublia pas Fortune sa diverse nature, qui est telle qu'elle ne peut souffrir les fleurs ne les fruits, sur la terre, souvent venir à meurison ou profit, sans leur envoyer vents, gelées, vermines ou temps impétueux, tendant tousjours à ses fins très-maudictes, qui est de prendre la fleur sans fruit ou le fruit sans meurison, et finalement de tout arruiner et destruire ce qui naist et croist entre le ciel et la terre. Mais celle fois cette maudite forsenée Fortune faillit à son ateinte ; car elle heurta au front du noble chevalier à telle heure et à tel bruit, que la renommée de ses vertus et de son sens et de sa chevalerie vivra et demourera en estre et en mémoire, non pas seulement par les souvenances des vivans et de leurs recors, mais autant que les escritures faictes et à renouveler auront cours et durée en ce monde : car je sçay bien que le roy-d'armes de la Toison d'or, George Chastelain, nostre grand historiographe, ne plusieurs autres qui se meslent et entremettent d'escrire, n'oublieront point, en leurs ramentevances et escripts, cestuy messire Jaques de Lalain, dont l'employ de leur récit, en ceste partie, fera honneur et profit à leurs œuvres et matières.

Ainsi mourut messire Jaques de Lalain, dont l'âme, par la miséricorde de Dieu et par l'apparence de la vie du bon chevalier, donne espoir de prendre le chemin de paradis. Et fut le corps emporté en une église, et ensevely, et mis sur un chariot le mieux et le plus honorablement que l'on le peut faire ; et l'acompaignèrent les nobles hommes de sa compaignie, et chevauchoyent après le corps à cornette dépleyée, comme s'ils fussent par luy conduits et menés en bataille. Et avecques gens-d'église fut mené à Lalain en Hainaut, où estoit messire Guillaume de Lalain, père dudict Jaques, un ancien notable chevalier, chevalier d'honneur de la duchesse de Bourgongne, et madame Jehannette de Créqui sa mère, qui piteusement recueillirent leur fils, mais toutesfois se monstrèrent sages et constans, en portant leur deuil patiemment, congnoissans que du plaisir de Dieu chacun se doit contenter. Si fut enterré en l'église de Lalain, où depuis j'ay veu sa sépulture, moult solennelle. Et ne fait pas à demander si le duc de Bourgongne et le comte de Charolois furent déplaisans de ceste male-aventure, avec toute la chevalerie et communauté de l'armée : car il fut mesme regreté et plaint de tous les lieux où il estoit en congnoissance. Or ici finit ce que je puis réciter et mettre par mémoire du très-vertueux chevalier messire Jaques de Lalain, priant Dieu, par sa grâce, qu'il veuille que je le voye escript au livre de vie avecques les parfaicts.

Le siége de Poucques dura neuf jours, et fut abatu un grand pan de mur rez à rez du fossé ; et le fossé estoit de petite eaue. Si se rendirent les Gandois à la voulonté du duc, et furent pris et liés, et tous pendus, sans rançon, ou répit, ou miséricorde, excepté un ladre (qui léans se trouva enclos), et deux ou trois jeunes enfans, et les gens-d'église. Et ce faict, fit le duc remonter son artillerie, et tira à Courtray pour prendre conseil qu'il estoit de faire; et là séjourna douze jours, cuidant trouver manière que son fils Charles n'allast plus avant en icelle guerre, pour ce qu'il congnoissoit la fière obstination des Gandois, et espéroit avoir la bataille, et doutoit pour son seul fils et héritier. Et pour ce l'envoya visiter la duchesse sa mère, qui de le retenir fit son devoir, luy remonstrant qu'elle en estoit requise du duc et de ses païs. Mais il respondit courageusement qu'il ne demoureroit point, et qu'il vaudroit mieux à ses païs à venir le perdre jeune, que d'avoir seigneur sans courage. Et finalement revint le jeune comte à Courtray, avant le partement du duc son père.

Le seizième jour de juillet, le duc de Bourgongne se partit de Courtray, et ala devant Gavre, et l'assiégea, et l'environna de toutes pars. Et fit descendre bombardes, mortiers et engins volans; et furent les aproches faictes si près que faire se peut; et à la vérité la place de Gavre ne fut guères empirée de bombardes ne d'engins, fors le dessus des pans et des tours, qui furent abatus. Et avint, après avoir duré le siége six ou sept jours, que le cappitaine du chastel (qui se nommoit Jehan de Bos) voyant que, pour monstrer feu ou enseignes, son secours ne venoit point de Gand, congnoissant la variation du peuple gandois, et se sentant batu et étonné de toutes pars, s'appensa d'aventurer son cas, et prit avecques luy six ou sept hommes, ses féables et gens de faict, et fit une saillie par le plus obscur de la nuict, et frappa hardiment sur les premiers qu'il trouva ès tranchées et ès aproches (qui furent en petit nombre, et qui ne se doutoyent de rien), et finalement mit iceux en fuite et desroy, et feit un grand effray sur l'artillerie. Mais luy (qui avoit ailleurs son emprise progettée) ne poursuyvit point, ains passa la rivière de l'Escaud à nou, et ses gens, et s'en tira à Gand sauvement. Et n'est pas à oublier comment il amassa ceux de la vile, et leur dit qu'il s'estoit aventuré pour sauver ses compaignons, qui estoyent assiégés à Gavre, et qui desjà estoyent en grande nécessité de vivres et de bateures : et n'y avoit moyen pour les secourir que par bataille, qui leur estoit par eux promise; et leur dit que le duc de Bourgongne n'avoit guères de gens, et que son armée estoit moult amoindrie par ses gens, qui l'abandonnoyent, et se déroboyent tous les jours de la compaignie : dont il estoit bien acertené par prisonniers qu'il avoit pris sur le siége.

Là fut un Anglois nommé Jehan Ost. Iceluy Anglois avoit grande authorité avecques les autres Anglois tenans le parti de Bourgongne, et avoit promis d'amener les Gandois en bataille; car le duc de Bourgongne voyoit moult son profit de les combatre aux champs, et desiroit moult de les y trouver, pour soy venger, et abréger sa guerre. Si dit cest Anglois tout haut que pieçà il leur avoit bien dit que le duc de Bourgongne n'avoit guères de gens, et que l'on ne devoit point laisser perdre ceux qui estoyent assiégés à Gavre, n'une si bonne place; et leur dit qu'il vouloit estre le premier au front de la bataille, et les asseura moult de la victoire. Si fut le peuple léger à émouvoir, et saillirent hors de la vile de Gand en deux compaignies; dont en la première compaignie eut vingt-cinq mille hommes éleus et nombrés, sans les gens-de-cheval, anglois et autres; et conduisoit les chevaucheurs d'icelle première compaignie ledict Jehan Ost pour les Anglois, et un jeune homme gandois, nommé Jehan Van Nielle, pour lesdicts Gandois; et avoyent canons et serpentines à chariots et artillerie à poudre assez, et largement. Après iceux saillirent une grosse compaignie de gens, où il pouvait y avoir vingt mille hommes et plus. Ceux saillirent sans ordre et sans commandement, et marchèrent après les premiers, comme une arrière-garde.

CHAPITRE XXVIII.

De la bataille de Gavre, gaignée par le duc de Bourgongne sur les Gandois; et comment paix fut faicte entre luy et eux.

Si lairrons un peu à parler des Gandois, et retournerons au siége. Et fut vray que quand le capitaine de Gavre se fut parti du chastel par la manière dessus-escripte, ceux qui demourèrent audict chastel commencèrent à murmurer et à s'ébahir, et disoyent que leur capitaine et autres leurs compaignons les avoyent trahis et abandonnés, et commencèrent à parlementer ; et aucuns se voulurent avaler par la muraille, pour eux rendre à nostre parti ; et, pour abréger, se rendirent à la voulonté du duc de Bourgongne. Si furent tous pris et emprisonnés, et le chastel saisi, qui à la vérité n'estoit guères empiré de l'artillerie ; car les murs sont bons, et de pierre de taille ; et ce qui plus les grevoit furent mortiers et engins volans, dont ils furent baudement servis.

Le lendemain au matin furent tous pendus iceux Gandois, et autres tenans leur parti ; car il y avoit des Anglois avecques eux, et aucuns fugitifs criminels des païs du duc, et nommément un trompette nommé Aloguet, qui avait servi le bon chevalier (que Dieu absolve) messire Jaques de Lalain ; et se partit de luy pour ses démérites. Ainsi furent pendus ceux qui furent trouvés au chasteau de Gavre ; et fut par un mardi vingt-deuxième de juillet ; et estoit si matin, que les plusieurs qui regardoyent faire la justice n'avoyent point encore ouy de messe. Et ainsi et à celle heure que l'on pendoit ledict Aloguet, et ainsi que le dernier de tous, à mon avis bien quarante, vindrent nouvelles, à petit effray, que les Gandois estoyent issus de Gand pour venir combatre leur seigneur. Si courut chacun aux armes ; et fut ordonné messire Symon de Lalain pour aler au-devant à cinquante chevaux, pour veoir leur convine. Ce qu'il fit bien ; et de leur estat et maintien fit ce jour par plusieurs fois sçavoir, comme celuy qui bien le savoit faire, et qui se congnoissoit au mestier.

Ordonnances furent faictes. Et premièrement prit l'avant-garde place, que conduisoit le mareschal de Bourgongne et le seigneur de Cimay ; et furent avecques eux de grands seigneurs et de grands personnages de Bourgongne, de Picardie et de Hainaut ; et furent d'icelle avant-garde envoyés devant, comme sur un'aelle, à la main dextre, les seigneurs de Beauchamp et d'Espiry, qui avoyent en charge cent lances de Bourgongnons, ou environ. A la main senestre, tirant à la rivière de l'Escaud, fut un autre aelle d'environ mille archers de pié ; et les conduisoit messire Jacques de Luxembourg. Et entre ces deux compaignies estoit un comte de Petite-Pierre, alemand, qui estoit venu servir le duc en icelle armée, et avoit cent chevaux, et non plus, tant hommes d'armes comme cranequiniers. En l'avant-garde furent bannières depleyées, et toutes enseignes et parures, à qui mieux mieux ; et plus derrière estoit la bataille, où estoit le duc de Bourgongne, le comte de Charolois son fils, le comte d'Estampes, messire Adolf de Clèves, messire Jehan de Coimbres, le bastard de Bourgongne, et moult d'autres grands personnages. Là furent bannières depleyées en grand nombre ; et portoit le seigneur de Haubourdin la bannière du duc, et le seigneur de Crèvecueur celle du comte de Charolois. Bertrandon portoit le pennon, et Hervé de Mériadec portoit l'estendard. Ce jour, furent moult de chevaliers faicts, comme messire Jacques de Luxembourg, Thibaut de Neufchastel, maréchal de Bourgongne ; Louis, seigneur de La Gruthuse, qui ce jour fit l'arrière-garde, à grosse compaignie de Flamans et autres. Là furent chevaliers les seigneurs de Rougemont, de Soye, de Rupt, et le seigneur de Goux (qui depuis fut chancelier de Bourgongne) ; le seigneur de Chandivers, Tristan de Toulongeon, seigneur de Soey ; et si grand nombre d'autres, que je ne sçay le tout ramentevoir.

Si lairrons à parler de l'ordre de la bataille, et reviendrons à l'exécution ; qui fut telle, que messire Symon de Lalain (qui conduisoit les chevaucheurs) chevaucha le plus diligemment, et par le meilleur ordre qu'il peut, contre les ennemys ; et rencontra en sa personne les chevaucheurs gandois ; et venoit, tout devant, Jehan Ost, anglois, qui avoit promis de mettre aux champs le peuple gandois. Ledict Anglois leva la main en signe de seureté, et s'avança audict messire Symon, et luy dit : « J'ameine » les Gandois comme je l'ay promis. Si me » faictes conduire au duc de Bourgongne ; car » je suis son serviteur, et de son parti. » Messire Symon bailla deux hommes, qui l'Anglois conduisirent à sauveté ; et Jehan Van Nielle (qui conduisoit les chevaucheurs gandois) et leurs gens-de-cheval marchoyent, et gaignoyent tousjours place sur messire Symon de Lalain, qui les faisoit escarmoucher en retrayant, et en tirant hors du grand chemin, couvert d'une grosse haye; et par celle haye ne pouvoyent veoir Gandois les batailles, ni les gens-d'armes.

Si commencèrent Gandois à passer au champ, à pié et à cheval; et se mettoyent ces picquenaires en bataille, et en peu d'heure se trouvèrent si grand nombre et si serrés, qu'à grand peine voyoit on le jour par entre les picques et les glaives; et avint que Jehan de La Guysèle, un escuyer de Hainaut, en escarmouchant sur les Gandois de cheval, chargea sur un homme-d'armes; mais la gourmette de son cheval rompit, et ainsi ne le peut tenir qu'il ne fust des gens-de-pié pris, enclos et assommé. Là aborda l'artillerie des Gandois; et par trois fois et à trois reposées marchèrent les Gandois, gaignant place et champ sur les escarmoucheurs; n'onques les batailles ni les ordonnance ne se bougèrent. Bien fut vray que le mareschal de Bourgongne manda au seigneur de Beauchamp et au seigneur d'Espiry qu'ils reculassent leurs enseignes et leurs compaignies, pour plus avant attraire les Gandois; mais le seigneur de Beauchamp respondit que l'on l'avoit trop avancé pour reculer; et combien que la response meust de haut et vaillant courage, et que tout bien prist de celle chose, si fut il conseillé de prier mercy au duc, de la désobéissance qu'il avoit faicte à son mareschal; et ce veuil je bien escrire pour monstrer aux jeunes gens qui mes Mémoires liront, que, selon l'arbre de bataille, nulle chose n'est estimée bien faicte, contre le commandement du chef et de ses lieutenans.

L'artillerie des Gandois tiroit à grand'force. Si fut avisé d'envoyer de la légère artillerie devant les premières compaignies; et si tost que ladicte artillerie fut assise et qu'elle commença à tirer, les Gandois s'ouvrirent, et se déréglèrent de leur ordre. Si chargèrent les seigneurs de Beauchamp et d'Espiry dedans moult-vivement. Là fut chevalier messire Philippe de Lalain, frère du bon chevalier messire Jaques, dont ci-dessus est assez escrit; et à celle charge fut tué d'un canon un escuyer bourgongnon, nommé Jehan de Poligny. Or, reviendrons aux mille archers qui estoyent à pied, sous la conduite de messire Jaques de Luxembourg, nouveau chevalier. Le chevalier et sa bande marchèrent et coururent au-devant leurs ennemys moult vaillamment, crians et tirans de force et de courage; et, à la vérité, là cheut la grande puissance des Gandois; car tous tirèrent contre la rivière. Là eut grande presse et dure deffense, et là fut tué d'une picque un escuyer flamand, nommé Olivier de Launoy, homme-de-bien, et fort renommé. Là abondit l'avant-garde, les bannières et les estendars. Si furent les Gandois rompus et mis en fuite; et s'enfuit Jehan Van Nielle et ses gens-de-cheval, et nagèrent la rivière; et là entroyont les Gandois, armés de leurs jaques, haubergeons, panciers et hunettes; et s'avanturoyent de nouer, en tel estat, la rivière; mais les archers les tuoyent, noyoyent et assommoyent comme bestes, sans mercy et rançon; et, en nageant parmy l'eaue, on les tiroit de flèches, si que peu se sauvèrent par nager.

Le duc de Bourgongne, qui moult estoit loing de l'avant-garde, fit crier «Nostre-Dame! Bourgongne!» et marcha avecques sa bataille; et furent les archers moult travaillés d'avoir si loing marché à pié; et furent les bannières et les enseignes premières sur les ennemys, que les archers de la bataille; et, durant le temps que les premiers estoyent ensoingnés à ceux qui avoyent pris le bord de la rivière, une grosse compaignie de Gandois se trouva retraite d'avanture en un préail assez grand et spacieux. Celuy préail estoit clos de la rivière de l'Escaud en tournoyant, et par devant avoit une grosse haye d'espines fosselée, et moult forte à passer; et n'y avoit que deux entrées très-estroictes par où l'on peust devers eux passer. Les Gandois (qui là se trouvèrent bien deux mille hommes, et ne pouvoyent plus avant eux retraire ne fuir par la rivière), prirent cueur, et mirent en deffense moult vigoureusement. Là s'avancèrent messire Pierre de Miraumont, Jaques de Fallerans, le Moyne de Neufville, et autres nobles hommes-d'armes. Mais certes ils furent durement recueillis de picques et de masse crestelées par lesdicts Gandois; et furent leurs chevaux enfondrés et occis, et les hommes-d'armes abatus et navrés moult-dangereusement. Là s'arresta le duc de Bourgongne, son fils, et toutes les bannières de la bataille.

Le duc de Bourgongne voyant ses ennemys

et rebelles devant ses yeux, donna de l'esperon; sans autre conseil prendre, et entra dedans le préail. Il estoit richement armé et monté, et moult bel et chevaleureux chevalier; et certes quand les Gandois le virent venir ils le recongnurent, et s'arrestèrent tous devant sa noble personne. Mais le venin, confit en longue obstination qu'ils avoyent au cueur, fut subitement maistre de la raison. Si luy coururent sus moult asprement; et le bon duc (qui fut un des vaillans chevaliers de son temps) se férit entre eux, non pas comme prince, ou personnage de prix ou d'estime tel qu'il estoit, mais comme un homme chevaleureux, tout plein de hardement et de prouesse; et les Gandois féroyent sur le noble prince, de grand et de félon courage; et luy navrèrent son cheval en plusieurs lieux. Là estoit Bertrandon, le pennon au poing, près de son maistre, pour enseigner et monstrer le prince, et où il estoit. Là vint le seigneur de Haubourdin atout la bannière; et Hector de Mériadec atout l'estandar. Là entra le noble comte de Charolois (qui moult aigrement chaçoit enseignes et gens-d'armes au secours du duc son père), et aborda des premiers en la place, et fut blécé d'une picque au pié, par-dessous. Là vey-je messire Anthoine de Vaudrey donner au travers des Gandois moult chevaleureusement. Là entrèrent les bannières du comte de Charolois, et des autres princes et seigneurs; et sur ce poinct abordèrent les archers de la bataille, qui estoyent venus à pié, et de loing. Si commencèrent à lancer et à traire, de moult grand courage. Là vey à pié deux hommes-d'armes de nom; et de plus ne m'en souvient. L'un fut messire Jaques de Foucquesolles (qui portoit le guidon de messire Tibaut de Luxembourg, seigneur de Fiennes); et l'autre fut messire Philebert de Jaucourt, seigneur de Villarnou. Ces deux marchèrent chevaleureusement sur les ennemys.

Si commencèrent, du traict des archers, les Gandois à perdre gens et place, et reculèrent pour adosser la rivière; et se combatoyent et deffendoyent Gandois moult vaillamment, et moult navrèrent et blécèrent de gens et de chevaux; et certes un Gandois, vilain et de petit estat, et sans nom pour estre recongnu, fit ce jour tant d'armes, tant de vaillance et d'outrage, que si telle aventure estoit advenue à un hommme de bien, ou que je le sceusse nommer, je m'aquiteroye de porter honneur à son hardement; car vaillance est entre les bons si privilégiée, et de telle authorité, qu'elle doit estre manifestée, publiée et dicte de petite personne ou de petit estat, comme des plus grans.

Ainsi dura ceste bataille, en cestuy endroit, longuement; car (comme dict est) le lieu estoit fort d'entrée et de closture, et se vendoyent Gandois pour leur dernier jour. Mais finalement le préail fut tel, que les Gandois furent occis sur la place, sans ce qu'un seul en réchapast, par prison ou autrement. Et certes la bataille ne se combatoit plus autre part, car les Gandois estoyent tous déconfits; et n'aborda point la seconde compaignie, qui se partit de Gand (comme il est escrit cy-dessus) à la bataille; mais s'enfuirent de l'effroy des fugitifs, et furent chacés par aucunes compaignies de l'avant-garde, qui moult en prirent et occirent Si fut tard, et se retraït chacun en son logis; et furent les bannières mises sans repleyer devant, qui estoit moult belle chose, à veoir le reflamboy de diverses armes des nobles princes et seigneurs qui bannières portoyent. Aussitost que le bon duc fut en son logis retourné, et après avoir rendu louenges à Dieu de sa haute victoire, il manda son conseil; et servoit alors de premier chambellan le seigneur de Charny; et messire Pierre, seigneur de Goux, fut là le principal du conseil pour les clercs. Si dit le bon duc tout haut telles parolles, ou semblables :

« Celuy Dieu qui nous a aujourd'huy pour-
» veus de victoire me doit grâce à ce jour de le
» recongnoistre, et de faire chose qui luy soit
» agréable. Or, congnoissant iceluy Dieu mon
» créateur Jésus-Christ tout piteux et miséri-
» cors, en ensuyvant son plaisir et com-
» mandement, en combien que par la di-
» vine aide j'ay la main au-dessus de mes
» rebelles les Gandois, toutesfois je veux
» user de grâce et de miséricorde; n'onques
» je n'eus pitié d'eux ni de leur cas jusques à
» ceste heure. Si veux que lettres soyent faic-
» tes adréçantes à la vile de Gand, conte-
» nans que : sans avoir regard à l'avantage
» que j'ay par la victoire, mais pour l'hon-
» neur de Dieu seulement, tout tel semblable

» traicté que je leur ay acordé à l'Isle et ail-
» leurs en leur plus grande prospérité, je le
» veux tenir et acomplir. »

Si furent sur ce lettres faictes, moult bien causées et devisées ; car certes ledict messire Pierre de Goux fut l'un des adroits hommes de conseil qui fust en son temps. Le lendemain, au poinct du jour, sonnèrent les trompettes à mettre selles, et puis à cheval; et se partit le duc, son fils, et toute la seigneurie, atout leurs bannières au vent, et tirèrent contre Gand en moult bel ordre. Messire Gauvain Quieret, seigneur de Dreul, conduisoit les coureurs : et estoit avecques luy le roy-d'armes de Flandres, vestu de sa cotte-d'armes, et portoit les lettres; et estoit introduit pour les présenter à ceux de Gand. Le mareschal de Bourgongne et le seigneur de Cimay menoyent l'avant-garde, et le duc et la bataille suyvoyent, et le comte d'Estampes faisoit l'arrière-garde. Et quand les coureurs aprochèrent la vile de Gand, ils s'arrestèrent pour veoir la convine de la vile ; et à cest endroit convient que je devise comment se conduirent les Gandois, quand ils sceurent la déconfiture de leurs gens.

Vérité fut que des plus légers du pié, ou des mieux montés fugitifs de la bataille, vindrent à Gand en petit nombre les premiers, et dirent, à grand effray et à grand peur, les nouvelles de leur déconfiture. Si coururent ceux qui gouvernèrent et qui avoyent authorité lors en la ville, et vindrent aux portes de leur vile, et les fermèrent, et gardèrent à puissance que les fugitifs n'y rentrassent, pour ce qu'ils doutoyent qu'ils ne fussent si aigrement poursuivis que les Bourgongnons n'entrassent peslemesle. Ce qui estoit bien possible; car si n'eust esté le détourbier du préail dont cy-dessus est escrit, il estoit plus croyable qu'autrement que qui eust poursuivy la chose, l'on eust entré en la vile, ou par la manière dicte, ou par l'épouvantement en général de tous les Gandois; donc pour ces causes furent les portes de Gand fermées. Et certes les coureurs virent, à la porte de la vile, plus de quatre mille hommes sans harnois et sans battons, qui s'estoyent sauvés de la bataille : et ne les vouloit on remettre en ladicte vile. Si s'approchèrent peu à peu les coureurs, pour sçavoir que vouloit dire ce grand peuple; et veirent qu'il estoit vague comme bestes, et ne faloit que les tuer. Si monstrèrent signe, et vindrent aucuns audict seigneur de Dreul, qui luy dirent la convine. Et par iceux furent mandés ceux de Gand à la barrière, et leur porta le héraut les lettres, qu'ils receurent moult humblement et en grande révérence ; et tindrent leur parlement en la vile sur lesdictes lettres ; et assez brief firent response au roy-d'armes: qu'ils supplioyent à leur seigneur, en l'honneur de la passion de Nostre-Seigneur, qu'il se voulsist retraire en son logis de Gavre pour celle nuict, et que lendemain ils iroyent devers luy, et en telle façon qu'il seroit bien content d'eux, le remerciant de la grâce qu'il leur faisoit par ses lettres.

Le bon duc acorda la requeste ; et s'en retourna celle nuict chacun en son logis. Si vindrent devers le duc l'abbé de Sainct-Bavon, le prieur des Chartreux, et autres grans personnages ; et n'acordèrent pas seulement au duc ce qu'il avoit demandé selon les premiers traittés, mais sousmirent le tout à sa voulonté. Et fit le duc en ceste chose petit changement, et tint ce qu'il avoit dict, comme prince de vérité qu'il estoit : et fut l'amendise honorable mise par escrit, ensemble les traittés, le pardon, et toutes choses ; et fut jour pris pour acomplir ces choses escrites.

Or parlerons de l'exécution de cette paix de Gand, et des cérémonies tenues à l'amende honorable faicte par les Gandois. Le dernier jour de juillet, le duc et son armée, en moult bel ordre, et tousjours demourans les bannières déployées, se tira contre Gand, et s'arresta à une petite lieue de la vile, et sur le grand-chemin qui vient de la porte dessous Sainct-Pierre, pour tirer à Audenarde ; et fit mettre le front de sa bataille au droit du chemin, et en manière d'une aelle, à dextre, son avant-garde, et son arrière-garde au senestre ; et estoit moult-belle chose à veoir. Le duc fut armé de toutes armes, et fut monté sur le cheval que les Gandois avoyent navré sous luy à la bataille, qui encores estoit farci d'estoupes en plusieurs lieux, pour le remède de ses playes. Il estoit acompagné du comte Charles son fils, du comte d'Estampes, de messire Adolf de Clèves, seigneur de Ravestain, de messire Jehan de Portugal, fils du duc de Coïmbres, du bastard de Bourgongne, de messire Nicolas Raulin, seigneur d'Authune, chancelier de Bourgongne, et des chevaliers de la Toison, comme du seigneur de Charny, du seigneur de Haubourdin, du seigneur de Cimay, du seigneur de Launoy, du seigneur de Montagu, du seigneur de Humières, de messire Baudot de Noyelles, et autres. Ceux se tenoyent au front de la bataille devant la bannière, et devant les enseignes du duc; et le mareschal de Bourgongne, noblement acompaigné, conduisoit l'ordre, et amena les Gandois faire leur amende. Et premièrement venoyent à pié l'abbé de Sainct-Bavon et le prieur des Chartreux : et après marchoyent vingt-cinq eschevins, conseillers et houemans, des plus grans et principaux de ladicte vile; et estoyent iceux vingt-cinq en leurs chemises, nues testes, et deschaux; et après suyvoyent deux mille Gandois vestus de noires robes, déceincts, nues testes, et deschaux. Et tous se mirent à genoux devant le duc, et porta la parolle l'abbé de Sainct-Bavon, qui moult-piteusement et en plourant pria au duc, par trois fois, mercy pour son peuple mal conseillé; et certainement tous lesdicts Gandois, en généralité, se monstroyent repentans de leur méfaict, et déplaisans. Si leur respondit le bon duc que puisqu'ils demandoyent mercy, ils la trouveroyent en luy; et qu'ils luy fussent bons sugets, et il leur seroit bon prince, et que jamais plus ne luy souviendroit de l'injure par eux commise contre luy. Si furent les bannières des mestiers de Gand aportées toutes, et baillées au roy-d'armes de la Toison d'or, qui en la présence du duc les fit mettre en un sac, et les fit porter au logis.

Ces choses faictes, s'en retournèrent les Gandois moult-joyeux; et fut la paix criée en leur vile; et firent feux, luminaires et carolles de joye parmy la vile; et celle nuict plusieurs compaignons s'allèrent festeyer à Gand, et eurent grand chère. Et le duc de Bourgongne pour celle nuict s'en retourna en son logis à Gavre; et le lendemain, après disner, se tira le duc en sa vile d'Audenarde; et, par manière de triomphe et de victoire, fit porter devant luy, par ses archers de corps et autres, les bannières des mestiers de Gand; et depuis furent portées, la moitié devant Nostre-Dame de Boulongne, et l'autre moitié devant Nostre-Dame de Haulx, où l'on les pouvoit veoir, à l'heure que cette guerre de Gand fut par moy enregistrée; et de là se tira le duc à l'Isle, et rompit son armée.

En ce temps estoit le seigneur de Crouy à Luxembourg, et y faisoit la guerre aux Alemans : lesquels (comme il est escrit cy-dessus) s'estoyent émeus à l'encontre du duc de Bourgongne, et pouvoit avoir le seigneur de Crouy mille bons combattans. Si reconquit plusieurs bonnes places par le païs, et se trouva unes trèves acordées de chacun costé jusques à l'Ascension suyvant, par condition que ceux de Tionville et des places qui tenoyent contre le duc promirent, au cas que, dedans iceluy temps de l'Ascension, les Alemans ne les secouroyent par bataille, qu'en ce cas ils devoyent rendre ladicte vile et les places au duc de Bourgongne, ou à son commandement; et feray fin cy-endroit de ceste matière ; car la bataille ne vint point en iceluy terme : et se rendirent, et se remirent en la main du duc, comme ils estoyent.

Or reviendrons au bon duc, qui estoit à l'Isle, avecques la duchesse sa femme et autres dames : et se faisoyent banquets, joustes, tournois et festiemens grans et pompeux; et le comte de Charolois y estoit en son verd, et croissoit en jours, et en force de corps; et l'acompaignoit le bastard de Bourgongne, moult-gentil chevalier. Si joustoit le comte très-souvent; et à ce mestier estoit renommé, non pas seulement comme un prince ou un seigneur, mais comme un chevalier dur, puissant, et à douter; et certes il fréquentoit les joustes en iceluy temps, et gaignoit bruit et paix, et enduroit le faix et le travail, et donnoit et recevoit grans coups, sans soy épargner, comme si c'eust esté un pauvre compaignon qui desirast son avancement à ce mestier. D'autre part il jouoit aux barres avecques les plus forts et les meilleurs rueurs, et le tenoit on des très-bons. Il estoit si puissant archer, que c'estoit merveilles; et au regard de danses et de mommeries, combien que de sa complexion il n'estoit point adonné à telles oisivetés, toutesfois tenoit compaignie aux grans et petis, à ce qu'ils vouloyent faire : et dansoit très-bien. Il aprit l'art de musique si perfectement.

qu'il mettoit sus chansons et motets, et avoit l'art perfectement en soy. Tousjours continuoit le service de Dieu, et jeusnoit tous jeusnes commandés pour le moins. Jamais ne se couchoit qu'il ne fist lire deux heures devant luy ; et lisoit souvent devant luy le seigneur d'Hymbercourt, qui moult bien lisoit et retenoit ; et faisoit lors lire les hautes histoires de Romme, et prenoit moult grand plaisir ès faicts des Rommains. Bon compaignon estoit lors avecques les belles filles, car il n'estoit point marié ; car, luy marié, jamais ne rompit son mariage, ny ne le sceu onques de luy, ne d'assez suffisans pour ouyr parler de tels secrets ; et ce je certifie jusques au jour d'huy de mon récit. Il estoit si grand ausmonnier, qu'il donnoit à tous pauvres qu'il encontroit par les viles et par les champs. Il estoit en son vertueux avenir sage, large et véritable ; et se nourrit en telles mœurs et en telles vertus, que je n'ay point leu ne sceu si vertueux avénement de prince. Et si Dieu me donne grâce de continuer mon œuvre, et de réciter les hauts faicts que j'ay veus de luy, en moi aquitant de dire vérité, je monstreray évidemment que bel et délectable fut le verd et la fleur dont le maeur et le fruit est de si haute perfection.

En ce temps se maria le duc Jehan de Clèves et Ysabel de Bourgongne, seule fille et héritière du comte d'Estampes ; et se faisoyent grandes chères et grans festiemens ; et se mirent sus aucuns convives que l'on appelle banquets, qui commencèrent à petits fraiz, et montèrent et multiplièrent en grandes assemblées, et frais de viandes et d'autres mets ; et montoyent et croissoyent iceux banquets de chevaliers à seigneurs, et de seigneurs à princes ; et de grand à grand multiplioyent en despense, et vouloit chacun monstrer plus grande chose que son par-avant.

De ce temps avint que le pape Nicolas envoya devers le duc de Bourgongne, au lieu de l'Isle, un chevalier ; et luy signifia la prise de Constantinoble, qu'avoit faite le Turq nommé l'Amorat-Bay, qui fut fils de celuy qui déconfit les chrestiens en Hongrie, et où fut pris le duc Jehan de Bourgongne, père du duc Philippe ; et comment celuy Turq avoit assailly par plusieurs fois la cité (où il avoit trouvé merveilleuse résistance par les chrestiens); et comment Saquam-basac, un mammelus, avoit recommencé l'assaut, et par ce fut la cité prise, et le noble empereur occis, et tous ses enfans; et comment la riche église de Saincte-Sophie avoit esté pillée, violée et destruicte ; et les sainctes reliques, voire le corps de Nostre-Seigneur Jésus-Christ, rué parmy la rue, par les fiens et ordures, avecques les pourceaux, sans les meurdres, les injures et les efforcemens faicts aux chrestiens et chrestiennes. Or certes les nouvelles furent piteuses à ouyr ; car (comme disoyent les voyagers) c'estoit une moult noble cité que Constantinoble, et avecques la pitié, la destruction du peuple, et l'amoindrissement de la foy chrestienne, faisoit moult à plaindre la mort et destruction du noble empereur et sa personne ; car, sans autre prince blasmer ou amoindrir, je juge l'empereur de Constantinoble, vivant, la plus noble personne du monde ; car l'empereur d'Alemaigne n'est empereur que par élection, et cesluy de Constantinople estoit empereur de ligne en ligne, et de père à fils, de plus de cinq cens ans de règne ; et puis qu'un empereur précède les rois en nom et en dignité, je cuide avoir fait seur jugement.

Si conclut iceluy chevalier, si le duc et la maison de Bourgongne avoyent jamais vouloir de servir l'Eglise, qu'il estoit heure de le monstrer par effect. Pareillement envoya l'empereur devers le duc, en iceluy mesme temps, luy signifier ceste chose ; et qu'il avoit mandé tous les princes d'Alemaigne au lieu de Righensbourg, pour illec conclurre sur le bien et ressource de chrestienté, en poindant et aiguillonnant le duc qu'il ne devoit pas refuser de venir jusques à Righensbourg pour si grand bien, et d'estre à la journée comme les autres, qui autresfois avoit offert de passer en sa personne jusques en Asie. Et combien que pour ces matières le duc eust en ce temps envoyé prélats et chevaliers notables devers l'empereur, et qu'encores y estoyent, toutesfois il conclut et prit en propos de soy-mesme aler en personne à la journée, et de soy préparer pour servir l'église et la foy. Et, pour esmouvoir les seigneurs et nobles hommes de ses païs et ses subjets à servir Dieu en cette partie, et que de leur volonté et dévotion, et sans contrainte, ils entrassent au sainct voyage, prit conseil de publier son emprise par voye de grande assemblée. Et pour ce que les banquets et festeyemens se continuoyent et s'entresuivoyent de grans en plus grans, et s'approchoit la fin des banquets, pour cheoir en la main du bon duc et clorre la feste, il fit faire ses préparatoires d'entremets et de viandes. Et conduisoyent ceste chose messire Jehan, seigneur de Launoy, un chevalier de l'ordre de la Toison, homme sachant et nouvel, et un escuyer nommé Jehan Boudaut, homme moult notable et discret. Et me fit le bon duc tant d'honneur, qu'il voulut que j'y fusse appelé ; et pour ceste matière se tindrent plusieurs consaux, où fut appelé le chancelier et le premier chambellan, qui lors estoit revenu de la guerre qu'il avoit menée en Luxembourg, et dont il est escrit cydessus. Aussi furent à ce conseil des plus grans et des plus privés appelés ; et, après délibération d'opinions, furent les cérémonies et les mistères conclus tels qu'ils se devoyent faire. Et voulut le duc que je fisse le personnage de Saincte-Eglise, dont il se voulut aider à celle assemblée ; et fut une solennelle chose, et qui vaut le ramentevoir, et sert à nostre propos. Si ay enregistré avec ceste ledict banquet, le plus largement que j'ay peu, afin d'en avoir mémoire.

CHAPITRE XXIX.

Cy commence l'ordonnance du banquet que fit en la vile de l'Isle très-haut et très-puissant prince Philippe, par la grâce de Dieu duc de Bourgongne, de Brabant, etc., l'an 1453, le dix-septième de février.

Pour ce que grandes et honorables œuvres désirent loingtaine renommée et perpétuelle mémoire, et mesmement quand lesdictes œuvres sont faictes en bonne intention, je me suis entremis de mettre par escrit et enregistrer par ordre, au plus près de la vérité, et selon mon petit sentiment, une feste faicte à l'Isle le dix-septième jour de février l'an 1453, par très-excellent, très-haut et très-puissant prince monsieur le duc de Bourgongne, de Brabant, etc. Et commença icelle feste par une jouste, cedict jour ; laquelle jouste avoit esté criée en un très-beau banquet que monsieur de Clèves donna en ladicte vile environ dixhuict jours paravant, auquel fut mondict seigneur, ensemble la seigneurie, dames et damoyselles de sa maison ; et fut le cry tel, que le chevalier au cigne, serviteur aux dames, faisoit sçavoir à tous princes, chevaliers et nobles hommes, que le jour que mondict seigneur feroit son banquet (lesquels banquets se faisoyent l'un après l'autre), l'on le trouveroit en ladicte vile armé de harnois de jouste, en selle de guerre, pour jouster à la toile, de lances de mesure et de courtois roquets, à l'encontre de tous ceux qui venir y voudroyent ; et celuy qui pour ce jour feroit le mieux, au jugement des seigneurs et des dames, sans ce qu'il s'en exceptast en rien, gaigneroit un riche cigne d'or enchainé d'une chaine d'or, et au bout de celle chaine un riche rubiz que les dames présenteroyent à celuy qui l'auroit desservy. Tel fut le cry, par l'ordonnance et aveu de monsieur Adolf de Clèves, lequel estoit celuy pour qui la criée se faisoit ; et, à ce que je vey, la criée et jouste faisoit au propos d'un entremets, qui contenoit, à cedict banquet, la pluspart de la longueur de la principale table.

Ce fut une nef à voile levée, moult bien faicte, en laquelle avoit un chevalier tout droit, armé, qui le corps avoit vestu d'une cotte-d'armes, des plaines armes de Clèves ; et devant avoit un cigne d'argent, portant en son col un colier d'or auquel tenoit une longue chaine d'or, dont ledict cigne faisoit manière de tirer la nef ; et au bout de ladicte nef séoit un chastel moult bien faict, et richement ; au pié duquel flotoit un faucon en une grosse rivière. Et me fut dict que ce signifioit et monstroit comme jadis miraculeusement un cigne amena dedans une nef, par la rivière du Rin, un chevalier au chasteau de Clèves ; lequel fut moult vertueux et vaillant ; et l'épousa la princesse du païs, qui pour lors estoit veuve, et en eut lignée ; dont lesdicts ducs de Clèves, jusques à ce jour, sont issus ; et pour ce il me semble que la manière de la criée ensuivoit l'effect de l'entremets.

En celle nuit, fut présenté le chapelet à monsieur le comte d'Estampes, lequel fit son banquet environ dix jours après. Ce banquet fut moult plantureux et riche, et garni de plusieurs entremets nouveaux ; dont je me passe pour abréger, et pour venir à mon intention. En ceste feste fut le chapelet présenté à monsieur le duc, en telle façon que quand les entremets furent levés, d'une chambre saillirent grande foison de torches; puis vint un officier d'armes, serviteur de mondict seigneur d'Estampes, nommé Dourdan, vestu de sa cotte-d'armes; et après vindrent deux chevaliers, chambellans de mondict seigneur d'Estampes (c'est à sçavoir monsieur de Miraumont et monsieur de Drueul), vestus de longues robes de velours fourrées de martres; et n'avoyent rien sur leur chef, et portoyent chacun, d'une main, un gentil chapelet de fleurs; et après eux venoit une très-belle dame, jeune, de l'age de douze ans, vestue d'une robe de soye violette, richement bordée et estofée d'or; et luy partoyent unes manches, outre la robe, d'une moult déliée soye, escriptes de lettres grégeoises; et estoit son chef paré de ses cheveux beaux et blonds, et par-dessus une tocque, affulée d'un volet moult enrichi de pierrerie. Et estoit montée sur une haquenée houssée de soye bleue; et l'amenoyent trois hommes à pié, vestus de manteaux de soye vermeille, portans chaperons à cornette de soye verde; et aloyent ces trois chantans une chanson faicte à propos. Et en telle ordonnance passèrent par-devant les tables, et vindrent jusques devant le lieu où estoit assis mon très-redouté seigneur monsieur le duc; et quand l'officier d'armes et les deux chevaliers luy eurent faict la révérence, ledict officier dit ce qui luy étoit encharegé en ceste manière:

> Très-excellent, haut prince, et redouté,
> A vous venons en toute révérence.
> Pour charge avons que vous soit présenté
> Ce chapelet, lequel est aporté
> Par la dame que voyez en présence.
> Le comte d'Estampes en son absence
> La vous transmet en ce lieu, et envoye:
> Et la nomme on la princesse de Joye.

Quant l'officier d'armes eut ce dit, les deux chevaliers vindrent à la dame, et luy baillèrent le chapelet en ses mains, et lors les autres trois qui l'amenoyent la descendirent de sa haquenée.

Si tost qu'elle fut descendue, les deux chevaliers l'adextrèrent. Et adonc elle fit la révérence à mondict seigneur; et par uns petis degrés faicts à ceste cause, elle monta sur la table, et s'agenouilla une fois sur le bord de ladicte table; et puis se mit à genoux devant mondict seigneur, et là demoura jusques elle eust baisé ledict chapelet, et mis sur le chef de mondict seigneur, qui à son relever la baisa; et s'en retourna ladicte dame, son emprise achevée. Ainsi fut présenté le chapelet à mondict seigneur le duc; parquoy il détermina le jour de son banquet, et fit moult grans préparatoires. Au jour de ce banquet donques, monsieur Adolf (qui s'estoit fait crier le Chevalier au Cigne) vint après disner, de très-bonne heure, sur les rangs, et fut acompaigné, du lieu où il s'estoit armé, par mondict seigneur le duc, par monsieur de Charolois, par monsieur le bastard de Bourgongne, vestus tous trois de robes de velours sur velours noir; et avoyent chacun un colier d'or moult enrichi de pierreries, comme diamans, balais et perles; et portoit mondict seigneur une cornette à son chaperon, si riche de pierrerie que je ne sçay autrement estimer, fors habillement de prince puissant. Monsieur Adolf, acompaigné (comme dict est) de mondict seigneur, de monsieur de Charolois, et de monsieur le bastard, et en outre de monsieur d'Estampes, partit de son hostel à grand compaignie de gens vestus de ses robes, et aloyent devant; et après eux aloyent tabourins; et après aloit un poursuivant d'armes, vestu d'une cotte-d'armes pleine de cignes; et après aloit un grand cigne merveilleusement et subtilement faict, ayant une couronne d'or au col, à quoy pendoit un escu des plaines armes de Clèves; et à celle couronne pendoit une chaisne d'or, qui d'un bout tenoit à la tresse de l'escu du chevalier; et estoit ce signe adextré de deux sagittaires moult bien faicts, qui tenoyent arcs et flèches en leurs mains, et faisoyent semblant de tirer à l'encontre de ceux qui vouloyent aprocher le cigne.

Ledict chevalier, tenant à la chaisne d'or, suyvoit le cigne armé très-richement de toutes armes; et estoit son cheval couvert de drap de damas blanc, et bordé de franges d'or, et son escu de mesmes; et à dextre et à senestre, et derrière, avoit trois jeunes enfans pages, habillés de blanc en manière d'angels, montés sur beaux coursiers enharnachés de drap blanc bien découpé; et après venoit un palefrenier, vestu de blanc, sur un petit cheval, qui menoit en main un destrier couvert de drap blanc, brodé de grandes lettres d'or, et frangé d'or, à la devise dudict chevalier; et après venoit monsieur le duc de Clèves, frère dudict chevalier, et monsieur Jehan de Coïmbres, fils du roy Jehan de Portugal, avec grand nombre de chevaliers et nobles hommes, tous vestus de blanc, à la pareure du chevalier; et portoyent les lances en belle ordonnance.

En tel estat et compaignie fut mené ledict chevalier devant les dames; et fut présenté par Toison d'or, roy d'armes, à très-excellente, très-haute et très-puissante princesse madame la duchesse de Bourgongne, et aux autres princesses, dames et damoyselles; et puis il fut amené ès lices; et lors le cigne qui l'avoit amené, avec les sagittaires, fut mis sur un hourd qui leur estoit préparé.

Gérard de Roussillon fut le premier qui se présenta à l'encontre du chevalier; auquel le chevalier donna un si grand coup de la première course, qu'il luy perça et fendit son escu tout outre, dont ledict Gérard eut grand détourbier. Après vint messire Jehan de Monfort, moult gentement houssé de soye et de brodure. Assez tost après vint monsieur le comte de Sainct-Pol, houssé de drap d'or, dont la moitié estoit gris, et l'autre cramoisy. Après vint monsieur de Fiennes, couvert de velours noir à larmes noires, monstrées d'un peu de blanc. Tantost après monsieur de Charolois et monsieur le bastard (qui s'en alèrent armer, quand ils eurent convoyé mondict seigneur Adolf) vindrent sur les rangs, houssés de velours violet bordé de franges d'or et de soye, et leurs escus de mesmes, estans chargées lesdictes housses de campanes d'argent; et estoyent bien acompaignés de grands seigneurs, et entre autres monsieur d'Estampes servoit de lance monsieur de Charolois. Les dessus nommés joustèrent, et plusieurs autres chevaliers bien en poinct, comme monsieur de Gruthuse, couvert de velours cramoisy; monsieur de Mourcourt, de velours cramoisy, fourré de martres; messire Chrestien de Digoine, enharnaché de drap, chargé de campanes dorées; messire Evrard de Digoine, couvert d'orfèvrerie; messire Jehan de Guistelle, couvert de menu vair; messire Philippe de Lalain, couvert de velours noir, à larmes d'or, avecques plusieurs autres jousteurs, très-bien en poinct. Mais de leurs coups ne sçay je point l'estime. Toutesfois je sçay de vray que le Chevalier au Cigne et Louis Du Chevalaut s'entre-rencontrèrent si rudement, que tous deux s'entre-portèrent par terre, les chevaux sur leurs corps tel atournés, qu'il fut force à l'un et à l'autre d'abandonner la jouste pour ce jour. Du demourant je me tay. Chacun fit son mieux de la jouste, qui faillit par traict de temps, et quand elle fut faillie, chacun se retraît.

Puis à heure convenable se trouvèrent en une sale, en laquelle mondict seigneur avoit fait préparer un très-riche banquet; et là vint mondict seigneur, acompagné de princes et chevaliers, dames et damoiselles; et trouvans ledict banquet à servir, ils se prirent à regarder les entremets, qui édifiés y estoyent. La sale où se faisoit ce banquet estoit grande, et bien tendue d'une tapicerie en quoy estoit faicte la vie d'Hercules. Pour entrer en ceste dicte sale il y avoit cinq portes gardées d'archers vestus de robes de drap gris et noir, et dedans la sale avoit plusieurs chevaliers et escuyers conduisans ledict banquet, desquels les chevaliers estoyent vestus de drap de damas, et les escuyers de satin desdictes couleurs de noir et gris. En celle sale avoit trois tables couvertes, l'une moyenne, l'autre grande, et l'autre petite; et sur la moyenne avoit une église croisée, verrée, et faicte de gente façon, où il y avoit une cloche sonnante, et quatre chantres. Il y avoit un autre entremets d'un petit enfant tout nu sur une roche, qui pissoit eaue rose continuellement. Un autre entremets y avoit, d'une caraque ancrée, garnie de toute marchandise, et de personnages de mariniers; et ne me semble point qu'en la plus grande caraque du monde ait plus d'ouvrages, ne de manières de cordes et voiles, qu'il y en avoit en ceste. Un autre entremets y avoit d'une moult belle fontaine, dont une partie estoit de verre, et l'autre de plomb de très-nouvel ouvrage, car il y avoit petis arbriceaux de verre, feuilles et fleurs, si nouvellement faictes qu'à merveilles; et l'espace de l'artifice estoit ainsi comme un petit préel clos de roches de saphistrins et d'autres estranges pierres, et au milieu d'iceluy avoit un petit sainct Andrieux tout droit, ayant sa croix devant luy; et par l'un des bouts de la croix sourdoit la fontaine, un grand pié de hauteur, et rechéoit dedans le préel par si subtile manière, que l'on ne sçavoit que l'eau devenoit.

La seconde table (qui estoit la plus longue) avoit premièrement un pasté, dedans lequel avoit vingt-huit personnages vifs, jouans de divers instrumens, chacun quand leur tour venoit. Le second entremets de celle table estoit un chasteau à la façon de Lusignan ; et sur ce chasteau, au plus haut de la maistresse tour, estoit Melusin, en forme de serpente, et par deux des moindres tours de ce chasteau sailloit quand on vouloit eaue d'orange, qui tomboit ès fossés. Le tiers estoit un moulin à vent, haut sur une mote, et sur le plus haut volant avoit une perche, au bout de laquelle estoit une pie, et gens à l'entour de tous estats, ayans arcs et arbalestes, et tiroyent à la pie, à démonstrer que toutes gens tirer à la pie est mestier commun. Le quart fut un tonneau mis en un vignoble, où il y avoit deux manières de breuvages, dont l'un estoit bon et doux, et l'autre amer et mauvais ; et sur ledict tonneau avoit le personnage d'un homme richement vestu, qui tenoit en sa main un brief où il estoit escrit : « Qui en veut, si en prenne. » Le cinquième estoit un désert, ainsi que terre inhabitée, auquel avoit un tygre merveilleusement vivement faict, lequel tygre se combatoit à l'encontre d'un grand serpent. Le sixième estoit un homme sauvage monté sur un chameau, qui faisoit semblant et manière d'aler par païs. Le septième estoit le personnage d'un homme qui d'une perche batoit un buisson plein de petis oyseaux ; et près d'eux, en un verger clos de treilles de rosiers, faict trèsgentement, avoit un chevalier et une dame assis à table, lesquels mangeoyent les oisillons dont l'un batoit le buisson ; et monstroit ladicte dame, au doigt, qu'il se travailloit en vain, et follement perdoit son temps. Le huictième estoit un fol monté dessus un ours, et estoit entre plusieurs estranges montaignes de diverses roches, chargées de grésil et de glaces pendans de bonne façon. Le neufième estoit un lac environné de plusieurs viles et chasteaux, auquel lac avoit une nef à voile levée, tousjours vagant par l'eaue du lac à par soy ; et estoit ceste nef gentement façonnée, et bien garnie de choses appartenantes à navire.

La tierce table (qui estoit la moindre des deux autres) avoit une forest merveilleuse, ainsi comme si fust une forest de l'Inde ; et dedans celle forest estoyent plusieurs bestes estranges et d'estranges façon, qui se mouvoyent d'elles-mesmes, ainsi que si elles fussent vives. Le second entremets de celle table estoit un lyon mouvant, attaché à un arbre au milieu d'un préau ; et là avoit le personnage d'un homme qui batoit le chien devant le lyon. Le tiers et dernier entremets estoit un marchand passant par un vilage, portant à son col une hotte de toutes manières de merceries pleine.

Or, pour deviser la manière du service et des viandes, ce seroit merveilleuse chose à raconter : et aussi j'avoye tant autre part à regarder, que deviser au vray n'en sçauroye ; mais de tant me souvient que chacun plat fut fourni de quarante huict manières de mets, et estoyent les plats de rost chariots estofés d'or et d'azur. En celle salle, au plus près de la table, avoit un haut buffet chargé de vaisselle d'or et d'argent, et de pots de cristal garnis d'or et de pierreries ; et n'aprochoit nul ce buffet plus avant des gardes de bois qui estoyent là faictes, si non ceux qui servoyent de vin.

Ainsi comme au milieu de la longueur de la sale, assez près de la paroy, à l'opposite de la longue table, avoit un haut pillier, sur quoy avait une image de femme nue qui les cheveux avoit si longs, qu'ils la couvroyent par derrière jusques aux reins, et sur son chef avoit un chapeau très-riche ; et estoit envelopée ainsi que pour musser où il appartenoit, d'une serviette à manière de volet bien délié, escripte en plusieurs lieux de lettres grégeoises ; et gettoit cest image, par la mamelle droite, ypocras, autant que le souper dura ; et auprès d'elle avoit un autre pilier large, en manière d'un hourd, sur quoy estoit attaché, à une chaisne de fer, un lyon vif, en signe d'estre garde et défense de cest image ; et contre son pilier estoit escrit en lettres d'or, en une targe : « Ne touchez à ma dame. »

Mondict seigneur donques, madame la duchesse, et toute leur noble compaignie, mirent assez longuement à visiter ces entremets. Toute la sale estoit pleine de nobles gens, et peu en y avoit d'autres. Là estoyent cinq hourds bien ordonnés pour ceux qui ne voudroyent point seoir à table, qui tantost furent pleins d'hommes et de femmes, dont la plus-part estoyent déguisées ; et tant et sçay, qu'il y avoit des chevaliers et des dames de grand'maisons, et qui là estoyent venus de loing, les uns par mer et les autres par terre, pour veoir la feste, dont il estoit grande renommée. Pour le faire brief, après que chacun eut assez regardé les entremets, les maistres-d'hostel, qui la besongne conduisoyent, vindrent faire l'ordonnance de l'assiette.

Au milieu de la moyenne table s'assit mondict seigneur le duc, et à sa dextre s'assit Madamoiselle, fille de monsieur le duc de Bourbon ; après elle monsieur de Clèves, madame de Ravestain, nièce de madame la duchesse et femme de monsieur Adolf ; et madame la duchesse fut assise à la senestre du duc, avec madame de Charny, mademoiselle d'Estampes, monsieur de Sainct-Pol, madame de Beures, femme de monsieur le bastard de Bourgongne ; monsieur de Pons, et madame la chancellière. A la grande et seconde table fut assis monsieur de Charolois, monsieur d'Estampes, monsieur Adolf, monsieur de Fiennes, monsieur le bastard de Bourgongne et monsieur de Hornes, meslés avec grand nombre de dames et de damoiselles, et aussi tant d'autres chevaliers, que les tables estoyent pleines d'un costé et d'autre ; et pareillement à la troisième table furent assis escuyers et damoiselles ensemble, en telle façon que les tables furent fournies.

Quand chacun fut assis, ainsi que dict est, en l'église (qui fut le premier entremets), sur la principale table, sonna une cloche très-haut ; et, après la cloche cessée, trois petis enfans et une teneur chantèrent une très-douce chanson ; et lors qu'ils l'eurent acomplie, au pasté (qui estoit le premier entremets de la longue table, comme dessus) un berger joua d'une musette moult nouvellement. Après ce, ne demoura guères que, par la porte de l'entrée de la sale, entra un cheval à reculons, richement couvert de soye vermeille, sur lequel avoit deux trompettes assis dos contre dos et sans selle, vestus de journades de soye grise et noire, chapeaux en leurs testes, et faux visages mis ; et les mena et rammena ledict cheval tout au long de la sale, à reculons ; et tandis ils jouèrent une bateure de leurs trompettes ; et y avoit, à conduire cest entremets, seize chevaliers vestus de robes de la livrée. Cest entremets acompli, en l'église fut joué des orgues ; et au pasté fut joué d'un cornet d'Alemaigne moult estrangement ; et lors entra en la sale un luytin, ou un monstre très-défiguré, qui du faux du corps en bas avoit jambes et piés de grifon velus, et grans ongles ; et, depuis le faux en amont, avoit forme d'homme, et avoit vestu une jaquette juste, de soye blanche, rayée de verd, et chaperon tenant en sus. Il avoit estrange barbe et visage ; il portoit en ses mains deux dards et une targe ; il avoit sur sa teste un homme, les piés dessus, qui se soustenoit par ses deux mains sur les espaules du monstre ; et ledict monstre estoit monté sur un sanglier couvert richement de soye verde ; et quand il eut faict son tour parmy la sale, il s'en retourna par où il estoit venu. Quand le luytin s'en fut retourné, ceux de l'église chantèrent, et au pasté fut joué d'une douçine avec un autre instrument ; et tantost après sonnèrent moult haut quatre clairons, et firent une joyeuse bateure. Ces clairons estoyent derrière une courtine verde, tendue sur un grand hourd faict au bout de la sale.

Quand leur bateure finit, soudainement fut tirée la courtine ; et là fut veu, sur ledict hourd, un personnage de Jason armé de toutes armes, qui se promenoit en celle place, regardant au tour de luy, comme s'il fust venu en terre estrange. Puis s'agenouilla, et regarda vers le ciel, et lisit un brief que Médée luy avoit baillé, quand il se partit d'elle pour la Toison d'or conquerre ; et, à son relever, il veit venir contre luy grands et horribles beufs, qui luy vindrent courir sus : et tantost ledict Jason coucha sa lance, et s'apoincta pour combatre ces bestes qui l'assailloyent de merveilleuse force, et si vivement que c'estoit effrayante chose à regarder : car ils gettoyent feu et flambe par les narines et par la gorge : et ledict Jason se deffendoit et combatoit par si belle façon, que tous disoyent qu'il avoit une contenance d'homme de bien. La bataille dura longuement, et tant que ledict Jason getta sa lance contre les beufs, et mit la main à l'espée ; et, en soy combatant, luy souvint que Médée luy avoit donné une fiole, pleine d'aucune liqueur ayant telle vertu, qu'au moyen de ladicte liqueur il pouvoit lesdicts beufs matter et subjuguer, et esteindre leur ardant feu, qui luy nuisoit fort. Si prit la fiole : et getta la liqueur contre les museaux desdicts beufs : et prestement ils se rendirent domptés, veincus et mats : et à tant fut la courtine retirée, et cessa ce mistère pour celle fois. Après ce mistère fut joué des orgues en l'église, par le long et espace d'un motet : et tantost après fut chanté au pasté, par trois douces voix, une chanson tout du long, laquelle se nomme la « Sauvegarde de ma vie. »

Puis par la porte dont les autres mets estoyent venus, après ce que l'église et le pasté eurent chacun joué quatre fois, entra dedans la sale un cerf merveilleusement grand et beau, lequel estoit tout blanc, et portoit grandes cornes d'or, et estoit couvert d'une riche couverte verte de soye vermeille, selon mon advis. Dessus ce cerf estoit monté un jeune fils de l'âge de douze ans, habillé d'une robe courte de velours cramoisy, portant sur sa teste un petit chaperon noir découpé, et estoit chaussé de gents souliés. Ce dict enfant tenoit, à deux mains, les deux cornes dudict cerf. Quand donques il entra dedans la sale, lors il commença le dessus d'une chanson moult haut et clair : et ledict cerf chanta la teneur, sans y avoir autre personne sinon l'enfant, et l'artifice dudict cerf ; et nommoit on ladicte chanson qu'ils chantoyent, « Je ne vey onques la pa- « reille, etc. » En chantant, comme je vous raconte, ils feirent le tour par-devant les tables, et puis s'en retournèrent ; et me sembla bon cest entremets, et voulontiers veu. Après ce bel entremets du blanc cerf et de l'enfant, les chantres chantèrent un motet dedans l'église ; et au pasté fut joué d'un luth, avecques deux bonnes voix ; et faisoyent ainsi tousjours l'église et le pasté quelque chose entre les entremets.

Après ce, quand ceux dudict pasté eurent fait leur devoir, sur le hourd auquel l'on monstroit l'histoire de Jason, sonnèrent une bateure les quatre clairons qui paravant avoyent joué : et, après celle bateure achevée, l'on tira la courtine dont devant est faicte mention ; et atant fut veu Jason qui se promenoit, très richement embattonné, comme à l'autre fois. Si luy avint, à cest heure, que tout soudainement luy vint courir sus un très hideux et épouvantable serpent. Ce cerpent doncques avoit la gorge et la gueule ouverte, les yeux gros et rouges, et les narines enflées : et estoit composée et édifiée en telle façon, que par sadicte gueule, et par la plus grande part de ses conduits, il gettoit venin très puant, et feu et fumées merveillables. Quand Jason regarda ce serpent, et le veit venir et tirer vers sa personne, il se mit en deffense moult bien, et très ordonnément : et là se commencèrent à combatre ledict Jason et le serpent : et en ce feirent si bon devoir, que ce ne sembloit pas mistère ; ainçois sembloit trop mieux une très aigre et mortelle bataille. Et, pour l'assouvissement de leur personnage, Jason luy getta sa lance, puis le combatit de son espée, et tint manière de soy remembrer d'un anneau que Médée luy donna, servant à ceste bataille. Si le monstra au serpent, et prestement il fut vincu : et lors Jason le férit tant de son espée, qu'il luy coupa la teste devant tous, puis luy arracha les dents, et les meit en une gibecière qu'il portoit ; et atant fut la courtine retirée, atant joué des orgues en l'église, et au pasté jouèrent de flustes quatre ménétriers.

Puis par le haut de la salle partit, d'un bout, un dragon ardant qui vola la plus part de la longueur de la sale, et passa outre, tellement que l'on ne sceut qu'il devint ; et lors chantèrent ceux de l'église, et au pasté jouèrent de vielles les aveugles. Après, à un des bouts de la sale en haut, partit tout en l'air un héron qui fut escrié de plusieurs voix, en guise de fauconniers : et tantost partit, d'un autre bout de la sale, un faucon qui vint toupier et prendre son vent ; et d'un autre costé partit un autre faucon qui vint de si grande roideur, et férit le héron si rudement, qu'il l'abatit au milieu de la sale ; et, après la criée faicte, ledict héron fut présenté à mondict seigneur ; et alors fut encore une fois chanté en l'église, et au pasté jouèrent trois tabourins ensemble.

Après ce, sonnèrent les quatre clairons sur le hourd ; et, leur bateure achevée, fut tirée la courtine ; et là fut veu Jason, armé et embattonné, qui les beufs avoit attaché à une charrue qu'il tenoit et gouvernoit à guise de laboureur, et faisoit les beufs aler et tirer. Quand il eut labouré la terre, il abandonna les beufs, et prit les dents qu'il avoit arrachées au serpent, et les sema parmy la terre qu'il avoit labourée; et, selon ce que ledict Jason aloit avant en employant la semence desdictes dents, sourdoyent et naissoyent gens armés et embattonnés; et regardèrent l'un l'autre, et s'entrecoururent sus si fièrement, qu'ils se firent le sang couler; et à la fin s'entretuèrent en la présence de Jason (qui les regarda, quand il eut semé les dents); et, prestement qu'ils se furent tous abatus et occis devant luy, la courtine fut retirée.

Le mistère acomply, l'on joua des orgues en l'église; et au pasté fut faicte une chace telle, qu'il sembloit qu'il y eust petits chiens glatissans, et braconniers huans, et sons de trompettes, comme s'ils fussent en une forest; et par celle chace finit, l'entremets dudict pasté. Tels furent les entremets mondains de celle feste; et laisseray atant à en parler, pour conter d'un entremets pitoyable qui me semble le plus espécial des autres, et fut tel.

Par la porte où tous les autres entremets estoyent passés et entrés, vint un géant plus grand, sans nul artifice, que je visse onques, d'un grand pié, vestu d'une robe longue de soye verde, rayée en plusieurs lieux; et sur sa teste avoit une tresque, à la guise des Sarrasins de Grenade; et en sa main senestre tenoit une grosse grande guisarme, à la vieille façon; et à la dextre menoit un éléphant couvert de soye, sur lequel avoit un chasteau, où se tenoit une dame, en manière de religieuse, vestue d'une robe de satin blanc; et par dessus avoit un manteau de drap noir, et la teste avoit affulée d'un blanc couvrechef, à la guise de Bourgongne, ou de recluse; et si tost qu'elle entra en la sale, et elle veit la noble compaignie qui y estoit, lors, comme nécessairement embesongnée, elle dit au géant qui la menoit:

> Géant, je veuil cy arrester:
> Car je voy noble compaignie
> A laquelle me faut parler.
> Géant, je veuil cy arrester;
> Dire leur veuil et remonstrer
> Chose qui doit bien estre ouye.
> Géant, je veuil cy arrester;
> Car je voy noble compaignie.

Quant le géant ouyt la dame parler, il la regarda moult effrayément; et toutes voyes il n'arresta, jusques il vint devant la table de Monsieur; et là s'assemblèrent plusieurs gens, eux émerveillans que celle dame pouvoit estre. Parquoy, si tost que son éléphant fut arresté, elle commença une complainte telle que cy-après est escrite.

> Hélas! hélas! moy douloureuse,
> Triste, déplaisante, ennuyeuse,
> Désolée, las, peu-heureuse,
>   La plus qui soit!
> Chacun me regarde et me voyt;
> Mais ame ne me recongnoit,
> Et me laisse on sur cest endroit
>   En tell' langueur,
> Qu'ame vivant n'eut onques tell' douleur.
> J'ay cueur pressé d'amertume et rigueur,
> Mes yeux fondus, flestrie ma couleur,
>   Qui bien y vise.
> Oyez mes plaints, vous tous où je ravise.
> Secourez-moy, sans le mettre en feintise;
> Plourez mes maux; car je suis Saincte-Église,
>   La vostre mère,
> Mise à ruine et à douleur amère,
> Foulée au pié par aspre vitupère;
> Et mes griefs maux porte, souffre et compère,
>   Par vos desserctes.
> Petitement vous souvient de mes pertes,
> Lesquelles sont si clères et apertes;
> Mes manoirs ars, et mes places désertes,
>   Et mes enfans
> Mors et noyés, et pourris par les champs,
> Où sont chartiers foiblement Dieu croyans.
> Mon dommaine est ès mains des mécroyans.
>   J'en suis chacée
> Honteusement, comme pauvre égarée;
> Mussant, fuyant, par dure destinée;
> Si lassée, si esteincte et grevée,
>   Qu'à peine say
> Dire les maux où je suis, et que j'ay.
> Plus me complains, et moins de secours j'ay.
> Ma pauvreté toutesfois maintiendray,
>   Pour essayer
> Lesquels premier se voudront employer
> A secourir Saincte-Église, et aider:
> Qui ne requiers le travail sans mestier.
>   Ainsi je cours
> De lieu en lieu, et puis de tours en tours,
> Criant premier l'Empereur au secours:
> Et puis après je gette cris et plours
>   A toute outrance,
> Pour estre ouye, et avoir allégeance
> Devant le très-chrestien roy de France
> Victorieux, où j'ay bien ma fiance,
>   Et doys avoir,
> Puis chemine, sans guères remanoir,
> Aux autres roys, pour leur faire sçavoir
> Le grand meschef où me faut remanoir:
>   Et puis réviens
> Aux ducs, comtes, et puissans terriens,
> Princes, marquis, aux grands et aux moyens,
> Généralement, à tous bons chrestiens.

Pour remembrance
Du Créateur (qui est nostre espérance),
Que tout chacun s'appareille et avance
Pour le secours, qui est ma désirance.
 Or suis joyeuse
Que puis faire ma complainte piteuse
Devant toy, duc, dont je suis désireuse.
Mets en mes mots entente savoureuse:
 Et je t'en prie.
Aussi fay-je à ceste compaignie.
Pour moy aider l'un à l'autre s'allie;
Car Dieu le veut, et nuls bien faicts noublie.

Ainsi me va, par le divin vouloir,
Qu'à ce banquet je me suis embatue,
Venant de loing par effrayé pouvoir,
Cherchant les lieux où cueurs sont à mouvoir
A secourr' moy doulente et éperdue.
Loué soit Dieu que je suis cy venue;
Car avis m'est que j'ay fait le voyage
Pour racheter mon ennuyeux dommage.

O toy, ô toy, noble duc de Bourgongne,
Fils de l'Eglise, et frère à ses enfans,
Entens à moy, et pense à ma besongne.
Peins en ton cueur la honte et la vergongne,
Les griefs remords, qu'en moi je porte et sens.
Infidelles, par milliers et par cens,
Sont triomphans en leur terre damnée,
Là où jadis souloye estre honnorée.

Et vous, princes puissans et honnorés,
Plorez mes maux, larmoyez ma douleur.
Ma joye n'est, s'emprendre ne voulez,
En moy vengeant (ce que faire devez),
En servant Dieu, et aquérant honneur.
Par mes enfans je suis en ce mesheur;
Par eux seray (si Dieu plaist) secourue,
Si requiers Dieu, de conseil estre acreue.

Vous, chevaliers qui portez la Toison,
N'oubliez pas le très-divin service;
Et vous aussi, nés de bonne maison,
Gentilshommes, voicy belle ochoison
Pour acquérir de los le bénéfice.
Mon secours est pour jeunes gens propice.
Les noms croistront, et l'ame enrichira
Du service que chacun me fera.

Dont en amour de Dieu premièrement,
Et en faveur de nom et de noblesse,
Je te requiers acertes fermement,
Mon aimé fils, pour mon recouvrement,
Et vous, seigneurs, pour toute gentilesse.
Par tout m'en vais; car à l'œuvre me presse
Mon faict piteux. Hélas! qu'on ne l'oublie.
Sous tel espoir, Dieu vous doint bonne vie!

La lamentation de nostre mère saincte Eglise faicte, en la salle entrèrent grand nombre d'officiers-d'armes, desquels le dernier estoit Toison d'or, roy d'armes. Ce Toison d'or portoit en ses mains un faisan vif, et aorné d'un très riche collier d'or, très richement garni de pierreries et de perles; et après ledict Toison d'or vindrent deux damoiselles, c'est-à-sçavoir madamoiselle Yoland, fille bastarde de mondict seigneur le duc, et Ysabeau de Neufchastel, fille de monsieur de Montagu, adextrées de deux chevaliers de l'ordre de la Toison d'or; c'est-à-sçavoir monsieur de Créqui et messire Symon de Lalain. En telle ordonnance vindrent lesdicts officiers d'armes et ledict Toison d'or, avecques le faisan, jusques devant monsieur le duc, auquel ils firent la révérence; puis luy dit ledict Toison d'or, en ceste façon:

« Très haut et très puissant prince, et mon
» très redouté seigneur, voicy les dames qui
» très humblement se recommandent à vous;
» et pour ce que c'est la coustume, et a esté
» anciennement, qu'aux grandes festes et no-
» bles assemblées on présente aux princes,
» aux seigneurs et aux nobles hommes le paon,
» ou quelque autre oiseau noble, pour faire
» vœux utiles et valables, elles m'ont icy en-
» voyé avec ces deux damoiselles, pour vous
» présenter ce noble faisan, vous priant que
» les veuillez avoir en souvenance. » Ces parolles dictes, mondict seigneur le duc (qui savoir à quelle intention il avoit fait ce banquet) regarda l'Eglise; et, ainsi comme ayant pitié d'elle, tira de son sein un brief contenant qu'il vouoit qu'il secourroit la chrestienneté, comme il sera dict cy-après; dont l'Eglise fit manière de soy réjouir, et voyant que mondict seigneur avoit baillé à Toison d'or son vœu, et que ledict Toison d'or le lisit, elle s'escria tout haut, et dit:

Dieu soit loué, et servi hautement
De toy, mon fils, doyen des pers de France!
Ton très-haut vœu m'est tel enrichiment,
Qu'il me semble que je suis clèrement
De tous mes maux à pleine délivrance.
Par tout m'en vais requérir aliance,
Et prie à Dieu qu'il te donne la grâce
Que ton désir à son plaisir se face.

O vous princes, chevaliers, nobles hommes,
Voyez patron pour hauts faicts entreprendre.
Rompez vostre aise, acourcissez vos sommes,
Levez vos mains, tandis que nous y sommes.
Offrez à Dieu ce que luy devez rendre.
Je prens congé; car cy ne puis descendre,
Mais vais tirant la terre chrestienne,
Pour Dieu servir et abréger ma peine.

A ce mot, le géant reprit son éléphant, et le remmena par-devant les tables, en la manière qu'il estoit venu. Quand j'eus veu cest entremets (c'est-à-sçavoir l'église) et un chasteau sur une si diverse beste, j'arguay en moy si je pourroye comprendre que ce vouloit dire : et ne peus autrement entendre, fors que celle beste (qui nous est estrange et diverse pardeçà) elle avoit emmenée, en signe qu'elle travaille et laboure sur grandes et diverses adversités, en la partie de Constantinoble (lesquelles adversités nous congnoissons); et le chasteau en quoy elle estoit signifioit Foy. En outre, par ce que ceste dame estoit conduite et menée par ce grand géant, ayant la main armée, j'entens qu'elle donnoit à congnoistre qu'elle doutoit les armes des Turqs, qui l'avoyent chacée, et qui queroyent sa destruction.

Quand donques elle se fut partie d'ilec, les nobles hommes, à tous costés, par pitié et compassion, encommencèrent à faire vœus, et ensuyvir mondict seigneur le duc, chacun selon sa faculté ; et mirent ces vœus par escript, ainsi comme il sera dict cy-après. Mais pour ce que tant de vœus se firent, ou s'appareillèrent de faire, que la chose eust esté trop longue, mondict seigneur fit crier par Toison d'or que la chose cessast atant, et que tous ceux qui voudroyent vouer baillassent le lendemain leurs vœus audict Toison d'or ; et il les tenoit valables, comme s'ils eussent esté faicts en sa présence.

Pour abréger mon escripture, tantost après le cry dudict Toison d'or le banquet fut assouvi, les nappes furent levées, et chacun fut en pié par la sale ; et quant à moy, ce me sembla lors un songe : car de tous les entremets des tables il n'y demoura sinon la fontaine de verre. Quand je ne veys rien plus de nouveau à quoy passer le temps, lors commença mon entendement à mettre devant mes yeux plusieurs choses touchant ceste matière. Premièrement je pensay en moy-mesme les outrageux excès et la grande despense qui pour la cause de ces banquets ont esté faicts puis peu de temps : car celle manière de chapelets avoit là très-longuement duré, dont chacun s'efforçoit à son ordre, et mettoit peine de recevoir la compaignie plus hautement ; et principalement mondict seigneur avoit fait si grand appareil, coust et assemblée, que je nommoye ceste chose outrageuse et déraisonnable despense, sans y trouver entendement de vertu, sinon touchant l'entremets de l'Église, et des vœus ensuyvans de ce ; et encores me sembloit si haute entreprise trop soudainement commencée.

En celle pensée et imagination demouray longuement, et tant que je me trouvay d'aventure auprès d'un seigneur conseiller et chambellan, et bien privé de mondict seigneur le duc, auquel j'avoye assez d'acointance. Lors je me pris à deviser avecques luy, et luy racontay la fantaisie en quoy j'estoye ; et quand je luy eus tout dict, il me fit ceste response :

« Mon amy, saches (et je le t'afferme en foy
» de chevalier) que ces chapelets, banquets et
» festoyemens, qui se sont menés et maintenus de longue main, n'ont esté sinon par la
» ferme entreprise et secrette désirance de
» monsieur le duc, pour parvenir à faire son
» banquet par la manière qu'on a cy-veue,
» désirant grandement et de tout son cueur
» conduire à effect un ancien sainct propos
» qu'il a eu de servir Dieu nostre Créateur :
» lequel propos a esté et peut estre congnu
» par le vœu dont maintenant il a fait publication : c'est-à-sçavoir pour le bien de la
» chrestienté, et pour résister aux entreprises
» des ennemis de nostre foy ; et dès pieçà a
» bien monstré le grand désir qu'il en avoit,
» comme d'y envoyer, et soudoyer navires et
» gens-d'armes très-longuement. Mesmement
» il y a trois ans, ou environ, qu'en la vile
» de Mons en Hainaut, mondict seigneur tint
» la feste de l'ordre de la Toison d'or. Et là
» furent assemblés grand nombre de chevalerie, portans iceluy ordre. Et, à la messe du
» jour, monsieur l'évesque de Chalon, chancelier d'icelle, proposa, en sermon général,
» la grande désolation et ruine en quoy l'Église
» militante estoit, en requérant les chevaliers
» dudict ordre, et autres, pour le confort
» d'icelle nostre mère désolée. Et sur ceste
» matière par iceux chevaliers furent prises
» de moult belles conclusions pour le service
» de Dieu augmenter et la foy maintenir : desquelles choses mondict seigneur fut toujours
» principal émouveur, et le premier délibéré
» d'y employer corps et chevance. Depuis lors
» (comme il est certain) luy est survenu la ré-

» bellion de Gand : à laquelle subjuguer a
» despendu du temps et de l'avoir; et, la grâce
» Dieu, il en est venu à si bonne et honnorable
» conclusion que chacun sçait. Or est ainsi que
» pendant ce temps le Turq a fait de grandes
» choses sur la chrestienté : comme d'avoir
» gaigné Constantinoble (qui jamais n'avoit eu
» villenie si grande des mécréans), l'empereur
» mort et l'empire destruict. Ces choses ont
» tousjours entamé le cueur et le désir de
» mondict seigneur au servive de Nostre-Sei-
» gneur Jésus-Christ; car au besoing est deu
» le secours. Dont, pour conclusion, saches
» qu'il mesme a ceste besongne conduite et
» démenée de longue main, pour avoir temps
» de pouvoir vouer et monstrer le bon vouloir
» et le désir qu'il a au bien public et général
» profit de la chrestienté. »

Ainsi que ce chevalier et moy parlions et devisions de la cause et principale occasion pourquoy, à son entendement, celle feste et grande assemblée fut faicte, en la salle entrèrent, par la grande porte, grand'foison de torches, après lesquelles venoyent plusieurs joueurs de divers instrumens, comme tabourins, luts et harpes. Et après eux vint une dame vestue d'une robe de satin blanc moult simplement faicte, à guise de religieuse; et par-dessus elle estoit affulée et habillée d'un large manteau de damas blanc, et avoit le chef atourné moult simplement d'un blanc couvre-chef, mis tout ainsi qu'à une chose saincte et dévote appartenoit; et sur son espaule senestre portoit un rollet, où estoit escript en lettre d'or : GRACE-DIEU, signifiant et monstrant le nom d'elle. Après vindrent douze chevaliers, chacun menant une dame par la main; et estoyent habillés de pourpoints cramoisys, et de palletots à manches, la moitié gris et l'autre noir, de satin brodé de feuillage, et chargé d'orfèvrerie; et avoyent chapeaux de velours noir, orfèvrerisés comme lesdicts palletots. Et lesdictes douze dames furent vestues de cottes simples de satin cramoisy, bordées de létices; et par-dessus avoyent en manière d'une chemise de si fine toile, qu'on voyoit la cotte parmy; et avoyent un atour tout rond, à la façon de Portugal, dont les bourelets estoyent à manière de rauces; et passoyent par derrière, ainsi que pattes de chaperons pour hommes, de déliés volets, chargés d'orfèvrerie d'or branlant; et furent leurs visages couverts du volet. Et pour déclarer des dames, dont j'ay parlé par-avant, que Grâce-Dieu menoit, il fait à sçavoir que tantost que ladicte Grâce se trouva devant mondict seigneur, elle parla, et dit :

Grâce-Dieu suis, la divine aumonnière,
Qui des bien-faicts de paradis pourvoye.
Ferme seurté, et espérance entière.
Miséricorde est dessous ma bannière;
Dieu ne permet nuls dons que je n'y soye.
Par son plaisir à toy droit cy m'envoye,
Pour toy bailler ce brief, et, au surplus,
Te présenter ces dames de vertus.

« Pour ce que mon benoist Créateur a ouy
» le vœu que toy Philippe, duc de Bourgon-
» gne, as naguères fait en la présence de ceste
» noble compaignie, et mesme plusieurs au-
» tres nobles hommes cy-présens, tous ensuy-
» vans; lequel ton vœu, ensemble iceux pro-
» cédans de bonne voulonté, sont agréables à
» Dieu. A ceste cause, il m'envoye par toute
» chrestienté vers empereurs, roys, ducs,
» comtes, et autres bons chrestiens, leur pré-
» senter de par luy douze dames (que j'ay ici),
» chascune portant le nom de vertu: lesquelles,
» si croire voulez, vous viendrez à bonne et
» victorieuse conclusion de vostre emprise, et
» aquerrez bonne renommée par tout le mon-
» de, et en fin paradis. »

Le brief leu et ouy, ladicte dame Grâce-Dieu reprit sa raison, et dit à Monsieur :

Les dames cy bailleront par escript.
Leurs parfaicts noms, lesquels je vous liray.
Qui bien les voyt moult plaist à Jésus-Christ;
Auquel je prie, et au Sainct-Esperit,
Qu'en vous soyent; si m'en réjouiray.
Voicy la Foy, que vous présenteray
Premièrement. Or, je vous prie, oyez
De tous leurs briefs ce que lire m'orrez.

En ce language proposant, comme vous avez ouy, ladicte dame Grâce-Dieu présenta une de ses douze dames, et la première, qui avoit à nom Foy. Ceste dame portoit un brief en sa main. Tantost donques que Grâce-Dieu l'eut présentée, et mise avant, elle (c'est à entendre Foy) bailla son brief à Grâce-Dieu, la guide, maistresse et conduiseresse de ces douze dames : lesquelles toutes, l'une après l'autre, pareillement que Foy, furent présentées en ordre, et baillèrent leurs briefs, lesquels furent receus et leus de ladicte Grâce-Dieu. Et ces briefs signifioyent et démonstroyent ouvertement leurs noms, leurs vertus, leurs puissances, et très-pleines et très-hautes authorités et prérogations. Et, pour entretenir propos, le brief de Foy contenoit les mistères qui s'ensuyvent, sans adjonction ne diminution :

Couplet de Foy.

Je suis la Foy, et divine espérance,
Que chacun doit congnoistre sans erreur;
Qui viens à vous, duc de noble naissance,
Et à tous ceux qui sont cy en présence,
Pour mercier l'emprise de valeur,
Touchant aux vœus de mérite d'honneur,
Et au secours que vous me présentez,
Qui moult voudra, si vous ne m'oubliez.

Couplet de Charité.

Charité, mère des bien-faicts
Suis au palais de Dieu nommée;
Qui par vos hauts vouloirs parfaicts,
Signes d'amours non contrefaicts,
J'espère la Foy confortée.
Si suis en ce lieu arrivée,
Afin que la guide je soye
Qui vos œuvres vers Dieu convoye.

Couplet de Justice.

Justice ay nom, la droicturière,
Le refuge des moins puissans.
Quoy que l'on me nomme aspre et fière,
Si rens-je par bonne manière
Les humains corps obéissans.
Or viens-je à vous d'heure et de temps,
Pour advertir que servirez
Foiblement Dieu, quand ne m'aurez.

Couplet de Raison.

Je suis raison, fille de Sapience,
Amie de Dieu, son affine et prochaine.
Guerre amortis; paix est ma nourrissance;
Amour soustiens, droict maintiens en puissance.
A vous servir je mettray toute peine.
Je viens donques en la vostre demaine;
Et Dieu le veut, pour ce qu'en son service
Sur toutes riens suis valable et propice.

Couplet de Prudence.

Pour vous parer, prince de haut affaire,
Prudence suis, que Dieu à vous envoye,
En espérant que ferez, pour luy plaire,
Et entendrez pour le plus nécessaire,.
A secourir l'Eglise qui larmoye.
Tant que m'aurez, et serez où je soye,
Adversité n'aura nulle puissance
De vous oster foy ne bonne espérance.

Couplet d'Attrempance.

Attrempance, qui les hauts faicts mesure,
Me nomment ceux qui congnoissent mon estre.
Il n'est nul heur qui sans moy guères dure.
Mon faict est seur, non pas à l'adventure.
De vous servir je me veuil entremettre,
Soudain vouloir ne peut estre mon maistre.
Si vous m'avez (je le dis seurement),
Rien ne ferez qu'à bon entendement.

Couplet de Force.

Force, ou bien Magnanimité,
M'appelle on, pour ce que je pense,
Par effort de bonne équité,
Pour tous en généralité,
A livrer vive résistance.
Je suis contre vices deffense,
Et puis moult en armes servir.
Pensez donc de moy retenir.

Couplet de Vérité.

A vous je viens en telle intention,
Que ne ferez rien contre mon vouloir.
Vérité suis, de tell' condition
Que je ne fays nulle part mansion,
S'honneur de bouch' ne m'y fait remanoir.
Tenez vos mots, si me voulez avoir.
Par vos vertus faites crier Montjoye,
Et je seray la vostre où que je soye.

Couplet de Largesse.

Grand faict sans moy nul ne peut achever,
Ost acquérir, n'acquérir bon renom.
Qui me reboute, il fait fort à blasmer.
Par moy peut on moult de gens assembler,
Et avoir bruit ; qui que le veut, ou non.
A vous je viens. Largesse m'appelle on.
Je serviray pour les povres aider,
Qui serviront quand viendra le mestier.

Couplet de Diligence.

Diligence, la noble poursuivande,
Suis nommée, pour ce que tant travaille,
Que maintes fois mes fortunes amande.
Dieu me transmet à vos yeux, et vous mande
Qu'à le servir sans sommeiller on veille,
Et que m'ayez afin que je réveille
Les lasches cueurs qu'on ne peut émouvoir
A travailler, pour tous les biens avoir.

Couplet d'Espérance.

Espérance, guidée de bon vouloir,
D'ardant désir à vous je me présente.
Le grand honneur, la richesse et l'avoir
De ce monde, conquesterez pour voir.
Nul n'osera devant vous faire attente,
Requérez Dieu, et mettez ferme entente
D'estre en brief temps prest pour le Turq combatre;
Et vous verrez son grand orgueil abatre.

Couplet de Vaillance.

Prince, enflambé de désir pitoyable,
Et vous nobles, où tout honneur s'avance,
Cueurs tous enflés de vouloir honnorable,
Aimans renom, quérans œuvre louable,
A vous j'acours en grande éjouissance.
Fille d'honneur suis, et m'appelle on Vaillance.
Je vous requiers qu'on ne me laisse point ;
Car, sans m'avoir, grand faict ne se faict point.

Après les présentations de ces douze vertus, faictes par Grâce-Dieu à mondict seigneur, et nécessaires à la perfection de son emprise, quand les noms et leurs briefs furent leus, veus et ouys en plaine salle et en commune audience, atant elle, comme ayant sa charge parfournie et son œuvre parachevé, d'illecques se voulut retraire. Si prit congé par la manière qui s'ensuyt, conseillant et saluant mondict seigneur ainsi :

Puis qu'ainsi est que je vous ay baillées
Ces filles-cy pour vostre parement,
Je vous requiers que soyent recueillies
Par tel moyen, que mieux apareillées
Soyent d'entendre à vostre sauvement.
A vous les laisse. A Dieu je vous command ;
A qui prie que brief vous voye faire
Chose de nom, et qui luy puisse plaire.

Atant s'en retourna Grâce-Dieu, et laissa les dames qu'elle avoit amenées. Et pour ce que leur mistère fut achevé, leur furent ostés les briefs qu'elles portoyent sur leurs espaules; et commencèrent à danser en guise de mommerie, et à faire bonne chère, pour la feste plus joyeusement parfournir. Et cy ensuyvent les noms des chevaliers et des dames de celle mommerie, et premièrement les noms des chevaliers, monsieur de Charolois, monsieur de Clèves, monsieur d'Estampes, monsieur Adolf de Clèves, monsieur Jehan de Coimbres, monsieur le bastard de Bourgongne, monsieur de Bouchain, messire Anthoine, bastard de Brabant, messire Philippe, bastard de Brabant, messire Philippe Pot, messire Philippe de Lalain, et messire Chrestien de Digoine ; et pour les dames, madamoiselle de Bourbon, madamoiselle d'Estampes, madame de Ravestain, madame d'Arcy, madame de Commines, madame de Santers, madame des Obeaux, madame Du Chasteler, Marguerite, bastarde de Bourgongne, Anthoinette, femme de Jehan Boudaut, et Ysabeau Constain. Tandis qu'on dansoit en telle manière, les roys-d'armes et héraux, avecques les nobles hommes qui furent ordonnés pour l'enqueste, alèrent aux dames et aux damoyselles, savoir à qui l'on devoit donner et présenter le prix, pour avoir le mieux jousté et rompu bois pour ce jour : et fut trouvé que monsieur de Charolois l'avoit gaigné et desservy.

Si prirent les officiers-d'armes deux damoyselles princesses (c'est-à-sçavoir madamoiselle de Bourbon et madamoiselle d'Estampes), pour le prix présenter ; et elles le baillèrent à mondict seigneur de Charolois, lequel les baisa comme il avoit acoustumé et qu'il est de coustume ; et fut crié Montjoye moult hautement. Tantost après fut aporté le vin et les espices, lesquelles espices estoyent en sept dragœurs, dont la pluspart estoyent de pierreries. Et furent à celle heure criées unes joustes de par monsieur de Charolois, pour lendemain : lequel s'acompagna de monsieur le bastard et de Bénétru de Chassa ; et se firent nommer, en ladite criée, trois compaignons aventureux, portans escu violet et noir. Lesquelles joustes furent joustées très-bien ; et gaigna messire Adolf le prix de dehors, et mondict seigneur le bastard le prix de dedans ; et donna ce jour mondict seigneur le duc le banquet à toutes les dames en son hostel.

Entre deux et trois heures après minuict, mondict seigneur et sa compaignie se partirent de la place où ce banquet fut faict, et se retraît chacun en sa chacune. Or, pour ce que je sçay bien que plusieurs ont escript de celle feste, et que chacun ne peut avoir tout veu, et pourroit on dire que j'en parle bien largement, afin que l'on sache que la manière de mon récit et enregistrement est vray, je l'ay fait visiter par monsieur de Launoy et par Jehan Boudaut, principaux gouverneurs des choses dessus-escriptes, et par les maistres-d'hostel de mondict seigneur le duc ; et après leur visitation faicte, et séelée de mondict seigneur de Launoy, je l'ay osé communiquer. Si supplie très-humblement mondict très-redouté et souverain seigneur monsieur le duc dessus-dict, et à tous ceux qui liront ou oyront ceste chose, qu'ils veuillent mon ignorance pardonner, et qu'ils prestent leurs oreilles à escouter partie de vœux qui furent faicts à cause de cestuy banquet.

CHAPITRE XXX.

Ensuyvent une partie des vœux que firent le très-noble et très-redouté prince Philippe, par la grâce de Dieu duc de Bourgongne, de Brabant, etc.; et plusieurs autres grands seigneurs, chevaliers et gentils-hommes, l'an 1453; et premièrement le vœu d'iceluy prince.

« Je voue tout premièrement à Dieu mon créateur et à la glorieuse vierge Marie sa mère, en après aux dames et au faisan, que si le plaisir du très-chrestien et très-victorieux prince monsieur le roy est de prendre croisée, et exposer son corps pour la deffense de la foy chrestienne, et résister à la damnable emprise du Grand Turq et des Infidelles, et si lors je n'ay loyal ensongne de mon corps, je le serviray, en ma personne et de ma puissance, audict sainct voyage, le mieux que Dieu m'en donnera la grâce; et si les affaires de mondict seigneur le roy estoyent tels qu'il n'y peust aler en sa personne, et son plaisir est d'y commettre aucun prince de son sang, ou autre seigneur chef de son armée, je à son dict commis obéiray et serviray, audict sainct voyage, le mieux que je pourray, et ainsi que si luy-mesme y estoit en personne. Et si, pour ses grans affaires, il n'estoit disposé d'y aler ne d'y envoyer, et qu'autres princes chrestiens à puissance convenable emprennent le sainct voyage, je les y acompaigneray, et m'empleyerai avecques eux à la deffense de la foy chrestienne le plus avant que je pourray, pourveu que ce soit du bon plaisir et congé de monseigneur le roy, et que les païs que Dieu m'a commis à gouverner soyent en paix et seureté. A quoy je travailleray, et me mettray en tel devoir de ma part, que Dieu et le monde congnoistront qu'à moy n'aura tenu ne tiendra; et si durant le sainct voyage je puis, par quelque voye ou manière que ce soit, savoir ou congnoistre que ledict Grand Turq ayt voulonté d'avoir à faire à moy corps à corps, je, pour ladicte foy chestienne, le combattray, à l'aide de Dieu tout puissant et de sa très-douce Vierge mère, lesquels j'apelle tousjours en mon aide. Faict à L'Isle le dixseptième jour de février l'an de l'incarnation de Nostre-Seigneur 1453, signé de ma main.

» PHILIPPE. »

Le vœu de monsieur de Charolois.

« Je voue à Dieu mon créateur, et à sa glorieuse mère, aux dames et au faisan, que si mon très-redouté seigneur et père va au sainct voyage, ainsi qu'il entreprend, et le désire d'acomplir, et ce soit son plaisir que j'y voise avecques luy, que j'y iray, et le serviray au mieux que je pourray, et sauray faire. »

Le vœu de monsieur de Clèves.

« Je voue aux dames et au faisan que je serviray monsieur mon oncle, s'il luy plaist, en cas que les affaires de mon païs le puissent porter. »

Le vœu de monsieur d'Estampes.

« Je voue à Dieu mon créateur, et à sa glorieuse mère premièrement, et en après aux dames et au faisan, que si le plaisir de mon très-honoré seigneur et oncle est que voise en sa compaignie au sainct voyage de la deffense de la foy chrestienne, et résistance de la damnable emprise du Grand Turq et des Infidelles, je l'acompaigneray et serviray de ma puissance; et durant ledict sainct voyage, si je puis savoir et congnoistre qu'il y ait aucuns grans princes ou grans seigneurs de la compaignie dudict Grand Turq, et tenans sa loy, qui ayent voulonté d'avoir à faire à moy, corps contre corps, deux à deux, trois à trois, quatre à quatre, ou cinq à cinq, je, pour ladicte foy chrestienne soustenir, les combatray, à l'aide de Dieu le tout-puissant et de sa très-douce mère; lesquels j'apelle tousjours en mon aide, par la manière dessusdicte. ESTAMPES. »

Le vœu de monsieur de Ravestain.

« Je voue, etc., si mon très-redouté seigneur et oncle va en ce sainct voyage, si c'est son plaisir, que je seray prest d'aler avecques luy tout partout où son plaisir sera. Et si tant est que mondict seigneur ne puisse aler audict sainct voyage, et son plaisir soit à moy faire cest honneur de moy y envoyer, je m'offre à le servir de mon corps et de ma chevance tant et si avant qu'il me sera possible. ADOLF DE CLÈVES. »

Le vœu de monsieur le Bastard.

« Je, Anthoine, bastard de Bourgongne, voue aux dames et au faisan que si mon très-redouté seigneur va en ce sainct voyage, j'iray avecques luy, et le serviray de mon corps et chevance ; et au cas qu'il n'y voise, et il luy plaise moy y envoyer, et commander aucune chose sur ce, en quelque manière que ce soit, je m'y empleyeray de tout mon pouvoir, comme tenu y suis ; et, dès le jour que je partiray, je prendray une emprise, laquelle je porteray tout le voyage durant, pour combatre un Turq, en quelque manière qu'il voudra requerre ; et ce feray sçavoir en l'hostel du Turq. »

Le vœu de monsieur de Pons.

« Je voue premièrement à Dieu, aux dames et au faisan, que s'il plaist à mon très-redouté seigneur et puissant prince, monsieur le duc de Bourgongne, aler encontre le Grand Turq, et autre part sur les Sarrasins ; et il me fait tel honneur que j'ale en son service, je le serviray de mon corps tant que ma vie durera, ou qu'il luy plaira. *Item*, si son bon plaisir n'est que je soye en son service, je voue à Dieu comme dessus, en demy an prochain venant, que je ne séjourneray en vile quinze jours passés, jusques à tant que corps à corps j'aye combatu un Sarrasin d'iceluy Turq ou d'autre lieu, selon que je le pourray trouver premier à l'aide Nostre-Dame, pour l'amour de laquelle jamais ne coucheray en lict le samedy, jusques j'aye acompli ce que dict est. Faict le dixseptième de février 1453. »

Le vœu de monsieur de Charny.

Je voue aux dames et au faisan que si mon très-redouté et souverain seigneur monsieur le duc entretient le voyage sainct sur les Infidelles, je le serviray de mon corps et de mes biens, au cas toutesvoyes que je n'auray maladie, ou loyal ensongne de mon corps : et, en ce cas, j'y envoyerai huict ou dix gentils-hommes payés pour un an. »

Le vœu de monsieur de Crouy.

« Je, Anthoine, seigneur de Crouy, considéré le vœu qu'a fait mon très-redouté seigneur monsieur le duc de Bourgongne en ensuyvant iceluy, voue à Dieu mon créateur, aux dames et au faisan, qu'au cas que mondict seigneur le duc entretienne son voyage et armée, que sous les conditions contenues en sondict vœu, qu'il a voué de faire sur les Sarrasins et mécréans, par ainsi que ce soit son plaisir, j'yray avecques luy et en sa compaignie, et le serviray pour l'honneur de Dieu, en son-dict voyage, de mon corps et à mes despens, un an entier, sans pour ce prendre, ne de luy ne d'autres chrestiens, aucuns gages ou bienfaites ; et obéiray à luy, ou à celuy qu'il luy plaira ordonner son lieutenant en ceste partie, en tout ce qu'il luy plaira à moy enjoindre et commander, en renonçant à toutes vaines gloires, orgueil, et autres choses mondaines qui en aucunes manières pourroyent empescher ou retarder ce que dessus est dict ; et généralement à toutes autres choses qui me pourroyent survenir, excepté mort, prison ou maladie, ou autre empeschement raisonnable, et tel qu'à mondict seigneur et autres princes sembleroit estre digne et suffisant pour excusation ; et tellement que ce sera au plaisir de Nostre-Seigneur, à la salvation de mon ame, et à mon honneur. Tesmoing ceste cédule, signée de ma main.   A. DE CROUY. »

Le vœu de monsieur de Cymay.

« Je, Jehan de Crouy, seigneur de Cymay, fays autel et semblable vœu à Dieu mon créateur, et à sa glorieuse mère, aux dames et au faisan, qu'a fait monsieur mon frère, et tel que cy-dessus est contenu ; et au cas que, par maladie ou autre empeschement qui fust si apparent que chacun congnust que je n'y pourroye aler, j'y envoyeray huict gentils-hommes de nom et d'armes à mes dépens, payés pour un an entier, pour servir à l'honneur de Dieu mondict seigneur et prince, sous et par la manière dessusdicte. Tesmoing mon signe cy mis. I.   DE CROUY. »

Le vœu de monsieur de Santes.

« Je voue à Dieu mon créateur, et à la glorieuse vierge Marie sa douce mère, en présence de très haute et très puissante princesse, des nobles dames et damoiselles qui cy sont, et à ce faisan, que si le roy, ou mon très redouté seigneur monsieur le duc de Bourgogne, prendent la croisée, pour résister à la puissance et contre l'empereur des Turqs, ennemys de la saincte foy chrestienne, je les y serviray, et accompaigneray en ma personne l'espace d'un an ; et si, à l'occasion de ma vieillesse et foiblesse de corps, je n'y pouvoye aler, si y envoyeray je pour gaigner les pardons, et satisfaire aux péchés et deffautes que j'ay par cy-devant commises, et moy aquiter de l'obligation que je doy à la foy de Jésus-Christ à cause du sainct baptesme, deux hommes-d'armes et deux archers suffisamment montés et armés : lesquels je payeray et soudoyeray, par l'espace d'un an, à mes despens. »

Le vœu de monsieur de Créqui.

« J'ay ouy et entendu la pitoyable complainte de nostre mère Saincte-Eglise, dont mon cueur a receu amère et douloureuse déplaisance ; mais quand j'ay sceu le vœu de mon très redouté seigneur, celle douleur s'est ainsi comme cessée ou adoucie pour le grand espoir que j'ay qu'aucun bon et sainct fruit s'en ensuyvra ; et combien que chose que faire puisse pourroit peu profiter et valoir à la ressourse et grande désolation d'icelle, neantmoins, pour ce qu'avecques les grans princes de la chrestienté raison est qu'elle soit secourue et servie à sa nécessité des moyens et des petis, je voue aux dames et au faisan que, moyenant la grâce de nostre benoist créateur et de sa benoiste mère, au cas que les besongnes et affaires de mondict très redouté seigneur pourront souffrir qu'il entreprenne le sainct voyage dont en son vœu est faicte mention, et il luy plaist moy recevoir en sa compaignie, je me mettray en son service, à mes despens, en tel estat et compaignie de gentils-hommes et autres que bonnement faire pourray, selon les biens que Dieu m'a donnés ; et m'y employeray en telle façon, à mon pouvoir, que j'espère que Dieu et le monde seront de moy contens ; pourveu toutesvoyes que lors ne soye empesché de mon corps ; et s'il avenoit (que Dieu ne veuille), j'y envoyeray, tant de gentils-hommes comme autres, en tel et si grand nombre que la faculté de ma chevance pourra porter. »

Le vœu de monsieur de Haubourdin.

« Je voue à Dieu, mon créateur et à sa glorieuse mère, aux dames et au faisan, que si mon très redouté seigneur prend la croisée et va en ce sainct voyage, je le serviray de mon corps et de ma puissance tout le mieux que je pourray, et si mondict seigneur avoit ensongne parquoy il n'y peust aler en sa personne, et il y envoye aucun de son sang en son nom, je luy serviray et obéiray comme je feroye à mondict seigneur, et ne laisseray que je ne voise audict sainct voyage, en la manière dicte, si méhaing ou prison ne m'en détournent ; et ne m'en retourneray que je ne m'y soye employé un an du moins, si ce n'est pour aucuns grans biens ou profits pour la chrestienté, et par l'exprès commandement ou ordonnance des princes avec qui je seray ; et s'il avient que pendant le temps que je seray audict sainct voyage il y ait journée de bataille, je feray tant, au plaisir de Dieu, que chrestiens et turqs auront congnoissance de mon nom ; et me mettray en mon loyal devoir, sans passer toutesfois, n'aller hors l'ordonnance faicte et commandée par les princes, si je suis en la bataille ou eschelle à l'endroit où le turq soit, que j'aborderay le jour à sa personne. Et si Dieu par sa grâce donne victoire aux chrestiens, et que je puisse veoir que le turq parte de la bataille pour soy sauver (quelque chose qu'il m'en puisse avenir), je ne laisseray la chace de luy (si je ne suis mort, ou si fort navré que je ne le puisse parfournir, ou que mon cheval me faille en chemin), jusques je l'aye mort ou prisonnier ; si devant que je l'ataigne, il ne se sauve en forteresse, ou par si fort passage qu'on ne le puisse passer. »

Le vœu de monsieur le chancelier de Bourgongne.

« Pour ce que je, Nicolas Raoulin, obstant mon ancienneté et foiblesse, ne pourroye bonnement aler en personne au sainct voyage que mon très redouté seigneur monsieur le duc de Bourgongne entend faire pour la deffense de la foy chrestienne, et ainsi et par la manière qui déclairée est en son vœu sur ce fait, je voue à Dieu premièrement, et après aux dames et au faisan, qu'en mon lieu j'envoyeray, avec mondict très redouté seigneur, en son service audict sainct voyage, un de mes enfans, accompaigné de vingt-quatre gentils-hommes armés et montés suffisamment ; et les entretiendray à mes despens, tant et si longuement que mondict seigneur le duc y sera. »

Le vœu de monsieur de Bergues.

« Je voue aux dames et au faisan qu'au cas que mon très redouté seigneur le duc voise en ce sainct voyage et qu'il luy plaise que je le serve, je le serviray de ma personne, en telle façon que mondict seigneur le m'ordonnera ; et si, par maladie ou outre empeschement, je n'y puis aler, j'y envoyeray et entretiendray douze gentils-compaignons crannequiniers, un an, à mes despens. »

Le vœu de monsieur de Commines.

« Je, Jehan, seigneur de Commines, voue à Dieu et à la vierge Marie, aux dames et au faisan, que si mon très redouté seigneur monsieur le duc va en ce sainct voyage, qu'il a intention de faire pour résister aux emprises du Grand Turq et des mécréans, je le serviray partout où bon luy semblera (soit par mer où par terre), de mon corps, et à mes despens; et en cas de maladie, ou d'autre empeschement si apparent que chacun congnoisse que je n'y puisse aler, j'y envoyeray quatre gentils-hommes de nom, et à mes despens; lesquels je payeray tant et si longuement, que l'armée de mondict seigneur s'entretiendra par de là, pourveu que ce soit le bon plaisir de mondict seigneur. »

Le vœu de monsieur de Rochefort.

Je, Charles, seigneur de Rochefort, fay vœu à Dieu mon créateur, et à la glorieuse vierge Marie, aux dames et au faisan, si que mon très redouté seigneur monsieur le duc va au sainct voyage sur les Infidelles, ennemys de nostre foy ; si son bon plaisir est, j'yray avecques luy, et l'accompaigneray, et serviray de mon corps et de ma puissance ; et au cas que mondict seigneur n'yra en ce dict saint voyage, et mondict très redouté seigneur et maistre monsieur le comte d'Estampes y va ; si c'est son plaisir, j'yray semblablement avecques luy, et le serviray de mon corps et de ma chevance, pourveu qu'aucun accident de maladie ou autre ne me survienne, parquoy je ne puisse aler au sainct voyage ; auquel cas j'y envoyeray six gentils-hommes armés et habillés, et les payeray pour un an entier. Et si ainsi est que mondict seigneur d'Estampes trouve lesdicts Infidelles, qui le fournissent pour son vœu (c'est asçavoir de combatre deux contre deux, trois contre trois, quatre contre quatre, ou cinq contre cinq), et le plaisir de mondict seigneur et maistre est que je l'acompaigne, en ce cas je seray voulontiers de ceux qui combatront avecques luy lesdicts Infidelles, par la manière dicte, et ainsi que mondict seigneur l'entent. »

Le vœu de Jehan Du Bois.

« Je voue à Dieu, à Nostre-Dame, aux dames et au faisan, que s'il est ainsi que mon très-redouté seigneur monsieur le duc de Bourgongne entreprenne et voise au sainct voyage ordonné pour la deffense de la foy chrestienne, et que son plaisir soit que je voise en sa compaignie, je le serviray de mon corps et chevance, et ne l'abandonneray tant qu'il y sera, ou que la vie me durera ; et que, dès le jour que partiray, ne mangeray par vendredy chose qui ait receu mort, jusques à ce que je me seray trouvé embesongné, combatant main à main à un ou plusieurs ennemis de ladicte foy. *Item*, et si mondict très-redouté seigneur a bataille au Grand Turq, et que la bannière de mondict très-redouté seigneur et celle de ses adversaires y soyent déployées, et je soye en ma franchise et liberté, sans estre méhaigné, je m'aborderay à la bannière du Grand Turc, si je la puis nullement congnoistre, et la trébucheray par terre, ou je mourray en la peine. Et au cas que les affaires de mondict très-redouté seigneur ne puissent porter d'y aler en sa personne, ou il y commette monsieur son fils, monsieur d'Estampes, ou autre, je le serviray en toute obéyssance, comme la personne de mondict seigneur. Et s'il avient que monsieur d'Estampes emprende bataille à aucun prince, acompaigné de certain nombre de nobles hommes, et il luy plaise de sa grâce moy faire cest honneur que j'en soye l'un, je m'y employeray tellement, qu'au plaisir de Dieu, de Nostre-Dame, et de monsieur sainct George (ausquels je prie qu'ils m'en donnent la grâce), je luy feray honneur. »

Les vœus de monsieur de Boussu et de messire Philippe de Lalain.

« Monsieur de Boussu et messire Philippe de Lalain vouent à Dieu, à Nostre-Dame, aux dames et au faisan, que si leur très-redouté seigneur monsieur le duc de Bourgongne va en Turquie à l'encontre des Infidelles, les dessusdicts le serviront bien et loyaument, si le plaisir de mondict seigneur est qu'ils y voisent ; et du jour qu'ils partiront, ils porteront une emprise, pour en combatre deux ; et si le tiers y venoit, ils en prendront telle aventure que Dieu et Nostre-Dame leur voudront envoyer. »

Le vœu de messire Claude de Toulongeon.

« Je voue à Dieu, à Nostre-Dame, et à madame saincte Anne, aux dames et au faisan, que je serviray mon très-redouté et souverain seigneur monsieur le duc et comte de Bourgongne, au sainct voyage qu'il a intention faire à l'encontre du Turq, ennemy de nostre foy, et le serviray du corps tout le temps qu'il y sera, et des biens que Dieu m'a donnés, j'y empleyeray tout ce qu'il me sera possible; et au cas que mondict seigneur ait quelque empeschement par quoy il n'y peust aler, s'il y envoye aucun de son sang, je le serviray et obéyray, durant ledict voyage, comme je feroye la personne de mondict seigneur; et outre plus, incontinent que je seray hors des marches de pardeçà, je porteray une emprise, pour faire armes, à pié ou à cheval, à l'encontre d'un des gens dudict Turq; laquelle emprise je feray signifier (si je puis) en son ost, et tout par le bon gré et licence de mondict seigneur, lequel j'en suppliray et requerray. Et si celuy qui vouldra lever madicte emprise ne me vouloit venir combatre devant mondict seigneur ou son commis, je l'iray combatre devant le Turq, moyenant que je puisse avoir bonne seurté. »

Les vœux de messire Chrestien et de monsieur Evrard de Digoine.

« Nous, Chrestien et Evrad de Digoine, frères, chevaliers, vouons à Dieu, à la benoiste vierge Marie, aux dames et au faisan, que si nostre très-redouté seigneur monsieur le duc de Bourgongne va au sainct voyage contre les Infidelles, nous irons avecques, et le servirons de corps et avoir; et s'il avient que nous nous trouvions en bataille avecques les Infidelles, nous ferons nostre pouvoir de porter jus la première enseigne qui apperra des ennemis; et de ce ferons si grand devoir, qu'il ne sera point dict que nous n'en ayons faict nostre possible. Et s'il plaisoit à nostre très-redouté seigneur monsieur d'Estampes de nous faire cest honneur et grâce que nous fussions deux de ceux dont il s'acompagnera pour fournir aux armes de son vœu, nous le servirons tellement, qu'au plaisir de Dieu luy et tous autres devront estre contens. Et outre, je, Chrestin de Digoine, voue comme dessus que s'il plaist à mon Créateur et à sa glorieuse mère moy faire tant de grâce que je retourne, je repasseray par trois royaumes chrestiens, dedans lesquels je porteray emprise, pour faire armes à pié et à cheval. »

Sur quoy finit ledict banquet et lesdicts vœus.

CHAPITRE XXXI.

Du mariage de l'aisné fils de Crouy à une fille du comte de Sainct-Pol; du voyage du bon duc Philippe en Alemaigne; et du mariage du comte de Charolois avec madame Ysabeau de Bourbon.

En ce mesme temps le seigneur de Crouy, estant à Luxembourg, fit espouser Jehan de Crouy, son fils aisné, à la fille du comte de Sainct-Pol; laquelle fille fut baillée ès mains du seigneur de Crouy, qu'elle estoit jeune et enfant; et fut traité iceluy mariage entre le comte Sainct-Pol, père de la fille, et le seigneur de Crouy, père du fils. Mais, pour aucun malcontent ou autres causes, ledict comte de Sainct-Pol ne vouloit point que le mariage se parachevast; et toutesfois il n'avoit sa fille en ses mains, mais l'avoit le seigneur de Crouy, comme dict est. Parquoy il fit consommer le mariage, et envoya prier le comte et ses amis notablement; mais le comte n'y voulut point aler, ne les amis, dont grande haine se conceut entre les parties; et toutesfois fut et demoura faict ledict mariage, et soubtiva chacun de troubler son compaignon; et de l'effect, et de ce qui en avint, je deviseray cy-après.

En ce temps du banquet du duc, se trouva à l'Isle le comte de Sainct-Pol, comme l'on peut voyr cy-dessus; et ne se contenta point le duc du vœu qu'il avoit fait en sa présence, pour ce qu'il ne se monstroit point suget tel qu'il estoit. Or fit le comte une grande feste à Cambray et une grande assemblée, où il y eut tournois et joustes, et grans entremets; mais, pour la cause susdicte, ne voulut souffrir le duc que nul de son hostel y alast; et commencèrent telles choses à mettre le comte en défidence et soupson; parquoy il s'éloingna de la maison de Bourgongne, et se tenoit avecques le roy de France. En ce temps le comte avoit besongné avecques le duc Charles de Bourbon pour avoir Ysabel de Bourbon sa fille en aliance de mariage pour Jehan de Luxembourg, aisné fils du comte, mais la damoiselle avoit esté nourrie avec la duchesse de Bourgongne, et estoit en la maison du duc, qui estoit son oncle ; parquoy le comte ne parvint point à son emprise, et avint qu'en dissimulant ledict mariage, le bon duc (qui avoit empris d'aler à Rissebourg, et ne sçavoit s'il passeroit outre, ou s'il auroit autre détourbier) fut conseillé qu'avant son partement il mariast son fils ; et voyant les mœurs, vertus et conditions de sa nièce Ysabel de Bourbon dessusdicte, il prit en son opinion de la donner à femme à son fils, et envoya querre le comte à toute diligence, qui desjà avoit pris congé de luy pour aler en Hollande, ès affaires du duc son père, lequel revint hastivement, pour obéïr ; et à la vérité la duchesse ne conseilla point le mariage, pour ce qu'elle quéroit et entendoit de marier son fils en Angleterre à la fille aisnée du duc d'Yorch (qui depuis fut duchesse d'Exestre), pour ce qu'elle le vouloit alier en Angleterre, où elle avoit le cueur par nature, car elle fut fille d'une fille de Lanclastre, mariée au roy de Portugal son père ; et toutesfois fut le duc obéï de la mère et du fils, combien qu'à ceste cause furent aucuns différens en ceste matière. Moult prisoit et louoit la mère les vertus et conditions de la noble damoiselle.

Si furent fiancés secrètement, pour ce que le duc n'avoit le consentement ne le sceu du duc de Bourbon, père d'elle, ne de la duchesse, sœur germaine du duc ; et tendoit le duc d'avoir la seigneurie de Chasteau-Chinon, pour joindre à Bourgongne. Si fut envoyé Jehan Boudaut, escuyer dessusnommé, pour conduire ceste matière ; et s'en retourna le comte en son voyage de Hollande. Le bon duc (qui tout ardoit de faire son voyage et d'exécuter ce qu'il avoit promis) fit diligenter son partement, et se partit, à moins de cent chevaux, de la vile de l'Isle, le quinzième jours de mars iceluy an 53, et se fit guider à Chastel en Porcien, dont le seigneur de Crouy estoit comte et seigneur ; et sied assez près de Bar-sur-Aube, entrée du païs de Bourgongne, où il fut noblement receu ; et ainsi se mit le bon duc en son voyage d'Alemaigne, et laissa son fils gouverneur de tous ses païs, en son absence. Il laissa ses païs en paix et union, en richesses, en justice, et en toutes les bonnes prospérités que prince peut laisser païs. Il laissa son fils pourveu de conseil, comme du chancelier Raolin, du seigneur de Crouy, du seigneur de Goux, et autres grands personnages, et certes ses païs demourèrent en telle prospérité, que l'on pourroit dire d'eux ce que dit le poëte, quand il dit que les siècles estoyent dorés. Et en ce gouvernement se gouverna le comte Charles si bien et si vertueusement, que nulle chose n'empira en sa main ; et quand le bon père revint de son voyage, il trouva ses païs entiers, comme devant.

En ce temps, plusieurs nobles hommes et femmes de l'hostel du duc se rendirent en l'observance ; et nommément Anthoine de Sainct-Symon, Anthoine de Sailly, Jehannin d'Or, et plusieurs autres, qui menèrent moult belle et saincte vie ; et ainsi s'en ala le duc en Alemaigne, et son fils demoura gouverneur pour luy ; et nous tairons un peu à parler du noble comte, et parlerons du père, et comment il exploita en Alemaigne.

Quand l'empereur Frédéric d'Austriche sceut la venue du duc Philippe de Bourgongne en Alemaigne, luy, craintif de sa personne, et voyant que tous les princes d'Alemaigne faisoyent grand honneur audict duc, et le festeyoyent honnorablement, se retira ès dernières parties de son empire, et manda au duc qu'il n'allast plus avant pour celle fois, et qu'il envoyeroit devers luy pour eux entendre l'un l'autre. Ce qu'il fit, et y envoya son chancelier (qui fut depuis pape Pie). Mais ils ne se peurent acorder, et demoura la chose en roupture ; et durant ce temps le duc Philippe prit une grande maladie, et fut longuement malade en une bonne vile d'Alemaigne. Toutesfois, par la grâce de Dieu, il en échapa ; et, sans faute, les princes d'Alemaigne le festeyèrent grandement (comme ceux de Bavière, à qui il estoit parent), et autres nobles princes, qui moult honnorablement le receurent et festeyèrent ; et le bon duc, voyant et congnoissant qu'il n'auroit autre response de l'empereur, se délibéra de s'en retourner en ses païs. Ce qu'il feit, et fut grandement festeyé en l'hostel du prince d'Orange ; et en ce temps le seigneur d'Antre maria son fils à la fille de Neufchastel, et de ceste aliance de Vergy et de Neufchastel fut faicte grande estime en Bourgongne, pour ce que ce sont deux grandes maisons. Le seigneur d'Antre fit diligence d'arrester le duc son seigneur à icelles noces, lesquelles furent moult plantureusement servies de vins et de viandes, et y furent toutes les dames du païs; et devez entendre que le seigneur d'Antre fut le plus large et abandonné de ses biens qu'homme de son temps, et ne plaindoit nulle despense. Les noces durèrent quatre jours, et y estoit tout homme défrayé, et mesme par les vilages, au fraiz et à la despense dudict seigneur d'Antre; et, à la vérité, iceluy seigneur d'Antre fut un des larges despensiers et des libéraux hommes qui fust de son temps.

La feste achevée, le bon duc (qui avoit le cueur et la voulonté que le mariage se fist de son fils et de sa nièce) dépescha messire Philippe Pot, un sien chevalier privé; et par lettres, et par commandement de bouche, manda à son fils qu'il espousast sadicte nièce, et qu'il trouvast le mariage consommé à son retour. Ce qui fut faict et acomply selon le désir du père; et, à la vérité, ladicte dame estoit toute vertueuse, et digne de ce grand bien avoir. Les noces furent à l'Isle, et y eut riches joustes; car monsieur de Ravestain et monsieur le bastard firent la feste grande et plantureuse; et ainsi fut madame Ysabel de Bourbon comtesse de Charolois : et fut ledict mariage en l'an 1454.

CHAPITRE XXXII.

D'un combat à outrance faict entre deux bourgeois de Valenciennes, en la présence du duc Philippe de Bourgongne, comte de Hainaut.

En continuant ma matière, le bon duc se partit de ses païs de Bourgongne, et vint tout droit à Valenciennes, auquel lieu il trouva la bataille preste entre deux hommes pour franchise de vile : et devez savoir que la vile de Valenciennes est fondée sur priviléges donnés par les empereurs et par les comtes de Hainaut, et, entre autres, ils ont un privilége que quand un homme a occis un autre de beau faict (c'est-à-dire à son corps deffendant), il peut venir demander la franchise de Valenciennes, et qu'il veut maintenir, à l'escu et au batton, qu'il a faict le faict de beau faict : et sur ce luy est accordée la franchise, et ne luy peut nul rien demander pour ceste querelle, sinon qu'on le prenne et maintienne à l'escu et au batton (comme dit est), et devant la loy de la vile.

Or, pour ce que telles choses n'aviennent pas souvent, le bon duc s'arresta à Valenciennes pour veoir celle bataille : et fut vray qu'un nommé Mahuot avoit tué un parent de Jacotin Plouvier : et à ceste cause ledit Jacotin poursuyvit ledict Mahuot devant la loi de Valenciennes, et disoit qu'il avoit meurdry son parent par aguet, non pas de beau faict; et que ce luy vouloit ledict Jacotin prouver et monstrer à l'escu et au batton, selon la franchise de la vile. Et de ce fut grand procès tenu devant la loy : et, fin de compte, fut jugé et dit que le gage de bataille estoit manifeste, et furent pris tous deux par la justice, et mis chacun en prison fermée à part : et attendirent si longuement que le duc revint des Alemaignes, et se trouvèrent le père et le fils à Valenciennes, pour veoir l'exécution des deux champions, combien que le duc n'estoit point juge en cette partie : mais l'estoyent, et sont ceux de la vile : et, à la vérité, ils tindrent moult belle cérémonie à la bataille des dessusdicts : et combien que j'aye parlé de ceste matière au volume que j'ay faict du gage de bataille, toutesfois ne me puis je tenir ne passer que je ne die aucune chose de ce que je vey en ceste bataille.

Les principaux assistans furent le prévost du comte et le prévost de la vile : et fut, pour ce jour, prévost du comte messire Giles de Harchies, seigneur de Belligniers, et prévost de la vile un notable bourgeois nommé Merciot Du Gardin : et tenoyent ces deux la gravité et cérémonie du camp : et, de l'ordre de la vile, deux gentils-hommes avoient le regard aux portes. Le peuple estoit grand sur le marché, et estoit conduit par un nommé Nicolas Du Gardin, qui se tenoit, en une garue, à l'hostel de la vile, à tout un grand batton : et s'il voyoit que le peuple se dérivast ou muast en rien, il féroit de son batton, et crioit : Guare le ban! Et sur ce mot chacun se tenoit quoy, et doutoit la punition de justice : et à la vérité tout le peuple et ceux de la vile estoyent pour Mahuot en courage, pour ce qu'il combatoit pour la querelle de la vile. Or avons devisé de l'ordre de ladicte vile : et faut escrire du faict de la lice et du champ clos, et comme les champions se maintindrent en ceste bataille.

Ce champ clos estoit rond, et n'y avoit qu'une entrée : et tantost ceux de la vile firent apporter deux chaises couvertes de noir, mises et apposées à l'opposite l'une de l'autre ; et tantost après entra Mahuot en ladicte lice, et s'alla seoir en sa chaise, et n'arresta guères que Jacotin Plouvier vint de l'autre part, qui semblablement s'asseit en la chaise pour luy préparée. Les champions estoyent semblables d'habillemens : ils avoyent les testes rases, les piés nus, et les ongles coupés, des mains et des piés : et au regard du corps, des jambes et des bras, ils estoient vestus de cuir bouilli, cousu estroittement sur leurs personnes, et avoyent chacun une bannerolle de sa dévotion en sa main : et tantost entrèrent ceux de la loy commis à ce, qui portoyent un grand missel : et feirent le serment l'un contre l'autre, c'est-à-savoir que Mahuot jura qu'il avoit tué son homme de beau faict : et Jacotin Plouvier jura le contraire. Et tantost leur furent apportés à chacun un escu peint de vermeil, à une croix de Sainct-George : et leur furent baillés les escus la pointe dessus, et me fut dict que quand le plus noble homme du monde combatroit à Valenciennes, il n'auroit autre avantage, sinon que la pointe de son escu seroit en bas, et pourroit porter son escu comme un noble homme le doit porter. *Item*, leur furent baillés deux battons de mesplier, d'un poix et d'une grandeur : et puis furent les chaises ostées, et mises hors de la lice : et s'en retournèrent ceux de la loy, et laissèrent les champions l'un devant l'autre : et le prévost de la vile rua le grand qui avoit esté getté pour faire ladicte bataille, et cria : « Chacun face son devoir ! »

Et prestement se levèrent les champions, et coururent sus l'un à l'autre moult vigoureusement. Et devez entendre que les champions demandèrent à ceux de la loy trois choses ; à sçavoir, sucre, cendres et oincture. Et premièrement leur furent apportés deux bacins pleins de graisse, dont les habillemens, que chacun d'eux avoit vestus, furent oingts et engraissés, afin que l'un d'eux ne peust prendre prise sur l'autre. Secondement, leur furent apportés deux bacins de cendres, pour oster la graisse de leurs mains, afin qu'ils pussent mieux tenir leurs escus et leurs battons ; et tiercement fut mise en la bouche de chacun d'eux une portion de sucre, autant à l'un comme à l'autre, pour recouvrer salive et aleine ; et de chacun des trois leur fut faict essay devant eux, comme devant deux princes.

Or combien que ledict Mahuot ne fust si grand ne si puissant de sa partie, toutesfois vigoureusement il puisa du sablon, et le getta aux yeux et au visage de Jacotin Plouvier ; et de ce coup luy donna de son batton sur le front, dont il luy fit playe et sang. Mais ledict Jacotin (qui estoit homme fort et puissant) poursuivit tellement et si aigrement sa bataille, que ledict Mahuot fut abatu à bouchon, et Jacotin Plouvier lui saillit dessus ; et fut la bataille à ce menée, que ledict Jacotin créva les deux yeux à son adversaire, et puis luy donna un grand coup de son batton, dont il l'assomma, et le mit hors de la lice ; et en ce faisant, mourut ledict Mahuot, et fut condamné à estre mené au gibet, et pendu ; et ainsi finit la bataille entre Jacotin Plouvier et Mahuot. Si soit pris en gré ce que j'ay sceu ramentevoir de ceste matière.

Assez tost après se firent unes autres armes à Valenciennes, de deux nobles hommes, dont l'un fut chevalier, et l'autre fut escuyer de l'hostel de monsieur le bastard, et se nommoit Jehan de Rebremettes, seigneur de Thibauvile. Ces deux, pour aucun estrif, comparurent à jour ordonné au lieu de Valenciennes, armés comme il appartenoit pour combatre à pié ; et devoyent iceux jetter un gect de lance, et puis combatre de haches, jusques à vingt cinq coups. Les deux nobles hommes comparurent parés de leurs cottes-d'armes, et se combatirent chevalereusement, sans faire grande foulle l'un sur l'autre, et ainsi se partirent icelles armes ; et disoit on que Dieu avoit envoyé ces deux nobles hommes pour faire honneur à Valenciennes, et tenoit on la bataille faicte entre Jacotin Plouvier et Mahuot plus honte qu'honneur, à cause du meurdre perpétré en la présence du prince.

CHAPITRE XXXIII.

De quelques particularités en la maison de Bourgongne; de la retraite du dauphin Louis vers le bon duc Philippe; et du courroux d'iceluy duc contre le comte de Charolois, son fils.

Le duc s'en retourna à l'Isle, où il fit de grandes chères et de grans festiemens; et puis se tira en Hollande, où le faict de la Toison estoit préparé. Et en ce temps devint grosse madame de Charolois, dont le païs fust moult réjouy; et en ce mesme temps monsieur David, bastard de Bourgongne, fut éleu évesque d'Utrecht; et ne furent pas ceux de Devanter obéïssans audict évesque; mais falut faire une armée, en laquelle le duc Philippe en personne, et tous les grans de ses païs, alèrent en armes, comme il appartenoit, et leur fit on forte guerre par eaue et par terre; car ledict Devanter est fortifié d'une grosse rivière, et estoit le siége des Bourgongnons deçà la rivière; et à passer celle rivière eut plusieurs vaillances faictes, et plusieurs apertises d'armes, dont je me tay, pour abréger.

En ce temps, vint devers le roy Charles l'ambassade du roy Lancelot de Hongrie, pour avoir madame Magdelaine de France en mariage pour ledict roy Lancelot; et fut la plus belle et la plus grosse ambassade qui onques vint en France; car ils portoyent le billon d'or, et par privilége du roy de France ils forgeoyent florins d'or parmy les vilages où ils se trouvoyent; et de trente six articles dont ils avoyent à faire au roy Charles, jamais ne voulurent parler du second que le premier article ne fust vuidé, fust par refus ou par acord; et ainsi de tous les autres points. Et sans faute le mariage eust esté faict, si ne fust la mort dudict Lancelot, qui mourut durant le parlement.

Durant iceluy siége de Devanter, nouvelles vindrent au duc que monsieur Louis de France, dauphin de Viennois, venoit de par deçà, et prenoit son chemin contre Brucelles. Et à ceste cause furent moyens trouvés de surséance de guerre entre le duc Philippe et ceux de Devanter, et prit le duc son chemin pour venir au-devant de mondict seigneur le dauphin; et envoya au-devant de luy jusques à Louvain le comte d'Estampes et autres grans personnages, pour le bienviengner; et depuis y vint monsieur le comte de Charolois, et aussi y envoya madame Ysabeau de Portugal, madame de Charolois, et madame de Ravestain, pour recevoir mondict seigneur le dauphin; et mondict seigneur le dauphin se tira à Brucelles, et fut logé au logis du duc; et ne demoura guères après que le duc vint; et tandis qu'il parloit à madame sa femme, monsieur le dauphin descendit les degrés; dont monsieur le duc fut moult déplaisant; et là s'embracèrent, et fit le duc moult grand honneur et révérence à mondict seigneur le dauphin; et faire le devoit; car c'estoit l'héritier de France. Ainsi s'entre-rencontrèrent monsieur le dauphin et monsieur de Bourgongne, et eurent plusieurs parolles ensemble secrettes, et qui ne sont pas venues à ma congnoissance; et firent grandes chères ensemble, et y eut grandes joustes et grans festyemens; et fut sa venue par deçà en l'an 1456.

En ce mesme temps, madame de Ravestain acoucha d'une fille, laquelle monsieur le dauphin tint sur les fons; et assez tost après madame de Charolois acoucha d'une fille (qui fut madame Marie, mère de monsieur l'archeduc qui est à présent), et estoit monsieur le dauphin alé chacer à Geneppe; mais monsieur de Charolois, fort acompagné, l'ala prier et requérir d'estre son compère, et de tenir l'enfant. Ce qu'il acorda bénignement, et retourna à Brucelles; et furent les choses préparées pour le baptisement de mademoiselle de Bourgongne; car en ce temps on ne la disoit point Madame, pour ce que monsieur n'estoit pas fils de roy. Ainsi se fit ce baptisement moult solennel de prélats, de noblesse et de luminaire; et du surplus je me passe, pour abréger.

Le roy Charles de France voyant que son fils ne venoit point à son obéyssance, se mécontenta, et mesmement du duc de Bourgongne, et disoit qu'il le tenoit en ceste obstination. Mais il fut trouvé autrement : car mondict seigneur le dauphin déclara plainement que s'il n'estoit soustenu en ceste maison, il avoit son apointement en Angleterre, ennemis du royaume de France; et que là il seroit soustenu et bien venu. Et pour l'entretènement de mondict seigneur le dauphin, monsieur de Bourgongne luy bailla trente six mille francs de pension ordinaire, pourveu qu'il espousast madame Charlote de Savoye, laquelle il avoit pieçà fiancée. Ce qui fut faict, et vint pardeçà ; et leur fut baillé le chasteau et la vile de Geneppe pour tenir leur estat ; et demoura pardeçà mondict seigneur le dauphin bien cinq ans, pendant lequel temps il eut de beaux enfans, et mesmement monsieur Joachin, qui fut l'aisné, et fut baptisé audict Geneppe, où le duc, la duchesse et son fils furent au baptesme : et furent le duc Philippe et le seigneur de Crouy compères, et madame de Charolois, commère : et certes monsieur le duc Philippe fut si joyeux de la nativité de ce noble enfant, qu'il donna mille lions d'or à Josselin Du Bois, quand il luy aporta les nouvelles de celle nativité ; et fut nommé monsieur Joachin ; mais il ne vescut guères, ainsi qu'il pleut à Nostre-Seigneur. Et depuis fut née audict Geneppe madame de Bourbon d'à-présent, et autres nobles enfans ; et réjouit moult le païs ; et, au partir de ce premier baptesme, monsieur de Charolois, madame et son mesnage s'en retournèrent au Quesnoy, qui estoit lors le lieu de leur demeure ; et le bon duc Philippe s'en retourna en ses affaires. Et se passoit le temps en ambassades, pour obvier à la guerre d'une part et d'autre ; et tellement fut pratiqué, que nulle guerre ne se meut ; et, à la vérité, le duc se mettoit en grand devoir devers le roy Charles pour obvier à ces inconvéniens : et monsieur le dauphin, de sa part, se conduisoit sagement, et par conseil dudict duc Philippe : et les principaux du conseil dudict dauphin, furent le seigneur de Montauban et le bastard d'Armignac, avec le seigneur de Craon ; et avoit mondict seigneur le dauphin de moult notables jeunes gens, comme le seigneur de Cressol, le seigneur de Villiers de l'Estanc, monsieur de Lau, monsieur de La Barde, Gaston de Lyon, et moult d'autres nobles gens, et gens éleus ; car il fut prince, et aima chiens et oyseaux ; et mesmes où il sçavoit nobles hommes de renommée, il les achetoit à poix d'or, et avoit très bonne condition. Mais il fut homme soupsonneux, et légèrement attrayoit gens, et légèrement il les reboutoit de son service ; mais il estoit large et abandonné, et entretenoit par sa largesse ceux de ses serviteurs dont il se vouloit servir, et aux autres donnoit congé légèrement, et leur donnoit le bond à la guise de France.

En ce temps, et en celle saison, se meut une soupson et une deffidence entre le comte de Charolois et les seigneurs de Crouy, ses parens et aliés : et disoit on que cette soupçon mouvoit à cause des meubles de madame de Béthune, tante de madame de Crouy, du costé de Lorraine et de Baudremont, pour ce que ledict seigneur de Crouy avoit pris et mis en ses mains grande portion des meubles de madicte dame de Béthune ; et le comte Charles disoit que son père luy avoit donné la succession de madicte dame de Béthune en héritages et en meubles ; et fut le premier poinct de la haine et de la soupson dudict comte de Charolois. D'autre part, le seigneur de Crouy et les siens faisoyent plus grande adrèce à monsieur le dauphin qu'il ne sembloit bon audict comte pour son profit, et avoit abandonné le faict du comte pour celuy de monsieur le dauphin. A quoy mondict seigneur de Charolois voyoit grand dommage pour luy et pour la maison de Bourgongne ; et avoit grande aliance le seigneur de Crouy ; car il avoit fait venir et arrester pardeçà le mareschal de Bourgongne, homme actif, vindicatif, et prest pour soy venger ; et hayoit le chancelier de Bourgongne Raulin, à l'occasion de la mort du seigneur de Pesmes, que ledict chancelier avoit faict mourir par justice. Et ainsi ceux de Crouy et leur maison faisoyent leur faict à part, portés et aimés du duc merveilleusement ; et d'autre part le chancelier Raulin se fit serviteur du comte de Charolois, et ainsi entra la maison de Bourgongne en bande et en partialité, les uns portés du père, et les autres portés du fils ; dont grand hommage vint à ceste maison.

Or de nouvel estoit faict l'estat du comte de Charolois, auquel je fus mis et couché premier panetier du comte ; et un moult honneste escuyer, nommé Philippe de Sasa, fut mon compaignon en iceluy estat par demy an, selon et par la manière que sont comptés la plus part des nobles hommes par les escroes, et selon la coustume de la maison de Bourgongne. Avint que, faisant iceluy estat, furent mis chambellans messire Philippe de Crouy, fils de messire Jehan de Crouy, et aussi messire Anthoine Raulin, seigneur d'Emeries, qui avoit espousé la sœur de madame d'Estampes. En ce temps alèrent dehors et à leurs affaires le seigneur d'Aussi, premier chambellan du comte, et le seigneur de Formelles, second chambellan ; et demouroit la place de tiers chambellan et du plat, et vouloit le duc que ledict Philippe de Crouy tinst la place de tiers chambellan, et le comte de Charolois y vouloit avoir le seigneur d'Emeries ; et ainsi furent en question le père pour l'un, et le fils pour l'autre ; et le duc voyant qu'il n'estoit point obéy de son fils, et qu'il vouloit tenir son opinion contre luy, par un jour de Sainct-George au matin, ledict duc manda à son fils qu'il luy aportast lesdictes ordonnances en son oratoire. Ce qu'il fit ; et le père (qui moult estoit de grand cueur) prit les ordonnances en la présence de la mère et du fils : « Or allez querre » vos ordonnances : car il vous en faut de » nouvelles » Et là moult furieusement fit partir son fils hors de l'oratoire ; et la duchesse se monstra mère, et suyvit son fils, et la maison entra en partialité ; dont moult de maux avindrent ; et avint que le duc abandonna sa maison, et s'en ala seul parmy les champs, comme un homme troublé outre la raison ; et devez croire que monsieur le dauphin fut moult ébahy et épouventé de ceste aventure, et quéroit par toutes voyes d'amender ce méchef ; et luy sembloit bien qu'il seroit dict en France et ailleurs que sa personne portoit toute malaventure, et qu'il ne viendroit en lieu où débat et question ne se meust par malheur. Grandes diligences furent faictes pour trouver le duc, et fut sceu qu'il estoit arrivé en la forêst, au feu d'un charbonnier ; et de là se feit emmener au lieu de Sevenebergue, où il trouva un sien veneur qui le logea, et le traitta de ses biens selon sa possibilité ; et ainsi demeura ce grand duc celle nuict en la compaignie d'iceluy veneur, et en sa povre maison ; et devez croire que ses povres serviteurs furent celle nuict en grand souci et mélancholie pour leur maistre, qui s'en estoit allé, et égaré d'eux si estrangement. Mais nous reviendrons à parler comment se conduisit le fils.

Soy voyant en la male-grâce de son père, il s'en ala à Termonde, luy et son estat, escoutant et attendant nouvelles de son père ; et le lendemain furent avertis monsieur le dauphin et les gens du duc qu'il s'estoit à Sevenebergue aresté, comme dict est ; et tantost vindrent devers luy ses principaux serviteurs. Les uns le tensoyent, les autres le rejouissoyent, et faisoit chacun le mieux qu'il pouvoit ; et, entre autres choses, se plaindoit le duc de sa femme la duchesse, qui l'avoit abandonné pour suyvir son fils ; et je fus présent où le mareschal dit à madicte dame le regret que mondict seigneur le duc avoit en ceste partie. A quoy elle respondit qu'elle congnoissoit mondict sieur son mary pour un à redouter chevalier, et en ceste fureur douta qu'il ne courust sus à son fils ; parquoy elle le mit hors de l'oratoire, et s'en alla après, priant à mondict seigneur qu'il luy vousist pardonner, et qu'elle estoit une estrangère pardeçà, et n'avoit point de soutenue que de son dict fils.

Ainsi se faysoyent allées et venues ; et fut ordonné que de par monsieur le dauphin, monsieur de Ravestain, et le roy-d'armes de la Toison d'or, iroyent à Termonde pour entendre la voulonté du comte de Charolois et de ses pratiques, dont je sçavoye à parler ; car je fus par plusieurs fois envoyé à Bruxelles de par mondict seigneur de Charolois, pour avoir l'avis du chancelier Raulin, comment il se devoit conduire en ce présent affaire. Les dessus dicts monsieur de Ravestain et Toison d'or demandèrent à mondict seigneur de Charolois s'il vouloit demourer en ceste obstination envers son père ; mais ledict comte leur respondit qu'il ne vouloit point demourer obstiné, mais tout humble et tout obeïssant au duc son père, comme c'estoit raison ; et sur ce point y eut alées et venues ; car le duc fut content de se contenter de son fils, pourveu qu'il envoyeroyt deux hommes hors de son hostel, ayant le duc imagination que ceux estoyent cause de tenir en fierté le fils contre le père. L'un des deux fut Guillaume Biche, et l'autre fut Guillot Dusie. Iceluy Guillaume Biche se tira à Soissons et à Paris, et Guillot Dusie se tira en sa maison en Bourgongne, et à ces deux fit le comte de grans biens en leur exil, et mesme le roy de France retint de son hostel ledict Gulliot Dusie; et, à la vérité, ledict Guillot estoit pour lors un des gentils escuyers de la maison. Et ainsi fut le duc obeï ; et Guillaume Biche (qui estoit un homme sage et subtil) s'acointa de ceux de Paris, tellement qu'il sçavoit les secrets des consaux tenus par les gens du roy de France ;

et moy-mesme fus par plusieurs fois envoyé devers luy, pour avertir monsieur le duc et monsieur le dauphin de choses qui grandement leur touchoyent ; et par telles manières se commença à bander le royaume de France, les uns pour le roy Charles, le père, et les autres pour monsieur le dauphin, le fils ; et se concluoit en France bien peu de matières de grand effect, dont monsieur le dauphin ne fust averti. Ainsi se dissimuloit le temps par ambassades et par grans personnages envoyés de-par le duc devers le roy de France, qui moult profitèrent que la guerre ne commença point pour ceste matière, mais demoura chacun en son entier ; et au regard du comte de Charolois, il retourna à Bruxelles, où il trouva le duc son père ; et par le moyen de monsieur le dauphin furent ces choses appaisées, et aussi moyenant les choses dessus-dictes.

CHAPITRE XXXIV.

D'une maladie du bon duc Philippe ; de la mort du roy Charles septième ; et du couronnement du roy Louis onzième, son fils.

En ce temps le duc Philippe eut une maladie, et par conseil de ses médecins se fit raire la teste, et oster ses cheveux ; et pour n'estre seul rais et dénué de ses cheveux, il fit un édict que tous les nobles hommes se feroyent raire leurs testes comme luy ; et se trouvèrent plus de cinq cens nobles hommes, qui pour l'amour du duc se firent raire comme lui ; et aussi fut ordonné messire Pierre Vacquembac et autres, qui, prestement qu'ils veoyent un noble homme lui ostoyent ses cheveux ; et vint ceste chose mal-à-point, pour la pareure de la maison de Bourgongne ; car en ce temps vindrent nouvelles à monsieur le Dauphin que le roy Charles son père estoit malade à Meun-sur-Yèvre ; et ne demoura guères de temps après que les nouvelles vindrent qu'il estoit mort. Ce qui fut vray ; et mourut audict chastel de Meun-sur-Yèvre, le jour de la Magdelaine 1461.

Ces nouvelles de la mort du roy Charles furent tost publiées ; car monsieur le dauphin (que je nommeray roy d'ores-en-avant) fit ces choses hastivement sçavoir à monsieur le duc Philippe et à monsieur de Charolois ; et devez savoir que grandes préparations se firent de pompes et autrement, pour mener le roy à son sacre, où le bon duc le voulut bien accompaigner, pour ce qu'il l'avoit nourri cinq ans en sa maison, et à ses despens ; et luy vouloit bien monstrer qu'il ne le vouloit pas abandonner à son besoing ; car, à la vérité, la faveur du duc de Bourgongne fit maint courage bon en France, et dont les affaires du roy Louis ne valoyent pas pis.

Or revenons à la manière que tint mondict seigneur le dauphin. Quant il se trouva roy, il estoit à Geneppe (un petit chasteau et un petit bourg qui estoit à monsieur de Bourgongne, comme duc de Brabant), et de là se tira à Mabeuge, et quit toujours les plus petites viles des païs du duc de Bourgongne ; et luy croissoyent gens de tous costés, grands seigneurs, gens-d'armes et autres ; et le duc de Bourgongne le suyvoit, quelque part qu'il vousist aler. Le comte de Charolois, par le moyen d'aucuns ses serviteurs (et disoit on que c'estoit Guillaume Bische), s'entendit fort avecques le nouveau roy de France ; et tellement que depuis son sacre il le mena à Tours, où il le festeya grandement, et luy donna trente six mille francs de pension ; mais il ne l'entretint guères en celle pension, dont le débat et la noise commença entre eux, comme vous orrez cy-après.

Ainsi fut conduit et mené le nouveau roy Louis de France à Reims, où il fut sacré moult honnorablement et solennellement ; et de là vint à Paris, où il prit sa couronne, au plus grand triomphe que fit onques roy de France couronné ; car le duc de Bourgongne avoit amené, pour accompaigner le roy, une noblesse si bien acoustrée de pompes et d'habillemens, que c'estoit belle chose à les voir ; et estoit le duc de Bourgongne richement paré d'or et de pierreries, et son fils le comte de Charolois semblablement ; et si je me vouloye arrester à escrire les pompes et les pareures qui furent faictes cedict jour, je pourroye être prolix en mon escripture, et ennuyeux aux lisans ; et pour ce m'en passeray, pour abréger.

Pendant le temps que le roy se tenoit à Paris, le seigneur de Lau estoit le mignon du roy, et s'habilloit pareil de luy ; et se faisoyent parmy Paris grandes guerres et grands festeyemens ; et le duc de Bourgongne estoit logé en sa maison de d'Artois, auquel lieu il feit par plusieurs fois, et comme tous les jours, grande assemblée de dames, de damoiselles, et aussi des plus notables bourgeoises de la vile, et leur donnoit grans soupers et grans banquets; et chacun jour estoit la sale parée de grans buffets de nouvelle vaisselle, aucunes fois dorée, et aucunes fois blanche; et se firent joustes moult riches et moult pompeuses, où jousta le comte de Charolois, qui vint sur les rangs moult pompeusement, à campanes d'or et de soye; et s'armèrent le comte et ses gens à l'hostel de messire Jehan d'Estouville, lors prévost de Paris; et tenoyent les gens du comte de Charolois, et leurs pompes, toute ceste belle rue des Tournelles, qu'il faisoit moult beau veoir. Moult de nobles seigneurs de France joustèrent bien empoinct; mais quand vint à deviser du prix, il fut trouvé que Frédérik de Wiltem, avec son escu et son cheval couvert de la peau d'un daim, avoit le mieux couru, rompu et gaigné le prix. Iceluy Frédérik de Wiltem estoit lors un jeune escuyer subjet de monsieur de Bourgongne, et des païs d'outre Meuse; et pourtant si son cheval n'estoit couvert si richement comme les autres, si ne luy veux je point dérober son bien-faict.

Ainsi se passa celle jouste; et assez tost après le comte de Charolois fit un tournoy en la salle de Bourbon, qui fut moult bien combatu; et y fut monsieur Philippe de Savoye, qui s'aquita très bien, pour sa première fois. Le roy et la seigneurie demourèrent à Paris aucun temps, et se partit le roy, et le convoya monsieur de Bourgongne, et tous les princes de France. Le roy prit le chemin de Touraine, et monsieur de Bourgongne s'en retourna en ses païs, en apparence de toute bonne paix. Le comte de Charolois prit le chemin de Bourgongne, et de là passa la rivière de Loire, et ala à Tours devers le roy de France, qui le receut et traita honnorablement pour celle fois. Et devoit le duc François de Bretaigne venir devers le roy de France; mais le roy ne voulut jamais souffrir que le duc de Bretaigne et le comte de Charolois se trouvassent ensemble, et pour ce dépescha il le comte de Charolois avant la venue du duc de Bretaigne; et il s'en ala devers son père au païs de Flandres, et le duc de Bretaigne besongna avecques le roy de France ce qu'il y avoit à faire.

CHAPITRE XXXV.

Comment le roy Louis mécontenta le comte de Charolois, dont luy sourdit guerre, sous couleur du bien-public de France.

COMME j'ai dit dessus, le roy de France donna à monsieur de Charolois trente-six mille francs de pension, et par aucun temps fut le comte bien payé de sa pension. Mais le roy (qui fut moult subtil en ses affaires) tint une manière que quand il se vouloit servir du comte il le traittoit bien, et tenoit mines contraires à ceux de Crouy; et quand il se vouloit servir d'iceux de Crouy, il traittoit mal le comte de Charolois. Et ainsi advint que le roy rompit la pension de monsieur de Charolois, et rappela ceux de Crouy, dont il se vouloit servir et aider à ceste fois; et tant convindrent ensemble, que le roy conclut de racheter la rivière de Somme; et pour la vie du duc durant, le roy avoit promis de ne la point racheter. Si montoit ledict rachapt à quatre cens mille escus, et contendoit le roy qu'iceux quatre cens mille escus viendroyent en la main du comte; mais quand le roy de France veit son plus beau, il ne tint rien au comte de ce qu'il luy avoit dict; mais en fit son profit, et furent deux choses qui moult déplheurent au comte: l'une, que le roy luy avoit osté sa pension, et l'autre qu'il avoit racheté les terres engagées de la rivière de Somme, pour quatre cens mille escus, qui furent mis ès mains de Jacob de Brésilles, lors garde des joyaux de mondict seigneur le duc.

Le roy de France (qui lors se tenoit à Abeville) visitoit souvent le duc de Bourgogne (qui se tenoit à Hédin), et entre autre parolles luy offrit le roy de France que s'il vouloit, il luy feroit venir le comte de Charolois son fils à la raison, et le mettroit totalement en son obéissance. Mais le duc de Bourgongne (qui tousjours fut sage, prudent et courageux) respondit au roy qu'il le laissast convenir de son fils, et qu'il en feroit bien; et sembla au duc que le roy disoit ces parolles pour mettre sa maison et ses païs à plus-grand brouillis qu'ils n'estoyent; et ne le prit pas bien en gré.

En ce temps un bastard de Rubenpré aborda en Zéelande, à tout un léger bateau davantage. Ledict bastard estoit homme-de-faict, courageux et entreprenant; et fut tantost soupsonné contre luy qu'il ne venoit pas pour bien faire; car le comte de Charolois (qui estoit jeune) se tenoit lors en Holande, et s'aloit jouer à son privé de lieu en autre; parquoy les sages qui estoyent autour de luy ne s'asseurèrent point dudict bastard, mais fut envoyé gens pour le prendre; ce qui fut faict. Et fut mis ledict bastard en prison fermée, et m'envoya ledict comte de Charolois à Hédin devers le duc son père, pour l'avertir d'icelle prise, et des causes pourquoy; et le bon duc ouyt ce que je luy voulus dire humainement, et comme sage prince; et, à la vérité, il se soupsonnoit dèslors des subtivetés du roy de France.

Assez tost après se partit le duc de Hédin, et s'en revint en ses païs; dont le roy de France ne fut pas content, mais dépescha une grosse ambassade, dont fut chef le comte d'Eu; et vindrent trouver le duc de Bourgongne en sa vile de l'Isle, et firent grandes propositions contre luy; et vouloit le roy de France que je fusse mis en sa main, pour estre puni à son désir de ce qu'il me mettoit sus que j'avoye esté cause de la prise du bastard de Rubenpré, et aussi que le duc de Bourgongne s'estoit parti de Hédin sans dire adieu au roy de France; mais le bon duc (qui fut amesuré en tous ses faicts) leur respondit que j'estoye son subjet et son serviteur, et que si le roy ou autre me vouloit rien demander, il en feroit la raison. Toutefois ces choses se pacifièrent; et, pour guerdon de toute la grande despense qu'avoit fait le roy de France, luy estant dauphin, à la maison de Bourgongne, il luy donna, transporta et quitta vingt mille escus que le roy Charles son père avoit payés, pour avoir le droit de la duché de Luxembourg; et pour icelle somme demoura la duché de Luxembour en héritage paisible au duc de Bourgongne, pour luy, ses hoirs, et postérités quelconques.

Le bon duc en ce temps là estoit fort caducque et envieilly de sa personne, à cause d'une grande maladie qu'il avoit eue, et qui moult l'empira; mais toutefois il estoit prince de si grand cueur, qu'il supportoit son mal, et ainsi le porta longuement. En ce temps les comtes de Charolois et de Sainct-Pol se commencèrent à entendre ensemble, pour la grande haine qu'ils avoyent à ceux de Crouy; et croy bien que les mauvais raports en estoyent bien cause; et visita le comte de Sainct-Pol mondict seigneur de Charolois au Quesnoy et ailleurs, où ils conclurent partie de leur intention.

En ce temps monsieur Charles de France, frère du roy Louis, en espérance d'avoir partage au royaume de France par la main et en la conduite d'un noble capitaine nommé Oudet de Rie, se partit soudainement de Tours sur un bon cheval; et en peu de temps se trouvèrent en Bretaigne, où le duc François receut la compaignie à grand joye, et prestement le fit sçavoir au comte de Charolois, son frère d'armes; et par le moyen du comte de Sainct-Pol commencèrent à faire aliances de tous costés contre le roy de France; et de celle aliance estoit monsieur de Bourbon, le duc Louis; et sur luy commença la guerre par le roy de France.

Si fut une journée tenue à Nostre-Dame de Paris, où furent les séelés envoyés de tous les seigneurs qui voulurent faire aliance avec mondict seigneur le frère du roy; et portoyent iceux qui avoyent les séelés secrètement, chacun une aiguillette de soye à sa ceinture; à quoy ils congnoissoyent les uns les autres; et ainsi fut faicte ceste aliance, et dont le roy ne peut onques rien sçavoir. Toutesfois il y avoit plus de cinq cens, que princes, que chevaliers, que dames et damoiselles, et escuyers, qui estoyent tous acertenés de ceste aliance; et se faisoit ceste emprise sous ombre du bien publiq, et disoit on que le roy gouvernoit mal le royaume, et qu'il estoit besoing de le réformer.

En ce temps se mirent sus en armes, de tous costés, iceux aliés, et autres du royaume de France; et cuidoit le roy que ce fust pour venir à son aide; mais il trouva bien le contraire. Et au regard du comte de Charolois, il avertit le duc son père de l'aliance qu'il avoit faicte avec monsieur de Berry, frère du roy, où estoyent compris les ducs de Bretaigne, de Bourbon et d'Alençon, ensemble le comte du Maine, le comte d'Armignac, le comte de Dunois, et moult d'autres grans personnages; et en ce temps se conduisoit mondict seigneur de Berry par le conseil du duc de Bretaigne et par le comte de Dunois, et requirent leurs aliés de toutes pars; et quand le bon duc entendit que son fils estoit alié avecques tant de gens-de-bien, il fut content qu'il s'aquitast et qu'il tinst promesse aux autres princes, et qu'il fist son armée en ses païs telle qu'il la pourroit avoir. Ce qu'il fit, et assembla grans gens-d'armes et grande compaignie, et se tira aux champs au jour qui estoit ordonné; et avoit une moult-belle et puissante compaignie, où estoyent le seigneur de Ravestain, le comte de Sainct-Pol, le bastard de Bourgongne, et plusieurs autres seigneurs; et fut pour celle armée, par le commandement du duc, le seigneur de Haubourdin, lieutenant-général du comte de Charolois; et ainsi se tira celle armée aux champs, où il y avoit plus de dix mille chevaux, sans les sommiers et l'artillerie; qui estoit une grosse bande. D'autre part le duc de Berry et le duc de Bretaigne se retirèrent aux champs, en intention d'eux joindre ensemble avecques le comte au lieu de Sainct-Denis, à un jour qui fut limité.

Mais le roy de France, acompaigné de dix-neuf cens lances des ordonnances, prit conseil qu'il estoit de faire, et sur laquelle les deux bandes il courroit sus, ou sur les Bretons, ou sur les Bourgongnons ; mais ils dirent tous qu'il valoit mieux courre sur les Bourgongnons, pour ce que l'ancienne haine d'entre les François et les Bourgongnons estoit plus grande que contre les Bretons, et espéroit le roy qu'il auroit meilleur avantage et aventure. Les Bourgongnons marchèrent jusques à Montlehéry ; et le roy de France marcha au devant d'eux, à grosse et fière compaignie de François.

Le comte de Charolois mit ses batailles en ordre, et là furent faicts chevaliers d'une part et d'autre; et en puis parler, car je fus ce jour chevalier. Le seigneur de Clecy, Jehan de Montfort, Hemer Bouton, et pour nostre chef le seigneur de Chasteau Guyon, fils du prince d'Orange et de la sœur du comte d'Armignac, et plusieurs autres, fusmes chevaliers à ce premier rencontre. Le roy de France ordonna ses batailles outre un fossé, et fit partir environ trois cens hommes-d'armes, la lance sur la cuisse, sans varlet ou mesquine, qui vindrent donner du costé du comte de Charolois; mais les archers de monsieur le bastard donnèrent de leurs flèches par le ventre d'iceux chevaux tellement, qu'ils les firent ressortir, et tourner le dos; et le comte de Charolois donna dedans, et porta moult grand dommage aux François; et fit un tour au tour du chasteau, et puis il s'en revint joindre avecques ses gens; et avint que le comte fut rencontré d'aucuns François, et fort occupé de sa personne, jusques à luy dire qu'il se rendist. Mais courageusement soustint l'assaut de ses ennemis. Et avint que le fils de son médecin, nommé Robert Cotereau, monté sur un fort cheval, voyant son maistre en ce danger, se vint fourrer au milieu de ce débat, l'espée au poing; dont le François, qui tenoit le comte moult-de-près, s'éloigna de ceste place; et fut le comte garenti pour celle fois. Et prestement le comte fit chevalier ledict messire Robert Cotereau, et le pourveut de l'office d'estre lieutenant des fiefs en Brabant, qui est un bel estat, et profitable.

Ainsi avint de celle journée; et donnèrent les François sur le quartier à la main senestre, dont plusieurs portèrent le faix à grand'peine ; et mesmement s'en fuirent aucuns des capitaines bourgongnons, dont la compaignie du comte fut fort amoindrie; et en demandoit on au seigneur d'Emeries, au seigneur d'Incy, et à plusieurs autres; et, à la vérité dire, je ne les sauroye comment excuser ; car ils furent pris au pont Saincte-Maixance; et parut bien qu'ils estoyent pris sans tenir ordre, et comme gens fugitifs de la bataille.

Quant au comte de Charolois, combien qu'il fust blécé en la senestre partie de son col, et de poincte d'espée, toutefois il ralia ses gens, et se mit en bataille devant ses ennemis ; et dura longuement qu'ils estoyent les uns devant les autres sans guères exécuter du mestier de la guerre : tellement que la nuict aprocha, et se retira chacun pour celle nuict ; et pour ce que les François firent grans feux, et en plusieurs lieux, parmy le village de Montlehéry, chacun de nostre parti cuidoit que le roy de France se fust arresté audict village, pour l'endemain venir combattre les Bourgongnons. Mais non feit ; ains toute la nuict chevaucha, et s'en ala à Corbeil, combien que le chastel de Montlehéry tinst pour luy. Et le comte de Charolois (ainsi blécé qu'il estoit) se tira à une grosse haye sur le champ de la bataille, où il demoura pour la nuict; et fusmes ordonnés cinquante hommes d'armes, qui veillasmes celle nuict à cheval, pour soustenir les premiers. Et sur le poinct du jour fusmes envoyés avecques le seigneur de Morneil, lors maistre de l'artillerie, pour gaigner et recouvrer certaines pièces d'artillerie au pié du chastel de Montlehéry. Ce qui fut faict; et à celle heure vint un cordelier du vilage, qui nous dit comme le roy françois s'estoit en alé à Corbeil, et que toutes manières de gens-d'armes françois avoyent abandonné Montlehéry, exceptés ceux qui tenoyent le chastel; et, pour plus grande seureté, furent gens envoyés pour visiter le lieu; et fut trouvé que nuls François n'estoyent demourés audict vilage de Montlehéry, n'à l'environ. Et fut la fuite des François longue; car le comte du Maine fut ce jour au giste à Chasteleraux; et autres s'en alèrent, d'une tire, à Partenay et à Lusignan, et firent grande diligence pour eux sauver.

En celle nuict le seigneur de Condé fut tellement espouventé qu'il abandonna le comte de Charolois, et s'enfuït jusques en Bourgongne; et le comte de Charolois, cuidant que ses ennemis le deussent l'endemain combatre et assaillir, tint un conseil au long de ladicte haye, sur une pièce de bois abatue; et là se trouvèrent les grans, les sages, et les plus gens-de-bien de son armée. Là ouy-je parler le seigneur de Créqui et le seigneur de Haubourdin, qui ramentevoyent comment estant le duc Philippe à sa première bataille, qui fut à Sainct-Riquier, ladicte bataille fut ce jour perdue pour le duc, et puis recouvrée; et que plusieurs s'enfuyrent, qui depuis revindrent à icelle bataille; et fut cause du recouvrement d'icelle le comte de Ligny, qui amena une bande de gens d'armes, qui moult de bien firent au duc et à sa compaignie; et le duc s'esprouva si bien de sa personne, qu'il prit trois prisonniers françois de sa main, comme il est escrit en autres chroniques. Et mesmes le duc prit de sa main Poton de Saintrailles, qui pour lors estoit nommé et tenu l'un des experts et des gentils-hommes-d'armes du royaume de France. Ainsi se ramentevoyent les beaux faicts du père pour honorer le fils; et devez sçavoir que les aucuns du conseil doutoyent la journée de lendemain, et mettoyent avant

que bon seroit de tirer en Bourgongne toute la nuict, et que là se pourroit recouvrer gens-d'armes et bonnes places, pour sauver et garentir ledict comte de ce danger. Mais quand vint à l'opinion du seigneur de Contay, premier maistre-d'hostel du comte, il dit que Dieu n'avoit pas sauvé le comte de ce danger, s'il ne le vouloit mettre outre; et qu'il demouroit d'opinion que le comte attendist la fortune, et gardast le champ et Montlehéry à l'encontre de ceux qui luy voudroyent calenger. Et sur ceste opinion le jour commença à poindre, et demoura la conclusion que l'on attendroit la fortune.

Or est temps que je devise de monsieur de Berry et du duc de Bretaigne, qui s'estoyent retirés, eux et leur armée, à Chasteaudun. Ils eurent, pour les premières nouvelles, que le comte de Charolois estoit déconfit, et que le roy de France avoit gaigné la bataille; mais tantost après leur vindrent certaines nouvelles que le comte de Charolois avoit gaigné la bataille, et tenoit le champ, et que le roy de France s'estoit retiré à Corbeil. Si conclurent les Bretons de se venir joindre avec mondict seigneur de Charolois; et mondict seigneur de Charolois garda ce jour le champ de la bataille (que l'on nommoit anciennement le champ de Plours), et le lendemain se logea à Montlehéry, où nous avions esté envoyés, Jaques de Montmartin et moy, pour faire les logis; et là trouvasmes sur de la paille le corps mort du sénéchal de La Varenne (qui fut grand dommage), et plusieurs autres nobles et bons personnages françois, les uns morts, les autres blécés, et les autres prisonniers en diverses mains; et ainsi, pour ce jour second, se logea le comte à Montlehéry, et le fit pour médeciner les navrés, dont il avoit grand nombre. Si moururent à ceste bataille, du costé du comte Charles, messire Philippe de Lalain, le seigneur de Hames, Jehan de Pourlan, Jaques Du Chasteller, et plusieurs autres gens-de-bien. Et, le lendemain du logis de Montlehéry, le comte fit marcher à Chastres (où il n'y a qu'une petite lieue); et ce en intention de rencontrer le duc de Berry, le duc de Bretaigne, et leur armée, qui estoit très-belle et puissante, et pleine de noblesse.

Or ay je devisé de la bataille de Montlehéry,

qui fut le seizième jour de juillet l'an 1465, et comment elle fut conduite d'une part et d'autre.

Et ne déplaise à messieurs les historiographes françois, qui ont mis la bataille gaignée pour le roy de France, car il n'est pas ainsi; mais garda le champ, comme sa victoire, le comte de Charolois par trois jours, sans éloingner en tout plus d'une lieue, et pour les causes que j'ay dites cy dessus. Quant au roy de France (qui s'estoit retiré à Corbeil pour sa plus grande seurté, aussi pour estre seur de sa cité), il se tira à Paris, et fit bonne chère à chacun, aussi bien à ceux qui s'en estoyent fuis comme aux autres; car il avoit, à celle heure, faute de gens et d'amis. Et ainsi se passa ceste bataille.

Si reviendrons à parler en celuy temps des Bourgongnons, que menoit et conduisoit le mareschal de Bourgongne, messire Thibaut de Neufchastel, seigneur de Blancmont. Il avoit avecques luy les deux frères de Toulongeon, messire Claude et messire Tristan, lesquels estoyent bien acompaignés. Aussi avoit il le seigneur d'Espiri, le seigneur de Ru, le seigneur de Soye, et les enfans de Vaudrey, que conduisoit Philippe de Vaudrey, gruyer de Bourgongne. Il avoit Guiot Dusie, et plusieurs autres bons personnages : et d'autre part se joindit avecques eux le duc Jehan de Calabre, un moult noble prince; et certes quand les Bourgongnons et les Lorrains furent assemblés ensemble, c'estoit une moult belle armée, et puissante d'hommes d'armes; et au milieu de la Beausse leur vindrent nouvelles que le roy de France avoit gaigné celle bataille de Montlehéry, et que le comte de Charolois estoit ou mort ou pris; dont de plain saut la compaignie fut moult effrayée. Mais ce noble prince monsieur de Calabre reconfortoit toute la compaignie, et disoit qu'il ne croyoit point que celle noblesse et puissance fust déconfite pour un jour; et pria qu'on eust patience d'ouïr les secondes nouvelles, et que les premières nouvelles de la guerre ne sont jamais seures ne vrayes; et que quand il seroit vray de la déconfiture (que Dieu ne vousist), il s'offrit en sa personne de demourer avecques les Bourgongnons; et conseilloit d'eux tirer devers le bon duc Philippe, pour prendre vengeance de ce grand méchef à luy avenu : et se monstroit le duc de Calabre vray et loyal prince en ceste partie; et combien qu'il y eust des picques et des partialités entre luy et le mareschal de Bourgongne, toutesfois il mit tout arrière dos, et besongnoit de conseil et d'aide avec ledict mareschal familièrement, et le mareschal avecques luy; et en devisant de ces matières, et regardant qu'il estoit de faire, il vint un certain messager, qui luy certifia sur sa vie que le comte de Charolois avoit obtenu la journée, et gaigné la bataille. Si fut ce grand dueil mis en toute joye, et marchèrent pour venir devers le comte, et estoyent tous en esquadres, qui estoit moult belle chose à veoir.

Quand les ducs de Berry et de Bretaigne sceurent la venue des Bourgongnons, et mesmes du duc Jehan de Calabre leur cousin, ils partirent de Moret en Gastinois, pour aler au-devant; et d'autre part se partit le comte de Charolois, et se joindit avecques monseigneur de Berry, pour aler au-devant du duc Jehan de Calabre. Et pouvez croire qu'ils se firent grand honneur et grande feste à l'assembler : et pendant ce temps le comte de Charolois fit tendre ses tentes et ses pavillons sur la rivière de Seine, et sembloit que ce fust Raimondin qui eust fait une nouvelle vile.

Là tindrent les seigneurs un conseil comment ils soustiendroyent la bataille, si les seigneurs de France revenoyent encores une fois. Mais monsieur de Bueil (qui moult sçavoit de la guerre) affermoit tousjours qu'ils ne reviendroyent plus à la bataille, et que le roy de France en avoit assez pour ceste fois; et fut conclusion de tirer à Sainct-Martin-de-Larchamp, et que là se prendroyent conclusions de ce qu'il seroit de faire; et fut celle grosse armée séparée pour celle fois. Le duc de Calabre, et le comte de Charolois, et le comte de Sainct-Pol, demourèrent à Sainct-Mathurin. Les ducs de Berry et de Bretaigne, et grande partie de la seigneurie, se logèrent à Nemours; et le seigneur de Haubourdin se logea en une vile qu'il avoit gaignée, avecques grande partie des seigneurs et l'armée; et en ce temps fut tenu un conseil à Sainct-Mathurin (où estoit Tanneguy Du Chastel, grand-escuyer de France); et voudroyent les aucuns que celle noble armée se tirast sur les marches de Bourgongne, pour eux fortifier de gens et de vivres; mais le comte de Charolois (à qui estoit ceste première victoire) tenoit la main qu'on retournast devant Paris, et que l'on fist bonne et forte guerre au roy de France; et fus envoyé, avecques six archers, toute la nuict, devers mondict seigneur de Haubourdin, pour l'avertir de la voulonté du comte, et qu'il tinst la main à monsieur de Dunois et aux autres seigneurs d'ainsi le faire; et feit celle nuict le seigneur de Haubourdin si bonne diligence, qu'il gaigna les seigneurs qui estoyent en icelle vile; et lendemain, au plus matin, se tirèrent à Nemours. Et fut la chose conclue que l'on tireroit devant Paris, à l'appétit du comte de Charolois.

Et ne demoura guères que toute l'armée tira devant Paris; et se logèrent monsieur de Berry et le duc de Bretaigne au chasteau de Beauté, et là environ; et le duc de Calabre et le comte de Charolois se logèrent à Conflans, au pont de Charenton, et à l'entour; et tous les jours se faisoyent de grandes écarmouches devant Paris, du costé de la porte Sainct-Anthoine. Le roy de France avoit assemblé à Paris grosse armée et grans gens-d'armes, et les estoit alé quérir jusques en Normandie; et par une noire nuict envoya les francs-archers normans faire un tranchis garni d'artillerie tellement, qu'il batoit du long de la rivière et du travers, et se pouvoit on tenir à grand peine à Conflans. Mais le duc de Calabre et le comte de Charolois visitèrent en leurs personnes ledict tranchis, et prestement firent aporter grandes cuves à vendanger (car légèrement pouvoit on recouvrer desdictes cuves, pour ce que grans vignobles sont en ce quartier); et de ce firent gros boulovars, garnis de bonne artillerie; et tellement battoyent du travers de la rivière, que les Normans qui estoyent ès tranchis n'osoyent lever la teste; et firent iceux princes faire un pont sur la rivière, par lequel les Bourgongnons passoyent, et tous les jours y avoit grande écarmouche de là l'eaue; et quand François se venoyent monstrer, le duc de Calabre avoit une petite compaignie de Suisses qui prestement passoyent l'eaue, et ne doutoyent point les gens-de-cheval; car ils estoyent communément trois Suisses ensemble, un piquenaire, un coulevrinier et un arbalestrier; et estoyent si duits de ce mestier, qu'ils secouroyent l'un l'autre au besoing; et se bouta avecques eux un archer du corps du comte de Charolois, nommé Savarot, qui se monstra moult bien avecques lesdicts Suisses.

Ainsi se continuoit la guerre du costé de Conflans, et quasi tous les jours se tenoit conseil à Beauté devant monsieur de Berry et les autres princes. Et tous les jours y aloyent le duc de Calabre et le comte de Charolois, armés, et l'espée ceincte; et estoyent habillés de journades pareilles, et sembloyent bien deux princes et deux capitaines qui désiroyent plus le débat que la paix; et toujours estoyent ces deux princes d'opinion de mener la guerre outre, pour ce qu'ils trouvoient le roy de France variable en ses promesses. A ce conseil venoyent les députés de Paris, et nommément l'évesque de Paris, un moult notable clerc, frère de maistre Alain Chartier; mais à nulle fois ne se peut trouver nulle bonne conclusion. D'autre part, le roy de France (qui moult estoit subtil en ses affaires) mit sus, de son costé, un parlement qui se tenoit en la Grange-aux-Merciers, assise assez près de Conflans, et duquel parlement estoit chef monsieur Charles, duc d'Anjou. Et monsieur de Berry et les princes y envoyèrent leurs députés. Et tendoit iceluy parlement à fin de trouver un expédient sur la réformation du royaume et sur le bien public, dont les princes faisoyent plainte.

En ce temps mourut madame Ysabel de Bourbon, comtesse de Charolois; et mourut à Anvers, et fut enterrée en l'abbaïe de Sainct-Michel, où elle gist moult notablement ensépulturée; et fut le vingt-sixième de septembre l'an 1465.

En ce temps furent prises plusieurs trèves d'une part et d'autre; et, durant lesdictes trèves, nous allions à Paris faire grand'chère, pour nostre argent, où nous étions les trèsbien venus. Et qui me demanderoit comment se trouvoyent les vivres pour si grande et puissante armée qu'il y avoit à Paris et dehors, tant de gens-d'armes comme de chevaux, je respons certes que la cité de Paris estoit lors fort pleine de blés et de vins, et fit grandement son profit de l'armée. D'autre part, le comte de Roussi, fils du comte de Sainct-Pol, avoit trouvé manière de soy bouter et tenir main forte dedans la vile de Laigni-sur-Marne : dont moult de biens et de pourvéances vindrent aux princes et à l'armée, qui estoit hors de Paris.

En ce temps fut le comte Louis de Sainct-Pol faict connestable de France par le roy. Et depuis changèrent les entendemens et bonnes amitiés qui estoyent entre le comte de Charolois et ledict connestable, pour ce que de là en avant ledict connestable se déclaira François, et abandonna la hantise dudict comte ; et fut audict temps envoyé, par le sauf-conduit du roy de France, devers le duc de Bourgongne, pour pratiquer cent mille escus que le fils demandoit au père pour payer ses gens-d'armes.

Or ne faut pas oublier que quand les Liégeois, anciens ennemis de la maison de Bourgongne, virent que le duc Philippe estoit dénué de ses gens-d'armes, et leur sembla que plus à leur avantage ne pouvoyent prendre le noble prince, ils commencèrent la guerre de feu et de sang. Mais le bon duc (qui jamais ne s'effraya de chose qui luy avint) manda le seigneur de Gasbecque, messire Philippe de Hornes, le sénéschal de Hainaut, messire Anthoine, bastard de Brabant, et le fils du seigneur d'Arcy ; et de ces quatre fit capitaines, et leur bailla gens-d'armes pour les acompaigner ; et les envoya au-devant desdicts Liégeois, qui desjà estoyent aprochés de Montenak. Mais lesdicts gens-d'armes, sous la conduite dudict messire Philippe de Hornes, seigneur de Gasbecqué, leur coururent sus moult asprement (car il estoit un très-vaillant chevalier et asseuré), et desconfirent lesdicts Liégeois, et en firent grand meurdre. Et fut nommée icelle journée le remonstre de Montenak. Et ainsi la puissance du bon duc Philippe soustint la guerre et en France et en Liége ; et en vint à son dessus et à son honneur, par l'exécution de son fils.

En ce temps, pour ce que madame de Charolois estoit trépassée, entremetteurs se mirent sus pour faire le mariage de monsieur de Charolois et de madame Jehanne de France, fille du roy (qui de présent est duchesse de Bourbon); et, en espoir de faire celle alliance, le comte de Charolois, se fiant au roy de France, passa l'eaue, et ala souper en la bastille Sainct-Anthoine avecques le roy, où ils parlèrent de plusieurs choses. Et une autre fois, le roy de France, luy sixième de chevaux, vint au milieu de toutes les gens-d'armes du comte ; et sembloit d'eux toute privauté et bienveuillance. Et en ce temps, nous amenasmes, du trésor du duc, trois sommiers chargés d'or, où il pouvoit avoir quatre vingts mille escus. Et le lendemain furent reveues criées, et tous gens-d'armes sur les champs, pour recevoir argent ; et là fut ce que le roy de France vint, à six chevaux, visiter l'armée. Et le comte de Charolois se partit de Conflans sur un petit cheval, à tout son grand manteau de deuil, qu'il avoit fait pour la mort de sa femme. Et sous les enseignes, et entre les batailles, se conjoingnirent et s'embracèrent le roy et le comte moult amoureusement, comme il sembloit. Le roy s'en retourna à Paris, et le comte veit ses reveues ; et le lendemain furent payées toutes manières de gens-d'armes.

Grans parlemens furent tenus entre le comte et le roy touchant iceluy mariage, et offroit le roy de donner en mariage à sa fille les comtés de Brie et de Champaigne. Et pour ceste matière fut envoyé maistre Jehan Carondelet (qui depuis a esté chancelier de Bourgongne) avec charge d'aler à Paris, et de visiter les tiltres, pour sçavoir si un roy de France pouvoit donner en mariage à sa fille lesdictes comtés de Brie et de Champaigne, et les oster de la couronne. Et combien que le comte de Charolois fust en guerre, il eust toujours avecques luy deux notables clercs bourgongnons pour conduire ses matières : dont l'un fut maistre Guillaume Hugonet (qui depuis fut chancelier de Bourgongne), et l'autre fut maistre Jehan Carondelet, que j'ay nommé dessus.

Toujours se continuoit le mariage dessusdict : et durant ce temps fut pratiqué en ladicte Grange-aux-Merciers une paix qui fut telle que trente-six hommes du royaume de France devoient avoir le regard pour augmenter le bien public, et en estoit le roy content : et à la vérité ce fut soubtiveté au roy pour estre quite de celle charge, et venir à paix avec les princes de son royaume : car j'en ay assez enquis, et ne sceu onques qui estoyent les trente-six, ne qui estoit le premier ne le dernier : et, à mon jugement, le roy se monstra le plus subtil de tous les autres princes, et entretenoit le comte de Charolois du mariage dessusdict : et ne sçay s'il y avoit grande voulonté. Ainsi fut la paix criée de tous costés : et devoit le roy, par ce traitté, bailler à monsieur de Berry la duché de Normandie pour son partage : mais quand vint au fort de besoingner, le roy de France en ouvra tout autrement, comme vous orrez cy-après. Ainsi se détentit celle armée. Monsieur de Berry et le duc de Bretaigne tirèrent en Normandie, et le duc de Calabre et le comte de Charolois prirent le chemin de Villiers-le-Bel (qui est un gros village assez près de Sainct-Denis), et là se visitoyent privément le roy et le comte de Charolois, sous ombre dudict mariage : et tindrent la Toussainct audict Villiers-le-Bel ensemble moult familièrement : et puis se partit chacun, et se retira le roy à Paris ; et le comte de Charolois prit son chemin contre Nostre-Dame-de-Liesse, auquel lieu il fit ses offrandes dévotement ; et puis se retira contre Liége, en intention de venger l'outrage et injure que prétendoyent faire les Liégeois au duc, en l'absence de luy son fils ; et quand il vint au païs du Liége, il les épouvanta tellement que les Liégeois vindrent à genoux crier mercy au comte pour et au nom de son père, et promirent de non plus venir à armée contre luy. Mais Liégeois ne sont pas bien coustumiers de tenir ce qu'ils promettent, et aussi ne firent ils celle fois.

Quand le comte eut mis à mercy lesdicts Liégeois, il s'en retourna en ses païs, et nommément à Brucelles, où il fut grandement festeyé et receu, tant du père et de la mère comme de ses sugets ; et tousjours se continuoit le parlement d'iceluy mariage ; et estoyent les principaux, du costé du comte, le seigneur d'Escordes, et Guiot Dusie (qui depuis fut chevalier), et messire Guillaume Bische, et principalement le seigneur d'Escordes et Guiot Dusie : et ainsi se couloit le tems, et vivoit le roy de France avecques le comte et le comte avecques le roy.

Or avons nous devisé de la guerre et de la paix, et est temps que je devise comment exploita monsieur de Berry à prendre sa possession de la duché de Normandie ; à quoy le roy avoit sagement pourveu, comme dict est ; car prestement que le duc de Bretaigne fut entré à Rouen, plusieurs grans personnages (comme Jehan, monsieur de Lorraine, et autres) entrèrent en débat pour les grans offices ; et d'autre part le duc de Bretaigne éloingna de luy Tanneguy Du Chastel : et disoit on que c'estoit à l'appétit du seigneur de Lescut, Oudet de Rie. Par ces brouillis, le duc de Berry n'entra point à Rouen ; mais fut logé à Saincte-Katerine du mont de Rouen, et quand le roy sceut et entendit les brouillis qui estoyent à Rouen, il s'aprocha à grosse armée, pour voir et entendre à quoy celle chose prendroit fin ; et rappela en sa bonne grâce le duc de Bourbon, et le traitta bien, pour aux autres donner à entendre que ceux qui se rendroyent à luy seroyent amiablement traittés et receus. Il entretenoit le comte de Charolois du mariage dessusdict, et se vengeoit à l'espée du surplus de ses ennemis ; et le duc de Bretaigne prit conclusion de s'en retourner en ses païs, et monsieur de Berry fut conseillé de s'en aler avecques le duc. Ainsi s'en retournèrent en Bretaigne, et le roy de France entra à Rouen, où il fit grande chère.

En ce temps, je fus envoyé par monsieur de Charolois, pour sçavoir comment on exploitoit à ceste possession de Rouen et de Normandie ; mais je fus tantost averti que les seigneurs que je quéroye estoyent déjà en Bretaigne. Si passay parmy Rouen, et parlay au roy, qui me demanda où j'alloye ; et je luy respondy que monsieur mon maistre m'envoyoit devers monsieur de Berry son frère pour sçavoir son estat, et aussi pour soy affranchir et aquiter du serment qui estoit entre eux deux ; et sur ce me laissa le roy passer, et se contenta de mon voyage. Tant alay que je vein en Bretaigne, et trouvay le duc et son estat à Rènes ; et le duc de Berry avoit passé l'eaue, et estoit logé au chasteau de Vennes (que l'on dit l'Ermine), où le duc me traitta honnorablement. Il estoit accompagné de monsieur de Beaujeu, frère du duc de Bourbon ; de l'évesque de Verdun (qui estoit de ceux de Héraucourt, de maistre Pierre d'Oriole, du neveu du comte de Dammartin, de messire Jehan de

Blosset, du seigneur de Malicorne, de Joachin de Velours, et de moult d'autres gens-de-bien. Et, à la vérité, quand le duc de Berry et le duc de Bretaigne sceurent que j'estoye envoyé pour sçavoir de leur estat, et comment il se portoyent, ils en furent moult joyeux; et me fut faicte bonne chère de toutes pars, et me baillèrent certaines bonnes charges à dire à mon maistre, toutes tendans à non rompre les premières aliances. Et ainsi m'en retournay en la compaignie de monsieur de Beaujeu, auquel monsieur de Berry avoit donné congé de s'en retourner en France; et le roy sceut que j'estoye à Tours, et me manda, pour parler à luy à Jargueaux. Ce que je fey; et si les bonnes parolles dont il me donna charge pour les dire à mon maistre de par luy eussent esté vrayes, nous n'eussions jamais eu guerre en France.

Ainsy me party du roy, et pris mon chemin pour aler à Paris, et de là ès païs de monsieur de Bourgongne; et ne demoura guères après que monsieur de Beaujeu fut arrivé devers le roy, que le roy luy donna sa fille en mariage, celle mesme dont il estoit parolle de monsieur de Charolois, et dit aux ambassadeurs du comte qu'il avoit marié sa fille à meilleur marché que de luy donner les comtés de Brie et de Champaigne; et quand les ambassadeurs, et mesmes maistre Jehan Carondelet (qui avoit visité à Paris les lettres de par le roy, comme dict est), furent retournés devers le comte, et qu'il eut ouy les habilletés du roy de France, il dit que les heureux y faillent; et ainsi dissimulèrent le roy et le comte, l'un contre l'autre, ce qu'ils avoyent sur le cueur.]

CHAPITRE XVI.

Comment le bon duc Philippe envoya son fils naturel, Anthoine, sur les Sarrasins de Barbarie; et comment le comte de Charolois destruisit la vile de Dinand, et fit venir les autres Liégeois à mercy.

En ce temps, le duc de Bourgongne (qui avoit acoustumé de recongnoistre envers Nostre-Seigneur les biens et les grâces qu'il luy faisoit, et mesmement par estre requis par nostre sainct-père le Pape pour donner confort à la foy chrestienne), éleva ses deux fils bastards, et grande noblesse de ses païs, pour s'aler, joindre avecques le Pape, et servir la chrestienté; et fit fréter et avitailler douze galées, et les armer d'environ dix mille combatans de la plus belle jeune noblesse et gendarmerie qui fust en ses païs; et fust messire Symon de Lalain, seigneur de Montigny, lieutenant général de monsieur le bastard, en celle armée; et estoit belle chose de voir les bannières et les pennons et chacun bateau; car chacun capitaine vouloit monstrer quel homme il estoit en ce haut et sainct voyage. Le trompettes et clairons sonnoyent, à monter les gens-d'armes chacun en son navire, et sous leur capitaine, qui donnoyent moult grand réjouissement; et d'autre part tiroit l'artillerie, qui épouventoit et effrayoit toute la compaignie.

Ainsi montèrent les nobles hommes et gens-d'armes chacun en son navire, par moult belle ordonnance; et donna le duc Philippe, outre le ravitaillement et autres fraiz qu'il faut faire à fréter tels navires, à mondict seigneur le bastard, son fils naturel, cent mille escus d'or content, que lui délivra Jacob Bregilles, des deniers de l'épargne. Et ainsi se partit le bastard de Bourgongne et celle très-belle armée; et prirent la mer le plus-tost qu'ils peurent, costoyèrent les dunes d'Angleterre, passèrent les Raz de Sainct-Mathieu, entrèrent en la mer d'Espaigne, et tant vaucrèrent, à l'aide de Dieu, du bon vent et de la bonne fortune, qu'ils abordèrent devant Ceutte, qui est une vile en Barbarie que le roy de Portugal a conquise, et la tient en ses mains comme chrestienne; et avoyent les Mores et les Barbares fait une grosse armée, et avoyent assiégé ladicte vile de Ceutte, et la tenoyent fort à destroit. Mais Dieu y amena monsieur le bastard et son armée, qui prestement prirent terre, et se préparèrent de combatre iceux Sarrasins, qui avoyent mis ledict siége. Mais les Sarrasins, voyans le courage des chrestiens, se levèrent, et abandonnèrent leur siége, et n'y eut autre chose faicte; car les Chrestiens n'avoyent nuls chevaux; parquoy se sauvèrent légièrement les Sarrasins et leur puissance. Monsieur le bastard ala visiter ceux de Ceutte, et les bons Chrestiens qui dedans estoyent, qui moult le mercièrent de son bon secours; et retourna chacun en son navire, et reprirent la mer en intention de venir à Ostie, et eux joindre avecques pape Æneas; mais ils trouvèrent que le pape Æneas estoit mort, et son armée toute rompue ; parquoy ils prirent le chemin de Marseilles, auquel lieu semblablement se rompit l'armée des Bourgongnons ; et fut celle belle assemblée rompue à petit exploit.

En ce temps, le duc Philippe de Bourgongne prit une maladie dont il fut moult affoibli et agravé de sa personne ; et depuis ne fit pas grand travail, ains se trouva vieil et maladif ; dont ce fut pitié et dommage ; car il avoit vescu courageusement et en prince vertueux ; et le bastard de Bourgongne, averti de la maladie de son père, s'en vint à diligence pour le servir et honorer comme il devoit. Le duc Philippe donna audict bastard la comté de La Roche en Ardaine ; mais on y trouva des difficultés, parquoy il l'eut à moult grande peine. Grande chère fut faicte audict bastard par le père et par le fils ; car ils estoyent bien avertis qu'à lui n'avoit tenu l'exécution de la guerre. Mais tint à ce que nostre sainct-père le Pape mourut ; parquoy toutes manières de gens-d'armes se retirèrent. Et doys bien ramentevoir la grande chère et bon recueil que fit le duc de Calabre à monsieur le bastard et à ses gens, au lieu de Marseilles ; et se fait à ramentevoir que l'armée toute rompue, messire Pierre Was et messire Frédéric de Withem garnirent leurs bateaux le mieux qu'ils peurent ; et firent un an la guerre aux Sarrasins, vaucrant la mer à leur avantage, où ils acquirent grand honneur ; car ce n'est pas peu de chose, après l'armée rompue, de soutenir la guerre contre les Infidelles et Sarrasins, comme dict est.

En ce temps, le seigneur d'Escales, frère de la royne d'Angleterre, chargea une emprise pour faire armes à pié et à cheval ; et fit sçavoir à monsieur le bastard de Bourgongne que s'il vouloit lever son emprise, et le décharger de sa charge, il le désiroit devant tous autres. Monsieur le bastard (qui des pieça avoit quis de faire armes, et de combattre en champ clos) fut bien joyeux de ces nouvelles, et les porta au duc son père, qui libéralement luy accorda d'accomplir lesdictes armes au frère de la royne d'Angleterre ; et ainsi furent icelles armes acceptées, et se prépara chacun de son costé de ce que besoin luy estoit ; et, pour accompaigner mondict seigneur le bastard, Philippe Bouton et Jehan de Chassa se préparèrent de faire armes en Angleterre ; et lors madame de Bourbon, sœur du duc Philippe, et ses filles, vindrent visiter le duc ; et fut audict temps faict le mariage du duc de Gueldres et de mademoiselle de Bourbon, nièce du duc ; et ainsi se passoit la saison.

En celuy temps, les Liégeois de Dinand, ennuyés de leur bonne fortune et désirans réveiller leur malheur, s'élevèrent, et prirent Jehan Le Charpentier, un moult notable homme de Dinand, et le firent piteusement mourir, pour ce qu'il avoit communiqué avec le duc Philippe, et fait traitté avecques luy, au bien et utilité de ladicte vile de Dinand. Mais ils le tournèrent en un autre usage ; et, comme dict est, firent mourir piteusement ledict Jehan Le Charpentier ; et (qui plus est) disoyent du duc de Bourgongne toutes les injurieuses parolles dont ils se pouvoyent aviser ; et mesmement boutèrent le feu en la comté de Namur ; et fut conseillé le duc, en ses vieux jours, de prendre les armes, et d'assembler gens-d'armes de toutes pars, pour soy venger d'iceux de Dinand ; et se tira luy, et le comte son fils, à Namur ; et fut conseillé le duc de demourer audict Namur, et envoya son fils à Bouvines ; et l'acompaigna le comte de Sainct-Pol, connestable de France, le mareschal de Bourgongne, et plusieurs seigneurs de Brabant et de Hainaut ; et conclurent d'aler mettre le siège devant Dinand, et se départirent en trois parties.

L'un des sièges tenoit le comte de Charolois ; le second, le mareschal de Bourgongue ; et le tiers siège tenoit le bastard de Bourgongne ; et la quarte partie estoit la rivière, où il ne faloit point de siège. Et ainsi fut Dinand assiégé de tous costés ; et combien que j'eusse veu plusieurs sièges de prince, toutesfois fut il là faicte une chose que je n'avoye oncques veue ; car messire Pierre de Hacquembac, lors maistre de l'artillerie, amena les bombardes devant les portes de Dinand à heure de plain midi ; et vous déclaireray comment. Il avoit afusté sa menue artillerie, dont il avoit grand' planté, devant les portes et la muraille de Dinand ; et quand il aprocha à tous ses bombardes, le traict à poudre voloit si dru, que ceux de la vile n'osoyent mettre la teste hors des portes ne des murailles ; et ainsi aprocha ses bombardes, et mena le premier cheval par la bride ; et, les bombardes assises, la vile de Dinand ne dura longuement, ains se rendit à voulonté. Et les Liégeois (qui leur estoyent venus à secours) s'enfuirent et s'éloingnèrent de ce lieu ; et le comte de Charolois et ses gens entrèrent dedans la vile, comme maistres et seigneurs ; et fut la ville pillée de toutes pars, et puis fut mis le feu dedans : et fut brulé Dinand par telle façon qu'il sembloit qu'il y eust cent ans que la vile estoit en ruine ; et le comte (qui moult estoit grand justicier) fut averti que trois archers de sa compaignie avoyent dérobé une femme, et qu'ils l'emmenoyent derrière les montaignes, afin qu'elle ne fust ouye par les cris qu'elle feroit à son efforcement ; mais le noble comte tira celle part, prit les malfaicteurs, et prestement les fit pendre et estrangler au premier arbre qu'il trouva ; et la femme fit des biens, comme il appartenoit ; et signifia à son père, par le seigneur d'Imbercourt, la victoire qu'il avoit de ses ennemis, et l'exécution qu'il avoit faicte ; luy priant qu'il se voulsist contenter (car il estoit bien vengé de ceux de Dinand), et aussi demandoit congé de poursuivre ses ennemis liégeois ; car il les avoit fait chevaucher, et sçavoit où ils estoyent arrestés.

De son exécution se contenta le duc Philippe, et luy donna congé de poursuivre ses ennemis ; et s'en retourna le duc à Brucelles le plus tost qu'il le peut faire, et le comte et sa compaignie tirèrent après leurs ennemis ; et les trouvèrent qu'ils se reposoyent de l'autre costé de la rivière de Habsbaing ; et les eust le comte défaicts sans nulle faute : mais un chevalier liégeois, nommé messire Regnaud du Rouveray, moult-vaillant et sage chevalier, eut grand pitié de veoir le peuple de sa nation en danger ; car il congnoissoit bien que les gens-d'armes les déféroyent. Si prit un asseuré courage, et dit aux Liégeois : « Mes amis, ne » vous bougez ; mais attendez que j'aye parlé » au comte de Charolois ; et peut estre que je » trouveray le moyen que vous ne vous com-» batrez point légèrement. » Et sur ce départit ledict messire Regnaud, et dit à monsieur le comte : « Monsieur ce povre peuple ne vous » demande rien. Ils entendent d'avoir traité » avecques vous, et vous prient que les veuil-» lez tenir paisibles. » Mais le comte (qui moult estoit fier) respondit qu'il sçavoit nulle cause de leur venue en ce lieu, si non pour luy porter dommage ; et qu'il n'avoit pas intention de les laisser partir sans bataille. Messire Regnaud prit congé, et s'en retourna devers les Liégeois, et leur dit qu'il avoit bien parlé au comte à l'avantage des Liégeois, et luy avoit remonstré qu'ils ne luy demandoyent rien ; mais ils se défendroyent s'il estoit besoing. Et ainsi parloit sagement messire Regnaud de Rouveray ; et par ses alées et venues pratiqua tellement, que le jour faillit ; et convint chacun soy retirer d'une part et d'autre, sans bataille, pour ce jour ; et se logea chacun qui mieux mieux, comme il est coustume de loger devant ses ennemis. Si furent grans feux faicts d'une part et d'autre ; mais la rivière de Habsbaing estoit entre deux, qui garda la vie ce jour à maint Liégeois ; et quand le jour fut venu, et que le comte et son armée perceurent que les Liégeois s'estoyent retirés, le comte fit chacun tirer aux champs, à la poursuite desdicts Liégeois ; mais celle fois il ne peut atteindre leur puissance ; car ils s'estoyent já retirés és bonnes viles. Toutesfois il marcha avant, et espouventa tellement iceux Liégeois, qu'ils furent contrains de luy venir crier mercy, voire eux mesmes abatirent les murailles et les portes de leur vile. Et ainsi se départit celle armée ; et s'en retourna le comte de Charolois, et le bastard de Bourgongne, devers le duc leur père, qui les recueillit à grande joye.

CHAPITRE XXXVII.

Comment le bastard Anthoine de Bourgongne ala faire armes en Angleterre ; et comment le bon duc Philippe, son père, mourut ce pendant.

Ces choses faictes, le duc envoya son fils naturel en Angleterre, moult bien fourni de toutes choses ; et y fut messire Symon de Lalain pour son principal conduiseur, et messire Claude de Toulongeon, seigneur de la Bastie ; messire Philippe, bastard de Brabant, messire Jehan de Monferrant, Gérard de Roussillon, le seigneur de Tibaville, et plusieurs autres ; et en ce temps je me trouvay en Angleterre, et m'y arrestay pour veoir icelles armes ; et certes le bastard de Bourgongne tenoit tel estat et tel triomphe que peut faire le fils aisné légitime de Bourgongne. Mais nous nous tairons de toutes ces choses pour le présent, pour parler de l'exécution d'icelles armes.

Le roy Edouard d'Angleterre avoit fait préparer les lices grandes et pompeuses; et pour sa personne fut faicte une maison moult grande et moult spacieuse, et estoit icelle maison faicte en telle manière que l'on y montoit par degrés, au-dessus où estoit le roy. Il estoit vestu de pourpre, la jartière en la jambe, et un gros baton en sa main; et certes il sembloit bien personne digne d'estre roy, car il estoit beau prince, et grand, et bien amaniéré. Un comte tenoit l'espée devant luy, un peu sur costière; et au tour de son siége estoyent vingt ou vingtcinq conseillers, tous blancs de chevelleures, et ressembloyent sénateurs qui fussent là commis pour conseiller leur maistre. Le comte de Volsestre tint lieu de connestable, et estoit acompaigné du mareschal d'Angleterre, et sçavoit moult bien faire son office. En descendant du hourd, avoit trois hourds deçà et delà desdicts degrés. Au premier estoyent chevaliers, au second estoyent escuyers, et au troisième les archers de la couronne, chacun un voulge en la main; et au pié desdicts degrés avoit deux chaises, l'une pour le connestable, et l'autre pour le mareschal; et, à l'opposite, de l'autre costé de la lice estoit un hourd, non pas si haut que la maison du roy, pour loger le maire de Londres, et les hondremans servans pour celle année.

Tantost après que le roy fut assis en son trosne et en sa chaise (qu'il faisoit moult beau voir), le maire de Londres, acompaigné des hondrémans et de ceux de la loy, entrèrent en la lice, l'espée devant luy, et tira contre son hourd; et, en passant devant le roy, n'y eut autre différence si non que celuy qui portoit l'espée devant le maire, en se mettant à genoux le maire et tous les autres, mit la pointe en bas en signe d'humilité, et puis se releva prestement; et s'en ala le maire de Londres mettre au hourd pour luy ordonné, et là demoura pour veoir les armes, et tousjours l'espée devant luy; et ne demoura guères que les gardes de la lice (à-sçavoir huict hommes-d'armes, bien montés et bien armés) firent leur entrée en ladicte lice, par le congé du connestable, qui leur ordonna ce qu'ils devoyent faire.

Tantost après, monsieur d'Escalles vint à l'entrée de la lice; et le connestable ala au-devant de luy, et demanda qu'il quéroit; et il respondit qu'il se venoit présenter devant le roy d'Angleterre son souverain seigneur, pour faire et acomplir les armes qu'il avoit emprises à l'encontre du bastard de Bourgongne, et sur ce luy fut faicte ouverture; et certes il estoit monté et armé richement, et avoit dix ou douze chevaux de pareure bien richement couverts; et, après sa présentation faicte devant le roy, il se tira de sa personne en une petite tente qui luy estoit ordonnée. Puis tantost après vint le bastard de Bourgongne, qui pareillement demanda entrée, ce que l'admiral luy acorda. Et se présenta ledict bastard devant le roy, pour fournir ses armes, et devez sçavoir qu'il estoit moult pompeusement acoustré, et avoit douze chevaux couverts, les uns de drap d'or, les autres d'orfévrerie, les autres de velours chargés de campanes, et les autres couverts de martres, que l'on dit sables, si belles et si noires qu'il estoit possible d'en trouver. Les autres estoyent couverts de brodures faictes moult richement. Les pages estoyent vestus de mesmes, comme il appartenoit; et certes ce fut une riche suite, et que le roy veit voulontiers. Sa présentation faicte, il se retira en une petite tente faicte pour luy, et prestement se firent les cris et les deffenses acoustumées; et furent portées au roy, par deux comtes, deux lances et deux espées d'une façon et d'une grandeur, car le seigneur d'Escalles, par les chapitres, devoit livrer les batons au choix de sa partie adverse, et envoya lesdicts batons le roy au bastard de Bourgongne, pour choisir ce qui luy seroit le meilleur. Le bastard de Bourgongne choisit assez légèrement, et furent mis les deux batons qu'il retint ès mains de deux officiers-d'armes, qui les tindrent dehors le pavillon jusques il fust prest pour saillir; et après cris et cérémonies faictes, les champions furent saisis de lances et espées pour eux ordonnées.

Si mirent les lances aux arrests, et coururent celle course sans atteindre ou consuir l'un l'autre; mais au retour qu'ils firent, et qu'ils eurent mis les espées en leurs mains, le cheval de monsieur le bastard donna de la teste contre la haye de la selle du seigneur d'Escalles, et de ce coup ledict cheval se tua tout roide, et tomba mondict seigneur le bastard sous son cheval, l'espée au poing; et tantost le fit le roy d'Angleterre relever, et se montra moult-courroucé à l'encontre de mondict seigneur d'Escalles, pour ce qu'il cuidait qu'il eust faulseté en la pareure de son cheval : mais non avait, ains avint ce coup et ce choc par mésadventure, et comme je l'ay devisé : et le roy leur donna congé pour celle fois, et s'en retourna mondict seigneur le bastard en son logis, et me dit, en rentrant en sa chambre : « Ne vous souciez. Il a aujourd'huy com- » batu une beste, et demain il combatra un » homme. »

Et à celle heure vint le connestable, par le roy, pour sçavoir s'il estoit aucunement bléçé ; mais monsieur le bastard respondit qu'il mercioit le roy, et que nulle bléceure n'avoit; ains estoit prest lendemain de faire ses armes de pié, priant qu'ainsi le vousist le roy acorder. Et le lendemain, à heure ordonnée, comparurent au camp monsieur le bastard et monsieur d'Escalles; et fut tousjours acompaigné mondict seigneur le bastard du duc de Suffort, qui moult cordialement l'acompaigna ; et après cris et cérémonies faictes, monsieur d'Escalles envoya trois manières de batons présenter au roy, pour icelles armes de pié fournir et achever ; et d'iceux batons devoit avoir le bastard de Bourgongne le chois. Les deux premiers batons estoyent deux lances à geter, et les portoyent deux chevaliers. Les seconds batons estoyent deux haches, et les portoyent deux barons. Les troisièmes batons estoyent deux dagues, et les portoyent deux comtes; et quand iceux batons furent présentés au roy, le roy retint en ses mains les deux lances à getter, et les quatre autres batons envoya à monsieur le bastard, pour en prendre le chois selon le contenu des chapitres. Monsieur le bastard retint une hache et une dague, et le surplus fut aporté par le connestable à Monsieur d'Escalles, et vindrent les escoutes de pié, à-sçavoir six hommes-d'armes de pié, bien empoint, chacun un baton de bois en la main.

Le bastard de Bourgongne estoit paré de sa cotte-d'armes de Bourgongne, à une barre de travers, pour monstrer qu'il estoit bastard : et le seigneur d'Escalles avoit sa cotte-d'armes au dos, et portoit sa hache sur son col, et en guise d'un espieu : et venoit criant « Sainct-George! » par trois fois. Les champions se joindirent fièrement, et s'assaillirent l'un l'autre de grand courage : et fut moult-belle ceste bataille ; ne je ne vey onques combattre de haches si fièrement ; et certes monsieur le bastard montra bien, à celle bataille, qu'il estoit un homme, voir un chevalier, duit aux armes et au mestier : et furent tous deux pris et départis sans grand'foule l'un d'avec l'autre : et ainsi furent icelles armes faictes et accomplies : et, à la vérité, je vey depuis le harnois de monsieur d'Escalles, où monsieur le bastard avoit fait de grandes faulcées de la dague de dessous de sa hache : et au regard des dagues qui leur furent baillées, ils ne s'en aidèrent point en celle bataille. Et ainsi prirent les champions congé du roy, et se partirent tous à une fois de la lice, leurs haches sur leurs cols, pour monstrer qu'ils n'avoyent esté débatonnés : et se retira chacun en son logis.

Au regard du roy d'Angleterre et de la royne, ils avoyent fait préparer le souper en la Grange-des-Merciers, et là vindrent les dames : et vous certifie que j'y vey soixante ou quatre-vingts dames de si noble maison, que la moindre estoit fille de baron : et fut le souper grand et planteureux, et monsieur le bastard et ses gens festoyés grandement et honnestement.

Au lendemain firent armes à pié messire Jehan de Chassa, et un escuyer gascon nommé Louis de Bretelles, serviteur de monsieur d'Escalles : et accomplirent icelles armes sans grand' foule l'un sur l'autre : et le lendemain firent armes à cheval, esquelles messire Jehan de Chassa eut grand honneur, et fut tenu pour un bon coureur de lance : et le lendemain fit armes messire Philippe Bouton, à l'encontre d'un escuyer du roy. Iceluy escuyer estoit gascon, et se nommoit Thomas de La Lande, et estoit iceluy Thomas beau compaignon, et homme de bien ; et entre eux sourdit une question : car ceux qui servoyent messire Philippe Bouton dysoient que l'arrest de Thomas de La Lande estoit trop avantageux. Si fut visité par les gens du roy, et trouvèrent qu'il estoyt vray : dont le roy ne fut pas content. Toutesfois ils conclurent de parfaire leurs armes, et fit chacun le mieux qu'il peut, comme il est coustume en tel cas : et ainsi furent les armes achevées d'une part et d'autre : et monsieur le bastard pria les dames le dimanche au disner, et nommément la royne et ses seurs : et fit un grand desroy et une grande préparation; et nous partismes, Thomas de Loreille, Bailly de Caen et moy, pour aler en Bretaigne fournir nostre ambassade ; et vinsmes à Pleume, attendant le vent, et navires, pour nous passer en Bretaigne. Et en ce temps vinrent les nouvelles à monsieur le bastard, en Angleterre, que le duc de Bourgongne estoit trépassé : et devez croire que grand dueil eut ledict bastard quand il ouyt la mort de son père, et toute la noblesse qui estoit avecques luy.

Si changèrent leurs plaisances passées à plours et à larmes : car il estoit mort comme prince de toute vertu, et fit en sa vie deux choses à l'extrémité : dont l'une fut qu'il mourut le plus riche prince de son temps ; car il laissa quatre cens mille escus d'or contens, soixante-douze mille marcs d'argent en vaisselle courant, sans les riches tapisseries, les riches bagues, la vaisselle d'or garnie de pierreries, et sa librairie, moult-grande, et moult-bien étofée, et, pour conclusion, il mourut riche de deux millions d'or en meubles seulement : et, pour la seconde estime, il mourut le plus large et le plus libéral duc de son temps. Il maria ses nièces à ses despens ; il soustint grandes guerres, et longuement; il refit par plusieurs fois, à ses despens, l'église et la chapelle de Jérusalem ; il donna dix mille escus pour faire la tour de Bourgongne qui est en Rodes ; il donna dix mille escus au roy d'Albanie. Nul ne s'en aloit de luy qu'il ne fust bien récompensé. Il tenoit grand estat, approchant à estat de roy. Il entretint cinq ans monsieur le dauphin en son estat, et fut prince si renommé que tout le monde en disoit bien. Ainsi fit le duc Philippe de Bourgongne deux choses à l'extrémité, comme dit est : car il mourut tout libéral et tout riche, et trépassa de ce siècle le quinzième jour de juin de l'an 1467. Et le bastard de Bourgongne prit congé du roy d'Angleterre, de la royne et des dames, moult piteusement. Et furent ses provisions perdues ; et rompit le propos du festeyement : et s'en revint à Bruges, où il trouva le comte de Charolois (que l'on appeloit duc de Bourgongne), lequel luy fit grand chère. Et d'ores-en-avant, quand je parleray dudict comte, je l'appelleray duc de Bourgongne, comme c'est raison.

Si fut le corps de ce noble prince porté solennellement, à grand dueil, souspirs et larmes, en l'église de Sainct-Donat, audict Bruges, où il reposa, et fut gardé jusques on le mena en Bourgongne, et aussi le corps de madame Ysabel, duchesse de Bourgongne, laquelle, après son trépas, gisoit à Gonnaut. Et fut la préparation du duc moult bien ordonnée et faicte : les chevaux du chariot couverts de velours ; et pennons, bannières et cottes-d'armes estoyent bien-ordonnés. Le corps gisoit en son chariot, et par dessus avoit un paisle élevé ; et après venoit le corps de madame de Bourgongne en son chariot, et chevaux couverts de velours : et sembloit bien que léans gisoit le corps d'une grande dame, et de noble recommandation.

Le duc leur fils estoit desjà en Bourgongne, et en sa vile de Digeon : et conduisoyent les corps dessus-dicts le seigneur de Ravestain et messire Jaques de Sainct-Pol : et ne me puis passer de deviser comment iceux deux nobles corps entrèrent à Digeon, et la manière : et pour monstrer et donner à entendre les cérémonies et les pompes qui furent tenues à iceluy enterrement, et mesme à celle entrée de Digeon, mondict seigneur voulut que l'on fist honneur à la nation de Bourgongne : et premièrement marchoit le signeur d'Irelain, qui portoit le pennon armoyé des armes du duc : et puis venoyent les deux frères de Toulongeon, qui amenoyent le chéval, couvert des plaines armes du duc : et puis venoyt le seigneur de Ray, qui portoit l'espée du duc : et après venoit, à costière l'un de l'autre, le seigneur de Givry (qui estoit de Fienne), portant l'escu des armes du duc : et emprès luy marchoit messire Guillaume, seigneur de Vergy, portant le heaume et le tymbre du duc : et puis venoyent messire Charles de Chalon, neveu du prince d'Orange, qui portoit la bannière : et après venoit le roy-d'armes de la Toison-d'Or, vestu de sa cotte-d'armes, et portoit la cotte-d'armes du duc, dépleyée entre ses deux mains. Et puis venoit le duc Charles, à tout son habillement de dueil : et le suyvoient les grans de son sang, qui estoyent ordonnés pour faire le dueil avecques luy : et puis si grand nombre de chevaliers, escuyers et nobles-hommes, que c'estoit belle chose à voir. Les églises aloyent devant, par ordre. Les chevaliers de l'ordre qui ne portèrent point le deuil estoyent tous à pié, adextrans le chariot, et tenans le poisle couchant. Le poisle élevé fut soustenu par quatre des plus grans du païs de Bourgongne: et n'ay point de souvenance pour les nommer. Après venoit le corps de madame en son chariot, et estoit adextré de huict ou de dix personnages des plus nobles du païs : et ainsi et en telle manière furent ces deux nobles corps menés à Digeon, et reposèrent celle nuict en la chapelle de l'ordre : et toute nuict y eut grand luminaire, grandes prières et grandes oraisons. Et le lendemain, en ce mesme état et triomphe, furent les deux nobles corps menés ès Chartreux de Digeon, et logés en leur sépulture : et là fut faict grand et notable service : et, après le service faict, s'en retourna le duc en sa maison, ainsi qu'il estoit venu, excepté que les deux corps demourèrent en leur sépulture : et je prie Dieu qu'il en veuille avoir les ames en son sainct paradis.

LIVRE SECOND.

CHAPITRE PREMIER.

Comment le duc Charles de Bourgongne, par-avant comte de Charolois, ayant succédé au bon duc Philippe de Bourgongne, son père, ala de-rechef contre les Liégeois; et comment nouvelle querelle s'émeut entre le roy Louis et luy, tant pour les partialités d'Angleterre que pour les viles de la rivière de Somme.

Vous avez bien entendu comment je me partis de monsieur le bastard de Bourgongne, pour aler faire ce qui m'estoit commandé en Bretaigne. Sur mon chemin, je fus averti de la mort de monsieur le duc Philippe, mon seigneur et mon prince, qui me furent piteuses nouvelles. Toutesfois je passay en Bretaigne, pour ce que ma charge estoit et du père et du fils; et quand je veins en Bretaigne je trouvay que le duc se monstroit moult troublé de la mort du duc Philippe, et avoit fait préparer un service et un osèque, le plus beau que je vey oncques; car il y avoit quatorze prélats revestus, et toute la nef de l'église estoit toute parée de soye et de bougran, aux armes de monsieur de Bourgongne, et non pas armes atachées à espingles, mais couchées et moulées, comme l'on fait les cottes-d'armes. Les cierges et le luminaire furent grans et planteureux; cinquante povres y eut, qui portoyent cinquante torches; et ne voulut souffrir le duc que nuls des seigneurs de Bretaigne (combien qu'il y en avoit assez, qui estoyent partis de Flandres) portassent le deuil avecques luy: et disoit qu'il ne sçavoit nul en sa duché qui fust suffisant pour porter le dueil de si haut prince. Et ainsi porta le dueil tout seul: et, au partir du service, je l'alay mercier de l'honneur qu'il avoit fait à la maison de Bourgongne; et il me respondit qu'il le devoit bien faire. Et ainsi se passa iceluy service: et exploitay ma charge le plus tost que je peus, et puis repassay la mer, et m'en reveins devers mon maistre.

Quand les Liégeois, ennemis de leur bonne fortune, entendirent que ceste seigneurie estoit changée de père à fils, et que le duc qui si bien les avoit chastiés estoit mort, ils vouldrent éprouver et essayer si leur fortune ne seroit pas meilleure à l'encontre du fils que contre le père; et, pour commencer leur malheur, ils reprirent la ville de Saintron sur le duc de Bourgongne: laquelle vile, par les traités passés, le duc de Bourgongne avoit retenu en ses mains, pour faire barrière entre Liége et ses païs. Et disoyent iceux Liégeois: « Pourquoy ne reprendons-nous Saintron, qui est une des filles de Liége? »

Et le duc Charles de Bourgongne ne se voulut point contenter d'icelle prise, mais à son commencement voulut bien monstrer aux Liégeois qu'il estoit homme pour garder le sien; et fit prestement une grosse armée, et manda par le mareschal de Bourgongne les Bourgongnons: et prestement se mit aux champs, à grande puissance d'archers et hommes-d'armes: et, par une avant-veille de Toussaints, se vint loger devant Saintron, du costé de Habsbaing, et trouva dedans Saintron, pour capitaine, messire Regnaud de Roúveray, dont j'ay parlé cy-dessus: lequel messire Regnaud se conduisit, en ce qu'il avoit de charge, sagement et honnorablement, et gardant sa loyauté et son parti.

Le duc de Bourgongne se logea celle nuict devant Saintron, comme dit est: et en vérité son logis estoit si profond et si mol, qu'à peine pouvoit on aler de logis à autre; et celle nuict le noble duc ne dormit pas tousjours, mais mit par escript les ordonnances de ses batailles, et fit faire bon guet et bonnes escouttes; car les Liégeois ont une manière de parler, qu'ils tiennent que nul ne passe le Habsbaing qu'il ne soit combatu le lendemain; et bien le monstrèrent; car le lendemain assez matin ils vindrent gaigner le village de Brustan, au plus près du duc de Bourgongne, à grosse puissance de Liégeois; et les conduisoit un chevalier du Liége nommé messire Bare; et tantost les compaignies du duc de Bourgongne se mirent aux champs : et me souvient que le duc de Bourgongne monta sur un courtaut, et s'en ala devant ses compaignies, et portoit son ordonnance par escript en ses mains, et mit ses gens-d'armes en ordre et en bataille, ainsi qu'il avoit consulté la nuict devant : et monsieur de Roussi, fils du connestable de France, et le mareschal de Bourgongne, amenèrent les Bourgongnons à moult bel ordre, pour donner et férir à leur bout, et à leur endroit de la bataille des Liégeois.

Le duc de Bourgongne s'arma, et furent ordonnés vingt chevaliers (dont je fus l'un) pour avoir le regard sur sa personne; et maintenant commença la bataille fière, et bien combatue; et furent envoyés pour renfort, en ladicte bataille, les archers du seigneur d'Escordes et du seigneur d'Émeries, où il y avoit une grosse bande d'archers (et vous le certifie) à combatre icelle bataille. Le duc de Bourgongne eut tousjours douze cens hommes d'armes, qui ne se bougèrent, mais regardèrent la bataille combatre devant eux; car le duc de Bourgongne estoit averti que le roy de France envoyoit une grosse bande d'hommes-d'armes pour rompre l'emprise du duc; mais le duc y avoit bien pourveu. La bataille ne dura pas longuement, car les archers bourgongnons estoyent embatonnés de grandes espées, par l'ordonnance que leur avoit faicte le duc de Bourgongne; et, après le traict passé, ils donnoyent de si grands coups de celles espées, qu'ils coupoyent un homme par le faux du corps, et un bras et une cuisse, selon que le coup s'adonnoit; et se mirent les Liégeois (qui ne peurent la puissance des archers soustenir) à fuïr et eux sauver qui mieux mieux : et ne trouvèrent garant sinon en la noire nuict (qui fut tantost obscure); et le duc de Bourgongne vouloit aler après passer la nuict, et poursuivre la chace; mais ceux qui l'avoyent en charge ne le souffrirent pas, pour les dangers qui en pouvoyent avenir.

Là fut occis messire Barre, Liégeois, et maints autres Liégeois; et eut le duc de Bourgongne une belle aventure pour son premier avancement, et avénement à estre duc; et avoit laissé le duc le comte de Marle et sa compaignie devant Saintron, pour garder la saillie des ennemis; et se logea chacun, qui mieux mieux, en grande joye de la bonne aventure; et furent gens envoyés celle mesme nuict parlementer à messire Regnaud; mais ledict messire Regnaud ne respondit onques mot, ne fit point de semblant d'avoir veu la bataille perdue pour eux. Plusieurs Liégeois furent tués devant Saintron, les uns de coup à poudre, et les autres autrement; mais leurs parens boutoyent les corps par pièces, et les boutoyent en tonneaux de chaux, en intention de les mener prendre sépulture avecques leurs ancesseurs; et certes ils monstroyent un merveilleux courage; et, fin de compte, messire Regnaud de Rouveray tint le duc et son armée trois jours avant qu'il voulust parlementer : et durant ce temps tua des gens au duc par traict à poudre et autrement; et mesmes y fut tué un de ceux de Velu, moult honneste gentilhomme.

En fin de compte, messire Regnaud parlementa, et fit un traitté honneste pour lui et ses compaignons liégeois : et par ce moyen fut la vile de Saintron remise ès mains du duc de Bourgongne, et s'en ala messire Regnaud à Liége, à son grand honneur; et monstra bien qu'il estoit chevalier de grand sens et de grande vertu; et le duc de Bourgongne marcha avant, et son armée; et vint devant Liége, et tellement y exploita que les Liégeois luy crièrent mercy de rechef, et abatirent leurs portes et leurs murailles; et ainsi furent les murailles de Liége abatues et rasées, et le duc s'en retourna en son païs après celle victoire.

Si nous tairons à présent des guerres du Liége, pour deviser de ce qui avint depuis. En ce temps vint aucun discord entre le roy Edouard d'Angleterre, et le duc de Clarence son frère; et se doutoit le roy d'Angleterre de luy, pour ce qu'il estoit beau prince, fort aimé au royaume, et porté et soustenu du comte de Warvich, dont il avoit espousé la fille; et en estoit le roy d'Angleterre en grande diffidence, et si grande que la guerre se meut entre eux. Mais le roy d'Angleterre se trouva le plus fort, et fut force au duc de Clarence et au comte de Warvich de vuider le royaume d'Angleterre; et par une nuict traversèrent la mer, et tirèrent en France devers le roy Louis, qui les receut amiablement, bien joyeux de ce qu'ils estoyent venus à garant devers luy et en son royaume. Cestuy comte de Warvich fut homme sage et subtil en ses affaires, et entretint la cité de Londres, et le royaume d'Angleterre par trois voyes. La première par caperonnées, et par humilité feinte au peuple de Londres, dont il estoit moult aimé. Secondement, il estoit maistre des cinq ports d'Angleterre, où il souffroit grand dommage faire : et jamais de son temps on ne fit droit en Angleterre à aucun estranger, de perte qui lui fust faicte : parquoy il estoit aimé par les pillars d'Angleterre, qu'il vouloit bien entretenir. Et tiercement, il entretint la vile de Londres par tousjours y devoir trois ou quatre cens mille escus à diverses gens et à diverses parties ; et ceux à qui il devoit désiroyent sa vie et sa prospérité, afin d'estre une fois payés de leur deu.

En ce temps firent le roy d'Angleterre et le duc Bourgongne une grosse armée par mer, dont fut chef pour les Anglois le seigneur d'Escalles, et pour le duc de Bourgongne le seigneur de La Vére, comte de Grandpré, lequel estoit moult expérimenté en la mer. Et certes le duc de Bourgongne fit son armée par mer si grande et si puissante de gens et de navires, que c'estoit moult fière chose à voir ; et tira ceste armée à la Hogue-Sainct-Vas en Normandie, pour ce que les navires du duc de Clarence et du comte de Warvich s'y estoyent retirées ; et estoit l'intention du duc de Bourgongne de leur détourber leur retour en Angleterre. Le roy Edouard et le duc de Bourgongne conclurent ensemble de retirer icelle armée ; et ainsi fut icelle armée rompue pour icelle saison, et depuis le roy d'Angleterre trouva manière de r'avoir son frère, et le fit mourir en un baing, comme l'on disoit ; et au regard du comte de Warvich, il demoura en France assez longuement, et jusques à ce qu'il descendit avecques la royne Marguerite, fille du roy de Cecile, et avecques son fils, qui se disoit prince de Galles. Mais le roy Edouard les déconfit en bataille ; et là mourut le comte de Warvich, le prince de Galles et le duc de Sombresset, et plusieurs autres grans personnages, et ainsi fut celle guerre achevée, et le roy Edouard asseuré tant du prince de Galles que du duc de Clarence, et de ses autres principaux ennemis.

En ce temps le roy de France, par moyen, et principalement par le moyen du connestable de France, fit tant que les viles d'Amiens et de Sainct-Quentin se mirent en l'obéissance du roy, et abandonnèrent le duc de Bourgongne (combien qu'elles fussent de terres enclavées sous le traicté d'Arras) ; et prestement comme le duc de Bourgongne en fut averti, luy, comme prince courageux et de vertu, fit une grosse armée, et se vint loger devant Amiens ; et se logea de sa personne à Sainct-Acheu, et fortifia son camp tellement qu'il estoit périlleux à y entrer ; et le connestable de France, atout quinze cens hommes d'armes des ordonnances, se bouta à Amiens. Et ainsi se commença la guerre de tous costés et de toutes pars.

Le duc de Bourgongne, qui faisoit tirer son artillerie contre Amiens, deffendit expressément que l'on ne tirast point contre l'église ; ce qui fut bien gardé ; et tint tout une quaresme le duc de Bourgongne iceluy logis ; et là furent faictes plusieurs armes de nobles-hommes d'un costé et d'autre. Le seigneur de Molembais, messire Baudouin de Launoy, fit armes à l'encontre du seigneur de Sainct-Simon, de certains nombres de courses de lances à fers émoulus, lesquelles armes furent bien acomplies. Messire Claude de Vaudrey fit armes à contre du Cadat de Bueil, et estoyent d'une course de lance, et puis combatre d'espées tranchantes et aiguës ; et advint, en icelles armes faisant, que, la course de lance passée, ils mirent les mains aux espées, et se coururent sus fièrement et vigoureusement ; mais, ainsi que la fortune meine les choses, messire Claude de Vaudrey atteindit de la pointe de l'espée ledict Cadat, et luy perça le bras ; et ainsi furent icelles armes acomplies. Et tousjours se continuoit le siége ; et advint un jour que les François estoyent alés jouer dehors Amiens, en intention de revenir le soir, et ce jour le duc de Bourgongne faisoit ses reveues ; et les François, cuidans rentrer paisiblement en la vile d'Amiens, rencontrèrent des gens du duc, et y en eut de pris et de tués ; et cuidèrent les gens du duc gaigner une porte sur les François ; mais elle leur fut bien deffendu, et là fut blécé d'une flèche, au visage, messire Philippe de Crouy, seigneur de Sainct-Py, et fils du comte de Cimay, qui moult bien se porta à l'assaut d'icelle porte. Et ainsi se passa celle journée, et retournèrent chacun en son logis; et le roy de France faisoit pratiquer unes trèves pour celle saison, et quand le duc de Bourgongne entendit l'intention du roy, il envoya devers luy un sien grand page nommé Simon de Quingcay, lequel ala tant et vint d'une part et d'autre, qu'icelles trèves furent acordées, publiées et criées, tant en l'ost du duc de Bourgongne comme à Amiens, et ainsi se rompit celle armée pour celle fois, et le duc de Bourgongne vint faire ses pasques à Corbie; et là luy vindrent nouvelles de la mort du comte de Warvich, dont les François furent troublés, et les Bourgongnons réjouis; car il nous estoit grant ennemy.

En ce temps fut pratiquée la descente du roy d'Angleterre en France; et passa la mer le roy d'Angleterre, bien acompaigné; et descendit en France, et marcha jusques outre la rivière de Somme; mais il n'y aresta guères; car le roy de France pratiqua les Anglois si subtilement et par telle manière, que moyennant trente six mille escus que devoit payer chacun an le roy de France au roy d'Angleterre, il fut content de s'en retourner; et ainsi fut celle descente abolie, et mise à néant.

En ce temps le duc de Bourgongne mit sus douze cens lances; et fusmes envoyés, messire Jaques de Montmartin, le bastard de Viévile, capitaine des archers, et moy, pour passer les reveues des hommes-d'armes et archers qui se présenteroyent en icelles ordonnances; et en trouvasmes assez et largement, et de gens de bien, qui furent retenus et passés; et me fit le duc cest honneur, qu'il me fit capitaine de la première compaignie d'icelles ordonnances; et pour la seurté de la vile d'Abbevile, que le seigneur d'Escordes avoit nouvellement conquise, il ordonna trois cens hommes-d'armes, et entrèrent en celle vile à sçavoir le bailly de Sainct-Quentin, messire Jaques, seigneur de Harchies, et moy; et, pour le vous donner à entendre, chacun homme-d'armes et chacune lance d'ycelles ordonnances estoyent huict combatans; à sçavoir l'homme-d'armes, le coustillier à cheval, deux archers, deux coulevriniers, et deux piquenaires à pié; et faisoit les compaignies moult beau voir. Et ainsi fusmes nous logés à Abbeville, où nous entretinsmes nos gens en si bon ordre, et en telle discipline de guerre, que nous eusmes plus d'honneur que de honte; et en ce temps nous courusmes le païs de Vimeu, et ramenasmes grand butin en la vile; et mesmement nous courusmes Gamaches et Loupy, et prismes le seigneur de Loupy et ses enfans prisonniers. Et au regard de Gamaches, elle fut pillée et brulée, pour ce que le mareschal Joachin Rouaut s'estoit bouté à Beauvais contre monsieur de Bourgongne, qui mit le siége devant Beauvais, comme vous orrez.

En ce temps se traittoit le mariage de monsieur de Bourgongne et de madame Marguerite d'Yorch ; et pour ce faire furent longuement à Bruges, et devers le duc, un évesque d'Angleterre nommé l'évesque de Salsbery, et Thomas Vagant, un serviteur du roy d'Angleterre, né de la nation de Galles, et très-homme de bien; et tant traitèrent iceux ambassadeurs, que le mariage fut faict et conclu; et se partirent pour retourner en Angleterre devers le roy, pour faire leur rapport.

CHAPITRE II.

Comment le duc Charles de Bourgongne, ayant couru par Vermandois, assiégea Beauvais; et comment le roy, s'estant trop fié en luy à Péronne, fut contraint de l'acompaigner en armes contre les Liégeois, par-avant ses aliés.

Le duc de Bourgongne, qui avoit faict douze cens lances, ordonna ses capitaines, et se mit aux champs, et vint devant Roye et devant Néelle, où estoit Loïset de Balignen et autres capitaines françois; et au regard de Roye, ledict Loïset et ses compaignons s'en partirent par traitté. De Néelle, le duc la prit légèrement, et fit grand'discipline des François; et ainsi fut ce quartier achevé, et tourna le duc de Bourgongne son armée sur Beauvais, et par un matin vint assiéger icelle vile; mais les François furent diligens, et se boutèrent audict Beauvais, à l'autre costé de la rivière, bien huict cens hommes-d'armes, et grand nombre de francs-archers. Et le duc de Bourgongne par un matin fit assaillir Beauvais; mais il n'y gaigna rien, ains y perdit beaucoup de gens; et là mourut un vaillant chevalier bourgongnon (que l'on nommoit le seigneur d'Espiry), dont ce fut dommage; car il estoit moult vaillant chevalier. Au lendemain de l'assaut, les François firent une emprise, et vindrent sur un poinct du jour, donner en l'ost du duc de Bourgongne ; et là fut tué messire Jaques Dorsan, maistre de l'artillerie, et plusieurs des Bourgongnons et des Picars pris et tués, avant que les compaignies fussent rassemblées ; et ainsi les François s'en retournèrent à Beauvais, et le duc de Bourgongne fit garder son camp plus près qu'il n'avoit faict par-avant ; et voyant que l'on ne profiteroit rien devant Beauvais, le duc de Bourgongne manda les trois cens lances qui estoyent à Abbevile, et y mit messire Baudoin de Launoy et sa compaignie, lequel gaigna Sainct-Vallery ; mais il ne la tint pas longuement, et fut conseillé d'abandonner sa prise ; et le duc de Bourgongne marcha en païs et entra en Normandie, et gaigna le Neufchastel ; et toutes les petites viles qui sont deçà Rouen, où le connestable de France s'estoit bouté à plus de quatorze cens lances.

Vivres estoyent courts au duc de Bourgongne ; tellement qu'un petit pain y valoit trois patars, et un pot de vin dix patars ; et ne mangeoyent les povres gens que prunes et fruits (car c'estoit la saison) ; dont la courance se prit en l'ost, et y moururent beaucoup de nos gens ; et le duc de Bourgongne le plus-souvent se présentoit à la bataille à-l'encontre du connestable de France ; mais les François se tenoyent serrés en leur vile, et n'estoyent pas conseillés d'eux aventurer. Ce pendant un marchand de l'Isle, nommé Gantois, envoya à monsieur de Bourgongne certain nombre de chariots chargés de biscuits, et donna en pur don et biscuit et charroy, et fit iceluy biscuit grand confort à l'ost.

Après avoir demouré douze jours devant Rouen, le duc de Bourgongne se conseilla (veu qu'il ne pouvoit finir la bataille) qu'il se retrairoit ; ce qu'il fit à moult belle ordonnance, et retira contre Amiens. Mais le connestable faisoit tousjours ses diligences, et tellement qu'il se boutoit toujours ès viles ; dont le duc de Bourgongne pouvoit peu profiter ; et, à l'aborder qu'il fit devant Amiens, il y eut une grande escarmouche d'une part et d'autre, et plusieurs gens morts, François et Bourgongnons.

En ce temps estoit venu, devers le duc, Nicolas, fils du duc Jehan de Calabre, en intention d'avoir madame Marie, fille du duc Charles en mariage ; et, pour dire le vray, il y eut des promesses faictes par l'ordonnance du duc Charles ; et certes il avoit un bon escadre de gens-d'armes, et bien en poinct, et acompaigna le duc de Bourgongne en toute celle raze, et mesmement devant Rouen ; et après que le duc de Bourgongne eut livré son escarmouche grosse et fière devant Amiens, il se retira contre ses païs, et fit un gros logis à Falvy sur Somme, où il demoura assez longuement ; et pendant ce temps, par le moyen et enhort d'un nommé Anthoine Du Monet, qui estoit fort privé dudict fils de monsieur de Calabre, iceluy délibéra de s'en retourner en ses païs, et demanda congé au duc de Bourgongne ; et ne fut pas acordé du premier jour ; car le duc de Bourgongne avoit des imaginations, et mesmement des promesses faictes entre luy et sa fille ; et tellement pratiqua, que ledict fils de monsieur de Calabre quitta toutes promesses à luy faictes par la fille du duc, et renouvellèrent autres aliances ; et ainsi se départirent, et le duc de Bourgongne tira à Péronne et en ses païs, et ordonna ces douze cens lances par les frontières ; et, de ma part, je fus logé à Roye et à Mondidier, et avois à chacun d'iceux lieux cinquante hommes-d'armes, lesquels le duc fit très-bien payer et contenter, ensemble tout le surplus des douze cens lances ; et ainsi se menoit la guerre guerroyable de toutes pars, et le duc de Bourgongne retourna à Arras, et manda ceux de Hainaut, et assembla ces douze cens lances autour de luy, et puis remarcha en païs, quérant tousjours la bataille contre le roy de France ; mais le roy ne monstroit voulonté de combatre. Le duc se tira à Lyons en Santers, et là fit un gros logis de gens-d'armes, et un camp que l'on appela le camp d'honneur, et tousjours se présentoit pour la bataille ; mais il perdoit le temps ; car nul n'estoit délibéré de le combatre.

En ce temps, un sommelier du corps du duc, nommé Jehan de Boschuse, fut mandé par le roy de France, et par le congé du duc y alla ; et tant parlementèrent ensemble, et fit ledict de Boschuse tant d'alées et de venues, que le duc asseura le roy ; et le roy vint à Péronne avecques le duc ; et en cedict temps l'évesque de Liége, cousin germain et beau-frère du duc, et le seigneur d'Imbercourt messire Guy de Brimeu (lequel messire Guy estoit lieutenant dudict monsieur le duc en toute la terre de Liége et comte de Los), tindrent un parlement en la ville de Tongres; et durant ce parlement aucuns Liégeois s'assemblèrent, et par nuict entrèrent à Tongres, et prirent l'évesque de Liége et le seigneur d'Imbercourt; et fut ledict seigneur d'Imbercourt prisonnier au seigneur de Hautepanne; et ainsi traitta ledict d'Imbercourt, que ledict de Hautepanne ne l'emmena pas prisonnier; mais il promit de se rendre prisonnier audict de Hautepanne à certain jour qui fut limité entre eux; et au regard des Liégeois, ils traittèrent bien leur évesque; mais ils gouvernoyent et conduisoyent ses affaires à leur plaisir et voulonté.

Le roy estant au chasteau de Péronne, le duc de Bourgongne tint un parlement avecques son chancelier, et aucuns des chevaliers de l'ordre, et autres; et disoit le duc de Bourgongne que le roy luy avoit promis d'aller en sa personne avecques luy, pour recouvrer et reconquérir l'évesque de Liége et le seigneur d'Imbercourt, et que sans faute il ne feroit point de conscience de contraindre le roy à faire ce qu'il luy avoit promis; et de ceste matière fut grand débat et grande question entre eux, et disoyent les anciens et notables chevaliers qu'il avoit fait venir le roy à sa seurté, et grande charge seroit à la maison de Bourgongne si le roy avoit détourbier sur cest asseurement; et le duc respondoit tousjours : « Il le » m'a promis, et il le me tiendra. »

Le chancelier messire Pierre de Goux persuadoit tousjours que monsieur de Bourgongne jurast la paix qui estoit escrite, et qu'il avoit promis une fois de jurer, et le roy et mondict seigneur. Mais le duc ne vouloit entendre à la paix que préalablement il ne fust seur que le roy luy tiendroit ce qu'il luy avoit promis; et fut la conclusion telle, que lesdicts seigneurs iroyent devers le roy pour sçavoir son intention; et ne retint mondict seigneur avecques luy que moy seulement. Et devez sçavoir que le roy avoit bien ouy les aigres paroles que disoit le duc Charles, et n'estoit pas sans peur ne sans effray; et quand les chevaliers furent venus, ils pratiquèrent qu'il se déclairast pour aller à Liége comme il avoit promis; et il pratiqua que la paix fust jurée entre eux, selon qu'elle avoit esté pourparlée. Si revindrent querre le duc les seigneurs de Charny, de Créqui et de la Roche; et menèrent le duc devers le roy, qui n'estoit pas bien asseuré de ses besongnes; et si tost qu'il veit entrer le duc en sa chambre, il ne peut céler sa peur, et dit au duc : « Mon frère, ne suis-je » pas seur en vostre maison et en vostre » païs? » Et le duc luy respondit : « Ouy, » monsieur; et si seur que si je voyoye venir un » trait d'arbaleste sur vous, je me mettroye » au-devant pour vous guarantir. » Et le roy luy dit : « Je vous mercie de vostre bon » vouloir, et veuil aller où je vous ay promis; » mais je vous prie que la paix soit dès main- » tenant jurée entre nous. »

L'on fit aporter le bras Sainct-Leu, et là jura le roy de France la paix entre luy et le duc de Bourgongne, et ne se pouvoit saouler de se fort obliger en ceste partie; et le duc de Bourgongne jura ladicte paix, et promit de la tenir et entretenir envers et contre tous. Le roy et le duc déjeusnèrent, et puis montèrent à cheval pour tirer contre Liége; et passèrent par le Quesnoy, où le duc festeya le roy moult grandement; et tirèrent contre Namur; et, eux là venus, firent marcher leurs gens-d'armes contre le païs de Liége et contre la cité, que les Liégeois avoyent renforcée à leur pouvoir.

Le duc manda Philippe Monsieur de Savoye, le mareschal de Bourgongne, le seigneur d'Imbercourt, et autres; mais ledict seigneur d'Imbercourt n'y peut venir; car il estoit blécé en un pié d'une coulcuvrine; et là fut la conclusion prise que le dimanche suyvant, au son d'une bombarde, chacun tireroit à l'assaut; ce qui fut faict, et bien entretenu. Et celuy dimanche au poinct du jour la bombarde tira, et courut chacun à l'assaut de son costé; et mesmes le seigneur d'Imbercourt, tout ainsi blécé qu'il estoit, se fit porter par hommes en une bière de bois, armé de toutes pièces, et l'espée nue au poing; et vouloit bien monstrer qu'il estoit lieutenant du duc de Bourgongne en tout le païs de Liége.

Le roy et le duc marchèrent de leur costé pour venir à l'assaut; mais monsieur de Bourgongne ne voulut souffrir que le roy se mist en ce danger, et luy pria de demourer jusques il le manderoit; et j'ouys que le roy luy dit : « Mon frère, marchez avant; car vous estes le

» plus heureux prince qui vive. » Et prestement le duc entra dedans la vile, et gens-d'armes de tous costés. Mais je reviendray au seigneur d'Imbercourt, et à ce qui luy avint celuy jour.

Vous estes bien recors que le seigneur d'Imbercourt estoit prisonnier du seigneur de Hautepanne, et avoit promis de se rendre à Hautepanne, dont il n'y avoit plus que trois jours à venir. Ainsi luy prit, et Dieu le voulut, qu'à celuy assaut ledict Hautepanne fut tué; et ne trouva plus le seigneur d'Imbercourt qui luy calengeast sa foy, et par ce moyen fut quite et aquité de sa foy et prison.

Les Liégeois s'enfuirent par le pont de Meuse, et demoura la vile de Liége en la main du duc de Bourgongne. Et le roy de France (qui portoit en son chapeau la croix Saint-Andrieu) entra en Liége tout asseurément, et crioit « Vive Bourgongne! » Et commença le pillage de toutes parts (qui fut grand); et le duc de Bourgongne se bouta en l'église pour sauver les reliques, et trouva aucuns archers qui y faisoyent pillage, et en tua deux ou trois de sa main. Et le roy se tira en l'hostel du duc, et chacun se logea pour garder son butin. Et ainsi fut la cité de Liége prise d'assaut, et pillée de tous costés. Et quand la chose fut refroidie, le duc se retira devers le roy, et firent grand'chère l'un à l'autre; et le duc de Bourgongne fit faire justice de plusieurs mauvais garsons, et nommément de ceux qui avoyent esté cause de la mort de Jehan Le Charpentier.

Après avoir demouré cinq ou six jours en la vile de Liége, le roy parla à monsieur de Bourgongne, pour soy retirer en son royaume. Ce que le duc luy acorda libéralement, et le fit conduire jusques à Nostre-Dame de Liesse par le seigneur des Cordes et par le seigneur d'Émeries; et le lendemain après la messe il appela iceux, et en leur présence fit le roy nouveau serment sur l'image de Nostre-Dame qu'il tiendroit la paix, ne jamais n'entreprendroit aucune chose contre la maison de Bourgongne; et s'en retourna le roy en son royaume, et les seigneurs des Cordes et d'Émeries s'en revindrent à Liége devers leur maistre.

Le duc dépescha à Liége ses ambassadeurs pour aler en Bretaigne, pour signifier à monsieur de Berry et au duc ce qui avoit esté faict; car par celle paix le duc de Berry devoit estre comte de Champaigne et de Brie, et sembloit qu'on luy avoit bien asseuré son faict, veu qu'il estoit en Champaigne, et au plus près du duc de Bourgongne, pour en avoir secours et aide si besoing en avoit. Mais monsieur de Berry ne voulut point tenir cet apointement; ains marchanda avec le roy son frère pour estre duc de Guienne; ce qui luy fut libéralement acordé; dont depuis il mourut piteusement, par soy trop fier au roy son frère. Ainsi fut ceste paix faicte entre le roy de France et le duc de Bourgongne; dont tous les païs furent moult réjouis.

CHAPITRE III.

Comment le duc Charles de Bourgongne assiégea la vile de Nuz; et comment il s'en retourna par appoinctement faict avec l'empereur.

Tost après se meut dissension et débat entre l'archevesque de Coulongne et le chapitre de la grand'église. Cestuy archevesque estoit frère du comte palatin de la maison de Bavière, et prochain parent du duc de Bourgongne, à cause de sa grand'mère; et fut requis le duc de Bourgongne d'aide par son cousin l'archevesque de Coulongne: et le duc (qui ne demandoit que d'entretenir et employer ses gens-d'armes) luy acorda libéralement; et, pour commencer sa guerre, il mit le siège devant Nuz, qui est une vile bonne et forte assise sur le Rin. En ce temps, les Lombards et Italiens vindrent au service du duc de Bourgongne, et estoyent conduits par le comte de Campobasse, par Jaques Galiot, par Troilus, et par les deux frères de Lignane. Et se tira le duc à Pierrefort pour veoir iceux gens-d'armes; et certes il y avoit une belle puissance d'hommes-d'armes, et très-bonne enfanterie, selon la coustume d'Italie. Le duc recueillit ses gens-d'armes, et se tira contre Nuz, où il mit le siège, comme dict est.

Entre le Rin et la vile avoit une isle qui ne se pouvoit lors passer que par le Rin; et là je vey une épreuve que firent les Italiens; car ils entreprirent, montés, armés et bardés, la lance sur la cuisse, de passer le Rin, et d'entrer en icelle isle, et la conquérir par icelle épreuve : et en vérité iceux hommes-d'armes firent bien leur devoir ; car ils se gettèrent libéralement, une grosse flotte, en la rivière du Rin ; mais le Rin estoit si roide et si fort à iceluy endroit, qu'ils ne peurent leur emprise fournir, et en y eut de morts et de noyés ; dont ce fut dommage ; car il y avoit de gentils hommes-d'armes. Toutesfois, par commandement du duc, ils se retirèrent au mieux qu'ils peurent, et me sembla celle épreuve procéder de grand hardement.

Ainsi fut le siège mis devant Nuz ; et ceux de Coulongne renforcèrent Nuz de bons gensd'armes, et passoyent le Rin en petis bateaux ; et n'y pouvoit on remédier, car le duc et ses gens estoyent nouveau-venus à ce siège ; parquoy il falut qu'il endurast ce renforcement. Toutesfois à force de bras fit aporter tant de terre, qu'il sécha le Rin du costé de l'isle, et entra dans la dicte isle à puissance ; et prestement furent faicts tranchis, où se pouvoyent couvrir les gens-d'armes bourgongnons ; et garda ladicte isle à son profit. Le duc feit tourner deux rivières, et logea ses gens au long des rivières perdues, encloant son ost ; et mesmes y logea les Liégeois, que l'évesque du Liége avoit amenés au service dudict duc ; et ainsi fut Nuz assiégé de toutes pars, et estoit le siège bien étofé de toutes choses. Il y avoit hosteleries, jeux de paumes et de billes, cabarets, tavernes, et toutes choses que l'on sceut demander.

Le siége dura par tous les mois de l'an, et fut le plus beau siége et le mieux étofé de toutes choses que l'on veit pieça. Les Lombards du comte de Campobasse perdirent un tranchis que les Alemans gaignèrent sur eux, et en y eut beaucoup de morts et de tués ; et le duc fut moult mal-content contre les Lombards, et entreprit de leur faire regaigner ce qu'ils avoyent perdu ; mais il n'estoit pas conduisable.

En ce temps je fus envoyé pour ravitailler la vile de Lints, qui estoit en grande nécessité ; et me bailla le duc pour renfort le viscomte de Soissons, neveu de monsieur de Moreul, qui menoit une bonne bande d'archers à pié. Il me bailla environ cent hommes-d'armes italiens ; et si me bailla messire Philippe de Bergues, qui menoit et conduisoit cent lances ; et en celuy païs (qui estoit hors de nostre congnoissance) nous fusmes conduits par messire Evrard de La Marche, qui nous livra les vivres et les chevaux pour porter le ravitaillement de Lints, comme dit est ; et une froide matinée nous nous trouvasmes sur la montaigne d'un vignoble, où nous tinsmes conseil qu'il estoit de faire. Le seigneur d'Aremberch (qui nous avoit fait venir) ne nous osoit aventurer, et toutesfois nous voulions faire et essayer ce pourquoy nous estions venus ; et sur le poinct du jour nous mena messire Évrard sur une haute montaigne, duquel lieu l'on pouvoit voir la vile de Lints (qui sied de l'autre costé du Rin) ; et si pouvoit on voir la puissance de l'empire là logée, et qui tenoit le siège devant ledict Lints, et d'un costé y avoit une vile, et de l'autre y avoit un vilage.

En ladicte vile estoit logé l'évesque de Trèves et sa puissance, et en ce gros vilage estoit logée la puissance du duc de Sasse ; mais il n'y estoit point en personne. Pour ce que nous ne vismes nulles assemblées entre la vile et le vilage, nous prismes conclusion de descendre ; et fut ordonné que le seigneur de Sistain, à tout un nombre de cranequiniers, descendroit le premier, pour ce qu'il sçavoit le païs ; et faloit descendre par une vigne, au plus près du chasteau. Le viscomte de Soissons descendit après, atout les archers à pié ; et selon qu'ils descendoyent ils se mettoyent en bataille. Je descendys pour le tiers, atout six vingts hommes-d'armes. Messire Philippe de Bergues descendit pour le quart, atout cent hommes-d'armes, et puis descendirent les Italiens en deux esquadres, et en moult belle ordonnance ; et puis descendirent les vivres, chacun cheval chargé de blé ou de farine, et un homme qui menoit chacun cheval par la bride ; et ainsi marchasmes contre Lints, où nous trouvasmes des bateaux qui prestement passèrent nos vivres en la vile de Lints (car le passage estoit plus près) ; et prestement les gens d'armes alemans de la vile et du vilage ennemis coururent aux armes, et y eut de grandes écarmouches d'une part et d'autre ; et tandis que les écarmoucheurs se batoyent, les vivres passoyent la rivière, comme dict est ; et deçà l'eau avoit un gros boulevart que les Alemans avoyent fait pour garder la rivière ; et ce jour-là estoyent dedans les bourgeois d'Audrenac et leurs voisins. Nos gens-de-pié perceurent ledict boulevart, et de premier sault le vindrent assaillir, mais ils furent reboutés; et ainsi que nos dicts gens-de-pié se retiroyent d'entre iceux du boulevart, par inconvénient le feu se bouta en la poudre d'une coulevrine, qui fit tantost un grand effray parmy le boulevart, et cuidèrent nos gens que ceux du boulevart eussent bruslé toute leur poudre. Si retourna chacun celle part, en criant : « A l'assaut! à l'assaut! » et en peu d'heure fut le boulevart gaigné d'assaut, et tué dedans plus de cent ou six vingts hommes de deffense. Nos archers trouvèrent audict boulevart bon vin de Rin, et largement, et ne les pouvoit on retirer de la mangeoire ; et ainsi fut le boulevart gaigné, et tousjours s'entretenoit l'escarmouche grosse et planière entre les deux forts; et, à la plus grande diligence qu'il estoit possible, je retiray ceux du boulevart, et y eut chevaliers faicts, et une très-belle besongne.

En la vile de Lints entra messire Lancelot de Barlemont, qui leur aporta argent pour leurs soudes, leur mena vivres comme vous avez ouï, et les renforça de gens et d'artillerie ; et autre secours ne leur pouvions faire, et messire Evrard passa l'eaue, pour parler et acourager ceux de la vile; mais rien n'y valut ; car les gens de l'empereur entrèrent en ladicte vile à demy en parlementant, et fut ladicte vile pillée mise à saquement, si tost que nous fusmes élongnés du lieu.

Les Alemans du duc de Sasse avoyent gaigné la montaigne par où nous estions passés ; mais à nostre retour nous regaignasmes le passage sur eux, et y eut de belles armes faictes ; et se retira chacun en son quartier et sous son enseigne, et remontasmes la montaigne comme nous estions venus ; et ne perdismes, la grâce Dieu, nul homme; et nous en retournasmes sains et saufs celuy soir chacun gésir en son logis. Et pour ce que nous ouïsmes dire que messire Guillaume d'Aremberch avoit contresiégé les gens du duc de Bourgongne par l'autre costé de la rivière du Rin, et battoyent nos gens d'artillerie, nous en alasmes le lendemain matin, et retournasmes devers le duc, en bon vouloir de luy faire service. Mais ledict messire Guillaume s'abusoit, car le duc de Bourgongne avoit meilleure artillerie et meilleurs canons que n'avoit ledict messire Guillaume ; et ainsi retourna chacun en son logis ; et ne demoura guères depuis nostre partement que nous fusmes avertis que ceux de Lints avoyent perdu leur vile, et que les Alemans y estoyent entrés, et y moururent beaucoup de nos gens.

Ainsi fut la vile de Lints ravitaillée, et puis prise ; et nous sceut le duc moult grand gré de la diligence et exécution que nous avions faicte; et ne demoura guères qu'un débat se meut aux logis entre les Anglois et les Italiens, et à la vérité les Anglois avoyent le pire, car toutes les nations se joindoyent avec les Italiens. Mais le duc de Bourgongne chevaleureusement, l'espée au poing, se mit entre deux, et appaisa le débat, qui estoit bien dangereux.

Or, pour le vous donner à entendre, ce siége de Nuz dura par tous les mois de l'an si planteureux de tous vivres et de tous biens, que l'on y estoit comme en une bonne vile, et y trouvoit on draps de toutes sortes, espices pour médecines, et toutes choses qu'on peut demander. L'artillerie batoit les murailles, et souvent y avoit de grandes escarmouches. Les aproches faisoyent si près les uns des autres, qu'il n'estoit jour qu'ils ne combatissent. Les Alemans vindrent loger à Uquerocq, un chasteau qui est à un quart de lieue de la vile de Nuz, et appartient au bastard de Gueldres ; et là chargèrent un tas de païsans, leur faisant porter chacun deux bissacs, l'un plain de poudre et l'autre de sel, et les envoyèrent getter entre les murailles et les douves, et ceux de la vile les tirèrent dedans, et firent grand joye de leur venue (car ils avoyent nécessité) ; et fut ce ravitaillement faict par inconvénient, et par un grand froid. Et estoit venu le roy de Dannemarch, acompaigné de quatre ducs, pour parler au duc de Bourgongne, et pour pacifier le débat qui estoit entre l'empereur et le duc ; et luy ala le duc au-devant bien une lieue, et fut si tard quand les gens-d'armes reveindrent en leur logis, que le guet en valut beaucoup moins ; et entrèrent dedans la vile lesdicts ravitailleurs, par un quartier qui n'estoit ne clos ne fourny de gens-d'armes ; et ainsi fut ce ravitaillement, qui recula fort les aproches qu'avoit faits le duc de Bourgongne ; car à ce siége furent les rivières détournées (comme j'ay dict), et faictes grandes batures de bombardes, grandes mines, pour aprocher la muraille, tranchis, roulans et engins, bastides et bastillons, et toutes choses dont on se peut deviser ou aviser pour mettre une vile à sugettion; et sans nulle faute celle vile eust esté prise par le duc, si ne fust pour trois points : le premier, par le ravitaillement dessusdict; le second, par les eaues qui vindrent, et noyèrent ce dont le duc avoit fortifié en celle année; et le tiers fut par la venue de l'empereur, qui descendit le Rin à bien soixante mille hommes.

Et certes l'empereur et tous les princes de l'empire, voire les communes et les païsans, estoyent tous pour le chapitre de Coulongne et à l'encontre de leur évesque, excepté le duc de Bourgongne seulement, et le comte palatin, qui monstra petit semblant d'aider son frère. Ainsi l'empereur descendit devant Nuz, et tousjours costoyoyent la rivière du Rin; car il faut aux Alemans grand victuaille et grand mangeaille; et n'eust peu l'ost de l'empereur estre fourni, se n'eust esté que vivres leur venoyent par la rivière du Rin, tant de Coulongne comme de Zoux; et se fortifia l'empereur en son camp, et tous les princes se logèrent avecques luy. Et là estoit le marquis de Brandebourg (qui estoit le pillier et le grand conseil de l'armée de l'empereur); et si y estoit le duc de Sasse, moult beau jeune prince, et recommandé par tous ceux qui le congnoissoyent; et le duc de Bourgongne par un matin éleva son armée, et vint férir sur l'ost et sur le logis de l'empereur; et y fut le desroy si grand qu'il falut la bannière de l'aigle mettre aux champs, laquelle portoit le duc de Sasse, comme mareschal de l'empire.

Toutesfois le duc de Bourgongne n'entra point au camp de l'empereur pour celle fois; mais l'artillerie y fit de grans outrages, et mesmes perça de part en part les chariots de l'empereur, dont il se mécontenta fort. Sur le jour furent de grandes armes faictes à la chace des Alemans, qui furent poursuyvis par messire Josse de Lalain et par le seigneur de Chanteraine, un moult vaillant chevalier de l'ordre de Rodes; et entrèrent iceux pesle mesle dedans le Rin, et fut faict desdicts Alemans grande discipline celuy jour, et dura celle escarmouche jusques à la nuict, que chacun se tira en son quartier; et tous les jours estoyent les escarmouches entre les deux logis si grandes, que souvent l'évesque de Milan, le seigneur d'Imbercourt, et autres ambassadeurs, ne pouvoyent passer par le milieu de l'escarmouche; et faloit souvent parler aux escarmoucheurs d'une part et d'autre, pour faire cesser les escarmouches jusques iceux ambassadeurs seroyent passés. Longuement dura ce parlement; et en fin de compte fut conclu que le duc de Bourgongne se lèveroit de devant Nuz, et que l'empereur délogeroit de son camp, et que tous deux à une fois se délogeroyent et partiroyent de leurs logis, et se retireroit l'empereur en l'empire, et le duc de Bourgongne en ses païs. Et ainsi fut faict d'une part et d'autre, et fut le délogement faict de devant Nuz; et se retira l'empereur contre l'empire, et le duc de Bourgongne en ses païs.

CHAPITRE IV.

Du mariage du duc Charles de Bourgongne avec madame Marguerite d'Yorch, sœur du roy d'Angleterre; et des magnificences qui lors furent faictes en la maison de Bourgongne.

En ce temps l'évesque de Salsbery et Thomas Vagant (qui avoyent tousjours mené le mariage de monsieur de Bourgongne et de madame Marguerite d'Yorch, sœur du roy d'Angleterre) retournèrent devers le duc, et luy aportèrent le traité du mariage tel que le duc de Bourgongne le demandoit; et ainsi fut jour et temps pris pour faire les noces en la vile de Bruges, qui furent les plus belles noces où je me suis trouvé de mon temps; et ne me puis passer de mettre par escrit, et incorporer en ces présens Mémoires, les pompes, l'ordre et la manière de faire desdictes noces; et commenceray à la lettre que j'en escrivys à Gilles Du Mas, maistre-d'hostel de monsieur le duc de Bretaigne.

« Gilles Du Mas, maistre-d'hostel de très-haut et très-puissant prince monsieur le duc de Bretaigne, mon très-cher sire et frère, à vous je me recommande, tant et de si bon cueur comme je puis. Pour ce qu'en celle haute et triomphale maison, où vous estes en estat pour avoir charge de conduire les grandes festes et recueillettes des princes et princesses quand elles surviendront, je ne sçay si en la noble feste des noces de monsieur le duc de Bourgongne pourroit avoir aucune chose dont la mémoire vous peust servir en temps et en lieu. J'ay recueilly grossement, et selon mon lourd entendement, ce que j'ay veu en ceste dicte feste, pour le vous envoyer, vous priant, tant comme je puis, que pareillement me veuillez avertir des nobles estats et hautes œuvres qui surviendront en vostre quartier, et que nous puissions tousjours demourer si bons amis et si familiers ensemble comme il appartient à deux nobles hommes d'un estat et office, en deux fraternelles, alliées et amies nobles maisons, et je prie à Dieu qu'il vous doint joye de vostre dame, et ce que vous désirez.

» Au regard de moy, pour parler en gros, et de ce dont par nécessité je ne me puis passer d'escrire, au regard du grand nombre de navires, richement étofées et garnies de gens-d'armes, que le roy d'Angleterre mit sus, et envoya pour amener madame Marguerite sa sœur par deçà, et de la descente que madicte dame fit à l'Escluse, je m'en passe, pour abréger escripture, et venir au gros de ma matière.

» Madicte dame et sa compaignie arrivèrent à l'Escluse par un samedy vingtcinquième jour de juing; et le lendemain madame la duchesse de Bourgongne, mère de monsieur le duc d'alors, madamoiselle de Bourgongne, avecques elle madamoiselle d'Argueil, et plusieurs autres dames et damoiselles, allèrent visiter et veoir madicte dame Marguerite, et n'y demourèrent que la disnée seulement. Et au regard que madicte dame la duchesse fit, elle fut tant joyeuse d'avoir veu celle belle dame, et congnu ses mœurs et ses vertus, qu'elle ne se pouvoit saouler d'en dire les biens qu'elle y avoit veus; et demoura avecques madicte dame Marguerite, de la part de madame la duchesse, monsieur le comte de Charny et madame la comtesse sa femme, messire Jehan de Rubenpré et messire Claude de Toulongeon, et plusieurs autres dames et damoiselles et gentilshommes, pour recueillir les estrangers et estrangères d'Angleterre, qui estoyent venus à très-belle compaignie; et y avoyent ledict comte et comtesse esté envoyés, pour recueillir madicte dame à la descente du bateau; ce qu'ils firent bien et notablement; et ne bougèrent d'avecques elle jusques à ce qu'elle vinst à Bruges, comme cy-après vous pourrez voir et entendre.

» Le lendemain que madame la duchesse fut revenue de voir madicte dame Marguerite, monsieur de Bourgongne se retira au lieu de l'Escluse à petite compaignie, et entra par derrière dedans le chasteau: et après qu'il eut soupé se partit, atout six ou sept chevaliers de l'ordre seulement, et vint assez secrètement à l'hostel de madicte dame Marguerite, combien qu'elle en estoit avertie, et s'estoit acompaignée des plus gens-de-bien de sa compaignie: comme du seigneur d'Escalles, frère de la royne d'Angleterre, et de plusieurs autres nobles Anglois qui estoyent venus à celle feste. A l'arrivée, et quand ils se veirent l'un l'autre, ils se feirent moult grand honneur: et puis s'assirent sur un banc, où ils devisèrent longuement ensemble; et, après plusieurs devises, monsieur l'évesque de Salsbery (qui tousjours avoit mené ceste matière) se vint mettre à genoux entre eux deux, et les mit en plusieurs gracieux devis: et assez tost après vint monsieur le comte de Charny, qui dit telles parolles: « Monsieur, vous avez trouvé ce » que vous avez tant quis et désiré; et puis » que Dieu vous a amené ceste noble dame » au port de salut et à vostre désir, il me sem- » ble que vous ne devez point départir sans » monstrer la bonne affection que vous avez » à elle, et qu'à ceste heure vous la devez » fiancer, et luy faire promesse. »

» Mondict seigneur respondit qu'il ne tiendroit pas à luy; et l'évesque de Salsbery dit à madame Marguerite le propos en quoy ils estoyent, et ce que monsieur désiroit de sa part, luy demandant qu'elle en voulut faire: laquelle luy respondit que pour ceste cause, et non autre, l'avoit envoyée le roy d'Angleterre son frère pardeçà; et que ceste chose, laquelle le roy luy avoit commandée, elle estoit preste de faire et acomplir. Et sur ce propos les prit l'évesque par les deux mains, et les fiança: et ainsi se partit pour ceste fois mondict seigneur, et lendemain s'en retourna à Bruges.

» Madicte dame Marguerite demoura audit lieu de l'Escluse jusques à l'autre samedy suyvant, et fut encores visitée par mondict seigneur; et, ledict samedy, furent les bateaux richement parés pour conduire et mener madicte dame au lieu du Dan; auquel lieu elle fut receue honnorablement et en grand joye, selon le cas et la faculté d'icelle petite ville. Le lendemain, qui fut troisiesme de juillet, mondict seigneur le duc de Bourgongne et de Brabant se partit, à privée compaignie, entre quatre et cinq heures du matin, et se tira au lieu du Dan, où il trouva madicte dame Marguerite et sa compaignie, préparée et avisée de le recevoir comme il estoit ordonné; et là mondict seigneur l'espousa comme appartenoit, par la main de l'évesque de Salsbery dessusdict; et après la messe chantée, mondict seigneur s'en retourna en son hostel à Bruges; et croys que tandis que les autres cérémonies se firent il feit provision de dormir, comme s'il eust à faire aucun guet ou escoute pour la nuict avenir.

»Tantost après se rendirent au lieu du Dan monsieur Adolf de Clèves, seigneur de Ravestain, monsieur d'Argueil, monsieur de Chasteau-Guion, monsieur Jaques de Sainct-Pol, monsieur de Roussy, monsieur de Fiennes, messire Jehan de Luxembourg, le comte de Nasso, messire Baudoin, bastard de Bourgongne, et tant d'autres chevaliers et nobles hommes, que trop longue chose seroit de les racompter; et eux avoir fait la révérence à madicte dame la nouvelle duchesse, madicte dame entra en une littière richement parée de chevaux, et de couverture de riche drap d'or; et au regard de sa noble personne, elle estoit vestue d'un drap d'or blanc en habit nuptial, comme il appertient en tel cas; et sur ses cheveux avoit une riche couronne; et au regard du colier et du fermail, elle en estoit richement et pompeusement parée; et après elle avoit trèze haquenées blanches enharnachées de drap d'or cramoisy, dont les deux estoyent en main, au plus près de sa littière; et sur les autres estoyent montées les dames d'Angleterre qu'elle avoit amenées en sa compaignie. Après icelles haquenées venoyent cinq chariots richement couverts de drap d'or, dont au premier estoit la duchesse de Norfolck, qui estoit une moult belle dame d'Angleterre, laquelle estoit venue pour acompaigner et amener madicte dame pardeçà; et avecques elle estoyent madame d'Escalles, madame la comtesse de Charny, madame la vidamesse d'Amiens, et non plus. Aux autres chariots estoyent plusieurs dames et damoiselles, tant angloises comme autres; et puis qu'il me vient à point, je nommeray partie desdictes dames angloises qui vindrent pour amener madicte dame : et premièrement madicte dame la duchesse de Norfolck; secondement madame d'Escalles, madame de Willebi, une très-belle vefve; madame de Clifton, madame de Scrop, madamoiselle Léonor, et plusieurs autres dames et damoiselles, jusques au nombre de quarante ou cinquante femmes.

»En tel estat marcha madicte dame depuis le Dan jusques à la porte de Bruges, que l'on dit la porte Saincte-Croix; et au regard du grand nombre des princes, chevaliers et escuyers, nobles hommes et nations qui iceluy jour rencontrèrent madicte dame, richement vestus et en point, je m'en passe pour abréger, pour ce que je veuil venir à l'ordre comme ils entrèrent en ladicte vile. Mais toutesfois suis-je contraint de ramentevoir un noble chevalier zéelandois, qui, à celle heure et entrée, avoit six chevaux couverts de pareure de drap d'or, d'orfèvrerie, de drap de soye et de campanes très-richement, nommé Adrian de Borsèle, seigneur de Bredam; lequel pour deux causes je ramentoy en cest article. La première, pour ce qu'il fut le mieux en point en ceste entrée. La seconde, pour ce que, par la voulonté de Dieu, le mécredy après il trépassa, à l'ocasion d'une maladie d'une jambe : dont ce fut dommage; et fut moult regretté de la seigneurie.

»A celle porte de Saincte-Croix furent les ordonnances faictes : et marchèrent par ordonnance ceux qui acompaignèrent la noble espouse, en la manière qui s'ensuit, sans y rien oublier. Premièrement, tous les gens d'église et collèges, acompaignans les évesques, abbés et prélats, qui furent ordonnés à porter les reliques et conduire les processions, et qui avoyent attendu longuement madicte dame à icelle porte, marchèrent les premiers, et par ordre et à l'ouvert, tellement qu'entre deux pouvoit marcher l'ordonnance et la compaignie ainsi qu'elle venoit.

» Les premiers qui marchoyent par ordonnance estoyent le bailly et escoutette de Bruges ; et après eux venoyent deux à deux les gentils-hommes de l'hostel des princes et seigneurs, qui n'estoyent point de la retenue et ordonnance de monsieur le duc : et après iceux venoit un gentilhomme capitaine des archers de monsieur le bastard de Bourgongne, et douze archers après luy, vestus de palletots d'orfèvrerie blanche, à un grand arbre d'or devant et derrière ; qui signifioit le pas de l'arbre d'or, que monsieur le bastard commença celuy jour et maintint celle feste, dont cy-après sera faicte mention.

«Après iceux archers marchoyent les gentils-hommes, deux à deux, de l'hostel de mondict seigneur, puis les chambellans, et après les seigneurs du sang, qui furent à moult grand nombre ; et furent tous vestus des robes et pareures de mondict seigneur, qui furent telles, que les escuyers avoyent robes de drap de damas noir, et pourpoints de satin cramoisy. Les chefs d'office avoyent longues robes de satin noir figuré, et pourpoints de satin figuré, cramoisy : et des chevaliers et gens-de-conseil avoyent longues robes de velours noir, et pourpoints de velours cramoisy ; et les serviteurs et varlets de la maison tous vestus de drap noir et violet, et pourpoints de camelot. Que vous diroye-je ? Tant et si largement donna monsieur de drap de soye et de laine pour cette pareure, qu'il cousta plus de quarante mille francs. Et certes il faisoit beau voir marcher en ordonnance les chevaliers et gentils-hommes vestus de cette pareure.

»Après iceux du sang marchoyent toutes manières d'instrumens par ordre (qui estoyent de diverses nations) ; et après iceux venoyent clairons, menestriers et trompettes, tant anglois comme bourgongnons, qui se faisoyent moult efforcément ouyr : et après venoyent officiers-d'armes de divers païs, à grand nombre, dont il en y avoit vingt quatre portans cottes-d'armes. Après iceux venoyent six archers portans la couronne d'or sur l'espaule, qui estoyent des archers de la couronne du roy d'Angleterre, et avoyent chacun une longue flèche en la main : et après iceux venoit madame en sa littière, comme j'ay dict devant. Au costé deçà et delà ladicte littière, tenant la place large, estoyent les deux capitaines des archers de monsieur le duc, c'est-à-sçavoir monsieur de Rosimbos, et messire Philippe, bastard de La Viévile, acompaignés de vingt archers de corps seulement, et habillés de palletots d'orfèvrerie. Ceux-là furent à pié, et avoyent leurs vouges, et gardoyent (comme dict est) la littière de la presse, et que le peuple n'y aprochast ; et au regard de la littière, elle estoit richement adextrée ; car des Bourgongnons estoyent à pié les chevaliers de la Toison-d'or richement vestus et parés, les uns vestus de drap d'or, les autres d'orfèvrerie moult richement. Et estoit en chef messire Adolf de Clèves, cousin germain de monsieur de Bourgongne, puis monsieur le bastard de Bourgongne, monsieur le comte de Charny ; monsieur de Créqui, monsieur de La Vère, monsieur d'Auxi, messire Symon de Lalain, messire Philippe Pot, seigneur de La Roche ; messire Philippe de Crèvecueur, seigneur d'Escordes, messire Jaques de Sainct-Pol, seigneur de Richebourg, et généralement tous les chevaliers de l'ordre qui se trouvèrent là ; et du costé des Anglois avoit beaucoup de gens-de-bien à pié tenans la littière. Et pour ce qu'ils me viennent à point, je deviseray les noms des gens-de-bien envoyés pour conduire madame pardeçà.

» Là estoit en chef monsieur le comte d'Escalles, frère de la royne d'Angleterre ; messire Jehan d'Oudeville son frère, l'un des fils de monsieur de Talbot, frère de la duchesse de Norfolck, messire Thomas de Mongomeri, messire Jehan Havart, le seigneur d'Acres, maistre Jehanston, maistre Thomas Vagan, maistre Salengier, maistre Jehan Auperre, et moult d'autres chevaliers et gentils-hommes dont je ne sçay les noms. Et pouvoyent estre jusques au nombre de quatre-vingts à cent nobles, qui toute la feste furent très bien en poinct, et richement vestus ; mais tous ceux-cy n'estoyent point à pié au tour de ladicte littière, sinon dix ou douze premiers nommés.

» Après ladicte littière avoit encore six archers de la couronne, habillés comme les premiers ; et certes c'estoyent beaux hommes, et bien en poinct ; et après iceux venoyent les haquenées et chariots, dames et damoiselles, en tel estat et ordonnance que les ay une fois devisées.

» Après la compaignie des dames venoyent les ambassadeurs, tant prélats que chevaliers, qui estoyent là, chacun tenant le degré de son maistre ; et furent ordonnés, pour les acompaigner, monsieur le chancelier de Bourgongne, et le conseil de la maison. Là estoyent l'évesque de Salsbery, l'évesque de Mets, l'évesque de Verdun, l'évesque de Cambray, l'évesque d'Utrech, l'évesque de Tournay, un chevalier de par le roy d'Arragon, trois ou quatre chevaliers, clercs et gentils-hommes de par le comte palatin, et moult d'autres dont ne me souvient ; et après iceux venoyent les nations par ordre, qui marchoyent en la manière qui s'ensuit.

» Les Vénitiens marchoyent les premiers, et estoyent eux et leurs serviteurs tous à cheval, les maistres vestus tous de velours cramoisy, et les varlets de drap vermeil ; et devant eux avoyent cinquante hommes à pié vestus de vermeil, chacun tenant une torche en la main. Après venoyent les Florentins, lesquels avoyent devant eux soixante torches, portées par soixante hommes à pié vestus de bleu : et après les torches faisoyent marcher quatre pages, l'un après l'autre, sur quatre destriers : et lesdicts pages avoyent pourpoints de drap d'argent, et mantelines de velours cramoisy : et les chevaux estoyent couverts de satin blanc, bordés de velours bleu. Devant les marchands florentins marchoit Thomas Portunaire, chef de leur nation, vestu comme les conseillers de monsieur le duc (car il estoit de son conseil) ; et après luy marchoyent dix marchands deux à deux, vestus de satin noir figuré, et après dix facteurs, vestus de satin noir simple, et tous avoyent pourpoints cramoisy : et après eux avoit vingt-quatre varlets à cheval, tous habillés et vestus de bleu. Après marchoyent les Espaignarts, qui estoyent trente-quatre marchands à cheval, vestus de damas violet ; et avoit chacun marchand son page à pié devant luy, tous pareils, vestus de pourpoints de satin noir, et de jaquettes de velours cramoisy ; et faisoyent lesdicts Espaignarts porter devant eux soixante torches par soixante hommes à pié, vestus de violet et de verd. Après iceux venoyent les Génevois, qui faisoyent aler devant eux une belle fille à cheval, représentant la pucelle, fille du roy, que sainct George guarantit du dragon : et sainct George venoit après, armé de toutes armes, son cheval couvert de damas blanc, et une croix de velours cramoisy ; et ladicte pucelle estoit vestue de damas blanc, et son cheval couvert de velours cramoisy ; et, après celle histoire, suyvoyent trois pages vestus de damas blanc, et leurs chevaux de damas violet ; et puis suyvoyent les marchands génevois, jusques au nombre de cent et huict, tous vestus de drap violet. Et après venoyent les Ostrelins, lesquels estoyent cent et huict à cheval, vestus de robes de violet, et plusieurs fourrées de gris ; et avoyent six pages vestus de satin violet, robes de damas blanc, et leurs chevaux houssés de damas violet ; et faisoyent lesdicts Ostrelins porter devant eux soixante torches, les hommes portans icelles aussi vestus de violet.

» En tel ordre et en telle ordonnance entra madicte dame en sa vile de Bruges. Et faut commencer à réciter les personnages qui furent monstrés en sa joyeuse venue. Et au regard des rues, elles furent tendues très richement de drap d'or et de soye, et de tapicerie : et quant aux histoires, j'en recueillys dix en ma mémoire. La première fut comme Dieu acompaigna Adam et Eve en paradis terrestre. La seconde, comment Cléopatra fut donnée en mariage au roy Alexandre ; et ainsi s'entretenoyent les histoires au propos, jusques l'on vint devant l'hostel de monsieur.

» Devant ledict hostel avoit un riche tableau tout peint d'or et d'asur, au milieu duquel avoit deux lions élevés, tenans un escu armoyé des armes de monsieur de Bourgongne ; et à l'entour dudict tableau avoit douze blasons des armes des païs de mondict seigneur, tant des duchés que des comtés ; et au-dessus du tabernacle estoit à un des costés sainct Andrieu, et au dessous dudict tableau estoyent les fusils pour devise, et le mot de mondict seigneur, qui dit : « Je l'ay emprins. » Deçà et delà dudict tableau avoit deux archers richement peints et élevés. L'un estoit un Grec tirant un arc turquois, et parmy le bout de son trait sailloit vin de Beaune, autant comme la feste dura ; et de l'autre costé avoit un Alemand tirant d'un crannequin, et par le bout de son mattras sailloit vin de Rin, et tous lesdicts vins tomboyent en deux grans bacs de pierre, où tout le monde en pouvoit combler et prendre à son plaisir. Dedans la court, vers l'espicerie, avoit un grand pellican qui se donnoit en la poitrine ; et en lieu de sang qui en devoit partir, en sailloit ypocras, qui tomboit en une mande d'osier si soubtivement faicte que rien ne s'en perdoit ; mais en pouvoit chacun prendre, à qui il plaisoit.

» Maintenant reviendrons à la descente de ceste belle dame, laquelle entra dedans la court, assez près de douze heures ; et madame, la mère de monsieur de Bourgongne, l'attendoit à l'entrée de la salle, acompaignée de madamoiselle de Bourgongne et de madamoiselle d'Argueil, avecques bien cent dames et damoiselles de nom ; et quand ladicte littière aprocha, madicte dame luy ala au-devant. Mais tantost les archers de la couronne (qui estoyent à ce ordonnés) prirent la littière sur leurs cols, et la mirent hors des chevaux, et l'aportèrent plus avant au devant de madicte dame ; et puis mirent ladicte littière à terre, et là fut ladicte littière découverte, et vint madicte dame la duchesse la mère prendre madicte dame sa belle-fille hors de ladicte littière, et l'emmena par la main, à son de trompes et de clairons, jusques en sa chambre ; et pour le présent nous tairons des dames et de la chevalerie, et reviendrons à deviser de l'ordonnance de l'hostel. Pour commencer aux communs offices, à la cuisine avoit trois cens hommes, à la saulserie quatre-vingts, à l'échansonnerie et pannetterie pour chacune soixante hommes, et en l'espicerie quinze ; et généralement tous les offices furent fort fournis de gens.

» A l'hostel avoit une petite salle ordonnée devant la chapelle, où mangeoit monsieur de Bourgongne seulement ; et auprès d'icelle salle avoit une grande salle, où mangeoyent tous les chambellans ; et plus bas avoit une plus grande salle où mangeoyent les maistres-d'hostels et tout le commun ; et se couvroit celle salle à plusieurs fois, pour le grand nombre de gentils-hommes, archers, pages, officiers-d'armes, trompettes et ménestriers et joueurs d'instrumens qui estoyent à icelle feste. Outre plus, avoit en la maison sept chambres ordonnées pour festeyer les estrangers ; dont l'une estoit chef monsieur le bastard, et l'acompaignoit monsieur de La Roche. Les autres estoyent monsieur Jaques de Sainct-Pol, messieurs d'Arcy, de Créquy, de la Gruthuse et de Bergues, et plusieurs autres qui les acompaignoyent ; et en chacune chambre y avoit maistre-d'hostel ; et gens ordonnés pour y servir ; et, pour tenir le grand estat, fut faicte une salle en une grande place que l'on dit le jeu de paume de la court.

» Celle salle fut faicte hastivement de charpenterie, moult-grande, moult-haute, moult-spacieuse. Elle estoit enluminée de verrières si bien et si à poinct, que tous disoyent que c'estoit une des belles salles qu'ils eussent veues. Ladicte salle estoit tendue par haut de drap de laine bleue et blanche, et par les costés tapicée et tendue d'une riche tapicerie faicte de l'histoire de Jason, où estoit compris l'avénement du mistère de la Toison d'or. Celle tapicerie estoit toute d'or, d'argent et de soye, et ne croys pas que l'on ait veu si grande et si riche tapicerie ensemble. Ladicte salle fut aidée de candelabres de bois peints de blanc et de bleu, et ès deux bouts de ladicte salle pendoyent deux chandeliers moult soubtivement faicts : car dedans l'artifice de chacun pouvoit estre un homme non veu. Les dessusdicts chandeliers estoyent en manière de chasteaux, et les piés desdicts chasteaux estoyent hautes roches et montaignes moult soubtivement faictes ; et par les chemins, qui tournoyoyent au tour desdictes roches, voyoit on divers personnages à pié et à cheval, hommes, femmes, et diverses bestes (et qui furent moult bien faicts, et soubtivement) ; et le dessous desdicts chandeliers furent chacun de sept pièces de miroir moult grandes, et si bien composées que l'on voyoit dedans chacune pièce tout ce qui se faisoit dedans ladicte salle. Lesdictes montaignes estoyent pleines d'arbres, d'herbes, de feuilles et de fleurs ; et certainement ils furent fort prisés et regardés d'un chacun, et furent faicts de la main d'un moult subtil homme, nommé maistre Jehan Stalkin, chanoine de Sainct-Pierre de l'Isle ; et par aucuns jours ledict Stalkin fit personnes mettre dedans lesdicts chandeliers, qui faisoyent virer la moitié desdicts chandeliers aussi dru qu'un moulin à vent ; et saillirent hors des roches dragons gettans feu et flamme moult estrangement ; et ne voyoit on point comment la soubtiveté se conduisoit. Au bout de ladicte salle, devant la grand'porte, furent faicts deux grans hourds l'un sur l'autre, moult gentement tapicés, pour mettre et loger les dames et les damoiselles qui estoyent venues pour voir la feste, et se tenoyent comme non congnues.

» En celle salle avoit trois tables drécées, dont l'une fut au bout de dessus, traversant à potence, et estoit la table pour l'honneur. Celle table estoit plus haute que les autres, et y montoit on à marches de degrés; et tout du long d'icelle table avoit un riche ciel, et dossier si grand qu'il faisoit tapis au banc, tout de très riche drap d'or. Aux deux costés de ladicte salle, tirant du long, furent les autres deux tables drécées, moult belles et moult longues; et au milieu de ladicte salle avoit un haut et riche buffet, faict à manière d'une losange. Le dessous dudict buffet estoit clos à manière d'une lice, et tout tapicé et tendu des armes de monsieur le duc; et de là en avant commençoyent marches et degrés chargés de vaisselle, dont par les plus bas estoit la plus grosse, et par le plus haut estoit la plus riche et la plus mignote; c'est-à-sçavoir par le bas la grosse vaisselle d'argent dorée, et par l'amont estoit la vaisselle d'or, garnie de pierrerie; dont il y avoit à très grand nombre. Au-dessus dudict buffet avoit une riche couppe garnie de pierrerie, et par les quarrés dudict buffet avoit grandes cornes de licorne toutes entières, moult grandes et moult belles; et de toute la vaisselle de la pareure dudict buffet ne fut servi pour ce jour, mais avoyent autre vaisselle d'argent, de pots et de tasses, dont la salle et les chambres furent servies ce jour; et à la vérité monsieur de Bourgongne pouvoit bien servir sa feste largement en vaisselle d'argent; car le duc Philippe (dont Dieu ait l'ame) luy en laissa pour provision plus de soixante mille marcs, ouvrés et prests pour servir.

» Les tables furent noblement couvertes et aprestées pour disner; et tantost madame de Bourgongne la mère amena la noble espouse sa belle-fille; et fut l'eaue cornée et l'assiette faicte, telle que cy-après ensuit. L'espouse fut assise au milieu de la table; et auprès d'elle, à la main dextre, estoit madicte dame; et au bout de la table, d'iceluy costé, estoit mademoiselle de Bourgongne; et du costé senestre fut ordonnée la place de madame la duchesse de Norfolch et de madamoiselle d'Arguel; mais ce que ladicte duchesse estoit travaillée, elle disna ce jour en sa chambre; et n'y eut d'iceluy costé que madamoiselle d'Arguel. Derrière l'espousée furent ordonnées madame la comtesse d'Escalles et madame la comtesse de Charny, pour aider à supporter l'espousée, comme il est de coustume de faire en tel cas; les autres tables furent pleines de dames et damoiselles moult richement parées et vestues.

» Au regard du service, madame la nouvelle duchesse fut servie d'eschançon et d'escuyer-tranchant, et de pannetier, tous Anglois, tous chevaliers, et gens de grand'maison; et l'huissier de salle cria : « Chevaliers, à la viande ! » Et ainsi ala-on au buffet la viande quérir; et autour du buffet marchoyent tous les parens de monsieur, et tous les chevaliers tant de l'ordre que de grand'maison, tous deux à deux, après les trompettes, devant la viande; puis grand nombre d'officiers-d'armes, leurs cottes-d'armes vestues; et puis venoyent tous les maistres-d'hostel, tant de monsieur que de madame; dont le dernier estoit messire Guillaume Bisse, premier maistre d'hostel, lequel avoit levé la viande au buffet; et après venoit le pannetier, et le suyvoyent dix ou douze chevaliers et gens de grand'maison, qui portoyent la viande. Et ne voulut point madame la duchesse la mère, pour celuy jour, estre servie à couvert; mais laissa l'honneur à sa belle-fille, comme estoit raison. Or, pour abréger l'ordonnance de la salle, on avoit ordonné quatre gentils-hommes, et après chacun dix gentils-hommes nommés, lesquels quarante-quatre servirent la salle de viande, qui sembla très diligemment servie; et fut le disner servi à trois fois; et n'est pas à oublier que toutes les salles, toutes les chambres, et la grande salle dont je parle, furent tous servis en vaisselle d'argent.

» Les seigneurs commis emmenèrent les seigneurs, chevaliers et gentils-hommes anglois par les chambres : et en un lieu que l'on dit la gallerie disna le légat, accompagné des ambassadeurs des roys et des princes qui là estoyent, ensemble de tous les évesques de celle maison disna Monsieur en la salle pour luy.

ordonnée, et tous ses chambellans en leur reigle. Qui estoit moult belle chose à voir, pour ce que tous estoyent vestus pareil de la livrée de Monsieur, et tous les serviteurs de mesme, à leur degré; et ne voyoit on homme, parmy léans, que vestu de velours, et grosses chaïsnes d'or, à moult grand nombre; et atant se taist mon escriture du disner, pour revenir à la jouste et au pas de l'Arbre-d'or qui commença celuy jour, comme cy-après orrez.

» Le disner fut faict, et se retraïrent les dames pour eux aiser en leur chambres un petit; et devez savoir qu'il y eut plusieurs habillemens changés et renouvellés; et puis montèrent en leurs chariots et sur leurs haquenées, et en moult grand pompe et triomphe vindrent sur les rangs; et tantost après vint monsieur de Bourgongne, son cheval harnaché de grosses sonnettes d'or, et luy vestu d'une longue robe d'orfèvrerie, à grandes manches ouvertes. Ladicte robe estoit fourrée de moult bonnes martres; et à la vérité ce me sembla habillement moult principal et riche. Ses chevaliers et gentils-hommes l'accompaignoyent à moult grand nombre, et ses archers et ses pages l'adextroyent à pié; et ainsi vint descendre devant l'hostel qui pour luy estoit préparé.

» La place de la jouste fut drécée sur le marché de Bruges; et fut toute close, qu'il n'y avoit que deux entrées; sinon pour celuy jour seulement, que monsieur Adolf de Clèves (qui devoit ouvrir et commencer le pas) avoit fait faire une entrée au droit de là où il se devoit armer; et pour estre mieux averti de la cause de ceste emprise, monsieur le bastard de Bourgongne fonda son pas sur un géant qu'un nain conduisoit prisonnier, enchaisné; dont la cause de sa prison est déclarée en une lettre, laquelle lettre un poursuyvant nommé Arbre-d'or (qui se disoit serviteur de la dame de l'Isle celée) avoit aportée à monsieur le duc; et aussi par un chapitre baillé à mondict seigneur.

» Au regard de la place ordonnée pour la jouste, à l'entrée, devers la chapelle Sainct-Christofle, estoit une grande porte peinte à un arbre d'or, et y pendoit un marteau doré, et à l'autre bout à l'opposite, contre l'hostel de vile, avoit une grande porte, pareillement à l'Arbre-d'or; et ceste porte estoit faicte à tournelles moult gentement; et sur icelle estoyent des clairons de mondict seigneur le bastard à grandes bannières de ses armes, et vestus de sa livrée (qui fut pour celuy jour robes rouges, à petits arbres d'or mis sur la manche, en signe du pas); et sur les deux tours de ladicte porte avoit deux bannières blanches à deux arbres d'or. A l'opposite des dames, du costé des grandes halles, fut l'arbre d'or planté, qui fut un moult beau pin tout doré d'or, exceptées les fueilles; et d'emprès iceluy pin avoit un perron à trois pilliers moult gentement faict, où se tenoit le nain, le géant, et Arbre-d'or le poursuyvant, par qui se conduisoit le pas et le mistère de la jouste; et à l'encontre dudict pillier avoit escript quatre lignes, qui disoyent ainsi :

> De ce perron nul ne prenne merveille;
> C'est une emprise qui nobles cueurs réveillé,
> Au service de la tant honnorée
> Dame d'honneur, et de l'Isle-Célée.

» Au plus près dudict perron avoit un hourd tapicé, où estoyent les juges commis de par Monsieur pour garder ledict pas en justice et en raison; et furent ordonnés premièrement Thomas de Loreille, seigneur d'Escoville, ambassadeur et serviteur de monsieur le duc de Normandie; messire Philippe Pot, seigneur de la Roche; messire Claude de Toulongeon, seigneur de Miraumont, lieutenant de monsieur le mareschal de Bourgongne : et avec iceux estoit le roy-d'armes de la Jartière, le roy-d'armes de la Toison d'or, Bretaigne le héraut, Constantin le héraut, Bourgongne le héraut, et plusieurs autres; et en un autre hourd tenant à cestuy là estoyent tous les roys d'armes et héraux (tant estrangers comme privés) qui estoyent à ceste assemblée. Devant le hourd des juges se ferroyent et mesuroyent toutes les lances; ne de tout le pas ne fut lance tenue pour rompue, qu'elle ne fust mesurée à la mesure par lesdicts juges ordonnés, ne lance courue sans mesure. Mais fut le droit de chacun moult bien et loyalement gardé; et je respons que j'acompaignay lesdicts juges tout au long de la peine.

» Les maisons, les tours, et tout à l'entour desdictes lices, tant loing comme près, tout estoit si plein de gens que c'estoit belle chose à voir. Mais puisque j'ay devisé de la manière

de la place, il est temps que je vienne à décrire l'entrée de monsieur de Ravestain, et celle de monsieur le bastard, chevalier gardant l'Arbre-d'or, qui pour ce jour coururent, et non plus; et, à la vérité, l'on doit légèrement entendre qu'il fut tard; car la venue de l'espouse fut longue et le disner long, et pouvoit estre six heures avant. Comme dessus est dict, monsieur de Ravestain, environ six heures, arriva à la porte de l'Arbre-d'or (laquelle il trouva close), et son poursuyvant, nommé Ravestain, la cotte-d'armes vestue (qui portoit le blason de ses armes), heurta trois fois d'un marteau doré à ladicte porte; et tantost luy fut la porte ouverte; et vint Arbre-d'or le poursuyvant, ayant une cotte-d'armes blanche, à grans arbres d'or; et estoit acompaigné du capitaine des arches de monsieur le bastard, et de six de ses archers, qui deffendoyent l'entrée. Ledict Arbre-d'or dit au poursuyvant : « Noble officier-d'armes, que
» demandez-vous? » Et le poursuyvant luy respondit « A ceste porte est arrivé haut et puis-
» sant seigneur monsieur Adolf de Clèves, sei-
» gneur de Ravestain, lequel est ici venu pour
» acomplir l'aventure de l'Arbre-d'or. Si vous
» présente le blason de ses armes, et vous
» prie qu'ouverture luy soit faicte, et qu'il soit
» receu. » Ledict Arbre-d'or prit unes tables, où il escrivit le nom du chevalier venant au pas; et puis prit en ses mains, en grande révérence et à genoux, le blason de monsieur de Ravestain, et l'emporta solennellement jusques à l'Arbe-d'or; et en passant par devant les juges, leur monstra ledict blason, et leur dit l'aventure qu'il avoit trouvée à la porte. Si fut ledict blason mis et attaché à l'Arbre-d'or, comme il estoit ordonné, et futfaict sçavoir au chevalier qui gardoit le pas le nom de celuy qui estoit arrivé, pour son emprise fournir.

» A celle heure partirent du perron pour venir à la porte, Arbre-d'or (qui aloit devant), et après luy le nain qui menoit le géant enchaisné; et le nain estoit vestu d'une longue robe, la moitié de drap de damas blanc, et l'autre moitié de satin figuré cramoisy, et avoit une barrette en sa teste; et le géant estoit vestu d'une longue robe d'un drap d'or d'estrange façon, et n'avoit rien en sa teste qu'un petit chapeau de Provence. Ledict géant estoit ceinct, parmy le faux du corps, d'une chaîne. Celle chaîne estoit longue, et trainant; et par le bout qui trainoit le tenoit ledict nain, et le menoit après soy; et ainsi arrivèrent à la porte.

» Sur ce poinct fut la porte ouverte; et entrèrent premièrement les clairons de monsieur de Ravestain; et après lesdicts clairons venoyent les tabourins, et après les tabourins les officiers-d'armes, et après iceux officiers-d'armes venoit un chevalier, à manière d'un homme-de-conseil. Ledict chevalier estoit monté sur une petite mulle enharnachée de velours bleu; et ledict chevalier vestu d'une longue robe de velours bleu. Suyvant ledict chevalier venoit la personne de monsieur de Ravestain, en une litière richement couverte de drap d'or cramoisy. Les pommeaux de ladicte litière estoyent d'argent, aux armes de mondict seigneur de Ravestain, et tout le bois richement peinct, aux devises de mondict seigneur. Ladicte littière estoit portée par deux chevaux noirs moult beaux et moult fiers; lesquels chevaux estoyent enharnachés de velours bleu, à gros cloux d'argent, richement; et sur iceux chevaux avoit deux pages vestus de robes de velours bleu, chargés d'orfèvrerie, ayans barrettes de mesmes; et estoyent housés de petits brodequins jaunes, et sans esperons; et avoyent chacun un fouet en la main. Dedans ladite litière estoit le chevalier, à demy assis sur grans coussins de riche velours cramoisy; et le fond de sadicte littière estoit d'un tapis de Turquie. Le chevalier estoit vestu d'une longue robe de velours tanné, fourrée d'ermines, à un grand colet renversé, et la robe fendue de costé, et les manches fendues par telle façon, que quand il se dreçea en sa littière l'on voyoit partie de son harnois. Il avoit une barrette de velours noir en sa teste, et tenoit toute manière de chevalier ancien, foulé et débilité des armes porter. Ladicte littière estoit adextrée de quatre chevaliers qui marchoyent à pié, grans et beaux hommes; qui furent habillés de paletots de velours bleu, et avoyent chacun un gros batton en la main. Après ladicte littière venoit un varlet de pié vestu de la livrée de monsieur de Ravestain, qui menoit en sa main un destrier en selle, couverte d'un riche drap d'or bleu chargé de grosses campanes d'argent, et bordé de grandes lettres d'or, de brodure à la devise du chevalier; et après icelluy destrier venoit un sommier portant deux grans paniers, où pouvoit estre le surplus de son harnois. Les deux paniers furent couverts d'une couverte de velours noir, chargé de grosses campanes d'argent, à batons et à letres de mesmes; et entre les deux paniers avoit assis un petit sot vestu de velours bleu, à la devise dudict seigneur de Ravestain.

» En celle ordonnance marcha ledict seigneur jusques devant les dames; et luy là arrivé, fut sa littière ouverte par les quatre chevaliers; et là se mit le chevalier à genoux, et osta sa barrette; et le chevalier, monté sur la petite mulle, fît pour luy la présentation aux dames, dont les parolles ou semblables s'ensuyvent : « Très-haute et très-puissante princesse, ma
» très-redoutée et souveraine dame, et
» vous autres nobles princesses, dames et
» damoiselles, voyez cy un ancien cheva-
» lier qui dès long temps a fréquenté et
» exercé les armes; lequel vous fait très-hum-
» ble révérence. Si est ainsi que par longue
» vie il est venu à ses anciens jours, ès quels
» il se trouve fort débilité de sa personne;
» tellement qu'il ne peut plus, ne ne pourroit
» les armes suivre ne porter; et à ceste cause
» a desjà longuement délaissé le mestier, et
» n'est pas délibéré de plus porter armes.
» Mais toutesvoyes, pour ce qu'il a sceu ceste
» grande et solennelle feste du noble pas et
» emprise du chevalier à l'Arbre-d'or, et la
» très-belle et noble assemblée de dames d'i-
» celle noble compaignie, il ne s'est peu te-
» nir, pour sa dernière main, de venir faire
» son devoir. Si se présente très-humblement
» par devant vous, très-haute et très-puissante
» princesse, et vous autres nobles princesses,
» dames et damoiselles, et vous requiert en
» toute humilité que le veuilllez avoir pour re-
» commandé, et avoir son bon vouloir pour
» agréable, et d'ores-en-avant le tenir pour
» excusé, à cause de son antiquité et débili-
» tation; et ceste emprise achevée, il entend
» de soy rendre et renoncer aux armes, en
» demourant tousjours vostre très-humble ser-
» viteur, et de toutes dames. »

» Après ce que le chevalier eut présenté monsieur de Ravestain, il fût respondu par les dames qu'il fust le très-bien venu; et alors ledict se remit en son chemin, pour faire le tour de la toile; et vint passer par-devant le perron et l'Arbre-d'or, où pendoit le blason de ses armes. Si fit le chevalier un enclinement, et puis se présenta devant ses juges; et là s'agenouillèrent les nains et géant jusques à terre, et s'en retournèrent jusques au perron, où le nain rattacha le géant à l'Arbre-d'or; et puis se monta le nain sur son perron, à tout sa trompe et son horloge, pour en besoingner selon qu'il en estoit ordonné par les chapitres; et mondict seigneur de Ravestain partit hors de la lice, pour soy aler armer par la porte qu'il avoit fait faire, et dont ci-dessus est faicte mention.

» Ne demoura guères après que le seigneur de Ravestain vint pour fournir son emprise; et avoit les quatre chevaliers qui avoyent adextré sa littière, et deux autres escuyers vestus comme devant, ayans harnois de jambes, et leurs chevaux harnachés de velours bleu, chargés de campanes d'argent; et mondict seigneur de Ravestain venoit après sur son destrier, armé comme il appartenoit, l'escu au col et le heaume en la teste. Son cheval estoit couvert de velours bleu à grandes lettres de brodure de fil d'or, et une grande bordure de mesme, chargée de campanes d'argent. Son escu estoit couvert de mesmes; et après luy venoit le destrier, qu'on avoit mené en main, après sa dicte littière, couverte comme il est dict dessus; et n'y avoit autre chose à dire, sinon que dessus ledict destrier estoit monté un page habillé d'orfèvrerie, en manière de ceux qui menoyent ladicte littière; et après revenoit son sommier, et puis sa littière, telle que dessus est escrit.

» Après que ledict seigneur de Ravestain eut fait le tour parmy la lice, en attendant la venue du chevalier à l'Arbre-d'or, prestement sonnèrent les trompettes qui estoyent dessus la porte; et fut ladicte porte ouverte par plusieurs archers de corps de mondict seigneur le bastard, qui la gardoyent; et prestement s'apparut un grand pavillon jaune tout semé d'arbres d'or de bordure; et au-dessus avoit une pomme d'or, où estoit plantée une bannière des armes de mondict seigneur le bastard; et fut conduit ledict pavillon jusques au bout de la lice ; et ne voyoit l'on rien de la conduite dudict pavillon, exceptés six petits pages à pié, vestus d'orfèvrerie, qui tenoyent la main audict pavillon. Après le pavillon venoyent sept chevaliers ou nobles hommes vestus de paletots de drap de damas blanc, montés sur bons chevaux, et ayans harnois de jambes. Lesdicts chevaux estoyent couverts de courtes couvertes de velours violet, semés de gros boulons dorés, auxquels pendoyent grosses campanes d'argent ; et incontinent que le pavillon fut au bout de la lice, les lances furent choisies d'une part et d'autre devant les juges, et fut apporté à chacun une lance, et lors fut ouvert le pavillon où estoit le chevalier à l'Arbre-d'or, monté et armé comme il appartenoit. Ledict chevalier portoit un escu verd, lequel escu verd fut porté par le chevalier à l'Arbre-d'or, tout au long de l'emprise. Son cheval estoit couvert de velours violet.

» Aussi tost qu'ils eurent d'un costé et d'autre les lances sur la cuisse, le nain (qui estoit sur le perron) drécea son horloge (qui estoit de verre plein de sablon, portant le cours d'une grande demye heure), et puis sonna sa trompe tellement que les deux chevaliers le purent ouyr. Si mirent les lances ès arrest, et commencèrent leur jouste, laquelle fut bien courue et joustée ; et eust encores mieux esté, si ne fust esté le cheval de mondict seigneur de Ravestain, qui sur la fin ne voulut si bien aler qu'il avoit commencé ; et durant celle demie heure rompit le chevalier à l'Arbre-d'or plus de lances que le chevalier venant de dehors, parquoy il gaigna la verge d'or comme il estoit contenu ès articles du pas.

» Ainsi se passa la demie heure que tout le sablon fut coulé ; et ce faict, incontinent le nain sonna son cor, et furent toutes les lances ostées d'une part et d'autre ; et lors Arbre-d'or le poursuyvant chargea sur son col deux gros planchons blancs, et semés d'arbres d'or ; et les aporta au chevalier venant de dehors, pour choisir lequel qu'il luy plairoit ; et aporta l'autre à celuy qui gardoit le pas ; et de ces deux planchons, à son de trompes et de clairons, firent une course sans atteinte ; puis se vindrent entre-rencontrer les deux chevaliers, et eux toucher au départir ; et atant s'en retourna chacun pour celuy jour ; car il estoit si tard, que plus ne pouvoyent nuls des coureurs courre.

» Si me passe atant de plus en escrire pour celle journée ; et faut revenir au grand banquet qui fut tenu celle nuict en la grande salle. Et au regard des salles et des chambres, où des grans seigneurs plusieurs soupèrent celuy soir, du service et de la manière, je m'en passe pour abréger, et reviens à l'estat qui fut tenu en la salle dessusdicte. Premièremeut furent les tables drécées en la manière de celles du disner ; mais elles estoyent beaucoup plus larges, et sur lesdictes tables avoit trente nefs, chacune d'icelles portant le nom de l'une des seigneuries de mondict seigneur de Bourgongne ; dont il y avoit cinq duchés et quatorze comtés ; et le surplus estoyent des autres seigneuries, comme de Salins, de Malines, d'Arcle et de Béthune, qui sont grandes et nobles seigneuries. Lesdictes naves estoyent toutes peintes d'or et d'asur, armoyées chacune des armes de la seigneurie, dont elle se nommoit ès bannières et ès targeons, et sur les hunes ; dont en chacune nave y avoit trois, où estoyent les bannières de monsieur de Bourgongne ; et au plus haut avoit un grand estendard de soye noir et violet, semé de fusils d'or, et de grandes lettres où estoit le mot de Monsieur : « Je l'ay emprins. » La viande estoit dedans icelles naves, qui faisoyent les plats. Les blasons estoyent de soye, et tout le cordage doré de fin or. Gens-d'armes et maromniers estoyent faicts et élevés parmi les navires, et tout au plus-près du vif qu'on pouvoit faire la semblance d'une carraque ou d'un grand navire.

» *Item*, sur lesdictes tables avoit trente grans pastés couverts de différentes couvertures, en manière de hauts chasteaux élevés, tous peints d'or et d'asur, à grandes bannières de mondict seigneur de Bourgongne ; et sur chacun chasteau avoit les armes et le nom d'une bonne vile de mondict seigneur ; et ainsi fut monstré trente principautés et seigneuries de l'héritage de mondict seigneur le duc, et trente viles à luy sugettes, les non pareilles du monde. *Item*, pour la parure d'icelles tables, avoit à l'entour de chacune nef quatre botequins chargés de fruictaille et espiceries, moult richement estofés. *Item*, furent iceluy jour présentés trois entremets mouvans; dont l'un, et le premier, s'ensuyt.

» Premièrement entra dedans la salle une licorne grande comme un cheval, toute couverte d'une couverture de soye peincte aux armes d'Angleterre; et dessus icelle licorne avoit un liépard moult bien faict, auprès du vif. Celuy liépard avoit en sa main senestre une grande bannière d'Angleterre, et à l'autre main une fleur de marguerite moult bien faicte; et après qu'à son de trompes et de clairons ladicte licorne eut fait son tour devant les tables, on l'amena devant mondict seigneur le duc, et là un des maistres-d'hostel d'icèluy seigneur, à ce ordonné, prit ladicte fleur de marguerite ès mains du liépard, et se vint agenouiller devant mondict seigneur, et luy dit telles parolles : « Très-excellent, très-haut et très-victo- » rieux prince, mon très-redouté et souverain » seigneur, le fier et redouté liépard d'Angle- » terre vient visiter la noble compaignie; et » pour la consolation de vous et de vos alliés, » païs et subjets, vous fait présent d'une noble » marguerite. » Et ainsi receut mondict seigneur ladicte fleur de marguerite moult cordialement, et ainsi s'en retourna ladicte licorne par où elle estoit venue.

» Assez tost après rentra parmy la salle un grand lyon tout d'or, et d'aussi grande grandeur que le plus grand destrier du monde. Celuy lyon estoit couvert d'une grande couverte de soye toute peincte aux armes de mondict seigneur de Bourgongne; et dessus iceluy lyon estoit assise madame de Beaugrant (c'est-à-sçavoir la naine de madamoiselle de Bourgongne), vestue d'un riche drap d'or, et pardessus un petit rochet de volet fin; et portoit pannetière, houlette, et tous habillemens de bergère, et menoit derrière elle un petit levrier en laisse; et furent ordonnés deux nobles chevaliers, monsieur de Ternant et messire Tristan de Toulongeon, pour adextrer ladicte bergère; laquelle bergère tenoit en sa main une grande bannière de Bourgongne, et quand le dict lyon entra parmy la salle, il commença à ouvrir la gorge et à la reclorre, par si bonne façon qu'il prononçoit ce que cy-après est escrit. Et commença ledict lyon à le chanter en chanson faicte à ce propos, à teneur et dessus, qui disoit ainsi :

Bien vienne la belle bergère
De qui la beauté et manière
Nous rend soulas et espérance!
Bien vienne l'espoir et fiance
De ceste seigneurie entière !
Bien devons celle tenir chère,
Qui nous est garand et frontière
Contre danger, et tant qu'il pense.
Bien vienne!
C'est la source, c'est la minière.
De nostre force grande et fière;
C'est nostre paix et asseurance.
Dieu louons de telle aliance,
Crions, chantons à lie chère :
Bien vienne!

» En chantant ceste chanson, fit ledict lyon son tour parmy la salle; et quand il fut devant madame la nouvelle duchesse, ledict maistre d'hostel (qui avoit fait le présent de la marguerite) s'agenouilla devant madicte dame la duchesse nouvelle, et dit les paroles qui s'ensuyvent : « Ma très-redoutée dame, les païs » dont aujourd'huy par la grâce de Dieu vous » estes dame sont moult joyeux de vostre ve- » nue; et en souvenance des nobles bergères » qui par-cy-devant ont esté pastoures et gar- » des des brebis de pardeçà, et qui si vertueu- » sement s'y sont conduictes que lesdicts païs » ne s'en sçavent assez louer, à ce que soyez » mieux instruicte de leurs nobles mœurs et » conditions, ils vous font présent de ceste » belle bergère, habillée et embatonnée de ver- » tueux habillemens et batons à ce servans pro- » pices, vous suppliant que les ayez en souve- » nance et pour recommandés. » Et en ce disant les deux chevaliers prirent ladicte bergère, et la présentèrent sur la table, et madicte dame la receut très-humainement, et n'est pas à oublier que la houlette et pannetière servans à la bergère estoyent tous peincts et nommés de vertus. Et ainsi le lyon recommença sa chanson, et retourna par où il estoit venu.

» Le tiers et le dernier entremets pour celuy jour fut un grand dromadaire qui entra parmy la salle, faict auprès le vif par tel artifice, qu'il sembloit mieux le vif qu'autrement; et estoit enharnaché à la manière sarrasinoise, à grandes campanes dorées, moult riche, et sur son dos avoit deux grands paniers, et entre iceux paniers assis un homme, habillé d'estrange façon ; et quand il entra dans la salle, ledict dromadaire remua la teste, et tenoit une contenance sauvage ; et celuy qui estoit dessus ouvrit les paniers ; et en tiroit oyseaux estrangement peincts, comme s'ils veinssent d'Inde ; et les gettoit parmy la salle, et par-dessus les tables ; et en tenant cette contenance, à sons de trompettes et de clairons fit le dromadaire son tour par-devant les tables, et retourna par où il estoit venu ; et plus n'en fut faict pour celuy jour, et ne firent pas après souper longues danses ; car avant que les tables fussent ostées, il sonna trois heures après minuict. Si fut tantost l'espouse menée coucher ; et du surplus du secret de la nuict, je le laisse à l'entendement des nobles parties, et reviens à deviser de l'adventure du l'endemain, qui fut le lundy, second jour de la feste.

» Ce lundy disna monsieur le duc en la grande salle ; et avoit assis au-dessus de luy madame la duchesse de Norfolck, et de l'autre costé Madame. Aux autres deux tables furent en l'une toutes les dames, et en l'autre tous les chevaliers et seigneurs anglois ; et fut on grandement servi ; et au regard de madame de Bourgongne la mère, et la nouvelle duchesse, elles disnèrent en chambre ; et tantost que le disner fut passé, on se retira sur les rangs, pour voir la jouste. Comme dict est dessus, les dames et la seigneurie alèrent sur les rangs, pour la jouste voir, exceptées les deux dictes duchesses, qui pour iceluy jour n'y allèrent poinct ; et sitost que mondict seigneur le duc fut sur les rangs, fut apporté le blason de monsieur de Chasteau-Guion, frère de monsieur le prince d'Orange, et neveu de monsieur le comte d'Armignac ; et après fut allé querre par le géant et par la main, et se présenta en la manière qui s'ensuyt.

» Monsieur de Chasteau-Guion estoit monté et armé, le heaume en la teste et l'escu au col, comme il appartenoit. Son cheval estoit couvert de drap d'or cramoisy ; et après luy avoit deux autres chevaux, dont le premier estoit couvert de drap d'or bleu, et le second de drap d'or violet, et sur lesdicts chevaux estoyent montés deux pages vestus de mantelines de satin verd, et devant luy avoit sept nobles hommes, pareillement vestus de mantelines de satin verd. Les chevaux estoyent enharnachés de drap, tous d'une façon ; et ainsi fut par le géant présenté aux dames, et fit son tour, comme le premier, par-devant l'Arbre-d'or et par-devant les juges ; et puis prit son rang pour son emprise fournir. Tantost après fut la porte ouverte, par où devoit venir le chevalier à l'Arbre-d'or ; et prestement saillit dehors ledict chevalier, à tout son escu verd, et son cheval couvert d'un riche drap d'or ; et avoit devant luy quatre gentils-hommes, et leurs chevaux houssés de drap de damas blanc, et par-dessus semés d'arbres d'or de brodure ; et lesdicts gentils-hommes vestus de mantelines de satin tanné. Le chevalier venu, leur furent leurs lances présentées ; et le nain mit son horologe, et sonna sa trompe ; et ainsi commença la jouste.

» Durant celle demie heure coururent les chevaliers dix-huict courses, et rompit le chevalier à l'Arbre-d'or dix lances, et ledict seigneur de Chasteau-Guion neuf ; et fut la première fois que ledict seigneur de Chasteau-Guion avoit jamais jousté. Mais il se porta si bien et si vivement en icelle jouste, qu'il en fut moult prisé de tous ; et après la demie heure achevée, coururent des planchons une course, sans atteinte ; et paya ledict monsieur de Chasteau-Guion une verge d'or, pour ce qu'il avoit moins rompu de lances que le chevalier à l'Arbre-d'or.

» Après iceluy fut présenté le blason de Charles de Visan, un escuyer varlet-de-chambre de monsieur de Bourgongne ; lequel Charles se fit accompaigner de douze archers du corps de mondict seigneur, qui le suyvoyent à pié, et avoit seulement un gentil-homme à cheval pour le servir ; lequel gentil-homme avoit un palletot d'orfèvrerie, et son cheval enharnaché d'orfèvrerie, à la devise dudict Charles de Visan. Et le cheval dudict Charles de Visan estoit couvert d'une couverture d'orfèvrerie, assises sur un drap violet. Ladicte houssure estoit très-riche, faicte à la devise dudict Charles ; et son tour faict comme les autres, prit le bout de son rang. A son de trompettes et de clairons partit le chevalier de l'Arbre-d'or, à tout son escu verd, comme il avoit de coustume. Son cheval estoit enharnaché d'un harnois bleu, chargé d'orfèvrerie et de grosses campanes d'argent ; et coururent l'un contre l'autre, en celle demie heure, vingt et une courses ; et rompit le chevalier gardant le pas neuf lances, et ledict Charles huict; et certes il y eut à celle jouste très-dures atteintes d'un costé et d'autres; car ils estoyent tous deux bons jousteurs, et rompirent plusieurs bois, dont on ne faisoit nulle mention en ce pas; car nulles lances ne furent tenues pour rompues, s'il n'y avoit quatre doigts de francs au-dessous du roquet, ou devant la grape. Ainsi fut celle jouste très-bien joustée; et le cor sonné par le nain, coururent une course de planchons qui ne fut point atteinte; et paya ledict Charles la verge d'or, pour ce qu'il avoit le moins rompu.

» Pour le tiers et dernier d'iceluy jour, se présenta monsieur de Fiennes, neveu de monsieur le comte de Sainct-Pol, connestable de France; et fut son blason mis à l'Arbre-d'or comme les autres, et fut conduit par le nain et par le géant, entretenans l'ordonnance du pas. Il avoit devant luy quatre chevaliers : c'est-à-sçavoir monsieur Jaques de Luxembourg, son oncle, monsieur de Roussi, son cousin germain, messire Jehan de Luxembourg, son frère, et monsieur le marquis de Ferrare. Leurs chevaux estoyent harnachés de velours bleu brodé d'orfèvrerie, à grosses campanes d'argent; et avoyent palletots de velours noir brodés de lettres, à la devise dudict seigneur de Fiennes; et y avoit plusieurs autres nobles hommes et serviteurs, tant à pié comme à cheval, d'icelle pareure; et mesmes le cheval dudict seigneur de Fiennes estoit couvert d'une houssure de velours noir bordée en brodure de fil d'or, à sa devise; et sur la croupe de son cheval avoit une moult riche fleur de brodure, toute de fil d'or. Il y avoit après luy quatre pages vestus de robes de velours, moitié tanné, moitié bleu, chargées d'orfèvrerie; et avoyent petits chaperons tannés, brodés de mesmes. Le cheval sur quoy estoit le premier page estoit houssé d'une housseure d'orfèvrerie menue, enrichie de campanes d'argent. Le second estoit couvert d'ermines, à une grande brodure de drap d'or cramoisy; et le tiers, houssé d'orfèvrerie menue, enrichie de campanes dorées moult richement. Le quart, de velours cramoisy brodé d'ermines; et son pallefrenier, vestu de mesmes les pages, venoit après, monté sur un cheval couvert de velours bleu chargé d'orfèvrerie. Ledict pallefrenier menoit un destrier en main, houssé et couvert de riche drap d'or cramoisy, et la selle de mesme. En tel estat fit mondict seigneur de Fiennes son tour parmy la lice; et tantost après se présenta le chevalier à l'Arbre-d'or, son cheval couvert d'une riche couverte de drap d'or verd, brodé, par-dessus le verd, d'orfèvrerie blanche très-richement; et estoit acompaigné des seigneurs et nobles hommes qui avoyent couru à l'encontre de luy, comme contenu est par les chapitres. Les deux chevaliers coururent, en celle demi-heure, vingt deux courses; et furent rompues, par le chevalier à l'Arbre-d'or, onze lances; et ledict seigneur de Fiennes en rompit six. Et après le cor sonné, coururent une course de bourdons, dont n'y eut ateinte nulle; et paya ledict seigneur de Fiennes la verge d'or au chevalier gardant le pas, pour avoir moins rompu. Et atant pour ce jour se départit la feste, et n'y eut chose qui à ramentevoir face, jusques au banquet, qui fut conduit par la manière qui s'ensuyt.

» Pour mieux tenir forme de banquet, fut la table qui estoit à la dextre main ostée; et de l'autre costé fut la table ralongée, et faicte joindre et tenir à la table du prince; et de l'autre costé fut mis un grand buffet plat, et la vaisselle pour le service dessus : et fut assis et conduit comme il s'ensuyt. Celuy jour fut le banquet conduit de vingt-quatre plats, moult grans et moult sompteux; et n'y avoit autre pareure sur les tables pour celuy soir; et assez tost après fut veu au bout de la table, en la salle, un hourd encourtiné; et sur ce hourd commencèrent trompettes à sonner, et sur ce fut la courtine tirée. Et là se commencèrent à monstrer les figures des douze travaux d'Herculès, dont le premier s'ensuyt.

» Premièrement fut veu Herculès en son bers, et sa nourrice, qui luy donnoit la mamelle; et, au plus près, le bers de son frère jumeau; et sa nourrice (qui le tenoit et portoit chaufer au feu) lui donnoit le tétin, et l'emmaillotoit; et faisoit manière de nourrice à enfans; et après le remit en son bers, et commença à bercer et le rendormir, et pareillement celle d'Herculès; et ainsi s'endormirent les enfans, et les nourrices pareillement. Et tantost après entrèrent dedans ladicte salle deux serpens si bien faicts, que chacun disoit que l'on ne les sçauroit amender. Ces deux serpens vindrent premier au bers du frère d'Herculès, et le prirent et le dévorèrent, et puis vindrent au bers d'Herculès, pour faire le semblable; mais Herculès de force rompit ses liens, et se combatit auxdicts serpens de coups de poings, et de telle vigueur qu'il les occit. Et fut la contenance si bien tenue, tant des serpens comme d'Herculès, que ce sembloit chose vive, sans mistère. Et ainsi s'éveillèrent les deux nourrices, et firent un grand cry. Et sur ce poinct fut la courtine retirée; et fut attaché, par dehors la courtine, certain escrit de certaines lignes, dont la teneur s'ensuyt:

> Herculès en son bers, sous pouvoir de nourrice,
> Tua deux grans serpens de force, sans malice.
> A luy donc se monstra la fortune propice,
> Et son frère mourut, innocent et sans vice.
> Puis que sur deux bessons portés d'une ventrée,
> Fortune se départ par diverse livrée,
> Dont l'un laisse périr ainsi qu'une fumée,
> L'autre porte en ses bras croissant en renommée,
> Bien devons Dieu douter de cueur et de pensée,
> Car c'est cil qui départ où il veut sa soudée.

» Pour la seconde fois fut la courtine retirée, après le son des trompettes. Et pour le second travail d'Herculès, furent veus en bateau Herculès et Théséus, richement armés; et vindrent iceux, boutans leurs navires à leurs lances, jusques auprès d'une grande montagne où il y avoit des moutons qui pasturoyent. Herculès convoita iceux moutons, pour ce qu'au païs de Grèce n'en avoit nuls. Si descendit jus de son navire, et fit reculer ledict navire par Théséus; et vint au pié de ladicte montagne, et sonna une grande trompe qu'il trouva là, et fit semblant de prendre lesdicts moutons. Et tantost saillit avant un géant merveilleusement grand, tenant une hache en sa main. Herculès courut sus audict géant, et le géant à luy; mais en peu d'heure le déconfit ledict Herculès, et le mit mort à la terre. Et tantost saillit de la montagne le roy Philotès, la couronne en la teste, et armé moult richement, qui courut sus moult vigoureusement à Herculès; et dura moult longuement la bataille entre eux deux. Mais, en fin de compte, Herculès desembattonna ledict Philotès de tous ses battons, et il se rendit à luy à genoux, et Herculès le prit à mercy. Et porte l'histoire que ledict Philotès demoura serf d'Herculès à sa vie. Philotès déconfit, Théséus ramena le navire; et là Herculès prit des moutons à son plaisir, et les mit audict navire, et fit entrer Philotès dedans, et puis rentra, et remit son navire en chemin. Et sur ce poinct fut la courtine retirée, et remis contre la courtine un billet contenant ainsi :

> Herculès, pour mener en Grèce le premier
> Les moutons et leur laine, comme bon chevalier,
> Déconfit un géant moult cruel et moult fier,
> Et le roy Philotès, dont il fit soudoyer.
> Bien devoit Herculès estre aimé par nature,
> Quand pour enrichir Grèce emprit telle aventure.
> Là monstra-il aux princes, par raison et droicture,
> Qu'ils doyvent corps et veine estendre sans murmure,
> Et employer le temps par travail, sans lassure,
> Pour le publique bien, lequel ils ont en cure.

» Pour la troisième fois, au son des trompettes, fut la courtine tirée, et là fut veu un navire ancré, dedans lequel avoit une pucelle richement vestue et habillée, qui tenoit manière de soy rendre à la miséricorde des Dieux. Et tantost fut veu Herculès, Théséus et le roy Philotès, avecques leurs moutons, qui vaucroyent en mer comme s'ils aloyent en Grèce; et quand ils aprochèrent de la pucelle, elle leur monstroit qu'ils n'aprochassent point. Et toutesfois Herculès tira celle part, et tint manière de parlementer à la damoiselle; et quand il eut parlementé à elle, il entra dedans son bateau, et prit son escu et sa massue, et Théséus et Philotès reculèrent leur navire. Et lors ne demoura grandement qu'un monstre de mer, de merveilleuse façon, vint pour dévorer la pucelle, laquelle de peur tomba toute pasmée. Mais Herculès frapoit de sa massue sur la teste dudict monstre, et le monstre luy courut sus moult asprement : et, fin de compte, tant férit Herculès de sa massue, qu'il occit ledict monstre. Et tantost revindrent Théséus et Philotès atout leur navire, qui atachèrent ledict monstre à une corde, et l'amenèrent traisnant à leur batteau; et Herculès désancra le navire de la pucelle, et s'en vint après. Et sur ce poinct fut la courtine retirée; et remis par escrit le rollet qui s'ensuyt :

> Herculès conquesta de l'honneur grand monjoye
> D'occire le fier monstre qui vouloit faire proye
> D'Hésionne la belle, fille au grand roy de Troye;
> Et mit le peuple à paix, à repos et à joye.

O nobles chevaliers, ô toute gentilesse,
Prenez ici exemple! Herculès vous en presse.
Pour garantir les dames, monstrez grand' hardiesse,
Faites vous détrancher pour honneste prouesse;
Deffendez leur honneur, car n'ont autre richesse.
Qui autrement le fait, il offense noblesse.

» Pour la quatrième et dernière fois d'iceluy jour, après le son des trompettes fut la courtine retirée, et là fut veu Herculès soy promenant avecques Philotès. Et y avoit un païsan sur un arbre, faisant manière que ledict Herculès ny Philotès n'aprochassent; mais Herculès tira célle part; et quand il entendit que la place estoit dangereuse, il fit monter Philotès sur l'arbre, avecques le païsan. Et tantost vindrent trois lyons qui partirent d'une montaigne, et coururent sus à Herculès moult fièrement; et Herculès se deffendit de moult bonne façon. Mais lesdicts lyons le pressèrent moult fort; et tant dura la bataille, qu'Herculès les occit tous trois l'un après l'autre. Et descendirent ledict Philotès et le païsan pour aider à escorcher lesdicts lyons. Et sur ce poinct fut la courtine retirée, et remis le rollet tel qu'il s'ensuyt :

Herculès se trouva assailli des lyons;
Trois en occit en l'heure, ainsi que nous trouvons.
Fier et fort se monstra sur tous les mortels hommes.
Plus trouvons ces faicts grands, plus avant les lisons.
Les trois lyons terribles par Herculès veincus,
C'est le monde, la chair, et le diable de plus.
L'un souffle, l'autre atise, et le tiers rend abus.
Maints hommes ont deceus, dévorés et perdus.
Or soyons bataillans des glaives de vertus,
A ce que de nos ames Dieu ne face refus.

» Assez tost après entra parmy la salle un griffon moult grand et moult bien faict. Ledict griffon remuoit les aelles et la teste, comme s'il fust en vie; et estoyent les plumes toutes d'or et d'azur; et le derrière du griffon si bien et perfaictement faict, qu'il sembloit en vie. La croupe du griffon estoit couverte d'une couverte de soye blanche et bleue, semée des lettres de monsieur le duc et de madame; et, entretant que ledict griffon marchoit parmy la salle, il ouvrit le bec, dont saillirent plusieurs oiseaux en vie qui s'en voloyent par-dessus les tables; et ainsi, à sons de trompes et de clairons, fit ledict griffon son tour parmy la salle, et s'en retourna par où il estoit venu; et sur ce poinct furent ostées les tables, et la dance commença, ne plus n'y eut celuy jour qui à ramentevoir face.

» Le mardy ensuivant fut le disner, en diverses salles et chambres, richement servi; et, après le disner, mondict seigneur et les dames allèrent sur les rangs pour voir les joustes; et le premier qui se présenta pour celuy jour fut messire Jehan de Luxembourg, frère de monsieur de Fiennes, et neveu de monsieur de Sainct-Pol, connestable de France. Il estoit acompagné de plusieurs notables personnages, tant ses parens comme autres. Son cheval estoit couvert d'une couverture d'orfèverie dorée très-belle. Il avoit cinq pages après luy, richement et gentement habillés; dont le premier des chevaux sur quoy lesdicts pages estoyent montés estoit couvert de velours cramoisy, à une grande brodure de drap d'argent bleu. La seconde fut de drap de damas bleu, à une brodure d'orfèvrerie blanche, à gros tronçons, en manière de battons d'argent, et à grosses campanes de mesmes. Le tiers cheval estoit couvert de velours noir, à grandes lettres de brodure de fil d'or, à sa devise. Le quart estoit couvert de bonnes martres, le poil dehors; et le cinquiesme de drap d'or cramoisy. Si tost que ledict messire Jehan de Luxembourg eut fait le tour acoustumé, saillit le chevalier à l'Arbre-d'or, son cheval couvert de velours tanné, à grandes barbacannes de fil d'or en brodure, et lettres de mesmes, à sa devise; et d'icelles barbacannes issoyent flammes de feu. Si furent les lances baillées et l'horologe mis en son cours; et y avoit apparence que la jouste eust esté bien joustée, et la demie heure bien employée; mais il n'eust guères couru, que l'arrest de messire Jehan de Luxembourg fut rompu par tel méchef qu'il n'y eut nul moyen d'y remédier; parquoy ledict messire Jehan, du consentement de mondict seigneur le bastard, se partit sans achever son emprise.

» Tantost après se présenta monsieur d'Arguel, fils de monsieur le prince d'Orange, et neveu de monsieur le duc de Bretaigne. Il avoit six nobles hommes qui aloyent devant luy, vestus, et harnachés leurs chevaux, de velours, très-honnestement : et estoyent leurs harnois de chevaux semés de grosses campanes d'argent. Son cheval estoit couvert d'un riche drap d'argent violet. Il avoit trois pages avecques luy, sur trois chevaux couverts. Les pages estoyent vestus de paletots de velours verd, et le premier cheval estoit couvert de velours cramoisy; le second, de velours violet; et le tiers, de velours bleu, chargés de campanes d'argent, et portoit son escu myparti de blanc et de verd. Monsieur le bastard se présenta sur un destrier couvert de drap de damas blanc, à grosses larmes d'or en brodure; et, pour dire la vérité, ils employèrent celle demie heure moult bien et honnorablement, rompirent plusieurs lances, et firent plusieurs grandes atteintes, non comptées par les juges pour les raisons cy-dessus escriptes; mais toutes voyes en celle demie heure ils rompirent chaque trèze lances deuement rompues; et pour ce que le nombre fut pareil, fut jugé que l'un ne l'autre ne devoit point de verge: et après la demie heure coururent les planchons, sans faire atteinte qui à ramentevoir face.

» Pour le dernier d'iceluy jour se présenta messire Anthoine de Hallewin, un noble chevalier flamand. Son cheval estoit couvert de velours noir, brodé et semé de fil d'or : et me sembloyent roses élevées, et d'icelles roses issoyent grosses campanes d'argent. La bordure d'icelle housseure estoit de grandes lettres de fil d'or, c'est-à-sçavoir A et I, lacés ensemble. Il avoit trois chevaux couverts après luy, et dessus trois pages vestus d'orfèvrerie. Le premier cheval estoit couvert de drap d'or gris : le second, d'orfèvrerie blanche, à gros boulons d'argent; et le tiers, de velours cramoisy, à une grande bordure de drap d'argent. Tost après se présenta le chevalier à l'Arbre-d'or. Son cheval estoit couvert d'un drap d'argent cramoisy, brodé d'orfèvrerie dorée très-richement : et ne rompit celle demie heure que trois lances, et ledict messire Anthoine de Hallewin en rompit cinq : parquoy audict de Hallewin fut adjugée la verge d'or. Puis coururent la course du planchon, comme il estoit de coustume : et ainsi se passa celle journée jusques à l'heure du souper, que le banquet fut appareillé en la grande salle, à telles tables comme le jour devant, ainsi que cy-après orrez.

» Celui mardi fut faict le troisième banquet, et furent tous couverts les plats de grandes tentes de soye, richement peinctes et étofées d'or et d'argent diversement; et pareillement furent les pastés couverts de pavillons, et pardessus lesdictes tentes et pavillons avoit bannières des armes de mondict seigneur de Bourgongne; et par les goutières avoit escrit, d'or et d'argent, le mot de mondict seigneur et celuy de Madame; dont le mot de mondict seigneur estoit : « Je l'ay emprins »; et celuy de Madame : « Bien en advienne »; et par-dessus chacune tente et chacun pavillon avoit escrit en un rollet le nom d'une vile close, sugette à mondict seigneur; parquoy furent monstrées à celle fois soixante viles closes sugettes, outre et par-dessus les trente du premier banquet. Item, sur chacun pasté avoit deux marmousets d'or et d'azur, et vestus de soye, qui tenoyent manière d'enfondrer lesdicts pastés de divers outils; les uns de hoyaux, les autres de massues, et les autres de besches; et chacun faisoit diverses contenances. Au surplus, fut le banquet grand et planteureux, et bien fourni; et au milieu de la salle avoit une tour aussi haute que la salle, faicte au propos et au patron de la grosse tour que fit commencer monsieur le duc Charles, luy estant comte de Charolois, en sa ville de Gorguan, en Hollande; et certes celle tour fut moult richement faicte et bien compassée, et toute peincte d'or, d'azur et d'argent; et tantost après que la seigneurie fut assise à table, une guette estant au-dessus d'icelle tour, en l'échauguette, sonna un cornet moult haut; et après le cornet sonné ladicte guette fit semblant de faire son guet, comme on a accoustumé de faire en tel cas; et après qu'il eut longuement regardé au tour de luy, voyant les tentes et pavillons qui autour de luy estoyent, il tint manière d'ébaïssement, et comme s'il eust esté assiégé en icelle tour; mais, à bien regarder, il les congnut, et congnut que c'estoyent viles pour son aide, et non pas pour sa nuisance.

» Si se commença à réjouir; et appela ses trompettes, qu'ils vinssent faire une sonnade devant la compaignie; et prestement s'ouvrirent quatre fenestres au plus haut de la tour, et de chacune fenestre saillit un gros sanglier, atout trompettes, à grandes bannières de monsieur de Bourgongne, et sonnèrent une longue batture; et certes ce fut un estrange personnage à voir; et puis s'en retournèrent lesdicts sangliers, et par ce furent lesdictes fenestres closes. Assez tost après recommença ladicte guette son propos ; et, pour mieux festeyer la compaignie, demanda ses hauts ménestriers ; et tantost furent les quatre fenestres ouvertes, et par là saillirent trois chèvres et un bouc, moult bien et vivement faicts. Le bouc jouoit d'une trompette saqueboute, et les trois chèvres jouoyent de sehalmayes ; et en celle manière jouèrent un motet, et puis s'en retournèrent comme ils estoyent venus. Pour la tierce fois commença la guette son propos, et dit qu'il estoit fourni de gens, d'artillerie et de vivres, et qu'il vouloit monstrer qu'il ne se soucioit pas de faire bonne chère. Si manda ses joueurs de flustes, et prestement s'ouvrirent les fenestres ; et là se comparurent quatre loups ayans flustes en leurs pattes, et commencèrent lesdicts loups à jouer une chanson, et puis s'en retournèrent comme les autres. Pour la quatrième fois demanda la guette ses chantres, et là s'apparurent quatre gros asnes moult bien faicts, lesquels dirent une chanson de musique à quatre pars, faicte à ce propos, qui se disoit ainsi :

 Faictes vous l'asne, ma maitresse?
 Cuidez vous, par vostre rudesse,
 Que je vous doive abandonner?
 Jà pour mordre ne pour ruer
 Ne m'aviendra que je vous laisse.
 Pour manger chardon comme asnesse,
 Pour porter bas, pour faix, pour presse,
 Laisser ne puis de vous aimer.
  Faictes vous l'asne?
 Soyez farsante ou moqueresse,
 Soit lascheté ou hardiesse,
 Je suis faict pour vous honnorer.
 Et donc me devez vous tuer,
 Pour avoir le nom de meurdresse?
  Faictes vous l'asne?

» Pour le cinquième et dernier entremets venant de la tour, sonna un cornet comme il avoit acoustumé à chacune fois, et la guette recommença son propos, et manda une morisque pour réjouir la compaignie ; et maintenant par un huis venant sur un portouer, à manière d'une galerie alant autour de la tour, partit un singe dehors (qui tint manière de soy esbahir de la compaignie) ; et tantost après un autre, et jusqu'au nombre de sept, dont il y avoit une singesse. Lesdicts singes estoyent moult bien faicts auprès du vif ; et y avoit dedans les habillemens de très-bons corps, et qui faisoyent de bons et nouveaux tours ; et n'eurent guères marché iceux singes par celle galerie, qu'il trouvèrent un mercier endormi auprès de sa mercerie ; et, en tenant contenance de singes, le premier prit un tabourin et un flageol, et commença à jouer ; l'autre prit un miroüer, l'autre un pigne, et pour conclusion ils laissèrent au mercier petite part de sa mercerie ; et le singe qui avoit le tabourin commença à jouer une morisque, et en dançant celle morisque, firent le tour autour de la tour, et après plusieurs habiletés de singes, s'en retournèrent par où ils estoyent venus ; et sur ce point furent les tables ostées et levées, et la dance commença ; et plus n'y eut faict pour celuy jour.

» Le mercredy quatrième jour d'icelle feste, les salles et les chambres, tant pour le disner comme pour le souper, furent richement servies de poisson, tant de mer comme d'eaue douce ; et ne fut celuy soir aucune assemblée faicte de dances ne de banquets pour le jour, qui estoit de poisson. Mais celuy jour la jouste continua, et fit messire Jehan de Chassa, seigneur de Monnet, un gentil chevalier bourgongnon, le premier présenter le blason de ses armes, pour atacher à l'Arbre-d'or comme il estoit coustume ; et avant que ledict chevalier envoyast son blason, il avoit envoyé aux dames unes lettres closes, par manière de supplication ; et après que les dames avoyent ouy les lettres dire et lire en leur présence, luy donnèrent licence d'entrer et venir au pas ; auquel vint très-nouvellement, comme vous orrez, après la teneur de sa lettre, qui fut telle : « Très-ex-
» cellente, très-haute et très-puissante prin-
» cesse, ma très-redoutée dame, et vous au-
» tres princesses, dames et damoiselles, plai-
» sir vous soit de sçavoir qu'un chevalier es-
» clave, né du royaume d'Esclavonie, est pré-
» sentement arrivé en ceste noble ville, en la
» conduicte d'une damoiselle errant, sous qui
» et en gouvernement de laquelle il est mis,
» par le commandement et ordonnance de sa
» belle dame. Or ne veut le noble chevalier
» soy présenter devant vostre noble seigneurie,
» ne par-devant la noble, haute et belle com-
» paignie, jusques à ce que vous soyez de son
» cas plainement averties. Vray est, très-no-
» bles princesses, que le chevalier esclave a
» toute sa vie servi et honoré une dame d'Es-

» clavonie, loyalement à son pouvoir ; et elle,
» de sa grâce, l'a entretenu d'espérance et de
» bonne chère assez légèrement, sans toutes-
» voyes le vouloir jamais retenir pour servi-
» teur ; mais bien le nourrissoit en espérance
» de guerdon. Toutesvoyes ledict chevalier, par
» maladie d'amour agravée, longuement nour-
» rie en son cœur, a souffert l'angoisseuse et
» travaillable peine qu'il n'estoit plus puis-
» sant de porter ne souffrir ; et, par une espé-
» rance désespérée, s'est enhardi ledict cheva-
» lier de requérir miséricorde, grâce et guer-
» don d'amours, soy tenant indigne de l'avoir,
» mais toutesvoyes l'avoir loyaument mérité et
» desservi.

» Ladicte dame continuant en sa fiereté, dé-
» sobéissance à amours, et oubliant la vertu
» féminine de pitié, a refusé audict chevalier
» sa requeste, et luy a tenu termes si estranges,
» qu'il a demouré hors de toute espérance de
» jamais bien avoir en ce monde ; et luy, plein
» de déplaisir et de rage, s'est quelque temps
» retraït en sa maison, emmy les bois, roches
» et montaignes, où il n'a vescu que de regrets,
» soupirs et larmes, par l'espace de neuf mois
» entiers ; et n'est point à douter que si lon-
» guement il y fut demouré, il estoit à fin de
» sa vie. Ladicte dame, quand elle a ouy son
» cas, a eu aucune répentance de son péché et
» ingratitude ; et luy a envoyé ladicte dame
» une damoiselle errant qui le conduit, par la-
» quelle luy a faict dire plusieurs belles et gran-
» des remonstrances, luy disant que les biens
» d'amours doivent estre achetés par longs dé-
» sirs, par longs travaux, et par inextimables
» souffrettes ; et que quand aucun bien en vient,
» plus chèrement acheté, plus est aimé, cher
» tenu est gardé ; et que le plus grand péché
» d'amour qui soit, si est désespérance.

» Pour ce a conseillé ladicte dame audict
» chevalier qui prist espérance pour désespoir,
» et courage pour ébaïssement ; et a persuadé
» ladicte damoiselle errant, audict chevalier,
» qu'il voyageast, et prist aucune queste pour
» oublier ses mélancholies ; et qu'elle estoit con-
» tente de l'acompagner en sadicte queste un
» an entier, tant pour le conforter en son dé-
» plaisir, comme pour rapporter à sa dame les
» nouvelles de son adventure. Ledict chevalier,
» se laissant légèrement conseiller, combien

» qu'il soit esclave et d'Esclavonie, et qu'il
» n'ait nulle congnoissance n'habitude ès mar-
» ches de par deçà, s'est souvenu comment plu-
» sieurs payens, et mesmement le preux Salha-
» din, estoyent venus en France pour louanges et
» vertus acquerre, et avoyent esté au noble
» royaume de France si honorablement re-
» cueillis et traittés, que leurs hoirs et succes-
» seurs, sans foy, portent encores honneur et
» révérence audict royaume, sur tous autres
» royaumes chrestiens ; et singulièrement a
» esté ledict chevalier averti du triomphe, et
» de la vertu de ceste très-louable maison de
» Bourgongne, et comme les estrangers y ont
» esté honnorablement recueillis, favorisés et
» retenus ; et que plus de vertueux exercices,
» comme de faicts-d'armes, de joustes et de
» tournois se faisoyent et entretenoyent conti-
» nuellement en ceste maison très-vertueuse,
» qu'en nulle autre dont il soit mémoire.

« Ces choses considérées, ledict chevalier
» s'est retiré ceste part en la conduite de ladicte
» damoiselle errant ; et, pour sa première et
» bonne aventure, il a trouvé la noble emprise
» du chevalier à l'Arbre-d'or, et le pas encom-
» mencé ; parquoy il supplie à vous, très-
» haute et très-puissante princesse, et à vous
» autres princesses, dames et damoiselles, qu'il
» vous plaise de vostre grâce impétrer licence
» du très-excellent, très-haut et très-victorieux
» prince monsieur le duc de Bourgongne et de
» Brabant, que ledict chevalier esclave puisse
» courre à ceste noble emprise, et faire son de-
» voir, et luy donner lieu et heure pour ce
» faire, et l'avoir pour recommandé ; et autre
» chose n'escrit ledict chevalier, qui prie à
» Dieu qu'il vous doint ce que désirez, ensem-
» ble bonne vie et longue.

« Vostre très-humble et très-obéissant ser-
» viteur,

« LE CHEVALIER ESCLAVE. »

» Le seigneur de Monnet entra dedans la lice,
et faisoit mener devant luy un sommier, portant deux paniers couverts d'une couverte de
velours bleu, brodé à grandes lettres de fil d'or
à sa devise ; et dessus avoit trois personnages
de Mores, qui jouoyent de divers instrumens.
Après iceluy sommier venoit une damoiselle
habillée estrangement, et comme une damoi-

selle errant, laquelle estoit montée sur une haquenée blanche couverte de drap d'or cramoisy, et tenoit manière de conduire et mener ledict chevalier. Après venoit le chevalier sur un destrier couvert de velours noir, brodé en croisée d'orfèvrerie dorée par-dessus. Il avoit après luy quatre nobles-hommes à cheval, habillés de soye, les robes et les chapeaux à la façon d'Esclavonnie; et sur leurs robes avoit escrit en grandes lettres d'or: LE CHEVALIER ESCLAVE; et pareillement luy-mesme estoit habillé sur son harnois. Ils avoyent longues barbes, et portoyent en leurs mains grans javelots empennés, et ferrés d'or très nouvellement. Certes son entrée et manière de faire fut très-plaisante. En telle ordonnance fit le Chevalier esclave son tour parmy la lice; et tantost après se présenta le chevalier à l'Arbre-d'or, son cheval couvert d'une couverte de drap d'or cramoisy, brodée d'ermines; mais ainsi avint de leur aventure que le chevalier esclave se trouva mal-armé de sa veue, et luy fut advis qu'il courroit sans asseoir, et pourroit faire perdre le temps aux autres coureurs sans grand fruict; parquoy il requit à mondict seigneur le bastard qu'il s'en peust aler, et estre quitte de son emprise. Laquelle chose luy fut accordée.

» Le second qui se présenta pour iceluy jour fut monsieur Jaques de Luxembourg, seigneur de Ricquebourg, frère de monsieur de Sainct-Pol, connestable de France; et devant luy aloyent, pour l'acompaigner, le comte d'Escalles et messire Jehan d'Oudeville, tous deux frères de la royne d'Angleterre; monsieur de Roussi, monsieur de Fiennes, et messire Jehan de Luxembourg, et tous cinq neveux dudict messire Jaques. Pareillement l'acompaignoyent monsieur de Renty et le marquis de Ferrare, tous richement vestus et montés. Son cheval estoit houssé de drap bleu, à une grande bordure de drap d'argent cramoisy, et son escu de mesme. Il avoit six chevaux de pareure après luy, dont le premier estoit couvert de velours cramoisy, à une grande bordure d'ermines, et par-dessus le cramoisy avoit gros chardons d'orfèvrerie dorée, élevés et moult bien apparens sur la housseure. Le second fut couvert de velours bleu, à grandes lettres de brodure de sa devise, et fut frangé d'or. Le tiers estoit couvert de velours noir, à grandes lettres de brodure comme le premier, et semé de grandes campanes d'argent. Le quart, de satin violet semé de grans chardons d'orfèvrerie à grandes feuilles de mesme; et estoit celle couverture bordée de velours noir, ladicte bordure semée de larmes d'or. Ses pages estoyent vestus de satin blanc, à lettres de brodure de sa devise; et après iceux pages venoit un varlet vestu de mesme, sur un cheval couvert de drap de damas blanc, violet et noir, semé de brodures de lettres d'or à sa devise, et par-dessus chargé de grosses campanes d'argent. Ledict varlet menoit un destrier en main, couvert de drap d'or violet; et en celuy estat fit son tour devant les dames, pardevant l'Arbre-d'or et pardevant les juges, puis prit son rang au bout de la toile. Monsieur le bastard de Bourgongne se présenta à l'Arbre-d'or, pour iceluy deffendre, sur un cheval couvert de velours bleu; et sur la croupe de son cheval avoit un gros rabot d'argent élevé, et toute la couverte estoit semée moult espessement de grandes rabotures d'argent élevées; et certes la couverture me sembla merveilleusement belle et riche. Les deux chevaliers coururent leur demie heure, et gaigna mondict seigneur Jaques de Sainct-Pol la verge d'or, pour ce qu'il rompit sept lances, et monsieur le bastard n'en rompit que six.

» Le troisième qui se présenta pour celuy jour fut messire Philippe de Poictiers, seigneur de La Ferté, fils du seigneur d'Arci. Cestuy chevalier se fit amener sur les rangs par une belle fille qui se nommoit la dame Blanche. Elle estoit en cheveux, moult gentement mise empoint, et fut vestue de satin blanc; et à la vérité elle estoit belle, et valoit bien estre regardée. Elle estoit montée sur un cheval tout erminé de son poil naturellement. Ledict cheval estoit couvert d'un délié volet, qui ne gardoit point qu'on ne veist lesdictes ermines, et le cheval parmy. A dextre d'elle venoit le chevalier, sur un cheval couvert d'une courte couverte, en manière de harnacheure de satin cramoisy, frangé de franges d'or; et fut ladicte couverte toute chargée de grosses campanes d'argent, à façon de campanes de vache. Il avoit deux pages après luy, vestu de cappes de satin violet; dont le cheval du premier estoit couvert de velours noir, à une croisure de velours cramoisy, et le second estoit couvert de drap d'or bleu ; et en cest estat vint le chevalier devant les dames, auxquelles ladicte dame Blanche présenta une lettre où estoit escrit ce qui s'ensuyt :

> Très-redoutée, excellente princesse,
> Droit cy m'envoye envers vostre noblesse
> Une moult noble et gracieuse dame ;
> Et m'a requis que devers vous j'adresse
> Le chevalier, pour croistre sa prouesse ;
> Lequel aussi elle avoue et confesse
> Son serviteur, et seul de ce royaume.
> Nommer se fait par nom, la dame Blanche.
> Or elle a eu n'aguères congnoissance
> De cestuy pas (qui est de noble usance),
> Et du perron à l'Arbre-d'or très-riche.
> Dont, pour acroistre en gloire et en vaillance
> Le chevalier qui là brandit sa lance,
> Son serviteur l'y offre d'amour franche,
> Pour le servir en tout humble service.

» Le chevalier à l'Arbre-d'or se présenta sur un cheval couvert de velours noir, à grand fueillage d'orfèvrerie blanche branlant. Les deux chevaliers coururent moult durement l'un contre l'autre, et gaigna ledict messire Philippe de Poictiers la verge d'or, pour ce qu'il rompit dix lances, et monsieur le bastard n'en rompit que neuf. Le dernier qui se présenta pour celuy jour fut messire Claude de Vaudrey, un jeune chevalier bourgongnon. Les nobles-hommes qui l'acompagnoyent avoyent mantelines de satin verd par devant, et de violet par derrière. Son cheval estoit couvert de velours my-parti de verd et de violet, semée sa houssure en brodure de coquilles d'or, et parmy de grosses campanes d'argent. Tantost se présenta mondict seigneur le bastard sur un cheval couvert de drap d'or cramoisy, à une brodure découpée de crezé blanc. Mondict seigneur le bastard gaigna la verge d'or, pour ce qu'il rompit plus de lances que ledict messire Claude de Vaudrey ; et ainsi se passa celle journée ; car (comme j'ay dit dessus) on ne mangeoit point de chair, ains on mangeoit poisson ; et à celle cause n'y eut nulle assemblée.

» Le jeudi cinquième jour de celle feste, fut faict le disner par chambres et par salles, ainsi que l'on avoit acoustumé, et après le disner l'on se tira sur les rangs pour voir les joustes ; et là se présenta, en la manière acoustumée, le comte de Saulmes, un comte d'Alemaigne, chambellan de monsieur le duc de Bourgongne ; et devant luy venoyent cinq nobles hommes vestus de journades de damas violet et noir, et estoit son cheval couvert d'un drap d'or bleu, son escu estoit violet, à deux lettres d'or de sa devise ; et sur son heaume, en manière de bannerolle, portoit un atour de dame : il avoit après luy un cheval seulement, couvert d'une couverture de velours en couleur de pourpre, et estoit la couverture toute semée de grosses campanes d'argent, à façon de campanes de vache ; et dessus le cheval avoit un petit page très-gentement empoint. A l'encontre dudict comte de Saulmes se présenta le chevalier de l'Arbre-d'or, sur un cheval couvert de satin cramoisy ; et par-dessus avoit à grande foison de gorgerins d'argent, élevés, moult bien faicts, et en celle demie heure gaigna le comte de Saulmes la verge d'or, car il rompit sept lances, et mondict seigneur le bastard n'en rompit que cinq.

» Après le comte de Saulmes vint messire Baudoin, bastard de Bourgongne. Il avoit devant luy quatre nobles hommes vestus de velours bleu, en journades. Lesdictes journades estoyent brodées pardevant de houppes à façon de plumats (qui estoit la devise dudict messire Baudoin), et par derrière de deux W couplés ensemble, tenans à un baton dessus et un autre dessous, l'un des batons d'or, et l'autre d'argent. Il avoit trois chevaux harnachés de velours, semé de campanes d'argent. Son cheval estoit couvert de velours bleu, et sur sa teste avoit une grande bannerolle verde, frangée de blanc. Il y avoit trois pages après luy, habillés de journades, comme ses serviteurs ; dont le premier cheval sur quoy estoit le premier page estoit couvert de velours bleu, à grandes lettres d'or de brodure de sa devise. Le second, de drap d'or cramoisy, à une brodure de velours noir ; et le troisième estoit de velours violet, semé de campanes d'argent. A l'encontre de luy se présenta monsieur le bastard de Bourgongne, gardant l'Arbre-d'or. Son cheval estoit enharnaché d'un harnois brodé d'orfèvrerie blanche, et par-dessus avoit grosses campanes dorées. En celle demie heure gaigna mondict seigneur le bastard la verge d'or sur son frère, pour ce qu'il rompit huict lances, et ledict messire Baudoin n'en rompit pas tant.

» Le dernier qui se présenta pour celuy jour

fut monsieur de Renti, fils aisné du seigneur de Crouy, comte de Portien. Il avoit devant luy cinq chevaliers de grand maison, ses aliés : comme monsieur Jaques de Sainct-Pol, monsieur de Roussy, monsieur de Fiennes, et messire Jehan de Luxembourg, et son frère messire Jehan de Crouy; lesquels avoient tous journades de satin blanc, et, au remanent, furent richement montés et en enharnachés, chacun à sa devise. Son cheval estoit couvert d'une double houssure; c'est à-sçavoir le fond de satin blanc, et par-dessus de velours noir tout découpé et détranché à grandes lettres de Y Y grégeois, par où on voyoit le fond parmy. Son escu estoit de mesme, et avoit sur son heaume un moult beau plumat. Il avoit deux chevaux couverts après luy; surquoy séoyent les pages, vestus de drap d'or cramoisy en mantelines. Le premir cheval estoit couvert de velours bleu, brodé de Y Y grégeois à grandes lettres d'or, à une grande bordure de drap d'or verd; et le second estoit couvert de moult riche drap d'or cramoisy. Le chevalier gardant le pas se présenta, à l'encontre de luy, sur un cheval couvert de drap de damas jaune. La couverte estoit semée de testes de léopards d'argent élevés, ayans en la bouche une boucle de mesme; et à la course de celle demie heure rompirent chacun cinq lances; parquoy ne gaignèrent point de prix l'un sur l'autre; et après le sablon couru et la demie heure passée, leur furent les planchons apportés comme il est de coustume, et d'icelle course atteindirent l'un l'autre très-duremnt, et rompit ledict seigneur de Renty son planchon en plusieurs pièces; et ainsi se passa celle jouste, et faut revenir au banquet, qui fut tel que vous orrez cy-après.

» Premièrement furent les plats et les suites plus grands et plus somptueux qu'ils n'avoyent esté à nuls des autres banquets; et sur la table avoit quinze paons revestus de col et de teste et de queue, et les corps tous dorés de fin or; et parmy iceux paons estoyent entremeslés seize cignes tous d'argent, lesquels paons et cignes avoyent chacun un colier de la Toison, et à leurs piés un petit blason des armes de chacun des chevaliers vivans de l'ordre; et sur le dos petites mantelines de soye, armoyées pareillement; et par cest entremets furent monstrés les trente et un chevaliers de la Toison, à ce jour vivans; et furent assis lesdicts paons et cignes sur les tables, chacun en tel degré comme ils vont à l'église en l'ordre, le jour de la solennité de leur feste.

» Item, et par dessus lesdictes tables avoit plusieurs bestes portans sommages : comme grans éléphans, atout chasteaux; dromadaires, atout grans paniers; licornes, cerfs et bisches, chacun portans divers sommages. Lesdictes bestes furent toutes étofées d'or, d'argent et d'asur, et les harnachemens de fil d'or et de soye très richement, et estoyent leurs sommages pleins et fournis de diverses espicereis; et outre plus portoyent chacun les armes d'un seigneur suget de mondict seigneur de Bourgongne, et le nom de la vile ou seigneurie; comme l'un portoit Condé en Hainaut, au nom de Nemours; Avennes en Hainaut, au seigneur de Pointièvre; Saint-Pol et Enguyen la Bassée, au comte de Sainct-Pol, connestable de Fance; Dumkerque et Bourbourg, au comte de Marle; et pareillement de tous autres grans seigneurs, sugets de mondict seigneur de Bourgongne, en ses divers païs. Le banquet fut bel et riche, fort regardé; et se seirent tous les seigneurs, dames et damoiselles, à table; et après qu'ils eurent commencé à manger, sur le hourd où paravant on avoit monstré quatre des travaux d'Hercules, sonnèrent les trompettes, et là fut veu le cinquième travail d'Herculès, qui tel fut qu'il s'ensuit.

» Premièrement furent veus Théséus et Pyrithoüs, armés de toutes armes, et tenoit manière Théséus de soy plaindre à Pyrithoüs, son compaignon, de Pluto, qui avoit ravy Proserpine son amie, et icelle menée en enfer; et Pyrithoüs tenoit manière de luy promettre de l'en venger, et la ravoir; et sur ses promesses vindrent, les glaives au poing, à la porte d'enfer, qui estoit moult bien faicte. Ceste porte estoit à manière d'une grand gorge de dragon noire et flamboyant, en manière de flambe ardant, ayant deux grans yeux rendans merveilleuse clairté; et quand Pyrithoüs heurta de sa lance contre ladicte gorge, incontinent s'ouvrit, et en saillit un grand chien noir tout difforme, et ayant trois testes, atout un glaive noir en ses pattes. Ce chien estoit appelé Cerbérus, le portier d'enfer : et tantost courut sus aux deux champions, et fut longue la bataille entre eux : mais en fin le chien tua Pyrithoüs, et mena Théséus à telle nécessité, qu'à peine se pouvoit plus soustenir ne deffendre : mais Herculès y survint, par bonne aventure ; et lors commença bataille à l'encontre de Cerbérus, et se retraït Théséus, pour guarir et faire médeciner ses playes.

» Mais Cerbérus assailloit Herculès de merveilleuse force, et Herculès luy livroit merveilleuse bataille : et, pour abréger ceste matière, Herculès abatit le chien par terre, et luy vouloit couper la teste, quand Théséus se vint agenouiller devant Herculès, et luy pria qu'il luy livrast ledict Cerbérus. Herculès le fit : et Théséus le prit, et attacha d'une chaisne ; et puis s'en ala Herculès à la porte d'enfer, l'espée au poing, et là trouva grande résistance de feu et de fumée ; mais, ce nonobstant, il entra dedans ; et là fut ouïe une grande voix et noise, comme il se combattoit aux infernaux : mais ne demoura guères que celle noise fut appaisée, et ramena devant soy la belle Proserpine, richement vestue et atournée : et quand Herculès fut comme au milieu du hourd, il prit ladicte Proserpine en une main, son espée en l'autre ; et la courtine fut retirée, et mis le brevet dehors, tel qu'il estoit acoustumé : dont la teneur s'ensuyt :

Herculès entreprit voye moult dangereuse
Quand ala en enfer, l'abisme périlleuse.
Cerbérus combatit à la porte douteuse,
Et reprit Proserpine, la belle et la joyeuse.
Cerbérus signifie péché, le dévoyable,
Qui garde des enfers le gouffre redoutable.
Or soyons Herculès, le vaillant et louable.
Combatons Cerbérus par vertu honnorable ;
Portons à Proserpine un bon secours aidable,
Nostre ame retirans hors de vice damnable.

» Ainsi se continua le banquet de manger et faire bonne chère ; et tantost après sonnèrent les trompettes, et furent les courtines du hourd retirées : et là furent veues deux damoiselles amazonnes à cheval, richement armées, et leurs espées ceintes, et leurs chevaux couverts richement. Leurs chefs estoyent parés de leurs cheveux, blonds et beaux, moult noblement, et portoyent chapeaux de violettes pardessus, et derrière elles avoyent femmes à pié, en manière de saquemans, armées et embattonnées, pour combattre et deffendre : dont les unes portoyent les bacinets, les escus et les glaives desdictes damoiselles ; et en ceste ordondance firent un tour ou deux parmy le hourd. Et tantost après s'apparurent Herculès et Théséus, montés et armés moult richement, et après eux varlets-de-pié, armés et embattonnés comme il appartient ; et si tost que les damoiselles amazonnes aperceurent lesdits chevaliers, elles prirent leurs heaumes, leurs escus et leurs glaives, et les deux chevaliers pareillement se préparèrent pour la jouste ; et incontinent se coururent sus les uns aux autres, et s'entre-rencontrérent très rudement : et puis mirent les mains aux espées, et commença la bataille entre les quatre de cheval et les gens-de-pié, qui fut merveilleusement bien combatue et vivement faicte ; et dura la bataille très longuement ; et, fin de compte, fut la courtine retirée, sans monstrer qui eust le meilleur d'icelle bataille ; et fut le billet mis dehors, tel qu'il sensuyt.

Herculès le vaillant, et le preux Théséus,
En deux femmes armées trouvèrent tels vertus,
Que pour tous les périls où se sont embatus,
Ils ne furent si près d'estre morts ou veincus.
Puis que deux amazonnes et deux féminins corps
Contre deux si puissans soustindrent tels efforts,
Exemple est qu'on doit craindre et bataille et discords ;
Son enuemy douter, foible, manchot ou tors ;
Car on a veu souvent (qui bien en est recors)
Que les victoires sont où Dieu donne les sorts.

» Après le sixième travail d'Herculès passé, assez tost après fut la courtine retirée au son des trompettes, et là fut veu le septième travail, tel qu'il s'ensuyt. Premièrement fut veu Herculès armé de toutes armes, soy promenant seul ; et luy vint au-devant un monstre demy-homme et demy-serpent. Celuy monstre avoit la teste armée, et en la main dextre un gantelet et un glaive, et en l'autre main un grand targon ; et quand Herculès aprocha, le monstre fit semblant de parlementer à luy. Herculès luy respondit par semblant ; mais Herculès prestement luy courut sus, et le monstre à luy moult fièrement. Mais la bataille n'eut guères duré, qu'Herculès le joindit de son espée, et le prit à une main, et de l'autre luy coupa la teste ; mais non pourtant le monstre ne cheut à terre : dont Herculès démarcha, tout ébahi ; et ne se donnoit garde Herculès qu'il veit que le monstre luy couroit sus, et avoit sept testes. Herculès getta la teste qu'il tenoit, et courut sus au monstre moult vigoureusement, et fut la bataille assez longue; mais en fin l'occit Herculès, et tint manière de brusler le corps; et atant fut la courtine retirée, et le rollet mis dehors, qui disoit ainsi :

> Herculès ès palus trouva le fier serpent,
> La teste luy trencha ; mais tout incontinent
> Sept autres luy saillirent émerveillablement ;
> Mais toutes les trencha Herculès le vaillant.
> Qui un vice rencontre d'aguet ou d'aventure,
> Sept autres en viendra par estrange figure,
> Et sera fort constant qui n'en aura morsure.
> Faisons comme Herculès à l'ennemy injure ;
> Tranchons-luy les sept testes, qui sont pleines d'ordure,
> Et nous gardons de faire à vice nourriture.

» Après le serpent des palus occis, pour monstrer le huictième travail d'Herculès, fut la courtine retirée au son des trompettes, comme devant, et là fut veu Herculès armé et embattonné de son escu et de sa massue ; et se promenait devant une cité, remirant la beauté des maisons et des murailles ; et tantost saillirent dehors plusieurs géans grans, fiers et hideux, et estrangement embattonnés. Herculès leur courut sus moult vigoureusement, et fit tant en peu d'heure qu'il abatit quatre d'iceux géans, et les autres se mirent à genoux devant luy ; et leur vouloit les testes couper, quand deux citoyens issirent de la cité, qui se mirent à genoux ; et luy présenta l'un les clefs, et l'autre luy mit une couronne d'or sur la teste ; et ainsi fut Herculès roy de Cramonne ; et atant fut la courtine retirée, et mis un rollet hors, tel qu'il s'ensuyt.

> Herculès, remirant les hauts murs de Cramonne,
> Unze géans trouva, par manière félonne ;
> Mais à leur grand pouvoir n'acompta une pronne.
> Tous les défit, et prit cité, et la couronne.
> Hercules cy nous monstre vertueux exemplaire
> Que, pour tourbe de gens, pour menace ou pour braire,
> L'homme chevaleureux ne se doit point deffaire,
> Mais est digne d'avoir de couronne salaire,
> Qui contre grand pouvoir ose frontière faire ;
> Car on voyt peu souvent bon deffendeur défaire.

» Sur ce point furent les tables levées, et commencèrent les danses ; et plus ne fut faict pour celuy jour.

» Le vendredy suyvant fut faict, et très richement servi, le disner, ès chambres et ès salles : mais assez tard, pour ce que plusieurs jeusnoyent pour le vendredy ; et mesmement les Anglois, qui en ont fort la coustume, et vindrent sur les rangs pour la jouste voir ; et pour ce que monsieur d'Escalles devoit celuy jour courir, monsieur le bastard de Bourgongne (qui gardoit le pas), considérant qu'ils estoyent frères-d'armes, et qu'ils avoyent combatu en lices l'un contre l'autre, ne voulut point courre à l'encontre de luy ; mais fit mettre monsieur Adolf de Clèves en sa place, pour garder le pas pour celle fois.

» Ainsi arriva le premier sur les rangs monsieur le comte d'Escalles, frère de la royne d'Angleterre ; et estoit accompaigné de la plus grande noblesse qui là fut ; comme de ceux de Saint-Pol, ses parens, et moult d'autres chevaliers et gentils-hommes, tant anglois, comme bourgongnons, et mesme de monsieur le bastard de Bourgongne, son frère-d'armes, monté sur un petit cheval, atout une robe longue d'orfèvrerie chargée ; et en iceluy point accompaigna mondict seigneur d'Escalles. Le cheval dudict seigneur d'Escalles estoit couvert de drap d'or, my-parti de cramoisy et de bleu. Il avoit six pages après luy, vestus de mantelines de satin verd figuré. Le cheval que chevauchoit le premier page estoit couvert d'une courte houssure de velours noir, et pardevant à poictral et à rènes ; et estoit chargé de campanes d'argent à façon d'ancolies. Le second estoit couvert de drap d'or cramoisy, à une bordure de velours noir brodée. Le troisième estoit couvert d'une couverture de velours cendrée. Le quatrième estoit couvert d'un drap d'or dehaché, à façon de brodure, à lettres d'or pardessus, où tenoyent campanes d'argent. Le cinquième estoit couvert de pourpre en velours, à une bordure édentée de drap d'argent ; et sur ledict pourpre avoit brodure de deux EE acolés ensemble. Le sixième estoit couvert de drap d'argent et de velours cramoisy édenté, et estoit semé de grosses campanes d'argent. Le septième estoit mené en main, et estoit couvert de velours bleu, à deux faces d'ermines chargées de grosses poires d'argent ; et estoit celle couverte bordée de damas violet, brodée de deux EE à sa devise ; et certes le chevalier estoit bel homme d'armes, et bien séoit sur son cheval. Pour les causes que j'ay devant dictes se présenta monsieur Adolf de Clèves, seigneur de Ravestain, à l'encontre du chevalier anglois, son cheval couvert d'une riche couverte d'orfèvrerie d'or et d'argent, à manière de figures, sur velours cramoisy ; et à la vérité celle demie heure fut bien joustée et employée ; car le chevalier anglois rompit onze lances ; mais il perdit la verge d'or, pour ce que mondict seigneur de Ravestain en rompit dix-sept, franchement rompues ; il n'est pas à oublier le méchef qui avint à celle heure et jouste ; car mondict seigneur le bastard de Bourgongne eut un grand coup de pié de cheval au-dessus du genouil, dont il fut très-grièvement blécé, et en très-grand danger, s'il n'eut esté bien secouru par bons chirurgiens ; et par cest empeschement ne peut fournir son emprise ; mais tout blécé qu'il estoit, fit maintenir et garder le pas, à ses despens, de houssures et de toutes autres choses, comme il avoit encommencé ; et ne courut homme pour la garde dudict pas, ne mondict seigneur de Ravestain, ny autre, qu'il ne courust, ès couvertes et pareures, à la dépense de mondict seigneur le bastard. Qui fut grande et coustable chose, comme chacun peut légièrement voir. Mais atant se tait le compte de ceste matière ; et reviens à la fourniture du pas, et comment il fut entresuyvi.

» Le second qui se présenta pour celuy jour fut monsieur le comte de Roussi, fils de monsieur le comte de Sainct-Pol, connestable de France. Il avoit devant luy trompettes et clairons à grande foison, et officiers-d'armes qui l'acompagnoyent ; et celuy qui venoit droit devant luy estoit un petit nain de Constantinoble, serviteur du roy d'Angleterre, que madame de Bourgongne avoit amené avecques elle pour voir la feste. Cestuy nain estoit monté sur un petit cheval, et vestu d'une robe de velours noir à une bande blanche, et portoit en sa main dextre un papier, en manière d'une requeste ; et en son bras, attaché à un lasset, une clef, qui servoit au mistère qui s'ensuyt. Après venoit un grand chasteau, richement paré et étofé. Iceluy chasteau estoit faict à quatre tours, et à quatre pans de murailles, et à une grand'porte qui se pouvoit fermer et ouvrir ; et là dedans estoit monsieur de Roussy sur son cheval, armé de toutes armes. Il avoit après luy six chevaux de pareure. Le premier estoit couvert de velours noir, chargé, moult espès, de campanes d'argent en manière de poires. Le second de satin cramoisy, à grans feuillages, en brodures d'or, et gros boutons de mesme, dont la pareure de fleur estoit argentée, et estoit celle houssure frangée de franges noires. Le troisième estoit de brodure semée et massonnée d'or et d'argent, et par-dessus semée de larmes d'argent de brodure ; et la brodure d'icelle estoit entassée d'or très-richement ; et pour enrichir la massonnerie, y avoit grans violiers de romarins, vermeils et blancs, à grandes lettres de sa devise parmy ; et certes la couverture me sembla très-riche. La quatrième couverte estoit chargée d'orfèvrerie blanche ; la cinquième de brodure, à grandes feuillages d'or, avecques lettres meslées, et semées de larmes d'argent ; et fut celle cinquième couverte de satin noir, brodée en lettres grecques de brodure. La sixième estoit de drap d'or cramoisy, frangée de franges noires ; et n'est pas à oublier que tous ses pages furent habillés de mantelines, chacun à la parure de la houssure ; et pour vous donner à entendre le mistère du nain, de sa requeste et de sa clef, il sembloit qu'il tinst le chevalier prisonnier, par le commandement d'aucune dame, et qu'il désirast sa délivrance ; et à celle fin, quand le chastel fut au-devant des dames, se partit le nain, et ala devers les dames présenter sa requeste, qui disoit ainsi : « Excellentes, hautes et nobles princesses, dames et damoiselles, le chevalier, prisonnier de sa dame, vous fait très-humble révérence. » Son cas est tel que Danger tient la clef de » ceste prison, et l'a mis ès mains de Petit-Espoir, son serviteur ; et n'en sera jamais tiré » ne délivré, si ce n'est par la bonté et pitié » de vous. Parquoy supplie ledict chevalier » prisonnier, à vous très-excellentes, très-» hautes et très-puissantes princesses, dames » et damoiselles, qu'il vous plaise, de vostre » grâce, assembler vostre très-noble et très-» vertueux collège féminin (car entre plu-» sieurs s'en pourra trouver la voix d'une, et » telle que Danger ne voudroit ne pourroit » luy faire refus de la délivrance du cheva-» lier), à celle fin qu'il soit commandé à Petit-» Espoir, qui le meine, qu'il le desferme et dé-« livre de ceste prison tant douloureuse : car

» autrement (s'il n'estoit à son délivre) il ne
» pourroyt courre à celuy noble pas, n'achever
» ne fournir l'aventure de l'Arbre d'or. Ce
» qu'il désire de tout son cueur, et de demou-
» rer très-humble serviteur de vous, et de
» toutes nobles dames. »

» Après la requeste ouye par les dames, le congé fut donné de déprisonner le chevalier; et vint le nain atout sa clef, et en ouvrit la porte; et saillit ledict chevalier dehors, armé de toutes armes, son cheval couvert de satin blanc, brodé de grandes lettres d'or à sa devise, et son escu estoit de mesmes; et en tel estat et ordonnance vint prendre le bout de la lice. A l'encontre de luy se présenta Charles de Visan, gardant l'Arbre-d'or pour celuy jour, en l'absence de monsieur le bastard. Son cheval estoit couvert de satin blanc, semé et brodé d'arbres d'or; et coururent leur demie heure; mais monsieur de Roussi gaigna la verge d'or; car il rompit huict lances, et ledict Charles n'en rompit pas tant.

» Le troisième qui se présenta pour celuy jour fut Roskin de Rochefay, premier escuyer d'escuyerie de monsieur le duc de Bourgongne. Il avoit devant luy deux chevaliers de la Toison : c'est-à-sçavoir monsieur d'Auxi et messire Philippe de Crèvecueur, et deux autres escuyers. Ils estoyent habillés de palletots d'orfèvrerie à sa devise, et pareillement ceux qui le servoyent à pié. Son cheval estoit couvert d'une couverte de velours verd brodée de blanche orfèvrerie, à grandes lettres à sa devise, très-richement. A l'encontre de luy se présenta ledict Charles de Visan, garde du pas. Son cheval estoit couvert d'ermines, à une grande brodure de martres. Et coururent leur demie-heure très-bien et roidement, l'un contre l'autre; mais ledict Roskin gaigna la verge d'or; car il rompit onze lances, et ledict Charles n'en rompit que dix; et à la course des planchons firent une très-dure atteinte, et rompit ledict Roskin le sien. Ainsi se partit la jouste pour celuy jour, sans autre feste n'assemblée, pour ce que la pluspart des gens jeusnoyent, et estoit jour de poisson, qui ne sont point jours propres pour banquets ne festimens.

» Le samedi septième jour d'icelle feste, se fit le disner, comme celuy de devant; et vindrent les dames sur les rangs pour voir la jouste, et là furent plantés deux blasons à une fois; c'est-à-sçavoir celuy de messire Jehan de Ligne et celuy de messire Jaques de Harchies, deux chevaliers de Hainaut, tous deux chambellans de monsieur le duc. Les deux chevaliers entrèrent en la lice à une fois, par le congé des juges. Leurs chevaux estoyent couverts tous pareils (car, fust à la guerre ou à la paix, ils ont tousjours esté compaignons); et estoit leur pareure de velours violet à une bordure de velours noir, chargée de campanes d'argent très-richement, et de lettres de brodure d'or à leurs devises. Et courut ledict messire Jehan de Ligne premier. A l'encontre de luy se présenta messire Philippe de Poictiers, qui garda le pas pour celuy jour. Son cheval estoit enharnaché d'un harnois d'orfèvrerie blanche. Et gaigna ledict messire Philippe la verge d'or, pour ce qu'il rompit neuf lances, et Jehan de Ligne n'en rompit pas tant; et prestement retourna ledict messire Philippe, garde du pas, dedans la porte dont il estoit issu, pour changer la pareure de son cheval, comme il estoit accoustumé; et tantost revint après, dehors, sur un cheval couvert de satin, à couleur de fleur de pescher, brodé à grands arbres d'or. Et ledict messire Jaques de Harchies (qui avoit attendu son compaignon) se présenta d'autre costé, pour son emprise fournir; et coururent moult bien et deuement d'un costé et d'autre. Si y eut plusieurs grandes atteintes, et rompirent plusieurs lances non comptées; et n'y eut hommes qui si près marchandast le prix sur monsieur d'Arguel, que fit ledict messire Jaques de Harchies; car il rompit douze lances; mais toutesvoyes perdit il la verge d'or, pour ce que ledict de Poictiers en rompit trèze; et à la course des planchons, rompit ledict de Poictiers le sien : et ainsi firent les deux chevaliers une belle jouste.

» Après entra messire Philippe de Crèvecueur, seigneur des Cordes. Il avoit devant luy dix chevaliers de la Toison, et deux autres escuyers vestus de palletots de drap d'or cramoisy. Le cheval de luy estoit couvert d'un drap d'or cramoisy, et son escu de mesme; et après luy avoit trois chevaux de pareure, dont le premier estoit couvert de drap d'or cramoisy comme le sien; le second, de drap d'or verd, et le tiers, de drap d'or bleu. Ainsi fut sa pareure de quatre chevaux, de drap d'or; et dessus les trois chevaux qui le suyvoyent avoit trois petits pages vestus de satin cramoisy, et par-dessus de mantelines blanches et verdes, semées de larmes d'or en brodure; et estoyent en manière de gorgerins de fil d'or, brochés autour de leur col. Il avoit onze ou douze hommes de pié, à journades de mesme; et fit son tour parmi les rangs, mené par le géant, comme il estoit de coustume. A l'encontre de luy se présenta messire Philippe de Poictiers, garde du pas. Son cheval estoit couvert de velours bleu, chargé de grosses campanes, moitié dorées et moitié blanches, et sur la croupe de son cheval une grosse pomme d'argent dorée. Et d'icelle emprise gaigna ledict messire Philippe de Crèvecueur la verge d'or; car il rompit neuf lances, et ledict de Poictiers n'en rompit que six.

» Après se présenta messire Jehan d'Oudevile, un chevalier anglois, frère de la royne d'Angleterre et de monsieur d'Escalles. Il avoit devant luy, pour l'acompaigner, dix nobles hommes vestus de journades, my-parties d'une part de satin figuré, comme cramoisy, et d'autre part d'un satin figuré, assez sur estrange couleur. Son cheval estoit couvert de drap d'or blanc, à une brodure de drap d'or cramoisy. Il avoit après luy quatre chevaux de pareure, dont le premier estoit couvert de drap d'or, my-parti de cramoisy et de bleu; le second, de drap d'or noir, et le tiers, de drap d'or cramoisy; et faisoit mener un destrier en main par un gentilhomme vestu de velours noir, monté sur un cheval couvert de velours violet, chargé de poires d'argent blanches et dorées; et le cheval que ledict gentilhomme menoit en main estoit le cheval dessus-dict, couvert de drap d'or noir. Ses pages estoyent vestus de mantelines, comme ses serviteurs. A l'encontre de luy se présenta ledict messire Philippe de Poictiers, sur un cheval couvert de martres sebelines, à une bordure d'ermines, de la longueur de la beste. Ils coururent l'un contre l'autre moult vivement: et gaigna ledict de Poictiers la verge d'or, pour ce qu'il rompit sept lances, et ledict messire Jehan d'Oudeville n'en rompit que cinq.

» Le dernier qui se présenta pour celuy jour fut le seigneur de Ternant, lequel entra dedans les lices sur un cheval couvert d'un riche drap d'or cramoisy, semé de grosses campanes d'argent. Il estoit acompaigné de cinq nobles hommes vestus de journades de satin violet. Et tantost se présenta à l'encontre de luy ledict messire Philippe de Poictiers, sur un cheval couvert de drap d'argent; et quand ledict seigneur de Ternant eut couru trois courses à l'encontre dudict de Poictiers, il tint manière que la couverte de son cheval le détourboit de courir. Si fit son cheval déharnacher, et demoura le destrier harnaché de drap d'or cramoisy, semé de campanes d'argent de mesme la housseure; et en cest estat acheva son emprise, et gaigna la verge d'or; car il rompit plus de lances que ledict de Poictiers. Ainsi se passa celuy jour de samedy, sans autre chose faire qui à ramentevoir face, pour ce qu'il estoit jour maigre comme le jour précédent, et n'y fit on nulle assemblée celuy soir.

» Le dimanche, huictième jour d'icelle feste, fut le disner par les chambres, et par les salles, grand et plantureux, et tousjours de plus en plus; et après le disner on ala sur les rangs pour veoir le pas et la jouste, qui se continua en grandes pompes: dont le premier qui se présenta pour iceluy jour fut un escuyer de noble maison, nommé Pierre de Bourbon, seigneur de Carenci, cousin germain du comte de Vendosme. Il envoya présenter son blason (qui estoit armoyé des armes de Bourbon, à petite diférence; car il en portoit le nom et les armes), et tantost se présenta ledict seigneur de Carenci sur un cheval couvert de velours cramoisy, bordé de drap d'or noir; son escu estoit de mesme, et avoit dedans deux os en brodure de fin or; dont l'un estoit un O d'une lettre, et l'autre l'os d'un cheval, qui estoit sa devise. Il avoit trois chevaux de pareure après luy, dont le premier estoit couvert de drap d'or noir, le second de velours bleu; et avoit le cheval un riche chanfrain de brodure, et un plumas de mesme; et estoit ladicte couverture chargée de campanes d'argent faictes à la façon des deux os de son escu. Le tiers estoit couvert de drap d'or violet, et dessus iceux estoyent ses pages, vestus de mantelines de satin figuré bleu, et pourpoints de velours noir; et estoit acompaigné de quatre nobles hommes vestus de mantelines de satin violet, brodé, devant et derrière, à sa devise dessusdicte. A l'encontre de luy se présenta ledict de Poictiers sur un cheval couvert de drap d'or bleu, bordé et santonné de velours cramoisy; et gaigna ledict de Poictiers la verge d'or; car il rompit sept lances, et ledict seigneur de Carenci n'en rompit pas tant.

» Le second qui se présenta pour iceluy jour fut le seigneur de Contay, un chevalier de Picardie, chambellan de monsieur de Bourgongne. Son cheval estoit couvert de drap d'or noir, et son escu de mesmes. Il avoit après lui un page seulement, monté sur un cheval couvert d'un riche drap d'or cramoisy. Et prestement se présenta à l'encontre de luy ledict messire Philippe de Poictiers sur un cheval couvert de drap d'or, à une croix de Sainct-André de damas blanc, et bordé de mesme; et avint que lesdicts chevaliers ne coururent guères l'un contre l'autre; car ledict seigneur de Contay blécea, d'une atteinte, ledict de Poictiers, tellement qu'il le convint désarmer.

» Et, en ensuyvant l'ordonnance du pas, fut l'horologe couché, afin que le sablon ne courust à perte; et ne sçavoit on comment faire; car le jour s'en aloit, et ledict de Contay n'avoit point achevé son temps, et ne pouvoit estre un autre armé pour la garde du pas, qu'il ne fust bien tard. Si fut avisé par les juges que le marquis de Ferrare (qui estoit à l'entrée de la lice, et avoit son tour de courir après ledict de Contay) fourniroit, comme garde du pas, le demourant des courses audict de Contay, par tel convenant que, les courses achevées, ledict de Contay fourniroit audict marquis, comme garde du pas, l'emprise dudict marquis : et ainsi fut faict.

» Le marquis de Ferrare entra dedans les lices, à douze chevaux de pareure; c'est à sçavoir six couverts de riches couvertures et six harnachés de harnois d'orfèvrerie. Ses pages et ses serviteurs, qui chevauchoyent sesdicts chevaux, estoyent habillés de palletots d'orfèvrerie; dont le cheval sur quoy il estoit, estoit couvert de drap d'or bleu, chargé de grandes lettres à sa devise, et brodé d'orfèvrerie blanche et dorée. La seconde estoit de velours verd, à grande brodure de fleur de glay, et par-dessus la housse grosses campanes d'argent élevées. La tierce estoit de velours violet, chargée de roses d'argent, et à icelles roses pendoyent gros anneaux d'huis d'argent, élevés et dorés, et blancs. La quatrième estoit de velours noir à pommes de feu en brodure, et à grandes esteincelles, et semé de pommes d'argent élevées. La cinquième estoit de drap de damas, jaune, brodée d'esteincelles d'orfèvrerie d'argent doré, et de grans croissans, et de raïz de souleil estincelant. La sixième, de velours noir, toute chargée de gros réchauffoers d'argent, gettans flambe; et les autres six chevaux estoyent enharnachés comme dict est. Il avoit devant luy quatre nobles-hommes vestus de satin bleu, brodé à lettres d'or de sa devise. Il fit son tour parmy les rangs; et fut telle son aventure, que son cheval ne voulut aller ne joindre à la lice, combien que par plusieurs fois il se mist en son devoir; et par ce convint que les deux chevaliers se départissent sans faire rien, pour celle emprise, qui à ramentevoir face.

» Le dernier qui se présenta pour celuy jour fut un chevalier anglois, nommé messire Claude Waure. Son cheval estoit couvert d'un riche drap d'or verd, et son escu de mesme, et courut à l'encontre dudict seigneur de Contay; mais son aventure fut telle, qu'il ne rompit qu'une lance qu'il ne fust désarmé; et ne se fit autre chose à la jouste pour celuy jour; ainsi s'en partit on des rangs, et vint on au banquet, qui fut tel que cy après ensuyt.

» Celuy dimanche fut le banquet moult bien fourni de grand plats et de grandes suites; mais sur les tables n'y eut aucun entremets; et quand on fut assis, sur le hourd où se monstroyent les travaux d'Herculès, fut la courtine retirée; et pour le neufième travail d'Herculès, fut veu Herculès armé d'une peau de lion, à tout son targon et sa massue. Ledict Herculès chaceoit devant soy plusieurs beufs, et les mena jusques devant une montaigne, où lesdicts beufs tindrent manière de pasturer; et Herculès fit semblant de soy endormir, et tantost après partit hors de la montaigne le grand larron nommé Cacus, atout grandes cordes; et luy voyant qu'Herculès dormoit, tira tous lesdicts beufs, l'un après l'autre, dedans sa caverne; et tantost après ledict Herculès se réveilla; et regarda au tour de luy, et ne vit nuls de ses beufs; car le larron ne luy avoit laissé qu'un petit veau seulement; et ne sçavoit quel chemin lesdicts beufs avoyent tiré, pour ce que le fort larron Cacus par sa grande force les avoit traînés en sa caverne à reculon. Si chacea Herculès au long de la montaigne le veau, qui tenoit manière de braire; et Herculès, monstrant semblant d'avoir ouy respondre lesdicts beufs en la montaigne, monta amont, et aracha une grosse pierre pour regarder dedans la caverne; et illec vit Cacus et ses beufs. Si getta audict Cacus de grosses pierres, et Cacus luy gettoit feu et flamme au visage; mais en fin Cacus fut contraint saillir hors de sa caverne atout une grande hache, et Herculès luy courut sus moult fièrement, et fut la bataille moult grande d'entre eux deux; mais en la fin fut Cacus abatu et occis par Herculès; et atant fut la courtine retirée, et le rollet mis dehors, disant :

Herculès endormi, Cacus, le fort larron,
Ses beufs luy déroba, traînant à reculon.
Mais (quelque fort qu'il fust) l'occit le champion,
Et fit de luy justice sans mercy ne ranson.
Empereurs, roys et ducs, princes en général,
Faites comme Herculès, le très-espécial ;
Soyez prompts en justice, et à chacun égal.
Destruisez les tyrans, dont il ne vient que mal ;
Et vous souvienne bien de ce vers principal :
Justice fait aimer et douter le vassal.

» Assez tost après sonnèrent les trompettes, et fut la courtine retirée ; et là furent veus plusieurs païsans ; les uns coupans bois, et les autres labourans la terre ; et tout à coup survint sur eux un sanglier merveilleusement grand. Lesdicts païsans s'enfuirent; mais le sanglier en porta un à terre, et le foulla merveilleusement ; et les fuyans rencontrèrent Herculès armé de toutes armes, atout son targon, et un grand espieu sur son col ; et tindrent manière de monstrer à Herculès ledict sanglier. Herculès alla celle part, et le sanglier prestement luy courut sus de merveilleuse force; dont il avint qu'à celuy aborder ledict sanglier porta jus le targon d'Herculès, et Herculès se deffendoit de son espieu, et fut moult longue la bataille ; mais en fin l'occit Herculès, et fut la courtine retirée, et mis hors le rollet, contenant :

Herculès le très-preux, qui de son temps n'eut per,
Trouva en Arcadie un merveilleux sanglier ;
Les hommes destruisoit, chacun faisoit trembler.
Mais le vaillant l'occit, pour le peuple sauver.
Faites comme Herculès, princes de haut parage.
Si vous sçavez faux us en vostre baronnage,
N'en vos sugets régir, chacun se monstre sage
De les bien tost destruire, pour écheyer dommage.
Car certes le sanglier, merveilleux et sauvage,
Ne fait pas tant à craindre que le mauvais usage.

» Le dixième travail d'Herculès monstré, jouèrent les trompettes pour la tierce fois d'iceluy jour ; et la fut veu Herculès, soy proumenant par un désert, atout son escu et sa grosse massue ; et des deux costés luy coururent sus plusieurs sagittaires, qui tiroyent flèches de tous costés, tellement qu'Herculès fut long espace qu'il ne faisoit autre chose que soy couvrir de son escu, à l'encontre du trait ; mais, en fin de compte, Herculès prit sa massue à deux mains, et férit à dextre et à senestre sur les sagittaires ; tellement qu'en peu d'heure les déconfit et mit en fuite ; et les rateindoit à force de courir, et les occioit ; et, la déconfiture faicte, fut la courtine retirée, et mis le rollet dont la teneur s'ensuyt :

Herculès ès déserts trouva les sagittaires,
Qui de leurs fortes flèches luy firent mains contraires ;
Mais tous les déconfit, par monceaux et par paires,
Et ceux qui échapèrent priva de leurs repaires.
Les grans flèches aguës, qui Herculès batirent,
Furent les faulses langues qui contre luy médirent.
Les grans valeurs de luy les bourdes contredirent,
Et fit tant par vertu qu'en le blasmant mentirent ;
Et n'eut pas tant à faire à tous ceux qui nasquirent,
Qu'à combatre parolles ; mais d'elles se veinquirent.

» Or fut passé l'onzième travail d'Herculès ; et tantost après ressonnèrent les trompettes, et furent les courtines retirées ; et là fut veu un navire auquel avoit deux mariniers, dont l'un tenoit le gouvernail, et l'autre tiroit à deux avirons ; et estoit chargé ce navire de deux bornes ou coulomnes en manière de marbre de moult grande grandeur et grosseur; et au milieu dudict navire estoit Herculès, vestu d'une robe longue de drap d'or, ses cheveux blancs, et longue barbe ; et avoit une couronne d'or en sa teste, et monstra à ses mariniers le païs où il vouloit aler ; et quand il fut un peu avant il fit arrester son navire, et prit une de ses coulomnes sur son col, par apparence de grand faix et de grande pesanteur ; la planta dedans la mer, et puis fit tirer plus avant son navire, et replanta par pareille façon l'autre coulomne; et, en graciant Dieu de son œuvre, fut la courtine retirée, et furent par ces trois jours monstrés les douze travaux d'Herculès, comme dict est : et pour ce douzième et dernier travail fut remis le rollet dehors, qui disoit ainsi :

Herculès en son temps, où tant de renom a,
Entre ses grans prouesses douze fois travailla;
Dont le dernier fut tel, que les bornes planta
En la grand mer d'Espagne, dont sa gloire monta.
Or, vous tous qui lisez cette signifiance,
Mettez borne à vos faicts ; si monstrerez prudence.
Faites comme Herculès en vostre désirance ;
Abornez vos désirs en mondaine espérance.
Car le jour est prescript (et faut que l'on y pense)
Que passer ne pouvons pour or ne pour chevance.

» Et pour celuy jour n'y eut autre chose qui à ramentevoir face; fors que les tables furent ostées et après commencèrent les dances.

» Le lundy neufième jour de ceste feste, fut le disner richement et solennellement faict comme devant; et tantost après l'on se tira sur les rangs pour veoir clorre le pas tant de la jouste que du tournoy; et combien que monsieur le bastard de Bourgongne, entrepreneur en ceste partie, et garde de l'Arbre-d'or, eust esté blécé (comme dict est dessus), tellement que lors, ne grand temps après, ne se pouvoit soustenir sur sa jambe, toutesfois il se fit aporter en une litière couverte de drap d'or cramoisy ; et les chevaux qui portoyent la litière estoyent enharnachés de mesme, à gros boullons d'argent dorés. Il estoit dedans sa litière, vestu d'une moult riche robe d'orfèvrerie. Ses archers marchoyent autour de sa littière, et ses chevaliers et gentils-hommes autour de luy ; et certes il entra dedans la lice, selon le cas, si pompeusement et par si bel ordre, qu'il ne sembloit pas estre un bastard de Bourgongne, mais héritier d'une des plus grandes seigneuries du monde. En ceste ordonnance se fit amener jusques à un hourd qu'il avoit fait faire à ce propos au bout de la lice ; sur lequel hourd fut sa littière posée, et fut soudainement close et baillée ; tellement qu'il fut hors du danger de toute presse de chevaux. Tantost après arriva le roy-d'armes de la Toison d'or, acompaigné de deux chevaliers de l'ordre ; c'est-à-sçavoir de monsieur de Créqui et de monsieur de la Gruthuse. Ledict Toison d'or avoit sa cotte d'armes vestue, et portoit en sa main dextre le blason des armes de monsieur le duc de Bourgongne ; lequel blason fut attaché à l'Arbre d'or, au-dessus de tous les autres. Ne demoura guères après que mondict seigneur le duc arriva sur les rangs.

» Il avoit devant luy forces trompettes et héraux, et grand nombre de chevaliers et nobles-hommes de grand maison, tous vestus de pâletots d'orfèvrerie, harnaché chacun à sa plaisance très richement. Il estoit armé de toutes armes, le heaume en la teste, l'escu au col (lequel escu estoit tout couvert de florins de Rin branlans), et séoyt sur un cheval couvert de velours cramoisy, brodé d'orfèvrerie, à manière de fusils. Il avoit après luy neuf pages, sur neuf chevaux couverts ; le premier de velours cendré, la couverte toute batue de grans fueillages d'or élevé, moult riche. La seconde fut de drap d'or noir ; la tierce, de drap d'or cramoisy ; la quatrième, de drap d'or violet ; la cinquième, toute couverte d'orfèvrerie d'or moult riche ; la sixième, d'un drap d'or vermeil, toute chargée de fusils d'or, avecques cailloux et esteincelles de feu élevés, moult riche. Là septième fut d'orfèvrerie blanche ; la huitième fut d'orfèvrerie dorée ; et la neufième d'orfèvrerie meslée, blanche et dorée. Après iceux neuf pages venoit un pallefrenier, monté sur un cheval couvert de velours brodé des lettres de mondict seigneur ; et menoit un cheval en main, chargé d'orfaverie d'or branlant, moult riche. Les pages et le varlet avoyent pourpoints de velours noir, et dessus mantelines de velours, toutes couvertes d'orfaverie à fusil ; et avoyent sur leurs testes carmignoles de velours bleu, avecques plumes d'austruches blanches.

» En tel estat fit mondict seigneur de Bourgongne son tour en la lice, en la conduite du géant et du nain ; et quand il eut pris son rang, les trompettes qui estoyent sur la porte du chevalier à l'Arbre-d'or, commencèrent à sonner, et tantost saillit hors de ladicte porte un grand pavillon de drap de damas blanc et violet ; et, à ce que j'entendy, ainsi que le chevalier à l'Arbre-d'or avoit ouvert son pas par un pavillon jaune, ainsi pareillement vouloit qu'il fust clos par un autre pavillon. Après cestuy pavillon marchoyent les pages de mondict seigneur le bastard, vestus d'orfaverie, sur chevaux couverts de plusieurs riches housseures, en quoy il avoit couru en celuy pas; et après plusieurs gentils-hommes couverts de mesme; et, à la vérité, il avoit beau couvrir chevaux; car à celle heure il avoit dépléyé vingt-quatre, que couvertures, que harnois d'orfavrerie et de campanes. Quand le pavillon eut fait son tour au tour des lices, on ouvrit le pavillon; et là fut veu monsieur Adolf de Clèves, seigneur de Ravestain, qui pour celle fois garda le pas contre monsieur de Bourgongne. Son cheval fut couvert de la vingt-quatrième couverte d'orfèvrerie, à grandes lettres, à la devise de monsieur le bastard, entrepreneur. Il avait l'escu verd, tel qu'il avoit esté porté à la garde du pas; et quand ils eurent les lances sur les cuisses, le nain laissa courre le sablon, et sonna sa trompe; et à présent commencèrent les chevaliers à courre; et, pour abréger, celle demie heure fut durement bien courue et atteinte par lesdicts deux princes, et y eut plusieurs dures atteintes et lances rompues, qui ne sont point mises en compte, pour ce que l'on garda tousjours le droit de la mesure telle qu'elle devoit estre; mais, pour lances deuement et franchement rompues, monsieur de Bourgongne rompit huit lances, et monsieur de Ravestain en rompit onze; parquoy il gaigna la verge d'or. Les courses faictes, ils touchèrent ensemble; et en ce point fut le pas pour la jouste achevé, et à tant se fit monsieur de Bourgongne déhaumer. Monsieur de Bourgongne, sa jouste achevée, se déhauma; et tandis les roys-d'armes et héraux se tirèrent devers les juges pour sçavoir à qui le prix devoit estre donné; lesquels juges les renvoyèrent aux dames, pour en ordonner à leur bon plaisir; mais les dames les renvoyèrent aux juges, et s'en raportèrent à l'ordonnance des chapitres.

» Si fut regardé, par les livres et escritures des roys-d'armes et héraux, qui plus avoit rompu de lances en la demie-heure: et fut trouvé que ç'avoit esté monsieur d'Arguel, lequel avoit rompu treize lances. Si fut par Arbre-d'or, acompaigné d'autres officiers-d'armes, à grand bruit et à grans sons de trompettes et de clairons, amené le prix sur les rangs pour le délivrer. Lequel prix estoit un destrier couvert d'une couverture de satin noir figuré; et par les figures estoit brodée d'orfèvrerie blanche, houssée et branlant. Et dessus le destrier avoit deux paniers, èsquels estoit le harnois de jouste, tout complet, de mondict seigneur le bastard. Et, à la vérité, ledict harnois estoit l'un des beaux harnois de jouste qu'on peust voir. Et ainsi ledict Arbre-d'or mena son prix au tour de la lice, et puis vint trouver mondict seigneur d'Arguel, et luy présenta le prix, de par les dames et de par les juges, pour avoir le plus rompu de lances à ce noble pas. Et ainsi fut le prix présenté, et le pas achevé, quant à la jouste.

» Incontinent après, les manouvriers à ce ordonnés abatirent la toile et la loge des juges, et firent la place la plus unie qu'on peut faire. Et tantost furent envoyés les vingt cinq blasons des chevaliers et nobles hommes qui devoyent fournir le tournoy à l'encontre du chevalier à l'Arbre-d'or et ses compaignons; et furent mis et attachés à l'Arbre-d'or semblablement, comment les autres. Toutes choses achevées, arrivèrent lesdicts ving-cinq nobles hommes, dont messire Charles de Challon, comte de Joingny, cousin germain de monsieur le prince d'Orange, estoit le chef. Il avoit son cheval richement couvert de velours et brodures, à sa devise; et après luy un page chevauchant un cheval couvert de velours myparti de bleu et de violet, tout chargé de grosses campanes blanches et dorées; et après luy venoyent les autres: c'est-à-sçavoir messire Philippe de Commines, dom Petre, messire Jaques d'Émeries, monsieur de Mousures, messire Anthoine de Trappesonde, messire Huge de Torcy, monsieur de Lens, Dru de Humières, Robinet de Manneville, Hervé Garlot, Hiérosme de Cambray, Anthoine, bastard d'Auxi; George, bastard d'Auxi; Jehan Haufort, l'un des fils Talbot; le fils messire Jehan Auvart, tous trois anglois; Charles d'Haplaincourt, Piètre Métenay, Pierre de Salins, Jehan Le Tourneur, Frédérik le Palatin, Anthoine Dusy, et Anthoine Doiselet, tous richement couverts ou harnachés, les uns de soye, les autres de brodure ou d'orfèvrerie. Ils estoyent armés et emplumés comme en tel cas appartient, et portoit chacun d'eux une espée rabatue en sa main: lesquelles espées furent présentées aux juges, pour sçavoir si elles estoyent rabatues et coupées en pointe, comme il appartenoit.

» Après la présentation du comte de Joingny et de ses compaignons sus-nommés, fut la porte de l'Arbre-d'or ouverte, à grans sons de trompettes et clairons; et de là saillirent les princes, chevaliers et nobles hommes qui avoyent jousté à l'encontre du chevalier à l'Arbre-d'or, et couru à iceluy pas, et dont les noms sont enregistrés cy-dessus, en la forme de leur venue. Lesquels princes, chevaliers et nobles hommes acompaignoyent le chevalier à l'Arbre-d'or, et, en lieu de luy, celuy qu'il avoit commis en sa place. Et furent tous leurs chevaux couverts à la pareure dudict chevalier, et semblable de luy: qui estoyent toutes couvertes de velours violet brodées à l'Arbre-d'or. Et, par ceste dernière couverte du chevalier à l'Arbre-d'or, trouverez en son pas avoir déployé vingt cinq couvertes et pareures, dont celle dernière fut de moindre prix. Ainsi partirent les dessus-dicts de la porte à l'Arbre-d'or, et se mirent en bataille au long de la lice, selon qu'ils venoyent. Et le dernier qui entra fut monsieur de Bourgongne, habillé comme les autres; et après qu'il eut veu la forme de sa bataille, il reprit son rang et sa place. Et furent leurs espées envoyées présenter, comme les autres, aux juges, qui après les leur renvoyèrent, et à chascun une lance garnie comme il appartenoit. Et quand ils eurent tous leurs lances sur les cuisses, il est à croire que la place estoit richement parée de cinquante personnages tels, et ainsi armés et montés qu'ils estoyent; et incontinent que la trompette eut sonné, couchèrent leurs lances d'une part et d'autre. Et à celle rencontre eut mainte ateinte de lances et maintes rompues, et plusieurs chevaux portés par terre; et de tels y eut affolés et blécés pour à tousjours.

» Après la course des lances passée, ils mirent la main aux espées, et commença le tournoy d'une part et d'autre: lequel tournoy fut féru et batu si longuement et par telle vigueur, qu'on ne les pouvoit départir; et convint que mondict seigneur de Bourgongne (qui iceluy jour avoit tournoyé et jousté, et qui à la vérité s'estoit grandement porté à toutes les deux fois) se désarmast de la teste, pour estre congnu, et vint l'espée au poing pour départir la meslée qui recommençoit puis de l'un des bouts, puis de l'autre; et à les départir n'épargna ne cousin, n'Anglois, ne Bourgongnon, qu'il ne les fist par maistrise départir. Et ledict tournoy rompu, se mirent en bataille les uns devant les autres, et par requeste combatirent par plusieurs fois un à un, deux à deux et trois à trois. Mais toutesfois mondict seigneur tousjours les départoit. Et ainsi fut ce pas achevé, tant de la jouste comme du tournoy. Et atant reconduirent mondict seigneur en son hostel, qui chevaucha le dernier d'eux tous; et alors le suyvit sa pareure, qui fut telle qu'il avoit dix pages après luy, ses dix chevaux couverts de velours cramoisy, tous pareils, et un cheval qu'on menoit en main tout de mesme, et toutes les couvertures chargées de campanes d'or, à moult grand nombre. Le cheval que chevauchoit le varlet qui menoit le destrier en main estoit couvert de velours et de brodure d'autre sorte. Les pages estoyent vestus de velours cramoisy, chacun ayant une grande escharpe d'or au col; et, à la vérité, celle pompe fut moult grande et riche: car il y avoit ès campanes et ès escharpes huit cens marcs d'or. Et ainsi avoit eu mondict seigneur, pour iceluy jour, tant à la jouste comme au tournoy, vingt cinq couvertes. Et en l'estat dessus-dict s'en ala en son hostel, et se retraït chacun pour revenir au souper, qui fut tel qu'il s'ensuyt.

» Celuy mesme jour de lundy fut le dernier banquet d'icelle feste, lequel fut en croissant et en multipliant de plus en plus, tant de mets que de suittes. Sur les tables avoit trente plats, lesquels plats furent faicts à manière de jardins, dont le pié desdicts jardins estoit faict de bresil massonné d'argent, et la haye du jardin estoit toute d'or. Au milieu d'icelle closture avoit un grand arbre d'or, et à l'encontre d'iceluy arbre estoit la viande. Les arbres furent de divers fruits, de diverses fueilles et de diverses fleurs. L'un fut un oranger, l'autre un pommier, et par conséquent de toutes autres sortes: dont les fruits et fueilles, et fleurs, furent si proprement faicts, qu'ils sembloyent proprement arbres et propres fruits, et les faisoit très-beau voir. Au tour de chacun arbre avoit un rollet, où estoit escript le nom d'une abbaïe; et ainsi furent monstrées trente abbaïes, sugettes de monsieur de Bourgongne, dont l'une fut Clugny, et l'autre Cisteaux, chacune mère et chef de leur ordre en chrestienté.

» *Item*, parmy la table, et au tour d'iceux arbres, avoit plusieurs personnages, tant hommes que femmes, étofés d'or, d'asur et de soye, qui tenoyent diverses contenances. Les uns tenoyent manière de getter battons contre les arbres, et les autres avoyent de grandes perches pour abatre des fruicts. Aucunes femmes tenoyent leurs chapeaux pour recueillir les fruicts, et autres tendoyent les mains par bonne contenance.

» *Item*, avoit pareillement parmy les tables autres personnages d'hommes et de femmes, richement étofés, dont il y avoit les aucuns, deux à deux, portans une rivière; autres portans cretins et panniers sur leurs testes; autres portans panniers en leurs mains; autres portans la hotte, et autres portans panniers à merciers en leur col. Et furent iceux panniers et portages chargés d'espices, d'oranges et autres fruicts; et d'iceux personnages estoyent les tables très-richement parées.

» *Item*, et sur lesdictes tables avoit trente pastés, dont sur chacun avoit un chapeau de vigne plein de fueilles et de grappes blanches et vermeilles, si bien faictes que ce sembloit proprement raisin. *Item*, et au plus beau de ladicte table, et à l'endroit de Monsieur, avoit un riche édifice, fait des mains de maistre Stakin, chanoine de Sainct-Pierre de l'Isle. Cestuy édifice estoit haut et somptueux, et moult soubtivement faict: car il y avoit un palais, et un haut mirouer où l'on voyoit personnages incongnus. Il y avoit personnages et morisques mouvans, moult bien et soubtivement faicts, roches, arbres, fueilles et fleurs ; et devant iceluy palais avoit une fontaine qui sourdoit du doigt d'un petit Sainct-Jehan. Celle fontaine rendoit eaue rose moult soubtivement contremont, et sembloit que celle fontaine arrosast les arbres et jardins d'iceluy banquet; et certes la fontaine fut moult bien et soubtivement faicte. Et après que la seigneurie eut regardé les tables et ordonnances bien au long, chascun s'ala seoir qui mieux mieux.

» Assez tost après entra parmy la salle deux géans de merveilleuse grandeur, richement et estrangement habillés en armes, et estoyent embatonnés de merveilleux batons; et après eux venoit, en leur conduicte, une baleine, la plus grande et la plus grosse qui fut jamais veue par nuls entremets et présens en un personnage. Ceste baleine avoit bien soixante piés de long, et de hauteur si grande que deux hommes à cheval ne se fussent point veus l'un contre l'autre aux costés d'elle; ses deux yeux estoyent des deux plus grands mirouers que l'on avoit sceu trouver. Elle mouvoit les aellerons, le corps et la queue par si bonne façon, que ce sembloit chose vive; et en celle ordonnance marcha parmy la salle, au son de trompettes et de clairons, jusques à tant qu'elle eut fait un tour parmy la salle, et qu'elle fut retournée devant la table où mangeoit mon seigneur, et la plus grande seigneurie; et prestement ouvrit ladicte baleine la gorge (qui estoit moult grande), et tantost en saillit deux sirènes, ayans pignes et mirouers à leurs mains, qui commencèrent une chanson estrange emmy la place; et au son de celle chanson saillirent l'un après l'autre, en manière de morisque, jusqu'au nombre de douze chevaliers de mer, ayans en l'une des mains talloches, et en l'autre battons deffensables. Et tantost après commença un tabourin à jouer dedans le ventre de la baleine, et atant cessèrent les sirènes de chanter, et commencèrent à danser avecques les chevaliers de mer; mais entre eux se meut un amoureuse jalousie, tellement que le débat et tournoy commença entre les chevaliers, qui dura assez longuement; mais les géans, atout leurs grans battons, les vindrent départir, et les rechacèrent dedans le ventre de la baleine, et pareillement les sirènes; et puis recloît la baleine la gorge, et en la conduitte des deux géans reprit son chemin, pour s'en retourner par où elle estoit venue. Et certes ce fut un moult bel entremets; car il y avoit, dedans, plus de quarante personnes.

» Sur ce point furent les tables levées, et commencèrent les danses; et tantost après (pour ce qu'il estoit tard) les roys-d'armes et les héraux se mirent en la queste pour sçavoir à qui le prix seroit donné. A quoy il y eut de grandes différences; car le chaplis des espées avoit esté grand et bien combattu, et s'y estoyent tant de grans et bons personnages si bien monstrés, qu'à la vérité on ne sçavoit à qui donner le prix. Les dames, toutes d'un acord, disoyent que monsieur de Bourgongne le devoit avoir, pour ce qu'il s'estoit moult bien éprouvé à celuy tournoy, et considéroyent en outre qu'il avoit ce jour très-rudement jousté; parquoy mis ensemble le tournoy et la jouste, leur avis estoit tel que dict est. Mais mondict seigneur ne le voulut accepter; et, pour finale conclusion, fut avisé que messire Jehan d'Oudeville, frère de la royne d'Angleterre, auroit le prix; et fut faict pour trois raisons. La première, pour ce qu'il estoit estranger, et qu'aux estrangers, en toutes nobles maisons, doit on faire l'honneur. La seconde, pour ce qu'il estoit bel et jeune chevalier, et aux jeunes gens doit on donner courage de persévérer en bien faire; et la tierce raison, pour ce que, tant à la jouste qu'au tournoy, il s'estoit bien et honorablement aquité. Si luy fut présenté le prix par une des dames de pardeçà, et par une autre d'Angleterre, des plus grandes et des meilleures maisons, comme il est de coustume en tel cas.

» Monsieur d'Arguel (qui avoit eu le prix de la jouste) vint requérir à Monsieur qu'il peust faire crier une jouste au lendemain; et s'acompaigna de plusieurs nobles hommes apris au mestier. Laquelle jouste fut merveilleusement bien joustée, et de bon bois; et gaigna mondict seigneur d'Arguel le prix de ceux de dedans; et un jeune escuyer, nommé Billecocq, eut le prix de ceux de dehors. Et pour ce que c'est chose commune de jouster à la foulle, je n'en fays autre relation.

» Le mardy, dixième et dernier jour de celle feste, fut la grande salle parée en tel estat comme le premier jour des noces, excepté du grand buffet, qui estoit au milieu de la salle. Les trois grandes tables y furent drécées et couvertes, et fut assis mondict seigneur de Bourgongne au milieu de la haute table; et à sa main dextre estoit assis monsieur le légat, et puis l'évesque de Verdun et monsieur l'évesque de Mets. A la main senestre estoit monsieur de Ravestain, et après luy monsieur d'Escalles. La table de la dextre main estoit toute pleine de barons, chevaliers et nobles hommes anglois; et celle du senestre costé pareillement des gens de l'hostel de Monsieur.

Au milieu d'icelle salle avoit trois tables drécées, mises du long. En la première estoyent assis huissiers et sergens-d'armes; en l'autre, roys-d'armes et héraux; et en la tierce trompettes et ménestriers; et au regard du service, il fut grand et solennel, et de plus en plus en multiplication de plats et de viandes. Et sur la fin du disner se levèrent roys-d'armes et héraux, et vestirent leurs cottes-d'armes; et puis prirent deux roys-d'armes un batton, et le mirent sur leurs espaules; et sur iceluy batton portoyent les deux roys-d'armes un grand sac plein d'argent, et vindrent crier, devant la personne de monsieur le duc, « Largesse, » comme il est de coustume, et pareillement ès deux bouts de la haute table; et puis s'en allèrent parmy la salle, et trompettes et clairons sonnèrent, tellement que tout retentissoit. Après les tables levées et grâces dictes, tandis qu'on ala quérir les espices, vindrent les officiers d'armes de sa maison devant luy; et là publiquement il changea les noms de plusieurs; et fit, des héraux, roys-d'armes et mareschaux, et, de poursuivans, héraux; et de nouveaux poursuivans baptisa il, comme il est de coustume. Et ainsi se passa la solennité et triomphe d'icelle feste; car lendemain, pour une affaire qui survint à mondict seigneur au païs de Holande, il se tira celle part, et prit congé de la duchesse de Nolfolck et des autres seigneurs et dames d'Angleterre, leur donna dons, chacun selon sa qualité, et aux nobles hommes et aux dames. Et atant se taist le compte de ceste noble feste, et ne says pour le présent chose digne de vous escrire, fors que je suis le vostre. »

CHAPITRE V.

Comment le duc Charles de Bourgongne se saisit de la duché de Gueldres, et de celle de Lorraine aussi.

Trois ou quatre ans devant les choses dessusdictes, le jeune duc de Gueldres avoit pris son père le duc Arnoul, et l'avoit mis en prison, luy imposant certains cas assez déshonnestes; dont le duc Charles de Bourgongne ne se contentoit point du jeune duc Adolf; et avint que le jeune duc vint voir monsieur de Bourgongne, qui le fit prendre et arrester, pour le contraindre à luy rendre son père le duc Arnoul. Ce qui fut faict par traitté de temps;

mais le duc Adolf fut tousjours détenu prisonnier du duc de Bourgongne.

Au temps dessusdict, le roy de France et le duc de Bourgogne prirent en haine Louis comte de Sainct-Pol, connestable de France ; et, pour conclusion, tant se continua ceste haine, qu'ils le firent mourir publiquement. De ceste mort je ne quiers guères parler ; car je ne l'appreuve ne contredys, et en laisse faire aux nobles princes dessusdicts, qui en ordonnèrent à leur plaisir. Et en cedict temps le duc de Bourgongne tint sa feste de la Toison en la vile de Valenciennes ; et y fut le seigneur de Crouy, duquel le duc de Bourgongne s'estoit nouvellement contenté ; et vaut bien à ramentevoir que ceux de Crouy avoyent un neveu, nommé messire Jehan de Rubempré, lequel fut si bon et si cordial parent, qu'il fit la paix de tous ses parens envers le duc ; dont il eut grand honneur et bonne renommée.

Celle feste de la Toison d'or fut moult belle et somptueuse ; car quant aux manteaux des confrères (qui n'estoyent que d'escarlatte), le duc Charles les fit faire de velours cramoisy ; et estoit moult belle chose à voir, tant les chevaliers comme les pareures. Et ainsi fut celle feste moult notablement célébrée ; et là furent chevaliers de l'ordre le seigneur de Clécy, le seigneur d'Hymbercourt, comte de Maigne, le comte de Cimay, ledict messire Jehan de Rubempré, messire Anglebert de Nassau, comte de Vienne, et plusieurs autres dont je n'ay point de souvenance ; et, ce jour, messire Jehan de Luxembourg tint unes joustes contre tous-venans, et fut merveilleusement pompeux et acompaigné de sa personne. Et gaigna ce jour le prix messire Jehan Raolin, aisné fils du seigneur d'Émeries ; et, au partir d'icelle feste, le duc tira son armée au païs de Gueldres, et conquesta tout le païs sans grande résistance, réservée la vile de Vannelock, qui soutint ne sçay quants jours le siège ; mais en fin ils se rendirent, comme les autres ; et ainsi fut le duc de Bourgongne duc de Gueldres, et fit passer ses gens le Rin, pour aller conquérir la comté de Zutphem. Ce qui fut légèrement faict ; et les gougeas de l'hostel du duc aloyent tous les jours voir les dames à Devanter, qui sont femmes moult gracieuses, et qui prennent plaisir à festeyer estrangers. Le duc laissa à Zutphem messire Baudoin de Launoy, seigneur de Molembais ; le Veau de Bousanton, et plusieurs autres bons gens-d'armes ; et puis repassa la rivière du Rin, et prit son chemin contre Bourgongne.

Le duc passa par Ferrette, et vint en Bourgongne ; et à Sainct-Benigne de Digeon luy fut, par l'abbé, mis au doigt un riche anneau, en l'espousant du duché de Bourgongne, ainsi que c'est l'ancienne coustume ; et s'en retourna le duc en son hostel, auquel il tint estat de duc, et ses principaux officiers avecques luy : comme le chancelier, le premier chambellan, le mareschal, et le grand maistre-d'hostel. Et estoit belle chose de voir iceux en leur triomphe ; et après avoir demouré à Digeon huict ou dix jours, le duc ordonna ses affaires, et ala faire un tour par la comté de Bourgongne, et visiter et aorer le corps de monsieur sainct Claude (qui est un noble reliquaire). Et s'en revint par Lyon le Saunier (où il trouva le prince d'Orange, qui le festeya grandement), et de là retourna à Digeon, et n'y arresta guères ; mais disposa de s'en retourner en Flandres, et s'arresta à Luxembourg, pour aviser sur ses besongnes.

En ce temps, Henry, comte de Vistemberg, vint passer près du duc, ses gens tous vestus de jaune : et fut le duc averti que c'estoit contre luy. Si l'envoya prendre, et amener prisonnier ; et en sa prison promit au duc de luy rendre le chasteau de Montbéliart ; et fusmes envoyés, monsieur Du Fay et moy, pour avoir la place ; mais le comte Henry ne pouvoit fournir à sa promesse ; car la coustume de Montbéliart est telle, que plus tost verroyent les soudoyers couper la teste à leur seigneur, que de rendre une telle place ; mais la gardent jusques au dernier des seigneurs qui demeure en vie. Et ainsi nous en revinsmes sans rien faire.

En ce temps mourut le duc Nicolas, fils et seul héritier de monsieur Jehan de Calabre ; et au regard du duc, il vouloit bien dissimuler le temps avecques le duc Nicolas ; mais au duc Régnier, fils du comte de Vaudemont (à qui l'héritage venoit), il ne se pouvoit accorder ne dissimuler ; et quand le duc Nicolas fut trépassé, le duc de Bourgongne entra au païs à main forte, et se fit duc de Lorraine, sous la querelle que les Lorrains l'avoyent abandonné devant Nuz, à son grand besoing; et si bien exploita, qu'il chacea le duc Régnier hors du païs, et gaigna tout le païs de Lorraine en peu de temps; et se tint Nancy, qui assez tost parlementa, et fut rendue par appointement. Et ainsi en une saison, ou bien près, il se fit duc de Gueldres et de Lorraine, et establit messire Jehan de Rubempré pour gouverneur de Lorraine, et y laissa bonne garnison, et principalement d'Anglois; et de là s'en ala en Bourgongne. Et est vray que grans languages estoyent tenus du jeune duc de Savoye et de madame Marie, fille du duc de Bourgongne.

CHAPITRE VI.
Comment les Suisses déconfirent le duc Charles de Bourgongne par deux fois.

En ce temps le comte Amé de Romont rua jus certain nombre de chariots apartenans aux Suisses, lesquels prirent mal en gré d'avoir esté pillés par le comte de Romont, et se mirent sus à grosse puissance; et le duc de Bourgongne vint au secours dudict de Romont, et prit aucuns Suisses qui estoyent pour garder la place de Granson, apartenant au prince d'Orange; lesquels Suisses le duc de Bourgongne fit pendre et estrangler; et désiroit moult le duc de trouver les autres aux champs, et de les combatre; et pour leur donner amorse de venir, il envoya ses archers de corps dedans le chastel de Vaumarcou; et le duc de Bourgongne lendemain amena son armée pour secourir ses archers de corps, et y eut grosse écarmouche, et fut le duc, et ses gens, rebouté; et à celle escarmouche mourut Pierre de Lignan, qui estoit un moult vaillant escuyer. Là mourut le seigneur de Chasteauguyon, le seigneur du Mont-Sainct-Sorlin, Jehan de Lalain, Louis Raulin, seigneur de Prusely, et plusieurs autres gentils personnages. En fin de compte, le duc de Bourgongne perdit celle journée, et fut rebouté jusques à Joingné, où il se sauva et garantit; et est raison que je die comment et par quelle manière se sauvèrent les archers de corps du duc. Après la bataille déconfite, le capitaine d'iceux archers (qui estoit un jeune escuyer nommé George de Rozimbos), quand il veit la bataille perdue pour nous, il parla aux archers, et leur dit : « Vous » voyez l'inconvénient qui nous est advenu, et » le danger où nous sommes. Je seroye d'opi» nion qu'encores en nuict, à l'heure qu'il fera » la plus grande nuict, et que les ennemis se» ront le plus endormis, que nous saillions » tous ensemble l'espée au poing, et passions » parmy l'ost; car il est heure de garantir nos » vies. » Tous s'acordèrent au conseil de leur capitaine, excepté un qui estoit blécé. Si se partirent tous ensemble du chasteau, ainsi qu'il avoit esté conclu; et fut leur fortune si bonne qu'ils passèrent franchement, et toute nuict chevauchèrent, et se vindrent rendre à Salins, où je les veys arriver; car je ne fus point à la journée, à cause d'une maladie que j'avoye. De Joingné, le duc tira à Noseret; et devez entendre que le duc estoit bien triste et bien mélancholieux d'avoir perdu celle journée, où ses riches bagues furent pillées, et son armée rompue.

Le duc se tira devant Louzanne, où il se refortifia le mieux qu'il peut, et fit venir gens nouveaux, du païs de Hainaut, et aussi du païs de Gueldres; et en peu de temps refit une grosse armée, et se tira en païs, pour trouver lesdicts Suisses; et ala mettre le siége devant Morat (qui est une vile de la comté de Romont), et y fit grandes batures et grandes aproches; et ne faillirent point lesdicts Suisses d'y venir, et pour la seconde fois fut déconfit le duc de Bourgongne devant Morat, et luy tuèrent beaucoup de ses gens. Ainsi eut le duc de Bourgongne la fortune deux fois contre luy en peu de temps[1]; et là mourut le comte de Marle, fils du comte de Sainct-Pol, et ce bon et vaillant escuyer Jaques Du Mas, l'estendard du duc de Bourgongne en ses bras, qu'onques ne voulut abandonner.

Et afin que je n'oublie rien, j'ay à ramentevoir ce que fit le duc de Bourgongne après qu'il eut gaigné Liège, et que le roy se fut party de luy. Le duc ouït dire que les Liégeois s'estoyent retirés au païs de Franchemont, et se délibéra de les aler combatre; et vint en Franchemont par le plus grand froid qu'il est possible de faire, et se logea en un vilage qu'on appelle Pouleuvre, où luy et ses gens endurèrent et faim et froidure. Toutesfois ceux d'Ais en Alemaigne luy envoyèrent quatre queues

[1] Les batailles de Granson et de Morat sont de 1475, ancien style, et 1476 nouveau style.

de vin, qui luy vindrent bien à point; et prestement en envoya l'une à monsieur de Bresse et au seigneur de Savoye (qui estoyent avecques luy), dont ils firent grand'feste; et commencèrent vivres à venir, qui moult reconfortèrent l'armée. Au regard des Liégeois et de ceux de Franchemont, quand ils sceurent la venue du duc et de son armée, ils s'enfuirent tous en divers lieux, et mesmement au plus espois des bois; et avint que le seigneur de Trayes, bourgongnon, et de ceux de Toulongeon, se mirent si avant en leur poursuitte qu'ils furent par les Liégeois merveilleusement batus et navrés, et en danger de mourir; et après que le duc de Bourgogne eut demouré certains jours à Pouleuvre, cuidant que les Liégeois luy deussent venir courre sus, il se partit d'iceluy lieu, et prit le chemin contre ses païs, et traversa les rivières de Franchemont (qui sont roides et profondes) par si grand froid, qu'on ne pourroit plus grand froid au monde. Là vey j'un flascon d'argent plein de tizanne. La tizanne fut si engelée dedans le flascon, que la force de la glace rompit ledict flascon; et pouvez penser si les povres gens-d'armes eurent pas leur part de la grande froidure; et le duc passa outre lesdictes rivières, et se mit en chemin contre Namur, pour retourner en ses païs.

Et après les deux fois qu'avoit esté le duc rompu, nouvelles luy vindrent que le duc de Lorraine avoit mis le siège devant Nancy; et reconquis la plus part du païs de Lorraine sur le duc de Bourgongne; et le duc (qui moult estoit courageux), atout les gens-d'armes qu'il peut recueillir, se tira prestement en Lorraine, en intention de secourir messire Jehan de Rubempré, son lieutenant, en la vile de Nancy. En ce temps, ou peu par-avant, les comtes de Chimay et de Maigne, en intention de fortifier la paix qui estoit entre le roy et le duc de Bourgongne, conclurent une trève de neuf ans pour le roy, pour le duc et leurs hoirs, où fut compris nommément monsieur le dauphin, fils du roy, et madame Marie de Bourgongne, fille du duc de Bourgongne (car ils estoyent nés et vivans); et fut celle trève jurée et acordée du roy et du duc. Et afin qu'il en soit mémoire, j'ay incorporé et enregistré ladicte trève de neuf ans en ces présens Mémoires, ainsi que le contenu de mot à mot ensuyt.

CHAPITRE VII.

S'ensuit le contenu, au long, des trèves de neuf ans, faictes et conclues par le roy Louis de France, d'une part, et mon très-redouté seigneur et prince Charles, duc de Bourgogne, d'autre part, le treizième jour de septembre l'an de grâce 1475.

« Charles, etc., à tous, etc., salut. Comme par-cy-devant plusieurs journées ayent esté tenues en divers lieux, entre les gens à ce commis et députés de par le roy et nous, pour trouver moyen de réduire et mettre à bonne paix et union les questions, divisions et différences estans entre nous, et sur icelles trouver, recevoir et accepter une paix finale (laquelle chose jusques ici n'a peu prendre conclusion); considérans qu'à l'honneur et louenge des princes chrestiens rien n'est plus convenable que de désirer et aimer paix, de laquelle le bien et le fruit, ès choses terriennes et mortelles, est si grand que plus ne pourroit; nous, désirans envers Dieu nostre créateur nous monstrer, par effect, vertueux, obéïssant en toutes nos opérations; afin que l'église, en vaquant au service divin, puisse prendre vigueur et demourer en vraye et seure franchise les nobles, et le cours des autres hommes mortels abandonner en repos et tranquillité sans servitude d'armes, et que l'entretènement de nos païs et seigneuries, tant au faict de la marchandise qu'autrement, puisse estre parmaintenu, et l'estat d'un chacun demourer en son entier; et conséquemment le povre menu peuple, ensemble tous nos sugets, puissent labourer et vaquer, chacun endroit soy, à leurs besongnes, industries et artifices, sans quelconque violence et oppression; et le temps à venir, moyennant la grâce de Dieu, entre eux vraye et perpétuelle paix et justice, nécessaire à toute la terre chrestienne, garder, entretenir et observer, et en icelle vivre et mourir inviolablement; avons, par l'avis et délibération de plusieurs seigneurs de nostre chambre, et gens de nostre grand conseil, fait, conclu et acordé entre le roy et nous, pour nous, nos hoirs et successeurs, et par tous les païs, terres et seigneuries, d'une part et d'autre, trèves générales, en la forme et manière qui s'ensuit. Premièrement, bonne, seure et loyale trève, estat et abstinence de guerre, sont pris, acceptés, fermés, conclus et acordés par terre, par mer, et par eaues douces, entre le roy et mondict seigneur de Bourgongne, leurs hoirs et successeurs, païs, terres et seigneuries, sujets et serviteurs ; icelle trève, seur estat et abstinence de guerre, commençant ce jourd'hui treizième jour de ce présent mois de septembre, durant le temps et terme de neuf ans, et finissant à semblable treizième jour de septembre, lesdicts neuf ans révolus, que l'on dira l'an 1484. Pendant lesquelles trèves, seur estat et abstinence de guerre, cesseront d'une part et d'autre toutes guerres, hostilités et voyes de faict ; et ne seront faicts par ceux de l'un party sur l'autre, de quelque estat qu'ils soyent, aucuns exploits de guerre, prises et surprises de viles, forteresses ou chasteaux tenus et estans ès mains ou obéissance de l'un ou de l'autre, quelque part qu'ils soyent situés ou assis, par assauts, sièges, emblés, eschellemens et compositions ; par actions, ne sous couleur de marque, contremarque et représaille, ne sous couleur de débtes, obligations, tiltres n'autrement, en quelque forme ou manière que ce soit ; supposé ores que les seigneurs ou les habitans desdictes viles, places, chasteaux, fortresses, ou ceux qui en auront la garde, les voussissent rendre, bailler et délivrer, de leur voulonté ou autrement, à ceux du parti ou obéissance contraire. Auquel cas (s'il avenoit) celuy par lequel, ou à l'aide duquel, auroit esté ce faict, et prise la vile ou les viles, places et chasteaux ou fortresses, les seront tenus faire rendre et restituer plainement à celuy sur qui ladicte surprise auroit esté faicte, sans délayer à ladicte restitution, pour quelque cause ou occasion que ce soit avenu, en dedans huit jours après la sommation sur ce faicte de l'une desdictes parties à l'autre. Et au cas que faute y auroit de ladicte restitution, celuy sur le party duquel ladicte emprise auroit esté faicte pourra recouvrer ladicte vile ou viles, cités, places et chasteaux ou fortresses, par siéges, assauts, eschellemens, emblées et compositions, et par voye de faict et hostilité de guerre ou autrement, ainsi qu'il pourra, sans ce que l'autre y donne résistance ou empeschement ; ou qu'à l'occasion de ce lesdictes trèves, seur estat et abstinence de guerre ne puissent estre n'entendues, rompues, n'enfreintes, mais demourans, ledict temps durant, en leur plaine et entière force et vertu ; et sera tenu celuy qui aura fait ladicte restitution rendre et payer tous cousts et dommages qui auront esté et seront faicts et soutenus, en général ou particulier, par celuy ou ceux sur qui ladicte prise aura esté faicte.

» *Item*, et par les gens de guerre, et autres du party et aliance de mondict seigneur de Bourgongne qui voudront estre compris, ne seront faicts aucuns rançonnemens, prises et détrousses de personnes, de bestes, ou d'autres biens quelconques, sur les gens, viles, places, seigneuries et autres lieux estans du parti et obéissance du roy ; et pareillement par les gens de guerre, et estans du parti et aliance du roy, qui voudront estre compris sur les terres, viles et places estans du parti et obéissance de monsieur de Bourgongne. Ains seront et demoureront tous les sugets et serviteurs d'un costé et d'autre, de quelque estat, qualité, nation et condition qu'ils soyent, chacun en son parti et obéissance, seurement et sauvement, et paisiblement, de leurs personnes, et tous leurs biens ; et y pourront labourer, marchander, faire et préparer toutes leurs autres besongnes, marchandises, négociations et affaires, sans détourbier ou empeschement quelconque.

» *Item*, pendant et durant lesdictes trèves, seur estat et abstinence de guerre, les sugets, officiers et serviteurs d'une part et d'autre, soyent prélats, gens d'Église, princes, barons, nobles, marchans, bourgeois, laboureurs et autres quelconques, de quelque estat, qualité, nation ou condition qu'ils soyent, pourront aler, venir, séjourner, converser, marchandement et autrement, en tel habillement que bon leur semblera, pour quelconques leurs négociations et affaires les uns avec les autres, et les uns ès païs, seigneuries et obéissance de l'autre, sans sauf-conduit, et tout ainsi que l'on pourroit communiquer, aler et marchander en temps de paix, et sans aucun détourbier, arrest ou empeschement : si ce n'est par voye de justice, et pour leurs debtes, ou pour leurs délicts, abus ou excès, qu'ils y auront par cy-devant perpétrés et commis ; sauf aussi que les gens de guerre en armes n'à puissance ne pourront entrer de l'un parti en l'autre, en plus haut nombre d'octante à cent chevaux, et en dessous. Et ne seront dictes ne proférées, à ceux qui iront ou converseront d'un parti à l'autre, aucunes injures ou opprobres, à cause du party; et si aucuns font le contraire, ils seront punis et corrigés comme infracteurs de trèves.

» *Item*, tous prélats, gens d'Église, nobles, bourgeois, marchans et autres sugets, officiers et serviteurs d'un parti et d'autre, de quelque estat ou condition qu'ils soyent, durant lesdictes trèves, seur estat et abstinence de guerre, auront et recouvreront la jouissance et possessions de leurs bénéfices, terres, places, seigneuries et autres biens immeubles, en l'estat qu'ils les trouveront; et y seront receus sans empeschement, contredict ou difficulté, et sans obtenir autres lettres de mainlevée, n'estre contrains à en faire nouvelle féauté ou hommage, en faisant serment en leurs personnes ou par leurs procureurs en la main du bailly ou son lieutenant, sous qui seront lesdicts bénéfices, places, terres, seigneuries et biens immeubles, de non traitter et pourchasser d'iceux quelques choses préjudiciables au party où ils seront. Et les seigneurs d'un party ausquels appartiennent places, estans ès frontières de l'autre party, bailleront leurs séelés de non en faire guerre au party; et, en recevant ladicte délivrance d'iceux, promettront, jureront et bailleront leurs séelés de non en faire guerre au party où elles sont; et que, cesdictes trèves expirées, les délaisseront en la plaine obéissance dudict party où elles sont. Toutesfois, pour aucunes causes et considérations, le roy est content que la place de Rambures soit entièrement baillée et délivrée au seigneur d'icelle, sans y mettre autre capitaine ou garde, pourveu qu'il fera serment aussi qu'il baillera son séelé, en la main de celuy qui luy fera ladicte restitution, que durant ceste présente trève, n'après icelle finie, il ne fera ne pourchacera chose préjudiciable au roy, à ses païs, seigneuries ou terres, n'aussi à mondict seigneur de Bourgongne, ses païs ou seigneuries, et ne mettra garnison en icelle place qui porte ou face dommage à l'une ou à l'autre des parties. Et quant aux places et forteresses de Beaulieu et de Vervin, mondict seigneur de Bourgongne consent qu'en luy faisant la délivrance réelle des viles et bailliages de Sainct-Quentin et places dont le traitté est faict entre le roy et luy, les fortresses desdicts lieux soyent abatues, la revenue et seigneurie revenant et demourant entièrement aux seigneurs desdicts chasteaux. Et aussi est traitté et accordé, pour plus ample déclaration, que les terres et seigneuries de La Ferté, Chastellier, Vendeul et Sainct-Lambert, dépendans de la comté de Marle, demoureront au roy en obéissance, pour y prendre tailles, aides, et tous autres droits, comme des autres terres de son obéissance, la seigneurie et revenue demourant à monsieur le comte de Marle; et pareillement les chasteaux, viles, terres, chastellenies et seigneuries de Marle, Gerrain, Moncornet, Sainct-Gobain et Damsi, demoureront à mondict seigneur de Bourgongne en obéissance, pour y prendre tailles, aides et tous autres droits dessus-dicts, les seigneuries et revenues demourans au comte de Marle, selon le contenu de l'article précédant. Et aussi esdictes trèves et abstinence de guerre, en tant qu'il touche lesdicts articles de communication, hantise, retour et jouissance de biens, ne seront compris messire Baudoin, soy disant bastard de Bourgongne, le seigneur de Renty, Jehan de Chata et messire Philippe de Commines : ains en seront et demoureront du tout exceptés et forclos.

» *Item*, si aucune chose estoit faicte ou attentée au contraire de ceste présente trève, seur estat et abstinence de guerre, ou d'aucuns des poincts et articles qui y sont contenus, ce ne tournera ou portera préjudice qu'à l'infracteur ou infracteurs seulement, ladicte présente trève tousjours demourant en sa force et vertu ledict temps pendant; lesquels infracteur ou infracteurs seront punis si grièvement que le cas requerra. Et seront les infractions (si aucunes sont) réparées et remises au premier estat, par les conservateurs cy-après nommés, promptement, si la chose y est disposée; ou, du plus tard, commenceront à besongner dedans six jours, après que lesdictes infractions seront venues à leur congnoissance; et ne départiront lesdicts conservateurs, d'une part et d'autre, d'ensemble, jusques à ce qu'ils auront apointé et faict faire lesdictes réparations ainsi qu'il appartiendra, et que le cas le requerra.

» *Item*, pour la part du roy, seront conservateurs pour la comté d'Eu et Sainct-Valléry, et les autres places à l'environ, monsieur le mareschal de Gamaches; pour Amiens, Beauvoisis, et marches à l'environ, monsieur de Torchi; pour Compiengne, Noyon, et marches à l'environ, le bailly de Vermandois; pour la comté de Guise, La Trace et Archelo, le seigneur de Villiers; pour la chastellenie de La Faire et Larry, le prévost de ladicte Larry; pour toute la Champaigne, monsieur le gouverneur illec y pourra commettre; pour le païs du roy, environ les marches de Bourgongne, monsieur de Beaujeu y pourra commettre; et pour le balliage de Lyonnois, et pour toute la coste de la mer de France, monsieur l'admiral y pourra commettre.

» *Item*, pour la part de mondict seigneur de Bourgongne, seront conservateurs : pour les païs de Ponthieu et de Brimeux, messire Philippe de Crèvecueur, seigneur d'Escordes; pour Corbie et la prévosté de Feuillay et de Beauquesne, le seigneur de Contay; pour Péronne et la prévosté dudict Péronne, le seigneur de Cléry, et en son absence le seigneur de La Hergerie, et pareillement pour les viles et chastellenies de Mondidier, Roye, et places d'environ; pour Artois, Cambresis et Beaurevois, Jehan de Longueval, seigneur de Vaux; pour la comté de Marle, le seigneur d'Imbercourt; pour le païs de Hainaut, monsieur d'Émeries, grand-bailly dudict païs; pour le païs de Liége et de Namur, mondict seigneur d'Imbercourt, lieutenant de mondict seigneur le duc èsdict païs; pour le païs de Luxembourg, le gouverneur d'illec, marquis de Rothelin; pour le païs de Bourgongne, duché et comté, viles et places à l'environ, estans en l'obéissance de mondict seigneur de Bourgongne, monsieur le mareschal de Bourgongne, qui commettra en chacun lieu particulièrement où il sera besoing; pour le païs de Masconnois et places à l'environ, monsieur de Clécy, gouverneur dudict Masconnois; pour le païs et comté d'Auxerre, et le païs à l'environ, messire Tristan de Toulongeon, gouverneur dudict Auxerre; pour la vile et chastellenie de Bar-sur-Seine, et places à l'environ, le seigneur des Chanets; pour la mer de Flandres, messire Josse de Lalain, admiral; et pour la mer de Hollande, Zéelande, Artois et Boulongnois, monsieur le comte de Boucam, admiral desdicts lieux.

» *Item*, s'il avenoit que, pendant et durant ledict temps de ladicte trève, aucuns conservateurs, nommés d'une part et d'autre, alassent de vie à trépas, en ce cas le roy de sa part, et mondict seigneur de Bourgongne de la sienne, seront tenus nommer, commettre et establir autres conservateurs, qui auront tel et semblable pouvoir comme les précédans; et le signifieront aux conservateurs prochains, afin qu'aucun n'en puisse prétendre ignorance.

» *Item*, que tels conservateurs particuliers, qui ainsi seront commis pour la part du roy et pour la part de mondict seigneur de Bourgongne, ou leurs subrogués et commis (s'ils avoyent légitime excusance de non y vaquer en personne), c'est-à-sçavoir les deux de chacune marche pour les deux costés, seront tenus d'eux assembler une fois ès limites du roy, et autresfois de mondict seigneur de Bourgongne, en lieux propices et convenables qu'ils aviseront, pour conserver illec de toutes les pleintes et doléances qui seront mises en avant d'un costé et d'autre touchant lesdictes trèves, et prestement en apointer, et faire réparation, ainsi qu'il appartiendra. Et s'il avenoit que, pour autre grande matière, il y eust difficulté entre eux, dont ils ne peussent apointer, ils seront tenus de signifier et faire sçavoir incontinent (c'est-à-sçavoir les conservateurs de la part du roy pour les marches et païs de pardeçà, et les conservateurs de la part de mondict seigneur de Bourgongne ès marches de par-deçà) à monsieur le chancelier et gens de conseil de mondict seigneur de Bourgongne; et, ès marches de Bourgongne, à monsieur le mareschal et aux gens du conseil estans à Digeon, la qualité desdictes pleintes, et faire ce qu'ils en auront trouvé; lesquels seront tenus incontinent, et le plus brief que faire se pourra après ladicte signification, vuider et décider lesdictes pleintes et doléances, et en faire jugement et décision telle que de leurs consciences aviseront estre à faire.

» *Item*, au cas qu'à cause desdictes difficultés lesdicts conservateurs renvoyent lesdictes pleintes ainsi que dict est, et s'il y a personne qui empesche lesdicts conservateurs, ils pourvoyent d'élargissement. Et s'il avenoit qu'aucuns desdicts conservateurs se voulsissent excuser d'entendre ausdictes réparations, maintenans et prétendans les infractions non estre avenues en leurs limites, ils seront en ce cas tenus le signifier au conservateur, ès limites duquel ils maintiendront lesdictes infractions estre avenues; lequel conservateur, au cas qu'il ne voudra entreprendre la charge d'amender seul ladicte réparation, sera tenu de soy assembler avecques l'autre conservateur qui luy aura fait faire ladicte signification, pour ensemble, avecques le conservateur ou conservateurs de l'autre costé, besongner èsdictes réparations par la manière dessusdicte.

» *Item*, seront lesdicts jugemens, que feront lesdicts conservateurs d'une part et d'autre, exécutés réellement et de faict : et à ce seront contrains les sugets d'une part et d'autre, nonobstant appellation ou opposition quelconque, et sans ce que les condamnés puissent avoir n'obtenir aucuns remèdes au contraire, en quelque manière que ce soit.

» *Item*, en cette trève sont compris les aliés d'une part et d'autre cy-après nommés, si compris y veulent estre : c'est à savoir, pour la part du roy, très-hauts et très-puissans princes le roy de Castille, le roy d'Escoce, le roy de Dannemarc, le roy de Jérusalem et de Cecile, le roy de Hongrie, le duc de Savoye, le duc de Lorraine, l'Evesque de Mets, la seigneurie et la communauté de Florence, la communauté de Bergue, et leurs alliés, qui furent compris en la trève précédente faicte en l'an 1472, et non autrement; ceux de la ligue de haute Alemaigne, et ceux du païs de Liége qui se sont déclairés pour le roy, et retirés en son obéissance : lesquels aliés seront tenus de faire leur déclaration s'ils voudront être compris en ladicte trève, et icelle signifier à mondict seigneur de Bourgongne, en dedans le premier jour de janvier prochain venant. Et, pour la part de mondict seigneur, y seront compris (si compris y veulent estre) : très-hauts et très-puissans princes le roy d'Angleterre, le roy d'Escoce, le roy de Portugal, le roy Fernand de Jérusalem et de Cécile, le roy d'Arragon, le roy de Castille, le roy de Cécile

le fils, le roy de Dannemarc, le roy de Hongrie, le roy de Poulaine, le duc de Bretaigne, madame de Savoye, le duc son fils, le duc de Milan et de Gennes, le comte de Romont et maison de Savoye, le duc et seigneurie de Venise; le comte Palatin; le duc de Clèves, le duc de Juliers, les archevesque de Coulongne et évesques de Liége, d'Utrech et de Metz : lesquels seront tenus de faire déclaration s'ils veulent estre compris en ladicte trève, et le signifier au roy en dedans le premier jour de janvier prochain venant. Ce toutesfois entendu que si lesdits aliés, compris de la part du roy ou aucuns d'eux, à leur propre querelle, ou en faveur ou aide d'autruy, mouvoyent ou faisoyent guerre à mondict seigneur de Bourgongne, il se pourra contre eux deffendre, et à ceste fin offendre, faire ou exercer la guerre, ou autrement remédier ou obvier de toute sa puissance, et les contraindre et réduire par armes et hostilités ou autrement, sans ce que le roy leur puisse donner ou faire donner secours, aide ou assistance à l'encontre de mondict seigneur de Bourgongne, ne que ladicte trève soit par ce enfrainte : et pareillement si lesdites aliés, compris de la part de mondict seigneur le duc, ou aucuns d'eux, à leur propre querelle, ou en aide et faveur d'autruy, mouvoyent et faisoyent guerre au roy, il se pourra contre eux deffendre, et à ceste fin les offendre, faire et exercer guerre, ou autrement y remédier et obvier de toute sa puissance, et les contraindre et réduire par armes, hostilités et autrement, sans ce que mondict seigneur de Bourgongne leur puisse donner ou faire donner secours, faveur n'assistance à l'encontre du roy, ne que ladite trève soit par ce rompue n'enfreinte.

» *Item*, pour oster toutes matières et occasions de guerre ou de débat pendant la trève, le roy se déclairera pour mondict seigneur de Bourgongne; à l'encontre de l'empereur des Rommains, ceux de la cité de Coulongne; et tous ceux qui leur feront cy-après aide ou serment, à l'encontre de mondict seigneur de Bourgongne, et promettra le roy de non leur faire aide, secours n'assistance quelconque, à l'encontre de mondict seigneur de Bourgongne, ses païs, seigneuries et sugets, en quelque manière que ce soit ou puisse estre.

» *Item*, pour considération de ce que ce présent traitté fut dès pieça, mesmement au temps de may l'an 74, pourparlé entre les gens du roy et entre les gens de mondict seigneur de Bourgongne, le roy consent et acorde que toutes les places, viles et terres qui, depuis ledict pourparlement de cedict présent traitté, ont esté prises et occupées sur mondict seigneur de Bourgongne, ses païs, sugets et serviteurs, de quelque païs que ce soit, par les gens du roy et autres, qui de sa part sont et voudront estre compris en ceste présente trève, soyent rendues et restituées à mondict seigneur de Bourgongne et à sesdicts sugets et serviteurs : et ainsi le fera faire par effect le roy, de toutes celles qui sont en son obéyssance ; et les autres, qui sont de sa part en ceste dicte trève, seront tenus de le faire, quant à celles qui sont en leur puissance, avant qu'ils puissent jouïr de l'effect d'icelles trèves. *Item*, pour meilleur entretènement desdictes trèves, est accordé que les places de Harcy et de Grondelle seront abatues, si desjà elles ne le sont : les terres demoureront de tel service qu'elles sont.

» *Item*, pour considération de laquelle trève, et mieux préparer et disposer toutes choses au bien de la paix perpétuelle, le roy sera tenu de bailler et délivrer, et par effect baillera et délivrera, à mondict seigneur de Bourgongne, les vile et bailliage de Sainct-Quentin, pour les tenir en tel droit qu'il faisoit par avant l'encommencement de ces présentes guerres et divisions : et dedans quatre jours après la délivrance de toutes les lettres acordées, le roy en baillera ou fera bailler l'entière et plaine délivrance et obéyssance à mondict seigneur de Bourgongne, ou à son commis à ce, en telle puissance et à tel nombre de gens qu'il plaira à mondict seigneur de Bourgongne, en rendant seulement par le roy ladicte vile de Sainct-Quentin : en sorte qu'il en pourra retirer son artillerie, telle qu'il l'y a fait mettre et amener depuis qu'icelle vile s'est mise en son obéyssance, sans toucher à l'artillerie appartenant au corps de ladicte vile n'a autre y estant avant que ladicte vile fust mise hors de l'obéyssance de mondict seigneur de Bourgongne, ou appartenant à autre qu'au roy ou à ses capitaines; et à ceste fin pourra mondict seigneur de Bourgongne avoir aucuns de ses gens pour voir charger et emmener ladicte artillerie, appartenant au roy et à sesdicts capitaines : et en recevant ladicte ouverture, obéyssance et délivrance de ladicte vile de Sainct-Quentin pour mondict seigneur de Bourgongne, iceluy seigneur baillera ou délivrera, ou par son commis fera bailler et délivrer ès mains des gens et commis du roy à faire icelle délivrance, ses lettres pour les manans et habitans dudict Sainct-Quertin, de les garder et entretenir en leurs biens, droits et priviléges, et de non les travailler ou molester pour les choses passées ; et aussi main levée de leurs biens immeubles, et de leurs meubles estans en nature, et debtes non receues ou aquitées estans ès païs de mondict seigneur de Bourgongne, et de les traitter ainsi que bon seigneur doit traitter ses bons sugets. *Item*, quant à toutes viles, places et autres choses quelconques dont cy-dessus n'est faicte expresse mention, et sur lesquelles n'est aucunement disposé et ordonné, elles demoureront en tel estat, party et obéyssance, durant et pendant ladicte trève, comme elles sont de présent.

» *Item*, icelle trève et abstinence de guerre, et autres poincts ci-dessus déclarés, le roy et mondict seigneur de Bourgongne, pour eux, leurs hoirs et successeurs, promettront, en bonne foy, en parolle de roy et de prince, par leurs serments donnés aux sainctes Évangiles de Dieu, sur leur honneur, et sous l'obligation de tous leurs biens, païs et seigneuries, avoir et tenir ferme et stable, et icelle garder, entretenir et acomplir, et faire garder, entretenir et acomplir inviolablement, durant ledict temps et en la manière cy-dessus spécifiée et déclarée, sans aler ne faire aucune chose au contraire, directement ou indirectement, sous quelque cause et occasion que ce soit ou puisse estre ; et en seront faictes et passées lettres d'une part et d'autre, en telle forme qu'il appartiendra ; et sera ladicte trève publiée dedans le....... d'une part et d'autre, sauf toutesvoyes et réservé que s'il avenoit (que Dieu ne veuille !) que de la part du roy ladicte vile et bailliage de Sainct-Quentin ne fussent baillés et délivrés à mondict seigneur de Bourgongne dedans le temps dessus déclaré, et les choses contenues ès articles de ce faisans mention, et dont lettres seront faictes et dépeschées, ne fussent acomplies, mondict seigneur de Bourgongne, nonobstant ladicte publication, ne sera tenu (s'il ne luy plaist) de garder et observer ladicte trêve de neuf ans, et les articles contenus en icelles, plus avant qu'au premier jour de may prochain venant, que l'on dira 1476; jusques auquel premier jour de may ladicte trêve néantmoins demourera en sadicte force et vertu.

» Parquoy sçavoir faisons que, pour considération des choses dessus-dictes, et singulièrement en l'honneur de Dieu nostre créateur, auteur et seigneur de paix (lequel seul peut donner victoire aux princes chrestiens, telle qu'il luy plaist), et pour envers luy nous humilier, afin de finir et éviter plus grande effusion de sang humain; et que par les inconvéniens procédans de la guerre ne soyons abdiqués et ostés de la maison de Dieu le Père, exhérédés de la maison du Fils, et perpétuellement aliénés de la grâce du benoist Sainct-Esperit; désirans la seureté, repos et soublèvement du povre peuple, et icelluy relever de la grande désolation, charge et oppression qu'il a soustenue et soustient de jour en jour, à cause de la guerre, en espérant de parvenir à paix finale, comme dit est: nous avons accepté, fermé et conclu, promis et acordé lesdictes trêves, seur estat et abstinence de guerre; et par la teneur de ces présentes, par l'avis et délibération que dessus, faisons, acceptons, promettons, fermons et concluons, et acordons pour nous, nos dicts hoirs et successeurs, et avons promis et juré, promettons et jurons, en parolle de prince, par la foy et serment de nostre corps, sur la foy et la loy que nous croyons de Dieu nostre créateur, et que nous avons receu au sainct sacrement de baptesme, aussi par le sainct canon de la messe, sur les sainctes Évangiles de Nostre-Seigneur, sur le fust de la vraye et précieuse croix de nostre sauveur Jésus-Christ (lesquels, canon, Évangiles et saincte croix, nous avons manuellement touchés pour ceste cause), d'icelles trêves, et toutes choses contenues esdicts articles, et chacune d'icelles, particulièrement et spécialement les choses que nous devons faire de nostre part, ainsi qu'elles sont contenues èsdicts articles, garder, tenir et observer de poinct en poinct bien et loyalement, tout selon la forme et teneur desdicts articles, sans rien en laisser ne faire ne dire au contraire, ne quérir quelque moyen, couleur ou excusation pour y venir, ne pour en rien pervertir, ne faire quelque mutation des choses dessus-dictes; et s'aucune chose estoit faicte, attentée ou innovée au contraire par nos chefs-de-guerre, ou autres nos sugets et serviteurs, de la faire réparer, et des transgresseurs ou infracteurs faire telle punition que le cas le requerra, et en telle manière que ce sera exemple à tous autres. Et à toutes les choses dessus-dictes nous sommes submis et obligés, submettons et obligeons, par l'hypothecque et obligation de tous et chacuns nos biens présens et à venir, quelconques, sur nostre honneur, et sur peine d'estre perpétuellement déshonnorés, reprochés et vitupérés en tous lieux. Et avec ce avons promis et juré, promettons et jurons, par tous les sermens dessus-dicts, de jamais n'avoir ne pourchacer, de nostre sainct-père le pape, de concile, légat, pénitentier, archevesque, évesque, n'autre prélat, ou personne quelconque, dispensation, absolution ne relèvement de toutes les chosses dessus-dictes, ne d'aucunes d'icelles; et quelque dispensation, qui en seroit donnée ou obtenue par nous ou par autres, sous quelque cause, couleur ou excuration que ce soit, nous y renonçons dès-à-présent pour lors, et voulons qu'elle soit nulle, et de nulle valeur n'effect, et qu'elle ne nous soit ne puisse estre valable ne profitable, et que jamais nous ne nous en puissions aider, en quelque manière que ce soit ou puisse estre. Et pour ce que de ces dictes présentes l'on porra avoir à faire et à besongner en divers lieux, nous voulons qu'au *vidimus* d'icelle, faict et signé par l'un des notaires ou secrétaires du roy, ou de l'un de nos secrétaires, ou sous sceaux royaux ou autres autentiques, foy soit adjoustée, comme à ce présent original; et à fin que ce soit ferme et stable, nous avons signé ces présentes de nostre main, et sceelées ou fait sceler de nostre séel, donné au chastel de Souleuvre, le treiziéme jour de septembre l'an de grâce 1475. Ainsi signé CHARLES; et, du secrétaire, par monsieur le duc, I. GROS.

» Collation faicte à la copie, collationnée et signée I. GROS. »

CHAPITRE VIII.

Comment le duc Charles de Bourgongne se saisit de madame de Savoye et d'un sien fils; et comment il fut déconfit et tué devant la vile de Nancy en Lorraine.

Après que le duc de Bourgongne eut esté la deuxième fois déconfit des Suisses devant Morat, luy, cuidant conduire son faict cauteleusement, fit une emprise pour prendre madame de Savoye et ses enfans, et les mener en Bourgongne; et moy estant à Genève, il me manda, sur ma teste, que je prisse madame de Savoye et ses enfans, et que je les luy amenasse; car ce jour madicte dame de Savoye revenoit à Genève. Or, pour obéir à mon prince et mon maistre, je fis ce qu'il me commanda, contre mon cueur; et pris madame de Savoye et ses enfans, au plus près de la porte de Genève. Mais le duc de Savoye me fut dérobé (car il estoit bien deux heures en la nuict), et ce par le moyen d'aucuns de nostre compaignie, qui estoyent sugets du duc de Savoye; et certes ils ne firent que le devoir; et ce que j'en fis, je le fis pour sauver ma vie; car le duc mon maistre estoit tel, qu'il vouloit que l'on fist ce qu'il commandoit, sur peine de perdre la teste. Ainsi je me mis en chemin, et portoye madame de Savoye derrière moy; et la suyvirent ses deux filles, et deux ou trois autres de ses damoiselles; et prismes le chemin de la montaigne, pour tirer à Sainct-Claude. J'estoye bien asseuré du second fils, et le faisoye porter par un gentilhomme, et cuidoye estre bien asseuré du duc de Savoye; mais il m'avoit esté dérobé, comme j'ay dit; et si tost que nous fusmes élongnés, les gens de la duchesse, et nommément le seigneur de Manton, firent aporter torches et falots, et emmenèrent le duc de Savoye à Genève; dont ils eurent grande joye. Et je, atout madame de Savoye et le petit fils (qui n'estoit pas le duc), passasmes la montaigne à la noire nuict, et vinsmes à un lieu que l'on appelle My-Jou, et de là à Sainct-Claude. Et devez sçavoir que le duc fit très-mauvaise chère à toute la compaignie, et principalement à moy; et fus en danger de ma vie, pour ce que je n'avoye point amené le duc de Savoye.

Si s'en ala le duc à Morat, et de là à Salins, sans me rien dire ne commander. Toutesfois je menay madame de Savoye après luy, qui ordonna qu'on l'amenast au chasteau de Rochefort; et de là fut menée à Rouyre, en la duché de Bourgongne. Ne depuis je ne me meslay d'elle, ne de ses affaires; et fut pratiqué, devers le roy de France, d'envoyer quérir sa sœur. Ce qu'il fit; et y envoya deux cens lances, qui eurent entendement au chasteau; et par ce moyen fut la duchesse de Savoye recousse de la main de monsieur de Bourgongne.

Au temps dessusdict, le comte de Warvick contraindit le roy Edouard d'Angleterre de partir hors du royaume, et vint descendre en Zéelande, où le duc de Bourgongne l'ala voir, et le réconforta de ses biens le mieux qu'il peut, comme l'un frère doit faire l'autre, en tel cas; et aussi y descendit le duc d'Yorck son frère, et fut le roy d'Angleterre grandement festeyé par messire Loys de Bruges, seigneur de la Gruthuse; et depuis luy donna le roy d'Angleterre une comté, et luy fit des biens largement. Le roy Edouard estoit moult aimé en Angleterre; et, conclusion, il retourna en son royaume, et en chacea le comte de Warvick; et ainsi je rens compte, par ce présent volume, de moult de choses avenues en six ou en huict ans par avant. Ainsi, et par la manière dessusdicte, se fit la paix entre le roy de France et le duc, qui donna moult-grand joye à tous leurs païs.

Alors le duc, averty du siége de Nancy, se hasta, à toute diligence, pour venir au secours de ses gens; et vint faire un logis ès fauxbourgs de la vile de Tou, et fut averty que ses gens, qui estoyent à Nancy, avoyent rendu la vile ès mains du duc Regné; et fut par les Anglois (qui estoyent les plus forts dedans Nancy), qui contraindirent messire Jehan de Rubempré à rendre ladicte vile; et estoit mort nouvellement un gentil compaignon anglois, nommé Jehannin Collepin; et tant qu'il vescut, il tint les Anglois ses compaignons en telle discipline qu'ils n'eussent jamais rendu ladicte vile, ne tenu les termes qu'ils tindrent audict messire Jehan de Rubempré; et en ce temps revint le comte de Campobasse des marches de Flandres, et le comte de Chimay, qui amena les fiefs de Flandres, et estoyent desjà une grosse bande; et le duc de Bourgongne retourna avecques eux, et revint mettre le siége devant

Nancy; et commença la bature des gros engins de toutes pars; ne demoura guères que le comte de Campobasse se partit du duc bien mal content, pour certains deniers que le comte disoit que le duc luy devoit. Soit vray ou non, il abandonna le duc, et fit son traité secrettement avecques le duc de Lorraine (ce que le duc de Bourgongne ne vouloit croire); et le duc de Lorraine pratiquoit les Suisses, pour les faire venir devant Nancy; et le roy secrettement fournissoit argent au duc de Lorraine, désirant que l'on fist au duc de Bourgongne ce que luy-mesme n'osoit entreprendre; et tant fit le duc de Lorraine, qu'il amena les Suisses bien douze mille combatans, et le duc de Bourgongne leur ala au-devant; et prens, sur ma conscience, qu'il n'avoit pas deux mille combatans; et estoit le duc mal party; et assemblèrent les deux puissances. Mais les gens du duc de Bourgongne ne tindrent point, ains s'enfuirent, et se sauva qui mieux mieux, et ainsi perdit le duc de Bourgongne la troisième bataille, et fut en sa personne rateint, tué et occis de coups de masse [1]. Aucuns ont voulu dire que le duc ne mourut pas à celle journée; mais si fit, et fut le comte de Chimay pris et mené en Alemaigne; et le duc demoura mort au champ de la bataille, et estendu comme le plus pauvre homme du monde; et je fus pris, la Mouche de Vère, messire Anthoine d'Oiselet, Jehan de Montfort, et autres, et fusmes menés en la vile de Fou en Barrois; et fut celle journée par un grand froid merveilleusement; et pouvez bien entendre que quand nous fusmes avertis de la mort de nostre maistre, nous fusmes bien déconfortés; car nous avions perdu en celuy jour honneur, chevance, et espérance de ressourse. Toutesfois il faut faire du mieux que l'on peut, quand l'on est en nécessité.

Si fismes avec nos ennemis, pour nos rançons, le mieux que nous peusmes; et je demouray pleige pour tous les autres, lesquels s'en alèrent au païs faire leur finance: et tant fis, que je finay la finance dont j'avoye respondu; et, de moy, je demouray prisonnier toute la quaresme, et jusques environ Pasques, que ma finance fut trouvée, qui me cousta bien quatre mille escus; et avoye à faire à gentils compaignons de guerre, qui me tindrent ce qu'ils m'avoyent promis; c'est qu'ils ne me revendirent point, et n'eus à faire qu'à un homme, nommé Jehannot le Basque, duquel je me loue, et de sa bonne compaignie. Mon argent trouvé, mes maistres me menèrent jusques à une vile qu'on appelle Yguis, et là me délivrèrent et quitèrent de toutes choses; et en celle vile d'Yguis j'avoye bien cent chevaux de la garde (dont j'estoye capitaine), qui attendoyent mon rétour de prison; et après avoir demouré trois jours à Yguis, je m'en partys, et m'en retournay en Flandres, devers madame Marie de Bourgongne ma princesse, qui me receut de sa grâce humainement.

CHAPITRE IX.

Comment madame Marie, fille et seule héritière du feu duc Charles de Bourgongne, fut mariée à l'archeduc Maximilian d'Austriche; et des guerres qu'ils eurent avec le roy Louis de France, onzième de ce nom.

En ce temps, les Gandois tenoyent prisonniers messire Guillaume Hugonet, chancelier, et le seigneur d'Imbercourt; et quelque requeste ou prière que leur sceust faire madicte dame pour eux, combien qu'elle fust leur princesse, ils firent iceux deux mourir, et décapitèrent sur le marché de Gand; et au regard de moy, je ne fus pas conseillé de me bouter en leurs mains et demouray à Malines avecques madame la grande [1], qui me traitta humainement; et me tint tousjours compaignie un sommelier de corps du duc Charles, nommé Henry de Vers; et ainsi je dissimulay le temps jusques après Pasques.

En ce temps, le duc Louis de Bavière et l'évesque de Mets (qui estoit de Bade), par charge l'Empereur vindrent devers madame Marie, et pratiquèrent le mariage de monsieur Maximilian d'Austriche, fils de l'empereur, et de madame Marie de Bourgongne; et à la vérité ils avoyent bien couleur de poursuivre ledict mariage; car monsieur le duc Charles, en son vivant, désira qu'iceluy mariage se fist. D'autre part, Madame estoit requise du roy d'Angleterre pour monsieur d'Escalles, frère de la royne; et faisoit le roy de grandes offres, et le roy de France vouloit avoir madicte dame pour monsieur le dauphin, Monsieur de Clèves la vouloit avoir pour son fils, et monsieur de

---

[1] Le 5 janvier 1477, nouveau.

[1] La duchesse douairière.

Ravestain pour le sien; et ainsi estoit madicte dame pressée de toutes pars; et à un conseil qui fut tenu, fut dict à madicte dame qu'elle feroit bien de déclairer son vouloir, et lequel d'iceux maris elle vouloit avoir; et elle respondit froidement : « J'entens que monsieur » mon père (à qui Dieu pardoint) consentit et » accorda le mariage du fils de l'empereur et de » moi, et ne suis point délibérée d'avoir d'autre » que le fils de l'empereur. » Et par celle seconde raison, les deux ambassadeurs dessusdicts avoyent bien cause de poursuyvre Madame; et, à la vérité, madame la grande tint fort la main au fils de l'empereur, et au mariage d'eux deux; lequel, averty, descendit le Rin; et je m'en alay avecques le seigneur du Fay et le seigneur d'Irlain; et furent mes aproches tellement faictes, que je fus retenu grand et premier maistre d'hostel du fils de l'empereur, lequel vint à Coulongne, et de là se tira à Gand, où il fut honorablement receu, et à grand triomphe; et le soir, après souper, monsieur Maximilian, archeduc d'Austriche, vint veoir madamoiselle Marie de Bourgongne; et à l'aborder fut si grand foulle et si grande presse, qu'on ne sçavoit où se sauver.

Se vindrent en la chambre de parade, et là fut parlé du mariage, et ne fut pas ce propos longuement tenu; car tantost l'on fit venir un évesque, qui les fiança tous deux, et prirent jour, au lendemain, de faire les noces; et lendemain au matin fut amenée Madame, nostre princesse, par deux chevaliers ses sugets (à sçavoir le comte de Chimay et le seigneur de la Gruthuse), et devant elle (qui portoyent les cierges) estoyent Min Joncker de Gueldres, et madamoiselle de Gueldres sa sœur, qui estoyent lors deux beaux jeunes enfans; et fut toute la pompe qui fut faicte à marier le fils de l'empereur à la plus grande héritière du monde; et ainsi se passèrent icelles noces, et n'y eut autre chose faicte pour celuy jour.

Après la mort du duc de Bourgongne, le roy Louis (qui avoit juré la trève de neuf ans) n'en tint rien, mais assembla grosse armée, et prit des seigneuries et des biens de madame Marie de Bourgongne, héritière, ce qu'il en pouvoit prendre et avoir. Il prit la duché et comté de Bourgongne, les comtés de Mascon, de Charolois et d'Auxerre, et tout se mit en sa sugettion. Il prit la comté d'Artois, et mesmement Arras; et luy changea son nom, en l'appelant Franchise. Il gaigna des principaux du conseil de la duchesse, et fit d'iceux païs comme des siens propres, et marcha jusques devant Sainct-Omer; mais le seigneur de Chanteraine, accompaigné des gens de l'hostel du duc Charles et autres, entra dedans Sainct-Omer, et fit grande résistance à l'encontre des François; et pour ce que la duchesse de Bourgongne n'estoit pas lors bien fournie d'argent, ledict seigneur de Chanteraine fit pour dix ou douze mille escus de monnoye de plomb, et la faisoit courre, et avoit cours parmi Sainct-Omer et à l'environ; et par traitte de temps il rachapta toute icelle mauvaise monnoye, et paya ses créditeurs; qui luy fut grand honneur et grande décharge de conscience.

Quand le roy de France eut demouré assez longuement devant Sainct-Omer, et il veit et congnut qu'il n'y auroit point d'entendement, et que la ville estoit bien gardée, il se délogea, et s'en retourna contre Arras : et, par entendement qu'il eut avecques le seigneur des Cordes, la vile luy fut rendue; et en ce temps monsieur Maximilian d'Austriche, nostre prince, prit cœur et courage, et commença à congnoistre quels gens-d'armes il avait; et, depuis sa venue, je ne trouve point que mondict seigneur ni Madame perdissent aucune chose, par la puissance ou soubtiveté du roy de France; et tantost se tira l'archeduc aux champs, à bonne puissance de gens-d'armes, et vint mettre son camp assez près de Valenciennes, et de là és faux-bourgs de Douay : et pendant ce temps le comte de Chimay, à la requeste du roy de France, se tira devers luy, et pratiquèrent unes trèves brièves; et par ce moyen rendit le roy la vile du Quesnoy, qu'il tenoit en ses mains; auquel estoit le comte de Dammartin et ses neveux, et beaucoup de bons gens-d'armes; qui abandonnèrent le Quesnoy par le commandement du roy; et fut icelle trève bien entretenue, et l'archeduc s'en retourna voir sa femme.

En ce temps, par le moyen de l'évesque de Tournay et de maistre Anthoine Auveron, le roy de France acorda unes trèves pour les laboureurs et séyeurs de blé; et quand le roy de France veit que lesdicts séyeurs estoyent au plus grand nombre, nonobstant la trève, il envoya ses gens-d'armes, et fit prendre tous iceux laboureurs et séyeurs; et en tirèrent les gens-d'armes françois grans deniers et avoir, et oncques depuis le roy de France ne voulut ouïr parler de celle trève ne de celle exécution. L'archeduc d'Austriche se tira en sa vile de Bruges; et là furent mandés ceux qui estoyent demourés des chevaliers de la Toison d'or, qui n'estoyent point grand nombre. Mais l'archeduc fut conseillé de relever ladicte ordre, vaquant par la mort du duc Charles; et estoit commune renommée que le roy Louis vouloit relever ladicte ordre de la Toison d'or, comme duc de Bourgongne; et vouloit dire que par les ducs de Bourgongne estoit celle ordre fondée, et luy sembloit qu'il se fortifieroit pour relever icelle ordre, et que sa conqueste de Bourgongne en vaudroit de mieux. Mais l'archeduc anticipa; et vous déclareray la manière qui fut tenue à relever icelle ordre.

Les chevaliers de l'ordre, venus en leur conclave, trouvèrent en la place du chef (c'est à dire de monsieur le duc Charles) un coussin de velours noir; et sur iceluy avoit un colier de la Toison; et les chevaliers requirent tous à mondict seigneur l'archeduc qu'il vousist iceluy ordre renouveler, et prendre le lieu de monsieur le duc; que Dieu pardoint. Ce qu'il accorda libéralement; et marchèrent pour venir à l'église préparée à ce, par la manière qui s'ensuit. Premièrement marchoyent quatre officiers de la Toison, et après iceux toutes manières d'officiers-d'armes, la cotte d'armes au dos; et les deux principaux menoyent par la bride une blanche haquenée couverte de velours noir; et portoit ladicte haquenée le coussin et le colier dont j'ay premier parlé; et puis venoyent les chevaliers de l'ordre, atout leurs manteaux, deux et deux; et puis venoit monsieur l'archeduc d'Austriche, qui ne portoit point encores l'habillement de la Toison (et estoit ce triomphe bel et piteux à veoir); et vindrent descendre à Nostre-Dame; et y avoit un hourd préparé, et principalement pour seoir les chevaliers; et les chevaliers assis, monsieur de Tournay fit une harangue en latin, par laquelle il donnoit à congnoistre à monsieur l'archeduc que c'estoit celle Toison, et comment il en falloit user; et fit de moult belles remonstrances à mondict seigneur l'archeduc d'Austriche; et pour accomplir le mistère, monsieur de Ravestain fit chevalier monsieur l'archeduc, et puis luy et Toison d'or le menèrent en une chapelle, où ils luy vestirent le manteau de l'ordre, et luy mirent le colier de la toison au col, et puis le ramenèrent à la veue d'un chacun; et lors commença la messe et le service de Dieu; et, la messe achevée, s'en retournèrent comme ils estoyent venus, excepté qu'il ne fut plus nouvelle ne de la haquenée ne du coussin; et sur ce point s'en alèrent disner, et tantost furent nouvelles aportées à l'archeduc que le roy de France estoit entré en ses païs, et avoit assiégé la vile de Condé, en laquelle estoit capitaine pour l'archeduc le seigneur de Mingonal, qui ne tint pas la vile longuement, mais la rendit au roy de France.

En celuy jour qu'il avoit relevé la Toison d'or, se partit l'archeduc, acompaigné du comte de Chimay, et rassembla ses gens-d'armes le mieux qu'il peut, et tira contre le roy de France à toute puissance et diligence; et si vivement marcha, que le roy de France fut contrainct de mettre le feu à Condé, et mesme à Mortaigne (qui est l'ancien héritage du roy de France); et se retira le roy à Arras, et l'archeduc d'Austriche le suivit jusques au Pont-à-Vendin; et ainsi l'archeduc reconquit en peu d'heure plus que le roy de France ne luy avoit pris du sien; et monstroit bien que luy, qui n'avoit que dix-neuf ans, avoit courage de prince et d'homme chevaleureux; et marcha contre le Pont-à-Lesaux, et eut tantost des gens-d'armes assez; et y vindrent les Brabançons en grosse puissance; et monsieur de Romont et le bailly de Gand amenèrent les Flamans en grand nombre.

En ce temps, madame l'archeduchesse acoucha à Bruges d'un beau fils, qui est à présent nostre prince, le plus bel, le mieux adextré et adrécé que l'on pourroit nulle part trouver. Dieu le nous veuille garder! Grande joye fut parmy l'ost de la nativité de ce noble enfant; et fut requis monsieur l'archeduc que l'enfant eust nom Philippe, en mémoire des biens et de la tranquillité que les païs eurent du temps du bon duc Philippe, que Dieu pardoint. Le noble enfant fut baptisé à Bruges,

[1478]

et fut monsieur de Ravestain compère, et madame la douagière commère ; et fut porté à Sainct-Donas, par dessus un pont élevé à grand nombre de torches et lumière. Là estoyent madame de Ravestain, madame de la Vère, et si grand nombre de dames et de damoiselles, que c'estoit belle chose à voir. Les nations, tant estrangères que privées, firent de celle nativité grande feste ; et fut l'enfant baptisé solennellement, et eut nom Philippe, comme j'ay dit dessus. Encores vit et règne iceluy Philippe, et est nostre prince ; et Dieu le nous veuille garder !

Or laisserons à parler du faict du baptesme, et retournerons à la conduicte de la guerre et du logis de monsieur l'archeduc, qu'il fit au Pont-à-Lessault. L'archeduc estoit fort accompaigné ; car il avoit Flamans et Brabançons en grand nombre, et si avoit une bonne puissance de ceux de Juilliers, que le duc de Juilliers luy avoit baillés pour ce voyage. Il avoit une bonne escadre de lansquenets ; et se meut un débat entre lesdicts de Juilliers et les lansquenets ; mais l'archeduc les appaisa, et ne fut pas sans grand peine. Ainsi fut longuement nostre prince attendant la bataille ; car le roy de France estoit à Arras, à grosse puissance de gens avecques luy, et faisoit le roy pratiquer une trève de dix mois ; laquelle, après plusieurs journées tenues, luy fut accordée, en espérance que pendant iceluy temps un bon appointement de paix se trouveroit. Les trèves jurées d'une part et d'autre, l'archeduc s'en retourna à Bruges, et destendit son armée ; et, au relèvement de celle noble princesse, furent faictes joustes, tournois, banquets, dances et carolles, et toutes manières de bonne chère ; et se retirèrent l'archeduc et l'archeduchesse à Gand ; et certains jours après, ils firent venir l'enfant au maillolet, et ès mains de sa nourrice ; et devez croire que l'on luy fit bonne chère, et principalement madame sa mère ; et de Gand tirèrent à Brucelles, et l'archeduc sollicita de ses affaires ; car il voyoit la trève faillir, et estoit besoin qu'il pourveust à son faict.

En ce temps, sous le port et faveur du prince d'Orange, les Bourgongnons mirent les François hors de la comté de Bourgongne ; mais le roy de France fut diligent et bien servi ; et si tost que la trève fut passée, il reconquit la comté sur les Bourgongnons ; et disoit on que c'estoit le seigneur d'Arban, qui avoit vendu au roy le chasteau de Jou quatorze mille escus (lequel chastel madame Marie luy avoit baillé en garde), et que par celle entrée la comté de Bourgongne fut légèrement par les François reconquise ; et sur la fin d'icelles trèves, le roy de France fit ses apprestes, de son costé, pour courre sus à l'archeduc ; et l'archeduc faisoit semblablement ses aprestes pour courre sus au roy ; et tira l'archeduc à l'Isle, et de là au Pont-à-Vendin ; et estoit fort acompaigné de Flamans, et plus que je n'en veys onques ensemble ; et certes le bailly de Gand, messire Jehan, seigneur d'Adizelle, les tenoit en bon ordre et en grande crainte, et estoit fort aimé en Flandre. L'archeduc avoit une bonne bande d'Alemans, lansquenets, et bonne et grosse armée des nobles hommes de ses païs ; et le roy envoya au Pont-à-Vendin, devers luy, monsieur de Courton, neveu du comte de Dammartin, et un escuyer de sa chambre nommé Brandely de Champaigne ; et tendoit à fin de ralonger lesdictes trèves ; mais l'archeduc n'y vouloit entendre ; et se partit ledict seigneur de Courton, sans rien faire pour celle fois ; et je fus envoyé devers le roy pour luy parler de ceste matière, en luy persuadant et requérant qu'ils se pussent voir eux deux, et qu'ils acorderoyent bien ensemble. Mais le roy de France s'excusa, et à ceste veue ne voulut poinct entendre ; parquoy l'archeduc passa le Pont-à-Vendin, et luy et son armée, à moult belle ordonnance, et vint prendre camp, et se mettre en bataille demie lieue outre le Pont-à-Vendin ; dont le roy de France fut moult mal content, car il n'avait voulonté de combatre ; et tant pratiqua le roy, que trèves nouvelles furent acordées et jurées d'une part et d'autre ; et l'archeduc repassa le pont, et donna congé à toutes manières de gens-d'armes, et s'ala festeyer à l'Isle, à son privé estat.

CHAPITRE X.

De la nativité de madame Marguerite d'Austriche ; et du mariage d'icelle avec le dauphin Charles ; de la mort du roy Louis onzième ; et d'autres particularités.

En ce temps, madame l'archeduchesse estant à Brucelles, s'accoucha d'une fille ; dont madame la grande fut commère; et fut celle fille Marguerite, qui depuis deust estre royne de France, et dont on luy fit tort; et fut celle mesme Marguerite qui espousa le prince de Castille; mais il ne vescut guères, combien qu'il laissa madicte dame grosse d'un fils qui ne vescut pas longuement. Et pour donner à entendre ce qui advint entre le roy Charles et madicte dame Marguerite, combien qu'ils fussent fiancés et espousés, la consommation du mariage estoit à parfaire; et en ce temps la guerre estoit grande entre France et Bretaigne, et avoit le roy des Rommains, par procureur (qui fut messire Wolfart de Polhem, beau chevalier, et homme de vertus), fait espouser la duchesse, héritière de Bretaigne; et le roy de France luy faisoit guerre de toutes parts; et croy bien que le roy des Rommains ne fit pas si grande diligence à ayder et secourir la duchesse de Bretaigne comme il devoit; et, durant ce temps, le prince d'Orange, amy des François et des Bretons, se mit en pratique, et tellement pratiqua, que le roy de France fut content d'espouser la duchesse de Bretaigne; comme la duchesse n'y mit pas grand contredict, et remonstra au roy que s'il avoit celle duché de Bretaigne adjoincte à son royaume, il pouvoit bien dire qu'il avoit faict une grande et riche conqueste; et à la duchesse remonstroit à part que si elle estoit royne de France, elle seroit la plus grande princesse du monde. Et ainsi furent acordés; et vint le roy Charles à Nantes, fort acompaigné de nobles hommes et de beaux gens-d'armes, et prestement furent fiancés et espousés; et celle nuict couchèrent ensemble; dont ledict de Polhem (qui se veit abusé) fut merveilleusement troublé, ne jamais ne voulut aler ne se trouver en l'hostel du roy ne de la duchesse de Bretaigne; et assez tost après vint le roy où estoit madame Marguerite, pour prendre congé d'elle. Et ainsi fut la départie du roy de France, et de celle qu'il avoit le premier prise; et ne fut pas sans pleurs ne sans larmes d'un costé et d'autre; et de ce fut le roy des Rommains bien tost averty, par un gentil-homme maistre d'hostel de madicte dame Marguerite, nommé le Veau de Besonton, qui loyalement se porta en ceste besongne. Mais j'ay tousjours ouy dire que contre fort et contre faux ne valent ne lettres ne seaux; et ne fait pas à douter que le mariage de monsieur le dauphin et de madame Marguerite d'Austriche fut bien dicté et bien séélé, et que par la raison de droit on n'y pouvoit rien changer ne muer; mais les forts (c'est-à-dire la puissance du roy de France) et les faux hommes de son conseil tournèrent ceste raison en mésus de justice; et ce fut faict pour le mariage de Bretaigne, comme dict est; et madame Marguerite d'Austriche, qui avoit esté tenue neuf ans pour devoir estre royne de France, sans l'avoir desservi fut expulsée du mariage où elle avoit esté donnée; et tantost après monsieur l'archeduc son frère envoya le comte Anglebert de Nassau, pour pratiquer que sa sœur luy fust rendue. Ce qu'il obtint à grand'peine.

Toutesfois les François voyans que ce leur estoit plus de honte que d'honneur de tenir ceste noble princesse, la rendirent à mondict seigneur de Nassau; et la fit le roy honnorablement acompaigner, et la remener à son frère, qui la receut de bonne affection et voulonté. Et luy ala l'archeduc et la noblesse audevant, bien une lieue; et descendirent tous deux à terre, pour eux bien viengner; et faisoit l'archeduc à sa sœur tout tel et aussi grand honneur que s'elle eust esté royne de France; et ainsi fut amenée à Malines, et receue à grand'joye; et l'acompaignoit madame de Ravestain, fille du comte Louis de Sainct-Pol, et d'une fille de Savoye.

En ce temps, les Gandois faisoyent pratiquer d'avoir les enfans en leurs mains, et s'adrécèrent, pour mener leur pratique, à aucuns d'entour le prince; et tant pratiquèrent, qu'il fut ordonné que chacun païs auroit les enfans en leurs mains chacun quatre mois; et furent menés les nobles enfans à Gand pour les quatre premiers mois. Mais quand on les demanda aux Gandois pour les mener en Brabant, ils furent refusans, et dirent qu'ils avoyent privilège de gouverner les enfans du prince en leur jeunesse. Et y avoit à Gand un nommé Guillaume Rin, qui les mettoit tous à quérir des choses déraisonnables; et ainsi furent lesdits enfans refusés par ceux de Gand; et en ce temps madame l'archeduchesse acoucha, en la ville de Bruxelles, d'un fils, lequel le duc de Bretaigne fit tenir sur les fons par monsieur le comte de Chimay, et l'autre compère fut le cardinal de Clugny; et fut baptisé solemnellement à Saincte-Goulle, et eut nom François, pour le duc de Bretaigne; mais il ne vescut guères, et mourut à l'âge de quatre mois; et est enterré à Cambergne, devant le grand autel.

En ce temps, maistre Jehan Du Fay s'acointa des François, et pratiquèrent le mariage de monsieur le dauphin, fils du roy Louis, avec madame Marguerite d'Austriche, fille du duc d'Austriche, et se firent forts les états des païs d'iceluy mariage, en intention d'avoir paix; et, conclusion, celle nostre princesse, environ l'âge de cinq ans, fut amenée à Hédin, où madame de Beaujeu la receut comme dauphine; et toutes choses pourparlées, le seigneur des Cordes fit acompaigner madicte dame, et mener à Amboise, et luy fut baillée pour dame d'honneur madame Du Secret, qui moult bien s'en acquitta; et nourrit madicte dame en toute bonté et vertu; et n'amena avecques elle que la femme du Veau de Bousanton, qui estoit sa nourrice, et ledict Veau et son frère, avecques peu de gens de nostre nation. Et certes, pour dire la vérité, le roy Louis fit bien traitter et honnorablement madame Marguerite; et tant qu'elle fut en France, elle fut bien et honnorablement traittée, et jusques à ce que le roy Charles la laissa pour une autre, comme j'ay dit dessus.

En ce temps mourut le roy Louis, et fut roy Charles son fils; et assembla l'archeduc son conseil, pour sçavoir qu'il estoit de faire; et fut en la vile d'Utrecht, et trouva par conseil que prestement il devoit envoyer devers le roy Charles un ambassade chargé de toutes bonnes et gracieuses parolles; et fut ordonné que je feroye ce message, et tant alay que je trouvay le roy à Bogency. Là estoit monsieur de Bourbon, connestable de France; monsieur d'Orléans, monsieur de Beaujeu, et madame de Beaujeu, sœur du roy, laquelle gouvernoit tout le royaume. Le roy, de sa grâce, me bailla bonne audience; et n'arrestay guères, que je ne fusse dépesché pour retourner devers l'archeduc mon maistre. En ce temps monsieur d'Orléans, par congé du roy, fit son entrée en sa cité d'Orléans, où je me trouvay; et certes l'entrée fut belle et honneste, et y estoyent, pour l'acompaigner, la plus part des gens de bien de France; et celle entrée passée, je prys congé, et m'en retournay devers l'archeduc mon maistre, lequel s'en revenoit à Malines.

CHAPITRE XI.

Comment l'archeduc Maximilian d'Austriche fit guerre aux Gandois pour retirer Philippe son fils, comte de Flandres, hors de leur gouvernement.

Or reviendrons aux Gandois, qui firent grande feste de ce qu'ils avoyent le jeune prince en leurs mains; et tantost trouvèrent assez d'adhérens à leur voulonté, tant pour ce qu'ils payoyent bien et largement (car les deniers venoyent du peuple, et ne leur coustoyent rien), comme pour ce que ledict Guillaume Rin leur preschoit et leur donnoit à entendre (à sçavoir au peuple) que ce qu'ils faisoyent estoit pour le bien et utilité du jeune prince, et que tousjours vouloyent demourer ses loyaux sujets; et disoyent que l'archeduc le père ne vouloit avoir gouvernement du païs ne du fils, sinon pour porter les grans deniers des païs de pardeçà en Alemaigne. Et ainsi abusoit les gens et le peuple; et au regard des adhérens, ils eurent le comte de Romont, fils de Savoye; le seigneur de Ravestain, le seigneur de Beure, fils du bastard de Bourgongne; le seigneur de La Gruthuse, le seigneur de Treisignies, le seigneur de Raceguyen, le bailly de Gand, le seigneur d'Adiselle, et moult d'autres. Et ainsi monsieur l'archeduc, notre prince, ressembla sainct Eustace, à qui un loup ravit son fils, et un lyon sa fille; et par ce moyen s'aigrit la guerre de toutes parts; et ne veuil point parler des menues choses avenues en icelle guerre (car ce ne sont que meurdres, et rançonnemens de gens); mais parleray des grandes choses qui avindrent en celuy temps et durant celle guerre; et commencerons à la prise de Termonde, faicte par l'archeduc sur les Gandois.

En ce temps l'archeduc nostre prince (qui avoit bon vouloir de se venger de ceux de Gand) conceut secrètement comment il pourroit prendre Termonde, et fit son assemblée de gens d'armes en la ville de Malines; et estoit acompaigné de messire Jehan de Bergues, de messire Baudoin de Launoy, et du seigneur de Chanteraine. Et pour conduire son faict plus subtilement, avec un peu d'entendement qu'il avoit en aucuns de la vile de Termonde, mit sus une douzaine de compaignons de guerre, dont Jaques de Fouquesolles estoit le chef; et habilla les uns en moynes noirs, et les autres en moynes blancs, les autres en religieuses noires, et les autres en religieuses blanches; et fit d'iceux religieux et religieuses deux chariots, et les envoya contre Termonde, pour aborder à la porte sur le poinct du jour; car ceux qui avoyent entendement avec l'archeduc devoyent avoir la garde de la porte à icelle heure. Si se partit l'archeduc, à tout ses gens-d'armes à cheval, bien matin, et ala mettre une grosse embusche assez près de Termonde, en un lieu qu'on dit La Maladrie; en laquelle embusche il estoit luy-mesme en personne. Il avoit ses signes entre les moynes et nonnains, et luy et son faict très-bien ordonné ; et quand vint à la porte ouvrir, les deux chariots de moynes et nonnains entrèrent en la porte, et firent signe à l'archeduc, lequel luy et sa compaignie, à course de cheval, ala vers la porte de Termonde, et trouva que ledict Jaques de Fouquesolles et ses gens estoyent à pié, les vouges et les battons au poing, et avoit gaigné la porte; et tantost les gens-de-cheval entrèrent dedans, et tirèrent tout droit jusques au marché; et, à gaigner iceluy marché, fut tué l'un des fils du comte de Sorne, dont ce fut dommage, car il estoit bel et bon gentilhomme. Si ordonna l'archeduc gens-de-bien, pour aler par les rues et assurer le peuple; et par ce moyen chacun rentra en sa maison, et le lendemain il ne sembloit pas que la vile eust eu affaire n'effroy ; mais estoit toute rapaisée, sans pillage n'autre meurdre; et demoura l'archeduc à Termonde assez longuement; et pour la seureté et gouvernement d'icelle bonne vile, il y ordonna capitaine messire Jehan, seigneur de Melun, qui s'y conduisit notablement; et s'en retourna l'archeduc à Bruxelles.

En ce temps, monsieur de Romont (qui estoit lors capitaine de Gand et de Flandres pour les Gandois) fit une assemblée de Flamans, et principalement Gandois; et se mit aux champs, et marcha jusques à Assèle, où il se logea, et y demoura certains jours; et monsieur l'archeduc, désirant de le combatre, voulut assembler gens pour luy courre sus. Mais ceux de Bruxelles ne voulurent point que l'on fist guerre de la vile de Bruxelles contre ceux de Gand, et ainsi ne peut l'archeduc pour celle fois rien exécuter ; mais il fit practiquer le peuple de la vile de Bruxelles, et par un matin le fit venir sur le marché en grand nombre; et luy-mesme ala en l'hostel de la vile, et demanda aux gouverneurs s'ils entendoyent point qu'il se deust deffendre de ses ennemis par la vile de Bruxelles. Ils furent un peu longs en response, et l'archeduc leur dit : « Le peuple est assemblé » pour me donner aide; et (qu'il soit vray) ve- » nez avecques moy, et nous sçaurons d'eux » leur volonté. »

Les gouverneurs furent tous ébahis, et parlèrent autrement qu'ils n'avoyent fait ; et l'archeduc parla au peuple, qui tous se déclairèrent à faire ce qu'il voudroit et commanderoit ; et celle response ouïe, me dépescha l'archeduc, et à celle propre heure je me partis pour aler practiquer les Hannuyers, pour venir au service de l'archeduc. En ce temps l'archeduc avoit fait practiquer un serviteur de Piètre Métenay, nommé le bastard de Rètane ; et estoit lors capitaine du chasteau d'Audenarde pour les Gandois. Iceluy serviteur estoit lieutenant dudict Piètre audict chasteau, et asseura ledict archeduc de le mettre au chasteau fort et foible ; et pour parfaire et asseurer ceste practique, après que le comte de Romont et ses gens se furent délogés du lieu d'Ask, l'archeduc se partit, et vint à Mons en Hainaut, et éleva les seigneurs et les compaignons de guerre de Hainaut, pour l'acompagner à mener fin à son emprise ; et ne s'en découvrit pas à chacun. Il se mit devant, pour guider les gens-d'armes, et chevaucha la plus part d'icelle nuict ; et prit un si grand tour au tour d'Audenarde, qu'il ne fut point ouy de ceux du guet, et par bonne guide fut mené à l'entrée du chastel d'Audenarde, où il trouva ledict bastard de Rètane, son marchand ; et fut pris dedans Piètre Métenay, couché avec sa femme, lequel ne sçavoit rien de celle emprise.

L'archeduc mit bonne garde audict chasteau ; et à torches et falots, et à grande puissance de gens-d'armes, entra dedans Audenarde environ heure de minuict, et fit dire par les rues et par les maisons que nul ne s'effrayast ne bougeast de sa maison ; et qu'il ne vouloit que bien à ceux de la vile d'Audenarde. Chacun se logea quoyement et sans bruit, et le noble archiduc se logea au Cerf, et tint ses gens-d'armes en telle discipline, qu'il n'y eut ne pillage, bature ne meurdre fait en icelle prise ; et le lendemain furent les eschoppes et bouticques ouvertes, et toute manière de marchandise mise comme par-avant ; et ainsi fut celle vile d'Audenarde prise par le chasteau, et l'archeduc donna la capitainerie dudict chasteau audict bastard de Rétane, pour ce qu'il avoit esté cause qu'il avoit gaigné ladicte vile et le chasteau.

En ce temps le comte de Romont, averty d'icelle prise, assembla une grosse bande de François, de Gandois, et autre manière de Flamans, autant qu'il en pouvoit finer ne trouver ; et vint faire un gros logis entre Ayne et Audenarde, sur la rivière ; et fortifia iceluy logis de tranchis et d'artillerie, tellement qu'il estoit fort à conquérir ; et en ce mesme temps le seigneur des Cordes, fort acompaigné de François, entra à Gand fort et foible, et à son plaisir ; et estoit commune renommée qu'il estoit venu pour emporter au roy de France le jeune archeduc. Fust vray ou non, il ne se hasta point de découvrir son intention ; et durant ce temps une escarmouche fut entre aucuns Gandois et François à l'encontre des gens de l'archeduc ; mais pour ce que lesdicts François ne s'avanturèrent point assez au gré des Gandois leurs compaignons, ils mireut sus ausdicts François qu'ils les vouloyent trahir et laisser meurdrir par les gens de l'archeduc ; et sur ce s'en revindrent en leur ost, et emplirent tantost de ce langage toute la compaignie ; et les Flamans, doutans que ce ne fust vérité, s'élevèrent tous à une flotte, et tous ensemble tirèrent contre Gand ; et quand le seigneur des Cordes (qui estoit à Gand) fut averty de la venue d'iceux Flamans, il monta à cheval, luy et sa compaignie, et se partit, sans dire à Dieu, par une autre porte, et tira à Tournay.

L'archeduc et ses gens firent grande poursuitte pour les atteindre, mais ils ne peurent, et tourna l'archeduc son armée contre Gand, délibéré d'y donner l'assaut ; et s'il eust esté bien obéï, il leur eust faict une terrible venue, car il avait sagement pourgetté son faict. Mais les Flamans firent un alarme à l'autre bout de l'armée, auquel alarme monsieur Philippe de Clèves courut, acompaigné de ses gens, et de grande partie de ceux de monsieur de Nassau, et par ce moyen le noble archeduc faillit à son emprise. L'emprise faillie, l'archeduc s'en retourna à Audenarde, et là les Wallons l'abandonnèrent ; et, à la vérité, ils servirent longuement sans payement. Mais le noble prince ne s'hébahit de rien, et rassembla ce qu'il avoit d'Alemans, où il avoit une bonne bande ; lesquels Alemans il contenta le mieux qu'il peut, et prit une picque dessus son col, comme un piéton, et mena iceux Alemans au païs de Vas, où ils trouvèrent grande paye, et grand butin de bestes à corne ; et de là tira à Anvers, et fit desdictes bestes argent, et en revestit tous les povres compaignons de sa compaignie ; et pendant ce temps il fit venir des navires, et se bouta en mer, et fit grande guerre aux Flamans de ce costé, et mesmes au quartier de Bervillier ; et estoyent les Flamans tous éhabis de la diligence et travail de ce prince, qui espousa la guerre incessamment, maintenant par la mer, maintenant par la terre ; et ne sçavoyent de quel costé eux garder.

En celle saison, Guillaume Rin (qui estoit l'idole et le dieu des Gandois) se tira à Alost pour faire une exécution ; mais ceux de Gand machinoyent desjà contre ledict Guillaume Rin, et luy mettoit on dessus qu'il avoit esté cause de faire venir le seigneur des Cordes à Gand, et les François, qu'il quéroit de prendre et emmener le jeune prince ès mains du roy de France ; et plusieurs austres choses que l'on a acoustumé de trouver sur un homme que l'on veut deffaire. Et principalement luy disoyent qu'il avoit esté cause de rompre certain traitté faict à Termonde pour le bien de la paix, et disoit que ses maistres ne vouloyent pas tenir le traitté ; et ses dicts maistres (c'est à dire ceux de la loy) disoyent qu'ils n'en avoyent onques ouy parler ; et à deffaire Guillaume Rin tint fort la main le seigneur de Ravestain et maistre Jehan Du Fay. Si fust dépesché un mandement, de par ceux de Gand, pour aler prendre ledict Guillaume Rin au corps, et l'amener à Gand : et fut la commission baillée au bastard de Fiévin, bon homme-d'armes, qui bien et diligemment l'exécuta, et amena Guillaume

Rin prisonnier ; et fut son procès faict, et par ce procès condamné à avoir la teste coupée. Ce qui fut faict, et exécuté publiquement sur le marché de Gand. Or pouvez à ce congnoistre quelle seureté on a à servir peuple ; car Guillaume Rin avoit plus grande voix à Gand et plus grand crédit que n'avoit le prince du païs, ne les plus grands de Flandres ; et soudainement changèrent propos, et tous en généralité consentirent à sa mort ; et sur le hourd on luy laissa faire ses remontrances ; mais onques personne ne respondit, et dit ledict Guillaume, sur ces derniers mots : « Ou vous ne me respondez point, ou je suis devenu sourd. » Et sur cela prit la mort en gré, et eut la teste coupée, comme dict est ; et, depuis icelle mort, monsieur l'archeduc eut plus d'entendement, pour le bien du païs et pour la paix, qu'il n'avoit onques eu ; et restoit encores, pour ceux qui tenoyent la vile contre le prince, un nommé Jehan Coppenolle, chaussetier, demourant à Gand, qui n'estoit guères meilleur de condition que Guillaume Rin ; et fut retenu, pour entretenir ces brouillis, maistre-d'hostel du roy de France, à six cens francs de pension par an.

Or est temps que je revienne au faict de Bruges. Les marchands et les notables de la vile se tannèrent de la guerre ; et, à la vérité, ils devenoyent pauvres et souffreteux. Si s'appensèrent de mander monsieur l'archeduc d'Austriche et monsieur de Nassau, pour traitter d'appointement ; et vint monsieur d'Austriche à Bruges, acompaigné de monsieur de Nassau et de grans personnages de son hostel ; et fut receu, par ceux de Bruges, de grand cœur et de toute bonne voulonté ; et en ce temps estoit revenu de France le seigneur de La Gruthuse. Et pour la première exécution qui fut faicte à Bruges, mondict seigneur de Nassau sachant que le seigneur de La Gruthuse estoit en l'hostel de la vile, l'ala prendre en la présence de la loy, et le fit prisonnier du prince ; et luy fut demandé s'il vouloit estre jugé par ceux de l'ordre de la Toison d'or (dont il estoit confrère), ou par ceux de la loy de Bruges ; et il respondit qu'il vouloit estre jugé par ceux de la loi de Bruges. Si fut mené en la maison des prisons de la vile, où il fut prisonnier par certain temps ; et l'an 81, le vendredy des quatre temps, avant Noël, la vile de Bruges murmura de rechef. Et avoit un capitaine nommé Piccanet, qui n'estoit pas bon pour le prince ; et ala en ce temps ledit Piccanet courre par mer, et fut pris des gens de monsieur de Nassau assez près du Dam ; et désiroyent qu'il vinst à Bruges, pour fortifier les bons et rebouter les mauvais. Mondict seigneur de Nassau prit avecques luy le chevalier de Tinteville, monsieur Jehan de Montfort, Philippe Dale, et aucuns autres, et s'en ala à pié du Dam à Bruges ; et courageusement, et en danger, entra à Bruges, où il fut recueilly des plus-gens-de-bien, et se trouva le plus fort en ladicte vile ; et prestement manda monsieur d'Austriche (qui estoit descendu de la mer assez près de là), et fut mondict seigneur d'Austriche le bien-venu en sa vile de Bruges ; et furent toutes choses appaisées, et prestement l'on fit décapiter ledict Piccanet, capitaine de Bruges, et certains autres ses complices ; et de là en-avant fut monsieur d'Austriche et ses gens paisibles et bien-venus en sa vile de Bruges ; et y fit régner justice, et la marchandise. Dont il fut beaucoup mieux aimé, et bien voulu.

CHAPITRE XII.

Comment l'archeduc Maximilian recouvra la vile de Gand, et le comte de Flandres son fils dedans.

Or regardons comme ce bon Dieu meine les choses à son bon plaisir, et comme il fait de la guerre la paix, et de la paix la guerre. Iceluy bon Dieu inspira un grand doyen de Gand qui avoit esté l'année de devant doyen des navieurs, et avait grande puissance en la vile, et se nommoit Matis Paiart. Cestuy Matis voyant le tort que ceux de Gand avoyent de leur prince, de luy tenir son fils contre son gré, la destruction du peuple de Flandres, et les maux qui tous les jours avenoyent, s'acompaigna d'aucuns compaignons de bonne part ; lesquels estoyent serviteurs de monsieur de Ravestain et de sa maison, et ausquels Matis Paiart découvrit son intention, et chacun assembla ses amis et bien-veuillans ; tellement qu'ils se trouvèrent si-bon nombre de gens de bon vouloir, furent maistres de la vile de Gand et crioyent : « Vive Austriche et le jeune prince ! » tellement que nul n'osoit au contraire.

[1485] Coppenolle s'enfuit en France, et demoura la vile de Gand ès mains de gens qui ne demandoyent que la paix, et l'amour de l'archeduc et de leur prince : et prirent en conseil d'envoyer devers l'archeduc, qui estoit à Bruges : et y fut Matis Paiart, et autres des meilleurs de la vile. L'archeduc leur fit bonne chère : et tellement traittèrent que jour fut pris que l'archeduc devoit aler à Gand, fort et foible, et à son plaisir : et luy devoit-on amener son fils au-devant, pour le recevoir ; et quand ce vint au partir de Bruges, il m'envoya querre le seigneur de La Gruthuse en la prison, lequel me fut prestement délivré : et je l'amenay par derrière à l'Hostel-Verd, et trouvay deux gentils-hommes à qui monsieur l'archeduc avoit baillé la charge, avecques aucuns archers, pour garder mondict seigneur de La Gruthuse : et le fey venir après luy, à chariot, jusques à Gand : et le jour venu que l'archeduc devoit faire à Gand son entrée, il assembla son armée (où il pouvoit avoir trois mille combatans, et non plus), et les mit en ordre comme je vous diray. Et quand l'archeduc approcha Gand à une lieue près, le seigneur de Ravestain acompaigna monsieur l'archeduc le jeune, à venir au devant de son père : et estoit fort acompaigné, et monsieur l'archeduc s'arresta emmy les champs, et luy fut amené son fils, dont il eut moult grande joye : car il y avoit jà huit ou neuf ans qu'il ne l'avoit veu. Le fils ne congneut point le père : sinon que quand il aprocha, le père baisa son fils, et alors se prit le fils à larmoyer. Et ainsi chacun se mit au chemin contre Gand ; et messire George des Cornets, seigneur de Meulebeck, alors grand bailly pour ceux de Gand, présenta à mondict seigneur la verge de baillieu : mais mondict seigneur ne la voulut point prendre, et dit qu'il la portast encores, jusques autrement en auroit ordonné. Et ainsi se tira la compaignie contre Gand : et conduisoit monsieur de Nassau les gens-de-pié, et estoit mondict seigneur de Nassau le premier en front comme les autres, la pique sur le col : et d'emprès luy estoit Min Jonker de Gueldres, Philippe monsieur de Ravestain, et le comte de Joingny : et, par ordonnance faicte, ils devoyent toujours marcher cinq ensemble, et après suivoyent barons et chevaliers, et puis les piétons alemans, et estoit une moult belle bande à véoir : car ils estoyent bien deux mille combattans ; et puis venoyent les gens-de-cheval en une grosse flotte, et entre les gens-de-pié et les gens-de-cheval estoyent monsieur l'archeduc, son fils, monsieur de Ravestain, et les autres grans seigneurs et les gens de conseil.

Ainsi entrèrent-ils à Gand sans nul contredict : et fut mené monsieur l'archeduc et monsieur son fils en leur hostel à Gand, lequel ils trouvèrent préparé pour les y loger : et se logea chacun, et mesmement les piétons furent logés ès hostels des bourgeois (qui n'estoit pas au gré de tous) ; et quand vint sur le soir, ceux de Gand se commencèrent à mutinacer, et tous d'une opinion coururent au marché : et les piétons alemans et autres se tirèrent à l'hostel du prince, et monsieur l'archeduc se vint loger en ma chambre (qui estoit sur la porte, devant), et ce fit il pour estre entre ses gens : là tint conseil qu'il estoit de faire, et sembla, pour le mieux, de voir que les Gandois feroyent pour celle nuict : et chacun se tint sur sa garde. Mais le comte de Nassau, acompaigné de Wallons, avoit gaigné le pont, là où on coupe les testes : qui estoit la droite venue des Gandois pour venir contre l'hostel du prince.

Ainsi se passa celle nuict : et, le lendemain matin, l'archeduc, acompaigné des piétons d'Alemaigne, marcha contre l'hostel de la vile, et fit arrester ses gens en ung coing de rue vers la poissonnerie, et ala parler à ceux de la vile, et leur offrit de prestement déloger ce peuple. Mais ils luy prièrent qu'il n'en fist rien, et qu'ils trouveroyent manière que chacun s'en retourneroit en sa maison : et alèrent deux des notables de l'hostel de la vile parler au peuple, et leur remonstrèrent comment le prince ne pouvoit voir ne souffrir iceux assemblés contre luy, et qu'ils mettroyent la vile en grand péril : car s'ils estoyent déconfits, ils estoyent morts, et la vile perdue : et leur conseilloyent d'eux retirer chacun en son hostel, et qu'ils estoyent bien asseurés du prince, et qu'il ne leur demanderoit rien. Ce peuple promit d'eux en retourner en leur maison, priant à l'archeduc qu'il se retirast en la sienne, et retirast ses gens-d'armes. Ce que l'archeduc fit, et ramena tous ses gens en sa maison, et se repent chacun de ce qu'il pouvoit avoir : mais les

Gandois ne bougèrent du marché; et, à la vérité, ils estoyent si effrayés, qu'ils ne sçavoyent qu'ils devoyent faire : car ils estoyent peu de gens mal conduits et mal en point : et le comte de Nassau offroit tousjours de leur courre sus, et de les deffaire : et par ce moyen estoit le prince perpétuellement seigneur et maistre de Gand et de toute Flandres. Mais monsieur Philippe de Clèves favorisoit les Gandois, et disoit à monsieur l'archeduc qu'il ne se pouvoit faire sans détruire Gand : et quand Gand seroit destruite, il perdroit la fleur et la perle de tous ses païs. Et ainsi ne sçavoit l'archeduc que faire, et dissimula jusques à la nuict : et les Gandois se délogèrent du grand marché, pour ce qu'ils estoyent trop peu de gens, et se vindrent loger au petit marché, qui est entre le chasteau et Saincte-Vairle; et fut une fois conclu de les assaillir par derrière, du costé de la coppe, et de rompre les maisons pour passer les gens-d'armes : et ne demandoit monsieur de Nassau autre chose, et persuadoit tousjours que l'on fist celle exécution. Et au regard des Alemans qui estoyent en la court, à l'hostel du prince, ils estoyent en bonne voulonté de bien besongner : et estoit belle chose de voir faire les dévotions, et eux recommander à Dieu, et s'estendoyent tous sur la terre, en baisant icelle : et, en vérité, je veys voulontiers leur manière de faire. Et ainsi vint le noir de la nuict, et ne peut estre monsieur de Nassau creu, au conseil qu'il donnoit : et par celle noire nuict les Gandois se dérobèrent de la compaignie, et se retira chacun en sa maison.

Au poinct du jour, les notables de l'hostel de la vile vindrent à monsieur l'archeduc, et luy remonstrèrent que ce peuple estoit retiré, et qu'il luy pleust avoir pitié d'eux. Ce que l'archeduc acorda : et ordonna à monsieur de Ravestain et à moy de conduire monsieur son fils à Termonde. Ce qui fut faict : et l'archeduc vint convoyer son fils jusques hors de la vile de Gand, et avoit ses gens-d'armes avecques luy : mais ils ne partirent point hors de la vile de Gand; et ainsi fut monsieur le jeune prince tiré de la vile de Gand, et hors de leur pouvoir, et mené en sa vile de Termonde, où il fut reçeu à grande joye : et l'archeduc s'en retourna à Gand, et furent aucuns pris des plus coupables de celle émotion, et furent décapités : et le tout pardonné à Gand, moyennant certaine somme de deniers.

L'archeduc envoya messire Baudoin de Launoy et messire Jehan de Bergues pour mener monsieur l'archeduc son fils à Bruxelles. Ce qui fut faict, et puis l'archeduc vint après, et fut l'armée descendue pour celle fois : et se tira l'archeduc en sa vile d'Utrecht sur Meuse, où il séjourna assez longuement : et là eut nouvelles d'Alemaigne (qui luy furent fort agréables), et se tira en son pays de Brabant, et s'en ala tenir en un petit chasteau qui est à l'abbé de Sainct-Michel d'Anvers, et hors de la vile : et là n'avoit que ceux de son secret conseil, et fit plusieurs lettres en Alemaigne pour gaigner les électeurs et princes du païs, et là fit préparer secrètement les dons et présens qu'il vouloit faire : et à son partement d'Utrecht il ordonna l'évesque de Cambray, l'abbé de Sainct-Bertin et moy, pour demourer audict lieu d'Utrecht, et parlamenter avecques les Liégeois; et y demourasmes bien six mois à peu d'exploit, et à grandes paroles : car messire Guillaume d'Aremberch tenoit la vile de Liége sous sa main, et ainsi y perdismes le temps.

CHAPITRE XIII.

Comment l'archeduc Maximilian d'Austriche fut éleu roy des Rommains; et comment l'empereur Fédéric, son père, le délivra des mains de ceux de Bruges.

Monsieur l'archeduc eut nouvelles d'Alemaigne, et se tira celle part bien acompaigné et bien en point : et ne demoura guères, que nouvelles nous vindrent qu'il avoit esté éleu et sacré roy des Rommains, du vivant et en la présence de l'empereur son père, et du plaisir et voulonté de tous les princes d'Alemaigne. Et devez sçavoir que ce nous fut grand'joye par deçà d'avoir un tel posteau et une telle espaule, qu'un roy des Rommains père de nostre prince : et avoit commandé, avant son partement, que je fusse mis grand et premier maistre-d'hostel de son fils, et par luy fus-je mis avecques son fils, où j'ay demouré jusques à présent : et le roy manda monsieur de Mingonal, et le feit son grand et premier maistre-d'hostel en ses pays de par-deçà, et ainsi nous pourveut tous deux selon son désir : et d'oresen-avant, quand je parleray de luy, je le nommeray roy, comme c'est raison. Grande feste et grand estat tint le roy à Nostre-Dame d'Aix, à son sacre : et puis se retira chacun des princes en son païs, et ne demoura guères que le roy des Rommains vint par-deçà : et luy fut faict l'honneur qui luy appartenoit, et la réception par toutes les viles comme à roy : et luy ala son fils au-devant jusques à Utrecht sur Meuse, et puis s'en reviendrent en Brabant : et, la première chose qu'il fit, il se tira à Louvain : et là fit monsieur l'archeduc son entrée comme duc de Brabant, et mit le père son fils en possession de tous les païs dont il avoit la mambournie ; et s'en vint la royne à Malines, fort acompaignée de dames et de damoiselles, et en grand triomphe : et, pour abréger mon escripture, le roy se tira à Anvers, et d'Anvers à Bruges.

En ce temps courut une voix que le roy vouloit faire passer sa garde par Bruges, en intention de mettre Bruges à sugettion ; et fut bien vray que le roy manda sa garde, pour les faire tirer en d'aucuns lieux où il avoit à faire ; mais il n'avoit pas la voulonté de mettre Bruges en autre sugettion qu'elle estoit. En conclusion, ceux de Bruges avoyent ceste opinion, et principalement le commun ; et commencèrent à estre sur leur garde, et à garder leurs portes ; et contraindirent le roy de s'aler tenir sur le marché, en la maison d'un espicier nommé Crainebourg ; et se mirent sur le marché, en grand nombre ; et Coppenolle (qui estoit en France) revint bien diligemment, et firent un hourd sur ledict marché (que le roy pouvoit bien veoir de sa fenestre), et sur ce hourd, et publiquement, firent gehainer et couper la teste à un bien noble homme, le seigneur de Dugelle, disans qu'il avoit favorisé le prince, à l'encontre d'eux ; et firent abatre la maison de Dugelle, et luy firent tous les dommages qu'ils luy peurent faire ; et assez tost après firent venir messire Pierre Lanchals, un des principaux trésoriers du roy et de monsieur son fils, et le firent gehainer publiquement et décapiter, et non pas eux seulement, mais plusieurs autres.

Mais nous nous tairons à présent de ce, pour parler de la division de ceux de Gand ; et peut on légèrement entendre que Coppenolle réveilla ses amis et ceux de sa secte à Gand ; et légèrement se firent les plus forts, et prirent Mathis Paiart, que le roy avoit fait chevalier, et luy avoit donné une chaisne d'or, et vouloit qu'il fust continué grand doyen de Gand, pour les services qu'il luy avoit faicts ; mais, au contempt du roy, ils prirent ledict messire Mathis, et luy coupèrent la teste, disant qu'il avoit esté cause que le roy avoit reçeu son fils hors de leurs mains, et qu'il ne tint pas à luy que la vile ne fust perdüe et périe, pour ce qu'il fut cause que le roy y entra fort et foible. Encores se vengèrent ils d'aucuns qu'ils hayoyent en ladicte vile, et ceux de Bruges continuèrent en leur erreur et mauvais propos, et firent tousjours au roy de pis en pis ; et se sauvoyent des gens du roy, ceux qui pouvoyent, en habit dissimulé, et autrement ; et, en conclusion, pourchacea tant Coppenolle, que plusieurs des plus grans personnages du roy furent délivrés à ceux de Gand, et menés à Gand ; dont l'un fut le chancelier de Bourgongne, l'abbé de Sainct-Bertin, messire Martin de Polem, messire Wolfart de Polem, le comte Philippe de Nassau, le seigneur de Villarnou, et messire Philippe Loete, et un Alemant, nommé messire Jaspart May.

Ceux furent prisonniers à Gand, et souvent menacés de faire mourir ; et le tout faloit prendre en patience ; et au regard de ceux de Bruges, ils en firent mourir autant qu'ils en peurent atteindre ; et pour monstrer leur mauvaise volonté, ils firent crier que tout homme serviteur du roy des Rommains, qui voudroit partir hors de Bruges, se trouvast, à une heure nommée, sur le vieil marché ; et on leur donneroit passage ; et, pour ce faire, s'assemblèrent un grand tas des plus mauvais garsons de la vile, et trouvèrent sur le vieil marché gens de tous estats, qui cuidoyent partir hors de ladicte vile comme on l'avoit crié. Mais iceux mauvais garsons frapèrent dessus, et en meurdrirent à leur volonté ; et ceux qui peurent échaper nagèrent le fossé. Et voilà la justice et la raison qui en ce temps régnoit à Bruges.

Ceux de Bruges préparèrent l'hostel de maistre Jehan Gros, pour loger le roy. Ils firent faire une cage de gros bois, et toute ferrée de fer, et en celle cage firent tenir le roy, pour leur seureté ; et luy baillèrent maistre d'hostel, pannetier, eschanson et escuyer-tranchant, pour le servir. Ils le traitèrent bien de sa bouche, mais ils le tenoyent en grand regret et sugettion, et en ceste sugettion fut longuement; et pendant ce temps les nouvelles de sa prise et de sa détention coururent en Alemaigne. Et pouvez penser que l'empereur Frédérik d'Austriche, son père, en ses vieux jours receut dures nouvelles que son fils estoit prisonnier de ses sugets et de ceux qui luy avoyent fait foy et serment, comme à père et mambourg de son fils comte de Flandres, leur seigneur et leur prince.

Le vieil empereur se trouva contraint d'amour paternelle, et prit courage, mandant tous les princes de son sang en Alemaigne; et leur déclaira qu'il vouloit, en sa personne, venir pardeçà pour la recouvrance de son fils, pour le mettre en son franc arbitre, et pour le venger de ceux qui contre droit le molestoyent. Et les princes d'Alemaigne se conclurent d'acompaigner l'empereur, et descendre pardeçà, et le firent; et les premiers qui descendirent, ce furent deux ducs de Bavière, à sçavoir le duc Christofle de Bavière, et le duc Wolfkam de Bavière, son frère; lesquels amenèrent environ deux mille combatans. Mais ils ne vindrent pas comme les autres qui vindrent depuis; car c'estoyent deux maisnés de Bavière; et les convenoit payer, ou certes je croy qu'ils se fussent tournés du costé des Flamans. Toutesfois l'on pratiqua tellement, qu'ils furent contentés, et servirent bien; car, pour la crainte de leur venue, ceux de Bruges firent apointement avecques le roy des Rommains pour sa délivrance; et fut cest apointement sur certains points, dont les espéciaux contenoyent que le roy pardonnoit à ceux de Bruges ce qu'ils avoyent fait, sans jamais en rien quereler ne demander. Secondement, ils voulurent que messire Philippe de Clèves demourast pleige pour le roy; et de tous les poincts contenus entre ceux de la vile et le roy, monsieur Philippe s'en faisoit pleige et principal. *Item,* voulurent avoir autres pleiges que le roy, mis en sa pleine délivrance, ratifieroit de nouvel tout l'apointement faict entre eux; et (comme j'ay dit cy-dessus) des menues choses avenues en ceste guerre, je me passe légèrement, pour venir ès grandes choses et ès grans poincts avenus; et commenceray pourquoy n'à quelle cause mondict seigneur Philippe de Clèves se tourna ennemy de roy et de son prince; et le coucheray au plus près de la vérité qu'il me sera possible.

CHAPITRE XIV.

Comment ceux de Bruges et de Gand firent de rechef guerre au roy des Rommains, sous la conduitte de monsieur Philippe de Clèves; et comment cette guerre fut appaisée.

Or fut vray que monseigneur Philippe de Clèves, quand vint à pleiger le roy, requit au roy qu'il ne fist point de guerre, jusques à ce qu'il fust hors de sa pleigerie. Ce que le roy avoit voulonté de faire : mais l'empereur et les princes d'Alemaigne descendirent à val le Rhin, et vindrent à Malines, si courroucés et en si grande malveuillance contre ceux de Bruges et de Gand, qu'il n'estoit pas au roy des Rommains de les démouvoir de faire guerre : et commença la guerre plus forte que devant de tous costés ; et quand monsieur Philippe de Clèves veit que la guerre recommençoit, et que le roy ne luy avoit pas tenu ce qu'il lui avoit promis, il fit son profit de ceste matière, et fit le serment à ceux de Gand et de Bruges, et aussi au roy de France, de servir leur party bien et loyaument : dont il s'acquitta plus qu'il ne devoit, et recommença la guerre de tous costés. Et le roy de France envoya tantost gens à messire Philippe, et luy fit des biens en deniers et autrement, pour l'entretenir en ceste nouvelle guerre et voulonté : et luy disoient les François qui venoyent devers luy, que le roy de France le feroit connestable de France. Et on s'abuse bien sur moindre espérance.

L'empereur et les princes alèrent devant Gand : et quant ils virent la puissance de la vile, ils coururent le païs de Flandres, et principalement ce qu'ils entendoyent qui estoit ennemy du roy des Rommains et de monsieur son fils ; et après avoir demouré certain temps au païs, l'empereur et les princes se délibérèrent d'eux en retourner en Alemaigne, et revindrent à Bruxelles : et certes il y avoit une belle compaignie de princes et de gens-d'armes tant des viles comme autrement, et s'ensuyvent les noms des princes d'Alemaigne qui descendirent en espérance de tirer le roy des Rommains hors de prison : c'est-à-dire l'empereur Frédérik d'Austriche, père du roy des Rommains ; le marquis de Frédérik de Brandebourg, le marquis Simon son frère, le duc de Bronswik, le duc Hoste de Bautere, le duc Christofle de Bavière, le duc de Wolfkam de Bavière son frère, le duc Albert de Sasse et son fils, le duc de Juilliers, le marquis de Bade et son frère, le lantgrave de Hessen, et plusieurs autres comtes, barons, chevaliers et grand peuple : et certes c'estoit une puissante armée, et de gens bien délibérés : et estoyent étoffés d'argent et de vaisselle, et monstroyent bien qu'ils estoyent grans princes, et qu'ils venoyent pour exercer la guerre. Et quand ils eurent présenté la bataille devant Gand et au milieu de Flandres, et qu'ils virent le roy des Rommains hors de prison, ils conclurent d'eux en aler en Alemaigne, et tindrent conseil pour laisser l'un d'eux au gouvernement de monsieur Philippe, archeduc, et de ses païs ; et conclurent de laisser le duc Albert de Sasse pour lieutenant du roy des Rommains : car il faloit que le roy retournast en Alemaigne, tant pour les affaires de l'empire, comme aussi pour certaine guerre particulière que l'empereur et le roy avoyent, et dont je parleray cy-après. Et certes ils ne pouvoyent laisser meilleur lieutenant ne gouverneur par deçà que le duc de Sasse : car il s'y est bien aquité, si loyaument et si honorablement, qu'il en sera tousjours à priser et louer.

Sur ceste ordonnance, l'empereur et les princes d'Alemaigne s'en retournèrent chacun en son païs, et le duc de Sasse se trouva obeï des grans et des petits : et tellement se conduisit, que chacun le doutoit et aimoit ; et au regard de monsieur Philippe de Clèves, il fit la guerre avecques les François et Gandois, et mena de prim-saut son prince, le jeune archeduc, à ce qu'il n'avoit en Brabant n'en Flandres que trois viles qui ne luy fussent contraires : et lesdictes trois viles furent Malines, Anvers et Bosleduc : et certes (puis qu'il en vient à parler) Malines garda le prince songneusement et bien : et (que le prince ne doit jamais oublier) ils firent flotter les eaues autour d'eux, avec gros boulovarts qui gardoyent les passages. Ils firent grand guet et grande garde, et tellement qu'ils rendirent de leur prince bon compte à l'empereur, qui à ceste cause en fit compte, et fit chevaliers messire Philippe Carreman, et autres de ladicte vile, pour ce qu'ils s'estoient si bien conduits au service de son fils, leur prince. Et ainsi se continuoit la guerre de tous costés, et avoit messire Philippe de Clèves un grand avantage : car il avoit le chasteau de l'Escluse, que le roy des Rommains luy avoit baillé, en fiance qu'il le serviroit dudict chasteau ; et il en feit tout le rebours : car par iceluy chasteau il fit bonne et forte guerre au roy et à monsieur son fils, combien qu'il disoit et faisoit publier par tout que ce qu'il faisoit, il le faisoit pour le bien et utilité du jeune archeduc son prince.

En ce temps, monsieur de Sasse fit une assemblée de gens-d'armes et s'en ala contresiéger l'Escluse ; et luy vint en aide, de par le roy d'Angleterre, une bonne bande d'Anglois, et furent longuement devant l'Escluse ; mais peu y profitèrent. Et en cedict temps monsieur de Ravestain, père de messire Philippe, envoya un officier-d'armes, à présent roy-d'armes de Hainaut, et manda audict messire Philippe son fils qu'il se déportast de celle guerre, et qu'il fist apointement avec l'archeduc son prince, et ce dedans certains jours ; et au cas qu'il ne le faisoit, il luy déclairoit qu'il feroit son héritier l'archeduc, et que jamais il n'amenderoit de chose qu'il eust vaillant, et luy mandast pour la dernière fois ce qu'il vouloit qu'il fist. Ledict messire Philippe fit rendre response : mais il pensa sus au dommage qu'il pouvoit avoir de désobéyr à son père : et de là en avant fut plus gracieux en réponse qu'il n'avoit esté. Et le duc de Sasse poursuyvoit sa guerre, et reconquesta Saintron, Tieulemon, Geneppe et plusieurs autres viles et chasteaux. En ce temps, le seigneur des Cordes, acompagné de grand nombre de François, entra au West païs de Flandres, et s'arresta à Nieuport : mais, à l'aide du souverain de Flandres nommé messire Daniel de Morquerke, et de Demis de Morbecke, ladicte vile de Nieuport luy fut si bien deffendue qu'il n'y gaigna rien, et y fut ledict seigneur des Cordes blécé. Par quoy il convint qu'il s'en retournast en son quartier pour se faire guarir. Et ainsi fut le siége levé.

Et en ce mesme temps les Gandois firent une

prise pour cuider gaigner Dixmuyde, et y mirent le siége : auquel siége tirèrent les François qui estoyent devant Nieuport, et plusieurs autres de leur party : et prestement et diligemment Denis de Morbecke et Raouland Le Fèvre, lors recevueur de Flandres, tirèrent à Calais et élevèrent une bonne compaignie d'Anglois et de gens-de-bien, qu'ils amenèrent pour lever le siége : et les acompaignèrent tous les nobles et toute la commune dudict Westpaïs : et se trouvèrent si bon nombre, qu'ils se délibérèrent de combatre ceux qui tenoyent le siége : et à l'aborder eut grande meslée d'archers et traict-à-poudre, et fut tué un chevalier anglois, nommé . . . . . . moult vaillant chevalier, et de bon lieu : et fut la conclusion de la bataille telle, que les François et les Flamans, tenans party contraire, y furent déconfist : et y mourut grand nombre de gens, car les Anglois n'en prenoyent nuls à mercy, pour le déplaisir qu'ils avoyent du bon chevalier qui estoit mort en ceste bataille : et ainsi le roy Henri d'Angleterre permettoit que monsieur le jeune archeduc fust servi de ses gens : et firent les Anglois à mondict seigneur de bons services celle saison. Tant fut parlementé entre le duc de Sasse et messire Philippe de Clèves, qu'apointement y fut trouvé tel qu'il rendroit le chasteau de l'Escluse, et le mettroit ès mains du comte de Nassau, et le roy et monsieur luy pardonneroyent toutes offenses passées, et luy rendroyent sa pension (car sans icelle ne pourroit il vivre). Et ledict messire Philippe renonçoit et quittoit toutes autres aliances, promesses et sermens, pour se rendre bon et loyal suget de mondict seigneur l'archeduc : et pour abréger mon escriture, le traitté fut faict, acompli et accepté d'une part et d'autre : et par ce moyen entra mondict seigneur de Nassau au chasteau de l'Escluse, et la vile luy fit de nouveau serment. Et pour ce que mondict seigneur de Nassau ne se pouvoit arrester ne vaquer au chasteau de l'Escluse, il y commit pour son lieutenant un escuyer bourgongnon nommé Philippe d'Alles, et mit dehors les soudoyers et serviteurs de messire Philippe. Et ainsi fut la paix faicte, et ceux de Gand rançonnèrent les prisonniers qu'ils avoyent : comme le chancelier de Bourgongne, l'abbé de Sainct-Bertin, et les principaux et les plus riches des Alemans, et en tirèrent de grands deniers : et encores fut au bien venir qu'il ne les firent mourir en prison.

En ce temps se mit avecques ceux de Gand un mécanique menant la charrue ; mais bel homme estoit, et eut tantost autorité à Gand. Mais l'autorité ne luy plaisoit guères, comme bien le monstra ; car, entre les commissions qui luy furent baillées, on luy bailla charge, avecques cinq cens hommes, d'aler garder le pont à Dunze ; et luy, qui avoit tousjours une voulonté de quelque bien faire, quand il fut hors de la porte de Gand il parla à ses gens, et leur remonstra qu'on l'envoyoit et eux avecques luy, afin qu'il fust tué, et sa compaignie : car ils n'estoyent pas puissans de faire ce qu'on leur commandoit. Si conclurent d'eux rentrer en la vile, et de tuer tous ceux qui leur voudroyent aucune chose demander ; et rentrèrent en ladicte vile, et le premier qu'ils rencontrèrent fut Coppenolle, qui leur dit assez maistrisamment pourquoy ils ne faisoyent ce qui leur estoit commandé. Et le charruyer (qui estoit grand et puissant) haulsa une hache, et frapa Coppenolle en la teste, et le porta par terre, et là fut assommé des gens dudict charruyer, et en y eut de tués, et les autres s'enfuïrent ; et demoura le charruyer le maistre à Gand pour celle fois. Coppenolle mort, les bons et les sages de la vile de Gand commencèrent à parlementer de paix avecques le prince ; et à quérir ceste paix tenoit fort la main messire Philippe Vilain (qui tenoit le parti des Gandois) ; et fut ladicte paix trouvée par ce moyen en toute Flandres.

Je laisse beaucoup de choses avenues, pour parler seulement des plus grosses matières, et comment elles furent conduittes. Je ne parle point de la mort de monsieur de Ráceguyen, que messire Philippe de Clèves fit tuer en alant en sa maison, pour ce seulement qu'il avoit congnu son cas, et qu'il se délibéroit de tenir le parti du roy des Rommains, et de monsieur son fils. Si soit pris en gré ce que j'ay peu retenir d'icelle guerre, et du débat du roy et de messire Philippe de Clèves ; et si je n'ay tout mis par ordre, au moins ay je dit la vérité, et récité ce qui en est venu à ma congnoissance.

Or ay je devisé grand'partie et le plus beau de ce que j'ay veu de mon temps ; toutesfois, à cause de ma vieillesse, je n'ay peu estre par tout ; si ne me puis je tenir, combien que ce soit contre ce que j'ay dit au commencement de mes Mémoires que je ne parleroye ou escriroye que de ce que j'aye veu de mon temps; et aussi il me seroit bien dur que je n'escrivisse du roy des Rommains ce dont je suis au vray averty, car j'ay veu, dés son commencement, tant de vertu, de sens et de vaillance, que ce me sembleroit grande faute à moy que je ne ramenteusse comment il a poursuivy, qui a tousjours esté de bien en mieux.

CHAPITRE XV.

Briève répétition d'aucuns des précédens faicts de Maximilian d'Austriche, avec nouveau récit de quelques autres siènes gestes.

Ce noble roy Maximilian, archeduc d'Austriche, en l'âge de dix-neuf ans releva l'ordre de la noble Toison d'or (qui estoit morte et périe, par la mort de feu de noble mémoire le duc Charles de Bourgongne, chef d'icelle ordre); et prestement qu'il eut relevé ladicte ordre, pour ce que le roy Louis de France avoit pris à madame Marie plusieurs viles et chasteaux, il prit les armes, et assembla ce qu'il peut de gens, et se tira aux champs à l'encontre du roy de France, et luy présenta la bataille en plusieurs lieux. Il reconquesta le Quesnoy et Condé ; et le roy de France se retira ; et fût contraint de luy-mesme faire bouter le feu à Mortaigne, qui estoit son propre héritage. Et ainsi de celle première rase il recula le roy de France ; et ne sera pas trouvé que, depuis sa venue pardeça, le roy de France gaignast un pié de terre sur luy, ne sur madame son espouse.

Il soustint la guerre contre les Flamans; et, au plus fort d'icelle guerre, il gaigna sur eux Termonde et Audenarde, et leur fit la guerre par mer et par terre; tellement qu'il vint à paix avecques eux, et entra à Gand le plus fort. Ce que je n'ay pas trouvé que comte de Flandres fist jamais. Il contraindit ceux de Gand à luy ramener son fils demie-lieue hors de la vile, et le luy rendre ; lequel fils ils avoyent détenu et le détenoyent, contre le vouloir de son père ; et il le tira de leurs mains, et ramena sondict fils en son païs de Brabant, et par ce moyen fut la paix faicte entre le roy et les Flamans.

Il ala courre devant Tournay, où estoyent les gens-d'armes de France, et leur présenta la bataille devant les barrières dudict Tournay. Il déconfit le seigneur des Cordes et la puissance des François devant Guignegate; et y eut beaucoup de François, archers, et autres gens-d'armes morts et tués. Il gaigna Malaunoy, Sainct-Venant et Waurin, tenant le parti de France; et depuis il gaigna Terouenne; et du costé de ceux de Liége, il soustint contre leur mauvaise voulonté, et gaigna sur eux Tongres et Saintron; et sous luy furent déconfits les gens de messire Guillaume d'Aremberch, et depuis s'appaisa le faict de Liége. Du costé d'Utrecht il gaigna la cité par deux fois en un même siége, et les fit venir à appaisement ; et pour abréger mon escrit, si jeune qu'il estoit, il fit choses dignes de mémoire. Il présenta, au Pont-à-Lessau, et plus avant, outre le Pont-à-Vendin, la bataille au roy de France, qui estoit à Arras, fort accompaigné de gens-d'armes. Et de ces choses j'ay veu la plus part en son service ; et du surplus j'en suis si bien acertené que je le puis et doys escrire.

Il est donc temps que j'escrive de ses hauts faicts ce que je n'ay pas veu, à cause de mon ancienneté ; mais je ne diray chose que je n'en soye bien acertené. Et faut entendre que le roy s'en retourna en Alemaigne, pour ayder à l'empereur son père à recouvrer les terres que le roy Mathias luy avoit prises, et non pas seulement le royaume de Hongrie, mais avoit conquis la plus part d'Austriche ; et avint que le roy Mathias mourut (auquel le roy des Rommains avoit jà commencé la guerre), et en assez peu de temps le roy des Rommains reconquit toute la duché d'Austriche (où il acquit un grand honneur), et puis se bouta en ce royaume de Hongrie (où il trouva grande résistance), et vint devant la vile d'Albérégale, où il trouva deux des capitaines du roy Mathias, et bien huict cens combatans et gens de guerre, sans y comprendre ceux de la vile, qui sont tous gens de deffense. Il fit assaillir Albérégale de toutes pars, et là eut de grandes armes faictes d'une part et d'autre, et là fit on plusieurs chevaliers nouveaux ; et y fut chevalier messire Hugues de Salins, seigneur de Vincelle, bourgongnon, et des autres largement ; dont je ne sçay à parler, pour ce que ce sont Alemans, et n'en congnoy les noms ; et aussi les Alemans ont accoustumé de se faire chevaliers à plusieurs fois, et en tous les bons lieux où ils se trouvent ; parquoy je me passe de les ramentevoir. Pour conclusion, Albérégale fut gaignée d'assaut par des gens du roy des Rommains (où l'on trouva merveilleusement de biens) ; et à tant le roy se délibéra de tirer à Bude (qui est la maistresse cité du royaume de Hongrie), et n'y a point de faute qu'il n'eust gaigné la cité de Bude ; mais ils ne peut avoir ses gens hors d'Albérégale, pour trois raisons. La première, ils avoyent si grand butin et grande proye gaignée audict Albérégale, que nul ne vouloit abandonner son profit et sa part du butin. Secondement, ils trouvèrent à Albérégale tant de vivres, de vin, de chair et de pain, que soixante mille hommes ne les pouvoyent déconfire. Tiercement, le payement estoit failli ; et est la coustume des Alemans que s'ils estoyent payés jusques aujourd'huy, et demain il y avoit assaut ou bataille, ils entendent qu'il leur est deu nouvel argent ; et ceux qui crioyent le plus-haut, c'estoyent les lansquenets et les gens-de-pié ; et, conclusion, ils ne voulurent point marcher avant. Mais s'en revint le roy en Austriche, où il reconquit plusieurs places et chasteaux que le roy Mathias avoit gaigné sur l'empereur son père ; et en moins de six mois il reconquit tout ce que le roy Mathias avoit mis six ans à conquérir ; et pour ce que le roy de Boësme estoit prochain parent du roy des Rommains, ils firent un apointement que le royaume de Hongrie demoureroit à icelui roy de Boesme, sa vie durant seulement, sans en pouvoir faire sens ne folie ; et donneroit au roy des Rommains tous les ans cent mille ducats de Hongrie. Et ainsi le roy des Rommains s'asseura, pour luy et ses hoirs, du royaume de Hongrie.

En continuant de parler des vaillances du roy des Rommains, il gaigna viles et chasteaux en la comté de Bourgongne sur le roy de France : et si bien y exploita, que ladicte comté est demourée à monsieur son fils, comme c'estoit raison. Qui plus est, pour monstrer qu'il estoit homme et chevalier pour rencontrer un autre de sa personne, de son humilité, il fit armes en lices closes, et sous pouvoir de juge, et par emprise levée, à l'encontre de messire Claude de Vaudré, seigneur de L'Aigle, un chevalier bourgongnon, son suget, mais homme fort et expérimenté à faire armes à pié et à cheval ; et en icelles armes se gouverna le roy chevaleureusement, et en partit à son honneur. Par ainsi j'ay récité, en brief, les grandes choses que le roy a faictes : dont les unes j'ay veues, et les autres sont venues à ma congnoissance. Ce noble roy, après avoir les guerres dessusdictes achevées, il ne demoura pas oyseux.

Il visita son empire, jusques à descendre en ce quartier d'embas, et puis remonter ès hautes Alemaignes : et travailla à pacifier les débats de l'empire : à sçavoir à appaiser toutes questions qui pouvoyent estre de vile à autre, de seigneurs à viles, et de princes à princes : tellement qu'à l'heure que j'escrivy cestes (qui fut le treiziesme jour de Juing l'an 1501), l'empire ne fut onques si paisible qu'il estoit à présent, par la diligence et poursuite de cestuy noble roy. Mais il ne suffit point d'avoir monstré les grandes vaillances et courage de luy, et parlerons comment il se gouverna à l'encontre des Suisses, ses ennemis : et fut vray que, l'an 1499, les Suisses et les sugets du roy des Rommains commencèrent à noiser et villener les uns contre les autres ; et tellement que chacun, de sa part, rompit les trèves qui estoyent entre le roy des Rommains et lesdicts Suisses : et mesmement lesdicts Suisses outragèrent et agravèrent par effect l'évesque de Cours (pour ce qu'il s'estoit tiré devers le roy des Rommains pour cuider bien faire, et pour appaiser l'outrage qu'ils avoyent fait à un abbé suget de la maison d'Austriche), et continuoyent lesdicts Suisses à faire la guerre au roy, tant en Austriche comme en Ferrate, à feu et à sang. Et quand le roy veit leur obstination, il assembla quinze ou seize mille combatans, et poursuyvit les Suisses (qui estoyent retirés en leur païs), et entra par le costé de la comté de Tirolle, où il y a fort païs et grandes montaignes à passer, pour venir au païs desdicts Suisses. Et toutesfois entra le roy et son armée, à pié et à cheval, esdicts passages : et si le duc de Milan, nommé Ludovic, eust tenu ce qu'il avoit promis au roy, d'amener des vivres à l'entrée des passages, pour fournir l'armée pour leur argent, il est apparent que le roy leur eust fait le plus grand reboutement qu'ils eurent oncques : mais le duc de Milan ne tint point ce qu'il avait promis, et ne trouvèrent les gens-d'armes nuls vivres : et furent cinq ou six jours en moult grande disette de pain et de fourrage, de vin, et de tous autres vivres : et si le commun de l'armée eust eu le courage et la sobresse qu'avoit le roy de sa personne, les Suisses estoyent deffaicts en ce quartier ; mais par faute de vivres (comme dict est), il falut que le roy retirast son armée : et depuis les Suisses assaillirent les gens du roy qui estoyent en Ferrate. Mais Dieu estoit pour les Ferratois, et furent les Suisses déconfits : et eurent grand honneur à celle journée Louys de Vaudré, Rodigues, bastard de Lalain, et ceux de la garde du roy, et autres Wallons qui se trouvèrent à celle journée : et depuis fut faict un appointement entre le roy et lesdicts Suisses, et se sont retirés de leur costé.

CHAPITRE XVI.

Des surnoms attribués à l'empereur Maximilian d'Austriche et à l'archeduc Philippe, comte de Flandres, son fils.

Or pour cette fois je dissimuleray un peu de parler de ce noble roy des Rommains, de ses grands faicts et de ses vaillances, où j'ay espoir de venir tout à temps ; et est besoing que j'escrive et mette par escript le sens et la bonne conduite de monsieur Philippe d'Austriche, son fils. Mais, premièrement, comme les autres ducs de Bourgongne ont eu nom et tiltres qui leur ont esté donnés à leur honneur, je suis délibéré en cet endroit de bailler tiltre acquis à ce noble roy Maximilian d'Austriche, et suis en pensée de le nommer Maximilian Cueur-d'or ou d'argent ; mais je ne trouve point que ce nom luy soit suffisant, quant à la hauteur de son courage : car l'or, l'argent et le plomb sont métaux qui, par fondre et souvent manier, s'amoindrissent et affoiblissent ; et je ne trouvay oncques que, pour quelque fortune avenue à ce noble roy, il ayt esté pleyé n'amoindry en courage n'en haute emprise. Le nommerons-nous Maximilian Cueur-de-fer? Je dys que non : car trop petit est le nom, selon ses grands mérites. Le fer est d'une nature que la goutte de la pluye, venant du ciel, cave le fer : et par une goutte d'eau venant du ciel souvent tombée sur le fer et en une place, celle goutte concave le fer, et le perce en telle manière que la goutte d'eau se monstre plus forte que le fer qui la reçoit. Par quoy je veuil dire que le nom n'est pas suffisant à si haute personne ; mais me conclus que je le nommeray Maximilian Cueur-d'acier, et trouve que l'acier est plus noble chose que l'or, l'argent, le plomb ne le fer, pour ce que de l'acier, comme du plus noble métail, l'on fait les armeures et les harnois, dont les plus grans du monde se parent, et asseurent leurs corps contre la guerre et autrement ; et de l'acier se font les espées, les dagues et autres glaives, dont les vaillances se font d'ennemis sur ennemis. Puis que doncques je trouve cet acier plus noble qu'autre matière dont on puisse forger ne mettre en œuvre, je demoure qu'il aura nom Maximilian Cueur-d'acier. Quantes paroles semées haineusement contre luy, par ce noble roy endurées et ouïes ! ce que courageusement et de grande vertu il a porté et soustenu, sans se démettre, pleyer n'amoindrir, non plus que l'acier dont je fays comparaison. Quants heurts de guerre ! quantes rencontres et batailles il a soustenus et portés en sa personne, et mesmement venant de ses sugets ! jusques à estre prisonnier, et détenu en prison fermée par ceux de Bruges, et en sa présence meurdrir, gehainer et décapiter ses loyaux officiers et autres, et les plus grans de sa maison livrés ès mains de ses ennemys : et n'oyoit autres nouvelles, fors qu'ils seroyent décapités, et nommément messire Jehan Karondelet, son chancelier ; l'abbé de Sainct-Bertin, chancelier de son ordre, noble homme, et de ceux de Launoy, messire Martin de Polhem et messire Wolfart de Polhem, Philippe, comte de Nassau, et messire Jaspart May, alemans, et du privé conseil de cestuy noble roy ; et le seigneur de Mingonal, son grand-maistre d'hostel ; messire Jehan de Jaucourt, seigneur de Villarnou ; et messire Philippe Loete, seigneur d'Aresches, tous chambellans et maistres-d'hostel du roy. Et pouvez entendre et croire que toutes et quantes fois qu'il souvenoit à ce bon roy de la souffrette et danger d'iceux serviteurs, il avoit le cueur bien pressé et bien déplaisant : mais toutesfois ce Cueur-d'acier demoura toujours en la bonne espérance et fiance de Dieu : et tant endura et attendit sa meilleure fortune, qu'il échapa de ce danger, et luy et ses serviteurs dessusdicts. Ces choses considérées, je demoure en ceste opinion qu'il a le cueur aussi fort et aussi ferme que d'acier; et je l'ay éprouvé par expériment.

Or est besoing que je revienne à parler et à escrire du faict de monsieur l'archeduc Philippe son fils : et commenceray par luy donner surnom acquis jusques à présent. Le duc Philippe, fils du roy de France, fut notre premier duc depuis le temps que le roy Philippe de Valois succéda à ladicte duché, par estre issu d'une fille de Bourgongne : et luy vint la succession par femme, comme il est assez notoire, et publié par tout le monde. Ce duc Philippe fut surnommé Philippe-le-Hardy, pour les raisons que j'ay mises ailleurs : et de luy vint le duc Jehan, qui fut surnommé Jehan sans Peur. Du duc Jehan vint le bon duc Philippe, qui fut surnommé Philippe l'Asseuré. Du duc Philippe vint le duc Charles, qui fut surnommé Charles le Travaillant. Du duc Charles vint madame Marie, qui espousa ce noble prince Maximilian, archeduc d'Austriche, lequel noble duc nous appelons Maximilian Cueur-d'acier. De l'archeduc Maximilian vient l'archeduc Philippe, que nous appelons Philippe Croit-conseil. Et ainsi j'ay rendu compte de tous les ducs de Bourgongne venus à ma congnoissance. Et pour éclaircir ce que j'ay surnommé l'archeduc Philippe, Philippe-Croit-conseil, il est bien raison que je déclare les causes pourquoy ce nom luy est attribué : et trouverez vray que luy estant en la suggettion de ceux de Gand, il estoit en l'âge de trois ou quatre ans : et lors mourut et trépassa de ce siècle feue de noble mémoire madame Marie de Bourgongne, sa mère : et par celle mort fut successeur ce jeune archeduc de toutes les seigneuries appartenantes à la maison de Bourgongne, où il avoit cinq duchés et dix-sept comtés, toutes terres grandes et seigneurieuses, comme la duché de Bourgongne, la duché de Lotrich, la duché de Lembourg, la duché de Brabant, la duché de Luxembourg, et la duché de Gueldres; les comtés de Flandres; d'Artois et de Bourgongne, les comtés de Mascon et d'Auxerrois, la vicomté d'Auxonne, la comté de Charolois, les seigneuries de Salins, de Malines et de Noyers; la seigneurie de Chasteau-Chinon, et moult d'autres belles parties. Et combien que le roy de France, par puissance et par hauteur, ait pris et mis en sa main plusieurs d'icelles seigneuries, toutesfois c'est à tort et sans cause : et Dieu, qui l'a permis, quand il luy plaira il les rendra à celuy qui y a le droit. Et (comme j'ay dit dessus) à l'heure que vindrent lesdictes successions à monsieur l'archeduc Philippe et en son jeune âge; il estoit encores en la main des Gandois, et avoit bien besoing d'estre bien conseillé : mais son noble père le roy des Rommains le tira hors d'icelle chetivoison, et le ramena en ses pays et en son franc arbitre : et, pour la principale seureté de ce noble enfant, il fut mené en sa vile de Malines, où il fut gardé et soustenu comme les bons sugets doyvent faire de leur prince, ainsi qu'il est escript cy-dessus.

En ce temps madame Marguerite d'Austriche, sœur de mondict seigneur l'archeduc Philippe, par la puissance des peuples et des viles, et en espérance d'avoir paix, fut mariée à Charles, fils du roy Louys de France, dauphin de Viennois. Mais le mariage ne sortit point d'effect, pour ce que le roy Louys mourut : et le roy Charles son fils appela et eut désir d'avoir la duché de Bretaigne, et fit grandes guerres et grans effors : et, en conclusion, par le moyen d'aucuns, et principalement par le prince d'Orange, le mariage fut faict du roy Charles et de l'héritière de Bretaigne : et si avoit ladicte héritière espousé solennellement, et par procureur fondé, messire Wolfar de Polem, pour et au nom du roy des Rommains : et par ce moyen madame Marguerite (qui avait esté tenue neuf ans pour royne de France) fut ramenée pardeçà, et depuis elle espousa le prince de Castille; mais la fortune fut telle qu'il ne vesquit guères : dont ce fut pitié et dommage, car il estoit apparent d'estre un noble prince. Si laissa madame la princesse enceinte, et eut un fils : mais il ne vesquit pas longuement, et demoura madame la princesse jeune vefve : et depuis revint pardeçà, moult bien étofée de bagues et de joyaux, et fut bien traittée en Espaigne, et l'allèrent quérir messire Philippe de Crouy, seigneur de Sainct-Py, et La Mouche, seigneur de Vère, qui la ramenèrent honnorablement pardeçà; et luy fut envoyée au-devant, jusques à Bordeaux, madame de Halevin et plusieurs belles damoiselles, et le seigneur de Fiennes, et plusieurs nobles hommes, qui ramenèrent madicte dame Marguerite, et traversèrent grande partie du royaume de France, où il leur fut faict honneur et bonne chère.

Or nous tairons à-présent de la venue de madame la princesse de Castille : et de son retour : et parlerons du faict de monsieur l'archeduc nostre prince, et des grans affaires où il se trouva ; et comment par croire conseil il se ressourdit, et porta le temps sagement, comme nous dirons cy-après. Et peut-on entendre et sçavoir que ce jeune prince se trouva en de grans affaires : car le roy des Rommains, son père, avoit la guerre au roy de France, aux Gandois, et à messire Philippe de Clèves, porté et soustenu du roy de France. La guerre fut longue, et par ce moyen fut à l'arrière de deniers, et en grand somme ; et mesmement messire Frédérik, duc de Sasse, qui bien le servit en son adversité, demandoit quatre cens mille escus, qui est une grande partie. Il servoit bien, mais il vouloit estre bien payé. Et fut trouvé un moyen, que l'on bailleroit audict duc de Sasse le droit que Monsieur avoit et pouvoit avoir en la haute Frize, (que l'on dit l'un des dix-sept royaumes chrestiens); et le duc de Sasse conquit le païs à force d'armes, à l'aide d'un sien fils nommé Henry, qui moult bien se porta en icelle guerre. Et ainsi fut monsieur l'archeduc bien conseillé, et creut conseil : car par ce moyen il fut quitte d'un grand debte, et demourèrent amis le duc de Sasse et luy. Mais le duc de Sasse ne vesquit guères depuis, ains mourut de maladie : dont ce fut grand dommage, car c'estoit un vertueux prince.

QUI EST TOUT CE QUE NOUS AVONS DES MÉMOIRES DU SEIGNEUR DE LA MARCHE.

CHRONIQUE

DU BON CHEVALIER

MESSIRE JACQUES DE LALAIN,

FRÈRE ET COMPAGNON DE L'ORDRE DE LA TOISON D'OR;

PAR MESSIRE GEORGES CHASTELAIN,

CHEVALIER, INDICIAIRE ET CONSEILLER DES DUCS DE BOURGOGNE PHILIPPE-LE-BON ET CHARLES-LE-TÉMÉRAIRE

PRÉFACE.

Des prouesses des nobles du pays de Hainaut, et des père et grand-père de Jacques de Lalain.

A la très sainte et bienheureuse louange et magnificence de notre Sauveur Jésus-Christ et de sa très glorieuse mère, qui sont cause et mouvement de toute bonne opération et sans lesquels nuls biens ne peuvent être encommencés ni achevés, et aussi pour ce que la mémoire des hommes deffaut et passe par termination de vie, et que toutes choses se délaissent et oublient qui ne les rédige et met par écrit; doncques, afin que la gloire et louange que jadis acquirent nos anciens prédécesseurs ne soit éteinte, mais augmentée et ramenteue pour donner exemple aux nobles et vertueux hommes du temps présent, j'ai voulu mettre et écrire les hauts faits et emprises très vaillantes qu'en son temps fit et acheva messire Jacques de Lalain, aîné fils du seigneur de Lalain, lequel, pour acquérir gloire immortelle, mit grand' peine et labeur durant son temps, d'augmenter et accroître en tout honneur et bonne renommée la maison dont il étoit issu. Et pour ce que, moi auteur de ce présent traité, j'ai vu de ses hauts faits aucune partie; et aussi pour eschever wyseuse, mère de tous vices, j'ai pris le plaisir de les ramentevoir. Si prie à ceux qui cette matière liront, qu'ils aident à excuser mon petit et obscur entendement, priant Notre-Seigneur qu'il me doint grâce de le pouvoir parfaire en telle manière, que la matière soit plaisante aux lisants et écoutants.

Comme il soit notoire, que jadis au pays de Hainaut et à l'environ étoit la fleur de chevalerie, autant que pour lors on sçut trouver ni querre; car coutume étoit en celui temps, que quand un noble homme venoit en âge compétent de porter armes, jamais ne cessoit, non doutant péril de corps, peines, ni travaux que advenir lui pût, qu'il n'allât enquérant les hauts faits d'armes et les beaux voyages d'outre mer et d'autre part, où ils acquéroient et faisoient tant par leur hautes prouesses, que leur renommée s'épandoit et fleurissoit par tous règnes, et encore fait aujourd'hui, comme ci-après pourrez ouïr, ainsi comme je l'ai trouvé ès livres et histoires de ce faisants mention; et en spécial du très vaillant en son temps nommé messire Gillon de Trasignies, natif du noble pays de Hainaut, lequel, comme en son histoire est contenu, fit tant par ses hautes prouesses, qu'il acquit gloire immortelle. Et aussi ne sont pas à mettre en oubli autres vaillants chevaliers de Hainaut, qui depuis ont régné et tant fait durant leur temps qu'à toujours en sera perpétuelle mémoire, dont l'un fut nommé messire Lion de Chin, et l'autre messire Jean de Verchin, sénéchal de Hainaut. Certes, qui tous les voudroit nommer, ni raconter leurs hauts faits et les prouesses et vaillances qu'ils achevèrent et mirent à fin, trop pourroit élonger notre matière encommencée, laquelle, moyennant la grâce de Notre-Seigneur, j'ai intention de poursuivre et mettre à fin ; car jamais ne doivent être éteintes, ni mises sous couverture, choses dignes de louange ; car comme ci-dessus vous ai dit, au pays et territoire de Hainaut a eu par ci-devant de grands hôtels, dont sont issus et partis de nobles et vaillants chevaliers, comme ci-après pourrez ouïr.

Au pays de Hainaut, pour le temps qu'en étoit prince et seigneur le très glorieux duc Philippe de Bourgongne, le très chrétien champion de la foi, le patron et l'exemple des vertus, l'honneur de la chrétienté, le tremblement et effroi des marches infidèles, qui par son très grand et haut courage a entre les hommes vivants gagné nom immortel, avoit alors en Hainaut un baron nommé messire Othe seigneur de Lalain ; lequel en son temps eut trois beaux chevaliers à fils, de dame Yoland de Barbançon, nés et procréés en loyal mariage ; c'est à sçavoir, messire Guillaume son premier et aîné fils ; le second messire Sanche ; et le tiers messire Simon. Iceluy messire Othe seigneur de Lalain suivit et fréquenta les armes et fit de moult beaux voyages outre mer et autre part, en servant son souverain seigneur le duc Guillaume comte de Hainaut, et depuis le bon duc Philippe ci-dessus nommé.

Or advint qu'iceluy seigneur de Lalain voyant et connoissant messire Guillaume son fils aîné être en âge compétent, il l'appela un jour et lui dit : « Guillaume, vous sçavez et avez ja pieça ouï dire, qu'en cette maison et seigneurie de Lalain, a toujours eu seigneur héritier et légitime, noble, venant de toutes lignes, et procréé de droite lignée, comme de père à fils. Et pour cette cause, moi qui suis votre père voudrois voir, ainçois que je terminasse vie par mort, que en vous ne prist fin, jaçoit-ce-que ayez encore deux frères, c'est à sçavoir Sanche et Simon, mais toutesfois vous êtes l'aîné ; si est raison que vous soyez le premier marié. Et pour ce, je veux et vous commande qu'avisez et enquérez et mettez peine, sur autant que vous m'aimez et désirez complaire à moi, de trouver femme à vous propice et de bon lignage, laquelle vous prendrez à femme ; et je vous promets aider et tant donner du mien, que par raison devrez être content ; car de tout mon cœur je désire qu'avant mon trépas je voie qu'ayez enfants légitimes, qui après vous succédent en cette seigneurie de Lalain. »

Messire Guillaume oyant la volonté et le commandement de son père le seigneur de Lalain, moult humblement répondit et dit : « Mon très-cher et redouté père, je suis prêt de faire et obéir à tous vos bons commandements, sans vouloir aller au contraire : mais toutesfois, si vostre bon plaisir était, je suis assez jeune, et voudrois bien que ce fût votre volonté que je demeurasse ainsi une espace, jusques à ce que j'eusse plus vu et fréquenté les armes, et allé outre mer, ou en aucun bon voyage, pour acquérir los et bonne renommée, comme jadis ont fait nos anciens prédécesseurs, comme fit monseigneur mon grand-père et vous : mais nonobstant ce, monseigneur, je veux faire et obéir à tous vos bons commandements. »

Lors le seigneur de Lalain très-content de la réponse de son fils, lui dit . « Guillaume, la réponse que vous m'avez faite vous sera valable, car je mettrai peine de vous allier en lieu, dont moi, vostre mère, et vous, serez content. » Et atant le seigneur de Lalain et son fils cessèrent de plus avant parler de cette matière.

Le seigneur de Lalain non ayant mis en oubli l'humble réponse que lui avoit faite messire Guillaume son fils, laquelle lui avoit été moult agréable, fit de tout son pouvoir partout enquerre pour honorablement allier son dit fils : et lui-même demanda à aucuns de ses plus prochains parens et amis, en eux racontant son intention qu'il avoit de faire : et avec ce, en leur priant aussi qu'ils voulsissent chercher et enquerre aucune jeune dame ou damoiselle de bonne extraction, qui à leur semblant fût telle comme il appartenoit d'être pour Guillaume de Lalain son aîné fils, pour le prendre en mariage. Adoncques y eut aucuns de ses dessusdits amis qui répondirent ; et entre les autres, y en eut un qui dit : « Monseigneur de Lalain, jà a bonne espace que moi, et autres vos parens, avons avisé et fort enquis à notre pouvoir, de trouver dame, ou damoiselle, qui fût telle comme vous désirez. Je sçais une dame de haute et noble extraction, et belle par dessus toutes autres ; laquelle est sage, courtoise, débonnaire, bien morigénée et remplie de toutes bonnes vertus : certes, à mon avis ; elle est digne d'être louée. Si d'elle on pouvoit finer, comme j'espère qu'on n'y faulra point, vous en pourrez faire sentir par aucun, avant qu'on voise plus avant et si sitôt on la voudroit remarier, car n'a guères que son mari fut mort à la piteuse bataille d'Azincourt. Si n'avoit été mariée ladite dame, ni été avec son mari, plus haut de six semaines. »

CHAPITRE PREMIER.

Cy fait mention du mariage de la fille au seigneur de Créquy avec messire Guillaume de Lalain.

Quand le seigneur de Lalain entendit le gentilhomme, il pensa un peu, puis répondit et lui dit : « Je vous prie, que me veuilliez dire qui est cette dame que tant me louez, et de quelles gens elle est ; et aussi que me dites qui fut son mari. » Alors le gentilhomme répondit et dit au seigneur de Lalain : « Que la damoiselle estoit fille au seigneur de Créquy, et avoit été mariée au seul fils du seigneur de Waurin ; lequel lui et son père aussi, étoient morts en icelle journée de la bataille d'Azincourt. Et est icelle dame âgée de quinze ou seize ans, ou environ, grande, bien faite et formée de tous membres ; plus belle d'elle on ne sçauroit souhaiter. » Le seigneur de Lalain très joyeux du bon avertissement de l'écuyer, l'en remercia moult, et dit qu'il y penseroit, et qu'au plus brief qu'il pourroit il sçauroit la volonté des amis et parens de la dame, comme il fit.

En telle manière le seigneur de Lalain exploita et fit telle diligence, que la jeune dame lui fut accordée pour messire Guillaume son fils : et fut la dame par messire Guillaume de Lalain fiancée et épousée ; puis moult notablement accompagnée de ses deux frères Jean et Raoul de Créquy, jeunes écuyers, ensemble avec leur mère la dame de Créquy, et grand'foison de chevaliers et écuyers, fut amenée et conduite jusqu'au châtel de Lalain, où elle fut reçue du seigneur et de la dame de Lalain, accompagnés de grand nombre de chevaliers, écuyers, dames et damoiselles, leurs parents et voisins, qui à grand' joye et liesse reçurent la noble dame et la menèrent amont en la grand'salle, et puis en la chambre qui pour elle étoit préparée ; et puis quand une heure fut de souper, la jeune dame fut amenée en la salle, moult richement parée et vestue, adextrée de ses deux beaux-frères Sanche et Simon de Lalain, pour lors jeunes écuyers, grands, beaux, et bien formés de tous membres. Alors la fête et joie encommença en la grand'salle du château de Lalain. Puis quand vint heure de souper, et que les tables furent mises et couvertes, l'eau fut apportée ; si lavèrent et s'assirent à table. De leur assise, ni des mets, ni entremets, dont ils furent servis, ne vous en veux faire long conte, car assez est à croire qu'à celui jour furent moult richement servis de ce que pour lors on pouvoit ni sçavoir finer. Puis quand ce vint après souper, et que les tables furent levées, danses et carolles encommencèrent par la grand'salle du château de Lalain ; trompettes et ménestrels commencèrent à jouer de leur métier. Là y avoit qui jouoient de plusieurs instruments mélodieux ; chacun d'iceux s'y acquittoit au mieux qu'il pouvoit. Après toutes danses et ébattemens faits, l'heure vint que tous s'en allèrent coucher.

La jeune épousée fut menée en sa chambre, en laquelle cette nuit elle jeut avec son seigneur et mari ; et tant que, en petit de temps après, ils engendrèrent un moult beau fils, à la naissance duquel sourdit une moult grand' liesse au seigneur de Lalain et à la dame, lesquels moult humblement en remercièrent notre seigneur Jésus-Christ, eux voyants avant leur trépas la chose que plus désiroient au monde être advenue, c'est-à-sçavoir, de voir hoir légitime apparent, après messire Guillaume leur fils, de la maison, terre et seigneurie de Lalain. Donc en celui hôtel sourdit et fut démenée moult grand'joye, et aussi de tous leurs hommes et sujets, comme de leurs parens et amis. Icelui jeune enfant, après ce qu'il fut venu sur terre et que la jeune dame à joye en fut délivrée, fut porté baptiser, et lui fut donné à nom Jacques, ou Jacquet ; lequel nom il porta toujours, jusques à ce qu'il vint en âge d'être chevalier, ainsi comme plus à plein pourrez ouïr en cette histoire de ce faisant mention.

CHAPITRE II.

Cy fait mention comment le jeune duc de Clèves requit au seigneur et à la dame de Lalain avoir Jacquet de Lalain, leur fils aîné, pour l'emmener avec lui à la cour du bon duc Philippe de Bourgongne.

Après que l'enfant fut nourri et élevé le plus doucement que faire se put, jusques à l'âge de sept ans, et que du tout fut ôté des mains de celles, lesquelles jusques à cet âge l'avoient eu en garde, le père, qui étoit sage et prudent, regarda qu'il étoit en bon âge pour l'endoctriner et faire apprendre. Pourquoi fut ledit enfant baillé à un clerc pour l'enseigner, lequel, en assez bref terme, le rendit expert et habile de bien sçavoir parler, entendre et écrire en latin et en françois, si que nul de son âge ne le passoit.

Jacquet de Lalain crut et amenda moult fort; et tant que de beauté pour ce temps on n'eût sçu trouver son pareil; car, à la vérité dire, Dieu et nature à le former n'avoient rien oublié. Il étoit grand, bien fait et bien compassé de tous membres; de mœurs et de vertus étoit tant orné et paré, qu'à le voir et ouïr parler, il contraignoit ceux qui l'oyoient, à bien faire, eux se délectants à le voir, pour la grand'apparence qu'ils véoient être en lui, pour parvenir à la haute vertu de prouesse et bonne renommée. Le seigneur de Lalain, et la dame, et aussi messire Guillaume de Lalain qui en étoit père, et la jeune dame sa mère, regracièrent et louèrent Notre-Seigneur de leur avoir envoyé hoir légitime apparent, qui après leur trépas tiendroit leurs terres et seigneuries; à laquelle chose ils ne pouvoient faillir, car, assez tôt après, messire Guillaume et la bonne dame sa femme eurent encore un beau fils, qui fut nommé Jean de Lalain, lequel depuis fut prévôt de Saint-Lambert de Liège, grand-clerc et bien lettré. Puis après eurent deux moult belles filles, dont l'aînée eut à nom Yoland; et la seconde eut à nom Isabeau : et furent mises toutes deux à la cour du bon duc Philippe de Bourgongne, avec la duchesse sa femme. De la beauté et en humilité qui en elles estoient, certes trop ne pourroient estre louées; car pour les bonnes vertus dont elles étoyent ornées, l'une fut mariée au seigneur de Bréderode, grand baron en Hollande; et l'autre fut mariée et donnée à femme au seigneur de Bossu, grand baron en Hainaut; desquelles issit moult belle lignée. Et depuis, messire Guillaume de Lalain, qu'on nommoit le seigneur de Buignicourt, eut deux moult beaux fils; dont l'un eut nom messire Philippe, pour le bon duc de Bourgongne, qui le leva des fonts; et l'autre eut nom Antoine. Lesquels tous deux furent chevaliers preux et hardis aux armes, comme en la fin de cette histoire pourrez ouïr; mais quant à présent nous nous déporterons de plus en parler, et retournerons à parler de Jacquet de Lalain pour qui cette histoire est encommencée; lequel, quand ce vint à l'issue de son enfance, entre autres passe-temps, se délectoit en chasses et en voleries, ou très bien et très modérément se contenoit de jeux de tables et d'échecs. De gracieusement et sagement parler et deviser, passoit tous les autres qui étoient de son âge : et pour en parler à la vérité, il étoit naturellement enclin et usité à tout ce que cueur de noble homme appète et doit désirer, réservé qu'il n'avoit jamais porté armes, ni ouï parler, ni vu l'usage de jouter, ni tournoyer. Mais on dit en un commun parler, que le bon oiseau se fait de lui-même, ainsi comme fit celui bon écuyer : car, lui étant en l'hôtel de son père, le jeune duc de Clèves, neveu de ce très glorieux et bon duc Philippe de Bourgogne, vint en l'hôtel de Lalain, où il fut moult grandement reçu et fêtoyé du seigneur de Lalain, de son fils messire Guillaume et des deux dames leurs femmes, qui à ce jour étoyent moult noblement accompagnées de dames et damoiselles, par lesquelles il fut moult liement reçu, lui et tous ceux qui étoient en sa compagnie. La fête qui fut faite au château de Lalain, pour la venue du jeune duc de Clèves, fut moult grande, car le seigneur de Lalain et la dame, qui moult étoient anciens, s'efforçoient de tout leur pouvoir de conjouir et fêtoyer le jeune duc; et pareillement aussi faisoient messire Guillaume leur fils, et la dame de Buignicourt sa femme, qui avec elle avoit Jacquet de Lalain son aîné fils.

Le jeune duc de Clèves voyant Jacquet de

Lalain être ainsi comme de son âge, d'une hauteur, d'une tournure, de manière et de contenance tant assurée, il prenoit plaisir à le voir, et pareillement faisoient ceux qui avec lui étoient ; et tant plut au jeune duc, qu'abstenir ne se put de requérir à messire Guillaume de Lalain et à la dame de Buignicourt sa femme, qu'ils lui voulsissent donner Jacquet de Lalain leur fils ; laquelle requête messire Guillaume de Lalain lui octroya libéralement, et pareillement la dame de Buignicourt sa femme. De l'octroi par eux fait le duc les en remercia moult courtoisement. Jacquet de Lalain, oyant la promesse qu'avoient faite messire Guillaume et la dame de Buignicourt sa mère au jeune duc de Clèves, fut joyeux plus que jamais n'avoit été ; et lui tardoit moult que plus tôt ne s'en pouvoit partir ; mais si tôt ne se pouvoit faire, jusques à ce qu'il fut en point de robes d'habillements, de chevaux, de harnois, et de tout ce que à lui appartenoit, pour être et aller avec un si haut prince en la cour du bon duc de Bourgogne Philippe.

Le jeune duc de Clèves, après qu'il eut layens été un jour et une nuit, il prit congé du vieil seigneur de Lalain, de messire Guillaume son fils, et des dames et damoiselles, et les remercia moult honorablement de la bonne chère que faite lui avoient. Si prit Jacquet par la main et lui dit : « Jacquet de Lalain, mon ami, je vous prie que le plus tôt que vous pourrez, venez à la cour du duc mon oncle, et je vous promets que nous ferons bonne chère, et aurons temps à souhait, et si bon que meilleur ne sçauriez querre. » Lors Jacquet de Lalain répondit : « Monseigneur, quand ce sera le bon plaisir de monseigneur mon père et de madame ma mère de m'envoyer vers vous, et fût dès maintenant, je serai prêt. » Alors le jeune duc de Clèves s'en partit, et tira vers Bruxelles, où il trouva le duc son oncle qui le reçut moult liement, et comme en souriant lui dit : « Beau neveu, d'où venez-vous maintenant? Ja sont quatre jours passés que je ne vous vis. » — « Monseigneur, dit le jeune duc, j'ai été voir le seigneur de Lalain, où j'ai été bien reçu moi et mes gens ; et avec ce j'ai tant fait, qu'il m'a baillé son aîné fils pour être et demeurer avec moi. » — « Mon neveu, ce dit le duc, je vous en sçais bon gré, et avez bien fait ; car de la maison de Lalain sont issus maints bons chevaliers et écuyers, desquels nous et nos ancêtres avons été bien servis, et je crois que celui qui vous doit venir servir, ne forlignera point, mais suivra la trace de ceux dont il est issu. » Et atant cessèrent leurs devises.

CHAPITRE III.

Comment messire Guillaume de Lalain et la dame de Buignicout, père et mère de Jacquet de Lalain, l'introduirent et admonestèrent de plusieurs belles doctrines avant son partement.

Assez avez ouï par ci-devant, comment le jeune duc de Clèves vint au château de Lalain en Hainaut, et comment à son département il demanda à messire Guillaume de Lalain, Jacquet son fils aîné, lequel il lui octroya, et lui promit de lui envoyer, comme il fit. Car quand le jour fut venu, et que tout les habillements qui faits étoient pour son fils, tant serviteurs, comme chevaux et harnois à lui nécessaires furent prêts, messire Guillaume lui bailla quatre bons roncins, un gentil-homme pour le servir, et un clerc bien lettré pour toujours lui montrer et apprendre, afin qu'il n'oubliât son latin, et un varlet pour panser des chevaux. Et puis quand messire Guillaume de Lalain et la dame de Buignicourt sa femme, le virent prêt et ordonné pour lendemain partir, ils l'appelèrent et le menèrent en une chambre, où ils ne furent que quatre tant seulement ; c'est à sçavoir le seigneur et la dame qui étoient le père et la mère, Jacquet qui étoit aîné, et Philippe son frère qui moult étoit jeune ; et quant est de Yoland et de Isabel, elles demeurèrent avec les damoiselles de léans.

Quand le seigneur et la dame furent entrés en la chambre, ils firent clore les huis, puis s'assirent sur un banc qui là étoit. Et lors le seigneur commença de parler et admonester son fils, en lui disant : « Jacquet, vous êtes mon aîné fils, et le plus apparent d'être le droit hoir de cette maison de Lalain. Et pour ce que de tout mon cœur je la désire augmenter et accroître, et la voir en mon temps être entretenue, non point anéantie ; comme anciennement nos prédécesseurs ont mis grand'peine de l'élever afin de lui bailler nom immortel, et pour ce, je vous jure sur celui qui me fit et forma, que j'aimerois plus cher votre mort, que par vous y eût faute, et qu'elle en fût en rien amoindrie; laquelle chose j'espoire que non, si ce n'est par vos péchés, qui mènent et attrayent les hommes et les femmes à damnation. Et afin que sachiez que c'est de vice, et que vous vous gardiez de cheoir en ce danger, Jacquet, beau fils, je vous dirai la manière, et comment vous en pourrez faire. De toute votre force et puissance mettez peine d'accomplir les commandements de Dieu; et tant qu'est au regard de notre âme, nous devons sçavoir que, qui se garde de pécher mortellement, il est sauvé; car sachez, mon fils, que les autres péchés véniels sont éteints et annulés à bien peu de pénitence. Donecques pour vous garder de pécher mortellement, si faire voulez ainsi comme je vous dirai, faillir ne pouvez d'être sauvé.

CHAPITRE IV.

Du péché d'orgueil.

« Or donecques, mon fils, pour acquérir gloire et bonne renommée, vous qui allez demeurer à la cour de si haut prince, il vous convient suivre ceux lesquels vous verrez y être de bonnes mœurs. Mais premièrement, sur toute rien il vous convient fuir le péché d'orgueil, si vous voulez venir à bien et acquérir la grâce de votre très désirée dame. Car sachez que peu de nobles hommes sont parvenus à la haute vertu de prouesse et à bonne renommée, s'ils n'ont dame ou damoiselle de qui ils soient amoureux. Mais, mon fils, afin que sachiez de quel amour j'entends que devez être amoureux, je le vous dirai. Si ainsi advient que, en tout honneur, vous soyez amoureux d'aucune dame ou damoiselle qui rien ne vous soit et dont vous vous pourriez acointer, gardez, sur tant que désirez de parvenir à la haute vertu de prouesse, que ce ne soit de folle amour; car à toujours vous seroit tourné à grand'vilainie et reproche. Et pour ce, beau fils, si vous voulez être tel comme je vous dirai, et que vous veuilliez faire mon conseil et ensuivre ma doctrine, il vous convient être doux, humble, courtois et gracieux, afin que nulle déshonnête parole ne soit dite de vous. Car sachez, mon fils, que si vous aviez le trésor de Salomon et sa grand'sapience, et la grand'noblesse du roi Priam de Troye, et avec ce toute perfection de corps, le seul orgueil, s'il est en vous, détruira toutes vos vertus. Et à ce propos dit le sage Socrates : *Quantumcumque potes, fili, non esto superbus.* Et tant d'autres autorités, desquelles, si les racontois trop longue seroit l'histoire; pourquoi à présent m'en veux déporter. Et vous dis je, mon fils, pour venir à mon propos, que le vrai amoureux, tel que je vous dis, qui aura la vertu d'humilité à l'encontre de ce seul péché d'orgueil, ne pourra faillir de parvenir en la grâce de sa très désirée dame. Et par ainsi, bannissez et déchassez arrière de vous ce très déplaisant et abominable péché d'orgueil et toutes ses circonstances; et vous ne pourrez faillir de venir à salvation et en la grâce de votre très désirée dame, en tout honneur.

CHAPITRE V.

Du péché d'ire.

« Et quant est au second péché, qui est nommé ire, certes onecques vrai amoureux ne fut ireux. J'ai bien ouï dire que aucunes déplaisances amours leur ont donné, pour les essayer; mais si n'étoient ils pas irés, s'ils n'étoient férus d'autre mal que d'amour. Et pour ce, beau fils, que ce péché est déplaisant à Dieu, si l'est-il aussi à l'honneur et au corps de celui qui l'a, veuillez le fuir à votre pouvoir, et ensuivre le dire du philosophe : *Tristitiam mentis caveas plus quam mala dentis. Segnitiem fugias. Numquam piger ad bona fias.* C'est à dire, mon fils, fuyez tristesse de pensée plus que le mal de dents; aussi fuyez paresse pour passer la douleur de votre cœur; et faites toujours bien fuir courroux et ire, afin qu'ils ne te baillent point leur cruelle pestilence; car ce sont les voies qui font fourvoyer du droit chemin, et sont nourrices de tous schismes et divisions. Mon fils, ne portez à nul ire ni haine; mais pacifiez à chacun; car quiconque hait son prochain il est homicide, comme dit l'évangile; et à ce propos dit saint Augustin en une de ses épîtres, que tout ainsi comme le mauvais vin gâte et corrompt le vaissel où il est, s'il y demeure longuement, tout ainsi ire corrompt et gâte les cœurs où elle se tient. Et pour ce, mon fils, sachez pour vérité, qu'ire et courroux empêchent et aveuglent le courage de la personne, en telle façon qu'elle ne peut regarder à ce qui est vrai. Le vrai amoureux tel comme j'entends est toujours et doit être joyeux ; espérant que par bien et léalement servir, en amour et en sa très désirée dame il trouvera toute merci. Et par ainsi il chante, danse et est joyeux, en ensuivant le dit du philosophe, qui dit : *Bene vivere et lœtari* ; c'est à dire, bien vivre et joyeusement. Mais ce bien vivre ne sert point seulement pour manger bonnes viandes, boire bons vins, dormir en bons lits longues matinées et vivre en toutes délices ; mais s'entend vivre bien, premièrement avec Dieu, soi maintenir honnêtement, véritablement et joyeusement. Donc, par ainsi je dis que tous vrais amoureux, pour acquérir la très désirée grâce de leurs très belles dames, doivent fuir de tout leur pouvoir ce péché d'ire très déplaisant à Dieu et au monde, et s'accompagner de cette très amoureuse vertu de patience. Donc, par ainsi seront de ce très déplaisant et ennuyeux péché quittes.

CHAPITRE VI.

Du péché d'envie.

« Et quant est au troisième péché, qui est d'envie, jamais le vrai amoureux, tel que je dis, sur homme ne sera envieux : car s'il venoit en la connoissance de sa dame qu'il fût envieux, il la perdroit vraiment. Oncques dame d'honneur ne put aimer homme envieux, si ce n'est en exerçant bonnes vertus, pour y être le meilleur : comme à l'église le plus dévot, à table le plus honnêtement mangeant ; en compagnies de dames le plus gracieux et plaisant ; et en armes armigères et en armes courtoises le plus vaillant ; et en ce n'y a point d'envie, c'est à sçavoir pour faire le mieux en vertus, voire envie qui est nommé péché mortel comme je l'entends.

» Et en outre, mon cher fils, je vous défends que vous ne suiviez point les tavernes, ni ceux qui volontiers les hantent, ni le jeu de dés, ni la compagnie des folles femmes, lesquelles, si les hantez, serez toujours pauvre, méchant et malheureux, et haï de toutes bonnes gens. De ce vil péché d'envie en parle Platon, et dit : Etudie et employe-toi à fuir envie, car envie est sans amour, et sèche le corps, et fait le cœur inique et mauvais. Et pour ce, mon cher et aimé fils, fuyez tous vices et toutes gens vicieux : car amour et dames d'honneur le commandent à tous vrais amoureux. Doncques, mon cher fils, pour venir à conclusion touchant le fait du péché d'envie, souvienne-vous de ce dit qui dit : J'ai plus cher mourir de faim, que perdre ma bonne renommée. Et sachez, mon fils, que de tant que êtes plus noble qu'un autre, de tant devez être plus noble de vertus : car la noblesse de bonne mœurs vaut trop mieux que la noblesse des parents : et ne peut la noblesse, tant soit grande ni puissante, surmonter la mort. Doncques par être vrai amoureux, comme je dis, vous escheverez ce très déshonnête péché d'envie et vous accompagnerez de cette très noble vertu de charité, qui est fille de Dieu, et qu'il nous a tant recommandée, et serez net et quitte et sane au regard de ce péché.

CHAPITRE VII.

Du péché d'avarice.

« Or, mon cher fils, je vous ai exposé que c'est du péché d'orgueil, d'ire et d'envie. Maintenant convient que je vous expose que c'est du péché d'avarice. Certainement, mon fils, avarice ni vraie amour ne peuvent demeurer en un cœur ensemble. Et si l'avaricieux par quelque cause est amoureux, n'est point à croire que ce ne soit de méchante et vile chose, pour avoir cause de ne rien despendre ; mais le vrai et loyal amoureux contendra en toute largesse honorablement servir sa dame et amour ; par soi tenir bien habillé, bien monté, et toutes ses gens selon son état. Et qui plus en fait qu'il ne peut, il sera fol et malheureux. Car amour et dames d'honneur n'aiment nuls amoureux prodigues : mais aiment tels gens qui se montrent en armes, en tournois, en joûtes et en toutes nobles assemblées, honnêtement à leur pouvoir, sans faire fols dépens ; et qui de leurs biens donnent pour Dieu aux plus disetteux, en ensuivant l'évangile, où notre Seigneur dit : *Beati misericordes, quoniam ipsi misericordiam consequentur*

(Matth. v. vii. cap. v.). Mon fils, afin que soyez très clair et net, ne soyez pas convoiteux, ni avaricieux, et eussiez-vous já moult de richesses; car homme de telle condition ne peut être de nul aimé, ains est de tous haï. Et à ce s'accorde le philosophe, qui dit : Mon ami, avarice est cause de larcin, de rapine, d'usure, de fraude, de simonie, de barat, de parjurements, de batailles, et en conclusion, de tous maux. Et dit saint Augustin que le cœur de l'avaricieux est semblable à enfer; car enfer ne sçait tant engloutir d'âmes, qu'il dise : C'est assez. Et ainsi est-il de l'avaricieux; car si tous les trésors du monde étoient en son pouvoir, ne diroit : C'est assez. Et pour ce, mon fils, le vrai amoureux, pour acquérir la très désirée grâce de sa très belle dame et de toutes dames, doit fuir ce très déplaisant péché d'avarice, et s'accompagner avec cette très douce et très aimable vertu de largesse, qui est amie de Dieu et honorée du monde; et par ainsi est-il sauvé.

CHAPITRE VIII.

Du péché de paresse.

» Et quant est au cinquième péché, qui est de paresse; certes, mon fils, oncques vrai amoureux ne fut paresseux; car les très douces et amoureuses pensées qu'il a nuit et jour, pour acquérir la très désirée grâce de sa très belle dame, ne le pourraient consentir : car soit pour chanter, soit pour danser, sur tous les autres il est le plus diligent et le plus joyeux à lever matin, dire ses heures, ouïr la messe dévotement, aller à la chasse, ou au gibier; et les pouacres d'amour sont à dormir. Et pour ce, beau fils, eschievez wiseuse et superfluité de vins et de viandes, afin qu'en luxure vous ne soyez souillé : car la personne oiseuse, et bien repue, à grand'peine peut garder chasteté. Et encore de ce méchant péché de paresse, dit saint Bernard, mon ami, j'ai vu aucuns fols s'excuser sur fortune; à peine trouveras-tu qu'un diligent puisse être infortuné : mais si tu es paresseux, d'infortune seras toujours accompagné. Et à ce dit saint Bernard : *Revidere quæ sua sunt, summa prudentia est.* C'est à dire, beau fils, de revoir ses choses, comment et quelles elles sont, est souveraine prudence. Il ne dit pas seulement voir ses choses, mais revoir : et ce revoir s'entend, que nul ne les peut trop voir; car oisivetés sont très souvent le venin de la pensée des jeunes gens; car le repos des jeunes est la spéciale cause des vices. Pour ce, mon fils, laissez paresse, laquelle donne à la vie mauvais ennui, et fuyez les ennemis des choses vertueuses. Eh! mon ami, les vrais amoureux sont par telles vertus sauvés, pour ce qu'ils abandonnent ce très vil et malheureux péché de paresse, pour eux accompagner avec la très resplendissante vertu de diligence. Je veux, et vous commande, mon fils, que mettiez peine d'être du nombre d'iceux; et lors serez quitte de ce malheureux péché de paresse et serez sauvé si à vous ne tient.

CHAPITRE IX.

Du péché de gloutonnie.

» Et quant est au sixième péché, qui est de gloutonnie; certes, le vrai amoureux n'en a tant soit peu : car ce qu'il mange et boit n'est seulement que pour vivre, et non pas vivre pour boire et manger; ainsi que le philosophe dit, que l'on doit seulement boire et manger pour vivre, non autrement, comme font aucuns gens, qui vivent comme pourceaux. Et pour ce, mon fils, mettez frein à votre bouche, afin que par elle vous ne preniez le vin trop largement : car abondance de viandes mal digérées, sont au corps très nuisibles, et pour ce eschivez-le mon fils. Jamais ne soyez rempli de vin, afin que ne puissiez être confondu : car vous serez réputé à vilain, si vous ne faites attemprance de vous au vin, et du vin à vous. Encore sur ce propos dit saint Grégoire, ès morales, que quand le vice de gloutonnie prend à seigneurier la personne, elle perd tout le bien qu'elle a já fait. Et quand le ventre n'est retrait par ordre d'abstinence, toutes les vertus sont en lui noyées. Et sur ce saint Paul dit que la mort est la fin de ceux qui assaveurent les choses terriennes et de ceux qui font de leur ventre leur Dieu. Et cette gloire sera d'âme, d'honneur et de corps leur confusion. Pourquoi, je vous prie, mon fils, et avec ce je vous commande que ne soyez pas d'iceux; ains qu'ensuiviez le dit d'Avicenne, pour eschiever ce péché de gloutonnie, qui dit ainsi : *Sic semper comedas, ut surgas esuriendo : sic etiam sumas moderaté vina bibendo.* C'est-à-dire, mon fils : Mange toujours en telle manière, que quand tu te leveras de la table, ton appétit ne soit pas saoul, aussi ton boire soit pris attemprement. Donc par ainsi faire, mon fils, vous vivrez par cours de nature très longuement, et serez en la grâce de Dieu au regard de ce péché, aussi d'amour et de votre dame : et aurez laissé ce très vilain et déshonnête péché de gloutonnie; et vous accompagnerez avec la douce vertu d'abstinence, fleur de toutes vertus. Et lors serez de ce péché quitte et sauvé, et si vous donnera fin au sauvement des vrais et loyaux amoureux touchant les sept péchés mortels.

CHAPITRE X.

Du péché de luxure.

« Or sus doncques, mon fils, il vous convient sçavoir parler de ce septième péché, qu'on nomme luxure. Sachez que ce péché doit être au cœur du vrai amant bien éteint, tant sont grandes les doutes que sa dame n'en prenne déplaisir, qu'un seul penser n'en est en lui. Donc par ainsi il ensuit le dit du saint Apôtre, qui dit : Ami, fuis luxure, afin que tu ne sois souillé en déshonnête renommée; ne crois point aussi ta chair, afin que par péché tu ne blesses Jésus-Christ. Et pour ce, mon fils, je vous admoneste, prie et commande, que vous vous absteniez des délits charnels, car ils bataillent jour et nuit contre l'âme; et encore vous dis-je plus, que homme qui hante les folles femmes, perd six choses; dont la première est l'âme; la seconde, l'entendement; la tierce, les bonnes mœurs; la quarte, la force; la cinquième, la clarté, et la sixième, la voix. Et pour ce, mon fils, fuyez ce péché et toutes ses circonstances. Cassiodore dit que vanité fit l'ange devenir diable et au premier homme donna la mort, et le priva de la débonnaireté dont il étoit orné; et que vanité est nourrice de tous maux, la fontaine de tous vices, et la veine d'iniquité, qui met l'homme hors de la gloire et grâce de Dieu. Et si au long je vous voulois dire et raconter ce que les philosophes et les poëtes et les autres sages payens, qui encore n'avoient senti par vraie connaissance la très sainte et la très amoureuse grâce de notre vrai Dieu, du Saint-Esprit, ont dit de ce péché tant blâmé, les écritures en seroient trop longues à réciter. Si vous dis, mon fils, que luxure est ardeur, enflammée, pulenteuse, au départir brève délectation, et de l'âme destruction; et pour ce, mon fils, que ce péché est si très déshonnête, le vrai amoureux le fuit, pour doute que sa dame n'en prenne déplaisir pour acquérir sa grâce; afin aussi qu'il n'en perde la grâce de Dieu, par qui tous biens vous viendront. Si vous ensuivez et faites, ou mettez peine de faire, ce que je vous ai ci dit et remontré, soyez assuré que tous biens vous en viendront.

» Et vous suffise atant, jaçoit-ce-que je ne vous aie point dit ni remontré les dix commandemens par ordre, ainsi qu'ils vont, car je sçais de certain que vous les savez; et pour ce je vous prie et commande que les teniez et accomplissiez à votre pouvoir. Aimez et craignez Dieu sur toutes choses; ne faites ni dites d'autrui, non plus que vous voudriez qu'on fît de vous. Et quant est vous de plus en dire, je le remets en vous et en la discrétion de votre confesseur, qui le vous saura mieux dire que moi. Je vous ai dit et remontré ce que c'est des sept péchés mortels, et quels biens vous pouvez acquerre de les fuir; et aussi le mal qui vous en adviendroit, si vous y en enchéyiez.

» Mon très cher fils, je vous envoye à la cour de mon souverain seigneur Philippe duc de Bourgongne, pour servir et accompagner le jeune duc de Clèves, lequel vous a fait tant d'honneur et à nous de vous requérir, que je crois, si à vous ne tient, que ne pouvez faillir de parvenir à un grand bien. Si ainsi le faites, à moi et à votre mère ferez plaisir. Et je vous promets de vous entretenir si honnêtement, au cas que vous le déserviez, qu'entre les autres enfants des barons et chevaliers, vous vous pourrez montrer, et y être entre les grands. Mon fils, sur toutes choses je vous défends que ne hantiez varlets, et que ne leur prêtiez vos oreilles pour les ouïr, si ce n'est de chose qui vous touche pour le service en quoi ils seront entour de vous. Croyez les bons. Je ne veux pas dire qu'il n'en soit de bons, mais je le dis pour ceux qui voudroient ou feroient chose qui vous pût tourner à déshonneur; oyez les bons; n'écoutez pas les mauvais et vicieux. Ne battez, ni malmenez vos serviteurs. S'ils font chose qui ne soit à faire, remontrez leur courtoisement leurs fautes; et si ainsi est qu'amender ou corriger ne se veulent, payez-les du service qu'ils vous auront fait et leur donnez congé; car à nul homme de bien n'appartient de férir ni battre ses varlets ou serviteurs. Battez et corrigez vos enfans quand les aurez; car de battre ou férir autrui sont aucunes fois grands meschefs advenus. Fuyez les mauvais comme le venin, et suivez les bons; et hantez souvent ceux dont vous puissiez mieux valoir. Et sur toutes choses, mon fils, je veux et vous commande que vous soyez toujours au coucher et au lever de votre maître, et soyez diligent de lui complaire et servir; car on dit communément que diligence passe prudence. Mon fils, étudiez et mettez peine de connoître les bons, et ensuivez leurs œuvres, et tout bien vous en adviendra. »

CHAPITRE XI.

Comment Jacquet de Lalain se partit de l'hôtel de son père, et s'en vint à la cour du duc de Bourgogne.

Quand le seigneur de Lalain eut admonesté Jacquet de Lalain son fils, et lui eut dit et fait cette remontrance et doctrine, bien au long et à loisir, lors Jacquet moult humblement se mit à un genouil devant messire Guillaume, son père, et lui dit: « Mon très redouté seigneur et père, moyennant la grâce de notre Seigneur, toute mon intention et courage est d'ensuivir la belle instruction et doctrine que m'avez cy dite et proposée, et y mettrai peine et diligence. » Lors messire Guillaume regardardant son fils, lui dit: « Beau fils, Dieu vous en doint la grâce: car sans son aide ne pouvons faire œuvre vertueuse, ni chose de valeur. »

Si prit son fils par la main et le fit lever. Si se partirent de la chambre tous ensemble, le seigneur et la dame, en tenant leur fils par la main, et vinrent en la salle, où les tables étoient couvertes; si s'assirent au manger. Puis quand ce vint qu'ils eurent dîné et que les tables furent levées, Jacquet de Lalain moult désirant d'être parti, pour soi mettre à chemin, ordonna ses serviteurs être prêts et les chevaux être tirés hors de l'étable. Si prit congé de messire Guillaume son père et de la dame de Buignicourt sa mère, laquelle tout soupirant le baisa au départir; car c'étoit celui au dessus de ses autres enfants qu'elle avoit le plus cher, jaçoit-ce-que elle les aimât tous.

Après le congé pris de ses frères et sœurs, il descendit les degrés de la salle et vint en bas, où il trouva son cheval prêt pour monter; mais sans mettre pied à l'étrier il saillit en la selle. Puis quand il vit ses gens et serviteurs être prêts, il brocha le cheval de l'éperon, et issit hors du châtel de Lalain et prit le chemin vers Bruxelles. Puis quand il eut chevauché environ une lieue, il donna congé à ceux qui le convoyèrent, exceptés aucuns gentils-hommes ordonnés par messire Guillaume de Lalain pour le conduire et présenter au jeune duc de Clèves. Et ainsi tout devisant exploitèrent tellement de chevaucher, qu'ils vinrent à Hauls, où le lendemain qu'ils y furent arriva Jacquet de Lalain, qui fit chanter une messe devant l'image de la Vierge Marie, où il fit ses humbles prières et requêtes, telles que pour lors sa dévotion l'incitoit à ce faire.

Après la messe ouïe et qu'il eut repu, lui et ses gens montèrent à cheval, et se mirent à chemin, eux tellement exploitant qu'ils entrèrent dedans la ville de Bruxelles. Lors Jacquet de Lalain, ainsi comme il alloit chevauchant, en passant pardevant l'hôtel et cour du duc de Bourgogne, il choisit le jeune duc de Clèves son seigneur et maître, qui alloit vers le duc son oncle pour l'accompagner à la messe. Le duc de Clèves, qui s'en alloit pour entrer dedans la porte de la cour, choisit venir Jacquet de Lalain; si s'arrêta, en disant à aucuns de ses gentilshommes: « A mon avis il me semble que je vois cy venir Jacquet de Lalain. Or, arrêtons, jusques à tant que le sçaurons à la vérité. » Lors Jacquet de Lalain, qui avoit jeté son regard vers la cour, choisit et connut tantôt le jeune duc son maître. Si mit pied à terre et aucuns de ses plus privés, et vint marchant devers le duc son maître, qui lui tendit la main en lui disant: « Jacquet, vous nous soyez le bien venu. » Lors Jacquet, qui avoit été nourri et introduit en tout honneur, mit le genouil à terre, et très humblement salua le jeune duc de Clèves son maître, lequel le reçut moult courtoisement, lui disant qu'il fût le bien venu. Si le prit par la main, et lui dit qu'il le mèneroit devers le duc son oncle pour lui faire la révérence. Le jeune duc de Clèves tenant Jacquet de Lalain par la main, entra en la cour, et montèrent les degrés, et si à point vinrent, qu'ils choisirent le duc de Bourgogne qui venoit ouïr la messe.

Le duc de Clèves s'avança pour lui être au devant, tenant Jacquet de Lalain par la main, et le présenta au duc son oncle, en disant : « Monseigneur, voyez ici Jacquet de Lalain, qui m'a été baillé par son père messire Guillaume pour vous servir et moi accompagner, si c'est votre plaisir. » Lors le duc le regarda en souriant, et lui dit : « Jacquet, vous nous soyez le bien venu; beau neveu de Clèves désiroit moult votre venue. » Si le prit par la main et le fit lever. Jacquet de Lalain, ayant fait la révérence au duc de Bourgogne, se tira à part avec le duc de Clèves jusques l'heure fut venue que le duc de Bourgogne vint à l'offrande, pour lui bailler, ainsi comme il avoit accoutumé de faire. L'offrande faite et passée, le jeune duc de Clèves se partit de la chapelle, tenant Jacquet de Lalain par la main, et soi devisant avec lui, jusques il vint à son logis. Puis eux là venus, le duc s'assit à table, et Jacquet le servit de la coupe tout au long du dîner. Le dîner accompli, le duc se leva de la table. Si se prirent tous ensemble à deviser de plusieurs gracieuses devises.

Tant et si gracieusement se devisa et contint le dit Jacquet de Lalain, au duc, en la présence des jouvenceaux, chevaliers et écuyers de leur âge, que tous prenoient plaisir de l'ouïr deviser, en le louant et le prisant sur tous ceux qu'on trouva pour lors léans. Tant et si assurément se devisa et contint avec le jeune duc, que tous lui désiroient à complaire : et tant, qu'il n'y avoit celui qui ne s'émerveillât et désirât de l'ouïr parler : car de sçavoir deviser de chasses et de voleries, nul ne l'en passoit; de jeux d'échecs, de tables, et tous autres ébattemens que noble homme devoit sçavoir, il étoit instruit et appris plus que nul homme de son âge. Tant bien se gouverna avec le jeune duc, qu'il fut prisé et aimé des grands et des petits. Et quand il se trouvoit avec le duc son seigneur, entre dames et damoiselles, nul ne le passoit de bien sçavoir tenir contenance et manière de parler, et soi deviser tant sagement avec elles que toutes étoient désirant ses gracieuses devises : car tant bien lui afféoit, que toutes disoient que le pareil jamais n'avoient vu. Et le désiroient plusieurs d'elles, par la beauté et humilité qui étoit en lui. Et tellement, et si bien se gouverna en toutes façons, que le jeune duc son maître le tenoit avec lui pour le plus prochain de son hôtel : car eux deux étoient comme d'un âge et d'une grandeur et de façon de corps et de maintien; parquoi le jeune duc le tint si cher, que peu s'en failloit qu'il ne le tînt comme son propre frère. Si aujourd'hui le jeune duc de Clèves vêtoit un nouvel habit, fût de robes ou autres habillemens, combien qu'ils fussent riches, Jacquet de Lalain étoit habillé et vêtu de tels ou semblables. Finalement le jeune duc de Clèves l'aimoit tant chèrement, que s'il n'avoit Jacquet de Lalain autour de lui, il lui étoit avis qu'il étoit seul, combien qu'il fût toujours bien accompagné de chevaliers et écuyers.

CHAPITRE XII.

Cy fait mention des joûtes et ébattemens où le jeune duc de Clèves et Jacquet de Lalain se trouvèrent ensemble.

Ainsi comme vous avez ouï, Jacquet de Lalain s'efforça tellement et par si bonne manière de servir et complaire au jeune duc de Clèves, que rien n'étoit fait ni entrepris de faire, que Jacquet de Lalain n'y fût le premier appelé : car en conseil et en autres plusieurs besognes il se gouverna si mûrement, qu'il acquit grand' gloire et grand' louange en la cour du duc de Bourgogne, où il fut moult aimé et cher tenu. Joûtes ni tournois ne lui échappoient, où il se gouverna toujours grandement à son honneur, tellement que le prix lui en demouroit, fût de ceux de dedans ou de dehors; et toujours étoit paré et houssé, lui et son destrier, ainsi et pareillement comme étoit le jeune duc son maître. Certes jamais ne se trouva sur les rangs qu'il ne fût tantôt connu par les grands coups qu'il asséoit, tant efforcément qu'il abattoit chevaux et chevaliers par terre. Il portoit lances grosses et pesantes, parquoi il les faisoit ployer jusques sur la croupe des destriers, et souvent avenoit qu'il les desheaumoit, et demeuroient à chefs nus dedans les rangs. Et lors trompettes commençoient à sonner si fort qu'on n'eût pas ouï Dieu tonner, car de tous côtés héros et poursuivans s'efforçoient de crier : « Lalain ! »

Le duc de Bourgogne et les dames qui étoient aux hourts prenoient plaisir à le voir. Assez en y avoit d'elles qui eussent bien voulu que leurs maris ou amis eussent été semblables à lui. Certes, quand ce venoit à la joûte et que le duc de Clèves y étoit en personne, accompagné de Jacquet de Lalain et d'autres gentilshommes de son hôtel, ils faisoient branler les rangs, et n'y avoit celui de leur adverse partie, qui ne doutât à les rencontrer : car tous étoient joûteurs à l'élite.

Plusieurs joûtes et courses de lances se faisoient en la ville de Bruxelles devant le duc et la duchesse, ensemble toutes les dames et damoiselles, qui étoient sur les hourts et aux fenêtres regardants qui mieux le feroit. Après les joûtes faillies, il s'en retournoient en leurs hôtels eux désarmer; puis venoient aux banquets, où étoit le duc de Bourgogne au milieu des dames; ensemble, plusieurs chevaliers et écuyers avec elles. Si se devisoient les uns aux autres de plusieurs gracieuses devises; et pouvez et devez croire que le jeune duc de Clèves s'efforçoit de tout son pouvoir de renvoisir la fête : car pour le temps de sa jeunesse, pour réveiller hommes et femmes, on ne trouvoit son pareil. Il étoit jeune, frais et bien formé de tous membres, assez haut de stature, humble, courtois et débonnaire, large et grand aumônier aux pauvres. Certes Jacquet de Lalain pouvoit bien dire qu'il avoit trouvé seigneur et maître tel qu'il eût souhaité ou demandé : car le duc et lui s'entraimoient de grand amour; et ne s'en doit-on point émerveiller, car eux deux étoient d'un âge; de corps, de hauteur et de façon s'entresembloient tant bien, qu'à les voir, qui ne les eût connus, on eût dit qu'ils fussent deux frères.

Doncques pour retourner à parler des fêtes qui journellement se faisoient, des danses et des ébattements, pour ce temps on ne trouvoit cour de haut prince où tant on en fît comme alors on faisoit en la cour du noble duc de Bourgogne; ni pour guerre qui lui survint, on ne cessoit de faire fêtes et ébattements; car de plus large, plus humble, ni plus courtois on n'eût sçu querre ni trouver. Oncques ne fut crému par sa cruauté, mais étoit craint par sa débonnaireté, largesse, vaillance et vertus dont il étoit orné. Certes, à bref parler, il n'est langue humaine, tant soit facondieuse, qui sçût dire ni raconter les grandes vertus qui en lui étoient. Et quant est à parler de ses vertus, oncques ne fut trouvé par écrit prince plus miséricordieux ni plus piteux aux pauvres; quand il les véoit en nécessité, jamais ne s'en partoient éconduits. En son temps aima fort sa chevalerie, ses nobles hommes et serviteurs, et leur fit moult de biens. Or doncques, pour retourner à notre histoire encommencée, lairons atant à parler de ce noble duc jusques à une autre fois, et continuerons en notre manière touchant les faicts de Jacques de Lalain.

CHAPITRE XIII.

Cy fait mention d'une ambassade qui vint à Châlons sur la Saône, de par l'empereur de Grèce, devers le duc de Bourgogne.

Assez avez ouï et entendu par ci-devant comme Jacquet de Lalain vint à cour pour servir et accompagner le jeune duc de Clèves, lequel, par les biens qui en lui étoient, fut si aimé et privé du jeune duc, qu'il le tenoit alors à compagnon; et comme dessus est dit, ne vêtoit habit, ni portoit joyaux, ni riches bagues, que pareillement Jacquet de Lalain ne fût habillé comme lui de chevaux, harnois et parures, fût en armes, tournois, joûtes et autres ébattements; et si bien et tant sagement se contenoit, que des princes, seigneurs et dames, par dessus tous autres, il étoit moult fort recommandé, ni jamais ne se partoit des fêtes ou joûtes, que pour le mieux faisant il n'emportât le prix, fût dedans ou dehors. Et quant est d'être entre dames et damoiselles, il y sçavoit son être plus qu'homme de son âge. Or, advint au temps qu'il étoit en la cour du duc de Bourgogne avec son maître le duc de Clèves, que nouvelles vinrent au duc, que pour aucuns affaires lui convint aller en ses pays de Bourgogne, où par devers lui vinrent son beau-frère le duc Charles de Bourbon, et plusieurs autres chevaliers et nobles hommes en sa compagnie.

A la venue du duc de Bourbon, le duc Philippe de Bourgogne lui alla au devant, et aussi firent ses neveux le duc de Clèves et Charles comte de Nevers, et plusieurs barons, chevaliers et écuyers, natifs des pays de Bourgogne, Flandre et Artois; et vinrent à Dijon, où le duc de Bourgogne les fêtoya moult honorablement, et depuis les amena avec lui à Châlons sur Saône, où pareillement leur fit grand' fête. Le duc Philippe tint grand cour; et là y arrivèrent grand' foison de barons et chevaliers de Bourgogne, de Savoie et autres plusieurs d'étranges pays; et entre les autres y arriva un chevalier ambassadeur de par l'empereur de Grèce et de Constantinoble, accompagné jusques à douze personnes atournées et vêtues à la mode grégeoise; lequel, à l'issir de l'oratoire du duc, après que les deux ducs eurent ouï la messe, commença devant les deux ducs de dire et proposer la légation et charge qu'il avoit de par son seigneur l'empereur, laquelle seroit longue à réciter : mais pour venir à l'effet de sa légation, il requéroit avoir secours de gens d'armes, pour mener par mer sur galées et navires de guerre, afin de pouvoir résister à l'encontre des Infidèles, desquels étoit conducteur le Grand-Turc, qui journellement s'efforçoit de faire entreprises, grands guerres et destructions de chrétiens de l'empire de Grèce. Et disoit que si par le duc de Bourgogne n'étoit secouru et aidé, il ne véoit nul prince chrétien qui eût volonté de bailler secours pour aider à défendre la chrétienté, laquelle un chacun jour le Turc s'efforçoit de tout son pouvoir de vouloir détruire et anéantir.

Après ce que celui ambassadeur eut fait et proposé sa légation de par l'empereur de Constantinoble, le duc lui répondit qu'il avoit bien ouï et entendu tout ce qu'il avoit dit et proposé, et que sur ce il auroit briève réponse, comme il eut : car le duc, après qu'il eut parlé à son conseil, conclut d'envoyer au secours de la chrétienté vers l'empereur de Constantinoble certain nombre de gens d'armes et de trait. Et fut élu, pour de cette armée avoir la conduite, le seigneur de Waurin, lequel avec ses gens d'armes montèrent sur galées à Venise; et avec lui en sa compagnie étoit messire Vascq chevalier espagnol, et un moult vaillant et expert chevalier aux armes nommé messire Gauwain Quieret, natif des pays de Picardie ; lesquels exploitèrent tellement de nager, qu'ils vinrent à Modon, où ils trouvèrent le cardinal de Sainte-Croix, pour lors légat de notre saint père le pape, et avec lui quatre galées armées aux dépens de notre dit saint père. De leur armée et de ce qu'ils firent, ne veux faire ni tenir long conte, mais comme j'entendis pour lors ils ne profitèrent guère à la chrétienté; ni aussi ne fut faite chose qui fût à leur profit, dont à présent veux cesser d'en plus parler, mais parlerons des choses qui puis advinrent.

CHAPITRE XIV.

Comment le duc Philippe de Bourgogne conquit la ville et pays de Luxembourg.

Après que le bon duc Philippe de Bourgogne eut par grand délibération de conseil, ordonné et envoyé gens au secours de la chrétienté, comme ci dessus avez ouï, et qu'il eut dépêché l'ambassadeur de l'empereur de Constantinoble, et lui eut fait de grands dons, il se partit de sa cité de Châlons et prit son chemin vers Dijon, avec lui le duc de Bourbon, le duc de Clèves son neveu, les deux comtes de Nevers et d'Etampes, frères et cousins-germains du duc Philippe. Eux là venus, furent faites grands fêtes et ébattemens, et spécialement de joûtes, où Jacquet de Lalain, avec son seigneur et maître le jeune duc de Clèves, se gouverna tellement et si bien que, fût dedans ou dehors, le prix lui étoit donné et présenté par les dames; et de l'autre côté au seigneur de Waurin, lequel pour le temps de lors on tenoit pour un moult vaillant joûteur. Et quand eux deux se trouvoient à la joûte, certes pas ne se départoient sans y avoir rompu grand' foison de lances : et souventes-fois se tenoient tant et si longuement sur les rangs, qu'il convenoit les ramener aux torches : et toujours eux deux, quand ils joûtoient, ne failloient point d'avoir le prix, l'un dedans, l'autre dehors. Puis après les joûtes, comme il est accoutumé de faire, on venoit au banquet : puis aux danses et ébattements, où Jacquet de Lalain au dessus de tous autres se gouvernoit si modérément, que de toutes dames et damoiselles il étoit aimé et prisé. Et tellement se conduisit et gouverna en tous lieux et places où il se trouvoit, qu'il fut tant en la grâce du duc de Bourgogne et de son neveu le duc de Clèves, qu'en plusieurs lieux, et consaux privés, il étoit appelé devant beaucoup de barons et chevaliers assez plus âgés de lui. Et là où il se trouvoit en aucune question où son avis lui étoit demandé, tant et si modérément en répondoit, que souventes-fois sur son avis on s'arrêtoit, en prenant conclusion sur la cause mise avant; dont plusieurs voyant son âge, ne se pouvoient assez émerveiller; car pour lors n'avoit que vingt ans d'âge.

Or advint qu'en cette saison le duc Philippe de Bourgongne, pour aucuns grands droits qu'il avoit sur la duché de Luxembourg, lesquels on lui vouloit extordre et anihiler, qui étoit chose que jamais il n'eût voulu souffrir, pour y pourvoir et aller à l'encontre, fit grand amas de gens d'armes et de trait, tant de Bourgogne, comme d'Artois et de Picardie, et se partit de Dijon accompagné de son neveu le duc de Clèves et des comtes de Nevers et d'Etampes, ses cousins-germains, et de plusieurs chevaliers et écuyers de ses pays; et prit son chemin vers Luxembourg et pays d'environ, où il parvint. Là y avoit aucunes villes que le comte de Vernembourg, lieutenant commis de par lui au dit pays, et messire Simon de Lalain, qu'il avoit devant envoyé avec lui, accompagné de plusieurs nobles chevaliers et écuyers, et grand nombre de gens d'armes, avoient mis en l'obéissance du dit duc Philippe de Bourgogne; et avec ce plusieurs nobles chevaliers et écuyers dudit pays, par lesquels la chose fut tellement conduite, que le bon comte d'Etampes, cousin-germain du duc, et eux avec lui, se départirent du duc, ensemble avec lui grand'foison de chevaliers et écuyers: comme le seigneur de Saveuse, le dit messire Simon de Lalain seigneur de Montigny, le seigneur de Créquy son beau-frère, et autres plusieurs chevaliers et écuyers, garnis d'échelles et autres habillemens de guerre Si vinrent en grand arroy les dresser au plus secrètement qu'ils purent, environ trois heures devant le jour : et tant firent que, sans être aperçus, montèrent contremont la muraille de la ville et entrèrent dedans. Puis eux dedans, demenants grand bruit, criants : « Notre-Dame ! Bourgogne ! » vinrent jusques en la place de la ville, qui étoit devant le châtel; et les gens de plusieurs rues et places de la ville s'assemblèrent; et les bourgeois de la dite ville, cuidants résister et les débouter dehors, vinrent armés et embâtonnés. Alors le comte d'Etampes et ceux de sa compagnie, moult vivement les reboutèrent : auquel reboutement Jacquet de Lalain fit de moult belles appertises d'armes, tant de lances comme de l'épée, qu'à le voir férir à dextre et à senestre, ceux qui le voyoient ne s'en pouvoient assez émerveiller. Finalement, le comte d'Etampes, et ceux qui avec lui étoient, eurent la victoire; et ceux de la ville furent du tout contraints de prendre la fuite. Là en y eut assez de morts et de pris. Les aucuns d'iceux saillirent dehors par la muraille, pour eux sauver et mettre à garant. La ville fut courue et pillée. Le lendemain matin le duc de Bourgogne entra dedans la dite ville de Luxembourg, en grand triomphe; et vint devant le châtel, auquel s'étoit retrait le comte de Clicq, capitaine de la place, commis pour et au nom du duc de Saxe, lequel, dedans briefs jours après la prise de la dite ville de Luxembourg, s'en issit hors par la muraille du dit châtel et s'en alla où bon lui sembla. Ceux qui dedans le châtel étoient demeurés, rendirent le châtel au duc de Bourgogne; et par ainsi, sans guère de perte, il fut seigneur de la ville et du châtel de Luxembourg. Après qu'il eut mis léans gens en garnison, et y eut laissé Cornille son fils bâtard, il s'en partit en grand gloire et louange et retourna en sa ville de Bruxelles, où à grand'liesse il fut reçu des bourgeois et communauté de la ville.

CHAPITRE XV.

Cy fait mention comment dedans la ville de Nancy où étoient les rois de France et de Sicile, et les reines leurs femmes, se firent grands joûtes.

Or advint qu'après cette conquête de Luxembourg, le roi Charles de France et son fils le dauphin de Viennois firent une moult grosse et puissante armée; laquelle le dauphin conduisit et guida vers les Allemagnes, où il fit peu de son profit et s'en retourna à peu de gain. En passant par Bourgogne, les aucuns de ses capitaines y furent rués jus et détroussés par le maréchal de Bourgogne, dont le dauphin fut moult troublé : mais autre chose n'en put avoir. Si s'en vint, avec ce qu'il avoit de gens, devers le roi de France son père, qui pour lors étoit retourné de devant Metz en Lorraine : car ceux de la cité s'étoient composés à lui de cent mille mailles de Rhin qu'il en eut; puis s'en retourna à Nancy, où le dauphin de Viennois son fils le trouva qui lui raconta de ses nouvelles; lesquelles quand il les entendit, ne lui furent pas moult plaisantes, vu qu'il avoit petitement besogné : mais pour l'heure ne le put amender; si lui convint en avoir patience pour cette fois. En la ville de Nancy, étoient le roi de France, le roi de Sicile, le dauphin de Viennois, les reines de France et de Sicile, madame la dauphine, la duchesse d'Orléans, madame de Calabre, et avec eux étoient tous les hauts princes, princesses, comtes, barons, chevaliers, comtesses, baronnesses, dames et damoiselles tant de celles de la cour comme de celles de la duché de Bar et de Lorraine ; dont il y avoit grand'foison. Si est à croire qu'entre si grande assemblée de noblesse, jamais ne se fussent départis sans y avoir fait aucunes emprises d'armes; et ainsi en fut fait comme vous l'orrez raconter en brief, et comme je l'ai ouï raconter à ceux qui y étoient, comme à chevaliers, écuyers, et autres dignes de croire. Vérité est que le dixième jour de juin, l'an mil quatre cent quarante-quatre, après souper, les rois de France et de Sicile s'en allèrent jouer aux champs, et ès prairies sur l'herbe verte, cueillants herbes et fleurs, eux devisants de plusieurs gracieuses devises, durant lesquelles monseigneur Charles d'Anjou, comte du Maine et du Perche, et le comte de Saint-Pol, accompagnés de grand'foison de chevaliers et écuyers, survinrent; si se prirent à deviser avec les dames, et raconter de leurs nouvelles : entre autres choses commencèrent à deviser de la cour et grand état que pour lors tenoit le bon duc Philippe de Bourgogne, des joûtes, tournois et ébattements qui chacun jour s'y faisoient : et dirent les aucuns d'iceux François : « Certes de pareil prince, comme est le duc de Bourgogne, ne se trouve en France, ni plus courtois : il est débonnaire, sage et large sur tous autres. » Durant ces devises, le comte du Maine et le comte de Saint-Pol se tirèrent à part et dirent l'un à l'autre : « Il convient que faisions aucune chose dont on sache à parler. Vous avez ouï raconter devant les dames comment, un chacun jour, toutes fêtes, joûtes, tournois, danses et carolles se font en la cour du duc de Bourgogne, et vous voyez que nous, qui sommes en grand nombre en la cour du roi, ne faisons que dormir, boire et manger, sans nous exercer au métier d'armes, qui n'est pas bien séant à nous tous d'ainsi passer notre temps en wiseuse. » Lors le comte de Saint-Pol, désirant mettre sus aucune emprise d'armes, appela à part le comte du Maine et lui dit : « Monseigneur du Maine, faisons, vous et moi, publier tantôt, en la présence du roi et des dames, une joûte à tous venants; et serons, vous et moi, ou aucun chevalier, ou écuyer notable pour nous, qui tiendrons le pas huit jours durants, à commencer du jour d'hui en quinze jours ; car il convient avoir espace et temps pour soi ordonner et préparer, comme en tel cas appartient. » Le comte du Maine, oyant son beau-frère le comte de Saint-Pol, commença à sourire, et dit qu'il étoit bien content, et qu'ainsi fût fait. Sans guère plus de paroles ils prirent un héraut ; et en la présence des rois, reines, princesses et dames, ils firent publier les joûtes. Si encommencèrent dames, damoiselles, chevaliers et écuyers à eux revoisir et mener grand'joie ; et entre les autres étoit Jacquet de Lalain assis auprès de madame d'Orléans et de la duchesse de Calabre, laquelle dit en souriant : « Jacquet de Lalain, vous avez ouï comment les comtes du Maine et de Saint-Pol ont fait publier une joûte, où je crois que ne faudrez pas d'y être. » — « Non, ce dit la duchesse d'Orléans, il n'en voudroit pour rien être déporté; car de ce faire est assez appris. Beau-frère de Clèves et lui sont assez usités et accoutumés de joûter et tournoyer, car en l'hôtel de bel oncle de Bourgogne, tous ébattemens s'y font chacun jour. »

Lors Jacquet de Lalain, moult joyeux de ces nouvelles, répondit : « Mes très honorées dames, si c'étoit le plaisir de vous deux, que durant ces joûtes me voulussiez retenir pour votre écuyer et serviteur, je me tiendrois bien pour heureux de faire chose qui fût à l'honneur et plaisir de vous deux. » Lors répondit madame d'Orléans et dit : « Jacquet de Lalain, mon ami, jà y a bonne espace, que premier vous ai vu avec beau-frère de Clèves; pourquoi je puis bien avoir tant de haussage sur vous que de vous retenir pour mon écuyer, durant ces armes acomplies. »—«Madame, répondit Jacquet de Lalain, moi qui suis serviteur à monseigneur vostre frère, ne voudrois aller au contraire ni désobéir à vos bons commandements; car qui est au frère il doit être à la sœur. »

Quand la seconde dame entendit les paroles et offres que Jacquet de Lalain faisoit à la première dame, elle encommença à rougir et être moult enflambée, et se tourna de l'autre part, et prit à deviser aux princes qui là estoient, sans en rien faire semblant qu'elle fût troublée ni courroucée. Si passa celui jour au mieux qu'elle peut, et convenoit qu'il fût ainsi; car autre chose n'en pouvoit faire. Et Jacquet de Lalain, qui ses devises avoit à la première dame, s'aperçut tantôt que icelle seconde dame s'étoit partie d'illec mal contente, dont il fut troublé et commença un peu à penser. Lors la première dame lui dit : «Jacquet de Lalain, n'y pensez plus, vous l'aurez. »—« Quoi ! madame, ce dit-il : je pense au jour avenir ; et me tarde assez que le jour est si lointain. »—« Taisez-vous, Jacquet, ce dit la dame, vous pensez à autre chose : car j'ai vu, et connu en peu d'espace, que entre dire et faire y a beaucoup de différence : mais pour l'heure, de par moi n'en sçaurez non plus avant. »—« Madame, répondit Jacquet de Lalain, je ne sçais à quoi ces paroles montent, ni à quoi elles servent; ni aussi je ne vous voudrois enquérir de plus en sçavoir. »— « Jacquet, ce dit la dame, soyez content pour cette fois ; et vous suffise que je vous ai retenu pour mon écuyer durant la fête : voire, si vous le desservez, à toujours, mais pourvu que soyez tel que devez être. » — « Madame, ce dit Jacquet, Dieu parfasse en moi ce qu'il y faut : car sans lui nul ne peut rien, ni moi ni autre. »

CHAPITRE XVI.

Du grand bruit qui fut à la cour du roi de France pour les joûtes qui y furent publiées, et de la requête que fit Jacquet de Lalain aux comtes du Maine et de Saint-Pol.

Après les devises de la dame et de Jacquet de Lalain, les rois et reines, princes et princesses demenants grand bruit, retournèrent en l'hôtel du roi : vin et épices furent apportées. Après vin et épices prises, chacun se retrait pour soi en aller reposer : mais Jacquet de Lalain, qui remenoit la dame à son logis, droit à l'entrée de sa chambre prit congé d'elle. La dame, comme courtoise, en souriant lui donna la bonne nuit, et lui dit au partir : « Jacquet, on ne vous voit qu'aux bons jours; je ne sçais d'ores-en-avant comment vous en ferez; vous avez jà été à cour avec beau cousin de Saint-Pol, par bonne espace sans nous venir voir. » — « Madame, répondit Jacquet de Lalain, il vaut mieux tard que jamais : il vous a plu à moi retenir pour votre écuyer ; de l'honneur que m'en avez fait vous en remercie, et prie à Dieu que tel service vous puisse faire qui vous soit agréable. » — « Amen, ce dit madame ; il en est bien en vous. » En prenant congé, elle prit Jacquet par la main, et lui donna une verge d'or, où par dedans avoit vu moult bel rubis enchâssé, en lui disant : « Jacquet, à Dieu soyez ! » Lors se partit la dame et entra en sa chambre, et avec elle plusieurs dames et damoiselles ; et d'autre part Jacquet de Lalain, avec plusieurs chevaliers et écuyers, qui demenoient grand bruit en faisants leurs devises des joûtes avenir. Et ainsi tout devisant vinrent au logis de monseigneur Charles d'Anjou, où ils trouvèrent le comte de Saint-Pol, qui appela Jacquet de Lalain, et lui dit : « Jacquet, mon ami, à cette fois il convient que vous nous aidiez à fournir notre emprise : car les gens de l'hôtel du roi se sont vantés, et ont promis l'un à l'autre qu'ils nous jeteront et bouteront hors des lices. »

Lors Jacquet de Lalain répondit et dit ainsi: « Monseigneur, laissez-les dire ; quand là viendra, j'espère qu'ils ne nous feront que tout bien : mais si je sçavois que vous deux qui avez publié la joûte, une chose que je vous veux requérir me voulussiez octroyer, à toujours mais je serois tenu à vous. » Les deux princes oyants que Jacquet leur vouloit faire aucune requête, lui dirent : « Or dites doncques ce que vous demandez. »—« Monseigneur, ce dit Jacquet, promettez-moi tous deux de m'octroyer ma requête, et je vous le dirai. » Les deux seigneurs tout en souriant commencèrent à regarder l'un l'autre et dirent : « Or sus, passons-lui sa requête, au fort nous orrons ce qu'il nous voudra dire ou requérir; accordons-lui pour cette fois. »

Quand les deux seigneurs se furent une espace devisés ensemble, eux non sachants la requête que leur vouloit faire Jacquet de Lalain, le comte de Saint-Pol l'appela et lui dit : « Jacquet, mon ami, monsieur du Maine et moi nous sommes devisés ensemble. Et pour ce que vous êtes venu avec moi et en ma compagnie, j'ai tant fait à monseigneur qui ci est, qu'il est content de vous octroyer votre requête, et demandez ce que vous voulez avoir; tant qu'est de ma part je le vous octroye. » Lors Jacquet de Lalain oyant la réponse du comte de Saint-Pol, se mit à un genouil et en souriant leur dit : « Mes très honorés et doutés seigneurs, je vous remercie tous deux. » Le comte de Saint-Pol marcha avant et prit Jacquet par la main, et lui dit qu'il se levât. Laquelle chose Jacquet ne voulut faire, et dit : « Mes très honorés seigneurs, premier que je me lève je vous exposerai ce que je veux que m'octroyez. » Ils furent contens et dirent qu'il parlât. Lors Jacquet de Lalain, qui moult joyeux étoit de la réponse à lui faite par les deux seigneurs, répondit en leur disant : « Mes très honorés et doutés seigneurs, vérité est que par Maine le hérautavez fait publier en l'hôtel du roi un noble pardon d'armes : c'est à sçavoir unes joûtes, qui se doivent faire et commencer en dedans quinze jours prochainement venants : pourquoi, mes très honorés et doutés seigneurs, je vous supplie et requiers humblement, que pour cette fois il vous plaise vous vouloir déporter de votre emprise, et me vouloir commettre et souffrir en votre lieu pour accomplir l'emprise qu'avez fait publier; et moyennant la grâce de Notre-Seigneur, je m'y gouvernerai si bien, que votre honneur et le mien y sera gardé : et en ce faisant me ferez plus grand honneur que long-temps fût fait à homme de mon lignage; et par ce moyen moi et les miens seront tenus à toujours mais de vous servir. »

Adonc les deux seigneurs, oyants le bon et haut vouloir de Jacquet de Lalain, furent moult ébahis, vu la grand' jeunesse d'icelui de Lalain. Si se tirèrent à part, et en demandèrent à ceux à qui leur sembloit d'en parler. Répondu leur fut que licitement le pouvoient faire. Si accordèrent à Jacquet de Lalain sa requête et demande, dont il fut moult joyeux : et en remercia les seigneurs, qui lui promirent l'accompagner sur les rangs, et partout où ils verroient qu'il seroit nécessité. Lors Jacquet de Lalain, après ce qu'il eut remercié les deux comtes, prit congé d'eux et vint en son logis pour soi pourvoir et soi deviser aux gentilshommes qui avec lui étaient venus, et esquels il avoit moult grand' fiance : et aussi ils étoient appris et usités de sçavoir ce qu'en tel cas appartenoit faire. Si se pourvurent de tout ce que besoin étoit; et tellement en firent, que quand ce vint au jour suivant, ils furent pourvus et garnis de tout ce que alors on pouvoit imaginer et penser. De cette emprise fut grand' nouvelle en la cour du roi; tant en la ville de Nancy comme ès autres villes du pays à l'environ; tous s'efforcèrent, chevaliers, écuyers, d'eux préparer et mettre en point, pour être prêts au jour qui étoit nommé. En plusieurs et diverses manières s'en devisoient les gens du roi, disants l'un à l'autre : « Or y perra, qui bien le fera. Ce nous seroit à tous grand vergogne, si un écuyer de Hainaut, venant de l'hôtel du duc de Bourgogne, emportoit l'honneur et le bruit devant tous ceux de la cour du roi; trop nous seroit tourné à reproche, s'il n'étoit bien reçu et bien fourbi. » —« Certes disoient les aucuns, à ce ne faudra-t-il mie. » Les autres répondoient : « Il est assez jeune; encore ne sçoit-il pas comme François se sçavent aider de leurs lances. » Ainsi se devisoient les gens du roi, eux étants entre les dames, et autre part où ils se trouvoient ensemble; et tant que de leurs devises les nouvelles en vinrent à Jacquet de Lalain, qui ne s'en faisoit que rire; fors qu'il disoit : « Je ne fais point de doute qu'il y ait François qui me porte hors de la selle, si mon destrier est porté par terre. Dont s'il ainsi advenoit, que Dieu ne veuille! si serois-je quitte pour dire aux dames ; Je n'en puis mais. » Ainsi de telles et semblables paroles usoient les François en la cour du roi : de laquelle chose Jacquet de Lalain, ni ceux qui avec lui étoient, n'en tenoient guères de compte.

CHAPITRE XVII.

Cy fait mention comment Jacquet de Lalain étoit bien venu en la cour du roi de France, et comment il se gouverna.

Quand Jacquet de Lalain se vit être prêt et qu'il ne restoit que le jour à venir, lequel il désiroit moult, il vint vers les comtes du Maine et de Saint-Pol, avec lesquels il alla jusques à la cour du roi, qui à cette heure étoit en la chambre des dames, où étoient les reines de France et de Sicile, madame la dauphine, les duchesses d'Orléans, la duchesse de Calabre, et plusieurs autres duchesses, comtesses, baronnesses, dames et damoiselles en très-grand nombre. Quand là furent venus, eux comme les autres, après ce qu'ils eurent salué le roi, les reines et toutes les dames, se prirent à deviser avec elles. Avec lesquelles (ces dames) Jacquet de Lalain se contint et devisa si gracieusement, qu'il n'y eut celle des plus grandes jusques aux moindres, qui ne prît plaisir à l'écouter et ouïr parler; et disoient entre elles : « Certes, ce jeune écuyer montre assez qu'il a été nourri en lieu de haut affaire, et qu'il soit issu et parti de noble extraction. » Ainsi les dames de telles ou semblables paroles faisoient leurs devises. Mais entre les autres étoient deux moult grandes dames, fort à avoir ci-devant ai fait mention, qui désiroient dont par ses devises; et étoit de chacune d'elles si bien en grâce, sans que l'une s'apperçût de l'autre, que merveilles étoit. Si l'oyoient moult volontiers parler, désirants que leurs maris le resemblassent. Elles deux n'avoient pas mal choisi; car il étoit tant bel et bien fait de tous membres, que Dieu et nature à le former n'avoient rien oublié. Certes, avec ce étoit débonnaire et courtois en faits et en paroles, dévôt vers Dieu et aumônier; sa conversation étoit tant plaisante, que chacun qui le véoit désiroit à avoir lui accointance. Si ne m'émerveille pas si volontiers étoit vu des dames, comme il étoit : car icelles deux dames étoient en tel point, que nuit et jour ne sçavoient que penser, pour trouver moyen honnête de pouvoir parler à lui et de avoir ses devises.

Jacquet de Lalain s'apercevant de l'amour que les deux dames avoient à lui. Lesquelles un chacun jour l'envoyoient quérir par un leur secret message ; si y alloit assez souvent soi ébattre et deviser avec elles : puis un jour devisoit avec l'une, le lendemain avec l'autre ; ou si apoint s'y gouverna en tout honneur, qu'oncques il ne fit chose dont il dût être repris devant Dieu ni le monde. Il craignoit et aimoit Dieu sur toutes rien : toujours avoit en souvenance les beaux admonestements et doctrines qu'à son partement lui avoit faits messire Guillaume de Lalain son père. Assez souvent avoit nouvelles des deux dames, lesquelles, sans que l'une sçût rien de l'autre, il contentoit si très apoint, que de toutes les deux il étoit aimé et cher tenu. Et ne tenoit qu'à lui que encore n'en fût mieux : mais pour la doute de son corps, et aussi pour la salutation de son âme, il ne s'y voulut oncques avancer que bien à point. Ainsi comme ouïr pouvez, Jacquet de Lalain pour icelui temps étoit en ce pays, et y fut tant comme il fut à la cour du roi, et désiroit moult fort à avoir achevé son emprise et mis à fin : car chacun sçait, ou doit sçavoir, que l'ennemi ne chasse à autre chose, que mener à perdition les hommes et femmes, afin d'avoir leurs âmes : et pour ce un chacun jour Jacquet de Lalain, avant qu'il partit de son logis, faisoit chanter messe ; laquelle il oyoit moult dévotement, faisant ses prières à Dieu et à la Vierge Marie sa mère qu'il le voulût garder d'encombrier. Puis, après la messe ouïe, pensoit et ordonnoit ses affaires ; si se partoit de son hôtel et alloit vers la cour du roi, avec les comtes du Maine et de Saint-Pol. Eux là venus, souventes fois le roi prenoit ses devises à lui, et l'avoit bien en sa grâce ; et tant qu'il le retint de son hôtel. Et par ainsi Jacquet de Lalain, par l'humilité qui étoit en lui, eut à ce jour grand bruit en l'hôtel du roi ; et n'y avoit duc, comte, baron, chevalier, écuyer, dame, ni damoiselle, dont il ne fût bien accointé ; en spécial des reines et princesses, desquelles il étoit volontiers vu, au-dessus de tous ceux qui là estoient. Et en spécial le roi, monseigneur le dauphin, et le duc d'Orléans, et autres les ducs, comtes, barons; chevaliers et écuyers, et généralement tous ceux de la cour du roi le véoient volontiers, disants tous que faillir ne pouvait de parvenir à un haut bien, si mort ne l'avançoit.

CHAPITRE XVIII.

Comment Jacquet de Lalain s'apprêta, et vint passer devant les hourts des dames, accompagné des comtes du Maine et de Saint-Pol.

Quand les chevaliers et écuyers de l'hôtel du roi virent le jour approcher que les joûtes se devoient faire, chacun en droit soi se pourvut et appréta de tout ce que mestier leur fut, comme raison étoit. Car si adonc vous eussiez été à Nancy, vous y eussiez vu et ouï si grand bruit et telle noise des armoyeurs, selliers, maréchaux, qui ferroient lances et destriers, et le hennissement des chevaux, qu'il sembloit être un ost, et qu'on se combattît l'un contre l'autre. François, Champenois, et autres nations s'efforçoient chacun à son pouvoir d'y être le mieux en point. Bien se vantoient les aucuns de mettre peine de bouter hors des lices Jacquet de Lalain, lequel aucuns François disoient que cela procédoit d'un grand orgueil et présomption d'avoir empris un si haut fait, comme de vouloir attendre et fournir tous ceux qui venir y voudroient, quatre jours durant, et les fournir chacun de trois lances rompues.

Or vint le jour, qui moult étoit désiré de Jacquet de Lalain, que sur toutes choses il avoit mis peine et fait grande diligence que ses besognes fussent prêtes, comme elles furent: car il avoit gens, nobles hommes et serviteurs, experts et usités à ce sçavoir faire. Si se fit armer et ordonner, son destrier rouan fut tiré hors de l'étable tout houssé d'orfèvrerie moult riche. Et quant est de son heaume, il avoit au-dessus une très riche guimple, toute bordée et garnie de perles, à franges d'or battants jusques en terre, laquelle lui avoit été envoyée par l'une des deux dames. Et dessus son senestre bras, avoit une moult riche manche, où pardessus avoit grand'foison de perles et pierres que la seconde dame lui avoit envoyé par un sien message secret. Certes, quand il fut monté son destrier, armé et habillé ainsi comme vous oyez, il ressembloit bien homme de haut affaire, à voir et à regarder ses manières et contenances. Ceux qui là étoient ne se pouvoient saouler de le garder, pour le plaisir qu'ils y prenoient.

Si vint l'heure qu'il fut temps de partir; et lui fut signifié qu'il dût venir; car c'étoit celui qui devoit tenir le pas; et que les rois et les reines de France et de Sicile, et les hautes princesses, dames et damoiselles étoient déjà toutes montées sur les hourts. Jacquet de Lalain, à qui il tardoit moult de partir, n'attendoit fors la venue de messeigneurs les comtes du Maine et de Saint-Pol, lesquels, le soir devant, lui avoient promis de l'accompagner et servir de ses trois premières lances, comme ils firent; car incontinent, sachant Jacquet de Lalain être prêt, se partirent de leurs logis et vinrent par devers lui, où ils le trouvèrent monté sur son destrier et appareillé pour partir. Si le saluèrent en souriant. Lors trompettes, clairons et ménestrels commencèrent à sonner et démener si grand bruit qu'à les ouïr étoit grand' mélodie; et ainsi adextré des deux comtes du Maine et de Saint-Pol, se partit grandement accompagné de chevaliers et d'écuyers, et s'en vinrent en la place où les joûtes se devoient faire. Puis quand là fut venu, il vint passer devant les hourts. Si salua le roi et toutes les dames, dont il fut moult regardé, en spécial des deux dames, dont il étoit moult aimé; et si ne sçavoient rien l'une de l'autre, car il n'y avoit celle des deux qui ne cuidât être seule la mieux aimée. Si s'ébahirent assez, quand elles virent la guimple et la manche qu'il portoit sur le bras senestre; dont toutes deux furent en souci et en mélancolie; mais sans en montrer quelque semblant, s'encommencèrent à deviser entre elles de plusieurs choses touchant la fête et joûtes à venir, sans en rien toucher, ni parler de Jacquet de Lalain, excepté la première dame, qui dit: « Certes il m'est avis que ce jeune écuyer, qui a empris d'achever et venir au-dessus de cette haute emprise, est bien taillé de aujourd'hui avoir assez à souffrir, vu la grande jeunesse en quoi il est; et me semble qu'il y a peu pensé, vu, et comme je crois qu'il sait, qu'aujourd'hui en la cour du roi se trouveront grand'foison de chevaliers et barons et gens de haute emprise, qui tous sont désirants, chacun en droit soi, eux efforcer et mettre peine à le fournir et mettre hors lices. »

CHAPITRE XIX.

Cy parle des deux dames qui faisoient leurs devises de Jacquet de Lalain.

Quand la seconde dame entendit les devises que faisoit la première dame, elle qui étoit en moult grand souci de sçavoir à la vérité qui pouvoit avoir été celle qui avoit fait le présent de la guimple que Jacquet de Lalain portoit sur son heaume, encommença de parler et dire : « Madame, sachez que le jeune écuyer dont vous parlez et ébahissez si fort de ce que tant a été osé d'avoir empris et venir au-dessus de ce haut pardon d'armes, n'en soyez rien en souci, car plusieurs fois s'est vu que peu de pluie abat grand vent. Je crois et sçais assez qu'en l'hôtel de monseigneur le roi y a assez gens qui désirent chacun en soi de débouter l'entreprenant et le mettre hors des lices : mais, madame, à ce que je vois et puis connaître, je cuide qu'aujourd'hui le verrez faire si hautement son devoir, qu'avant ce qu'il soit bouté ni jeté hors des lices, en y aura de tels qui par aventure, avant ce qu'ils en viennent au-dessus, auront moult à souffrir. Madame, ne pensez pas que si le jeune écuyer ne se sentoit être homme rempli de vaillance et prouesse, jamais il n'eût osé requérre d'avoir en main une si haute emprise ; et pour ce, madame, soyez contente de voir l'ébattement. Et quant est de ma part, je dis et oserois bien maintenir qu'il est amoureux d'aucune haute dame qui par aventure pourroit être en cette cour, laquelle se pourroit tenir la plus heureuse des autres. Mais une chose me donne grand'merveille, c'est pour ce que sur son heaume il porte une moult belle guimple ; et au-dessus de son bras senestre une très riche manche garnie de pierreries et toute brodée à lettres d'or, dont je ne sçais connoître ni exposer ce que dessus est écrit : si me déporte d'en plus sçavoir quant à présent. »

Quand la première dame ouït et entendit bien et au long les paroles et devises de la seconde dame, elle encommença un peu à muer couleur : « Belle cousine, assez ne me puis émerveiller dont vous vient au-dessus des autres de tant louer et priser cet écuyer de Hainault, lequel n'a guères est venu en cette cour, ni jamais, fors maintenant, ne l'avez vu. On dit souvent en un ancien proverbe, que grand'hâte mène repentance après soi. Je le dis pour l'écuyer à qui vous baillez si grand bruit ; attendez jusques au soir que vous ayez vu comment il tiendra son pas, et si pour le jour il sera tenu pour le mieux faisant. Et alors, si ainsi est qu'il soit tel comme vous le cuidez être, vous pourrez juger et dire qu'il sera digne d'être loué et exhaussé au-dessus de tous les autres. »

Quand la seconde dame ouït ainsi parler la première, elle fut moult contente, pensant en elle-même que ce n'étoit pas celle qui avoit envoyé la guimple à Jacquet de Lalain, dont elle avoit été en moult grand soupçon. Et d'autre part la première dame mal contente de la seconde dame, pensant en soi-même qu'elle sans autre étoit celle qui lui avoit envoyé la manche qu'il portoit sur son bras senestre : et ainsi la première dame mal contente de la seconde, sans en montrer semblant, et sans plus dire ni parler de cette matière, marchèrent toutes deux ensemble avant vers les hourts des deux reines. Et là toutes ensemble encommencèrent à deviser des joûtes et ébattements avenir, desquels nous retournerons à parler et laisserons les dames faire leurs gracieuses devises.

CHAPITRE XX.

Comment Jacquet de Lalain faisoit merveilles à la joûte.

Quand les chevaliers et écuyers de dehors sçurent et furent avertis que Jacquet de Lalain étoit sur les rangs, prêt et appareillé de fournir son emprise, lors de tous côtés encommencèrent à venir, en démenant si grand bruit, que par toute la ville on n'y eût ouï Dieu tonner, des trompettes, clairons et menestrels, qui faisoient si grand'mélodie, que plaisir étoit de les ouïr. Puis quand celui qui ordonné étoit de faire ses premières courses, fut entré dedans le parc, et eut salué le roi et les dames, il tira vers le côté où il devoit être, la lance sur la cuisse, prêt pour courre. Jacquet de Lalain, sans plus faire séjour, baissa sa lance et férit le destrier rouan de l'éperon ; lequel, comme un foudre, accourut par telle force, que les deux vassaux rompirent leurs lances par telle vertu, que les éclats en volèrent par-dessus les hourts des dames, dont de cette course furent tous deux moult fort prisés et loués. Puis quand chacun d'eux eut fait son poindre, de rechef baissèrent leurs lances, dont ils s'accousuivirent par si grand'roideur que celui de dehors rompit sa lance : mais Jacquet de Lalain, qui au-dessus de tous connoissoit le métier des armes, lui assit sa lance droit au milieu de l'écu ; puis se heurtèrent si fort l'un contre l'autre, que Jacquet de Lalain homme et cheval porta par terre, si très rudement, que le destrier et l'homme qui dessus étoit furent tout étourdis. Jacquet de Lalain passa outre pour parfournir son poindre. Lors de tous côtés accoururent gens pour relever le chevalier qui étoit cheu, lequel à bien grand'peine fut ramené en son hôtel : car au cheoir qu'il fit, il fut blessé environ le genouil : parquoi impossible lui fut de parfournir ses courses.

Alors cette joûte passée, se mit un autre chevalier sur les rangs ; lequel voyant Jacquet de Lalain être prêt, baissa sa lance, et, autant que cheval peut courre, le laissa aller ; et d'autre part Jacquet de Lalain férit le bon destrier rouan de l'éperon, qui alloit courant de si grand'force, que la terre sur quoi il marchoit alloit tout tombissant. Si s'accousuivirent tous deux ès lumières des heaumes, et n'y eut celui d'eux qui ne rompît sa lance, tant furent les coups grands et démesurés : mais le coup que Jacquet de Lalain bailla au François fut si merveilleux, que nettement, sans quelque blessure, il lui ôta et porta le heaume dehors la tête ; et là demeura à chef nu devant le hourt des dames, moult ébahi, comme celui qui à grande peine sçavoit que lui étoit advenu. De ce coup Jacquet de Lalain acquit un si grand bruit, que par tout, hérauts, poursuivants, trompettes et plusieurs autres crioient : Lalain ! à haute voix, dont les rois de France et de Sicile, les reines, princesses et dames le commencèrent à louer et priser, en eux émerveillants, vu sa grande jeunesse, comme il avoit pu durer à deux si vaillants hommes, et les avoit pu souffrir ; et sembloit chose incroyable, qui ne l'eût vue. Là en y eut plusieurs des joûteurs attendants à leur tour, qui pensèrent bien d'eux mettre en peine de venger leurs compagnons : mais on dit communément : Tel cuide venger sa honte qui l'accroît. Laquelle chose advint ainsi à aucuns, comme ci-après pourrez ouïr.

Après ce que les deux chevaliers eurent accompli et fait leurs courses à l'encontre de Jacquet de Lalain, c'est à sçavoir le premier, qui fut porté par terre ; et le second, auquel le heaume fut ôté, et porté hors du chef tout étourdi, que oncques depuis ne fit chose dequoi on doive tenir guères de compte ; et pourtant en breef me passe d'en plus écrire, car il convient donner lieu à ceux auxquels il est raison de le faire. Mais un peu parlerons de Jacquet de Lalain, qui s'apprêtoit fort pour fournir un chevalier d'Auvergne, lequel à ce jour on tenoit et disoit être l'un des plus forts et âpres chevaliers que pour lors on sçût trouver. Lors les comtes du Maine et de Saint-Pol s'approchèrent de Jacquet de Lalain, tout en souriant, et lui dirent : « Jacquet, mon ami, or apperra maintenant comment vous vous porterez ; votre commencement a été bel ; Dieu vous doint cet honneur de mieux en mieux persévérer. » — « Mes seigneurs », répondit Jacquet de Lalain, je vous en remercie. Au bon vouloir que j'ai, parmi la grâce de Dieu, j'ai aujourd'hui intention que votre honneur et le mien y seront bien gardés. » Alors le comte de Saint-Pol prit la lance ; si la bailla à Jacquet : si la coucha, en férant le bon rouan de l'éperon ; et d'autre part le chevalier auvergnois lui vint comme tempête la lance baissée ; si s'entreférirent eux deux sur les écus, par telle force, que jusques aux poings ils froissèrent leurs lances ; et tant, que les éclats volèrent contremont. Puis passèrent outre pour parfournir leur poindre ; puis reprirent nouvelles lances, eux affichants sur leurs étriers, et baissèrent leurs lances ; si s'accousuivirent sur et à l'endroit des lumières de leurs heaumes, qu'ils les firent étinceler ; si les rompirent et mirent par tronçons ; et furent les coups si pesants, qu'il n'y eut celuy des deux à qui la vue ne troublât ; nonobstant, s'en passèrent outre pour parfournir leur poindre. Et lors de toutes parts trompettes démenèrent grand noise pour rebaudir et éjouir la fête. De cette course les deux vassaux furent moult loués et prisés des rois, reines et dames, et de tous ceux qui à ce jour les regardoient, disants qu'oncques mais en leur vivant plus dures joûtes n'avoient vues. Puis quand les deux joûteurs furent chacun en leur lieu, ils s'arrêtèrent un peu chacun d'eux regardant son compagnon.

Or vint la tierce course et la dernière. Lors le comte Louis de Saint-Pol s'approcha de Jacquet de Lalain, et lui dit : « Mon ami, je te prie qu'à cette dernière course tu veuilles montrer si Hainuiers sçavent rien à la joûte. » — « Monseigneur, répondit Jacquet, on verra à ce coup à qui Dieu en donnera le meilleur. Tant qu'est à moi, je m'y emploierai de tout ce qu'il me sera possible. » Après ces paroles, sans plus guère tarder ni faire séjour, Jacquet demanda sa lance ; elle lui fut baillée, et d'autre part le chevalier auvergnois prit la sienne ; et laissèrent courre les destriers, tellement qu'à les voir venir pour aborder ensemble il sembloit que la terre et le sablon surquoi ils marchoient dût effondrer dessous leurs pieds. Si s'entre-rencontrèrent de leurs lances qui étoient fortes et roides, deux si horribles et merveilleux coups, que ceux qui les regardoient avoient peur et hide qu'ils ne s'entr'occissent. Le chevalier auvergnois férit Jacquet de Lalain au milieu de l'écu et rompit sa lance ; et Jacquet, qui de toute sa force et science avoit mis peine de bien asseoir son coup, atteindit le chevalier droit en la lumière du heaume, un coup si démesuré, que le feu en saillit par étincelles, et fit ployer le chevalier jusques à la croupe de son destrier, si étourdi du grand coup qu'il avait reçu, que si tôt on n'y fût accouru pour le soutenir, il fût tombé sur le sablon ; mais nonpourtant l'on convint mener en son hôtel ; et fut l'espace d'une heure, avant qu'il pût être revenu en sa mémoire, et cuidoient les aucuns, que jamais n'y dût retourner. Il avait reçu si grand coup, que par la bouche, par le nez et par les oreilles il jetoit le clair sang.

Or lairons de parler de lui, et retournerons à Jacquet de Lalain, auquel il déplaisoit fort du chevalier qui ainsi s'en étoit parti : mais quand il ouït dire qu'il n'avoit mal, fors que de ce qu'il étoit étonné, il le passa plus légèrement, et se remit en son rang, attendant la venue d'un autre chevalier, lequel s'apprêtoit pour faire ses courses. Lors Jacquet de Lalain le voyant prêt, demanda sa lance ; si lui fut baillée, et laissèrent chevaux aller tant qu'ils purent courre. Si s'acconsuivirent de leurs lances qui étoient fortes et roides, par dessus les écus, de telle fierté, que les lances des deux joûteurs rompirent en pièces ; puis passèrent outre, et se mirent en ordre pour faire la seconde course, et laissèrent les destriers aller, lances baissées et sans barguigner se férirent et attaindirent sur les écus, que force fut au chevalier de dehors de soi ployer jusques sur la croupe de son destrier. Il se releva, et passèrent outre pour parfournir leur poindre, et revinrent à la tierce course : si s'ateignirent par telle force, que le chevalier rompit sa lance par tronçons, et Jacquet de Lalain, qui l'avoit avisé à son venir, l'asséna en la lumière du heaume par telle force et vertu, qu'au bout de sa lance il emporta le heaume du chevalier plus de quatre toises loin. Le chevalier se voyant tout désarmé, la tête nue, prit son regard vers le hourt des dames. Lors de toutes parts on encommença de rire, et trompettes à sonner ; hommes, hérauts, et poursuivants de crier : Lalain ! que merveille étoit à les ouïr. Tant démenoient grand bruit dessus les hourts, et par tous les rangs, qu'on n'y eût ouï paroles, que toutes ne fussent à la louange, et gloire de Jacquet de Lalain : mêmement les dames qui étoient sur les hourts en tenoient leur parlement. Si pouvez croire que les deux dames, dont par ci-devant avons fait mention, étoient joyeuses et envoises : car il n'y avoit celle des deux, qui bien ne cuidât être seule la mieux aimée. Nonobstant ce, si étoit la première dame un peu en suspicion de la seconde, à laquelle elle véoit faire une joie si grande, que plus n'en eût sçu faire ; et avec ce véoit que toujours icelle seconde dame avoit son seul regard sur Jacquet de Lalain, qui à cette heure mettoit toute son étude de vouloir acquérir los et bonne renommée, comme il fit à ce jour, auquel il fit merveilles : car si de tous ceux auxquels il eut à besogner à ce jour, je vous voulois dire, ou raconter comment chacun en droit soi y besogna, trop pourrois ennuyer aux lisants et écoutants; et pourtant m'en passerai à cette fois : mais tant vous osé-je bien dire pour vérité, que s'il avoit bien besogné au commencement, il continua jusques à la fin. Parquoi tous les princes, chevaliers, écuyers, princesses, dames et damoiselles s'ébahirent et émerveillèrent comment le corps d'un si jeune homme, qui encore à ce jour n'avoit que vingt-deux ans d'âge, avoit pu ce souffrir, ni endurer : car il avoit eu pour ce jour affaire à une partie des plus puissants et renommés nobles hommes qui fussent en l'hôtel du roi. Et jugèrent et dirent les princes, que s'il continuoit, ou pouvoit vivre jusques à ce qu'il vînt en âge d'homme, il passeroit tous ceux de son temps; et que bien étoit heureuse la maison d'où il étoit issu, et que faillir ne pouvoit de parvenir à la haute vertu de prouesse et bonne renommée. Ainsi comme vous me oyez contre se contenoient et continuoient les paroles et devises par la ville de Nancy de Jacquet de Lalain, qui encore étoit sur les rangs, attendant si pour celui jour il y viendroit homme qui à lui voulsist joûter : mais pour l'heure il étoit assez tard, si s'en tint atant. Puis quand il vit que nul ne s'avançoit pour y venir, les comtes du Maine et de Saint-Pol lui dirent qu'assez en avoit fait, et qu'heure étoit de soi partir; laquelle chose il fit.

Si se fit désarmer de son heaume, et se partit, et vint passer devant les hourts, en saluant les rois, reines, princes et princesses, dames et damoiselles; qui au passer moult courtoisement lui rendirent son salut. Si pouvez croire et sçavoir que de plusieurs il fut volontiers vu et fort jalousé d'aucunes, qui n'étoit pas de merveilles : car de plus bel jeune écuyer pour lors on n'eût sçu querre, ni trouver; avec la beauté, qui en lui étoit, il étoit humble, courtois et débonnaire. Si est à croire pour certain que la belle doctrine que par messire Guillaume de Lalain son père lui avoit été faite à son département, quand premièrement il alla à la cour du bon duc Philippe de Bourgogne, il l'avoit bien retenue : car depuis son trépas j'ai ouï dire à noble homme, et de bonne créance, que jamais ne se fût allé coucher sans soi avoir confessé, pourtant qu'il s'eût senti être en péché mortel; parquoi on pouvoit croire pour certain qu'il ne pouvoit faillir de parvenir au don de vertu, de prouesse et de bonne renommée, pour à laquelle parvenir toute sa vie il contendit, ainsi comme ci après plus au long vous pourrez ouïr.

CHAPITRE XXI.

Cy fait mention comment Jacquet de Lalain joûta le lendemain, et de la venue du comte d'Angoulême, frère du duc d'Orléans, lequel venoit d'Angleterre, où il avoit été prisonnier long espace de temps.

Assez avez ouï comment Jacquet de Lalain, après ce qu'il eut accompli et tenu son pas, revint en son hôtel, accompagné des comtes du Maine et de Saint-Pol, et de grand'foison de chevaliers et écuyers; et aussi, qui n'est pas à mettre en oubli, grand'foison de hérauts et de poursuivants, trompettes et ménestrels, lesquels tous ensemble le convoyèrent jusques en son hôtel, criants à haute voix : « Lalain ! » Mêmement les hommes et enfants de la ville, dont il y avoit grand'foison. Puis quand il vint pour entrer en son hôtel, il se tourna vers les seigneurs qui l'avoient à ce convoyé, en les remerciant moult courtoisement de l'honneur que fait lui avoient. Si s'en retournèrent iceux seigneurs devers le roi et le trouvèrent descendant jus des hourts, ensemble avec lui les reines, et monseigneur le dauphin, madame la dauphine et les autres princesses, dames et damoiselles, qui tous s'en allèrent au lieu et place où le banquet étoit assis; auquel assez tôt après Jacquet de Lalain arriva moult bien vêtu d'une riche robe vermeille, longue jusques aux pieds et toute chargée d'orfèvrerie, qui moult bien lui étoit séant : car il étoit haut, le viaire frais et coloré comme une rose. Il vint saluer le roi et toutes les reines, princesses et dames, lesquelles volontiers le virent, et en spécial sur toutes, les dames dont par ci devant avons fait mention; auxquelles en général il eut cette nuit plusieurs devises : et tellement et si modérément s'y gouverna, que chacune d'elles furent contentes, car sur tous autres il se sçavoit deviser en toutes choses qu'on lui demandoit. Il bailloit à chacun réponse selon ce qu'on lui mettoit en terme; parquoi il fut tant bien venu en l'hôtel du roi, que du grand jusques au petit chacun lui désiroit complaire. En cette nuit même le bon roi Charles le tint long temps en devises, parlant de plusieurs choses, auxquelles il répondit si modérément, que le roi fut très content et lui plut moult fort à l'avoir ouï parler.

Alors vint l'heure que les rois de France et

de Sicile, les reines, princesses et dames furent assises, et toujours, comme il est accoutumé de faire assiette de banquet, on fit cette nuit pareillement. Jacquet de Lalain fut assis entre les deux princesses desquelles par ci devant avons parlé, avec lesquelles il se contint moult arréement. Mais toutes fois la première, très secrètement, sans ce que l'autre dame s'en apperçût, lui donna un très riche diamant; et pareillement en fit la seconde d'un moult bel rubis assis en un annel d'or. Si les prit, car nullement ne les eût osé refuser; car chacune d'elles le désiroit avoir pour son passetemps. Mais Jacquet de Lalain, ayant par tout regard et souvenance de la belle doctrine que à son département son père messire Guillaume de Lalain lui avoit fait, le contraignoit et enseignoit comment en tel cas il se devoit gouverner; et tant lui montroit de beau semblant l'une en derrière de l'autre, que à grand'peine il s'en put dépêcher, et avoit assez à faire tous les jours, autant qu'il fut par de là, de s'en sçavoir garder et de trouver occasion d'honnête fuite : car de tout le temps qu'il séjourna à Nancy, n'échappoit jour que de l'une ou de l'autre ne fût envoyé quérir. Aucune fois il y alloit soi deviser, et autrefois non. Toutes fois il n'y avoit celle des deux, qui ne l'aimât moult chèrement, et si ce n'eût été la doubte qu'aucun meschef ne lui en fût advenu, il ne fût pas si tôt retourné par deçà; car pour ce temps le roi l'avoit retenu de son hôtel; mais il trouva si gracieusement ses excusances, que le roi en fut très content.

Or retournerons à parler de la joie et fête qui se fit à celui banquet, qui fut moult bel et riche; et où chevaliers et dames se devisoient, en parlant d'armes et d'amour, et de ce que plus leur touchoit, comme en telles hautes et nobles fêtes on a accoutumé de faire. Et là sur tous autres, Jacquet de Lalain eut le bruit et la renommée de mieux avoir fait son devoir; et de bien et noblement avoir tenu le pas, comme chacun pouvoit sçavoir; et eut ce jour le prix, pour le mieux avoir accompli son emprise, dont il remercia le roi, la reine et toutes les dames. Puis quand ce vint à l'issue du noble banquet, et que chacun se fut levé de table, tous se prirent à danser par la salle. Lors encommencèrent trompettes à sonner, et ménestrels à jouer, et autres instruments mélodieux; et dames se prirent de tous côtés par la fête à danser, chanter et envoisier, et faire fête. Et d'autre part chevaliers et écuyers à s'assigner pour le lendemain joûter, comme ils firent; et fut la fête criée, et le prix donné à celui qui mieux avoit joûté à l'encontre de Jacquet de Lalain. Après ce, vin et épices furent apportés; si prirent congé et s'en allèrent à leurs hôtels, où ils se reposèrent jusques le lendemain matin, que chacun s'en alla ouïr la messe. Puis allèrent à la cour, pour être à la messe du roi, où à cette heure nouvelles vinrent que le comte d'Angoulême devoit être à au dîner, lequel venoit de prison d'Angleterre, où il avoit été long temps tenu prisonnier. Si s'apprêtèrent tous les grands seigneurs, chevaliers et écuyers de l'hôtel du roi, qui lui allèrent au devant et l'amenèrent devers le roi, qui le reçut moult liement, et en lui faisant grand' fête, l'embrassa en lui disant : « Beau cousin, vous nous soyez le très bien venu, comme celui que désirions à voir. » — « Monseigneur, répondit le comte, loué Notre-Seigneur de vous voir en bonne prospérité de votre personne. » Lors il fut mené vers la reine, vers monseigneur le dauphin et madame la dauphine, et vers les autres princes et princesses, qui le conjouirent et fêtoyèrent au mieux qu'ils purent; en spécial le duc d'Orléans son frère et la duchesse sa belle-sœur, et tous les autres seigneurs et dames de la cour.

Si fut à ce jour en la ville de Nancy, la joie, et fête renforcée pour la venue du comte d'Angoulême, qui étoit cousin-germain du roi. Le dîner fut prêt, l'eau fut apportée; si lavèrent, si s'assirent à table : de leur assiette, des mets et entremets dont ils furent servis, je ne vous veux tenir long conte; car assez est à croire que de tous les biens et vivres qu'à ce jour on put recouvrer dedans la ville de Nancy et au pays à l'environ, furent servis moult plantureusement. Le dîner accompli, se levèrent de table. Le roi prit le comte d'Angoulême par la main; si se devisa à lui grande espace, puis se retira chacun en son lieu, et s'en allèrent apprêter ceux qui devoient joûter. Lors toutes les reines, dames et princesses allèrent monter sur les hourts, Jacquet de Lalain, désirant de tout son cœur faire chose dont il fût mémoire; se fit armer; puis monta sur son destrier tout couvert et houssé d'autres nouvelles parures qu'il n'avoit eues le jour devant. Si le vinrent quérir le comte du Maine et le comte de Saint-Pol, et l'amenèrent sur les rangs. A grand son de trompettes et de ménestriels entrèrent au parc en saluant les dames, lesquelles étoient montées sur les hourts, attendants après les joûteurs. Quand Jacquet de Lalain fut venu en son rang, assez tôt après arrivèrent grand foison de joûteurs. Entre les autres s'apprêta un chevalier qui bien sembloit homme de haut affaire, lequel voyant Jacquet de Lalain qui n'attendoit que la joûte, férit le destrier de l'éperon; et pareillement le fit Jacquet, autant que leurs destriers purent courre sans s'épargner; si s'acconsuivirent eux deux sur les écus, par telle vertu, que leurs lances volèrent en pièces; si passèrent outre. Lors recommencèrent la seconde course et s'atteignirent par si grand air, que leurs lances froyssèrent jusques aux poings. Mais sachez que Jacquet de Lalain donna si grand coup à son compagnon, qu'il le renversa jusques sur la croupe du destrier, tout étourdi; et tant que pour ce jour il ne put plus rien faire, et convint qu'il s'en retournât en son hôtel. Mais oncques Jacquet de Lalain n'en ploya l'échine; et vous dis pour certain que celui jour il eut à faire à huit joûteurs, sans ce que oncques nuls d'eux le sussent avoir fait ployer; mais tout le jour étoit aussi frais et nouveau qu'à l'heure qu'il y étoit entré, dont il fut moult recommandé et prisé des seigneurs et dames qui là étoient; et sur tous autres, pour le jour, il fut tenu pour le mieux avoir fait.

CHAPITRE XXII.

Encore du même, et du partement du roi pour aller à Châlons en Champagne.

Or advint, durant le temps que Jacquet de Lalain tenoit son pas, que le roi et le seigneur de la Varenne arrivèrent sur les rangs; demenants grand bruit et si grand frainte de trompettes, qu'il sembloit que terre et ciel dussent combattre ensemble; non point qu'ils voulsissent joûter à celui qui tenoit le pas, mais par une joyeuseté qui les mut à ce faire. Si coururent l'un contre l'autre quatre courses et rompirent chacun deux lances, et s'en retournèrent eux désarmer. Puis s'en vinrent mettre sur les hourts auprès des dames, cuidants que nul ne les eut reconnu.

Jacquet de Lalain après qu'il eut tout le jour gardé son pas, tout heaumé, s'en partit, en passant devant les hourts, vint en son hôtel, puis se fit désarmer, monta sur une petite haquenée et vint vers le comte de Saint-Pol, avec lequel il s'en ala à la cour devers le roi, qui lui fit grande chère; et là encommencèrent à eux deviser des joûtes et de ce que ce jour y avoit été fait. Lors vint l'heure du banquet que chacun s'assit, comme la nuit devant avoient fait; et comme la nuit devant, le prix lui fut apporté par les dames. Puis après le banquet, chacun se prit à danser et à faire fête; trompettes et ménestreux ne cessèrent de corner jusques auprès du jour pour mieux resbaudir la fête; chevaliers et dames, de chanter, danser et deviser les uns aux autres; et toujours Jacquet de Lalain et les deux dames le plus du temps se retrouvoient, et devisoient de ce dont il leur venoit à plaisir; et passoit temps avec elles, et autant en avoit l'une que l'autre; et toujours se départoit bien d'elles, sans que l'une sçût rien du fait de l'autre.

Et ainsi comme vous oyez, Jacquet de Lalain, pour le temps qu'il fut par de là, acquit si grand bruit et louange du roi, de la reine, de monseigneur le dauphin et de tous les autres princes, princesses, dames et damoiselles, qu'il n'y avoit celui ou celle que moult volontiers ne voulsit ouïr ses devises et avoir son accointance; et avec ce se gouverna si modérément tous les jours qu'il tint le pas, qu'il emporta le nom et le los pour le mieux faisant de tous ceux qui joûtèrent à l'encontre de lui. Puis quand les jours furent passés, car il n'est fête qu'il ne conviene cesser, le roi, qui bonne espace avoit été ès marches de Bar et de Lorraine, pour aucuns ses hautes affaires, se partit et alla vers Châlons en Champagne, ensemble et en sa compagnie, la reine de France, la reine de Sicile, monseigneur le dauphin, madame la dauphine, la duchesse d'Orléans, la duchesse de Calabre et autres hautes princesses et dames, et la plupart de ceux qui à la fête de Nancy avoient été. Et d'autre part y vinrent de France et de Champagne plusieurs autres chevaliers, dames et damoiselles; parquoi la fête en commença plus grande que paravant n'avoit eu à Nancy, et dura assez bon espace, tant de joûtes qui se firent, comme d'autres plusieurs ébattements qu'un chacun jour s'y faisoient, où Jacquet de Lalain se gouverna si modérément, qu'au dessus de tous ceux qui y furent emporta le bruit et la renommée pour le mieux faisant.

CHAPITRE XXIII.

Cy parle d'un chevalier sicilien qui étoit de l'hôtel d'Alphonse, roi d'Aragon et de Sicile, et qui portoit une emprise pour faire armes.

En ce temps, comme vous avez ouï, Jacquet de Lalain désiroit de tout son cœur de parvenir à la haute vertu de prouesse et de bonne renommée, afin que durant son jeune âge il pût tant faire, par ses grandes œuvres et vertus, lui qui étoit premier et aîné fils de la maison de Lalain, et afin qu'en lui ne défaillît la renommée, que les vaillants et nobles chevaliers ses prédécesseurs avoient eu, et qu'elle ne prît fin en lui; mais de tout son cœur et très souvent faisoit ses prières à Dieu et à la vierge Marie sa mère, pour accroître et augmenter la maison d'où il étoit issu, qu'ils lui voulsissent octroyer de parvenir à son intention et désir. Or advint qu'en assez brief temps, un chevalier sicilien, de l'hôtel d'Alphonse roi d'Arragon, nommé messire Jean de Boniface, homme de bonne renommée, très expert et vaillant en armes, se partit de la cour du roi d'Aragon son seigneur. Ayant pris congé de lui, passa Lombardie, Bourgogne et Savoie, et tant fit par ses journées qu'il arriva en la ville d'Anvers au pays de Brabant, dont alors étoit prince et seigneur le très excellent et très victorieux prince Philippe duc de Bourgogne; en laquelle ville celui chevalier sicilien entra le vingt-sixième jour du mois de septembre l'an mil quatre cent quarante-cinq, où en celui temps. Aucuns jours auparavant Jacquet de Lalain étoit arrivé, non sachant du chevalier sicilien.

Si advint le lendemain vingt-septième jour du dit mois, qu'icelui chevalier sicilien se partit de son hôtel, accompagné de ceux qu'il avoit amenés avec lui, et s'en alla à la grande église paroissiale de la ville d'Anvers, portant à sa jambe senestre un fer, à manière et façon d'un fer que portent les esclaves, pendant à une chaînette d'or; et avec ce venoit après lui un poursuivant d'armes, ayant vêtu la cotte d'armes d'icelui chevalier; et ainsi comme vous oyez messire Jean Boniface ouït la messe en icelle église : puis, la messe ouïe, s'en retourna en son hôtel et en ce même état. Cette nouvelle chose advenue fut tantôt sçue par la ville et rapportée à Jacquet de Lalain, qui alors n'étoit qu'écuyer.

Quand les nouvelles lui en furent apportées, humblement et dévotement regracia Notre-Seigneur, et la vierge Marie sa mère, en leur priant à mains jointes qu'ils lui voulsissent donner conseil et aider en toutes ses affaires; car à cette heure il lui sembla qu'il véoit venir et apparoir les prières et requêtes qu'un chacun jour leur avoit fait, et qu'elles avoient été ouïes et exaucées. Si pensa moult fort en cette matière, et lui sembla que le chevalier n'étoit point venu de si lointaines terres, et aussi par les enseignes qu'il portoit, que ce ne fût à intention de faire armes; si en désira moult à sçavoir la vérité, car son désir étoit de le savoir; et afin d'en être conseillé à la vérité, il envoya quérir le roi d'armes de la Toison, lequel en ces matières et autres hautes choses étoit très expert, et connoissoit tout ce qui en tel cas appartenoit. Et advint si bien, que Toison-d'or, ainsi nommé, étoit pour celui jour en la ville d'Anvers; lequel fut prêt, et vint vers Jacques de Lalain, et lui demanda la cause pourquoi il l'avoit mandé. Lors Jacques de Lalain le prit par la main, et tout en souriant lui dit : « Toison-d'or, mon ami, vous me soyez le très bien venu. » Si le tira à part, et lors lui commença à parler du chevalier sicilien, et lui raconta qu'il lui avoit été rapporté par aucuns de ses gens et autres notables hommes, qu'en la grand'église de la ville avoient vu un chevalier étranger portant au-dessous de sa jambe une emprise, qui étoit signe de vouloir faire armes. « Et pour ce, dit-il, Toison, mon ami, que tout mon désir est d'acquérir bon los et renommée, je serois et voudrois être prêt de délivrer le chevalier, pourvu que ce soit le plaisir et vouloir de mon très redouté seigneur et prince monseigneur le duc; si sachez que c'est la cause principale pourquoi je vous ai mandé venir vers moi, pour avoir votre bon conseil et avis; et comment en cette chose je me pourrois conduire. »

Lors Toison-d'or, moult joyeux, fut un peu sans parler; et pensant le haut et bon vouloir du jeune écuyer, lui répondit : « Jacquet de Lalain, de votre haut vouloir et bon courage j'ai grand'joie en mon cœur; mais je vous avertis qu'en nulle manière vous ne devez toucher à l'emprise du chevalier, sans la licence et congé du duc votre maître et seigneur; lequel à présent n'est point par deçà, mais est allé en pèlerinage à Notre-Dame de Boulogne; et j'espère, au plaisir de Notre-Seigneur, que son retour sera bref; et vous conseille pour le meilleur, que vous alliez pardevers son chancelier, comme celui qui représente sa personne, et lui contiez votre cas, ainsi que vous avez vouloir et intention de faire. » Le conseil et avis de Toison-d'or sembla être bon à Jacquet de Lalain et aux gentils-hommes qui avec lui étoient. Si se partit de son hôtel et vint vers le chancelier, auquel il raconta tout au long la cause de sa venue. Le chancelier oyant le haut vouloir et courage de Jacquet de Lalain, moult joyeusement lui répondit que de bon cœur il l'aideroit et conseilleroit en tout ce qu'il lui seroit possible, jusques au retour du duc. Jacquet de Lalain, comme celui qui étoit instruit et sachant les honneurs mondains plus que homme de son âge, moult humblement remercia le chancelier, le quel lui avoit dit tout au long ce qu'il avoit à faire.

CHAPITRE XXIV.

Cy fait mention comment Jacques de Lalain envoya le roi d'armes de la Toison-d'or par devers le chevalier sicilien, pour sçavoir sa volonté, et pour quelle cause il était là venu portant emprise pour faire armes; et la réponse que fit le chevalier.

Quand Jacques de Lalain et le chancelier se furent devisés et au long eurent parlé de cette matière, le dit de Lalain appela Toison-d'or et lui dit qu'il allât devers messire Jean de Boniface, lui dire de par lui, que n'aguères, depuis qu'il étoit arrivé en la ville d'Anvers, il lui avoit été rapporté par plusieurs gentils-hommes et autres, qu'il avoit été vu en la grande-église parochiale, et que par la ville, en retournant vers son hôtel, il portoit une enseigne, qui était en manière d'un fer d'esclave; et avec ce avoit après lui un poursuivant vêtu de cotte d'armes, par lesquels deux signes on pouvoit sçavoir et percevoir qu'il désiroit faire armes. « Et pour ce, Toison, dit Jacques de Lalain, vous direz au chevalier, de par moi, que pour l'alléger et ôter hors de ce danger, si c'est le bon plaisir du duc mon seigneur, je lui accomplirai de bon vouloir le contenu de son emprise; et que jusques à la venue du duc il veuille avoir patience. »

Quand Toison-d'or ouït la requête et charge que lui bailloit Jacques de Lalain de faire ce message par devers le chevalier sicilien, il répondit que de bon cœur il le feroit. Si s'en partit et vint au logis du chevalier, et le trouva en sa chambre; si lui fit la révérence, comme celui qui bien le sçavoit faire, et le salua de par Jacques de Lalain. Et lors après la salutation et le bien venant que lui fit le chevalier, Toison-d'or tout au long lui raconta la cause de sa venue. Puis eux deux se devisèrent de cette matière et de plusieurs autres, et après toutes paroles et devises que le chevalier et Toison-d'or eurent ensemble, celui chevalier moult arréement répondit à Toison et lui dit : « Toison-d'or, depuis que par deçà je suis arrivé, j'ai tant ouï dire et raconter de bien de Jacques de Lalain par qui vous êtes ici envoyé, que j'en loue Dieu, et regratie à vous, Toison, qui m'en avez apporté la nouvelle. Et pourtant, je vous réponds, que pour le grand sens, vaillance et bonne renommée que je sens, et ai ouï dire de sa personne, je suis content d'avoir à besogner avec lui, et d'attendre la venue et le bon plaisir du duc. » Et afin que Toison crût que sa volonté étoit telle, il le prit par la main et lui dit et promit qu'ainsi le feroit.

Toison-d'or ayant ouï la volonté du chevalier, prit congé de lui, et retourna vers Jacques de Lalain, et lui fit rapport tout au long ainsi que le chevalier sicilien lui avoit dit et promis de faire. Jacques de Lalain ayant ouï par Toison la réponse et volonté du chevalier, fut moult joyeux, et chargea à Toison d'aller par devers le chancelier, pour faire son rapport tel que par le chevalier sicilien lui avoit été répondu. Lors Toison, sans faire séjour, vint vers le chancelier, auquel il rapporta tout au long les paroles et réponse que lui avoit fait le chevalier.

Le chancelier ayant ouï Toison-d'or, répondit que son avis étoit que Jacques de Lalain assemblât le plus grand nombre de chevaliers et écuyers que pour l'heure il pourroit trouver, pour au surplus avoir avis et conseil sur ces matières, et comment il s'y avoit à conduire. Jacques de Lalain, par le conseil du chancelier, assembla plusieurs chevaliers et écuyers, auxquels il dit et raconta tout ce qu'il avoit intention et propos de faire. Parquoi il leur requit et pria que sur cette matière ils lui voulsissent donner conseil et comment pour le mieux il en pourrait faire; et leur conta l'avis et conseil qui par le chancelier lui avoit été baillé, lequel conseil sembla bon à eux tous, et s'y accordèrent. Alors Jean seigneur d'Arcy, qui étoit là en celle assemblée, s'approcha et dit à Jacques de Lalain : « Sur tous les nobles hommes que je connoisse des marches de pardeçà, vous êtes celui à qui je voudrois plus volontiers faire service et plaisir, et désirerois votre bien et honneur ; mais, en vérité, sans que je sçusse oncques rien de votre fait, j'avois fait parler au chevalier sicilien par le roi d'armes d'Artois, auquel il a promis, ainsi comme il m'a rapporté, que pour le présent il ne fera armes avec autres qu'avec moi. » Et après qu'il eut ce dit, il pria au chancelier, qui là étoit, qu'il lui plût mettre la chose en délai jusques au lendemain. Alors Jacques de Lalain répondit et dit : « Seigneur d'Arcy, je connois et vois par vous que me voulez et désirez faire un grand plaisir de me vouloir ôter hors de si grand'peine; mais, s'il vous plaît, monseigneur le chancelier qui est ici n'en laira point pourtant à demander aux nobles hommes qui sont ici leur opinion, quelle chose j'ai à faire sur la réponse du chevalier sicilien. »

Alors le chancelier voyant le grand vouloir et le grand désir de Jacques de Lalain, demanda l'avis aux nobles hommes qui là étoient. Si fut l'avis d'eux tous, et en spécial du chancelier, que Toison-d'or fût renvoyé par devers le chevalier, pour lui remercier de la bonne réponse qui par icelui Toison-d'or avoit été faite; et qu'il dît à icelui chevalier, qu'il qu'il lui plût avoir patience jusques à la venue du duc; et avec ce lui dit, qu'au cas que ce seroit son bon plaisir, que Jacques de Lalain iroit par devers lui pour toucher à sa dite emprise. Si fut avisé que deux écuyers nobles de nom et d'armes, l'un nommé Hervé de Mériadecq, et l'autre Maillart de Flensin, iroient avec Toison-d'or par devers le chevalier, comme ils firent. Lors, eux là venus, Toison-d'or parla au chevalier et le remercia de toutes les paroles et promesses qui par icelui Toison, au nom du chevalier, avoient été rapportées à Jacques de Lalain, qui grandement l'en remercioit. Et lors Toison dit au chevalier : « Monseigneur, Jacques de Lalain a envoyé par devers vous ces deux gentilshommes et moi, pour vous remercier de la bonne réponse que dernièrement vous me fîtes quand je vins par devers vous; laquelle de par vous j'ai dit à Jacques de Lalain, qui de rechef vous en remercie. »

Ainsi furent leurs devises; et le prit le chevalier bien en gré : si répondit à Toison-d'or : « Toison, j'ai bonne souvenance qu'avez été par devers moi de par Jacques de Lalain ; et aussi je crois assez qu'êtes bien mémoratif des paroles et réponses que je vous fis. Et encore de rechef je vous dis que depuis que vous parlâtes à moi pour celui Jacques de Lalain, si le plus grand prince du monde eût envoyé par devers moi pour faire armes, je ne l'eusse point reçu ; car, pour vérité, j'ai tant ouï dire et raconter de biens et grandes vertus qui sont en celui Jacques de Lalain, que je me tiens à bien heureux d'avoir rencontré homme tant bien renommé ; pourquoi je loue Dieu, et lui prie de sa grâce que des armes emprises de nous deux puissions partir ensemble à honneur. Et dès maintenant, Toison, vous lui direz que le tiens pour mon frère, et le mercie grandement de l'honneur qu'il m'a fait ; et suis très content d'attendre à la venue du duc, et d'ouïr ce qu'il lui plaira à en ordonner. » Après ces paroles et autres devises qu'ils eurent tous quatre ensemble, ils prirent congé du chevalier et retournèrent par devers Jacques de Lalain ; et là, mot après autre, fut raconté et dit, en la présence du chancelier, la réponse de messire Jean de Boniface, dont Jacques de Lalain eut moult grand'joie au cœur, et en loua Notre-Seigneur.

CHAPITRE XXV.

Comment le chevalier sicilien vint à la cour du duc, où Jacques de Lalain, par son congé et licence, toucha à son emprise pour faire armes de cheval et de pied.

Assez tôt après, le duc de Bourgongne retourna de son pélerinage et vint en la ville d'Anvers. Jacques de Lalain sachant la venue du duc, lui alla au devant. Si entra le duc dedans la ville d'Anvers, où il fut reçu à grand'joie et liesse des nobles et commun peuple de la ville. Puis quand ce vint le lendemain, Jacques de Lalain assembla grand'foison de seigneurs ses parents et amis, pour l'accompagner par devers le duc, où il vint, et lui fit sa requête, laquelle par le duc lui fut bénignement accordée. Et d'autre part, messire Jean de Boniface envoya requérir au duc que ce fût son bon plaisir qu'il lui allât faire la révérence, ainsi comme il appartenoit; le duc lui accorda, et bailla jour pour y venir, ainsi comme requis l'avoit. Le jour venu, le dit chevalier, en tel état comme il avoit accoutumé à aller au moûtier et par la ville, portant son emprise, vint devers le duc, duquel il fut reçu très honorablement. A cette heure Jacques de Lalain, sachant la venue du chevalier, vint en la présence du duc, devant lequel il renouvela son congé; puis marcha avant et s'approcha de messire Jean de Boniface, et lui dit ainsi : « Messire Jean de Boniface, je vois que vous portez emprise pour faire armes; parquoi j'ai pris congé de mon très redouté seigneur et prince, que vous voyez ci présent, de toucher à celle, s'il vous plait, et de vous acomplir, à l'aide de Dieu, les armes, telles qu'en vos chapitres sont contenues ; lesquelles je crois être telles que nobles hommes doivent faire ; et de ce ne fais nul doute. » Alors celui messire Jean de Boniface répondit : « Jacques de Lalain, je vous mercie de l'honneur par vous à moi fait, et suis très joyeux et content que vous y touchiez, par ainsi que vous m'accomplirez les armes contenues en mes chapitres, lesquels je vous offre bailler par écrit. » Lors Jacques de Lalain à chère joyeuse répondit qu'il étoit content, et marcha avant, et toucha à l'emprise d'icelui chevalier, en la présence du duc, qui alors accepta aux dessus-dits de Boniface et de Lalain, d'être leur juge; et leur dit qu'il aviseroit le lieu, et leur feroit sçavoir le jour qu'ils pourroient faire leurs armes. Lors, tantôt après ces choses dites et proférées, celui de Boniface prit congé du duc et retourna en son hôtel, où il ne demeura guères qu'il envoyât à celui Jacques de Lalain les chapitres de ses armes, qui sont tels que ci-dessous s'ensuivent.

CHAPITRE XXVI.

Les chapitres des armes à cheval de messire Jean de Boniface.

A l'honneur et louange de notre seigneur Jésus-Christ et de sa très glorieuse Vierge mère, et de monsieur saint Georges, Je, Jean de Boniface, chevalier, natif du royaume de Sicile, fais sçavoir à tous princes, barons, chevaliers et gentils-hommes sans reproche, que pour servir ma belle dame et pour parvenir au titre de prouesse, du bon congé et licence de très excellent, très puissant et très victorieux prince le roi d'Aragon et de Sicile, deçà et delà le Phare, de Valence, de Jérusalem, de Hongrie, de Maïorque, de Minorque, de Corsego et de Sardaigne, comte de Barcelonne, duc d'Athènes, comte de Roussillon et de Pulsardin, je porte une emprise, sous laquelle se contient faire armes à cheval et à pied; par ainsi et par telle condition que celui qui premier touchera à ma dite emprise fera armes avec moi, selon le contenu de mes chapitres ci-dessous écrits.

Le premier, que nous ferons armes à cheval; et celui qui premier de nous deux aura rompu six lances par le fust, de droite encontre sur son compagnon, acquerra un joyel tel et de tel prix que bon semblera à celui qui n'aura point rompu les dites six lances ; lequel joyel sera porté et présenté par celui même qui l'aura perdu, à une dame ou damoiselle que celui qui l'aura acquis lui ordonnera et nommera en la cour de très haute et très redoutée princesse la duchesse de Bourgogne et de Brabant : toutes fois, si aucunes des dites lances se rompoient par le fer, elles ne seroient point tenues pour rompues.

Le second chapitre est que s'il avenoit que l'un de nous deux fût porté par terre de coup de lance et de droite atteinte sur le harnas, celui à qui le cas en adviendra, sera tenu de soi rendre prisonnier à celui qui l'aura porté par terre; et pour son acquit et délivrance, sera tenu de donner à la dame ou damoiselle, devers laquelle il sera envoyé, l'armure de tête qu'il portera à faire les dites armes.

Le troisième chapitre est que nous serons armés de tels harnas qu'il nous plaira, à faire armes à cheval, doubles ou saingles, et tout sans mal engin; et n'y aura avantage en l'arrêt, que ainsi le porte qu'on en la guerre.

Le quatrième chapitre est que chacun de nous deux portera lances de telle grosseur qu'il lui plaira, sauf qu'elles seront de mesure et de longueur, et à mesurer depuis l'arrêt jusques au bout de la pointe de la lance; desquelles lances je baillerai la mesure : et pourra chacun porter garnison de fer et de rondelles telles que bon lui semblera.

Le cinquième chapitre est que nous ferons les dites armes à la toile, laquelle sera de cinq pieds de hauteur et non plus.

Le sixième chapitre est que s'il avenoit que les dites armes de cheval ne se pussent accomplir à la première journée, nous serons tenus de les parfaire au jour après ensuivant; au cas toutes fois que nous, ou l'un de nous deux, n'ait essoine de son corps par maladie ou blessure, tellement qu'il ne pût chevaucher ou porter harnas.

CHAPITRE XXVII.

S'ensuivent les chapitres des armes à pied de messire Jean de Boniface.

Le premier chapitre est que nous serons armés de harnas à combattre en lices, ainsi que bon nous semblera, sans crochet et sans quelque mal engin, et sans porter chose qui soit défendue de porter de par notre mère sainte église.

Le second chapitre est que chacun de nous deux pourra porter lances ou épées de jet, pour jeter ainsi que bon lui semblera; et incontinent après le jet fait, combattrons de haches, d'épées et de dagues accoutumées de porter en batailles de lices, jusques à tant que l'un de nous deux soit chu de main, de genouil, ou de tout le corps à terre, ou rendu à son compagnon : et celui à qui Dieu donnera la victoire, quittera le vaincu, pour l'épée dont il aura fait les dites armes, ou qu'il aura porté en la lice pour combattre.

Le troisième chapitre est que celui qui touchera à ma dite emprise, sera tenu de moi délivrer, en accomplissant le contenu de mes chapitres, par devant très excellent et très puissant prince le duc de Bourgogne et de Brabant, en dedans un mois ou six semaines après qu'il aura touché à ma dite emprise.

Le quatrième et dernier chapitre est, afin qu'il apperre à tous que les choses dessus écrites procèdent de ma propre volonté et que je les veux de point en point faire et accomplir, Je, Jean dessus nommé, ai scellé ces présents chapitres du scel de mes armes, et signé de ma main, le premier jour du mois d'avril l'an mil quatre cent quarante-cinq.

Iceux chapitres baillés par le dit chevalier et montrés à Jacques de Lalain, furent par lui, et par ceux qui le conseillèrent, visités tout au long; lesquels de point en point il accepta et conclut; et moyennant la grâce de Notre-Seigneur et de sa très digne mère, sans y rien ajouter de nouvel ni faire refus, promit de les entretenir.

CHAPITRE XXVIII.

Cy devise comment Jacques de Lalain fit ses armes à cheval à l'encontre du chevalier sicilien.

Le duc de Bourgogne voyant les choses ainsi avancées, et le désir et intention que les deux parties avaient d'accomplir leur emprise, ordonna le lieu et la place en sa bonne ville de Gand : et là furent les lices faites et ordonnées à faire les armes à cheval et à pied, bien et honorablement préparées et mises à point; et leur fut baillé jour pour les faire et accomplir en cette ville de Gand, le quinzième jour du mois de décembre l'an dessus dit. En laquelle ville celui messire Jean de Boniface fut l'espace d'un mois durant, avant que les armes se fissent. Et d'autre part, Jacques de Lalain, sachant le jour qui leur était assigné, arriva en la ville de Gand, où il entra bien atout cinq cents chevaux en sa compagnie, où étoit le comte de Saint-Pol, le seigneur de Fiennes son frère et plusieurs autres grands seigneurs, tant de la cour du duc comme de ceux du sang et lignage de celui Jacques de Lalain. Si s'en vint descendre en son hôtel, qu'il trouva préparé et ordonné, ou en ce jour il fit grands dîners et soupers. Puis après, quand ce vint le lendemain, chacun d'eux se prépara et ordonna, pour accomplir et mettre à fin leur emprise. Si furent ordonnés par le duc deux chevaliers notables de sa cour, pour être du conseil de celui messire Jean de Boniface, dont l'un fut messire Guillebert de Lannoy, et l'autre.....

Si advint qu'à l'après-dîner, que l'heure vint que les deux champions devoient faire leurs armes, le duc de Bourgogne étoit leur juge; et y étoit présent le duc d'Orléans, le comte de Charolois et plusieurs autres grands seigneurs qui étoient montés sur les hourts moult richement parés et ordonnés pour eux. Alors entra dedans les lices le chevalier sicilien, monté et armé, prêt pour attendre Jacques de Lalain; lequel, bon espace après, se partit de son logis, monté, armé et richement paré. Si vint chevauchant par les rues; mais sachez pour vérité, que les fenêtres et huis des maisons qui étoient sur les rues par où ils passoient, étoient bien garnies de dames, de damoiselles, bourgeoises et pucelles, qui toutes alloient priant à Dieu qu'à son grand honneur il pût faire retour. Si pouvez croire et savoir que de mainte sil fut jalousé; car, pour certain, plus bel écuyer, mieux fait ni formé de tous membres, on n'eût sçu trouver ni querre, comme autres fois a été dit.

Tant chevaucha Jacques de Lalain, en passant par les grands rues, qu'il vint au lieu et place où étoient les lices, moult grandement accompagné de comtes, barons, chevaliers et écuyers; et entra dedans celles, où il trouva messire Jean de Boniface appareillé de le recevoir. Il passa outre par-devant le hourt du duc, lui fit la révérence, et se tira au lieu où il devoit être: et d'autre part, le chevalier, qui l'attendoit, s'apprêta et prit sa lance : si les baissèrent eux deux, et vinrent courant l'un contre l'autre, autant que chevaux se pouvoient étendre. Certainement le chevalier sicilien sembloit bien, à voir, être homme de guerre : il étoit bel à cheval et joint en ses armes, et tant bien portoit sa lance, que de chacun étoit loué et prisé. Si s'atteindirent eux deux des lances, qui étoient moult roides et pesantes, par telle vertu qu'il sembloit qu'ils se dussent foudroyer l'un l'autre. Jacques de Lalain, qui étoit fort et puissant et fort chargé de harnas, ne se montroit pas si bel ni si gent comme faisoit le chevalier : mais Jacques de Lalain, aux rencontres qu'ils faisoient, faisoit très fort ployer icelui Boniface. Certes ils firent moult de belles courses et fortes atteintes l'un contre l'autre, sans faillir que toujours ne s'atteindissent; et en firent plusieurs sans rompre leurs lances, car elles étoient grosses et pesantes. Nonobstant ce, ne cessèrent de courir et férir l'un contre l'autre jusques à la nuit, que le duc, qui étoit leur juge, leur fit requerre qu'ils fussent contents de n'en plus faire, et que tous deux avoient bien et vaillamment fait leur devoir; et aussi qu'ils devoient encore faire leurs armes à pied; et pourtant devoient être contents de cesser et eux retraire. Si y eut à cette heure de la part des deux champions, de Boniface et de Lalain, de gracieuses réponses, en disant que le duc ne devoit prier ni requerre, mais comme leur juge leur pouvoit et devoit commander. Enfin le duc leur fit dire qu'au regard des armes de cheval il les tenoit pour accomplies; toutes fois Jacques de Lalain n'en étoit pas bien content, pour ce que le dit Boniface avoit rompu trois lances, et lui n'en avoit rompu que deux et une éclatée; mais véritablement celles de Jacques de Lalain étoient trop plus grosses que celles du chevalier; et bien se montroit aux grandes atteintes qu'ils faisoient. Et entre les autres le dit Jacques de Lalain atteindit le dit messire Jean de Boniface en la joue de son heaume, si grand coup qu'il demeura grand temps tout étourdi, et ne savoit où il étoit. Et combien que le dit de Boniface eût rompu plus de lances que le dit Jacques de Lalain, comme dit est, toutes fois Jacques de Lalain fit autant ou plus d'atteintes, et plus dures que le dit de Boniface ne fit sur lui : et à la vérité tous ceux qui les virent, disoient que jamais n'avoient vu pour autant de courses, faire de plus belles et dures atteintes qu'ils avoient fait tous deux; et finalement ils se contentèrent tous deux. Ainsi se passèrent les armes à cheval, à l'honneur des deux parties; et aussi il était nuit, et étoient torches allumées, et s'en allèrent lesdits de Boniface et de Lalain par les entrées par où ils étoient entrés, sans r'aller ensemble.

CHAPITRE XXIX.

Comment les armes à pied furent faites et accomplies; et comment le duc de Bourgogne fit chevalier Jacques de Lalain.

Quand ce vint le lendemain, après ce que les armes de cheval furent faites et accomplies, le duc de Bourgogne, le duc d'Orléans, le comte de Charolois et plusieurs autres grands seigneurs montèrent ès hourts, où le jour de devant avoient été. Alors, eux venus, le chevalier sicilien, accompagné de deux notables chevaliers ses conseillers, ensemble ses serviteurs, tous à pied, depuis son hôtel jusques dedans les lices, armé de tout son harnas, et cotte-d'armes vêtue, entra dedans les lices; puis alla faire la révérence au duc son juge, et après s'en retourna à son pavillon, où il fut moult grand espace en attendant Jacques de Lalain. Et la cause de la demeure de celui de Lalain fut pour attendre la venue du duc de Clèves, laquelle venue il savoit être prochaine, par plusieurs messages qui lui étoient venu dire et noncier. Et pour ce que le duc son juge lui fit sçavoir qu'il vint et que le dit de Boniface étoit pieçà venu, Jacques de Lalain n'osa plus délayer ni attendre après le duc de Clèves; si monta à cheval, et après lui trois pages sur trois chevaux moult richement parés et couverts de tissus d'or.

En sa compagnie y avoit grand nombre de grands seigneurs, chevaliers et écuyers, qui l'accompagnèrent et conduisirent jusques dedans les lices. Si alla faire la révérence au duc, puis s'en alla dedans son pavillon pour soi armer, car il étoit venu désarmé de la plupart de son harnas. Et durant le temps que celui Jacques s'armoit, le duc de Clèves arriva et vint faire la révérence au duc de Bourgogne, et après s'en alla tout droit voir Jacques de Lalain en son pavillon, là où on l'armoit; qui fut très grande joie à celui de Lalain, et non sans cause, car ils avoient été nourris ensemble en enfance. Et après ce que Jacques de Lalain fut armé, se partit de son pavillon avec le duc de Clèves et autres grands seigneurs, qui l'accompagnèrent jusques devant le hourt du duc, et lui requit que de sa grâce lui voulsist donner l'ordre de chevalerie : le duc moult bénignement lui octroya. Si descendit le duc jus de son hourt, et vint en bas, et lors le dit Jacques de Lalain tira son épée hors du feutre. Si se mit à un genouil, et de rechef requit au duc qu'il lui plût le faire chevalier et lui donner l'ordre de chevalerie. Le duc prit l'épée et en donna l'accolée à Jacques de Lalain, en lui disant : « Bon chevalier puissiez vous être, au nom de Dieu, de Notre-Dame et de monseigneur saint George! » Et puis le baisa en la bouche, et en le baisant hurta son front en la visière du dit de Lalain. Et après ce messire Jacques de Lalain s'en retourna en son pavillon. Puis quand il y fut venu, changea harnas de tête, et combattit en harnas à façon d'une demie visière, car il avoit le nez et le dessus du visage découvert.

Après toutes ces choses faites, les bâtons de quoi ils devoient combattre furent visités, et puis les cris et défenses faites. Alors messire Jean de Boniface issit hors de son pavillon, embâtonné des bâtons de quoi il devoit combattre; et pareillement en fit messire Jacques de Lalain. Si vinrent marchants moult fièrement l'un contre l'autre; puis quand ils s'approchèrent, ils jetèrent leurs lances l'un contre l'autre, et droit devant le hourt du duc. Après le jet des lances fait, encommencèrent à combattre de haches, bien et vaillamment. Si advint qu'en combattant, messire Jacques de Lalain très âprement fit perdre la hache d'une des mains de celui de Boniface; mais depuis il la recouvra, et encommencèrent à combattre comme devant. Si advint qu'en combattant, messire Jacques donna si grand coup au chevalier son adversaire, qu'il lui fit tourner le corps de côté ; et de rechef se combattirent moult fièrement et férirent de grands coups l'un sur l'autre. Mais ne demeura guère que messire Jacques, qui étoit fort et puissant, hâta tant le chevalier et férit si vivement dessus lui, que de toutes les deux mains il lui fit perdre et abandonner la hache. Lors le chevalier sicilien, se voyant débâtonné de sa hache, cuidoit prendre celui messire Jacques par sa visière; mais lui, moult vivement par sa grande force le rebutoit toujours arrière du bout de sa hache, tellement qu'icelui de Boniface ne le pouvoit approcher.

Alors le duc d'Orléans, voyant le chevalier sicilien tant fort oppressé qu'il étoit mené jusques à la grosse haleine, dit au duc : « Beau frère, comment l'entendez-vous? Vous voyez ce gentil chevalier en quel état il est; si ainsi est que du tout ne voulez son déshonneur, il est heure que jetez votre bâton. » Le bon duc de Bourgogne, oyant son beau-frère le duc d'Orléans, et connoissant la vaillance des deux bons chevaliers, jeta le bâton. Et alors les gardes du champ, sans plus arrêter, ne les souffrirent combattre; et les prirent tous deux et les amenèrent devant le hourt du duc, qui leur dit : « Vous avez bien et honorablement combattu et fait vos armes, et les tiens pour accomplies, et vous prie que vous touchiez ensemble et que de ci en avant soyez frères et bons amis. Ainsi furent celles armes accomplies; et s'en retourna le dit de Boniface tout à pied en son hôtel, et sa compagnie avec lui, comme il étoit venu. Et d'autre part, messire Jacques de Lalain monta sur son cheval, qui étoit couvert de nouvelle parure; et après lui alloient chevauchants ses trois pages, tout nouveau habillés de robes, et les chevaux couverts de trois diverses couleurs de tissus de riche drap d'or; et vint en son hôtel moult grandement accompagné, trompettes et clairons sonnants devant lui, qui étoit grand' mélodie à ouïr.

Après ces choses faites et accomplies, et que plusieurs fêtoiements furent faits au chevalier étranger, le duc de Bourgogne, comme noble prince, fit de grands et honorables dons à messire Jean de Boniface, tant en or, monnoye, comme en vaisselle et drap de soye; dont le chevalier en remercia le duc bien et honorablement, et prit congé de lui. Puis après messire Jacques de Lalain le fêtoya, et lui donna un moult beau don; dont messire Jean de Boniface l'en remercia et prit congé de lui, et s'en retourna en France devers le roi Charles.

CHAPITRE XXX.

Comment messire Jacques de Lalain envoya en France un héraut pour faire armes; mais pour lors le roi ne voulut souffrir que nul de sa cour en fît rien.

Messire Jacques de Lalain désirant de tout son cœur poursuivre les armes, et tant faire que par ses hautes et louables entreprises à toujours fût mémoire de ses hauts faits, et que sa renommée ne fût jamais éteinte, mais augmentée, envoya en France, à intention d'y faire armes, et élut lieu et place en la ville de Paris, emprès la grand'église de Notre-Dame; et envoya en la cour du roi Charles, Charolois le héraut, atout lettres et chapitres servants à cette matière; mais pour l'heure le roi ne voulut souffrir que nul de sa cour s'avançât d'y répondre. Et par ainsi icelui messire Jacques de Lalain voyant qu'en France il ne trouvoit point de réception, ni homme qui lui voulsist fournir ni accomplir le contenu en ses chapitres, tels que par Charolois il avoit envoyé, il ne voulut pourtant laisser de poursuivre les armes, afin que la gloire et renommée qu'il avoit acquise en son jeune âge ne prît fin. Si advint qu'un jour, lui étant en la cour du duc, il se découvrit à deux nobles et vaillants chevaliers, ses oncles, dont l'un étoit le seigneur de Créquy, et l'autre étoit messire Simon de Lalain, auxquels il dit ce qu'il avoit volonté de faire; et leur montra les chapitres, que lui-même avoit fait écrire par un sien secret serviteur.

Les deux nobles chevaliers, oyant le haut et bon vouloir de leur neveu messire Jacques de Lalain, eurent en eux moult grand joie, pour ce que ils véoient que le jeune chevalier leur neveu mettoit grand peine et sollicitude pour parvenir à la haute vertu de prouesse et bonne renommée; et qu'une fois s'il avoit longue durée, ses faits seroient moult recommandés; et lui louèrent son haut et bon vouloir, en lui disant que nullement il ne fît cette emprise sans le sçu et congé du duc son seigneur; laquelle chose il fit. Et fut le duc moult joyeux, quand il ouït et vit par écrit les chapitres faisants mention des armes qu'il avoit intention et volonté de faire et accomplir : et eut le dit messire Jacques plusieurs secrètes devises avec le duc, qui lui fit de beaux dons pour faire et accomplir sa haute et noble emprise.

Après qu'à son plaisir il eut dit et raconté au duc son seigneur tout son fait entièrement, il prit congé de lui et de ses oncles, et vint en l'hôtel du seigneur de Lalain son père, où il fut reçu moult bénignement, en spécial de la dame de Lalain sa mère, qui l'aimoit moult chèrement. Puis après qu'il eut là été aucuns jours, il raconta au seigneur de Lalain son père l'emprise qu'il avoit faite, et lui montra tous les chapitres, tels comme il les avoit intention de faire et accomplir.

Le seigneur de Lalain, oyant la volonté et

haut courage de son fils, fut moult joyeux et lui loua moult fort, et dit : « Mon fils, je vous aiderai à mon pouvoir, jaçoit-ce-que votre allée me fera assez d'ennui, et aussi fera-t-il à votre mère madame de Lalain : mais non-pourtant, jà à Dieu ne plaise que je vous destourbe ni ôte hors de votre noble et bon propos. » Alors le noble seigneur de Lalain lui fit de moult belles remontrances et beaux enseignements, tels qu'il appartenoit à dire et faire à un jeune chevalier, quand on le voit en volonté et courage de parvenir à la haute vertu de prouesse et bonne renommée.

Messire Jacques de Lalain, très-joyeux de tout son cœur de ce qu'il véoit son seigneur et père tant enclin en le louant de son emprise, le remercia moult humblement : puis après devisèrent ensemble sur le fait de son partement, et quels gens il meneroit avec lui. Si bien et si arréement ordonna son fait, qu'il n'y avoit que répondre. Puis après que tout son fait fut ordonné pour partir, il prit congé du seigneur de Lalain son père, et de la dame de Lalain sa mère, qui moult fort pleuroit pour le partement de son fils, qu'elle aimoit chèrement; mais comme dame de grand' vertu, elle fut moult joyeuse du haut vouloir de son fils : si le baisa moult de fois à son partement, en pleurant moult tendrement, et en faisant ses regrets et complaintes. Le seigneur de Lalain, par douces et amiables paroles la r'apaisa au mieux qu'il put. Or lairai atant à parler du seigneur de Lalain et de madame de Lalain son épouse, et retournerai à messire Jacques leur fils.

CHAPITRE XXXI.

Comment messire Jacques de Lalain vint vers le roi de France, qui le reçut moult bénignement et lui fit moult grand'chère.

Quand messire Jacques de Lalain eut pris congé du seigneur de Lalain son père et de la dame de Lalain sa mère, il monta à cheval, lui et ceux de sa compagnie. Si chevaucha assez bonne espace, pensant au voyage qu'il avoit entrepris, lequel en son cœur il désiroit fort accomplir; mais pourtant ne voulut pas délaisser, qu'avant qu'il se départît des pays de son souverain seigneur le duc de Bourgogne, il n'allât voir et visiter la comtesse de Ligny, à laquelle il étoit parent. Si appela aucuns de ses nobles hommes qui étoient avec lui et en sa compagnie, et leur chargea que sans arrêt ils tirassent le chemin vers Paris : si firent son commandement, et emmenèrent avec eux chevaux et armures, malles et sommiers, là où étoient toutes leurs bagues; et ne retint avec lui que seulement un gentil écuyer qu'on nommoit Cornille de la Barre, et aucuns serviteurs. Si prit le chemin vers Beaurevoir, où il trouva la comtesse sa parente moult bien accompagnée de nobles hommes et femmes, laquelle le reçut et conjouit moult courtoisement et le baisa, en lui disant qu'il fût très bien venu et que bon gré lui sçavoit de ce qu'avant son département il l'étoit venu voir, et que grand'joie avoit de sa venue. Messire Jacques, comme courtois et sage, lui dit : « Madame, jamais ne me fusse parti du pays, sans vous venir voir et visiter et vous offrir mon service, si aucune chose vous plaisoit me commander, comme j'y suis tenu. » La comtesse l'en remercia; si appela un sien notable écuyer ancien, et autres plusieurs gentils-hommes de son hôtel, auxquels elle commanda et enjoignit expressément, qu'à messire Jacques de Lalain, qui étoit son parent et de son sang, on fît bonne chère, et qu'on le fêtoyât, et ceux qui étoient avec lui; et que sur tous hommes il le devoit être, et bien l'avoit desservi, pour le haut et bon vouloir qu'il avoit d'augmenter et accroître l'honneur de la maison d'où il étoit parti.

Le commandement et ordonnance de la comtesse fut fait, et fut fêtoyé de tous et de toutes, comme à lui bien appartenoit. Après tous fêtoiemens et grands honneurs à lui faits par la comtesse, dames et damoiselles et nobles hommes de céans, messire Jacques de Lalain prit congé d'elle et de tous ceux et celles qui y étoient, et remercia moult humblement la comtesse de l'honneur et bonne chère qu'elle lui avoit faite. La comtesse le baisa au prendre congé, si le prit par la main, et lui dit : « Messire Jacques de Lalain, je prie à notre seigneur Jésus-Christ qu'il vous veuille conduire et vous doint la grâce d'accomplir votre bon vouloir, et retourner à l'honneur et salut de l'hôtel dont vous êtes parti, et en la grâce de votre souverain seigneur, comme j'espère qu'ainsi le ferez. » Les chevaux furent prêts; si se partit ayant pris congé à tous, et prit son chemin vers la cité de Noyon, où il trouva plusieurs nobles hommes, lesquels tous s'étoient partis de leurs hôtels et maisons pour lui complaire et venir servir et obéir à ses commandements, c'est à sçavoir : Jean de Montfort, Félix de Guistelles, Perceval de Belleforière, Valeran de Landas, Othe de Marquette, Guillaume d'Obrencourt, Jean Rasoir, Cornille de la Barre, ci-dessus nommé, Jean du Fresnoy, Yollin de Villers; et avec eux un héraut d'armes nommé Luxembourg, et un poursuivant, qui étoit de Lalain, lequel étoit nommé Léal.

Lui venu en cette cité de Noyon, par iceux hérauts et poursuivants envoya ses chapitres à la cour du très chrétien Charles roi de France, septième de ce nom, les faire noncier et publier, afin que s'il y avoit nuls nobles hommes qui voulsissent toucher à son emprise pour faire armes, ainsi et pareillement que ses chapitres font mention, ils fussent avertis et prêts de lui accomplir à sa venue ce qu'il requéroit. Mais le roi de France pour cette heure ne voulut consentir à nul noble homme de sa cour de ce faire, pour certaines causes qui à ce le mouvoient. Nonobstant ce, le gentil chevalier sachant ces nouvelles et refus, ne voulut pas laisser d'aller par devers le très chrétien et très noble roi de France, faire la salutation à sa royale majesté. Si partit de la cité de Noyon, en cheminant vers Compiègne, Senlis, Paris, et autre part par les cités et villes du royaume de France, où par tout lui fut fait grand honneur et réception ; et toujours alloit demandant où étoit le roi. Il lui fut dit que pour ce temps il étoit à séjour au bois Cher-amer, dequoi il fut moult joyeux; si tira cette part, lui et sa compagnie; et tant fit qu'il parvint au lieu, où il trouva le roi accompagné de grand nombre de princes, chevaliers et nobles hommes.

Le roi Charles, averti de la venue de messire Jacques de Lalain, et de la cause pourquoi il venoit par devers lui, le reçut à grand'joie et honneur; et aussi firent tous les princes, barons et chevaliers qui pour lors étoient en l'hôtel du roi. Si fut fêtoyé de chacun d'eux moult honorablement. Puis entre plusieurs autres devises, le chevalier raconta au roi, mot après autre, la cause de sa venue; ensemble la forme et manière des chapitres faisants mention de son emprise d'armes; puis dit au roi : « Sire, entre les autres royaumes ne devoit point être oubliée la très noble et très chrétienne maison et royaume de France, que premièrement et avant toutes autres, je n'eusse fait noncier mes chapitres d'armes. »

Le très noble roi de France oyant les devises et le haut vouloir d'icelui messire Jacques de Lalain, regarda les princes d'entour lui; puis puis après, à chère joyeuse, lui dit : « Messire Jacques de Lalain, vous nous soyez le bien venu. Vos faits et œuvres ont beau commencement; Dieu y veuille mettre le parfait, où vous ne pourrez faillir, comme il nous semble, car nous connoissons vos faits et vos vertus jà à bonne espace, dès que estiesmes à Nancy, où alors perçûmes et vîmes que vous ne pouvez faillir de parvenir à la haute vertu de prouesse et bonne renommée, si vous ensuivez vos premières œuvres, ou si fortune ne vous est contraire. » Lors messire Jacques, oyant le roi de France lui faire si grand honneur, se mit aux genoux, remerciant très humblement le roi, en disant : « Sire, Dieu le veuille par sa grâce. » Le roi, que pour lors on tenoit le plus sage prince de son royaume, demarcha un pas en prenant messire Jacques de Lalain par la main, et en le faisant lever, lui dit : « Messire Jacques, nous vous tenons de notre hôtel, et voulons, pour passer temps, que vous reposiez et vous fêtoyiez avec nos gens. » Et commanda au seigneur de Bessy sénéchal de Poitou, et à messire Jean de Hangest seigneur de Senlis, et à plusieurs autres, de le fêtoyer et lui faire tout l'honneur qu'ils pourroient. Laquelle chose fut faite, ainsi comme par le roi avoit été commandé. Après tous fêtoiements à lui faits, il vit que nul ne paroissoit pour toucher à l'emprise qu'il portoit au bras dextre; c'est à sçavoir un bracelet d'or, auquel avoit attaché un couvrechef de plaisance; lequel il avoit porté en plusieurs lieux, en intention d'accomplir les armes contenues et déclarées en ses chapitres, lesquels seront ci-après déclarés.

CHAPITRE XXXII.

Cy fait mention et sont déclarés les chapitres des armes que messire Jacques de Lalain envoya en plusieurs royaumes.

Premièrement s'ensuit le premier chapitre, qui dit : Qui touchera à mon emprise, sera tenu de moi délivrer selon le contenu de mes chapitres, pourvu qu'il soit gentil-homme de toutes lignées et sans reproche.

Le second chapitre est : Que chacun de nous deux sera armé de harnas, tels qu'on a accoutumé de porter à faire armes à pied, et se fournira chacun du sien.

Le troisième chapitre est : Que nous combattrons de hache ou d'épée, tant et si longuement que l'un de nous deux soit porté par terre de tout le corps.

Le quatrième chapitre est : Que s'il advient que je sois porté par terre, dont Dieu ne veuille, je serai tenu de moi aller rendre à la dame ou damoiselle où celui qui m'aura porté jus me voudra envoyer, à laquelle je serai tenu de donner pour ma finance un diamant du prix de cinq cents écus.

Le cinquième chapitre est : Si ainsi étoit que Dieu et celle qui a plus de pouvoir sur moi que nulle chose en ce monde, me donnât aventure de porter aucun chevalier ou écuyer par terre, en ce cas il sera tenu d'envoyer son gantelet là où je lui ordonnerai, par un officier d'armes, lequel sera tenu de certifier les armes telles qu'elles auront été faites.

Le sixième chapitre est : Si en faisant les dites armes, il advenoit que l'un de nous deux fût dégarni de sa hache en combattant, celui à qui il adviendra le premier, sera tenu de donner à son compagnon un diamant.

Le septième chapitre est : Que nous combattrons de hache et d'épée telle que chacun de nous voudra porter, selon la façon accoutumée à combattre à pied, sans croc ou nul autre mal engin quelconque.

Le huitième chapitre est : Que les dites armes à pied dessus déclarées, faites et accomplies, au cas que le plaisir de mon compagnon sera de faire armes à cheval, et me voudra de ce requerre, je serai prêt le tiers jour après ensuivant, pour le délivrer ce jour autant de courses de lances qu'il lui plaira, et par la manière ci après déclarée, pourvu que je n'aie essoine de mon corps, telle que je ne puisse bonnement porter armes, ou autre excusation raisonnable.

Le neuvième chapitre est : Que nous serons armés de harnas accoutumés de porter à faire armes à cheval, doubles ou saingles, sans targe ou écu, ainçois chacun de nous serons sans arrêt avantageux et sans attacher longe à la selle.

Le dixième chapitre est : Que nous courrons à la toile, et de lances pareilles, et de chacune lance tant et si longuement qu'elles seront rompues par le fust, ou par le fer, soit esgrannie d'un doigt ou du moins.

Le onzième chapitre est : Pour faire les armes dessus dites et les accomplir de point en point selon le contenu de mes chapitres, j'ai élu le très excellent et très puissant prince le roi de Castille, auquel je supplie très humblement qu'il lui plaise de sa bénigne grâce moi faire honneur et moi accorder ma dite requête.

Le douzième chapitre est : Que, afin que chacun ait vraie connaissance que les choses dessus dites meuvent de ma propre volonté, et que je les veux faire et accomplir, Je, Jacques de Lalain dessus nommé, ai fait sceller ces présents chapitres, du sceel de mes armes, et signé de ma main, le vingtième jour de juillet l'an mil quatre cent quarante-six.

CHAPITRE XXXIII.

Comment messire Jacques de Lalain se partit de la cour de France, et vint en Navarre devers le roi, où il fut bien reçu et fêtoyé du roi, du prince et de la princesse de Navarre, laquelle étoit sœur au duc de Clèves.

Messire Jacques de Lalain, qui étoit pour lors en l'âge de vingt-trois ans, voyant qu'en la cour du roi de France ne s'étoit apparu nul pour venir toucher à son emprise, pensa de soi partir en intention d'aller chercher tous les royaumes chrétiens, l'un après l'autre ; et voulut, après le royaume de France, tenir son chemin vers les Espagnes, où sont plusieurs royaumes : pourquoi il élut à juge, au-dessus de tous, le roi de Castille. Et pour ce que tout son désir et vouloir étoit d'achever sa quête et accomplir son emprise, voyant que pour lors la demeure le retardoit de parvenir à son intention, il prit congé du roi de France et des princes et barons de sa cour ; si s'en partit, et chevaucha tant par ses journées, lui et ceux de sa compagnie, qu'il vint en la cité de Bordeaux, laquelle pour lors était angloise et obéissante au roi d'Angleterre.

Quand messire Jacques y fut arrivé, le maire de la cité, nommé messire Guillaume de Clinton ; messire Gillotin de Lansacq, et Mondon de Lansacq son frère, ensemble avec eux l'archevêque de Bordeaux, le reçurent honorablement, lui et ses gens, comme s'il eût été de l'hôtel du roi d'Angleterre : de quoi celui messire Jacques fut très joyeux ; et avoit bien cause de l'être ; car depuis qu'il s'étoit parti de ses marches, il n'avoit été si grandement fêtoyé, ni plus honoré, que pour ce temps il fut en la cité de Bordeaux. Si en mercia le mayeur, l'archevêque et les seigneurs, ensemble les bourgeois et la communauté de la cité, qui de tous points le deffrayèrent et decoûtagèrent, lui et tous ses gens. Puis ayant pris congé à eux tous, se partit de la ville ; et prit son chemin pour aller vers le royaume de Navarre, où pareillement il avoit envoyé ses chapitres, comme il avoit fait par les royaumes chrétiens de Castille, d'Aragon, de Portugal, et en plusieurs autres lieux, où il avoit pu penser qu'il dut être délivré d'avoir achevé son emprise : lesquels chapitres et sa venue, il avoit par tout fait noncier par un officier d'armes ; et avec ce les faisoit avertir qu'en nul lieu on ne le pouvoit ni devoit détenir, plus avant que le contenu de ses chapitres porte.

Tant exploita celui messire Jacques, et toute sa compagnie, qu'il entra au royaume de Navarre, où il enquit et fit enquerre par ses gens où il trouveroit le prince et la princesse. Il lui fut dit qu'ils étoient pour ce temps séjournants en la ville de Pampelune ; et que pour lors le roi de Navarre n'y étoit pas, mais s'étoit allé ébattre en aucunes de ses villes, sur les frontières de Castille. Puis quand messire Jacques fut du tout averti, il prit son chemin vers Pampelune, pour aller devers le prince et la princesse, et aussi pour sçavoir s'il y auroit chevalier ou aucun homme de noble extraction qui voulsit toucher à son emprise, qui étoit telle, comme ci-dessus m'avez ouï déclarer ; c'est à sçavoir, qu'il portoit en son bras dextre un riche bracelet d'or, où étoit attaché un couvrechef de plaisance ; où tous chevaliers et écuyers nobles de quatre lignées, sans nulle vilaine reproche, pouvoient toucher : et moyennant ce, celui messire Jacques de Lalain promettoit de faire, fournir et accomplir le contenu de ses chapitres.

CHAPITRE XXXIV.

Comment un chevalier de Navarre, nommé messire Jean de Lusse, requit au prince qu'il lui donnât licence de faire armes à l'encontre de messire Jacques de Lalain, laquelle requête fut refusée au chevalier.

Quand le prince et la princesse de Navarre furent avertis de la venue de messire Jacques ; ils envoyèrent au devant de lui Janmedis, grand écuyer d'écuyerie de mon dit seigneur le prince, et plusieurs autres nobles hommes, chevaliers et écuyers de son hôtel, lesquels reçurent le dit messire Jacques en grand honneur et révérence : durant lequel temps et en ce même jour, vint pardevers monseigneur le prince un noble chevalier, nommé messire Jean de Lusse, lequel se mit à genoux aux pieds de mon dit seigneur le prince, et lui dit : « Mon très redouté seigneur, il est bien en votre noble mémoire, comme autrefois je vous ai prié et requis de me donner licence d'aller voir et chercher certaines lointaines marches et royaumes, comme celle de France et d'Angleterre, en portant aucune emprise d'armes, afin de voir et connoître aucuns nobles chevaliers et écuyers, et avoir acointance à eux, en espérance d'en mieux valoir, et moi faire à connoître, et aussi d'acquérir bonne renommée pour l'exhaussement de la maison d'où je suis parti. Or est ainsi, mon très redouté seigneur, qu'il ne m'est jà besoin de moi grevet travailler, ni mettre en peine d'acquérir cette aventure, quand je la puis trouver ; au cas que ce soit votre bon plaisir, en celui royaume de Navarre ; car il m'a été dit qu'un noble chevalier, partant de bonne maison et sans reproche, est arrivé en ce royaume portant emprise où tous nobles chevaliers et écuyers sans reproche peuvent toucher : parquoi, mon très redouté seigneur, je le cuide être, et m'en tiens pour un d'iceux sans jamais avoir fait faute nulle, parquoi je puisse avoir vilaine reproche. Je vous prie et requiers humblement, que, comme bon seigneur doit faire à son léal sujet, vous me donniez congé et licence de pouvoir toucher à l'emprise d'icelui gentil chevalier. »

Quand le prince de Navarre entendit le vouloir et noble courage du chevalier, il lui répondit moult courtoisement et dit : « Messire Jean de Lusse, vous sçavez assez que monseigneur le roi d'Aragon et de Navarre n'a été, ni encore est en rien averti de ces besognes, ni aussi de la venue d'icelui chevalier; et d'autre part, sçavez ou devez sçavoir que les maisons de Navarre et de Bourgogne sont si fort alliées, tant par ma sœur comme par ma compagne, que je tiens et sçais pour certain que monseigneur le roi ne voudra pour rien souffrir de laisser faire aucunes armes à ceux de la maison de Bourgogne, à l'encontre de ceux de la maison d'Aragon et de Navarre : mais toutes fois, messire Jean de Lusse, je vous remercie de l'honneur et grand courage que vous avez envers la maison d'Aragon et de Navarre. Et s'il advenoit que ce fût le bon plaisir du roi mon père, qu'il y ait aucuns barons ou chevaliers de ses royaumes, qui fassent armes contre celui messire Jacques de Lalain, je serai celui qui en prierai pour vous à monseigneur le roi mon père; et de ma part le consentirai, que devant tous autres vous soyez le premier : mais je sais bien que cette chose ne voudroit souffrir. Et pourtant soyez content, et n'en parlez plus. Mais voulons que vous et tous autres au dit messire Jacques de Lalain faites honneur, plaisir et bonne chère; car ainsi nous plait-il être fait. » Quand messire Jean de Lusse eut ouï la réponse du prince de Navarre, et qu'autre chose n'en put avoir, il se tint atant, et l'en convint souffrir.

CHAPITRE XXXV.

Comment le prince et la princesse de Navarre reçurent honorablement et fêtoyèrent messire Jacques de Lalain.

Quand messire Jacques de Lalain fut environ à demie lieue de Pampelune, le grand écuyer du prince, et grand'foison de chevaliers et écuyers de l'hôtel du prince de Navarre, lui vinrent au-devant, et le reçurent moult honorablement, en lui disant que de sa venue le prince de Navarre et la princesse étoient moult joyeux, et qu'il fut le très bien venu au royaume de Navarre. Messire Jacques de Lalain, duit et appris des honneurs mondains, autant qu'homme de son âge, les remercia; si les toucha par les mains; puis tout devisant et faisant chère joyeuse, entrèrent tous ensemble en la cité de Pampelune. Si vinrent tous ensemble descendre devant le palais et hôtel du prince; puis l'adextrèrent et conduirent grand'foison de chevaliers et écuyers, jusques dedans le palais, où ils trouvèrent le prince et la princesse, qui bénignement et à grand'joye reçurent messire Jacques de Lalain et tous ceux de sa compagnie. Celui messire Jacques leur fit la révérence, comme à eux appartenoit et comme celui qui bien le sçavoit faire. Puis après fit les recommandations de par mon très redouté et souverain seigneur monseigneur le duc de Bourgogne, ainsi comme il lui avoit été chargé de faire. Grand honneur et fête par le prince et princesse de Navarre fut faite à messire Jacques de Lalain et à tous ceux qui avec lui venus étoient.

Après ce que le dit messire Jacques fut ainsi honoré et reçu, il fut conduit en son hôtel et logis par messire Jean de Beaumont, et messire Pierre de Péraltre, seigneur de Mazilles, et plusieurs autres nobles hommes; qui le fêtoyèrent moult grandement et honorèrent. Puis après ils prirent congé de lui, et s'en partirent; si le laissèrent en son hôtel avec ses gens, avec lesquels il fut cette nuit en grand'joie et soulas, moult joyeux de l'honneur et grand'chère qui par le prince et la princesse avoit été faite à lui et à toute sa compagnie. Cette nuit, fut moult richement servi de plusieurs mets et entremets; car messire Jacques de Lalain avoit retenu avec lui à son souper plusieurs chevaliers et écuyers de l'hôtel du prince; et aussi le prince leur avoit commandé de ce faire, afin de complaire et faire honneur à messire Jacques. Après que le souper fut accompli, ils se mirent à deviser, en enquérant l'un à l'autre de ce qui pour l'heure leur venoit à plaisir. Assez et grand'espace se devisèrent ensemble; et tant qu'il fut temps d'aller coucher. Si prirent congé l'un à l'autre, et allèrent chacun en son lieu.

Ainsi comme vous oez ils passèrent icelle nuit, jusques à lendemain matin, et que chacun d'eux furent prêts et appareillés. Puis assez tôt après vinrent devers eux les dessus nommés seigneurs, et dirent audit messire Jacques qu'ils étoient là venus pour le conduire et mener jusques devers le prince et la princesse ; et lui dirent : « Messire Jacques de Lalain, monseigneur et madame, ensemble tout leur conseil, vous attendent en la chapelle, afin que veniez ouïr la messe avec eux. » Lors répondit messire Jacques de Lalain et dit : « Messeigneurs, l'honneur que monseigneur le prince et madame me font, je ne l'attribue pas à moi, mais à mon très redouté et souverain seigneur, monseigneur le duc de Bourgogne, auquel, au plaisir de Notre-Seigneur, je ferai relation du grand honneur, par monseigneur le prince et madame la princesse à moi fait, lesquels de ma part je remercie humblement. » Là y eut aucun d'eux qui répondit : « Messire Jacques de Lalain, nous vous connoissons par renommée, et tant avons ouï parler de vous, que tout honneur vous est dû. » Alors se partirent tous ensemble de l'hôtel ; si montèrent sur leurs chevaux et mules, et vinrent devant le palais, où ils descendirent ; mais vous pouvez bien croire et sçavoir, qu'au passer que messire Jacques faisoit par les rues, en allant au palais, huis et fenêtres étoient parés et remplis d'hommes et de femmes, dames et damoiselles, bourgeoises et pucelles, pour regarder icelui messire Jacques et sa compagnie : et ne s'en doit on point émerveiller, car il étoit un des beaux jeunes chevaliers qui étoient régnants de son temps ; et avec ce étoit richement paré et vêtu d'une robe moult riche chargée d'orfèvrerie. Il étoit grand et droit, bien fait et formé de tous membres ; bel viaire et plaisant, doux, aimable et courtois ; il portoit chère d'homme hardi ; nul rien n'avoit sur lui qui lui fût mal séant. Ceux qui le véoient passer, prenoient plaisir à le regarder. De dames et de damoiselles fut volontiers vu ; et assez est à croire qu'aucunes en y avoit qui bien eussent voulu avoir changé leur mari pour l'avoir, si ainsi se eût pu faire.

Ainsi chevaucha messire Jacques de Lalain parmi la cité de Pampelune, jusques à ce qu'il vint devant le palais, où il descendit. Puis lui, et ceux qui avec lui étoient, vinrent dedans le palais, où ils trouvèrent le prince et la princesse, ensemble avec eux grand'foison de chevaliers et de dames qui les accompagnoient. Il fit la révérence au prince et à la princesse, qui lui dirent qu'il fût le très bien venu, lui et tous ceux de sa compaignie. « Messire Jacques (ce dit le prince), vous viendrez ouïr la messe avec nous ; puis, après la messe ouïe, nous parlerons à vous. » Lors messire Jacques répondit : « Monseigneur, votre bon plaisir soit fait. » Le prince entra en sa chapelle ; et la princesse, tenant messire Jacques de Lalain par la main, entra après : si ouïrent la messe ensemble. Puis la messe dite et chantée, issirent hors de la chapelle et vinrent en une riche chambre, moult noblement tendue de tapisserie, où le prince et la princesse, les hauts barons, les seigneurs et le conseil s'assirent. Et pareillement, par le commandement du prince, s'assit messire Jacques de Lalain au-dessus d'eux tous. Et après que chacun se fut assis, le chancelier de Navarre se leva sur pied ; et par le commandement et ordonnance du prince, encommença à parler et dit : « Messire Jacques de Lalain, monseigneur le prince et madame la princesse vous font dire par moi que vous leur soyez le très bien venu. « Lors messire Jacques se leva et mit à un genouil ; si en remercia le prince et la princesse.

Après le remerciement fait, le chancelier commença de parler et dit : « Messire Jacques de Lalain, il est venu à la connoissance de monseigneur le prince et de nous tous qui ci sommes, que par un héraut d'armes nommé Luxembourg, a été publié en ce royaume, tant en la cour de monseigneur le prince comme autre part, un rôle en papier, où sont écrits vos chapitres et articles, tels que vous voulez tenir, fournir et accomplir, en cas que vous trouverez chevalier ou noble homme de quatre côtés sans nul reproche, pourvu qu'il touche à l'emprise que nous vous voyons porter en votre bras dextre, laquelle emprise vous meut de grand courage. Parquoi tous princes sont tenus de vous avoir pour agréable, et de vous faire tel honneur comme à vous appartient. Mais quant à présent, monseigneur le prince vous fait dire par moi qu'il n'entend pas que nuls de la maison de Bourgogne et de Navarre doivent faire armes ensemble ni entreprise ; et aussi monseigneur le roi de Navarre n'est pas averti de la cause de votre venue, car pour rien il ne le voudroit souffrir. Les alliances des deux maisons sont si grandes, que jamais n'est possible de les séparer d'amour et d'alliance : mais au plaisir de Notre-Seigneur à toujours mais sera entretenue. Nonobstant, messire Jacques, vous pouvez assez croire et sçavoir qu'en ce royaume il y a de bons et vaillans chevaliers ; et qui volontiers, pour accroître leur honneur et bonne renommée, eussent touché à votre emprise, au cas que mon dit seigneur qui ci est l'eût voulu souffrir, pour vous ôter hors de cette peine : car très fort monseigneur le prince en a été requis ; et en spécial du seigneur de Lusse et de plusieurs autres, qui à votre emprise eussent volontiers touché, si souffert leur eût été : mais monseigneur le prince, madame la princesse, et toutes les dames et damoiselles tiennent bien pour y avoir touché de par lesdits nobles hommes ; et vous prie mon dit seigneur le prince, madame la princesse, et toutes les dites dames et damoiselles, que vous soyez content. »

Après toutes ces paroles et réponses faites par le chancelier, au commandement du prince de Navarre, messire Jacques de Lalain se leva et remercia le prince et la princesse de l'honneur et courtoisie qu'ils lui faisoient, et dit : « Monseigneur le prince, jà à Dieu ne plaise que je sois cause, ni fasse chose parquoi l'amour et l'alliance qui est entre vous et mon très redouté et souverain seigneur soit en rien enfreinte ni amoindrie ; car mieux aimerois de non avoir été né : mais vous sçavez que tant que l'homme est en sa vigueur, tant doit-il quérir pour soi élever en honneur et acquérir bonne renommée : toutes choses mondaines lui doivent être possibles à faire et achever de tout son pouvoir, afin de toujours soi élever et exhausser, et aussi que la maison d'où il est issu en soit plus recommandée en tout honneur. »

Ainsi comme vous oyez, icelui messire Jacques de Lalain se devisoit au prince de Navarre, en la présence de la princesse et de tous les barons, chevaliers, dames et damoiselles, et autres nobles hommes illec présens, qui moult volontiers l'ouïrent parler, et l'en louètoent tous et prisèrent, disant l'un à l'autre qu'icelui messire Jacques ne pouvoit faillir de parvenir, si Dieu le laissoit vivre, à un grand et haut honneur : car son commencement étoit le plus bel qu'en leur temps avoient ouï parler. Après toutes ces devises, le prince et la princesse commandèrent aux barons et chevaliers qu'ils fêtoyassent et fissent bonne chère à messire Jacques et à ceux de sa compagnie, et que rien n'y fût épargné : laquelle chose fut faite, comme le prince et la princesse l'avoient commandé ; car tant grandement fut fêtoyé et conjoui, que plus on n'en pouvoit faire. Puis quand ce vint à l'après-dîner, il fut amené vers les dames, où étoient le prince et la princesse présents. Danses et ébattements s'encommencèrent par le palais ; trompettes et ménestreux y demenèrent grand'noise ; puis les harpes, les guisternes, et psaltérions jouèrent tous de ce qu'ils sçavoient faire, tant que grand'mélodie étoit à les ouïr ; chacun s'efforçoit de faire fête et joie. Et à bref raconter, long-temps paravant on n'avoit ouï parler que à un chevalier venu d'étrange terre, eût été fait si grand'honneur et fêtoiement, comme à ce jour il fut fait à messire Jacques et à ceux de sa compaignie ; de laquelle chose il fut moult joyeux et content ; et aussi furent tous ceux qui en sa compaignie étoient : car autant qu'ils séjournèrent à Pampelune, il n'échappa jour que pareillement ne fussent fêtoyés. Mais toutes fois l'on dit communément qu'il n'est fête nulle, tant soit grande en ce monde, qu'il ne convienne de laisser et chacun jour quérir son parti. Messire Jacques de Lalain voyant qu'illec séjourner ne lui étoit pas propice, vu qu'il ne trouvoit nul qui osât toucher à son emprise, s'il ne vouloit offenser et aller à l'encontre du commandement du prince, lui qui désiroit de poursuivre sa quête et aller vers le roi de Castille, et autre part, par tous les royaumes, ès quels par un hérault il avoit envoyé tous les chapitres servans à son emprise, et ainsi avoir fait sçavoir sa venue, vint devers le prince de Navarre et la princesse, eux requérir d'avoir congé et licence de soi partir, en leur remerciant des grands honneurs et bonne chère qui à lui et à ses gens avoient été faits de par eux, soi offrant que à toujours mais il étoit leur serviteur, et leur priant que pour tel le voulsissent tenir ; car impossible lui seroit de leur pouvoir rendre cette courtoisie et honneur, disant qu'au plaisir de Notre-Seigneur, que, lui retourné devers le duc de Bourgogne son souverain seigneur, il l'en remercieroit grandement.

Quand le prince et la princesse ouïrent messire Jacques de Lalain ainsi parler, et que sa volonté et intention étoit de soi partir, le prince le prit par la main et lui dit : « Messire Jacques, nous sçavons bien votre emprise et la volonté qu'avez de faire; nous ne voudrions destourber ni empêcher votre allée ; et si faire se pouvoit nous aimerions mieux votre séjour que votre département. Mais puisqu'ainsi est que votre plaisir est tel, nous sommes contents, et prions Dieu qu'il vous veuille conduire. » Lors le prince le prit par l'une de ses mains, et la princesse par l'autre. Si baisa la princesse au départir; et aussi fit-il toutes les dames et damoiselles. Après le congé pris du prince et de la princesse, messire Jacques de Lalain retourna en son hôtel, accompagné de grand'foison de chevaliers et écuyers, desquels il fut conduit et mené jusques en son hôtel. Puis assez tôt après que ceux qui avoient la conduite de sa dépense eurent compté à leur hôte, le maître-d'hôtel du prince defendit à l'hôte et à l'hôtesse que rien ne fût pris, ni or ni argent, de ce que léans messire Jacques de Lalain et ses gens avoient dépendu. Et par tous les lieux où il passa par le royaume de Navarre, il fut défrayé de tous points, et mêmement tous ceux qui avec lui étoient. Quand il fut prêt, il monta à cheval; si trouva devant son hôtel grand'foison de chevaliers et écuyers, qui le convoyèrent assez grand'espace. Puis prirent congé de lui, et lui baillèrent gens pour le guider jusques à ce qu'il fut issu du royaume de Navarre et entré au royaume de Castille. Alors il donna congé aux guides qui l'avoient conduit, et leur donna largement le vin, et tant qu'ils furent bien contents ; de quoi à leur retour ils en remercièrent le prince et la princesse de Navarre.

CHAPITRE XXXVI.

Comment messire Jacques de Lalain vint à la cour du roi de Castille, et comment messire Diégo de Gusman toucha à son emprise.

Quand messire Jacques de Lalain fut issu hors du royaume de Navarre et qu'il fut entré en Castille, il enquit assez et demanda où pour lors il pourroit trouver le roi. Il lui fut dit par gens croyables qu'il étoit à séjour en la ville de Sorie, où il avoit mandé être par devers lui les trois états de son royaume. Si avoit avec lui grand nombre de ducs, marquis et comtes, et très grand nombre de chevaliers et écuyers. Or advint que par aucuns nobles hommes le roi fut averti de la venue de messire Jacques de Lalain. Il envoya au devant de lui le comte de Gusman, le grand-maître de Calatrave, messire Jean de Lune, et plusieurs autres chevaliers et écuyers, en très grand nombre, lesquels tous ensemble lui firent grand honneur et réception, et lui dirent que de sa venue le roi étoit très joyeux, et qu'en son royaume il fût le très bien venu. « Seigneur, dit messire Jacques de Lalain, je remercie humblement le roi et vous tous de l'honneur que vous me faites; Dieu me doint par sa grâce faire chose qui lui soit agréable ! » Alors tous, l'un après l'autre, le touchèrent en la main ; et aussi firent-ils tous ceux de sa compagnie. Puis tous ensemble se mirent à chemin vers la ville de Sorie, et firent loger messire Jacques en un hôtel de la ville, qui pour lui étoit appareillé et ordonné et richement tendu de tapisseries ; car deux jours auparavant il avoit envoyé ceux qui avoient la charge de sa dépense, pour le pourvoir et ordonner selon ce que mestier étoit à eux tous, car il y pensoit faire long séjour.

Or advint ainsi : comme messire Jacques et sa compagnie, et ceux qui au devant de lui étoient venus, tiroient le chemin pour venir à Sorie, au logis à eux ordonné, vint au devant de lui un chevalier nommé messire Diégo de Gusman, frère du comte qui étoit avec lui venu ; et en soi approchant de messire Jacques de Lalain, lui dit : « Monseigneur mon beau frère et chevalier, vous soyez le très bien venu. De votre venue je loue Dieu mon créateur, quand de sa grâce il lui a plu m'avoir fait trouver à mon huis ce que j'avois intention d'aller querre en plusieurs royaumes et provinces ; de laquelle chose assez de fois ne pourrois avoir loué Notre-Seigneur et vous. Toutesfois, mon beau frère et chevalier, j'ai été et suis averti de votre venue et emprise, par le héraut lequel il vous a plu envoyer par deçà publier vos chapitres. Et pour ce que je sçais et connois que tout ce vous procède d'un très hautain courage d'honneur, j'ai tant fait pour vous alléger votre quête, que j'ai trouvé moyen d'avoir congé de très excellent et puissant prince, mon très redouté et souverain seigneur monseigneur le roi de Castille; et aussi par votre congé et licence, et pour complaire à ma très aimée dame, je touche à votre emprise, pour faire, fournir et accomplir tous les articles, ainsi et par la manière que par votre héraut ont été prononcés et divulgués à la cour de mon souverain seigneur; et serai prêt à mon pouvoir de les accomplir, tel jour qu'il me sera signifié de par mon très redouté et souverain seigneur le roi de Castille et de Léon.

CHAPITRE XXXVII.

Comment messire Jacques de Lalain alla au devant du roi de Castille; et de la chère et honneur que lui et ses barons lui firent.

Après que l'emprise fut touchée par messire Diégo de Gusman, fut amené celui messire Jacques, lui et sa compagnie, jusques en son logis, où il fut moult honorablement reçu et grandement conjoui par les gens du roi de Castille, auxquels il fut commandé qu'il fût fêtoyé; et que le lendemain messire Jean de Lune et celui messire Jacques seroient conduits et menés jusques à la ville de Valdolit; et que là il séjournât jusques à la venue du roi et jusques à ce que le roi y eût autrement pourvu. Messire Jacques et messire Jean de Lune se partirent de Sorie, et chevauchèrent tant qu'ils vinrent à Valdolit, où ils furent reçus moult honorablement. Si logea icelui messire Jacques en l'hôtel qui lui étoit ordonné, lui et ceux de sa compagnie; et illec, en attendant la venue du roi, fut moult grandement et honorablement fêtoyé des chevaliers, dames et damoiselles. Si advint qu'en briefs jours ensuivant, le roi de Castille fit sçavoir sa venue à ses chevaliers qui conduisoient messire Jacques de Lalain, en leur commandant qu'ils l'amenassent au devant de lui, comme ils firent. Si amenèrent celui messire Jacques en une grand'campagne, où ils trouvèrent le roi, qui faisoit courre deux taureaux, et avoit fait mettre sus, pour les verser et détruire, plusieurs gros alans, à la manière du pays. Puis quand messire Jacques approcha du roi, place lui fut faite, grande et large, afin que lui et ses gens pussent passer pour lui venir faire la révérence, laquelle il fit moult grandement, comme celui qui étoit duit et appris de le sçavoir faire. Lui, venu en la présence du roi, se mit à un genouil et lui dit:

« Très haut, très excellent et très puissant prince, je sçais et connois qu'il est bien en votre royale mémoire, que par le congé et licence de mon très redouté et souverain seigneur, monseigneur le duc de Bourgogne, j'ai entrepris et extreprens, à l'aide de Dieu, porter une emprise d'armes par la plupart des royaumes chrétiens; dont il appert par un officier d'armes, lequel, par votre congé et licence, l'a publié devant votre très noble et royale majesté. » — « Messire Jacques de Lalain (ce dit le roi), de ce que vous dites sommes assez avertis; vous nous soyez le bien venu. » Lors s'approcha du roi, et le roi le prit par la main en lui demandant des nouvelles.

Messire Jacques de Lalain, sachant autant comme chevalier de son âge des honneurs mondains, à tout ce que le roi lui enquit et demanda fit ses réponses si courtoisement et par si bonne manière, que nul ne l'en eût sçu reprendre; et tant que le roi prenoit grand plaisir à l'ouïr parler. Si le regarda moult fort; car sur tous hommes il sembloit bien être chevalier de haut affaire, comme il étoit. Ainsi tout chevauchant et devisant vint avec le roi, et en sa compagnie, jusques en la ville de Valdolit, et convoya le roi jusques en son palais. Puis prit congé du roi et vint en son hôtel, et avec lui plusieurs chevaliers et écuyers, qui par le commandement du roi le convoyèrent jusques en son hôtel, où il descendit. Puis prirent congé de messire Jacques de Lalain et retournèrent vers la cour du roi; mais assez tôt après retournèrent, pour tenir compagnie à messire Jacques, qui leur donna cette nuit à souper et les fêtoya moult honorablement de tout ce que pour lors on sçut trouver en la ville de Valdolit. Puis quand ce vint après souper, ils eurent ensemble plusieurs devises, où ils furent assez bonne espace. L'heure venue, et qu'il fut temps d'aller coucher, les chevaliers et écuyers qui l'avoient accompagné au souper, prirent congé de messire Jacques et retournèrent chacun en son lieu. Puis quand ce vint le lendemain matin, que messire Jacques fut prêt pour aller ouïr messe aux Prédicateurs, desquels il étoit assez près logé, vinrent vers lui les gens du roi de Castille, qui l'accompagnèrent; et ainsi, par plusieurs jours qu'il séjourna en la ville, fut accompagné et visité par eux; car le roi de Castille très expressément leur avoit commandé de ce faire, et ainsi le firent, comme raison étoit; et le menoient et conduisoient par tous les lieux là où il lui plaisoit aller. Si advint qu'en certains et briefs jours, plusieurs grands ambassades, tant de France comme de Grenade et de Portugal, vinrent et arrivèrent en la ville de Valdolit : pour laquelle chose, et pour les ouïr et dépêcher, le roi et son conseil furent fort occupés; et ne pouvoient bonnement entendre, ni bailler jour assuré pour faire et accomplir les armes entreprises des deux chevaliers. Si manda le roi à messire Jacques de Lalain en lui priant qu'il eût patience, et pour ce temps il ne pouvoit entendre de lui bailler jour si brief comme il cuidoit, pour aucuns grands affaires qui lui étoient survenus. Mais par iceux chevaliers lui manda et bailla jour d'être en celle ville de Valdolit, lui promettant que sans point de faute il y seroit en personne, pour par devant lui faire et accomplir leur emprise d'armes; et que durant ce temps, si c'étoit son plaisir, il se pourroit aller ébattre par le royaume de Castille, ou autre part, là où bon lui sembleroit.

CHAPITRE XXXVIII.

Comment le roi de Castille dit à messire Jacques de Lalain qu'il eût patience, et que si tôt il ne pouvoit faire ses armes; de laquelle chose messire Jacques se contenta; en attendant le jour, et pour passer temps, s'en alla voir le roi de Portugal.

Quand messire Jacques de Lalain entendit par les chevaliers ce que le roi de Castille lui mandoit, il répondit moult courtoisement, qu'à la bonne heure ce fût, puisque c'étoit le bon plaisir du roi. Et moult lui tardoit, et eût bien voulu que la chose eût été plus brève; mais autre chose n'en put avoir. Si lui convint souffrir et attendre l'espace de six mois. Et pour ce qu'il véoit que le temps se passoit, et qu'il ne le vouloit perdre, il avisa en soi-même, et dit à ceux qui étoient avec lui, que sa volonté étoit, en attendant le jour à lui assigné, de s'en aller ébattre au royaume de Portugal, pour voir le roi et la reine, et les barons et chevaliers du pays. Eux tous le louèrent moult fort, comme ceux qui désiroient à voir les contrées étranges, ainsi comme tous nobles hommes ont accoutumé de faire. Si s'apprêtèrent, ordonnèrent et préparèrent tout leur fait; puis se mirent à chemin. Lequel voyage messire Jacques fit savoir au roi par les chevaliers qui toujours l'avoient accompagné; laquelle chose le roi eut et tint pour agréable, et lui bailla gens pour le conduire et guider. Lors se partit messire Jacques, lui et sa compagnie, de la ville de Valdolit. Si y avoit assez près de son chemin une ville nommée Madrigal, à laquelle étoit la princesse de Castille, fille au roi de Navarre. Quand messire Jacques sçut qu'elle étoit là, il tira cette part et lui vint faire la révérence, humblement lui présentant son service. La princesse moult bénignement et honorablement, elle, ses dames, damoiselles, ensemble les chevaliers et écuyers de son hôtel le reçurent, et moult hautement et honorablement le fêtoyèrent et virent volontiers. Et montroit la princesse semblant que de sa venue elle fût moult joyeuse, comme elle étoit; et bien y avoit raison, car de plus bel chevalier, plus doux ni plus courtois on n'eût sçu querre ni trouver en toute Castille.

Si le regardèrent toutes à grandes merveilles. Pour ce jour il étoit vêtu et paré d'une moult riche robe de cramoisi fourrée de martres zébelines, qui bien lui asséoit; il avoit le viaire frais et coloré, et jeune de vingt-deux ans, et n'avoit encore barbe ni grenon; il étoit blond, avoit les yeux vairs et riants, et si plaisants, qu'il n'y avoit celle, qui à ce jour n'eût bien voulu que son mari ou ceux qu'elle aimoit le plus eussent été semblables à lui. Et pour vérité dire, moi auteur de ce présent traité, en mon temps n'avois vu plus beau jeune chevalier, ni qui mieux semblât homme de haut affaire.

Or doncques pour retourner à notre matière et pour poursuivre cet œuvre, après ce que la princesse, chevaliers, dames et damoiselles de sa compagnie eurent bienviengnié et fêtoyé messire Jacques de Lalain, il prit congé de la princesse et des chevaliers, dames et damoiselles. Si se mit à chemin, tirant vers le royaume de Portugal. Si s'exploita tant de chevaucher, passant montagnes et vallées où il trouva plusieurs villes et châteaux, qu'il arriva en celui royaume de Portugal, et vint en une ville nommée Abogal, auquel lieu il trouva un écuyer nommé Pierre Puissote, lequel vint au devant de lui accompagné de plusieurs nobles hommes, jusques au nombre de trente chevaux ou environ. Il s'approcha de messire Jacquet en lui disant : « Monseigneur, vous soyez le très bien venu, car ainsi plaît au roi et à ceux de son royaume, comme il appert par les lettres à moi envoyées de par le roi et son conseil. »

Messire Jacques de Lalain oyant l'écuyer parler, et aussi voyant le grand honneur que le roy lui faisoit de l'avoir envoyé au devant de lui, le remercia moult courtoisement, disant à l'écuyer et à ceux de sa compagnie, que à lui il n'attribuoit pas cet honneur, mais connoissoit et sçavoit bien que c'étoit pour l'amour de son souverain seigneur le duc de Bourgogne. « Messire Jacques (ce dit l'écuyer), le roi et tous les barons du royaume voudroient faire honneur et courtoisie à tous ceux qui de par le duc viennent ès marches de Portugal : mais nonobstant ce, messire Jacques de Lalain, pour votre renommée et les grands biens que par deçà et ès autres royaumes chrétiens se disent de vous, tous princes, chevaliers et nobles hommes sont tenus de vous faire honneur; et vous mande le roi de par moi, qu'en son royaume de Portugal vous soyez le très bien venu : car c'est bien le plaisir du roi et de tous ceux de son royaume, comme il appert par les lettres de par le roi et son conseil à moi envoyées, comme dit est. »

Alors celui écuyer et les autres gentilshommes de sa compagnie s'approchèrent de messire Jacques, lesquels il prit tous par les mains, et aussi pareillement saluèrent tous ceux qui en la compagnie de messire Jacques étoient venus ; et ainsi tous ensemble chevauchèrent, et en grand'joie et liesse entrèrent dedans la ville de Abogal, où messire Jacques descendit en l'hôtel que pour lui et ses gens étoit appareillé. Puis tôt après que lui et ses gens se furent déshabillés et revêtus de leurs robes, le souper fut prêt. Si s'assit à table, et l'écuyer de Portugal avec lui. Si furent apportés grand' foison de présents à messire Jacques et à ceux de sa compagnie; c'est à sçavoir grand'foison de vins et de viandes, sucrées et épiceries de plusieurs et diverses manières, mêmement torches, chandelles et flambeaux de cire ; trompettes et ménestreux et autres plusieurs instrumens mélodieux de diverses manières, jouants à la mode du pays, tellement qu'à les ouïr, messire Jacques et ceux de sa compagnie se réjouirent moult fort : car, selon le pays et la ville où ils étoient, ne s'en eût pu plus faire au duc de Bourgogne, s'il y fût venu, ou son fils le bon comte de Charolois. Si de tous les mets et entremets dont ils furent servis vous voulois raconter au long, trop y pourrois mettre, et pourtant je m'en passe.

Le souper accompli et les tables levées, ensemble menèrent messire Jacques soi ébattre en un jardin, où ils eurent plusieurs devises ; et quand l'heure fut venue de soi aller coucher, ceux gentilshommes portugalois prirent congé de messire Jacques et s'en allèrent tous coucher chacun en son hôtel. Et quand ce vint le lendemain matin, après ce que messire Jacques et ses gens eurent la messe ouïe, se préparèrent et ordonnèrent pour partir, et firent partir leurs mules et sommiers, qui portoient les bahus et malles, et prirent le chemin tirant vers la cité de Eure, pour ce que dit lui avoit été que le roi de Portugal y étoit à séjour. Puis messire Jacques de Lalain et les gentilshommes de sa compagnie montèrent tous à cheval : mais avant ce qu'ils fussent issus hors de leur hôtel, ils trouvèrent à la porte l'écuyer portugalois et deux de sa compagnie prêts pour les conduire. Si tirèrent aux champs et chevauchèrent après leurs sommiers et bagages, en cheminant vers la cité de Eure : mais avant ce qu'ils y vinssent, arrivèrent en une ville qui est nommée Estremouse ; auquel lieu et ville arrivés, ils trouvèrent un grand seigneur du pays, qu'on nommoit le comte d'Engousance, qui reçut messire Jacques et ceux de sa compagnie moult honorablement, et le fêtoya grandement, et fit grand'chère à lui et ses gens ; et tant que messire Jacques ne le sçavoit avoir assez remercié ; et fut celui comte grand espace en l'hôtel où étoit celui messire Jacques logé, tant qu'il ne se sçavoit comment partir, pour le grand plaisir qu'il prenoit à ouïr les devises d'icelui messire Jacques, et aussi de ce qu'il le véoit être tant bel et plaisant chevalier, qu'à son semblant il n'avoit jamais vu homme qui mieux lui vînt à plaisir. Ainsi se passa le jour et le souper, où ils furent moult richement servis de ce que pour lors on pouvoit ni sçavoit trouver.

Quand il fut temps d'aller coucher, le comte prit congé d'icelui messire Jacques, en lui offrant tout service et honneur. De quoi messire Jacques l'en remercia moult courtoisement, et le voulut reconvoyer jusques en son hôtel : mais oncques le comte ne le voulut souffrir. Si s'en allèrent reposer jusques le lendemain, que tous se préparèrent pour eux en aller à l'après dîner, ainsi comme ils firent; et chevauchèrent et s'exploitèrent tellement, qu'ils vinrent au gîte à Montheure, auquel lieu ils trouvèrent plusieurs nobles hommes ordonnés de par le roi de Portugal, qui reçurent messire Jacques de Lalain, lui et ceux de sa compagnie, moult honorablement en lui faisant grand chère : et si bien avoient été fêtoyés par les lieux où ils avoient passé, encore le furent-ils plus à cette fois. Cette nuit se passa jusques le lendemain matin, que messire Jacques de Lalain, avant son partement, fit chanter messe, ainsi comme il avoit accoutumé, laquelle lui et ses gens ouïrent moult dévotement. Puis montèrent à cheval, et prirent leur chemin pour aller à Eure, où il n'y avoit d'illec que quatre lieues.

Quand messire Jacques vint auprès de la cité, lui vinrent au devant très grand nombre de seigneurs, chevaliers et écuyers, c'est à sçavoir : le seigneur de Mirande, Alvaro d'Almade, Ruy Berges, Jean et Ferrant Tello de Silve, et plusieurs autres. Tous ensemble le reçurent moult honorablement, et firent grand honneur à lui et à ses gens. Si l'amenèrent loger en la cité, où le roi avoit fait ordonner et préparer son logis moult richement, où il descendit lui et ses gens; et fut reçu de l'hôte et de l'hôtesse, et de ceux qui de par le roi étoient commis à le recevoir. Si pouvez assez croire et sçavoir que l'hôtel n'étoit pas impourvu, mais fort garni de vins et de viandes, et de ce qu'alors on pût trouver ni recouvrer pour corps d'homme aiser et repaître. En cette nuit, pour lui tenir compagnie soupèrent avec lui grand foison de nobles hommes de l'hôtel du roi : de plusieurs mets et entremets furent servis à ce souper, de quoi je ne veux faire long conte : le souper accompli, et que tous se levèrent de table, après grâces rendues à Notre-Seigneur, se mirent à deviser jusques à ce qu'il fut temps d'aller coucher : l'heure venue, prirent congé de messire Jacques, si s'en allèrent chacun en leur logis.

CHAPITRE XXXIX.

Comment messire Jacques de Lalain fut amené faire la révérence au roi de Portugal, lequel le reçut et lui fit honneur et bonne chère, et aussi firent tous les princes de sa cour.

Quand ce vint le lendemain matin, que messire Jacques de Lalain fut vêtu et paré de ses meilleures robes, lui et ses gens ouïrent la messe; assez tôt après, comme à heure de dix heures ou environ, plusieurs chevaliers et écuyers de l'hôtel du roi vinrent par devers lui, et saluèrent messire Jacques, lui disant qu'ils étoient commis pour l'amener et conduire devers le roi. Lors messire Jacques les prit par les mains, leur disant moult courtoisement que tous fussent les bien venus : si leur dit qu'il étoit prêt d'aller par tout où il leur plairoit, puisque c'étoit le bon plaisir du roi. Ses mules et les chevaux furent tirés hors des étables. Si montèrent lui et ses gens dessus, moult richement parés et vêtus de riches draps de soie et autres riches habillements, et ainsi se partirent de l'hôtel et vinrent chevauchant par la grand' rue en allant au palais royal, là où eux tous descendirent; si montèrent amont les degrés, et entrèrent en la grand' sale, où ils trouvèrent don Pedro et don James de Portugal, accompagnés de grand' foison de chevaliers et écuyers, qui reçurent et bien-viengnièrent messire Jacques de Lalain et ceux de sa compagnie.

Lors messire Jacques de Lalain averti qui ils étoient, fit à chacun d'eux la révérence telle qu'à eux appartenoit, comme celui qui bien le sçavoit faire : car dès son enfance en avoit été introduit. Puis après toutes révérences faites, iceux deux grands seigneurs prirent messire Jacques au milieu d'eux deux ; si le conduirent et amenèrent jusques en la châmbre du roi, qui alors étoit accompagné de don Pedro de Portugal, duc de Coïmbre; du comte d'Angossance, don Fernando, frère au roi. Lors messire Jacques de Lalain fit la révérence au roi et aux princes de sa compagnie, en présentant les lettres de par son très redouté et souverain seigneur le duc Philippe de Bourgogne et de Brabant, et en disant au roi : « Très haut et excellent et très puissant prince, je crois assez bien être en votre noble mémoire, que j'ai eu congé et licence de mon très redouté et souverain seigneur monseigneur le duc de Bourgogne, votre bel oncle, de porter telle emprise par la plus grand' partie des royaumes chrétiens, laquelle emprise a été présentée à votre royale majesté. Si suis venu pour faire et accomplir à l'aide de Dieu le contenu des dits chapitres. » Lors le roi, après ce que messire Jacques eut fini et proposé ce qu'il avoit voulu devant le roi, le roi moult bénignement lui dit : « Messire Jacques de Lalain, vous soyez le bien venu en mon royaume de Portugal, lequel est petit : mais pour l'honneur et révérence de notre cher et bien aimé bel oncle et belle tante de Bourgogne, nous vous voudrions faire tous les services et plaisirs que faire pourrons. Et quant au regard de votre requête, vous sçavez bien que la réponse en est légère, mais pour l'heure présente vous en irez reposer, et le prendrez en patience. »

Après la réponse faite au dit messire Jacques, de rechef fit une très grand' révérence en prenant congé du roi, et pareillement en soi retournant, le fit moult humblement à l'infant don Fernando, frère du roi, et pareillement à l'infant don Pedro, duc de Coïmbre, et à plusieurs princes et seigneurs du sang royal, qui tous lui firent grand honneur; et après ce fait s'en retourna en son logis, lui et ses gens, accompagné comme dit est ci dessus.

CHAPITRE XL.

Comment messire Jacques de Lalain revint devers le roi de Portugal, et de la réponse qui faite lui fut.

Puis quand ce vint le lendemain après dîner, ainsi comme à heure de vêpres ou environ, plusieurs chevaliers et écuyers envoyés de par le roi, vinrent quérir messire Jacques en son hôtel; si l'amenèrent au palais, où il trouva le roi accompagné des princes, chevaliers et écuyers en grand nombre, ensemble ceux de son conseil. Si fit la révérence au roi et à eux tous; et après toutes révérences faites, silence fut fait par le palais. Lors en la présence du roi, par un des plus notables de son conseil, lui fut dit en cette manière: « Messire Jacques de Lalain, vous soyez le très bien venu. Le roi m'a commandé vous dire qu'il est pieça bien averti de votre venue par héraut, lequel lui a apporté et présenté certains chapitres d'armes, contenants comment, par le congé et licence de monseigneur le duc de Bourgogne, vous pouvez porter emprise d'armes par la plus grand' partie des royaumes chrétiens. Toutes fois vous n'avez pas oublié le royaume de Portugal : mais il est vrai, comme vous sçavez, que le roi de Portugal et le duc de Bourgogne sont si bien et tant agréablement ensemble alliés l'un à l'autre, qu'il n'est pas possible que jamais l'alliance et l'amour se puisse défaire; pour laquelle chose, le roi m'a commandé de vous dire qu'il ne voudroit souffrir que nul de sa maison ou royaume fît armes contre ceux de la maison de Bourgogne; et s'il étoit aucune chose que le roi et messeigneurs les princes de son sang, chevaliers et écuyers puissent faire, qu'il fût agréable pour cette maison de Bourgogne, ils le voudroient faire et accomplir. » Et après plusieurs autres paroles et devises qu'eurent les princes, barons et chevaliers à celui messire Jacques, sur toutes leurs devises et paroles il fit réponse, tant et si attempréement, que du sens et valeur qu'ils véoient être en celui jeune chevalier, ne s'en pouvoient assez émerveiller, disant l'un à l'autre, que bien se devoient tenir pour heureux le père et la mère qui l'avoient engendré.

Tant le louèrent entre eux et le prisèrent, qu'ils disoient qu'en leur temps n'avoient vu être plus apparent en un jeune chevalier de parvenir à la haute vertu de prouesse et bonne renommée, ce que tous nobles cœurs d'hommes devoient désirer à atteindre et venir. Puis après que le dit messire Jacques eut là été assez bonne espace, vin et épices furent apportées; et tôt après messire Jacques de Lalain prit congé du roi, et fut conduit et mené par grand'foison de chevaliers et écuyers jusques en la chambre de la reine, laquelle le reçut très bénignement. Et après ce qu'il lui eut fait la révérence, fut aussi pareillement des princesses, baronnesses, dames et damoiselles de sa compagnie grandement bienviengnié et bénignement reçu. A ce jour que messire Jacques entra en la chambre de la reine de Portugal, toutes ses dames, c'est à sçavoir princesses et autres, étoient moult richement parées et atournées, selon la manière du pays, et chacun selon son endroit. Si pouvez croire et sçavoir que messire Jacques y fut volontiers vu; car pour vérité il étoit bien le chevalier qui en tels lieux devoit bien être venu, tant pour l'humilité et beauté de corps, comme pour le sens qui en lui étoit. Et à parler proprement, je crois et puis bien dire, moi auteur de ce présent livre, que Dieu et nature n'y avoient rien oublié, ni de tout mon temps n'avois connu, sans blâmer ni amoindrir nul lui, le pareil de cettuy jeune chevalier, duquel cette histoire fait mention. Or doncques, pour retourner et poursuivre notre matière encommencée, après toutes révérences et salutations qu'icelui messire Jacques eut faites à la reine, aux princesses et dames, qui étoient en bien grand nombre, prit congé de la reine et de toutes les dames, et fut conduit par grand'foison de chevaliers et écuyers jusques en son hôtel; puis prirent congé de lui: si retournèrent à cour, et le dit messire Jacques et ses gens se tinrent en leur hôtel environ deux jours, avant ce qu'ils retournassent à cour. Durant lequel temps, chacun jour étoient visités, et toujours de l'hôtel du roi lui étoient envoyés vins et viandes, et tout ce qu'ils pouvoient penser que mestier lui fût pour lui, et pour tous ceux de sa compagnie.

CHAPITRE XLI.

Comment messire Jacques de Lalain fut fêtoyé, lui et ses gens, du roi de Portugal, où étoient plusieurs princes de son sang et lignage.

Quand deux jours furent passés après ce que messire Jacques de Lalain eut été à cour, volonté prit au roi de Portugal de tenir état, et tenir salle, en intention de fêtoyer messire Jacques de Lalain. Si commanda à ses maîtres d'hôtel qu'ils fissent et ordonnassent un très-beau et solennel dîner, auquel dîner l'infant don Pedro duc de Coïmbre bailla l'eau au roi à laver. Les mains lavées, le roi s'assit au milieu de la table, et à la dextre du roi fut assis le duc de Coïmbre, et au côté senestre du roi fut assis messire Jacques de Lalain. Si fut à ce jour servi le roi de Portugal moult hautement et richement, car à chacun des mets qui étoient apportés à la table venoient au devant des plats, sonnans et menants grand bruit, trompettes et ménestreux, rois d'armes, hérauts et poursuivants; chacun la cotte d'armes vêtue des armes du roi et des princes qui là étoient présents, tant du sang royal comme d'autres, qui étoit moult belle chose à voir; et n'étoit nul de ceux de l'hôtel du roi, de quelque état qu'il fût, qu'il ne s'efforçât et mît peine de fêtoyer messire Jacques de Lalain et ses gens. Des mets et entremets de quoi le roi fut servi, ne vous ferai long conte.

Le dîner accompli, le roi se leva de table, grâces furent rendues à Notre-Seigneur; puis le roi prit messire Jacques de Lalain par la main; si se tira vers l'une des fenêtres du palais; là eut le roi plusieurs devises à messire Jacques, lequel tant arréement fit ses réponses au roi selon ses demandes, que le roi étoit moult content de lui, et le louoit et prisoit fort en son cœur, et moult se contentoit de lui. Après toutes devises, le roi et chacun se retraît. Puis quand ce vint ainsi comme à heure de vêpres après dîner, le roi se retira vers les dames, où messire Jacques de Lalain vint, et fit la révérence au roi et à la reine, comme bien le sçavoit faire. Lors encommencèrent les danses; le roi dansa, et mena la reine; puis après ce qu'il eurent accompli cette danse, le roi prit la reine par la main, appela messire Jacques de Lalain, et dit: « Messire Jacques, il vous convient mener danser la reine. » Messire Jacques remercia le roi, et aussi fit-il la reine de l'honneur qui par eux lui étoit fait. Si encommença la danse de toutes parts parmi le palais; là étoient ménestreux jouants de plusieurs et divers instruments mélodieux, tant que grand joie étoit à les voir et ouïr.

Moult grandement fut fêtoyé messire Jacques de Lalain, du roi, de la reine, des princesses, dames et damoiselles qui à ce jour étoient au palais. Puis après toutes danses et fêtoiemens, vins et espices furent apportés à la manière accoutumée, et prit messire Jacques congé du roi, de la reine et des dames, et s'en retournèrent chacun en son logis. Ainsi messire Jacques fut fêtoyé du roy et de la reine de Portugal si grandement, lui et ses gens, que plus il n'eût sçu souhaiter. Si advint que volonté prit au roi et à la reine d'aller chasser et eux ébattre aux champs; si mandèrent messire Jacques de Lalain, lui et sa compagnie, pour y venir, comme par plusieurs fois il avoit fait durant le temps que messire Jacques avoit là séjourné, où il fut environ treize ou quatorze jours; et tout ce fut pour le fêtoyer et faire honneur, tant pour l'honneur du duc de Bourgogne comme pour l'amour de lui, tellement que le roi, la reine, princesses, dames et damoiselles s'efforçoient tous et toutes à leur pouvoir de lui faire honneur et fête; et tant lui en faisoient, qu'icelui messire Jacques de Lalain ne sçavoit assez remercier le roi, la reine, princes, princesses, barons, chevaliers, dames et damoiselles de ce que fait lui avoient et s'efforçoient de faire chacun jour.

Si avisa messire Jacques que plus ne pouvoit faire séjour en Portugal, selon le jour et terme qui lui avoit été baillé de par le roi de Castille, pour retourner faire et accomplir ses armes. Si vint un jour devers le roi de Portugal et la reine, et les remercia moult humblement des grands honneurs et réceptions qui faits lui avoient été par lui, la reine, princes, princesses, barons, chevaliers, dames et damoiselles, et de tous les nobles de son royaume, et des grands chères qui faites lui avoient été en passant parmi son royaume; laquelle chose il n'attribuoit point à lui, mais le tenoit être fait pour l'amour de son souverain seigneur, monseigneur le duc de Bourgogne, auquel, moyennant la grâce de Notre-Seigneur, à son retour, il l'en remercieroit grandement. Lors le roi répondit et dit : « Messire Jacques, croyez certainement que pour l'amour de notre bel oncle le duc de Bourgogne et notre tante la duchesse son épouse, nous et les nôtres voudrions à notre pouvoir complaire et faire service et honneur à tous ceux qui en leur nom viendroient par deçà; et après eux, devant tous les chevaliers qu'avons vu en notre royaume, vous voudrions faire plaisir, et bien voudrions que plus en eussions sçu faire. Vous êtes gentil chevalier, vous prendrez en patience ce qu'avez trouvé par deçà, car nous voyons qu'en vous a tant de vertus, que digne êtes de les avoir. »

CHAPITRE XLII.

Comment après tous fêtoiements messire Jacques de Lalain prit congé du roi et de tous les princes, et s'en partit et vint en Castille, où le roi de Castille le reçut moult honorablement en sa ville de Valdolit.

Quand messire Jacques de Lalain ouït ainsi parler le roi, et tant amiablement, il se mit à un genouil et le remercia de l'honneur qu'il lui faisoit, en lui offrant son corps, ses biens, son service et ceux de son lignage, si par lui en étoit requis, pour faire et obéir à tous ses bons commandements. Le roi le prit par la main; si le leva, et lui dit : « Messire Jacques, levez-vous sus, trop d'honneurs ni de biens ne vous peuvent être faits; je prie à Dieu qu'en vous du demeurant il veuille parfaire. » Et ainsi prit congé messire Jacques de Lalain du roi et de la reine de Portugal, des princes, princesses, chevaliers et écuyers, dames et damoiselles de la cour. Plusieurs présents lui furent présentés : comme genets, beaux coursiers, mules et mulets; mais oncques il n'en voulut rien prendre, fors seulement du roi et de l'infant don Pètre, et de la reine de Portugal, un riche collier d'or de l'ordre de Portugal garni de diamants, rubis et perles, duquel don il remercia moult grandement le roi, la reine et les princes Après le congé pris, et que les vins et épices eurent été apportés, il se départit lui et sa compagnie, et vint en son hôtel accompagné, comme toujours avoit été, par les gens du roi. Si furent par les maîtres d'hôtel du roi payés et contentés l'hôte et l'hôtesse de messire Jacques; et furent tous défrayés ce que, là et ailleurs, lui et ses gens pouvoient avoir dépendu. Si furent baillés à celui Jacques de Lalain, de par le roi, gens pour le conduire et guider par tout son royaume. Cette nuit les gens de messire Jacques s'apprêtèrent, troussèrent et baguèrent pour le lendemain matin partir; laquelle chose ils firent, car quand ce vint le lendemain, après ce que messire Jacques eut ouï sa messe, lui et ses gentilshommes se partirent de la ville de Eure, et se mirent à chemin, et avec eux gens commis de par le roi de Portugal, qui les conduirent et guidèrent jusques à ce qu'ils entrèrent en Castille, et illec prirent congé de messire Jacques, qui les remercia moult grandement, en leur priant très instamment qu'en là grâce du roi et de la reine ils le voulsissent avoir pour recommandé, laquelle chose ils promirent de faire.

Après le département d'eux, messire Jacques et ceux de sa compagnie chevauchèrent tant par Castille, qu'il arrriva en la ville de Valdolit en Castille, où la journée lui étoit assignée à faire armes et accomplir le contenu de ses chapitres, à l'encontre de messire Diégo de Gusman; et lui étant arrivé en son logis, le roi de Castille envoya par devers messire Jacques de Lalain plusieurs chevaliers et écuyers, et entre les autres il envoya un baron nommé messire Jean de Lune; et vinrent devers celui messire Jacques, et lui dirent qu'ils étoient là venus pour l'accompagner à venir par devers le roi de Castille. Quand messire Jacques eut ouï par eux la cause de leur venue, il leur répondit qu'il étoit prêt de faire et obéir au bon vouloir du roi. Lors lui et ses gens tous prêts montèrent sur leurs chevaux, et tous ensemble vinrent dever le palais du roi, ainsi accompagnés comme vous avez ouï.

Quand il fut là venu il fit la révérence au roi, et le roi à lie chère le reçut, et lui fit grand recueillotte, en lui disant : « Messire Jacques de Lalain, vous nous soyez le très-bien venu. Je cuide qu'assez sçavez que de long-temps a été accoutumé quand un chevalier d'étrange pays vient en aucuns royaumes, on lui baille, comme raison est, gens notables pour le conduire et conseiller; nonobstant que nous vous sçavons être bon et sage, et avec ce être bien introduit, sachant le métier des armes; si vous baille pour vous accompagner, Jean de Lune, qui est ici, pour du tout vous y servir, comme en tels cas appartient, en toutes les manières qu'il pourra, car ainsi nous plaît-il être fait, et voulons qu'il soit. » Lors se mit messire Jacques à un genouil à terre, si remercia le roi; puis furent apportés vins et épices. Si prit tantôt après icelui messire Jacques congé du roi, et fut conduit jusques en son hôtel, où il fut l'espace de trois semaines avant ce qu'il sçût le jour que les armes se devoient faire. Mais à la fin le roi lui manda par aucuns de ses chevaliers le jour qu'ils devoient faire leurs armes, et que pour ce il s'apprêtât.

Quand messire Jacques ouït ceux qui venus étoient de par le roi lui signifier le jour, il leur répondit et dit : « Seigneurs, sachez que pour ce faire j'ai pieça été prêt, et désirant de faire et accomplir la cause pourquoi je suis ici venu. » Là étoient plusieurs rois et hérauts d'armes, auxquels il dit : « Seigneurs, vous sçavez et avez vu mes chapitres, lesquels contiennent qu'on ne me pouvoit ni devoit retarder plus haut de six semaines ; nonobstant ce, je veux faire tout le vouloir et bon plaisir du roi, et serai prêt au jour que vous m'avez assigné. » Quand les rois et hérauts d'armes eurent ouï la réponse de messire Jacques de Lalain, ils prirent congé de lui et retournèrent devers le roi pour faire leur rapport de la réponse que messire Jacques leur avoit faite, de laquelle réponse le roi fut moult content; et disoit en la présence de ses barons, que si celui messire Jacques pouroit vivre longuement, les apparences étoient en lui de parvenir à haut honneur et exaltation de ses parens et amis.

CHAPITRE XLIII.

Comment messire Jacques de Lalain entra dedans les lices pour faire et accomplir ses armes, selon le contenu en ses chapitres.

Après ce que les rois d'armes et hérauts eurent fait leur record au roi, il fut ordonné aux connétables et aux maréchaux, que les lices fussent faites et ordonnées; et ainsi le firent en la place des Frères-Prédicateurs; et là furent les lices faites et dressées, et aussi plusieurs échafauds; car plusieurs chevaliers et grands seigneurs, tant du royaume de Castille, comme de Portugal, de Navarre et d'Aragon, et ambassadeurs de France, là furent à celui jour, pour la grand'renommée qui en couroit partout, que chacun avoit désir et affection de les voir; et pour ce furent ordonnés plusieurs échafauds de faire, afin que chacun les pût voir à son aise. Et entre les autres en y avoit quatre principaux tenants aux lices, lesquels étoient enchâssés l'un à l'autre, c'est-à-sçavoir celui du roi et de la reine devers orient, et celui des juges devers occident. Et le pavillon de Diégo de Gusman étoit dressé et posé vers la partie de midi, et celui de messire Jacques à l'opposite.

Or vint le jour que les deux champions devoient faire leurs armes, qui fut le troisième jour de février, qu'environ étoit neuf heures du matin ; ils entrèrent au champ seize hommes armés de plein harnas, lesquels tous de pied se mirent et posèrent entre deux lices, comme chacun doit sçavoir que les lices sont doubles ; et se départirent ès quatre cornes des lices pour garder le champ de toutes oppressions ; et étoient iceux embâtonnés de haches, guisarmes et autres bâtons défensables ; et bien peu après vint la reine et son état, et monta sur son échafaud, non point à manière d'échafaud, mais étoit une belle maison dressée, couverte et bien tendue de riche tapisserie. Cette maison étoit close entre deux, c'est-à-sçavoir, de la partie du roi étoit la montée du côté de messire Jacques ; et celle de la reine, du côté de Gusman. Et tantôt après arriva le roi accompagné de Alvaro de Lune, grand-maître de Saint-Jacques, de l'évêque de Valence, du comte de Bénévente, et de plusieurs autres chevaliers et écuyers, et monta en son échafaud ; puis quand ce vint environ dix heures du matin, messire Jacques de Lalain eut licence et congé du roi de soi venir armer dedans son pavillon. Si se partit de son hôtel tout de pied, armé de harnas de jaune, vêtu d'une robe d'écarlate fourrée de martres zébelines, et toute chargée d'orfèvrerie, longue jusques aux pieds. Si chevauchoient devant lui les gentilshommes qu'il avoit amenés avec lui, moult richement vêtus et habillés. Et étoit adextré de deux notables chevaliers ; c'est-à-sçavoir de Jean de Lune, qui toute la journée le conseilla, et d'un autre chevalier de l'hôtel du roi ; et avec ce étoit accompagné de plusieurs gentilshommes de l'ambassade, qui étoient venus de France par devers le roi de Castille, et d'aucuns de ses gentilshommes de son hôtel, qui étoient de pied, tenants son cheval après lui par les rênes, et les autres entour de lui. Si faisoit amener après lui un moult bel destrier, lequel son armoyeur amenoit ; et estoit celui destrier chargé de deux paniers, esquels étoit le harnas de messire Jacques. Si étoient iceux paniers couverts d'un riche drap d'or. Et en cette manière vint jusques dedans les lices, et entra dedans son pavillon, où il s'arma tout à son aise. Puis après qu'il fut armé, il vint faire la révérence au roi et à la reine, et à tous les autres qu'il véoit être aux échafauds.

Si s'en vint premièrement mettre à un genouil devant l'échafaud du roi, en lui disant : « Très haut, très excellent, très puissant prince, plaise sçavoir à votre royale majesté, que vécz moi ci prêt et appareillé de faire, fournir et accomplir le contenu en mes chapitres, à l'aide de Dieu et de monseigneur saint Georges, en vous requérant, très haut, très excellent et très puissant prince, qu'il vous plaise à moi entretenir en toute bonne justice, ainsi comme j'ai ma parfaite fiance. » Lors le roi lui dit en la présence de ceux qui là étoient : « Messire Jacques de Lalain, vous soyez le très bien venu, et je le ferai volontiers. » Après cette réponse faite messire Jacques de Lalain se partit, retourna en son pavillon, qui étoit de soie blanche, moult richement armoyé de ses armes. Si se fit armer, et illec attendit son champion, prêt pour accomplir le contenu en ses chapitres. Lors lui armé en son pavillon, ceux qui accompagné l'avoient, c'est-à-sçavoir plusieurs gentilshommes de l'ambassade de France, s'en partirent et allèrent monter sur les échafauds qui pour eux étoient ordonnés.

CHAPITRE XLIV.

Comment messire Diégo de Gusman entra dans les lices pour faire armes à l'encontre de messire Jacques de Lalain.

Ainsi ses besognes faites et ordonnées, arrivèrent de quatre vingts à cent hommes armés de toutes pièces, la lance en la main, lesquels, avec les autres par avant eux venus, furent ordonnés pour garder le champ de toutes oppressions. Puis assez tôt après en cette même heure, arrivèrent les gardes pour retenir les champions quand temps seroit. Si étoient dix gentilshommes sages et prudents, et qui en leur temps avoient beaucoup vu. Grande et longue espace messire Jacques de Lalain demeura en son pavillon en attendant son adverse partie, et fut bien trois heures après midi quand Diégo de Gusman comparut au champ, lequel à cette heure qu'il y vint, étoit accompagné de plusieurs chevaliers et écuyers, et de son frère messire Gonsalve de Gusman, qui étoit à son côté dextre, et de messire Philippe de Sul au côté senestre. Si venoient après lui quatre hérauts de l'office d'armes, c'est à sçavoir deux hérauts et deux poursuivants, montés sur quatre coursiers couverts jusques en terre, armoyés des armes des quatre lignes dont celui de Gusman étoit issu; et avoient vêtu iceux officiers d'armes chacun une cotte d'armes pareille, dont étoient couverts les dits quatre chevaux. Et en ce point, armé de toutes armes, celui de Gusman entra dedans le champ; puis tantôt après qu'il fut descendu devant son pavillon, ne demeura guères qu'il vint faire la révérence au roi; et après ce qu'il eut fait la révérence au roi, et à la reine, il s'en retourna vers son pavillon.

Lors le connétable don Jean de Lune, fils de Alvaro de Lune, et le maréchal Pedro de Heras, commis et ordonnés juges d'icelles armes, firent sçavoir aux champions, que nul d'eux ne saillît hors de son pavillon jusques à la tierce fois que les trompettes auroient sonné, et puis quand la tierce fois seroit finie, et non devant, chacun d'eux issît hors de son pavillon; et ce fut publié à son de trompe, aux quatre cornes du champ. Lors après le cri et défenses faites, comme en tel cas appartient, les haches et épées des deux champions furent apportées par devers le juge; si fut trouvé que la hache de Diégo étoit de mal engin, et qu'elle n'étoit pas telle comme ès chapitres étoit contenu. Si lui en fut baillée une autre, nonobstant que messire Philippe de Sul s'en débattît assez.

Les haches et épées visitées, on fit trois cris et défenses de par le roy ès quatre coins des lices, et sonnèrent les trompettes, ainsi comme ordonné avoit été; mais à Diégo de Gusman ne souvint de l'ordonnance faite par les juges; car au premier son de trompette, après ce qu'il fut fini, tout à l'étourdi, il saillît hors de son pavillon; mais ceux qui l'avoient à conseiller moult hâtivement le prirent et le remenèrent en son pavillon; nonobstant ce, au second coup de trompette il en fit pareillement autant; et en fut le roi de Castille très mal content, et de l'échafaud où il étoit, lui dit une laide parole, et si haut que de chacun fut ouï.

CHAPITRE XLV.

Comment messire Jacques de Lalain et messire Diégo de Gusman se combattirent à pied, devant le roi de Castille; et s'en partit après les armes faites messire Jacques de Lalain, à son très grand honneur.

Quand messire Jacques de Lalain eut ouï sonner le tiers coup de la trompette, moult attemprément et assurément se mit à l'huis de son pavillon; puis en faisant le signe de la croix, issit hors et prit sa hache de la main senestre à la main dextre, et marcha environ quatre pas. Puis fit la révérence au roi et à la reine. Et Diégo Gusman très fièrement vint marchant à l'encontre de lui, la visière baissée. Lors messire Jacques le voyant venir, sa visière levée encontremont, et voyant son ennemi approcher, eux deux ensemble se vinrent joindre, si se combattirent des haches, et se donnèrent de si très terribles et horribles horions, si menus et si souvent, que des harnas qu'ils avoient armés, qui étoient fins et acérés, le feu et les étincelles en sailloient. Et tant bien se combattirent et donnèrent de si cruçux coups, que le roi et ceux qui là étoient regardants les armes, disoient entre eux que jamais les pareilles armes n'avoient vu faire. Messire Jacques de Lalain avisant la chaleur de son adversaire, tourna la pointe de sa hache d'en bas; si férit par trois coups l'un après l'autre dedans la lumière de Diégo en telle manière, qu'il lui fit plaie en trois lieux au visage, jaçoit-ce-que messire Jacques eût la visière levée; si l'asséna du premier coup au sourcil senestre, et l'autre au bout du front au côté dextre, et le tiers le férit au dessus de l'œil dextre; et depuis ne demeura guère la bataille d'eux deux, car Diégo perdit sa hache par une secousse que messire Jacques lui fit. Puis quand celui Diégo se sentit être désarmé de sa hache, vint vivement, bras étendus, par devers messire Jacques, pour le venir prendre par le corps et l'emporter hors des lices, comme il avoit intention de faire, et aussi comme il s'en étoit vanté deux mois paravant ; mais messire Jacques percevant l'intention de son adversaire, afin que de plus près il ne l'approchât, étendit le bras senestre, et de son poing, il rebouta celui Diégo. En ce faisant jeta sa hache jus en le sablon; et mit la main à l'épée pour la tirer dehors.

Lors le roi de Castille voyant que le plus bel des armes étoit apparent plus à l'un qu'à l'autre, jaçoit-ce-que tous deux avoient bien fait, jeta son bâton en bas, qui fut signifiance que les armes étoient accomplies. Alors les gardes du champ à ce ordonnés, se mirent entre deux et prirent les deux champions et les menèrent chacun en son pavillon. Puis après ce ne demeura guère que le dit messire Jacques de Lalain se vint présenter vers le roi en mettant le genouil à terre, et lui dit : « Très haut, très excellent et très puissant prince, je sçais assez en votre noble mémoire être, qu'il est vrai que j'ai dit en mes chapitres qu'au cas que je viderois sain hors des lices, les armes de pied accomplies, et que ce fût le vouloir de mon compagnon, que dedans trois jours après je le fournirois de quatre lances à rompre pour l'amour et faveur de madame. Pourquoi, sire, par votre noble congé et licence, me véez ci tout prêt de ce faire. » Alors le roi de Castille répondit et dit : « Messire Jacques de Lalain, sachez que dès maintenant nous tenons les armes de pied et de cheval pour faites et accomplies. » Et ajouta que de là en avant n'étoit son plaisir que plus en fissent, c'est à sçavoir l'un contre l'autre ; mais eux deux contre deux autres, il étoit content qu'ils en fissent à leur volonté. Et dit encore de rechef : « Messire Jacques vous avez très bien besogné. » Si commanda le roi à descendre de l'échafaud le grand-maître de Saint-Jacques, et lui dit que les deux champions il fit venir devant lui, laquelle chose il fit.

Quand il fut descendu en bas, il fit venir Diégo de Gusman et messire Jacques, et les prit par les mains ; si les fit toucher ensemble, leur disant ces paroles : « Seigneurs, la volonté du roi est telle, que quelconque chose que ayiez eu à faire ensemble, ne ayiez nul de vous deux nulle rancune, ni mal l'un contre l'autre ; mais veut le roi que pardonniez l'un à l'autre, et que dorénavant soyiez comme frères et bons amis : car expressément le roi veut et commande qu'ainsi soit, et qu'encore pourra venir le temps que vous deux ensemble, au plaisir de Dieu, vous pourrez trouver pour vous éprouver et faire armes contre deux autres. » Lors les deux champions oyants la volonté et commandement du roi, en pardonnant l'un à l'autre, touchèrent et embrassèrent l'un l'autre par grand amour et fraternité, et puis se partirent de la présence du roi, montèrent à cheval et saillirent hors des lices eux deux ensemble, prenant l'un l'autre par la main, et allèrent ainsi jusques au partir le chemin que chacun tourna en son logis.

CHAPITRE XLVI.

Comment les deux chevaliers, après ce qu'ils furent partis hors des lices, et chacun d'eux venus en leurs hôtels, eux désarmés dînèrent ensemble, puis assez tôt après firent présents l'un à l'autre, qui furent moult honorables.

Après que les deux champions se furent partis et allés hors des lices, le roi, la reine, et tous ceux qui ès échaufauds étoient, descendirent en bas, et allèrent chacun en leurs hôtels, et messire Jacques de Lalain alla descendre en son logis, accompagné de ses gens, et d'autres plusieurs chevaliers et écuyers, tant de ceux de l'hôtel du roi, comme de ceux de l'ambassade de France, lesquels à l'entrée il remercia moult de fois de l'honneur que fait lui avoient. Puis quand ce vint que messire Jacques fut désarmé et rafraîchi en son logis, le connétable de Castille fit ordonner et faire un souper, où il fit venir les deux champions et grand'foison d'autres barons et chevaliers, qui les accompagnèrent. Des mets et entremets desquels ils furent servis, ne quiers à parler, car tout ce que pour ce jour on put trouver, pour or, ni pour argent, rien n'y fut épargné; le souper dura grand'espace. Puis le souper accompli, se levèrent tous de table, et après grâces rendues, se mirent tous à deviser.

Après toutes devises faites, vin et épices furent apportées, et prirent congé du connétable ; mais toutefois quand messire Jacques se dut partir d'icelui souper, Diégo de Gusman se passa assez légèrement de prendre congé à celui messire Jacques. Si revint en son hôtel où il séjourna et demeura deux ou trois jours, s'en s'en partir, pour ce que dit lui avoit été qu'il n'étoit pas trop bien content de lui ; et la cause, il ne sçavoit pourquoi. Or advint que le lundi après ensuivant, celui Diégo de Gusman envoya requérir messire Jacques, qu'il lui voulsist fournir quatre lances, ainsi que contenu étoit en ses chapitres. Sur quoi messire Jacques répondit, qu'il s'en attendoit à la bonne ordonnance du roi, et qu'il étoit prêt et appareillé de ce faire. De laquelle requête faite par celui Diégo de Gusman à messire Jacques, le roi en fut averti, et lui fit dire qu'il n'en parlât plus, et qu'il fût content de ce que le roi en avoit dit le jour qu'ils firent les armes de pied ; si n'en fut lors plus parlé. Et avec ce fut dit à celui de Gusman, que de ce qu'il en avoit fait, et le mal content qu'il avoit montré à messire Jacques, le roi ne l'en sçavoit gré. Pour laquelle chose, et pour apaiser le courroux du roi, au bout de six jours ou environ, Diégo de Gusman, accompagné de son frère le comte de Gusman et de plusieurs chevaliers et écuyers, vinrent par devers messire Jacques, et là firent très bonne chère. Tellement qu'icelui Diégo de Gusman dit au dit messire Jacques : « Monseigneur mon frère et mon ami, quelque chose qu'il soit, ni qu'on vous puisse avoir dit, ou rapporté, mon frère et moi et tous nos parents et amis, sommes du tout à votre commandement ; pour à vous et aux vôtres faire service et plaisir ; car je vous sçais être si gentil chevalier et si bien renommé, que tous chevaliers et écuyers sont tenus de vous faire tout honneur ; et en ce faisant ne pourroient fors acquerre bonne louange. »

Messire Jacques de Lalain oyant ainsi courtoisement parler celui Diégo, le remercia moult humblement, en lui disant : « Monseigneur mon frère et mon ami, du grand honneur et plaisir qu'il vous a plu faire à la maison d'où je suis, de moi avoir délivré de mon emprise, je vous en mercie ; si croyez certainement que nous de notre maison de Lalain, ensemble nos parents et amis, et moi spécialement suis et serai tenu et obligé toute ma vie à vous et aux vôtres. » Après ces paroles, s'entrebrassèrent les uns et les autres par plusieurs fois, et firent moult grand chère, et eurent plusieurs devises eux tous ensemble ; et tellement se contentèrent tous de gracieuses devises, et de grand' humilité qui étoit en messire Jacques de Lalain, qu'assez n'en pouvoient avoir parlé, tant étoient contents de lui. Lors furent apportés vins et épices. Si en prirent et en burent l'un avec l'autre ; et assez tôt après, Diégo de Gusman fit amener un beau coursier couvert d'une couverture de satin cramoisi. Si le donna et présenta à messire Jacques de Lalain, qui le reçut moult liément, et en remercia celui Diégo ; si prirent congé l'un à l'autre. Puis quand ce vint le lendemain au matin, messire Jacques de Lalain, qui étoit large et courtois, connoissant la courtoisie que lui avoit fait Diégo de Gusman, fit appareiller un moult beau destrier, lequel il fit enseller et couvrir d'une riche houssure de velours bleu, toute chargée d'orfèvrerie, et la selle de velours violet ; lequel destrier fut présenté par l'un de ses écuyers, avec un héraut nommé Luxembourg, à celui de Gusman, qui le reçut moult liément, remerciant son frère et compagnon ; duquel présent et don il fut moult joyeux.

CHAPITRE XLVII.

Comment messire Jacques de Lalain vint à cour, où il prit congé du roi, de la reine, des princes, barons et chevaliers du royaume de Castille.

Quand ce vint le lendemain après dîner, ainsi comme à heure de vêpres, messire Jacques de Lalain, accompagné de plusieurs chevaliers et écuyers, tant de l'hôtel du roi, comme de ceux de son hôtel, s'en alla devers le roi, où il fut reçu moult honorablement du roi, des princes, chevaliers et écuyers de sa cour ; et lui fut faite bonne chère. Puis après vin et épices prises, fut conduit et mené en la chambre de la reine, laquelle pour ce jour étoit accompagnée de plusieurs grandes dames et damoiselles, qui le reçurent moult bénignement. Et pour le fêtoyer et faire honneur, on fit danses et ébattements, où il dansa avec la reine ; et tellement il s'y conduit, que par tout on le louoit et prisoit, tant pour la beauté de lui, comme pour le sens, courtois parler et beau maintien qui en lui étoit, que tous et toutes s'efforçoient de l'honorer et complaire. Après toutes danses et ébattements, vin et épices furent apportées ; si prit congé messire Jacques de la reine et de toutes les dames et damoiselles, chevaliers et écuyers qui là étoient ; si s'en retourna en son logis, grandement accompagné de gens du roi et des gentilshommes qui avec lui étoient.

Quand ce vint environ six jours après, messire Jacques de Lalain, voyant que de là séjourner ne lui étoit guère besoin, et aussi qu'il avoit accompli ce pourquoi il étoit venu, se tira vers le roi pour prendre congé ; et quand il fut devant le roi, il se mit à un genouil, en le remerciant moult humblement de l'honneur et bonne justice qui par lui et par ceux de son royaume lui avoit été faite, et lui dit : « Sire, je suis obligé et tenu toute ma vie à être bon, humble et léal serviteur de votre royale majesté et de tous ceux de votre royaume, où j'ai par tout été courtoisement reçu. » — « Messire Jacques, répondit le roi, vous nous avez été le très bien venu ; et si rien voulez par deçà qui vous soit nécessaire, de nous et de ceux de notre royaume, pour valeur qui est en vous, et le bien que trouvé y ayons, vous sera octroyé. » Messire Jacques très humblement remercia le roi ; si prit congé de lui, et pareillement alla prendre congé de la reine et de toutes les dames et damoiselles, et après s'en retourna en son logis, où ne séjourna guère, quand le roi de Castille lui envoya une robe d'un riche drap d'or cramoisi, fourrée de fines martres zébelines ; si en remercia moult le roi.

Après le congé pris au roi et à la reine, aux dames et damoiselles, au connétable et aux autres princes, chevaliers et écuyers, il fit cette nuit préparer et ordonner ses choses, trousser et baguer mules et bahus de lui et de ses gens, soi fournir de guides et gens pour le conduire ; si se partit le lendemain de Valdolit. Mais ne se voulut pas partir du royaume de Castille, que premièrement il n'eût prit congé de monseigneur le prince, qui étoit à quatre lieues près de Valdolit, en une ville nommée Medina del Campo, là où il fit la révérence au prince et à tous ceux de sa compagnie, en le remerciant moult humblement des biens et hauts honneurs qui par le roi son père, de ceux de son royaume, lui avoient été faits, et lui présenta celui messire Jacques moult humblement son service. Le prince, et les barons qui avec lui étoient, le reçut moult honorablement, et lui fit dire le prince par un chevalier bien sachant la langue de France : « Messire Jacques de Lalain, vous soyez le très bien venu, et nous vous devons bien remercier de l'honneur que vous avez montré au roi et à nous ci présent, et à tout le royaume. Vous avez été petitement reçu ; par votre courtoisie vous nous pardonnez pour cette fois ; et vous fait dire monseigneur le prince, qui ci est, que si vous avez besoin ou affaire d'aucune chose qu'il puisse faire pour vous, il le fera de très bon cœur. »

Messire Jacques de Lalain le remercia très humblement, et prit congé de lui, et vint en son logis, où plusieurs présents, vins et viandes, et autres plusieurs biens lui furent envoyés et présentés de par le prince. Puis quand ce vint le lendemain matin, messire Jacques se partit, et prit son chemin pour tirer à Madrigal, là où il savoit être la princesse de Castille, fille au roi de Navarre, et femme du prince de Castille. Tant s'exploita messire Jacques, qu'il arriva à Madrigal et vint descendre devant l'hôtel de la princesse, laquelle étoit jà avertie de sa venue ; il monta en la salle, et lui vinrent au-devant plusieurs chevaliers et nobles hommes, qui le bienveignèrent, en lui disant qu'il fût le très bien venu en l'hôtel de la princesse. Si le prirent et adextrèrent et le menèrent en une chambre qui étoit moult richement parée et tendue, en laquelle étoit la princesse. Messire Jacques de Lalain marcha avant en la chambre, vers elle, moult humblement, et lui fit la révérence, en lui présentant son service. Et ainsi moult courtoisement la remercia du grand honneur et belle recueillotte que le roi de Castille, monseigneur le prince, et autres nobles barons et chevaliers lui avoient fait, qui étoit bien chose de le reconnoître et de la desservir envers tous ; et aussi avoit bien intention d'en remercier son très redouté et souverain seigneur le duc de Bourgogne.

Après tous remerciements faits, il prit congé de la princesse et s'en alla en son logis, où elle le fit conduire honorablement, et où on lui fit bonne chère. Et lui furent apportés et faits beaux présents, tant vins et viandes comme autres choses délicieuses, et toutes des meilleures que pour lors on sçut trouver ; et là lui fut dit par un chevalier : « Madame la princesse se recommande à vous, en vous priant que soyez content du peu de chère qu'on vous fait, car on n'étoit pas averti de votre venue, nonobstant qu'elle se tient bien recorde d'être obligée à la maison de Bourgogne, à cause des alliances du royaume de Navarre, d'où elle est issue. » Et ainsi, après ces paroles, prirent congé de celui messire Jacques, qui moult fort leur requit et pria qu'ils le voulsissent avoir pour recommandé à la bonne grâce de la princesse, comme celui qui à toujours mais se tenoit être son humble serviteur; et atant s'en partirent.

CHAPITRE XLVIII.

Comment messire Jacques de Lalain, après tous congés pris du roi, de la reine, du prince de Castille et de la princesse, se partit et vint au royaume de Navarre, où il fut du roi de Navarre, du prince son fils et de la princesse moult honorablement reçu et bien fêtoyé.

Messire Jacques, le matin se partit et prit son chemin tirant vers le royaume de Navarre; si s'exploita tellement de chevaucher et d'errer, qu'il arriva en une cité nommée Cayal, en laquelle il trouva l'archevêque du lieu, lequel avoit envoyé au-devant de lui plusieurs nobles hommes, jusques au nombre de vingt quatre chevaux ou environ, avec autres officiers de Castille, lesquels tous ensemble l'amenèrent et conduirent jusques à son hôtel. Ce soir envoya le dit archevêque plusieurs nobles hommes devers messire Jacques, en lui disant : « Monseigneur, vous soyez le très bien venu. Monseigneur notre maître se recommande à vous, en vous priant très affectueusement que demain au dîner il vous plaise prendre la patience en son hôtel; et en ce faisant lui ferez honneur et plaisir. » Messire Jacques de Lalain pensa un peu, et se fût volontiers excusé; mais après plusieurs excusations il leur accorda d'y aller.

Ainsi passa la nuit, jusques le lendemain matin qu'il ouït sa messe, lui et ses gentilshommes; puis après sa messe ouïe, s'en alla devers l'archevêque, lui et ceux qui le conduisoient, ensemble ceux de son hôtel. Et trouva celui archevêque en un moult bel et délicieux jardin; là lui fit la révérence. L'archevêque, le voyant venir, marcha grandement au-devant de lui, et lui fit pareillement la révérence. Après la révérence faite il fit le bienvenu à tous ceux de la compagnie de messire Jacques, qui pareillement le fit aux gens de l'archevêque; et après ce, fut mené en la salle, où les tables étoient mises. Après leurs mains lavées, s'assirent à table, et là furent servis des meilleures et plus délicieuses viandes que pour lors l'on sçut querre en la ville. Quand ce vint à l'après dîner, qu'ils se furent levé de table, l'archevêque et messire Jacques se prirent par les mains, et s'allèrent appuyer à une des fenêtres de la salle, et là ensemble eurent plusieurs privées devises; et pareillement eurent leurs gens les uns aux autres.

Après toutes devises faites, furent par celui archevêque au dit messire Jacques présentés plusieurs mulets et chevaux : mais oncques messire Jacques n'en voulut rien prendre. Lors vins et épices furent apportées, si en prirent à leur plaisir. Après ce, messire Jacques prit congé de l'archevêque, en lui offrant tous services à lui possibles, et ainsi s'en retourna en son logis, où il séjourna et reposa cette nuit, jusques le lendemain matin, qu'il s'en partit après la messe ouïe, et chevaucha tant par ses journées, par villes et par châteaux, qu'il arriva au royaume de Navarre, et vint en une cité qui est nommée Tudelle, où il fut une nuit tant seulement; la messe ouïe il s'en partit, et alla au gîte à Massilles, à l'hôtel de messire Pierre de Péralte, où lui et tous ses gens furent reçus moult honorablement. Et le lendemain après la messe, et que lui et ses gens eurent dîné et fait bonne chère, il prit congé de celui seigneur; si s'en partit, et chevaucha, et exploita tellement, qu'il vint au gîte à Olit, en en Navarre, et trouva à une lieue près, une ville nommée Tafailles, là où le prince et la princesse de Navarre se tenoient et étoient à séjour.

Si est à croire et sçavoir, si messire Jacques de Lalain avoit bien été fêtoyé au passer, à son retour le fut encore mieux; car de tout ce qui possible leur étoit, par eux et par leurs gens, messire Jacques et ceux de sa compagnie furent si grandement fêtoyés par l'espace de cinq jours qu'il y séjourna, que plus on ne pourroit souhaiter. Puis après les cinq jours passés, messire Jacques prit congé du prince et de madame la princesse, et aux chevaliers et écuyers, dames et damoiselles. Si s'en partit, et s'en alla devers le roi de Navarre, qui étoit pour lors séjournant en la cité de Sarragosse en Aragon ; et étoient avec lui et en sa compagnie plusieurs nobles hommes du pays de Navarre, et spécialement le grand écuyer d'écuyerie, nommé Jemmédis.

Quand messire Jacques de Lalain arriva à Sarragosse, le roi de Navarre, lequel pour ce jour étoit régent et gouverneur général du royaume d'Aragon, pour et au nom de son frère le roi don Alfonse, pour lors étoit parti du château de Sarragosse, par lequel on peut entrer et issir, tant aux champs comme en la ville; et en manière de chasse, le roi se trouva aux champs.

Lors messire Jacques de Lalain, en entrant en la ville, fut averti que le roi étoit aux champs pour soi déduire et ébattre. Tôt et hâtivement envoya ses sommiers et bagues eux loger dedans la cité, et lui et ses gentilshommes s'en issirent hâtivement, et tirèrent aux champs pour trouver le roi de Navarre, lequel sachant la venue de messire Jacques, regarda vers la ville; si l'aperçut venir ; si s'arrêta tout coi, ensemble aucuns princes, chevaliers et écuyers étants pour lors avec lui. Messire Jacques perçut le roi, si mit pied à terre, lui faisant la révérence, telle comme à lui sçavoit appartenir. Lors le roi moult courtoisement et humblement lui dit : « Messire Jacques, vous nous soyez le très bien venu; assez sommes avertis de la cause pourquoi vous êtes ici venu, en ce royaume d'Aragon. » — « Sire, répondit messire Jacques, je sais assez qu'êtes averti de la cause pourquoi je suis ici venu par devers votre royale majesté. Pourquoi, sire, et aussi pour ce que je sçais qu'êtes chef et souverain régent de celui royaume d'Aragon, vous requiers et prie que de votre bénigne grâce vous plaise être content et donner congé et licence, si aucun chevalier ou écuyer, noble de nom et d'armes, vouloit toucher à mon emprise, laquelle vous me voyez porter au bras dextre, pour faire, fournir et accomplir les chapitres, tels que par un héraut nommé Luxembourg vous ont été présentés. » Alors, par l'ordonnance du roi, sur cette requête lui fut répondu qu'il fût le très bien venu, et que sur ce qu'il avoit requis, lui seroit répondu en telle manière que par raison devroit être content et atant se partit du roi, en prenant congé : fut conduit et mené jusques en son logis nommé le Bouticle de Fonde, qui est lieu pour loger les princes et seigneurs de grand' magnificence, où il fut cette nuit par les gens du roi grandement fêtoyé.

Quand ce vint le lendemain, après la messe ouïe, vinrent par devers celui messire Jacques plusieurs chevaliers et écuyers de l'hôtel du roi, lesquels tous ensemble l'amenèrent faire la révérence au roi, qui le reçut moult bénignement et lui dit : « Messire Jacques de Lalain vous nous soyez le très bien venu : assez avons mémoire de la requête qu'hier nous fîtes sur les champs; et si sommes bien avertis par vos chapitres, par vous envoyés à nous, et présentés par un héraut d'armes. Toutes fois, messire Jacques, nous vous tenons bien être recors des alliances de notre très cher et bien aimé fils de Navarre et de notre très chère et bien aimée fille sa compagne, laquelle est nièce de notre très cher et bien aimé le duc de Bourgogne ; ensemble plusieurs alliances par nos ancêtres, et par elle acquises ; et pourtant ne seroit, ni doit être licite ni raisonnable de faire ou souffrir faire armes aucuns chevaliers ou écuyers de notre royaume de Navarre, ni du royaume d'Aragon, duquel il a plu au roi notre frère de moi avoir baillé le gouvernement, à l'encontre de ceux de la maison de notre très cher et bien aimé le duc de Bourgogne ; laquelle chose pour rien ne voudriesmes souffrir être faites. Pour quoi nous vous prions que soyez content de non plus porter nulles emprises, si ce ne sont par aucuns chevaliers ou écuyers de dehors des royaumes d'Aragon et de Navarre, qui y voudroient toucher : et au regard des nôtres, voulons et consentons que tous ceux qui vous voudront servir ou aider, si requis en sont, qu'ils vous y veuillent servir, et non autrement. »

Lors messire Jacques oyant la volonté du roi, le remercia moult humblement ; si se prirent à parler de plusieurs autres devises, et fut celui jour fêtoyé de par le roi moult honorablement ; et durant le temps qu'il y fut, qui était pour lors la semaine sainte, fut visité et fêtoyé par l'ordonnance et commandement du roi. Et à son partement, le roi le fit défrayer de tous coûts. Si prit messire Jacques congé du roi, et s'en partit; c'est à savoir le lundi après Pâques; et pareillement prit congé aux princes, chevaliers et écuyers de son hôtel. Après le congé pris, passa le royaume d'Aragon, et vint passer parmi Leride, et entra en la comté de Barcelonne; et tant chemina et fit par ses journées, qu'il arriva à l'abbaye de Notre-Dame de Mont-Serrat, là où il fut reçu lui et ses gens, et bien fêtoyé par l'abbé et couvent de cette abbaye : et coucha cette nuit tant seulement au dit lieu de Mont-Serrat. Le lendemain ouït la messe, et fit ses offrandes à la Vierge Marie. Si s'en partit et alla au gîte à Barcelonne, où il trouva la reine d'Aragon, femme du roi don Alfonse, pour lors régente de la comté de Barcelonne et de Roussillon.

Quand la reine fut avertie de la venue de messire Jacques de Lalain, elle envoya au devant de lui plusieurs chevaliers et écuyers, qui très honorablement le reçurent, en lui disant qu'il fût le très bien venu, et plusieurs belles paroles et honorables : et de là le conduirent et amenèrent jusques en son hôtel, et lui dirent au partir de l'hôtel : « Messire Jacques, ayez patience huy mais jusques à demain pour tout le jour, que la reine vous envoyera quérir, pour vous recevoir et ouïr ce que vous voudrez dire, nonobstant qu'elle soit assez avertie de la cause de votre venue, par un héraut, lequel a présenté et publié certains chapitres d'armes; pour laquelle chose il y a plusieurs chevaliers et écuyers qui ont été et sont forts désirants de votre venue. » Et sur ce prirent congé, si s'en retournèrent vers la reine.

CHAPITRE XLIX.

Comment la reine d'Aragon ne voulut consentir à messire Jacques de Lalain de faire armes, pour l'alliance qui étoit entre le roi d'Aragon, son mari, et le duc de Bourgogne.

Quand ce vint le lendemain matin, plusieurs chevaliers et écuyers vinrent vers l'hôtel de messire Jacques, et lui dirent que par eux la reine d'Aragon l'envoyoit quérir. Messire Jacques, comme courtois, leur répondit qu'ils fussent les très bien venus, et qu'il étoit prêt de faire et obéir aux commandements de la reine. Tous ensemble montèrent à cheval et vinrent par devers la reine. Messire Jacques moult humblement lui fit la révérence, en mettant le genouil à terre. Lors la reine le voyant agenouillé, le reçut moult bénignement, en lui commandant qu'il se levât. Puis lui fit dire par un sien ancien chevalier : « Messire Jacques de Lalain, vous soyez le très bien venu ès marches de pardeçà. La reine est bien avertie de la cause pourquoi vous êtes ici venu, comme bien est apparu par un officier d'armes, lequel a apporté et déclaré certains chapitres d'armes par vous signés et scellés; et pour ce, messire Jacques, la reine me fait dire qu'elle n'est pas contente que nul, de quel état qu'il soit, touche à votre emprise, pour faire armes en quelque manière que ce soit; non point pour vous blâmer, mais de tout son pouvoir vous exhausser en toute noblesse : elle le fait, pour ce qu'elle veut de tout son pouvoir entendre à entretenir la grand'amour et grand'alliance qui est entre son très cher et bien aimé cousin de Bourgogne et elle : car ainsi plaît à son seigneur et mari le roi d'Aragon. » Et atant cessèrent de cette matière à parler, si parlèrent d'autres besognes : puis après toutes devises, messire Jacques prit congé de la reine et s'en retourna en son hôtel, et avec lui plusieurs chevaliers et écuyers, qui le convoyèrent.

La nuit se passa, et quand ce vint le lendemain matin, messire Jacques et ses gens ouïrent la messe. Puis environ entre six et sept heures du matin, la reine d'Aragon envoya deux nobles chevaliers, accompagnés de plusieurs écuyers, par devers icelui messire Jacques, lesquels lui prièrent de par la reine, qu'il se voulsist déporter de plus porter son emprise, pour cause qu'aucuns étrangers la pourroient venir toucher; laquelle chose jamais elle ne voudroit souffrir, ni bailler place pour accomplir leurs armes; et qu'aux dames n'appartenoit si avant connoître en telles matières, et que mêmement elle en avoit le commandement du roi son mari, et aussi l'avertissement du roi de Navarre son beau-frère. Surquoi fut répondu par messire Jacques de Lalain, qu'il avoit envoyé un officier d'armes, notable homme et de bonne renommée, par une partie des royaumes et provinces chrétiens, dont il avoit eu son loyal rapport, non point faisant mention que ce fût à la déplaisance de la reine, ni de nuls princes, chevaliers et écuyers, qu'il ne portât son emprise : et à proprement parler il pourroit sembler à aucuns qu'il le fît pour aucune chose, dont il ne se sentoit en rien coupable; priant et requérant la reine en faveur d'honneur, qu'elle ne lui voulsist faire ce commandement : car aucuns chevaliers ou écuyers, ou autres, pourroient penser qu'il le fît par couardise ou autrement, pour laquelle cause son honneur y seroit grandement blessé. Et que si aucun chevalier ou écuyer vouloit toucher à son emprise, et qu'il fût des conditions contenues en ses chapitres, il seroit content qu'il eût tel juge que bon lui sembleroit, fût le roi de France, ou d'Espagne, ou d'Angleterre, ou autre prince chrétien, où bon lui sembleroit : et étoit prêt et appareillé de le fournir et accomplir à l'aide Dieu, selon le contenu en ses chapitres.

CHAPITRE L.

Comment messire Jacques, après ce qu'il eut pris congé de la reine d'Aragon, alla à Montpellier, et trouva l'argentier du roi de France qui lui fit grand' chère; et de là s'en alla vers le dauphin, qui le reçut moult honorablement.

Après que messire Jacques de Lalain eut fait sa response aux chevaliers de la reine, ils s'en partirent et retournèrent vers elle et lui firent leur rappport, ainsi et par la manière que par messire Jacques de Lalain leur avoit été répondu. Lors la reine assembla son conseil, par lequel fut délibéré que de rechef elle renvoyeroit plusieurs autres chevaliers et écuyers par devers messire Jacques de Lalain, comme il fut fait; lesquels là venus, le saluèrent moult courtoisement de par la reine, en lui disant : « Messire Jacques, la reine vous remercie de l'honneur que vous faites ès marches de par-deçà de porter une telle et si haute emprise d'armes, et voit bien et sçait qu'il vous meut d'un très noble courage, et y a moult de chevaliers et écuyers qui désiroient bien votre venue, pour vous complaire à votre requête. Toutesfois la reine leur a généralement défendu, et à aucuns particulièrement. Pourquoy de rechef nous vous prions comme ambassadeurs, que vous veuilliez être content d'obtempérer et tant faire pour la reine, que vous veuilliez mettre jus et non porter plus en ces marches et comtés de Barcelonne et de Roussillon, votre emprise. »

Quand messire Jacques de Lalain eut ouï tout au long les chevaliers de la reine parler, et la requête à lui faite au nom de la reine, il leur répondit moult courtoisement, et leur dit : « Mes seigneurs, je suis et ai été, et tel me tiens toujours, serviteur des dames, et le voudrois être toute ma vie ; et pour ce, mes seigneurs, je vous prie que considériez mon cas, et que la reine ne me fasse point ce commandement, s'il plaît à sa bénigne grâce ; nonobstant, je y veux bien obéir comme raison est. Et s'il y a aucun gentil chevalier ou écuyer qui me veuille faire autant d'honneur que de moi vouloir accomplir le contenu en mes chapitres, il me fasse sçavoir son bon plaisir et vouloir, et il aura nouvelle de moi au Dauphiné, laquelle terre et seigneurie est à monseigneur le dauphin aîné fils du très chrétien roi de France. Toutes fois, mes très honorés seigneurs, je vous prie très acertes, que tant vous plaise faire pour moi, que de moi recommander à la bonne grâce de la reine, et lui dire, que puisque son plaisir est tel, je veux bien faire son bon vouloir et commandement. » Après cette réponse faite à messire Jacques de Lalain, prirent congé de lui et s'en retournèrent vers la reine d'Aragon faire leur rapport. Et ainsi se passa cette nuit jusques au lendemain matin, que messire Jacques et ses gens vinrent prendre congé de la reine, des dames, damoiselles, chevaliers et écuyers; et la remercièrent humblement de l'honneur, courtoisie et bonne chère qui à son commandement lui avoit été faite, tant par ses gens, comme par ceux de la cité de Barcelonne. Lors la reine répondit : « Messire Jacques, la bonne chère ne vous a pas été faite telle que j'eusse bien voulu. Si vous prie que preniez en patience; si par deçà avez affaire, nous le ferons de bon cœur. »

Atant se partit messire Jacques. Ses gens étoient prêts; si montèrent à cheval et issirent hors de Barcelonne. Si l'accompagnèrent plusieurs chevaliers et écuyers de l'hôtel de la reine, et le convoyèrent une espace, puis prirent congé et s'en retournèrent.

Tant chevaucha messire Jacques et sa compagnie par le comté de Roussillon, toujours portant son emprise, qu'il vint à Perpignan, puis vint à Narbonne, et tant fit par ses journées qu'il vint à Montpellier; et ainsi comme à trois lieues près il rencontra un nommé Jacques Cœur, lequel étoit pour lors argentier de France, et alloit mettre en possession un de ses enfants de l'évêché de Maguellonne, et au rencontrer l'un l'autre, celui argentier fit très grand révérence et honneur à messire Jacques de Lalain, en lui disant : « Messire Jacques, j'ai bien tout gâté, si vous ne me secourez; car grand temps a que j'ai désiré votre venue. » Alors messire Jacques de Lalain répondit et dit : « Monseigneur l'argentier, dites-moi ce qu'il vous plaît à moi commander; car je suis bien vôtre. Et s'il est chose à moi possible que pour vous puisse faire, mon honneur sauve, je le ferai moult volontiers. »

Quand l'argentier eut ouï parler messire Jacques de Lalain, il fut moult joyeux, et le pria très instamment que son plaisir fût de vouloir séjourner un jour ou deux à Montpellier, laquelle requête messire Jacques moult libéralement lui accorda; et y demeura depuis le vendredi au soir jusques au lundi après la messe. Le dimanche monseigneur l'argentier le fêtoya moult grandement à un très beau dîner. Après le dîner ils eurent plusieurs devises ensemble. Entre les autres choses, celui argentier prit par la main messire Jacques de Lalain et le tira à part, et trois ou quatre gentilshommes de son hôtel, et le mena en un comptoir, où il y avoit un moult grand nombre d'or et autres plusieurs riches joyaux et bagues. Si regarda en souriant messire Jacques de Lalain et lui dit : « Messire Jacques, je suis bien acertené que vous avez été grand temps hors de votre pays, à grands dépens et mission; pourquoi je vous prie que me faites cet honneur que de prendre tout ce qu'il vous est de nécessité et besoin; car, par ma foi, je le ferai aussi volontiers à vous qu'à chevalier qui vive, tant pour l'honneur et révérence de mon très redouté seigneur monseigneur le duc de Bourgogne, comme de votre personne, qui vaut beaucoup. » Lors messire Jacques de Lalain, voyant l'honneur et courtoisie que lui présentait faire l'argentier de France, lui répondit ainsi : « Monseigneur l'argentier, de la belle offre que par votre courtoisie et bonté me faites, vous remercie tant comme je puis. Tant en avez fait, que moi et les miens sommes à toujours mais obligés à vous. Et si chose étoit que je sçusse où pusse faire qui vous fût agréable, je le ferois d'un très bon cœur; si remercierai mon très redouté et souverain seigneur monseigneur le duc, de la bonne chère que faites m'avez en l'honneur de lui, mais quand je partis de mon très redouté seigneur, et par son congé et licence, il me pourvut de tout ce qui nécessaire m'étoit; parquoi, monseigneur l'argentier, je vous prie qu'il vous plaise à moi pardonner. » Alors répondit l'argentier et dit : « Messire Jacques, si vous avez aucunes bagues laissées en gage, comme il survient aucunes fois des affaires à aucunes gens et spécialement les vôtres, qui sont belles et mémoire de grand'honneur, il n'est guères de royaumes ni de provinces, où je n'aie mes changes; j'écrirai très volontiers et de bon cœur, afin de les vous faire venir où bon vous semblera. » Lors messire Jacques le remercia assez de fois.

Au long ne vous veux raconter les fêtoiements et bonnes chères que lui fit et fit faire l'argentier, tant de dames, damoiselles, bourgeoises et pucelles, que de danses et ébattements; et de si bon cœur il le faisoit, comme si c'eût été son fils ou son frère, tant à lui, comme à ses gens pour l'amour de lui. Puis quand ce vint après souper, celui dimanche, après vin et épices prises, il prit congé de l'argentier, lequel lui pria moult fort que le lendemain il voulsit demeurer jusques à l'après dîner. De cette requête messire Jacques lui pria très instamment qu'il voulsit être content; si embrassèrent l'un l'autre, et convoya messire Jacques jusques en son logis, où de rechef prirent congé l'un à l'autre. Quand vint le lendemain matin que messire Jacques eut ouï sa messe, il se partit de Montpellier, et chevaucha tant, qu'il passa par Béziers et par Nismes; si vint en Avignon, et là fit ses offrandes à monsieur Saint-Pierre de Luxembourg; et illec fut moult grandement fêtoyé de monsieur le cardinal de Foix, légat du pape au dit lieu d'Avignon; et après ce qu'il eut pris congé du cardinal, il se partit d'Avignon et chevauchèrent tant lui et ses gens, qu'ils arrivèrent au Dauphiné: et vint vers monseigneur le dauphin, qui pour lors étoit en une maison de plaisance assez près de Valence, où il lui fit la révérence; si le reçut monseigneur le dauphin, et fit honneur, et le fêtoya moult grandement ; et après tous fêtoiements faits, il prit congé du dauphin et s'en partit.

CHAPITRE LI.

Comment messire Jacques de Lalain se partit, ayant pris congé du dauphin, et vint en Bourgogne, où de plusieurs chevaliers et écuyers du pays fut grandement fêtoyé; et de là se partit et vint en Flandres, où le duc de Bourgogne le reçut et lui fit grand' chère; et aussi de sa venue à Lalain.

Quand messire Jacques de Lalain se partit de monseigneur le dauphin, il prit son chemin vers Lyon sur le Rhône, et là endroit s'exploita tant de chevaucher, qu'il vint en Bourgogne, où il fut grandement fêtoyé des chevaliers et écuyers, des dames et damoiselles, et des gens et officiers du pays, ainsi comme ils ont plus coutume de ce faire, qu'en nul lieu où on puisse aller. Après ce qu'il eut séjourné en Bourgogne un peu d'espace, il traversa et chevaucha par la Champagne, tirant son chemin en Flandres. Sachant que le duc son seigneur étoit à Bruges, si y vint lui faire la révérence en le remerciant très humblement des grands honneurs qu'il avoit eu ès royaumes et provinces où il avoit été, pour et en l'honneur de lui. Si fut reçu du duc son souverain seigneur, moult bénignement, du comte de Charolois son fils, des comtes, barons et chevaliers, et mêmement de tous les officiers de sa cour. Et fut le dit de Lalain si bien tenu à Notre-Seigneur qu'à grand honneur, sans avoir nul encombrier à lui ni à nul de ses gens, retourna en grand'louange par devers son très redouté et souverain seigneur le duc Philippe de Bourgogne, qui le reçut moult cordialement, et fit grand'chère, en lui enquérant de tout ce qu'il avoit vu et trouvé en son voyage faisant. Si bien et si à point en répondit celui messire Jacques, que le duc en fut très content, et moult volontiers l'écouta : et aussi firent tous les barons et seigneurs de sa cour, et en spécial sur tous autres, ses deux oncles le seigneur de Créquy et messire Simon de Lalain, lesquels l'aimoient d'un très bon cœur pour le beau commencement qu'ils virent être en leur neveu, qui étoit signe de parvenir à un très haut honneur et exaltation de tous ses parens et amis. Puis après qu'il eut là été une espace, et séjourné aucuns jours en l'hôtel du duc son souverain seigneur, il prit congé de lui pour aller voir et visiter le seigneur de Lalain son père et la dame de Lalain sa mère, lesquels étoient jà avertis du retour de leur très cher et aimé fils, qu'ils désiroient de tout leur cœur à voir.

Or doncques messire Jacques prit congé du duc, et s'exploita tellement, lui et ses gens, de chevaucher, qu'il vint et arriva au château de Lalain, à la grand'joie et liesse du seigneur de Lalain et de la dame son épouse ; et de plusieurs autres chevaliers et écuyers, dames et damoiselles, qui de sa venue étaient avertis, fut reçu en grand'joie et liesse, comme raison étoit. Le seigneur et la dame de Lalain véants leur très aimé fils être retourné, lui et ses gens, sans quelque fortune avoir, dévotement en louèrent et regracièrent Notre-Seigneur. La dame de Lalain sa mère le baisa par plusieurs fois, car c'étoit celui sur tous ses autres fils, qu'elle aimoit, et qui étoit le plus cher tenu, et une fille très belle damoiselle, laquelle fut depuis mariée au seigneur de Bossu, baron en Hainaut. Messire Jacques étoit l'aîné de tous; le second après lui fut depuis élu prévôt en l'église de Saint-Lambert de Liége, belle personne et vénérable; le tiers fut messire Philippe de Lalain, duquel ci-après nous parlerons ; et le quart fils fut nommé Antoine, qui fut fait chevalier à Rheims au couronnement du roi Louis. A ce jour, et à la venue de messire Jacques se trouvèrent ensemble les quatre frères qui étoient enfants de Lalain, qui fut une grand'joie au seigneur et à la dame. Doncques pour leur venue au châtel de Lalain fut faite une très grand'fête, à laquelle eut grand'foison de chevaliers, écuyers, dames, damoiselles, lesquels et la plupart étoient leurs parents, amis et voisins ; et bien avoient cause de ce faire, tant pour la venue de messire Jacques, comme pour le grand honneur et exaltation qu'il avoit fait à tous ses parents et amis, et qu'encore ils véoient être apparent en lui de plus avant procéder et continuer. Le seigneur de Lalain ne se pouvoit assez saouler d'ouïr raconter et dire à son fils la conduite et manière de son voyage : et au regard de la dame de Lalain, elle n'étoit pas moins joyeuse, car tant grand plaisir prenoit à ouïr parler son fils, que tout son cœur s'élevoit, et très souvent ès lieux solitaires de son hôtel rendoit grâces à Notre-Seigneur, lui priant dévotement qu'il voulût garder et préserver son très cher fils de mal et d'encombrier. Ainsi, comme vous oyez, pour la venue du gentil chevalier fut faite grande fête à celui jour au châtel de Lalain. Après toutes fêtes passées, chacun se retira en son lieu, et prirent congé du seigneur et de la dame, et aussi de messire Jacques de Lalain, qui les remercia de l'honneur que fait lui avoient.

CHAPITRE LII.

Comment messire Jacques de Lalain envoya en Écosse devers le roi, ses chapitres, pour faire armes, mais ainçois en prit congé du duc de Bourgogne, son souverain seigneur.

Quand messire Jacques de Lalain eut séjourné aucuns jours en l'hôtel du seigneur de Lalain son père, lui qui étoit imaginant et toujours pensant de multiplier, pour venir et atteindre à la haute vertu de prouesse et bonne renommée, contendant de tout son cœur à exhausser la maison de laquelle il étoit issu, connoissant que wiseuse est mère de tous vices, et marâtre de vertus; pour laquelle eschever et fuir pensa en soi-même d'envoyer au royaume d'Ecosse porter lettre à maître James de Douglas, esquelles comme j'entends, étoient contenus les chapitres que celui messire Jacques avoit accoutumé d'envoyer par tous les lieux, là où il pensoit à faire armes : mais nonobstant ce, quelques paroles ou emprises qu'il eût volonté de faire, si étoit toujours que ce fût du congé et octroi de son souverain seigneur le duc de Bourgogne, vers lequel il alla, et lui dit ce qu'il avoit intention de faire. Quand le duc Philippe de Bourgogne eut bien ouï et entendu la volonté du jeune chevalier, et vu la lettre qu'il avoit fait écrire pour envoyer en Ecosse, il fut moult joyeux et dit : « Messire Jacques, Dieu par sa grâce veuille parfaire en vous ce qu'il y faut. Je vois et connois que désirez et convoiiez à parvenir à l'honneur et exaltation de noblesse et bonne renommée. Or soyez certain que je vous aiderai en tous vos affaires, et faites hardiment ce qu'avez empris. » Lors messire Jacques remercia le duc moult humblement : si lui montra les lettres qu'il avoit intention d'envoyer en Ecosse, desquelles la teneur s'ensuit.

CHAPITRE LIII.

Comment après l'octroi du duc, messire Jacques de Lalain envoya Charolois le héraut, pour présenter une lettre à maître James de Douglas, en Écosse.

Très honoré seigneur, plaise vous sçavoir que j'envoie présentement Charolois le héraut au royaume d'Ecosse, atout certains chapitres d'armes. Et pour les grands biens, honneur et vaillance que je sçais être en votre noble personne, et que sur tous autres, au cas que ce fût votre bon plaisir, je désire votre accointance, en ramenant à mémoire le noble désir et haut vouloir que je sçais que avez au très renommé métier d'armes, et que je me tiendrois beaucoup heureux si aucun service pouvois faire à votre très belle dame, et apprendre de vous, en lui faisant service, chose qui à honneur me puist être, j'ai au dit Charolois le héraut chargé expressément de soi adresser premier vers vous; et vous signifier mes dits chapitres. Et néanmoins, très honoré seigneur, pour que je ne sçais la disposition de vous et de vos affaires, et si de présent vous pourriez ou voudriez vous occuper à si petite chose, je ne vous en endure à requérir; mais vous prie et requiers qu'il vous plaise à moi faire tant d'honneur que d'adresser le dit Charolois à aucun chevalier ou écuyer, des conditions contenues en mes dits chapitres; et aussi veuillez tenir la main qu'il plaise à très haut et très excellent prince le roi d'Ecosse, de sa grâce donner licence et congé de toucher à mon emprise, comme en tel cas faire le doit, pour faire et accomplir avec moi les armes contenues en mes dits chapitres, par devant sa royale majesté : et au cas qu'il ne plairoit à sa royale majesté être notre juge, ou que le plaisir de celui qui tant d'honneur me fera d'accomplir ma dite emprise, ne soit de l'accomplir devant sa royale majesté, j'offre et présente de les faire et accomplir par devant très haut et très puissant prince monseigneur le comte de Douglas. Priant et requérant à vous, et à tous autres, que ce ne soit pris en nulle malveillance, car, sur mon âme, je n'y pense qu'à tout honneur et bien; et pour ensuivre la voie de noblesse; et en ce faisant me ferez très parfait honneur et singulier plaisir; et me réputerai à toujours être tenu à vous, en moi récrivant par le dit Charolois, sur tout votre bon plaisir; et faire acertener par celui qui cet honneur me fera, juge, lieu et jour compétent et préfix, afin que sur ce me puisse conduire et apprêter; à quoi, à l'aide de Dieu, de mon côté n'y aura point de faute, auquel je prie qu'il vous doint joie de votre dite très belle dame et accomplissement de tous vos joyeux et gracieux désirs. Et afin, très honoré seigneur, que ce vous appère être venu de bonne et franche volonté, j'ai signé ces présentes lettres de mon seing manuel ci mis, ce.... jour du mois de juillet, l'an de Notre-Seigneur mil quatre cent quarante-huit. »

Lesquelles lettres faites et écrites, messire Jacques de Lalain montra au duc de Bourgogne son seigneur, où étaient présents ses deux oncles, c'est à sçavoir le seigneur de Créquy, et messire Simon de Lalain seigneur de Montigny, et plusieurs autres chevaliers et écuyers, qui tous louèrent la lettre être bien faite; laquelle fut baillée et délivrée à Charolois le héraut, lequel ayant reçu la charge de ce qu'il avoit à faire de par messire Jacques de Lalain, par le congé et licence du duc s'en partit, et vint à Dunquerque, où il monta sur mer, en soi tellement exploitant par le bon vent qu'il eut, qu'en assez briefs jours il arriva en Ecosse. Lui descendu en terre, enquit et demanda où il trouveroit maître James de Douglas, et il lui fut dit par aucuns qui bien le sçavoyent, qu'il étoit à séjour en une petite ville, où il y a un châtel qui est nommé Edin; et là il trouva le comte de Douglas, et maître James de Douglas son frère; il salua le comte, et bailla les lettres où étoient les chapitres à celui maître James, de par messire Jacques de Lalain.

CHAPITRE LIV.

La réponse que maître James de Douglas fit à Charolois, et aussi la lettre qu'il lui bailla adressant à messire Jacques de Lalain; et de la venue du dit messire Jacques en Ecosse; et comme ils furent six qui combattirent ès lices devant le roi d'Ecosse.

Quand maître James de Douglas vit Charolois le héraut lui présenter les lettres, il s'ébahit moult fort, désirant de sçavoir ce que dedans étoit contenu; il froissa la cire et les ouvrit; si lut tout au long ce que dedans étoit contenu, ensemble les chapitres contenus en icelles, ainsi que par les autres royaumes et provinces avoient été autres fois publiés. Maître James les ayant lues, les montra au comte de Douglas et autres plusieurs barons et chevaliers qui illec étoient présens. Les lettres lues et visitées, fut répondu à Charolois qu'il fût le très bien venu, en lui priant qu'il eût patience, et que brief il seroit expédié et auroit réponse sur le contenu en ses lettres. Si se tira celui maître James devers le roi, qui lui donna licence et congé de répondre et accepter jour pour faire et accomplir les armes, ainsi et par telle manière que dedans les chapitres étoit contenu. Si furent lettres de réponse faites et écrites, desquelles la teneur s'ensuit.

« Honoré seigneur, après entière salutation, vous plaise sçavoir que j'ai reçu vos bonnes et agréables lettres, par lesquelles tant à moi comme en général, j'ai entendu et vu l'honneur que vous m'avez montré et offert. Quant à la compagnie et accointance que vous désirez avoir de moi et d'aucuns des miens, en l'exercice d'armes, selon le contenu de vos chapitres, je vous en remercie très chèrement : et touchant que vous vous offrez de venir par deçà en ce royaume d'Ecosse, pour le dit fait d'armes être fait devant mon souverain seigneur, ou en cas qu'il n'y voudroit ou pourroit entendre pour aucunes occupations, par devant mon très redouté seigneur le comte de Douglas mon frère, veuillez sçavoir que quant à la substance de vos dites lettres et des chapitres d'icelles; premièrement, touchant votre descente en ce pays, vous serez le très cordialement bien venu, et à l'aide de Dieu serez servi de moi ou d'aucuns de mes parens selon vos désirs et le contenu de vos chapitres, et aurez mon dit très redouté et souverain seigneur ou monseigneur mon frère, l'un ou l'autre, pour juge, selon ce que vous désirerez; lequel ou l'un d'eux vous assignera jour compétent et raisonnable lieu et place à faire et parfaire vos dites armes; et lequel jour sera écrit et mis environ la fin du mois de janvier, selon votre venue, raisonnablement dedans l'espace de votre séjour, en telle manière que nullement n'en serez tardé outre votre quinzaine, qui sera, ainsi qu'écrivez, environ la fin du mois de janvier. Et après que vôtredite emprise sera au plaisir de Dieu parfaite et finie, je pense que vous serez requis pour avoir greigneur enseignement de vous du noble exercice d'armes, de le parfaire à aucun gentilhomme des conditions de vos chapitres, selon la guise de ce royaume d'Ecosse. Afin que à greigneur loüange et honneur puissiez retourner en vos parties, que Notre-Seigneur veuille octroyer à tous vaillants et gentilshommes, et vous doint bonne vie et longue. En témoin de tout, j'ai fait écrire ces lettres à Edin sous mon scel, le vingt-quatrième jour de septembre, l'an de grâce mil quatre cent quarante-huit. »

Ces lettres écrites et scellées en la manière qu'avez ouï, furent baillées et délivrées à Charolois le héraut, lequel très diligemment, après ce qu'il eut pris congé d'eux, s'en partit et entra en un navire de marchands, qui venoit à l'Ecluse, où le duc étoit pour lors, et avec lui messire Jacques et ses deux oncles, c'est à sçavoir le seigneur de Créquy et le seigneur de Montigny. Quand Charolois entra en la cour du duc, assez y avoit chevaliers et écuyers désirants sçavoir de ses nouvelles. Charolois monta amont, et vint en la chambre du duc, où à cette heure il trouva le duc avoir dîné; il le salua moult humblement, si bailla et présenta ses lettres à messire Jacques, lesquelles il ouvrit. Si furent louées devant le duc et ceux qui là présents étoient. Après les lettres lues et visitées, si s'encommencèrent layens tous à deviser; et fut conclu et délibéré, par la volonté et congé du duc de Bourgogne, que messire Jacques de Lalain passeroit en Ecosse pour accomplir ses armes; laquelle chose il désiroit plus que nulle autre. Si se prépara et ordonna moult honorablement et si bien que nul n'y eût sçu que redire. Et quand il fut tout apprêté pour partir, il vint à l'Ecluse en Flandre. Après ce qu'il eut pris congé du duc, il monta dedans son navire sur mer, lequel étoit bien ordonné et qui étoit garni de vins et de tous vivres, ainsi comme il appartenoit à faire, mais pensez que moult grandement il fut accompagné de chevaliers et écuyers; entre lesquels y fut messire Simon de Lalain seigneur de Montigny, oncle d'icelui messire Jacques de Lalain, et un noble écuyer de nom et d'armes, natif des marches et pays de Bretagne, nommé Hervé de Mériadecq, écuyer d'écuyerie du duc de Bourgogne; jaçoit-ce-que ils y allassent non cuidants y faire armes; mais toutes fois si ne délaissèrent-ils pas à y porter leur harnas et habillements de guerre pour leurs corps, et aussi pour aucunes aventures qui sur chemin leur pourroient survenir. Et avec ce étoient tous moult richement parés et vêtus, et bien garnis de vaisselle d'argent et autres bonnes bagues.

Eux prêts et entrés en mer, environ le mois de décembre, messire Jacques de Lalain et ceux de sa compagnie se partirent de l'Ecluse et nagèrent tant, sans grand fortune avoir, dont guères tinssent compte, qu'ils arrivèrent au royaume d'Ecosse, en la ville de Edimbourg, en laquelle à ce jour étoient les gens du conseil de maître James de Douglas. Quand messire Jacques et ceux de sa compagnie furent arrivés en Ecosse, les Ecossois, de par celui maître James, vinrent devers messire Jacques; si le bienveignèrent et illec tous ensemble eurent plusieurs paroles, entre lesquelles enquirent et voulurent sçavoir pourquoi ni à quelle cause celui de Lalain avoit fait adresser pour faire armes au dit James de Douglas, et bien aigrement le demandoient, et de prime face, au semblant et manière qu'ils faisoient et montroient, n'étoient pas bien contents. Toutes fois il leur fut répondu que ce n'étoit ni pour haine, envie, ni maltalent quelconque, ains étoit pour lui faire honneur le plus grand que celui messire Jacques lui pouvoit faire; car pour le grand lieu dont il étoit issu, ensemble de la grand'renommée et vaillance qui étoit en lui, lui faisoit désirer l'accointance de lui, plus que de nul seigneur qui fût au dit royaume d'Ecosse. Si se contentèrent les gens d'icelui maître James de Douglas.

Lors que messire Jacques de Lalain et le dit maître James de Douglas eurent parlé tout au long de cette matière, ils ordonnèrent et furent contents de chacun prendre deux compagnons gentilshommes de nom et d'armes; et ainsi le firent. Et prit celui messire Jacques de son côté, son oncle messire Simon de Lalain seigneur de Montigny et Hervé de Mériadecq, et celui maître James de Douglas prit pour l'accompagner pour faire armes avec lui, deux nobles et puissants seigneurs, dont l'un étoit nommé le seigneur de Haguet, et l'autre aussi étoit nommé James de Douglas; lesquels partout étoient renommés être vaillans et puissans chevaliers, de corps et de membres. La chose ainsi conclue, le roi d'Ecosse s'accorda à être leur juge, et leur bailla jour et lieu; et furent les lices faites et ordonnées à Estrelin. Après ces ordonnances et le jour pris, chacune des deux parties se préparèrent, et ordonnèrent pour être, au jour qui mis leur étoit à être, dedans les lices eux six ensemble, pour accomplir leurs armes. Moult honorablement furent reçus du roi d'Ecosse; et après tous fêtoiemens, le roi ordonna aux dits messire Jacques, messire Simon de Lalain son oncle, et Hervé de Mériadecq, deux chevaliers notables, pour eux conseiller et accompagner, ainsi comme il est accoutumé de faire. Le dit jour venu, le roi d'Ecosse vint monter son hourt : messire Jacques de Lalain, messire Simon, son oncle, et Hervé de Mériadecq entrèrent dedans les lices tous désarmés; et étoient celui messire Jacques et le dit messire Simon son oncle vêtus de noires robes de velours, longues, fourrées de martres, et le dit Mériadecq étoit vêtu d'une courte robe de noir satin, fourrée de fines martres; et faisoient porter après eux leurs harnas en deux coffres, couverts des armes de messire Jacques de Lalain très richement brodées. Et étoient moult bien accompagnés des nobles hommes qui avec eux venus étoient, ensemble ceux qui de par le roi d'Ecosse leur avoient été baillés pour eux conseiller; et ainsi tous trois ensemble allèrent ensemble devant leur pavillon, où ils entrèrent. Puis allèrent faire la révérence au roi d'Ecosse.

Après s'en retournèrent en leur pavillon, où ils trouvèrent leurs harnas prêts et appareillés. Si s'en firent armer tout à leur aise; et en eurent bien le loisir, car leurs parties demeurèrent plus de trois heures avant qu'ils vinssent. L'heure venue, le dit maître James de Douglas, le seigneur de Haguet et James de Douglas arrivèrent, et vinrent jusques à l'entrée des lices, moult grandement accompagnés du comte de Douglas et d'autres grands seigneurs, chevaliers et autres gens, lesquels étoient bien de quatre à cinq mille hommes, comme on disoit.

Lors les trois champions tous armés, leurs cottes d'armes vêtues, allèrent descendre en leur pavillon; puis tous trois ensemble allèrent faire la révérence au roi d'Ecosse, lui requérants tous trois qu'il leur voulsit donner l'ordre de chevalerie, laquelle chose libéralement il leur octroya. Si descendit de son hourt en bas, et tous trois les fit chevaliers. Puis se partirent et entrèrent en leur pavillon, et le roi remonta en son hourt. Messire Jacques de Lalain, son oncle messire Simon et Mériadecq, virent de leur pavillon les trois chevaliers dessus nommés revenir de devers le roi d'Ecosse, et chacun d'eux leurs cottes d'armes vêtues. Si les reconnurent par leurs armes; et là prirent conclusion ensemble que messire Jacques combattroit messire James de Douglas, et Mériadecq, le seigneur de Haguet, lequel étoit nommé être le plus puissant de corps; et messire Simon de Lalain besogneroit avec l'autre James de Douglas. Et étoient leurs armes telles, qu'ils devoient combattre de lance, de hache, d'épée et de dague, jusques à outrance, ou à la volonté du roi : mais à la requête des dessus dits Ecossois, le jet de la lance fut défendu, car moult se fioient en leurs lances. Si conclurent ensemble, l'oncle, le neveu et Mériadecq, qu'ils ne combattroient, ni feroient jet de leurs lances sur leurs ennemis; mais à l'assemblée qu'ils feroient sur leur partie adverse, jetteroient leurs lances par derrière eux et combattroient de leurs haches. Or est ainsi que par l'ordonnance de leurs armes, chacun pouvoit aider son compagnon : pourquoi messire Jacques de Lalain dit à Mériadecq : « Je crois que vous serez celui qui le plus tôt aura besogné à son homme, et pourtant vous prie, tant comme faire puis, que si le cas advient, pour chose que vous me véez advenir, que vous ne m'aidiez ni secouriez en quelque manière que ce soit, et me laissiez convenir de telle fortune, soit bonne ou male, qu'il plaira à Dieu de moi envoyer et donner. Et ainsi le dirent l'un à l'autre et conclurent ensemble de le ainsi faire.

CHAPITRE LV.

Comment messire Jacques de Lalain, messire Simon de Lalain, son oncle, et Hervé de Mériadecq combattirent ès lices trois chevaliers écossois devant le roi d'Écosse, et en partirent à leur très grand honneur.

Quand les six champions furent prêts et appareillés d'issir hors de leurs pavillons, en attendant les cris, défenses et ordonnances accoutumées de faire au champ clos, incontinent furent faites et publiées aux quatre cornes des lices, les défenses de par le roi d'Écosse, à son de trompe, par trois fois; en la fin duquel son, issirent hors de leur pavillon les dits de Lalain et Mériadecq, armés, embâtonnés de tous leurs bâtons, et cottes d'armes vestues; et étoit messire Jacques de Lalain entre son oncle messire Simon et Mériadecq. Lors les Écossois issirent hors de leur pavillon, armés et embâtonnés, chacun d'eux sa cotte d'armes vêtue; et étoit messire James de Douglas entre compagnons; et ainsi moult fièrement et de grand pas marchèrent les uns contre les autres, qui étoit moult belle chose et plaisante à voir. Et quand ce vint à l'approcher, pour ce que le seigneur de Haguet étoit du côté de messire Simon de Lalain, le dit Mériadecq voulut croiser par-devant messire Jacques de Lalain pour aller combattre le seigneur de Haguet, quand messire Simon de Lalain dit tout haut : « Chacun se tienne ainsi qu'il est! » Et en ce point s'approchèrent pour combattre. Lors les dits de Lalain et celui de Mériadecq jetèrent leurs lances derrière eux, ainsi que conclu avoient. Puis prirent leurs haches, et de grand'puissance encommencèrent de combattre et férir sur les Écossois, lesquels se défendirent de leurs lances.

Messire James de Douglas se combattoit de sa lance; mais elle ne lui demeura guères au poing; si prit sa hache et en combattit un peu et non guères, car messire Jacques lui fit tantôt perdre, comme il avoit fait sa lance. Et celui messire James, moult iré et troublé de soi ainsi voir désarmé de sa lance et de sa hache, moult vivement et tôt prit sa dague, si en cuida férir messire Jacques au visage, qui se combattoit sans visière et à visage découvert; mais messire Jacques, le voyant venir et approcher de lui, moult vivement de sa main senestre le bouta arrière et le fit reculer. Nonobstant ce, celui messire James s'efforçoit de tout son pouvoir pour le cuider férir au visage. Lors messire Jacques jeta jus sa hache, et de sa main senestre prit celui messire James par le vuide de la pièce, et le tenoit si fort qu'il ne pouvoit approcher de lui; et de sa main dextre tira son épée qui étoit un étroit estoc, et le prit au plus près de la pointe pour en cuider faire dague, car il avoit perdu la sienne et ne sçavoit comment; et dient les aucuns que celui qui lui devoit bailler ne lui bailla point. Et ainsi comme il cuidoit faire dague de sa dite épée, comme dit est, il en cuida férir le dit messire James par le fond de la main de laquelle il tenoit la banière; et en cuidant férir, le dit estoc lui coula hors de la main, et demeura sans bâton. Et quand il se vit débâtonné, moult tôt et vivement il prit le dit messire James à deux mains, par le vuide de sa pièce, et de puissance de bras le fit démarcher et reculer jusques devant le hourt du roi d'Écosse; et par deux fois le leva en haut, le cuidant porter par terre, et de fait le mit à la grosse haleine; et y eut bien raison, car celui messire James combattoit en bassinet, la visière fermée; et le dit de Lalain étoit sans visière, parquoi il avoit son haleine tout délivre, et celui messire James avoit tout le contraire; et bien y parut, après que le roi eut jeté le bâton, quand on lui leva sa visière.

Or donc lairons ester la bataille des deux champions et retournerons aux autres. Si dirons comment messire Simon de Lalain se gouverna à l'encontre du seigneur de Haguet, et comment, comme par ci-devant est dit, celui seigneur de Haguet assembla et commença à combattre de lance, où il se fioit moult; mais guères ne lui demeura, car messire Simon, qui étoit chevalier adroit, fort et hardi, et très expert en armes, tôt et vivement lui fit perdre sa lance; puis eux deux vinrent aux haches, dont ils férirent de grands coups l'un sur l'autre, car tous deux étoient grands, bien fournis de corps et de membres, et bien sembloient à les voir chevaliers de haut affaire; et bien le montrèrent à celui jour. Le seigneur de Haguet avoit grand'force, et bien le montroit aux grands coups qu'il ruoit sur messire Simon de Lalain, lequel messire Simon les sçavoit bien recevoir de sa hache, et au frapper de grands et horribles coups, quand il véoit son coup et qu'il étoit heure de ce faire, car sur tous hommes étoit attempré, duit et appris de bien sçavoir faire échauffer son homme.

Mou t longuement et en grand espace se combattirent, et moult vaillamment l'un contre l'autre; mais ne demeura guères, de grand'hâte et ardeur que le seigneur de Haguet avoit de férir et outrer messire Simon de Lalain, si s'encommença à lasser et perdre force et haleine. Messire Simon, qui étoit imaginatif, froid et attempré, voyant que temps et heure étoit de soi montrer, encommença moult vivement et moult rudement à férir d'estoc et de taille, et à pousser de grand'force de la hache qu'il tenoit; et tant coitta et oppressa le seigneur de Haguet, que par le poussement de sa hache le fit reculer et démarcher au long des lices. Et si la bataille d'eux deux eût eu plus de durée, celui seigneur de Haguet, comme chacun pouvoit voir et connoître, en eût eu du pire; et ainsi lui en fût advenu, si par le roi n'eussent été pris sus.

Ores nous convient parler du vaillant et noble écuyer breton Hervé de Mériadecq, lequel à ce jour s'aborda et combattit messire James de Douglas, cousin prochain du comte de Douglas, lequel étoit très gentil chevalier, bon corps et habile; ils assemblèrent et abordèrent l'un à l'autre. Le chevalier écossois baissa sa lance, et cuida férir le dit Mériadecq, d'estoc au visage; mais il faillit, et l'atteint sur la manche de la cotte d'armes, au bras senestre; et en soi cuidant appuyer sur son coup, sa lance coula sur l'avant-bras, et le dit Mériadecq entra vivement dedans lui, et d'un coup de hache lui donna sur la joue du bassinet, et le porta jus tout étourdi et étendu, le visage dessous. Lors le dit Mériadecq voyant son adversaire par terre, pour ce que par les chapitres chacun pouvoit aider ses compagnons, il regarda devers eux en intention d'eux aller aider, si mestier eût été. Il perçut que messire James de Douglas, qui étoit vite et habile, étoit déjà sur ses genoux et près relevé. Lors il retourna sur lui, si prit sa hache à deux mains, et de l'ance d'icelle le rebouta de rechef la tête en terre, et de ce coup lui donna de la peine parmi son derrière, et le fit cheoir tout étendu; et est vrai que s'il eût contendu à le détruire de son corps, il en étoit bien en lui; et légèrement l'eût pu faire, car les armes étoient à outrance; mais nulle des deux fois qu'il le vit par terre, il n'y voulut toucher, qui fut noblement fait, et lui devoit être réputé à grand honneur. De rechef le dit Mériadecq regarda après ses compagnons, et marcha pour eux aller aider, ce que point n'avoient besoin; et aussi vitement messire James de Douglas se releva sur pieds, sa hache en sa main, et le dit Mériadecq retourna contre lui, et combattirent longuement depuis, et furent pris en combattant par les gardes, quand le roi jeta son bâton, comme les autres dessus nommés. Mais vous devez sçavoir que le gentil écuyer Mériadecq étoit un des bons corps et puissants qu'on sçut trouver. Et tout le surplus qu'ils combattirent, depuis que messire James fut relevé, fut au très grand honneur du dit Mériadecq, qui lui donna de très grands coups, en le reculant, et menant assez à sa volonté. Après toutes les armes ci-dessus déclarées, faites et accomplies; et ainsi que messire James de Douglas et messire Jacques de Lalain se tenoient l'un l'autre, comme dessus est dit; et aussi pareillement messire Simon de Lalain et le seigneur de Haguet se combattoient bien et vaillamment de leurs haches, le roi d'Ecosse, qui étoit sur son hourt, sans rien arrêter, jeta le bâton.

Les gardes, qui à ce étoient ordonnées, prirent les six champions, comme il leur avoit été ordonné de faire; et furent tous menés devant le roi d'Ecosse, lequel leur dit qu'ils avoient ès tous bien et vaillamment besogné, et tenoit les armes pour toutes accomplies, et vouloit qu'ils fussent bons amis. Les armes accomplies, chacun s'en retourna en son logis. Et depuis, aucuns jours après, le roi les fêtoya moult grandement et leur fit dons honorables, dont ils l'en remercièrent. Après tous fêtoiemens, messire Jacques de Lalain et son oncle messire Simon, et le dit de Mériadecq, et ceux qui avec eux étoient venus en Ecosse, prirent congé du roi et s'en partirent.

CHAPITRE LVI.

Comment messire Jacques de Lalain, messire Simon de Lalain, son oncle, et Hervé de Mériadecq prirent congé du roi d'Ecosse et vinrent en Angleterre devers le roi Henry, à Londres.

Quand leurs bagues furent ordonnées et appointées, après le congé pris au roi d'Ecosse, ils entrèrent en mer pour tirer vers Londres en Angleterre; mais Hervé de Mériadecq prit son chemin par le royaume d'Ecosse, et alla tout par terre traverser le royaume d'Angleterre jusques à Londres, auquel lieu messire Jacques de Lalain et son oncle le seigneur de Montigny arrivèrent; et là eux trois se trouvèrent ensemble, jaçoit-ce-que long-temps paravant messire Jacques de Lalain avoit envoyé Charolois le héraut par devers le roi Henry d'Angleterre, pour avoir sauf-conduit pour lui et tous ceux de sa compagnie, et aussi pour avoir congé pour porter sa dite emprise, tant à la cour du roi d'Angleterre comme en son royaume, et porta celui Charolois les chapitres, qui étoient tels que ceux dont il fut parlé aux armes faites devant le roi de Castille, par messire Jacques de Lalain, à l'encontre de messire Diégo de Gusman. Messire Jacques, messire Simon son oncle, et Hervé de Mériadecq furent en Angleterre et au dit lieu de Londres assez longue espace, où ils furent très petitement reçus, et ne voulut le roi d'Angleterre donner congé à nul de son royaume pour faire armes à l'encontre d'icelui messire Jacques et ses compagnons; lesquels quand ils virent la petite recueillotte qui faite leur avoit été, ils se partirent de Londres et se mirent en mer au port de Gravesans, où ils eurent bon vent; parquoi en peu d'espace de temps ils arrivèrent au port de l'Ecluse en Flandre, où ils séjournèrent et se rafraîchirent une espace. Puis après s'en partirent, et vinrent en la ville de Bruxelles, où pour lors étoit le duc Philippe de Bourgogne, qui les reçut moult joyeusement et leur fit très bonne chère, comme raison étoit, car bien leur étoit due. Si furent long-temps à deviser avec le duc; et racontèrent de leurs aventures, ainsi et par la manière comme par ci-devant avez ouï. Le duc moult joyeux de les avoir ouï, leur fit moult grand'chère et recueillotte, et ainsi firent tous les princes, comtes, barons, chevaliers et écuyers de sa cour; et pareillement furent reçus de la duchesse de Bourgogne en très grand'joie et liesse, et de toutes les dames et damoiselles de sa compagnie. Après tous fêtoiements et aucuns jours passés, vinrent nouvelles en la cour du duc, qu'il s'étoit parti du royaume d'Angleterre un gentilhomme natif d'icelui pays, nommé Thomas, lequel venoit à intention de faire armes à l'encontre de messire Jacques de Lalain.

CHAPITRE LVII.

Comment vinrent nouvelles qu'un gentilhomme d'Angleterre était passé la mer en intention de faire armes à l'encontre de messire Jacques de Lalain.

Le duc et les barons de sa cour, et mêmement messire Jacques de Lalain, furent moult joyeux de ce que celui écuyer anglois avoit récrit et mandé que son vouloir étoit de faire et accomplir les armes devant le duc, ainsi et par la manière comme il étoit contenu ès chapitres d'icelui messire Jacques; c'est à sçavoir qu'un chacun sera armé de tels harnas qu'il est accoutumé de porter en lices, et de combattre de hache et d'épée, tant et si longuement que l'un des deux soit porté par terre, comme plus à plein est déclaré ès dits chapitres. Si vint et arriva celui écuyer anglois dans la ville de Bruges, et vint descendre au logis qui pour lui étoit ordonné. Pour laquelle venue messire Jacques de Lalain fut joyeux de tout son cœur, désirant de tant faire, qu'il fût mémoire de lui et de ses hauts et vertueux faits, et afin que tous nobles l'ensuivissent, et prissent exemples à lui et à ses œuvres. Si pria et requit au duc son seigneur; en lui demandant licence et congé, que son bon plaisir fût qu'il pût faire et accomplir ses armes à l'encontre de l'écuyer anglois, selon le contenu en ses chapitres; car celui Anglois étoit venu en son pays à la requête d'icelui de Lalain. Le duc libéralement lui accorda, et promit d'être leur juge, et leur fit assigner jour, et aussi leur fit faire et ordonner les lices où leurs armes se devoient faire, bien et honorablement.

Quand le jour qui assigné leur étoit fut venu, les deux champions se préparèrent chacun de son côté, pour faire et accomplir leurs armes; en spécial, messire Jacques de Lalain fut le premier entrant ès lices, pour ce qu'à son emprise celui Anglois devoit faire les dites armes à l'encontre de lui. Lors le duc, moult grandement accompagné, monta dessus le hourt, qui pour lui étoit ordonné et appareillé, ensemble avec lui plusieurs grands seigneurs, chevaliers et écuyers; et auprès, tenant à son hourt, étoit la duchesse de Clèves, la comtesse d'Etampes, et autres plusieurs grandes dames et damoiselles ; et ès dits hourts et fenêtres des maisons d'entour les lices étoient plusieurs étrangers. Puis tôt après, messire Jacques de Lalain sçachant le duc être venu, entra dedans les lices grandement accompagné de chevaliers et écuyers, tant de ceux de la cour du duc, comme d'autres ; c'est à sçavoir ses deux oncles le seigneur de Créquy et le seigneur de Montigny, nommé messire Simon de Lalain, par lesquels et autres notables seigneurs étoit conseillé. Quand celui messire Jacques fut entré dedans les lices, il passa devant le hourt du duc, si lui fit la révérence et aux dames et damoiselles qui là étoient ; puis passa outre et vint en son pavillon pour soi armer.

Assez tôt après entra l'écuyer anglois, qui pareillement en passant par devant les hourts fit la révérence au duc et aux dames; puis marcha outre et entra dedans son pavillon, lui et aucuns de ses gens, accompagné de deux chevaliers à lui baillés et délivrés de par le duc pour le conseiller, ainsi que long-temps est accoutumé de faire. Après ce qu'ils furent armés et ordonnés à leur bon plaisir, que les ordonnances de lices furent faites et les gardes ordonnées pour garder le champ et aussi pour les prendre sus, quand la chose le requerroit et quand besoin seroit, y furent mis plusieurs nobles hommes, dont les aucuns avoient autrefois combattu et fait armes, comme Hervé de Mériadecq, qui en leur temps avoient assez vu. Les cris et les défenses faites comme il appartient, les bâtons des champions furent visités, et furent tenues paroles de la hache de l'écuyer anglois, qui n'étoit pas telle comme pour lors on avoit accoutumé porter en lices, et étoit celle hache à taillant et à martel et à longue et large dague devant : si étoit le taillant d'icelle hache long et aigu. Messire Jacques de Lalain par gens notables le fit remontrer à celui Anglois : mais pour rien ne la vouloit ôter ni en prendre une pareille comme avoit messire Jacques de Lalain. Si en fut parlé au duc leur juge ; si fut la chose mise en conseil et sembla à tous qu'icelui écuyer anglois devoit combattre de telle hache que le dit de Lalain : mais toujours prioit celui Anglois que sa hache lui demeurât, et le duc, qui étoit leur juge, ne le vouloit accorder sans le consentement de sa partie. Lors, quand messire Jacques de Lalain vit qu'icelui Anglois prioit si fort de combattre de sa hache, qu'il avoit apportée de son pays d'Angleterre, comme il disoit, messire Jacques de Lalain, qui étoit courtois sur tous hommes par sa débonnaireté, lui accorda qu'il en combattît ; de quoi il fit folie, comme ci après orrez.

CHAPITRE LVIII.

Comment messire Jacques de Lalain combattit l'Anglois devant le duc de Bourgogne, et fut le dit Anglois porté par terre par icelui messire Jacques.

Quand l'accord et appointement fut fait de la hache, les cris et défenses faites et publiées, comme ci-dessus est dit, messire Jacques de Lalain issit hors de son pavillon; qui étoit bel et riche et tout armoyé de trente-deux bannières des armes des seigneurs dont il étoit issu, tant de par père comme de par mère, qui étoit belle chose à voir : armé de toutes armes, sa cotte d'armes vêtue, la salade en tête, sans gorgerin et sans bavière, sa hache en son poing pour tout bâton. Lors l'Anglois pareillement issit hors de son pavillon, armé de tous harnas, grand bassinet à bavière et visière fermée, cotte d'arme vêtue, sa hache en sa main et son épée ceinte : eux voyants et avisants l'un l'autre, encommencèrent tous deux à marcher l'un contre l'autre. Si encommencèrent de férir et tout en combattant vinrent devant le hourt du duc.

Messire Jacques de Lalain soi sentant armé à son aise et son haleine tout à délivre, encommença de donner de grands coups de hache sur la tête du dit Anglois et le frappoit si menu et si souvent, qu'il le faisoit démarcher et reculer tout à son bon plaisir. Et pour la vérité dire, celui Anglois ne pouvoit plus guère durer que de coups de hache il ne fût porté par terre, et ne faisoit plus autre chose que d'aviser de recevoir les coups d'icelui de Lalain : mais dame fortune, qui donne à l'un et ôte à l'autre, se tourna à cette heure à l'encontre de messire Jacques, car il se bouta de son coup même parmi la pointe de la hache de son adversaire, et fut atteint entre l'avant-bras et le gantelet, et tant qu'il eut le bras percé tout outre et veines et nerfs coupés; car la dague de la hache d'icelui Anglois étoit à merveille large et tranchante.

Quand messire Jacques se trouva ainsi navré, de grand vouloir et hautain courage qui étoit en lui, si cuida encore combattre de sa hache; mais la main lui faillit. Et alors il mit le bout d'en bas de sa hache dessous son bras senestre, et de la main dextre se combattoit: mais n'en fit guère de chose. Lors quand il vit ce, par grand fierté jeta sa hache par terre et moult vivement prit le dit Anglois par la coupe de son bassinet de l'une de ses mains et de l'autre par le bras senestre, si le tira par terre par telle force, qu'il chut le visage dessous, si rudement que la visière d'icelui bassinet entra dedans le sablon, le derrière en haut et tout découvert, et tant que d'un bien petit coutel, si messire Jacques de Lalain eût voulu, il étoit en lui de l'occire et mettre à mort; mais le noble courage qui étoit en lui pour rien ne l'eût voulu consentir. Lors, sans plus arrêter, le juge jeta le bâton en bas.

Les gardes à ce ordonnées, tôt et hâtivement, voyant le bâton du juge jeté en bas, vinrent devers l'Anglois, qui encore gisoit de tout le corps à terre; si le levèrent et l'amenèrent devant le duc leur juge, où étoit icelui messire Jacques; car tantôt qu'il eut porté son adverse partie par terre, il le laissa illec gisant sans à lui autrement toucher. Et quand ils furent par devant le duc, qui étoit leur juge, il leur dit: « Vos armes sont accomplies, soyez frères et amis et touchez ensemble. » Laquelle chose ils firent, et en ce point prirent fin les dites armes et s'en alla chacun en son hôtel.

En celui même jour le duc de Bourgogne fit grandement fêtoyer icelui écuyer anglois: mais messire Jacques de Lalain n'y put être pour la blessure de son bras, qui depuis lui fit moult grand' peine et grand destourbier. Or nous convient parler des chapitres d'icelui messire Jacques de Lalain, qui devisoient ainsi et étoient tels, que si celui messire Jacques, faisant les dites armes, portoit par terre chevalier ou écuyer, que celui seroit tenu d'envoyer son gantelet là où il lui ordonnéroit, par un officier d'armes, auquel ordonné seroit d'ainsi le faire; le dit Anglois répondit qu'il n'y étoit en rien tenu et qu'il n'étoit point chu de tout le corps à terre: et disoit que bien vrai étoit qu'il étoit chu, la tête, les mains et les jambes à terre; mais son corps n'y étoit point, comme il disoit et maintenoit qu'il s'étoi soutenu de ses mains.

Lors messire Jacques de Lalain fit requérir au duc, qui étoit leur juge, qu'il lui plût à juger et appointer de la dite question; laquelle chose fut tantôt mise en conseil, là où furent assemblés la plupart des notables étrangers qui avoient vu les dites armes, tant Allemands, Espagnols, Ecossois, Italiens, comme autres là étant. Et là fut dit et jugé qu'icelui écuyer anglois étoit chu de tout son corps; c'est à sçavoir de tête, de ventre, de bras et de jambes. Le jugement fait et la sentence donnée, le duc, qui en étoit juge, fit sçavoir à l'Anglois la conclusion du conseil; à quoi icelui Anglois ne sçut que répondre, fors tant qu'il dit qu'il étoit prêt de faire ce qu'il devoit. Et quand messire Jacques de Lalain vit que le dit Anglois étoit jugé chu de tout le corps à terre, et qu'il accorda faire ce qu'il devoit, comme ès chapitres étoit tenu, il s'en déporta tant, et de sa noblesse et franchise, quitta le dit Anglois d'envoyer son gantelet, ainsi que faire le devoit s'il eût plu à celui messire Jacques. Après ces choses faites, celui de Lalain envoya au dit Anglois un très beau et riche diamant, disant qu'il étoit tenu de lui donner à cause qu'il avoit jeté sa hache sur le sablon quand il le tira par terre, comme devant est dit; mais, à la vérité dire, je ne sçais point qu'il le prît; et si étoit, comme il disoit, fort déplaisant de la blessure d'icelui messire Jacques, en parlant moult honorablement de lui. En après m'a été dit, qu'icelui messire Jacques, qui étoit moult courtois et large en honneur, envoya à l'écuyer anglois aucuns dons honorables; c'est à sçavoir un très beau cheval et un harnas complet, dont le dit écuyer en mercia fort messire Jacques de Lalain. Depuis icelles armes faites, l'écuyer anglois séjourna en la ville de Bruges l'espace de huit jours, durant lequel temps il fut très bien fêtoyé à la cour du duc et aussi de la duchesse de Bourgogne, auxquels en les remerciant moult humblement, prit congé d'eux, et s'en retourna au royaume d'Angleterre, dont il étoit natif.

CHAPITRE LIX.

Comment messire Jacques de Lalain prit congé au duc de Bourgogne de faire un pas, et le tenir, un an durant, à l'encontre de tous nobles hommes, selon le contenu en ses chapitres, a la Fontaine des Pleurs; laquelle requête le duc lui accorda.

Or advint que ce jour même que les armes des deux champions furent faites et achevées, et aussi avant ce que le duc se partit de son hourt, messire Jacques de Lalain requit et pria au duc son souverain seigneur, que de sa grâce lui plût donner congé de, en sa présence, publier lettres et chapitres du pas de la « Fontaine des Pleurs, » laquelle chose le duc lui accorda de bon cœur et volontiers ; et furent lors cettes lettres et chapitres dedans écrits, publiés dessous le hourt et en la présence du duc et des princes et seigneurs, chevaliers et écuyers, et autre grand nombre de peuple qui là étoit présent, par la manière qu'il s'ensuit.

CHAPITRE LX.

Cy s'ensuivent les chapitres des armes qui se firent devant la Fontaine des Pleurs, auprès de Saint-Laurent en Bourgogne, lès Châlons sur la Saône.

« En la louange et au nom de Dieu et de la glorieuse vierge Marie, de monseigneur saint Jacques, de madame sainte Anne et de monseigneur saint George, conduiseurs de toutes bonnes œuvres. Comme il soit ainsi, que les nobles et vaillants chevaliers et écuyers aient accoutumé par et devant et encore font, pour avoir aucune connoissance l'un de l'autre, de trouver à leur pouvoir voies et manière d'eux employer à l'exercice de la très noble usance d'armes, par lesquelles ils ont acquis et acquerront chaque jour bonne renommée qui toujours dure. Ores ainsi qu'un chevalier noble de toutes lignes et sans reproche, qui de tout son cœur désire à apprendre les très nobles faits d'armes, a entrepris et entreprend, à l'aide de Dieu et de la vierge Marie, ce qu'il s'ensuit ; lequel à tant fait par bons et honorables moyens par devers très haut, très excellent et très puissant prince, et son très redouté et souverain seigneur Philippe de Bourgogne, de Lothier, de Brabant et de Lembourg, comte de Flandre, d'Artois et duc de Bourgogne, palatin de Hainaut, de Hollande, de Zélande et de Namur, marquis du Saint-Empire, seigneur de Frise, de Salms et de Malines, qui de sa grâce et franchise lui a consenti et accordé; c'est à sçavoir : qu'il fera par un an entier, tous les premiers jours de chaque mois, tendre devant la Fontaine des Pleurs, en la comté d'Auxonne en Bourgogne, auprès de Saint-Laurent lès Châlons sur la Saône, un pavillon, devant lequel y aura un officier d'armes notable homme et de bonne renommée, qui illec se tiendra à chacun premier jour des dits mois, pour accompagner une dame, laquelle sera au dit pavillon tenant une licorne portant trois targes, auxquelles pourront toucher ou faire toucher par rois, hérauts et poursuivants d'armes, tous nobles chevaliers et aussi écuyers, nobles de quatre lignées et sans reproche, lesquels de leur noblesse seront tenus de faire apparoir par les scellés d'aucuns princes ou chevaliers, où d'un officier d'armes digne de foi, qu'il soient des conditions dessus dites. Par ainsi que celui qui touchera le premier aucune des dites journées, sera tenu, en dedans le sixième jour après ensuivant, à tel jour qu'ordonné lui sera par celui officier d'armes, de faire, fournir et accomplir les armes ci après déclarées ès chapitres ci dessous écrits. Et pareillement le second qui touchera celui jour, sera tenu de faire et accomplir les dites armes à la septième journée, ou à tel jour qui pareillement lui sera ordonné ; et ainsi pareillement le tiers et le quart seront délivrés de semaine en semaine ensuivant, tellement que pour chacun mois en seront délivrés jusques au nombre de quatre. Et s'il avenoit que l'un des premiers jours des mois touchassent, ou fisent toucher plus grand nombre que de quatre, en ce cas ils seront tenus de degrés en degrés, pour avoir touché au premier jour du mois ensuivant. Toutes fois, s'il plaisoit à l'entrepreneur, il les pourrait par grâce délivrer en ce même mois et non autrement, desquelles armes et de la perfection d'icelles, le dessus dit très excellent prince y ordonnera un roi d'armes suffisant, pour être juge. Et pareillement, s'il plait aux chevaliers ou écuyers qui y auront touché ou fait toucher à icelles dessus dites targes, ils pourront prendre tel roi ou officier d'armes qui mieux leur plaira, pour être jugé avec le dessus dit roi d'armes, commis par son dit très redouté et souverain seigneur, aux jours qu'il feront leurs dites armes. Et si commencera le dit an le premier jour du mois de novembre, l'an mil quatre cent et quarante-neuf, et finira le dernier jour d'octobre, l'an cinquante ensuivant. Et ne pourra chacun chevalier ou écuyer toucher ou faire toucher fors à l'une des dites targes seulement et de laquelle qui mieux lui plaira; ni aussi ne pourra avoir à faire au dit entrepreneur, au dit an, qu'une seule fois. Et pour ce qu'il pourroit être aucuns chevaliers ou écuyers qui désireroient venir à cette noble emprise, sans être connus, ni vouloir nommer leur nom, faire le pourront, selon leur scel, pourvu qu'ils aient en leur compagnie chevaliers, écuyers ou officiers d'armes qui certifient qu'ils seront des conditions dessus dites. Aussi à sçavoir est, qu'il est ordonné que les chevaliers ou écuyers qui viendront pour faire armes au dit entrepreneur, ne pourront être présents ni voir aucun autre chevalier ou écuyer faire ses armes, jusques à tant qu'eux-mêmes aient accompli les leurs; et de ce seront tenus de faire serment à l'heure qu'ils entreront ès lices. Desquelles armes s'ensuivent les chapitres.

« Premièrement, que les targes dont mention est faite, seront de diverses façons, dont la première sera blanche, la seconde violette, et la tierce sera noire; et toutes seront chargées *et semées de larmes blanches.*

« Le second chapitre est, qu'à celui qui touchera la dite emprise, c'est à sçavoir la targe blanche, l'entrepreneur sera tenu à lui accomplir pour un jour autant de coups de hache que celui qui aura touché lui voudra deviser, sans retraite; par ainsi que si l'un des deux est porté par terre de tout le corps, ou qu'il perde sa hache, que Dieu ne veuille! en ce cas les armes seront tenues pour accomplies.

» Le troisième chapitre est, qu'ils combattront de la hache, à dagues pareilles et telles que le dit entrepreneur livrera sur la place, et pourra l'étranger choisir.

» Le quatrième chapitre est, que s'il advenoit que l'un des deux fût porté par terre en combattant par la manière que dit est, laquelle chose jà Dieu ne veuille! celui à qui il adviendra sera tenu de porter par un an entier un bracelet d'or, fermé à un loquet à clef; et ne le pourra ôter ou faire ôter le dit an durant; s'il ne trouvoit la dame ou damoiselle qui auroit la clef du dit loquet, par laquelle il se devra faire déferner, si elle le veut, et à celle donner le dit bracelet et présenter son service.

» Le cinquième chapitre est, que s'il advenoit qu'en combattant, l'un des deux fût dégarni de sa hache, celui à qui il adviendra sera tenu de soi offrir à la dame du royaume ou du pays dont il sera, qui à son avis doit être mieux choisie et tenue pour la plus belle dame, et à celle présentera un diamant tel qu'il lui plaira.

» Le sixième chapitre est, que celui, qui de dehors sera, qui aura donné les plus beaux coups de hache, à l'avis de l'entrepreneur, il lui sera donné une hache d'or, laquelle lui sera envoyée de par le dit entrepreneur par un officier d'armes.

» Le septième chapitre est, qu'à celui qui à la targe violette touchera, le dit entrepreneur sera tenu de lui accomplir pour un jour au poux d'épée à trois pas de démarche entre chacun poux, sans poursuite, que le dit chevalier ou écuyer étranger lui voudra deviser.

» Le huitième chapitre est, qu'ils combattront d'épées pareilles, que le dit entrepreneur livrera sur la place, et pourra l'étranger choisir.

» Le neuvième chapitre est, que s'il advenoit qu'en combattant des épées l'un des deux fût porté par terre de tout le corps, laquelle chose jà Dieu ne veuille! celui à qui il adviendra sera tenu de soi aller offrir à la dame ou damoiselle à qui celui qui l'aura porté jus le voudra envoyer, et à celle présenter un rubis de par celui qui l'aura envoyé.

» Le dixième chapitre est, qu'à celui de dehors qui fera le plus beau poux d'épée, à l'avis du dit entrepreneur, il lui sera donné de par celui entrepreneur une épée d'or, laquelle lui sera envoyée par un officier d'armes.

» L'onzième chapitre est, qu'à celui qui touchera à la targe noire, celui entrepreneur sera tenu de lui accomplir vingt-cinq courses de lances; et outre plus, s'il plaît à l'étranger, les vingt-cinq courses accomplies, de plus en faire pour le jour, le dit entrepreneur le fournira s'il n'a aucun inconvénient.

» Le douzième chapitre est, qu'ils courront à la toile, de lances pareilles et de chacune tant qu'elles seront rompues, ou le fer dégrainé d'un doigt du moins et en selles de guerre, sans ce que l'homme soit attaché dedans la dite selle.

» Le treizième chapitre est, que s'il advenoit, ce que Dieu ne veuille! que l'un des deux fût porté par terre de droit rencontre de lances, celui à qui le cas en adviendra, sera tenu d'envoyer par un officier d'armes suffisant une lance garnie au souverain seigneur de celui qui l'aura porté jus.

» Le quatorzième chapitre est, que celui de dehors, qui asserra et donnera le plus beau coup de lance, à l'avis du dit entrepreneur, il lui sera donné une lance d'or, laquelle lui sera envoyée de par celui entrepreneur par un officier d'armes.

» Le quinzième chapitre est, que chacun se pourra armer, tant à pied comme à cheval, ainsi que bon lui semblera, de harnas double ou sangle, pourvu que ce soient harnas accoutumés de nobles hommes porter en lices, en champ clos, et aussi que ès dits harnas n'y ait barrat ni mal engin quelconque, et sans arrêt avantageux.

» Le seizième chapitre est, qu'il sera donné à tous les chevaliers et écuyers de dehors, qui toucheront ou feront toucher les dites targes par la manière dessus dite à l'entrer ès lices, une verge d'or émaillée de la couleur et devise de la targe à laquelle il aura touché.

» Le dix-septième chapitre est, que s'il advenoit, laquelle chose jà Dieu ne veuille! que le dit entrepreneur fût porté par terre en combattant aux armes de pied, ou qu'il eût blessure, maladie, inconvénient, ou autre empêchement raisonnable, en ce cas il pourroit commettre en son lieu, pour accomplir les armes dessus dites, autre chevalier ou écuyer noble et sans reproche, tel que bon lui semblera.

» Le dix-huitième chapitre est, que s'il advenoit que très haut, très excellent et très puissant prince son très redouté et souverain seigneur le duc Philippe de Bourgogne avoit aucunes guerres, parquoi le dessus dit terme d'un an ne se pût accomplir; en ce cas le dit entrepreneur signifie à tous, que s'il plaît à son dit très redouté et souverain seigneur, il se traira au lieu où sera la dite guerre, auquel lieu tous les jours dessus dits il fera tendre son pavillon et mettre ses targes par la manière que dit est, en la plus prochaine ville que bonnement pourra du lieu où sera la dite guerre, pour illec recevoir, fournir et accomplir les dites armes, par la manière que dit est.

» Le dix-neuvième chapitre est, qu'au cas que son dit très redouté seigneur n'a alors guerre aucune, et que si le très excellent chrétien roi de France, ou aucuns des princes de son sang, auroient aucunes guerres dedans le royaume, par quoi leur fût expédient d'issir leurs frontières, ou en leurs personnes tenir les champs, en ce cas le dit entrepreneur signifie à tous, que s'il plaît à son dit très redouté seigneur, il se retraira à la plus prochaine ville du lieu où sera la dite guerre, et s'il peut obtenir licence, il fera tendre son pavillon, et mettre les dites targes, pour illec accomplir les dites armes.

» Le vingtième chapitre est, afin que tous ceux qui voudront venir à cette emprise et accomplir les armes ci-dessus déclarées, puissent être assurés du lieu où ils pourront trouver le dit entrepreneur, si ainsi est que l'un des dits princes ait guerre, comme dit est, en ce cas le dit entrepreneur ordonnera au dit lieu de Saint-Laurent, un officier d'armes, lequel leur en dira vraie nouvelle.

» Le vingt et unième chapitre, est que s'il advient que sur le contenu ès chapitres dessus déclarés, et au fournissement et accomplissement d'iceux, aucune question survînt sur ceux ou sur aucuns d'iceux, sur laquelle question convînt faire interprétation ou plus ample déclaration, la connoissance en sera et appartiendra aux commis et députés qui pour ce y seront commis et ordonnés de par le dit très puissant prince le duc de Bourgogne.

» Le vingt-deuxième chapitre est, que si aucuns chevaliers ou écuyers passoient auprès de la dite Fontaine des Pleurs, et qui par aventure ne fussent garnis de chevaux, parquoi à cette cause ils pourroient délaisser de toucher aux dites targes, et mêmement qu'alors seront les pardons de Rome, et se fera la dite emprise assez en passage : le dit entrepreneur signifie à tous que le dit officier d'armes qui gardera le pavillon, sera garni de plusieurs chevaux et harnas, servants tant de pied comme de cheval, pour prêter à ceux qui métier et besoin en auront. Toutes fois pour eschever tous inconvénients, qui par faute des dits chevaux s'en pourroient ensuivre, par ce que les dits chevaux et harnas ne seroient si agréables que le dit entrepreneur voudroit, il supplie que chacun vienne garni de tout ce que métier lui sera.

» Le vingt-troisième chapitre est, que s'il advient qu'au dit an touchassent aux dites targes si grand nombre de chevaliers ou écuyers, que le dit entrepreneur ne les pût délivrer par la forme et manière que dit est, et qu'il en demeurât au bout de l'an sans avoir besogné, le dit entrepreneur signifie à tous, qu'en ce cas il demeurera et gardera sa dite emprise et les délivrera de degré en degré, c'est à sçavoir de semaine en semaine ; chacune semaine un, tant et si longuement, que tous ceux qui au dit an auront touché aux dites targes, c'est à sçavoir à laquelle des trois targes que mieux leur aura plu, seront délivrés selon le contenu ès dits chapitres.

» Le vingt-quatrième chapitre est, que le dit entrepreneur prie à tous princes et princesses, dames et damoiselles, chevaliers et écuyers qui ces présents chapitres verront ou orront lire, qu'il ne leur veuille prendre ni tourner à malveillance ni aucune déplaisance, s'il a entrepris cet emprise ; et de ce aussi qu'il n'a nommé son nom ; car, en vérité de Dieu, il le fait pour tous biens et causes raisonnables, qui à ce le meuvent, et ne le fait pour envie, haine ni malveillance d'aucun, et même prie que nul ne veuille avoir imagination à l'encontre ; mais le fait pour à son pouvoir exhausser et augmenter le noble état de chevalerie, et pour soi y occuper, et aussi pour ce, grâce à Dieu ! qu'on est à présent ès marches assez au repos du travail des guerres ; en outre le fait aussi pour avoir greigneure connoissance et accointance des bons et vaillants chevaliers et écuyers étrangers, en espérance de toujours mieux en valoir.

» Le vingt-cinquième chapitre est, afin que chacun ait vraie connoissance que le dit entrepreneur veut fournir et accomplir toutes les choses dessus dites et chacun d'icelles ; j'ai requis messire Jacques de Lalain, qu'en faveur de moi lui plaise sceller ces présents chapitres de son scel armoyé de ses armes, et signé de son seing manuel, lequel le m'a libéralement consenti et accordé.

» Et je messire Jacques de Lalain, chevalier, conseiller et chambellan de très haut et très puissant prince mon très redouté et souverain seigneur monseigneur le duc de Bourgogne, de Brabant et de Lembourg, etc. A la requête du dit entrepreneur, et pour plus grande approbation de toutes les choses dessus dites et de chacune d'icelles, ai ci mis mon scel armoyé de mes armes, et signé de ma main, le vingt-septième jour du mois de décembre, l'an mil quatre cent quarante-huit. »

CHAPITRE LXI.

Comment messire Jacques de Lalain, après la publication faite, en la présence du bon duc Philippe, prit congé et vint à Lalain, où pareillement prit congé du seigneur de Lalain, son père, et de la dame de Lalain, sa mère, et s'exploita tant, qu'il vint en Bourgogne.

Ces chapitres furent noncés et déclarés sur le hourt du duc de Bourgogne, et publiés en haut, avant ce qu'il descendît et que nul se partît de la place, afin que de chacun fût ouï et entendu ; si est bien à croire que peu de gens y avoit qui ne pensassent que ce procédoit du haut et vertueux courage du gentil chevalier messire Jacques de Lalain, lequel pour lors en ses chapitres ne se vouloit nommer. Et n'y avoit celui pour lors qui ne fût déplaisant de la blessure qu'il avoit eue au bras en faisant ses armes : mais nonobstant ce, il en vint au dessus à son très grand honneur, comme chacun put bien voir à ce jour. Après cette publication faite, et le duc retourné en son hôtel, et que les fêtoiemens, dons et bonnes chères qui par le duc et messire Jacques de Lalain furent faits à l'écuyer anglois, et qu'il s'en fut retourné en Angleterre, dont il étoit natif, messire Jacques de Lalain par les médecins du duc fut visité si diligemment, qu'en peu d'espace de temps il fut tout sané et guéri, de laquelle chose le duc de Bourgogne, princes, princesses, dames et damoiselles, chevaliers et écuyers furent moult joyeux ; car de tous ceux desquels il étoit connu et mêmement de ceux qui point ne l'avoient vu, fors par la bonne renommée de ses nobles faits, fut plaint et doulousé de sa blessure ; et furent très joyeux, quand ils ouïrent dire qu'il étoit sain et guéri ; et sur tous autres, comme raison étoit, le furent le seigneur de Lalain et la dame qui étoient ses père et mère, et aussi, que pas n'est à oublier, le furent ses deux oncles, le seigneur de Créquy et messire Simon de Lalain, desquels il étoit moult chèrement aimé, et bien le devoit être.

Lorsqu'il se sentit sain et guéri de son bras, il fut moult joyeux ; si en loua Notre-Seigneur et la Vierge Marie. Il s'apprêta et ordonna pour faire et accomplir le contenu en ses chapitres que publier avoit fait dessus le hourt du duc. Si bien le fit et si honorablement s'ordonna, qu'en son fait n'y eut rien que dire. Lui voyant ses besognes être prêtes pour soi partir et que du tout étoit pourvu, c'est-à-sçavoir de ce qu'il lui étoit nécessaire, prit congé du duc, de la duchesse, princes, barons, chevaliers, dames et damoiselles. Si pouvez croire et sçavoir qu'au partir du duc qu'il fit, lui fut donné et son fait tellement appointé, tant en or, chevaux, harnas et bagues, avec ce qu'il en avoit de son père le seigneur de Lalain, que bien et largement il fut fourni pour ce qu'il avoit à faire ; et avec ce le très noble et très vertueux prince son souverain seigneur le duc Philippe de Bourgogne, lui bailla pour être son juge et tenant son lieu, le noble roi d'armes de la Toison, que chacun nommoit Toison-d'Or, lequel fut tenu tout son vivant le plus sachant et vertueux et voir-disant que pour son temps étoit, pour un roi d'armes, le nonpareil qui pour lors fût en vie, et pour la prud'hommie de lui et pour son bon sens étoit conseiller du duc.

Messire Jacques de Lalain, qui le connoissoit de long-temps, fut moult joyeux, quant il sçut qu'il seroit son juge élu de par le duc son souverain seigneur. Si prit congé au duc, en le remerciant très humblement des grands honneurs et biens que tant et si largement lui avoit fait, priant Notre-Seigneur qu'il lui voulût octroyer grâce que faire lui pût service qui lui vint à gré. « Messire Jacques, répondit le duc, Dieu vous doint telle grâce, que puissiez acquérir si bonne renommée, que ce soit à l'exaltation de vous et de tous vos parents et amis. » Lors le prit le duc par la main, en lui disant : « Messire Jacques, Dieu parfasse en vous ce qu'il y faut : car à beau commencement n'avez pas failli. » Atant s'en partit le gentil chevalier, et vint au châtel de Lalain, où il séjourna aucuns jours à la requête du seigneur et de la dame de Lalain. Puis après tous fêtoiements et bonnes chères faites, prit congé du dit seigneur de Lalain son père et de madame sa mère, et de ses deux oncles, qui pas ne sont à oublier ; son fait apprêté, et ses besognes prêtes, après tous congés pris, il se partit du châtel de Lalain accompagné, de plusieurs gentilshommes ; si chevaucha tant par ses journées, qu'il vint en Bourgogne.

CHAPITRE LXII.

Comment, après que messire Jacques se fut parti du châtel de Lalain et arrivé en Bourgogne, il fit tendre son pavillon au lieu où il devoit tenir son pas, et des choses qu'il y fit.

Quand messire Jacques de Lalain fut arrivé en la duché de Bourgogne, il s'exploita tellement, lui qui étoit le chevalier entrepreneur des armes, qu'il arriva en la ville de Saint-Laurent lez Châlons, en la contrée d'Auxonne, auquel lieu il fit tendre un pavillon, auquel avoit au plus haut une très belle image de Notre-Dame. Et au dessous à son senestre y avoit une dame vêtue d'une houpelande fourrée de martres et toute semée de larmes blanches, ceinte d'un moult bel et large tissu, laquelle avoit le corps bien fait, compassé et mesuré. Et au regard de son atour, ses cheveux, qui étoient moult beaux et longs battants tout jusques aux talons, lui étoient épars sur ses épaules, et sur tout n'avoit qu'un simple couvrechef, duquel elle tenoit l'un des bouts en sa main dextre, en approchant ses yeux pour essuyer les grosses larmes bleues qui en issoient, lesquelles chéoient en une fontaine rendant gros randons par trois tuyaux, chéants sur trois targes qu'une licorne avoit pendues à son col ; lesquelles targes étoient de diverses couleurs, dont la première étoit blanche, la seconde violette, et la tierce noire, toutes semées de larmes bleues, comme plus à plein est déclaré ès chapitres dessus dits ; lequel pavillon étoit gardé par un notable héraut nommé Charolois, qui par un an entier le garda aux jours et heures qu'il devoit être gardé, c'est à sçavoir tous les premiers jours des mois du dit an, et commença le premier jour d'icelui mois de novembre, et finit, quant au dit pavillon, le dernier jour d'octobre, l'an cinquante, ainsi et par la manière qui ci-après sera déclarée. Si est vérité que les premiers jours de novembre, décembre et janvier, ne toucha ni fit toucher personne.

CHAPITRE LXIII.

Comment un jeune écuyer du pays de Bourgogne, nommé Pierre de Chandio, vint le premier toucher à la targe blanche.

Or advint après toutes choses faites et apprêtées, pour le premier gentilhomme qui fit toucher fut un jeune écuyer en l'âge de vingt-cinq ans ou environ, et étoit un des beaux jeunes hommes de la duché et comté de Bourgogne, et pour le temps, tenu pour l'un des plus forts qui fût au dit pays; et fut nommé Pierre de Chandio, fils du seigneur de Chandio et neveu du comte de Charny, lequel fit toucher le premier jour de février l'an dessusdit, par le poursuivant d'armes d'icelui seigneur de Charny, nommé Montfort. Si fut baillé jour au dit Chandio par Charolois le héraut au septième jour du dit mois de février, lequel fut en jour de samedi, pour faire armes à l'encontre du dit chevalier; et fut signifié le touchement qu'icelui de Chandio avoit fait à la targe blanche, et les armes de la hache qu'il nomma en nombre de vingt et un coups. Puis quand ce vint le dit septième jour, environ une heure, le dit chevalier gardant le pas se partit d'une église nommée les Carmes : si s'en entra en un bateau, et ses gens avec lui, et passa la rivière de Saône, et arriva en une petite île où était dressée et faite de par lui une très belle lice; et là avoit une bonne et notable maison ordonnée pour le juge; et après que ce le dit chevalier fut entré dedans les lices, tout désarmé et vêtu d'une riche robe de drap d'or longue jusques aux pieds, fourrée de martres, accompagné de ses gens et officiers allants devant lui, ci vint devant Toison-d'Or, conseiller et roi d'armes du duc, et juge de par lui commis des armes que le dit chevalier devoit faire, fût à pied ou à cheval.

Quand celui chevalier garde du pas fut venu devant Toison-d'Or ordonné juge, comme dit est, il dit ainsi : « Noble roi d'armes de la Toison-d'Or, je me présente par devant vous, comme au juge commis de par mon très redouté et souverain seigneur, pour faire, fournir et accomplir les armes contenues ès chapitres par moi empris, vous priant que me veuilliez tenir en droit et en justice. » Lors celui juge répondit et dit, qu'il fût bien venu et qu'il le feroit volontiers. Après ces réponses faites, celui chevalier s'en retourna en son pavillon, auquel lieu et à chacune fois qu'il fit armes à pied, s'armoit et désarmoit. Et ainsi et par forme la manière que dit est, fit au long de l'an son entrée ès dites lices et sa présentation devant Toison-d'Or le juge, excepté aux armes de cheval. Et toutes fois, quand il devoit faire armes, étoit toujours partant de cette église des Carmes, si s'en entroit en son bateau et passoit la Saône, comme dessus est dit, et arrivoit à la dite île, et là avoit une tente dehors les lices, où il s'armoit et montoit à cheval, et alloit ainsi devant le juge faire sa présentation, en disant les paroles dessus dites.

CHAPITRE LXIV.

Comment Pierre de Chandio vint à son jour, au lieu où le chevalier entrepreneur l'attendoit, et comment ils se combattirent.

Quand Pierre de Chandio fut averti que le chevalier qui gardoit le pas étoit passé la Saône et venu dedans les lices, l'attendant pour faire armes, il monta à cheval vêtu d'une noire robe de satin, armé de son harnas de jambes, son cheval couvert et armoyé de ses armes; puis après lui venoit un page sur un cheval couvert de satin figuré de velours, et avec ce avoit en sa compagnie grand nombre de noblesse du pays de Bourgogne, bien jusques au nombre de six cents chevaliers et écuyers, entre lesquels étoient de moult grands seigneurs. Premièrement, l'évêque de Langres, duc et pair de France; le seigneur d'Argué, fils du prince d'Orange; le seigneur de Coches, messire Jean de Vergy, le seigneur d'Autré, le comte de Charny, le seigneur de Buissy, fils du seigneur de Saint-George; le seigneur d'Estrabonne, le seigneur de Pêmes, le seigneur de Toulongeon, le seigneur de Chandivers, messire Claude et messire Tristan de Toulongeon frères, le seigneur de Belle-Isle, le seigneur de Bellesaulx, le seigneur de la Marche, et plusieurs autres, que trop aurois à faire, si tous les voulois nommer. Quand icelui gentil écuyer de Chandio fut arrivé aux dites lices, Charolois le héraut lui vint au devant, droit à l'entrée d'icelles, et lui présenta une verge d'or émaillée, de la couleur de la targe à laquelle il avoit fait toucher. Et après qu'il eut reçu la dite verge, entra dedans les lices et alla tout droit devant le juge soi présenter, et parla pour lui le comte de Charny son oncle, en disant : « Roi d'armes de la Toison-d'Or, voyez ci Pierre de Chandio, qui se présente par devant vous juge commis de par mon très redouté et souverain seigneur, monseigneur le duc de Bourgogne; jaçoit-ce-que par les chapitres y pourrions mettre un juge adjoint avec vous, dès maintenant, pour le sens, prud'hommie et loyauté qu'il sent être en vous, vous prie qu'en bonne justice vous veuilliez garder son droit. » Lors le juge répondit et dit qu'il le feroit volontiers et qu'il fût le très bien venu.

Après cette réponse faite par le juge, s'en retourna celui de Chandio en son pavillon soi armer. Lors le juge sachant les deux champions être prêts pour chacun faire son devoir, fit faire les cris de par le duc et toutes les autres semonces à ce appartenans. Lors le chevalier qui gardoit le pas issit hors de son pavillon, vêtu de blanc, semé de larmes bleues, ainsi comme étoit son pavillon, et prit sa hache en sa main, laquelle lui bailla un chevalier nommé messire Pierre Vasque; et étoit son harnas de tête une salade, et portoit un petit houscout, et ainsi se combattit.

Le dit écuyer de Chandio avoit par dessus son harnas une cotte d'armes vêtue, qui étoit écartelée de Chandio et de Baufremont; et sont les armes de Chandio, d'hermines à une face de gueules, et celles de Baufremont sont vairées d'or et de gueules, et avoit bassinet en la tête. Lors le comte de Charny son oncle lui bailla sa hache et marcha avec lui par deux fois. Et lors lui ferma sa visière de son dit bassinet, puis le laissa. Si ne demeura guère qu'ils s'assemblèrent l'un contre l'autre. Puis se combattirent les deux champions moult vaillamment et âprement, et donnèrent de si grands et merveilleux coups de toute leur vertu, qu'il n'y avoit celui qui ne s'efforçât d'accomplir ce pourquoi ils étoient là venus; et ainsi se combattirent jusques à ce que les dits vingt et un coups furent accomplis. Lors le juge voyant les armes accomplies, jeta le bâton jus, et incontinent les gardes à ce ordonnées les prirent sus; si les fit le juge tous deux venir devant lui, en leur disant qu'ils avoient bien et honorablement accompli leurs armes, et qu'ils touchassent l'un à l'autre et qu'ils fussent bons amis; lesquels le firent, comme par leur juge, leur avoit été dit; et s'en retourna chacun par l'entrée des lices, par lesquelles ils étoient entrés dedans : car le chevalier gardant le dit pas retournoit à chacune fois qu'il avoit fait armes, fût à pied ou à cheval, en son bateau; et repassoit la Saône et arrivoit au dit lieu des Carmes.

En celui même jour, celui Pierre de Chandio fit un très bel souper, où furent la plus grand' partie des chevaliers et écuyers qui l'avoient accompagné, et mêmement y fut le chevalier qui gardoit le pas : et pareillement y fut Toison-d'Or le juge, ensemble les officiers d'armes et plusieurs autres. Le souper accompli, après qu'ils se furent une espace ensemble devisés, ils prirent congé l'un de l'autre; et s'en alla chacun en son logis, ou là où bon leur sembla, jusques le lendemain, que la plupart d'eux s'en allèrent. Et ainsi se passèrent celles premières armes de la Fontaine des Pleurs à l'honneur d'un chacun.

CHAPITRE LXV.

Comment messire Jean de Boniface, chevalier sicilien, qui autrefois avoit fait armes en la ville de Gand, à l'encontre de messire Jacques de Lalain, vint toucher à deux targes, c'est à sçavoir à la noire et à la blanche.

Or advint que le premier jour de mars ensuivant, toucha lui-même en personne un chevalier natif du royaume de Sicile, nommé messire Jean de Boniface, lequel toucha à deux targes, jaçoit-ce-que par les chapitres nul ne pouvoit toucher qu'à l'une des dessus dites targes : mais le chevalier gardant le pas de sa franchise et libérale volonté lui en donna licence. Et toucha premièrement à la noire, qui étoit signifiance de faire armes à cheval, et nomma vingt-cinq courses. Et puis en ce même jour toucha à la blanche, qui signifioit armes de hache, et nomma vingt-cinq coups. Et puis lui fut par Charolois le héraut assigné jour au sixième jour du mois ensuivant, lequel fut en vendredi. Quand le dit jour fut venu, le chevalier gardant le pas se partit des Carmes et vint entrer en son bateau : si passa la rivière de Saône et s'en vint ès dites lices, comme devant est dit, et entra en sa tente après midi, laquelle étoit tendue auprès des lices, et vint faire la révérence au juge, en soi présentant comme accoutumé étoit. Et lors, tantôt après le chevalier du pas, le chevalier sicilien entra dedans les lices tout armé sur un coursier couvert de ses armes, et devant lui avoit un page sur un cheval armé de cuir bouilli armoyé de ses armes à la façon de Lombardie, et en la tête du dit page un armet, où au par-dessus avoit un plumas où il y avoit un croissant d'or, et aux deux débouts plumes de paon, et au milieu une houppe de plumes de paon blanches, et par-dessus tout, un couvrechef de plaisance; et faisoit porter trois bourdons, lesquels étoient gros et longs à merveille, et sur les dessus dits bourdons avoit lettres écrites, qui disoient: « Qui a belle done, la garde bien. » Et avec ce avoit encore devant lui deux trompettes, un tambourin et un héraut, lequel avoit vêtu sa cotte d'armes, et en cette manière tourna autour des lices par dehors, et puis entra dedans à toute sa compagnie, et fit un tour autour de la toile où se devoient faire les armes, et de ce faire prit congé à Toison-d'Or son juge; et ce fait, furent ses gens mis hors des dites lices, exceptés ceux qui le servoient de lances et de ce que métier lui étoit à faire les dites armes.

CHAPITRE LXVI.

Comment messire Jacques de Lalain et le chevalier sicilien firent leurs armes de cheval.

En après ce que le chevalier gardant le pas et celui de Boniface furent montés armés et prêts dedans les lices, les lances mesurées et ajustées par quatre écuyers, devant et en la présence du juge, et que les cris, défenses et toutes les cérémonies qu'il appartenoit en tel cas à faire furent faites, on bailla au chevalier garde du pas sa lance, et pareillement au chevalier sicilien. Si coururent l'un contre l'autre et atteindirent tous deux si rudement, qu'ils égrenèrent et épointèrent tous deux les fers de leurs lances. Et à la troisième course atteindirent de rechef l'un l'autre : c'est à sçavoir le chevalier sicilien sur son armet, tant qu'il y parut, et icelui Sicilien atteindit le chevalier du pas sur le grand garde-bras, et rompit sa lance. La quatrième course pareillement atteindirent l'un l'autre, et fut féru le dit de Boniface en la tête comme devant, et le chevalier du pas fut atteint sur le corps. La cinquième course s'atteindirent tous deux sur le corps l'un de l'autre très rudement, et tant que le dit de Boniface ploya très fort. Et encore de rechef à la sixième course s'atteindirent tous deux; mais le dit Sicilien fut attient en la tête auprès des deux coups qu'il avoit paravant ; et du grand coup qu'il reçut, son cheval tourna, et disoient aucuns que la visière de son armet fut levée.

Le chevalier du pas passa pour parfaire son poindre jusques au bout de la lice, ains qu'il avoit fait les courses devant ; mais ainsi que le dit de Boniface fut prêt de refaire autre course, fut bien demie-heure. Puis après vinrent à la septième course : si s'atteindirent tous deux, et ploya très fort le dit de Boniface, et fut la lance du chevalier gardant le pas fendue depuis le fer tout au long jusques à l'arrêt, et en y eut grand question, pourtant que les chapitres portoient qu'un chacun d'eux devoit courre d'une lance tant et si longuement, et sans changer, que la dite lance seroit rompue entre le fer et l'arrêt, ou égrenée d'un doigt, du moins ; et néanmoins que la lance du chevalier gardant le pas étoit fendue tout au long, comme dessus est dit, et qu'elle ne valoit rien, ce nonobstant, les gens du dit de Boniface maintenoient et disoient que le chevalier du pas en devoit courre, et qu'elle n'étoit point rompue ; et vinrent devant le juge et montrèrent la lance, et requirent au juge qu'il en voulsit juger; lequel juge en demanda à plusieurs chevaliers et écuyers, pour voir et sçavoir qu'ils en diroient. Et en ce pendant que le juge en demandoit l'opinion aux chevaliers et écuyers, vint un chevalier nommé messire Pierre Vasque, lequel prit la lance et alla devers celui de Boniface, et lui montra cette lance, en lui disant qu'elle ne valoit rien, et que ce ne seroit point son honneur ; à quoi celui chevalier de Boniface répondit qu'il étoit content, et qu'elle ne valoit rien. Si en fut apportée une autre au chevalier gardant le pas pour courre la huitième course ; mais celui de Boniface dit qu'il lui failloit une pièce de son harnois, laquelle ne pouvoit recouvrer de pareille, et sçavoit bien que son compagnon ne voudroit point faire armes contre lui, s'il ne le sentoit bien en point, et envo a devers le juge, en affirmant qu'il ne sçauroit recouvrer de pareille pièce qu'il avoit perdue, et priant au dit juge qu'il en voulsit appointer ; à quoi le juge répondit qu'il véoit bien qu'il ne tenoit pas à courage de chevalier, ni à homme, ni à cheval, en leur priant qu'ils fussent contents, attendu qu'ils devoient faire autres armes à pied l'un contre l'autre. Les deux champions ayant ouï la réponse du juge, s'y accordèrent et s'en rallièrent par l'entrée par laquelle ils étoient entrés ; et ainsi furent les dites armes de cheval faites et accomplies, et retournèrent chacun en son lieu, jusques ce vint au neuvième jour après ensuivant, qui fut le vingt-quatrième jour du mois.

CHAPITRE LXVII.

Comment les armes de pied furent faites par les deux chevaliers, c'est à sçavoir par celui qui gardoit le pas et par le chevalier sicilien.

Quand le neuvième jour ensuivant fut venu, après ce que les armes de cheval furent faites et accomplies, comme vous avez ouï, et que c'étoit le jour que les armes de pied se devoient faire, le chevalier gardant le pas, ainsi comme il avoit accoutumé, se partit de son hôtel et alla à l'église des Carmes, puis vint en son bateau, si passa outre la Saône, et arriva ès lices. Et quand il fut arrivé et passé ou re, il vint devant le roi d'armes de la Toison-d'or, son juge, faire sa présentation en la manière que dessus est dit, et puis s'en retourna en son pavillon. Puis assez tôt après, le chevalier sicilien arriva aux dites lices à cheval, son dit cheval couvert de ses armes, et tous ses gens avec lui portant semblables habillements qu'aux armes de cheval, excepté qu'ils ne portoient nulles lances. Et quand le dit chevalier entra ès dites lices, Charolois le héraut lui présenta une verge d'or émaillée de la couleur de la targe blanche ; et pareillement lui en présenta une aux armes de cheval, émaillée de la couleur de la dite targe noire. Et ce fait, le dit de Boniface marcha avant ès lices et alla tout droit devant le juge faire sa présentation en la manière devant dite, et puis s'en retourna en son pavillon. Et tôt après les cris et ordonnances faites, comme accoutumé est de faire ès dites lices, le chevalier gardant le pas issit hors de son pavillon armé et vêtu d'une cotte blanche semée de larmes bleues, et salade en tête, ainsi que paravant avoit été ; et le dit de Boniface, armé de toutes pièces, bassinet en tête, cotte d'armes vêtue ; et sont ses armes de trois paux de gueules, à une borde d'argent, et tout autour de son dit bassinet avoit pointes aiguës environ de deux paux de long, et par dessus un petit plumas. Si avoit la visière fermée, et ainsi marcha à l'encontre du chevalier gardant le pas, lequel moult fièrement lui vint au devant. Si se combattirent de haches, et férirent l'un sur l'autre de moult durs et grands coups.

Quand ils eurent féru l'un sur l'autre jusques à dix ou douze coups de hache, le chevalier du pas prit de sa main dextre la hache de celui de Boniface, et de sa main senestre tenoit sa hache, et en férit en la visière de celui de Boniface trois coups d'estoc. Et ce fait, le chevalier du pas laissa aller la hache de celui de Boniface, et le prit par le plumas qu'il portoit sur sa tête en le tirant si rudement qu'il le fit cheoir à terre de tout le corps. Quand le juge vit que le chevalier sicilien gisoit par terre, il commanda aux gardes qu'ils le levassent et l'amenassent par devers lui ; et aussi commanda pareillement qu'ils fissent venir le chevalier gardant le pas ; et lors, eux venus devant lui, leur fut dit de par le juge que, selon le contenu des chapitres, les armes étoient accomplies. A quoi le dit de Boniface répondit, qu'à l'encontre du juge ni des chapitres il ne vouloit point aller, en priant au juge, que par sa courtoisie il lui voulsit faire connoître le chevalier avec lequel il avoit fait armes. Et lors le juge les fit accoler et toucher ensemble, et là firent moult grands reconnoissances, car autrefois avoient fait armes l'un contre l'autre en la bonne ville de Gand.

Ainsi comme vous oyez, se passèrent les armes de pied, et retourna chacun en son logis. Et pour ce que les chapitres faisoient mention que quiconque seroit porté par terre de tout le corps, seroit tenu de porter par un an entier un bracelet d'or, où devoit pendre un locquet fermant à clé, et ne le pourroit ôter ni faire ôter le dit temps durant, si en ce dit temps durant il ne trouvoit la dame ou damoiselle qui auroit la clé du dit locquet, à laquelle il se devra faire déferner, si la dame le veut déferner, et à icelle donner le dit bracelet et présenter son service. Pour laquelle aventure ainsi advenue à celui chevalier de Boniface, lui fut présenté le bracelet d'or de par le chevalier du pas, en lui disant : « Vous le porterez ainsi qu'il vous plaira, soit couvert ou découvert. » Lequel chevalier de Boniface le reçut moult agréablement, et le portoit comme raison étoit ; mais qui fut la dame ou damoiselle qui le déferma, n'est pas venu à ma connoissance.

CHAPITRE LXVIII.

Comment un écuyer de Bourgogne, nommé Gérard de Roussillon, toucha à la targe blanche, et fit armes à l'encontre du chevalier gardant le pas.

Après les armes de cheval et de pied faites et accomplies par le chevalier gardant le pas, ainsi comme au premier jour de juin ensuivant, un gentil écuyer nommé Gérard de Roussillon, fit toucher par Vallay, poursuivant d'armes de monsieur de Pêmes, à la targe blanche, qui signifie les armes de la hache. Et jaçoit-ce-que par le chapitre, les armes se devoient accomplir en dedans le huitième jour ensuivant du jour que touché aura été, toutes fois le chevalier gardant le pas de la Fontaine des Pleurs, accorda le jour des dites armes être reçu jusques au vingt-huitième jour du dit mois ; et demanda celui Gérard de Roussillon quinze coups de hache à ce jour. Le chevalier gardant le pas, comme accoutumé avoit, le jour venu, ainsi comme à l'heure de onze heures ou environ, se partit de l'église des Carmes, et entra en son bateau, et passa la Saône, pour aller dedans les lices, en allant tout droit devant le juge faire sa présentation, et ce fait, retourna en son pavillon pour soi armer.

Or fut ainsi, qu'à celui jour Toison-d'Or, qui étoit leur juge, s'étoit parti de là par le commandement du duc, et allé en ambassade devers le roi de France ; mais en son lieu y fut commis de par le duc un notable, prudent et sage écuyer nommé Guillaume de Sarsy, bailli de Châlons, à y être juge. Pour revenir à celui de Roussillon, tantôt après que le chevalier du pas fut venu, celui de Roussillon arriva aux lices monté à cheval, le bassinet en la tête, la cotte d'armes vêtue, et par devant lui faisoit porter bannière et pennon de ses armes ; qui sont losangées d'or et d'azur, et un lambeau de gueules de trois pièces, et fit mettre cette bannière et pennon aux deux coins de son pavillon, et après ce alla tout droit devant le juge soi présenter, en lui disant : « Noble écuyer, je me présente devant vous, qui êtes juge commis de par mon très redouté et souverain seigneur, monseigneur le duc de Bourgogne, pour faire armes à l'encontre du chevalier gardant le pas selon le contenu en ses chapitres. Et combien que par les dessus dits chapitres je pourrois commettre et mettre juge avec vous, si bon me semble ; mais quant est à moi, pour le sens et loyauté que je connois être en vous, je m'en déporte, en vous priant et requérant que vous me veuilliez tenir en bonne justice. »

Après icelles paroles dites, s'en retourna en son pavillon, là où il fut depuis onze heures et demie, ou environ, jusques à deux heures après nonne ; et la cause du long délai si fut, comme ils disoient, que l'armurier avoit failli à clouer le harnas de jambes ; mais le dit chevalier du pas fut prêt et armé en son pavillon bien l'espace de trois heures ou environ. Quand celui de Roussillon fut prêt, le dit chevalier gardant le pas issit hors de son pavillon, la salade en tête, et sur son harnas avoit vêtu sa cotte blanche semée de larmes bleues, ainsi que toujours avoit été, et tenoit sa hache en sa main, laquelle n'avoit point de dague dessus. Gérard de Roussillon voyant le chevalier issir de son pavillon, pareillement issit du sien, sa cotte d'armes vêtue, et son harnas de tête étoit un chapeau de fer d'ancienne façon, qu'on avoit approprié pour ce faire, et par dessous avoit un houscot de mailles, et en ce point combattirent. Lors moult vigoureusement et vaillamment se combattirent l'un contre l'autre ; et tellement que tout en combattant vinrent devant le juge, où ils se combattirent et donnèrent de moult grands et merveilleux coups de leurs haches. Eux deux étoient jeunes, forts et puissants, et de hautain courage ; et combattirent ainsi jusques à l'accomplissement de quinze à seize coups. Lors le chevalier du pas, à qui il tardoit moult d'être au dessus de son homme, s'approcha près de celui de Roussillon, et prit sa hache, si le férit au visage un coup de hache de la dague de devant, et auparavant l'avoit tellement féru et asséné que le sang en étoit sailli. Et lors celui de Roussillon se sentant ainsi navré, prit la hache du chevalier du pas. Lors le juge voyant qu'ils tenoient les haches l'un de l'autre, jeta le bâton ; et en ce point furent pris par ceux qui à ce faire étoient ordonnés, et leur dit le juge qu'ils avoient bien et honorablement fait tous deux, et qu'il tenoit leurs armes pour accomplies, et qu'ils touchassent ensemble ; laquelle chose ils firent. Les armes faites et accomplies, se partirent des lices, et alla chacun en son logis, dont ils étoient partis. Puis quand ce vint le lendemain, le dit Gérard de Roussillon fit un très beau dîner, là où fut le chevalier du pas, le juge et grand'foison de notables seigneurs.

CHAPITRE LXIX.

Comment le premier jour d'octobre en celui an, furent sept nobles hommes qui firent toucher aux dites targes, pour faire armes à l'encontre du chevalier gardant le pas de la Fontaine des Pleurs.

Quand le premier jour d'octobre fut venu, vinrent auprès de la Fontaine des Pleurs et touchèrent aux targes les sept qui s'ensuivent : premièrement, un écuyer nommé Claude Pitois seigneur de Saint-Bonnet, et par le poursuivant d'armes du seigneur de Pêmes nommé Vallay, fit toucher à la targe blanche. Toulongeon, héraut du seigneur de Toulongeon, fut le second qui toucha à la targe blanche, pour un chevalier nommé le chevalier Méconnu, et depuis fut sçu qu'il avoit nom le seigneur d'Espiry. Lembourg, héraut du duc, toucha le tiers à la targe blanche pour un écuyer nommé Jean de Villeneuve, dit Pasquoy. Puis après vint toucher en personne lui-même à la targe blanche un nommé Gaspar de Curtain, qui fut le quatrième. Puis Piémont, héraut du duc de Savoie, fut le cinquième qui toucha à la targe blanche, à la violette et à la noire, pour un nommé Jacques d'Avanchier ; et fut par le congé et licence du chevalier gardant le dit pas de la Fontaine des Pleurs, car autrement ne pouvoit toucher qu'à l'une. Le sixième fut Guillaume d'Amange, écuyer de Bourgogne, lequel fit toucher à la targe noire. Le dessus dit Vallay poursuivant, toucha encore pour un écuyer nommé Jean Pitois à la targe blanche, qui fut le septième et dernier pour ledit jour. Or, pour revenir au fait de Claude Pitois seigneur de Saint-Bonnet, qui premier fit toucher, le chevalier gardant le pas lui fit bailler jour à lendemain, qui fut le second jour du dit mois d'octobre, lequel fut par un vendredi, pour faire et accomplir leurs armes.

Quand celui jour fut venu, le chevalier du pas se partit des Carmes, environ onze heures du matin, et entra en son bateau, et alla ès lices devant Toison-d'Or le juge, qui étoit retourné de l'ambassade où il avoit été envoyé de par le duc de Bourgogne son seigneur ; et là étoit accompagné du seigneur de Créquy, oncle du chevalier gardant le pas, lequel venoit du Saint-Sépulcre de Jérusalem, et arriva au dit lieu environ deux heures avant que les armes s'encommençassent, et depuis fut à toutes les armes ci-après déclarées. Lorsque le dit chevalier du pas eut fait sa présentation devant le juge, il retourna et vint en son pavillon. Tôt après, celui de Saint-Bonnet vint aux lices tout à pied, désarmé et vêtu d'une longue robe noire ; et à l'entrée des lices, lui fut présentée une verge d'or émaillée de la couleur de la targe qu'il avoit fait toucher. Et après entra dedans les lices, et alla tout droit devant le juge en soi présentant et disant : « Très noble roi d'armes de la Toison-d'or, juge commis de par mon très redouté et souverain seigneur, je me présente pour faire armes au chevalier gardant ce présent pas par devant vous. Et combien que je pourrois mettre juge adjoint avec vous, selon le contenu des chapitres, mais pour le sens et loyauté que je sens être en vous, je m'en déporte : car je sçais que bien vous garderez le droit des parties, et que à un chacun ferez raison et justice. »

Le juge, qui sur tous étoit sachant, répondit et lui dit qu'il fût le bien venu, en le remerciant humblement de l'honneur qu'il lui faisoit ; et après ce s'en retourna en son pavillon pour soi armer. Tôt après, le chevalier gardant le pas envoya devers le juge, pour ce que le dit de Saint-Bonnet n'avoit point dit ni déclaré le nombre des coups de hache, ainsi que les chapitres le déclarent et disent : mais vouloit combattre tant que l'un ou l'autre fût porté par terre de tout le corps, ou désarmé de sa hache des deux mains. Et alors, sans arrêter, le juge envoya devers lui, en lui faisant dire qu'il pouvoit demander si grand nombre de coups de hache qu'il vouloit ; mais il y devoit avoir nombre. Si fut content et demanda de nombre quarante-trois coups de hache.

Lors après les cris et ordonnances accoutumées à faire ès dites lices, le chevalier gardant le pas issit hors de son pavillon, tout ainsi qu'il avoit fait autrefois, c'est à sçavoir en cotte blanche semée de larmes bleues, la salade en la tête, tenant sa hache en sa main ; et d'autre part, le seigneur de Saint-Bonnet étoit vêtu de sa cotte d'armes, salade en tête, ayant bavière, sa hache en ses mains ; et étoient ses armes écartelées, le premier quartier d'azur à une croix d'ancrée, et le second quartier, chevronné d'or et d'azur avec une bordure de gueules. Si marchèrent l'un contre l'autre jusques devant le juge, et là s'assemblèrent et prirent à eux combattre moult merveilleusement : mais guère ne combattirent ; car le chevalier du pas, qui étoit duit et appris des armes, prit la hache de celui de Saint-Bonnet de sa main dextre, et de sa hache qu'il tenoit en voulut férir le dit de Saint-Bonnet au visage, et tant que le dit de Saint-Bonnet fut contraint de prendre la hache du chevalier du pas ; et lors le dit chevalier laissa la hache de celui de Saint-Bonnet et le prit par le col ; mais celui de Saint-Bonnet s'en défit par deux fois ; et à la tierce fois le chevalier du pas le tint par la tête dessous son bras, à la façon de la lutte qu'on appelle Corne-muse, et de la dite prise le chevalier du pas par sa grand'force tira à terre le dit chevalier de Saint-Bonnet, et chut sur son dos, et le chevalier du pas chut le visage dessous, moitié de son corps sur le dit de Saint-Bonnet, et l'autre moitié à terre couchée. Promptement se mit de tout son corps sur le dit de Saint-Bonnet, et le tenoit dessous lui. Lors celui de Saint-Bonnet sentant le chevalier être sur lui, l'embrassa parmi le faux du corps, si fort, que le dit chevalier du pas ne se pouvoit lever de dessus lui.

Alors le juge voyant que les deux champions étoient en cet état, il jeta le bâton, et lors les gardes s'approchèrent pour les lever : et disoit l'un des gardes nommé Machaut de Sardenne au dessus dit chevalier, pour ce qu'il ne se levoit point jus du seigneur de Saint-Bonnet : « Messire Jacques, c'est assez, il doit vous suffire. » Lors le chevalier du pas répondit : « A moi ne tient pas, car il me tient si fort que je ne puis me lever. » Alors les gardes regardèrent, et virent que le dit de Saint-Bonnet avoit embrassé le dit chevalier du pas ; si lui défirent les mains et levèrent le dit chevalier du pas de dessus le dit de Saint-Bonnet ; et tenoient encore tous deux leurs haches, ni pour choses qu'ils fissent ne les perdirent onques. Lors le juge les fit venir devant lui et leur dit : « Vos armes sont accomplies selon le contenu des chapitres : si vous prie que vous touchiez l'un à l'autre et soyiez amis ; » Laquelle chose ils firent, et s'en retourna chacun en son logis. Or est vrai que les dessus dits chapitres contenoient que quiconque seroit porté par terre de tout le corps, il devoit porter un bracelet d'or ; et à cette cause le chevalier gardant le pas dessus dit envoya devers celui de Saint-Bonnet un notable chevalier nommé messire Pierre Vasque, pour sçavoir à lui, par qui il lui plaisoit que le dit bracelet lui fût apporté ; à laquelle parole le dit de Saint-Bonnet répondit et dit : qu'il lui sembloit qu'il ne le devoit point porter, et qu'il n'étoit point chu sans le chevalier du pas : parquoi il ne le devoit pas porter non plus que le dit chevalier : car posé qu'il fût chu, aussi étoit le dessus dit chevalier, et bien croyoit que si c'eût été à outrance, qu'il en avoit de pire : mais à cause des dites armes, il ne le devoit point porter ; et autre réponse n'en fit.

Quand le dessus dit chevalier du pas vit les termes que le dit de Saint-Bonnet tenoit, et qu'il étoit tout clair qu'il avoit été de tout le corps par terre, comme dessus est dit, fit faire et apprêter le dit bracelet pour lui envoyer : laquelle chose venue à la connaissance d'aucuns des amis du dit Saint-Bonnet, voyants qu'il étoit certain et bien prouvé qu'il avoit eu le corps du tout à terre, et du chevalier du pas ne se pouvoit à la vérité dire, sinon qu'il avoit eu bras ou jambes à terre. Si se mirent à parler au dessus dit chevalier, en disant qu'ils étoient tous deux à un prince, et qu'ils devoient tous deux garder l'honneur l'un de l'autre; si fut conclu et avisé que le seigneur de Saint-Bonnet diroit au chevalier du pas les paroles qui s'ensuivent : « Messire Jacques, j'ai désiré d'avoir votre accointance, vous sçavez que nous avons fait armes l'un contre l'autre, et depuis vous m'avez fait demander par messire Pierre Vasque, par qui je voudrois que le bracelet me fût apporté. Or vous sçavez assez que tous deux sommes à un seigneur. Si devons désirer et garder l'honneur l'un de l'autre : parquoi je vous prie que soyiez content de vous en déporter. En outre, j'ai entendu qu'on vous a rapporté aucunes paroles que je dois avoir dit de vous ; je vous assure que je ne voudrois avoir dit de vous chose qui fût contre votre honneur. » Et ainsi la chose demeura en ce point, et plus n'en fut parlé pour lors.

CHAPITRE LXX.

Comment le chevalier du pas fit armes au seigneur d'Espiry.

Après les armes dessus dites accomplies et achevées, comme vous avez ouï, quand ce vint le dix-septième jour du mois d'octobre, que le chevalier gardant le pas de la Fontaine devoit faire armes, comme il fit, à l'encontre du seigneur d'Espiry, droit environ neuf heures du matin, celui chevalier du pas alla ouïr la messe à la grande église de Châlons, là où il trouva le seigneur de Saint-Bonnet. Et quand le chevalier du pas l'aperçut, jaçoit-ce-que appointés étoient dès le soir devant, qu'icelui de Saint-Bonnet seroit à l'heure de dix heures en l'église des Carmes séant ès faubourgs de la dite ville, pour dire au chevalier du pas les dessus dites paroles, nonobstant ce parla le chevalier à l'heure dite à celui de Saint-Bonnet, en lui disant ainsi : « Monsieur de Saint-Bonnet, êtes vous content de dire les paroles que Louis Sachet vous a montrées en une petite cédule ? » Lors le dit de Saint-Bonnet répondit qu'il étoit tout prêt de ce dire à telle heure qu'il lui plairoit. Et le chevalier du pas répondit qu'il étoit content de lui, et le quittoit de non porter le bracelet ; ainsi la paix d'eux fut faite, et touchèrent ensemble, et furent depuis si bons amis qu'à peine pourroit-on dire de deux frères. Puis après en ce même jour, le seigneur d'Espiry, qui se nomma le chevalier Méconnu, fit ses armes à l'encontre du chevalier gardant le pas de la Fontaine des Pleurs, lequel, comme il avoit accoutumé, se partit de l'église des Carmes, entra en son bateau et passa la Saône. Si arriva ès lices, et vint faire sa présentation devant le juge, ainsi comme autres fois avoit fait ; puis vint en son pavillon.

Ne demeura guères après que le seigneur d'Espiry vint au dessus dites lices, et illec quand il entra dedans, lui fut par Charolois présentée et baillée une verge d'or émaillée de la couleur de la targe à laquelle il avoit fait toucher ; et en entrant ès dites lices, avoit un cheval couvert et armoyé de ses armes, que deux officiers d'armes menoient, lesquels étaient vêtus de cottes d'armes des armes d'icelui seigneur d'Espiry. Le cheval sur lequel le dit seigneur d'Espiry était monté, fut couvert d'un bien délié couvrechef à manière de crêpe, frangé de fil d'or et de soie verte. Et étoit vêtu d'une longue robe de drap de damas blanc, brodée dessous et dessus, et les manches de satin cramoisi, et un chaperon vermeil, et la cornette verte ; et avoit quatre enfants autour de lui, dont les deux étoient ses enfants, et les deux autres ses neveux, lesquels tous quatre étaient vêtus et affublés comme lui, et tenoient les quatre cornes de la couverture de son cheval. Si avoit après lui un page pareillement vêtu, monté sur un cheval couvert de velours cramoisi. Puis après qu'il fut descendu devant son pavillon, s'en alla tout droit devant le juge, ensemble les quatre enfants devant lui. Et quand il fut là venu soi présenter, dit tout haut : « Très noble roi d'armes et juge en cette partie, commis de par mon très redouté seigneur monseigneur le duc de Bourgogne, pour ce que ce jour-d'hui à moi est assigné pour devoir faire armes au chevalier gardant ce présent pas, je me présente par devant vous, pour, à l'aide de Dieu, les faire et accomplir. Et combien que par les chapitres du chevalier tenant le pas il soit assez déclaré que les venants de dehors aient pouvoir et faculté d'élire pour eux juge adjoint avec vous ; mais en tant qu'il me touche de cette cause, je m'en déporte ; et qui plus est, de vous requérir que le droit des parties y soit gardé, je ne m'en veux aucunement entremettre : car de ce faire ne me semble-t-il être nullement nécessaire, attendu votre sens, discrétion et bonne renommée de bonne justice ; laquelle je crois être telle, que le droit des parties y sera gardé à ligne et raison, selon droit d'armes. » Auxquelles paroles le juge répondit et dit qu'il fût le bien venu, en le remerciant humblement du grand honneur qu'il lui faisoit, et qu'au surplus lui feroit tout ce que possible lui seroit de faire.

Ce fait, le seigneur d'Espiry s'en retourna en son pavillon, lequel étoit blanc et brodé de vermeil par dessus, en signifiant les robes dessus nommées ; et par dedans, en manière de dossier, sur le cintre, avoit un riche drap d'or ; et dedans celui pavillon s'arma, et en soi armant envoya devers le juge, lui priant qu'il lui plût que ses quatre conseillers, c'est à sçavoir les quatre petits enfants, demeurassent aux pieds de lui ; laquelle requête le juge lui accorda libéralement et volontiers, car ce n'étoit pas requête à refuser. Et après ce que les cris et cérémonies furent faites ès dites lices, les haches furent visitées, lesquelles étoient à dague par dessus, comme toutes les autres haches de quoi on avoit fait armes.

Ces choses faites, issit hors de son pavillon le chevalier du pas, ainsi armé et habillé comme par avant avoit été, et pareillement issit hors de son pavillon le seigneur d'Espiry, la cotte d'armes vêtue, salade en tête, ayant bavière et visière. Et tantôt après le partement fait de son dit pavillon, il rua à terre sa dite cotte d'armes, laquelle étoit écartelée, dont le premier quartier étoit d'azur, à une croix d'or engreflée, et l'autre quartier étoit d'or à quatre points de gueules. Et pour déclarer le nombre que le dit d'Espiry nombra et demanda, ce fut de cinquante-cinq coups de hache. Vérité est que le chevalier du pas et le seigneur d'Espiry marchèrent l'un contre l'autre et assemblèrent à combattre devant le juge ; et se combattirent bien et vaillamment, et jusques à l'accomplissement de trente coups de hache. Lors le juge voyant la vaillance et l'habileté des deux chevaliers, et aussi doutant les grands dangers qui s'en pourroient ensuivre, jeta le bâton, et furent pris si également par les gardes à ce ordonnées à l'honneur des deux champions, que chacun en eût sa part. Le juge les voyant venus devant lui, leur dit : « Seigneurs, je tiens vos armes pour accomplies ; et avez tous deux bien et vaillamment fait. » Leur priant, qu'ils touchassent ensemble et fussent bons amis, lesquels le firent très libéralement ; et ce fait, s'en retournèrent en leurs pavillons pour eux désarmer. Puis après ce qu'ils furent désarmés s'entre-trouvèrent ensemble dedans les lices, eux entre-accolants et merciants de l'honneur qu'ils avoient fait l'un à l'autre. Et après ce retournèrent tous deux en leurs logis, et ainsi se passèrent celles armes. Puis quand ce vint le lendemain, qu'il fut jour de dimanche et quatrième du dit mois, le seigneur d'Espiry fit un très beau dîner, là où fut le chevalier gardant le pas, avec grand nombre de chevaliers et écuyers, le juge et plusieurs officiers d'armes et assez d'autres notables gens.

CHAPITRE LXXI.

Comment Jean de Villeneuve, dit Pasquoy, fit armes à l'encontre du chevalier gardant le pas.

Le cinquième jour ensuivant, un notable écuyer nommé Jean de Villeneuve, dit Pasquoy, fit ses armes à l'encontre du chevalier gardant le pas de la Fontaine des Pleurs, et demanda l'accomplissement du nombre de soixante et quinze coups de hache ; et à celui jour se partit le chevalier gardant le pas, comme il avoit accoutumé, de l'église des Carmes, environ onze heures du jour, et entra en son bateau tout désarmé, vêtu d'une longue robe de drap d'or ; et ainsi vêtu, entra dedans les lices, et si alla faire sa représentation devant le juge, ainsi et par la manière qu'accoutumé avoit, et puis s'en retourna en son pavillon pour soi armer. Tantôt après arriva le dit Pasquoy vêtu d'une longue robe de drap noir, tout désarmé. Si lui fut baillée à l'entrée ès lices par Charolois le héraut la verge d'or émaillée de la couleur de la targe où il avoit touché : puis entra dedans les lices bien et grandement accompagné, et alla tout droit devant le juge soi présenter, en disant telles ou semblables paroles qui par les autres avoient été dites. Et ce fait, entra en son pavillon pour soi armer. Lors après les haches qu'ils avoient à dagues, par dessous et par dessus visitées devant le juge, les cris et cérémonies des lices faites, issirent de leurs pavillons; et combattit le chevalier du pas en tel harnas qu'il avoit accoutumé, sauf qu'il n'avoit point de harnas de jambe en sa dextre jambe; et celui Pasquoy combattoit salade en tête, à haute bavière, et avoit vêtu sa cotte d'armes, lesquelles sont, de sable, à cinq besants d'argent en sautoir.

Quand ainsi furent armés et apprêtés, et issus de leurs pavillons, leurs haches en leurs mains, marchèrent moult fièrement l'un contre l'autre, et assemblèrent et combattirent devant le juge. La bataille d'eux deux fut grande et fière, et s'entredonnèrent de moult grands coups de hache, si drus et tant âprement, que ceux qui étoient présents prenoient plaisir à les voir: car à les voir combattre, ne leur coûtoit rien, mais que ceux à qui il touchoit. Finablement tant se combattirent les deux champions que jusques à l'accomplissement de cinquante-cinq coups ou environ, le juge voyant le grand devoir et les belles armes qu'ils avoient faites, jeta le bâton, et ainsi les fit prendre à l'honneur de tous deux. Si les fit venir devant lui, et leur dit qu'il tenoit leurs armes pour accomplies, et que tous deux avoient bien et vaillamment fait, en leur priant qu'il voulsissent toucher ensemble, et qu'ils fussent dorénavant bons amis; et ainsi le firent. Si s'en allèrent chacun désarmer en leurs pavillons; puis s'en retournèrent dedans les lices, où ils s'entraccollèrent et mercièrent du grand honneur qu'ils avoient fait l'un à l'autre; et ce fait, s'en r'allèrent chacun en son logis; et toujours s'en retournoit le chevalier du pas par son bateau en l'église des Carmes dont il se partoit.

CHAPITRE LXXII.

Les armes que fit Gaspar de Curtain à l'encontre du chevalier qui gardoit le pas de la Fontaine des Pleurs.

Le vendredi ensuivant, qui fut le neuvième jour du mois, fit ses armes un écuyer nommé Gaspar de Curtain, lequel étoit tenu par vraie espérance, et renommé pour l'un des plus puissants hommes de toute la duché et comté de Bourgogne. Et à celui jour le chevalier gardant le pas de la Fontaine des Pleurs, comme autres fois avoit accoutumé, à l'heure de onze heures se partit des Carmes et entra en son bateau, ensemble sa compagnie; et lui venu ès lices, alla tout droit devant le juge faire sa représentation. Et ce fait, entra dans son pavillon pour soi armer, comme accoutumé avoit. Ne demeura guère après d'espace, que le dit Gaspar arriva aux lices, où à l'entrée lui fut présentée une verge d'or, comme aux autres on avoit accoutumé de faire; et après ce entra en son pavillon, où il s'arma. Ce temps durant, les haches furent apportées devant le juge pour les visiter. Les cris furent faits et toutes les autres cérémonies; et puis issirent hors de leurs pavillons. Le chevalier du pas étoit armé et habillé en la manière qu'accoutumé avoit, excepté qu'à sa jambe dextre il n'y avoit point de harnas : et celui Gaspar étoit armé de toutes pièces, le bassinet en la tête, sa cotte d'armes vêtue; et étoient ses armes, de gueules à une face d'argent, et trois rondelles de lances de même, et sur la dite face une étoile de gueules. Eux voyants l'un l'autre prêts, moult vivement se partirent et marchèrent l'un contre l'autre, tant qu'ils s'assemblèrent devant le juge, où celui Gaspar requit et demanda soixante-quatre coups de hache, où ils se combattirent bien et vaillamment : mais avant ce qu'ils eussent assis dix coups de hache, la hache du chevalier au pas fut fendue, et tant que la dague et la virole de dessous churent à terre, mais non-pourtant si firent-ils et accomplirent tout le nombre de soixante-quatre coups bien et vaillamment. Le nombre accompli, le juge jeta le bâton et les fit venir devant lui, en leur disant que bien et vaillamment ils avoient accompli leurs armes, selon le contenu ès chapitres, et qu'il touchassent ensemble et fussent bons amis, lesquels ainsi le firent. Puis s'en allèrent chacun désarmer en leurs pavillons et retournèrent en leur logis, et ainsi se finirent et passèrent les dites armes.

CHAPITRE LXXIII.

Comment un écuyer de Savoye, nommé Jacques d'Avanchier, fit armes à l'encontre du chevalier gardant le dessus dit pas.

Le dixième jour ensuivant, un notable écuyer de Savoie, nommé Jacques d'Avanchier, fit ses armes à l'encontre du chevalier gardant le pas de Notre-Dame des Pleurs; et en ce jour même, à l'heure de onze heures, se partit le chevalier du pas de l'église des Carmes, entra en son bateau pour aller aux lices, et lui là arrivé, fit sa présentation au juge, ainsi comme accoutumé avoit, et puis entra en son pavillon pour soi armer, ainsi comme toujours avoit fait; et tantôt après, celui écuyer savoyen entra dedans les lices, et comme accoutumé étoit, lui fut à l'entrée par Charolois présentée et baillée une verge d'or émaillée de la couleur de la targe à laquelle il avoit touché. Il étoit désarmé et vêtu d'une robe noire. Si alla en ce point devant le juge, auquel il parla très humblement et honorablement, et autant, que plus n'en eût sçu dire à un grand prince; et sa présentation faite, entra dedans son pavillon pour soi armer. Si furent visitées les haches, les cris et ordonnances faites; puis issirent de leurs pavillons. Et étoit le chevalier du pas ainsi armé et habillé que toujours avoit été auparavant, excepté qu'il avoit la jambe dextre désarmée, et si ne portoit point de gantelet en sa droite main; et le dit d'Avanchier combattit en salade et gorgerin de forte maille, et avoit vêtu sa cotte d'armes; et ses armes étoient parties en pal d'argent et de gueules, à une bande d'or. Et se vinrent assembler et combattre devant le juge. Il avoit nombré et demandé vingt-cinq coups de hache. Ils combattirent bien et vaillamment jusques au nombre de douze ou quatorze coups : et puis le dit d'Ayanchier entra dedans le chevalier au pas, et lui prit sa hache d'une main. Lors le chevalier au pas, tôt et vivement prit celui d'Avanchier par le gorgerin; en le tirant à lui trois ou quatre pas, et en ce faisant fit perdre au dit d'Avanchier sa hache de toutes les deux mains, et tant qu'elle chut à terre. Et lors le juge jeta le bâton. Si furent tous deux pris en cet état, et les fit venir devant lui; si leur dit que bien et vaillamment avoient fait leurs armes, et leur pria qu'ils touchassent ensemble, et qu'ils fussent bons amis, laquelle chose ils firent, et s'en retourna chacun en son logis.

CHAPITRE LXXIV.

Comment celui écuyer de Savoye fit ses armes à pied à l'encontre du chevalier gardant le pas, c'est à sçavoir de l'épée.

Le douzième jour du mois ensuivant, celui écuyer de Savoye fit ses armes de l'épée, à l'encontre du chevalier au pas. Si furent tous deux à l'heure de onze heures dedans les lices, où ils firent leurs présentations devant le juge, comme paravant avoient fait, et puis entrèrent chacun en son pavillon pour eux armer. Après les épées visitées, cris et ordonnances faites, le chevalier du pas issit hors de son pavillon le bassinet en tête, et tant bien armé que belle chose étoit à le voir. Et par dessus son harnas avoit vêtu une robe de drap de soie sanguine toute semée de armes bleues. Et celui écuyer savoyen étoit armé d'un sarmet en tête, et par dessus son harnas, sa cotte d'armes vêtue. Si se partirent de leurs pavillons marchants l'un contre l'autre, et tant qu'ils vinrent et assemblèrent pour eux combattre devant le juge. L'écuyer savoyen nombra et demanda sept poux d'épée, lesquels se devoient faire à trois pas de démarche et retraite. Si furent bien les gardes ordonnées, au cas qu'ils faudroient à démarcher leurs trois pas, de les mettre au lieu où être devoient; mais le dit Savoyen ne voyoit pas bien en son armet, et pourtant ne se bougea oncques du lieu où premièrement il se mit. Et là attendoit le chevalier du pas, chacun coup qu'il faisoit ses démarches, lesquelles démarches fit toujours belles et grandes; et puis alloit assir sur le dit Savoyen, lequel, comme dit est, ne se bougea oncques. Lors le juge voyant les sept coups accomplis, jeta le bâton, en leur disant que leurs armes étoient accomplies bien et honorablement. Si touchèrent ensemble et s'en retournèrent en leurs pavillons pour eux désarmer.

CHAPITRE LXXV.

Comment le dit Jacques d'Avanchier fit ses armes de cheval à l'encontre du chevalier gardant le pas à la Fontaine des Pleurs.

En ce même jour, deux heures après midi, celui d'Avanchier fit ses armes de cheval à l'encontre du chevalier gardant le pas de la Fontaine des Pleurs : mais celui d'Avanchier s'en alla monter et armer en son logis : et le dit chevalier gardant le pas de la Fontaine des Pleurs ne se bougea d'emprès les lices, où il avait une tente, en laquelle il s'arma et monta. Et après ce que tous deux furent prêts, ils entrèrent dedans les lices, où par devant le juge firent leur présentation. Et après leur furent baillées leurs lances. Et avoit demandé celui d'Avanchier le nombre de vingt-cinq courses : mais ils n'en coururent que six ; auxquelles six courses l'écuyer savoyen rompit deux lances, et le chevalier du pas en rompit une : de laquelle il atteindit celui Savoyen en la tête un très rude coup, duquel coup il sembla être grevé et un peu étourdi, et rechangea nouvel armet, auquel armet il ne voyoit pas bien. Pourquoi le juge, voyant qu'il était mal armé, envoya devers lui, en lui remontrant qu'il n'était pas bien armé de la tête, en lui priant qu'il se voulsit déporter de plus en faire. A quoi le dit Savoyen répondit qu'il étoit prêt de faire ce que le juge lui voudroit ordonner. Et lors le juge oyant la réponse de l'écuyer savoyen, envoya devers le chevalier du pas lui priant qu'il voulsit être content de plus en faire ; à quoi le chevalier du pas répondit que son compagnon avoit rompu deux lances, et il n'en avoit rompu qu'une ; pour laquelle cause il prit et requit au juge qu'il leur voulsit laisser paracomplir leurs armes. Si fut lors répondu au chevalier du pas, qu'icelui écuyer savoyen avoit accordé au juge d'en faire ce qu'il lui plairoit. Pourquoi de rechef requit au chevalier du pas qu'ainsi le voulsit faire, et que son honneur lui étoit gardé.

Le chevalier du pas, qui étoit doux et débonnaire, se contenta à la requête du juge, lequel incontinent les fit venir devant lui, et parla à l'écuyer savoyen, lui disant telles ou semblables paroles : « Je vous ai fait requerre et dire que vous fussiez content. » Et l'écuyer savoyen, surnommé d'Avanchier, répondit et dit qu'il étoit prêt de faire son bon plaisir à lui qui étoit son juge ; dont le juge le mercia. Lors tôt après fit venir devant lui le chevalier gardant le pas, auquel pareillement il pria qu'il voulsit être content. Le chevalier du pas moult courtoisement lui répondit qu'il étoit prêt de faire tout ce qu'il lui plairoit ; et lors le juge les fit toucher ensemble, et ainsi se départirent et s'en allèrent en leurs logis. Et celui jour au soir, l'écuyer savoyen fit un très beau souper ; et y fut le chevalier gardant le pas, et plusieurs autres chevaliers et écuyers, le juge et les officiers d'armes et autres plusieurs gens notables. Et là fit le dit d'Avanchier de grands offres et amiablement au chevalier du pas, lequel en fit pareillement de moult belles et plusieurs à celui d'Avanchier ; et ainsi se départirent en très bonne et fraternelle amour.

CHAPITRE LXXVI.

Cy s'ensuivent les armes faites par un nommé Guillaume d'Amange à l'encontre du chevalier gardant le pas.

Le treizième jour ensuivant, fit un écuyer nommé Guillaume d'Amange armes à cheval à l'encontre du chevalier gardant le pas, et demanda le nombre ordinaire, lequel étoit de vingt-cinq courses de lances ; et furent au dit jour et heure accoutumée dedans les lices, où ils firent leurs présentations devant le juge, et après leurs lances mesurées et les cris faits, coururent vingt-cinq courses, et n'atteindit le dit Guillaume que deux atteintes et sans rompre lance : mais le chevalier du pas l'atteindit plusieurs fois, et rompit deux lances. Leurs vingt-cinq courses faites, le juge les fit venir devant lui, et les fit toucher ensemble, et ainsi s'en départirent.

CHAPITRE LXXVII.

Les armes d'un nommé Jean Pitois, à l'encontre du dit chevalier du pas ; et comment messire Jacques fit ses actions de grâce après avoir accompli ses chapitres.

Le jeudi quinzième jour ensuivant d'icelui mois, un écuyer nommé Jean Pitois fit ses armes de hache à l'encontre du chevalier gardant le pas de la Fontaine des Pleurs, auquel jour, à onze heures fut le dit chevalier du pas en son bateau, et passa la rivière, et entra dedans les lices en la forme et manière comme autres fois il avoit fait ; et lui illec venu fit sa présentation devant le juge, puis entra en son pavillon pour soi armer. Et tantôt après vint Jean Pitois désarmé et vêtu d'une longue robe noire dedans les lices, et à l'entrée, reçut une verge d'or; puis passa outre et vint devant le juge lui faire sa présentatton bien et notablement, et ce fait, entra en son pavillon pour soi aimer; et cependant furent les haches portées devant le juge et visitées, puis furent [le]s cris faits, avec les ordonnances et cérémo[ni]es.

Quand les deux champions furent prêts, ils [pa]rent hors de leurs pavillons. Et étoit le che[vali]er du pas armé ainsi comme toujours avoit [accou]tumé, sans avoir harnas en sa jambe dex[tre; et] celuy Pitois avoit un harnas de tête qui n[e fut] ni bassinet ni salade, mais étoit fait à la sembla[n]ce et manière d'un capel de fer, forgé et approprié pour ce faire, et avoit une haute bavière, tellement que de son viaire il n'apparoît que les yeux; et par dessus son harnas avoit vêtu sa cotte d'armes, lesquelles étoient écartelées, le premier quartier d'azur à une croix d'or ancrée, le second quartier losangé d'or et d'azur. Il demanda et nombra soixante-trois coups de hache. Eux deux se partirent de leurs pavillons et s'en vinrent joindre ensemble pour eux combattre droit devant le juge, et là se combattirent bien et vaillamment tous deux, et s'accomplirent leurs soixante-trois coups de hache. Puis quand ce vint en vers la fin, le che[va]lier du pas férit de la dague de dessous de sa hache sous l'œil du dit Pitois, et fut navré. Puis tôt après si prirent les haches l'un de l'autre, et ainsi qu'ils tenoient leurs dites haches, celui Pitois cuida férir par trois fois de sa main atout le gantel et au visage du dit chevalier gardant le pas. Lors le juge voyant les soixante-trois coups bien accomplis, jeta le bâton et les fit venir devant lui. Et eux là venus, le chevalier du pas dit au dit Pitois et le nomma par son nom et lui dit : « Jean, je ne me pourois plus tenir de vous dire que c'est trop fait en commère de combattre du gantelet, tant qu'on ait bâton en main, dont on se puit aider. »

Lors le juge oyant leurs paroles, leur dit que leurs armes étoient accomplies tout au long bien et honorablement à l'honneur de tous deux, en leur priant qu'ils touchassent ensemble et fussent bons amis, laquelle chose ils firent. Et puis le dit Pitois s'en alla en son pavillon soi désarmer, et le chevalier du pas demeura devant le juge, où grand nombre de nobles et gentils hommes étoient, et aussi moult d'autre peuple jà assemblé, pour ce que ce furent toutes les dernières armes de celui pas : car le temps et espace que le noble chevalier gardant le pas de la Fontaine des Pleurs devoit être, à celui lieu de Saint Laurent lez Châlons, étoit expiré, et les jours qu'il y devoit être passés. Pour laquelle chose plusieurs chevaliers et écuyers et grand nombre de peuple étoient là assemblés, comme paravant est dit, pour voir là manière et comment le chevalier du pas prendroit congé de son juge, qui lui avoit été ordonné par son souverain seigneur le duc de Bourgogne. Lors quand ce vint au congé prendre, le vertueux chevalier dit les paroles qui s'ensuivent : « Noble roi d'armes de la Toison-d'Or, juge commis en cette partie de par mon très redouté et souverain seigneur, je me présente devant vous à cette fin que si aucune chose y a à parfaire touchant l'emprise de ce présent pas et le contenu de mes chapitres, qu'il vous plaise à le moi dire et ordonner; car je suis prêt, à l'aide de Dieu, d'accomplir ce que je dois et suis tenu de faire. »

Alors le juge moult attemprément répondit et dit au dit chevalier les paroles qui s'ensuivent : « Monseigneur, selon la déclaration de vos chapitres, je ne sçais rien que de votre part ne soit accompli bien et honorablement et chevaleureusement en toutes choses; et le temps que deviez être, avez été à la merci Dieu, à votre très grand honneur, louange et bonne renommée. » Et lors après ces paroles, Toison-d'Or, qui comme dit est, en cette chose avoit été son juge, lui dit de rechef ces paroles : « Monseigneur, je vous mercie très humblement, et aussi pareillement tous les nobles hommes qui ont fait armes à l'encontre de vous, du grand honneur que vous m'avez fait, en priant à tous présents et absents, qu'il vous plaise à suppléer à mon petit et rude entendement, et prendre en gré le service que je vous ai sçu et pu faire : car véritablement, s'il y a eu faute, ce n'a pas été par malice, mais par ignorance. » Et lors, icelles paroles dites, le gentil chevalier s'en alla en son pavillon soi désarmer, comme toujours avoit fait; puis s'en alla en l'église des Carmes remercier notre benoît créateur et sa douce mère. Et alors que le bon chevalier se fut parti et qu'il eut parlé à Toison-d'Or, vint devers lui un notable et sage docteur en médecine, natif du royaume de Sicile, nommé maître Gonçale; et avoit après lui un valet, lequel tenoit une moult belle et riche robe de drap d'or, longue et fourrée de martres, et dit, parlant à Toison-d'Or: « Noble roi d'armes de la Toison-d'Or, la dame de la Fontaine des Pleurs vous envoie cette robe, en vous priant qu'il vous plaise à la porter pour l'amour d'elle, en vous merciant de la peine qu'avez eue en son service. » Lors le roi d'armes de la Toison-d'Or prit cette robe, en remerciant la dame de la Fontaine des Pleurs; si la vêtit, et alla à un très beau souper que fit le chevalier du pas en ce même jour, auquel il avoit fait prier les nobles chevaliers et écuyers lesquels avoient fait armes à l'encontre de lui, et grand nombre d'autres gens. Et fut celui souper fait en l'hôtel de l'évêque de Châlons; et là fut la viande assise en manière de banquet très plantureux, et grand' foison de viandes de plusieurs et diverses manières; et là eut un entremets assis sur une table d'environ huit pieds de long, et environ de six à sept pieds de large, là où à l'un des côtés étoit la ville de Châlons pourtraite et élevée; et voyoit-on les églises, le beffroi où étoit l'horologe, les maisons, la muraille, la tour sur le pont qui va de Châlons à Saint-Laurent, où la Saône passe dessous, et droit au bout de celui pont étoit le pavillon tendu, de telle couleur et façon comme étoit le pavillon du chevalier qui avoit gardé le pas de la Fontaine des Pleurs; et au dehors de celui pavillon étoit la dame de la Fontaine des Pleurs droite et élevée, et aussi étoient tous les personnages de celui entremets, et toutes les choses qui y étoient, et étoit cette dame vêtue et habillée de corps, de cheveux et de tête, comme elle avoit été dedans le pavillon. Et assez près d'elle étoit la licorne portant les trois targes, laquelle Charolois le héraut tenoit, et l'image de la Vierge Marie étoit encore dedans le dit pavillon. Si alla le gentil chevalier qui avoit été garde de la Fontaine des Pleurs, la saluer moult humblement, en lui disant une oraison telle qui s'ensuit.

> Toi élevée pour l'honneur de la terre,
> Mère de Dieu, qui le vrai fruit portas,
> Au pavillon te viens icy requerre,
> Où payement par un an fait tu m'as,
> Soubs la fiance hardement me donnas
> De fonder cy mon pas en ceste place
> Or est parfaict, si t'en viens rendre grâce.

Après que le chevalier eut fait son oraison à la glorieuse vierge Marie, il alla à la dame et lui dit ainsi:

> Dame, où j'ay tout mon recours,
> Toison-d'Or, le noble roi d'armes,
> Tient pour accomplies les armes
> De la Fontaine des Pleurs.

La réponse que fit la dame au chevalier étoit telle:

> Puis que c'est de Dieu le plaisir,
> Bien le devons regracier;
> Si allons la croix adorer,
> Où il voulut pour nous mourir.

Mais avant ce que le chevalier et la dame allassent adorer la croix, la vierge Marie issit du dit pavillon en longue robe de drap de soie, ses cheveux épars sur ses épaules, et s'en alla devant la croix, où elle fit son oraison telle que ci après s'ensuit:

> O digne crucifix Jésus,
> Mon fils, mon père et mon seigneur,
> Pour ceux qui sont au pas venus,
> Viens regracier ta valeur;
> Sauvé as santé et l'honneur;
> Par ta provision commise,
> Chacun d'eux a parfait s'emprise.

Après que la vierge Marie eut fait son oraison, la dame fit la sienne en disant ainsi:

> Vraye croix, payement du monde,
> Ombre de salut et de joye,
> Fondement de la foi parfonde,
> Sentier de Paradis et voye,
> A toi me rends, où que je soye,
> Toi merciant le bien entier
> Que fait as à ce chevalier.

Oraison du chevalier:

> O croix, rachat de humain genre,
> Confusion des morts en vie,
> Souffre que l'amour en moi germe
> Plus en plus fort, je t'en supplie,
> Car en ta grâce départie,
> Ma vigueur prend plus nourriture,
> Qu'en tout le pouvoir de nature.

De l'autre côté de l'entremets étoit pourtraite et élevée la dite ville de Saint-Laurent et les lices de l'entrée du pont qui alloit de Saint-Laurent à Saint-Marceau; et étoit la dame de la Fontaine des Pleurs montée à cheval accompagnée de trois femmes atournées de hauts atours à la guise de France, et plusieurs de ses bagues, de malles et de bahus, lesquels étoient passés outre le pont; et auprès de la dame étoit le héraut Charolois, menant la licorne, laquelle portoit les trois targes, comme dessus avez ouï, et s'en alloit avec la dame. Et ainsi que la haquenée, sur laquelle la dame étoit, avoit le premier pied sur le pont, le chevalier gardant le pas vint au devant de la dame en lui disant les paroles qui s'ensuivent.

> Ma dame, vers vous viens sçavoir,
> Si plus ne voulez commander,
> Car si Dieu plaît, pour l'achever
> Je me mettrai en mon devoir.

La réponse que fit la dame au chevalier.

> Plus ne veux, quant est à ce fait,
> Mais qu'à vos compagnons allez,
> Et humblement les merciez
> D'honneur que chacun vous a fait.

Après ces paroles dites, le chevalier du pas se trouva ès lices, qui moult étoient belles et bien faites; car au milieu des lices étoit la maison du juge et lui dedans, et l'un des bouts des lices avoit autant de pavillons tendus qu'il y avoit eu de nobles hommes qui y firent armes, lesquels étoient armés et vêtus de cottes d'armes, devises et couleurs, et étoient aussi armés de tels harnas de tête qu'ils avoient eu à faire leur dites armes, chacun tenant hache en la main; et derrière leurs pavillons étoient leurs chevaux, couverts de telles couvertures qu'ils avoient eu à faire leurs dites armes, fût d'armures ou de devises. Et ceux qui avoient fait armes à cheval, avoient auprès de leurs chevaux un serviteur tenant lance, et celui qui avoit fait armes de hache et d'épée, avoit avec sa hache son épée ceinte. Puis y avoit à l'autre bout des lices deux pavillons, des couleurs que le chevalier gardant le pas avoit eues, et auprès des dits pavillons avoit un cheval qu'un serviteur tenoit, et une lance. Et au milieu des lices étoit le chevalier du pas ens tels harnas et habillemens que toujours avoit eus à faire ses dites armes de pied, son épée ceinte et sa hache en sa main, et parla à tous ses compagnons dessus dits, en leur disant ce qui s'ensuit.

> Vous, mes compagnons et seigneurs,
> Tant humblement que le puis faire,
> Je vous mercie de l'honneur
> Que m'avez fait par votre affaire;
> Guerredon ne vous puis je faire,
> Fors qu'un chevalier me tenez,
> Sur qui commandement avez.

CHAPITRE LXXVIII.

Comment les prix furent donnés.

Puis aux deux côtés d'icelle table du dit entremets, avoit huit bannières des huit côtés du dessus dit chevalier, c'est à sçavoir quatre de par son père, et quatre de par sa mère. Celui entremets, dont ci est faite mention, étoit bel et riche, et moult bien fut regardé de tous ceux qui là étoient; car pour ce temps on n'avoit vu plus bel ni mieux ordonné. Puis quand ce vint après souper et que chacun fut levé de table, et vu et visité le banquet comme il étoit assis, et tous les mystères qui faits y furent, le chevalier du pas se retira en une grand'salle, et tous les autres qui là étoient. Et là furent donnés les prix. Et eut Gérard de Roussillon la hache d'or, comme celui qui à l'avis du chevalier du pas avoit assis le plus beau coup de hache sur lui; et Jacques d'Avanchier, écuyer savoyen, eut l'épée d'or; et à messire Jean de Boniface fut ordonné et apointé de par le chevalier du pas, lui envoyer la lance d'or, comme à celui qui les plus beaux coups de lance avoit assis sur lui; et étoit lors le dit de Boniface au pays de Lombardie, comme on disoit, et là lui fut envoyée celle lance d'or. Et après toutes celles choses faites, s'entrefirent par layens moult grand'joie et grandes fêtes, c'est à sçavoir ceux qui avoient fait armes à l'encontre du chevalier gardant le pas de la Fontaine des Pleurs, lequel étoit nommé messire Jacques de Lalain, et ne se céla onques jour, si non aux écritures de ses chapitres; et pourtant qu'en ses dits chapitres ne se nommoit point, n'a été faite mention de son nom, fors au premier et au dernier; et afin que sachez et croyez celui traité être vrai, Toison-d'Or, par l'ordonnance du duc de Bourgogne, son prince et son souverain seigneur, le fit et écrivit au mieux qu'il pût, non pas si authentiquement comme il eût bien voulu, et que la matière le requéroit; car véritablement ce fut une noble et haute emprise, honorablement conduite du premier jusques en fin et bien digne de mémoire. Si ne se devoit pas céler ni taire une

44

si notable emprise. Lors après toutes fêtes, joies et ébattements, comme on dit communément qu'il n'est si grand'fête ni joie qu'enfin ne convienne de partir, si prirent tous ensemble congé les uns aux autres en grand amour et regret, comme si tous eussent été frères. Et depuis celui souper et banquet où se donnèrent les prix dessus déclairés, messire Jacques de Lalain fit prier les dames et damoiselles de la cité de Châlons, et leur donna un très beau banquet, lequel banquet et souper achevé, chacun se leva de table ; si encommencèrent les danses et fêtoiements. Puis l'heure venue d'aller coucher, vin et épices furent apportées, si en prit chacun à son plaisir. Puis messire Jacques de Lalain prit congé d'elles pour s'en aller et prendre son chemin aux pardons de la sainte cité de Rome. Auquel banquet la dame de la Fontaine des Pleurs envoya aux dames et damoiselles qui là avoient été, notables messagers portant les lettres que ci après sont écrites, desquelles la teneur s'ensuit.

« Honorées dames et damoiselles, tant comme le chérissement de mon cœur peut faire, je me recommande à vous. Et pour ce que j'ai sçu la très noble assemblée de ce joyeux et plaisant banquet, et aussi que je ne sçavois si si tôt on vous trouveroit toutes ensemble, ni la plupart, j'envoye à cette dite assemblée ce message portant cette lettre, principalement pour trois choses ; premièrement, pour aller querre le chevalier entrepreneur, qui pour achoison de mes pitoyables larmes a tenu et gardé le pas emprès cette noble cité de Châlons, pour parfaire et accomplir au plaisir de Dieu, sa dévotion vouée au saint voyage et pardons de Rome. Secondement, pour vous mercier de ma meilleure intention de l'honneur et du bien que fait avez au dit chevalier. Tiercement, pour vous prier et requérir de par lui, que si aucunement il s'est mépris, ou a failli devers vous à vous honorer en quelque manière que ce soit, qu'il vous plaise à ma requête lui pardonner ; car je suis assurée que si ce lui est mésadvenu, ce n'a été fors que par le très véniel péché d'ignorance, lequel peut être effacé par cette seule connoissance, que je certifie, que pour tout l'or du monde il ne voudroit penser, dire ou faire, ou souffrir être faite chose qui aucunement tournât à votre déplaisance, sauf le dit péché ; mais aimeroit mieux non être sur la terre. Si vous prie et requiers de rechef, ensemble le ravertissement dessus dit, qu'il vous plaise suppléer la défaute du dit chevalier, si point en y a, et par cestes, de la puissance et autorité que je puis avoir sur lui, je l'oblige votre serf d'armes et serviteur pour à toujours. Et en signe de vérité, et pour témoignage que votre je l'oblige, j'ai scellé cette des targes de la sainte Fontaine des Pleurs, priant à Notre-Seigneur qu'il la convertisse en joie, et vous doint plaisance continuelle, liesse sans fin et biens immortels. Ecrit si hâtivement, que je n'ai pas eu loisir d'y mettre qui ni à quel jour. »

Au-dessous des dites lettres avoit écrit : De par la dame des Pleurs.

Et la suscription au dos de la dite lettre étoit : « A mes très chères et honorées dames et damoiselles, citoyennes demeurantes en la noble cité de Châlons. »

CHAPITTE LXXIX.

Comment après ce que messire Jacques de Lalain eut achevé et fourni son pas de la Fontaine des Pleurs, alla à Rome et à Naples devers le roi d'Aragon, où il trouva le duc de Clèves qui retournoit de Jérusalem ; comme il fut élu frère de l'ordre de la Toison d'or, et après fut envoyé en ambassade en Italie.

Après celui banquet où les lettres de la dame des Pleurs furent lues, comme dessus ai touché, messire Jacques de Lalain prit son chemin pour aller aux pardons de la sainte cité de Rome, et après ce que par grand'dévotion il eut été au dit lieu de Rome, et fait et achevé, comme bon pèlerin est tenu de faire, toutes ses dévotions et pèlerinages en cette sainte cité, se prépara et ordonna soi partir pour aller en la cité de Naples, là où étoit et se tenoit à séjour le très excellent et victorieux prince Alphonse, roi d'Aragon, qui moult grand honneur lui fit ; mais pour les alliances et amour fraternelle qui étoit entre lui et le duc de Bourgogne, ne voulut souffrir à messire Jacques de Lalain porter son emprise, telle qu'ès autres royaumes il avoit porté ; ni il ne voulut que nul homme de sa cour ni de ses royaumes et seigneuries fissent armes contre lui. Or advint si bien, qu'à celui jour que messire Jacques de Lalain arriva en la cour du roi d'Aragon, trouva le noble duc de Clèves là nouvellement arrivé, et venoit du saint sépulcre de Jérusalem, qui fut à celui messire Jacques, l'une des plus grands joies qu'à son semblant jamais lui pouvoit advenir. Et la cause si étoit, pour ce que dès le temps de son enfance avoit été toujours nourri avec lui à la cour du duc de Bourgogne, qui étoit oncle au duc de Clèves, et duquel celui messire Jacques étoit moult privé et accoint, autant ou plus comme s'il eût été son frère; car toujours étoit vêtu et habillé de robes semblables en toutes guises et façons qu'il venoit au plaisir au duc de Clèves, pour la grand'amour qu'icelui duc lui vouloit.

La joie et grand'amour qui étoit entre eux de long temps, fut lors doublée et renouvelée. Le roi d'Aragon, moult joyeux de la venue du duc de Clèves et aussi de celle de messire Jacques de Lalain, auquel il véoit le duc de Clèves faire si grandes reconnoissances, fit grand'recueillotte et bonne chère à messire Jacques de Lalain, duquel si grand'renommée couroit par tous royaumes et provinces; il fêtoya celui duc de Clèves et le dit messire Jacques si grandement et honorablement, comme à moi auteur de ce livre a été dit, qu'il n'en pouvoit plus faire à prince nul, tant lui fût prochain. Si des fêtes et des honneurs qui faites furent par le roi d'Aragon au duc de Clèves et à messire Jacques de Lalain vous voulois raconter, j'aurois assez à faire; mais de ce me passerai en bref.

Quand le duc de Clèves et messire Jacques de Lalain eurent là été une espace, ils prirent congé du roi, lequel leur fit de beaux dons, dont ils le remercièrent moult grandement. Et lors s'en partirent, et s'en vinrent chevauchant, le duc de Clèves tout au long des Italies, et messire Jacques de Lalain avec lui toujours portant son emprise; mais oncques au passer qu'il fit, ne trouva homme qui y touchât. Si chevauchèrent et passèrent outre, traversant par la Lombardie, Savoie et Bourgogne, puis entrèrent au pays de Hainaut, qui étoit lors l'an cinquante et un. Le duc de Clèves s'en alla en son pays, et messire Jacques, ayant pris congé de lui, s'en vint tout droit à Mons à la cour du duc son souverain seigneur, où jà avoit grand'espace qu'il n'y avoit été. Si est à croire et sçavoir que le duc son souverain seigneur fut moult joyeux, et le reçut en grand'révérence et honneur, et aussi firent tous les princes, comtes et barons de la cour du duc, qui lors tenoit la fête et solennité en sa bonne ville de Mons de son ordre de la Toison-d'or, où moi auteur de ce livre étois, et tout au long vis les cérémonies et solennités qui s'y firent. A laquelle solennité et fête, par grand'délibération de conseil ce gentil chevalier messire Jacques de Lalain fut élu à être frère et compagnon d'icelui ordre de la Toison-d'or; car à la vérité dire, il étoit digne de parvenir à cette haute honneur. Puis après cette fête passée, avant ce que les frères et chevaliers de l'ordre s'en partissent de là, plusieurs grandes matières furent traitées et pourparlées devant le duc chef de l'ordre, et les chevaliers frères et compagnons du dit ordre, et fut délibéré d'envoyer une grande et notable ambassade par devers notre Saint-Père le pape pour avoir avis et regard de pourvoir à l'encontre des entreprises de Mahomet, grand empereur de Turquie, afin d'y pourvoir de temps et heure. Si y furent envoyés pour cette ambassade fournir, en chef de l'ambassade messire Jean de Croy seigneur de Chimay, messire Jacques de Lalain et Toison-d'Or. Et avec eux un noble abbé et grand clerc docteur en théologie. Auquel lieu de Rome, besognèrent sur les hautes et grandes matières pourquoi ils étoient venus. De là ayant pris congé au père saint, ils s'en retournèrent et vinrent de Rome par devers le roi d'Aragon, où ils dirent et proposèrent la chose pourquoi ils étoient venus devers sa haute majesté; si furent reçus et fêtoyés du roi d'Aragon en grand'honneur et révérence pour l'amour du duc de Bourgogne et d'eux, qu'il véoit être de grand'recommandation. Puis de là se partirent, et chevauchèrent tant par leurs journées, qu'ils passèrent les Italies, Lombardie, Savoie et Bourgogne, et vinrent devers le roi de France. Es quelles grandes ambassades et voyages messire Jacques de Lalain se gouverna si grandement et si honorablement, qu'il y acquit grand honneur et louange; car véritablement tout honneur lui étoit dû sur tous chevaliers, sans en nul blâmer, que jamais visse ni connusse. Eux là venus devers le roi de France, furent reçus et conjouis, mais la cause pourquoi ils étoient là venus, le roi s'en passa assez légèrement, et ne séjournèrent guère de jours; si s'en partirent et firent telle diligence, qu'en assez briefs jours ils trouvèrent le duc de Bourgogne en sa bonne ville de Bruxelles; et là en présence de lui et de son fils le comte de Charolois et de son grand conseil, ils racontèrent et dirent la réponse du père saint, du roi d'Aragon et aussi de ce qu'ils avoient trouvé au roi de France. Parquoi le duc fut assez content, et lui furent les très bien venus iceux ses ambassadeurs, et aussi furent-ils du comte de Charolois, son fils, et des seigneurs et barons de la cour du duc.

CHAPITRE LXXX.

Comment les Gantois se rebellèrent à l'encontre de leur seigneur le duc de Bourgogne, dont en la fin le comparèrent chèrement.

Or, advint qu'en celui temps, ou assez tôt après, que l'on comptait l'an mil quatre cent cinquante et un, pour aucunes demandes que avoit faites le duc de Bourgogne à ceux de sa bonne ville de Gand et au pays de Flandre, ceux de Gand moult émus par un grand orgueil et présomption, dirent qu'avant ce que la requête à eux faite par le duc de Bourgogne, comte de Flandre, leur seigneur, lui fût accordée, qu'ils y mettroient jusques au dernier homme de Flandre. Et de fait firent plusieurs exploits sur les gens et officiers du duc, laquelle chose le duc prit très mal en gré. Sur quoi, pour pourvoir à leurs déloyales et damnables emprises, et pour la grand'déloyauté et désobéissance qu'ils avoient faites et toujours de plus en plus s'efforçoient de faire, comme de prendre, rober, piller et mettre à exécution, et faire mourir les serviteurs et officiers du duc, lui étant averti de ces besognes, tôt et sans délai assembla son grand conseil et tous ses chevaliers, barons et capitaines, par lesquels il pût sur ce avoir conseil et avis afin d'y pourvoir, comme ils firent : mais pendant le temps que ces consaux se tenoient en la ville de Bruxelles, aucuns notables hommes de la ville de Gand par une voie amiable assemblèrent tous les doyens et hauptmans de la ville, en remontrant moult doucement au peuple le danger et péril en quoi ils se mettroient d'ainsi molester et faire mourir les officiers du prince, et encore pis de vouloir ardoir et détruire son pays de Flandre, et lui faire la guerre sans lui faire sçavoir; que jamais pis ne pourroient avoir fait, et que pour Dieu ils voulsissent cesser de plus avant aller, ni faire telles rigueurs à l'encontre de leur bon prince, et que de ce qui avoit été fait ils trouveroient manière qu'il leur seroit pardonné, pourvu que plus avant n'y procédassent. Ceux notables bourgeois firent tant par leurs belles paroles et remontrances, qu'ils s'accordèrent tous et promirent que de là en avant, ils ne procéderoient de plus avant aller par telles manières qu'ils avoient encommencé, pourvu qu'on leur fit avoir le pardon du prince de ce que fait avoit été, priants et requérants qu'aucuns prud'hommes fussent élus et envoyés devers leur prince pour l'apaiser, et tant faire par devers lui que tout ce qui avoit été fait leur fût pardonné, et promirent d'en faire telle amende que par ceux commis en seroit avisé pour le mieux.

Iceux bourgeois notables ayant ouï la volonté du peuple, de la grand'joie qu'ils eurent en pleurèrent de pitié et de joie. Lors tantôt et sans délai, pour fournir cette besogne, élurent et mirent sus une notable ambassade, c'est à sçavoir le prieur des chartreux de Gand, les trois membres de Flandre et plusieurs députés des bonnes villes et comtés de Flandre, et autres gens notables; lesquels tous ensemble se partirent de Gand et vinrent à Bruxelles en la sainte semaine et jour du bon vendredi. Et là, celui prieur et tous les autres députés se vinrent mettre aux genoux devant le duc de Bourgogne, et par la bouche du dit prieur des chartreux de Gand, fut requis moult fort en pleurant que pour la révérence de la passion de notre seigneur Jésus-Christ, il lui plût avoir pitié de sa ville de Gand, et que s'il lui plaisoit de sa grâce à y aller, que tous ses pauvres sujets et habitants étoient prêts d'aller au devant de lui jusques à la porte, les gens d'église vêtus et ornés de croix et de gonfanons, ainsi que gens d'église doivent faire et sont tenus de faire; et les hauptmans, ceux de la loi, et tout le peuple, nue tête, nuds pieds et déchaux, lui crier merci, en lui suppliant qu'il lui plût à pardonner aux dits hauptmans et à tous les autres leurs méfaits.

Alors le duc de Bourgogne répondit que

nonobstant qu'ils s'étoient mal gouvernés et grandement offensés devers lui et sa seigneurie, si avoit-il en lui autant de grâce pour eux pardonner, qu'il avoit oncques eu, et que toujours avoit été prêt de ce faire : mais il doutoit que leur volonté ne fût pas telle que les paroles qu'ils faisoient remontrer, et que maintes fois il avoit vu et sçu par vraie expérience leur mauvaise intention. Toutes fois il étoit prêt d'entendre à tous bons traités à lui honorables; et pour aviser la manière, il députeroit des gens de son conseil pour communiquer avec eux ; mais pour les saints jours qui lors étoient, la chose fut mise au mercredi ensuivant pour besogner ès dites matières. Et ce nonobstant, ce même vendredi saint, et pendant le temps que les ambassadeurs d'iceux Gantois faisoient leur pitoyable requête à leur prince, ils envoyèrent par leurs gens prendre le châtel de Gaures, à trois lieues près de la ville de Gand; et le cinquième jour ensuivant après Pâques, aussi que les députés du duc de Bourgogne et ceux ambassadeurs de Gand besognoient pour l'appointement d'iceux, les dits Gantois en ensuivant leur mauvaise et déloyale volonté, issirent à puissance de la ville de Gand, et allèrent assiéger la ville d'Audenarde de tous les deux côtés, la cuidant trouver dépourvue de gens de guerre et de tous autres habillements : mais Dieu, qui garde toujours ses amis, avoit fait aller un chevalier nommé messire Simon de Lalain, au dit lieu d'Audenarde, et par l'ordonnance du duc, celui messire Simon y fut envoyé pour aucunes raisons ci-après déclarées, où il se gouverna grandement et honorablement, ainsi comme vous orrez raconter, qu'à toujours mais en sera mémoire.

CHAPITRE LXXXI.

Du bon conseil que messire Simon de Lalain donna à ceux d'Audenarde, et comment les Gantois y mirent le siège.

Ainsi comme ci-dessus est déclaré, le duc de Bourgogne, qui assez connoissoit les Gantois, pour obvier à leurs damnables entreprises et aux grands mauvaisetés dont ils étoient remplis, ordonna en certaines ses villes de Flandre, capitaines pour la sûreté d'iceux nobles seigneurs du pays; et entre les autres ordonna au dit lieu d'Audenarde le seigneur de la Gruthuse et le seigneur d'Escornay; et environ en la semaine devant Pâques fleurie, pour ce que ceux de Bruges requéroient d'avoir pour capitaine le seigneur de la Gruthuse, et aussi que le seigneur d'Escornay s'étoit retrait en sa maison à Escornay, par ce que lui et le dit de Gruthuse ne se pouvoient bien accorder, le duc de Bourgogne envoya le seigneur de la Gruthuse à Bruges, pour en être capitaine. Et pour ce que le duc sçavoit être messire Simon de Lalain un sage et vaillant chevalier, l'ordonna à aller en la ville d'Audenarde, afin de mettre peine que le seigneur d'Escornay et ses amis y retournassent, et aussi pour apaiser les différends, si aucun en y avoit, ce que le dit de Lalain fit. Et retournèrent le seigneur d'Escornay et ses amis : mais pour lors la ville d'Audenarde étoit en grand' division, pour ce qu'on leur avoit donné à entendre qu'on y vouloit bouter grosse garnison de Picards et autres gens étrangers, ce que tous en général n'eussent pour rien voulu souffrir ; et pour y obvier, avoient par cri public fait commandement à tous leurs fauxbourgeois qu'ils se retirassent dedans la ville atout leurs biens.

Alors messire Simon de Lalain, qui étoit sage et imaginatif, voyant et connoissant que c'étoit la destruction de la ville, fit assembler la loi, les notables hommes et les doyens des métiers, et leur remontra que si les dits fauxbourgeois entroient dedans la ville, ils y viendroient bien dix mille paysans, tous d'environ la ville de Gand, qui n'avoient nulle provision qu'amener pussent avec eux ; et si les Gantois leurs ennemis venoient devant leur ville, les uns par la crainte qu'iceux Gantois n'ardissent leurs maisons, et aussi que le peuple de pays se tourneroit plutôt avec les dits Gantois qu'avec le prince ; et aussi que plus désirent par pauvreté d'aller au pillage qu'à garder la ville ; et pour ce faire se pourroient mettre en peine de livrer la ville aux Gantois.

En outre eux remontrant qu'ils étoient forts assez pour garder leur ville, et ne leur étoit nul métier ni besoin d'avoir garnison de leurs fauxbourgeois, s'ils n'étoient riches et puissants, et qu'ils amenassent provision assez pour eux vivre : et ceux pourroient-ils bien recevoir et non pas le menu peuple. « Et quant à ceux qui disent et vous donnent à entendre, disoit messire Simon, qu'on vous veut mettre garnison d'étranges gens, ils faillent : car monseigneur le duc de Bourgogne ne le pensa oncques; mais c'est pour vous décevoir et pour vous mettre en suspicion contre votre prince. Et soyez sûrs que monseigneur le duc de Bourgogne ne vous a ordonné que monseigneur d'Escornay et moi tant seulement, qui sommes voisins et amis. »

Les bons et les nobles conçurent incontinent que messire Simon de Lalain leur disoit toute vérité : mais le peuple et partie des notables ne s'y pouvoient assurer, et dirent à messire Simon de Lalain, qu'ils sçavoient bien qu'il n'étoit point là venu pour demeurer avec eux, et si le fort venoit, qu'il iroit à l'Ecluse, dont il avoit la charge. A quoi messire Simon leur répondit et affirma qu'il demeureroit avec eux; et afin que de ce ils en fussent mieux accertenés, il envoyeroit quérir sa femme et son fils aîné, ce qu'il fit. Et ainsi les rassura et entretint en douceur le mieux qu'il put, et tint toujours ces termes, disant qu'il ne leur falloit point de garnison, pour obvier à ce qu'ils ne reçussent point de bourgeois forains. Et bien étoit besoin de l'ainsi faire, car le jeudi cinquième jour après Pâques, comme paravant est dit, que les Gantois se partirent de la ville de Gand et des villages d'environ pour mettre le siége devant la ville d'Audenarde, les dits bourgeois forains montrèrent appertement et clairement leur grande déloyauté : car ils entrèrent dedans la ville d'Audenarde, sous couleur qu'il étoit jour de marché; et étoient armés le plus secrètement qu'ils le purent faire, et cuidèrent prendre le marché de la dite ville, espérants que le peuple se mettroit avec eux. Lors messire Simon averti de la male volonté et faux courage de ces déloyaux mutins, soudainement et tôt alla d'hôtel en hôtel, et les bouta dehors, et se saisit et se fit maître des portes. Alors le peuple de la ville connut qu'iceux bourgeois forains les avoient voulu trahir, et dès lors en avant furent tous unis et bons pour leur prince : mais aucuns de la ville en petit nombre s'enfuirent, lesquels pouvoient avoir été consentants que les dessus dits bourgeois forains demeurassent ce dit jour et la nuit logés ès fauxbourgs; et assemblèrent avec eux les gens de tous les villages d'environ. Et si messire Simon de Lalain eût bien voulu, il les eût tous rués jus : mais il ne vouloit point qu'on pût dire que par lui ni sa cause aucune œuvre de fait eût été encommencée.

Cette même nuit issirent ceux de Gand à puissance atout grande artillerie, et environ douze heures du jour se logèrent devant la ville d'Audenarde, de l'autre côté vers le côté d'Alost, et écrivirent à ceux d'Audenarde qu'ils n'étoient point là venus pour nul mal faire : mais avoient entendu qu'étrangers vouloient venir au pays, à quoi ils vouloient obvier, et leur prioient que pour argent ils pussent avoir vivres et être reçus comme leurs amis, si besoin étoit. Lors messire Simon oyant le messager et la requête qu'il faisoit à ceux de la ville de par ceux de Gand, répondit tout en haut au messager, qu'ils étoient forts assez pour garder leur ville; et ce qu'il requéroit de par ceux de Gand, d'avoir vivres, dit qu'il n'en y avoit que pour ceux de la ville, et que c'étoit pour leur provision; et dit encore outre au messager, qu'il sçavoit bien qu'ils étoient venus cuidants que ceux de la ville fussent en division, pour par ce moyen avoir la ville; et dit au messager, qu'il dit à ses maîtres que du plus grand jusques au plus petit ils étoient tous unis, et étoient conclus de garder la ville pour le prince. Tantôt après cette réponse faite, les dits Gantois firent guerre à ceux de la ville d'Audenarde, et y mirent le siége par terre et par eau tout autour, tellement que ceux dedans ne pouvoient faire issir nuls de leurs gens; ni avoir nulles nouvelles du duc de Bourgogne, ni d'autres de dehors : et quatre jours après que les dits Gantois eurent mis le siége approché de la ville de bien près d'un côté et d'autre, ceux de la dite ville saillirent par deux côtés et ardirent tous les fauxbourgs, parquoi iceux Gantois furent contraints de reculer leurs approches, et battirent de leurs bombardes, canons et veuglaires la dite ville, et entre les autres, firent tirer de plusieurs gros boulets de fer ardent du gros d'une tasse d'argent, pour cuider ardoir la ville; et sans faute c'étoit un très grand danger, car s'ils fussent chus en menu bois sec ou en feurre, la ville eût été en péril d'être arse : mais messire Simon de Lalain, qui étoit sage et imaginatif en fait de guerre et expert, ordonna deux guets sur deux clochers, qui crioient et montroient où les dits boulets chéoient; et pour à ce remédier fit mettre dessus les rues grandes cuves pleines d'eau, et furent femmes ordonnées à faire le guet : et lors qu'elles véoient où iceux boulets chéoient, ces femmes hâtivement couroient cette part atout pelles de fer ou d'airain, de quoi elles prenoient les dits boulets, et portoient hors de danger de feu. Et d'autre part chacun y accouroit pour éteindre le feu.

Or advint qu'une matinée messire Simon de Lalain, en revenant du guet, chut dedans la rivière de l'Escaut, son épée ceinte, son petit chaperon en gorge, son paletot et son manteau dessus vêtu, et ses goussets à armer; et fut en moult grand'aventure de noyer, car il ne sçavoit rien noer; mais radeur de l'eau l'emporta jusques à la herse, et là le retint, et sembla que ce fut chose miraculeuse de ce qu'il échappa sans mort; mais Dieu, qui sçavoit que ceux de la ville d'Audenarde avoient encore bien affaire de lui, le sauva et garda: et aussi fit-il tous ceux de la ville. Et eût été grand'pitié et dommage d'avoir perdu un tel chevalier; car tant honorablement lui et ceux de la ville se gouvernèrent et si vaillamment, que Gantois ne les purent oncques grever, et rendirent bon compte au duc de Bourgongne de leurs corps et de la ville, comme ci après pourrez ouïr.

CHAPITRE LXXXII.

Comment nouvelles vinrent au duc de Bourgogne que les Gantois à grande puissance vinrent mettre le siége devant Audenarde.

Les nouvelles vinrent au duc de Bourgogne, qui pour lors étoit en sa ville de Bruxelles, là où les ambassadeurs des Gantois étoient et besognoient pour le bien de la paix, lesquels moult saintement se gouvernoient et conduisoient, et ne sçavoient point la déloyale malice de leurs gens qui là les avoient envoyés et mis en tel danger, que s'ils eussent eu affaire à prince furieux, il les eût fait occire et mettre à mort; mais tantôt le fit sçavoir à ceux ambassadeurs, lesquels furent moult émerveillés, et non sans cause; si ne sçurent que dire, fors tant seulement, qu'ils se mettoient du tout en la bonne grâce du duc de Bourgogne, en disant que c'étoit le plus grand déplaisir qui jamais leur pût avenir, et que mauvaisement ils étoient trahis. Et lors fut le propos bien chaudement et soudainement changé. Mais le duc de Bourgogne sçavoit que les dits ambassadeurs n'étoient en rien consentants ni sçachants la grand'déloyauté d'iceux Gantois; car, comme dessus est touché, il y avoit en la dite ambassade de notables gens de la ville d'Audenarde, lesquels ne purent rentrer dedans pour le siége des dits Gantois, qui, ainsi comme dessus est dit, les avoient assiégés les cuidants prendre durant le temps qu'ils demandoient la paix. Et pour la vérité dire, il y eut plusieurs des dits ambassadeurs qui point ne retournèrent en la dite ville de Gand, pour la grand'fausseté et déloyauté qu'ils véoient être ès dits Gantois. Alors le duc de Bourgogne, moult fort animé et courroucé sur les dits Gantois, fit son mandement exprès pour secourir sa ville d'Audenarde, et lui-même se partit de la ville de Bruxelles le quinzième jour du mois d'avril après Pâques, l'an mil quatre cent cinquante et un; et vint au gîte à Notre-Dame de Haulx, et le lendemain à Ath en Hainaut, et là fut jusques au vingt et unième jour du dit mois, en attendant ses gens de guerre; et d'icelle ville s'en alla à Grandmont, laquelle avoit été prise et mise au sacquemant, pour ce qu'ils avoient fait le serment aux Gantois, et avec ce avoient pris et élu être leur capitaine l'un d'iceux de Gand, et avoient été pris par messire Jean de Croy, grand bailly de Hainaut et par messire Jacques de Lalain. En cette ville de Grandmont étoient avec le duc de Bourgogne et en sa compagnie, le comte de Charolois son fils, Adolphe fils et frère du duc de Clèves, monseigneur Jean duc de Coïmbre, cousin-germain du roi de Portugal, Cornille bâtard de Bourgogne, le seigneur de Croy, le seigneur de Bocquem, le seigneur de Créquy, le seigneur de Montagu, le seigneur d'Aussy, le seigneur d'Aumont, le seigneur de Humières, et plusieurs autres chevaliers et écuyers ordinairement de la cour du duc de Bourgogne. Et avec eux y étoient le comte de Saint-Pol et deux de ses frères, c'està-sçavoir le seigneur de Fiennes, et Jacques seigneur de Saint-Pol, et messire Jean de

Croy, lesquels avoient charge de gens-d'armes ; et avoient en leur compagnie bien deux mille combattants, sans les gens de la cour du duc de Bourgogne.

CHAPITRE LXXXIII.

Comment Jean de Bourgogne, comte d'Étampes, conquit le pont d'Espierres sur les Gantois, et de là alla à Audenarde ; et des grandes vaillances que fit messire Jacques de Lalain.

Or encommencerons à parler du comte d'Étampes, cousin-germain du duc de Bourgogne, lequel par son commandement et ordonnance éleva et mit sus une moult belle armée du pays de Picardie ; en laquelle avoit de grands seigneurs, c'est-à-sçavoir le seigneur de Moreuil, le seigneur de Roye, le seigneur de Waurin, le seigneur de Rochefort, le seigneur de Lannoy, le seigneur de Fosseux fils du baron de Montmorency, le seigneur de Harne, le seigneur de Saveuses, le seigneur de Noyelle, le bâtard de Bourgogne, messire Jean bâtard de Saint-Pol, le seigneur de Dampierre, messire Philippe de Hornes, le seigneur de Crèvecœur, le seigneur du Bos, le seigneur de Neufville, le seigneur de Haplaincour, le seigneur de Humières, le seigneur de Beauvoir, le seigneur de Jaucourt, le seigneur de Basentin, le seigneur de Cohen, le seigneur de Dreuil et plusieurs autres chevaliers et écuyers jusques au nombre de deux à trois mille combattants. Le duc de Bourgogne, après ce qu'il eut mis son armée dessus, il ordonna ses batailles, et commit le comte de Saint-Pol et ses deux frères avec messire Jean de Croy à faire son avant-garde ; et lui et aucuns de son sang, accompagné de plusieurs grands seigneurs, fit la bataille, et ordonna au comte d'Étampes de faire l'arrière-garde.

Après toutes ces ordonnances faites, le duc de Bourgogne manda au dit comte d'Étampes qu'il tirât, lui et toute son armée, droit à un passage, pour aller du pays de Picardie à Audenarde, nommé le pont d'Espierres, que les dits Gantois gardoient à puissance de gens-d'armes, et avoient fortifié l'église de la ville au mieux qu'ils avoient pu. Quand messire Jacques de Lalain, qui par le duc étoit ordonné à être de la bataille, ouït dire que le comte d'Étampes avoit ordonnance et commandement du duc d'aller au dit pont d'Espierres, il lui sembla que c'étoit le droit chemin d'Audenarde, où son oncle, messire Simon de Lalain, que tant aimoit, étoit assiégé ; si demanda congé au duc de Bourgogne, en lui priant qu'il le voulsit laisser aller devers le comte d'Étampes, et le duc lui octroya ; lequel messire Jacques fut moult joyeux du dit octroy. Si se partit et vint vers le comte d'Étampes, qui de sa venue fut moult joyeux. Lors le comte d'Étampes en ensuivant le commandement et la charge qui lui étoit baillée et délivrée de par le duc, fit tirer son armée devers celui pont d'Espierres atout grand'foison d'artillerie, comme de couleuvrines, arbalètes et veuglaires, que le seigneur de Lannoy fit mener de sa forteresse de Lannoy, qui sied assez près d'icelui pont. Lors le comte d'Étampes, lui arrivé auprès de là, fit ordonner de ses gens, et en belle ordonnance fit assaillir le pont et passage. Ceux de l'artillerie commencèrent à tirer ; archers et gens de trait à approcher. Messire Jacques de Lalain et plusieurs autres nobles hommes saillirent en l'eau jusques au col pour gagner et saisir le dit passage, et fut le dit pont moult vivement assailli. Lorsque les Gantois virent les Picards si radement et si vaillamment assaillir, ils eurent tous les cœurs faillis et abandonnèrent le dit pont, et se retrairent dedans l'église, et là de toutes parts furent assaillis, et par force d'armes furent tous pris dedans cette église ; et là y eut de grandes vaillances et apertises d'armes faites ; car ceux Gantois voyants la mort devant leurs yeux, se défendirent très vaillamment et blessèrent et navrèrent plusieurs nobles et vaillants hommes des Picards, entre lesquels y furent navrés le seigneur de Roye, Antoine de Rochefort, gentilhomme, et un nommé Lancelot, natif du pays de Portugal, et plusieurs autres ; et des Gantois en y eut de morts de sept à huit vingt hommes, sans les prisonniers.

Après la prise du pont d'Espierres, le comte d'Étampes atout sa puissance se partit et s'en alla loger à trois lieues près de la ville d'Audenarde, qui par les Gantois étoit assiégée, et si sied icelle ville sur la rivière de l'Escaut. Et d'autre part le duc de Bourgogne étoit logé en la ville de Grandmont, laquelle sied du côté de la dite rivière vers Bruxelles ; et le comte d'Étampes étoit logé de l'autre côté de la dite rivière, au lez devers Bruges. Ainsi étoit la dite rivière entre eux deux, et ne pouvoient aider ni secourir l'un l'autre. Et pour revenir à parler du comte d'Étampes, après ce qu'il eut pris le pont d'Espierres et qu'il se fut logé à trois lieues près du siège des dits Gantois, il envoya devant environ trente lances de vaillants et experts chevaliers et écuyers, accompagnés de soixante archers, dont étoit conducteur messire Jacques de Lalain, et avec lui Philippe de Hornes, le seigneur de Dreüil, Robert de Miraumont, Hue de Mailly et autres; et allèrent aviser le plus près qu'ils purent la manière et conduite des Gantois, et aussi les passages qu'il convenoit passer du logis du comte d'Étampes à aller droit au siège des dits Gantois; et si avisèrent au mieux qu'ils purent comment iceux Gantois étoient logés et la manière de leurs escarmouches, et comment ils se gouvernoient en fait de guerre aux champs. Puis, après ce que celui messire Jacques de Lalain eut tout bien avisé la manière et conduite des dits Gantois, et tout ce que possible leur étoit de voir et sçavoir, s'en retournèrent devers le comte d'Étampes, lequel tantôt fit mander tous les grands seigneurs et capitaines de sa compagnie pour ouïr le rapport de messire Jacques et de ceux qui avec lui étoient allés.

En ce même jour, le comte d'Étampes eut lettres du duc de Bourgogne, par lesquelles il lui mandoit que tantôt et incontinent ses dites lettres vues, il s'en allât atout son armée devers lui en la ville de Grandmont, où il étoit logé, et qu'il n'approchât point de plus près l'ost des Gantois; et la cause étoit, pour ce qu'on avoit rapporté à mon dit seigneur de Bourgogne, que les dits Gantois étoient bien trente mille combattants au siège devant Audenarde; pourquoi, il ne vouloit point que le comte d'Étampes allât combattre iceux Gantois à si petit nombre de gens qu'il avoit : car il n'avoit que deux à trois mille combattants, qui étoit un bien petit nombre pour combattre une si grand'puissance. Lors le comte d'Étampes, qui avoit assemblé tous ses capitaines, mit la chose en conseil, et là y eut de grands débats, avant ce que la chose fût conclue du tout de ce qu'on devoit faire : car les aucuns étoient d'opinion et disoient que le comte d'Étampes devoit faire ce que le duc de Bourgogne lui commandoit; les autres disoient que ce seroit grand'honte d'être si près des Gantois sans les aller voir, en disant : « Nous sommes de cheval, et les dits Gantois sont de pied; ils ne nous peuvent grever, et nous leur pouvons bien porter dommage. Et que diront ou pourront dire ceux d'Audenarde, quand ils orront dire que nous aurons été si près d'eux sans autrement nous montrer? Et d'autre part nous leur pourrions livrer escarmouches par si bonne manière, que messire Jacques de Lalain, qui ci est, entrera dedans la dite ville pour réconforter et réjouir son bon oncle messire Simon de Lalain et tous ceux de la ville. Et si ainsi le faisons, au plaisir de Dieu, messire Jacques de Lalain entrera dedans, ou il y mourra en la peine : car pour cette cause est il ici venu. » Après toutes ces choses bien débattues, fut conclu par le comte d'Étampes que le lendemain il iroit voir le siège d'iceux Gantois, et qu'il verroit leur manière de faire de plus près; et quand il ne pourroit autre chose faire sur les Gantois que de-bouter messire Jacques de Lalain dedans la ville, ce seroit une moult bonne œuvre. Cette conclusion prit le comte d'Étampes par l'avis et conseil des grands seigneurs et capitaines étant lors avec lui et en sa compagnie; et en cette nuit le comte d'Étampes fit ses ordonnances d'avant-coureurs, d'avant-garde, de bataille, d'arrière-garde et de toutes autres choses à ce appartenants. Et si fut ordonné que deux hommes qui bien sçavoient le pays et le langage, et qui bien sçavoient noer, iroient la nuit essayer pour entrer dedans la ville d'Audenarde pour dire et annoncer à messire Simon de Lalain la venue du comte d'Étampes. Et ainsi en fut fait comme il étoit conclu; et en fut l'un, un nommé Jeunesse, serviteur à monseigneur de Haubourdin et auparavant serviteur de monseigneur de Roubais. Et entrèrent les deux hommes, ainsi comme il étoit conclu, dedans la ville d'Audenarde tout par eau et à noz, et dirent à messire Simon la venue du comte d'Étampes, dont il fut moult réjoui, et toute la nuit fit démurer les portes de la dite ville pour saillir sur les Gantois à la venue du comte d'Étampes. Le lendemain matin, qui fut le vingt-quatrième jour du mois d'avril, le bon comte d'Étampes se délogea de son logis ; si chevaucha en belle ordonnance droit au siége des Gantois, et étoit chef de l'avant-garde messire Antoine, bâtard de Bourgogne, et étoient avec lui le seigneur de Saveuses, Philippe de Hornes, messire Jacques de Lalain et autres plusieurs grands seigneurs.

Les Gantois, étant avertis de la venue du comte d'Étampes, se mirent en armes, et firent garder les entrées et passages de leur siége. Ils ordonnèrent six cents combattants pour garder un pont séant à un quart de lieue près de leur logis, sur une petite rivière, le droit chemin que devoit venir le comte d'Étampes ; et toutes autres choses préparèrent pour la défense de leurs corps et logis. Tant chevauchèrent Picards, qu'ils se trouvèrent près du passage que les six cents Gantois gardoient, lesquels, est à sçavoir une partie d'eux, s'étoient mis outre le passage, et tenoient ordonnance, et sembloit qu'ils fussent à pleins champs. Lors fut avisé que le seigneur de Saveuses iroit voir leur ordonnance, lequel ainsi le fit, et les approcha d'assez près, et vit qu'une partie d'eux avoient passé icelle rivière du côté des Picards, et lui sembla qu'ils étoient aux pleins champs. Alors le seigneur de Saveuses dit à messire Jacques de Lalain et à ceux qui avec lui étoient, lesquels s'étoient tirés hors de l'avant-garde, ainsi qu'il leur étoit ordonné, atout vingt-cinq lances de nobles et vaillants hommes : « Véez-là les Gantois deçà la rivière aux pleins champs. »

Quand messire Jacques de Lalain et ceux qui avec lui étoient ordonnés, ouïrent dire le mot au seigneur de Saveuses, sans plus dilayer férirent chevaux des éperons, et de grand courage et vaillance allèrent tout droit aux Gantois, cuidants férir dedans iceux ; mais ils trouvèrent un grand et merveilleux ravin entre eux et les Gantois, parquoi ils ne purent passer. Et messire Jacques de Lalain, fort désirant d'aborder sur eux, lui huitième de lances, alla tout au long du ravin, et au bout d'icelui trouva un petit passage par lequel il passa lui huitième tant seulement, comme dit est, et si frappa dedans les Gantois ; desquels huit étoient, Philippe de Hornes, le seigneur de Crèvecœur, le seigneur du Bos, Ernoult de Herimes, Jean d'Athies, et les deux autres étoient deux gentilshommes de l'hôtel d'icelui messire Jacques. Quand iceux huit vaillants hommes se trouvèrent dedans, ils firent tant de vaillances et d'aussi belles apertises d'armes que corps d'hommes pouvoient faire.

Qui eût vu messire Jacques de Lalain se férir dedans et les éparpiller, il sembloit à le voir que ce fût un foudre. Il les abattoit et détranchoit, qu'il n'y avoit celui qui ne lui fit voie ; et à dire la vérité, iceux huit vaillants hommes y firent tant d'armes, qu'à le dire tout au long seroit chose non croyable. Et aussi pareillement Gantois les recevoient et frappoient sur eux moult fièrement ; et là en y eut un des huit qui fut tué par la selle de son cheval qui se tourna, et se nommoit Jean d'Athies ; dont ce fut grand dommage, car il étoit vaillant homme. Et le seigneur de Crèvecœur, qui ce jour y étoit, y fut navré et en danger de mort, si ce n'eût été le hardement et grand'vaillance de messire Jacques de Lalain et la conduite de ceux qui avec lui étoient, et aussi par secours que leur fit le seigneur de Saveuses, qui de près les suivoit ; lequel secours fit mettre à déconfiture les six cents Gantois qui de par leurs gens étoient commis à garder le passage, et peu en échappa qu'ils ne fussent tous morts.

Le comte d'Étampes, désirant à aborder à ses ennemis, le suivoit et venoit après chevauchant en moult belle ordonnance ; et quand il vit iceux Gantois ses ennemis, il fit venir devers lui messire Jean le bâtard de Saint-Pol, et lui requit l'ordre de chevalerie, et là fut fait chevalier par la main du dit bâtard de Saint-Pol. Et ce fait, plusieurs nobles hommes vinrent devers le comte d'Étampes, et lui requirent l'ordre de chevalerie ; et ce jour en y eut plusieurs faits par la main d'icelui comte, et aussi en y eut d'autres faits par les mains d'autres grands seigneurs qui là étoient, dont en brief me passe de les nommer, désirant de poursuivre cette matière, laquelle à mon pouvoir je désire achever.

CHAPITRE LXXXIV.

Comment le siége d'Audenarde fut levé par le comte d'Étampes, et des belles apertises d'armes que y fit messire Jacques de Lalain.

Il nous convient parler de ce vaillant chevalier messire Simon de Lalain qui étoit assiégé dedans la ville d'Audenarde par les Gantois, lequel toute la nuit, comme vous avez ouï, avoit fait démurer la porte de la ville, pour saillir sur les Gantois, lui et tous ses gens, ensemble ceux de la ville, qui tous étoient armés, en grand désir d'avoir secours, ainsi comme toutes gens assiégés ont et doivent avoir. Et promptement qu'ils virent les gens du comte approcher, ils ouvrirent leurs portes et commencèrent à saillir dehors, et Gantois de crier alarme. Les gens du comte d'Étampes étoient jà fort approchés du siége; mais le seigneur de Saveuses et messire Jacques de Lalain, comme celui qui de tout son cœur désiroit à voir son bon oncle messire Simon de Lalain, étoient tout devant, et avec eux environ cent combattants, qui moult vivement se férirent sur les Gantois, en les occiant et abattant devant eux ; et d'autre part ceux de la ville. Si commença le cri et l'occision moult grande et horrible sur Gantois. On n'y véoit que gens occire et détrancher ; mais les Gantois se mirent tantôt en fuite et à déconfiture, et abandonnèrent leurs logis, toute leur artillerie grosse et menue, vivres et bagages ; si ne contendirent à rien sauver que leurs corps, et tous fuyoient à un pont qu'ils avoient fait sur la rivière de l'Escaut ; et les aucuns sailloient en bateaux en si grand nombre que tout alloit au fond de l'eau. Iceux Gantois étoient logés dedans et au plus près d'une église où il y en mourut grand nombre : car, en vérité, avant que la puissance du comte d'Étampes abordât jusques à eux, moins de cent hommes les mirent à déconfiture, par la vaillance, prouesse et conduite de messire Jacques de Lalain et de ceux qui avec lui étoient, qui tant firent par force d'armes qu'ils mirent les Gantois à déconfiture ; et fut le siége d'iceux Gantois de ce côté tout déconfit et mis en fuite, les uns morts, les autres noyés, et ceux qui purent échapper allèrent à l'autre côté de la ville où ils tenoient un siége, et là où ils étoient le plus grand nombre. Là se montrèrent vaillants et hardis messire Simon de Lalain et ceux de la ville d'Audenarde ; car ils gagnèrent la plupart de l'artillerie d'iceux Gantois.

Le comte d'Étampes, qui toujours se tenoit en bonne et grande ordonnance, approcha l'ost des Gantois ; mais, comme dessus est dit, ils ne l'attendirent pas, ains s'enfuirent. Quand le comte d'Étampes vit la déconfiture et que tous les Gantois du siége de deçà étoient morts, ou noyés, ou passés la rivière de l'Escaut en fuite, il entra dedans la ville d'Audenarde, où par les habitants fut reçu à très grande joie, car bien y étoient tenus. Si lui fut conseillé qu'il se logeât dedans la ville, en lui disant que les Gantois qui étoient à l'autre côté, étoient merveilleusement grand nombre, et en fort logis et bien garnis d'artillerie, et qu'en celui logis étoit tout l'orgueil des Gantois, et que là étoient les hauptmans et ceux de la loi de Gand ; et que bon seroit de faire sçavoir au duc de Bourgogne les nouvelles et en quel état les choses étoient, afin que sur ce il en ordonnât à son bon plaisir ; et ainsi le conclut de faire le comte d'Étampes, comme il lui fut conseillé. Mais, comme j'ai ouï dire depuis, si le comte d'Étampes et sa compagnie, après que le premier siége fut déconfit et qu'il eut passé la rivière, fût allé combattre le siége qui étoit de l'autre côté, la guerre d'iceux Gantois eût pris fin, car jamais ne l'eussent osé attendre ; mais la chose ne fut pas ainsi conduite. Lors le comte d'Étampes fit loger toutes ses gens dedans la ville d'Audenarde.

Or advint, ainsi comme ils se vouloient repaître, lui vinrent nouvelles que les Gantois avoient levé leur autre siége, jà grand temps avoit, et s'en alloient en belle ordonnance atout leur artillerie, canons et autres bagues. Pourquoi le comte d'Étampes, par son poursuivant d'armes nommé Dourdan, le fit sçavoir au duc de Bourgogne, qui pour lors étoit en la ville de Grandmont. Ces nouvelles ouïes par le duc de Bourgogne, il fit sonner ses trompettes, en commandant que chacun montât à cheval, en intention de poursuivre les Gantois. Or advint que les nouvelles vinrent au comte d'Étampes que les Gantois s'en alloient ; plusieurs vaillants nobles hommes montèrent à cheval, et issirent hors de la ville d'Audenarde pour poursuivre et aller après ceux Gantois, et furent les premiers montants à cheval messire Jacques de Lalain et ses gens; en après, le seigneur de Moreuil, le seigneur de Rochefort, le seigneur de Lannoy, Robert de Miraumont et grand nombre de gentils et nobles hommes, lesquels suivirent iceux Gantois, et par la vaillance de messire Jacques de Lalain et de ceux qui avec lui étoient, leur firent perdre tout leur charroy; et à chacun détroit passage frappoient dedans; et là firent perdre à maints Gantois la vie. Cette chasse durant, Allard de Rabodenghes et Guyot de Bettun, accompagnés de vingt combattants, s'étoient partis du logis du duc de Bourgogne, et chevauchoient en pays, quérants leur aventure; ils ouïrent le bruit et virent l'allée des dits Gantois; si chevauchèrent après. Si trouvèrent messire Jacques de Lalain, ce vaillant chevalier, qui étoit au plus près des Gantois; si se mirent avec lui, et à une reposée que firent les dits Gantois, où ils tinrent ordonnance à bannière déployée, celui Allart de Rabodenghes et le dit de Bettun requirent à messire Jacques de Lalain qu'il leur donnât l'ordre de chevalerie, laquelle chose il fit, et depuis se gouvernèrent moult vaillamment et chassèrent les dits Gantois jusques à environ lieue et demie de la ville de Gand, et tant que leurs chevaux furent recreus, et plusieurs fois se mirent en grande aventure, vu le petit nombre qu'ils étoient; car en tout ils n'étoient pas cent combattants.

CHAPITRE LXXXV.

Comment le duc de Bourgogne se partit de Grandmont en très grand' hâte, pour aller après les Gantois, lesquels s'étoient levés de leur siège pour retourner à Gand à sauveté.

Or pour retourner à parler du duc de Bourgogne, quand il fut averti du partement des Gantois, comme dit est ci-dessus, lui et ses gens montèrent à cheval, et se hâtèrent fort de chevaucher pour les pouvoir r'atteindre : mais ils ne purent, que premièrement ils ne fussent auprès de la ville de Gand. Messire Jean de Croy qui très désirant étoit de les r'atteindre, chevaucha tant, lui et sa compagnie, qu'il en trouva un très grand nombre, lesquels se reposoient cuidants être hors de tous dangers, et étoit jà la grosse puissance rentrée dedans la dite ville de Gand. Et quand ceux Gantois qui se reposoient, virent venir messire Jean de Croy, ils se mirent en bataille en une belle place assez près d'un moulin à vent, et avoient une bannière et deux pennons: et quand messire Jean de Croy vit leur ordonnance, il envoya devers le duc de Bourgogne lui dire les nouvelles de ses ennemis, afin qu'il se hâtât.

Alors le duc de Bourgogne, moult joyeux de ces nouvelles, férit le cheval des éperons, et tant comme chevaux purent aller, se tira devers ses ennemis : mais quand ils virent la grand' puissance qui s'approchoit d'eux, ils se mirent en fuite et en déconfiture, et s'enfuirent en bois, en marais et en la rivière. Leurs bannières et pennons furent pris, et y furent morts et noyés bien de cent à six vingts de ceux qui s'étoient mis en fuite, pour ce qu'en sa compagnie y avoit plusieurs jeunes écuyers qui fort désiroient avoir l'ordre de chevalerie, ayants doute d'y faillir : mais depuis ils trouvèrent bien lieu et place de l'être. Après cette déconfiture et chasse, le duc de Bourgogne se vint cette nuit retraire et loger dedans la ville de Gaures, où ceux du châtel lui firent bonne guerre, et le lendemain au matin se délogea, et vint loger dedans la ville de Grandmont : et pour parler et sçavoir la vérité des morts et noyés qui furent au lever du siège d'Audenarde, la vérité n'en fut point sçue, fors ce qu'on disoit, que des villages, que de la ville de Gand, ils perdirent bien deux mille hommes; et qui bien s'y fût conduit, tout y fût demeuré, et la guerre faillie, qui depuis coûta la vie de maints vaillants hommes. Depuis ces choses advenues, furent faites maintes courses devant Gand et autre part, dont je me passe en bref : mais je veux procéder et parler des lieux et courses où se trouva ce vaillant chevalier messire Jacques de Lalain, duquel je veux parler jusques à sa fin, laquelle fort commençoit à approcher, qui fut pitié et dommage, comme ci après pouvez assez ouïr.

CHAPITRE LXXXVI.

Comment le seigneur de Lannoy, le seigneur de Humières et messire Jacques de Lalain allèrent courre devant Locre; et du grand danger et péril en quoi fut celui messire Jacques de Lalain, duquel il échappa par sa grand' prouesse; et des belles apertises d'armes qu'il y fit.

Or advint que le dix-huitième jour du mois, qui fut le jour de l'Ascension, furent courre en pays d'ennemis le seigneur de Lannoy, le seigneur de Humières et messire Jacques de Lalain, tous trois chevaliers de l'ordre de la Toison-d'Or; et avec eux le seigneur de Fretin, messire Jean, bâtard de Renty, et Morlet de Renty, lesquels avoient environ quatre cents combattants en leur compagnie, et allèrent en un village de l'entrée du pays de Wast, nommé Locre, qui étoit gardé par moult grand nombre de gens tenants le parti des Gantois, lesquels avoient fait plusieurs boulevards et fortifié le dit village, et avoient en plusieurs lieux rompu le chemin et fossoyé. Pour laquelle chose, et aussi doutants le fort et mauvais pays, iceux chevaliers dessus nommés avoient mené avec eux dix manouvriers pour refaire les chemins. Si chevauchèrent tant, qu'ils se trouvèrent au premier fort que les Gantois gardoient : mais iceux Gantois ne tinrent ni le premier, ni le second, ni le tiers, ni quart boulevard, et se retrairent à celui village de Locre, qui étoit fort fossoyé et boulevarqué, comme dessus est dit; et si y avoit une moult belle église, là où la plupart des Gantois se retrairent. Les chevaliers dessus nommés passèrent et allèrent jusques au dit village de Locre et assaillirent les boulevards de l'entrée d'icelui village, et tantôt que Gantois virent qu'on les assailloit, ils se mirent en fuite et se retrairent, les aucuns dedans l'église de la ville, et les autres passèrent un pont où passoit une grosse rivière nommée la Drosne, venant du pays de Wast; et cuidèrent iceux Gantois garder le pont, lequel ils avoient dépecé et rompu, et dessus ils avoient mis une étroite planche, par où gens de pied ne pouvoient passer, fors à moult grand danger; et là avoient deux bateaux, et dedans arbalétriers pour garder le dit pont et passage qui étoit levé; et étoit l'une des entrées du pays de Wast, lequel pays les Gantois sur tout rien désiroient et vouloient garder, car c'étoit le pays dont ils avoient leurs vivres, aide et confort; pour laquelle cause ils doutoient et craignoient à le perdre. Mais quand messire Jacques de Lalain et autres nobles hommes qui avec lui étoient, virent que les Gantois abandonnoient l'entrée d'icelui village de Locre, ils passèrent outre un fossé, où il y avoit très mauvais passage et dangereux; et suivirent iceux Gantois, tant à pied comme à cheval, jusques auprès d'icelle église où Gantois fuyoient les aucuns, et les autres au pont : auquel pont commença une moult grand' escarmouche d'iceux Gantois, qui étoient outre l'eau, à l'encontre des gens du duc de Bourgogne, lesquels voyants Gantois ainsi eux mettre à défense, se mirent à assaillir le pont. Et là fut le premier qui assaillit le pont, un écuyer de Bretagne, lequel étoit nommé Jean de la Forêt. Et pendant le temps qu'on assailloit le pont, qui moult dangereux étoit, une trompette, qui avec eux étoit, trouva un gué sur la rivière de Drosne, par où messire Jacques de Lalain passa, et bien cent hommes avec lui; et quand Gantois le virent passer, ils se mirent tous à fuite et se sauvèrent ès bois et ès marais.

Or retournerons à parler de l'ordonnance que les trois chevaliers dessus nommés firent touchant la conduite des gens de guerre durant la dite course. Vrai est que messire Jacques de Lalain et Morlet de Renty avoient la charge des coureurs pour aller devant et défendre à pied si besoin étoit, et messire Jean, le bâtard de Renty, avoit la charge des archers ; le seigneur de Humières et le seigneur de Lannoy avoient la charge de la bataille. Et pour revenir à parler du village de Locre, quand messire Jacques de Lalain et Morlet de Renty eurent passé l'entrée du dit village après les Gantois qui s'enfuyoient, comme dessus est dit, et chassé les uns droit à l'église et les autres au pont; messire Jean de Renty passa atout un nombre d'archers de sa conduite, et alla tout droit à une rue croisée, dont l'un des chemins alloit tout droit à la dite église, et l'un des autres chemins à la dite rivière, et là se mit une espace de temps, auquel lieu il étoit bien séant pour la venue d'iceux Gantois, lesquels étoient bien de trois à quatre cents retraits en cette église : et quant au seigneur de Humières et au seigneur de Lannoy, ils ne passèrent point le mauvais passage et demeurèrent les enseignes à la bataille avec eux. Messire Jacques de Lalain, après ce qu'il eut passé la dite rivière et chassé les Gantois, qui s'enfuyoient autant comme ils pouvoient courre dans les bois, et Picards après qui les mettoient à mort autant comme ils en pouvoient acconsuivir, repassa la rivière et rentra dedans le dit village de Locre, où il trouva messire Jean le bâtard de Renty à la dite croisée du chemin, qui tout droit alloit à la dite église, et lui commença à conter d'icelle rivière, et comme ils y avoient trouvé un gué. Et ainsi, comme ils se devisoient ensemble, le seigneur de Fretin arriva devers eux et leur dit que le seigneur de Humières et le seigneur de Lannoy l'envoyoient devers eux, en disant qu'on se pouvoit bien retraire, et qu'on y pouvoit plus perdre que gagner. Lors messire Jacques de Lalain répondit que les Gantois étoient de trois à quatre cents dans l'église, et qu'il le dît au dit de Lannoy et de Humières, et s'ils vouloient qu'on les assaillît, qu'ils passassent atout la bataille, et s'ils se vouloient retraire sans autre chose faire, qu'ils le mandassent; et puis dit à messire Jean le bâtard de Renty : « Demeurez-ci et gardez la saillie d'icelle église, et je m'en vais requerre nos gens qui sont encore par de là l'eau, pour les faire ci venir, afin d'aider à exécuter ce qui sera conclu, soit d'assaillir la dite église ou de retourner. »

Lors messire Jacques de Lalain désirant de mettre à fin cette emprise, tôt et hâtivement s'en alla vers la rivière, et n'étoit que lui huitième de ses gens, et passa et repassa la rivière, et ce fait s'en retourna tout bellement au lieu où il avoit laissé messire Jean le bâtard de Renty; et étoit messire Jacques de Lalain, monté sur un petit cheval sans avoir les pieds à étriers, car il avoit été long temps à pied; et ainsi comme il étoit au bout du dit pont, en soi retraiant, comme dit est, trouva que le feu étoit de nouvel bouté en deux maisons au bout d'icelui pont et dedans un bateau, et ne sçavoit qui ce avoit fait; et n'avoit alors avec lui que sept hommes, comme dessus est dit, et les autres venoient après lui et cuidoient de trouver messire Jean le bâtard de Renty à la croisée par où les dits Gantois pouvoient saillir d'icelle église; mais il s'en étoit parti et allé devers les deux seigneurs, c'est à sçavoir de Humières et de Lannoy, pour sçavoir quelle conclusion ils prendroient et quelle chose ils voudroient faire. Si le suivirent ses gens, et pour ce qu'il y avoit un très mauvais passage à repasser, pour convoitise d'être devant pour gagner le dit passage, ils se mirent tous en déroi, et tant que plusieurs de leurs chevaux demeurèrent enraschiés dedans le dit passage, et les laissèrent derrière, de hâte qu'ils avoient d'eux enfuir et comme gens déconfits, sans attendre l'un l'autre, sans avoir vu nul homme qui les chassât, et sans voir ni sçavoir pourquoi, si non que les couards disoient à haute voix : « En voici six mille qui nous viennent couper le chemin. » Et par icelles paroles, et mêmement que les chemins étoient si rompus et fossoyés, et aussi si embûchés d'arbres et grosses haies, que la bataille ne pouvoit voir l'avant-garde, ni l'avant-garde les coureurs, ni les coureurs les avant-coureurs, pourquoi les plusieurs furent si épouvantés que les vaillants ne les pouvoient rassurer; et par cette pauvre ordonnance, et par ce que messire Jehan, bâtard de Renty, ne demeura tout de pied coi à la dite croisée, ce gentil chevalier messire Jacques de Lalain et ses gens furent en grand péril d'être tous pris ou morts. Car si celui messire Jean le bâtard eût envoyé l'un de ses gens devers les deux chevaliers, la chose ne fût pas ainsi allée; car communément on dit, que brebis sans pasteur c'est peu de chose. Or est ainsi que du dit effroi messire Jacques de Lalain, le bon chevalier, n'en sçavoit rien; mais s'en venoit de la dite rivière tout le pas, avec lui sept hommes, comme dit est, et les autres venoient après, cuidants trouver à la croisée celui Jean, le bâtard de Renty, où ils l'avoient laissé. Lors lui fut dit par un poursuivant d'armes, nommé Talent, qu'il fût sur sa garde, et que ses ennemis lui venoient couper le chemin, et que déjà étoient tous hors de l'église auprès du chemin croisé, et que messire Jean, le bâtard de Renty, étoit repassé outre le passage, lui et ses gens. Quand messire Jacques de Lalain ouït telles nouvelles, et que il se vit en ce danger, il descendit à pied, et par grand courage et hardiment, comme celui qui ne doutoit péril de mort, voyant ses ennemis auprès de lui, admonesta ses gens de bien faire. Si se férit lui et ses gens dedans ses ennemis, et fit tant, par force d'armes et par la grand'prouesse qui étoit en lui, qu'il fit reculer ses ennemis, et les occioit et abattoit devant lui, et leur coupoit bras et jambes; et pareillement faisoient ses gens. Certes autour d'eux gisoient des morts et des navrés, tant que à grand'peine seroit croyable, si gens notables ne les eussent vus, qui la vérité en racontèrent au duc de

Bourgogne. Et là fit messire Jacques de Lalain de son corps tant de belles apertises d'armes, qu'il fit reculer ses ennemis qui s'étoient mis devant, jusques à la puissance des Gantois. Et par ce moyen passa messire Philippe de Lalain son frère et autres nobles hommes et archers, venants de la dite rivière, et passèrent outre la croisée, que les dits Gantois cuidoient gagner pour eux couper le chemin; mais à cette heure messire Jacques, lui quatrième, soutint le fait d'iceux Gantois, tant que tous ses gens et autres eurent passé cette croisée. Et ainsi s'en allèrent au passage, sans passer outre, et là attendirent le dit messire Jacques; lequel, quand il sçut qu'il n'y avoit plus d'hommes derrière, se retraït en moult grand danger jusques au passage, où il trouva messire Philippe de Lalain son frère, Ernoult de Herimes, Jacques de Gouy et aucuns autres; et se trouvèrent outre le dit passage, le seigneur de Humières, messire Pierre Vasque, le seigneur de Fretin, et cinq ou six autres qui l'attendoient et étoient retournés pour sçavoir ce qui étoit du dit messire Jacques de Lalain; car ceux qui s'enfuyoient alloient criants à pleine voix, que lui et toutes ses gens étoient morts.

Quand le seigneur de Humières vit que icelui messire Jacques n'étoit encore point hors du grand danger, et que Gantois étoient saillis à puissance hors de l'église, lesquels s'efforçoient à leur pouvoir de grever et assaillir messire Jacques de Lalain et ses gens, il alla requerre de ses gens pour les secourir et aider. Si rencontra en son chemin le seigneur de Lannoy et le seigneur de Fretin, très vaillants chevaliers, qui en toute diligence retournoient pour aider et bailler secours au dit messire Jacques de Lalain; et dit le seigneur de Lannoy au seigneur de Humières : « Il ne faut pas laisser ce vaillant chevalier, messire Jacques de Lalain; et s'en voise qui veut, car quant à moi, je l'attendrai. » Et ainsi dirent le seigneur de Humières et le seigneur de Fretin, et assembloient gens pour le secourir et attendre, mais nuls ne vouloient demeurer, et s'en alloient la plus part sans ordonnance. Et là trouva l'un des gens messire Jacques de Lalain, qui portoit son étendard et qui n'avoit point passé outre le dit passage, lequel très diligemment retournoit à son bon maître, et depuis ce jour ne le laissa et se porta très vaillamment avec lui. Et pour revenir à parler de messire Jacques de Lalain, qui par la vaillance et hardiesse de son corps avoit sauvé ceux qui étoient demeurés derrière, comme dessus a été dit, quand il fut venu au mauvais passage, il dit à messire Philippe de Lalain son frère : « Or avant, mon frère, il faut passer, voyez ici Gantois qui nous suivent à grand'puissance. » Si se mit le dit messire Philippe à passer, mais il fut tellement enraschié dedans la fange, qu'on ne le pouvoit avoir; et il n'étoit pas seul, car nul n'y pouvoit passer qu'en grand danger de mort, pour la presse des chevaux qui là étoient demeurés, que leurs maîtres avoient abandonnés, et s'en étoient fuis. Et quand Gantois virent le dit messire Jacques à si peu de gens, il se férirent dedans lui et ses gens. Et là eut-il plus à faire que devant; mais il fit tant, par la grand'prouesse et vaillance qui étoit en lui, qu'il sauva tout, exceptés quatre archers qui là furent morts; et si y demeura bien vingt chevaux, tant morts que pris.

A celui passage falloit montrer hardement et courage, ou là mourir; car toute la plus part des gens de la bataille et autres étoient jà bien éloignés d'icelui mauvais passage, exceptés les dessus nommés, de Humières, de Lannoy, messire Pierre Vasque et le seigneur de Fretin, lesquels très petit nombre de gens avoient avec eux. Et quant au dit passage, il étoit si très mauvais, que peu de gens et de chevaux y passèrent sans cheoir, dont les plusieurs étoient tellement brouillés, comme s'ils eussent été traînés tout au long du pot à la crème, et c'est l'un des mauvais passages en hiver qui soit en tout le pays de Flandre. Là avoit deux vaillants et nobles hommes du pays de Portugal, lesquels avoient vu toute la manière de la besogne, et pour ce dirent ainsi : « La vaillance et hardement d'un seul chevalier, c'est à sçavoir de messire Jacques de Lalain, a aujourd'hui préservé de mort plus de trois cents hommes, et gardé de grand'honte toute la compagnie ci présente. » Et avec ce disoient qu'ils avoient ouï dire qu'icelui messire Jacques de Lalain avoit fait armes dix-huit fois en champ clos, et à toutes les dix-huit fois s'en étoit parti à son honneur, mais ce jour-là lui étoit aussi honorable, et avoit acquis à leur avis autant d'honneur qu'il avoit fait en toute sa vie, et toutefois si étoit-ce belle chose à si jeune chevalier d'avoir fait dix-huit fois armes en champ clos, et si n'avoit d'âge que trente ans ou environ. Après ce que le dit messire Jacques de Lalain et ceux de sa compagnie eurent passé outre le dit mauvais passage, et les choses dessus déclarées faites et accomplies, ils prirent leur chemin à retourner au lieu de Tenremonde; et fit messire Jacques de Lalain l'arrière-garde à petit nombre de gens, et saillirent Gantois sur lui; mais messire Jacques les rebouta moult vaillamment jusques à leurs boulevards, et là y eut deux Gantois morts. Si ne saillirent plus iceux Gantois après messire Jacques, excepté un tout seul, duquel on ne se donnoit garde, auquel on demanda : Qui vive! et il répondit : Gand! qui fut, comme je crois, la dernière parole qu'il parla oncques puis. Et ainsi, comme vous oyez, se passa en ce point la besogne du village de Locre.

CHAPITRE LXXXVII.

Des grands vantises que firent les Gantois quand ils furent rentrés dedans la ville de Gand, et de la course qui fut faite devant Ouremare, où messire Jacques de Lalain fit moult grands vaillances et belles apertises d'armes.

Or convient parler de la vantise que firent le lendemain les dits Gantois en la ville de Gand, car ils dirent à ceux de la ville qu'ils avoient tué au village de Locre environ de deux à trois cents des gens du duc de Bourgogne, de quoi n'étoit rien; car la vérité est qu'il n'en mourut, fors ce que dessus est dit. Si ne demeura guères, après cette besogne faite et accomplie, que le duc de Bourgogne tint conseil en sa bonne ville de Tenremonde, où furent à ce jour le comte de Saint-Pol, le seigneur de Croy, le seigneur de Créquy, messire Jean de Croy, le seigneur de Montagu, le seigneur de Lannoy, le seigneur de Humières, le seigneur de Ternant, et le seigneur de Pissy. Et là fut avisé, après plusieurs choses pourparlées et débattues, qu'on iroit assaillir un fort boulevart que les Gantois tenoient, environ le mi-chemin de Tenremonde et de Gand, assez près d'un village nommé Ouremare. Si fut conclu et ordonné que le seigneur de Croy iroit, et auroit la garde de l'étendard du duc de Bourgogne et la charge des gens de sa cour, et feroit l'avant-garde, et messire Jacques de Lalain auroit la charge des coureurs, accompagné de messire Antoine de Vaudré, et de messire Guillaume son frère, du seigneur d'Aumont et de messire François l'Aragonnois; et avoit celui messire Jacques environ vingt-cinq lances et quatre-vingts archers. Un gentilhomme de Bourgogne nommé Antoine de l'Aviron, avoit la charge des avant-coureurs atout sept ou huit lances. Si étoit celui Antoine de l'Aviron devant messire Jacques de Lalain. Et après messire Jacques alloit messire Daviot de Poix, gouverneur et maître de l'artillerie du duc de Bourgogne, et menoit les manouvriers et gens de pied, lesquels portoient coignées, serpes, scies et louches, pour couper barrières, remplir fossés et refaire chemins par tout là où il étoit de besoin. Après messire Daviot de Poix, alloient le seigneur de Lannoy et le seigneur de Bausegnies, lesquels menoient et conduisoient environ cent combattants pour soutenir et renforcer le dit messire Jacques, si affaire en avoit. Après le seigneur de Lannoy, alloit le seigneur de Créquy, et avec lui le seigneur de Contay et Morlet de Renty, lesquels conduisoient les archers de la garde du duc; et après le seigneur de Créquy étoit le seigneur de Croy atout l'étendard du duc de Bourgogne, et là étoient accompagnants icelui étendart, Adolphe monseigneur de Clèves, monseigneur le bâtard de Bourgogne, monseigneur de Montagu, le seigneur d'Arcy, le seigneur de Ternant, le seigneur de Bersé, le seigneur de Pernes, Philippe de Bergues et grand nombre d'autres chevaliers et écuyers. Après celui seigneur de Croy venoit le comte de Saint-Pol, le seigneur de Fiennes et Jacques de Saint-Pol, frère du dit comte de Saint-Pol, et autres grands seigneurs en grand nombre de chevaliers et d'écuyers. Et avoit le dit comte la charge de la bataille. Après le comte de Saint-Pol, alloit messire Jean de Croy, qui moult grandement étoit accompagné de chevaliers et écuyers et de gens de trait; et avoit la charge de l'arrière-garde. Et est vérité que le mercredi qui fut le vingt-quatrième jour de mai, se partirent de

Tenremonde toutes les compagnies ci-dessus nommées pour aller assaillir le boulevard de Ouremare; et mêmement étoit ordonné de retourner du dit lieu de Ouremare par le village de Locre, dont ci-dessus est parlé.

Or advint ainsi que quand le seigneur de Croy eut passé le pont de la ville de Tenremonde atout environ quatre ou cinq cents archers et six vingts hommes d'armes, le dit pont de Tenremonde rompit. Si ne sembloit pas que il se put refaire en moins de quatre à cinq heures. Pour laquelle cause le duc de Bourgogne dit au seigneur de Croy, que atout ce qu'il avoit de gens passés outre le dit pont, qu'il chevauchât outre, et qu'il allât assaillir le dit fort boulevard. De laquelle chose faire fut content le seigneur de Croy; si se mit à chemin. Mais la grand'diligence que fit le duc lui-même en sa personne, et par la grand'peine que ceux de la ville de Tenremonde y mirent, fut le dit pont de Tenremonde refait en moins d'une heure. Parquoi le comte de Saint-Pol, messire Jean de Croy et tous les autres qui y devoient aller, passèrent outre et furent bien deux mille combattants. Ainsi comme dessus est écrit, s'en allèrent en ordonnance les dits seigneurs ci-dessus nommés; et tant s'exploitèrent les avant-coureurs qu'ils virent et aperçurent les dessus dits Gantois partir de leur fort boulevard, lesquels venoient marchants à pennons déployés, et sembloit qu'ils marchassent pour combattre; et les nombroit-on de huit cents à mille combattants. Iceux Gantois venoient marchants tant seulement pour garder un grand fossé, lequel étoit environ un trait d'arc devant le boulevard. Lors, quand messire Jacques de Lalain et les nobles chevaliers et écuyers qui avec lui étoient les perçurent ainsi marcher, ils descendirent à pied et se mirent en très bonne ordonnance; en après suivoient et venoient les autres avec messire Daviot de Poix. Alors Toison-d'Or, roi d'armes de la Toison-d'Or, lequel étoit à cette heure devant avec messire Jacques de Lalain, voyant venir les Gantois ainsi marchants en ordonnance, et trompettes sonnants, montrants manière de combattre, vint à ceux qui avoient la conduite de l'avant-garde, de la bataille et de l'arrière-garde, en disant de tous côtés : « S'il est nul écuyer ou autre qui veuille être chevalier, je les mènerai bien en belle place, et droit devant les ennemis. » Et ce dit-il au seigneur de Croy. De ces nouvelles fut celui seigneur de Croy moult joyeux, et aussi furent toute la plupart des grands seigneurs et nobles hommes qui là étoient, lesquels désiroient moult à être chevaliers. Et dit le seigneur de Croy : « Toison-d'Or, allez devant si nous menez en la place que vous dites, là où vous avez vu les Gantois nos ennemis. » Lors tous les seigneurs ayant ouï nouvelles par Toison-d'Or de leurs ennemis, de grand'volonté commencèrent à chevaucher, et tout par ordre; et ainsi que l'ordonnance le portoit, se mirent en toute diligence pour aller courre sus à leurs ennemis. Mais ils ne pouvoient aller en bataille, pour les rues, qui étoient si très étroites qu'ils ne pouvoient aller que par compagnie. Et lors que le seigneur de Croy fut là venu, plusieurs grands seigneurs vinrent vers lui, lesquels lui demandèrent l'ordre de chevalerie. Et là furent faits chevaliers ceux qui s'ensuivent, tant par la main du seigneur de Croy, comme par la main d'Adolphe de Clèves, depuis qu'il eut reçu l'ordre de chevalerie par la main du vaillant chevalier messire Cornille bâtard de Bourgogne. Et premièrement furent faits chevaliers : messire Adolphe de Clèves, Cornille bâtard de Bourgogne, le comte de Bouquain, messire Philippe de Waurin, seigneur de Saint-Venant; messire Charles de Châlons, messire Philippe de Croy, messire Charles de Ternant, le seigneur de Pernes, messire Philippe de Bergues, le seigneur d'Arsy, messire Micquiel de Changy, messire Frédéric de Mengerut, messire Baudoin d'Ognies, gouverneur de Lille; messire Claude de Rochebaron, messire Philibert de Jaucourt, messire Chrétien de Digoine, le seigneur de Humbercourt, messire Watier de Renolt, messire Collart Baillet, messire Louis de la Viéville, messire Yvain de Mol, messire Henry de Opem, messire Philippe Hinchart, messire Warnier de Lisunaux, Jean de la Trémouille, seigneur de Dours.

Après les chevaliers dessus nommés ainsi faits, le seigneur de Croy et eux tous descendirent à pied, et marchèrent contre leurs ennemis, lesquels avoient un grand fossé devant eux. Et à les voir montroient semblant qu'ils eussent un grand courage et volonté d'eux bien défendre ; et là furent les dits Gantois assaillis très vaillamment, et commencèrent archers à tirer sur eux, et au commencer l'assaut firent nos gens un très grand cri. Lors commencèrent le comte de Saint-Pol et ses gens, lequel conduisoit la bataille, en toute diligence d'eux joindre avec l'avant-garde, et aussi fit pareillement messire Jean de Croy, qui avoit la charge de l'arrière-garde, lequel avoit ordonnance de tenir ses gens ensemble, pour la doute que les Gantois n'eussent gens de côté ou d'arrière : car le pays étoit si embûché, que d'un demi-trait d'arc on ne pouvoit voir l'un l'autre, pourquoi les dits Gantois étoient plus tôt rassemblés et ralliés, qu'on n'eût pu être en plein pays. Si ordonna icelui messire Jean de Croy un gentil chevalier à entretenir et conduire ses gens, et de sa personne fut à cheval avec les autres. Ainsi comme par dessus est dit, l'assaut commença très fièrement sur les Gantois, où tout des premiers étoit messire Jacques de Lalain. Mais tantôt Gantois voyant eux être si vivement assaillis, se mirent en déconfiture et en fuite, et les seigneurs, hommes d'armes et archers en bon arroy et ordonnance, les chassèrent et fuirent après eux, tout jusques à leur boulevard, qui étoit fort et bon à tenir, et toutes fois ils l'abandonnèrent sans y faire aucune défense ; et si étoit si bien fossoyé qu'on ne le savoit comment passer ; parquoy iceux Gantois se sauvèrent et s'enfuirent par les bois, marais, et aulnaies. Lors les seigneurs qui cuidoient qu'ils se fussent retraits à l'église de Ouremare, laquelle étoit bien une demie lieue françoise loin du dit boulevard, commencèrent à cheminer de pied et de cheval tout droit à cette église, pensants et cuidants trouver les dits Gantois ; mais n'y trouvèrent personne, car ils étoient sauvés ès bois marais et aulnaies. Si s'arrêtèrent devant l'église de Ouremare, messire Jean de Croy, messire Jacques de Lalain, messire François l'Aragonnois et plusieurs autres. Et ordonna celui messire Jean de Croy au bailli des bois du pays de Hainaut, qu'il prît gens avec lui, et allât outre celui village d'Ouremare en tirant vers la ville de Gand, là où on disoit qu'il y avoit deux boulevards garnis de Gantois, et qu'il allât voir que c'étoit, et s'il étoit vrai. Le bailli des bois alla cette part et n'y trouva personne. Et s'en retourna devers messire Jean de Croy et messire Jacques de Lalain, qui devant l'église d'Ouremare l'attendoient.

CHAPITRE LXXXVIII.

Encore de cette même course, où grand'foison de Gantois furent morts et occis, et mis en fuite et à déconfiture.

Quand messire Jean de Croy entendit du bailli qu'il n'avoit personne trouvé, il demanda à plusieurs notables seigneurs qui là étoient quelle chose à leur avis il étoit bon de faire. Messire Jacques de Lalain regardant qu'il n'y avoit nul qui répondit, lui dit : « Monseigneur, il me semble que ce seroit le meilleur que je m'en allasse devers le comte de Saint-Pol et devers le seigneur de Croy pour savoir qu'il est de faire. » Si fut ainsi fait ; et alla messire Jacques de Lalain, et trouva le comte de Saint-Pol et le seigneur de Croy, lesquels se mirent ensemble et tinrent conseil pour avoir avis sur ce qu'ils avoient à faire ; et là conclurent d'aller à Locre, dont ci-dessus est parlé, où il y avoit un grand boulevard et gens qui le gardoient. Si dirent à messire Jacques de Lalain qu'il rassemblât ses gens et qu'il tirât le chemin de Locre, laquelle chose il fit. Alors messire Jacques de Lalain désirant de tout son cœur d'acquérir los et bonne renommée, très tout le pas et bellement en attendant ses gens se tira vers Locre. Si avoit messire Jacques près toute son ordonnance, excepté messire François l'Aragonnois, qui encore étoit derrière avec messire Jean de Croy, auxquels on avoit mandé ce qui étoit conclu.

Tout ainsi que messire Jacques de Lalain et sa compagnie commencèrent à marcher envers la ville de Locre, qui étoit à lieue et demie ou environ de là où ils étoient, ils perçurent bien mille Gantois venants tout droits à la bataille, laquelle les dits Gantois ne pouvoient voir : mais le bruit pouvoient-ils bien ouïr, et aussi oyoient-ils les cloches sonner et faire l'effroi du pays. Pourquoi ils s'étoient mis ensemble, cuidants grever et mettre à déconfiture les gens du duc de Bourgogne leur seigneur naturel ; lesquels Gantois marchoient très fièrement à enseigne déployée et en ordonnance. Alors quand messire Jacques de Lalain les vit ainsi marcher, dit à messire Antoine et à messire Guillaume de Vaudré, au seigneur d'Aumont, à messire Pierre Vasque et à cinq ou à six autres qu'ils demeurassent pour être à cheval, et quant à lui, il descendroit à pied, et ainsi le fit sans plus arrêter. Alors à haute voix encommença de crier alarme, et trompettes à sonner, dont la noise fut moult grande. Et pour vérité dire, il est assez à présupposer qu'iceux Gantois ne sçavoient pas la puissance qui là étoit, sinon que du tout ils se fioient à leur fort pays et retraites, cuidants surprendre en déroi les gens du duc de Bourgogne. Les Gantois avoient un très large pays plein de bruyères : mais les gens du duc de Bourgogne ne pouvoient passer vers eux fors à très grand'peine, pour les fossés qui étoient entre deux. Le comte de Saint-Pol et le seigneur de Croy, et toute la belle chevalerie et grande noblesse fut tantôt mise en moult belle ordonnance : mais le pis étoit qu'on ne sçavoit comment passer vers eux, et quéroit chacun passage à dextre et à senestre. Du côté dextre, où étoit messire Jacques de Lalain, furent Gantois premièrement rompus. Et là se combattirent moult vaillamment à cheval les deux frères de Vaudré, le seigneur d'Aumont, messire Pierre Vasque, Chanvergy, et plusieurs autres gentils chevaliers et écuyers qui se frappèrent à cheval sur les Gantois. Au bout du côté dextre messire Jacques avec ses gens de pied et autres, à ce dit pont se portèrent moult vaillamment ; et quant est au bout senestre, il n'y put passer plus nuls chevaux ; mais ceux qui passèrent outre à pied, le firent très bien. Et au milieu de la bataille, n'en pouvoit passer nul, tant étoit la fosse grande et mauvaise à passer ; mais par plusieurs autres lieux chacun endroit soi s'enforçoit à passer. Et à la vérité dire, si passages eussent été ouverts, jamais Gantois n'en fussent échappés sans être morts ou pris : et par ainsi l'orgueil d'iceux Gantois qui là étoient venus, fut en peu d'heures abattu et mis en fuite et en déconfiture. Et là furent morts de quatre à cinq cents Gantois, tant en la dite place et fossés, bois et aulnaies, là où ils se boutoient, comme à la rencontre que messire Jean de Croy fit contre eux en revenant de l'église d'Ouremare, où il les rencontra fuyants, et aussi à l'assaut du boulevard. Et si furent pris environ trente prisonniers, lesquels par le commandement du duc furent tous décapités en la ville de Tenremonde. Donc par cette dernière besogne fut l'emprise de Locre pour ce jour rompue. Et laissèrent à y aller pour deux raisons, la première, pour ce que les prisonniers disoient qu'on n'y trouveroit homme nul et qu'ils en venoient tout droit, l'autre raison fut pour le comte de Saint-Pol et messire Jean de Croy, qui étoient logés à Alost, où il y avoit du lieu de la déconfiture des dits Gantois, bien quatre lieues. Si fut conclu de retourner à Tenremonde sans aller à Locre, et fut ainsi fait ; et fit messire Jean de Croy l'avant-garde au retourner, après lui le comte de Saint-Pol, en après le seigneur de Croy, et atout l'arrière-garde venoit messire Jacques de Lalain et sa compagnie ; et furent ce jour par le pays maintes maisons arses.

CHAPITRE LXXXIX.

Comment le comte d'Étampes prit par force d'armes la ville de Nivelle par deux fois sur les Gantois, lesquels y furent morts et occis, et mis en fuite et à déconfiture.

Or retournerons à parler de ce noble et gentil chevalier Jean de Bourgogne comte d'Étampes, lequel, le vingt-quatrième jour de mai, se partit de la ville d'Audenarde, et en sa compagnie plusieurs grands seigneurs, gens d'armes et de trait, pour ce qu'il avoit ouï dire que Gantois étoient issus en grand nombre hors de la ville de Gand, pour aller vers la ville de Tielt ; et disoient les aucuns qu'ils vouloient assiéger Englemoustier. Ce jour le comte d'Étampes se logea à un village nommé Harlebecque, pour tirer vers les Gantois : si ordonna ses batailles, et bailla la charge de l'avant-garde à messire Antoine bâtard de Bourgogne. Le seigneur de Saveuses, messire Gauvain Quieret, le seigneur de Dreuil et autres furent des coureurs. Le comte d'Étampes fut conducteur de la bataille, et n'y eut point d'arrière-garde. Si fut le comte d'Étampes averti que les Gantois étoient logés en une ville nommée Nivelle, laquelle étoit close de portes et de fossés. Et devant la porte, du côté de Courtray, avoit un fort boulevard que les dits Gantois gardoient ; devant lequel boulevard étoient les chemins forts rompus et fossoyés, et dedans les blés avoient mis pennons croisés et fichés en terre, afin que les chevaux n'y pussent passer. Les coureurs et l'avant-garde se mirent à pied pour assaillir le boulevard ; si passèrent hommes d'armes et archers à travers les fossés de la ville, là où ils avoient eau jusques au menton ; si commencèrent archers à tirer sur Gantois aux flancs et aux côtés, et tellement que les dits Gantois se mirent à déconfiture et en fuite. Et fut la ville de Nivelle par force et vaillance d'armes conquise sur les Gantois, lesquels, comme dit est, tantôt encommencèrent à prendre la fuite et à abandonner la ville, quérants leur sauvement, car rançon ni miséricorde n'y avoit lieu, que tout ce qu'on pouvoit acconsuivir ne fût mis à l'épée. Et tirèrent tous iceux fuyants vers la ville de Gand, excepté aucuns qui étoient des villages d'entour, qui se boutoient ès haies et buissons. Et lors le comte d'Étampes voyant la ville être prise, ordonna aucuns de ses capitaines de pourchasser les dits Gantois, lesquels s'enfuyoient. Si y alla messire Antoine bâtard de Bourgogne atout son étendard, et aussi firent le seigneur de Waurin, le seigneur de Rubempré, messire Gauvain Quieret et autres ; et ceux qui dedans la ville étoient demeurés encommencèrent de chercher et fourrager et prendre tout ce qu'ils pouvoient trouver.

Or advint assez tôt après, que par les fuyants, et aussi des seigneurs qui les chassoient, moult grand bruit s'éleva par le pays d'entour ; si commencèrent cloches à sonner par villes et villages, et le pays si fort à soi effrayer, qu'il ne demeura homme qui ne courût soi armer. Les uns prenoient leurs piques, les autres bâtons ou épées. Si se rassemblèrent bien environ cinq cents hommes paysans ; et n'en surent oncques rien ceux qui chassoient les Gantois ; mais les alloient toujours chassants si rudement, que plusieurs ils rateindirent, lesquels ils occirent et mirent à mort, durant lequel temps les dits paysans qui s'étoient rassemblés, eux avertis par aucuns des fuyants qui étoient échappés de la ville de Nivelle, lesquels leur dirent et affirmèrent que dedans la ville étoient demeurés bien peu de gens, et que de léger, si aller y vouloient, la ville de Nivelle seroit bonne à recouvrer. Iceux paysans moult joyeux de ces nouvelles, non pensants à ce que depuis leur en advint, à une très grand' hâte cheminèrent jusques assez près de la dite ville de Nivelle. Or advint qu'avant ce qu'ils fussent arrivés, ceux qui dedans la ville étoient entre ouïrent le bruit et la frainte qu'au venir faisoient les dits paysans. Lors s'émeurent, tant hommes d'armes comme archers, environ vingt, dont étoit chef messire Antoine de Hérin ; et chevauchèrent vers le lieu où ils ouïrent venir les Gantois. Ils ouvrirent la barrière et passèrent le pont, et tous ensemble marchèrent à l'encontre de leurs ennemis, sans sçavoir leur puissance. Car bonnement ne les pouvoient voir à plein, pour ce que la ruelle par où ils venoient étoit assez étroite, et jetèrent un cri ; si se férirent sur les Gantois et les firent reculer. Lors les Gantois voyants que les gens du comte d'Étampes n'étoient guères de gens, prirent courage, et sans plus attendre, se férirent sur eux en telle manière qu'ils reboutèrent messire Antoine de Hérin et ceux qui avec lui étoient, jusques sur le pont auprès de la barrière, et là les Gantois occirent messire Antoine de Hérin, qui fut moult grand dommage de sa mort ; car pour lors il étoit tenu pour un vaillant chevalier ; et avec lui moururent un gentilhomme du Dauphiné nommé Chiboy Pélerin, Charles de Morages, natif du pays de Bourgogne ; Rollequin le prévôt, Roncy, et Oudart Hatterel, natif de Picardie, et deux autres gentilshommes desquels je ne sçais les noms ; de la mort desquels fut moult déplaisant le comte d'Étampes quand il en fut averti ; et si celui messire Antoine et ceux qui avec lui étoient eussent tenu leur barrière ferme, sans l'avoir ouverte, les Gantois ne s'y fussent point boutés, car le comte d'Étampes étoit à l'autre lez de la ville, qui de ce ne sçavoit rien, où il tenoit sa bataille en ordre, attendant que ses coureurs fussent revenus de la dite chasse ; et pour ce dit-on en un proverbe, que grand' hâte mène repentance après soi ; et si messire Antoine de Hérin et ceux qui avec lui étoient, n'eussent été si hâtifs de saillir sur les Gantois, sans les avoir vus et sçu quels gens ils étoient, il ne lui en fût pas ainsi advenu, comme vous avez ouï dire.

CHAPITRE XC.

Comment le comte d'Étampes reconquit la ville de Nivelle sur les Gantois.

Quand le comte d'Étampes, qui étoit au dehors de la ville de Nivelle entretenant sa bataille en attendant ses coureurs, sçut que Gantois avoient reconquis sur ses gens la ville de Nivelle et qu'ils étoient tous entrés dedans et mis à mort ceux qui au devant d'eux étoient saillis, il fut moult troublé, et non sans cause. Si appela messire Simon de Lalain, ce gentil chevalier, qui lors avoit la charge et gouvernement de l'étendard du comte, et lui demanda conseil de ce qu'il étoit de faire. Lors répondit messire Simon, et dit : « Monseigneur, il convient, sans plus arrêter, que tantôt et incontinent cette ville soit reconquise sur ces vilains : car si guère on attend à les assaillir, je fais doute que tantôt qu'il sera sçu par le pays, les paysans s'élèveront de tous côtés et viendront secourir leurs gens. D'autre part, vous sçavez assez que vos coureurs, qui de ce ne sçavent rien, ne pourront repasser vers vous que ce ne soit en grand danger; c'est la fleur et le bruit de votre compagnie. » Alors le comte d'Étampes commanda que chacun se mît à pied, et ordonna que son étendard fût baillé à porter à un gentilhomme nivernois, qu'on nommoit Philibert Bourgoing, lequel pour lors on tenoit pour un vaillant homme, preux et hardi aux armes, et qui bien se montra ce jour. Le comte d'Étampes fit sonner ses trompettes pour aller assaillir. Alors messire Simon de Lalain et tous ses gens d'armes et archers encommencèrent moult vivement à assaillir, et Gantois à eux défendre.

Or advint, ainsi comme à cette heure que l'assaut étoit encommencé, que les coureurs s'en retournoient, c'est-à-sçavoir messire Antoine, bâtard de Bourgogne, et son étendard, le seigneur de Waurin, le seigneur de Rubempré et messire Gauvain Quiéret revinrent et arrivèrent auprès de la ville pour y cuider entrer; mais ainsi qu'ils approchèrent, ils ouïrent le bruit et la noise de l'assaut, par quoi ils connurent que la ville avoit été reprise par les Gantois. Si s'approchèrent à tous côtés, et commencèrent à tous lez d'assaillir la ville; et pareillement faisoit le comte d'Étampes et ses gens, et tant que finablement la ville fut reprise et reconquise sur les Gantois. Le bâtard de Bourgogne et les autres seigneurs par deux côtés rentrèrent en la ville, et aussi firent les gens du comte d'Étampes; et là furent mis à mort la plupart des Gantois; et les autres qui se cuidoient sauver se mirent en fuite et se boutèrent en une motte environnée d'eau ; et là furent assaillis et tous mis à mort, que oncques un seul n'en échappa.

Après cette besogne achevée, le comte d'Étampes et sa compagnie s'en partirent pour s'en retourner au village de Harlebecque, où il avoit geu la nuit devant. Si advint qu'en soi retournant en certains détroits, trouva arbres nouveaux abattus, et depuis qu'il étoit là passé au matin. Et ès détroits s'étoient mis en embûche plusieurs paysans, et cuidèrent bien grever le comte d'Étampes à son retour, lui et ses gens, et de fait les assaillirent; et issoient les dits paysans ou Gantois hors des bois, des aulnaies et des blés, où ils s'étoient embûchés; et là moururent trois des hommes du comte d'Étampes, dont les deux étoient nobles hommes, l'un nommé Jean d'Inde et l'autre Charles de Héronval. Et quant est des dits Gantois ou paysans, ils furent ruès jus et morts de trois à quatre cents. Le dit jour perdirent Gantois, tant dedans Nivelle, à la chasse et sur la motte, comme à la dernière besogne, bien mille hommes et plus, ainsi comme ceux qui y furent acertifioient. Les choses faites et achevées, le comte d'Étampes s'en retourna à Harlebecque, et le lendemain en la ville d'Audenarde, là où il se tenoit en garnison.

CHAPITRE XCI.

Comment les nations des marchands étants à Bruges, et les ambassadeurs du roi de France vinrent devers le duc, cuidants trouver aucun traité entre les Gantois, mais rien ne s'en fit; et aussi du voyage de Riplemonde, où Gantois furent déconfits.

Durant ce temps, les nations des marchands se partirent de Bruges pour aller à Gand, pour cuider trouver aucun traité entre leur prince et eux; mais quelque traité qu'on sçût faire, ni parlementer, ni de trève ni d'abstinence de guerre, ils n'en vouloient rien tenir; et plus traitoit-on à eux, et moins tenoient leur promesse. Toutesfois le roi de France, pour trouver aucun bon traité entre le duc de Bourgogne et ceux de la ville de Gand, au duc de Bourgogne envoya son ambassade, mais rien n'y firent; et en furent plusieurs journées tenus à Lille, à Bruxelles et autres part, mais rien n'y valut. Et se continua toujours la guerre plus âpre et plus mortelle que paravant n'avoit été : car lors le duc de Bourgogne, voyant la grande déloyauté et malice des Gantois, très fort animé sur eux, se partit de la ville de Tenremonde le treizième jour du mois de mai, toute son armée lors étant devers lui, pour aller passer la rivière de l'Escaut à Riplemonde, et partants avec lui son seul fils le comte de Charolois, le duc de Clèves, Adolphe son frère, messire Cornille bâtard de Bourgogne, le seigneur de Croy comte de Porcien, le comte de Hornes, le seigneur de Créquy, le seigneur de Montagu, le seigneur de Lalain, le seigneur de Ternant, le seigneur de Humières, messire Jacques de Lalain, le seigneur de Waurin, le seigneur de Bauseignies, le seigneur d'Arcy, messire Charles de Châlons et plusieurs autres grands seigneurs. Au dit lieu de Riplemonde avoit un gros village que les Gantois avoient ars, mais pour ce qu'il y avoit fossés autour, où souloit de être icelui village, fut avisé d'aller loger huit cents ou mille combattants dedans, afin que les Gantois ne s'y logeassent premiers : car si les Gantois y eussent été logés, ils eussent pu destourber le passage du duc de Bourgogne et de ses gens au dit lieu de Riplemonde. Si furent envoyés deux notables chevaliers, l'un fut messire François l'Aragonois, et l'autre le seigneur de Contay, lesquels allèrent garder le dit logis.

Un jour devant le partement du duc, icelui messire François alloit par eau, et menoit et conduisoit plusieurs grands bateaux, bacs et passagers, et passa devant plusieurs des ennemis, qui lui firent de grandes invasions et plusieurs fois lui livrèrent assaut; mais en dépit d'eux il mena et conduisit son navire jusques au dit lieu de Riplemonde, et le seigneur de Contay alla à cheval. Si gardèrent et logèrent au dit lieu de Riplemonde jusques à la venue du duc, et en ce jour, après ce que le comte de Saint-Pol et messire Jean de Croy eurent passé la rivière au dit lieu de Riplemonde, y furent logés ainsi comme aux champs, car tout y étoit ars par les Gantois. Et le duc de Bourgone passa la rivière de l'Escaut, accompagné de ceux de son sang et de la bataille, tant hommes d'armes comme archers, et se logea au dit lieu de Riplemonde. Et pour ce que le nombre de sa compagnie étoit grand, fut ordonné qu'il y auroit deux hommes notables ordonnés pour les faire passer par ordre. Si se passèrent tous ceux de l'étendard du duc, et puis passa messire Jacques de Lalain et ceux de sa compagnie, et puis après tous les autres en suivant, puis passa messire Daviot de Poix, le maître de l'artillerie, qui mettoit en ordre les chariots des marchands vivandiers et autres que le prévôt des maréchaux conduisoit; après passa l'arrière-garde. Si furent tous logés aux champs, et tantôt après vinrent nouvelles au duc de Bourgogne que ses ennemis les Gantois étoient entrés en un village nommé Berselle, à un quart de lieue près du logis de Riplemonde.

Si montèrent à cheval le comte de Saint-Pol et messire Jean de Croy, et trouvèrent les Gantois en ordonnance atout artillerie et pavois devant eux ; mais tantôt furent déconfits. Et s'enfuirent les aucuns d'eux en l'église du dit lieu de Berselle, ès haies et buissons, et en une forteresse au plus près d'icelui village de Berselle. L'église ne tint point et fut prise par force, et la forteresse fut assaillie ; et se rendirent au comte de Saint-Pol, pour et au nom du duc de Bourgogne. Et pendant le temps que les gens du comte de Saint-Pol et de messire Jean de Croy assailloient la forteresse, les Gantois se rassemblèrent et coururent sus à ceux qui gardoient les chevaux des assaillants.

Le seigneur de Fiennes, frère du comte de Saint-Pol, et messire Jean de Croy étoient à cheval, et avec eux environ quarante lances, et soutinrent le faix tant que leurs gens furent rassemblés. Alors de toutes parts on cria alarme, et tant que le duc de Bourgogne l'ouït, lequel tout droit ne faisoit qu'arriver au dit lieu de Riplemonde ; et si n'avoit ce jour ni bu ni mangé, et toutes fois il étoit bien quatre heures après midi, mais sa coutume si étoit de jeûner quatre jours en la semaine, c'est-à-sçavoir le lundi, le mercredi, le vendredi et le samedi, en pain et en eau. Quand le duc ouït crier alarme, il se mit à chemin pour aller au lieu où ce étoit. En sa compagnie étoient le seigneur de Croy et plusieurs autres pour secourir et aider le comte de Saint-Pol et messire Jean de Croy ; mais ançois qu'ils y fussent arrivés, le dit de Fiennes et messire Jean de Croy avoient déconfit les Gantois, et moult s'y portèrent vaillamment iceux seigneurs. Et là y fut navré messire Jean de Croy d'un vireton dedans son pied dextre ; et en ce jour furent les dits Gantois par deux fois déconfits et mis en fuite, et y perdirent environ deux cents hommes ; et plus grand nombre en eussent perdu si n'eût été que le pays étoit fort de grands fossés et de haies, tellement qu'on ne pouvoit acconsuivir si hâtivement, ni incontinent qu'ils se mettoient en fuite, et ainsi par ce moyen se sauvoient.

CHAPITRE XCII.

De la bataille qui fut auprès de Riplemonde, qu'on nomma la bataille de Berselle ; où il y eut grand'occision de Gantois, et du danger où fut messire Jacques de Saint-Pol, et de sa recousse sur les Gantois.

Quand ce vint le vendredi ensuivant, il fut ordonné de par le duc, qu'on feroit enterrer les morts, et pour ce faire fut commis Louis de Mamines et le roi d'armes de Flandre atout quarante ou cinquante manouvriers. Et tout ainsi qu'on enterroit les morts, par ce même lieu vinrent les Gantois, qui étoient nombrés de treize à quatorze mille combattants, et avoient bannières, charrois, pavois, couleuvrines et artillerie ; et environ d'un quart de lieue du lieu de Riplemonde se mirent en bataille en un fort lieu, et s'encloîrent de leur charroy et pavoi, et là furent plus d'une heure. Par tout l'ost du duc on fit crier alarme ; le comte de Saint-Pol et messire Jean de Croy, lesquels faisoient l'avant-garde, se mirent au dehors de leurs logis en bataille et en très belle ordonnance ; et puis un peu derrière et sur le côté de l'avant-garde, étoit le duc de Bourgogne et sa bataille pour garder une avenue par où les Gantois pouvoient venir sur le logis de Riplemonde ; et fut ordonné le duc de Clèves, lequel étoit tout droit venu de son pays de Clèves en très grand' diligence, pour accompagner et servir le duc son oncle au pays de Wast, où il espéroit avoir la bataille, comme elle fut. Le duc de Clèves, comme il est dit, fut ordonné à garder la dite avenue, et en sa compagnie, monseigneur Adolphe de Clèves son frère, le comte de Hornes, le seigneur de Lalain, le seigneur de Ternant et messire Simon de Lalain, lequel avoit la charge de l'étendard du comte d'Étampes, et plusieurs autres. Ainsi que les ordonnances des batailles du duc de Bourgogne se faisoient, plusieurs nobles hommes alloient chevaucher et aviser les Gantois, lesquels étoient en grand' ordonnance et si serrés qu'à grand' peine les pouvoit-on nombrer ; et toutes fois y avoit-il gens à les aviser, qui bien se connoissoient au métier de la guerre. Et étoient iceux, le seigneur de Saveuses, messire Guillaume de Vaudré, Simon du Châtelet et Jean de Chanvergy. Iceux Gantois furent bien une heure et plus, en telle ordonnance, sans eux bouger ; et quand les gens du duc de Bourgogne virent leurs ennemis les Gantois, lesquels ne se bougeoient de leurs forts, ils firent semblant d'eux enfuir, et lors Gantois issirent après eux en grand nombre et à la file, en faisant grands cris, comme s'ils eussent été tous déconfits ; et quand les dits Gantois se trouvèrent sur un beau champ, là où il y avoit un moulin à vent, ils boutèrent le feu au dit moulin, et puis marchèrent droit là où étoit l'avant-garde du duc. Mais il ne les pouvoit voir, pour les grands arbres qui étoient entre eux deux. Lors le comte de Saint-Pol manda au duc que ce seroit bien fait d'ordonner cent hommes d'armes à cheval. Si y furent ordonnés, le bâtard de Saint-Pol, le seigneur de Waurin, messire Jacques de Lalain, et quinze ou seize lances des gens du seigneur de Croy, et se trouvèrent cinquante lances. Et tout ainsi que le seigneur de Waurin, le bâtard de Saint-Pol et messire Jacques de Lalain tiroient vers eux leurs ennemis auprès d'un étroit passage, ils rencontrèrent les Gantois, lesquels marchoient en grand' diligence, et déjà avoient vu de bien près l'avant-garde. Si commencèrent à marcher hommes d'armes et archers, à pied et à cheval, contre les dits Gantois. Et quand Gantois se virent approcher de tel courage et volonté que les gens du duc de Bourgogne s'y montroient, ils se mirent en déconfiture et en fuite, et en spécial ceux qui alloient devant, rallier en un assez fort lieu où ils rencontrèrent leurs gens qui venoient de leur bataille, et là se mirent à combattre et à eux défendre moult vivement; mais les vaillants chevaliers et écuyers, comme messire Jacques de Lalain et autres qui étoient à cheval, se frappèrent dedans si vaillamment que iceux Gantois ne durèrent point en cette place, et furent morts environ sept cents. Et tantôt après de rechef les Gantois se remirent à fuir, et saillirent grands fossés atout leurs longues piques, et les vaillants hommes de les suivre et de passer fossés après eux, si grands qu'il n'est pas à croire qui ne l'auroit vu. Puis quand les Gantois avoient passé les fossés, ils se mirent de rechef à combattre; mais hommes d'armes et archers les combattoient si vaillamment qu'ils ne duroient point. Là étoient messire Jacques de Lalain et messire Jacques de Foucquesolles, qui tous deux y firent de si belles apertises d'armes, qu'il ne seroit point à croire qui ne les auroit vu, et les vaillants chevaliers et écuyers, qui étoient ordonnés à chasser les Gantois, et autres qui les chassèrent sans ordonnance bien une lieue françoise, en les toujours tuant et mettant à mort. Là se trouva le comte d'Étampes, lequel y fut sans ordonnance et comme homme déconnu, en sa compagnie tant seulement cinq ou six personnes, desquels, comme j'ai ouï dire, en furent le seigneur de Roye et Jean de Chanvergy; et quant à ses gens, ils étoient avec le duc de Clèves. Jacques monseigneur de Saint-Pol, frère au dit comte, eut son cheval tué dessous lui, et étoit à cette heure en grand danger de mort, quand vinrent le vaillant chevalier messire Jacques de Lalain, qui à ce jour fit maintes grandes vaillances et belles apertises d'armes, le seigneur de Waurin, et avec eux messire Jacques de Foucquesolles; lesquels tous trois secoururent messire Jacques de Saint-Pol, lequel fut en plusieurs lieux navré dessus son corps, et fort playé, et y eut été mort sans recouvrer, ce n'eût été le bon chevalier messire Jacques de Lalain; car Gantois qui véoient celui messire Jacques de Saint-Pol tout à pied, ne chassoient que de le mettre à mort, nonobstant que moult âprement et hardiment se défendoit; mais par la grand' prouesse et vaillance des trois chevaliers de Lalain, de Waurin et de Foucquesolles, lui fut la vie sauvée, et l'ôtèrent hors du grand danger où il étoit. Moult de belles apertises d'armes y furent ce jour faites par le seigneur de Waurin, le bâtard de Saint-Pol, le seigneur de Saveuses, le seigneur de Roye, messire Jean de Croy, nonobstant qu'il eût eu le pied percé. Le mardi devant, messire Antoine et messire Guillaume de Vaudré, Simon du Châtelet, Jean de Chanvergy, le bon de Saveuses et autres plusieurs chevaliers et écuyers, avec grand nombre de vaillants archers y firent tant d'occisions, et y mirent tant de Gantois à mort, que horreur étoit à les voir.

Les batailles tinrent leur ordonnance sans eux bouger, sinon d'un peu approcher ceux qui chassoient Gantois, pour cause de ce qu'on ne savoit de vérité quelle puissance ils avoient, car le pays étoit contraire au duc de Bourgogne; et s'étoient tellement bouleversés, fossoyés et embûchés, qu'on ne pouvoit chevaucher, fors qu'à puissance, pourquoi, comme dessus est touché, on ne pouvoit savoir la convine des Gantois. Si couroit la voix qu'ils étoient très grand' puissance de gens, tant de la ville de Gand comme de gens du pays, et qu'ils mettroient trois puissances en une fois à l'encontre du duc de Bourgogne leur seigneur, et par trois divers lieux. Pourquoi le comte de Saint-Pol se tint toujours en belle ordonnance, bannière déployée; et quant à la bataille, le duc ne déploya point sa bannière, ni pennon; et toutes fois étoit tout ordonné, et aussi étoient ceux qui devoient garder son corps et sa bannière. Et premiers pour garder le corps du duc étoient ordonnés, le seigneur de Montagu, le seigneur de Créquy, le seigneur d'Arcy, messire Charles de Châlons, le seigneur de Humières, l'Amant de Bruxelles, messire François l'Aragonnois, messire Philibert de Gaucourt, le comte de Saint-Martin, et plusieurs autres chevaliers et écuyers, que pour cause de brièveté je m'en passe à les nommer. Et avec ce avoit le duc en sa bataille son seul fils le comte de Charolois, le seigneur de Croy comte de Porcien, Jean monseigneur de Portugal, fils du duc de Coïmbre; le seigneur d'Aussy, le seigneur de Lalain, le seigneur de Bauseignies, et le seigneur de Rochefort, et tous les nobles chevaliers et écuyers de sa garde et de sa bannière, excepté le seigneur de Ternant, qui étoit avec le duc de Clèves. Et fut cette bataille nommée la bataille de Berselle, auprès de Riplemonde, laquelle bataille fut au très grand honneur du duc de Bourgogne, et à peu de perte de gens; car il ne perdit ce jour qu'un seul homme, et fut messire Cornille son aîné fils bâtard, dont ce fut grand dommage, car il avoit un beau commencement, et de vaillance autant qu'il y en pouvoit avoir en un jeune homme, bien conditionné et fort aimé d'un chacun, et bien orné de toutes bonnes vertus; pourquoi il fut fort plaint, et mêmement de ceux de la ville de Gand qui ses ennemis étoient, quand ils le sçurent.

Icelui messire Cornille le bâtard étoit gouverneur de la duché et pays du Luxembourg, et avoit bel et grand état; et en fut le duc son père moult fort déplaisant, et non sans cause, car il étoit taillé de bien servir le duc son père, et aussi son fils le comte de Charolois, et lui fit le duc son père moult grand honneur à son corps; car il le fit porter en la ville de Bruxelles, et mettre en l'église de Sainte-Goule, près du charnier, là où il faisoit mettre ses enfants légitimes quand ils alloient de vie à trépas. Autre perte ne fit ce jour le duc de Bourgogne, mais elle fut grande, et les Gantois y perdirent bien six mille hommes, et si perdirent toute leur artillerie, charroy et autres bagues, et encore eussent-ils plus perdu, si ce n'eût été le fort pays où ils étoient : car s'ils eussent été aux pleins champs, jamais homme ne s'en fut sauvé. Le dit jour, le samedi et le dimanche, le duc de Bourgogne fut en la ville de Riplemonde, et le lundi ensuivant s'en partit, et alla au gîte en un gros village au dit pays de Wast, nommé Wassemenstre. Et passa le duc par un fort village nommé Chemesick, là où il y avoit forteresse appartenant à un gentilhomme nommé Martin Villain, lequel village et forteresse furent ars; et la cause fut, quant à la forteresse, pour ce que icelui Martin Villain laissa perdre sa forteresse, que les Gantois avoient assiégée : car le duc lui avoit offert gens de sa nation de Flandre pour la garder : mais le dit Martin le refusa, la cuidant bien garder.

Or, abandonnèrent Gantois ville et forteresse quand ils sçurent la venue du duc et de sa puissance; si furent tous ars comme dessus est dit. Et quand le duc fut arrivé au dit lieu de Wassemenstre, il y séjourna bien par l'espace de huit jours. Et la cause fut pour les ambassadeurs du roi, qui là arrivèrent, étant chargés de par le roi de requérir au duc qu'il lui plût faire et prendre paix aux Gantois, et à r'apaiser son ire et les remettre en sa bonne grâce; et quand à ce faire se vouloient employer, et à l'honneur du duc, comme ils voudroient faire pour le roi, et de ce avoient exprès commandement et charge de par le roi. Et quand les ambassadeurs eurent exposé leur charge au duc en la présence de plusieurs de son conseil, il répondit aux ambassadeurs, qu'il mercioit le roi de ce qu'il lui avoit plu envoyer devers lui pour le dit apaisement : mais il prioit au roi que de sa grâce il ne s'en voulût point mêler, et que véritablement il viendroit bien à chef des dits Gantois ; et que si le roi sçavoit et étoit bien informé à la vérité des dits Gantois et de leur mauvaise rébellion et désobéissance, qu'il ne s'en voudroit point mêler, en priant de rechef aux ambassadeurs qu'ils voulussent être contents, et eux déporter de tous points d'en plus parler, en leur disant que, s'ils sçavoient la grand'offense que les dits Gantois lui avoient faite, qu'ils ne lui en requerroient point, ni le roi ne le voudroit point faire. Toutes fois répliquèrent tant et parlèrent les dits ambassadeurs, que le duc fut content qu'ils allassent jusques à Gand; laquelle chose ils firent; et peu y profitèrent, car durant le temps qu'ils y furent et qu'ils y parlementèrent à eux, alors faisoient iceux Gantois plus forte guerre qu'auparavant n'avoient fait, non mie une fois. Et par plusieurs fois que paix et moyens s'y cuidoient trouver, adonc faisoient-ils du pis qu'ils pouvoient.

CHAPITRE XCIII.

Comment le comte de Charolois se partit de Tenremonde à puissance, pour aller devant le village de Morbecque.

Ens ou pays de Wast, avoit plusieurs gros villages fortifiés de grands boulevards et de plusieurs fossés, et tous les chemins boulevarqués et fossoyés; et entre les autres villages en y avoit un nommé Morbecque, et dans celui village avoit, tant comme de ceux de Gand comme de ceux du pays, comme on disoit, six mille combattants. Et pour ce fut avisé que le comte d'Étampes iroit courre en pays atout sa compagnie, qui pouvoient être deux mille combattants. Et se partirent le vingt-troisième jour de juin, et allèrent en pays, où ils trouvèrent tant de boulevards que merveilles, et chevauchèrent en tournant le dit pays jusques à une lieue de Morbecque : mais pour la grand'chaleur qu'il fit ce jour, le comte d'Étampes retourna à Wassemenstre ; et à la vérité dire, il fit ce jour une si grande et si très âpre chaleur, qu'il mourut un gentilhomme de chaud, et en furent cinq ou six grands seigneurs en danger de mort, à cause d'icelle chaleur; et disoient les aucuns, que oncques en leur vie n'avoient vu faire si très grand'chaleur pour un jour au pays de Flandre. Puis quand ce vint le lendemain, que fut la nuit de Saint-Jean, il fut ordonné que le comte de Charolois iroit à puissance courre devant le dit village de Morbecque ; et en sa compagnie avoit plusieurs grands seigneurs, et étoient en tout environ deux mille combattants. Ils firent leurs ordonnances, c'est à sçavoir avant-garde, bataille et arrière-garde, à demie lieue près du dit Morbecque, en une abbaye nommée Boudelo, et un gros village nommé Steeque. Et furent envoyés les coureurs, lesquels allèrent jusques entre la dite abbaye et celui village de Morbecque, qui était comme à un quart de lieue près, et là trouvèrent deux forts boulevards que les Gantois gardoient ; ils retournèrent incontinent et firent leur rapport au comte de Charolois et aux seigneurs qui avec lui étoient, et que si on les vouloit assaillir, il convenoit que l'avant-garde s'approchât. Toutes fois pour cette heure on n'y alla point : car on doutoit la personne du comte de Charolois, qui faisoit fort à peser, et s'en retournèrent sans rien faire ; de quoi le comte de Charolois fut très déplaisant et courroucé à merveilles ; et aussi fut le seigneur de Créquy, car il conseilloit toujours, et étoit son opinion telle, qu'on devoit aller et approcher le dit village de Morbecque de plus près, et selon ce qu'on trouveroit, aller avant ou s'en retourner au logis de Wassemenstre, laquelle chose on fit ; et ainsi s'en retournèrent au dit logis, sans aller plus avant pour cette fois.

CHAPITRE XCIV.

De la rompture qui fut faite afin que le duc n'allât à l'emprise qu'il avoit faite, c'est à sçavoir sur le village de Morbecque, dont il fut moult courroucé.

Auprès du pays de Wast avoit un très beau pays qu'on nommoit les Quatre-Métiers, auquel pays avoit un très beau village et grand, nommé Hulst, lequel se tenoit pour le duc de Bourgogne. Ils étoient peu de gens ; si leur fut envoyé messire Louis de Mamines atout environ soixante combattants, lesquels confortèrent ceux de Hulst, et là demeurèrent tant que le duc eût envoyé plus grand nombre de gens ; durant lequel temps, le duc sachant que par son fils le comte de Charolois n'avoit été faite ni achevée l'emprise qui lui étoit ordonnée, assembla son conseil pour sçavoir que il avoit à faire touchant le village de Morbecque, lequel sur toutes choses sur l'heure désiroit prendre par force ; pourquoi furent députés et ordonnés certains chevaliers à mettre par écrit la manière et la conduite de l'assaut d'icelui Morbecque. Et en furent le seigneur de Créquy, le seigneur de Montagu, le seigneur de Ternant, le seigneur de Humières, messire Daviot de Poix et messire François d'Aragonnois ; et mirent par écrit toute la manière et la conduite de l'avant-garde et l'artillerie, qui y appartenoit, le lieu là où ils s'assembleroient ceux qui devoient assaillir, ceux qui devoient être à pied et ceux qui devoient être à cheval, où toute l'artillerie de ribaudequins, couleuvrines et veuglaires devoient être ; et là où les crennequiniers se devoient tenir, et où vivres et charrois seroient ; et en général toutes les ordonnances furent si bien ordonnées, qu'on ne pourroit mieux. Et icelles apportées au duc, présent son grand conseil, le jour et l'heure de partir fut dénommée et conclue. Mais en celui jour que le duc se cuidoit partir, aucuns sages et subtils chevaliers doutants le grand péril et danger qui pourroit être à assaillir celui village de Morbecque ainsi fortifié et gardé de six mille hommes, comme on disoit, trouvèrent manière de rompre cette emprise par subtile voie, et tellement qu'à peine s'en put-on apercevoir. Toutes fois il fut rompu, dont le duc de Bourgogne fut moult troublé, et tellement qu'il montra devant tous ceux de son conseil par paroles, que courroucé en étoit, et fit son étendard, qui aux fenêtres de son logis étoit, reployer et bouter dedans, en soi complaignant que sa dite emprise étoit rompue : mais il ne sçavoit par qui : toutes fois tout demeura ainsi pour l'heure. Puis le lendemain, qui fut le vingt-sixième jour du mois de juin, les ambassadeurs du roi toujours requérants au duc de Bourgogne pour amour et faveur du roi, qu'il voulût apaiser sa fureur envers les Gantois, et qu'il lui plût entendre à la paix, en requérant trèves à monseigneur le duc, et que bonnement on ne pouvoit parvenir à la dite paix, sans surséance de guerre, prièrent tant au duc, qu'il leur accorda qu'il ne feroit point la guerre aux dits Gantois, ni ne feroit faire trois jours entiers, c'est à sçavoir le mardi, le mercredi et le jeudi, qui furent les vingt-sept, vingt-huit et vingt-neuvième jour de juin. Mais le dimanche devant, qui fut le vingt-cinquième jour d'icelui mois de juin, le duc avoit ordonné que ceux du pays d'Hollande iroient par eau de la ville de Tenremonde en la ville de Hulst, ainsi comme ils firent, et s'en allèrent en belle ordonnance au long de la rivière de l'Escaut et passèrent devant la ville d'Anvers, et puis entrèrent en mer, et tant firent qu'ils entrèrent dedans la ville de Hulst. Et le mardi, qui fut le vingt-septième jour de juin, le duc envoya messire Antoine bâtard de Bourgogne, messire Simon, messire Jacques et messire Sanche de Lalain au dit lieu de Hulst, atout trois cents combattants, ou environ, à cheval, et la nuit ensuivant de ce même jour qu'ils furent arrivés au dit lieu de Hulst, ils sçurent que bien six mille Gantois, étants et gardants pour l'heure un grand et fort village nommé Acquesselles, étoient issus hors, et ne sçavoient qu'ils vouloient faire. Messire Jacques et messire Simon de Lalain issirent hors de la ville de Hulst le mercredi bien matin, atout soixante combattants, et chevauchèrent tout droit vers le dit gros village de Acquesselles, pour sçavoir nouvelles de leurs ennemis. Si ne chevauchèrent guère de chemin, qu'ils trouvèrent un fort boulevard gardé par les Gantois, bien garni d'artillerie à poudre, et en tirèrent sur les dits de Lalain, et toutes fois ils entendoient qu'il fût trèves les dits trois jours durants, comme il étoit dit. Et quand messire Jacques et messire Simon perçurent que les dits Gantois ne tenoient point les trèves, ils s'approchèrent d'eux, et de rechef les dits Gantois recommencèrent à tirer. Ce voyants, messire Simon et messire Jacques firent descendre leurs archers et marchèrent tout droit à l'encontre des dits Gantois. Et quand les Gantois les virent approcher de si près d'eux, si commencèrent à fuir ; et messire Jacques de Lalain par grand courage, et diligemment les prit à suivir atout cinquante combattants, ou environ, et messire Simon demeura pour recueillir et secourir messire Jacques son neveu, si besoin lui eût été ; mais celui jour messire Jacques de Lalain le bon chevalier fit tant par son grand hardement et prouesse qu'il conquêta et gagna sur les Gantois sept ou huit forts boulevards, et passa parmi deux villages, dont l'un étoit bel et fort, et une très belle et forte église, et les déconfit et mit en fuite atout son petit nombre de gens jusques au lieu d'Acquesselles. Et si à cette heure celui messire Jacques de Lalain eût eu suite de gens, il fût entré dedans le village de Acquesselles.

Ainsi comme vous oyez, messire Jacques de Lalain le vaillant chevalier, eut en ces jours moult de grands affaires, et donna maints coups et reçut, tellement que par sa vaillance et par ses belles apertises d'armes, sa renommée fut si grande, qu'en place où il se trouva, fortune lui étoit amie ; non pas seulement en ce jour, mais tant comme il véquit. Et en celui jour n'y eut des dits Gantois que dix à douze morts, et de prisonniers environ vingt : car tantôt comme Gantois le véoient aborder sur eux, lequel ils connoissoient assez, nuls d'eux pour peur de la mort ne l'osoient attendre. Après ces choses faites et achevées, messire Jacques et messire Simon de Lalain s'en retournèrent en la ville de Hulst. Et quant est aux Gantois, lesquels étoient issus en nombre de six mille combattants, comme on disoit, ils sçurent bien qu'ils étoient allés bouter les feux en deux maisons devers la mer, lesquelles étoient à deux nobles hommes tenants le parti du duc de Bourgogne.

CHAPITRE XCV.

Comment les Gantois qui étoient dedans Acquesselles issirent dehors pour aller mettre le siége devant Hulst ; et des grands vaillances et grand' conduite de messire Jacques de Lalain.

Quand ce vint le lendemain, qui fut le jour de Saint-Pierre en juin, les Gantois étants au lieu d'Acquesselles, en nombre de sept mille hommes ou plus, comme on disoit, issirent et allèrent tout droit devant la ville de Hulst, menants grand nombre de charrois, artillerie, tant de canons, couleuvrines, pavois et autres choses appartenants à la dite artillerie, contendants d'assiéger la ville de Hulst, ou la prendre d'assaut. Pourquoi quand on vit venir les Gantois en tel arroi, fut ordonné que les Hollandois garderoient une des portes, messire Sanche de Lalain une autre, et messire Antoine bâtard de Bourgogne seroit dedans le marché atout ses gens, pour secourir et aider ceux qui en auroient affaire, et messire Jacques de Lalain issiroit dehors atout un nombre de gens d'armes, et messire George de Rosimbeau mèneroit les archers. Et quant à messire Simon de Lalain, il étoit allé devers le duc de Bourgogne, qui à ce jour étoit au village de Wasemenstre, dont devant est parlé.

Quand les ordonnances furent faites, une partie d'iceux Hollandois issirent hors de l'une des portes, du côté dont les Gantois approchoient cette ville de Hulst : messire Jacques de Lalain et George de Rosimbeau étoient pareillement issus hors de la ville de Hulst. Et quand messire Jacques de Lalain vit et perçut que les Gantois approchoient la porte dont ils étoient issus, il envoya par devers messire Antoine le bâtard, afin qu'il lui envoyât encore cinquante ou soixante archers, laquelle chose il fit. Puis quand messire Jacques se vit renforcé des dits archers et qu'iceux Gantois n'approchoient plus la ville de Hulst, il ordonna un petit nombre d'archers, et les fit aller à son côté senestre et si avant que les dits archers pouvoient bien tirer aux flancs et aux côtés d'iceux Gantois. Et alors messire Jacques de Lalain commença à marcher tout bellement envers ses ennemis. Puis quand iceux Gantois virent messire Jacques de Lalain approcher d'eux, et qu'ils sentirent le trait des archers, lesquels tiroient sur eux, comme dessus est dit, se mirent en fuite et en déconfiture ; et si ne véoient guère de nos gens : mais la vaillance et hardiesse du bon chevalier messire Jacques de Lalain, les fit mettre à déconfiture. Le cri fut grand sur eux ; hommes d'armes et archers commencèrent à chasser et à tuer Gantois. Et est à croire pour vérité que Hollandois n'y faillirent mie, autant comme ils pouvoient aller de pied. En cette ville de Hulst étoient plusieurs chevaliers et grands seigneurs, tant du pays de Hollande, Picardie, Hainaut et que d'autre part.

Là étoit le seigneur de Lannoy, le seigneur de Brederode, le seigneur de Bausegnies, le frère du seigneur de Brederode, messire Sanche de Lalain, tous vaillants chevaliers, dont les uns étoient issus de la ville et les autres étoient en leur garde. Car le grand nombre que les Gantois étoient, avec le nombre du charroi et artillerie qu'ils avoient, faisoit à douter qu'ils ne voulsissent assaillir la ville de Hulst ; et aussi alloient-ils pour ce faire : mais ils trouvèrent dedans la ville autres gens qu'ils ne cuidoient trouver. Et pour revenir à icelle déconfiture de Gantois, vrai est que messire Jacques de Lalain chassa un peu iceux Gantois tout à pied. Et en ce faisant trouva un poursuivant nommé Tavent, auquel il prit son cheval, et monta dessus, et cependant on alla querre chevaux en la ville de Hulst, tant pour lui comme pour les siens, et aussi plusieurs nobles hommes se mirent en peine d'avoir des chevaux. Et quand chevaux furent recouvrés, laquelle recouvrance fut petite, car je crois qu'ils ne se trouvèrent point jusques à cinquante chevaux en tout, alors ils encommencèrent à faire leur devoir, c'est à sçavoir de tuer et chasser Gantois, et tant qu'hommes, et chevaux furent recreus. Et fut messire Jacques de Lalain tout le dernier chassant, et eut son cheval tué, et lui convint rechanger cheval, et en eut trois ce jour ; et si avoit avec lui cinq ou six de ses gens, et si y étoit messire Josse de Hallewin, le bâtard de Saveuses, et Plateau, car ils ne se trouvèrent que dix, où douze chevaux au darrain, que tous ne fussent lassés. A icelle chasse ne failloit que gens de cheval pour chasser et tuer : car les Gantois ne faisoient autre défense que de fuir, en jetant piques et harnas à terre. En icelle chasse y eut plusieurs Gantois lesquels s'allèrent rendre aux officiers d'armes en requérant qu'on leur sauvât la vie. Celui jour y eut quatre cents hommes morts, et bien cent prisonniers d'iceux Gantois, et si perdirent toute leur artillerie, charroi, pavois, vivres et autres bagues; et, comme on disoit, ils avoient bien quarante, que chars, que charrettes. Or est vérité que le duc de Bourgogne entendoit qu'il y eût trêve à la requête des ambassadeurs du roi : car vous avez ouï comme le duc leur avoit accordé surséance de guerre, c'est à sçavoir le mardi, le mercredi et le jeudi, lequel fut le jour Saint-Pierre, comme dit est, que la besogne fut. Et cuidoient les Gantois prendre et surprendre les gens du duc de Bourgogne en la ville de Hulst, pensants qu'on ne se donnât garde d'eux, à l'occasion des dites trêves et surséance de guerre; et ainsi avoient-ils accoutumé de faire, car à toutes les fois qu'on parlementoit de paix ou de trêves, ou qu'il étoit surséance de guerre, ils faisoient leurs emprises cauteleusement, dont mal leur en vint.

Or vrai est que au dit jour Saint-Pierre, le duc avoit ordonné qu'environ sept heures en la nuit, lui et sa bataille partiroient, à neuf heures après son arrière-garde, et étoit pour aller au village de Acqueselles, où on disoit que les Gantois étoient bien six ou sept mille. Et tout ainsi que le maréchal de l'ost du duc faisoit dire les ordonnances qui lui étoient chargées de par le duc, au prévôt des maréchaux pour le fait des vivres, et au maître de l'artillerie, ensemble tout ce qu'il failloit pour l'ost, vint un poursuivant nommé Pavillon, lequel apporta certaines nouvelles de la besogne et de la détrousse faite sur les Gantois devant la ville de Hulst, ainsi comme ci dessus avez ouï. Et pour revenir au partement du duc, qu'il devoit faire de son logis de Wassemenstre, là où il avoit été longuement logé, comme dessus est dit, là étoient aucuns ambassadeurs du roi, lesquels requéroient au duc, qu'il lui plût encore dilayer son voyage et emprise, qu'il avoit sur les Gantois étants lors au lieu de Acqueselles, en disant qu'encore étoit l'un des ambassadeurs en la ville de Gand, lequel pourroit bien apporter telles nouvelles qu'il ne seroit jà besoin d'en plus faire. Lors le duc de Bourgogne répondit aux ambassadeurs qu'il véoit bien et sçavoit la male volonté des Gantois, et bien le montroient et avoient montré ce même jour, que toutes les parties avoient accordé surséance de guerre. Et pourtant le duc voulut entretenir son voyage : et quand ce vint à sept heures de la nuit, l'avant-garde se délogea, et puis la bataille et l'arrière-garde; et après toutes les batailles, étoit ordonné le charroi, tant de vivres comme autrement, et un petit nombre de lances pour le garder. Et la cause pourquoi le dit charroi fut ainsi ordonné tout derrière, ce fut pour les chemins, qui moult étoient étroits, et tout le pays fossoyé : car si un chariot se fût rompu, le chemin eût été estouppé et clos; tellement que les gens de guerre n'eussent pu aider ni secourir l'un l'autre. En cette ordonnance chevaucha le duc de Bourgogne et son ost toute la nuit, en allant tout droit au gros village de Acqueselles au pays des Quatre-Métiers, là où il cuidoit trouver de six à sept mille Gantois. Or convenoit-il que le duc et son ost passassent par le chemin qu'il prit tout droit devant la ville de Hulst, où la besogne avoit été. Si y avoit, du logis dont le duc s'étoit parti nommé Wassemenstre jusques au dit lieu de Hulst, quatre grosses lieues de Flandre; et fut jour quand il arriva à Hulst; et du dit Hulst jusques à Acqueselles avoit une grosse lieue; et ainsi étoit cinq lieues qu'il y avoit de Wassemenstre jusques au lieu de Acqueselles. Puis quand le duc fut passé environ une demie lieue de la ville de Hulst, on se mit en bataille en attendant Hollandois, Picards, Flamands, et Haynuyers, lesquels étoient dedans la ville de Hulst. Les chariots que les Gantois avoient perdus le jour devant, vinrent bien à point aux Hollandois : car ils étoient venus de Hollande par eau, si n'avoient nuls chevaux.

Le duc de Bourgogne fut longuement en bataille en attendant les Hollandois, dont le seigneur de Lannoy étoit capitaine et gouverneur; et étoient les Hollandois presque tous en chariots et charrettes, et les aucuns à pied : et quand ils furent venus, le duc ordonna tout son arroy pour assaillir la grande et forte ville de Acqueselles, qui étoit de tous côtés très fort boulevarquée. Si furent ordonnés à aller devant la dite ville messire Jacques et messire Simon de Lalain atout leurs gens, pour voir les avenues de la dite ville de Acqueselles, la manière des Gantois et toutes leurs ordonnances. Et devoient suivre par ordre, ainsi qu'il étoit ordonné pour le dit assaut : mais ce fut pour néant ; car les dits Gantois s'en étoient fuis en cette même nuit tous hommes, femmes et enfants, et avoient vuidé la plupart de leurs biens, et s'étoient tous retraits en la ville de Gand, là où il y avoit quatre grosses lieues de la dite ville de Acqueselles. La nouvelle vint au duc de Bourgogne comment Gantois s'en étoient fuis la nuit, et qu'en la ville de Acqueselles n'y avoit homme demeuré, ni femmes, ni enfants, excepté cinq ou six vieilles, dont le bon duc fut moult déplaisant ; car il avoit chevauché toute nuit cuidant trouver les dits Gantois : mais ils avoient été si effrayés le jour devant de la besogne et déconfiture qu'ils avoient eue devant la ville de Hulst, que sans arrêter ils s'en fuirent en la ville de Gand.

Après ces nouvelles sçues, le duc ordonna au maréchal de l'ost, qu'il prît les fourriers, et allât au lieu de Acqueselles faire les logis. Si fut ainsi fait et ordonné, et là se logea le duc et tout son ost. En après plusieurs compagnons de guerre passèrent outre cette ville de Acqueselles, et trouvèrent tant de vaches et de bétail qu'on donnoit une belle vache pour cinq sols. Le dit jour, qui étoit le derrain jour de juin, après ce que hommes et chevaux furent repus, le duc envoya courre le pays de Quatre-Métiers du côté de la mer, tout jusques à Bouchant ; et y furent, ce vaillant chevalier messire Jacques et messire Simon de Lalain son oncle et plusieurs autres chevaliers et écuyers. Si ne trouvèrent personne en tout le pays, ni hommes ni femmes ni enfants, que tous ne fussent retraits en la ville de Gand. Les deux seigneurs, messire Jacques et messire Simon de Lalain, par l'ordonnance et commandement du duc, firent bouter les feux en cette ville de Bouchant et par tout le pays où ils furent, et ardirent bien trois lieues de pays, que ceux de la ville de Gand véoient à plein.

CHAPITRE XCVI.

Comment le duc de Bourgogne fit bouter les feux devant Morbecque et autres plusieurs villages.

Le premier jour de juillet ensuivant, le duc de Bourgogne envoya messire Louis de la Viéville et messire Louis de Mamines en la ville de l'Ecluse quérir des vivres : car le pain étoit failli, et étoit très cher en l'ost du duc ; et leur fut commandé qu'ils amenassent leurs vivres à un village nommé Wacquebecque, qui est un beau village séant à deux lieues de Gand. Le duc de Bourgogne fut logé au dit lieu des Acqueselles trois jours entiers, et le quatrième jour, qui fut troisième jour de juillet, se délogea et s'en alla loger au village de Wacquebecque. Mais ayant son partement il envoya courre à puissance dedans un fort village nommé Morbecque, lequel étoit de fortes avenues, là où on cuidoit moult grand nombre de gens. Et firent la course les gens de messire Jean de Croy, et y furent le seigneur de Mingoval, messire Jean de Rubempré, neveu du seigneur de Croy, et plusieurs autres chevaliers et écuyers. Au dit village de Morbecque n'avoit car tous s'en étoient fuis dedans la ville de Gand ou dedans les marais du dit Morbecque, lesquels sont marais où on prend tourbes : lesquels sont tant périlleux, que nuls étrangers n'y peuvent ni ne savent comment entrer que ce ne soit en péril et danger de perdre la vie ; et tels y entrèrent pour cuider gagner, qui oncques puis n'en revinrent : mais comme j'entends, il n'y furent que deux ou trois.

Quand les deux de Rubempré et de Mingoval virent que autre chose ne se pouvoit faire ès dits marais, lesquels on appelle Moures, ils firent bouter le feu au dit village de Morbecque : car on leur avoit commandé. Si fut la dite course faite le premier jour de juillet. Et pour revenir à notre matière du délogement du bon duc, vérité est qu'il se délogea le troisième jour de juillet de ce bel et gros village d'Acqueselles, que ceux du pays ne tenoient pas pour village, mais pour bonne ville, ayant armes, loi et maison de ville, et avec ce y avoit bien de deux à trois mille maisons, lesquelles au déloger furent presque toutes arses ; et peu y en demeura, fors qu'une très belle église et la maison de messire Guy de Ghitelle, laquelle étoit enclose d'eau et de fossés, et fut garantie du feu, pour ce que le chevalier tenoit le parti du duc son seigneur. Ainsi comme vous oyez se délogea le duc et tout son ost ; si chevaucha en la plus belle ordonnance qui pour lors faire se pouvoit : car on ne pouvoit chevaucher que par les chemins, tant étoit le pays fossoyé. Et encore étoient tous les chemins boulevarqués mais ceux boulevards étoient rompus et les chemins refaits, et alla celui jour loger le duc à Wallebecque; dont dessus est faite mention, et là fut deux jours; et illec lui vinrent vivres de l'Ecluse en grand' abondance que messire Louis de la Viéville et messire Louis de Mamines conduisirent, ainsi que chargé leur avoit été, et bien le firent. En ces deux jours que le duc et son ost furent logés en celui village de Wallebecque, coururent plusieurs gens de guerre les pays d'entour le logis. Si furent les aucuns devant une petite place qui se tenoit, laquelle fut prise de force et tous ceux de dedans mis à la mort. Là entour du dit Wallebecque fut trouvé tant de bêtes à cornes qu'on n'en savoit que faire, et gagnèrent si largement que celui qui avoit quatre écus avoit cent bêtes à cornes qui acheter les vouloit.

Entour le dit village de Wallebecque, avoit grands marécages, et si y passoit la rivière de Drosne, et étoient les dits marais de très mauvais fond. Et pourtant iceux marais furent avisés par messire Daviot de Poix et par le seigneur de Contay, et fit-on refaire aucuns passages, espérant que tout l'ost du duc y passeroit; et de fait fut l'entreprise faite pour y passer, et y passèrent plusieurs, tant à pied comme à cheval : mais les dits marais s'effondrèrent tellement, qu'il fallut cesser le passage; et qui pis fut, il convint de repasser ceux qui étoient allés outre les dits marais, car si les Gantois fussent venus sur eux, on ne les eût pu aider ni secourir. Si furent ceux qui étoient passés, au repasser tellement mouillés et brouillés, que c'étoit grand' pitié à les voir; et pour cette cause fallut demeurer tout le jour à Wallebecque, et convint aller refaire les passages et ponts de Morbecque. Puis se délogea le duc le sixième jour du mois de juillet lui et tout son ost, et au déloger on bouta les feux partout; et si avoient étés boutés le jour de devant en plusieurs villages, tant à Artevelle comme ailleurs. Ce sixième jour de juillet, le duc de Bourgogne passa la rivière de Drosne, à un passage à gué nommé Draghenen, et auprès d'icelui passage se logea le duc et tout son ost.

CHAPITRE XCVII.

De la course qui se fit devant la ville de Gand, de laquelle course étoit chef le duc de Clèves, et de ce qui s'y fit.

Quand ce vint le lendemain, le duc se délogea de Draghenen, et s'en alla loger aux champs sur la rivière de l'Escaut au plus près d'un village nommé Westre, séant sur icelle rivière, entre Gand et Tenremonde, qui est à une lieue et demie de Gand ou environ; et là le duc et tout son ost furent logés en tentes, pavillons et logis faits pareillement qu'on feroit en un siége. A icelui logis de Westre revinrent les ambassadeurs du roi, lesquels s'étoient tenus à Tenremonde pendant le temps que le duc avoit été au pays des Quatre-Métiers et de Wast. Et illec de rechef requirent au duc, qu'il lui plût à entendre à traité de paix, laquelle paix ne se pouvoit bonnement faire sans trèves. A laquelle chose le duc ne vouloit entendre, disant que les Gantois ne prétendoient qu'à rompre son armée; ils firent tant de belles remontrances au duc, comme ils purent, et et bien le savoient faire : mais pour l'heure le duc ne s'y voulut accorder, et s'en retournèrent les ambassadeurs, en la ville de Tenremonde. Et le dixième jour du dit mois de juillet ensuivant, le duc ordonna que le duc de Clèves iroit courre devant la ville de Gand, et lui fut baillé en gouvernement l'étendard du duc; et pour l'accompagner lui furent baillés la plupart des chevaliers et écuyers du duc de Bourgogne, et y fut messire Jean de Croy, qui fit ce jour l'avant-garde, et le seigneur de Rubempré avoit la charge des coureurs; et au regard des gens du comte d'Etampes, ils y furent en grand nombre. Tant chevauchèrent ensemble en bonne ordonnance, qu'ils se trouvèrent devant la porte de Saint-Bavon de Gand, là où il y avoit une petite maison droit devant le tape-cul, laquelle fut arse; barrières furent coupées et soyées, et leur fit-on fermer la porte bien en hâte.

L'alarme et l'effroi fut grand en la ville de Gand; si encommencèrent les Gantois à tirer sur les gens du duc, d'arbalètes, de canons et de coulevrines; et y eut un archer qui étoit sur sa barrière de la porte Saint-Bavon, qui fut féru en la cuisse du trait d'une arbalète, dont il mourut. Tantôt après, les Gantois s'assemblèrent en très grand nombre et issirent hors de leur ville : mais le gentil chevalier de Rubempré les rebouta par trois fois dedans leurs barrières si rudement, qu'au rentrer dedans la ville, ils chéoient et trébuchoient les uns sur les autres. Les escarmouches durèrent longuement : et issirent Anglois de trente à quarante de cheval et de pied hors de la ville : car les Gantois avoient des Anglois avec eux lesquels tinrent l'escarmouche. Mais tantôt après qu'on chargeoit sur eux, ils se retraioient dedans le trait de leurs gens ; parquoy s'il y eut plusieurs hommes et chevaux navrés des gens du duc, ce ne fut pas merveille, car je crois que ce jour y eut trois étendards plus près de la ville de Gand en fait de guerre, qu'il n'y avoit oncques eu du temps d'empereur, de roi, ni de prince. Le premier des trois et le plus près, ce fut l'étendard du seigneur de Rubempré ; car il fut par trois ou quatre fois jusques aux barrières de Saint-Bavon de Gand. Le second ce fut l'étendard de messire Jean de Croy, lequel avoit grand'puissance sous lui, et eut la charge de l'avant-garde pour celui jour, et aussi en toutes besognes avoit-il eu avec lui le comte de Saint-Pol. Le troisième étendard fut celui du duc de Bourgogne, que le duc de Clèves avoit en garde ; si le fit porter si près, que si celui qui le portoit ne se boutoit dedans le trait des canons, il ne pouvoit plus près. Là fut le duc de Clèves et toute la puissance du duc bien par l'espace de deux heures, et véritablement la y avoit de vaillants chevaliers et écuyers toujours escarmouchant, en les cuidant toujours tirer arrière de leur ville et hors du trait : mais les Gantois ne s'étonnoient point : pourquoi il s'en fallut départir ; et à leur retour ils firent bouter le feu en un moulin à vent qui étoit assez près de leur porte : et si fut bouté le feu en un moult bel hôtel qui était à un nommé Jacques de Faire et en plusieurs autres maisons. Grand'foison de bêtes à laine furent gagnées ce jour, et ainsi s'en revint-on au logis.

Or nous convient dire pourquoi ni à quelle cause cette course fut faite devant la ville de Gand à ce jour, et à quelle intention elle se faisoit. Vérité est qu'on avoit dit ou rapporté au duc que s'il envoyoit courre devant Gand, que les Gantois issiroient hors de la ville et combattroient et livreroient bataille ; et afin d'avoir la bataille, avoit le duc envoyé son neveu le duc de Clèves, ainsi accompagné comme vous avez oui, devant la ville, pensant qu'iceux Gantois dussent issir pour combattre, et au cas qu'ils ississent, que le duc de Clèves et toute sa puissance reculassent tout bellement ; car le duc de Bourgogne, après le partement du duc de Clèves son neveu et des autres qui allèrent courre devant la dite ville, avoit fait dire secrètement, sans sonner trompettes, de logis en logis de tous ceux qui étoient demeurés en l'ost, que chacun eût sa selle mise et fussent prêts de monter, si besoin étoit. Et avoit ordonné le duc qu'on lui fît sçavoir la conduite des Gantois à tuc cheval ; et par spécial, s'ils issoient à puissance pour combattre, afin que lui et tout son ost fût à la bataille à l'aide et secours de son neveu le duc de Clèves. Et afin qu'il n'y eût faute que le duc ne sçût des nouvelles sur nouvelles, au cas que les Gantois voudroient combattre, il ordonna à Toison-d'Or qu'il menât avec lui à cette course tous les rois d'armes, hérauts et poursuivants de sa cour, pour lui faire sçavoir des nouvelles de l'état d'iceux Gantois, laquelle chose fut ainsi faite : mais les Gantois n'issirent point pour combattre. Et n'y eut autre chose faite pour celui jour ; et s'en retourna chacun au logis, auquel le duc étoit logé sur la rivière de l'Escaut, comme dit est : et y fut, depuis le septième jour du mois de juillet jusques au jour de la Magdeleine, qui fut le vingt-deuxième jour du dit mois. Et là venoient les ambassadeurs du roi de France bien souvent pour faire la paix. Toutesfois en conclusion, firent tant iceux ambassadeurs, qu'ils obtinrent du duc une trève durant six semaines, laquelle fut publiée le vingt-deuxième de juillet. Et rompit le duc tout son armée : mais il laissa gens d'armes et de traits dedans les villes de Courtray, Audenarde, Alost, Tenremonde et Breveliet. Si fut ordonné que les ambassadeurs du roi, le conseil et députés du duc et commis de la ville de Gand seroient en la ville de Lille, le vingt-neuvième jour du dit mois de juillet, pour avoir avis et besogner au bien de la paix. Et au partir du logis, le duc s'en alla à Bruxelles, où était la duchesse sa femme, et ainsi se partit du beau logis de Westre, séant sur la rivière de l'Escaut.

CHAPITRE XCVIII.

Du parlement qui se fit à Lille, où étoit l'ambassade du roi de France, pour traiter de la paix au duc de Bourgogne pour ses sujets les Gantois.

Or vint le jour, c'est à sçavoir le vingt-neuvième jour de juillet, que les gens du roi arrivèrent en la ville de Lille, c'est à sçavoir le comte de Saint-Pol, messire Thomas de Beaumont, l'archidiacre de Tours, le procureur-général du roi; et d'autre part y furent les députés des Gantois ayants pouvoir des hauptmans, échevins et ceux de la loi; et mandèrent un avocat à Paris nommé maître Jean de Pompaincourt pour plaidoyer leur cause et pour les conseiller : car ils sçavoient bien qu'icelui avocat étoit l'un des hommes du monde qui plus haioit le duc.

Ne demeura guères après que le duc arriva en la ville de Lille, accompagné de noble chevalerie et de sage conseil; et y furent par plusieurs journées les gens du duc et les députés de Gand; et tant, que finalement furent d'accord; et fut mis par écrit toute la manière du traité, amendes et réparations honorables au duc, que pour leur rébellion devoient faire les dits Gantois. Et furent par les ambassadeurs du roi les Gantois condamnés à faire toutes réparations au duc de Bourgogne leur seigneur; et sur ce les commis et députés de Gand se partirent de la ville de Lille, et vinrent à Gand, où ils lurent et montrèrent les condamnations et amendes honorables et profitables qu'il devoient faire à leur prince le duc de Bourgogne, comte de Flandre, de laquelle sentence et traité les Gantois ne firent compte et se recommencèrent à faire guerre plus forte que devant. Et pourtant que c'étoit sur l'hiver, le duc entretint ses gens de guerre en la frontière à l'encontre des Gantois, et fut le maréchal de Bourgogne ordonné à être à Courtray, lequel fut bien accompagné de chevaliers et écuyers et de bonnes gens de guerre de Bourgogne, de Flandre et d'Artois. A Audenarde étoit messire Jacques de Lalain moult bien accompagné; pareillement étoit messire Antoine bâtard de Bourgogne en la ville de Tenremonde moult bien accompagné de chevaliers et écuyers. Et en la ville d'Alost étoient messire Antoine de Wisocq et messire Louis de la Viéville très bien accompagnés de gens de guerre; et d'autre part étoit en la ville de Bruges le seigneur de la Gruthuse : et messire Simon de Lalain étoit en la ville de l'Ecluse, et aussi le capitaine du pays du Franc. Et quant à la noblesse du pays de Flandre, ils étoient tous avec leur prince, en faisant guerre contre les Gantois, tant à leurs places comme ès bonnes villes tenants le parti du duc. A Ath en Hainaut et ès places et marches d'environ, étoit messire Jean de Croy seigneur de Chimay, grand bailly et gouverneur de Hainaut; moult bien accompagné de chevaliers et écuyers et de gens de guerre, tant Hainuiers comme gens de Picardie.

Tout au long de l'hiver, et partie de l'été, les Gantois faisoient guerre, boutoient les feux ès villages et ès maisons aux champs, et firent de moult grands dommages, ès pays de Flandre et de Hainaut, sur les sujets obéissants du duc leur seigneur. Et aussi pareillement les seigneurs dessus dits étants ès frontières contre eux, leur firent grand guerre et dommage; où maints Gantois y furent pris, morts et rués jus, dont des noms ne fais ci nulle mention, sinon du bâtard de Blanche-Estrain, qui étoit conducteur et meneur de plusieurs Gantois de mauvaise vie tenant une compagnie qui s'appelloit la Verte-Tente, comme de bannis, brigands et bouteurs de feu, qui aucunes fois se trouvoient ensemble deux ou trois mille hommes, l'une fois plus, l'autre fois moins. Si advint que le neuvième jour de juin mil quatre cent cinquante-trois, celui bâtard de Blanche-Estrain avoit assemblé et mis ensemble jusques au nombre de seize à dix-huit cents combattans pour porter dommage au pays de Hainaut, et de fait entra au dit pays, et fit bouter le feu en un village nommé Hélleselle.

Les nouvelles en vinrent au seigneur de Chimay, qui lors étoit en la ville d'Ath, au pays de Hainaut, accompagné de plusieurs chevaliers et écuyers, tant des seigneurs de la Hamède, de Bossu, de Harcies, comme d'autres; car avec ce que le duc avoit ordonné cent payes, le dit pays de Hainaut payoit cent lances et les archers, desquels messire Jean de

Croy, seigneur de Chimay, étoit le chef et capitaine. Or est vérité que tantôt qu'icelui seigneur de Chimay ouït les nouvelles de ce feu qui étoit bouté au dit lieu de Helleselle, il fit sonner sa trompette, afin que ses gens montassent à cheval, lesquels furent tantôt et incontinent prêts, armés et montés. Le seigneur de Chimay voyant ses gens prêts, issit hors de la ville d'Ath; lui et ses gens tirèrent tout droit là où ils virent que le feu et la fumée étoient, et chevauchèrent tant qu'ils se trouvèrent au village de Helleselle, où les Gantois avoient bouté le feu comme dessus est dit. Et là trouvèrent femmes, lesquelles leur dirent que les Gantois s'en retournoient vers leurs marches, et qu'ils menoient charroi avec eux. Lors le seigneur de Chimay fit chevaucher ses coureurs, lesquels suivirent sur le trac des Gantois, qui s'étoient retraits en un bois et furent trouvés en ordonnance de combattre. Les bois où ceux Gantois étoient boutés étoient forts et les entrées étoupées, tellement que le seigneur de Chimay et ses gens ne les sçavoient comment assaillir, car iceux Gantois avoient mis couleuvriniers à garder les entrées, lesquelles étoient moult étroites.

Toutes fois, ainsi comme Dieu le voulut, le seigneur de Chimay fit descendre de ses archers, lesquels se mirent en une étroite voye, et commencèrent à tirer sur les dits Gantois, et iceux Gantois à tirer de leurs couleuvrines sur les dits archers; et au commencement fut navré le bâtard de Blanche-Estrain d'une flèche en la jambe, et tantôt qu'il se sentit navré, il demanda un cheval, qu'on lui amena, et monta dessus pour soi sauver, comme il fit. Le seigneur de Chimay, quand il vit partir le bâtard de Blanche-Estrain, fit marcher son étendard, que portoit un gentil chevalier nommé N...... Alors quand les Gantois virent leur capitaine s'enfuir et l'étendard de monseigneur de Chimay marcher contre eux, et qu'ils sentirent le trait des archers, ils se mirent tous en déroi, et prirent la fuite, et y eut grand'occision de Gantois; car sur la place où ils furent trouvés ès bois et dedans les bleds où ils se mussoyent, furent trouvés de morts environ quatre cents hommes. Maintes belles besognes furent en cette saison faites sur les Gantois, tant des seigneurs et capitaines étants ès villes et châteaux ès frontières dessus écrites, comme des nobles de Flandre, avant ce que le duc se mît sus à puissance pour subjuguer ses ennemis les Gantois, comme il fit. Et plus bref eût mis le duc son armée sus pour aller à l'encontre eux, si ce n'eût été les notions et marchands étrangers, lesquels lui firent requerre de rechef, que son plaisir fût de leur accorder qu'ils s'entremêlassent de faire l'apaisement et accord d'iceux Gantois envers le duc, et qu'il leur donnât congé d'aller à Gand, pour essayer si au dit apaisement et accord ils pourroient rien besogner, laquelle chose le duc leur accorda volontiers et de bon cœur, car il ne désiroit autre chose avoir des Gantois, fors qu'ils fissent envers lui, ainsi que bons sujets doivent faire envers leur bon et naturel seigneur et prince. Icelles nations, qui moult déplaisantes étoient de la rébellion des Gantois, s'acquittèrent grandement d'aller et de venir devers le duc et devers ceux de Gand, et allèrent tant d'un côté et d'autre, que les Gantois députèrent leurs gens notables pour aller devers le duc; et enfin fut traité l'apaisement et accord, lequel je me déporte de raconter, car après le dit traité et accord fait des deux parties, les députés d'iceux Gantois cuidants avoir bien fait la besogne, s'en retournèrent moult joyeux en la ville de Gand, et montrèrent aux hauptmans, échevins et communauté de la ville de Gand, le traité fait à Lille avec le duc leur seigneur et prince; mais iceux Gantois n'en voulurent rien tenir. Ainsi se remirent à la guerre, et allèrent bouter le feu à l'un des beaux villages de Flandre nommé Hulst, parquoi il convint que le duc se mît sus et qu'il rassemblât son armée.

CHAPITRE XCIX.

Comment le duc de Bourgogne se partit de Lille pour aller en Flandre, et alla mettre le siége devant Scanderbecque.

Le duc de Bourgogne se partit de la ville de Lille le dix-huitième jour de juin, l'an mil quatre cent cinquante-trois, et vint au gîte à Courtray, où il séjourna cinq jours en attendant que son armée et son artillerie fût prête, c'est à sçavoir hommes d'armes, archers et arbalétriers, et artillerie grosse et menue. Son ordonnance pour la garde de son corps et de sa bannière, fut faite par la manière que l'année devant, excepté que le seigneur de Ternant, qui avoit la charge de la bannière du duc, étoit pour lors en Bourgogne, et fut commis en son lieu messire Jean bâtard de Saint-Pol; et au regard de l'avant-garde, au lieu du comte de Saint-Pol, qui pour lors étoit allé par devers le roi de France, le maréchal de Bourgogne y fut ordonné; et messire Jean de Croy, lequel durant les guerres en fut toujours l'un des chefs; et avec eux messire Simon de Lalain et messire Jacques son neveu. Et le comte d'Étampes menoit et conduisoit l'arrière-garde; et quant au seigneur de Croy, comte de Porcien et gouverneur de Luxembourg, lui fut ordonné et expressément commandé de par le duc de Bourgogne à aller au pays de Luxembour, pour cause de ce que plusieurs chevaliers, écuyers, villes et forteresses s'étoient rebellés à l'encontre du duc.

Or est vérité que le duc de Bourgogne se partit de la ville de Courtray le vingt-quatrième jour ensuivant du dit mois, et alla au gîte à Audenarde; puis se partit d'Audenarde, et s'en alla mettre le siège devant Scanderbecque, une forteresse ainsi nommée, que les Gantois occupoient et tenoient, où il y avoit gens qui moult de maux faisoient au pays de Haihaut et ailleurs ès marches et pays du duc. L'artillerie fut appointée pour tirer de canons et de bombardes; mais iceux Gantois eurent les cœurs faillis, tellement qu'ils se rendirent à la volonté du duc; laquelle fut telle qu'ils furent tous pendus et étranglés. Et fut cette reddition faite le vingt-septième jour de juin; et séjourna le duc; et demeura trois jours en son logis depuis la place rendue; et le troisième jour après, qui fut le dernier jour du mois de juin, se délogea le duc de devant la place de Scanderbecque, et se tira à Audenarde, où il ne demeura qu'une nuit. Et le lendemain, qui fut le premier jour de juillet au dit an cinquante-trois, le duc alla au gîte à Courtray, jusques au troisième jour après qu'il se délogea et s'en alla mettre le siège devant la forteresse de Poucques, où les Gantois avoient mis de leurs gens de guerre, qui moult de maux faisoient par le pays d'environ, et couroient tout jusques à Bruges et à Roullers et en plusieurs autres lieux du pays. Au département que fit le duc de devant la place de Scanderbecque, il ordonna à messire Jacques de Lalain qu'il allât devant la forteresse de Audenone, que les Gantois tenoient, et aussi tenoient un fort moutier au lieu nommé Wellesicq. Cette place de Audenone étoit enclose d'eau, de fossés, de muraille et de ponts-levis et barrières; mais des plus fortes n'étoient pas.

Toutes fois les Gantois la tenoient et faisoient des maux assez au pays d'environ. Si fut avisé que le vaillant chevalier messire Jacques de Lalain atout sa charge de cent lances et ses archers iroit devant icelle place pour y enclore les dits Gantois, et garder qu'ils n'ississent de la forteresse, tant que plus grand'-puissance de gens du duc y fussent arrivés pour les prendre d'assaut ou autrement. Messire Jacques de Lalain emprit la charge que le duc lui avoit ordonné à faire, et pour la mettre à exécution, se mit en chemin lui et ses gens, et y alla de nuit. Et assez loin de la place, messire Jacques fit descendre de ses gens à pied; et illec laisser leurs chevaux, afin que ceux de la place n'ouïssent le bruit. Et environ le point du jour il se trouva droit devant la place; et lui, voyant qu'il étoit jour, fit par l'un de ses gens crier après le guet; mais nul ne répondit, dont messire Jacques et ses gens s'ébahirent assez, et cuidoient que les Gantois le fissent par malice, et qu'ils eussent sçu leur venue, parquoi ils eussent préparé leur artillerie pour les grever; mais autrement étoit, car les Gantois s'en étoient fuis et avoient fermé portes et barrières, et levé le pont, et à le voir, il sembloit qu'il y eût gens dedans la place. Lors messire Jacques de Lalain fit dépouiller de ses gens, qui passèrent l'eau des fossés et allèrent avaler le pont et ouvrir la porte et barrières, et si entra dedans messire Jacques de Lalain et ses gens, et y trouvèrent la plupart des meubles des Gantois; lesquels, de hâte qu'ils eurent de fuir, ils laissèrent. Quand messire Jacques de Lalain eut la place par la manière que vous avez ouï, il envoya devers le duc pour le faire sçavoir quelle chose il lui plairoit qu'il en fît. Le duc fut conseillé de la faire ardoir et démolir, et ainsi le manda à messire Jacques, qui très ennuis et à grand regret accomplit le commandement du duc, car jamais de feu bouter ne vouloit-il être consentant.

CHAPITRE C.

Comment messire Jacques de Lalain, après ce qu'il eut pris la place d'Audenone, alla devers le duc au siége devant Poucques, où piteusement il fina ses jours par le jet d'un canon.

Après ce qu'icelle place fut arse et démolie, messire Jacques de Lalain s'en retourna devers le duc son souverain seigneur, qui tenoit le siége devant la forteresse de Poucques; et fut le troisième jour de juillet au soir que le bon chevalier arriva au siége de Poucques, et le lendemain matin il alla ouïr trois messes sans bouger, en la tente du duc, et parla à un notable docteur de l'ordre des frères-prêcheurs, nommé maître Guy de Donzy, en confession; car il faisoit conscience du feu qu'il avoit par l'ordonnance du duc fait bouter en la forteresse de Audenone.

Après icelles messes dites et célébrées, messire Jacques monta à cheval, pour ce qu'il étoit un peu blessé en une jambe, et alla voir une bombarde que le duc faisoit jeter pour abattre et démolir la muraille d'icelui châtel de Poucques, c'est à sçavoir entre la porte et une tour qui étoit très forte, et aussi d'autres engins à poudre, et autres veuglaires comme de petits canons. Le seigneur de Saveuses et autres seigneurs avoient fait faire des tranchées et approches en plusieurs lieux, et étoit la place fort approchée et battue; messire Jacques de Lalain regardant ces besognes, choisit Toison-d'Or, duquel il étoit très fort accointé, et dit tout en souriant à Toison-d'Or, ainsi comme par farce et ébattement, la manière et comment il avoit pris la forteresse de Audenone; et puis quand messire Jacques eut vu les approches, et bonne espace soi devisé à Toison-d'Or, celui Toison lui dit: « Messire Jacques, il est temps d'aller reposer votre jambe, car maître Jean Claude, le chirurgien de monseigneur le duc, dit qu'elle veut le repos. » Lors messire Jacques répondit qu'il s'en alloit dîner, et à l'après dîner ne se bougeroit de son logis pour le repos de sa jambe, en laquelle comme dessus est dit avoit été un peu blessé. Mais la perverse et maudite fortune ne le voulut souffrir, car quand ce vint environ quatre heures après midi, le dit messire Jacques monta à cheval et s'en retourna voir les approches, où il trouva de rechef Toison-d'Or au lieu et place où le matin il l'avoit trouvé. Et s'étoit mis celui messire Jacques tout à cheval à couvert d'un gros arbre, et là regardoit l'abatture qu'avoit fait la bombarde dedans la muraille de la dite forteresse de Poucques. Lors Toison-d'Or s'approcha d'icelui messire Jacques, et se prit à deviser à lui, et lui dit: « Monseigneur, comment! vous vous deviez reposer votre jambe, et ne deviez point partir de votre logis cet après dîner! » Le bon chevalier regarda Toison-d'Or en souriant, et lui dit qu'il commençoit à ennuyer d'avoir été en son logis si grand espace.

Or advint, ainsi comme messire Jacques de Lalain faisoit devises à Toison-d'Or, alla venir messire Adolphe de Clèves seigneur de Ravestain, lequel tout droit s'en alla grand'allure soi bouter tout droit dessous le manteau d'une bombarde, pour la doute du trait de ceux de la forteresse; après lui venoit le bâtard de Bourgogne, vêtu d'un paletot d'un très riche drap d'or cramoisi, et portoit sous son bras un crennequin, et avoit ceint un carquois garni de traits. Lors quand messire Jacques de Lalain vit les deux seigneurs dessus nommés, lesquels s'étoient mis dessous le manteau de la bombarde, descendit de son cheval et s'en alla deviser avec les dits seigneurs de Ravestain et le bâtard de Bourgogne; et étoit Toison-d'Or assez près.

Or est vérité que on fait aux deux côtés d'une bombarde et d'un manteau tranchées et fossés pour être à couvert, tant pour aviser l'abatture que la bombarde fait, comme aussi pour le canonnier prendre sa visée; mais à icelle bombarde n'étoient encore faits les tranchées et fossés, et y avoit à deux côtés du manteau quatre pavois, c'est-à-sçavoir à chacun côté deux.

Le seigneur de Ravestain; le bâtard de Bourgogne et messire Jacques de Lalain se prirent à regarder l'abatture que faisoit la bombarde contre la dite muraille de la forteresse de Poucques, et tous trois cuidoient bien être tandis contre le trait de la place; mais messire Jacques de Lalain étoit dehors le manteau de la bombarde, au couvert d'un pavois regardant la place. Si advint à cette heure qu'un canonnier étant dedans l'une des tours de la dite forteresse avoit affusté un veuglaire pour battre le manteau de la bombarde, qui d'aventure avoit son veuglaire chargé; si y bouta le feu, et férit la pierre du dit veuglaire le pavois derrière lequel étoit messire Jacques de Lalain; et là fut féru en la tête de l'éclat d'une pièce de bois, qui étoit au-devant du pavois au dextre côté, et au dessus de l'oreille, tellement qu'il eut le coin de la tête emporté et partie de la cervelle, et chut à la renverse tout étendu par terre, sans que oncques il remuât pied ni jambe. Alors un frère carme alla à lui, et moult dévotement lui ramenoit et mettoit en mémoire Dieu et la glorieuse Vierge Marie. Et quand messire Jacques de Lalain ouït parler de Dieu et de la Vierge Marie, que tant avoit aimée, que pour l'amour d'elle il avoit pris le mot et devise de la nonpareille, il tourna son entendement devers le dit carme, cuidant parler; mais il étoit si oppressé de la mort qu'il ne pouvoit former parole par manière qu'on le pût entendre. Toutes fois il joindit les mains, et mettoit peine à parler et avoit entendement, comme disoit le carme.

Et ne demeura guère que le bon chevalier fina ses jours, qui fut moult grand dommage, car pour le temps qu'il régna au monde, pareil de lui on n'eût sçu ni pu trouver en nulle terre plus parfait, plus preux, plus vaillant ni plus hardi chevalier. Et quant est à parler de ses vertus, il n'est langue humaine, tant soit facondieuse, qui au long les sçût décrire. Il fut chevalier doux, humble, amiable et courtois, large aumônier et pitoyable. Tout son temps aida les pauvres veuves et orphelins. De Dieu avoit été doué de cinq dons. Et premièrement, c'étoit la fleur des chevaliers; il fut beau comme Pâris le Troyen; il fut pieux comme Énée; il fut sage comme Ulysse le Grec. Quand il se trouvoit en bataille contre ses ennemis, il avoit l'ire d'Hector le Troyen; mais quand il se véoit ou sentoit être au dessus de ses ennemis, jamais on ne trouva homme plus débonnaire ni plus humble. Dommage fut que plus long temps ne régna, car quand mort le prit, il n'avoit qu'environ trente-deux ans d'âge. A sa mort perdirent moult ses amis, en spécial un sien frère qu'il aimoit moult chèrement, pour ce qu'il véoit être en lui grande apparence et beau commencement, car tous ses faits, dits et mœurs tournoient tous à vaillance et bonnes vertus. Et doncques, pour la belle apparence que véoit messire Jacques de Lalain en son frère Philippe, il avoit du tout conclu en soi, que les guerres de Flandre achevées, pour la grand'amour qu'il avoit à icelui son frère, lui donner tout tel droit et action qu'il lui pouvoit écheoir après le trépas du seigneur de Lalain son père, c'est-à-sçavoir la seigneurie de Lalain, car tout son vouloir si étoit de s'en aller user sa vie et exposer son corps au service de Notre-Seigneur, et de soi tenir en frontières sur les marches des Infidèles, sans jamais plus retourner par deçà, en retenant certaine pension d'argent pour son état entretenir; tel que par le seigneur de Lalain son père et ses prochains parents et amis, et été avisé et conclu ensemble, mais à Dieu ne plut qu'ainsi se fit.

Pour la mort du bon chevalier, dont ci est faite mention, fut mené grand deuil et grand bruit par tout l'ost du bon duc Philippe de Bourgogne, lequel quand il en fut averti en pleura moult tendrement, et lui churent les larmes des yeux si très abondamment tout contreval de la face, et en eut le cœur si très étreint, qu'un seul mot de sa bouche ne pouvoit issir. Moult grand deuil en fut mené par tout l'ost, et n'est point à croire les pleurs et regrets que tous faisoient; car, à les voir, sembloit à chacun avoit perdu leur meilleur ami. Si est assez à croire que quand un grand ost est joint ensemble, on oit la noise et le bruit de trompettes, de hommes et de chevaux, de tambours, de flûtes et de plusieurs autres choses, bien d'une bonne lieue loin; mais pour la mort du bon chevalier, l'ost fut tellement accoisé, que d'un trait d'arc arrière on ne se fût aperçu qu'il y eût eu personne, tant étoient tristés et déplaisants de la mort du bon chevalier.

Laquelle mort, venue à la connoissance du seigneur et de la dame de Lalain, leur fut moult dure à porter, et est bien à croire que ses trois oncles, le seigneur de Créquy, messire Simon et messire Sanche de Lalain, lesquels pour lors étoient en l'ost, furent moult tristes et déplaisants quand ils furent avertis de sa mort; et non sans cause, car tous pouvoient dire et affirmer que jamais telle perte ils n'avoient eue. Nonobstant la perte, si se devoient-ils reconforter; car tant que livres dureront, sa bonne renommée et ses nobles et hauts faits reluiront sur terre.

Après la mort du bon chevalier, par ses bons et loyaux serviteurs son corps fut mis et appareillé à grands pleurs et regrets sur un chariot couvert de noir, bien attelé de bons chevaux, et mené et conduit jusques à Lalain, auquel lieu à sa venue le deuil s'encommença moult grand, tant du seigneur de Lalain comme de la bonne dame, laquelle démena telle douleur, que tous ceux qui la véoient furent contraints de partir à ses larmes : car tant l'aimoient chèrement que leur deuil ne pouvoit cesser; mais un chacun jour continuoient de faire regrets et complaintes de la piteuse mort de leur cher fils.

Le corps du vaillant chevalier fut mis jus de la litière, et porté en la grande salle de Lalain, où il fut posé et mis jusques à ce qu'il fut porté en l'église où sa sépulture étoit élue pour l'enterrer. Vigiles et oraisons furent cette nuit chantées et dites moult dévotement; puis le lendemain, le service divin accompli, ainsi comme au corps appartenoit, fut à grandes pleurs et lamentations mis en terre. Et au dessus du corps fut fait un moult notable sépulcre et riche, où étoient richement empreintes et entaillées les trente-deux bannières et enseignes de tous ses côtés, et dont il étoit issu; et au dessus, un épitaphe écrit et entaillée en pierre, dont la teneur s'ensuit.

Cy gist abscons en close sépulture
Cil dont jadis ses montres fit Nature,
Et dont la terre en ombreuse clôture
Resplend du corps plus qu'or fin en peinture.

Cy gist celuy dont des pleurs le ciel s'euvre,
Et est pitié quand la terre le cuevre,
Et qu'engloutie en soy contient telle œuvre,
Dont au monde est disette du recuèvre.

Cy gist d'honneur l'exemplaire assouvie,
Le miroir clair de noble et haute vie,
Des bons spectacle, et l'aiguisoir d'envie,
Par avoir trop gloire en soy déservie.

Cy gist l'honneur des hautes cours royales,
L'assemblement des vertus triomphales,
La lampe ardente en chambres et en sales,
Dont tout œil prit clartés espéciales.

Cy gist le fond d'humilité parfonde,
Vestu de fer, l'un des fiers corps du monde,
Et dont parcelle à enfondre s'abonde;
C'estoit des preux une image seconde.

Cy gist celuy qui clair plus que d'ivoire,
Prit chasteté pour pilier de sa gloire,
Et pour atteindre à louable victoire,
Sçachant qu'ordure y est contradictoire.

Cy gist celuy qui fut des bons l'exemple,
Révérendeur de Dieu et de son temple,
Vray, sobre et large, et tel, quand le contemple,
Que son los vaut que terre et ciel s'en emple.

Cy gist celuy qui soubs trente ans d'éage
Dix et huit fois fit armes, non par gage,
Dont de tel âge et de tel personnage,
Le monde avait en merveille l'ouvrage.

Cy gist celuy qui telle avoit audace,
Qu'en bataille onc de fer ne couvrit face,
Mais attempré de froideur comme glace,
Toujours l'honneur emporta de la place.

Cy gist celuy qui ès guerres gantoises
Acquit d'honneur autant que mains grégoises
Entre Troyens, durant leurs felles noises,
Et dont gloire a survolant mille toises.

Cy gist celuy qui attenta fortune,
Et ne craignoit ni mal ni infortune;
Mais perdre honneur, et porter fame brune
Se résoignoit tant qu'homme soubs la lune.

Cy gist celuy qui estoit perle élite
Des vaillants corps, en durée petite,
Et dont n'est bouche au monde qui s'acquite
A luy donner son los selon mérite.

Cy gist celuy qui en seule personne
Tint Pas d'un an à Châlons sur la Sonne;
Dont du hault los que bouche lui en donne,
L'air s'enrichit, et le ciel en résonne.

Cy gist celuy qui France et Angleterre,
Castille, Ecosse, Italie et Navarre,
Portugal tout parvoyagea par terre,
Quérant les bons pour los entre eux acquerre.

Cy gist celuy d'un immortel renom,
Le chevalier qui de Lalain eut nom,
Lequel Gantois subit, mais par bel, non,
Firent chéoir sous le coup d'un canon.

Cy gist celuy que toute humaine gorge
Doit extoller, comme fin or sur orge,
Sa gloire, et bruire en palais non en porge,
Car meilleur fut que nul escrit de George.

FIN DE LA CHRONIQUE DE J. DE LALAIN.

LE PANÉGYRIC

DU

SEIGNEUR LOYS DE LA TRIMOILLE,

DIT

LE CHEVALLIER SANS REPROCHE,

PAR JEAN BOUCHET.

ÉPISTRE

CONTENANT L'INTENCION DE L'AUCTEUR DU CHEVALLIER SANS REPROCHE.

A noble et puissant seigneur, messire Florymont Robertet, chevalier, baron Dalvye, conseiller du roy nostre sire, trésorier de France et secrétaire des finances, Jean Bouchet de Poictiers rend très humble salut.

Le considérer, très mérité chevalier, que le fruict de lire les histoires (par le tesmoignage de Flavius Albinus) est acquérir une désireuse émulacion d'honneur et ung vouloir de suivir et ressembler en meurs et gestes ceux desquels on oyt bien dire, et que la congnoissance des choses gérées exalte les humains courages à prudence, magnanimité, droicture, modestie et aultres vertus tendans à souveraine félicité et esloigner du contraire. Pour laquelle considéracion les anciens, regardans à l'utilité du commun bien, pour n'estre d'ingratitude repris, mais les bienfaisans rémunérer et donner occasion aux vivans de ainsi faire, tenoient en leurs temples et lieux publiques leurs statues, portraicts et ymages richement entaillés et enlevés. Et que nécessaire serait pour la reviviscence de discipline militaire, par nonchalence semy-morte, la florissant gendarmerie de France ressembler en vouloir, cueur, hardiesse, diligence et fidélité, feu de bonne mémoire monsieur Loys de la Trimoille, chevalier de l'ordre, conseiller et premier chambellan du roi nostre sire, comte de Guynes et Benon, vicomte de Thouars, prince de Thalemond, admiral de Guyenne et de Brétaigne, et gouverneur de Bourgongne (lequel, pour ses louables faicts, a le tiltre de chevalier sans reproche acquis) faysans craindre les dangereuses et vénéneuses morsures des envieux et détracteurs (desquels tous escripvans ne furent onc exempts) en ung opuscule succinctement recully ce qui est, à mon petit cognoistre, parvenu de ses meurs, faicts et gestes, depuis son enfantine jeunesse jusques à son trépas, tant par sa familière bouche, comme feit Caius Marius le vieil, que pour ma veue et congnoissance.

Mon extimacion est, mon très honnouré seigneur, ce preux chevalier avoir davant les gens droicts tant d'honneur, bienveillance, renom, louange et bon extime pour ses grâces acquis, que nuls (fors les insidiateurs de bonne renommée et ennemis de vertus) vouldront de flaterie et mendacieuse assercion mon petit euvre calumpnier, comme aucuns ont mon Labirinth de fortune, et Temple de bonne renommée. Combien que si la promptitude des esprits en vouloit droictement juger, prendroit labeur à trouver la clère intelligence de mon intencion, qui a esté et est à l'exemple de la redie de Cyrus, des Tyrocinies de Alexandre le Grant, et du Songe de Scipion, en publiant les vertus de ceulx du passé, instituer pour curieuses invencions des esprits fatigués recreatives, ceulx du présent à droictement vivre, et suivir le chevalier sans reproche.

Et combien que la mémoire de ce chevalier sans reproche pour ses louables faicts mérite bien estre présente aux yeulx du roi nostre souverain seigneur, qui est des bien faisans droicturier juge et équitable rémunérateur; néantmoins, à la raison de ce que la rudité de mon stille trop esloigné d'éloquence de court ne vault ne mérite estre veu par lui du quel toutes les grâces et vertus (qu'on sauroit en tous les autres princes crestiens désirer) sont accumulées et comprinses, et entre aultres: formosité corporelle, éloquence, faconde, hardiesse, prudence, richesse, noblesse, et droicture, j'ay, contre le conseil d'aucuns messieurs et amys, recullé lui en faire présent; mais à vous son très loyal et bien mérité serviteur me suis adroissé, à ce que, par le moien de vostre tesmoignage et de ceulx qui avec vous verront ce que j'ai escript, jugement véritable soit prononcé des faicts et gestes de ce tant regreté prince et chevalier, à vous descouvers pour la familiarité de vos personnes, duquel (comme doit sembler à tous les cler voyans) avez tousjours esté vray imitateur en fidélité, peine et labeur au service de trois roys, où avez en vostre estat, comme lui au sien, acquis tiltre de loyal serviteur sans reproche.

En quelle extime de fidélité, prudence et diligence vous eut le roi Charles VIII, duquel je vous vy principal secrétaire, et vous fut le manyment de la pluspart de ses affaires baillé au voiage de la conqueste et recouvrement du royaulme de Cecile et pays de Naples, où vostre diligence, par la conduicte de vostre cler sens, donna très bon commencement à vostre immaculé renom, de sorte que fustes tousjours son très bien aimé serviteur, par le commandement duquel, en faveur d'aucunes légières fantasies rithmées que mon ignorante jeunesse peu de temps avant son décès luy présenta, fus à mon importunée instance et prière à votre service destiné, ce que ne voulut, à mon grant regret et perte de fortune. Le trespas de ce roi ne diminua vostre auctorité, car le roy Loys XII dernier décédé son successeur ayant, pour longue expérience de vos louables vertus, congnoissance certaine, après le décès de feu monsieur le légat d'Amboise vous donna le manyment et direction d'aucuns affaires, voyre des principaulx de ce royaume, qui furent manyés et conduits en si bon ordre et droicture que ce roy fut appellé « le père du peuple. »

Je passeray soubs silence le service que vous avez faict et faictes au roi qui à présent est et à madame la régente sa très heureuse et auguste mère, parce que je l'extime estre tel qu'on a matière se contanter de vous. Et quant on considère le grand nombre des fidelles et loyaux serviteurs qu'ils ont eu et ont autour de leurs personnes, de robes courtes et longues, desquels estes ung, et commant tous ensemble les avez fidèlement, prudemment et diligemment servis, on ne sait auquel donner la première louange, mesmement ès grans affaires du royaulme, périls et dangiers où il a esté par ung an et plus après la prinse du roy, dont, grâces à Dieu, l'infortune a esté en si grant tempérance et doulceur soustenue, et par si grant prudence et diligence conduicte, que le royaulme n'a esté molesté, invadé ne assailly des privés ne des extranges, ce qu'on conjecturoit advenir comme après la prinse du roy Jehan, les calamités du quel temps sont toutes congneues. Et já-soit que la gloire en doive estre seulement à Dieu donnée, et la louange principalle après à madame la régente, mère du roy, la prudence de laquelle y a esté et est autant et mieux congneue que de princesse et dame qui fut onc entre les Hébrieux, Grecs et Latins, et aussi à madame la duchesse sa fille, pour les causes que j'ai ailleurs escriptes et dont la renommée en doit à l'honneur du sexe féminin éternellement durer, néantmoins je ause bien dire que le bon vouloyr des princes de leur sang, la diligence, prudence et conduicte de leurs dicts serviteurs de robe courte et longue avec la fidélité des villes et des subjects y ont grandement aydé; car vous tous ensemble congnoissans la vertu de l'homme se monstrer ès grans affaires, périls et dangiers, y avez entièrement employé et monstré vos esprits, loyaulté, prudence, diligence, modéracion et magnanimité; de sorte que, sans perte de terres ne personnes, sans changer les états du royaulme, on a recouvert ce que plus on désiroit, et qui plus estoit et est nécessaire, utile et proffitable pour le royaulme: c'est la personne du du roy, ce qui ne fut onc en si bonne sorte fait, si les histoires sont véritables.

Or donc, jugeant que à toutes ces choses faire avez peu congnoistre le loyer des bien mérités, plus asseuré de vostre bénignité, ô prince de rhétoricque françoise, que d'aucune faveur, j'ay prins hardiesse vous diriger le brief recueil des faicts et gestes de celuy duquel, quant à fidellement servir la couronne de France, avez esté imitateur et acquis tiltre de bon serviteur sans reproche, à ce qui vous plaise défendre l'escripture de la détraction des envieux et que sousteniez la vérité devant les princes, si l'opuscule mérite estre par eulx veu et regardé, dont je ne suis digne, espérant que s'il est (non en la mienne faveur, mais du chevalier sans reproche) par vous soustenu, passera partout, vous priant très humblement, ô père d'éloquence, y donner vostre auctorité, faveur et ayde, et pour ce faire, laisser quelque fois le labeur des publiques occupations, lesquelles, comme l'un des geniaulx directeurs des affaires de France, estes ordinairement occupé, et usant de vostre accoustumée bénignité (de laquelle avez tant acquis que plaincte de rigueur ne fut onc contre vous faicte, ce qui peut facilement advenir en ceulx de vostre estat), donner pour le repos de vostre esprit, iceluy accommodant aux familières et gracieuses muses, quelque temps à la veue de l'histoire et choses morales y contenues.

CHAPITRE PREMIER.

La généalogie de la riche et illustre maison de La Trimoille.

Après avoir tiré de mon désolé cueur innumérables souspirs pour l'infortune advenue en la très noble et illustre maison de La Trimoille à présent florissant en honneur, non seulement pour le décès de monsieur Charles, mais aussi de monsieur Loys son père, qui sont au lict d'honneur, couverts de fidélité, chevaleureusement passés de ceste misérable demeure au temple de bonne renommée et lieu de immortel los sans reproche, vérité procédant de honneste amour et gratitude dès pieça née de plusieurs bienffaits et grans bénéfices que j'ai de ceste très noble maison receus, plus remplissans mon honneste plaisir que particulier proffit, m'ont contraint prandre une des servantes de l'œil du monde et une aultre de la radiante Lucine, pour rediger par escript, non en vers et mectres, mais en prose, les mémorables gestes du loyal père après ceux de l'obéissant fils. Combien que nécessité et aage me vouleussent de la main dextre ouster ma plume et m'empescher de plus escripre tragédies, histoires et choses morales, où au gré d'aucuns j'ay trop de jours employés, plaignans plus que moy l'occupacion de telles œuvres qu'ils n'extiment estre tant acceptées des prudens hommes que les négoces familières qui eslièvent par richesses ceulx qui nuyct et jour y vacquent et travaillent, comme si par inopiné conseil vouloient maintenir que richesse mondaine fait souveraine félicité, dont tous les raisonnables hommes congnoissent par vraye expérience le contraire. Or donc, sans avoir regard au parler d'aucuns, à la difficulté de mon entreprise, à la rudesse de mon esprit, né à la différance et variabilité du vulgaire languaige du temps présent, j'ay quis l'entrée de mon petit labeur par la généalogie de ce preux Loys, nommé par ses glorieux faicts Chevalier sans réproche; la première tige duquel végéta premièrement au fertile et fameux pays de Bourgongne, les vers et florissans rameaulx qui ont produyt tant de nobles fruicts en toutes les parties des Gaules que nous appellons à présent France occidentale.

Et pour l'entendre, les antiques et modernes historiens portent tesmoignaige que, durant le règne de Louis huyctiesme de ce nom, fils de Phelippes-Auguste dix-septiesme roy de France, florissoyt et avoyt bruyt en Bourgongne ung preux et hardy chevalier, nommé messire Ymbault de La Trimoille, qui fut marié avec une des filles de l'illustre maison de Castres, duquel mariage vindrent plusieurs enfans masles qui vesquirent avec leur père longuement, en sorte que le père et les enfans estoient, pour leurs nobles armes, crains et redoubtés, car ils étoient riches, vaillans, hardis et prudens en guerre. Et fut messire Ymbault au service dudit roy Loys VIII à guerroier les Anglois, et après son décès au service du roy sainct Loys, qui commença régner l'an mil deux cens vingt-sept ; et l'an 1247 les princes de France se assemblèrent en la ville de Lyon avec le roy sainct Loys, où estoit le pape Innocent quart de ce nom, qui leur récita comment la cité de Jérusalem avoit esté prinse par les infidelles, et les crestiens chassés, et partie d'iceulx occis, ce qui esmeut à pitié le roy, les princes et plusieurs chevaliers de France ; en sorte que pour aller donner secours aux chrestiens, le roy sainct Loys, les arcevesques de Reims et Bourges, l'évesque de Beauvais, les troys frères du roy, le comte de Sainct-Paul, Jean comte de Richemont fils du duc Jehan de Bretaigne, le comte de la Marche, le comte Monfort, Archambault seigneur de Bourbon, Hue de Chastillon, le seigneur de Coucy, messire Ymbault de La Trimoille et troys de ses enfans, l'aisné desquels estoit marié et avoit ung fils, aussi se croisèrent plusieurs aultres princes, barons, chevaliers, prélats et aultres gens.

L'an après allèrent tous oultre mer, prindrent la ville de Damyete, environnée du grant fleuve du Nyl, puis allèrent assiéger la ville de Malsoure, où ils eurent grosse perte ; car une partie des chrestiens furent occis, et plusieurs desditz prélats et gros seigneurs de France, et entre aultres Robert, comte d'Artois, frère dudict roy sainct Loys, messire Ymbault de La Trimoille et ses enfans, de l'aisné desquels enfans sont venus d'aultres enfans, desquels est descendu messire Guy de La Trimoille dont nous parlerons par après.

Ung peu d'avant ce, et durant le règne dudict roy Phelippes-Auguste, vivoit messire Aymery, vicomte de Thouars, qui estoit ung grant et redoutable prince en Aquitaine, et aussi monsieur Amory de Craon, chevalier qui fut fort aymé du pape Innocent troysiesme de ce nom, au moyen de ce que, à sa requeste, il estoit allé contre les infidelles en Asie avec Boniface, marquis de Montferrat, Bauldouyn comte de Flandres, Henry comte de Sainct-Paul, Loys duc de Savoye, et aultres princes de France, environ l'an 1200 : dont après ledict pape Innocent donna quelques privilèges spéciaulx audict seigneur de Craon, et par la bulle d'iceulx dattée de l'an 1222 l'appelle le fort des forts, chief des chevaliers, ayde et secours du Sainct-Siége apostolique. Ce que je n'escripts sans cause, car monsieur Loys de La Trimoille duquel je veulx parler, est aussi descendu de ces deux maisons de Thouars et de Craon, comme nous verrons cy-après.

Du fils aisné dudit Ymbault de La Trimoille vint ung aultre de La Trimoille, qui fut père de messire Guy de La Trimoille, lequel messire Guy de La Trimoille espousa dame Marie de Sully, qui avoit esté fiancée avec monsieur Jehan comte de Monpensier, fils de Jehan duc de Berry, qui estoit fils du roy Jehan et frère du roy Charles V, au moyen de ce que durant lesdictes fiançailles ledict comte de Monpensier estoit décédé.

Ladicte Marie avoit quarante mille livres de rente et estoit la fille de messire Loys de Sully et d'une dame de la maison de Craon, et ledict messire Loys estoit venu d'ung duc d'Athènes, à cause de sa mère, qui estoit fille dudict duc et seur de Gaultier, duc d'Athènes, qui espousa dame Jehanne de Mélo, dont vinst dame Jehanne d'Eu, comtesse et duchesse d'Athènes. Laquelle donna en l'an 1388 la seigneurie de Saincte-Herminie en Poictou audit Guy de La Trimoille et dame Marie de Sully sa femme. Ce Gaultier duc d'Athènes, comme récite maistre Jehan Bocace en la fin de son livre des Nobles malheureux, après la mort de son père, qui avoit perdu ladicte duché que ses prédécesseurs avoyent acquise à la glorieuse conqueste que les Françoys firent contre les infidelles, lorsque Geoffroy de Boulion, Geoffroy de Lusignen dict la Grant Dent et aultres conquirent la terre saincte, se retira à Florence, dont il fut chief et gouverneur, puis s'en vinst en France, dont ses prédécesseurs estoient yssus, et fut receu honnorablement par le roi Jehan, qui le fist son connestable et le maria avec ladicte Jehanne de Mélo, fille de messire Raoul de Mélo, comte d'Eu et de Guynes. Depuis, ledict Gaultier fut occis en la journée devant Poictiers, où le roy Jehan fut prins par les Anglois en 1356.

Messire Guy de La Trémoille estoit ung des beaulx et vaillants chevaliers qu'on eust peu veoyr, et à ceste cause, en l'expédicion que le roy Charles VI fist contre les Anglois et Flamans, le roy fist bailler l'auriflame audict messire Guy, qui la retourna à son honneur, la victoire par les Françoys obtenue. Certain longtemps après il fut en Hongrie en la compaignée de monsieur Jehan, comte de Nevers, fils de Phelippes, duc de Bourgongne, et aultres princes de France que ledict roy Charles VI envoya contre les infidèles pour secourir Sigismond, roy de Hongrie et Bohême, qui depuis fut empereur, où les Françoys furent desfaicts par la malice des Hongres, lesquels, envieux des mémorables faicts des Françoys, les faisoyent marcher davant, leur donnant entendre que incontinant après marcheroit leur armée, ce qu'elle ne fist; par le moyen de quoy les ennemys obtindrent victoyre, et fut prins ledict Jehan comte de Nevers avec aultres seigneurs de France, ledict messire Guy de La Trimoille blécé en plusieurs lieux, et son fils aisné aussi, nommé Guy, qui estoit encores fort jeune, occis.

Ledict messire Guy, comme il vouloit retourner en France, mourut des playes qu'il avoit eues, et fut enterré en la ville de Rhodes; il laissa ladicte de Sully sa veufve et deux fils, Georges et Jehan, en la garde de leur dicte mère, l'aisné desquels n'avoit encores cinq ans; et tost après, la dicte dame se maria en secondes nopces avec messire Charles, seigneur d'Allebret, lors connestable de France.

Ainsi appert que lesdicts Jehan et Georges de La Trimoille sont descendus de la maison de Athènes et de Sully d'une part, et de l'autre part de l'ancienne maison de Craon, ung puis-né de laquelle espousa dame Mahault, comtesse de Flandres et de Braban, enterrée au cueur du convent des frères prescheurs de Paris, et ung messire Jehan de Craon qui fut évesque d'Angiers, arcevesque de Reims, patriarche de Constantinople et grand gouverneur du roy Charles V, père dudict Charles VI, lequel messire Jehan de Craon estoit oncle de messire Pierre de Craon, chevalier qui fut tant aymé du roy Charles VI, et monsieur Loys duc d'Orléans son frère, que ledict duc vouloit qu'il fust toujours vestu de ses couleurs. Toutesfois fut esloygné de court pour une parolle qu'il dist à madame Valentine, espouse dudict duc d'Orléans, par le moyen de messire Olivier de Clisson, chevalier, lors connestable de France; lequel de Clisson le dict de Craon s'efforça occire en la ville de Paris avant que l'an fust passé, dont vindrent de grosses follies, comme il est contenu ès Annales d'Aquitaine et Croniques de France.

Messire Jehan de La Trimoille, fils puis-né dudict messire Guy, fut comte de Jonvelles et premier chevalier de l'ordre de Jehan de Bourgongne, auparavant comte de Nevers, duquel a esté parlé au précédent article. Aussi le fut du duc Phelippes son fils; et espousa la seur de messire Loys d'Amboyse, vicomte de Thouars et seigneur d'Amboyse, Montrichard et Bleré, lesquels décédèrent sans hoirs, pourquoy luy succéda ledict messire Georges de La Trimoille, chevalier, son frère, quels que soient ses enfans.

Le dict messire Georges fut en son vivant ung des plus beaulx hommes que on eust sceu veoyr, et estoit hardy chevallier et droict homme. Il fist de grans services au roy Charles VII, fils du dict Charles VI, au recouvrement de son royaulme contre les Angloys, et espousa madame Catherine de Lisle, dame de Lisle Bouchart, de Rochefort et de plusieurs aultres terres et seigneuries : duquel mariage descendirent deux enfans, Louys et Georges. Ledict messire Loys fut marié avec dame Marguerite d'Amboyse, fille dudict feu messire Louys d'Amboyse, vicomte de Thouars, et seigneur d'Amboyse, Montrichard et Blere. Et au regard dudict messire Georges, ce fut ung hardy chevallier qui fist de grans services au roy Louys unziesme, fils dudict roy Charles VII, à la conqueste de la duché de Bourgongne, duquel pays fut gouverneur. Il estoit seigneur de Craon, laquelle seigneurie luy estoit venue à cause de ceulx de Craon, dont j'ay parlé cy-dessus. Aussi fut seigneur de Lisle Bouchart et mourut sans hoyr procréés de sa chair.

CHAPITRE II.

La nativité de messire Loys de La Trimoille; de ses mœurs puérilles, et comment il y fut nourry.

Quelque temps après le mariage de monsieur Louys de La Trimoille et de madame Marguerite d'Amboyse son espouse, elle fut enceinte du premier de ses enfans masles, et lorsque le soleil, qui est le cueur du ciel et l'œil du monde, repousoit en son trosne et siège de Libra, qui fut le vingtiesme jour de septembre de l'an 1460, ouquel an, toute la monarchie des Gaules estoit heureuse de paix et habondoit en toutes bonnes fortunes par les dispositions fatalles qui, soubs les bannières du roy Charles septiesme de ce nom, surnommé le Bien-fortuné, avoyent chassé et mis hors de son royaulme de France les anciens ennemys de l'honneur françoys, usurpateurs de leurs seigneuries et envieux de leurs redoutables ceptres et couronnes, cette illustre dame Marguerite d'Amboyse enfanta d'ung beau fils, ce fut nostre chevallier sans reproche, duquel j'entends principalement escripre; et fut nommé Loys sur les fons de baptesme. Son naistre engendra toutes manières de joyes, lyesses et consolations en la maison de monsieur son père et de tout son très noble parentaige, parce que par son excellénte beaulté, doulceur et bénignité enfantine, donnoit jà ung espoyr aux cler voyans qu'il seroit chevallier d'excellentes vertus, et que ce seroit la précieuse pierre Trimoilloise et Ambasienne, en laquelle reluyroit le cler et immaculé nom de ces deux anciennes maisons. D'une aultre part, les astronomes expérimentés disoyent que, veu le jour de sa nativité, il seroit appellé, par la disposition des corps célestes, au service des roys en leurs affaires civils et publiques, où il acquerroit honneur de inextimable louange et prendroit alliance par mariage avec le sang royal.

Toutes ces choses donnèrent oultre l'instinct de nature une merveilleuse affection de le faire songneusement alaicter et nourrir jusques à ce qu'il eust passé son enfance; combien que durant ces temps madame Marguerite d'Amboyse, sa mère, eult de monsieur de La Trimoille son espoux troys aultres fils, savoir : Georges, Jacques et Jehan, tous approchant en beaulté et honnesteté de leur frère aisné Loys.

Et dès ce qu'il sentit ung commancement de force et astuce puérille, qui suyt sans moyen l'imbécillité d'enfance, nature luy administra agillité et force correspondante à sa beaulté, avec ung arresté vouloir de faire toutes choses appartenantes à gens qui veullent suyvir les armes et les cours des princes illustres, comme courir, saulter, luycter, gecter la pierre, tyrer de l'arc, et controuver quelques nouveaulx jeux et passe-temps consonans à l'estude militaire. Luy, ses frères et aultres nobles enfans de leurs aages que leur père avoit prins en sa maison et les entretenoit pour leur tenir compaignie, faisoyent assemblées et bandes en formes de bataille, et par les champs assailloyent petits tigurions, comme s'ils eussent baillé assault à une ville, prenoyent bastons en forme de lances, et faisoyent tous aultres passe-temps approchans des armes, monstrans que plus y avoyent leurs cueurs que aux grans lettres, fors le plus jeune, nommé Jehan, qui dès son jeune aage se desdia à l'église, dont bien luy prinst, comme nous verrons cy-après.

Tous les semy-dieux et les semy-déesses du pays de Berry voisins du chasteau de Bommiers, où estoit la demourance de ces très nobles enfans, laissoyent leurs maisons et chasteaulx pour venir veoyr leurs passe-temps tant honnestes, et entre aultres Loys l'aisné, lequel ils monstroyent l'ung à l'aultre par admiration, car il estoit beau comme ung semydieu; son corps estoit de moyenne stature, ne trop grant ne trop petit, bien organisé de tous ses membres, la teste levée, le front hault et cler, les yeux vers, le nez moyen et ung peu aquillée, petite bouche, menton fourchu, son tainct cleret brun plus tirant sur vermeille blancheur que sur le noir, et les cheveux crespellés reluysans comme fin or. Aussi avoit de si bonnes grâces qu'il emportoit le prix dessus ses frères et compaignons, tant pour mieulx faire que par ruses, cautelles et cler engin, dont il ne prenoit aucune gloire; mais, en se humiliant, donnoit tousjours l'honneur (qu'il avoit jà acquis par l'oppinion et jugement de ceulx qui les regardoient) à ses compaignons : laquelle humilité empeschoit que envie ne s'engendrast de ses louables jeunesses en l'estomac de ceulx lesquels il précédoit en bonne extime.

Ce Loys avoit une industrie contre la majesté de nature et l'imprudence de l'aage puérille, par laquelle chascun non seullement se contentoit de luy, mais l'auctorisoit en tous les faits de jeunesse, en sorte que ceulx de son aage en faisoyent leur chief et seigneur, et n'avoient bien ne joye hors sa compaignée. Chascun estimoit ses père et mère eureux de telle génération ; et ne apportèrent moins d'espoir au pays de France les meurs de sa prudente jeunesse, que celle de plusieurs jeunes Rommains, tant en petites ruses, que noblesse de cueur, et entre aultres de Pretextatus, qui, pour contenter sa mère, l'infestant déclarer le secret du sénat qu'il avoit oüy en la compaignée de son père, auquel le celler avoit esté enjoint, luy donna, contre vérité, entendre que le sénat avoit ordonné que les hommes auroyent doresnavant plusieurs femmes, pour multiplier et augmenter la génération romaine ; dont il fut tant bien louhé du sénat que le lendemain le sénat assailly par les femmes rommaines pour rompre ceste supposée loy, extimèrent trèsfort l'obédience du fils, tant envers sa mère que le sénat. Autant en feit ce noble Loys envers madame sa mère, qui vouloit tirer de luy ce qu'il avoit sceu de monsieur son père en secret, et dont il avoit défense.

En ce temps y avoit de grans discors civils entre le roy Loys unziesme de ce nom et les princes de son sang, qui tendoient à le priver de ceptre et couronne; et quant ce jeune Loys en oyoit parler, disoit, à l'exemple de Marc Caton Uticense, contre Syla, aux temps des proscriptions rommaines : « Si j'estois avec le roy je me essaieroys de le secourir ; » et que autresfois bailla un soufflet à ung de ses compaignons qui soustenoit la querelle des princes mutinés contre le roy, ainsi que feit Cayus Cassius à Fauste, fils de Syla, qui collaudoit les cruelles proscriptions de son père, lesquelles choses estoient présage qu'il seroit de la couronne loyal défenseur, et des injures royales propulseur.

Pour avoir passe-temps avoit oyseaulx de proye et chiens pour chasser à bestes rousses et noyres, où souvent prenoit labeur intempéré, et jusques à passer les jours sans boyre et manger depuis le plus matin jusques à la nuyt, combien qu'il n'eust lors que l'aage de douze ans ou environ.

CHAPITRE III.

Le roy Loys XI veult avoir le jeune seigneur de La Trimoille, pour le servir. Comment ce jeune seigneur pria et pressa son père de l'envoyer au service du roy, et avec un jeune paige prinst chemin pour y aller.

Le roy de France Loys XI, qui estoit prudent et prenoit gens à son service selon son imaginacion, fut adverty des meurs de Loys de La Trimoille et de sa prudente jeunesse, qui donnoyent une actente de bon cappitaine pour l'advenir; et considérant que la première origine de ceulx de La Trimoille estoit de Bourgongne, et que Charles, lors duc de Bourgongne, estoit ennemy de France et pourroit retirer ce jeune Loys de La Trimoille, manda à monsieur son père par quelque gentilhomme de sa maison, qu'il vouloit avoir son fils aisné pour le servir et qu'il luy envoyast. Le père fut fort troublé de telle nouvelle, et congnoissant la complexion du roy, ne sçavoit quelle résponce faire, pour deux raisons : l'une, qu'il ne vouloit que son fils se esloignast de luy, parce que c'estoit toute sa consolacion ; l'autre, que le roy, quelques temps auparavant, avoit mis en sa main la vicomté de Thouars, et aussi aultres seigneuries qui appartenoyent à messire Loys d'Amboyse, père de son espouse, dont il avoit donné partie à la dame de Montsoreau et à messire Jaques de Beaumont, chevallier, seigneur de Bressuire, pour quelque imaginacion qu'eut contre le dict d'Amboyse, à la raison de ce qu'on luy raporta qu'il avoit parlé seulement au duc de Bretaigne. Et pour ces causes il fit responce au messagier que son fils estoit encores bien jeune pour porter les labeurs de la court, et que dedans ung an pour le plus loin, luy envoyeroit ; en le merciant de l'honneur qu'il luy faisoit ; dont le fils fut adverty, lequel y vouloit bien aller.

Ung jour advinst bien tost après, que luy, Georges et Jacquet, ses frères, en la compaignée des veneurs de leur père et d'aulcuns gentilshommes, à l'heure que Aurore avoit tendu ses blanches courtines pour récepvoir le cler jour, partirent du chasteau de Bommiers pour aller chasser aux bestes rousses. Si trouvèrent ung grant cerf qu'ils entreprindrent prandre à course de chiens et chevaulx, se mirent après par boys et fourests, et se séparèrent pour mieux le trouver. Le désir de prandre le cerf leur fist perdre le souvenir de boyre et manger et l'appétit de toutes viandes, en sorte que le souleil approchant de l'occident, doubloit et croissoit leurs umbres. Et tost après l'ombre de la nuyt commença à chasser la reluysance du jour, en sorte qu'ils se perdirent l'ung l'autre à la course; et demoura Loys seul en une grande fourest courant après le cerf, qu'il perdit pour l'obscurité de la nuyt. Ses deux frères prindrent le vray chemin avec les veneurs, lesquels, conjecturans que Loys se fust retiré des premiers au chasteau, se retirèrent et y arrivèrent environ dix heures de nuyt, tous affamés et marris d'avoir perdu leur proye, mais plus furent courroussés de ce qu'ils ne trouvèrent Loys, voyans au nombre des gens de leur compaignée que seul estoit demouré par les boys, en dangier de sa personne. Parquoy les veneurs et autres serviteurs du chasteau s'en allèrent, en diverses pars, pour le trouver, ce qu'ils ne feirent jusques à la poincte du jour. Comme on le serchoit, environ la mynuit, que Somnus avec ses pesantes helles descend on cerveau de l'homme et embrasse toutes les créatures en leur repos, leur deffendant le parler, le jeune Loys, sans compaignée, fors des oyseaux nocturnes qui bruyoient par la forest, l'issue de laquelle ne povoit trouver, descendit de dessus son cheval, qu'il attacha à ung arbrisseau près un fort buisson, où il trouva une grosse souche, de laquelle, après s'estre estendu sur la froide et humide terre, toutesfoys couverte de fueilles, fist ung chevet où il s'endormit.

Le jeune seigneur, s'estant réveillé, monta sur son cheval et fist tant que environ le poinct du jour arriva seul au chasteau de Bommiers. Les père et mère, qui encores repousoyent en leurs lits, sceurent la venue de leur fils, et non monstrans aucun semblant de son labeur, dont ils furent joyeulx, commandèrent le traicter comme appartenoit, ce qu'on fist à diligence. Après avoir beu et mangé avant le lever de son père, prinst ung jeune gentilhomme, nommé Odet de Chaserac, que fort il aymoit, et lui dist : « Chaserac, mon amy, tu es le se-
» cret de mon cœur et la teneur des lettres
» clouses de ma secrète pensée, parquoi je te
» veulx dire un project que j'ay fait cette nuyt,
» te priant de ne le révéler. » Lors lui déclaira au long ce qu'il avoit délibéré par opinion arrestée, de demander congé à son père pour aller au service du roy, et en son reffus s'en aller, interrogeant Odet de Chaserac s'il vouldroit aller avec luy, ce qu'il luy accorda.

CHAPITRE IV.

Persuasion du jeune seigneur de La Trimoille à son père.

Troys ou quatre jours après, sceu par le fils son père estre seul en sa chambre de retraicte, alla vers luy armé de hardiesse, pour luy déclarer l'affection de son entreprinse ; mais quant il fut en sa présence, craincte paternelle et honte révérencialle le désarmèrent de hardiesse, et le laissèrent en la nudité de puérille vergongne et au fleuve de dubitacion, comme la navire sur la mer agitée de tous vents, en sorte qu'il ne povoyt trouver le moyen de descouvrir son vacillant couraige. L'exorde de ses prières et requestes par honte lui languissoyent en la bouche, qui ne vouloit obéyr au commandement du cœur. Toutesfoys, à l'exhortation du père, qui le hardya de parler, commença rompre sa honte et à descouvrir son couraige, en disant : « J'ai tousjours con-
» gnu, monsieur, le plus grant de vos désirs
» estre que mes frères et moy qui sommes vos
» enfans, dont je indigne suis l'aisné, nous
» appliquons à choses vertueuses et soions
» nourris en bonnes meurs, et que par maul-
» vais exemples n'ayons l'occasion de prester
» l'oreille aux voluptés et choses pernicieuses,
» à ce que en nous soit conservé l'honneur
» que vous et vos progéniteurs portans le nom
» de La Trimoille avez par vos louables
» faicts acquis : à quoi est trop contraire la
» vie privée que nous menons avec vous en
» oysiveté, de tous vices nourisse, qui nous
» suyt et délicatement nourrist nos tendres
» jeunesses, facilles à corrumpre, en les dé-
» cepvant par les doulceurs de long repos,
» viandes délicates et passe-temps plus volup-
» tueux que excitatifs à vertus ; desquelles
» choses m'est venue une peine nouvelle en
» esprit, qui me donne hardiesse de me pré-
» senter à vostre paternelle majesté, et très
» humblement vous prier que vostre plaisir
» soyt me envoyer en la court du roy, où est
» l'escolle de toute honnesteté et où se tiennent
» les gens de bien, soubs lesquels on apprend
» à civillement vivre, et la forme d'acquérir
» non seulement les mondaines richesses, mais
» les incorruptibles trésors de honneur. N'aiez
» peur de l'imbécillité de mon frail et petit
» engin, et moins de mes jeunes ans ; car

» l'insupérable couraige que j'ay de servir en
» l'advenir la triumphante couronne de France
» me fera surmonter tous labeurs et oublier
» les mignardises de pusillanimité et les pri-
» vées ayses de vostre opulente maison. »

Le père ouyt constamment la prière de son cher fils, et à peine se peut contenir de manifester sa pensée agitée de pitié, meslée en douleur par larmes apparentes, qui ja commençoient sortir de ses yeulx. Parquoy voulant demeurer seul, pour mieulx donner repos à son cœur par la consolation de madame son espouse, dist à son fils : « Allez, mon amy ; je » penseray à ce que vous m'avez dist ; et en » parlerons plus au long une autre fois. » Le fils se retira en sa chambre acompaigné d'une trop petite espérance, disant à luy mesme que, voulsist ou non son père, feroit ce qu'il avoit entrepris. Le père demoura seul jusques à ce que madame son espouse fust à son mandement venue ; à laquelle il déclaira la harangue ou oraison de leur cher fils Loys, non sans jecter larmes et se désoler ; mais encores plus la mère quand elle eut le tout ouy ; en sorte que son espoux ne la povoit consoler ne pacifier son cueur tout inundé de pleurs. Les causes de leurs douleurs estoient trop grant amour sensuelle qu'ils avoient à Loys leur fils, non seulement pour sa formosité, mais pour les bonnes grâces qui ja estoient en luy ; et eussent bien voulu que tousjours eust demouré avec eulx ; davantaige doubtoient que s'il alloit au service du roy fust mal traicté de sa personne, et que sa tendre jeunesse ne peust supporter ce faix. Oultre, congnoissoient la sévérité du roy, et qui pour peu de chose prenoit mauvaise fantaisie contre les princes et seigneurs, vieils et jeunes ; et en pourroit prandre contre leur fils, tant parce qu'il avoit eu en hayne son ayeul paternel ; les seigneuries duquel il avoit sans cause et raison saisies et mises en sa main, et aussi qu'ils estoient extraicts de Bourgongne, lequel pays n'estoit aymé du roy, pour les grans guerres et molestes que luy faisoit Charles duc de Bourgongne. La mère parla depuis au fils pour le desmouvoir, lui donnant entendre toutes ces choses, et qu'il actendist encores ung peu jusques à ce que les guerres fussent modérées : mais le fils ne voulut croire ne père ne mère, et après avoir faict presser son père d'avoir congié, voyant qu'il ne luy vouloit bailler, luy mesme le prinst ; et en la compaignée de Odet de Chaserac, jeune enfant ung peu plus aagé que luy, prinst son chemin pour aller en court se présenter au service du roy ; mais il ne fut long ; car incontinant son père, adverty de l'entreprinse, envoya deux gentilshommes après eulx, et les ramenèrent à Bonniers fort tristes.

CHAPITRE V.

D'aulcunes misères des gens de court et comment le jeune seigneur de La Trimoille fut envoyé au service du roi de France.

Le fils fut présenté davant le père, qui d'un visaige furieux commença de luy dire : « O re-
» belle et désobéissant enfant, plus désirant
» l'exécution de ta folle volunté et l'effet de
» ton jeune sens que le plaisir de ton engen-
» dreur et ton proffit temporel ; penses tu que
» tes yeulx emboües de puérille ignorance
» soyent plus cler voyans que ceulx de expé-
» rimentée vieillesse ? Sces tu point que l'œil
» spirituel n'a vigueur, ne voit parfaictement
» jusques au temps que l'œil du corps déflorist
» et pert sa beaulté ? Présumes tu estre plus
» saige et plus loing regardant que moy, qui ja
» suis entré ès expériences de vieillesse ? Je
» t'ay faict dire et remonstrer que le temps
» n'estoit oportun pour prandre l'aventure de
» court au moyen des partialités, discordes
» civiles et guerres intestines qui sont entre
» le roy et aulcuns princes de son sang ; et que
» le dangier s'en ensuyvera selon l'issue de
» fortune. Tu es jeune et puis mieulx atten-
» dre l'événement des choses fatalles que ceulx
» qui ont vingt ou trente ans. Que feras tu en
» court, laquelle est toute troublée et désolée
» de tels discords, en sorte que la pluspart de
» courtisains ne sçavent quel party tenir ? Ils
» voyent le royaulme esbranlé et prest à tum-
» ber entre les mains de nos anciens adver-
» saires, pour l'intelligence qu'ils ont au duc
» de Bourgongne et de Bretaigne, lesquels ont
» plus d'amys secrets qu'on ne pense ; et d'au-
» tre part, voyent le roy si timide et suspeçon-
» neux de chascun qu'il n'ayme personne,
» fors pour le temps qu'il en a affaire. Sces tu
» point comment il a mis en sa main les biens

» du vicomte de Thouars, mon beau-père, et
» baillé partie d'iceulx à gens de petit extime?
» Tu ne ignores qu'il est manié par ung bar-
» bier, par un trompeur et desloyal évesque.
» Il tient en prison le duc d'Alençon ; le duc
» de Nemoux ne sces où il en est, et le comte
» de Sainct-Paul noue entre deux eaues. La
» fin desquels pourra estre plus piteuse à veoir
» que leurs faicts et gestes plaisans à remémo-
» rer. Je suys serviteur du roy et du royaume,
» et prest à me déclarer tel contre tous et de
» y habandonner ma personne, mes enfans et
» mes biens ; et quant tu aurois l'aage pour
» faire quelque bon service, je serois eureux
» de te veoir en bataille rengée pour estre à la
» distribution des premiers coups et en hasart
» de fortune ; mais tu ne pourrois ne sçaurois
» encores luy donner aucun secours de ton
» corps, moins de tes biens ne de ton conseil.
» Tu demandes la court, mon fils, et tu la
» deusses deffier ; tu me dis quelque foiz que
» c'est l'escolle de toute honnesteté ; il est vray
» qu'elle est plaine de gens ressemblans bons
» et honnestes, et que c'est ung lieu remply de
» gens expérimentés à bien et mal. La court
» aprend à se vestir honnestement, parler dis-
» tinctement, ryre sobrement, dormir légière-
» ment, vivre chastement, et escouter tous
» vens venter sans murmure ; mais le tout est
» faict par vaine gloire, ambicion ou ypocri-
» sie. Les honnestement vestus sont au de-
» dans plains de mocquerie et irrision, et dé-
» tracteurs de chascun ; les peu parlans sont
» envieux, songeurs de mallices, inventeurs de
» trahisons ; les peu rians sont gens austères,
» arrogans, cruels et plains de mallice ; ceux
» qui dorment légièrement veillent jour et
» nuyt à supplanter leurs compaignons, faire
» quelques monopolles et destruire chascun ;
» et les chastes aux yeulx des hommes infâ-
» ment et maculent les honnestes maisons par
» secrets adultères et fornications occultes et
» desrobées.
» La court est une humilité ambitieuse, une
» sobriété crapuleuse, une chasteté lubricque,
» une modération furieuse, une contenance su-
» perstitieuse, une diligence nuysible, une amour
» enuyeuse, une familiarité contagieuse, une
» justice corrumpue, une prudence forcennée,
» une habondance affamée, une haultesse mi-
» sérable, ung estat sans seureté, une doctrine de
» malice, ung contempnement de vertus, une
» exaltation de vices, une mourante vie et une
» mort vivante, ung aise d'une heure, ung
» malayse continuel et chemin de dampna-
» cion. C'est ung lieu où l'on prend par force
» ou peine ce qui doit estre acquis par vertus.
» La court fait de vertus vice et de vice vertus;
» les plus hault eslevés sont en plus grand
» dangier que les bas assis, car fortune ne se
» rit fors du trébuschement des grans, et plus
» souvent excerce ses mutations sur ceulx
» qui sont soudain et sans grands mérites
» montés, que sur les petits, dont elle ne
» tient compte. Puys donc que tant de dan-
» giers y a en court, laisse croistre tes ans,
» endurcir ton corps, meurir ton esprit, aug-
» menter tes forces et vertus pour mieulx en
» soutenir le faix et savoir à tous ces maulx
» résister. » Telles ou semblables remonstrances feit le père au fils, qui respondit en tels
mots :

« Ce que j'ay faict, monsieur, ne tend à ce
» que je veuille obvier à vostre volonté ne
» aller au contraire de ce qui vous plaist, car
» les enfans doibvent obéir à leurs pères, et
» comme ils sont tenus les ouyr, aussi doyvent
» considérer leurs parolles. Je sçay, monsieur,
» que toutes les remonstrances qu'il vous a
» pleu me faire, vous les pensez très utiles et
» profitables Toutes fois, qui les peseroit à jus-
» te balance avec ce que je vous ay dict, je ne
» sçay qui gaigneroit le prix. Je croy pour vray
» que la court est à présent fort troublée pour
» les causes par vous dictes, et que le dangier
» y est grand : néantmoins, je pense que plus
» craignez le dangier de mon esprit que celluy
» du corps ne des biens : et mieux me vauldra
» le passer par la dangereuse flamme de court,
» purgative des ignorances de hommes vivans
» de vie privée, que demeurer entre oysiveté,
» nonchallance, gourmandise, plaisir charnel
» et liberté de mal faire, tous insidiateurs des
» humains esprits ; et mieux vault que je ex-
» périmente les curiaulx labeurs en ma jeu-
» nesse, qui pourra plus ayséement les suppor-
» ter, que en mes viriles ans, qui après long
» repos se ennuyroyent de si griefves peines.
» Et davantaige, si le roy est suspeçonneux
» (comme il vous a pleu me dire) le reffus ou

» délay de son service luy pourra engendrer
» contre vous et moy plus grant suspicion,
» tant au moyen du duc de Bretaigne, duquel
» nous sommes alliés à cause de sa mère, que du
» duc de Bourgongne, des ancestres duquel nos
» prédécesseurs ont esté serviteurs, et prins avec
» culx le principal de leurs honneurs et richesses.

» Ne vous désespérez pas de mon aage, car
» de aussi jeunes que je suis ont aultres fois
» (comme j'ai ouy dire) donné espoyr de estre
» gens de bien par leurs juvenilles faicts et
» actes. Et entre aultres, comme j'ai veu par les
» histoires, Alexandre le Grant estant encores à
» l'escolle des lettres en l'aage de douze ans, fut
» desplaisant dont Phelippes, roy de Macédon-
» ne, son père, avoit tant dilaté son royaulme par
» louables victoyres, disant, que pour avoir gloy-
» re luy conviendroit en son plus parfait aage al-
» ler acquérir gloyre en Occident; et en ce mesme
» temps chevaucha de luy-mesmes ung cheval
» non dompté, davant son père, que tous ceulx
» de son escuierye ne ausoyent chevaucher.

» Marcius Coriolanus en l'aage de trèze à
» quatorze ans, au temps que Tarquin septiesme
» et dernier roy des Rommains fut privé de son
» royaulme et exillé de romme pour la vio-
» lence que son fils avoit commise en la chaste
» Lucresse, voyant ung citoyen Rommain estre
» par ceux du party de Tarquin vaincu, no-
» nobstant ses petits ans, contre le jugement de
» tous les hommes, par une merveilleuse har-
» diesse le délivra de son ennemy. Fut pas
» Cyrus, qui vivoit entre les pasteurs, congneu
» estre issu de royalle lignée à son indolle,
» c'est-à-dire à ses faicts puériles, démons-
» trans sa future probité? Hérodes, fils de An-
» tipater, occist-il pas en l'aage de quinze ans
» Ezéchie, lors prince et duc des larrons qui
» tant faisoyent de pilleries en Syrie? Baul-
» doyn, qui fut tiers roy de Jhérusalem, prinst
» il pas les armes contre les Turcs en l'aage de
» quinze ans? »

Comme l'enfant parloit au père et avant que clore son propos, survint ung poste que le roy envoyoit au père avec une lettre, qui interrumpit l'enfant en sa gracieuse et prudente responce; mais ce fut à son advantaige, car le roi rescripvoit au père qu'il lui envoyast son fils pour le servir, sur peine de désobéissance, qui donna solucion à tous argumens, mais non sans douleur paternelle. Et fut Loys, à sa grant joye, richement vestu, monsté, et accompaigné mesmement de Odet de Chaserac, et dedans quinze jours envoyé au roy, à la fin de l'an treiziesme de son aage.

En ce temps le roy Loys avoit de grans affaires au moyen de ce que les ducs de Bretaigne et de Bourgongne estoyent ses ennemys et que le duc de Bourgongne, nommé Charles, fils du bon duc Phelippes, avoit suscité Edouard, lors roy ou usurpateur du royaulme d'Angleterre, à venir avec grosse armée en France. Toutes foys le roy y pourveut saigement, car il appoincta avec Edouard et le renvoya doulcement, sans coup frapper, en Angleterre, au desceu du duc de Bourgongne, qui en cuyda crever de despit.

Le jeune Loys fut amyablement receu par le roy, et fut mis au nombre des enfans d'honneur, où bien tost après passa tous ses compaignons en toutes les choses qu'ils sçavoyent faire, fust à saulter, crocquer, luicter, gecter la barre, courir, chasser, chevaucher, et tous aultres jeux honnestes et laborieux, et si les surmontoit en hardiesse, finesses, caustelles et ruses, en sorte qu'on ne parloit en court fors que du petit La Trimoille, dont le roy fut fort joyeux. Et luy voyant par fois faire ces bons tours, disoyt aux princes et seigneurs de sa compaignée. « Ce petit Trimoille sera quelque
» fois le soustenement et la deffence de mon
» royaulme : je le veulx garder, pour un fort
» escu contre Bourgongne. » C'estoit le roy (comme a escript messire Phelippes de Commynes, son chambellain) qui se congnoissoit mieulx en gens que homme qui fust en son royaulme; et à les veoir une fois seullement, prédisoit leur prud'hommie ou lascheté, dont peu après on voyoit les expériences.

Quelque fois ses compaignons reprochèrent au jeune Trimoille qu'il seroit aussi gros que le seigneur de Cran, son oncle paternel, qui estoit l'ung des vaillans et hardis chevalliers et cappitaines de France, bien aymé et extimé du roy; dont il ne fut contant et respondit : « Je
» m'en garderay si je puis. » Ce qu'il fist par les grans labeurs qu'il prenoit jour et nuyt; car on ne le veit jamais asseoir, fors ung quart d'heure pour disner et autant pour soupper, et si ne prenoit viandes à son plaisir, mais à sa

nécessité seullement et le moins qu'il povoit, dont la continuacion luy engendra une habituacion qui a surmonté nature, car son père et son oncle estoyent gros et gras, et il fut toujours allègre et délibéré. Cherephon et Philetat luy furent exemple, l'abstinence et longues vigiles desquels les feirent allègres et légiers de corps. La demourance du jeune Trimoille ne passa quatre moys en court que son oncle monsieur de Cran, chevallier de grant prudence et bonne expérience, bien aymé et famillier du roi Loys, luy donna forme de vivre honneste et gracieux admounestemens.

CHAPITRE VI.
La bonne estimacion que le roy Loys XI eut du jeune seigneur de La Trimoille dès ses jeunes ans.

Les conseils du seigneur de Cran, bénignement receus par le jeune seigneur de La Trimoille, son neveu, ne diminuèrent l'effect de ses nobles affections, mais lui creurent ses louées vertus; dont vint au roy Loys XI meilleure extimacion de luy que auparavant, laquelle il déclaira depuis à maistre Guillaume Hugonnet, chancelier de Bourgongne, et au seigneur de Contay, venus à Vervins vers le dit roy Loys de par le duc de Bourgongne, pour avoir semblables treuves qui avoyent esté faictes entre le dict roy Loys et Édouard, roy d'Angleterre, à neuf ans. Car, comme les dictes treuves eussent esté par le dict roy Loys accordées aux dicts ambassadeurs, en parlant et devisant des jeunes princes et seigneurs de France et Bourgongne, le roy Loys leur monstra par grant singularité le jeune seigneur de La Trimoille, leur disant. « La maison de » Bourgongne a nourry et entretenu long » temps ceux de La Trimoille, dont j'ay tiré » giton, espérant qu'il tiendra barbe aux Bour- » gongnons. » Ceste petite louange rendit ce jeune seigneur si très ententif à faire ce que le roy avoit de luy prédit, que tousjours estoient ses oreilles tendues aux propos que son oncle et aultres bons chevalliers et chiefs de guerre tenoyent des batailles, alarmes et rencontres, et le plus grand de ses désirs estoit qu'on luy mist le harnoys sur le dos; ce qu'on fist dès ce qu'il eut l'aage de dix-huyt ans, au temps de la conqueste de Bourgongne que le roy Loys fist après que Charles, duc de Bour-

gongne, eut esté occis à la journée qu'il eut à Nancy contre le duc de Lorraine, qui fut en l'an 1476. Et en l'aage de dix-neuf ans prinst accointance avec ung jeune chevalier de l'aage de vingt et trois ans, marié avec une fort belle dame estant en l'aage de dix-huit ans, lesquels je ne veux nommer. Et fut l'amour si grant entre ces deux jeunes seigneurs que le chevalier vouloit tousjours estre en la compaignée du jeune seigneur de La Trimoille et souvent le menoit passer le temps en son chasteau.

Or advint ung gracieux jour du moys de may que ce jeune seigneur, estant en l'aage de vingt ans, pour récréer son esprit des faicts marciaulx et belliques tant solliciteux, partit du chasteau de ce chevalier, où il avoit esté huyt ou dix jours, et s'en alla aux champs pour le vol d'un milan; et comme ses serviteurs suivoyent un cerf qui avoit pris vent, demoura seul près d'un vert boucage, assis en ung tertre, au dessoubs duquel fluctuoyt une clère et vive fontaine dont le ruysseau rutillant résonnoit en doulceur accordée à l'armonye naturelle et ramage de plusieurs petits oiseaux qui faisoyent ung fort doulx bruyt. Auquel lieu ce jeune seigneur, pour ses serviteurs actendre, descendit de cheval, et luy assis sur la verte et riante verdure, comme il contemployt l'excellence de ceste plaisante et amenne situacion, le souleil embellissant de ses clers rays ce tant amoureux et tranquille séjour, fut d'une clère et argentine nuée couvert, dedans laquelle le doulx et gracieux vent Zéphirus amena une compaignée la plus plaisant qu'on sauroit par curiosité souhaiter, car toute propre estoit pour contenter tous les profonds et curieux désirs de l'amoureux esprit et du voluptueux corps; c'estoit la planète Vénus et sa suyte, qui tous se trouvèrent autour du jeune seigneur de La Trimoille. Et premièrement arrivèrent les heures du jour pédisséques du souleil, ornées et revestues de odoriférantes fleurs, qui préparèrent et remplirent ce lieu de toutes les naturelles odeurs dont les sens pevent estre resjouis et esmeus à charnels plaisirs. Après vint en ung chariot que menoient deux tigres ung jeune enfant couvert sur le nud d'ung habit de femme et couronné de lierre, qui tenoit en lesse Marsias le satire; et après lui venoient grant quantité de gens dansans et saultans, jouans, chantans et faisans tous gestes et contenances de gens joyeulx et délibérés. On me dist qu'il avoit plusieurs et divers noms, et que aucuns le appelloient Bacchus, c'est-à-dire fureur de vin; les aultres, Lyéus, c'est-à-dire traict, parce qu'on boit le vin à traicts; les aultres, Ignigena, c'est-à-dire engendrant chaleur; les aultres, Planteur de résins; les aultres, Liber, parce que celui qui a beu croit estre franc et libéré de tout le monde.

Toute ceste bande contentoit le sens du goust; après la quelle marchoit Pan avec sa siringue, Orphéus avec sa lire, et Apolo avec sa harpe; les quels conduisoient les nymphes et semy-déesses, qui sont les Néréides, déesses marines; Nayades, déesses des fleuves; Napées, déesses des fontaines, qu'on appelle aultrement Muses; les Dryades, déesses des bois; les Amadryades, déesses des arbres; les Oréades, déesses des montagnes, et les Hymnides, déesses des prairies, lesquelles faisoient ung doulx bruyt par chançons armonyeuses pour contenter le sens de l'ouye.

Finablement arriva la déesse Vénus en ung chariot porté par six cygnes et douze coulombs blancs comme nège, avec la quelle estoit Volupté, fille de Cupido son fils, et de la belle Psiché. Cupido se trouvoit assis sur le tymon du chariot du quel il estoit conducteur, et avoit la face d'un jeune enfant de forme élégante, les cheveux dorés et pendans, le nez traicté, la bouche petite, les lèvres de vermeille couleur, les joues rondes et vermeilles sans fard, les yeux vers et rians, les sourcis déliés, le front hault et le coul délicat et blanc. Il portoit hesles joinctes aux espaules, ressemblans, pour la diversité de leurs couleurs, ung monceau de fleurs arrosées de la rore céleste. En l'une de ses mains tenoit ung arc turquoys, et de l'autre ung nombre de sagètes et armes d'amours.

Je ne saurois à la vérité parler de la beauté de Vénus sans quelque chose oublier : elle avoit le front hault et bien arrondy, l'arcure de ses sourcis bruns et bien tirés, les yeulx vers et participans de céleste couleur d'un amoureux actraict et pénétrant splendeur, le nez de moïenne grandeur assis sur une ronde face, décorée de bouche riante à petites lèvres purpurées et un peu renversées, qui bien semonoyent ung amoureux baiser; elle avoit le menton fosseulx, le coul cristallin, grossissant sur les espaules, les tétins petits à façon de pommettes et loing l'un de l'autre, assis sur ung estomac de grant représentation, le corps gresle sur gros flancs, les bras longs et massés, les dois longs, blanches et délicates mains, sa stature moïenne, son regard plaisant et actrayant, sa contenance bénigne et doulce, humble et gracieux maintien, son port assez grave sans fierté, et tous ses gestes amoureux et plaisans. Son acoustrement du corps estoit ung surcot de drap d'argent et velours vert sur une cotte de satyn cramoysi, fymbrée de pierres précieuses de diverses sortes en les bords de la fente de sa robbe par le devant; du hault jusques au bas estoient de fine orfavrerie à grenaiges à demie bosse de fin or; représentans aucuns tours d'amours; elle estoit sceinte d'une sceinture que les poëtes appellent ceston, la quelle lui fut au commencement donnée par Nature, à ce que sa trop dissolue lasciyité fust retraicte par propre vergongne et par l'aultorité des lois de mariage. Ses longs espès et blonds cheveux estoient richement tressés à petis las d'argent à manière de rets distingués de perles orientalles, topaces, saphirs, émeraudes et aultres pierres fines avec housses d'or et de soye pendans par le derrière; et par le dessus portoit ung petit chappellet de myrte, qui toujours est vert, et avec ce tenoit en l'une de ses mains ung chappeau de roses blanches et vermeilles. Brief, si toute la variété et formosité de naturelle beauté, toutes graces, acoustremens, et toute dignité féminine estoient ensemblement en une femme, si ne pourroient-elles tenir lieu d'extime pareils à celle de la dame Vénus.

A la queue et derrière estoient sur hacquenées blanches troys damoiselles fort approchantes en beauté de leur dame Vénus, qu'on appelloit Graces ou Charités. La première estoit nommée Pasiphéa, c'est-à-dire atrayant, la seconde Égialia, c'est-à-dire bien entretenant, et la tierce Euphrosine, qui est à dire servant les amans en amours.

Ces troys damoyselles estoyent eschevellées et seullement couvertes de surcots de fine toille de Holande sans manches, sous les quels on povoit veoyr tout le portraict de leurs plaisans corps. Il en y avoit deulx aultres, que Apuleius nomme Acoustumance et Tristesse, vestues de robes, savoir est : Acoustumance, d'ung damas bleu, et l'autre, de satin jaune, qu'on disoit estre chambrières de la dame Vénus; et estoyent montées sur deux mulles.

Le noble enfant de La Trimoille estoit couché à l'ombre des verdoyans arbres au dessoubs de la fontaine, tenant sa main senestre soubs sa teste, où il sommeilloit fort doulcement; et après avoir esté quelque peu regardé par dame Vénus, elle descendit du chariot et vinst gracieusement bayser sa vermeille bouche, lui disant à voix basse, comme si elle eust peur de le réveiller : « Parce que je me trou- » vay à ton naistre, lorsque Titon estoit en » son trosne de Libra, avec mon amy le dieu » Mars, je veulx que quelque part que puisses » aller, tu soys aymé des dames et damoy- » selles sans estre d'aulcunes reffusé. » A ces parolles Cupido prist son arc, et d'une de ses sagettes dorées voulut navrer le cueur de ce jeune seigneur; mais soubdain se réveilla, et voyant venir la sagette, ignorant dont elle procédoit, la recula d'une aultre part avec le bras dextre, et fut fort esbay; et comme il voulut parler à Vénus, elle se disparut; Zéphirus la reprint en son argentine nuée, en sorte qu'on ne la vit plus; dont le jeune seigneur fut un peu troublé et entra en une vaine tristesse qui luy eust long temps duré, ne fust que tous ses gens survindrent, luy apportans nouvelles certaines de son oyseau, qui s'estoit branché près de ce lieu, où l'ung de ses pages l'attendoit. Par quoy monta sur son cheval, et tirèrent tous ensemble au chasteau du dict chevalier, dont ils estoyent partis, en resvant et pensant à part luy en Vénus et sa compaignée; des quelles pensées ne se peult dépescher quant il voulut. Je croy que ce fut parce qu'il avoit touché du bras la sagette de Cupido; or, pensez si elle fust entrée en son estomac comment il en estoit.

CHAPITRE VII.

De la grant et honneste amour qui fut entre le jeune seigneur de La Trimoille et une jeune dame.

Cupido ne fut content de l'expulsion et reject de sa sagette, et ne cessa jamais qu'il n'eust navré le noble cueur de ce jeune Loys de l'amour de son hostesse, espouse du dict chevalier, la quelle estoit une des belles dames qu'on eust pu regarder. Et pour acemplir le tout à la requeste de Vénus, Cupido navra semblablement le cueur de ceste jeune dame. Et fist ce choix Cupido, voyant la grant amour sociale et compaignée loyalle de ce jeune seigneur et du dict chevalier, qui se aymoyent d'une si grande amytié sans aulcune dissimulation que l'ung ne povoyt rien sans l'autre. Et dès ce que la dicte dame eust été navrée par Cupido, jour et nuyt eut devant les yeulx la formosité et bonnes graces du seigneur de La Trimoille, et luy son excellente beauté, son humble maintien, gracieuse parolle et honneste entretien. Or avoyent-ils encores la vergogne de honnesteté davant les yeulx; car la dame n'avoit onc mis son cueur en aultre que son espoux, et le seigneur de La Trimoille n'avoit onc employé son esprit, ne donné labeur à ses pensées en faict de voluptueuses amours, mais seullement ès guerres, chasses, joustes, tournoys et aultres passe-temps honnestes. Et luy fut ce premier désir vénéreux fort extrange, car sa pensée n'avoit seureté et son couraige n'estoit en paix, mais assailly d'assaulx intérieurs tant de jour que de nuyt, en sorte que son noble cueur ne povoyt trouver pascience. Encores n'estoit le seigneur de La Trimoille en si continuelle guerre que la dame, car il avoit plusieurs passe-temps qui lui povoyent donner quelque oubliance; mais la pauvre dame (je dys pauvre d'amoureux confort et riche de toutes aultres choses) demouroit tout le long du jour en sa maison sans rien faire; au moyen de quoy les pensées croissoyent immodérément au jardin de son cueur, en sorte que, avant que fussent troys jours passés, une palleur de tristesse vint saisir son visaige; ses yeulx changèrent leur doulx regard; ses jambes se débilitèrent; son repos n'avoit pascience; soupirs et gémissemens sailloyent de son cueur; l'estomac, qui plus ne les povoyt porter, les chassoit jusques à la bouche, qui en devinst toute altérée, en sorte qu'elle fut contraincte de demourer au lict malade, non de fièvre, mais d'une saine maladie et d'une santé languissante. Son espoux la voulut conforter et y fist venir plusieurs médecins et des plus experts ; mais ils n'eussent peu congnoistre son mal au poux ne à l'urine, ains à ses véhémens souspirs.

Le jeune seigneur de La Trimoille se doubtant de la qualité de son mal, à la raison de ce que puis peu de temps avoit congneu que ceste dame (les joyeuses compaignées habandonnées) s'estoit rendue toute solitaire pour mieulx satisfaire à ses amoureux pensemens, et que en parlant avec elle devant son mary ne povoyt tenir propos et souvent changeoit couleur, attendit l'heure que les médecins s'en estoyent allés et qu'elle estoit seulle en sa chambre couchée sur un lict, où il alloit quant il vouloit, sans le dangier de jalousie, pour la grant amitié que le chevalier avoit à luy. Et eulx estans hors de dangier de rapporteurs, en hardiesse de parler, luy dist : « Madame, » on m'a prestement faict sçavoir que estiez » arrestée de maladie dès le jour de hyer, dont » j'ay esté fort déplaisant, parce que plus tost » fusse venu vous visiter et donner quelque » consolation, si je le povoys bien faire ; car il » n'y a femme en ce monde pour laquelle je » me voulusse plus employer. » L'œueil et la parolle de ce jeune seigneur (comme les premiers médecins) commancèrent à passer par toutes les artères et sens de son hostesse, et pour la doulceur qu'elle y trouva commença se resjouyr et prendre quelque refrigèrement en sa véhémente fureur d'amours. Toutesfois, surprinse d'une louable vergongne, précogitant qu'elle ne povoit honnestement aymer aultre que son espoux pour en avoir délict charnel, différa de répondre et de manifester à son amy la grosse apostume plaine d'amoureux pensemens qu'elle avoit sur son cueur ; mais luy dist seullement qu'il n'y avoit au monde personnaige qui la peust guérir fors luy (son mal bien congneu) ; et en disant ces parolles, gecta sur la face de ce jeune seigneur ung regard si pénétrant qu'il fut navré au cueur plus de devant et congneut asseurément qu'elle estoit amoureuse de luy. Pourtant ne luy fist aultre responce, fors que le médecin seroit trop eureux qui pourroit une si louable cure faire.

Comme il luy vouloyt déclairer le surplus de ses amoureux désirs, survindrent aulcunes de ses damoyselles, qui les départirent ; et se retira le seigneur de La Trimoille seul en sa chambre, où, embrasé du feu d'amours, commença dire à tout par luy : « O quel périlleux » et merveilleux assault ! quel contagieux » convy ! quelle indéfensable temptacion ! quelle » non-inexorable prière, et quel dur et invincible assault m'a esté livré par la parolle et » le regard d'une femme ! que doy-je faire ? » Amour me donne liberté d'acomplir mes » plaisirs charnels, à mon souhayt, et Honnesteté me le deffend, disant que ce seroit trahison faicte à son amy. Jeunesse me induyt » à volupté, et mon esprit à choses plus haultes et vertueuses ; Pitié me dit que je doy secourir celle qui languit pour amour de moy, » et Sévérité me défend de maculler la conjugalle saincteté, et me commande que je » garde ma chasteté à celle qui sera toute à » moy et non à aultre. » Sur ces fantaisies et aultres trop longues à réciter le dict seigneur s'endormit en sa chambre.

La dame, après le départ du seigneur de La Trimoille, fut pressée par ses damoyselles de prendre quelque réfection, ce qu'elle ne voulut lors faire ; mais après avoir faict sortir ceulx et celles qui estoient près d'elle, commença à penser plus que jamais en ce jeune seigneur, et dire en son esprit : « O Dieu immortel ! de » quel seigneur et personnaige m'avez-vous » donnée l'acointance ? il me semble que l'avez » seulement faict pour estre regardé et aymé, et » que avez commandé à Nature le pourtraire » pour le chief d'œuvre de sa subtille science ! » Où est la femme qui, contemplant l'excellence de sa beaulté, ne fust de son amour » surprinse ? Où est celle qui, congnoissant » son gracieux maintyen, sa proesse, son honnesteté, sa perfection corporelle et sacrée » formosité, ne pensast estre bien eureuse si » elle povoit sa bienveillance acquérir ? Où est » la dame qui ne se dist bien fortunée d'estre » en sa tant requise grace ? Et je voy de l'autre » part la beaulté de mon espoux, son bon » traictement, sa fidélité, la grant amour que » en révérance il me exibe, son honnesteté, » la fiance qu'il a en moy, l'énormité scandaleuse de la transgression de la foy conjugalle, le déshonneur que je pourroys, pour » aultre aimer, acquérir, le dangier d'un

» tel crime, la fureur de mes parens et l'injure
» que je ferois à tout mon noble lignage. Tou-
» tes lesquelles choses sont par moy oubliées
» en la veue de ce jeune seigneur tant beau,
» tant bon, tant bégnin, tant gracieux, tant
» amoureux et tant plain de bonnes graces, et
» le quel je ne puis fuyr pour la grant amour
» qui est entre luy et mon espoux et leur jour-
» nelle fréquentacion. O Dieu éternel, que doy-
» je faire? je suis en l'eaue jusques au men-
» ton, toute altérée, et ne puis boire; je suis
» à la table remplie de viandes exquises,
» criant à la fain; je suis au lict de repos, et
» le dormir m'est deffendu; je suis ès trésors
» jusques aux oreilles, et je mandie pour vi-
» vre; j'ay feu d'amours de tous coustés, et la
» glace de honte et crainte me gelle le cueur!
» O pauvre et désolée femme, que feras-tu,
» fors attendre, pour le seul reconfort de mes
» douleurs, que la mort tire cruellement de
» mon las cueur l'amoureux traict de Cupido,
» et me frappe du sien mortellement? »

Combien que cette visitacion eust augmenté les passions amoureuses, non seullement du jeune seigneur de La Trimoille, mais aussi de la dame, toutesfois prindrent-ils reconfort en leurs cueurs par le commencement de congnoissance de leurs voluntés, et s'estudièrent celler leurs désirs et dissimuler leurs entencions à tous aultres, pour mieulx parvenir au fruict d'amours; mais ne fut possible, parce qu'ils changeoient de contenance, de langaige et de propos, et ne vouloyent parler longuement ensemble en compaignée, comme avoyent acoustumé, parce que souvent changeoyent de couleur, et se desroboyent à table et ailleurs plusieurs amoureux regards; dont se apperceut le chevalier, et y resva quelque peu. Toutesfois la grant amytié qu'il avoit au jeune seigneur de La Trimoille luy fist penser que le mourir seroit plus tost par luy choisy que le vivre au pourchasser de tel déshonneur faire en sa maison, et en ousta sa fantaisie. Ce nonobstant, voyant meigrir le jeune seigneur de La Trimoille et devenir tout solitaire et pensif, luy demandoit souvent qu'il avoit et s'il estoit amoureux; le dict seigneur en rougissont luy disoit que non, et prenoit excuse sur quelque aultre chose; mais sa contenance contrariant à sa parolle le rendoit coupable.

Au regard de la dame, elle languissoit et avoit une angoisse en son amoureux cueur si grant qu'elle en perdoit le boire, le manger et le dormir. Ses chansons étoient tournées en soupirs, ses joyeux propos en solitude de pensées, et ses rys en amoureuses larmes. Ledict seigneur estoit si pressé en son esprit qu'il eust bien voulu n'avoir ses amoureux pensemens; et souvent délibéroit se retirer à la court ou ailleurs; mais soudain par ung seul regard de la dame en estoit diverty; aussi le chevalier le retenoit tousjours, et sans luy ne pouvoyt vivre. Et pource qu'il ne ousoit si souvent parler à la dame qu'il avoit accoustumé, et que son amour luy avoit engendré soupçon et crainte de jalousie, luy escrivit une lettre.

Cette lectre escrite de la main du seigneur de La Trimoille, portée à la dame par ung de ses paiges, duquel il avoit congneu le bon esprit, fut par elle, en sa chambre, incontinent après son lever, sans aucun tesmoings, receue; et avant la lecture, pour obvier à toute suspeçon, qui já l'avoit rendu foit craintive, dist au page: « Mon amy, le bon jour soit donné à monsei-
» gneur votre maistre! vous me recommande-
» rez à sa bonne grace, et luy direz que sa lec-
» ture veüe, en aura bien tost responce. » Elle laissée par le paige, alla ouyr la messe en la chapelle du chasteau, en laquelle son espoux et ledict seigneur l'actendoient pour avoir leur part de la dévocion; mais ne la veirent à l'entrée et yssue, à la raison de ce qu'elle entrée en son oratoire par une faulse porte, par icelle mesme sortit et s'en alla renfermer en son cabinet, où elle fut jusques au disner seule, non sans fantasier après ceste lectre en notant chascun mot d'icelle; et pour y faire responce conforme à sa volonté, prinst encre, plume, et escripvit au seigneur de La Trimoille.

CHAPITRE VIII.

Comment la lectre de la dame fut portée au seigneur de La Trimoille, et son amour descouverte au chevalier, son espoux, et comment le chevalier, par doulceur, les retira de leurs folles affections.

La lectre de la dame fut tant eureuse qu'elle trouva messagier secret qui la mist entre les mains du seigneur de La Trimoille : ce fut son paige qui avoit porté la sienne à la dame; mais la lecture en fut piteuse, car il y eut en icelle lisant plus de larmes que de bonne pronunciation; ses sens s'esloignoient de la raison, sa langue se troubloit, le corps trembloit, le cueur souspiroit et les jambes luy failloient, en sorte que luy contraint se gecter sur son lict de camp, fut long-temps sans parler ; et le plus grant danger de son mal, c'estoit qu'il n'avoit à qui descouvrir sa malladie. Le souper fut prest, mais il perdit le souvenir de boire et manger. Ses paiges actendoient son yssue à la porte de sa chambre, pour le conduire en salle avec torches ; mais il ne pouvoit trouver le chemin et jusques à donner quelque pensement au chevalier que mal luy alloit, mais non à la dame, qui bien se doubtoit de sa malladie procédant de sa lectre pleine de variété et mutacion de vouloir ; une partie luy donnoit espoir de joïssance, et l'autre le mectoit en désespoir. En lisant aucuns mots, pensoit bien faire tout ce que son amoureux désir vouldroit, et en lisant autres, s'en trouvoit très fort esloigné, et par raisons si vives que le répliquer luy eust esté honte, et le contredire déshonneste ; parquoy demouroit en langueur, qui est une angoisse d'amoureux cueur ; laquelle ne peult celler son ennuy et ne scet à qui le dire pour y trouver allégence ; et brief, la mort luy eust esté plus propre à le guérir de ce mal que le remède trouver pour le médeciner, ainsi que bien luy sembloit à veoir la lectre de la dame.

L'heure du souper passée, et sçeu par les paiges que la porte de la chambre de ce jeune seigneur estoit par le derrière fermée, le chevalier alla luy-mesme à la chambre, frappa à la porte. Est entendu par le seigneur, qui luy faict soudain ouverture, et le interroge de la cause de si longue demeure. En rougissant respondit qu'il s'estoit trouvé mal et ne vouloit souper. Toutesfois, pressé par le chevalier, qui congnoissoit à la rougeur de ses yeulx qu'il avoit ploré, s'en allèrent mectre à table, et la dame avec eulx ; laquelle empeschée de plusieurs et diverses pensées, rompit son honneste coustume de mectre en avant quelque bon propos, et passa le souper sans mot dire. Le jeune seigneur, tourmenté de ses affections du dedans, parloit aulcunes fois, mais non à propos, qui donna congnoissance au chevalier que son mal procédoit d'amours, et que amoureux estoit de sa femme ; dont ne fist compte, mais interrumpant tousjours ses secrets pensées de parolles joyeuses, s'efforçoit le gecter hors de ceste amoureuse angoisse. La table levée et graces dictes, devisèrent ensemble demye heure seulement, contre leur coustume, qui estoit actendre mynuit, et fut conduict le jeune seigneur par le chevalier et sa femme en sa chambre, où elle fut laissée ; mais incontinent après congié prins de luy, par ung secret et gracieux baiser, pour ouster toute suspicion, se retira en la chambre de son mary, et le jeune seigneur pour donner repos à la douleur qui tant le pressoit, se coucha, mais le dormir ne fut si long que la veillée.

Or voyons-nous en quelle destresse estoyent ces deux personnages pour trop aymer, dont le chevalier eut par conjectures quelque congnoissance, car il estoit assez mondain et de grant esprit. Toutesfois ne fist lors semblant ; et après s'estre couché près de sa femme, en lieu de dormir, se mist à deviser avec elle de ses jeunesses et bons tours qu'il avoit faict en amours avant son mariage, luy disant que c'estoit la plus grant peine du monde ; et se doubtoit que le seigneur de La Trimoille le fust, mais ne sçavoit de quel personnaige et ne le povoit ymaginer ne penser, à la raison de ses perfections de nature, richesses et dons de grace, et que la dame seroit eureuse qui de luy seroit par honneur aymée. « Et si je
» sçavois, disoit le chevalier, en quelle dame il
» a mis son cueur, je laisseroys le chemin de
» mon repos et prendroys celluy de son labeur,
» car il le vault. — Et si c'estoit de moy, dist
» la dame, que diriez vous ? — Je diroys que
» vous vallez bien de estre aymée ; mais je
» pense qu'il a si loyal cueur qu'il ne vouldroit
» maculler notre lict pour chose du monde, et
» qu'il aymeroit mieulx mourir que le faire,
» et aussi qu'il congnoist et considère la per-
» fection de vos vertus et l'arrest d'amour
» qu'avez faict en moy. Et néantmoins, si par
» une passion de désir qui esveille les clers
» entendemens des hommes et femmes, estoit
» tumbé en cet inconvénient, dont ne peut sortir
» sans mort, fors par la jouyssance de vous,
» pourveu que Dieu n'y fust offencé, voustre
» honneur maculé, et ma noblesse souillée,
» je y donneroys plus tost consentement que à
» sa mort. Je vous prie, ma mye, s'il est ainsi

» qu'il ne me soit cellé. » — « Je vous assure,
» mon amy, dist la dame, que c'est de moy ;
» mais sachiez que c'est d'une amour tant
» honneste qu'il aymeroit mieulx mourir que
» de vous offenser, ne me donner repro-
» che ; et vous ayme tant, comme il m'a dict,
» que l'amour qu'il a à vous combat à celle
» dont il me ayme, qui est la principalle
» cause du mal qu'il seuffre, du quel mal, sans
» vous en mentir, je supporte partie sur mon
» cueur par pitié qui ne luy puist ne doibt se-
» courir. »

— « Ma mye, respond le chevalier, nous trou-
» verons moyens de luy donner alégence par
» ce que je vous diray. Demain, après disner,
» iray avec mes serviteurs en tel lieu, sans re-
» tourner jusques au lendemain. Ce pendant
» irez à sa chambre et luy porterez une lettre
» que je feray, vous offrant par mon congié à
» sa mercy. Si je ne vous congnoissois saige,
» prudente et chaste, ne vous bailleroys ceste
» liberté, laquelle pourriez prendre ; mais il me
» semble que aultre moyen n'y a pour le guérir
» de son mal, duquel plusieurs jeunes sei-
» gneurs sont mors ou tumbés en quelque
» grant nécessité » En tenant ces propos,
après aulcuns honnestes baisers, le chevalier
s'endormit, mais non la dame, laquelle passa
le reste de la nuyt en larmes, qui lavèrent son
cueur de l'infection de ses amoureux pensemens, à la considération de la bonté et honnesteté de son époux, à sa doulceur et bénignité,
à l'amytié qu'il avoit au seigneur et à la grant
conflance qu'il avoyt à elle. Dont Cupido fut
vaincu par Chasteté, qui ousta le traict igné,
et refrigera la playe de ce bon et salubre conseil. Le chevalier se leva matin, et d'ung gracieux baiser par luy donné à son espouse, qui
sur le matin s'estoit endormie, la réveilla, et luy
renouvella en briefves parolles leur délibéracion de la nuyt ; et luy prest de ses accoustre-
mens, se retira en la chambre de son secret, où
il fist une briefve épistre. Cependant le jeune
seigneur de La Trimoille tout desolé des songes et fantasmes nocturnes, se leva, et la messe
ouye avec le chevalier et la dame, disnèrent
assez matin ; le disner faict, le chevalier dist
au seigneur de La Trimoille qu'il voulloit aller
à une sienne maison pour quelque affaire, et
que le lendemain seroit de retour à disner. Le

dict seigneur pressa le chevallier de luy tenir
compaignée ; mais par honneste excuse l'en
refusa.

Or fut bien tost prest le chevallier, et sa
lettre baillée à son espouse, monta à cheval
accompagné de ses gens, pour aller où il avoit
dict en présence dudict seigneur et de la dame. Lesquels hors du dangier des serviteurs
(qui souvent dient plus qu'ils ne sçavent) se
retirent en la chambre de la dame, où elle
toute honteuse luy demanda : « Monsieur, com-
» ment vous est-il allé ceste nuyt ? » — « Assez
» mal, dit-il, car je l'ay passée en soupirs,
» fantaisies et songes merveilleux. » — « Et je
» l'ay accompagnée, dict la dame, de larmes
» et pleurs, car mon mary congnoissant nostre
» amour, m'en a bien avant parlé, non comme
» jaloux de vous, mais comme le plus grant
» amy qu'il ayt et qu'on pourroit avoir en ce
» monde ; car son interest mis en arrière et
» mon honneur oublyé, m'a prié vous mettre
» hors des lacs d'amour, desquels vous et moy
» sommes si estroitement liés, et m'a chargé
» vous bailler ceste lectre. » Le dict seigneur
fut tant esbay de tel propos qu'il perdit la parolle, car tant aymoit le chevalier qu'il eust
bien voulu mourir pour luy en juste querelle ;
et la bouche ouverte par le commandement
du cueur, après s'estre les yeux deschargé de
ses soupirs prinst et leut la lettre [1].

CHAPITRE IX.

L'honneste moyen par lequel le jeune seigneur de La Trimoille et la dame se départirent de leurs secrètes amours.

La lectre du chevalier ne fut lue par le
jeune seigneur sans donner repos à sa langue
pour descharger son triste cueur de angoisseu-
ses larmes, et moins ne faisoit la dame ; la pitié
de laquelle augmentoit la passion du lecteur,
en sorte que une heure fut passée avant le parfaict. Ceste lettre eut telle vertu que (toute
folle amour chassée) raison ouvrit leurs intel-
lectuels yeulx pour congnoistre l'honnesteté,
bonté et prudence du chevallier, leur folle en-

---

[1] Cette lettre, ainsi que les deux précédentes, et plusieurs autres indiquées à la suite dans le texte, est
donnée dans les manuscrits et dans la première édition imprimée, en mauvais vers. Ces amplifications de
rhétorique nuisaient au récit ; je les ai laissées de côté.

treprise, inconsidéracion et immodérées voluntés. Et commença dire le jeune seigneur : « Ha! madame, voyez vous point mon tort? vous est ma coulpe abscose? est pas ma faulte découverte? Quand par déceptifs propos, regards impudiques et amoureux baisers, je vous ay voulu divertir de la vraye et simple amour que devez avoir à vostre seul espoux tant bon, tant gracieux et tant honneste, devois je point sa bonté considérer, son amytié gouster, et ses bienfaicts réduire à mémoyre? Il m'a receu en sa maison, et sans deffiance m'a tant de fois laissé seul avec vous, vous baysant et devisant par passe-temps, et à présent congnoissant ma langueur et le dangier de mon mal, a tant eslargy sa sévérité, que vostre honneur oublié, nous a laissé licence, espace et temps pour exécuter les passions de nos amoureux désirs. » Autant en disoit la dame ; et tinrent ces bons et honnestes propos jusques environ quatre heures devers le soir, que le dict seigneur monta sur une haquenée, et seul s'en alla au devant du chevallier ; lequel rencontré à une lieue près, après double salut fait et rendu, feirent aller les serviteurs d'avant et demourés assez loing derrière, le jeune seigneur s'excusa envers le chevallier au mieulx qu'il luy fut possible, et l'asseura par serment que sa lectre avoit esté la seulle médecine de sa playe, et que quelque amour qu'il eust à son espouse, estoit tant honneste, qu'il eust mieulx aymé mourir que maculer la loy et foy de leur mariage, qui estoit la cause de son grief mal; car sa passion sensuelle vouloit ce que raison luy deffendoit.

Le chevallier aussi s'excusa envers luy de sa lectre, disant qu'il ne présuma onc qu'il voulust mettre à effet ses pensées. Et en ce propos arrivèrent au chasteau, où ils trouvèrent le soupper prest et la dame avec autres gentils hommes qui les attendoyent. Le seigneur fut contrainct par le chevallier se asseoyr devant la dame, et congneut leurs contenances toutes changées et qu'ils avoyent mis arrière une grant partie de leurs amoureuses fantaisies. Après soupper il y eut tabourins et instrumens; dancèrent et devisèrent assez tard, puis chascun se retira en sa chambre. Et comme le dict seigneur fut seul en son lit, fut encores assailly par un gracieux souvenir de la dame, en redysant à mémoyre ses graces et façons tant honnestes ; et luy estoit encores demouré quelque relique de ses amoureuses passions, dont ne povoit aisément descharger ; mais le bon tour que luy avoit faict le chevalier, chassa ses pensées, et il s'endormit.

CHAPITRE X.

Comment le jeune seigneur de La Trimoille laissa la maison du chevallier et s'en alla au trespas de monsieur son père.

Quand il fut jour, le jeune seigneur de La Trimoille se trouva bien délibéré de ne plus donner lieu aux amoureuses pensées du temps passé, et comme il se vouloit lever, luy vindrent nouvelles certaines que monsieur son père estoit griefvement malade et près de la mort. Parquoy soubdain envoya vers le chevallier sçavoir s'il pourroit lors parler à luy ; lequel soubdain venu, et le bon jour donné par l'ung à l'autre, s'enquist comment il avoyt passé la nuyt ; et le dict seigneur luy déclara la nouvelle qu'il avoit eue de la maladie de monsieur son père. Si luy conseilla lors aller vers luy en diligence dès le dict jour, ce qu'il délibéra ; mais avant son soubdain partement, après la messe ouïe, en actendant le disner, alla prendre congé de la dame qui n'estoit encores sortie de sa chambre ; et après l'avoir gracieusement saluée, luy dict : « Madame, je suis l'homme le plus tenu à vous que à toutes humaines créatures, tant pour le bon traictement que m'avez faict en vostre maison, que pour les grans signes d'amour que m'avez monstrés, dont je me sens vostre perpétuel tenu et obligé, et si je puis me trouver en lieu pour en recongnoistre le tout ou partie, je vous asseure que y employeray corps et biens. Je suis contrainct de m'esloygner de vous pour quelque maulvaise nouvelle qui à ce matin m'a esté apportée, de monsieur mon père fort malade et en dangier de mort. Il est mon père; je luy doy obéissance et amour naturelle ; et si je n'allois vers luy pour le visiter et consoler, et qu'il mourust sans le veoyr, ce me seroit ung perpétuel reproche et ennuy mortel qui toujours présenteroit regret et tristesse à mon cueur. Et pour ce je vous dy adieu, madame ; jusques à mon

» retour, du temps du quel je ne suis asseuré. »

Là commançoit le cueur du jeune seigneur à se descharger de la furieuse amour qu'il avoit eue à ceste dame, à la consideracion des bons tours et offres que luy avoit faicts le chevallier son espoux.

Au dire adieu, le jeune seigneur présenta à la dame ung gracieux bayser, qui courtoysement l'accepta. Toustefois ceste nouvelle ainsi soubdain venue la contrista par un amoureux regret, et trouva, quelque peu de temps hors de soy, sans povoyr dire mot pour la responce. Les larmes, qui tost après sortirent de ses yeulx, lui ouvrirent le cueur, et commença à parler en ceste sorte : « Je ne vouldroys, monsieur, à vostre
» dommaige retarder vostre départ,, car je
» vous aime de sorte que le plaisir donne lieu
» à l'honneur et proffit de vostre personne.
» Toutesfois si toujours povois estre en vostre
» compaignée sans le maulvais parler des
» gens, je m'extimerois la plus eureuse femme
» de la terre; qui ne se peut faire, parce que
» j'ay ma foy donnée à ung autre, et je pense
» que brief serez tout à quelque dame de la-
» quelle je voudrois bien estre la simple da-
» moiselle. Vous savez, monsieur, les secret-
» tes choses de nos affections qui, à Dieu grâces,
» n'ont sorty effect, mais sont demourées en-
» tre les mains de Honnesté-vouloir. Je vous
» prie que en ceste sorte il vous plaise n'ou-
» blier l'amour de celle qui vous tiendra tou-
» jours escript en sa mémoire par saincte et
» charitable amytié. »

Avec tels ou semblables propos ce jeune seigneur laissa la dame en sa chambre, mais non sans gecter quelques larmes de ses yeulx, car jà-soit ce qu'il fust hors de tout maulvais vouloir, toutesfois estoit encores la racine de charnelle amour en son cueur, laquelle fut desracinée au moyen de la corporelle séparacion, qui est un des grans remèdes d'amour qu'on pourroit trouver. Et après avoir disné tous ensemble, et ung autre général congié prins de la dame, partit pour faire son voyage, non sans la compaignée du chevallier, qui le conduyt jusques à la couchée; et en chevauchant devisèrent de plusieurs choses, dont le chevallier fut très joyeux et s'en retourna à sa maison très content. Son espouse fut long-temps toute honteuse dont tant elle avoit esgaré son esprit, et ne passoit ung jour, que en considérant le danger où s'estoit mise, ne gectast quelques larmes de desplaisir, qui la rendit si très saige et bonne qu'elle passoit toutes les aultres; et pour une vertu qu'elle avoit eu auparavant, en recouvra deux, savoir est : Chasteté et Humilité.

Le jeune seigneur de La Trimoille trouva son père en extrémité de mort, car tost après sa venue alla de vie à trespas, délaissés ce jeune seigneur et ses troys frères Jacques, Georges et Jehan, et certaines filles, tous mineurs et en bas aage. Mais parce que ledict seigneur estoit fils aisné et principal héritier, eut la charge du tout, et leur père honnorablement ensepulturé et obséquié, donna ordre à sa maison et estat de luy et de messieurs ses frères. Et bien tost après, par le conseil de ses amys, retourna à la court du roy de France, où il avoit estat, pour recouvrer les terres de la vicomté de Thouars, principaulté de Thalmond, Amboyse, Montrichart, et aultres de grant revenu, que roy Loys avoit mises en sa main à tort et contre raison, par une exécution de particulière volunté et désir de vengeance, qui estoit la seulle apparente macule qui fort a obscurcy les aultres bonnes conditions de ce roy, ainsi qu'on peult veoyr par sa cronique.

CHAPITRE XI.

Comment le seigneur de La Trimoille fut restitué en la vicomté de Thouars et aultres grosses seigneuries à luy appartenantes à cause de sa feue mère, fors d'Amboyse et Montrichart.

Or s'en allèrent ces troys jeunes seigneurs à Tours, parce que le roy Loys estoit au Plessis, qui est ung séjour royal au cousté de ladicte ville, auquel lieu s'estoit retiré pour trouver repos à son acoustumé labeur et se séparer des grosses compaignées à luy desplaisantes, et de l'accès des princes de son sang et aultres gros seigneurs qu'il avoit en grant suspection, laquelle procédoit de ce qu'il avoit voulu estre crainct de tout le monde, et comme dict Tulle en ses Offices : Il advient que ceulx qui veulent estre crains, craignent non seulement les grans, mais les petits. Le jeune seigneur de La Trimoille fut hors le train d'amours; et la dame oubliée, après laquelle il avoit tant réveillé son subtil et facil engin, prinst le chemin de proffit particulier et de penser la manière par laquelle pourroit recouvrer ses terres, par le roy injustement occupées. Il avoit plusieurs amys en court, princes et aultres, mais aulcuns d'iceulx n'eut la hardiesse d'en parler au roy, doubtant sa furieuse imaginacion. On le conseilla se adraisser à l'arcevesque de Tours, de l'ordre des frères mineurs, de grant saincteté, qui parloit hardiement au roy de ce qui conscernoit le faict de sa conscience, et par crainte de mort ou exil, ne différa onc de confondre ses désordonnées excuses.

A ceste considération le jeune seigneur de La Trimoille se adraissa audit arcevesque, qui très-voluntiers luy presta l'oreille, et, la qualité de son affaire congneue, dont aultres foys on luy avoit tenu propos, promist en parler au roy à la première disposicion qu'il congnoistroit estre en luy pour se ranger à la raison ; ce que fist ce bon arcevesque, qui joyeux estoit de faire administrer justice à ceulx qui la demandoyent ; mais non si tost, car la maladie du roy estoit si véhémente et pressante que en la fureur d'icelle, homme quel qui fust n'ousoit commancer ung propos hors sa fantasie ou ymaginacion. Fortune disposa l'heure du relasche de son mal avec la venue de l'arcevesque de Tours, lequel voyant l'esprit du roy bien tempéré pour y trouver ce qu'il demandoit, luy dist en secret : « Syre, il a pleu à vostre royalle magesté me
» descouvrir plusieurs syndereses et scrupules
» de vostre conscience, et entre aultres du tort
» que vous tenez aux enfans de la fille du vi-
» comte de Thouars, le fils aisné desquels
» (qui est le seigneur de La Trimoille) que
» fort bien aymez, m'a plusieurs fois prié de
» vous parler, à ce que en administrant justice
» eussent de leurs terres et seigneurie restitu-
» tion. » — « Je ne les ay prises, dist le roy, pour
» les retenir ; mais vous entendez, monsieur
» l'arcevesque, comment les princes du sang
» m'ont traicté soubs la confiance du duc de
» Bretaigne et du feu duc de Bourgongne, et
» que si je n'eusse par sévérité rompu leurs
» entreprises, fusse demouré le dernier roy
» des nobles malheureux au livre de Bocace.
» Or au moyen du parentaige et alliance qui
» estoit entre le feu duc de Bretaigne et le feu
» vicomte de Thouars, Loys d'Amboyse, doub-
» tant qu'il fust de sa faction et que au moyen
» des grosses seigneuries qu'il avoit en Poic-
» tou és frontières de Bretaigne, le duc de Bre-
» taigne peust entrer en mon royaulme, je mis
» en ma main ses terres et seigneuries, non
» pour les retenir, mais pour les garder à ce
» jeune seigneur de La Trimoille, lequel, à mon
» jugement, sera l'ung des principaulx pro-
» tecteurs et deffenseurs de la maison de Fran-
» ce. Et si bien entendez la fin de mon exécu-
» tion, ce à esté pour le mieulx, et à ce que,
» pour l'offence que eust peu commestre le dict
» d'Amboyse par l'importunité des aultres
» princes de mon sang, ce jeune seigneur ne
» fust en dangier de perdre le tout, et aussi
» pour tenir en crainte cest enfant, lequel par
» présumption de richesse pourroit prandre
» si grant hardiesse qu'elle tomberoit en irré-
» vérence et faction. La jalousie de ma re-
» nommée a tenu ma mémoyre au passé pour
» eslire le meilleur du présent et advenir, en
» sorte que par température et sévérité (mes
» ennemys surmontés) je suis en mon royaul-
» me paisible, hérité d'ung fils, qui est l'ymai-
» ge de ma temporelle félicité. »

— « Toutes ces choses, si en ceste considéra-
» cion les avez faictes, dist l'arcevesque, pro-
» cèdent de Dieu. Et puis que le dangier de
» l'advenir par vous préveu est passé, me
» semble que vostre naturel doit à présent
» vaincre l'accident de vostre craincte ; et at-
» tendu que vous estes de vos adversaires le
» surmonteur, devez ouster le moyen que
» doubtiez estre nuysible à vostre intention ;
» mais vous estes debteur à vostre vertu, et à
» ce vous oblige vostre royalle condicion ; vous
» mesme réparez ce tort, et ne vous confiez à
» ceulx qui n'auront après vostre mort mé-
» moyre de vous. » Le roy remist la conclusion de cest affaire à ung aultre jour ; mais pourtant ne demoura en arrière, car le dict arcevesque fut tant pressé du jeune seigneur de La Trimoille que par aultres fois en parla au roy, et finablement, par le commandement du roy, mena en sa chambre, en laquelle aucun der princes lors n'avoit entrée, le jeune seigneur avec ses aultres troys frères ; et la révérence par eulx faicte au roy comme appartenoit, par son commandement le jeune seigneur meslant ses saiges parolles avec ung peu de honte révérenciale, commencea parler à luy, disant :

« Si par nature ou coustume estoit une
» chose arrestée entre les hommes, ô très il-
» lustre et triomphant roy, que ceulx aux-
» quels Dieu a donné l'auctorité et puissance
» de exercer et administrer justice, ne regar-
» doient fors aux loix privées de leurs pas-
» sions et affections, et que leurs voluntés fus-
» sent par dessus la raison, ne extimerois au-
» cun lieu nous estre laissé pour vous faire
» prière ; mais congnoissant le parfaict de
» votre prudence, qui ne vous permist onc
» faire chose par si légière crédulité que n'aiez
» toujours tenu la sentence en suspens, et que
» ne vouldriez charger l'innocence par le con-
» seil de vostre seul vouloir prins de chose
» suspeçonneuse ; aussi que l'homme de vertu
» ne se despouilla onc tant de humanité qu'il
» aye perdu la mémoire de clémence et pitié,
» la douleur de laquelle a souvent pénétré les
» insupportables rigueurs des gens barbares,
» molifié les cruels yeulx des ennemys, et hu-
» milié les insolens esprits de victoire ; ce ne
» luy est chose haulte ne difficille trouver as-
» seuré chemin entre les armes contraires et
» les glaives évaginés ; elle vainct toute ire,
» prosterne et abat hayne, et mesle l'ortille
» sang avec les hostilles larmes, par laquelle
» Hannibal de Cartage emporta plus de gloire
» que par la victoire qu'il obtinst contre Pau-
» lus Gracchus et Marcellus, Rommains con-
» sulles, lorsqu'il les feit, après les avoir occis,
» honnorablement ensevelir. Pour ces consi-
» déracions nous retirons à vostre bénignité,
» doulceur et clémence.'

« Certes, si jamais espoir de mansuétude
» fut en gens misérables et pour misérable
» cause, elle doyt estre en mes frères et moy,
» très redoutable prince, tant pour nostre jeu-
» nesse et pupillarité, que pour l'innocence de
» nostre ayeul maternel, qui onc n'entreprinst
» faire chose contre vostre royalle magesté, et
» dont il peust estre de désobéissance suspe-
» çonné ; et plus y avoit de raison à considérer
» les maulvaises meurs de ceulx qui vous ont
» à ceste ire provocqué, que croire à leurs ca-
» lumnieux et non véritables rapports. Et si
» nostre ayeul avoit failly, dont ne voulons
» contendre ne prendre querelle, mais du
» tout nous soubmestre à vostre royalle bonté,
» vous plaise considérer, ô prince très humain
» et clément, que nostre ayeul et sa fille et
» héritière unique, nostre mère, sont décédés,
» et n'ont aultres héritiers que nous, vos très
» humbles et très obéissants subjets et servi-
» teurs, lesquels, comme de vous chèrement
» amés, avez de dessoubs la belle de naturelle
» mignardise retirés, et mis au nombre de
» ceulx qui veulent estre gens de bien. A ceste
» considération, plus raisonable chose seroit
» nos biens estre par équité remis entre nos
» mains, que laissés par tyrannie à ceulx les-
» quels ont puis n'a guères prins tiltre de re-
» nommée, plus par l'auctorité que soubs vous
» usurpent, que par leurs vertus et mérites.

» Vous plaise considérer les services et mé-
» rites de nos parens, le vouloir qu'ils ont eu
» à l'exaltacion de la gloire de France, et que
» bataille n'a esté faicte puis six vingts ans
» qu'ils n'y aient esté, retournans d'icelles à
» leur honneur. Onc ne furent repris de chose
» pour laquelle les roys vos prédécesseurs
» ayent eu occasion de gecter sur eulx ne sur
» nous les yeulx de indignacion. Vous enten-
» dez assez en que en gardant les loyers se
» conservent les subjets. Pour ces raisons, et
» aultres que bien entendez, sire, vous plaise
» nous faire rendre et restituer nos terres, et
» en faisant raison et justice nous obligerez
» par redoublée gratitude, libéralité et muni-
» ficence, à tousjours estre perpétuels servi-
» teurs de vous et de vostre royaulme. »

Les sens et faconde du jeune seigneur de La Trimoille, meslés avec prudente hardiesse, consolèrent très fort le roy, lequel ne interrumpit son parler ne y prinst aucun ennuy ; mais meu par ses prières, qui pénétrèrent la sévérité de son esprit, et vindrent jusques à luy ouvrir le cueur, luy feit responce : « Mon » amy Trimoille, retirez-vous à vostre logis » avec vos frères ; j'ay bien entendu tout ce » que m'avez dict ; je pourvoieray à vostre af- » faire par le conseil de monsieur de Tours, » en sorte que aurez matière de me appeler » roy et père. » Le presser eust esté plus nuysant que proffitable, les condicions du roy bien entendues, qui empescha la réplique de ces nobles enfans, lesquels se retirèrent à leur logis. Et dix ou douze jours après, le roy, sollicité par l'arcevesque de Tours, manda venir vers luy le jeune seigneur de La Trimoille, au

quel dist : « Mon amy Trimoille, je t'ay prins
» dès l'aage de treize ans, espérant que tu se-
» roye en l'advenir l'ung des propugnacles de
» mon royaume, le deffenseur de mon ceptre, et
» soustenement de ma couronne pour mon fils
» unicque Charles, lequel je te recommande ;
» long temps y a que maladie me persécute ; et
» me semble que la mort est aux espies pour
» me prendre, ce que ne puis évader ; je te
» prie que je ne soye frustré de mon espoyr.
» L'une des bonnes condicions en toi congnues,
» c'est que tu as surmonté envie par louée
» humilité, et par patience acquis le nom de
» fort : l'une te fera prospérer en ma mai-
» son, et l'autre triompher en guerre ; je te
» prie continuer. Au regard de tes terres de
» Thouars et autres en Poictou, j'ay ordonné
» par mes lettres patentes qu'elles te soyent
» rendues comme à toy de droict appartenans,
» et dont je ne vouldrois la retention ; mais je
» te prie prendre récompense d'Amboise et de
» Montrichard, par autant que le séjour de
» Touraine m'est fort agréable à la raison que
» mon fils y est nourry, et pourra en l'advenir
» mieux aymer ce territoyre que autre. » —
« Sire, dict le jeune seigneur de La Trimoille,
» je feray tout ce qui vous plaira ; et vous mer-
» cy de vos remonstrances et de la restitution
» que avez ordonné me estre faicte. »

Le jeune seigneur de La Trimoille fist ses diligences de recouvrer ces lectres de restablissement, et à ce faire eut merveilleux labeur ; et néantmoins ne peult encores jouir desdites terres, à la raison de ce que le roy étoit griefvement malade, et que son mal luy empiroit de jour en jour, aussi que demy-an après ou environ alla de vie à trépas, qui fut en l'an 1483, auquel succéda monsieur le dauphin, son fils unique, nommé Charles, huitiesme de ce nom. Aussi laissa deux filles ses héritières, l'aisnée, nommée Anne, mariée avec le seigneur de Beaujeu, frère du duc de Bourbon ; et l'autre, nommée Jehanne, espousée par force, ainsi qu'on disoit, avec Monsieur Loys, duc d'Orléans ; elle estoit belle de visage et de clers meurs et vertus, mais contrefaicte du corps, au moyen desquelles choses fut depuis répudiée, et leur mariage déclaré nul, comme nous verrons, si Dieu le donne.

CHAPITRE XII.

Comment le seigneur de La Trimoille fut appellé au service du roy Charles VIII, et comment on traicta le marier avec madame Gabrielle de Bourbon, de la maison de Monpensier, et alla la veoir en habit dissimullé.

Charles, huitiesme de ce nom, fils unique du feu roy Loys XI, fut couronné roy de France en l'aage de quatorze ans ; la jeunesse duquel donna occasion à ambicion de diviser d'avec luy les princes de son sang, lesquels hannelloyent et aspiroyent, pour les honneurs ou avarice, avoir la régence et gouvernement de luy et de son royaulme, et entre aultres monsieur Loys, duc d'Orléans, qui lors estoit de l'aage de vingt et troys ans, et aussi le duc de Bourbon ; lesquels ne se déclairèrent si tost. Toutesfois madame Anne de France, seur du roy et espouse du seigneur de Beaujeu, de la maison de Bourbon, laquelle avoit le gouvernement de la personne du roy, se doubtant de ces entreprises, y pourveut ; et dès l'année du trépas du dit roy Loys, voulant gaigner princes et seigneurs, à ce qu'ils ne se détournassent de leur fidélité, et voyant le jeune seigneur de La Trimoille prospérer en biens et en toutes vertus appartenans à un chief de guerre et conducteur d'une chose publique, et qu'il avoit merveilleux vouloyr de servir le roy et le royaulme, le fist mettre aux estats du roy, et luy parla de le marier avec madamoyselle Gabrielle de Bourbon, fille du comte de Monpensier.

Le mariage estoit moult beau et honneste, car ladicte Gabrielle estoit descendue du roy sainct Loys. Et pour l'entendre, est à présupposer que le roy sainct Loys eut plusieurs enfans, et entre autres Phélippes, le tiers de ce nom, qui fut roy après luy, et monsieur Robert, qui fut comte de Clermont. Ledict Robert eut un fils nommé Loys, aussi comte de Clermont et premier duc de Bourbon ; dont vinst Pierre, second duc de Bourbon ; lequel eut ung fils nommé Loys, qui fut tiers duc de Bourbon ; dont vinst Jehan, quatriesme fils, qui eut deux fils, Charles, cinquiesme duc de Bourbon, et Loys, premier comte de Monpensier, père de ladicte madame Gabrielle de Bourbon et de monsieur Gilbert de Monpensier, qui fut lieutenant-général du roy Charles VIII, et vy-roy de Naples, où il décéda ; à luy survivans deux fils, entre aultres ses enfans, Charles et ung aultre qui fut occis en la journée Sainte-Brigide, comme nous verrons cy après ; et le dict Charles fut connestable de France, et marié avec madame Suzanne, fille du dict seigneur de Beaujeu et de madame Anne de France.

Le dict seigneur de La Trimoille, en continuant la fortune de ses prédécesseurs, lesquels toujours se allièrent ès maisons des princes, désira fort ce mariage. Et combien que peu en parlast, toutes fois n'en pensoit moins, car maintes nuyts estoyent par luy passées sans dormir, aux pensées de ceste jeune dame, de laquelle luy fut apportée la pourtraicture après le vif, que j'ay par plusieurs fois veue. Et en fut très fort amoureux; mais la longue distance du pays d'Auvergne, où elle estoit, ne permettoit qu'il en eust la veue au naturel, dont il avoit peine par passion de désir. Or n'eust il ousé y aller de peur de mal contenter madame de Beaujeu, et voluntiers se fust faict invisible pour furtivement la veoyr. Souvent luy estoit parlé du dict mariage de par madame de Beaujeu, et elle-même luy en parla. Toujours respondit qu'il feroit ce qu'il plairoit au roy et à elle, et qu'il n'auroit jamais femme espousée que par leurs mains. Il estoit fort courroussé qu'on ne luy disoit : « Allez la veoir » jusques à Monpensier ; » mais il n'ousoit en faire la requeste ; et un jour dist à madame de Beaujeu, que pour néant on parloit de ce mariage, et qu'il falloit savoir la voulonté d'icelle, sans laquelle on ne pourroit rien faire.

Fut advisé que ung des gentils hommes de la maison du roy, fort grant amy du seigneur de La Trimoille, auroit ceste commission, et iroit ; dont le dict seigneur fut très joyeux ; car il entreprinst avec ce gentil homme qu'il iroit avec luy en habit dissimulé, à ce qu'il ne fust congneu. Et pour le faire secrètement, demanda et eut congié pour aller à sa maison, à ce qu'il retourneroit dedans quinze jours. Le gentil homme partit ung jour avant luy, asseuré du lieu auquel avoit promis de l'actendre, où se trouvèrent deux jours après. De là s'en allèrent où estoit la jeune dame, et logèrent ensemble ; mais le dict seigneur laissa son train à six lieues de là, à ce qu'il ne fust congneu, et prinses les lectres de créance de madame de Beaujeu, en feit le présent en habit dissimulé à la dicte jeune dame que tant désiroit voir. L'ung et l'aultre se saluèrent gracieusement, et la lectre leue, la jeune dame, en grant doulceur et toute honteuse, luy dist : « Monsieur, » la lectre que j'ay receue de par madame ma » tante, porte que je vous croye de ce que » vous me direz de par elle. »

« — C'est, dict le jeune seigneur de La Trimoille, qui jouoit le personnage du gentil» homme qui l'actendoit au logis, que je suis » chargé savoir vostre volunté du mariage du» quel madame vostre tante vous a puis n'a» guères faict parler, de vous avec le jeune » seigneur de La Trimoille, parce qu'on le » presse de le marier ailleurs. » — « Je ne le » vy onc, dist la jeune dame, mais sa bonne » renommée me faict extimer que je serois » cureuse si me vouloit prendre, car on dict que » de toutes les vertus qu'on sauroit souhaiter » en hommes, il en a si bonne part qu'il est » amé et en bonne extime de chascun. » — « Je vous asseure, madame, que s'il est en » vostre grâce, vous estes autant ou mieulx » en la sienne ; et que depuis le temps qu'on » luy a parlé de vous, ne s'est trouvé en lieu » de familiarité qu'il n'ayt mis en avant quel» ques parolles de vos bonnes grâces ; et la » chose qu'il désire plus pour le présent, » comme il m'a dict, est que vous soyez ma» riés ensemble. Et eust bien voulu avoir la » commission de vous venir veoyr ; non qu'il » doubte du bon rapport qu'on luy a faict de » vous, mais pour contenter l'affection de son » amoureux désir. » — « Il me suffit, dist la » jeune dame, de le veoyr pour le présent en » bon rapport des hommes et femmes ; je prie » Dieu qu'en honneur je le puisse veoyr par » loyal mariage. »

Ils eurent plusieurs autres propos par le temps de deux ou troys heures qu'ils furent ensemble, et cependant on apresta le disner ; mais le dict seigneur s'excusa sur ung gentilhomme estant à son logis qui l'actendoit pour aller ensemble en aultre part et à diligence, priant la jeune dame faire responce à la lettre de madame sa tante, ce qu'elle promit faire et luy envoyer à son logis, luy recommandant l'affaire. Et à tant prindrent congié l'ung de l'autre ; et retourna à son logis le dict seigneur, où trouva le disner prest, et le gentilhomme qui l'actendoit; mais il se contenta de peu de viande et d'une fois de vin, pour à diligence laisser une petite lectre à la jeune dame qui avoit saisy sa pensée.

CHAPITRE XIII.

La responce que fist madame Gabrielle de Bourbon à l'honneste épistre ou lettre du jeune seigneur de La Trimoille, et comment ils furent esposés à Escolles.

Plus longue lectre eust escript le jeune seigneur de La Trimoille à la jeune dame, car la véhémence d'honneste amour luy présentoit assez matière, mais il doubtoit qu'elle n'eust aussi bonne voulunté de les lire comme il avoit de luy faire tenir, et ne sçavoit si elle prendroit plaisir en longues lectres. Si bailla son épistre à ung jeune paige d'esprit qu'il avoit avec luy, et instruict de ce qu'il devoit faire. Après le desloger de la compaignée, se transporta vers la jeune dame et luy dist : « Madame, monsieur » mon maistre et sa compaignée sont partis de » leur logis, et suis demouré pour avoir vostre » lectre à madame de Beaujeu. » — « Mon amy, » dist la dame, elle est toute preste. » Et la luy bailla en luy disant : « Qui est vostre maistre? il » porte faconde mieulx de prince que d'un sim- » ple gentilhomme. » — « Madame, dist-il, il » m'a baillé une lectre pour vous présenter; je » ne sçay si icelle il n'a point mis son nom; et » suis chargé de luy en porter responce, si vous » plaist la faire. » La lectre baisée par le page fut par luy mise entre les mains de la dame, qui en fist ouverture; mais après en avoir leu troys ou quatre lignes commença à rougir, pallir, et trembler comme une personne passionnée et hors de soy. Et la lettre ployée, dict au page : « Mon amy, avez-vous charge de tost aller » après vostre maistre? » — « Quant il vous » plaira, madame. » — « Or me attendez donc, » dist-elle, pour le jourd'huy, et vous expédie sur » le soir. Pourrez vous en aller à son giste. »

La jeune dame fort douteuse de ce qu'elle devoit faire, demanda le repos de son cabinet pour respondre aux argumens de ses pensées. Honte virginalle luy conseilloit retenir la lectre sans responce, disant que de son mariage ne devoit monstrer aulcune affection, mais en laisser faire à ses parens; de l'autre part, Humilité la persuadoit prendre la plume pour satisfaire à la requeste de la lectre d'ung si gros seigneur, laquelle n'estoit, en aucune chose, suspecte de deshonneur ne scandalle, et qu'elle pourroit estre reprinse de presumption et arrogance si elle ne luy escripvoit; par quoy y employa son cler esprit avec sa doulce main escripvant une briefve épistre.

Après le souper la jeune dame expédia le page du jeune seigneur de La Trimoille, lequel, nonobstant qu'il fust assez tard, partit pour aller vers son seigneur, auquel tardoit fort son venir pour avoir responce de sa lettre; et icelle receue, au lendemain à son lever en fist secrete lecture, et bailla l'aultre lectre, adraissant à madame de Beaujeu, au gentilhomme qui rien ne sçavoit que le jeune seigneur eust escript à la jeune dame, ne qu'elle lui eust faict responce. Si chevauchèrent ensemble jusques à Bommiers, où le dict seigneur demoura pour ung jour ou deux; et le gentilhomme s'en retourna à la diligence vers madame de Beaujeu, à laquelle il bailla la lettre de madame sa niepce, et lui dict qu'elle ne vouloit aultre chose faire fors ce qui luy plairoit ordonner et commander; dont elle fut joyeuse. Et deux ou troys jours après, le jeune seigneur de La Trimoille retourné de Bommiers à la court, fut pressé d'entendre au mariage par le roy et les seigneur et dame de Beaujeu; lequel fut bien tost accordé, car son affection et désir n'en vouloient le delay, ne le dissimuler. Et affin que de trop long langaige je n'ennuye les lecteurs, des allées et venues depuis à diligence faictes pour escripre, accorder et passer le contract de ce mariage, les noces de ces deux illustres personnes furent faictes au lieu d'Escolles en Auvergne, non sans joye et grosse magnificence; et d'ilec s'en vindrent à Bommiers et aultres places dudict seigneur, où furent faicts plusieurs festins.

La compaignée rompue, à ce que chascun allast à ses affaires, le seigneur demoura avec madame son épouse quelque temps, et l'engrossa d'un fils qu'elle eut au bout de l'an, lequel fut tenu sur les fons par procureur que y envoya le roi Charles VIII, et à ceste raison porta son nom. Cependant d'une aultre part le dict seigneur poursuyvoit la délivrance réelle de sa vicomté de Thouars et aultres terres qui luy appartenoyent à cause de sa feue mère, et dont il avoit eu délivrance litterale par les lectres patentes du roy Louis XI, qui furent enterinées du consentement du roy Charles VIII par deux ou troys arrests de la court de Parlement de Paris; et toutes les dictes terres, non sans grans mises et labeurs, à luy délivrées : puis bailla à ses frères leur appanage et démoura comte de Benon, vicomte de Thouars, prince de Thalemont, seigneur de Mareuil et Saincte-Hermyne, baron de Cran, qui luy vinct à cause de son feu oncle, gouverneur de Bourgongne, avec grosse richesse de meubles. Aussi eut les seigneuries de Sully, l'Isle Bouchart, des isles de Ré et Marans, de Mareuil, Saincte-Hermyne, Mauléon et aultres terres.

CHAPITRE XIV.

Comment monsieur Loys, duc d'Orléans, par civille discorde se retira au duc de Bretaigne pour faire guerre au roy de France.

Toutes ces choses furent faictes quànt au dict mariage depuis le trespas du roy Loys jusques vers la fin de l'an 1484, duquel an, et au mois de juillet les trois estats du royaulme furent appellés à Tours pour donner provision au gouvernement du roy et du royaulme, où chascun des dicts estats feict ses plainctes. Et après y avoir pourveu, et aussi à la régence, fut ordonné qu'il n'y auroit aucun resgent en France, mais que madame Anne de France, sœur aisnée du roy et espouse du seigneur de Beaujeu, qui estoit saige, prudente et vertueuse, auroit le gouvernement de son corps tant qu'il seroit jeune, en ensuyvant la volonté du roy Loys leur père; dont le dict duc d'Orléans ne fust contant; et s'efforcea par tous moyens avoir la supérintendance des affaires du royaulme, en quoy ceulx de Paris le favorisoient. Et de ce advertie, la dicte dame de Beaujeu envoya gens à Paris pour prendre au corps le dict duc d'Orléans, qui évada et s'en alla à Alemon, où il fut quelque temps, pendant lequel le duc de Longueville, son proche parent, pratiqua pour sa faction les comte d'Angoulesme, duc de Bourbon et seigneur d'Albret, qui se déclairèrent ses amys; pour laquelle cause furent tous désappointés de leur estat et pensions, qui leur donna occasion de tirer à eulx le duc de Lorraine, le comte de Foix et le prince d'Orenge. Toutes fois ceste entreprise fust soudain rompue et accord faict avec la dicte dame de Beaujeu, qui conduisoit cauhement et prudemment son affaire, en l'an 1485.

L'année ensuyvant, adverty le dict duc d'Orléans que la dame de Beaujeu, soubs l'autorité du roy, le vouloit tenir au destroit et qu'elle avoit esté advertie de ses entreprises secrètes, se retira subtillement et secrètement vers monseigneur François, duc de Bretaigne, ancien ennemy du feu roy Loys, père du dict roy Charles, lesquels avec autres princes leurs adhérens demandèrent aux Angloys et prindrent aliance avec eux contre les Françoys. Le roy Charles et son conseil y pourveurent : car à diligence draissèrent grosse armée qu'ils envoyèrent en Bretaigne par troys divers lieux; et après plusieurs villes du dict pays prinses, allèrent assiéger la ville de Nantes en l'an 1487, en laquelle estoient le duc François et ses deux filles Anne et Isabeau, le prince d'Orenge, la dame de Laval, l'évesque de Nantes, homme de sainte vie, et le comte de Commynges.

Les François levèrent le siége de Nantes pour la véhémence du chault, et marcha l'armée françoise vers la ville de Dol, qu'ils prindrent sans résistance; la pillèrent et y prindrent prisonniers plusieurs Bretons. Le seigneur de Rieux, qui tenoit Encenis pour le roy, le livra aux Bretons, et, en allant à Nantes vers le duc de Bretaigne, prinst Chasteaubriand, qui tenoit pour le roy; puis alla mestre le siége devant la ville de Vannes, qui luy fut rendue et livrée par les François moyennant certaine composition faicte entre eulx. D'une aultre part, l'armée du roy reprinst le chasteau et place d'Encenis, et en chassèrent les Bretons, lesquels y avoient esté mis par le seigneur de Rieux. Et parce que le lieu luy appartenoit et qu'il avoit faulsé sa foy, le roy feit abattre la place jusques à fleur de terre; puis s'en alla l'armée françoise assiéger Chasteaubriand, qu'elle prinst et mist à sac au commencement de l'an 1488.

CHAPITRE XV.

Comment le seigneur de La Trimoille, en l'aage de vingt-sept ans, fut lieutenant-général du roy Charles VIII en la guerre de Bretaigne.

En ce temps, le roy Charles, par la délibéracion de son conseil adverty du bon vouloir du seigneur de La Trimoille, qui n'avoit que vingt-sept ans, de sa hardiesse, prudence, diligence et bonne conduicte et de plusieurs beaulx faits d'armes par lui faicts et rencontrés, et saillies qu'on avoit faict au siége de Nantes, et aussi ès siéges et assaulx de plusieurs villes, chasteaux et fortes places de Bretaigne, le feit son lieutenant-général de son armée, et luy bailla toute auctorité royalle acoustumée estre baillée en tels cas; ce que le dict seigneur très voluntiers accepta, et commença à prendre plus de soucy qu'il n'avoit accoustumé, et à penser en ce qu'il devoit faire pour le prouffit du roy et du royaume, et acquérir honneur en sa charge.

CHAPITRE XVI.

De la journée et rencontre de Sainct-Aulbin, en Bretaigne, gaignée par les François soubs la conduicte du seigneur de La Trimoille.

Le seigneur de La Trimoille assembla le conseil du roy, pour traicter des praticques de la guerre de Bretaigne, où fut advisé et conclud qu'ils iroyent assiéger Fougières, qui est place de frontière forte et de bonne résistance, ce qu'ils firent. Cependant le seigneur d'Albret, qui se actendoit espouser madame Anne, fille aisnée de Bretaigne, retournant d'Espaigne, se retira vers le duc à Nantes, et ses gens de guerre, qu'il avoit amenés jusques au nombre de quatre mil, prindrent leur chemin à Rennes. Le roy estoit lors à Angiers, vers lequel le comte de Dunoys alla comme ambassadeur soubs sauf-conduict, pour savoir quel droict le roy prétendoit en la duché de Bretaigne.

Comme on faisoit toutes ces choses, le duc d'Orléans et autres seigneurs de son alliance et faction allèrent assembler leurs gens-d'armes à Rennes pour aller lever le siége du roy, que le seigneur de La Trimoille, son lieutenant-général, tenoit devant Fougières, leurs compaignées assemblées en une armée qui estoit de quatre cens lances, huyt mil hommes de pié, huyt cens Alemans et troys cens Angloys, avec une grande quantité d'artillerie. Le duc d'Orléans, le seigneur d'Allebret, le mareschal de Rieux, le prince d'Orenge, le seigneur de Commynges, le seigneur de Chasteaubriant, le comte d'Escalles, anglays, le seigneur de Léon, fils aisné du seigneur de Rohan, et plusieurs autres seigneurs et barons de Bretaigne, avec la dite armée, allèrent loger à ung village nommé Andoille, le mercredy 23 juillet 1488. Ce pendant le seigneur de La Trimoille print la ville de Fougières par composition. Donc le samedy ensuyvant vindrent nouvelles aux ennemys, qui encores estoyent au dict village d'Andoille, et que les Bretons qui s'estoient tenus à Fougières, s'estoyent retirés leurs bagues saulves; ce non obstant marchèrent contre les François pour aller assiéger la place de Sainct-Aulbin, qui estoit en leur main; et arrivèrent au village d'Orenge, qui est à deux lieues du dict Sainct-Aulbin, le dict jour de samedy vers le soir, où furent avertis qu'ils rencontreroyent les François délibérés de les combattre. Le lendemain ils mirent leur bataille en ordre; l'avant-garde fut baillée au mareschal de Rieux, la bataille au seigneur d'Allebret, et l'arrière-garde au seigneur de Chasteaubriant. Sur une de leurs helles fut ordonné le charroy de leur artillerie et de leur bagage; et jà-soit ce qu'il n'y eust que troys cens Angloys, que conduysoit le comte de Tallebot, pour faire entendre qu'il y avoit plus largement, luy furent baillés dix-sept cens Bretons vestus de hoquetons à croix rouges. Et parceque les gens de pié du duc de Bretaigne se doubtoyent des gens de cheval françois estant en l'armée des Bretons, et mesmement du dict duc d'Orléans, luy et le prince d'Orenge se mirent à pié avec les Alemans.

Le seigneur de La Trimoille, lieutenant-général de l'armée françoise (qui venoit de Fougières au devant de ses ennemys), envoya messire Gabriel de Montfaulcon et dix ou douze autres hardis hommes françoys veoyr la contenance des adversaires, lesquels feirent rapport de leur bon ordre. A ceste cause le seigneur de La Trimoille fit aussi ranger en bataille toute son armée, lors estant en désordre. Messire Adrian de l'Ospital menoit l'avant-garde, et le dict seigneur de La Trimoille, chef de l'armée, qui lors estoit en l'âge de 27 ou 28 ans, menoit la bataille. Et comme ces deux armées se approchoyent, le seigneur de La Trimoille fit arrester les François et leur dit ce :

« Je suis asseuré messieurs et frères d'ar-
» mes, que tant désirez vostre sang n'estre
» maculé de honte et le cher nom François
» de infamie, que (par vous bien entendu

» quelles gens nous voulons combatre, pour
» quelle cause ceste armée est assemblée,
» et la fin de nostre entreprise) les cueurs
» vous croistront, la force vous redoublera
» et hardiesse vous conduyra jusques au loyer
» de victoire. Vous ne ignorez ceste faction-
» neuse guerre avoir esté oultre le vouloyr du
» roy nostre seigneur naturel, et à son grand
» regret devisée pour la liberté de son royaul-
» me, deffence de son ceptre, conservacion
» de sa couronne, et que nos adversaires
» par ung discord civil et guerre intestine
» se sont assemblés pour monopoller le
» royaulme, pervertir justice, piller le peuple,
» et abastardir la noblesse. Et jà-soit ce qu'ils
» soyent du sang de France, se sont néantmoins
» alliés et acompaignés de nos anciens enne-
» mys les Angloys, persécuteurs de nos pères,
» envieux de nos ayses, et perturbateurs de
» paix, et aussi des Bretons, non moins envieux
» pour le présent de la prospérité françoyse.
» Nos adversaires, ou la pluspart, sont subjets
» et hommes de foy au roy, tiennent de luy
» leurs duchés, comtés, terres et seigneuries,
» et néantmoins se sont mis en armes contre
» luy en l'offensant et toute la sainteté de justi-
» ce, qui démonstre assez leur querelle injuste,
» leur rébellion desraisonnable et leur résis-
» tance desnaturée, où nous doyvons prendre
» espoyr que Dieu, principal conducteur des
» batailles, donnant victoyre à qui luy plaist,
» veu qu'il est souverainement juste, ne per-
» mettra que soyons vaincus si nous voulons
» mettre la main à l'œuvre. Et si nous demou-
» rons vainqueurs, considérez, messieurs, le
» bien et l'utilité que nous aurons faict au roy
» et à tout le royaulme, et l'honneur, gloyre,
» profit et louange que nous tous en aurons;
» et au contraire, si par nostre lascheté som-
» mes surmontés, nous verrons la destruction
» de nostre pays, de nos maisons, femmes,
» enfans, et consummacion de nos biens avec
» perpétuel reproche.

» Est-il chose, messieurs, après le lien de
» la foy catholique, à quoy Dieu et nature nous
» obligent plus que au commun salut de nostre
» pays et la deffense de celle seigneurie soubs
» laquelle avons prins estre et nourriture, et de
» celle terre où chascun prétend se perpétuer
» au temps de sa vie? Trop mieulx nous vault
» mourir en juste bataille, guerre permise, au
» service du roy, qui est le lict d'honneur, que
» vivre en reproche, persécutés de toutes pars
» de ceux qui ne quièrent fors nostre dommage
» et destruction. Et si nous tous avons ceste
» consideracion, avec le support de nostre
» juste querelle, je suis asseuré de nostre vic-
» toyre, et suis certain du going de la bataille
» et de la confusion de nos ennemys, qui
» n'ont par nature cueurs ne courage tels que
» vous. Desployons donc nos mains, ouvrons
» nos cueurs, eslevons nos esprits, eschauf-
» fons nostre sang, recullons crainte. L'amour
» de nostre jeune roy tant benign, mansuet,
» gracieux, et tant libéral nous conduise! et
» que aucun ne tourne en fuyte, sur peine de
» la hart. Mieulx vault mourir en se deffendant
» que de vivre en fuyant; car vie conservée
» par fuyte est une vie environnée de mort. »

Ces remonstrances persuasives parachevées, qui fort animèrent les François, l'armée commença à marcher en francisque fureur sans désordre contre les ennemys, qu'ils rencontrèrent près d'une tousche de boys hors ledict village d'Orenge. L'artillerie fut tirée d'une part et d'autre, qui fort endommagea les deux armées. L'avant-garde des François donna sur l'avant-garde des Bretons, qui soustint assez bien le choc; puis tirèrent les François à la bataille des Bretons, où leurs gens de cheval reculèrent, comme aussi feit leur arrière-garde; et se prirent à fuyr, et après eulx leur avant-garde. Quand veirent ce désordre les François que conduisoit le seigneur de La Trimoille, avec lequel estoit messire Jaques Galliot, hardy et vaillant chevalier, chargèrent sur les adversaires, et occirent tous les gens de pié qu'ils trouvèrent devant eulx, et entre autres ceulx qui avoyent la croix rouge, pensans que tous fussent Angloys. Le duc d'Orléans et le prince d'Orenge, qui estoyent entre les gens de pié alemans, furent prins et amenés prisonniers à Sainct-Aulbin. Le mareschal de Rieux se saulva comme il peult tirant à Dynan; le seigneur de Léon, le seigneur du Pont l'Abbé, le seigneur de Montfort et plusieurs aultres nobles de Bretaigne y furent occis, et de toutes gens jusques au nombre de six mil hommes; et de la part des François environ douze cens; et entre autres le dict messire Jaques Galliot, qui fut gros dommaige, car c'estoit ung chevalier et capitaine aussi prudent en guerre et aussi plain de cueur et hardiesse qu'on eust peu trouver.

Peu de temps après le duc d'Orléans fut mené prisonnier au chasteau de Lusignan, à cinq lieues de Poictiers, où il fut longuement prisonnier. Voilà le commencement des bonnes fortunes du seigneur de La Trimoille, qui l'ont tousjours acompaigné à son honneur et au proffit du royaulme de France jusques à son décès. Et peu de temps après le roy luy donna l'estat de premier chambellain, le fist chevalier de son ordre, luy bailla la garde de son cachet et petit séel.

Cinq sepmaines ou environ après ceste victoyre de Sainct-Aulbin, le duc de Bretaigne et sa fille puisnée allèrent de vie à trespas, parquoy madame Anne sa fille aisnée fut duchesse de Bretaigne; et moyennant le mariage du roy Charles avec elle (que traicta le comte de Dunoys), la paix fut faicte entre le roy et les princes de France, et aussi certain temps après avec Maximilian, roy des Rommains, pour le mariage qui avoit esté commencé entre sa fille Marguerite de Flandres et ledict roy Charles VIII; ensorte que le royaulme de France fust en paix et tranquilité.

CHAPITRE XVII.

L'entreprise de la conqueste du royaulme de Secille et pays de Naples faicte par le roy Charles VIII. Mort de ce prince.

Le roy Charles, petit de corps et grant de cueur, deux ans après la guerre de Bretaigne finie, par l'oppinion des princes de son sang et de la pluspart de sa noblesse de France, luy certifié par ses cours de parlement et aultres gens de bon conseil le royaulme de Secille et pays de Naples luy appartenir, voyant son royaulme de France paisible sans avoir doubte de ses voysins ne aultres, entreprinst en faire la conqueste et le recouvrer. Et pour ce faire, en l'an 1493, fist assembler une fort belle et grosse armée de troys mil six cens hommes d'armes, six mil archiers de pié, six mil arbalestriers, huyt mil hommes à pié portans picques, et huyt mil aultres ayans hacquebutes et espées à deux mains. L'artillerie estoit de mil quarante grosses pièces, cent quarante bombardes, mil deux cens vascardeurs. Et pour faire passer cette armée le roy s'en alla à Lyon; il mena avec luy le duc d'Orléans, mis hors de prison, le duc de Vendosme, le comte de Monpensier, Louis de Ligny, seigneur de Luxembourg, ledict messire Loys de La Trimoille, le comte de Taillebourg, et plusieurs aultres gros seigneurs qui feirent le voyage sans soulde, gaiges, ne aultres bienfaicts, fors ceulx qu'ils avoyent à cause de leurs estats et offices.

Alphonse, usurpateur du royaulme de Secille et pays de Naples par le décès de son père Ferdinand, qui peu de temps auparavant avoit décédé, fut adverty de ceste merveilleuse et grant entreprise; et pour la rompre et empescher que le roy n'eust passaige par les Itales et par Rommé, se retira au pape Alexandre, auquel en présence de plusieurs cardinaulx et nobles Rommains, Anthoine Sabellic tesmoigne avoir faict ceste persuasion ou remonstrance.

« Je vouldroys, souverain Pontife, et vous
» mes pères et princes illustres, de qui tout ainsi
» qu'en ceste petite assemblée, qui pour la
» magesté des assistans représente ung très
» ample conseil, j'espère estre ouy, que je fusse
» en si très hault et éminent lieu, que toute
» Italie me peust veoyr et entendre ce que je
» veulx dire et que je pense de la tumultueuse
» entreprinse des Gaules appelés Francoys. Et
» si mes persuasions ne povoyent proffiter, à
» tout le moins je laisseroys tesmoygnage à
» tous que je prévoys et congnoys les maulx
» qui en adviendront et que je exibe par conseil, richesse et force obvier et résister. Et
» combien que je voye mon auctorité royalle
» estre diminuée pour la vulgaire renommée
» de ceste guerre galicque, et dissipée par l'industrie des Gaules, qui dient ne demander
» aulcune chose en Italie, mais seullement
» passaige pour recouvrer mon royaulme de
» Secille, qu'ils dient appartenir à leur roy,
» toutesfois je diray hardyemment et comme
» chose vraye, que moins solicitéusement je attendroys l'évènement de ceste guerre, si je
» sayoys que le mal en tombast seullement sur
» moy et les myens; mais les engins des Gau-
» les me sont peu congneus, ou toute l'Italie
» aura la guerre; et s'ils m'avoyent (que Dieu
» ne vueille!) de mon royaulme exillé, lequel
» ils dient par droict héréditaire leur apparte-

» nir, vouldroyent toutes les Itales supéditer
» et rendre tributaires.

» Assez est congneue l'avarice des Gaules,
» leur grand ambicion d'ocuper et destruyre
» les extranges royaulmes et seigneuries, et la
» grant hayne qu'ils ont tousjours eu et ont à
» l'Italicque nom. Quelle plus grant cause eu-
» rent leurs primogéniteurs d'assaillir aultres-
» fois toute Italie, lors que la très puissante na-
» ture, dame de toutes choses, ne les peult em-
» pescher que par rage et fureur ne rompissent
» et passassent les aspères et dures Alpes, ne
» surmontassent par armes tout le pays, le
» dépouillassent de ses richesses et fortunes
» et ne le feissent tributaire? Que feirent les
» Gaules Senonnois, les Insubres, les Briens,
» c'est-à-dire les Bretons et Manceaux? En-
» trèrent-ils pas en la cité de Romme, chief de
» Italie, par force et violence? et l'abandonnè-
» rent à toute violence, rapine et pillerie, feu
» et sang; et l'eussent entièrement destruicte
» ne fust le Capitolle.

» Pensez-vous, Père sainct et vous mes pè-
» res et princes illustres, qu'ils se voulussent
» contenter de Naples, la Pouille et Calabre,
» qui est le derrier anglet d'Italie? ce seroit
» eulx renfermer de toutes pars en une petite
» nasse ou prison; ils y seroient en peu de
» temps affamés si le surplus des Itales leur
» estoit contraire. Vous me direz qu'ils auront
» ceux de Gennes et Milan pour eux; ils en-
» tendent que les Genevois n'ont foy ne accom-
» plissement de promesse; parquoy, si les Gau-
» les ne sont fouls, n'entreprendront de sup-
» péditer la Pouille, Calabre et Naples, s'ils
» n'ont tout le surplus des Itales à eux soubmis.
» Ils dient vouloir aller faire la guerre aux
» Turcs; mais c'est pour néant sans les secours
» et intelligence de toute Italie; qui me fait di-
» re : que je ne puis vivement entendre en quel
» espoir, par quel support, et en quelle con-
» fiance ils ont commandé ceste guerre, fors par
» la veue de leur armée, laquelle commance à
» marcher si bien équippée et en si grant nom-
» bre de gens hardis, qu'ils pourront ruyner,
» et telle est leur entreprinse, toute l'Italie, si,
» du consentement de vous, Père sainct, et de
» toutes les communités et seigneuries du pays,
» n'y est diligemment pourveu, et en grant
» maturité obvié.

» Les bellicqueux mouvemens des Gaules
» sont plus terribles que d'autres gens, parce
» qu'ils sont soudains et précipités; et davan-
» tage sont si cruels qu'ils ne guerroient que
» pour tout tuer et occire; si ne veulent in-
» duces ne treuves, permutacions de prison-
» niers, ne prester l'oreille à gens éloquens, à
» prières, persuasions ne exhortacions. Et,
» d'autant qu'ils abhorrent et desprisent la
» gracieuse coustume de batailler qui est entre
» les Italiens, nous doyvons plus craindre leurs
» armes et plus prendre de peine à les chasser
» d'avec nous; et pour ce, faire draisser armée,
» et vous, Père sainct, vous accorder avec tous
» les princes et communités d'Italie, en sorte
» que pour la commune défense, non seule-
» ment des biens, mais aussi des vies, puissions
» chasser et propulser ceste éminente peste. Et
» si aucuns avoient intelligence avec les Gaules,
» convient les induire à estre de nostre party
» et user de l'ancienne coustume par laquelle
» toute Italie se mectoit en union pour résis-
» ter aux impétueux mouvemens et soudaines
» assemblées des Gaules; que pourrez facille-
» ment faire, Père sainct, si plaist à vostre
» béatitude, par exhortacions, monicions et
» commandemens, à ce les princes et commu-
» nités exciter. Et cependant vous, messieurs
» de Florence, Ferdinand mon filz et moy as-
» semblerons nos gens-d'armes et les envoie-
» rons au devant des Gaules à ce qu'ils ne
» passent le fleuve de Pô; et s'ils sont les plus
» fors, et que les aultres ne veulent nous don-
» ner secours, chascun pensera en son affaire
» particulièrement. Et quant à moy, j'ay déli-
» béré de toute ma force et puissance les empes-
» cher, par violente et exiciale guerre, qu'ils
» n'entrent en mes pays, à ce que, par une
» avanturée bataille, si la chose est pour moy
» prospère, je défende moy, les miens et toute
» Italie, sinon, que par louable et honneste
» mort je fine ma vie avec mon règne. »

Le roy Alphonse fut loué de tous; et par eulx entreprise faicte avec le pape Alexandre d'envoier orateurs et embassadeurs vers tous les seigneurs et communités pour résister aux François. Tout ce non obstant, le roy Charles et toute son armée, telle que j'ay dessus escripte, entrèrent en Italie et passèrent les Alpes en la plus grant liberté, et en plus grant honneur et triomphe qu'on sauroit dire, car toutes les villes d'Italie envoïèrent au devant des François présenter à leur roy les clefs de leurs villes, le receurent non seulement comme roy, mais comme empereur ou monarque avec gros triumphes et honneurs inextimables. Quand il eut fait son entrée en la belle ville de Florence, s'en alla à Viterbe, où, adverty que à la requeste de Ferdinand, fils du roy Alphonse estant à Romme, le pape Alexandre luy vouloit nyer l'entrée de la cité de Romme, envoya le seigneur de La Trimoille vers luy savoir sa volunté. Lequel y fut avec orateurs, et feit ou peust faire au Pape telle et semblable persuasion et oraison.

Persuasion du seigneur de La Trimoille au pape Alexandre, où sont récités les dons, plaisirs et services faits par les roys de France au Sainct siége apostolique.

« Si le parler faillit, Père sainct, à Lucius
» Crassus, lorsque voulant venger sa paternelle
» injure contre Cayus Carbon, s'estoit préparé
» dire sa cause par devant Quintus Maximus,
» et à Tirtanus, surnommé Théophrastus, en la
» petite persuasion qu'il estoit chargé faire aux
» Athéniens, et que le très éloquent Cicero en
» la tant noble cause que pour Titus Cumius,
» homme de bon renom et son très grant amy,
» plaida devant le sénat, eut telle tremeur et
» crainte que plus ineptement n'avoit onc par-
» lé, je doubte devant si noble assistance et
» vostre incrédible et divine sapience, ma rude
» et barbare bouche ouvrir pour dire ce dont
» je suis chargé : mais la facilité de vostre
» saincte personne et vostre singulière béni-
» gnité, avec l'auctorité de celuy qui vers vous
» m'envoye, me donnent hardiesse vous dire
» ce qui m'est commandé. C'est, Père sainct,
» combien que le roy mon souverain seigneur
» ait tousjours extimé vostre paternelle bégni-
» vollence n'estre variable, mais perpetuée en
» luy premier fils de l'église, et que à ceste
» consideracion deust prendre asseurance de
» faveur à cause de sa spirituelle aisnéesse ès
» choses qui sont de justice et par équité fa-
» vorables, comme est son entreprise du re-
» couvrement de son ancien héritage le royau-
» me de Secille et pays de Naples, Calabre et la
» Pouille, usurpés par tirans qui n'y ont droit
» ni tiltre : ce non obstant, avez, comme a esté
» adverty, retiré en ceste cité de Romme Fer-
» dinand, fils de l'usurpateur Alphonse, avec
» son armée, pour luy clorre le passage et son
» entreprise, qui luy est dur à croire, à la rai-
» son de ce que tousjours a extimé la Vostre
» Saincteté tendre à anichiller toutes tyrannies
» et faire à chascun rendre ce qui luy doit jus-
» tement appartenir.

» Vous ne ignorez, Père sainct, le juste
» droit et tiltre du roy au royaume de Secille
» et pays de Naples, Calabre et la Pouille, à
» cause du don que luy feit René, duc d'An-
» jou, et autres fois roy et seigneur des dicts
» pays par faulte de hoir masle ; et que ce roy
» René avoit en ce royaume et pays, à cause de
» Loys son frère, approuvé par vos prédéces-
» seurs Alexandre V, Jehan XXIII et Martin ;
» lequel Loys y avoit juste droits tant à cause
» de ses prédécesseurs descendus de Charles
» d'Anjou, frère du roy sainct Loys, que par
» résignacion qui en fut faicte à son proffit par
» madame Jehanne, seur de Ladislaus, entre les
» mains dudict pape Alexandre V ; et que tout
» ce non obstant, Alphonse, roy d'Aragon, soubs
» umbre de adoption que feit de luy la dicte
» Jehanne, avoit usurpé les dicts pays de Se-
» cille, Naples, Calabre et la Pouille, et après
» luy Ferdinand, son fils bastard, prince des-
» loyal, qui par son décès laissa plusieurs en-
» fans, l'aisné desquels est le dict Alphonse, à
» présent occupateur sans tiltre et par force
» de tous ces pays ; et ne poinct croire le roy
» mon souverain seigneur, quelque chose
» qu'on luy ayt dit et rapporté, vous avoir ap-
» prouvé ne receu en roy le dict Alphonse. Ne
» veuillez son injuste et damnée querelle sous-
» tenir, mais mieulx ayder aux Françoys,
» protecteurs de la Vostre Saincteté, et con-
» servateurs de l'apostolique auctorité. Les
» approuvées histoyres testifient que depuis
» l'empereur Constantin-le-Grant vingt-cinq
» papes ont été mis hors le siége apostolique et
» persécutés, tant par aulcuns empereurs que
» par le peuple Rommain, qui suit : Julius I,
» Symachus, Sylverius I, Vigilius I, Martin I,
» Léo III, Eugénius II, Jehan VIII, Léon V
» ou VI, Jehan X, Bénédict VIII, Jehan XIV,
» Jehan XVI, Grégoire V, Bénédict IX, Gré-
» goire VII, Victor III, Pascalis II, Alexandre
» III, et Boniface VI. Et on ne trouvera que
» depuis la plantation de l'Eglise militante, aul-

» eun roy de France né des Gaules ayt esté
» scismatique, ne donné aulcun ennuy ne mo-
» leste aux saincts pères de Romme ; mais a
» esté le pays des Gaules ou de France (ainsi
» qu'il vous plaira le nommer) leur immunité,
» franchise, liberté, seureté, tuicion, municion,
» contre arrest de leurs adversaires. Réduysez
» à mémoire, Père sainct, quelle amytié et
» confédéracion il y eut entre le pape Zacharie
» et le roy de France nommé Pepin. Ce roy
» fist la guerre par six ou sept ans à ses des-
» pens contre les Lombars pour faire rendre
» tout le patrimoyne de l'église. Et pour des-
» servir le nom de Très-Chrétien, donna oultre
» à l'église rommaine la cité de Romme avec
» toute sa jurisdiction, ensemble toutes les
» terres, ports et havres de la plaige rommai-
» ne, Civita-Veche, Viterbe, Pérouse, la duché
» de Spolete; et du costé de la mer Adriatique,
» la principaulté impérialle de Ravenne toute
» entière, qu'on appelle l'Exarcat, contenant
» en soy la cité de Ravenne, Forli, Fayence,
» Imolle, Boulongne, Ferrare, Commache,
» Cervie, Pesare, Rimyne, Fane, Senegalle,
» Anconne, Urbin et toute la contrée qu'on
» nomme aujourd'huy la Romaignolle. Et
» d'aultre part, en la campaigne Néapolitaine,
» le dict pays de Naples, qui maintenant est
» royaulme, Capue, Benévent, Salerne et Ca-
» labre haulte et basse, ensemble les isles de
» Secille, Corseique et Sardaigne ; et ja-soit
» que à costé immuneuse libéralité et don très
» grant le prothospateur, c'est-à-dire le vicaire
» ou connestable de l'empire, se y opposast et
» en appelast, néantmoins le pape et l'église
» rommaine en feirent acceptation ; et depuis
« les papes les ont faict confirmer par Char-
» lemaigne, fils dudict Pepin, et Loys le Piteux,
» fils dudict Charlemaigne, roys de France et
» empereurs ; dont depuis pour la possession
» l'église rommaine a esté fort troublée par
» aucuns empereurs et tousjours secourue par
» les roys de France.

» Après le pape Zacharie, Estienne second
» de ce nom, auquel les Rommains crevèrent
» les yeulx et le chassèrent de Romme, fut re-
» mis en son siége par ledict roy Pepin. Si fut
» Léon III par le dit roy Charlemaigne. Quelle
» amitié eut le dict Loys le Piteux, fils du dict
» Charlemaigne, avec le pape Pascal premier
» de ce nom, quand en sa faveur se désista du
» droit de élire et nommer les papes, évesques
» et prélats, qui avoit esté donné à l'empereur
» Charlemaigne par le pape Adrien ? Fut pas
» aussi remis au siége apostolique le pape Eu-
» genius III par Loys surnommé le Jeune, et
» Innocent II par Loys le Gros son père, tous
» deux roys de France ; Alexandre III par le
» roy Phelippe-Auguste, qui luy donna asseuré
» chemin pour retourner à Romme, où il fut
» depuis humainement receu par la crainte
» que Rommains avoient du dict Phelippe-
» Auguste ? Je serois trop long, Père sainct, de
» vous réciter ce que les histoires en ont es-
» cript et d'aultres plusieurs services impartiz
» par les Françoys à l'église rommaine. Les-
» quels premièrement prindrent la hardiesse
» de extaindre les grosses erreurs et hérésies
» par glaive et fer contre les Arriens, qu'on ne
» povoit par raisons et foy surmonter, dont
» Clovis, premier roy chrestien des Françoys,
» fut premier aucteur, lorsqu'il guerroia et
» subjugua les Visigots en Acquitaine. Regar-
» dons qui premièrement remit en la chres-
» tienne main la terre sainte par les Turcs oc-
» cupée : ce furent Geoffroy de Bouillion, Bau-
» douyn, comte de Flandres, Geoffroy de Lu-
» zignen et aultres princes de France.

» Toutes ces choses, Père sainct, doyvent
» Vostre Saincteté mouvoir par souveraine gra-
» titude à supporter et favorer non seulement
» mon souverain seigneur Charles, roy de
» France par existance, reluysant en religion,
» doulceur, clémence, justice et droicture ;
» mais aussi tous les Françoys. Et vous advi-
» se, Père sainct, que la cupidité de la multi-
» tude de royaumes ne affection de extrangès
» seigneuries ne luy ont fait ce gros labeur
» prendre, ne passer à si grosse peine les ri-
» goureuses Alpes ; mais la dévotion et grant
» vouloir qu'il a, moiennant vostre secours,
» de recouvrer l'empire de Grèce et la ville de
» Constantinople, par les infidelles et malheu-
» reux Turcs occupés, qui est la chose, com-
» me il est à conjecturer, que plus en ce monde
» désirez ; ce que pourra mieulx faire, et choi-
» sir le temps et lieu convenables lorsqu'il
» sera en possession paisible de ses pays de Ce-
» cille, Calabre et Naples. Et vous prie, le roy
» mon souverain seigneur, que ne lui donnez

» occasion d'estre, à son grant regret, le premier
» de son lignage qui ait eu guerre et discord à
» l'église rommaine, de laquelle luy et les roys
» de France chrestiens ses prédécesseurs ont
» été protecteurs et augmentateurs. »

Le pape Alexandre, grant dissimulateur, luy feit briefve response, disant : « Je ne ignore,
» seigneur de La Trimoille, le bon vouloir et
» sainct désir eu par les roys de France au
» sainct siége apostolique, et que à ce moïen
» ont le droit de primogéniture spirituelle en
» l'église acquis et estre Très-Chrestien nom-
» més; parquoy me seroit chose dùre et à tou-
» te la chrestienté extrange, que le roy Char-
» les, mon premier fils spirituel, voulsist à
» moy et à l'église rommaine faire aucun des-
» plaisir. Et vous déclare que si luy plaist en-
» trer en ma cité sans armes, en humilité, sera
» très bien venu. Son prédécesseur Charle-
» maigne ainsi le feit, après avoir délivré les
» Ítales de toute servitude ; car ses gens de
» guerre laissés à Pavye, vint sans armes de-
» mander la bénédiction du sainct père ; mais
» fort me ennuyeroit que l'armée de ton roy y
» entrast, parce que soubs umbre d'icelle, qu'on
» dit estre fort grant et tumultueuse, les factions
» et bandes de Romme se pourroient eslever et
» faire bruyt et scandalle, duquel pourroient
» aux citoïens grans inconvéniens advenir. »

La réplicque du seigneur de La Trimoille seroit plus ennuyeux à lire que laborieux à escrire de ma rude plume ; parquoy, remis au conjectural sens des lecteurs, diray la conclusion de l'ambassade ; qui fut de envoïer les orateurs du pape avec le seigneur de La Trimoille vers le roy, lequel ils trouvèrent à Bressia, où fut arresté et concluid le passage du roy par Romme, non sans plusieurs aultres allées et venues, non par la libéralité du pape, mais à son regret et par crainte ; car luy et les gros seigneurs de ce pays, esloignés des évangéliques érudicions et adhérans aux prédictions des astronomes et divinateurs, pensoient que le dict roy Charles devoit estre monarque de Europe, et disoient en avoir prophéties et pronosticques ; et pour le présage de ce prenoient la ruyne de partie du chasteau Saint-Ange, qui de soy mesme estoit tumbé par terre en ce mesme temps. A laquelle fantaisié et aussi parce que le seigneur de Ligny, capitaine d'une bande des

Alemans, avoit jà prins de assault le port de Hostie sur le Tibre et la ville, Ferdinand, duc de Calabre, fils de Alphonse, usurpateur de Naples, se voïant de toutes parts par malheur assailly, et de secours et support désespéré, laissa Romme et print son chemin vers Naples. Et le mesme jour entra triumphalement le roy Charles à Romme, que ne feit onc roy de France depuis Charlemaigne, le dernier jour de décembre l'an 1494, par la porte Flamine, et alla loger au palais Sainct-Marc. L'entrée dura depuis trois heures après midy jusques à neuf heures au soir, non sans grant habundance de torches et flambeaux ardens ; et y demoura jusques au vingt-huytiesme jour de janvier ensuyvant, exerceant justice en Romme telle qu'elle tournoit à l'esbaïssement de chascun. Tant qu'il y fut, les praguéries et factions cessèrent, parce que les aucteurs d'icelles trouvés en habits dissolus, feit pendre et estrangler par l'advis des sénateurs ; non obstant qu'ils fussent presbstres ou diacres, qui donna si grant crainte au reste des délinquans que la présence du roy prohiba toutes violences en la cité de Romme et le feit aimer de tout le commun peuple ; au grant regret duquel, et icelluy criant : Vive France ! partit de Romme pour le parfaict de son voyage, et avec son armée en bon ordre alla conquérir le royaulme de Cecille, pays de Naples et duché de Calabre, non obstant la résistance de Alphonse et son fils Ferdinand, lesquels, non puissans de résister, donnèrent lieu à la puissance de France et au bon droit du roy Charles.

Je laisse ce que le roy Charles feit en pays de Naples et royaulme de Cecille, dont fut paisible possesseur, parce que les histoires de France en sont plaines ; mais pour continuer mon propos au plus brief, je diray comme le pape, les Véniciens, Loys Sforce, usurpateur de Milan, le comte Pétilliane et aultres seigneurs de Italie, amys de face et ennhemys de cueur des Françoys, envieux de leurs incréables victoires et fortunées choses, assemblèrent une armée de soixante-dix mil hommes aussi bien armés et équipés qu'on pourroit deviser, pour surprendre le roy de France à son retour de Naples, dont il partit pour retourner en France le vingtiesme jour de may l'an 1495, accompaigné seulement de dix ou douze mil hommes avec partie de son artillerie, car le reste laissa au comte de Monpensier, beau frère dudict seigneur de La Trimoille, qu'il feit et laissa son vis-roy à Naples.

Le roy de France venu jusques à Sarsane le vingt-septiesme jour de juyng ensuyvant, fut de l'entreprise de ses ennemys adverty, dont ne se esbahyst, combien que le dangier fust à doubter; mais gectant son espoir en Dieu, et à la hardiesse, vaillance et bonne expérience des gens qu'il avoit avec luy, deux jours après alla parquer au pié des Alpes, où se tinst par quelque temps pour y faire passer son artillerie, qui fut la plus grosse entreprinse, quant à ce, que jamais prince feit; car char ne charrete n'y estoyent jamais passés. Et sachant que ledict seigneur de La Trimoille pour sa hardiesse et grant vouloir ne trouvoit rien impossible, luy donna ceste laborieuse charge, que volontiers accepta; et si très bien y employa son corps, son espoir, sa parolle et ses biens, qu'il y acquist honneur et accroissement de la grâce de son seigneur et maistre. Et affin que les gens de pié, Alemans et autres se y employassent sans craindre le chault, qui estoit véhément et furieux, persuada par telles ou semblables parolles.

Persuasion du seigneur de La Trimoille aux gens-d'armes pour passer l'artillerie du roy par les Alpes.

« L'expérience que le roy nostre souverain
» seigneur a eue, mes frères en armes, de
» vostre fidélité, cueur, force et hardiesse à
» trancher et passer les Alpes et conquérir son
» royaume de Naples, luy donne assurance de
» rapporter la palme de ceste glorieuse victoire, par vostre ayde, en France, contre le
» vouloir et non obstant l'entreprinse du pape,
» des Véniciens, duc de Milan, et aultres ses
» ennemys qui, comme amys, nous ont au venir porté visage et signe d'obéissance, et au
» retour, comme desloyaulx contre la loy de
» honnesteté, préparé ruyne de l'honneur fran-
» çois par une secrète armée de soixante-dix
» mil hommes mis aux champs fort bien armés
» et équipés, ainsi qu'on dit. Lesquels sont
» devant nous enembuschés, pour au passaige
» nous arrester. Vous savez, mes frères, que le
» nombre de nostre armée est seulement de dix
» ou douze mil hommes, et voyez ceste haulte
» et pénible montaigne davant nous, les cités
» et les villes de nos ennemys au derrière, et
» que le demourer au pié engendreroit famy-
» ne; par quoy convient par nécessité gaigner
» la plaine et ouvrir le chemin par feu et par
» nostre artillerie. Les histoires nous asseurent,
» et souvent l'avons veu, que communément a
» la nécessité le plus petit nombre de gens
» d'armes bien conduict à vaincre la multitu-
» de effrénée et oultrecuidée. La propre nature
» d'entre nous des Gaules est force, hardiesse
» et férocité. Nous avons au venir triomphé;
» mieulx nous seroit mourir que par lascheté
» perdre au retour la doulceur de ceste louange,
« et que nos victoires par faulte de cueur de-
» mourassent en langueur où les avons prinses.

» Ce considérant, le roy nostre souverain
» seigneur vous prie et persuade par ma bou-
» che que, mémoratifs de toutes ces choses,
» faictes marcher vostre honneur au devant de
» la crainte de vos vies, et que vos hardis
» cueurs non convertis en moles faces, luy
» monstrez par effect le reste de vostre noble
» vouloir à passer son artillerie par ces rigou-
» reuses Alpes. La chose à gens sans cueur
» semble impossible, mais aux jaloux d'hon-
» neur n'est que passe-temps. Ne craignons
» l'essay, car nature n'a constitué chose si
» haulte ne difficile que la vertu n'y puisse ac-
» taindre ne parvenir. Et nostre artillerie hors
» de ce dangier mise, passerons par force de
» glayve et feu d'avant nos ennemys. Nécessité
» engendre courage et augmente la force; et
» le désir de garder l'honneur acquis croist le
» cueur, réveille l'esprit et chasse toute crainte,
» et si est hardiesse tousjours par fortune se-
» courue et aydée. Tous sommes en la fleur de
» nostre aage, en la vigueur de nos ans, et en
» la force de notre jeunesse; chascun mette la
» main à l'œuvre, à tirer les charrois, porter bou-
» lets, et le premier qui gaignera le plus hault
» de la montaigne avant moy aura dix escus. »

La fin de ceste remonstrance fust que le seigneur de La Trimoille, ses vêtemens laissés, fors chausses et pourpoint, se mist à pousser aux charrois, et porter gros boulets de fer, en si grant labeur et diligence que à son exemple la pluspart de ceulx de l'armée, mesmement les Alemans, de son grant et bon vouloir esbaïs, se rangèrent à ceste œuvre. Et par ce moyen fut toute l'artillerie passée par les montaignes et vallées avec les municions, par la prudente

conduicte du dict seigneur de La Trimoille, qui tousjours croissoit les courages des Alemans et aultres par belles parolles, choses excitatives à euvres difficiles et réveillans l'esprit, comme par trompètes, clarons, fleutes, tabours, bons vins, promesses de récompenses et aultres semblables que bien entendent expérimentés capitaines. Et l'euvre mis à louable fin, le seigneur de La Trimoille, noir comme ung More, pour l'extuante chaleur qu'il avoit supportée, en feit rapport au roy, qui lui dict: « Par le jourd'huy,
» mon cousin, vous avez faict plus que peu-
» rent onc faire Hannibal de Cartage ne Jules
» César, au dangier de vostre personne, que ne
» voulustes onc espargner à me servir et les
» miens. Je promects à Dieu que si je puis
» vous revoir en France, les récompenses que
» j'espère vous faire seront si grandes que les
» aultres y acquerront une nouvelle estude à me
» bien servir. » Le seigneur de La Trimoille lui répondit: « Il me desplaist, sire, que mon corps
» et mon esprit ne se peuvent mieulx acquiter
» au deu de mon office et ne veulx autre récom-
» pense que voustre grâce et bienveillance. »

La journée de Fournoue.

Les Alpes passées, le roy alla disner au lieu de Fournoue; et à une lieue de là, près de ses ennemys, son camp fut assis. Le lendemain, après la messe ouye, l'armée du roy marcha en bon ordre. L'avant-garde estoit conduicte par le mareschal de Gié et le seigneur Jehan Jacques Trivulce, italien : et assez près d'eulx marchoient les Souysses en bon ordre, conduicts par monseigneur Engilbert de Clèves, comte de Nevers, le bailly de Dijon, et le grant escuier de la royne. Les helles de l'armée estoient aux deux costés. Guyot de Louviers et Jehan de la Grange, maistres de l'artillerie, la conduisoient, bien acoustrée pour tirer; conséquemment marchoit la bataille, de laquelle le roy estoit chief. Les seigneurs de Ligny, de Pyennes, le bastard Mathieu, et aultres seigneurs et capitaines vaillans et hardis estoient autour de sa personne. Après la bataille marchoit l'arrière-garde, que conduisoit le dict seigneur de La Trimoille, où estoit le seigneur de Guyse avec les guets bien ordonnés.

L'armée des ennemys, qui estoit en frontière, commencea tirer une grosse pièce d'artillerie contre l'avant-garde françoise, qui ne s'esmeut et passa oultre. Puis l'artillerie des Françoys commencea tirer en si bonne sorte qu'elle brisa la pièce qui avoit tiré contre eulx et occit le principal de leurs canonniers et aultres gens des ennemys, ce qui les feit ung peu reculler. Et voulans user d'une cautelle de guerre pour mettre en désordre l'armée des Françoys et frapper sur la bataille, où estoit le roy, après avoir sceu par une espie l'acoustrement du roy, feirent deux choses ; l'une qu'ils envoyèrent grant quantité d'Albanoys et Estradiots courir sur le bagage du roy, qui s'en alloit à costé gauche sur la grève soubs la conduycte du capitaine Audet, lequel, combien qu'il fust chevallier de bonne conduycte, prudent et hardy capitaine, ne povoit à son désir faire marcher les gens du dict bagage, qui estoyent en nombre grant ; et par leur deffault furent deffaicts, et la pluspart du bagage pillé par les dicts Estradiots et Albanoys, dont l'armée de France ne fist compte.

L'aultre chose que feirent les ennemys fut que, eulx voyans la constance des Françoys, qu'ils ne pensoyent estre telle, mais les jugeoyent ne batailler qu'en fureur et sans ordre, assemblèrent ung bon nombre des plus gens de bien et mieulx expérimentés de leur armée pour donner sur la bataille des Françoys, où estoit le roy, lequel ils se actendoyent prendre; mais il y obvia : car prinst des avant-garde, bataille et arrière-garde de son armée certain nombre des plus hardis hommes, sans changer les chiefs, et attendist ses ennemys en bonne ordre et grosse hardiesse. Si vindrent les ennemys contre eulx, et le roy et la bataille contre ses ennemys, et la grève passée se rencontrèrent; et vindrent les avant-coureurs choquer assez hardyment la bataille, où estoyt le roy; et d'une part et d'aultre feirent de grans faicts d'armes. Puis, pour le renfort, la grant bande des ennemys qui s'estoit tenue au couvert ès boys là près, dont le marquis de Manthoue estoit conducteur, sortit impétueusement au descouvert pour donner sur le roy; mais la dicte bande, qui estoit de huyt cens lances, fut rompue par le dict seigneur de La Trimoille et troys cens lances qu'il avoit soubs sa charge. Néantmoins la meslée fust grande, et y eust de grans coups donnés d'une part et d'aultre;

mais ainsi que Dieu voulust, les ennemys furent deffaicts et tous occis, fors ceulx qui peurent fouyr; car il y en eut grant nombre qui plus scirent de leurs esperons et chevaulx que de leurs mains et bastons. Et demoura le roy de France victorieux par le secours et bon service du dict seigneur de La Trimoille et aultres vaillans princes, cappitaines et gens de bien de France.

Ce dangier passé par ceste triumphante victoyre, le roy, l'espée au poing et triumphateur des Itales, retourna en son royaulme de France, lors riche de paix et de tous biens; et certain temps après, vaccant l'estat de admiral de Guyenne par le trespas dudict bastard Mathieu de la maison de Bourbon, le dict seigneur de La Trimoille en fut pourveu, et fist faire une fort belle nef appellée la Gabrielle, du nom de son épouse, qu'il mist en pleine mer, bien équippée, pour le service du roy et du royaulme. Et lors que le dict roy Charles travailloit à faire exercer justice en son royaulme, voulant ouyr deux fois la sepmaine les plainctes de ses subjects, avant que povoir récompenser le dict seigneur de La Trimoille, selon sa promesse, des services qu'il lui avoit faicts et au bien publicque, alla de vie à trespas au chasteau d'Amboyse, le septième jour d'apvril l'an 1497, avant Pasques, selon la computacion de Paris, où l'on commance l'année à Pasques, et selon la computacion rommaine et de Aquitaine, l'an 1498, parce que les Rommains commancent l'année à Noël, et les Aquitaniens à la Nostre-Dame de mars. Ce bon roy ne laissa aulcuns enfans de sa chair; et fut son corps mis avec les aultres roys de France en l'église de l'abbaye Sainct-Denys en France.

CHAPITRE XVIII.

Comment après le trespas du roy Charles VIII le seigneur de La Trimoille fut appellé au service du roy Loys, douziesme de ce nom.

Le seigneur de La Trimoille fist grant dueil du trespas du roy Charles son seigneur et maistre, non contre la raison, car avec le corps perdit l'espoir de la récompense de ses labeurs, parce qu'il estoit sans enfans décédé, et que madame Anne de Bretaigne, sa vefve, avoit tousjours quelque suspeçonneux regard sur luy à l'occasion de la guerre de Bretaigne, aussi que monsieur Loys duc d'Orléans, qu'il avoit à la dicte guerre prins prisonnier, et qui succédoit à la couronne de France comme le plus proche en ligne masculine collatérale, par faulte de la directe. Mais tout vint au contraire de son imaginacion, car le dict duc d'Orléans, nommé Loys XII, incontinent après le décès du dict roy Charles et avant son couronnement, manda le dict seigneur de La Trimoille, et de son propre mouvement, sans aulcune requeste, le confirma en tous ses estas, offices, pensions et bienfaicts, le priant luy estre aussi loyal que à son prédécesseur, avec promesse de meilleure récompense. Le dict seigneur de La Trimoille le remercia, et mist si bonne peine de luy estre obéissant que son bon service fist depuis sortir une envie ès cueurs d'aulcuns gentils-hommes qui plus servoyent le roy de faulx rapports que de bon conseil; combien que la prudence du roy fut si grant durant son règne, et fut si jaloux de sa renommée, qu'il expérimentoit les gens avant que les croyre; et avoit gens pour son passe-temps, sans lesquels toutes les pesans affaires du royaulme estoient conduicts et faicts. Et combien qu'il n'eust les aureilles serrées aux parolles, toutesfois ne leur donnoit lieu à l'honnourable siège de sa mémoyre.

L'affaire qui plus fist d'ennuy à l'esperit du roy au commencement de son règne fut que, dès ses jeunes ans, avoit espousé madame Jehanne de France, fille du feu roy Loys XI duquel a esté cy-dessus escript, par la crainte d'iceluy roy, qui sévère estoit à ceulx de son sang plus que la raison ne vouloit; toutesfois ne l'avoit, ainsi qu'on dit, jamais congnue charnellement, attendant la mutacion du temps et des personnes, à ce qu'il peust aultre espouse avoir, car indisposée estoit à généracion pour l'imperfection de son corps, combien qu'elle eust fort beau visage. Or vinst le temps qu'il le peust faire sans contradiction aucune; mais luy qui vouloit droictement vivre et ne faire chose à sa royalle dignité répugnante, craignoit exécuter ceste ancienne et continuée volunté, dont, après son sacre et couronnement, se déclaira au dit seigneur de La Trimoille pour en avoir conseil et aussi en porter parolle à la dicte dame. Le dict seigneur feit response au roy que s'il estoit ainsi que jamais n'eust donné consentement à ce simullé et contrainct mariage, que facilement, selon son jugement, pourroit estre solu; attendu qu'il n'avoit iceluy consummé ne eu d'icelle dame charnelle congnoissance : toutesfois, que le mieulx seroit sur ce assembler gens lettrés, ayans le savoir et l'expérience de telles matières, et que cependant sentiroit le vouloir de la dicte dame; ce qu'il feit; car par le commandement du roy ung jour alla vers elle et luy dist :

« Madame, le roy se recommande très fort à » vous et m'a chargé de vous dire que la dame » de ce monde qu'il aime le plus est vous, sa » proche parente, pour les grâces et vertus qui » en vous resplendent; et est très fort desplai- » sant et courroussé que vous n'estes disposée » à avoir lignée, car il se sentiroit eureux de » finer ses jours en si saincte compaignée que » la vostre. Mais vous savez que le royal sang » de France se commence à perdre et dimi- » nuer, et que feu vostre frère le roy Charles » est décédé sans enfans; et si ainsi advient » du roy qui à présent est, le royaume chan- » gera de lignée, et par succession pourra » tumber en main extrange. Pour laquelle con- » sidéracion, luy a esté conseillé de prendre es- » pouse, si vous plaist y donner consentement, » jà-soit ce que de droict n'y ayt vray mariage » entre vous deux, parce qu'il dict n'y avoir » donné aucun consentement, mais l'avoir faict » par force et pour la crainte qu'il avoit que » feu monseigneur vostre père, par furieux » courroux, attemplast en sa personne. Toutes- » fois, il a tant d'amour à vous que mieulx ame- » roit mourir sans lignée de son sang que vous » desplaire. » — « Monseigneur de La Trimoille, » dist la dame, quand je penserois que mariage » légitime ne seroit entre le roy et moy, je le » prierois de toute mon affection me laisser » vivre en perpétuelle chasteté; car la chose » que plus je désire est, les mondains honneurs » contemnés et délices charnelles oubliées, vi- » vre spirituellement avec l'éternel roy et re- » doutable empereur, duquel, en ce faisant et » suyvant la vie contemplative, je pourrois es- » tre espouse et avoir la grâce. Et d'aultre part » je serois joyeuse pour l'amour que j'ay au » roy et à la couronne de France ; dont je suis » yssue, qu'il eust espouse à luy semblable, » pour luy rendre le vray fruict de loyal et » honneste mariage, la fin duquel est avoir li- » gnée, le priant s'en conseiller avec les sages, » et ne se marier par amour impudicque, et » moins par ambicion et avarice. »

Le seigneur de La Trimoille récita le dire de madame Jehanne de France au roy, qui, en gectant ung gros soupir, pour son cueur descharger de douleur, dist : « Je suis en grant peine » et perplexité, mon cousin, de cestuy affaire, » et non sans cause. Je congnois la bonté, » doulceur et bénivolence de ceste dame, sa » royale généracion, ses vertus incomparables » et sa droicture ; et d'autre part je sçais que » d'elle ne pourrois lignée avoir, et par ce def- » fault le royaume de France tumber en que- » relle et finablement ruyne. Et combien que » je n'aye vray mariage avec elle contracté » ne eu d'elle charnelle compaignée, néant- » moins, à la raison de ce que long temps a es- » té tenue et réputée mon espouse par la com- » mune renommée et que en ces jours mes in- » fortunes ont été doulcement par elle recueillies » jusques à la rencontre de ma présente félicité, » me ennuye me séparer d'elle, doubtant offen- » ser Dieu, et que les extranges nations igno- » rans du faict en détractent. »

Pour toutes ces considéracions et aultres, le roy différa pour quelque temps à faire déclairer nul ce mariage; mais pressé par les princes de France, obtint ung brief du pape Alexandre VI et juges délégués pour congnoistre s'il y avoit vray mariage ou non. Lesquels après avoir ouy luy et la dicte dame et fait enqueste de la vérité du faict en forme de droict, par sentence donnée en l'an 1499, par le cardinal de Luxembourg, évesque du Mans, monsieur Loys d'Amboyse, évesque d'Alby, et monsieur Ferrand, évesque de Cepte, juges délégués en ceste partie par le pape, le dict supposé mariage fut déclairé nul, et licence donnée en tant que besoing estoit, par auctorité apostolique audict roy Loys de povoir prendre par mariage telle femme que bon luy sembleroit. Après laquelle sentence donnée, il espousa madame Anne, duchesse de Bretaigne, lors vefve du dict feu roy Charles VIII, et bailla pour appenage à madame Jehanne de France la duché de Berry, avec beau et honneste train, qu'il luy entretinst jusques à son décès, qui fut en l'an 1504 en la ville de Bourges, où elle feit tousjours depuis sa principalle résidence; et vesquit en si grant saincteté que, après son décés, Dieu a fait plusieurs miracles ès personnes d'aucuns malades qui l'ont priée et réclamée.

CHAPITRE XIX.

Comment, par la sage conduicte du seigneur de La Trimoille, Loys Sforce, usurpateur de Milan, fut prins prisonnier, et la duché de Milan mise entre les mains du roy Loys XII.

Après toutes ces choses faictes, en la seconde année du règne du roy Loys XII, non obstant qu'il eust trouvé son royaume pauvre de deniers et riche d'honneur, néantmoins meist si bon ordre en toutes ses affaires que, sans augmenter ne croistre les tailles et aydes, mais les diminuant, draissa grosse armée pour la recouvrance de sa duché de Milan, lors occupée par la tyrannie de Loys Sforce, qu'on nommoit le More, et laquelle avoit, par François Sforce son père, esté usurpée sur le père du dict roy Loys, auquel elle appartenoit, à cause de Valentine sa mère, fille de Phelipe-Marie, vray duc de Milan, et espouse de monseigneur Loys duc d'Orléans qui fut occis à Paris par la faction de Jehan duc de Bourgongne, son cousin-germain; laquelle armée le dict roy envoya delà les monts soubs la conduicte du seigneur d'Aubigny et du seigneur Jehan-Jacques Trivolce, italien, qui feirent telle peur audict Loys Sforce, que la ville de Milan, par luy et Maximilian son fils habandonnée et laissée, se retira du roy des Rommains Maximilian. Parquoy fut la dicte ville par les François prinse sans résistance en la dicte année 1499. Et peu de temps après le dict roy Loys y feit son entrée; et luy fut rendu le chasteau, qui estoit d'une merveilleuse défense et presque imprenable, comme aussi furent plusieurs aultres chasteaux et villes du dict duché, et entre aultres la ville et communité de Gennes, de laquelle le roy feit gouverneur messire Phelippes de Ravestain, son proche parent à cause de madame Marie de Clèves, sa mère; puis s'en retourna en France.

Incontinent après, ledict Sforce, acompaigné de grant quantité de Alemans et Souysses, par la faction des habitans de la ville de Milan qui avoient avec luy intelligence reprint icelle ville, et en mist hors les François et Jehan-Jacques qui en estoit gouverneur, dont le roy fut fort desplaisant. Et soudain y renvoia son armée bien équippée soubs lesdits seigneurs d'Aubigny et Jehan-Jacques, ses lieutenans-généraulx en ceste guerre, qui estoient gens de cueur, hardis et de grant entreprinse et conduicte. Mais le bien faire leur fut difficile, à la raison de ce qu'ils ne s'accordoient en délibéracions, contre l'ordre de discipline militaire. Et de ce adverty, le roy, non ignorant le dict seigneur de La Trimoille estre eureux en ses entreprises, l'envoïa son lieutenant-général delà les monts avec les dicts seigneurs d'Aubigny et Jehan-Jacques, auxquels manda croire et faire ce qu'il diroit; ce qu'ils feirent. Et furent de si bon d'accord que avec l'armée françoise approchèrent de la ville de Milan, de laquelle Loys Sforce vuyda, et avec cent chevaulx seulement se retira en la ville de Novarre, où estoit son armée, en laquelle avoit quatre mil Souysses, huit mil lansquenets, huit cens hommes à cheval de la Franche-Comté de Bourgongne, et sept mil aultres gens de guerre de Italie. L'armée du roy, en laquelle y avoit dix mil Souysses, le suyvit; et quant ils furent devant Novarre, le dict seigneur de La Trimoille trouva moïen de parler aux ennemys du roy. Quoyque soit, à partie d'iceulx et à leurs capitaines il feit telles ou semblables remontrances.

« Aulcun de vous, messieurs, ne ignore que,
» à bon droict et juste tiltre, au roy de France
» mon souverain seigneur appartient la duché
» de Milan, à cause de madame Valentine-
» Marie, son ayeule, unique fille et héritière de
» feu de bonne mémoyre Phelippe-Marie, vray
» duc de Milan, et que Francisque Sforce, fils
» de Attendule Sforce, premièrement aventu-
» rier de guerre de humble et petite maison, par
» tyrannie usurpa ceste riche duché; et encore
» par force et contre raison la tient Loys Sforce,
» son fils. A ceste considéracion je m'esbays
» dont vous, messieurs les Souysses, qui vous
» nommez amateurs d'équité, justice et droic-
» ture, voulez porter la faulse querelle contre
» le bon droict, le tyrant contre le vray sei-
» gneur, le simple chevallier contre ung si
» puissant roy, ung estrangier contre vostre
» congneu, et ung pauvre contre ung riche.

» Quelle fureur occupe vos hardis courages
» et droictes voluntés de laisser là tant secou-
» rable et amoureuse alliance des Francoys,
» vos frères et voysins, pour à extrange et bar-
» bare nation adhérer? Quel espoir prenez-
» vous en homme sans foy, non observateur
» de promesse, qui ne vous ame fors à sa né-
» cessité, et ne sauroit vous tenir ce qu'il vous
» a promis? Avez vous oublié les honneurs et
» biens à vous faicts en si grant libéralité par
» les roys de France? ne vous peult certiffier
» de perpétuelle amour et confédération la bien
» congneue confiance du roy en la nation de
» vous, messieurs les Souysses, dont il a prins
» certain nombre de vos frères ou enfans pour
» la continuelle garde de son corps, et ne vous,
» messieurs les Alemans, en ce qu'il est, à
» cause de sa mère, de vostre sang?
» Quel reproche seroit-ce à vous et aux vos-
» tres, si vous soustenez tyrannie contre vraye
» seigneurie, injustice contre équité, rapine
» contre juste tiltre, crudélité contre clémence,
» rébellion contre deue obéissance, et inhu-
» manité contre clémence! Je vous prie, mes-
» sieurs, que vos yeulx gectez sur la raison,
» usans de droicture, remonstrez à Loys Sforce
» son tort, et le contraignez à rendre au roy ce
» que par force il occupe et par tyrannie re-
» tient, et que, s'il est dur au croyre, avec égal
» œuil regardez la raison et soyez pour l'inno-
» cence, ensorte que vostre cher renom n'en
» soit obscursy. »

Ces remonstrances et autres de trop long récit donnèrent occasion aux Souysses, lansquenets et Bourguignons d'eulx assembler pour adviser à ce qui leur avoit esté dict par le dict seigneur de La Trimoille. Les aulcuns soustenoyent la mauvaise querelle de Loys Sforce, les autres, et la plus grant part, le bon droict et juste tiltre du roy de France; et le tout mis à la juste balance d'équité, remonstrèrent à Loys Sforce son tort, le persuadant faire composicion avec les Françoys, à quoy ne voulut entendre, ne les Souysses payer de leur soulde; pour lesquelles causes luy déclairèrent qu'ils ne frapperoyent coup pour luy, et qu'il saulvast sa personne s'il povoit; dont fut fort esbay, les priant, puisque ainsi le voulloyent habandonner, qu'il s'en allast avec eulx en habit dissimulé; ce qu'il s'efforça faire soubs l'habit d'ung cordelier, parce que plusieurs cordeliers estoyent en son armée, servans de chappelains et confesseurs. Et avec les Souysses sortit de Novarre, cuydant par ce moyen se saulver, mais il ne peult; car comme les Souysses eussent faict composicion avec le dict seigneur de La Trimoille et autres capitaines, et eussent déclairé le dict Loys Sforce avoir évadé, le dict seigneur de La Trimoille, pour le trouver en l'armée, fist tous les Souysses et autres gens de pié passer soubs la picque, où il fut congneu et prins par le dict seigneur.

Les nouvelles de ceste prinse furent incontinent portées par la poste au roy de France, estant lors à Lyon, ung jour assez matin; dont fut joyeux; et pour donner partie de sa joye à la royne, se transporta en sa chambre, et luy dist : « Madame, croyez vous bien que monsieur de La Trimoille ait prins Loys Sfor-
» ce? » Sa responce fut que non, car encore n'estoit son cueur pacifié de la victoyre que le dict seigneur avoit eu contre le duc de Bretaigne son père. Et le roy luy répliqua : « Si
» a, pour certain! et vous asseure que jamais
» roy de France n'eut ung plus loyal et meil-
» leur serviteur, ne plus eureux en ses em-
» prises; et si a mérité les triumphes de Bre-
» taigne et le triumphe d'Italie, aussi bien que
» le jeune Decius mérita le triumphe des Sam-
» nytes, Camillus des Véyétains, Fabius-Maxi-
» mus des Liguriens, Livius-Salinator des Illi-
» riens, Attilius-Régulus des Salentins, Mé-
» nenius-Agrippa des Sabins, Jules-César des
» Gaules et d'Espaigne, Métélus de Jugurtha et
» des Numydiens, Pompée-le-Grant de Mitri-
» dates et de Judée, Scipion de Affrique, l'em-
» pereur Anthoine des Germains, le roy Clovis
» des Alemans et Rommains, Clotaire des
» Saxons, Charles Martel des Sarrazins, et
» Bertrand de Guequelin des Anglois. Et si je
» ne meurs bien tost je le récompenseray, en
» sorte que les autres capitaines auront vou-
» loir de me bien servir. » La royne voyant l'affectioné vouloir du roy sur le dict seigneur de La Trimoille, ne dist chose aulcune au contraire, mais commença à fort exalter icelluy seigneur.

Dès ce que le cardinal Ascaigne, frère de Loys Sforce, qui estoit en la ville de Milan, sceut la prinse de son frère et la roupture de son armée, incontinent envoya ses enfans à Maximilian, roy des Rommains, et se mist aux champs le plus tost qu'il peult pour se saulver; et comme il vouloit se retirer à Boulongne, acompaigné de six cens hommes à cheval, Soderyn, capitaine vénicien et frère du marquis de Mantue, le suyvit jusques au chasteau Ryvolle, où il le prinst avec cent mille ducats et plusieurs riches bagues. Les citoyens de Milan, fort esbays de ceste prinse, soudain envoyèrent vers le seigneur de La Trimoille et autres capitaines les clefs de la dicte ville par leurs ambassadeurs, chargés de composer et moyenner pour leur forfaicture; pour lesquels ouyr le conseil assemblé, où présidoit le cardinal d'Amboise, que le roy y avoit envoyé, et après leur péroration et requeste, iceulx esloignés du conclave, chascun en dist son opinion. Aulcuns disoyent qu'on devoit mettre à sac la ville de Milan et l'abandonner au pillage sans donner la vie à homme qui eust plus de quinze ans, et que ainsi l'avoit faict aux Saxons le roy Clotaire II et le roy Charlemaigne.

La raison de leur dire estoit que les Milanoys sçavoyent très bien le roy estre leur naturel seigneur et la duché de Milan luy appartenir à vray tiltre héréditaire; pour tel l'avoient recongneu et faict le serment de fidélité; que à ce moyen le roy leur avoit diminué partie de leurs tributs, iceulx remis en leur liberté, ordonné et estably ung parlement pour leur administrer justice, mis hors la captivité de Loys Sforce, lequel usoit de leurs personnes, femmes et biens à son plaisir, marioit leurs filles à sa volunté, et les tenoit en telle servitude que aucun des habitans n'eust ousé dire ! « Cela est mien; » avoit, outre, perpétué leurs offices temporels et donné plusieurs grans priviléges. Ce non obstant, comme gens sans foy, ingrats, parjures, avoient conspiré contre le roy, receu et remis en leur ville le dict Ludovic, choisissant le tiran et persécuteur pour le vray seigneur et protecteur. La pluspart des Françoys croyent que les Milannoys fussent deffaicts et ruynés. Le seigneur de La Trimoille considérant, comme dict Tulle en ses Offices, que à la conqueste des villes on doit se garder d'y faire chose téméraire ne cruelle, pour modérer ces opinions, procédant plus de ire que de raison, commença parler ainsi :

« Quand ire et trop grant célérité se rencon-
» trent en la chose qu'on veult exécuter, vous
» entendez, messieurs, que voluntiers la ren-
» dent mal faicte et au déshonneur de l'aucteur,
» à la raison de ce que trop grant célérité té-
» mérairement et sans considération précipite
» les choses, et ire y ouvre sans prévoyr la fin.
» Pour ces considérations, le feu de nostre
» juste indignation extraict et le conseil des
» plus saiges pris, regardons quel bien pourra
» de la ruyne de ceste tant riche et noble ville
» advenir. C'est la première conqueste que nos
» pères les Gaules firent en Italie, il y a plus
» de deux mille ans; c'est leur édifice et de-
» mourance, qu'ils nommèrent la Gaule tran-
» salpine; c'est le vray héritage du roy, et son
» paternel domaine. Je sçay bien que par les
» lois et statuts de plusieurs cités la mort est la
» juste peine de moindres crimes que celuy de
» la rébellion et desloyauté de ceux de Milan.
» Toutes fois doyvons considérer, messieurs,
» la fragilité de nostre nature, et que souvent
» les hommes, par espérance solicités, entrent
» és dangiers des guerres, et onc homme à
» péril ne se exhiba que l'attente de bonne
» yssue ne luy donnast quelque asseurance, et
» onc cité ne se révolta contre son naturel
» seigneur qu'elle ne se extimast à luy pareille
» en force, et ne tendist à plus grant liberté.

» C'est une chose en tous humains nés que
» péché, soit en secret ou en public, et n'y a
» sévérité ne rigueur de loy qui les en puisse
» tousjours empescher. Les hommes sont fa-
» cilles à délinquer par fureur insanable et par
» faulte de non assez puissante bride de raison,
» et encores plus par un foul espoir et cupidité.
» Le foul espoir non voyant son péril les con-
» duit, et cupidité de prospérité ostentatoire
» les acompaigne, dont procède que les incer-
» tains loyers et non asseurées récompenses
» excédent en puissance les dangiers incogneus
» et peines non pourpensées ; puis la fortune
» du futur gaing incite les courages à désirer
» liberté, empire et principaulté. Et davantage
» est une chose impossible, voire folle à croire,
» lors que l'humaine pensée est d'aucun im-
» modéré effect surprinse et excitée, que par
» la crainte de la rigueur et sévérité de la loy
» en puisse estre retraicte et prohibée.

« Pour ces consideracions, messieurs, mon opinion est, sauf vostre meilleur advis, que non obstant la faulte des Milanoys qui contre le roy se sont révoltés et rebellés, ne doyvons aucune chose griefve contre eulx statuer ne ordonner, mais qu'on leur doict remectre l'honneur et la vie, et commuer la peine de leurs corps en raisonnables amendes pécuniaires pour le desfray de nostre armée, moïennant ce qu'ils feront nouveaux sermens de fidélité, et promecteront avec juremens, pour l'advenir, obéissance et fidélité au roy comme leur naturel et vray seigneur. Par ceste clémence les aultres qui ont comme eulx failly, non désespérés de pardon, se pourront plus légièrement repentir et eux soubmectre à la raison. Et si par cupidité de vengence nous les importunons et opprimons de mort, ou de trop longue prison, ou excessive rançon, les rendrons impuissans de deniers à paier leurs tributs et subvenir à nos bellicqueux usages, sans lequel ayde impossible est que le corps publicque puisse subsister.

» Nous ne doyvons comme juges si estroictement pugnir les délinquans, mais considérer le grant bien qui peut venir et procéder de cité par modéracion corrigée; et que mieulx est gardée la foy des citoïens par doulceur et innocence que par la sévérité des lois escriptes; mieulx est tollue l'occasion de rébellion par honneste entretiennement que provocquer par crudélité les gens à obstinacion de mal; les choses perdues se doyvent, qui peut, par bénignité recouvrer, et les recouvertes par justice et doulceur conserver. Et pour brief conclure, en mon advis, je arbitre chose plus utile au roy nostre souverain seigneur, à nous et à tout le pays, pacifiier nostre ire, oublier nostre injure et modérer la vengence par clémence, que totalement ruyner et destruyre ceulx qui se reppentent et demandent pardon. La condicion des François est prompte fureur et avoir pitié des vaincus. Que ire immodérée ne périsse ce glorieux renom. »

Tous ceulx du conseil furent de l'oppinion du seigneur de La Trimoille, et le jour du vendredy sainct de l'an 1500, qui fut le dix-septiesme jour d'avril, sept jours après la prinse de Ludovic Sforce, les Milannois feirent amende honnourable au roy de France en présence du cardinal d'Amboise, ayant charge expresse du roy pour la recepvoir en ladicte ville de Millan en la maison du roy. Publicquement et en grant solennité leurs vices leur furent pardonnés et leurs biens saulvés moïennant la somme de trois cens mil livres, dont ils baillèrent cinquante mil comptans, les aultres cinquante mil promirent bailler le douziesme jour de may ensuyvant, et les deux cens mil à la volunté du roy, et feirent les nouveaulx sermens de fidélité. Tout cela faict, le dict seigneur de La Trimoille, adverty de la prinse dudict cardinal d'Ascaigne, envoya vers les Véniciens à ce qu'ils le rendissent au roy avec ses ducats et bagues qu'ils avoyent prins en sa duché, et aussi l'espée royale du grant-escuyer de France, laquelle avoit été prinse ès coffres du roy Charles VIII à Fournoue par les Albanoys, comme il a été dict dessus; et où les Véniciens différeroyent, les y contraindre à main armée; en quoy ils pensèrent; et voyant fortune donner faveur au dict seigneur de La Trimoille, luy envoyèrent ladicte espée avec ledict cardinal d'Ascaigne et partie de ses bagues et ducats. Quelque temps après fist mener ledict cardinal à Lyon, où ja avoit été mené Loys Sforce, son frère, lequel Loys Sforce fut depuis envoyé par le roy au chasteau de Loches pour sa prison.

Deux ans après, le roy retira et conquist le royaulme de Naples, mais ung an ou deux après ledict recouvrement, le perdit par la roupte d'une bataille que les Françoys eurent contre dom Ferrand, roy d'Espagne, l'armée duquel estoit conduicte par Gonsalle Ferrande, et l'armée de France par le comte de Guyse de la maison d'Armignac et par messire Jacques de Chabannes, l'ung des hardis chevaliers et capitaines qui fut onc en France. Et fut occis en ceste bataille ledict comte de Guyse et les Françoys deffaicts par la coulpe des trésoriers qui, pour eulx enrichir des deniers ordonnés pour le desfray de l'armée, la laissèrent sans vivres, ne payèrent à temps et heure les gens d'armes, par le moyen de quoy ne se povoyent nourrir, ne leurs chevaulx, et dont le roy fut fort desplaisant et courroussé, tant contre les gens d'armes qui retournoyent, lesquels ne voulut véoir ne ouyr, que contre les trésoriers, dont en fist punir aulcuns par justice.

Pour le recouvrement de Naples, quelque temps après le roy fist son lieutenant-général le seigneur de La Trimoille, qui partit de France et passa les monts avec une fort belle armée ; mais en allant, une maladie le surprinst, non obstant laquelle il passa oultre sans se arrester pour icelle, jusques à tant qu'il fut par nécessité contrainct de demourer par impuissance ; car il fut si pressé de son mal que désespéré de vie, les médecins mandèrent au roy que impossible estoit à nature le relever et que sans le divin secours ne pourroit guérir ; par laquelle cause le roy manda audict seigneur que peu à peu retournast en France, ce qu'il fist à son grant regret avec l'armée françoise. Et fust près d'ung an tousjours continuellement malade et hors d'espoir de santé, dont le roy estoit fort desplaisant, car c'estoit le seigneur de la court du nombre de ceulx qui povoyent service faire au roy et à la chose publicque, le moins importun et qui moins demandoit de choses au roy pour luy et ses serviteurs, doubtant luy desplaire, et aux princes et aultres capitaines èsquels on doibt esgallement distribuer les estats selon leurs qualités et mérites, et que le roy soit bien servy et que en sa nécessité il trouve à son secours plus d'ung, de deux, de troys et de quatre capitaines expérimentés à conduyre ses guerres.

Il se contentoit de peu sans trop entreprendre, et n'eust voulu par ambicion donner occasion aux princes de la court ne aux gentils-hommes méritans avantage d'avoir contre luy envie, considérant que les gros morceaulx pris en hastiveté et par excès estranglent ceulx qui ainsi les dévorent. Et remémoroit souvent les excès faits à aucuns connestables de France et autres gouverneurs trop entreprenans par les princes du sang, mesment durans les règnes de roys Loys-Hutin, Jehan, Charles VI et Charles VII. Il ne vendit onc office, et n'en demanda jamais pour les vendre et en faire son profit particulier ; aucuns de la maison du roy s'en esbayssoient, vu son bon crédit, et mesmement ses serviteurs. Pour ces considéracions et les mérites dudict seigneur, vacant l'estat de gouverneur de Bourgongne et des pays adjacens par le décès de monseigneur Gilbert de Clèves, comte de Nevers, le roy Loys en pourveut iceluy seigneur et l'a tenu jusques à son décès à son honneur, qui est ung bel estat et fort désiré par les gens de bien.

CHAPITRE XX.

Des meurs, vertus, gouvernement et forme de vivre de madame Gabrielle de Bourbon, première espouse du seigneur de La Trimoille, et monsieur Charles, leur fils ; où est incidemment parlé d'aucunes dames qui ont esté excellentes en bonnes lettres.

Nous avons vu comme incontinent après la première année que le seigneur de La Trimoille eut espousé madame Gabrielle de Bourbon, fille du feu comte de Monpensier, elle eut un fils nommé Charles. Et à la raison de ce que la forme de vivre de celle noble dame vault bien estre réduicte à mémoyre, pour la doctrine des dames qui pourront lire cy dedans, je escripray en briefves parolles ce que je y ay peu voir et congnoistre : c'est que cette dame estoit dévote et pleine de grant religion, sobre, chaste, grave sans fierté, peu parlant, magnanime sans orgueil, et non ignorant les lettres vulgaires. Tous les jours ordinairement assistoit aux heures canoniales, oyoit la messe et disoit ses heures dévotement sans ypocrisie ; elle se délectoit sur toutes choses à ouyr parler de la saincte escripture sans trop avant s'enquérir des secrets de théologie ; plus aimoit le moral et les choses comtemplatives que les argumens et subtilités escorchées de la lettre, par lesquelles le vray sens est souvent perverty. Elle se contentoit de peu de viandes, aux heures accoustumées. En public monstroit bien estre du royal sang descendue par ung port assez grant et revérencial, mais au privé entre ses gentils-hommes, damoyselles, serviteurs et gens qu'elle avoit accoustumé veoyr, estoit la plus bénigne, gracieuse, et familière qu'on eust peu trouver ; consolative et toujours confortative, abondante en bonnes parolles, sans vouloyr ouyr mal parler d'autruy ne de chose lascivieuse, voluptueuse ne scandaleuse ; elle hayssoit les gens notés de tels vices.

Elle estoit si magnanime que bien se contentoit estre la pluspart du temps privée des plaisirs et douceurs de mariage et dormir seule en ennuy et regrets, à ce que son espoux, en servant le roy et s'emploiant aux affaires du royaume et du bien public, acquist honneur et louange. Elle aimoit mieulx le rapport luy avoir fait louables armes que tout l'or du monde; elle estoit libéralle et magnificque en convis, tapisserie, vaisselle d'or et d'argent, comme à sa maison appartenoit, sans superfluité; jamais n'estoit oyseuse, mais s'employoit une partie de la journée en broderie et aultres menus ouvrages appartenans à telles dames et y occupoit ses damoyselles, dont avoit bonne quantité, et de grosses, riches et illustres maisons. Et quand aulcunes fois estoit ennuyée de tels ouvrages, se retiroit en son cabinet fort bien garny de livres, lisoit quelque histoire ou chose morale ou doctrinalle, et si estoit son esprit ennobly et enrichy de tant bonnes sciences, qu'elle employoit une partie des jours à composer petits traictés à l'honneur de Dieu, de la Vierge Marie et à l'instruction de ses damoyselles. Elle composa en son vivant une Contemplation sur la nativité et passion de nostre seigneur Jhésucrist, ung aultre traicté intitulé le Chasteau de Sainct-Esprit, ung aultre traicté intitulé l'Instruction des jeunes filles et ung aultre traicté intitulé le Viateur, qui sont toutes choses si bien composées qu'on les extimoit estre plus ouvrage de grans lectrés que composition de femme; voire! et si n'estoit aucunement présumptueuse, car elle faisoit tousjours visiter ses compositions à gens de bon savoir, comme je sçay, parceque de sa grace me bailloit la charge de les faire amander.

Toutes ces bonnes meurs et condicions aydèrent fort aux perfections que monseigneur Charles son fils acquist en jeunesse, voire autant que jeune prince qu'on eust sceu lors voir. Aucuns trouvoyent extrange que ceste dame emploiast son esprit à composer livres, disant que ce n'estoit l'estat d'une femme, mais ce légier jugement procède d'ignorance; car en parlant de telles matières on doit distinguer des femmes, et sçavoir de quelles maisons sont venues, si elles sont riches ou pauvres. Je suis bien d'opinion que les femmes de bon estat, et qui sont chargées et contrainctes vaquer aux choses famillières et domestiques pour l'entretiennement de leur famille ne doyvent vacquer aux lectres, parceque c'est chose répugnant à rusticités; mais les roynes, princesses et aultres dames qui ne se doyvent pour la révérence de leurs estats applicquer à mesnager comme les mécaniques, et qui ont serviteurs ou servantes pour le faire, doyvent mieulx applicquer leurs esprits et emploier le temps à vacquer aux bonnes et honnestes lectres concernans choses moralles ou historialles, qui induisent à vertus et bonnes meurs, que à oysiveté, mère de tous vices, ou à dances, convis, banquets, et aultres passetemps scandaleux et lascivieux; mais se doivent garder d'appliquer leurs esprits aux curieuses questions de théologie concernans les choses secretes de la divinité, dont le savoir appartient seulement aux prélats, recteurs et docteurs.

Et si à ceste consideracion est convenable aux femmes estre lectrées en lectres vulgaires, est encore plus requis pour une aultre bien qui en peut procéder; c'est que les enfans nourris avec telles mères sont voluntiers plus éloquens, mieulx parlans, plus saiges et mieulx disans que les nourris avec les rusticques, parce qu'ils retiennent tousjours des condicions de leurs mères ou nourrices. Cornélie, mère de Grachus, ayda fort, par son continuel usaige de bien parler, à l'éloquence de ses enfans. Cicero a escript qu'il avoit leu ses épistres, et les extime fort pour ouvrage féminin. La fille de Lélius, qui avoit retenu la paternelle éloquence, rendit ses enfans et nepveux disers. La fille de Hortense feit une très éloquente oraison en la présence des trivires de Romme. Les anciens abundoyent en femmes très doctes en toutes disciplines, mesmement les Grecs, entre lesquels, comme nous lisons, y eut plusieurs femmes très bien instruictes en philosophie. Platon eut entre autres disciples deux femmes, l'une nommé Lasthenia Manthinea, et l'autre Apiothea Phliasia, lesquelles, comme a escript Dicearchus, usoyent de vestement virille pour plus commodément apprendre. Aretha, fille d'Aristippus, qui avoit estoit disciple de Socrates, sceut tant de philosophie qu'elle en monstra et enseigna à son fils Aristippus le jeune. Pitagoras n'a eu honte d'avoir escript qu'il avoit moult aprins de philosophie de sa seur Theoclea; aussi endoctrina en philosophie sa fille, à laquelle laissa par son testament ses commentaires. L'amour qu'elle avoit aux lectres fut cause dont elle garda perpétuelle virginité, et soubs elle eut plusieurs pucelles auxquelles premièrement aprinst la philosophie de pudicité et de chasteté.

Alexandre le Grant ne voulut espouser la fille du roy Daire, jà-soit ce qu'elle fust très belle et très riche, et ayma mieulx prendre à femme sans dot Barsyne, fille de roy, toutesfois pauvre, parce qu'elle savoit les lettres grecques. Licurgus fut bien de ceste opinion quand par ses loix ordonna qu'on prendroit les femmes sans dot, c'est-à-dire sans qu'elles eussent aulcune chose en mariage, à ce que les hommes quissent les vertueuses et non leurs richesses, et que pour ceste raison les filles se appliquassent à science et vertu. Nicostrata, mère de Evander, fut surnommée Carmente, parce que richement composoit carmes et meetres par lesquels prédisoit les choses futures. Nous lisons que Mirtis Lirica et Coryna sa disciple furent très bien instruictes en l'art poëticque; semblablement Anagora, Milesia et Cornificia, seur du poëte Cornificus, laquelle composa plusieurs excellens épigrames dont depuis a eu grant louange. Et si nous voulons parler des dames crestiennes, pensons au savoir de Paule et Probe, dames rommaines auxquelles sainct Hierosme a escript tant de belles épistres latines, et à la science argumentative de saincte Catherine, qui, par argumentacions, surmonta cinquante docteurs ; et ne oublions le livre composé en latin par saincte Brigide, ne les prophécies de toutes les Sibilles.

Or, estoit donc madame Gabrielle de Bourbon pleine de bon sçavoir et élégante en composicions prosaïcques, qui, selon le jugement de Chrisippus, en son livre de l'Institucion des Enfans, donna ung naturel instinct à monsieur Charles son fils, prince de Thalemont, de aymer les livres et les bonnes lectres; et sçay que, oultre les condicions de vraye noblesse et de discipline militaire, où monsieur son père l'avoit songneusement fait instruyre, estoit grant historien et composoit très élégamment en épistres et rondeaux. Il excédoit en grandeur corporelle père et mère et si estoit gros à l'advenant; et parce que aulcuns de ceulx du nom de La Trimoille avoyent esté gros, monsieur son père, pour y obvier, le mit entre mains de gens fort esveillés, lesquels l'excitoyent à tous jeux pénibles et honnestes, comme à saulter, gecter la barre, jouer à la paulme, et à jouxter.

Et combien qu'il aymast le passetemps des dames quant il estoit en court, je sçay qu'il a esté ung des chastes princes qui fut onc, et qui plus avoit en horreur femmes meschantes. A son port et contenance sembloit estre grave et fier, mais c'estoit une honneste gravité sans orgueil, plaine de magnanimité et vuyde de adulation et flaterie ; et n'y avoit prince dont la familiarité de chambre entre ses domesticques fust plus attractive à l'amer et révérer. Il parloit peu et ne vouloit dire parolle perdue et qui ne portast fruict. Il fut marié jeune avec madame Loyse, fille de monseigneur Charles de Coictivy, comte de Taillebourg, et de madame Jehanne d'Orléans, son espouse, fille du bon duc Jehan d'Angoulesme, à présent réclamé comme sainct, et seur de monseigneur Charles, père du roy des François qui à présent est ; qui fut une grant et grosse alliance.

CHAPITRE XXI.

Comment le seigneur de La Trimoille fist son entrée en son gouvernement de Bourgongne; des services que luy et son filz firent au roy ès guerres contre les Genevois et Véniciens; de la journée de Ravenne, et comment les François laissèrent la duché de Milan pour retourner en France.

Le seigneur de La Trimoille se prépara pour faire son entrée en la ville de Dijon, capitale de la duché de Bourgongne, pour après aller veoyr et visiter les aultres villes et places de frontière ; et bien acompagné y alla certain brief temps, où il fut honnorablement et à joye, lyesse et triumphe receu ; et luy fut faicte par le chief des citoyens de la dicte ville l'oraison ou persuasion telle que verrez que que soit de mesme substance.

Oraison du chief de la ville de Dijon au seigneur de La Trimoille.

« Si en vous n'y avoit que la faveur de fortune qui a tousjours vostre glorieux renom accompagné, très redoubtable prince et seigneur, ne se trouveroit nation qui ne se extimast très eureuse d'estre soubs vostre modéracion gouvernée ; mais vos exaltées vertus, vos mémorables gestes et faicts, vostre magnificence, prudence et doctrine à ce adjouxtées, font que vous estes désiré, loué et par admiracion regardé de toutes les chrestiennes provinces. A ceste considéracion, voyans les choses fatalles si bien quant à nous disposées que le roy nostre souverain seigneur, assuré de vostre loyauté, vous a voulu de ce pays faire gouverneur, empereur et modérateur, qui estes de nostre sang, de nostre terre et de nostre généracion, nous resjouyssons et exaltons, et oultre rendons grâces à la souveraine déité et royalle majesté, de ce bénéfice, que nous extimons opulent, riche, précieux et favorable; espérons que par vostre prudente conduicte et hardiesse nous, nos églises, parens et biens serons protégés, deffendus et gardés de toutes irréligions, sacriléges, injustices, pilleries, forces, violences, concucions, dépopulacions, homicides, excès et autres tribulations qui adviennent souvent par faulte de bon ordre en pays de frontière comme cestuy; et que la renommée de vos fortunées victoyres nous servira de murailles, rempars et artillerie pour réprimer les souverains mouvemens des industrieux Flamens, pertinax Hennuyers, cruels Sequanoys, haulsaires Suysses, excessifs Alemans, et aultres envieux de la frugalité, richesse et bonté de ceste fertile et habundante terre.

» Ainsi que vos progéniteurs portans le nom de La Trimoille, yssus, nés et nourris en ce territoire, tousjours ont acquis les mérites d'honneur par le bon traictement qu'il nous ont pourchassé, et quis soubs ceste confiance et la vostre mansuétude, très redoubtable et très puissant prince et seigneur, mectons entre vos mains nous, nos voluntés, nos choses sacrées, enfans, femmes, familles, facultés, possessions, chevances et toutes nos fortunées choses, à ce qu'il vous plaise nous protéger, deffendre et descharger de toutes injustices, pour lesquelles les royaumes et seigneuries tombent en ruyne et sont de gent en gent transférées. Et de nostre part, l'église vous soustiendra, la noblesse vous donnera secours, le peuple commun vous obéyra, et tous ensemble par ung accord nous y employerons corps et biens. »

Response faicte par le seigneur de La Trimoille à ceulx de Dijon.

« Si par multiplication de grâces je me povoys acquicter envers vous, messieurs de Dijon, de vostre honnorable recueil, exhibicion d'honneur et bienveillance, je m'efforceroys le faire, mais vous plaira le brief langaige accepter avec le grant désir que j'ay de vivre avec vous en paix, au profit du roy et au vostre, à mon honneur et à l'utilité publique. Mon vouloir est droict, mon intencion bonne et mon espoyr assez grant; resté que je crains ne povoyr obéyr, d'autant que les complexions des gens sont diverses à tous, vous priant bénignement excuser les faultes si vous y en trouvez, et me estre aydans à l'exécucion de ma charge. Vous entendez assez, messieurs, que la force d'ung roy et d'ung royaulme principallement consiste en l'union des subjets, en l'obéyssance qu'ils doivent à leur prince, en leur richesse, en exercice d'armes, et en la municion et fortiffication des villes, cités chasteaux et places fortes. Vous avez renom d'estre riches; vous estes loués de l'union que vous avez en l'obéyssance royalle, et par les histoyres assez appert de la hardiesse et bon exercice aux armes que les nobles de ce pays ont eu, comme encores ont. Reste savoir si vos villes et places sont bien fortifiées, car c'est la force du royaulme et le mur inaccessible des ennemys que une place munie et garnie d'artillerie, vivres et aultres choses nécessaires pour soustenir ung siége, murir une garnison et actendre ung secours, qui est la principalle chose où le roy nostre souverain seigneur gecte ses yeulx, préste son esprit et applicque ses biens, dont j'espère plus au long vous parler. ».

Il feit son propos court, doubtant ennuyer, et s'en alla fort bien accompagné, tant de ses gens que de ceulx du dedans de la dicte ville de Dijon, où il fut très bien traicté et festié par les seigneurs et dames, entre lesquelles il se savoit au gré de tous entretenir. Quelque temps après alla faire son entrée au parlement de Dijon et en la maison commune des citoyens, où il feit plusieurs belles remontrances pour le proffit publique; et se porta si très bien en ce gouvernement qu'oncques il n'y eut reproche. Et diray une chose de ce seigneur peu veu en aultres seigneurs de sa qualité, qu'il a tousjours eu le cueur munde et nect du vice de avarice, et les mains immacullées de dons corruptibles, et de présens d'or et d'argent; car onc n'en prinst, pour quelque plaisir qu'il fist, publique ou privé.

Environ ce temps, fut pourveu par le roy de l'admiraulté de Bretaigne, vacant par le décès du prince d'Oranges, qu'il adjouxta à l'admiraulté de Guyenne qu'il avoit eu par long-temps par avant, par le trespas de monseigneur Mathieu, bastard de Bourbon ; et comme admiral susdit, bientôt après feit faire une fort belle navire, nommée Gabrielle, du nom de son espouse. Depuis en feit encores faire une aultre qui a servy au royaume de France pour la guerre de mer. L'un des gentils hommes de sa maison, nommé messire Regnaud de Moussy, chevallier hardy de bon esprit et de grant entreprise, a esté son vis-admiral.

En l'an 1507 il alla delà les monts avec le roy, pour le recouvrement de la ville de Gennes, laquelle s'estoit contre le roy révoltée par la faction et conduicte d'un tainturier, nommé Paule de Novis, homme de plus grant cueur que de prudence, qui avoit incité les Genevois à rébellion et à chasser les Françoys hors de Gennes; dont mal luy prinst; car Gennes recouverte par les glorieuses armes des François, le roy présent, accompaigné du seigneur de La Trimoille et aultres princes, il feit descapiter ledict Paule de Novis, comme bien avoit merité; et de Gennes le roy s'en alla à Milan, non sans le seigneur de La Trimoille, qui jamais ne le perdoit de vue.

Ladicte année, monseigneur Jehan de La Trimoille, frère dudict seigneur, ainsi qu'il alloit à Romme remercier le pape, qui luy avoit envoyé le tiltre et chappeau de cardinal, fut d'une fièvre continue surprins en la ville de Milan, où il décéda au grant regret de son frère et de son nepveu, le prince de Thalemont; il tenoit en l'église cinquante mille livres de revenu ; car il estoit évesque de Poictiers et arcevesque d'Auch, et si avoit plusieurs autres gros bénéfices. Et combien que sa chasteté, bonté et science méritassent telles dignitéz, honneurs et biens, toutefois ne les avoit eus sans la faveur de son frère aisné, ledict seigneur de La Trimoille. Son cueur fut laissé en l'église des Frères-Mineurs de Milan et son corps apporté en l'église Nostre-Dame de Thouars, où il gist soubs ung sépulchre de marbre.

Épitaphe de monseigneur Jehan de La Trimoille, en son vivant cardinal, arcevesque d'Auch et évesque de Poictiers.

Ci dessoubs gist ung très noble arcevesque
Du pays d'Auch, lequel fut cardinal
Apostolic, et de Poictiers évesque,
Digne d'avoir le baston pastoral.
Ce fust ung prebstre aux pauvres libéral,
Chaste, dévot, riche et droit, sans mesprendre.
Lorsqu'il alloit à Romme grâces rendre
Au père sainct, ce prélat, nommé Jehan
De La Trimoille, en fleur d'aage, surprendre,
Le vinst la mort, non obstant son deffendre,
L'an mil cinq cens et sept dedans Milan.

Après toutes ces choses, fut traicté l'accord de Cambray par la conduicte de monseigneur Georges d'Amboise, arcevesque de Rouhen, cardinal et légat en France, et madame Marguerite de Flandrès, entre le pape Julius, Maximilian, roy des Rommains, soy-disant empereur, le roy de France, et Ferdinand, roy d'Espaigne, qui fut fort pernicieux pour les François ; car soubs umbre d'icelluy, on feit depuis plusieurs grans tors au roy de France par le moyen de ce simulé accord ou paix fourrée; tous ces princes entreprindrent depuis contraindre les Véniciens à leur rendre les places et seigneuries par eulx usurpées, dont ils furent sommés par le roy de France, chief de entreprinse, comme y ayant le plus grand intérest, à la raison de ce que les Véniciens usurpoyent Bresse, Bergomme, Crémonne et aultres villes et seigneuries de sa duché de Milan. Et parce que les Véniciens n'y voulurent entendre, le roy draissa grosse armée contre eulx, qu'il fist passer delà les monts, et y fut en personne, non sans le seigneur de La Trimoille, qui tousjours estoit le premier prest à faire service au roy, son seigneur et maistre ; et au royaulme.

Les Véniciens, de l'autre part, délibéroyent de actendre le roy avec belle et grosse armée. Et le dix-huictiesme jour de may l'an mil cinq cens et neuf, se rencontrèrent les deux armées à Agnadel, où y eut grosse et cruelle bataille, qui dura quatre heures ; et finablement les Véniciens y furent deffaicts, et leurs gens de pié presque tous occis sur le champ. Berthelomy d'Alwiane, chief et lieutenant-général de l'armée vénicienne, fut prins prisonnier par le seigneur de Vandenesse, frère du mareschal de Chabanes. Ledict seigneur de La Trimoille et le prince de Thalemont, son fils, se y portèrent très bien et y acquirent gros honneur. Par le moyen de ceste victoire, le roy de France retira sesdictes villes de Bresse, Crémonne,

Bergamme et aultres, estans des appartenances de la duché de Milan, et fist rendre à l'église rommaine les villes de Cerve, Romaigne, Fayence, Forly, Imole, et autres terres que le pape Julius querelloit; et au roy des Rommains, Véronne, Pavie, Trévise et aultres lieux; et audict roy d'Espaigne, Benevente et Tarante.

Certain peu de temps après, ledict cardinal d'Amboise, légat en France, qui manyoit le roy et son royaume en si bonne sorte, que le peuple françoys ne fut onc mieulx traicté, alla de vie à trespas; qui fut gros dommage et perte, car il a semblé à plusieurs personnes de bon esprit que à l'occasion de son décès lo traicté de Cambray fut enfrainct par le pape Julius, par le roy des Rommains et le roy d'Espaigne, parce que, incontinent après, ledict pape Julius fist alliance avec les Véniciens, et s'efforcea faire perdre au roy de France sa duché de Milan, par l'intelligence qu'il avoit avec le roy des Rommains et le roy d'Espaigne, qui tous faulsèrent leur foy et serment baillés et faicts audict traicté de Cambray, lequel traicté fut pourchassé au dommaige des Françoys et à ce qu'ils, assemblés, fussent deffaits par les Véniciens, ce que espéroyent lesdicts pape Julius, roy d'Espaigne et des Rommains, qui advint au contraire.

Le roy fut fort troublé de ces entreprinses, et plus courroussé de l'ingratitude du pape Julius, auquel il avoit faict tant de services et plaisirs à l'augmentacion du siége apostolique, et mesmement en la restitucion de la ville de Boulongne, laquelle il avoit recouverte contre ceux de Bentyvolle, et mis entre les mains dudict pape Julius. Et eut volontiers trouvé les moyens pour luy monstrer qu'il ne devoit ainsi le traicter; sur quoy assembla en la ville de Tours les évesques, prélats, docteurs et aultres gens de bonnes lectres de son royaulme, pour savoir comment et en quelle sorte, sans offenser Dieu, il y devroit procéder. Et fut advisé qu'on feroit ung concille, qui fut commencé à Pise, et depuis transféré à Lyon; mais il n'y eut aulcune conclusion. Cependant les Véniciens et les Souysses, qui avoyent esté gaignés par ledict pape Julius, et les Hispaniens faisoient la guerre au roy de France en sa duché de Milan. Et pour remonstrer auxdicts Souysses qu'ils avoyent mal faict d'avoir laissé le roy, qui tant leur avoit faict de biens, et les gagner, le roy envoya vers eulx, jusques en Souysse, ledict seigneur de La Trimoille, lequel y fut longuement en dangier de sa personne. Et n'eust esté son humilité, cautelle et prudence, l'eussent retenu pour l'argent qu'ils demandoyent au roy, pour la prinse dudict Loys Sforce; et néantmoins fit tant qu'il gaigna au roy certains quantons desdits Souysses, et s'en retourna en leur grâce et amour.

Comme on faisoit toutes ces choses, Monsieur Gaston de Fouëx, duc de Nemoux, qui querelloit le royaulme de Navarre contre ceux qui sont descendus de la maison d'Alebret, se desroba du roy, et avec luy le prince de Thalemont, fils dudict seigneur de La Trimoille, pour aller à Milan, où le seigneur de Chaulmont, de la maison d'Amboise, estoit lieutenant-général. Le roy et ledict seigneur de La Trimoille faignirent estre courroucés de ce que ces deux jeunes princes s'en estoyent allés sans leur congié, mais envoyèrent après eux or et argent, et tout ce qui leur estoit nécessaire. Et quand ils eurent esté quelque temps à Milan, ledict prince de Thalemont retourna en France, et laissa à Milan ledict duc de Nemoux, qui y fut lieutenant-général pour le roy après le trespas dudict seigneur de Chaulmont.

A son entrée dudict estat, il prinst la ville de Boulongne et la mist hors des mains du pape Julius, par l'advis et oppinion dudict concille. Et tost après, les Souysses vindrent assiéger Milan; mais n'y feirent rien. Semblablement les villes de Bresse et Bergamme se révoltèrent pour les Véniciens, et tost après furent recouvertes par les Françoys, et la ville de Bresse pillée, où les Françoys se enrichirent pour les richesses qu'ils trouvèrent dedans.

En ce tems, le pays d'Italie estoit fort opprimé de guerres et pillé de gens d'armes, tant des Françoys, Souysses, Espaignols, que Véniciens; et au quarèsme de l'an mil cinq cens et douze, les armées du Pape, des Souysses et Hispaniens se joygnirent, quérans les moyens de surprendre les Françoys et les chasser de ce pays; mais ledict duc de Nemoux, par l'oppinion et sage conduicte des anciens capitaines de France qui estoyent avec luy, y résistoit toujours, à la gloire et honneur des François.

Après plusieurs saillies et rencontres, le jour de Pasques ensuyvant toutes ces armées se rencontrèrent davant Ravenne, où la bataille fut grant et aussi longue et cruelle qu'on en veit onc; car d'une part et d'aultre la vertu de hardiesse fut si grant et y eut de si grans proesses faictes qu'on ne sçait à qui bailler l'honneur de la victoire. Toutesfois le camp demoura aux François, non sans grand perte de plusieurs gens de bien, par ung malheur; car, comme ils fussent demourés les maistres et eussent mis en fuite les adversaires (ce qui leur devoit suffire), ledict duc de Nemoux, suyvant sa martiale fureur et se confiant en la riante face de fortune, tout yvre de la douleceur de gloyre par luy en ceste bataille acquise, contre l'oppinion des anciens capitaines et la doctrine de Vegèce, qui deffend suyvir une armée desconfite, s'en alla gecter entre ung grant nombre de Souysses qui se retiroient, où fut suyvi, pour la deffense de sa personne, par plusieurs gens de bien, à leur grant regret, non sans cause, car en ceste suyte ledict duc de Nemoux fut occis, et avec luy le seigneur d'Alègres, le lieutenant du seigneur de Ymbercourt, le capitaine Molart, le capitaine Jacob, et un capitaine alemant nommé Phelippes. Toutesfois ne demoura pas ung desdits Souysses; car incontinent après, le reste des François allèrent en ordre sur eulx et les deffirent en mesme lieu.

Les jeunes capitaines et chiefs de guerre (jà-soit ce qu'ils ayent aulcunes fois plus de hardiesse que les anciens), toutesfois ne doivent aulcune chose entreprendre ne exécuter sans eulx. Et combien que la vertu de hardiesse soit bien requise en ung chief de guerre, autant y est requise la science de l'art. Et seroit bon que ung lieutenant-général eust ces deux qualités. Cicero préfère la science de l'art à la vertu; néantmoins semble que la vertu soit plus requise, parce que avec icelle, par bon conseil, l'on peult plus faire que par la science sans la vertu, comme nous tesmoygent les nobles faicts de Alexandre le Grant, Hannibal et Scipion, qui tous troys furent chiefs de guerre en leur jeune aage: car, jà-soit ce que, au moyen de leur jeunesse, ne peussent avoir science et expérience suffisans de l'art militaire et aussi des cautelles et ruses de guerre, néantmoins par leur vertu et hardiesse conduictes par le conseil des expérimentés, feirent des choses plus grans que plusieurs aultres anciens qui ont eu seulement la science de l'art. Et autant en pourrois-je dire dudict seigneur de La Trimoille, qui tousjours a conduit sa hardiesse par louable conseil, et non par son seul sens.

Après la bataille gaignée, les François prindrent la ville de Ravenne et la pillèrent; mais tant perdirent de gens de bien à ceste bataille, et en si gros nombre, qu'ils se treuvèrent feubles pour résister aux continuels assaulx que leur faisoient les Souysses, Italiens et aultres, soustenans le party de Maximilian, fils de feu Loys Sforce, qui estoit mort prisonnier, ensorte qu'ils furent contraincts laisser la ville de Milan et retourner en France, à la grant mutacion des choses fortunées du roy Loys XII; lequel dès l'entrée de son règne avoit tousjours prospéré en ses entreprinses et eu autant de nobles victoires en Italie que aucun de ses prédécesseurs; car, l'espace de douze ans, n'entreprinst chose ne aultre pour luy, dont il n'eust l'honneur et la gloire; mais soudain fortune changea sa bienveillance, et par la disposition divine les aultres roys ses voisins furent contre luy, à l'exhortacion du pape Julius, qui dispensa contre raison le roy des Rommains et le roy d'Espaigne des juremens et sermens qu'ils avoient faits à Cambray, dont il envoya ung brief audict roy d'Espaigne, ainsi que récite l'aucteur de la cronique de Flandres.

CHAPITRE XXII.

Comment, par faulte d'avoir obéy au seigneur de La Trimoille, lieutenant-général du roy Loys XII, l'armée des François fut rompue devant Novarre.

Tout ce non obstant, le roy Loys fort affectionné au recouvrement de sa duché de Milan, délibéra y envoier grosse armée, pour laquelle draisser feit assembler son conseil, qui fut d'oppinon qu'on différast ce voyage jusques à ung aultre temps, à la raison de ce que le pape Julius draissoit contre luy grosses menées avec Flamens, Hennuyers, Brabançons, Angloys, Hispaniens et Souysses, et que jà le roy d'Espaigne avoit sus une armée pour aller au royaulme de Navarre; par le moyen de quoy le roy avoit assez affaire pour la deffense de luy et son royaulme, sans aller guerroyer au loing; mais le roy, qui se sentoit fort injurié des laschetés de ses confédérés, par ledict traicté de Cambray, ne peult estre destourné qu'il n'envoyast une armée à Milan, de laquelle il fist chief ledict seigneur de La Trimoille, qui n'ousa le refuser, combien qu'il congneust la charge estre dangereuse pour les causes susdictes. Et fut son armée de cinq cens hommes d'armes et six mil hommes de pié presta à marcher, après lesquels le roy promist envoyer aultres cinq cens hommes d'armes, quatre mil lancequenets, et aultres gens de pié de France. Soubs laquelle confiance ledict seigneur de La Trimoille, lieutenant-général du roy, accompagné du duc d'Albanye, du seigneur Jehan-Jaques Trivulce, italien, du seigneur de Bussi, du marquis de Saluces, de monsieur René d'Anjou, seigneur de Mézières, son nepveu, et aultres gros personnages passèrent les monts : prindrent Alexandrie, Verceilles et Pavye, et commençoit Milan à parlementer pour se rendre.

Ledict seigneur de La Trimoille fut adverty du grant nombre des Souysses et aultres gens qui estoyent venus au secours dudict Maximilian, lequel estoit dedans Novarre ; au moyen de quoy il rescripvit au roy qu'il envoyast le nombre des gens de cheval et de pied qu'il avoit promis, ce que le roy ne peult faire, à la raison de ce que son royaulme estoit assailly en la Picardie par les Angloys, Hennuyers et Flamens, et en Acquitaine par les Hispaniens, qui avoyent jà pris Pampelune, principalle ville du royaulme de Navarre. Et manda audict seigneur de La Trimoille que, avec le petit nombre de gens qu'il avoit, aventurast et mist en hazard son entreprinse : ce qu'il différa faire, par le conseil de ceulx qui avec luy estoyent, jusques à triple commandement, et injunction par lectres du roy escriptes de sa main, dont furent fort troublés.

Finalement, pour obéyr au commandement du roy, ledict seigneur de La Trimoille et aultres capitaines estans avec luy feirent marcher l'armée vers Novarre, prindrent le boulevart, et furent presto à donner l'assault, mais advertis que ledict Maximilian, fils de Ludovic Sforce, estoit au chasteau de Novarre, accompagné de dix mil Souysses estans dedans la ville, et que aultres dix mil Souysses venoyent à leur secours, délibérés passer par le chemin de Tracas, tindrent tous ensemble conseil vers le soyr et advisèrent que le mieulx seroit aller au devant des dix mil Souysses qu'on actendoit, et camper audict lieu de Tracas pour les combattre, parce que c'estoit une plaine propice pour les Françoys, dont la pluspart estoient gens de cheval. En ensuyvant cette oppinion, le mareschal du camp alla devant pour marquer les logeis, mais à l'appétit du seigneur Jehan-Jaques, marquis de Vigevène, qui est près dudict lieu de Tracas, lequel voulust espargner ses hommes et subjects. Le mareschal logea l'armée et draissa le camp à moictié chemin, en ung lieu fort estroit et mal aysé pour gens de cheval et très avantageux pour les Souysses, qui estoient à pié, au desceu dudict seigneur de La Trimoille, qui estoit crime capital, si discipline militaire eust esté bien gardée.

Ledict seigneur de La Trimoille demoura davant Novarre toute la nuit avec troys cens hommes-d'armes, troys mil hommes de pié et six pièces d'artillerie, pour repousser les dix milles Souysses qui estoient dedans la ville, s'ils sortoyent. Le lendemain prinst son chemin avec ses gens et artillerie pour aller à Tracas, mais à moyctié chemin, qui estoit de deux lieues ou environ, trouva son camp draissé, dont il fut fort esbay et très mal-content, parce que le lieu estoit estroict et propre pour les Souysses estans à pié, et contraire à gens de cheval, qui veullent le large. Et pour desloger et s'en aller à Tracas assembla les capitaines et leur dit ce :

« La conclusion du conseil hier par nous
» tenu, messieurs, devant Novarre, fut que
» pour rencontrer les dix mille Souysses ve-
» nans au secours de ceulx de Novarre et les
» empescher de se joindre avec eulx, irions
» loger à Tracas; et néantmoins, le mareschal
» des logeis, de son auctorité, sans mon congé,
» a logé le camp à son plaisir, à nostre grant
» désavantaige et au désir de nos adversaires,
» si veullent venir sur nous, ou pour passer
» sans estre par nous veus, et se rendre à No-
» varre avec leurs compaignons, puis tous en-
» semble venir donner sur nous et nostre pe-
» tite compaignée. Parquoy me semble, sauf

» votre meilleur advis, que devons marcher
» jusques à Tracas, et desloger de ce lieu con-
» traire à nostre vertu, et que celuy qui a fait
» le logeis soit pugny comme transgresseur de
» l'édict du chief de l'armée et violateur de
» la loy militaire; car aultrement le faire se-
» roit donner permission à chascun de faire à
» son plaisir et appétit; par le moyen de quoy
» tumberions subit en désarroy et désordre à
» nostre déshonneur.

» Vous entendez très bien, messieurs, qu'il
» y a des heures que le meilleur est de recul-
» ler combatre, et des aultres que l'assaillir est
» urgent et nécessaire. Jules César nous en
» laissa l'expérience lorsque, luy adverty de la
» grant assemblée de gens que faisoyent ceulx
» des Gaules, n'actendant la perfection de leur
» armée, ne aussi qu'ils eussent ordre mis en
» leurs affaires, mais se avançeant, vinst sur
» eulx et rompit leur entreprinse. Luy-mesme
» sçachant que les Souysses vouloient entrer
» en nostre pays de Gaule par force et contre
» son vouloyr, et prenans leurs chemins par
» Savoye en la haulte Bourgongne, estoyent jà
» sur la rivière de Saône, actendit qu'ils eus-
» sent faict pont sur ladicte rivière et que une
» partie d'eulx eust passé. Et lorsqu'il veit leur
» armée divisée par la rivière qui estoit entre
» deux, fist marcher son armée estant à Bresse
» avec grant diligence par nuyt, et vinst don-
» ner sur le reste desdicts Souysses qui es-
» toyent au-delà de ladicte rivière; dont il fist
» si grant tuerie que nul ou peu en demoura
» en vie. Et vous asseure, messieurs, que si
» nous laissons assembler les deux bandes des
» Souysses, que à peine les pourrons deffaire,
» veu que le lieu où sommes est à nostre dé-
» savantaige. »

Aucuns desdicts seigneurs et capitaines furent de l'advis dudict seigneur de La Trimoille,
lieutenant-général; mais ledict seigneur Jehan-
Jaques y contredist, disant qu'il n'estoit à conjecturer que les Souysses les vinssent assaillir,
et ne sauroient passer sans estre vus de ce lieu:
aussi que s'ils alloient camper à Tracas des-
truiroient tout le pays, parce que c'estoit une
plaine couverte de bleds et riche de prés, qui
donneroit occasion aux villains dudict pays
de se révolter contre eulx, et ne leur vouldroyent donner aulcuns vivres; et davantage
que les chevaulx de l'artillerie et du bagage
estoient allés en fourage. Pour lesquels causes
ledict seigneur de La Trimoille ne peut estre
le maistre pour ceste fois, à la grant perte des
Françoys, comme nous verrons.

Or donc (congneu par ledict seigneur de La
Trimoille que force estoit demourer en ce lieu,
et que la nuyt approchant empeschoit le desloger) mist ordre en son camp; et fut l'armée
draissée, de laquelle il menoit l'avant-garde:
le seigneur Jehan-Jaques la bataille, et le seigneur de Bussy l'arrière-garde. Les dix mil
Souysses furent diligens, et ne faillyrent à passer par Tracas et eux rendre à Novarre, où
ils entrèrent à dix heures de nuyt; et y demourèrent pour boire et eulx rafraichir jusques
environ minuyt, que eulx et les aultres dix mil
Souysses partirent bien acoustrés et se mirent
en trois hosts ou bandes; l'une bande estoit de
dix mil, et chescune des aultres deux de cinq
mil, qui estoit en tout vingt mil. Ils arrivèrent
au camp des Françoys au poinct du jour, où la
bande des dix mil Souysses vint donner sur
l'avant-garde, que conduisoit ledict seigneur
de La Trimoille. L'effort fut grant et avantageux
pour les Françoys; car l'avant-garde deffit six
ou sept mil Souysses de ladicte bande; ensorte
que les Françoys cuidoient avoir gagné la bataille; mais les aultres deux bandes desdicts
Souysses (chascune desquelles estoit de cinq
mil) se gectèrent sur l'artillerie et la gaigne-
rent, parquoy la bataille, qui estoit presque
toute de Italiens, et aussi l'arrière-garde, se
retirèrent sans coup frapper. Et si tous se feussent aussi bien acquités que ledict seigneur de
La Trimoille et ceulx de l'avant-garde, qu'il
conduisoit, l'honneur en fust aux Françoys demouré. Combien qu'ils ne perdirent que cinquante hommes d'armes, dont en y avoit trente
de la compaignée dudict seigneur de La Trimoille et douze cens adventuriers tant Alemans que Françoys; et desdicts Souysses furent occis huyt mil et plus, néantmoins ceulx
qui demourèrent furent les maistres. Onc homme ne fut plus courroussé que ledict seigneur
de La Trimoille, parce qu'il estoit chief de ceste
armée deffaicte; et s'en retourna en France
blécé en aulcuns lieux, non sans grosse perte,
car la plupart du bagage fut perdu pour les
Françoys. Le roy sçachant la vérité du faict, fut

fort desplaisant ; mais n'en donna le blâme audict seigneur de La Trimoille, sçachant l'inconvénient estre advenu pour ne l'avoir voulu croire.

CHAPITRE XXIII.

Comment le roy Loys XII envoia le seigneur de La Trimoille son lieutenant-général en Normandie, pour la fortification du pays contre les Anglois; et de l'oraison qu'il feit aux gens du pays.

Incontinent après ceste perte, le roy Loys fut assailly en son royaulme par ses ennemys ; et doubtant que les Anglois descendissent en Normandie, y envoya ledict seigneur de La Trimoille son lieutenant-général, pour fortifier les villes et persuader le peuple à la défense de leur pays ; laquelle charge ledict seigneur exécuta très bien. Et premièrement se transporta en la ville de Rouhen, où les principaulx de ladicte ville et aussi de tout le pays furent assemblés ; et leur feit iceluy seigneur telle ou semblable oraison ou persuasion :

« Assez vous est congneu, messieurs de Nor» mandie, le bon vouloir du roy nostre souve» rain seigneur tant envers vous que les aul» tres provinces de son royaume, et combien
» prudemment ses grans affaires ont esté jus» ques cy conduicts au soulagement de tout le
» peuple, sans exaction, pillerie ne molestes
» de nouveaux subsides, gens d'armes ne aul» tres fatigues qui souvent adviennent soubs
» umbre des guerres, au grant regret de chas» cun et non sans murmure tollerées, et que
» depuis le roy Charles VII les tailles n'ont
» esté plus basses qu'elles ont esté durant ce
» règne, au moien que le roy ait toujours eu
» guerre hors le royaume, non sans contraincte,
» mais pour recouvrer la duché de Milan, qui
» est son dommaine ancien, à luy par juste ti» tre appartenant à cause de son ayeulle ma» dame Valentine. Et après que, par le devin
» secours et la prohesse des nobles hommes et
» aultres gens bellicqueux et marciaulx de
» son royaume, il a eu recouvert ce qui de
» droit luy appartenoit, et oultre, par ses haulx
» faicts d'armes contrainct les Véniciens rendre
» à l'église rommaine, à Maximilian, soy di» sant empereur, et au roy d'Espaigne les villes
» que sur eux ils usurpoient, voire et davan» tage, mis entre les mains du pape Julius la
» cité de Boulongne, aultresfois donnée au
» sainct siége apostolique par le roy Pépin,
» père de Charlemaigne, empereur-roy de
» France, ce Julius, oublieux de toutes ces gra» titudes, a laissé la mansuétude et humilité
» de l'aigneau et prins l'orgueil, arrogance et
» ambicion du lion, pour dévorer, si possible
» luy estoit, celuy qui l'a préservé du dévo» rement des ravissans loups : et pour ce faire
» a excité presque tous les princes crestiens
» aux armes, et mis au chemin de tyrannie,
» combien que comme vicaire du chief de
» l'église les en devroit révocquer.

» Le roy d'Espaigne, soubs umbre d'ung
» faulx tiltre qu'il prétend au royaume de Na» varre veult usurper Acquitaine, les Soüysses
» la Bourgongne, le pape Julius Italie, et les
» Anglois le pays de Normandie, Picardie et
» Paris. Les Acquitaniens dient qu'ils se défen» dront, les Bourgongnons en ont bon vouloir,
» les Picarts ne demandent que les armes. Ne
» reste plus que à faire vostre vouloir, qui ex» cédez, comme tesmoingent les histoires, tou» tes les aultres nations en hault vouloir, bon
» cueur et exécution. Vous savez, messieurs,
» combien d'ennuys, pertes et dommages les
» Anglois ont le temps passé faict à ce pays :
» destruict églises, ruyné villes, bruslé mai» sons, violé filles et femmes, mis à sac bourgs
» et villages. Vous congnoissez par le rapport
» de vos pères les meurs de ce peuple, leur
» orgueil, leur cruaulté, leurs desloyautés, leur
» petite foy. Leur entrée est cruelle, le fré» quenter avec eulx plain de suspection, et leur
» yssue accompaignée de désolation. A ceste
» raison n'en devez la compaignée désirer.
» Aussi le roy pense que vous n'en voulez en
» façon quelconque ; mais parce que par mer
» pourroyent vous prendre au despourveu et
» endommager vos pays, le roy m'envoye vous
» advertir de leur entreprinse, et à ce que mec» tez ce pays en ordre de deffense, en quoy il
» veult vous donner secours. Autresfois vostre
» duc Guillaume surnommé le Bastard, yssu de
» vostre sang, conquist le royaume d'Angle» terre, parquoy semble bien au roy que vous
» seuls deffenderez non seullement vostre païs,
» mais les aultres limitrophes du dangier des
» Angloys. Et pour ce faire, il convient en pre» mier lieu à mectre vos villes de frontière en
» estat de deffense, tant par rempars et artillerie

» que aultres fortifflications, les ativailler et
» garnir de gens expers au feu et aux armes,
» puis ordonner gens de guerre, tant sur mer
» que sur terre, pour rompre leur entrée.

» Messieurs, je vous prie que des yeulx de
» l'esprit regardez le bon vouloyr du roy, le
» bon traictement qu'il vous a faict, sa délibé-
» racion juste et saincte, et la maulvaise que-
» relle et desloyaulté de ses ennemys; et vous
» mesmes jugez que Dieu sera pour luy et
» pour ceulx qui le serviront. Considérez d'une
» aultre part que ce n'est rien ou peu de chose
» de la puissance des Angloys, et qu'ils ne vin-
» drent onc faire guerre en France fors au
» temps qu'ils y ont veu discord civil et question
» intestine, ou que le royaulme ait esté d'autres
» guerres molesté. Le roy Phelippes-Auguste
» les en chassa; et parce que depuis les roys et
» princes de France furent en concorde, n'y ou-
» sèrent retourner pour faire guerre, jusques
» au temps du règne de Phelippes de Valoys,
» que les Angloys entrèrent en France par le
» moyen des Flammens et par la conduycte
» d'ung banny de France, nommé Robert
» d'Artoys. Du temps du roy Jehan y entrèrent
» par le moyen du roy de Navarre; et depuis,
» Charles V les en mist hors; mais ils y re-
» tournèrent sur la fin du règne du roy Char-
» les VI, par le moyen de Phelippes duc de
» Bourgongne; et en furent chassés par son
» moyen mesme durant le règne de Charles
» VII. Et à la requeste de Charles, aussi duc
» de Bourgongne, fils du dict Phelippes, en-
» trèrent de rechief en France durant le règne
» du roy Loys XI, mais retournèrent sans
» coup frapper, lorsqu'ils congneurent fortune
» avoir tourné le dos audict Charles duc de
» Bourgongne.

» Autant en voulurent faire au commence-
» ment du règne de Charles VIII, contre le
» vouloyr de leur roy Henry, qui se sentoit très
» obligé et tenu au roy Charles, parce qu'il
» avoit esté le moyen dont il estoit à la cou-
» ronne d'Angleterre parvenu.

» Les Angloys sont si rebelles et mal obéys-
» sans que, depuis le règne de vostre duc Guil-
» laume le Bastard, jusques à celluy de Henri
» VIII à présent règnant en Angleterre, ont
» occis ou exillé presque la moyctié de leurs
» roys qui sont dix-neuf en nombre, voyre
» tousjours de deux ung. Or pensez donc com-
» ment ils pourroyent estre fidelles aux nations
» extranges, quand de leurs propres roys et
» princes eulx mesmes sont destructeurs et
» parricides.

» Vous et vos pères avez peu veoir Henry
» VII de nom, de la lignée de Lanclastre, pos-
» séder par longues années le royaume de
» France et se intituller roy de France et d'An-
» gleterre, et le malheureux homme mourut
» ès prisons de ses subjects sans ceptre et cou-
» ronne, par la cruaulté de Edouard IV, usur-
» pateur du royaume d'Angleterre, qui estoit
» chief de la maison d'Yorc. Le père dudict
» Henry, aussi nommé Henry V, avoit sembla-
» blement usurpé le royaulme d'Angleterre sur
» Richart, qu'il fist semblablement mourir en
» ses prisons. Vous avez peu veoir le comte
» de Varvic, principal gouverneur dudict
» Edouard IV, qui a fait mourir les ducs de
» Sombresset et persécuté son roy et mais-
» tre Edouard IV; et contre luy voulut mectre
» sus le reste de ladicte lignée de Lanclastre,
» où il fut occis et ses frères et parens avec luy.
» Ignorez vous comment le frère de Edouard
» IV voulant usurper le royaulme d'Angleterre
» sur ses nepveux, les feit mourir et se feit
» couronner roy, dont Henry VII, père du roy
» qui à présent est, le priva? Je vous diroys
» bien aultres exemples d'autres roys leurs
» prédécesseurs; mais la mémoyre en est plus
» exécrable que proffitable, et par ce m'en
» tais. Et vous prie et admoneste, messieurs,
» de par le roy nostre souverain seigneur, que
» persévérez en vostre accoustumée loyaulté et
» obéisance, que espérance conduise vos œu-
» vres; deffendez vostre liberté; gardez vostre
» pays; entretenez en seureté vos églises, vos
» maisons, vos biens et facultés, et empeschez
» que vous et vos femmes et enfans ne soyez
» opprimés, viollés et perdus; à quoy la gloire
» et émulacion ne vous doyvent seulement in-
» duire, mais aussi la nécessité, péril et dan-
» ger où vous et tout le royaulme poyez tum-
» ber. »

Le seigneur de La Trimoille usa de ces remonstrances ou aultres semblables envers les seigneurs et le peuple de Normandie, dont ils furent très contans, remercièrent le roy et ledict seigneur du bon vouloir qu'il avoit à eulx et leur pays, et déclairèrent qu'ils estoient prets de promptement obéir au roy et audict seigneur, et de faire ce qu'il leur plairoit commander sans y espargner corps ne biens, pour tuition et deffense non seulement d'eulx et du pays de Normandie, mais du roy et de tout le reste de son royaume; et depputèrent aucuns dudict pays pour aller avec ledict seigneur fortiffier les places, ports de mer et aultres lieux dangereux; où ledict seigneur se porta si bien pour le proffit de la chose publicque en supportant le commun populaire, que, après avoir le tout mis en bon ordre, les villes du pays luy feirent plusieurs beaux et riches dons, qu'il ne voulut prendre ne accepter, disant que la plus grant richesse qu'il désiroit en ce monde estoit la grâce de Dieu et du roy son maistre et seigneur et la bienveuillance du peuple, et que d'autres biens avoit assez : car, à la vérité, il avoit à cause de ses prédécesseurs trente mil livres de rente, comme je sçay pour en avoir veu les comptes.

CHAPITRE XXIV.

Comment, sans aulcune perte de gens, le seigneur de La Trimoille délivra le pays de Bourgonghe et toute la France de la fureur des Souysses et Hennuyers, et aultres ennemys du royaulme. Mort de Loys XII.

Après le bon ordre mis au pays de Normandie par le seigneur de La Trimoille et qu'il eut esté par devers le roy luy en faire le rapport, et du bon et grand vouloyr des gens dudict pays, dont le roy fut très joyeux, alla en diligence en son gouvernement de Bourgongne, parce que nouvelles estoient que les Souysses y vouloient descendre saichans le roy et ses gens d'armes estre fort occupés à garder la Guyenne, où vouloyent venir les Hispaniens, Bretaigne, où coustoyoient aulcuns navires d'Angleterre, et le pays de Picardie, dont approchoyent les Angloys, au devant desquels le roy alla en sa personne avec grosse armée. Et comme le roy estoit en Picardie, les Souysses et Bourgongnons de la Franche-Comté descendirent en bon ordre en la duché de Bourgongne, que Maximilian, roy des Rommains, querelloit, et allèrent assiéger la ville de Dijon.

Ledict seigneur de La Trimoille et ceulx de du dedans avoyent faict faire rempars et aultres fortifications, mais non assez fortes pour longuement soustenir ledict siége et résister à si grosse puissance. A ceste cause ceulx de la ville furent fort esbahis et en merveilleuse crainte, congnoissans que ceulx qui les tenoyent assiégés estoyent gens affamés, non voulans conquérir terres, mais seulement piller leur ville et tout le pays. Et pour ceste consideracion portoyent des visaiges timides et tristes, démonstrans la deffaillance de leur vertu, ce qui donnoit esbahissance audict seigneur de La Trimoille et aultres gens de guerre estans avec luy, avec trois autres considérations : l'une qu'il congnoissoit la prosperité du roy estre tournée en malheur et infortune, l'autre que le roy de France estoit en son royaume assailly de toutes pars, et enfin que la hardiesse des François estoit tant abbatardie et leurs cueurs tant amollis de crainte et pusillanimité par divin jugement (comme il conjecturoit) que tout estoit mis en désespoir, et toutes les villes capitales de France ne actendoient que leur perdicion et ruyne.

Or luy estant en ceste perplexité, par l'opinion du conseil qu'il assembla fist trois choses : la première, qu'il envoya vers le roy pour l'advertir dudict affaire, en ce qu'il luy pleust envoyer secours; l'autre, qu'il envoya vers les ennemys pour, soubs umbre d'accord, savoir l'estat de leur camp et siége, et leur deliberacion, et aussi pour les amuser en actendant nouvelles du roy, et l'autre qu'il fit assembler les citoyens pour les encourager à leur deffense, et de leur ville; ensorte que les ennemis ne pussent congnoistre la feublesse de leurs cueurs et le rabaissement de leur vertu. Et pour à ce les induyre leur dist ainsi :

Persuasions du seigneur de La Trimoille à ceulx de Dijon.

« La plus grant fortiffication d'une ville e^t
» cité, messieurs, c'est la vertu des citoyens;
» de ceulx qui sont en icelle, par laquelle vert
» conduysent leur hardiese par prudence
» leur prudence par hardiese, soubs loua
» ble constance, en résistant aux assaulx o^u
» consummant par dissimulations et ruses les
» assaillans. Vostre ville est petite, bien fermée, persée et artillée, et avons vivres assez
» pour longtemps; reste que nous ayons les
» courages plus grans que nos adversaires. Il

» me semble, messieurs, que auculns s'esbays-
» sent, et par craincte, perdent la vigueur et
» force de leur vertu, comme si tout le royaul-
» me de France estoit en hasard de finalle
» ruyne; mais c'est par pusillanimité et faulte
» d'entendre les choses telles qu'elles sont.
» Considérons en premier lieu l'injuste que-
» relle de nos ennemys, le bon droict du roy
» nostre maistre, le gracieulx traictement de
» tout son peuple, sa force, sa puissance, sa
» vertu et sa richesse; gectons après nostre
» esprit à l'entreprinse des Souysses, leurs
» complexions, leur forme de bataille et leur
» immanité, cruaulté, oultrecuidance. La pre-
» mière considéracion engendre un espoir de
» divin secours et une volonté de servir son
» prince, qui ne nous laissera sans secours ; la
» seconde, ung courage de ne tumber entre les
» mains des Souysses nos ennemys mortels par
» contraincte ou dédicion : la condicion des-
» quels est si odieuse et pernicieuse qu'on ne
» sçait si plus sont avares que cruels, ne plus
» libidieux que insatiables de sang humain.
» Les lasches se rendent, à leur perpétuel re-
» proche, et les gens de cueur et de vertu ac-
» quièrent repos et honneur en mourant par
» glayve. Et de ma part je ne vouldroys vivre
» par le bénéfice de mes ennemys, mais plus-
» tost vouldroys mourir en leur faisant dom-
» maige. Qui est celuy d'entre vous qui pour
» vivre si peu d'années en ce monde ne ay-
» mast mieulx honnestement mourir que obno-
» xieusement et au reproche de chascun vivre?
» Si nous mourons en nous deffendant, nous
» vivrons par glorieuse renommée éternelle-
» nement, et nous ne perdrons fors ce que
» nous ne povons emporter avec nous, qui
» sont les biens. Et si vous présumez vivre en
» vous rendant laschement à leur mercy, leur
» cruaulté ne pourra souffrir vostre vivre, et
» après que vous aurez veu prophaner vos
» églises et monastères, brusler vos maisons,
» prendre vos biens, forcer vos femmes et filles,
» et ruyner vostre ville, ils vous occiront com-
» me bestes, au grant déshonneur de toute
» vostre postérité. Prenez donc courage, mes-
» sieurs, contre-demandez la mort par vertu,
» pour perpétuellement vivre et ne mourir
» sans vengence. J'ay envoyé vers le roy et
» bientost aurons de ses nouvelles. »

Auleuns des citoyens à ces remontrances changèrent leur crainte en hardiesse et délibérèrent mourir pour la deffense de leur ville, mais la plupart des aultres demeurèrent en leurs mouls vouloyrs, desquels ledict seigneur de La Trimoille ne peult avoir bonne response, qui luy donna maulvais espoir de bonne exécution.

Le jour que ledict seigneur avoit assemblé ceulx de Dijon pour faire les remonstrances que nous avons cy dessus veues, ou aultres semblables, il envoya au camp des Souysses l'ung des gentilshommes de sa maison nommé Regnaud de Moussy, chevallier, son vis-admiral, pour, soubs umbre de traicter paix avec eulx, sçavoir l'ordre de leur siège, le nombre de leurs gens d'armes, leurs municions, et s'ils avoyent assez de vivres et autres choses nécessaires à un camp et siège.

Ledict de Moussy le sceut très bien faire; et de par ledict seigneur de La Trimoille parlementa avec dix ou douze des principaulx de l'armée des Souysses, lesquels il trouva fort arrogans et superbes, et non craignant la force de ceulx de Dijon. Pour leur donner craincte, monstrèrent audict de Moussy leurs vivres, munitions et artillerie. Et sceut par auleuns (qui avoyent contracté secrète amytié avec ledict seigneur de La Trimoille au voyage par luy faict en leur pays de Souysse) la délibération desdicts Souysses et de leurs alliés, qui estoyent Hennuyers et Bourgongnons de la Franche-Comté; et dyrent audict de Moussy que si ledict seigneur de La Trimoille vouloyt aller vers eux pour traiter paix, voluntiers luy donneroyent audience, et luy ouy, penseroyent en leur affaire; ce que ledict de Moussy rapporta audict seigneur de La Trimoille; et luy assura que l'armée des ennemys estoit de soixante mil combatans tant à pié que à cheval; et avoyent plus de cent pièces d'artillerie, et quatre ou cinq charrois de pouldres, et vivres assez, mesmement chairs sallées et seiches qu'ils mettoyent en pouldres, dont faisoyent pulmens et potaiges fort nourrissans; et si avoyent les resins par les vignes qu'ils mangeoyent; et d'avantaige avoit sceu par auleuns de ses amys que leur délibéracion estoit (après Dijon prins) envoyer seize mil de leurs gens courir devant Paris pour y entrer et piller la ville; et que s'ils trouvoyent résistance, pilleroyent tout le pays d'environ et se renderoyent à une autre bande de douze mil hommes qu'ils vouloyent envoyer en Borbonnense.

Ledict seigneur de La Trimoille envoya de rechief par devers le roy pour l'advertyr de tout cecy et à ce qu'il envoyast secours. A quoy le roy ne fist aultre response audict seigneur de La Trimoille, fors qu'il ne povoyt luy envoyer secours, et qu'il fist ce qu'il pourroit pour le prouffit et utilité de luy et du royaulme. Les Souysses battoyent jour et nuyt ladicte ville de Dijon, et desjà l'avoyent fort endommagée et gastée. Voyant ledict seigneur ne la pouvoir longuement tenir, et que si elle estoit prinse, tout le royaume de France seroit en grand dangier de ruyne, assembla le conseil et déclaira tout ce que nous avons veu cy dessus, et aussi qu'il ne povoyt pour lors avoir secours du roy par les grans affaires qu'il avoit en la Picardie. La conclusion du conseil fut : que ledict seigneur de La Trimoille s'en yroit vers les ennemys, à ce que, moyennant quelque somme de deniers pour le deffray de leur armée, on les peust renvoyer en leur pays sans aultre desplaisir ne dommaige faire. Laquelle chose on leur fist sçavoir ; et leur sauf-conduyt receu, ledict seigneur de La Trimoille, sans armes et petitement accompaigné, selon la forme dudict sauf-conduit, alla vers eux ; auquel par ung de leur compaignée parlant bon françoys feirent ainsi parler pour tous :

Oraison et persuasion des Souysses au seigneur de La Trimoille, gouverneur de Bourgongne.

« Si Dieu tout puissant et insupérable eust
» voulu[1], fidèle et prudent gouverneur de Bour-
» gongne, la puissance de ton roy estre à l'im-
» mense cupidité de son vouloyr semblable,
» l'Orient et l'Occident ne luy suffiroyent, et
» ne pourroit trouver en ce monde lieu pour
» l'arrest et repos de sa trop désirée gloyre.
» Et sembloit à veoyr ses entreprinses passées
» que, si tout humain lignaige luy eust obéy,
» eust néanmoins entreprins guerre contre les
» fourests, fleuves, bestes et le reste des créa-
» tures. Ignore-il que les grans et haults ar-
» bres qui par si longtemps ont prins leur
» croissance ne puissent en une heure, par

[1] Traduction de Quinte-Curce.

» ung inconvénient de vent et tempeste ou
» pour l'affaire des hommes, estre couppés à la
» rèze et mis en bas, et que le lyon est souvent
» mangé par les petits oyseaulx, et le fer con-
» sumé par la rouille? Ton roy ne s'est con-
» tenté d'avoir retiré Milan, ne soubmis à luy
» Gennes, mais a guerroyé les Véniciens, in-
» jurié le pape, prins querelle au roy d'Espai-
» gne; et retient contre raison ceste duché et le
» pays de Bourbonnense aux enfans de l'em-
» pereur Maximilian appartenans; et qui plus
» est, après avoir fait toutes ces choses, plus par
» nostre secours que par la force des Françoys,
» sans en avoir esté récompensés, par ingrati-
» tude, en lieu de nous satisfaire nous appelle
» villains. Sçait-il point qu'on doit mieulx re-
» garder à la vertu de l'homme que à sa noblesse;
» et que la première origine des hommes re-
» gardée, nature est commune mère de tous?
» Les sages plus estiment la noblesse acquise
» par vertu que lignaige, parce que c'est la
» source et origine de noblesse ; mais au con-
» traire desprisent ceulx qui, par lascheté, pa-
» resse et aultres vices en perdent les mérites
» et louanges. Sont pas meilleurs à la chose pu-
» blique ceulx qui, pour y servir, endurent vo-
» luntiers froit, chault, faim, soif, et se expo-
» sent à péril de mort, que ceux qui, sous
» umbre de noblesse, sont toujours enveloppés
» de leurs privées ayses? Si les Françoys eus-
» sent leurs délices oubliées, et prins exem-
» ples à nos labeurs, n'eussent aux estrangiers
» donné la gloyre de leurs victoyres.

» Tout cecy te disons, chevalier illustre, à
» ce que ton roy et toi ne pensiez que soyons
» icy sans cause et sans querelle. Nous de-
» mandons au roy la soulde de ceux qui furent
» ès batailles de la prinse de Ludovic Sforce,
» de Gennes et des Véniciens; et oultre qu'il
» aye à rendre aux enfans dudict Ludovic
» Sforce ladicte duché de Milan, et aux enfans
» de l'empereur ceste duché de Bourgongne et
» le pays de Borbonnense, qui leur appartien-
» nent. Et si le roy dict le contraire, qu'il mecte
» ses querelles entre nos mains pour en déci-
» der et en garder le droict à celluy auquel
» congnoistrons justement appartenir. »

Voilà le superbe et arrogant cueur des Souysses qui lors se nommoyent correcteurs des princes. Ledict seigneur de La Trimoille ne se esbayt, mais parla à eulx en ceste manière :

Oraison et persuasion dudict seigneur de La Trimoille aux Souysses, faisant mencion du droict du roy de France en la duché de Bourgongne.

« Si, par le conseil de l'ire, innocence de-
» mourroit de coulpe chargée, je me adres-
» seroys à vous, messieurs des lygues, pour
» trouver le chemin de paix; mais congnoys-
» sant, pour avoir avec vous fréquenté, que
» voulez tousjours estre obéissans à vertu et
» que mieulx aymez vostre ire périr que la
» vostre renommée, et, comme jaloux de vos-
» tre bon bruyt, vous garder de erreur, à ce
» que, par légière crudelité, ne meetez les
» mains ès choses dont sans reproche ne pour-
» royent estre retirées ; aussi que tenez en sus-
» pens l'exécution des choses qui vous sont
» doubteuses, si voulez me ouyr, contenteray
» par bénigne response vos esprits par ire
» troublés, en sorte que jugerez le roy mon
» maistre innocent, et ses adversaires non im-
» maculés de desloyauté. Autresfois et à la
» prinse de Loys Sforce vous feisunssez entendre,
» messieurs, le bon droict qu'il avoit et a en la
» duché de Milan, et que Loys Sforce et ses
» antécesseurs dont il portoit le nom l'avoyent
» par une tyrannie usurpée et possédée. A ceste
» considéracion, n'en voulans maulvaise que-
» relle soustenir, son party laissé, prinstes
» celluy du roy. Quant à Gennes, vous enten-
» dez assez qu'elle est des appartenances de
» Milan; et aussi en sont les villes recouvertes
» par armes des Véniciens. Et au regard du
» pape, vous sçavez que le roy luy a fait rendre,
» et semblablement au roy des Rommains et
» au roy d'Espaigne, les villes et places que
» lesdicts Véniciens usurpoyent, et oultre la
» ville de Boulongne à l'église rommaine ;
» pourquoy, d'arguer le roy mon maistre d'am-
» bition et convoytise, c'est à tort, car il ne
» demande fors ce qui luy appartient; et a
» despendu ung million d'or et mis sa personne
» et son royaulme en dangier pour conserver
» l'accord de Cambray et faire plaisir au pape,
» au roy des Rommains et au roy d'Espaigne,
» le tort, maulvaise foy et ingratitude des-
» quels vous sont congneus.

» Et ne povez, messieurs, honnestement
» dire que le roy de France n'a droict en ceste
» duché de Bourgongne, car vos pères, du
» bon titre des rois de France bien infor-
» més, ont employé leur corps à la recou-
» vrer du temps du roy Loys XI. Chacun sçait
» que la duché de Bourgongne est du pays et
» monarchie des Gaules, dont les roys Clovis,
» Clotaire son fils, Clotaire II, Dagobert, Clo-
» vis II, Pépin, Charlemaigne et Loys Débon-
» naire ont esté monarques, et que tout le
» pays de Bourgongne fut baillé par appanage
» à un des enfans dudict Loys Débonnaire, et
» depuis possédé par divers ducs, jusques à
» ce qu'il retourna par donnacion au roy Ro-
» bert, fils de Hugues Capet, qui eut deux en-
» fans, Henry et Robert. Henry fut roy de
» France et Robert duc de Bourgongne. En
» ce temps les Bourgongnons se donnèrent à
» l'empereur Conrat, et les aultres qui tou-
» chent à la comté de Champaigne, qu'on ap-
» pelle la Duché, demourèrent soubs l'obéis-
» sance de leur dict duc Robert et des Fran-
» çoys, et y sont toujours depuis demourés.
» Toutesfois la lignée dudict duc Robert faillit
» en Phelippes le second de ce nom, environ
» l'an 1350, et par ce moyen vint la duché de
» Bourgongne au roy Jehan, qui estoit fils de
» Phelippes de Valoys et de madame Jehanne,
» fille dudict Phelippes, le second duc de
» Bourgongne, lequel Phelippes le second
» mourut sans hoyr masle ; pourquoy ladicte
» duché vinst à ladicte Jehanne et audict roy
» Jehan son fils aisné et principal héritier,
» lequel en l'an 1361 vint et ladicte duché de
» Bourgongne inséparablement et perpétuelle-
» ment pour luy et les siens, à la couronne de
» France ; et en fut duc Charles V de ce nom,
» son fils, qui la laissa pour appanage à
» Phelippes son frère et aussi à ses enfans
» masles, à ce que les filles n'y succèderoyent
» ne hériteroyent.

» Dudict Phelippes vint Jehan duc de Bour-
» gongne, qui fut occis à Monstreau-Fault-
» Yonne ; et dudict Jehan vint le bon duc
» Phelippes ; et d'icelluy Phelippes, Charles,
» qui laissa Marie sa fille seullement : au moyen
» de quoy le roy Loys XI s'empara de ladicte
» duché comme unic à la couronne. Et parce
» que non tombant en succession féminine
» en ont toujours depuis jouy les roys de

» France jusques à présent, voyans et sai-
» chans Maximilian, roy des Rommains, qui
» espousa ladicte Marie de Bourgongne, Phe-
» lippes leur fils, qui fut roy d'Espaigne, et
» leur fils Charles, qui à présent est esleu em-
» pereur.

» Remémorez, messieurs, et mectez devant
» voz yeulx de vostre entendement en quelle
» subjection et peine voulut vous mettre le-
» dict Charles, duc de Bourgongne, environ
» l'an 1475, et comment il ne vous peult nuyre
» au moyen de l'aliance prinse par vous audict
» roy Loys XI, et combien de dons et biens-
» faicts vous fist lors ledict roy Loys, duquel
» vous eustes à diverses fois plus de cent
» mille ducas pour vous deffendre dudict
» Charles, contre lequel vous gaignastes
» deux batailles à sa grant perte; dont l'une
» fut à Grançon. Et depuis ledict an jusques
» au trespas dudict roy Loys, vous eustes de
» luy par chascun an quarante mille flourins
» de pension, et tant de riches dons qu'il fai-
» soit à vos ambassadeurs que à peine on les
» pourroit extimer; dont ne fustes ingrats,
» car toujours vous déclairastes ses amys et
» serviteurs contre toutes personnes.

» Avez-vous mis en oubly comment son fils,
» le roy Charles, continua ceste confédéracion
» et alliance, et combien il vous feit de biens
» au voyage du royaume de Naples, où il ne
» voulut aller sans vous, et plus vous en eust
» fait si son règne eust longuement duré; mais
» à la mutacion d'iceluy il vous alla de bien en
» mieux, car le roy qui à présent est son suc-
» cesseur ne se contenta de l'aliance ancienne,
» mais la renouvella; et si prinst pour la garde
» de son corps certain nombre de vos enfans
» et parens, entre les mains desquels il a mis
» sa vie, sa mort et son salut, en déclairant
» par tel faict la grant confiance qu'il avoit en
» vous. Et si n'a voulu faire guerré ne con-
» queste sans vous y avoir appellés à grans frais
» et mises, oultre vos pensions ordinaires ; et
» néantmoins (à la persuasion de ses adver-
» saires que congnoissez de maulvaise foy
» voire pervers) oublieux de vostre bon re-
» nom et de vos anciennes meurs, avez, sans
» propos, rompu et brisé son aliance et prins
» le party de tyrans et gens sans conscience.

» Que diront tous les princes chrestiens de
» vous, voire les infidelles, quant sauront que
» par si légière mutacion de vouloir serez ve-
» nus contre vostre propre faict, et impugné et
» contredict ce que vous avez par armes sous-
» tenu? De quels infames umbres sont vos in-
» tellectuels yeulx offusqués? Quelle fureur
» vous meut? quelle intencion vous conduict?
» à quelle fin tendez-vous? Voulez-vous piller
» la terre qui vous nourrist et de laquelle vous
» et les vostres avez tant de bénéfices et grâce
» receus? Et si la royalle majesté, la révérence
» des princes et de nobles qui tant vous ont de
» amytié exibée ne vous divertissent, que la
» ruyne qui pourra de vostre hostilité procé-
» der sur les sacrés lieux, églises, monastères
» et religions, et le syndérese des forces, vio-
» lences, blasphèmes, stupracions, sacriléges
» et aultres crimes provocans la divine ma-
» gesté à ire retiennent vos furieuses mains,
» arrestent vos immodérés couraiges et adoul-
» cissent vos cruelles entreprinses. Pensez que
» fortune a helles et mains et non point de
» pieds, et si de présent vous donnoit faveur,
» que par son légier vol vous pourra soudain
» laisser au misérable gouffre de malheur, par
» l'union des chrestiens princes, lesquels assem-
» blés et unis se pourroient venger de vous,
» pour le tiltre que avez usurpé sur leur ma-
» gesté; et seront vous nommans leurs correc-
» teurs.

» Ne présumez, messieurs, que le pape et
» roy de France ne les aultres roys ses adver-
» saires se veulent tant humilier envers vous
» qu'ils vous facent juges de leurs différens.
» Vous entendez assez que aultre que Dieu,
» sans mortel glayve, ne les peut discuter, et
» que les grans princes n'ont juges que l'épée
» exécuteresse de leurs oppinions et conseil.
» Je m'esbays, messieurs, comment contre la
» sentence des sages avez confiance en nou-
» velle amitié et en amis réconciliés. Savez-
» vous point que le venyn se repouse soubs le
» miel de beau semblant, et que après avoir
» eu faict de vous se déclaireront vos adver-
» saires, et vous hayent tant qu'ils ne quié-
» rent fors que, par l'inimitance des Françoys,
» soiez précipités, vaincus et adnichillés, sa-
» chans que seuls ne le pourroient faire. Qui
» est celuy de tous les roys desquels portez la
» maulvaise querelle, qui vous puisse tant

» faire de biens que le roy de France ? Les His-
» paniens vous méprisent ; les Italiens vous
» ont en horreur, et le pape en mépris, et les en-
» fans de Maximilian sont descendus de Charles
» duc de Bourgongne, vostre ancien ennemy et
» persécuteur.

» Pensez à tout cecy, messieurs, et combien
» y a de provinces au royaume de France qui
» vous combateront l'une après l'auetre! De la
» ville et cité de Paris sortiront cent mil com-
» batans ; soixante mille de la duché de Bre-
» taigne, de la duché d'Anjou et comté de
» Prouvence, pays de Lyonnois, le Daulphiné,
» le comté de Tholoze, la duché d'Orléans, le
» pays de Soulongne, la comté de Poictou, la
» duché de Bourbon, la duché d'Auvergne, la
» comté de la Marche, la grant et forte duché
» de Normandie, le pays de Picardie et la
» comté de Champaigne. Quand vous auriez
» vaincu une province à vostre grant perte,
» l'autre vous affolleroit ; qui sont toutes cho-
» ses, messieurs, lesquelles doyvent par vous
» estre considérées avant que mectre à effect
» vos soudaines voluntés. Soyez vainqueurs de
» vous-mesmes, refrenez vostre ire, despouillez
» vostre hostille couraige, modérez voz désor-
» donnés affections, refroidissez vos martiales
» fureurs, donnez ordre à vos passions, pensez
» à l'advenir, remémorez le passé, et mitiguez
» le présent ; vostre légière inimitié et humi-
» liacion donne lieu à vostre ancienne alliance.
» Et si le roy vous doibt quelques restes de
» choses promises pour vos mérites et labeurs,
» j'en demeure le seul obligé envers vous et
» vous en respons. »

La fin du discours du seigneur de La Trimoille fist incontinent assembler les principaux
des Souysses pour sçavoir, par ceulx qui savoient l'intelligence de la langue françoise, la
substance du long parler dudict seigneur, par
leurs interprestes (car peu d'iceulx entendoyent
notre langaige), et une heure après la responsse,
remise à une aultre heure du jour. Et depuis
ce jour au lendemain furent si bien menés
par doulces exhortations dudict seigneur de
La Trimoille que, moyennant quelque grosse
somme de deniers qu'il leur promit, levèrent
leur siége et retournèrent en leur pays, sans
aultrement endommager la duché de Bourgongne ; mais ce ne fut sans prendre assurance
de la promesse dudict seigneur, qui pour le
gaige ou hostaige bailla son nepveu messire
René d'Anjou, chevallier, seigneur de Mezié-
res, l'ung des hardis et prudens chevalliers
seigneurs du royaulme de France. Sans ceste
honneste deffaicte, le royaulme de France estoit lors affollé ; car assailly en toutes ses ex-
trémités par ses voisins adversaires, n'eust,
sans grant hasard de finale ruyne, peu soustenir
le faix et se deffendre par tant de batailles.

Ce néantmoins, envie ennemie de vertu
souillant la bouche d'aulcuns gentils-hommes
non princes, estans près de la personne du roy
et de la royne, engendra quelque murmure et
maulvaise extimacion en l'esprit de la royne,
et par le moyen d'elle en celuy du roy, qui voluntiers prestoit l'oreille à ses paroles, parce
que prudente et bonne estoit. Et comme le seigneur de La Trimoille eut envoyé ledict messire
Regnaud de Moussy advertyr le roy du grant
service qu'il luy avoit faict et à tout le royaulme, trouva, par les envieux, le bon extime du
seigneur de La Trimoille auprès du roy tout
altéré et changé, ensorte qu'il ne peult estre
soudain ouy. Ledict de Moussy adverty de la
cause, sans emprunter l'ayde d'aulcuns (car
hardy homme estoit-il pour ses vertus), entra
en la chambre du roy, et prosterné d'ung ge-
nou, luy déclara par ordre le service à luy faict
par son maistre, et que sans iceluy le royaulme de France estoit en dangier de ruyne, dont
il luy déclara les causes ; mais fut devant ceulx
lesquels avoyent mis le roy en ceste mauvaise
ymaginacion, qui ne sceurent que dire ni respondre au roy, qui leur dist : « Vous m'avez
» rapporté qu'ils n'estoient que vingt-cinq mil
» hommes de Souysses et Bourgongnons de-
» vant Dijon, et n'avoyent artillerie ne vivres
» pour entretenir ung camp ; or vous voyez le
» contraire, non par le rapport de Regnaud,
» mais des seigneurs du pays qui m'en escrip-
» vent. Par la foy de mon corps ! je pense et
» congnois par expérience que mon cousin le
» seigneur de La Trimoille est le plus fidelle et
» loyal serviteur que j'ay en mon royaulme, et
» auquel je suis le plus tenu selon la qualité
» de sa personne. Allez, Regnaud, et luy dictes
» que je feray ce qu'il a promis, et s'il a bien
» faict qu'il face mieulx. » La royne sceut
ceste bonne response faicte par le roy ; et elle

n'en fust contante; mais depuis (la vérité connue) jugea le contraire de ce qu'elle avoit par faulx rapport ymaginé et pensé; et depuis, non sitost les Souysses satisfaicts, ledict seigneur de Mezières fut délivré et mis hors de leurs mains aux despens du roy, qui bien congnoissoit que la gracieuse roupture de l'armée des Souyssés le mit hors du dangier de tous ses ennemys et restaura les timides cueurs du commun peuple de France, qui, tout effrayé, avoit perdu vouloyr, force et hardiesse de se deffendre; et cest envoy remist leurs cueurs en leur sang chault, restaura leurs forces, redoubla leurs courages; en sorte que le roy d'Angleterre vint à paix par le mariage de madame Marie sa seur avec ledict roy Loys, quelque peu de temps après le trespas de sa très bonne espouse madame Anne, duchesse de Bretaigne. A laquelle madame Marie le roy tint compaignée quatre mois seullement et jusques au dernier jour de décembre l'an mil cinq cent quatorze qu'il décéda en la ville de Paris; et fut son corps mis avec les aultres roys à Sainct-Denis en France.

CHAPITRE XX.

Comment monsieur Françoys, duc d'Angoulesme, fut roy de France, le premier de ce nom; et de la victoyre qu'il obtint contre les Souysses à Saincte-Brigide[1].

Le roy Loys laissa deux filles seullement de madame Anne duchesse de Bretaigne, Claude et Anne; et par deffault de hoyr masle en droicte ligne, la couronne et ceptre de France vindrent à monsieur Françoys duc d'Angoulesme, le plus proche en ligne collatérale, lequel avoit au paravant espousé ladicte madame Claude, fille aisnée de France. A l'entrée de son règne il confirma ledict seigneur de La Trimoille en tous ses estats et offices. L'année prochaine après il entreprinst le recouvrement de sa duché de Milan, occupée par Maximilian, fils de Ludovic Sforce, par le support des Souysses, et pour ce faire draissa grosse armée, qui ne fut sans ledict seigneur de La Trimoille et monsieur Charles prince de Thalemont, son fils, qui accompagnèrent avec les aultres le roy en cette expédicion : ils prinrent leur chemin à Grenoble, à Notre-Dame d'Ambrun et à Sainct-Paul; puis passa le roy avec son armée et artillerie par ung chemin qu'on disoit inaccessible pour chevaulx et chariots, dont les ennemys ne se doubtoient. Par le moïen de quoy Prospère Columpne avec quinze cens hommes de cheval de l'armée dudict Maximilian furent surprins par les seigneurs de Ymbercourt et de la Palice à Villefranche, qui est une petite ville au pays de Piémont; ledict Prospère Columpne fut emmené prisonnier au roy, qui l'envoya en France soubs bonne et seure garde.

Les Souysses estoyent à Suze, à Avillanne et Rivole pour garder les passages, qui courroussés et esbahis de la prinse de Prospère Columpne commencèrent à marcher vers Milan; et à grant diligence passèrent la rivière du Pau avec leur artillerie par ponts de cordes, et entrèrent en Novarre, où le roy les suyvoit. Et luy estant à Verceil, furent portées parolles de paix, pour laquelle faire furent commis et députés le bastard de Savoye, le seigneur de Lautrec et aultres gens de sorte; et néantmoins l'armée du roy marchoit tousjours qui assiégea Novarre, laquelle, vuyde des Souysses, se rendit; de Novarre allèrent à Bufferole. Et cependant le roy eut nouvelle que la paix estoit accordée entre luy et les Souysses, moyennant certaine somme de deniers qu'il leur donnoit pour deffray de leur armée; et comme on leur portoit l'argent se mirent à chemin pour aller au devant du roy et le surprendre en venant contre leur accord, à l'exhortation du cardinal de Syon.

O grant malice et lascheté de gens, inventée et soustenue par personne en dignité ecclésiastique constituée, et dont le malheur tomba sur les lasches! car le roy de ceste trahison adverty, non estonné de si prestement combattre, comme hardy et plain de courage, délibéra les actendre et se mettre premier au labeur et dangier. Et ce mesme jour, qui fut le quatorzième jour de septembre l'an 1515, environ trois ou quatre heures après midy, les Souysses accompagnés des Italiens vindrent frapper sur l'armée des Françoys, dont les Allemans du roy de la bande noire esbahis, reculèrent, doubtans que le roy eust intelligence avec les Souysses pour les deffaire, au moyen dudict traicté de paix qui avoit esté tenu pour faict le jour précédent; mais deux mille avanturiers françois soustindrent la première poincte

---

[1] Elle est connue sous le nom de Marignan.

des Souysses et se monstrèrent gens de bien, car ils deffirent d'entrée quatre mille Souysses; les aultres bandes des Souysses (cuydans mettre en désordre les Françoys comme ils avoyent fait la bataille à Novarre, en laquelle estoyent les Italiens deux ans d'avant) donnèrent sur la bataille françoise ; mais ils furent reboutés par l'artillerie, qui besogna si bien avec les hommes d'armes que les Souysses ne furent les plus forts. Le roy, qui estoit en la bataille, accompaigne dudict seigneur de La Trimoille et d'aultres vaillans capitaines, ne perdit de veue l'artillerie, et si alloit de lieu en autre croissant tousjours par doux langaige les hardis cueurs de ses gens d'armes.

La meslée fut cruelle et longue, car elle dura jusques après jour couché, à la raison de ce que la lune luysoit; et si estoyent les Françoys et Souysses si acharnés à se occire l'ung l'autre, qu'il n'y eust chose qui les peust séparer que l'obscurité de la nuyt, en laquelle le roy n'eut autre lict fors le timon d'une charrette, et pour fins linceux le harnoys sur le dos, car d'une part et d'autre les gens-d'armes furent tousjours en doubte. A peine on trouva de l'eaue clère pour le roy, parce que les ruisseaux courant autour du lieu de la bataille estoient plains du sang des occis. Les autres princes et seigneurs n'eurent moindre peine, comme la raison le vouloit, et entre aultres, le seigneur de La Trimoille fut toute la nuyt armé sans clorre les yeux près du roy; son fils le prince de Thalemont estoit en la compaignée du duc de Bourbon, qui conduisoit l'avantgarde. Le landemain matin, le roy fut adverty que les Italiens et Souysses retournoient en gros nombre et bon ordre pour luy donner bataille, et considérant la peine prinse par ses gens-d'armes le jour précédent, afin qu'ils ne reculassent, les principaux d'iceulx assemblés, leur dist ces parolles ou semblables en substance :

Oraison et persuasion militaire du roy de France à ses gens-d'armes contre les Souysses.

« Toute persuasion, mes fidèles amys, n'est
» à mon jugement superflue en haultes entre-
» prinses, l'entrée desquelles est dangereuse,
» et l'yssue à doubter, comme celle laquelle,
» soubs l'asseurance de vos nobles vouloyrs,
» force et hardiesse, j'ay faicte. Vous congnois-
» sez auquel dangier de nos vies, honneur
» et biens avons à la desloyalle lascheté de
» nos ennemys résisté, dont (la première gloire
» à celluy duquel les victoires procèdent ren-
» due) vous en donne los et bienveillance. Et
» puis que, par secours divin et vos labeurs,
» avons le dangier de l'entrée passé et sur-
» monté, mectons peine que à nostre honneur
» et avantaige en soit l'yssue. Et pour aisément
» le faire, vostre nature, qui est hardie et bel-
» liqueuse, soit considérée; vostre coustume,
» qui est de n'estre vaincus, observée; les meurs
» de nos ennemys congneues, qui plus sont
» convoiteux de pécune que avaricieux d'hon-
» neur; la forme de leur combatre considérée,
» qui a plus de mine que d'effet, plus d'appa-
» rence que existence, et que au premier rom-
» pre sont vaincus et n'ont nulle forte résis-
» tence, et leur oultre-cuidance mise devant
» vos yeulx, par laquelle se dient correcteurs
» des princes, au rabaissement de toute no-
» blesse. Nostre juste querelle nous doit don-
» ner force, leur injustice seureté, leurs mau-
» vaises meurs mespris de leurs armes, et
» nostre nécessité acroissement de cueur et
» de couraige. Considérez nostre honneur et
» gloire si l'orgueil de ces rustics est humilié,
» et nostre reproche s'ils sont nos vainqueurs.
» Plus devons souhaiter la fin de nos petites
» vies en honneur que la longueur en misère
» et en reproche, et plus devons désirer mou-
» rir en persécutant nos adversaires et quérant
» le mérite de justice, que, en vivant, laisser
» vivre les violateurs d'équité. Je vous prie,
» messieurs, que mourez avec moy, et moy
» avec vous, pour acquérir honneur à nos pa-
» rens, salut à nostre pays et faire ce à quoy
» nous sommes tenus, et je vous asseure que
» si la victoyre nous demeure que par effect
» recongnoistray sans ingratitude les biens-
» faisans. »

La nécessité de combatre mit fin à ces parolles pour entendre à l'œuvre ; car les Italiens et les Souysses, qui estoyent jusques au nombre de trente mil combatans, assaillirent les Françoys en leur camp; messire Jaques Galiot, chevalier hardy, de grant sens et bonne conduycte (qui estoit maistre de l'artillerie), les receut à leur grosse perte et dommaige, car à grans coups de canons en deffist une partie. Néantmoins les aultres, qui toujours tindrent leur ordre, entrèrent sur les François et Alemans, qui les recullèrent hardyment. La meslée fut grande et cruelle, mais les François furent les plus fors, et deffirent les Souysses, fors ceulx qui tournèrent le dos et auxquels les jambes feirent plus de service que les bras et mains; et n'eust esté la poussière, peu se feussent sauvés : il en demoura sur le camp quinze ou seize mil, le reste print son chemin vers Milan.

CHAPITRE XXVI.

Comment le prince de Thalemont, fils du seigneur de La Trimoille, fut navré de soixante-deux playes, dont il mourut. Réduction de Milan.

Ceste victoyre ne fut sans perdre plusieurs gens de bien de France et mesmement la plus grant partie d'une bande de jeunes princes et seigneurs de France estans en l'avant-garde, lesquels, pour rompre les Souysses, se mirent entre eux et furent en partie cause de leur désarroy et desconfiture, où ledict monsieur Charles de La Trimoille, prince de Thalemont, fils dudict seigneur de La Trimoille, fut abatu et blécé en soixante-deux parties de son corps, dont il y avoit cinq playes mortelles. Messire Regnaud de Moussy, chevalier qui l'avoit gouverné en ses jeunes ans, le retira de la presse et le feit porter ainsi blécé jusques en sa tente, où les cirurgiens le pansèrent à grant diligence. Aussi y furent abatus et occis François Monsieur, frère puis-né du duc de Bourbon, le fils du comte Pétillane, qui conduysoit les Véniciens pour le roy, le seigneur de Ymbercourt, le comte de Sanxerre, le seigneur de Bussy, le capitaine Moüy, et autres gens hardis et bien renommés.

Le seigneur de La Trimoille sceut comment monsieur Charles son fils unique avoit esté blécé en soixante-deux parties de son corps, parquoy après la victoire alla le visiter et consoler. Les médecins et cirurgiens luy donnèrent espoyr de guérison, par le moyen de quoy se monstroit joyeux de ce que son fils s'étoit trouvé en si forte presse et dont il avoit les enseignes de hardiesse, force et noblesse de cueur; puis s'en alla tout consollé vers le roy, qui lui fist fort bon et joyeux recueil, luy célant la prochaine mort de son fils, qu'il avoit par les cirurgiens sceu; mais luy voulant donner confort, à ce que par soudaine douleur ne fust sa personne blécée, lui récita les histoyres d'aulcuns Rommains qui s'estoyent resjouis d'avoir veu mourir leurs enfans en bataille.

Ledict prince de Thalemont se voyant ainsi navré en tant de lieux, quelque espoyr qu'on lui donnast, dit audict de Moussy et aultres de sa compaignée : « Or çà, messieurs, il faut que
» je vous laisse et les misères du monde ; je
» meurs en la fleur de mes ans, mais ce n'est
» à mon trop grant regret, puis qu'il plaist à
» Dieu qu'il soit ainsi, et qu'il me donne la
» grâce de mourir au service du roy et de la
» chose publique. Toutes fois, pour une autre
» considéracion, je vouldroys bien vivre s'il
» plaisoit à Dieu, qui est à ce que je peusse
» faire pénitence de mes peschés et de mieulx
» servir et obéyr à Dieu que je n'ay faict le
» temps passé; le vouloyr de Dieu qui ne peut
» faillir soit acomply ! Je vous prie que j'aye
» le prestre pour me confesser. » Ledict seigneur se confessa fort dévotement et reçeut le saint sacrement de l'aultier, puis, à la fin de trente-six heures après sa blessure, rendit l'âme à Dieu.

Le roy, premier adverty de son trespas, alla subit en la tente dudict seigneur de La Trimoille, qui rien ne sçavoit de ce gros inconvénient, et luy dist : « Monsieur de La Tri-
» moille, je vous ay tousjours congneu magnanime, et m'a-t-on dict vostre fortitude
» telle que, pour toutes les infortunes et adver-
» sités qui vous sont advenues, ne changeastes
» onc vostre bon propos, et n'en furent vos
» affaires ni ceulx de la chose publicque onc
» retardés ni mal conduicts; j'en ay veu l'ex-
» périence dernière au mal de mon cousin vos-
» tre fils, que vous avez très paciemment sup-
» porté; mais ce n'est assez, car il faut que
» vous usez de vostre force et prudence plus
» que jamais en la mort de mondict cousin
» vostre fils, qui est décédé puis une heure, ce
» que vous suis venu déclarer, extimant n'y
» avoir en ma compaignée personnage duquel
» accepterez mieulx la parolle sans immodéré
» courroux. Je sçay qu'il seroit impossible à
» nature de le passer sans griefve douleur,
» car le personnage le valoit; et vous assure

» que hors la paternelle effection vostre regret
» ne sera plus grand que le mien. Je vous
» prie, chier cousin, que pour l'honneur de
» Dieu et l'amour que avez à moy, prenez
» ceste irréparable perte en pascience : et
» vous consollez en son fils qu'il vous a laissé,
» portant jà l'espoir de la preudhommie du
» père. »

Le seigneur de La Trimoille couvrit son piteux visage d'une louable constance contre la magesté de nature; toutesfois les yeulx, qui selon naturelle providence plus obéyssent au cueur que membre qui soit en la personne, ne peurent tant céler sa douleur, que, pour luy donner allégence, ne distilassent petites larmes contre la volunté de l'esprit; et respondit au roy : « Sire, je vous rends humbles grâces de
» la consolacion qu'il vous plaist me donner en
» l'infortune qui m'est advenue pour la mort
» de mon fils, dont je auroîs plus de angoisse
» et tristesse si l'on m'eust asseuré mon fils es-
» tre immortel, ou devoir vivre par nécessité
» quatre vingts ou cent ans; mais je savois
» mon fils povoir mourir jeune en guerre ou
» ailleurs, et n'ay mis sa vie en mon espérance
» pour tousjours durer, mais le voiant aller
» au danger où les gens de bon cueur se mec-
» tent pour le bien public, le tenois comme
» si estoit jà mort.
» A ceste considéracion et qu'il est au lict
» d'honneur décédé en vostre compaignée, à
» vostre service et en juste querelle, mon dueil
» n'en est si grant, combien que accident ayt
» perverty l'ordre de nature; car mieulx seroit,
» comme il me semble, qu'il fust demouré
» sans père que moy sans fils, qui ay faict et
» passé la plus part de mon temps, et il com-
» manceoit à acquérir honneur et vostre grâce.
» Et puis que le cas est advenu, je loue Dieu
» et le remercie de ce qu'il luy a donné grâce
» que, après avoir eu soixante-deux playes
» pour le soustènement du bien public, et en
» juste guerre, a voulu avoir et a eu confes-
» sion et sainct sacrement de l'aultier. Je re-
» grette après, son cousin monsieur François
» de Bourbon, le comte de Sanxerre et aultres
» jeunes princes et seigneurs qui ont esté oc-
» cis en bataille. Reste faire emmener leurs
» corps en France, prier Dieu pour leurs
» âmes, et parfaire vostre voyage et entre-
» prinse, où, tout ce non obstant, je emploie-
» ray le reste de ma fascheuse vie. »

Le roy fust très content de ceste response; aussi estoit honneste et prudente; et depuis, le seigneur de La Trimoille se porta si prudemment en la charge qu'il avoyt du roy, que à ses gestes et parolles on n'eust congneu son dueil.

Le dueil de la mort des princes suspendu et remis à leurs serviteurs et pensionnaires, et aussi à leurs mères et femmes, enfans et subjects estans en France, le roy suivant sa fortune, s'approcha de Milan : et considérans les Milannoys France avoir la plus grant part du baston et que le roy s'aprochoit d'eulx, suyvans leurs iniques et mauvaises mœurs se révoltèrent contre Maximilian, et envoyèrent au roy les clefs de la ville par aulcuns des principaulx de leur corps politic, l'ung desquelz fist au roy telle ou semblable oraison ou persuasion que ceste cy.

Oraison des citoyens de Milan au roy de France, à ce qu'il les prinst à mercy.

« L'immortelle renommée de tes excellentes
» et divines vertus, très illustre et triumphant
» roy, nous faict de ta clémence et doulceur es-
» pérer, et que les faultes contre ta royalle ma-
» gesté commises, non par nostre malice et des-
» loyauté, mais pour le trop légier croyre et
» facille craincte de Maximilian, conduicte par
» le cardinal de Syon et ce tant muable peuple
» helvécien, nous seront par bénignité et pitié
» remises et pardonnées. Et à ce te doit induyre
» et exciter le bon vouloyr d'aucuns et la plus-
» part de ceulx de ta cité de Milan, lesquels (le
» tort congneu de tes adversaires) avoyent che-
» min prins avant ta glorieuse victoyre pour
» mectre entre tes mains et à ta mercy nous les
» subjects, ta cité et tous nos biens, qui fut par
» le cault et sédicieux cardinal de Syon rompu
» et empesché, lequel, après avoir mis nostre
» ruyne devant nos yeulx et nostre mort à nos
» portes, s'est, au subtil et secret, absenté,
» doubtant la vengence de ton courroux estre,
» comme bien le méritant, exécutée.
» Considère, ô très humain et bénign prince,
» nos voluntés plus à toy que aux Sforce, de
» la tienne seigneurie usurpateurs, enclines, et
» la facilité de nostre offense plus procédant de
» humaine fragilité que de malice. Adoulcis la

» sévérité de ta justice; refrains ta juste ire;
» que courroux ne soit maistre de ton cueur et
» ne nous laisse en la deffiance de notre mal-
» heur. Nostre offense confessée, voulons satis-
» faire non à la rigueur, mais au dire de ta
» miséricorde. Que nos biens facent pour nous
» l'amende et retirent pour nous le glayve pug-
» nisseur de nostre passée désobéissance. Ne
» destruis par finalle ruyne ta cité de tant de
» choses sacrées ornée. Saulve la sumptueuse
» structure d'icelle, et que nos richesses facent
» encores vivre ceulx qui en vivant désirent te
» servir et obéyr. »

Briefve oraison et responce du roy aux Milannoys.

Le roy, qui est ung très éloquent prince et le plus de sa court, fist la response de sa bouche, leur disant ce : « Avec esgal œil votre
» coulpe et le mérite de clémence se doivent
» regarder, à ce que le soudain remectre du dé-
» lict, par trop facile pitié, ne engendre incon-
» vénient plus grant que le précédent. Vous
» savez, Milannoys, combien de fois avez failly
» à mon prédécesseur roy de France vostre
» naturel seigneur, obéissans plus volontiers
» à celuy qui par tyrannie vous a tenus soubs
» injuste seigneurie, et que soudain pardonner
» vous a soudain et trop hardiement donné
» occasion de retourner à vostre première rébel-
» lion. Parquoi le renouvellement de grâce cau-
» seroit nouvelles offenses à ma perte. La mort
» de tant de princes, chevaliers et aultres vail-
» lans hommes par vos laschetés occis clost
» mon œil de pitié, et me faict par indigna-
» cion vous regarder en appétit de vengence.
» Néantmoins, considérant que c'est vostre pre-
» mière requeste, de laquelle ma béguinité ne
» vous peult refuser, je vous donne vos vies,
» vous restitue en vos honneurs, et au désir de
» vostre humble prière accepte vos biens pour
» partie de la deue satisfaction, moyennant la
» fidélité que vous promectez inviolablement
» garder; laquelle, par vostre coulpe brisée, se
» rendra indigne du retour à mercy. »

La réponse du roy fut briefve, mais agréable à ceulx de Milan, lesquels, après le serment de fidélité faict, composèrent à certaine somme de deniers qu'ils payèrent pour partie du deffray de l'armée de France. Et entra le roy triumphant en la ville de Milan : puis fist assiéger le chasteau, où estoit Maximilian Sforce, lequel se rendit à la mercy du roy. Au regard du cardinal de Syon, de toute ceste guerre aucteur, s'en estoit allé sans dire adjeu et deceus les Souysses. Quelque temps après ceste brillante victoyre (ordre mis en toutes les villes) le roy retourna en France, et ledict seigneur de La Trimoille avec luy.

CHAPITRE XXVII.

Comment le corps du prince de Thalemont, fils dudict seigneur de La Trimoille, fut apporté en France; et grans regrets que sa mère fist de son trespas.

Le décès du prince de Thalemont advenu, son corps demoura entre les mains de messire Regnaud de Moussy, chevalier, directeur de son adolescence, qui ne demoura seul, car il fut assez acompaigné de douleurs et angoisses; aussi fut-il de plusieurs gentils-hommes et autres serviteurs dudict prince, lesquels vestus en deuil, acompaignèrent le corps embausmé jusques en France et en la ville de Thouars, pour le mettre ès honnorables et riches sépultures dudict seigneur de La Trimoille. Le voyage fut long à la raison de ce que, par toutes les villes, bourgs et paroisses où passoit ce corps, y avoit service pour l'âme de ce bon prince. Et comme on faisoit toutes ces choses, ledict seigneur de La Trimoille envoya la poste diligemment vers madame Gabrielle de Bourbon, son espouse, lors estant au chasteau de Dissay avec monsieur Claude de Tonnerre, évesque de Poictiers, nepveu dudict seigneur, où s'estoit retiré, pour le dangier de peste qui lors estoit en ladicte ville de Thouars, et luy escripvit une lettre de sa main, et une autre à son nepveu, faisans mencion de la perte de son fils, et à ce qu'il eust à consoler sa tante, car bien pensoit qu'elle en auroit un excessif deuil.

La poste arriva au chasteau de Dissay huyt jours après le décès dudict prince de Thalemont, combien qu'on avoit sceu troys jours après la bataille qu'il avoit esté blécé, mais on disoit qu'il en guériroit, et s'y actendoit la bonne dame.

L'évesque receut le pacquet et leut la lectre, qui fort estoit briefve mais piteuse à lire, ensorte que, passionné en son esprit, fut longtemps sans parler, actendant que son cueur choysist de quels pleurs pourroit faire à ses

yeulx présent. Son deuil (que seul alla faire en sa retraicte sans en dire aulcune chose à personne par prudence) pacifié, adverty que madame sa tante avoit prins sa reffection du disner, fist appeler son maistre d'hostel et aulcuns gentilshommes de sa maison, en la compaignée desquels (après leur avoir fait la déclaration de ceste piteuse mort), allèrent tous ensemble vers elle en sa chambre ; et luy dist l'évesque ce : « Madame, j'ai receu des lec-
» tres de Italie. — Et puis, dist-elle, comment
» se porte mon fils? — Madame, dit l'évesque,
» je pense qu'il se porte mieulx que jamais et
» qu'il est au cercle de héroïque louange et au
» lieu de gloire infinie. — Il est donc mort! dist-
» elle. — Madame, ce n'est chose qu'on vous
» puisse plus céler, voire de la plus honneste
» mort que mourut onc prince ou seigneur; c'est
» au lict d'honneur, en bataille permise pour
» juste querelle, non en fuyant, mais en batail-
» lant, et navré de soixante-deux playes, en la
» compaignée et au service du roy, bien extimé
» de toute la gendarmerie et en la grâce de
» Dieu ; car luy bien confessé est décédé vray
» crestien. Vostre cousin monsieur François
» de Bourbon, le comte de Sanxerre et aultres
» qui sont mors en bataille n'ont eu ceste grâce
» et don de Dieu. Toutesfois je extime leur mort
» bonne, parce qu'ils ont droictement vescu. »

Ceste dure et aspère nouvelle feit soudain reculler et absenter le sentement et congnoissance de l'esprit de ceste dame, et à ceste raison devinst froide comme marbre, et perdit le parler. Soudain fut par aromatiques liqueurs secourue ; et tost après les larmes qui sortirent de ses yeulx desserrèrent son cueur ; et commancèrent les héraulx de douleur, qui sont souspirs, sortir de son estomac et passer à grand peine par sa trémulente et palle bouche, puis dist : « Ha! mon nepveu, pensez-vous
» que je puisse ceste triste fortune, irrécupe-
» rable perte, cruel accident, et impourpensé
» inconvénient passer, sans briefvement mou-
» rir! Si je pensois ne desplaire à Dieu, luy
» requerrois mon infortunée vie estre au repos
» de mort, qui est la fin de toutes misères; car
» je sçay que la joye du monde me engendrera
» tristesse, la consolacion des hommes des-
» confort, le passe-tems des livres renouvelle-
» ment de douleur ; labeur de mes amys redou-
» bleront mes angoisses, et la vie solitaire me
» produira invencions de nouveaux tormens
» pour persécuter mon esprit. Je ne feray plus
» que réitérer l'espérance de ma mort, le dé-
» sespoir de ma vie et l'abominacion de toutes
» lyesses. Que nourrira plus mon imaginacion,
» fors monstres hideux, lamyes nocturnes,
» magiciennes furies, songes tristes, et lacri-
» mables fantaisies? car j'ai perdu mon fils,
» ma géniture, mon ymage et ma consolacion.
» C'estoit l'espoir de nostre maison, le coffre
» de nostre honneur, le trésor de nostre ri-
» chesse, la stabilité de nostre gloire, la per-
» pétuacion de nostre renommée, l'advéne-
» ment de nostre force et le bras dextre de
» nostre povoir. Il est mort en l'aage de vie,
» amé de chascun et en la louée extime des
» bons et nobles cueurs. »

Oraison consolatoire de l'évesque de Poictiers à la dame de La Trimoille.

« Assez vous est congneu, madame, que tou-
» tes les humaines créatures qui par leur nati-
» vité entrent en ce monde, combien que par
» aulcuns temps ils y reluysent et triomphent,
» sont toutesfois contraincts aller à la mort,
» les aulcuns lentement par maladies, les aul-
» tres soudainement par accidens divers, selon
» le cours de la duracion qu'ils ont à la divine
» Providence. La puissance de la mort est in-
» supérable; elle surmonte non seulement ung,
» mais tous, les fors et débilles, les joyeux et
» tristes, les pauvres et riches, les congneus et
» extrangiers, les jeunes et vieulx, les bons et
» maulvais, les hommes et femmes. La mort est
» le tribut, la prison et crainte certaine de tous
» humains ; et, comme la mer est le réceptacle
» de tous les fleuves, aussi la mort est la finalle
» réposition de tous vivans. Les fors par puis-
» sance ne la peuvent surmonter, les doctes par
» science ne la peuvent vaincre, les riches par
» pécunes ne la peuvent corrumpre, les dignes
» par éminence ne la peuvent destourner, et
» les jeunes par corporelle vertu ne la peuvent
» esloigner. Elle ne pardonne à pauvreté ; elle
» ne tient compte de richesse ; elle ne révère
» noblesse, il ne luy chault de vertus. Tous-
» jours est à la porte de vieillesse, et nuyt et
» jour insidie jeunesse ; la mort ne exécute
» tousjours ses cruelles opérations par la con-

» trariété des élémens (qui est chose naturelle),
» mais souvent par divers et merveilleux acci-
» dens, comme par eaue, par feu, par glayve,
» par précipitation, par venin, au lict, hors
» lict, en terre, en mer, en l'aër, en guerre et
» en paix. Et selon les accidens de mort, on
» extime, par la faulce réputacion des hommes,
» les humains eureux ou maleureux.

» Considérez, madame, que feu mon cousin
» vostre fils n'est mort par aulcun de tous ces
» maulvais accidens, mais en homme de vertus
» avec les gens de bien ; non entre les bestes,
» mais avec les hommes ; non entre les brigans
» et pirates, mais en juste guerre ; non de mor-
» sures de bestes sylvestres, mais par martial
» glaive ; non par canon, mais de coups de
» lance ; non laschement, mais hardiement ;
» non seul, mais en compaignée de son père ;
» non au service de tyrans, mais à celuy de son
» roy ; non en reproche, mais honnestement,
» comblé d'honneur, enveloppé de bon renom
» et en l'amour et grâce de Dieu. Puisque par
» nécessité devoit mourir, devez-vous point
» prendre alégence de vostre deuil et regret en
» sa tant honnourable fin? Mieulx lui vault et
» à son noble parentage estre ainsi mort en la
» fleur de son aage, hérédilant les siens de per-
» pétuelle gloire, que avoir vescu trente ans
» davantage et puis mourir en son lict ou ail-
» leurs d'une maladie grosse. Si je voulois réci-
» ter la misérable fin de tant d'empereurs,
» roys, princes et seigneurs du temps passé,
» extimeriez celle de vostre fils mon cousin
» estre eureuse.

» Or voyez-vous, madame, quelle grâce Dieu
» vous a faict d'avoir donné fin tant eureuse et
» honnourable à mondict cousin, et sur ce vous
» consoler et donner repos à vos souppirs et
» larmes. Considérez les variations de nos vies
» pleines de labeurs, ennuys, tristesses, dan-
» giers, douleurs et aultres misères, et que de
» tout ce mon cousin est mis au délivré. Et
» l'espoyr que avez eu en luy, gectez-le sur les
» bonnes meurs de son fils François, suyvant já
» celles de son père. Vous voyez ses puérilles
» ans tant bien disposés à vertus que j'espère
» que la perte du père sera recouverte par le
» fils, et quand vous aurez bien le tout consi-
» déré, vous arresterez à ce qu'il fault adhérer
» à la volunté de Dieu, qui ne faict rien sans

» cause. Et jà-soit ce que ses jugemens soyent
» aux humains merveilleux, néantmoins sont-
» ils justifiés en eulx mesmes ainsi qu'il les faict
» et y contredire est murmure et blasphème. »

« — Vos raisons sont très bonnes, mon nep-
» veu, dist la dame de La Trimoille en plorant,
» mais Dieu povoyt faire vivre mon fils autant
» et plus que son père, et en augmenter et
» accroistre ses vertus, force, prudence et har-
» diesse. Oh! combien est la mort aveugle et dé-
» raisonnable, qui les vielz laisse et prend les
» jeunes! Dix ans y a que par maladie menassa
» mes longs ans, et elle a jeunesse de mon fils dé-
» robée. Mieulx eust observé les lois de nature,
» gardant les trente-deux ans de mon fils, que
» pardonner aux cinquante de la vieille mère.

» Si mon fils eust seullement vescu soixante
» ans et continué le commancement de sa
» louable vie, je extime, mon nepveu, qu'il eust
» faict des choses inouyes. Il eust surmonté
» l'honneur de ses ancestres et les rénommées
» escriptes aux maisons dont il est descendu.
» Il eust acompaigné le reste de ma vie de joye,
» et eust régénéré mes longs ans par l'odeur de
» son bruyt et fame. Mais j'ay perdu tout cest
» espoyr, et suis asseurée, mon nepveu, que
» le vivre me sera doloreux et que mon deuil
» mettra bientost fin à ma désolée vie. »

Ils eurent plusieurs aultres parolles trop longues à réciter. Suffise aux lecteurs que la bonne dame consomma ce luctueux et lamentable jour et plusieurs aultres subséquens en l'oppéracion de ses angoisses, amertumes et pleurs. Elle ne voulut lire la lectre que luy avoit son espoux escripte de la mort de leur fils, en présence du dict évesque son nepveu; mais se retira en son cabinet, où, après avoir longuement ploré, en fist la lecture, et estoit telle :

Lettre du seigneur de La Trimoille à madame son espouse, de la mort de leur fils.

« Si la mort de nostre très cher fils Charles eust peu par la myenne estre vaincue, ne fussions, ma toute amée dame, en peine de regreter, plorer et lamenter la perte de tant noble fruict de notre mariage, l'espoyr de nostre maison et l'appuy de nostre vieillesse. Et, si ceste mort m'est angoisseuse, autant m'est la désolacion qu'en aurez pesante. Toutes fois, vostre prudence considérée, je extime que l'usaige des choses mortelles vous donnera quelque consolacion. Nous ne sommes les premiers de telle infortune assaillis ; souvent advient que, par le désordre de nature, le décès du fils précède celluy du père. Peu avons de gens anciens congneus qui n'ayent à leur grant regret et dommaige perdu de leurs enfans. La pascience en est trop plus à louer que le trop grant desconfort, parce que le supporter sans murmure et en doulceur est ung sacrifice à Dieu, qui fait tout pour le mieulx, et le déraisonnable desconfort luy desplait. La personne doit estre dicte sage qui se conforme à la divine volunté, et qui ne prend conseil de trop grant douleur en ses adverses visitacions, qui sont la vraye garde de l'esprit. Troys choses nous donnent moyen de confort : l'une que nostre fils est mort en acte de vertu pour le bien public et en juste querelle, et nous a laissé ung fils bien disposé pour vivre ; l'autre, combien qu'il ait eu soixante-deux plaies, dont en y avoit quatre ou cinq mortelles, et néantmoins, par la grâce de Dieu, a vescu trente-six heures après, et les sacrements de la saincte Eglise par luy receus, a tousjours eu congnoissance de Dieu et bonne parolle jusques au départ de l'âme du corps ; et l'autre, qu'il est hors des mondaines misères, et que son âme est, comme je pense, en éternel repos. Je vous envoye le corps, vous priant, madame, que par impacience ou trop excessive douleur je ne perde la mère avec le fils, et que en perdant les deux je ne me perde. Ce que Dieu ne veuille, mais vous donner à vous et moy le nécessaire pour nostre salut.

» Escript au camp de Saincte-Brigide, le 18 septembre. »

Ceste lectre estoit escripte dudict seigneur de La Trimoille, et non par son secrétaire ; laquelle ne fut leue sans variacion de propos et sans gecter de grans soupirs et larmes par ladicte dame, qui après avoir son dolent cueur des immundicitéz de angoisse, par piteuses larmes, lavé, prinst sa plume, et voulant aussi de sa part, en célant ses angoisses, son cher espoux reconforter, luy escripvit ceste lectre.

Response de ladicte dame audict seigneur de La Trimoille.

« Si la trangression de la justice originelle qui fut à nos premiers parens donnée n'eust entre l'esprit et la chair mortelle guerre engendrée, le trespas de nostre unique filz nous devroit plus consoler que contrister, parce que l'esprit, par la clère verrine de raison, veoyt et congnoist qu'il est de peine transmigré en repos, de misère en gloire, de crainte en seureté, d'espoyr en divine vision, de maladie en incorruptible incolumité, et de mort en éternelle vie ; mais la chair, qui, pour les ténèbres du corps, ne veoyt aulcune chose en esprit, regrette, lamente et déplore la perte et absence de ce qui luy plaist et de ce qu'elle ayme corporellement, parce qu'elle ne peult veoyr le fruict des choses spirituelles, qui est la cause de vostre desconfort et de ma tant désollée tristesse. Toutes fois, monsieur, quant à l'entendement, si trop nous ne sommes de raison esloignés, doyvons louer Dieu et luy rendre grâces pour les consideracions que de vostre grâce m'avez escriptes. Croyez, monsieur, que en remémorant la bénignité de nostre fils, son humilité, obédience et honnesteté, ma pauvre chair languist, et mon âme n'est que demye vifve ; mais au considérer les douaires des âmes saulvées, et que j'espère que tous le serons, je me consolle quant à l'esprit, non que ma chair en soit contente. Toutes fois chose contraincte est, si ne voulons offenser Dieu, le louer de nostre infortune. Je vous prie, monsieur, que de votre part regectez les causes de douleur, et que joygnez la vostre pensée à l'amour spirituelle. Au regard du corps, je ne pourrois le veoyr sans de deuil mourir. Sera honnourablement ensépulturé au plus près de vostre vouloyr, sans aulcune chose y espargner, et encores moins pour le salut de l'âme, qui doibt estre la première servie, comme celle qui doit sans fin vivre au palays de éternel repos, auquel, après bonne et longue vie, Dieu vous vueille donner lieu.

» Escript à Dissay, le 24 septembre. »

La lectre de ladicte dame, portée au dict seigneur de La Trimoille fut troys jours par luy gardée sans la vouloyr lyre pour la doubte de renouveller sa tristesse. Toutes fois ung soyr bien tard en fist lecture de partie, car le tout ne peut lyre, à la raison de ce que l'escripture estoit effacée des larmes de la dame qui estoyent en l'escripvant sur icelle tumbées.

Je ne me oublieray en cest endroict, parce que non obstant ma petite qualité, et que à moy n'appartinst avoir le congnoistre du regret de ceste très noble dame ; toutes fois, comme je fusse par devers elle allé pour luy parler d'aulcuns affaires civils dont j'avoye de par monsieur et elle la charge, ne me presta l'oreille pour me entendre, mais convertit le sens de l'ouye en piteux regards, accompaignés de véhémens souspirs, qui empeschèrent longtemps son parler, que je n'osoye anticiper, mais l'actendoye en contrainctes larmes soubs semblant, par compassion, de son infortune. Et comme le temps luy eust donné grâce de parler, elle m'ouvrit le coffre de ses pitéables douleurs en me disant : « Ha! Jehan Bouchet, » que dictes vous de mon malheur et de l'ir» réparable perte de nostre maison? Me doy » je arrester de sacriffier par larmes ma dou» loureuse cause devant tout le monde? Pen» sez vous que le possible de vivre empesche » l'effort de mort? Me ayderez vous poinct à » soutenir le faix de mon malheur, qui partici» pez en la perte? Oublierez vous l'espoyr par » vous actendu en l'exhibicion de l'amour de » mon fils et le loyer du service par vous à » luy faict? Qui présentera plus vos petits eu» vres devant les yeux des princes pour en » avoir guerdon? Qui recepvra et mettra en va» leur vos petites compositions? N'espargnez » vostre plume à escripre le congneu de vostre » seigneur et maistre, à ce que oubliance ne » laisse perdre ses mérites. »

Toutes ces piteuses paroles donnèrent roupture à mon affaire, et tant grevèrent mon cueur que intrinsèque douleur deffendit à ma bouche le parler, et sortis de la chambre, accompaigné seullement d'angoisse, laissant la désolée plorant et se desconfortant sans avoir puissance de luy donner lors ung seul confort.

Ceste dame savoit très bien que porter paciemment sa perte estoit mérite ; et quant à l'esprit n'y failloyt en rien, car c'estoit une dame qui fort bien l'entendoit, et s'estudioit de toujours conformer son vouloir à la divine volunté. Mais touchant la sensualité qui répugne toujours à la raison, elle souffrit tant que le plus l'eust fait soudainement mourir. Et fus plus d'ung moys que n'osois à elle me présenter, à la raison de ce que, quand elle voyoit quelqu'un de ceulx que son fils avoit spéciallement amés, ses douleurs renouvelloient, son esprit en avoit nouvelle guerre, toutes ses consolacions estoient troublées, et tous joyeux souvenirs gestés derrière le dos. Et dès lors, vaincu du débonaire commandement de ladicte dame, gectay ma fantaisie sur nouvelles formes et inventions pour déplorer par escript ceste tant noble et louable mort, quérant quel langage je approprieroye à la nature du cas ; et finablement, parce qu'il avoit amé la métri-facture, prins commancement à descripre ses meurs et cundicions, dont je scavoie la vérité, non obstant que depuis, aucuns, par envie de sa louange méritée, aient murmuré contre l'opusculle que je feis, intitulé le *Temple de Bonne Renommée.*

CHAPITRE XXVIII.

Des regrets de madame la princesse pour le décès de monseigneur le prince son espoux; et du trespas de madame Gabriello de Bourbon, sa mère, qui mourut de deuil.

O combien que toutes ses douloureuses plaintes dussent suffire pour faire le deuil du bon prince de Thalemont, néantmoins fut renouvellée par les doléances de madame Loyse, comtesse de Taillebourg, son espouse, laquelle asseurée de son piteux trespas, feit tels ou semblables regrets : « Ha! mort horrible, » cruelle, sanguineuse et violente, éternel » dormir, dissolution des corps, la crainte et » tremeur des riches, le désir des pauvres, » événement inévitable, incertaine pérégrina» cion, larronesse des hommes, fuyte de vie, » départ des vivans et résolucion de toutes » choses, que pourray-je dire à mon ordre » contre toy, qui par violent sang me as subs» traict mon amy, meurdry mon espoux, séparé » de moy toute joye, et fait approche de toute » angoisse et éternel desconfort? Tu es la » seule cause dont dorénavant je auray pour » unanime compaignée triste solitude ; pour » consolatif mariage, désolée viduité ; pour con» nubiaux embrassemens, visions nocturnes » et larmes ; pour amoureulx baisiers, lamen» tables souspirs ; pour honnestes propos, in» consolables regrets ; et pour solacieuses pen» sées, inquiètes cogitacions. Qu'on ne parle » de la perfection des bons marys, desquels il

» est le parangon et la fine perle pour en avoir
» perpétuelle louange. »

Toutes ces lamentations et aultres semblables faisoit ceste bonne et saige dame; dont je laissé le long escripre, pour le doubte d'ennuy. Et je pense que de son secret dueil eust esté oultragée, ne fust le secours du seigneur de La Trimoille, son beau-père, lequel, ung moys ou deux après les tristes funérailles de son fils, néantmoins riches et pompeuses, vinst veoyr les deux désolées espouses à Thouars. Je laisse la pompe des obsèques qui furent faicts, sans rien y prétérir, ainsi qu'il appartenoit, à grans frais et mises, et parleray seulement d'ung brief épitaphe pour la perpétuelle mémoyre de ce jeune prince, qui est cestuy :

> Force de corps, hardiesse de cueur,
> Le hault vouloyr d'estre nommé vainqueur,
> Le grant désir d'estre au roy secourable,
> Et le vouloyr d'impugner la rigueur
> Des rebellans non craignant la vigueur,
> M'ont mis au ranc d'honneur inextimable,
> Par fin honneste aux nobles désirable,
> En surmontant Souysses ahontés.
> Après soixante et deux coups, mort plorable
> A Marignan me fut inexorable,
> Quant mil cinq cens quinze ans furent comptés.

Le roy laissa gouverneur à Milan messire Charles de Bourbon, lors connestable de France, qui si bien exercea sa charge que les Milannoys monstrèrent leur obéissance promise contre leurs volontés jusques en 1521, comme nous verrons cy après.

Ledict seigneur de La Trimoille, après avoir accompaigné le roy jusques à Lyon (son congié prins), alla veoyr, comme j'ay dict, les deux dames désolées que plus il amoit, pour les conforter : lesquelles actendoyent son désiré retour à Thouars. Leur rencontre fut à la porte de deuil, parée de pleurs ; et d'une part et d'autre furent accompaignés de gémissemens et regrets pour le contrepoix des joyeux festins du passé. Et combien que la dame de La Trimoille dissimulast et couvrist sa douleur de face joyeuse, néantmoins tout le faix des tristes pensemens, que tous ensemble ils avoyent, demoura sur son cueur et fut tousjours accompaigné de ses secrètes angoisses. Voyre ! fut la contenance de sa tristesse si longuement en son povoyr qu'on ne la pouvoyt amollir, dont en son cueur se engendra une mortelle apostume non curable par veue d'amys, lecture de histoires, passe-temps de gens joyeux, concionnations, ne aultres humains ne spirituels remèdes. Et, l'esprit fatigué des ennuis qu'il enduroit, pour la guerre que Raison avoit jour et nuyt contre Charnelle-amour en la région de son entendement, laissa le corps atténué et au lict malade certain peu de temps après le despart du seigneur de La Trimoille, qui contrainct fust par le redoublement des postes se retirer en son gouvernement de Bourgongne.

Une lente fièvre accompaignée de mortelle langueur empira le mal de la dame de La Trimoille, et par légières assaillies la conduyrent, en décepvant les médecins, jusques au pas de la mort ; dont ledict seigneur de La Trimoille, son espoux, fut asseuré par sa lectre, non escripte de sa main comme elle avoit acoustumé, mais du secrétaire ; et aussi en fut adverty par les médecins. A ceste cause son partir fut soudain ; et sa compaignée laissée, fors trois gentils hommes, vinst en poste à Thouars, où trouva la certitude de la nouvelle qui sitost l'avoit faict venir. Et sans changer de vestemens ne faire aultre acte, voulut aller veoir celle que tant amoit ; mais avant que d'entrer (la compaignée de larmes, qui dès son partement de Bourgongne l'avoit tousjours conduict, laissée à la porte de sa chambre) para de facialle joye la tristesse de son cueur, et à son espouse au lict couchée donna le gracieux bon soir, qui fut par elle humblement accepté et par ung véhémént souspir rendu, luy disant : « Ah ! monsieur, l'heure de vostre ve-
» nue par moy tant désirée m'a esté fort lon-
» gue, doubtant pour la presse de mon mal
» jamais ne vous veoyr et ne vous povoyr dire
» le dernier adieu avant que mourir. — Vous
» n'en estes pas là, dist ledict seigneur. J'es-
» père, au cas que vouldrez mettre peine à
» chasser de vostre esprit les mortelles tristes-
» ses que trop y avez gardées, que aisément
» retournerez à vostre première santé. — La
» chose n'est possible, dist-elle, quant à nature;
» et si Resjouyssement povoyt estre le médecin
» de mon mal, vostre seul regarder le guéri-
» roit, comme la chose au monde qui plus me
» plaist. Mais je suis au période de ma mor-
» telle vie, et au terme constitué que je ne puis

» prétérir ne passer sans mort. Nos corps se-
» ront pour ung temps esloignés. Je vous prie
» que nostre chaste amour soit perpétuelle en
» vostre souvenir et que ayez éternelle mé-
» moyre de celle qui vous a tousjours esté fidel-
» le amye et compaigne. — Madame, dist le
» seigneur, si lascheté n'occupoit le mien cueur
» par troublement de sens, je ne vous sçau-
» rois oublier, car loyaulté, bénignité, amour,
» honnesteté et bonté m'en solliciteront assez;
» et sçay que j'en auray perpétuellement les
» umbres devant les yeulx de mon espryt, qui
» ne me laisseront sans triste regret si je vous
» pers, ce que je n'espère, mais que guérirez,
» si voulez ouster de vostre esprit toutes ces
» tristes pensées et que, pour amender le mien
» faillir, vivrons encores trente ans ensemble. »
Toutes ces consolacions et aultres semblables luy donnoit ledict seigneur; et chascun
jour la visitoit cinq ou six fois, jusques à la
piteuse journée de son trespas, que, après son
testament faict par l'auctorité dudict seigneur,
congnoissant que l'heure de son deffinement
approchoit, luy dist : « Monsieur, il y a trente-
» trois ans, peu plus ou peu moins, que la loy
» de mariage nous lya; et honneste amour as-
» sembla nos cueurs et en fist une volunté. Je
» vous rendys du fruyct de ceste aliance ung
» seul fils, auquel Dieu et nature mirent tant
» de bien que le décès d'icelluy m'a mise en
» l'estat où vous me voyez, non du tout par ma
» coulpe, car pour résister à ma douleur je me
» suis de raison aydée autant que mon petit
» sens l'a peu faire, mais la sensualité, contre
» mon vouloyr, s'en est tant contristée que
» mon pauvre entendement, las de ces fasche-
» ries, en a laissé tout le faix à mon débille
» corps, qui plus ne le peult porter, dont je
» rends grâces à Dieu, le priant me pardonner
» le deffault de raisonnable pascience. La jour-
» née pour devant Dieu comparoyr et luy ren-
» dre compte est venue, qui me fait trembler et
» frémir, pensant que, par le tesmoygnage de la
» saincte escripture, à peine pourra le juste es-
» tre saulvé. Toutes fois, armée de foy, consi-
» dérant que Dieu est tout puissant, j'espère
» que son infaillible sapience aura par son in-
» compréhensible bonté et charité pitié de
» moy, sa pauvre créature, de laquelle il con-
» gnoit l'ignorance et fragilité, non par mes

» opéracions, mais par le mérite de la mort
» et passion de son éternel fils Jhésus nostre
» saulveur et rédempteur, et par les mérites et
» prière de madame Marie sa mère.
» Et parce que à nos espousailles prins de
» vous l'anneau de la connexité de nos cueurs
» par sa rondeur signifiée, laquelle doit estre
» entière sans aucune corruption, comme dé-
» monstre la parité de l'or, je le vous rends
» non viollé, maculé ne corrompu des vices
» à conjugalle chasteté contraires. Je n'ay mé-
» moire d'avoir faict chose qui vous deust des-
» plaire, ne que mon vouloyr ayt esté con-
» traire à vostre bonne volunté; mais par deue
» obéissance me suis tousjours efforcée de vous
» complaire. Toutesfois en si longues an-
» nées seroit difficile n'y avoir en quelque
» chose failly. A ceste considéracion, monsieur,
» je vous supplie me pardonner ces faultes. Je
» vous laisse le vif ymage de nostre fils; c'est
» nostre jeune enfant Françoys, pour le reste
» de tout ce qui vous pourra consoler. Il est
» de cler engin et faciles meurs, et ne tiendra
» que à bonne conduicte, s'il a toutes les grâ-
» ces de son père. Je m'extimeroys eureuse si
» plus grant fruict de nostre sang vous laissoys;
» mais après mon décès, si vous voyez que la
» nécessité le requière, pourrez avoir aultre
» espouse qui sera plus jeune que moy, pour
» vous donner plus grant lignée, à ce que vos-
» tre redoubtable et bien extimé nom soit per-
» pétué. Et pour le dernier adieu je vous re-
» commande mon âme. »
Ce piteux congié prins, la bonne dame tourna
les yeulx vers le ciel en disant assez hault le commencement de ce pseaulme *In te, Domine, spe-
ravi,* puis manda l'extrême unction, qu'elle
receut, et incontinent après rendit l'âme à Dieu
le dernier jour de novembre l'an 1516, et ledict seigneur de La Trimoille, qui ne peult
veoyr la fin de toutes ces tristes choses, se retira en une aultre chambre, où en se desconfortant disoit : « O infortuné accident! inconvé-
» nient non précogité! malheur non pourpen-
» sé, procédant de la subtilité du pénétrant
» engin d'une des meilleures dames du monde!
» Que, à ma volonté, son esprit n'eust esté de
» si agu sentement, et n'eust si subtillement
» appréhendé la perte receue en la mort de
» nostre fils! O famélique et aveuglée mort,

» pourquoy n'as tu esté contente du fils sans la mére ? A l'ung et l'autre nature avoit ordonné plus long vivre que à moy ; et me laissant proche de vieillesse a prins ceulx auxquels tard mourir m'eust donné le long vivre. J'ay perdu l'ung par glayve, l'autre par douleur, et je me perderay par angoisse, puisque j'ay la compaignée perdue de deux amateurs de vertus, ennemys de vices, serviteurs de Dieu, mespriseurs du fol monde, loués des bons, crains des maulvais, révérés des grans, aymés des pauvres et par admiracion extimés dignes de tout honneur. »

Aultres grans regrets fist ledict seigneur, que je n'escrips, pour obvier à la despense du temps ; et retournant à ladicte dame, je n'oublieray sa très louable mort, portant tesmoygnage de sa saincte vie ; car onc dame ne mourut en plus grant foy, en plus fervente charité et humilité, ne en meilleure espérance sur la mort et passion de Nostre-Seigneur Jesus-Christ fondée. Aussi avoit-elle tousjours esté de ces troys vertus acompaignée, et des vertus morales bien enseignée. Onc ne voulut faire chose concernant la civilité sans asseuré conseil. Sa prudence mesuroit tous les temps, en sorte que le passé donnoit ordre au présent et advenir, et le présent regardoit le futur, lequel modéroit le présent. Sa force ne l'avoit onc laissée, fors à la mort de son fils, car au reste n'eust onc une seulle suspeçon de pusillanimité. Sa tempérance estoit si grant que, par jeunesse ne aultrement, ne fist onc chose soupeçonneuse de lasciveté ; mais fut tousjours si pudicque que les lascivieux craignoyent le regard de ses chastes yeulx. Ses funèreuses pompes furent faictes en son église Nostre-Dame de Thouars.

CHAPITRE XXIX.

Le seigneur de La Trimoille est amoureux de la duchesse de Valentinoys, et l'espouse.

Le seigneur de La Trimoille s'acquita très bien et diligemment en l'accomplissement des ordonnances testamentaires de son espouse ; et fut son deuil si grant qu'il ne prenoit repos asseuré ne consolacion pour laquelle il peust l'excés de ses souspirs modérer. Toutes les damoiselles de la dame trespassée estoient de larmes tainctes jusques à mécongnoistre de prime-face visaiges et personnes, et la maison pleine de regrets, qui avoit habondé en passe-temps honestes. La mort, cause de tout ce désordre, avec deuil, regret, émoy, tristesse chagrin et angoisse, vouloit (pour parachever le mal-eur de ceste maison) abbatre et aterrer ledict seigneur de La Trimoille, chief d'icelle, lequel n'y povoyt si virilement résister qu'il eust faict en sa florissante jeunesse, car jà passoit l'aage de cinquante-sept ans. Or luy estant ainsi mal traicté et en dangier de mort, le roy (comme Dieu voulut) le manda pour aller à sa court à Bloys, où, au grant regret de laisser son dangier, se transporta, et de Bloys à Paris avec le roy, la royne, madame la régente, mère du roy, et autres princes, pour recevoyr l'ambassade du roy des Rommains et du roy d'Espaigne.

Trois ans après, tant remonstrèrent au seigneur de La Trimoille ses amis qu'il estoit encores en sa corporelle force, bien qu'il eust soixante ans, et que n'avoir qu'un seul héritier c'est n'en point avoir, qu'il consentit à demander une jeune duchesse. Il luy escripvit. La duchesse ne recula la main de l'espistre, mais en bénigne simplicité la prist et leut tout au long et respondit : « Madame la régente, mère du » roy, qui, de sa grâce, tient le lieu de mes feus » père et mère, a mon vouloyr entre ses mains, » et de son simple commandement viendra » prompte obéyssance. »

Restoit encores le bon plaisir de madame la régente, sans laquelle on n'eust peu le période de cette alliance trouver. Et pour l'entendre, est à considérer que ceste jeune duchesse, nommée Loyse, estoit seule fille et héritière du duc de Valentinoys et d'une fille de la très noble et illustre maison d'Allebret ; lequel duc estoit extraict de la noble et ancienne lignée des Borgia d'Italie, comme récite Anthonius Sabelicus, et vint en France au commencement du resgne du roy Loys XII pour les factions qui furent en Italie entre luy et les Ursins ; et certain temps après, ledict roy Loys le maria avec ladicte fille d'Allebret, de laquelle il eut ladicte dame Loyse ; puis décédèrent, savoir, ledict duc le premier, et laissèrent icelle Loyse leur seulle fille et héritière ; de laquelle madicte dame la régente prinst le gouvernement.

On se pourroit esbayr comment ledict seigneur de La Trimoille, qui estoit homme prudent et riche, ne gectoit sa fantasie sur aultre dame, non si jeune que la duchesse, car assez en y avoit en France, belles, riches et de bon renom, tant veufves que aultres qui n'avoient onc expérimenté les doulceurs du mariage. J'ai sceu par sa bouche que deux choses le mouvoyent; l'une, qu'il ne vouloit espouser femme veufve; l'autre, qu'il n'en congnoissoit en court qui fust à luy plus agréable ne qui mieulx approchast au jugement de sa fantasie; et sçavoit que en la race d'Allebret tousjours les femmes et filles ont eu et gardé sans maculle l'honneur et tiltre de chasteté et pudicité; et par la longue et honneste fréquentacion qu'il avoit eue avec ceste jeune duchesse, congnoissoit qu'elle estoit affable sans trop grant familiarité, dévote sans ypocrisie, joyeuse sans follie, bien parlant sans fard de langage, libéralle sans prodigalité, et prudente sans présumption, et finablement qu'elle estoit en l'aage pour avoir lignée, qui estoit l'ung des plus grans désirs dudict seigneur, parce qu'il n'avoit que ung seul héritier. Et combien que ledict seigneur eust plus de cinquante ans, toutesfois estoit tant en la grâce de nature qu'il sembloit bien n'en avoir quarante-cinq. Aussi les ans ne font les gens viels totallement, mais l'imperfection de leurs complexions. Or fist tant de démarches envers madame la régente le seigneur de La Trimoille, que la consummacion de tant désiré mariage d'icelluy seigneur avec ladicte duchesse fut faict à Paris.

CHAPITRE XXX.

Comment monsieur François de La Trimoille, prince de Thalemont, espousa madame Anne de Laval; et des guerres que le roy de France eut en Picardie, où il envoya son lieutenant-général le seigneur de La Trimoille.

Combien que par le jugement des hommes ceste jeune duchesse fust bien disposée et organisée de tous ses membres, et ledict seigneur de La Trimoille en disposicion convenable pour luy faire des enfans, néantmoins dame nature ne peust estre la maistresse sur la divine Providence, qui avoit réservé l'entière succession dudict seigneur à monsieur Françoys, fils unicque du seul fils d'icelluy seigneur de La Trimoille occis à Saincte-Brigide, comme dict est. A cette consideracion, et qu'en luy fust si noble generacion perpétuée, ledict seigneur de La Trimoille son ayeul se fist enquérir par tout le royaulme de quelque dame propre et pareille audict seigneur, qu'on appelle le prince de Thalemont, et de laquelle il peust avoir lignée bien tost; car considérant la variacion des choses humaines et la petite et incertaine actente des jeunes hommes, dont la mort ravit en plus grant nombre que de viels, doubtoit fort le mourir et la perte de ce jeune prince. Or il fist tant qu'il apporta la volunté d'une jeune dame pareille audict prince en aage, en lignage, en meurs et à generacion bien disposée; c'estoit madame Anne de Laval, fille et héritière du seigneur de Laval, l'une des anciennes et illustres maisons de Bretaigne, et qui plus a duré sans mutacion, et de la princesse de Tarente [1]. Laquelle madame Anne fut conjoincte par mariage avec ce jeune prince, troys ou quatre ans après les secondes nopces dudict seigneur de La Trimoille.

L'union de ces deux illustres personnes fut acomplie de toutes les choses qu'on pourroit désirer, tant en biens, en meurs, que en toutes aultres choses de perfection d'esprit. Et s'il estoit permis de dire au long les louanges des vivans, je diroys et escriroys sans mentir que, aux parolles et faicts de ce jeune prince, et à l'exercice de son grant et facil engin, on le peult extimer estre en l'advenir une perle en la maison de France, et une réserve de bon et asseuré conseil sans lequel on ne devra faire ne exécuter aulcune bonne entreprinse. Et au regard de madicte dame son espouse, elle est acomplie de toutes les bonnes grâces qu'on pourroit en une parfaicte dame choysir. Il n'est rien plus beau, plus humble, plus noble, plus mansuet, plus affable, plus gracieux, plus bégnin, plus saige ne plus religieux: laquelle, au désir dudict seigneur de La Trimoille, eut à la fin du premier an de ses espousailles ung beau fils, qui est le plus grant bien que l'ayeul et le père eussent peu en ce monde avoir.

Environ ce temps, Charles, roy d'Espaigne, eslu empereur, et Henry, roy d'Angleterre, son beau-frère, commancèrent à manifester et monstrer les envies par eulx long temps auparavant conspirées contre la prospérité du royaulme de France et des Françoys. Et non obstant l'alliance qui avoit esté faicte au festin d'Ardres

---

[1] Fille unique de Frédéric d'Aragon, roi de Naples. Ce mariage est l'origine des réclamations des La Trémouille sur le royaume de Naples.

entre les roys de France et d'Angleterre, où ils s'estoient veus, entreprindrent faire la guerre aux Françoys; sçavoir est ledict roy d'Espaigne à Monzon et Mézières par le secours d'aulcuns Alemands, Namuroys et Hennuyers tousjours rebelles à la couronne de France, où peu gaignèrent; car le roy en eut la victoire par le secours des princes et bons capitaines de France, et entre aultres messire Pierre Terrail, qu'on appelloit le capitaine Bayard, homme hardy et prudent en guerre, qui sceut bien garder Mézières; Monmoreau, lequel y mourut par inconvénient de maladie en la fleur de son aage, et aultres plusieurs. Ceste guerre faicte sans propos, et en hayne de messire Robert de la Marche tenant le party du roy de France, fut sans fruict d'une part et d'aultre, et avec grant dommage; car les Alemands mirent à feu et sang plusieurs bourgs et villages de la Picardie: autant ou plus firent les Françoys en Haynaut. Et peu de temps après, le roy de France, sans faire bruyt, fit assaillir et prendre sur le roy d'Espaigne la ville de Fontarabie par messire Guillaume Gouffier, admiral de France; et adverty que les Anglois vouloient descendre en la Piccardie, y envoya ledict seigneur de La Trimoille, pour donner secours au duc de Vendosme, gouverneur dudict pays; et eulx deux ensemble pourveurent très bien aux affaires dudict pays; et avec les garnisons avitaillèrent par trois ou quatre fois Therouenne, ce qui depuis n'a esté fait sans grosse assemblée de gens, ne sans plus grans frais et mises. Comme on faisoit toutes ces choses en Picardie, furent apportées nouvelles au roy de France, lors estant à Paris, que les Alemands faisoient grant assemblée pour venir en Bourgongne; parquoy le roy manda ledict seigneur de La Trimoille aller vers luy, lequel il trouva à Paris; et de là le roy l'envoya en Bourgongne à diligence, pour donner ordre audict pays. Les Alemans, certains de sa venue et de l'ordre qu'il avoit jà mis pour les recevoir, laissèrent leur entreprise sans effect; mais les Angloys sachans que ledict seigneur de La Trimoille n'estoit plus en Picardie, accompaignés des Flamens et Hennuyers, y entrèrent en 1522, et assiégèrent la ville de Hedin. Pour ceste cause le roy manda ledict seigneur à diligence et lui donna charge de aller secourir le duc de Vendosme au dict pays

de Picardie : aussi y envoya messeigneurs les mareschaux de Foix et Montmorancy, le seigneur de Mézières et le seigneur Frédéric de Baugé avec leurs bandes; mais sceue par les Angloys, Hennuyers et Flamens leur venue, se retirèrent bientost, sans oser les attendre.

Audict temps le roy draissoit une aultre armée fort belle et grosse, pour aller en Italie recouvrer la ville de Milan, laquelle le seigneur de Lautrec, qui en estoit gouverneur pour le roy, avoit esté contrainct laisser par faulte de secours; mais ayant que le faire, voulust bien donner ordre à son royaulme; et luy estant à Sainct-Germain-en-Laye près Paris, manda audict seigneur de La Trimouille estant en Bourgongne se trouver vers luy, ce qu'il fist; et luy dist : « Monseigneur de La Trimoille, vous
» voyez les affaires de mon royaulme et le tour
» qu'on m'a fait à Milan, où je suis délibéré
» aller : mais je sçays que, moy parti de ce pays,
» les Angloys, Hennuyers et Flamens s'efforceront me faire ennuy et dommage au pays
» de Picardie; et adverty qu'ils vous craignent,
» vous y veux envoyer mon lieutenant-général.
» — Sire, dist ledict seigneur de La Trimoille, je
» suis tousjours prest de vous obéyr. Toutesfois
» je me desporterois voluntiers de ceste charge,
» si vous plaisoit m'en bailler une aultre, parce
» qu'elle pourroit desplaire à monsieur de Vendosme, gouverneur dudict pays, lequel est un
» prince hardy, prudent et loyal, et tant à cause
» de son auctorité que par son sens saura très
» bien résister à vos ennemys. Et voluntiers
» soubs sa charge vous y feray le service auquel
» je suis tenu. — Et si mon cousin le duc de
» Vendosme vous en prie, dist le roy, le ferez-vous ? — Sire, dist ledict seigneur, vous sçavez
» que mon vouloyr a tousjours esté, est, et
» sera entre vos mains et en vostre puissance. »

Ledict duc de Vendosme et le seigneur de La Trimouille parlèrent ensemble de ceste matière; et à sa requeste ledict seigneur accepta ladicte charge de lieutenant-général audict pays de Picardie; et lui bailla le roy cinq cens hommes d'armes dont les bandes n'estoyent complètes, et dix mil hommes de pié des gens du pays qui n'avoyent jamais veu de la guerre et ne faisoyent que saillir de la charrue.

Le roy prinst le chemin de Lyon pour aller en Italie, passa par Moulins en Bourbonnoys, où lors estoit malade messire Charles de Bourbon, connestable de France, et, après avoir parlé ensemble dudict voyage, le roy suivant son chemin, arriva bientost à Lyon. Et ledict messire Charles de Bourbon s'en alla au chasteau de Chantelles, qui est l'une des fortes places d'Aquitaine. Dix ou douze jours après, on fist rapport au roy que s'il alloit delà les monts, ledict de Bourbon (soubs umbre qu'il estoit connestable de France) et aultres de sa faction et entreprinse, avoyent délibéré et conclud eulx s'emparer du royaulme de France, et de Monsieur le daulphin et des aultres enfans du roy, pour faire d'eulx et du royaulme à leur plaisir; dont il fut fort esbay et courroussé. Et incontinent envoya gens à Chantelles pour prendre et luy amener ledict de Bourbon; lequel de ce adverty par aulcuns de ses amys estans en la court du roy, laissa Chantelles, et avec ung de ses gentilshommes nommé Pomperant et troys ou quatre aultres, se retira à grant diligence par la comté de Bourgongne en Austriche vers le roy d'Espaigne, ennemy du roy de France.

Le seigneur de Sainct-Vallier, l'évesque d'Autun, l'évesque du Puys et aultres qu'on disoit estre de ladicte faction furent prins prisonniers et envoyés au chasteau de Loches. Toutes lesquelles choses donnèrent (non sans cause) roupture au voyage que le roy avoit délibéré faire en Italie; et y envoya messire Guillaume Gouffier, admiral de France, son lieutenant-général, avec son armée, qui estoit fort belle et en bon ordre. Pour ces cas le roy eut matière d'avoir en suspection grande les parens et alliés dudict duc de Bourbon et entre aultres le seigneur de La Trimoille, parce qu'il avoit esté marié en premières nopces avec feu madame Gabrielle de Bourbon, seur du père dudict Charles de Bourbon. Néantmoins n'eut jamais aucune défiiance d'icelluy de La Trimoille; mais l'advertissant du cas, luy recommanda la charge de lieutenant-général en Picardie, en laquelle il s'aquicta très bien; car dès ce que ledict seigneur eut eu son expédicion du roy pour ladicte charge, s'en alla à Sainct-Quentin en Vermandoys, où séjourna quelque temps attendant à venir sa gendarmerie, et aussi qu'il estoit fort blécé de la cheute d'ung cheval tumbé sous luy.

De Sainct-Quentin ledict seigneur de La Trimoille demy guéry dudict mal, s'en alla tout le long de la frontière jusques à Boulongne sur mer, puis à Monstreul, où il se tinst longuement, à la raison de ce que c'estoit l'une des feubles villes du pays. Et aussi craignoit, s'il en fust party, que ceulx qui estoyent ordonnés pour la garder en feissent difficulté, au moyen de la grant mortalité de peste qui y estoit. Et luy estant là, le duc de Suffolc, avec grosse armée d'Anglois, descendit audict pays, et se vinst joindre au seigneur d'Iselstain, lors lieutenant-général du roy d'Espaigne. Eulx assemblés avec leurs armées, se trouvèrent jusques au nombre de trente-six mil hommes de pié et six mil chevaulx, et une des plus belles bandes d'artillerie qu'on aye guières veu en armée. Si prindrent leur chemin droict à Boulongne; mais sceu par eulx le bon ordre que ledict seigneur de La Trimoille y avoit mis, ne l'ausèrent assaillir, et prindrent ung petit chasteau qu'on n'avoit pourveu, parce qu'il n'estoit tenable. De là allèrent passer devant Thérouenne, et furent trois ou quatre jours autour de la ville pour l'assiéger, ce que à la fin ne trouvèrent bon; car dedans estoit le capitaine Pierre Ponth, lieutenant du duc de Lotheraine, homme de grant hardiesse et saige conduicte, qui fist plusieurs saillies sur eulx à leur dommage et perte.

De Thérouenne les ennemys allèrent à Dourlans, où ils furent douze ou treize jours sans approcher leur artillerie, parce que, en le cuydant faire, on y avoit occis tout plain de leurs gens à coups de canon, d'un chasteau de terre que avoit faict faire le seigneur de Pont-de-Remy; et au moyen de ce qu'il n'y avoit assez de gens dedans la ville de Dourlans pour la deffendre, le seigneur de La Trimoille y envoya deux bandes et enseignes de gens de pié, lesquels y entrèrent de plain jour à enseignes desployées à la veue de l'armée des ennemys. Et quant les ennemys partoyent d'une place pour aller à l'autre, ledict seigneur de La Trimoille estoit contrainct à faire partir et aller toute la nuyt ceulx de la place que les ennemys avoyent habandonnée, pour eulx mettre en celle où alloyent, à raison de ce qu'il n'avoit assez de gens pour garder si grant frontière. Et alloit tousjours ledict seigneur les costoyant pour donner ordre à tout. Il avoit si peu de gens qu'il n'eust sceu mettre aux champs à une fois plus de soixante hommes d'armes et mil hommes de pié.

Au partir de Dourlans les ennemys prinrent leur chemin tout le long de la rivière de Somme, sans entrer au pays du roy, jusques à tant qu'ils allèrent devant la ville de Bray, laquelle ils prindrent parce qu'elle n'estoit tenable : et la rivière par eulx passée, allèrent à Roye et à Montdidier, qui sont deux petites villes, lesquelles ils prindrent, à la raison de ce qu'on n'avoit gens ni municions pour les pourveoyr. Or fault entendre que, dès ce que les ennemys eurent passé la rivière de Somme, ledict seigneur de La Trimoille envoya le comte de Dampmartin à Noyon, qui assembla ce qu'il peult des gens du pays, et rempara la ville à son possible, de sorte que les ennemys n'y allèrent. Aussi manda ledict seigneur de La Trimoille à messieurs de la court de parlement et citoyens de Paris qu'ils envoyassent gens et artillerie le long de la rivière de Marne, ce qu'ils feirent. Et d'une autre part il mist dedans la ville de Péronne les seigneurs de Montmort et de Humières, et dedans Corbie le seigneur de Pont-de-Remy, les vicomtes de Turenne et de Lavedent et le seigneur de Rochebaron avec leurs bandes. Brief, ledict seigneur mist si bon ordre partout que les ennemys, par faulte de vivres, furent contraincts de eulx retirer. Et à leur retraicte ils prindrent Beaurevoir et Bohaing ; mais Baurevoir fut incontinent reprins par ledict seigneur de Pont-de-Remy, et Bohaing par ledict seigneur de La Trimoille, les ennemys n'estans encores à six lieues loing des Françoys ; parquoy ne leur demoura une seulle place dedans les terres du roy ; et si perdirent en eulx retirant grant nombre de leurs gens, qui fut ung gros service faict au roy et au royaulme.

CHAPITRE XXXI.

Comment, après ce que l'admiral de France fut retourné de Milan, messire Charles de Bourbon assiègea Marseille, dont fut chassé, et le siége levé par le roy de France, qui suyvit ledict de Bourbon jusques en Italie, ou il assiégea la ville de Pavye.

Si les affaires d'Italie se fussent aussi bien portés que ceulx de la Picardie, le roy et le royaulme de France n'eussent eu les grants affaires depuis survenus ; mais fortune fut contraire à l'admiral de France ; car il trouva Milan occupé et détenu par messire Charles de Bourbon, comme lieutenant-général du roy d'Espaigne éleu empereur. Les armées furent long temps l'une près de l'autre, faisans tousjours quelques saillies et courses, où plusieurs furent occis, et encore plus de prisonniers prins, qu'on rendoit l'ung pour l'aultre, selon la qualité des personnes, contre la nature des François et Gaules, lesquels, s'ils ne donnent en colère et fureur, perdent leur force et hardiesse au dissimuller, et les Hispaniens et Italiens sont au contraire ; où les François devroient avoir l'œuil et ne altérer ne changer leurs anciennes meurs, car on ne le peult faire ne se accoustumer à d'aultres, si l'on ne change entièrement de toutes condicions. Le dissimuler est bon à gens qui n'ont esté nourrys en leurs aises et qui sont coustumiers de supporter longuement le froit, le chault, la faim, la soif, le labeur du harnoys, la pluye, le vent et aultres ennuys de guerre ; mais ceulx qui ont leurs aises suyvies, comme les Françoys, ne les peuvent pas long temps supporter sans maladie ou diminucion de force et hardiesse. Le seigneur de La Trimoille a esté par aulcuns blasmé de trop grant promptitude, mais non par gens congnoissans la nature des Gaules et François. Et si tous les chiefs de guerre françois eussent fait comme luy, peut-estre que l'yssue de leurs charges eust esté meilleure et plus avantageuse qu'elle n'a.

Or les Françoys, ennuyés d'estre si longuement aux champs sans donner fin à leur entreprinse, après la prinse de Rebec, prindrent conseil d'eulx retirer en France, et se mirent au chemin en assez bon ordre. Les adversaires les suyvoient sous la conduicte de messire Charles de Bourbon, et se rencontrèrent ; où il y eut quelques gens occis d'une part et d'autre, et mesmement messire Pierre Terrail, natif du Daulphiné, qu'on appelloit le capitaine Bayard, d'ung coup de hacquebute à crochet ; qui fut gros dommage, car en parlant de l'excellence des bons capitaines, il ne doit estre mis hors du ranc, mais en lieu évident pour ses mémorables faicts et gestes, et pour les bons services par luy faicts aux roys de France tant au Garillan, recouvrement de Gennes, prinse de Bresse, que à la garde de Mézières.

Aussi fut à ceste suite frappé d'un coup de hacquebute le seigneur de Vandenesse, frère du mareschal de Chabannes, dont il mourut certain temps après : en cet estat les François retournèrent en France.

Ceste retraite faicte à bonne cause augmenta fort le crédit de Charles de Bourbon envers le roy d'Espaigne, par l'aide duquel bientost après descendit avec grosse armée en la comté de Provence, où il disoit avoir droit, ne sçay à quel titre ; et alla mectre le siége devant la ville de Marseille, en laquelle estoient messire Phelippes Chabot seigneur de Brion, le seigneur Renzo et aultres capitaines, qui l'avoient très bien fortifiée et pourvue. Le roy prinst délibération de aller lever ce siége, et manda ledict seigneur de La Trimoille, lors estant en Bourgongne, de se trouver à Lyon ; ce qu'il feit ; et alla avec le roy jusques à Tournon par la rivière du Rosne, où le roy fut adverty que le légat d'Avignon n'avoit voulu mectre la ville d'Avignon entre les mains de messire Jacques de Chabannes, seigneur de la Palice, mareschal de France et lors lieutenant-général pour le roy en ceste expédition ; parquoy envoya ledict seigneur de La Trimoille vers ledict légat, et avec luy les seigneurs d'Aubigny, de Fleuranges et de Mézières pour l'accompaigner. Eulx arrivés en ladicte ville d'Avignon, y trouvèrent ledict mareschal de Chabannes et le duc de Longueville qui n'avoient les clefs d'une seule porte. Mais dès ce que ledict seigneur de La Trimoille eut parlé audict légat, toutes les clefs de ladicte ville furent mises entre ses mains ; et fut baillée la garde d'icelle ville audict seigneur d'Aubigny, sans laquelle l'armée du roy estoit en dangier, à la raison de ce que par ladicte ville on povoit avoir vivres et secours.

Le mareschal de Chabannes, lieutenant-général pour le roy, s'en alla loger au camp, et demoura ledict seigneur de La Trimoille en ladicte ville jusques à la venue du roy. Incontinent après que le roy fut en ladicte ville, le camp des François, où se retira ledict seigneur de La Trimoille, marcha jusques à Cavallon. Ledict mareschal de Chabannes mennoit l'avant-garde, et ledict seigneur de La Trimoille la bataille, attendans le roy à venir d'Avignon. Messire Charles de Bourbon adverty de la présence du roy et du bon ordre qui estoit en son armée, voiant qu'il ne pourroit acquérir honneur ne proffit en son entreprinse, ne faire dommage à la ville de Marseille, se retira diligemment en Italie, non sans perte de son artillerie et de nombre de ses gens. Le roy suyvant son armée se trouva en icelle, le jour qu'elle avoit passé la rivière de la Durance à gué par miracle, ce qu'on n'avoit oncques veu. Et à la raison de ce que ses ennemys s'estoient jà trop esloignès, il alla à Aix en Provence, où fut mis en délibéracion s'il devoit suyvre la promesse de sa fortune, et passer les monts avec son armée, dont il avoit bon vouloir, pour plusieurs considéracions : l'une, qu'il avoit grosse armée mesmement de Italiens et advanturiers de France qui avoient fort endommagé son royaume, et que si plus les retenoit en parachèveroient la ruyne ; parquoy nécessaire estoit les envoyer ailleurs ; ce qu'il pourroit honnestement faire, faisant la guerre en Italie ; l'aultre, que son armée estoit en bon ordre et preste à marcher, et l'aultre, que ses gens d'armes avoyent bon vouloyr d'y aller, pourveu qu'il y allast ; aussi que sa présence croystroit le cueur et courage de sa gendarmerie. Pour toutes lesquelles causes et aultres, le roy, par la délibéracion de son conseil, entreprinst le voyage, et fist marcher son armée sous la conduicte dudict mareschal de Chabannes par ung chemin ; et quant à luy et sa compaignée, ils allèrent par une aultre voye : de laquelle compaignée estoit ledict seigneur de La Trimoille.

Les monts passés et la rivière du Thisin, le roy alla loger à Biagrasse, où il eut nouvelles certaines que Charles de Bourbon et l'armée d'Espaigne estoyent dedans Milan. Sur quoy y eust plusieurs délibéracions si on devoit assiéger la ville de Milan, ou non ; et, suyvant la meilleure, le roy y envoya le marquis de Saluces pour faire ung essay, et ledict seigneur de La Trimoille après luy, lequel eut nouvelles au chemin comme ledict marquis avoit prins ladicte ville, et que les ennemis s'estoyent retyrés ailleurs ; ce que ne voulut si facilement croyre ; et y alla pour en sçavoir la vérité, puis retourna soudain vers le roy pour luy en dire ce qui en estoit. Il trouva le roy en chemin, lequel le renvoya son lieutenant-général en ladicte ville de Milan, le penultième jour d'octobre 1524. Et après le roy luy envoya le comte de Sainct-Paul, le seigneur de Vaudemont, le mareschal de Foix et le seigneur Théolde de Trivolce.

Ledict seigneur de La Trimoille fortifia la ville de Milan au mieulx qu'il peult de tranchées et rempars entre le chasteau et la ville, à ce que les ennemys, qui encores tenoyent le chasteau, ne feissent quelques surprises ou saillies sur ceulx de la ville; et y demoura ledict seigneur jusques au quatrième jour de février prochain ensuivant.

De l'aultre part le roy assiégea la ville de Pavye, et y fit dresser son camp aussy bien équipé qu'on veit onc. Ledict camp fut assis devant le chasteau et ville de Pavye, et partie au parc, où y avoit une maison appellée Myrabel que les Françoys gaignèrent, par le moyen de laquelle et d'une brèche qu'ils feirent en la muraille dudict parc avoyent vivres sans dangier.

Ceulx du dedans de Pavye, dont messire Anthoyne de Leyve, chevalier vaillant et hardy, estoit chief et capitaine, s'estoient très-bien fortiffiés, et la ville bien garnye de vivres et municions pour la tenir long temps contre le roy. Souvent faisoient des saillies sur nos gens, non sans perte d'une part et d'aultre. Et y furent les Souysses quelquefois endommagés. Ils faisoient bon guet, et avoient toujours l'œuil sur ceulx qui alloient visiter les tranchées du camp du roy, où monsieur Claude d'Orléans, duc de Longueville, prince jeune et hardy, fut occis en l'aage de seize ans d'un coup de hacquebute par ung de ceulx du chasteau, dont le roy fut fort desplaisant. Tous les jours le camp du roy endommageoit les adversaires, et baptoit la ville et le chasteau de toutes pars. Et trouva moyen le roy de faire divertir le cours de la rivière du Thisin, à ce qu'elle ne passast plus par ladicte ville, qui ne fut sans grans peine, frais et mises. Et parceque l'armée françoise estoit fort grant, et que le roy trouva par conseil qu'il pouvoit sans dangier en envoyer partie ailleurs, pour amuser le grant nombre des Hispaniens estant à Naples et empescher qu'ils ne vinssent au secours de Pavye, le roy y envoya le duc d'Albanye avec quatre cens lances et six mille hommes de pié, lesquels passèrent jusques à Romme. Tousjours le roy se tinst au camp et siége, où il feit ce qu'ung bon chief de guerre pourroit et devoit faire tant aux vivres, paiement de ses gens-d'armes que de bonne police. Et si parfois l'argent ou les vivres estoient retardés, consoloit ses gens d'armes, leur remonstrant qu'il enduroit comme eulx; et quand aulcun estoit malade, le visitoit et le faisoit medeciner et panser, monstrant par effect qu'il amoit sa gendarmerie, sans toutes fois aucune chose diminuer de sa magesté et auctorité envers les désobéissans, contre lesquels usoit de la sévérité de justice, ainsi que la chose le requéroit, sans aucune crudélité. Et avec ce entretenoit par grant faveur les capitaines et chiefs des bandes, desquelles il pensoit avoir plus de service, monstrant avoir singulière fiance en icelles, voire de sorte que ceulx des aultres bandes estoient conviés et excités à surmonter la bande favorisée plus par bon service, en espoir de récompense, que de celle de faveur, parce que la faveur estoit en bonne raison fondée, à l'exemple de Julius César qui monstroit par signes de faveur avoir plus de asseurance en la diziesme légion de ses gens d'armes que aux aultres.

Comme on faisoit toutes ces choses, ledict seigneur de La Trimoille, estant lieutenant-général pour le roy à Milan, se porta si très bien en sa charge que les ennemys n'en approchèrent et ne luy feirent dommage; où feit si grosse despense de ses propres deniers que plusieurs fois fut contrainct envoier quérir grans sommes d'or et d'argent à sa maison; et à la dernière fois, qui fut au moys de janvier dudit an 1524[1], madame son espouse, pour luy donner quelque consolacion en ses labeurs, par ceulx qui luy portèrent grosse somme d'escuts au soleil à Milan, luy envoya une amoureuse épistre et luy une à elle.

CHAPITRE XXXII.

Comment le seigneur de La Trimoille fut occis à la journée de Pavye.

La lectre du seigneur de La Trimoille rapporta grant joye à madame son espouse; mais avant cinq sepmaines passées, cette consolacion tourna en une merveilleuse tristesse, pour les choses qui depuis advinrent en Italie: car comme le roy tenait Pavye assiégée,

[1] Ou 1525, nouveau style.

messire Charles de Bourbon, lieutenant-général de l'armée de l'empereur roy d'Espaigne, assembla grosse armée de Alemans, Bourgongnons, Austrasiens, Artisiens, Hennuyers, Brebançons, Hispaniens, Italiens, et quelques aultres gens de France, en nombre excédant l'armée du roy, qui estoit fort affeublie, à la raison de ce que plusieurs gentils hommes non stipendiés estoyent retournés malades en France, aultres estoyent mors, aultres avoyent laissé le siége par l'ennuy des pluyes et froidures qu'ils avoient supportées par quatre moys ou environ au temps d'automne et d'yver, aussi que le roy avoit envoyé à Naples quatre cens lances et six mil hommes de pié, comme nous avons veu ci-dessus. Et au commencement du mois de février dudict an 1524, Charles de Bourbon, le vi-roy de Naples, et le marquis de Pesquère, assemblèrent leurs gens en la ville de Lode et y dressèrent leur armée; puis sortirent aux champs, délibérés d'entrer en Pavye, et furent repoussés par les François; et suyvans leur chemin assaillirent le chasteau Saint-Ange, qui fut par eulx prins, et vingt-deux Italiens estans au service du roy, dont les six estoyent de la maison de Gonzaga; puis allèrent loger à la vue du camp de France et au derrière du fort d'iceluy.

Le roy manda le seigneur de La Trimoille et aultres seigneurs estans à Milan, qui vindrent au camp, fors le seigneur Théolde de Trivolce, qui demoura pour la garde de ladicte ville : et arrivèrent audict camp le 4 février avec leurs bandes qu'il faisoit bon veoyr. En ce temps cuidèrent avoir la bataille; et ainsy le conseilloit ledict seigneur de La Trimoille, parce que les gens d'armes de France estoient fort délibérés et en meilleur ordre que les ennemys; qui eust esté le meilleur pour les François, parce que voluntiers sont plus fors en la première pointe. Mais aultres capitaines ne furent de cest advis, disans que les ennemys ne les oseroient assaillir à leur fort, et qu'ils seroient contraincts de rompre leur armée, à la raison de ce qu'ils estoyent mal pourveus de vivres et argent, et que par ces moyens viendroit le roy à chief de son entreprinse. Pour lesquelles raisons, qui avoyent bonne apparance, ne sortirent pour lors. Et furent ainsi, l'ung camp près de l'autre, environ quinze jours ou trois sepmaines, faisant escarmouches et saillies, et aussi ceulx de Pavye; qui ne fut sans perte de gens d'une part et d'autre.

Tous les jours la compaignée de l'armée impériale croissoit; et ne passoit guières huyt qu'il n'y eust allarme. Les bons capitaines et gens de bien durant ce tems eurent toujours le harnoys sur le dos, et entre aultres ledict seigneur de La Trimoille, qui ne le laissa onc fors pour changer de chemise. Et souvent prédisoit une partie du désordre qui depuis advint : mais sans avoir regard au passé, aulcuns jeunes gens d'armes prenoient le présent pour resverie et l'advenir en présumption. Le roy se acquitoit autant bien que fist onc César en ses conquestes, et voyant la guerre subjecte à fortune, pour empescher que les cueurs d'aucuns de son armée ne affeublissent et que hardiesse ne tournast en doubteuse suspeçon, aulcunes fois les persuadoit et excitoit au bien faire, par telles ou semblables parolles.

Persuasion du roy à ses gens-d'armes, devant Pavye.

« Si la force de nos ennemys n'avoit esté par vous et vos pères expérimentée, mes loyaux chevalliers et gens d'armes, je m'efforceroys vous exhorter à hardiesse; mais la noblesse de vos cueurs et vos expériences congnues, contentent mon esprit et asseurent mon espoyr de future victoyre. Vous ne ignorez nos adversaires estre Hyspaniens, Saxons, Brebançons, Hennuyers, Artisiens, Séquanoys et Lombars; et que les Visgotz (desquels les Hyspaniens se glorifient estre yssus) ont esté, long temps a, vaincus par les Françoys et Clovis leur premier roy crestien, voyre chassés d'Acquitaine en Espaigne, où depuis par plusieurs batailles ont esté guerroyés et vaincus par les roys Clotaire premier de ce nom, Sigibert, Chilpéric et aultres roys mes prédécesseurs, comme aussi furent après eulx les Sarrazins, occupateurs de leurs terres et agresseurs d'Acquitaine, desquels furent occis, avec leur roy Abdiran, jusques au nombre de troys cens quatre vingts mil près de Tours par les Françoys, et Charles Martel, lors grant maistre de la maison de France, leur chief et principal conducteur; et encores depuis par Charlemaigne, par le roy Charles V, et par vous et vos pères de fresche mémoyre à Ravenne.

» Aussi peu devez craindre les Saxons, de ancienneté rebelles à la couronne de France et plusieurs fois subjugués par les Françoys, durans les règnes desdicts Clovis et Clotaire, et par Clotaire second, qui, leur pays subjugué, fit mettre à mort tous les hommes et enfans adultes passans en grandeur la longueur de son espée. Charlemaigne douze fois les subjuga, et par douze batailles qui furent entre eulx, par la faction et désobéissance de messire Regnaud de Montauban et ses trois frères enfans du duc Hémon, qu'on appelle vulgairement les quatre fils Hémon. Et finablement pour avoir perpétuelle paix, Charlemaigne fut contrainct faire venir une partie de ce rebelle peuple en France, cuidant leur faire laisser leurs maulvaises mœurs; et leur bailla pour demourance la fourest Cherbonnière en la Gaule Belgicque, dont Landric fut le premier forestier; et depuis a esté ce pays érigé en comté, appellée la comté de Flandres, tenue de moy en pairie, et tousjours rebelle pour la malice des habitans tant de fois deffaits en leur injustice, mesmement par le roy Phelipes le Bel.

» Si bien remémorez les nobles gestes et faits de nos pères, ne craindrez les Séquanois, c'est à dire les Bourgongnons de la Franche-Comté, et aussi peu les Hennuyers, Artisiens, Austrasiens et Brebançons, tant de fois vaincus par les roys de France, et premièrement par le roy Clovis et ses enfans, qui les soubsmirent à la couronne et ceptre de France, et de récente mémoire, par le roy Loys onzième de ce nom. Et pour le reste, qui sont les Italiens ou Lombars, nul de vous ignore comme leur royaume de Lombardie fut autres fois supprimé par Charlemaigne, lequel le remit à la monarchie des Gaules dont il estoit yssu, parce que les Gaules furent de ce pays édificateurs : à cause de ce fut appellée la Gaule Cisalpine, depuis Lombardie, et de présent Italie. Et de récente mémoire, le roy Loys XII, mon beau-père et prédécesseur, les a surmontés et vaincus par trois ou quatre batailles, dont tousjours il a eu la gloire et triomphe, et moy avec vous à la journée de Saincte-Brigide.

» Puis donc que par tant de batailles, desquelles les François et Gaules ont eu la gloire, toutes ces belliques nations ont esté par les nostres surmontées, vous qui ne voulez dégénérer ne déshéréder vos successeurs de l'immortel nom de prouesse, avec tant de labeurs par vos pères acquis, je vous supply que vos cueurs ne se amolissent, vos courages ne se rabaissent, et vos corps et mains ne se excusent à humilier ceulx qui par orgueil et injuste querelle nous veulent adnichiller. Considérez les agressions de nos adversaires, qui n'est ung spectacle, mais ymage de nostre présente fortune. Le lieutenant de leur armée, que vous congnoissez, est hors d'espoyr, et aventure son sort à sa totalle ruyne ou à nostre déshonneur, reproche et perte. Il seroit joyeux nous mettre en fuyte, bien adverty que le fuyr occiroit plus de gens par mort et déshonneur que l'obstinacion du combattre; car d'ung costé nous avons la grosse rivière du Thisin et les Alpes qui nous renferment, et de l'autre costé, l'Italie, qui tousjours sera contre les vaincus.

» A ceste considéracion nous convient vaincre ou mourir. Toutesfois fortune, qui nous impose ceste nécessité de combattre, nous promect des loyers tels que plus grans on ne sçauroit à Dieu demander : c'est la paisible seigneurie et possession de tout ce riche pays qui à juste titre me appartient, et le recouvrement du royaulme de Sceille et pays de Naples, pour vous remonter de vos pertes et anciens labeurs : voici la prémiacion de vos mérites et la fin de vos travaulx. Et si le nom d'empereur est grant et le nombre des gens de son armée excédant le nostre, pourtant ne extimez la victoyre en estre difficile. Souvent une petite poignée de gens de vertus mesprisée deffaict et ruyne en ung légier mouvement ung grant et présumptueux exercite. Vous sçavez le présage de bonne fortune que nous eusmes au passer de la grosse et profunde rivière de la Durance, qui fut par nous passée à gué, contre nostre espoir. Je ne voy chose de louange en nos ennemys qui ne soit mieulx et par plus grant excellence en vous. Et si, ont un chief extrange non congnoissant leurs mœurs et condicions et mal congneu par eulx. Et je qui suis vostre roy, juge et prémiateur de vos mérites, congnoissant vos condicions et vous les miennes, me semble impossible que soyons vaincus. Je veulx mourir avec vous pour le proffit de vous, vos enfans et vostre pays. Je vous prie que ne fuyez la mort pour l'amour que avez à moy et encores plus à vostre honneur et de vos héritiers.

» Considérez combien seroit grant et long le reproche de ceulx qui vouldroyent tourner le dos, et combien leur ennuyeroit et à leurs enfans le reproche de lascheté; et au contraire en quel degré de louange seront les victorieux et combatans jusques à la mort, et tous ceulx de leur sang et lignage. D'icy à cent ans les gens en feront leurs contes à bien ou à mal, et les livres en porteront perpétuel tesmoignage. Changeons la convoytise de vivre en l'avarice d'honneur, prenons le desir de nos vies en mourant, et reffusons la vie des corps tant petite, pour acquérir celle de immortel renom. Je ne vous dy ces raisons pour vous instruyre, croistre vos forces, ne encourager vos nobles et hardis cueurs; mais pour contenter le mien esprit, qui ne vous peult céler son désir de victoyre, pour aux guerres de Italie, trente ans jà commencées, mettre fin. Chascun se tienne en son ordre, et obéisse à son capitaine et j'espère que par l'ayde de celluy qui donne les victoyres quand et à qui luy plaist, viendrons au parfait de nostre entreprinse. »

Ces remontrances et persuasions entrèrent és cueurs des nobles et hardis hommes, de sorte que tous estoyent délibérés vaincre ou mourir. Et oyans les capitaines de l'empereur que fortune commançoit leur rire et estre pour eulx, desprisans les dangiers de guerre, délibérèrent tous ensemble, ainsi qu'on m'a rapporté, entrer au parc de Pavye et gaigner la place de Myrabel, où estoit logée partie de l'armée de [France, pour empescher que les François n'eussent vivres à leur ayse, comme ils avoyent toujours eu, et en ce faisant, essayer s'ils pourroyent les surprendre et mettre en désordre; et que pour à ce parvenir en mesme temps, Antoyne de Leyve, chief et capitaine de Pavye, donneroit de l'autre costé sur les François; ce qu'ils ne povoyent mettre à effect sans faire breiche à la muraille du parc de Pavye, parce qu'ils s'estoyent parqués derrière les François, et que entre eulx et les François estoyent les fors de leurs camps. A ceste cause, suyvans leur délibéracion et entreprinse, le vingt-quatrième jour du moys de febvrier [1], deux heures devant jour, une partie de l'armée de l'empereur, soubs la conduyte du marquis de Pesquère, commença rompre et faire breiche en ladicte muraille du parc de Pavye avec gros soliveaux embourrés, à ce qu'on n'en peust ouyr le bruyt; et ladicte nuyt y eut en l'armée des François quatre ou cinq allarmes. Ceste breiche pour passer cent hommes de front fut faicte à si grant labeur et difficulté que le jour vinst avant le parfaire; en sorte que l'ordre par ledict marquis et aultres capitaines de l'empereur entrepris, pour donner de nuyt et gaigner la place de Myrabel, estant presque au milieu dudict parc de Pavye, ne peult avoir effect.

Ce néantmoins, l'armée de l'empereur entra par ladicte breiche fort large et ample audict parc, où fut le combat des deux armées plus conduyt par fortune que par art. J'ay prins peine de sçavoir l'ordre et la forme de ceste bataille, avec plusieurs qui en sont à leur honneur retournés; mais de quinze ou seize avec lesquels j'en ay conféré, deux ne se sont accordés de la forme du faire, en entrée, meilieu et issue; et n'en ay voulu prendre le jugement par la description que les Hispaniens en ont faicte en leur vulgaire, obstant qu'il y a plus de parolle affectée que de vérité historiale. A ceste considéracion, prie mes lecteurs me pardonner, si voulant éviter de mentir, j'ay retiré ma plume d'en escrire plus avant. Mais il est certain que les François eurent bien du pire, plus par mal-eur que par la bonne conduycte de nos ennemys; car par ce que eulx en ont escript, le confessent, et que en leur armée il y eut du désordre premier que en la nostre; aussi les haquebuttes à crochet que portoyent gens de cheval (dont les François ne se doubtoyent) endommagèrent plus les François que leur prouesse et vaillance. Et si tous ceulx de l'armée françoise se fussent aussi bien acquittés que le roy et que les princes, capitaines et gentilshommes estans autour de sa personne, eussent eu la victoyre: car à la première charge, où estoyent le roy et ledict seigneur de La Trimoille, lequel fut blécé par le visaige près et dessoubs l'oeuil, feirent tant de beaulx faits d'armes, qu'à force de coups, et par prouesse, sans artillerie, ils

---

[1] 1524 ancien style, 1525 nouveau style.

occirent deux ou trois cents hommes d'armes des ennemys; de sorte que le vi-roy de Naples entra en esbayssement, ainsi qu'on m'a rapporté. Incontinent après, ledict seigneur de La Trimoille fut rencontré par messire Loys Bonnyn, chevalier, seigneur du Cluzeau, Jacques de La Brosse, escuyer, gentilshommes de sa maison, et par Jehan du Bourget, homme d'armes qui l'avoit aultrefois servy. Et voyant ledict Bonnyn le cheval dudict seigneur de La Trimoille estre blécé à mort, le pria de descendre, ce qu'il fist; et lors ledict de La Brosse, qui avoyt esté nourry page en la maison dudict seigneur, se mist à pié, luy bailla son cheval, et s'en alla mettre avec les Souysses. Ledict seigneur de La Trimoille monté sur le cheval dudict seigneur de La Brosse, s'en alla, et ledict Bonnyn avec luy, au lieu où estoyt le roy; et là, environné des ennemys, fut abbatu mort d'ung coup de hacquebute. Plusieurs de ses gens furent aussi occis en ce conflict; sçavoir est, de sa compaignée : messire Jehan de Jaucourt, chevalier seigneur de Villarnon, son porte-enseigne messire Jacques de Salezar, Jean Jousserant, seigneur de la Hire, d'Arçon, le Breton d'Arras et aultres; et des gentilshommes de sa maison qu'il avoit nourris jeunes, Jehan de Poix, fils aisné du seigneur de Villemort, le fils aisné de messire Odet de Chaserac, chevalier, le fils unique de messire Jehan de Poix, chevalier, et Adam du Ravenel, frère puisné du seigneur de La Rivière; et y fut blécé Claude de Cravant, escuyer, frère puis-né du seigneur de Banche; et prins prisonniers, ledict Bonnyn et messire Georges de Charge, chevalier, lesquels, avec le frère puisné du seigneur de Renzo, qui aussi fust prisonnier, amenèrent depuis le corps dudict feu seigneur, leur maistre, en France.

Le roy fit vaillamment en ce combat; et après avoir choqué dom Ferrand de Castriote, auquel donna ung grand coup par le visaige, et que son cheval eut esté occis entre ses jambes, fut prins non deffendu des siens; comme aussi le furent le roy de Navarre, le comte de Sainct-Paul, Françoys monseigneur de Saluces, le comte de Nevers, le prince de Thalemont, petit-fils dudict seigneur de La Trimoille, le bastard de Savoye, grant-maistre de France,

et son fils le seigneur de Lescun, mareschal de Foix, le mareschal de Montmorency, le vidasme de Chartres, le seigneur de Boysi, le seigneur Galliace Visconte, le gouverneur de Limousin Bonneval, messire Phelippes Chabot, seigneur de Brion, le prince de la Roche-sur-Yon, et aultres plusieurs gens de nom du party de France. Qui furent occis en la bataille, oultre le seigneur de La Trimoille, sont : le duc de Suffolc, d'Yorc, qui querelloit le royaulme d'Angleterre contre le roy Henry huitième de ce nom, de la maison de Lenclastre, François monsieur, frère du duc de Lorraine, messire Jaques de Chabannes, chevalier de l'ordre, seigneur de La Palice, et mareschal de France, l'ung des hardis et vaillans capitaines qui fust en France, messire Guillaume Gouffier, seigneur de Bonnivet, admiral de France, le seigneur de Bussy d'Amboyse, le seigneur de Morete, le capitaine Fédéric Cataigne, le comte de Tonnerre, nepveu dudict seigneur de La Trimoille, le seigneur de Tournon, le grant escuyer de France, l'escuyer Maraffin, et aultres dont les ennemys ne doivent prendre gloire; car la plupart d'iceulx furent occis par les hacquebutiers, qui estoyent gens montés sur cropes de chevaulx légiers, chargés de hacquebutes à crochet, dont les crestiens ne devroient user fors contre les infidèles. Les corps desdicts princes et seigneurs occis furent par leurs serviteurs qûis entre les morts; et pour y estre congneu ledict seigneur de La Trimoille (qui désiroit souvent ne vouloir mourir ailleurs que au lict d'honneur, c'est-à-dire au service du roy en juste guerre) avoit laissé croistre dès long temps l'ongle du gros orteil du pié droit. Ces nobles corps trouvés furent par leurs serviteurs portés ès églises de Payye, où furent nuds sur la terre quelque peu de temps pendant qu'on préparoit les coffres pour les confire en myrrhe et aloës et les transporter en France.

Les serviteurs des occis feirent regrets et complaintes sur les corps nuds de leurs maistres, lesquels ils feirent embasmer en coffres, et rien obmectre des pompes funéreuses à tels personnages deues; et les feirent transporter en France, chacun d'eulx à la principalle de leurs seigneuries. Et au moys d'avril ensuyvant de l'an 1525 les obsèques dudict seigneur de La Trimoille furent solempnellement et honnorablement faictes en son église collégialle Nostre-Dame de Thouars, qu'il avoit nouvellement édifiée, fondée et dotée; et fut mis en sa sépulture près de son espouse madame Gabrielle de Bourbon et de monsieur Charles leur fils. Les honneurs qu'on a accoustumé faire en obsèques des comtes, princes, chevaliers et chiefs de guerre luy furent baillés, comme bien le méritant, tant pour son honnorable et droicte vie que pour ses nobles faicts et gestes.

Le jour de son enterrement, vers le soir, furent apportées nouvelles certaines que monsieur le prince de Thalemont, son nepveu; c'est-à-dire fils de son fils et son héritier unicque, estoit de retour à Lyon avec madame la régente mère du roy. Lequel retour donna quelque consolacion aux habitans de Thouars et à tous les serviteurs de la maison dudict feu seigneur, qui faisoient ung merveilleux deuil de leur feu seigneur et maistre; et non sans cause; car ce fut l'ung des bons seigneurs qu'on veit onc et qui mieulx traicta ses subjects sans leur faire aucun tort en biens, en corps ne en renommée. Il estoit nect de toutes maculles de tyrannie, et décoré de toutes les meurs que doit avoir ung prince. Et combien que pour les laborieux services qu'il avoit fait par le temps de quarante-cinq ans à la couronne de France, il se deust estre enrichi d'ung milion d'or, veu le grant revenu qu'il avoit à cause de ses parens, qui estoit de trente-cinq ou quarante mil livres de rente, et les pensions des gouvernement de Bourgongne, admirauté de Guyenne et aultres estats qu'il eut en la maison de France, néantmoins on ne luy trouva que bien peu d'argent comptant, et si n'avoit fait aucuns édifices, fors la structure de son église Nostre-Dame, qui est fort sumptueuse et magnifique. Aussi n'avoit acquis fors la seigneurie de Montagu, dont encores bailla pour récompense, avec quelque somme de deniers, les seigneuries de Puybeliart et Chantonay, qui estoyent de son ancien patrimoine.

Il despendoit non seulement ses gages en pensions, mais aussi tout son revenu au service du roy et de la chose publicque et non ailleurs, car il ne feit onc de despence prodigue, mais tousjours honneste et honnorable à la raison de son povoir; qui est une chose digne de grant louange aux princes et seigneurs, quand, oublieux de leurs privées richesses, appliquent tout ce qu'ils ont au proffit public; et aiment mieulx souvent endurer que de veoir le pauvre peuple piller. Par tels moiens, et aussi pour sa grant loyaulté et fidélité qu'il eut tousjours aux roys et à la maison de France, et parce qu'il fut pur et nect de toute tyrannie, concussion et pillerie, a eu pour la rétribucion ou loyer de si bonnes euvres le tiltre et nom de Chevalier sans reproche. La chose que plus craignoit c'estoit d'offenser le roy et son royaulme. Toutesfois aucuns ne trouvoient bon dont il se rendoit si très subject à la chambre du roy, et qu'il ne monstroit assez son auctorité et magnificence. Il estoit humain, humble et familier et l'un des plus véritables, en ses parolles de conséquence, que je congneus onc; car il eust mieulx aimé perdre tout son bien que dire une parole de conséquence contraire à sa pensée. C'estoit le prince qui savoit bien attendre le temps sans murmure, et changeoit incontinent ses conditions selon la disposition du temps, sans vouloir, par envie ne aultrement, détracter de ceulx qui souvent le vouloyent supplanter et surprendre sur son auctorité. Il n'estoit importun ne pressant en requestes de dons d'offices pour luy ne pour les siens; dont aucuns de ses serviteurs estoient aucunes fois mal contens; mais il répondoit qu'il avoit de quoy les récompenser, et que les roys qu'il avoit servis congnoissoient les mérites des hommes pour selon iceulx les remunérer. Ses obsèques faictes, fut ceste épitaphe attachée dans sa seigneurie de Sully :

Au lict d'honneur il a perdu la vie
Le bon Loys Trimoille cy gisant,
Au dur conflict qui fut devant Pavye,
Entre Espaignols et François par envie,
Dont son renom est en tous lieux luysant.
Il n'eust voulu mourir en languissant
En sa maison, ne soubs obscure roche
De lascheté, comme il alloit disant;
Pource est nommé Chevalier sans reproche.

FIN DU PANEGYRIC DE LOYS DE LA TRIMOILLE.

TABLE DES CHAPITRES

CONTENUS DANS CE VOLUME.

Dédicace à M. de Barante, VII
Notice sur Philippe de Commines, IX
Notice sur Guill. de Villeneuve, XII
Notice sur Olivier de La Marche, suivie de l'estat de la maison de Bourgongne en 1774, XIII
Notice sur Georges Chastelain, XXVI
Notice sur Jean Bouchet, XL

MÉMOIRES DE PHILIPPE DE COMMINES.

Prologue, à M. l'archevesque de Vienne. 1

LIVRE PREMIER.

1464 CHAPITRE PREMIER. — De l'occasion des guerres qui furent entre Louis onziesme et le comte de Charolois, depuis duc de Bourgongne. 3

CHAP. II. — Comment le comte de Charolois, avec plusieurs gros seigneurs de France, dressa une armée contre le roi Louis onziesme, soubs couleur du bien public. 5

1465 CHAP. III. — Comment le comte de Charolois vint planter son camp près de Mont-l'Héry, et de la bataille qui fut faite audit lieu entre le roy de France et luy. 8

CHAP. IV. — Du danger auquel fut le comte de Charolois, et comment il fut secouru. 12

CHAP. V. — Comment le duc de Berry, frère du roy, et le duc de Bretagne se vindrent joindre avec le comte de Charolois contre iceluy roy. 15

CHAP. VI. — Comment le comte de Charolois et ses alliés, avec leur armée, passèrent la rivière de Seine sur un pont portatif, et comment le duc Jean de Calabre se joignit avec eux ; puis se logèrent tous à l'entour de Paris. 17

CHAP. VII. — Digression sur les estats, offices et ambitions, par l'exemple des Anglois. 19

CHAP. VIII. — Comment le roy onziesme entra dedans Paris, pendant que les seigneurs de France y dressoient leurs pratiques. 20

CHAP. IX. — Comment l'artillerie du comte de Charolois et celle du roy tirèrent l'une contre l'autre près Charen-ton, et comment le comte de Charolois fit faire de rechef un pont sur bateaux en la rivière de Seine. 22

1465 CHAP. X. — Digression sur quelques vices et vertus du roy Louis onziesme. 24

CHAP. XI. — Comment les Bourgongnons, estans près de Paris, attendans la bataille, cuidèrent, des chardons qu'ils virent, que ce fussent lances debout. 25

CHAP. XII. — Comment le roy et le comte de Charolois parlèrent ensemble pour cuider moyenner la paix. 27

CHAP. XIII. — Comment la ville de Rouen fut mise entre les mains du duc de Bourbon, pour le duc de Berry, par quelques menées, et comment le traicté de Conflans fut de tous poincts conclu. 28

CHAP. XIV. — Du traicté de paix conclu entre le roy et le comte de Charolois et ses alliés. 30

CHAP. XV. — Comment par la division des ducs de Bretagne et de Normandie, le roy reprint en ses mains ce qu'il avoit baillé à son frère. 31

CHAP. XVI. — Comment le duc de Normandie se retira en Bretagne, fort pauvre et désolé de ce qu'il estoit frustré de son intention. 32

LIVRE SECOND.

1466 CHAPITRE PREMIER. — Des guerres qui furent entre les Bourgongnons et les Liégeois, et comme la ville de Dinand fut prise, pillée et rasée. 34

CHAP. II. — Comment les Liégeois rompirent la paix au duc de Bourgongne, paravant comte de Charolois, et comment il les deffit en bataille. 35

1467 CHAP. III. — Comment après qu'aucuns des Liégeois eu-rent composé de rendre leur ville, et les autres refusé de ce faire, le seigneur d'Hymbercourt trouva moyen d'y entrer pour le duc de Bourgongne. 39

1467 CHAP. IV. — Comment le duc de Bourgongne fit son entrée en la ville de Liége, et comment ceux de Gand, qui paravant l'avoient mal reçu, s'humilièrent envers luy. 41

CHAP. V. — Comment le roy, voyant ce qui estoit advenu aux Liégeois, fit quelque peu de guerre en Bretagne contre les alliés du duc de Bourgongne, et comment ils se virent et parlèrent ensemble eux deux à Péronne. 43

1468 CHAP. VI. — Digression sur l'avantage que les bonnes lettres, et principalement les histoires, font aux princes et grands seigneurs. 45

CHAP. VII. — Comment et pourquoi le roy Louis fut arresté et enfermé dedans le chasteau de Péronne par le duc de Bourgongne. 46

CHAP. VIII. — Digression sur ce que quand deux grands princes s'entrevoyent pour cuider appaiser différends, telle venue est plus dommageable que profitable. 48

CHAP. IX. — Comment le roy renonça à l'alliance des Liégeois pour sortir hors du chasteau de Péronne. 50

CHAP. X. — Comment le roy accompagna le duc de Bourgongne, faisant la guerre aux Liégeois, paravant ses alliés. 51

CHAP. XI. — Comment le roy arriva en personne devant la cité de Liége, avec ledit duc de Bourgongne. 52

CHAP. XII. — Comment les Liégeois firent une merveilleuse saillie sur les gens du duc de Bourgongne, là où luy et le roy furent en grand danger. 54

CHAP. XIII. — Comment la cité de Liége fut assaillie,

TABLE DES CHAPITRES.

prise et pillée, et les églises aussi. 56
1468 CHAP. XIV. — Comment le roy Louis s'en retourna en France, du consentement du duc de Bourgogne, et comment ce duc acheva de traiter les Liégeois et ceux de Franchemont. 58
CHAP. XV. — Comment le roy fit tant par subtils moyens que monseigneur Charles, son frère, se contenta de la duché de Guyenne, pour Brie et Champagne, contre l'entente du duc de Bourgongne. 59

—

LIVRE TROISIÈME.

1469 CHAPITRE PREMIER. — Comment le roy print nouvelle occasion de faire guerre au duc de Bourgongne, et comment il l'envoya adjourner jusques dedans Gand, par un huissier de parlement. 61
1470 CHAP. II. — Comment la ville de Sainct-Quentin et celle d'Amiens furent rendues entre les mains du roy, et pour quelles causes le connestable et autres entretenoient la guerre entre le roy et le duc de Bourgongne. 62
CHAP. III. — Comment le duc de Bourgongne gaigna Péquigny, et après trouva moyen d'avoir trève au roy pour un an, au grand regret du connestable. 64
CHAP. IV. — Des guerres qui furent entre les princes d'Angleterre pendant les différends du roy Louis et de Charles de Bourgongne. 67
CHAP. V. — Comment le roy Louis ayda si bien le comte de Warvic, qu'il chassa le roy Edouard hors d'Angleterre, au grand desplaisir du duc de Bourgongne, qui le reçut en ses pays. 69
CHAP. VI. — Comment le comte de Warvic tira hors de prison le roy Henry d'Angleterre. 72
CHAP. VII. — Comment le roy Edouard retourna en Angleterre, où il deffit en bataille le comte de Warvic, et le prince de Galles après. 74
1471 CHAP. VIII. — Comment la guerre se renouvela entre le roy Louis et le duc Charles de Bourgongne, à la sollicitation des ducs de Guyenne et de Bretagne. 76
1472 CHAP. IX. — Comment la paix finale, qui se traitoit entre le roy et le duc de Bourgongne, fut rompue, au moyen de la mort du duc de Guyenne, et comment ces deux grands princes taschoient à se tromper l'un l'autre. 79
1472 CHAP. X. — Comment le duc de Bourgongne, voyant qu'il ne pouvoit se saisir de Beauvais, devant laquelle il avoit planté son camp, s'en alla devant Rouen. 81
1473 CHAP. XI. — Comment le roy fit appointement avec le duc de Bretagne, et trève avec le duc de Bourgongne, et comment le comte de Sainct-Paul eschappa pour lors à une machination faite contre luy par ces deux grands princes. 83
1474 CHAP. XII. — Digression sur la sagesse du roy et du connestable, avec bons advertissemens pour ceux qui sont en auctorité envers leurs princes. 86

LIVRE QUATRIÈME.

CHAPITRE PREMIER. — Comment le duc de Bourgogne, s'estant saisi de la duché de Gueldres, eut envie d'entreprendre plus outre sur les Allemagnes, et comment il mit le siège devant la ville de Nuz. 88
CHAP. II. — Comment ceux de la ville de Nuz furent secourus par les Allemans et par l'empereur, contre le duc de Bourgongne, et des autres ennemis que le roy luy suscita. 91
1475 CHAP. III. — Comment le roy prit le chasteau de Tronquoy, les villes de Montdidier, Roye et Corbie, sur le duc de Bourgogne, et comment il voulut induire l'empereur Frédéric à se saisir des terres que ledit duc tenoit de l'Empire. 93
CHAP. IV. — Comment le connestable commença à rentrer en suspicion, tant du costé du roy que du duc de Bourgongne. 94
CHAP. V. — Comment le roy d'Angleterre vint par deçà à tout grosse puissance, pour secourir le duc de Bourgongne, son allié, contre le roy, qu'il envoya deffier par un héraut. 96
CHAP. VI. — De la peine en laquelle estoit le connestable, et comment il envoya lettres de créance au roy d'Angleterre et au duc de Bourgongne, qui après furent en partie cause de sa mort. 97
CHAP. VII. — Comment le roy fit vestir un simple serviteur d'une cotte d'armes avec un esmail, et l'envoya parler au roy d'Angleterre en son ost, où il eut très-bonne response. 99
1475 CHAP. VIII. — Comment trève de neuf ans fut traitée entre le roy de France et le roy d'Angleterre, nonobstant les empeschemens du connestable et du duc de Bourgongne. 101
CHAP. IX. — Comment le roy fit festoyer les Anglois dedans Amiens, et comment la place fut assiégée pour la vue des deux roys. 103
CHAP. X. — Comment les deux roys s'entrevirent et jurèrent la trève paravant traitée, et comment aucuns estimèrent que le Sainct-Esprit descendit sur la tente du roy d'Angleterre en espèce de pigeon blanc. 106
CHAP. XI. — Comment le connestable taschoit de s'excuser envers le roy, après la trève faite à l'Anglois, et comment fut aussi faite trève de neuf ans entre le roy Louis et le duc de Bourgongne. 109
CHAP. XII. — Comment la mort du connestable fut de tous poincts jurée entre le roy et le duc de Bourgongne, et comment s'estant retiré au pays du duc, fut par le commandement d'iceluy livré au roy, qui le fit mourir par justice. 111
CHAP. XIII. — Digression sur la faute que fit le duc de Bourgongne, livrant le connestable au roy, contre sa sûreté, et ce qui luy en pust estre advenu. 114

—

LIVRE CINQUIÈME.

CHAPITRE PREMIER. — Comment le duc de Bourgongne faisant la guerre aux Suisses, fut chassé par eux à l'entrée des montagnes près Granson. 116
1476 CHAP. II. — Comment, après la chasse de Granson, le duc de Milan, le roy René de Cécile, la duchesse de Savoye et autres abandonnèrent l'alliance du duc de Bourgongne. 119
CHAP. III. — Comment les Suisses deffirent en bataille le duc de Bourgongne, près la ville de Morat. 121
CHAP. IV. — Comment, après la bataille de Morat, le duc de Bourgongne se saisit de la personne de Madame de Savoye ; et comment elle en fut délivrée et renvoyée en son pays par le moyen du roy. 123
CHAP. V. — Comment le duc

TABLE DES CHAPITRES.

1476. CHAP. VI. — De Bourgongne se tint quelques semaines comme solitaire; et comment cependant le duc de Lorraine recouvra sa ville de Nancy. 124

CHAP. VII. Comment le duc de Lorraine, accompagné de bon nombre d'Alemans, vint loger à Sainct-Nicolas, pendant le siége de Nancy; et comment le roy de Portugal, qui estoit en France, alla voir le duc de Bourgongne, durant ce siége. 129

CHAP. VIII. — Commment le duc de Bourgongne, n'ayant voulu suivre le bon conseil de plusieurs de ses gens, fut desconfit et tué en la bataille que luy livra le duc de Lorraine, près Nancy. 130

1477. CHAP. IX. — Digression sur quelques bonnes mœurs du duc de Bourgongne, et sur le temps que sa maison dura en prospérité. 132

CHAP. X. — Comment le roy fut adverty de la dernière deffaite du duc de Bourgongne, et comme il conduisit ses affaires après la mort d'icelluy. 133

CHAP. XI. — Comment le roy, après la mort du duc de Bourgongne, se saisit d'Abbeville, et de la response que luy firent ceux d'Arras. 134

CHAP. XII. — Discours, aucunement hors du propos principal, sur la joye du roy, se voyant délivré de plusieurs ennemis; et de la faute qu'il fit en la réduction des pays du duc de Bourgongne. 135

CHAP. XIII. — Comment Han, Bohain, Sainct-Quentin et Péronne furent assujettis au roy; et comment il envoya messire Olivier, son barbier, pour cuider pratiquer ceux de Gand. 136

CHAP. XIV. — Comment maistre Olivier, barbier du roy, n'ayant pas bien fait son profit de ceux de la ville de Gand, trouva moyen de mettre les gens-d'armes du roy dedans Tournay. 138

CHAP. XV. — Des ambassadeurs que la damoiselle de Bourgongne, fille du feu duc Charles, envoya au roy; et comment, par le moyen de monseigneur des Cordes, la cité d'Arras et les villes de Hesdin et Boulongne, et la ville d'Arras mesme, furent mises en l'obéyssance du roy. 140

1477. CHAP. XVI. — Comment les Gandois, qui avoient usurpé auctorité par dessus leur princesse quand son père fut mort, vindrent en ambassade vers le roy, comme de par les trois estats de leur pays. 142

CHAP. XVII. — Comment ceux de Gand, après le retour de leurs ambassadeurs, firent mourir le chancelier Hugonet et le seigneur d'Hymbercourt, contre le vouloir de leur princesse; et comment eux et autres Flamans furent desconfits devant Tournay, et le duc de Gueldres, leur chef, tué. 145

CHAP. XVIII. — Discours sur ce que les guerres et divisions sont permises de Dieu pour le chastiement et des princes et du peuple mauvais, avec plusieurs bonnes raisons et exemples advenus du temps de l'auteur, pour l'endoctrinement des princes. 147

LIVRE SIXIÈME.

CHAPITRE PREMIER. — Comment la duché de Bourgongne fut mise entre les mains du roy. 157

CHAP. II. — Comment le roy entretenoit les Anglois, après la mort de Charles, duc de Bourgongne, afin qu'ils ne l'empeschassent en la conqueste des pays dudit duc. 157

CHAP. III. — Comment le mariage de mademoiselle de Bourgongne fut conclu et accomply avec Maximilien, duc d'Austriche, et depuis empereur. 160

1478. CHAP. IV. — Comment le roy Louis, par la conduite de Charles d'Amboise, son lieutenant, regagna plusieurs villes de Bourgongne que le prince d'Orange avoit révoltées contre le roy. 164

CHAP. V. — Comment le seigneur d'Argenton, durant les guerres de la conqueste de Bourgongne, fut envoyé à Florence; et comment il reçut l'hommage de la duché de Gennes, du duc de Milan, au nom du roy. 166

1479. CHAP. VI. — Du retour de monsieur d'Argenton d'Italie en France; et de la journée de Guinegate. 168

1480. CHAP. VII. — Comment le roy Louis, par une maladie, perdit aucunement le sens et la parole, guérissant et renchéant par diverses fois; et comme il se maintenoit en son chasteau du Plessis-les-Tours. 170

1481. CHAP. VIII. — Comment le roy fit venir à Tours un nommé le Sainct-Homme de Calabre, pensant qu'il le dust guérir; et des choses estranges que faisoit ledit roy pour garder son auctorité durant sa maladie. 173

1482. CHAP. IX. — Comment le mariage de monseigneur le dauphin fut conclu avec Marguerite de Flandres, et elle amenée en France; dont le roy Edouard d'Angleterre mourut de desplaisir. 175

1483. CHAP. X. — Comment le roy se maintenoit, tant envers ses voisins qu'envers ses subjets, durant sa maladie; et comment on luy envoyoit de divers lieux diverses choses pour sa guérison. 177

CHAP. XI. — Comment le roy Louis XI fit venir vers luy Charles, son fils, peu avant sa mort; et des commandemens et ordonnances qu'il fit tant à luy qu'à autres. 178

CHAP. XII. — Comparaison des maux et douleurs que souffrit le roy Louis à ceux qu'il avoit fait souffrir à plusieurs personnes, avec continuation de ce qu'il fit et fut fait avec luy, jusques à sa mort. 169

CHAP. XIII. — Discours sur la misère de la vie des hommes, et principalement des princes, par l'exemple de ceux du temps de l'auteur, et premièrement du roy Louis. 182

CONCLUSION DE L'AUTEUR, 187

LIVRE SEPTIÈME.

CHARLES HUITIÈME.

Proposition de Philippe de Commines touchant ce qu'il prétend escrire par les mémoires du roy Charles VIII, fils dudit roy Louis onziesme de ce nom, après toutesfois quelque omission d'années depuis le décès de ce prince jusques à la reprise de son discours. 188

1484. CHAPITRE PREMIER. — Comment le duc René de Lorraine vint en France demander la duché de Bar et la comté de Provence, que le roy Charles tenoit; et comment il faillit à entrer au royaume de Naples, qu'il prétendoit sien, comme le roy; et quel droit y avoient tous deux. 188

TABLE DES CHAPITRES.

1489 **CHAP. II.**—Comment le prince de Salerne, du royaume de Naples, vint en France, et comment Ludovic Sforze, surnommé le More, et luy taschoient à faire que le r o menast guerre au roy de Naples, et pour quelle cause. 190

1494 **CHAP. III.**—Comment le roy Charles VIII fit paix avec le roy des Romains et l'archiduc, leur renvoyant madame Marguerite de Flandres, devant que faire son voyage de Naples. 194

CHAP. IV.—Comment le roy envoya devers les Vénitiens pour les pratiquer, devant qu'entendre son voyage de Naples; et des préparatifs qui se firent pour iceluy. 195

CHAP. V.—Comment le roy Charles partit de Vienne en Dauphiné, pour conquérir Naples, en personne; et de ce que fit son armée de mer soubs la conduite de monsieur d'Orléans. 197

CHAP. VI.—Comment le roy, estant encore à Ast, se résolut de passer outre vers Naples, à la poursuite de Ludovic Sforze, et comment messire Philippe de Commines fut envoyé en ambassade à Venise, et de la mort du duc de Milan, après laquelle Ludovic se fit duc, au préjudice d'un fils d'iceluy duc. 199

CHAP. VII.—Comment Pierre de Médicis mit quatre des principales forteresses des Florentins entre les mains du roy, et comment le roy mit Pise, qui en estoit l'une, en sa liberté. 201

CHAP. VIII.—Comment le roy partit de la ville de Pise, pour aller à Florence, et de la fuite et ruine de Pierre de Médicis. 203

CHAP. IX.—Comment le roy fit son entrée à Florence, et par quelles autres villes il passa jusques à Rome. 204

CHAP. X.—Comment le roy envoya le cardinal Petri-ad-Vincula, qui fut depuis appelé le pape Jules II, dedans Ostie, et de ce que le pape faisoit à Rome cependant, et comment le roy y entra malgré tous ses ennemis, avec les partialités entre les Ursins et Colonnois dans ladite ville de Rome. 205

CHAP. XI.—Comment le roy Alphonse fit couronner son fils Ferrand, et puis s'enfuit en Sicile, et de la mauvaise vie qu'avoit menée le vieux Ferrand, son père, et luy aussi. 207

1494 **CHAP. XII.**—Comment, après que le jeune roy Ferrand fut couronné roy de Naples, alla asseoir son camp à Sainct-Germain pour résister contre la venue du roy, et de l'accord que le roy Charles fit avec le pape, estant encore à Rome. 210

CHAP. XIII.—Comment le roy partit de Rome pour aller à Naples; de ce qui advint cependant en plusieurs contrées dudit royaume de Naples, et par quelles villes il passa jusques à ladite ville de Naples. 211

CHAP. XIV.—Comment le roy Charles fut couronné roy de Naples; des fautes qu'il fit à l'entretènement d'un tel royaume, et comment une entreprise qui se dressait pour luy contre le Turc fut descouverte par les Vénitiens. 213

CHAP. XV.—Digression ou discours, aucunement hors de la matière principale, par lequel Philippe de Commines, auteur de ce présent livre, parle assez amplement de l'estat et gouvernement de la seigneurie des Vénisiens, et de ce qu'il vit et fut fait pendant qu'il estoit ambassadeur pour le roy en leur ville de Venise. 214

LIVRE HUITIÈME.

1495 **CHAPITRE PREMIER.**—De l'ordre et provision que le roy mit au royaume de Naples, voulant retourner en France. 221

CHAP. II.—Comment le roy se partit de Naples, et repassa par Rome, d'où le pape s'enfuit à Orviette; des paroles que le roy tint à monsieur d'Argenton à son retour de Venise; des délibérations de rendre aux Florentins leurs places, et des prédications dignes de mémoire de frère Hiéronyme de Florence. 222

CHAP. III.—Comment le roy retint en ses mains la ville de Pise et quelques autres places des Florentins, pendant que monsieur d'Orléans, d'un autre costé, entra dedans Novarre en la duché de Milan. 224

CHAP. IV.—Comment le roy Charles passa plusieurs dangereux pas de montagnes entre Pise et Serzane; comment la ville de Pontreme fut bruslée par ses Alemans, et comment le duc d'Orléans se porta à Novarre ce temps pendant. 225

1495 **CHAP. V.**—Comment la grosse artillerie du roy passa les monts Appennins à l'aide des Allemans; du danger où fut le mareschal de Gié avec son avant-garde, et comment le roy arriva à Fornoue. 227

CHAP. VI.—De la journée de Fornoue; de la fuite des ennemis de France; et comment le comte de Petilliane, qui durant ce jour rompit la prison du roi, fit tant qu'il les rallia. 231

CHAP. VII.—Comment le seigneur d'Argenton alla lui seul parlementer aux ennemis, quand il vit qu'autres députés avec luy n'y vouloient aller, et comment le roy parvint sain et sauf avec ses gens jusques en la ville d'Ast. 236

CHAP. VIII.—Comment le roy fit dresser une armée de mer pour cuider secourir les chasteaux de Naples, et comment ils n'en purent estre secourus. 241

CHAP. IX.—De la grande famine et peine où estoit le duc d'Orléans à Novarre avec ses gens; de la mort de la marquise de Montferrat et de celle de M. de Vendosme; et comment après plusieurs deslibérations on entendit à faire paix pour sauver les assiégés. 242

CHAP. X.—Comment le duc d'Orléans et sa compagnie furent délivrés par appointement de la dure calamité de Novarre, où ils estoient assiégés, et de la descente des Suisses pour secourir le roy et monseigneur d'Orléans. 246

CHAP. XI.—Comment la paix fut conclue entre le roy et le duc d'Orléans d'un costé, et les ennemis, de l'autre; et des conditions et articles qui furent contenus en ladite paix. 248

CHAP. XII.—Comment le roy renvoya le seigneur d'Argenton à Venise pour les conditions de la paix, lesquelles refusèrent les Vénissiens, et des tromperies du duc de Milan. 249

CHAP. XIII.—Comment le roy, estant retourné en France, mit en oubly ceux qui estoient demourés à Naples, et comment monseigneur le dauphin mourut, dont le roy et la royne menèrent grand deuil. 251

1496 **CHAP. XIV.**—Comment les nouvelles de la perte du chasteau de Naples vindrent au roy; de la vendition des places des Florentins à diverses gens; du traicté d'A-

	telle en la Pouille, au grand dommage des François, et de la mort du roy Ferrand de Naples. 253		Charles et Ferrand de Castille, et des ambassadeurs envoyés de l'un à l'autre pour les apaiser. 258		ment, sur ce bon propos, en son chasteau d'Amboise. 263
1496	CHAP. XV. — Comment quelques pratiques menées en faveur du roy par aucuns seigneurs d'Italie, tant pour Naples que pour déchasser le duc de Milan, furent rompues par faute d'y envoyer, et comment une autre entreprise contre Gennes ne put aussi venir à bon effect. 255	1496	CHAP. XVII. — Discours sur les fortunes et malheurs qui advinrent à la maison de Castille au temps du seigneur d'Argenton. 261		CHAP. XIX. — Comment le sainct homme frère Hiéronyme fut bruslé à Florence, par envie qu'on eut sur luy, tant du costé du pape, que de plusieurs autres Florentins et Venissiens. 265
		1498	CHAP. XVIII. — Du somptueux édifice que le roy Charles commença à bastir peu avant sa mort; du bon vouloir qu'il avoit de réformer l'église, ses finances, sa justice et soi-mesme; et comment il mourut soudainement.		CHAP. XX. — Des obsèques et funérailles du roy Charles huictiesme, du couronnement du roy Louis douziesme de ce nom, son successeur, avec les généalogies des roys de France, jusques à celuy. 266
	CHAP. XVI. — De quelques dissentions d'entre le roy				

MÉMOIRES DE GUILLAUME DE VILLENEUVE.

DE 1494 A 1497.

1497	L'auteur rédige ses Mémoires pour se désennuyer, étant prisonnier à Naples. 269	1495	Villeneuve, son gouverneur, est fait prisonnier. 274		enfermé dans une des tours. 286
	Charles VIII passe les monts. 269		Description de son voyage, comme prisonnier, sur une galère vénitienne. 276	1495	Le château de l'OEuf se rend au roi Ferrand. 288
	Son arrivée à Rome. 269		Combat à Tarente. 278		La reine Jeanne d'Aragon fait grâce aux prisonniers français qu'on avait livrés au peuple. 289
	Le roi Alphonse et les princes se sauvent de Naples. 270		Continuation du voyage. 280		
	Entrée de Charles VIII à Naples. 271		Arrivée de Villeneuve à Messine. 281	1496	Description de la captivité de Villeneuve. 290
	Son départ. 272		Son arrivée à Naples. 282		
1494	Révolte de Naples contre les Français. 272		Les Français, aidés par la flotte, tiennent ferme dans le Château-Neuf. 283		Autres prisonniers distingués enfermés dans la tour du Château-Neuf. 290
	La ville de Trane suit l'exemple de Naples. 273		Mouvemens des deux flottes française et vénitienne. 284		Traité signé entre le roy Ferrand et le duc de Montpensier. 291
	Les Vénitiens mettent le siège à Trane. 273		Villeneuve descend à Tarente.		
	Défection de la garnison de Trane, qui rend la place. 274		Description de cette ville. 285	1497	Comment Villeneuve fut délivré de prison et revint en France. 291
			Les Français rendent le Château-Neuf; Villeneuve est		

MÉMOIRES D'OLIVIER DE LA MARCHE.

INTRODUCTION.

	Préface. 295		CHAP. V. — Du duc Charles de Bourgongne, grand-père maternel de l'archiduc Philippe d'Austriche. 327		faicte entre le roy Charles septiesme et le bon duc Philippe de Bourgongne. 351
	CHAPITRE PREMIER. — De l'ancien et nouvel estat de la maison d'Austriche; et des anciennes et nouvelles armoiries d'icelle. 298		CHAP. VI. — De madame Marie de Bourgongne, fille du duc Charles et mère de l'archiduc Philippe d'Austriche; et comment Maximilian, roy des Rommains, son mari, gouverna ses païs après la mort d'icelle. 337	1495	CHAP. III. — De la paix d'Arras, et de la copie du traicté faict entre le roy Charles septiesme et le bon duc Philippe de Bourgongne. 353
	CHAP. II. — De l'ancien estat du païs de Bourgongne, jusques au temps qu'il fut réduit en duché; à laquelle succédèrent les ayeulx et pères maternels de l'archiduc Philippe d'Austriche. 304			1438	CHAP. IV. — Comment la guerre continua entre les François et Anglois; et comment l'auteur de ces présens Mémoires fut mis page en la maison du duc Philippe de Bourgongne. 366
	CHAP. III. — Des ducs de Bourgongne, ayeulx de l'archiduc Philippe d'Austriche, descendus de la maison de France; avec autres choses conservantes l'antiquité de Flandres. 309		LIVRE PREMIER.		
			Préface. 347		CHAP. V. — Comment les ducs de Bourgongne et de Bourbon s'assemblèrent à Châlon-sur-Sosne pour appaiser une querelle entre messire Jaques de Chabannes et messire Jehan de Grantson; et comment le duc Louys de Savoye et sa femme visitèrent le duc de Bourgongne. 368
	CHAP. IV. — Du roy Jehan de Portugal, et de Madame Philipote de Lanclastre, père et mère de madame Ysabeau de Portugal, mère de Charles de Bourgongne, grand-père maternel de l'archiduc Philippe d'Austriche. 323		CHAPITRE PREMIER. — Comment messire Jaques de Bourbon, comte de la Marche, mari de la dernière royne Jehanne de Naples, se rendit cordelier à Besançon. 348		
		1435	CHAP. II. — Briève narration de la mort du duc Jehan de Bourgongne; et des guerres continuées à cette occasion jusques à la paix d'Arras,		CHAP. VI. — De la cause qui meut le duc de Savoye à vi-

TABLE DES CHAPITRES.

siter le duc de Bourgogne; et de quelques autres petites particularités. 370

1440 CHAP. VI. — Comment Fédéric, roy des Rommains, et le bon duc Philippe de Bourgongne, se veirent et festeyèrent en la ville de Besançon. 373

1442 CHAP. VIII. — De quelques festes et ébatemens en la maison du bon duc Philippe de Bourgongne; comment l'empereur de Constantinople luy envoya demander secours contre les Turcs; et comment la duchesse de Luxembourg veint vers iceluy duc de Bourgongne, pour avoir aide contre la rébellion de ses subjets. 376

1443 CHAP. IX. — Comment trèze gentilshommes de la maison du duc de Bourgongne teindrent le pas d'armes à tous venans; près Digeon, en une place nommée l'Arbre Charlemaigne. 378

CHAP. X. — Comment le bon duc Philippe de Bourgogne gaigna plusieurs pláces en la duché de Luxembourg. 393

CHAP. XI. — De ce qui fut parlementé, sur la querelle de Luxembourg, entre le duc de Bourgongne et les Sassons. 397

CHAP. XII. — Comment les Bourgongnons surprirent la ville de Luxembourg par eschelles; et comment le duc de Bourgongne fut maistre de tout le reste. 401

CHAP. XIII. — Comment le duc de Bourgongne se retira en ses païs de Brabant et de Flandres; et comme la duchesse de Bourgongne alla visiter la royne de France 406

1446 CHAP. XIV. — Comment le seigneur de Ternant, chevalier de la Toison-d'Or, fit armes à pié et à cheval contre Galiot de Baltasin, chambrelan de Milan. 408

CHAP. XV. — Comment le bon duc Philippe de Bourgongne teint la solemnité de la Toison-d'Or en sa ville de Gand. 415

CHAP. XVI. — Comment messire Jaques de Lalain et messire Jehan de Bonniface firent armes à pié et à cheval devant le duc de Bourgongne. 419

CHAP. XVII. — Comment messire Jaques de Lalain fit armes en Escoce; et de plusieurs autres particularités en la maison de Bourgongne. 422

CHAP. XVIII. — Du pas de la Pélerine, tenu par le seigneur de Haubourdin; et des armes faictes entre le seigneur de Lalain et un Anglois, devant le duc de Bourgongne. 425

1446 CHAP. XIX. — Comment le seigneur de Haubourdin, continuant son emprise du pas de la Pélerine, fit armes contre le bastard de Béarne. 428

1447 CHAP. XX. — Comment dom Jaques de Portugal, neveu de la duchesse de Bourgongne, veint à refuge vers le bon duc Philippe. 430

1447 CHAP. XXI. — Comment le bon duc Philippe fit délivrer un riche Anglois que le seigneur de Ternant avoit fait prisonnier; et comment le seigneur de Lalain teint le pas de la Fontaine de Plours à Chalon sur Sosne. 432

1450 CHAP. XXII. — Comment le duc de Bourgogne fit sa feste de la Toison à Mons en Hainaut; comment les Gandois se firent ennemis d'iceluy leur seigneur; et comment le comte de Charolois fit ses premières joustes. 450

1452 CHAP. XXIII. — Comment les Gandois coururent le plat païs de Flandres, y prenans quelques chasteaux et forteresses; et comment ils assiégèrent Audenarde. 454

CHAP. XXIV. — Comment le siége d'Audenarde fut levé, par bataille que gaignèrent les gens du duc de Bourgongne contre les Gandois. 457

CHAP. XXV. — Comment le duc de Bourgogne défit ceux qui fuyoyent du siége d'Audenarde vers Gand; et comment plusieurs rencontres et escarmouches se firent entre les Bourgongnons et les Gandois durant cette guerre. 461

CHAP. XXVI. — Comment le roy Charles septième envoya ses ambassadeurs vers le duc de Bourgongne et les Gandois, pour cuider faire paix entre eux; et comment les Gandois continuèrent en obstination et rébellion. 470

1453 CHAP. XXVII. — De plusieurs escarmouches et rencontres entre le duc de Bourgongne, comte de Flandres, et les Gandois. 477

CHAP. XXVII. — De la bataille de Gavre, gaignée par le duc de Bourgongne sur les Gandois; et comment paix fut faicte entre luy et eux. 481

1454 CHAP. XXIX. — Cy commence l'ordonnance du banquet que fit en la ville de l'Isle très-haut et très-puissant prince Philippe, par la grâce de Dieu, duc de Bourgongne, de Brabant, etc., l'an 1453, le dix-septième de février. 468

1454 CHAP. XXX. — Ensuyvent une partie des vœux que firent le très-noble et très-redouté prince Philippe, par la grâce de Dieu, duc de Bourgongne, de Brabant, etc.; et plusieurs autres grands seigneurs, chevaliers et gentils-hommes, l'an 1453; et premièrement le vœu d'iceluy prince. 500

CHAP. XXXI. — Du mariage de l'aisné fils de Crouy à une fille du comte de Sainct-Pol; du voyage du bon duc Philippe en Alemaigne; et du mariage du comte de Charolois avec madame Ysabeau de Bourbon. 504

CHAP. XXXII. — D'un combat à outrance faict entre deux bourgeois de Valenciennes, en présence du duc Philippe de Bourgongne, comte de Hainaut. 506

1456 CHAP. XXXIII. — De quelques particularités en la maison de Bourgongne; de la retraite du dauphin Louis vers le bon duc Philippe; et du courroux d'iceluy duc contre le comte de Charolois, son fils.

1461 CHAP. XXXIV. — D'une maladie du bon duc Philippe; de la mort du roy Charles septième; et du couronnement du roy Louis onzième, son fils. 511

CHAP. XXXV. — Comment le roy Louis mécontenta le comte de Charolois, dont luy sourdit guerre, sous couleur du bien-public de France. 512

1465 CHAP. XXXVI. — Comment le bon duc Philippe envoya son fils naturel, Anthoine, sur les Sarrasins de Barbarie: et comment le comte de Charolois destruisit la ville de Dinand, et fit venir les autres Liégeois à mercy. 520

1467 CHAP. XXXVII. — Comment le bastard Anthoine de Bourgongne ala faire armes en Angleterre; et comment le bon duc Philippe, son père, mourut ce pendant. 522

LIVRE SECOND.

CHAPITRE PREMIER. — Comment le duc Charles de Bourgongne, par-avant comte de Charolois, ayant succédé au bon duc Philippe de Bourgongne, son père, a la de rechef contre les Liégeois; et comment nouvelle querelle s'émeut entre le roy Louis et luy, tant pour les partialités d'Angleterre que pour

1471 CHAP. II. — Comment le duc Charles de Bourgongne, ayant couru par Vermandois, assiégea Beauvais; et comment le roy, s'étant trop fié en luy à Péronne, fut contraint de l'accompaigner en armes contre les Liégeois, par-avant ses aliés. 550
les viles de la rivière de Somme. 527

1472 CHAP. III. — Comment le duc Charles de Bourgongne assiégea la vile de Nuz; et comment il s'en retourna par appointement faict avec l'empereur. 533

1474 CHAP. IV. — Du mariage du duc Charles de Bourgongne avec madame Marguerite d'Yorch, sœur du roy d'Angleterre; et des magnificences qui lors furent faictes en la maison de Bourgongne. 536

1475 CHAP. V. — Comment le duc Charles de Bourgongne se saisit de la duché de Gueldres, et de celle de Lorraine aussi. 569

CHAP. VI. — Comment les Suisses déconfirent le duc Charles de Bourgongne par deux fois. 571

CHAP. VII. — S'ensuit le contenu, au long, des trèves de neuf ans, faictes et conclues par le roy Louis de France, d'une part, et mon très-redouté seigneur et prince Charles, duc de Bourgongne, d'autre part, le treizième jour de septembre l'an de grâce 1475. 572

1476 CHAP. VIII. — Comment le duc Charles de Bourgongne se saisit de madame de Savoye et d'un sien fils; et comment il fut déconfit et tué devant la vile de Nancy en Lorraine. 579

1477 CHAP. IX. — Comment madame Marie, fille et seule héritière du feu duc Charles de Bourgongne, fut mariée à l'archeduc Maximilian d'Austriche; et des guerres qu'ils eurent avec le roy Louis de France, onzième de ce nom. 580

1478 CHAP. X. — De la nativité de madame Marguerite d'Austriche, et du mariage d'icelle avec le dauphin Charles; de la mort du roy Louis onzième; et d'autres particularités. 583

1483 CHAP. XI. — Comment l'archeduc Maximilian d'Austriche fit la guerre aux Gandois pour retirer Philippe son fils, comte de Flandres, hors de leur gouvernement. 585

1485 CHAP. XII. — Comment l'archeduc Maximilian recouvra la vile de Gand, et le comte de Flandres son fils dedans. 588

1486 CHAP. XIII. — Comment l'archeduc Maximilian d'Austriche fut éleu roy des Rommains; et comment l'empereur Fédéric, son père, le délivra des mains de ceux de Bruges. 590

1487 CHAP. XIV. — Comment ceux de Bruges et de Gand firent de réchef guerre au roy des Rommains, sous la conduite de monsieur Philippe de Clèves; et comment cette guerre fut appaisée. 592

1488 CHAP. XV. — Briève répétition d'aucuns des précédens faicts de Maximilian d'Austriche, avec nouveau récit de quelques autres siennes gestes. 595

CHAP. XVI. — Des surnoms attribués à l'empereur Maximilian d'Austriche et à l'archeduc Philippe, comte de Flandres, son fils. 597

CHRONIQUE DE JACQUES DE LALAIN,

PAR GEORGES CHASTELAIN.

PRÉFACE. — Des prouesses des nobles du pays de Hainaut, et des père et grandpère de Jacques de Lalain. 601

1423 CHAPITRE PREMIER. — Cy fait mention du mariage de la fille au seigneur de Créquy avec messire Guillaume de Lalain. 603

1430 CHAP. II. — Cy fait mention comment le jeune duc de Clèves requit au seigneur et à la dame de Lalain avoir Jacquet de Lalain, leur fils aisné, pour l'emmener avec lui à la cour du bon duc Philippe de Bourgongne. 604

1438 CHAP. III. — Comment messire Guillaume de Lalain et la dame de Buignicourt, père et mère de Jacquet de Lalain, l'introduisirent et admonestèrent de plusieurs belles doctrines avant son partement. 605

CHAP. IV. — Du péché d'orgueil. 606

CHAP. V. — Du péché d'ire. 606

CHAP. VI. — Du péché d'envie. 607

CHAP. VII. — Du péché d'avarice. 607

CHAP. VIII. — Du péché de paresse. 608

1438 CHAP. IX. — Du péché de gloutonnie. 608

CHAP. X. — Du péché de luxure. 609

CHAP. XI. — Comment Jacquet de Lalain se partit de l'hôtel de son père, et s'en vint à la cour du duc de Bourgongne. 610

CHAP. XII. — Cy fait mention des joûtes et ébattements où le jeune duc de Clèves et Jacquet de Lalain se trouvèrent ensemble. 611

1440 CHAP. XIII. — Cy fait mention d'une ambassade qui vint à Châlons sur la Saône, de par l'empereur de Grèce, devers le duc de Bourgongne. 612

1443 CHAP. XIV. — Comment le duc Philippe de Bourgongne conquit la ville et pays de Luxembourg. 613

CHAP. XV. — Cy fait mention comment dedans la ville de Nancy où étoient les roys de France et de Sicile, et les reines leurs femmes, se firent grandes joûtes. 614

1444 CHAP. XVI. — Du grand bruit qui fut fait à la cour du roi de France pour les joûtes qui y furent publiées, et de la requête que fit Jacquet de Lalain aux comtes du Maine et de Sainct-Pol. 616

1444 CHAP. XVII. — Cy fait mention comment Jacquet de Lalain étoit bien venu en la cour du roi de France, et comment il se gouverna. 618

CHAP. XVIII. — Comment Jacquet de Lalain s'apprêta et vint passer devant les hourts des dames, accompagné des comtes du Maine et de Saint-Pol. 619

CHAP. XIX. — Cy parle des deux dames qui faisoient leurs devises de Jacquet de Lalain. 619

CHAP. XX. — Comment Jacquet de Lalain faisoit merveilles à la joûte. 620

CHAP. XXI. — Cy fait mention comment Jacquet de Lalain joûta le lendemain, et de la venue du comte d'Angoulême, frère du duc d'Orléans, lequel venoit d'Angleterre, où il avoit été prisonnier long espace de temps. 623

1445 CHAP. XXII. — Encore du même, et du partement du roi pour aller à Châlons en Champagne. 625

CHAP. XXIII. — Cy parle d'un chevalier sicilien qui étoit de l'hôtel d'Alphonse, roi d'Aragon et de Sicile, et qui portoit une emprise pour faire armes. 626

TABLE DES CHAPITRES.

1445 CHAP. XXIV. — Cy fait mention comment Jacques de Lalain envoya le roi d'armes de la Toison-d'Or par devers le chevalier sicilien, pour sçavoir sa volonté, et pour quelle cause il étoit là venu portant emprise pour faire armes ; et la réponse que fit le chevalier. 627

CHAP. XXV. — Comment le chevalier sicilien vint à la cour du duc, où Jacques de Lalain, par son congé et licence, toucha à son emprise pour faire armes de cheval et de pied. 629

CHAP. XXVI. — Les chapitres des armes à cheval de messire Jean de Boniface. 629

CHAP. XXVII. — S'ensuivent les chapitres des armes à pied de messire Jean de Boniface. 630

CHAP. XXVIII. — Cy devise comment Jacques de Lalain fit ses armes à cheval à l'encontre du chevalier sicilien. 630

CHAP. XXIX. — Comment les armes à pied furent faites et accomplies, et comment le duc de Bourgongne fit chevalier Jacques de Lalain. 632

CHAP. XXX. — Comment messire Jacques de Lalain envoya en France un héraut pour faire armes ; mais pour lors le roi ne voulut souffrir que nul de sa cour en fît rien. 633

1446 CHAP. XXXI. — Comment messire Jacques de Lalain vint vers le roi de France, qui le reçut moult bénignement et lui fit moult grand'-chère. 634

CHAP. XXXII. — Cy fait mention et sont déclarés les chapitres des armes que messire Jacques de Lalain envoya en plusieurs royaumes. 636

CHAP. XXXIII. — Comment messire Jacques de Lalain se partit de la cour de France et vint en Navarre devers le roi, où il fut bien reçu et fêtoyé du roi, du prince et de la princesse de Navarre, laquelle étoit sœur au duc de Clèves. 636

CHAP. XXIV. — Comment un chevalier de Navarre, nommé messire Jean de Lusse, requit au prince qu'il lui donnât licence de faire armes à l'encontre de messire Jacques de Lalain. 637

CHAP. XXXV. — Comment le prince et la princesse de Navarre reçurent honorablement et fêtoyèrent messire Jacques de Lalain. 638

1447 CHAP. XXXVI. — Comment messire Jacques de Lalain vint à la cour du roi de Castille, et comment messire Diégo de Gusman toucha à son emprise. 641

1447 CHAP. XXXVII. — Comment messire Jacques de Lalain alla au devant du roi de Castille ; et de la chère et honneur que lui et ses barons lui firent. 642

CHAP. XXXVIII. — Comment le roi de Castille dit à messire Jacques de Lalain qu'il eût patience, et que si tôt il ne pouvoit faire ses armes ; de laquelle chose messire Jacques se contenta ; en attendant le jour, et pour passer temps, s'en alla voir le roi de Portugal. 643

CHAP. XXXIX. — Comment messire Jacques de Lalain fut amené faire la révérence au roi de Portugal, lequel le reçut et lui fit honneur et bonne chère, et aussi firent tous les princes de sa cour. 645

CHAP. XL. — Comment messire Jacques de Lalain revint devers le roi de Portugal, et de la réponse qui faite lui fut. 646

CHAP. XLI. — Comment messire Jacques de Lalain fut fêtoyé, lui et ses gens, du roi de Portugal, où étoient plusieurs princes de son sang et lignage. 647

CHAP. XLII. — Comment après tous fêtoiemens messire Jacques de Lalain prit congé du roi et de tous les princes et s'en partit et vint en Castille, où le roi de Castille le reçut moult honorablement en sa ville de Valdolit. 648

1448 CHAP. XLIII. — Comment messire Jacques de Lalain entra dedans les lices pour faire et accomplir ses armes, selon le contenu en ses chapitres. 649

CHAP. XLIV. — Comment messire Diégo de Gusman entra dans les lices pour faire armes à l'encontre de messire Jacques de Lalain. 650

CHAP. XLV. — Comment messire Jacques de Lalain et messire Diégo de Gusman se combattirent à pied devant le roi de Castille ; et s'en partit après les armes faites messire Jacques de Lalain, à son très grand honneur. 651

CHAP. XLVI. — Comment les deux chevaliers, après ce qu'ils furent partis hors des lices, et chacun d'eux venus en leurs hôtels, eux désarmés dînèrent ensemble, puis assez tôt après firent présents l'un à l'autre, qui furent moult honorables. 652

CHAP. XLVII. — Comment messire Jacques de Lalain vint à cour, où il prit congé du roi, de la reine, des princes, barons et chevaliers du royaume de Castille. 653

1448 CHAP. XLVIII. — Comment messire Jacques de Lalain, après tous congés pris du roi, de la reine, du prince de Castille et de la princesse, se partit et vint au royaume de Navarre, où il fut du roi de Navarre, du prince son fils et de la princesse moult honorablement reçu et bien fêtoyé. 655

CHAP. XLIX. — Comment la reine d'Aragon ne voulut consentir à messire Jacques de Lalain de faire armes, pour l'alliance qui étoit entre le roi d'Aragon, son mari, et le duc de Bourgongne. 657

CHAP. L. — Comment messire Jacques, après ce qu'il eut pris congé de la reine d'Aragon, alla à Montpellier, et trouva l'argentier du roi de France, qui lui fit grand'-chère ; et de là s'en alla vers le dauphin, qui le reçut moult honorablement. 658

CHAP. LI. — Comment messire Jacques de Lalain se partit, ayant pris congé du dauphin, et vint en Bourgongne, où de plusieurs chevaliers et écuyers du pays fut grandement fêtoyé ; et de là se partit et vint en Flandres, où le duc de Bourgogne le reçut et lui fit grand' chère ; et aussi de sa venue à Lalain. 660

CHAP. LII. — Comment messire Jacques de Lalain envoya en Ecosse, devers le roi, ses chapitres, pour faire armes, mais ainçois en prit congé du duc de Bourgogne, son souverain seigneur.

CHAP. LIII. — Comment après l'octroi du duc, messire Jacques de Lalain envoya Charolois le héraut pour présenter une lettre à James de Douglas, en Ecosse. 661

CHAP. LIV. — La réponse que maitre James de Douglas fit à Charolois, et aussi la lettre qu'il lui bailla adressant à messire Jacques de Lalain ; et de la venue dudit messire Jacques en Ecosse ; et comme ils furent six qui combattirent ès lices devant le roi d'Ecosse. 662

CHAP. LV. — Comment messire Jacques de Lalain, messire Simon de Lalain, son oncle, et Hervé de Mériadecq combattirent ès lices trois chevaliers écossois devant le roi d'Ecosse, et en partirent à leur très grand honneur. 665

TABLE DES CHAPITRES.

1448 **CHAP. LVI.** — Comment messire Jacques de Lalain, messire Simon de Lalain, son oncle, et Hervé de Mériadecq prirent congé du roi d'Ecosse et vinrent en Angleterre devers le roi Henry, à Londres. 667

1449 **CHAP. LVII.** — Comment vinrent nouvelles qu'un gentilhomme d'Angleterre étoit passé la mer en intention de faire armes à l'encontre de messire Jacques de Lalain. 667

CHAP. LVIII. — Comment messire Jacques de Lalain combattit l'Anglois devant le duc de Bourgogne, et fut le dit Anglois porté par terre par icelui messire Jacques. 668

CHAP. LIX. — Comment messire Jacques de Lalain prit congé au duc de Bourgogne de faire un pas, de le tenir, un an durant, à l'encontre de tous nobles hommes, selon le contenu en ses chapitres, à la Fontaine des Pleurs; laquelle requête le duc lui accorda. 670

CHAP. LX. — Cy s'ensuivent les chapitres des armes qui se firent devant la Fontaine des Pleurs, auprès de Saint-Laurent en Bourgogne, lès Châlons sur la Saône. 670

CHAP. LXI — Comment messire Jacques de Lalain, après la publication faite, en la présence du bon duc Philippe, prit congé et vint à Lalain, où pareillement prit congé du seigneur de Lalain, son père, et de la dame de Lalain, sa mère, et s'exploita tant qu'il vint en Bourgogne. 673

CHAP. LXII. — Comment, après que messire Jacques se fut parti du châtel de Lalain et arrivé en Bourgogne, il fit tendre son pavillon au lieu où il devoit tenir son pas, et des choses qu'il y fit. 674

CHAP. LXIII. — Comment un jeune écuyer du pays de Bourgogne, nommé Pierre de Chandio, vint le premier toucher à la targe blanche. 675

CHAP. LXIV. — Comment Pierre de Chandio vint à son jour au lieu où le chevalier entrepreneur l'attendoit, et comment ils se combattirent. 675

CHAP. LXV. — Comment messire Jean de Boniface, chevalier sicilien qui autrefois avoit fait armes en la ville de Gand à l'encontre de messire Jacques de Lalain, vint toucher à deux targes, c'est à scavoir à la noire et à la blanche. 676

1449 **CHAP. LXVI.** — Comment messire Jacques de Lalain et le chevalier sicilien firent leurs armes de cheval. 677

CHAP. LXVII. — Comment les armes de pied furent faites par les deux chevaliers, c'est à scavoir par celui qui gardoit le pas et par le chevalier sicilien. 678

CHAP. LXVIII. — Comment un écuyer de Bourgogne, nommé Gérard de Roussillon, toucha à la targe blanche et fit armes à l'encontre du chevalier gardant le pas. 679

CHAP. LXIX. — Comment le premier jour d'octobre en celui an, furent sept nobles hommes qui firent toucher aux dites targes pour faire armes à l'encontre du chevalier gardant le pas de la Fontaine des Pleurs. 680

CHAP. LXX. — Comment le chevalier du pas fit armes au seigneur d'Espiry. 682

CHAP. LXXI. — Comment Jean de Villeneuve, dit Pasquay, fit armes à l'encontre du chevalier gardant le pas. 683

CHAP. LXXII. — Les armes que fit Gaspar de Curtain à l'encontre du chevalier qui gardoit le pas de la Fontaine des Pleurs. 684

CHAP. LXXIII. — Comment un écuyer de Savoye, nommé Jacques d'Avanchier, fit armes à l'encontre du chevalier gardant le dessus dit pas. 685

CHAP. LXXIV. — Comment celui écuyer de Savoye fit ses armes à pied à l'encontre du chevalier gardant le pas, c'est à scavoir de l'épée. 685

CHAP. LXXV. — Comment le dit Jacques d'Avanchier fit ses armes de cheval à l'encontre du chevalier gardant le pas de la Fontaine (des Pleurs. 685

CHAP. LXXVI. — Cy s'ensuivent les armes faites par un nommé Guillaume d'Amange à l'encontre du chevalier gardant le pas. 686

CHAP. LXXVII. — Les armes d'un nommé Jean Pitois, à l'encontre du chevalier gardant du pas; et comment messire Jacques fit ses actions de grâce après avoir accompli ses chapitres. 686

CHAP. LXXVIII. — Comment les prix furent donnés. 689

1450 **CHAP. LXXIX.** — Comment après ce que messire Jacques de Lalain eut achevé et fourni son pas de la Fontaine des Pleurs, alla à Rome et à Naples devers le roi d'Aragon, où il trouva le duc de Clèves qui retournoit de Jérusalem; comme il fut élu frère de l'ordre de la Toison d'Or, et après fut envoyé en ambassade en Italie. 690

1451 **CHAP. LXXX.** — Comment les Gantois se rebellèrent à l'encontre de leur seigneur le duc de Bourgogne, dont en la fin le comparèrent chèrement. 692

CHAP. LXXXI. — Du bon conseil que messire Simon de Lalain donna à ceux d'Audedarde, et comment les Gantois y mirent le siége. 693

CHAP. LXXXII. — Comment nouvelles vinrent au duc de Bourgogne que les Gantois à grande puissance vinrent mettre le siége devant Audenarde. 695

CHAP. LXXXIII. — Comment Jean de Bourgogne, comte d'Etampes, conquit le pont d'Espierre sur les Gantois, et de là alla à Audenarde; et des grandes vaillances que fit messire Jacques de Lalain. 696

CHAP. LXXXIV. — Comment le siége d'Audenarde fut levé par le comte d'Etampes, et des belles apertises d'armes que y fit messire Jacques de Lalain. 699

CHAP. LXXXV. — Comment le duc de Bourgogne se partit de Grandmont, en très grand'hâte, pour aller après les Gantois, lesquels s'étoient levés de leur siége pour retourner à Gand à sauveté. 700

CHAP. LXXXVI. — Comment le seigneur de Lannoy, le seigneur de Humières et messire Jacques de Lalain allèrent courre devant Locre; et du grand danger et péril en quoi fut celui messire Jacques de Lalain, duquel il échappa par sa grand'prouesse; et des belles apertises d'armes qu'il y fit. 700

CHAP. LXXXVII. — Des grands ventises que firent les Gantois quand ils furent rentrés dedans la ville de Gand, et de la course qui fut faite devant Ouremare, où messire Jacques de Lalain fit moult grands vaillances et belles apertises d'armes. 704

CHAP. LXXXVIII. — Encore de cette même course, où grand'foison de Gantois furent morts et occis, et mis en fuite et à déconfiture. 706

1452 **CHAP. LXXXIX.** — Comment le comte d'Etampes prit par force d'armes la ville de Nivelle par deux fois sur les Gantois, lesquels y furent morts et occis, et mis en fuite et à déconfiture. 707

CHAP. XC. — Comment le comte d'Etampes reconquit la ville de Nivelle sur les Gantois. 709

CHAP. XCI. — Comment les

TABLE DES CHAPITRES.

nations des marchands étans à Bruges, et les ambassadeurs du roi de France vindrent devers le duc, cuidants trouver aucun traité entre les Gantois, mais rien ne s'en fit ; et aussi du voyage de Riplemonde, où Gantois furent déconfits. 709

1452 CHAP. XCII. — De la bataille qui fut auprès de Riplemonde, qu'on nomma la bataille de Berselie, où il y eut grand' occision de Gantois, et du danger où fut messire Jacques de Saint-Pol, et de sa rescousse sur les Gantois. 711

CHAP. XCIII. — Comment le comte de Charolois se partit de Tenremonde à puissance, pour aller devant le village de Morbecque. 713

1452 CHAP. XCIV. — De la rompture qui fut faite afin que le duc n'allât à l'emprise qu'il avoit faite, c'est à sçavoir sur le village de Morbecque, dont il fut moult courroucé. 714

CHAP. XCV. — Comment les Gantois dedans Acqueselles issirent dehors pour aller mettre le siége devant Hulst; et des grands vaillances et grand' conduite de messire Jacques de Lalain. 716

CHAP. XCVI. — Comment le duc de Bourgongne fit bouter les feux devant Morbecque et autres plusieurs villages. 718

CHAP. XCVII. — De la course qui se fit devant la ville de Gand, de laquelle course étoit chef le duc de Clèves, et de ce qui s'y fit. 719

1452 CHAP. XCVIII. — Du partement qui se fit à Lille, où étoit l'ambassade du roi de France, pour traiter de la paix au duc de Bourgogne pour ses sujets les Gantois. 721

1453 CHAP. XCIX. — Comment le duc de Bourgongne se partit de Lille pour aller en Flandres, et alla mettre le siége devant Scanderbecque. 722

CHAP. C. — Comment messire Jacques de Lalain, après ce qu'il eut pris la place d'Audenone, alla devers le duc au siége devant Poucques, où piteusement il fina ses par le jet d'un canon. 724

LE PANEGYRIC DU SEIGNEUR LOYS DE LA TRIMOILLE,
DIT LE CHEVALIER SANS REPROCHE,
PAR JEAN BOUCHET.

ÉPISTRE contenant l'intencion de l'aucteur du chevallier sans reproche, à noble et puissant seigneur, messire Florymont Robertet, chevalier, baron Dalvye, conseiller du roy nostre sire, trésorier de France et secrétaire des finances, Jean Bouchet de Poictiers rend très humble salut. 727

CHAPITRE PREMIER. — La généalogie de la riche et illustre maison de la Trimoille. 729

1460 CHAP. II. — La nativité de messire Loys de la Trimoille ; de ses mœurs puérilles, et comment il y fut nourry. 731

1472 CHAP. III. — Le roy Loys XI veult avoir le jeune seigneur de la Trimoille pour le servir. Comment ce jeune seigneur pria et pressa son père de l'envoyer au service du roy, et avec un jeune paige prinst chemin pour y aller. 733

1473 CHAP. IV. — Persuasion du jeune seigneur de La Trimoille à son père. 734

1476 CHAP. V. — D'aulcunes misères des gens de court et comment le jeune seigneur de La Trimoille fut envoyé au service du roy de France. 735

1480 CHAP. VI. — La bonne estimacion que le roy Loys XI eut du jeune seigneur de La Trimoille dès ses jeunes ans. 738

1481 CHAP. VII. — De la grant et honneste amour qui fut entre le jeune seigneur de La Trimoille et une jeune dame. 740

1481 CHAP. VIII. — Comment la lectre de la dame fut portée au seigneur de La Trimoille, et son amour descouverte au chevalier, son espoux, et comment le chevalier, par douleur, les retira de leurs folles affections. 742

1482 CHAP. IX. — L'honneste moyen par lequel le jeune seigneur de La Trimoille et la dame se départirent de leurs secrètes amours. 744

CHAP. X. — Comment le jeune seigneur de La Trimoille laissa la maison du chevalier et s'en alla au trespas de monsieur son père. 745

CHAP. XI. — Comment le seigneur de La Trimoille fut restitué en la vicomté de Thouars et autres grosses seigneuries à luy appartenantes à cause de sa feue mère, fors d'Amboyse et Montrichart. 746

1483 CHAP. XII. — Comment le seigneur de La Trimoille fut appellé au service du roy Charles VIII, et comment on traicta le marier avec madame Gabrielle de Bourbon, de la maison de Montpensier, et alla la veoir en habit dissimullé. 749

1484 CHAP. XIII. — La responce que fist madame Gabrielle de Bourbon à l'honneste épistre ou lettre du jeune seigneur de La Trimoille, et comment ils furent espousés à Escolles. 751

1485 CHAP. XIV. — Comment monsieur Loys d'Orléans, par civile discorde se retira au duc de Bretaigne pour faire guerre au roy de France. 752

1485 CHAP. XV. — Comment le seigneur de La Trimoille, en l'aage de vingt-sept ans, fut lieutenant-général du roy Charles VIII en la guerre de Bretaigne. 752

1487 CHAP. XVI. — De la journée et rencontre de Sainct-Aulbin, en Bretaigne, gaignée par les Françoys, sous la conducte du seigneur de La Trimoille. 753

1493 CHAP. XVII. — L'entreprise de la conqueste du royaulme de Secille et pays de Naples faicte par le roy Charles VIII. Mort de ce prince. 755

Persuasion du seigneur de La Trimoille au pape Alexandre, où sont récités les dons, plaisirs et services faits par les roys de France au sainct Siége apostolique. 757

1495 Persuasion du seigneur de La Trimoille aux gens-d'armes pour passer l'artillerie du roy par les Alpes. 760

La journée de Fournoue. 761

1498 CHAP. XVIII. — Comment, après le trespas du roy Charles VIII, le seigneur de La Trimoille fut appellé au service du roy Loys, douzieme de ce nom. 762

1499 CHAP. XIX. — Comment par la sage conduicte du seigneur de La Trimoille, Loys Sforce, usurpateur de Milan, fut prins prisonnier, et la duché de Milan mise entre les mains du roy Loys XII. 764

1505 CHAP. XX. — Des meurs, vertus, gouvernement et forme de vivre de madame Gabrielle de Bourbon, première espouse du seigneur de La

TABLE DES CHAPITRES.

Trimoille, et monsieur Charles, leur fils; où est incidemment parlé d'aucunes dames qui ont esté excellentes en bonnes lettres. 768

1506 CHAP. XXI. — Comment le seigneur de La Trimoille fist son entrée en son gouvernement de Bourgongne; des services que luy et son fils firent au roy ès guerres contre les Genevois et Véniciens; de la journée de Ravenne, et comment les Françoys laissèrent la duché de Milan pour retourner en France. 770

Oraison du chief de la ville de Dijon au seigneur de La Trimoille. 770

Response faicte par le seigneur de La Trimoille à ceulx de Dijon. 771

1507 Epitaphe de monseigneur Jehan de La Trimoille, en son vivant cardinal, arcevesque d'Auch et évesque de Poictiers. 772

1512 CHAP. XXII. — Comment, par faulte d'avoir obéy au seigneur de La Trimoille, lieutenant-général du roy Loys XII, l'armée des Françoys fut rompue devant Novarre. 774

1513 CHAP. XXIII. — Comment le roy Loys XII envoia le seigneur de La Trimoille son lieutenant-général en Normandie, pour la fortification du pays contre les Anglois; et de l'oraison qu'il feit aux gens du pays. 777

CHAP. XXIV. — Comment, sans aulcune perte de gens, le seigneur de La Trimoille délivra le pays de Bourgongne et toute la France de la fureur des Souysses et Hennuyers, et aultres ennemys du royaulme. Mort de Loys XII. 779

1513 Persuasion du seigneur de La Trimoille à ceulx de Dijon. 779

Oraison et persuasion des Souysses au seigneur de La Trimoille, gouverneur de Bourgongne. 781

Oraison et persuasion dudict seigneur de La Trimoille aux Souysses, faisant mencion du droict du roy de France en la duché de Bourgongne. 782

1515 CHAP. XXV. — Comment monsieur Françoys, duc d'Angoulesme, fut roy de France, le premier de ce nom; et de la victoyre qu'il obtint contre les Souysses à Saincte-Brigide. 785

Oraison et persuasion militaire du roy de France à ses gens-d'armes contre les Souysses. 786

CHAP. XXVI. — Comment le prince de Thalemont, fils du seigneur de La Trimoille, fut navré de soixante-deux playes, dont il mourut. Réduction de Milan. 787

Oraison des citoyens de Milan au roy de France, à ce qu'il les prinst à mercy. 788

Briefve oraison et responce du roy aux Milannoys. 789

CHAP. XXVII. — Comment le corps du prince de Thalemont, fils dudict seigneur de La Trimoille, fut apporté en France; et grans regrets que sa mère fist de son trespas. 789

Oraison consolatoire de l'évesque de Poictiers à la dame de la Trimoille. 790

Lettre du seigneur de La Trimoille à madame son espouse, de la mort de leur fils. 791

1515 Response de ladicte dame audict seigneur de La Trimoille. 792

Jean Bouchet écrit, à l'occasion de la mort du jeune chevalier de La Trimoille, le Temple de Bonne Renommée. 793

CHAP. XXVIII. — Des regrets de madame la princesse pour le décès de monsieur le prince son espoux; et du trespas de madame Gabrielle de Bourbon, sa mère, qui mourut de dueil. 793

1520 CHAP. XXIX. — Le seigneur de La Trimoille est amoureux de la duchesse de Valentinoys, et l'espouse. 796

1523 CHAP. XXX. — Comment monsieur Françoys de La Trimoille, prince de Thalemont, espousa madame Anne de Laval; et des guerres que le roy de France eut en Picardie, où il envoya son lieutenant-général le seigneur de La Trimoille. 797

1524 CHAP. XXXI. — Comment, après ce que l'admiral de France fut retourné de Milan, messire Charles de Bourbon assiégea Marseille, dont fut chassé, et le siége levé par le roy de France, qui suyvit ledict de Bourbon jusques en Italie, où il assiégea la ville de Pavye. 800

1525 CHAP. XXXII. — Comment le seigneur de La Trimoille fut occis à la journée de Pavye. 802

Persuasion du roy à ses gens-d'armes, devant Pavye. 803
Bataille de Pavye. 805
Mort de Loys de La Trimoille. 806

FIN.

www.ingramcontent.com/pod-product-compliance
Lightning Source LLC
Chambersburg PA
CBHW070859300426
44113CB00008B/895